Großkommentare der Praxis

Löwe-Rosenberg

Die Strafprozeßordnung
und das
Gerichtsverfassungsgesetz

Großkommentar

24., neubearbeitete Auflage

herausgegeben von

Peter Rieß

Zweiter Band
§§ 112—197

Bearbeiter:

§§ 112—132: Günter Wendisch
§§ 132 a—136 a: Ernst Walter Hanack
§§ 137—150: Klaus Lüderssen
§§ 151—197: Peter Rieß

1989

Walter de Gruyter · Berlin · New York

Erscheinungsdaten der Lieferungen:

§§ 112—136a	(4. Lieferung):	November 1984
§§ 137—150	(27. Lieferung):	März 1989
§§ 151—157	(10. Lieferung):	Dezember 1985
§§ 158—163a	(25. Lieferung):	Dezember 1988
§§ 163b—168d	(19. Lieferung):	November 1987
§§ 169—197	(14. Lieferung):	Dezember 1986

CIP-Titelaufnahme der Deutschen Bibliothek

Die Strafprozessordnung und das Gerichtsverfassungsgesetz:
Grosskommentar/Löwe-Rosenberg. Hrsg. von Peter Riess. —
Berlin; New York: de Gruyter
(Grosskommentare der Praxis)
Teilw. verf. von Hanns Dünnebier . . .
NE: Löwe, Ewald [Begr.]; Dünnebier, Hanns [Mitverf.]; Riess, Peter
[Hrsg.]
Bd. 2. §§ 112—197 / Bearb.: Günter Wendisch — 24., neubearb. Aufl.
— 1989
Abschlussaufnahme von Bd. 2
ISBN 3-11-012122-0
NE: Wendisch, Günter [Bearb.]

Printed in Germany.

Satz und Druck: H. Heenemann GmbH & Co, Berlin 42.
Bindearbeiten: Lüderitz & Bauer GmbH, Berlin 61.

Die Bearbeiter der 24. Auflage

Dr. **Hans Dahs,** Rechtsanwalt, Honorarprofessor an der Universität Bonn

Dr. **Karl Heinz Gössel,** Professor an der Universität Erlangen-Nürnberg, Vorsitzender Richter am Landgericht München I

Dr. **Walter Gollwitzer,** Ministerialdirigent im Bayerischen Staatsministerium der Justiz, München

Dr. **Ernst-Walter Hanack,** Professor an der Universität Mainz

Dr. **Hans Hilger,** Oberstaatsanwalt beim Bundesgerichtshof

Dr. **Klaus Lüderssen,** Professor an der Universität Frankfurt am Main

Dr. **Peter Rieß,** Ministerialdirektor im Bundesministerium der Justiz, Honorarprofessor an der Universität Göttingen

Dr. **Gerhard Schäfer,** Vorsitzender Richter am Landgericht Stuttgart

Dr. **Karl Schäfer,** Senatspräsident a. D. in Frankfurt am Main

Günter Wendisch, Generalstaatsanwalt a. D. in Bremen

Inhaltsübersicht

ERSTES BUCH

Allgemeine Vorschriften

ZWEITES BUCH

Verfahren im ersten Rechtszug

NEUNTER ABSCHNITT

Verhaftung und vorläufige Festnahme

Vorbemerkungen

Schrifttum

1. Allgemein. *Amelung* (Mitverf.) Die Untersuchungshaft; Gesetzentwurf und Begründung; in: Arbeitskreis Strafprozeßreform (1983); *Alsberg* Festnahme und Untersuchungshaft, JW **1925** 1433; *Aschaffenburg* Die Bedeutung der Untersuchungshaft für die Ermittlung des Tatbestandes, MschrKrimPsych. **1932** 257; *Benfer* Voraussetzungen der Untersuchungshaft, JuS **1983** 110; *Böing* Der Schutz der Menschenrechte im Strafverfahren — Eine Darstellung des Rechts der Untersuchungshaft und anderer strafprozessualer Eingriffe —, ZStW **91** (1979) 379; *Carstensen* Zur Dauer von Untersuchungshaft, MSchrKrim. **63** (1980) 289; *Carstensen* Dauer von Untersuchungshaft, Krim. Forschungen **13** 1981; *Conze* Die Freiheitsbeschränkung durch Verhaftung und vorläufige Festnahme, Diss. Göttingen 1928; *Dahs sen.* Recht und Unrecht der Untersuchungshaft, NJW **1959** 505; *Dahs sen.* Verfassungswidrige Untersuchungshaft? NJW **1966** 761; *Dreves* Die Bestimmungen des Strafänderungsgesetzes über den Haftbefehl, DRiZ **1965** 110; *Dünnebier* Reform der Untersuchungshaft? Probleme der Strafrechtsreform, 1975; *Ebermayer* Die Haftunfähigkeit, JW **1925** 1453; *Ender* Zur — erneuten — Reformbedürftigkeit des § 112 StPO, Kriminalistik **1968** 523; *Feest* Untersuchungshaft: Beugung, Bestrafung, Vorbeugung? Krit. Justiz **1977** 308; *Geerds* Festnahme und Untersuchungshaft bei Antrags- und Privatklagedelikten, GA **1982** 237; *Gegenfurtner* Das Strafprozeß-Änderungsgesetz in der Praxis, DRiZ **1965** 334; *Guradze* Die Europäische Menschenrechtskonvention (1968); *Hartung* Das Recht der Untersuchungshaft (1927); *Hassemer* Die Voraussetzungen der Untersuchungshaft, StrVert. **1984** 38 und AnwBl. **1984** 64; *Hengsberger* Untersuchungshaft und Strafprozeßänderungsgesetz, JZ **1966** 209; *v. Hentig* Die Bedeutung der Untersuchungshaft für die Ermittlung des Tatbestandes, MschrKrimPsych. **1932** 268; *Jescheck* Recht und Praxis der Untersuchungshaft in Deutschland, GA **1962** 65; *Kalsbach* Das Recht auf Beistand eines Rechtsanwalts während des Verfahrens in der Bundesrepublik Deutschland, ZStW **83** (1971) 112; *Kastendieck* Die Voraussetzungen der Untersuchungshaft, Diss. Göttingen 1965; *Kerner* Untersuchungshaft und Strafurteil, Analyse von Zusammenhängen nach neueren amtlichen Angaben, Gedächtnisschr. Schröder **1978** 549; *Klefisch* Zur Reform der Untersuchungshaft, JW **1925** 1449; *Kleinknecht* Entscheidungen über die Untersuchungshaft, MDR **1965** 781; *Kleinknecht/Janischowsky* Das Recht der Untersuchungshaft (1977); *Kohlrausch* Untersuchungshaft, JW **1925** 1440; *v. Lilienthal* Zur Reform der Untersuchungshaft, JW **1925** 1448; *Lobe/Alsberg* Die Untersuchungshaft (1927); *Müller-Dietz* Das Strafvollzugsgesetz, NJW **1976** 919; *Ohm* Persönlichkeitswandel unter Freiheitsentzug (1964); *Philipp* Das künftige Haftrecht und seine Folgen, DRiZ **1965** 83; *Prüllage* Zur Dauer der Untersuchungshaft, DRiZ **1979** 278; *Roesen* Voraussetzungen eines Haftbefehls, NJW **1953** 1733; *Rosenberg* Zur Reform der Untersuchungshaft, JW **1925** 1446; *Rosenberg* Die Reform der Untersuchungshaft ZStW **26** (1906) 339; *Rotthaus* Unzulänglichkeiten der heutigen Regelung der Untersuchungshaft, NJW **1973** 2269; *Sarstedt* Reform der Untersuchungshaft, Justiz **1963** 184; *Sauer* Die Praxis der Untersuchungshaft, NJW **1959** 1933; *Schmidt-Leichner* Haftbefehl und Regreß, NJW **1959** 841; *Schmidt-Leichner* Untersuchungshaft und Kleine Strafprozeßreform, NJW **1961** 339; *G. Schmidt* Die Untersuchungshaft nach dem Recht der Bundesrepublik Deutschland, Dt. strafrechtl. Landesreferate zum VIII. Intern. Kongreß für Rechtsvergleichung, **1975** 77; *Schmolz* Die Untersuchungshaft in Theorie und Praxis, Diss. Köln 1930; *Schorn* Die Rechtsstellung der Untersuchungsgefangenen, JR **1967** 448; *Schreiber/Schilasky* Zum Haftgrund der Wiederholungsgefahr, Kriminalistik **1969** 393; *Schubarth* Die zeitliche Begrenzung von Untersuchungshaft, AnwBl. **1984** 69; *Schwenn* Straferwartung — ein Haftgrund? StrVert. **1984** 132; *Seibert* Die Praxis in Haftsachen, DRiZ **1949** 106; *Seibert* Der Haftbefehl, NJW **1950** 773; *Sie-*

Günter Wendisch

verts Die Wirkungen der Freiheitsstrafe und der Untersuchungshaft (1929); *Spiecker* Reform der Haftjustiz, MSchrKrim. **1962** 97; *Wagner* Zur Anordnung von Untersuchungshaft in Ladendiebstahlsverfahren, NJW **1978** 2002; *Waldschmidt* Probleme des neuen Haftrechts, NJW **1965** 1575; *Wendisch* Anfechtung von Beschlüssen, die Verhaftungen oder die einstweilige Unterbringung betreffen, FS Dünnebier 239; *Wiegand* Untersuchungshaft und Aburteilung — eine statistische Bestandsaufnahme unter besonderer Berücksichtigung der Berliner Situation, StrVert. **1983** 437; *Wolter* Untersuchungshaft, Vorbeugungshaft und vorläufige Sanktionen, ZStW **93** (1981) 452.

2. Jugendstrafrecht. *Blumenberg* Jugendliche in der Untersuchungshaft, ZfStrVo. **1978** 139; *Böhm* Zur Reform der Untersuchungshaft an jungen Gefangenen, FS Dünnebier 677; *Buchhierl* Einstweilige Unterbringung nach §§ 71, 72 JGG, MSchrKrim. **1969** 329; *Echtler* Jugendliche in Untersuchungshaft — Ergebnisse einer zwei Jahre dauernden Fragebogenaktion, ZfStrVo. **1982** 150; *Eisenhardt* Der Erziehungsauftrag des Jugendgerichtsgesetzes und seine Durchführung in Untersuchungshaft und Jugendarrest, ZBlJR **1971** 240; *Krause* Anordnung und Vollzug der Untersuchungshaft bei Jugendlichen, Diss. Kiel 1971; *Krebs* Über die Durchführung der Untersuchungshaft, insbesondere die an Minderjährigen, MSchrKrim. **1966** 301 und ZfStrVo. **1967** 72; *Kreuzer* Untersuchungshaft bei Jugendlichen und Heranwachsenden, RdJB **1978** 337; *Mrozynski* Verfassungsrechtliche Probleme der Untersuchungshaft in Jugendstrafsachen, RdJB **1973** 328; *Schütze* Jugendliche und Heranwachsende in der Untersuchungshaft, MSchrKrim. **1980** 148; *Walter* Untersuchungshaft und Erziehung bei jungen Gefangenen, MSchrKrim. **1978** 337; *de Wyl* Die Wirkung der Untersuchungshaft bei Jugendlichen und Heranwachsenden, RDJ **1958** 305; *Wolff* Die benachteiligende Funktion der Untersuchungshaft, KrimJ **1975** 20; *Zirbeck* Die Untersuchungshaft bei Jugendlichen und Heranwachsenden, KrimStudien **1973** 185.

3. Rechtsvergleichung. *Gammeltoft/Hansen* Die Untersuchungshaft in Dänemark und Norwegen, ZStW **88** (1976) 516; *Grebing* Die Untersuchungshaft in Frankreich, Rechtsvergleichende Untersuchungen zur gesamten Strafrechtswissenschaft, NF **48** (1974); *Hetzel* Die Untersuchungshaft nach deutschem, österreichischem, französischem und englischem Recht (1899); *Jescheck/ Krümpelmann* Die Untersuchungshaft im deutschen, ausländischen und internationalen Recht; III. Die Untersuchungshaft in rechtsvergleichender Darstellung, (1971); *Krümpelmann* Probleme der Untersuchungshaft im deutschen und ausländischen Recht, ZStW **82** (1970) 1052.

Entstehungsgeschichte. Obwohl die Regelung der Untersuchungshaft — vielleicht aber mehr die Handhabung der dazu erlassenen Bestimmungen — immer wieder Anlaß zu Angriffen gegeben hatte, war trotz vieler, zum Teil allerdings nur vorübergehender, Eingriffe in das Haftrecht der ursprüngliche Bestand des neunten Abschnitts, selbst in der Fassung (*Hahn* Mat. **2** 2393), bis zum Strafprozeßänderungsgesetz 1964 weitgehend erhalten, wenn man die eingeschobenen Bestimmungen (§§ 114 a bis 114 d, 115 a bis 115 d, 126 a a. F.) unberücksichtigt läßt. Namentlich die beiden Haftgründe des Fluchtverdachts und der Verdunkelungsgefahr sowie die Beschränkung auf sie, die erst das Strafprozeßänderungsgesetz 1964 aufgegeben hat, waren alter Inhalt des Abschnitts. Auch die sonst tief in den Strafprozeß eingreifende „Emminger-Verordnung" hatte das Haftrecht unberührt gelassen. Erst der weite Kreise erregende Tod des ehemaligen Ministers *Höfle* in der Untersuchungshaft war Ansporn, das Haftkontrollverfahren durch ein periodisches Haftprüfungsverfahren neu zu regeln[1], das freilich schon acht Jahre später wieder abgeschafft wurde[2].

Kurze Zeit danach wurden die beiden klassischen **Haftgründe** um zwei neue **vermehrt**[3]. Die Untersuchungshaft wurde für zulässig erklärt,

---

[1] Gesetz zur Abänderung der Untersuchungshaft vom 27. 12. 1926 (RGBl. I 529).

[2] Gesetz zur Änderung von Vorschriften des Strafrechts und des Strafverfahrens vom 24. 4. 1934 (RGBl. I 341).

[3] Art. 5 des Gesetzes zur Änderung von Vorschriften des Strafverfahrens und des Gerichtsverfassungsgesetzes vom 28. 6. 1935 (RGBl. I 844).

wenn zu befürchten war, daß der Beschuldigte die Freiheit zu neuen Straftaten mißbrauchen werde; oder

wenn es mit Rücksicht auf die Schwere der Tat und die durch sie hervorgerufene Erregung der Öffentlichkeit nicht erträglich wäre, den Angeschuldigten in Freiheit zu lassen.

Nachdem in den einzelnen Besatzungszonen bereits 1946 der Haftgrund der Erregung der Öffentlichkeit beseitigt worden war, kehrte das Vereinheitlichungsgesetz allgemein zu dem Rechtszustand von 1926 zurück. Erhalten blieb der 1933 eingefügte § 126 a über die **einstweilige Unterbringung** von Schuldunfähigen. Die §§ 114 a (jetzt 114 b), 128, 129 und 131 wurden an Art. 104 GG angepaßt.

Tiefere Eingriffe brachte erst das **Strafprozeßänderungsgesetz** 1964 mit dem Ziel, sowohl die Zahl der Verhaftungen als auch die Dauer der Untersuchungshaft einzuschränken. Dazu bediente es sich im wesentlichen folgender Mittel: Die **Voraussetzungen** der Haft wurden bestimmter und enger umschrieben; der Haftgrund der Verdunkelungsgefahr wurde aufs äußerste eingeschränkt, die Begründungspflicht verschärft. Bei Bagatelldelikten wurde die Untersuchungshaft weiter als früher ausgeschlossen. Der darin liegende Gedanke, das Übel der Untersuchungshaft müsse zu dem zu erwartenden Ergebnis des Verfahrens in einem angemessenen Verhältnis stehen, wurde darüber hinaus durch den Grundsatz der **Verhältnismäßigkeit** betont (§ 112 Abs. 1 Satz 2, § 120 Abs. 1 Satz 1, 2. Halbsatz).

Die **periodische Haftprüfung** wurde **abgeschafft,** doch wurde der Verzicht darauf wohl dadurch erleichtert, daß die Untersuchungshaft vor einem freiheitsentziehenden Urteil grundsätzlich **nicht länger als sechs Monate** dauern darf (§ 121 Abs. 1 und 2). Die bisherigen sichernden **Maßnahmen vor dem Urteil** (§ 111 a: vorläufige Entziehung der Fahrerlaubnis; § 126 a: einstweilige Unterbringung eines Zurechnungsunfähigen) baute der Gesetzgeber durch den **Haftgrund der Wiederholungsgefahr** bei Sittlichkeitsverbrechern weiter aus. Trotz der Benennung handelt es sich dabei nicht um Untersuchungshaft, sondern um Sicherungshaft.

Durch Art. 21 Nr. 34, 35 und 37 EGStGB 1974 sind die §§ 126 a Abs. 1, 127 Abs. 3 und 130, in der Substanz unverändert, neu gefaßt worden. Das Gesetz zur Änderung der Strafprozeßordnung[4] hat die Haftgründe der Fluchtgefahr und der Verdunkelungsgefahr wieder weiter gefaßt sowie den Haftgrund der **Wiederholungsgefahr** erheblich **ausgebaut** und als selbständige Vorschrift (§ 112 a) ausgestaltet.

Übersicht

1. Untersuchungshaft und einstweilige Unterbringung

a) Untersuchungshaft. Zweck der Untersuchungshaft ist, ein Strafverfahren **1** (§ 112 Abs. 2 Nr. 2) — die Untersuchung (§ 124 Abs. 1) — gegen Verdunkelung und

---

[4] vom 7. 8. 1972 – BGBl. I 1361 –

Günter Wendisch

gegen Flucht (§ 112 Abs. 2) des Beschuldigten sowie den Antritt einer in diesem Verfahren erkannten **Freiheitsstrafe oder freiheitsentziehenden Maßregel** der Besserung und Sicherung (§ 61 Nr. 1 bis 4 StGB) zu sichern (§ 124 Abs. 1; BVerfGE **19** 349 = NJW **1966** 244; **20** 49 = NJW **1966** 1259; **32** 93; OLG Frankfurt NJW **1958** 1009; OLG Bremen NJW **1960** 2260; Nr. 1 Abs. 1 UVollzO) und — wenn man in diesem Sinn die Sicherungshaft des § 112 a in die Untersuchungshaft einbezieht — weiterhin, die Öffentlichkeit vor weiteren Straftaten gewisser Wiederholungstäter zu sichern. Wegen dieser Zwecke **unterscheidet sich** der Vollzug der Untersuchungshaft **von** dem der **Freiheitsstrafe,** bei dem eine etwas äußerliche Sozialisation Vollzugsziel ist (§ 2 StVollzG) und durch die Gestaltung des Vollzugs volle Sozialisation angestrebt wird (§ 3 Abs. 3 StVollzG). Zufolge dieser Gestaltung des Vollzugs der Freiheitsstrafe sind die Eingriffe in die Lebensführung des Strafgefangenen regelmäßig tiefer als beim Untersuchungsgefangenen. Bei diesem wirkt das Ziel des (meist) zu erwartenden Straf- oder Maßregelvollzugs auf den Vollzug der Untersuchungshaft allein begünstigend in der Weise ein, daß, soweit als möglich, alles zu vermeiden ist, was dem künftigen Vollzugsziel im Weg stehen würde. Das ist nicht immer möglich, weil für diesen Zweck keine Beschränkungen zulässig sind; dem steht § 119 Abs. 3 entgegen. Auf der anderen Seite machen die Haftzwecke offenen Vollzug (§ 10 Abs. 1 StVollzG), Lockerungen des Vollzugs (§ 11 StVollzG) und Urlaub nach dem Vorbild des § 13 StVollzG unmöglich, so daß die Untersuchungshaft oft schwerer als die Strafhaft „erlitten" (§ 51 Abs. 1 Satz 1 StGB; § 450 Abs. 1; § 450 a Abs. 1 und 2) wird. Zudem können die Haftzwecke in Einzelfällen zu einer Ausgestaltung des Vollzugs zwingen, die tiefer als gemeinhin die Freiheitsstrafe in die Lebensführung des Verhafteten eingreift, z. B. um bei „Ausbrechern" die Flucht, bei Tatgenossen die Verdunkelung zu verhindern.

2   Den Vollzug **nicht freiheitsentziehender Maßregeln** (§ 61 Nr. 5 bis 7 StGB) oder einer Geldstrafe sicherzustellen, ist dagegen nicht Zweck der Untersuchungshaft (§ 124, 13; anders *Gössel* GA **1978** 124). Ebenso darf sie keine erzieherischen oder strafverhütenden Zwecke erfüllen. Selbstverständlich ist sie auch keine „Ordnungsstrafe" für einen Beschuldigten, der sich der Strafverfolgung nicht stellt (OLG Düsseldorf NJW **1969** 439). Grundsätzlich hat sie auch nicht, wie gelegentlich[5] behauptet worden ist, die Funktion, die Allgemeinheit vor weiteren Straftaten zu schützen. Eine Ausnahme enthält das geltende Recht in § 112 a („Untersuchungshaft" bei **Wiederholungstätern** und bei **Sittlichkeitsverbrechern**). Selbstverständlich ist, daß die Untersuchungshaft, weder als bloße Freiheitsentziehung noch gar in der Ausgestaltung des Vollzugs, kein Druckmittel sein darf, um den Verhafteten geständnisreif zu machen, und keine Erleichterung, ungestört ermitteln zu können[6].

3   Die Untersuchungshaft ist **Einsperrung in einer** geschlossenen **Anstalt,** wobei unter der ausdrücklichen gesetzlichen Garantie von Bequemlichkeiten (§ 119 Abs. 4) die zivile Lebensführung, soweit als möglich unangetastet bleiben muß, aber aus konkretem Anlaß im Einzelfall so weit eingeschränkt werden darf, als es notwendig ist, den Haftzweck (§ 119, 28 ff) zu sichern und die Ordnung in der Vollzugsanstalt (§ 119, 33) aufrechtzuerhalten. Das Verhalten des Verhafteten wird nach dem Wortlaut des Gesetzes (§ 119 Abs. 6 Satz 1) anhand (kaum zulänglicher) gesetzlicher Richtlinien (§ 119 Abs. 3 und 4) durch eine Unzahl richterlicher Verfügungen geregelt. In Wirklichkeit wird es durch die **Untersuchungshaftvollzugsordnung** bestimmt, die im Einzelfall durch richter-

---

[5] *Siegert* JW **1925** 930; *Hartung* 926; *Kastendieck* 63.
[6] *Kohlrausch* 1441; *Siebert* NJW **1950** 773;

Roesen 1734; *Schmidt-Leichner* 845; bedenklich *Peters* § 47 A I: „Verwahrung zur Gewährleistung der Ermittlungsaufgaben".

liche Anordnungen verdrängt werden kann. Daß dieser Gesetzesstand der Änderung bedarf, ist bei § 119, 9 ff ausgeführt.

Ist die Untersuchungshaft nach ihrem Zweck eine **prozeßsichernde Maßnahme 4** ohne Unwerturteil, die von einem als unschuldig Geltenden (Art. 6 Abs. 2 MRK) als **Sonderopfer** verlangt wird, so wird sie doch „erlitten" (§ 51 Abs. 1 Satz 1 StGB; § 450 Abs. 1, § 450 a Abs. 1 und 2); der Verhaftete empfindet sie als ein **Übel.** Dieses trifft den, der erstmalig straffällig wird, oft härter als die Freiheitsstrafe; für den Kriminellen dagegen nimmt die Untersuchungshaft die Strafe in erleichterter Form vorweg. Weil sie Übelcharakter hat, ist sie grundsätzlich und regelmäßig auf die Strafe anzurechnen (§ 51 Abs. 1 bis 4 StGB; § 450 Abs. 1 und 2; § 450 a Abs. 1 und 2).

b) Die **einstweilige Unterbringung** (§ 126 a) dient im Gegensatz zur Untersu- **5** chungshaft nicht der Verfahrenssicherung. Wie die Untersuchungshaft sichert sie zwar auch den künftigen Vollzug einer Freiheitsentziehung, doch ist das nicht ihre Aufgabe. Der Zweck, der dazu geführt hat, die Rechtseinrichtung zu schaffen, ist vielmehr, der Untersuchungshaft fremd, die Allgemeinheit vor weiteren rechtswidrigen Taten eines Schuldunfähigen (§ 20 StGB) oder eines vermindert Schuldfähigen (§ 21 StGB) zu schützen. Weil der einstweiligen Unterbringung der Charakter des Vorläufigen anhaftet, wird sie in vielen Beziehungen wie die Untersuchungshaft behandelt (§ 126 a Abs. 2 Satz 1). Ihrer Bestimmung nach gehört sie mit der vorläufigen Entziehung der Fahrerlaubnis (§ 111 a), dem vorläufigen Berufsverbot (§ 132 a) und mit der „Untersuchungshaft" gegen gewisse Wiederholungstäter und Sittlichkeitsverbrecher (§ 112 a) zu den sog. vorläufigen Maßnahmen vor dem Urteil, die, um die Öffentlichkeit zu schützen, die Wirkung des erwarteten Urteils vorwegnehmen (vgl. § 112 a, 11; 13).

c) Die **äußere Grundlage** für die Untersuchungshaft ist der **Haftbefehl** (§ 114), **6** doch kann die Vollstreckung eines zu erwartenden Haftbefehls in Eilfällen vorweggenommen werden (§ 127 Abs. 2). Der einstweiligen Unterbringung dient der **Unterbringungsbefehl** (§ 126 a). Grundlage des Vollzugs ist in beiden Fällen ein schriftliches richterliches Aufnahmeersuchen (§ 15 UVollzO). Haftbefehl und Unterbringungsbefehl können nur durch eine andere richterliche Anordnung aufgehoben werden. Automatische Folgen der Verletzung richterlicher Pflichten, etwa einer unterlassenen Vernehmung (§ 115 Abs. 2, § 115 a Abs. 2), einer übersehenen Entscheidung auf einen Antrag auf mündliche Verhandlung (§ 118 Abs. 1), eines unterbliebenen Haftprüfungsverfahrens (§ 117), sieht das Gesetz nicht vor. Deshalb kommt der **Benachrichtung** Außenstehender von jeder Entscheidung über die Fortdauer der Untersuchungshaft oder der einstweiligen Unterbringung (§ 114 b Abs. 1 Satz 1; § 126 a Abs. 2) die hohe Bedeutung einer, wenn auch beschränkten, öffentlichen Kontrolle zu.

2. Im Privatklageverfahren sind Untersuchungshaft und einstweilige Unterbrin- **7** gung ausgeschlossen (vgl. § 384 Abs. 3; § 387 Abs. 3 letzter Satzteil sowie dort Rdn. 17, 24)[7]. Dafür spricht allerdings nicht, wie *Eb. Schmidt* meint (§ 112 Nachtr. I 2), der Wortlaut der §§ 125, 126, wo von öffentlicher Klage gesprochen wird. Denn nach Eröffnung des Hauptverfahrens richtet sich das weitere Verfahren nach den Vorschriften, die für

---

[7] OLG Karlsruhe MDR **1974** 332; *Hartung* § 112; 6; *Hippel* 442; *Peters* § 47 A II 3; *Henkel* § 67 A II 4, Fußn. 12; *Roxin* § 31 B II 4; KMR-*Müller* § 384, 6; KK-*Boujong* § 112, 56; KK-*von Stackelberg* § 384, 7; § 387, 4; *Kleinknecht/Meyer* § 384, 6; *Sangmeister* NJW **1964** 16; Begr. E 1919 S. 68; **a. A.** OLG Köln *Alsb.* E 1 249; *Lobe/Alsberg* Einl. 8.

Günter Wendisch

den Offizialprozeß gegeben sind (§ 384 Abs. 1 Satz 1). Diese umfassen die Untersuchungshaft ebenso wie die Beschlagnahme[8], bei der in § 98 Abs. 2 Satz 3 und in § 111 l Abs. 3 Satz 1 ebenso wie in §§ 125, 126 Abs. 1 und 2 nur von der öffentlichen und nicht auch von der Privatklage die Rede ist, obwohl die Zulässigkeit der Beschlagnahme im Privatklageverfahren unbestritten ist.

8   Schon aus § 387 Abs. 3 läßt sich folgern, daß die Untersuchungshaft in Privatklagesachen unzulässig ist. Denn diese Vorschrift läßt, wenn der Angeklagte im Privatklageverfahren ausbleibt, nur die Vorführung, aber keinen Haftbefehl zu. Aus dem Gegensatz zu § 230 Abs. 2 kann auf die **Unzulässigkeit der Untersuchungshaft** im Privatklageverfahren geschlossen werden[9]. Ausschlaggebend ist aber wohl die Erwägung — die auch das gesetzgeberische Motiv für § 387 Abs. 3 sein dürfte —, daß nach dem Grundsatz der **Verhältnismäßigkeit** der schwere Eingriff der Untersuchungshaft — anders als der weniger tiefgreifende der Beschlagnahme — bei solchen Delikten ausgeschlossen ist, die zu verfolgen der Staat dem Privaten überläßt, weil kein öffentliches Interesse besteht, das von Amts wegen zu tun. Auch die einstweilige Unterbringung scheidet aus ähnlichen Erwägungen aus. Kommt Untersuchungshaft oder einstweilige Unterbringung in Betracht, was nach der Art der Delikte ohnehin selten der Fall sein wird, liegt die Verfolgung im öffentlichen Interesse (§ 376). Es ist bedauerlich, daß der Gesetzgeber bei vielen Änderungen des Gesetzes die alte Streitfrage nicht durch eine Ergänzung des § 113 geklärt hat.

9   **Ergänzende Anordnungen** zur Untersuchungshaft und zur einstweiligen Unterbringung treffen § 207 Abs. 4 und § 268 b (Entscheidung über die Fortdauer der Untersuchungshaft oder der einstweiligen Unterbringung bei der Eröffnung des Hauptverfahrens und bei der Verurteilung). **Weitere Vorschriften** über Haft enthalten § 70 Abs. 2, § 161 a Abs. 2 Satz 2 (Haft, um das Zeugnis zu erzwingen), § 230 Abs. 2, § 236, je 2. Alternative, § 329 Abs. 4 Satz 1 und § 412 (sog. Ungehorsamshaft); § 453 c (Haftbefehl vor Widerruf der Strafaussetzung zur Bewährung), § 56 Abs. 1 und 2, § 56 f Abs. 1 StGB; § 457 Abs. 1 Satz 1 in Verb. mit § 451 Abs. 1 (Haftbefehl der Staatsanwaltschaft, um den Strafantritt zu erzwingen); § 457 Abs. 1 Satz 2 (Haftbefehl der Staatsanwaltschaft, um einen entwichenen Strafgefangenen zu ergreifen); § 177 GVG, § 164 StPO (Sitzungspolizei); § 178 GVG (Ordnungshaft); § 183 Satz 2 GVG (vorläufige Festnahme in der Sitzung). Besonders, aber in Anlehnung an das Haftrecht der Strafprozeßordnung, ist die Haft in Auslieferungssachen geregelt in §§ 15 bis 27, 34 IRG, und diejenige für Gerichte der DDR in § 4 Abs. 3 RHG.

10   3. Die **Haftbefehle nach § 230 Abs. 2, § 236, § 329 Abs. 4 Satz 1** und die Folgen der Verhaftung sind — ebenso wie die dort genannten Vorführungsbefehle — überaus mangel- und lückenhaft geregelt; weder die Motive noch die Materialien erwähnen sie auch nur. Das läßt sich nur so erklären, daß der Gesetzgeber das Bild des vorher (§§ 114, 115 ff) eingehend geregelten Haftbefehls — wie beim Vorführungsbefehl § 134 Abs. 2 — vor Augen hatte und es für selbstverständlich ansah, das Gericht werde auf die vorangehende Regelung zurückgreifen, soweit nicht der Unterschied im Grund der Haft das verbietet.

11   Wegen dieses **Unterschieds gilt** für Haftbefehle nach § 230 Abs. 2, § 236 und nach § 329 Abs. 4 Satz 1 von § 112 **nur Absatz 1 Satz 2** (§ 112, 5); ist § 114 nur teilweise unmittelbar (Absatz 1, Absatz 2 Nr. 1 und 2, Absatz 3), sonst entsprechend anwendbar, mit

---

[8] Erl. zu § 94; *Eb. Schmidt* Vor § 94, 5.
[9] *Eb. Schmidt* § 112, Nachtr. I 2; **a. A.** – § 114

und § 230 sind ganz und gar unterschiedlich – *Sangmeister* NJW **1964** 16.

diesen Vorbehalten aber unentbehrlich (§ 114, 6), scheiden die §§ 121, 122 aus, weil für die Dauer der Hauptverhandlung die Sechsmonatsfrist nicht läuft (§ 121, 3); erlangt von § 125 nur Absatz 2 Satz 1, erste Alternative, von § 126 nur Absatz 2 Satz 1 und 3 Bedeutung; und können die §§ 127 bis 129 ihrem Inhalt nach, § 130 des Zeitpunkts wegen (§ 130, 15) nicht angewendet werden. Im übrigen gilt nahezu das gesamte Haftrecht, nämlich § 114 a; § 114 b (§ 114 b, 4); § 115 (§ 115, 3) und damit auch, weil ihn ergänzend, § 115 a; § 116 (§ 116, 5; *Kleinknecht/Meyer* § 230, 10) und als dessen Ergänzung §§ 116 a, 123, 124; § 117; (§ 117, 3) mit der Ausfüllung durch die §§ 118, 118 a, 118 b; § 119 (§ 119, 12); § 120 (§ 120, 3); sowie § 131 (§ 131, 10).

4. Haftgründe des § 112. Der Untersuchungsgefangene, der Verhaftete (§ 119 **12** Abs. 1 bis 5), gilt, weil er noch nicht verurteilt ist, als unschuldig (Art. 6 Abs. 2 MRK). Er kann es stets sein, zuweilen ist er es. Folgerichtig ist mit der Anordnung der Untersuchungshaft von Rechts wegen kein Vorwurf verbunden. Gleichwohl belastet die Haft den Verhafteten schwer (Rdn. 4). Von der Außenwelt weitgehend abgeschlossen, um Familie, Beruf und soziale Stellung besorgt, kann er in eine seelische Erschöpfung geraten, die ihn in seiner Verteidigungsfähigkeit beeinträchtigt. Ein solcher Zustand läuft nicht nur seinem Interesse zuwider, sondern auch dem des Staates, der die freie Verteidigung als eine der Grundlagen, die Wahrheit zu finden, jederzeit sicherstellen muß. Daher darf die Untersuchungshaft nur dann verhängt werden und nur solange aufrechterhalten werden, als das unbedingt erforderlich ist.

Das Haftrecht ist, wenn es richtig angewendet wird, weitgehend geeignet, in **13** schonendem Vollzug (§ 119, 30 bis 34), sowohl dem Zweck der Untersuchung (§ 151; § 124 Abs. 1; § 165, § 168 a Abs. 1, § 168 b Abs. 1, § 169 Abs. 2), die das vorbereitende Verfahren (§§ 158 bis 177), das Zwischenverfahren (§§ 201 bis 211) und das Hauptverfahren (§§ 199 bis 275) umfaßt, zu dienen, als auch der Forderung nachzukommen, von der Untersuchungshaft nur den **sparsamsten Gebrauch** zu machen. In diesem Punkt ist es leider durch die Umständlichkeit und die Länge des Verfahrens — denen ausschlaggebend nur eine Prozeßreform entgegenwirken kann (*Dünnebier* 29, 50) — beeinträchtigt, läßt aber auch sonst erfüllbare Wünsche offen:

Will der Richter einen Beschuldigten in Haft nehmen, muß er die Voraussetzun- **14** gen der §§ 112, 112 a, 113 nachweisen, sie nach § 114 begründen und zugleich nach § 116 prüfen, ob er davon absehen kann, die angeordnete Haft zu vollziehen. Die Regeln, die er nach diesen Bestimmungen zu beachten hat, sind zu vielfältig und **kompliziert**; einfachere Formulierungen wären vorzuziehen.

Die Haftgründe der **Flucht** (§ 112 Abs. 2 Nr. 1) **und** der **Fluchtgefahr** (§ 112 **15** Abs. 2 Nr. 2) sind in keinem Strafprozeßrecht zu entbehren. Der Grundsatz der Verhältnismäßigkeit, den das Haftrecht zweimal betont (§ 112 Abs. 1 Satz 2; § 120 Abs. 1 Satz 1, 2. Halbsatz), verlangt jedoch bei Bagatellstrafsachen Zurückhaltung. Dem trägt § 113 Rechnung, doch hätte der Gesetzgeber dem Richter mehr Verantwortung abnehmen und die Ausnahmeregelung großzügiger gestalten können. Die Bestimmung zeigt die **Möglichkeiten,** mit denen der Gesetzgeber die Untersuchungshaft wirksamer **einschränken** kann, als wenn er fortfährt, die Voraussetzungen der Haft mit Hilfe von Klauseln und Kautelen zu erschweren, die die Praxis kaum anwenden kann. Im Fall des § 113 wird, von den in Absatz 2 aufgeführten Ausnahmen abgesehen, selbst bei Fluchtgefahr die Verhaftung untersagt, wenn eine Strafe von sechs Monaten angedroht ist. Das ist ein klarer Verzicht des Gesetzgebers nicht nur auf die Haft, sondern ggf. auch auf die Durchführung des Verfahrens überhaupt (enger OLG Karlsruhe Rpfleger **1971** 406). Der Gesetzgeber hätte, als er in § 112 Abs. 1 Satz 2, § 120 Abs. 1 Satz 1 zweiter Halbsatz auf die zu erwartende Sanktion abstellte, auch in § 113 nicht auf die Strafdrohung, sondern — wie schon in den Entwürfen (z. B. § 111 Abs. 2 E 1909, Bericht der RTKommission) — auf die *zu erwartende Strafe* aufbauen und diese Strafe mit neun Monaten — besser noch mit einem Jahr — bemessen sollen. Damit hätte er die Entscheidung übernommen, die die Praxis ihm, wie sich gezeigt hat, nicht abgenommen hat und wohl auch nicht abnehmen wird.

16   Die Zahl der Fälle, in denen Untersuchungshaft ausschließlich wegen **Verdunkelungsgefahr** verhängt wird, ist klein. Von einem Mißbrauch dieses Haftgrunds wird man nicht sprechen können, wenn er auch in seltenen Fällen beobachtet worden ist („weil die Ermittlungen noch nicht abgeschlossen sind"). Der Haftgrund ist für Ausnahmefälle nicht zu entbehren (*Rosenberg* 1447). Er kann auch keineswegs, wie gelegentlich gefordert worden ist, an die Voraussetzung geknüpft werden, daß der Beschuldigte in der laufenden Strafsache bereits einmal zu verdunkeln unternommen hat.

17   Die Untersuchungshaft bei **Straftaten wider das Leben** (§ 112 Abs. 3) ist keine Bereicherung des Haftrechts. *Anagnostopoulos* — LV § 112 — (119) kennzeichnet den Haftgrund der Tatschwere als eine 1964 einsetzende und seitdem konsequent fortgeführte Fehlleistung, die umgehend wieder beseitigt werden sollte. Der grobgeschnittene Tatbestand hat auch alsbald zu Auslegungsschwierigkeiten und zu einer Korrektur durch das Bundesverfassungsgericht geführt (§ 112, 52; § 116, 30), die sich mit einer Art „Umkehr der Beweislast" schwer in das System der §§ 112, 112 a und der Strafprozeßordnung überhaupt einfügt. *Deckers* (AnwBl. **1983** 423) empfiehlt deshalb auch, die Vorschrift zu streichen.

18   **5. Sicherungshaft (§ 112 a).** Auch die Haft gegen gewisse Sittlichkeitsverbrecher und eine Gruppe von Wiederholungstätern (§ 112 a Abs. 1) ist als Untersuchungshaft ausgestaltet, wie sich aus der Verbindung der Eingangssätze von § 112 a und 112 durch das Wort „Haftgrund" ergibt. In Wirklichkeit handelt es sich um sog. **Sicherungshaft,** wie sie im Antrag des Bundesrats (BTDrucks. **IV** 3284, S. 3) und früher von Bundesjustizminister Dr. *Bucher* während der Bundestagsverhandlungen ausdrücklich bezeichnet worden ist (BTProt. **IV** 6438 B)[10]. Denn die Haft dient nicht, wie die nach § 112, der Abwehr, daß sich der Beschuldigte dem Verfahren, der „Untersuchung", und dem Antritt freiheitsentziehender Sanktionen (§ 124 Abs. 1) entzieht, sie soll vielmehr die Allgemeinheit vor Gefahr sichern, die dieser durch weitere erhebliche Straftaten gleicher Art von demselben Täter drohen. Danach ist die Haft kein Sonderopfer zur Verfahrenssicherung, sondern eindeutig vorweggenommene Urteilsvollstreckung (§ 112 a, 10), ebenso wie die vorläufige Entziehung der Fahrerlaubnis (§ 111 a), das vorläufige Berufsverbot (§ 132 a) und die einstweilige Unterbringung in einem psychiatrischen Krankenhaus (§ 126 a), die man alle besser in einem gemeinsamen Abschnitt untergebracht hätte; § 111 a und § 132 a stehen ohnehin recht zusammenhanglos in ihrer Umgebung.

19   Die aufgeführten vorläufigen Maßnahmen sind so lange **gerechtfertigt,** als auch die (endgültige) Entziehung der Fahrerlaubnis (§ 69 StGB), die Anordnung des Berufsverbots (§ 70 StGB) und die Anordnung der Unterbringung in einem psychiatrischen Krankenhaus (§ 63 StGB) dem Strafverfahren überlassen bleiben und nicht ins Verwaltungsverfahren zurückgegeben werden. Hält man danach die drei vorläufigen Maßnahmen im Strafprozeß für zulässig (vgl. *Seebode* ZPR **1969** 27; LG Heidelberg NJW **1969** 1636), kann man nicht die Sicherungshaft für Wiederholungstäter ablehnen. Dem Einwand *Baumanns* (FS Dünnebier 693), eine vorläufige Verwahrung wäre nur sinnvoll,

---

[10] Vgl. auch BTProt. **IV** 6444 A; ebenso *Roxin*
§ 30 B II Abs. 2 d: „eine Art Sicherungshaft
wie in § 126 a".

wenn das Strafrecht die Verwahrung gefährlicher Täter allgemein zuließe (vgl. auch *Jescheck/Krümpelmann* 991), ist entgegenzuhalten, daß keine Straftat (erkennbar) allein auf der Schuld des Täters beruht und jede „Strafe" daher gerechte Schuldstrafe und gerechtfertigte Maßregeln der Besserung und Sicherung in sich vereinigt (*Dünnebier* Ndschr. der GrStRKomm. **11** 42). Den sichernden **Maßregelanteil** kann die Sicherungshaft ebenso vorwegnehmen wie die drei genannten vorläufigen Maßnahmen und sie ist daher nicht systemwidriger als diese.

Auch Art. 5 Abs. 1 Buchst. c MRK läßt die Freiheitsentziehung zu dem Zweck zu, **20** den Beschuldigten zu **hindern,** eine **Straftat zu begehen.** In Übereinstimmung damit sieht § 71 Abs. 2 JGG die einstweilige Unterbringung in einem Erziehungsheim vor, wenn Jugendstrafe zu erwarten und die Unterbringung geboten ist, u. a. um einem Mißbrauch der Freiheit zu neuen Straftaten entgegenzuwirken. — Gegen den Deliktskatalog des § 112 a Abs. 1 lassen sich freilich Bedenken geltend machen (§ 112 a, 64).

6. Haftbeschränkung und Haftkontrolle. Das Gericht muß den Haftbefehl aufheben, **21** „sobald" die Voraussetzungen der Untersuchungshaft nicht mehr vorliegen (§ 120 Abs. 1 Satz 1). Dazu muß der Richter unabhängig von Anträgen jederzeit prüfen, ob der Haftbefehl aufzuheben oder wenigstens sein Vollzug auszusetzen ist. Es war ein überzeugender Gedanke, den Richter an diese dauernde Pflicht durch den Befehl periodischer Haftprüfung zu gemahnen. Die Idee hatte sich indessen in der Praxis nicht bewährt. Die Entscheidung (§ 117 Abs. 1), die Haftprüfung in die Initiative des Beschuldigten zu stellen, kann akzeptiert werden, weil der Beschuldigte nach drei Monaten Freiheitsentziehung regelmäßig einen Verteidiger erhält (§ 140 Abs. 1 Nr. 5, § 141 Abs. 3, § 117 Abs. 4); weil der Grundsatz der Verhältnismäßigkeit stark herausgestellt worden ist (§ 112 Abs. 1 Satz 2; § 120 Abs. 1 Satz 1, zweiter Halbsatz); und weil die Untersuchungshaft nur ausnahmsweise sechs Monate übersteigen darf (§ 121 Abs. 1).

Erwägt man den verhältnismäßig großen Anteil von Gefangenen, deren Verfah- **22** ren ohne Urteil, mit Freispruch, mit Geldstrafe oder mit geringen oder zur Bewährung ausgesetzten Freiheitsstrafen endet, dann empfindet man die doppelte Betonung des **Grundsatzes der Verhältnismäßigkeit,** obwohl er an sich schon aus dem Grundgesetz herzuleiten ist, als einen starken Antrieb, die Untersuchungshaft möglichst kurz zu halten. Denn der Grundsatz sichert das **Grundrecht der persönlichen Freiheit** (Art. 2 Abs. 2 Satz 2 GG) und dient dem Ausgleich zwischen diesem Grundrecht und dem Bedürfnis einer wirksamen Strafverfolgung (§ 112, 54). Nahezu gleiche Bedeutung kommt der **Haftprüfung** zu, die das **Oberlandesgericht** anstellen muß, bevor sechs Monate Untersuchungshaft abgelaufen sind. Zu Unrecht bezeichnet *Spiecker* (101) sie allein als eine Verzögerung des Verfahrens. Sie hat sich im Gegenteil wegen der strengen Anforderungen für eine Haftverlängerung als ein Antrieb erwiesen, die Ermittlungen zu beschleunigen.

In der Praxis hat die **Kontrolle durch das Oberlandesgericht** (§§ 121, 122) eine **23** doppelte Wirkung gezeigt. Zum ersten hat sich der Druck, daß nach sechs Monaten Haftvollzug eine Überprüfung eintritt, positiv ausgewirkt; Hauptverhandlungen, die nach Ablauf jener Frist beginnen, sind, wenn auch in den Jahren 1974 bis 1976 Verfahren mit nahezu unerträglich langer Dauer der Untersuchungshaft beunruhigend gewirkt haben, im ganzen doch seltener geworden. Auf der anderen Seite sind die Termine dann nicht immer mit besonderer Beschleunigung angesetzt worden, wenn es möglich gewesen ist, einen „normalen" Termin innerhalb der Sechsmonatsfrist unterzubringen. Die Anstrengungen, innerhalb von sechs Monaten zum Termin zu kommen, sind also verstärkt worden, dagegen sind Bemühungen, mit denen die Haft weiter hätte abgekürzt werden können, oft dann unterblieben, wenn gesichert war, daß der Termin noch rechtzeitig stattfinden werde. Auch ist über die Verzögerung geklagt worden, die das Prüfungsverfahren mit sich bringt[11].

24   Ob die dargestellte **Wirkung** der §§ 121, 122, 122 a anhalten wird, ist noch immer nicht abzusehen. Die Gerichte haben bei Kapitalverbrechen den Beschuldigten zuweilen ungern deshalb entlassen, weil die Sache verzögerlich bearbeitet worden war, und daher manchmal einen Ausweg gefunden, das zu vermeiden. Doch sind auch mutige Entscheidungen veröffentlicht worden (BVerfGE **19** 342 = NJW **1966** 347; **20** 45 = NJW **1966** 1289; § 121, 38; 39; 41; 43). Zudem ist der Grundsatz der Verhältnismäßigkeit auch auf die Zeit nach dem ersten Urteil erstreckt worden. Dazu hat die Menschenrechtskonvention in der Rechtsprechung und im Schrifttum größere Beachtung gefunden und dahin gewirkt, überlange Untersuchungshaft abzukürzen (§ 122, 46f).

25   Die bedauerliche Feststellung, daß die Dauer der Untersuchungshaft seit Beginn des Jahrhunderts wesentlich zugenommen hat[12], richtet das Augenmerk auf die Erkenntnis, daß letztlich nicht der Gesetzestext über die Güte des Haftrechts entscheidet, sondern seine **Anwendung in der Praxis.** Wenn die Praxis jede Routine vermeidet (*Sauer* 1994), wenn sie der Erfahrung vertraut, daß der mit der Untersuchungshaft Verschonte in gewöhnlichen Fällen zwar vereinzelt, aber aufs Ganze gesehen doch nur selten die Flucht ergreift (*Alsberg* 1436), wenn sie sich durch gleichwohl getäuschtes Vertrauen nicht verhärten läßt, wird eine maßvolle Haftpraxis zu erzielen sein. **Konzentrierte Bearbeitung,** Beschränkung des Prozeßstoffs (§§ 153, 153 a, 153 b, 154, 154 a) und der Einsatz technischer Mittel, zu denen namentlich Hilfsakten mit den Durchschlägen von Vernehmungsprotokollen usw. gehören (*Spiecker* 102), sowie ergänzende Vernehmungen des Beschuldigten erst nach Durchführung sonstiger Ermittlungen, werden das Verfahren in Haftsachen und damit die Untersuchungshaft wirksam abzukürzen helfen, doch ist durchgreifende Abhilfe nur durch eine Prozeßreform zu erzielen, mit der die Länge der Verfahren beträchtlich vermindert wird.

26   **7. Landesverfassungsrecht.** Einige Landesverfassungen enthalten Bestimmungen, durch die Schutzvorschriften des Haftrechts verschärft oder Anordnungen getroffen werden, die der Strafprozeßordnung entgegenstehen. Zur ersten Gruppe gehören Art. 19 Abs. 2 LVerf. Hessen und Art. 5 Abs. 2 Satz 1 LVerf. Rheinland-Pfalz. Danach ist der Festgenommene binnen 24 Stunden dem Richter vorzuführen, nicht erst spätestens am Tag nach der Ergreifung oder vorläufigen Festnahme (§ 115 Abs. 1, § 115 a Abs. 1, § 128 Abs. 1). Nach Art. 102 Abs. 2 Satz 1 LVerf. Bayern ist der Festgenommene spätestens am Tag nach der Festnahme dem zuständigen Richter vorzuführen; die Möglichkeit, ihn zum Richter des nächsten Amtsgerichts zu bringen (§ 115 a Abs. 1), entfällt (wenn man nicht die Worte zuständiger Richter als gesetzlicher Richter lesen will). Zur anderen Gruppe zählen Art. 5 Abs. 4 Satz 3 LVerf. Bremen, Art. 19 Abs. 2

---

[11] *Jescheck/Krümpelmann* vermuten, daß der Gesetzgeber mit dem Verfahren der §§ 121, 122 den falschen Weg gegangen sei und halten die richterliche Festsetzung der Untersuchungshaft für die bessere Lösung (985). Diese hätte aber nur Sinn, wenn die Gerichte nach Ablauf der gesetzten Frist den Fall alsbald verhandeln würden. Davon kann leider keine Rede sein. Die Zeit von der Verhaftung bis zur Anklage ist oft kürzer als die von der Anklage bis zum Beginn der Hauptverhandlung.

[12] Nach der Statistik von 1908 (Reichstag, Aktenstück 638, S. 3723; Mat. zur StrRef. **13**) war die Untersuchungshaft nur in 5,9 % der Fälle länger als drei Monate; freilich waren 55,22 % wegen Verdachts lediglich einer Übertretung in Haft. Nach der Querschnittsstatistik 1961 waren länger als sechs Monate 27,9 % in Untersuchungshaft (vgl. LR[21] EB Vor § 112, Anm. 5). Nach einer bei *Wolter* (458) angeführten Erhebung in Nordrhein-Westfalen betrug der Anteil der länger als sechs Monate einsitzenden Untersuchungsgefangenen zwischen 1964 und 1973 durchschnittlich 15 %.

Satz 1 LVerf. Hessen und Art. 5 Abs. 2 Satz 2 LVerf. Rheinland-Pfalz. Dort wird angeordnet, daß das Gericht in bestimmten Zwischenräumen von Amts wegen nachprüfen muß, ob die Fortdauer der Haft gerechtfertigt ist. Diese Bestimmungen stehen in Widerspruch zu § 117, der abgesehen von einer Ausnahme (§ 117 Abs. 5) keine periodische Haftprüfung von Amts wegen mehr kennt.

Alle diese Vorschriften haben ihren Platz in den **Grundrechtsteilen** der Landesverfassungen. Wenn sie Landesgrundrechte enthalten, ist ihre Gültigkeit nach Art. 142 GG **27** zu beurteilen. Ob sie Grundrechte sind oder (nur) Verfassungsbefehle, die an Grundrechte angeschlossen sind, und ob sie im letzten Fall Grundrechtsrang haben und daher wie Grundrechte zu behandeln sind, kann dahingestellt bleiben. Denn alle Vorschriften sind in bezug auf die Strafprozeßordnung aus folgenden Erwägungen außer Gültigkeit[13]:

Nach Art. 31 GG bricht Bundesrecht Landesrecht; d. h. zulässiges **Bundesrecht beseitigt Landesrecht,** das zum gleichen Gegenstand wie das Bundesrecht ergangen ist **28** (*v. Mangoldt/Klein* Art. 131, 3 c), auf jeden Fall, wenn es ihm entgegensteht (*Maunz/Dürig/Herzog* Art. 31, 6), und zwar auch dann, wenn das Landesrecht Landesverfassungsrecht ist (*Maunz/Dürig/Herzog* Art. 31, 5). Als Ausnahme hiervon bleiben nach Art. 142 GG Bestimmungen der Landesverfassungen auch insoweit in Kraft, als sie in Übereinstimmung mit den Art. 1 bis 18 (genauer: 17) des Grundgesetzes Grundrechte gewährleisten. Die Vorschrift hat einen doppelten Inhalt: einmal bleiben mit Bundesgrundrechten übereinstimmende Landesgrundrechte als Landesrecht erhalten, was Bedeutung für den Weg zu den Landesverfassungsgerichten hat (*v. Mangoldt/Klein* Art. 142, 2; *Kratzer* Festschrift für Laforet 112). Zum anderen bleiben Landesgrundrechte in Kraft, die über die Bundesgrundrechte hinausgehen, was sich aus dem Wort „auch" ergibt. Diese Ausnahmen finden aber dann keine Anwendung, wenn der Bundesgesetzgeber durch Gesetz in das Grundrecht eingreifen kann (BVerfGE 1 280 = NJW **1952** 866; BayOblGZ **1956** 431; *Holtkotten* Art. 142, 4 a; *v. Mangoldt/Klein* Art. 142, 2). Das Verfahren nach Festnahme (Vorführung zum Richter in bestimmer Frist) und bei der Entscheidung über die Haft (alleinige Entscheidungsgewalt des Richters) ist in Art. 104 GG geregelt. Art. 104 ergänzt Art. 2 Abs. 2 Satz 2 GG, so daß Art. 142 GG auch für ihn gilt (BayOblGZ **1956** 431). In das Grundrecht der persönlichen Freiheit darf aber nach Art. 2 Abs. 2 Satz 3 GG aufgrund eines Gesetzes **eingegriffen** werden. Das ist durch die Strafprozeßordnung geschehen. Damit sind die angeführten **Bestimmungen der Landesverfassungen aufgehoben** (zum Verhältnis von § 117 zu Art. 5 Abs. 2 Satz 2 LVerf.RhPf. vgl. OLG Koblenz GA **1984** 130). Der Aufhebungstermin interessiert hier nicht; er liegt wohl beim Inkrafttreten des Grundgesetzes (vgl. Art. 125 GG), spätestens des Vereinheitlichungsgesetzes.

8. Menschenrechtskonvention[14]. Die Konvention hat für das Haftrecht mehrfach **29** Bedeutung, namentlich aber wegen der in Art. 5 Abs. 3 Satz 2 und 3 MRK aufgestellten

---

[13] *Spitta* LVerf. Bremen, Anm. zu Art. 5 Abs. 3 bis 5; *Zinn/Stein* LVerf. Hessen, Art. 19, 1; OLG Bremen MDR **1965** 317; **a. A.** *Süsterhenn/Schäfer* LVerf. Rheinland-Pfalz, Art. 5, 2; *Maunz/Dürig/Herzog* Art. 104, 42; *Baumann* FS Eb. Schmidt 534; *Roxin* § 3 E I.

[14] Die Konvention ist durch Art. II des Gesetzes vom 7. 8. 1952 – BGBl. II 685, 953 – mit Gesetzeskraft veröffentlicht worden. Sie ist am 3. 9. 1953 in Kraft getreten. In ihrem ersten Abschnitt werden allen der Jurisdiktion der vertragschließenden Staaten unterstehenden Personen Rechte und Freiheiten zugesichert. Werden diese verletzt, kann der Verletzte nach Art. 13 MRK bei einer nationalen Instanz Beschwerde einlegen und sich nach Art. 25 MRK mit einem Gesuch an die Europäische Kommission für Menschenrechte wenden.

Pflicht, den Verhafteten, wenn auch ggf. gegen Sicherheitsleistung, zu entlassen, falls er nicht innerhalb angemessener Frist abgeurteilt werden kann, und wegen des in Art. 6 Abs. 1 Satz 1 MRK festgelegten Anspruchs darauf, daß seine Sache innerhalb einer angemessenen Frist gehört (verhandelt) wird. Seitdem Frankreich die Konvention und das Zusatzprotokoll ratifiziert hat, und damit alle Mitgliedsstaaten der Europäischen Gemeinschaften und 17 von 18 Mitgliedsstaaten des Europarats Vertragspartner der Konvention sind, ist die Konvention als (partikuläres) Völkerrecht nach Art. 25 GG Bestandteil des Bundesrechts geworden und **als allgemeines Völkerrecht** gesetzesfest (*Guradze* MRK 16, 17; *Kalsbach* 139, 143 mit weit. Nachw.). Welchen Rang **gesetzesfestes Bundesrecht** hat, braucht nicht untersucht zu werden, weil nur interessiert, daß solches Recht durch spätere Gesetze nicht geändert werden kann. Die Konvention ist mit dem innerdeutschen Recht zu vergleichen; es gilt jeweils die günstigere Regelung (*Guradze* MRK 19).

§ 112

(1) [1]Die Untersuchungshaft darf gegen den Beschuldigten angeordnet werden, wenn er der Tat dringend verdächtig ist und ein Haftgrund besteht. [2]Sie darf nicht angeordnet werden, wenn sie zu der Bedeutung der Sache und zu der zu erwartenden Strafe oder Maßregel der Besserung und Sicherung außer Verhältnis steht.

(2) Ein Haftgrund besteht, wenn auf Grund bestimmter Tatsachen
1. festgestellt wird, daß der Beschuldigte flüchtig ist oder sich verborgen hält,
2. bei Würdigung der Umstände des Einzelfalls die Gefahr besteht, daß der Beschuldigte sich dem Strafverfahren entziehen werde (Fluchtgefahr), oder
3. das Verhalten des Beschuldigten den dringenden Verdacht begründet, er werde
     a) Beweismittel vernichten, verändern, beiseite schaffen, unterdrücken oder fälschen oder
     b) auf Mitbeschuldigte, Zeugen oder Sachverständige in unlauterer Weise einwirken oder
     c) andere zu solchem Verhalten veranlassen,
und wenn deshalb die Gefahr droht, daß die Ermittlung der Wahrheit erschwert werde (Verdunkelungsgefahr).

(3) Gegen den Beschuldigten, der einer Straftat nach § 129 a Abs. 1 oder nach den §§ 221, 212, 220 a Abs. 1 Nr. 1 des Strafgesetzbuches oder, soweit durch die Tat Leib oder Leben eines anderen gefährdet worden ist, nach § 311 Abs. 1 bis 3 des Strafgesetzbuches dringend verdächtig ist, darf die Untersuchungshaft auch angeordnet werden, wenn ein Haftgrund nach Abs. 2 nicht besteht.

Schrifttum. *Anagnostopoulos* Haftgründe der Tatschwere und der Wiederholungsgefahr (§§ 112 Abs. 3, 112 a StPO), Frankfurter kriminalwissenschaftliche Studien Bd. 8, 1983; *Benfer* Der Haftgrund „Fluchtgefahr", Die Polizei **1983** 81; *Dahs sen.* Untersuchungshaft wegen „erkennbarer Absicht" der Verdunkelung, NJW **1965** 889; *Dahs* Apokryphe Haftgründe — Erwartung einer hohen Strafe = Fluchtgefahr; Charakter der Straftat = Verdunkelungsgefahr, FS Dünnebier 227; *Dahs* Der Haftgrund der Fluchtgefahr, AnwBl. **1983** 418; *Deckers* Die Vorschrift des § 112 Abs. 3 StPO, sogenannter „Haftgrund der Tatschwere", AnwBl. **1983** 420; *Dreves* Der dringende Tatverdacht im Haftbefehl, DRiZ **1966** 368; *Dünnebier* Untersuchungshaft bei Verbrechen wider das Leben, NJW **1966** 231; *Franzheim* Der Haftgrund der Verdunkelungsgefahr bei Wirtschaftsstrafsachen, GA **1970** 109; *Habenicht* Englische Haftpraxis und Haftgrund der Verdunkelungsgefahr, JR **1964** 401; *Hartung* Krankheit und Untersuchungshaft, JR **1925** 928; *Hausen* Zum Haftgrund der Fluchtgefahr, Die Polizei **1983** 65; *Kanka* Untersuchungshaft bei Mord, Totschlag und Völkermord, NJW **1966** 428; *Krekeler* Zum Haftgrund der Verdunkelungsgefahr, insbesondere bei Wirtschaftsdelikten, wistra **1982** 8; *Kühne* Die Definition des Verdachts als Voraussetzung strafprozessualer Zwangsmaßnahmen, NJW **1979** 617; *Löwenstein* Die Haftunfähigkeit, JW **1925** 1458; *Oppe* Der unbenannte Haftgrund des § 112 Abs. 4 StPO, NJW **1966** 93; *Oppe* Das Bundesverfassungsgericht und der Haftgrund des § 112 Abs. 4 StPO, MDR **1966** 641; *Parigger* Tendenzen im Haftrecht in der Rechtswirklichkeit, AnwBl. **1983** 423; *Rupprecht* Verfassungsrechtsprechung zur Untersuchungshaft, NJW **1973** 1633; *Schmidt-Leichner* Untersuchungshaft und Grundgesetz, NJW **1966** 425; *Seetzen* Zur Verhältnismäßigkeit der Untersuchungshaft, NJW **1973** 2001.

Entstehungsgeschichte. Absatz 1 Satz 2 und Absatz 2 enthalten im Kern Recht, das seit Erlaß der Strafprozeßordnung in Geltung war. Die Fassung von Absatz 1, Absatz 2 Nr. 1 beruht auf Art. 1 Nr. 1 StPÄG 1964. Dieses Gesetz gebrauchte auch sowohl für die Flucht- als auch für die Verdunkelungsgefahr die Wendung, daß „auf Grund bestimmter Tatsachen" eine bestimmte „Gefahr" bestehe. Bei der Verdunkelungsgefahr wurde zudem auf die Absicht des Beschuldigten abgestellt, die in Absatz 2 Nr. 3 aufgeführten Verdunkelungshandlungen vorzunehmen.

Durch Art. 1 Nr. 1 StPÄG 1972 dem die jetzige Fassung von Absatz 2 Nr. 2 und 3 sowie Absatz 3 entstammt, wurden die Haftvoraussetzungen wieder gelockert und der alte Absatz 3 (Wiederholungsgefahr bei gewissen Sittlichkeitsverbrechen) erweitert und als § 112 a aufgeführt.

Der jetzige Absatz 3 war als Absatz 4 durch Art. 1 Nr. 1 StPÄG 1964 eingefügt worden. Er hat durch Art. 1 Nr. 1 des Gesetzes vom 7. 8. 1972 die jetzige Fassung erhalten. Durch Art. 2 Nr. 1 des Gesetzes vom 18. 8. 1976 — BGBl. I 2181 — wurde in den Katalog der Straftaten § 129 a Abs. 1 StGB eingefügt.

Übersicht

I. Reichweite der Vorschrift

1. Abschließende Regelung. Die sachlichen Voraussetzungen der Untersu- **1** chungshaft sind in §§ 112, 112 a abschließend aufgeführt und in § 113 begrenzt. Flucht (Absatz 2 Nr. 1), Fluchtgefahr (Absatz 2 Nr. 2), Verdunkelungsgefahr (Absatz 2 Nr. 3)

Günter Wendisch

und Wiederholungsgefahr (§ 112 a) werden als Haftgründe bezeichnet. Sie schließen eine Erweiterung aus; weder der Erlaß eines Haftbefehls noch die Anordnung der Fortdauer der Untersuchungshaft darf daher über den eigentlichen Haftgrund hinaus mit zusätzlichen Erwägungen mit dem Hinweis auf deren mögliche Auswirkungen auf den Beschuldigten begründet werden (*Oehler* JR **1983** 515). Im Gegensatz dazu steht der Fall des Absatzes 3 (Verbrechen wider das Leben), wo das Wort „Haftgrund" ausdrücklich vermieden wird. Das hat Bedeutung für den Inhalt des Haftbefehls (§ 114, 19), ist aber ohne Auswirkung auf die Vernehmung (§ 115 Abs. 3 Satz 2).

2   Dringender Tatverdacht und Haftgrund zusammen werden die **(sachlichen) Voraussetzungen der Untersuchungshaft** genannt (§ 120 Abs. 1 Satz 1). Sie rechtfertigen die Haft aber nur, wenn diese nicht außer Verhältnis zu der Bedeutung der Sache und zu der zu erwartenden Strafe oder Maßregel der Besserung und Sicherung steht (§ 112 Abs. 1 Satz 2; § 120 Abs. 1 Satz 1 zweiter Halbsatz). Ein zusammenfassender Ausdruck, der auch diese „negative Voraussetzung" einbezieht, fehlt in § 112, der sich schon (aber nicht allein) dadurch in der Ausdrucksweise als recht kompliziert und wenig geschickt abgefaßt erweist. Der zusammenfassende Begriff **„Voraussetzungen eines Haftbefehls"** findet sich erst in § 127 Abs. 2, § 127 a Abs. 1, § 132 Abs. 1 — wobei die Bezeichnung im letzten Fall zudem ungenau ist (§ 132, 4) — und — in etwas komplizierterer Form („Voraussetzungen für den Erlaß des Haftbefehls") — in § 112 a Abs. 2 für den speziellen Fall der Subsidiarität gegenüber § 112.

3   Die sachlichen Voraussetzungen der Untersuchungshaft gelten auch für die **vorläufige Festnahme** nach § 127 Abs. 2 (§ 127, 21). Die vorläufige Festnahme nach § 127 Abs. 1 ist dagegen auch bei weniger strengen Voraussetzungen zulässig.

4   **Formelle Voraussetzung** der Untersuchungshaft ist ein schriftlicher Haftbefehl „des Richters" (§ 114), wobei unter Richter auch ein Kollegialgericht zu verstehen ist (§ 125 Abs. 2, § 126 Abs. 2).

5   **2. Verhältnis zur Ungehorsamshaft.** Für die sog. Ungehorsamshaft (§ 230 Abs. 2, § 236, je zweite Alternative) gilt von den sachlichen Voraussetzungen der Untersuchungshaft (Rdn. 2) nur der Grundsatz der Verhältnismäßigkeit (BVerfGE **32** 93). Allerdings wird er mehr bei der Auswahl der drei Zwangsmaßnahmen (Rdn. 9) eine Rolle spielen als bei der Abwägung zu der Bedeutung der Sache und zu der Sanktion, die zu erwarten ist, wenn auch diese Abwägung bei der Auswahl mit zu berücksichtigen ist. Unmittelbar wird er seltener Anwendung finden als bei der Untersuchungshaft. Denn die Ungehorsamshaft endet mit der Hauptverhandlung[1]; sie kann daher in der Regel nur kurz sein. Freilich können die Art des Delikts und die zu erwartende Strafe auch einen Haftbefehl der genannten Art ausschließen mit der Folge, daß — wie bei § 113 — das Delikt u. U. unverfolgt bleibt.

6   Abgesehen davon ist die Ungehorsamshaft von den sachlichen Voraussetzungen der Untersuchungshaft ebenso unabhängig wie der Vorführungsbefehl (§ 230 Abs. 2, § 236, je erste Alternative). Die genannten Vorschriften sind gegenüber § 112 und § 134 Abs. 1 **Spezialbestimmungen.** Die Ungehorsamshaft hat ihre Grundlage in dem Ungehorsam des Angeklagten gegenüber einer Ladung (§ 230 Abs. 2) oder Anordnung (§ 236) und in der Aufklärungspflicht des Gerichts. Voraussetzung ist nur die ordnungsgemäße

---

[1] Mot. *Hahn* 1 187; **Für diese . . . Verhandlung** wird die Anwesenheit des Angeklagten durch die Zwangsregeln des § 193 Abs. 2 – jetzt 230 Abs. 2 – sicherzustellen sein. OLG Oldenburg MDR **1972** 625: Haftbefehle dieser Art . . . sollen ausschließlich die Durchführung der Hauptverhandlung sichern und treten deshalb eo ipso mit deren Beendigung außer Kraft. Ebenso OLG Saarbrücken NJW **1972** 791.

Ladung und das unentschuldigte Ausbleiben (OLG Celle NdsRpfl. **1963** 238). Die Haftgründe spielen bei ihr keine Rolle. Ebenso wird kein dringender Tatverdacht gefordert, vielmehr genügt der in der Eröffnung des Hauptverfahrens zum Ausdruck kommende hinreichende Verdacht (§ 203; vgl. § 203, 11 f). Ein auf § 230 Abs. 2 gestützter Haftbefehl kann deshalb auch nicht auf eine Beschwerde des Angeklagten vom Beschwerdegericht als Haftbefehl nach § 112 aufrechterhalten werden (OLG Karlsruhe MDR **1980** 868). Finden daher § 112 Abs. 1 Satz 1, Absatz 2 und 3, § 112 a wie auch die Einschränkungen des § 113 **keine Anwendung,** so gelten doch die §§ 114, 114 a, 114 b, 115, 115 a, 116 bis 120, 123, 124, 131, 310 Abs. 1 (OLG Celle NJW **1957** 393) und 295, nicht jedoch §§ 121, 122 (§ 121, 4; OLG Oldenburg NJW **1972** 1585), auch für sie, nicht indessen für die in den genannten Vorschriften auch geregelte bloße Vorführung.

Nähme man eine Geltung des § 112 an, wären die **Sondervorschriften überflüssig. 7** Denn wenn die Haftgründe des § 112 vorliegen, kann auch das erkennende Gericht einen Haftbefehl erlassen (§ 125 Abs. 2). § 230 Abs. 2 und § 236, je 2. Alternative, wären dann inhaltslose Verweisungsvorschriften. Daß sie das sein sollten, wird durch folgende Überlegung widerlegt: Der Angeklagte entzieht sich dem Verfahren noch nicht, wenn er Ladungen keine Folge leistet, sondern erst, wenn er auch für Zwangsmaßnahmen nicht zur Verfügung steht; der bloße prozessuale Ungehorsam ist kein Entziehen (§ 124, 17). Wer also auf Ladung ausbleibt, kann nicht mit einem Haftbefehl nach § 114 überzogen werden. Es ist aber ausgeschlossen anzunehmen, daß der Gesetzgeber die Möglichkeit preisgeben wollte (und konnte), auf die Hauptverhandlung und damit auf den Fortgang des Verfahrens dann zu verzichten, wenn sich der Angeklagte nur einen bestimmten Termin (ggf. mehrfach) entzieht, nicht aber dem ganzen Verfahren. Demzufolge können die Haftbefehle des § 230 Abs. 2 und des § 236 nicht von den Haftgründen des § 112 abhängen. Auch die Motive (*Hahn* Mat. 1 187) bringen die „Zwangsmaßregeln des § 193 Abs. 3" (jetzt § 230 Abs. 2) nicht mit den Haftgründen des § 112 in Verbindung, sondern stellen allein auf das Erfordernis ab, den Angeklagten während der Verhandlung anwesend zu haben.

Die drei Zwangsmaßnahmen (Vorführung, Ungehorsamshaftbefehl und Haftbe- **8** fehl nach § 114) stehen zunächst in einem **zeitlichen Verhältnis:** Der Ungehorsamshaftbefehl kann erst in Betracht kommen, wenn eine Hauptverhandlung anberaumt war und der Angeklagte nicht erschienen ist (OLG Hamm NJW **1972** 653; OLG Karlsruhe NJW **1972** 2099).

Weiter ergibt sich aus dem **Grundsatz der Verhältnismäßigkeit und der Subsidiari- 9 tät** folgendes Verhältnis: Wenn irgend möglich, ist das am wenigsten einschneidende Mittel der Vorführung zu wählen (BVerfGE **32** 93; so schon OLG Hamm *Alsb.* E 1 243). Die Vorführung ist in der Regel auch zunächst zu versuchen, doch braucht das Gericht das nicht zu tun, wenn die Unsicherheit, daß der Vorführungsbefehl genügen werde, größer ist als die Erwartung, er werde zum Erfolge führen (*Kühne* DRiZ **1963** 179). Ist zu erwarten, daß der Angeklagte am Vorführungstag mit großer Sicherheit nicht zu Hause zu erreichen sein werde, hat er seinen Aufenthalt mehrfach gewechselt, besteht aber Anlaß zu der Annahme, daß er sich nicht dem ganzen Verfahren, sondern nur dem Termin entziehen will, dann ist Haftbefehl nach § 230 Abs. 2, § 236 zu erlassen. Für einen Haftbefehl nach § 112 Abs. 2 Nr. 2 ist erst Raum, wenn die Gefahr besteht, daß sich der Angeklagte dem ganzen Verfahren und der Vollstreckung einer Freiheitsstrafe (vgl. § 124 Abs. 1) entziehen wolle. Liegen die sonstigen Haftgründe vor, scheiden § 230 Abs. 2 und § 236 aus.

3. Rechtskraft des Strafausspruchs. Die Untersuchungshaft kann bis zur Rechts- **10** kraft des Urteils angeordnet werden (Rdn. 12). Daher ist sie nicht ausgeschlossen, wenn lediglich der Strafausspruch rechtskräftig geworden ist, das Verfahren aber wegen der Anordnung einer Maßregel der Besserung und Sicherung noch anhängig bleibt. Als Maßregeln kommen dabei in erster Linie die freiheitsentziehenden der Unterbringung in einer psychiatrischen Krankenanstalt (§ 63 StGB) — jedoch nur gegen den vermindert schuldfähigen (§ 21 StGB) Täter (vgl. § 126 a Abs. 1) —, in einer Entziehungsanstalt (§ 64 StGB), einer sozialtherapeutischen Anstalt (§ 65 StGB) und der Sicherungsverwahrung (§ 66 StGB) in Betracht.

11   Ist das Verfahren noch anhängig, weil über den **Maßregelausspruch** noch nicht rechtskräftig entschieden worden ist, steht auch der Umstand, daß die Strafe durch Anrechnung der Untersuchungshaft nicht nur rechtskräftig, sondern sogar schon vollstreckt ist, der Anordnung oder Fortdauer der Untersuchungshaft nicht entgegen. Denn das durch die Untersuchungshaft gesicherte Verfahren ist erst beendet, wenn es auch in bezug auf zu erwartende Maßregeln rechtskräftig abgeschlossen ist[2]. Sind nach Rechtskraft des Schuldspruchs lediglich **nicht freiheitsentziehende Maßregeln** — Führungsaufsicht (§ 68 StGB), Entziehung der Fahrerlaubnis (§ 69 StGB) und Berufsverbot (§ 70 StGB) — oder nur eine Geldstrafe zu erwarten, ist die Untersuchungshaft zwar rechtlich nicht ausgeschlossen, wohl aber wegen des Grundsatzes der Verhältnismäßigkeit meist nicht zulässig.

12   **4. Rechtskraft des Urteils.** Die Untersuchungshaft kann gegen den Beschuldigten angeordnet werden, d. h. also (§ 157) gegen den **Beschuldigten** im vorbereitenden Verfahren, gegen den Angeschuldigten, nachdem die öffentliche Klage erhoben, gegen den Angeklagten, nachdem das Hauptverfahren eröffnet worden ist, und auch noch nach Erlaß eines Urteils. Beschuldigter ist danach auch der Angeschuldigte und der Angeklagte bis zur rechtskräftigen Verurteilung (OLG Hamm NJW 1954 403). Mit der Rechtskraft enden die Untersuchung und daher grundsätzlich sowohl die Untersuchungshaft (vgl. aber § 120, 37) als auch die Befugnis des Gerichts, Entscheidungen über die Untersuchungshaft zu erlassen (Ausnahmen § 126, 35). Ein Haftbefehl kann zwar in zwei Ausnahmefällen auch nach Rechtskraft des Urteils *erlassen* werden (Rdn. 15 ff), aber niemals nach Abschluß der Untersuchung.

13   Die Möglichkeit einer **Untersuchungshaft nach Rechtskraft** kann nicht[3] aus § 450 Abs. 1 hergeleitet werden. Dort ist die Anrechnung der Untersuchungshaft geregelt, die der Angeklagte erlitten hat, nachdem er darauf verzichtet hat, ein Rechtsmittel einzulegen oder nachdem er ein eingelegtes Rechtsmittel zurückgenommen hat. Daß das Urteil damit rechtskräftig würde, ist — mag es auch praktisch meist so sein — von Rechts wegen nicht der Fall. Denn die Staatsanwaltschaft kann ihrerseits Rechtsmittel einlegen und damit verhindern, daß das Urteil rechtskräftig wird (§ 316 Abs. 1, § 343 Abs. 1). Man darf also nicht argumentieren, daß der Gesetzgeber in jener Bestimmung Haft nach Rechtskraft als Untersuchungshaft bezeichne.

14   Auch der Schluß, nach Rechtskraft müsse ein Haftbefehl deshalb erlassen werden können, weil sonst die **Strafvollstreckung** nicht gesichert werden könne[4], trifft nicht zu. Strafurteile sind vollstreckbar, sobald sie rechtskräftig geworden sind, (§ 449). Die An-

---

[2] Die früher streitige Frage (zusammenfassend OLG Hamm NJW **1957** 1812; OLG Frankfurt NJW **1958** 1009) ist seit der Neufassung von § 112 Abs. 1 Satz 2 durch Art. 1 Nr. 1 StPÄG 1964, wo die Maßregeln der Besserung und Sicherung ausdrücklich auf-

geführt werden, im Sinn des Textes entschieden worden.

[3] So *Sax* bei *Bettermann/Scheuner/Nipperdey* Grundrechte, III 2, 977.

[4] *Pohlmann/Jabel* § 38 StVollstrO, 22; *Roxin* läßt die Untersuchungshaft mit der Einlieferung in die Strafanstalt enden (§ 30 B I).

ordnung, daß die Strafvollstreckung aufgrund einer mit der Bescheinigung der Vollstreckbarkeit versehenen beglaubigten Abschrift der Urteilsformel zu betreiben sei (§ 451 Abs. 1), ist eine technische Vorschrift. Essentiale ist allein das rechtskräftige Urteil; die Rechtskraftbescheinigung ist nur eine — für den normalen Geschäftsablauf durchaus gebotene — Sicherung. Deshalb kann der Staatsanwalt, wenn die schriftliche Urteilsformel (§ 268 Abs. 2 Satz 1) verlesen ist und der Angeklagte und der Staatsanwalt auf Rechtsmittel verzichtet haben, den Angeklagten mündlich zum sofortigen Strafantritt laden und gegen ihn, wenn er der Flucht verdächtig ist, mündlich Haftbefehl nach § 457 Abs. 1 erlassen. Aus dem Vergleich von § 114 Abs. 1 („durch schriftlichen Haftbefehl") mit § 457 Abs. 1 („Haftbefehl") ergibt sich, daß der Haftbefehl des § 457 Abs. 1 nicht schriftlich sein muß. Im übrigen kann in wenigen Minuten die **Rechtskraft bescheinigt** werden. Dazu genügt es, daß die Urteilsformel verlesen ist (§ 268 Abs. 2 Satz 1); das Protokoll braucht weder unterschrieben, noch auch nur abgesetzt zu sein.

5. Haftbefehle nach Rechtskraft des Urteils sind gleichwohl in zwei Fällen möglich; in beiden läuft jedoch nach der Rechtskraft eine neue Untersuchung; sie rechtfertigt die Haft, die im ersten Fall Untersuchungshaft ist, im zweiten Sicherungshaft, in der der Verhaftete wie ein Untersuchungshäftling behandelt wird (Begr. BTDrucks. 7 551, S. 98). **15**

a) Der erste Fall ist die **Untersuchungshaft im Wiederaufnahmeverfahren.** Hierzu ist gelegentlich die Auffassung vertreten worden, sie sei erst zulässig, wenn die Wiederaufnahme des Verfahrens angeordnet (§ 370 Abs. 2) und dadurch das erste Urteil beseitigt worden sei (*Lobe/Alsberg* III 2). Aus § 120 Abs. 1 Satz 2 ist das jedoch nicht abzuleiten; dessen Schranke gegen einen neuen Haftbefehl wird vielmehr gerade durch neue Tatsachen und Beweismittel beseitigt (§ 120, 34). Diese sind stets Voraussetzungen der Wiederaufnahme zuungunsten des Angeklagten (§ 359). Auch sonst sind keine Gründe gegen eine Untersuchungshaft für das Beweisverfahren ersichtlich, das dem Beschluß aus § 370 Abs. 2 voraufgeht. Sie ist vielmehr gegen den Angeklagten, zu dessen Ungunsten die Wiederaufnahme betrieben wird, statthaft, sobald der Antrag für zulässig befunden worden ist (§ 369 Abs. 1). **16**

Hat das Gericht die **Wiederaufnahme** des Verfahrens **angeordnet** (§ 370 Abs. 2), wird das Verfahren wieder rechtshängig (BGHSt 14 64). Für die Untersuchungshaft gelten dann die allgemeinen Vorschriften (§ 125 Abs. 2). Bei der **Wiederaufnahme zugunsten des Verurteilten** sind neue Tatsachen und Beweismittel, die einen neuen Haftbefehl rechtfertigen würden, allerdings nicht denkbar. Denn in diesem Fall werden sie nicht vorgebracht, um den Schuldspruch zu stützen, sondern um ihn zu beseitigen. Doch kommt, wenn das Verfahren zugunsten des Verurteilten wieder aufgenommen wird, keine Untersuchungshaft in Betracht. **17**

b) Den anderen Fall eines Haftbefehls, der nach Rechtskraft des Urteils zulässig ist, bildet die **Sicherungshaft** (so richtig Begr. BTDrucks. 7 551, S. 98) **nach § 453 c.** Sie ist zulässig gegen einen Straftäter, der zu Freiheitsstrafe unter Aussetzung der Vollstreckung der Strafe zur Bewährung (§ 56 Abs. 1 und 2, § 56 e, § 57 Abs. 1 und 2 StGB) verurteilt worden ist, wenn hinreichende Gründe für die Annahme bestehen, daß die Aussetzung widerrufen wird. Hier kann der Richter, um sich der Person des Verurteilten während der Vorbereitung seiner Entscheidung zu versichern, vorläufige Maßnahmen treffen, notfalls unter den Voraussetzungen des § 112 Abs. 2 Nr. 1 oder 2 (Flucht und Fluchtgefahr) — nicht § 112 a (Wiederholungsgefahr) — einen Haftbefehl erlassen. Für diesen gelten zwar die Bestimmungen über die Haftverschonung (§ 116 und dazu §§ 123, 124) und die Haftprüfung (§§ 117 bis 118 b, §§ 121 bis 122 b) nicht, wohl aber die anderen der Untersuchungshaft, namentlich § 119. **18**

Günter Wendisch

19   § 453 c hat § 61 Abs. 1 JGG, der dabei aufgehoben worden ist, in die Strafprozeßordnung überführt. Für § 61 Abs. 1 JGG wurde oft der **Charakter als Untersuchungshaft** verneint, der Haftbefehl dem Vollstreckungshaftbefehl des § 457 zugeordnet und aus diesem Grund geleugnet, daß die weitere Beschwerde (§ 310 Abs. 1) statthaft sei[5]. Nachdem § 453 c nicht als Unterfall des § 457 konstruiert und — in Abweichung von § 61 Abs. 1 JGG — § 119 für anwendbar erklärt worden ist, um sicherzustellen, daß der Verhaftete wie ein Untersuchungsgefangener behandelt wird (Begr. BTDrucks. 7 551, S. 98), dürfte kein Zweifel mehr bestehen, daß § 453 c — sicher ein Grenzfall — in der Ausgestaltung und auch hinsichtlich der weiteren Beschwerde wie Untersuchungshaft zu behandeln ist[6]. Daß die Haft „Sicherungshaft" ist, bietet kein Gegenargument, weil auch die Sicherungshaft des § 112 a nach den Vorschriften der Untersuchungshaft behandelt wird (vgl. auch § 114, 46).

II. Voraussetzungen der Untersuchungshaft (Absatz 1 Satz 1)

20   **1. Überblick.** Die Strafprozeßordnung unterscheidet zwischen den Voraussetzungen der **Untersuchungshaft** (Absatz 1 Satz 1; § 120 Abs. 1 Satz 1 erster Halbsatz) und denen des Haftbefehls (§ 127 Abs. 2, § 127 a Abs. 1, § 132 Abs. 1) oder — etwas umständlicher, aber im Inhalt übereinstimmend — für den Erlaß eines Haftbefehls (§ 112 a Abs. 2). Voraussetzungen der Untersuchungshaft sind (Absatz 1 Satz 1) dringender Tatverdacht (Rdn. 21 ff.) und ein Haftgrund (Rdn. 32 ff.; § 112 a 6; 9; 18), im Fall des Absatzes 3 gewisse Umstände (Rdn. 52). Die **Verhältnismäßigkeit** (Absatz 1 Satz 2; § 120 Abs. 1 Satz 1 zweiter Halbsatz) gehört wegen ihrer negativen Formulierung nicht zu den Voraussetzungen der Untersuchungshaft, sondern bildet zusammen mit dieser die Voraussetzungen des **Haftbefehls**[7]. Das ergibt sich aus § 120 Abs. 1. Diese Bestimmung spricht von der Aufhebung des Haftbefehls, und Voraussetzung der Aufhebung ist, daß die Voraussetzungen des Haftbefehls, die an keiner Stelle ausdrücklich genannt werden, weggefallen sind. Demzufolge sind § 120 Abs. 1 Satz 1 als Voraussetzungen des Haftbefehls diejenigen der Untersuchungshaft (Absatz 1 Satz 1) und die Verhältnismäßigkeit (Absatz 1 Satz 2) zu entnehmen.

21   **2. Der dringende Tatverdacht** muß sich darauf erstrecken, daß der Beschuldigte eine Straftat als Täter oder mittelbarer Täter (§ 25 Abs. 1 StGB) oder als Mittäter (§ 25 Abs. 2 StGB) begangen oder versucht (§ 22 StGB) oder daß er den Täter zu dessen vorsätzlich begangenen, sei es dann auch nur versuchten, Straftat bestimmt (§ 26 StGB) oder ihm Hilfe geleistet (§ 27 Abs. 1 StGB) hat. Der Verdacht besteht nicht, wenn Gründe vorliegen, welche die Tat rechtfertigen oder entschuldigen. (KK-*Boujong* 4; KMR-*Müller* 4).

22   Der **dringende Tatverdacht** steht begrifflich im Gegensatz zu dem Verdacht einer Straftat (§ 160 Abs. 1) und dem genügenden Anlaß, die öffentliche Klage zu erheben (§ 170 Abs. 1); der letzte fällt mit dem Begriff des hinreichenden Verdachts (§ 203) zu-

---

[5] OLG Düsseldorf NJW **1964** 69; OLG Hamburg NJW **1964** 605; *Kleinknecht*[31] § 310 3; vgl. zu diesem Problem ausführlich *Wendisch* FS Dünnebier 244 f.

[6] **A.A.** weiterhin OLG Stuttgart MDR **1975** 951; OlG Bamberg NJW **1975** 1526; OLG Düsseldorf NJW **1977** 968; LR-*K. Schäfer*[23] § 453 c, 13; KK.-*W. Müller* § 453 c, 10;

KMR-*Paulus* § 310, 7; KMR-*Müller* § 453 c, 14; *Kleinknecht/Meyer* § 310, 3; § 453 c, 8.

[7] **A.A.** *Gössel* GA **1978** 124: Haftbefehl ist formelle Voraussetzung der Untersuchungshaft; dringender Tatverdacht und Verhältnismäßigkeit machen deren materielle Voraussetzungen aus; wie hier *Schlüchter* 221.

sammen (*Lüttger* GA **1957** 195). Verdacht (§ 160 Abs. 1) liegt vor, wenn zureichende tatsächliche Anhaltspunkte gegeben sind, gegen den Beschuldigten einzuschreiten (§ 152 Abs. 2), hinreichender Verdacht, wenn die Wahrscheinlichkeit besteht, daß die demnächst vom Gericht festgestellten Tatsachen bei Annahme der Strafbarkeit der Tat die Verurteilung erwarten lassen. Der Begriff des dringenden Tatverdachts bringt einen stärkeren Verdachtsgrad zum Ausdruck (*Eb. Schmidt* Nachtr. I 4; offengelassen BGH AnwBl. **1981** 115), verlangt daher einen hohen Grad von Wahrscheinlichkeit der Täterschaft und der Schuld[8], anders ausgedrückt: große (*Kleinknecht/Meyer* 7) oder höhere (KMR-*Müller* 4; KK-*Boujong* 3) Wahrscheinlichkeit[9]. Das Bundesverfassungsgericht (NJW **1982** 29) hat keine verfassungsrechtlichen Bedenken gegen die Annahme eines dringenden Tatverdachts, wenn nach den Feststellungen im Haftbefehl der Beschuldigte im unmittelbaren Zusammenhang mit der Tat festgenommen wird.

23 Der Verdacht bezieht sich nur auf die Tatfrage (vgl. § 152 Abs. 2: tatsächliche Anhaltspunkte); für die **Rechtsfrage** gibt es keine Wahrscheinlichkeit (*Lüttger* GA **1957** 211; *Stratenwerth* JZ **1957** 301; *Gössel* § 5 B II a; *Schairer* Der befangene Staatsanwalt, 109). Daher kann der Richter bei zweifelhafter Rechtslage die Auslegung nicht mit der Begründung offen lassen, wenn es auch zweifelhaft sei, ob eine (nach den Tatsachen eindeutig zu beurteilende) Tat den Tatbestand eines Strafgesetzes verwirkliche, so sei (weil die Auslegung zweifelhaft) doch auf jeden Fall dringender Verdacht begründet. Deshalb darf der Richter, wenn er die Entscheidung des Bundesverfassungsgerichts einholt, weil er ein Strafgesetz für verfassungswidrig hält, keinen Haftbefehl erlassen und hat einen bestehenden aufzuheben[10]. Auch das Oberlandesgericht Köln hält es für unzulässig, in dieser Lage einen Haftbefehl zu erlassen, erachtet sich aber nicht für befugt, einen bestehenden Haftbefehl aufzuheben, weil dem Gericht durch den Aussetzungsbeschluß die Entscheidungsbefugnis insgesamt genommen sei (NJW **1955** 1489). Das ist für Haftentscheidungen unzutreffend, weil die Haftfrage nicht vom Bundesverfassungsgericht, sondern vom letzten Tatrichter (§ 126 Abs. 2 Satz 2) zu entscheiden ist. Diesem mußte das Oberlandesgericht die Akten mit dem Vorlegungsbeschluß zuleiten, ehe die Sache ans Bundesverfassungsgericht ging. Der Tatrichter hatte den Haftbefehl aufzuheben, weil kein dringender Tatverdacht (mehr) vorlag. Ggf. mußte das das Oberlandesgericht auf Beschwerde tun.

24 Der begriffliche Unterschied zwischen hinreichendem und dringendem Tatverdacht darf jedoch nicht dazu führen, den dringenden Verdacht an dem **hinreichenden Verdacht** des § 203 zu messen. Denn dieser ist auf den Zeitpunkt der Anklageerhebung bezogen, der dringende Verdacht dagegen auf den jeweiligen Stand der Ermittlungen (KK-*Boujong* 6; KMR-*Müller* 5). Demgemäß ist er nicht für das ganze Verfahren gleich (*Peters* § 47 A II 2a), so daß etwa zu Beginn der Ermittlungen einzelne starke Indizien auch dann einen dringenden Tatverdacht begründen, wenn die Indizienkette noch nicht geschlossen ist (BGH AnwBl. **1981** 116; vgl. auch BGH bei *Pfeiffer* NStZ **1981** 94 und *Schlüchter* 205) und die Möglichkeit besteht, daß der dringende Tatverdacht bei weiteren Ermittlungen wieder zerstört werde (BGHZ **27** 351). Sobald aber feststeht, daß Lücken im Indizienbeweis auch bei weiterer Ermittlung nicht ausgefüllt werden können, ist der

---

[8] *Rosenberg* 348; *Alsberg* 1434; *Henkel* § 67 A II I a; *Peters* § 47 A II 2 a; *Kleinknecht/Janischowky* 9; *Schlüchter* 206; einschränkend *Kühne* NJW **1979** 618, 622.

[9] Strenger *Feisenberger* 3: an Sicherheit grenzende Wahrscheinlichkeit der Täterschaft; *Beling* § 102 II 1 b Anm. 4: nahe an Gewißheit

heranreichender Verdacht; *Dahs* FS Dünnebier 231, aber auch AnwBl. **1983** 419: rechtsstaatliche Bedenken angesichts des Gewichts des staatlichen Eingriffs in die persönliche Freiheit des Beschuldigten.

[10] *Stratenwerth* JZ **1957** 301.

Günter Wendisch

Verdacht nicht mehr dringend. Im Zeitpunkt der Anklageerhebung muß der dringende Verdacht stets stärker als ein hinreichender sein (a. A. *Rieß* § 203, 11), doch kann, was keiner Ausführung bedarf, dieses Verhältnis auch schon früher entstehen, und kann ein zur Anklageerhebung nötigender Verdacht stärker als hinreichend, also etwa dringend sein.

25   Ob dringender Tatverdacht gegeben ist, hat der Haftrichter im Freibeweis „**auf Grund bestimmter Tatsachen** " zu prüfen. Zwar stellt das Gesetz ausdrücklich nur im Zusammenhang mit den Haftgründen darauf ab; jedoch gilt die Einschränkung auch in bezug auf den dringenden Tatverdacht. Im Ermittlungsverfahren bilden die im Zeitpunkt der Entscheidung vorhandenen Ermittlungsakten mit dem darin zusammengetragenen Beweismaterial die Tatsachengrundlage; noch ausstehende Ermittlungsergebnisse darf der Haftrichter auch dann nicht abwarten, wenn diese den Beschuldigten möglicherweise belasten und den Tatverdacht erhärten können (*Gössel* § 5 B II a; vgl. auch OLG Schleswig SchlHA **1954** 25). Bei Haftentscheidungen in der Hauptverhandlung bildet regelmäßig das Ergebnis der Beweisaufnahme die Tatsachengrundlage (*Kleinknecht/Janischowsky* 11). Ist der Angeklagte in erster Instanz verurteilt, ist das in der Regel ein Indiz für den dringenden Tatverdacht (KK-*Boujong* 7).

26   **3. Tatsachengrundlage.** Auch bei den vier **Haftgründen** des Absatzes 2 und des § 112 a Abs. 1 darf der Schluß, daß der Haftgrund vorliege — im einzelnen: „festgestellt wird" (Nr. 1); „die Gefahr besteht" (Nr. 2); „den dringenden Verdacht begründet" und „die Gefahr droht" (Nr. 3); „die Gefahr begründen" (§ 112 a) —, nur aufgrund bestimmter Tatsachen gezogen werden. Damit sind **Vermutungen ausgeschlossen,** die beim Fluchtverdacht des früheren Rechts aufgrund einer damals eingeräumten Begründungserleichterung in der Praxis eine gewisse Rolle gespielt hatten und in abgewandelter Form im Fall des Absatzes 3 in der Auslegung des Bundesverfassungsgerichts (BVerfGE **19** 342 = NJW **1966** 243) wieder spielen, weil danach der nicht mit bestimmten Tatsachen belegbare, aber nach den Umständen doch nicht auszuschließende Flucht- oder Verdunkelungsverdacht ausreichen kann.

27   Die **Tatsachen** müssen **bestimmt** sein. Weil aus unbestimmten Tatsachen ohnehin nichts gefolgert werden kann (so auch *Schlüchter* 209), muß der unklare Ausdruck (vgl. dazu KG NJW **1965** 1390) durch Auslegung bestimmt werden. Nach der Ansicht des Bundestags soll auf „bestimmte (objektiv) festgestellte Tatsachen" abgestellt werden (BTDrucks. zu **IV** 1020, S. 2). Danach soll sich der Ausdruck auf die Feststellung der Tatsachen durch den Beobachter beziehen. Damit scheint der Gesetzeswortlaut — wenn man ihm einen Sinn abgewinnen will, was angestrebt werden muß —, weil die meisten unserer Wahrnehmungen Schlüsse sind, als Grundlage des logischen Urteils des Haftrichters äußerlich wahrnehmbare Ereignisse („bestimmte Tatsachen") zu fordern, die zu deuten der Beobachter keiner oder nur einfacher Schlüsse bedarf (Passage buchen, abreisen, einen Brief erbitten, einen Zeugen fragen, ob er sich an den Umstand X erinnere, obwohl der Zeuge, wie der Beschuldigte weiß, den Umstand Y wahrgenommen hat). Für den Haftgrund der Verdunkelungsgefahr — aus dessen früherer Fassung die Klausel stammt — dürfte ein solcher Tatsachenbegriff auch der Vorstellung des Gesetzgebers entsprechen.

28   Im übrigen ergibt der vierte Haftgrund, daß die Textfassung **nicht** fordern kann, **nur** auf **äußerlich** zutage liegende Tatsachen abzustellen. Dort (§ 112 a Abs. 1) sind die „bestimmten Tatsachen", die die Gefahr begründen, der Beschuldigte werde eine bestimmte Straftat wiederholt begehen, nicht allein die Vortaten und die Lebensumstände des Beschuldigten, sondern vor allem sein nach wissenschaftlichen Erkenntnissen daraus zu erschließender (innerer) Hang, bestimmte Straftaten zu begehen (KG NJW **1965**

1390). Ist aber Inhalt des Tatsachenbegriffs nicht allein das äußerlich wahrnehmbare, leicht zu deutende Ereignis, dann muß auch bei der **Fluchtgefahr** das als Tatsache bewertet werden, was nach der Lebenserfahrung aus dem Inneren eines Menschen erschlossen werden kann, nämlich die Antwort auf einen Fluchtreiz. Strafe und die Änderung aller Lebensumstände reizen den Beschuldigten, der sie zu erwarten hat, regelmäßig dazu an, sich ihnen zu entziehen. Daß eine Anzahl Beschuldigter diesem Anreiz nachgibt, wenn eine hohe Strafe zu erwarten ist, lehrt die Lebenserfahrung. Zwar ist, was regelmäßig ist, nach den Umständen des Einzelfalls zu prüfen. Diese Prüfung wird oft dazu führen, das Regelmäßige zu verneinen[11]. Eine solche Einzelbewertung ändert aber nichts an der Erkenntnis, daß die aus der Straferwartung grundsätzlich herzuleitende Fluchtneigung eine Tatsache i. S. des Absatzes 2 und des § 112 a sein kann[12].

4. Gefahr (Absatz 2). Bei den Haftgründen der Fluchtgefahr (Absatz 2 Nr. 2), der **29** Verdunkelungsgefahr (Absatz 2 Nr. 3) und der Wiederholungsgefahr (§ 112 a Abs. 1) ist die Anordnung der Untersuchungshaft davon abhängig, daß eine bestimmte Gefahr bestehe, drohe oder begründet sei. Gefahr ist die **hohe Wahrscheinlichkeit eines schädlichen Erfolgs,** der nach den Gesetzen der Kausalität und der Lebenserfahrung zu erwarten ist (RGSt 6 397; 66 100; BGH NJW 1951 769). In anderem Zusammenhang (Gemeingefahr) hat der Bundesgerichtshof angenommen, Gefahr liege nur vor, wenn es wahrscheinlicher sei, daß der Erfolg eintrete, als daß er ausbleibe (BGHSt 8 31). Zwar ist der Gefahrenbegriff an den vielen Stellen, wo er im Strafgesetzbuch und in der Strafprozeßordnung verwendet wird, keineswegs überall gleichmäßig auszulegen. Im Haftrecht ist die Gefahrenklausel eine der geradezu gehäuften Kautelen, mit denen der Gesetzgeber bemüht ist, die Untersuchungshaft zu beschränken. Daher liegt es im Sinn der Gesetzesstelle, den Begriff so auszulegen, daß der Gefahrenfall möglichst selten eintritt. Daher ist dafür, daß der zu vermeidende Erfolg eintritt, eine hohe Wahrscheinlichkeit zu fordern, die stets höher sein muß als die, daß er ausbleibt (OLG Celle NdsRpfl. 1963 214).

Wenn auch durch die Gesetzesfassung erreicht werden soll, daß Untersuchungs- **30** haft nur mit äußerster Zurückhaltung angeordnet wird, so kann doch der Gesetzgeber **nichts Unmögliches** verlangen. Daß die Gefahr bestehe, drohe oder begründet sei, kann im Haftverfahren regelmäßig nicht mit der gleichen Sicherheit festgestellt werden wie bei Notwehr oder Verkehrsgefährdung in einer Hauptverhandlung. Vielmehr muß der hohe Grad von **Wahrscheinlichkeit** ausreichen, wie er für die Feststellung des dringenden Tatverdachts erforderlich aber auch genügend ist[13]. Der Gefahrenbegriff gilt auch für die weitere Gefahr, daß die **Ermittlung der Wahrheit erschwert** werde.

5. Dringender Verdacht (Absatz 2 Nr. 3). Im Fall der Nr. 1 wird — zu weitge- **31** hend (Rdn. 33) — eine Feststellung verlangt, im Fall der Nr. 2 eine Gefahr, daß ein Haftgrund vorliegt. Dagegen verlangt Nr. 3 den dringenden Verdacht, daß der Beschuldigte gewisse Verdunkelungshandlungen begehen werde. Als Inhalt des Gefahrbe-

---

[11] So wohl OLG Frankfurt NJW 1965 1342; vgl. auch *Schwenn* LV Vor § 112, 132; *Dahs* FS Dünnebier 228; *Wendisch* NStZ 1983 479. *Kastendieck* appelliert an den „favor libertatis" (125).

[12] Im Ergebnis ebenso OLG Braunschweig JZ 1965 619; KG NJW 1965 1390; OLG Karlsruhe NJW 1978 333 = MDR 1978 159; OLG

Düsseldorf StrVert. 1983 586; *Kleinknecht* MDR 1965 781, die aber auf die Straferwartung abstellen; a.A. – Straferwartung ist keine Tatsache – *Philipp* 84.

[13] OLG Bremen NJW 1955 1891; OLG Köln NJW 1959 544; *Dreves* 110; *Franzheim* 50; a. A. – dringender Verdacht genügt nicht – *Koch* NJW 1968 1711.

Günter Wendisch

griffs ist eine hohe Wahrscheinlichkeit dafür gefunden worden, daß der zu vermeidende Erfolg eintrete, die höher sein muß als die, daß er ausbleibt (Rdn. 29)[14]. Der zum Vergleich heranzuziehende **dringende Tatverdacht** verlangt einen hohen Grad von Wahrscheinlichkeit der Täterschaft und der Schuld (Rdn. 22), der aber etwas Gleitendes in sich trägt und zu Beginn des Verfahrens anders gestaltet sein kann, als bei der Anklage; für diesen Zeitpunkt trifft die Definition *Feisenbergers* (§ 112, 1) zu, der von an Sicherheit grenzender Wahrscheinlichkeit der Täterschaft spricht. So strenge Anforderungen kann man in dem **vorläufigen Stadium** des Erlasses eines Haftbefehls nicht stellen. Man wird vielmehr wie beim dringenden Tatverdacht zu Beginn des Verfahrens von einer **hohen Wahrscheinlichkeit** sprechen müssen, daß der Täter, bliebe er in Freiheit, Verdunkelungshandlungen vornehmen werde. Damit unterscheidet sich der Begriff nicht von dem der Gefahr, und es wäre besser gewesen, einen einheitlichen Begriff zu verwenden, um wenigstens den Beginn zu machen, die überkomplizierten Tatbestände des Haftrechts etwas zu vereinfachen.

III. Fortsetzung; Haftgründe (Absätze 2 und 3)

32   **1. Flucht (Abs. 2 Nr. 1).** Der erste Haftgrund liegt vor, wenn der Täter flüchtig ist oder sich verborgen hält. **Flüchtig** ist, wer, um unerreichbar zu sein, seine Wohnung verlassen hat, ohne eine neue zu beziehen oder wenigstens eine feste Anschrift zu haben, unter der ihn Post sicher erreichen kann. Danach ist ein Fahnenflüchtiger, der in Berlin studiert, dort polizeilich gemeldet ist und einen Rechtsanwalt mit seiner Verteidigung beauftragt hat (vgl. § 145 a Abs. 1) ebenso wenig flüchtig (OLG Hamm NJW **1972** 653), wie ein Wehrpflichtiger, der vor der Einberufung seinen ständigen Aufenthalt ins Ausland verlegt hat und dort bleiben will (OLG Karlsruhe NJW **1972** 2098)[15]. Flüchtig kann sein, wer dauernd sein Quartier wechselt, auch wenn er täglich Meldezettel ausfüllt. Dagegen ist z. B. der Seemann **nicht flüchtig,** der über seine Reederei, der Reisende, der über seine Firma erreicht werden kann. Flüchtigsein setzt den Willen voraus, für Behörden unerreichbar zu sein, doch kommt es nicht darauf an, ob der Täter sich gerade wegen der Sache nicht erreichen lassen will, in der über die Untersuchungshaft zu entscheiden ist (BayObLGSt **13** [1914] 359; **a. A.** wohl *Kleinknecht* MDR **1965** 732). Wer jedoch ohne sicheres Wissen der Strafbarkeit eines Verhaltens, ohne Kenntnis eines wider ihn eingeleiteten Verfahrens und ohne den Willen, unerreichbar zu sein, sich auf Reisen begibt, ist nicht flüchtig, auch wenn er tatsächlich nicht erreichbar ist. Ist in der Annahme, er sei flüchtig, gegen ihn Haftbefehl ergangen, so muß er freigelassen werden, wenn feststeht, daß er nicht fliehen wollte, und daß er unter einer festen Anschrift erreicht werden kann.

33   **Verborgen** hält sich der Täter, der seinen Aufenthalt den Behörden vorenthält, namentlich unangemeldet oder unter falschem Namen lebt. Für die subjektive Seite gilt

---

[14] KK-*Boujong* 24; KMR-*Müller* 13; *Kleinknecht/Meyer* 19.

[15] Die Entscheidung wird von *Kohlhaas* ablehnend besprochen (JR **1973** 76). Unhaltbar ist seine Auffassung, daß dringender Tatverdacht vorliege, solange aus Rechtsgründen ungewiß ist, ob der Tatbestand verwirklicht ist (Rdn. 23). Auch liegt auf der Hand, daß sich nicht verborgen hält, wer seinen Aufenthalt offenbart. Die Frage der Flucht ist eine im Kommentar nicht zu behandelnde Tatsachenfrage. Daß ein Haftbefehl ergehen können muß, um den Beschuldigten zu verhaften, wenn er die Grenze wieder überschreitet, ist – falls dringender Tatverdacht vorliegt – sicher. Doch steht hierzu der Haftgrund der Fluchtgefahr zur Verfügung; wie *Kohlhaas* OLG Frankfurt NJW **1974** 1835; KK-*Boujong* 11; *Kleinknecht/Meyer* 13.

dabei das oben Gesagte entsprechend. Selbstverständlich kann jemand zugleich flüchtig sein und sich verborgen halten (*Kastendieck* 108). Daß der Beschuldigte flüchtig ist oder sich verborgen hält (Nummer 1), muß der Richter auf Grund bestimmter Tatsachen (Rdn. 26, 27) feststellen. Bei den Nummern 2 und 3 und bei § 112 a Abs. 1 genügt die Feststellung, daß die Gefahr besteht (droht, begründet ist), ein gewisses Ereignis (Flucht, Verdunkelung, Wiederholung) werde eintreten. Hier — bei Nummer 1 — wird dagegen die **Feststellung** gefordert, daß ein bestimmtes Ereignis (Flucht, Verbergen) eingetreten ist. Nähme man die Vorschrift wörtlich, könnte der erste Haftgrund nur festgestellt werden, wenn der Beschuldigte einem anderen vor der Flucht offenbart hat, daß er fliehen wolle, oder nach ihr, daß er geflohen ist. Denn daß eine nicht erreichbare Person verunglückt oder verschleppt worden ist oder mit verlorenem Gedächtnis umherirrt, ist, wenn man ihren Willen nicht kennt, nach den äußeren Umständen allein theoretisch meist nicht auszuschließen. Daher sind sichere Feststellungen nur selten möglich, bevor der Täter wieder aufgefunden ist. Von einem so wörtlichen Begriff der Feststellbarkeit kann aber der Gesetzgeber, dem die Regelfälle des täglichen Lebens nicht fremd sind, nicht ausgegangen sein. Es muß daher ausreichen, daß nach den Umständen (Verschwinden, nachdem ein Strafverfahren eingeleitet worden ist) Flucht oder Verbergen näher liegen als — theoretisch ebenfalls denkbare — andere Gründe der Unerreichbarkeit (**a. A.** KMR-*Müller* 6; wie hier KK-*Boujong* 13).

Der **Haftgrund entfällt,** wenn der Täter, der flüchtig war oder sich verborgen ge- **34** halten hatte, ereilt oder aufgespürt worden ist. Daß jemand flüchtig war oder sich verborgen gehalten hatte, ist kein gesetzlicher Haftgrund. Ob die Untersuchungshaft, nachdem der Flüchtige festgenommen worden ist, aufrechterhalten werden kann, ist nunmehr nach Nr. 2 zu beurteilen. Allerdings wird es im allgemeinen nicht zweifelhaft sein, daß Fluchtgefahr besteht, wenn der Beschuldigte schon einmal geflohen war oder sich verborgen gehalten hatte.

2. Fluchtgefahr (Absatz 2 Nr. 2)

a) Begriff. Fluchtgefahr ist gegeben, wenn aufgrund bestimmter Tatsachen **35** (Rdn. 27 bis 28) die hohe Wahrscheinlichkeit (Rdn. 29, 30) besteht, der Täter werde sich — zumindest für eine gewisse Zeit (OLG Hamm NJW **1966** 2075) — demjenigen Verfahren entziehen, in dem erwogen wird, die Untersuchungshaft anzuordnen (ähnlich *Kleinknecht/Janischowsky* 26; KK-*Boujong* 15); daß er in anderer Sache Strafhaft verbüßt, darf nicht berücksichtigt werden (OLG Düsseldorf NJW **1982** 1826). **Entziehen** ist das vom Beschuldigten oder mit seinem Wissen von anderen vorgenommene Verhalten, das den vom Beschuldigten beabsichtigten, erkannten oder in Kauf genommenen Erfolg hat, den Fortgang des Verfahrens dauernd oder vorübergehend durch Aufheben der Bereitschaft zu verhindern, für Ladungen, Vollzugs- und Vollstreckungsmaßnahmen zur Verfügung zu stehen (BGHSt **23** 384; KG JR **1974** 165; § 124, 16). Bei dem Entziehen ist zwar in erster Linie daran gedacht, daß der Täter flüchten oder sich verbergen werde, doch wird der Begriff des Entziehens damit nicht ausgefüllt. Dem Verfahren kann sich auch entziehen, wer sich durch **Einwirkungen auf** seinen **Körper,** namentlich durch Rauschgift, verhandlungsunfähig macht (KG JR **1974** 165; *Schlüchter* 211. 1 und 3). Die Klammerbezeichnung „Fluchtgefahr" steht so ersichtlich schlagwortartig nur für die auffälligste Entziehungsart, daß auf sie zur (einschränkenden) Auslegung des Begriffs „entziehen" in keinem Zusammenhang abgestellt werden kann (KG JR **1974** 165; *Kohlhaas* JR **1974** 166: „auslegungsfreier Oberbegriff").

Der Täter **entzieht** sich dem Verfahren **nicht,** wenn er die Strafverfolgung nicht **36** erleichtert, also etwa im Ausland, wo er eine den Strafverfolgungsbehörden bekannte

Wohnung hat, verbleibt (OLG Karlsruhe NJW **1972** 2099). Dem Verfahren entzieht sich noch nicht, wer auf Terminsladungen nicht erscheint. Gegen ihn ist zunächst das mildere Zwangsmittel der Vorführung anzuwenden. Nur wenn die Gefahr besteht, der Beschuldigte werde es auch unmöglich machen, ihn vorzuführen, ist Haftbefehl zulässig. Ein Entziehen i. S. von Absatz 2 Nr. 2 ist auch zu verneinen, wenn nur der Angeklagte gegen ein Urteil des Amtsgerichts Berufung eingelegt hat, in der darauf anberaumten Berufungsverhandlung aber unentschuldigt ausgeblieben ist. In diesem Fall richtet sich das weitere Verfahren allein nach § 329 Abs. 1 und 4 (KG JR **1977** 34; vgl. auch OLG Stuttgart NStZ **1982** 217). Andere Vorschriften, die weitere Zwangsmaßnahmen gegen einen nicht erschienenen Angeklagten zulassen, sind nicht anwendbar (OLG Bremen MDR **1970** 165). Ihrer bedarf es deshalb nicht, weil § 329 Abs. 1 dem besonderen Zweck dient, einen Angeklagten daran zu hindern, die Entscheidung über sein Rechtsmittel dadurch zu verzögern, daß er sich der Verhandlung entzieht (BGHSt **23** 334).

37   **b) Entziehungshandlungen.** Bei der Prüfung der Fluchtgefahr sind alle Umstände des Einzelfalles zu würdigen, namentlich die **persönlichen Verhältnisse** des Täters. Stets sind die Umstände, die für eine Flucht sprechen, gegen diejenigen abzuwägen, die ihr entgegenstehen. Zu den Umständen, die zur Flucht anreizen, gehört auch die Verfolgung wegen des dringenden Verdachts weiterer Straftaten, auch wenn sie nicht Gegenstand des Verfahrens sind, in dem der Haftbefehl erlassen werden soll. Indessen genügt es nicht, daß die äußeren Gelegenheiten einer Flucht günstig sind, vielmehr ist zu prüfen, ob der Beschuldigte von ihnen auch Gebrauch machen wird (OLG Köln NJW **1959** 544). Das wird in der Regel anzunehmen sein, wenn der Beschuldigte schon einmal geflohen war oder sich verborgen gehalten hatte, nicht aber schon, wenn er beim Erscheinen des Polizeiautos wegläuft, um unerkannt zu bleiben (OLG Zweibrücken StrVert. **1984** 339). Die Tatsachen, die der Fluchtgefahr zugrunde liegen, brauchen nicht zur vollen richterlichen Gewißheit i. S. des § 267 Abs. 1 und 2 festzustehen, vielmehr reicht derjenige Grad von Wahrscheinlichkeit aus, der im Haftverfahren erfordert wird, den Tatverdacht festzustellen (OLG Bremen NJW **1955** 1891).

38   Familiäre Bindungen und gesicherte Arbeits- und Wohnverhältnisse streiten in der Regel gegen Fluchtgefahr, charakterliche Labilität, starke Drogenabhängigkeit, Ausweislosigkeit sowie gesellschaftlicher und wirtschaftlicher Ruin, der durch die Straftat oder durch eine Verurteilung eintreten wird, sprechen für sie. Die **Erwartung einer hohen Strafe** wird eine Neigung zur Flucht (Rdn. 28) zwar nicht für sich allein, aber doch bei sonst ungünstigen Verhältnissen in aller Regel erwecken und damit Fluchtgefahr begründen (KG NJW **1965** 1390; OLG Frankfurt NJW **1965** 1342). „Je höher die in Aussicht stehende Strafe, desto größer die Fluchtgefahr" (*Hahn* Mat. **1** 658; dazu *Rosenberg* ZStW **26** [1906] 352; OLG Karlsruhe NJW **1978** 333; OLG Düsseldorf StrVert. **1983** 586). Zwar darf Fluchtgefahr nicht routinemäßig angenommen werden, wenn eine Strafe von einem Jahr zu erwarten ist (OLG Celle NJW **1950** 240 sowie *Wendisch* NStZ **1983** 479; **a. A.** OLG Nürnberg HESt **2** 86), doch werden nur besondere Umstände die Lebenserfahrung ausschließen können, daß Fluchtgefahr besteht, wenn mehrjährige Freiheitsstrafe oder die Sicherungsverwahrung in Aussicht steht. Damit wird die Schwere der Straftat für die Wahrscheinlichkeit der Flucht bedeutsam (grundsätzliche Bedenken dagegen bei *Dahs* FS Dünnebier 231 ff). Indessen werden keineswegs (so aber OLG Hamburg NJW **1961** 1881; *Kleinknecht* MDR **1965** 783) bei **schweren Straftaten** die Anforderungen für die Annahme der Fluchtgefahr erleichtert (vgl. zu den Problemen dieser Randnummer auch *Parigger* 423 und *Schwenn* LV Vor § 112, 133). Der Begriff des Entziehens ist für alle Delikte einheitlich (*Dahs sen.* NJW **1961** 1881; *Eb. Schmidt* JR **1962** 28).

Hat der Beschuldigte im Inland weder festen Wohnsitz noch Aufenthalt, so ist **39** das im allgemeinen ebenso ein gewichtiges **Indiz für** die Annahme von **Fluchtgefahr** (*Kleinknecht/Janischowsky* 31 ff; KK-*Boujong* 19) wie ein häufiger Wohnungswechsel ohne polizeiliche Ummeldung. Andererseits darf Fluchtgefahr nicht stets und ohne weitere Nachprüfung verneint werden, wenn der Beschuldigte einen festen Wohnsitz hat (BTRAussch. zu BTDrucks. **IV** 3561, S. 2). Fluchtgefahr ist selbstverständlich zu bejahen, wenn der Beschuldigte Fluchtvorbereitungen oder sonstige Maßnahmen — Mieten einer Wohnung unter falschem Namen, Besorgung von falschen Pässen und größerer Geldbeträge — trifft, die auf ein Untertauchen hindeuten. Sie ist regelmäßig auch anzunehmen, wenn der Beschuldigte keine näheren Inlandsbindungen, wohl aber gute Auslandsbeziehungen unterhält und über gute Fremdsprachenkenntnisse verfügt[16]. Schließlich kann sie sich auch aus der Natur der Straftat — so bei Landesverratsdelikten oder Bildung krimineller Vereinigungen — ergeben (KK-*Boujong* 21; Bedenken dagegen *Dahs* FS Dünnebier 234 ff).

c) **Selbstmordgefahr.** Ein Haftbefehl kann nicht allein deshalb ergehen, weil der **40** Beschuldigte beabsichtigt, **Selbstmord** zu begehen. Zwar kann kein Zweifel bestehen, daß bei einem Selbstmordkandidaten die Gefahr besteht, er werde sich dem Verfahren entziehen. Doch wird ein System, in dem die Strafe der **Vergeltung** dient (so noch BVerfGE **21** 384 = NJW **1967** 1652) mit der Folge, daß der Beschuldigte dem Staat zu diesem Zweck bereitgehalten werden muß, weitgehend verworfen (vgl. z. B. *Ostendorf* GA **1984** 321: Der Delinquent hat nicht die Verpflichtung, sich als abschreckendes Prozeßobjekt zu erhalten); für die meisten steht die **Sozialisation** des Täters im Vordergrund (vgl., wenn auch zum Vollzugsziel, BVerfGE **35** 215, 235 = NJW **1973** 1231; BGHSt **24** 42). Zur Sozialisation muß der Täter selbst beitragen. Will ein freier Beschuldigter sich der Einwirkung der Sozialisation durch den Tod entziehen und damit das Verfahren beenden, besteht keine rechtliche Grundlage, ihn mit Mitteln des Strafprozesses daran zu hindern. Demzufolge ist Selbstmordgefahr nicht als Haftgrund i. S. des § 112 Abs. 2 Nr. 2 anzusehen[17].

3. **Verdunkelungsgefahr (Absatz 2 Nr. 3)** liegt vor, wenn auf Grund bestimmter **41** — nach *Krekeler* 9 erwiesener — Tatsachen (Rdn. 26 ff) das Verhalten des Beschuldigten den dringenden Verdacht (Rdn. 22) begründet, er werde bestimmte Tätigkeiten (Rdn. 46 bis 49) vornehmen, und wenn deshalb die Gefahr (Rdn. 29) droht, daß die Ermittlung der Wahrheit erschwert werde. Es kommt also nicht darauf an, daß gerade der Beschuldigte selbst die Ermittlungen der Wahrheit erschwert oder erschweren will — wenn das auch in der Regel der Fall sein wird —, sondern allein darauf, daß die Verdunkelungshandlungen zu der Gefahr führen, jene Erschwernis werde eintreten. Der streng subjektive Aufbau der 1964er Fassung („die *Absicht* des Beschuldigten *erkennbar* ist" [Verdunkelungshandlungen vorzunehmen][18] und wenn deshalb die Gefahr droht, daß *er* die Ermittlungen der Wahrheit erschweren werde), ist 1972 durch eine weitgehend **objektivierte Fassung** abgelöst worden.

---

[16] Gleichwohl muß der Haftrichter auch in diesen Fällen, wo die äußeren Bedingungen für eine Flucht günstig erscheinen, stets prüfen, ob der Beschuldigte diese Möglichkeiten auch ausnutzen wird (OLG Köln NJW **1959** 544).

[17] OLG Dresden *Alsb.* E **1** 293; OLG Oldenburg NJW **1961** 1984; *Bader* JZ **1956** 375; *Eb.*

Schmidt Nachtr. I 17; *Seetzen* DRiZ **1974** 261; KK-*Boujong* 17; KMR-*Müller* 7; *Kleinknecht/Meyer* 17.

[18] Vgl. dazu *Dahs sen.* NJW **1965** 889; *Dahs* FS Dünnebier 236; *Kleinknecht* JZ **1965** 115; KK-*Boujong* 29; KMR-*Müller* 8; 14.

Günter Wendisch

42   Denn selbst das **Verhalten** des Beschuldigten wird noch nicht schlechthin abwertend charakterisiert. Es erhält seinen Akzent allein aus der von ihm ausgehenden Wirkung, daß es vom Standpunkt eines **objektiven Beobachters** aus den dringenden Verdacht (Rdn. 31) einer bestimmten Handlungsweise begründet, die im Fall des Buchstaben a moralisch und unter Umständen auch prozessual nicht zu beanstanden ist, aber doch (objektiv, wenn auch vielleicht absichtslos) die Gefahr der Verdunkelung drohen läßt. Die Tendenz von 1972 könnte der von 1964 nicht schärfer widersprechen (der Unterschied in der Praxis wird weniger bedeutend sein), wenn nicht durch das Erfordernis des dringenden Verdachts eine gewisse Schranke bestünde, die an die Perhorreszierung des Haftgrundes der Verdunkelungsgefahr durch die Fassung von Art. 1 Nr. 1 StPÄG eben noch erinnert. Der klare **Gesetzeswille,** den Haftgrund der Verdunkelungsgefahr wieder auszubauen, muß beachtet, doch darf nicht übersehen werden, daß dieser Haftgrund am ehesten der, gewiß meist unbewußten, Gefahr unterliegt, **mißbraucht** zu werden. Auf keinen Fall rechtfertigen noch ausstehende Ermittlungen die Untersuchungshaft (OLG Schleswig SchlHA **1954** 25). Weil der Beschuldigte nicht verpflichtet ist, sich einzulassen (§ 136 Abs. 1 Satz 2), wird dadurch, daß er sich nicht zur Sache erklärt, keine Verdunkelungsgefahr begründet (OLG Frankfurt NJW **1960** 352).

43   Der dringende Verdacht (Rdn. 29, 31) kann **aus allen** auf bestimmten Tatsachen beruhenden **Indizien** hergeleitet werden. Daher ist es zulässig, die Verdunkelungsgefahr aus unternommenen oder durchgeführten Verdunkelungsmaßnahmen — z. B. der Verwendung ge- oder verfälschter Schriftstücke, der Einschüchterung, Bedrohung oder Bestechung von Zeugen zu folgern (OLG Frankfurt NJW **1960** 352), selbst wenn der Beschuldigte diese Maßnahmen vor dem anhängigen Verfahren angewendet hatte, etwa in einem Zivilprozeß, aus dem ein Verfahren wegen Verleitung zum Meineid hervorgegangen war. Auch ist der Ansicht, Verdunkelungsgefahr bestehe, wenn die ganze Lebensführung des Beschuldigten auf Verheimlichen, Verbergen und Verdunkeln, auf Täuschung, Drohung und Gewalt abgestellt sei (gewerbsmäßige Hehler, Zuhälter, Spione und Verräter; OLG Köln NJW **1961** 1880; JMBlNRW **1963** 252; *Philipp* 83, 85; *Dreves* 110; *Franzheim* 109; KK-*Boujong* 29: Angehörige krimineller oder terroristischer Vereinigungen und Zusammenschlüsse; KMR-*Müller* 14) deshalb beizutreten, weil Verdacht und Gefahr hier auf der Hand liegen (*Dahs sen.* NJW **1965** 893; **a. A.** *Dahs* FS Dünnebier 234 ff: Natur der Straftat ist allein keine ausreichende Grundlage; Verdunkelungsgefahr setzt stets weitere gewichtige und konkrete Indiztatsachen voraus; aber auch *Parigger* 425). Freilich ist immer zu prüfen, ob es (noch) etwas zu verdunkeln gibt.

4. Verdunkelungshandlungen

44   **a) Grundsatz.** Der Haftgrund der Verdunkelungsgefahr besteht nur, wenn aufgrund bestimmter Tatsachen das Verhalten des Beschuldigten den dringenden Verdacht begründet, er werde eine oder mehrere der drei in Nr. 3 (Rdn. 46, 48, 49) abschließend (*Dahs sen.* NJW **1959** 507) aufgeführten Verdunkelungshandlungen begehen, und wenn weiter deshalb die Gefahr droht, daß die Ermittlung der Wahrheit in dem Verfahren wegen derjenigen Tat erschwert wird, deren der Beschuldigte dringend verdächtig ist (ähnlich OLG Celle NdsRpfl. **1963** 212). Die Vermutung weiterer Taten, die sich noch nicht zu einem dringenden Tatverdacht verdichtet hat, muß außer Betracht bleiben (*Sauer* NJW **1960** 351).

45   Die Verdunkelungshandlungen müssen zu dem Zweck, zu verdunkeln, **geeignet** (KG JR **1956** 192), der Zweck muß ein künftiger sein. Die Untersuchungshaft wegen Verdunkelungsgefahr ist weder Prozeßstrafe noch Beugehaft (LG Verden StrVert. **1982** 374). Selbst wenn der Beschuldigte Beweismittel vernichtet und Zeugen beeinflußt hat, ist sie unzulässig, wenn durch das Verhalten und durch die Verhältnisse des Beschuldigten und die sonstigen Umstände des Falls und des Verfahrens ausgeschlossen oder wenigstens der Verdacht ausgeräumt ist, daß er auch in Zukunft Verdunkelungshandlungen vornehmen werde, und daß deshalb die Gefahr drohe, die Ermittlung der Wahrheit werde erschwert (*Dreves* 111). Verdunkelungshandlungen sind im einzelnen:

b) Das Vernichten, Beiseiteschaffen und Unterdrücken, das Verändern und Fälschen **von Beweismitteln.** Ob der Beschuldigte berechtigt ist, über das Beweismittel zu verfügen (ein von ihm gefertigtes Tonband zu löschen; einen von ihm geschriebenen, aber noch nicht abgesandten Brief zu verbrennen; die in seinem Eigentum stehende Mordwaffe zu vernichten; eine in der Natur gesetzte Spur zu verwischen), ist gleichgültig. Wer den Verdacht hervorruft, Beweismittel anzugreifen, setzt sich, wenn zugleich die sonstigen Voraussetzungen der Nr. 3 vorliegen, der Verhaftung aus, gleichviel ob sein Verhalten „anstößig" ist (*Kleinknecht* JZ **1965** 116) oder edel (etwa um eine an der Tat unbeteiligte Frau nicht zu kompromittieren). Das Merkmal „unlauter" des Buchstaben b darf nicht auf den Fall des Buchstaben a übertragen werden (so aber *Kleinknecht/ Meyer* 18; 22; *Kleinknecht/Janischowsky* 53; wie hier KK-*Boujong* 33). **46**

Beiseiteschaffen ist auch die **Veräußerung,** aber nur dann, wenn sie bewirkt, daß das Beweismittel nicht mehr jederzeit und unverändert den Strafverfolgungsbehörden zur Verfügung steht. Das **Verändern** umfaßt auch das **Unbrauchbarmachen,** etwa das Löschen eines Tonträgers oder der Aufzeichnung einer elektronischen Datenverarbeitungsanlage und den „Nachtrunk", wenn der Blutalkoholgehalt zur Tatzeit eine Rolle spielt. Dagegen verändert ein Beweismittel nicht, wer sich einer Blutalkoholuntersuchung entzieht; er verhindert nur, daß von einem sich verändernden und vergehenden Beweismittel Gebrauch gemacht werden kann. **Fälschen** ist das Verändern eines Beweismittels in der Weise, daß es seinen Beweiswert verliert oder einen anderen Beweisinhalt darbietet, als es ursprünglich hatte, oder das Anfertigen eines Beweismittels, gleichgültig ob sein Inhalt richtig oder falsch ist, das den Eindruck erweckt, es sei vor seiner Anfertigung entstanden (KK-*Boujong* 33; KMR-*Müller* 9; **a. A.** *Dahs sen.* NJW **1959** 507). **47**

c) Das Einwirken auf Mitbeschuldigte, **Zeugen** und Sachverständige — auch wenn sie noch nicht in dieser Eigenschaft am Verfahren beteiligt sind, der Beschuldigte aber damit rechnet (KK-*Boujong* 34; KMR-*Müller* 10; *Kleinknecht/Meyer* 21) —, jedoch nur, wenn sie in unlauterer Weise vorgenommen wird. Das ist immer der Fall, wenn der Mitbeschuldigte oder Zeuge beeinflußt wird, die Unwahrheit zu sagen, oder der Sachverständige, ein falsches Gutachten abzulegen oder Befundtatsachen (vgl. BGHSt **18** 108) falsch zu bekunden. Dagegen ist eine bloße **Besprechung mit Verfahrenszeugen** (OLG Köln NJW **1959** 544), die Frage, wie sich ein Hergang ereignet oder ob sie sich an einen bestimmten Umstand erinnerten, nicht unlauter; sie wird es aber, wenn ihnen eine Erinnerung, die sie nicht haben — auch wenn sie sie haben können —, suggeriert (*Dahs* NJW **1965** 890) oder der Zeuge unter Druck gesetzt (*Schlüchter* 213) wird. Es ist auch nicht unlauter, daß der Beschuldigte Zeugen bittet, von ihrem Zeugnisverweigerungsrecht Gebrauch zu machen (OLG Bremen MDR **1951** 55 mit Anm. *Dallinger*). Denn zu seinen Gunsten ist es dem Zeugen eingeräumt, und der Beschuldigte kann ihm wohl die Folgen einer Aussage vorstellen[19]. **48**

d) Die Veranlassung eines anderen, die vorgenannten Verdunkelungshandlungen vorzunehmen. Der Beschuldigte muß den Anlaß geben, daß der andere handelt, gleichviel ob der andere weiß, welchem Ziel seine Handlungen dienen. Auf der Seite des Be- **49**

---

[19] Zust. *Eb. Schmidt* Nachtr. I 20; 23; *Schlüchter* 213; *Kleinknecht/Meyer* 23; einschränkend – Verdunkelung bei Ausnutzen eines Autoritätsverhältnisses – KMR-*Müller* 11.

Günter Wendisch

schuldigten genügt nicht jede, auch eine fahrlässige Veranlassung, vielmehr nur eine, die vom Vorsatz des Beschuldigten getragen ist, das Handeln des anderen herbeizuführen.

50   **5. Straftaten wider das Leben (Absatz 3).** Voraussetzung der Untersuchungshaft nach Abs. 3 ist allein, daß der Beschuldigte einer Straftat nach § 129 a Abs. 1 StGB (Bildung terroristischer Vereinigungen), nach § 211 StGB (Mord), § 212 StGB (Totschlag), § 220 a Abs. 1 Nr. 1 StGB (Völkermord im Tötungsfall) oder, wenn durch die Tat Leib oder Leben eines anderen gefährdet worden ist, nach § 311 Abs. 1 bis 3 StGB (Herbeiführen einer Sprengstoffexplosion) dringend verdächtig ist. Da das bei allen anderen Haftfällen der §§ 112, 112 a verwendete Wort Haftgrund vermieden worden ist, könnte man an eine Art automatischer Haft bei Straftaten wider das Leben denken — wobei unklar bleibt, warum die §§ 310 b, 311 a StGB ausgespart sind —, doch ist das mit der Entstehungsgeschichte kaum vereinbar.

51   Nach der **Tatbestandstechnik** des Strafgesetzbuchs ist der Haftfall auch gegeben bei Versuch (§ 22 StGB; BGHSt **28** 355), Anstiftung (§ 26 StGB), Beihilfe (§ 27 StGB) und Versuch der Beteiligung (§ 29 StGB), doch war er nicht für alle Fälle dieser Art gedacht[20]. Andererseits ist die Anwendung angesichts des geschlossenen Katalogs ausgeschlossen, wenn zu erwarten ist, daß die Strafe § 213 StGB (minder schwerer Fall des Totschlags), § 216 StGB (Tötung auf Verlangen), § 217 StGB (Kindestötung)[21] oder § 323 a StGB (Vollrausch; kein Tötungsdelikt) zu entnehmen ist oder wenn dem Beschuldigten Begünstigung (§ 257 StGB) oder Strafvereitelung (§ 258 StGB) in bezug auf eine Katalogtat vorgeworfen wird (KMR-*Müller* 19). **Liegen** die **Voraussetzungen** des Absatzes 3 **nicht vor,** kann gleichwohl ein Haftbefehl ergehen, wenn einer der Haftgründe des Absatzes 2 oder des § 112 a gegeben ist (OLG Oldenburg NJW **1965** 1613; OLG Hamm NJW **1965** 2117)[22].

52   Das **Bundesverfassungsgericht** (BVerfGE **19** 342 = NJW **1966** 243) hat — nicht ganz unanfechtbar[23] — der Vorschrift einen vom Gesetzgeber kaum gewollten Inhalt gegeben, der sich unserem Haftsystem nicht leicht einfügt: Danach müssen als Voraussetzung der Haft Umstände vorliegen, die die Gefahr begründen, daß ohne Festnahme des Beschuldigten die alsbaldige Aufklärung und Ahndung der Tat gefährdet sein könn-

---

[20] *Kanka* (429) will die Vorschrift nicht auf alle, sondern nur auf besonders gelagerte Fälle der genannten Verbrechen angewendet wissen. Ob solche Fälle vorliegen, sollen die Gerichte von Fall zu Fall entscheiden aufgrund der „Bestimmung, daß in diesen Fällen der Haftbefehl erlassen werden darf". Das Wort „darf" kann indessen, weil es für alle Haftgründe gilt, nicht die Grundlage der von *Kanka* angenommenen Freiheit bieten.

[21] *Dünnebier* 231; *Kanka* 430; *Hengsberger* 211; KK-*Boujong* 39; *Kleinknecht/Meyer* 25; *Deckers* 420; OLG Düsseldorf NJW **1965** 2119; **a.A.** für § 213 OLG Hamm NJW **1982** 2786; *Creifelds* NJW **1965** 950; *Grauhan* NJW **1965** 1363; *Waldschmidt* NJW **1965** 1576.

[22] Ebenso *Waldschmidt* NJW **1965** 2117; **a.A.** – Haftbefehl, der sich auf Mord und Totschlag bezieht, darf nur nach Absatz 3 erlas-

sen werden – OLG Düsseldorf NJW **1965** 2119; wie hier KK-*Boujong* 41; KMR-*Müller* 21.

[23] Auch die verfassungskonforme Auslegung ist nicht frei. Sie kann wohl den Willen des Gesetzgebers und das Gesetz soweit verkürzen, als es dem Grundgesetz zuwiderläuft. Sie darf aber nicht dem Gesetz einen Sinn unterlegen, den es nach der Entscheidung des Gesetzgebers nicht haben soll, „indem sie der Norm die eigentlich gewollte praktische Bedeutung nimmt und ihr einen anderen normativen Gehalt unterlegt" (BVerfGE **33** 83 = NJW **1972** 1940); vgl. auch BVerfGE **8** 34 = NJW **1958** 1127; **8** 79 = NJW **1958** 1389; **18** 111 = NJW **1964** 1564 und weiter *Bogs* Die verfassungskonforme Auslegung von Gesetzen (1966) 72; *Peters* § 47 A IV; *Dahs sen.* NJW **1966** 761; *Schmidt-Leichner* 428; *Eb. Schmidt* Nachtr. I 28 e.

te. Der zwar nicht mit bestimmten Tatsachen belegbare, aber nach den Umständen des Falls doch nicht auszuschließende Flucht- oder Verdunkelungsverdacht kann u. U. bereits ausreichen (OLG Bremen StrVert. **1983** 289)[24]. Ebenso könne die ernstliche Befürchtung, daß der Beschuldigte weitere Verbrechen ähnlicher Art begeht, für den Erlaß eines Haftbefehls genügen. Diese Auslegung enthält „mit Rücksicht auf die Schwere der hier bezeichneten Straftaten" eine Lockerung der „strengen Voraussetzungen der Haftgründe des Absatzes 2 . . ., um die Gefahr auszuschließen, daß gerade besonders gefährliche Täter sich der Bestrafung entziehen"[25]. Darüber hinaus wird für Straftaten wider das Leben ein Haftgrund der Wiederholungsgefahr geschaffen, für den ebenfalls weniger strenge Voraussetzungen gelten als für § 112 a. Da aber Flucht- oder Verdunkelungsgefahr oder *Befürchtung* der Wiederholung vorliegen müssen, läuft die Auslegung auf eine widerlegliche **Vermutung der Haftgründe** (so wohl auch *Deckers* 420) hinaus (sie werden „gleichsam fingiert" [BVerfGE **36** 277 = NJW **1974** 309], wenn nur gewisse Anhaltspunkte vorliegen) und damit auf eine Begründungserleichterung, ja wegen der Widerlegbarkeit auf eine dem Strafprozeß sonst fremde Umkehr der Beweislast (vgl. dazu auch OLG Düsseldorf MDR **1983** 152; OLG Bremen StrVert. **1983** 289). Die Praxis scheint bei Mordfällen die allgemeinen Vorschriften (§ 112 Abs. 2, § 112 a) anzuwenden (OLG Köln JMBlNRW **1968** 235), zum Teil mit schwächeren Anforderungen (OLG Hamm NJW **1966** 2075; **1982** 2786).

6. Wiederholungsgefahr: Wegen der aus Gründen des Zusammenhangs mehrfach **53** (Rdn. 1, 2, 6, 20, 26, 28, 29, 33, 50, 52) erwähnten Wiederholungsgefahr vgl. § 112 a.

IV. Verhältnismäßigkeit (Absatz 1 Satz 2).

Mit der Untersuchungshaft wird in das Grundrecht des Beschuldigten auf persön- **54** liche Freiheit (Art. 2 Abs. 2 Satz 2, Art. 104 GG) eingegriffen. Dem Anspruch, das Grundrecht erhalten zu sehen, steht das Bedürfnis der Gesellschaft gegenüber, Straftaten wirksam zu bekämpfen. Diese Spannung ist dadurch auszugleichen, daß der für die Strafverfolgung erforderlichen Freiheitsbeschränkung der grundrechtlich verbürgte Freiheitsanspruch des als unschuldig geltenden (Art. 6 Abs. 2 MRK) Beschuldigten als Korrektiv entgegengehalten wird. Danach ist der Eingriff in die Freiheit nur hinzunehmen, wenn und soweit dem Anspruch der Gesellschaft, die Tat vollständig aufzuklären und den Täter rasch zu bestrafen, nur durch die Untersuchungshaft Genüge getan werden kann (BVerfGE **19** 342 = NJW **1966** 244; **20** 49 = NJW **1966** 1259; **20** 147 = NJW **1966** 1703; **32** 93; **53** 182 = NJW **1980** 1448)[26]. Auf die Dauer einer im Ausland zum Zweck der Einlieferung in die Bundesrepublik Deutschland erlittenen **Auslieferungshaft** findet er keine Anwendung. Zwar liegt einer solchen Inhaftnahme regelmäßig ein deutscher Haftbefehl zugrunde; jedoch handelt es sich bei der Entscheidung, ob der Auszuliefernde in Haft zu nehmen ist, um eine Maßnahme, die der ersuchte ausländische Staat aufgrund eigenen hoheitlichen Verhaltens im Bereich seiner hoheitlichen Gewalt trifft (BVerfG NJW **1981** 1155). Ausländische Auslieferungshaft ist daher keine

---

[24] Beispiel: OLG Hamm NJW **1966** 2075; Möglichkeit, daß der Angeklagte zwar nicht für immer dem Verfahren, aber vorübergehend den quälenden Eindrücken der Hauptverhandlung entfliehen werde.

[25] Auch bei Beschuldigten, die einer Straftat nach § 129 a StGB dringend verdächtig sind,

wird damit nicht auf eine – wenn auch erleichterte – Prüfung der Notwendigkeit der Haft und ihrer Verhältnismäßigkeit verzichtet (*Vogel* NJW **1978** 1226 l. Sp.).

[26] Ebenso: *Kleinknecht* JZ **1965** 114 f; *Kleinknecht/Janischowsky* 105; *Gössel* 70; *Wagner* NJW **1978** 2003.

Günter Wendisch

Untersuchungshaft nach §§ 112 ff (OLG Nürnberg GA **1966** 90; OLG Hamm NJW **1966** 314). Da sie keine **deutschen** Freiheitsrechte berührt, kann ihre Dauer auch nicht am Maßstab der Grundrechte des Grundgesetzes geprüft werden (BVerfG aaO) mit der Folge, daß der Grundsatz der Verhältnismäßigkeit, der nur das Spannungsverhältnis zwischen dem Recht des einzelnen auf persönliche Freiheit und dem Bedürfnis einer wirksamen Verbrechensbekämpfung regelt, selbst dann nicht verletzt ist, wenn der ausländische Staat das Auslieferungsverfahren verzögerlich behandelt und dadurch die Dauer der Auslieferungshaft unverhältnismäßig verlängert (OLG München NJW **1982** 1241).

55   Der verfassungsbegründete Grundsatz der Verhältnismäßigkeit gilt nicht nur für die Anordnung der Untersuchungshaft, sondern auch für die Aufhebung des Haftbefehls und ist daher in § 120 Abs. 1 Satz 1 zweiter Halbsatz nochmals wiederholt; er hat die Ausformung erhalten, daß die Untersuchungshaft weder angeordnet noch aufrechterhalten werden darf, wenn sie zu der **Bedeutung der Sache und zu der zu erwartenden Strafe oder Maßregel der Besserung und Sicherung** außer Verhältnis steht[27]. Er ist eine der bedeutendsten Sicherungen gegen eine zu großzügige Verwendung der Untersuchungshaft. Der Grundsatz berührt sich mit der Anordnung in Art. 5 Abs. 3 Satz 2 MRK, daß jedermann Anspruch auf Aburteilung innerhalb einer angemessenen Frist oder auf Haftentlassung gegen Sicherheitsleistung hat, eine Norm, die jetzt in § 121 ihre nationale Ausgestaltung erhalten hat und ebenfalls auf dem Grundsatz der Verhältnismäßigkeit beruht, wenn auch mit einem anderen Bezugspunkt als die hier behandelten Ausprägungen des Grundsatzes.

56   Der Grundsatz der Verhältnismäßigkeit kommt in der **negativen Form** zum Ausdruck, daß die Untersuchungshaft nicht angeordnet werden darf, wenn sie zu der Sanktion außer Verhältnis steht[28]. Sinn hat diese Fassung nur, wenn damit der Grundsatz in dubio pro reo ausgeschlossen werden soll[29]. Ihr liegt die Auffassung zugrunde, daß dieser Grundsatz auch bei Wertungen selbst anzuwenden ist und nicht nur für die den Wertungen zugrunde liegenden Tatsachen. Ist man dagegen der Ansicht, daß die Regel in dubio pro reo sich nur auf die Tatsachenfeststellung bezieht (*Henkel* § 91 III 1), dann kommt der negativen Fassung keine Bedeutung zu; sie zwingt nicht zu der Theorie, der sie entsprungen ist. Die Feststellung, daß die Haft zur Sanktion nicht außer Verhältnis stehe, kann dann zu keinem anderen Ergebnis führen, als daß die Haft zur Sanktion in einem (angemessenen) Verhältnis stehe. Hätte das Gesetz diese Fassung erhalten, wäre es einfacher geworden. Die Verhältnismäßigkeit wäre als **Haftvoraussetzung** herausgestellt, was sie in Wirklichkeit auch ist (zustimmend *Gössel* GA **1978** 124). Damit hätte die umständliche Fassung des § 120 Abs. 1 Satz 1 vermieden werden können (vgl. auch Rdn. 2; 20). Immerhin weist die Fassung den Richter darauf hin, daß er nach Lage der Akten entscheiden kann und **keine Ermittlungen** anzustellen braucht, um die Tatfolgen

---

[27] Dabei kann es sich allerdings immer nur um die Tat handeln, die der Haftbefehl beschreibt, bzw. um die insoweit in Betracht kommende Strafe (OLG Hamm JMBlNRW **1977** 258).

[28] Unrichtig OLG Stuttgart, das entgegen dem Wortlaut des Gesetzes nicht nur auf die zu erwartende Sanktion, sondern schon bei der Prüfung der Verhältnismäßigkeit auch auf das Verhältnis zwischen dem Zeitraum, in dem der Angeklagte in Untersuchungshaft

ist und der Tätigkeit der Staatsanwaltschaft und des Gerichts, das Verfahren zu fördern und abzuschließen (§ 121), abstellt (MDR **1970** 346). Diese Frage ist erst im Verfahren nach §§ 121, 122 zu prüfen. Wie hier *Gössel* GA **1978** 124.

[29] *Hengsberger* JZ **1966** 210; *Wagner* NJW **1978** 2005; *Gössel* § 5 B IV a; KK-*Boujong* 44; KMR-*Müller* 26; **a.A.** *Eb. Schmidt* Nachtr. I 10.

zu klären (Begr. BTDrucks. **IV** 178, S. 22), die vielleicht erst ein sicheres Urteil über die Verhältnismäßigkeit zulassen. Aber das ist selbstverständlich; im Haftverfahren sind alle Beurteilungen vorläufiger Art auf der Grundlage eines Tatsachenmaterials, das dauernder Veränderung unterworfen ist.

Nach dem in Absatz 1 Satz 2 niedergelegten Grundsatz der Verhältnismäßigkeit **57** darf die „erlittene" (§ 51 Abs. 1 Satz 1 StGB; § 450 Abs. 1, § 450 a Abs. 1 und 2) Untersuchungshaft dem Grundsatz nach **nicht schwerer** wiegen **als** das durch die Haft gesicherte Verfahrensziel, **die Strafe** oder die Maßregel der Besserung und Sicherung **(Übermaßverbot).** Dazu ist abzuschätzen, welche freiheitsentziehende Maßregel oder welche Freiheitsstrafe (vgl. § 124 Abs. 1) der Beschuldigte zu erwarten hat. Weiter ist zu prüfen (*Schultz* JR **1963** 297), ob die Vollstreckung vielleicht ganz (§ 56 Abs. 1 und 2 StGB; vgl. OLG Koblenz MDR **1974** 596) oder teilweise (§ 57 Abs. 1 und 2 StGB; vgl. OLG Schleswig bei *Ernesti/Jürgensen* SchlHA **1977** 181; OLG Stuttgart NStZ **1983** 40) auszusetzen, nach § 60 StGB von Strafe abzusehen oder ob nicht nur eine Geldstrafe und in diesem Falle eine Verwarnung mit Strafvorbehalt (§ 59 Abs. 1 StGB) oder eine nicht freiheitsentziehende Maßregel der Besserung und Sicherung (hier § 61 Nr. 6 und 7 StGB) zu erwarten ist. In diesen Fällen, die nach der Statistik ein Sechstel aller Untersuchungshaftfälle ausmachen, wird in der Regel schon Fluchtgefahr, grundsätzlich aber die Verhältnismäßigkeit zu verneinen sein[30]. Besonders zu beachten ist immer, daß nach § 57 Abs. 1 StGB in der Regel zu erwarten sein wird, es werde die **Vollstreckung eines Strafrests ausgesetzt** werden. Im Einzelfall kann das aber auszuschließen sein, ebenso kann, namentlich wenn der Beschuldigte flüchtig ist, die Verurteilung als solche bedeutungsvoll genug sein, die Untersuchungshaft zu verhängen (KK-*Boujong* 48; KMR-*Müller* 24; *Seetzen* 2001).

Da die Untersuchungshaft ein schwerer Eingriff in die Freiheit einer Person ist, **58** deren Schuld erst festgestellt werden muß, ist sie als eine **Ausnahme** anzusehen, die nur angewendet werden darf, wenn sie unbedingt notwendig ist. Bei Abwägung werden die Art des verletzten Rechtsgutes und die Schuld des Täters, in geringerem Umfange auch das Unrecht der Tat, Berücksichtigung erheischen.[31]

V. Zusätzliche Erwägungen

1. Subsidiarität. Sind alle vorher genannten Voraussetzungen erfüllt, darf die Un- **59** tersuchungshaft gleichwohl nicht verhängt werden, wenn der Beschuldigte freiwillig Pflichten übernimmt oder sich freiwillig Beschränkungen unterwirft, durch welche die erstrebte Wirkung erreicht wird, ohne daß der Beschuldigte verhaftet wird (OLG Frankfurt JR **1951** 92). § 116 Abs. 1 sieht bei Maßnahmen, welche die Fluchtgefahr erheblich vermindern, vor, den Vollzug eines Haftbefehls auszusetzen. Ist es indessen

---

[30] Vgl. dazu auch die bei *Wagner* NJW **1978** 2002 angeführte empirische Untersuchung von 1000 Ladendiebstahlsverfahren, die in den Jahren 1973 und 1975 beim Kriminalgericht Moabit in Berlin anhängig waren.

[31] Im Ergebnis zustimmend *Wagner* NJW **1978** 2004 r. Sp. III, der als weiteren wesentlichen Beurteilungsfaktor für die Bedeutung der Sache das öffentliche Interesse an der Strafverfolgung unter dem Gesichtspunkt der Verteidigung der Rechtsordnung nennt, für dessen Bejahung oder Verneinung er die Maßstäbe anwenden will, die von der herrschenden Meinung zur Auslegung der §§ 153, 153 a entwickelt worden sind; **a.A.** *Maunz/Dürig/Herzog* Art. 2 Abs. 2, 54: Untersuchungshaft nur in bezug auf Freiheitsstrafe zulässig; *Baumann* 652: Tatschwere bedeutsam allein i. S. der zu erwartenden Strafhöhe; aber auch *Roxin* § 30 A III und *v. Stakkelberg* NJW **1960** 1266; **wie hier** *Gössel* § 5 B IV b 3; KK-*Boujong* 48.

Günter Wendisch

nicht notwendig, dem Beschuldigten Pflichten und Beschränkungen aufzuerlegen, wird vielmehr der Haftgrund schon dadurch ausgeschlossen, daß er solche freiwillig übernimmt, dann entfallen damit die Haftvoraussetzungen[32].

60   Das kann zwar auch bei **Verdunkelungsgefahr** (§ 116 Abs. 2) der Fall sein, etwa wenn ein kindlicher Zeuge in ein Heim verbracht und sichergestellt wird, daß der Beschuldigte dort mit ihm nicht in Verbindung treten kann. In der Regel wird es allerdings die **Fluchtgefahr** sein, die durch Übernahme von Pflichten ausgeschlossen wird. So kann z. B. bei Vermögenslosen die Abgabe des Reisepasses die Fluchtgefahr beseitigen, weil ohne Paß im Ausland keine Arbeitsgenehmigung erteilt zu werden pflegt. Beim Haftgrund der **Wiederholungsgefahr** von Vermögensdelikten (§ 112 a Abs. 1 Nr. 2) sind freiwillige Pflichten und Beschränkungen, die die Untersuchungshaft erübrigen, schwer denkbar. Bei **Sittlichkeitsverbrechen** (§ 112 a Abs. 1 Nr. 1) ist ein einschlägiger Fall etwa der, daß sich der Täter freiwillig in Anstaltsbehandlung begibt.

61   Der Beschuldigte kann jederzeit verlangen, daß freiwillig übernommene Beschränkungen, deren Zulässigkeit *Kastendieck* leugnet (S. 219), alsbald aufgehoben werden. Daher macht die **freiwillige Übernahme** von Pflichten und Beschränkungen die Untersuchungshaft nur entbehrlich, wenn eine große Sicherheit dafür gegeben ist, daß sie auch eingehalten werden, und wenn weder behördliche Überwachung notwendig ist, noch andere Sanktionen als der Erlaß eines Haftbefehls geboten sind. Ist dagegen die stärkere Drohung erforderlich, es werde alsbald ein bereits erlassener Haftbefehl vollstreckt werden, ist der Weg des § 116 zu wählen. Er ist allein zulässig bei einer Sicherheitsleistung, weil bei formloser Sicherheitsbestellung die Vorschrift des § 124 Abs. 1 (Verfall) keine Anwendung finden kann.

62   In **Jugendsachen** ist das dem allgemeinen Haftrecht angehörende Subsidiaritätsprinzip in § 72 Abs. 1 Satz 1 JGG ausdrücklich festgelegt. Nach dieser Bestimmung darf Untersuchungshaft nur verhängt werden, wenn ihr Zweck nicht durch eine vorläufige Anordnung über die Erziehung oder durch andere Maßnahmen erreicht werden kann. Als solche kommen in Betracht Weisungen über den Aufenthalt, den Arbeitsplatz, Meldepflichten und ähnliches (*Brunner* § 71, 3), jedoch ist es unzulässig, die vorläufige Fürsorgeerziehung anzuordnen (§ 71 Abs. 1 Satz 2 JGG).

63   **2. Gesamtwürdigung.** Ist unter Berücksichtigung aller dieser Umstände die Untersuchungshaft zulässig, so sollte — scheint es — ein Zwang (so *Siegert* JW **1925** 929) bestehen, sie zu verhängen. Denn wenn das Mittel der Untersuchungshaft einem bestimmten Verfahrenszweck dient, so scheint der Richter, weil er diesen Zweck nicht nach Belieben preisgeben kann, dieses Mittel, wenn es zulässig ist, auch anwenden zu müssen. Das Gesetz verordnet aber ausdrücklich, daß die Untersuchungshaft, wenn bestimmte Voraussetzungen vorliegen, verhängt werden darf, nicht daß sie dann zu verhängen ist. Darin liegt die Erkenntnis, daß sich die Haftvoraussetzungen niemals mathematisch berechnen lassen. Der Richter muß nicht nur abwägen, was etwa für und gegen eine Flucht spricht, sondern auch, ob die Fluchtgefahr mehr oder weniger dringend ist, und ob bei Abwägung dieser Umstände die Nachteile der Haft, etwa für Gesundheit, Beruf und Familie, im rechten Verhältnis zu der zu erwartenden Strafe stehen (*Maunz/Dürig/ Herzog* Art. 2 Abs. 2, 54). Die Erwägungen greifen oft ineinander und betreffen verschiedene Haftvoraussetzungen. Wenn sich der Haftrichter auch über jede einzelne von ihnen Rechenschaft zu geben hat, so muß er zuletzt doch auf Grund einer Gesamtwürdigung nach pflichtgemäßem Ermessen (OLG Hamm NJW **1954** 404) entscheiden, ob

---

[32] *Gössel* § 5 B IV c; KK-*Boujong* 50; **a.A.** *Kastendieck* 219.

der Zweck des Verfahrens das Mittel der Untersuchungshaft erfordert. Bejaht er das, muß er allerdings die Haft verhängen und kann nicht in einer Art Gnadenentscheidung willkürlich in dem einen Fall von der Verhaftung absehen, sie in einem anderen Fall aber anordnen. Das Wort **darf** bringt dem Richter **kein freies Ermessen,** sondern letztlich nur eine Begründungserleichterung.

3. Haftunfähigkeit

a) Grundsatz. § 455 enthält zwei Gründe, die der Vollstreckung einer Freiheits-   **64** strafe entgegenstehen:

wenn der Verurteilte in Geisteskrankheit verfällt (§ 455 Abs. 1);

wenn von der Vollstreckung wegen anderer Krankheiten eine nahe Lebensgefahr für den Verurteilten zu besorgen ist (§ 455 Abs. 2).

Weiter kann die Strafvollstreckung aufgeschoben werden,

wenn sich der Verurteilte in einem körperlichen Zustand befindet, bei dem eine sofortige Vollstreckung mit der Einrichtung der Strafanstalt unverträglich ist (§ 455 Abs. 3). Die Vorschrift bezieht sich nach ihrem Wortlaut nicht auf die Untersuchungshaft, ist aber doch teilweise auf sie entsprechend anzuwenden.

b) Geisteskrankheit. Der erste dieser Gründe schließt schon seiner Natur nach   **65** die Untersuchungshaft regelmäßig aus. Denn gegen einen Täter, der **nach der Tat** in Geisteskrankheit verfallen ist, kann, weil er nicht verhandlungsfähig ist, kein Verfahren und nach § 455 Abs. 1 Satz 1 keine Vollstreckung stattfinden. Demzufolge ist auch die Untersuchungshaft, weil sie der Sicherung des Verfahrens und einer künftigen Vollstreckung dient, unzulässig. Das gilt immer, wenn ein Ende der Geisteskrankheit nicht abzusehen ist. Ist das nach ärztlichem Gutachten ausnahmsweise der Fall, kann wohl ein Haftbefehl ergehen, doch kann er erst nach Beendigung der Geisteskrankheit vollstreckt werden. Denn vorher ist das Haftverfahren (§ 114 a, § 114 b Abs. 2, § 115, § 115 a) nicht durchführbar, weil der Beschuldigte verhandlungsunfähig ist. Hat die Geisteskrankheit schon **bei der Tat** vorgelegen, ist einstweilige Unterbringung nach § 126 a zulässig.

c) Lebensgefährdung durch den Vollzug der Untersuchungshaft schließt diese in   **66** der Regel ebenfalls aus (OLG Düsseldorf JZ **1984** 248). Wenn diese Gefährdung den Staat zu dem Verzicht veranlaßt, einen schuldigen Verurteilten einzusperren (§ 455 Abs. 2), so ist diesem Umstand der Wille des Gesetzgebers zu entnehmen, auch darauf zu verzichten, einen Beschuldigten zu inhaftieren, der noch als unschuldig gilt (Art. 6 Abs. 2 MRK) und es vielleicht sogar ist. Das Ergebnis folgt aus den oben dargestellten Grundsätzen der Verhältnismäßigkeit (Rdn. 54 ff) und der Gesamtwürdigung (Rdn. 63)[33]. Das Leben des Beschuldigten steht in aller Regel höher als der Untersuchungszweck (*Ebermayer* 1455); ihm ein Menschenleben zu opfern, hat der Staat grundsätzlich kein Recht (*v. Lilienthal* 1448).

Aus den Grundsätzen der Verhältnismäßigkeit und der Gesamtwürdigung, aus   **67** denen das Ergebnis gewonnen ist, ergibt sich auch die **Ausnahme** von ihm: Ein wegen schwerster Taten dringend Verdächtiger, der höchsten Strafen und während deren Vollstreckung möglicherweise dem Tod im Vollzug entgegensieht, muß wegen des hohen Sühneverlangens der Allgemeinheit auch der Lebensgefährdung durch den

---

[33] *Beling* § 102 II 7 b Abs. 3; *Hartung* 930; *Kohlrausch* 1440; OLG Frankfurt NJW **1968** 2303; OLG Nürnberg OLGSt n. F. § 116, 3; *Löwenstein* JW **1925** 1458; KK-*Bonjong* 52; KMR-*Müller* Vor § 112, 6; *Kleinknecht/Meyer* 3, *Kleinknecht/Janischowsky* 125.

Vollzug der Untersuchungshaft ausgesetzt werden[34], wenn — was allerdings in solchen Fällen in der Regel zu verneinen sein wird — die Fluchtgefahr sehr dringend ist. Das wird zu bejahen sein, wenn Angehörige Anstalten treffen, den Beschuldigten in einen Staat zu verbringen, aus dem er nicht ausgeliefert werden wird. Ist indessen mit hoher Wahrscheinlichkeit zu erwarten, daß der Beschuldigte die Hauptverhandlung nicht erleben wird, dann ist die Untersuchungshaft, weil für das Verfahren sinnlos, unzulässig.

68   **d) Sonstige Krankheiten** stehen der Anordnung der Untersuchungshaft nicht entgegen. Der Gedanke des § 455 Abs. 3 („Die Strafvollstreckung kann aufgeschoben werden, wenn sich der Verurteilte in einem körperlichen Zustand befindet, bei dem eine sofortige Vollstreckung mit der Einrichtung der Strafanstalt unverträglich ist") kann ggf. die Vollstreckung der Untersuchungshaft gegen einen Seuchenkranken unmöglich machen. Doch wird dabei auf Anstaltszwecke abgestellt, die mit den Haftvoraussetzungen nichts zu tun haben. Die Gefahr der Verschlimmerung einer Krankheit, meist zufolge der seelischen Belastung der Untersuchungshaft, ist bei der Prüfung des Grundsatzes der Verhältnismäßigkeit und bei der Gesamtwürdigung zu berücksichtigen, kann aber für sich allein die Anordnung der Untersuchungshaft nicht hindern. Die entwickelten Gedanken gelten auch für die **Schwangerschaft.** Doch wird der Erwägung, daß durch die Ungewißheit der Haft seelische Belastungen entstehen und dadurch Komplikationen hervorgerufen werden können, in den letzten Schwangerschaftsmonaten besonderes Gewicht beizumessen sein.

69   **4. Haft in anderer Sache.** Strafhaft oder Untersuchungshaft in anderer Sache ist vom Richter beim **Erlaß** des Haftbefehls nicht zu berücksichtigen, weil sie, in der Regel ohne seinen Einfluß, jederzeit, sei es — abgesehen vom Fall des § 57 StGB — durch einen Gnadenerweis, sei es nach § 360 Abs. 2, beendet oder durch einen Urlaub (§ 13 StVollzG) unterbrochen werden kann (OLG Koblenz MDR **1969** 950; OLG Hamm NJW **1971** 1956; OLG Düsseldorf NJW **1982** 1826). Dagegen kann die Haft in anderer Sache beim **Vollzug** des Haftbefehls eine Rolle spielen (§ 114, 34 ff).

§ 112 a

(1) [1]Ein Haftgrund besteht auch, wenn der Beschuldigte dringend verdächtig ist,

1. eine Straftat nach den §§ 174, 174 a, 176 bis 179 des Strafgesetzbuches oder
2. wiederholt oder fortgesetzt eine die Rechtsordnung schwerwiegend beeinträchtigende Straftat nach den §§ 223 a bis 226, nach den §§ 243, 244, 249 bis 255, 260, nach § 263, nach den §§ 306 bis 308, 316 a des Strafgesetzbuches oder nach § 29 Abs. 1 Nr. 1, 4, 10, Abs. 3, § 30 Abs. 1 des Betäubungsmittelgesetzes

begangen zu haben, und bestimmte Tatsachen die Gefahr begründen, daß er vor rechtskräftiger Aburteilung weitere erhebliche Straftaten gleicher Art begehen oder die Straftat fortsetzen werde, die Haft zur Abwendung der drohenden Gefahr erforderlich und in den Fällen der Nummer 2 eine Freiheitsstrafe von mehr als einem Jahr zu erwarten ist. [2]In den Fällen der Nummer 2 setzt die Annahme einer solchen Gefahr in der Regel voraus, daß der Beschuldigte innerhalb der letzten fünf Jahre wegen einer Straftat gleicher Art rechtskräftig zu Freiheitsstrafe verurteilt worden ist.

---

[34] *Klefisch* 1450; *Strassmann* JW **1925** 1453; a.A. – bei Lebensgefährdung darf auch gegen Mörder kein Haftbefehl ergehen – „Judex" JR **1925** 918.

(2) Absatz 1 findet keine Anwendung, wenn die Voraussetzungen für den Erlaß eines Haftbefehls nach § 112 vorliegen und die Voraussetzungen für die Aussetzung des Vollzugs des Haftbefehls nach § 116 Abs. 1, 2 nicht gegeben sind.

Schrifttum. *Baumann* Neue Haftgründe JZ **1962** 649, 689; *Baumann* Wird die Untersuchungshaft umfunktioniert? JZ **1969** 134; *Becker* Neues Haftrecht in der Bundesrepublik, MDR **1973** 22; *Diemer-Nicolaus* Das geänderte Haftrecht, NJW **1972** 1693; *Dietrich* Wiederholungsgefahr bei Sittlichkeitsverbrechen. Der Haftgrund des § 112 Abs. 3 StPO in historischer, rechtsdogmatischer und kriminologischer Sicht (1970); *Ender* Zur Frage der Reformbedürftigkeit des § 112 StPO, Kriminalistik **1967** 344; *Ender* Zur erneuten Reform des Haftrechts — insbesondere zur Vorbeugungshaft, NJW **1969** 867; *Gnam* Die Wiederholungsgefahr als Grund für die Anordnung von Untersuchungshaft, Entwicklung und rechtsdogmatische Grundlagen, Diss. Nürnberg 1972; *Jescheck* Die Untersuchungshaft im deutschen, ausländischen und internationalen Recht (1971); *Klug* Rechtsstaatswidrige Vorbeugehaft, ZRP **1969** 1; *Krümpelmann* Probleme der Untersuchungshaft im deutschen und ausländischen Recht, ZStW **82** (1970) 1052; *Schlüchter* Das neue Haftrecht: Bedeutung und Auslegung für die Praxis, MDR **1973** 96; *Schmitt* Strafprozessuale Präventivmaßnahmen, JZ **1965** 193.

Entstehungsgeschichte. Durch Art. 1 Nr. 1 StPÄG 1964 wurde in § 112 als Absatz 3 eine Bestimmung eingefügt, die etwa dem jetzigen § 112 a Abs. 1 entsprach. Der Katalog wurde der jeweiligen Fassung des Strafgesetzbuchs angepaßt durch Art. 9 Nr. 5 des 1. StRG und durch Art. 3 Nr. 3 des 4. StRG. Durch Art. 1 Nr. 1 Buchst. d des StPÄG 1972 wurde dieser Absatz gestrichen und durch Art. 1 Nr. 2 dieses Gesetzes § 112 a eingefügt, dessen Absatz 1 Nr. 1 die gestrichene Vorschrift mit geringer Änderung übernahm. Durch Art. 2 Nr. 2 des Gesetzes zur Neuordnung des Betäubungsmittelrechts vom 28.7.1981 (BGBl. I 681) ist als Folge der Novellierung der Strafrechtsnormen im Betäubungsmittelgesetz § 11 Abs. 1 Nr. 1, 2, 3, 6 Buchst. a, Nr. 8 und Abs. 4 durch den neuen § 29 Abs. 1 Nr. 1, 4, 10, Abs. 3 und § 30 Abs. 1 ersetzt worden.

Übersicht

Günter Wendisch

I. Vorbemerkungen

1   **1. Vorgeschichte.** Vor der Änderung durch Art. 1 Nr. 1 StPÄG 1964 regelte § 112 Abs. 1 Nr. 1 die Voraussetzungen der Untersuchungshaft bei sog. Fluchtverdacht. In § 112 Abs. 2 Satz 1 war bestimmt, daß die Tatsachen, die den Fluchtverdacht begründen, aktenkundig zu machen seien. Satz 2 bestimmte u. a.: „Der Verdacht der Flucht bedarf keiner Begründung, wenn ein Verbrechen den Gegenstand der Untersuchung bildet." Obwohl damit eindeutig nur Freiheit von der Begründung eingeräumt, nicht aber Freiheit von der Prüfung des Fluchtverdachts gewährt war[1], entnahm die Rechtsprechung der Fassung eine auf der allgemeinen Erfahrung des Lebens beruhende widerlegbare Vermutung[2]. Die Praxis sprach dann nicht selten davon, daß der gesetzlich begründete Fluchtverdacht nicht ausgeräumt worden sei.

2   **Verbrechen** waren vor der Änderung durch Art. 1 Nr. 66 und 77 des 1. StrRG u. a. auch Rückfalldiebstahl und Rückfallbetrug, und der „apokryphe Haftgrund" (BTProt. **IV** 6441 D) des vermuteten Fluchtverdachts fand weitgehend auch auf Rückfallbetrüger und noch mehr auf Rückfalldiebe Anwendung, so daß die Mehrzahl der Dauerrückfälligen, auch wenn der Schaden nicht allzu hoch war, nach der Tat in Untersuchungshaft kam. Damit bestand contra legem für Vermögensdelikte ein Haftgrund der Wiederholungsgefahr, mit dem sich die Praxis „half" (*Schmitt* JZ **1965** 194), indem sie Fluchtverdacht „unterstellte" (*Dörffler* bei *Gürtner*, S. 268).

3   Nachdem der Bundestag durch die neue Fassung der §§ 112, 114 diesen apokryphen Haftgrund beseitigt hatte (Art. 1 Nr. 1 StPÄG 1964), empfand er „eine nicht zu leugnende **Lücke**" in bezug auf besonders schwere Verbrechen und die Wiederholungsgefahr (BTProt. **IV** 6441 D, 6442 A). Für den letzten Fall wurde die Lücke durch § 112 Abs. 3 **geschlossen** (s. Entstehungsgeschichte), aber „zur Verhinderung des Rückfalls nur in Fällen **schwerer Sittlichkeitsverbrechen** . . ." (BTProt. **IV** 6437 C), eine schwer verständliche und kriminalpolitisch nicht zu begründende Beschränkung.

4   Auf diese Beschränkung bezog sich eine gelegentliche Bemerkung des Bundesverfassungsgerichts (BVerfGE **19** 358 = NJW **1966** 243), der Haftgrund des § 112 Abs. 3 könne damit gerechtfertigt werden, daß es um die **Bewahrung** eines besonders schutzbedürftigen Kreises der Bevölkerung „**vor** mit hoher Wahrscheinlichkeit drohenden **schweren Straftaten**" gehe. Auf schwere Straftaten blieb daher § 112 a bezogen (Begr. BTDrucks. **VI** 3248, Vorblatt und S. 3), obwohl die Klagen, die zur Einführung der Nummer 2 der Vorschrift geführt haben, gewiß nicht Schwerkriminalität im Auge hatten, sondern mehr — allerdings nicht unerhebliche — Belästigungen (Beispiele bei *Gnam* 143 bis 147)[3].

5   **2.** Der **Wortlaut** stellt sich, obwohl der Inhalt leicht ersichtlich wird, dem grammatikalischen Verständnis zunächst deshalb entgegen, weil das „wenn" des ersten Nebensatzes auf drei weitere Nebensätze bezogen ist, deren einem noch ein mit „daß" eingeleiteter Nebensatz beigegeben und deren erster in zwei Nummern aufgegliedert ist.

---

[1] *Reichel* DStRZ **1922** 294; *Roesen* NJW **1953** 1733; *Eb. Schmidt* § 112, 24; *Feisenberger* § 112, 8.

[2] OLG Nürnberg HESt. **2** 85; OLG Celle NJW **1950** 240; ebenso das Bundesministerium der Justiz in seiner Stellungnahme zu BVerfGE **19** 343; vgl. dort S. 346, dritte Zeile = NJW **1966** 244.

[3] Die Restriktionen der Haftnovelle von 1972 haben allgemein dazu geführt, die Untersuchungshaft wieder „bereitwilliger" anzuordnen, und es scheint, daß der unverbesserliche Seriendieb auch wieder – wohl wegen Fluchtgefahr – in Untersuchungshaft kommt. Jedenfalls sind die Klagen verstummt.

Will man das „wenn" ausgegliedert lassen (und nicht in Gedanken wiederholen), ist der erste Satz wie folgt zu lesen:

Ein Haftgrund besteht auch, *wenn*
1. der Beschuldigte dringend verdächtig ist,
   a) eine Straftat nach ... oder
   b) wiederholt ... eine die Rechtsordnung schwerwiegend bedrohende Straftat nach ...
      begangen zu haben;
2. bestimmte Tatsachen die Gefahr begründen, daß er ... weitere erhebliche Straftaten gleicher Art begehen ... werde;
3. die Haft zur Abwendung der drohenden Gefahr erforderlich ist;
4. in den Fällen des Buchstaben b eine Freiheitsstrafe von mehr als einem Jahr zu erwarten ist.

3. Inhalt. Die Vorschrift enthält einen Haftgrund für eine „Haft" (Rdn. 9), die **6** unter gewissen einengenden Voraussetzungen zulässig ist, wenn der Beschuldigte gewisse Straftaten („Anlaßtaten"; Rdn. 19 bis 26) begangen hat und wenn die Gefahr begründet ist, er werde weitere Straftaten gleicher Art (Rdn. 50, 51) begehen oder fortsetzen. Es ist also eine Haft gegen Wiederholungstäter mit dem Zweck, die drohende Gefahr der Wiederholung (Rdn. 44) abzuwenden. Wegen der Bedeutung und des Charakters s. Rdn. 9 ff.

Die **Straftaten** umfassen fünf Gruppen: **7**
1. schwere Straftaten gegen die sexuelle Selbstbestimmung (Rdn. 20);
2. gewisse Fälle der Körperverletzung (Rdn. 22);
3. die bedeutsamsten Vermögensdelikte, wie den besonders schweren Fall des Diebstahls sowie Raub, Erpressung und Betrug (Rdn. 24);
4. vorsätzliche Brandstiftung und räuberischen Angriff auf Kraftfahrer (Rdn. 25);
5. gewisse Vergehen gegen das Betäubungsmittelgesetz (Rdn. 26).

In der ersten Gruppe wird außer der **Wiederholungsgefahr** (Rdn. 44 ff) und der **8** Erforderlichkeit, diese durch die Haft abzuwenden (Rdn. 53), nichts weiter als Voraussetzung der Haft gefordert. In allen anderen Fällen ist die Haft nur zulässig, wenn der Täter schon wiederholt (Rdn. 30) eine die Rechtsordnung schwerwiegend beeinträchtigende Straftat (Rdn. 35) des Katalogs in Rdn. 7 begangen und wegen einer neuen Tat Freiheitsstrafe von mehr als einem Jahr (Rdn. 54) zu erwarten hat. Außerdem darf in diesen Fällen, freilich bloß in der Regel, Wiederholungsgefahr nur angenommen werden, wenn der Beschuldigte wegen einer Straftat gleicher Art (Rdn. 50 f.) mit Freiheitsstrafe vorbestraft ist (Rdn. 55). Die Regelung steht unter den Grundsätzen der **Verhältnismäßigkeit** und der **Subsidiarität** (Rdn. 53), und diese schließt die Haft aus, wenn der Beschuldigte nach § 112 in Haft gehalten werden kann (Rdn. 59 f).

4. Bedeutung. Durch die Eingangsworte „ein Haftgrund besteht auch" ist die **9** Vorschrift mit § 112 verbunden, der in Absatz 2 (Flucht; Fluchtgefahr; Verdunkelungsgefahr) — anders in Absatz 3 — von einem Haftgrund spricht. Der Gesetzgeber behandelt die Haft des § 112 a also wie Untersuchungshaft, doch gilt dafür das Wort des damaligen Bundesjustizministers Dr. *Bucher:* „Das ist zwar systematisch nicht in Ordnung, da es sich hier eigentlich nicht um eine Frage der Untersuchungshaft, sondern um eine Frage der **Sicherungshaft** handelt; wir haben aber davon abgesehen, hier perfektionistisch zu sein, es als Sicherungshaft zu bezeichnen und durch das ganze Gesetz hindurch entsprechende redaktionelle Änderungen vorzunehmen." Aus diesem Grund ist die Vorschrift zwar als § 112 a und nicht, wie früher erwogen (BTDrucks. V 3633) und wie es vorzuziehen wäre, als § 126 b eingestellt, aber klar von § 112 getrennt worden, weil die Regelung der „Sicherungshaft" in § 112 die Unterschiede zwischen Untersuchungshaft und „Sicherungshaft" verschleiern würde (Begr. BTDrucks. VI 3248, S. 3). Diese Absicht könnte man auch aus der Wortfassung folgern. Denn im Gegensatz zu § 112 spricht die Vorschrift nicht von Untersuchungshaft, sondern von Haft (Rdn. 5 Nr. 3). Ebenso ist in § 122 a, anders als in § 121 Abs. 1, nicht von Untersuchungshaft die Rede, sondern von Haft. Doch sollte man dieses verbale Argument nicht überbewerten, weil auch in § 115 Abs. 4 und in § 115 a Abs. 2 Satz 4 lediglich von Haft gesprochen wird, obwohl § 115 Abs. 1, von dem § 115 a lediglich ein Sonderfall ist, auf den Haftbefehl Bezug nimmt, durch den nach § 114 Abs. 1 die Untersuchungshaft angeordnet wird.

10   Der **Charakter** der Haft dieser Vorschrift ergibt sich neben der Begründung eindeutig aus folgenden Erwägungen: Der Gesetzgeber hat richtig erkannt, daß Wiederholungstäter von weiteren Taten nicht dadurch abgehalten werden können, weil ein Strafverfahren gegen sie eingeleitet wird, sondern allenfalls durch die Vollstreckung der Strafe, daß aber der Schutz der Bevölkerung vor schweren Straftaten (BVerfGE **19** 350 = NJW **1966** 243; **35** 191 = NJW **1973** 1365) zu vorläufigen Maßnahmen zwingen kann, wenn zu erwarten ist, daß diesen endgültige folgen werden. Wie die vorläufige Entziehung der Fahrerlaubnis (§ 111 a) die endgültige Entziehung (§ 69 StGB), wie das vorläufige Berufsverbot (§ 132 a Abs. 1) das endgültige Verbot (§ 70 StGB), wie die einstweilige Unterbringung (§ 126 a Abs. 1 und 2) den Vollzug der Unterbringung in einem psychiatrischen Krankenhaus (§ 63 Abs. 1 StGB), in einer Entziehungsanstalt (§ 64 Abs. 1 StGB) oder in einer sozialtherapeutischen Anstalt (§ 63 Abs. 2, § 65 Abs. 3 StGB) vorwegnehmen, so wird hier — ebenso wie in § 71 Abs. 2 JGG — die zu erwartende Strafe „vorweg" vollzogen, damit sie alsbald ihre die Öffentlichkeit sichernde Wirkung entfalten kann[4]. Daraus folgt, daß die hier behandelte Haft mit Untersuchungshaft nichts zu tun hat[5]. Denn der Untersuchungszweck kann nur erfordern, daß der Beschuldigte zur Hauptverhandlung und zur Vollstreckung (vgl. § 124 Abs. 1) zur Stelle ist und daß die Beweismittel nicht angetastet werden. Gerade diesen Zwecken darf die Haft des Absatzes 1 nicht dienen, wie sich eindeutig aus der Subsidiaritätsklausel des Absatzes 2 ergibt. Entgegen der irreführenden Verbindung mit der Untersuchungshaft handelt es sich daher eindeutig, wie in der Begründung (BTDrucks. VI 3248, S. 3) und in der Diskussion (BTProt. VI 10 332 A) gewollt, um eine vorbeugende Verwahrung von Straftätern, von denen neue erhebliche Straftaten zu erwarten sind, um eine **Sicherungshaft,** wie sie bei den ersten Beratungen des Themas schon der damalige Bundesjustizminister Dr. *Bucher* (BTProt. IV 6438 B) zu Recht genannt hatte (vgl. auch BTProt. IV 6444).

11   **5. Zulässigkeit.** Wer die in der Vorschrift geregelte Haft als Sicherungshaft charakterisiert, hat allerdings zu beweisen, daß diese prozeß- und verfassungsrechtlich zulässig ist. Auf den Umstand, daß Haft wegen Wiederholungsgefahr in anderen Rechten nahezu allenthalben als zulässig angesehen wird (*Jescheck/Krümpelmann* 950 f.) und daß

---

[4] *Dietrich* (61; übereinstimmend *Gnam* 183) sieht nicht die Strafvollstreckung vorweggenommen, sondern lediglich die Sicherungsfunktion der Strafe. Auf die in der Strafe enthaltenen Elemente der Sicherung wird auch hier abgestellt (Vor § 112, 24). Aber es ist unmöglich, „Funktionen" vorwegzunehmen; sie können nicht von ihrem Substrat gelöst werden.

[5] *Weiß* NJW **1947** 221; *Baumann* JZ **1969** 138. Wenn man der Bezeichnung Untersuchungshaft lediglich die Bedeutung zumißt, sie sei Haft *während* des Untersuchungsverfahrens (und nicht zu dessen Sicherung), wie *Dietrich* (86; ähnlich *Gnam* 200), so wird der Begriff inhaltleer und für die Argumentation wertlos.

Art. 5 Abs. 1 Buchst. c MRK sie ausdrücklich zuläßt, soll lediglich hingewiesen werden. Nach der Entwicklung, die unser Strafprozeßrecht genommen hat, ist aber nicht zu leugnen, daß **präventive Aufgaben,** die schon **vor dem Urteil** einsetzen, als Teil des Strafprozeßrechts angesehen werden (*Schäfer* LR[23] Einl. Kap. **5** 33, **6** 33; 35). Die Beispiele dafür sind unter Rdn. 10 aufgeführt. Ergänzend ist darauf hinzuweisen, daß *Jescheck/Krümpelmann* (991) eine vorläufige Führungsaufsicht (vgl. §§ 68 ff StGB) für zulässig halten und ihre Einführung befürworten. Die Auffassung, eine prozessuale Präventivhaft habe keine Grundlage im Sanktionensystem des Strafgesetzbuches oder sie dürfe allenfalls der Sicherungsverwahrung (§ 66 StGB) korrespondieren (Nachweise bei *Gnam* 197), verkennt, daß jeder Strafe ein Maßregelanteil der Besserung und Sicherung innewohnt (Vor § 112, 19), ja daß bei Dauerrückfälligen — wenn man von der bei diesen besonders problematischen Sühne absieht — der Sicherungsanteil Hauptinhalt der Strafe ist.

Verfassungsrechtlich wird die Haft gerechtfertigt, weil zu den Interesssen des Gemeinwohls, gegenüber denen der Freiheitsanspruch des Beschuldigten unter Umständen zurückzutreten hat, die Bedürfnisse einer wirksamen Strafverfolgung gehören. Diese umfassen nicht nur die Sicherheit der Strafverfolgung, sondern auch den Schutz der Allgemeinheit vor weiteren Straftaten, wobei das Bundesverfassungsgericht den präventiven Gesichtspunkt — wie hier zu Rdn. 10 dargetan — ausdrücklich anerkennt (BVerfGE **35** 191 = NJW **1973** 1365). Ursprünglich stellte das Gericht die Rechtfertigung des Haftgrunds darauf ab, daß (bei Straftaten gegen die sexuelle Selbstbestimmung) ein besonders schutzbedürftiger Personenkreis vor ihm drohenden schweren Straftaten bewahrt werden müsse (BVerfGE **19** 350 = NJW **1966** 243; vgl. Rdn. 21). Später hat es (bei der Beurteilung eines besonders schweren Falls des Diebstahls mit einer Strafandrohung von drei Monaten bis zu zehn Jahren; § 243 Abs. 1 StGB) einen **erheblichen,** in der Höhe der Strafandrohung zum Ausdruck kommenden **Unrechtsgehalt** und eine empfindliche Störung des Rechtsfriedens als Charakteristikum der „Anlaßtat" gefordert (BVerfGE **35** 192 = NJW **1973** 1365).

12

Erkennt man die vorläufigen Maßnahmen vor dem Urteil als neu gewonnenen Inhalt des Strafprozeßrechts an, dann ist auch das verfassungsrechtliche Bedenken ausgeräumt, daß deshalb keine **Kompetenz des Bundesgesetzgebers** bestehe, weil die Sicherungshaft eine polizeiliche Präventivmaßnahme darstelle (vgl. BVerfGE **19** 350 = NJW **1966** 243, wo allerdings nur davon gesprochen wird, es erscheine „zweckmäßiger", den Schutz der Allgemeinheit den bereits mit der Aufklärung der Tat befaßten Strafverfolgungsbehörden anzuvertrauen als der Polizei. Bei dieser Auslegung besteht auch keine Veranlassung, dem Vorschlag *Anagnostopoulos'* — LV zu § 112 — (113, 126, 153) näherzutreten, § 112 a aus der Strafprozeßordnung heraus- und in Form eines polizeilichen Gegenmodells (Fassungsvorschlag: 141) in die Länderpolizeigesetze zu übernehmen.

13

6. Folgerungen. Es ist bedauerlich, daß der Gesetzgeber die Vorschrift nicht mit § 111 a (vorläufige Entziehung der Fahrerlaubnis), § 132 a (vorläufiges Berufsverbot) und § 126 a (vorläufige Unterbringung in einem psychiatrischen Krankenhaus, einer Entziehungsanstalt oder einer sozialtherapeutischen Anstalt) zu einem **besonderen Abschnitt** zusammengefaßt hat, zumal da § 132 a völlig isoliert und § 111 a systematisch kaum an der richtigen Stelle steht[6]. Die Erkenntnis des Charakters der Sicherungshaft

14

---

[6] Wegen weiterer rechtspolitischer und rechtssystematischer Bedenken vgl. *Dünnebier* Probleme der Strafprozeßreform, 32 ff; *Jescheck/Krümpelmann* 991; *Wolter* 484 ff; *KK-Boujong* 5.

Günter Wendisch

als eine Maßnahme vor dem Urteil, die die Urteilswirkung vorwegnimmt, sollte in der **Rechtsanwendung** dazu führen, nie von § 51 Abs. 1 Satz 2 StGB Gebrauch zu machen (vgl. BTDrucks. V 3633, § 126 Abs. 4; fürs frühere Recht *Schmitt* [196] sowie für den Haftbefehl bei Widerruf [§ 56 f Abs. 1 StGB] die Strafaussetzung zur Bewährung § 453 c Abs. 2 Satz 1) und den Beschuldigten stets dann zu entlassen, wenn die Haft die Höhe der zu erwartenden Strafe erreicht hat. De lege ferenda sollte die volle Anrechnung der Untersuchungshaft nach dem Vorbild von § 453 c Abs. 2 Satz 1 gesetzlich ausdrücklich vorgeschrieben werden.

II. Anlaßtat

15   **1. Grundsatz.** Als prozessuale Maßnahme muß die Sicherungshaft an einen Umstand anknüpfen, der für „den Strafprozeß" — das Strafverfahren (§ 112 Abs. 2 Nr. 2), das Verfahren (§ 113 Abs. 2 Nr. 1), die Untersuchung (§ 124 Abs. 1) — Anlaß gibt. Denn nur die Verbindung mit der Aufklärung einer Tat rechtfertigt es, die Materie dem Gebiet des gerichtlichen Verfahrens (Art. 74 Nr. 1 GG) und nicht dem Polizeirecht zuzuschlagen, was das Bundesverfassungsgericht freilich etwas verkürzt nur aus Gründen der Zweckmäßigkeit zugesteht (BVerfGE **19** 350 = NJW **1966** 243; Rdn. 13).

16   Nach § 111 a und § 132 a sind die **vorläufigen Maßnahmen** nur zulässig, wenn dringende Gründe für die Annahme vorliegen, daß die Fahrerlaubnis entzogen (§ 111 a Abs. 1 Satz 1) oder daß ein Berufsverbot angeordnet werden wird (§ 132 a Abs. 1 Satz 1). Diese Folgen können nur eintreten, wenn jemand wegen einer **rechtswidrigen Tat verurteilt** oder nur deshalb nicht verurteilt wird, weil seine Schuldunfähigkeit erwiesen oder nicht auszuschließen ist (§ 69 Abs. 1 Satz 1, § 70 Abs. 1 Satz 1 StGB). Auch die einstweilige Unterbringung nach § 126 a Abs. 1 setzt voraus, daß jemand eine rechtswidrige Tat begangen hat, wie es hier schon der Text der Strafprozeßordnung selbst ausspricht. Entsprechend, aber in Anlehnung an § 112 auf schuldhaft begangene Straftaten beschränkt, verlangt § 112 a, daß der Beschuldigte dringend verdächtig ist, eine Straftat begangen zu haben (Absatz 1 Satz 1). Damit werden alle vorläufigen Maßnahmen vor dem Urteil dadurch zusammengeschlossen, daß sie nur „aus Anlaß" einer Tat, der sog. „Anlaßtat", zulässig sind.

17   **2. Dringender Tatverdacht.** Bei der vorläufigen Entziehung der Fahrerlaubnis (§ 111 a Abs. 1 Satz 1) und bei dem vorläufigen Berufsverbot (§ 132 a Abs. 1 Satz 1) werden „dringende Gründe" für die Annahme gefordert, daß die Fahrerlaubnis (endgültig) entzogen oder das Berufsverbot (endgültig) angeordnet wird (§ 69 Abs. 1 Satz 1, § 70 Abs. 1 StGB). Die einstweilige Unterbringung ist nur zulässig, wenn „dringende Gründe" für die Annahme vorhanden sind, daß jemand eine rechtswidrige Tat begangen hat (§ 126 a Abs. 1). Dieselbe Dringlichkeit wird für die Anordnung der Untersuchungshaft (§ 114 Abs. 1) mit der Wendung gefordert, daß der Beschuldigte der Tat „dringend verdächtig" ist (§ 112 Abs. 1 Satz 1; § 114 Abs. 2 Nr. 2). Da der Gesetzgeber die Sicherungshaft wie Untersuchungshaft behandelt, wird in Absatz 1 Satz 1, zweiter Halbsatz nahezu die gleiche Fassung verwendet: wenn der Beschuldigte „dringend verdächtig" ist, ... eine Straftat begangen zu haben.

18   Allerdings besteht eine **Komplikation.** Nach § 112 Abs. 1 Satz 1 gehören zu den Voraussetzungen der Untersuchungshaft dringender Tatverdacht und ein Haftgrund (§ 112, 20). § 112 a ergänzt nur die Haftgründe (ein Haftgrund besteht *auch*), so daß die weitere Voraussetzung der Haft, der dringende Tatverdacht, aus § 112 Abs. 1 Satz 1 zu entnehmen ist. Trotz seiner Selbständigkeit ist § 112 a, im Wortlaut noch auffälliger als der alte Absatz 3, wie ein reformierter Absatz 3 formuliert worden. In § 112 ist das Wort

„Haftgrund" eine zusammenfassende Bezeichnung, die es gestattet, den Gesetzestext einfach zu halten. In einem selbständigen § 112 a, der nur *einen* Haftgrund enthält, hätte auf das Wort verzichtet werden können. Die Vorschrift wäre als selbständige Bestimmung richtig formuliert, wenn sie mit den Worten begönne: „Sicherungshaft darf (oder: Untersuchungshaft darf auch) angeordnet werden, wenn der Beschuldigte dringend verdächtig ist, eine Straftat nach ... begangen zu haben". Wie sie gefaßt worden ist, muß man § 112 Abs. 1 Satz 1 ergänzend dazulesen. Dann lautet der Text: Die Untersuchungshaft (wegen Wiederholungsgefahr) darf gegen den Beschuldigten angeordnet werden, wenn er der Tat dringend verdächtig ist und einer Straftat nach § ... (wie § 112 a Abs. 1 Nr. 1 und 2) dringend verdächtig ist. Die **Praxis** sollte sich durch diese nichtssagende Unsauberkeit (der Gesetzgeber wollte die Sicherungshaft zwar *wie* Untersuchungshaft behandeln, aber doch nicht geradezu *als* Untersuchungshaft bezeichnen und hat deshalb nicht an das Wort „Untersuchungshaft", sondern an dasjenige „Haftgrund" angeknüpft) nicht beirren lassen, sondern allein auf den dringenden Tatverdacht abstellen. Wegen dieses **Begriffs** s. § 112, 20 bis 24.

3. Katalog

a) Vorbemerkung. Die Anlaßtaten sind in einem in zwei Nummern gegliederten **19** Katalog (Rdn. 7) zusammengefaßt. Der Katalog ist abschließend und darf nicht durch Analogien ergänzt werden. Im einzelnen umfaßt er die in den folgenden Randnummern aufgeführten Straftaten. Dabei bedeutet **Straftat** nach dem Sprachgebrauch der Strafprozeßordnung (vgl. BTDrucks. 7 550, S. 191) den sachlich-rechtlichen Begriff des Strafgesetzbuches, also die tatbestandsmäßige, rechtswidrige und schuldhafte Handlung (vgl. § 11 Abs. 1 Nr. 1 Entw. 1962; *Dünnebier* JR **1975** 2 r). Daraus folgt: Eine zwar rechtswidrige (§ 11 Abs. 1 Nr. 5 StGB), aber nicht schuldhafte Tat kann keine Anlaßtat sein. Wie die Untersuchungshaft ist auch die Sicherungshaft unzulässig. Zulässig bleibt allein die einstweilige Unterbringung (§ 126 a Abs. 1 und 2), wenn deren Voraussetzungen vorliegen.

b) Die **Straftaten gegen die sexuelle Selbstbestimmung** (Absatz 1 Satz 1 Nr. 1) sind **20** der alte Kern der Vorschrift. Umfaßt werden folgende Straftaten: Sexueller Mißbrauch von Schutzbefohlenen (§ 174 StGB), von Gefangenen, behördlich Verwahrten oder Kranken in Anstalten (§ 174 a StGB) und von Kindern (§ 176 StGB); Vergewaltigung (§ 177 StGB); sexuelle Nötigung (§ 178 StGB) und sexueller Mißbrauch Widerstandsunfähiger (§ 179 StGB). Die **Strafen** sind Freiheitsstrafe bis zu drei Jahren oder Geldstrafe (§ 174 Abs. 2, § 176 Abs. 5 StGB); bis zu fünf Jahren oder Geldstrafe (§ 174 Abs. 1, § 174 a, § 174 b, § 176 Abs. 1, § 179 Abs. 1 StGB); [von drei Monaten bis zu fünf Jahren (§ 178 Abs. 2, § 179 Abs. 2 StGB); von sechs Monaten bis zu fünf Jahren (§ 177 Abs. 2 StGB)][7]; von einem Jahr bis zu zehn Jahren (§ 176 Abs. 3, § 178 Abs. 1, § 179 Abs. 2 StGB); nicht unter zwei Jahren (§ 177 Abs. 1 StGB) und nicht unter fünf Jahren (§ 176 Abs. 4, § 177 Abs. 3, § 178 Abs. 3 StGB).

Die zu **erwartenden Strafen** sind zwar im Durchschnitt hoch, aber in anderen **21** Gruppen noch höher. Gleichwohl wird auf die bei Nummer 2 verlangten Erfordernisse verzichtet, die Anlaßtat müsse wiederholt oder fortgesetzt begangen sein und die Rechtsordnung schwerwiegend beeinträchtigen. Der Gesetzgeber kann das auch nicht gleichsam vermutet haben. Denn dann bliebe die Frage offen, warum er die Vermutung

---

[7] Die Strafandrohungen für minder schwere Fälle sind in eckige Klammern gesetzt (vgl. Rdn. 42).

Günter Wendisch

nicht auf die mit viel höheren Strafen bedrohten gemeingefährlichen Straftaten erstreckt hat. Die besondere Behandlung der Straftaten gegen die sexuelle Selbstbestimmung kann außer mit historischen Überlegungen (s. Entstehungsgeschichte) nur mit dem betroffenen „**besonders schutzbedürftigen Kreis** der Bevölkerung" (BVerfGE **19** 350 = NJW **1966** 243) erklärt werden[8].

22   **c)** Von den Straftaten der **Körperverletzung** sind außer dem Grundtatbestand (§ 223 StGB) und der Beteiligung an einer Schlägerei (§ 227 StGB) alle aufgenommen, nämlich gefährliche Körperverletzung (§ 223 a StGB); Mißhandlung von Schutzbefohlenen (§ 223 b StGB); schwere Körperverletzung (§ 224 StGB); beabsichtigte schwere Körperverletzung (§ 225 StGB) und Körperverletzung mit Todesfolge (§ 226 StGB). Die **Strafen** sind Freiheitsstrafe bis zu fünf Jahren oder Geldstrafe (§ 223 a Abs. 1, [§ 224 Abs. 2] StGB); von drei Monaten bis zu fünf Jahren (§ 223 b Abs. 1, [§ 226 Abs. 2 StGB; von sechs Monaten bis zu fünf Jahren (§ 225 Abs. 2 StGB)]); von einem Jahr bis zu fünf Jahren (§ 223 b Abs. 2, § 224 Abs. 1 StGB); von zwei Jahren bis zu zehn Jahren (§ 225 Abs. 1 StGB); nicht unter drei Jahren (§ 226 Abs. 1 StGB).

23   **d)** Auch bei den **Vermögensdelikten** sind nur die schwereren aufgeführt, doch fällt auf, daß zwar der Grundtatbestand des Diebstahls (§ 242 Abs. 1 StGB) weggelassen, aber bei gleicher Strafandrohung (Freiheitsstrafe bis zu fünf Jahren) derjenige des Betrugs (§ 263 Abs. 1 StGB) aufgenommen worden ist, obwohl es technisch durchaus möglich gewesen wäre, wie beim Diebstahl, die besonders schweren Fälle durch die Bezeichnung „§ 263 Abs. 3 in Vbdg. mit Absatz 1 StGB" auszusondern[9].

24   Im **einzelnen** handelt es sich um folgende **Straftaten:** besonders schwerer Fall des Diebstahls (§ 243 Abs. 1 StGB); Diebstahl mit Waffen und Bandendiebstahl (§ 244 Abs. 1 StGB); Raub (§ 249 StGB), schwerer Raub (§ 250 StGB), Raub mit Todesfolge (§ 251 StGB); räuberischer Diebstahl (§ 252 StGB); Erpressung (§ 253 StGB); räuberische Erpressung (§ 255 StGB); gewerbsmäßige Hehlerei (§ 260 StGB); Betrug (§ 263 Abs. 1 StGB) einschließlich des schweren Betrugs (§ 263 Abs. 3 StGB). Die **Strafen** sind Freiheitsstrafe bis zu fünf Jahren oder Geldstrafe (§ 253 Abs. 1, § 263 Abs. 1 StGB); [von sechs Monaten bis zu fünf Jahren (§ 249 Abs. 2, §§ 252, 255 StGB); von einem Jahr bis zu fünf Jahren (§ 250 Abs. 2, §§ 252, 255 StGB)]; von drei Monaten bis zu zehn Jahren (§ 243 Abs. 1 StGB); von sechs Monaten bis zu zehn Jahren (§ 244 Abs. 1, § 260 Abs. 1 StGB); von einem Jahr bis zu zehn Jahren (§ 263 Abs. 3 StGB); nicht unter einem Jahr (§ 249 Abs. 1, §§ 252, 255; § 253 Abs. 1 StGB); nicht unter fünf Jahren (§ 250 Abs. 1, §§ 252, 255); lebenslänglich oder nicht unter zehn Jahren (§ 251, §§ 252, 255 StGB).

25   **e)** Bei den **gemeingefährlichen Straftaten** ist eine Auswahl solcher erkennbar, bei denen nach kriminalpolitischer Erfahrung mit Wiederholung zu rechnen ist: Brandstiftung (§ 308 StGB), schwere Brandstiftung (§ 306 StGB) und besonders schwere Brandstiftung (§ 307 StGB); räuberischer Angriff auf Kraftfahrer (§ 316 a Abs. 1 StGB). Die **Strafen** sind Freiheitsstrafe [von sechs Monaten bis zu fünf Jahren (§ 308 Abs. 2 StGB)]; von einem Jahr bis zu zehn Jahren (§ 308 Abs. 1 StGB); nicht unter einem Jahr (§ 306,

---

[8] Weitergehend *Hellmer* NJW **1965** 1728 und *Diemer-Nicolaus* NJW **1972** 1694 mit dem Hinweis auf die erheblich schwerer wiegende und zufolge eines vielfach vorliegenden Persönlichkeitsdefekts nicht auszuschließende Wiederholungsgefahr durch solche Täter; ähnlich auch KK-*Boujong* 6.

[9] KK-*Boujong* (9) begründet die gegenüber § 242 StGB unterschiedliche Regelung mit dem Hinweis auf gesetzestechnische Schwierigkeiten; vgl. dazu die Ausführungen in Rdn. 43.

[§316a Abs. 1 Satz 2] StGB); nicht unter fünf Jahren (§316a Abs. 1 Satz 1); lebenslang oder nicht unter zehn Jahren (§307 StGB); lebenslang (§316a Abs. 1 Satz 2 StGB).

f) Betäubungsmitteldelikte. Bei dieser Katalognummer sind nur die gefährlichsten **26** Delikte in strenger Auswahl aufgeführt worden. Sie beziehen sich meist auf Einfuhr und Handel mit Betäubungsmitteln und damit zusammenhängende Delikte (§29 Abs. 1 Nr. 1, 4 BetMG), auf öffentliche oder eigennützige Mitteilung von Gelegenheit, Betäubungsmittel zu genießen, zu erwerben und ähnliches (§29 Abs. 1 Nr. 10 BetMG). Der weiter aufgeführte §29 Abs. 3, §30 Abs. 1 BetMG regelt die Bestrafung besonders schwerer Fälle unter Angabe von Regelbeispielen, in denen auch andere als die bisher aufgeführten Fälle herangezogen sind. Die **Strafen** sind Freiheitsstrafen bis zu vier Jahren oder Geldstrafe (§29 Abs. 1 StGB) und Freiheitsstrafe von einem Jahr (§29 Abs. 3 StGB) bzw. von zwei Jahren (§30 Abs. 1) bis zu fünfzehn Jahren.

4. Besondere Deliktsformen

a) Versuch (§§ 22, 23 StGB), Anstiftung (§26 StGB) und Beihilfe (§27 StGB) zu **27** den genannten Verbrechen sind nach dem Sprachgebrauch des Strafgesetzbuchs unter dem Begriff der Tat mit zu verstehen (vgl. RGSt **31** 40; **68** 169; BGHSt **2** 361). Das gleiche gilt für den Versuch der Beteiligung (§30 StGB; vgl. BGHSt **2** 360; **6** 213). Bei der Mittäterschaft (§25 Abs. 2 StGB) ist es selbstverständlich. Ebenso sind mit der Nennung des Delikts auch dessen **besonders schwere** und minder schwere **Fälle** mit umfaßt. Doch scheiden die **minderschweren Fälle** — regelmäßig, wenn auch nicht stets — für die Anwendung der Vorschrift aus; im Fall der Nummer 2, weil ein minder schwerer Fall nur unter besonderen Umständen die Rechtsordnung *schwerwiegend* beeinträchtigen und allgemein, weil er kaum je eine *erhebliche* Straftat (Rdn. 42) sein kann.

b) Vollrausch. In Literatur und Rechtsprechung[10] wird die Haft auch dann als zu- **28** lässig angenommen, wenn der Beschuldigte der — im Katalog nicht genannten — Volltrunkenheit (§323a StGB) dringend verdächtig ist, wenn dabei als Bedingung der Strafbarkeit eine der im Katalog aufgeführten Straftaten in Betracht kommt. Dazu wird darauf abgestellt: Die Ausdehnung des Haftgrunds werde dem Präventionscharakter der Vorschrift gerecht; bezöge man §323a StGB nicht ein, werde nur ein unvollkommener Schutz erreicht.

Der Satz ist richtig, trüge jedoch die Folgerung nicht, wenn bei der Würdigung **29** des Begriffs der „schweren" Straftat (BVerfGE **19** 350 = NJW **1966** 243) der **Schuld** eine angemessene oder gar besondere Bedeutung beigemessen würde. Davon kann die Auslegung nicht mehr ausgehen, nachdem BVerfGE **35** 192 = NJW **1973** 1365 auf einen erheblichen, in der Höhe der Strafandrohung zum Ausdruck kommenden **Un-rechts**gehalt und eine empfindliche Störung des Rechtsfriedens abstellt, die beide auch vorliegen können, wenn der Täter völlig schuldlos handelt. Wer in Übereinstimmung damit in erster Linie — der Schuld kommt in der Strafandrohung stets auch Bedeutung zu[11] — auf das Unrecht des Geschehens abstellt, mag eine Ausdehnung des Katalogs

---

[10] OLG Frankfurt NJW **1965** 1728; OLG Hamm NJW **1974** 1667; *Eb. Schmidt* Nachtr. I 26; KK-*Boujong* 14; KMR-*Müller* 8; *Kleinknecht/Meyer* 4; *Hengsberger* JZ **1966** 211; *Dietrich* 92; *Schlüchter* 217 f; kritisch *Roxin* §30 B II 2 d aa.

[11] Die Bedeutung ist nicht gering. Die Strafe des §330a a. F. = §323a n. F. StGB ist fünf Jahre Freiheitsstrafe oder Geldstrafe, eine Strafandrohung, die bei den Katalogstraftaten, von zwei Fällen abgesehen, die untere Grenze darstellt.

Günter Wendisch

auf § 323 a StGB für den Fall als gerechtfertigt ansehen, daß als Bedingung der Strafbarkeit eine Katalogtat in Betracht kommt[12].

30   5. **Wiederholungstat.** Während eine Straftat nach Absatz 1 Satz 1 Nr. 1 (Rdn. 7 Nr. 1; Rdn. 20) schlechthin als Anlaßtat angesehen wird (Rdn. 21), kommt den Straftaten nach Absatz 1 Satz 1 Nr. 2 (Rdn. 7 Nr. 2 bis 5; Rdn. 22, 24 bis 26) diese Bedeutung nur zu, wenn der Beschuldigte dringend verdächtig ist (Rdn. 17), eine von ihnen wiederholt oder fortgesetzt begangen zu haben. **Wiederholt** ist eine Straftat dann begangen, wenn wenigstens zweimal durch verschiedene Taten der **Tatbestand desselben Strafgesetzes** verwirklicht (vgl. § 11 Abs. 1 Nr. 5 StGB; § 22 StGB) worden ist. Der Text stellt einen Gegensatz her zu den Straftaten „gleicher" Art (Rdn. 50) und verweist so auf „dieselbe" Art, also auf dasselbe Strafgesetz. Der Gedankengang wird verstärkt durch die Verbindung der Wiederholung mit der Fortsetzung einer Straftat, die doch nur in der weiteren Verwirklichung desselben Strafgesetzes bestehen kann. Man ist daher versucht, den nicht völlig eindeutigen Text des Absatzes 1 Nr. 2 dahin auszulegen, daß alle Wiederholungstaten dasselbe Strafgesetz verwirklichen müssen und daß nicht etwa verschiedene Strafgesetze genügen, die derselben Gruppe angehören.

31   In der Tat ist bei den Straftaten gegen die **sexuelle Mitbestimmung** (Rdn. 20) jeder Tatbestand die Beschreibung einer in **besondere Richtung** gehenden mißbilligten Betätigung. Dasselbe ist bei der **Körperverletzung** (Rdn. 22) der Fall, wenn man die §§ 223 b und 225 StGB mit den anderen Tatbeständen vergleicht. Im übrigen aber kann es, wenn zwei gefährliche Körperverletzungen (§ 223 a StGB) genügen, nicht darauf ankommen, ob eine davon zur Folge des § 224 oder § 226 StGB geführt hat. Die unter Rdn. 30 erwogene Auslegung ist danach dahin zu modifizieren, daß die **Qualifikation** dem Grunddelikt gleichzustellen ist (KK-*Boujong* 12), gleichgültig in welcher Reihenfolge beide verübt worden sind. Bei den **gemeingefährlichen Delikten** (Rdn. 25) steht § 316 a für sich allein. Dagegen liegt bei den **Brandstiftungsdelikten** die Qualifikation desselben Strafgesetzes in bezug auf die §§ 308, 306, 307 Nr. 1 StGB auf der Hand. Sie könnte für Nr. 3 zweifelhaft sein, wird hier aber bejaht. Dagegen kann § 307 Nr. 2 wegen der besonderen Absicht nicht als Qualifikation des § 306 StGB verstanden werden. Dadurch wird klar, daß der den Begriff „desselben" Strafgesetzes erweiternde Qualifikationsbegriff prozessual und nicht aus dem sachlichen Recht zu gewinnen ist, wenn auch gewiß in Anlehnung daran.

32   Unter den **Vermögensdelikten** (Rdn. 23) scheiden sich Betrug, Diebstahl und Hehlerei deutlich als verschiedene Straftaten von einander. § 244 StGB steht zu den Fällen des § 243 StGB im Verhältnis der Qualifikation. Denn abgesehen von der geringfügig höheren Mindeststrafe besteht der Unterschied zu den Beispielsfällen des § 243 StGB nur darin, daß die Fälle des § 244 Abs. 1 StGB obligatorisch den höheren Strafrahmen auslösen. Beim **Raub** sind die Fälle der §§ 250, 251 StGB Qualifikationen des § 250, während § 252 StGB wegen der anderen Tatgestaltung nicht als die Verwirklichung desselben Strafgesetzes angesehen werden kann. Dasselbe gilt für die **Erpressung** (§ 253

---

[12] Die Auslegung muß, wie aus der in der 22. Auflage mitgeteilten Entstehungsgeschichte (§ 112, 15 c Abs. 2) folgt, dem Gesetzgeber allerdings wechselnde Arbeitsweise oder ein sehr kurzes Gedächtnis unterstellen. Denn § 42 m Abs. 2 Nr. 4 StGB a. F. = § 69 Abs. 2 Nr. 4 StGB n. F., bei dem § 330 a a. F. = § 323 a n. F. StGB aufzuführen für notwendig erachtet wurde, wurde eingefügt durch Art. 1 Nr. 3 a des 2. StraßenVSichG vom 26. Nov. 1964 (BGBl. I 921), § 112 Abs. 3 StGB a. F. = § 112 a Abs. 1 Nr. 1 StGB n. F., der § 330 a a. F. = § 323 a n. F. StGB nicht enthält, durch Art. 1 Nr. 1 StPÄG vom 13. Dez. 1964 (BGBl. I 1067).

StGB), die sich als Delikt des erzwungenen Gebens von dem Wegnahmedelikt des Raubs als andere Straftat unterscheidet, woran die Verbindung durch § 255 StGB prozeßrechtlich nichts ändert. Dagegen wird man die räuberische Erpressung (§ 255 StGB) trotz ihrer Bezeichnung als eine Qualifikation der Erpressung ansehen dürfen.

33 Die Straftaten nach § 29 Abs. 1 (Vergehen) und § 30 Abs. 1 (Verbrechen) des **Betäubungsmittelgesetzes** sind alle verschiedene Straftaten. § 112 a Abs. 1 Satz 1 Nr. 2 gibt keine Möglichkeit, einen Grundtatbestand und Variationen desselben zu konstruieren. Dabei handelt es sich bei den in § 29 Abs. 3 Satz 2 Nr. 1 bis 4 BtMG aufgeführten besonders schweren Fällen um keine selbständigen Qualifikationen sondern um Strafzumessungsregeln; ihnen gegenüber stehen die selbständigen Verbrechen des § 30 Abs. 1 BtMG. **Besonders schwere Fälle,** die in den Regelbeispielen nicht enthalten sind, sind — wenn man diese Form überhaupt als verfassungsgemäß ansieht — bei so kasuistischer Aufzählung von Beispielsfällen, wie sie § 29 Abs. 3 Satz 2 Nr. 1 bis 4 BtMG enthält, selten. Stellt das Gericht einen ungenannten schweren Fall fest, ist dieser nach der Art des gebildeten Tatbestands § 29 Abs. 3 Satz 1 BtMG unterzuordnen.

34 **Zusammenfassend** kann man dem Wortlaut und dem Sinn (vgl. Rdn. 30) der Vorschrift entnehmen: eine Straftat ist dann wiederholt begangen worden, wenn der Täter wenigstens zweimal den Tatbestand desselben Strafgesetzes oder einen dazu gehörigen Qualifikationstatbestand verwirklicht, der die Willensrichtung des Grundtatbestandes nicht verändert. Dafür genügt es, daß das Verfahren, in dem der Haftgrund zu prüfen ist, nur *eine* Tat zum Gegenstand hat und der Beschuldigte wegen der anderen schon vorher verfolgt worden ist (OLG Hamburg NJW **1980** 2367; OLG Hamm MDR **1981** 956). Wiederholte Anlaßtat kann auch eine Tat sein, die nicht Gegenstand des anhängigen Ermittlungs- oder Strafverfahrens ist, in dieses aber einbezogen werden kann (OLG Schleswig MDR **1978** 952; *Schlüchter* 216; KK-*Boujong* 11; *Kleinknecht/Meyer* 5). Die Deliktsform (Rdn. 27) ist gleichgültig. **Fortgesetzt** ist die Tat sowohl begangen, wenn **rechtlich** eine fortgesetzte Handlung im Sinn des sachlichen Strafrechts vorliegt, wobei es in erster Linie auf den sog. Gesamtvorsatz (BGHSt **19** 323; vgl. auch OLG Frankfurt StrVert. **1984** 159) ankommt, als auch — wie die Gleichstellung mit der Wiederholung erweist —, wenn die Straftat ohne einen Gesamtvorsatz **tatsächlich** dadurch fortgesetzt wird, daß in gleicher Weise wie bisher der Tatbestand verwirklicht wird. Auch hier ist die Deliktsform (Rdn. 27) gleichgültig.

35 **6. Schwerwiegende Straftat.** Zu dem Erfordernis, daß eine der in Absatz 1 Satz 1 Nr. 2 aufgeführten Straftaten nur dann als Anlaßtat in Betracht kommt, wenn sie wiederholt oder fortgesetzt begangen worden ist (Rdn. 30, 34), tritt als weitere Voraussetzung, daß sie eine die Rechtsordnung schwerwiegend beeinträchtigende Straftat sein muß. Weil jede Straftat die Rechtsordnung beeinträchtigt, kommt es ausschlaggebend nur auf das Wort schwerwiegend an.

36 Das zusätzliche Erfordernis ist zwar schon **Auswahlkriterium** für die Einstellung in den Katalog gewesen (BTDrucks. zu VI 3561, Art. 1 Nr. 2 II)[13], doch bieten die danach ausgewählten Tatbestände für die konkrete Tatbestandsgestaltung weiten Raum. Daher wird zusätzlich zu der **gesetzlichen** Abgrenzung des Katalogs verlangt, **richterlich** zu prüfen, ob die Anlaßtat auch nach der konkreten Ausgestaltung des Einzelfalls die Rechtsordnung schwerwiegend beeinträchtigt. Dabei kommt es, was nach dem Prä-

---

[13] Auch das Bundesverfassungsgericht verlangt, die Anlaßtat müsse einen erheblichen, in der Straf*androhung* zum Ausdruck kommenden Unrechtsgehalt aufweisen (BVerfGE **35** 191 = NJW **1973** 1364).

Günter Wendisch

ventionscharakter der Vorschrift sicher gerechtfertigt ist, nach der Rechtsprechung des Bundesverfassungsgerichts wesentlich auf den Unrechtsgehalt der Tat an (BVerfGE **35** 191 = NJW **1973** 1364). Daher kann bei fortgesetzten Taten (OLG Stuttgart Justiz **1973** 255), u. U. auch bei vielen Geschädigten (OLG Hamburg MDR **1973** 242), der Gesamtschaden ausschlaggebend sein. Wegen der Bezugnahme auf die Rechtsordnung ist aber auch auf die Schuld abzustellen, weil unsere Rechtsordnung, soweit sie sich auf das Strafrecht bezieht, maßgeblich mit dem Schuldbegriff verbunden ist.

37   Der **Begriff** „schwerwiegend" wird mehrfach im **Wehrstrafgesetz** in der Wendung „schwerwiegende Folge" (§ 2 Nr. 3 WStG) verwendet (§ 19 Abs. 1, § 21, § 24 Abs. 4 Satz 2, § 25 Abs. 3 Satz 2, § 27 Abs. 3 Satz 2, § 41 Abs. 1, § 44 Abs. 2 und 5, § 45 Abs. 1 WStG), einmal zur Abgrenzung von bloßen Dienstvergehen, meist aber als Beispiel für besonders schwere Fälle. Bezeichnet wird damit eine hohe Stufe des **Unrechts,** nämlich eine konkrete (*Dreher/Lackner/Schwalm* WStG § 2, 41) Gefahr für die Sicherheit der Bundesrepublik Deutschland sowie u. a. für Leib oder Leben eines Menschen oder für fremde Sachen von bedeutendem Wert, und natürlich auch die Verwirklichung der Gefahr.

38   *Ellen Schlüchter* (MDR **1973** 99 sowie Strafverfahren 216) erweitert den Begriff um das Merkmal **erheblich** mit der Begründung: Weil als weitere Straftaten (Rdn. 47) nur „weitere" erhebliche (Rdn. 61) Straftaten gleicher Art in Betracht kommen, müsse es sich auch bei der Anlaßtat um eine erhebliche Straftat handeln. Die Begründung ist indessen nicht schlüssig. Denn die Verweisung bezieht sich nicht nur auf Nummer 2, sondern auch auf Nummer 1 und kann damit nur auf die Deliktsart Bezug nehmen, nicht aber auf eine nur für Nummer 2 geltende besondere Anforderung. Zudem ist „erheblich" ein etwas inhaltsleerer, relativer Begriff (Rdn. 49), der keineswegs über den Begriff „schwerwiegend" hinausgeht, von diesem vielmehr mit umfaßt wird (KK-*Boujong* 17; *Kleinknecht/Meyer* 6). Der Bundesrat knüpft an die Formel von der „Verteidigung der Rechtsordnung" (§ 47 Abs. 1, § 56 Abs. 3 StGB) an (BTDrucks. VI 3248, S. 4) und hieran lehnt sich wohl *Kleinknecht/Meyer* (aaO) an, wenn er verlangt, daß die Anlaßtat geeignet sein müsse, „in weiteren Kreisen das Gefühl der Geborgenheit im Recht zu beeinträchtigen". Die Erwägungen des Bundesrats sind indessen im Gesetzestext nicht zum Ausdruck gekommen, und es erscheint nicht unbedenklich, Formeln, die in zwei bestimmten Fällen eine günstige Rechtsfolge hemmen sollen, zu verwenden, um eine ungünstige Rechtsfolge auszuschließen.

39   Es erscheint vielmehr angemessen, sich mit der **Definition** an das Wehrstrafgesetz anzuschließen. Zwar wird dort von schwerwiegenden Folgen gesprochen, in § 112 a dagegen von einer schwerwiegenden Straftat. Da indessen das Unrecht, auf das in erster Linie abgestellt wird (Rdn. 36 f) nach den Folgen bemessen wird, ist die Abweichung von geringer Bedeutung. Im Anschluß an die Definition in § 2 Nr. 3 WStG, unter Berücksichtigung der Katalogtaten des Absatzes 1 Satz 1 Nr. 1 und 2 sowie der Straferwartung von mehr als einem Jahr in den Fällen der Nummer 2 (letzter Satzteil des ersten Satzes; Rdn. 5 Nr. 4) hat man unter einer die Rechtsordnung schwerwiegend beeinträchtigenden Straftat zu verstehen:

40   Im Fall der **Nummer 1:** Schwere Straftaten und Straftaten, die in der oberen Hälfte der mittelschweren Straftaten liegen, wenn sie für einen besonders schutzbedürftigen Personenkreis die Gefahr begründen, unter Ausnutzung einer besonderen Situation oder mit Gewalt oder gefährlicher Drohung sexuell mißbraucht zu werden.

41   Im Fall der **Nummer 2:** Schwere Straftaten und Straftaten, die in der oberen Hälfte der mittelschweren Straftaten liegen, wenn sie für den durch sie geschützten Personenkreis eine Gefahr für Leib oder Leben, namentlich auch durch Drogenabhängigkeit, für Sachen und Vermögenswerte von bedeutendem Wert oder die Gefahr begründen, mit Gewalt oder gefährlicher Drohung zu Vermögensverfügungen gezwungen zu werden.

Nach dieser Definition **scheiden** als Anlaßtaten **aus** die **minder schweren Fälle** der **42** Nummer 2 (§223b Abs. 2 zweite Satzhälfte; §224 Abs. 2, §225 Abs. 2; §226 Abs. 2; §249 Abs. 2, §250 Abs. 2; §308 Abs. 2; §316a Abs. 1 Satz 2 zweite Satzhälfte StGB), weil sie schon nach dem Wortlaut das Gegenteil einer *schwer*wiegenden Beeinträchtigung sind. In sehr seltenen Fällen kann **ausnahmsweise** eine die Rechtsordnung schwerwiegend beeinträchtigende Straftat vorliegen, wenn bei schwerem Unrecht ein minder schwerer Fall wegen geringerer Schuld angenommen wird und zudem der Strafrahmen für den minderschweren Fall hoch ist (Beispiel: §316a Abs. 1 Satz 2 zweite Satzhälfte StGB).

Nach dem Wortlaut scheidet bei der Anlaßtat die **kleinere Kriminalität** von vorn- **43** herein aus (BVerfGE **35** 191 = NJW **1973** 1365). Das gewinnt bei dem niedrigsten Strafrahmen (Freiheitsstrafe bis zu drei Jahren oder Geldstrafe) für die Regelfälle der Betäubungsmitteldelikte (Rdn. 26) Bedeutung (vgl. aber Rdn. 64), aber auch beim einfachen **Betrug** (§263 Abs. 1 StGB), der als Anlaßtat im Katalog steht, während beim Diebstahl der einfache Diebstahl (§242 StGB) dort fehlt; die Wegnahmedelikte beginnen erst mit dem besonders schweren Fall des Diebstahls (§243 StGB). Diese Abweichung wird darauf zurückgeführt, daß beim Betrug die gleiche Differenzierung wie beim Diebstahl aus gesetzestechnischen Gründen nicht möglich gewesen sei (OLG Stuttgart Justiz **1973** 254). Ob das zutrifft, ist fraglich, weil §263 Abs. 3 und §243 Abs. 1 Satz 1 StGB abgesehen von der Strafandrohung übereinstimmen und §243 Abs. 1 Satz 2 StGB nur den besonders schweren Fall illustrierende Regelbeispiele enthält, so daß es beim Betrug ebenso wie beim Diebstahl „gesetzestechnisch" möglich gewesen wäre, nur den besonders schweren Fall des §263 Abs. 3 StGB in den Katalog aufzunehmen (Rdn. 23). Auf jeden Fall wird man die Folgerung ziehen müssen, daß beim Betrug nur solche Fälle Anlaßtaten sein können, die nach dem Unrechtsgehalt etwa dem besonders schweren Fall des Diebstahls entsprechen (OLG Stuttgart Justiz **1973** 254; OLG Hamburg MDR **1973** 242; KK-*Boujong* 9; *Kleinknecht/Meyer* 10).

III. Wiederholungsgefahr

1. Grundsatz. Um die Sicherungshaft bei Wiederholungsgefahr als eine neue und **44** nicht unumstrittene Maßnahme vor dem Urteil in engen Grenzen zu halten, ist einmal der Deliktskatalog in der gesetzlichen Auswahl und in der richterlichen Anwendungsmöglichkeit (Rdn. 36) beschränkt. Zum anderen werden für die Prognose der Wiederholungsgefahr Voraussetzungen aufgestellt, von denen am bedeutsamsten sind: die „Erforderlichkeit" der Sicherungshaft (Rdn. 5 Nr. 3; Rdn. 53) und die Erwartung einer Freiheitsstrafe von einem Jahr (Rdn. 5 Nr. 4; Rdn. 54). Für die Prognose der Wiederholungsgefahr wird zudem stützend auf einen in der Vergangenheit liegenden Umstand, nämlich die Verurteilung zu Freiheitsstrafe innerhalb der letzten fünf Jahre abgestellt (Rdn. 55 f).

2. Bestimmte Tatsachen sind Grundlage für die Prognose der Wiederholungsge- **45** fahr. Der Ausdruck stammt aus §112 Abs. 2, zweiter Halbsatz. Er ist unklar (§112, 27) und paßt für unsere Vorschrift am wenigsten (§112, 28). Denn nach deren Zweck können die Tatsachen (das nichtssagende Wort „bestimmte" kann zur Klärung nichts beitragen) keine Realitäten in der Außenwelt sein, etwa der Umstand, daß der Beschuldigte sich anschickt, eine neue Straftat zu begehen; schon daran soll er gehindert werden. Die die Gefahr begründende Tatsache ist eine **innere** Neigung, Straftaten zu begehen. Auf diese Neigung ist nach den Grundsätzen der Prognosemethodik aufgrund von

Günter Wendisch

(**äußeren**) Hilfstatsachen zu schließen. Diese Tatsachen umfassen die Vortaten und alle Lebensverhältnisse des Beschuldigten, die eine Prognose zulassen, es sei die Gefahr (Rdn. 46) begründet, daß der Beschuldigte weitere Straftaten begehen werde.

46   3. Zum **Gefahrbegriff** vgl. § 112, 29. Obwohl der Begriff „schwerwiegend" dem Wehrstrafgesetz entstammen dürfte (Rdn. 37), wo an den Begriff der Gefahr mindere Anforderungen gestellt werden (*Dreher/Lackner/Schwalm* WStG § 2, 41), kann die Wiederholung des gleichen Worts in zwei aufeinander folgenden Paragraphen schon deshalb nur dasselbe bedeuten, weil Absatz 1 Satz 1 Nr. 1 früher § 112 Abs. 3 war, und das Wort Gefahr innerhalb desselben Paragraphen in Absatz 3 nicht anderes gelesen werden konnte als in Absatz 2 Nr. 2 und Nr. 3, letzter Satzteil.

4. Weitere Straftaten

47   a) **Übersicht.** Die Gefahr (§ 112, 29), die durch die Neigung des Beschuldigten (Rdn. 45) begründet wird, muß dahin gehen, daß der Beschuldigte, bevor er rechtskräftig (s. dazu *Gollwitzer* Vor § 296) abgeurteilt worden ist, weitere (Rdn. 48) erhebliche (Rdn. 49) Straftaten (Rdn. 48) gleicher Art (Rdn. 50) begehen oder die Straftat fortsetzen (Rdn. 52) werde.

48   b) Wegen des Begriffs **Straftat** vgl. Rdn. 19, doch ist ohnehin die Prognose künftiger rechtswidriger Taten (§ 11 Abs. 1 Nr. 5 StGB), wenn Anlaßtat eine (schuldhaft begangene) Straftat ist, eine schwer vorstellbare Möglichkeit. Liegt sie ausnahmsweise doch vor, besteht keine Gefahr, daß der Beschuldigte weitere Straftaten begehen werde, und ist die Sicherungshaft unzulässig. Die Prognose, der Beschuldigte werde von rechtskräftiger Aburteilung, also in absehbarer, aber unbestimmter Zeit, nicht nur eine, sondern **mehrere** weitere **Straftaten** begehen, ist in dieser Form oft schlechthin unmöglich. Man muß die Stelle daher dahin lesen, daß der Beschuldigte weiterhin erheblich und in gleicher Art straffällig werden werde.

49   c) **Erheblichkeit** ist schon sprachlich kein eindeutiger Begriff. Während es auf der einen Seite mit der Bedeutung „relevant" versehen wird (*Trübner* Deutsches Wörterbuch [1940]; *Kluge* Etymologisches Wörterbuch[19] [1963]), definiert *Heyne* (Deutsches Wörterbuch [1890]) erheblich mit wichtig, bedeutsam, ja schlicht mit „sehr". Man wird, ohne damit viel zu gewinnen, von Straftaten sprechen können, die sich über die Masse erheben, jedoch — weil das Wort schwerwiegend nicht wiederholt wird — zwar schwer, aber nicht unbedingt so schwer sind, wie es die Anlaßtat ist, so daß wohl die ganze mittlere Kriminalität erfaßt wird. Das **Strafgesetzbuch** hilft nicht weiter. Es läßt nur erkennen, daß erhebliche Straftaten sich von anderen abheben, aber doch sehr relativiert. So verlangt *Dreher/Tröndle* bei § 63 StGB weniger als bei § 66 StGB (§ 63, 8) und bei § 64 StGB weniger als bei § 63 StGB (§ 64, 6). Bei § 66 StGB bringt er eine umfangreiche Kasuistik, die er dahin zusammenfaßt, daß es unter Ausscheidung der leichten und mittleren Kriminalität um Taten erheblicher (sic) Schwere gehe, die den Rechtsfrieden bedrohen (§ 66, 14). Es ist nicht erlaubt, gerade die strengste Definition auszusuchen und zur Auslegung von § 112 a auf § 66 StGB entscheidend abzustellen, wie das *Ellen Schlüchter* (MDR **1973** 99) tut. Dazu müßte die Sicherungshaft als „vorweggenommene Sicherungsverwahrung" aufgebaut sein, was sie, wie ein Vergleich der Texte von § 66 StGB und Absatz 1 erweist (vgl. auch § 66 Abs. 1 Nr. 3 StGB und hier Rdn. 41), nicht ist.

50   d) **Gleichartigkeit.** Die Sicherungshaft sichert vor Wiederholungsgefahr, und diese besteht, wenn die Gefahr begründet ist, der Täter, der dringend bestimmter Straftaten (Rdn. 19 ff) verdächtig ist, werde weitere erhebliche **Straftaten gleicher Art** begehen (oder die Tat fortsetzen). Die Begehung von Straftaten gleicher Art steht im Gegensatz zu der Wiederholung **derselben Tat** (Rdn. 30), wobei allerdings der Identitätsbegriff auch dort schon leicht auf Qualifikationsformen erweitert werden konnte, die in gleicher Willensrichtung liegen (Rdn. 31, 34). Der Begriff gleicher Art entfernt sich von dem derselben Art noch weiter.

Im allgemeinen wird man zur gleichen Art diejenigen Straftaten zählen können, **51** die in den jeweils mit dem Wort „nach" gebildeten **Gruppen** des Absatzes 1 Satz 1 **zusammengefaßt** sind (Rdn. 7). Dabei wird allerdings § 316a StGB nicht zur Gruppe der Brandstiftungsdelikte (Rdn. 25) zu zählen, wohl aber mit Raub und Erpressung (vgl. Rdn. 24) gruppengleich sein (ebenso KK-*Boujong* 16). Indem die Vorschrift mit den Worten „gleicher Art" auf den Katalog (Rdn. 7) zurückverweist, werden die zu erwartenden Straftaten, wenn auch mit der eben genannten Gruppenauswahlmöglichkeit, streng auf die im Katalog genannten beschränkt. Es sind also keine Straftaten gleicher Art zu erwarten und ist keine Sicherungshaft zulässig, wenn die Gefahr begründet ist, der Beschuldigte werde (nur) einen einfachen Diebstahl (§ 242 StGB) oder eine einfache Körperverletzung (§ 223 StGB) begehen. Freilich sind solche Feinheiten der Prognose kaum möglich.

e) Wegen der **Begehung** und Fortsetzung der neuen Straftat vgl. Rdn. 27 und 34. **52**

5. Erforderlichkeit. Die Sicherungshaft ist fest und verhältnismäßig eng begrenzt **53** und von strengen Voraussetzungen abhängig. Das ausschlaggebende Merkmal, sie auf die notwendigsten Fälle zu beschränken, liegt darin, daß die Haft allein dann verhängt werden darf, wenn sie erforderlich ist, die drohende Wiederholungsgefahr abzuwenden. Daraus folgt zweierlei: Die Haft darf nur dann verhängt werden, wenn das Ziel, den Rechtsfrieden zu wahren, auf keine andere Weise erreicht werden kann (**Subsidiarität**). Zum anderen ist der Erforderlichkeitsklausel die Pflicht zur Prüfung zu entnehmen, ob es wirklich erforderlich ist, die Wiederholungsgefahr abzuwenden, oder ob die erwartete Straftat nicht hingenommen werden muß, wenn man das sichere Übel der Haft gegen die ungewisse Wiederholungsgefahr abwägt. Das Merkmal bringt also auch den Grundsatz der **Verhältnismäßigkeit** zum Ausdruck, wenn diesem auch bei den vielen Voraussetzungen, die die Verhältnismäßigkeit schon im allgemeinen sichern, bei der Einzelprüfung nur selten eine Rolle zukommen wird, dann aber u. U. die ausschlaggebende.

6. Straferwartung. Die richterliche Prüfung der Verhältnismäßigkeit wird erleichtert **54** durch die Anforderung, daß in den Fällen der Nr. 2 (Rdn. 7 Nr. 2 bis 5) eine Freiheitsstrafe von mehr als einem Jahr zu erwarten ist. Der Strafrahmen ist so gewählt, daß die Vollstreckung der Strafe grundsätzlich (§ 56 Abs. 1 StGB) nicht zur Bewährung ausgesetzt werden kann; der Fall des § 56 Abs. 2 StGB wird bei Wiederholungstätern kaum je vorliegen. Die Erwartung einer solchen Strafe ist erforderlich und in der Praxis sehr ernst zu nehmen, damit nicht mit der Sicherungshaft eine Freiheitsstrafe vorweggenommen (Rdn. 10), die dann in Wirklichkeit nicht ausgesprochen wird. **Freiheitsstrafe** ist diejenige der §§ 38, 39 StGB und die Jugendstrafe der §§ 18, 19 JGG.

7. Vorstrafe. Der Grundsatz der Verhältnismäßigkeit (Rdn. 53) wird in Absatz 1 **55** Satz 2 dadurch betont, daß die Gefahr, zu deren Abwendung die Haft erforderlich (Rdn. 53) sein muß — freilich nur „in der Regel" —, allein dann angenommen werden darf, wenn der Beschuldigte innerhalb der letzten fünf Jahre wegen einer Straftat gleicher Art (Rdn. 51) rechtskräftig zu Freiheitsstrafe verurteilt worden ist. Durch eine solche Vorstrafe wird das Element der Ungewißheit, das der Prognose künftigen strafrechtlichen Verhaltens innewohnt, gemildert und damit die durch das Merkmal „erforderlich" gebotene Prüfung der Subsidiarität und Verhältnismäßigkeit vereinfacht.

56   Wegen der **Begriffe** „Straftat gleicher Art" s. Rdn. 51, „rechtskräftig abgeurteilt" s. Rdn. 47, „Freiheitsstrafe" s. Rdn. 54. Die **Freiheitsstrafe** darf noch nicht durch Fristablauf (§ 44 Abs. 1 Nr. 1 Buchst. b bis f BZRG) oder Anordnung des Generalbundesanwalts (§ 47 Abs. 1 Satz 1 BZRG) **getilgt** worden sein (§ 49 Abs. 1 BZRG). Die Strafe darf auch nicht zum Nachteil des Beschuldigten verwertet werden, wenn sie zwar tatsächlich noch nicht getilgt, aber von Rechts wegen **zu tilgen** ist (§ 49 Abs. 1 BZRG). Da die Tilgungsfrist mit dem Tag des ersten Urteils oder der Unterzeichnung des Strafbefehls durch den Strafrichter zu laufen beginnt (§ 45 Abs. 1, § 34 BZRG), die Fünfjahresfrist des Absatzes 1 Satz 2 jedoch erst von der Rechtskraft an läuft, können bei Freiheitsstrafen bis zu drei Monaten und bei Jugendstrafen nicht selten Fälle eintreten, wo der Strafregisterauszug eine zu tilgende Strafe noch ausweist. Das Gericht wird daher in diesen Fällen stets zu prüfen haben, ob eine innerhalb der letzten fünf Jahre rechtskräftig gewordene Strafe zu tilgen ist.

57   Eine bestimmte **Höhe der Freiheitsstrafe** wird nicht gefordert, doch ist die Höhe der Strafe und der Umstand, ob deren Vollstreckung zur Bewährung ausgesetzt worden ist (§ 56 Abs. 1 bis 3 StGB) bei der Prüfung der Verhältnismäßigkeit (Rdn. 53) zu berücksichtigen. Diese Prüfung spielt wieder eine stärkere Rolle, wenn das Gericht Wiederholungsgefahr annehmen will, obwohl eine nach Satz 2 relevante **Vorstrafe fehlt**. Wiederholungstäter werden in der Regel ziemlich rasch rückfällig. Daher sollte auf die Vorstrafe in der Form einer Freiheitsstrafe nur dann verzichtet werden, wenn die Prognose des Rückfalls — und diesmal wegen einer mit einer Freiheitsstrafe von mehr als einem Jahr zu bestrafenden Straftat (Rdn. 54) — aus anderen Gründen mit sehr großer Sicherheit zu erwarten ist. Dabei ist auch die bei den einzelnen Gruppen verschiedene Rückfallzeit zu beachten. So kann bei einem Brandstifter, der dringend verdächtig ist, in kurzer Zeit schon sechs — noch nicht abgeurteilte — Brände gelegt zu haben, wohl auf die Vorstrafe verzichtet werden, kaum je aber bei einem Dieb. Ebenso kann die noch nicht rechtskräftige Aburteilung der Vortat den Verzicht auf die rechtskräftige Vorstrafe erlauben, wenn der Schuldspruch rechtskräftig ist oder wenn die Beweislage, etwa durch ein Geständnis, weitgehend sicher erscheint und nach Unrecht und Schuld der Tat mit einer Freiheitsstrafe zu rechnen ist (vgl. KK-*Boujong* 23; *Kleinknecht/Meyer* 18 bis 21).

IV. Subsidiarität (Absatz 2)

58   **1. Inhalt.** Wie bereits ausgeführt (Rdn. 53), ist die Erforderlichkeit der Haft das ausschlaggebende Merkmal der Bestimmung. Ihm ist neben dem Grundsatz der Verhältnismäßigkeit derjenige der Subsidiarität zu entnehmen. Schon danach ist die Sicherungshaft nicht erforderlich, die Wiederholungsgefahr abzuwenden, wenn der Beschuldigte auf andere Weise daran gehindert werden kann, Straftaten zu begehen oder fortzusetzen. Das ist hauptsächlich der Fall, wenn er nach § 112 in Untersuchungshaft genommen worden ist. Absatz 2 stellt das ausdrücklich klar, besonders für die Fälle, wo Haftgründe nach § 112 mit dem des § 112 a konkurrieren.

59   **2.** Die **Voraussetzungen eines Haftbefehls** nach § 112 sind daher immer zu prüfen, ehe erwogen wird, ob ein Haftbefehl nach § 112 a erlassen werden kann. Voraussetzungen (für den Erlaß) eines Haftbefehls sind, wie sich aus § 120 Abs. 1 Satz 1 ergibt, die Voraussetzungen der Untersuchungshaft (§ 112, 20), nämlich (§ 112 Abs. 1 Satz 1) dringender Tatverdacht und ein Haftgrund, im Fall des § 112 Abs. 3 bestimmte Umstände (§ 112, 52), sowie die Verhältnismäßigkeit der Untersuchungshaft zu der zu erwartenden Sanktion (§ 112 Abs. 1 Satz 2; § 120 Abs. 1 Satz 1 zweiter Halbsatz). Der Ausdruck wird ohne die überflüssigen Worte „für den Erlaß" (eines Haftbefehls) wiederholt in § 127 Abs. 2 (§ 127, 51), § 127 a, § 132 (§ 132, 4).

3. Voraussetzungen für die Aussetzung des Vollzugs eines Haftbefehls. Der Haft-   **60**
befehl nach § 112 kann die Wiederholungsgefahr nur dann ausschließen (Rdn. 58), wenn er auch vollzogen wird. Denn wenn der Vollzug ausgesetzt worden ist, ist der Beschuldigte auf freiem Fuß, und nach § 112 a wird er ja gerade festgenommen, um die Freiheit nicht zu neuen Straftaten zu mißbrauchen. Zwar kann auch der Haftbefehl aus § 112 a ausgesetzt werden (§ 116 a Abs. 3), aber doch wohl nur sehr selten und dann mit speziellen Auflagen, die diesem Haftgrund angepaßt sind (§ 116, 28).

Demgemäß wird in Absatz 2 verordnet, daß Sicherungshaft zwar unzulässig ist,   **61**
wenn ein Haftbefehl nach § 112 erlassen werden kann, aber nur, wenn der Vollzug des Haftbefehls **nicht nach § 116 Abs. 1 und 2 ausgesetzt** werden kann. Bei Flucht (§ 112 Abs. 2 Nr. 1) kann der Vollzug nicht ausgesetzt werden, weil gegen den Flüchtigen kein Haftbefehl vollzogen wird. § 116 Abs. 1 und 2 beziehen sich auf die Haftgründe der Fluchtgefahr (§ 112 Abs. 2 Nr. 2) und der Verdunkelungsgefahr (§ 112 Abs. 2 Nr. 3) sowie auf die Untersuchungshaft bei Verbrechen wider das Leben (BVerfGE **19** 353 = NJW **1966** 245).

4. Folgen. Kann ein Haftbefehl nach § 112 erlassen werden, dessen Vollzug nicht   **62**
nach § 116 Abs. 1 und 2 ausgesetzt werden kann, dann ist es unzulässig, die Haft nach § 112 a anzuordnen. Nach dem Wortlaut des Gesetzes kommt es nicht darauf an, ob ein Haftbefehl nach § 112 erlassen oder, wenn er ergeht, sein Vollzug ausgesetzt wird. Da es indessen der gleiche Richter ist, der die Prüfungen nach § 112, § 116 und nach § 112 a anstellt, ist es ausgeschlossen, daß kein — nicht nach § 116 ausgesetzter — Haftbefehl nach § 112 erlassen wird, wenn die Gründe dafür vorliegen. Es ist unzulässig, einen Haftbefehl konkurrierend sowohl auf § 112 als auch auf § 112 a zu stützen. (a. A. KMR-*Müller* 16; wie hier KK-*Boujong* 24; *Kleinknecht/Meyer* 23). Wird der nach § 112 erlassene Haftbefehl **aufgehoben** oder wird sein Vollzug nach § 116 **ausgesetzt,** ist der Weg zu einem Haftbefehl nach § 112 a frei. Da der Richter die Haftfrage immer umfassend zu prüfen hat, ist es wenig angebracht, ihn durch einen Aktenvermerk oder eine „Anmerkung in der Begründung des Haftbefehls" auf die Existenz des § 112 a hinzuweisen, wie das KK-*Boujong* (24) und *Kleinknecht/Meyer* (23) vorsorglich empfehlen.

V. Schlußbemerkung

Die Diskussion um die Sicherungshaft wegen Wiederholungsgefahr wurde ausge-   **63**
löst durch die „Lücke", die eingetreten war, als durch die Neufassung der §§ 112, 114 der apokryphe Haftgrund des „vermuteten Fluchtverdachts" beseitigt worden war (Rdn. 1 ff). Mit dem weggefallenen „Haftgrund" waren fast ausschließlich labile, dauerrückfällige Kleindiebe erfaßt worden, die zwar lästig und eine polizeiliche Belastung waren, aber nur selten „erhebliche" Straftaten begingen. Im Lauf der Entstehungsgeschichte des § 112 a hat sich die Problematik auf Täter verlagert, die wiederholt schwerwiegend beeinträchtigende Straftaten (Rdn. 36 f, 40 f) begehen. Der Anlaßfall des unverbesserlichen Kleindiebs, früher eines Verbrechers (Rdn. 2), fällt nicht unter un-

sere Vorschrift, wenn die Praxis ihn auch irgendwie (Rdn. 4 Fußn. 3) erfaßt zu haben scheint.

64   Die **Straftaten,** die **im Katalog** des § 112 a aufgeführt sind, sind **nicht alle** typische Taten von **Wiederholungstätern,** und wenn sie trotz der äußerst einengenden Voraussetzungen unter die Vorschrift fallen könnten, werden sie in der Regel durch Absatz 2 davon ausgeschlossen werden. Eine Ausnahme von diesem Ausschluß könnte vielleicht für die Delikte des Betäubungsmittelgesetzes bestehen, doch muß man hier für die Subsumtion unter Absatz 1 bei der Anwendung des Grundsatzes der Verhältnismäßigkeit (Rdn. 53) dem etwas konturlosen Merkmal der Erheblichkeit (Rdn. 49) im Hinblick auf den „besonders schutzwürdigen Kreis der Bevölkerung" (vgl. Rdn. 4) ein besonderes Gewicht beilegen. Vielleicht hätte diese Gruppe (Rdn. 26) ihren Platz besser in Absatz 1 Satz 1 Nr. 1 gefunden.

65   Im ganzen wird man vermuten können, daß die Vorschrift **keine „energischere Bekämpfung"** der Wiederholungstäter — wenn sie in dieser Form „erforderlich" war — gebracht hat (*Becker* 22).

§ 113

(1) Ist die Tat nur mit Freiheitsstrafe bis zu sechs Monaten oder mit Geldstrafe bis zu einhundertachtzig Tagessätzen bedroht, so darf die Untersuchungshaft wegen Verdunkelungsgefahr nicht angeordnet werden.

(2) In diesen Fällen darf die Untersuchungshaft wegen Fluchtgefahr nur angeordnet werden, wenn der Beschuldigte

1. sich dem Verfahren bereits einmal entzogen hatte oder Anstalten zur Flucht getroffen hat,

2. im Geltungsbereich dieses Gesetzes keinen festen Wohnsitz oder Aufenthalt hat oder

3. sich über seine Person nicht ausweisen kann.

Entstehungsgeschichte. Die Einschränkung der Untersuchungshaft fand früher bei Taten statt, die nur mit Haft oder Geldstrafe bedroht waren. Eine Ausnahme war zunächst vorgesehen für Übertretungen, bei denen Überweisung an die Landespolizeibehörde angeordnet werden konnte. Durch Art. 2 Nr. 5 GewVerbrG wurde dafür die Anordnung der Unterbringung in einem Arbeitshaus eingesetzt. Die Ausnahme wurde durch Art. 9 Nr. 6 Buchst. b des 1. StrRG beseitigt, weil die Maßregel der Unterbringung in einem Arbeitshaus abgeschafft worden war. Durch Art. 1 Nr. 1 StPÄG 1964 und Art. 9 Nr. 6 Buchst. a des 1. StrRG wurde in Absatz 1 die Strafandrohung auf Freiheitsstrafe bis zu sechs Monaten oder Geldstrafe (bis zu 10 000 DM) festgesetzt und erhielt Absatz 2 seine jetzige Fassung. Die Geldstrafe wurde durch Art. 21 Nr. 31 EGStGB 1974 auf das Höchstmaß von 180 Tagessätzen festgesetzt.

1   **1. Bagatelldelikte.** Der **Grundsatz der Verhältnismäßigkeit** (§ 112 Abs. 1 Satz 2, § 120 Abs. 1 Satz 1 zweiter Halbsatz) ist auch in den Fällen des § 113 anzuwenden, so daß in jedem Einzelfall zu prüfen ist, ob die Untersuchungshaft zu der zu erwartenden Sanktion in einem angemessenen Verhältnis steht. Das schränkt die Untersuchungshaft bei Bagatelldelikten erheblich ein, namentlich wenn Geldstrafe zu erwarten ist. Schon bevor die beiden genannten Vorschriften eingefügt wurden, galt der allgemeine Grundsatz der Verhältnismäßigkeit der Staatsakte, der freilich in der recht einfachen Form Ausdruck fand, daß auf die **angedrohte Höchststrafe** abgestellt wurde. Als der Gesetzgeber in den eingangs genannten Vorschriften auf die zu erwartende Sanktion abstellte, hätte er auch in §113 die Strafandrohung durch die Straferwartung ersetzen und diese mit etwa neun Monaten bemessen sollen (vgl. Vor §112, 15 mit Fußn. 10). Der Gesetzgeber ist aber beim alten Schema und bei der alten Strafhöhe stehengeblieben, obwohl bei Höchststrafen von sechs Monaten Freiheitsstrafe kaum je Untersuchungshaft erwogen wird. Zudem sind Strafandrohungen mit einem Höchstmaß von sechs Monaten Freiheitsstrafe, weil kriminalpolitisch unerwünscht, auf **Ausnahmefälle** beschränkt worden (BTDrucks. 7 550; Begr. zu Art. 18 Nr. 143, S. 263)[1]. Dadurch hat die Vorschrift praktisch ihre Bedeutung verloren[2].

Die **Ungehorsamshaft** (§230 Abs.2, §236, §329 Abs.4 Satz 1) wird von der Vorschrift nicht berührt. **2**

2. Strafandrohung. Die Vorschrift bezieht sich, abgesehen von Strafarrest, auf alle **Tatbestände,** die die Strafandrohung enthalten: „wird mit Freiheitsstrafe bis zu sechs Monaten oder mit Geldstrafe bis zu 180 Tagessätzen bestraft". Ob neben einer der beiden angedrohten Hauptstrafen auch auf eine Nebenstrafe, z. B. Einziehung, erkannt werden kann oder muß, ist gleichgültig. **Strafarrest,** dessen Höchstmaß sechs Monate ist (§9 Abs.1 WStG), ist, da er in Freiheitsentziehung besteht (§9 Abs.2 Satz 1 WStG), Freiheitsstrafe. **Jugendarrest** (§16 JGG) ist keine Strafe, sondern ein Zuchtmittel (§13 Abs.2 Nr.3, Absatz 3 JGG), aber zuweilen wie eine Strafe zu behandeln. Da aber die Strafrahmen des allgemeinen Strafrechts nicht gelten (§18 Abs.1 Satz 2 JGG) und die hier behandelte Strafandrohung im Jugendgerichtsgesetz nicht vorgesehen ist, findet §113 auf Jugendliche keine Anwendung. **3**

3. Folgen

a) Unberührt von der Vorschrift bleibt der Haftgrund der Flucht (§112 Abs.2 Nr.1). **4**

b) Unanwendbar ist die Vorschrift bei Straftaten wider das Leben (§112 Abs.3) und bei Wiederholungsgefahr (§112 a), weil die in diesen Bestimmungen genannten Delikte alle mit einer höheren Strafe als Freiheitsstrafe bis zu sechs Monaten oder Geldstrafe bis zu 180 Tagessätzen bedroht sind. **5**

c) Wegen **Verdunkelungsgefahr** (§112 Abs.2 Nr.3) ist die Anordnung der Untersuchungshaft (§114) schlechthin ausgeschlossen (Absatz 1 letzter Halbsatz). **6**

---

[1] Im Strafgesetzbuch ist die genannte Strafandrohung nur noch in folgenden Tatbeständen enthalten: Parlamentsbannmeilenbruch (§106 a Abs.1 StGB), Wahlunterlagenfälschung (§107 b StGB); Verleitung zu falscher uneidlicher Aussage (§160 Abs.1 zweiter Teilsatz StGB); Ausübung verbotener Prostitution (§184 a StGB); Beteiligung am Glücksspiel (§284 a StGB). Weitere Strafandrohungen der behandelten Art finden sich in Nebengesetzen. Beispielsfälle: Art. 46 Nr.2, Art.47 Nr.3 Buchst. a, Art.55, Art.59 Nr.3 Buchst.1, Art.60 Nr.2 Buchst. a, Art.61 Nr.2 §13 a Abs.2, Art.65 Nr.5 b, Art.74 Nr.3, Art.75 Buchst. a, Art.91 Nr.3 Buchst. c EGStGB.

[2] Nach *Wolters* (466 ff) ist die Vorschrift viel zu eng gefaßt und wegen ihrer Beschränkung auf Bagatellstraftaten weitgehend zur Wirkungslosigkeit verurteilt. Er schlägt deshalb vor, die Vorschrift über den geltenden Rahmen hinaus auf alle Fälle zu erstrecken, in denen keine vollstreckbare Freiheitsstrafe zu erwarten ist (469); nicht ganz so weitgehend §5 Nr.2 des Entwurfs des Arbeitskreises Strafprozeßreform: vollstreckbare Freiheitsstrafe von einem Jahr.

Günter Wendisch

7   d) Bei **Fluchtgefahr** (§ 112 Abs. 2 Nr. 2) ist die Untersuchungshaft nur zulässig, wenn besondere Voraussetzungen vorliegen. Sie werden in der Regel Fluchtgefahr begründen, brauchen das aber nicht immer. Sie brauchen auf der anderen Seite nicht die Tatsachen zu sein, aus denen sich die Fluchtgefahr ergibt. Daraus und weil § 113 den § 112 einschränkt, folgt, daß bei Bagatelldelikten sowohl die Voraussetzungen des § 112 Abs. 2 Nr. 2 als auch diejenigen des § 113 Abs. 2 festgestellt werden müssen[3]. Die besonderen Voraussetzungen sind gegeben, wenn der Beschuldigte

8   sich dem Verfahren **bereits einmal,** z. B. durch Flucht oder Verbergen, **entzogen** hatte, oder wenn er Anstalten zur Flucht getroffen hat. Das kommt in Betracht, wenn er nach einer Straftat, namentlich aber nachdem ihm die Strafverfolgung bekannt geworden ist, Geld flüssig macht, sich Fahrkarten besorgt, einen Reisepaß erteilen läßt, und wenn kein Anlaß (Geschäftsreise, Verwandtenbesuch) zu der Reise ersichtlich ist;

9   in der Bundesrepublik und in Berlin (West) **keinen festen Wohnsitz** oder Aufenthalt hat. Wegen des Begriffs des Wohnsitzes s. § 8, 1. Da der Wohnsitz zwar regelmäßig (§ 7 Abs. 1 BGB), aber nicht stets mit dem tatsächlichen Lebensmittelpunkt übereinstimmt, verlangt die Vorschrift einen „festen" Wohnsitz, d. h. die tatsächliche Niederlassung, nicht die bloße polizeiliche Anmeldung, für eine auf eine gewisse Dauer berechnete Zeit. Damit nähert sich der Begriff dem in § 116 a Abs. 3 gebrauchten des Wohnens. Der **Aufenthalt** braucht nicht der gewöhnliche Aufenthalt (§ 8, 5) zu sein, muß aber ebenfalls einen „festen" darstellen, d. h. einen tatsächlichen Aufenthalt für eine gewisse Dauer, an dem der Beschuldigte wenigstens für eine bestimmt angegebene Zeit erreichbar ist (Beispiel: längerer Landaufenthalt). Wohnsitz im **Ausland,** in der DDR und in Berlin (Ost) reicht nach dem ausdrücklichen Gesetzeswortlaut („im Geltungsbereich dieses Gesetzes") nicht aus, zwingt aber keinesfalls allein dazu, einen Haftbefehl zu erlassen;

10   sich über seine Person **nicht ausweisen** kann. Solchen Personen ist gleichzustellen, wer sich nicht ausweisen will; wer seinen Namen verschweigt; oder wer ihn falsch angibt (OLG Hamburg GA 72 [1928] 275). Im übrigen kommt es auf den guten oder bösen Willen nicht an: Die Tatsache, daß sich jemand nicht ausweisen kann, ist entscheidend; die Gründe hierfür spielen keine Rolle, können aber zu dringlichen, ggf. telefonischen, Ermittlungen nötigen. Die Vorschrift findet keine Anwendung, wenn der Beschuldigte, der sich nicht ausweisen kann, bekannt ist (*Feisenberger* 7).

§ 114

(1) **Die Untersuchungshaft wird durch schriftlichen Haftbefehl des Richters angeordnet.**

(2) **In dem Haftbefehl sind anzuführen**

1. **der Beschuldigte,**

2. **die Tat, deren er dringend verdächtig ist, Zeit und Ort ihrer Begehung, die gesetzlichen Merkmale der Straftat und die anzuwendenden Strafvorschriften,**

3. **der Haftgrund sowie**

---

[3] *Kleinknecht* MDR **1965** 782; *Wagner* NJW **1978** 2002; KK-*Boujong* 6; *Kleinknecht/Meyer* 2; **a.A.** – Haftgründe des § 112 brauchen nicht vorzuliegen – *Dreves* DRiZ **1965** 112.

4. die Tatsachen, aus denen sich der dringende Tatverdacht und der Haftgrund ergibt, soweit nicht dadurch die Staatssicherheit gefährdet wird.

(3) Wenn die Anwendung des § 112 Abs. 1 Satz 2 naheliegt oder der Beschuldigte sich auf diese Vorschrift beruft, sind die Gründe dafür anzugeben, daß sie nicht angewandt wurde.

Schrifttum. *Benfer* Die strafprozessuale Haussuchung als implizierte Befugnis? NJW **1980** 1911; *Burmann* Die Sicherungshaft gemäß § 453 c StPO, Juristische Schriften, Bd. 30 (1984); *Creifelds* Die Begründung des Haftbefehls nach dem Strafprozeß-Änderungsgesetz, NJW **1965** 946; *Dünnebier* Beschwerdeentscheidungen über Haftbefehle bezirksfremder Amtsrichter, MDR **1968** 185; *Ellersiek* Die Beschwerde im Strafprozeß (1981); *Kaiser* Notwendigkeit eines Durchsuchungsbefehls bei strafprozessualen Maßnahmen, NJW **1980** 875; *Vogt* Entbehrlichkeit der Staatssicherheitsklausel in § 114 II Nr. 4 StPO, NStZ **1982** 21.

Entstehungsgeschichte. § 114 Abs. 1 und 2 lautete früher: „Die Verhaftung erfolgt auf Grund eines schriftlichen Haftbefehls des Richters. In dem Haftbefehl ist der Angeschuldigte genau zu bezeichnen und die ihm zur Last gelegte Handlung sowie der Grund der Verhaftung anzugeben." Die gegenwärtige Fassung beruht auf Art. 1 Nr. 1 StPÄG 1964. Neu sind Absatz 2 Nr. 3 und Absatz 3. Der frühere Absatz 3 (Bekanntmachung des Haftbefehls) hat jetzt als § 114 a eine selbständige Stellung erhalten. Durch Art. 21 Nr. 32 EGStGB 1974 wurden die Worte „strafbare Handlung" durch „Straftat" ersetzt.

Übersicht

I. Haftbefehl (Absatz 1)

1. Voraussetzungen. § 127 Abs. 2, § 127 a Abs. 1 und § 132 sprechen von den **1** Voraussetzungen eines Haftbefehls, ohne diese aufzuführen. Sie fallen nicht mit den Voraussetzungen der Untersuchungshaft zusammen, was sich aus § 120 Abs. 1 Satz 1 ergibt. Das beruht darauf, daß die Verhältnismäßigkeit der Untersuchungshaft zu der zu erwartenden Sanktion nicht als Haftvoraussetzung, sondern die Unverhältnismäßigkeit als Haftausschließungsgrund konstruiert worden ist (§ 112 Abs. 1 Satz 2; vgl. § 112, 2). Die Voraussetzungen des Haftbefehls bestehen daher aus den Voraussetzungen der Untersuchungshaft und der Verhältnismäßigkeit (§ 112, 20). Diese **sachlichen Voraussetzungen** des Haftbefehls sind in den §§ 112, 112 a, 113 abschließend enthalten. § 114 Abs. 1 und 2 führt, ebenfalls abschließend, die Bestimmungen über die Form des Haftbe-

Günter Wendisch

fehls (Absatz 1) und über seinen Inhalt (Absatz 2) auf, und bestimmt unvollständig (Rdn. 2) die Zuständigkeit, ihn zu erlassen.

2   **2. Zuständigkeit.** Absatz 1 behält die Anordnung der Untersuchungshaft in Ausführung von Art. 104 Abs. 2 Satz 2 GG dem Richter vor. Die Vorschrift wird ergänzt durch § 125; dort wird bestimmt, welcher Richter in den verschiedenen Verfahrensabschnitten zuständig ist, den Haftbefehl zu erlassen. Die alleinige Zuständigkeit des Richters, die Untersuchungshaft anzuordnen, erleidet keine Ausnahme. Zwar ist in § 127 Abs. 1 und 2 für genau abgegrenzte Fälle die Verhaftung ohne Haftbefehl zugelassen; die Anordnung der Untersuchungshaft, d. i. die Entscheidung über die Zulässigkeit einer Freiheitsentziehung i. S. des Art. 104 Abs. 2 Satz 1 und 2 GG, ist aber auch dort dem Richter vorbehalten (§ 128 Abs. 2 Satz 1).

3   **3. Form.** Die Untersuchungshaft kann allein **schriftlich** angeordnet werden. Der Schriftform ist genügt, wenn der Haftbefehl in ein Protokoll aufgenommen wird[1]. Die Angaben des Absatzes 2, und ggf. des Absatzes 3, müssen dann ebenfalls im Protokoll enthalten sein; die Personalangaben (Rdn. 10) können dem Protokolleingang entnommen werden, die Unterschrift kann der Richter anfügen, wenn er das Protokoll unterschreibt. Ein solches Verfahren ist aber schon deshalb nicht zu empfehlen, weil der Beschuldigte, wenn er verhaftet wird, eine Abschrift des Haftbefehls erhalten muß (§ 114 a Abs. 2); diese ist leichter nach dem **amtlichen Vordruck** als aus dem Protokoll anzufertigen. Es wird daher grundsätzlich ein Haftbefehl nach dem amtlichen Vordruck auszustellen, zu unterschreiben und dem Protokoll als Anlage beizufügen sein.

4   Haftbefehl ist nach der Definition des Absatzes 1 die gerichtliche Entscheidung, daß gegen den Beschuldigten die Untersuchungshaft angeordnet wird. Diese **Anordnung** („Gegen den Beschuldigten wird die Untersuchungshaft angeordnet"; „der Beschuldigte ist zur Untersuchungshaft zu bringen") ist **notwendiger Inhalt** des Haftbefehls. Fehlt ein die Untersuchungshaft anordnender Satz, liegt kein Haftbefehl vor; die Bezeichnung als Haftbefehl ersetzt die fehlende ausdrückliche Anordnung nicht. Der Mangel kann zwar jederzeit, auch vom Beschwerdegericht, geheilt werden, macht aber die Festnahme rechtswidrig, wenn bei dieser keine Gefahr in Verzug (§ 127, 35) vorliegt (§ 127 Abs. 2).

4. Besondere Haftbefehle

5   a) Auf den **Haftbefehl nach § 453 c** ist § 114 entsprechend anzuwenden (§ 453 c Abs. 2 Satz 2). Da der Täter schon verurteilt ist, können die Tat, deren er dringend verdächtig ist, der Haftgrund und die Tatsachen, die den Verdacht rechtfertigen, nicht eingesetzt werden. Dafür ist das Urteil unter Angabe der Strafe aufzuführen; die Straftat braucht nur kurz („wegen Diebstahls") bezeichnet zu werden. Als Haftgrund ist die Notwendigkeit anzugeben, zu prüfen, ob die Aussetzung zu widerrufen ist.

6   b) Auf **Haftbefehle nach § 230 Abs. 2, § 236,** und **§ 329 Abs. 4 Satz 1,** nicht auf die dort genannten Vorführungsbefehle[2], sind mangels besonderer Regelung Absatz 1, Absatz 2 Nr. 1 und 2 und Absatz 3 unmittelbar, der Rest entsprechend anzuwenden (vgl. OLG Hamm NJW 1974 511). Anstelle von Absatz 2 Nr. 3 und 4 ist anzugeben, daß der Beschuldigte zu einer Hauptverhandlung trotz Ladung ausgeblieben ist, und daß — und

---

[1] *Eb. Schmidt* Nachtr. I 4; *Creifelds* 946; KK-*Boujong* 2; KMR-*Müller* 1; *Kleinknecht/ Meyer* 1.

[2] Das gleiche gilt für Vorführungen nach § 134, § 163 a Abs. 3 Satz 2 und § 433 Abs. 2 Satz 2.

warum — ein Vorführungsbefehl nicht genügt, sondern ein Haftbefehl erlassen werden muß[3].

5. Prozeßvoraussetzungen. Ein Haftbefehl darf nicht erlassen werden, wenn Prozeßhindernisse (z. B. Verjährung) der Bestrafung entgegenstehen oder Prozeßvoraussetzungen fehlen[4]. Daher darf, soweit die Strafverfolgung von der Genehmigung des Parlaments abhängt (Art. 46 Abs. 2 GG), ein Haftbefehl erst ergehen, nachdem die Verhaftung genehmigt worden ist, es sei denn, daß der **Abgeordnete** bei Begehung der Tat oder im Laufe des folgenden Tages festgenommen worden ist. Im letzten Fall bedarf weder die Strafverfolgung im allgemeinen noch die Verhaftung im besonderen der parlamentarischen Genehmigung. Soweit der Abgeordnete nicht verfolgbar ist (Art. 46 Abs. 1 GG), darf gegen ihn auch kein Haftbefehl ergehen. **7**

Ein Prozeßhindernis ist auch das **Fehlen deutscher Gerichtsbarkeit.** Daher ist kein Haftbefehl zulässig gegen Exterritoriale, d. s. die Missionschefs (Botschafter, Legaten und Nuntien, Gesandte, außerordentliche Gesandte und Geschäftsträger), ihre Familien und ihr nicht deutsches Personal[5]. Der Haftbefehl ist auch dann nicht zulässig, wenn die Möglichkeit besteht, durch eine Vereinbarung den Ausschluß der deutschen Gerichtsbarkeit zu beseitigen. Es muß vielmehr gewartet werden, bis durch eine solche Vereinbarung die deutsche Gerichtsbarkeit begründet worden ist (OLG Karlsruhe JZ **1967** 418). **8**

Ausnahmsweise wird die Anordnung der Untersuchungshaft nicht ausgeschlossen (§ 127 Abs. 3; § 130 Satz 1)[6], wenn der **Strafantrag** (§ 77 StGB; § 127, 49), eine Ermächtigung oder ein Strafverlangen (§ 127, 50) fehlt, aber noch angebracht werden kann. Weil indessen die Klage nicht erhoben werden kann, solange kein Strafantrag gestellt oder keine Ermächtigung erteilt ist, kommt dem Erlaß eines Haftbefehls ohne Strafantrag usw. nur für das vorbereitende Verfahren (§§ 158 bis 177) Bedeutung zu. **9**

II. Inhalt des Haftbefehls (Absatz 2)

1. Personalangaben (Nummer 1). Nach der früheren Fassung des § 114 Abs. 2 mußte der Beschuldigte im Haftbefehl „genau" zu bezeichnen sein. Obwohl dieses Wort jetzt fehlt, ist der Anordnung, daß der Beschuldigte „anzuführen" ist, keine Abschwächung zu entnehmen. Denn der Haftbefehl, der oft weit entfernt von dem Ort voll- **10**

---

[3] Wegen weiterer Einzelheiten vgl. *Wendisch* FS Dünnebier 243.

[4] A.A. – Haftbefehl zulässig, wenn die fehlende Prozeßvoraussetzung beschafft werden kann und zu erwarten ist, daß das bald geschieht – *Peters* § 47 A II 4; – Erlaß eines Haftbefehls setzt nicht voraus, daß alle Prozeßvoraussetzungen vorliegen – *Eb. Schmidt* Nachtr. I 30; wie hier *Lobe/Alsberg* I 2; *Beling* § 102 II 2 b.

[5] Art. 29 Satz 2 WienAbk. (Dipl). Wegen der Konsuln vgl. Art. 41 Abs. 1 WienAbk. (Kons.); Konsularbeamte unterliegen der Untersuchungshaft nur wegen schwerer Straftaten. Vgl. im einzelnen die Erläuterungen zu den Wiener Abkommen bei § 18 GVG.

[6] Beide Paragraphen sind Ausnahmevorschrif-

ten. Ihnen kann kein allgemeiner Gedanke entnommen werden, daß dringende Prozeßhandlungen nicht anstehen dürfen, bis Prozeßvoraussetzungen, die noch geschaffen werden können, erfüllt sind, so daß etwa ein Abgeordneter schon vor der Genehmigung des Parlaments verhaftet werden dürfte. Es ist auch unmöglich, aus ihnen zu folgern, daß die Prozeßvoraussetzungen vor dringenden Zwangsmaßnahmen nicht geprüft zu werden brauchten (*Stratenwerth* JZ **1957** 302). Denn der Grundsatz, daß Prozeßhandlungen untersagt sind, wenn ihnen Prozeßhindernisse entgegenstehen oder Prozeßvoraussetzungen für sie fehlen, ist so bedeutsam, daß er nur durch ausdrückliche Gesetzesvorschriften beeinträchtigt werden kann.

Günter Wendisch

streckt wird, wo er erlassen worden ist, muß den Beschuldigten eindeutig, also „genau", angeben. Die Bezeichnung muß so genau sein, daß die Identität derjenigen Person, über die der Richter die Untersuchungshaft verhängt hat, mit derjenigen, gegen die der Haftbefehl vollstreckt werden soll, außer jedem Zweifel steht. Dazu sind Vor- und Familiennamen, Geburtstag und -ort erforderlich, soweit die Geburtsdaten nicht ausnahmsweise unbekannt sind. Auch die Wohnung zur Zeit der Verhaftung ist, wenn irgend möglich, beizufügen. Eine Personalbeschreibung (§ 131 Abs. 3 Satz 1) ist in der Regel entbehrlich, aber erforderlich, wenn der Beschuldigte nur mit Spitz- oder Decknamen bezeichnet werden kann. Bei Ausländern sollte die Staatsangehörigkeit angegeben werden. Soll aufgrund des Haftbefehls beantragt werden, den Beschuldigten aus dem Ausland nach Deutschland **einzuliefern,** muß der Haftbefehl mit einer Personalbeschreibung versehen werden (Nr. 117 Buchst. a RiVASt.). Wegen des **Steckbriefs** s. § 131, 23.

11   **2. Straftat (Nummer 2).** Der strafrechtliche Vorwurf, der die Untersuchungshaft rechtfertigen soll, ist in ähnlicher Weise wie in der Anklageschrift (§ 200 Abs. 1 Satz 1) zu bezeichnen (OLG Hamm HESt **3** 21). Dies bedeutet, daß der Tatvorgang als solcher in seinen bedeutsamen konkreten Erscheinungsformen mitgeteilt werden muß (OLG Stuttgart GA **1980** 193; NJW **1982** 1296). Es sind also anzugeben

die **Tat,** deren der Beschuldigte dringend verdächtig ist. Dazu ist der historische Vorgang so genau anzugeben, daß der Beschuldigte den Vorwurf und seine Begrenzung genau erkennen kann;

der **Ort** der Tat **und** die **Zeit,** zu der sie begangen sein soll, zumindest nach dem Jahr (nicht: in nicht rechtsverjährter Zeit; so aber *Kleinknecht/Meyer* 5) und wenn die Tat der Zeit nach verjährt ist, die Handlungen, die die Verjährung unterbrochen haben;

die **Straftat** nach ihren gesetzlichen Merkmalen, und die anzuwendenden Strafvorschriften. Die Tatbeschreibung und die Angabe der gesetzlichen Merkmale können ineinander verflochten werden. Dabei können die Tatangaben die Merkmale der Straftat in einfachen Fällen ersetzen („eine Geldkassette, Eigentum des Gastwirts Müller, diesem in der Absicht weggenommen zu haben, sie sich rechtswidrig zuzueignen").

12   Die Untersuchungshaft braucht **nicht wegen sämtlicher Taten** angeordnet zu werden, wegen deren die Untersuchung geführt wird; oft ist es zweckmäßig, sie auf „sichere Fälle" zu beschränken (OLG Stuttgart GA **1980** 193; OLG Düsseldorf JZ **1984** 540)[7]. Ideell konkurrierende Strafvorschriften können wegbleiben. Denn der Haftbefehl dient nicht dazu, den Beschuldigten über den Verfahrensgegenstand zu unterrichten, sondern allein die Grundlage der Haft anzugeben.

13   Das verkennt das Oberlandesgericht Hamm (NJW **1971** 1325), indem es unter **Tat** i. S. des Absatzes 2 Nr. 2 auf der Grundlage des Absatzes 2 Nr. 4 und des Anspruchs des Beschuldigten auf ein faires Verfahren **jede Tat versteht,** wegen der das Verfahren geführt wird. Das faire Verfahren wird durch § 136 Abs. 1 und 2, § 33 Abs. 1, Absatz 3, § 33 a, § 311 a gesichert. Der Haftbefehl gibt nur die Tat an, wegen der er auf Antrag der Staatsanwaltschaft erlassen ist. Will sie ihn nicht erweitern, muß sie die Folgen auf sich nehmen, wenn der beschränkte Haftbefehl einer Nachprüfung nach §§ 121, 122 nicht standhält. Das Oberlandesgericht, das in einem solchen Fall das Verfahren nach §§ 121, 122 aussetzt, übersieht, daß dadurch nichts gewonnen wird. Denn es kann die Staatsanwaltschaft nicht zu Anträgen zwingen, und das Gericht kann im vorbereitenden Verfahren ohne Antrag der Staatsanwaltschaft den Haftbefehl nicht erweitern. Denn jede Erweiterung ist wie ein neuer Haftbefehl zu behandeln (Rdn. 59), und der Haftbe-

---

[7] KK-*Boujong* 8; KMR-*Müller* 3; *Kleinknecht/*   117; MDR **1965** 784; JZ **1968** 114.
Janischowsky 136; **a.A.** *Kleinknecht* JZ **1965**

fehl bedarf vor Klageerhebung des Antrags der Staatsanwaltschaft (§ 125 Abs. 1; § 114, 61).

Soll eine **Einlieferung** aus dem Auslande in die Bundesrepublik Deutschland bean- **14** tragt werden, bedarf die Tatdarstellung besonderer Angaben, die den ausländischen Behörden die Prüfung ermöglichen, ob die Tat auch dort mit Strafe bedroht und verfolgbar ist (Nr. 117 Buchst. b RiVASt.).

3. Haftgründe (Nummer 3). Nach Nr. 3 ist im Haftbefehl der Haftgrund aufzu- **15** führen. Haftgründe sind nach § 112 Abs. 2 und § 112 a Abs. 1 Flucht, Fluchtgefahr, Verdunkelungsgefahr und Wiederholungsgefahr bei gewissen Sittlichkeitsverbrechen, schweren Vermögens- und Betäubungsmitteldelikten. Nach § 112 Abs. 3 ist Untersuchungshaft bei bestimmten Straftaten wider das Leben zulässig, doch spricht das Gesetz dabei nicht von einem Haftgrund.

Demzufolge ist im Haftbefehl anzugeben, ob der Beschuldigte wegen Flucht **16** (§ 112 Abs. 2 Nr. 1), wegen Fluchtgefahr (§ 112 Abs. 2 Nr. 2), wegen Verdunkelungsgefahr (§ 112 Abs. 2 Nr. 3) oder wegen Wiederholungsgefahr (§ 112 a Abs. 1) oder aus mehreren **Haftgründen** in Untersuchungshaft genommen wird. Wird der Haftbefehl nach § 112 Abs. 3 erlassen, sind statt der Haftgründe die vom Bundesverfassungsgericht bezeichneten Umstände (§ 112, 52) kurz anzugeben, weil die Möglichkeit fehlt, den „Haftgrund" aufzuführen. Wird der Haftbefehl auf § 112 a gestützt, muß das zum Ausdruck kommen („. . . wird die Untersuchungshaft nach § 112 a Abs. 1 Nr. . . . StPO angeordnet"), weil die Sicherungshaft des § 112 a Abs. 1 der Untersuchungshaft des § 112 subsidiär ist (§ 112 a Abs. 2) und das Ergebnis der Prüfung, ob § 112 a Abs. 1 „Anwendung findet" (§ 112 a Abs. 2 erster Halbsatz) im Haftbefehl selbst klar zum Ausdruck kommen muß. Liegen **mehrere Haftgründe** vor, braucht der Haftbefehl nicht auf alle gestützt zu werden. (**a. A.** *Hengsberger* JZ **1966** 212). Oft empfiehlt es sich, allein den Haftgrund anzugeben, der keinem Angriff ausgesetzt ist (*Oppe* NJW **1966** 95). Wegen mehrerer Straftaten s. Rdn. 12.

Bei Haftbefehlen nach § 230 **Abs. 2,** § 236, § 329 **Abs. 4** Satz 1 ist anzugeben, aus **17** welchem Grund (unentschuldigtes Ausbleiben, im Fall des § 236 trotz der Aufforderung, persönlich zu erscheinen) die Verhaftung angeordnet wird.

4. Begründung (Nummer 4). Nr. 4 geht als Spezialvorschrift über § 34 hinaus. Die **18** Bestimmung fordert ausdrücklich als Begründung die Angabe der **Tatsachen,** aus denen sich der dringende Tatverdacht und der Haftgrund ergeben. Die schriftliche Begründung dient einmal der Selbstkontrolle des Richters, zum anderen der Nachprüfung durch den Beschuldigten und seinen Verteidiger sowie durch das Beschwerdegericht (OLG Frankfurt NJW **1965** 1342)[8]. Wird der dringende Tatverdacht auf Indizien gestützt, sind auch diese mitzuteilen[9]. Bei der Raschheit, mit der in Haftsachen meist gearbeitet werden muß, kann die Tatsachenangabe allerdings nur in knapper Form gefordert werden, doch sind alle (wesentlichen) Tatsachen aufzuführen. Auch werden die **Beweismittel** („nach der Angabe seines Arbeitgebers"; „aufgrund seines Briefes vom . . . an seinen Tatgenossen . . .") stets kurz anzugeben sein, damit der Beschuldigte in die Lage versetzt wird, sie zu entkräften, den Haftbefehl sachgemäß im Haftprüfungsverfahren oder mit der Beschwerde anzugreifen, Material zu seiner Verteidigung herbeizubringen, oder das Verfahren durch ein Geständnis abzukürzen (OLG Düsseldorf JZ **1984** 540).

---

[8] *Creifelds* 946; KK-*Boujong* 4; *Kleinknecht/ Janischowsky* 133.

[9] *Creifelds* 948; KK-*Boujong* 13; *Kleinknecht* MDR **1965** 783 f.

19   Größere Ausführlichkeit, wenn auch bei Knappheit im Ausdruck, wird den **Haftgründen** zu widmen sein, damit jede Routine vermieden wird. Begründung ist auch erforderlich, wenn der Haftbefehl auf § 112 Abs. 3 (Verbrechen wider das Leben) gestützt wird. Die Praxis wird die Umstände angeben, die im Beschluß des Bundesverfassungsgerichts (BVerfGE **19** 350 = NJW **1966** 244) aufgeführt sind (§ 112, 52).

20   Die Tatsachen sind nicht anzuführen, soweit „dadurch" die **Staatssicherheit** gefährdet würde. Zufolge dieser Textfassung kann die Gefährdung nur darauf bezogen werden, daß die Tatsachen in dem (offenen) Haftbefehl schriftlich niedergelegt werden[10]. Dagegen dürfen die Tatsachen, die den dringenden Tatverdacht und den Haftgrund rechtfertigen, dem Beschuldigten nicht vorenthalten werden. Sie sind ihm, wenn er nach dem Ergreifen gehört wird (§ 115 Abs. 3) mündlich zu eröffnen und darüber hinaus dem Verteidiger unter Geheimschutz entweder mündlich oder durch Akteneinsicht bekannt zu machen. Der Begründungsverzicht wird durch die genau abgemessene Wortfassung „soweit" aufs äußerste eingeschränkt. Alles was nicht **unmittelbar** die Staatssicherheit gefährdet, ist in die Begründung aufzunehmen.

21   **5. Begründung der Verhältnismäßigkeit (Absatz 3).** Nach § 112 Abs. 1 Satz 2 darf die Untersuchungshaft nicht angeordnet werden, wenn sie zu der Bedeutung der Sache und zu der zu erwartenden Strafe oder Maßregel der Besserung und Sicherung außer Verhältnis steht, Absatz 3 verlangt, daß der Haftbefehl sich darüber verhält, warum diese Vorschrift nicht angewendet worden ist, in zwei Fällen: einmal wenn ihre Anwendung naheliegt, zum anderen, wenn der Beschuldigte sich auf diese Vorschrift **beruft** (*Schlüchter* 223 m. w. N.). Der letzte Fall wird selten eintreten, weil Haftbefehle in der Regel ohne Gehör des Beschuldigten ergehen und dieser daher vor der Anordnung kaum die Unverhältnismäßigkeit geltend machen kann. Tut er es nach der Verhaftung, besteht keine Verpflichtung, den Haftbefehl zu ergänzen; das Gericht lehnt, wenn es den Haftbefehl nicht aufhebt, die Anwendung von § 112 Abs. 1 Satz 2 vielmehr in dem Beschluß ab, mit dem es einen auf diese Vorschrift gestützten Haftentlassungsantrag verwirft.

22   Die Regel des ersten Falls (wenn die Anwendung des § 112 Abs. 1 Satz 2 **naheliegt**) ist keine glückliche Vorschrift; sie wird in der Praxis nur geringe Bedeutung erlangen. Die Verhältnismäßigkeit zu prüfen, ist die notwendige Gedankenarbeit jedes Haftrichters. Ihre Erörterung wird im Beschwerdeverfahren eine große Rolle spielen; der Haftrichter dagegen, der einen Haftbefehl erläßt, wird kaum einräumen, daß es nahelag, von der Verhaftung abzusehen, und er wird schwer erklären können, warum die Nähe der Anwendbarkeit der Klausel eben doch noch nicht die Anwendungsnotwendigkeit selbst war. Die Begründung wird z. B. dann zu geben sein, wenn eine **Geldstrafe** oder eine auszusetzende Freiheitsstrafe zu erwarten ist, der Beschuldigte aber gleichwohl verhaftet werden muß, etwa weil er geflohen war und nicht darauf verzichtet werden kann, das Verfahren durchzuführen.

III. Verfahren

23   **1. Grundlage der Entscheidung** sind die Akten und im Fall des § 128 Abs. 2 Satz 2 die Angaben, die der Beschuldigte etwa gemacht hat. Ist der Verdacht nicht dringend, darf auch dann kein Haftbefehl ergehen, wenn die Tat **nicht abschließend** (etwa als

---

[10] Vgl. dazu näher *Vogt* (22): Wegen der Funktionslosigkeit der Klausel sollte diese ersatzlos gestrichen werden; wie hier KK-*Boujong* 14; *Kleinknecht/Meyer* 13; *Schlüchter* 223.

Rückfallstat) **beurteilt** werden kann[11], z. B. weil ein Strafregisterauszug fehlt. Es ist Sache der Polizei und der Staatsanwaltschaft, vor der Vorführung — ggf. fernschriftlich — die notwendigen Unterlagen zu beschaffen (*Dencker* NJW **1969** 305). Es ist auch unzulässig, bis zur genauen Klärung erst einmal einen Haftbefehl zu erlassen, auch wenn er — wozu das Gesetz keine Handhabe bietet — **zeitlich beschränkt** erlassen würde. Der dahingehende Vorschlag *Cordiers* (NJW **1968** 1716) würde dazu führen, daß unzulässigerweise an Vermutungen, statt an den dringenden Tatverdacht angeknüpft würde. Die Folge, daß ein Beschuldigter zu Unrecht in Untersuchungshaft kommen könnte, die *Cordier* selbst sieht, kann nicht deshalb hingenommen werden, weil die korrekte Gesetzesanwendung dazu führt, daß Beschuldigte zunächst nicht verhaftet werden, obwohl später Haftgründe erkennbar werden.

2. Beteiligung der Staatsanwaltschaft. Wegen der Veranlassung der Entscheidung **24** (auf Antrag der Staatsanwaltschaft oder von Amts wegen) s. § 125, 7. Die Staatsanwaltschaft ist vor Anordnung der Untersuchungshaft zu **hören,** gleichviel ob die Entscheidung im Laufe einer Hauptverhandlung (§ 33 Abs. 1) oder außerhalb einer solchen (§ 33 Abs. 2) ergeht. Der Pflicht dazu ist genügt, wenn das Gericht auf einen Antrag der Staatsanwaltschaft entscheidet, gleichgültig, ob es ihm entspricht oder ob es ihn ablehnt.

Bei **Gefahr im Verzug** (wegen des Begriffs s. § 125, 10) braucht die Staatsanwalt- **25** schaft nicht gehört zu werden, wenn sie nicht erreichbar ist (§ 125 Abs. 1). In diesem Fall hat die Staatsanwaltschaft, alsbald nachdem die Untersuchungshaft angeordnet worden ist, in entsprechender Anwendung des § 167 zu prüfen, ob auch sie den Haftbefehl für erforderlich hält; das Ergebnis der Prüfung wird sie zu den Akten vermerken. Verneint sie, daß ein Haftbefehl notwendig ist, hat sie nach § 120 Abs. 3 Satz 1 zu beantragen, den Haftbefehl wieder aufzuheben und zugleich (§ 120, 45) anzuordnen, daß der Beschuldigte freizulassen ist (§ 120 Abs. 3 Satz 2). Hält sie zwar den Haftbefehl, nicht aber die Vollstreckung für notwendig, wird sie beantragen, den Vollzug des Haftbefehls auszusetzen. Es entspricht nicht der Amtspflicht der Staatsanwaltschaft, wenn sie die Entlassung unterläßt, weil der Beschuldigte, in der Erwartung, daß die Untersuchungshaft angerechnet werde (§ 51 Abs. 1 Satz 1 StGB), selbst keinen Antrag stellt.

3. Gehör des Beschuldigten. Ergeht der Haftbefehl während **einer Hauptverhand- 26 lung,** ist der Angeklagte vorher zu hören (§ 33 Abs. 1). Das Gericht wird dazu aufgrund vorläufiger Beratung einen schriftlichen Haftbefehl bereithalten, diesen, nachdem es den Angeklagten gehört hat, durch stillschweigende Verständigung (endgültig) beschließen und während dieses Vorganges Sicherungen treffen, um den Beschuldigten alsbald festnehmen zu können.

Wird die Untersuchungshaft **außerhalb der Hauptverhandlung** angeordnet, gilt **27** grundsätzlich § 33 Abs. 3. Danach ist der Beschuldigte **zu hören,** bevor zu seinem Nachteil Tatsachen oder Beweisergebnisse verwertet werden, zu denen er noch nicht gehört worden ist. Das wird regelmäßig wenigstens in bezug auf die Tatsachen der Fall sein, die den Haftgrund rechtfertigen. Indessen würde durch das vorherige Gehör oftmals die Verhaftung unmöglich werden, es sei denn, daß ein Vorführungsbefehl zum Zweck der Anhörung erginge. Das würde das Problem aber nicht lösen, sondern nur ver-

---

[11] *Eb. Schmidt* Nachtr. I 5; *Schmidt-Leichner* NJW **1959** 842.

Günter Wendisch

schieben, weil § 33 Abs. 3, wenn er ohne Ausnahme gälte, auch auf den Vorführungsbefehl Anwendung finden müßte.

28   Aus diesem Grund ist es regelmäßig notwendig, den Beschuldigten zu überraschen. Daher ist — in Übereinstimmung mit der Rechtsprechung des Bundesverfassungsgerichts (BVerfGE **9** 89 = NJW **1959** 427) — in § 33 Abs. 4 Satz 1 bestimmt, daß bei Anordnung der Untersuchungshaft außerhalb der Hauptverhandlung dann davon **abzusehen** ist, den **Beschuldigten vorher zu hören,** wenn das den Zweck der Anordnung, den Beschuldigten zu verhaften, gefährden würde. Das wird bei einem nicht vorläufig festgenommenen Beschuldigten regelmäßig der Fall sein. Doch ist der nicht vorher gehörte Beschuldigte alsbald nach seiner Verhaftung zu hören (§ 115 Abs. 2 und 3). Dagegen ist für die **vorläufige Festnahme** in § 128 Abs. 1 Satz 2 ausdrücklich vorgeschrieben, daß der Verhaftete zu hören („vernimmt") ist, bevor der Haftbefehl erlassen wird.

29   **4. Vollstreckung.** Der Haftbefehl wird vollstreckt durch die Verhaftung. **Verhaftung** ist der Akt, durch den sich der Staat aufgrund des Haftbefehls des Beschuldigten tatsächlich bemächtigt (§ 114 b, 4). Sie ist nach § 36 Abs. 2 Satz 1 letzter Halbsatz Sache der Staatsanwaltschaft, die sich dazu ihrer Hilfsbeamten (§ 152 GVG) und der sonstigen Behörden und Beamten des Polizeidienstes (§ 161) bedient, ohne Rücksicht darauf, in welchem Land der Bundesrepublik die Verhaftung vorzunehmen ist (§ 160 GVG).

30   Bei **Abgeordneten** muß die Verhaftung vom Bundestag genehmigt sein, es sei denn, daß der Abgeordnete bei Begehung der Tat oder im Laufe des folgenden Tages festgenommen wird (Art. 46 Abs. 2 GG). Soll ein Abgeordneter im Bundestag verhaftet werden, ist zusätzlich die Genehmigung des Präsidenten des Bundestags erforderlich, wenn nicht bekannt ist, wo der Abgeordnete sich aufhält und der Bundestag deshalb zum Zweck der Verhaftung durchsucht werden (§ 103 Abs. 1) muß. Denn die Durchsuchung darf nicht ohne Genehmigung des Präsidenten stattfinden (Art. 40 Abs. 2 Satz 2 GG). — Dasselbe gilt nach den Landesverfassungen für die Abgeordneten der Länder.

31   Soll in **deutschen Hoheitsgewässern,** namentlich in einem deutschen Seehafen an Bord eines ausländischen Handelsschiffes oder seiner Hilfsfahrzeuge eine Verhaftung vorgenommen werden, so ist, wenn nicht Gefahr im Verzug vorliegt, die konsularische Vertretung, die zur Wahrnehmung der Interessen des Flaggenstaates zugelassen ist, vorher zu benachrichten (GV vom 18. 12. 1936 — RMBl. **1936** 519).

32   Zur **Nachtzeit** kann ohne Beschränkung verhaftet werden (RGSt **40** 67), wenn der zu Verhaftende außerhalb einer Wohnung, eines Geschäftsraumes oder eines befriedeten Besitztums betroffen wird oder diese Örtlichkeiten auf eine Aufforderung, deren Zweck ihm erkennbar ist, freiwillig verläßt. Tut er das nicht und muß eine Wohnung usw. zum Zweck der Verhaftung betreten werden, liegt darin eine Durchsuchung, die nur unter den Voraussetzungen des § 104 zulässig ist (RGSt **31** 307).

IV. Mehrfache Haft

33   **1. Überhaft.** Wird ein Haftbefehl erlassen, der erst nach Ablauf von Untersuchungshaft in anderer Sache oder von Strafhaft vollstreckt werden soll (Überhaft), so ist er dem Beschuldigten bekanntzumachen (§ 35), damit dieser gegen ihn mit der Beschwerde angehen kann (KK-*Boujong* Vor § 112, 16; KMR-*Müller* Vor § 112, 8). Die Vorschriften der §§ 114 b bis 115 a, 117 bis 118 b finden jedoch erst Anwendung, wenn der Haftbefehl vollzogen wird (OLG Königsberg JW **1932** 965; a. A. *Kunt* DStRZ **1920** 46). Dagegen ist alsbald Beschwerde gegeben und sind die §§ 116, 116 a anwendbar. Der Haftbefehl ist der **Haftanstalt mitzuteilen** (Nr. 7 Abs. 1 Satz 2 UVollzO). Diese notiert Überhaft und vollzieht den Haftbefehl ohne weitere Anordnung von dem Augenblick an, in dem der zunächst vollzogene Haftbefehl aufgehoben, sein Vollzug ausgesetzt oder eine Strafvollstreckung beendet oder unterbrochen wird. Es ist Sache der zuständigen Gerichte, für das Verfahren nach § 115 besorgt zu sein. Die Staatsanwaltschaft hat hierzu Anträge zu stellen.

2. Doppelhaft. Sitzt der Beschuldigte in einer Sache in Untersuchungshaft und ist **34** für ein weiteres Verfahren Überhaft notiert, wird in der Regel in beiden Fällen Fluchtgefahr Haftgrund sein und, weil der Fluchtgefahr schon dadurch wirksam begegnet wird, daß ein Haftbefehl vollzogen wird, kein Anlaß bestehen, auch noch den Haftbefehl in der zweiten Sache zu vollziehen. Ausnahmsweise kann das aber geboten sein, z. B. wenn der erste Haftbefehl nach § 112 a und der zweite wegen Verdunkelungsgefahr ergangen ist. Dann wird es angebracht sein, die **Untersuchungshaft** in der ersten Sache zu **unterbrechen** (Rdn. 41) und den Haftbefehl in der zweiten Sache zu vollziehen.

In sehr seltenen Fällen kann es aber unabweislich sein, die Haftbefehle **in beiden 35 Sachen zu vollziehen,** (a. A. KK-*Boujong* Vor § 112, 16), z. B. wenn zwei Richter zuständig sind, und keiner darauf verzichten kann, den Verkehr des Beschuldigten mit der Außenwelt zu überwachen. Es wäre unzulässig (und zuweilen auch nicht ausreichend), an Stelle der (Mit-)Vollziehung des zweiten Haftbefehls dem Beschuldigten in der Sache, in der er bereits Untersuchungshaft erleidet, (zusätzlich) Beschränkungen aufzuerlegen und damit (so *Eb. Schmidt* Nachtr. I 38) den Untersuchungszweck in der neuen Sache zu sichern. Diese Sicherung scheitert für den ersten Richter daran, daß er in der zweiten Sache nicht zuständig ist, und für den zweiten, daß der Beschuldigte in dessen Sache nicht verhaftet, die Verhaftung aber Voraussetzung von Beschränkungen ist (§ 119 Abs. 3).

Man könnte erwägen, daß der Richter, für dessen Haftbefehl Überhaft notiert **36** ist, dem Richter, der für die zu vollziehende Untersuchungshaft zuständig ist, die **Zuständigkeit** für die nach § 119 erforderlichen Maßnahmen **überträgt** (so KK-*Boujong* § 119, 20: analoge Anwendung von § 122 StVollzG). Dafür fehlt es indessen an einer gesetzlichen Grundlage. Das Gesetz kennt nur — und allein im vorbereitenden Verfahren — die Übertragung der gesamten Zuständigkeit (§ 126 Abs. 1 Satz 3). Weil dem Gesetz die Übertragung von Teilzuständigkeiten fremd ist, wäre der Empfänger einer solchen, gleichwohl vorgenommenen Übertragung nicht der zuständige Richter.

Dagegen kann der für die Überhaft zuständige Richter dem die Haft vollziehen- **37** den Richter — wenn dieser zustimmt und wenn das ausreicht, den Haftzweck zu sichern — **Kontrollbefugnisse** in gleicher Weise übertragen wie dem Staatsanwalt (§ 119, 178) oder dem Berichterstatter (§ 119, 174). Das macht aber den Vollzug des zweiten Haftbefehls nicht entbehrlich. Denn Entscheidungen, die zufolge der Kontrolle notwendig werden, muß der Richter, der die Kontrolle übertragen hat, selbst treffen. Das kann er nur, wenn der Beschuldigte in seiner Sache verhaftet ist (§ 119 Abs. 3). In einzelnen Fällen kann nach § 126 Abs. 1 Satz 3 verfahren werden. Dann geht die gesamte Zuständigkeit über; der Vollzug der mehreren Haftbefehle vereinigt sich in einer Hand, und die untersuchten Fragen erledigen sich von selbst.

Wenn **mehrere Haftbefehle gleichzeitig vollzogen** werden, entstehen durch die **38** doppelte Kontrolle Umständlichkeiten; auch kann die Zuständigkeit zweier Haftrichter Anlaß zu widersprechenden Anordnungen sein. Das läßt sich meist vermeiden, wenn die Richter sich verständigen; gelingt das nicht, hat die Anstalt die Beschränkung zu beachten, die am weitesten geht. Auch bei der Anrechnung der Untersuchungshaft können sich Schwierigkeiten ergeben. Deshalb sollte der Doppelvollzug, wenn es irgend geht, vermieden werden.

Günter Wendisch

39   Indessen ist der **Doppelvollzug nicht unzulässig** (OLG Schleswig Rpfleger **1966** 109)[12]. Die Ansicht *Pohlmanns* (Rpfleger **1966** 109), der Satz, daß es dem deutschen Strafrecht fremd sei, mehrere Freiheitsentziehungen gleichzeitig zu vollziehen, gelte auch für den Vollzug mehrerer Haftbefehle, ist unschlüssig. Was für Strafen richtig ist, braucht, weil Strafe und Untersuchungshaft verschiedenen Zwecken dienen, für die Untersuchungshaft nicht zuzutreffen.

40   *Olbricht* (GA **48** [1901] 399)[13] hält es für „unmöglich", gegen dieselbe Person mehrere Haftbefehle gleichzeitig zu vollziehen mit der Begründung: Wer schon eingesperrt sei, könne **nicht noch einmal eingesperrt** werden; zudem „erleide" er für den zweiten Haftbefehl nicht die Untersuchungshaft. Das zweite Argument ist abwegig: Daß der Beschuldigte die Untersuchungshaft „erleidet" (§ 450 Abs. 1, § 450 a Abs. 1 und 2; § 51 Abs. 1 Satz 1 StGB), ist zwar regelmäßig die Folge des Vollzugs, aber nicht sein Zweck oder Ziel. Das erste Argument beruht auf einer Verwechslung der Begriffe Einsperrung und Verwahrung. Zwar beginnt die Untersuchungshaft meist mit der Einsperrung, aber nicht notwendigerweise. Der Beschuldigte kann schon in anderer Sache eingesperrt worden sein, wenn die Untersuchungshaft anfängt; endet diese, wird er nicht freigelassen und aufs neue eingesperrt, vielmehr wird die bestehende Verwahrung auf einer neuen Grundlage fortgesetzt. Gegen die Verwahrung derselben Person für die Untersuchung mehrerer Strafverfahren gibt es zwar praktische Bedenken, aber keine logischen Einwendungen.

41   **3. Unterbrechung.** Wenn solche seltenen Ausnahmefälle nicht vorliegen und die besondere Notwendigkeit besteht, einen späteren Haftbefehl alsbald zu vollstrecken, kann die Untersuchungshaft in der ersten Sache unterbrochen werden, um die später angeordnete **Untersuchungshaft** zu vollziehen. Für die erste Untersuchungshaft wird dann Überhaft notiert.

42   Ebenso kann die Untersuchungshaft unterbrochen werden, um **Strafhaft** zu vollstrecken (Nr. 92 Abs. 1 UVollzO). So enthält § 28 Abs. 1 Satz 2 StVollstrO die Anordnung, rechtskräftige Strafen „möglichst in Unterbrechung der Untersuchungshaft zu vollstrecken". Dagegen können schon deshalb keine Bedenken erhoben werden, weil das Interesse an einer rechtsstaatlichen Strafrechtspflege auf eine möglichst kurze Dauer der Untersuchungshaft gerichtet sein muß (vgl. Art. 5 Abs. 3 Satz 2 MRK) und dem Verurteilten nicht die Möglichkeit abgeschnitten werden darf, durch Verbüßung seiner Strafe während der Untersuchungshaft eine frühere Entlassung herbeiführen zu können. Die Zwecke der Untersuchungshaft werden in einem solchen Fall dadurch hinreichend gewährleistet, daß der Gefangene abweichend von § 4 Abs. 2 StVollzG auch denjenigen Beschränkungen seiner Freiheit unterliegt, die der **Zweck der Untersu-**

---

[12] Ebenso *Ellendt* GA **32** (1884) 272; KK-*Boujong* Vor § 112, 16. Für Unzulässigkeit – ohne Begründung – *Peters* § 47 A II 5 Abs. 8; *Grunau* zu Nr. 15 Abs. 2 UVollzO; **a.A.** *Kleinknecht/Meyer* § 114 a, 5.

[13] *Olbrichts* Ansicht befaßt sich zudem mit der älteren Rechtsprechung. Diese sollte nicht überbewertet werden, weil sie eine andere Fragestellung behandelte. Sie bekämpfte mit Recht die Auffassung (z. B. RGRspr. **4** 850; RG JW **1939** 31), daß, wenn Überhaft („Superarrest") notiert wird, damit schon der neue Haftbefehl vollzogen werde. Die dabei gebrauchte Begründung, sei ein Beschuldigter in einer Sache verhaftet, dann sei eine weitere Verhaftung undenkbar (RG DJ **1939** 661), war entbehrlich, um die Frage zu beantworten, was „Notierung von Überhaft" bedeutet und daher wohl nicht bis ins Letzte durchdacht. Sie ist auch falsch, weil der Vollzug des Haftbefehls sich nicht auf die Verhaftung beschränkt, ja diese in einzelnen Fällen, wie dargelegt, gar nicht in sich begreift.

chungshaft erfordert (§ 122 Abs. 1 Satz 2 und 3 StVollzG). Gefangene, die in Unterbrechung der Untersuchungshaft Strafhaft verbüßen, sind daher regelmäßig nicht nur vom Urlaub (vgl. VV 3 Abs. 1 Buchst. b zu § 13 StVollzG) und vom offenen Vollzug (vgl. VV 1 Abs. 1 Buchst. b zu § 10 StVollzG), sondern auch von Vollzugslockerungen wie Außenbeschäftigung, Freigang und Ausgang (VV 5 Abs. 1 Buchst. b zu § 11 StVollzG) ausgeschlossen[14].

Die Unterbrechung hat der **Richter** zu bewilligen, der für die Entscheidungen **zu-** **43** **ständig** ist, die sich auf die zu unterbrechende Untersuchungshaft beziehen. Mit der Unterbrechung der Untersuchungshaft enden die Befugnisse des Haftrichters, Maßnahmen nach § 119 Abs. 6 anzuordnen. Daher kann er solche auch nicht auf andere Stellen, gar die Strafanstalt, übertragen[15]. Er darf auch, engegen Nr. 92 Abs. 3 UVollzO, seine Zustimmung zur Unterbrechung nicht davon abhängig machen, daß ihm der Briefverkehr zur Mitprüfung vorgelegt oder vor der Zulassung von Besuchen seine Zustimmung eingeholt wird.

Wenn es auch grundsätzlich zu vermeiden sein wird, die **Strafhaft zu unterbre-** **44** **chen**, um Untersuchungshaft zu vollstrecken, so ist die Unterbrechung doch rechtlich möglich und in seltenen Fällen nicht zu umgehen, etwa wenn sich der Verurteilte im gelockerten Vollzug in einer halboffenen Anstalt befindet oder wenn bei Verdunkelungsgefahr die Überwachung im Strafvollzug nicht gewährleistet ist (Nr. 92 Abs. 1 UVollzO; OLG Düsseldorf JMBlNRW **1957** 108). **Zuständig,** die Strafvollstreckung zu unterbrechen, ist die **Staatsanwaltschaft**, welche die Strafe vollstreckt.

V. Beschwerde

1. Beschwerdeberechtigte

a) Beschuldigter. Dem Beschuldigten steht gegen den Haftbefehl und gegen ihn **45** ändernde Beschlüsse, soweit diese Entscheidungen nicht von einem Strafsenat als Rechtsmittelgericht erlassen sind (§ 304 Abs. 4), das Recht der Beschwerde zu (§ 304 Abs. 1), auch wenn der Haftbefehl vom erkennenden Gericht erlassen worden ist (§ 305 Satz 2). Die Beschwerde ist auch dann statthaft, wenn der Haftbefehl nicht alsbald vollstreckt, sondern Überhaft notiert wird. Beschwerdeentscheidungen des Landgerichts und des — an sich — erstinstanzlich entscheidenden Oberlandesgerichts über Beschwerden gegen Verfügungen des Ermittlungsrichters des Oberlandesgerichts (§ 120 Abs. 3 Satz 2 GVG) sowie über Beschwerden gegen Verfügungen und Entscheidungen der 74 a-Strafkammer (§ 120 Abs. 4 GVG) können mit der **weiteren Beschwerde** angefochten werden, sofern sie Verhaftungen oder die einstweilige Unterbringung betreffen (§ 310 Abs. 1)[16]. Unter Verhaftung im Sinn dieser Vorschrift ist nicht nur die Anordnung der Untersuchungshaft zu verstehen, sondern alles, was sich auf den Entzug der persönlichen Freiheit selbst bezieht (OLG Celle NJW **1957** 393). Erfaßt werden alle Be-

---

[14] Vgl. auch Nr. 92 Abs. 2 Satz 3 u. 4 UVollzO: Der Gefangene ist von der Außenarbeit auszuschließen und von anderen Gefangenen getrennt zu halten.

[15] **A.A.** – die Vollzugsanstalt darf den Brief- und Besuchsverkehr zum Zweck der Sicherung des neuen Strafverfahrens beschränken, wenn der Richter des neuen Strafverfahrens das angeordnet hat – OLG Hamburg NJW

1968 1641. Der Richter des neuen Verfahrens hat indessen keinerlei gesetzliche Zuständigkeit, die ihm einen Einfluß auf den Vollzug der Strafe in der alten Sache eröffnete.

[16] Beschwerdegericht über landgerichtliche Entscheidungen in Haftsachen ist auch in Bayern das Oberlandesgericht, nicht das Bayerische Oberste Landesgericht (vgl. BayObLGSt. **1954** 119 = NJW **1955** 233).

schlüsse, die unmittelbar[17] die Frage zum Gegenstand haben, ob ein Beschuldigter in Haft zu nehmen oder zu halten ist[18], also namentlich Entscheidungen über den Erlaß eines Haftbefehls nach § 112, aber auch nach § 230 Abs. 2, § 236 und § 329 Abs. 4 Satz 1 (OLG Celle aaO) sowie im Haftprüfungsverfahren nach § 117. Ausgenommen dagegen bleiben solche Beschlüsse, die nur Modalitäten des Freiheitsentzugs, etwa die Änderung oder Lockerung von Auflagen (§ 116, 37)[19], die Art und Weise der Haftprüfung (OLG Celle OLGSt § 310 StPO, 4) oder des Vollzugs der Untersuchungshaft § 119, 158), die Entscheidung über den Verfall einer Sicherheit (§ 124, 47), die Vorführung nach §§ 134, 230, 236 oder § 329 Abs. 4 Satz 1 oder das bloße Festhalten des Angeklagten in der Hauptverhandlung nach § 231 betreffen.

46   Für den Vorläufer des Haftbefehls nach § 453 c, der Haftbefehl des inzwischen[20] aufgehobenen § 61 JGG (vgl. dazu § 112, 18 f), wurde die Zulässigkeit der weiteren Beschwerde in Rechtsprechung und Lehre geleugnet, weil sie keine Verhaftung i. S. des § 310 Abs. 1 sei: Darunter sei nur die Freiheitsentziehung in einem schwebenden Strafverfahren vor Rechtskraft des Urteils zu verstehen, eine danach — zum Zweck der Strafvollstreckung — angeordnete Freiheitsentziehung falle mithin nicht unter diese Vorschrift[21]; im übrigen sei § 61 JGG eine dem besonderen Anliegen des Jugendstrafrechts entsprechende Ergänzung der Vorschrift über den Vollstreckungshaftbefehl des § 457[22]. Namentlich das letztere nicht zutreffende Argument ist hinfällig geworden (§ 112, 19), seitdem der Gesetzgeber § 453 c klar von § 457 abgegrenzt und auf den Haftbefehl nach § 453 c die Hauptbestimmungen des nach § 114 erlassenen Haftbefehls für entsprechend anwendbar erklärt hat. Wie bei diesem legt er auch hier bestimmte enge Voraussetzungen für den Erlaß des Haftbefehls fest und verlangt bei seinem Vollzug die Beachtung der gleichen strengen Förmlichkeiten, wie sie §§ 114 bis 115 a für die Untersuchungshaft erheischen, macht seinen Erlaß von der hinreichenden Wahrscheinlichkeit des Widerrufs abhängig, läßt seine Wirksamkeit mit der Rechtskraft dieses Beschlusses enden und stellt durch seine Verweisung auf § 119 klar, daß der in Haft Genommene wie ein Untersuchungsgefangener behandelt wird, d. h. dieselben Rechte wie dieser hat, aber auch denselben Pflichten wie dieser unterliegt[23].

---

[17] Die Unmittelbarkeit fehlt, wenn andere strafprozessuale Maßnahmen angefochten werden, auch wenn durch diese die tatsächlichen Voraussetzungen für die Anordnung der Untersuchungshaft geschaffen werden (KG JR **1967** 192: Beschlagnahme von Belastungsmaterial, das den dringenden Tatverdacht und damit die Anordnung der Untersuchungshaft rechtfertigte).

[18] BayObLGSt **1** (1902) 366; **2** (1903) 33; **7** (1908) 297; OLG Königsberg DRiZ **1928** 760; OLG Hamburg NJW **1963** 1167; *Wendisch* FS Dünnebier 242 und – unter ausführlicher Auseinandersetzung mit der einschlägigen Literatur und Rechtsprechung – 247 ff.

[19] OLG Nürnberg HESt **2** 87; OLG Frankfurt NJW **1973** 209; OLG Hamburg JZ **1978** 118; OLG Koblenz MDR **1978** 339; OLG Stuttgart MDR **1978** 953; OLG Zweibrücken MDR **1979** 695.

[20] Durch Art. 3 Nr. 6 des 1. StVRG vom 9. 12. 1974.

[21] OLG Düsseldorf NJW **1964** 69; OLG Hamm NJW **1974** 511; OLG Karlsruhe Justiz **1974** 101; *Dallinger/Lackner* JGG § 61, 7; 10; *Grethlein* JGG § 61 Anm. 2 b Fußn. 3; a.A. für den allgemeinen Strafprozeß: *Blösch* NJW **1963** 1296; *Theuerkauf* MDR **1965** 179 gegen *Kaiser* NJW **1963** 672 und NJW **1964** 1946.

[22] OLG Hamburg NJW **1964** 605: daß für den Haftbefehl nach § 61 JGG der Richter, für den nach § 457 der Staatsanwalt zuständig ist, soll danach keinen Unterschied machen.

[23] Wegen weiterer Einzelheiten dazu vgl. *Wendisch* FS Dünnebier 244 f; a.A. weiterhin OLG Bamberg NJW **1975** 1526; OLG Stuttgart MDR **1975** 951; OLG Düsseldorf NJW **1977** 968; OLG Karlsruhe JR **1983** 518 mit Anm. *Brunner;* wie hier *Burmann* 118 ff; *Ellersiek* 96 f.

Gegen die **Unterbrechung** der Untersuchungshaft und der Strafhaft (Rdn. 42) hat **47** der Beschuldigte kein Rechtsmittel (im Ergebnis ebenso OLG Oldenburg MDR **1979** 78; KK-*Boujong* Vor § 112, 17), weil er im Rechtssinn nicht beschwert ist, wenn eine Untersuchungshaft oder eine Strafe nicht vollstreckt wird, mag ihm auch im letzten Falle die Strafunterbrechung unerwünscht sein.

Wegen des **Verteidigers** und des gesetzlichen Vertreters s. §§ 297, 298; wegen des **48** Antrags auf Haftprüfung, der die Beschwerde unzulässig macht, s. § 117, 15 ff.

b) Die Staatsanwaltschaft hat die gleichen Rechtsmittel, sowohl wenn sie zugun- **49** sten des Beschuldigten (§ 296 Abs. 2) als auch, wenn sie zu seinen Ungunsten Beschwerde einlegt. Zwar ist die weitere Beschwerde (§ 310 Abs. 1) zugunsten des Beschuldigten geschaffen worden, weil die Verhaftung empfindlich in sein Leben eingreift. Das gesetzgeberische Motiv hat aber im Gesetzestext keinen Ausdruck gefunden. Denn § 310 Abs. 1 spricht nicht von Entscheidungen, die die Verhaftung anordnen, sondern von solchen, die die Verhaftung betreffen. Das ist auch dann der Fall, wenn die begehrte Verhaftung abgelehnt worden ist. Demzufolge steht die weitere Beschwerde in Haftsachen auch der Staatsanwaltschaft zu (OLG Stuttgart JR **1967** 431)[24]. Die staatsanwaltschaftliche Beschwerde zuungunsten des Beschuldigten kommt in Betracht, wenn das Gericht es ablehnt, einen beantragten Haftbefehl überhaupt oder in dem beantragten Umfang zu erlassen.

Die der Staatsanwaltschaft zustehenden Rechtsmittel hat auch der **Nebenkläger**. **50** Die ausdrückliche Vorschrift des § 401 Abs. 1 Satz 1 kann nicht (so OLG Karlsruhe NJW **1974** 658; KK-*Boujong* § 115, 19; KMR-*Müller* § 115, 12) mit den Erwägungen beiseite geschoben werden, daß der Nebenkläger kein Rechtspflegeorgan und daher im Privatklageverfahren kein Haftbefehl zulässig sei. Der Ausschluß des Haftbefehls in Privatklagesachen beruht auf dem Grundsatz der Verhältnismäßigkeit (Vor § 112, 8), der zwar auch sonst gilt, aber bei Offizialdelikten Prüfung im Einzelfall verlangt. Daß der Nebenkläger kein Rechtspflegeorgan ist, war dem Gesetzgeber bekannt, als er ihm in § 401 Abs. 1 Satz 1 das Rechtsmittel zugestanden hat. Dagegen kann der Nebenkläger **nicht zugunsten des Angeschuldigten** Beschwerde einlegen. Denn dieses Recht und die damit verbundene Pflicht, von der Rechtsmittelbefugnis auch Gebrauch zu machen, leitet sich aus der objektiven Stellung der Staatsanwaltschaft ab, die nicht nur in § 296 Abs. 2, sondern auch in § 160 Abs. 2 zum Ausdruck kommt. Diese öffentlich-rechtliche Stellung kann der Nebenkläger, der nur seine eigenen Interessen verfolgt, nicht einnehmen.

2. Für das **Beschwerdeverfahren** gelten die allgemeinen Vorschriften. Danach **51** kann das Beschwerdegericht Ermittlungen anordnen oder selbst vornehmen (§ 308 Abs. 2). Das kann geboten sein, wenn zu erwarten ist, daß der Beschuldigte entlassen und der Haftbefehl aufgehoben (§ 120 Abs. 1) oder sein Vollzug ausgesetzt (§ 116; § 72 Abs. 1 JGG) wird. Dagegen sind keine Ermittlungen zulässig, die einen aufhebungsreifen Haftbefehl vielleicht stützen könnten. Denn das Beschwerdegericht hat zu entscheiden, ob in dem **Augenblick, wo** ihm die Sache zur **Entscheidung** vorgelegt wird, der Tatver-

---

[24] **A.A.** – keine weitere Beschwerde der Staatsanwaltschaft, wenn sowohl das Amts-als auch das Landgericht die Anordnung der Untersuchungshaft abgelehnt haben – OLG Braunschweig NJW **1965** 1288; wie hier schon

Löwe[1] Anm. 4 b und 5 zu § 352; *Gollwitzer* § 310, 11; *Eb. Schmidt* Nachtr. I 310; KMR-*Paulus* § 310, 2; *Kleinknecht* JR **1965** 475; *Kleinknecht/Janischowsky* 294; *Kleinknecht/Meyer* § 310, 2.

Günter Wendisch

dacht dringend und ein gesetzlicher Haftgrund gegeben ist. Muß es das verneinen, hat es keinen Rechtsgrund, den alsdann zu Unrecht einsitzenden Gefangenen länger festzuhalten (OLG Bremen NJW **1951** 46). Zum Zweck seiner Entscheidung kann das Beschwerdegericht auf Antrag des Beschuldigten oder von Amts wegen mündliche Verhandlung anordnen (§ 118 Abs. 2).

52   Wegen der **Anhörung** der Beteiligten gilt nach § 308 Abs. 1 Satz 2 dasselbe, wie unter Rdn. 28 für die Anordnung der Untersuchungshaft ausgeführt. Hat der erste Richter einen Antrag der Staatsanwaltschaft, einen Haftbefehl zu erlassen, ohne Gehör des Beschuldigten zurückgewiesen, so braucht das von der Staatsanwaltschaft angegangene Beschwerdegericht, das der Beschwerde stattgeben will, den Beschuldigten — entgegen § 308 Abs. 1 Satz 1 — nicht zu hören, wenn durch vorgängiges Anhören das mit der Untersuchungshaft verfolgte Ziel gefährdet würde. Der Beschuldigte kann seine Einwendungen mit weiterer Beschwerde vorbringen.

53   Ist das Beschwerdegericht der Bundesgerichtshof oder das Oberlandesgericht, wenn gegen seine Entscheidungen keine Beschwerde zulässig ist (§ 304 Abs. 4), dann ist der Verhaftete **nachträglich zu hören** (§ 311 a Abs. 1 Satz 1). Das ist auch ohne Antrag zulässig; es ist geboten, wenn wesentliche neue Tatsachen die Entscheidung tragen und der Beschuldigte, der aus Ungeschicklichkeit keinen Antrag stellt, erkennen läßt, daß er die verwendeten Tatsachen leugnet und sich gegen sie verteidigen möchte. Zufolge des Gehörs kann das Gericht den Vollzug des Haftbefehls aussetzen (§ 311 a Abs. 2 in Verb. mit § 307 Abs. 2) — was in der Regel unangebracht sein wird — und Ermittlungen anstellen (§ 311 a Abs. 2 in Verb. mit § 308 Abs. 2). Auf Grund der Einlassung des Beschuldigten und etwaiger Ermittlungen hat es seine Entscheidung zu prüfen und auf Antrag des Beschuldigten zu ändern oder aufzuheben (§ 311 a Abs. 1 Satz 1). Das kann es auch ohne Antrag tun (§ 311 a Abs. 1 Satz 2). Die Notwendigkeit, auch ohne Antrag zu entscheiden, ergibt sich aus der Verpflichtung des jeweils mit der Sache befaßten Gerichts, alsbald den Haftbefehl aufzuheben, wenn der dringende Tatverdacht oder die Haftgründe entfallen sind, oder eine Entscheidung nach § 116 zu treffen, wenn dessen Voraussetzungen vorliegen.

54   Die Entscheidung des Beschwerdegerichts ist für das Gericht, dessen Entscheidung angefochten war — nicht auch für eines, an das es im Prozeßverlauf gelangt —, **bindend**. Das Gericht bleibt aber befugt und verpflichtet, eine abweichende Entscheidung zu treffen, wenn die Veränderung der Sachlage eine solche gebietet.

55   **3. Zuständigkeit.** Zur Entscheidung über die Beschwerde ist das Gericht zuständig, das als nächsthöheres im Instanzenzug demjenigen Gericht übergeordnet ist, dessen Haftbefehl angefochten wird. Ist der Haftbefehl auf Beschwerde oder weitere Beschwerde von einem höheren Gericht erlassen worden, so ist zur Beschwerdeentscheidung das Gericht zuständig, das als nächsthöheres dem Gericht übergeordnet ist, das nach § 125 zum Erlaß des Haftbefehls zuständig war (OLG Hamburg MDR **1974** 861).

56   Tritt ein **Wechsel** in der Zuständigkeit ein, nachdem die dann später angefochtene Entscheidung erlassen war — sei es weil die Sache einem anderen Richter beim Amtsgericht übertragen wird (§ 126 Abs. 1 Satz 2), sei es weil sie im Prozeßgang an ein anderes Gericht gelangt —, dann sind die Entscheidungen des Gerichts, das die Zuständigkeit verloren hat, wie solche des Gerichts zu behandeln, auf das die Zuständigkeit übergegangen ist (§ 126, 14; OLG Karlsruhe NStZ **1984** 184). Demzufolge entscheidet das Beschwerdegericht, das dem Gericht übergeordnet ist, welches die Zuständigkeit erlangt hat (BGHSt **14** 180; OLG München NJW **1956** 760), und zwar auch dann, wenn die Beschwerde beim alten Landgericht eingelegt war, bevor der erste Richter die Sache abgegeben hatte (OLG Hamburg NJW **1966** 606; OLG Frankfurt NJW **1973** 479; *Dün-*

nebier MDR **1968** 185)[25]. Das Gericht, das zufolge des Zuständigkeitswechsels die Verantwortung für die vorhergegangenen Entscheidungen übernommen hat, hat, bevor das neue Beschwerdegericht entscheidet, zu prüfen, ob es der Beschwerde **abhilft** (§ 306 Abs. 2).

Mit der **Rechtskraft** des Urteils verwandelt sich die Untersuchungshaft in Straf- **57** haft (§ 120, 35); BVerfGE **9** 161 = NJW **1959** 431). Unerledigte Beschwerden werden damit gegenstandslos (OLG Hamburg MDR **1977** 69). Das kann das Beschwerdegericht feststellen. Wegen der Aufhebung des Haftbefehls nach Rechtskraft s. § 120, 36; 37.

VI. Änderung

Der Haftbefehl kann jederzeit in der Weise geändert werden, daß er für die Zu- **58** kunft auf anderen Haftvoraussetzungen oder auf einem anderen Haftgrund beruht, d. h., daß sich der dringende Tatverdacht zusätzlich oder allein auf eine andere als die bisher angenommene Tat erstreckt oder daß neben Fluchtgefahr oder an deren Stelle Verdunkelungsgefahr oder ein anderer Haftgrund eingesetzt wird und umgekehrt. War der Haftbefehl z. B. aus Gründen der Vereinfachung nur auf unbefugten Gebrauch eines Fahrzeugs gestützt, kann er, wenn der Tatverdacht deshalb nicht mehr dringend ist, nunmehr auf einen weiterhin begangenen Betrug umgestellt werden. War er wegen Verdunkelungsgefahr ergangen und ist diese weggefallen, kann er auf eine gleichfalls bestehende Fluchtgefahr gestützt werden. Auch kann ein nach § 230 Abs. 2 erlassener Haftbefehl in einen nach § 114 umgestellt werden (OLG Celle NdsRpfl. **1964** 238). In diesen Fällen muß der Haftrichter einen den Haftbefehl **ergänzenden Beschluß** erlassen; das Beschwerdegericht kann die Änderung in den Gründen seiner Beschwerdeentscheidung vornehmen. Der Text des Haftbefehls braucht nicht geändert zu werden, doch empfiehlt es sich, das in jedem Fall zu tun[26].

Eine jede solche Änderung ist **wie ein neuer Haftbefehl** zu behandeln, d. h. sie **59** löst alle in den §§ 114 a ff geregelten Folgen und Verpflichtungen aus[27], wie es ein neuer Haftbefehl tun würde, nachdem der alte aufgehoben worden ist (OLG Hamm NJW **1960** 587; JMBlNRW **1979** 191), und eröffnet — als selbständige Entscheidung — die Beschwerde, auch wenn sie nur dagegen eingelegt wird, daß dem einen Haftgrund ein weiterer angefügt wird (OLG Nürnberg MDR **1964** 943). Wegen der Berechnung der Sechsmonatsfrist in § 121 Abs. 1 s. § 121, 11.

Bevor der Haftbefehl geändert wird, ist der **Beschuldigte zu hören**, wenn zu seinem **60** Nachteil Tatsachen oder Beweisergebnisse verwertet werden sollen, zu denen er noch nicht gehört worden ist (§ 33 Abs. 3). § 33 Abs. 4, wonach bei Anordnung der Untersuchungshaft unter Umständen davon abgesehen werden kann, den Beschuldigten vorher zu hören, ist nicht anzuwenden. Denn der Beschuldigte ist in Haft; wird er vorher gehört, kann das den Zweck nicht gefährden, der mit der Umstellung des Haftbefehls verfolgt wird. Im Beschwerdeverfahren gilt das gleiche nach § 308 Abs. 1 Satz 1.

---

[25] **A.A.** – Zuständigkeit des alten Landgerichts bleibt solange bestehen, bis der Richter, der zuständig geworden ist, neu entschieden hat – KMR-*Müller* § 125, 6; § 124, 5; laufende Beschwerden erledigen sich, wenn das Verfahren in ein neues Stadium übergeht – OLG Oldenburg NJW **1957** 233; – laufende Beschwerden sind in Haftprüfungsanträge um-zudeuten – OLG Karlsruhe NJW **1972** 1723; OLG Hamm NJW **1974** 1575; Vgl. § 126, 14 mit Fußn. 4.

[26] *Creifelds* 951; *Hengsberger* JZ **1966** 209 ff; KK-*Boujong* 9; KMR-*Müller* 8.

[27] OLG Stuttgart OLGSt § 115 StPO, 1; OLG Karlsruhe OLGSt § 115 StPO, 3; vgl. auch § 117, 25 sowie *Kleinknecht/Meyer* § 115, 8.

Günter Wendisch

61   Die Bestimmung des § 33 Abs. 2 (**Gehör der Staatsanwaltschaft**) gilt nach § 309 Abs. 1 nicht uneingeschränkt, obwohl die meisten Beschwerdegerichte sie regelmäßig anwenden. Auch wo das nicht geschieht, sollte, bevor ein Haftbefehl umgestellt wird, die Staatsanwaltschaft stets gehört werden, wenn sie die öffentliche Klage noch nicht erhoben hat. Denn dann liegt es in ihrer Hand, ob sie die Umstellung hinnehmen oder für den Haftrichter bindend beantragen will, den Haftbefehl aufzuheben (§ 120 Abs. 3 Satz 1; § 120, 39). Das Beschwerdegericht sollte es aber vermeiden, daß die Gerichte in die Lage geraten, einen ohne Zustimmung der Staatsanwaltschaft umgestellten Haftbefehl auf deren Antrag aufheben zu müssen.

62   Die Grundsätze gelten auch, wenn ein Haftbefehl deshalb aufgehoben wird, weil der Täter zur Tatzeit geisteskrank war, und gleichzeitig ein **Unterbringungsbefehl** nach § 126 a ergeht.

§ 114 a

(1) [1]Der Haftbefehl ist dem Beschuldigten bei der Verhaftung bekanntzugeben. [2]Ist dies nicht möglich, so ist ihm vorläufig mitzuteilen, welcher Tat er verdächtig ist. [3]Die Bekanntgabe des Haftbefehls ist in diesem Fall unverzüglich nachzuholen.
(2) Der Beschuldigte erhält eine Abschrift des Haftbefehls.

Entstehungsgeschichte. Die Vorschrift ging ursprünglich dahin, daß dem Beschuldigten der Haftbefehl bei der Verhaftung, spätestens am Tage nach seiner Einlieferung ins Gefängnis bekanntzumachen sei. Durch A Nr. 2 des Gesetzes zur Abänderung der Strafprozeßordnung vom 27. 12. 1926 (RGBl. I 529) wurde bestimmt, daß der Beschuldigte darauf hinzuweisen sei, er könne, wenn der Haftbefehl durch Verkünden bekanntgemacht werde, eine Abschrift verlangen. Auch wurden die jetzigen Sätze 2 und 3 eingefügt. Die derzeitige Fassung stammt aus Art. 1 Nr. 1 StPÄG 1964. Neu an ihr ist die Anordnung des Absatzes 2.

1   **1. Inhalt.** Grundsätzlich sind Entscheidungen dem Betroffenen bekanntzumachen, bevor sie vollstreckt werden (§ 35). Beim Haftbefehl ist das in der Regel entweder nicht möglich (z. B. wenn der Beschuldigte flüchtig ist oder sich verborgen hält) oder aber unangebracht, weil der Erfolg der Haft, z. B. Flucht oder Verdunkelung zu verhindern, vereitelt werden könnte, wenn dem Beschuldigten der Haftbefehl vor dem Zugriff bekannt würde. Deshalb befreit § 33 Abs. 4 Satz 1 schon von der Pflicht, den Beschuldigten, ehe der Haftbefehl erlassen wird, zu hören, wenn sonst dessen Zweck gefährdet würde. § 114 a Abs. 1 Satz 1 schiebt aus dem gleichen Grunde die Pflicht, den Haftbefehl bekanntzugeben, bis zur Vollstreckung hinaus. Die Interessen des Beschuldigten werden dadurch gewahrt, daß er nach seiner Festnahme unverzüglich dem Richter vorzuführen ist, der ihm nachträglich rechtliches Gehör gewährt (§§ 115, 115 a; BVerfGE **9** 106 = NJW **1959** 428).

2   **2. Bekanntmachung (Absatz 1 Satz 1).** Die Form der Bekanntmachung ist § 35 zu entnehmen. Danach ist der Haftbefehl zu verkünden, wenn er in Anwesenheit des Beschuldigten erlassen worden ist (§ 35 Abs. 1 Satz 1). Ist er in dessen Abwesenheit ergangen, dann genügt, weil durch die Bekanntmachung keine Frist in Lauf gesetzt wird, daß er dem Beschuldigten formlos mitgeteilt wird (§ 35 Abs. 2 Satz 2); ihn zuzustellen (§ 35 Abs. 2 Satz 1), wird in der Regel nicht geboten sein. Die **formlose Mitteilung** besteht darin, daß dem Beschuldigten eine Ausfertigung oder Abschrift des Haftbefehls ausgehändigt oder sein Inhalt schriftlich mitgeteilt wird. Da die Mitteilung formlos ist, kann sie auch in der Weise ausgeführt werden, daß der Haftbefehl, namentlich im Vorführungstermin (§ 115), verkündet wird, auch durch einen anderen Richter als den, der die Untersuchungshaft angeordnet hat (§ 35, 20).

3. Vorläufige Mitteilung (Absatz 1 Satz 2). Dem mit der Verhaftung beauftragten **3** Polizeibeamten wird, damit er den Haftbefehl bekanntmachen kann, eine Ausfertigung oder Abschrift des Haftbefehls mitzugeben sein. Doch werden die Umstände (Gegenwehr — RGRspr. 8 424 —, Anwesenheit Unbeteiligter) nicht immer gestatten, den Haftbefehl bekanntzumachen. Das kann auch deshalb der Fall sein, weil keine Abschrift bereit liegt, etwa wenn der Beschuldigte auf Grund eines Steckbriefs (§ 131) oder sonst auf Grund einer Ausschreibung in Fahndungsblättern festgenommen wird. Alsdann hat ihm der Festnehmende mitzuteilen, welcher Tat er verdächtig ist; den Haftgrund braucht er ihm nicht zu eröffnen.

Der Haftbefehl ist dann **unverzüglich** bekanntzugeben (**Absatz 1 Satz 3**), sobald **4** das möglich ist, in der Regel vom Richter, wenn der Beschuldigte ihm vorgeführt wird (§ 119). Wegen des Begriffs unverzüglich s. § 115, 9.

4. Abschrift des Haftbefehls (Absatz 2). Welche Form der Bekanntmachung auch **5** immer gewählt wird, auf jeden Fall hat der Beschuldigte eine Abschrift des Haftbefehls zu erhalten. Abschrift ist auch von Beschlüssen, sei es des Haftrichters, sei es des Beschwerdegerichts, zu erteilen, mit denen ein Haftbefehl **geändert** oder ergänzt wird (§ 114, 58), doch werden diese Beschlüsse ohnehin in der Regel dadurch bekanntgemacht, daß dem Beschuldigten eine Abschrift zugesandt oder zugestellt wird. Die Abschrift ist, wie das im Behördenverkehr selbstverständlich ist, zu beglaubigen. Es ist unschädlich, wenn dem Beschuldigten statt der beglaubigten Abschrift eine Ausfertigung des Haftbefehls erteilt wird. Die Abschrift erhält der Verhaftete von Amts wegen, doch ist dieser Akt keine Voraussetzung des weiteren Verfahrens. Demzufolge kann der Beschuldigte auf die Abschrift verzichten. Ihm einen Verzicht nahezulegen, widerspräche jedoch der Absicht des Gesetzgebers.

Absatz 2 enthält keine Zeitangabe, ist aber nach dem Zweck der Vorschrift dahin **6** zu verstehen, daß der Beschuldigte die Abschrift **alsbald** (KK-*Boujong* 6: unverzüglich) erhält, wenn er verhaftet wird. Dazu ist dem Beamten, der mit der Verhaftung beauftragt ist, eine Abschrift mitzugeben. Ist das ausnahmsweise nicht möglich, z. B. weil der Haftbefehl fernschriftlich übermittelt wird und daher keine beglaubigte Abschrift erstellt werden kann, ist die Aushändigung auf dem schnellsten Wege nachzuholen. Auf jeden Fall muß der Beschuldigte die Abschrift in seiner Hand haben, bevor ihn der zuständige Richter nach § 115 Abs. 2, 3 vernimmt. Vor der Vernehmung durch den nächsten Richter (§ 115 a Abs. 3 Satz 1, 2) sollte stets versucht werden, wenigstens eine unbeglaubigte Abschrift anhand eines Fernschreibens anzufertigen.

Einem **Ausländer**, der die deutsche Sprache nicht hinreichend beherrscht, ist der **7** Haftbefehl in einer ihm verständlichen Sprache bekanntzugeben; mit der Abschrift des Haftbefehls ist ihm auch eine Übersetzung auszuhändigen (Art. 5 Abs. 2 MRK; Nr. 181 Abs. 2 RiStBV)[1].

---

[1] *J. Meyer* ZStW **93** (1981) 525; *Heldmann*   KMR-*Müller* 3; *Kleinknecht/Meyer* 3.
StrVert. **1981** 252 r. Sp.; KK-*Boujong* 7;

Günter Wendisch

§ 114 b

(1) [1]Von der Verhaftung und jeder weiteren Entscheidung über die Fortdauer der Haft wird ein Angehöriger des Verhafteten oder eine Person seines Vertrauens unverzüglich benachrichtigt. [2]Für die Anordnung ist der Richter zuständig.

(2) Außerdem ist dem Verhafteten selbst Gelegenheit zu geben, einen Angehörigen oder eine Person seines Vertrauens von der Verhaftung zu benachrichtigen, sofern der Zweck der Untersuchung dadurch nicht gefährdet wird.

Schrifttum. *Händel* Grundrechte im Widerstreit — Zum Verzicht des Inhaftierten auf Benachrichtigung von Angehörigen oder Vertrauenspersonen, FS Krebs 149; *Kohlhaas* Benachrichtigungspflicht bei Verhaftungen, NJW **1951** 262; *Lorenzen* Die Nachricht von der Verhaftung, SchlHA **1959** 163; *Wagner* und *Dünnebier* Die Benachrichtigung gemäß Art. 104 Abs. 4 GG, § 114 a StPO, JZ **1963** 689, 693.

Entstehungsgeschichte. Durch Abschnitt A Nr. 2 des Gesetzes zur Änderung der Strafprozeßordnung vom 27. 12. 1926 (RGBl. I 529) wurde als § 114 a eine dem jetzigen § 114 a Abs. 2 entsprechende Bestimmung eingefügt. Statt „Person seines Vertrauens" war von „anderen Personen" die Rede. Die Benachrichtigung war auf Verlangen des Verhafteten von Amts wegen zu bewirken. Absatz 1 ist durch Art. 3 Nr. 45 VereinhG eingefügt worden mit dem Ziel, § 114 a an Art. 104 Abs. 4 GG anzugleichen. Absatz 1 Satz 2 ist eingefügt durch Art. 1 Nr. 1 StPÄG 1964; die Einfügung soll lediglich eine schon bestehende Rechtslage (BVerfGE **16** 123 = NJW **1963** 1821) klären (Begr. BTDrucks. **III** 2037, S. 21).

1   **1. Sinn der Vorschrift.** Absatz 1 führt das Gebot des Art. 104 Abs. 4 GG für den Strafprozeß durch. Durch die Benachrichtigung soll verhindert werden, daß die öffentliche Gewalt einen Staatsbürger, mag seine Verhaftung selbst auch gerechtfertigt sein, spurlos verschwinden lassen könne (*v. Mangoldt*[1] Art. 104, 2; LG Frankfurt NJW **1959** 61). Die Vorschrift dient letztlich dem Beschuldigten: Er soll nicht hilflos und verlassen, in seiner Handlungsfähigkeit durch die Haft beschränkt, dem Verfahren ausgesetzt sein. Sie ist indessen keine Schutzvorschrift für den einzelnen Beschuldigten. Nach Zweck und Entstehungsgeschichte steht vielmehr das öffentliche Interesse im Vordergrund (Rdn. 15). Sinn der Vorschrift ist, sicherzustellen, daß jedermann gewiß ist, niemand könne in Haft sein, ohne daß das ein Angehöriger oder Vertrauter weiß.

2   Für den **Verhafteten** äußert die Vorschrift zwei Folgen, die seine Interessen verschieden, teils gegensätzlich, berühren: Auf der einen Seite garantiert sie ihm, daß er

---

[1] *Dallinger* SJZ **1950** 738; *Lorenzen* 167; **a.A.** – im Vordergrund steht das Interesse des Festgehaltenen – *Maunz/Dürig/Herzog*, Art. 104, 43 (2 c); *Wagner* 691.

Beistand von außen erbitten kann, auf der anderen Seite beschränkt sie seine Befugnis, die Haft geheimzuhalten. Trotz seines im letzten Fall der Benachrichtigung oft entgegenstehenden Interesses kann er wegen des öffentlichen Interesses daran nicht darauf verzichten, daß der Vorschrift Genüge getan wird. Freilich ist das Opfer, das vom Beschuldigten verlangt wird, nicht viel größer als das, was jeder Angeklagte erbringen muß, wenn er sich in öffentlicher Hauptverhandlung verteidigen muß. Durch die Möglichkeit, eine Vertrauensperson zu benennen, wird seinen Interessen soweit als möglich Rechnung getragen. Aber ausschlaggebend ist nicht sein Interesse, sondern das der Allgemeinheit.

Letztlich besagt die Norm, daß es **kein Geheimverfahren** gibt, sobald der Beschuldigte vernommen worden ist. Sie dient, wie der Grundsatz der Öffentlichkeit (§ 169 Satz 1 GVG), in deren Kreis sie gehört (*Lorenzen* 167), dem Vertrauen in die Rechtspflege. Alsdann ist sie, wenn auch mit dem Ziel, individuelle Interessen zu schützen, eine verfassungsrechtliche Schutzvorschrift zugunsten der Allgemeinheit[1]. Ausgestaltet ist sie als Befehl an den Richter; zugleich verleiht sie dem Gefangenen ein subjektives Recht darauf, daß sie beachtet wird (BVerfGE **16** 122 = NJW **1963** 1820). **3**

2. Verhaftung ist jede in der Strafprozeßordnung geregelte Festnahme zu dem Zweck, einen Beschuldigten für das Strafverfahren festzuhalten. Außer der Untersuchungshaft (§ 114) zählen hierher die Ungehorsamshaft (§ 230 Abs. 2, § 236; § 329 Abs. 4 Satz 1) — nicht aber die in den genannten Vorschriften geregelte bloße Vorführung — und die Sicherungshaft nach § 453 c zufolge der ausdrücklichen Anordnung in § 453 c Abs. 2 Satz 2. Verhaftung ist auch der Haftbeginn in einer Sache, für die bisher **Überhaft** notiert war, nach Beendigung der alten Haft (§ 114, 33). Das Festhalten einer Person zur Feststellung ihrer Identität ist keine Verhaftung, doch hat die festgehaltene Person die gleichen Benachrichtigungsrechte (§ 163 c Abs. 2). **4**

Die **vorläufige Festnahme** (§ 127) ist nur eine einstweilige Maßnahme, die alsbald ihr Ende finden oder in Untersuchungshaft übergehen muß. Sie löst die Benachrichtigungspflicht noch nicht aus (*Kohlhaas* 262; *a. A. Lang* DJZ **1972** 782). Nach dem Standort bezieht sich die Vorschrift nicht auf **Strafhaft** (§ 457), **Ordnungshaft** (z. B. § 70 Abs. 1; § 178 GVG), Erzwingungshaft (§ 70 Abs. 2) und Haft der Sitzungspolizei (§ 164; § 177 GVG). **5**

3. Weitere Entscheidungen über die Fortdauer der Haft sind solche, mit denen die Fortdauer ausdrücklich beschlossen (§ 207 Abs. 4, § 268 b), der Haftbefehl von dem Richter beim Amtsgericht, dem mit der Sache befaßten Gericht (§ 115 Abs. 4, § 117, § 118 Abs. 1, § 118 a Abs. 4) oder in dem besonderen Verfahren der §§ 121, 122 (BVerfGE **38** 34 = MDR **1975** 30) aufrechterhalten oder die Beschwerde (§ 304 Abs. 1; BVerfGE **16** 123 = NJW **1963** 1820) oder weitere Beschwerde (§ 310 Abs. 1) gegen einen Haftbefehl oder gegen eine der vorgenannten Entscheidungen verworfen wird (§ 309 Abs. 1, § 310). **6**

Entscheidungen, die die Haft **beenden**, sei es endgültig (§ 120, § 121 Abs. 2 erster Halbsatz), sei es vorläufig (§ 116), fallen nach Wortlaut und Sinn der Vorschrift nicht unter Absatz 1 Satz 1[2]. Denn diese soll nicht den Aufenthalt des Beschuldigten nachweisen, sondern sicherstellen, daß die Verhaftung, die Haft und ihre Fortdauer einem Angehörigen oder einer Vertrauensperson bekannt werden. Jedoch dürfen die Entlas- **7**

---

[2] KK-*Boujong* 3; KMR-*Müller* 1; *Kleinknecht/Meyer* 1; *Dalcke/Fuhrmann* 1; **a. A.** *Eb.*

Schmidt Nachtr. I 6: Nachricht ist auch von der Entlassung zu geben.

Günter Wendisch

sung und in der Regel auch die Entlassungsanschrift dem benachrichtigten **Angehörigen mitgeteilt** werden, wenn er darum nachsucht. Denn das Dienstgeheimnis verbietet, da ihm durch die Nachricht von der Verhaftung die Haft bekannt ist, es nicht, ihm auch ihr Ende mitzuteilen. In seltenen Fällen kann aber der Wille des Entlassenen erkennbar sein, daß er seine Anschrift nur den Behörden anvertrauen will.

4. Angehöriger oder Vertrauter

8   a) Der Begriff **Angehöriger** ist, weil das Gesetz keine Begriffsbestimmung gibt, durch Auslegung zu bestimmen; § 11 Abs. 1 Nr. 1 StGB kann, weil er in einem der hier geregelten Materie fremden Zusammenhang steht, nicht angewendet werden. Nach dem Zweck der Vorschrift und wegen der Zusammenstellung mit dem Wort „Vertrauensperson" ist der Begriff im weitesten Sinne zu verstehen. Demnach sind selbst Personen, die nur in einem entfernten Grade oder auch gar nicht mit dem Betroffenen verwandt oder verschwägert sind, Angehörige im Sinn des Absatzes 1. Namentlich zählen hierzu der Ehegatte sowie Adoptiv- und Pflegeeltern.

9   b) **Personen des Vertrauens** sind u. a. Freunde, Vereins- und Parteimitglieder, Berufskollegen, Seelsorger, u. U. auch berufliche Vorgesetzte, bei Ausländern der zuständige Konsul. Der Wahlverteidiger ist stets als Vertrauensperson anzusehen, der Pflichtverteidiger dann, wenn der Beschuldigte sich ihn selbst als Pflichtverteidiger gewünscht hat, oder wenn er ihn als Vertrauensperson bezeichnet (BVerfGE **16** 124 = NJW **1963** 1821). Bei Flüchtlingen kann u. U. auch die Benachrichtigung einer Organisation als Vertrauensperson in Betracht kommen. Die Vertrauensperson entscheidet aus **eigener Entschließung, ob** sie Angehörige **benachrichtigt,** wann und welche von ihnen. Sie hat die Wünsche des Beschuldigten zu beachten, ist aber von diesen und von der Auffassung des Gerichts unabhängig.

10   5. **Benachrichtigungspflicht (Absatz 1 Satz 1).** Nach dem Sinn der Vorschrift ist die Pflicht zur Benachrichtigung zwingend; sie unterliegt nicht dem Verzicht des Beschuldigten[3]. Die Gegenmeinung, die Ausnahmen zugesteht, namentlich einen Widerspruch des Beschuldigten beachtet wissen will[4], geht von der Auffassung aus, als Gesetzeszweck stehe im Vordergrund das Interesse des Verhafteten. Diese Ansicht wird indessen widerlegt durch den Zweck der Vorschrift, nach dem System der beiden Vorschriften über die Haftbenachrichtigung und aus der Entstehungsgeschichte des Art. 104 Abs. 4 GG (*Dünnebier* 694). **Technische Schwierigkeiten**, denen zuweilen Gewicht beigemessen wird, müssen, um dem Verfassungsbefehl zu genügen, überwunden werden (Rdn. 16). Angehörige werden täglich von der Polizei ermittelt; das muß dem Richter, wenn der Verhaftete schweigt, auch möglich sein. Die Benachrichtigung darf namentlich nicht unterbleiben oder aufgeschoben werden, wenn durch sie der **Untersu-**

---

[3] LG Frankfurt NJW **1959** 61; *Dünnebier* 693; *Schlüchter* 225; *Henkel* § 67 A III 3, Fußn. 14; *Peters* § 47 A V c; *Eb. Schmidt* Nachtr. I 5; *Roxin* § 31 C II 2 a; KK-*Boujong* 5; *Kleinknecht/Meyer* 3; *Kleinknecht/Janischowsky* 163; *Dalcke/Fuhrmann* 4; *Dallinger* SJZ **1950** 738; *Kohlhaas* 262; *Erdsiek* NJW **1959** 232; *Lorenzen* 163; *Schmidt* 97; *Born* JR **1983** 56.

[4] *Händel* 161 und NJW **1959** 544; *Erdsiek* NJW **1959** 232; *Odersky* MDR **1958** 832; *Wagner* 690; *Middendorf* (Pol.Bl. **1973** Heft 1: „unmögliche Forderung"); teilweise auch *Maunz/Dürig/Herzog* Art. 104, 42 2 c; einschränkend KK-*Boujong* 5: bei übermäßigem Eingriff in seine grundrechtlich geschützte Sphäre; KMR-*Müller* 2: bei notstandsähnlicher Lage; *Kleinknecht/Meyer* 3: bei Verstoß gegen die Achtung der Menschenwürde.

chungszweck gefährdet wird, wie ein Vergleich der Absätze 1 und 2 zweifelsfrei ergibt (*Nüse* JR **1950** 554; *Loesdau* MDR **1962** 774), doch kann die Gefährdung dadurch gemildert werden, daß der Richter den Empfänger der Mitteilung vorsichtig auswählt (Rdn. 17).

6. Ausnahmen

a) Grundsatz. Art. 104 Abs. 4 GG gehört zu der wertgebundenen Ordnung des **11** Grundgesetzes. Dieses bestimmt selbst, inwieweit wegen des mit Art. 104 Abs. 4 GG erstrebten Zwecks die Freiheit des Individuums zurückzutreten habe. Daher muß man es ablehnen, das Grundgesetz aus Erwägungen einzuschränken, die dem Grundgesetzgeber bekannt gewesen sind. Damit scheiden Rücksichten auf Ruf, Fortkommen, Familienwohl und Ähnliches aus.

b) Drittgefährdung. Dagegen war, als das Grundgesetz erlassen wurde, nicht vor- **12** auszusehen, daß ein Angehöriger in seiner Freiheit und Menschenwürde durch die ihm zugehende, von amtlichen Stellen kontrollierte, Benachrichtigung gefährdet werden könne. Zum Schutz dieser Rechtsgüter ist daher, wenn die Nachricht die Rechte anderer ernstlich gefährden könnte, im Einzelfall abzuwägen, ob die Benachrichtigung unterbleiben kann. Dabei ist allerdings zu berücksichtigen, daß ein Beschuldigter für seine Angehörigen ,,spurlos verschwinden" kann, wenn die Mitteilung unterbleibt. Da der Sicherheit, daß der grundgesetzliche Auftrag verfehlt wird, immer nur die Möglichkeit einer Gefährdung gegenübersteht, kann nur eine naheliegende **schwere Gefahr für Dritte** es zulassen, von der Benachrichtigung abzusehen.

c) Gefährdung der Staatssicherheit. Eine weitere Ausnahme ist zuzugestehen, **13** wenn zu befürchten ist, daß die Sicherheit des Staates gefährdet werde. Daß eine solche Gefährdung eintreten kann, wenn die Benachrichtigung in die Hand eines fremden Nachrichtendienstes fällt, wird — wenn auch nur für wenige Fälle — zu bejahen sein. Eine solche läge etwa vor, wenn mit der Festnahme eigener Agenten zu rechnen wäre, falls sie nicht zurückgerufen werden könnten, bevor die Verhaftung des Beschuldigten bekannt würde. **Keine Staatsgefährdung** in diesem Sinne ist der Verlust möglicher nachrichtendienstlicher Gewinne, die einzubringen wären, wenn die Verhaftung unbekannt bliebe.

Nicht jede Gefährdung der Staatssicherheit berechtigt aber, von der Benachrichti- **14** gung abzusehen. Der Verfassungsgesetzgeber hat sein Gebot unbeschränkt aufgestellt. Mit Überlegungen, die er selbst anstellen konnte, kann man es alsdann nicht einengen. Mit Sicherheit aber hat der Parlamentarische Rat, als er den Verfassungsbefehl des Art. 104 Abs. 4 GG statuierte, auch an Menschen gedacht, die im Interesse des Staatsschutzes festgenommen werden. Nach den Erfahrungen, die in der nationalsozialistischen Zeit gemacht worden waren, wollte er im Grundgesetz selbst eine unantastbare Sicherung schaffen. Daher kann man, will man aus Gründen der Staatssicherheit von einer Benachrichtigung — sei es ganz, sei es vorübergend — absehen, nicht schlechthin davon ausgehen, daß der Tatbestand für den Gesetzgeber nicht voraussehbar war. Wer Art. 104 Abs. 4 GG in Staatsschutzsachen einschränken will, kann sich vielmehr nur darauf berufen, daß seit 1949 Möglichkeiten der Gefährdung erwachsen sind, die sich der Verfassungsgeber nicht vorstellen konnte. Man wird das bejahen müssen und darf für diese Fälle **neuer Gefahren** im einzelnen Fall abwägen, ob die Benachrichtigung zurückgestellt werden oder ganz unterbleiben kann, um einer erheblichen konkreten durch die Benachrichtigung drohenden Gefahr entgegenzutreten.

Bei der **Abwägung** muß klar erkannt werden, daß die Benachrichtigung vornehm- **15** lich im Interesse der Allgemeinheit liegt. Es steht nicht allein ein Einzelinteresse dem All-

Günter Wendisch

gemeininteresse gegenüber; vielmehr ist hauptsächlich zwischen zwei Grundsätzen ab-zuwägen, die gleicherweise dem Interesse der Allgemeinheit dienen. Dabei ist zu beach-ten, daß der Verfassungsgesetzgeber grundsätzlich die Abwägung selbst getroffen hat, indem er davon abgesehen hat, den Tatbestand einzuschränken oder mit einem — an sich naheliegenden — Gesetzesvorbehalt zu versehen. Daher bleibt nur Raum für Fälle **bedeutender Schädigungen**.

16   **7. Verfahren.** Die Benachrichtigung ist unverzüglich, d. h. **ohne** jede nicht durch die Sachlage gerechtfertigte **Verzögerung** (§ 115, 9) zu geben, also so bald als möglich. Zustellung an den Verteidiger in der Zeit von **zwei Wochen** ist Grundrechtsverletzung (BVerfGE **38** 32 = MDR **1975** 30). Der Richter hat ggf. — nicht in den Sachakten, son-dern in einem besonderen Vorgang — Ermittlungen nach Angehörigen anzustellen. Er kann sie unterlassen, wenn der Beschuldigte keinen Namen benennt *und* auch sonst keine Anhaltspunkte gegeben sind; das wird selten der Fall sein. Anhaltspunkte können bei Vorbestraften dem Strafregisterauszug, den Vor- und Anstaltsakten, bei Erstbestraf-ten Vorgängen des Jugendrichters zu entnehmen sein. Die besonderen Vorgänge wer-den nach Erledigung zu den Sachakten genommen. **Mittel der Benachrichtigung** ist zweckmäßig eine schriftliche Mitteilung, doch kann u. U. eine mündliche Benachrichti-gung — etwa an den Verteidiger — geboten sein. Die Mitteilung beschränkt sich auf die Tatsache, daß der Beschuldigte verhaftet, eine Haftbeschwerde verworfen sei usw.; die Gründe dafür werden schon mit Rücksicht auf das Dienstgeheimnis nicht mitgeteilt.

17   Den **Empfänger** der Benachrichtigung bestimmt der Richter. Er wird dem Wunsche des Beschuldigten weitgehend Rechnung tragen, ist aber nicht an ihn gebun-den. Er kann dem Beschuldigten zwar keine Vertrauensperson aufzwingen, ist aber frei, ob er eine solche oder einen Angehörigen benachrichtigt, auch wenn der Beschul-digte die Nachricht gerade an einen Vertrauten wünscht[5]. Namentlich braucht er nicht etwa einem der Mittäterschaft Verdächtigen die Nachricht zukommen zu lassen (*Kern* MDR **1950** 585). Auf diese Weise kann er die Gefahr verringern, daß das Verfahren ge-fährdet wird (Rdn. 10).

18   **8. Zuständigkeit (Absatz 1 Satz 2).** Zuständig, die Benachrichtigung anzuordnen, d. h. den Empfänger und das Benachrichtigungsmittel zu bestimmen, ist der **Richter**, d. h. in keinem Fall der Staatsanwalt, ein Hilfsbeamter der Staatsanwaltschaft oder ein Polizeibeamter. Dem Richter allein steht das Recht zu, den Empfänger der Nachricht auszuwählen (vgl. aber Rdn. 21).

19   Die **erste Nachricht** erläßt der Richter, dem der ergriffene Beschuldigte nach § 115 Abs. 1 unverzüglich, nachdem er verhaftet worden ist, zugeführt wird. Wird der Beschuldigte nicht vor den zuständigen, sondern vor den nächsten Richter gebracht (§ 115 a Abs. 1), gibt dieser Richter die Nachricht, wenn er das alsbald tun kann. Sind dazu Ermittlungen erforderlich, kann er diese und die Benachrichtigung dem zuständi-gen Richter überlassen. Welcher Richter in den einzelnen Verfahrensabschnitten zustän-dig ist, bestimmt § 126; werden Haftbeschwerden verworfen, ist es das Beschwerde-gericht (BVerfGE **16** 123 = NJW **1963** 1821); im Verfahren nach §§ 121, 122 das Oberlan-desgericht, wenn nicht der Bundesgerichtshof nach § 121 Abs. 4 Satz 2 zuständig ist (BVerfGE **38** 34 = MDR **1975** 30).

20   Behält sich der Richter die Benachrichtigung nicht selbst vor, führt sie die **Ge-schäftsstelle** aus. Die auf § 36 Abs. 1 a. F. gestützte Ansicht, daß das Gericht die von ihm

---

[5] **A.A.** *Kohlhaas* 262; KK-*Boujong* 4; KMR-
Müller 2; wie hier *Kleinknecht/Meyer* 2.

angeordnete Benachrichtigung der Staatsanwaltschaft überlassen könne (BVerfGE 38 34 = MDR 1975 30), ist auf jeden Fall durch die neue Fassung des § 36 überholt, wonach der Vorsitzende die Zustellung von Entscheidungen anordnet und die Geschäftsstelle (des Gerichts) sie bewirkt. Was für Entscheidungen verordnet ist, gilt ebenso — in Abweichung vom früheren Recht — für Ladungen (§ 214 Abs. 1). Aus diesen beiden, die Hauptfälle umfassenden Bestimmungen ist der Grundsatz zu entnehmen, daß richterliche Anordnungen, soweit sie nicht der Vollstreckung bedürfen (§ 36 Abs. 2 Satz 1), von der Geschäftsstelle des Gerichts ausgeführt werden, die sich dazu anderer Beamten (z. B. Gerichtswachtmeister) und Stellen (z. B. Post) bedienen kann.

Der Staatsanwalt wird die Benachrichtigung beantragen, wenn der Richter sie unterlassen hat, damit er sie ggf. durch **Beschwerde** erzwingen kann. Auch die dazu ergehenden Vorgänge sollten zunächst getrennt von den Hauptakten geführt werden, damit die Akten nicht dem Verfahren entzogen werden (Rdn. 16). **21**

9. Zugangsbrief (Absatz 2). Die Vorschrift war sinnvoll, solange der Beschuldigte **22** verlangen konnte, daß an seiner Stelle der Richter die Angehörigen benachrichtige. Seitdem diese Benachrichtigung durch Einfügung des Absatzes 1 zu einer selbständigen, vom Willen des Beschuldigten unabhängigen richterlichen Pflicht erhoben worden ist, hat Absatz 2 nur noch einen recht beschränkten Inhalt. Denn der Verhaftete kann jederzeit schreiben. Zwar ist es in sehr engen Grenzen zulässig, den Briefverkehr zu beschränken (§ 119, 66), doch ist es unzulässig, Mitteilungen abzuschneiden, mit denen der Verhaftete seine Beziehungen zur Außenwelt sichern will. Man mag daher den Sinn der veralteten Vorschrift darin sehen, daß Beschränkungen des Briefverkehrs, die von Gesetzes wegen etwa zulässig sind, auf den Zugangsbrief keine Anwendung finden, soweit Absatz 2 letzter Halbsatz nicht selbst welche zuläßt, und daß der Staat Papier zu geben und das Porto zu tragen hat, wenn es dem Beschuldigten daran mangelt. Allerdings ist sie auch für die Auslegung des Absatzes 1 von Bedeutung (Rdn. 10).

Die Vorschrift will dem Verhafteten die Möglichkeit geben, seine Angehörigen **23** oder Vertrauten zu beruhigen, sie um Beistand zu bitten und Vorsorge für seine persönlichen Angelegenheiten (Miete, Arbeitsplatz, Autoabmeldung, Vieh) zu treffen. Damit dient sie den Interessen des Verhafteten. Wegen dieses Zwecks steht sie völlig **selbständig neben Absatz 1,** der öffentliche Interessen sicherstellt. Aus dieser Selbständigkeit folgt: Weder kann der Richter von der Benachrichtigung nach Absatz 1 absehen, weil der Beschuldigte ihm seine eigene zur Postkontrolle und Beförderung übergibt, noch kann dem Beschuldigten seine Benachrichtigung nach Absatz 2, der sog. Zugangsbrief, mit der Begründung versagt werden, daß schon amtliche Nachricht ergangen sei.

Während nach Absatz 1 eine dauernde Benachrichtigungspflicht bei allen Ent- **24** scheidungen über die Fortdauer der Untersuchungshaft besteht, ist das Recht auf den **Zugangsbrief** einmalig und auf den Zeitpunkt der Verhaftung beschränkt. Dem Beschuldigten ist Gelegenheit zu geben, sein Recht auszuüben; dazu ist ihm Briefpapier und, wenn er mittellos ist, Porto zur Verfügung zu stellen (Nr. 29 Absatz 3 Satz 2 UVollzO). Auf eigene Kosten kann er sich auch des Fernsprechers oder des Telegrafen bedienen, wenn er dringende Anordnungen zu treffen hat.

Der **Untersuchungszweck** darf der Benachrichtigung nicht entgegenstehen. Daher **25** darf der Beschuldigte nicht an Tatgenossen schreiben. Erfordert es der Untersuchungszweck, die Verhaftung geheimzuhalten (eine Bande soll unsicher werden und auffliegen), so kann dieser Zweck nur dadurch berücksichtigt werden, daß die Auswahl der Empfänger beschränkt wird. Beseitigt werden darf das Recht des Verhafteten auf den Zugangsbrief mit dieser Begründung aber nicht. Denn Absatz 1 schließt die Geheimhaltung der Verhaftung aus und äußert insoweit seine Wirkung auch auf Absatz 2.

Günter Wendisch

26　　10. **Beschwerde.** Gegen die Entscheidung, daß keine Benachrichtigung gegeben werde, und gegen die Ablehnung, einen Zugangsbrief zu befördern, ist — wegen des öffentlichen Interesses unabhängig davon, ob eine der beiden Benachrichtigungen schon gegeben ist[6] —, wenn die Entscheidung nicht von einem — auch einem erstinstanzlich entscheidenden — Strafsenat ergeht (§ 304 Abs. 4), Beschwerde der Staatsanwaltschaft und des Verhafteten statthaft. Die Beschwerde ist auch gegen Entscheidungen des erkennenden Gerichts (§ 305) gegeben, weil diese nicht der Urteilsvorbereitung dienen. Weitere Beschwerde ist unstatthaft, weil die Entscheidungen nicht die Verhaftung selbst betreffen (§ 310; a. A. *Eb. Schmidt*, Nachtr. I 13)[7]. Die Beschwerde ist im Fall des Absatzes 1 nicht nur zulässig, wenn das Gericht es ausdrücklich ablehnt, Benachrichtigung zu geben, sondern auch, wenn es die vorgeschriebene Benachrichtigung **unterläßt**. Denn das Gericht bringt, wenn es von dem Verfassungsbefehl abweicht, eine ablehnende Verfügung deutlich zum Ausdruck. Der Staatsanwaltschaft, die in solchen Fällen in erster Linie zur Beschwerde verpflichtet ist, steht es indessen, ebenso wie dem Verhafteten, frei, eine ausdrückliche Entscheidung nachzusuchen.

27　　Da Absatz 1 auf dem Grundgesetz beruht (Art. 104 Abs. 4 GG, wird die **Staatsanwaltschaft** Beschwerde einzulegen haben, wenn das Gericht es unterläßt, die Benachrichtigung von Amts wegen zu geben. Dem Nebenkläger steht keine Beschwerde zu; er ist nicht beschwert. Auch übergangene Angehörige oder Vertrauenspersonen haben kein Beschwerderecht; sie sind, weil der einzelne aus dem Kreis der möglichen Nachrichtenempfänger kein Recht hat, daß gerade er benachrichtigt werde, nicht betroffen i. S. des § 304 Abs. 2[8].

28　　11. **Weitere Mitteilungen.** Die Verhaftung eines Jugendlichen und Heranwachsenden ist nach Nr. 35 Abs. 2 Buchst. b MiStra dem Erziehungsberechtigten und dem gesetzlichen Vertreter mitzuteilen.

29　　Zu den Aufgaben der diplomatischen oder konsularischen Vertretungen gehört es, den Angehörigen des von ihnen vertretenen Staates und ihren sonstigen Schutzbefohlenen Rat und Beistand zu gewähren. Einem **Ausländer**, der in Haft genommen wird, ist daher zu gestatten, die **Vertretung** seines Landes schriftlich oder telegrafisch von der Verhaftung und von seinem Aufenthaltsort **selbst** zu **benachrichtigen,** sofern der Zweck der Untersuchung dadurch nicht gefährdet wird (Nr. 183 Abs. 1 RiVASt.).

30　　Gegenüber einzelnen Staaten (z. B. USA, Großbritannien, Italien) besteht die vertragliche Verpflichtung, die konsularische **Vertretung von Amts wegen** zu **benachrichtigen.** Nach Art. 36 Abs. 1 Buchst. b des Wiener Übereinkommens ist jede konsularische Vertretung auf Verlangen des Verhafteten unverzüglich (§ 115, 9) zu benachrichtigen. Um die Aufgaben der konsularischen Vertretungen zu erleichtern, wird das Abkommen allgemein angewendet, ohne zu prüfen, ob das Heimatland dem Abkommen beigetreten ist und es ratifiziert hat. Die Maßnahmen des Heimatlandes werden sich oft danach richten, was dem Verhafteten vorgeworfen wird. Es bestehen keine Bedenken, das mitzuteilen, aber nur, wenn der Verhaftete zustimmt. Dazu ist er zu befragen, wenn er über sein Recht unterrichtet wird, die Benachrichtigung zu verlangen.

31　　Die Benachrichtigung obliegt dem **Gericht,** bei Haftbefehlen nach § 457 der Vollstreckungsbehörde (vgl. AV des Nds.MdJ vom 18. 6. 1971, NdsRpfl. **1971** 152).

---

[6] KK-*Boujong* 11; **a.A.** *Eb. Schmidt* Nachtr. I 14; *Kleinknecht/Meyer* 8.

[7] Wie hier KK-*Boujong* 11; KMR-*Müller* § 115, 15.

[8] *Wagner* 692; KK-*Boujong* 11; *Kleinknecht/ Meyer* 8; **a.A.** KMR-*Müller* § 115, 12.

§ 115

(1) Wird der Beschuldigte auf Grund des Haftbefehls ergriffen, so ist er unverzüglich dem zuständigen Richter vorzuführen.

(2) Der Richter hat den Beschuldigten unverzüglich nach der Vorführung, spätestens am nächsten Tage, über den Gegenstand der Beschuldigung zu vernehmen.

(3) [1] Bei der Vernehmung ist der Beschuldigte auf die ihn belastenden Umstände und sein Recht hinzuweisen, sich zur Beschuldigung zu äußern oder nicht zur Sache auszusagen. [2] Ihm ist Gelegenheit zu geben, die Verdachts- und Haftgründe zu entkräften und die Tatsachen geltend zu machen, die zu seinen Gunsten sprechen.

(4) Wird die Haft aufrechterhalten, so ist der Beschuldigte über das Recht der Beschwerde und die anderen Rechtsbehelfe (§ 117 Abs. 1, 2, § 118 Abs. 1, 2) zu belehren.

Schrifttum. *Dvorak* Unverzüglichkeit der Vorführung vor den zuständigen Richter — nur eine unverbindliche Empfehlung für die Behandlung vorläufig festgenommener Personen? StrVert. 1983 514.

Entstehungsgeschichte. Durch Art. 1 Nr. 1 StPÄG 1964 ist Absatz 3 in Übereinstimmung mit § 136 Abs. 1 gebracht und Absatz 4 angefügt worden. Die Rechtsmittelbelehrung war früher in § 115 für den Zeitpunkt der Bekanntmachung des Haftbefehls vorgesehen.

1. Inhalt. Die Vorschrift beruht, wie auch die des § 115 a, auf Art. 114 Abs. 2 **1** WeimVerf. Danach war Personen, denen die Freiheit entzogen worden ist, unverzüglich Gelegenheit zu geben, Einwendungen gegen ihre Freiheitsentziehung vorzubringen. Daß sie dazu einem Richter vorzuführen waren, war nicht bestimmt, folgte aber jedenfalls für den Strafprozeß aus der Tatsache, daß dort Verhaftungen, soweit sie nicht auf einem Strafurteil beruhen, nur ein Richter anordnen kann. Ausdrücklich angeordnet wird die unverzügliche Vorführung vor einen Richter („oder einen anderen, gesetzlich zur Ausübung richterlicher Funktionen ermächtigten Beamten") in Art. 5 Abs. 3 Satz 1 MRK. Dagegen bezieht sich Art. 104 Abs. 3 GG nur auf vorläufig Festgenommene; ihm entspricht § 128. Doch ist jener Verfassungsvorschrift der allgemeine Gedanke zu entnehmen, daß ein Verhafteter alsbald nach seiner Verhaftung Anspruch hat, richterlich gehört zu werden (*Eb. Schmidt* Nachtr. I 7).

Dieser Anspruch kann sinnvoll nur so erfüllt werden, daß der Beschuldigte dem **2** Richter vorgeführt wird, der die Strafsache kennt, und der zuständig ist, den Vollzug des Haftbefehls auszusetzen (§ 116), den Haftbefehl aufzuheben (§ 120) und die Entscheidungen zu treffen, die sich auf die Untersuchungshaft beziehen (§ 126 Abs. 1 Satz 1). Demzufolge ist der Ergriffene grundsätzlich dem **zuständigen Richter** vorzuführen und nur hilfsweise (§ 115 a Abs. 1, erster Halbsatz) dem Richter des nächsten Amtsgerichts (§ 115 a Abs. 1 zweiter Halbsatz).

2. Haftbefehl. Das Verfahren findet Anwendung, wenn der Beschuldigte auf **3** Grund eines Haftbefehls ergriffen wird. Es gilt für alle Haftbefehle (§ 114 Abs. 1, § 128 Abs. 1 Satz 2, § 230 Abs. 2, § 236; § 329 Abs. 4 Satz 1; § 453 c). Es ist gleichgültig, ob der Haftbefehl erlassen worden ist oder vollstreckt wird, bevor die öffentliche Klage erhoben worden ist, oder nach diesem Zeitpunkt, solange nur noch die Untersuchung andauert, d. h. noch kein rechtskräftiges Urteil vorliegt. Unter **Ergreifung** ist die Festnahme des Beschuldigten durch die öffentliche Gewalt zum Zweck der Vollstreckung des Haftbefehls zu verstehen (§ 114, 29). Mit der Rechtskraft des Urteils erlischt die Möglichkeit, einen Haftbefehl sowohl zu erlassen, als auch zu vollstrecken (§ 120, 35).

     Günter Wendisch

Wegen zweier Ausnahmen s. § 112, 16; 18 f. Eine weitere Ausnahme gilt für den nicht mehr der Untersuchung, sondern der **Vollstreckung** dienenden Haftbefehl des § 457 Abs. 1. Für diesen gelten, weil er nach beendeter Untersuchung ergeht, die §§ 115, 115 a nicht (OLG Königsberg DRiZ **1931** 782).

4   Die Vorführung eines **ohne Haftbefehl** Festgenommenen (§ 127 Abs. 1 und 2) zum Richter ist für Festnahmen vor Klageerhebung in § 128 Abs. 1 und für solche nach Klageerhebung in § 129 geregelt.

5   **3. Vorführung.** Das Wort „vorführen" kann (entgegen der Ansicht von *Maunz/ Dürig/Herzog* Art. 104, 42 Nr. 1 Fußn. 1) **nicht wörtlich** genommen werden. Denn der Vorführende kann nicht über die Zeit des Richters verfügen; bei größeren Gerichten hat er in der Regel gar nicht die Möglichkeit, mit dem Verhafteten selbst zum Richter zu gehen. Wo er es kann, ist es oft unangebracht, das zu tun, weil der Vorführ- und Überwachungsdienst auf die dienstlichen Bedürfnisse des Richters und des Gerichtspersonals abgestimmt und keinen Eingriffen zugänglich ist. **Vorführen** bedeutet daher, den Verhafteten in den **Machtbereich des Richters** zu bringen[1], ihn dem Richter so zu überantworten, daß dieser die Möglichkeit erhält, über die Person des Verhafteten zu verfügen, d. h. ihn durch das Personal des Gerichts oder der Haftanstalt körperlich vor sich bringen zu lassen.

6   Dazu ist der Verhaftete in der Regel in die für den Richter zuständige **Untersuchungshaftanstalt** einzuliefern (KMR-*Müller* 2) und dem Richter die Möglichkeit zu verschaffen, von dem Beginn der Untersuchungshaft Kenntnis zu nehmen. Ob der Richter das tut, ist für die **weitere Frist** des Absatzes 2 gleichgültig. Der Richter hat dafür Sorge zu tragen, daß er sie innehält. Wenn die Polizei nach Dienstschluß keinen Notdienst vorfindet und die Akten mit der Nachricht, daß der Beschuldigte in die Untersuchungshaftanstalt eingeliefert sei, in den Briefkasten einwirft, ist der Beschuldigte vorgeführt. Es ist Sache des Richters, den Vorführungsdienst so zu regeln, daß er von den Vorführungsakten unverzüglich Kenntnis erhält. Kann ein vorläufig Festgenommener nicht in den dienstlichen Machtbereich des Richters gebracht werden, etwa weil er im Anstaltslazarett oder in einem psychiatrischen Krankenhaus liegt, sind die Akten gleichwohl unverzüglich dem Richter vorzulegen (sog. **symbolische Vorführung;** Nr. 51 RiStBV; vgl. dazu Rdn. 13).

7   Zur Vorführung gehört die **Übermittlung etwaiger Akten** oder Vorgänge, die in der Hand des vorführenden Beamten oder der Behörde sind, der er angehört. Befindet sich am Sitz des Gerichts eine **Staatsanwaltschaft**, werden die Akten, wenn die Zeit es zuläßt, dort vorzulegen sein, damit durch die Anhörung (§ 33 Abs. 2) keine weitere Zeit verlorengeht. Das ist namentlich geboten, wenn die öffentliche Klage noch nicht erhoben ist, weil sich dann die Vorgänge bei der Staatsanwaltschaft befinden, diese auch ggf. nach § 120 Abs. 3 verfahren kann und der Richter regelmäßig ohne Antrag der Staatsanwaltschaft keinen Haftbefehl erlassen darf (§ 125 Abs. 1).

8   **4. Vorführungsfrist.** Der ergriffene Beschuldigte ist nach Absatz 1 unverzüglich dem zuständigen Richter vorzuführen. In der früheren Fassung (§ 114 b) war die Vorführung „unverzüglich, spätestens am Tag der Ergreifung" angeordnet, doch galt zugleich der mit dem jetzigen § 115 a Abs. 1 übereinstimmende § 114 c Abs. 1. Danach war — und ist — der Beschuldigte spätestens am Tag nach der Ergreifung dem Richter des

---

[1] *Gössel* § 5 D I a 1; *Eb. Schmidt* Nachtr. I 5;
KK-*Boujong* 2.

nächsten Amtsgerichts vorzuführen, wenn er in dieser Frist nicht dem zuständigen Richter vorgeführt werden kann. Mit der neuen Fassung des § 115 Abs. 1 soll das Verhältnis beider Vorschriften klarer dargestellt werden: Der Beschuldigte ist auf jeden Fall **spätestens am Tage nach der Ergreifung** dem Richter vorzuführen, und zwar entweder dem zuständigen Richter oder dem Richter des nächsten Amtsgerichts (Begr. BTDrucks. IV 178, S. 23). Die beiden Richter stehen dem vorführenden Beamten aber nicht zur Wahl (§ 115 a, 3).

Die Vorführung ist unverzüglich nach der Festnahme, spätestens am Tag nach **9** ihr, zu bewirken. **Tag** ist jeder Kalendertag, so daß die Vorführung auch an Werktagen, an denen nicht gearbeitet wird, namentlich an Sonnabenden, und an Sonn- und Feiertagen durchzuführen und die Möglichkeit dazu durch die Dienstgestaltung sicherzustellen ist. **Unverzüglich** bedeutet: ohne jede durch die Lage der Sache nicht gerechtfertigte Verzögerung oder positiv ausgedrückt: mit der nach Lage der Sache und unter Berücksichtigung der Geschäftsverhältnisse der beteiligten Behörden notwendigen Beschleunigung. Weitere Ermittlungen zur Sachaufklärung rechtfertigen keine Verzögerung[2], doch darf der Beamte ein Protokoll aufnehmen und einen Festnahmebericht fertigen. Der Vorführende darf die Frist **nicht ausnutzen**: wenn irgend möglich, muß er den Verhafteten früher als am Tag nach der Ergreifung einliefern (OLG Frankfurt HESt 2 350). Die Frist gestattet im Grundsatz **keinerlei Verlängerung**. Sie kann nur in Fällen höherer Gewalt (Krieg, Seuchen, Streik) überschritten werden. Gleichwohl führt eine Fristüberschreitung nicht zur Freilassung des Verhafteten[3].

5. Vorführung zum zuständigen Richter. Den Verhafteten innerhalb der Vorführ- **10** rungsfrist dem zuständigen Richter vorzuführen, muß das Ziel der Beamten sein, die mit der Vorführung befaßt sind. Sie und ihre Dienststellen sind dafür verantwortlich, daß dem Gesetz, soweit das irgend möglich ist, genügt wird. Zur Überführung ist ein **Einzeltransport** zu wählen, wenn dadurch der zuständige Richter noch rechtzeitig erreicht werden kann[4]. Der Umstand, daß das bei einem Sammeltransport nicht möglich ist, berechtigt allein dann von der Vorführung zum zuständigen Richter abzusehen und den Richter des nächsten Amtsgerichts zu wählen, wenn Sicherheitsgründe dem Einzeltransport entgegenstehen. Ein **Verzicht** auf die innerhalb der Frist mögliche Vorführung zum zuständigen Richter ist ohne Wirkung[5]. Das gilt auch für die Unverzüglichkeit (*Eb. Schmidt* Nachtr. I 10). Die Einwilligung des Beschuldigten, später vorgeführt zu werden, damit zunächst Zeugen vernommen und dem Beschuldigten gegenübergestellt werden, ist wirkungslos; sie ist bei einem nicht in Freiheit Befindlichen niemals mit Sicherheit völlig frei.

Der **zuständige Richter** ist in der Regel derjenige, der den Haftbefehl erlassen **11** hat. In Ausnahmefällen ist ein Zuständigkeitswechsel denkbar; der zuständige Richter ist dann nach § 126 zu ermitteln. Er wird der Staatsanwaltschaft, die die Vollstreckung des Haftbefehls angeordnet hat (§ 36 Abs. 2 Satz 1) bekannt sein; diese wird den festnehmenden Beamten benachrichtigen. Liegen die Akten — etwa zufolge der Beschwerde des Verteidigers eines flüchtigen und dann wieder ergriffenen Verhafteten — beim Beschwerdegericht, so ist nicht dieses zuständig, sondern vor Klageerhebung der Richter beim Amtsgericht, der den Haftbefehl erlassen hat (§ 126 Abs. 1 Satz 1 in Verb. mit § 125

---

[2] *Eb. Schmidt* Nachtr. I 7; KK-*Boujong* 4; KMR-*Müller* 3; *Dvorak* 515, 516.
[3] *Gössel* § 5 D I a 2 bis 4; KK-*Boujong* 5; 13; KMR-*Müller* 5; *Kleinknecht/Meyer* 2; **a.A.** *Kühne* 204.

[4] *Waldschmidt* NJW **1965** 1577; *Eb. Schmidt* Nachtr. I 6; 8; KK-*Boujong* 5; **a.A.** KMR-*Müller* § 115 a, 1.
[5] *Eb. Schmidt* Nachtr. I 10; KK-*Boujong* 6; *Dvorak* 515.

Günter Wendisch

Abs. 1), und nach diesem Zeitpunkt das Gericht, das mit der Sache befaßt ist (§ 126 Abs. 2).

12   **6. Zeitpunkt der Vernehmung.** Der zuständige Richter — wie auch der des nächsten Amtsgerichts — hat den Beschuldigten unverzüglich nach der Vorführung, spätestens am Tag nach ihr, zu vernehmen. Für die Begriffe „unverzüglich" und „Tag" gilt das zu Rdn. 9 Ausgeführte. Die Notwendigkeit, die Sache durchzuarbeiten, und die „sachlichen Gegebenheiten des Dienstbetriebs" (LG Düsseldorf DRiZ **1967** 308) rechtfertigen einen Aufschub, der seine äußerste Grenze am Ende des Tages nach der Vorführung findet. Da die Vorführung darin liegt, den Beschuldigten für den Richter bereitzustellen, kommt es nicht darauf an, wann diesem die Akten vorgelegt werden. Ist der Gefangene am Sonnabend nachmittag eingeliefert worden, dann läuft die Vernehmungsfrist am Sonntag ab, auch wenn der Richter erst an diesem Tage Kenntnis von der Einlieferung und von den Akten erhält. Es ist seine Amtspflicht, die technischen Voraussetzungen zu schaffen, daß ihm Vorführungen rechtzeitig zur Kenntnis gebracht werden, und daß er die Vernehmung auch an Sonnabenden, Sonn- und Festtagen und, wenn die Frist abzulaufen droht, auch sonst außerhalb der Dienststunden durchführen kann.

13   Die **Vernehmungsfrist** des Absatzes 2 kann, ebenso wie die Vorführungsfrist (Rdn. 9), grundsätzlich nicht verlängert werden, jedoch gestattet höhere Gewalt (Krieg, Seuchen, Streik) Ausnahmen. Eine **Ausnahme** kann sich aus dem Zustand des Beschuldigten ergeben: Kann ein Verhafteter nicht in den Machtbereich des Richters gebracht werden (Rdn. 5 f), dann ist es dessen Pflicht, sich entweder selbst zur Vernehmung an den Verwahrungsort (Anstaltslazarett usw.) zu begeben oder den Richter des nächsten Amtsgerichts (§ 115 a) um die unverzügliche Vernehmung zu ersuchen. Diese Verpflichtung ruht indessen, solange der Beschuldigte nicht vernehmungsfähig ist, etwa weil er operiert werden mußte oder weil er einen Selbstmordversuch unternommen hatte. Die Vernehmungsunfähigkeit muß, jedenfalls bei einem Zeitraum von mehreren Tagen, amtsärztlich festgestellt werden; es ist fortlaufend zu prüfen, ob sie behoben ist. Ist das der Fall, ist die Vernehmung unverzüglich (Rdn. 9) nachzuholen. Die Verschiebung auf den nächsten Tag (§ 115 Abs. 2) wird je nach dem Zeitpunkt der Benachrichtigung und der Geschäftslage für möglich erachtet, ist aber tunlichst zu vermeiden.

14   **7. Form der Vernehmung.** Der zuständige Richter, wie auch der Richter des nächsten Amtsgerichts, hat einen Urkundsbeamten zuzuziehen. Über die Vernehmung ist ein Protokoll aufzunehmen (§ 168); dieses ist vom Beschuldigten zu unterschreiben, oder es ist darin anzugeben, weshalb die Unterschrift unterblieben ist (§ 168 a Abs. 1, 3). Ist zuständiges Gericht ein **Kollegialgericht**, kann es den Beschuldigten in Beschlußbesetzung vernehmen, die Vernehmung aber auch einem beauftragten Richter (§ 126, 30) übertragen. Von diesem Fall abgesehen, ist es **unzulässig**, daß der zuständige Richter die Vernehmung nicht selbst vornimmt, sondern im Weg der **Rechtshilfe** den Richter des nächsten Amtsgerichts oder sonst ein Amtsgericht darum ersucht (OLG Köln JMBlNRW **1968** 129). Das ergibt sich aus der gesetzlichen Regelung, mit der die zwei Richter, der zuständige und der des nächsten Amtsgerichts, für ausschließlich zuständig erklärt werden. Das in § 115 a Abs. 3 Satz 1 dem Beschuldigten eingeräumte Recht, zu verlangen, daß er dem zuständigen Richter vorgeführt werde, wäre wertlos, wenn der zuständige Richter seine Vernehmungsaufgabe auf einen anderen Richter übertragen könnte.

15   Die Vernehmung zur Tatfrage kann unterbleiben, wenn der Haftbefehl ergeht, nachdem der Angeklagte in der **Hauptverhandlung** vernommen worden ist, namentlich wenn der Haftbefehl im Anschluß an die Vernehmung oder unmittelbar nach der Urteilsverkündung erlassen wird; sie wäre dann eine leere Formalität. Dagegen muß der Angeklagte stets, also auch in den genannten Fällen, zu den Haftgründen vernommen werden. Findet die Hauptverhandlung am Tage der Vorführung, oder wenn der Beschuldigte erst am Tage nach der Ergreifung vernommen werden kann, an diesem Tage statt, dann kann die Vernehmung mit der nach § 243 Abs. 2 Satz 2 verbunden werden; sie muß dann aber auf den besonderen Inhalt des Absatzes 3 erstreckt werden.

An der Vernehmung können **Staatsanwalt und Verteidiger** teilnehmen (§ 168 c **16** Abs. 1). Sie sind von dem Termin zu benachrichtigen, soweit das möglich ist, ohne daß der Untersuchungserfolg gefährdet wird. Sie können aber nicht verlangen, daß der Termin verlegt werde (§ 168 c Abs. 5). Die **Benachrichtigung** der Staatsanwaltschaft (fernmündlich von Kanzlei zu Kanzlei) bietet keine Schwierigkeit. Daß der Beschuldigte einen Verteidiger hat, wird der Richter oft nicht wissen; meist wird der Beschuldigte noch keinen gewählt haben. Wünscht der Beschuldigte einen Verteidiger zu bestellen und zuzuziehen, ist ihm Gelegenheit zu geben, das — in der Regel fernmündlich — zu tun. Der Richter wird dann (trotz § 168 c Abs. 5 Satz 2) die Vernehmung um einige Stunden zurückstellen, doch darf er die Fristen des § 115 Abs. 2 (und des § 115 a Abs. 2 Satz 1) nicht überschreiten.

8. Inhalt der Vernehmung. Der Beschuldigte ist über den Gegenstand der Beschul- **17** digung zu vernehmen (Absatz 2). Dabei sind mit ihm die belastenden Umstände und die Verdachts- und Haftgründe zu erörtern (Absatz 3). Die Erwähnung der Gründe für den (dringenden) Verdacht weist auf die Notwendigkeit hin, dem Beschuldigten die Beweisgrundlage mitzuteilen. Ihm soll Gelegenheit gegeben werden, die Verdachts- und Haftgründe zu entkräften und die Tatsachen geltend zu machen, die zu seinen Gunsten sprechen (Absatz 3 Satz 2). Daher darf der Richter nicht warten, ob der Beschuldigte Erklärungen abgeben will; er hat ihn vielmehr ausdrücklich darauf hinzuweisen, daß er das tun kann. Haftgründe sind sowohl die in § 112 Abs. 2 aufgeführten (Flucht, Fluchtgefahr, Verdunkelungsgefahr) als auch der des § 112 a Abs. 1 (Wiederholungsgefahr). Bei der Verhaftung wegen eines Verbrechens wider das Leben (§ 112 Abs. 4) sind die Umstände zu erörtern, die der Verhaftung nach der Rechtsprechung des Bundesverfassungsgerichts zugrunde liegen (§ 112, 52).

Die Vorschriften enthalten eine Verstärkung der richterlichen Verpflichtung ge- **18** genüber sonstigen Vernehmungen. Sie ist in der Notwendigkeit der Fürsorge für den von der Außenwelt abgeschnittenen Gefangenen begründet. Das rechtfertigt die **Erweiterung gegenüber § 136**[6], der indessen zusätzlich zu beachten ist. Diese Vorschrift gilt für jede erste Vernehmung (a. A. *Dreves* DRiZ **1965** 113; *Gegenfurtner* DRiZ **1965** 334), also auch für die nach § 115. Nach § 136 Abs. 1, dessen Inhalt nur teilweise in § 115 Abs. 3 wiederholt wird, ist der Beschuldigte darauf hinzuweisen, daß es ihm freistehe, sich zu der Beschuldigung zu äußern oder nicht zur Sache auszusagen; daß er jederzeit, auch schon vor seiner Vernehmung, einen von ihm zu wählenden Verteidiger befragen darf; in geeigneten Fällen auch, daß er sich schriftlich äußern kann. Verweigert der Beschuldigte seine Einlassung, dürfen daraus keine Schlüsse zu seinem Nachteil gezogen werden.

Veranlaßt die Vernehmung zu einer der angeführten Voraussetzungen den Rich- **19** ter, den **Haftbefehl aufzuheben** (§ 120), den Vollzug des Haftbefehls auszusetzen

---

[6] *Kleinknecht* JZ **1965** 155; *Kleinknecht/Meyer* 6.

Günter Wendisch

(§ 116) oder bei einem Jugendlichen von der Vollstreckung des Haftbefehls abzusehen (§ 72 Abs. 1 JGG), wird er die Vernehmung nur dann auf weitere Voraussetzungen erstrecken, wenn er — bei zweifelhafter Sachlage — mit Beschwerde der Staatsanwaltschaft rechnen muß (*Lobe/Alsberg* § 114, II 2 a).

20   **9. Entscheidung.** Der zuständige Richter hat sämtliche Voraussetzungen eines Haftbefehls (§ 112, 2) in vollem Umfang zu prüfen und danach zu entscheiden, ob der Haftbefehl aufrechtzuerhalten oder aufzuheben (§ 120), zu ergänzen (§ 114, 58 ff), der Vollzug (§ 116 Abs. 1 bis 3) oder bei einem Jugendlichen die Vollstreckung des Haftbefehls auszusetzen ist (§ 72 Abs. 1 JGG). Beweisanträgen des Beschuldigten, die auf eine Freilassung zielen, hat er dazu nachzukommen (§ 166 Abs. 1). War der Staatsanwalt trotz Benachrichtigung im Termin nicht anwesend, findet § 33 Abs. 2 keine Anwendung[7].

21   **10. Rechtsmittelbelehrung.** Hält der zuständige Richter die Haft aufrecht, hat er den Beschuldigten über das Recht der Beschwerde (§ 304 Abs. 1, 4 Satz 2 zweiter Satzteil Nr. 1) und über die Rechtsbehelfe der Haftprüfung (§ 117 Abs. 1) sowie der mündlichen Verhandlung im Haftprüfungsverfahren (§ 118 Abs. 1) und im Beschwerdeverfahren (§ 118 Abs. 2) zu belehren (Absatz 4) und ihn darauf hinzuweisen, daß durch den Antrag auf Haftprüfung die Beschwerde ausgeschlossen wird (§ 117 Abs. 2).

22   Im Falle des § 115 a Abs. 3 wird dagegen die Wendung gebraucht: Wird der Beschuldigte nicht freigelassen. Bei dieser Abweichung könnten **Zweifel** bestehen, ob in Absatz 4 („die Haft aufrechterhalten") der Vollzug oder die Anordnung der Haft gemeint ist, zumal da die Haftbeschwerde zulässig bleibt, auch wenn der Vollzug des Haftbefehls ausgesetzt wird. Da aber Haftprüfung und mündliche Verhandlung bei ihr nur zulässig sind, wenn die Untersuchungshaft vollzogen wird (§ 117, 6), wäre eine Anordnung sinnlos, die Belehrung auch bei einem nicht vollzogenen Haftbefehl vorschriebe. Daher kann sich das Wort „Haft" in Absatz 4 nur auf den Vollzug der Haft, nicht aber auf ihre Anordnung beziehen. Demzufolge bedeutet der Wortlaut in Absatz 4 dasselbe wie in § 115 a Abs. 3: Die **Belehrung** ist **nur** zu erteilen, **wenn** der Beschuldigte **in Haft** verbleibt; sie entfällt, wenn der Vollzug der Haft nicht aufrechterhalten, d. h. der Beschuldigte freigelassen wird, mag auch die Anordnung der Untersuchungshaft, der Haftbefehl, selbst bestehen bleiben, wie das bei der Aussetzung des Vollzugs der Untersuchungshaft nach § 116 Abs. 1 bis 3 oder nach § 72 Abs. 1 JGG der Fall ist.

23   Die **Belehrung** hat das zuständige Gericht stets zu geben, es sei denn, daß der Haftbefehl von einem Strafsenat als Rechtsmittelgericht erlassen worden ist (§ 304 Abs. 4). Dagegen ist der Beschuldigte über die Möglichkeit, weitere Beschwerde einzulegen, wo sie statthaft ist (§ 310 Abs. 1), nicht zu belehren. Eine Belehrung des **gesetzlichen Vertreters** (§ 118 b, § 298 Abs. 1) ist nicht vorgeschrieben und in der Regel nicht angebracht.

24   Erläßt das **Oberlandesgericht** oder der Bundesgerichtshof einen in der unteren Instanz abgelehnten oder aufgehobenen Haftbefehl auf Beschwerde der Staatsanwaltschaft, ohne den Beschuldigten vorher zu hören (§ 33 Abs. 4), so hat es den Beschuldigten auf seinen Antrag oder, wenn er einen solchen nicht stellt, von Amts wegen nachträglich zu hören (§ 311 a Abs. 1).

25   **11.** Wegen der **Beschwerde** gilt das zu § 114, 45 ff Ausgeführte.

---

[7] KK-*Boujong* 14; KMR-*Müller* 9.

12. Mehrere Haftbefehle. Liegen mehrere Haftbefehle vor, ist der Verfolgte allen **26** zuständigen Richtern nacheinander vorzuführen, doch wird in der Regel feststehen, daß er nicht allen am Tage nach der Ergreifung vorgeführt werden kann. Der vorführende Beamte muß daher zunächst die Vorführungen so weit bewirken, als das bis zum Tage nach der Festnahme möglich ist. Kann er mehrere Richter erreichen, hat er den nächsten von ihnen auszuwählen, doch ist es gerechtfertigt, wenn er den Beschuldigten zu dem Gericht vorführt, das den Haftbefehl wegen des schwersten Delikts erlassen hat. Nachdem der Beschuldigte von diesem vernommen worden ist, ist er den nächsten weiter zuständigen Richtern vorzuführen, wenn das noch am Tage nach der Festnahme geschehen kann.

Wird ein Haftbefehl nicht vollzogen, sondern nur **Überhaft** notiert, dann finden **27** §§ 115, 115 a erst Anwendung, wenn die Überhaft vollstreckt wird (OLG Königsberg JW **1932** 965; a. A. *Kunt* DStRZ **1920** 46). Alsdann ist — wofür Gericht und Staatsanwaltschaft durch Fristnotierung Sorge zu tragen haben — das Verfahren durchzuführen, doch ist es nicht unzulässig, das schon vorher zu tun[8].

§ 115 a

(1) Kann der Beschuldigte nicht spätestens am Tage nach der Ergreifung vor den zuständigen Richter gestellt werden, so ist er unverzüglich, spätestens am Tage nach der Ergreifung, dem Richter des nächsten Amtsgericht vorzuführen.

(2) [1]Der Richter hat den Beschuldigten unverzüglich nach der Vorführung, spätestens am nächsten Tage, zu vernehmen. [2]Bei der Vernehmung wird, soweit möglich, § 115 Abs. 3 angewandt. [3]Ergibt sich bei der Vernehmung, daß der Haftbefehl aufgehoben oder der Ergriffene nicht die in dem Haftbefehl bezeichnete Person ist, so ist der Ergriffene freizulassen. [4]Erhebt dieser sonst gegen den Haftbefehl oder dessen Vollzug Einwendungen, die nicht offensichtlich unbegründet sind, oder hat der Richter Bedenken gegen die Aufrechterhaltung der Haft, so teilt er sie dem zuständigen Richter unverzüglich und auf dem nach den Umständen angezeigten schnellsten Wege mit.

(3) [1]Wird der Beschuldigte nicht freigelassen, so ist er auf sein Verlangen dem zuständigen Richter zur Vernehmung nach § 115 vorzuführen. [2]Der Beschuldigte ist auf dieses Recht hinzuweisen und gemäß § 115 Abs. 4 zu belehren.

Schrifttum. *Enzian* Die Freilassungsbefugnis des nächsten Amtsrichters, NJW **1956** 1786; *Enzian* Befehlsverweigerung oder blinder Gehorsam des Vorführungsrichters gegenüber unbegründeten Haftbefehlen: § 115 a StPO? NJW **1973** 839; *Claus Schröder* Zur Kompetenz des Richters beim nächsten Amtsgericht, NJW **1981** 1425; *Seetzen* Kompetenzverteilung zwischen Haftrichter und nächstem Amtsrichter, NJW **1972** 1889.

Entstehungsgeschichte. Die Vorschrift ist durch Art. 1 Nr. 1 StPÄG 1964 in dreifacher Hinsicht geändert worden: Einmal ist in Absatz 1 die Vorführung, die bisher nur auf Verlangen des Beschuldigten zu bewirken war, obligatorisch gemacht worden. Zum anderen ist Satz 4 des Absatz 2 angefügt worden. Endlich ist in Absatz 3 bestimmt worden, daß der nicht freigelassene Beschuldigte nur auf sein Verlangen dem zuständigen Richter vorzuführen ist. Durch Art. 1 Nr. 29 des 1. StrRG sind die Richterbezeichnungen geändert worden.

---

[8] *Eb. Schmidt* Nachtr. I 19; KK-*Boujong* 16.

Günter Wendisch

1   **1. Richter des nächsten Amtsgerichts** ist nicht der des räumlich nächsten Amtsgerichts, sondern desjenigen, das im Hinblick auf die Verkehrsmittel und -möglichkeiten am raschesten erreicht werden kann. Das Gericht braucht seinen Sitz nicht in dem Bezirk zu haben, in dem der Beschuldigte verhaftet worden ist. Nach Wortlaut und Zweck des Gesetzes ist es gleichgültig, ob der Richter, wenn die Landesregierung oder die von ihr ermächtigte Landesjustizverwaltung Strafsachen bestimmten Amtsgerichten aufgrund des § 58 Abs. 1 GVG zugewiesen hat, zuständig ist, Straf- und Haftsachen zu bearbeiten.

2   Der vorführende Beamte hat jedoch auf solche Zuweisungen, wie auch darauf, ob sich am Gerichtsort **Hafträume** befinden, Bedacht zu nehmen. Das mit einem Haftrichter besetzte und mit Hafträumen versehene Amtsgericht ist diesenfalls das nächste. Der vorführende Beamte kann zu diesem Verfahren durch eine allgemeine Anweisung angehalten werden. Die Verzögerung, die eintritt, weil er solche Umstände beachtet, ist nach der Sachlage gerechtfertigt. Wird jedoch die **Frist** — Tag nach der Ergreifung — **in Frage gestellt**, dann hat der vorführende Beamte alle anderen Erwägungen beiseitezusetzen und den Beschuldigten dem Richter des nächsten Amtsgerichts vorzuführen, das er fristgerecht erreichen kann. Denn nur beim Richter kann sich der Beschuldigte mit Sicherheit gegen unzulässige, etwa zu lang ausgedehnte, Vernehmungen wehren und die Pflicht auslösen, Angehörige zu benachrichtigen (§ 114 b Abs. 1). Nach der Vernehmung ist er dem mit Hafteinrichtungen versehenen nächsten Amtsgericht weiterzuleiten, wenn er nicht alsbald zu dem zuständigen Richter, sei es auf Verlangen (Rdn. 15), sei es von Amts wegen (Rdn. 17), gebracht werden kann.

3   **2. Vorführung.** Der Wortlaut (*„kann der Beschuldigte nicht . . . vor den zuständigen Richter gestellt werden"*) scheint die objektive Unmöglichkeit des Verfahrens nach § 115 als Bedingung desjenigen nach § 115 a aufzustellen. Das kann jedoch nicht der Sinn der Bestimmung sein. Denn dann fände überhaupt keine Vorführung, auch nicht vor dem Richter des nächsten Amtsgerichts statt, wenn die vor dem zuständigen möglich war, aber versäumt worden oder die Möglichkeit dazu (Einzeltransport) verkannt worden ist. Der Beschuldigte ist aber auch in diesen Fällen dem Richter des nächsten Amtsgerichts vorzuführen. Mit der Fassung soll nur nochmals darauf hingewiesen werden, daß § 115 a gegenüber § 115 nur hilfsweise anzuwenden ist. Keinesfalls darf der Beschuldigte dem Richter des nächsten Amtsgerichts nur aus Bequemlichkeit oder Routine vorgeführt werden. Das Verfahren ist nur zulässig, wenn der Beschuldigte nicht bis zum Endes des Tages nach seiner Ergreifung vor den zuständigen Richter gebracht werden kann (AG Krefeld MDR **1966** 691).

4   In diesem Fall aber ist es unerläßlich und **unverzichtbar.** Die Vorführung zum Richter des nächsten Amtsgerichts darf nicht etwa deshalb aufgeschoben werden, weil der Beschuldigte damit einverstanden ist, unter Fristversäumnis vor den zuständigen Richter gebracht zu werden. Ein solches Vorgehen widerspricht den Verfassungsgarantien des Art. 104 Abs. 2 Satz 3 und Abs. 3 GG (KK-*Boujong* 1). Denn die Gewalt über den Verhafteten soll am Tag nach der Verhaftung von der Polizei auf den Richter übergehen. Diese Kontrolle der Freiheitsentziehung liegt im öffentlichen Interesse und kann nicht der Verfügung des Beschuldigten überlassen werden. Das folgt auch aus dem System der §§ 115, 115 a. Diesem ist ein doppelter Zweck zu entnehmen: Einmal soll der Beschuldigte in richterliche Obhut gelangen, zum anderen soll die Möglichkeit geboten werden, die Untersuchung zu fördern. Indem die neue Fassung des Absatzes 3 es dem zum Richter des nächsten Amtsgerichts Gebrachten überläßt, ob er es dabei bewenden lassen oder seine Vorführung zum zuständigen Richter verlangen will, wird der Gesichtspunkt der Sachförderung zurückgesetzt und der Initiative des Richters, des Staatsanwalts oder des Beschuldigten größere Bedeutung eingeräumt. Damit wird zugleich das Gewicht der Vorschrift mehr auf ihren ersten Zweck verlagert, in kurzer Frist die alleinige Gewalt des Richters über den der Freiheit beraubten Beschuldigten sicherzustellen.

3. Wegen der **Vorführungsfrist** und des Begriffs unverzüglich s. § 115, 8; 9. Lie- **5** gen **mehrere Haftbefehle** vor, und ist es nicht möglich, den Beschuldigten allen zuständigen Richtern spätestens am Tag nach der Ergreifung vorzuführen (§ 115, 8), ist der Beschuldigte dem Richter des nächsten Amtsgerichts wegen aller noch unerledigten Haftbefehle vorzuführen. Ist einer der zuständigen Richter, denen der Beschuldigte bis zum Tag nach der Festnahme vorgeführt wird, Richter bei einem Amtsgericht, ist er zugleich der Richter des nächsten Amtsgerichts für alle Haftbefehle, wegen deren der Beschuldigte nicht mehr bis zum Tag nach der Ergreifung dem zuständigen Gericht vorgeführt werden kann. Ein **Kollegialgericht** hat keine Zuständigkeit, die Geschäfte des Richters des nächsten Amtsgericht zu übernehmen (**a. A.** *Eb. Schmidt* § 115 b, 2 a).

Nach der Vernehmung durch den Richter des nächsten Amtsgerichts ist der Be- **6** schuldigte **nacheinander** denjenigen zuständigen Richtern, die ihn noch nicht vernommen haben, **vorzuführen**, zu denen er die Vorführung verlangt. Diese Umständlichkeit wird sich vermeiden lassen, wenn die beteiligten Richter unter sich Fühlung nehmen und vereinbaren, daß nur einer der Haftbefehle vollstreckt, für die anderen aber Überhaft vermerkt wird.

4. Vernehmung. Der Richter des nächsten Amtsgerichts hat seine Vernehmung, **7** soweit möglich, ebenso zu gestalten wie der zuständige Richter (§ 115, 17 ff). Die Möglichkeit besteht immer für die in § 115 Abs. 3 Satz 1 und in § 136 Abs. 1 Satz 2ff aufgeführten Hinweise auf die Rechte des Beschuldigten. Im übrigen muß die Vernehmung in der Regel notwendigerweise von der des zuständigen Richters **abweichen**. Der Hinweis auf die belastenden Umstände (§ 115 Abs. 3) setzt ebenso Aktenkenntnis voraus wie das Einräumen von Gelegenheit, den dringenden Tatverdacht und die Haftgründe zu entkräften. Diese Kenntnis fehlt dem Richter des nächsten Amtsgerichts. Gleichwohl muß er versuchen, seiner Verpflichtung nachzukommen; die Erfahrung in der Bearbeitung von Haftsachen wird ihm dabei Hilfe leisten, mehr zu tun, als den Haftbefehl zu erläutern und Erklärungen entgegenzunehmen. Um diese Verpflichtung erfüllen zu können, hat sich der Richter des nächsten Amtsgerichts ggf. mit dem zuständigen Richter **ins Benehmen zu setzen** (Absatz 2 Satz 3). Dazu hat er den schnellsten Weg zu wählen. Das wird in der Regel ein Ferngespräch sein; wenn der zuständige Richter auf diese Weise nicht alsbald zu erreichen ist, ein Fernschreiben.

5. Entscheidung. Hinsichtlich der Entscheidung hat der Richter des nächsten **8** Amtsgerichts weit geringere Befugnisse als der zuständige Richter. Ihm ist, weil er immer nur beschränkt unterrichtet sein kann, zu Recht nicht die Macht erteilt, über den Haftbefehl zu verfügen. Daher darf er aus eigenem Recht weder den Haftbefehl aufheben, noch dessen Vollzug, sei es nach § 116, sei es (so *Lang* DJZ **1927** 780; *Seetzen* 1890) vorläufig, aussetzen, bis der zuständige Richter entschieden hat[1].

Der Prüfung des Richters des nächsten Amtsgerichts unterliegen nur die Fragen, **9** ob ein **wirksamer Haftbefehl** besteht, d. h. ob ein Haftbefehl von einem Gericht erlassen

---

[1] *Schlüchter* 225; *Eb. Schmidt* Nachtr. I 7; KK-*Boujong* 4; KMR-*Müller* 7; *Kleinknecht/Janischowsky* 178; *Kleinknecht/Meyer* 3; **a.A.** *Dreves* DRiZ **1965** 113; *Seetzen* NJW **1972** 1889; *Enzian* NJW **1973** 838; *Cl. Schröder* 1427.

Günter Wendisch

(§ 114, 4) und, wenn dies geschehen, nicht wieder aufgehoben ist, sowie ob der Ergriffene und der Verfolgte personengleich sind. Muß der Richter des nächsten Amtsgerichts diese Fragen verneinen, hat er den Beschuldigten freizulassen. Dagegen darf er die Wirksamkeit des Haftbefehls nicht verneinen, weil die beigefügte **Begründung** — z. B. Annahme von Verdunkelungsgefahr, „weil die Ermittlungen noch nicht abgeschlossen sind" — fehlerhaft ist[2]. Denn ihm fehlen die Unterlagen, aus denen sich durchaus ergeben kann, daß der Haftrichter bei einem guten Haftgrund eine schlechte Begründung gegeben hat. Mängel in der Begründung des Haftbefehls können zudem jederzeit behoben werden.

10　　Ebenso darf der Richter des nächsten Amtsgerichts einen Haftbefehl nicht deshalb aufheben (so *Dreves* DRiZ **1965** 113), weil **Verjährung oder Amnestie** vorliegen kann; oder weil die rechtskräftige Erledigung der Sache oder die Unschuld urkundlich erwiesen ist. Der letzte Punkt bedarf keiner Widerlegung. Die Verjährung kann unterbrochen, die Angabe der unterbrechenden Akte im Haftbefehl übersehen worden sein. Amnestievoraussetzungen sind nicht immer eindeutig; meist kommt es auf die Strafe an, die der Täter zu erwarten hat, oft gibt es Amnestiehindernisse und regelmäßig können weitere Taten die Einstellung ausschließen[3]. Das alles kann der Richter des nächsten Amtsgerichts nicht beurteilen. Die Frage der anderweiten Verurteilung ist stets schwierig und ohne Akten nicht zu entscheiden. Der Text des § 115 a ist eindeutig. Die Vorschrift hat zwar nur einen beschränkten Zweck; sie ist aber nicht, wie *Dreves* meint, sinnlos, wenn man die Befugnis des Richters des nächsten Amtsgerichts verneint, in weiteren Fällen als in Absatz 2 Satz 2 angegeben, den Haftbefehl aufzuheben.

11　　*Enzian* (NJW **1973** 839) sieht den Richter des nächsten Amtsgerichts als „Befehlsempfänger" des Richters an, der den Haftbefehl erlassen hat, und räumt jenem das Recht der **„Befehlsverweigerung"** ein, wenn der Haftbefehl offensichtlich unbegründet ist. Wenn es richtig wäre, daß der Richter des nächsten Amtsgerichts „Befehle" des zuständigen Richters ausführte, wäre er in der „Befehlsverweigerung" nicht frei, sondern ans Gesetz gebunden, das, wie an vielen Stellen, die Aufgaben geteilt hat. Diese Aufgabenteilung führte dazu, daß der „Befehlsempfänger" nicht rechtswidrig handelte, wenn Fehler in dem ihm verschlossenen Bereich vorliegen. Indessen ist schon der Ansatz unzutreffend. Die Tätigkeit des Richters des nächsten Amtsgerichts ist **keine „Vollzugsmaßnahme**, in die er eingeschaltet ist", und bei der er Befehle des Richters, der den Haftbefehl erlassen hat, auszuführen hätte. Sie ist vielmehr eine selbständige, dem Richter des nächsten Amtsgerichts durch Gesetz zugewiesene und durch Gesetz begrenzte richterliche Aufgabe in einer bestimmten Prozeßlage. Die §§ 156 bis 159 GVG finden keine Anwendung (Vor § 156 GVG Anm. IX 1). Denn der Richter nach § 115 a ist kein ersuchtes Gericht i. S. des § 157 GVG (KG JR **1976** 253).

12　　**6. Mitteilung an den zuständigen Richter.** Schon die Frage, ob ein Haftbefehl (noch) besteht, wird sich nicht immer allein aus der Vernehmung und aus den Ausschreibungsunterlagen ergeben, sondern ggf. durch Rückfragen beim zuständigen Richter geklärt werden müssen. Die Verpflichtung, mit diesem ins Benehmen zu treten, wird in Absatz 2 Satz 3 dem Richter des nächsten Amtsgerichts auferlegt, wenn der Beschuldigte Einwendungen gegen den Haftbefehl oder dessen Vollzug erhebt, die nicht offensichtlich unbegründet sind, oder wenn der Richter des nächsten Amtsgerichts selbst Beden-

---

[2] *Schlüchter* 225; KK-*Boujong* 4; **a.A.** *Enzian* NJW **1973** 838; *Cl. Schröder* 1427 (für erhebliche Mängel).

[3] Wegen der Amnestiehindernisse s. z. B. § 9 Abs. 2, wegen Ausschluß der Amnestie § 11 StrFG 1954; § 5 StFG 1970.

ken trägt, die Haft aufrechtzuerhalten. In diesen Fällen hat er die Einwendungen oder Bedenken dem zuständigen Richter fernmündlich (wegen weiterer Rückfragen besser als fernschriftlich) mitzuteilen, dessen Entscheidung herbeizuführen und diese, wenn sie in einer Freilassung besteht, im Wege der Rechtshilfe durchzuführen.

Die **Einwendungen des Beschuldigten** können sich gegen den Tatverdacht oder **13** gegen den Haftgrund richten. Sie können aber auch — unter Berufung auf § 116 Abs. 1 bis 3 oder auf § 72 Abs. 1 JGG — allein gegen den Vollzug des Haftbefehls erhoben werden. Bedenken des Richters des nächsten Amtsgerichts, die Haft aufrechtzuerhalten, werden z. B. entstehen, wenn er Verjährung oder Amnestie annehmen kann, oder wenn er nach den ihm bekannten Umständen erkennt, daß der zuständige Richter irrigerweise Fluchtgefahr angenommen hatte, oder daß eine früher zu Recht angenommene inzwischen weggefallen ist. Die Pflicht, Einwendungen dem zuständigen Richter mitzuteilen, entfällt, wenn sie **offensichtlich unbegründet** sind. Das ist der Fall, wenn auf der Hand liegt, daß sie entweder unglaubhaft sind, oder daß sie keinen Einfluß auf die Entscheidung haben können.

7. Wegen der Beschwerde gilt das zu § 114, 45 ff Ausgeführte. Da die Aufgabe **14** des Richters des nächsten Amtsgerichts eine eigenständige und keine Rechtshilfe ist, scheidet der Weg des § 159 GVG aus (KG JR **1976** 253).

8. Vorführung zum zuständigen Gericht

a) Vorführung. Hat der Richter des nächsten Amtsgerichts den Beschuldigten **15** nicht freigelassen, kann dieser verlangen, daß er dem zuständigen Richter vorgeführt werde (§ 115a Abs. 3 Satz 1). Verlangt der Beschuldigte, dem zuständigen Richter vorgeführt zu werden, dann ist dem **unverzüglich** nachzukommen. Das Gesetz sagt das zwar nicht, es ist ihm aber zu entnehmen. Denn die Vorführung zum Richter des nächsten Amtsgerichts ist nur ein Behelf. Der Beschuldigte kann sämtliche Möglichkeiten, die Freilassung zu erzielen, nur dadurch ausschöpfen, daß der zuständige Richter ihn vernimmt und entscheidet. Daher kann in allen Fällen, die nicht völlig zweifelsfrei sind, allein die unverzügliche Vorführung zum zuständigen Richter im Sinn des Vorführungssystems liegen.

Der Richter des nächsten Amtsgerichts hat den Beschuldigten über das Recht, die **16** Vorführung zum zuständigen Richter zu verlangen, zu **belehren** (§ 115a Abs. 3 Satz 2). Er wird ihm den Antrag nahelegen, wenn er bei der Vernehmung den Eindruck gewonnen hat, daß der zuständige Richter, weil diesem die Akten vorliegen, den Beschuldigten besser vernehmen und entweder zu einer diesem günstigeren Beurteilung der Haftfrage gelangen könnte oder Aussagen erzielen werde, die das Verfahren fördern könnten.

b) Transport. Auch wenn der Verhaftete nicht verlangt, dem zuständigen Richter **17** vorgeführt zu werden, ist dafür Sorge zu tragen, daß er in dessen Bezirk verbracht wird, weil er nur dort seine weiteren Rechte auf Haftprüfung und auf mündliche Verhandlung sinnvoll wahrnehmen kann. Im allgemeinen wird der Transport dorthin, manchmal noch Verschubung genannt, von der Staatsanwaltschaft beim zuständigen Gericht oder nach Rechtshängigkeit auch vom Vorsitzenden des zuständigen Gerichts veranlaßt werden. Doch hat auch der Richter des nächsten Amtsgerichts Sorge dafür zu tragen, daß der Verhaftete nicht ohne Not länger als erforderlich bei einem Gericht einsitzt, das nicht das sachnächste und damit dasjenige ist, daß über die Sach- und Haftfrage am besten unterrichtet ist oder sich — während des Ermittlungsverfahrens — leicht und rasch unterrichten kann.

Günter Wendisch

§ 116

(1) [1]Der Richter setzt den Vollzug eines Haftbefehls, der lediglich wegen Fluchtgefahr gerechtfertigt ist, aus, wenn weniger einschneidende Maßnahmen die Erwartung hinreichend begründen, daß der Zweck der Untersuchungshaft auch durch sie erreicht werden kann. [2]In Betracht kommen namentlich

1. die Anweisung, sich zu bestimmten Zeiten bei dem Richter, der Strafverfolgungsbehörde oder einer von ihnen bestimmten Dienststelle zu melden,
2. die Anweisung, den Wohn- oder Aufenthaltsort oder einen bestimmten Bereich nicht ohne Erlaubnis des Richters oder der Strafverfolgungsbehörde zu verlassen,
3. die Anweisung, die Wohnung nur unter Aufsicht einer bestimmten Person zu verlassen,
4. die Leistung einer angemessenen Sicherheit durch den Beschuldigten oder einen anderen.

(2) [1]Der Richter kann auch den Vollzug eines Haftbefehls, der wegen Verdunkelungsgefahr gerechtfertigt ist, aussetzen, wenn weniger einschneidende Maßnahmen die Erwartung hinreichend begründen, daß sie die Verdunkelungsgefahr erheblich vermindern werden. [2]In Betracht kommt namentlich die Anweisung, mit Mitbeschuldigten, Zeugen oder Sachverständigen keine Verbindung aufzunehmen.

(3) Der Richter kann den Vollzug eines Haftbefehls, der nach § 112 a erlassen worden ist, aussetzen, wenn die Erwartung hinreichend begründet ist, daß der Beschuldigte bestimmte Anweisungen befolgen und daß dadurch der Zweck der Haft erreicht wird.

(4) Der Richter ordnet in den Fällen der Absätze 1 bis 3 den Vollzug des Haftbefehls an, wenn

1. der Beschuldigte den ihm auferlegten Pflichten oder Beschränkungen gröblich zuwiderhandelt,
2. der Beschuldigte Anstalten zur Flucht trifft, auf ordnungsmäßige Ladung ohne genügende Entschuldigung ausbleibt oder sich auf andere Weise zeigt, daß das in ihn gesetzte Vertrauen nicht gerechtfertigt war, oder
3. neu hervorgetretene Umstände die Verhaftung erforderlich machen.

Schrifttum. *Pawlik* Haftverschonung von Ausländern, NJW **1978** 1730.

Entstehungsgeschichte. Die Strafprozeßordnung hatte ursprünglich (in § 117) die Verschonung des Beschuldigten mit dem Vollzug der Untersuchungshaft nur für den Fall vorgesehen, daß sie allein wegen Fluchtverdachts gerechtfertigt war. Einziges Mittel zur Abwendung des Haftvollzugs war zunächst die Sicherheitsleistung. Durch Art. 4 Nr. 16 des 3. StRÄndG wurde die Verschonung allgemein auf Grund von Maßnahmen zugelassen, die die Fluchtgefahr erheblich zu vermindern geeignet waren. Durch Art. 1 Nr. 1 StPÄG 1964 sind namentlich eingefügt worden der Katalog des Absatzes 1, die Möglichkeit, den Vollzug des Haftbefehls bei sämtlichen Haftgründen auszusetzen, und die Regelung des Widerrufs der Aussetzung durch Absatz 4. Absatz 3 ist zufolge der Einfügung des § 112 a neu gefaßt worden durch Art. 1 Nr. 3 StPÄG 1972.

Übersicht

I. Bedeutung

1. Inhalt. Das Haftrecht wird, wie § 112 Abs. 1 Satz 2, § 120 Abs. 1 Satz 1 zweiter **1** Halbsatz, aber auch § 121 Abs. 1, dartun, besonders eindeutig von dem Grundsatz beherrscht, daß das angewendete Mittel zu dem erstrebten Zweck in einem angemessenen Verhältnis stehen muß (Grundsatz der Verhältnismäßigkeit). Auch die Bestimmung des § 116 Abs. 1 bis 3 ist eine Ausprägung dieser Maxime. Sie verlangt, wenn schon auf einen Eingriff in die Freiheit des Beschuldigten nicht verzichtet werden kann, daß dann auf jeden Fall die am wenigsten einschneidende Maßnahme auszuwählen ist. (BVerfGE **19** 342 = NJW **1966** 243 für den vollstreckten Haftbefehl; BVerfGE **53** 153 = NJW **1980** 1448 für Auflagen eines außer Vollzug gesetzten Haftbefehls). Da kein Mittel angewendet werden darf, das vom Zweck nicht gefordert wird, ist nur bei Flucht eine Ausnahme (Rdn. 2) zulässig. Im übrigen kann der Vollzug des Haftbefehls bei jedem Haftgrund ausgesetzt werden. Früher war das nur bei Fluchtgefahr möglich, und der umständliche **Aufbau der Vorschrift** läßt sich nur historisch erklären: der neue Wortlaut knüpft an den alten an und baut ihn — nahezu flickenhaft — weiter aus. Allerdings kommt den Fällen des Absatzes 1 auch die größte Bedeutung zu. Denn wenn der Haftvollzug auch bei Flucht-, Verdunkelungs- und Wiederholungsgefahr gleicherweise ausgesetzt werden kann, so gibt es doch weniger Maßnahmen, die Verdunkelungs- oder Wiederholungsgefahr vermindern, als solche, die die Fluchtgefahr herabsetzen.

Ausnahmen sieht das Gesetz nur in zwei Fällen dadurch vor, daß es diese in den **2** Absätzen 1 bis 3 nicht behandelt: bei dem Haftgrund der Flucht (§ 112 Abs. 2 Nr. 1) und bei Haftbefehlen wegen Verbrechens gegen das Leben (§ 112 Abs. 3). Die letzte Ausnahme hat das Bundesverfassungsgericht beseitigt (Rdn. 30), ohne daß der Gesetzgeber mehrfach vorhandene Gelegenheiten genutzt hätte, den überholten Gesetzestext zu bereinigen. Bei Flucht kann der Haftbefehl nicht ausgesetzt werden, weil er gerade erlassen wird, um den Beschuldigten zu ergreifen. Wohl aber kann nach § 295 (sicheres Geleit) „Befreiung von der Untersuchungshaft" (§ 295 Abs. 2) gewährt werden.

2. Anwendungsbereich. Die Vorschrift dient dem Zweck, den Vollzug der Unter- **3** suchungshaft soweit als möglich einzuschränken. Daher ist sie anzuwenden, wenn ein Haftbefehl erlassen wird, und dann solange, als ein erlassener nicht aufgehoben (§ 120) oder durch Rechtskraft erledigt ist. Ihre Anwendung ist bei der Anordnung der Untersuchungshaft, bei jeder Haftprüfung, bei jeder Entscheidung über die Fortdauer der Untersuchungshaft und bei jeder Beschwerdeentscheidung von Amts wegen zu prüfen. Ausnahmen bestehen für Gerichte, bei denen die Beschwerde nur statthaft ist, wenn sie „die Verhaftung" (§ 304 Abs. 4 Nr. 1; § 310 Abs. 1) betrifft. Diese sind, wenn sie „die Verhaftung" prüfen, von der Prüfung ausgeschlossen, ob und unter welchen Modalitäten ein Haftbefehl ausgesetzt werden kann. Das entscheiden allein die Haftgerichte und die Gerichte der (ersten) Beschwerde, im letzten Fall jedoch nicht, wenn Haftgericht ein im ersten Rechtszug zuständiges Oberlandesgericht war (§ 304 Abs. 1; Rdn. 36 ff).

　　　　Günter Wendisch

4   Bei der Maßnahmeentscheidung kommt es nach dem Wortlaut von Absatz 3 auf den im Haftbefehl angegebenen **Haftgrund** an, während bei den Absätzen 1 und 2 bei der Entscheidung geprüft werden muß, aus welchem Grunde die Untersuchungshaft gerechtfertigt ist. In Wirklichkeit ist auch bei den Fällen des Absatzes 3 die Prüfung unentbehrlich, ob nicht auch Flucht- oder Verdunkelungsgefahr vorliegt, im Fall des Absatzes 2, ob auch Fluchtgefahr, und im Fall des Absatzes 1, ob auch Verdunkelungsgefahr gegeben ist. Nur darf in den Fällen der Absätze 1 und 2 nicht untersucht werden, ob die Haft nicht auch nach § 112 a gerechtfertigt ist; denn für diesen Fall ist der im Haftbefehl angegebene Haftgrund maßgebend (Absatz 3). Da der Richter auch im Falle des Absatzes 3 nicht gehindert ist, den Haftbefehl auf einen der beiden genannten Gründe umzustellen oder zu erweitern (§§ 114, 58), ist nach alledem nur bedeutsam, daß die obligatorische Aussetzung des Absatzes 1 nur geboten ist, wenn der Haftbefehl lediglich wegen Fluchtgefahr gerechtfertigt ist; liegt außerdem noch Verdunkelungsgefahr vor, dann müssen zugleich auch die Voraussetzungen des Absatzes 2 erfüllt sein, und steht die Aussetzung im — freilich beschränkten (Rdn. 8) — Ermessen des Gerichts.

5   Aus der unbeschränkten Wirksamkeit des Grundsatzes der Verhältnismäßigkeit folgt trotz des Wortlauts der Vorschrift, daß diese auch bei der sog. Ungehorsamshaft (§ 230 Abs. 2, § 236, § 329 Abs. 4 Satz 1) anzuwenden ist (KG GA **1972** 128). Denn der **Ungehorsamshaftbefehl** der genannten Vorschriften will der Entziehung von nur einem Termin entgegenwirken (§ 112, 5). Für ihn muß also erst recht gelten, was geboten ist, wenn sich der Beschuldigte dem ganzen Verfahren entziehen will. Dagegen erfaßt die Vorschrift nicht die **Vorführung** (§ 134; § 230 Abs. 2; § 236, § 329 Abs. 4 Satz 1, je erste Alternative), weil sie zu keinem längeren Festhalten führen kann, sowie die **Ordnungshaft** (§§ 177, 178 GVG), weil sie keine Untersuchungshaft ist. Bei dem **Haftbefehl vor Widerruf** einer Aussetzung der Strafvollstreckung (§ 453 c Abs. 1) ist § 116 nach dem ausdrücklichen Wortlaut des Gesetzes (§ 453 c Abs. 2) nicht anzuwenden, doch kann das gleiche Ergebnis erzielt werden, weil der Haftbefehl nur „notfalls" erlassen werden kann, wenn sonstige vorläufige Maßnahmen nicht ausreichen[1].

6   **3. Aussetzung des Vollzugs.** Mit der Wortfassung, daß der Vollzug des Haftbefehls ausgesetzt wird, trägt das Gesetz dem Umstand Rechnung, daß der Haftbefehl bestehen bleibt. Bestehen bleiben kann der Haftbefehl nur, wenn die Haftgründe ebenfalls fortbestehen. Da die Haftgründe nur bei einer durch Tatsachen belegten konkreten Gefahr gegeben sind, ist auch die den Fortbestand des Haftbefehls rechtfertigende fortbestehende Gefahr nicht nur eine theoretische, sondern eine konkrete, wenn auch eine gegenüber dem nicht durch Maßnahmen gesicherten Zustand erheblich herabgesetzte. Das Gesetz nimmt also ein gewisses Risiko in Kauf. Das Risiko ist im Einzelfall vom Richter zu bemessen. Dabei hat er auch das Unrecht der Tat und die Schuld des Täters zu berücksichtigen. Die Grundentscheidung des in Kauf genommenen Risikos bleibt aber maßgebend. Sie ist bei der Auswahl und Bewertung der Maßnahmen zu berücksichtigen. Wird aber durch die Übernahme von Pflichten oder von Beschränkungen, etwa bei einem Sittlichkeitsverbrecher durch den Eintritt in ein psychiatrisches Krankenhaus, der Haftgrund nicht nur abgeschwächt, sondern ganz beseitigt, darf kein Haftbefehl erlassen und muß ein erlassener aufgehoben werden.

---

[1] Wegen des Verhältnisses zu § 295 vgl. die von *Gössel* zu Recht kritisierte Entscheidung des OLG Hamburg, welches zufolge Verkennung der verschiedenen Ziele beider Institute die Erteilung sicheren Geleits für den Fall einer bereits abgelehnten Aussetzung des Vollzugs eines Haftbefehls nach § 116 generell für unzulässig hält (JR **1979** 174).

Aus dem Umstand, daß der Haftbefehl, wenn sein Vollzug ausgesetzt wird, beste- **7** hen bleibt, folgt, daß die Aussetzung unzulässig ist, wenn er **aufzuheben** ist (OLG Hamburg JR **1983** 259 mit Anm. *Rieß*). Ob das geboten ist (§ 120 Abs. 1), muß daher geprüft werden, bevor eine Entscheidung nach § 116 getroffen wird. Dagegen hat der Haftrichter nicht zu erwägen, ob der Haftbefehl etwa nach § 121 Abs. 1 aufzuheben sein wird (§ 122, 4). Wegen des Oberlandesgerichts s. § 122, 37.

4. Bindung. Liegen die Voraussetzungen der Vorschrift vor, ist im Fall des Absat- **8** zes 1 der Vollzug des Haftbefehls auszusetzen (der Richter „setzt ... aus"). Für die Absätze 2 und 3 gibt das Gesetz dem Gericht größere Freiheit (der Richter „kann ... aussetzen"). Er ist aber gleichwohl gebunden durch den Grundsatz, daß stets die am wenigsten einschneidende Maßnahme zu wählen ist. Wird der Zweck der Untersuchungshaft durch solche Maßnahmen erreicht, ist der Vollzug des **Haftbefehls auszusetzen** (BVerfGE **19** 342 = NJW **1966** 244). Das in beiden Absätzen gebrauchte Wort „kann" stellt ihn daher nicht in der Entscheidung frei, sondern nur, weil bei der Anwendung unbestimmter Rechtsbegriffe die ausschlaggebenden Erwägungen und Abwägungen nicht stets deutlich in Worte zu fassen sind, in der Begründung. Der früher zur Haftverschonung gegen Sicherheitsleistung geführte Streit, ob der Beschuldigte, wenn die Voraussetzungen der Absätze 2 und 3 vorliegen, ein **Recht** darauf habe, **daß der Vollzug ausgesetzt** werde, ist müßig. Der Frage käme nur Bedeutung zu, wenn das Ermessen nicht oder nur beschränkt nachprüfbar wäre. Das ist aber nicht der Fall. Denn im Beschwerdeverfahren spielt die Unterscheidung zwischen Rechts- und Ermessensentscheidung keine Rolle. Das Beschwerdegericht hat, wenn ein Ermessen obwalten darf, seines an die Stelle desjenigen des Vorderrichters zu setzen.

Der Richter kann den Vollzug der Untersuchungshaft auch nur **auf eine be-** **9** **stimmte Zeit aussetzen,** etwa zur Prüfung der Vertrauenswürdigkeit des Verhafteten oder zur Wahrnehmung wichtiger Geschäftsverhandlungen (LG Köln StrVert. **1984** 342). Dabei wird meist die Leistung einer angemessenen Sicherheit (Absatz 1 Satz 2 Nr. 4), aber auch die Aufsicht einer bestimmten Person (Absatz 1 Satz 2 Nr. 3) zu verlangen sein (im Ergebnis ebenso *Kleinknecht/Janischowsky* 188). Demgegenüber hält OLG Schleswig (SchlHA **1971** 69) eine befristete Außervollzugsetzung deshalb für unzulässig, weil sie in Wahrheit eine Beurlaubung sei[2]. Dieser Ansicht ist zu widersprechen. Sie übersieht, daß § 116 strenge Auflagen zuläßt, die gerade bei befristeter — meist kurzer — Außervollzugsetzung auch wirksam werden können (tägliche Meldungen bei der Polizei), die bei einem Urlaub nicht möglich wären.

5. Mehrere Haftbefehle. Die Aussetzung des Vollzugs und bei Jugendlichen des **10** Absehens von der Vollstreckung haben Wirkung nur in dem Verfahren, in dem sie bewilligt worden sind. Sie haben daher, wenn in mehreren Verfahren Haftbefehle ergangen oder zu erwarten sind, für den Beschuldigten in der Regel nur dann Bedeutung, wenn der Vollzug in allen Verfahren ausgesetzt wird. Dazu wird der Verhaftete entspre-

---

[2] Ähnlich OLG Zweibrücken MDR **1979** 517: Es sei unzulässig, die Außervollzugsetzung datumsmäßig oder durch ein zukünftiges Ereignis zu befristen. Ob Ausnahmefälle für einzelne Besorgungen zulässig sein können, läßt die Entscheidung aber ausdrücklich dahingestellt. Der Ansicht des OLG Schleswig angeschlossen hat sich auch das OLG Stuttgart MDR **1980** 423. In der Literatur wird sie vertreten von KK-*Boujong* 6; *Kleinknecht/Meyer* 3.

Günter Wendisch

chende Anträge zu stellen haben. Wenn auch, anders als bei der Gewährung sicheren Geleits, kein amtliches Interesse daran besteht, daß sich die beteiligten Gerichte von Amts wegen verständigen, so kann das doch durch die Fürsorgepflicht für den Beschuldigten, aber auch aus Gründen der Zweckmäßigkeit, jedenfalls dann geboten sein, wenn eine Bewilligung sämtlicher Anträge zu erwarten ist.

II. Aussetzung des Vollzugs

11   **1. Anforderungen.** Nach § 72 Abs. 1 JGG darf Untersuchungshaft nur verhängt und vollstreckt werden, wenn ihr Zweck nicht durch eine vorläufige Anordnung über die Erziehung oder durch andere Maßnahmen erreicht werden kann. In der Terminologie des § 116 heißt das, daß der Jugendrichter den Vollzug des Haftbefehls gegen einen Jugendlichen aussetzt, wenn der Zweck der Untersuchungshaft auch durch weniger einschneidende Maßnahmen erreicht werden kann.

12   Das stimmt nahezu überein mit der Fassung von **Absatz 1** (Aussetzung bei Fluchtgefahr), nur wird dort das Unsicherheitsmoment, das notwendigerweise bei der Abschätzung der Wirkung einer Maßnahme auftritt, betont durch die Worte, daß weniger einschneidende Maßnahmen die Erwartung „hinreichend" begründen, der Haftzweck werde durch sie erreicht werden „können". Da die Aussetzung des Vollzugs stets, also auch im Jugendrecht, ein Risiko in sich birgt, ist der Unterschied in der Fassung nicht erheblich, doch macht Absatz 1 ganz deutlich, daß der Richter zwar das Risiko sorgfältig zu berechnen hat (Rdn. 6), aber doch keine absolute Sicherheit anstreben, keine fest bestimmten Erwartungen hegen darf, sondern eine hinreichend begründete Erwartung ausreichen lassen muß (LG Köln StrVert. **1984** 342). **Hinreichend begründet** ist die Erwartung, wenn die Maßnahme zwar keinen absolut sicheren Erfolg, aber bei Übernahme eines gewissen Risikos die große Wahrscheinlichkeit des Erfolges begründet, der Beschuldigte werde sich dem Strafverfahren nicht entziehen.

13   Auch in **Absatz 2** (Aussetzung bei Verdunkelungsgefahr) kehrt die Verbindung der weniger einschneidenden Maßnahmen mit einer hinreichend begründeten Erwartung wieder. Hier geht die Erwartung aber nicht dahin, daß der Haftzweck erreicht werden könne, sondern daß die Verdunkelungsgefahr erheblich vermindert werde. Es wird also weniger verlangt als in Absatz 1; die Fassung ähnelt der des alten § 117, wo Verschonung möglich war auf Grund von Maßnahmen, welche die Fluchtgefahr erheblich zu vermindern geeignet sind. Die mindere Anforderung wird ausgeglichen durch eine freiere Stellung des Richters, der hier nicht (wie in Absatz 1 und im Jugendrecht) auszusetzen hat, sondern aussetzen kann (Begr. BTDrucks. **IV** 178, S. 23).

14   In **Absatz 3** (Wiederholungsgefahr) ist wiederum die gleiche Fassung „kann" gewählt; sonst wird in der Formulierung eine Parallele zu Absatz 2 gesucht, aber nicht auf eine Minderung der Gefahr abgestellt, sondern auf die Erwartung, daß der Haftzweck erreicht werde, also durch die vom Richter bestimmten Anweisungen — wobei die Sicherheitsleistung, weil zu ihr nicht angewiesen werden kann (§ 116 a, 2) entfällt — die Wiederholungsgefahr gebannt wird.

15   Alle Fassungen weichen, wie nicht zu leugnen ist, in Nuancen voneinander ab. Die **Praxis** wird wohl eben zwischen der strengeren Anforderung des Absatzes 1 verbunden mit der obligatorischen Aussetzung, den weniger strengen der Absätze 2 und 3 verbunden mit fakultativer Aussetzung und allenfalls noch den undeutlich schwächeren Anforderungen für den Fall des § 112 Abs. 3 (Rdn. 30) unterscheiden können. Die übrigen Unterschiede wird sie kaum beachten oder gar die Beachtung begründen können. Sie wird in diesen Fällen fragen, ob durch weniger einschneidende Maßnahmen die Gefahr, der mit der Verhaftung begegnet werden soll, so erheblich vermindert wird, daß, wenn man ein gewisses Risiko in Kauf nimmt, erwartet werden kann, der Haftzweck werde auch ohne Haftvollzug erreicht werden.

2. Voraussetzungen. Grundsatz. Die Absätze 1 und 2 lassen zu, den Vollzug des **16** Haftbefehls gegen Maßnahmen auszusetzen, die weniger einschneidend sind als die Untersuchungshaft, und die geeignet sind, die zu Rdn. 11 ff angegebenen Erwartungen zu begründen. Die Maßnahmen werden meist in Anweisungen bestehen, durch die das Gericht dem Beschuldigten Pflichten und Beschränkungen (Absatz 4 Nr. 1) auferlegt; sie können aber auch einen anderen Inhalt haben, selbst Handlungen eines Dritten sein, wie sich aus § 116 a ergibt. In den Absätzen 1 und 2 sind **Beispielsfälle** angegeben, in Absatz 3 und in § 72 Abs. 1 JGG nicht. Die Beispiele beziehen sich zwar auf den jeweils geregelten Fall; sie können aber auch in anderen Fällen als Beispiel dienen, wenn das sinnvoll ist.

Die **Sicherheitsleistung** wird dabei in erster Linie verwendet werden, um Fluchtge- **17** fahr abzuwenden, weil sie nicht nur den Zweck hat, den ungestörten Gang der Untersuchung zu gewährleisten, sondern darüber hinaus sicherstellen soll, daß der zu Freiheitsstrafe oder zu einer freiheitsentziehenden Maßregel der Besserung und Sicherung Verurteilte diese auch antritt (§ 124 Abs. 1), ein Zweck, der nicht verfolgt wird, wenn die Sicherheitsleistung einen anderen Haftgrund abschwächen soll.

Sie ist aber als **sonstige Maßnahme** des Absatzes 2 (OLG Hamburg NJW **1966** **18** 1329; MDR **1974** 595)[3] oder als Inhalt einer Anweisung nach Absatz 3 (zu der allerdings der Antrag nach § 116 a Abs. 3 kommen muß) oder als Sicherung in bezug auf **mehrere Haftgründe** zugleich nicht gesetzlich **ausgeschlossen**[4], wenn sie auch oft wenig geeignet sein wird, die Verdunkelungsgefahr zu mindern. Dazu kommt, daß eine trotz der Sicherheit geleistete Verdunkelung in der Regel irreparabel sein wird, ein Geflohener meist aber wieder gefaßt werden kann. Endlich sollten **technische Schwierigkeiten** zwar nicht den Ausschlag geben, doch sollte bei der Prüfung im Einzelfall auch nicht übersehen werden: Die Verdunkelung tritt regelmäßig nicht so klar zutage wie die Flucht. Daher können bei der Entscheidung, ob die Sicherheit verfallen ist, leicht Schwierigkeiten auftreten. Auch gilt § 124 Abs. 1 nur, wenn die Sicherheit bei Fluchtgefahr angeordnet worden ist (§ 124, 26).

3. Die Beispielsfälle des Gesetzes
a) Katalog (Absatz 1)
Nummer 1: Die Anweisung wird in der Regel die **Meldung** auf einem bestimmten **19** Polizeirevier zum Inhalt haben, deren Beamte dazu gewohnheitsrechtlich zur Verfügung stehen. Die Anweisung, der Beschuldigte solle sich bei der Strafverfolgungsbehörde melden, setzt, weil das Gericht über deren Personal nicht verfügen kann, das Einverständnis dieser Behörde voraus.
Nummer 2: Ob der Beschuldigte die Anweisung befolgt, einen bestimmten **Ort** **20** **nicht** unerlaubt zu **verlassen,** ist nicht kontrollierbar. Die Aussetzung des Vollzugs kommt daher einer Entlassung auf Ehrenwort nahe; sie setzt ein Vertrauen des Richters in den Beschuldigten voraus. Verspricht der Beschuldigte, der Anweisung nachzukom-

---

[3] Bedenken dagegen *Tiedemann* NJW **1977** 1977; a. A. nunmehr OLG Frankfurt NJW **1978** 838, das die Frage in NJW **1977** 1976 noch offen gelassen hatte; wie hier KK-*Bou-*jong 19; KMR-*Müller* § 116 a, 1; *Kleinknecht/Meyer* 21.

[4] **A.A.** *Eb. Schmidt* 13; zweifelnd *Kleinknecht/Meyer* 21; wie hier KK-*Boujong* 19; KMR-*Müller* § 116 a, 1.

Günter Wendisch

men, so kann darin bei ehrenhaften Menschen eine größere Sicherung liegen, als sie etwa mit der Meldeauflage zu erzielen ist.

21   **Nummer 3:** Der Anweisung, die **Wohnung nur unter Aufsicht zu verlassen,** wird namentlich bei Jugendlichen Bedeutung zukommen. Bei Erwachsenen wird es einer sehr sorgfältigen Auswahl der Aufsichtsperson bedürfen, damit die Aufsicht nicht zur Demütigung wird. Die Aufsichtsperson muß zudem in der Lage sein, die Kontrolle zu übernehmen, daß der Beschuldigte nicht ohne ihre Aufsicht handelt. Die Aufsicht braucht nicht in steter Begleitung zu bestehen. Es kann u. U. genügen, daß der Beschuldigte sich auf dem Wege zur Arbeit und von ihr bei der Aufsichtsperson meldet, wenn diese zugleich die Gelegenheit hat, durch Stichproben festzustellen, daß der Beschuldigte auch wirklich zur Arbeit geht.

22   **Nummer 4:** Die **Sicherheitsleistung** ist bei § 116 a behandelt.

23   **b) Sonstige Maßnahmen.** Der **Katalog** der Maßnahmen ist **nicht abschließend** (OLG Saarbrücken NJW **1978** 2461). Die Umstände des Einzelfalles lassen dem Richter Raum zu sonstigen Maßnahmen, die durchaus einen freiwilligen Verzicht auf die Ausübung von Grundrechten bewirken können, ihre Grenze aber in der Achtung der Menschenwürde finden (vgl. § 305 a Abs. 1 Satz 2; *Kleinknecht* MDR **1965** 784 mit Beispielen). Danach ist z. B. die Entlassung auf Ehrenwort zulässig, aber kaum empfehlenswert, weil sie zu Berufungen führt, denen nur mit peinlicher Begründung begegnet werden kann. Dem Beschuldigten kann aber die Auflage erteilt werden, den **Personalausweis** abzugeben (*Kleinknecht/Janischowsky* Rdn. 195)[5]. Der Beschuldigte genügt der Pflicht, den Personalausweis vorzulegen (§ 1 Abs. 1 PersAuswG), wenn er eine amtliche Bescheinigung vorweist, wonach er den Ausweis abgeliefert hat (OLG Stuttgart OLGSt § 116 StPO, 19 = Justiz **1971** 330)[6]. Als weitere Maßnahme kommt — einerlei ob es sich um einen In- oder Ausländer handelt — die Verpflichtung in Betracht, den **Reisepaß,** wiederum gegen Ausstellung einer Quittung oder Ersatzbescheinigung, abzuliefern. *Pawlik* (1730) hält dem — soweit es um den Paß eines Ausländers geht — entgegen, daß als Paßersatz i. S. von § 3 Abs. 2 Nr. 2 AuslG nur die durch RV des Bundesministers des Innern eingeführten amtlichen Ausweise (vgl. § 4 DVAuslG), nicht aber die formlose Bescheinigung einer Justizbehörde, anerkannt werden könnten. Gleichwohl billigt er eine entsprechende Haftverschonungsauflage mit der Erwägung, daß ein Ausländer, der dieser Auflage nachkomme, nicht rechtswidrig handle. Gegen die Auflage, einen ausländischen Reisepaß abzugeben, kann auch nicht eingewandt werden, daß die Sicherstellung eines gültigen ausländischen Passes ein völkerrechtlich verbotener Eingriff in die Paßhoheit des fremdem Staates sei (OVG Münster NJW **1972** 2199). Denn darum handelt es sich bei der Hinterlegung eines Reisepasses bei einem deutschen Gericht im Gegensatz zu seiner Sicherstellung im Sinn des Ausländerrechts schon deshalb nicht, weil die Hinterlegung nur vorübergehend, nämlich für die Dauer der Außervollzugsetzung des Haftbefehls, vorgesehen ist, während mit der Sicherstellung der endgültige Zugriff der deutschen Behörde auf den Paß gemeint ist (so OLG Saarbrücken NJW **1978** 2461)[7].

24   Zwar hindert die **Hinterlegung eines Reisepasses** oder auch Personalausweises nicht die Flucht ins Ausland; sie erschwert es dem Beschuldigten aber, dort Arbeit auf-

---

[5] Vgl. zu dieser Streitfrage auch *Oske* JR **1964** 454 und *Fuhrmann* JR **1964** 455.

[6] Mit dieser Regelung sollten die Bedenken ausgeräumt sein, die das AG Frankfurt NJW **1977** 1601 gegen die Einbehaltung eines Reisepasses von Ausländern erhebt.

[7] Wie hier auch KK-*Boujong* 13; KMR-*Müller* 5; *Kleinknecht/Meyer* 10; *Kleinknecht/Janischowksy* 195.

zunehmen. Damit wird bei einem auf Verdienst angewiesenen Beschuldigten die Fluchtgefahr dann erheblich vermindert, wenn er eine ordentliche Lebensführung gewöhnt ist. Will das Gericht einen Auslandsaufenthalt gestatten, kann es anordnen, daß der Beschuldigte einen Zustellungsbevollmächtigten zu bestellen hat. Alle **Maßnahmen** können **einzeln** oder mit anderen **verbunden** angeordnet werden. Die Handlungen und Unterlassungen müssen, auch wenn sie auf einer Anweisung beruhen, stets, wenn auch unter dem Druck, daß sonst die Untersuchungshaft fortbestehen würde, **freiwillig** erbracht werden (so auch *Pawlik* 1730 und *Geppert* GA **1979** 291); die „Beschlagnahme" des Passes ist unzulässig. Auch deshalb sollte die Anweisung nur in sehr seltenen Fällen angewendet werden. Denn man darf die Schwierigkeiten nicht übersehen, die dem Beschuldigten erwachsen, wenn er sich an anderer als polizeilicher Stelle ausweisen muß oder will, etwa um ein Arbeitsverhältnis einzugehen, Kredit aufzunehmen usw.

c) Absatz 2: Die Anweisung, mit Mitbeschuldigten, Zeugen oder Sachverständigen **keine Verbindung aufzunehmen** (Satz 2), kann mit der nach Absatz 1 Nr. 2 gekoppelt werden, namentlich wenn der Beschuldigte kein Telefon hat. Mit der genannten Maßregel hat sie gemeinsam, daß sie ein Vertrauen des Richters voraussetzt. Auch die Anweisung nach Absatz 1 Nr. 3 kann in Betracht kommen, die unter Nr. 1 nur in Ausnahmefällen, nämlich wenn dadurch die persönliche Verbindung mit weit entfernt wohnenden Zeugen unterbunden würde und eine sonstige Verbindung (schriftlich oder durch Mittelsmänner) als Verdunkelungsmöglichkeit ausschiede. Auch das Verbot, mit Personen zu verkehren, die als Mittelsmänner einer Verdunkelung in Betracht kommen, ist zulässig; aber je weiter man den Kreis zieht, um so weniger kann überwacht werden, ob die Anweisung beachtet wird. **25**

Der Verkehr mit dem **Verteidiger** darf nicht verboten werden, wohl aber kann ein Verteidiger, der als Mitbeschuldigter hinreichend verdächtig ist, ausgeschlossen werden (§ 138 a Abs. 1). Der Ausschluß darf aber nicht durch ein Verbot des Verkehrs ersetzt werden. Wegen der Beschränkungsmöglichkeiten bei Gefangenen, gegen die ein Haftbefehl wegen einer Straftat nach § 129 a StGB besteht, vgl. §§ 31 ff EGGVG. **26**

d) In den Fällen des **Absatzes 3** kann, soweit § 112 a Abs. 1 Nr. 1 in Rede steht, bei einem Beschuldigten, der sich an seinen Töchtern vergangen hat, die Weisung, auswärts Wohnung und Arbeit zu nehmen, bei Verbrechern mit gesteigertem Geschlechtstrieb diejenige, sich in eine Anstalt zu begeben oder sich einer ärztlichen Behandlung zu unterziehen, den Haftzweck sichern. **27**

In bezug auf **§ 112 a Abs. 1 Nr. 2** kommen im wesentlichen die unter Rdn. 19 bis 21 aufgeführten Anweisungen in Betracht, jedoch nur in solcher speziellen Ausgestaltung, daß damit die Gefahr abgewendet werden kann, der Beschuldigte werde weitere erhebliche Straftaten begehen. **28**

e) Bei **Jugendlichen** — nicht bei Heranwachsenden (vgl. § 109 Abs. 2 JGG) — kommt als vorläufige Anordnung über die Erziehung namentlich die Unterbringung in einem Erziehungsheim in Betracht (§ 71 Abs. 2 JGG), das geeignet ist, den Jugendlichen an der Flucht oder Verdunkelung zu hindern. Eine solche Unterbringung ist während des Strafverfahrens gegen einen Jugendlichen auch zulässig, um einem Mißbrauch der Freiheit zu neuen Straftaten entgegenzuwirken oder um den Jugendlichen vor einer weiteren Gefährdung seiner Entwicklung zu bewahren. In den Fällen des Absatzes 3 in Verb. mit § 112 a Abs. 1 Nr. 1 (Wiederholungsgefahr bei Sexualtätern) wird regelmäßig die Unterbringung in einem Erziehungsheim die einzige Maßnahme sein, die sinnvoll angewendet werden kann, um die Vollstreckung der Untersuchungshaft auszusetzen. Das wird regelmäßig auch bei sonstigen jugendlichen Serientätern die hauptsächliche Maßnahme sein. **29**

Günter Wendisch

30   4. Beim **Haftbefehl nach § 112 Abs. 3** ist im Gesetz keine Aussetzung des Vollzugs vorgesehen. Das war bei einem Haftbefehl sinnvoll, der bei äußerster Beschränkung der Zulässigkeit nur dann ergehen durfte, wenn es unerträglich war, den Beschuldigten in Freiheit zu lassen. Denn wenn das Freisein verhütet werden sollte, konnte es nicht über § 116 gewährt werden. Das **Bundesverfassungsgericht** hat jedoch bindend (§ 31 Abs. 1 BVerfGG) entschieden, daß nach dem verfassungsrechtlichen Grundsatz der Verhältnismäßigkeit auch bei einem auf § 112 Abs. 3 gestützten Haftbefehl eine Haftverschonung in entsprechender Anwendung des § 116 Abs. 1 bis 3 möglich ist (BVerfGE **19** 353 = NJW **1966** 245). Das ist wiederum folgerichtig; denn der Beschluß des Bundesverfassungsgerichts führt mit einer Art der Umkehrung der Beweislast (BVerfGE **19** 351 = NJW **1966** 244) im Ergebnis die durch das Strafprozeßänderungsgesetz abgeschafften apokryphen Haftgründe wieder ein. Es verlangt für einen Haftbefehl nach § 112 Abs. 3 geringere Voraussetzungen als für solche nach § 112 Abs. 2, § 112 a, und muß daher den für diese Fälle geltenden § 116 auch auf den Fall des § 112 Abs. 3 anwenden. Da das Gericht von der „möglichen" Haftverschonung spricht, dürfte es trotz der Anführung von § 116 Abs. 1 vornehmlich die entsprechende Anwendung der Absätze 2 und 3 ins Auge gefaßt haben (der Richter „kann" . . . aussetzen). Doch ist der Unterschied zu Absatz 1 (der Richter „setzt . . . aus") nur gering.

31   5. **Wirkung.** Nach dem Wortlaut des Gesetzes wird der Vollzug des Haftbefehls, also die Verwahrung des Beschuldigten in der Untersuchungshaft, ausgesetzt. Demgegenüber stellt der Wortlaut des § 72 Abs. 1 JGG auf ein Absehen von der Vollstreckung ab. Beides besagt dasselbe: Der Inhalt des Haftbefehls, die Anordnung der Untersuchungshaft (§ 114 Abs. 1), wird nicht mehr vollstreckt. Vollstreckt, etwa durch das Überwachen von Meldeterminen, wird der Aussetzungsbeschluß. Der Haftbefehl bleibt, wie durch den Wortlaut eindeutig klargestellt, bestehen. Die Wirkung der Aussetzung tritt im allgemeinen mit der Entscheidung ein, doch gelten für die **Sicherheitsleistung** Besonderheiten (§ 116 a, 17). Auch sonst kann das Gericht die Entlassung aus der Haft von dem Eintritt eines Ereignisses abhängig machen, so z. B. von der Zusage einer Anstalt, den Beschuldigten aufzunehmen.

III. Verfahren

32   1. **Entscheidung.** Das Gericht entscheidet über die Aussetzung des Vollzugs (Absatz 1 bis 3) auf Antrag des Beschuldigten, der Staatsanwaltschaft oder von Amts wegen, über die Anordnung des Vollzugs (Absatz 4) auf Antrag der Staatsanwaltschaft oder von Amts wegen. Es hat die Frage der Aussetzung, bei Jugendlichen des Absehens von der Vollstreckung, bei jeder Haftentscheidung zu prüfen. Wegen der Zuständigkeit s. § 126. Vor der Entscheidung ist die Staatsanwaltschaft zu **hören** (§ 33 Abs. 2), der Beschuldigte dann, wenn nicht — was der Regelfall sein wird — anzunehmen ist, daß er einer in Aussicht genommenen Maßnahme nachkommen wird. Die Entscheidung ergeht als **Beschluß.** Der Beschluß ist zu begründen (§ 34). Wenn auch längere Ausführungen kaum gemacht werden können, weil letztlich eine schwer in Worte zu fassende Abwägung ausschlaggebend ist, so müssen die Maßnahmen doch so eindeutig umschrieben werden, daß der Beschuldigte weiß, wie er sich zu verhalten hat, um sich die Haftvorteile zu sichern (KK-*Boujong* 9).

33   Der Aussetzungsbeschluß ist, wenn er nicht in einer mündlichen Verhandlung verkündet wird, **zuzustellen** (§ 35 Abs. 2 Satz 1), weil er angefochten werden kann, entweder weil die Aufhebung des Haftbefehls versagt wird oder weil die Auflagen zu eingreifend sind. Ist der Beschluß **unanfechtbar** (Rdn. 36), genügt die **formlose Mitteilung** (§ 35

Abs. 2 Satz 2). Im Hinblick auf die Folgen, welche die Zuwiderhandlung gegen auferlegte Pflichten oder Beschränkungen nach sich zieht, ist jedoch bei Beschlüssen, die auf Aussetzung des Vollzuges oder bei Jugendlichen auf Absehen von der Vollstreckung lauten, in der Regel förmliche Zustellung vorzuziehen.

2. Beschwerde. Die Entscheidung, daß der Vollzug des Haftbefehls auszusetzen **34** ist, setzt stets diejenige voraus, daß der Haftbefehl bestehen bleibt (Rdn. 6). Diese ist, wenn auch zuweilen unausgesprochen, in jeder Entscheidung über die Aussetzung enthalten. In der Regel wird die Entscheidung, daß der Vollzug ausgesetzt wird, auf einen Antrag ergehen, den Haftbefehl aufzuheben oder — wenigstens — dessen Vollzug nach § 116 auszusetzen (§ 117 Abs. 1). Dann ist über den weitergehenden Antrag, den Haftbefehl aufzuheben, ausdrücklich zu entscheiden. Denn trotz des Wortes „oder" ist der Aussetzungsantrag ein Hilfsantrag, der die Entscheidung über den Hauptantrag nicht überflüssig macht.

Gegen die Ablehnung, den **Haftbefehl aufzuheben,** ist — mit bestimmten Ausnah- **35** men — Beschwerde (und weitere Beschwerde) zulässig (§ 117, 30). Hatte der Beschuldigte **allein die Aussetzung** beantragt, ist er, wenn seinem Antrag stattgegeben wird, nicht beschwert. Er kann dann auch die — stillschweigende — Entscheidung, daß der Haftbefehl, dessen Vollstreckung ausgesetzt wird, aufrecht erhalten bleibt, mangels Beschwer nicht anfechten, muß vielmehr (eine neue) Beschwerde gegen den bestehen gebliebenen Haftbefehl anbringen (§ 117, 31).

Gegen die (Auswahl der) **Anweisungen** steht dem Beschuldigten die Beschwerde **36** zu. Weil die Auflagenauswahl in keinem Zusammenhang mit der Urteilsfällung steht, ist die Beschwerde auch statthaft, wenn die Entscheidung von einem erkennenden Gericht (§ 305) erlassen worden ist. Die Beschwerde ist **unstatthaft** gegen Verfügungen der Strafsenate, auch wenn das Oberlandesgericht im ersten Rechtszug zuständig ist (§ 304 Abs. 4). Im letzten Fall ist die Beschwerde zwar zulässig gegen Beschlüsse und Verfügungen, die die Verhaftung betreffen (§ 304 Abs. 4 Satz 2 Nr. 1), nicht aber *nur* gegen Maßnahmen, die das erstinstanzliche Oberlandesgericht in Verbindung mit der Aussetzung des Haftbefehls (BGHSt **25** 120: Auflagen für die Haftverschonung; BGHSt **26** 270: Gestaltung der Haftverhältnisse im einzelnen) trifft. Denn solche Maßnahmen betreffen nicht die Verhaftung, d. h. die in der Strafprozeßordnung geregelte Festnahme zu dem Zweck, einen Beschuldigten für das Strafverfahren festzuhalten (§ 114 b, 4), sondern die „Modalitäten seines Lebens in Freiheit" (OLG Frankfurt NJW **1973** 210; betr. weitere Beschwerde).

3. Weitere Beschwerde. Gegen Maßnahmen und Anweisungen anläßlich der Aus- **37** setzung des Haftbefehls, aber auch gegen deren Änderung ist, wenn sie das Landgericht auf die Beschwerde des Beschuldigten getroffen hat, keine weitere Beschwerde zulässig. Da diese **Maßnahmen** — wenn *nur* sie (isoliert) angegriffen werden — nicht die Verhaftung betreffen (Rdn. 36), ist die weitere Beschwerde vielmehr ausgeschlossen. Die Oberlandesgerichte Hamburg (NJW **1983** 1167; JR **1978** 526 mit zust. Anm. *Gollwitzer*), Hamm — 3. Sen. — (OLGSt § 310 StPO, 35)[8], Koblenz (MDR **1978** 339), Stuttgart (MDR **1978** 953), Schleswig (SchlHA **1979** 55), Zweibrücken (MDR **1979** 695), München (MDR **1980** 74) und Nürnberg (MDR **1980** 75 unter Aufgabe seiner früheren An-

---

[8] Inzwischen hat das OLG Hamburg – wie nunmehr alle Seante des OLG Hamm (vgl. NJW **1981** 294) – diese Ansicht aufgegeben (NJW **1981** 834), sich vielmehr der Auffassung des OLG Düsseldorf in NJW **1980** 2426 unter Bezugnahme auf BGH MDR **1980** 416 (= BGHSt **29** 200) angeschlossen.

Günter Wendisch

sicht in MDR **1961** 619 = GA **1961** 157) halten — teilweise unter Hinweis auf die Ansicht des Bundesgerichtshofs (vgl. Rdn. 36), daß § 310 Abs. 1 eine eng auszulegende **Ausnahmevorschrift** sei (a. A. *Kopp* NJW **1979** 2627) — die weitere Beschwerde gegen eine Beschwerdeentscheidung des Landgerichts, die zwar einen Haftbefehl aufrechterhalten, seinen Vollzug aber nach § 116 ausgesetzt hat, *generell* für unzulässig; Verhaftungen im Sinn von § 310 Abs. 1 beträfen nur solche Beschlüsse, durch die unmittelbar die Frage entschieden werde, ob der Beschuldigte in Haft zu nehmen, unterzubringen oder in Haft oder Unterbringung zu halten sei. Die Frage eines unmittelbaren Eingriffs in die persönliche Freiheit des Beschwerdeführers werde aber im Fall des § 116 gar nicht geprüft, weil dieser stets in Freiheit bleibe, und zwar unabhängig davon, ob die Beschwerde (an das Landgericht), mit der der Wegfall oder die Änderung der Auflagen im Haftverschonungsbeschluß erstrebt wurde, erfolgreich war oder nicht[9].

38   Der 2. Strafsenat des Oberlandesgerichts Hamm (OLGSt § 310 StPO, 27), das Kammergericht (NJW **1979** 2626 mit zust. Anm. *Kopp* = JR **1980** 36) und nunmehr auch das Oberlandesgericht Düsseldorf (NJW **1980** 2426) vertreten demgegenüber den Standpunkt, die weitere Beschwerde sei stets zulässig, wenn der **Bestand des Haftbefehls** schlechthin angegriffen werde: Eine Entscheidung, deren Gegenstand die Frage sei, ob der Beschuldigte in Haft genommen werden könne oder nicht, betreffe die Verhaftung im Sinn von § 310 Abs. 1; ohne Bedeutung sei es dabei, ob der Haftbefehl zur Zeit der Entscheidung vollstreckt werde oder nicht. Dieser Ansicht stehe § 310 Abs. 1 StPO nicht entgegen, der keineswegs dazu zwinge, als Entscheidungen, die die Verhaftung beträfen, nur solche anzusehen, die in die Freiheit des Beschuldigten unmittelbar eingreifen. Entscheidend sei nicht die Unmittelbarkeit des Eingriffs, sondern die **besondere Bedeutung der Entscheidung für die persönliche Freiheit** des Betroffenen. Mit der weiteren Entscheidung anfechtbar seien deshalb alle Entscheidungen, die den Bestand *und* Vollzug des Haftbefehls (so BGHSt **25** 120) zum Gegenstand hätten, ausgeschlossen dagegen Angriffe, soweit diese sich isoliert und nur gegen die Gestaltung der Auflagen für die Haftverschonung (BGHSt **25** 120) oder der Haftverhältnisse im einzelnen (BGHSt **26** 270) richteten. Wegen der etwas „mißverständlichen Formulierung" in der zuletzt genannten Entscheidung hat der Bundesgerichtshof mit Beschluß vom 1. 2. 1980 (BGHSt **29** 201) nochmals ausdrücklich klargestellt, daß die weitere Beschwerde auch dann zulässig sei, wenn es allein um den Bestand eines außer Vollzug gesetzten Haftbefehls gehe.

39   Welcher Meinung beizutreten ist, hängt zunächst davon ab, wie man den Begriff ‚Verhaftung oder Unterbringung' auslegt. Wer — wie die ältere Rechtsprechung (vgl. OLG Rostock *Alsb.* E **2** 136, OLG Celle *Alsb.* E **2** 140; aber bis zur 16. Auflage auch LR Anm. zu § 310) — einer **Auslegung** im weitesten Sinn zuneigt[10], wonach jede Entscheidung erfaßt sei, die möglicherweise auch auf die Freiheit des Beschuldigten einwirken könne, wird schon aus diesem Grund der Ansicht des Oberlandesgerichts Hamm sowie des Kammergerichts (Rdn. 38) zustimmen. Wer dagegen der erstmalig vom Bayeri-

---

[9] Das Oberlandesgericht Frankfurt, das sich allerdings nur mit der Frage der Zulässigkeit einer weiteren Beschwerde gegen isoliert angefochtene Maßnahmen und Auflagen zu befassen hatte, erörtert Ausnahmen für den Fall, daß es von der begehrten Änderung der Anweisung oder Maßnahme unmittelbar abhängt, ob der Beschuldigte in Haft zu nehmen ist oder in Haft zu bleiben hat, wozu vor allem

auf die Höhe einer Sicherheitsleistung abgestellt wird (NJW **1973** 201 letzter Absatz).

[10] Wie das neuerdings *Kopp* unter ausführlicher Darlegung der historischen Entwicklung tut (NJW **1979** 2627). Auch *Gollwitzer* (JR **1978** 527) hält die weite Auslegung für möglich, entscheidet sich aber aus Gründen der Prozeßwirtschaftlichkeit und der Verfahrensbeschleunigung für die enge.

schen Obersten Landesgericht (vgl. BayObLGSt **26** 177) vertretenen, dann von *Rosenberg* fortentwickelten LR[17] Anm. zu § 310)[11] engen Auslegung den Vorzug gibt, müßte sich folglich — wenn er die Entscheidung über die (eigentliche) Haftfrage und die über Anweisungen und Maßnahmen als Einheit betrachtet — der Ansicht der Oberlandesgerichte in Rdn. 37 anschließen. Für eine sinnvolle Auslegung entscheidend ist mithin, ob man an dem Gedanken der **Einheit** festhält **oder** eine **Trennung** von Haftfrage und Auflage bejaht.

Eine solche **Trennbarkeit** wäre früher als unzulässig erschienen, zumal da für die **40** Einheit der Entscheidung folgender beachtenswerter Gesichtspunkt spricht: Wer die Haftfrage bejahen will, muß vor der Entscheidung über Erlaß und Vollzug des Haftbefehls prüfen, ob nicht weniger einschneidende Maßnahmen möglich sind und, wenn das bejaht wird, ob und in welchem Umfang. Die **neuere Gesetzgebung** erkennt jedoch die Trennung der Prüfungszuständigkeit — bei der Revision ohnehin geläufig — ausdrücklich an. Der **Bundesgerichtshof** verweist hierzu auf § 305 a Abs. 1, wonach bei Strafaussetzung zur Bewährung der Auflagenbeschluß (nur) mit der Beschwerde angefochten werden kann, die jedoch nach der allgemeinen Regel des § 304 Abs. 4 Satz 2 erster Halbs. selbst dann unstatthaft ist, wenn ein Oberlandesgericht im ersten Rechtszug entschieden hat. Er hält es für zulässig, diese Erwägungen auch auf den Fall zu übertragen, wo der Angeklagte zusammen mit der Beschwerde gegen den Beschluß eines erstinstanzlich verhandelnden Oberlandesgerichts die Aufhebung des ausgesetzten Haftbefehls, hilfsweise der Auflagen bzw. die Änderung der Gestaltung des Haftverhältnisses im einzelnen begehrte (BGHSt **25** 120 = NJW **1973** 664 = MDR **1973** 420; **26** 270 = NJW **1976** 721 = MDR **1976** 417). Er verwirft deshalb die (nach § 304 Abs. 2 Satz 2 Nr. 1) zulässige Haftbeschwerde als unbegründet, und soweit mit ihr hilfsweise der Wegfall der Auflagen bzw. die Änderung der Gestaltung des Haftverhältnisses begehrt wird, als unzulässig.

Wenn der Bundesgerichtshof der Entscheidung des Gesetzgebers zu § 305 a **41** Abs. 1 die **Möglichkeit der Trennung** entnimmt, ist diese Auslegung ebenso möglich wie die entgegengesetzte. Die Praxis sollte sie — trotz gewisser Bedenken — übernehmen und sie, zumal da Sinn und Zweck von § 304 Abs. 4 Satz 2 Nr. 1 dem von § 310 Abs. 1 entsprechen, auch auf diesen erstrecken, d. h. der Ansicht des Oberlandesgerichts Hamm und des Kammergerichts (Rdn. 38) folgen[12]. Bei dieser Auslegung kann es — entgegen OLG Frankfurt NJW **1973** 210 letzter Absatz — auf die Nähe der Maßnahmenentscheidung zur Haft nicht ankommen. Diese soll, wenn ein Oberlandesgericht erstinstanzlich entschieden hat, überhaupt nicht, sonst nur einmal vom Beschwerdegericht überprüft werden können; das Gericht der weiteren Beschwerde ist darauf beschränkt, allein die Entscheidung über die Verhaftung selbst zu überprüfen. Diese Auf-

---

[11] Es sei kein Grund ersichtlich, in Fällen, „die ganz geringfügige Dinge wie Zeitunglesen, Rauchen usw. betreffen können, ... eine weitere Beschwerde zuzulassen".

[12] In der Lehre kann diese Ansicht heute als absolut herrschend angesehen werden. Vertreten wird sie namentlich von *Eb. Schmidt* Nachtr. I § 310, 3; KK-*Boujong* § 116, 26; KK-*Engelhardt* § 304, 7; § 310, 10; KMR-*Müller* § 115, 14; KMR-*Paulus* § 304, 26; *Gollwitzer* § 310 Anm. 3 und nunmehr auch *Schlüchter* 660. 2. In der Rechtsprechung

haben sich – soweit ersichtlich – mit Ausnahme von OLG Stuttgart (MDR **1978** 953), OLG Zweibrücken (MDR **1979** 695), OLG München (MDR **1980** 74), OLG Nürnberg (MDR **1980** 75) und OLG Karlsruhe (NStZ **1983** 41), alle übrigen Oberlandesgerichte – auch OLG Celle (StrVert. **1983** 466) – der neueren Auslegung angeschlossen. Zur historischen Entwicklung des Begriffs „Verhaftung" in Rechtsprechung und Lehre vgl. im übrigen *Wendisch* FS Dünnebier 248 ff.

Günter Wendisch

gabenverteilung auf die Gerichte muß, mag das im einzelnen Fall dem Gefühl schwer fallen, hingenommen werden; für Ausnahmen fehlt es an einer rationalen Begründung.

IV. Widerruf (Absatz 4)

42   **1. Veränderungen.** Das Gericht ist an seine Beurteilung der Umstände, auf denen die Vollzugsaussetzung beruht, gebunden (OLG München NJW **1978** 771). Es kann sie nicht, etwa in neuer Besetzung, bei gleichbleibenden Umständen ändern und den Vollzug der Untersuchungshaft anordnen, weil es inzwischen den Erfolg der getroffenen Maßnahmen weniger günstig beurteilt als zur Zeit ihrer Anordnung. Ändern sich indessen die Verhältnisse, dann hat das Gericht die Frage der Vollzugsaussetzung erneut zu prüfen.

43   Ist durch die **Veränderung** der Haftgrund beseitigt, etwa durch Heirat die Fluchtgefahr oder durch Sachaufklärung die Verdunkelungsgefahr, dann hat das Gericht den Haftbefehl und die bei der Vollzugsaussetzung getroffenen Maßnahmen aufzuheben (§ 123 Abs. 1 Nr. 1). Hat sich dagegen die Lage verschlechtert, kann der Richter die ursprünglich angeordneten **Maßnahmen ändern,** namentlich verschärfen, z. B. die Sicherheit erhöhen. Begründen neu hervorgetretene Umstände die Befürchtung, der Beschuldigte werde sich dem Verfahren entziehen, er werde auf Zeugen einwirken, er werde, wenn er als Sittlichkeitsverbrecher verfolgt wird, weitere Sittlichkeitsverbrechen begehen, dann hat das Gericht den **Vollzug** oder den Wiedervollzug des Haftbefehls **anzuordnen.**

44   Wird der Haftbefehl wieder vollzogen, hat das Gericht die **Maßnahmen aufzuheben** (§ 123 Abs. 1 Nr. 2), die es zur Abwendung der Haft getroffen hatte. Es bestehen keine Bedenken, wenn es das in geeigneten Fällen mit der Vollzugsanordnung verbindet. Eine solche Verbindung wird sich empfehlen, wenn mit Sicherheit feststeht, daß der Haftbefehl ohne Schwierigkeit vollzogen werden kann, aber auch dann, wenn ohnehin nicht mehr zu erwarten ist, daß der Beschuldigte den Anweisungen nachkommt.

45   Über die **Sicherheit** ist stets gesondert nach den §§ 123, 124 zu entscheiden.

46   **2. Widerrufsumstände.** Die soeben erwähnten neu hervorgetretenen Umstände können sich **nicht** auf den **Tatverdacht** beziehen (OLG München NJW **1978** 772). Dieser mußte dringend gewesen sein, als der Haftvollzug ausgesetzt wurde — sonst hätte der Haftbefehl aufgehoben werden müssen —, und dringender kann er nicht werden. Wohl aber kann es ein neuer Umstand sein, wenn neue Taten (OLG Karlsruhe ABl. BW **1963** 63) oder Einzelakte einer fortgesetzten Handlung aufgedeckt werden. Nach **Nummer 1** ist der Vollzug anzuordnen, wenn der Beschuldigte den ihm auferlegten Pflichten oder Beschränkungen gröblich zuwiderhandelt. Da diese Maßnahmen Grundlage der Erwartung waren, daß der Zweck der Untersuchungshaft auch durch sie erreicht werde, begründet die gröbliche Zuwiderhandlung die Vermutung, daß der Haftzweck nicht mehr ohne Untersuchungshaft erreicht werden kann (vgl. aber Rdn. 49).

47   Meist werden die Umstände jedoch die **Haftgründe** berühren: Tritt zur Fluchtgefahr auch noch Verdunkelungsgefahr, dann können sich die getroffenen Maßnahmen als unzulänglich erweisen. Verschärft sich die Fluchtgefahr, dann können die bisher bestehenden Maßnahmen unwirksam sein, den Zweck der Untersuchungshaft auch jetzt noch zu erreichen. Eine solche Verschärfung liegt auf jeden Fall vor **(Nummer 2),** wenn der Beschuldigte **Anstalten zur Flucht** trifft, d. h. eine Veränderung seiner Umstände in die Wege leitet, die es den Strafverfolgungsbehörden unmöglich machen soll, seiner habhaft zu werden. Es ist selbstverständlich, daß es den Fluchtveranstaltungen gleichsteht, wenn der Beschuldigte tatsächlich geflohen ist oder sich verborgen hat; wenn der Beschuldigte **auf Ladungen ausbleibt,** ohne sich genügend zu entschuldigen. Unter Ladungen sind dabei solche zu Terminen zu verstehen, zu denen der Beschuldigte erscheinen muß (§133, §163a Abs. 3), gleichviel ob sie an den Beschuldigten oder an seinen Zustellungsbevollmächtigten (§116a Abs. 3) gerichtet waren.

Bei den beiden ebengenannten Widerrufsgründen muß **zwingend** — und ohne **48** zeitliches Zuwarten (OLG Stuttgart NStZ **1982** 217) — der Vollzug des Haftbefehls angeordnet werden. *Lobe/Alsberg* (§120, III) sprechen deshalb von einer gesetzlichen Vermutung, doch enthalten die Merkmale „Anstalten ... trifft" und „ohne genügende Entschuldigung" hinreichend Raum für eine richterliche Wertung, die indessen immer nur in der Richtung angestellt werden kann, ob die „gesetzliche Vermutung", der Zweck der Untersuchungshaft könne nunmehr ohne Vollzug des Haftbefehls nicht mehr erreicht werden, im Einzelfall auch tatsächlich zutrifft.

Die Anordnung des Vollzugs ist **keine Prozeßstrafe** für enttäuschtes Vertrauen, **49** sondern Sicherung des Zweckes der Untersuchungshaft. Sie ist daher nicht zulässig, wenn zwar der Beschuldigte den ihm auferlegten Pflichten gröblich zuwiderhandelt (Nr. 1), aber der Haftgrund inzwischen weggefallen ist. Auch sonst ist besonders sorgfältige Wertung erforderlich, wenn die Frage zu beurteilen ist, ob der Beschuldigte den ihm auferlegten Verpflichtungen und Beschränkungen in gröblicher Weise zuwidergehandelt hat (Nr. 1). Dabei wird mehr gefordert als ein Verstoß aus Versehen, Unmut oder Verzweiflung, wenn es auch nicht auf böse Gesinnung ankommt; dauernde Schlamperei kann durchaus als gröbliche Zuwiderhandlung gewertet werden.

Die Nummer 3 umfaßt die Nummern 1 und 2, weil die dort aufgeführten Hand- **50** lungen neu hervorgetretene Umstände sind, und gibt im übrigen Raum, alle Veränderungen der Tatsachengrundlage für die Aussetzung zu berücksichtigen. Dabei ist nochmals zu betonen, daß neu hervorgetretene Umstände es nicht stets erforderlich machen, den Beschuldigten zu verhaften[13]. Es kann ausreichen, die Beschränkungen zu verschärfen; es kann aber auch notwendig werden, den Haftbefehl aufzuheben.

3. Für das **Verfahren** gelten die zu Rdn. 32 und 33 gemachten Ausführungen ent- **51** sprechend, doch wird die Begründung ausführlicher als bei der Aussetzung des Vollzugs sein (KG JR **1956** 192).

4. Beschwerde. Soweit mit der Beschwerde **Änderung von Maßnahmen** beantragt **52** wird, gilt das zu Rdn. 35, 36 Gesagte für die Beschwerde, das zu Rdn. 37 ff Ausgeführte für die weitere Beschwerde entsprechend. Soweit die Anordnung angegriffen wird, daß der **Haftbefehl** (wieder) **zu vollziehen** ist, ist gegen die Entscheidung, wenn sie nicht von einem Strafsenat als Rechtsmittelgericht erlassen worden ist (§304 Abs. 4 Satz 2, erster Halbsatz) Beschwerde zulässig (§304 Abs. 1), auch wenn die Entscheidung die eines erkennenden Gerichts ist (§305 Satz 2). Gegen die Beschwerdeentscheidung des Landgerichts und des erstinstanzlich entscheidenden Oberlandesgerichts (§120 Abs. 3 und 4 GVG) ist die **weitere Beschwerde** zulässig (§310 Abs. 1). Denn Entscheidungen, die den Vollzug anordnen, betreffen die Verhaftung (§305 Satz 2, §310 Abs. 1).

5. Wirkung. Der Haftbefehl ist wieder zu vollstrecken. Das Verfahren der **53** §§114b ff beginnt. War der Beschuldigte schon vor der Aussetzung des Vollzugs in Haft, beginnt es von neuem (*Kleinknecht/Meyer* §115, 3).

---

[13] Vgl. dazu auch OLG Düsseldorf StrVert. **1984** 339. Eine Verhaftung wird aber regelmäßig in Betracht zu ziehen sein, wenn der Angeklagte zu einer Freiheitsstrafe von mehr als sechs Jahren verurteilt worden ist (OLG Düsseldorf JMBlNRW **1982** 236).

Günter Wendisch

§ 116 a

(1) Die Sicherheit ist durch Hinterlegung in barem Geld, in Wertpapieren, durch Pfandbestellung oder durch Bürgschaft geeigneter Personen zu leisten.

(2) Der Richter setzt Höhe und Art der Sicherheit nach freiem Ermessen fest.

(3) Der Beschuldigte, der die Aussetzung des Vollzugs des Haftbefehls gegen Sicherheitsleistung beantragt und nicht im Geltungsbereich dieses Gesetzes wohnt, ist verpflichtet, eine im Bezirk des zuständigen Gerichts wohnende Person zum Empfang von Zustellungen zu bevollmächtigen.

Entstehungsgeschichte. Die Absätze 1 und 2 sind inhaltlich unverändert, sprachlich geringfügig geändert durch Art. 1 Nr. 1 StPÄG 1964. Durch dieselbe Vorschrift sind die Worte „Geltungsbereich dieses Gesetzes" an die Stelle der früheren Fassung „Inland" gesetzt worden. Bezeichnung bis 1964: § 118.

1   **1. Zweck.** Nach § 116 Abs. 1 muß der Richter den Vollzug eines Haftbefehls, der lediglich wegen Fluchtgefahr gerechtfertigt ist, aussetzen, wenn Maßnahmen, die weniger einschneidend sind als die Untersuchungshaft, die Erwartung hinreichend begründen, daß der Haftzweck auch durch sie erreicht werden kann. Als Beispielsfall ist in Nr. 4 die Leistung einer angemessenen Sicherheit durch den Beschuldigten oder einen anderen genannt. Während die sonstigen Maßnahmen dem Zweck dienen, die Anwesenheit des Beschuldigten für die Dauer des Verfahrens sicherzustellen, soll durch die Sicherheitsleistung darüber hinaus auch der Antritt einer erkannten Freiheitsstrafe oder einer freiheitsentziehenden Maßregel der Besserung und Sicherung unmittelbar sichergestellt werden (§ 124 Abs. 1), ein Ziel, dem andere Maßnahmen nur mittelbar förderlich sind. **Weitere Zwecke** werden mit der Sicherheitsleistung **nicht** verfolgt. Sie verfällt namentlich nicht — wie der Wortlaut des § 124 Abs. 1 eindeutig besagt —, wenn der Verurteilte eine Geldstrafe nicht bezahlt oder eine Ersatzfreiheitsstrafe nicht antritt (§ 124, 13; 11) oder die Gerichtskosten nicht begleicht (BayObLGSt 7 [1908] 330).

2   Die gelegentlich immer wieder aufgeworfene Frage, ob die Haftverschonung gegen Sicherheitsleistung deshalb den **Gleichheitsgrundsatz** verletze, weil sie dem Vermögenden vor dem Vermögenslosen (wegen der Bemessung bei geringem Vermögen s. Rdn. 12) einen Vorzug einräume, ist zu verneinen[1]. Zwar liegt die Ungleichheit auf der Hand. Das Grundgesetz geht aber von der bestehenden Wirtschaftsordnung aus, die wirtschaftliche Ungleichheiten kennt. Daher muß die Rechtsordnung zwar die Ausübung von Rechten von der Wirtschaftslage unabhängig stellen, kann aber dem Vermögenden nicht Aushilfen nur deshalb versagen, weil der Vermögenslose sich ihrer nicht bedienen kann (*Tiedemann* GA **1964** 373).

3   **2. Antrag.** Während in den anderen Fällen des § 116 (Absatz 1 Nr. 1 bis 3) der Vollzug des Haftbefehls von Amts wegen ausgesetzt werden kann und dem Beschuldigten Pflichten und Beschränkungen durch Anweisungen auferlegt werden können, darf der Haftvollzug gegen **Sicherheitsleistung** nur auf **Antrag** (Absatz 3) ausgesetzt werden. Der Beschuldigte kann nicht zur Sicherheitsleistung gezwungen werden. Es darf auch nicht eine Sicherheit festgesetzt und dem Beschuldigten die Wahl zwischen Sicherheit

---

[1] OLG Bamberg MDR **1958** 788; *Tiedemann* GA **1964** 373; *Eynik* ZRP **1969** 216; *Hamel* ZRP **1969** 240; KK-*Boujong* § 116, 18; *Kleinknecht/Janischowsky* 198; *Kleinknecht/Meyer* § 116, 13.

und Haft gelassen werden, wie das Art. 5 Abs. 3 Satz 3 MRK zuläßt. Vielmehr steht es allein im Belieben des Beschuldigten, ob er gegen Sicherheitsleistung aus der Haft entlassen werden will.

Zuweilen wird aus dem Wortlaut des § 116 Abs. 1 gefolgert, daß er für die Ausset- **4** zungsanordnung **nicht auf** das **Einverständnis** oder den Antrag des Beschuldigten ankomme[2]. Das ist eine die Entstehungsgeschichte mißachtende, isolierte Betrachtung der Einzelvorschrift einer ohnehin nicht sehr sorgfältig redigierten Novelle. Die Entstehungsgeschichte, der Gesamtzusammenhang und der Wortlaut des Absatzes 3, der zugleich mit § 116 erlassen worden ist, ergeben eindeutig, daß der Antrag erforderlich ist. Art. 5 Abs. 3 Satz 3 MRK steht dieser nationalen Ausgestaltung nicht entgegen. Freilich ist es nicht sinnvoll, das nur historisch zu erklärende Antragserfordernis fortzuschleppen. Dem kann aber nur der Gesetzgeber abhelfen.

3. Als **Arten** der Sicherheitsleistung führt das Gesetz abschließend auf: **5**

Hinterlegung von barem Geld oder von Wertpapieren, ohne daß es auf Mündelsicherheit ankäme, in beiden Fällen des In- oder Auslands, regelmäßig nach der Hinterlegungsordnung, aber auch bei einem Treuhänder, z. B. einer Bank;

Pfandbestellung. Der Ausdruck ist nicht im bürgerlich-rechtlichen Sinne zu verstehen, umfaßt vielmehr jede Art der Sicherung an beweglichen (Pfand, Sicherungsübereignung) und unbeweglichen Sachen (Grundschulden) sowie an Vermögenswerten (Sicherungsabtretung);

Bürgschaft geeigneter Personen. Die Bürgschaft besteht nicht, wohin nach dem Wortlaut der Vorschrift, die der Sicherheit durch Geld und Geldeswert die Bürgschaft entgegenzustellen scheint, die Auslegung gehen könnte, in der Verbürgung einer Vertrauensperson sowohl des Gerichts als auch des Beschuldigten, daß dieser zur Hauptverhandlung und gerichtlichen Akten, die dieser vorangehen, zur Verfügung steht, sondern, wie § 116 Abs. 1 Nr. 4 klar sagt, in der **Leistung einer** angemessenen **Sicherheit** durch einen anderen als den Beschuldigten.

Die Bürgschaft ist, schon weil eine Schuld des Beschuldigten fehlt, **nicht nach bür- 6 gerlichem Recht** zu beurteilen. Daher bedarf sie nicht der Schriftform (**a. A.** OLG Celle GA **60** [1913] 480) und hat der Bürge nicht die Einrede der Vorausklage. Sie kann als aufschiebend bedingtes selbstschuldnerisches Zahlungsversprechen abgegeben werden. In der Regel wird die „Bürgschaft" aber darin bestehen, daß der Dritte Geld oder Wertpapiere bei einer Bank hinterlegt und ihr gegenüber den Staat ermächtigt, die Herausgabe zu verlangen. Der Staat kann von dieser Ermächtigung erst nach Verfall der Sicherheit (§ 124) Gebrauch machen. Hat der Dritte Geld oder Wertpapiere hinterlegt und den Staat ermächtigt, von der Hinterlegungsstelle die Herausgabe zu verlangen, haftet er nur mit der hinterlegten Sache, sonst mit seinem gesamten Vermögen. Der darin liegende Vorteil wird durch den Nachteil aufgehoben, daß eine besondere Vollstreckung notwendig ist.

Weder die Bürgschaft noch die Ermächtigung darf **befristet** sein, weil der Zeit- **7** punkt, in dem die Sicherheit frei wird (§ 123 Abs. 2 in Verb. mit Abs. 1), niemals mit Bestimmtheit vorausgesagt werden kann. Alsdann könnte bei einer Befristung der Fall eintreten, daß der Beschuldigte am ersten Tage nach dem Fristablauf ohne Folgen für den Bürgen flieht, weil die Verhaftung nicht alsbald möglich ist und Fluchtvorbereitungen (§ 116 Abs. 4 Nr. 2 erste Alternative) vorher nicht erkennbar waren. Die Bürgschaft darf

---

[2] KG GA **1972** 128; KK-*Boujong* § 116, 18; OLG Saarbrücken NJW **1978** 2461 a.E.
Kleinknecht/Meyer § 116, 13; offen gelassen

Günter Wendisch

nur angenommen werden, wenn sich der **Beschuldigte** mit ihr einverstanden erklärt, d. h. den nach Absatz 3 erforderlichen Antrag stellt. Denn nur, wenn der Beschuldigte **einwilligt,** kann von der Bürgschaft die seelische Einwirkung auf das Verhalten des Beschuldigten ausgehen, die den Sinn der Sicherheitsleistung bildet (*Lobe/Alsberg* § 118, 4).

8   Die verschiedenen Arten der Sicherheit stehen dem **Gericht zur Wahl,** nicht dem Beschuldigten. Das Gericht kann sie nebeneinander anordnen und kann sich auch von dem Beschuldigten und einem Dritten nebeneinander Sicherheiten bestellen lassen.

9   **4. Bemessung.** Die **Sicherheit des Beschuldigten** ist nach Art und Höhe so zu bemessen, daß anzunehmen ist[3], dieser werde lieber das Verfahren und die Sanktion als den Verlust der Vermögenswerte hinnehmen. Dazu muß der Verlust empfindlich sein. Zu diesem Zwecke ist die Sicherheit nach dem Vermögen des Beschuldigten zu bemessen. Ist das Vermögen gering (Sparkassenbuch), kann auch eine niedrige Sicherheitsleistung den Beschuldigten von der Flucht abhalten. Es wäre verfehlt, nur absolut beträchtliche Summen als Sicherheitsleistung zuzulassen. *Tiedemann* (GA **1964** 374) behauptet eine — gegen Art. 3 Abs. 1 GG verstoßende — Praxis, von einer niedrigen Sicherheitsleistung so gut wie keinen Gebrauch zu machen. Die Behauptung ist nicht nachprüfbar, doch darf nicht übersehen werden, daß die Entlassung gegen Sicherheitsleistung von einem Antrag des Beschuldigten abhängt, der ihm freilich nahegelegt werden kann. Gerichtliche Entscheidungen, die eine niedrige Sicherheit allein wegen ihrer absoluten Geringfügigkeit ablehnen, obwohl ihr Verlust den Beschuldigten empfindlich treffen würde, sind nicht bekannt geworden.

10   Die **Sicherheit Dritter** wird nur zuzulassen sein, wenn nach der Persönlichkeit des Beschuldigten und nach seinen Beziehungen zu dem Dritten zu erwarten ist, er werde diesen nicht durch Verlust der Sicherheit zu Schaden kommen lassen. Dazu muß, damit der Dritte die Sicherheit nicht als ein Freundschaftsgeschenk ansehen kann, die Bürgschaftssumme nach dem Vermögen des Leistenden festgesetzt werden. In bezug auf den Beschuldigten, der kein Vermögen, sondern seine Ehre aufs Spiel setzt, verlangt die Form der Bürgschaft geeigneter Personen ein gewisses Vertrauen.

11   Bei der **Bemessung der Sicherheit** ist lediglich der Wunsch des Beschuldigten, die verstrickten Vermögenswerte sich oder dem Bürgen zu erhalten, dem Verlangen des Beschuldigten gegenüberzustellen, sich der Untersuchung oder dem Antritt einer Strafe oder einer freiheitsentziehenden Maßregel der Besserung und Sicherung (§ 124 Abs. 1) zu entziehen. Diese Abwägung ist nicht begründbar; daher gesteht das Gesetz dem Richter für die Festsetzung von Art und Höhe der Sicherheitsleistung freies Ermessen zu. Indessen ist auch das **freie Ermessen** nicht ohne Bindung auszuüben. So dürfen keine übermäßigen Sicherheiten verlangt werden; insoweit hat auch die zu erwartende Sanktion einen Einfluß auf die Höhe der Sicherheit. Dagegen ist die bloße Angleichung der Sicherheit an die Höhe einer etwa zu erwartenden Geldstrafe — ohne die im ersten Satz geforderte Abwägung — oder die Rücksicht auf Gerichtskosten und Ersatzansprüche des Verletzten nicht zulässig.

12   **5. Zustellungsvollmacht (Absatz 3).** Für die prozessuale Last, einen Zustellungsbevollmächtigten zu bestellen, stellt das Gesetz zwei Voraussetzungen auf. Die erste ist ein Antrag (Rdn. 3; 7). Wird dieser gestellt, ist grundsätzlich zugleich ein Bevollmächtigter zu bestellen und nachzuweisen, daß er das Mandat angenommen hat. Die Bestellung

---

[3] KK-*Boujong* 3: auf den Beschuldigten ein „psychischer Zwang" ausgeübt wird; ähnlich   *Eb. Schmidt* § 118, 1.

eines Zustellungsbevollmächtigten ist **keine** (so aber *Lobe/Alsberg* II; *Eb. Schmidt* 4, beide zu § 119) **Verfahrensvoraussetzung,** sondern eine im Gesetz besonders genannte Maßnahme (§ 116). Demzufolge kann das Gericht einen Antrag, dem es nachkommen möchte, zwar zurückweisen, wenn in ihm weder ein Zustellungsbevollmächtigter benannt, noch nachgewiesen ist, daß er das Mandat angenommen hat. Das Gericht braucht aber nicht so zu verfahren. Vielmehr kann es dem Beschuldigten Gelegenheit geben, die Benennung nachzuholen; es kann aber auch dem Antrag alsbald stattgeben und dem Beschuldigten in dem Aussetzungsbeschluß als Bedingung der Aussetzung des Vollzugs auferlegen, einen Zustellungsbevollmächtigten zu bestellen. Die Freilassung hängt dann davon ab, daß der Beschuldigte diese Pflicht erfüllt hat (*Hartung* § 119, 1; 3).

13 Die zweite Voraussetzung ist, daß der Beschuldigte **nicht** im Geltungsbereich der Strafprozeßordnung, d. h. **in der Bundesrepublik** oder in Berlin (West) wohnt. Es kommt nicht auf den Wohnsitz an, sondern darauf, daß der Beschuldigte tatsächlich für eine auf eine gewisse Dauer berechnete Zeit außerhalb des Geltungsbereichs der Strafprozeßordnung seinen Aufenthalt genommen hat. Der Zweck der Regelung ist, die oft nicht unerheblichen Erschwernisse einer Zustellung im Ausland sowie in der DDR und in Berlin (Ost) zu vermeiden, wenn dem fluchtverdächtigen Beschuldigten schon der Vollzug der Untersuchungshaft erspart und der weitere Aufenthalt außerhalb der Bundesrepublik nachgelassen wird.

14 **6. Zustellungsbevollmächtigter** (§ 37, 39) ist eine verhandlungsfähige Person, meist ein Rechtsanwalt, die der Vollmachtgeber ermächtigt hat, Zustellungen für ihn in Empfang zu nehmen, und die bereit ist (*Dünnebier* NJW **1968** 1752, 1754), solche Zustellungen entgegenzunehmen. Der Nachweis über das Einverständnis und damit der wirksamen Bestellung des Zustellungsbevollmächtigten wird regelmäßig durch die zu den Akten überreichte Zustellungsvollmacht erbracht werden. Ist das unterblieben, wird man es auch als ausreichend ansehen können, wenn das Einverständnis auf andere Weise — telefonische Nachfrage — festgestellt und aktenkundig gemacht wird (OLG Zweibrücken VRS **53** 281).

15 Dem Zweck der Vorschrift, einen außerhalb der Bundesrepublik und Berlin (West) wohnenden Beschuldigten für die Zustellung so zu behandeln, als ob er dort wohnte, hätte es — zumal im Hinblick auf die Freiheit der Anwaltswahl — entsprochen, das Wohnen des Zustellungsbevollmächtigten im Geltungsbereich der Strafprozeßordnung zu verlangen. Das Gesetz geht aber weiter und verlangt aus Gründen der Geschäftserleichterung, daß der Bevollmächtigte im **Bezirk des** nach § 116 **zuständigen Gerichts** wohnt. Indem das Gesetz von **Wohnen** und nicht vom Wohnsitz spricht, verlangt es über die Wohnungsanmeldung hinaus einen tatsächlichen, wenn auch nicht ununterbrochenen Aufenthalt an einem Ort des Gerichtsbezirks. Hat indessen das Gericht seinen Sitz selbst außerhalb seines Bezirks, wie das Landgericht München II, so muß auch eine Wohnung am Gerichtssitz für ausreichend erachtet werden. Auch sonst kann das Gericht einen außerhalb seines Bezirks wohnenden Bevollmächtigten zulassen. Zwar ist der Beschuldigte verpflichtet, wenn das Gericht das verlangt, sich auf die Wahl eines im Gerichtsbezirk ansässigen Bevollmächtigten zu beschränken. Dem Gericht schreibt das Gesetz keine gleiche Beschränkung vor.

16 Die Bevollmächtigung hat **Wirksamkeit,** bis die Sicherheit frei wird (§ 123 Abs. 2) oder verfällt (§ 124) oder bis das Strafverfahren durch den Tod des Beschuldigten endet (BayObLGSt **21** [1922] 100) in der Weise, daß alle für den Beschuldigten bestimmten Zustellungen an den Zustellungsbevollmächtigten bewirkt werden können. Er tritt, soweit Zustellungen in Betracht kommen, an die Stelle des Beschuldigten (RGSt **77** 214). Dabei besteht kein Unterschied nach der Art oder dem Inhalt des Zustellungsstücks;

Günter Wendisch

dem Zustellungsbevollmächtigten können danach auch Ladungen (BGHSt 10 63) und Urteile (RGSt 77 212) zugestellt werden, § 145 a Abs. 3 Satz 1 gilt nicht (§ 145 a Abs. 3 Satz 2). Es kommt auch nicht auf die förmliche Zustellung an. Kann diese nach § 35 Abs. 2 erster Fall durch formlose Mitteilung ersetzt werden, kann diese auch dem Bevollmächtigten gegeben werden[4]. Mitteilungen und Zustellungen an den Zustellungsbevollmächtigten haben die Folge, als ob sie an den Beschuldigten selbst bewirkt worden wären. Diesem kann selbstverständlich jederzeit auch selbst zugestellt werden. **Ersatzzustellung** an den Zustellungsbevollmächtigten ist zulässig.

17   7. Die **Wirkung** der Sicherheitsleistung, nämlich die Aussetzung des Vollzugs der Untersuchungshaft, tritt ein, sobald die Sicherheitsleistung erbracht, ein Zustellungsbevollmächtigter ernannt, und nachgewiesen ist, daß er das Mandat angenommen hat. Freilich ist noch der Akt der richterlichen Entlassung notwendig. Die unmittelbare Wirkung zeigt sich aber darin, daß im vorbereitenden Verfahren die **Staatsanwaltschaft** den Beschuldigten ohne weitere gerichtliche Entscheidung freilassen kann, sobald die genannten Voraussetzungen erfüllt sind.

18   Ist die öffentliche Klage erhoben, muß das **Gericht** die Entlassung anordnen und veranlassen (§ 120, 23). Das hat es auch vor Klageerhebung zu tun, wenn die Staatsanwaltschaft erklärt, sich der Entlassung enthalten zu wollen, etwa weil sie Zweifel hat, ob die erbrachte Sicherheit die auferlegte ist oder weil das Gericht einen erst nachträglich benannten Zustellungsbevollmächtigten noch nicht zugelassen hat.

19   8. Die **Änderung der Verhältnisse** kann auch zu einer Änderung der Maßnahmen führen (§ 116, 43). So können Kursänderungen von Wertpapieren oder ausländischen Geldsorten Anlaß bieten, die Sicherheit nominell zu verstärken, um sie ihrem Werte nach auf der ursprünglichen Höhe zu belassen. Dabei ist jedoch zu beachten, daß eine Sicherheit ihren Wert nicht nur aus ihrer absoluten Höhe erhält, sondern weitgehend aus ihrem Verhältnis zum Gesamtvermögen des Leistenden. Wegen dieses Wertverhältnisses kann auch der **Tod des Bürgen** ein Anlaß sein, die Sicherheit in ihrer Höhe zu verändern, weil nunmehr auf die Vermögensverhältnisse des Erben abzustellen ist. Der Tod des Bürgen kann auch nötigen, den Haftbefehl zu vollziehen (§ 116 Abs. 4 Nr. 3), wenn das besondere Vertrauensverhältnis zwischen Bürgen und Beschuldigten, das den Beschuldigten zwingt, lieber seine Freiheit als seine Ehre zu verlieren, zu dem Erben nicht besteht.

20   Wenn auch Ersatzzustellungen an den Zustellungsbevollmächtigten zulässig und wirksam sind, so braucht das Gericht sich auf Erschwerungen und **Unsicherheiten bei der Zustellung** nicht einzulassen. Es kann daher den Zustellungsbevollmächtigten als weggefallen ansehen, wenn er seine Bereitschaft, Zustellungen entgegenzunehmen, widerruft; wenn er ohne einen solchen Widerruf die Zustellung durch Verweigerung der Annahme erschwert; oder wenn er, ohne die Annahme zu verweigern, Zustellungen durch Abwesenheit in ihrer Wirkung unsicher macht. Dagegen muß, wenn das **Verfahren** auf das Gericht eines anderen Bezirks **übergeht,** der Bevollmächtigte nicht etwa deshalb abberufen werden, weil er nunmehr nicht mehr im Bezirk des zuständigen Gerichts wohnt; denn das Gericht ist in der Zulassung des Bevollmächtigten nicht beschränkt (Rdn. 15). Es ist aber, da die Vorschrift auf die Zweckmäßigkeit für das zuständige Gericht abstellt, berechtigt, einen Wechsel zu verlangen. Wechselt der Bevollmächtigte in-

---

[4] KK-*Boujong* 7; KMR-*Müller* 11; *Kleinknecht/ Meyer* 5.

nerhalb der Bundesrepublik seinen Wohnsitz, ist das Gericht nicht verpflichtet, wohl aber befugt, ihn abzurufen und den Beschuldigten aufzufordern, für die Bestellung eines neuen, in seinem Bezirk wohnenenden Bevollmächtigten zu sorgen[5].

9. Widerruf. Die allgemeine Vorschrift, daß der Richter den Vollzug des Haftbe- **21** fehls anordnet (§ 116 Abs. 4) und die getroffenen Maßnahmen aufhebt (§ 123 Abs. 1 Nr. 2), wenn die besonderen Umstände des § 116 Abs. 4 Nr. 1 bis 3 vorliegen, gilt zwar auch für die Aussetzung des Vollzugs gegen Sicherheitsleistung, jedoch mit der Besonderheit, daß nach den §§ 123 Abs. 2 und 3, 124 Abs. 1 entschieden wird, ob die Sicherheit freigeworden oder verfallen ist.

Der Beschuldigte kann auch selbst bewirken, daß die Sicherheit frei wird. Zwar **22** ist sie **unkündbar,** gleichviel ob der Beschuldigte oder ein Dritter sie bestellt hat (**a. A.** *Eb. Schmidt* § 118, 4)[6], doch können der Beschuldigte und der Dritte, dieser allerdings nur im Einverständnis mit dem Beschuldigten, sie **freimachen:** Traut der Beschuldigte sich nicht mehr die Kraft zu, seinem Fluchtbegehren zu widerstehen, oder benötigt er die Sicherheit zu anderen Zwecken, so muß er sich in die Haft begeben; vertraut ihm der Dritte nicht mehr oder will er über sein Vermögen anderweit verfügen, so muß er bewirken, daß der Beschuldigte sich stellt (§ 123, 9).

Die **Zustellungsvollmacht** kann der Beschuldigte nicht einseitig zurücknehmen, **23** der Bevollmächtigte kann die dem Beschuldigten und dem Gericht gegenüber übernommene Verpflichtung, Zustellungen entgegenzunehmen, nicht durch Vertrag mit dem Beschuldigten kündigen oder dem Gericht gegenüber einseitig aufgeben[7]. Tritt indessen ein solcher Fall ein, dann handelt der Beschuldigte der Pflicht, einen empfangsbereiten Zustellungsbevollmächtigten zur Verfügung zu halten, zuwider. Die Zuwiderhandlung ist gröblich, wenn er nicht alsbald einen neuen, dem Gericht genehmen Bevollmächtigten benennt. Alsdann ist der Vollzug des Haftbefehls anzuordnen (§ 116 Abs. 4 Nr. 1).

§ 117

(1) Solange der Beschuldigte in Untersuchungshaft ist, kann er jederzeit die gerichtliche Prüfung beantragen, ob der Haftbefehl aufzuheben oder dessen Vollzug nach § 116 auszusetzen ist (Haftprüfung).

(2) [1]Neben dem Antrag auf Haftprüfung ist die Beschwerde unzulässig. [2]Das Recht der Beschwerde gegen die Entscheidung, die auf den Antrag ergeht, wird dadurch nicht berührt.

(3) Der Richter kann einzelne Ermittlungen anordnen, die für die künftige Entscheidung über die Aufrechterhaltung der Untersuchungshaft von Bedeutung sind, und nach Durchführung dieser Ermittlungen eine neue Prüfung vornehmen.

(4) [1]Hat der Beschuldigte noch keinen Verteidiger, so wird ihm ein Verteidiger für die Dauer der Untersuchungshaft bestellt, wenn deren Vollzug mindestens drei Monate gedauert hat und die Staatsanwaltschaft oder der Beschuldigte oder sein gesetzlicher Vertreter es beantragt. [2]Über das Antragsrecht ist der Beschuldigte zu belehren. [3]Die §§ 142, 143 und 145 gelten entsprechend.

---

[5] KK-*Boujong* 6; KMR-*Müller* 9.
[6] Wie hier KK-*Boujong* 7; KMR-*Müller* 10; *Kleinknecht/Meyer* 5.

[7] **A.A.** *Eb. Schmidt* § 118, 4; wie hier KK-*Boujong* 4; KMR-*Müller* 5.

Günter Wendisch

(5) Hat die Untersuchungshaft drei Monate gedauert, ohne daß der Beschuldigte die Haftprüfung beantragt oder Haftbeschwerde eingelegt hat, so findet die Haftprüfung von Amts wegen statt, es sei denn, daß der Beschuldigte einen Verteidiger hat.

Entstehungsgeschichte. Die Vorschrift ist eingefügt durch Art 1 Nr. 1 StPÄG 1964. Sie enthält Bruchstücke aus früheren Bestimmungen, die sich aber zumeist auf die mündliche Verhandlung bezogen, ist aber im ganzen neu: Früher hatte das Gericht die Haftfrage von Amts wegen periodisch zu prüfen, seit der Änderung nur auf Antrag. Nach drei Monaten Untersuchungshaft war früher ein Verteidiger für die Prüfungsverhandlung zuzuziehen, nun wird er für die Dauer der Untersuchungshaft bestellt.

Übersicht

I. Inhalt

1   Der Prozeß ist ein Fortschreiten der Untersuchung, die zur Verurteilung des Angeklagten, zu seinem Freispruch oder zur Einstellung des Verfahrens führen kann. Demzufolge kann der dringende Tatverdacht sich entweder bestätigen oder abschwächen, oder es können Prozeßhindernisse entstehen oder bekanntwerden. Namentlich die Haftgründe sind im Verlauf des Prozesses der Veränderung unterworfen: Die Fluchtgefahr kann durch eine Veränderung der Verhältnisse oder deshalb schwinden, weil die Untersuchungshaft im Verhältnis zu der zu erwartenden Strafe nur noch gering ist; die Verdunkelungsgefahr kann durch Sachaufklärung gebannt sein. Deshalb haben Gericht und Staatsanwaltschaft gleicherweise in jeder Lage des Verfahrens ohne Anträge der Beteiligten und unabhängig vom Haftprüfungsverfahren von Amts wegen zu prüfen, ob der Haftbefehl aufgehoben (§ 120) oder sein Vollzug ausgesetzt werden kann (§ 116; § 72 Abs. 1 JGG). Der Staatsanwalt darf deshalb in der Regel die Akten nicht aus der Hand geben; muß er es ausnahmsweise doch tun — etwa wenn sie ans Gericht oder zum Sachverständigen gehen müssen —, wird er die Ermittlungen an Hand von Hilfsakten fortsetzen und die Haftfrage stets im Auge behalten.

2   Dieser dauernden stillschweigenden Haftprüfung wird in § 117 ein **förmliches Haftprüfungsverfahren** gegenübergestellt. In diesem wird der Richter — regelmäßig durch einen Antrag des Beschuldigten — zum rechtlichen Gehör (§ 33 Abs. 3), zur mündlichen Verhandlung (§ 118 Abs. 1) und zur ausdrücklichen Entscheidung gezwungen. Die Vorschrift würde falsch verstanden, wenn man sie dahin auslegte, daß die gesamte Haftprüfung — vom Fall des Absatzes 5 abgesehen — von der Initiative des Beschuldigten abhängig wäre. Nach wie vor ist es Pflicht des Richters und Staatsanwalts, dauernd die Haftfrage von Amts wegen zu prüfen. Der Inhalt des Absatzes 1 wäre entbehrlich. Denn es versteht sich von selbst, daß der Beschuldigte jederzeit eine richterliche Prüfung der Haftfrage verlangen kann, solange das Gesetz nicht, wie dies für die mündliche Verhandlung in § 118 Abs. 3 und 4 geschehen ist, Beschränkungen verordnet. Erst durch das rechtliche Gehör (§ 33 Abs. 3), durch die Verbindung mit der mündlichen Verhandlung (§ 118) sowie durch die Vorschriften über die Verteidigerbestellung (Absatz 4) und über die Haftprüfung von Amts wegen (Absatz 5) gewinnt § 117 seinen eigentlichen Inhalt.

II. Voraussetzungen (Absatz 1)

1. Haftbefehl. Nach dem Zweck der Vorschrift, die Rechtmäßigkeit der Untersu- **3** chungshaft zu prüfen, kommt das Verfahren hauptsächlich bei einem Haftbefehl nach § 114 zur Anwendung. Dabei ist es gleichgültig, ob der Haftbefehl vor Erhebung der öffentlichen Klage (§ 125 Abs. 1) oder danach (§ 125 Abs. 2) erlassen ist oder vollstreckt wird. Im weiteren Sinn zählt zur Untersuchungshaft auch die den Zwecken der Untersuchung dienende **Ungehorsamshaft** (§ 230 Abs. 2, § 236, § 329 Abs. 4 Satz 1, je zweite Alternative).

Dagegen ist die Sicherungshaft des § 453 c Abs. 1 nach § 453 c Abs. 2 Satz 2 von **4** der Haftprüfung ausdrücklich **ausgenommen.** Der Gesetzgeber geht davon aus, daß ein verurteilendes Erkenntnis — wenn auch mit noch ausgesetzter Strafe — vorliegt und wohl auch, daß die Sicherungshaft in aller Regel sehr rasch in Strafhaft übergeht. Aus diesen Gründen wird der gesetzgeberischen Entscheidung zuzustimmen sein. Die Haftprüfung findet ferner nicht statt bei der Vorführung (§ 134; § 230 Abs. 2; § 236, § 329 Abs. 4 Satz 1, je erste Alternative), bei der sitzungspolizeilichen Haft (§ 177 GVG) und der Ordnungshaft (§ 178 GVG) sowie bei einem Haftbefehl zur Strafvollstreckung (§ 457 Abs. 1).

Das Haftprüfungsverfahren ist während der gesamten Dauer des Verfahrens statt- **5** haft, solange der Beschuldigte in Untersuchungshaft ist. Die **Untersuchungshaft beginnt,** sobald der Beschuldigte auf Grund eines Haftbefehls ergriffen worden ist[1] oder sobald der Richter gegen den vorläufig Festgenommenen (§ 127 Abs. 1 und 2) Haftbefehl erlassen hat (§ 128 Abs. 2). Wird der Beschuldigte im **Ausland** festgenommen, fängt die Untersuchungshaft an, wenn der Verhaftete einer deutschen Behörde übergeben wird. Die Untersuchungshaft endet, wenn der Haftbefehl aufgehoben wird (§ 120) oder wenn ein zu Freiheitsstrafe verurteilendes Erkenntnis rechtskräftig wird (§ 120, 35).

2. Haftvollzug. Da die Vorschrift dem Verhafteten Schutz gewähren soll, ist sie **6** nach ihrem ausdrücklichen Wortlaut nur anwendbar, wenn sich der Beschuldigte tatsächlich in Untersuchungshaft befindet, und zwar auf Grund desjenigen Haftbefehls, zu dessen Überprüfung das Haftprüfungsverfahren dienen soll. Der Haftvollzug ist **Antragsvoraussetzung.** Demzufolge ist der Antrag unzulässig, wenn bei bestehendem Haftbefehl

der Vollzug eines Haftbefehls ausgesetzt ist (§ 116);

der Haftbefehl gegen einen Jugendlichen nicht vollstreckt wird (§ 72 Abs. 1 JGG);

der Beschuldigte flüchtig ist oder sich verborgen hält. Sicheres Geleit (§ 295) zur mündlichen Verhandlung bei der Haftprüfung (§ 118 Abs. 1 und 2) findet nicht statt;

nur Überhaft notiert ist.

---

[1] **A.A.** – Beginn mit Vorführung – *Lobe/Alsberg* § 115 a, III 1 a. – Die **Anrechnung** im Ausland erlittener Auslieferungshaft (BVerf-GE **29** 312 = NJW **1970** 2287) ist vom Beginn der inländischen Untersuchungshaft unabhängig.

Günter Wendisch

7   Daß der Beschuldigte sich **in anderer Sache** in **Haft** befindet, sei es in Untersuchungshaft (OLG Bremen NJW **1951** 45), sei es in Strafhaft (OLG Hamburg JR **1933** 177; MDR **1974** 861; OLG Stuttgart Justiz **1977** 103), macht den Antrag nicht zulässig, doch wird der Antrag als zulässig angesehen, wenn das Ende der Strafhaft in naher Zukunft bevorsteht (OLG Hamburg MDR **1974** 861).

8   Der Haftvollzug ist aber auch **Voraussetzung der Entscheidung;** wenn die Entscheidung ergeht, muß der Vollzug der Untersuchungshaft (Rdn. 6) noch andauern. Deshalb wird ein zulässiger Antrag unzulässig, wenn nach Antragstellung aber vor der Entscheidung des Gerichts einer der vorgenannten Hinderungsgründe eintritt oder wenn der Haftbefehl aufgehoben wird. Fällt der Hinderungsgrund später wieder weg, wird etwa eine durch Strafhaft unterbrochene Untersuchungshaft wieder vollzogen, so lebt der frühere Antrag nicht wieder auf; er ist neu zu stellen.

3. Antrag

9   **a) Antragsberechtigte.** Der förmlichen Haftprüfung hat sich das Gericht nur auf Antrag zu unterziehen (Absatz 1). Über das Antragsrecht hat der Richter den Beschuldigten zu **belehren,** wenn er ihn nach der Vorführung vernimmt (§ 115 Abs. 4); die sonst Antragsberechtigten erhalten keine Belehrung. Antragsberechtigte sind der Verhaftete sowie (§ 118 b) sein Verteidiger, jedoch nicht gegen den ausdrücklichen Willen des Beschuldigten (§ 297), und sein gesetzlicher Vertreter (§ 118 b, 2; 3). Wer den Antrag gestellt hat, kann ihn auch **zurücknehmen,** der Verteidiger freilich nur mit ausdrücklicher Ermächtigung des Beschuldigten (§ 118 b, § 302 Abs. 2).

10   Der Richter hat zwar die Haftfrage jederzeit zu prüfen; das förmliche Haftprüfungsverfahren kann er aber **nicht von Amts wegen** durchführen. Diese Beschränkung ist darin begründet, daß bei der Haftprüfung von Amts wegen nach mündlicher Verhandlung entschieden werden kann (§ 118 Abs. 1) und durch diese Verhandlung weitere Anträge auf mündliche Verhandlung befristet werden (§ 118 Abs. 3). Würde das Haftprüfungsverfahren gegen den Willen des Beschuldigten oder des für ihn handelnden gesetzlichen Vertreters betrieben, könnte es zu einem Zeitpunkt stattfinden, wo er seine Verteidigungsmittel nicht bereit hat; und er wäre, wenn sie ihm später zur Verfügung stehen, für die Dauer von drei Monaten an einem neuen Antrag auf mündliche Verhandlung gehindert, falls in einem von Amts wegen durchgeführten Verfahren nach mündlicher Verhandlung entschieden worden ist.

11   Diese Überlegungen lassen erkennen, daß das **Antragsrecht dem Beschuldigten** (und dem für ihn handelnden gesetzlichen Vertreter) **persönlich** zusteht. Demzufolge können die Staatsanwaltschaft und der Nebenkläger den Antrag nicht stellen; sie sind nicht in der Lage, die Verteidigungsbereitschaft des Beschuldigten zu beurteilen und dürfen in sein Recht, sich vorzubereiten, nicht eingreifen. Von dem Grundsatz, daß allein der Beschuldigte bestimmt, wann das förmliche Haftprüfungsverfahren stattfindet, macht das Gesetz **zwei Ausnahmen** (Absatz 3 und Absatz 5). Sie liegen zwar in seinem Interesse, sind aber, zumal im Fall des Absatzes 3, nicht ohne Bedenken, weil das Recht des Beschuldigten auf mündliche Verhandlung (§ 118 Abs. 1) eingeschränkt wird (§ 118 Abs. 3), wenn bei der von Amts wegen angestellten Haftprüfung von Amts wegen nach mündlicher Verhandlung entschieden worden ist. Die beiden Ausnahmen sind daher eng auszulegen.

12   **b) Form.** Für den Rechtsbehelf (§ 115 Abs. 4) des Antrags sind wesentliche Vorschriften für Rechtsmittel für anwendbar erklärt (§ 118 b), doch schweigt das Gesetz über die Form und über den Adressaten. Aus allgemeinen Grundsätzen ist dafür das Folgende herzuleiten. Der Antrag ist **formfrei** und an keine Frist gebunden. Er ist bei dem zuständigen Gericht (§ 126) zu stellen. Anzubringen ist er schriftlich oder zu Protokoll des Urkundsbeamten der Geschäftsstelle des angerufenen Gerichts oder des Amtsgerichts, in dessen Bezirk die Untersuchungshaftanstalt liegt (§ 118 b, § 299 Abs. 1). Wird der Beschuldigte am Sitz eines zuständigen höheren Gerichts (Strafkammer, Strafsenat) verwahrt, dann stehen ihm die Geschäftsstellen dieses Gerichts und des Amtsgerichts zu seiner Wahl (OLG Bremen Rpfleger **1956** 290). Der Antrag kann auch mündlich gestellt werden (*Lobe/Alsberg* § 114 d, I 3 b), etwa anläßlich der Vernehmung vor dem Richter des nächsten Amtsgerichts (§ 115 a Abs. 2 Satz 1; KK-*Boujong* 4).

Geht der Antrag bei einer **unzuständigen Stelle** ein, hat diese ihn in der Regel un- **13** verzüglich dem zuständigen Gericht weiterzuleiten, das ihn als bei sich eingegangen zu behandeln hat[2]. Läßt der Beschuldigte indessen erkennen, daß er ausdrücklich die Entscheidung des von ihm angerufenen Gerichts wünscht — etwa eines unzuständigen Oberlandesgerichts oder des Nachbargerichts, weil er das zuständige Gericht für befangen ansieht —, dann hat dieses den Antrag zu behandeln und als unzulässig zu verwerfen.

Der Antrag muß das Begehren zum Ausdruck bringen, die **Haftfrage** gerichtlich **14** **zu prüfen.** Einen ausdrücklichen Antrag, den Haftbefehl aufzuheben oder dessen Vollzug auszusetzen, braucht er nicht zu enthalten, doch ist andererseits ein solcher bestimmter Antrag stets ein Antrag auf Haftprüfung. Ein **Irrtum** in der Bezeichnung des Antrags ist unschädlich (§ 118 b; § 300). So ist ein Antrag auf mündliche Verhandlung einer auf Haftprüfung (§ 117 Abs. 1), verbunden mit dem weiteren, nach mündlicher Verhandlung zu entscheiden (§ 118 Abs. 1).

III. Ausschluß der Beschwerde (Absatz 2)

1. Inhalt. Die Vorschrift schränkt § 304 Abs. 1 dadurch ein, daß neben dem An- **15** trag auf mündliche Verhandlung, nicht nach ihm (Satz 2), die Beschwerde in der gleichen Sache ausgeschlossen wird. Voraussetzung ist allerdings, daß auch mit ihr die Aufhebung des Haftbefehls oder dessen Außervollzugsetzung erstrebt wird, auf ein anderes Ziel gerichtete Beschwerden bleiben mithin zulässig (KK-*Boujong* 6; KMR-*Müller* 6). Die Haftprüfung von Amts wegen (Absatz 5) hat keinen Einfluß auf das Beschwerderecht; dieses wird nur durch einen Antrag auf Haftprüfung, nicht durch diese selbst eingeschränkt. Es ist selbstverständlich, daß eine laufende Beschwerde einen Antrag auf mündliche Verhandlung nicht hindert (RG JW **1931** 3560), vielmehr macht, wie unter Rdn. 17 auszuführen sein wird, der Antrag die Beschwerde unzulässig. Unter **Beschwerde** ist sowohl die erste (§ 304 Abs. 1) wie auch die weitere (§ 310 Abs. 1) zu verstehen (OLG Düsseldorf MDR **1969** 779; OLG Hamburg MDR **1984** 72). Der Beschwerde über den Haftbefehl stehen Beschwerden gegen Entscheidungen gleich, mit denen die Fortdauer der Untersuchungshaft angeordnet (§ 207 Abs. 4, § 268 b Satz 1) oder der Haftbefehl aufrechterhalten (§ 115 Abs. 4, § 118 Abs. 3) wird. Denn auch sie sind ihrem Inhalt nach Beschwerden gegen den Haftbefehl.

Für die bloße **schriftliche Haftprüfung** ist die Vorschrift von untergeordneter **16** Bedeutung. Denn es ist schwer einzusehen, warum ein Beschuldigter, den eine Entscheidung des Haftrichters nicht befriedigt, statt gegen sie Beschwerde einzulegen, nochmals dessen Entscheidung nachsuchen sollte. Hier wird sie nur Bedeutung gewinnen, wenn der Beschuldigte Ermittlungen nach Absatz 3 anregen will, oder wenn inzwischen die Dreimonatsfrist des Absatzes 4 abgelaufen ist, und der Beschuldigte sich zufolge der

---

[2] **A.A.** – ein beim unzuständigen Gericht angebrachter Antrag wird als unzulässig verworfen – *Feisenberger* DRiZ **1927** 5.

Günter Wendisch

Mitwirkung des Verteidigers eine Änderung der Ansicht des Haftrichters verspricht. Ihre eigentliche Bedeutung gewinnt die Wahl zwischen Haftprüfung und Beschwerde, wenn der Beschuldigte beantragt, nach **mündlicher Verhandlung** zu entscheiden (§ 118 Abs. 1). Dann hat der Beschuldigte, dessen Initiative im Interesse der Verfahrensbeschleunigung beschränkt wird, die sinnvolle Wahl, ob er die größere Freiheit der Äußerung und die Möglichkeit besserer Aufklärung in mündlicher Verhandlung vor dem zuständigen Gericht suchen oder lieber die Entscheidung eines höheren Gerichts begehren soll, bei dem er sich, weil er dort die mündliche Verhandlung nicht erzwingen kann (§ 118 Abs. 2), ggf. mit schriftlichen Ausführungen begnügen muß.

17   **2. Unzulässigkeit.** Wenn die Beschwerde „neben" dem Antrag unzulässig ist, bedeutet das zunächst, daß keine Beschwerde angebracht werden kann, sobald ein Antrag auf Haftprüfung eingegangen ist, und so lange, bis das Gericht über ihn entschieden hat. Dem Zweck der Vorschrift, das Nebeneinander von Haftprüfung und Beschwerdeverfahren auszuschließen, ist aber damit, daß neue Beschwerden nach Eingang des Antrags ausgeschlossen werden, noch nicht Genüge getan. Ihrem Sinn wird nur die Auslegung gerecht, daß nicht nur eine nach dem Antrag angebrachte Beschwerde unzulässig ist, sondern auch eine bereits laufende Beschwerde, sei es des Beschuldigten, sei es des gesetzlichen Vertreters (§ 298), unzulässig wird, sobald der Beschuldigte die Haftprüfung beantragt. Hat er sich entschlossen, sein Glück beim zuständigen Gericht zu suchen, dann muß er abwarten, wie dieses entscheidet, ehe er, was ihm Satz 2 ausdrücklich vorbehält, das Beschwerdegericht mit der Sache dadurch befaßt, daß er nunmehr die im Haftprüfungsverfahren ergangene Entscheidung angreift. Das alte Beschwerdeverfahren wird völlig hinfällig, so daß auch nicht nach Abschluß des Haftprüfungsverfahrens weitere Beschwerde gegen eine vor diesem Verfahren ergangene Beschwerdeentscheidung zulässig ist (OLG Düsseldorf MDR **1969** 779; OLG Hamburg MDR **1984** 72)[3].

18   Die Ergebnisse gelten auch, wenn der **gesetzliche Vertreter** (§ 118 b, § 298) — der Verteidiger (§ 297) kann nicht gegen den Willen des Beschuldigten handeln — die Haftprüfung beantragt. Zwar kann er auf diese Weise dem Beschuldigten die Entscheidung auf eine weitere Beschwerde abschneiden, doch erkennt das Gesetz den übergeordneten Willen des gesetzlichen Vertreters an (§ 118 b, 4).

19   Da die Unzulässigkeit, die durch den Antrag eingetreten ist, nicht wieder beseitigt werden kann, wird eine Beschwerde nicht wieder zulässig, wenn der Beschuldigte oder sein gesetzlicher Vertreter den Antrag wieder **zurücknimmt**[4]. Das ist nicht unbillig; denn wer den Antrag zurücknimmt, kann damit mit wenigen Worten eine neue Beschwerde verbinden, freilich nur eine erste.

20   **Liegt,** wenn ein Antrag auf gerichtliche Entscheidung eingeht, beim zuständigen Gericht noch eine **Beschwerde vor,** dann weist dieses den Beschuldigten beim rechtlichen Gehör darauf hin, daß seine Beschwerde unzulässig geworden ist. Nimmt er sie alsdann nicht zurück, sind die Akten dem Beschwerdegericht vorzulegen; dieses hat die Beschwerde als unzulässig zu verwerfen (KK-*Boujong* 9). Das hat es auch zu tun, wenn sich die Akten auf eine Beschwerde bei ihm befinden und der Beschuldigte der Entscheidung mit einem Antrag auf Haftprüfung zuvorkommt. Hat das **Beschwerdegericht** nach dem Antrag auf Haftprüfung, aber vor der Entscheidung des zuständigen Gerichts in Unkenntnis eines Haftprüfungsantrags noch sachlich über die unzulässig gewordene Beschwerde **entschieden,** ist seine Entscheidung wirksam, aber auf weitere Beschwerde aufzuheben; für die Staatsanwaltschaft wird sich eine solche weitere Beschwerde kaum

---

[3] KK-*Boujong* 8; *Kleinknecht/Janischowsky* 278.   [4] KK-*Boujong* 7; *Kleinknecht/Meyer* 2.

empfehlen. Hat das Beschwerdegericht den Haftbefehl aufgehoben, entfällt die Haftprüfung, nicht dagegen, wenn es ihn ausgesetzt (§ 116) oder bei einem Jugendlichen von der Vollstreckung des Haftbefehls abgesehen hat (§ 72 Abs. 1 JGG), und — was selbstverständlich ist — wenn es eine Beschwerde des Beschuldigten als unbegründet zurückgewiesen hat. Ergehen, was vermeidbar ist, in Unkenntnis der Verfahren **gleichzeitig** oder kurz nacheinander **Entscheidungen** sowohl des zuständigen als auch des Beschwerdegerichts, so geht die dem Beschuldigten günstigere vor, auch wenn sie vor der ihm nachteiligeren ergangen ist.

Hat die Staatsanwaltschaft nach Einlegung einer Haftbeschwerde des Beschuldig- **21** ten Anklage erhoben, und hat der Ermittlungsrichter darüber nicht mehr entscheiden können, weil die Sache inzwischen gerichtsanhängig geworden ist, so tritt ein **Wechsel in der Zuständigkeit** ein (§ 126 Abs. 2 Satz 1) mit der Folge, daß die noch nicht erledigte Beschwerde unzulässig wird. Sie ist in einen Antrag auf Haftprüfung umzudeuten, für den als nunmehr mit der Sache befaßte erstinstanzliche Gericht zuständig ist (OLG Schleswig bei *Ernesti/Lorenzen* SchlHA **1981** 95; **1982** 124; OLG Düsseldorf OLGSt § 117 StPO, 13). Das gleiche gilt, wenn ein Angeklagter gegen das Urteil des Amtsgerichts Berufung und gegen den die Haftfortdauer anordnenden Beschluß Beschwerde eingelegt hat. Auch in diesem Fall ist die Beschwerde, wenn diese erst nach Eingang der Akten beim Berufungsgericht an dieses gelangt, zufolge des eingetretenen Zuständigkeitswechsels in einen Antrag auf Haftprüfung umzudeuten, für den das Berufungsgericht zuständig ist (OLG Karlsruhe NJW **1972** 1723; OLG Hamm NJW **1974** 1574)[5].

3. Gehör

a) Staatsanwalt und Beschuldigter. Die Entscheidung wird erlassen, nachdem sich **22** die **Staatsanwaltschaft** mündlich oder — was die Regel ist — schriftlich erklärt hat (§ 33 Abs. 2). Der **Beschuldigte** ist zu hören, bevor zu seinem Nachteil Tatsachen oder Beweisergebnisse verwertet werden, zu denen er nicht schon gehört ist (§ 33 Abs. 3). Dieses frühere Gehör braucht kein richterliches zu sein; es genügt, wenn die Staatsanwaltschaft oder die Polizei dem Beschuldigten die Aussagen von Zeugen vorgehalten hat. Auch das Gehör nach § 33 Abs. 3 muß der Richter nicht stets selbst und mündlich vornehmen. Er kann das schriftlich tun, etwa dadurch, daß er dem Beschuldigten Abschriften der Protokolle über die Vernehmung von Zeugen und Sachverständigen übersendet und ihm Gelegenheit gibt, sich zu äußern. Auch kann er sich der Geschäftsstelle bedienen, um dem Beschuldigten Tatsachen und Beweisergebnisse bekanntzugeben und seine Erklärungen entgegenzunehmen. Er wird jedoch stets zu prüfen haben, ob der Zweck des Gehörs, dem Beschuldigten die Verteidigung zu erleichtern, nicht richterliches Gehör erfordert. Ist das der Fall, wird oft Entscheidung nach mündlicher Verhandlung (§ 118 Abs. 1) zweckmäßig sein. Unzulässig ist allerdings ein an das Amtsgericht des Haftorts gerichtetes Ersuchen, eine vom Beschuldigten im Haftprüfungsverfahren beantragte mündliche Verhandlung im Wege der Rechtshilfe (§§ 156, 158 GVG) durchzuführen (OLG München MDR **1958** 81; vgl. auch KG JR **1976** 253). Dieses Ziel kann der an sich zuständige Richter nur durch eine Übertragung seiner Zuständigkeit auf den Richter des Amtsgerichts des Vollzugorts erreichen (§ 126 Abs. 1 Satz 3).

b) Verteidiger. Ein gesondertes Gehör des Verteidigers wird nicht gefordert. Es **23** ist Sache des Beschuldigten, den Verteidiger zu unterrichten. Der Beschuldigte kann

---

[5] Vgl. auch OLG Oldenburg NJW **1957** 233;
OLG Karlsruhe Justiz **1973** 253; **1976** 85;
OLG Stuttgart MDR **1977** 335; KMR-*Müller*
10; *Kleinknecht/Janischowsky* 158; *Kleinknecht/Meyer* 3.

aber verlangen, daß der Verteidiger, dessen Beistand er sich in jeder Lage des Verfahrens bedienen kann (§ 137 Abs. 1), zu dem Gehör nach § 33 Abs. 3 dann zugezogen wird, wenn es mündlich stattfindet. Damit keine Vertagung notwendig wird, empfiehlt es sich, den Verteidiger zu einem Gehörstermin zu laden. Das wird in der Regel zu einer mündlichen Verhandlung (§ 118 Abs. 1) führen. Sowohl eine mündliche Verhandlung als auch mündliches Gehör werden oft dadurch erspart werden können, daß der Richter dem Verteidiger Akteneinsicht gewährt und eine Stellungnahme anheim gibt. Damit ist den Erfordernissen des § 33 Abs. 3 meist am sachdienlichsten Genüge getan.

24   **c) Kein Absehen vom Gehör.** Es ist nicht statthaft, von dem Gehör des Beschuldigten auf Grund des § 33 Abs. 4 abzusehen. Einmal besteht diese Befugnis nur bei Anordnung der Untersuchungshaft, der Beschlagnahme oder anderer Maßnahmen (wie etwa der Durchsuchung), nicht aber, wenn eine bereits erlassene Anordnung später überprüft und bestätigt wird. Zum anderen kann die Anhörung nur unterbleiben, wenn sie den Zweck der Anordnung gefährden würde. Der Zweck der Anordnung besteht in der Verhinderung der Flucht, der Verdunkelung, der Wiederholung bestimmter schwerer Straftaten und in der Sicherung der Aburteilung von Verbrechen wider das Leben. Dieser Zweck wird durch die Untersuchungshaft gesichert; solange diese besteht, kann er durch das rechtliche Gehör nicht mehr gefährdet werden. Ausnahmsweise könnte man eine solche Gefährdung bei Untersuchungshaft wegen Verdunkelungsgefahr annehmen, wenn man dem Verteidiger zutraute, daß er für den Verhafteten Verdunkelungshandlungen (§ 112 Abs. 2 Nr. 3) vornehmen werde. Dem wirkt § 148 Abs. 2 entgegen. Liegt der hinreichende Verdacht einer Begünstigung vor, kann der Verteidiger von der Verteidigung ausgeschlossen werden (§ 138 a Abs. 1).

25   **4. Entscheidung.** Findet keine mündliche Verhandlung nach § 118 Abs. 1 statt, entscheidet das Gericht nach Gehör im schriftlichen Verfahren. Dabei prüft es den dringenden Tatverdacht und die Haftgründe (§ 112 Abs. 1 Satz 1) sowie die Verhältnismäßigkeit der Untersuchungshaft zu der Sanktion, die zu erwarten ist (§ 112 Abs. 1 Satz 2, § 120 Abs. 1 Satz 1 zweiter Halbsatz). Bei dieser Prüfung ist es nicht auf die im Haftbefehl angegebenen Taten und Haftgründe beschränkt, hat vielmehr den gesamten Inhalt der Akten zu berücksichtigen. Ist eine im Haftbefehl angenommene Verdunkelungsgefahr weggefallen, aber inzwischen Fluchtgefahr begründet worden, kann es die Untersuchungshaft mit dem neuen Haftgrund aufrechterhalten. Auf Grund der Prüfung hat das Gericht zu entscheiden, ob der Haftbefehl aufrechtzuerhalten, aufzuheben (§ 120), der Vollzug des Haftbefehls auszusetzen (§ 116) oder bei einem Jugendlichen die Vollstreckung auszusetzen ist (§ 72 Abs. 1 JGG). Auch kann der Haftbefehl wegen neuer Taten erweitert oder ergänzt werden (§ 114, 58). In diesem Falle hat sich sofort das Verfahren nach §§ 114 a, 115 Abs. 2 und 3 anzuschließen.

26   Müßte die Haft aufrechterhalten werden, ergibt sich aber ein Anhaltspunkt, daß weiteres **entlastendes Material** beigebracht werden könnte, kann das erkennende Gericht vor seiner Entscheidung die erforderlichen Beweise erheben oder durch einen beauftragten oder ersuchten Richter aufnehmen lassen. Auch kann die Staatsanwaltschaft angegangen werden, wenn Maßnahmen durchzuführen sind, für die es den Gerichten an einer besonderen gesetzlichen Grundlage fehlt, während sie für die Staatsanwaltschaft gegeben ist (OLG Celle GA **59** [1912] 366). Das ist bei polizeilichen Ermittlungen der Fall. Bei diesen ist das Gericht auf die allgemeine Rechtshilfe angewiesen, die Staatsanwaltschaft hat dagegen ein Anordnungs- (§ 152 Abs. 1 GVG) und Auftragsrecht (§ 161 Satz 2). Demzufolge kann das Gericht die Staatsanwaltschaft ersuchen, polizeiliche Ermittlungen zu veranlassen. Prüft der Richter die Haftfrage im vorbereitenden

Verfahren, darf er den ihm in § 166 abgesteckten Rahmen nicht überschreiten. Dagegen ist es — anders als beim Entlastungsmaterial — unzulässig, eine nach der Aktenlage gebotene Aufhebung des Haftbefehls deshalb zu unterlassen, weil weitere Ermittlungen vielleicht noch **Belastungsmaterial** erbringen könnten. Denn der Haftbefehl ist aufzuheben, *sobald* die Voraussetzungen der Untersuchungshaft nicht mehr vorliegen (§ 120 Abs. 1 Satz 1 erster Halbsatz); die Aufhebung darf daher nicht unterbleiben, weil die Voraussetzungen vielleicht wieder entstehen könnten.

Die Entscheidung ergeht als **Beschluß,** der mit Gründen zu versehen ist (§ 34). **27** Die Gründe müssen dem Beschuldigten seine weitere Verteidigung möglich machen und dem Beschwerdegericht gestatten, die ergangene Entscheidung nachzuprüfen. Sie haben sich daher mit neuen Tatsachen und Beweismitteln zu befassen, die seit Erlaß des Haftbefehls oder seit der letzten Entscheidung beigebracht worden sind. Ist der Sachstand, namentlich bei späteren Entscheidungen, unverändert, kann es genügen, auf die Gründe des Haftbefehls oder einer früheren Entscheidung zu verweisen. Im Fall der Freilassung sind die Gründe hierfür anzugeben. Hatte die Staatsanwaltschaft die Freilassung beantragt, wird die Begründung in der Regel nur kurz sein; wegen der Begründung im vorbereitenden Verfahren s. § 120, 43. Die Entscheidung wird dem Beschuldigten und der Staatsanwaltschaft bekanntgemacht. Formlose Mitteilung genügt, weil durch die Bekanntmachung der Entscheidung keine Frist in Lauf gesetzt wird (§ 35 Abs. 2 Satz 2).

IV. Neue Prüfung (Absatz 3)

Nach Absatz 3 kann der Richter „einzelne Ermittlungen anordnen, die für die **28** künftige Entscheidung über die Aufrechterhaltung der Untersuchungshaft von Bedeutung sind, und nach Durchführung dieser Ermittlungen eine neue Prüfung vornehmen". Die Vorschrift, über deren Sinn den Materialien nichts zu entnehmen ist, gibt zu mehrfachen Zweifeln Anlaß. Da das Gesetz von einer neuen Prüfung spricht, findet das Verfahren nicht statt, um die in Gang gesetzte Prüfung vorzubereiten, sondern *nach* dieser Prüfung, um sie zu ergänzen. Demzufolge muß jene Prüfung mit der Anordnung abgeschlossen worden sein, daß die Untersuchungshaft und ihr Vollzug fortzudauern haben (*Kleinknecht* JZ **1965** 120). Dem Sinn des Gesetzes ist zu entnehmen, daß das Verfahren nicht angewendet wird, wenn zu erwarten ist, daß die Untersuchungshaft auch nach Abschluß der Ermittlungen aufrechterhalten werde, sondern nur, wenn damit zu rechnen ist, daß der Haftbefehl aufgehoben oder dessen Vollzug nach § 116 ausgesetzt werden könnte (*Kleinknecht* MDR **1965** 786).

Unklar ist, an welchen **Adressaten** der Richter seine Anordnung richten kann. **29** Nachdem die Anklage erhoben worden ist, ist das Verfahren ein gerichtliches. Das Gericht kann Beweise durch einen beauftragten oder ersuchten Richter erheben lassen, und, wenn polizeiliche Ermittlungen veranlaßt sind, die Staatsanwaltschaft ersuchen, solche vornehmen zu lassen (Rdn. 26). Meist sind die Entscheidungen aber im vorbereitenden Verfahren vom Richter beim Amtsgericht zu treffen, der dort nur sehr beschränkte Befugnisse hat (§ 166) und von Amts wegen nur tätig werden kann, wenn Gefahr im Verzug und ein Staatsanwalt nicht erreichbar ist (§ 165). Der Fall wird aber, weil ein Staatsanwalt fast stets zu erreichen ist, in der Regel nicht vorliegen. Der Staatsanwaltschaft Anordnungen zu erteilen, ist der Richter nicht befugt. Im Hinblick auf § 150 GVG und das ganze System der Strafprozeßordnung ist die Annahme *Kleinknechts* (MDR **1965** 786) auszuschließen, daß dem Richter durch Absatz 3 diese Befugnis verliehen worden sein sollte. Einen so grundlegenden Bruch mit dem System des

Strafprozesses und der Gerichtsverfassung hätte der Bundestag nicht ohne Debatte, ja ohne jede Bemerkung, beschlossen. Absatz 3, der in den Worten „Ermittlungen anordnen" mit § 173 Abs. 3 übereinstimmt, ist daher nicht anders zu lesen als dort, und damit eine Vorschrift, die in diesem Punkt im wesentlichen (Ausnahme: § 166 Abs. 2) erst nach der Anklage bei einem Kollegialgericht Bedeutung erlangt. Im übrigen ist von Bedeutung, daß der Richter von Amts wegen eine **neue Prüfung** vornehmen kann. Dabei kann er der Staatsanwaltschaft die Punkte bezeichnen, deren Aufklärung er für eine Entlassung des Beschuldigten als bedeutungsvoll erachtet. Angesichts der Verantwortung, die der Haftrichter für die Haftfrage trägt, wird die Staatsanwaltschaft seine Vorstellung sorgsam beachten; Anordnungen des Haftrichters an sie werden durch Absatz 3 nicht gerechtfertigt[6].

V. Beschwerde

30　　Gegen die Entscheidung im Haftprüfungsverfahren ist, soweit sie nicht von einem Strafsenat als Rechtsmittelgericht erlassen ist (§ 304 Abs. 4), Beschwerde zulässig (§ 304 Abs. 1), auch wenn sie die eines erkennenden Gerichts ist (§ 305 Satz 2). Gegen Beschwerdeentscheidungen des Landgerichts und des erstinstanzlich entscheidenden Oberlandesgerichts (§ 120 Abs. 3 und 4 GVG) ist die weitere Beschwerde gegeben (§ 310 Abs. 1)

31　　Der **Beschuldigte** kann Beschwerde einlegen, wenn der Haftbefehl entgegen seinem Antrag aufrechterhalten wird. Hatte er jedoch nur beantragt, den Vollzug des Haftbefehls auszusetzen (§ 116), dann hat er, wenn das Gericht dem Antrag nachgekommen ist, mangels Beschwer kein Beschwerderecht. Es steht ihm aber frei, Beschwerde gegen den bestehen gebliebenen Haftbefehl anzubringen. Wenn der Beschuldigte beschwert ist, können auch sein **Verteidiger,** jedoch nicht gegen den ausdrücklichen Willen des Beschuldigten (§ 297), und sein gesetzlicher Vertreter (§ 298 Abs. 1) Beschwerde einlegen. Die Beschwerde steht auch der **Staatsanwaltschaft** zu. Sie hat zugunsten oder zuungunsten des Beschuldigten auch die weitere Beschwerde (§ 114, 49).

32　　Wegen des **Verfahrens** gilt das zu § 114, 51 ff Gesagte entsprechend, namentlich auch wegen der Anhörung, falls das zuständige Gericht den Beschuldigten freigelassen und die Staatsanwaltschaft dagegen Beschwerde eingelegt hat. Wegen der Zuständigkeit s. § 114, 55 ff, wegen der bindenden Wirkung s. § 114, 54.

VI. Verteidiger (Absatz 4)

33　　1. **§ 140 Abs. 1 Nr. 5.** Hat sich der Beschuldigte mindestens drei Monate auf Grund richterlicher Anordnung oder mit richterlicher Genehmigung in einer Anstalt befunden, ist die Verteidigung notwendig, wenn der Beschuldigte nicht mindestens zwei Wochen vor Beginn der Hauptverhandlung entlassen wird (§ 140 Abs. 1 Nr. 5). Hauptfall ist die Untersuchungshaft in der Sache, in der die Haftprüfung stattfindet. Weil die Verteidigung trotz vorhergehender Anstaltsverwahrung nicht mehr notwendig ist, wenn der Beschuldigte zwei Wochen vor Beginn der Hauptverhandlung entlassen wird, wird der Verteidiger, falls nicht der Fall des nächsten Absatzes vorliegt, regelmäßig erst

---

[6] **A.A.** KK-*Boujong* 12; KMR-*Müller* 18; *Kleinknecht/Meyer* 8: Staatsanwalt kann gegen die Anordnung Gegenvorstellung erheben oder Beschwerde einlegen; tut er das nicht, ist er an sie gebunden.

bestellt, sobald der Beschuldigte aufgefordert worden ist (richtiger: „aufgefordert wird"), sich über die Anklageschrift zu erklären (§ 141 Abs. 1).

Der Verteidiger kann auch schon im **vorbereitenden Verfahren** beigeordnet wer- **34** den (§ 141 Abs. 3 Satz 1). Geschieht das, hat Absatz 4 keine selbständige Bedeutung[7]. Der Bestellung im vorbereitenden Verfahren kommt besondere Bedeutung zu. Denn die Staatsanwaltschaft soll alsbald die Bestellung beantragen, wenn die Verteidigung im gerichtlichen Verfahren notwendig sein wird (§ 141 Abs. 3 Satz 2).

2. **§ 117 Abs. 4.** Wegen des Zeitpunkts der Bestellung eines Verteidigers nach **35** § 140 Abs. 1 Nr. 5 (Rdn. 33) wird es vor Mitteilung der Anklageschrift auch weiterhin Beschuldigte geben, die in der Sache, in der sie einsitzen, drei Monate Untersuchungs- haft erlitten haben, aber noch ohne Verteidiger sind. Solchen Beschuldigten ist nach Ab- satz 4 ein Verteidiger zu bestellen. Die Vorschrift ist zwar in die Bestimmung über die Haftprüfung eingebaut (weil Absatz 5 auf die Verteidigung Bezug nimmt), gehört aber nicht eigentlich in § 117; sie ist eine eigenständige Vorschrift wie §§ 364 a, 364 b.

Die Bestimmung will demjenigen Beschuldigten den Beistand eines Verteidigers si- **36** chern, der **durch lange Untersuchungshaft** in seiner Verteidigung **beeinträchtigt** sein könnte. Daher ist es gleichgültig, ob der Beschuldigte ununterbrochen in Untersu- chungshaft eingesessen hat, oder ob diese unterbrochen war durch Verbüßung von Strafhaft oder Untersuchungshaft in anderer Sache, durch Aussetzung des Vollzugs (§ 116), durch Absehen von der Vollstreckung des Haftbefehls bei einem Jugendlichen (§ 72 Abs. 1 JGG) oder durch Entlassung mit nachfolgendem neuen Haftbefehl in der gleichen Sache[8], selbst wegen einer anderen, aber zum gleichen Verfahren gehörenden Straftat. In solchen Fällen sind die einzelnen Zeiten der Untersuchungshaft in der Sache zusammenzuzählen. Die Unterbrechungen selbst bleiben, weil kein Vollzug der Unter- suchungshaft, außer Ansatz.

Der Verteidiger wird nur auf **Antrag** bestellt, doch ist der Beschuldigte über sein **37** Antragsrecht zu belehren (Satz 2). Den Antrag kann auch der Staatsanwalt oder gesetz- liche Vertreter des Beschuldigten stellen (Satz 1, dritter Halbsatz). Die Staatsanwalt- schaft sollte das stets tun, wenn zu erwarten ist, daß die Verteidigung im gerichtlichen Verfahren deshalb notwendig sein wird, weil der Beschuldigte nicht zwei Wochen vor der Hauptverhandlung entlassen werden kann (§ 140 Abs. 1 Nr. 5). Immerhin führt das Antragserfordernis dahin, daß es Beschuldigte gibt; die nach drei Monaten Untersu- chungshaft weder nach § 140 Abs. 1 Nr. 5 (Rdn. 35), noch nach § 117 Abs. 4 Satz 1 einen Verteidiger haben. Wegen der Folge s. Rdn. 41.

3. **Verfahren.** Der Verteidiger wird vom zuständigen Gericht bestellt; wenn dieses **38** ein Kollegialgericht ist, vom Vorsitzenden (§ 117 Abs. 4 Satz 3, § 142 Abs. 1). Die Bestel- lung ist eine richterliche Entscheidung, die sich **auf die Untersuchungshaft bezieht.** Daher richtet sich die Zuständigkeit nach § 126. § 141 Abs. 4, der eine von § 126 abwei- chende Regelung vorsieht, ist in § 117 Abs. 4 Satz 3 ausdrücklich nicht angezogen. Nach § 126 Abs. 1 in Verb. mit § 125 Abs. 1 ist zuständig im vorbereitenden Verfahren der Richter bei dem Amtsgericht, sonst das mit der Sache befaßte Gericht (§ 126 Abs. 2). Bei diesem ist zuständig **der Vorsitzende** nach § 142 Abs. 1 zufolge der ausdrücklichen Ver- weisung in § 117 Abs. 4 Satz 3.

---

[7] KK-*Boujong* 17; KMR-*Müller* 21; *Klein- knecht/Meyer* 9; 12.

[8] KK-*Boujong* 15; KMR-*Müller* 12; 21; **a. A.** – Zusammenrechnung nur, wenn die mehr-

fache Vollstreckung aufgrund desselben Haftbefehls vorgenommen wird – *Lobe/Als- berg* § 115 d, 1 d 4 bb; aber auch *Klein- knecht/Meyer* 13.

Günter Wendisch

39   Der Verteidiger wird für die **Dauer der Untersuchungshaft** bestellt bis zur Zustellung einer Anklageschrift. Denn dann ist nach § 141 Abs. 1 in Verb. mit § 140 Abs. 1 Nr. 5 vom Vorsitzenden des mit Anklage angegangenen Gerichts ein neuer Verteidiger zu bestellen. Doch bleibt die Bestellung, wenn die Untersuchungshaft andauert, auch für die Hauptverhandlung wirksam, fall kein anderer Verteidiger bestellt wird (§ 140 Abs. 3).

40   Die Bestellung eines Verteidigers **unterbleibt,** wenn der Beschuldigte einen Wahlverteidiger hat. Sie ist **zurückzunehmen**, wenn der Beschuldigte oder sein gesetzlicher Vertreter (§ 137 Abs. 2) einen Verteidiger gewählt und dieser die Wahl angenommen hat (§ 143). Solange keine Verteidigerwahl zu den Akten angezeigt ist, wird das Gericht davon ausgehen, daß kein Verteidiger gewählt ist.

VII. Haftprüfung von Amts wegen (Absatz 5)

41   Nach den Ausführungen zu Rdn. 35, 37 wird in einigen Fällen ein Beschuldigter nach drei Monaten Untersuchungshaft noch keinen Verteidiger haben. Für diese wenigen Fälle ist die Haftprüfung von Amts wegen vorgeschrieben, aber auch nur, wenn der Beschuldigte oder sein gesetzlicher Vertreter (§ 118 b, § 298 Abs. 1) weder die Haftprüfung beantragt, noch Beschwerde eingelegt hat. Es dürfte sich um seltene Ausnahmen handeln. Betroffen werden namentlich diejenigen Dauerrückfälligen sein, die sich ins Anstaltsleben ergeben haben und keine Anträge stellen.

42   Die Haftprüfung findet statt, wenn die Untersuchungshaft **drei Monate** gedauert hat. Die Vorschrift will zusammen mit § 121, § 122 Abs. 4 sicherstellen, daß die Haftfrage auch unabhängig von Anträgen und Beschwerden des Beschuldigten alle drei Monate gerichtlich förmlich überprüft wird. Da bei jeder Wiederverhaftung nach einer Freilassung über die Haftfrage nach § 115 neu entschieden wird, zählen — anders als im Falle des Absatzes 4 (Rdn. 36) — Zeiten, die vor einer Entlassung (§ 120) oder vor einer Freilassung bei Aussetzung des Vollzugs eines Haftbefehls (§ 116; § 72 Abs. 1 JGG) liegen, bei der Berechnung der Frist nicht mit; die Dreimonatsfrist des Absatzes 5 beginnt bei einer neuen Verhaftung neu[9]. Wird dagegen die Untersuchungshaft unterbrochen, ohne daß der Beschuldigte freigelassen wird, z. B. bei Verbüßung von Strafhaft oder von Untersuchungshaft in anderer Sache, dann beginnt nach dem Ende der Unterbrechung keine neue Frist zu laufen. Die Unterbrechungszeiten zählen nicht mit; die Zeiten vor der Unterbrechung und die nach ihr werden zusammengezählt.

43   Die **Frist** zur Prüfung von Amts wegen beträgt drei Monate, genauer („hat die Untersuchungshaft drei Monate gedauert") drei Monate und einen Tag; sie beginnt mit dem Anfang der Untersuchungshaft (Rdn. 5). Ihr Ende ist in Absatz 5 selbst festgelegt, so daß § 43 Abs. 1 keine Anwendung findet, doch läuft die Regelung auf dasselbe hinaus, als wenn das Gesetz von einer Frist von drei Monaten spräche: Hat die Untersuchungshaft am 1. Februar begonnen, so findet die Prüfung am 1. Mai statt. § 43 Abs. 2 gilt. Danach endet die Frist, wenn das Ende auf einen Sonnabend, einen Sonntag oder allgemeinen Feiertag fällt, mit Ablauf des nächstfolgenden Werktags. Die Haftprüfung ist wegen des rechtlichen Gehörs (§ 33 Abs. 3) und ggf. der mündlichen Verhandlung (§ 118 Abs. 1) ein Haftprüfungsverfahren. Mit diesem Verfahren muß das Gericht an dem errechneten Tage beginnen.

44   Das Gericht darf die Frist, etwa weil noch eine wichtige Vernehmung abgewartet werden soll, **nicht überschreiten,** selbst wenn der Beschuldigte zustimmen sollte. Das Ge-

---

[9] **A.A.** KMR-*Müller* 12; wie hier KK-*Boujong* 18; *Kleinknecht/Meyer* 13.

richt darf die Frist, weil es außer im Fall der Absätze 3 und 5 die Haftprüfung nicht von Amts wegen vornehmen darf (Rdn. 11), **nicht verkürzen.** Denn das liefe auf eine vorgezogene Haftprüfung von Amts wegen hinaus. Daraus folgt zugleich, daß die früher teilweise gelehrte Ansicht, die Prüfung müsse innerhalb der Frist nicht nur begonnen haben, sondern auch beendet sein (*Hartung* 7), für § 117 nicht vertretbar ist. Schon das rechtliche Gehör kann das Verfahren verzögern, so daß es nicht innerhalb der Frist abzuschließen ist. Weitere Verzögerungen ergeben sich, wenn die Entscheidung in mündlicher Verhandlung ergeht (§ 118), weil dann Termin anzuberaumen ist, und Staatsanwalt und Verteidiger benachrichtigt werden müssen (§ 118 a Abs. 1). Die Haftprüfung nach Absatz 5 ist ein **einmaliges Verfahren,** doch ist durch die §§ 121, 122 Abs. 4 Satz 2 sichergestellt, daß die Haftfrage bis zu einem verurteilenden Erkenntnis alle drei Monate von Amts wegen geprüft wird, solange nicht die Hauptverhandlung läuft.

§ 118

(1) Bei der Haftprüfung wird auf Antrag des Beschuldigten oder nach dem Ermessen des Gerichts von Amts wegen nach mündlicher Verhandlung entschieden.

(2) Ist gegen den Haftbefehl Beschwerde eingelegt, so kann auch im Beschwerdeverfahren auf Antrag des Beschuldigten oder von Amts wegen nach mündlicher Verhandlung entschieden werden.

(3) Ist die Untersuchungshaft nach mündlicher Verhandlung aufrechterhalten worden, so hat der Beschuldigte einen Anspruch auf eine weitere mündliche Verhandlung nur, wenn die Untersuchungshaft mindestens drei Monate und seit der letzten mündlichen Verhandlung mindestens zwei Monate gedauert hat.

(4) Ein Anspruch auf mündliche Verhandlung besteht nicht, solange die Hauptverhandlung andauert oder wenn ein Urteil ergangen ist, das auf eine Freiheitsstrafe oder eine freiheitsentziehende Maßregel der Besserung und Sicherung erkennt.

(5) Die mündliche Verhandlung ist unverzüglich durchzuführen; sie darf ohne Zustimmung des Beschuldigten nicht über zwei Wochen nach dem Eingang des Antrags anberaumt werden.

Entstehungsgeschichte. Die Vorschrift ist eingefügt durch Art. 1 Nr. 1 StPÄG 1964. Absatz 1 stammt von § 115 a Abs. 4 Satz 1 a. F., Absatz 5 von § 114 d Abs. 2 a. F., Absatz 4 ist eine Abwandlung von § 115 b Satz 1 a. F., wonach nach Eröffnung des Hauptverfahrens keine mündliche Verhandlung über den Haftbefehl mehr stattfinden durfte. Absatz 3 verwertet Gedanken aus § 115 a Abs. 3 a. F. Absatz 2 enthält eine wesentliche Ausnahme von § 309 Abs. 1, erstem Halbsatz. Die Formulierung „Besserung und Sicherung" in Absatz 4 ist eingesetzt durch Art. 21 Nr. 33 EGStGB 1974.

1. Inhalt. Das Recht auf mündliche Verhandlung über den Haftbefehl, Bestandteil unseres Haftrechts seit 1926, verwirklicht die alte Reformforderung[1], daß der Verhaftete Anspruch auf mündliche Verhandlung vor dem zuständigen Gericht haben müsse. Die Vorschriften über die mündliche Verhandlung sind als Kernstück der Schutzvorschriften für den verhafteten Beschuldigten bezeichnet worden (*Feisenberger* DRiZ

---

[1] Verhandlungen des 16. Anwaltstages, 52; Mitteilungen des JKV **11** 684, 694, 809, 818, 844; **12** 288, 302; *Gneist* Vier Fragen zur deutschen Strafprozeßordnung, 74; *von Liszt* Reform des Strafverfahrens 45.

1927 4), und eine gut vorbereitete und durchgeführte mündliche Verhandlung am Anfang der Untersuchungshaft ist ein wirksames Mittel, das Verfahren zu konzentrieren und die Haft abzukürzen (*Alsberg* JW **1925** 1437).

2   Das **Strafprozeßänderungsgesetz** 1964 hat die etwas unübersichtlichen Vorschriften über Haftprüfung und mündliche Verhandlung **vereinfacht**: Die mündliche Verhandlung (Absatz 1) ist eine Form der Haftprüfung. Dieser Form muß sich das Gericht (Ausnahmen in Absatz 3 und 4) auf Antrag des Beschuldigten bedienen; es kann sie nach seinem Ermessen auch von Amts wegen wählen. Danach kann jede Haftprüfung nach mündlicher Verhandlung durchgeführt werden. Ob aber überhaupt eine Haftprüfung stattfindet, liegt allein in der Hand des Beschuldigten (oder seines gesetzlichen Vertreters). Dieser wiederum kann zwar jederzeit die Haftprüfung erzwingen, die mündliche Verhandlung aber nur in angemessenen Fristen (Absatz 3) und nach einem freiheitsentziehenden Urteil überhaupt nicht mehr (Absatz 4). Auf diese Weise werden weitgehend bloß routinemäßige mündliche Verhandlungen ausgeschaltet. Damit wird der Weg frei, dem etwas verkümmerten Kernstück des Haftschutzes die ihm zukommende Bedeutung in der Praxis zu verschaffen. Wie der Beschuldigte können auch sein **Verteidiger,** jedoch nicht gegen den Willen des Beschuldigten (§ 118 b; § 297), und sein gesetzlicher Vertreter Antrag auf Entscheidung in mündlicher Verhandlung stellen (§ 118 b; § 298) mit der gleichen Wirkung, als ob der Beschuldigte den Antrag gestellt hätte (§ 118 b, 4). Auch die Staatsanwaltschaft kann auf mündliche Verhandlung antragen, doch kommt ihrem Antrag nicht, wie dem des Beschuldigten, zwingende Wirkung zu. Wer den Antrag gestellt hat, kann ihn auch wieder zurücknehmen.

3   **2. Mündliche Verhandlung im Beschwerdeverfahren (Absatz 2).** § 309 Abs. 1 erster Halbsatz verbietet die mündliche Verhandlung im Beschwerdeverfahren. Das Verbot ist nicht immer praktisch und für das Verfahren bei Verfall einer Sicherheit bereits durchbrochen (§ 124 Abs. 2 Satz 2). Auch im Haftbeschwerdeverfahren kann es erwünscht sein, den Beschuldigten zu sehen, seine mündliche Einlassung zu hören und ihm Zeugen gegenüberzustellen. Daher wird dem Gericht die Befugnis eingeräumt, über Haftbeschwerden nach mündlicher Verhandlung zu entscheiden. Der Beschuldigte, wie auch die Staatsanwaltschaft, können das beantragen, doch entscheidet allein das Ermessen des Gerichts, ob eine mündliche Verhandlung stattfindet (OLG Celle NdsRpfl. **1965** 255). Damit wird das Verfahren auf Fälle beschränkt, in denen es angebracht ist. Das werden nicht sehr viele sein, doch sollte das Beschwerdegericht von der mündlichen Verhandlung Gebrauch machen, wenn sie Nutzen verspricht. Das ist der Fall, wenn bei zweifelhafter Sachlage erwartet werden kann, daß sich zufolge der mündlichen Erörterung des Materials bei persönlicher Gegenwart des Beschuldigten, seines Verteidigers und ggf. von Zeugen Unklarheiten beseitigen lassen und der dringende Tatverdacht sowie die Haftgründe sicherer als im schriftlichen Verfahren beurteilt werden können.

3. Weitere mündliche Verhandlung (Absatz 3)

4   **a) Beschränkung.** Nach § 117 Abs. 1 kann der Beschuldigte während der ganzen Dauer der Untersuchungshaft ohne jede Beschränkung die förmliche Haftprüfung beantragen; bei dieser ist gemäß § 118 Abs. 1 auf seinen Antrag nach mündlicher Verhandlung zu entscheiden. Gälte die letzte Vorschrift ohne Einschränkung, könnte das Gericht zu einer dauernden Wiederholung der mündlichen Verhandlung auch dann gezwungen werden, wenn seit der letzten kein Material beigebracht worden ist, das den dringenden Tatverdacht oder die Haftgründe in Frage zu stellen geeignet wäre. Die mündliche Verhandlung würde dann zu einer lästigen Formalität, und diese Bewertung könnte sich auf das ganze Institut übertragen und das Verfahren auch dort zur Routine werden lassen, wo eine sorgfältige Verhandlung das Verfahren und die Haft abkürzen könnte.

Deshalb schränkt Absatz 3 die Wirkung des nach Absatz 1 zulässigen Antrags **5** dahin ein, daß unter bestimmten Voraussetzungen **kein Anspruch auf mündliche Verhandlung** besteht. Die Zulässigkeit des Antrags selbst bleibt unberührt; er hat nur nicht die zwingende Wirkung, die er ohne die Einschränkung des Absatzes 3 zufolge des Wortlauts von Absatz 1 hätte. Die Befugnis des Gerichts, nach seinem Ermessen von Amts wegen nach mündlicher Verhandlung zu entscheiden (Absatz 1), bleibt unberührt. Die Beschränkung, die für die Wirkung des Antrags des Beschuldigten eintritt, wird gesetzgeberisch so ausgedrückt, daß zwei Fristen (Gesamtdauer der Untersuchungshaft: drei Monate; Dauer seit der letzten mündlichen Verhandlung: zwei Monate) angegeben werden, nach deren Ablauf der Antrag wieder seine zwingende Wirkung erhält. Daraus folgt, daß ein Antrag, der vor Ablauf der Fristen gestellt und daher zunächst wirkungslos ist, nachträglich wirksam wird, wenn vor der Entscheidung die Fristen von drei und zwei Monaten beide noch ablaufen.

b) Voraussetzungen. Die Beschränkung (Rdn. 5) tritt ein, wenn die Untersu- **6** chungshaft nach mündlicher Verhandlung — auch im Beschwerdeverfahren — aufrechterhalten worden ist. Das Gesetz macht auch für den Fall **keine Ausnahme,** daß die mündliche Verhandlung von Amts wegen in einem Haftprüfungsverfahren gewählt worden ist, das ebenfalls von Amts wegen stattgefunden hat. Eine solche Ausnahme wäre gerechtfertigt, kann aber nicht gegen den Gesetzeswortlaut im Wege der Auslegung gewonnen werden.

Für die Beschränkung des Anspruchs auf mündliche Verhandlung kommt es nach **7** dem Wortlaut, der dem Sinn der Bestimmung entspricht, nicht darauf an, daß der Haftbefehl, sondern darauf, daß die **Untersuchungshaft aufrechterhalten** worden ist. War der Vollzug der Untersuchungshaft ausgesetzt worden (§ 116; § 72 Abs. 1 JGG), dann findet ebenso wie bei der Aufhebung des Haftbefehls (§ 120) Absatz 3 keine Anwendung, vielmehr beginnt das Verfahren der §§ 114 a ff erneut. Die Dreimonatsfrist und die Zweimonatsfrist sind daher ebenso wie im Fall des § 117 Abs. 5 zu **berechnen:** Zeiten, die vor einer Entlassung (§ 120) oder vor einer Freilassung bei Aussetzung des Vollzugs eines Haftbefehls (§ 116; § 72 Abs. 1 JGG) liegen, scheiden für die Dauer jeder beiden Fristen aus. Wird dagegen die Untersuchungshaft unterbrochen, ohne daß der Beschuldigte freigelassen wird, z. B. bei Verbüßung von Strafhaft oder von Untersuchungshaft in anderer Sache, dann zählen die Zeiten vor der Unterbrechung mit; die Zeiten vor und nach der Unterbrechung werden zusammengerechnet (§ 117, 36).

4. Hauptverhandlung (Absatz 4). Stellt Absatz 3 für die Beschränkung des Rechts **8** auf mündliche Verhandlung auf die Dauer der Untersuchungshaft ab, so bringt Absatz 4 eine Beschränkung für bestimmte Verfahrensabschnitte. Der erste ist die Hauptverhandlung: der Beschuldigte hat keinen Anspruch auf mündliche Verhandlung „solange die Hauptverhandlung andauert". War der Antrag vor Beginn der Hauptverhandlung angebracht, konnte aber bis zu deren Beginn noch nicht in der Sache entschieden werden, so **entfällt** mit dem Beginn der Hauptverhandlung nachträglich der Anspruch auf mündliche Verhandlung. **Hauptverhandlung** ist diejenige erster Instanz (§ 226) und die in der Berufungsinstanz (§ 324). Für die Revisionsinstanz ist die Regelung ohne Bedeutung. Denn es ist kaum vorstellbar, daß während des Revisionsverfahrens noch Untersuchungshaft vollzogen wird, obwohl das Tatgericht nicht auf ein freiheitsentziehendes Urteil erkannt hat. Liegt aber ein freiheitsentziehendes Urteil vor, entfällt der Anspruch auf mündliche Verhandlung zufolge der zweiten Alternative von Absatz 4.

Günter Wendisch

9　　Die **Hauptverhandlung beginnt** mit dem Aufruf der Sache (§ 243 Abs. 1 Satz 1); sie schließt grundsätzlich mit der Verkündung des Urteils (§ 260 Abs. 1 Satz 1), aber auch mit einer Verweisung an das zuständige Gericht (§ 270 Abs. 1) oder mit Aussetzung der Hauptverhandlung (§ 228 Abs. 1 Satz 1, § 145 Abs. 1 bis 3, § 246 Abs. 2, § 265 Abs. 3 und 4). Dagegen beendet eine Unterbrechung die Hauptverhandlung nicht; denn es ist dieselbe Hauptverhandlung, die nach der Unterbrechung „fortgesetzt" werden muß (§ 229 Abs. 2 Satz 2, Abs. 3 Satz 1 und 2).

10　　Nach dem Sinn der Vorschrift und nach ihrem Wortlaut („andauert") kann nicht auf das Ende der Hauptverhandlung abgestellt werden, sondern vielmehr auf das **Andauern des** wirklichen **Verhandelns.** Denn die Verneinung des Anspruchs auf mündliche Verhandlung während der Hauptverhandlung rechtfertigt sich aus zwei Gründen: einmal ist das Gericht mit der Sache besonders nachdrücklich befaßt und daher mit dem gleichen gesteigerten Nachdruck verpflichtet, die Haftfrage zu prüfen. Zum anderen wäre der Anspruch auf mündliche Verhandlung wenig sinnvoll, da ja das Gericht schon mündlich verhandelt, dabei den Angeklagten hört, die Tatsachen erörtert, die den dringenden Tatverdacht begründen, und jederzeit auch die Haftgründe und die Verhältnismäßigkeit prüfen kann.

11　　Während einer **Unterbrechung** entfällt der zweite Grund und verliert der erste an Gewicht. Zwar kann die Unterbrechung gerade deshalb notwendig werden, weil das Gericht außerhalb des Sitzungssaales einen umfangreichen Stoff sichten und ordnen muß, wobei es ebenso intensiv wie in der Hauptverhandlung selbst mit der Sache befaßt ist. Es können aber auch ganz andere Gründe (Verteidigerwechsel; § 145 Abs. 3; Nachladung von Zeugen und Sachverständigen; Krankheit von Prozeßbeteiligten; Feiertagszeit) die Unterbrechung notwendig machen und die Haftfrage aus der gerichtlichen Betrachtung rücken. Daher **dauert** die **Hauptverhandlung** während einer Unterbrechung **nicht an**[2].

12　　5. **Freiheitsentziehendes Urteil (Absatz 4).** Dem Antrag auf mündliche Verhandlung wird seine zwingende Wirkung weiter für den Fall genommen, daß ein Urteil ergangen ist, in dem gegen den Verhafteten auf Freiheitsstrafe oder auf eine freiheitsentziehende Maßregel der Besserung und Sicherung erkannt worden ist. Es kommt jede **Freiheitsstrafe** in Betracht: die Freiheitsstrafe (§§ 38, 39 StGB), die Jugendstrafe (§§ 18, 19 JGG) und der Strafarrest (§ 9 WStG). Der **Jugendarrest** (§ 16 JGG) ist ein Zuchtmittel (§ 13 Abs. 2 Nr. 3 JGG). Aber hier ist er nach dem Sinn der Vorschrift, das Recht auf mündliche Verhandlung auszuschließen, wenn durch Urteil auf Freiheitsentziehung erkannt wird, den Freiheitsstrafen und freiheitsentziehenden Maßregeln gleichzuachten. — Die Freiheitsstrafe muß selbst als Strafe ausgesprochen sein; die Verurteilung zu einer Ersatzfreiheitsstrafe (§ 43 StGB) schließt das Recht auf mündliche Verhandlung nicht aus.

13　　Dagegen spielt es für den Ausschluß des Rechts auf mündliche Verhandlung keine Rolle, wenn die **Vollstreckung** der Freiheitsstrafe zur Bewährung **ausgesetzt** ist (§ 56 Abs. 1 und 2 StGB) oder wenn die gesamte Strafe durch Anrechnung von Untersuchungshaft oder einer anderen Freiheitsentziehung (§ 51 Abs. 1 bis 3 StGB) erreicht worden ist; allerdings wird in diesen Fällen regelmäßig der Haftbefehl aufzuheben sein (§ 120, 15).

14　　Als **freiheitsentziehende Maßregeln** der Besserung und Sicherung kommen nur die Unterbringung in einem psychiatrischen Krankenhaus (§ 63 Abs. 1 StGB), in einer Entziehungsanstalt (§ 64 Abs. 1 StGB) und bei Schuldunfähigen (§ 20 StGB) oder ver-

---

[2]　KK-*Boujong* 4; KMR-*Müller* 5.

mindert Schuldfähigen (§ 21 StGB) die Unterbringung in einer sozialtherapeutischen Anstalt (§ 63 Abs. 2, § 65 Abs. 3 StGB) in Betracht. Denn auf sie kann auch neben einer Geldstrafe erkannt werden. Dagegen sind die Unterbringung in der Sicherungsverwahrung (§ 66 StGB) und bei Schuldfähigen die Unterbringung in einer sozialtherapeutischen Anstalt (§ 65 StGB) nur neben einer Freiheitsstrafe zulässig, so daß der Anspruch auf mündliche Verhandlung schon wegen der Verurteilung zu Freiheitsstrafe untergeht.

15 Der Anspruch auf mündliche Verhandlung endet, wenn ein freiheitsentziehendes Urteil ergangen ist. Es wird nicht auf die Verurteilung abgestellt, sondern auf das **Ergehen des Urteils**. Danach kommt es nicht darauf an, ob das Urteil Bestand hat; maßgebend ist allein die Tatsache, daß ein freiheitsentziehendes Urteil erlassen worden ist (vgl. auch § 120, 15; § 121, 25). Daraus folgt: Der Anspruch auf mündliche Verhandlung lebt nicht wieder auf, wenn das Urteil durch ein Rechtsmittelgericht aufgehoben wird. Denn die Aufhebung beseitigt zwar die Verurteilung, schafft aber die Tatsache nicht aus der Welt, daß ein Urteil ergangen ist, in dem auf Freiheitsstrafe oder auf eine freiheitsentziehende Maßregel der Besserung und Sicherung erkannt worden ist. Die Entscheidung des Gesetzgebers entbehrt auch nicht des **Sinns**: In der Hauptverhandlung ist über den dringenden Tatverdacht umfassend verhandelt worden. Dazu kann eine spätere mündliche Verhandlung nichts mehr erbringen, auch wenn das verurteilende Erkenntnis vom Revisionsgericht aufgehoben wird, ohne daß es zum Freispruch des Angeklagten kommt, bei dem der Haftbefehl aufzuheben ist (§ 120 Abs. 1 Satz 2; § 126 Abs. 3). Die Haftgründe werden sich nach der Hauptverhandlung nur selten ändern, so daß die gesetzgeberische Entscheidung für den Regelfall — von Amts wegen kann immer nach mündlicher Verhandlung entschieden werden — auf die mündliche Verhandlung zu verzichten, nicht unbegründet ist.

16 **6. Terminfrist (Absatz 5).** Das Verfahren bei der mündlichen Verhandlung ist in § 118 a geregelt, doch ist hier — redaktionell nicht ganz glücklich — die Bestimmung vorweggenommen, daß die mündliche Verhandlung unverzüglich durchzuführen ist. Wegen des Begriffs **unverzüglich** s. § 115, 8. Als äußerste Frist für den Termin zur mündlichen Verhandlung werden zwei Wochen nach dem Eingang des Antrags festgesetzt. Es kommt auf den Tag des Eingangs bei dem zuständigen Gericht an. Ist jedoch der Antrag nach § 118 b in Verb. mit § 299 Abs. 1 zu Protokoll der Geschäftsstelle des Amtsgerichts angebracht, in dessen Bezirk die Untersuchungshaftanstalt liegt, dann rechnet die Frist von dem Tag an, an dem das Protokoll aufgenommen worden ist (§ 299 Abs. 2)[3].

17 Für die **Frist** gilt § 43: Geht der Antrag dienstags ein, muß die mündliche Verhandlung spätestens am übernächsten Dienstag stattfinden. Fällt das Ende der Frist auf einen Sonnabend, einen Sonntag oder einen allgemeinen Feiertag, dann endet die Frist mit Ablauf des nächsten Werktags. Die Frist wird nicht dadurch verlängert, daß nach dem Antrag ein Wechsel der Zuständigkeit, etwa durch Anklage, eintritt.

18 Da die mündliche Verhandlung von einem — rücknehmbaren — Antrag des Beschuldigten abhängt, kann er auch einer **Verlängerung** der vom Gesetzgeber zu seinen Gunsten bestimmten Frist zustimmen. Doch wird die Zustimmung nur zu erfragen sein, wenn Beweiserhebungen laufen, die zu einer dem Beschuldigten günstigen Haftentscheidung führen können, nicht dagegen wegen der Geschäftslage. Die Zustimmung muß sich nicht nur darauf erstrecken, daß die Frist überschritten wird, sondern auch auf das Ausmaß, in dem das geschehen soll.

---

[3] **A.A.** KK-*Boujong* 6.

Günter Wendisch

19   Ist der Antrag nicht vom Beschuldigten, sondern vom **Verteidiger oder vom gesetzlichen Vertreter** gestellt (§ 118 b, §§ 297, 298 Abs. 1), so ist für die Fristverlängerung dessen Zustimmung erforderlich, nicht auch diejenige des Beschuldigten, doch bedarf der Verteidiger in entsprechender Anwendung von § 302 Abs. 2 in Verb. mit § 118 b der ausdrücklichen Ermächtigung des Beschuldigten[4].

20   Die Anordnung der Frist, innerhalb derer eine beantragte mündliche Haftprüfung stattfinden muß, ist gleichwohl — wie die Frist nach § 117 Abs. 5 und § 121 Abs. 2 — nur eine **Ordnungsvorschrift**. Läßt der Richter die Frist ungenutzt verstreichen, so hat das noch nicht die Aufhebung des Haftbefehls oder die Entlassung des Beschuldigten zur Folge[5].

§ 118 a

(1) **Von Ort und Zeit der mündlichen Verhandlung sind die Staatsanwaltschaft sowie der Beschuldigte und der Verteidiger zu benachrichtigen.**

(2) **[1]Der Beschuldigte ist zu der Verhandlung vorzuführen, es sei denn, daß er auf die Anwesenheit in der Verhandlung verzichtet hat oder daß der Vorführung weite Entfernung oder Krankheit des Beschuldigten oder andere nicht zu beseitigende Hindernisse entgegenstehen. [2]Wird der Beschuldigte zur mündlichen Verhandlung nicht vorgeführt, so muß ein Verteidiger seine Rechte in der Verhandlung wahrnehmen. [3]In diesem Falle ist ihm für die mündliche Verhandlung ein Verteidiger zu bestellen, wenn er noch keinen Verteidiger hat. [4]Die §§ 142, 143 und 145 gelten entsprechend.**

(3) **[1]In der mündlichen Verhandlung sind die anwesenden Beteiligten zu hören. [2]Art und Umfang der Beweisaufnahme bestimmt das Gericht. [3]Über die Verhandlung ist eine Niederschrift aufzunehmen; die §§ 271 bis 273 gelten entsprechend.**

(4) **[1]Die Entscheidung ist am Schluß der mündlichen Verhandlung zu verkünden. [2]Ist dies nicht möglich, so ist die Entscheidung spätestens binnen einer Woche zu erlassen.**

Entstehungsgeschichte. Eingefügt durch das Gesetz vom 27. 12. 1926. Die derzeitige Fassung hat die Bestimmung erhalten durch Art. 1 Nr. 1 StPÄG 1964. Bezeichnung bis 1964: § 115 d.

Übersicht

1   **1. Zweck.** Es ist ein Nachteil unseres Strafprozesses, daß er zu lange schriftlich und geheim vorbereitet wird. Das geheime Verfahren vermindert wohl die Möglichkeit, zu verdunkeln, ist aber zugleich einer frühzeitigen wirksamen Verteidigung hinderlich. Das schriftliche Verfahren fördert zwar die Gründlichkeit der Ermittlungen; ihrer Ziel-

---

[4] **A.A.** KK-*Boujong* 6 und § 118 b, 1; wie hier KMR-*Müller* 9.   [5] KK-*Boujong* 6; *Kleinknecht/Meyer* 4.

strebigkeit, Konzentration und Schnelligkeit kann es jedoch oft im Wege stehen. Da allein die Hauptverhandlung für das Urteil maßgebend ist (§ 261), ihr Ablauf aber nicht voll vorausgesehen werden kann, wird im Ermittlungsverfahren in der Regel vorsichtshalber der Schnelligkeit eine Gründlichkeit vorgezogen, die — vom Verhalten des Beschuldigten in der Hauptverhandlung aus rückblickend betrachtet — zuweilen nicht notwendig gewesen wäre. Deshalb ist die mündliche Verhandlung in Haftsachen ein wünschenswerter Einbruch der Mündlichkeit ins vorbereitende Verfahren. Das gilt namentlich für die erste.

Die **erste mündliche Verhandlung** bringt den Beschuldigten und seinen Verteidi- **2** ger mit Gericht und Staatsanwaltschaft zusammen und gibt ihm, nachdem er bei der Verhaftung die Beschuldigung kennengelernt hat (§ 115 Abs. 2 und 3, § 115 a Abs. 2), Gelegenheit, sich verteidigend in das Verfahren einzuschalten und, indem er Beweismittel benennt und Handlungen eingesteht, zu dessen Abkürzung beizutragen. Der Staatsanwalt kann seinerseits den Gang der Ermittlungen festlegen, das Verfahren konzentrieren und abkürzen, seinen Abschluß beschleunigen und auf diese Weise die Untersuchungshaft, den schwersten Eingriff in die Rechte des als unschuldig geltenden nicht Verurteilten (Art. 6 Abs. 2 MRK), wirksam einschränken. Dem ist bei der Vorbereitung und bei der Durchführung der Verhandlungen Rechnung zu tragen.

Die erste Verhandlung sollte, wenn ihre Nutzlosigkeit nicht auf der Hand liegt, **3** **keine Routine** sein. Findet sie im vorbereitenden Verfahren statt, kann sie die Weichen für die weitere Behandlung der Haftsache stellen. Dazu sollten die wichtigsten Zeugen Aug' in Auge mit dem Beschuldigten vernommen, seine Beweisanträge entgegengenommen und — wenn nötig nach kurzer Vertagung — erledigt werden. Allerdings darf die mündliche Verhandlung nicht über ihr Ziel, neben den Haftgründen den dringenden Tatverdacht zu prüfen, hinausgehen; die **Sicherheit von Schuldfeststellungen** darf sie **nicht** anstreben.

In **späteren Verhandlungen** wird nur in großen Sachen ein Gewinn an Erkenntnis- **4** sen in bezug auf den dringenden Tatverdacht gegenüber der schriftlichen Prüfung zu erzielen sein. Aber auch in bezug auf die Haftgründe kann dann eine mündliche Verhandlung in der Regel nicht viel erbringen. In den wenigen Fällen der Verhaftung wegen Verdunkelungsgefahr wird ohnehin laufend, spätestens bei der Eröffnung des Hauptverfahrens (§ 207 Abs. 4) geprüft, ob der Fortgang oder Abschluß der Ermittlungen nicht wirksam eine weitere Verdunkelung schon deshalb ausschließt, weil es, wenigstens praktisch, nichts mehr zu verdunkeln gibt. Die Umstände, die die Fluchtgefahr begründen, werden sich im Laufe des Verfahrens, abgesehen von dem Verhältnis der Haft zu der zu erwartenden Sanktion, selten verändern. Die Gründe des § 112 a Abs. 1 (Wiederholungsgefahr) und des § 112 Abs. 3 (Straftaten wider das Leben) können kaum eine Veränderung erfahren.

Auch sonst wird in manchen Fällen eine vom Beschuldigten erzwungene münd- **5** liche Verhandlung, auch eine erste, das Verfahren nicht fördern können, wenn die Verteidigung bekannt und alles Sachdienliche schon veranlaßt ist. Das kann im vorbereitenden Verfahren der Fall sein, wenn der Staatsanwalt frühzeitig den Beschuldigten und seinen Verteidiger gehört hat. Wo aber die **Möglichkeit einer Sachförderung** besteht, würde der Zweck der mündlichen Verhandlung, jedenfalls einer ersten, verfehlt, wenn sie routinemäßig ohne Anwesenheit der Staatsanwaltschaft und eines Verteidigers dadurch abgewickelt würde, daß der Beschuldigte gehört wird und Gelegenheit erhält, zu einigen vorgehaltenen oder vorgelesenen Zeugenaussagen Stellung zu nehmen.

2. Verhandlungen außerhalb des förmlichen Haftprüfungsverfahrens. Die münd- **6** liche Verhandlung ist Teil des förmlichen Haftprüfungsverfahrens (§ 118 Abs. 1). Dieses

Verfahren findet nur auf Antrag des Beschuldigten statt (§ 117 Abs. 1), nicht von Amts wegen. Das ist notwendig, damit der Beschuldigte wegen der Folgen (§ 118 Abs. 3) den Zeitpunkt der Haftprüfung danach einrichten kann, wann er verteidigungsbereit ist. Das besagt aber nicht, daß das Gericht nicht jederzeit auch **außerhalb eines förmlichen Haftprüfungsverfahrens** mündlich verhandeln könnte, wenn ihm dies geboten erscheint. Namentlich kann die Vernehmung nach § 115 Abs. 2 in die Form einer mündlichen Verhandlung gekleidet und auch beim Kollegialgericht vor diesem (§ 126, 30) durchgeführt werden. Wird im beschleunigten Verfahren (§§ 212 ff) die Aburteilung in dieser Verfahrensart abgelehnt (§ 212 b), kann der Termin, wenn die Zuständigkeitsverhältnisse es gestatten, als mündliche Verhandlung zur Haftprüfung ausgestaltet werden. Solche Verhandlungen haben nicht die Folge des § 118 Abs. 3, wenn nicht der Beschuldigte förmliche Haftprüfung beantragt (§ 117 Abs. 1) und damit dem Gericht die Möglichkeit eröffnet, nach § 118 Abs. 1 von Amts wegen in mündlicher Verhandlung zu entscheiden.

7   Auf der anderen Seite kann die mündliche Verhandlung des § 118 a, wenn der für die Haftsache zuständige Richter auch für das **beschleunigte Verfahren** zuständig ist, in dieses übergeführt werden. Davon sollte regelmäßig Gebrauch gemacht werden, wenn der Sachverhalt klar ist, und stets, wenn der Beschuldigte es beantragt. Das beschleunigte Verfahren wiederum kann einer beantragten mündlichen Verhandlung im Haftprüfungsverfahren zuvorkommen und sie unnötig machen, wenn es mit einem Urteil endet.

8   **3. Vorbereitung der Beweisaufnahme.** Nach Absatz 3 Satz 2 bestimmt das Gericht Art und Umfang der Beweisaufnahme. Die Vorschrift gilt für die Verhandlung, hat aber auch für deren Vorbereitung Bedeutung. Wenn der Beschuldigte in seinem Antrag nicht eindeutig zum Ausdruck bringt, **wogegen** er **sich wenden** will, wird der Vorsitzende oder ein beauftragter Richter festzustellen haben, ob der Beschuldigte den Tatverdacht, dessen Dringlichkeit oder den Haftgrund angreifen will und was er dazu vorzubringen hat. Alsdann muß das Gericht in einer Vorberatung, in der Regel nach Fühlungnahme mit der Staatsanwaltschaft und dem Verteidiger, die ggf. Anträge zu stellen haben, bestimmen, welche Beweismittel in der Verhandlung benötigt werden, namentlich welche Zeugen geladen werden müssen. Wenn auf der Hand liegt, welche Beweismittel für die mündliche Verhandlung in Betracht kommen, bedarf es des soeben dargelegten Verfahrens nicht; dann veranlaßt der Vorsitzende, daß die Beweismittel herbeigeschafft und die Zeugen geladen werden. Die Zeugen und ggf. Sachverständige, sind sowohl zum dringen Tatverdacht als auch zu den Haftgründen zu **laden.** Ihre Namen sind dem Beschuldigten in der Benachrichtigung vom Termin bekanntzugeben.

9   Der Beschuldigte kann beantragen, weitere Zeugen zu laden; er kann sie auch **selbst laden** oder stellen[1]. Zwar braucht das Gericht, weil es Art und Umfang der Beweisaufnahme selbst bestimmt (Absatz 3 Satz 2), weder einem Antrag zu entsprechen, noch geladene oder gestellte Zeugen zu vernehmen (Rdn. 25), sollte es aber tun, soweit sich die Anträge auf den dringenden Tatverdacht und die Haftgründe beziehen.

10   **4. Terminsbenachrichtigung (Absatz 1).** Benachrichtigung von Ort und Zeit der mündlichen Verhandlung erhalten der Beschuldigte; sein Verteidiger, gleichgültig ob es ein Wahl- oder ein Pflichtverteidiger ist; die Staatsanwaltschaft; der Nebenkläger (§ 397, § 385 Abs. 1 Satz 1). Der Verpflichtung, ihn zu benachrichtigen, kommt jedoch

---

[1] KK-*Boujong* 5; KMR-*Müller* 7.

nur geringe Bedeutung zu, nämlich erst von Erhebung der öffentlichen Klage an (§ 395 Abs. 1). Der **Einziehungsbeteiligte** (§ 431 Abs. 1 Satz 1) wird nicht benachrichtigt. Bei **Jugendlichen** sollen der Erziehungsberechtigte und der gesetzliche Vertreter benachrichtigt werden (§ 67 Abs. 2 JGG), doch darf, wenn sie unbekannt sind, die Terminsfrist nicht überschritten werden, um sie zu ermitteln. Für den Beistand eines Jugendlichen (§ 69 Abs. 1 JGG) sieht § 69 Abs. 3 JGG Rechte nur in der Hauptverhandlung vor, doch wird ihn der Jugendrichter, wenn er ihn schon im vorbereitenden Verfahren bestellt hat, auch von der mündlichen Verhandlung über den Haftbefehl benachrichtigen.

11 Da der Beschuldigte vorgeführt wird, ist er nicht zu laden. Auch bei den anderen Beteiligten, mit Ausnahme des Verteidigers und bei Zeugen und Sachverständigen, scheidet, da sie zum Erscheinen nicht verpflichtet sind, die Form der Ladung aus. Ihnen ist der **Termin** vielmehr formlos **mitzuteilen.** Wegen der kurzen Frist ist es auch zulässig, die Beteiligten fernmündlich zu benachrichtigen (OLG Hamm Rpfleger **1949** 85). Die **Benachrichtigung** ordnet der Vorsitzende an und führt die Geschäftsstelle aus. Zwar ist die Nachricht keine Ladung, doch ist § 214 Abs. 1 schon deshalb entsprechend anzuwenden, weil keine Zuständigkeit der Staatsanwaltschaft gegeben ist.

12 Ist zu der mündlichen Verhandlung ein **Verteidiger** zuzuziehen (Absatz 2 Satz 2), kann im Hinblick auf den entsprechend anzuwendenden (Absatz 2 Satz 3) § 145 Abs. 4 (Verurteilung in die Kosten der Aussetzung, wenn der Verteidiger sie durch sein Ausbleiben verschuldet hat) eine Ladung in Betracht kommen, doch wird in der Regel von ihr abgesehen werden. Ist sie ausnahmsweise geboten, ordnet sie der Vorsitzende an (Rdn. 11).

5. Vorführung (Absatz 2). Gegenüber der schlichten Haftprüfung liegt der Sinn **13** der mündlichen Verhandlung darin, daß der Sachverhalt und die Haftgründe mit dem Beschuldigten mündlich erörtert werden, damit dieser Gelegenheit erhält, sich in Rede und Gegenrede gegen die Vorwürfe zu verteidigen, er sei einer Tat verdächtig, dieser Verdacht sei dringend, es bestehe die Gefahr, daß er fliehe oder verdunkele, oder es liege einer der in § 112 Abs. 3, § 112 a Abs. 1 genannten Haftgründe vor. Diese Verteidigung kann er sinnvoll nur führen, wenn er in der mündlichen Verhandlung anwesend ist. Dazu ist er vorzuführen.

Verzichtet der Beschuldigte auf die Vorführung, kann sie unterbleiben, doch **14** kommt diesem Befreiungsgrund wenig Bedeutung zu, weil der Beschuldigte, wenn er schon mündliche Verhandlung beantragt hat, im allgemeinen keinen Anlaß haben wird, einen **Verzicht** zu erklären. Noch weniger wird er dazu Veranlassung finden, wenn das Gericht die mündliche Verhandlung von Amts wegen anberaumt und dadurch den Wunsch zu erkennen gegeben hat, die Sach- und Haftfrage mit dem Beschuldigten zu erörtern. Nicht nur in diesem Falle, sondern auch bei einer Verhandlung auf Antrag des Beschuldigten wird es sich, da der Staat an einer wirksamen Haftkontrolle selbst Interesse hat, auch nicht empfehlen, dem Beschuldigten nahezulegen, auf die Vorführung zu verzichten. Daraus wäre bei weiter, aber der Teilnahme nicht hinderlichen Entfernung auch kein Gewinn zu erzielen, weil ein Verteidiger zu bestellen und diesem eine Reise zum Beschuldigten zu bezahlen wäre; schriftliche Information wird für die Zwecke der mündlichen Verhandlung regelmäßig nicht genügen. Allenfalls könnte der Verzicht einem Beschuldigten empfohlen werden, der zwar nicht so krank ist, daß er an der Verhandlung nicht teilnehmen kann, bei dem aber, etwa wegen der Aufregung als Folge der Teilnahme, eine wesentliche Verschlimmerung der Krankheit zu erwarten ist. Der Verzicht ist widerruflich, doch kommt dem Widerruf nur insoweit Bedeutung zu, als er noch berücksichtigt werden kann. Eine Verlegung des Termins kann der widerrufende Beschuldigte nicht verlangen.

Günter Wendisch

15   Die Vorführung kann ferner unterbleiben, wenn ihr **Hindernisse** entgegenstehen, die nicht zu beseitigen sind. Als Beispiele nennt das Gesetz weite Entfernung und Krankheit. Wegen des Zwecks der mündlichen Verhandlung müssen die Hinderungsgründe eng ausgelegt und die Hindernisse nach Möglichkeit beseitigt werden. Stehen sie nicht der Vorführung, sondern der Innehaltung der Frist entgegen, so ist, ehe ohne den Beschuldigten verhandelt wird, dieser zunächst zu befragen, ob er zustimmt, daß die Frist verlängert wird (§ 118, 18). Ein Hindernis kann auch dadurch beseitigt werden, daß die **Art der Vorführung** verändert, mit einem erkrankten Verhafteten also nicht im Gericht, sondern im Vorführraum der Untersuchungshaftanstalt oder ihres Lazaretts, ggf. auch unmittelbar am Krankenbett, die mündliche Verhandlung durchgeführt wird.

16   **Weite Entfernung** braucht nicht stets ein Hinderungsgrund zu sein. Jedenfalls bei der ersten mündlichen Verhandlung wird die Vorführung mittels Transports dem Sinn des Gesetzes entsprechen. Die Transportzeit kann dazu führen, die Zustimmung zu einer Fristverlängerung herbeizuführen. Fluchtgefahr bei einem notorischen Ausbrecher ist ein Hinderungsgrund, wenn der Verhaftete von einem anderen Ort zur Verhandlung transportiert werden muß. Sitzt er am Gerichtsort ein, kann die Verhandlung in der Anstalt stattfinden. Dagegen ist es ein Hinderungsgrund, wenn die Gefahr besteht, daß **Seuchen** ein- oder ausgeschleppt werden, falls der Verhaftete die Anstalt verläßt oder dort aufgesucht wird. Zustimmung zur Fristverlängerung wird ihn regelmäßig nicht beseitigen können.

17   6. **Verteidiger (Absatz 2)**. Kann der Beschuldigte ausnahmsweise nicht vorgeführt werden, muß ein Verteidiger seine Rechte wahrnehmen (Satz 2). Hat er noch keinen, sei es zufolge Wahl, sei es zufolge Bestellung, ist ihm einer beizuordnen (Satz 3). Es genügt aber nicht, daß er einen hat, vielmehr muß der Verteidiger die Rechte des Beschuldigten in der Verhandlung wahrnehmen. Erscheint er nicht, etwa weil er entgegen der Ansicht des Gerichts die mündliche Verhandlung für nutzlos hält, ist dem Beschuldigten von Amts wegen ein Verteidiger zu bestellen[2]. Da die mündliche Verhandlung bei Abwesenheit des Beschuldigten genau so wie eine Hauptverhandlung bei notwendiger Verteidigung nur stattfinden kann, wenn ein Verteidiger anwesend ist, findet § 145 entsprechende Anwendung (Satz 4).

18   Hat der Beschuldigte noch keinen Verteidiger, so hat ihm der **Vorsitzende** des zuständigen Gerichts (§ 117, 38) einen zu bestellen. Die Bestellung erstreckt sich nur auf die Verhandlung; doch stehen dem Verteidiger auch außerhalb der Verhandlung diejenigen Rechte zu, deren er bedarf, um sich auf sie vorzubereiten, namentlich das Recht auf Akteneinsicht (§ 147) und auf Verkehr mit dem Beschuldigten (§ 148). Damit er diese Rechte ausüben kann, ist er so frühzeitig wie möglich zu bestellen, alsbald nachdem das Bedürfnis hervorgetreten ist.

19   Die Bestellung **erlischt** mit dem Ende der mündlichen Verhandlung, doch kann nach § 141 Abs. 3 Satz 1 — allerdings in der Regel von einem anderen Gericht (§ 141 Abs. 4) — der Verteidiger auch schon im vorbereitenden Verfahren für das ganze Verfahren, also auch die künftige Hauptverhandlung, bestellt werden. Die Bestellung ist zurückzunehmen, wenn der Beschuldigte (§ 137 Abs. 1 Satz 1) oder sein gesetzlicher Vertreter (§ 137 Abs. 2 Satz 1) einen Verteidiger gewählt und dieser die Wahl angenommen hat (§ 143).

---

[2] KK-*Boujong* 3; KMR-*Müller* 3; *Kleinknecht/Janischowsky* 285; *Kleinknecht/Meyer* 2.

7. Verhandelndes Gericht. Wegen der Zuständigkeit s. § 126. Das Gericht verhan- **20** delt und entscheidet in Beschlußbesetzung in nichtöffentlicher Sitzung. § 23 findet keine Anwendung (RGSt **61** 416). Die Übertragung der Verhandlung auf ein anderes Gericht oder auf einen beauftragten oder ersuchten Richter ist unzulässig, weil die Überzeugung des gesamten zuständigen Gerichts in der mündlichen Verhandlung unmittelbar gebildet werden muß (OLG München MDR **1958** 181; KG JR **1964** 267). Die mündliche Ver- handlung kann — wenn der Beschuldigte dann auch keinen Anspruch auf sie hat — **auch während** der **Hauptverhandlung** stattfinden. Mit der Sache befaßt (§ 126 Abs. 2 Satz 1) ist dann das erkennende Gericht, das in Spruchbesetzung (z. B. § 76 Abs. 2 GVG) verhandelt und entscheidet.

8. Beteiligte. An der Verhandlung müssen das Gericht mit einem Urkundsbeam- **21** ten und der Beschuldigte teilnehmen. Gegen **mehrere Beschuldigte** kann die mündliche Verhandlung gleichzeitig durchgeführt werden, wenn diese gleichzeitig Anträge gestellt haben. Einen Anspruch auf gleichzeitige Verhandlung haben sie nicht. Diese unterbleibt, wenn ihr die Gefahr der Verdunkelung entgegensteht.

Liegen für den Beschuldigten die Ausnahmegründe von Absatz 2 Satz 1 vor, so **22** daß er zur mündlichen Verhandlung nicht vorgeführt werden kann, muß der **Verteidi- ger,** von mehreren wenigstens einer, an der gesamten Verhandlung teilnehmen, wie sich namentlich aus dem Zitat des § 145 ergibt. Dieser ist zu vergleichen für die Fälle, daß der Verteidiger ausbleibt, sich entfernt, sich weigert, die Verteidigung zu führen, oder daß ein Verteidiger erst in der mündlichen Verhandlung bestellt wird. Ist der Antragsteller nicht der Beschuldigte, braucht er an der Verhandlung nicht teilzunehmen.

Die Teilnahme der **Staatsanwaltschaft** ist für die Hauptverhandlung in § 226 vor- **23** geschrieben. Hätte der Gesetzgeber gewollt, daß diese Vorschrift für die mündliche Verhandlung entsprechend anzuwenden sei, hätte er das — bei aller Dürftigkeit der Vorschrift — in § 118 a anordnen müssen. Da er das nicht getan hat, ist die Folgerung geboten, daß es der Staatsanwaltschaft nach dem Willen des Gesetzgebers freistehen soll, ob sie an der mündlichen Verhandlung teilnehmen will (**a. A.** *Lobe/Alsberg* § 115 d I 4 b). Der gesetzgeberischen Entscheidung ist nicht entgegenzutreten für wiederholte Verhandlungen, die oft ohne Aussicht auf Sachförderung beantragt werden. Bei ihnen mag die Staatsanwaltschaft, wenn ihre dienstlichen Verhältnisse die Teilnahme er- schweren, sich für oder gegen diese anhand der Akten entscheiden. Die **erste Verhand- lung** indessen, die in der Regel ins vorbereitende Verfahren fällt, dürfte nicht ohne die Staatsanwaltschaft stattfinden, die in diesem Verfahrensabschnitt am besten unterrich- tet ist und zudem nach § 120 Abs. 3 über den Bestand des Haftbefehls verfügen kann. Daher sollte die Staatsanwaltschaft es als ihre Pflicht ansehen, an einer ersten mündli- chen Verhandlung stets teilzunehmen.

9. Verhandlung (Absatz 3). Die anwesenden Beteiligten sind zu hören, in erster **24** Linie und regelmäßig als erster der Beschuldigte. Da Absatz 3 Satz 1 neben § 33 Abs. 3 gilt, besagt die Vorschrift, daß der gesamte Tatsachenstoff auszubreiten ist, auch wenn der Beschuldigte zu ihm schon früher, etwa von der Polizei, gehört worden ist. Das Gehör geht also weiter als im Falle des § 117 (§ 117, 22). § 33 Abs. 4 ist nicht anwendbar (§ 117, 24). Bei dem Gehör ist der Beschuldigte auf die belastenden Umstände hinzuwei- sen. Ihm ist Gelegenheit zu geben, die Verdachtsgründe zu beseitigen und die Tatsa- chen geltend zu machen, die zu seinen Gunsten sprechen (§ 115 Abs. 3). § 136 Abs. 1 ist zu beachten. Ist der Beschuldigte nicht anwesend, ist für ihn der Verteidiger zu hören. Wenn anwesend, sind auch die sonstigen Beteiligten zu hören, namentlich der Staatsan-

walt, der Gelegenheit nehmen wird, auch die zur Entlastung dienenden Umstände zu ermitteln (§ 160 Abs. 2) und auf sie hinzuweisen.

25   Das Gericht ist frei, **Art und Umfang der Beweisaufnahme** zu bestimmen; die
§§ 244, 245 gelten nicht[3]. Es kann, statt Zeugen zu vernehmen, gerichtliche und polizeiliche Protokolle verlesen oder auch nur vortragen. Die Rücksicht auf den Untersuchungszweck kann dem Vortrag noch nicht abgeschlossener Beweiserhebungen entgegenstehen, doch sollte das belastende Material soweit als irgend möglich Gegenstand
der Verhandlung sein. Die Erfahrung, daß Zeugen Aug' in Auge mit dem Beschuldigten
und in Rede und Gegenrede mit ihm oftmals anders aussagen als vor der Polizei, sollte
zur Vernehmung der wichtigsten Zeugen in der ersten Verhandlung führen. Bei wiederholten Verhandlungen wird das Verfahren dagegen in der Regel einfacher ablaufen. **Beweisverbote** sind zu beachten, namentlich findet § 252 entsprechende Anwendung. Das
Gericht braucht Zeugen nicht zu vereidigen, es kann sich mit uneidlicher Aussage oder
mit Glaubhaftmachung begnügen. Findet die mündliche Verhandlung, wie in der Regel,
im vorbereitenden Verfahren statt, dürfen Zeugen und Sachverständige nur unter den
Voraussetzungen der §§ 65, 72 vereidigt werden.

26   **10. Protokoll.** Die wesentlichen Vorschriften für das Hauptverhandlungsprotokoll werden für anwendbar erklärt, doch ist zu beachten, daß sie nur **entsprechend** gelten. So entfällt die Angabe der Schöffen ebenso wie die, daß öffentlich verhandelt ist,
schon wegen der anderen Verfahrensart. Auch ist § 273 nach dem Zweck der Verhandlung zu modifizieren. Zwar sind regelmäßig, wie im Hauptverfahren vor dem Strafrichter und dem Schöffengericht (§ 273 Abs. 2), die wesentlichen Ergebnisse der Vernehmungen in das Protokoll aufzunehmen. Denn sie dienen stets zugleich dem weiteren
Verfahren. Ist die Einlassung des Beschuldigten jedoch nichtssagend, muß der Hinweis
genügen, daß er gehört worden ist. Wiederholt er nur, was er bereits früher gesagt hat,
sind Verweisungen auf frühere, auch polizeiliche, Protokolle erlaubt. Auf jeden Fall
muß das Protokoll, wenn gegen die ergehende Entscheidung (Absatz 4) Beschwerde zulässig ist (Rdn. 32), so abgefaßt sein, daß das Beschwerdegericht die Entscheidungsgrundlagen nachprüfen kann. § 274 hat nur für die Hauptverhandlung Sinn. Die Verweisung nimmt ihn daher zu Recht von den Vorschriften aus, die entsprechend anzuwenden sind.

27   **11. Entscheidung (Absatz 4).** Das Gericht stellt dieselbe Prüfung an und hat dieselben Entscheidungsmöglichkeiten wie im schriftlichen Verfahren (§ 117, 25). Im Gegensatz zu diesem beruht die Entscheidung in der mündlichen Verhandlung aber nicht auf
den Akten, sondern — und zwar allein — auf dem Inhalt der mündlichen Verhandlung,
zu der allerdings der Vortrag der entscheidungserheblichen Teile der Akten gehört.

28   Die Entscheidung ergeht — wenn die **Staatsanwaltschaft** nicht anwesend ist, nach
ihrer schriftlichen Erklärung (§ 33 Abs. 2) — als Beschluß. Der Beschluß ist zu begründen (§ 34). Die **Gründe** müssen es dem Beschwerdegericht ermöglichen, die ergangene
Entscheidung zu überprüfen. Daher müssen sie, wenn der Haftbefehl aufrechterhalten
wird, die Tatsachen angeben, aus denen der dringende Verdacht einer bestimmten Tat
begründet ist. Das Gericht hat sich mit § 112 Abs. 1 Satz 2 und mit § 116 Abs. 1 bis 3 auseinanderzusetzen (§ 117, 25). Auf den Haftbefehl oder eine frühere Entscheidung zu
verweisen, ist zulässig, reicht aber nur aus, wenn keine neuen Umstände zutage getreten
sind, die es erfordern, die Verdachtsfrage neu zu erörtern.

---

[3] KK-*Boujong* 5.

Die Begründung muß ferner die Tatsachen angeben, aus denen sich der **Haft-** **29** **grund** ergibt. Hatten die bei der Entscheidung angenommenen Haftgründe auch schon dem Haftbefehl oder einer früheren Entscheidung zugrunde gelegen und sind sie unverändert, kann hierauf verwiesen werden. Die gleichen Angaben müssen gemacht werden, wenn der Vollzug des Haftbefehls ausgesetzt wird (§ 116 Abs. 1 bis 3; § 72 Abs. 1 JGG). Denn bei dieser Entscheidung bleibt der Haftbefehl unberührt und bedarf der Begründung. Zusätzlich sind auch die tragenden Gründe für die Aussetzung anzugeben.

Wird der Haftbefehl **aufgehoben,** braucht das Gericht nur zu begründen, warum **30** es entweder den Tatverdacht, dessen Dringlichkeit oder den Haftgrund verneint.

12. Bekanntmachung. Die Entscheidung ist grundsätzlich am Schluß der mündli- **31** chen Verhandlung vom Vorsitzenden in Gegenwart des Beschuldigten oder, wenn dieser nicht vorgeführt worden ist, in Gegenwart des Verteidigers zu verkünden. Sonst Teilnahmeberechtigten, die am Schluß der mündlichen Verhandlung nicht anwesend sind, ist der Beschluß mitzuteilen. Die formlose Mitteilung genügt, weil durch die Bekanntmachung der Entscheidung keine Frist in Lauf gesetzt wird (§ 35 Abs. 2 Satz 2). Auch dem Beschuldigten oder seinem Verteidiger ist die Entscheidung mitzuteilen, wenn sie nicht am Schluß der mündlichen Verhandlung ergehen konnte, etwa weil eine längere Beratung erforderlich war. Wird die Entscheidung nicht am Verhandlungsschluß verkündet, so ist sie möglichst rasch, spätestens binnen einer Woche, zu erlassen und umgehend bekanntzumachen. Neue Tatsachen, die nach Schluß der mündlichen Verhandlung bekannt werden, dürfen nicht verwertet werden, doch kann das Gericht die Verhandlung wieder eröffnen, solange die Entscheidung noch nicht ergangen (§ 33, 9) ist.

13. Beschwerde. Gegen die Entscheidung ist, wenn sie nicht von einem Strafsenat **32** als Rechtsmittelgericht ergeht (§ 304 Abs. 4), Beschwerde zulässig, selbst wenn die Entscheidung die eines erkennenden Gerichts, auch die eines im ersten Rechtszug entscheidenden Oberlandesgerichts (§ 304 Abs. 4 Satz 2 Nr. 1), ist (§ 305 Satz 2). Mit der Beschwerde kann auch die Verletzung von **Formvorschriften** geltend gemacht werden, etwa daß die Verhandlung statt vor dem Gericht nur vor dem Vorsitzenden oder einem beauftragten Richter oder in Abwesenheit eines Verteidigers stattgefunden habe, obwohl einer mitwirken mußte. Das **Protokoll** hat hierfür, da § 274 in Absatz 5 nicht angezogen ist, keine Beweiskraft. Hat die Beschwerdeentscheidung das Landgericht oder das erstinstanzlich entscheidende Oberlandesgericht (§ 120 Abs. 3 und 4 GVG) getroffen, ist weitere Beschwerde zulässig (§ 310 Abs. 1). **Beschwerdeberechtigt** sind die Teilnahmeberechtigten (Rdn. 21 f), die Staatsanwaltschaft stets, die übrigen, auch der Nebenkläger (§ 114, 50), soweit sie beschwert sind.

Die **Beschwerdeentscheidung** ergeht nach Lage der Akten, so daß auch zu berück- **33** sichtigen ist, was nach Schluß der mündlichen Verhandlung zu den Akten gebracht worden ist. Sind **Formvorschriften** verletzt, kann das Beschwerdegericht die in der Sache erforderliche Entscheidung, weil diese eine mündliche Verhandlung voraussetzt, nur erlassen, wenn es nach § 118 Abs. 3 in mündlicher Verhandlung entscheidet; andernfalls muß es die Sache zur erneuten Verhandlung und Entscheidung an das zuständige Gericht zurückverweisen (OLG Hamm Rpfleger **1949** 519; BayObLGSt **1953** 202 = NJW **1954** 204)[4]. Im übrigen gilt das zu § 117, 30 ff, und das zu § 114, 51 ff Ausgeführte entsprechend.

---

[4] KK-*Boujong* 7.

Günter Wendisch

§ 118 b

Für den Antrag auf Haftprüfung (§ 117 Abs. 1) und den Antrag auf mündliche Verhandlungen gelten die §§ 297 bis 300 und 302 Abs. 2 entsprechend.

Entstehungsgeschichte. Eingefügt durch das Gesetz vom 27. 12. 1926. Dessen Absatz 2 ist durch Art. 1 Nr. 1 StPÄG 1964 entfallen. Bezeichnung bis 1964: § 115 c.

1   1. **Inhalt der Verweisung.** Der Antrag auf Haftprüfung (§ 117 Abs. 1) ist ein Rechtsbehelf, der Antrag auf mündliche Verhandlung (§ 118 Abs. 1) ist eine Modifizierung des Rechtsbehelfs und daher selbst als solcher anzusehen. Für diese Rechtsbehelfe werden wesentliche Vorschriften für die Rechtsmittel für anwendbar erklärt:

2   Die Anträge kann für den Beschuldigten dessen **Verteidiger** stellen, jedoch nicht gegen dessen ausdrücklichen Willen (§ 297). Für die Rücknahme des Antrags bedarf es einer ausdrücklichen Ermächtigung (§ 302 Abs. 2). Auch der **gesetzliche Vertreter** kann die Anträge anbringen (§ 298). Der **nicht auf freiem Fuß** befindliche Beschuldigte hat Vergünstigungen für das Anbringen der Anträge (§ 299; § 117, 12). Ein **Irrtum** in der Bezeichnung des Antrags ist unschädlich (§ 300).

3   2. **Gesetzlicher Vertreter.** § 298 verleiht dem gesetzlichen Vertreter des Beschuldigten (wegen des Begriffs s. Erl. Vor § 137) die Befugnis, Rechtsmittel selbständig einzulegen. Wegen des Verbots der reformatio in pejus (§ 331 Abs. 1, § 358 Abs. 2 Satz 1) können Rechtsmittel dem Angeklagten grundsätzlich — setzt man die Kostenfrage, gewisse Maßregelentscheidungen (§ 331 Abs. 2, § 358 Abs. 2 Satz 2) und die Möglichkeit der Änderung des Schuldspruchs beiseite — nur nützen. Die „entsprechende" Anwendung des § 298, die § 118 b vorschreibt, könnte daher zu der Auslegung führen, daß dem gesetzlichen Vertreter der Gebrauch des Antrags auf Haftprüfung und auf mündliche Verhandlung untersagt sei, wenn damit das Recht des Beschuldigten gefährdet wird, sich zu der Zeit zu verteidigen, die er für geeignet hält. Weil diese Gefährdung aber wegen der Befugnis des Gerichts, von Amts wegen nach mündlicher Verhandlung zu entscheiden (§ 118 Abs. 1), und dadurch weitere Anträge auf mündliche Verhandlung zu begrenzen (§ 118 Abs. 3), mit jedem Antrag auf Haftprüfung eintritt, bliebe bei dieser Auslegung für die entsprechende Anwendung des § 298 kein Raum.

4   Nachdem der Gesetzgeber diese aber verordnet hat, bringt er damit zum Ausdruck, daß die Wendung „entsprechend" **nicht** die Forderung enthält, der Rechtsbehelf müsse dem Beschuldigten wie das Rechtsmittel grundsätzlich **nur nützlich** sein. Trotz der Selbständigkeit des Antrags des gesetzlichen Vertreters und trotz der Freiheit des Beschuldigten, sich selbst des Rechtsbehelfs zu bedienen, wirkt hier der Wille des gesetzlichen Vertreters auf die Rechte des Vertretenen ein, wie das im Zivilrecht die Regel, im Strafprozeß aber eine seltene Ausnahme ist. De lege ferenda wird indessen zu prüfen sein, ob die Handlungen des Vertreters, die dem Vertretenen nicht nur nützlich sein können, auch weiterhin zugelassen werden sollen.

§ 119

(1) [1]Der Verhaftete darf nicht mit anderen Gefangenen in demselben Raum untergebracht werden. [2]Er ist auch sonst von Strafgefangenen, soweit möglich, getrennt zu halten.

(2) [1]Mit anderen Untersuchungsgefangenen darf er in demselben Raum untergebracht werden, wenn er es ausdrücklich schriftlich beantragt. [2]Der Antrag kann jederzeit in gleicher Weise zurückgenommen werden. [3]Der Verhaftete darf auch dann mit anderen Gefangenen in demselben Raum untergebracht werden, wenn sein körperlicher oder geistiger Zustand es erfordert.

(3) Dem Verhafteten dürfen nur solche Beschränkungen auferlegt werden, die der Zweck der Untersuchungshaft oder die Ordnung in der Vollzugsanstalt erfordert.

(4) Bequemlichkeiten und Beschäftigungen darf er sich auf seine Kosten verschaffen, soweit sie mit dem Zweck der Haft vereinbar sind und nicht die Ordnung in der Vollzugsanstalt stören.

(5) [1]Der Verhaftete darf gefesselt werden, wenn
1. die Gefahr besteht, daß er Gewalt gegen Personen oder Sachen anwendet, oder wenn er Widerstand leistet,
2. er zu fliehen versucht oder wenn bei Würdigung der Umstände des Einzelfalles, namentlich der Verhältnisse des Beschuldigten und der Umstände, die einer Flucht entgegenstehen, die Gefahr besteht, daß er sich aus dem Gewahrsam befreien wird,
3. die Gefahr des Selbstmordes oder der Selbstbeschädigung besteht

und wenn die Gefahr durch keine andere, weniger einschneidende Maßnahme abgewendet werden kann. [2]Bei der Hauptverhandlung soll er ungefesselt sein.

(6)[1]Die nach diesen Vorschriften erforderlichen Maßnahmen ordnet der Richter an. [2]In dringenden Fällen kann der Staatsanwalt, der Anstaltsleiter oder ein anderer Beamter, unter dessen Aufsicht der Verhaftete steht, vorläufige Maßnahmen treffen. [3]Sie bedürfen der Genehmigung des Richters.

Schrifttum. *Achter* Die Hausstrafe in der Untersuchungshaft, NJW **1970** 268; *Arndt/v. Olshausen* Grenzen staatlicher Zwangsbefugnisse gegenüber Untersuchungshäftlingen, JuS **1975** 143; *Baumann* Der Briefverkehr des Untersuchungsgefangenen, DRiZ **1959** 379; *Baumann* Zwangsweise Lebenserhaltung im Strafvollzug, ZRP **1978** 35; *Baumann* Entwurf eines Untersuchungshaftvollzugsgesetzes (1981); *Baumann* Disziplinarmaßnahmen beim Vollzug der Untersuchungshaft, FS Dünnebier 691; *Bemmann* Zur Fragwürdigkeit der Zwangsernährung von Strafgefangenen, FS Klug 563; *Birmanns* Beweisverbot für Briefe Untersuchungsgefangener, NJW **1967** 1358; *Bockwoldt* Grundrechtsbeschränkungen im Untersuchungshaftvollzug, ZfStrVo. **1982** 153; *Böhm* Grenzen staatlicher Zwangsbefugnisse gegenüber Untersuchungshäftlingen, JuS **1975** 287; *Driewer* Die verfassungsrechtliche Bindung bei der Beschränkung des Postverkehrs von Straf- und Untersuchungsgefangenen, Diss. Bochum 1969; *Dünnebier* Reform der Untersuchungshaft? Probleme der Strafprozeßreform (1975); *Engelbrechten* Zensur, Beanstandung und Beschlagnahme von Postsendungen der Untersuchungsgefangenen, DRiZ **1959** 238; *Franz* Rechtliches Gehör und die Briefkontrolle des Untersuchungsgefangenen, NJW **1965** 855; *Geppert* Freiheit und Zwang im Strafvollzug (1976); *Grunau* Untersuchungshaftvollzugsordnung[2] (1972); *Hennerkes* Die Grundrechte des Untersuchungsgefangenen, Diss. Freiburg 1966; *Herzberg* Zur Strafbarkeit der Beteiligung am frei gewählten Selbstmord, dargestellt am Beispiel des Gefangenensuizids und der strafrechtlichen Verantwortung der Vollzugsbediensteten, ZStW **91** (1979) 557; *Husen* Hungerstreik im Justizvollzug, ZRP **1977** 289; *Klee* Der Vollzug der Untersuchungshaft, GA **55** (1908) 257; *Kleinknecht* Der Vollzug der Untersuchungshaft, JZ **1953** 531; *Kreuzer* Die Briefkontrolle in der Untersuchungshaft GA **1968** 236; *Kreuzer* Aktuelle Fragen der Briefkontrolle bei Untersuchungsgefangenen, NJW **1973** 1261; *Linck* Zwangsernährung von Untersuchungsgefangenen, NJW **1975** 18; *Linck* Rechtsprobleme bei der Zwangsernährung, MDR **1975** 714; *Löffler* Die Meinungs- und Pressefreiheit im Abhängigkeitsverhältnis, NJW **1964** 1103; *Molketin* Untersuchungshaft und freie Arzt-

Günter Wendisch

wahl, ZfStrVo. **1981** 137; *Molketin* Pornographische Schriften als Lektüre für erwachsene Untersuchungsgefangene? ZfStrVo. **1982** 160; *Müller-Dietz* Problematik und Reform des Vollzuges der Untersuchungshaft, StrVert. **1984** 70; *Nöldeke/Weichbrodt* Hungerstreik und Zwangsernährung — Muß § 101 Strafvollzugsgesetz reformiert werden? NStZ **1981** 281; *v. Olshausen* Briefkontrolle und Richterfunktion im Vollzug der Untersuchungshaft, JZ **1969** 463; *Ostendorf* Das Recht zum Hungerstreik, GA **1984** 308; *Preusker* Zur Notwendigkeit eines Untersuchungshaftvollzugsgesetzes, ZfStrVo. **1981** 131; *Röhl* Der Rechtsschutz des Gefangenen, JZ **1954** 65; *Rotthaus* Unzulänglichkeiten der heutigen Regelung der Untersuchungshaft, NJW **1973** 2269; *Schorn* Die Rechtsstellung des Untersuchungsgefangenen, JR **1967** 448; *Schmitt* Die Verbindung des Untersuchungsgefangenen zur Außenwelt, SchlHA **1964** 274; *Schwalm* Grenzen der ärztlichen Aufklärungspflicht aus der Sicht des Juristen, Juristische Studiengesellschaft Karlsruhe, Heft 50/51; S. 30; *Veit* Die Rechtsstellung des Untersuchungsgefangenen, dargestellt am Modell des Briefverkehrs (1971); *Wagner* Der mündliche und schriftliche Verkehr des Untersuchungsgefangenen JW **1928** 2962; *J. Wagner* Selbstmord und Selbstmordverhinderung (1957); *J. Wagner* Die Neuregelung der Zwangsernährung. Zur politischen Genese einer rechtlichen Fehlentscheidung, ZRP **1976** 1; *Wais* Die Verwertbarkeit von Briefen Untersuchungsgefangener als Beweismittel, NJW **1967** 2047; *Weichbrodt* Die Pflichten beamteter Ärzte bei der Abwendung eines Hungerstreiks, NJW **1983** 311; *Weis* Freitod u. Unfreiheit, ZRP **1975** 83; *Wimmer* Das Anhalten beleidigender Briefe aus der Untersuchungshaft, GA **1983** 145.

Entstehungsgeschichte. Nachdem der Untersuchungsgefangene durch die AV des Reichsjustizministers vom 23. 3. 1938 (DJ 447) für „grundsätzlich arbeitspflichtig" erklärt worden war, erhielt § 116 durch Art. 9 § 3 der 2. VereinfVO folgende Fassung:

(1) Dem Verhafteten dürfen die Beschränkungen auferlegt werden, die der Zweck der Untersuchungshaft, die Ordnung in der Anstalt oder die Sicherheit erfordern. Er kann zur Arbeit angehalten werden.

(2) Der Verhaftete soll in Einzelhaft untergebracht werden; das muß geschehen, wenn es der Zweck des Verfahrens erfordert.

(3) Über Maßnahmen zur Sicherung des Strafverfahrens entscheidet im Vorverfahren der Amtsrichter oder der Staatsanwalt, in der Voruntersuchung der Untersuchungsrichter und im Hauptverfahren der Vorsitzer des Gerichts. In dringenden Fällen kann der Anstaltsleiter vorläufige Anordnungen treffen; sie bedürfen der Bestätigung durch den Richter oder Staatsanwalt.

(4) Die näheren Rechts- und Verwaltungsvorschriften über den Vollzug der Untersuchungshaft erläßt der Reichsminister der Justiz.

Mit Art. 3 Nr. 47 VereinhG wurde § 116 (jetzt 119) wieder mit geringen Abweichungen auf seinen ursprünglichen Inhalt zurückgeführt. Die jetzige Fassung und Paragraphenbezeichnung ist eingeführt durch Art. 1 Nr. 1 StPÄG 1964. Durch diese Vorschrift ist der bisherige Absatz 1, um den Trennungsgrundsatz schärfer zum Ausdruck zu bringen, in zwei Absätze aufgeteilt worden. Absatz 5 ist ausführlicher gehalten. Im übrigen hat die Vorschrift etwa den ursprünglichen Inhalt.

Außerhalb der Strafprozeßordnung ist die Vorschrift dadurch ergänzt worden, daß nach § 178 Abs. 1 StVollzG dessen Vorschriften über unmittelbaren Zwang (§§ 94 bis 101 StVollzG) auch für die Justizvollzugsbediensteten der Untersuchungshaftanstalt gelten. Bezeichnung bis 1964: § 116.

Übersicht

Günter Wendisch

I. Vorbemerkungen

1　　**1. Inhalt und Grenzen.** Die Vorschrift bringt außer dem Trennungsgrundsatz (Absätze 1 und 2) drei Prinzipien zum Ausdruck: Der Verhaftete ist von allen Beschränkungen frei, die nicht notwendig sind, um den Haftzweck und die Ordnung in der Vollzugsanstalt zu sichern (Absatz 3). Ihm werden Bequemlichkeiten garantiert (Absatz 4). Wie sich danach der Haftvollzug gestaltet, stellt allein der Richter fest (Absatz 6). Diese Grundsätze unterliegen jedoch Einschränkungen.

2　　Die meisten Verhafteten werden festgehalten, um ihre Flucht zu verhindern. Diesem Zweck würde, wären die Vollzugsanstalten zweckentsprechend gebaut, und wäre reichlich Bewachung vorhanden, die **Verwahrung** allein und ohne weitere Beschränkungen genügen. Auch für Bequemlichkeiten und private Beschäftigungen ließen sich Voraussetzungen schaffen, die dem Verhafteten gestatten würden, sein privates Leben weitgehend ungestört fortzusetzen. Da indessen die Staatsausgaben notwendigerweise beschränkt sein müssen, kann es nicht allein der Anstaltsmauer überlassen bleiben, den Haftzweck zu sichern; vielmehr müssen Beschränkungen im Verkehr mit der Außenwelt zusätzlich Sicherungen bieten.

3　　Auch die Ordnung in der Anstalt ist ein Begriff, der **Eingriffe in die Lebensführung** der Verhafteten erheischt, wenn er auch schon selbst Beschränkungen in sich trägt (Rdn. 33) und durch die Erforderlichkeit (Rdn. 36 ff.) und die Garantie der Bequemlichkeit (Rdn. 103) weiter eingeschränkt ist. Hotels, die jede Freiheit in der Lebensführung ermöglichen, sind nicht ohne Ordnung; aber ihre unauffällige und dem einzelnen Reisenden angepaßte Ordnung ist teuer. Die Ordnung in der Anstalt muß mit beschränkten sachlichen Mitteln und mit einem eben ausreichenden Personal aufrechterhalten werden. Daher folgen aus der „Unterbringung" in einer Vollzugsanstalt — gewissermaßen aus der Natur der Sache — unvermeidliche Beschränkungen (BVerfGE **42** 100 = NJW **1976** 1311; OLG München NStZ **1984** 333). Diese verlangen Einordnung und auch Verzicht, z. B. schon in bezug auf den Bewegungsraum.

4　　Die Untersuchungshaft führt **nicht** zu einer äußeren **Gleichheit der Lebensführung** aller Verhafteten: Der eine läßt sich Arbeit geben, der andere beschäftigt sich nach seinem Belieben (Nr. 42 bis 44 UVollzO); die meisten nehmen an der Anstaltsverpflegung teil, aber jedem steht es frei, sein Essen von einer Speisewirtschaft kommen zu lassen (Nr. 50 Abs. 2 Satz 2 letzter Halbs. UVollzO); wer sich nicht mit Kleidung und Wäsche versorgen kann, trägt Anstaltskleidung (Nr. 52 UVollzO). Aber die Ordnung in der Anstalt setzt auch der **Individualisierung** der Untersuchungshaft, die nach dem Wortlaut des Absatzes 6 sehr weit gehen könnte, **Grenzen.** Diese Ordnung darf auch der Richter nicht aufheben (vgl. KG GA **1978** 82; OLG Hamm NStZ **1981** 156; KK-*Boujong* 92). Auch hindert ihn die Fülle der Dienstgeschäfte, für jeden einzelnen Verhafteten Beschränkungen und Bequemlichkeiten individuell festzulegen. Endlich steht auch die **Gleichheit** des Lebens **bei engem Beieinander,** wenn sie auch kein Grundsatz ist und selbst vom Verhafteten unmotivierte Abweichungen nicht ausschließt, einer allein nach richterlicher Entscheidung bestimmten zu weitgehenden Verschiedenheit entgegen. Eine solche wäre aber ohne einen Kanon schon deshalb zu erwarten, weil Haftentscheidungen täglich von Hunderten von Richtern getroffen werden, die, wenn sie Richter am Amtsgericht sind, das Amt des Haftrichters in der Regel nicht jahrelang behalten.

5　　**2. Untersuchungshaftvollzugsordnung.** Aus diesen Gründen stellen die Landesjustizverwaltungen Untersuchungshaftvollzugsordnungen zur Verfügung, die bundeseinheitlich am 12. 2. 1953 beschlossen worden sind (letzte Neufassung 15. 12. 1976 mit Änderungen zum 1. 1. 1978). Soweit sie sich an die Staatsanwaltschaft und an das Anstaltspersonal wenden, sind sie hier nicht zu erörtern. Im Verhältnis zum Richter sind sie unverbindlich (BVerfGE **15** 288 = NJW **1963** 756; **34** 369 = NJW **1973** 1451)[1] und — dem Grundsatz nach — ein ihm zum Gebrauch bereitgestelltes Modell oder Muster (*Kleinknecht* 532), dessen er sich bedienen kann, um sich zu ersparen, Beschränkungen und Bequemlichkeiten für jeden einzelnen Verhafteten festzusetzen (Nr. 2 Abs. 1 und 2 UVollzO). In dem **Verständnis des Absatzes 3** steht die Untersuchungshaftvollzugsordnung „auf dem Kopf". Nach dem Wortlaut dieser Vorschrift sind nur Beschränkungen anzuordnen; alles nicht Beschränkte ist erlaubt. Die Untersuchungshaftvollzugsordnung ordnet dagegen an, räumt Berechtigungen ein, gestattet oder läßt den Anstaltsleiter gestatten, sagt, was der Verhaftete darf oder muß oder was mit ihm geschieht.

Mit der „**Anordnung für den Vollzug** der Untersuchungshaft" **transformiert** der **6** Richter das Muster **in** eine richterliche **Anordnung** nach Absatz 6 Satz 1. Weil er dabei nur selten, und dann meist nicht von Amts wegen, sondern erst auf Anträge oder Beschwerden, abweichende Anordnungen trifft, wird von geringen Ausnahmen abgesehen das Leben, das der Verhaftete in der Untersuchungshaft führt, durch die Untersuchungshaftvollzugsordnung bestimmt. Daher darf diese dem Verhafteten, damit er sich über seine Rechte unterrichten kann, nicht vorenthalten werden (OLG Bremen NJW **1956** 922; OLG Saarbrücken StVollzK **1966** Nr. 6 S. 16).

Die Praxis der Richter, sich **an die Vollzugsordnung** zu **halten,** ist — wenn man **7** bei der grundsätzlichen Betrachtung zunächst ihren Aufbau (Rdn. 5) und einige ihrer Bestimmungen beiseite setzt — verständlich. Die Richter erkennen damit eine nicht allenthalben, aber im wesentlichen abgewogene Regelung an, in der sich jahrzehntelange Erfahrung niedergeschlagen hat, und die zu weitgehenden Unterschieden in der Behandlung der Verhafteten entgegenwirkt. Der Richter sollte daher abweichende Anordnungen nur treffen, wenn besondere Gründe vorliegen (OLG Köln MDR **1953** 570) oder wenn der Inhalt der Vollzugsordnung mit den Absätzen 3 und 4 nicht in Einklang steht. Im letzten Fall muß er es tun. **Abweichende Anordnungen** sind gerechtfertigt u. a. wegen des Haftgrunds, namentlich in bezug auf Flucht- und Verdunkelungsgefahr; wegen der Persönlichkeit des Verhafteten; wegen des Charakters seiner Straftat; wegen der Dauer der Freiheitsentziehung (OLG Hamburg NJW **1962** 1633); wegen der Art und Weise, in der er bisher der Ordnung in der Anstalt Rechnung getragen oder ihr zuwidergehandelt hat.

In mehreren Fällen sind Abweichungen durch den **Inhalt der Untersuchungshaft- 8 vollzugsordnung** geboten. Zwar ist diese dem Zweck der Untersuchungshaft, der Ordnung in der Vollzugsanstalt und der Forderung, die Grundrechte so schonend wie möglich anzutasten, in bemühter Annäherung angepaßt. In mehreren Bestimmungen trägt sie aber, weil bei ihrem Erlaß und bei späteren Änderungen die ausgleichenden Meinungen gefehlt haben, die allein der Gang der Gesetzgebung sichern kann, Forderungen des Vollzugs stärker Rechnung, als das notwendig wäre und als die Gebote, die Grundrechte so weit als möglich unangetastet zu lassen, und dem Verhafteten Bequemlichkeiten (Absatz 4) zu belassen, es gestatten.

3. Erfordernis gesetzlicher Regelung
a) Allgemein. Ist die **Untersuchungshaftvollzugsordnung** auch in vielen Teilen als **9** Niederschlag langjähriger Erfahrung anzuerkennen, so ist gleichwohl dringend zu fordern, den **Vollzug** der Untersuchungshaft **gesetzlich zu regeln.** Das Richtergesetz

---

[1] OLG Celle NJW **1951** 676; OLG Köln MDR **1953** 530; OLG Hamburg JZ **1963** 375; OLG Frankfurt MDR **1965** 1011; NJW **1967** 166; KK-*Boujong* 2.

schließt Empfehlungen an den Richter aus; aber es ist nicht zu leugnen, daß die Untersuchungshaftvollzugsordnung den Haftrichtern, die an ihrem Erlaß kaum beteiligt gewesen sind, mehr ist als nur Modell und Muster. *Rotthaus* (2270 1. Sp.) und *Wagner* (Selbstmord 151) nennen denn auch die Transformation der Untersuchungshaftvollzugsordnung in eine richterliche Anordnung (Rdn. 6) zu Recht einen „Kunstgriff". Notwendigerweise muß die Untersuchungshaftvollzugsordnung auch mehr sein, als eine in freier Entscheidung des Richters vorgenommene „Transformation". Denn ein Haftrecht, das auf täglich neuen Entschließungen der Haftrichter beruhte, wäre für diese, für die Verhafteten und für den Vollzug untragbar. Damit erweist sich die Untersuchungshaftvollzugsordnung, die schon nach ihrem Wortlaut kein Muster einer richterlichen Anordnung ist, in Wirklichkeit als eine verbotene (§ 25 DRiG) Empfehlung, praktisch, weil die richterliche Transformation nur äußerer Schein ist, als eine durch gesetzliche Ermächtigung nicht gedeckte Rechtsverordnung.

10   **b)** Auch die **Unzulänglichkeit** der gesetzlichen Grundlage (Absätze 3 und 4) verlangt eine eingehendere gesetzliche Regelung. Daß die Lebensverhältnisse der Verhafteten von dem **nur an das eine Prinzip** des Haftzwecks und der Ordnung in der Anstalt gebundenen Richter bestimmt werden, eröffnet — theoretisch — einer nicht gebotenen Ungleichheit, ja Willkür, Tür und Tor und verleiht dem „unverbindlichen Modell" der Untersuchungshaftvollzugsordnung überragende Bedeutung. An der Anstößigkeit dieser Regelung ändert es im Prinzip nichts, daß die Entscheidung in der Hand eines Richters liegt. Auch die Beschwerde, meist an ein Landgericht — die weitere Beschwerde ist ausgeschlossen (§ 310 Abs. 2) —, mindert sie nur unwesentlich.

11   **c)** Die umfassende **Kompetenz des Richters** ist **weder** verfassungsrechtlich **geboten, noch sachgerecht.** Eine Regelung durch Gesetz oder aufgrund gesetzlicher Ermächtigung wäre angemessener und ist wegen der aufgezeigten Mängel erforderlich[2]. Die Notwendigkeit ergibt sich auch aus einer anderen Erwägung: In der Untersuchungshaft gibt es **Notwendigkeiten des Haftvollzugs,** in die durch richterliche Anordnungen nicht eingegriffen werden kann, ohne daß, wenn dies geschieht, die Ordnung in der Anstalt gestört wird (KG GA **1978** 82; OLG Hamm NStZ **1981** 156; KK-*Boujong* 92). Hierzu gehören die Regelung des Tagesablaufs, der — ähnlich wie in einem Krankenhaus — wegen des sinnvollen Einsatzes des Personals im wesentlichen für alle Verhafteten gleich sein muß. Dazu zählen die Beköstigung, die Benutzung der Duschräume und Bäder, die Gestellung von Ärzten, die Bereitstellung der Seelsorge und die Einrichtungen der Krankenversorgung, ferner im allgemeinen auch die Belegung der Hafträume und die Bemessung der Stunden für den Hofgang, wenn hierzu auch richterliche Anordnungen denkbar sind. Der Richter kann aber nicht wirksam anordnen, daß Eheleute in einem und demselben Haftraum untergebracht werden. Dessen Größe kann er ebenso wenig ändern, wie er, wenn er die Größe für unzulänglich hält, den Haftzweck preisgeben dürfte (*Dünnebier* 47). Er kann keine Besuchsräume einrichten, in denen Ehegatten übernachten dürfen. Er darf regelmäßig nicht anordnen, daß Hafträume statt mit einem oder mit drei Männern mit zwei belegt werden. Er kann keinen Einfluß auf die Verpflegungssätze nehmen, den ärztlichen Dienst bestimmen, den Gottesdienst regeln oder die Arbeit in der Anstalt verteilen (OLG Hamm GA **1970** 287). Die hierzu notwendige Abgrenzung der Rechte des Richters von denen des Anstaltsleiters muß gesetzlich geregelt werden.

---

[2] Vgl. dazu die im Schrifttum angeführten Entwürfe und Stellungnahmen.

4. Sachlicher Geltungsbereich. Die Vorschrift gilt für die Untersuchungshaft **12** (§ 112, § 112 a, § 72 Abs. 1 in Verb. mit § 2 JGG), die einstweilige Unterbringung (§ 126 a Abs. 2 Satz 1) und die Sicherungshaft, wenn Widerruf der Strafaussetzung erwogen wird (§ 453 c Abs. 2 Satz 2). Darüber hinaus ist sie auf jedes Festhalten aufgrund der Strafprozeßordnung anzuwenden, also bei vorläufiger Festnahme (§§ 127, 128, 129) und in den Fällen von § 230 Abs. 2, § 236 und von § 329 Abs. 4 Satz 1, gleichviel ob Haftbefehl oder Vorführungsbefehl ergangen ist. Denn auch bei der Vorführung kann es erforderlich sein, den Beschuldigten in einem Haftraum für den Termin bereitzustellen. Während dieser Zeit sowie auf dem Transport können Beschränkungen notwendig werden. In der Hauptverhandlung selbst gilt § 238 Abs. 1. Für **Jugendliche** besteht der besondere Grundsatz, daß der Vollzug der Untersuchungshaft erzieherisch gestaltet werden soll (§ 93 Abs. 2 JGG).

5. Vollzugsanstalt. Weil die Vorschrift für drei Unterbringungsarten gilt **13** (Rdn. 12), verwendet das Gesetz in Absatz 3 und 4 den Begriff „Vollzugsanstalt", doch ist nicht gesagt, welchen Namen diese Anstalt trägt; der Richter ordnet in der Regel nur „die Untersuchungshaft" an (§ 114 Abs. 1). Daß deren Vollzug **Untersuchungshaftanstalten** dienen, ist der Strafprozeßordnung nicht zu entnehmen, sondern wird in Nr. 11 UVollzO bestimmt. Welche Anstalt zuständig ist, ergibt sich aus dem **Vollstreckungsplan** (Nr. 14 Abs. 1 und 2 UVollzO). Im Einzelfall kann der Richter Abweichungen vom Vollstreckungsplan anordnen (Nr. 14 Abs. 3 UVollzO), etwa um einen Verkehr mit Angehörigen zu erleichtern oder weil (und solange) die an sich zuständige Anstalt (vorübergehend) überfüllt ist. In diesem Fall hat er dafür zu sorgen, daß der Verhaftete rechtzeitig vor dem Termin in die zuständige Anstalt zurückverlegt wird, damit er sich mit seinem Verteidiger beraten kann.

6. Unmittelbarer Zwang. Absatz 3 wird ergänzt durch § 178 Abs. 1 und 2 in Verb. **14** mit §§ 94 bis 101 StVollzG (Rdn. 104, 170), die den unmittelbaren Zwang durch Bedienstete der Strafvollzugsanstalt regeln. Im allgemeinen dienen sie dazu, Absatz 3 durchzusetzen, doch sind die Vorschriften über die Zwangsernährung (enthalten in § 101 Abs. 1 und 3) eine Erweiterung, weil es unzulässig wäre, die Nahrungsverweigerung als Störung der Ordnung in der Anstalt zu behandeln.

II. Trennungsgrundsatz (Absätze 1 und 2)

1. Inhalt. Absatz 1 enthält zwei Bestimmungen, in Satz 1 den Grundsatz der **Ein-** **15** **zelhaft** und in Satz 2 den der **Trennung** der Untersuchungs- von den Strafgefangenen. Der **Grundsatz der Einzelhaft** (Trennung von „anderen" Gefangenen, d. h. auch von den in Absatz 2 Satz 1 genannten Untersuchungsgefangenen) wird durch Absatz 2 eingeschränkt. Dabei ist die in Satz 3 eingeräumte Aufhebung des Trennungsgrundsatzes aufgrund des körperlichen oder geistigen Zustands des Verhafteten schlechthin gegeben; die in Satz 1 zugelassene kann nur durch schriftliche Willenserklärung des Gefangenen herbeigeführt werden.

Der Grundsatz der **Trennung der Untersuchungs- von den Strafgefangenen** gilt **16** außerhalb des Haftraums nur „soweit möglich" (Satz 2). Der Möglichkeit steht die Unmöglichkeit entgegen. Der Untersuchungsgefangene darf also nur dann mit Strafgefangenen zusammen untergebracht werden, wenn die Trennung unmöglich ist. Einen **Fall der Unmöglichkeit,** der sogar die Unterbringung von Straf- und Untersuchungsgefangenen in demselben Raum zuläßt, führt Absatz 2 Satz 3 auf („wenn sein körperlicher oder geistiger Zustand es erfordert"). Daraus ergibt sich, weil es an sich nicht unmöglich ist, für kranke Untersuchungsgefangene besondere Krankenräume, Behandlung und Bewachung bereitzustellen, daß auf die finanziellen Verhältnisse Rücksicht zu nehmen ist: Für Strafanstalten und Untersuchungshaftanstalten darf wegen der hohen Kosten ein **gemeinsames Krankenhaus** (Lazarett) unterhalten werden. Dagegen bietet die Vorschrift **keinen Anhalt** dafür, daß in der Untersuchungshaftanstalt Strafgefangene nur deshalb nicht von Untersuchungshäftlingen getrennt gehalten (Absatz 1 Satz 2) werden müßten, weil anstelle von Handwerkern, Köchen und sonstigem Personal aus Gründen der **Ersparnis** Strafgefangene verwendet werden. In diesen Fällen ist, auch wenn man fiskalische Interessen berücksichtigt, nicht mehr von Unmöglichkeit zu sprechen (**a. A.** *Grunau* Nr. 11).

17   2. Die **Trennung von Strafgefangenen** ist eine Grundforderung, die sich aus der Notwendigkeit ergibt, den Charakter der Untersuchungshaft als einer prozessualen Sicherungsmaßnahme gegen den als unschuldig Geltenden (Art. 6 Abs. 2 MRK) von der Vollstreckung der Strafe an einem Schuldigen eindeutig abzugrenzen. Der Forderung wird nur durch selbständige Untersuchungshaftanstalten voll genügt (*Klee* 261). Diese fordert auch die Untersuchungshaftvollzugsordnung in erster Linie (Nr. 11 Abs. 1); besondere Abteilungen von Strafanstalten werden nur hilfsweise zugestanden (Nr. 11 Abs. 2 UVollzO). Daher dürfen Untersuchungsgefangene grundsätzlich mit Strafgefangenen nicht im gleichen Raum (Haftraum, Schlafsaal) untergebracht sein (Absatz 1 Satz 1), es sei denn, daß es ihr körperlicher oder geistiger Zustand erfordere (Absatz 2 Satz 3). Ist das der Fall, dürfen im Lazarett oder in der Krankenabteilung Untersuchungsgefangene mit Strafgefangenen im gleichen Saal oder im gleichen Haftraum zusammenliegen, notfalls auch außerhalb des Lazaretts. Sonst, etwa bei der Arbeit und in der Freizeit, sind sie (Absatz 1 Satz 2) von Strafgefangenen getrennt zu halten, soweit das möglich ist. Daher sollen Verhaftete grundsätzlich im Haftraum arbeiten[3]. Die Trennung der Untersuchungshäftlinge von den Strafgefangenen ist auch auf **Transporten** (*Klee* 262), in der Freizeit und, soweit nicht die oben dargestellten Ausnahmen vorliegen, bei der Arbeit erforderlich (Nr. 22 Abs. 1 Satz 2 UVollzO).

18   Für Arbeiten, die Untersuchungshäftlinge mit anderen Gefangenen zusammenbringt, ist die **Zustimmung des Richters** erforderlich. Soweit die anderen Gefangenen Strafgefangene sind, wird sie nur zu erteilen sein, wenn der Verhaftete gerade solche Arbeit begehrt, die er nur gemeinschaftlich mit Strafgefangenen ausüben kann (Nr. 22 Abs. 1 Satz 2 UVollzO), und wenn wegen der dabei zu befürchtenden Einflüsse keine Bedenken gegen die gemeinschaftliche Beschäftigung bestehen, wie etwa bei Rückfälligen, die die Untersuchungshaft ohnehin meist als vorweggenommene Strafhaft empfinden.

19   3. Einzelhaft. In der Untersuchungshaftanstalt soll der Verhaftete grundsätzlich getrennt von seinen Schicksalsgenossen untergebracht sein (Absatz 1 Satz 1), doch wird diese Trennung nicht mit der gleichen Schärfe gefordert, wie die der Untersuchungshäftlinge von den Strafgefangenen. Schicksal und Herkunft einer breiten Gruppe der Untersuchungshäftlinge, der Rückfälligen, sind gleich. Die Einzelhaft dient daher, von Ausnahmefällen abgesehen, dem Interesse des Beschuldigten. Mit ihr soll sichergestellt

---

[3] So ausdrücklich Nr. 43 Abs. 2 Satz 1 UVollzO in der bis zum 31. 12. 1976 geltenden Fassung. An dem Grundrecht ist auch weiterhin festzuhalten, zumal da mit der Streichung der Anordnung keine sachliche, sondern nur eine redaktionelle Änderung beabsichtigt war, um den Text zu straffen und den Sprachgebrauch zu verbessern.

werden, daß ein erstmalig Straffälliger (oder gar ein Unschuldiger) nicht in die Gemeinschaft mit Kriminellen gezwungen werden kann (Nr. 22 Abs. 5 UVollzO); sie soll es dem Verhafteten möglich machen, sich der Bequemlichkeiten zu erfreuen und die Beschäftigungen auszuüben, die Absatz 4 ihm freistellt. Legt er hierauf keinen Wert, kann er sich **auf** seinen ausdrücklichen, und allein schriftlichen, **Antrag in Gemeinschaft** unterbringen lassen. Zwar verleiht — wie der Regelung des Absatzes 1 zu entnehmen ist und wie namentlich aus dem Wortlaut von Absatz 2 Satz 1 „... untergebracht werden darf" erhellt — das Gesetz den einzelnen Untersuchungsgefangenen keinen Rechtsanspruch auf Durchführung der Untersuchungshaft in der Form der Gemeinschaftshaft. Jedoch wird einem ausdrücklichen Antrag gleichwohl regelmäßig zu entsprechen sein (enger OLG Hamburg NJW **1963** 1840), wenn nicht besondere Gründe (Unverträglichkeit, Durchstechereien, Gefährlichkeit) erfordern, daß der Richter Einzelhaft anordnet (Nr. 23 Abs. 1 Satz 2 UVollzO), was bei Tatgenossen in derselben Anstalt in der Regel geboten sein wird. Tut er das, obwohl der Verhaftete in die Gemeinschaftshaft eingewilligt hatte, liegt darin die Zurückführung auf den Grundsatz, so daß der Maßnahme kein Strafcharakter innewohnt (OLG Oldenburg NJW **1953** 235). Der Beschwerde bleibt die Anordnung gleichwohl zugänglich. Eine Ausnahme — selbst gegen den Willen des Beschuldigten — wird allerdings dann zuzulassen sein, wenn der körperliche oder geistige Zustand des Beschuldigten die Zusammenlegung mit anderen Untersuchungs- oder (ganz ausnahmsweise) auch Strafgefangenen erfordert (KK-*Boujong* 7; KMR-*Müller* 9; *Kleinknecht/Meyer* 7).

20 Den Antrag auf Zusammenlegung kann der Verhaftete jederzeit schriftlich **zurücknehmen** (Absatz 2 Satz 2); doch wird er in der Regel nicht sofort, sondern nur zu bestimmten Tageszeiten in einen Einzelhaftraum verlegt werden. Außerhalb des Haftraums darf er jederzeit mit anderen Untersuchungsgefangenen — nicht aber mit Strafgefangenen — zusammengebracht werden, etwa zur Arbeit, zum Gottesdienst oder zu Gemeinschaftsveranstaltungen.

21 **4. Sonderung.** Dem öffentlichen Interesse, einen erstmalig Bestraften wider seinen Wunsch nicht der Ansteckung durch Kriminelle auszusetzen, kann auch ohne Einzelhaft dadurch genügt werden, daß Untersuchungshäftlinge nach Gruppen untereinander gesondert werden. Das ist weitgehend anzustreben. Eine Scheidung der Männer von den Frauen ist selbstverständlich (Nr. 12, Nr. 22 Abs. 3 UVollzO), die der Jugendlichen von den Erwachsenen in § 93 Abs. 1 JGG für den Regelfall vorgeschrieben (Nr. 13 UVollzO). Eine Sonderung der Vorbestraften von den Erstbestraften, wie sie im Strafvollzug durchgeführt wird, ist auch in der Untersuchungshaftanstalt Pflicht (Nr. 22 Abs. 5 UVollzO). Darüber hinaus ist darauf Bedacht zu nehmen, daß die Verhafteten nach Lebensalter und Vorleben sowie nach der Art der vorgeworfenen Straftat getrennt verwahrt (Nr. 23 Abs. 3 UVollzO), namentlich Konfliktstäter von Hangtätern getrennt werden. Der Richter kann dazu Abweichungen vom Vollstreckungsplan anordnen (Nr. 14 Abs. 3 UVollzO).

III. Beschränkungen (Absatz 3)

1. Inhalt

22 **a) Grundsatz.** Absatz 3 und Absatz 4 sind die gesetzlichen Unterlagen für alle Eingriffe, soweit diese nicht durch Grundrechte beschränkt werden. Was nach Absatz 3 und 4 nicht untersagt werden kann, ist dem Verhafteten erlaubt. In diesem Sinn mag man Absatz 3 als magna charta des Verhafteten (*Wagner* 2963; *Dallinger* MDR **1951** 120) bezeichnen, wenn damit auch keine charakteristische Aussage verbunden ist.

Günter Wendisch

23　　Nach Absatz 3 darf der als unschuldig geltende (Art. 6 Abs. 2 MRK) Verhaftete über seine Bewegungsfreiheit hinaus in seiner Freiheit nur **aus zwei Gründen beschränkt** werden, wegen des Haftzwecks und wegen der Ordnung in der Anstalt. Daraus folgt, daß die Persönlichkeit des Verhafteten zu achten und sein Ehrgefühl zu schonen ist; daß der Verhaftete würdig und menschlich zu behandeln ist (Nr. 18 Abs. 1 UVollzO); daß der Vollzug der Haft auf seine bisherige Lebensweise Rücksicht zu nehmen hat (*Klee* 259) und daß Schäden durch die Haft von ihm fernzuhalten sind (Nr. 1 Abs. 3 Satz 3 UVollzO.) Bei der nach diesen Grundsätzen auszugestaltenden Untersuchungshaft sind die durch das Grundgesetz gewährleisteten Grundrechte zu achten. Dazu ist Absatz 4 zu beachten, der dem Verhafteten **Bequemlichkeiten garantiert** (Rdn. 103). Aus alledem folgt, daß der Verhaftete grundsätzlich in der Vollzugsanstalt seine Lebensführung fortsetzen kann, sofern er nur nicht den Haftzweck oder die Ordnung in der Anstalt — nicht einen glatten, routinegemäßen Vollzugsablauf — gefährdet.

24　　**Keineswegs** schafft die Untersuchungshaft **ein die Grundrechte umfassend verdrängendes Gewaltverhältnis,** wenn einzelne Grundrechte auch, je nach ihrem Inhalt verschieden stark, Beschränkungen unterworfen werden (BVerfGE 15 293 = NJW 1963 755), aber nicht nach den Grundsätzen eines angeblichen besonderen Gewaltverhältnisses (vgl. BVerfGE 33 10 = NJW 1972 812 für den Strafvollzug), sondern stets allein nach Maßgabe des § 119 Abs. 3. Am Grundgesetz und an dem Grundsatz des § 119 Abs. 3 ist jeder einzelne Vorschlag der Untersuchungshaftvollzugsordnung zu messen. Ist er mit ihnen unvereinbar, darf der Richter ihn sich nicht zu eigen machen[4].

25　　Zwar kann der Richter nach Auffassung des Bundesverfassungsgerichts, das damit vielleicht zu weit dem Aufbau der Untersuchungshaftvollzugsordnung entgegenkommt, in der Anordnung für den Vollzug der Untersuchungshaft (Nr. II des Aufnahmeersuchens des Richters; Nr. 15 Abs. 1 UVollzO) und, wenn der Anlaß zu einem Verbot später hervortritt, auch dann noch ein für den Regelfall angemessenes **Verbot** der Ausübung von Grundrechten **mit Erlaubnisvorbehalt** aussprechen, hat dabei aber dem Grundrecht der allgemeinen Handlungsfreiheit und dem Grundsatz der Verhältnismäßigkeit Rechnung zu tragen (BVerfGE 19 347 = NJW 1966 244).

26　　b) **Einzelheiten.** Diese Gestaltung gebietet es, eine grundsätzliche Beschränkung dann aufzuheben oder zu ändern, wenn im konkreten Fall der Haftzweck (Rdn. 29) oder die Ordnung in der Vollzugsanstalt (Rdn. 33) diese nicht oder nicht in dem ursprünglich angeordneten Umfang erfordern (BVerfGE 34 397[5]). Das für die Untersuchungshaft nicht unbedenkliche Institut des Verbots mit Erlaubnisvorbehalt verlangt daher Flexibilität und richterliche Initiative, die nicht immer erst Anträge und Beschwerden des Verhafteten abwarten darf. Denn **Beschränkungen aufzuerlegen** ist nach dem Gesetz **untersagt,** wenn ein Mißbrauch nur möglich und nicht völlig auszuschließen ist. Jeder Eingriff verlangt vielmehr konkrete Anhaltspunkte (BVerfGE 35 10 = NJW 1973 1363); genauer: eine reale Gefährdung im konkreten Fall (BVerfGE 35 321 = NJW 1974 28; OLG Düsseldorf StrVert. 1982 476). Denn der Verhaftete hat einen grundrechtlich geschützten Rechtsanspruch, seine Grundrechte dann auszuüben, wenn

---

[4] RGSt **31** 129; OLG Bremen MDR **1951** 120; MDR **1962** 235; NJW **1962** 649; OLG Celle NJW **1951** 676; OLG Hamburg NJW **1959** 903; **1962** 1633; *Dallinger* MDR **1951** 120; *Kleinknecht* 531; *Röhl* 65.

[5] Die Entscheidung geht viel zu weit, und ist nur für einen besonderen Ausnahmefall zu verstehen, aber in ihrer allgemeinen Formu-

lierung nicht zu billigen. Die vornehme Kritik *Müller-Dietz'* (JZ **1974** 101), eher zurückhaltend, betont die keiner Verallgemeinerung zulässige Einmaligkeit der Entscheidung mit dem Hinweis auf „äußerste Notlagen", in denen es „auch in einem Rechtsstaat keinen anderen Ausweg gibt" (ähnlich BVerfGE **35** 309).

die in § 119 Abs. 3 bezeichneten Interessen nicht im konkreten Fall eine Einschränkung erfordern (OLG Celle MDR **1981** 515).

Lästigkeiten der Überwachung sind dabei hinzunehmen (OLG München NStZ **27** **1984** 333). Denn die Grundrechte bestehen nicht nur nach Maßgabe dessen, was an Verwaltungseinrichtungen üblicherweise vorhanden ist (BVerfGE **15** 296 = NJW **1963** 753; OLG Düsseldorf JZ **1978** 728), wenn auch die Haushaltslage nicht völlig außer Betracht gesetzt werden kann. Die Prüfung, was erforderlich ist, und die damit verbundene Abwägung führt bei den einzelnen **Grundrechten** schon grundsätzlich zu **verschiedenen Ergebnissen:** Während z. B. Versammlungsfreiheit (Art. 8 Abs. 1 GG) und Freizügigkeit (Art. 11 Abs. 1 GG) ausgeschaltet werden, müssen die Freiheit der Religionsausübung (Art. 4 Abs. 2 GG) und diejenige der ungehinderten Unterrichtung (Art. 5 Abs. 1 Satz 1 GG) möglichst vollständig aufrechterhalten werden.

2. Zweck der Untersuchungshaft ist, zu verhindern: daß der Verhaftete sich dem **28** Strafverfahren entziehen werde (§ 112, 35 ff); daß er durch bestimmte Handlungen die Gefahr entstehen läßt, die Ermittlung der Wahrheit könne erschwert werden (§ 112, 42 ff); daß er gewisse weitere Straftaten wiederholen werde (§ 112 a, 44 ff; Vor § 112, 1). Mit beachtlichen Gründen vertreten *Lobe/Alsberg* (§ 116, I 1) und *Klee* (278) die Ansicht, daß es keinen allgemeinen Haftzweck gebe, daß Zweck der Haft vielmehr jeweils der konkrete Haftzweck sei, der der Anordnung der Untersuchungshaft zugrunde liege. Darauf folgern sie, daß z. B. eine Briefkontrolle nur zulässig sei, wenn das Gericht die Untersuchungshaft wegen Verdunkelungsgefahr verhängt habe.

Der Ansicht, daß unter Zweck der Haft der **konkrete Haftanlaß** zu verstehen sei, **29** ist zuzustimmen. Doch kommt es hierauf nicht an, weil der Folgerung nicht beizutreten ist. Auch bei Fluchtgefahr muß der Verkehr mit Personen außerhalb der Anstalt, auch der briefliche, überwacht werden, damit der Beschuldigte keine Fluchtanstalten treffen kann. Kommen dabei Briefe zur Kontrolle, mit denen er verdunkeln will, so darf der Richter nach dem in § 108 Satz 1 zum Ausdruck kommenden, aber allgemein geltenden Grundsatz, daß „Zufallsentdeckungen" im Verfahren zur Verfügung stehen, vor dieser Tatsache die Augen nicht deshalb verschließen, weil er die Überwachung zu dem Zweck angeordnet hatte, Fluchtmaßnahmen zu verhindern. Für eine Beanstandung kommt es dann nur darauf an, daß die wegen Fluchtgefahr angedrohte Haft im Zeitpunkt der Entscheidung zufolge des Zufallsfunds nicht mehr lediglich aus jenem Haftgrund gerechtfertigt ist[6]. Der Richter ist aber nicht gehindert, von Beschränkungen abzusehen, z. B. unkontrollierten Briefverkehr, ganz oder teilweise, etwa mit Ehegatten, zuzulassen, wenn er Einschränkungen im Hinblick auf den konkreten Haftzweck für entbehrlich hält.

3. Ordnung in der Vollzugsanstalt
a) Rechtsbegriff. Zulässig sind Beschränkungen, um die Ordnung in der Vollzugs- **30** anstalt zu sichern. Aus der Entstehungsgeschichte ergibt sich und es entspricht der allgemeinen Meinung, daß die Ordnung in der Vollzugsanstalt nicht etwa eine von der Verwaltung erlassene schriftliche Anstaltsordnung ist[7], daß also, wenn die Anstaltsordnung

---

[6] *Dallinger* MDR **1951** 121; OLG Bremen NJW **1962** 649; OLG Hamburg HambJVBl. **1963** 50; **1967** 84; OLG Stuttgart MDR **1973** 335; KK-*Boujong* 12; *Schlüchter* 229; **a.A.** *Veit* 47.

[7] *Hahn* Mat. **1** 670 ff, 858; RGSt **31** 129; OLG Bremen MDR **1951** 120; OLG Köln MDR **1953** 570; OLG Schleswig SchlHA **1958** 236; OLG Hamburg NJW **1962** 1633; *John* 856; *Klee* 258; *Veit* 50 mit weit. Schrifttumsnachweisen.

Günter Wendisch

hinter dem Inhalt des Begriffs der Ordnung in der Vollzugsanstalt zurückbleibt, es allein auf die letztere ankommt. Daraus folgt, daß die Ordnung in einer beliebigen Anstalt sich aus ihrer tatsächlichen Einrichtung ergibt, die „Ordnung in der Vollzugsanstalt" im Sinn des Absatzes 3 aber ein Rechtsbegriff ist, nach dem die Ordnung in der einzelnen Anstalt sich zu richten hat fürd an dem ihre Rechtmäßigkeit zu messen ist.

31   b) Der **Begriff** Ordnung in der Vollzugsanstalt ist aus dem Zweckbegriff einer Anstalt (*Veit* 53) zu gewinnen, in der die mit garantierten Bequemlichkeiten, aber notwendiger Einordnung verbundene Untersuchungshaft an Beschuldigten vollzogen wird, die als unschuldig gelten (Art. 6 Abs. 2 MRK). Modelle, die als Utopien angesehen werden müssen, können ihn nicht konkretisieren, wohl aber gesellschaftliche „moderne" (vgl. *Peters* § 47 A VII) Anschauungen, kriminalpolitische Forderungen und verfassungsrechtliche Notwendigkeiten. Die geschichtliche Entwicklung, aus der hervorgeht, was sich nach Experimenten, Irrtümern und Erfahrung als (notwendige) Ordnung in der Vollzugsanstalt darstellt, ist nicht zu ignorieren, aber, wo geboten, an den genannten Forderungen und Notwendigkeiten zu korrigieren. Die Ordnung in der Vollzugsanstalt umfaßt den Begriff **Sicherheit** (OLG Hamm AnwBl. **1979** 189) und markiert daher ein hohes Eingriffsniveau. Danach werden alle **Kleinigkeiten** schon nach dem gemeinten Wortinhalt **ausgeschlossen.**

32   Nach alledem begreift *Veit* (53) die **Ordnung** in der Vollzugsanstalt als ein **Regelminimum** derjenigen Voraussetzungen für die Funktionsfähigkeit der Haftanstalt als Zwangsform menschlichen Zusammenlebens, das unerläßlich ist, die Zwecke der Untersuchungshaft zu verwirklichen. Dem wird man gegenüber äußerlich bleibenden Definitionen (*Grunau* Nr. 1 UVollzO, 5; OLG Nürnberg MDR **1959** 501) im wesentlichen zustimmen können, muß aber wegen Absatz 4 den letzten Halbsatz dahin ergänzen, daß die Zwecke der Untersuchungshaft unter der Garantie von Bequemlichkeiten verwirklicht werden müssen (so auch KK-*Boujong* 13). Auch ist in das „unerläßlich" der Definition alles unter Rdn. 31 Ausgeführte hineinzulesen.

33   Wir verstehen daher unter Ordnung in der Vollzugsanstalt die **Voraussetzungen,** die auf historischer Grundlage unter Berücksichtigung staatlicher Möglichkeiten (Rdn. 3) nach heute anerkannten **gesellschaftlichen,** kriminalpolitischen und **verfassungsrechtlichen Forderungen unerläßlich** sind, die Untersuchungshaft als Sonderopfer eines als unschuldig Geltenden unter der Garantie von **Bequemlichkeiten** (Rdn. 103) als Einsperrung in einer geschlossenen Anstalt an ihm und gleichzeitig vielen anderen so zu vollziehen, daß die bisherige Lebesführung des Verhafteten so wenig als möglich beeinträchtigt wird[8]. Dabei ist einleuchtend, daß fast jedes Wort weiterer Erklärung bedarf und ausdehnender oder einengender Auslegung zugänglich ist. Wenn statt „jeweils" „heute" steht, soll das nur bedeuten, wie fraglich ein „jeweils" sein könnte, will aber „heute" nicht als Festschreibung verstanden wissen. Letztlich können nur immer wieder revidierte Einzelregelungen kraft Gesetzes oder aufgrund eines Gesetzes den Begriff präzisieren und entwickeln. Die Haftrichter, die sich nicht, wie die Verkehrsrichter oder die Jugendrichter, in bestimmten Zeitabständen versammeln, können den Ordnungsbegriff isoliert von einander nicht gestalten.

34   c) **Fürsorgepflicht.** Durch die Ordnung in der Vollzugsanstalt wird der Verhaftete eingeengt sowie in seinen Rechten un in den Möglichkeiten, sein Leben so zu gestalten, wie in der Freiheit (Rdn. 23) beschränkt. Aus der Notwendigkeit, das zu tun, erwächst für den Staat eine Fürsorgepflicht (BGH -Z- MDR **1982** 463), die über das

---

[8] Enger BVerfGE **35** 317 = NJW **1974** 27;
   KK-*Boujong* 13; vgl. auch *Schlüchter* 230.

selbstverständliche „nil nocere" (Nr. 1 Abs. 3 Satz 3 UVollzO) weit hinausgeht und die alle mit dem Vollzug befaßten Behörden (Ministerium, Vollzugsanstalt, Richter) verpflichtet, auch dem unvermögenden Verhafteten das bereitzustellen, was er zu Hause zur Verfügung hatte, aber nicht noch einmal bezahlen kann, wie Zeitung, Rundfunk, Spiele und (Leih)bücher, oder was er sich wegen der Anstaltsgebundenheit im allgemeinen nicht selbst verschaffen kann, z. B. Seelsorge, ärztliche Fürsorge und Behandlung sowie Belehrung (Vorträge, Veranstaltungen der Volkshochschule) und Zerstreuung.

d) Verbindlichkeit für den Richter. Ist die Notwendigkeit, die Ordnung aufrecht- **35** zuerhalten, auf der einen Seite **Voraussetzung** dafür, dem Verhafteten Beschränkungen aufzuerlegen, so setzt sie auf der anderen Seite dem Richter die **Grenze**, wieweit er Bequemlichkeiten zulassen und Beschränkungen unterlassen darf. Auch ihn bindet die Ordnung in der Anstalt. Daher darf er sich bei seinen Anordnungen nicht *allein* von dem Interesse des einzelnen Verhafteten leiten lassen, muß vielmehr auch die Interessen der anderen Verhafteten mitberücksichtigen. Dazu darf er, den Haftzweck überschreitend, die Begrenztheit des zur Verfügung stehenden Raums (vgl. BVerfGE **42** 101 = NJW **1976** 1312), die enge Gemeinschaft der Verhafteten und die Sicherheit des Anstaltspersonals berücksichtigen (BVerfGE **35** 322 = NJW **1974** 28; OLG Hamm AnwBl. **1979** 189). Diese Rücksicht wird allerdings wieder durch den Umstand beschränkt, daß **Nichtverurteilte** verwahrt werden, deren Grundrechte soweit als möglich zu erhalten sind, und denen das Gesetz Bequemlichkeiten (Rdn. 103) garantiert, die nur versagt werden können, wenn konkrete Anhaltspunkte vorhanden sind, daß sie mißbraucht werden würden, nicht aber schon dann, wenn theoretisch die Möglichkeit dazu besteht.

4. Erforderlichkeit. Wie schon mehrfach angeführt, dürfen dem Verhafteten nur **36** solche Beschränkungen auferlegt werden, die der Haftzweck (Rdn. 29) oder die Ordnung in der Vollzugsanstalt (Rdn. 33) erfordert. Der Grundsatz hat zwei Auswirkungen. **Allgemein** sind wegen des Haftzwecks und der Ordnung in der Vollzugsanstalt gewisse Beschränkungen mit der Untersuchungshaft notwendigerweise verbunden und damit stets erforderlich, wie die der Bewegungsfreiheit und der Kommunikation. Aber auch die Wahl der Wohnraumgröße ist ausgeschlossen, ein mitgebrachtes Bett muß dem zur Verfügung stehenden Raum angepaßt sein, Bücher können wegen der Kontrolle nur für einen übersehbaren Bedarf im Haftraum behalten werden, nicht, wie in der Privatwohnung, um gelegentlich die zufolge einer Assoziation auftauchende Stelle nachzulesen. Wandschmuck darf nicht zu teuer sein, weil er wegen der Verantwortung der Anstalt sonst bei jedem Verlassen des Haftraums stets hinterlegt werden müßte.

Im Einzelfall berührt sich der Grundsatz der Erforderlichkeit mit dem der Ver- **37** hältnismäßigkeit und des Übermaßverbots, ohne sich damit zu decken. Er verlangt stets, daß das mildeste Mittel angewendet wird (*Veit* 60). Dazu gehört auch, daß der Richter sich von dem Gedanken frei macht, er sei kein Bote für Beleidigungen (vgl. BVerfGE **33** 1 = NJW **1972** 811 für Strafgefangene) oder er sei, wenn er gewisse Briefe lesen (und befördern lassen) müsse, in seiner Menschenwürde verletzt (OLG Hamburg JR **1974** 119 mit Anm. *Peters*).

5. Gesamtwürdigung. Wenn der Richter nach Absatz 6 Satz 1 Maßnahmen anord- **38** net, hat er, um den Begriffen „Ordnung in der Vollzugsanstalt", „Erforderlichkeit" und „Verhältnismäßigkeit" gerecht zu werden, so viele ineinandergreifende normative Tatbestandsmerkmale anzuwenden, daß er das — wie bei der Anordnung der Untersuchungshaft (§ 112, 63) — nur im Wege einer Gesamtwürdigung tun kann. Wenn auch von einer Ermessensentscheidung keine Rede sein kann, weil der Richter selbst der Ordnung in der Anstalt verpflichtet ist, so läuft die Gesetzesfassung („„dürfen"‚ ... auferlegt werden) wenigstens dann auf eine **Begründungserleichterung** hinaus, wenn der Richter — nach Erwägung darüber — davon absieht, dem Verhafteten Beschränkungen aufzuerlegen oder Bequemlichkeiten als unvereinbar mit dem Haftzweck oder der Ordnung in der Anstalt zu beanstanden.

IV. Fortsetzung. Einzelne Beschränkungen

39   1. **Besuche**[9] sind zulässig, unterliegen aber, um den Haftzweck (Rdn. 29) und die Ordnung in der Vollzugsanstalt (Rdn. 33) zu sichern, der **Kontrolle** (OLG Frankfurt StrVert. **1983** 289) sowohl des Gesprächs als auch von Gegenständen, die der Besucher übergeben will. Auch kann in seltenen, außerordentlichen Fällen der Richter, nicht (vgl. *Hanack* JR **1971** 274; **a. A.** KG NJW **1971** 476 = AnwBl. **1971** 297; GA **1977** 149; OLG Saarbrücken NJW **1978** 1446)[10] der Anstaltsleiter, Besuche, durch die der Haftzweck oder die Ordnung in der Anstalt gefährdet wird, ablehnen[11], von einer Durchsuchung, namentlich nach Waffen oder Ausbruchswerkzeug (BGH NJW **1973** 1657) oder davon abhängig machen, daß der Besuch in einem mit einer Trennscheibe versehenen Raum stattfindet, und zwar selbst dann, wenn weder der Haftbefehl auf § 129 a StGB gestützt ist, noch die Untersuchung sich auf eine solche Tat erstreckt (OLG Celle NStZ **1981** 196; LG Frankfurt NStZ **1981** 496; KK-*Boujong* 26; *Kleinknecht/Meyer* 18; *Schlüchter* 230).

40   Bei **Verteidigern** ist aber wegen des nach § 148 völlig freien Verkehrs jede, auch nur oberflächliche, Kontrolle der schriftlichen (§ 148 Abs. 1) Verteidigungsunterlagen unzulässig (BVerfGE **38** 30 = MDR **1975** 29 = AnwBl. **1974** 318). Hinsichtlich der Waffen und Ausbruchswerkzeuge ist der Verteidiger wie jeder andere Besucher zu behandeln (BVerfG aaO; BGH NJW **1973** 1657), wenn eine Durchsuchung auch auf äußerst eng begrenzte Ausnahmefälle beschränkt bleiben muß (*Gerhard* AnwBl. **1973** 281). Ist Gegenstand des Verfahrens eine Straftat nach § 129 a StGB, so ist eine Überwachung des Schriftverkehrs durch einen am Verfahren unbeteiligten Richter zulässig (§ 148 Abs. 2). Für diesen Fall sind beim mündlichen Kontakt zwischen Verteidiger und Beschuldigten wiederum Vorrichtungen vorzusehen, die die Übergabe von Gegenständen ausschließen (§ 148 Abs. 2 Satz 3).

41   Bei **Verdunkelungsgefahr** sind die Besuche besonders sorgfältig zu überwachen. Die Überwachung ist aber auch bei Fluchtgefahr statthaft, doch kann der Richter auch unbewachte Besuche genehmigen, wenn der Haftzweck, die Persönlichkeit der Beteiligten und die Ordnung in der Anstalt es zulassen[12]. Weil es notwendig ist, die Besuche zu überwachen, kann die Zahl der Personen, die gleichzeitig Besuche abstatten, gering gehalten werden (Nr. 26 Abs. 1 Satz 2 UVollzO: in Ausnahmefällen bis zu drei Personen). Sind **mehrere Verhaftete** in derselben Anstalt untergebracht, von denen keiner verdäch-

---

[9] Zum Recht mitangeklagter, in Untersuchungshaft befindlicher Eheleute auf gegenseitigen Besuch vgl. OLG Frankfurt MDR **1979** 1043.

[10] Wegen des Rechtswegs (Entscheidung nach § 119 Abs. 6 oder nach § 23 ff EGGVG) vgl. Rdn. 146; 157; 160.

[11] Nr. 24 Abs. 1 Satz 1 UVollzO drückt das ungeschickt (*Hennerkes* 119: Diese Regelung

geht von einem falschen Ansatzpunkt aus) dahin aus, daß der Verhaftete mit Zustimmung des Richters Besuche empfangen darf. Richtig: der Verhaftete hat das Recht, Besuche zu empfangen; dieses kann der Richter nach Absatz 3 beschränken; vgl. Rdn. 5.

[12] OLG Düsseldorf StrVert. **1983** 111; OLG Frankfurt StrVert. **1983** 289, 465; KK-*Boujong* 26; *Kleinknecht/Meyer* 14.

tig ist, an der dem anderen vorgeworfenen Tat beteiligt zu sein, können sie sich unter denselben Voraussetzungen besuchen, unter denen sie es könnten, wenn sie in Freiheit wären (OLG Hamburg NJW **1965** 364).

Es ist Aufgabe des Richters, die **Interessen** des Anstaltsbetriebs mit denen des Ver- **42** hafteten **abzuwägen**[13]. Dabei wird er auch die Persönlichkeit des Verhafteten und die Länge einer schon verflossenen Haftzeit berücksichtigen. **Unzuträglichkeiten** in der Anstalt sind kein Grund, Besuche und Vorführungen mehrerer in derselben Anstalt Verhafteten zu versagen. Der begrenzte Personalbestand macht es aber erforderlich, besondere Besuchstage (freilich nicht für Verteidiger) anzusetzen, die Zahl der Besuche (Nr. 25 UVollzO) und die Besuchszeiten (Nr. 24 Abs. 1 Satz 3 UVollzO) zu beschränken; doch dürfen bei einem Untersuchungsgefangenen an Häufigkeit und Dauer der Besuche keine strengeren Voraussetzungen verlangt werden als bei einem Strafgefangenen. Die für Besuche vorgesehene Zeit gibt nur einen Anhalt. Sie muß und sollte nicht die Regel sein, vor allem, wenn der Besucher — wegen Entfernung oder Arbeit — nur selten kommen kann. In Ausnahmefällen (lange Dauer der Untersuchungshaft, abgelegener Wohnsitz der Familie) kann es nach Art. 6 Abs. 1 GG geboten sein, Besuche an Sonnabenden zu ermöglichen (BVerfGE **42** 102 = NJW **1976** 1312).

2. Pakete. Bis zum 31. Dezember 1976 gestattete die **Untersuchungshaftvollzugs-** **43** **ordnung** dem Verhafteten nur, Wäschepakete zu empfangen, untersagte den Paketempfang sonst grundsätzlich, gestand dem Anstaltsleiter jedoch zu, Ausnahmen zu bewilligen. Diesem Vorschlag lag die Erwägung zugrunde, daß der Paketverkehr Gelegenheit gebe, dem Verhafteten Fluchtgeräte zuzustecken. Dem ist jedoch entgegenzuhalten, daß dieser Befürchtung durch Durchsicht begegnet werden kann. *Hennerkes* (127) hielt die Regelung deshalb schlechthin für rechtswidrig. Zwar ist nicht zu verkennen, daß eine Kontrolle (Rdn. 45) zusätzliches Personal erfordert. Da es immer begrenzt sein wird, darf auch der Paketempfang begrenzt werden. Ganz ausgeschlossen werden darf er nicht und muß der für einen begrenzten Paketempfang notwendige Personalaufwand schon deshalb erbracht werden, weil die Paketkontrolle zum ordnungsgemäßen Vollzug der Untersuchungshaft gehört. Das Oberlandesgericht Celle hat in einem anderen Zusammenhang (Bücherverbot) ausgeführt: „Die zur Aufrechterhaltung der Ordnung im Gefängnis angeordneten Beschränkungen müssen in angemessenem Verhältnis zu diesem Zweck stehen. Das Verbot ... ist unzulässig, wenn sich der erstrebte Zweck durch eine sachgemäße Handhabung der Überwachung ... erreichen läßt" (NJW **1951** 676). Für den Rundfunkempfang hat das Bundesverfassungsgericht klargestellt, daß Grundrechte nicht nur nach Maßgabe dessen bestehen, was an Verwaltungseinrichtungen üblicherweise vorhanden oder nach Verwaltungsgebrauch vorgegeben ist (BVerfGE **15** 296 = NJW **1963** 756).

Dieser Grundsatz erfordert beim Paketempfang besondere Beachtung; denn die **44** **Verbindung zur Familie** wird durch ein liebevoll gepacktes Paket oft inniger aufrechterhalten als durch Briefe. Die Verbindung zur Familie zu fördern, muß angesichts des Grundsatzes, den Verhafteten menschlich zu behandeln (Nr. 18 Abs. 1 UVollzO) und die Sozialisation des Verurteilten als Vollzugsziel in den Vordergrund zu stellen (BVerfGE **35** 215, 235 = NJW **1973** 1231; BGHSt **24** 42), schon in der Untersuchungshaft als eine dringliche Fürsorgemaßnahme angesehen werden. Daher ist der Empfang

---

[13] OLG Düsseldorf JZ **1978** 728; OLG Celle NStZ **1981** 136; LG Frankfurt NStZ **1981** 496.

       Günter Wendisch

von Paketen zulässig, wenn auch die Zahl der Sendungen beschränkt werden kann (OLG Frankfurt NJW **1967** 166)[14].

45   Diesen Erwägungen trägt Nr. 39 Abs. 1 UVollzO n. F. nunmehr — wenn auch noch unvollkommen — Rechnung. Aus der Verweisung auf § 33 Abs. 1 StVollzG und den dazu erlassenen bundeseinheitlichen Verwaltungsvorschriften folgt, daß der Verhaftete dreimal jährlich in angemessenen Abständen ein Paket mit Nahrungs- und Genußmitteln empfangen darf. Darüber hinaus wird ihm — wie bisher — gestattet, wenn er am Ort der Vollzugsanstalt keine Angehörigen hat, regelmäßig Wäschepakete zu empfangen (Nr. 39 Abs. 2 UVollzO). Weil der Paketverkehr nicht nur einen materiellen, sondern auch einen **ideellen Zweck** verfolgt, kann er nicht mit der Begründung untersagt werden, der Verhaftete habe die — zudem beschränkte — Möglichkeit, in der Vollzugsanstalt einzukaufen. Das empfangene Paket unterliegt der **Kontrolle**. Dabei können einzelne Gegenstände zurückgewiesen oder zur Habe des Verhafteten genommen werden (Nr. 39 Abs. 3 Satz 2 UVollzO)[15].

46   Ohne prozessualen Erkenntniswert ist der Beschluß des **Bundesverfassungsgerichts** (BVerfGE **34** 379, 381, 383 = NJW **1973** 1451 = JZ **1974** 93 mit Anm. *Müller-Dietz*), in dem das Gericht ausdrücklich betont, daß es das einfache Recht nicht zu prüfen und namentlich nicht zu entscheiden habe, ob nach diesem eine andere Entscheidung möglich wäre oder gar den Vorzug verdiente. Das Bundesverfassungsgericht erachtet es für verfassungsgemäß, den Paketempfang auf **drei Pakete** im Jahr zu beschränken, von der Verwendung einer **Paketmarke** abhängig zu machen, ohne die die Anstalt die Annahme von Paketen bereits auf dem Postamt verweigern könne, sowie die Zusendung von Büchern, Lebensmitteln und Zigaretten auszuschließen mit der Begründung: Die Vollzugsanstalt (sic) sei nicht gehalten, „dem Untersuchungsgefangenen die Erreichung eines angestrebten Zieles auf einem Weg zu ermöglichen, der für die Vollzugsanstalt außerordentliche Schwierigkeiten mit sich bringt"; Bücher könne der Verhaftete durch Vermittlung der Anstalt beziehen, Lebensmittel in der Anstalt kaufen.

47   Eine **Beschränkung** ist auch hier für zulässig erklärt worden, die auf drei Pakete entspricht aber nicht dem Gesetz, das dem Verhafteten „Bequemlichkeiten" garantiert. Sechs Pakete dürften das mindeste sein. Der Ausschluß von Büchern und Genußmitteln übersieht, wie gerade dadurch Erinnerungen geweckt und auf diese Weise die Verbindung zu dem Absender aufrechterhalten werden kann. Das Verbot, Lebensmittel der gewohnten Art von zu Hause zu beziehen, löscht die Bequemlichkeitsgarantie für einen wichtigen Teil des Lebens aus. Wer zur Feststellung des Prüfungsaufwands in der Anstalt auf die Zahl der Verhafteten abstellt, wie es eines der Oberlandesgerichte in seinem bestätigten Beschluß tut, weiß nicht, wie wenig Verhaftete — leider — Bindungen außerhalb der Anstalt haben.

48   Wenn die **Paketmarke** vom Grundgesetz zugelassen ist, so verstößt sie doch gegen die durch Art. 6 Abs. 2 MRK begründete Unschuldsvermutung, die Bloßstellungen (schon auf der Post!) verbietet, und gegen den Grundsatz, im Vollzug die Sozialisation zu fördern (BVerfGE **35** 215, 235 = NJW **1973** 1231; BGHSt **24** 42), der schon in der Untersuchungshaft Geltung beansprucht. Die **Untersuchungshaftanstalt** hat zudem, ebenso wie ein Minister, keine Befugnis, den Paketempfang zu regeln; das ist allein Sache des Richters (§ 119 Abs. 3). Daß dieser die Rundverfügung des JMNRW vom

---

[14] Ebenso *Wagner* 2965; *Hennerkes* 127; die entgegenstehenden Entscheidungen OLG Köln JMBlNRW **1969** 104 und OLG Karlsruhe NJW **1970** 290 sind durch die neue Regelung überholt.

[15] Beispiel: Kugelschreiberminen, in denen Nachrichten oder Flüssigkeiten verborgen sein können, die nicht, ohne daß sie zerstört würden, untersucht werden können (OLG Oldenburg NJW **1964** 215).

9. 11. 1972 in das Aufnahmeersuchen transformiert und dabei die ihm vorbehaltenen Befugnisse dem Anstaltsleiter übertragen habe, ist nicht ersichtlich, so daß auf die dadurch aufgeworfene Frage nicht eingegangen zu werden braucht.

3. Disziplinarmaßnahmen

a) Grundlage. Die Ordnung in der Vollzugsanstalt kann nicht ohne eine Disziplinargewalt aufrechterhalten werden. Entgegen der ohnehin schon stark zurückhaltend formulierten Auffassung der 22. Auflage (III 6) kann nicht länger die Auffassung vertreten werden[16], daß Absatz 3 als gesetzliche Grundlage ausreicht, eine Disziplinarmaßnahme — schon nach dem Wortlaut mehr und anderes als eine „Beschränkung" — aufzuerlegen, schon gar nicht für den vom Richter „transformierten" detaillierten Katalog der Nr. 68 UVollzO, und auf keinen Fall für Arrest[17]. Da die Praxis, vom Gesetzgeber im Stich gelassen, weiterhin Disziplinarmaßnahmen verhängen muß, folgen weitere Bemerkungen unter der **hypothetischen** Annahme, daß die Disziplinarmaßnahme in Absatz 3 eine gesetzliche Grundlage habe oder demnächst erhalten werde. **49**

b) Die Disziplinarmaßnahme ist ein bloßes **Ordnungsmittel.** Im Gegensatz zur Kriminalstrafe wohnt ihr kein Vergeltungszweck inne. Daher darf sie ausschließlich nach Gesichtspunkten der General- und Spezialprävention verhängt werden (OLG Bremen NJW **1957** 275). Die Disziplinarmaßnahme soll dem störenden Verhafteten und seinen Schicksalsgenossen dartun, daß die Ordnung in der Anstalt, wenn es nottut auch mit Gewalt, aufrechterhalten wird (OLG Hamm MDR **1969** 408). Kann sie diese Wirkung nicht erfüllen, etwa weil sie dem Verstoß nicht auf dem Fuß folgt, oder weil der Beschuldigte in Strafhaft überführt ist, ist es unzulässig, sie zu verhängen und eine bereits verhängte noch zu vollstrecken[18]. Dagegen macht der Umstand, daß die Wirkung auf den Störer fehlt, die Maßnahme dann nicht unzulässig, wenn sie wegen ihrer generalprävenierenden Wirkung noch erforderlich ist, um die Ordnung in der Anstalt aufrechtzuerhalten. **50**

Voraussetzung der Disziplinarmaßnahme ist, daß der Verhaftete der Ordnung in der Vollzugsanstalt zuwiderhandelt (Nr. 67 Abs. 1 UVollzO). Die Untersuchungshaftvollzugsordnung läßt eine Disziplinarmaßnahme auch zu, wenn der Beschuldigte den Haftzweck — etwa durch einen Fluchtversuch — gefährdet oder vereitelt (OLG Schleswig bei *Ernesti/Lorenzen* SchlHA **1982** 119). Wenn auch gewisse Bedenken nicht unterdrückt werden können, nicht nur die Ordnung, sondern auch den Haftzweck durch die Disziplinarmaßnahme zu sichern, wird man diese bei einem Fluchtversuch doch als zulässig ansehen dürfen[19]. Dagegen ist es unzulässig, gegen den Verhafteten eine Disziplinarmaßnahme deshalb anzuordnen, weil er es unterlassen hat, Ausbruchsvorbereitungen Mitgefangener zu melden (OLG Düsseldorf NJW **1968** 1343). Der Begriff „in" der **51**

---

16 Ebenso *Achter* 269; **a.A.** die noch herrschende Ansicht: BayObLG JW **1927** 2059; OLG Celle NJW **1951** 676; OLG Hamburg NJW **1965** 1544; OLG Braunschweig MDR **1965** 1007; *Schmidt-Leichner* NJW **1951** 676; *Veit* 66; KK-*Boujong* 86; KMR-*Müller* 29; *Kleinknecht/Meyer* 30.

17 Die von *Dünnebier* (46) darüber hinaus für unzulässig gehaltenen weiteren „Hausstrafen" wie Kostschmälerung und hartes Lager sind inzwischen entfallen.

18 Beispiele: OLG Braunschweig MDR **1966** 348; OLG Bremen NJW **1956** 72; **1957** 275; vgl. auch Rdn. 148.

19 OLG Hamburg NJW **1965** 1544; OLG Celle NJW **1969** 673 – für Strafgefangene –; Bedenken bei *Klee* 270; *Hennerkes* 148; KK-*Boujong* 87; *Kleinknecht/Janischowsky* 420; **a.A.** *Callies/Müller-Dietz* § 102 StVollzG, 3 ff.

Günter Wendisch

Anstalt umfaßt die ganze Gefangenhaltung. Daher kann auch eine **außerhalb der Vollzugsanstalt** begangene Handlung gegen die Ordnung in der Anstalt verstoßen (OLG Düsseldorf JMBlNRW **1955** 9).

52   **4. Arten der Disziplinarmaßnahmen.** Da die Disziplinarmaßnahme Ordnungsmittel ist, kommen für sie alle Hafterschwerungen in Betracht, die geeignet sind, Ordnungsfunktionen zu entfalten. Es braucht kaum hervorgehoben zu werden, daß grausame und herabwürdigende Maßnahmen verboten sind. Wegen des Gleichheitsgrundsatzes ist es erforderlich, bei gleichen Umständen gleiche Ordnungsmittel anzuwenden. Daher empfiehlt es sich trotz starker Bedenken, den Katalog der Untersuchungshaftvollzugsordnung im Grundsatz anzuwenden. Dieser kann allerdings bei einzelnen Maßnahmen (vgl. Rdn. 56) nicht hingenommen werden. Im übrigen ist sowohl bei der Anordnung wie beim Vollzug der Disziplinarmaßnahme darauf zu achten, daß die Verteidigung und die Verhandlungsfähigkeit des Gefangenen nicht beeinträchtigt werden (Nr. 69 Abs. 4 UVollzO).

53   Nr. 68 UVollzO

lautet:

                      Arten der Disziplinarmaßnahmen

(1) Als Disziplinarmaßnahmen kommen in Betracht:
  1. Verweis;
  2. Beschränkung oder Entzug des Rechts auf Selbstbeköstigung (Nr. 50 Abs. 2) und des Rechts auf Beschaffung von zusätzlichen Nahrungs- und Genußmitteln und Gegenständen des persönlichen Bedarfs (Nr. 51 Abs. 1) bis zu drei Monaten;
  3. Beschränkung oder Entzug verlängerter Haftraumbeleuchtung (Nr. 54 Abs. 2) bis zu drei Monaten;
  4. Beschränkung oder Entzug des Lesestoffs (Nr. 45) bis zu zwei Wochen sowie des Hörfunk- und Fernsehempfangs (Nr. 40) bis zu drei Monaten; der gleichzeitige Entzug jedoch nur bis zu zwei Wochen;
  5. Beschränkung oder Entzug des Besitzes von Gegenständen aus der Habe (Nr. 53 Abs. 1) bis zu drei Monaten;
  6. Beschränkung oder Entzug der Teilnahme an gemeinsamen Veranstaltungen (Nr. 46) bis zu drei Monaten;
  7. Entzug des täglichen Aufenthalts im Freien (Nr. 55) bis zu einer Woche;
  8. Entzug einer zugewiesenen Arbeit oder Beschäftigung (Nr. 43) unter Wegfall der Bezüge oder einer Selbstbeschäftigung (Nr. 44) bis zu vier Wochen;
  9. Beschränkung des Verkehrs mit Personen außerhalb der Anstalt auf dringende Fälle bis zu drei Monaten;
  10. Arrest bis zu vier Wochen.

(2) Für junge Gefangene (Nr. 1 Abs. 4) gilt Abs. 1 Ziffer 7 nicht, Arrest (Abs. 1 Ziffer 10) ist nur bis zu zwei Wochen zulässig.

(3) Mehrere Disziplinarmaßnahmen können miteinander verbunden werden.

(4) Bei der Wahl der Disziplinarmaßnahmen werden Grund und Zweck der Haft sowie die seelischen Wirkungen der Untersuchungshaft und des Strafverfahrens berücksichtigt.

(5) Der Anstaltsleiter soll die Anordnung von Arrest nur wegen schwerer oder mehrfach wiederholter Verfehlungen beantragen. Die Anordnung von Maßnahmen nach Abs. 1 Ziffern 3 bis 9 soll er möglichst nur beantragen, wenn die Verfehlung mit den zu beschränkenden oder zu entziehenden Befugnissen im Zusammenhang steht, dies gilt nicht bei einer Verbindung mit Arrest.

Mit der neuen Nr. 68 UVollzO haben die Landesjustizverwaltungen dessen **Maß- 54 nahmenkatalog** dem für Strafgefangene (§ 103 Abs. 1 StVollzG) angeglichen. Ausnahmen sollen nur gelten, soweit Besonderheiten der Untersuchungshaft der Gleichbehandlung von Untersuchungs- und Strafgefangenen entgegenstehen. Das ist grundsätzlich zu begrüßen, hat es doch neben dem Vorteil größerer Durchsichtigkeit für Vollzugsbedienstete und Gefangene auch zur Folge, daß Ungerechtigkeiten und damit Störungen im Anstaltsbetrieb vermieden werden, die durch eine unterschiedliche Behandlung gleichartiger Verstöße von Untersuchungs- und Strafgefangenen — zumal wenn sie sich in derselben Anstalt befinden — entstehen können. So erstrebenswert ein einheitlicher Katalog zulässiger Disziplinarmaßnahmen auch ist, darf dabei doch nicht übersehen werden, daß eine Angleichung für die Betroffenen nicht nur Vorteile, sondern zuweilen auch Nachteile bringt; Nr. 68 UVollzO macht insoweit keine Ausnahme.

Als **wesentliche Änderungen** sind festzuhalten: Die Dauer fast aller Beschränkun- **55** gen oder Maßnahmen ist erhöht worden. Während die **Beschränkung** oder der **Entzug** des Rechts auf Selbstbeköstigung (Nr. 50 Abs. 2 UVollzO), des Rechts auf Beschaffung von zusätzlichen Nahrungs- und Genußmitteln sowie Gegenständen des persönlichen Bedarfs (Nr. 51 Abs. 1 UVollzO), der Beschränkung oder des Entzugs verlängerter Haftraumbeleuchtung (Nr. 54 Abs. 2 UVollzO), der Beschränkung des Hörfunk- und Fernsehempfangs (Nr. 40 UVollzO), der Beschränkung oder des Entzugs von Gegenständen aus der Habe (Nr. 53 Abs. 1 UVollzO), aber auch der Teilnahme an gemeinsamen Veranstaltungen (Nr. 46 UVollzO) sowie der Beschränkung des Verkehrs mit Personen außerhalb der Anstalt nach altem Recht auf höchstens sechs Wochen festgelegt war, beträgt die Höchstdauer jetzt entsprechend § 103 Abs. 1 Nr. 2 und 4 StVollzG drei Monate (Nr. 68 Abs. 1 Nr. 2 bis 6 und Nr. 9 UVollzO); eine Ausnahme bildet nur die Beschränkung oder der Entzug des Lesestoffs (Nr. 45 UVollzO); hier ist die Dauer von vier auf zwei Wochen verkürzt worden (Nr. 68 Abs. 1 Nr. 4 erster Fall UVollzO). Erhöht worden ist auch die Dauer für **Arrest** (Nr. 68 Abs. 1 Nr. 10 UVollzO), nämlich wie in § 103 Abs. 1 Nr. 9 StVollzG von zwei auf vier Wochen, allerdings unter Fortfall der bisher für zulässig erachteten Schärfungsmöglichkeiten wie Entzug der Arbeit, des Bettlagers, der Schmälerung der Kost und des Ausschlusses vom Aufenthalt im Freien; er ist nunmehr regelmäßig in einem Raum zu vollziehen, der den Anforderungen entsprechen muß, die an einen zum Aufenthalt bei Tag und Nacht bestimmten Aufenthaltsraum gestellt werden (vgl. § 104 Abs. 5 Satz 2 StVollzG).

Die neue Nr. 68 UVollzO räumt einen großen Teil der **Bedenken** aus, die gegen **56** einige bisher für zulässig erachteten Maßnahmen erhoben worden waren (vgl. 23. Auflage Rdn. 69 sowie *Hennerkes* 149, 150). So ist namentlich die Beschränkung des Briefverkehrs — als Disziplinarmaßnahme — **entfallen** (wegen sonstiger Beschränkungen vgl. Rdn. 66 ff) und darf die Bewegung im Freien nicht mehr beschränkt, die Kost nicht mehr geschmälert und hartes Lager nicht mehr angeordnet werden. Schließlich ist das Verbot, sich Lesestoff zu verschaffen, von vier auf zwei Wochen verkürzt (Nr. 68 Abs. 1 Nr. 4 UVollzO) und damit eine Regelung gefunden worden, die wohl noch mit Art. 5 Abs. 1 Satz 1 letzter Halbsatz GG zu vereinbaren ist.

Das Oberlandesgericht Hamm (MDR **1969** 408) will die Grundsätze über die Bil- **57** dung einer **Gesamtstrafe** nicht anwenden. Für die nachträgliche Bildung einer Gesamtstrafe ist dem zuzustimmen. Sonst aber entspricht es dem Wesen einer Disziplinarmaßnahme, daß einzelne Verstöße nicht getrennt betrachtet und zum Gegenstand verschiedener Maßnahmen gemacht werden, vielmehr allen zum Zeitpunkt der Anordnung bekannten Zuwiderhandlungen mit einer einzigen Maßnahme begegnet wird (KG NStZ **1982** 46; KK-*Boujong* 89; *Kleinknecht/Meyer* 30).

5. Verfahren

58   **a) Allgemein.** Die Disziplinarmaßnahme ist eine **prozessuale Maßnahme.** Sie wird daher durch schriftlich begründeten (§ 34) Beschluß erlassen, nachdem die Staatsanwaltschaft gehört worden ist (§ 33 Abs. 2; einschränkend *Kleinknecht/Meyer* 46). Für die Bekanntmachung des Beschlusses genügt formlose Mitteilung (§ 35 Abs. 2 Satz 2 erster Halbsatz). Sie wird in der Regel in der Weise vorzunehmen sein, daß ein Anstaltsbeamter dem Verhafteten den Beschluß mündlich eröffnet.

59   **Zuständig** ist allein der **Richter** (§ 119 Abs. 6 Satz 1). Denn dringende Fälle, die nicht bis zur Entscheidung des Richters anstehen können, sind nicht denkbar, und die Anordnung einer Disziplinarmaßnahme kann keine vorläufige Maßnahme (§ 119 Abs. 6 Satz 2) sein. Durch die Transformation von Nr. 67 Abs. 1 UVollzO in eine richterliche Entscheidung (Rdn. 6) schließt der Richter zudem aus, daß in Verkennung von § 119 Abs. 6 Satz 2 etwa der Staatsanwalt oder der Anstaltsleiter annehmen dürfte, er habe für dringende Fälle hilfsweise eine Zuständigkeit. Die Zuständigkeit des Anstaltsleiters beginnt erst mit der Rechtskraft eines auf Freiheitsstrafe lautenden Urteils[20].

60   **b) Rechtliches Gehör.** Der Verhaftete ist zu hören (§ 33 Abs. 3), bevor die Maßnahme festgesetzt wird (OLG Stuttgart Justiz **1980** 420). Es ist **nicht** erforderlich, daß der **Richter** das **selbst** tut (OLG Hamm NJW **1953** 356)[21], weil selbst bei dem erheblich weiter eingreifenden Strafbefehl das Gehör durch eine nichtrichterliche Stelle genügt (§ 407 Abs. 4). Dem Argument, daß der Anstaltsleiter, der die Strafe beantragt, nicht zugleich die Stelle sein sollte, wo der Beschuldigte sich rechtfertigen kann (*Schmidt-Leichner* NJW **1952** 799), kommt insofern Bedeutung zu, als der Richter den Beschuldigten (und ggf. die Zeugen) immer persönlich hören sollte, wenn der Fall Zweifel bietet oder wenn der Beschuldigte es beantragt. Ein Verbot, den Verhafteten auf andere Weise zu hören als mündlich durch den Richter selbst, trägt es dagegen nicht.

61   Zum rechtlichen Gehör gehört, daß dem Verhafteten die **Ergebnisse der Ermittlungen bekanntgegeben** werden (OLG Frankfurt StVollzK **1965** Nr. 2, S. 9 für Strafgefangene), grundsätzlich auch die Namen der Zeugen, die ihn belastet haben. Denn wer für seine Aussage nicht einzustehen braucht, weil der durch ihn Belastete ihn nicht kennt und daher nicht verfolgen kann, verliert die notwendige Zurückhaltung. Er kann nicht durch das Vorhalten von Tatsachen, die nur der Belastete kennt, veranlaßt werden, eine voreilige Aussage zu korrigieren. Im Anstaltsmilieu muß sogar damit gerechnet werden, daß Verhaftete, wenn sie wissen, daß ihr Name nicht bekannt wird, einen Mithäftling vorsätzlich zu Unrecht belasten. In Zweifelsfällen wird daher eine Gegenüberstellung notwendig sein. Diese sollte der Richter stets selbst vornehmen.

62   Das Bundesverfassungsgericht hat in anderem Zusammenhang offengelassen, ob **Einschränkungen des** rechtlichen **Gehörs** zulässig sind, wenn sonst eine Gefahr für Leib und Leben des Anstaltspersonals bestünde (BVerfGE **17** 143 = NJW **1964** 293). Man wird das bejahen und eine Einschränkung auch dann zugestehen müssen, wenn sonst Leib und Leben anderer Verhafteter gefährdet würden. Daher wird man die Namen (nicht die Aussagen) gefangener Belastungszeugen einem solchen Verhafteten vorenthalten dürfen, von dem ernste Repressalien gegenüber den ihn belastenden Mitgefangenen zu erwarten und auch möglich sind. Die Gefahr solcher Repressalien muß jedoch durch konkrete Anhaltspunkte dargetan sein; bloße Vermutungen und Befürchtungen

---

[20] OLG Stuttgart Justiz **1979** 144; KK-*Boujong* 90; KMR-*Müller* 3; **a.A.** OLG Karlsruhe Justiz **1977** 22; *Kleinknecht/Janischowsky* 243.
[21] Ebenso *Gottwald* NJW **1952** 799; *Klein-*knecht 534; **a.A.** *Eb. Schmidt* Nachtr. I 42; *Hennerkes* 153 und – Richter darf nur selbst und nur mündlich hören – OLG Frankfurt NJW **1952** 799; **1953** 118.

genügen nicht. Zur Anordnung einer Disziplinarmaßnahme genügt eine solche Aussage „hinter dem Rücken" des Belasteten nur, wenn völlig ausgeschlossen ist, daß sie durch Vorhalte des belasteten Verhafteten geändert werden könnten.

6. Fesseln (Absatz 5). Die Fesselung als der stärkste Eingriff in die Bewegungsfrei- **63** heit ist an besonders strenge Voraussetzungen geknüpft, die in Absatz 5 abschließend aufgeführt sind (LG Koblenz StrVert. **1983** 467; KK-*Boujong* 73). Absatz 5 bleibt nach § 178 Abs. 2 StVollzG von §§ 94 ff StVollzG unberührt. Danach ist die Fesselung nur zulässig

a) bei einer bestimmten Gefährlichkeit für Personen, namentlich Vollzugsbedienstete, und Sachen (Nr. 1). Nach dem Grundsatz der Verhältnismäßigkeit (Absatz 5 Satz 1 letzter Halbsatz) dürfen die gefährdeten Sachwerte aber nicht geringfügig sein. Der Verhaftete, der androht, die in der Zelle hängenden Verhaltensvorschriften zu zerreißen, darf aus diesem Grund nicht gefesselt werden;

b) bei Fluchtversuch oder bei Ausbruchsgefahr (Nr. 2) und

c) bei Selbstmordgefahr und Gefahr der Selbstbeschädigung (Nr. 3).

Die Fesselung bei Selbstmordgefahr beanstandet *Klee* (269) als eine „Überspannung des Gedankens der Durchführung des staatlichen jus puniendi um jeden Preis". Dem ist im Prinzip zuzustimmen, doch ist die Frage verwickelter. Dazu ist auf die Zwangsernährung zu verweisen (Rdn. 193 ff), deren Grundsätze entsprechend anzuwenden sind. Die Fesselung bei ernstlicher Gefahr nicht unbedeutender Selbstbeschädigung, wird man billigen müssen, weil der Verhaftete mit einer solchen nicht selten eine Flucht aus dem Lazarett vorbereiten will.

Die Fesselung kann auch außerhalb der Anstalt, etwa bei **Überführungen** (OLG **64** Bremen NJW **1959** 1982; OLG Nürnberg OLGSt § 116 StPO, 2), Platz greifen, hier aber in der Regel nur in der Form der Handfessel, des sog. Knebels. Das Fesseln ist nur so weit statthaft und darf nur so lange aufrechterhalten werden, als der Zweck es erfordert (Nr. 65 UVollzO) und durch keine andere, weniger einschneidende Maßnahme abgewendet werden kann. Demnach muß es ggf. auf die Nachtzeit beschränkt werden (OLG München *Alsb.* E 1 310), wenn am Tage Bewachung ausreicht. Auch darf bei Transporten keinesfalls routinemäßig jeder Verhaftete außerhalb des Transportmittels gefesselt werden. Die Örtlichkeit allein begründet die Ausbruchsgefahr nicht. Es ist unzulässig, die Fesselung für lediglich denkbare Ereignisse anzuordnen, vielmehr ist stets allein auf die konkrete Gefahr in einem Einzelfall abzustellen[22].

Die Anordnung in Satz 2, daß der Verhaftete in der **Hauptverhandlung** ungefes- **65** selt sein soll, gehört streng genommen nicht hierher. Ordnet der Vorsitzende an, daß der Angeklagte während der Hauptverhandlung gefesselt bleibe, so handelt es sich um eine Maßnahme der äußeren Verhandlungsleitung (§ 238 Abs. 1; BGH NJW **1957** 271), nicht dagegen um eine Verfügung nach § 119 Abs. 6 Satz 1.

V. Schriftverkehr (Absatz 3)

1. Grundsatz. Der Schriftverkehr wird durch den Richter oder durch den Staats- **66** anwalt (Nr. 3 UVollzO) überwacht (Nr. 30 Abs. 1 UVollzO; dazu Rdn. 93 ff). In seinem Umfang ist er grundsätzlich **unbeschränkt** (Nr. 28 Abs. 1 UVollzO); der Verhaftete kann so viele Briefe absenden und empfangen, wie er will. Der Briefverkehr kann nur im Einzelfall beschränkt werden, aber allein dann, wenn der Haftzweck oder die Ord-

---

[22] OLG Oldenburg NJW **1975** 2219; OVG Münster JMBlNRW **1965** 250; LG Koblenz StrVert. **1983** 467; KK-*Boujong* 73; KMR-*Müller* 32; *Kleinknecht/Meyer* 41.

Günter Wendisch

nung in der Anstalt es erfordert. Das ist **nur** der Fall, **wenn** die Maßnahme **unvermeidlich** ist, weil der Schriftverkehr mit dem Haftzweck „real" unvereinbar ist oder die Ordnung in der Anstalt konkret gefährdet (OLG Hamm MDR **1974** 248; OLG Zweibrücken StrVert. **1982** 530; zur Frage der Zulässigkeit der Beschränkung einer besonders umfangreichen Korrespondenz in fremder Sprache wegen unverhältnismäßig hoher Übersetzungskosten vgl. OLG München NStZ **1984** 333). Das wird nur äußerst selten der Fall sein. Ist die Beschränkung geboten, ist sie mit Art. 2 Abs. 1 GG vereinbar (KG JR **1967** 429), wenn dabei **allein** auf das **Verhalten des einzelnen Verhafteten** abgestellt wird.

67   Die Beschränkung kann sich im allgemeinen nur auf **einzelne Schreiben,** in seltenen Fällen auf den Briefverkehr mit einer bestimmten Person (Tatgenossen, Verdunkelungshelfer) beziehen, muß aber sonst die Freiheit des Schriftverkehrs unangetastet lassen. Ist sie ausnahmsweise als generelle — etwa durch Beschränkung auf eine bestimmte Anzahl von Zeitungen und Zeitschriften (BVerfG NStZ **1982** 132) — ausgesprochen, muß der Richter Ausnahmen einräumen, wenn im konkreten Einzelfall der Haftzweck oder die Ordnung in der Anstalt keine Beschränkung erfordert (BVerfGE **34** 400). Weil das Verfahren der einzelnen „Ausnahmebewilligungen" in der Regel umständlicher ist als das gelegentlicher Verbote, sollte das bei § 119 Abs. 3 ohnehin nicht unbedenkliche Verbot mit Erlaubnisvorbehalt beim Briefverkehr schon aus praktischen Gründen vermieden werden.

68   Der Verhaftete hat — und hiermit wird schon ein Fall der Bequemlichkeiten behandelt — keinen Anspruch, seinen Verkehr mit der Außenwelt auf seine Kosten durch **Fernsprecher** aufrechtzuerhalten, auch nicht, wenn er mit seinem Verteidiger sprechen will (OLG Oldenburg NJW **1964** 215). Im Einzelfall (Beispiel: OLG Frankfurt NJW **1967** 1384)[23] kann es freilich angemessen und in dringenden Fällen geboten sein, Fernsprechverkehr zuzulassen (Nr. 38 Abs. 1 UVollzO). In der Regel aber wird dem die Ordnung in der Anstalt entgegenstehen, weil die zu unregelmäßigen Zeiten notwendige wortwörtliche Kontrolle — wenn es sich nicht um Verteidigergespräche handelt — und das Zu- und Rückführen in den Haftraum oder an den Arbeitsplatz sowie das, wiederum unregelmäßige, Notieren der Gesprächseinheiten einen so starken Eingriff in den Vollzugsdienst erfordern, daß demgegenüber die erlangte Bequemlichkeit außer Verhältnis steht (**a. A.** jedenfalls für den Verteidigerverkehr *Veit* 70).

2. Beschränkung im Einzelfall

69   **a) Ausgehende Schreiben.** Zum Zwecke der Briefkontrolle kann die Post eingesehen werden. Insoweit werden das Recht der freien Meinungsäußerung (Art. 5 Abs. 1 GG; BVerfGE **15** 293 = NJW **1963** 755) und das Briefgeheimnis (Art. 10 Satz 1 GG; OLG Hamburg NJW **1967** 1973) gesetzlich (Art. 5 Abs. 2, Art. 10 Abs. 2 Satz 1 GG) durch § 119 Abs. 3 eingeschränkt. Das Grundrecht des Art. 6 Abs. 1, das den Briefverkehr mit der Familie umfaßt, enthält die immanente Schranke, daß die zur verfassungsmäßigen Ordnung gehörige Strafrechtspflege auch für diesen Verkehr Einschränkungen zuläßt. Dabei ist allerdings größte Zurückhaltung geboten, so daß, wenn jeder Verdacht der Fluchtvorbereitung oder Verdunkelung ausgeräumt ist, unkontrollierter Verkehr zu gewähren ist; auf keinen Fall verletzt der Richter, der Familienbriefe unkontrolliert passieren läßt, eine Amtspflicht (BVerfGE **57** 186 = NJW **1981** 1945 mit abw. Meinung *Hirsch*).

---

[23] Zur Zulässigkeit gelegentlicher Telefongespräche ausländischer Untersuchungsgefangener mit ihren Familienangehörigen vgl. OLG Frankfurt StrVert. **1982** 476.

Von der Einsicht **ausgenommen** ist Verteidigerpost[24] mit der einzigen Ausnahme **70** der Durchsicht durch einen verfahrensfremden Richter in Verfahren nach § 129 a StGB (§ 148 Abs. 2)[25]. Steht der Verhaftete unter Bewährungsaufsicht oder ist über ihn der Bericht des Gerichtshelfers angefordert, darf er mit dem Bewährungs- oder Gerichtshelfer ebenso frei wie mit dem Verteidiger verkehren (Nr. 37 a UVollzO). Briefe an Volksvertretungen in der Bundesrepublik und an ihre Ausschüsse sowie an die Europäische Kommission für Menschenrechte sind von der Überwachung ausgenommen (Nr. 30 Abs. 2 UVollzO).

Nach verbreiteter Ansicht gilt das nicht für Schreiben an sonstige **Behörden,** weil **71** bei der Menge der Bediensteten, die sich Zugang zu den Eingängen verschaffen können, unzulässige Kontakte nicht völlig auszuschließen sind[26]. Das ist nicht — wie *Kreuzer* (NJW **1967** 2369) meint — „schlechterdings zu verneinen". Indessen ist die Gefahr des Mißbrauchs gering und regelmäßig keine konkrete (*Kreuzer* 244). Grundsätzlich kann daher Behördenpost unüberwacht, d. h. in **verschlossenem Umschlag,** abgegeben werden. Ist im Einzelfall eine konkrete Gefahr erweislich, und kann sie, was aber wohl regelmäßig möglich sein wird, nicht abgestellt werden, hat die Kontrolle sich darauf zu beschränken, daß das Schreiben nicht etwa Nachrichten an andere Personen als den Empfänger enthält. Diesem gegenüber scheidet jede Befürchtung aus, das Schreiben könne den Zweck des Strafverfahrens oder die Ordnung in der Anstalt beeinträchtigen (OLG Dresden JW **1929** 1074; OLG Bremen NJW **1950** 395). Deshalb dürfen Schreiben an Behörden auch nicht angehalten werden (ebenso KMR-*Müller* 18).

b) Eingehende Schreiben. Soweit die Briefkontrolle zulässig ist, sind von ihr be- **72** troffen sowohl Schreiben, die der Verhaftete schreibt (ausgehende Briefe), als auch solche an ihn (eingehende Briefe). Für letztere sind Zweifel erhoben worden (*Franz* NJW **1965** 25), die jedoch nicht durchschlagen. Mit der Aushändigung eines Briefes an den Empfänger verliert der Absender die rechtliche Möglichkeit, über ihn zu verfügen, namentlich ihn zurückzufordern. Das ergab sich früher aus dem Wortlaut des § 35 Abs. 1 der Postordnung vom 30. 1. 1929 (RGBl. I 33), ist aber auch § 44 der Postordnung vom 16. 5. 1963 (BGBl. III 901 — 1 — 1) — als selbstverständlich — zu entnehmen (LG Krefeld NJW **1965** 596). Ausgehändigt ist der Brief, wenn er bei der auf ihm bezeichneten Anschrift, d. h. im Außenbriefkasten oder Postfach der Anstalt, abgeliefert worden ist (§ 51 Abs. 2 Nr. 3 PostO).

Von der Aushändigung an ist der **Empfänger allein verfügungsberechtigt.** Demzu- **73** folge sind Eingriffe in das Postgeheimnis nicht mehr denkbar und Eingriffe in das Briefgeheimnis und in das Persönlichkeitsrecht (Art. 5 Abs. 1 GG scheidet aus: BVerfGE 18 315) allein nach der Person des Empfängers zu beurteilen. Sie sind aufgrund der Geset-

---

[24] Wegen der beschränkten Kontrollmöglichkeit des Amtsrichters in den Fällen des § 148 Abs. 2, § 148 a vgl. OLG Stuttgart MDR **1983** 864; **a.A.** zur allgemeinen Frage OLG Koblenz StrVert. **1982** 427: Weil die Möglichkeit nicht auszuschließen sei, daß unbekannte Personen unter mißbräuchlicher Angabe des Namens des Verteidigers als Absender einen unkontrollierten Postempfang dazu verwenden könnten, gefährliche Gegenstände, Stoffe und Ausbruchswerkzeuge an den Gefangenen gelangen zu lassen, bestehe für die Anstaltsleitung sogar ein dringendes Bedürfnis, aus Sicherheitsgründen Anordnungen zu erlassen, die sich auf eingehende Verteidigerpost beziehen. Dagegen zu Recht *Dünnebier* StrVert. **1982** 427.

[25] Wegen des Beginns des Verkehrs mit dem Verteidiger vgl. die Erläuterungen zu § 148.

[26] OLG Schleswig StVollzK **1967** Nr. 1, S. 11; OLG Hamburg NJW **1967** 1973; OLG Hamm GA **1969** 126; KG JR **1967** 348; *Veit* 134 f; KK-*Boujong* 30.

Günter Wendisch

zesvorbehalte in Art. 2 Abs. 1 zweiter Halbsatz und in Art. 10 Abs. 2 Satz 1 GG aufgrund und im Rahmen des § 119 Abs. 3 zulässig.

74   Dem Verhafteten bleibt es unbenommen, zu erklären, daß er bestimmte Schreiben — etwa die vor seiner Verhaftung abgesandten — **nicht annehmen** oder während der Haft nicht zur Kenntnis und in Eigenbesitz nehmen wolle. Briefe, die der Verhaftete nicht zum Lesen erhält, können die Ordnung in der Anstalt nicht gefährden und dürfen daher nicht überwacht werden. Demzufolge bleiben in beiden Fällen die Schreiben unkontrolliert; im ersten werden sie zurückgesandt, im zweiten zur Habe des Verhafteten genommen.

75   3. Die **Inhaltskontrolle** sollte großzügig sein. Der Richter muß sich bewußt bleiben, daß der Verhaftete in seinem Handeln frei ist, soweit nicht Absatz 3 einschlägt; daß er nicht unter Vormundschaft des Gerichts steht oder von ihm erzogen werden soll; und daß er daher grundsätzlich das gleiche schreiben kann wie in der Freiheit[27]. Demzufolge darf der Briefwechsel nicht auf wichtige Mitteilungen beschränkt werden (OLG Hamburg *Alsb.* E 1 313); auch ist es nicht zulässig, unpassende und ungehörige Ausdrücke zu verhüten (OLG Hamburg *Alsb.* E 1 311). „Die Ordnung in der Haftanstalt ist nicht an moralischen Prinzipien ... orientiert" (*Hennerkes* 96). „Unzüchtige" Briefe an die Verlobte lassen in der Regel keine Gefährdung des Haftzwecks besorgen (OLG Düsseldorf JMBlNRW **1966** 155). Nicht verbotene pornographische Schriften müssen ausgehändigt werden (OLG Hamburg NJW **1976** 985; einschränkend OLG Hamm NStZ **1981** 320).

76   Ebenso ist es nicht gerechtfertigt, Schriftwechsel mit **Behörden der DDR** zu unterbinden[28], wenn nicht im Einzelfall aus der Anfrage oder aus der Antwort eine konkrete Störung der Ordnung in der Anstalt zu erwarten ist.

77   Der Richter des § 119 Abs. 6 Satz 1 darf auch nicht entscheiden, wer im Recht ist, wenn zwischen einem **minderjährigen Verhafteten** und seinen Eltern Streit besteht, ob der Gefangene an bestimmte Personen schreiben darf; er hat die Beförderung der Sendungen zuzulassen (OLG Hamburg JR **1965** 110).

78   Schreiben, die **nicht** oder nur mit Schwierigkeit **kontrolliert werden können,** sind anzuhalten. Ein solcher Fall liegt vor, wenn das Schreiben unleserlich, in einer für einen uneingeweihten Leser unverständlichen Form (OLG Hamburg MDR **1973** 244); in einer Geheimsprache oder -schrift, in Kurzschrift oder ohne zwingenden Grund in einer fremden Sprache abgefaßt ist (Nr. 34 Abs. 1 Satz 1 UVollzO). Letzteres ist anzunehmen, wenn ein Inländer ohne Anlaß (Empfänger Menschenrechtskommission oder ein Ausländer) eine Fremdsprache verwendet. Jedoch darf von einem **ausländischen** Verhafteten nicht verlangt werden, daß er den Briefwechsel mit seinen Landsleuten in deutsch führt oder eine deutsche Übersetzung beifügt (OLG Braunschweig NJW **1973** 2168).

79   Nach dem Zweck der Kontrolle sind **anzuhalten** Briefe, mit denen eine Flucht vorbereitet oder Verdunkelung betrieben wird, gleichviel aus welchem Grunde die Untersuchungshaft angeordnet ist (Rdn. 29). Indessen sollte der Richter sich vor Kleinlichkeit hüten und nicht jeden Brief beanstanden, in dem ein Gefangener seiner Frau versichert, er sei unschuldig. Lediglich deshalb, „weil sich der Brief mit der Straftat befaßt", darf er nicht angehalten werden[29]. Auch unberechtigte Kritik am Strafverfahren in

---

[27] OLG Hamm JMBlNRW **1964** 247; OLG Hamburg MDR **1966** 168; *Baumann* 380; *Arndt* NJW **1964** 855; *Kleinknecht/Janischowsky* 376.

[28] *Erdsiek* NJW **1964** 1118; *Schmitt* 277; *Hennerkes* 99; **a.A.** OLG Celle JZ **1964** 428.

[29] *Schmitt* 276; *Driewer* 208; **a.A.** *Engelbrechten* 23.

einem an die Presse gerichteten Brief rechtfertigt es nicht, diesen anzuhalten (KG JR **1971** 386). Ebenso ist die „Beeinträchtigung des Strafverfahrens" (Nr. 34 Abs. 1 Nr. 2 UVollzO) kein Grund, einen Brief nicht zu befördern; der Begriff ist zu unbestimmt.

80 Ein Brief ist vielmehr im Hinblick auf das laufende Strafverfahren nur dann zu **beanstanden,** wenn sein Inhalt entweder die Gefahr begründet, der Beschuldigte werde sich dem Strafverfahren entziehen oder die Ermittlung der Wahrheit erschweren (§ 112 Abs. 2 Nr. 2 und 3; OLG Hamburg MDR **1966** 168). Allerdings sind wirkliche Verdunkelungen in der Regel nicht zu erkennen; Fluchtvorbereitungen werden kaum mit Briefen betrieben, sondern mit Kassibern.

81 Die Ordnung in der Anstalt wird regelmäßig gefährdet sein durch Briefe mit bedeutsamen unrichtigen oder **gröblich entstellenden Behauptungen** — z. B. durch hetzerische verzerrte Darstellung des Justizvollzugs (KG NStZ **1982** 175) — über die Verhältnisse in der Anstalt (Nr. 34 Abs. 2 Nr. 1 UVollzO), weil unkritischen Verhafteten Mut gemacht wird, sich gegen die Ordnung aufzulehnen, wenn solche Briefe in der Anstalt besprochen werden, wie dies erfahrungsgemäß geschieht (OLG Bremen MDR **1956** 246; OLG Hamm NJW **1966** 1722; *Kleinknecht* 533). Das gleiche gilt für eine Schrift, die einseitige verzerrte Darstellungen von angeblichen Verkommnissen in deutschen Vollzugsanstalten mitteilt, die ersichtlich Beamte des Vollzugsdienstes verunglimpfen, Gefangene gegen die Anstaltsordnung aufwiegeln und Unruhe unter die Gefangenen tragen soll (OLG Hamm JMBlNRW **1977** 119). Doch dürfen solche Briefe oder sonstige Schreiben nicht angehalten werden, wenn sie an Gerichte, Justizbehörden und andere deutsche Behörden in der Bundesrepublik und Berlin (West) sowie an Rechtsanwälte und Notare in Rechtssachen, die den Verhafteten unmittelbar berühren, gerichtet sind (Umkehrschluß aus Nr. 34 in Verb. mit Nr. 31 Abs. 1 und 2 UVollzO). Auch sonst sollten die Worte nicht auf die Goldwaage gelegt und darf nicht jedes Fehlgreifen im Ausdruck als Beleidigung empfunden werden, namentlich wenn offensichtlich ist, daß der Verhaftete im Unmut unsachliche Äußerungen von sich gibt, die niemand ernst nimmt (OLG Hamburg JR **1965** 394; vgl. auch OLG Hamm JMBlNRW **1981** 226).

82 Dagegen ist die Ordnung in der Anstalt beeinträchtigt, wenn Schreiben durchgelassen werden, die **schwerwiegende Straftaten** zum Inhalt haben oder sie vorbereiten (BVerfGE **33** 14 = NJW **1972** 813)[30], wie Delikte gegen die Staatssicherheit (vgl. dazu KK-*Boujong* 35), aber auch Personenstandsfälschung (OLG Bremen NJW **1958** 472), Kredit- oder Heiratsschwindel und dgl. (enger *Schmitt* 277). Auch Schreiben, deren Inhalt selbst strafbar ist (Nr. 34 Abs. 2 Nr. 3 UVollzO), wie eine Aufforderung zum Hochverrat, sind von der Beförderung auszuschließen. In diesen Fällen entnimmt der Verhaftete, wenn auch zu Unrecht, der Beförderung eine Billigung. Er hält die Ordnung, die eine Auflehnung gegen sich zuläßt, für schwach; das wirkt auf die Ordnung in der Anstalt zurück. Der Schritt indessen, den der Bundesgerichtshof von Verbrechen zu **Beleidigungen** nimmt (BGH JZ **1973** 128; vgl. auch Nr. 34 Abs. 2 Nr. 2 UVollzO), mißachtet den Grundsatz der Verhältnismäßigkeit, ist mit der Rechtsprechung des Bundesverfassungsgerichts, aber auch dem Begriff der Ordnung *in* der Anstalt (*Veit* 163) unvereinbar[31]. Wenn der Verhaftete seine **Heimatanschrift** anstelle der Anstaltsanschrift benutzt, begründet das allein keinen Verdacht einer Straftat und bietet daher keinen Anlaß, den Brief zu beanstanden.

---

[30] BGH JZ **1973** 128; OLG Hamm NJW **1974** 806; *Schlüchter* 230.

[31] *Müller-Dietz* JZ **1973** 132; **a.A.** KK-*Boujong* 37; wie hier *Veit* 163; *Kreuzer* NJW **1973** 1262.

Günter Wendisch

83   **4. Beleidigende Briefe** sind in einem falsch verstandenen Ordnungsbedürfnis am meisten Gegenstand von Beanstandungen (Nachweis bei *Peters* JR **1974** 121). Die Begründungen, die für die Berechtigung gegeben werden, einen solchen Brief anzuhalten, sind verschieden.

84   **a) Allgemein.** *Meyer* (MDR **1964** 724) meint: Aufgrund des **besonderen Gewaltverhältnisses,** wie es die Untersuchungshaft darstelle, könne der Verhaftete darin beschränkt werden, Rechte anderer zu verletzen. Absatz 3 schütze den Verhafteten vor Einschränkung seiner Rechte; das Recht, Straftaten durch Beleidigung zu begehen, habe er als freier Mann nicht gehabt und es wachse ihm in der Anstalt nicht zu. Zudem dürfe der Richter nicht Beihilfe zu Beleidigungen leisten; es gäbe keinen Rechtfertigungsgrund, der ihm das erlaube[32].

85   Diese Ansicht trifft nicht zu. Wenn der Richter den Brief nach seiner **Amtspflicht** befördern darf oder muß, ist er nicht strafbar. Der Beschuldigte hat als freier Mann zwar nicht das Recht, Straftaten zu begehen, aber die Freiheit dazu. Es gibt keinen Rechtssatz, daß gezwungen werden könnte, sich straffrei zu führen, wer sich in einem „besonderen Gewaltverhältnis" befindet. „Die Untersuchungshaftanstalt ist keine Ehrenschutzbehörde" (*Baumann* DRiZ **1959** 380; zust. *Kreuzer* NJW **1967** 2369; *Roxin* § 31 D III 1). Die Untersuchungshaft ist zudem nicht nach angeblichen allgemeinen Grundsätzen besonderer Gewaltverhältnisse zu beurteilen. Sie hat ihr eigenes, **abschließendes** Gesetz: Dem Verhafteten dürfen *nur* solche Beschränkungen auferlegt werden, die der Haftzweck und die Ordnung in der Anstalt erfordern (§ 119 Abs. 3) — und keine anderen (KG JR **1971** 386)[33]. Achtet der Richter die dem Verhafteten danach verbleibende Freiheit, auch wenn dieser einen unvernünftigen Gebrauch von ihr macht, räumt er ihm damit nicht, wie *Meyer* (JR **1965** 395) meint, ein „Recht" ein, andere zu beleidigen.

86   **b) Nothilfe.** Andere verweisen auf das Recht der **Nothilfe**[34] und haben damit den Wortlaut des § 32 Abs. 2 StGB für sich, der in der Tat Notwehr (für sich) und Nothilfe (für einen anderen) unter den gleichen Voraussetzungen gestattet und durch § 119 Abs. 3 nicht ausgeschlossen werden kann (*Kreuzer* NJW **1973** 1262). In Wirklichkeit ist die im Schrifttum meist nur stiefmütterlich behandelte, einem anderen geleistete **Nothilfe** in vielen Fällen von **strengeren Voraussetzungen** abhängig **als** die zum eigenen Schutz ausgeübte **Notwehr** im engeren Sinn. So hat der Bundesgerichtshof entschieden, daß in Gegenwart des Verletzten, der selbst handeln kann, Nothilfe unzulässig ist: Niemand darf einem anderen seine Hilfe aufdrängen (BGHSt **5** 248). Als weitere Einschränkung ist anerkannt, daß bei Bagatellen keine Nothilfe erlaubt ist. Man wird aber auch einen Unterschied machen müssen, ob der Nothelfer einen Angriff, etwa auf das Eigentum, abwehren will, der sein Ziel noch nicht erreicht hat, oder ob er einer Ehrverletzung entgegentritt, die schon dadurch vollendet ist, daß er sie bei der Kontrolle zur Kenntnis genommen hat (enger *Peters* JR **1974** 122). Diese an weiterer Wirkung durch

---

[32] Ähnlich *Eb. Schmidt* Nachtr. I 28: Der Richter darf die Beleidigung nicht durch die Weiterleitung des Briefs zulassen.

[33] *Kreuzer* NJW **1967** 2369; *Roxin* § 30 D III 1; abwegig OLG Stuttgart NJW **1973** 70, das § 119 Abs. 3 ohne Grundlage auf die „Sicherung eines geordneten Strafverfahrens" erweitert und daraus für das Anhalten von Briefen Folgerungen zieht, die *von Löbbecke* (NJW **1973** 528) mit Recht ablehnt. – Das

Gericht verwechselt den Zweck der Untersuchungshaft, den es zudem ungenau erfaßt, mit den vom Gesetzgeber zu diesem Zweck abschließend zugelassenen Beschränkungen.

[34] *Pawlik* NJW **1967** 168; *Grunau* Nr. 34 UVollzO, 3; *Kreuzer* 241; *Peters* JR **1972** 492; **1974** 121; OLG Celle NJW **1968** 1342; OLG Hamburg MDR **1973** 1035 = JR **1974** 121; vgl. dazu Rdn. 91 mit BVerfGE **33** 17 = NJW **1972** 814.

Nothilfe zu hindern, wird man nur gestatten dürfen, wenn dem Angegriffenen ein großer Schaden droht und wenn weiter anzunehmen ist, daß dieser den Angriff verfolgen werde.

Beides ist **für** den **Regelfall zu verneinen.** Die meisten durch Briefe Verhafteter **87** „Beleidigten" würden, von der Beleidigung in Kenntnis gesetzt, zur Tagesordnung übergehen und sich die Bevormundung durch behördliche Nothelfer (vgl. *Kohlrausch/Lange* §53, II Abs. 2) verbitten. Zudem wollen Kontrollierende, die beleidigende Briefe beanstanden, in aller Regel nicht dem Angegriffenen helfen, sondern, die Nothilfevorschriften ausnutzend, dem Verhafteten seine Dreistigkeit nicht durchgehen lassen, so daß wegen dieser **Willensrichtung** die Anwendung der Nothilfevorschriften wegen fehlender Intentionalität ausscheidet (*Hass* SchlHA **1973** 179; zweifelnd, eher ablehnend auch *Driewer* 220).

Daß der selbst **beleidigte Richter** in Notwehr einen Brief anhalten dürfte (OLG **88** Hamburg JR **1974** 120; *Peters* JR **1974** 122), ist abzulehnen. Denn der Richter übt nicht eine private Notwehrhandlung aus, sondern bedient sich zur Notwehr einer Amtshandlung. Für eine solche ist er in eigener Sache befangen und hat nach §30 zu verfahren; nach §22 Nr. 1 ausgeschlossen (so aber *Peters* JR **1977** 297) ist er dagegen deshalb nicht, weil die der Anhalteentscheidung zugrunde liegende Straftat nicht Gegenstand des Verfahrens ist, in welchem der Richter die Briefkontrolle ausübt (vgl. §22, 9).

c) Mögliche Beanstandungen. Nach den vorhergehenden Erörterungen dürfen **89** Briefe beleidigenden Inhalts nicht stets (so OLG Köln MDR **1953** 570) angehalten werden, sondern nur, wenn das die **Ordnung** in der Vollzugsanstalt (Rdn. 33) **erfordert** (Rdn. 36, 37)[35], etwa wenn ihr Inhalt dort besprochen wird und andere Verhaftete dadurch zu einem Verhalten veranlaßt werden, das jene Ordnung konkret beeinträchtigt (*Müller-Dietz* JZ **1973** 129; zu eng BGH JZ **1973** 128)[36]. Dafür muß ein greifbarer („realer") Anhalt vorhanden sein (*Kreuzer* NJW **1973** 1262); Vermutungen genügen nicht.

d) Bundesverfassungsgericht. Noch weniger Eingriffe sind zulässig, wenn man **90** die nicht unangefochtenen (*Peters* JR **1972** 489) Grundsätze des Bundesverfassungsgerichts zur Einschränkung der **Grundrechte der Strafgefangenen** (BVerfGE 33 1 = NJW **1972** 811) auf die Untersuchungsgefangenen überträgt. Das Gericht verwarf in seinem Beschluß das besondere Gewaltverhältnis (33 10 = 812) als Eingriffsgrundlage, ließ für eine (inzwischen erledigte) Übergangszeit Eingriffe nur zu, die der Zweck des Strafvollzugs (33 13 = 813, l) oder die Ordnung in der Anstalt (33 15 = 813 r) erfordert, und verlangte ein Gesetz, in dem weitergehende Eingriffe u. U. gerechtfertigt sein könnten. Da bei der Untersuchungshaft nur der Haftzweck und die Ordnung in der Anstalt gesetzlich die Eingriffsmöglichkeit eröffnen (§119 Abs. 3), ist die Rechtslage für Untersuchungsgefangene annähernd die gleiche wie die für Strafgefangene, solange das Strafvollzugsgesetz nicht erlassen war. Unterschiede liegen nur vor, soweit Ein-

---

[35] OLG Bremen MDR **1951** 120 mit Anm. *Dallinger*; JZ **1961** 265 mit Anm. *Kleinknecht*; OLG Hamm JMBlNRW **1964** 247; **1978** 196; OLG Hamburg MDR **1965** 597; KG JR **1967** 348; OLG Frankfurt DRiZ **1977** 341; enger OLG Bremen StrVert. **1981** 23 entgegen GenStA Bremen a.a.O. 24; vgl. auch *Schlüchter* 230.

[36] Nr. 34 Abs. 1 Nr. 3 UVollzO: „Der Richter kann ein Schreiben insbesondere dann anhalten, wenn die Weitergabe des Schreibens geeignet ist, die Ordnung in der Anstalt zu gefährden" und Abs. 2 Nr. 2: „Eine Gefährdung ... kann auch in Betracht kommen, wenn ein Schreiben grobe Beleidigungen enthält" zielen zwar in die gleiche Richtung, sind aber noch zu weit gefaßt.

Günter Wendisch

griffsgrundlage die Zwecke der Untersuchungshaft sind. Sie können es notwendig machen, daß die Eingriffe teils weiter gehen, teils weniger tief greifen als bei der Strafhaft.

91   Der **Haftzweck** rechtfertigt es zwar, Briefe zu kontrollieren (33 14 = 813 l), nicht aber, beleidigende Briefe anzuhalten. Der Beschluß verneint das auch für die Ordnung in der Anstalt (33 16 = 813 r), weil Gefangenenbriefe auch und gerade dann unter Gefangenen besprochen werden (*Peters* JR **1977** 298; vgl. auch *Veit* 162 f), wenn sie angehalten worden sind. Ein Nothilferecht versagt der Beschluß den Beamten, weil die „staatlichen Organe ... nicht ohne spezielle Ermächtigung in den grundrechtsgeschützten Raum der Bürger eindringen dürfen" (33 17 = 814). Leider verläßt das Bundesverfassungsgericht die einmal eingeschlagene Linie. Was die Ordnung in der (Straf-) Vollzugsanstalt zu verbieten nicht zuließ, soll nach § 119 Abs. 3, der ja denselben Ausdruck verwendet, verboten werden können (BVerfGE **35** 318 = NJW **1974** 27)[37]. Disziplinwidrigkeiten sollen Erwägungen sein, die die Ordnung in der Anstalt betreffen (BayObLG MDR **1976** 1037). Man kann sich nur dem von vier Bundesverfassungsrichtern getragenen abweichenden Votum anschließen. Dieses verweist auch auf die seltsame Diskrepanz zu BVerfGE **33** 1 und führt zu Recht aus, das Bewußtsein des Anstaltspersonals, „sich alles gefallen lassen zu müssen", reiche nicht aus, die Ordnung in der Vollzugsanstalt zu beeinträchtigen. Es tritt präventiven Beschränkungen entgegen und vermißt zu Recht sowohl die gesetzliche Eingriffsgrundlage als auch den Nachweis konkreter Gefahr und die nach dem Grundsatz der Verhältnismäßigkeit gebotene Abwägung (BVerfGE **35** 323 = NJW **1974** 28).

92   Für Briefe Verhafteter an **Ehegatten,** in denen Beamte, Richter und Institutionen beleidigt werden, folgert das Bundesverfassungsgericht aus Art. 2 Abs. 1 in Verb. mit Art. 1 Abs. 1 GG, daß der Verhaftete sich mit seinem Ehepartner frei und offen über das Verfahren aussprechen und ihm „die Dinge" aus seiner Sicht schildern könne, mögen seine Eindrücke auch subjektiv gefärbt und seine Wertungen unsachlich sein (BVerfGE **35** 40 = NJW **1973** 1643; **42** 235 = NJW **1976** 1629 und NJW **1981** 1943; für Briefverkehr zwischen erwachsenem Kind und Eltern OLG Hamm JMBlNRW **1978** 196, das allerdings keinen Anlaß sieht, die wegen der besonderen Bedeutung der Meinungsäußerungsfreiheit im Bereich der ehelichen Privatsphäre gebotene zusätzliche Beschränkung des Anhalterechts etwa auf das verwandtschaftliche Verhältnis zwischen erwachsenen Brüdern zu erstrecken und diesem gleichzusetzen)[38]. Es ist zu wünschen, daß der in den Beschlüssen der Praxis erkennbare Wandel in bezug auf präventive Beschränkungen auch den Versuchen ein Ende setzen wird, Verhaftete nach dem Bild von Richtern zu formen.

93   **5. Kontrollverfahren.** Eingehende (Nr. 33 Abs. 1 UVollzO) und abgehende (Nr. 32 Abs. 1 UVollzO) Briefe werden, um Art. 10 Abs. 1 GG soweit als möglich gerecht zu werden, in verschlossenen Begleitumschlägen dem Richter zugeleitet, der diese Umschläge allein öffnen darf. Nach Durchsicht und Genehmigung gibt er eingehende Briefe in verschlossenem Begleitumschlag, auf dem er seine Genehmigung vermerkt, der Anstalt weiter, die sie im Begleitumschlag dem Verhafteten aushändigt. Ausgehende Briefe verschließt er, vermerkt die Genehmigung auf dem Begleitumschlag und leitet sie der Anstalt zur Absendung zu (Nr. 32, 33 UVollzO). Es bleibt dem Richter unbenom-

---

[37] Ebenso OLG Bremen JZ **1981** 105.
[38] Zu eng OLG Stuttgart MDR **1973** 1036; OLG Koblenz MDR **1977** 68 = JR **1977** 296, kritisch dazu *Peters* JR **1977** 297; im Ergebnis vertretbar noch OLG Hamburg JR **1974** 119 mit zust. Anm. *Peters;* vgl. auch KK-*Boujong* 38.

men, ausgehende Briefe selbst zur Post geben zu lassen, um den Postlauf zu beschleunigen. Dann hat er das auf dem Begleitumschlag, den er der Anstalt zurückgibt, zu vermerken.

Wegen der Überlassung der Briefkontrolle an den **Staatsanwalt** (Nr. 31 Abs. 1 **94** Satz 1 in Verb. mit Nr. 3 Abs. 1 UVollzO) s. Rdn. 137. Der Richter darf die Briefkontrolle nicht auf **Vollzugsbeamte** oder auf den Anstaltsarzt (vgl. BGH NJW **1961** 2069) übertragen. Er darf der Anstaltsleitung keine Einsicht in den Schriftverkehr gewähren, muß sie aber über ihm daraus bekannt gewordene Möglichkeiten **unterrichten,** die die Einrichtung der Anstalt für Flucht und Verdunkelung allgemein bieten oder die der einzelne Verhaftete sich oder anderen schaffen will (Nr. 35 Abs. 2 UVollzO).

6. Anhalten. Beschlagnahme. Wird der Inhalt beanstandet, ist das Schreiben anzu- **95** halten (Nr. 34 Abs. 1 UVollzO) und zur Habe des Verhafteten zu nehmen. Eingehende Briefe können auch an den Absender zurückgesandt werden (Nr. 35 Abs. 3 Satz 4 UVollzO), doch sollte der erste Weg gewählt werden, wenn der Verhaftete sonst bloßgestellt würde. Dem Verhafteten ist die Anordnung **bekanntzumachen,** damit ihm der Beschwerdeweg (Rdn. 154, 155) eröffnet wird.

Das Oberlandesgericht Zweibrücken (NJW **1975** 357) hält es für zulässig, in **96** einem ausgehenden Brief, statt ihn anzuhalten, **Teile unkenntlich** zu **machen**[39]. Dagegen bestehen Bedenken, weil der Verhaftete damit beim Empfänger herabgewürdigt werden kann. Die Bedenken sind behoben, wenn der Verhaftete in die Streichung einwilligt. Es besteht aber — außer bei eiligen Briefen — kein Anlaß, mit ihm darüber zu verhandeln, weil er jederzeit einen neuen Brief schreiben kann, nachdem ihm bekanntgegeben worden ist, daß der erste Brief angehalten und weswegen er beanstandet worden ist.

Kommt der Inhalt des beanstandeten Briefes als **Beweismittel für die Sache,** in **97** der der Verhaftete in Untersuchungshaft ist, in Betracht, kann ihn der Richter nach § 94 Abs. 2 **beschlagnahmen** (BGH NJW **1961** 2069), wenn nicht ein Beweisverbot (§ 97) eingreift. Anstelle der Beschlagnahme darf nach § 94 Abs. 1 nur verfahren werden, wenn der Verhaftete den Brief freiwillig herausgibt (§ 94 Abs. 2, 2. Halbsatz), aber keinesfalls mit der Begründung, daß er im Augenblick der Kontrolle keinen Gewahrsam an dem Brief habe (ebenso *Schlüchter* 232). Denn der Richter übt, solange er den Brief in seinen Händen hält, Gewahrsam für den Verhafteten aus. Das ist auch bei ausgehenden Briefen der Fall, weil der Verhaftete diese nur unter der aufschiebenden Bedingung aus seinem Gewahrsam entläßt, daß die Beförderung genehmigt wird.

Statt der Beschlagnahme kann der Richter als das mindere anordnen, daß eine **98** **Abschrift** zu den Akten zu nehmen ist (OLG Hamburg NJW **1967** 166; OLG Hamm JMBlNRW **1974** 115). Weil die Voraussetzungen der Beschlagnahme und des Anhaltens eines Briefes nicht zusammenzutreffen brauchen, kann es ggf. geboten sein, einen Brief, der Beweismittel ist, aber nicht angehalten werden darf, zwar durchzulassen, aber anstelle der körperlichen Beschlagnahme nur abzulichten (OLG Hamm JMBlNRW **1974** 115). Doch werden das seltene Fälle sein[40].

Dabei ist das **Beschlagnahmeverfahren** (Gehör nach § 33 Abs. 3; schriftliche An- **99** ordnung nach § 98 Abs. 1; Bekanntmachung nach § 35 Abs. 2) innezuhalten. Es ist unzulässig, Briefe sowie Ablichtungen oder Abschriften von ihnen ohne Beschlagnahme oder

---

[39] Ebenso für Zeitschriften OLG Bamberg StrVert. **1982** 174.

[40] In dem vom Oberlandesgericht Hamm entschiedenen Fall ist nicht zu erkennen, wie die vom Angeklagten dem Staatsanwalt gemachten Vorwürfe in der laufenden Untersuchung gegen den Angeklagten hätten von Bedeutung sein können.

eine sie ersetzende besondere, bekanntgemachte Anordnung zu den Akten zu nehmen (BGH NJW **1961** 2069)[41]. Ob der Bundesgerichtshof demgegenüber neuerdings der Ansicht ist, Abschriften dürften, weil dem Beschuldigten die Überwachung des Briefverkehrs bekannt ist, auch ohne förmliches Verfahren zu den Akten genommen werden, läßt sich dem Abdruck (GA **1967** 282) nicht sicher entnehmen. Eine solche Ansicht wäre abzulehnen.

100   *Birmanns* (NJW **1967** 1358) hält den Richter nicht für befugt, über die Feststellung hinaus, ob er den Brief beanstanden oder freigeben wolle, „von der Existenz des Briefes... **weiter Kenntnis" zu nehmen.** Dem tritt *Wais* unter Hinweis auf den Gedanken des § 108 insoweit mit Recht entgegen (NJW **1967** 2047). Aus diesem Gedanken folgt: Kommt einem Brief Bedeutung für eine **neue Sache** (etwa wegen Verleitung zur Falschaussage, Betrugs) zu, darf ihn der Richter der anhängigen Sache nicht beschlagnahmen (OLG Schleswig SchlHA **1960** 29; OLG Celle NJW **1974** 806; OLG Düsseldorf NStZ **1982** 398; *Wais* 2047). Er kann aber § 108 sinngemäß anwenden und danach den Brief vorläufig sicherstellen und der Staatsanwaltschaft zuleiten, damit diese eine Beschlagnahme ausbringen oder den Brief zur Habe des Verhafteten geben oder zurücksenden kann (KG JR **1968** 31; BayObLGSt **1976** 88 = MDR **1976** 1037; BGHSt **28** 349). Freilich sind die **Grenzen** zu beachten, die § 108 zieht: Der in der gegenwärtigen Sache gemachte Zufallsfund darf für eine andere, neue Sache nur dann vorläufig sichergestellt werden, wenn er auf die **Verübung einer** anderen **Straftat** hindeutet. Sonstige Bedeutung als Beweismittel für ein anderes Verfahren rechtfertigt die Sicherstellung nicht (OLG Celle NJW **1974** 806)[42].

VI. Bequemlichkeiten (Absatz 4); Fürsorge

1. Grundsatz

101   **a) Begriff.** Das Wort Bequemlichkeit hat verschiedene Bedeutungen, die hier, ebenso wie die Herkunft des Worts, nicht interessieren. In bezug auf den Sinn, der dem Wort in Absatz 4 allein zukommen kann, spricht *Heyne* (Deutsches Wörterbuch) 1890 von Sachen, die ohne Beschwer, mit Behagen zu benutzen sind. *Trübner* (Deutsches Wörterbuch) gibt 1939 dem Wort „bequem" die Bedeutung von angenehm, behaglich, wobei „behaglich" von „gemütlich" dadurch abgeschieden wird, daß es mehr auf die leibliche Bequemlichkeit gehe. 1967 endlich erklärt *Wahrig* (Das Große Deutsche Wörterbuch) den Begriff „Bequemlichkeit" mit Annehmlichkeit, Behaglichkeit, Mühelosigkeit, ja als Nebenbedeutung mit Faulheit und Nachlässigkeit, was den schrecken wird, der es für möglich hält, dem Verhafteten zu verbieten, tagsüber, etwa zum Lesen, auf dem Bett zu liegen.

102   Der Begriff hat sich danach dahin gewandelt, daß aus einem Sachbegriff eine Zustandsbezeichnung geworden ist. Die Strafprozeßordnung von 1877 verwendet das

---

[41] OLG Bremen MDR **1951** 120; OLG Hamburg MDR **1966** 168; NJW **1967** 166; OLG München NJW **1978** 601; KK-*Boujong* 42; *Schlüchter* 232.

[42] *Veit* (198) erklärt § 108 nur aus Praktikabilitätserwägungen (einstweilige Sicherstellung ist einfacher als Mitteilung an den zuständigen Richter mit nachfolgender Beschlagnahme) kann aber m. E. nicht einsichtig machen, woher das Recht kommt, vom Inhalt eines Beweismittels Kenntnis zu nehmen, wenn

diese Kenntnisnahme nicht vom Durchsichtszweck gedeckt wird. Es bleibt doch wohl nur die Interpretation des § 108: Wer rechtmäßig nach A sucht, braucht trotz des beschränkten Zwecks die Augen nicht zu verschließen, wenn er, von seinem Zweck nicht gedeckt, B findet, das zwar „in keiner Beziehung" zu seinem Zweck steht, aber auf die Verübung einer anderen Straftat hindeutet.

Wort im ersten Sinn, wie sich schon aus dem Gebrauch des Plurals ergibt. Inhaltlich ist der Begriff seit Jahrzehnten in der hier interessierenden Bedeutung unverändert geblieben; er enthält als Kern denjenigen der Behaglichkeit. Auf Absatz 4 angewendet, besagt das: **Bequemlichkeiten** sind **Sachen,** die der Verhaftete sich auf seine Kosten beschafft, weil es ihm „behagt" (gefällt), sich mit ihnen das **Leben** im Haftraum **angenehm** zu machen, damit ihm das „Erleiden" (§ 450 Abs. 1, § 450 a Abs. 1 und 2; § 51 Abs. 1 StGB) der Untersuchungshaft wenigstens leiblich, und dadurch (Bücher, Zeichnen, Malen, Schriftstellern) mittelbar auch seelisch, so **mühelos** wird, wie das mit einer Einsperrung gemeinsam mit vielen anderen eben zu vereinbaren ist. In diesem Zusammenhang gewinnt Nr. 53 Abs. 1 UVollzO als räumliche Voraussetzung der sachlichen Bequemlichkeiten besondere Bedeutung. Danach werden Untersuchungsgefangene „nach Möglichkeit" in **Hafträumen** untergebracht, die **größer** und **besser ausgestattet sind als die Hafträume** des Strafgefangenen (vgl. dazu *Grunau* Nr. 54 UVollzO, 1; Nr. 56 UVollzO, 1). Die bessere Ausstattung ist jederzeit möglich. Der größeren Gestaltung müssen auf jeden Fall Hafträume genügen, die nach dem 1. 5. 1953 geplant, und wohl alle, die nach 1960 gebaut worden sind.

b) Inhalt. Weil die Voraussetzungen dafür, wann der Verhaftete sich nach Absatz 4 auf seine Kosten Bequemlichkeiten und Beschäftigungen verschaffen kann — negativ ausgedrückt — denselben Inhalt haben wie — positiv ausgedrückt — die Beschränkungsvoraussetzung des Absatzes 3, wird Absatz 4 zuweilen als **Tautologie** angesehen. Auch *Veit* (69) betrachtet ihn als (überflüssigen) Unterfall des Absatzes 3 und sieht seine eigentliche Bedeutung in der „**Kosten**verteilungsfrage". So leicht kann man das Wort des Gesetzes indessen nicht nehmen, zumal wenn man es im Zusammenhang mit der Unschuldsvermutung (Art. 6 Abs. 2 MRK) sieht. Dann erlangt es den Inhalt, daß der Verhaftete, soweit als es mit der Einsperrung irgend vereinbar ist, sein Leben so wie ein freier Unschuldiger „bequem" fortsetzen kann. Damit ist Absatz 4 die **gesetzliche Garantie einer bequemen Untersuchungshaft** und zugleich die gesetzliche Aussage, daß die Untersuchungshaft bequem sein kann und so zu gestalten ist, daß sie nach dem Belieben des Verhafteten — die Hausstrafe ausgenommen — auch bequem ist, freilich auf seine Kosten. **103**

Von dieser Garantiefunktion aus werden die **einschränkenden** Klauseln — in Analogie zur Einschränkung der Grundrechte (vgl. BVerfGE **19** 347 = NJW **1966** 244) — in ihrer die Garantie beschränkenden Wirkung **selbst** wieder **eingeschränkt**, so daß die negative Fassung des Absatzes 4 entweder geringere Beschränkungen zuläßt als die positive Fassung des Absatzes 3 oder aber, wie es hier versucht worden ist (Rdn. 43) auf diese einengend einwirkt. Jedenfalls darf die Ausgestaltung der Untersuchungshaft als eine Haftform, die Bequemlichkeiten möglich macht, im ganzen nicht aufgehoben werden, wenn auch einzelne Bequemlichkeiten, etwa ein Flügel für einen Konzertpianisten, als schlechthin unvereinbar mit den Raumverhältnissen und Isoliermöglichkeiten oder — ein schon behandeltes Beispiel (Rdn. 68) — jederzeit möglicher Telefonverkehr wegen des dafür nicht zu verantwortenden Aufwands, versagt werden dürfen. **104**

c) Verbindung der Absätze 3 und 4. Projiziert man, wie es hier versucht wird, die Bequemlichkeitsgarantie in den Begriff der Ordnung in der Vollzugsanstalt, dann erhält man für beide Absätze einen einheitlichen Begriff (Rdn. 33), für den Absatz 4 — keinesfalls ein überflüssiger Unterfall — auslegungsbestimmend ist. Bei der dadurch gewonnenen Verbindung beider Absätze ist Absatz 4 von Absatz 3 nicht völlig abzuscheiden. Denn einmal sind das Versagen und der Entzug von Bequemlichkeiten Beschränkungen, zum anderen läßt sich bei allen definitorischen Bemühungen nicht eindeutig feststellen, was zur normalen Lebensführung gehört und was eine darüber hinausgehende **105**

Günter Wendisch

Bequemlichkeit darstellt. Aus diesem Grund ist im vorigen Abschnitt schon eine Bequemlichkeit vorweggenommen worden (Rdn. 68) und werden in diesem gewisse Beschränkungen (etwa Alkoholverbot) mit den entsprechenden Bequemlichkeiten (etwa Selbstbeköstigung) zusammen behandelt, um einheitliche Gebiete nicht zu zerreißen. Deshalb werden, weil ebenfalls von den Begriffen „Ordnung" und „Bequemlichkeiten" nicht zu trennen, hier auch die Auswirkungen der staatlichen Fürsorgepflicht (Rdn. 34) mit behandelt.

106   2. **Ausführungen** an Plätze außerhalb der Anstalt sind zulässig, wenn wichtige und unaufschiebbare Angelegenheiten persönlicher (Beerdigung), geschäftlicher (Heraussuchen von Urkunden) oder rechtlicher Art (Gerichtstermine) die Anwesenheit des Verhafteten erforderlich machen (Nr. 41 Abs. 2 UVollzO). Ausführungen sind, weil durch sie der Gewahrsam, das Prinzip der Untersuchungshaft, gelockert wird, auf solche Fälle zu beschränken, in denen die Anwesenheit außerhalb der Anstalt dringend geboten ist[43]. Ist der Verhaftete Prozeßpartei, hat er sich in der mündlichen Verhandlung und bei der Beweisaufnahme grundsätzlich vertreten zu lassen, ggf. muß er dazu um Prozeßkostenhilfe nachsuchen. Kommt es jedoch bei der Beweisaufnahme über einen komplizierten Sachverhalt, den nur der Zeuge und der Beschuldigte kennen, entscheidend auf persönliche Vorhalte an, dann ist die Anwesenheit des Beschuldigten dringend geboten.

107   Ein **Urlaub** aus der Untersuchungshaftanstalt ist mit dem Zweck der Untersuchungshaft nicht vereinbar (RG JW **1915** 721; Nr. 41 Abs. 3 UVollzO). In wenigen geeigneten Fällen kann der Erfolg eines Urlaubsantrags aber mit der befristeten Aussetzung des Vollzugs der Untersuchungshaft erreicht werden (§ 116, 9), wenn die Voraussetzungen dazu vorliegen (anders *Schlüchter* 226).

108   Das **Ausführen** gehört zur Fürsorge für den Verhafteten. Der Staat muß dazu Personal zur Verfügung stellen. Demzufolge ist Mangel an Bewachungspersonal kein Grund, berechtigte Ausführungsanträge abzulehnen (KG JR **1959** 308). Die Prüfung, ob eine Ausführung unaufschiebbar ist, wird zu unterbleiben haben, wenn der Verhaftete heiraten will. Seine Motive zu erforschen, wird stets unangemessen sein. Die Zahl der **Eheschließungen** in der Untersuchungshaft ist auch so gering, daß Personalrücksichten keine Rolle spielen[44]. Zur Eheschließung selbst braucht der Verhaftete keine Erlaubnis. Ihm ist die Gelegenheit zur Eheschließung zu geben (OLG Nürnberg FamRZ **1959** 116 und *Bosch* ebenda); dazu ist er grundsätzlich zum Standesamt vorzuführen. Ist er ein Ausbrecher, kann ihm überlassen bleiben, beim Standesbeamten die Eheschließung in der Anstalt zu beantragen.

109   3. **Arbeit.** Auf Verlangen soll dem Verhafteten Gelegenheit gegeben werden, zu arbeiten (Nr. 43 Abs. 1 Satz 1 UVollzO). Er ist jedoch zur Arbeit nicht verpflichtet (Nr. 42 UVollzO). Nimmt er welche an, darf er nicht gezwungen werden, Tagespensen zu leisten (*Mehliss* DStRZ **1917** 213); auch ist keine Disziplinarmaßnahme zulässig, wenn er der Arbeit nicht nachkommt (*Klee* 263) oder sie zur Unzeit niederlegt. Wenn er schlecht oder unwirtschaftlich arbeitet, kann ihm der Anstaltsleiter — nicht der Richter (OLG Hamm GA **1970** 280) — die Arbeit entziehen. In seltenen Fällen kann, wenn

---

[43] OLG Bremen MDR **1963** 158; OLG Koblenz GA **1973** 157; OLG Stuttgart MDR **1981** 780; OLG Schleswig bei *Ernesti/Lorenzen* SchlHA **1982** 119; *Meyer* JR **1982** 169; *Kleinknecht/Meyer* 40.

[44] Ebenso *Schüler-Springorum* 256; **a.A.** – Heirat nur unter ganz besonderen Umständen mit der Ordnung vereinbar – BayObLG DRiZ **1932** 625.

er die Arbeit zur Unzeit niederlegt, **Schadenersatz** in Betracht kommen, wenn der Verhaftete mit seiner Zustimmung dringliche Arbeiten erhalten hat, vorher auf die Folgen hingewiesen worden ist, die entstehen, wenn er sie ohne zwingenden Grund nicht zu Ende führt, und wenn durch sein Verhalten ein Schaden entstanden ist.

Der Verhaftete hat **keinen Anspruch auf Arbeit.** Nimmt er an der allgemein einge- **110** führten Arbeit teil, muß er sie zu den Bedingungen annehmen, die der Staat ihm macht (Nr. 43 Abs. 3 UVollzO). Das gilt auch in bezug auf das Arbeitsentgelt. Dieses wird nach den gleichen Grundsätzen errechnet, die Nr. 43 in Verb. mit § 200 Abs. 1 StVollzG für die Bemessung des Arbeitsentgelts für Strafgefangene bestimmt (§ 177 Abs. 1 StVollzG, Nr. 43 Abs. 4 UVollzO). Das ist für einen Untersuchungsgefangenen noch unbefriedigender als für einen Strafgefangenen, doch darf nicht übersehen werden, daß Arbeit für Untersuchungsgefangene zu beschaffen besondere Schwierigkeiten macht. Andererseits darf er über sein Arbeitsentgelt frei verfügen, da von ihm kein Haftkostenbeitrag erhoben wird (vgl. *Callies/Müller-Dietz* § 177 StVollzG, 2).

Nach Nr. 54 Abs. 2 Satz 1 UVollzO hat der Verhaftete den **Haftraum zu reini-** **111** **gen.** Die Ansicht, das entspreche dem, was in Gemeinschaftsunterkünften üblich sei und könne daher nicht als Arbeitszwang gewertet werden (so *Eb. Schmidt,* Nachtr. I 37), ist nicht überzeugend. Dem als unschuldig geltenden Verhafteten wird mit der Einsperrung ein Sonderopfer auferlegt. Das darf nicht über den verfolgten Zweck hinausgehen. Mit dieser Begrenzung ist der Zwang, Arbeit zu leisten, sei sie auch geringfügiger Natur, nicht zu vereinbaren (*Klee* 266; *Hennerkes* 117). Art. 4 Abs. 3 Buchst. a MRK läßt zwar Arbeit zu, die „normalerweise" in der Haft verlangt wird, doch kann das nationale Recht gebieten, den mit der Konvention eröffneten Freiraum zu erweitern.

4. Selbstbeschäftigung. In den Grenzen, die sich aus Absatz 4 ergeben (Rdn. 102), **112** kann sich der Verhaftete selbst beschäftigen (Nr. 44 UVollzO). Er darf also in seinem Haftraum zeichnen, malen oder modellieren, aber, wenn das andere stört und die Kontrolle erschwert, keine Musik machen. Schriftstellerische Arbeiten (Prot. der StPKomm. I 117) stehen ihm stets frei. Ihre Versendung darf grundsätzlich nicht beschränkt werden. Ist ausnahmsweise Kontrolle erforderlich, kann die Versendung abgelehnt werden, wenn die Kontrolle wegen eines außergewöhnlichen Umfangs praktisch unmöglich ist, doch muß die Kontrollarbeit erbracht werden, wenn der Verhaftete den Ertrag seiner Arbeit für seine Familie oder für sich benötigt. Zu weitgehend und — weil mit dem Zweck der Nr. 44 UVollzO nicht mehr vereinbar — zumindest dann abzulehnen ist jedoch der Wunsch eines Untersuchungsgefangenen, der von Beruf Steuerberater ist, ihm zu gestatten, in seiner Zelle für einen Wirtschaftsprüfer Problemakten zu bearbeiten und anhand der einschlägigen Literatur zu votieren sowie Buchhaltungsarbeiten und Kontierungen durchzuführen, wenn damit ein erheblicher Aktenumlauf verbunden ist (OLG Hamburg MDR **1976** 1038 = JZ **1976** 490).

Zu allen schriftlichen Arbeiten, sowohl zu den ebengenannten wie zum Brief- **113** wechsel, darf der Verhaftete eine eigene oder eine selbst beschaffte **Schreibmaschine** gebrauchen, ohne ein besonderes Bedürfnis nachweisen zu müssen. Das darf ihm nur versagt werden, wenn im Einzelfall konkrete Anhaltspunkte dafür vorliegen, daß durch mißbräuchliche Benutzung der Maschine der Zweck der Untersuchungshaft oder die Ordnung in der Anstalt gefährdet wird (BVerfGE **35** 10 = NJW **1973** 1363; OLG Düsseldorf StrVert. **1982** 476). Zurückhaltung ist dagegen geboten in bezug auf die Benutzung von **Kassettenrecordern,** zumal da diese vielfältige Mißbrauchsmöglichkeiten eröffnen (OLG Karlsruhe MDR **1975** 72; OLG Hamm JMBlNRW **1974** 214 = OLGSt § 119 StPO, 103; OLG Düsseldorf NStZ **1984** 333). Gleichwohl wird einem Gefangenen der Gebrauch zu gestatten sein, wenn er ein berechtigtes Interesse (Sprachkurs,

Günter Wendisch

Fortbildungszweck) darlegt und nach der Persönlichkeit des Gefangenen ein Mißbrauch — notfalls durch bestimmte Auflagen — unwahrscheinlich erscheint (KK-*Boujong* 63; *Kleinknecht/Janischowsky* 413).

114   Die Hauptbeschäftigung der Verhafteten ist, wenn sie nicht arbeiten, das Lesen.
Dazu dürfen sie auf eigene oder fremde Kosten aus Büchereien, vom Verlag, von der
Post oder vom Buchhandel **Bücher und Zeitungen** beziehen, mit Genehmigung des
Richters auch aus ihrer häuslichen Bibliothek (Nr. 45 Abs. 2 bis 4 UVollzO). Es ist
selbstverständlich, daß **staatsfeindliche Schriften** (*Wagner* 2964) nicht erlaubt sind. Hat
die Zensur einer größeren Anzahl aufeinanderfolgender Nummern einer periodisch erscheinenden Zeitschrift deren staatsfeindlichen Charakter und damit ihre Eignung ergeben, die Anstaltsordnung zu stören, so bestehen keine Bedenken dagegen, diese Zeitschrift generell zumindest solange auszuschließen, wie für eine Änderung ihrer Zielsetzung keine Anhaltspunkte dargetan sind (OLG Hamm NJW **1977** 594; KG NJW **1979**
175; NStZ **1982** 175). Zwar kann ein Untersuchungsgefangener nur solchen Beschränkungen unterworfen werden, die im konkreten Fall unerläßlich sind, um die in Absatz 3
bezeichneten öffentlichen Interessen — hier: Nichtgefährdung der öffentlichen Ordnung — zu wahren (BVerfGE **35** 321 = NJW **1974** 28). Grundsätzlich ist daher — wie
das Bundesverfassungsgericht für den Fall des Empfangs von Briefen mit beleidigendem
Inhalt ausdrücklich feststellt — an dem grundrechtlichen Gebot der Einzelfallprüfung
festzuhalten (OLG Frankfurt MDR **1978** 594). Jedoch schließt dieser Grundsatz nicht
aus, eine Ausnahme für den Fall zuzulassen, wo dem Gefangenen regelmäßig erscheinende Schriften übersandt werden, deren Verfassungsfeindlichkeit offenkundig ist
(OLG Hamm aaO; KG aaO; **a.A.** OLG Frankfurt aaO), zumal wenn es dem Betroffenen unbenommen bleibt, die (generelle) Entscheidung des Richters im Einzelfall mit der
Behauptung anzufechten, daß die ursprüngliche Zielsetzung inzwischen entfallen sei.
— Von diesen Ausnahmen abgesehen ist keine Geschmacks- oder politische Zensur
statthaft (Prot. der StPKomm. I 117).

115   Die Lektüre von Büchern über „Sexualaufklärung" kann dem in Einzelhaftraum
gehaltenen erwachsenen Verhafteten ebensowenig verboten werden (OLG Nürnberg
MDR **1969** 501: zum Buch „Das Wunder der Liebe" von Oswalt Kolle) wie der Bezug
der St.-Pauli-Nachrichten oder anderer nicht strafbarer pornographischen Schriften
(OLG Hamburg NJW **1976** 985; OLG Koblenz MDR **1972** 342; KK-*Boujong* 46;
Kleinknecht/Janischowsky 410). Auch bei Postsendungen nicht strafbaren **pornographischen Inhalts** an einen Jugendlichen oder gar an einen Heranwachsenden dürfte kaum
eine Einschränkung zulässig sein (*Schneider* NJW **1974** 1207, es sei denn, daß besondere
Umstände in der Persönlichkeit des Beschuldigten eine solche Maßnahme rechtfertigen
(OLG Hamm NStZ **1981** 320)[45]. Angehalten werden können Bücher und Zeitschriften, wenn konkrete Anhaltspunkte dafür vorliegen, daß durch ins einzelne gehende **Berichte** über das Vorgehen **bei Ausbrüchen** die Ordnung in der Anstalt beeinträchtigt werden könnte (OLG Hamburg NJW **1965** 2361).

116   Zur Inhaltskontrolle (**a. A.** *Schmitt* 278; *Driewer* 207) und zur Kontrolle nach ver-
steckten Nachrichten dürfen die Schriften **durchgesehen** werden. Die Kontrolle kann

---

[45] **A.A.** OLG Stuttgart NJW **1974** 759; vgl.
auch OLG Hamburg JR **1974** 119; **1975** 74
mit Zustimmung *Peters;* in den letzteren Fällen wird angenommen, daß dem Richter im
Einzelfall eine dienstliche Tätigkeit zugemutet würde, die seine Menschenwürde verletze.

Die Entscheidungen übersehen, welche
dienstliche Tätigkeit dem Richter bei der
Verhandlung von Sexualdelikten „zugemutet" wird, ohne daß er auf den Gedanken
käme, sie ablehnen zu dürfen.

Anstaltsbeamten übertragen werden (OLG Oldenburg NJW 1964 215); das Anhalten selbst darf nur der Richter verfügen. Gerichtsberichte aus Tageszeitungen herauszutrennen wird weder durch den Haftzweck noch durch die Ordnung in der Anstalt gerechtfertigt (*Hennerkes* 107; *Schmidt-Leichner* NJW 1952 1309)[46]. Kein Rechtsgrund ist denkbar, aus dem es gestattet wäre, eine wissenschaftliche Zeitschrift anzuhalten, weil sie Kritik einer den Verhafteten betreffenden Gerichtsentscheidung enthält (Fall NJW 1964 1310, Umwelt und Recht Nr. 1).

Liegen mehrere Verhaftete in einem Raum, so dürfen sie sich durch **Spiele** (Brett- **117** spiele und sonstige Unterhaltungsspiele, auch Kartenspiele) unterhalten (OLG Bremen Rpfleger 1963 82). Das Spielen kann verboten werden, wenn es in Lärmen ausartet. **Glücksspiele** um Werte (Geld, Tabakwaren) sind **unerlaubt,** weil sie zur Abhängigkeit eines Verhafteten von einem anderen führen können, die zu ordnungswidrigem Verhalten des Abhängigen (Vermittlung von Nachrichten, Beschaffung von Alkohol im Außendienst) ausgenutzt zu werden pflegt. Die Möglichkeit, daß diese Gefahr eintritt, liegt nach den Anstaltsverhältnissen so nahe, daß sie einer konkreten Gefahr gleichzuachten ist.

Die **Selbstbeschäftigung** gehört zu den sinnvollen, dem Verhafteten zustehenden **118** Bequemlichkeiten. Das Kontrollpersonal muß zur Verfügung gestellt werden. Daher ist das Verbot, eigene Bücher zu benutzen, unzulässig, wenn Durchstechereien durch sachgemäße Überwachung begegnet werden kann (OLG Celle NJW 1951 676). Auch können Kartenspiele im Haftraum nicht mit der Begründung untersagt werden, daß Unterhaltungsräume und Personal für eine dauernde Überwachung nicht zur Verfügung ständen (OLG Bremen Rpfleger 1963 82).

Endlich muß bei der **Beleuchtung,** namentlich in Einzelräumen, der Lebensge- **119** wohnheit und Bequemlichkeit (Absatz 4) des Beschuldigten Rechnung getragen werden. Die in Nr. 54 Abs. 3 UVollzO auf rechtlich bedenkliche Weise dem Anstaltsleiter überlassene „Genehmigung", den Haftraum über die vorgeschriebene Zeit hinaus zu beleuchten, steht nicht in dessen Belieben (*Grunau* Nr. 54 UVollzO, 3; *Hennerkes* 137), sondern hat sich, auf jeden Fall im Einzelhaftraum, nach dem Verlangen des Verhafteten zu richten. Den Grundsatz der „Bequemlichkeit" hat auch der Richter zu beachten, der stets die Entscheidung des Anstaltsleiters ändern kann und ggf. muß.

Freilich findet die Überwachung auch ihre **Grenzen.** Die Beschäftigung mit **Kost-** **120** **barkeiten** (Briefmarken, Münzen, Graphik) kann, so sinnvoll sie wäre, nicht zugelassen werden, weil keine dauernde Überwachung gewährleistet werden kann (OLG Hamm MDR 1969 780), der Verhaftete auch, wenn er den Haftraum verläßt, sie jedesmal gegen Quittung bei der Verwahrstelle abgeben müßte (vgl. auch Nr. 53 Abs. 2 Satz 1 UVollzO).

5. Rundfunkempfang
a) Hörfunk. Der Verhaftete kann, was in einem modernen Vollzug selbstver- **121** ständlich ist, wenn er nicht getrennt gehalten werden muß, am **Gemeinschaftsrundfunk** und Fernsehempfang teilnehmen (Nr. 40 Abs. 1 UVollzO). **Einzelempfang** durch eigenes Rundfunkgerät ist vom Richter grundsätzlich, durch eigenes Fernsehgerät mit Zustimmung des Richters oder des Staatsanwalts in begründeten Ausnahmefällen (Nr. 40 Abs. 2 Satz 2 UVollzO), zu „gestatten" (vgl. Nr. 40 Abs. 2 Satz 1 UVollzO). Die Genehmigung zum Hör-, aber auch zum Fernsehempfang (Rdn. 124), ist nicht nur als Bequemlichkeit (Absatz 4), sondern als Ausfluß des Rechts auf Information dann zu erteilen,

---

[46] **A.A.** OLG Neustadt NJW 1952 1309; OLG Hamburg NJW 1965 2361.

Günter Wendisch

wenn die Ordnung in der Anstalt dadurch nicht beeinträchtigt wird (BVerfGE **15** 295 = NJW **1963** 755)[47]. Eine solche Beeinträchtigung scheidet aus, wenn der Verhaftete in einem Einzelhaftraum liegt, sein Gerät nicht zur Schlafenszeit und lediglich leise oder mit Kopfhörer betreibt und wenn sichergestellt ist, daß das Gerät nach seiner Bauart, ggf. nach besonderer Sicherung, nicht als Sender benutzt werden und mit ihm keine Nachrichten von Kleinsendern empfangen werden können (OLG Hamburg MDR **1973** 243; BayObLGSt **1973** 111 = MDR **1974** 59). Das ist gewährleistet, wenn ein Rundfunkgerät mit UKW-Anteil durch Verplomben oder gleichwertige Vorkehrungen gesichert wird (OLG Stuttgart MDR **1975** 164).

122   Das Gerät darf nicht deshalb versagt werden, weil der Verhaftete über **eingebaute Lautsprecher** ein von der Anstalt oder den Vertrauensleuten der Verhafteten ausgewähltes Programm empfangen kann[48]. Das Grundrecht aus Art. 5 Abs. 1 Satz 1 letzter Halbs. GG umfaßt die Entscheidungsfreiheit, aus welcher Quelle sich der Verhaftete unterrichten will (*Hucko* MDR **1969** 531); nur theoretisch mögliche Gefährdungen (OLG Frankfurt MDR **1970** 67) rechtfertigen es nicht, das Gerät zu verbieten.

123   Die Benutzung darf **untersagt** werden, wenn die konkrete Gefahr besteht, daß der Verhaftete **Nachrichten politischer Auftraggeber** oder von Hintermännern erhält (LG Flensburg SchlHA **1963** 192). Im allgemeinen ist es unwahrscheinlich, daß ein solcher Ausnahmefall gegeben ist. Er kann aber nach der Art des Delikts gegeben sein, z. B. wenn dem Verhafteten geheimdienstliche Tätigkeit für eine fremde Macht zur Last gelegt wird (weitergehend für Batteriefernsehgeräte BayObLGSt **1973** = JR **1974** 433).

124   **b) Fernsehen.** Aus den für den Rundfunk erörterten Gründen darf der Richter auch Nr. 40 Abs. 2 Satz 1 UVollzO nicht durch das Aufnahmeersuchen in eine richterliche Anordnung transformieren. Dieser Vorschlag sieht vor, dem Verhafteten Einzelempfang durch eigenes **Fernsehgerät** nicht zu gestatten. Doch gilt alles für den Hörfunk Gesagte in gleicher Weise für das Fernsehen[49]. Der Verhaftete ist frei, die Art seiner Information selbst zu bestimmen. Bestimmte Kommentarsendungen liefert ihm nur das Fernsehen. Das Fernsehgerät wird schon im normalen Leben weitgehend nicht als Bequemlichkeit, sondern als notwendiges Informationsmittel betrachtet. Um so weniger kann es dem Verhafteten als eine Bequemlichkeit abgelehnt werden.

---

[47] OLG Hamm MDR **1968** 515; OLG Frankfurt NJW **1971** 530; OLG Stuttgart MDR **1973** 1037; *Löffler* NJW **1964** 1103; *Schlüchter* 229.

[48] **A.A.** OLG Düsseldorf MDR **1973** 1038: Erlaubnis nur bei glaubhaft gemachten überdurchschnittlichem Interesse am Empfang mehrerer Programme.

[49] OLG Hamburg MDR **1969** 328; OLG Frankfurt NJW **1971** 2181; OLG Hamm GA **1972** 187; JMBlNRW **1973** 172; KG JR **1973** 24 = NJW **1973** 70; OLG Düsseldorf MDR **1981** 249; OLG München StrVert. **1981** 183; OLG Koblenz NStZ **1983** 331 (für Batteriegerät). **A.A.** OLG Karlsruhe NJW **1970** 211; Justiz **1973** 444; **1981** 21; OLG Koblenz (für Netzgerät) JR **1983** 434 mit zust. Anmerkungen *Grunau* = NStZ **1983** 332 mit krit. Anm. *Boujong;* OLG Frankfurt MDR **1970** 67: wegen Lebensgefährdung der Bediensteten durch Betriebsstrom; abgeschwächt NJW **1971** 2181; OLG Stuttgart Justiz **1971** 360: weil kein Kriterium für Mißbrauch zu finden (!); OLG Stuttgart MDR **1973** 1037 aus demselben Grund, sowie weil wegen verschiedenen Empfangs in verschiedenen Stockwerken Rügen zu erwarten seien, und wegen Gefährdung der Gleichheit der Verhafteten. Das OLG Düsseldorf will den grundsätzlich zulässigen Einzelempfang mittels eines Minifernsehers allerdings dann versagen, wenn ein zu groben Gewalttaten neigender Beschuldigter das Gerät als Waffe gegen Anstaltsbeamte verwenden könnte (GA **1977** 119). Wegen der verfassungsrechtlichen Zuständigkeit einer Einschränkung wegen Gefährdung der Sicherheit s. BVerfG NStZ **1983** 331.

6. Teilnahme an Sendungen. Der praktisch seltene Fall, daß der Verhaftete an **125** einer Sendung des Rundfunks teilnehmen will, ist allein nach Absatz 3, 4 zu beurteilen. Wenn er dazu in das Fernsehstudio ausgeführt werden will, wird das regelmäßig abzulehnen sein, weil keine wichtige und unaufschiebbare Angelegenheit (Rdn. 106) in Rede steht. Die Fernsehaufnahme in der Untersuchungshaftanstalt ist mit deren Ordnung grundsätzlich nicht zu vereinbaren (KK-*Boujong* 55). Denn wegen der Zahl der Beteiligten und der technischen Vorkehrungen ist ein hoher Personalaufwand erforderlich, der zu dem privaten Wunsch des Verhafteten außer Verhältnis steht. In der Regel wird daher nur ein Interview für den **Sprechfunk,** in der Zelle auf Recorder aufgenommen, in Betracht kommen. Dieses kann dem Verhafteten, ebenso wie etwa schriftstellerische Arbeit, nur versagt werden, wenn das der Haftzweck erfordert.

Das Oberlandesgericht Karlsruhe (das sich ohne die hier zu Rdn. 125 angestell- **126** ten Erwägungen mit der Teilnahme an einer **Fernsehsendung** befaßt) will die Teilnahme an einer Sendung verbieten, in der sich der Verhaftete zu den ihm vorgeworfenen Taten äußern will, bevor das in erster Instanz ergangene Urteil rechtskräftig ist (OLG Karlsruhe NJW **1973** 1921). Es erwägt, daß durch die Sendung die Wahrheitsfindung erschwert und die Rechtspflege gefährdet werden könnte. Zu Unrecht beruft sich das Gericht dabei auf BGHSt **2** 295. Dort werden gerade, wenn durch Publikationen eine Gefahr für die Rechtspflege entstehen könnte, prozessuale Maßnahmen verworfen und auf Vorkehrungen im Presserecht verwiesen. In der Tat könnte der vom Gericht angestrebte Erfolg, wenn man nicht den einfachen Gedankengängen der Rdn. 125 folgt, nur durch eine **Änderung des Presserechts** oder des § 174 GVG erreicht werden. Denn § 119 gestattet nur, auf den Zweck der Untersuchungshaft und die Ordnung in der Vollzugsanstalt Bedacht zu nehmen. Zweck der Untersuchungshaft ist, Wiederholungsgefahr, Flucht und Verdunkelung zu verhindern, wobei hier nur der letzte Zweck in Betracht kommt, den *Kohlhaas* (JR **1973** 211) in der Tat annimmt, freilich mit der Formel, daß Verdunkelungsgefahr „nicht auszuschließen sei". Das aber genügt nicht; das Gesetz fordert vielmehr den dringenden Verdacht von Verdunkelungshandlungen (§ 112 Abs. 2 Nr. 3). Ist sonach eine „nicht auszuschließende", daher nur mögliche, nicht aber konkrete Verdunkelungsgefahr nicht geeignet, die Teilnahme an Rundfunksendungen zu verbieten, so ist es der zur „Verwirklichung des legitimen Anspruchs der staatlichen Gemeinschaft auf vollständige und vorurteilsfreie Aufklärung der dem Beschuldigten angelasteten Taten" noch weniger. Ein darauf gegründetes Verbot dient keinem Zweck der Untersuchungshaft, nützt diese vielmehr zu einem **verfahrensfremden Zweck** aus, der gegenüber einem Beschuldigten, der auf freiem Fuß ist, nicht verwirklicht werden könnte.

7. Selbstbeköstigung. Der Verhaftete darf sich auf seine Kosten selbst verpflegen. **127** Dazu hat er, weil auch der hierzu erforderliche Verkehr mit der Außenwelt grundsätzlich der Kontrolle unterliegen muß, die Vermittlung der Anstalt in Anspruch zu nehmen. Nach Nr. 50 Abs. 2 Satz 2 Halbs. 2 UVollzO soll die Anstalt die Speisewirtschaft, von der das Essen bezogen wird, bestimmen. Diese Einschränkung geht zu weit. Grundsätzlich steht es dem Verhafteten frei, woher er sich von außen mit Kleidung, Bettzeug, Büchern, Zeitschriften, Tabak und auch Verpflegung versorgt (*Hennerkes* 130). Ein Lieferant kann nur dann ausgeschlossen werden, wenn ein konkreter Anhalt dafür besteht, daß er sich an Flucht- oder Verdunkelungshandlungen des Verhafteten beteiligt. Sonst kann dessen Bestimmung nur entgegengetreten werden, wenn bei einer sehr großen Anzahl von Lieferanten die technische Abwicklung nicht durchgeführt werden könnte. Das ist nicht zu erwarten, weil sich Verhaftete nur sehr selten das Essen kommen lassen.

Günter Wendisch

Unzulässig ist die Erwägung, daß die Belieferung durch nur eine Speisewirtschaft am einfachsten sei.

128   Gleichfalls durch Vermittlung der Anstalt kann der Beschuldigte Nahrungs- und Genußmittel kaufen (Nr. 51 Abs. 1 und 2 UVollzO), von den letzten namentlich **Tabakwaren.** Die in Nr. 51 Abs. 3 Satz 2 UVollzO vorgesehene Begrenzung des Verbrauchs durch die Hausordnung ist wirkungslos. Die Hausordnung ist kein Teil der Untersuchungshaftvollzugsordnung; sie wird daher nicht durch die richterliche Anordnung in dem Ersuchen um Aufnahme zum Vollzug Inhalt einer Beschränkung. Eine solche wäre ohnehin unzulässig (*Hennerkes* 130). Nicht nur in der Menge, auch in der Sorte der Tabakwaren darf der Verhaftete nicht beschränkt werden; dazu kann er sich von seinem Tabakhändler beliefern lassen, soweit nicht die in bezug auf die Speisewirtschaft erwogenen Ausnahmen vorliegen[50]. Die Einkaufsmöglichkeit darf vom Richter durch Disziplinarmaßnahmen **beschränkt** werden (Rdn. 53), aber keinesfalls „zum Ausgleich" für einen Paketempfang und niemals durch den Anstaltsleiter (OLG Düsseldorf NJW **1969** 150). Es ist nicht Sache der Behörden, für einen „gerechten Ausgleich" der wirtschaftlichen Verhältnisse in der Untersuchungshaftanstalt zu sorgen.

129   **Alkoholische Getränke** und andere berauschende Mittel sind verboten (Nr. 51 Abs. 3 Satz 1 UVollzO). Gegen das Verbot bestehen keine Bedenken, für den Alkohol deshalb, weil er in Deutschland nicht zur täglichen Nahrung gehört, sein Genuß auch erfahrungsgemäß geeignet ist, zu Störungen in der Anstalt zu führen[51]. Südländer, bei denen Wein zur täglichen Nahrung gehört, müssen nach ihren Sitten versorgt werden, Kranke nach Anordnung des Arztes. — Daß der Verhaftete vom Anstaltsleiter (!) zugelassene (!) **Kräftigungsmittel** sich nur mit Zustimmung des Anstaltsarztes beschaffen dürfe (Nr. 51 Abs. 1 UVollzO), ist eine unvertretbare Bestimmung.

130   **8. Arztwahl.** Der Verhaftete hat als Ausfluß der staatlichen Fürsorgepflicht (Rdn. 34) ein Recht auf ärztliche Betreuung (BGH —Z— MDR **1982** 463; OLG Frankfurt StVollzK **1966** Nr. 1, S. 11). Nach Nr. 56 Abs. 1 Satz 1 UVollzO obliegt die ärztliche Betreuung dem Anstaltsarzt und ist dem Beschuldigten nur gestattet, einen beratenden Arzt hinzuzuziehen (Nr. 56 Abs. 1 Satz 2 UVollzO) sowie sich von seinem eigenen Zahnarzt behandeln zu lassen (Nr. 56 Abs. 2 UVollzO). Der Vorschlag ist zu eng. Wenn es mit der Ordnung in der Anstalt vereinbar ist, die Behandlung durch den eigenen Zahnarzt zuzulassen, können auch der durch den eigenen Arzt keine Bedenken entgegenstehen, zumal da diese öfter als zahnärztliche Behandlung in der Vollzugsanstalt selbst wird durchgeführt werden können. Die Behandlung durch den Arzt des Vertrauens sollte daher stets zugelassen, dem Arzt sollte das gleiche Vertrauen wie dem Verteidiger entgegengebracht werden[52]. Das gilt besonders, wenn ein Verhafteter sich in rechtlich erlaubter Weise freiwillig entmannen lassen will (OLG Hamburg JZ **1963** 374; BGHSt **19** 201).

131   **9. Seelsorge.** Dem Verhafteten ist Gelegenheit zu geben, an gemeinschaftlichen Gottesdiensten und an anderen religiösen Veranstaltungen seines Bekenntnisses teilzu-

---

[50] **A.A.** – Verhafteter muß sich mit dem von der Anstalt bereitgehaltenen Sortiment begnügen – OLG Karlsruhe StVollzK **1967** Nr. 1, S. 9. Vgl. dagegen OLG Hamm NJW **1970** 291: Freie Wahl, wo sich der Verhaftete Entlassungskleidung versorgen will.

[51] *Klee* 267; **a.A.** – nur Beschränkung auf täglich einen halben Liter Wein oder entsprechende Mengen anderer alkoholischer Getränke gestattet – *Hennerkes* 131.

[52] *Judex* JR **1925** 920; *Wagner* **56**; *Eb. Schmidt* Nachtr. I 39; *Hennerkes* 133; vgl. auch *Molketin* ZfStrVO 1981 136 und KK-*Boujong* 76.

nehmen; auch das entspringt der staatlichen Fürsorgepflicht (Rdn. 34). Selbst wenn der Verhaftete aus der Kirche ausgetreten ist, kann ihm nicht verwehrt werden, sich an den Veranstaltungen seines früheren Bekenntnisses zu beteiligen (Nr. 47 Abs. 1 UVollzO). An Veranstaltungen eines ihm fremden Bekenntnisses darf er nicht nur teilnehmen, wenn er erwägt, sich diesem zuzuwenden, sondern auch dann, wenn dessen Seelsorger zustimmt (Nr. 47 Abs. 2 UVollzO). Die Verwaltung hat Vorkehrungen zu treffen, daß Gottesdienste und andere übliche religiöse Veranstaltungen (z. B. Bibelstunden) in der Untersuchungshaftanstalt abgehalten werden und daß für die Einzelseelsorge Geistliche zur Verfügung stehen. Einem römisch-katholischen Verhafteten muß die Möglichkeit eingeräumt werden, ohne Überwachung zu beichten (*Hennerkes* 91). Auch während des Vollzugs einer Hausstrafe darf der Verhaftete grundsätzlich nicht von der Teilnahme am Gottesdienst ausgeschlossen werden; ein solcher Ausschluß ist nur dann zulässig, wenn hinreichende Anhaltspunkte die Annahme rechtfertigen, der Verhaftete werde die Ordnung in der Anstalt gerade während des Gottesdienstes stören (OLG Bremen VollzD **1963** Nr. 6, S. 22 in bezug auf Strafgefangene). Die Verpflichtungen der Anstalt gelten indessen nur für die Hauptbekenntnisse; **religiöse Minderheiten** und Sekten müssen selbst für die Betreuung ihrer Anhänger sorgen. Dazu ist ihnen Zutritt zur Vollzugsanstalt zu gewähren (Nr. 48 Abs. 3 UVollzO; OLG Zweibrücken MDR **1975** 332).

VII. Zuständigkeit (Absatz 6)

1. Gericht. Die Anordnungen trifft grundsätzlich der Richter (Satz 1). Er ist stets **132** ein allein entscheidender Richter (§ 126, 25), nämlich im vorbereitenden Verfahren (§§ 158 bis 177) der Richter bei dem Amtsgericht, der den Haftbefehl erlassen hat oder dem die Zuständigkeit übertragen worden ist (§ 126 Abs. 1); nachdem die öffentliche Klage erhoben ist, der Vorsitzende des mit der Sache befaßten Gerichts (OLG Düsseldorf NJW **1982** 1471; Kammer ist funktionell unzuständig; *Schlüchter* 228; KK-*Boujong* 91); nachdem Revision eingelegt ist, desjenigen Gerichts, dessen Urteil angefochten ist (§ 126 Abs. 2 Satz 3 in Verb. mit Satz 1 und 2).

Der Vorsitzende kann einzelne Maßnahmen, die den Verhafteten nicht beschweren, **133** wie etwa die, Besuche zu genehmigen und beanstandete Briefe weiterzugeben, einem anderen Richter, meist dem **Berichterstatter überlassen,** der dann auch für ihn die Briefkontrolle ausüben darf (*Wagner* JW **1928** 2964). Entstehen Zweifel oder werden beschwerende Maßnahmen erforderlich, ist die Überlassung rückgängig zu machen. Wegen der Entscheidung durch das Gericht anstelle des Vorsitzenden s. § 126, 26.

Richterliche Anordnungen **vor Erlaß des Haftbefehls** werden kaum vorkommen, **134** sind aber in Eilfällen in bezug auf einen vorläufig Festgenommenen (Fesselung) nicht undenkbar. Alsdann ist der Richter zuständig, dem der Verhaftete nach §§ 128, 129 vorgeführt wird.

Für **Jugendliche** gelten grundsätzlich keine Besonderheiten, doch kann der zuständige Richter aus wichtigen Gründen die Entscheidungen, die die Untersuchungshaft betreffen, sämtlich oder zum Teil einem anderen Jugendrichter übertragen (§ 72 Abs. 5 **135** JGG). Das kommt vor allem dann in Betracht, wenn die Haftanstalt außerhalb des Bezirks des zuständigen Jugendrichters liegt (*Dallinger/Lackner* § 72, 14 JGG). Der Jugendrichter am Ort des Vollzugs als Vollzugsleiter (§ 90 Abs. 2 Satz 2 JGG) ist ein anderer Jugendrichter selbst dann, wenn der zuständige Richter seinen Sitz ebenfalls am Vollzugsort hat. Die Übertragung auf den Vollzugsleiter kann wegen der erzieherischen Gestaltung der Untersuchungshaft (§ 93 Abs. 2 JGG) notwendig werden.

Günter Wendisch

136　　Die richterliche Zuständigkeit für die Verhängung von Disziplinarmaßnahmen nach § 119 Abs. 3 und 6 besteht nur bei Ordnungsverstößen von Untersuchungshäftlingen. Verbüßt ein Gefangener Strafhaft in **Unterbrechung von Untersuchungshaft,** findet § 119 keine Anwendung. Der Gefangene ist Strafgefangener und wird nach der Dienst- und Vollzugsordnung behandelt. Disziplinarmaßnahmen verhängt nicht der Richter der Sache, in der die Untersuchungshaft unterbrochen worden ist, sondern der Anstaltsleiter (§ 105 Abs. 1 StVollzG)[53].

2. Staatsanwalt

137　　**a) Grundsatz.** Nach Nr. 3 Abs. 1 UVollzO kann der Richter, bis die öffentliche Klage erhoben ist, auf Antrag des Verhafteten dem Staatsanwalt überlassen, einzelne Maßnahmen, namentlich über den Verkehr mit der Außenwelt, anzuordnen, wenn sie den Verhafteten nicht beschweren. Voraussetzung dafür ist, daß dadurch das Verfahren beschleunigt, besonders vermieden wird, die Akten zu verschicken. Da die Behörden während der Untersuchungshaft mit jedem Tag geizen müssen, kommt dem Vorschlag erhebliche Bedeutung zu. Er ist auch mit § 119 Abs. 6 Satz 1 vereinbar[54]. *Kleinknecht* (532 r.Sp.) folgert das aus § 120 Abs. 3: Da der Staatsanwalt im vorbereitenden Verfahren den Beschuldigten freilassen könne, sei er auch befugt, solche Haftanordnungen zu treffen, die den Verhafteten nicht beschweren. Dem ist nicht zu folgen. Das Recht, von Untersuchungshaft abzusehen, verleiht nicht die Befugnis, Maßnahmen für deren Vollzug zu treffen, wie ja der Staatsanwalt den Beschuldigten auch nicht unter Anordnung von Maßnahmen (§ 116) entlassen kann, sondern nur entweder vorbehaltlos oder gar nicht. Der Ansicht ist aber aus anderen Erwägungen beizupflichten: Hat der Richter durch die Anordnung bei der Aufnahme (Nr. II des Aufnahmeersuchens) festgestellt, was dem Verhafteten erlaubt ist, dann ist es gleichgültig, wer feststellt, daß das grundsätzlich Erlaubte auch im Einzelfall unter die Erlaubnis fällt, wenn nur gesichert bleibt, daß die Entscheidung, etwas falle nicht darunter oder es müsse nach ursprünglicher Erlaubnis nunmehr eine Beschränkung eintreten, dem Richter vorbehalten bleibt. Das Gericht könnte auch anderen Stellen, etwa der Anstalt, überlassen festzustellen, daß eine begehrte Handlung unter das von ihm Erlaubte falle. Wenn die Landesjustizverwaltungen dem Gericht nicht jene, sondern nur die Staatsanwaltschaft zur Verfügung stellt, so ist das Gericht an diese Einschränkung gebunden, weil ihm keine Befehlsgewalt über die Anstaltsbeamten zusteht. Auf die Unverletzlichkeit des Briefgeheimnisses kann der Verhaftete verzichten und tut es mit seinem Antrag, die Kontrolle dem Staatsanwalt zu überlassen. Freilich muß ihm klar bewußt gemacht werden, daß er freiwillig der Staatsanwaltschaft Geheimnisse offenlegen will. In der Regel wird er das tun, weil der Umweg über die richterliche Briefkontrolle die Postbeförderung verzögern kann.

138　　**b) Voraussetzungen.** Die Staatsanwaltschaft ist nicht verpflichtet, die — nicht beschwerenden — Anordnungen zu erlassen. Denn dem Richter ist nicht das Recht eingeräumt, sie dem Staatsanwalt zu übertragen, sondern nur die mindere Befugnis, sie ihm zu überlassen. Überlassung setzt Bereitwilligkeit zur Übernahme voraus, ist also davon abhängig, daß die Staatsanwaltschaft zustimmt (LG Hannover NdsRpfl. **1962** 143;

---

[53] OLG Hamburg MDR **1965** 505; OLG Hamm JZ **1967** 185; KG GA **1982** 86; *Kleinknecht/Meyer* 30. Die Bemerkung des Bundesverfassungsgerichts (BVerfGE **34** 396), es sei verfassungsrechtlich nicht zu beanstanden, § 119 Abs. 3 auf einen Strafgefangenen anzuwenden, gegen den Überhaft notiert ist, enthält sich der prozessualen Beurteilung, läßt aber doch eine gewisse Distanzierung erkennen.

[54] **A.A.** LG Braunschweig NJW **1951** 85; *Hennerkes* 113; *v. Olshausen* JZ **1969** 465.

KK-*Boujong* 95). Der Staatsanwalt kann die Zustimmung verweigern oder widerrufen (**a. A.** — Widerruf unzulässig — LG Hannover aaO), etwa wenn er der Ansicht ist, das Verfahren werde durch die Überlassung nicht oder nicht mehr beschleunigt.

Die Untersuchungshaftvollzugsordnung macht die Überlassung gewährender Ent- **139** scheidungen auf die Staatsanwaltschaft von einem **Antrag des Verhafteten** abhängig (Nr. 3 Abs. 1 UVollzO). Nach den Ausführungen unter Rdn. 137 wäre ein Antrag oder eine Einwilligung des Beschuldigten nicht erforderlich; Ausnahmen, etwa für eine nichtrichterliche Briefkontrolle, könnten sich aus anderen als den hier angestellten Erwägungen ergeben. Die Frage kann aber auf sich beruhen. Denn die Übertragung nicht beschwerender Anordnungen ist, weil kein Zwang benötigt wird, keine Vollstreckung i. S. des § 36 Abs. 2 Satz 1. Alsdann hat der Richter keine Möglichkeit, die Staatsanwaltschaft in Anspruch zu nehmen, es sei denn, die Landesjustizverwaltung stellte sie ihm dazu zur Verfügung. Tut sie das, kann sie das Tätigwerden auch an Voraussetzungen knüpfen; an diese ist der Richter gebunden.

Beantragt der Beschuldigte, daß der Staatsanwalt die Briefkontrolle ausübe (Nr. 3 **140** Abs. 1 UVollzO), dann liegt darin zugleich die **Einwilligung,** daß der kontrollierende Beamte von dem Briefinhalt Kenntnis nimmt, nicht jedoch — weil dadurch in weiterem Umfang, als vom Antrag des Verhafteten gedeckt, in das Briefgeheimnis eingegriffen würde — daß er einen eingehenden, in fremder Sprache geschriebenen Brief einem Dolmetscher zum Übersetzen gibt. Das bleibt als neuer Eingriff allein dem Richter vorbehalten (*Waldschmidt* NJW **1972** 1631; **a. A.** LG Darmstadt NJW **1972** 1630).

Die Überlassung ist davon abhängig, daß durch sie das **Verfahren beschleunigt 141** wird (Nr. 3 UVollzO). Das wird regelmäßig der Fall sein, wenn sich die Akten bei der Staatsanwaltschaft befinden. Besondere Bedeutung kommt dieser Voraussetzung nicht zu. Hat der Beschuldigte den Antrag gestellt und sind sich Richter und Staatsanwalt einig, dann besteht, da nichtbeschwerende Anordnungen nicht angefochten werden können, keine Möglichkeit, die Frage der Beschleunigung zu prüfen. Einigen sie sich dagegen nicht, kommt es nicht zur Überlassung. Immerhin liegt eine den Staatsanwalt bindende Anordnung vor, die ihn ggf. zwingt, eine vom Verhafteten beantragte und ihm vom Gericht angebotene Überlassung abzulehnen, auf jeden Fall nach der Anklage.

3. **Dringende Fälle.** Für dringende Fälle werden der Staatsanwalt, der Anstaltslei- **142** ter und sonstige Beamte, unter deren Aufsicht der Verhaftete steht, ermächtigt, vorläufig Maßnahmen zu treffen (Satz 2). Während in dem unter Rdn. 137 beschriebenen Fall der Staatsanwalt vom Richter überlassene Befugnisse ausübt, handelt im Fall des Satzes 2 der Beamte aus eigenem Recht, in eigener Verantwortung und, soweit ein Ermessen stattfindet, nach seinem Ermessen. Da er nur hilfsweise zuständig ist, haben seine Verfügungen den Charakter nur vorläufiger Maßnahmen; sie können jedoch im Einzelfall zu endgültigen werden (Fesselung für die Dauer einer Stunde). Ein **dringender Fall** liegt vor, wenn eine Maßnahme erforderlich ist, um den Zweck der Haft oder die Ordnung in der Anstalt zu sichern, und wenn diese Ordnung oder der Haftzweck durch den Zeitverlust gefährdet wäre, der einträte, falls eine richterliche Entscheidung herbeigeführt würde. Da die Entschließung des Richters fernmündlich und u. U. auch außerhalb der Dienststunden eingeholt werden kann, wird für solche Anordnungen nur wenig Raum bleiben. Allgemeine Anordnungen, etwa Verhaftete nur gefesselt vorzuführen, sind danach ausgeschlossen (OVG Münster JMBlNRW **1965** 250). Dringende Fälle kommen namentlich in Betracht, wenn bei Meuterei und sonstigen Gewalttätigkeiten, bei erhöhter Fluchtgefahr besondere Sicherungsmaßnahmen (Nr. 62, 63 UVollzO) zu treffen sind. Ein dringender Fall ist nie denkbar in bezug auf Disziplinarmaßnahmen (OLG Celle NJW **1951** 676; OLG München NJW **1956** 316) und die Zwangsernäh-

Günter Wendisch

rung, wohl aber vorläufige Sicherungsmaßnahmen, wie etwa das Verlegen in einen Einzelhaftraum.

143   Der Ausdruck (andere) **Beamte** umfaßt die Beamten im staatsrechtlichen Sinne und Amtsträger, die damit betraut sind, Hoheitsaufgaben wahrzunehmen, gleichgültig ob sie auch im staatsrechtlichen Sinne Beamte sind. Hierzu zählen die Beamten des Vollzugsdienstes, u. U. aber auch der Arzt, selbst wenn er Vertragsarzt ist, Polizei- und Gerichtsbeamte bei Transporten und Ausführungen.

144   Der Ausdruck **Staatsanwalt** bezeichnet die Bundesanwälte, Staatsanwälte und Amtsanwälte (§ 142 Abs. 1 GVG). Die **Amtsanwälte** sind zur Anordnung nicht nur befugt, soweit sie nach den Anordnungen der Landesjustizverwaltungen über Organisation und Dienstbetrieb der Staatsanwaltschaft (OrgStA) zuständig sind, sondern in allen Sachen, die zur Zuständigkeit des Amtsgerichts (§ 24 GVG) gehören (§ 142 Abs. 2 GVG). Sie werden sich in Sachen, die ihnen nicht zugewiesen sind, einer Anordnung zu enthalten haben, wenn der Fall nicht so dringend ist, daß nicht nur kein Richter, sondern auch kein Staatsanwalt zu erlangen ist.

145   **4. Genehmigung.** Die Anordnungen der Beamten bedürfen der Genehmigung des Richters. Sie ist, dem Zweck der Bestimmung entsprechend, unverzüglich einzuholen. Nach dem Sinn der Vorschrift hat der Richter von Amts wegen nur solche Anordnungen zu genehmigen, die noch fortwirken, wenn er um die Genehmigung angegangen wird (Fesselung, Zwangsernährung). Diese Anordnungen macht er, indem er sie genehmigt, zu seinen eigenen.

146   Ist dagegen der Vollzug der Anordnung **abgeschlossen,** ehe der Richter von ihr Kenntnis erlangt hat, dann kommt es auf seine Genehmigung nur an, wenn der Beschuldigte die richterliche Entscheidung nachsucht. Denn das Gesetz räumt dem Beamten für den Notfall ein Handlungsrecht ein. Hat er davon Gebrauch machen müssen, kann daran der Umstand, daß eine Genehmigung erteilt oder versagt wird, nichts mehr ändern. Die richterliche Entscheidung ist nur bedeutsam, wenn der Beschuldigte ein Interesse daran hat, daß die Unrechtmäßigkeit der Verfügung des Beamten nachträglich festgestellt werde. Demzufolge kann sie der Verhaftete mit der Behauptung beantragen, die Anordnung des Beamten sei rechtswidrig gewesen (Rdn. 157; vgl. auch KK-*Boujong* 94). Dagegen ist für ein von Amts wegen veranstaltetes abstraktes Kontrollverfahren kein Raum. Aus der Fassung des Satzes 2 ist es nicht zwingend herzuleiten; dazu hätte es eingehender Vorschriften bedurft, wie sie für den Strafvollzug etwa § 28 Abs. 1 Satz 2 bis 4 EGGVG bietet. Da der Richter indessen den gesamten Vollzug der Untersuchungshaft, weil er für ihn verantwortlich ist, überblicken muß, sind ihm **Anordnungen** von Beamten auch dann **zur Kenntnis** zu bringen, wenn ihr Vollzug bereits abgeschlossen ist. Er nimmt sie dann lediglich zur Kenntnis[55]. Es bleibt ihm aber unbenommen, bei der Dienstaufsichtsbehörde des Beamten die Beanstandung des einzelnen Falles oder Richtlinien für künftige Fälle anzuregen.

147   **5. Meinungsverschiedenheiten.** Richter, Staatsanwalt und Anstaltsleiter verfolgen gemeinschaftlich das Ziel, die Untersuchungshaft ihrem Zweck entsprechend zu vollziehen und die Ordnung in der Anstalt zu wahren (Nr. 6 UVollzO). Gleichwohl sind Meinungsverschiedenheiten zwischen Richter und Anstaltsleiter nicht ausgeschlossen.

---

[55] **A.A.** – Richter muß von Amts wegen kontrollieren und (wem?) zum Ausdruck bringen, daß er die Maßnahme billige – *Kleinknecht* 532. Aber *Kleinknecht/Meyer* 48: Ist die Anordnung ... erledigt, so ist der Antrag überholt. Dann nur Anwendung von § 28 Abs. 1 Satz 2 (wahrscheinlich: 4) EGGVG; vgl. auch KG GA **1977** 148.

Sie werden im allgemeinen dadurch verhütet, daß der Richter keine Maßnahmen anordnet, die in solche Gebiete des inneren Anstaltsbetriebs eingreifen, die sinnvollerweise der Anstaltsleiter allein regeln muß (Rdn. 11). Befürchtet der Anstaltsleiter, daß eine richterliche Verfügung die Ordnung in der Anstalt gefährdet, so soll er sie erst durchführen, wenn der Richter trotz Gegenvorstellung darauf besteht. Auch kann der Anstaltsleiter bei der Staatsanwaltschaft anregen, Beschwerde einzulegen (Nr. 10 UVollzO; vgl. Rdn. 18).

6. Dauer. Die Zuständigkeit endet grundsätzlich mit der Untersuchungshaft **148** (OLG Hamm NJW **1953** 1933; OLG Hamburg MDR **1970** 163). Demzufolge kann, wenn der Verhaftete aus der Untersuchungshaft entlassen wird, ohne daß sich eine andere Untersuchungshaft oder Strafhaft unmittelbar an die Entlassung anschließt (OLG München NJW **1956** 316; KG JR **1964** 319)[56], wegen einer vorher begangenen Unregelmäßigkeit keine Maßregel mehr angeordnet (ein noch nicht abgesandter Brief angehalten, eine Disziplinarmaßnahme verhängt) und eine bereits ausgesprochene nicht mehr vollstreckt (OLG Hamburg GA **1962** 347) werden.

Ausnahmen ergeben sich für das Beschwerdegericht und für die Überführung in **149** den **Strafvollzug** (Rdn. 156). Mit diesem wird das bisher auf § 119 Abs. 3 beruhende Gewaltverhältnis, wenn auch nun auf der Grundlage des Strafvollzugsgesetzes, fortgesetzt. Das Gericht ist daher befugt, einen am letzten Tag der Untersuchungshaft abgegebenen Brief am ersten Tag der Strafhaft anzuhalten. Ebenso kann es wegen eines Verstoßes, den der Beschuldigte am Ende der Untersuchungshaft begangen hat, eine Disziplinarmaßnahme auch dann noch verhängen, wenn er inzwischen in Strafhaft überführt worden ist (BayObLGSt **23** 63; OLG München NJW **1956** 316; OLG Bremen NJW **1958** 472; KG JR **1964** 310). Eine alsdann oder kurz vor Beendigung der Untersuchungshaft verhängte Disziplinarmaßnahme kann auch in der Strafhaft noch vollstreckt werden[57]. **Zuständig** für die Entscheidung bleibt das zuletzt zuständige Haftgericht (OLG Hamburg — 1. StS — MDR **1970** 163).

Der **Leiter der Strafanstalt,** in die der frühere Untersuchungsgefangene überführt **150** worden ist, ist nicht befugt, nachträglich eine Disziplinarmaßnahme wegen des Verhaltens in der Untersuchungshaftanstalt zu erlassen. Tut er es gleichwohl, ist seine Verfügung im Verfahren der §§ 23 ff EGGVG als rechtswidrig aufzuheben. Das zuletzt zuständige Haftgericht entscheidet nach § 119 Abs. 3 und 4, nicht etwa nach §§ 102 ff StVollzG (OLG Bremen NJW **1958** 472). Danach kommt es bei einer Disziplinarmaßnahme darauf an, ob sie zur Aufrechterhaltung der Ordnung in der Untersuchungshaftanstalt erforderlich ist. Diese Notwendigkeit kann durch die Verlegung in die Strafanstalt entfallen sein, braucht es aber nicht (Beispiele: OLG Bremen NJW **1956** 72; **1957** 274).

Es ist selbstverständlich, daß wegen eines Verstoßes, der in **Strafhaft begangen 151** ist, nur die Strafanstalt eine Disziplinarmaßnahme verhängen kann. Zweifel können sich hierzu nur ergeben, wenn sich eine Untersuchungshaft zufolge Rechtskraft eines freiheitsentziehenden Urteils in Strafhaft verwandelt hat (§ 120, 45), der für die Untersuchungshaft zuständige Richter ohne Kenntnis davon geblieben ist und gegen den vermeintlichen Untersuchungsgefangenen eine Disziplinarmaßnahme wegen eines in

---

[56] Voraussetzung ist allerdings, daß sich der Zweck der vorher angeordneten Disziplinarmaßnahme durch den Übergang nicht erledigt hat (KK-*Boujong* 90; *Kleinknecht/ Meyer* 31).

[57] **A.A.** – nach Ende der Untersuchungshaft kann auch bei Überführung in Strafhaft keine Hausstrafe mehr verhängt werden – OLG Hamm NJW **1953** 1933; OLG Hamburg – 2 StS – MDR **1970** 163.

Günter Wendisch

Wirklichkeit schon in der Strafhaft begangenen Verstoßes verhängt hat. Dazu ist er nicht zuständig. Daß er von der Beendigung der Untersuchungshaft nichts weiß, ist unerheblich; die Zuständigkeit knüpft lediglich an objektive Merkmale an (OLG Bremen MDR **1966** 349).

VIII. Rechtsbehelfe und Rechtsmittel

152   **1. Dienstaufsichtsbeschwerde.** Gegen Maßnahmen und Verfügungen der Anstaltsbeamten ist die Dienstaufsichtsbeschwerde statthaft (Nr. 75 Abs. 2 UVollzO). Bei der allumfassenden Zuständigkeit des Gerichts wird sie, wenn sie auch stets zulässig bleibt, in der Regel nur in Betracht kommen, wenn weder der Haftrichter und das Beschwerdegericht, noch auch das Oberlandesgericht nach §§ 23 ff. EGGVG entscheiden kann. Das ist z. B. der Fall, wenn sich die Beanstandung nicht gegen Verfügungen und Maßnahmen richtet, sondern dagegen, daß richterliche Verfügungen gar nicht (OLG Hamm NJW **1965** 1544) oder unangemessen ausgeführt worden sind.

153   **2. Antrag auf richterliche Entscheidung** (Nr. 75 Abs. 1 UVollzO) ist gegeben gegen Verfügungen und Maßnahmen, die Beamte (Staatsanwalt, Anstalts-, Polizei-, Gerichtsbeamte) in dringenden Fällen (Rdn. 184) getroffen haben, oder die der Staatsanwalt als angeblich begünstigende kraft Überlassung (Rdn. 137) vorgenommen hat. Es entscheidet der zu Rdn. 132 genannte Richter, bei Kollegialgerichten der Vorsitzende. Dieser kann auch angerufen werden, wenn der Berichterstatter Entscheidungen kraft Überlassung als angeblich begünstigende getroffen hatte (Rdn. 133). Bei Entscheidungen des Vorsitzenden hat der Betroffene, da der Vorsitzende aus eigener Zuständigkeit und nicht für das Gericht entscheidet, nicht die Möglichkeit, das Gericht anzugehen, muß vielmehr unmittelbar das Beschwerdegericht anrufen (§ 304 Abs. 1). Wegen der **Erledigung** des Antrags gilt das bei der Beschwerde Ausgeführte (Rdn. 156).

154   **3. Beschwerde.** Den Beteiligten steht gegen die Verfügungen des Richters die Beschwerde zu (§ 304 Abs. 1)[58]. Die Beschwerde ist auch statthaft, wenn die Verfügung vom Vorsitzenden eines erkennenden Gerichts (§ 305) erlassen worden ist, weil die auf die Untersuchungshaft bezüglichen Entscheidungen in keinem Zusammenhang mit der Urteilsfällung stehen. Die Beschwerde ist unstatthaft gegen Verfügungen (darunter fallen auch „Beschlüsse" des Ermittlungsrichters) der Strafsenate, auch wenn das Oberlandesgericht im ersten Rechtszug zuständig ist (§ 304 Abs. 4; BGHSt **26** 270; *Schlüchter* 230). Im letzten Fall ist die Beschwerde zwar zulässig gegen Verfügungen, die die Verhaftung betreffen (§ 304 Abs. 4 Nr. 1). Das ist aber bei Maßnahmen nach § 119 Abs. 6 nicht der Fall (Rdn. 158). Die Fesselung in der Hauptverhandlung fällt nicht unter § 119 (Rdn. 65).

155   **Beschwerdeberechtigt** sind der Verhaftete, sein Verteidiger, jedoch nicht gegen den ausdrücklichen Willen des Beschuldigten (§ 297), der gesetzliche Vertreter (§ 298 Abs. 1)[59] und der Staatsanwalt (§ 296). Eine Beschwer des Nebenklägers (§ 397 Abs. 1 in Verb. mit § 390 Abs. 1 Satz 1) ist nicht denkbar. Dagegen kann ein Dritter (§ 304 Abs. 2), der etwa durch die Ablehnung des Besuchs- (BayObLGSt **8** 393) oder Schrift-

---

[58] Wird die Entscheidung des Vorsitzenden einer Strafkammer angefochten, entscheidet auch in Bayern das Oberlandesgericht, nicht das Bayerische Oberste Landesgericht (Bay.

ObLGSt. **1954** 119 = NJW **1955** 233).
[59] **A.A.** – gesetzlicher Vertreter hat kein Beschwerderecht – *Eb. Schmidt* Nachtr. I 46.

verkehrs (OLG Hamburg JVBl. **1969** 11; OLG Hamm MDR **1969** 161) betroffen wird, sich der Beschwerde bedienen (BGHSt **27** 175)[60]. Hierunter fällt jedoch nicht der **Anstaltsleiter**. Er ist, weil er von der Entscheidung nicht berührt wird, von ihr nicht betroffen i. S. des § 304 Abs. 2[61]. Freilich hat die Staatsanwaltschaft Anregungen des Anstaltsleiters, eine Beschwerde einzulegen, stets sorgfältig zu prüfen.

4. Nach der Untersuchungshaft. Endet die Untersuchungshaft, so wird eine Beschwerde grundsätzlich hinfällig (BVerfGE **9** 161 = NJW **1959** 431; OLG Karlsruhe NStZ **1984** 184). Sie bleibt jedoch wirksam, wenn die Entscheidung fortwirkt (KK-*Boujong* 101; KMR-*Müller* 39). Das ist der Fall, wenn der Untersuchungsgefangene anschließend an die Untersuchungshaft in Strafhaft genommen wird und eine Verfügung noch unerledigt, z. B. ein Brief noch angehalten, eine Disziplinarmaßnahme noch nicht vollstreckt ist. Alsdann ist über die Beschwerde noch zu entscheiden[62], und zwar nach § 119 Abs. 3 und 4 und nicht nach §§ 109 ff. StVollzG, so daß z. B. ein zu Unrecht zurückgehaltener Brief selbst abzusenden ist, wenn er nunmehr nach dieser beanstandet werden könnte (OLG Bremen NJW **1958** 472).   **156**

Außerdem ist über die Beschwerde nach Beendigung der Untersuchungshaft auch dann noch zu entscheiden, wenn der Beschuldigte an der Entscheidung noch ein **rechtliches Interesse** hat. Das kann z. B. darin liegen, daß er im Hinblick auf eine künftige Entlassung aus einer im Anschluß an die Untersuchungshaft vollstreckten Strafe (§ 57 StGB) nicht als disziplinarisch bestraft gelten möchte (vgl. § 28 Abs. 1 Satz 4 EGGVG). Alsdann steht der Entscheidung auch nicht entgegen, daß die Verfügung bereits vollstreckt, eine Disziplinarmaßnahme etwa verbüßt ist (OLG Hamm HRR **1928** 98; *Kleinknecht* 532; *Röhl* 67).   **157**

5. Weitere Beschwerde findet nicht statt, weil die vom Beschwerdegericht erlassenen Beschlüsse nicht die Verhaftung betreffen, sondern die Art und Weise, wie die Untersuchungshaft vollzogen wird (BGHSt **26** 270)[63]. Der Grund der Ausnahmebestimmung des § 310 Abs. 1 ruht in der Bedeutung, die der Entziehung der persönlichen Freiheit innewohnt (*Hahn* 1 249; BayObLGSt **26** 178). Die Erwägung, daß die Untersuchungshaft ein tiefer Eingriff ist, rechtfertigt es nicht, daraus die Folgerung zu ziehen, daß auch Entscheidungen über die Art und Weise des Vollzugs der Haft entgegen dem Gesetzeswortlaut der weiteren Beschwerde zugänglich wären (OLG Hamburg GA **1966** 187).   **158**

6. Antrag nach § 23 Abs. 1 EGGVG. Nach § 23 Abs. 1 Satz 2 EGGVG kann gegen Anordnungen, Verfügungen und sonstige Maßnahmen der Vollzugsbehörden im Vollzug der Untersuchungshaft Antrag auf gerichtliche Entscheidung (§ 24 Abs. 1 EGGVG) des Oberlandesgerichts (§ 25 Abs. 1 EGGVG) gestellt werden. Die Vorschriften der §§ 23 ff EGGVG gelten jedoch nur subsidiär, wenn keine sonstige strafprozessuale Möglichkeit besteht, eine gerichtliche Entscheidung zu erlangen. Das ist bei Ent-   **159**

---

[60] **A.A.** OLG Hamburg MDR **1976** 686.

[61] *Klee* 273; *Schweichler* GA **55** (1908) 282; KK-*Boujong* 100; KMR-*Müller* 38; zu dem Begriff des Betroffenen s. § 35 Abs. 1, § 35 a, § 98 Abs. 2 Satz 1 und 2, § 100 b Abs. 2 Satz 2, § 107 Abs. 1 Satz 1, § 110 Abs. 1, § 111 c Abs. 6.

[62] OLG Hamm NJW **1953** 1933; OLG Mün-

chen NJW **1956** 317; KG JR **1964** 310; OLG Karlsruhe Justiz **1977** 22; NStZ **1984** 184; KK-*Boujong* 101; KMR-*Müller* 39.

[63] BayObLG DRiZ **1929** 450; OLG Nürnberg HESt. **2** 87; KK-*Boujong* 102; KMR-*Müller* 40; *Röhl* 67; ausführlich dazu § 116, 37 ff; **a.A.** *Eb. Schmidt* Nachtr. I 47; *Peters* § 47 A VI; *Schorn* JR **1967** 451.

scheidungen, die sich auf die Untersuchungshaft beziehen, fast stets (weitergehend *Röhl* NJW **1960** 416) der Fall.

160　　Der Antrag auf gerichtliche Entscheidung kann daher nur in bezug auf **Maßnahmen der Anstaltsleitung** angebracht werden, die der Richter nicht abstellen kann. In Betracht kommen insoweit: Die Regelung finanzieller Ansprüche des Verhafteten an den Staat (OLG Hamburg NJW **1967** 168); die Größe und Einrichtung der Unterkunftszellen; die Art ihrer Ausgestaltung, namentlich von Sprechzellen mit Trennscheiben (KG GA **1979** 340); Güte, Menge und Zubereitung der Anstaltsverpflegung; Zu- und Verteilung von Gefangenenarbeit (OLG Zweibrücken StVollzK **1967** Nr. 6 S. 10) sowie die in Rdn. 11 aufgeführten Maßnahmen. Dem Antrag auf gerichtliche Entscheidung nach § 23 EGGVG unterliegen darüber hinaus Anordnungen über sonstige organisatorische Maßnahmen zur Ausgestaltung der Untersuchungshaft wie z. B. die Festlegung von Gewichtsgrenzen für eingehende Pakete durch die Anstaltsleitung (OLG Hamm NStZ **1982** 134); das Verlangen der Anstaltsleitung, die Besuchserlaubnis des Verteidigers von einer vorherigen (Dauer-) oder einzelnen Sprecherlaubnis des Haftrichters abhängig zu machen (OLG Frankfurt AnwBl. **1982** 35); die Weigerung, einem Verteidiger allgemein den Zutritt zur Vollzugsanstalt zum Besuch von Untersuchungsgefangenen zu gestatten (OLG Saarbrücken NJW **1978** 1447) oder sie von einer zusätzlichen Voraussetzung (Durchsuchung des Verteidigers) abhängig zu machen (KG NJW **1971** 476 = JR **1971** 297)[64].

161　　Der **Rechtsweg nach § 23 EGGVG** ist immer dann zulässig, wenn er sich gegen eine Anordnung richtet, die *allgemein* der Aufrechterhaltung der Sicherheit und Ordnung in der Anstalt dient (BGHSt **29** 135)[65]; er ist unzulässig, wenn Beschränkungen in bezug auf *bestimmten* Untersuchungsgefangenen in Rede stehen (BGH NJW **1973** 1657; KG GA **1977** 149); wenn die Durchführung der Trennungsvorschriften des § 119 Abs. 1 und 2 in Frage steht (OLG Frankfurt NJW **1967** 693) oder wenn die Beschränkung des zusätzlichen Lebensmitteleinkaufs eines Untersuchungsgefangenen gerügt wird (OLG Oldenburg NJW **1979** 731). Für diese Fälle gilt ausschließlich § 119 Abs. 6. Der Antrag nach §§ 23 ff EGGVG steht dem Verhafteten auch dann nicht zur Verfügung, wenn die Anstalt ihn dem Arzt nicht vorführt oder von diesem angeordnete Maßnahmen nicht durchführt (wegen der Beilegung von Meinungsverschiedenheiten s. Rdn. 147) oder dem Wunsch des Verhafteten, von einem weiteren Arzt behandelt zu werden, nicht stattgibt (OLG Hamburg NJW **1962** 1930 = VollzD **1962** Nr. 6, S. 19). Gewährt aber der Arzt keine oder eine vorgeblich falsche Behandlung, dann versagen die Möglichkeiten des Absatzes 6. Für diesen Fall steht dem Beschuldigten der Antrag nach § 23 EGGVG offen[66].

162　　7. Die **Revision** kann auf eine Verletzung des § 119 in Verb. mit §§ 336, 337 gestützt werden (zustimmend *Schlüchter* 230). Sie wird jedoch regelmäßig erfolglos sein, weil der Angeklagte in der Hauptverhandlung die Rechte ausüben kann, an deren Gebrauch ihn Beschränkungen in der Untersuchungshaft gehindert haben. Ggf. ist die Hauptverhandlung dazu auszusetzen und dem Angeklagten ein Verteidiger zu bestellen, wenn er selbst wegen Verdunkelungsgefahr im Schriftwechsel beschränkt werden muß.

---

[64] *Hanack* JR **1971** 274 will den Rechtsweg nach §§ 23 ff EGGVG dann eröffnen, wenn der Antragsteller mit diesem Antrag für die Abwehr möglicher Verletzungen seiner Rechte im Ergebnis mehr erreichen kann als mit einer haftrichterlichen Entscheidung.

[65] Auf Vorlagebeschluß des OLG Hamm NJW **1979** 1624.

[66] OLG Hamburg NJW **1963** 2388; **1982** 2133; OLG Frankfurt StVollzK **1966** Nr. 1, S. 11; *Müller-Dietz* VollzD **1967** Nr. 3; *Schlüchter* 228.

Die **Fesselung in der Hauptverhandlung** ist nicht nach § 119 Abs. 5 Satz 2 zu beur- **163** teilen; sie ist eine Maßregel der äußeren Verhandlungsleitung nach § 231 Abs. 1 Satz 2 (BGH NJW 1957 271). Das Reichsgericht hatte eine Verletzung des § 116 Abs. 4 Satz 2 (jetzt § 119 Abs. 5 Satz 2) schon deshalb verneint, weil die Bestimmung nur eine Ordnungsvorschrift sei (RGSt 54 206).

IX. Unmittelbarer Zwang

1. Grundlage. Der unmittelbare Zwang in der Untersuchungshaft ist im **Strafvoll-** **164** **zugsgesetz** geregelt. Die für den Vollzug wichtigsten Bestimmungen sind nachstehend abgedruckt, einige Paragraphen nur teilweise.

§ 178

(1) Die §§ 94 bis 101 über den unmittelbaren Zwang gelten nach Maßgabe der folgenden Absätze auch für Justizvollzugsanstalten außerhalb des Anwendungsbereichs des Strafvollzugsgesetzes (§ 1).

(2) Beim Vollzug der Untersuchungshaft und der einstweiligen Unterbringung nach § 126 a der Strafprozeßordnung bleibt § 119 Abs. 5 und 6 der Strafprozeßordnung unberührt.

§ 94

(1) Bedienstete der Justizvollzugsanstalten dürfen unmittelbaren Zwang anwenden, wenn sie Vollzugs- und Sicherungsmaßnahmen rechtmäßig durchführen und der damit verfolgte Zweck auf keine andere Weise erreicht werden kann.

§ 95

(1) Unmittelbarer Zwang ist die Einwirkung auf Personen und Sachen durch körperliche Gewalt, ihre Hilfsmittel und durch Waffen.

(2) Körperliche Gewalt ist jede unmittelbare körperliche Einwirkung auf Personen oder Sachen.

(3) Hilfsmittel der körperlichen Gewalt sind namentlich Fesseln.

(4) Waffen sind die dienstlich zugelassenen Hieb- und Schußwaffen sowie Reizstoffe.

§ 96

(1) Unter mehreren möglichen und geeigneten Maßnahmen des unmittelbaren Zwanges sind diejenigen zu wählen, die den Einzelnen und die Allgemeinheit voraussichtlich am wenigsten beeinträchtigen.

(2) Unmittelbarer Zwang unterbleibt, wenn ein durch ihn zu erwartender Schaden erkennbar außer Verhältnis zu dem angestrebten Erfolg steht.

Nicht abgedruckt sind § 97: Handeln auf Anordnung; § 98: Androhung des unmittelbaren Zwangs; § 99: Allgemeine und § 100: Besondere Vorschriften über den Schußwaffengebrauch. § 101 befindet sich bei der Kommentierung der Heilbehandlung (Rdn. 170).

2. Nicht abgedruckte Vorschriften. § 99 Abs. 1 StVollzG läßt den Schußwaffenge- **165** brauch in zwei Fällen zu: (1) wenn andere Maßnahmen des unmittelbaren Zwangs erfolglos waren; (2) wenn sie keinen Erfolg versprechen. Er ist nach Absatz 2 auf den Zweck beschränkt, andere angriffs- oder fluchtunfähig zu machen. Nach Absatz 3 ist er vorher anzudrohen, doch darf ohne Androhung geschossen werden, wenn das erforderlich ist, eine gegenwärtige Gefahr für Leib und Leben abzuwenden. Im letzten Fall ist vor allem an **Geiselnahme** gedacht (BTRAusschBer. BTDrucks. 7 3998, S. 36 r.). Der Gebrauch von Schußwaffen ist durch einen geschlossenen Katalog (Waffenführung,

Günter Wendisch

Meuterei, Flucht) streng beschränkt (§ 100 StVollzG), doch werden andere Vorschriften, z. B. **Notwehr** nicht ausgeschlossen (BTDrucks. 7 3998, S. 36 r.) — Wegen § 98 StVollzG s. Rdn. 167.

166   **3. Voraussetzungen.** Nach § 94 Abs. 1 letzter Halbs. StVollzG ist unmittelbarer Zwang **das letzte Mittel,** um einen Gefangenen zu ordnungsgemäßem Verhalten zu veranlassen (BTDrucks. 7 3998, S. 36 l.). Dabei ist der Ausdruck „ordnungsgemäßes Verhalten" mißverständlich (Rdn. 168). Unter mehreren Maßnahmen ist nach dem **Grundsatz der Verhältnismäßigkeit** die zu wählen, die den Verhafteten **am wenigsten beeinträchtigt** (§ 96 Abs. 1 StVollzG) und der unmittelbare Zwang unterbleibt ganz, wenn ein durch ihn zu erwartender Schaden außer Verhältnis zu dem angestrebten Erfolg steht.

167   Unmittelbarer Zwang ist im allgemeinen vorher **anzudrohen.** Die Androhung darf nur unterbleiben, wenn die Umstände sie nicht zulassen oder der Zwang sofort angewendet werden muß, um eine rechtswidrige Tat i. S. des § 11 Abs. 1 Nr. 5 StGB zu verhindern oder eine gegenwärtige Gefahr (§ 98 StVollzG), beim Gebrauch von Schußwaffen, wenn das erforderlich ist, um eine gegenwärtige Gefahr für Leib oder Leben abzuwenden (§ 99 Abs. 3 letzter Halbs. StVollzG).

168   **4. Anwendungsfälle.** Die Wendung im Bericht des Rechtsausschusses, unmittelbarer Zwang sei ein Mittel, um einen Gefangenen zu ordnungsgemäßem Verhalten zu veranlassen (Rdn. 166), ist in dieser Form selbst dann ungenau (aber auch nicht Inhalt des Gesetzes), wenn man die Einschränkung beachtet, er sei unzulässig, wenn die Durchführung einer Vollzugsmaßnahme auf andere Weise erreicht werden kann. Wirft der Verhaftete Papier oder Unrat auf den Fußboden des Zellengangs und weigert er sich, dem Befehl nachzukommen, es aufzuheben, kann die Durchführung dieses Befehls auf keine andere Weise als durch unmittelbaren Zwang erreicht werden. Trotzdem ist dieser unzulässig und sind nur Disziplinarmaßnahmen erlaubt, selbst wenn der „Schaden" (zwangsweise auf den Boden drücken) gering wäre und die Anwendung des § 96 Abs. 2 StVollzG zweifelhaft sein könnte. Denn dem Sinn dieser Vorschrift ist zu entnehmen, daß eine mit unmittelbarem Zwang durchzusetzende Vollzugsmaßnahme nicht auf die rein äußerliche „gute Ordnung" gerichtet werden darf, sondern nur auf diejenige Ordnung in der Vollzugsanstalt, die unerläßlich ist, um den Anstaltsbetrieb in seiner Struktur aufrechtzuerhalten.

169   Danach kommt unmittelbarer Zwang vor allem in **Betracht** bei Flucht, Fluchtversuch, Meuterei; Angriff auf Vollzugsbedienstete und Mitgefangene; bei Befehlsverweigerung, wenn der Befehl nicht nur der guten Ordnung wegen, sondern aus zwingenden Gründen (Niederlegen von Waffen, Auseinandergehen mehrerer Verhafteter, aber auch Beendigung des Hofgangs, Rückkehr in den Haftraum) befolgt werden muß und ohne unmittelbaren Zwang nicht befolgt wird. Besondere Bedeutung kommt dem unmittelbaren Zwang zu, wenn der Verhaftete sich der Verlegung in einen anderen Haftraum (etwa um Verbindung unter Tatgenossen zu verhindern) oder in einen besonders gesicherten Haftraum (Nr. 63 Abs. 1 Nr. 9 UVollzO) widersetzt.

X. Zwangsbehandlung

170   **1. Grundlage.** Nach § 178 Abs. 1 StVollzG (Rdn. 164) gilt für Zwangsmaßnahmen auf dem Gebiet der Gesundheitsfürsorge dessen

§ 101

(1) [1]Medizinische Untersuchung und Behandlung sowie Ernährung sind zwangsweise nur bei Lebensgefahr, bei schwerwiegender Gefahr für die Gesundheit des Gefangenen oder bei Gefahr für die Gesundheit anderer Personen zulässig; die Maßnahmen müssen für die Beteiligten zumutbar und dürfen nicht mit erheblicher Gefahr für Leben oder Gesundheit des Gefangenen verbunden sein. [2]Zur Durchführung der Maßnahmen ist die Vollzugsbehörde nicht verpflichtet, solange von einer freien Willensbestimmung des Gefangenen ausgegangen werden kann, es sei denn, es besteht akute Lebensgefahr.

(2) Zum Gesundheitsschutz und zur Hygiene ist die zwangsweise körperliche Untersuchung außer im Falle des Absatzes 1 zulässig, wenn sie nicht mit einem körperlichen Eingriff verbunden ist.

(3) Die Maßnahmen dürfen nur auf Anordnung und unter Leitung eines Arztes durchgeführt werden, unbeschadet der Leistung erster Hilfe für den Fall, daß ein Arzt nicht rechtzeitig erreichbar und mit einem Aufschub Lebensgefahr verbunden ist.

Die Zwangsmaßnahmen in der Gesundheitsfürsorge sind **Maßnahmen des unmit-** **171** **telbaren Zwangs.** Danach gilt § 94 Abs. 1 letzter Halbs. StVollzG („und der damit verfolgte Zweck auf keine andere Weise erreicht werden kann") ebenso wie der Grundsatz der Verhältnismäßigkeit (§ 96 StVollzG; Rdn. 164) und das Gebot, den Zwang vorher anzudrohen, wenn die Behandlung nicht angewendet werden muß, um eine gegenwärtige Gefahr abzuwenden (§ 98 letzter Halbs. StVollzG). Bei der Gesundheitsfürsorge kann die Androhung wohl nur bei einem bewußtlosen Verhafteten unterbleiben.

2. Arten der Zwangsbehandlung

a) **Untersuchung.** § 101 StVollzG spricht in Absatz 1 von der medizinischen und **172** in Absatz 2 von der körperlichen Untersuchung. Die Annahme, die letzte wäre die äußerliche Untersuchung des Körpers und seiner Höhlen, die nicht mit einem körperlichen Eingriff verbunden ist, wäre unzutreffend. Das Verbot des körperlichen Eingriffs dient nur der Abgrenzung des Gesundheitsschutzes und der Hygiene von der Heilbehandlung, begründet aber keinen terminologischen Unterschied. Vielmehr ergeben die Worte „außer im Falle des Absatzes 1", daß auch die dort genannte „medizinische Untersuchung" eine „körperliche Untersuchung" ist. Da aber die körperliche Untersuchung des Absatzes 2 dem Gesundheitsschutz und der Hygiene dient, ist wiederum auch sie eine heilkundliche, eine medizinische Untersuchung. Beide Begriffe sind also ärztliche, zumindest ärztlich geleitete (§ 101 Abs. 3 StVollzG) Untersuchungen (allein) auf dem Gebiet der Gesundheitsfürsorge.

b) **Behandlung.** § 101 StVollzG ergänzt § 56 StVollzG. Nach dieser Vorschrift ist **173** für die körperliche und geistige Gesundheit des Gefangenen zu sorgen (Absatz 1); dieser hat die notwendigen Maßnahmen zum Gesundheitsschutz und zur Hygiene zu unterstützen (Absatz 2). § 56 StVollzG, und damit besonders dessen Absatz 2 gelten nicht für den Untersuchungsgefangenen, doch kann die Gesundheitsfürsorge für diesen im Grundsatz nicht geringer als für den Strafgefangenen sein, wenn man von den wohl nur in einem längeren Strafvollzug notwendigen Maßnahmen zur Früherkennung von Krankheiten (§§ 57, 59 StVollzG) und von der nur bei Verurteilten sinnvollen ärztlichen Behandlung zur sozialen Eingliederung (§ 63 StVollzG) absieht. Faßt man unter diesem Gesichtspunkt § 56 Abs. 1, § 58, § 61 StVollzG als maßgeblich für den Begriff der medizinischen Behandlung ins Auge, so umfaßt er **jede ärztliche Maßnahme,** die für die körperliche und geistige Gesundheit erforderlich ist. Die notwendigen Einschränkungen sind aus § 94 letzter Halbsatz, § 96 StVollzG (Rdn. 164) und aus den in § 101 StVollzG aufgeführten Voraussetzungen zu gewinnen.

Günter Wendisch

3. Voraussetzungen

174   **a) Gefahr.** In § 101 Abs. 1 Satz 1 StVollzG wird zweimal das Wort Gefahr verwendet, einmal als Zulässigkeitsgrund, dann als Unzulässigkeitsgrund der Behandlung. Gefahr ist die hohe Wahrscheinlichkeit des schädlichen Erfolgs, der nach den Gesetzen der Kausalität und der Lebenserfahrung zu erwarten ist (RGSt **6** 387; **66** 100; BGH NJW **1951** 769). Bei § 112 ist als Inhalt des nicht überall gleichmäßig auszulegenden Begriffs eine hohe Wahrscheinlichkeit des Erfolgseintritts gefunden worden, die stets höher sein muß als die, daß der Erfolg ausbleibt (§ 112, 29). Weil ärztliche Zwangsmaßnahmen „mit erheblichen Eingriffen in die Persönlichkeitssphäre des Gefangenen verbunden sind" (BTDrucks. 7 3998, 37 r.), wird man bei dem **Zulässigkeitsgrund** die gleiche einengende Klausel anwenden und zudem jede bloß theoretische Gefahr ausschließen und eine konkrete Gefahr fordern müssen. Zu der zu beachtenden Lebenserfahrung zählen auch Statistiken, Literatur und ärztliche Lehre, die ärztlichen Wahrscheinlichkeitsprognosen zur Grundlage dienen können.

175   Für den **Unzulässigkeitsgrund** gilt im allgemeinen das soeben Ausgeführte, aber mit zwei wichtigen Unterschieden. Die Rücksicht, die Persönlichkeitssphäre möglichst schonend anzutasten, führte bei dem Zulässigkeitsgrund dazu, die einschränkende Klausel hinzuzufügen, daß die Wahrscheinlichkeit, der Erfolg werde eintreten, höher sein müsse, als die, daß er ausbleibe, und daß die Gefahr eine konkrete sein müsse. Die gleiche Rücksicht gebietet, dem Unzulässigkeitsgrund möglichst starkes Gewicht zu geben. Das führt dazu, die Erschwerungsklausel hier fallen zu lassen — ein weiterer Beleg dafür, daß der Inhalt des Gefahrenbegriffs nach dem mit ihm verfolgten Zweck zu bestimmen ist — und auch unbestimmte, wenn auch nicht rein theoretische Gefahrenlagen genügen zu lassen.

176   **b) Gefahrengrade.** Beim **Zulässigkeitsgrund** wird eine — den Anwendungsbereich stark einschränkende — **schwerwiegende Gefahr für die Gesundheit des Verhafteten** oder eine **Gefahr** (ohne Steigerungsform) für die Gesundheit **anderer Personen** (Mithäftlinge, Anstaltspersonal) verlangt. Zu der einfachen Gefahr ist außer der Verweisung auf Rdn. 174 nichts weiter zu bemerken. Der Begriff „schwerwiegend" ist in anderem Zusammenhang als eine hohe Stufe (§ 112 a, 37), wenn auch nicht als die höchste, des Unrechts (§ 112 a, 40; 41) bezeichnet worden, und auch hier wird man von einer hohen Stufe der Gefahr sprechen können.

177   Davon abgehoben ist der Gefahrengrad bei dem **Unzulässigkeitsgrund.** Die medizinischen Maßnahmen sind unzulässig, wenn sie mit **erheblicher Gefahr** für Leben oder Gesundheit des Verhafteten verbunden sind. Erheblich ist kein sehr signifikanter Begriff (§ 112 a, 49); die Anforderungen an die Gefahr werden gehoben, aber doch nicht so hoch, wie bei dem Begriff schwerwiegend. Der Bericht des Rechtsausschusses scheint an die Erheblichkeit höhere Anforderungen zu stellen und „erheblich" mit „schwerwiegend" gleichzustellen, indem er ausführt, in § 101 Abs. 1 Satz 1 zweiter Halbsatz StVollzG werde — was sich schon aus § 96 StVollzG ergebe — „nochmals ausdrücklich klargestellt", daß Maßnahmen, die eine **entsprechend schwere Gefahr** für Leben oder Gesundheit mit sich bringen wie diejenige, die sie beheben sollen, unzulässig seien (BTDrucks. 7 3998, S. 37 r.). Diese Ansicht kommt im Gesetz, das zwei verschiedene Begriffe verwendet, nicht zum Ausdruck. Auch wenn die befürchtete Gefahr geringer (aber doch erheblich) ist, als die, die zum Eingriff berechtigt, ist die Maßnahme (schon) unzulässig. Denn „erheblich" bezeichnet eine Gefahr, die nach dem eindeutigen Gesetzeswortlaut notwendigerweise geringer ist, als die den Eingriff indizierende „schwerwiegende" Gefahr. Da auf dem behandelten Gebiet (Behandlung, um Lebensgefahr oder schwerwiegende Gesundheitsgefahr abzuwenden) eine Gefahr für Leben oder Gesundheit bei dem Patienten wohl — auch wenn statistisch die Zahl der Mißerfolge noch so gering ist — nie völlig auszuschließen ist, wird mit der Wendung „erheblich" alles umfaßt, was nach der Gesundheit des Verhafteten und allen sonstigen Umständen, z. B. seelische Belastung durch die Ungewißheit der Untersuchungshaft, die Gefahr über das gewöhnliche Operationsrisiko erhebt. Die nach alledem vielleicht sehr subtilen Erwägungen, die — außer etwa bei einem unabsichtlich Gestürzten, der bewußtlos ist und zu verbluten droht — bei Berücksichtigung der beiden Gefahrbegriffe (Rdn. 174) und der drei Gefahrengrade (Rdn. 176 f) anzustellen wären, werden in den meisten Fällen durch die Prüfung der Zumutbarkeit erleicht werden.

c) Die **Zumutbarkeit,** eine Behandlung zu dulden — die Frage der Ernährung **178** wird unten (Rdn. 193 ff) getrennt untersucht — ist für den Untersuchungsgefangenen und den Strafgefangenen verschieden zu beurteilen. Der Untersuchungsgefangene hat, anders als der Strafgefangene, grundsätzlich dieselben Rechte, wie in der Freiheit (Rdn. 23). Sie dürfen nur wegen des Haftzwecks und wegen der Ordnung in der Vollzugsanstalt eingeschränkt werden (Absatz 3). Jemanden zwangsweise zu Heilzwecken zu behandeln, wird weder aus dem letzten Grund, noch aus dem Haftzweck gerechtfertigt. Denn die Ansicht, Haftzweck sei auch, den Verhafteten bis zur Aburteilung am Leben zu erhalten (*Delius* LZ **1914** 162) oder, wie das Kammergericht in einem anderen Zusammenhang ausgeführt hat, ihn „zur ungehinderten Durchführung der gerichtlichen Untersuchung" gesund zu erhalten (KG JR **1958** 470; ähnlich *Linck* NJW **1975** 20; MDR **1975** 716) ist unzutreffend. Die Haftfähigkeit zu bewahren, um „Vergeltung" durch den Strafvollzug wirksam machen zu können, gehört nicht zu den Haftzwecken. § 101 Abs. 1 StVollzG gibt keinen Eingriffsgrund an. Das ist wegen des Gesetzesvorbehalts des Art. 2 Abs. 2 Satz 3 GG auch entbehrlich, führt aber, weil beim Untersuchungsgefangenen in bezug auf medizinische Behandlung auch kein Eingriffsgrund zu Tage liegt, dazu, die Schwelle der Zumutbarkeit sehr niedrig anzusetzen. Danach wird — außer bei Seuchengefahr (Rdn. 192) und bei akuter Lebensgefahr (Rdn. 190 f) — kaum je eine Heilbehandlung wider den Willen des Verhafteten in Betracht kommen. Alsdann hat auch die Schranke des § 96 Abs. 2 StVollzG, die u. a. die Ablehnung von Amputationen decken soll (BTDrucks. 7 3998, S. 37), für Untersuchungsgefangene eine mehr theoretische Bedeutung. Das Ergebnis ist auch einleuchtend, wenn man den bisherigen Stand der Frage betrachtet (Rdn. 180).

Die Maßnahmen müssen **für alle Beteiligten zumutbar** sein, nicht nur für den Ver- **179** hafteten, sondern auch für den Richter, die Bediensteten der Vollzugsanstalt und vor allem für den Arzt. Bei Untersuchungen und Behandlungen ist die Frage von sehr geringer Bedeutung. Sie wird daher in dieser Hinsicht erst bei der Zwangsernährung untersucht (Rdn. 198 ff).

4. **Zwangsheilung.** Der ärztliche Eingriff zu Heilzwecken wird von der Rechtspre- **180** chung als Körperverletzung angesehen (BGH NJW **1971** 1887), die durch Einwilligung des Patienten (BGH NJW **1959** 814) und sonst nur durch Geschäftsführung ohne Auftrag (BGZ **61** 256) oder nach § 34 StGB (*Dreher* § 223, 9; *Lackner* § 223, 5 a) gerechtfertigt wird. Das nehmen auch diejenigen an, die die Heilbehandlung nicht als Körperverletzung betrachten mit der zutreffenden Begründung, daß der Arzt kein eigenes Recht hat, einen anderen zu behandeln, sondern von diesem dazu die Legitimation erhalten muß (*Schönke/Schröder/Lenckner* § 223, 14). Daraus ist bisher zu Recht gefolgert worden, daß keine Möglichkeit bestand, einen Verhafteten wider seinen Willen zu einer Behandlung zu zwingen, selbst wenn die Krankheit lebensgefährlich war (LG München NJW **1968** 2303). Ein anderes Ergebnis konnte, solange die Heilbehandlung auch als

Günter Wendisch

Körperverletzung angesehen wird, schon deshalb nicht gewonnen werden, weil das Recht auf körperliche Unversehrtheit in Art. 2 Abs. 2 Satz 1 GG geschützt ist.

181   Diese **verfassungsrechtliche Schranke** ist aufgrund des Vorbehalts in Art. 2 Abs. 2 Satz 2 GG durch § 101 Abs. 1 Satz 1 in Verb. mit § 178 Abs. 1 StVollzG **überwunden** worden mit dem nicht einsichtigen Ergebnis, daß dem Beschuldigten in der Untersuchungshaft eine Fürsorge aufgezwungen werden kann, die er als freier Mann nicht zu dulden und die er im Gegensatz zum Strafgefangenen (§ 56 Abs. 2 StVollzG) auch nicht zu unterstützen braucht. Die Begründung, die große Anzahl von Personen, die regelmäßig in einer Anstalt zusammenleben, könne erfordern, Maßnahmen, die für den Gesundheitsschutz erforderlich sind, unabhängig vom Willen der Anstaltsinsassen durchzuführen (BTDrucks. 7 918, zu § 89, S. 80 r.), mag — was hier nicht zu beurteilen ist — die Vorschrift für Strafgefangene rechtfertigen. Gegenüber Verhafteten, die als unschuldig gelten, mit der Haft ein Sonderopfer erbringen und sich deshalb so weit als möglich so wie in der Freiheit verhalten dürfen, ist sie unangemessen. § 178 Abs. 1 in Verb. mit § 101 StVollzG gewinnt daher, abgesehen von Maßnahmen zum Seuchenschutz (Rdn. 192), seine Hauptbedeutung bei der Zwangsernährung (Rdn. 193 ff).

182   **5. Zuständigkeit des Haftrichters.** Nach § 178 Abs. 2 StVollzG bleibt Absatz 6 (wegen Absatz 5 s. Rdn. 63) unberührt. Nach dieser Vorschrift ordnet der Richter die nach den Absätzen 1 bis 5 erforderlichen Maßnahmen an[67]. Mit Ausnahme der Fesselung (Rdn. 63) bei Gefahr des Selbstmords sind sie nur zulässig, wenn der Zweck der Untersuchungshaft oder die Ordnung in der Vollzugsanstalt sie erfordert. Das ist in den Fällen des § 101 Abs. 2 stets der Fall; es wird meist der Fall sein bei Gefahr für die Gesundheit anderer Personen, aber fast nie, jedenfalls grundsätzlich nicht, bei Gefahren für Leben und Gesundheit des Verhafteten selbst. Denn Zwangsbehandlung und Zwangsernährung erhöhen u. U. den Arbeitsaufwand, greifen aber dadurch nicht in die strukturelle Ordnung der Anstalt ein.

183   Trotz der Fassung des § 178 Abs. 2 StVollzG wird man die Vorschrift so zu lesen haben, daß der **Richter** bei Maßnahmen nach § 101 Abs. 2 und 3 StVollzG dann **zuständig** ist, wenn eine nichtärztliche Zuständigkeit besteht, auch wenn die anzuordnende Maßnahme nicht vom Zweck der Untersuchungshaft oder der Ordnung in der Vollzugsanstalt erfordert wird. Denn sonst wäre, wenn der Haftzweck und die Ordnung in der Vollzugsanstalt nicht berührt werden, niemand zur Entscheidung zuständig, ob und wann die ärztlich angeordneten Maßnahmen durchgeführt werden (§ 101 Abs. 1 Satz 2 StVollzG; Rdn. 170).

184   Wer die notwendigen Entscheidungen trifft, ist in § 126 Abs. 1 und 2 bestimmt. Die Entscheidung fällt, weil sie als eine solche nach Absatz 3 behandelt wird (Rdn. 183), immer ein **allein entscheidender Richter** (§ 126, 25; 26; hier Rdn. 132). Das schwer hinzunehmende Ergebnis wird dadurch nur unzulänglich gemindert, daß die Beschwerde auch dann zulässig ist, wenn die Entscheidung der Vorsitzende eines erkennenden Gerichts trifft (Rdn. 154). Es ist, namentlich im Hinblick auf die Zwangsernährung, ein schwerer Mangel, daß das Gesetz keine weitere Beschwerde zugelassen hat. Das wäre durch eine Anreicherung des § 310 Abs. 1 zweite Hälfte um wenige Worte leicht möglich gewesen.

185   **6. Arztvorbehalt.** Nach § 101 Abs. 3 in Verb. mit § 178 Abs. 1 StVollzG dürfen alle Maßnahmen nach § 101 Abs. 1 und 2 StVollzG (Untersuchung, auch im Fall des Ab-

---

[67] Ebenso KK-*Boujong* 83; *Nöldeke/Weichbrodt* NStZ **1981** 281, 284, 285.

satzes 2; Behandlung; Ernährung) nur auf Anordnung eines Arztes durchgeführt werden. Das liegt in der Natur der Sache; denn medizinische Maßnahmen kann kein anderer als ein Mediziner, ein Arzt, anordnen (ebenso *Ostendorf* 321). Demgemäß kann der Vorbehalt des §178 Abs. 2 StVollzG nicht bedeuten, daß der Richter den Arzt verdrängt; §101 Abs. 3 StVollzG bleibt von §178 Abs. 2 StVollzG unberührt. Die letzte Vorschrift hat nur den Sinn, daß, wo im Strafvollzug die Vollzugsbehörde, bei Untersuchungsgefangenen der Richter (Rdn. 183 ff) zuständig ist. Das hat namentlich bei §101 Abs. 1 Satz 2, aber auch bei §101 Abs. 2 StVollzG Bedeutung. Der Arzt entscheidet, ggf. nach kollegialer Beratung, stets allein, nur den Regeln der ärztlichen Kunst, der Standespflicht und seinem Gewissen unterworfen. Er darf auch als beamteter Arzt keine richterliche oder sonstige Anweisung erhalten oder, wenn versucht wird, ihm eine zu erteilen, entgegennehmen (vgl. für eine ähnliche Lage KG JR **1976** 119).

Die **Durchführung** der Maßnahmen wird meist auch in der Hand des Arztes liegen, zumindest wenn es sich um solche bei Lebensgefahr oder bei schwerwiegender Gefahr für die Gesundheit des Verhafteten handelt. Der durchführende Arzt braucht nicht derselbe zu sein, der die Maßnahmen angeordnet hat, doch muß auch der durchführende Arzt mit der Anordnung einverstanden sein. Der Arzt kann Hilfskräfte (Krankenschwestern, medizinisch-technische Assistenten, Laboranten, Techniker. Anstaltssanitäter) heranziehen, regelmäßig bei der überwachten Darreichung von Medizin, doch muß er alle Hilfsmaßnahmen leiten, d. h. genau bestimmen und überwachen. **186**

Eine Ausnahme gilt nur für die **erste Hilfe,** wenn ein Arzt nicht rechtzeitig erreicht werden kann und auch dann nicht, um einen krankhaften Zustand zu mildern, sondern allein, wenn mit einem Aufschub **Lebensgefahr** verbunden ist. Ohne seine — wenn auch stillschweigende — Einwilligung darf also ein blutender Verletzter nicht verbunden werden, wenn er nicht geradezu zu verbluten droht. Das gilt auch dann, wenn von dem Zustand des Verhafteten Gefahr für die Gesundheit anderer Personen ausgeht. Die Bestimmung zeigt, daß das Gesetz den „erheblichen Eingriff in die Persönlichkeitssphäre des Gefangenen" (BTDrucks. 7 3998, S. 37 r.) in jedem Fall in geschulten Händen wissen will. Solange der Richter nicht nach §101 Abs. 1 Satz 2 angeordnet hat, daß die ärztliche Anordnung (§101 Abs. 3 StVollzG) durchzuführen ist, muß man auch den **Arzt** für berechtigt ansehen, **erste Hilfe** zu leisten, sofern mit einem Aufschub Lebensgefahr verbunden ist. **187**

7. Folgen der ärztlichen Anordnung. Der Richter ist nach §101 Abs. 1 Satz 2 in Verb. mit §178 Abs. 2 StVollzG zunächst frei, ob er die ärztliche Anordnung durchführen läßt. Dabei hat er sich von der Erwägung leiten zu lassen, das Grundrecht auf körperliche Unversehrtheit (Art. 2 Abs. 2 Satz 1 GG) des der Behandlung widerstrebenden Verhafteten zu achten nach dem Grundsatz, daß das Leben im Vollzug soweit als möglich den allgemeinen Lebensverhältnissen angeglichen werden soll, der sogar für den Strafvollzug gilt (BTDrucks. 7 3998, S. 38 l.), um so mehr für den der Untersuchungshaft. Dazu kann er auch Erwägungen anstellen, die sich auf den in §101 Abs. 1 Satz 1 GG geregelten, grundsätzlich vom Arzt zu beurteilenden Tatbestand beziehen. **188**

Die Freiheit des Richters, dem Verhafteten eine von diesem unerwünschte Hilfe nicht aufzuzwingen, dauert, „solange von einer **freien Willensbestimmung** des Verhafteten ausgegangen werden kann". Die Begründung ist der Ansicht, daß die Verpflichtung, die Maßnahmen durchzuführen, "somit" immer bei Bewußtlosigkeit des Verhafteten bestehe (BTDrucks. 7 3998, S. 38 l.; KK-*Boujong* 79). Das trifft zu, wenn der krankhafte Zustand bei einer Bewußtlosigkeit erkennbar wird. Sonst zwingt der Wortlaut nicht zu dieser Auslegung. Hat der Verhaftete bei freier Willensbestimmung deutlich erklärt, er wolle an seiner Krankheit sterben und verbitte sich jede ärztliche Behandlung **189**

Günter Wendisch

und ist dieser Wille einsichtig, so kann, auch wenn der Verhaftete im Verlauf der Krankheit bewußtlos wird, weiterhin zur Beurteilung der Frage, ob die ärztlich angeordnete Maßnahme durchzuführen ist, von seiner freien Willensbestimmung „ausgegangen" werden. Denn der einmal gefaßte freie Entschluß kann nach dem Willen des Sterbensbereiten auch im Zustand der Bewußtlosigkeit noch **fortwirken** und damit der maßgebliche Ausgangspunkt für die nach § 101 Abs. 1 Satz 2 StVollzG erforderliche Entschließung des Haftrichters sein.

190   Das **Grundrecht** des Verhafteten **weicht** (§ 196 StVollzG), auch wenn er fähig ist, seinen Willen frei zu bestimmen, wenn nach seinem Gesundheitszustand **akute Lebensgefahr** besteht. Dann ist der Richter verpflichtet, ungeachtet des entgegenstehenden Willens die ärztlich angeordneten Maßnahmen duchführen zu lassen. Die — naheliegende — Frage der Zumutbarkeit darf er nicht prüfen; das hat der Arzt getan, bevor er seine Maßnahme anordnete. Es steht dem Richter aber frei, den Arzt zu bitten, die Zumutbarkeit erneut zu bedenken. Kommt es zu keiner Übereinstimmung, darf der Richter die Durchführung der Anordnung nur unterlassen, wenn der für den Verhafteten zu erwartende Schaden — etwa ein für ihn lebensunwertes Leben — außer Verhältnis zu dem angestrebten Erfolg — etwa Lebenserhalt bei Verlust von Gliedmaßen — steht (§ 96 Abs. 2 in Verb. mit § 178 Abs. 1 und 2 StVollzG). Akut bedeutet dringlich; eine akute Krankheit ist — im Gegensatz zu einer chronischen — eine schnell (einsetzend und) verlaufende Krankheit. Unter einer akuten Lebensgefahr i. S. der Vorschrift hat man daher die durch eine schnell verlaufende Krankheit erwachsende hohe Wahrscheinlichkeit des Todes zu verstehen.

191   **8. Untersuchung zum Gesundheitsschutz.** Die bloße Untersuchung — nicht Behandlung — zum Gesundheitsschutz und zur Hygiene ist ohne weitere Voraussetzungen dann zulässig, wenn sie mit keinem körperlichen Eingriff — etwa einer Blutentnahme, die nach § 81 a ein körperlicher Eingriff ist („Blutentnahmen und *andere* körperliche Eingriffe") — verbunden ist (§ 101 Abs. 2 StVollzG). Ein „Abstrich" ist das Abstreifen von Schleimhautabsonderungen zum Nachweis von Krankheitserregern und daher, weil mit ihm Körperfremdes weggenommen, aber nicht in den Körper eingegriffen wird, bei der Untersuchung zulässig. Das gleiche gilt für die Elektrokardiographie — EKG — (vgl. Erl. zu § 81 a). Die Untersuchung zum Gesundheitsschutz und zur Hygiene hat bei Seuchen und bei der Aufnahmeuntersuchung Bedeutung.

192   **9. Seuchengefahr.** In den Anstalten herrscht wegen des laufenden Zu- und Abgangs steter Verkehr, durch den u. U. Seuchen eingeschleppt werden können. Bei dem beschränkten Bestand von Anstalten mit beschränkter Platzzahl ist es nahezu unmöglich, besondere Seuchen- und Durchgangsanstalten (Untersuchungsanstalten) einzurichten. Innerhalb der Anstalten kann durch Küchenpersonal, bei der Essensverteilung und auch sonst auf mannigfaltige Weise eine Seuche verbreitet werden (vgl. OLG Düsseldorf NStZ **1984** 382). Dem kann nur durch Untersuchungen, Impfungen und Heilbehandlung, ggf. auch gegen den Willen des Verhafteten, entgegengetreten werden. Die Grundlage dafür bietet, soweit nicht § 15, § 32 Abs. 2 Satz 1, Absatz 3, § 36 Abs. 2 Satz 1 und 2, § 37 Abs. 1 und 2 des Bundesseuchengesetzes[68] einschlagen, § 178 Abs. 1 und 2 in Verb. mit § 101 Abs. 1 Satz 1, Absatz 2 und 3 StVollzG; § 101 Abs. 1 Satz 2 StVollzG (s. Rdn. 170) spielt hier keine Rolle. Nach den genannten Bestimmungen sind medizinische

---

[68] Gesetz zur Verhütung und Bekämpfung übertragbarer Krankheiten beim Menschen (BGBl. III 2126–1), letzte Änderung vom 9. 6. 1975 (BGBl. I 1321), abgedruckt bei *Erbs/Kohlhaas* S. 57.

Untersuchung und Behandlung zwangsweise bei schwerwiegender Gefahr für die Gesundheit des Gefangenen oder bei (auch nicht schwerwiegender) Gefahr für die Gesundheit anderer Personen auf Anordnung und unter Leitung eines Arztes (wegen des Arztvorbehalts s. Rdn. 185) zulässig (OLG Celle ZfStrVo **1979** 187; OLG Düsseldorf NStZ **1984** 382). Die Maßnahmen müssen zumutbar und dürfen nicht mit erheblicher Gesundheitsgefahr verbunden sein. Alle diese Voraussetzungen sind bei Impfungen und sonstigen Seuchenbehandlungen erfüllt.

XI. Zwangsernährung

1. Krankheit und Selbstmord. Das Verweigern, eine **Krankheit** behandeln zu lassen (Rdn. 180), zuweilen auch passiver Selbstmord genannt, ist stets anders behandelt worden, als der aktive Selbstmord. Das „Recht auf körperliche Unversehrtheit fordert Berücksichtigung auch bei einem Menschen, der es ablehnt, seine körperliche Unversehrtheit selbst dann preiszugeben, wenn er dadurch von einem lebensgefährlichen Leiden befreit wird. Niemand darf sich zum Richter in der Frage aufwerfen, unter welchen Umständen ein anderer vernünftigerweise bereit sein sollte, seine körperliche Unversehrtheit zu opfern, um dadurch wieder gesund zu werden" (BGHSt **11** 114). Dagegen ist die durch einen aktiven **Selbstmord** herbeigeführte Gefahrenlage als Unglücksfall i. S. des § 323 c StGB angesehen worden, bei der „von Rechts wegen" jeder helfen muß, „gleichgültig, ob der Wille, der den Selbstmörder zu seiner Tat trieb, gesund oder krank, entschuldbar oder unentschuldbar war, ob der Selbstmörder die durch den Selbstmord entstandene Gefahrenlage noch beherrscht oder ob er sie etwa, weil er inzwischen bewußtlos geworden ist, nicht mehr beherrscht, ob er die Gefahrenlage, d. h. seinen eigenen Tod noch will und das zum Ausdruck bringt oder ob er sie nicht mehr will oder ob er nicht mehr wollen kann". Die Grundlage dieser Erkenntnis war, daß das Sittengesetz jeden Selbstmord — von äußersten Ausnahmefällen vielleicht abgesehen — streng mißbillige (BGHSt **6** 153; vgl. dazu ablehnend *Wagner* Selbstmord 46 ff mit Nachweis der Literatur und Rechtsprechung).

193

Schon der **Entwurf** des Strafvollzugsgesetzes wollte in § 89 Zwangsbehandlung und Zwangsernährung gleich behandeln — wobei er den zweiten Satz des § 101 Abs. 1 StVollzG, der von der freien Willensbestimmung spricht, nicht enthielt —, machte aber dadurch zwischen Behandlung und Ernährung einen bedeutsamen Unterschied, daß er zwar alle Operationen von der Einwilligung des Betroffenen abhängig machte, nicht aber die Zwangsernährung (BTDrucks. 7 918, S. 22). Das Gesetz hat diesen Unterschied fallen gelassen[69] mit einem befremdlichen Bruch der Rechtstradition beim Heileingriff (vgl. Rdn. 180) und einem nicht befriedigenden Ergebnis bei der Zwangsernährung[70], die fast ausschließlich beim sog. **Hungerstreik** eine Rolle spielt. Denn wer sich nicht auf dem natürlichen Weg selbst ernähren kann, wird bei Lebensgefährdung kaum in Untersuchungshaft kommen (§ 112, 66), sonst aber, wie in der Freiheit, mit künstlicher Ernährung einverstanden sein.

194

2. Künstliche Ernährung. Mit *Wagner* (Selbstmord S. 139) muß man von der Zwangsernährung die künstliche Ernährung unterscheiden. Künstliche Ernährung ist

195

---

[69] Zur Entstehungsgeschichte eingehend *Wagner* Selbstmord 7 bis 24; Zwangsernährung 1 bis 3; vgl. auch *Baumann* ZRP **1978** 36 I a. E.

[70] *Husen* (291 III, IV) hält nicht nur aus rechtlichen und ärztlich-medizinischen Gründen,

sondern auch deshalb eine Änderung des § 101 Abs. 1 StVollzG für dringlich geboten, um den Staat von dem erpresserischen Druck der Gefangenen im Hungerstreik zu befreien.

Günter Wendisch

jede Nahrungszufuhr auf andere als die natürliche Weise, meist die Zuführung von Nährstoffen (-flüssigkeiten) durch Sonden in den Magen. Sie findet mit Einwilligung des Verhafteten statt, wenn er sich nicht natürlich ernähren kann (Rdn. 194) oder es beim Hungerstreik nicht will. Das ist der Fall, wenn er den Hungerstreik zwar demonstrieren, aber nicht verhungern will. Die Einwilligung kann der Verhaftete auch stillschweigend dadurch geben, daß er sich die künstliche Ernährung „gefallen" läßt. Verweigert er seine Einwilligung, wird die künstliche Ernährung zur Zwangsernährung.

196   Aus der Fürsorgepflicht des Staats für den Verhafteten (Rdn. 34) und aufgrund des Verhältnisses, das er durch die Inhaftierung zu dem Verhafteten herstellt, ist er verpflichtet, ihm Gesundheitsfürsorge zu gewähren (Rdn. 130), um ihn, soweit irgend möglich, so wieder zu entlassen, wie er ihn in Verwahrung genommen hat. Jedenfalls dann, wenn nicht *feststeht* (Rdn. 207), daß der Verhaftete Selbstmord beabsichtigt, darf der Staat, der „den Häftling in vielen Rechten beschnitten hat", ihn nicht zu Tode kommen lassen (*Weis* 92 r.); er ist daher verpflichtet, ihm künstliche Ernährung zu geben, und, wenn das nicht fruchtet, zur Zwangsernährung (Rdn. 198) überzugehen. Daher ist der **Richter verpflichtet, künstliche Ernährung anzuordnen,** wenn ein Verhafteter in Hungerstreik tritt[71]. Er kann auch anordnen, daß dem Verhafteten anstelle von Wasser **Getränke mit Nährwert** oder mit nährenden Zusätzen bereitgestellt werden, muß diesen Versuch aber einstellen, wenn der Verhaftete sich beharrlich weigert, nährende Flüssigkeit zu sich zu nehmen, weil dann die — wenn auch selbstverschuldete — Qual tiefer greift als die künstliche Ernährung. Sowohl während der künstlichen Ernährung als auch während eines Angebots von Nährflüssigkeit bleibt der Richter immer verpflichtet, dem Verhafteten Speise in der üblichen Form anzubieten. Der Staat nimmt die Kampfansage nicht an, sondern begegnet ihr — zunächst — (s. Rdn. 198) — mit Fürsorge.

197   Künstliche Ernährung und das Angebot von Nährflüssigkeit sind noch **kein unmittelbarer Zwang,** sondern Formen der staatlichen Fürsorge. Sie fallen daher nicht unter § 101 StVollzG; namentlich gilt der Arztvorbehalt des Absatzes 3 (Rdn. 185) nicht. Indessen ist die prozeßrechtliche Entscheidung des Richters so stark von medizinischen Erwägungen abhängig, daß er sie nur in Zusammenarbeit mit einem Arzt treffen kann. Für die Durchführung der Maßnahmen muß man § 101 Abs. 3 StVollzG entsprechend in der Form anwenden, daß künstliche Ernährung und das Angebot (und die Zusammensetzung) einer Nährflüssigkeit nur unter Leitung eines Arztes durchgeführt werden dürfen. Da der Arzt zu keiner ärztlichen Maßnahme gezwungen werden kann, die er nicht selbst für richtig hält, führt das zu dem Ergebnis, daß die beiden Maßnahmen nur mit Zustimmung und unter Leitung eines Arztes durchgeführt werden können.

3. Zwangsernährung

198   **a) Grundsatz.** Führt die mit ausdrücklicher oder (meist) stillschweigender Einwilligung durchgeführte künstliche Ernährung nicht zum Ziel, sei es, weil der Verhaftete sich ihr von Anfang an widersetzt, sei es, weil er seine (stillschweigende) Einwilligung und damit seine duldende Mitwirkung aufgibt, so wird die künstliche Ernährung zur

---

[71] So im Ergebnis wohl auch OLG Koblenz JR **1977** 472 I (Fall: Holger Meins). *Wagner,* der die Entscheidung auch sonst ablehnt (JR **1977** 473), meint, daß die Formulierung des Oberlandesgerichts, „der Staat ‚sei' gehalten, einer fortdauernden Selbstbeschädigung durch einen Hungerstreik entgegenzuwirken", inhaltlich zu unbestimmt sei, um daraus auf eine unbeschränkte Pflicht zur Zwangsernährung schließen zu können.

Zwangsernährung (§ 101 Abs. 1 StVollzG); demzufolge ist sie nur auf Anordnung eines Arztes zulässig (§ 101 Abs. 3 StVollzG). Es gilt alles, was zur Zwangsbehandlung (Rdn. 170 ff) ausgeführt worden ist, doch sind einige Besonderheiten zu beachten.

b) Zumutbarkeit. Die Maßnahme der zwangsweisen Untersuchung, Behandlung **199** und Ernährung müssen nach § 101 Abs. 1 zweiter Teilsatz StVollzG für die Beteiligten zumutbar sein. Sind sie es nicht, sind sie unzulässig. Beteiligt sind, wie schon angedeutet (Rdn. 179), (1) der Verhaftete und alle Personen, die (2) als **Arzt** an der Anordnung der Maßnahme; (3) als **Richter** an der Anordnung, die Maßnahme durchzuführen; sowie (4) als Arzt, Bediensteter der Vollzugsanstalt und als **Hilfspersonal** (Rdn. 186) an der Durchführung der Maßnahme beteiligt sind. Nicht beteiligt im Hinblick auf die Zumutbarkeit sind alle Außenstehenden, z.B. Ehefrauen, Eltern, Kinder, mögen sie auch innerlich noch so sehr an dem Geschehen „beteiligt" sein. Nicht beteiligt ist die Vollzugsanstalt in bezug auf die Kosten; beteiligt ist nur, wer die Maßnahme oder ihre Durchführung anordnet und wer die Durchführung überwacht, bei der Durchführung Hand anlegt oder dazu Rat erteilt oder Hilfe leistet.

Zumutbar ist, was man billigerweise von jemandem verlangen kann. Billig be- **200** zeichnet eine natürliche Gerechtigkeit zu dem Zweck, die Anwendung des Rechts geschmeidig zu machen. Dazu ist auf den besonderen Fall und auf die beteiligte Person (Rdn. 201) abzustellen, doch erlangt, weil „billig" auch die Komponente „vernünftig" in sich trägt, eine zu starke Individualisierung dadurch eine gewisse Korrektur, daß die Einstellung der Betroffenen sich an einem allgemeinen vernünftigen Verhalten orientieren muß. Danach ist zumutbar, was in unserem Rechtskreis von einem vernünftigen Menschen, der sich in der gleichen Lage wie der Betroffene befindet, verlangt werden kann, dessen Individualität aber (Religion, Alter usw.) nach allgemeinen Maßstäben Rechnung zu tragen ist.

Was ihm zumutbar ist, ist **für jeden Beteiligten gesondert** zu prüfen (KK-*Boujong* **201** 81), doch müssen **Vollzugsbedienstete** Anordnungen ihrer Vorgesetzten — mit den allgemeinen beamtenrechtlichen Ausnahmen — durchführen (§ 97 Abs. 1, Absatz 2 Satz 1 StVollzG). Der Richter ist kein Vorgesetzter der Vollzugsbediensteten und daher darauf angewiesen, ein Einvernehmen mit dem Leiter der Vollzugsanstalt herbeizuführen. Kann derjenige, dem die Behandlung nicht zumutbar ist, durch einen anderen ersetzt werden — was beim Angeklagten nach der Natur der Sache, beim Richter deshalb nicht möglich ist, weil kein gesetzlicher Grund für ein Ausscheiden gegeben ist —, kann der Versuch eines Ersatzes gemacht werden. Ist das nicht möglich oder erfolglos, dann ist die Maßnahme unzulässig, wenn sie auch nur für einen der Beteiligten unzumutbar ist. Der Richter ist nicht gezwungen, den Versuch eines Ersatzes zu machen, wenn er die Begründung der Unzumutbarkeit als allgemein oder weitgehend durchschlagend ansieht. Lehnt z.B. ein Arzt in dieser Weise eine Behandlung als ihm unzumutbar ab, kann der Richter es dabei bewenden lassen. Die Behandlung ist alsdann unzulässig.

Unzumutbarkeitsgründe können beim **Verhafteten** u.a. sein: religiöse, die es ihm **202** etwa verbieten, eine Bluttransfusion zu dulden; verfassungsrechtliche, etwa wenn ein einschränkbares Grundrecht in seinem Wesensgehalt angetastet würde (vgl. Art. 19 Abs. 2 GG); tatsächliche, etwa wenn das nach der Operation belassene Leben qualvoll und der Verhaftete nach seiner Entlassung anderen eine Last wäre. Beim **Richter,** der die Entschließung des Arztes herbeiführt und später entscheidet, ob und wann die Maßnahme durchzuführen ist (Rdn. 183), sind Unzumutbarkeitsgründe nicht denkbar. Er erfüllt seine Dienstpflicht und hat dabei objektive und nicht subjektive Erwägungen anzustellen. Daher kann der Fall, daß ihm die Maßnahme (nicht die Anordnung, daß sie durchzuführen sei), nicht zumutbar ist, nicht eintreten.

Günter Wendisch

203   Außer dem Verhafteten, bei dem die Zumutbarkeit in erster Linie zu prüfen ist, kann die (Durchführung der) Maßnahme **dem Arzt unzumutbar** sein, etwa wenn er wegen des Widerstandes des Verhafteten nicht nach den Regeln der ärztlichen Kunst verfahren kann; namentlich wenn dadurch die Gefahr besteht, daß er zufolge des Widerstandes des Verhafteten medizinische Sorgfaltspflichten verletzen oder einen Kunstfehler begehen könnte, die alsdann Anlaß zu staatsanwaltschaftlichen Ermittlungsverfahren wegen fahrlässiger Körperverletzung oder gar fahrlässiger Tötung geben könnten (*Wagner* JR **1977** 473 r). Das Präsidium des Deutschen Ärztetages hat die Unzumutbarkeit der Zwangsbehandlung für den Arzt auf zwei Gründe gestützt: (1) auf die Bedrohung der Ärzte mit Mord und Entführung; (2) auf die Grenze, die ein eindeutiger auf freier Willensbildung beruhender Beschluß, die ärztliche Behandlung abzulehnen, der Verpflichtung des Arztes setzt (abgedruckt bei *Wagner* Selbstmord, S. 15). Der letzte Grund wird später behandelt werden (Rdn. 207), doch ist schon hier zu bemerken, daß angesichts § 101 Abs. 2 Satz 2 StVollzG die Hauptbehandlungsfälle diejenigen sind, wo nicht mehr von einer freien Willensbestimmung des Verhafteten „ausgegangen werden kann" oder wo akute Lebensgefahr besteht. Der erste Grund schlägt nicht durch. Die Bedrohung mit Taten krimineller Vereinigungen ist allgemein, ohne daß ein bedrohter Richter, Beamter, Abgeordneter usw. deshalb seine Tätigkeit als unzumutbar ablehnen könnte. Dann ist die Tätigkeit auch dem Arzt zuzumuten. Bezeichnet er die Maßnahme aus diesem Grund als unzumutbar, wird der Richter immer einen anderen Arzt befragen müssen, ob dieser die Maßnahme für zulässig hält und ob er sie anordnen will.

204   c) **Freie Willensbestimmung.** Bei einem Schwerkranken, der kategorisch in freier Willensbestimmung jede Behandlung ablehnt und es in Kauf nimmt, an der unbehandelten Krankheit zu sterben, wird, auch wenn er bewußtlos wird, immer noch von seiner freien Willensbestimmung „ausgegangen" werden können (Rdn. 190). Schwieriger ist es beim Hungerstreik. Im allgemeinen wird angenommen, daß derjenige, der ablehnt, Nahrung zu sich zu nehmen, zwar hofft, mit den Forderungen, die er mit dem Hungerstreik verfolgt, durchzukommen und auf diese Weise zu überleben; daß er es aber in Kauf nimmt, sein Hungerstreik werde zum Tode führen; und daß er diesen Entschluß in freier Willensbestimmung trifft, die bis zum Ende gelten soll. Das ist aber nur von Fall zu Fall und auch kaum zuverlässig zu entscheiden. Die gleichen Daten, denen *Wagner* entnimmt, die *Baader-Meinhof*-Häftlinge hätten ihr Leben opfern wollen (Selbstmord 161), lassen, außer bei *Holger Meins* (*Wagner* Selbstmord 12), auch den gegenteiligen Schluß zu (*Weis* 91 l.).

205   Nach der Schätzung von *Wagner* auf der Grundlage von drei Untersuchungen finden mindestens 40% aller Selbstmordhandlungen vor einem psychischen Hintergrund statt, „bei dem die **Willensfreiheit ausgeschlossen ist**" (*Wagner* Selbstmord 122). Er hält deshalb die Selbstmordverhinderung in der Mehrzahl der Fälle für rechtmäßig, weil eine freie Willensbestimmung des Selbstmörders häufig nicht gegeben sei (Zwangsernährung 4 r.). *Weis* (91 r.) weist darauf hin, daß konsequentes Hungern auch zu dem Mangel der Fähigkeit führen kann, Sinn und Ende des Hungerstreiks zu überprüfen.

206   Der **Fragwürdigkeit der Richtung des Willens** auf einen gewollten oder in Kauf genommenen Tod wird durch den Gesetzestext die Spitze genommen. Denn § 101 Abs. 1 Satz 1 StVollzG handelt nicht von der Selbstmordverhinderung, sondern von Maßnahmen zur Abwendung von Lebensgefahr oder einer schwerwiegenden Gefahr für die Gesundheit des Verhafteten und Absatz 1 Satz 2 von der Verpflichtung, diese Maßnahmen durchzuführen, sobald (akute Lebensgefahr besteht oder) nicht von einer freien Willensbestimmung des Verhafteten „ausgegangen" werden kann. Die freie Willensbestim-mung kann nun in der Ausgangslage und verbindlich bis zu einem gewollten oder in Kauf genommenen tödlichen Ende des Unternehmens, das die Zwangsernährung not-wendig macht, getroffen worden sein. Das Unternehmen, der Hungerstreik, kann auch ohne eine solche Willensbestimmung begonnen worden sein, entweder in der Erwar-tung eines guten Ausgangs oder aber auch ins Ungewisse, indem man zunächst alles offen läßt. In diesem Fall betrifft die freie Willensbestimmung nicht einen von vornher-ein gewollten oder in Kauf genommenen Tod. Vielmehr ist jetzt zu entscheiden: Wann hat der zunächst ins Ungewisse Handelnde Gewißheit erlangt, daß für ihn Lebensge-fahr oder eine schwerwiegende Gesundheitsgefahr besteht? Hat er nun den Entschluß gefaßt, jetzt ins Gewisse, schwer krank zu werden oder zu sterben? Und kann für diesen Entschluß seine freie Willensbestimmung bei der Entschließung über die Durchführung einer ärztlich angeordneten Maßnahme zum Ausgangspunkt genommen werden?

Es kann nicht geleugnet werden, daß die Frage der freien **Willensbestimmung** **207** nicht nur für die Durchführung der Maßnahme (§ 101 Abs. 1 Satz 2 StVollzG) eine Rolle spielt, sondern schon **bei** der **Zumutbarkeit** (§ 101 Abs. 1 StVollzG) zu **prüfen** ist, sowohl bei der für den Verhafteten als auch bei der für den Arzt; denn dem Wollenden ist we-niger Zwang zumutbar als dem, der seinen Willen nicht frei bestimmen kann. Aber ange-sichts der Zweifel, wann statistisch und wann im konkreten Fall der Wille frei ist — die Begründung verweist noch auf Gruppenzwang und Gruppenterror (BTDrucks. 7 3998, S. 38 l.) —, kann man die Durchführung der Behandlung nur dort versagen, wo — im Gegensatz zu der Entschließung der Ärztekammer (Rdn. 203) — nicht nur der Be-schluß, die Behandlung abzulehnen, eindeutig ist, sondern vor allem die freie Willensbil-dung, mit den Worten *Wagners*, wenn für den „Retter keine Zweifel bestehen, daß der Selbstmörder mit voller Einsichts- und Urteilsfähigkeit in die Tragweite des Selbsttö-tungsaktes gehandelt hat" (Selbstmord, S. 127), wobei wir es vorziehen, neutraler und dem Gesetz näher statt vom Selbstmörder vom Verhafteten und statt vom Selbsttötungs-akte von dessen Verhalten zu sprechen.

XII. Schlußbemerkungen

1. Praktische Bewertung des Gesetzes

a) Grundsätzliches. Das Gesetz kann in der Anwendung Schwierigkeiten berei- **208** ten, weil ein komplizierter juristischer Tatbestand mit mehreren normativen Tatbe-standsmerkmalen (§ 101 Abs. 1 Satz 1 StVollzG) von Ärzten zu handhaben ist, die juri-stische Begriffe meist anders bewerten und auslegen als Juristen. Ihre Entscheidungs-freudigkeit kann dadurch beeinträchtigt werden, daß sie nicht selbst bestimmen kön-nen, wann ihre Anordnung durchgeführt wird. Denn der Durchführungsbefehl liegt beim Richter, der ohne Auslegung nur bei akuter Lebensgefahr handeln muß (§ 101 Abs. 1 Satz 2 StVollzG). Diese aber kann wieder nur ein Arzt bestimmen, der diesen Zeitpunkt für den Behandlungsbeginn meist als zu spät bezeichnen wird. Um das zu ver-meiden, versteht es sich nach *Baumann* (ZRP **1978** 36 II) von selbst, daß für die Berech-nung des Zeitpunkts der Zwangsernährung wegen akuter Lebensgefahr derjenige Zeitraum hinzuzurechnen ist, der für ein Wirksamwerden der lebenserhaltenden Maß-nahmen erforderlich ist.

Bedenklich ist die **schwache Stellung des Richters,** der die Anordnung des Arztes **209** (§ 101 Abs. 3 StVollzG) nur herbeiführen kann, ihre Durchführung nach unzulänglichen Richtlinien sistieren oder anordnen (§ 101 Abs. 1 Satz 2 StVollzG), diese Anordnung aber nicht durchsetzen kann. Unverständlich ist, daß das Gesetz bei einer Frage von Leben und Tod nicht die weitere Beschwerde und bei Entscheidungen des Vorsitzenden

Günter Wendisch

des im ersten Rechtszug entscheidenden Strafsenats des Oberlandesgerichts nicht die Beschwerde zugelassen, wie er das sonst (§ 304 Abs. 4 Satz 2 zweiter Teilsatz) recht großzügig getan hat.

210　　b) Beim **Kranken,** der sich der Behandlung widersetzt, weil er lieber sterben als sich einem Operationsrisiko aussetzen will, wird sich an dem bisherigen Rechtszustand (Rdn. 180) kaum etwas ändern. Es ist zwar ein Bruch mit der Rechtstradition, daß bei akuter Lebensgefahr der Richter die Durchführung einer ärztlichen Anordnung selbst dann veranlassen muß, wenn der Verhaftete seinen Entschluß in freier Willensbestimmung getroffen hat und von dieser noch ausgegangen werden kann, ja selbst dann, wenn er in der akuten Lebensgefahr noch fähig ist, seinen Willen frei zu bestimmen (BTDrucks. 7 3998). Aber es ist damit zu rechnen, daß die Ärzte bei einem auf eindeutig freier Willensbestimmung beruhenden Entschluß des Verhafteten, die ärztliche Behandlung abzulehnen, die Maßnahme, als für die Beteiligten, den Verhafteten und den Arzt unzumutbar (§ 101 Abs. 1 Satz 1 letzter Teilsatz StVollzG), nicht anordnen werden[72], so daß es gar nicht zu der richterlichen Entscheidung nach § 101 Abs. 1 Satz 2 StVollzG und damit zu der Anwendung der Klausel von der akuten Lebengefahr kommen wird.

211　　c) Beim **Hungerstreik** sind die bisher ungeklärten Rechtsfragen (wozu die Kommentare zu § 323 c StGB und deren übersichtliche Vermittlung bei *Wagner* [Zwangsernährung] zu vergleichen sind) fast alle weiter offen geblieben (vgl. zu diesem Problem nunmehr ausführlich *Ostendorf* 308 ff). Nur soviel steht fest, daß, wenn der Arzt die Zwangsernährung verordnet hat, der Richter bei akuter Lebensgefahr ohne Prüfung, ob von einem freien Willen des Verhafteten ausgegangen werden kann, die Durchführung der ärztlichen Anordnung veranlassen muß (vgl. aber Rdn. 214, letzter Satz). § 101 Abs. 1 Satz 2 ist für die Frage, wie der Hungerstreik zu behandeln ist, die schwächste Stelle des Gesetzes.

212　　**2. Rechtfertigung des Gesetzes.** Trotz zutage liegender Mängel (*Husen* 290 III) des Gesetzes, wird man der gesetzgeberischen Entscheidung in ihrem Kern nicht entgegentreten können. Die Rechtsprechung, die dem Arzt das Recht verweigerte, einen Kranken wider seine Einwilligung zu behandeln, ihm aber Hilfe für den Selbstmörder gebot, auch wenn dieser die Gefahrenlage beherrschte und sein Wille „gesund" war (Rdn. 193), war nicht unangefochten und anfechtbar. Der Gesetzgeber konnte, auch wenn die Unterscheidung zwischen aktivem und passivem Selbstmord ihre Anhänger hatte (*Schwalm* 30), Behandlung und Ernährung gleich behandeln, wie das *Arndt/v. Olshausen* (JuS **1975** 143) fordern, Besonderheiten durch die Zumutbarkeit Rechnung tragen und die Grenze für die Pflicht zur Behandlung und Ernährung an den Ausschluß der freien Willensbildung knüpfen. Daß er hiervon wieder bei der akuten Lebensgefahr eine — zudem nicht besonders praktikable — Ausnahme gemacht hat, mag inkonsequent sein; ob es in seinem Ermessensspielraum lag, hängt von der verfassungsrechtlichen Beurteilung ab (vgl. dazu *Ostendorf* 321).

213　　**3. Verfassungskonformität.** Wenn mit der richterlich festgestellten Behandlungspflicht (§ 101 Abs. 1 Satz 2 StVollzG), nachdem die Behandlungsvoraussetzungen (§ 101

---

[72] Vgl. die Rdn. 203 wiedergegebene Erklärung des deutschen Ärztetages sowie *Husen* 290 II; **a.A.** *Baumann* ZRP **1978** 36 II, der meint, daß angesichts des überragenden Rechtsguts der Erhaltung des Lebens der Ge- fangenen weder die Zumutbarkeit noch andere ethische Fragen, wie sie außerhalb der Anstalt auch zu entscheiden sein mögen, eine allein bestimmende Rolle spielen dürfte.

Abs. 1 Satz 1 StVollzG) ärztlich festgestellt und die Behandlung ärztlich angeordnet worden ist (§ 101 Abs. 3 StVollzG), bei ärztlicher Behandlung, etwa durch Operation, in die **körperliche Unversehrtheit** (Art. 2 Abs. 2 Satz 1 GG) eingegriffen werden muß, ist dieser Eingriff aufgrund des Gesetzes nach Art. 2 Abs. 2 Satz 3 GG zulässig (vgl. § 196 StVollzG). Daß durch den Eingriff das Grundrecht der körperlichen Unversehrtheit in seinem Wesensgehalt angetastet würde (§ 19 Abs. 2 GG), wird man nicht allgemein feststellen können, doch wird im Einzelfall die verfassungskonforme Auslegung dazu zwingen, die Durchführung der Behandlung auch bei akuter Lebensgefahr zu versagen, wenn der Verhaftete in freier Willensbestimmung es ablehnt, seine körperliche Unversehrtheit preiszugeben (vgl. dazu *Ostendorf* 314).

In diesem Fall wird durch die Zwangsbehandlung zugleich in das Grundrecht auf **214** **freie Entfaltung der Persönlichkeit** (Art. 2 Abs. 1 GG) eingegriffen. Dieses Grundrecht ist allein berührt, wenn Zwangsernährung ohne ärztlichen „Eingriff" durchgeführt wird, obwohl der Verletzte in freier Willensbestimmung und in Erkenntnis der möglichen Folge eines Hungerstreiks sich dieser widersetzt (anders *Ostendorf* 318). Daß jemand, der sterben will oder den Tod in Kauf nimmt, damit seine Persönlichkeit nicht „entfaltet", wäre kein stichhaltiger Einwand. Denn das Pathos der Verfassung greift im Ausdruck manchmal etwas hoch (*Hamann/Lenz* Art. 2 GG, 139 Nr. 3 a: Entfalten heißt tätig werden; ebenso *Ostendorf* 315). Zudem kann der Entschluß zu sterben, letzte und ernste Entfaltung der Persönlichkeit sein. Mit diesem Entschluß können Rechte anderer, vielleicht Unterhaltsrechte, verletzt werden, doch wiegen sie geringer als das Grundrecht des Verhafteten (vgl. dazu *Ostendorf* 317); ein Verstoß gegen die verfassungsgemäße Ordnung ist nicht erkennbar. Daß das freiwillige Sterben, der Selbstmord, gegen das **Sittengesetz** verstößt, hat der Bundesgerichtshof ausgesprochen (BGHSt 6 153). Der Gesetzgeber konnte diese Rechtsprechung seiner Regelung zu Grunde legen, weil der „Soweit-Satz" des Art. 2 Abs. 1 GG einem generellen Vorbehalt zugunsten des Gesetzgebers sehr nahe kommt (*Maunz/Dürig/Herzog* 29). Indessen kann auch hier die verfassungskonforme Auslegung des Gesetzes im Einzelfall dazu zwingen, die Zwangsernährung zu versagen, zumal da die Bevölkerung der Bundesrepublik heute überwiegend ein freies Selbstbestimmungsrecht des Bürgers über seinen Körper aus ethischen Gründen nicht mehr ablehnt (*Ostendorf* 318).

4. Verfahren

a) **Entscheidung.** § 101 StVollzG ist auf den Strafvollzug zugeschnitten. Daher **215** enthält er für die Untersuchungshaft keine Verfahrensvorschriften außer der Verweisung auf Absatz 6 (§ 178 Abs. 2 StVollzG), wonach der Richter (Rdn. 184) die erforderlichen Maßnahmen anordnet (Rdn. 183). Das ist kaum zulänglich, weil die hauptsächliche Anordnung dem Arzt zukommt. Solange für Behandlung und Ernährung **kein unmittelbarer Zwang** erforderlich ist, wird regelmäßig kein Anlaß bestehen, den Richter zu benachrichtigen. Beköstigung und Krankenversorgung gehören zu den Aufgaben der Vollzugsanstalt, in die der Richter im allgemeinen nicht eingreifen kann (Rdn. 11). Er trifft Anordnungen nur, wenn das wegen der Selbstbeköstigung (Rdn. 127 f) oder der Arztwahl (Rdn. 130) erforderlich wird. Auch die **künstliche Ernährung** mit Einverständnis des Verhafteten ist noch keine Zwangsmaßnahme (Rdn. 195, 197). Da sie aber jederzeit in Zwangsernährung übergehen kann (Rdn. 198), muß man sie als eine bedeutsame Maßnahme ansehen, über die der Anstaltsleiter den Richter zu verständigen hat (Nr. 8 UVollzO).

Hat der Arzt eine Maßnahme nach § 101 Abs. 3 StVollzG angeordnet, so ist der **216** **Richter zu benachrichtigen** (Nr. 8 UVollzO), damit dieser entscheiden kann, ob die Maßnahme durchgeführt werden soll oder wegen Ausschlusses der freien Selbstbestimmung oder wegen akuter Lebengefahr durchgeführt werden muß. Die Benachrichtigung ist auch zu geben, wenn der Arzt noch keine Anordnung getroffen hat, aber Lebensgefahr oder schwerwiegende Gefahr für die Gesundheit des Verhafteten oder Gefahr für die Gesundheit anderer Personen bestehen. Der Richter hat dann darauf hinzuwirken, daß ein Arzt sich, nachdem er die Voraussetzungen des § 101 Abs. 1 Satz 1 StVollzG geprüft hat, dahin entscheidet, ob er eine Anordnung nach § 101 Abs. 3 StVollzG trifft.

217   Besteht für den Richter Gewißheit, daß die **Voraussetzungen** des § 101 Abs. 1 Satz 1 StVollzG **nicht vorliegen,** etwa weil dem zur freien Willensbestimmung fähigen Verhafteten die Maßnahme nicht zumutbar ist, wird man ihm das Recht zugestehen müssen, davon abzusehen, eine ärztliche Anordnung herbeizuführen. Dem Arzt seinerseits bleibt es unbenommen, von sich aus eine ärztliche Anordnung nach § 101 Abs. 3 StVollzG zu treffen. Um dabei Mißhelligkeiten auszuscheiden empfiehlt es sich, daß Richter und Arzt zusammenarbeiten. Wenn sich der Richter dabei seine Freiheit, nach § 101 Abs. 1 Satz 2 StVollzG auch gegen die ärztliche Ansicht zu entscheiden, klar vorbehält und diesen Vorbehalt möglichst auch erklärt, kann aus der (nahezu notwendigen) Zusammenarbeit keine Besorgnis hergeleitet werden, der Richter sei befangen.

218   **b) Rechtliches Gehör.** In der Praxis unterbleibt bei Anordnungen nach Absatz 6 — mit Ausnahme bei der Festsetzung einer Disziplinarmaßnahme (Rdn. 60 ff) — im allgemeinen deshalb das rechtliche Gehör, weil die meisten auf Antrag des Verhafteten getroffen werden, und dieser, wenn — etwa beim Anhalten eines Briefs — rechtliches Gehör unterblieben ist, es sich durch Gegenvorstellung oder Beschwerde jederzeit leicht verschaffen kann. Bei Zwangsmaßnahmen ist diese ohnehin nicht unbedenkliche Praxis unzulässig. Hat der Arzt nach § 101 Abs. 3 StVollzG eine Zwangsmaßnahme angeordnet und erwägt der Richter, nach § 101 Abs. 1 Satz 2 StVollzG anzuordnen, daß die Maßnahme durchzuführen ist, so hat er den Staatsanwalt (§ 33 Abs. 2) und den Verhafteten vor seiner Entscheidung zu hören. Das Gehör des Verhafteten ist aus zwei Gründen notwendig. Einmal handelt es sich um eine Zwischenentscheidung (§ 33, 6; 24; 32), zum anderen liegen ärztliche Feststellungen vor, zu denen der Verhaftete noch nicht gehört worden ist (§ 33 Abs. 3). Der **Verteidiger** braucht nicht gehört zu werden, doch empfiehlt es sich, ihn zu beteiligen, weil die Entscheidung tief in Grundrechte eingreift. Das Gehör muß unterbleiben, wenn der Verhaftete verhandlungsunfähig ist, doch wird dann in der Regel die Untersuchungshaft zu beenden sein, weil es zu keiner Hauptverhandlung kommen kann. Im Fall des § 231 a (Hauptverhandlung in Abwesenheit des Angeklagten, der sich selbst verhandlungsunfähig gemacht hat) wird der Verteidiger zu hören und dem Angeklagten, der noch keinen hat, einer zu bestellen sein (§ 141 Abs. 3, § 140 Abs. 2; vgl. auch § 231 Abs. 4).

219   Der Richter kann den Verhafteten schriftlich hören, doch empfiehlt sich ein **mündliches Gespräch.** Ob es erforderlich ist, Verteidiger und Staatsanwalt zuzuziehen, kann nach den Umständen verschieden sein. Ein Gespräch unter vier Augen kann vielleicht am ehesten bewirken, daß der Verhaftete einen überstürzten Entschluß überprüft. Es kann aber auch Situationen geben, wo es für den Richter ratsam ist, mit dem Verhafteten nicht ohne Zeugen zu sprechen.

220   **c) Begründung.** Wird die Entscheidung von einem Richter beim Amtsgericht oder von einem Vorsitzenden Richter beim Landgericht erlassen, so ist die Beschwerde gegeben, auch wenn der Richter erkennender Richter ist (Rdn. 154). Demzufolge ist die Entscheidung, daß eine ärztlich angeordnete Maßnahme durchzuführen sei (§ 101 Abs. 1 Satz 2 StVollzG), zu begründen (§ 34). Ergeht die Entscheidung vom Vorsitzenden des Strafsenats des im ersten Rechtszug entscheidenden Gerichts, so ist zwar — im Gegensatz etwa zur Ablehnung oder Beschränkung der Akteneinsicht (§ 304 Abs. 4 Satz 2 zweiter Satzteil) — keine Beschwerde zulässig. Der Vorsitzende des Strafsenats wird aber, wie das bei Entscheidungen des Oberlandesgerichts üblich ist, die Entscheidung schon deshalb voll begründen, damit der Verhaftete die Grundlage für eine Verfassungsbeschwerde (Art. 93 Abs. 1 Nr. 4 a GG) erhält.

d) Bekanntmachung. Die Entscheidung des Richters beim Amtsgericht und des **221** Vorsitzenden Richters beim Landgericht sind durch Zustellung bekanntzumachen (§ 35 Abs. 2 Satz 1). Für die Entscheidung des Vorsitzenden Richters beim Oberlandesgericht genügt formlose Mitteilung (§ 35 Abs. 2 Satz 2 erster Satzteil), doch empfiehlt sich wegen der Bedeutung der Entscheidung auch hier die Zustellung.

e) Wegen der **Beschwerde** s. Rdn. 154. **222**

§ 120

(1) ¹Der Haftbefehl ist aufzuheben, sobald die Voraussetzungen der Untersuchungshaft nicht mehr vorliegen oder sich ergibt, daß die weitere Untersuchungshaft zu der Bedeutung der Sache und der zu erwartenden Strafe oder Maßregel der Besserung und Sicherung außer Verhältnis stehen würde. ²Er ist namentlich aufzuheben, wenn der Beschuldigte freigesprochen oder die Eröffnung des Hauptverfahrens abgelehnt oder wenn das Verfahren nicht bloß vorläufig eingestellt wird.

(2) Durch die Einlegung eines Rechtsmittels darf die Freilassung des Beschuldigten nicht aufgehalten werden.

(3) ¹Der Haftbefehl ist auch aufzuheben, wenn die Staatsanwaltschaft es vor Erhebung der öffentlichen Klage beantragt. ²Gleichzeitig mit dem Antrag kann die Staatsanwaltschaft die Freilassung des Beschuldigten anordnen.

Schrifttum. *Luckhaupt* Zur Zulässigkeit der U-Haft nach der Verurteilung zu einer Freiheitsstrafe, die zur Bewährung ausgesetzt wurde, MDR **1974** 550.

Entstehungsgeschichte. Durch Art. 7 Nr. 1 StPÄG 1964 sind die früheren §§ 123 und 126 zusammengefaßt worden. Dabei ist in Satz 1 in Angleichung an § 112 Abs. 1 Satz 2 die Bestimmung eingefügt worden, daß der Haftbefehl auch aufzuheben ist, wenn die weitere Untersuchungshaft zu der Bedeutung der Sache und zu der zu erwartenden Strafe oder Maßregel der Sicherung und Besserung außer Verhältnis steht. Mit dem Wegfall der Voruntersuchung ist die Bezugnahme auf den Umstand, daß der Beschuldigte außer Verfolgung gesetzt wird, gestrichen worden (Art. 1 Nr. 30 des 1. StVRG). — Bezeichnung bis 1964: § 126.

Übersicht

Günter Wendisch

I. Vorbemerkung

1   Die Vorschrift stellt die Aufhebungsgründe zusammen, wird aber durch § 121 Abs. 1 ergänzt. Satz 1 erste Voraussetzung — an sich selbstverständlich — ist bedeutungsvoll durch den an die Spitze gestellten Gesetzesbefehl, den Haftbefehl alsbald („sobald") aufzuheben, sobald die Voraussetzungen der Untersuchungshaft nicht mehr vorliegen. Um ihn zu befolgen, ist ständige Prüfung notwendig. Demzufolge wird durch das Wort „sobald" eindeutig der Grundsatz zum Ausdruck gebracht, daß die Haftfrage unabhängig vom Haftprüfungsverfahren und unabhängig von Anträgen jederzeit von Amts wegen zu prüfen ist. Zufolge der besonderen Konstruktion des Grundsatzes der Verhältnismäßigkeit (§ 112, 56 f) gehört diese (Satz 1 zweite Voraussetzung) zwar zu den Voraussetzungen des Haftbefehls (§ 127 a, § 132 Abs. 1; § 112 a Abs. 2; vgl. § 112, 20), aber nicht zu denen der Untersuchungshaft. Deshalb muß die „Unverhältnismäßigkeit" nochmals besonders als Haftaufhebungsgrund aufgeführt werden. Zugleich wird damit der bedeutsame Grundsatz der Verhältnismäßigkeit der Staatsakte besonders hervorgehoben und in seiner Bedeutung unterstrichen.

2   Der letzte Fall des Absatzes 1 (**Freispruch** usw.) ist wegen seiner gesetzlichen Vermutung, daß die Haftvoraussetzungen weggefallen seien, neben Absatz 2 der Hauptinhalt der Vorschrift. Der Fall des Absatzes 3 (Aufhebung im vorbereitenden Verfahren auf **Antrag der Staatsanwaltschaft**) ist mit Recht von den anderen Aufhebungsfällen abgetrennt. Denn bei ihm prüft das Gericht nicht, ob die Voraussetzungen des Haftbefehls weggefallen sind.

3   Die Bestimmung bezieht sich sowohl auf die Untersuchungshaft nach den §§ 112, 112 a, 113 als auch auf die **Ungehorsamshaft** nach § 230 Abs. 2, § 236, § 329 Abs. 4 Satz 1. Bei dieser wird allerdings der Aufhebungsgrund des Absatzes 1 Satz 1 zweite Möglichkeit (Unverhältnismäßigkeit) nur ganz ausnahmsweise Anwendung finden können; Absatz 3 ist für sie ohne Bedeutung, weil die Ungehorsamshaft nur zulässig ist, nachdem die öffentliche Klage erhoben worden ist. Für die **einstweilige Unterbringung** (§ 126 a Abs. 1) gilt § 120 nicht (§ 126 a Abs. 2); vielmehr ist in § 126 a Abs. 3 eine besondere Regelung getroffen. Sie stimmt im wesentlichen mit § 120 überein, muß aber auf die Entlassung wegen Unverhältnismäßigkeit verzichten. Denn die einstweilige Unterbringung sichert ebenso wie die endgültige die Allgemeinheit vor rechtswidrigen Taten eines Schuldunfähigen (§ 20 StGB) oder eines vermindert Schuldfähigen (§ 21 StGB). Bei diesem übereinstimmenden Zweck kann die einstweilige Unterbringung zu der endgültigen nicht wohl in einem unangemessenen Verhältnis stehen.

4   Der Befehl, den Haftbefehl **aufzuheben,** sobald dessen Voraussetzungen nicht mehr vorliegen oder keine Verhältnismäßigkeit mehr gegeben ist, besteht unbedingt, also auch dann, wenn der Vollzug des Haftbefehls nach § 116 Abs. 1 bis 3 ausgesetzt ist: Wenn kein Haftbefehl mehr zulässig ist, dürfen auch keine Belastungen durch Maßnahmen, Anweisungen, Bedingungen, Pflichten oder Beschränkungen auferlegt werden. Ob der Haftbefehl aufgehoben werden muß, ist daher immer auch dann zu prüfen, wenn (nur) eine Maßnahme des § 116 Abs. 1 bis 3 beanstandet wird.

II. Aufhebung von Amts wegen (Absatz 1)

5   **1. Wegfall der Haftvoraussetzungen.** Voraussetzungen der Untersuchungshaft sind nach § 112 Abs. 1 dringender Tatverdacht und in den Fällen des § 112 Abs. 2, § 112 a Abs. 1 ein Haftgrund (Flucht, Fluchtgefahr, Verdunkelungsgefahr und Wiederholungsgefahr), im Fall des § 112 Abs. 3 gewisse besondere Umstände (§ 112, 52). Nach dem klaren Wortlaut der Vorschrift kommt es nicht darauf an, daß der dringende Verdacht der im Haftbefehl bezeichneten Straftat und der dort angegebene Haftgrund weggefallen sind; der Haftbefehl ist vielmehr nur dann aufzuheben, wenn **jeglicher Grund** für die Untersuchungshaft (§ 112 Abs. 1 bis 3, § 112 a Abs. 1) weggefallen ist. Der Haftbefehl kann daher, wenn die in ihm angegebene Haftvoraussetzung weggefallen ist, auf eine andere umgestellt werden (§ 114, 58). Der Sache nach bedeutet das Aufhebung des Haftbefehls und Erlaß eines neuen (§ 114, 59), so daß es nicht zur Entlassung kommt. Wie bereits zu § 117, 1 ausgeführt, ist die Haftfrage in jeder Lage des Verfahrens unabhängig von Anträgen der Beteiligten jederzeit **von Amts wegen** zu prüfen. Diese Verpflichtung ist an sich selbstverständlich; denn kein Eingriff in die grundgesetzlich garantierten Freiheitsrechte darf länger als notwendig bestehen bleiben. Die Pflicht wird aber wegen ihrer Wichtigkeit betont durch die ausdrückliche Anordnung, den Haftbefehl (alsbald) dann aufzuheben, sobald die Voraussetzungen der Untersuchungshaft nicht mehr vorliegen (Rdn. 1).

Der **Tatverdacht** ist mit dem Fortschreiten der Ermittlungen immer kritischer zu **6** prüfen. Genügen beim ersten Zugriff einzelne starke Indizien, so ist die Dringlichkeit des Verdachts alsbald zu verneinen, wenn feststeht, daß eine Indizienkette nicht geschlossen werden kann oder wenn nur noch geringe Wahrscheinlichkeit dafür gegeben ist, daß die weiteren Ermittlungen Material erbringen werden, um einzelne starke Indizien durch weitere Tatsachen lückenlos zu verbinden.

Die **Fluchtgefahr** vermindert sich, wenn der Fluchtreiz geringer wird. Liegt dieser **7** nicht in der Furcht vor dem Bestraftwerden überhaupt, sondern vor der Strafverbüßung, dann wird er um so schwächer, je länger der Beschuldigte Untersuchungshaft erleidet. Denn der Satz „Je höher die in Aussicht stehende Strafe, desto größer die Fluchtgefahr" (§ 112, 38) gilt auch umgekehrt. Zudem ist nach § 51 Abs. 1 Satz 1 StGB die Untersuchungshaft regelmäßig anzurechnen; die Anrechnung darf nach § 51 Abs. 1 Satz 2 StGB nur ausnahmsweise unterbleiben. Daher darf der Beschuldigte damit rechnen, daß die Untersuchungshaft angerechnet werden wird, und er wird es — und auf diese subjektive Erwartung ist abzustellen — auch immer tun.

Die Möglichkeit, zu verdunkeln und damit die **Verdunkelungsgefahr** nehmen in **8** der Regel ab, je weiter die Untersuchung fortschreitet. Denn wenn die Tat aufgeklärt ist und die Beweise gesichert sind, wird meist die Verdunkelungsgefahr entfallen, auch wenn der Beschuldigte vorher tatsächlich verdunkelt hatte. Allerdings sind im Einzelfall Einwirkungen auf Zeugen bis zur Rechtskraft des Schuldspruchs denkbar und auch durch eidliche Vernehmung von Zeugen (§ 65) nicht immer auszuschließen. Doch wird, wenn eidliche Aussagen von Zeugen und ein richterliches Geständnis des Beschuldigten (§ 254 Abs. 1) vorliegen, Verdunkelungsgefahr nur in ganz besonderen Ausnahmefällen begründet bleiben. Daher ist ein lediglich wegen Verdunkelungsgefahr erlassener Haftbefehl regelmäßig nach der Hauptverhandlung in der letzten Tatsacheninstanz aufzuheben (OLG Celle NJW **1963** 1264; KK-*Boujong* 5).

Der Haftbefehl ist auch aufzuheben, wenn die **Gesamtwürdigung** (§ 112, 63), ein- **9** getretene Geisteskrankheit (§ 112, 65), oder wenn nahe Lebensgefahr durch Fortsetzung der Untersuchungshaft (§ 112, 66) dem Erlaß eines Haftbefehls entgegenstehen würde. Wird ein **Haftbefehl in anderer Sache** erlassen, gibt es regelmäßig keinen Anlaß, den bestehenden Haftbefehl aufzuheben. Das kann geboten sein, wenn in anderer Sache eine Strafe vollstreckt wird und für längere Zeit sicher mit der Fortsetzung der Strafvollstreckung zu rechnen ist; für den Regelfall ist das nicht anzunehmen (vgl. § 112, 69; **a. A.** *Schumann* JR **1967** 340).

2. Fehlen der Verhältnismäßigkeit. Der Grundsatz der Verhältnismäßigkeit **10** (§ 112, 54 ff) bedarf als einer der Fundamentalgrundsätze für staatliches belastendes

Günter Wendisch

Handeln jederzeit besonderer Prüfung, weil das Verhältnis der Haft zu dem durch das Strafverfahren zu erwartenden Ergebnis sich schon durch Zeitablauf immer ändert (vgl. BVerfGE **36** 270 = JZ **1974** 582 m. Anm. *Kleinknecht*). Freilich wird es nicht immer möglich sein, das Fehlen der Verhältnismäßigkeit von dem Wegfall eines anderen Haftgrunds zu trennen. So wird z. B. meist schon die Fluchtgefahr entfallen, wenn wegen der Länge der Untersuchungshaft im Hinblick auf die bei ihrer Anrechnung noch zu verbüßende Strafe der Grundsatz der Verhältnismäßigkeit nicht mehr gewahrt wäre. Aber auch wenn die Fluchtgefahr fortbesteht, kann fehlende Verhältnismäßigkeit nötigen, den Haftbefehl aufzuheben. Daß sie fehlt, ist grundsätzlich anzunehmen, wenn ein Vergleich zwischen der Strafe, die der Täter zu erwarten, und der Untersuchungshaft, die er erlitten hat, erkennen läßt, daß diese die vermutliche Strafhöhe nahezu erreicht oder gar übersteigt[1]. Allerdings kann die Abwägung immer nur die Tat betreffen, die der Haftbefehl beschreibt sowie die Strafe, die der Täter dafür zu erwarten hat (OLG Hamm JMBlNRW **1977** 258). Ob und in welcher Höhe Untersuchungshaft voraussichtlich angerechnet werden wird, hat dabei außer Betracht zu bleiben. Vielmehr ist, wenn nicht die Umstände des § 51 Abs. 1 Satz 2 StGB vorliegen, davon auszugehen, daß die gesamte Untersuchungshaft angerechnet werden wird. Dabei ist auch die Anwendung des § 56 Abs. 1 und 2 StGB (Strafaussetzung zur Bewährung; BGHSt **6** 215) ins Auge zu fassen (*Schultz* JR **1963** 297).

11   Indessen kommt es nicht allein auf das **Verhältnis** der Untersuchungshaft **zu der** zu erwartenden Strafe oder Maßregel an, vielmehr ist auch auf die Bedeutung der **Sache** abzustellen. Daraus folgt: Auch wenn die erlittene Untersuchungshaft nicht mehr in angemessenem Verhältnis zu der zu erwartenden Sanktion steht, kann die Untersuchungshaft gleichwohl aufrechterhalten werden, wenn das durch die Bedeutung der Sache geboten ist. Das ist etwa der Fall, wenn anzunehmen ist, der Beschuldigte werde ungeachtet der Geringfügigkeit eines Strafrestes fliehen, wenn die Aburteilung aber, namentlich im Hinblick auf eine später mögliche Rückfallverschärfung (§ 48 StGB), bedeutsam ist (*Seetzen* NJW **1973** 2002; *Gössel* § 5 B IV b 3; *Kleinknecht/Meyer* 2). Auf der anderen Seite bedeutet das Gebot, bei fehlender Verhältnismäßigkeit den Haftbefehl aufzuheben, daß der Staat bei unbedeutenden Sachen notfalls einen **Verzicht auf Verurteilung** in Kauf nimmt.

12   **Zur Prüfung,** ob die Haftvoraussetzungen entfallen sind, ist namentlich in folgenden Fällen **Anlaß** gegeben:

wenn durch ein Urteil **von Strafe abgesehen** wird, z. B.: §§ 83 a, 84 Abs. 4, § 129 Abs. 5, 6, § 129 a Abs. 4, 5, § 139 Abs. 1, § 157 Abs. 2, § 233, §§ 311 c Abs. 2, 315 Abs. 6, § 315 b Abs. 6, § 316 a Abs. 2, § 323 Abs. 5 StGB;

wenn durch Urteil der Angeklagte **für straffrei erklärt** wird (§ 199 StGB);

wenn die gesamte **Strafe durch die Untersuchungshaft verbüßt** ist (§ 51 Abs. 1 Satz 1 StGB; § 52 a Abs. 1 Satz 1 JGG) oder angeordnet wird, daß wegen erlittener Untersuchungshaft Jugendarrest nicht zu vollstrecken ist (§ 52 JGG), und das Verfahren wegen keiner freiheitsentziehenden Maßregel anhängig bleibt (§ 112, 11);

wenn im Urteil nur auf **andere als freiheitsentziehende Strafen** oder Maßregeln erkannt (OG Danzig GA **71** [1927] 73) oder die Verurteilung zu Geldstrafe vorbehalten wird (§ 59 StGB);

oder wenn die **Vollstreckung** erkannter Freiheitsstrafen (§ 56 Abs. 1 und 2 StGB; § 21 Abs. 1 und 2 JGG) oder des Strafrests zur Bewährung bei Anrechnung der Untersu-

---

[1] Vgl. OLG Bremen NJW **1960** 1265; *Maunz/ Dürig/Herzog* Art. 1, 71; *Kleinknecht/Jani-*   *schowsky* 115; KK-*Boujong* 6.

chungshaft (§ 57 Abs. 1 und 2 StGB; BGHSt **6** 215; OLG Koblenz MDR **1974** 596; OLG Schleswig SchlHA **1976** 44; *Schultz* JR **1963** 297) **ausgesetzt** wird.

In den vorgenannten Fällen können besondere Umstände denkbar sein, die die **13** **weitere Untersuchungshaft rechtfertigen.** Das kann beispielsweise der Fall sein, wenn ein Angeklagter Berufung einlegt, der deshalb in Untersuchungshaft ist, weil er tatkräftig auf Zeugen eingewirkt hatte; wenn die Gefahr besteht, daß er das bei Freilassung weiterhin tun und dadurch, ungeachtet der Zeugenaussage in der ersten Instanz, die Ermittlung der Wahrheit erschweren werde; und wenn die Wichtigkeit der Verurteilung die Untersuchungshaft auch für den Fall rechtfertigt, daß feststeht, es werde auf keine zu vollstreckende Freiheitsstrafe erkannt werden. Dabei kann es sich nur um ungewöhnliche Ausnahmefälle handeln. Wegen der Aufhebung des Haftbefehls in den vorgenannten Fällen bei Eintritt der **Rechtskraft** s. Rdn. 37.

Hat das Amtsgericht in einem der in Rdn. 12 angeführten Beispielsfälle den Haft- **14** befehl aufgehoben, so ist der Angeklagte aus der Untersuchungshaft selbst dann zu entlassen, wenn die Staatsanwaltschaft das Urteil alsbald nach der Verkündung des Urteils und des Aufhebungsbeschlusses etwa mit dem Ziel anficht, die Strafaussetzung der erkannten Freiheitsstrafe oder die Aussetzung des Strafrestes in Wegfall zu bringen. Denn Absatz 2 gilt für alle Fälle, in denen ein Haftbefehl aufgehoben wird (Rdn. 28). Weil es sich hier jedoch weder um einen Freispruch noch um einen der in Absatz 1 Satz 2 genannten beiden vergleichbaren Fälle handelt (vgl. dazu Rdn. 15 ff, aber auch 33 ff), kann die Staatsanwaltschaft **zugleich** mit der **Berufung** gegen das Urteil **Beschwerde** gegen den Aufhebungsbeschluß einlegen und ist das Berufungsgericht grundsätzlich nicht gehindert, den Beschluß des Amtsgerichts aufzuheben oder erneut einen Haftbefehl zu erlassen (OLG Koblenz MDR **1974** 596; OLG Karlsruhe MDR **1977** 775; a. A. *Luckhaupt* 551). Allerdings wird das Berufungsgericht bei der Prüfung des Haftgrundes einen strengen Maßstab anlegen und namentlich die Erfolgsaussicht des Rechtsmittels im Hinblick auf den Strafausspruch — vorausschauend — beurteilen müssen.

3. Freispruch usw. (Absatz 1 Satz 2)
a) Grundsatz. In Absatz 1 Satz 2 ist verordnet, daß der Haftbefehl aufzuheben **15** ist, wenn die Haftvoraussetzungen weggefallen sind oder die Verhältnismäßigkeit der Haft zur Strafe und zur Sache nicht mehr besteht. Als Sonderfälle hiervon („namentlich") werden in Satz 2 der Fall des Freispruchs und zwei ähnlich liegende Fälle behandelt. Die Bestimmung des Satzes 2 enthält indessen mehr als lediglich einen Sonderfall von Satz 1. Da es nämlich auf den Akt des Freispruchs, der Nichteröffnung oder Einstellung und nicht auf deren Rechtskraft oder gar „Richtigkeit" ankommt, liegt in der Behandlung des Satzes 2 als Unterfall des Satzes 1 die **gesetzliche Vermutung** (OLG Hamm NJW **1954** 86; OLG Karlsruhe NJW **1970** 439; OLG Düsseldorf MDR **1974** 686), daß die Haftvoraussetzungen weggefallen sind oder daß wenigstens die Haft zu dem endlichen Ergebnis in keinem angemessenen Verhältnis mehr steht (OLG Hamm NStZ **1981** 34; OLG Karlsruhe NStZ **1981** 192: auch bei Teilfreispruch). Der Haftbefehl ist in den Fällen des Satzes 2 daher z. B. auch dann aufzuheben, wenn der Freispruch als fehlerhaft erkannt ist und die Voraussetzungen der Untersuchungshaft noch vorliegen (*Roxin* § 30 F I 1 c).

b) Freispruch. Das Gesetz knüpft die Verpflichtung, den Haftbefehl aufzuheben, **16** zunächst an die Voraussetzung, daß der Angeschuldigte **freigesprochen** wird. Der **Freispruch** kann grundsätzlich — Ausnahme: § 349 Abs. 4 in Verb. mit § 354 Abs. 1 — nur durch Urteil ausgesprochen werden (§ 260 Abs. 1), ausnahmsweise in gewissen Wiederaufnahmefällen durch Beschluß (§ 371 Abs. 2; BGHSt **8** 383; **14** 66). Der Freispruch muß die Tat betreffen, wegen der der Haftbefehl ergangen ist (OLG Karlsruhe NStZ **1981** 192). Wird der Angeklagte, wenn er freigesprochen wird, gleichzeitig wegen anderer Taten verurteilt, bleibt der Haftbefehl, wenn er auch wegen dieser Taten erlassen worden war, unberührt; war noch keiner erlassen, ist es zulässig, wegen dieser Taten die Untersuchungshaft anzuordnen. Doch wird dabei der Grundsatz der Verhältnismäßigkeit besonders sorgfältig zu beachten sein.

17   c) Die **Ablehnung der Eröffnung des Hauptverfahrens** bildet den zweiten Aufhebungsgrund. Die **Eröffnung** des Hauptverfahrens wird dadurch **abgelehnt** (§ 210 Abs. 2), daß das Gericht beschließt, das Hauptverfahren nicht zu eröffnen (§ 204 Abs. 1). Auch hier ist die Identität der im Haftbefehl angenommenen Tat mit derjenigen, die in dem Beschluß nach § 204 Abs. 1 behandelt wird, Voraussetzung, den Haftbefehl aufzuheben. Der behandelte Fall könnte ebensogut als nicht bloß vorläufige Einstellung des Verfahrens angesehen werden, ist aber wegen seiner **Wichtigkeit** als besonderer Aufhebungsgrund aufgeführt.

18   d) **Einstellung.** Als dritten Grund, der zwingend verpflichtet, den Haftbefehl aufzuheben, nennt Satz 2 die Einstellung, wenn sie nicht bloß vorübergehend wirkt. Dafür kommen in Betracht das Urteil (§ 260 Abs. 3) sowie der Beschluß (§ 206 a Abs. 1), durch die das Verfahren wegen eines nicht mehr behebbaren Verfahrenshindernisses (Verjährung, Amnestie, fehlender Strafantrag bei abgelaufener Antragsfrist) mit der Wirkung eingestellt wird, daß es, wenn nicht neue Tatsachen oder Beweismittel bekannt werden, nicht wieder aufgenommen werden kann. Hierunter fällt, weil die letzte Voraussetzung fehlt, nicht die Einstellung wegen **fehlenden Gerichtsstandes** (§ 12, 22; KG GA **42** [1894] 147) oder die **vorläufige Einstellung** nach § 205 Abs. 1 wegen Abwesenheit[2].

19   Nach dem System der Vorschrift ist auszuschließen, daß das Gesetz auch die **staatsanwaltschaftliche Einstellung** (§ 170 Abs. 2 Satz 1) im Auge hat. Denn ihr kommt — anders als dem Freispruch, der Ablehnung, das Hauptverfahren zu eröffnen, und der gerichtlichen Einstellung — keine beschränkte Rechtskraftwirkung zu. Auch sind die anderen Akte, mit denen die Aufhebung des Haftbefehls zu verbinden ist, gerichtliche, so daß das Gericht aus seiner eigenen Entscheidung eine vom Gesetz vorgeschriebene Folgerung ziehen muß. Bei diesen Verschiedenheiten kann dem Gesetz nicht die Anordnung entnommen werden, das Gericht müsse den Haftbefehl aufheben, wenn die Staatsanwaltschaft das Verfahren eingestellt hat. Gleichwohl wird es regelmäßig dazu kommen, daß der Haftbefehl aufgehoben wird. Denn wenn die Staatsanwaltschaft das Verfahren einstellt, verneint sie den hinreichenden und damit erst recht den dringenden Tatverdacht. Alsdann muß sie beantragen, den **Haftbefehl aufzuheben,** und das Gericht muß diesem Antrag entsprechen (Absatz 3 Satz 1). Es ist nahezu ausgeschlossen, daß die Staatsanwaltschaft, wenn sie das Ermittlungsverfahren einstellt, nicht alsbald beantragt, den Haftbefehl aufzuheben. Sollte es doch einmal regelwidrig der Fall sein[3], hat das Gericht über einen Antrag des Beschuldigten, den Haftbefehl aufzuheben, nach allgemeinen Grundsätzen zu entscheiden; ein Fall des § 120 Abs. 1 Satz 2 liegt nicht vor.

---

[2] Freilich kommt es nicht darauf an, wie das Gericht die Einstellung benennt: Wird das Verfahren „vorläufig" eingestellt, weil die **Gerichtsbarkeit** der Bundesrepublik zwar **fehlt,** aber vielleicht noch geschaffen werden kann, so handelt es sich in Wirklichkeit um die Einstellung des Verfahrens, weil eine Prozeßvoraussetzung fehlt (§ 6, 36; OLG Karlsruhe JZ **1967** 418); es muß gleichgültig bleiben, ob vielleicht einmal die Prozeßvoraussetzung der Gerichtsbarkeit der Bundesrepublik entstehen kann.

[3] Beispiel: Einstellung eines Mordverfahrens wegen eines zweifelhaften Rechtfertigungsgrundes und alsbaldige Beschwerde des Verletzten mit dem Ziel der Anklageerzwingung.

Schließlich ist der Haftbefehl auch in den **Fällen des § 154 Abs. 1 und 2** aufzuhe- **20** ben. Im ersteren Fall ist die Aufhebung die notwendige Folge der Verfahrensbeendigung seitens der Staatsanwaltschaft. Diese kann nicht von der Verfolgung der Tat, die die Grundlage des Haftbefehls bildet, absehen, gleichzeitig die Untersuchungshaft (zur Sicherung eben dieser Tat) aufrechterhalten. Die Staatsanwaltschaft wird daher in einem solchen Fall zugleich mit ihrer Verfügung, von der Verfolgung einer Straftat nach § 154 Abs. 1 abzusehen, den Antrag verbinden müssen, den Haftbefehl insoweit nach § 120 Abs. 3 aufzuheben. Hat das Gericht das Verfahren nach § 154 Abs. 2 vorläufig eingestellt, ist der Haftbefehl gleichfalls aufzuheben, weil es sich trotz der Formulierung nicht um eine vorläufige Einstellung nach § 120 Abs. 1 Satz 2 handelt[4].

4. Bagatelldelikte. Wie bei Freispruch schlechthin vermutet wird, daß der drin- **21** gende Tatverdacht weggefallen sei (Rdn. 15), muß bei Verurteilung wegen einer Tat, die nur mit Freiheitsstrafe bis zu sechs Monaten oder mit Geldstrafe bis zu 180 Tagen bedroht ist (§ 113 Abs. 1; § 113, 11), der dringende Tatverdacht wegen einer anderen Straftat kraft gesetzlicher Vermutung ausgeschlossen werden. Die Untersuchungshaft darf dann lediglich wegen Fluchtgefahr und nur dann fortdauern, wenn die Voraussetzungen des § 113 Abs. 2 vorliegen. Ist das nicht der Fall, ist der Haftbefehl aufzuheben. Dasselbe gilt, wenn das Hauptverfahren abweichend von dem Antrag des Staatsanwalts (§ 206, § 207 Abs. 2 Nr. 3) nur wegen einer in § 113 Abs. 1 bezeichneten Tat eröffnet wird.

5. Verfahren. Zu jedem Zeitpunkt des Verfahrens haben Richter und Staatsan- **22** walt zu prüfen, ob die Untersuchungshaft noch aufrechterhalten werden muß, der Staatsanwalt auch dann noch, wenn die Verfahrensherrschaft aufs Gericht übergegangen ist. Einen Zwang hierzu kann der Beschuldigte durch Haftprüfungsverfahren (§ 117) ausüben, doch ist stets unabhängig davon von Amts wegen darauf zu achten, ob die Untersuchungshaft weiterhin nötig ist. Ist das zu verneinen, hat die Staatsanwaltschaft zu beantragen, den Haftbefehl aufzuheben. Das Gericht hat die Haftfrage aber auch **von Amts wegen** zu prüfen und den Haftbefehl aufzuheben, wenn die Haftvoraussetzungen weggefallen sind oder die weitere Untersuchungshaft zu der Bedeutung der Sache und der Sanktion, die zu erwarten ist, außer Verhältnis stehen würde. Die Entscheidung ergeht, nachdem die Staatsanwaltschaft gehört worden ist (§ 33 Abs. 2), durch **Beschluß**, der zu begründen ist (§ 34). Wegen der **Zuständigkeit** s. § 126.

Der den Haftbefehl aufhebende Beschluß ist durch **Entlassung** zu vollziehen. **23** Einer Vollstreckung (§ 36 Abs. 2 Satz 1) bedarf die Entscheidung nicht, weil keine Gewalt erforderlich ist, sie durchzuführen (§ 36, 21). Daher findet § 36 Abs. 2 Satz 1 keine Anwendung. Das Gericht hat vielmehr, ggf. durch seine Geschäftsstelle, die Entlassung selbst zu veranlassen und den Beschluß dem Beschuldigten formlos und der Staatsanwaltschaft durch Aktenübersendung mitzuteilen.

Die **Anstalt** hat den Verhafteten, gegen den kein Haftbefehl mehr besteht, unver- **24** züglich zu **entlassen.** Sie kann ihn für den Zeitraum zurückhalten, der erforderlich ist, ihm Sachen auszuhändigen, ihn darüber quittieren zu lassen usw. Macht sich eine Gesundheitsuntersuchung erforderlich, so kann sie durchgeführt werden, wenn das sofort möglich ist. Der Verhaftete darf aber **nicht zurückgehalten** werden, weil der Arzt etwa erst später oder nur zu einer besonderen Stunde zur Verfügung steht. Bei den Entlassungsformalitäten ist der Entlassene als freier Mann zu behandeln und anzureden. Er muß sich in den Anstaltsbetrieb einordnen, kann aber nicht mehr mit Hausstrafen belegt

---

[4] S. auch die Erl. zu § 154.

Günter Wendisch

werden. Befindet er sich zur Zeit der Entlassung außerhalb des Anstaltsgeländes, etwa im Gerichtssaal, so darf er, wenn er — wie ganz regelmäßig — Zivilkleidung trägt, nicht gegen seinen Willen mit Gewalt in die Anstalt zurückgeführt werden, um dort die Entlassungsformalitäten zu erledigen (KK-*Boujong* 18, **a. A.** KMR-*Müller* 3). Es steht ihm frei, seine Sachen am Eingang der Untersuchungshaftanstalt in Empfang zu nehmen (*Merz* NJW **1961** 1852).

25   Ist der Verhaftete am Abend zu entlassen und hat er keine Bleibe und auch kein Geld, eine Übernachtung zu bezahlen, darf ihn die Anstalt, wenn er es wünscht, bis zum anderen Morgen **beherbergen.** Auch dann ist er ein freier Mann, und zwar der Anstaltsordnung, nicht aber der Anstaltsgewalt unterworfen; notfalls muß er gegen seinen Willen entlassen werden. Da das zu Mißhelligkeiten führen kann, empfiehlt es sich, solche Fälle dadurch zu vermeiden, daß rechtzeitig das Sozialamt oder die Entlassenenfürsorge zu Vorsorgemaßnahmen veranlaßt wird.

26   **6. Beschwerde (Absatz 2).** Gegen den den Haftbefehl aufhebenden Beschluß ist, sofern er nicht von einem Strafsenat als Rechtsmittelgericht ergeht (§ 304 Abs. 4 Satz 2 erster Halbsatz), Beschwerde zulässig, auch — weil er eine Entscheidung über die Verhaftung darstellt — wenn er der Beschluß eines erkennenden Gerichts ist (§ 305 Satz 2). Die Beschwerde hat **keine aufschiebende Wirkung** (§ 307 Abs. 1). Die nach den allgemeinen Vorschriften gegebene Befugnis des Gerichts, den Vollzug der angefochtenen Entscheidung auszusetzen (§ 307 Abs. 2), ist durch Absatz 2 ausdrücklich ausgeschlossen (KK-*Boujong* 19; *Kleinknecht/Meyer* 6; *Luckhaupt* 551: lex specialis), gleichgültig ob die Beschwerde allein eingelegt wird oder ob sie mit einer Anfechtung der zu Rdn. 16 bis 18 aufgeführten Entscheidungen verbunden wird.

27   Gegen den einen Haftbefehl **aufhebenden Beschluß** des Landgerichts oder des erstinstanzlich entscheidenden Oberlandesgerichts (§ 120 Abs. 3 und 4 GVG) findet, weil er die Verhaftung betrifft (§ 310 Abs. 1), **weitere Beschwerde** statt. Zwar hat die weitere Beschwerde ihren Grund im Schutze des Beschuldigten. Aus diesem Gesetzeszweck könnte man schließen, daß der Staatsanwaltschaft die weitere Beschwerde nicht zustehe. Indessen ist der Wortlaut nicht auf eine Beschwerde des Beschuldigten beschränkt. Da er eindeutig ist, bleibt für eine einschränkende Auslegung kein Raum. Daher sind die Staatsanwaltschaft (§ 296) und der Nebenkläger (§ 401 Abs. 1 Satz 1) beschwerdeberechtigt (§ 114, 49 f). Der Beschuldigte hat mangels Beschwer kein Beschwerderecht. Für die Beschwerde gegen die **Ablehnung,** einen **Haftbefehl aufzuheben,** ergeben sich keine Besonderheiten.

28   Absatz 2 **gilt für alle Fälle,** in denen ein Haftbefehl aufgehoben wird, nicht nur für die Aufhebung beim Freispruch und bei diesem gleichstehenden Entscheidungen (*Luckhaupt* 551; anders OLG Koblenz MDR **1974** 596). Die Bestimmung ist nicht unbedenklich (vgl. die andersartige Regelung in § 454 Abs. 2 Satz 2) und für die Fälle von Absatz 1 Satz 1 auch zuweilen mißlich. Für den Freispruch und die ihm gleichstehenden Entscheidungen ist sie eher hinzunehmen, namentlich wenn man im Auge behält, daß manche Rechtsordnungen Rechtsmittel gegen freisprechende Entscheidungen schlechthin ausschließen (kritisch auch KK-*Boujong* 19).

29   **7. Entscheidung des Beschwerdegerichts.** Das Beschwerdegericht überprüft die Entscheidung vollständig und hat dabei seine Erwägungen an die Stelle derjenigen des Vorderrichters zu setzen. Bei seiner Entscheidung hat es auch neu bekanntgewordene Tatsachen zu berücksichtigen. Den **Freispruch** oder die ihm gleichstehenden Entscheidungen kann es jedoch nicht überprüfen; es ist vielmehr an die gesetzliche Vermutung gebunden, daß der dringende Tatverdacht entfallen ist (OLG Hamm NJW **1954** 86). In den zu Rdn. 16 bis 20 aufgeführten Fällen muß daher eine Beschwerde grundsätzlich wirkungslos bleiben (Ausnahme Rdn. 31).

War dagegen der Haftbefehl aus **sonstigen Gründen** aufgehoben, kann das Be- **30** schwerdegericht den aufhebenden Beschluß des Vorderrichters seinerseits aufheben und damit dem Haftbefehl wieder Wirksamkeit verleihen, wenn etwa die Staatsanwaltschaft gegen ein Urteil, dessen Strafe der Vorderrichter zur Bewährung ausgesetzt hat, Berufung mit dem Ziel eingelegt hat, die Strafaussetzung zu beseitigen (OLG Koblenz MDR **1974** 696, kritisch dazu *Luckhaupt* 550). Dabei kann es den Haftbefehl auch umstellen, indem es etwa an die Stelle eines vom Vorderrichter zu Recht verneinten Betrugsverdachts den von diesem übersehenen Verdacht einer Urkundenfälschung setzt, oder indem es anstelle zu Recht als weggefallen angesehener Verdunkelungsgefahr entgegen der Ansicht des Vorderrichters Fluchtgefahr annimmt (§ 114, 58).

8. Neue Haftgründe. Durch den Freispruch und die ihm gleichstehenden gerichtli- **31** chen Entscheidungen wird die gesetzliche **Vermutung** begründet, die Haftvoraussetzungen seien entfallen oder die Untersuchungshaft stehe auf jeden Fall zu der zu erwartenden Sanktion nicht mehr in einem angemessenen Verhältnis (Rdn. 15). Diese Vermutung kann durch neue Tatsachen oder durch neue Beweismittel **widerlegt** werden[5]. Werden sie alsbald nach Freispruch usw. bekannt (Geständnis nach Urteilsverkündung), dann ist trotz des Freispruchs der Aufhebungsgrund des Absatzes 1 Satz 2 nicht gegeben. Ergeben sie sich, nachdem der Haftbefehl aufgehoben worden ist, dann kann das Beschwerdegericht die aufhebende Entscheidung des Vorderrichters beseitigen oder dieser einer Beschwerde der Staatsanwaltschaft abhelfen. In der Regel werden neue Tatsachen oder neue Beweismittel erst nach einiger Zeit hervortreten. Auch dann kann die Staatsanwaltschaft, weil das Beschwerdegericht die neuen Umstände berücksichtigen muß, noch den Weg der Beschwerde wählen; doch wird es in der Regel angemessener sein, einen neuen Haftbefehl zu beantragen.

Die neuen Tatsachen oder Beweismittel haben **außer Betracht** zu bleiben, wenn **32** mit dem freisprechenden einstellenden Urteil ein Revisionsgericht befaßt wird, dem deren Beurteilung verschlossen ist. Der Umstand, daß das Revisionsgericht das Urteil aufheben könnte und die nova dann doch noch Bedeutung erlangen könnten, ist so ungewiß, daß er keinen Haftbefehl stützen kann (OLG Düsseldorf MDR **1974** 686).

Die **Vermutung,** die Haftvoraussetzungen seien weggefallen, kann **nicht** dadurch **33** **ausgeräumt** werden, daß das gleiche oder ein höheres Gericht unveränderte Tatsachen anders würdigt oder die Rechtslage anders beurteilt, als es das freisprechende Gericht beim Freispruch oder den ihm gleichstehenden Entscheidungen getan hatte (OLG München HRR **1940** 837; OLG Hamm — 2 StS — NJW **1954** 86; OLG Karlsruhe NStZ **1981** 192), selbst wenn die neue Beurteilung zur Aufhebung des freisprechenden Urteils führt (*Lobe/Alsberg* § 123, III 1). Die **gegenteilige Ansicht,** der Angeklagte sei nicht mehr freigesprochen, wenn das freisprechende Urteil aufgehoben worden sei[6], übersieht, daß der Gesetzgeber das Aufhebungsgebot an die Tatsache eines freisprechenden Urteils

---

[5] OLG München HRR **1940** 86; OLG Hamm NJW **1954** 86; OLG Karlsruhe NJW **1970** 439; OLG Düsseldorf MDR **1974** 686; *Luckhaupt* 551; KK-*Boujong* 20; KMR-*Müller* 4; *Kleinknecht/Janischowsky* 235; *Kleinknecht/ Meyer* 3.

[6] OLG Karlsruhe NJW **1970** 439; OLG Hamm – 3 StS – JMBlNRW **1980** 239 = NStZ **1981** 34; KMR-*Müller* 4; KK-*Boujong* 21, *Schlüchter* 235; *Kleinknecht/Meyer* 5.

Günter Wendisch

knüpft. Mag auch das freisprechende Urteil aufgehoben werden, so bleibt doch der Umstand, daß der Angeklagte einmal freigesprochen worden ist, immerdar bestehen und mit ihm der Grund für die gesetzgeberische Entscheidung, daß ohne neue Tatsachen oder Beweismittel niemand für dringend verdächtig gehalten werden könne, dem in einem solennen Verfahren — wenn auch möglicherweise zu Unrecht — bescheinigt worden ist, er sei nicht zu überführen.

34　　Im **Wiederaufnahmeverfahren** besteht dieser Grund nicht, wenn es zuungunsten des Verurteilten auf Grund neuer Tatsachen oder Beweismittel betrieben wird (§ 362 Nr. 1, 2, 4). Dieses Verfahren ist vom Zulassungsbeschluß (§ 369 Abs. 1) an ein neues Ermittlungsverfahren, so daß auf Grund neuer Tatsachen oder Beweismittel ein neuer Haftbefehl ergehen kann (§ 112, 16).

35　　9. Die **Rechtskraft** beendet die Untersuchung und damit die Untersuchungshaft (§ 112, 12; OLG Celle NJW **1963** 2240). Ist der Beschuldigte bei Rechtskraft in Untersuchungshaft, geht diese aufgrund eines Erkenntnisses, durch das der Verhaftete zu Freiheitsstrafe oder zu freiheitsentziehenden Maßregeln verurteilt wird, in Strafhaft oder in den Vollzug der freiheitsentziehenden Maßregel über[7]. Der Haftbefehl erledigt sich damit von selbst (BVerfGE **9** 161 = NJW **1959** 431), er braucht nicht aufgehoben zu werden; eine noch laufende Haftbeschwerde wird gegenstandslos[8]. Wegen des Fortbestehens von Maßnahmen nach §§ 116, 116 a vgl. § 123, 6.

36　　Das Gericht ist zwar nicht gehindert, den **Haftbefehl aufzuheben**[9]. Wenn es darüber hinaus anordnet, daß der Verhaftete aus der *Untersuchung*shaftanstalt zu entlassen sei, geht die Anordnung ins Leere; die Anstalt darf den Verurteilten aufgrund dieser Verfügung nicht aus der *Straf*haft entlassen, in die sich die Untersuchungshaft zufolge der Rechtskraft automatisch verwandelt hat[10]. Ist das erkennende Gericht der Ansicht, die Untersuchungshaft verwandle sich nicht automatisch in Strafhaft[11], bleibt ihm die Möglichkeit, nach § 458 Abs. 1, § 462 Abs. 1 Satz 1 die Unzulässigkeit der Strafvollstreckung festzustellen, wenn der Verurteilte Einwendungen gegen die Strafvollstreckung erhebt. Die **Staatsanwaltschaft** wird dem Gericht die Entscheidung dadurch abzunehmen haben, daß sie die Strafvollstreckung förmlich einleitet.

37　　Wird ein **Urteil rechtskräftig**, in dem nicht auf freiheitsentziehende Strafen oder Maßregeln erkannt oder in dem die Vollstreckung einer erkannten Freiheitsstrafe ausgesetzt wird, kann sich die Untersuchungshaft nicht in Strafhaft fortsetzen. Die Untersuchungshaft kann aber auch nicht fortbestehen, weil sie ihr Ziel, die Untersuchung zu

---

[7] OLG Nürnberg SJZ **1950** 141 mit zust. Anm. *Kleinknecht;* OLGSt n. F. § 116 StPO, 2; OLG München Rpfleger **1964** 370; OLG Bremen MDR **1966** 349; OLG Köln NJW **1966** 1829; OLG Hamburg JZ **1977** 528; OLG Hamm – 4 StS – OLGSt § 450 StPO, 9; 10; OLG Karlsruhe OLGSt § 117 StPO, 5; OLG Stuttgart NJW **1979** 884; OLG Düsseldorf NStZ **1981** 366 = MDR **1982** 777; **a.A.** *Pohlmann/Jabel* § 38 StVollstrO, 22; offengelassen BGHSt **20** 65.

[8] OLG Bremen NJW **1963** 1024; OLG Hamburg NJW **1976** 2033; **1977** 210; MDR **1977** 949; OLG Karlsruhe MDR **1980** 598; *Hartung* § 123, 5; KK-*Boujong* 22; **a.A.** – Haft-

befehl bleibt Grundlage der Vollstreckungshaft – OLG Celle NJW **1963** 2240; – erst nach Strafantritt – OLG Frankfurt NJW **1979** 665; KMR-*Müller* 1.

[9] Verneinend BayObLGSt **32** (1933) 147; OLG Nürnberg SJZ **1950** 141.

[10] Vgl. OLG Celle NJW **1963** 2240: Das Prozeßgericht darf keine Entscheidungen erlassen, die die Vollstreckungshaft betreffen. Die Entscheidung des Oberlandesgerichts Celle zeigt, wie selbst bei unterschiedlichen Auffassungen Mißhelligkeiten vermieden werden können.

[11] OLG Frankfurt HESt **1** 163; OLG Braunschweig MDR **1950** 755.

sichern, erreicht hat. Gegen den Verurteilten besteht dann ohne Rechtsgrund ein Haftbefehl. Dieser ist alsbald aufzuheben, auch wenn sein Vollzug ausgesetzt war.

III. Aufhebung auf Antrag der Staatsanwaltschaft (Absatz 3)

1. Inhalt. Im Ermittlungsverfahren ist die Staatsanwaltschaft besser als das nur ge- **38** legentlich beteiligte Gericht über das Verfahren und dessen Aussichten unterrichtet und daher am ehesten in der Lage, zu beurteilen, ob die Untersuchungshaft noch notwendig ist oder ob sie entbehrt werden kann. Die Verfahrenskenntnis gäbe allerdings keine Grundlage, das Gericht (§ 126 a Abs. 1, § 169 Abs. 1) an einen Aufhebungsantrag der Staatsanwaltschaft zu binden, wie das in Absatz 3 Satz 1 geschieht. Die dort verordnete Bindung beruht vielmehr auf der Verfahrensherrschaft, die im Ermittlungsverfahren dem Staatsanwalt zusteht (*Schlüchter* 236). Zwar kann diese Herrschaft nicht ausreichen, dem Staatsanwalt die Befugnis zu verleihen, selbst Anordnungen zu treffen, die in die Rechte des Beschuldigten eingreifen (Beispiel: Haftbefehl); solche Entscheidungen müssen dem Richter vorbehalten bleiben.

Die Verfahrensherrschaft rechtfertigt es aber, es vom **Antrag des Staatsanwalts** **39** abhängig zu machen, ob solche Anordnungen ergehen sollen, welchen Umfang sie haben und wie lange sie bestehen dürfen. Absatz 3 ist nur eine der vielfältigen Auswirkungen dieses Grundsatzes. Die Vorschrift gewinnt namentlich Bedeutung, wenn die Polizei einen Verhafteten, damit die Frist gewahrt werde, dem Richter beim Amtsgericht unmittelbar zuführt und dieser, weil kein Staatsanwalt erreichbar ist, von Amts wegen einen Haftbefehl erlassen hat (§ 128 Abs. 2 Satz 2) und bei der Erweiterung des Haftbefehls, die wie der Erlaß eines neuen zu behandeln ist (§ 114, 59), im Beschwerdeverfahren (§ 114, 61). Die **Bindungswirkung** bezieht sich nur auf einen Antrag, den Haftbefehl aufzuheben. Das Aussetzen des Vollzugs eines Haftbefehls (§ 116) ist gegenüber seiner Aufhebung das Mindere. Gleichwohl ist ein Antrag der Staatsanwaltschaft, den Vollzug des Haftbefehls auszusetzen, dem Antrag, den Haftbefehl aufzuheben, in der Bindungswirkung nicht gleichgestellt (KK-*Boujong* 23; KMR-*Müller* 10). Diese klare gesetzgeberische Entscheidung kann durch Auslegung nicht geändert werden. Durch Absatz 3 werden die Befugnis und die Verpflichtung des zuständigen **Richters** nicht berührt, einen Haftbefehl auch entgegen einem Antrag des Staatsanwalts **von Amts wegen** aufzuheben, wenn die Voraussetzungen der Untersuchungshaft weggefallen sind.

2. Zeitpunkt. Der Haftbefehl ist aufzuheben, wenn die Staatsanwaltschaft es bean- **40** tragt, solange ihr die Verfahrensherrschaft zusteht, d. h. bis zur Erhebung der öffentlichen Klage. **Erhebung der öffentlichen Klage** (§ 170 Abs. 1) sind die schriftliche Anklage (§ 199 Abs. 2 Satz 1, § 200), die Nachtragsanklage (§ 266 Abs. 2 Satz 1 und 2) und der Antrag auf Erlaß eines Strafbefehls (§ 408 Abs. 1 Satz 1). Im beschleunigten Verfahren wird die Anklage entweder durch Einreichen einer Anklageschrift oder in der Hauptverhandlung mündlich erhoben (§ 212 a Abs. 2).

Die **bindende Wirkung** des staatsanwaltschaftlichen Antrags **endet** mit der Kla- **41** geerhebung. Daher kann der Antrag nur an den Richter beim Amtsgericht (§ 126 Abs. 1), den Ermittlungsrichter des Bundesgerichtshofs oder des Oberlandesgerichts (§ 169) oder an die diesen Richtern übergeordneten Beschwerdegerichte (§ 73 Abs. 1, § 120 Abs. 3 und 4, § 135 Abs. 2 GVG) gerichtet werden. Aus diesem Grund kann ein **mit der Anklage verbundener Antrag**, den Haftbefehl aufzuheben, das mit der Anklage angerufene Gericht nicht binden. Wird allerdings Klage bei einem Strafrichter erhoben, der zugleich Haftrichter (§ 125 Abs. 1) ist, dann ist der mit ihr verbundene Antrag, den Haftbefehl aufzuheben, für den Strafrichter noch bindend. Denn die Gesetze sind sinnvoll aus-

Günter Wendisch

zulegen, und es kann nicht verlangt werden, daß der Staatsanwalt zwei getrennte Schriftstücke in Minutenabstand abgibt[12].

42   **3. Antrag.** Den Antrag, den Haftbefehl aufzuheben, braucht die Staatsanwaltschaft nicht zu begründen; sie wird das aber tun, wenn ihre Gründe für die weitere Bearbeitung bedeutsam sind oder wenn sonst erwünscht ist, daß sie aktenkundig werden. Der Antrag wird in der Regel beim Richter beim Amtsgericht gestellt werden, doch ist auch ein im Verfahren des § 122 ans Oberlandesgericht oder im Beschwerdeverfahren an das Beschwerdegericht gerichteter Antrag bindend. Er kommt z. B. in Betracht, wenn der Richter beim Amtsgericht Absatz 3 übersehen hat; wenn eine Haftsache auf weitere Beschwerde des Beschuldigten ans Oberlandesgericht gelangt und der Generalstaatsanwalt ihr beitritt; oder wenn das Beschwerdegericht einen Haftbefehl ohne Gehör der Staatsanwaltschaft umgestellt hat (§ 114, 61) und die Staatsanwaltschaft der Umstellung nicht zustimmt, sondern die Entlassung des Verhafteten für geboten erachtet. Der letzte Fall ist unerwünscht; die Gerichtspraxis kann ihn dadurch vermeiden, daß sie die Staatsanwaltschaft hört.

43   Die **gerichtliche Entscheidung** ist ein Formalakt ohne Sachprüfung. Wenn auch die Ansicht der Staatsanwaltschaft bindend ist, ist doch gerichtliche Entscheidung erforderlich, weil der Staatsanwaltschaft keine Verfügung über den gerichtlichen Haftbefehl eingeräumt werden kann. Die gerichtliche Prüfung beschränkt sich darauf, daß die öffentliche Klage nicht erhoben ist und daß ein Antrag der Staatsanwaltschaft vorliegt, den Haftbefehl aufzuheben. Zur Begründung (§ 34) genügen die Worte „auf Antrag der Staatsanwaltschaft".

44   Der **Antrag wirkt** bei gleicher Sachlage **fort**, bis die Staatsanwaltschaft die öffentliche Klage erhoben hat (*Lobe/Alsberg* § 126, 1 b). Daher darf, auch wenn kein Staatsanwalt zu erreichen ist (§ 125 Abs. 1), der Richter beim Amtsgericht, der die (unveränderte) Sachlage anders als der Staatsanwalt beurteilt, keinen neuen Haftbefehl erlassen (KMR-*Müller* 9). Werden dem Richter jedoch **neue Tatsachen** (Fluchtvorbereitungen) bekannt, ist er nicht gehindert, einen neuen Haftbefehl von Amts wegen zu erlassen, wenn sowohl kein Staatsanwalt zu erreichen ist, als auch Gefahr im Verzug (§ 125, 7; 8) vorliegt.

45   **4. Freilassung.** Beantragt die Staatsanwaltschaft nach Satz 1, den Haftbefehl aufzuheben, dann ist sie der Ansicht, der Beschuldigte sei zu Unrecht in Haft. Im Hinblick auf ihre Verfahrensherrschaft muß ihr alsdann die Befugnis zustehen, den Beschuldigten alsbald zu entlassen. Dazu räumt ihr Satz 2 die Fähigkeit ein, gleichzeitig mit ihrem Antrag anzuordnen, daß der Verhaftete freizulassen ist. Weil wegen der Bindungswirkung die Entscheidung des Gerichts nicht zweifelhaft sein kann, hat die Staatsanwaltschaft die **Anordnung stets zu treffen.** Das Wort „kann" will nur klarstellen, daß die Staatsanwaltschaft zu dem Eingriff in die richterlich angeordnete Haft befugt ist, hat aber nicht den Inhalt, daß die Staatsanwaltschaft mit der Entlassung warten dürfte, bis das Gericht entschieden hat[13]. Daß sich Satz 2 nur auf den Antrag nach Satz 1 bezieht, also **nicht gilt, wenn** die Staatsanwaltschaft **öffentliche Klage** erhoben hat, ist nach dem Zusammenhang zweifellos (ebenso mit Hinweis auf die Entstehungsgeschichte *Peters* § 47 A VI 1 Abs. 3).

---

[12] **A.A.** – mit Anklage verbundener Aufhebungsantrag stets bindend – *Lobe/Alsberg* § 126, 2; – nie bindend – *Eb. Schmidt* Nachtr. I 25; KMR-*Müller* 8.

[13] **A.A.** – Staatsanwaltschaft ist zur Entlassung nur verpflichtet, wenn zwischen Antrag und Entscheidung voraussichtlich ein längerer Zeitraum liegen wird – KMR-*Müller* 11; wie hier *Kleinknecht/Meyer* 7 und KK-*Boujong* 28.

§ 121

(1) Solange kein Urteil ergangen ist, das auf Freiheitsstrafe oder eine freiheitsentziehende Maßregel der Besserung und Sicherung erkennt, darf der Vollzug der Untersuchungshaft wegen derselben Tat über sechs Monate hinaus nur aufrechterhalten werden, wenn die besondere Schwierigkeit oder der besondere Umfang der Ermittlungen oder ein anderer wichtiger Grund das Urteil noch nicht zulassen und die Fortdauer der Haft rechtfertigen.

(2) In den Fällen des Absatzes 1 ist der Haftbefehl nach Ablauf der sechs Monate aufzuheben, wenn nicht der Vollzug des Haftbefehls nach § 116 ausgesetzt wird oder das Oberlandesgericht die Fortdauer der Untersuchungshaft anordnet.

(3)[1]Werden die Akten dem Oberlandesgericht vor Ablauf der in Absatz 2 bezeichneten Frist vorgelegt, so ruht der Fristenlauf bis zu dessen Entscheidung. [2]Hat die Hauptverhandlung begonnen, bevor die Frist abgelaufen ist, so ruht der Fristenlauf auch bis zur Verkündung des Urteils. [3]Wird die Hauptverhandlung ausgesetzt und werden die Akten unverzüglich nach der Aussetzung dem Oberlandesgericht vorgelegt, so ruht der Fristenlauf ebenfalls bis zu dessen Entscheidung.

(4) [1]In den Sachen, in denen eine Strafkammer nach § 74 a des Gerichtsverfassungsgesetzes zuständig ist, entscheidet das nach § 120 des Gerichtsverfassungsgesetzes zuständige Oberlandesgericht. [2]In den Sachen, in denen ein Oberlandesgericht nach § 120 des Gerichtsverfassungsgesetzes zuständig ist, tritt an dessen Stelle der Bundesgerichtshof.

Schrifttum. *Bartsch* Richtermangel und Dauer der Untersuchungshaft, NJW **1973** 1303; *Carstensen* Dauer von Untersuchungshaft, Kriminologische Forschungen, Bd. 13 (1981); *Dünnebier* Bemerkungen zum Verfahren des Oberlandesgerichts nach §§ 121, 122 StPO, JZ **1966** 251; *Franzheim* Der Begriff „dieselbe Tat" in § 121 Abs. 1 StPO, NJW **1967** 1557; *E. Kaiser* Die Bedeutung des oberlandesgerichtlichen Prüfungsrechts gemäß § 121 StPO, NJW **1966** 434; *Knauth* Ruht der Fristenlauf des § 122 a während der Hauptverhandlung? DRiZ **1978** 337; *Mehling* Die Sechsmonatsfrist in § 121 StPO, NJW **1966** 142; *Prüllage* Zur Dauer der Untersuchungshaft, DRiZ **1979** 278; *Rebmann* Der Begriff „dieselbe Tat" in § 121 Abs. 1 StPO, NJW **1965** 1752; *Sack* Sechsmonatsfrist des § 121 StPO und „kontinuierlicher Freiheitsentzug", NJW **1975** 2240; *Eb. Schmidt* Die oberlandesgerichtliche Kontrolle der Dauer der Untersuchungshaft, NJW **1968** 2209; *Gerhard Schmidt* Die Untersuchungshaft im schwedischen Strafprozeß, ZStW 74 (1962) 623; *Vöcking* Die oberlandesgerichtliche Kontrolle gem. § 121 StPO, Diss. Mainz 1977.

Entstehungsgeschichte. Die Vorschrift ist eingefügt durch Art. 1 StPÄG 1964, um damit der Forderung in Art. 5 Abs. 2 Satz 2 MRK zu genügen (Begr., BTDrucks. IV 178, S. 25). In der Regierungsvorlage hatte der Bedingungssatz am Schluß des ersten Absatzes folgenden Wortlaut: „wenn ... die Schwierigkeit der Untersuchung oder wichtige Belange der Strafrechtspflege die Fortdauer der Haft erfordern". Dadurch kam der Grundsatz zum Ausdruck, daß die Untersuchungshaft nicht mehr vollzogen werden dürfe, wenn es möglich gewesen wäre, innerhalb von sechs Monaten zur Hauptverhandlung zu kommen, und die Ausnahme, daß auf den Haftvollzug gleichwohl nicht verzichtet werden sollte, wenn wichtige Belange der Strafrechtspflege den weiteren Vollzug erfordern, z. B. wenn das Verfahren gegen einen Schwerverbrecher falsch behandelt worden war. Die Ausnahme ist in den Beratungen des Rechtsausschusses gefallen. Dort hat die Vorschrift auch die jetzige Fassung erhalten. Absatz 4 ist neu gefaßt worden durch Art. 2 Nr. 1 StaatsschStrafsG.

Geplante Änderungen. Der BRat hat in seiner Stellungnahme zum StVÄGE 1984 vorgeschlagen, in Absatz 3 folgenden neuen Satz 3 einzufügen:
„Dasselbe gilt, wenn vor Ablauf der Frist der Beginn der Hauptverhandlung auf einen Zeitpunkt innerhalb von einem Monat nach Fristende terminiert wird".

       Günter Wendisch

Der bisherige Satz 3 soll als Satz 4 folgende Fassung erhalten:

> „Wird die Hauptverhandlung ausgesetzt oder der Beginn der Hauptverhandlung auf einen Zeitpunkt verlegt, der später als einen Monat nach Fristende liegt, und werden die Akten unverzüglich nach Aussetzung oder Terminsverlegung dem Oberlandesgericht vorgelegt, ruht der Fristablauf ebenfalls bis zu dessen Entscheidung".

S. ggf. die Erläuterungen im Nachtrag zur 24. Auflage.

Übersicht

I. Übersicht

1　　**1. Inhalt.** Nach Art. 5 Abs. 3 Satz 2 und 3 MRK hat der Beschuldigte Anspruch, innerhalb angemessener Frist abgeurteilt oder gegen Sicherheitsleistung aus der Untersuchungshaft entlassen zu werden. Dieses Recht erfährt seine nationale Ausgestaltung in den §§ 121, 122 in der Weise, daß der Vollzug der Untersuchungshaft grundsätzlich auf sechs Monate begrenzt wird und allein durch das Oberlandesgericht verlängert werden kann. Die Dauer der Untersuchungshaft wird nicht wie in § 112 Abs. 1 Satz 2 und in § 120 Abs. 1 zweiter Halbsatz in ein Verhältnis zu der Bedeutung der Sache und zu der zu erwartenden Strafe oder Maßregel der Besserung und Sicherung gesetzt, sondern in ein **Verhältnis zu der Schwierigkeit** der Erledigung und zu anderen wichtigen Gründen. Damit kommt auch zum Ausdruck, daß der verfassungsrechtliche Grundsatz der Verhältnismäßigkeit der Untersuchungshaft als einer vorläufigen Maßnahme schlechthin Grenzen setzt, auch unabhängig von der zu erwartenden Sanktion (BVerfGE 20 49 = NJW **1966** 1259; 20 147 = NJW **1966** 1703).

2　　Jene wichtigen Gründe müssen nicht nur dem Urteil entgegenstehen (Rdn. 27), sondern auch die Fortdauer der Untersuchungshaft rechtfertigen (Rdn. 30). Bei dieser Verbindung der beiden Voraussetzungen bietet die — auf den ersten Blick nicht völlig einsichtige — **Gegenwartsform** (wenn ... Schwierigkeiten ... das Urteil noch nicht zulassen und die Fortdauer der Haft rechtfertigen) der Auslegung kein Hindernis: Die Schwierigkeiten usw. müssen im Zeitpunkt der Prüfung (*gegenwärtig*) bestehen oder wenigstens bis zu einem Zeitpunkt bestanden haben, der so viel Zeit vor der Prüfung liegt, als notwendig ist, nahezu zum Urteil zu kommen. In beiden Fällen lassen sie das Urteil zur Prüfungszeit noch nicht zu. Die gleichen Schwierigkeiten usw. müssen aber auch unabwendbar gewesen sein (Rdn. 31). Dazu kommt es auf die *Vergangenheit* an.

2. Keine Geltung. Die §§ 121, 122 sind, weil der Gesetzgeber die Verweisung auf **3** sie absichtlich ausgelassen hat, nicht anzuwenden bei der **einstweiligen Unterbringung** Erwachsener (§ 126 a Abs. 2 Satz 1)[1] und Jugendlicher (§ 71 Abs. 2 Satz 2 JGG; OLG Celle NJW **1965** 2069), bei der Sicherungshaft vor dem Widerruf der Aussetzung einer Strafe (§ 453 c Abs. 2 Satz 2) sowie bei der Auslieferungshaft und bei der vorläufigen Auslieferungshaft (§ 25 Abs. 2 IRG)[2]. Art. 6 Abs. 1 Satz 1 MRK ist auch hier zu beachten (§ 122, 41). Auch bei **Haftbefehlen nach § 230 Abs. 2, § 236, § 329 Abs. 4 Satz 1** scheidet die Anwendung der §§ 121, 122 aus (OLG Oldenburg NJW **1972** 1585; **1972** 2008). Diese Vorschriften sichern den in Art. 5 Abs. 3 Satz 2 MRK garantierten Anspruch, innerhalb einer angemessenen Frist entweder abgeurteilt oder aus der Haft entlassen zu werden. Sind sie auch von dieser Vorschrift unabhängig und können über sie hinausgehen, bleibt doch beachtlich, daß Art. 5 Abs. 3 Satz 2 MRK auf den Fall des Art. 5 Abs. 1 Buchst. c (Untersuchungshaft) beschränkt ist und sich nicht auch auf den des Buchstaben b (Ungehorsamshaft) bezieht, und daß in §§ 121, 122 die technische Bezeichnung „Untersuchungshaft", und nicht etwa das umfassendere Wort Haft verwendet wird. Wenn diese Erwägungen die Entscheidung auch allein nicht tragen können, so ergibt sich die Unabwendbarkeit der §§ 121, 122 doch aus derem **System.** Denn die Sechsmonats**frist ruht während** der **Hauptverhandlung,** auch wenn diese unterbrochen wird (Rdn. 20), und sie beginnt erst wieder zu laufen, wenn die Hauptverhandlung ausgesetzt wird (Rdn. 22). Wird sie nur unterbrochen, so ist, so seltsam das Ergebnis anmutet, der Fristenlauf auch dann gehemmt, wenn das Gericht durch dauernde, vielleicht zu beanstandende, Unterbrechungen innerhalb von sechs Monaten nicht zum Urteil kommt. Die gesetzliche Haftbeschränkung, die ja ganz zu Ende kommt, sobald ein freiheitsentziehendes Urteil ergangen ist (§ 122, 40), geht keinen Schritt weiter, als die Menschenrechtskonvention es verlangt. In Einzelfällen kann das nicht mehr verfassungskonform sein (§ 122, 41); für den üblichen Fall ist die gesetzgeberische Entscheidung zu achten. Aus dieser muß aber die Folgerung gezogen werden, daß die Ungehorsamshaftbefehle, weil sie die fristfreie Zeit des Absatzes 3 Satz 2 decken, von den §§ 121, 122 nicht umfaßt werden.

Freilich ist, weil die Ungehorsamshaft der **Vorführung** subsidiär ist (§ 112, 9), **4** immer zu prüfen, ob nicht diese ausreicht. Denn der Vorsitzende kann den Vorgeführten hindern, sich zu entfernen, während einer Unterbrechung sogar in Gewahrsam nehmen (§ 231 Abs. 1 Satz 2) — allerdings, wenn der Angeklagte über die Anklage vernommen ist, nur so lange, als seine Anwesenheit erforderlich ist (§ 231 Abs. 2). Sonst ist, weil § 116 gilt (§ 112, 6), bei **langer Vorführungshaft** zu prüfen, ob der Vollzug des Haftbefehls ausgesetzt werden kann. Bei überlanger Haft gilt Art. 5 Abs. 3 Satz 2 MRK (*Güldenpfennig* NJW **1972** 2008), doch sind solche Fälle kaum vorstellbar.

3. Charakter. Die Regelung ist keine Straf- oder Erziehungsmaßnahme, sondern **5** eine Folgerung aus dem Charakter der Untersuchungshaft. Diese ist, an einem als unschuldig Geltenden vollzogen, keine vorweggenommene Strafe, sondern ein im Interesse der Strafrechtspflege gefordertes Opfer, für das — wie für jedes Opfer — grundsätzlich das **Übermaßverbot** und der **Grundsatz der Verhältnismäßigkeit** gelten. Daraus folgt: Die Untersuchungshaft darf regelmäßig nur so lange vollzogen werden, als es unerläßlich ist, das Urteil zu erreichen. Demzufolge müssen die Strafverfolgungsbehörden „nachweisen können, daß sie alles in ihrer Macht Stehende getan haben, um die Ermitt-

---

[1] OLG Schleswig SchlHA **1982** 156; *Schlüchter* 239. 1; *Kleinknecht/Meyer* 1.
[2] Noch zum gleichlautenden § 16 Abs. 3

DAG OLG Nürnberg GA **1966** 90; OLG Hamm NJW **1966** 314.

Günter Wendisch

lungen so schnell wie möglich abzuschließen und die gerichtliche Entscheidung über die dem Beschuldigten vorgeworfenen Taten herbeizuführen" (BVerfGE **21** 222 = NJW **1967** 871).

6   Die Vorschrift ist **bei jedem Haftbefehl** nach § 114 anzuwenden. Dabei ist es gleichgültig, auf welchem Haftgrund er beruht (§ 112 Abs. 2, § 112 a Abs. 1). Der Haftbefehl ist also auch dann aufzuheben, wenn sicher ist, daß der Beschuldigte fliehen werde (OLG Köln NJW **1973** 1010)[3]. Der Gesetzgeber hat die Abwägung zwischen den Interessen des Staates an einer geordneten Strafverfolgung und dem Freiheitsrecht des Verhafteten selbst und abschließend vorgenommen. Bei dieser klaren Gesetzeslage ist keine Korrektur durch die Rechtsprechung zulässig (OLG Köln aaO). Daher gibt es auch **keine Ausnahme** für den Haftbefehl gegen einen Beschuldigten, der eines Verbrechens wider das Leben dringend verdächtig ist (§ 112 Abs. 3)[4]. Die Fassung der Regierungsvorlage (s. Entstehungsgeschichte), die im letzten Falle regelmäßig zugelassen haben würde, den Haftvollzug zu verlängern, hat der Bundestag ausdrücklich verworfen.

7   Mit der **Haftbegrenzung** wird ein starker Zwang auf Polizei, Staatsanwaltschaft und Gericht ausgeübt, zielstrebig, konzentriert, rasch und sachgemäß zu ermitteln und zum Urteil zu kommen. Da auch selbst frühere Flucht und die Vorbereitung einer Flucht, sei es eine frühere, sei es eine aus der derzeit vollzogenen Untersuchungshaft, nicht als Ausnahmegrund aufgenommen und keine Ausnahme für § 230 Abs. 2, § 236, § 329 Abs. 4 Satz 1, je zweiter Fall, gemacht worden ist, muß daraus der Wille des Gesetzgebers gefolgert werden, unter Umständen in Kauf zu nehmen, daß ein verschlepptes Strafverfahren **nicht zum Abschluß gebracht** werden kann.

8   4. **Kritik.** Die Haftbegrenzung und die fest umschriebenen Ausnahmen sind zu **billigen.** Auch die Folge ist anzuerkennen, daß ein fluchtverdächtiger Betrüger entlassen wird, wenn das Urteil in sechs Monaten nicht ergeht, obwohl das möglich gewesen wäre (vgl. *Mahler* NJW **1969** 354). Das hat der Gesetzgeber in Kauf genommen (OLG Hamm NJW **1972** 550). Dagegen ist das Gesetz **abzulehnen,** soweit es von diesem Grundsatz auch bei schwersten Verbrechen keine Ausnahme macht. Bei Kapitalverbrechen ist das nicht erträglich (*Dünnebier* 253; zustimmend auch *Gössel* GA **1978** 124).

9   5. **Abhilfeversuche.** *Kleinknecht* will der untragbaren Folge dadurch entgehen, daß er den Konditionalsatz des Absatzes 1 in zwei Teile zerlegt und diese als an verschiedene Normadressaten gerichtet ansieht. Der erste Teil soll sich an die das Verfahren betreibenden Justizorgane richten (Vorlegungsvoraussetzungen), der zweite an die Justizorgane, die zur Frage der Haftverlängerung Stellung nehmen oder über sie entscheiden müssen (Verlängerungsvoraussetzungen)[5]. Das Gesetz enthält indessen eindeutig nur Verlängerungsvoraussetzungen und versteht darunter Umstände, die das Urteil (objektiv) noch nicht zulassen *und zugleich* — zufolge ihrer Unabwendbarkeit — die Fortdauer der Haft rechtfertigen. — KMR-*Müller* (7) will zwischen dem Schutzbedürfnis des Beschuldigten vor überlanger Haft und den Notwendigkeiten der Verfahrenssicherung abwägen. Das wäre bei der Fassung des Regierungsentwurfs geboten gewesen, der Gesetz gewordene Text gestattet es nicht.

---

[3] BGHZ **45** 42 = NJW **1966** 928; *Herzog* JZ **1966** 689; **a.A.** LG Köln NJW **1964** 1817; alle zu Art. 5 MRK
[4] OLG Köln NJW **1973** 1009; *Roxin* § 30 F I

3; KK-*Boujong* 23; **a.A.** OLG Hamm JMBlNRW **1971** 284; **1974** 48.
[5] MDR **1965** 788; JZ **1965** 119; zust. OLG Hamburg MDR **1967** 1029.

Daher ist auch der Versuch des Oberlandesgerichts Hamm (JMBlNRW **1971** 284; zustimmend wohl *Kleinknecht* JR **1974** 586) als **Auflehnung** gegen ein allerdings schwer erträgliches (Rdn. 8) Gesetz zu verwerfen. Die Begründung des Gerichts ist unannehmbar. Das Gericht entnimmt zwei Beschlüssen des Bundesverfassungsgerichts einige Sätze, die — was nicht erwähnt wird — zum **Schutz** des Beschuldigten aus Art. 2 Abs. 2 Satz 2 GG abgeleitet worden sind, um zu seinen **Lasten** eine unzulässig gewordene Haft zu verlängern. Grundrechte heranzuziehen, um ein Gesetz zum Nachteil des durch sie Geschützten außer Kraft zu setzen, ist schlechthin unzulässig (ähnlich OLG Köln NJW **1973** 1010). Das für schwerste Verbrechen verfehlte Gesetz kann allein der Gesetzgeber ändern (vgl. *Dünnebier* NStZ **1982** 344 a. E.). Da er, nachdem er §§ 121, 122 eingefügt, mehr als zwanzigmal die Strafprozeßordnung geändert, die von Anfang an beanstandete Vorschrift dabei aber unverändert gelassen hat, hat er seinen Willen, das schwer Erträgliche bestehen zu lassen, wohl erkennen lassen. Diesem Willen würde eine Rechtsprechung zuwiderhandeln, die einen der Praxis erwünschten, vom Gesetzgeber aber versagten Ausweg eröffnete.

II. Haftbegrenzung (Absatz 1)

1. Frist. Die Untersuchungshaft darf grundsätzlich nicht über sechs Monate **11** hinaus vollzogen werden. Diese Grenze betrifft nur die Freiheitsentziehung; der Haftbefehl selbst und Maßnahmen nach § 116 Abs. 1 bis 3, selbst freiheitsbeschränkende, können auch über die sechs Monate hinaus aufrechterhalten werden, wie sich aus Absatz 2 eindeutig ergibt[6]. Die Vorschrift will den Beschuldigten nicht nur vor einer ununterbrochenen Untersuchungshaft von längerer Dauer als sechs Monate bewahren, sondern vor dem **Vollzug** auf eine solche Zeitdauer **überhaupt.** Es ist auch nicht auf die Vollstreckung eines (und desselben) Haftbefehls abgestellt, sondern auf den Vollzug der Untersuchungshaft wegen (einer und) derselben Tat. Nach diesen Voraussetzungen ist es für die Berechnung der sechs Monate gleichgültig, ob der Beschuldigte ununterbrochen in Untersuchungshaft eingesessen hat[7]; ob diese unterbrochen war, weil der Beschuldigte Strafhaft oder Untersuchungshaft in anderer Sache verbüßt hat; weil der Vollzug des Haftbefehls ausgesetzt war (§ 116 Abs. 1 bis 3); oder weil bei einem Jugendlichen von der Vollstreckung des Haftbefehls abgesehen worden ist (§ 72 Abs. 1 JGG); oder endlich, ob der Beschuldigte aus der Untersuchungshaft entlassen worden und anschließend wegen der gleichen Tat aufgrund eines neuen Haftbefehls wieder in Untersuchungshaft gekommen ist, selbst wegen eines anderen Ereignisses, wenn es nur zu dem gleichen historischen Vorgang gehört, der Gegenstand des ersten Haftbefehls war. In allen Fällen der Unterbrechung sind die einzelnen Haftzeiten zusammenzuzählen (KK-*Boujong* 6; KMR-*Müller* 3). Nur diese Vollzugszeiten sind für die Fristberechnung maßgebend; wie lange der Haftbefehl besteht, spielt dagegen keine Rolle.

Der Vollzug der Untersuchungshaft wird auch nicht dadurch unterbrochen, daß **12** der Beschuldigte, ohne aus der Untersuchungshaft entlassen zu werden, sich **außerhalb der Untersuchungshaftanstalt** in geschlossenen Einrichtungen weiter **unter** richterlicher **Überwachung** — z. B. in einem öffentlichen Krankenhaus[8], in einem Entbindungsheim oder in einem psychiatrischen Krankenhaus — aufhält. Untersuchungshaft wird auch dann weiter vollzogen, wenn der Gefangene im Rahmen des Strafverfahrens nach § 81

---

[6] Vgl. aber OLG Schleswig MDR **1981** 71 für den Fall, daß auf die Beschwerde der Staatsanwaltschaft der Haftbefehl wieder in Vollzug gesetzt wird.

[7] OLG Karlsruhe Justiz **1976** 263; OLG Zweibrücken MDR **1978** 245.

[8] Nr. 58 Abs. 1 und 4 RiStBV; Nr. 57 UVollzO.

Günter Wendisch

in ein psychiatrisches Krankenhaus verbracht worden ist (BGH NJW **1961** 2069), nicht aber wenn die Unterbringung nicht mehr nach § 81, mithin aufgrund von strafverfahrensrechtlichen Vorschriften vollzogen wird, sondern unabhängig von dem Strafverfahren auf Vorschriften des Unterbringungsgesetzes beruht (vgl. § 14 Abs. 2 Satz 2 UnterbringungsG)[9].

13   Wird der Haftbefehl auf einen **Unterbringungsbefehl** (§ 126 a Abs. 1) umgestellt (§ 126 a, 17), endet das Verfahren der §§ 121, 122 (§ 126 a Abs. 2). Stellt sich aber später heraus, daß der Beschuldigte die Tat weder im Zustand der Schuldunfähigkeit (§ 20 StGB) noch in dem der verminderten Schuldfähigkeit (§ 21 StGB) begangen hat, und wird alsdann der Unterbringungsbefehl wieder auf einen Haftbefehl umgestellt, dann (aber nur dann: OLG Koblenz MDR **1975** 422) ist die Unterbringungszeit in die Zeit des Vollzugs der Untersuchungshaft einzurechnen[10]. Denn der Sache nach ist in einem solchen Fall die einstweilige Unterbringung, die nur wegen der Unsicherheit der Prognose in einem psychiatrischen Krankenhaus vollzogen wird[11].

14   Die **Frist beginnt,** sobald der Beschuldigte aufgrund eines Haftbefehls ergriffen worden ist oder sobald der Richter gegen den vorläufig Festgenommenen Haftbefehl erlassen hat (§ 117, 5; OLG Braunschweig NJW **1966** 117). In Einlieferungssachen beginnt die Frist, sobald der Ausgelieferte aufgrund des deutschen Haftbefehls den deutschen Behörden übergeben worden ist. Die im Ausland vollzogene Auslieferungshaft zählt nicht mit. Sie beruht auf ausländischem Recht; auf ihre Dauer haben die deutschen Behörden keinen ausschlaggebenden Einfluß (OLG Nürnberg GA **1966** 90; OLG Hamm NJW **1966** 314).

15   **2. Andere Tat.** Die Beschränkung der Untersuchungshaft findet nur wegen „derselben Tat" statt. Ist der Beschuldigte wegen Betruges in Untersuchungshaft, ergeht nach drei Monaten ein neuer Haftbefehl wegen des besonders schweren Falls einer in der Untersuchungshaft begangenen Gefangenenmeuterei, und wird die Untersuchungshaft nur aus dem zweiten Haftbefehl vollzogen, dann bleibt der Vollzug aus dem ersten Haftbefehl für die Berechnung der Frist außer Betracht. Der gleiche Fall liegt vor, wenn der Beschuldigte mit dem Vollzug der Untersuchungshaft verschont wird, nach der Entlassung eine neue Straftat begeht und wegen dieser erneut in Untersuchungshaft genommen wird[12]. Das gleiche muß aber auch gelten, wenn während der Untersuchungshaft ein vor dem Betrug begangener Mord bekannt wird, deswegen alsbald die Untersuchungshaft angeordnet und nunmehr allein vollzogen wird. Denn die sechs Monate stehen zur Verfügung, um die Ermittlungen durchzuführen und die Hauptverhandlung vorzubereiten. Für **eine andere als dieselbe Tat** muß daher mit dem Zeitpunkt, wo wegen dieser ein Haftbefehl ergehen kann (ein Aufsparen des zweiten Haftbefehls für einen späteren Zeitpunkt, um erst einmal die sechs Monate des ersten voll zu nutzen, ist

---

[9] Ob eine solche Unterbringung unter den Begriff „andere Freiheitsentziehung" i. S. des § 51 Abs. 1 StGB fällt und deshalb auf die Strafe anzurechnen ist (vgl. BGH bei *Dallinger* MDR **1971** 363), ist eine andere Frage, die für die Fristberechnung nach § 121, wo nur auf den Vollzug der Untersuchungshaft abgestellt wird, ohne Bedeutung ist.

[10] OLG Köln NJW **1966** 1087; OLG Hamburg MDR **1976** 600; **a.A.** OLG Hamm MDR **1971** 320; OLG Nürnberg NStZ **1982** 297; OLG Schleswig MDR **1983** 70; kritisch auch *Sack* 2240.

[11] KG JR **1976** 164; KK-*Boujong* 7; KMR-*Müller* 3; *Kleinknecht/Meyer* 3.

[12] KG JR **1967** 231; OLG Oldenburg NJW **1967** 2371; OLG Celle NJW **1969** 1866; vgl. auch OLG Koblenz MDR **1982** 953.

allerdings unzulässig; vgl. Rdn. 17), eine neue Frist auch dann beginnen, wenn die Tat, *falls* sie früher bekannt gewesen wäre, (theoretisch) in den ersten Haftbefehl als eine weitere Tat mit hätte aufgenommen werden können. Auch wenn die Verfahren später verbunden werden, sind die Haftzeiten nicht zusammenzuzählen[13].

3. Dieselbe Tat. Anders ist es bei derselben Tat. Die Ermittlungszeit ist zu dem **16** Zweck eingeräumt, in ihr die Tat — wenn mehrere Taten Gegenstand des Haftbefehls sind, die mehreren — aufzuklären. Daher kann es darauf, daß Teile der Tat, etwa einer fortgesetzten Handlung, erst im Laufe der Ermittlungen hervortreten, nicht ankommen (*Eb. Schmidt* NJW **1968** 2211). Werden Teile erst nach und nach bekannt, ist das ein Umstand, der es ggf. rechtfertigt, die Untersuchungshaft über sechs Monate hinaus aufrechtzuerhalten; neue Taten, für die bei neuem Haftbefehl eine neue Frist begänne, sind solche Tatteile dagegen nicht. Auf den Inhalt des Haftbefehls kommt es nicht an, weil der Haftbefehl auf einen Teil der Tat beschränkt werden kann (§ 114, 12).

Da der Haftbefehl erst recht auf eine von **mehreren Taten** beschränkt werden **17** kann, und da es nicht in der Hand von Staatsanwaltschaft und Gericht liegen kann, eine Tat für einen späteren Haftbefehl zu dem Zweck aufzusparen, um damit eine neue Sechsmonatsfrist zu eröffnen, muß der Tatbegriff eine **Erweiterung** in dem Sinn erfahren, daß zur „Tat" i. S. des Absatzes 1 alle Taten von dem Zeitpunkt an gehören, in dem sie als bekannte (tatsächlich; beachte den Gegensatz zu Rdn. 15: theoretisch) in den Haftbefehl hätten aufgenommen werden können[14]. Insofern weicht der Begriff der Tat i. S. des Absatzes 1 von dem des § 264 in doppelter Hinsicht ab: einmal kann er mehrere Taten umfassen, auch wenn nur eine von ihnen im Haftbefehl aufgeführt ist (OLG Celle NJW **1966** 1574; vgl. auch StrVert. **1984** 341; OLG Braunschweig NJW **1967** 363)[15]; zum anderen kann es auf den Verfolgungswillen der Staatsanwaltschaft[16] in bezug auf Tatteile, die ihr unbekannt waren, als die Untersuchungshaft angeordnet wurde, nicht ankommen. Im übrigen ist Tat i. S. des § 264 zu verstehen; sie umfaßt den geschichtlichen Vorgang, der dem Beschuldigten vorgeworfen wird, in seiner Gesamtheit, nämlich insoweit, als er nach der natürlichen Auffassung des Lebens eine Einheit bildet, gleichgültig ob sich bei der rechtlichen Würdigung dieses Geschehens eine oder mehrere Straftaten im Sinn des sachlichen Strafrechts ergeben. Danach ist es unzulässig, wenn ein Teil zur besonderen Anklage **abgetrennt** und für den in der Ermittlung bleibenden weiteren Teil ein besonderer, hierauf **beschränkter Haftbefehl** erlassen wird, für den neuen Haftbefehl neue Fristen zu berechnen (so OLG Oldenburg MDR **1974** 60). Denn der neue Haftbefehl ist in Wahrheit nur ein verselbständigter Teil des alten.

---

[13] *Eb. Schmidt* NJW **1968** 2213; *Gössel* § 5 D IV a 2; KMR-*Müller* 2; *Schlüchter* 244. 1; **a.A.** OLG Celle NJW **1966** 1574; **1969** 246; NdsRpfl. **1984** 100; OLG Oldenburg NJW **1972** 1585; OLG Karlsruhe NJW **1974** 510; OLG Hamm MDR **1977** 426; OLG Schleswig StrVert. **1983** 466; KK-*Boujong* 10; *Kleinknecht/Meyer* 5 ff, die alle Tat mit Verfahren gleichsetzen.

[14] Grundlegend dazu *Rebmann* 1753 und *Schlüchter* 244. 1 ff, aber auch *Eb. Schmidt* NJW **1968** 2211; vgl. auch *Kaiser* 435; **a.A.** Zeitpunkt, in dem der Haftbefehl hätte erwei-

tert werden können, ist gleichgültig – *Franzheim* 1598.

[15] Im Ergebnis auch OLG Köln JMBlNRW **1967** 259; **a.A.** – Beschränkung des § 121 Abs. 1 bezieht sich nur auf die Untersuchungshaft, deren Gegenstand durch den Haftbefehl begrenzt wird – OLG Karlsruhe NJW **1966** 464; vgl. zu der Frage auch *Kaiser* 435; *Hengsberger* JZ **1966** 213.

[16] Vgl. BGH LM § 264 Nr. 19. Die Entscheidung ist ohnehin sehr aufmerksam zu lesen: BGHSt. **16** 202; **23** 22.

Günter Wendisch

III. Ruhen der Frist (Absatz 3)

18   **1. Grundsatz.** Die Frist von sechs Monaten (Rdn. 11) ist nicht unveränderlich. Sie kann sich vielmehr durch Zeiten verlängern, in denen die Frist ruht. Das ergibt sich in den beiden vom Gesetz vorgesehenen Fällen aus praktischen Erwägungen.

19   **2. Nach Vorlage (Satz 1).** Den Vollzug der Untersuchungshaft über sechs Monate hinaus darf nur das Oberlandesgericht aufrechterhalten (Absatz 2; § 122 Abs. 4 Satz 1; wegen des Bundesgerichtshofs s. Absatz 4 und § 122 Abs. 7). Weil es vor Ablauf der Frist entschieden haben soll, wäre, wenn das Verfahren nicht bei ihm anhängig ist, dem Zufall, der die Entscheidung verzögern könnte, Raum gegeben. Deshalb wird, obwohl die Fristversäumung nur eine geringfügige technische Bedeutung hat (§ 122, 26), in Absatz 3 angeordnet, daß der Fristablauf von der Aktenvorlage an so lange ruht, bis das Oberlandesgericht entschieden hat, wenn ihm die Akten nur rechtzeitig, bevor die Frist abgelaufen ist, vorgelegt werden. Dazu kommt es, wie dem Gesetz eindeutig zu entnehmen ist, auf den Tag an, wo die **Akten** beim Oberlandesgericht **eingehen.** Denn die Akten sind „dem Oberlandesgericht" nur dann „ vorgelegt", wenn dieses sie in den Händen hat, d. h. wenn sie bei ihm eingegangen sind. Der Eingang bei der Staatsanwaltschaft, durch deren Vermittlung die Akten vorgelegt werden (§ 122 Abs. 1), oder gar die Anordnung, die Akten abzusenden (so OLG Frankfurt NJW **1965** 1730), genügt nicht[17]. Der Fristablauf ruht also nicht, wenn die Akten von einer unzuständigen Stelle (§ 122, 2) oder wenn sie von der zuständigen Stelle verspätet vorgelegt werden. Daraus folgt: Stellt das **Oberlandesgericht** fest, daß die Voraussetzungen des § 121 Abs. 1 nicht vorliegen, kann es nicht dem zuständigen Richter überlassen, den Haftbefehl aufzuheben, weil sonst der Beschuldigte bis zu dessen Entscheidung ungesetzlich in Haft wäre. Es muß vielmehr diese **Anordnung selbst treffen** (§ 122, 26)[18]. Weitere Folgen sind mit der Versäumung der Vorlagefrist nicht verbunden.

20   **3. Während der Hauptverhandlung (Satz 2).** Die Beschränkung des Haftvollzugs endet, wenn ein die Freiheit entziehendes Urteil ergangen ist (Absatz 1 erster Halbsatz). Das Urteil ergeht am Schluß der Hauptverhandlung (§ 260 Absatz 1). Die Hauptverhandlung verträgt schwer die Unterbrechung, die mit einer Aktenversendung ans Oberlandesgericht verbunden wäre (ebenso *Knauth* 338). Da zudem, wenn die Hauptverhandlung läuft, das Urteil regelmäßig alsbald zu erwarten ist, zumal da das Beschleunigungsgebot des Art. 6 Abs. 1 Satz 1 MRK auch für die Hauptverhandlung gilt (vgl. dazu OLG Hamm JMBlNRW **1977** 131 sowie § 122, 41; 42), wird verordnet, daß der Fristablauf, nachdem die Hauptverhandlung begonnen hat, so lange ruht, bis das Urteil verkündet ist. Unterbrechungen der Hauptverhandlung (§ 229) heben das Ruhen für die Zeit der Unterbrechung nicht auf (KK-*Boujong* 29). Absatz 3 Satz 2 gilt auch für Verfahren, bei denen das Oberlandesgericht erkennendes Gericht ist.

21   Ergeht ein freiheitsentziehendes Urteil (§ 118, 12), **endet** die Beschränkung (Rdn. 23). Wird der Angeklagte freigesprochen oder das Verfahren nicht bloß vorläufig eingestellt, ist der **Haftbefehl aufzuheben** (§ 120 Abs. 1 Satz 2). Wird nur auf Geldstrafe erkannt, wird der Haftbefehl regelmäßig aufzuheben sein (§ 120, 12). Ist das ausnahmsweise nicht der Fall, hat das erkennende Gericht die Akten unverzüglich dem Oberlandesgericht vorzulegen.

---

[17] *Eb. Schmidt* Nachtr. I 7; KK-*Boujong* 28; *Hengsberger* 213; *Schorn* JR **1966** 454; wie OLG Frankfurt KMR-*Müller* 10.

[18] **A.A.** – das Verfahren vor dem Oberlandesgericht ist das gleiche wie bei rechtzeitiger Aktenvorlage – *Hengsberger* 213.

4. Bei Aussetzung der Hauptverhandlung (Satz 3). Das Gebot der Verfahrensbeschleunigung erfordert es, eine einmal begonnene Hauptverhandlung zügig und unter Vermeidung unnötiger Verzögerungen zum Abschluß zu bringen (OLG Frankfurt StrVert. **1981** 25). Kommt es regelwidrig nicht zum Urteil, sondern wird die **Hauptverhandlung** in Erfüllung prozessualer Fürsorgepflichten **ausgesetzt** (§ 145 Abs. 3, § 217 Abs. 2, § 228 Abs. 1 Satz 1, § 246 Abs. 2, § 265 Abs. 3 und 4)[19] mit der Folge, daß sie neu durchgeführt werden muß, läuft die Frist von der Aussetzung an weiter. Werden die Akten jedoch unverzüglich nach der Aussetzung dem Oberlandesgericht vorgelegt, ruht der Fristablauf, bis dieses Gericht entschieden hat (Absatz 3 Satz 3). **22**

5. Ende der Beschränkung. Die §§ 121, 122 sind nicht mehr anzuwenden, sobald ein Urteil ergeht, in dem auf Freiheitsstrafe oder auf eine freiheitsentziehende Maßregel der Besserung und Sicherung (§ 118, 12; 14) erkannt wird. Die Zuständigkeit des Oberlandesgerichts, über die Fortdauer der Untersuchungshaft zu entscheiden, endet. Das ist auch dann der Fall, wenn das Oberlandesgericht früher über die Haftverlängerung hätte entscheiden müssen, das mit der Sache befaßte Gericht aber die Akten nicht vorgelegt hatte (KG JR **1967** 266). Die Ansicht, das Oberlandesgericht habe im Verfahren der §§ 121, 122 auch die Rechtmäßigkeit vergangener Untersuchungshaft zu prüfen, ist zwar richtig (Rdn. 31), trägt aber die Folgerung nicht, daß eine unterbliebene Prüfung selbst dann nachgeholt werden müsse, wenn inzwischen ein freiheitsentziehendes Urteil ergangen ist[20]. Die Antwort auf die Frage, worauf eine Prüfung, wenn sie stattfindet, sich erstreckt, ist ohne Bedeutung für die andere Frage, wann die Prüfung zulässig ist. Dazu ergibt sich klar aus § 122 („in den Fällen des § 121") in Verb. mit § 121 („solange kein Urteil ergangen ist"), daß das Prüfungsverfahren unzulässig ist, sobald ein freiheitsentziehendes Urteil ergangen ist; auf dessen Rechtskraft kommt es nicht an. Urteil i. S. dieser Vorschrift (Rdn. 17) ist allerdings nur ein solches, das die Tat ganz aburteilt. Wird wegen eines unerledigt und anhängig gebliebenen Teils die Untersuchungshaft weiter vollzogen, findet wegen dieses Teils das Verfahren nach §§ 121, 122 weiterhin statt (OLG Frankfurt NJW **1966** 2423)[21]. **23**

Wegen der Begriffe **Freiheitsstrafe** und freiheitsentziehende Maßregeln s. § 118, 12; 14. Wie im Fall des § 118 ist auch hier der **Jugendarrest** den Freiheitsstrafen und den freiheitsentziehenden Maßregeln gleichzuachten. Allerdings kann der Fall, daß ein Jugendlicher sechs Monate in Untersuchungshaft sitzt und dann vier Wochen Dauerarrest (§ 16 Abs. 4 Satz 1 JGG) erhält, kaum je in Betracht kommen, wenn § 120 Abs. 1 Satz 1 beachtet wird. Tritt er ausnahmsweise ein, etwa weil eine Jugendstrafe (§§ 17 bis 19 JGG) zu erwarten war, wegen der besonderen Gestaltung des Falls in der Hauptverhandlung dann aber nur auf Jugendarrest erkannt worden ist, wird der Haftbefehl alsbald aufzuheben sein. **24**

Die Beschränkung der Untersuchungshaft endet, sobald ein **freiheitsentziehendes Urteil** ergangen ist (OLG Schleswig bei *Ernesti/Lorenzen* SchlHA **1983** 110). Der Text des Absatzes 1 stimmt insoweit mit dem des § 118 Abs. 4 überein. Wie dort ist auch hier nach dem eindeutigen Wortlaut des Gesetzes nur die Auslegung zulässig, daß die einmal eingetretene Prozeßlage sich nicht wieder ändert, die Beschränkung des Haftvollzugs **25**

---

[19] Wegen Ausnahmen und Einschränkungen bei Entscheidungen, die im Ermessen des Gerichts stehen vgl. OLG Frankfurt StrVert. **1981** 25: nur aus gewichtigem prozessualem Grund.

[20] So jetzt auch OLG Köln JMBlNRW **1977**

144 unter Aufgabe seiner früheren Ansicht NJW **1966** 1829.

[21] **A.A.** OLG Koblenz NStZ **1982** 343 mit abl. Anm. *Dünnebier;* wie hier *Schlüchter* 239.1; *KK-Boujong* 5; *Kleinknecht/Meyer* 2.

Günter Wendisch

also nicht wieder eintritt, wenn das verurteilende Erkenntnis vom übergeordneten Gericht aufgehoben wird[22]. Hätte der Gesetzgeber gewollt, daß die Vorschriften der §§ 121, 122 wieder Anwendung finden, wenn ein freiheitsentziehendes Urteil wieder aufgehoben wird, dann hätte es, auch für Absatz 3, einer eingehenden Regelung bedurft. Sie kann bei dem klaren Wortlaut des Gesetzes nicht durch Analogien gewonnen werden (s. auch § 122, 40). Dagegen endet die Beschränkung nicht, wenn nur einige mehrerer Straftaten, die zur selben Tat gehören (Rdn. 17), abgeurteilt werden und durch Anrechnung der Untersuchungshaft (§ 51 Abs. 1 Satz 1 StGB) verbüßt sind. Für den unerledigt gebliebenen Teil gelten §§ 121, 122 weiter.

26　　Der **Grund** für die gesetzgeberische Entscheidung, mit dem ersten freiheitsentziehenden Urteil die Begrenzung der Untersuchungshaft entfallen zu lassen, kann nur darin liegen, daß gleichsam vermutet wird, die Durchführung einer etwaigen neuen Verhandlung sei stets ein wichtiger Grund, der die neue Urteil noch nicht zulasse und die Fortdauer der Haft rechtfertige. Für die Regel wird das richtig sein; und der Angeklagte kann darauf verwiesen werden, daß der Haftbefehl aufzuheben ist, wenn die weitere Haft zu der Bedeutung der Sache und der zu erwartenden Strafe oder Maßregel der Besserung und Sicherung außer Verhältnis stehen würde (§ 120 Abs. 1). Doch sind Fälle nicht undenkbar, in denen eine Sache, nachdem sie zur erneuten Verhandlung und Entscheidung zurückverwiesen ist, verzögerlich behandelt wird. Mit dem Mittel der Haftbeschränkung wird diesen — hoffentlich seltenen — Fällen nicht entgegengewirkt, doch kann ggf. Art. 6 Abs. 1 Satz 1 MRK helfen (§ 122, 41).

IV. Verlängerungsvoraussetzungen (Absatz 1)

27　　**1. Schwierigkeit und Umfang der Ermittlungen.** Die Dauer des Vollzugs der Untersuchungshaft kann nur unter bestimmten Voraussetzungen über sechs Monate hinaus verlängert werden. Vom Gesetz wird, weil selbstverständlich, nicht erwähnt, daß die allgemeinen Voraussetzungen der Untersuchungshaft (§§ 112, 112 a, 113) fortbestehen müssen. Besondere Voraussetzungen der weiteren Haft sind, daß die besondere Schwierigkeit oder der besondere Umfang der Ermittlungen oder ein anderer wichtiger Grund das Urteil noch nicht zulassen und die Fortdauer der Haft rechtfertigen. Das zusätzliche Erfordernis der Rechtfertigung läßt nur die Deutung zu, daß es für die Schwierigkeit und den Umfang der Ermittlungen lediglich darauf ankommt, ob diese vorhanden sind. Dagegen ist es zunächst gleichgültig, ob sich ihre Existenz aus der Natur der Strafsache ergibt oder ob sie durch Fehlgriffe entstanden sind. Doch beeinflussen diese Umstände das Urteil darüber, ob die weitere Haft gerechtfertigt ist (Rdn. 30; 31).

28　　Bei der **Schwierigkeit** und dem **Umfang** der Ermittlungen sind namentlich in Rechnung zu stellen die Zahl der Beschuldigten, der Zeugen und Sachverständigen; die Zeit, die Zeugen, wenn sie aus dem Ausland anreisen müssen, benötigen, um die Reise zu machen und sich auf sie vorzubereiten, und diejenige, die Sachverständigen eingeräumt werden muß, damit sie schriftliche Gutachten erstellen und mündliche vorbereiten können; die Erreichbarkeit von Mitbeschuldigten und Zeugen; sowie die Art ihrer Äußerung und die Notwendigkeit, Zweifel zu klären, die durch diese entstanden sind. Das Gesetz spricht nur von der Schwierigkeit der Ermittlungen; **sonstige Schwierigkeiten** des Verfahrens fallen nicht unter diesen Begriff. Daher sind die Verhandlungsmög-

---

[22] OLG Hamm NJW **1965** 1818; OLG Oldenburg NJW **1965** 1819; OLG Karlsruhe JZ **1965** 587; OLG Celle NJW **1965** 2121; OLG Köln JMBlNRW **1977** 144; KMR-*Müller* 4; *Hengsberger* JZ **1966** 213; *Schorn* JR **1966** 453; *Kleinknecht/Meyer* 2; *Kleinknecht/Janischowsky* 241; **a.A.** KK-*Boujong* 5.

lichkeiten des Gerichts und das Verhalten des Beschuldigten in bezug auf andere Punkte als die Ermittlungen (z. B. Beschwerden) bei den anderen wichtigen Gründen (Rdn. 29) zu untersuchen. Dagegen kann es durchaus die besondere Schwierigkeit der Ermittlungen begründen, wenn der Beschuldigte von seinem Recht (§ 136 Abs. 1 Satz 2) Gebrauch macht, nicht zur Sache auszusagen.

2. Wichtiger Grund. Der Vollzug der Untersuchungshaft darf auch aufrechterhalten werden, wenn ein (anderer) wichtiger Grund das Urteil noch nicht zuläßt. Er muß zwar nicht in seiner Art, wohl aber in seiner Bedeutung dem besonderen Umfang der Ermittlungen — aber nur des Verfahrens, in dem der Haftbefehl vollzogen wird (OLG Düsseldorf MDR **1984** 688) — oder der besonderen Schwierigkeit gleichwertig sein (*Schlüchter* 238; *Kleinknecht* JZ **1974** 586). Viele wichtige Gründe sind neben Schwierigkeit und Umfang der Ermittlungen nicht denkbar. Selbstverständlich fällt hierunter Stillstand der Rechtspflege, doch ist das ein mehr theoretisches Beispiel. Dagegen können als wichtige Gründe in Betracht kommen, daß Beamte während der Ermittlungen ausfallen oder daß die Strafkammer mangelhaft besetzt ist und dieser Umstand rechtzeitiger Terminierung entgegensteht. Weitere wichtige Gründe sind Erkrankung von Zeugen und Sachverständigen, des Beschuldigten, seines Verteidigers, des Vorsitzenden und des Berichterstatters, in umfangreichen Sachen auch des allein eingearbeiteten Staatsanwalts. Ebenso kann es ein wichtiger Grund sein, wenn der Beschuldigte durch sein Verhalten (dauernde Beschwerden und Eingaben) das Urteil verzögert. Freilich wird in diesen Fällen besonders sorgsam zu prüfen sein, ob sie die weitere Haft auch rechtfertigen. **29**

V. Fortsetzung; Rechtfertigung der Haftfortdauer

1. Grundsatz. Wenn die besondere Schwierigkeit oder der besondere Umfang der Ermittlungen oder ein anderer wichtiger Grund das Urteil noch nicht zuläßt, gibt das allein noch keine Berechtigung, den Vollzug der Untersuchungshaft über sechs Monate hinaus aufrechtzuerhalten. Das Gesetz fordert vielmehr als weitere Voraussetzung, daß die gleichen Umstände, die das Urteil noch nicht zulassen, auch die Fortdauer der Haft rechtfertigen. Die Rechtfertigungsgründe sind eng auszulegen (BVerfGE **20** 50 = NJW **1966** 1259; **36** 271 = NJW **1974** 307; **53** 157 = NJW **1980** 1448). An sie sind um so strengere Anforderungen zu stellen, je **länger die Untersuchungshaft** bereits **dauert**[23]. Der Vollzug der Untersuchungshaft über mehr als ein Jahr bis zum Beginn der erstinstanzlichen Hauptverhandlung muß auf ganz besondere Ausnahmefälle beschränkt bleiben (OLG Karlsruhe NJW **1973** 380). **30**

Da die Untersuchungshaft grundsätzlich nur so lange vollzogen werden darf, als das unerläßlich ist, um das Urteil zu erreichen, ist die Haftverlängerung nur gerechtfertigt, wenn die Schwierigkeiten usw. **unabwendbar sind und unabwendbar gewesen sind.** Das ist nicht der Fall, wenn den Umständen, die das Urteil noch nicht zulassen, entgegengewirkt werden konnte, auch während der Zeit einer Haft in anderer Sache (OLG Stuttgart MDR **1970** 346). Zu diesem Zweck muß ggf. der Urteilsstoff begrenzt werden. Zwar kann es in einzelnen Fällen unerläßlich sein, alle Vorwürfe gegen den Beschuldigten, in seltenen Fällen auch gegen mehrere Beschuldigte, gleichzeitig abzuurteilen, wenn nur auf diese Weise eine gerechte Rechtsfindung und Strafzumessung sichergestellt werden kann (OLG Hamm JZ **1965** 545); eine umfassende Aufklärung nur so zu erlangen ist; oder wenn ganze Komplexe zentral, sei es auch von mehreren Staatsan- **31**

---

[23] OLG Frankfurt StrVert. **1982** 585; KG StrVert. **1983** 111; KK-*Boujong* 22.

Günter Wendisch

wälten, bearbeitet werden müssen[24]. Doch ist in solchen Fällen die Haftfortdauer nur gerechtfertigt, wenn ein weiterer Mitarbeiter rechtzeitig herangezogen worden ist (OLG Hamburg MDR **1967** 1029).

32   Abgesehen von solchen **Großverfahren** ist es in vielen Fällen zwar erwünscht, das gesamte Tatgeschehen geschlossen aufzuklären und abzuurteilen; es ist aber meist nicht unerläßlich. Dann ist, um die Untersuchungshaft auf die unbedingt notwendige Zeit zu beschränken, auf den Vorteil zu verzichten, denselben Beschuldigten wegen mehrerer Taten gleichzeitig zu belangen oder gegen mehrere Beschuldigte gleichzeitig zu verhandeln. Vielmehr sind Anklage und Verhandlung auf die zuerst verhandlungsreife Tat gegen den inhaftierten Beschuldigten zu beschränken; die endgültige Strafe muß der Gesamtstrafenbildung in einer späteren Verhandlung (meist während der Strafhaft) vorbehalten bleiben.

2. Verhalten des Beschuldigten oder seines Verteidigers

33   **a) Beschuldigter.** Kann es nicht zum Urteil kommen, weil der Beschuldigte oder sein Verteidiger das **Verfahren** dauernd durch Eingaben, Beschwerden oder wiederholte Anträge auf Akteneinsicht **aufhält**, so ist das zwar ein wichtiger Grund, der dem Urteil entgegensteht, aber in der Regel keiner, der es rechtfertigt, die Untersuchungshaft fortdauern zu lassen (OLG Stuttgart StrVert. **1983** 70). Denn im allgemeinen ist es möglich, der Verzögerung durch technische Mittel entgegenzuwirken (OLG Karlsruhe NJW **1973** 381; OLG Frankfurt StrVert. **1983** 380). Dafür kommen hauptsächlich **Hilfsakten** mit Durchschlägen der wichtigsten Schriftstücke in Betracht[25]; u. U. ist aber auch die Mehrfachherstellung der gesamten Ermittlungsakten erforderlich[26]. Durch sie kann der Staatsanwalt sicherstellen, daß er die Ermittlungen auch dann fortsetzen kann, wenn er die Akten versenden muß.

34   Indessen werden in einzelnen Fällen Schwierigkeiten bestehen, mit Abschriften und Hilfsakten das Verfahren zügig zu fördern, etwa weil der Beschuldigte erst weit **nach Beginn** der Untersuchung **in Haft** genommen und die Sache umfangreich und verwickelt ist. Wird das Urteil dann verzögert, weil die Sachakten wegen dauernder Beschwerden und Eingaben immer wieder versandt werden müssen, so ist das Verhalten des Beschuldigten ein wichtiger Grund, der es rechtfertigt, die Haft fortdauern zu lassen. Doch sind auch hier wieder Ausnahmen ins Auge zu fassen. So wird es geboten sein, die Akten zu fotokopieren, wenn auch in einem späteren Stadium eine psychiatrische Untersuchung erforderlich wird (vgl. OLG Frankfurt MDR **1973** 780; OLG Hamburg StrVert. **1984** 122). Denn der Sachverständige braucht meist lange Zeit, das Gutachten abzusetzen, kann das Ergebnis aber meist viel früher vorläufig durchgeben, so daß oft Monate vor Eingang des schriftlichen Gutachtens die Anklage gefertigt werden und in der Regel auch über die Eröffnung des Hauptverfahrens entschieden werden kann.

35   **b) Verteidiger.** Bei der Entscheidung darüber, ob ein wichtiger Grund im **Verhalten des Verteidigers** es rechtfertigt, die Haft fortdauern zu lassen, ist besondere Zurückhaltung geboten. Sie ist schon aufgrund seiner Stellung als unabhängiges Organ der Rechtspflege (§ 1 BRAO) angebracht; danach besteht die Hauptaufgabe des Verteidigers darin, „dem Beschuldigten zu helfen, den Angriff der Anklage abzuwehren und

---

[24] BVerfGE **21** 222 = NJW **1967** 871; **21** 226 = NJW **1967** 1019; OLG Hamburg NJW **1967** 64 – mit teilweise bedenklichen Formulierungen.

[25] OLG Köln NJW **1973** 1010; OLG Frankfurt MDR **1973** 780.

[26] OLG Stuttgart StrVert. **1983** 70; OLG Hamburg StrVert. **1983** 290.

dafür Sorge zu tragen, daß der Strafanspruch des Staates im prozeßordnungsgemäßen, justizförmigen Wege verfolgt wird" (BGHSt 5 334). Er darf und muß alles vorbringen, was nach sachlichem oder Verfahrensrecht für den Beschuldigten günstig ist und dabei die Verteidigung selbständig — u. U. sogar im Widerspruch zu der Auffassung des Beschuldigten — führen (Erl. Vor §137). Namentlich der Pflichtverteidiger hat darüber hinaus auch Umstände zu berücksichtigen, die auf Erwägungen staatlicher Fürsorge beruhen. Gleichwohl kann sein Verhalten nicht nach den gleichen Maßstäben bemessen werden wie das eines Richters, Staatsanwalts oder einer anderen Ermittlungsbehörde (vgl. Rdn. 38), vielmehr sind dafür die Erwägungen heranzuziehen, die für Zeugen und namentlich Sachverständige (vgl. Rdn. 29) gelten.

Als **wichtiger Grund,** der die Fortdauer der Untersuchungshaft rechtfertigt, kann **36** danach in Betracht kommen: die Verzögerung durch die Einsichtnahme des Verteidigers in umfangreiche Straf- und Ermittlungsakten, wenn diese mehrere Wochen dauert; durch vermeidbare, zu spät (erst unmittelbar vor Abschluß der Ermittlungen) oder im ausschließlichen Interesse und im Einverständnis des Beschuldigten gestellte Anträge; durch eine (nur kurze) Terminsverschiebung zufolge Urlaubsabwesenheit des Verteidigers (sie wird regelmäßig durch das Interesse des Beschuldigten an der Vermeidung eines Verteidigerwechsels gedeckt); durch einen vom Beschuldigten veranlaßten Verteidigerwechsel; durch Aussetzung des Verfahrens wegen grundloser Entfernung eines als Anwalt seines Vertrauens beigeordneten Pflichtverteidigers aus der Hauptverhandlung und anschließender Weigerung, den an seiner Stelle zum Pflichtverteidiger bestellten Rechtsanwalt über das Ergebnis der Hauptverhandlung zu unterrichten (KG JR **1981** 86).

In den **Beispielen** der vorhergehenden Randnummer ist die Verzögerung auf Umstände zurückzuführen, denen die Staatsanwaltschaft oder das Gericht **nicht** durch geeignete Maßnahmen hätte **entgegenwirken** können. Da sie darüber hinaus ausschließlich in der Sphäre des Beschuldigten liegen, muß dieser sie sich zurechnen lassen mit der Folge, daß sie auch die Fortdauer der Untersuchungshaft rechtfertigen. Für den vom Kammergericht entschiedenen Fall folgt das auch daraus, daß es anderenfalls der Verteidiger in der Hand hätte, durch sein (schuldhaftes) Verhalten — und zwar unabhängig von einer etwaigen Mitwirkung des Beschuldigten — dessen Freilassung nach sechs Monaten zu erreichen.

3. Verhalten des Personals. Schwierigkeit und Umfang der Ermittlungen rechtfer- **38** tigen die Fortdauer der Haft grundsätzlich nicht, wenn sie nicht in der Natur der Sache begründet, sondern durch grobe **Fehler und Versäumnisse** entstanden sind. Für die Beurteilung dieser Frage ist die Bearbeitungsweise normaler Kriminalbeamten, Staatsanwälte und Richter zugrunde zu legen; Meisterleistungen sind kein Maßstab. Danach ist die Fortdauer der Haft nicht gerechtfertigt, wenn die Akten ohne einen durchschlagenden Grund monatelang nicht bearbeitet worden sind [27]; wenn die Anklage zunächst bei einem unzuständigen Gericht erhoben (KG StrVert. **1983** 111) und nach weiterer Verzögerung zurückgenommen worden ist (OLG Bremen MDR **1968** 863); wenn die Geschäftsstelle trotz Anordnung des Richters die Anklage nicht zugestellt hat und deshalb die Hauptverhandlung vertagt werden muß (OLG Hamburg MDR **1968** 603); wenn der Richter durch kommissarische Vernehmungen, die über Monate laufen, das Verfahren verzögert (OLG Koblenz MDR **1968** 603); wenn die Übersetzungsbedürftigkeit nicht geprüft und eine gebotene Übersetzung verzögert wird (OLG Karlsruhe NJW

---

[27] OLG Hamm JMBlNRW **1974** 47; OLG Koblenz MDR **1975** 332; OLG Düsseldorf JZ **1983** 34; OLG Frankfurt StrVert. **1984** 123.

Günter Wendisch

1973 381); wenn eine bereits im Entwurf erstellte Anklage wegen Akteneinsicht für einen Mitangeklagten erst nach fast vier Monaten eingereicht wird (OLG Köln MDR **1973** 515); wenn unnötigerweise auf ein schriftliches abschließendes Gutachten gewartet wird, obwohl der Sachverständige die Schuldfähigkeit bejaht hatte (OLG Köln NJW **1973** 1009); wenn benötigte Beiakten nicht mit besonderer Beschleunigung (ggf. als Ablichtung) beschafft werden (OLG Koblenz MDR **1974** 60); wenn die Hauptverhandlung ohne triftigen Grund um sechs Monate vertagt wird (OLG Frankfurt StrVert. **1981** 25)[28].

39   **4. Geschäftslage.** Die weitere Haft wird im allgemeinen nicht deshalb gerechtfertigt sein, weil der **Terminkalender** des Gerichts **überfüllt** ist. Die Ausnahmetatbestände des § 121 Abs. 1 sind eng auszulegen. Schwierigkeiten bei der Besetzung der Richterbank wegen Krankheit und Urlaub sind kein wichtiger Grund, der die Haftfortdauer rechtfertigt (OLG Bremen NJW **1965** 2361). Das gleiche gilt für die Überlastung von Staatsanwaltschaft (OLG Stuttgart MDR **1977** 426)[29] und Gericht mit anderen Strafsachen und für eine unzureichende Besetzung des Gerichts[30]. Andere Sachen sind hinter die Haftsachen zurückzustellen, selbst wenn Termine, die dafür angesetzt waren, wieder aufgehoben werden müssen[31]. Doch sind Ausnahmen anzuerkennen, wenn sich umfangreiche Haftsachen häufen.

40   **5. Personalmangel** ist nach einer im Rechtsausschuß vertretenen Auffassung kein Grund, der es rechtfertigt, die Untersuchungshaft zu verlängern (RAussch. Prot. 117). Dieser Ansicht ist grundsätzlich zuzustimmen. Die entgegengesetzte Ansicht des Oberlandesgerichts Hamburg (NJW **1965** 1777), daß eine Verzögerung, die sich „zwangsläufig" aus der Geschäftslage der Gerichte und der Strafverfolgungsbehörden ergibt, ein wichtiger Grund für die Haftfortdauer sein könne, ist nur für den Fall richtig, wenn das Wort **zwangsläufig** in der Bedeutung angewendet wird, daß die verantwortlichen Stellen keine Möglichkeit hatten, in noch vertretbarer Zeit Abhilfe zu schaffen[32].

41   Jedenfalls darf nicht auf die **Geschäftslage der zuständigen Kammer** abgestellt werden, wenn Hilfe innerhalb des Gerichts (§ 21 e Abs. 3 GVG) möglich ist; auch müssen den Behörden ausreichend Kräfte zur Verfügung gestellt werden, damit der Gesetzesbefehl erfüllt werden kann (OLG Oldenburg NJW **1968** 808), so daß Personalmangel nur dann als wichtiger Grund anerkannt werden darf, wenn ihm auf keine Weise,

---

[28] Vgl. auch KK-*Boujong* 21.

[29] Das Oberlandesgericht Hamm (NJW **1972** 550) hat einen Haftbefehl in einer „einfach gelagerten" Haftsache zu Recht aufgehoben, weil die Sache zwischen dem Ende der Schlußgehörsfrist bis zur Anklageerhebung acht Wochen lang nicht gefördert worden war. Man wird hier wohl kaum von Überlastung sprechen können, sondern Fehlorganisation annehmen müssen. Denn das Schlußgehör wurde praktisch dadurch angeboten, daß ein Durchschlag des Anklagetenors der vorbereiteten Anklage übersandt wurde. Diese konnte, wenn – wie das regelmäßig der Fall war – keine Einwendungen kamen, am Tag nach Fristablauf eingereicht werden, so daß kein ins Gewicht fallender Zeitaufwand

zu entstehen brauchte. – Dem Fall kommt keine Bedeutung mehr zu, nachdem das Schlußgehör beseitigt worden ist; vgl. neuerdings OLG Düsseldorf JZ **1983** 34.

[30] OLG Braunschweig NJW **1967** 1290; OLG Oldenburg NJW **1968** 808; OLG Hamm NJW **1968** 1203; NJW **1972** 550; OLG Koblenz MDR **1975** 334.

[31] OLG Frankfurt StrVert. **1981** 25; OLG Schleswig bei *Ernesti/Lorenzen* SchlHA **1983** 110; *Kleinknecht/Janischowsky* 257.

[32] OLG Braunschweig MDR **1967** 514; OLG Hamburg NJW **1973** 2041; OLG Frankfurt StrVert. **1982** 584; **1983** 379; OLG Hamm NStZ **1983** 520; KMR-*Müller* 6; *Schlüchter* 238.

also weder durch Mittelbewilligung (BVerfGE **36** 275 = NJW **1974** 309; enger das abweichende Votum 281 = 310) und Neueinstellungen noch durch Zurückstellen von Zivilprozessen (OLG Köln NJW **1973** 912) abgeholfen werden kann. Ein solcher Fall liegt vor, wenn **Planstellen nicht besetzt werden können**, weil es an Bewerbern fehlt (OLG Hamm NJW **1973** 720). Doch ist stets zu prüfen, ob nicht Art. 6 Abs. 1 Satz 1 MRK die weitere Untersuchungshaft verbietet (§ 122, 41; 42).

Bartsch (1305) stellt allein auf die Regeldauer der Haft (bei ordnungsgemäß besetztem Gericht) ab und bezieht sich auf Art. 5 Abs. 3 Satz 2 MRK. *Bondzio* (NJW **1973** 1468) versagt es dem Staat, der eine Straftat „aus welchen Gründen auch immer" nicht innerhalb der Grenzen des § 121 „aufzuklären" vermag (die Vorschrift spricht von Aburteilung), die Last seiner Unzulänglichkeit auf den als unschuldig Geltenden abzuwälzen. Indessen ist die **Angemessenheit** der Frist zur Aburteilung nicht absolut festzustellen, läßt vielmehr auch einen gewissen Raum, einem unabwendbaren Notstand (Stillstand der Rechtspflege, fehlende Möglichkeit, Planstellen zu besetzen) Rechnung zu tragen. Daß die Zustände in der Justiz nicht ideal sind, ist mißlich. Doch müssen die Folgen dieser Mißlichkeit, soweit sie wie in den beiden genannten Fällen schlechthin nicht zu beheben sind, auf alle Beteiligten abgewogen verteilt werden: Richter und Staatsanwälte müssen mehr als bei geordneten Verhältnissen arbeiten, aber der Verhaftete muß, wenn auch alle Anstrengungen zu machen sind, seine Sache rasch zu verhandeln, im Notfall sein Opfer für eine beschränkte längere Zeit erbringen.

Das gilt aber nur für Verzögerungen, die vom Gericht und den Anstellungsbehörden in keiner Weise zu steuern sind. Daher ist **keine Rechtfertigung** gegeben, wenn die richterliche Vernehmung des Beschuldigten in einer Mordsache über drei Monate lang wegen Urlaubs, mit Rücksicht auf andere laufende oder aufgelaufene Sachen oder deshalb zurückgestellt wird, weil der Dezernent in den Ruhestand tritt, ohne daß ein Vertreter oder Nachfolger bestellt und auch sonst niemand dafür verantwortlich gemacht wird, unerledigt gebliebene Haftsachen alsbald zu bearbeiten[33].

VI. Entscheidung nach Fristablauf (Absatz 2)

Alsbald nach sechs Monaten Vollzug der Untersuchungshaft zuzüglich der Zeiten, in denen der Fristablauf nach Absatz 2 geruht hat, ist der Haftbefehl aufzuheben. Das kann nur unterbleiben, wenn vom zuständigen Gericht oder vom Oberlandesgericht der Vollzug des Haftbefehls nach § 116 Abs. 1 bis 3 ausgesetzt worden ist oder wenn das Oberlandesgericht, das dafür allein zuständig ist, die Fortdauer der Untersuchungshaft angeordnet hat. Absatz 2 kann — wenn nicht der Vollzug ausgesetzt wird — als absoluter Haftaufhebungsgrund mißverstanden werden[34]. Die Ansicht liegt nahe, weil es nicht recht überzeugend ist, daß die Anordnung der Sechsmonatsfrist nur eine Ordnungsvorschrift sein soll. Denn als Ordnungsvorschrift hat sie nicht viel Bedeutung: wird die Frist versäumt, hat das nur auf deren Ruhen Einfluß (Rdn. 19), und die Folge, wenn sie nicht ruht, ist gering (Rdn. 19; § 122, 26). Gleichwohl ist dem Wortlaut der Vorschrift zu entnehmen, daß die (negative) **Entscheidung des Oberlandesgerichts Voraussetzung** dafür ist, den Haftbefehl aufzuheben. Denn die Bestimmung lautet nicht (der Haftbefehl ist aufzuheben) „falls nicht das Oberlandesgericht die Fortdauer der

42

43

44

33 OLG Hamm JMBlNRW **1971** 283; NStZ **1983** 520; vgl. auch OLG Düsseldorf StrVert. **1982** 532 = JZ **1983** 34.

34 So OLG Frankfurt NJW **1965** 1731 – aufgegeben 1 Hs 165/68 –; NJW **1966** 2076; OLG Schleswig NJW **1965** 2120; *Peters* § 47 A VI 1 vorl. Absatz; *Mehling* 142.

Günter Wendisch

Untersuchungshaft angeordnet hat", sondern „wenn nicht das Oberlandesgericht die Fortdauer . . . anordnet". Demzufolge darf der Haftbefehl nicht allein deshalb aufgehoben werden, weil versäumt worden ist, die Akten vor Ablauf der sechs Monate dem Oberlandesgericht vorzulegen; vielmehr ist die (negative) Entscheidung des Oberlandesgerichts Voraussetzung, die Untersuchungshaft aufzuheben (BVerfGE **42** 9 = NJW **1976** 1737)[35]. Für dessen Entscheidung ist ohnehin keine Frist vorgeschrieben. Es kann daher die Fortdauer der Haft auch dann anordnen, wenn ihm die Akten erst nach Ablauf der Sechsmonatsfrist vorgelegt werden. Der Fall kann beispielsweise eintreten, wenn ein zuständiges Gericht — etwa weil es sich über die Berechnung der Frist (Rdn. 11 bis 14) oder über den Begriff derselben Tat (Rdn. 16 bis 17) geirrt hatte — die Vorlage versäumt, nach Ablauf von sechs Monaten den Haftbefehl aufgehoben, ihn aber später wegen veränderter Umstände neu erlassen hat.

45 Dazu ist es befugt. Denn das zuständige Gericht kann, weil die (negative) Entscheidung des Oberlandesgerichts Voraussetzung der Haftaufhebung ist, einen Haftbefehl erlassen oder den ausgesetzten Vollzug wieder anordnen, auch wenn zur Zeit der Anordnung sechs Monate verstrichen sind (OLG Hamm NJW **1965** 1730; KK-*Boujong* § 122, 3), wenn nur noch **keine Entscheidung des Oberlandesgerichts ergangen** ist. Das kommt etwa in Betracht, wenn das zuständige Gericht den Haftbefehl nach § 120 Abs. 1 Satz 1 oder Absatz 3 gerade bei Ablauf der sechs Monate aufgehoben hatte. Das zuständige Gericht hat dann alsbald das Verfahren der §§ 121, 122 durchzuführen.

46 Dagegen darf das zuständige Gericht, solange kein Urteil ergangen ist, das auf Freiheitsstrafe oder auf eine freiheitsentziehende Maßregel der Besserung und Sicherung erkennt, keinen Haftbefehl erlassen — weil es ihn alsbald nach Absatz 2 wieder aufheben müßte —, wenn der Beschuldigte in der gleichen Sache sechs Monate Untersuchungshaft verbüßt hat und das Oberlandesgericht schon die **Fortdauer der Haft abgelehnt** hatte. Es ist schwer abzusehen, wann das der Fall sein könnte. Die Begründung hat den Fall im Auge, daß ein Beschuldigter wegen derselben Tat neu verhaftet werden solle, nachdem das Oberlandesgericht den Haftbefehl nach § 121 aufgehoben hatte (BTDrucks. **IV** 178, S. 25). Dieser Fall ist indessen nicht denkbar: ist der Haftbefehl nach Absatz 2 aufgehoben, dann ist das bis zum Erlaß eines freiheitsentziehenden Urteils endgültig (§ 122, 39)[36]. Dem Gericht ist aber nicht verwehrt, einen **Vorführungsbefehl** (§ 230 Abs. 2) zu erlassen und den Angeklagten während der Hauptverhandlung mit den Maßregeln des § 231 Abs. 1 Satz 2 an der Entfernung zu verhindern. Ebenso kann nach Beginn der Hauptverhandlung Haftbefehl nach § 230 Abs. 2 erlassen werden (Rdn. 4). Für die Zeit nach Erlaß eines freiheitsentziehenden Urteils s. § 122, 40.

---

[35] OLG Celle NJW **1965** 2068; OLG Hamm NJW **1965** 2312; OLG Stuttgart NJW **1967** 66; MDR **1982** 517; OLG Braunschweig NJW **1966** 790; OLG Köln JMBlNRW **1967** 104; KG JR **1967** 267; OLG Frankfurt NJW **1967** 2170; OLG Karlsruhe NJW **1973** 1659; OLG Bamberg NStZ **1981** 403; *Gössel* § 5 D IV c 2; *Dünnebier* 253; *Kleinknecht* JZ **1965** 119; MDR **1965** 787; *Kleinknecht/Meyer* 14; KMR-*Müller* 10; *Schorn* NJW **1965** 845; *Schlüchter* 240.1; *Hengsberger* 214; *Eb. Schmidt* NJW **1968** 2216; a. A. *Peters* § 47 A VI 1.

[36] Das Oberlandesgericht Stuttgart (NJW **1967** 66) hielt sowohl – und insoweit ohne Begründung – einen neuen Haftbefehl für zulässig, nachdem das Oberlandesgericht einen früheren deshalb aufgehoben hatte, weil die Voraussetzungen des § 121 Abs. 1 nicht vorlagen, als auch dafür die Zuständigkeit des zuständigen Richters gegeben; es hat diese Ansicht aber wieder aufgegeben (NJW **1975** 1573: Kein neuer Haftbefehl zulässig, selbst wenn neue Tatsachen die Fluchtgefahr erhöhen).

VII. Besondere Zuständigkeiten (Absatz 4)

In landgerichtlichen Staatsschutzsachen (§ 74 a Abs. 1 GVG) ist das Oberlandesge- **47** richt, in dessen Bezirk die Landesregierung ihren Sitz hat (§ 120 GVG), zuständig, dessen Stelle in Bayern das Bayerische Oberste Landesgericht einnimmt (§ 120 Abs. 5 Satz 1 GVG, § 9 Satz 2 EGGVG, Art. 22 bayer. AGGVG; BGHSt 28 108), im Fall des § 120 Abs. 5 Satz 2 GVG das zuständige Oberlandesgericht des Nachbarlands (BGHSt 28 109). In Staatsschutzsachen, in denen das Oberlandesgericht erstinstanzlich entscheidet (§ 120 GVG), tritt der Bundesgerichtshof an die Stelle des Oberlandesgerichts. Zur Begründung einer solchen Zuständigkeit genügt es, daß Gegenstand des Verfahrens eine Katalogtat nach § 120 GVG ist, und kommt es nicht darauf an, daß auch der Haftbefehl auf den Verdacht einer solchen Straftat gestützt ist (BGHSt 28 355). Mit der Änderung der Entscheidungszuständigkeit ändert sich auch die Zuständigkeit des vorlegenden Gerichts; sonst ergeben sich keine Besonderheiten.

§ 122

(1) In den Fällen des § 121 legt das zuständige Gericht die Akten durch Vermittlung der Staatsanwaltschaft dem Oberlandesgericht zur Entscheidung vor, wenn es die Fortdauer der Untersuchungshaft für erforderlich hält oder die Staatsanwaltschaft es beantragt.

(2) [1]Vor der Entscheidung sind der Beschuldigte und der Verteidiger zu hören. [2]Das Oberlandesgericht kann über die Fortdauer der Untersuchungshaft nach mündlicher Verhandlung entscheiden; geschieht dies, so gilt § 118 a entsprechend.

(3) [1]Ordnet das Oberlandesgericht die Fortdauer der Untersuchungshaft an, so gilt § 114 Abs. 2 Nr. 4 entsprechend. [2]Für die weitere Haftprüfung (§ 117 Abs. 1) ist das Oberlandesgericht zuständig, bis ein Urteil ergeht, das auf Freiheitsstrafe oder eine freiheitsentziehende Maßregel der Besserung und Sicherung erkennt. [3]Es kann die Haftprüfung dem Gericht, das nach den allgemeinen Vorschriften dafür zuständig ist, für die Zeit von jeweils höchstens drei Monaten übertragen. [4]In den Fällen des § 118 Abs. 1 entscheidet das Oberlandesgericht über einen Antrag auf mündliche Verhandlung nach seinem Ermessen.

(4) [1]Die Prüfung der Voraussetzungen nach § 121 Abs. 1 ist auch im weiteren Verfahren dem Oberlandesgericht vorbehalten. [2]Die Prüfung muß jeweils spätestens nach drei Monaten wiederholt werden.

(5) Das Oberlandesgericht kann den Vollzug des Haftbefehls nach § 116 aussetzen.

(6) Sind in derselben Sache mehrere Beschuldigte in Untersuchungshaft, so kann das Oberlandesgericht über die Fortdauer der Untersuchungshaft auch solcher Beschuldigter entscheiden, für die es nach § 121 und den vorstehenden Vorschriften noch nicht zuständig wäre.

(7) Ist der Bundesgerichtshof zur Entscheidung zuständig, so tritt dieser an die Stelle des Oberlandesgerichts.

Schrifttum. *Hanack* Prozeßhindernis des überlangen Strafverfahrens, JZ **1971** 705; *Pusinelli* Die weitere Prüfung der Fortdauer der Untersuchungshaft nach § 121 Abs. 1 StPO, NJW **1965** 96; *Seebald* Zur Verhältnismäßigkeit der Haft nach erstinstanzlicher Verurteilung, NJW **1975** 28; *Seetzen* Untersuchungshaft und Verfahrensverzögerung insbesondere nach erstinstanzlicher Hauptverhandlung, ZRP **1975** 29.

Günter Wendisch

Entstehungsgeschichte. Eingefügt durch Art. 1 StPÄG und zur Anpassung geändert durch Art. 2 Nr. 2 StaatsschStrafsG. Eine Unstimmigkeit des Wortlauts ist durch die Bekanntmachung 1975 nach der Ermächtigung durch Art. 323 Abs. 2 EGStGB 1974 beseitigt worden.

Geplante Änderungen. Der BRat hat unter Nr. 2 seiner Stellungnahme zum StVÄGE 1984 vorgeschlagen, in Absatz 4 folgenden Satz 3 anzufügen:

> „Das Oberlandesgericht kann aus besonderen Gründen eine längere Frist bestimmen, die aber nicht mehr als sechs Monate betragen darf."

In Absatz 3 Satz 3 sollen nach den Worten „drei Monaten" die Worte „im Falle des Absatz 4 Satz 3 von jeweils höchstens sechs Monaten" eingefügt werden.

In ihrer Stellungnahme zum Vorschlag des BRat hat die BReg. stattdessen vorgeschlagen, nach Absatz 4 folgenden neuen Absatz 5 einzufügen:

> „(5) Ist erkennbar, daß die in § 121 Abs. 1 genannten Umstände über die in Absatz 4 Satz 2 bestimmte Frist hinaus das Urteil noch nicht zulassen und die Fortdauer der Haft rechtfertigen, so kann das Oberlandesgericht die in Absatz 3 Satz 3 und Absatz 4 Satz 2 bestimmten Fristen auf höchstens sechs Monate festsetzen, wenn hierdurch besondere Nachteile für den Beschuldigten nicht zu erwarten sind."

S. ggf. die Erläuterungen im Nachtrag zur 24. Auflage.

Übersicht

I. Vorlage (Absatz 1)

1   **1. Haftvollzug.** Der zuständige Richter legt die Akten „in den Fällen des § 121" vor. Dort ist vom Vollzug der Untersuchungshaft die Rede. Voraussetzung des Verfahrens des § 122 ist daher, daß bei der Vorlage, bei der Prüfung (OLG Hamm NJW **1965** 1730; JMBlNRW **1969** 48) und bei der Entscheidung des Oberlandesgerichts (*Hengsberger* JZ **1966** 214) Untersuchungshaft vollzogen wird. Das Verfahren findet daher nicht statt, wenn der Vollzug des Haftbefehls nach § 116 ausgesetzt, wenn nach § 72 Abs. 1 JGG von der Vollstreckung des Haftbefehls abgesehen oder wenn die Untersuchungshaft zur Vollstreckung von Strafhaft unterbrochen wird (§ 121, 11; OLG Zweibrücken MDR **1978** 245; OLG Hamm JMBlNRW **1982** 33). **Keine Ausnahme** von der Vorlagepflicht ist gegeben, wenn das zuständige Gericht keinen wichtigen Grund für die Fortdauer der Untersuchungshaft gegeben hält (Rdn. 14; 15).

2. Bedeutung der Vorlage. Werden die Akten dem Oberlandesgericht vorgelegt, **2** bevor sechs Monate Untersuchungshaft vollzogen worden sind (§ 121 Abs. 2), bewirkt diese Vorlage, daß die Sechsmonatsfrist ruht (§ 121 Abs. 3). Vorlage i. S. des § 121 Abs. 3 ist die in Abs. 1 angeordnete Vorlage durch das zuständige Gericht. Legt die Staatsanwaltschaft oder ein unzuständiger Richter, der etwa zufolge eines Ersuchens vorübergehend mit der Sache befaßt ist, die Akten vor, tritt die Folge, daß die Sechsmonatsfrist ruht, nicht ein (§ 121, 19).

Von der Frage des Ruhens der Frist abgesehen ist es jedoch gleichgültig, wie die **3** Sache ans Oberlandesgericht gelangt ist, wenn das Oberlandesgericht nach der Prozeßlage zuständig ist, über die Haftfrage allgemein zu entscheiden. Dann ist es auch zuständig, die Entscheidung zu treffen, von der Absatz 2 spricht. Denn die Vorlage durch das zuständige Gericht ist keine **Entscheidungsvoraussetzung**. Das Oberlandesgericht kann also auch entscheiden, wenn es durch weitere Beschwerde mit der Sache befaßt ist (OLG Schleswig MDR **1983** 71). Nur die Akten von sich aus anzufordern, um von Amts wegen die Fortdauer der Untersuchungshaft anzuordnen, hat es mangels gesetzlicher Regelung keine allgemeine Zuständigkeit. Eine solche ist ihm in Absatz 6 für einen besonderen Fall (mehrere Beschuldigte in derselben Sache) nur ausnahmsweise eingeräumt. Wegen der Entscheidung über die Untersuchungshaft eines **Mitbeschuldigten** s. Absatz 6 (Rdn. 43 bis 45).

3. Zuständigkeit. Welches Gericht zuständig ist, ergibt sich aus § 126: der Richter **4** beim Amtsgericht im vorbereitenden Verfahren, nach Anklage das mit der Sache befaßte Gericht. Ist die Sache nach § 126 Abs. 1 Satz 3 einem anderen Richter beim Amtsgericht oder nach § 142 a Abs. 2 GVG an die Landesstaatsanwaltschaft abgegeben worden, legt der nunmehr zuständige Richter beim Amtsgericht die Akten vor; der Richter, der den Haftbefehl erlassen hat, ist nach der Abgabe mit der Sache nicht mehr befaßt.

Aus der örtlichen Zuständigkeit des vorlegenden Gerichts folgt diejenige des zur **5** Entscheidung berufenen **Oberlandesgerichts**: ausschließlich zuständig ist das dem (richtigerweise) vorlegenden Gericht im Instanzenzug übergeordnete Oberlandesgericht. Die örtliche Zuständigkeit des Richters beim Amtsgericht, der zwar den Haftbefehl erlassen, dann aber die Sache nach § 126 Abs. 1 Satz 3 einem anderen Richter beim Amtsgericht übertragen hat, ist für die Zuständigkeit des Oberlandesgerichts ohne Bedeutung (OLG Köln JMBlNRW **1966** 288); sie ist mit der Abgabe der Sache erloschen (§ 126, 13).

Als zuständig muß über die allgemeine Regel des § 126 hinaus auch die **Beschwer-** **6** **dekammer** angesehen werden. Die Vorlage durch das zuständige Gericht — und nicht etwa im Ermittlungsverfahren durch den Staatsanwalt — ist angeordnet, damit der Richter vorher prüfen kann, ob er den Haftbefehl aufhebt oder den Vollzug des Haftbefehls nach § 116 Abs. 1 bis 3 aussetzt und damit das Vorlageverfahren überflüssig macht. Ist Beschwerde eingelegt, hat das Beschwerdegericht die Haftfrage umfassend zu prüfen und nimmt damit in diesem Punkt die Aufgabe des nach § 126 zuständigen Richters wahr. Daher ist es berechtigt und, wenn sonst die Vorlage zu spät käme, verpflichtet, die Akten dem Oberlandesgericht nach Absatz 1 vorzulegen.

4. Revisionssachen. Für das Revisionsgericht ist die Zuständigkeit in Haftsachen **7** besonders geregelt (§ 126 Abs. 2 Satz 2, Absatz 3), doch kann der Fall des § 121, wenn die Akten in die Revision gehen, in der Regel nicht eintreten. Meistens ist dann ein Urteil ergangen, das auf Freiheitsstrafe oder auf eine freiheitsentziehende Maßregel der Besserung und Sicherung lautet. Dann findet das Verfahren des § 122 keine Anwendung (§ 121 Abs. 1). Ist der Angeklagte freigesprochen oder ist das Verfahren nicht bloß vor-

Günter Wendisch

läufig eingestellt worden, dann ist der Haftbefehl aufgehoben worden (§ 120 Abs. 1 Satz 2). Ist nur auf Geldstrafe und auf eine nicht freiheitsentziehende Maßregel — Berufsverbot (§ 70 Abs. 1 StGB); Entziehung der Fahrerlaubnis (§ 69 Abs. 1 StGB) — oder auf Verfall, Einziehung usw. (§§ 73, 73 a, 74, 74 a, 74 c, 74 d StGB) erkannt worden, wird in aller Regel der Haftbefehl aufgehoben worden sein (§ 120, 12). Ist das ausnahmsweise nicht der Fall, hat der letzte Tatrichter eine Frist zu notieren, die Akten rechtzeitig zurückzufordern, die Haftfrage zu prüfen (Rdn. 15) und die Akten dem Oberlandesgericht vorzulegen.

8 **Vor dem Urteil** kann das Revisionsgericht, wenn ihm die Sache nicht mit weiterer Haftbeschwerde (§ 310 Abs. 1) zugegangen ist, nicht ohne Vorlage des zuständigen Gerichts über die Haftfrage entscheiden (§ 126 Abs. 2 Satz 2), gleichzeitig mit Erlaß des Urteils nur in der Weise, daß es den Haftbefehl aufhebt (§ 126 Abs. 3). Es ist daher, obwohl mit der Sache befaßt (vgl. § 126 Abs. 2 Satz 1), nicht zur Entscheidung über die Haftfrage zuständig. Demgemäß müssen einem Revisionsgericht, das zugleich nach Absatz 2 Satz 2 oder nach Absatz 7 zur Entscheidung über die Fortdauer der Untersuchungshaft zuständig ist, die Akten zur Entscheidung vorgelegt werden. Die Vorlage führt auch allein die Folge des § 121 Abs. 3 Satz 1 (Ruhen des Fristablaufs) herbei.

9 Die Vorlage braucht, wenn die Akten dem Oberlandesgericht in anderer Weise als nach Absatz 1 zugegangen sind, nicht in der Weise bewirkt zu werden, daß der zuständige Richter die Akten zurückfordert und alsbald zur Prüfung der Haftfrage wieder vorlegt. Sie kann vielmehr in einem **Schreiben des zuständigen Richters** bestehen, daß die mit Revision von der Staatsanwaltschaft übersandten Akten (§ 347 Abs. 2) nunmehr dem Oberlandesgericht nach § 122 Abs. 1 vorgelegt werden. Das Schreiben hat fristhemmende Wirkung (§ 121 Abs. 3 Satz 1) jedoch nur, wenn sich bei seinem Eingang die Akten beim Revisionsgericht befinden. Das wird das Gericht fernmündlich feststellen, ehe es das die Vorlage bewirkende Schreiben absendet.

10 Steht fest, daß während der Zeit, in der sich die Akten auf Revision beim Oberlandesgericht befinden, die **Frist** des § 121 Abs. 1 **ablaufen wird**, und kann das nach § 126 zuständige Gericht mit Sicherheit voraussehen, daß für diesen Zeitpunkt die Fortdauer der Untersuchungshaft erforderlich ist, kann es die Akten dem Oberlandesgericht schon vorlegen, wenn es diese nach § 348 Abs. 3 der Staatsanwaltschaft zuleitet.

5. Vorlegungsverfahren

11 a) **Akten.** So rechtzeitig vor Ablauf von sechs Monaten Vollzugs der Untersuchungshaft, daß die Akten spätestens am letzten Tage der Frist beim Oberlandesgericht eingegangen sind (§ 121 Abs. 3 Satz 1), hat sie das zuständige Gericht dem Oberlandesgericht vorzulegen. Akten sind die Originalakten der Staatsanwaltschaft oder des Gerichts mit allen Eingängen — auch unbearbeiteten —, die im Augenblick der Aktenversendung vorliegen. Statt der Originalakten können, wenn das Gericht zustimmt (was ein für allemal erklärt werden kann), **Hilfsakten** vorgelegt werden, die aber auch bezüglich noch nicht bearbeiteter Eingänge mit Sicherheit vollständig sein müssen. Unvollständige Hilfsakten reichen nicht aus (OLG Frankfurt NJW **1966** 2076). Die **Handakten der Staatsanwaltschaft** sind, weil sie nur interne Vorgänge dieser Behörde enthalten, nicht vorzulegen. Es ist unzulässig, Teile der Ermittlungsvorgänge, die während der Aktenvorlage zu den Handakten genommen worden sind, dort zu belassen. Geschieht das doch, bleiben sie Teile der Sachakten, so daß sich die Vorlagepflicht auch auf sie erstreckt.

12 b) **Vermittlung der Staatsanwaltschaft.** Vor der Vorlage ist die Staatsanwaltschaft beim Landgericht zu hören. Diese hat sich, wenn die öffentliche Klage noch nicht erhoben ist, zu entscheiden, ob sie beantragen will, den Haftbefehl aufzuheben (§ 120 Abs. 3 Satz 1). Stellt sie diesen Antrag nicht, hat sie zu prüfen, ob sie die Vorlegung beantragen soll (Rdn. 17). Das Gericht hat die Akten dann dem Oberlandesgericht durch Vermittlung der Staatsanwaltschaft bei diesem Gericht vorzulegen. Diese kann noch den Haftbefehl nach § 120 Abs. 3 Satz 1 aufheben lassen. Sonst gibt sie ihre Erklärung nach § 33 Abs. 2 ab. Könnte, wenn der Weg über die Staatsanwaltschaft befolgt wird, die Frist von sechs Monaten nicht innegehalten werden, sind die Akten dem Oberlandesgericht unmittelbar vorzulegen; dieses hört seine Staatsanwaltschaft dann nach § 33 Abs. 2.

c) Verfahren des vorlegenden Gerichts. Bevor das Gericht die Akten vorlegt, hat **13** es zu prüfen, ob es die **Fortdauer** der Untersuchungshaft (nach den allgemeinen Vorschriften; die Prüfung der Voraussetzungen des § 121 Abs. 1 ist dem Oberlandesgericht vorbehalten) für **erforderlich** hält, oder ob der Haftbefehl nach § 120 aufzuheben ist. Verneint es das letzte, entscheidet es, ob der Vollzug des Haftbefehls nach § 116 Abs. 1 bis 3 ausgesetzt werden kann. Die Befugnis dazu ergibt sich aus folgenden Erwägungen: Liegen die Voraussetzungen des § 121 Abs. 1 vor, ist nach § 121 Abs. 2 der Haftbefehl aufzuheben, wenn nicht entweder der Vollzug des Haftbefehls nach § 116 Abs. 1 bis 3 ausgesetzt wird oder aber das Oberlandesgericht die Fortdauer der Untersuchungshaft anordnet. Aus dieser Gegenüberstellung ergibt sich, daß schon das zuständige Gericht den Vollzug des Haftbefehls aussetzen kann und daß diese Aussetzung das Vorlegungsverfahren überflüssig macht[1].

Verneint das zuständige Gericht die Voraussetzungen sowohl des § 120 Abs. 1 als **14** auch des § 116 Abs. 1 bis 3 und bringt es damit zum Ausdruck, daß es für erforderlich hält, die Untersuchungshaft weiter zu vollziehen, hat es die Akten dem Oberlandesgericht gleichwohl vorzulegen (KK-*Boujong* 2). Es darf davon nicht absehen, weil es voraussieht, daß die **Voraussetzungen des § 121 Abs. 1** nicht gegeben sein werden, die Fortdauer der Untersuchungshaft also zwar erforderlich ist, aber nicht zulässig sein werde[2].

Die **abweichenden Ansichten** könnten vielleicht aus praktischen Gründen annehm- **15** bar erscheinen. Wenn das zuständige Gericht und der Staatsanwalt darin übereinstimmen, daß die Untersuchungshaft nicht mehr vollzogen werden darf, könnte es für entbehrlich angesehen werden, die Entscheidung des Oberlandesgerichts herbeizuführen. Diese Erwägungen brauchen aber nicht mit Gegengründen abgewogen zu werden. Denn in dem Satz in § 122 Abs. 4 „die Prüfung der Voraussetzungen nach § 121 Abs. 1 ist *auch* im weiteren Verfahren dem Oberlandesgericht vorbehalten", ist die gesetzgeberische Entscheidung enthalten, daß jene Prüfung auch im *ersten* Verfahren allein dem Oberlandesgericht zukommt. Diese Regelung, die für sich geltend machen kann, daß allein das Oberlandesgericht die umfassende Prüfungspraxis hat, darf nicht durch eine Auslegung beiseite geschoben werden, die bloß auf Praktikabilität bedacht ist.

---

[1] In diesem Sinn heißt es in der Begründung: „In Absatz 1 wird dem zuständigen Richter . . ., falls er den Vollzug des Haftbefehls nicht nach § 116 aussetzen will, die Einholung der Entscheidung des Oberlandesgerichts zur Pflicht gemacht . . ." (BTDrucks. IV 178, S. 26).

[2] A.A. – keine Vorlage, wenn nach übereinstimmender Auffassung des zuständigen Richters und der Staatsanwaltschaft kein wichtiger Grund für die Fortdauer der Untersuchungshaft gegeben ist – *Pusinelli* 96; so

wohl auch *Eb. Schmidt* NJW **1968** 2218; – Zuständigkeit des Oberlandesgerichts hängt davon ab, daß entweder der zuständige Richter oder die Staatsanwaltschaft einen wichtigen Grund i. S. des § 121 für gegeben hält – OLG Stuttgart NJW **1967** 66; *Schlüchter* 239.1; KMR-*Müller* 1; – Haftrichter muß Haftbefehl aufheben oder Vollzug aussetzen, wenn er die Voraussetzungen des § 121 Abs. 1 nicht für gegeben erachtet – OLG Braunschweig NJW **1966** 790.

Günter Wendisch

16   Für die **Staatsanwaltschaft,** ist die Gesetzeslage einfacher. Sie kann, wenn die öffentliche Klage noch nicht erhoben ist, einen Antrag nach § 120 Abs. 3 Satz 1 auch deshalb stellen, weil sie das Verfahren nach § 122 für aussichtslos hält. Denn ihr bloßer Antrag nötigt, den Haftbefehl aufzuheben; die Begründung ist entbehrlich und, wenn gleichwohl eine gegeben wird, für das Gericht bedeutungslos.

17   **6. Antrag der Staatsanwaltschaft.** Nach dem letzten Halbsatz des Absatzes 1 **muß** das **Gericht** die Akten dem Oberlandesgericht **vorlegen,** wenn die Staatsanwaltschaft es beantragt. Damit werden das Recht und die Pflicht des Gerichts ausgeschaltet, den Haftbefehl nach § 120 Abs. 1 Satz 1 aufzuheben, seinen Vollzug nach § 116 Abs. 1 bis 3 auszusetzen oder bei einem Jugendlichen von der Vollstreckung des Haftbefehls abzusehen (§ 72 Abs. 1 JGG), wenn die Voraussetzungen des § 121 Abs. 1 vorliegen und die Staatsanwaltschaft die Vorlage zum Oberlandesgericht beantragt[3]. Dadurch wird der Weg zum Oberlandesgericht abgekürzt, den die Staatsanwaltschaft, wenn das zuständige Gericht nach § 120 Abs. 1 Satz 1 oder nach § 116 Abs. 1 bis 3 entschiede, durch Beschwerde und weitere Beschwerde ohnehin erzwingen könnte.

18   Die Staatsanwaltschaft kann den **Antrag nicht** mehr **zurücknehmen,** wenn der zuständige Richter die Akten vorgelegt hat. Denn durch den Antrag ist eine Prozeßlage gestaltet worden, die nicht mehr rückgängig gemacht werden kann. Teilt der Generalstaatsanwalt die Auffassung der Staatsanwaltschaft beim Landgericht nicht, dann ist er auf Anträge beim Oberlandesgericht angewiesen; im Fall des § 120 Abs. 3 Satz 1 ist sein Antrag bindend (§ 120, 39; 43).

19   **7. Fristenkontrolle.** Die **Vorlage bewirkt** der **Richter,** auch wenn er im Ermittlungsverfahren nicht mit der Sache befaßt ist. Sobald das Gericht einen Haftbefehl erlassen hat, wird es daher eine Frist zu notieren und nach deren Ablauf festzustellen haben, ob der Haftbefehl vollzogen wird und wo sich die Akten befinden. Wenn die Zuständigkeit nicht gewechselt hat, wird es, falls die Voraussetzungen des § 121 Abs. 1 vorliegen, die Akten beizuziehen und das Verfahren des Absatzes 1 durchzuführen haben. Die Frist wird nach den örtlichen Verhältnissen verschieden lang ausfallen. Sie sollte nicht kürzer als fünf Monate sein, wird aber, auch wenn sich das Oberlandesgericht am Sitz des zuständigen Gerichts befindet, so zu bemessen sein, daß zehn Tage für das Verfahren zur Verfügung stehen.

20   Die **Staatsanwaltschaft** trifft die gleiche Verantwortung wie das Gericht. Ihr ist zudem in Absatz 1 ein besonderes Antragsrecht eingeräumt worden, das die Entscheidungsmöglichkeit des zuständigen Gerichts einschränkt (Rdn. 17). Außerdem ist sie verpflichtet, dauernd darauf zu achten, ob die Untersuchungshaft noch nötig ist. Daher hat auch die Staatsanwaltschaft Fristen zu notieren und dafür besorgt zu sein, daß das zuständige Gericht rechtzeitig im Besitz der Akten ist, um sie dem Oberlandesgericht vorzulegen. Ihre Verpflichtung endet nicht, wenn sie die öffentliche Klage erhebt; sie dauert fort, bis der Haftbefehl erledigt ist (§ 117, 2; § 120, 1).

II. Verfahren des Oberlandesgerichts

21   **1. Rechtliches Gehör (Absatz 2 Satz 1).** Nach § 33 Abs. 3 müßte der Beschuldigte nur gehört werden, bevor zu seinem Nachteil Tatsachen oder Beweisergebnisse verwertet werden, zu denen er noch nicht gehört worden ist. Diese Voraussetzung wird zwar

---

[3] *Kleinknecht* JZ **1965** 113, 119; KK-*Boujong* 4.

regelmäßig zutreffen, weil Schwierigkeit und Umfang der Ermittlungen wie auch ein sonstiger wichtiger Grund auf Tatsachen beruhen, die mit dem Beschuldigten nicht erörtert worden sind; im Einzelfall könnte das aber zweifelhaft sein. Deshalb wird das Gehör des Beschuldigten, und zusätzlich seines Verteidigers, ausdrücklich angeordnet. Zufolge dieser Sonderbestimmung ist das Gehör auch **umfassender** ausgestaltet als das nach § 33 Abs. 3. Es hat sich auf alle nach § 121 Abs. 1 für die Verlängerung erforderlichen Voraussetzungen zu erstrecken; der Beschuldigte und sein Verteidiger müssen daher Gelegenheit erhalten, sich auch zu den wertenden Erwägungen ("besonders", "wichtig", "rechtfertigen") zu äußern.

Das **Gehör** braucht das **Oberlandesgericht nicht selbst** durchzuführen, wenn nur **22** klargestellt wird, daß dem Beschuldigten Gelegenheit gegeben wird, sich vor seiner Entscheidung zu äußern. Daher ist es zulässig, daß der die Akten vorlegende Richter das Gehör veranlaßt. Das hat den Vorteil, daß der örtliche Anwalt die Akten einsehen kann, ehe sie versandt werden, und daß seine Äußerung vorliegen wird, wenn das Oberlandesgericht zur Entscheidung kommt. Auf der anderen Seite wird der vorlegende Richter nicht immer die gleichen Gesichtspunkte ins Auge fassen, die das Oberlandesgericht als Entscheidungsgrundlage erwägt. Von diesem Gesichtspunkt aus ist es am sichersten, wenn das **Oberlandesgericht** das Gehör **selbst** veranlaßt. Das ist am einfachsten in der Weise durchzuführen, daß es dem Verteidiger die Stellungnahme des Generalstaatsanwalts, der nach § 33 Abs. 2 zu hören ist, mitteilt, wobei es, falls erforderlich, auf zusätzliche Punkte hinweisen kann. Erübrigt sich das in der Regel, kann auch der Generalstaatsanwalt seine Stellungnahme dem Verteidiger mitteilen und ihm eröffnen, daß das Oberlandesgericht nach einer bestimmten Frist entscheiden werde (vgl. § 349 Abs. 3)[4]. Welches Verfahren am einfachsten und raschesten zum Ziel führt, wird nach den örtlichen Verhältnissen zu entscheiden sein.

Der **Verteidiger** ist nur zu hören, wenn der Beschuldigte einen hat. Das wird in **23** der Regel der Fall sein (§ 117, 33; 34), doch ist es in vereinzelten Fällen möglich, daß der Beschuldigte auch nach fünf oder mehr Monaten ohne Verteidiger ist (§ 117, 35; 36). Aus der Anordnung, den Verteidiger zu hören, ist nicht zu entnehmen, daß dem Beschuldigten einer beigeordnet werden müßte. Doch sollte die Staatsanwaltschaft regelmäßig einen Antrag nach § 117 Abs. 4 stellen.

2. Mündliche Verhandlung (Absatz 2 Satz 2). Das Gehör des Beschuldigten und **24** des Verteidigers wird sich manchmal am zweckmäßigsten und schnellsten in einer mündlichen Verhandlung durchführen lassen. Aus diesem Grunde wird dem Oberlandesgericht freigestellt, wie im Haftbeschwerdeverfahren (§ 118 Abs. 2), nach mündlicher Verhandlung zu entscheiden. Der Beschuldigte, sein Verteidiger, wie auch die Staatsanwaltschaft, können das beantragen, doch gibt allein das Ermessen des Gerichts den Ausschlag, ob mündlich verhandelt werden soll. Das Oberlandesgericht wird das anordnen, wenn seine Entscheidung zweifelhaft sein könnte und wenn erwartet werden kann, daß sich die Fragen, ob die besondere Schwierigkeit oder der besondere Umfang der Ermittlungen oder ein anderer wichtiger Grund das Urteil noch nicht zulassen und die Fortdauer der Haft rechtfertigen, dadurch schneller oder sicherer als im schriftlichen Verfahren beurteilen lassen, daß das Material in persönlicher Gegenwart des Beschuldigten, seines Verteidigers und des Staatsanwalts mündlich erörtert wird. Für die mündliche Verhandlung gilt § 118 a entsprechend (Absatz 2 Satz 2, letzter Satzteil).

---

[4] Enger – Nur wenn die Stellungnahme neue Tatsachen und Beweisergebnisse enthält, die das Gericht bei seiner Entscheidung berücksichtigen will – KK-*Boujong* 7; KMR-*Müller* 3; *Kleinknecht/Meyer* 6; *Kleinknecht/Janischowsky* 268.

25   **3. Entscheidung des Oberlandesgerichts.** Das Oberlandesgericht hat zunächst nach § 120 Abs. 1 Satz 1 zu prüfen, ob etwa der **Haftbefehl aufzuheben** ist. Denn es kann die Untersuchungshaft nur fortdauern lassen, wenn deren allgemeine Voraussetzungen bestehen und sich nicht ergibt, daß die weitere Untersuchungshaft zu der Bedeutung der Sache und zu der zu erwartenden Strafe oder Maßregel der Sicherung und Besserung außer Verhältnis stehen würde[5]. Bejaht es im Gegensatz zu den Vorinstanzen, daß der Fall des § 120 Abs. 1 Satz 1 vorliegt, hebt es den Haftbefehl auf. Das kann es auch schon vor Gehör des Beschuldigten und seines Verteidigers tun, allerdings erst, nachdem die Staatsanwaltschaft sich geäußert hat. Dann findet das besondere Verfahren des Absatzes 2 nicht statt. Das Oberlandesgericht kann aber auch erst im Laufe des Prüfungsverfahrens zu der Erkenntnis gelangen, daß es den Haftbefehl aufheben muß.

26   Verfährt das Oberlandesgericht nicht nach § 120 Abs. 1 Satz 1, hat es die **Prüfung nach § 116** anzustellen (Rdn. 35 f). Lehnt das Oberlandesgericht ab, den Vollzug des Haftbefehls nach § 116 Abs. 1 bis 3 auszusetzen, prüft es die **Voraussetzungen des § 121 Abs. 1**. Stellt es fest, daß ein Urteil ergangen ist, erklärt es das Prüfungsverfahren für unzulässig. Allerdings werden ihm die Akten bei einem solchen Verfahrensstand regelmäßig nicht vorgelegt werden. Das Gericht hat dann weiter zu prüfen, ob die weiteren Voraussetzungen des § 121 Abs. 1 (§ 121, 27 bis 43) erfüllt sind. Ist das der Fall, ordnet es die Fortdauer der Untersuchungshaft für die Höchstdauer von drei Monaten an, was sich aus Absatz 4 Satz 2 ergibt, und bestimmt den ersten Prüfungstermin (Rdn. 56). Sind die Voraussetzungen nicht erfüllt, „ist der Haftbefehl nach Ablauf der sechs Monate aufzuheben" (§ 121 Abs. 2, erster Halbsatz). Bei der Berechnung der sechs Monate hat die Bearbeitungszeit beim Oberlandesgericht außer Ansatz zu bleiben (§ 121 Abs. 3 Satz 1). Wegen der Fristbestimmung s. Rdn. 56. Sind die Akten **verspätet vorgelegt** worden, ruht die Frist bis zur Entscheidung des Oberlandesgerichts nicht (§ 121, 19). Ordnet in einem solchen Fall das Oberlandesgericht die Fortdauer der Haft nicht an, muß es den Haftbefehl stets selbst aufheben, weil sonst der Beschuldigte bis zur Entscheidung des zuständigen Gerichts entgegen § 121 Abs. 2 ungesetzlich in Haft wäre (OLG Köln JMBlNRW **1973** 119).

27   **4. Aufhebendes Gericht.** Von wem der Haftbefehl aufzuheben ist, wird weder in § 121 noch in § 122 gesagt. Da in § 121 Abs. 2 die Anordnung, die Untersuchungshaft habe fortzudauern, dem **Oberlandesgericht** zugewiesen, die Zuständigkeit, den Haftbefehl aufzuheben, aber offengelassen wird, muß gefolgert werden, daß das Oberlandesgericht dazu jedenfalls **nicht verpflichtet** ist. Hätte der Gesetzgeber das gewollt, wäre es ein leichtes gewesen, die Vorschrift zu fassen: „ . . . hebt das Oberlandesgericht . . . auf, wenn es nicht . . . aussetzt oder die Fortdauer . . . anordnet". Demzufolge kann das Oberlandesgericht, wenn es die Fortdauer der Untersuchungshaft ablehnt, die Akten dem **zuständigen Gericht** zurückgeben, damit dieses nach Ablauf der Frist (sechs Monate zuzüglich Bearbeitungszeit) den Haftbefehl aufhebt. Das zuständige Gericht ist dazu am Tage des Fristablaufs verpflichtet, es sei denn, daß inzwischen vor Fristablauf die Hauptverhandlung begonnen hat (§ 121 Abs. 3 Satz 2).

---

[5] OLG Celle NJW **1969** 246; *Schlüchter* 242; KK-*Boujong* § 121, 25; KMR-*Müller* 5; *Kleinknecht/Meyer* § 121, 13; **a.A.** – Oberlandesgericht darf seine Prüfung nur auf § 121 erstrecken und muß davon ausgehen, daß die Voraussetzungen des § 112 vorliegen – *Eb. Schmidt* NJW **1968** 2216. Dieser Ansicht dürfte schon Absatz 3 Satz 1, so ungeschickt er abgefaßt ist, entgegenstehen. Denn wozu sollte das Oberlandesgericht die Tatsachen, aus denen sich der dringende Tatverdacht und der Haftgrund ergeben, aufführen müssen, wenn es nicht prüfen dürfte, ob sie vorliegen?

Da das Gesetz es auch nicht ausdrücklich dem zuständigen Gericht vorbehält, **28** den Haftbefehl nach Fristablauf aufzuheben, ist auch das **Oberlandesgericht** dazu **befugt**[6]. Es wäre eine unnötige Förmlichkeit, wollte man das Oberlandesgericht für verpflichtet halten, dem zuständigen Gericht eine Entscheidung zu überlassen, die es in wenigen Tagen erlassen muß, ohne daß ihm eine Entscheidungsfreiheit zusteht. Verwehrt ist dem Oberlandesgericht ein solches Verfahren freilich nicht. Die Entscheidung des Oberlandesgerichts wird dahin gehen, daß der Haftbefehl an dem im Beschluß zu bezeichnenden Tage des Fristablaufs aufzuheben ist. Diese Form scheidet allerdings aus, wenn die Möglichkeit besteht, daß noch während der Frist mit der Hauptverhandlung begonnen wird; denn dann verlängert sich die Frist weiter (§ 121 Abs. 3 Satz 2). Besteht diese Möglichkeit nicht, wird man dem Oberlandesgericht, da es in der Regel kurze Zeit vor Fristablauf entscheiden wird, die Befugnis einräumen dürfen, den Haftbefehl auch schon kurz vor Ablauf der (um die Ruhezeiten verlängerten) sechs Monate alsbald aufzuheben.

5. Zeitpunkt der Aufhebung. Das Oberlandesgericht Hamburg nimmt die Befug- **29** nis in Anspruch, den Haftbefehl schon **längere Zeit vor Ablauf** der sechs Monate aufzuheben, wenn ihm nur die Sache nach § 122 vorgelegt worden ist und ausgeschlossen werden kann, daß die Hauptverhandlung noch vor Ablauf der Sechsmonatsfrist beginnt (NJW **1968** 1535; ebenso OLG Düsseldorf OLGSt n. F. § 121, 4 StPO). Bedeutung wird das, weil die Sachen regelmäßig gegen Ende der Frist vorgelegt werden, namentlich im Fall des Absatzes 6 (verhaftete Mitbeschuldigte) erlangen. — Die Entscheidung verkennt den **Ausnahmecharakter** des § 121 und sein Verhältnis zu den allgemeinen Haftvorschriften: Die Voraussetzungen des § 121 können nur geprüft werden, wenn feststeht, daß Untersuchungshaft zulässig und notwendig ist. Ist aber Untersuchungshaft notwendig, kann das Gericht nicht von der Haft absehen (§ 112, 63), wenn es nicht durch eine besondere Vorschrift dazu ermächtigt oder gezwungen wird. Dann aber müssen deren Voraussetzungen gegeben sein. Im Fall des § 121 geht die gesetzgeberische Entscheidung klar dahin, daß die Untersuchungshaft über sechs Monate hinaus nicht mehr vollzogen werden darf, wenn nicht besondere Gründe vorliegen (§ 121 Abs. 1) und daß beim Fehlen dieser Gründe der Haftbefehl *nach* Ablauf der sechs Monate aufgehoben werden muß (§ 121 Abs. 2), auch wenn die Untersuchungshaft noch notwendig ist.

Dagegen enthält das Gesetz **keine Ermächtigung**, die Haft, obwohl ihre Voraus- **30** setzungen noch vorliegen, schon **vor Ablauf** der Sechsmonatsfrist **aufzuheben** mit der Begründung, daß sie nach einiger Zeit unzulässig werden würde. Lediglich für einige Tage wird man dem Richter, um unpraktikable Ergebnisse zu vermeiden, Freiheit geben können; eine Entlassung längere Zeit vor Ablauf der sechs Monate aus dem einzigen Grund, daß bei Ablauf der sechs Monate kein Verlängerungsgrund vorliegen werde, widerspricht der Entscheidung des Gesetzgebers (*Meyer* JR **1969** 69; **a. A.** KK-*Boujong* § 121, 27; KMR-*Müller* 5). Dagegen ist es in klar liegenden Fällen nicht unzulässig, die **Haftfortdauer** auch schon einige Zeit (etwa bis zu einem Monat) vor Fristablauf anzuordnen, wenn offensichtlich ist, daß später auch nur die gleiche Entscheidung ergehen kann (OLG Hamm MDR **1970** 437; OLG Düsseldorf OLGSt n. F. § 121, 4 StPO).

---

[6] **A.A.** – Oberlandesgericht hat keine Zuständigkeit, den Haftbefehl aufzuheben. – *Eb. Schmidt* NJW **1968** 2216.

Günter Wendisch

31   **6. Begründung (Absatz 3 Satz 1).** Die Anordnung ergeht als **Beschluß.** In dem Beschluß ist der nächste **Prüfungstermin** jedenfalls dann zu bestimmen, wenn die Dreimonatsfrist des Absatzes 4 Satz 2 unterschritten werden soll. Das ist immer dann veranlaßt, wenn abzusehen ist, daß ein wichtiger Grund, der das Urteil nicht zuläßt, schon zu einem früheren Zeitpunkt nicht mehr bestehen wird. Ist das nicht der Fall, ergibt sich die Frist aus dem Gesetz, doch sollte sie zweckmäßigerweise auch dann in den Beschluß aufgenommen werden (Rdn. 56). Der Beschluß ist formlos **bekanntzumachen** (§ 35 Abs. 2 Satz 2). Ergeht er auf mündliche Verhandlung, ist er an deren Schluß zu verkünden oder, wenn er erst später erlassen wird, ebenfalls formlos bekanntzumachen (§ 118 a Abs. 4 Satz 2). Beschwerde findet nicht statt (§ 304 Abs. 4 Satz 2, erster Satzteil). Von der Fortdauer der Untersuchungshaft ist Nachricht nach § 114 b Abs. 1 zu erteilen (§ 114 b, 6).

32   Nach § 34 brauchte der Beschluß, weil er nicht durch Rechtsmittel anfechtbar ist, nur dann begründet zu werden, wenn der Beschuldigte, etwa bei dem Gehör nach Absatz 2 Satz 1, beantragt, den Haftbefehl aufzuheben. Das Gesetz will aber auf jeden Fall eine **Begründung** und bringt diesen Willen in der gesetzestechnisch wenig begrüßenswerten Form durch die Anordnung zum Ausdruck, daß § 114 Abs. 2 Nr. 4 entsprechend zu gelten habe. Dort wird angeordnet, im Haftbefehl die Tatsachen anzuführen, aus denen sich der dringende Tatverdacht und der Haftgrund ergeben, soweit dadurch nicht die Staatssicherheit gefährdet wird. Da die Vorschrift entsprechend gilt, werden keine Bedenken bestehen, auf vorangegangene Beschlüsse oder auf den Haftbefehl zu verweisen, wenn zum dringenden Tatverdacht und zum Haftgrund nichts Neues zu sagen ist.

33   Auf der anderen Seite bedeutet die dem Zweck des § 122 entsprechende Anwendung, daß die Begründung des Beschlusses weiterzugehen hat als die des Haftbefehls. Denn der Beschluß beruht auf § 121 Abs. 1 und muß sich daher in erster Linie mit den **Verlängerungsgründen** befassen. Demzufolge sind neben den Angaben nach § 114 Abs. 2 Nr. 4, die sogar etwas zurücktreten können, in erster Linie die Tatsachen aufzuführen, aus denen sich die besondere Schwierigkeit oder der besondere Umfang der Ermittlungen oder ein anderer wichtiger Grund ergibt, der das Urteil noch nicht zuläßt und die Fortdauer der Haft rechtfertigt. Auch wird zu erwarten sein, daß das Gericht jene Tatsachen würdigt.

34   Weil die Oberlandesgerichte ihre Beschlüsse stets voll zu begründen pflegen, wird der Beschluß auch Ausführungen zu der **Verhältnismäßigkeit** (§ 112 Abs. 1 Satz 2, § 120 Abs. 1 zweiter Halbsatz) enthalten, obwohl das, weil § 114 Abs. 3 von der Verweisung in Absatz 3 Satz 1 nicht umfaßt wird, nicht eigentlich verlangt werden kann. Da die Vorschrift aber so sehr der Sache unangemessen abgefaßt ist, daß sie notwendigerweise nach ihrem Zweck und nach dem System des Abschnitts ergänzt werden muß, sollte eine Prüfung, die auch nach dem Grundgesetz anzustellen ist, in der Begründung nicht unerwähnt bleiben. Wegen der **Gefährdung der Staatssicherheit** s. § 114, 20.

35   **7. Aussetzung des Vollzugs (Absatz 5).** Wenn das zuständige Gericht das Vorlegungsverfahren dadurch überflüssig machen kann, daß es den Vollzug des Haftbefehls nach § 116 aussetzt (Rdn. 13), muß dem Oberlandesgericht die Befugnis zustehen, auf dem gleichen Wege sein Entscheidungsverfahren zu erledigen (OLG Hamm StrVert. **1984** 123). Denn dieses setzt voraus, daß Untersuchungshaft vollzogen wird (Rdn. 1). Daher ist zunächst nach den allgemeinen Vorschriften zu prüfen, ob der Vollzug überhaupt stattfinden darf, wozu auch die Prüfung gehört, ob der Haftbefehl nach § 116 Abs. 1 bis 3 auszusetzen ist. Setzt das Oberlandesgericht den Vollzug nach dieser Vorschrift aus, ohne die Fortdauer der Untersuchungshaft anzuordnen, dann ist das Verfahren der §§ 121, 122 zu wiederholen, wenn der Vollzug des Haftbefehls nach § 116 Abs. 4 wieder angeordnet wird (OLG Hamburg MDR **1969** 72).

Indessen ist diese logisch gebotene **Reihenfolge** für das Oberlandesgericht, wie **36** sich aus Absatz 5 ergibt, **nicht zwingend** und nicht immer zu empfehlen. Setzt es nämlich den Vollzug des Haftbefehls aus, ohne die Fortdauer der Haft anzuordnen, dann können sich Mißhelligkeiten ergeben, wenn nach § 116 Abs. 4 der Vollzug des Haftbefehls angeordnet werden muß. Die Zeit bis zum Ablauf der Sechsmonatsfrist kann dann so kurz sein, daß die rechtzeitige Vorlage gefährdet sein könnte. Um solchen Nachteilen zu begegnen, gibt Absatz 5 dem Oberlandesgericht die Befugnis, nicht nur *vor* seiner Entscheidung, sondern auch zugleich *mit* der Anordnung, daß die Untersuchungshaft fortzudauern habe (genauer: alsbald, wenn auch uno actu, *nach* der Anordnung), den Vollzug des Haftbefehls auszusetzen. Auf diese Weise entstehen keine Schwierigkeiten, wenn das zuständige Gericht den Vollzug nach § 116 Abs. 4 anordnet. Es braucht die Akten dann nicht alsbald nach Wiederverhaftung vorzulegen, sondern erst so rechtzeitig, daß das Oberlandesgericht nach drei Monaten (Absatz 4 Satz 2) entscheiden kann. Eine bloße **Erörterung** der Voraussetzungen des § 121 Abs. 1 (so OLG Hamburg MDR **1969** 72) eröffnet diese Erleichterung freilich nicht.

Das Oberlandesgericht sollte aber dann **nicht nach § 116 verfahren,** wenn der **37** Haftbefehl deswegen aufgehoben werden muß, weil die Voraussetzungen des § 121 Abs. 1 nicht gegeben sind. Zwar bestehen, wenn die Sechsmonatsfrist noch nicht abgelaufen ist, gegen die Anwendung des § 116 Abs. 1 bis 3 keine rechtlichen Bedenken, doch ist es wenig angemessen, eine Entscheidung zu treffen, die hinfällig wird, wenn der Vollzug des Haftbefehls nach § 116 Abs. 4 angeordnet werden muß, aber bei dem dann alsbald einzuleitenden neuen Verfahren nicht aufrechterhalten werden darf[7]. Muß das Oberlandesgericht den Haftbefehl selbst aufheben, weil die Sechsmonatsfrist zufolge verspäteter Vorlage im Zeitpunkt der Entscheidung des Oberlandesgerichts abgelaufen ist (§ 121, 19), dann darf es nicht nach § 116 verfahren; denn der Vollzug eines aufgehobenen Haftbefehls kann nicht ausgesetzt werden.

8. Wirkung einer die Fortdauer der Untersuchungshaft verneinenden Entscheidung. Hat das Oberlandesgericht abgelehnt, die Fortdauer der Untersuchungshaft anzuordnen, dann kann es diese Entscheidung nicht wieder ändern. Ausgeschlossen ist die Änderung, wenn der Senat, etwa in anderer Besetzung, von seiner bisherigen rechtlichen Beurteilung abweicht. Sie wäre möglich, wenn sich die tatsächlichen Verhältnisse änderten. Aber das ist nicht denkbar. Denn die Beurteilung der tatsächlichen Umstände, aus denen die besondere Schwierigkeit oder der besondere Umfang der Ermittlungen oder ein anderer wichtiger Grund das Urteil noch nicht zulassen und die Fortdauer der Haft rechtfertigen, war gerade Gegenstand der Entscheidung[8].

Es ist **keine Änderung der Tatsachengrundlage** der Entscheidung, wenn nachträg- **39** lich Umstände aufgedeckt werden, die *bei* der Entscheidung vorhanden waren, aber übersehen worden sind. Was sich *nach* Ablauf der sechs Monate neu ereignet, etwa die Erkrankung eines Sachverständigen, ist kein Umstand, der auf die Verlängerung des Haftvollzugs über sechs Monate hinaus Einfluß haben kann. Denn für diese Entscheidung darf nur berücksichtigt werden, was sich *bis* zum Ablauf von sechs Monaten Haftvollzug ereignet hat. Der Sinn des Prüfungsverfahrens, eine überlange Haft zu beenden, schließt es aus, eine als unzulässig befundene und daher beendete Untersuchungs-

---

[7] OLG Braunschweig NJW **1967** 1290; KK-*Boujong* § 121, 26.

[8] Vgl. *Roxin* § 30 F I 3; **a.A.** KK-*Boujong*

§ 121, 31; KMR-*Müller* 13; *Kleinknecht/ Meyer* 16.

Günter Wendisch

haft wieder zu vollziehen, wenn sich allgemeine Haftgründe (etwa Fluchtgefahr) ergeben, die bei der Entscheidung nach §§ 121, 122 stets Voraussetzung sind, für die Frage des weiteren Vollzugs aber außer Betracht zu bleiben haben (OLG Stuttgart NJW **1975** 1573)[9]. Das erkennende Gericht hat allein das Mittel des **Vorführungsbefehls** (§ 230 Abs. 2 erste Alternative).

40   **9. Ende dieser Wirkung.** Die Wirkung der negativen Entscheidung endet in Übereinstimmung mit Art. 5 Abs. 3 Satz 2 MRK (vgl. *Guradze* NJW **1968** 2164) gemäß § 121 Abs. 1 erster Halbsatz mit einem Urteil, das auf Freiheitsstrafe oder auf eine freiheitsentziehende Maßregel der Besserung und Sicherung erkennt. Denn nur auf den Verfahrensabschnitt bis zu diesem Zeitpunkt bezieht sich das Verfahren der §§ 121, 122. Nach diesem Zeitpunkt kann das zuständige Gericht nach den allgemeinen Vorschriften (wieder) Untersuchungshaft anordnen.

41   **10. Unzulässigkeit nach erstinstanzlichem Urteil.** Die Befugnis, Untersuchungshaft erneut anzuordnen oder eine nach Absatz 3 Satz 1 verlängerte aufrechtzuerhalten, endet aber ihrerseits, wenn das **Recht aus Art. 6 Abs. 1 erster Satzteil MRK** (Entscheidung innerhalb angemessener Frist) **verletzt** worden ist[10]. Denn wenn man, was hier nicht zu behandeln ist, auch verneint, daß wegen jener Verletzung das Verfahren einzustellen sei (vgl. dazu § 206 a, 56), muß man doch bejahen, daß es unverhältnismäßig ist, jemanden in Haft zu halten, u. U. sogar überhaupt in Haft zu nehmen (OLG Stuttgart NJW **1974** 285), dessen Verfahren nicht in angemessener Frist rechtskräftig beendet werden konnte (*Seetzen* 32). Das wird auch in der Rechtsprechung mehr und mehr anerkannt, wenn auch auf verschiedener Grundlage[11].

42   Dabei sind für die Angemessenheit **alle Umstände** zu berücksichtigen, die die Dauer des Verfahrens beeinflussen. Hat sie der Beschuldigte zu vertreten oder liegen sie im Umfang der Sache, ist eine längere Dauer angemessen, als wenn Mangel an Staatsanwälten und Richtern oder gar deren Säumnisse verhindern, das Verfahren abzuschließen. Im letzten Falle wird in der Regel auch **Art. 2 Abs. 2 Satz 2 GG** verletzt sein. Denn um ein geordnetes Strafverfahren durchzuführen und die spätere Strafvollstreckung sicherzustellen, kann eine lange Untersuchungshaft dann nicht mehr als notwendig anerkannt werden, wenn ihre Fortdauer durch vermeidbare Verzögerung verursacht worden ist (BVerfGE **20** 50 = NJW **1966** 1259).

43   **11. Mitbeschuldigte (Absatz 6).** Sind in einem und demselben Verfahren mehrere Beschuldigte in Untersuchungshaft, können sich die Vorlagen häufen. Dadurch könnte, wenn es sich um viele Beschuldigte handelt, der Ablauf des Verfahrens gestört werden, selbst wenn der Staatsanwalt durch Hilfsakten Vorsorge getroffen hat, daß er die Ermittlungen auch während des Vorlegungsverfahrens fortsetzen kann. Fallen die Sechs-

---

[9] Daß die Untersuchungshaft in einem solchen Fall verfassungsrechtlich zulässig sein kann (BVerfGE **21** 189 = MDR **1967** 463), besagt nicht, daß sie es auch nach der in § 121 normierten Ausformung des Grundsatzes der Verhältnismäßigkeit sein müßte, was OLG Celle (NJW **1973** 1988), wenn es sich auf jene Entscheidung beruft, verkennt.

[10] KK-*Boujong* § 120, 8; KMR-*Müller* § 120, 2; *Kleinknecht/Meyer* 2; *Kleinknecht* MDR **1965** 786; *Rieß* JR **1983** 260; *Seetzen* 30 und –

im Ergebnis, wenn auch enger – *Seebald* 28.

[11] BVerfGE **53** 158 = NJW **1980** 1448; OLG Frankfurt NJW **1968** 2117: entsprechende Anwendung von § 121; OLG Karlsruhe NJW **1969** 1682: Verletzung von Art. 2 Abs. 2 Satz 2 GG; OLG München NJW **1970** 156; OLG Saarbrücken NJW **1975** 942; OLG Karlsruhe Justiz **1975** 76; OLG Hamburg MDR **1983** 71 = JR **1983** 259 mit zust. Anm. *Rieß:* Verstoß gegen den Grundsatz der Verhältnismäßigkeit (§ 120 Abs. 1 Satz 1).

monatsfristen oder spätere Dreimonatsfristen (Absatz 4 Satz 2) eng zusammen, könnte die rechtzeitige Vorlage der später vorzulegenden Sache gefährdet sein. Aus diesen Gründen gibt Absatz 6 dem Oberlandesgericht die Zuständigkeit, wenn ihm die Akten wegen eines Beschuldigten vorgelegt werden, zugleich auch über die Fortdauer der Untersuchungshaft von Beschuldigten zu entscheiden, für die es noch nicht zuständig wäre. Liegen die **Vorlegungszeiten nur wenig**, etwa bis zu drei Wochen, **auseinander**, muß man das zuständige Gericht für berechtigt erachten, die Akten auch für den Beschuldigten vorzulegen, bei dem das Prüfungsverfahren noch Zeit hat. In diesem Fall bewirkt die Vorlage, daß der **Fristablauf** bis zur Entscheidung des Oberlandesgerichts **ruht** (§ 121 Abs. 2 Satz 1).

44 Dagegen **ruht** der **Fristablauf nicht**, wenn das Oberlandesgericht über die Fortdauer der Untersuchungshaft eines Beschuldigten, für den es an sich noch nicht zuständig wäre, von Amts wegen entscheidet. Denn in bezug auf diesen Beschuldigten werden dem Oberlandesgericht die Akten nicht i. S. des § 121 Abs. 3 Satz 1 vorgelegt. Wohl aber kann das zuständige Gericht, wenn sich die Entscheidung beim Oberlandesgericht verzögert, diesem die Akten nachträglich auch für den Mitbeschuldigten in der Weise vorlegen, daß es dem Oberlandesgericht mitteilt, die für den Beschuldigten A vorgelegten Akten würden nunmehr auch für den Beschuldigten B vorgelegt (Rdn. 9).

45 Die Entscheidungen dürfen nur dann zusammengefaßt werden, wenn für den Mitbeschuldigten schon zu dem früheren Termin entschieden werden kann, ob eine der zusätzlichen Haftvoraussetzungen des § 121 Abs. 1 vorliegen wird, wenn die Sechsmonatsfrist abgelaufen sein wird (Begr. BTDrucks. III 2037, S. 25). Denn verkürzt wird nur die Frist des § 121 Abs. 3 Satz 1, § 122 Abs. 1; die Sechsmonatsfristen des § 121 Abs. 1, Absatz 2 bleiben bestehen. Weil diese Fristen nicht dadurch verkürzt werden, daß entschieden wird, bevor sie ablaufen, darf, wenn das Oberlandesgericht die Fortdauer der Untersuchungshaft nicht anordnet, der Haftbefehl nicht alsbald, sondern erst **mit Ablauf der Sechsmonatsfrist aufgehoben** werden. Denn die Voraussetzungen der Untersuchungshaft bestehen fort, und das Verbot, den Haftbefehl über sechs Monate aufrechtzuerhalten (§ 121 Abs. 1), wird erst „nach Ablauf der sechs Monate" wirksam (§ 121 Abs. 2; vgl. Rdn. 29).

46 **12. Bundesgerichtshof (Absatz 7).** In § 121 Abs. 1 bis 4 Satz 1, § 122 Abs. 1 bis 6 ist überall nur vom Oberlandesgericht die Rede. Da nach § 121 Abs. 4 Satz 2 indessen in Strafsachen nach § 120 Abs. 1 GVG, unter besonderen Voraussetzungen auch nach § 120 Abs. 2 GVG, der Bundesgerichtshof an die Stelle des Oberlandesgerichts tritt, bestimmt Absatz 7, um nicht allenthalben auch den Bundesgerichtshof einfügen zu müssen, daß auch in § 122 der Bundesgerichtshof an die Stelle des Oberlandesgerichts tritt, wenn er nach § 121 Abs. 4 Satz 2 zu entscheiden hat.

47 Diesen **Sinn** hat, wie der Zusammenhang ergibt, die nicht besonders geschickte Formulierung: „ist der Bundesgerichtshof zur Entscheidung zuständig". Das Wort „zuständig" hat hier eine andere Bedeutung als etwa in § 121 Abs. 4 Satz 1, wo die Zuständigkeit als erkennendes Gericht des ersten Rechtszugs (§ 74 a Abs. 1 und 2, § 120 Abs. 1 und 2 GVG) gemeint ist, die der Bundesgerichtshof in keinem Fall hat. Hier ist der Begriff eingeengt zu verstehen und der Satz zu lesen: „Ist der Bundesgerichtshof gemäß § 121 Abs. 4 Satz 2 zu der Entscheidung nach § 121 Abs. 1 berufen, so ...".

III. Weiteres Verfahren

48 **1. Allgemeine Haftprüfung (Absatz 3 Satz 2 bis 4).** Nachdem das Oberlandesgericht die Fortdauer der Untersuchungshaft angeordnet hat, weil es die allgemeinen

Günter Wendisch

Voraussetzungen der Untersuchungshaft (§ 122 Abs. 1 Satz 1), die Verhältnismäßigkeit (§ 112 Abs. 1 Satz 2) und die Verlängerungsvoraussetzungen (§ 121 Abs. 1) bejaht hat, können diese Voraussetzungen oder einzelne von ihnen sich ändern. Sie sind daher weiter zu prüfen.

49   Für die weitere Prüfung der **Verlängerungsvoraussetzungen** ist ein besonderes Verfahren angeordnet (Absatz 4). Die allgemeinen Voraussetzungen sind fortlaufend bei jedem Antrag den Haftbefehl aufzuheben und bei jeder Beschwerde sowie in dem Verfahren des § 117 zu prüfen. Die laufende Prüfung ist Sache des zuständigen Gerichts. Dieses kann, ebenso wie das Beschwerdegericht, jederzeit einen Haftbefehl aufheben oder seinen Vollzug aussetzen, auch wenn das Oberlandesgericht nach Absatz 3 Satz 1 die Fortdauer der Haft angeordnet hatte.

50   Lediglich die **Haftprüfung nach § 117 Abs. 1** überträgt das Gesetz dem Oberlandesgericht. Das war nach dem Regierungsentwurf sinnvoll, weil dort für die Haftprüfung nach § 117 Fristen vorgesehen waren (BTDrucks. **IV** 178; § 117 Abs. 1, Absatz 4) und der Beschuldigte außerhalb dieser Fristen keine Haftprüfung verlangen konnte. Die Haftprüfung des § 117 mit der des § 121 zu einer einzigen zu vereinigen bedeutete Arbeitsersparnis und belastete das Oberlandesgericht nicht, weil es beide Fristen gleich ansetzen konnte. Im Bundestag ist die automatische Haftprüfung gefallen. Nur der Anspruch auf mündliche Verhandlung ist von Fristen abhängig (§ 118 Abs. 3), die Haftprüfung nicht. Sie findet nur noch auf Antrag des Beschuldigten statt, dafür aber jederzeit (BTDrucks. **IV** 2378; § 117 Abs. 1). Beantragt der Beschuldigte sie oft, werden die Akten durch Vorlage ans Oberlandesgericht zu lange der Sachbearbeitung entzogen.

51   Da es nach dieser Änderung nicht mehr möglich ist, die Prüfungen nach § 117 Abs. 1 und nach § 122 Abs. 4 zu einer einzigen zu vereinigen, wird es in der Regel angemessen sein, die Haftprüfung (für den Fall, daß sie beantragt werde), **dem zuständigen Gericht zu übertragen**. Das wird in Absatz 3 Satz 3 ausdrücklich für zulässig erklärt, jedoch nur jeweils für einen bestimmten Zeitraum — höchstens drei Monate —, der mit der nach Absatz 4 zu wählenden Frist übereinstimmend bestimmt werden sollte. Spricht das Oberlandesgericht diese Übertragung nicht aus, muß es selbst nach § 117 entscheiden. Findet das Verfahren des § 117 vor dem Oberlandesgericht statt, kann der Beschuldigte die mündliche Verhandlung (§ 118) nicht erzwingen; es entscheidet das Ermessen des Oberlandesgerichts (Absatz 2 Satz 2).

52   Die **Zuständigkeit** des Oberlandesgerichts zur Haftprüfung nach § 117 Abs. 1 **endet** zu dem gleichen Zeitpunkt, in dem auch die nach § 122 Abs. 4 aufhört, nämlich sobald ein Urteil ergangen ist, das auf Freiheitsstrafe oder auf eine freiheitsentziehende Maßregel der Besserung und Sicherung erkannt hat (§ 121, 23).

53   **2. Verfahren des zuständigen Gerichts.** Behält das Oberlandesgericht sich die Haftprüfung nach § 117 Abs. 1 vor, findet § 117 mit der Maßgabe Anwendung, daß ein Antrag auf Haftprüfung, wenn er nicht beim Oberlandesgericht eingeht, diesem vom zuständigen Gericht über die Staatsanwaltschaft vorzulegen ist. Das zuständige Gericht kann die Haftprüfung dadurch entbehrlich machen, daß es den Haftbefehl aufhebt, falls die Voraussetzungen der Untersuchungshaft nicht mehr vorliegen (§ 120 Abs. 1 Satz 1). Die Staatsanwaltschaft kann, wenn noch keine öffentliche Klage erhoben ist, nach § 120 Abs. 3 bewirken, daß der Haftbefehl aufgehoben wird. Hat das Oberlandesgericht dem **zuständigen Richter** die Haftprüfung **übertragen**, ergeben sich für das Verfahren nach §§ 117, 118 keine Besonderheiten.

54   Dagegen wird die **Entscheidung des Oberlandesgerichts** im Verfahren nach § 117 Abs. 1 nicht dadurch überflüssig, daß das zuständige Gericht den Vollzug der Untersuchungshaft nach § 116 Abs. 1 bis 3 aussetzt oder bei einem Jugendlichen nach § 72 Abs. 1

JGG von der Vollstreckung des Haftbefehls absieht. Denn mit dem Haftprüfungsantrag wird in erster Linie die Prüfung erstrebt, ob der Haftbefehl aufzuheben ist. Nur wenn der Antragsteller sich auf den Antrag beschränkt, den Vollzug des Haftbefehls auszusetzen, macht eine Entscheidung des zuständigen Richters, die dem Antrag entspricht, die Vorlage ans Oberlandesgericht hinfällig.

3. Weitere Prüfung der besonderen Voraussetzungen (Absatz 4). Ob die Voraus- **55** setzungen des § 121 Abs. 1 vorliegen, darf **allein das Oberlandesgericht** prüfen und entscheiden. Das sonst für Haftentscheidungen zuständige Gericht darf die Frage weder bejahen noch verneinen (Begr. BTDrucks. **IV** 178, S. 26)[12]. Das ergibt sich aus § 121 Abs. 2, § 122 Abs. 1 wie auch aus dem ganzen System der §§ 121, 122 Abs. 1 bis 3, wird aber in Absatz 4 für das Verfahren nach der ersten Entscheidung des Oberlandesgerichts ausdrücklich noch einmal ausgesprochen. Zugleich wird durch das Wort „auch" (im weiteren Verfahren) das Prinzip nochmals deutlich wiederholt[13].

In der Entscheidung nach Absatz 3 Satz 1 bestimmt das Oberlandesgericht den er- **56** sten **Prüfungstermin** auf jeden Fall dann, wenn die Frist von drei Monaten unterschritten werden soll. Soll die Prüfung nach **drei Monaten** stattfinden, ist die gerichtliche Fristbestimmung an sich entbehrlich, weil sie sich dann aus Absatz 4 Satz 2 ergibt. Doch empfiehlt es sich, daß das Oberlandesgericht die Frist, genau nach dem Datum bestimmt, auch dann angibt. Die Frist ist nämlich zu errechnen, und dem zuständigen Gericht wird es erspart, die Daten aus den Akten (die ihm nicht immer vorliegen) zusammenzustellen und die (neue) Frist zu berechnen, wenn das Oberlandesgericht sie mit dem Datum aufführt. Denn die drei Monate **rechnen** vom Ablauf der ersten Frist an. Diese aber läuft nicht nach sechs Monaten (§ 121 Abs. 2) ab, sondern verlängert sich um die Zeit, in der nach § 121 Abs. 3 Satz 1 der Fristlauf ruht, also solange das Oberlandesgericht mit der Prüfung befaßt ist. Das ergibt auch der Text von Absatz 4 Satz 2, der sinnvoll nur so gelesen werden kann, daß die Prüfung spätestens drei Monate nach der vorangegangenen Prüfung wiederholt werden muß; sonst fehlte in diesem Satz der Bezugszeitpunkt.

Da die Prüfung eine Wiederholung der ersten Prüfung ist, gelten für das Verfah- **57** ren **alle Bestimmungen**, die **für die erste Prüfung** gegeben sind, d. h. für das Ruhen der Frist § 121 Abs. 3[14], für das Vorlegungsverfahren Absatz 1, für das Verfahren des Oberlandesgerichts Absatz 2 und Absatz 3 Satz 1. Daraus folgt, daß das Oberlandesgericht die Sache nicht unter Kontrolle hält, die Akten anfordert und von Amts wegen entscheidet, daß es vielmehr, wie bei der ersten Prüfung (Rdn. 2), regelmäßig (Rdn. 3) zufolge der Vorlage durch das zuständige Gericht mit der Sache befaßt wird[15].

4. Wiederholung. Die Prüfung ist, jeweils nach Abschluß der letzten Prüfung, so **58** lange alle drei Monate zu **wiederholen,** bis ein Urteil ergeht, das auf Freiheitsstrafe oder auf eine freiheitsentziehende Maßregel der Besserung und Sicherung (§ 118, 12; 14) erkennt (§ 121 Abs. 1), bis der Haftbefehl nach § 120 Abs. 1 oder 3 oder nach Art. 6 Abs. 1 Satz 1 MRK (Vor § 112, 29 ff) aufgehoben, sein Vollzug nach § 116 Abs. 1 bis 3 ausge-

---

[12] KK-*Boujong* 12; *Kleinknecht/Meyer* 9.
[13] **A.A.** *Pusinelli* 97: Entscheidungsmonopol des Oberlandesgerichts besteht „nur in positiver Hinsicht"; *Hengsberger* 214; KMR-*Müller* 10: zuständiger Richter kann „negative Entscheidung" treffen; wie hier *Kleinknecht/Meyer* 9: Entscheidungsmonopol „in positiver und negativer Hinsicht".

[14] OLG Oldenburg JZ **1965** 770; OLG Zweibrücken MDR **1978** 245; *Knauth* 338; KK-*Boujong* 13; *Kleinknecht/Meyer* 9.
[15] Weitergehend *Pusinelli* 97: Oberlandesgericht entscheidet „nur und erst", nachdem der zuständige Richter die Akten vorgelegt hat.

Günter Wendisch

setzt, bei einem Jugendlichen nach § 72 Abs. 1 JGG von der Vollstreckung des Haftbefehls abgesehen oder die Untersuchungshaft zur Vollstreckung von Strafhaft unterbrochen wird. Tritt einer dieser Fälle ein, wird ein **Prüfungstermin**, einerlei ob vom Oberlandesgericht bestimmt oder vom Gesetz vorgesehen (Absatz 4 Satz 2), **gegenstandslos**; er wird nicht ausdrücklich aufgehoben (OLG Zweibrücken MDR **1978** 245). Das Oberlandesgericht wird nicht benachrichtigt, weil es, wie dargelegt (Rdn. 57), die Sache nicht unter Kontrolle hält. Wird der Vollzug eines Haftbefehls nach Widerruf des Aussetzungsbeschlusses oder wegen Wegfalls des Unterbrechungsgrundes erneut angeordnet, sind die einzelnen (Untersuchungs-) Haftzeiten seit der letzten Prüfung durch das Oberlandesgericht zusammenzuzählen; nur diese Haftzeiten sind für die Berechnung der Dreimonatsfrist maßgebend.

§ 122 a

In den Fällen des § 121 Abs. 1 darf der Vollzug der Haft nicht länger als ein Jahr aufrechterhalten werden, wenn sie auf den Haftgrund des § 112 a gestützt ist.

Entstehungsgeschichte. Eingefügt durch Art. 1 Nr. 4 StPÄG 1972 anläßlich der Einfügung des § 112 a (Sicherungshaft für Wiederholungstäter).

1   **1. Inhalt.** Die Vorschrift knüpft mit den Eingangsworten („in den Fällen …") an den letzten Halbsatz (Schwierigkeit, Umfang, andere wichtige Gründe) und mit dem Hauptteil des Hauptsatzes an den Hauptsatz des § 121 Abs. 1 an. Anstelle des dort verwendeten Worts (Vollzug der) Untersuchungshaft wird das Wort **Haft** gebraucht, das mehrfach als Bestandteil der Worte Haftgrund, Haftbefehl, Haftprüfung, Haftbeschwerde, aber auch selbständig als Abkürzung des Worts Untersuchungshaft in § 114 b Abs. 1, § 115 Abs. 4, § 115 a Abs. 2 Satz 3, § 116 Abs. 4 verwendet wird. Die Abkürzung ist, weil das Wort „Haft" sonst in der Strafprozeßordnung (§ 231 Abs. 1 Satz 2 zweiter Satzteil spricht von Gewahrsam) und im Gerichtsverfassungsgesetz nur noch ganz ausnahmsweise (§ 70 Abs. 2) vorkommt, unbedenklich und verständlich.

2   Der **Hauptinhalt** der Vorschrift ist eine Modifikation von § 121 Abs. 1, § 122 Abs. 4 Satz 2. Nach diesen Vorschriften kann das Oberlandesgericht im Prinzip (Ausnahme § 122, 41) den Vollzug der Untersuchungshaft beliebig oft, jeweils für drei Monate (§ 122, 56; 58), aufrechterhalten, solange die Voraussetzungen des letzten Halbsatzes von § 121 Abs. 1 vorliegen. Diese Befugnis wird für den Haftbefehl, der wegen des Haftgrunds der Wiederholungsgefahr (§ 112 a) erlassen worden ist, auf die Dauer eines Jahres eingeschränkt.

3   **2. Bedeutung.** § 112 a gehört mit § 111 a (vorläufige Entziehung der Fahrerlaubnis), § 126 a (einstweilige Unterbringung in einem psychiatrischen Krankenhaus, einer Entziehungsanstalt oder einer sozialtherapeutischen Anstalt) und § 132 a (vorläufiges Berufsverbot) zu den Maßnahmen *vor* dem Urteil. Dabei werden in den drei zuletzt genannten Fällen Maßregeln (§ 69 Abs. 1 und 2, § 63 Abs. 1 und 2, § 64 Abs. 1, § 65, § 70 StGB) vorweggenommen, bei § 112 a der Sicherungsteil der Strafe, der dieser bei Rückfälligen und Rückfallsverdächtigen innewohnt. Bei der Vorwegnahme von **Maßregeln** gibt es **keine Höchstfrist**, wenn auch der Grundsatz der Verhältnismäßigkeit die Maßnahme nach einer gewissen Zeit unzulässig machen kann. Auch sind bei § 111 a und § 132 a keine besonderen Prüfungsfristen vorgesehen; in § 126 a Abs. 2 wird zwar der ziemlich bedeutungslos gewordene § 117 für anwendbar erklärt, doch gelten die weit bedeutsameren §§ 121, 122 nicht entsprechend.

Stand: 1. 8. 1984

Die **Höchstfrist** von einem Jahr gilt nur für die sog. Untersuchungshaft (Siche- **4** rungshaft) bei Wiederholungstätern. Die Begründung begnügt sich mit der Erwägung: Werde ein Tatverdächtiger aus dem Gesichtspunkt der Wiederholungsgefahr in Haft genommen, müsse so schnell wie möglich gerichtlich geklärt werden, ob der die Haft auslösende Tatverdacht zu Recht besteht. Bevor dies in einer Hauptverhandlung bejaht worden sei, erscheine es nicht gerechtfertigt, die Haft nach § 112 a länger als ein Jahr auszudehnen (BTDrucks. **VI** 3248, S. 4); ähnlich der schriftliche Bericht des Rechtsausschusses (BTDrucks. **VI** 3561, S. 4).

Die **Begründung** ist einleuchtend, wirft aber die **Frage** auf, warum die Höchst- **5** frist nicht für alle Maßnahmen vor dem Urteil gilt. Denn bei allen wird ein Urteil vorläufig vollstreckt, das zwar zu erwarten ist, aber noch nicht einmal, wie wir es vom Zivilprozeß kennen, als nicht rechtskräftiges erster Instanz vorliegt. Auch kann ein vorläufiges Berufsverbot (§ 132 a), etwa während eines langwierigen Verfahrens wegen einer Wirtschaftsstraftat, ruinöser sein als Sicherungshaft bei einem Dauerkriminellen. Vielleicht kann man nur die eine **Antwort** vermuten, daß bei der heißumstrittenen Sicherungshaft das Problem auf den Nägeln brannte und einigermaßen befriedigend — der Bundesregierung erschien ein Jahr als „zu großzügig bemessen" (BTDrucks. **VI** 3248, S. 7) — schon deshalb gelöst werden mußte, um die Gegner des Instituts zu beschwichtigen. Bei der einstweiligen Unterbringung (§ 126 a) mag die mögliche Gefährlichkeit der Täter dazu geführt haben, selbst über § 121 noch hinauszugehen, und bei den nicht freiheitsentziehenden Maßregeln mag man die Frage, wie lange man ein noch nicht existierendes Urteil vorwegnehmen darf, noch nicht als Problem erkannt haben[1].

3. Voraussetzung für die Beschränkung ist, daß die Haft (nicht der Haftbefehl) **6** auf den Haftgrund des § 112 a (§ 112 a, 18) gestützt ist. Die Ausdrucksweise ist zwar ungewöhnlich, aber unmißverständlich. Die Vorschrift findet also **Anwendung**, wenn ein schriftlicher Haftbefehl (§ 114 Abs. 1) vorliegt, bei dem als Haftgrund (§ 114 Abs. 2 Nr. 3) die in § 112 a Abs. 1 umschriebene Wiederholungsgefahr aufgeführt ist (KK-*Boujong* 2). Das ist nach § 112 a Abs. 2 wiederum nur möglich, wenn weder die Voraussetzungen für (den Erlaß eines) einen Haftbefehl (§ 127, 37 bis 39) nach § 112 Abs. 2 und 3 vorliegen, noch, wenn das der Fall ist, der Vollzug eines solchen Haftbefehls (§ 112 a, 60) ausgesetzt werden könnte (§ 116 Abs. 1 und 2).

Die Vorschrift findet, weil dann keine auf den Haftgrund des § 112 a gestützte **7** Haft mehr vorliegt, **keine Anwendung,** wenn der Haftbefehl vor Ablauf eines Jahres auf einen anderen Haftgrund (§ 112 Abs. 2) umgestellt worden ist (§ 114, 58; *Schlüchter* 247.4), was freilich nur selten (etwa bei Flucht aus der Untersuchungshaft, § 112 Abs. 2 Nr. 1) der Fall sein wird, da ja der Haftbefehl wegen des Haftgrunds der Wiederholungsgefahr nur erlassen werden durfte, nachdem festgestellt worden war, daß die Voraussetzungen eines Haftbefehls nach § 112 nicht vorgelegen oder wenn sie vorgelegen haben, der Vollzug eines solchen Haftbefehls nach § 116 Abs. 1 und 2 auszusetzen war (§ 112 a, 62). Diese Sach- und Rechtslage wird sich nur selten ändern.

4. Fristbegrenzung. Ist der Haftbefehl — und wegen der Subsidiaritätsklausel des **8** § 112 a Abs. 2 stets allein (§ 112 a, 62) — wegen des Haftgrunds der Wiederholungsgefahr erlassen, darf der Vollzug der Untersuchungshaft, solange kein Urteil ergangen ist,

---

[1] Werden, wie es systematisch richtig wäre, die Maßnahmen vor dem Urteil einmal in einem Abschnitt zusammengestellt, wird es auf der Hand liegen, daß die Frage nach der Dauer solcher Maßnahmen sich überall aufwirft.

Günter Wendisch

das auf eine freiheitsentziehende Sanktion erkennt, zwar wegen wichtiger Gründe (§ 121 Abs. 1, letzter Halbsatz) über sechs Monate hinaus aufrechterhalten werden, aber in keinem Fall länger als ein Jahr.

9 Die Jahresfrist **berechnet** sich nach der Haftzeit, die der Beschuldigte aufgrund eines Haftbefehls erlitten hat, in dem als Haftgrund allein Wiederholungsgefahr aufgeführt ist. Alle Haftzeiten aus diesem Grund wegen derselben Tat (§ 121, 16) werden zusammengezählt. Für die Berechnung der Jahresfrist ist es daher gleichgültig, ob die auf § 112 a beruhende Untersuchungshaft unterbrochen war, weil der Beschuldigte in anderer Sache Freiheitsstrafe verbüßt oder Untersuchungshaft oder in der gleichen Sache Untersuchungshaft aufgrund eines anderen Haftgrunds erlitten hat; ob der Vollzug des Haftbefehls nach § 116 Abs. 3 ausgesetzt oder bei einem Jugendlichen nach § 72 Abs. 1 JGG vorübergehend von der Vollstreckung der Untersuchungshaft abgesehen worden ist; oder ob der Beschuldigte aus der auf § 112 a Abs. 1 beruhenden Untersuchungshaft entlassen worden und anschließend wegen derselben Straftat aufgrund eines neuen, wiederum wegen des Haftgrunds der Wiederholungsgefahr erlassenen Haftbefehls wieder in Untersuchungshaft gekommen ist.

10 In allen Fällen der **Unterbrechung** sind die einzelnen auf dem Haftgrund des § 112 a beruhenden Haftzeiten zusammenzuzählen. Nur diese Vollzugszeiten sind für die Fristberechnung maßgebend; wie lange der Haftbefehl besteht, spielt dagegen keine Rolle. Nach dem Sinn, die Haft streng zu begrenzen, kann **§ 43 keine Anwendung** finden. Der Anfangstag der Frist zählt also mit, und die Frist kann auch an einem Sonntag, einem allgemeinen Feiertag oder an einem Sonnabend enden. Dagegen wäre das Verfahren unsinnig, wenn § 121 Abs. 3 Satz 2 und 3 **(Ruhen des Fristablaufs während der Hauptverhandlung)** nicht gälte[2]. Dann aber muß man wohl annehmen, daß auch § 121 Abs. 3 Satz 1 (Ruhen des Fristablaufs von der Vorlage bis zur Entscheidung) Anwendung findet, weil man die Vorschriften über den Fristenlauf nicht gut zerreißen kann.

11 5. **Neue Straftat.** Begeht der Beschuldigte nach der Straftat, die dem Haftbefehl zugrunde liegt, und nach Erlaß dieses Haftbefehls eine **neue Straftat** und wird wegen dieser wiederum Untersuchungshaft wegen des Haftgrunds der Wiederholungsgefahr erlassen, sind diese Haftzeiten nicht zusammenzuzählen[3]. Denn die Vorschrift verweist zwar nur auf die „Fälle des § 121 Abs. 1", also auf Schwierigkeit, Umfang und andere wichtige Gründe, doch ist sie nur eine für sich unvollkommene Vorschrift, die die §§ 121, 122 einschränkt. Die Einschränkung hat aber nur Sinn, wenn die §§ 121, 122 vollständig als einzuschränkender Text zur Verfügung stehen. Daher bezieht sich die Vorschrift nur auf **Untersuchungshaft wegen derselben Tat**, und sie schränkt nach ihrer Aufgabe § 121 Abs. 1 dahin ein, daß die Untersuchungshaft auch wegen desselben Haftgrunds der Wiederholungsgefahr angeordnet worden sein muß. Keinesfalls ist die Verweisung auf die „Fälle des § 121 Abs. 1" dahin zu verstehen, daß im übrigen die §§ 121, 122 keine Anwendung fänden. Das Ergebnis wäre sinnlos. Wegen der **Einzelheiten** zu dem Begriff „derselben Tat" s. § 121, 16; 17.

12 6. Das **Verfahren** ist in § 121 und besonders in § 122 geregelt. Die Entscheidung, ob die Untersuchungshaft fortzudauern hat, trifft das Oberlandesgericht, ggf. der Bun-

---

[2] Dazu ausführlich *Knauth* 337; vgl. auch *Schlüchter* 247.4; KK-*Boujong* 3; **a.A.** *Kleinknecht/Meyer* 1; *Kleinknecht/Janischowsky* 274.

[3] Wahrscheinlich **a.A.** *Kleinknecht/Meyer* 3; wie hier KK-*Boujong* 3.

Stand: 1. 8. 1984

desgerichtshof. Wenn die Frist für die weitere Prüfung (§ 122 Abs. 4 Satz 2) mit drei Monaten voll ausgenutzt wird, kommen nur die erste Prüfung nach sechs Monaten und eine weitere Prüfung nach drei Monaten in Betracht. Bei der **zweiten Prüfung** wird das Oberlandesgericht anordnen, daß der Haftbefehl an dem Tage aufgehoben wird, an dem sich das zugelassene Jahr, verlängert um die Zeiten, in denen der Fristablauf geruht hat (Rdn. 10), vollendet. Ungeachtet dieser Anordnung kann das **zuständige Gericht** die Untersuchungshaft schon vorher nach § 120 aufheben, nicht aber, weil es der Ansicht ist, die Voraussetzungen des § 121 lägen nicht mehr vor. Darüber entscheidet allein das Oberlandesgericht (§ 122, 14). Ist der Haftbefehl wegen Eintritts der Höchstfrist aufhebungsreif, darf er nicht außer Vollzug gesetzt werden, weil der weitere Vollzug nach § 116 Abs. 4 nicht mehr angeordnet werden darf (KK-*Boujong* 4; KMR-*Müller* 2); Maßnahmen nach § 71 JGG bleiben dagegen zulässig (*Kleinknecht/Meyer* 2).

Liegt bei Ablauf des Jahres **keine Anordnung** des Oberlandesgerichts vor, daß der **13** Haftbefehl an diesem Tage aufzuheben ist, hat das zuständige Gericht den Haftbefehl an diesem Tag aufzuheben, weil — im Gegensatz zu dem nicht durch § 122 a modifizierten § 121 Abs. 1 — hier das Gesetz ohne jede Wertung zu vollziehen ist. Doch ist das Ruhen des Fristenlaufs (Rdn. 10) zu beachten. Daher ist es immer erwünscht, daß das Oberlandesgericht den Tag berechnet und in seinem Beschluß bezeichnet, wann die Jahresfrist abläuft.

§ 123

(1) Eine Maßnahme, die der Aussetzung des Haftvollzugs dient (§ 116), ist aufzuheben, wenn
1. der Haftbefehl aufgehoben wird oder
2. die Untersuchungshaft oder die erkannte Freiheitsstrafe oder freiheitsentziehende Maßregel der Besserung und Sicherung vollzogen wird.
(2) Unter denselben Voraussetzungen wird eine noch nicht verfallene Sicherheit frei.
(3) Wer für den Beschuldigten Sicherheit geleistet hat, kann deren Freigabe dadurch erlangen, daß er entweder binnen einer vom Gericht zu bestimmenden Frist die Gestellung des Beschuldigten bewirkt oder die Tatsachen, die den Verdacht einer vom Beschuldigten beabsichtigten Flucht begründen, so rechtzeitig mitteilt, daß der Beschuldigte verhaftet werden kann.

Entstehungsgeschichte. Die Vorschrift bezog sich früher nur auf das Freiwerden einer Sicherheit. Die jetzige allgemeine Fassung hat sie erhalten durch Art. 1 Nr. 1 StPÄG 1964. Eine geringfügige Textänderung entstammt Art. 21 Nr. 33 EGStGB 1974. — Bezeichnung bis 1965: § 121.

Übersicht

Günter Wendisch

I. Aufheben und Freiwerden

1 **1. Grundsatz.** Der Vollzug eines Haftbefehls wird unter bestimmten Voraussetzungen nach § 116 Abs. 1 bis 3 ausgesetzt. Dabei werden regelmäßig Maßnahmen angeordnet, die in Anweisungen an den Beschuldigten oder in der Leistung einer Sicherheit bestehen. Die Vorschrift verordnet, wann diese Maßnahmen aufzuheben sind. Die Aufhebungsgründe zerfallen in zwei Gruppen: Wird der Haftbefehl aufgehoben (Nr. 1; Rdn. 4 ff), ist der Anlaß zur Haft entfallen; wird die Untersuchungshaft (Rdn. 8 ff), Strafhaft oder eine Maßregel der Besserung und Sicherung (Rdn. 10 ff) vollzogen (Nr. 2), entfällt der Anlaß zu den Maßnahmen oder zur Sicherheitsleistung. In beiden Fallgruppen müssen daher die **Maßnahmen aufgehoben** werden. Unter denselben Voraussetzungen, unter denen Maßnahmen aufzuheben sind, wird auch eine **Sicherheit frei** (Absatz 2), wenn sie — was selbstverständlich ist — nicht schon vorher verfallen war. Absatz 2 bezieht sich sowohl auf Sicherheiten, die der Beschuldigte, als auch auf solche, die ein Dritter geleistet hat, Absatz 3 nur auf letztere.

2 Wenn die Voraussetzungen des Absatzes 1 eintreten, entfallen die Pflichten und **Beschränkungen** (§ 116 Abs. 4 Nr. 1) nicht von selbst. Vielmehr sind die Maßnahmen, mit denen jene Lasten auferlegt worden sind, **ausdrücklich aufzuheben**, obwohl es dem Beschuldigten keine Nachteile mehr bringen kann, wenn er Pflichten nicht mehr erfüllt und sich Beschränkungen nicht mehr unterwirft[1]. Im Fall des Vollzugs kann er das ohnehin nicht tun. Die **Sicherheit** dagegen **wird von selbst frei**, sobald der Haftbefehl aufgehoben oder die Untersuchungshaft oder eine freiheitsentziehende Sanktion vollzogen wird. Zwar nützt das Freiwerden dem Beschuldigten ohne weitere behördliche Akte (vgl. Rdn. 25) nichts, doch wird durch die Bestimmung, die Sicherheit werde kraft Gesetzes frei, die Unverrückbarkeit der Rechtslage betont: Die freigewordene Sicherheit kann nicht mehr in Anspruch genommen werden, auch wenn der Haftbefehl irrtümlich aufgehoben worden ist[2]; sie bleibt auch dann frei, wenn nachträglich ein Ereignis eintritt, durch das, wenn es sich früher ereignet hätte, die Sicherheit verfallen wäre[3].

3 Die Sicherheit wird nur frei, wenn sie nicht schon **verfallen** war (Absatz 2). Ob dieser Umstand eingetreten ist, hat das Gericht nach § 124 Abs. 1 zu prüfen und ggf. nach § 124 Abs. 2 festzustellen. Der Verfall ist bei keinem der Befreiungsgründe ausgeschlossen, auch nicht, wenn der Haftbefehl aufgehoben wird. Denn das kann der Fall sein, obwohl der Beschuldigte sich vorher — etwa durch Flucht — der Untersuchung entzogen hatte (§ 124 Abs. 1), etwa weil er freiwillig zurückgekehrt und in Krankheit verfallen ist. In der Regel indessen wird, anders als bei den beiden anderen Befreiungsgründen, der vorherige Verfall der Sicherheit keine Rolle spielen, wenn der Haftbefehl aufgehoben wird.

4 **2. Aufhebung des Haftbefehls.** Der erste Grund, der das Gericht nötigt, Maßnahmen aufzuheben, und der die Sicherheit frei macht, ist die Aufhebung des Haftbefehls. Alle Gründe, die zur Einstellung des Verfahrens führen (Verjährung, Rücknahme des Strafantrags, Amnestie usw.), zwingen, weil sie die Untersuchung beenden, den Haftbefehl aufzuheben. Zufolge der Aufhebung setzen sie den Maßnahmen des § 116 ein Ende (Absatz 1 Nr. 1).

---

[1] Vgl. OLG Stuttgart MDR **1984** 164; KK-*Boujong* 7; KMR-*Müller* 10; *Kleinknecht/Meyer* 1.

[2] OLG Stuttgart OLGSt n. F. § 123 StPO, 2;

KK-*Boujong* 7; *Kleinknecht/Janischowsky* 212.

[3] Beispiel: Der Verurteilte tritt die Strafe an und flieht am ersten Tag, ehe der Beschluß ergangen, daß die Sicherheit frei geworden ist.

Ohne daß der Haftbefehl aufgehoben wird, **erledigen sich** die **Maßnahmen nicht** **5** **von selbst.** Auch die Sicherheit wird in keinem Fall ohne diesen Akt frei. Selbst wenn bei Freispruch und ihm gleichstehenden Entscheidungen der Haftbefehl ohne weitere Prüfung aufgehoben werden muß (§ 120 Abs. 1 Satz 2; § 120, 15 ff), macht erst die Aufhebung selbst die Sicherheit frei[4], nicht (so *Hartung* § 121, 4) schon die Freisprechung usw. selbst. Denn neue Tatsachen oder Beweismittel, die unmittelbar nach dem Freispruch bekannt werden, können trotz Freispruchs der Aufhebung des Haftbefehls entgegenstehen (§ 120, 31). Die Ansicht endlich, daß es bei Ereignissen, die **notwendigerweise** die **Einstellung** herbeiführen (Verjährung, Amnestie), keiner Aufhebung des Haftbefehls bedürfe (*Lobe/Alsberg* § 121, II 5), wird schon durch die Überlegung widerlegt, daß der Beschuldigte, wenn ein Haftbefehl vollzogen wird, erst dann aus der Haft entlassen werden kann, wenn der Haftbefehl aufgehoben worden ist[5]. Alsdann kann, wenn der Vollzug des Haftbefehls nur ausgesetzt worden ist, die Sicherheit erst recht nicht ohne diesen Akt frei werden. Darin liegt auch keine Ungerechtigkeit, weil die Sicherheit dann nicht mehr verfallen kann. Denn sobald Prozeßhindernisse eingetreten sind, können keine Prozeßhandlungen mehr erforderlich werden, denen sich der Beschuldigte entziehen könnte.

Bei der Aufhebung des Haftbefehls ist der Grund dafür gleichgültig mit einer **6** Ausnahme: Die **Rechtskraft** beendet die Untersuchung und damit die Untersuchungshaft. Der Haftbefehl erledigt sich mit der Rechtskraft von selbst[6]. Denn die Untersuchungshaft geht in Strafhaft über, und zwar selbst dann, wenn die förmliche Einleitung der Strafvollstreckung erst nachfolgt. Das Gericht braucht den Haftbefehl daher nicht ausdrücklich aufzuheben, kann das aber tun (§ 120, 36). Anders liegen die Dinge, wenn — und nur diesen Fall regelt § 123 — der Haftbefehl nach § 116 außer Vollzug gesetzt war. Dann erledigen sich die zur Sicherung des Haftzwecks nach § 116 getroffenen Maßnahmen nicht gleichsam von selbst. Hebt das Gericht in einem solchen Fall den Haftbefehl auf, dann besagt das nur, daß die Untersuchung beendet ist, nicht aber, daß die Haftgründe entfallen sind. Da die Sicherheit auch dazu dient, den Antritt einer Freiheitsstrafe zu erzwingen (§ 116 a, 1), kann der Umstand, daß der Haftbefehl allein wegen des Endes der Untersuchung aufgehoben wird, nicht bewirken, daß die Sicherheit frei wird[7]. Dieses Ziel kann nur mit dem Antrag erreicht werden, neben dem Haftbefehl auch den Beschluß aufzuheben, durch den das Gericht die Aussetzung seines Vollzugs angeordnet hat. Einem solchen Antrag der Staatsanwaltschaft muß das Gericht selbst dann entsprechen, wenn es entgegen deren Ansicht eine weitere Sicherung für erforderlich hält. Denn da die Maßnahmen nach § 116 nach Eintritt der Rechtskraft der Verurteilung nur noch dazu dienen, die der Staatsanwaltschaft obliegende Vollstreckung der rechtskräftigen Freiheitsstrafe zu sichern, hat auch allein sie darüber zu befinden, ob oder in welcher Weise die künftige Vollstreckung besonders gesichert werden soll (OLG Hamburg MDR **1977** 949).

---

[4] *Eb. Schmidt* Nachtr. I 4; KK-*Boujong* 2; KMR-*Müller* 3.

[5] *Eb. Schmidt* Nachtr. I 21; KK-*Boujong* 2.

[6] **A.A.** OLG Frankfurt NJW **1979** 665, das den Begriff „Untersuchung" weiter auslegt: Sie soll erst mit dem Beginn des Strafvollzugs enden, ein Haftbefehl deshalb ganz allgemein nicht schon deshalb gegenstandslos und aufzuheben sein, weil ein auf Freiheitsstrafe erkennendes Urteil rechtskräftig geworden sei; da die Untersuchungshaft auch die Vollstreckung der Strafe sichern soll, habe sie folglich solange zu dauern, bis der Verurteilte die Strafe angetreten habe.

[7] OLG Bremen NJW **1963** 1024; OLG Hamburg MDR **1977** 949; OLG Karlsruhe MDR **1980** 598; OLG Stuttgart MDR **1984** 164; OLG Nürnberg OLGSt n. F. § 116 StPO, 1; OLG Düsseldorf OLGSt n. F. § 124 StPO, 1; KK-*Boujong* 3; KMR-*Müller* 3; *Kleinknecht/Meyer* 2.

Günter Wendisch

7   Allein der **Tod** des Beschuldigten beendet das Verfahren von selbst (**a. A.** *Rieß* § 206 a, 53 ff) und macht den Haftbefehl hinfällig, ohne daß er aufgehoben zu werden braucht; denn es ist niemand mehr vorhanden, der von ihm betroffen wäre. Dabei spielt es keine Rolle, wenn der Beschuldigte den Tod durch Selbstmord herbeigeführt hat (§ 124, 20). Daß der Verfahrensbeendigung durch Tod keine befreiende Wirkung mehr zukommen kann, wenn die Sicherheit schon vorher durch Flucht verfallen war (OLG Colmar *Alsb.* E 1 294), ist selbstverständlich.

8   **3. Vollzug der Untersuchungshaft.** Die nach § 116 Abs. 1 bis 3 angeordneten Maßnahmen sind ferner aufzuheben und die Sicherheit wird weiterhin frei, wenn gegen den Beschuldigten in der Sache, in der der Vollzug des Haftbefehls ausgesetzt worden ist, Untersuchungshaft vollzogen wird. Nach dieser Wortfassung reicht die Verhaftung (§ 114 a Abs. 1) nicht aus. Maßgeblich ist vielmehr der **Beginn des Vollzugs.** Dazu ist es erforderlich, daß der Beschuldigte in die zuständige Haftanstalt gebracht wird; eine Sicherheit verfällt, wenn er auf dem Transport vom Festnahmeort nach der Anstalt flieht (*Gerding* — LV zu § 124 — 11). Da die Vorschrift den Vollzug der Untersuchungshaft zur Voraussetzung der Aufhebung und des Freiwerdens macht, kommt es auf die **Einlieferung in die** zuständige **Anstalt** an. Ist der Beschuldigte nach der Verhaftung zunächst in eine fremde Haftanstalt eingeliefert worden, hat damit der Vollzug der Untersuchungshaft noch nicht begonnen. Flieht der Beschuldigte auf dem Transport zur zuständigen Anstalt, wird die Sicherheit nicht frei. Das gleiche ist der Fall, wenn der Beschuldigte in anderer Sache in Untersuchungshaft kommt, selbst wenn Überhaft (§ 114, 33) notiert wird. Denn auch während dieser Haft kann er sich noch in der (anderen) Sache, in der Sicherheit geleistet worden ist, der Untersuchung oder dem Strafantritt entziehen. Freilich kann die Verhaftung Veranlassung geben, den Haftbefehl aufzuheben. Geschieht das nicht, erklärt der Beschuldigte aber, daß er sich nunmehr auch in der Sache der **Untersuchungshaft unterwerfe**, in der die Sicherheit geleistet worden ist, wird die Sicherheit frei, weil der Beschuldigte nunmehr (auch) in dieser Sache in Untersuchungshaft ist. Wegen der Folgen s. § 114, 38.

9   Denn wie es zur Vollstreckung des Haftbefehls kommt, ist gleichgültig. Die Folgen treten auch ein, wenn sich der Beschuldigte **freiwillig** — wenn auch vielleicht auf Veranlassung dessen, der Sicherheit geleistet hat — **stellt**; so daß die Untersuchungshaft vollzogen wird. Das Gericht ist, wenn der Beschuldigte das verlangt, zum Vollzug verpflichtet. Denn die Aussetzung des Vollzugs eines Haftbefehls gegen Maßnahmen oder gegen Sicherheitsleistung ist eine Erleichterung für den Beschuldigten, nicht für den Staat. Dieser kann weder erzwingen, daß der Beschuldigte Weisungen befolgt, noch daß eine Sicherheit geleistet wird. Daher kann der Beschuldigte, wenn er die Sicherheitsleistung auch nicht zurücknehmen kann (§ 116 a, 22), doch auf die Aussetzung in der Weise Verzicht leisten, daß er sich in den Haftvollzug begibt. Damit kann er die Sicherheit frei machen oder Beschränkungen abwerfen, die ihm lästiger geworden sind als die Untersuchungshaft es ihm ist.

4. Antritt der Strafhaft und des Maßregelvollzugs

10   **a) Strafantritt.** Endlich sind die Maßnahmen aufzuheben und wird die Sicherheit frei, wenn die erkannte Freiheitsstrafe in der Sache vollzogen wird, in der der Vollzug des Haftbefehls ausgesetzt war. **Freiheitsstrafe** ist die allgemeine Freiheitsstrafe (§§ 38, 39 StGB), die Jugendstrafe (§ 17 JGG) und der Strafarrest (§ 9 WStG). **Jugendarrest,** auch in der Form des Dauerarrests (§ 16 JGG), ist ein Zuchtmittel und keine Strafe, aber zuweilen wie eine Freiheitsstrafe zu behandeln. So ist es auch hier der Fall. Wird auch im allgemeinen kein Haftbefehl erlassen werden, wenn nur Jugendarrest zu erwarten ist, so kann doch die Erwartung zunächst auf eine Jugendstrafe gerichtet gewesen sein. Jedenfalls wird die Sicherheit frei, wenn (gegen die Erwartung nur) auf Jugendarrest erkannt worden ist, der Beschuldigte den Arrest angetreten hat und damit der Zweck der Sicherheit erreicht ist. Maßgebender **Zeitpunkt** für die Aufhebung und das Freiwerden ist nicht die Verhaftung (§ 457 Abs. 1), sondern die Aufnahme in die von der Vollstreckungsbehörde bezeichnete Anstalt. Wie es zum **Strafantritt** kommt, ob der Verurteilte sich freiwillig stellt oder ob er verhaftet wird, ist gleichgültig, doch wird im letzteren Fall oft, nicht regelmäßig (§ 124, 18), die Sicherheit verfallen sein, weil sich der Verurteilte dem Strafantritt entzogen hatte.

Wird im Urteil auf eine **Geldstrafe** erkannt, so wird zwar der Haftbefehl in aller **11** Regel aufgehoben werden, aber doch nicht in jedem Fall (§ 120, 12; 13). Tritt indessen die Rechtskraft eines solchen Urteils ein, ist der Haftbefehl stets aufzuheben (§ 120, 37). Als Folge sind nach § 116 Abs. 1 bis 3 angeordnete Maßnahmen außer Kraft zu setzen und wird eine Sicherheit frei. Sie darf weder für die Geldstrafe in Anspruch genommen werden[8], noch kann sie verfallen, wenn der Verurteilte die Geldstrafe nicht bezahlt und sich dem Antritt der Ersatzfreiheitsstrafe entzieht[9].

Strafhaft in anderer Sache führt nicht zur Aufhebung der Maßnahmen, weil der **12** zuständige Richter keinen Einfluß auf ihr Ende hat. Doch kann längere Strafhaft in anderer Sache, wenn die Möglichkeit einer Entlassung (§ 57 Abs. 1 und 2 StGB) oder eine Begnadigung vor Abschluß des laufenden Verfahrens ausscheidet, zur Folge haben, daß der Haftbefehl und auf diese Weise auch Maßnahmen aufgehoben werden oder eine Sicherheit frei wird.

b) Maßregelantritt. Dieselbe Wirkung wie der Vollzug der Freiheitsstrafe hat der **13** Vollzug einer freiheitsentziehenden **Maßregel** der Besserung und Sicherung. Es kommen **alle freiheitsentziehenden Maßregeln** (vgl. § 61 Nr. 1 bis 3 StGB) mit Ausnahme der Sicherungsverwahrung in Betracht, wenn die Maßregel entweder allein, wie das im Fall des § 64 Abs. 1 StGB (Unterbringung in einer Erziehungsanstalt) u. U. möglich ist, oder aber neben einer Freiheitsstrafe verhängt, jedoch, wie das die Regel ist, vor der Strafe vollzogen wird (§ 67 Abs. 1 StGB).

Die **Sicherungsverwahrung** kann als Maßregelantritt nicht in Betracht kommen, **14** weil ihr der Vollzug der Freiheitsstrafe vorangegangen sein muß (§ 67 Abs. 1 StGB). Der zu Sicherungsverwahrung Verurteilte kann auch nicht alsbald, sondern erst nach Strafantritt in einen Maßregelvollzug kommen (§ 67 a in Verb. mit Absatz 1 StGB; das Gericht kann „nachträglich", d. h. nach Beginn der Vollstreckung, den Täter, gegen den Sicherungsverwahrung angeordnet ist, in den Vollzug einer von zwei Maßregeln überweisen). Bei ihm führt allein der Strafantritt (Rdn. 10) zur Aufhebung von Maßnahmen, wenn § 116 Abs. 1 bis 3 überhaupt angewendet werden konnte.

Bei der Unterbringung in einem **psychiatrischen Krankenhaus** (§ 63 Abs. 1 StGB) **15** kann die Frage nur bedeutsam werden, wenn diese angeordnet wird, weil der Angeklagte die Tat im Zustand der verminderten Schuldfähigkeit (§ 21 StGB) begangen hatte. Denn wenn er schuldunfähig (§ 20 StGB) war, durfte mangels dringenden Tatverdachts kein Haftbefehl ergehen, die Vollstreckung eines ergangenen Unterbringungsbefehls aber nicht ausgesetzt werden (§ 126 a Abs. 2 Satz 1).

---

[8] LG Hamburg MDR **1948** 429; KK-*Boujong* 6; KMR-*Müller* 6; *Kleinknecht/Janischowsky* 212, 213; *Kleinknecht/Meyer* 3.

[9] **A.A.** – Sicherheitsleistung haftet für Geldstrafe – *Lobe/Alsberg* § 121, II 4; – Sicherheitsleistung verfällt, wenn der Verurteilte sich der Zahlung der Geldstrafe entzieht – *Eb. Schmidt* § 122, 5; vgl. weiter § 124, 13.

Günter Wendisch

II. Bürgenbefreiung (Absatz 3)

16　　1. Bürge. Wer für den Beschuldigten Sicherheit geleistet hat, kann in zwei Fällen (Rdn. 17; 20) die Sicherheit frei machen. Unter dem, der für den Beschuldigten Sicherheit geleistet hat, ist nur zu verstehen, wer sie zu dessen Gunsten im eigenen Namen erbracht hat, d. h. wer die **„Bürgschaft" geleistet hat**, der „Bürge" im Sinn des § 116 a Abs. 1, gleichviel ob die Sicherheit aus seinem Vermögen stammt oder dem eines anderen[10]. Denn die Sicherheitsleistung durch Dritte erlangt für das Gericht ihren Wert nicht allein durch die Höhe der Sicherheit, sondern namentlich durch die Bedeutung, die ihr Verlust für den Leistenden und dessen Schaden für den Beschuldigten haben würden. Daher hat das Schicksal der Sicherheitsleistung (Abtretung, Pfändung) dem Gericht gleichgültig zu bleiben. Es muß durch den Verfall der Sicherheit dem ein Übel zufügen, dem es vertraut hat. Die Befugnisse des Absatzes 2 kann nicht ausüben, wer dem Beschuldigten oder dem „Bürgen" Vermögensstücke überlassen hat, die diese dann als Sicherheit hinterlegt haben, oder wer eine Sicherheit oder den Anspruch auf ihre Herausgabe rechtsgeschäftlich oder im Wege der Zwangsvollstreckung erworben hat (im Ergebnis ebenso BayObLGSt 10 [1911] 381). Wohl aber hat der Erbe des Bürgen dessen Rechte.

17　　2. Gestellung. Der Bürge kann die Freigabe der Sicherheit dadurch erlangen, daß er innerhalb einer vom Gericht bestimmten Frist den Beschuldigten veranlaßt, sich dem Gericht zu stellen. Im Gegensatz zur Fluchtanzeige muß bei diesem Befreiungsgrund der Bürge mit dem Beschuldigten zusammenwirken. Die Vorschrift wird im allgemeinen so ausgelegt, daß die Fristsetzung — weil sich der Beschuldigte jederzeit stellen kann — überflüssig sei und daß sie auf Verfall oder Freiwerden der Sicherheit nicht einwirke[11]. Da weiter Übereinstimmung besteht, daß die Bestimmung dem Bürgen kein Recht gibt, den Beschuldigten gewaltsam vorzuführen oder die staatliche Gewalt dazu in Anspruch zu nehmen, ist es kaum geboten, die Grundlage des Freiwerdens in Absatz 1 zu suchen, wenn der Beschuldigte sich selbst zur Gestellung entschlossen hat, sie aber (so *Lobe/Alsberg* § 121, III 2 a) in Absatz 2 zu finden, wenn der Bürge seinen Entschluß herbeigeführt hat.

18　　Die Ansicht, auch für den hier behandelten Fall werde vorausgesetzt, daß die **Sicherheit noch nicht verfallen** sei (so *Eb. Schmidt* Nachtr. I 15, 16), ist nicht überzeugend[12]. In den Kommissionsverhandlungen hat der Regierungsvertreter ausgeführt: Die Vorschrift behandle den Fall, daß der Beschuldigte bereits aufgefordert worden sei, sich wieder einzufinden, dieser Aufforderung aber keine Folge geleistet habe. Solchenfalls wäre eigentlich, streng genommen, die **Sicherheit bereits verfallen.** Aus besonderer Rücksicht gegen den Bürgen werde ihm aber noch eine Frist gesetzt, innerhalb deren er die Gestellung bewirken könne (*Hahn* Mat. 1 678).

19　　In der Tat kann der Fall, daß der Bürge die Gestellung des Beschuldigten bewirkt, nachdem ihm das Gericht dazu eine Frist gesetzt hat, nicht anders ausgelegt werden, als daß der bereits eingetretene **Verfall** der Bürgensicherheit nachträglich **wieder aufgehoben** wird. Bei der jetzt meist gewählten Auslegung ist die Fristsetzung sinnlos und die ganze Bestimmung ohne Inhalt, weil der Fall der Gestellung schon von Absatz 1 erfaßt wird. Sinnlose Vorschriften sind dem Gesetzgeber aber nicht zu unterstel-

---

[10] OLG Hamburg Rpfleger **1962** 220; KMR-*Müller* 7.

[11] OLG Hamburg GA **37** (1889) 225; OLG

Hamm NJW **1972** 784; KK-*Boujong* 9; KMR-*Müller* 8.

[12] OLG Hamm NJW **1972** 784; KK-*Boujong* 9; *Kleinknecht/Meyer* 5.

len. Das Gemeinte, daß eine („eigentlich", „streng genommen") bereits verfallene Sicherheit nachträglich doch wieder frei „gegeben" wird („kann die Freigabe ... erlangen"), ist dem Gesetzestext auch zu entnehmen, zumal wenn man den verschiedenen Wortlaut der beiden Absätze (Die Sicherheit wird frei — Wer Sicherheit geleistet hat, kann deren Freigabe erlangen) berücksichtigt. Die Vorschrift ist auch allein bei der hier getroffenen Auslegung[13] **sinnvoll**: Der Beschuldigte ist dem Bürgen durch seine Ehre verpflichtet. Ist er der Versuchung erlegen, die Freiheit über die Ehre zu stellen, kann der Appell dessen, der ihm vertraut hat, noch am ehesten seine Umkehr bewirken. Dieses Verhältnis zwischen Bürgen und Beschuldigten benutzt der Staat, um Gewalt über den Beschuldigten zu erlangen, und er opfert dafür die bereits verfallene Sicherheit. Denn nicht an dieser, sondern nur an dem Beschuldigten selbst ist ihm gelegen.

3. Fluchtanzeige. Die Sicherheit wird auch frei, wenn der Bürge rechtzeitig Tatsa- **20** chen anzeigt, die den Verdacht begründen, daß der Beschuldigte zu fliehen beabsichtige. Wieweit die Tatsachen glaubhaft gemacht sein müssen und an wen die Anzeige zu richten ist, sagt das Gesetz nicht. Beides ist zu untersuchen, wenn im Falle einer erfolglosen Anzeige geprüft wird, ob die Anzeige rechtzeitig war. **Rechtzeitig** ist die Anzeige, die dazu führt, daß der Beschuldigte an der Flucht gehindert werden kann, wenn die beteiligten Behörden unverzüglich und sachgemäß handeln. **Unverzüglich** heißt auch hier (§ 115, 9): ohne eine in der Sache nicht gerechtfertigte Verzögerung. Da der Richter einen von der Haft freigestellten Beschuldigten nur verhaften kann, wenn ihm der Verdacht der Flucht in einem hohen Grade wahrscheinlich (§ 112, 22) ist, gehen die Zeiten zu Lasten des Bürgen, die der Richter braucht, um durch Rückfragen, ggf. polizeiliche Ermittlungen, jene Wahrscheinlichkeit zu erlangen.

Zu Lasten des Bürgen ist auch die Zeit zu rechnen, die, wenn eine unzuständige **21** Stelle angegangen wird, benötigt wird, die zuständige zu ermitteln und dieser die Anzeige zuzuleiten[14]. Ziel der Anzeige ist die Anordnung der Verhaftung nach § 116 Abs. 4 Nr. 2 oder 3. Der dafür **zuständige Richter** ergibt sich aus § 126. Wenn der Beschuldigte ihn angeht, ist seine Anzeige in bezug auf die Auswahl des Adressaten rechtzeitig. Sie ist es, da der Bürge den Stand des Verfahrens und die wechselnden Zuständigkeiten nicht immer kennen wird, auch dann, wenn er den Richter benachrichtigt, bei dem er die Sicherheit geleistet hat. Auch in bezug auf die Möglichkeit, den Beschuldigten zu ergreifen, bevor er geflohen ist, muß die Anzeige so rechtzeitig sein, daß eine unverzüglich und sachgemäß arbeitende Behörde Erfolg erzielen kann. **Zufälligkeiten**, die die Verhaftung verhindern, wirken gegen den Bürgen; sie zeigen, daß die Anzeige nicht rechtzeitig war.

Bei der Anzeige einer beabsichtigten Flucht wird das Freiwerden der Sicherheit al- **22** lein in die **Initiative des Bürgen** gestellt. Er ist nicht darauf angewiesen, daß der Beschuldigte, der ihm gegenüber untreu zu werden droht, ihn unterstützt. Hat der Beschuldigte sich der Untersuchung oder dem Antritt einer Freiheitsstrafe schon entzogen, dann ist damit freilich die Sicherheit schon verfallen (§ 124 Abs. 1), und es kann allenfalls der in Rdn. 17 bis 19 behandelte Weg zur Befreiung des Bürgen führen. Ist aber die Anzeige vor einer beabsichtigten Flucht geeignet, die Verhaftung herbeizuführen, so wird die Sicherheit durch die Anzeige auch dann frei, wenn der Beschuldigte wegen Saumseligkeit der Behörden seine Flucht doch noch bewerkstelligen kann (OLG Dresden JW **1923**

---

[13] die mit der *Johns* (§§ 120 bis 122, II 2) und *Gerdings* (LV zu § 124, S. 18, dort auch Übersicht über die ältere Literatur) übereinstimmt. Zust. KMR-*Müller* 8; OLG Hamm GA **1972** 249; *Kleinknecht/Meyer* 5.

[14] KK-*Boujong* 10; KMR-*Müller* 9.

Günter Wendisch

420) oder wenn er trotz einer Flucht nicht verhaftet wird, nachdem er reuig zurückgekehrt ist. Hat der Bürge das Seine getan, braucht er kein erhöhtes Risiko mehr zu tragen.

III. Verfahren

23   **1. Maßnahmen.** Die Entscheidung über die Aufhebung der Maßnahmen ergeht, sobald die Voraussetzungen dafür eingetreten sind, von Amts wegen oder — und das wird im Verfahren die Regel sein — auf Antrag der Staatsanwaltschaft. Auf die Aufhebung der Maßnahmen ist von Gericht und Staatsanwaltschaft besonders dann zu achten, wenn Polizeidienststellen mit Kontrollmaßnahmen beauftragt worden sind. Auch der **Beschuldigte** ist antragsberechtigt, wenn er auch in der Regel wenig Interesse an der Aufhebung haben wird. Denn wenn er den Pflichten nicht nachkommt und sich den Beschränkungen nicht fügt, kann das für ihn keine nachteiligen Folgen haben. Nur im Fall des § 116 Abs. 3 (Verlassen der Wohnung nur unter der Aufsicht eines anderen) oder von ähnlichen Maßnahmen wird er, wenn der Haftbefehl aufgehoben ist, Anträge stellen.

24   **2. Sicherheitsleistung.** Mit dem Ereignis, das die Sicherheit frei macht, tritt die Folge, das Freiwerden, kraft Gesetzes ein (OLG Hamburg GA 37 [1889] 224; Bay. ObLGSt 7 [1908] 330); ein dahingehender Gerichtsbeschluß hat nur deklaratorische Bedeutung[15]. Die Sicherheit wird endgültig frei. Später eintretende Verfallgründe (§ 124 Abs. 1) heben die Freiheit selbst dann nicht wieder auf, wenn die frei gewordene Sicherheit noch nicht herausgegeben ist. Kommt es auf eine **Handlung des Bürgen** an (Absatz 3), so macht diese nur die Sicherheit des Handelnden frei, nicht auch die eines weiteren Bürgen oder des Beschuldigten.

25   Wird auch die Sicherheit von Rechts wegen frei, so ist damit dem Beschuldigten oder dem Bürgen noch nicht gedient. Daher muß das Freiwerden in der Regel durch eine **Entscheidung festgestellt** werden[16]. Die Entscheidungen ergehen in der Regel von Amts wegen, bei Anzeige des Bürgen (Absatz 3) grundsätzlich auf **Antrag.** In diesem hat der **Bürge** darzulegen, daß der begründete Verdacht der Fluchtabsicht bestanden hatte. Das Gericht hat das und die Rechtzeitigkeit der Anzeige nachzuprüfen. In diesem Fall kann das Gericht dahin entscheiden, daß die Sicherheit nicht frei geworden sei, ohne daß es gleichzeitig die Sicherheit für verfallen erklärt. Das ist der Fall, wenn das Gericht verneint, daß ein begründeter Fluchtverdacht vorgelegen habe. In allen anderen Fällen kann das Gericht nur entweder das Freiwerden der Sicherheit feststellen oder, wenn es den Ausspruch des Verfalls erwägt, das **Verfahren nach § 124 Abs. 2** einleiten. Das muß es tun, wenn die Staatsanwaltschaft beantragt, die Sicherheit für verfallen zu erklären. Wegen der Zuständigkeit des Gerichts s. § 126.

26   Als **Folge** des Freiwerdens muß die Stelle, der die Verfahrensherrschaft zusteht, die Verwahrung oder sonstige Verstrickung lösen, auf Empfangsbefugnisse (vgl. § 116 a, 6) verzichten, die Löschung einer Grundschuld bewilligen usw. Die Sicherheit ist dem zurückzugeben oder zurückzuübertragen, der sie bestellt hat, doch sind inzwischen begründete Rechte Dritter zu beachten. Erkennt sie der Hinterleger nicht an und liegt kein Überweisungsbeschluß vor, ist dem, der einen Anspruch glaubhaft macht, eine Frist zu stellen, damit er eine gerichtliche Entscheidung darüber herbeiführen

---

[15] *Eb. Schmidt* Nachtr. I 9; KK-*Boujong* 1; KMR-*Müller* 1.
[16] OLG Stuttgart MDR **1984** 164; KK-*Bou-*

jong 7; vgl. auch OLG Frankfurt NJW **1983** 295.

kann, daß er zum Empfang der Sicherheit befugt ist[17]. Tut er das nicht, erhält die Sicherheit, wer sie geleistet hat. Als Rechte Dritter können auch solche der Gerichtskasse in Betracht kommen; in diesem Fall wird regelmäßig ein Überweisungsbeschluß vorliegen (§ 111 d; §§ 930, 804, 829, 835 ZPO).

Steht dem **Gericht** die Verfahrensherrschaft zu, hat es zugleich mit der Feststellung, daß die Sicherheit frei geworden ist, deren Freigabe anzuordnen. Es kann sich auch ohne die deklaratorische Feststellung des Freiwerdens damit begnügen, sie freizugeben. Steht die Verfahrensherrschaft der **Staatsanwaltschaft** zu, muß sich das Gericht umgekehrt auf den Ausspruch beschränken, daß die Sicherheit frei geworden ist. Die Freigabe ist Sache der Staatsanwaltschaft. Diese braucht, da die Sicherheit kraft Gesetzes frei geworden ist, zur Freigabe keine — deklaratorische — gerichtliche Entscheidung herbeizuführen (so aber KMR-*Müller* 10). **27**

3. Beschwerde. Gegen die gerichtliche Entscheidung, daß eine Maßnahme aufgehoben oder eine Sicherheit frei geworden ist, steht der Staatsanwaltschaft, gegen eine verneinende Entscheidung der Staatsanwaltschaft, dem Beschuldigten und ggf. dem Bürgen, sofern die Entscheidung nicht von einem, auch einem erstinstanzlich entscheidenden, Strafsenat ergangen ist (§ 304 Abs. 4), die Beschwerde zu (§ 304 Abs. 1), auch wenn ein erkennendes Gericht die Entscheidung erlassen hat (§ 305 Satz 2). Hatte die Staatsanwaltschaft indessen beantragt, eine Sicherheit für verfallen zu erklären, oder hatte das Gericht den Ausspruch des Verfalls erwogen, so richten sich das Verfahren und die (sofortige) Beschwerde nach § 124 Abs. 2. **28**

Weitere Beschwerde (§ 310 Abs. 1) der bei Aufhebung von Maßnahmen und Freigabe einer Sicherheit allein beschwerten Staatsanwaltschaft ist unstatthaft, weil die in Rede stehenden Entscheidungen nicht die Verhaftung, die Freiheitsentziehung selbst, betreffen. Wegen des Ausschlusses der weiteren Beschwerde bei Verfall der Sicherheitsleistung s. § 124, 47. **29**

§ 124

(1) **Eine noch nicht frei gewordene Sicherheit verfällt der Staatskasse, wenn der Beschuldigte sich der Untersuchung oder dem Antritt der erkannten Freiheitsstrafe oder freiheitsentziehenden Maßregel der Besserung und Sicherung entzieht.**

(2) **[1]Vor der Entscheidung sind der Beschuldigte sowie derjenige, welcher für den Beschuldigten Sicherheit geleistet hat, zu einer Erklärung aufzufordern. [2]Gegen die Entscheidung steht ihnen nur die sofortige Beschwerde zu. [3]Vor der Entscheidung über die Beschwerde ist ihnen und der Staatsanwaltschaft Gelegenheit zur mündlichen Begründung ihrer Anträge sowie zur Erörterung über durchgeführte Ermittlungen zu geben.**

(3) **Die den Verfall aussprechende Entscheidung hat gegen denjenigen, welcher für den Beschuldigten Sicherheit geleistet hat, die Wirkungen eines von dem Zivilrichter erlassenen, für vorläufig vollstreckbar erklärten Endurteils und nach Ablauf der Beschwerdefrist die Wirkungen eines rechtskräftigen Zivilendurteils.**

Schrifttum. *Gerding* Der Verfall einer noch nicht freigewordenen Sicherheit im deutschen Strafprozeß, Diss. Jena 1907.

---

[17] OLG Frankfurt NJW **1983** 295; OLG Stuttgart MDR **1984** 164; KK-*Boujong* 7; *Kleinknecht/Janischowsky* 212.

Günter Wendisch

Entstehungsgeschichte. Die Fassung entstammt Art. 1 Nr. 1 StPÄG 1964. Sie stimmt inhaltlich mit dem früheren § 122 überein mit der Änderung, daß die Sicherheit auch verfällt, wenn der Beschuldigte sich dem Antritt einer freiheitsentziehenden Maßregel der Besserung und Sicherung (früher: dem Antritt der erkannten Freiheitsstrafe) entzieht. Eine geringe sprachliche Änderung enthält Art. 21 Nr. 33 EGStGB 1974. Bezeichnung bis 1965: § 122.

I. Freiwerden

1　　Die Sicherheit kann nur dann (noch) verfallen, wenn sie nicht schon frei geworden ist (OLG Hamburg DRiZ **1928** 975). Ob das der Fall ist, hat das Gericht nach § 123 zu prüfen. Da keiner der Verfallgründe denkgesetzlich den Vorrang vor den Befreiungsgründen hat, sind für die Frage nach dem Schicksal der Sicherheit alle Umstände zu prüfen, die dazu führen können, daß sie frei wird oder daß sie verfällt. Die Entscheidung ist dann nach dem für die §§ 123, 124 erheblichen Ereignis zu treffen, das am frühesten eingetreten ist. Sowohl die Worte „noch nicht verfallen" in § 123 Abs. 2 als auch die „noch nicht frei geworden" in Absatz 1 sind, weil selbstverständlich, entbehrlich (*John* 883).

II. Verfall (Absatz 1)

1. Untersuchung

2　　**a) Begriff.** Nach dem ersten der beiden angegebenen Gründe verfällt die Sicherheit, wenn sich der Beschuldigte der Untersuchung entzieht. Untersuchung ist das **Strafverfahren** i. S. des § 112 Abs. 2 Nr. 2.

3　　**b)** Die Untersuchung **beginnt** mit der Anzeige oder dem Strafantrag (§ 158 Abs. 1) oder mit Ermittlungen von Amts wegen (§ 160 Abs. 1: „auf anderem Wege"). Diese beginnen mit dem sog. ersten Angriff, der in der Regel, besonders bei Alltagsdelikten, ein polizeilicher ist (§ 163 Abs. 1).

4　　**c)** Das Strafverfahren kann auf verschiedene Weise **enden**, wobei die Wirkung unterschiedlich ist und selbst bei gleicher Beendigungsart (Einstellung) verschiedene Wirkungen eintreten können.

Die **staatsanwaltschaftliche Einstellung** (§ 170 Abs. 2 Satz 1) beendet, ggf. nach er- **5** folglosem Anklageerzwingungsverfahren (§§ 172 ff), das Verfahren praktisch. Wenn es auch theoretisch jederzeit wieder aufgenommen werden kann, wird doch bei Einstellung nahezu ausnahmslos der Haftbefehl aufgehoben werden (§ 120, 19).

Wird das **Hauptverfahren nicht eröffnet** (§ 204 Abs. 1) oder — in anderer Fas- **6** sung — die Eröffnung des Hauptverfahrens abgelehnt (§ 210 Abs. 2), kann zwar die An- klage aufgrund neuer Tatsachen oder Beweismittel wieder aufgenommen werden (§ 211), doch muß, wenn das Hauptverfahren nicht eröffnet wird, der Haftbefehl aufge- hoben werden (§ 120 Abs. 1 Satz 2).

Wird das Verfahren wegen eines in der Person des Angeschuldigten liegenden **7** Hindernisses vom Gericht **vorläufig eingestellt** (§ 205 Satz 1), so wird es damit nicht beendet. Gerade in dieser Zeit können Verfallsgründe eintreten, wenn nicht die im Ge- setz als Hauptfall des Hindernisses aufgeführte Abwesenheit des Angeschuldigten die Sicherheit schon hat verfallen lassen. Das gleiche gilt, wenn die Staatsanwaltschaft das Verfahren nicht nach § 170 Abs. 2 Satz 1, sondern in entsprechender Anwendung des § 205 Satz 1 einstellt.

Dagegen beendet die **Einstellung** des Verfahrens wegen eines Verfahrenshinder- **8** nisses **nach Eröffnung** des Hauptverfahrens — sei es durch Beschluß (§ 206 a Abs. 1), sei es durch Urteil (§ 260 Abs. 3) — das Strafverfahren in der Regel, aber nicht stets. Das Verfahren endet, wenn ein Verfahrenshindernis nicht behebbar ist (Verjährung, Amne- stie, fehlender Strafantrag bei abgelaufener Antragsfrist), es dauert an, wenn das Hin- dernis (Mängel der Anklage, des Eröffnungsbeschlusses, des Strafantrags, Fehlen des Gerichtsstands) behebbar ist und in naher Zukunft behoben werden wird.

Der Hauptfall der Verfahrensbeendigung — mit der mehr theoretischen Mög- **9** lichkeit der Wiederaufnahme des Verfahrens (§§ 359 ff) — ist das rechtskräftige **Urteil.** Bis zur Rechtskraft, namentlich während der Rechtsmittelverfahren, läuft die Untersu- chung weiter. Als **Urteilsinhalt** kommt neben der schon behandelten Einstellung in er- ster Linie in Betracht: der Freispruch; die Verurteilung zu einer Strafe; die Anordnung einer Maßregel der Besserung und Sicherung. Weitere Möglichkeiten sind u. a. der Schuldspruch ohne Strafe, wenn das Gericht von Strafe absieht (Beispiel: § 60 Satz 1 StGB) oder den Täter für straffrei erklärt (Beispiele bei § 260); die Verwarnung mit Strafvorbehalt (§ 59 Abs. 1 StGB); die Folgen der Jugendstraftat (§ 5 JGG).

2. Freiheitsstrafen. Die Sicherheit verfällt weiter, wenn der Beschuldigte sich dem **10** Antritt der erkannten Freiheitsstrafe entzieht. **Freiheitsstrafe** ist die allgemeine Frei- heitsstrafe (§ 38, 39 StGB), die Jugendstrafe (§ 17 JGG) und der Strafarrest (§ 9 WStG), auf die in der Sache erkannt worden ist, in der der Vollzug der Untersuchungshaft gegen den Beschuldigten ausgesetzt worden ist (§ 116 Abs. 1 bis 3). **Jugendarrest,** auch in der Form des Dauerarrests (§ 16 JGG), ist ein Zuchtmittel (§ 13 Abs. 2 JGG) und keine Strafe, aber zuweilen wie eine Freiheitsstrafe zu behandeln. Wie bei § 123 (§ 123, 10) ist das auch hier der Fall. War ausnahmsweise (vgl. § 123, 10) in der Jugendsache, in der dann nur auf Jugendarrest erkannt worden ist, eine Sicherheit angenommen worden, muß auch die Konsequenz gezogen werden, daß sie verfällt, wenn der Jugendliche den Arrest nicht antritt. Stellt sich zufolge der Verurteilung heraus, daß die Sicherheit un- angemessen war, kann nach Rdn. 26, 27 verfahren werden.

Die **Ersatzfreiheitsstrafe** (§ 43 StGB) ist keine Freiheitsstrafe i. S. des Absatzes 1[1]. **11** Da die Ersatzfreiheitsstrafe an die Stelle einer Geldstrafe tritt, könnte der Begriff Frei-

---

[1] *John* § 117, 1 b; KK-*Boujong* 2; KMR-*Mül- ler* 3; *Kleinknecht/Janischowsky* 223; *Eb. Schmidt* § 116, 10; **a.A.** *Lobe/Alsberg* § 121, II 4; *Gerding* 35.

Günter Wendisch

heitsstrafe die Ersatzfreiheitsstrafe nur dann umfassen, wenn eine noch nicht frei geworden Sicherheitsleistung auch unter der Voraussetzung verfiele, daß sich der Beschuldigte der Vollstreckung einer Geldstrafe entzöge. Das ist indessen nicht der Fall (Rdn. 13).

12   **3. Freiheitsentziehende Maßregeln der Besserung und Sicherung** sind (§ 61 Nr. 1 bis 4 StGB) die Unterbringung in einem psychiatrischen Krankenhaus (§ 63 StGB), in einer Entziehungsanstalt (§ 64 StGB) und in der Sicherungsverwahrung (§ 66 StGB). Der **Sicherungsverwahrung** kann jedoch für den Verfall kaum Bedeutung zukommen. Denn sie kann nur neben einer Freiheitsstrafe verhängt (§ 66 Abs. 1 Satz 1 StGB) und nie vor der Freiheitsstrafe vollzogen werden (§ 67 Abs. 1 StGB). Daher wird regelmäßig die Sicherheitsleistung durch den vorherigen Vollzug der Freiheitsstrafe oder einer freiheitsentziehenden Maßregel der Besserung und Sicherung (§ 67 a Abs. 2 in Verb. mit Absatz 1 StGB) frei geworden (§ 123 Abs. 1 Nr. 2) oder deshalb verfallen sein, weil sich der Beschuldigte dem Vollzug der Freiheitsstrafe entzogen hatte.

13   **4. Die Geldstrafe** fällt nicht unter Absatz 1[2]. Wenn man § 124 zunächst beiseite läßt, ergibt sich aus § 112 als Zweck der Untersuchungshaft allein, das Strafverfahren zu sichern[3]. Das Strafverfahren endet, wenn das Urteil rechtskräftig wird. Von diesem Zeitpunkt an gibt es keine Untersuchungshaft mehr; Untersuchungshaft, die in diesem Zeitpunkt noch andauert, verwandelt sich, wenn im Urteil auf Freiheitsstrafe erkannt wird, in Strafhaft (§ 120, 35). Wird nur eine Geldstrafe ausgeworfen, ist der Haftbefehl aufzuheben (§ 120, 37). Wenn die Untersuchungshaft mit Rechtskraft des Urteils endet, das das Verfahren abschließt, kann der Vollzug des Haftbefehls von diesem Zeitpunkt an nicht mehr ausgesetzt werden, um mit weniger einschneidenden Maßnahmen den Zweck der — nicht mehr bestehenden — Untersuchungshaft zu erreichen (§ 116 Abs. 1 Satz 1). Kann er nicht ausgesetzt werden, können auch eine frühere Aussetzung und ihre Folgen nicht bestehen bleiben. Demzufolge müßte ohne Absatz 1 mit Rechtskraft des Urteils, d. h. mit dem Ende der Untersuchung, die Sicherheitsleistung als Surrogat der nicht mehr zulässigen Untersuchungshaft frei werden.

14   Die Anordnung in Absatz 1, daß die Sicherheitsleistung bis zum Antritt einer in dem Verfahren erkannten Freiheitsstrafe oder freiheitsentziehenden Maßregel der Besserung und Sicherung haftet, ist eine **Ausnahmevorschrift**. Das früher zuweilen gebrauchte Argument, daß § 113 die Untersuchungshaft auch für Straftaten zulasse, die nur mit Geldstrafe bedroht sind, ist — ohnehin nicht durchschlagend — hinfällig geworden, seitdem keine Straftaten mehr allein mit Geldstrafe bedroht sind (§ 113 Abs. 1). Zudem ist die Entscheidung des Gesetzgebers zweifelsfrei. Der Text spricht nicht von Strafen und Maßregeln, sondern ausdrücklich von **Freiheits**strafen und **freiheitsentziehenden** Maßregeln der Besserung und Sicherung.

15   **5. Entziehen.** Die Sicherheitsleistung ersetzt die Untersuchungshaft, sie soll dem Gericht die Lage sichern, die bei Untersuchungshaft bestände. Da die Untersuchungshaft der Verhinderung von Flucht und nicht der Bequemlichkeit des Gerichts dient, sind für den Zweck der Sicherheitsleistung die — zufälligen — Vorteile außer Betracht zu

---

[2] *Gerding* 32; KMR-*Müller* 3; *Eb. Schmidt* Nachtr. I § 116, 10; **a.A.** *Lobe/Alsberg* § 121, II 4.

[3] Anders *Gössel* GA **1978** 124, der aber die

hier gemachte Einschränkung „wenn man § 124 zunächst beiseite läßt" nicht berücksichtigt.

lassen, die sich durch die stete Anwesenheit eines verhafteten Beschuldigten ergeben. Danach sichert die Sicherheitsleistung das Verhalten eines Beschuldigten, der sich, ohne Fluchtabsichten zu hegen, für Gericht und Staatsanwaltschaft zur Verfügung hält, um Ladungen entgegenzunehmen und gerichtliche Gewalt zu dulden. Nur wer diese Lage für das Gericht verschlechtert, entzieht sich der „Untersuchung" (Rdn. 2), nicht aber, wer — wie dies auch sonst ein Beschuldigter tun kann — die nach den Prozeßvorschriften gebotene Mitwirkung verweigert und es auf gerichtlichen Zwang ankommen läßt, solange er sich nur diesem Zwang zur Verfügung hält.

Danach ist **Entziehen** das von dem Beschuldigten oder mit seinem Wissen von anderen vorgenommene Verhalten, das den vom Beschuldigten beabsichtigten, erkannten oder in Kauf genommenen Erfolg hat, den Fortgang des Verfahrens oder den Antritt der erkannten Freiheitsstrafe (Rdn. 10) oder freiheitsentziehenden Maßregeln der Besserung oder Sicherung (Rdn. 12) dauernd oder vorübergehend durch Aufheben der Bereitschaft zu verhindern, für Ladungen, Vollzugs- und Vollstreckungsmaßnahmen zur Verfügung zu stehen (§ 112, 35)[4]. Voraussetzung des Verfalls ist, daß sich der Beschuldigte der Untersuchung oder dem Antritt einer freiheitsentziehenden Sanktion — wirklich — entzieht. Deshalb reicht der **Versuch,** also die erfolglose Betätigung des Willens mit dem vorgestellten Zweck, nicht aus, den Verfall herbeizuführen[5]. Der Erfolg ist indessen nicht erst eingetreten, wenn der Beschuldigte tatsächlich vom Richter benötigt worden ist, sondern schon, wenn er für einen möglicherweise notwendig werdenden Zwang nicht zur Verfügung steht. Darauf, ob ein solcher notwendig wird, kommt es nicht an (OLG Braunschweig NJW **1964** 1485). **16**

Der Freiheitsstrafe oder freiheitsentziehenden Maßregeln kann sich der Beschuldigte erst entziehen, wenn auf sie **erkannt** ist. Wer jedoch vor dem Urteil flieht, um sich der Vollstreckung einer erst zu erkennenden Maßnahme zu entziehen, hat regelmäßig das Bewußtsein, sich zugleich dem Verfahren (der Untersuchung) zu entziehen (OLG Celle NJW **1957** 1203). **Kein Entziehen** ist bloßer Ungehorsam (Ausnahme: Rdn. 21), das Unterlassen, gemäß den Verfahrensvorschriften als Beschuldigter am Strafverfahren mitzuwirken[6]. **17**

6. Einzelfälle. Anstalten zur Flucht (§ 116 Abs. 4 Nr. 2) sind kein Entziehen[7]. Dasselbe gilt für das Ausbleiben auf ordnungsgemäße Ladung (§ 116 Abs. 4 Nr. 2), wenn es nur möglich bleibt, den Beschuldigten vorzuführen oder zu verhaften[8]. In jenen Fällen ist zwar anzuordnen, daß der Haftbefehl zu vollziehen ist (§ 116 Abs. 4). Aber die Sicherheit verfällt nicht, sie wird vielmehr durch die Inhaftierung frei (§ 123 Abs. 2 in Verb. mit Absatz 1 Nr. 2). Das Gesetz geht keinen Schritt weiter, als die Verfahrenssicherung gebietet. Demzufolge entzieht sich dem Verfahren nicht, wer bei bekannter Anschrift eine Meldepflicht verletzt (OLG München NJW **1947/48** 704) und liegt auch kein Ent- **18**

---

[4] BGHSt **23** 384; OLG Frankfurt NJW **1977** 1976; *Tiedemann* NJW **1977** 1978; *Eb. Schmidt* Nachtr. I 4; KK-*Boujong* 3.

[5] Beispiel: Der Beschuldigte veranlaßt, obwohl er seinen Wohnort nicht verläßt, die Post, seine Briefe an eine auswärtige Anschrift nachzusenden, kann aber gleichwohl ohne Schwierigkeiten zu einer Hauptverhandlung vorgeführt werden.

[6] KG GA **42** (1894) 147; OLG Celle GA **60** (1913) 483; OLG München NJW **1947/48** 704; **1958** 312; KK-*Boujong* 3.

[7] OLG Frankfurt NJW **1977** 1976 r. Sp.; KK-*Boujong* 3; KMR-*Müller* 2; *Kleinknecht/Meyer* 3.

[8] KG GA **42** (1894) 147; OLG Celle GA **60** (1913) 482: in beiden Fällen hatte sich der Beschuldigte verborgen gehalten; OLG München *Alsb.* E **1** 291: Beschuldigter hatte wiederholt den Aufenthalt auf Reisen ins Ausland nicht angegeben; OLG Hamburg DRiZ **1928** 975; KK-*Boujong* 3.

Günter Wendisch

ziehen vor, wenn ein in Auslieferungshaft genommener Ausländer den ihm bei Außer-vollzugsetzung des Auslieferungshaftbefehls gemachten Auflagen nicht nachkommt, sich regelmäßig bei der Polizei zu melden und jeden Wechsel seiner Wohnung oder sei-nes Aufenthaltsortes alsbald der Staatsanwaltschaft zu melden, sich vielmehr dem Rich-ter des ausländischen Staates stellt. Wer so verfährt, dem ist wohl Ungehorsam gegen die Auflagen, nicht aber ein Entziehen vorzuwerfen. Das liegt schon deshalb nicht vor, weil das Verhalten des Auszuliefernden den Fortgang des (ausländischen) Strafverfah-rens, zu dessen Sicherung der Auslieferungshaftbefehl ergangen ist, nicht verhindert, sondern erst herbeigeführt hat (OLG München NJW **1958** 312).

19 Der Beschuldigte **entzieht** sich dem Verfahren oder der Strafvollstreckung je-doch, wenn er sich verbirgt; wenn er verreist, ohne seinen Aufenthalt anzugeben u. ä., und wenn es dadurch unmöglich wird, die Gestellung zu erzwingen[9]; wenn er während eines Strafaufschubs flieht, in der Absicht, nach dessen Ablauf nicht zurückzukehren (OLG Colmar GA **39** [1891] 185); wenn er während der Hauptverhandlung entweicht, so daß nach § 231 Abs. 2 verfahren werden muß (OLG Celle NJW **1957** 1203); aber auch wenn der Verurteilte durch Täuschungsmanöver (unwahre Behauptung einer ärztlichen Behandlung) die Vollstreckungsbehörde davon abhält, Vollstreckungsmaßnahmen ein-zuleiten oder durchzuführen, um — wie vorgesehen — den stillschweigenden Aufschub für eine Reise zu nutzen[10].

20 Selbstmordgefahr begründet keinen Haftgrund nach § 112 Abs. 2 Nr. 2 (§ 112, 40). Demzufolge kann eine wegen des Haftgrunds der Fluchtgefahr geleistete Sicherheit nicht durch Selbstmord verfallen[11]. Zudem fällt beim erfolgreichen Selbstmord — der erfolglose ist als bloßer Versuch der Entziehung ohne Bedeutung (Rdn. 16) — die Ent-ziehungshandlung mit der Beendigung des Verfahrens so zusammen, daß ihr keine selb-ständige Bedeutung zukommt (OLG Dresden *Alsb.* E 1 293).

7. Sonstige Fälle

21 a) Ist die Sicherheit in bezug auf **andere Haftgründe** als Fluchtgefahr bestellt wor-den, verfällt sie, wenn der Beschuldigte der im Auflagenbeschluß angegebenen Auflage, deren Verletzung in dem Beschluß ausdrücklich mit dem Verfall der Sicherheit bedroht ist, zuwidergehandelt hat[12]. Wenn die Sicherheit nicht ausdrücklich auch wegen Fluchtgefahr geleistet worden ist, gilt Absatz 1 nicht.

22 b) Ist die Sicherheit zur Abwendung der **Ungehorsamshaft** (§ 230 Abs. 2, § 236; § 329 Abs. 4 Satz 1) angeordnet, verfällt sie, wenn der Angeklagte einer Ladung keine Folge leistet. Denn Zweck der Sicherheit ist in diesem Fall, weiteren Ungehorsam zu ver-hindern.

23 **8. Folge.** Tritt einer der vorgenannten Verfallgründe ein, dann verfällt die Sicher-heit von Rechts wegen; die Entscheidung nach Absatz 2 stellt den Verfall nur fest[13]. Mit dem Verfall wird eine verpfändete Sache **Eigentum des Landes,** tritt die Wirkung eines aufschiebend bedingten selbstschuldnerischen Zahlungsversprechens ein usw. Mit

[9] OLG München *Alsb.* E 1 291; KG GA **42** (1894) 147; OLG Celle GA **60** (1913) 482.

[10] OLG Düsseldorf NJW **1978** 1932 = GA **1979** 111; KK-*Boujong* 6; *Kleinknecht/Meyer* 3; enger KMR-*Müller* 3.

[11] OLG Hamburg GA **44** (1896) 176; KK-*Bou-jong* 4; KMR-*Müller* 2; *Kleinknecht/Meyer* 3.

[12] OLG Hamburg NJW **1966** 1329; KK-*Bou-*

jong 5; *Kleinknecht/Janischowsky* 200, 222; **a.A.** offenbar *Tiedemann* NJW **1977** 1977 sowie *Kleinknecht/Meyer* 3.

[13] OLG Hamburg GA **37** (1889) 224; Bay-ObLGSt **13** (1914) 356; OLG Celle GA **60** (1913) 482; KK-*Boujong* 7; *Kleinknecht/ Meyer* 1.

Rücksicht auf die rechtsgeschäftliche Bestellung der Sicherheit beantwortet sich die Frage, inwieweit das Land auch Eigentum an Gegenständen erwerben kann, die dem Beschuldigten oder dem „Bürgen" nicht gehören, nach den Bestimmungen des bürgerlichen Rechts über den Erwerb des Eigentums von Nichtberechtigten[14].

Die Sache verfällt dem **Land,** dessen Gerichte zur Zeit des Verfalls die **Herr-** **24** **schaft über das Verfahren** haben[15], auch wenn das Gericht eines anderen Landes oder der Ermittlungsrichter des Bundesgerichtshofs (§ 169 Abs. 1 Satz 2) den Haftbefehl erlassen hat. Denn mit der Übernahme ist das gesamte Verfahren mit seinen prozessualen Folgen auf das neue Gericht übergegangen. Die Verfahrensherrschaft, wenigstens in diesem Sinn, kommt nicht dem allein mit der rechtlichen Überprüfung befaßten (§ 337 Abs. 1) Revisionsgericht, also niemals dem Bundesgerichtshof, zu, sondern dem Gericht, dessen Urteil angefochten ist (vgl. § 126 Abs. 2 Satz 2). Mangels gesetzlicher Regelung (vgl. Art. 3 StaatsschStrafG) begründet es auch keine Ausnahme, wenn das Land Gerichtsbarkeit des Bundes ausübt (Art. 96 Abs. 5 GG; § 120 Abs. 6 GVG).

Der **Verfall** ist **endgültig.** Er bleibt daher bestehen, wenn der Beschuldigte sich **25** später stellt (OLG Colmar GA **39** [1891] 185; OLG Celle NJW **1957** 1203) oder wenn er verhaftet, freigesprochen, außer Verfolgung gesetzt oder nur zu einer Geldstrafe verurteilt wird. Die einzige Ausnahme von der Endgültigkeit des Verfalls bildet die nachträgliche Freigabe nach der vom Bürgen bewirkten Gestellung eines Beschuldigten, der sich dem Verfahren oder der Strafverfolgung entzogen und damit den Verfall der Sicherheit herbeigeführt hatte (§ 123, 17 bis 19).

9. Erlaß. Die oberste Behörde der zuständigen Landesjustizverwaltung kann aus **26** Billigkeitsgründen die Sicherheit ganz oder teilweise erstatten. Grundsätzlich wird dazu kein Anlaß bestehen. Denn die Entlassung gegen Sicherheitsleistung ist ein Vertrauensbeweis, der nicht allein auf die Furcht vor dem Vermögensverlust, sondern auch auf die Ehre des Beschuldigten abstellt (§ 116 a, 10). Stellt dieser die Freiheit über Vermögen und Ehre, dann kann nicht nachträglich über den Anteil gehandelt werden, zu dem das staatliche Vertrauen nicht auf der Sicherheitsleistung, sondern auf dem Versprechen eines Ehrenmannes beruht hat.

Nur wenn die Sicherheitsleistung ersichtlich **außer jedem Verhältnis** zu dem **27** Fluchtreiz — der auch von der Höhe der zu erwartenden Strafe abhängt — gestanden hat, oder wenn außergewöhnliche Umstände (z. B. die Notwendigkeit, der im Auslande in Not geratenen Familie dort tätig zu helfen, wenn vom Inlande aus keine Möglichkeit dazu besteht) der nicht verwerfliche Antrieb zur Flucht gewesen sind, kann erwogen werden, die verfallene Sicherheit — und auch dann meist nur teilweise — zu erstatten. Voraussetzung wird dazu allerdings stets sein, daß sich der Geflohene wieder gestellt hat und daß ohne Beweisverlust das Urteil herbeigeführt werden konnte. Entzieht sich der Verurteilte dem **Antritt der** freiheitsentziehenden **Strafe** oder Maßregel, wird nur in äußersten Ausnahmefällen eine Erstattung in Betracht zu ziehen sein.

III. Verfahren (Absatz 2)

1. Gegenstand der Entscheidung. Das Gericht entscheidet darüber, ob die be- **28** stellte Sicherheit verfallen ist, nicht auch darüber, ob zu Recht verlangt werden durfte,

---

[14] A.A. – originärer Erwerb ohne Rücksicht, wer Eigentümer war – *Lobe/Alsberg* § 122, II Abs. 2; wie hier KK-*Boujong* 7.

[15] A.A. – Land, dessen Gericht den Haftbefehl

erlassen hat – *Lobe/Alsberg* § 122, II Abs. 2; Eb. Schmidt Nachtr. I 3; wie hier KK-*Boujong* 7.

Günter Wendisch

der Vollzug des Haftbefehls werde nur ausgesetzt, wenn eine angemessene Sicherheit geleistet werde (§ 116 Abs. 1 Nr. 4). Denn diese Entscheidung konnte der Beschuldigte durch Beschwerde prüfen lassen (§ 116, 36). Zwar erwächst die Entscheidung, weil keine sofortige Beschwerde gegeben ist, nicht in Rechtskraft. Doch entzieht die getrennte, jeweils anfechtbare Regelung nach § 116 und nach § 124 dem nach § 124 entscheidenden Gericht die Prüfung, ob die Voraussetzungen eines Haftbefehls bestanden hatten, als der Vollzug des Haftbefehls gegen Sicherheitsleistung ausgesetzt worden ist. Dagegen hat das Gericht zu prüfen, ob die Sicherheit wirksam bestellt worden ist.

29   Alsdann hat das Gericht festzustellen, ob sich der Beschuldigte der Untersuchung, dem Strafantritt oder dem Antritt einer freiheitsentziehenden Maßregel **entzogen** hat und ob nicht vorher die Sicherung schon frei geworden war (§ 123 Abs. 2) oder ob der Bürge nachträglich Befreiung erlangt hat (§ 123, 17 bis 19). Haben **verschiedene Personen** Sicherheit geleistet, kann die Entscheidung für jede von ihnen verschieden lauten, weil die Gründe des § 123 Abs. 2 nur dem zugute kommen, der im Sinn dieser Vorschrift gehandelt hat (§ 123, 24).

30   Die **Zuständigkeit** des zur Entscheidung berufenen Gerichts ergibt sich aus § 126. Bei welchem Gericht die Sicherheit bestellt worden ist, bleibt ohne Bedeutung. Wegen der Zuständigkeit für Entscheidungen, die nach Rechtskraft des Strafurteils ergehen, s. § 126, 42[16].

31   2. **Verteidiger.** Dem **Beschuldigten** kann, wenn die Sach- oder Rechtslage schwierig ist, ein Verteidiger bestellt werden (§ 140 Abs. 2). Da die Materie nur dürftig geregelt ist, kann es nicht überraschen, daß für den **Bürgen** Bestimmungen wegen der Prozeßkostenhilfe fehlen. Da die den Verfall aussprechende Entscheidung die Wirkungen eines Zivilurteils hat (Absatz 3), muß dem Bürgen auch der gleiche Schutz gewährt werden, auf den er in einem Zivilverfahren Anspruch hätte. Für die Prozeßkostenhilfe gelten daher dieselben Vorschriften wie in bürgerlichen Rechtsstreitigkeiten, nämlich die §§ 114 ff ZPO.

IV. Erste Instanz

32   1. **Voraussetzungen.** Die Entscheidung darf nur ergehen, nachdem der Beschuldigte und der Bürge zu einer Erklärung aufgefordert worden sind (OLG Düsseldorf OLGSt n. F. § 124 StPO, 2). **Bürge** ist nur, wer selbst Sicherheit geleistet hat, nicht wer dem Beschuldigten Vermögensstücke zur Verfügung gestellt hat, damit dieser Sicherheit leiste. Pfandgläubiger oder sonst Berechtigte sind nicht zu hören (BayObLGSt **10** [1911] 21; **34** [1935] 27). Ist der Beschuldigte, der selbst Sicherheit geleistet hatte, oder der Bürge **verstorben,** ist der Erbe zur Erklärung aufzufordern. Einem Zustellungsbevollmächtigten des Verstorbenen kann die Aufforderung nicht zugestellt werden, weil dessen Vollmacht mit dem Tode des Vollmachtgebers erloschen ist (BayObLGSt **21** [1922] 100).

33   In der **Aufforderung** ist eine Erklärungsfrist zu setzen. Die Aufforderung ist durch — ggf. auch öffentliche (§ 40; OLG Hamburg NJW **1962** 2363) — Zustellung **bekanntzumachen** (§ 35 Abs. 2 Satz 1); formlose Mitteilung (§ 35 Abs. 2 Satz 2) genügt nicht. Ist der **Aufenthalt** des Beschuldigten **unbekannt,** kann die Aufforderung einem Zustellungsbevollmächtigten zugestellt werden (Rdn. 35). Kann die Aufforderung weder

---

[16] Wenn in Beschwerdesachen die Oberlandesgerichte zuständig sind, entscheiden in Bayern diese und nicht das Bayerische Oberste

Landesgericht (BayObLGSt **1954** 119 = NJW **1955** 233).

dem Beschuldigten noch einem **Zustellungsbevollmächtigten** in der nach § 37 vorgeschriebenen Weise im Inland zugestellt werden, und erscheint eine Zustellung im Ausland unausführbar oder erfolglos, ist nach § 40 (öffentliche Zustellung) zu verfahren.

Die vorgenannten Aufforderungen sind **Entscheidungsvoraussetzungen. Zusätzlich 34**
ist nach § 33 Abs. 2 die **Staatsanwaltschaft** zu hören. Die **Erklärungen** können schriftlich
oder zu Protokoll der Geschäftsstelle des zuständigen oder jedes Gerichts abgegeben
werden. Das Gericht muß, ehe es entscheidet, warten, bis die Erklärungsfrist abgelaufen
ist. Es hat auch die Erklärungen zu berücksichtigen, die nach diesem Zeitpunkt, aber
vor der Entscheidung eingegangen sind.

2. Zustellungsbevollmächtigter. Für die Zustellung an einen Zustellungsbevoll- **35**
mächtigten (§ 116 a, 14) ist es gleichgültig, ob dieser nach § 116 a Abs. 3 oder zwar ohne
die Verpflichtung dieser Vorschrift, aber doch ausdrücklich als Zustellungsempfänger
bestellt worden ist (§ 37, 39). Im letzten Falle ist es Sache des Zustellungsbevollmächtigten, seine Vollmacht niederzulegen, wenn er den Aufenthalt des Beschuldigten nicht
kennt und keine Information für die Erklärung nach Absatz 2 Satz 1 erhalten hat.
Daher reicht es für Zustellungen an den abwesenden Beschuldigten **nicht** aus, daß ein
Verteidiger nach § 145 a Abs. 1 als **ermächtigt gilt**, Zustellungen für ihn in Empfang zu
nehmen. Denn er kann sich der Zustellungsvollmacht nicht entledigen.

Die Auffassung des Oberlandesgerichts Hamburg (NJW **1962** 2363), eine allge- **36**
meine Zustellungsvollmacht genüge nicht, vielmehr sei stets eine nach § 116 a Abs. 3 erteilte **(besondere) Vollmacht** erforderlich, entbehrt der gesetzlichen Grundlage. Für die
abgelehnte Ansicht könnte allerdings sprechen, daß nach § 116 a Abs. 3 nur dann ein Zustellungsbevollmächtigter bestellt werden muß, wenn der Haftvollzug gegen Sicherheitsleistung ausgesetzt wird, nicht aber in den sonstigen Fällen des § 116 Abs. 1, obwohl es
auch dort, wenn auch in wenigen Fällen, ebenso dringend sein kann, die Zustellungs-
möglichkeit sicherzustellen, wie im Falle des § 116 Abs. 1 Nr. 4. Der Gesetzesstand ist indessen historisch zu erklären: Bis zum 3. StrÄndG konnte der Beschuldigte mit dem
Vollzug der Untersuchungshaft nur gegen Sicherheitsleistung verschont werden. Als
§ 117 (jetzt 116) später erweitert wurde, ist § 119 (jetzt 116 a Abs. 3) — wohl versehentlich — nicht ausdrücklich angepaßt worden; doch ist die Anweisung, einen Zustellungsbevollmächtigten zu bestellen, nach § 116 Abs. 1 Satz 1 jederzeit möglich.

Der **Sinn** der Forderung, wer nicht im Inland wohne, müsse einen Zustellungsbe- **37**
vollmächtigten bestellen, ist von jeher in erster Linie gewesen, daß sich der Beschuldigte
nicht Ladungen entziehen und das Verfahren verschleppen dürfe, und erst in zweiter
Linie die Sorge, er könne sonst „durch scheinbar berechtigte Vorwände den Verfall der
. . . Sicherheit . . . hintertreiben" (Mot. *Hahn* 1 134), wobei ohnehin nicht einzusehen ist,
wie diese Sorge vermindert wird, wenn ein Bevollmächtigter Zustellungen entgegennimmt. Die flüchtige Redaktion kann nicht zu der Auffassung führen, die Zustellungsvollmacht des § 116 a Abs. 3 solle nicht allgemein die Zustellung sichern, sondern werde,
wie das Oberlandesgericht Hamburg meint, gerade im Hinblick auf die Vorschriften
über die Sicherheitsleistung erteilt. Vielmehr enthält § 116 a Abs. 3 nicht mehr als die
prozessuale Last, die dauernde Möglichkeit für Zustellungen zu schaffen; einen besonderen Inhalt, der es rechtfertigte, im Verfallverfahren nur die Zustellung an den nach
§ 116 a Abs. 3 Ermächtigten als wirksam anzusehen, hat die Zustellungsvollmacht aufgrund jener Vorschrift nicht. Ihr Unterschied zu einer sonstigen Zustellungsvollmacht
liegt allein darin, daß sie unkündbar ist (§ 116 a, 22).

3. Die Entscheidung ergeht als Beschluß im schriftlichen Verfahren, doch ist es **38**
zulässig, die Beteiligten mündlich zu hören. Der Beschluß ist, wenn er nicht von einem

Günter Wendisch

Strafsenat erlassen wird, mit Rechtsmittelbelehrung (§ 35 a) zu versehen und durch Zustellung (§ 35 Abs. 2 Satz 1) bekanntzumachen. Bei der Entscheidung eines Strafsenats genügt die formlose Mitteilung (§ 35 Abs. 2 Satz 2). Die Entscheidung **lautet** dahin, daß die Sicherheit der Staatskasse verfallen ist; daß die Sicherheit frei geworden ist; oder daß der Antrag der Staatsanwaltschaft, die Sicherheit für verfallen zu erklären, oder derjenige des Beschuldigten oder des Bürgen, ihr Freiwerden festzustellen, als unbegründet zurückgewiesen wird. Zu den letzteren Entscheidungen kommt es, wenn weder ein Entziehen noch ein Freiwerden festgestellt ist. In der Regel wird allerdings die Sicherheit entweder verfallen oder aber, wenn dies nicht der Fall ist, wegen Inhaftierung frei geworden sein. Wegen des Überganges des Eigentums und der Nutzungen ist der **Tag des Verfalls** anzugeben; wenn er nicht feststellbar ist, der Tag, an dem der Verfall frühestens eingetreten ist. Doch genügt es, wenn das Datum des Verfalls den Gründen zu entnehmen ist. In diesen (§ 34) ist auch der Grund des Verfalls mitzuteilen.

39   **4. Beschwerde.** Gegen die Entscheidung steht den Beteiligten (nur) die sofortige Beschwerde zu[17]. Ist die Entscheidung von einem Strafsenat, auch einem erstinstanzlich entscheidenden, erlassen worden, ist sie unanfechtbar (§ 304 Abs. 4). Die **Beteiligten** sind in Absatz 2 Satz 1 abschließend aufgeführt: der Beschuldigte sowie die, die für ihn Sicherheit geleistet haben (Rdn. 32). Dazu kommt noch die Staatsanwaltschaft (§ 296 Abs. 1). Der **Privatkläger** scheidet als Beschwerdeführer aus; denn in Privatklagesachen ist die Untersuchungshaft und damit die Sicherheitsleistung unstatthaft (vor § 112, 7; 8).

40   Daß die allein zugelassene Beschwerde eine **sofortige** (§ 311) ist, sagt das Gesetz nur für den Beschuldigten und den Bürgen. Die hieraus hergeleitete Ansicht, daß die Staatsanwaltschaft kein Beschwerderecht habe (OLG Königsberg *Alsb.* E 1 296), ist unhaltbar (OLG Celle GA **48** [1901] 151). Es ist aber auch undenkbar, daß der Staatsanwaltschaft nur die einfache Beschwerde zustehen sollte, weil sonst der Sinn der sofortigen Beschwerde, rasch zu einer abschließenden Regelung zu kommen, wieder aufgehoben würde. Daher ist auch die Beschwerde der Staatsanwaltschaft (§ 296) eine sofortige[18]. Die der Staatsanwaltschaft zustehende Beschwerde hat auch der **Nebenkläger** (§ 397 Abs. 1, § 390 Abs. 1 Satz 1). Hat das erste Gericht **nicht in der Sache entschieden,** sondern eine Entscheidung mangels Zuständigkeit abgelehnt, dann ist, weil die Entscheidung nicht den Verfall oder Nichtverfall der Sicherheit ausspricht, nicht die sofortige, sondern die einfache Beschwerde gegeben (BayObLGSt **28** [1929] 184).

V. Zweite Instanz

41   **1. Mündliche Verhandlung.** Das Verfahren in der Beschwerdeinstanz ist eine mündliche Verhandlung der Art, wie sie jetzt in § 118 a, § 138 d geregelt ist. Wenn entgegen der ursprünglichen Absicht (Mot. *Hahn* 2 1261, 1263) nicht von Verhandlung gesprochen worden ist, sollte damit nur vermieden werden, die Bestimmungen über die Hauptverhandlung, namentlich über die Anwesenheitspflicht, zu übernehmen (Mot. *Hahn* 2 1484). Zweck der Regelung soll sein, daß die Beteiligten und der Staatsanwalt gemeinschaftlich vorgeladen werden sollen, damit sie Gelegenheit haben, miteinander und mit dem Gericht die Sach- und Rechtslage, auch das Ergebnis etwaiger Ermittlungen, zu erörtern.

---

[17] Nicht etwa eine Klage vor dem Zivilgericht. KK-*Boujong* 11; *Kleinknecht/Meyer* 3.

[18] *Gerding* 59; *Eb. Schmidt* Nachtr. I 14;

KK-*Boujong* 11; KMR-*Müller* 9; *Kleinknecht/Meyer* 5.

Der Beschuldigte wird mündlich gehört zu dem Zweck, die Sache mit ihm zu **42** erörtern. Kann dieser Zweck deshalb nicht erfüllt werden, weil der Beschwerdeführer die **Beschwerdefrist versäumt** hat und seine Beschwerde daher als unzulässig verworfen werden muß, dann hat die mündliche Verhandlung zur Sache keinen Sinn; sie entfällt (OLG Neustadt JZ **1952** 663; vgl. auch OLG Düsseldorf OLGSt n. F. § 124, 3 StPO; **a. A.** *Niethammer* JZ **1952** 663). Hängt die Zulässigkeit aber davon ab, ob der Beschwerdeführer **Bürge** oder nur **Hintermann** ist, dann steht die Erörterung dieser Zulässigkeitsfrage einer Sacherörterung gleich, so daß darüber nur entschieden werden darf, nachdem mündlich verhandelt worden ist oder die Beteiligten die ihnen dazu gegebene Gelegenheit nicht wahrgenommen haben.

Nähere Vorschriften für das **Verfahren** bei der mündlichen Verhandlung fehlen. **43** Danach ist es weitgehend dem Gericht überlassen, wie es die Verhandlung ausgestalten will. Es hat dabei indessen gewisse allgemeine Grundsätze zu beachten; diese sind der Strafprozeßordnung, namentlich den Vorschriften über die Hauptverhandlung und dem § 118 a zu entnehmen. Nach diesen Grundsätzen wird sich die mündliche Verhandlung im allgemeinen folgendermaßen abwickeln:

2. Verfahren. Das Gericht stellt, soweit das Aktenmaterial nicht ausreicht, Ermitt- **44** lungen an. Der Vorsitzende bestimmt den Termin zur mündlichen Verhandlung und benachrichtigt hiervon den Beschuldigten, seinen Verteidiger, den Bürgen und die Staatsanwaltschaft, gleichviel wer von ihnen Beschwerde eingelegt hat. Da die Beteiligten **nicht** zum Erscheinen verpflichtet sind, scheidet die Form der **Ladung** (§ 214) aus, doch ist die Zustellung (§ 35 Abs. 2 Satz 1) angebracht. Formlose Mitteilung (§ 35 Abs. 2 Satz 2) genügt in der Regel nicht, weil es Sachentscheidungsvoraussetzung ist, daß der Beschuldigte, der „Bürge" und die Staatsanwaltschaft Gelegenheit erhalten hatten, ihre Anträge mündlich zu begründen und das Ermittlungsergebnis zu erörtern. Das muß in der mündlichen Verhandlung nachweisbar sein.

Befindet sich der Beschuldigte **nicht auf freiem Fuß** (§ 35, 33; 34), ist er, auch **45** wenn er sich auswärts in Haft befindet, vorzuführen, wenn er nicht darauf verzichtet. Nur so kann er sein Recht wahrnehmen, seine Anträge mündlich zu begründen[19]. § 350 Abs. 2 Satz 2 regelt kein vergleichbares Verhältnis, so daß die Vorschrift nicht entsprechend angewendet werden kann. Weniger Bedenken bestünden, § 118 a Abs. 2 entsprechend anzuwenden (*Eb. Schmidt* § 122, 12); denn dadurch würde erzielt, daß die Rechte des abwesenden Beschuldigten ein Verteidiger wahrnimmt (§ 118 Abs. 2 Satz 2 bis 4). Es ist aber unzulässig, einen neuen Fall der notwendigen Verteidigung allein im Weg der Auslegung zu schaffen. Dazu ist eine gesetzliche Anordnung erforderlich, wie ja auch alle Fälle der notwendigen Verteidigung allein auf gesetzlichen Bestimmungen beruhen.

3. Termin. Das Gericht verhandelt in nichtöffentlicher Sitzung in Beschlußbeset- **46** zung. Die Verhandlung findet statt, gleichviel ob die Beteiligten sich erklärt haben und erschienen sind oder ob sie Erklärungen unterlassen haben und ausgeblieben sind[20]. Da sie nicht zu erscheinen brauchen, können sie sich vertreten lassen, der Beschuldigte durch einen Verteidiger (vgl. RGSt **9** 80), der Bürge durch einen Rechtsanwalt. Die **Staatsanwaltschaft** braucht sich nicht zu beteiligen, sollte es aber tun, weil sie nur auf-

---

[19] *Gerding* 69; *Feisenberger* § 122, 6; **a.A.** – kein Recht auf Vorführung zum Termin – *Hartung* § 122, 9; *Kleinknecht/Meyer* 6.

[20] Weitergehend KK-*Boujong* 12; KMR-*Mül-* *ler* 10; *Kleinknecht/Meyer* 6, die sämtlich von einem Verzicht auf mündliche Verhandlung ausgehen mit der Folge, daß diese dann unterbleibt.

Günter Wendisch

grund der mündlichen Verhandlung, deren Verlauf sie nicht sicher voraussehen kann, in der Lage ist, sachgemäß Anträge zu stellen. Das Gericht kann **Zeugen** und Sachverständige vernehmen. § 250 gilt indessen nicht; das Gericht kann vielmehr den Akteninhalt vortragen. Werden weitere Ermittlungen erforderlich, so ist nach deren Abschluß erneut mündlich zu verhandeln; die Beteiligten müssen stets Gelegenheit haben, ihr Ergebnis mündlich zu erörtern (*Gerding* 67). An der **mündlichen Verhandlung** nimmt ein Urkundsbeamter der Geschäftsstelle teil. Er führt über sie ein Protokoll (§§ 271 bis 273); § 274 gilt nicht. Die Entscheidung ergeht als Beschluß aufgrund der mündlichen Verhandlung. Was in dieser nicht vorgetragen ist, darf das Gericht nicht berücksichtigen. Die Entscheidung ist nach Möglichkeit am Schluß der mündlichen Verhandlung zu verkünden, sonst baldmöglich schriftlich zu erlassen. Wegen des Inhalts s. Rdn. 38, wegen der Bekanntmachung § 35.

47   **4. Weitere Beschwerde** ist nicht statthaft (§ 310). Das wäre sie nur, wenn Gegenstand der Entscheidung „die Verhaftung" wäre. Darunter ist nun zwar nicht nur die Anordnung der Untersuchungshaft zu verstehen, sondern alles, was sich auf den Entzug der persönlichen Freiheit selbst (OLG Celle NJW **1957** 393) — nicht auf die Modalitäten dieses Entzugs (OLG Nürnberg HESt **2** 87) — bezieht. Hier aber ist Gegenstand der Entscheidung nicht der Freiheitsentzug, sondern das Schicksal der Sicherheitsleistung[21].

VI. Wirkung (Absatz 3)

48   Die redaktionell unglücklich abgefaßte Vorschrift hat folgenden Sinn: Die strafgerichtliche Entscheidung steht, falls sie nicht oder nicht mehr anfechtbar ist, dem rechtskräftigen Zivilendurteil gleich, in den anderen Fällen — wenn sie noch anfechtbar ist oder wenn sie zulässigerweise angefochten, aber über die Anfechtung noch nicht entschieden ist — dem für vorläufig vollstreckbar erklärten Zivilendurteil. Danach ist die rechtskräftige Entscheidung des Strafrichters endgültig. Der Weg des Zivilprozesses ist zwischen dem, der die Sicherheit im eigenen Namen geleistet hat, und dem Staat ausgeschlossen (BayObLGSt **28** [1929] 185). Die Vorschrift legt der Entscheidung die angegebene Wirkung nur dann bei, wenn sie den Verfall ausspricht, und demzufolge nur im **Verhältnis vom Staat zum Bürgen.**

49   Es unterliegt keinem Zweifel, daß das Verhältnis zwischen dem **Bürgen und dem Beschuldigten** und zwischen dem, der die Sicherheit geleistet hat, und einem, der ihm die Mittel dazu gegeben hat, von der Entscheidung unberührt bleibt[22]. Ohne Bedenken ist auch zu folgern, daß eine Entscheidung, die das Freiwerden der Sicherheit feststellt, für das Verhältnis dessen, der die Sicherheit geleistet hat, gegenüber dem Staat nicht die Wirkung eines Zivilurteils haben soll, obwohl der Grund dafür nicht auf der Hand liegt. Entweder hat der Staat, weil er die Wirkung des Verfalls sichern wollte, in erster Linie seine Interessen im Auge gehabt oder er hat darauf vertraut, daß die verwahrende Stelle dem Freigabeverlangen aufgrund der strafrichterlichen Entscheidung stets folgen werde, was in der Tat der Fall ist.

---

[21] OLG Königsberg JR **1928** 292; OLG Hamburg LZ **1929** 70; KG JW **1938** 314; OLG Karlsruhe Justiz **1963** 63; OLG Hamm NJW **1963** 1264; *Erbs* § 122, III; *Dallinger* § 112, 6; KK-*Boujong* 13; KMR-*Müller* 13; *Kleinknecht/Meyer* 5; **a. A.** BayObLG DRiZ **1926** 63; *Lobe/Alsberg* § 122, V. 4; *Hartung* § 122, 10; *Eb. Schmidt* Nachtr. I 17 und die gesamte ältere Literatur; Nachweis bei *Gerding* 72.
[22] OLG Stuttgart OLGSt § 124 StPO, 2; *Eb. Schmidt* Nachtr. I 18; KK-*Boujong* 14.

Zweifelhaft ist, ob „eine so singuläre Vorschrift, wie die des § 124 Abs. 3 weiter, **50** als ihr nächster Wortsinn es rechtfertigt, zulässigerweise angewendet werden darf" (*Voitus* Strafprozeßordnung [1877] 467), d. h. ob die Wirkung eines Zivilurteils auch im **Verhältnis des Staates zu dem Beschuldigten** eintritt, der selbst Sicherheit geleistet hat. Man muß die Frage gegen den Wortlaut des Gesetzes bejahen, weil nicht ersichtlich ist, warum die allgemein notwendige Wirkung auf das Verhältnis des Staates zum Bürgen beschränkt sein sollte[23]. Die Entscheidung erweitert, da sie nur **deklaratorischen Charakter** hat, die unter Rdn. 23 dargestellten Folgen nicht. Sie ermöglicht aber die Zwangsvollstreckung gegen den Bürgen, der ein Zahlungsversprechen abgegeben hatte, gestattet die zwangsweise Wegnahme von zur Sicherung übereigneten Gegenständen, die Zwangsversteigerung aus einer Grundschuld usw.

§ 125

(1) Vor Erhebung der öffentlichen Klage erläßt der Richter bei dem Amtsgericht, in dessen Bezirk ein Gerichtsstand begründet ist oder der Beschuldigte sich aufhält, auf Antrag der Staatsanwaltschaft oder, wenn ein Staatsanwalt nicht erreichbar und Gefahr im Verzug ist, von Amts wegen den Haftbefehl.

(2) [1]Nach Erhebung der öffentlichen Klage erläßt den Haftbefehl das Gericht, das mit der Sache befaßt ist, und, wenn Revision eingelegt ist, das Gericht, dessen Urteil angefochten ist. [2]In dringenden Fällen kann auch der Vorsitzende den Haftbefehl erlassen.

Entstehungsgeschichte. Früher regelte § 125 die Zuständigkeit zum Erlaß des Haftbefehls und für die Entscheidungen über die Untersuchungshaft vor Erhebung der öffentlichen Klage und § 124 diejenige nach ihrer Erhebung. Durch Art. 1 Nr. 1 StPÄG 1964 ist der Stoff auf die §§ 125 und 126 in der Weise verteilt worden, daß die erste Vorschrift die Zuständigkeit zum Erlaß des Haftbefehls, die andere diejenige für die späteren Entscheidungen über die Untersuchungshaft enthält. Die Worte „wenn ein Staatsanwalt nicht erreichbar" sind eingefügt durch Art. 3 Nr. 1 des 8. StRÄndG. Die Richterbezeichnung ist geändert durch Art. 1 Nr. 31 des 1. StVRG. Bezeichnung der Absätze 2 und 3 bis 1965: § 124 Abs. 1 bis 3.

1. Vor Erhebung der öffentlichen Klage (Absatz 1) ist zuständig, den Haftbefehl **1** zu erlassen, jeder Richter bei dem Amtsgericht, in dessen Bezirk ein Gerichtsstand (§§ 7 bis 13 a, 15) begründet ist. Die danach in Betracht kommenden Richter stehen zur Wahl des Staatsanwalts. Das ist, weil alle Richter der gleichen Instanz der Idee nach gleich befähigt und gleich unbefangen sind, unbedenklich; alle Richter sind der gesetzliche Richter. Daher ist der Staatsanwalt, wenn einer von ihnen seinen Antrag ablehnt, nicht gehindert, ihn bei einem anderen neu zu stellen. Allerdings sollte das vermieden werden.

In Sachen, die nach § 120 Abs. 1 und 2 GVG zur Zuständigkeit des Oberlandesge- **2** richts gehören, können auch der **Ermittlungsrichter** des Oberlandesgerichts und derjenige des Bundesgerichtshofs den Haftbefehl erlassen, weil sie die Geschäfte wahrnehmen können, die im vorbereitenden Verfahren dem Richter beim Amtsgericht obliegen (§ 169 Abs. 1). Auch diese Zuständigkeit besteht neben den vorgenannten und den in Rdn. 3 behandelten, jedoch sind, soweit irgend möglich, die genannten Ermittlungsrichter anzugehen.

---

[23] Ebenso *Eb. Schmidt* Nachtr. I 18; KK-*Boujong* 14.

Günter Wendisch

3   Eine **weitere Zuständigkeit** hat der Richter bei dem Amtsgericht, in dessen Bezirk sich der Beschuldigte — ohne daß dort für ihn ein Gerichtsstand gegeben ist —, wenn der Haftbefehl zu erlassen ist (OLG Hamm GA **1968** 343), tatsächlich **aufhält**, gleichviel ob für längere oder für kürzere Zeit oder auch, etwa auf der Durchfahrt in einem Kraftwagen, nur vorübergehend. Der Begriff umfaßt den des Betroffenwerdens (§ 125 Abs. 2 a. F.). Er ist deutlich abgegrenzt von dem des Ergriffenwerdens, der in § 9 dazu dient, einen Gerichtsstand zu begründen. Der Gegensatz zu diesem Begriff, der auf ein zeitliches Ereignis abstellt, zeigt, daß es für die aus dem Aufenthalt abgeleitete Zuständigkeit — anders als bei § 9 (§ 9, 3) — nicht darauf ankommt, wie der Beschuldigte dorthin gekommen ist, wo er sich in dem Augenblick befindet, in dem die Entscheidung des Richters über die Anordnung der Untersuchungshaft notwendig wird. Befindet sich der Beschuldigte in anderer Sache in Haft, so ist auch der Haftort der Aufenthaltsort (KK-*Boujong* 2; KMR-*Müller* 2). Auch wenn der Beschuldigte nicht dem Richter des Amtsgerichts, in dessen Bezirk er festgenommen (§ 128 Abs. 1 Satz 1) ist, sondern dem Richter bei dem Amtsgericht eines anderen Bezirks vorgeführt wird, hält er sich dort auf[1]. Auf der anderen Seite wird ein unzuständiger Richter nicht dadurch zuständig, daß der Beschuldigte aufgrund eines von diesem Richter erlassenen Haftbefehls später in dessen Bezirk verbracht wird (OLG Hamm GA **1968** 344 = JMBlNRW **1969** 167).

4   Da die Zuständigkeit dem Richter beim Amtsgericht beigelegt ist, ist bei Straftaten in der Hauptverhandlung (§ 183 GVG) das **verhandelnde Gericht** nicht zuständig, den Haftbefehl zu erlassen[2], falls nicht ein Richter beim Amtsgericht als Strafrichter verhandelt. Denn dieser ist auf jeden Fall deshalb zuständig, weil sich der Beschuldigte in seinem Bezirk aufhält; wegen des Antrags des Staatsanwalts s. Rdn. 7. Auch kann das Oberlandesgericht in dem Verfahren nach §§ 121, 122 den Haftbefehl nicht „erweitern", weil eine solche Erweiterung der Sache nach der Erlaß eines neuen Haftbefehls ist (§ 114, 59; OLG Hamm NJW **1975** 950).

5   Hat der Richter beim Amtsgericht abgelehnt, die Untersuchungshaft anzuordnen, dann erlangen die **mit** Beschwerde und weiterer **Beschwerde** (§ 114, 45 bis 50) **angegangenen Gerichte** die Zuständigkeit, den Haftbefehl zu erlassen.

6   Wird die öffentliche Klage erhoben, **erlischt** die Zuständigkeit des Richters bei dem in Absatz 1 genannten Richter beim Amtsgericht (OLG Oldenburg NJW **1957** 233) und damit für das Beschwerdeverfahren die Zuständigkeit der Gerichte, die diesem Richter übergeordnet sind, falls sie nicht zugleich über dem Gericht stehen, bei dem die Klage erhoben worden ist. Zuständig für Beschwerden werden diejenigen Gerichte, die dem nach § 126 Abs. 2 Satz 1 und 2 zuständigen Gericht als Beschwerdegericht übergeordnet sind (§ 114, 56 nebst Fußn. 25).

7   **2. Veranlassung der Entscheidung.** Hat die Staatsanwaltschaft die öffentliche Klage noch nicht erhoben, dürfen der Richter beim Amtsgericht und der Ermittlungsrichter des Bundesgerichtshofs oder des Oberlandesgerichts (§ 169 Abs. 1) die Untersuchungshaft grundsätzlich (Ausnahme Rdn. 8) nur **auf Antrag** — auch einer örtlich unzuständigen —[3] **der Staatsanwaltschaft** anordnen. In entsprechender Anwendung des § 120 Abs. 3 Satz 1 dürfen diese Richter über den Antrag der **Staatsanwaltschaft**, den Haftbefehl nur wegen bestimmter Taten zu erlassen (§ 114, 12), nicht hinausgehen. Sie können aber den Antrag ablehnen oder hinter ihm zurückbleiben, das letzte aber nur,

---

[1] BayObLGSt 30 (1929) 35 = JW **1930** 2971; OLG Celle NdsRpfl. **1956** 39; KK-*Boujong* 2.

[2] OLG Hamm NJW **1949** 191; *Eb. Schmidt* Nachtr. I 9; KK-*Boujong* 2; KMR-*Müller* 2.

[3] *Loh* MDR **1970** 812; KK-*Boujong* 6; KMR-*Müller* 3; *Kleinknecht/Meyer* 6; *Kleinknecht/Janischowsky* 147.

wenn sie wegen einer von mehreren Taten den dringenden Tatverdacht oder den Haftgrund verneinen, nicht — wie der Staatsanwalt — aus Gründen der Zweckmäßigkeit.

Ist **kein Staatsanwalt erreichbar** und außerdem Gefahr im Verzug, kann der Richter die Untersuchungshaft auch von Amts wegen anordnen, doch ist der Haftbefehl auf Antrag der Staatsanwaltschaft aufzuheben (§ 120 Abs. 3 Satz 1) oder in entsprechender Anwendung dieser Vorschrift auf von der Staatsanwaltschaft zu bestimmende Straftaten zu beschränken. **Gefahr im Verzug** liegt vor, wenn ohne das Handeln des Richters beim Amtsgericht die Verhaftung wegen der Unerreichbarkeit des Staatsanwalts in Frage gestellt würde oder wenn ein vorläufig Festgenommener (§ 127 Abs. 1 und 2) bei vorheriger Entschließung der Staatsanwaltschaft nicht unverzüglich, spätestens am Tag nach der Verhaftung, dem Richter vorgeführt werden könnte. Gefahr im Verzug **liegt nicht vor**, wenn der Staatsanwalt erreichbar ist, aber im Gegensatz zu der Auffassung des Richters gegen einen zur Flucht entschlossenen Beschuldigten keinen Antrag stellt, die Untersuchungshaft anzuordnen, etwa weil er die Tat nicht für strafbar hält oder weil er weiß, daß ein für die Strafverfolgung notwendiger Strafantrag nicht gestellt werden wird[4].

8

Absatz 1 gilt unabhängig davon, ob der Beschuldigte bei der richterlichen Entscheidung noch **frei oder** nach § 127 Abs. 1 und 2 vorläufig **festgenommen** ist.

9

3. Nach Erhebung der öffentlichen Klage (Absatz 2) erläßt den Haftbefehl das mit der Sache befaßte Gericht. Die Notwendigkeit (Rdn. 7) eines Antrags der Staatsanwaltschaft entfällt, weil die Verfahrensherrschaft mit der öffentlichen Klage auf das Gericht übergegangen ist. Erhebung der öffentlichen Klage (§ 170 Abs. 1; vgl. auch § 151, § 152 Abs. 1) sind die Anklageschrift (§ 199 Abs. 2, § 200), die Nachtragsanklage (§ 266 Abs. 2), der Antrag auf Erlaß eines Strafbefehls (§ 408 Abs. 1 Satz 1) und — die Klage ersetzend — der Antrag des Finanzamts (Hauptzollamts) auf Erlaß eines Strafbefehls (§ 400 erster Fall AO). Die Vorschrift ist entsprechend anzuwenden auf den Antrag im Sicherungsverfahren (§ 414 Abs. 1). Im **beschleunigten Verfahren** wird die Anklage entweder durch Einreichen einer Anklageschrift oder in der Hauptverhandlung mündlich erhoben (§ 212 a Abs. 2). Im letzten Fall wird nach dem Grundsatz, daß das sachnächste Gericht entscheiden soll, die Zuständigkeit des angerufenen Gerichts nicht erst mit der mündlichen Anklage, sondern schon mit dem Antrag begründet, die Sache im beschleunigten Verfahren abzuurteilen (§ 212). Im **Haftverfahren** ist Hauptfall der öffentlichen Klage die Anklageschrift. Auch die Anklage im beschleunigten Verfahren kann bedeutsam werden; die anderen Anklageformen spielen dagegen nur eine untergeordnete Rolle.

10

Mit der Sache **befaßt** ist das Gericht, das nach der Prozeßlage Herr des Verfahrens ist, mit anderen Worten dasjenige Gericht, das dem Beschuldigten, der Sache und den Akten am nächsten ist, das sachnächste Gericht, wenn es (als erstinstanzliches oder als Berufungsgericht) zuständig ist, in der Strafsache selbst zu entscheiden. Gelangt die Sache, bevor das Hauptverfahren eröffnet ist, mit Beschwerde (etwa gegen einen Beschluß, der die Ablehnung eines Richters für unbegründet erklärt) an ein höheres Gericht, ist das Beschwerdegericht nicht mit der Sache befaßt. Das gilt auch, wenn gegen Entscheidungen des erkennenden Gerichts entgegen § 305 Satz 1 Beschwerde zulässig ist (§ 305 Satz 2) und eingelegt wird. Die Sachherrschaft des ersten Gerichts endet, nachdem die des Berufungsgerichts begründet ist.

11

---

[4] *Krauth/Kurfeß/Wulf* JZ **1968** 737; KK-*Boujong* 7; *Kleinknecht/Meyer* 7.

Günter Wendisch

12   Das **Berufungsgericht** wird erst zuständig, wenn die Akten bei ihm eingegangen sind; bis dahin kann das erste Gericht die Akten zurückfordern und damit seine Sachherrschaft weiter ausüben; das Berufungsgericht dagegen kann eine ihm künftig erwachsende Herrschaft nicht vorwegnehmen. Daher endet die Zuständigkeit des Gerichts erster Instanz nicht schon dann, wenn bei ihm Berufung eingelegt wird[5]. Weil das **Revisionsgericht** nur mit der Rechtsfrage befaßt ist, bleibt, wenn Revision eingelegt ist, das Tatgericht zuständig, dessen Urteil angefochten ist. Im Wiederaufnahmeverfahren (§ 112, 16) ist das Gericht zuständig, bei dem die Wiederaufnahme betrieben wird.

13   In dringenden Fällen kann der **Vorsitzende** den Haftbefehl erlassen. **Dringend** ist der Fall, wenn das Kollegium nicht alsbald zusammengerufen werden kann und die Gefahr besteht, daß der Haftbefehl zu spät käme, wenn gewartet würde, bis das Kollegium zusammen wäre. Da das Gericht während der Hauptverhandlung versammelt ist, ist der Vorsitzende in diesem Prozeßabschnitt grundsätzlich nicht zuständig. Ob ein Fall dringlich ist, entscheidet der Vorsitzende nach seinem pflichtgemäßen **Ermessen**. Erkennt er die Dringlichkeit, muß er den Haftbefehl auch erlassen, weil er sonst dessen Zweck vereiteln würde. Das „kann" gibt ihm kein freies Ermessen, sondern hat dieselbe Bedeutung wie in § 112 (§ 112, 63). Der Vorsitzende bedarf keiner Bestätigung durch das erkennende Gericht, muß es aber unterrichten. Das Gericht kann auf Antrag oder von Amts wegen abweichend entscheiden.

14   4. **Verhältnis zu § 126.** Die §§ 125 und 126 regeln die Zuständigkeit, einen Haftbefehl zu erlassen (§ 125) und die weiteren richterlichen Entscheidungen, die sich auf die Haft beziehen, zu treffen (§ 126). § 125 befaßt sich nur mit dem **Erlaß des Haftbefehls,** der Anordnung der Untersuchungshaft (§ 114 Abs. 1). Die Zuständigkeit, einen Haftbefehl zu erlassen, umfaßt auch die, einen hierauf gerichteten Antrag der Staatsanwaltschaft abzulehnen. Der **Vorsitzende** einer Kammer oder eines Senats (Absatz 2 Satz 3) ist hierfür nicht zuständig, weil die Ablehnung nicht dringlich ist. Will er einen beantragten Haftbefehl nicht erlassen, hat er unverzüglich die Entscheidung des Gerichts einzuholen.

15   Die **Aussetzung des Haftvollzugs** ist zwar, wie sich aus § 126 Abs. 2 Satz 4 ergibt, keine Maßnahme i. S. des § 119, sie fällt aber unter § 126, und zwar auch dann, wenn sie mit dem Erlaß des Haftbefehls verbunden wird. Erläßt der Vorsitzende in einem dringenden Fall (Absatz 2 Satz 2) einen Haftbefehl und will er gleichzeitig dessen Vollzug aussetzen, bedarf er zum Aussetzen der Zustimmung der Staatsanwaltschaft (§ 126 Abs. 2 Satz 4). Erhält er sie nicht oder will er sie nicht beiziehen, hat er unverzüglich die Entscheidung des Gerichts herbeizuführen (§ 126 Abs. 2 Satz 4 letzter Satzteil). Den Haftbefehl hat er indessen gleichwohl alsbald zu erlassen.

§ 126

(1) [1]Vor Erhebung der öffentlichen Klage ist für die weiteren richterlichen Entscheidungen und Maßnahmen, die sich auf die Untersuchungshaft oder auf die Aussetzung des Haftvollzugs (§ 116) beziehen, der Richter zuständig, der den Haftbefehl erlassen hat. [2]Hat das Beschwerdegericht den Haftbefehl erlassen, so ist der Richter zuständig, der die vorangegangene Entscheidung erlassen hat. [3]Wird das vorbereitende Verfahren

---

[5] So aber *Lobe/Alsberg* § 124, III 4; *Hartung*
§ 124, 2 b; wie hier *Eb. Schmidt* Nachtr. I 10;
KK-*Boujong* 10.

an einem anderen Ort geführt oder die Untersuchungshaft an einem anderen Ort vollzogen, so kann der Richter, sofern die Staatsanwaltschaft es beantragt, die Zuständigkeit dem Richter bei dem Amtsgericht dieses Ortes übertragen. [4]Ist der Ort in mehrere Gerichtsbezirke geteilt, so bestimmt die Landesregierung durch Rechtsverordnung das zuständige Amtsgericht [5]Die Landesregierung kann diese Ermächtigung auf die Landesjustizverwaltung übertragen.

(2) [1]Nach Erhebung der öffentlichen Klage ist das Gericht zuständig, das mit der Sache befaßt ist. [2]Nach Einlegung der Revision ist das Gericht zuständig, dessen Urteil angefochten ist. [3]Einzelne Maßnahmen, insbesondere nach § 119, ordnet der Vorsitzende an. [4]In dringenden Fällen kann er auch den Haftbefehl aufheben oder den Vollzug aussetzen (§ 116), wenn die Staatsanwaltschaft zustimmt; andernfalls ist unverzüglich die Entscheidung des Gerichts herbeizuführen.

(3) Das Revisionsgericht kann den Haftbefehl aufheben, wenn es das angefochtene Urteil aufhebt und sich bei dieser Entscheidung ohne weiteres ergibt, daß die Voraussetzungen des § 120 Abs. 1 vorliegen.

(4) Die §§ 121 und 122 bleiben unberührt.

Entstehungsgeschichte. S. zunächst Entstehungsgeschichte zu § 125. Die Vorschrift, daß der Vorsitzende die Entscheidung des Gerichts herbeizuführen habe, wenn die Staatsanwaltschaft einer von ihm beabsichtigten Haftentlassung nicht zustimmt (Absatz 2 Satz 3), war früher mit der Anordnung versehen, daß die Entscheidung spätestens binnen 24 Stunden zu veranlassen sei. Die Richterbezeichnungen sind geändert durch Art. 1 Nr. 32 des 1. StVRG.

1. Weitere Entscheidungen und Maßnahmen. Der Grundsatz des § 125 Abs. 2, **1** daß je nach der Prozeßlage das jeweils zuständige Gericht die Haftentscheidungen trifft, gewinnt namentlich Bedeutung für die weiteren richterlichen Entscheidungen und Maßnahmen, die nach Erlaß des Haftbefehls erforderlich werden und sich auf die Untersuchungshaft oder auf die Aussetzung des Haftvollzugs (§ 116) beziehen. „Diejenige Stelle, die den Haftbefehl erlassen hat, bleibt zunächst auch für die weitere Behandlung der Haftangelegenheit zuständig, jedoch rückt jede Stelle, an die nachfolgend der Prozeß selbst gelangt, damit auch in die Zuständigkeit für die Haftangelegenheit ein" (*Beling* § 102 Nr. 8 Abs. 2).

Danach ergeben sich für die einzelnen **Verfahrensabschnitte** die nachfolgend aufgeführten Zuständigkeiten. Diese werden auch nicht dadurch berührt, daß in der Sache früher ein höheres Gericht, sei es im Instanzenzug, sei es als Beschwerdegericht, entschieden hatte. Hat das Landgericht als Berufungsgericht einen Haftbefehl erlassen,

Günter Wendisch

und ist die Sache vom Revisionsgericht ans Amtsgericht zurückgewiesen worden, so kommen diesem die weiteren Entscheidungen zu. Hat das Landgericht auf Beschwerde gegen den Haftbefehl des Richters beim Amtsgericht den Vollzug der Untersuchungshaft ausgesetzt (§ 116 Abs. 1 bis 3), so entscheidet über den Widerruf der Aussetzung und über die Anordnung des Vollzugs (§ 116 Abs. 4), der Richter beim Amtsgericht, solange sich die Sache noch im vorbereitenden Verfahren (§§ 158 bis 177) befindet.

2   **Entscheidungen und Maßnahmen**, die sich auf die Untersuchungshaft oder die Aussetzung des Haftvollzugs beziehen, sind

die Aussetzung des Vollzugs eines Haftbefehls und die Anordnung von Maßnahmen, die erwarten lassen, daß der Zweck der Untersuchungshaft auch durch sie erreicht werden kann (§ 116 Abs. 1 bis 3);

die Aufhebung dieser Maßnahmen (§ 123 Abs. 1) und die Anordnung des Vollzugs des Haftbefehls (§ 116 Abs. 4);

die Anordnungen über den Vollzug der Untersuchungshaft (§ 119 Abs. 6);

die Aufhebung eines Haftbefehls (§ 120 Abs. 1 und 3);

die Entscheidungen, die sich auf die Sicherheitsleistung beziehen (§ 116 Abs. 1 Nr. 4, § 116 a Abs. 2, § 124 Abs. 2 und 3);

der Erlaß eines Steckbriefs (§ 131);

die Entscheidung über den Antrag auf Haftprüfung (§ 117 Abs. 1), die Entscheidung im Haftprüfungsverfahren von Amts wegen (§ 117 Abs. 5) und die Anordnung von Ermittlungen im Haftprüfungsverfahren (§ 117 Abs. 3);

die Entscheidung nach mündlicher Verhandlung im Haftprüfungsverfahren (§ 118 a Abs. 4);

die Bestellung eines Verteidigers für die mündliche Verhandlung im Haftprüfungsverfahren (§ 117 Abs. 4).

3   Die **gleiche Zuständigkeit**, die für diese Entscheidungen gegeben ist, besteht auch für die nachfolgenden **Akte**:

die Benachrichtigung (§ 114 b Abs. 1);

die Vernehmung nach Ergreifung (§ 115 Abs. 1);

die mündliche Verhandlung bei der Haftprüfung (§ 118 a Abs. 3);

die Aktenvorlage nach § 122 Abs. 1.

Für alle diese Entscheidungen und Akte gilt die gleiche Zuständigkeit; nur für den **Vorsitzenden** des Gerichts ergeben sich gewisse **Besonderheiten**.

4   § 126 gilt auch für die **Ungehorsamshaft** (§ 230 Abs. 2, § 236). Für das Verfahren nach **vorläufiger Festnahme** enthält § 128 eine Ergänzung, die jedoch an dem System der Zuständigkeit nichts ändert.

5   **2. Vor Erhebung der öffentlichen Klage (Absatz 1)** ist zuständig der Richter beim Amtsgericht und in Sachen, die nach § 120 Abs. 1 und 2 GVG zur Zuständigkeit des Oberlandesgerichts gehören, der Ermittlungsrichter des Bundesgerichtshofs oder des Oberlandesgerichts (§ 125, 2), der den Haftbefehl erlassen hat (Satz 1). Zum Begriff s. § 125, 11.

6   Hatte der Richter beim Amtsgericht es abgelehnt, einen Haftbefehl zu erlassen, und hat dann ein **Beschwerdegericht**, sei es auf Beschwerde das Landgericht, sei es auf weitere Beschwerde das Oberlandesgericht, die Untersuchungshaft angeordnet, ist der Richter beim Amtsgericht zuständig, der die ablehnende Entscheidung getroffen hatte (Satz 2). Ebenso hat die Zuständigkeit der **Ermittlungsrichter** (§ 169), wenn auf Beschwerde das Oberlandesgericht (§ 120 Abs. 3 GVG in Verb. mit § 73 Abs. 1 GVG) oder auf Beschwerde oder weitere Beschwerde der Bundesgerichtshof (§ 135 Abs. 2 GVG) die Untersuchungshaft angeordnet hatte.

3. Übertragung (Absatz 1 Satz 3)

a) Übertragender Richter. Im Bezirk des Richters beim Amtsgericht, der den **7** Haftbefehl erlassen hat, wird in der Regel auch das Ermittlungsverfahren geführt und die Untersuchungshaft vollzogen werden. Davon sind aber Ausnahmen möglich, namentlich wenn ein Haftbefehl nach vorläufiger Festnahme (§ 127) oder von dem Richter bei dem Amtsgericht des Aufenthaltsorts, an dem kein Gerichtsstand begründet ist (§ 125 Abs. 1; § 125, 3), erlassen worden ist. Um für diese Fälle sicherzustellen, daß der sachnächste Richter beim Amtsgericht für die weiteren Entscheidungen zuständig ist, wird der Richter, der den Haftbefehl erlassen hat, ermächtigt, seine Zuständigkeit auf einen sachnäheren Richter zu übertragen, nämlich auf den Richter bei dem Amtsgericht des Orts, wo die Untersuchungshaft vollzogen wird.

Ohne eine solche **Übertragung** geht die Zuständigkeit nicht über, namentlich **8** nicht dadurch, daß die Staatsanwaltschaft das Verfahren an eine andere abgibt, selbst wenn sie den Verhafteten dabei mit überstellt (**a. A.** OLG Hamburg *Alsb.* E 1 260). Gibt jedoch der **Generalbundesanwalt** ein Verfahren nach § 142 a Abs. 2 GVG an die Landesstaatsanwaltschaft ab, erlischt die Zuständigkeit des Ermittlungsrichters des Bundesgerichtshofs. Der zuständige Richter beim Amtsgericht kann dann auf Antrag der Staatsanwaltschaft die Haftprüfung übernehmen. Aus Gründen der Klarheit wird jedoch der Ermittlungsrichter des Bundesgerichtshofs für zuständig erachtet, trotz Wegfalls seiner sachlichen Zuständigkeit auf Antrag des Generalbundesanwalts die Zuständigkeit für die weiteren richterlichen Entscheidungen und Maßnahmen, die sich auf die Untersuchungshaft oder auf die Aussetzung des Haftvollzugs beziehen, auf den nach Absatz 1 Satz 3 zuständigen Richter beim Amtsgericht zu übertragen (BGH NJW 1973 476). Wegen weiterer Folgen aufgrund der Abgabe des Ermittlungsverfahrens an die Landesstaatsanwaltschaft vgl. BGHSt 27 253; 29 202.

Sowohl nach dem Wortlaut der Vorschrift, der den übertragenden Richter nur **9** als solchen, nicht aber als Richter beim Amtsgericht bezeichnet, als auch nach § 169 Abs. 1, wonach die im vorbereitenden Verfahren dem Richter beim Amtsgericht obliegenden Geschäfte, also auch die nach § 125 Abs. 1, § 126 Abs. 1 Satz 1 und 3, durch den **Ermittlungsrichter des Oberlandesgerichts** und des Bundesgerichtshofs wahrgenommen werden können, sind auch diese Richter schlechthin befugt, die Übertragung nach Satz 3 durchzuführen. Grundsätzlich wird das nicht dem Zweck entsprechen, der dazu geführt hat, das Institut der Ermittlungsrichter zu errichten. Im Einzelfall kann, namentlich wenn die Ermittlungen zu Ende gehen, die Übertragung sinnvoll sein, im allgemeinen aber wird von der Ermächtigung kein Gebrauch gemacht werden.

b) Voraussetzung der Übertragung ist ein Antrag der Staatsanwaltschaft; der Richter **10** kann nicht von Amts wegen entscheiden. Bis zur Übertragung kann die Staatsanwaltschaft ihren Antrag zurücknehmen; danach ist eine Rücknahme wirkungslos.

c) Empfänger der Übertragung. Die Übertragung ist zulässig auf **11**

den Richter bei dem Amtsgericht des Orts, an dem das vorbereitende Verfahren der Staatsanwaltschaft (§§ 160 bis 170) geführt wird;

den Richter bei dem Amtsgericht des Orts, an dem die Untersuchungshaft vollzogen wird (Satz 3)[1].

---

[1] Wo – wie z. B. in Berlin, Bremen, Hamburg sowie in mehreren Großstädten in Baden-Württemberg und Nordrhein-Westfalen – Orte in mehrere Gerichtsbezirke aufgeteilt sind, ist durch Rechtsverordnung festzulegen, welches Gericht zuständig ist (Satz 4 und 5).

Günter Wendisch

12 Der Richter, dem die Zuständigkeit übertragen werden soll, braucht nicht gehört zu werden und der Übertragung nicht zuzustimmen. Er kann die Übernahme **nicht** deshalb **ablehnen**, weil er die Übertragung für unzweckmäßig hält. Jedoch wird ein Richter bei dem Amtsgericht, wo weder das vorbereitende Verfahren geführt noch die Untersuchungshaft vollzogen wird, durch die (irrtümliche) Übertragung nicht zuständig. Auf der anderen Seite verliert ein Richter beim Amtsgericht, dem die Zuständigkeit übertragen war, nicht später dadurch wieder seine Zuständigkeit, daß das Ermittlungsverfahren von einer anderen Staatsanwaltschaft übernommen wird. Doch kann er nun seinerseits die Zuständigkeit dem Richter bei dem Amtsgericht des Orts übertragen, an dem das vorbereitende Verfahren geführt wird (Rdn. 13). Unter diesen Voraussetzungen ist selbst eine Rückübertragung möglich[2].

13 **d) Folgen.** Durch die Übertragung erlischt die Zuständigkeit des Richters, der die Sache abgegeben hat[3]. Der Richter bei dem Amtsgericht des Ermittlungs- oder Haftorts rückt **an die Stelle** des Richters, der den Haftbefehl erlassen hat. Er erlangt damit die Befugnis, seinerseits die Zuständigkeit weiter zu übertragen, wenn sich der Ermittlungs- oder der Haftort ändert. Das Gesetz, das auf die Zweckmäßigkeit abstellt, ist nicht dahin zu verstehen, daß die Übertragung nur einmal und nur von dem Richter ausgesprochen werden könnte, der den Haftbefehl erlassen oder, wenn das Beschwerdegericht die Untersuchungshaft angeordnet hat, die vorausgegangene Entscheidung getroffen hatte.

14 Der neue Richter beim Amtsgericht übernimmt die **Verantwortung** für die Rechtmäßigkeit der Untersuchungshaft und der von seinem Vorgänger getroffenen Einzelregelungen (Begr. BTDrucks. IV 178, S. 26). Daher hat er von Amts wegen über die Fortdauer der Untersuchungshaft zu entscheiden. Hat er diese Entscheidung getroffen, kann weiterhin nur diese Entscheidung angegriffen werden; anderenfalls werden für die **Anfechtung** die Entscheidungen des Richters, der die Zuständigkeit abgegeben hat, wie solche des Richters beim Amtsgericht behandelt, der die Zuständigkeit übernommen hat (BGHSt **14** 180)[4]. Wegen der Folgen des Zuständigkeitswechsels für Beschwerden s. § 114, 56 und § 117, 21; wegen des Verfahrens nach §§ 121, 122 s. § 122, 4.

15 **4. Nach Erhebung der öffentlichen Klage (Absatz 2)** ist das Gericht zuständig, das nach § 125 zum Erlaß des Haftbefehls zuständig wäre, wenn noch keiner bestände. Wegen des Begriffs **Klageerhebung** s. § 125, 11. Wegen des **Wechsels der Zuständigkeit** des Beschwerdegerichts bei Klageerhebung s. § 125, 6. Hat das Revisionsgericht das Urteil aufgehoben und die Sache zur neuen Verhandlung und Entscheidung an eine andere Abteilung oder Kammer zurückverwiesen, ist dieser Spruchkörper das zuständige Haftgericht (OLG Köln OLGSt n. F. § 126, 1 StPO). Das Gericht entscheidet in der **Zusammensetzung,** die es bei der Entscheidung hat, also vom Eingang der Klage bis zum Beginn der Hauptverhandlung nur mit richterlichen Mitgliedern, in der Hauptverhandlung des Amts- und Landgerichts unter Teilnahme der Schöffen (§ 28 — für die *Verhandlung* —, § 29 Abs. 1 Satz 1, § 76 Abs. 2 GVG; OLG Düsseldorf StrVert. **1984** 159 = MDR **1984** 424).

[2] KK-*Boujong* 4; KMR-*Müller* 4.

[3] BGHSt **14** 180; OLG Celle OLGSt § 126 StPO, 1; OLG Hamburg NJW **1966** 606; KK-*Boujong* 3; *Kleinknecht/Janischowsky* 150; *Seetzen* NJW **1972** 1889.

[4] BGHSt **14** 185; OLG München NJW **1956** 760; OLG Hamburg NJW **1966** 606; OLG

Frankfurt NJW **1973** 479, KK-*Boujong* 7; KMR-*Müller* 6; **a.A.** OLG Oldenburg NJW **1957** 233. Vgl. zu der Frage der Beschwerdeentscheidungen über Haftbefehle bezirksfremder Amtsgerichte *Dünnebier* MDR **1969** 185.

Nach Auffassung des Oberlandesgerichts Hamburg (MDR 1973 69)[5] sind die **16** **Schöffen ausgeschlossen**, wenn über die Haftfrage zu entscheiden ist und dazu Kenntnisse aus dem Ermittlungsverfahren verwertet werden müssen, die in der Hauptverhandlung noch nicht erörtert worden sind. Das Gericht beruft sich dazu auf RGSt 69 124 und BGHSt 13 73, wonach der Grundsatz der Mündlichkeit des Verfahrens verletzt sein soll, wenn ein Schöffe während der Hauptverhandlung Einsicht in die Anklageschrift nimmt. Dem Schöffen wird die dem Berufsrichter zuerkannte Fähigkeit versagt, den Inhalt der Anklageschrift von dem Ergebnis der Hauptverhandlung zu scheiden.

Folgerungen aus einem regelwidrigen Verfahren dürfen indessen nicht auf das **re-** **17** **gelmäßige Verfahren** übertragen werden. Die §§ 28, 29, 76 GVG setzen den gesetzlichen Richter fest, der nicht wegen eines „übergeordneten rechtlichen Gesichtspunkts", sondern nur kraft Gesetzes ausgeschlossen ist oder abgelehnt werden kann. Dabei kann das Gericht — ein Ausschließungsgrund liegt nicht vor — wegen Besorgnis der Befangenheit nicht von Amts wegen tätig werden, sondern nur auf Antrag eines Beteiligten (§ 24 Abs. 3 Satz 1) oder auf eine Anzeige des Schöffen (§ 30, § 31 Abs. 1). Der „Ausschluß wegen Aktenkenntnis", die im regelrechten Verlauf des Verfahrens erlangt wird, würde auch in anderen Fällen Schöffengerichte und Strafkammern (Schwurgerichte) sprengen. Die Entscheidungen nach § 60 Nr. 2, vor allem § 244 Abs. 2 können oft ohne Erörterungen des Aktenmaterials nicht getroffen werden. So ist es auch, wenn ein Haftbefehl in der Hauptverhandlung erlassen werden muß.

Praktisch ist das Verfahren, die Schöffen ausscheiden zu lassen, **eine Unterbre-** **18** **chung der Hauptverhandlung** nach § 228 Abs. 1 Satz 2[6], verbunden mit einer Entscheidung des Gerichts in der Zusammensetzung außerhalb der Hauptverhandlung. Es gibt aber keine Vorschrift, die den Vorsitzenden oder das Gericht ermächtigte, die Hauptverhandlung zu unterbrechen, um Beschlüsse außerhalb der Hauptverhandlung ohne die Schöffen zu erlassen, mit der einzigen Ausnahme des § 27. Dort wird die Unterbrechung dadurch herbeigeführt, daß der abgelehnte Richter nach § 29 ausscheidet und deshalb wegen § 226 die Hauptverhandlung nicht fortgeführt werden kann (§ 27, 8). Es stehen also zwei gesetzliche Vorschriften zur Verfügung, die für die Haftentscheidung fehlen.

Nur das Gesetz kann nach § 30 Abs. 1, § 77 Abs. 1 GVG Ausnahmen von dem **19** Grundsatz bestimmen, daß der Schöffe während der Hauptverhandlung das Richteramt in vollem Umfang ausübt; „übergeordnete rechtliche Gesichtspunkte" reichen dazu um so weniger aus, weil der Satz, (nur) der Richter könne zwischen dem, was er in den Akten liest, und dem, was er in der Hauptverhandlung hört, unterscheiden und bei der Überzeugungsbildung das Gelesene ausscheiden, der Schöffe aber nicht, ohnehin kaum aufrechtzuerhalten ist.

5. Befugnisse des Revisionsgerichts (Absatz 3). Dem **Revisionsgericht** fehlt wie **20** zum Erlaß des Haftbefehls (§ 125, 13) auch die Zuständigkeit für die weiteren Entscheidungen, die sich auf die Untersuchungshaft oder auf die Aussetzung des Haftvollzugs beziehen (Absatz 2 Satz 2). Nur für die Haftentlassung läßt das Gesetz eine Ausnahme zu, indem es dem Revisionsgericht die Befugnis zulegt, zusammen mit dem angefochtenen Urteil den Haftbefehl aufzuheben, wenn sich bei der Aufhebung des Urteils ohne

---

[5] Ebenso KMR-*Müller* 125, 5; *Kleinknecht/Janischowsky* 155; *Kleinknecht/Meyer* 3; wie hier KK-*Boujong* 10.

[6] So wohl *Kleinknecht/Meyer* (3), der von einer nicht zur Hauptverhandlung gehören-

den Entscheidung spricht, wenn auf den Akteninhalt zurückgegriffen werden muß. Dieser Umstand kann jedoch nicht entscheidend dafür sein, was zur Hauptverhandlung gehört.

Günter Wendisch

weiteres, d. h. ohne weitere Ermittlungen ergibt, daß die Voraussetzungen des § 120 Abs. 1 vorliegen (Absatz 3; Begr. zu § 126, BTDrucks. **IV** 178, S. 27).

21   Das Gesetz macht die Befugnis des Revisionsgerichts, den Haftbefehl aufzuheben, davon abhängig, daß dieses gleichzeitig das **Urteil aufhebt.** Das ist nicht sehr sinnvoll, weil die Aufhebung, etwa wenn eine Rüge der Verletzung des Verfahrensrechts durchschlägt oder wenn die Staatsanwaltschaft zuungunsten des Angeklagten Revision eingelegt hatte, über den dringenden Tatverdacht und die Verhältnismäßigkeit nichts aussagt. Auf der anderen Seite kann — wenn auch in seltenen Fällen und nur bei Revisionen der Staatsanwaltschaft gegen Urteile, die auf eine Geldstrafe, eine nicht freiheitsentziehende Maßregel oder eine zur Bewährung ausgesetzte Freiheitsstrafe erkannt haben —, auch wenn das Urteil nicht aufgehoben, die Revision vielmehr verworfen und das Urteil rechtskräftig wird, offensichtlich werden, daß der Grundsatz der Verhältnismäßigkeit verletzt ist (§ 120, 10; 11) oder daß es nichts mehr zu verdunkeln gibt (120, 8). Gleichwohl ist der **Wortlaut** des Gesetzes zu achten. Hebt das Revisionsgericht das Urteil nicht auf, darf es auch den Haftbefehl nicht aufheben. Daraus folgt auch, daß es den Haftbefehl nicht früher aufheben darf als das Urteil[7]. Tritt die Notwendigkeit dazu während des Revisionsverfahrens, aber vor dem Urteil hervor, muß das Instanzgericht entscheiden.

22   Das Revisionsgericht braucht den Haftbefehl nicht aufzuheben; es hat nur die **Befugnis** dazu. Indessen ergibt sich aus § 120 Abs. 1 ausnahmsweise auch eine Verpflichtung des Revisionsgerichts. Diese Vorschrift behandelt zwei Fallgruppen: Einmal (§ 120 Abs. 1 Satz 1) ist der Haftbefehl aufzuheben, sobald die Voraussetzungen der Untersuchungshaft nicht mehr vorliegen, namentlich wenn der Grundsatz der Verhältnismäßigkeit bei weiterer Untersuchungshaft verletzt wäre. Hier ist eine Wertung erforderlich; daher ist es sinnvoll, dem Revisionsgericht freizustellen, ob es den Haftbefehl selbst aufheben oder die Entscheidung dem Tatrichter überlassen will.

23   Wird dagegen — die Fälle der anderen Gruppe — der Angeklagte **freigesprochen** oder das Verfahren nicht bloß vorläufig eingestellt, so ist der **Haftbefehl aufzuheben,** ohne daß dem Gericht eine andere Möglichkeit verbliebe (§ 120 Abs. 1 Satz 2). Das hat auch das Revisionsgericht zu beachten. Demzufolge hat es, wenn es den verhafteten Angeklagten freispricht (§ 354 Abs. 1), die Verpflichtung, den Haftbefehl aufzuheben. Dasselbe muß es tun, wenn es das Verfahren wegen eines nicht behebbaren Verfahrenshindernisses (§ 120, 18) einstellt. In diesen Fällen ergibt sich stets ohne weiteres, daß die Voraussetzungen des § 120 Abs. 1 vorliegen.

24   **6. Zuständigkeit des Vorsitzenden (Absatz 2 Satz 3 und 4).** Der Vorsitzende ist zuständig, einzelne Maßnahmen anzuordnen; er hat darüber hinaus die Befugnis, in gewissen Fällen Entscheidungen zu treffen, die zu einer Entlassung des Angeschuldigten führen.

25   **a) Maßnahmen.** Alle nach § 119 erforderlichen Maßnahmen zum Zwecke des Vollzugs der Untersuchungshaft, mögen sie den Angeschuldigten belasten oder begünstigen, ordnet der Vorsitzende an. Die Maßnahmen nach § 119 sind aber nur ein Beispielsfall („insbesondere"). Die Aussetzung des Vollzugs der Untersuchungshaft (§ 116 Abs. 1 bis 3) ist keine Maßnahme, wie der Gesetzestext ausdrücklich ergibt. Muß aber eine bei der Aussetzung vom Gericht angeordnete Maßnahme geändert werden (§ 116, 43), so fällt das in die Zuständigkeit des Vorsitzenden. Zu den Maßnahmen zäh-

---

[7] **A.A.** KMR-*Müller* 8; wie hier KK-*Boujong* 11; *Kleinknecht/Janischowsky* 159.

len auch die Benachrichtigung nach § 114 Abs. 1, die Änderung einer Sicherheit (§ 116 a, 19), die Bestellung eines Verteidigers, die in § 117 Abs. 4 Satz 3 in Verb. mit § 142 Abs. 1 teilweise — § 141 Abs. 4 wird wegen § 126 Abs. 2 Satz 3 nicht angezogen — besonders geregelt ist, sowie der Erlaß eines Steckbriefs (§ 131 Abs. 1 und 2).

Der Vorsitzende kann die ihm gesetzlich übertragene Befugnis **nicht auf das Gericht übertragen;** er ist allein der gesetzliche Richter; das Gericht ist nicht zuständig[8]. Andere[9] erachten es dagegen für **unschädlich,** wenn zwei **weitere Richter** mitwirken, und berufen sich dafür auf *Eb. Schmidt,* nach dessen Lehre der Betroffene größere Sicherheit erhalte, wenn ein Kollegialgericht entscheide. *Eb. Schmidt* gibt aber keine Auslegungsregel, sondern stellt eine Forderung an den Gesetzgeber auf (Lehrk. 1 91); er läßt auch nicht erkennen, daß er die Ansicht des Oberlandesgerichts Hamburg billige (Nachtr. I 6). Das Reichsgericht hat in anderem Zusammenhang (Entscheidung nach Richterablehnung) § 192 Abs. 1 GVG als verletzt angesehen, wenn ein Richter zuviel mitgewirkt hat (RGSt 49 11). Der Grundsatz muß auch dann gelten, wenn das Gesetz Entscheidungen dem Kollegium entzieht und dem Vorsitzenden zuweist; es darf nicht auch nur die Möglichkeit entstehen, daß der zuständige Vorsitzende von den unzuständigen Beisitzern überstimmt wird. Praktisch ist die Frage allerdings von keiner großen Bedeutung. Ob der Beschuldigte nur die Sachentscheidung angreift oder ob er zusätzlich auch noch die Besetzung rügt, macht keinen wesentlichen Unterschied. **26**

Das **Beschwerdegericht** kann die Sache wegen der falschen Besetzung zwar an den Vorderrichter zurückverweisen (OLG Bremen Rpfleger **1968** 397) und wird das in der Regel tun (OLG Düsseldorf JMBlNRW **1969** 115), braucht es aber nicht, sondern kann auch gleich in der Sache selbst entscheiden (OLG Köln JMBlNRW **1967** 103). **27**

b) Haftentlassung. In dringenden Fällen kann der Vorsitzende den Haftbefehl aufheben (§ 120 Abs. 1, Absatz 3 Satz 1) oder seinen Vollzug aussetzen (§ 116 Abs. 1 bis 3). Ein **dringender Fall** liegt vor, wenn die Haftentlassung verzögert würde, falls das Kollegium zusammengerufen werden müßte (§ 125, 14). Der Vorsitzende bedarf der **Zustimmung der Staatsanwaltschaft.** Sie liegt stets in ihrem Antrag; ggf. wird der Vorsitzende ihr Gelegenheit geben, einen zu stellen. Da er die Staatsanwaltschaft dazu jedoch nicht zwingen kann, muß er, falls er die Haftentlassung beabsichtigt und kein Antrag der Staatsanwaltschaft vorliegt, deren Zustimmung erfragen, wenn er sie anhört (§ 33 Abs. 2). Die **Staatsanwaltschaft** hat ihre Erklärung unverzüglich abzugeben. Tut sie das nicht, kann der Vorsitzende die Sache schon vor Abgabe der Erklärung dem Gericht vorlegen und kann dieses schon vor Stellungnahme der Staatsanwaltschaft den Haftbefehl aufheben oder seinen Vollzug aussetzen. Solche Fälle sind grundsätzlich vermeidbar. Sind sie ausnahmsweise in Betracht zu ziehen, wird der Vorsitzende durch technische Vorkehrungen (Übersendung von Abschriften an die Staatsanwaltschaft) dafür Sorge zu tragen haben, daß die Akten dem Gericht zur Verfügung stehen. **28**

Der Vorsitzende kann, wenn die **Zustimmung versagt** wird, aufgrund der Argumente der Staatsanwaltschaft seine Ansicht ändern und von der zunächst beabsichtigten Entscheidung absehen. Beharrt er auf seiner Ansicht und will er demgemäß, daß die in Aussicht genommene, aber von der Staatsanwaltschaft beanstandete Maßnahme nun- **29**

---

[8] OLG Köln JMBlNRW **1967** 103; OLG Bremen Rpfleger **1968** 397; OLG Hamm NJW **1969** 1865; OLG Düsseldorf – 2 StS – JMBlNRW **1969** 115; – 5 StS – NJW **1982** 1471; OLG Koblenz GA **1973** 137; MDR **1978** 693; NJW **1981** 1570; OLG Karlsruhe NJW **1974** 110 a. E.; *Veit* MDR **1973** 279.

[9] OLG Hamburg NJW **1965** 2362; OLG Düsseldorf – 1 StS – JMBlNRW **1968** 227; *Eb. Schmidt* Teil 1, 82; *KK-Boujong* 13; *KMR-Müller* 12; *Kleinknecht/Janischowsky* 157; *Kleinknecht/Meyer* 4.

Günter Wendisch

mehr vom Gericht angeordnet werde, so ist nach seiner Ansicht der Gefangene nunmehr zu Unrecht in Haft. Deshalb hat er unverzüglich die **Entscheidung des Gerichts** herbeizuführen. Rechnet er mit einem Widerspruch der Staatsanwaltschaft, kann er die Entscheidung von Anfang an dem Gericht überlassen. Dann hat dieses die Staatsanwaltschaft zu hören (§ 33 Abs. 2), doch kann der Vorsitzende das Anhören für das Gericht übernehmen, ohne daß er zum Ausdruck bringt, ob er seine Entscheidung oder eine des Gerichts vorbereiten will. Der Vorsitzende hat die Entscheidung des Gerichts **unverzüglich** herbeizuführen. Nach früherem Recht hieß die Stelle: ,,unverzüglich, spätestens binnen 24 Stunden''. Die Streichung, für die den Materialien keine Begründung zu entnehmen ist, soll ihn wohl freier stellen. Der Vorsitzende wird es jedoch auch weiterhin als seine Ehrenpflicht ansehen, die Entscheidung des Gerichts, auch an Feiertagen, innerhalb von 24 Stunden herbeizuführen.

30　　**7. Beauftragter Richter.** Ist das zuständige Gericht ein Kollegialgericht und hat es außerhalb der Hauptverhandlung zu entscheiden, so ist es befugt, Vernehmungen einem beauftragten Richter zu übertragen. Zwar ist die Einrichtung des beauftragten Richters in der Strafprozeßordnung nicht allgemein, sondern nur in einzelnen Bestimmungen (§ 173 Abs. 3, § 223 Abs. 1, § 233 Abs. 2, § 369 Abs. 1) geregelt. Die Regelung gestattet jedoch den Rückschluß, daß ein Kollegialgericht zur Vorbereitung einer Entscheidung außerhalb einer mündlichen Verhandlung allgemein einen Richter beauftragen kann. Es braucht das aber nicht zu tun, sondern kann den Beschuldigten auch vor dem Kollegium in Beschlußbesetzung vernehmen. Bedient es sich eines beauftragten Richters, so hat es nach dessen Vortrag zu entscheiden, ob Anlaß besteht, den Haftbefehl aufzuheben (§ 120) oder seinen Vollzug auszusetzen (§ 116 Abs. 1 bis 3). In **Jugendsachen** kann der zuständige Richter die Entscheidungen, die die Untersuchungshaft betreffen, aus wichtigen Gründen sämtlich oder zum Teil einem anderen Jugendrichter übertragen (§ 72 Abs. 5 JGG).

31　　**8. Das Oberlandesgericht (Absatz 4)** ist allein zuständig, die Fortdauer der Untersuchungshaft anzuordnen, wenn die besondere Schwierigkeit oder der besondere Umfang der Ermittlungen oder ein anderer wichtiger Grund die Durchführung der Hauptverhandlung noch nicht zuläßt und die Fortdauer der Haft rechtfertigt (§ 121 Abs. 1).

32　　**9. Wirkung der Rechtskraft.** Nach Rechtskraft gibt es keine Untersuchungshaft. Hat das Gericht den Angeklagten **freigesprochen**, so muß es den Haftbefehl alsbald mit dem Urteilsspruch aufheben (§ 120 Abs. 1 Satz 2), also vor Rechtskraft. Ist der Angeklagte zu Freiheitsstrafe **verurteilt** worden, so hat sich die Untersuchungshaft mit der Rechtskraft in Strafhaft verwandelt, der Haftbefehl wird damit gegenstandslos; das Gericht braucht ihn nicht aufzuheben, ist aber nicht gehindert, das zu tun (§ 120, 35). Zuständig ist das Gericht der letzten Tatsacheninstanz. Die Staatsanwaltschaft hat ihm die Akten auf Anfordern zuzuleiten, braucht das aber nicht von sich aus zu tun, wie sie auch nicht verpflichtet ist, von Amts wegen zu beantragen, den gegenstandslos gewordenen Haftbefehl aufzuheben.

33　　Dagegen ist der Haftbefehl zwar unbegründet, aber nicht gegenstandslos, wenn ein Urteil rechtskräftig wird, in dem **nicht auf freiheitsentziehende Strafen** oder Maßregeln erkannt, eine erkannte Freiheitsstrafe als durch die Untersuchungshaft verbüßt bezeichnet oder die Vollstreckung einer Freiheitsstrafe ausgesetzt wird. Ein solcher Haftbefehl ist auch nach Rechtskraft aufzuheben (§ 120, 37).

34　　Für **sonstige Entscheidungen** über die Untersuchungshaft besteht nach Rechtskraft keine Möglichkeit mehr, namentlich ist das Prozeßgericht nicht befugt, über einen

Haftbefehl zu entscheiden, nachdem ein auf noch zu vollstreckende Freiheitsstrafe erkennendes Urteil rechtskräftig geworden ist[10].

Ausgenommen ist die nach § 124 Abs. 2 und 3 zu treffende Entscheidung über **35** den Verfall einer **Sicherheitsleistung** (OLG Stuttgart MDR **1984** 164). Nach § 124 Abs. 1 haftet die Sicherheit bis zum Antritt einer erkannten Freiheitsstrafe, also über die Rechtskraft des Urteils und über den Bestand des Haftbefehls (123, 6) hinaus. Daher steht die Urteilsrechtskraft der gerichtlichen Entscheidung über die Sicherheitsleistung nicht im Weg (KG JR **1927** 1272; BayObLGSt **32** [1933] 127). Zuständig ist, da die Entscheidung keine Vollstreckungsentscheidung (§ 462 a) ist, das mit der Sache zuletzt befaßte Tatsachengericht[11].

§ 126 a

(1) Sind dringende Gründe für die Annahme vorhanden, daß jemand eine rechtswidrige Tat im Zustand der Schuldunfähigkeit oder verminderten Schuldfähigkeit (§§ 20, 21 des Strafgesetzbuches) begangen hat und daß seine Unterbringung in einem psychiatrischen Krankenhaus oder einer Entziehungsanstalt angeordnet werden wird, so kann das Gericht durch Unterbringungsbefehl die einstweilige Unterbringung in einer dieser Anstalten anordnen, wenn die öffentliche Sicherheit es erfordert.

(2) [1]Für die einstweilige Unterbringung gelten die §§ 114 bis 115 a, 117 bis 119, 125 und 126 entsprechend. [2]Hat der Unterzubringende einen gesetzlichen Vertreter, so ist der Beschluß auch diesem bekanntzugeben.

(3) [1]Der Unterbringungsbefehl ist aufzuheben, wenn die Voraussetzungen der einstweiligen Unterbringung nicht mehr vorliegen oder wenn das Gericht im Urteil die Unterbringung in einem psychiatrischen Krankenhaus oder einer Entziehungsanstalt nicht anordnet. [2]Durch die Einlegung eines Rechtsmittels darf die Freilassung nicht aufgehalten werden. [3]§ 120 Abs. 3 gilt entsprechend.

Entstehungsgeschichte. Eingefügt durch Art. 2 Nr. 6 des Gesetzes vom 24. 11. 1933 (RGBl. I 1000). Die Vorschrift ist durch Art. 1 Nr. 1 StPÄG 1964 geringfügig geändert worden. Die Änderungen bezogen sich meist nur auf die Verweisungen, doch war diejenige auf § 120 Abs. 3 neu.

Die Bestimmung handelte zunächst von der Unterbringung in einer Heil- oder Pflegeanstalt im Zustand der Zurechnungsunfähigkeit oder verminderten Zurechnungsfähigkeit. Im Anschluß an den Wortgebrauch der Neufassung des Strafgesetzbuchs sind diese Worte in Art. 21 Nr. 34 EGStGB 1974 durch Schuldunfähigkeit und verminderte Schuldfähigkeit ersetzt und sind alle Anstalten aufgeführt worden, die nunmehr für eine Unterbringung dieses Personenkreises in Betracht kommen.

Nach dem 2. StrRG, das in § 65 StGB die Maßregel der Unterbringung in einer sozialtherapeutischen Anstalt vorsah, sollte mit dem Inkrafttreten dieser Maßregel auch § 126 a eine sie einbeziehende Fassung erhalten (vgl. die in der 23. Aufl. kursiv gedruck-

---

[10] BayObLGSt **7** (1908) 421; OLG Nürnberg SJZ **1950** 142; OLG Celle NJW **1963** 2240 – mit weiteren Nachweisen –; OLG Düsseldorf MDR **1982** 777; KK-*Boujong* § 124, 8; KMR-*Müller* § 124, 5 und § 450, 3; *Eb. Schmidt* § 124, 14; *Kleinknecht* SJZ **1950** 142; **a.A.** OLG Köln LZ **1916,** 1510; OLG Frank-

furt HESt **1** 163; OLG Braunschweig MDR **1950** 755; *Erbs* § 115, III.
[11] BayObLGSt **32** (1933) 127; OLG Düsseldorf OLGSt n. F. § 124 StPO, 1; *Eb. Schmidt* § 124, 15; KK-*Boujong* 5; KMR-*Müller* § 124, 5.

Günter Wendisch

ten Teile der Vorschrift). Das Inkrafttreten dieser Vorschriften wurde mehrfach hinaus-geschoben, zuletzt durch Gesetz vom 22. 12. 1977 (BGBl. I 3104) auf den 1. 1. 1985. Es ist jedoch im Zeitpunkt der Fertigstellung dieser Lieferung höchstwahrscheinlich, daß die Vorschriften über die Unterbringung in einer sozialtherapeutischen Anstalt nicht wirksam, sondern noch vor Inkrafttreten durch eine derzeit noch im Gesetzgebungsver-fahren befindliche gesetzliche Regelung aufgehoben werden, so daß es auch bei § 126 a über den 1. 1. 1985 hinaus bei der derzeitigen Fassung bleiben wird.

1   **1. Inhalt.** Die einstweilige Unterbringung — sie ist auch gegen Jugendliche zuläs-sig (OLG Düsseldorf MDR **1984** 603) — sichert nicht wie die Untersuchungshaft das Verfahren und die Unterbringung in einem psychiatrischen Krankenhaus oder einer Entziehungsanstalt (*Sax* bei *Bettermann/Nipperdey/Scheuner* III 2, 980), wenn sie auch den letzten Zweck tatsächlich miterfüllt. Vielmehr soll durch sie die Öffentlichkeit vor einem gemeingefährlichen verbrecherischen Geisteskranken gesichert werden. Da das auch der Zweck der endgültigen Unterbringung ist, nimmt die einstweilige Unterbrin-gung den Zweck der Maßregel, die bei der bevorstehenden Verurteilung zu erwarten ist, in gleicher Weise vorweg wie die vorläufige Entziehung der Fahrerlaubnis (§ 111 a) die endgültige (§ 69 StGB) und das vorläufige Berufsverbot (§ 132 a) das endgültige (§ 70 StGB) oder wie die „Untersuchungshaft" für Wiederholungstäter (§ 112 a) den Sicherungsanteil vorwegnimmt, der der zu erwartenden Strafe innewohnt. Der Idee nach ersetzt die einstweilige Unterbringung die Untersuchungshaft nicht (*Eb. Schmidt* SJZ **1950** 214). Wohl aber übernimmt sie praktisch deren Aufgabe mit, weil **regelmäßig**, wenn die Anordnung der Unterbringung nach § 63, § 64 StGB zu erwarten ist, zugleich auch die Voraussetzungen des § 126 a vorliegen. Deshalb braucht das Gesetz für den Fall des flucht- und wiederholungsverdächtigen deliktischen Geisteskranken — der ver-dunkelnde spielt keine Rolle — keine besondere Vorsorge zu treffen.

2   **2. Verhältnis zu §§ 112, 112 a.** Weil im Zustand der Schuldunfähigkeit (§ 20 StGB) keine (schuldhafte) Tat i. S. der §§ 112, 112 a begangen werden kann, können diese Vorschriften beim **Schuldunfähigen** nicht angewendet werden. Der **vermindert Schuldfähige** (§ 21 StGB) jedoch kann eine Straftat begehen, so daß bei ihm die §§ 112, 112 a und § 126 a nebeneinander anwendbar sind[1]. Ist mit der Unterbringung in einem psychiatrischen Krankenhaus (§ 63 StGB) oder einer Entziehungsanstalt (§ 64 Abs. 1 StGB) nicht zu rechnen, bewendet es bei §§ 112, 112 a. Ist sie indessen zu erwarten, si-chert die einstweilige Unterbringung auch dagegen, daß sich der Beschuldigte dem Strafverfahren entziehen (§ 112 Abs. 2 Nr. 2) oder weitere Straftaten begehen (§ 112 a Abs. 1) werde, so daß neben der Unterbringung Untersuchungshaft wegen **Flucht- und Wiederholungsgefahr** nicht in Betracht kommt.

3   Dagegen schützt die einstweilige Unterbringung nicht vor **Verdunkelung** (§ 112 Abs. 2 Nr. 3). Zwar pflegt auch während der einstweiligen Unterbringung der schrift-liche und mündliche Verkehr mit der Außenwelt geprüft zu werden, jedoch im Hinblick auf ärztliche Rücksichten und auf etwaige Gefahren, die drohen könnten, wenn der Un-tergebrachte weitere Verbrechen vorzubereiten in der Lage wäre. § 126 a gibt aber dem Richter keine Grundlage, den Verkehr auf Verdunkelungsabsicht zu prüfen oder gar Briefe anzuhalten, mit denen verdunkelt werden soll. Daher ist bei einem vermindert Schuldfähigen (§ 21 StGB), bei dem sowohl die Voraussetzungen des § 126 a als auch

---

[1] KK-*Boujong* 2; KMR-*Müller* 5; *Klein-knecht/Janischowsky* 299.

Verdunkelungsgefahr vorliegen, **neben der einstweiligen Unterbringung** die **Untersuchungshaft** anzuordnen (**a. A.** KK-*Boujong* 2; 7). Kann der Richter zwischen mehreren Unterbringungsanstalten wählen, wird er bei seiner Wahl dieser doppelten Anordnung Rechnung tragen.

3. Dringende Gründe. Voraussetzung für die einstweilige Unterbringung sind zu- **4** nächst dringende Gründe sowohl für die Annahme, daß jemand eine rechtswidrige Tat (§ 11 Abs. 1 Nr. 5 StGB) begangen hat, als auch, daß deswegen seine endgültige Unterbringung angeordnet werde. Der Begriff der dringenden Gründe, die in bezug auf die Tatbegehung und die endgültige Unterbringung verlangt werden, entspricht dem des dringenden Tatverdachts des § 112 (§ 112, 22). Die dringenden Gründe müssen für die Annahme vorliegen, daß jemand eine rechtswidrige Tat im Zustande der Schuldunfähigkeit (§ 20 StGB) oder der verminderten Schuldfähigkeit (§ 21 StGB) begangen habe und daß seine Unterbringung in einem psychiatrischen Krankenhaus (§ 63 Abs. 1 StGB) oder einer Entziehungsanstalt (§ 64 Abs. 1 StGB) angeordnet werde. Die Unterbringung ist nach §§ 63 ff StGB anzuordnen, wenn vom Täter zufolge seines Zustandes erhebliche **rechtswidrige Taten zu erwarten** sind und er im Fall des § 63 Abs. 1 StGB (Unterbringung in einer psychiatrischen Krankenanstalt) deshalb für die Allgemeinheit gefährlich ist.

Für **Jungtäter** ersetzte § 65 Abs. 2 StGB die Prognose, er werde neue Taten bege- **5** hen, durch die, „daß er sich zum Hangtäter entwickeln wird". Abgesehen davon, daß das Moment, vom Täter seien erhebliche rechtswidrige Taten zu erwarten, auch dieser Fassung zu entnehmen ist, braucht auf die Frage, ob für Jungtäter gleichwohl andere Voraussetzungen gegeben sein müssen, nicht näher eingegangen zu werden, weil § 65 StGB — wie in der Entstehungsgeschichte ausgeführt — nicht wirksam werden wird. Die Forderung, daß er für die Allgemeinheit gefährlich sei (§ 63 Abs. 1 StGB) — die auch in § 64 Abs. 1 StGB (Unterbringung in einer Entziehungsanstalt) und in § 65 Abs. 1 StGB (Unterbringung in einer sozialtherapeutischen Anstalt) nicht gestellt wird —, wird bei § 65 Abs. 2 StGB nicht erhoben. Denn in § 65 Abs. 2 Nr. 3 StGB wird vorausgesetzt, daß der Täter sich zum Hangtäter „entwickeln" werde. Erst der Hangtäter selbst aber ist für die Allgemeinheit gefährlich (§ 66 Abs. 1 Nr. 3 StGB).

4. Öffentliche Sicherheit. Auch wenn eine Unterbringung nach §§ 63 und 64 **6** StGB dringend zu erwarten ist, kann die einstweilige Unterbringung nur angeordnet werden, wenn die öffentliche Sicherheit die vorläufige Unterbringung erfordert. Das ist der Fall, wenn künftige gegen die Rechtsordnung gerichtete Handlungen mit bestimmter Wahrscheinlichkeit zu erwarten sind; wenn durch sie der Bestand der Rechtsordnung unmittelbar bedroht wird; wenn wegen des Gewichts der Bedrohung eine Abhilfe für die Zukunft geboten ist, um den Bestand der Rechtsordnung aufrechtzuerhalten; und wenn dieses Ziel auf keine andere Weise als durch die Unterbringung zu erreichen ist (RGSt **73** 304; OLG Tübingen DRZ **1949** 210). Zur Prüfung dieser Voraussetzung muß das Gericht würdigen: die rechtswidrige Tat, die Anlaß zu dem Verfahren gegeben hat; die Gesamtpersönlichkeit des Unterzubringenden und dazu seine Erkrankung und sein Vorleben; sowie endlich die Verhältnisse, in denen er lebt (BGH NJW **1951** 450).

Die einstweilige Unterbringung ist nur zulässig, wenn die **öffentliche Sicherheit** **7** es erfordert, die endgültige dagegen, wenn vom Täter erhebliche rechtswidrige Taten zu erwarten sind; bei der Unterbringung in einem psychiatrischen Krankenhaus nach § 63 Abs. 1 StGB zusätzlich, wenn der Täter für die Allgemeinheit gefährlich ist (Rdn. 5). Diese Voraussetzungen sind bei §§ 63 ff StGB für den Zeitpunkt der Verurteilung (Begründung zum E 1962, BTDrucks. **IV** 650, 209), bei § 126 a für den Zeitpunkt zu prü-

    Günter Wendisch

fen, wo die Notwendigkeit hervortritt, den Täter einstweilig unterzubringen, nachdem er eine rechtswidrige Tat begangen hat.

8   Für den **Zeitpunkt der Prognose** ergeben sich dabei keine Schwierigkeiten; ausschlaggebend für die Frage der öffentlichen Sicherheit ist allein der des § 126 a[2]. Freilich muß zusätzlich zu erwarten sein, daß das Verfahren zur Unterbringung führen werde. Aber diese Frage muß bejaht sein, ehe die über die öffentliche Sicherheit gestellt wird. Schwierigkeiten könnten dagegen auf den ersten Blick auftauchen, weil zwischen den Begriffen der öffentlichen Sicherheit und der bei der Unterbringung nach § 63 Abs. 1 StGB in einem psychiatrischen Krankenhaus erforderlichen **Gefährlichkeit** für die Allgemeinheit Unterschiede bestehen; der der Gefährlichkeit ist enger. Doch lassen sich die beiden Begriffe verbinden: Die Gefährdung der öffentlichen Sicherheit besteht nur, wenn die Unterbringung zu erwarten ist, weil der dringende Verdacht (§ 112, 22) besteht, daß (weitere erhebliche rechtswidrige Taten begangen werden und zudem) der Täter (aus diesem Grunde) für die Allgemeinheit gefährlich sein wird. In Wirklichkeit ist in diesem Sonderfall also nicht auf die öffentliche Sicherheit schlechthin, sondern nur auf die abzustellen, die aus der Gemeingefährlichkeit begründet wird.[3]

9   **5. Unterbringungsbefehl.** Das Gericht trifft die Anordnung in einem Unterbringungsbefehl. Auf ihn finden die Ausführungen § 114, 3 ff entsprechend Anwendung. Anstatt der (schuldhaften) Tat ist die rechtswidrige Tat, anstelle des dringenden Tatverdachts sind die dringenden **Gründe für** die Annahme der **rechtswidrigen Tat einzusetzen.** Wegen des Begriffs des dringenden Verdachts s. § 112, 22. Anstelle der Haftgründe sind die Gründe anzugeben, die die Annahme rechtfertigen, die öffentliche Sicherheit erfordere die einstweilige Unterbringung. Die Tatsachen dafür sind im Unterbringungsbefehl aufzuführen. § 114 Abs. 3 (Ausführungen zur **Verhältnismäßigkeit**) gilt für den Unterbringungsbefehl nicht, weil § 112 Abs. 1 Satz 2 in § 126 a Abs. 2 nicht aufgeführt ist.

10   Wegen der **Veranlassung** der Entscheidung, des **Anhörens** der Beteiligten und der **Beschwerde** gilt das zu § 114, 51 bis 54 Ausgeführte entsprechend. Für die **Bekanntmachung** vgl. die Ausführungen zu § 114 a; doch ist der Unterbringungsbefehl auch dem gesetzlichen **Vertreter** des Unterzubringenden bekanntzumachen (Absatz 2 Satz 2); ihm steht auch die Beschwerde zu. Entsprechendes wie bei der Haft gilt auch für die **Vollstreckung** der einstweiligen Unterbringung (§ 114, 29 ff), wenn auch bei dieser die Fälle der Überhaft, Doppelhaft und der Unterbrechung eine untergeordnete Rolle spielen; sie bleiben gleichwohl, namentlich bei vermindert Zurechnungsfähigen, denkbar. Für **Abgeordnete** (§ 114, 7) gelten im Vergleich mit der Untersuchungshaft keine Besonderheiten[4].

11   **6. Anstaltsbezeichnung.** Das Gericht hat die einstweilige Unterbringung „in einer dieser Anstalten" (psychiatrisches Krankenhaus, Entziehungsanstalt) anzuordnen. Es muß also in der Anordnung den Charakter der Anstalt ebenso zum Ausdruck bringen,

---

[2] *Eb. Schmidt* Nachtr. I 11; KK-*Boujong* 3.
[3] Eine Rolle spielt der Unterschied in der Terminologie nur im folgenden Fall: Die öffentliche Sicherheit kann, obwohl die endgültige Unterbringung – auch bei Gemeingefährlichkeit – zu erwarten ist, die einstweilige Unterbringung gleichwohl dann nicht erfordern, wenn etwa Verwandte für die Sicherheit

der Öffentlichkeit so lange zuverlässige Sorge tragen (BGH NJW **1951** 724), bis die Unterbringung durch Urteil rechtskräftig ist.
[4] *Bockelmann* Die Unverfolgbarkeit der Abgeordneten nach deutschem Immunitätsrecht (1951), 50; *Maunz/Dürig/Herzog* Art 46, 56, die den Fall des § 126 a allerdings unter Art. 46 Abs. 3, nicht Absatz 2, subsumieren.

wie es das Gericht bei der endgültigen Unterbringung im Urteil tut[5]. Welche Anstalt für den Vollzug der einstweilen Unterbringung in Betracht kommt, ordnet die Landesjustizverwaltung durch den **Einweisungsplan** (§14 UVollzO) an. Sie ist dabei durch den Sinn der einstweilen Unterbringung gebunden. Dieser hindert sie nicht, auch auf die praktischen Bedürfnisse der Untersuchung Bedacht zu nehmen und aus diesem Grunde für die einstweilige Unterbringung eine andere Anstalt vorzusehen als für die endgültige. Das kann auch geboten sein, weil die vorläufige Unterbringung in erster Linie Sicherungszwecke verfolgt und nicht mit Sicherheit feststeht, daß es zu der endgültigen Unterbringung, mit der therapeutische Zwecke verfolgt werden, kommt und in welcher der beiden Anstalten.

12 Demzufolge kann die Landesjustizverwaltung für den Regelfall allein ein psychiatrisches Krankenhaus vorsehen. Sie kann auch eine dem Gerichtsort in der Regel näher als ein psychiatrisches Krankenhaus gelegene **Untersuchungshaftanstalt mit psychiatrischer Abteilung** bestimmen[6]. Die Unterbringung in einer anderen Vollzugsanstalt als einer solchen mit Anstaltskrankenhaus oder psychiatrischer Abteilung ist nach Nr. 89 Abs. 2 Satz 1 UVollzO für höchstens 24 Stunden und nur dann zulässig, wenn der Verhaftete nicht sofort in die zuständige Anstalt überführt werden kann.

13 Benennt die Landesjustizverwaltung eine **einzige Anstalt**, dann ergeben sich keine Schwierigkeiten: Der Richter muß sich dieser Anstalt genauso bedienen wie des Gerichtsgebäudes, das die Landesjustizverwaltung ihm, oder der Untersuchungshaftanstalt, die sie ihm für die Untersuchungsgefangenen zur Verfügung stellt. Er braucht die Anstalt im Unterbringungsbefehl nicht zu bezeichnen. Werden indessen im Vollstreckungsplan (§22 StVollstrO), wie üblich, **mehrere Anstalten** benannt, dann ist es nach §119 Abs. 5 Aufgabe des Richters, die Anstalt auszuwählen[7], und nicht Sache der Vollstreckungs- oder gar der Vollzugsbehörde. Denn der Richter bestimmt, unabhängig von der Untersuchungshaftvollzugsordnung, alles, was in bezug auf die Untersuchungshaft und die einstweilige Unterbringung nicht vom Gesetz selbst geregelt ist. Sieht der Vollstreckungsplan **keine Anstalt** für die einstweilige Unterbringung vor, ist der Richter nur durch den Sinn der einstweilen Unterbringung gebunden, sonst aber in der Auswahl der Anstalten frei. Er wird sich dabei an Nr. 89 Abs. 1 Satz 1 UVollzO halten. Steht in den vorbehandelten Fällen dem Richter die **Bestimmung** der Anstalt zu, nimmt er sie **im Unterbringungsbefehl** vor. Er kann die unterlassene Bestimmung durch Beschluß nachholen; dies können auch die Beschwerdegerichte tun.

14 7. **Unterbringungsprüfung.** Da die Unterbringung nur einstweilig ist, ist wie bei der Untersuchungshaft (§117, 1; §120, 5) fortlaufend zu prüfen, ob die dringenden Gründe für die Annahme der rechtswidrigen Tat (Rdn. 9) und die Erwartung weiterer solcher Taten (Rdn. 8) noch vorliegen und ob die öffentliche Sicherheit (Rdn. 7) es noch erfordert, den Beschuldigten einstweilig unterzubringen. Doch kommt der fortlaufenden Prüfung hier **geringere Bedeutung** zu als in Haftsachen, weil der Zustand, der die Unterbringung erfordert, kaum Veränderungen unterliegen wird. Ist das indessen nach der Art der Erkrankung der Fall („Schübe" bei Schizophrenie), ist ein Sachverständiger zur Prüfung zuzuziehen. Um die Prüfung zu gewährleisten, finden die Vorschriften über die Vorführung des Festgenommenen zum Richter (§§115, 115a) und über die **Haftprüfung** (§§117 bis 118b) entsprechende **Anwendung** (Absatz 2 Satz 1).

---

[5] Damit ist eine alte Streitfrage (*Eb. Schmidt* SJZ **1950** 214; *Hartung* SJZ **1950** 316) ausgeräumt; ebenso KK-*Boujong* 6; *Kleinknecht/ Meyer* 5.

[6] **A.A.** KK-*Boujong* 6; *Kleinknecht/Meyer* 5: psychiatrisches Krankenhaus geht vor.

[7] KK-*Boujong* 6; KMR-*Müller* 7.

Günter Wendisch

15   **8. Für die Aufhebung des Unterbringungsbefehls (Absatz 3)** gilt das zu § 120 Ausgeführte entsprechend. Da die im Verfahren angestrebte Maßregel der Unterbringung in einem psychiatrischen Krankenhaus oder einer Entziehungsanstalt für unbestimmte Zeit, wenn auch regelmäßig mit gesetzlich bestimmter Höchstdauer (§ 67 d Abs. 1 StGB), ausgesprochen werden muß, kann der für die Untersuchungshaft bedeutsame Grundsatz der Verhältnismäßigkeit für die Frage der einstweiligen Unterbringung kaum eine Rolle spielen. Demzufolge sind § 112 Abs. 1 Satz 2 und § 120 Abs. 1 Satz 1 in § 126 a nicht wiederholt[8].

16   Aber auch der Gedanke, daß ein Verhafteter nach angemessener Zeit entweder seine Hauptverhandlung haben oder aber entlassen werden muß, der in § 121 Abs. 1 und 2 zum Ausdruck kommt, muß weitgehend **zurücktreten** (vgl. OLG Nürnberg MDR **1982** 953 = NStZ **1982** 297), wenn auch Art. 6 Abs. 1 Satz 1 MRK (Vor § 112, 31; § 122, 41) erhalten bleibt. Wegen der ersten Erwägung sind die §§ 121, 122 nicht in Absatz 2 Satz 1 angezogen. Aus dem gleichen Grund ist es ausgeschlossen, § 116 (Aussetzung des Vollzugs der Untersuchungshaft) entsprechend anzuwenden: Wer verwahrt werden muß, weil er gefährlich ist, kann nicht mit dem Vollzug der einstweiligen Unterbringung verschont werden.

17   **9. Umstellung.** Ein Unterbringungsbefehl kann in einen Haftbefehl, ein Haftbefehl in einen Unterbringungsbefehl umgewandelt werden, wenn sich die Beurteilung der Zurechnungsfrage ändert (vgl. §§ 80 a, 246 a)[9], sonst aber sowohl ein Haft- als auch der gesetzliche Unterbringungsgrund gegeben ist. Die Änderung kann auch das Beschwerdegericht vornehmen (OLG Bremen JZ **1951** 465), weitere Beschwerde ist zulässig[10].

18   **10.** Wegen der gerichtlichen **Zuständigkeit** gelten die §§ 125, 126.

§ 127

(1) [1]Wird jemand auf frischer Tat betroffen oder verfolgt, so ist, wenn er der Flucht verdächtig ist oder seine Identität nicht sofort festgestellt werden kann, jedermann befugt, ihn auch ohne richterliche Anordnung festzunehmen. [2]Die Feststellung der Identität einer Person durch die Staatsanwaltschaft oder die Beamten des Polizeidienstes bestimmt sich nach § 163 b Abs. 1.

(2) Die Staatsanwaltschaft und die Beamten des Polizeidienstes sind bei Gefahr im Verzug auch dann zur vorläufigen Festnahme befugt, wenn die Voraussetzungen eines Haftbefehls oder eines Unterbringungsbefehls vorliegen.

(3) [1]Ist eine Straftat nur auf Antrag verfolgbar, so ist die vorläufige Festnahme auch dann zulässig, wenn ein Antrag noch nicht gestellt ist. [2]Dies gilt entsprechend, wenn eine Straftat nur mit Ermächtigung oder auf Strafverlangen verfolgbar ist.

Schrifttum. *Achenbach* Vorläufige Festnahme, Identifizierung und Kontrollstelle im Strafprozeß, JA **1981** 660; *Albrecht* Das Festnahmerecht jedermanns nach § 127 Abs. 1 StPO, Diss. Kiel 1970; *Benfer* Grundrechtseingriffe im Ermittlungsverfahren (1982); *Boehm* Das Recht zur vorläufigen Festnahme, JR **1925** 491; *Borchert* Die vorläufige Festnahme nach § 127 StPO, JA **1982** 338; *Fincke* Darf sich eine Privatperson bei der Festnahme nach § 127 StPO irren? GA **1971** 41; *Karamuntzos* Die vorläufige Festnahme bei Flagrantendelikten, Diss. Bonn 1954; *Kurth* Identitätsfest-

---

[8] *Schlüchter* 287; *Kleinknecht/Meyer* 7.
[9] KK-*Boujong* 9; KMR-*Müller* 5; *Kleinknecht/Janischowsky* 302; *Kleinknecht/Meyer* 8.

[10] KK-*Boujong* 10; KMR-*Müller* 12; *Kleinknecht/Meyer* § 310, 2; **a.A.** *Kleinknecht/Janischowsky* 303.

stellung, Einrichtung von Kontrollstellen und Gebäudedurchsuchung, NJW 1979 1377; *Meincke* Betreffen oder Verfolgen auf frischer Tat als Voraussetzung der vorläufigen Festnahme nach § 127 Abs. 1 StPO, Diss. Hamburg 1963; *Naucke* Die Bedeutung des Grundsatzes der Verhältnismäßigkeit (§ 112 Abs. 1 Satz 2 StPO) für die Befugnis zur vorläufigen Festnahme (§ 127 StPO), SchlHA 1966 97; *Naucke* Das Strafprozeßänderungsgesetz und die vorläufige Verhaftung (§ 127 StPO), NJW 1968 1225; *Pawlik* Das Festnahmerecht Privater, Diss. Würzburg 1961; *Schubert* Die vorläufige Festnahme, Diss. Frankfurt 1968; *Zimmermann* Über die vorläufige Festnahme durch Private und Wachen, GA 30 (1882) 404.

Entstehungsgeschichte. Durch Art. 2 Nr. 7 GewVerbrG wurden in Absatz 2 die Worte „oder eines Unterbringungsbefehls" eingeführt. Durch Art. 21 Abs. 35 EGStGB 1974 sind Absatz 3 Satz 1 ohne inhaltliche Änderung neu gefaßt und Satz 2 (Ermächtigung und Strafverlangen) angefügt worden. Durch Art. 1 Nr. 5 des Gesetzes zur Änderung der Strafprozeßordnung vom 14. 4. 1978 — StPÄG 1978 — ist in Absatz 1 Satz 1 das Wort „Persönlichkeit" durch „Identität" ersetzt, Satz 2 eingefügt und in Absatz 2 das Wort „Polizeibeamte" durch die Worte „Beamten des Polizeidienstes" ersetzt worden[1].

Übersicht

I. Vorbemerkungen

1. Inhalt

a) Absatz 2. An die bisher behandelten Voraussetzungen einer Verhaftung **1** schließt sich zunächst Absatz 2 an. Er führt die im neunten Abschnitt eingehaltene Linie folgerichtig fort: Nach § 125 Abs. 2 erläßt den Haftbefehl, nachdem die Staatsanwaltschaft die öffentliche Klage erhoben hat, das mit der Sache befaßte Gericht; § 125 Abs. 1

---

[1] Die Wortänderungen in Absatz 1 Satz 1 und in Absatz 2 sind Anpassungen an den Wortlaut anderer Vorschriften; sie haben keine inhaltliche Bedeutung. Die Wendung „Beamte des Polizeidienstes" findet sich in § 163 b Abs. 1. Da diese Vorschrift in Absatz 1 Satz 2 für anwendbar erklärt wird, mußte die Fassung auch in Absatz 2 verwendet werden. Das Wort „Anordnung" statt „Befehl" – ein in der Rechtspflege ohnehin wenig angebrachtes Wort – ist gewählt worden, weil die Untersuchungshaft durch Haftbefehl des Richters „angeordnet" wird. Freilich hätten die Worte „auch ohne richterlichen Befehl" auch ganz entfallen können, da die Vorschrift je nur dann sinnvoll ist, wenn der auf frischer Tat Betroffene oder Verfolgte „ohne richterliche Anordnung" festgenommen werden kann.

Günter Wendisch

gestattet dem Richter beim Amtsgericht auf Antrag der Staatsanwaltschaft einen Haftbefehl schon vor diesem Zeitpunkt zu erlassen, ja, wenn die Staatsanwaltschaft nicht erreichbar und Gefahr im Verzug ist, auch von Amts wegen. Ist die Gefahr aber so groß, daß sogar der **Richter** beim Amtsgericht **nicht mehr angegangen** oder rechtzeitig tätig werden kann, können nach Absatz 2 Staatsanwälte und Polizeibeamte gleichsam die Vollstreckung eines noch nicht erlassenen Haftbefehls vorwegnehmen, wenn nur die Voraussetzungen dafür gegeben sind, daß er aller Wahrscheinlichkeit nach erlassen werden wird. Alle drei genannten Bestimmungen sind daher dadurch verbunden, daß die **Voraussetzungen** der Festnahme für alle von ihnen gleicherweise in den §§ 112, 112 a, 113 niedergelegt sind.

2   **b)** Dieser Linie folgt **Absatz 1** nach seinem Wortlaut nicht so einsichtig wie Absatz 2. Auch die Geschichte und die Ausbildung, welche die Rechtseinrichtung der vorläufigen Festnahme in anderen Rechten erfahren hat, könnten zu Zweifeln Anlaß geben. Denn das Institut ist nicht immer allein ein prozessuales Mittel der Strafverfolgung gewesen und ist es das nicht überall. Vielmehr zeigte es oft — und tut das gelegentlich noch jetzt — vermischte Züge und verbindet Institute des bürgerlichen, des Prozeß-und des Polizeirechts. Von Elementen der Notwehr abgesehen, ist ihm zuweilen auch die Handhabe entnommen worden, rechtswidrige Taten oder wenigstens ihre Fortsetzung zu verhindern[2]. Die Auslegung hat aber Absatz 1 mit Recht auf die Rolle eines prozessualen Mittels zurückgeführt, die **Strafverfolgung zu sichern**[3]. Strafrecht und Polizeirecht gehen grundsätzlich getrennte Wege; die Verbrechensverhütung ist nur in klar formulierten Sonderfällen (§ 111 a, § 112 a, § 126 a, § 132 a), auch Sache des Strafprozesses (vgl. BGH VRS **40** 105). Absatz 1 begründet mithin keine Eingriffsbefugnisse zu präventiv-polizeilichen Zwecken (KK-*Boujong* 6; KMR-*Müller* 1).

3   **c) Verfolgungshindernisse.** Weil somit im Fall des Absatzes 1 der Private, in dem des Absatzes 2 der Polizeibeamte gleichsam den Vollzug eines künftigen Haftbefehls vorwegnimmt, müssen für **Prozeßhindernisse** z.B. die Exterritorialität, dieselben Grundsätze wie beim Haftbefehl gelten (§ 114, 7). Bei **Abgeordneten** fällt unter die Verhaftung i. S. des Art. 46 Abs. 2 GG auch die vorläufige Festnahme[4], jedoch nicht, wenn sie nur vorgenommen wird, um die Persönlichkeit festzustellen (**a. A.** RGSt **59** 113). Sie wird in der Regel nach Art. 46 Abs. 2 GG zulässig sein; sie ist es stets, wenn der Abgeordnete auf frischer Tat betroffen wird. Bei Verfolgung auf frischer Tat ist dagegen die vorläufige Festnahme ohne Genehmigung des Parlaments nur zulässig, wenn die Festnahme im Laufe des Tages nach der Tat gelingt. Daß der Abgeordnete nur verfolgt werden dürfte, nachdem er bei der Tat betroffen worden ist (so wohl *Bockelmann* 57, Fußn. 88), ist dem Wortlaut des Art. 46 Abs. 2 GG nicht zu entnehmen. Freilich werden Prozeßhindernisse dem regelmäßig **nicht erkennbar** sein, der bei frischer Tat verhaftet: Verjährung ist nicht denkbar, erkennbarer Verzicht auf Strafantrag ein äußerst seltener Fall. Es bleibt wohl nur die Exterritorialität, die z. B. am Kennzeichen eines Kraftwagens (CD) erkennbar sein oder durch Vorlegen eines Ausweises nachgewiesen werden kann.

---

[2] *v. Hippel* § 66 C 1 Abs. 2; *Karamuntzos* 67.
[3] RGSt **17** 128: Zweck ist die „Ermöglichung oder Sicherung strafrechtlicher Verfolgung"; *Meincke* 13: Die Festnahme ist ... ausgeschlossen, wenn keine verfahrensrechtlichen Maßnahmen aus Anlaß der Tat in Frage stehen; vgl. auch KK-*Boujong* 6.

[4] *Maunz/Dürig/Herzog* Art. 46 GG, 50; *Bockelmann* Die Unverfolgbarkeit der Abgeordneten nach deutschem Immunitätsrecht (1951), 56; *Roxin* § 31 A I 5 e; KK-*Boujong* 46; **a.A.** *Meincke* 49; KMR-*Müller* 4.

2. Abgrenzung. §127 Abs. 1 und 2 wird **ergänzt** durch §183 Satz 2 GVG (vorläu- **4** fige Festnahme in der Sitzung). Die zwei genannten Bestimmungen, die ihrerseits die §§112, 112 a, §114 ergänzen, regeln mit diesen zusammen **abschließend,** wann jemand wegen einer Straftat im Hinblick auf ein künftiges Strafverfahren verhaftet werden kann. Demzufolge haben in §163 Abs. 1 die Worte, „um die Verdunkelung der Sache zu verhüten" nicht etwa die Bedeutung, Maßnahmen, die nach beiden Absätzen der hier behandelten Bestimmung nur unter bestimmten Voraussetzungen zulässig sind, einem an diese Voraussetzungen nicht gebundenen Ermessen der Beamten des **Polizeidienstes** zu unterwerfen (RGSt **27** 152; **67** 352).

Auf der anderen Seite bleiben die **Rechte unberührt,** die die Bestimmungen **über 5 Notwehr,** Nothilfe, rechtfertigenden und entschuldigenden Notstand (§§32, 34, 35 Abs. 1 StGB; §§228, 904 BGB) sowohl einem durch die Straftat Verletzten als auch dem vom Verdächtigen rechtswidrig angegriffenen Festnehmenden gewähren (RGSt **46** 350; **53** 132; **55** 82) sowie diejenigen Befugnisse, die Polizeibeamte nach Landesrecht zur Aufrechterhaltung der öffentlichen Ruhe, Sicherheit und Ordnung haben[5].

3. Rechtsfolgen. Der Festnehmende handelt, wenn die Voraussetzungen des §127 **6** vorliegen, rechtmäßig[6]; der Verdächtige hat demzufolge kein Notwehrrecht (RGSt **21**190; **54** 197; RG JW **1938** 2332; BayObLGSt **1956** 171). Ob die Tatumstände, die der Festnehmende als gegeben erachtet, auch wirklich so vorliegen, wie er sie sieht, ist nicht entscheidend. Für die Rechtmäßigkeit seines Handelns kommt es darauf an, ob er sie nach seinem pflichtgemäßen Ermessen für vorliegend erachten kann (RGSt **38** 375; BayObLGSt **15** [1916] 153). Auch wenn das Ergebnis seiner Prüfung sachlich falsch ist, handelt er rechtmäßig (RGSt **72** 311); entscheidend ist allein, ob die erkennbaren äußeren Umstände einen dringenden Tatverdacht vermitteln (BGH — Z — NJW **1981** 745). Der Festnehmende handelt dagegen rechtswidrig, wenn er nicht über die Umstände irrt, aus denen sich seine Berechtigung ergibt, sondern bei richtig erkannten Umständen irrig eine ihm vom Gesetz nicht eingeräumte Berechtigung in Anspruch nimmt, also z. B. im Falle des Absatzes 1 wegen Verdunkelungsgefahr oder zum Zwecke einer Vernehmung festnimmt (RGSt **27** 157).

II. Festnahme auf frischer Tat (Absatz 1)

1. Tatbegriff. Absatz 1 will sicherstellen, daß immer, wenn nach der Strafpro- **7** zeßordnung ein Verfahren eingeleitet werden kann, der Beschuldigte, der sich nicht identifizieren kann oder fluchtverdächtig ist, auf frischer Tat festgenommen werden darf. Er ergänzt sowohl §112 Abs. 2 Nr. 2 in Verb. mit §114 als auch §126 a in Verb. mit §114.

Demzufolge umfaßt der **Begriff Tat** sowohl die rechtswidrige, vom Täter schuld- **8** haft begangene Tat, die den Tatbestand eines Strafgesetzes[7] verwirklicht (wie sie §112 im Auge hat), als auch (der Fall, den §126 a behandelt) die rechtswidrige Tat, die der Täter im Zustand der Schuldunfähigkeit (§20 StGB; *Borchert* 343) oder der verminderten Schuldfähigkeit (§21 StGB) begangen hat (§11 Abs. 1 Nr. 5 StGB), im Fall der Schuldunfähigkeit aber nur, wenn der Täter damit zu rechnen hat, daß er in einem psych-

---

[5] RGSt **31** 308; OLG Celle GA **53** (1906) 302; KK-*Boujong* 5; KMR-*Müller* 18; *Kleinknecht/Meyer* 19.

[6] *Boehm* 492; RGSt **34** 446; BayObLGSt **2**

(1903) 387; OLG Celle NdsRpfl. **1963** 189; KK-*Boujong* 4.

[7] Eine Ordungswidrigkeit – auch nach §24 a StVG – genügt nicht (OLG Zweibrücken NJW **1981** 2016; *Benfer* 554; *Schlüchter* 251).

Günter Wendisch

iatrischen Krankenhaus (§ 63 Abs. 1 StGB) oder in einer Entziehungsanstalt (§ 64 StGB) untergebracht werden wird (§ 63 Abs. 2 StGB)[8]. Die Tat braucht nicht vollendet zu sein; auch der **Versuch** (§ 22 StGB) berechtigt festzunehmen, wenn er strafbar ist. Weil die Vorschrift auf die Zwecke der Strafverfolgung beschränkt ist, ist die **Festnahme von Kindern,** d.h. Personen unter 14 Jahren (§ 19 StGB; § 1 Abs. 3 JGG), nicht zulässig[9].

9　　**2. Verdachtsgrad.** Rechtfertigungs- und Entschuldigungsgründe stehen der Bestrafung und damit der Strafverfolgung entgegen. Sie hindern die Festnahme aber dann nicht, wenn sie dem Festnehmenden unbekannt sind (KK-*Boujong* 7). Zwar enthält Absatz 1 nicht den Begriff des dringenden Tatverdachts, doch ist es schlechthin unrealistisch, auf die Sicherheit der Täterschaft[10] abzustellen. Der Augenschein kann stets täuschen; was als rechtswidrige Tat erscheint, kann einen, dem Beobachter unbekannten, Rechtfertigungsgrund haben.

10　　Wenn der Staat die Festnahmebefugnis an die sichtbare Tat knüpft und in seinem Interesse den augenblicklichen Entschluß zur Festnahme billigt, kann er nicht mehr als den **dringenden Tatverdacht** verlangen[11]. Nur müssen wegen der Anknüpfung an die frische Tat, anders als bei der Feststellung des dringenden Tatverdachts nach § 112, alle außerhalb der sichtbaren Tat denkbaren Indizien außer Betracht bleiben; einziges Beweismittel ist die frische Tat selbst[12]. Daher ist die Festnahme gerechtfertigt, wenn die äußere Erscheinung der Tat dringenden Tatverdacht rechtfertigt (BGH – Z — 1981 745). Wegen des **Begriffs** des dringenden Tatverdachts s. § 112, 22. Der Festnehmende muß in der Lage sein, aus dem äußeren Tatgeschehen die Tat mit der Sicherheit zu beurteilen, die das äußere Tatgeschehen zuläßt. Das wird, wenn der Tatbestand **normative Tatbestandsmerkmale** enthält oder auf die Unfähigkeiten abstellt, die durch Rauschmittel verursacht sind, oftmals nicht der Fall sein (BGH GA 1974 177; OLG Zweibrücken NJW 1981 2016).

11　　**3. Frische Tat.** Die **Festnahme** ist jedermann gestattet, wenn jemand auf frischer Tat betroffen oder verfolgt wird. Frisch ist die Tat, wenn die Ausführung oder die eben

---

[8] Weitergehend *Schlüchter* 252; KK-*Boujong* 7; schon wenn nur die weiteren Voraussetzungen, nämlich Fluchtgefahr und fehlende Identität, vorliegen.

[9] *Meincke* 43; *Benfer* 9, 48; *Borchert* 343; *Roxin* § 31 A I 5 b; *Schlüchter* 253; KK-*Boujong* 8; *Kleinknecht/Meyer* 9; **a.A.** *Feisenberger* 1; RGSt 17 127; 19 103 und *Lobe/Alsberg* I 2 c, aber nur für den Fall, daß erzieherische, vorbeugende oder sonstige Maßnahmen oder Haftung gesetzlicher Vertreter usw. in Betracht kommen; KG JR 1971 30: Festnahme zulässig zur Feststellung der Personalien der Aufsichtspflichtigen, um diese wegen Verletzung der Aufsichtspflicht zur Verantwortung zu ziehen. – Aus § 128 ergibt sich, daß das nicht der Zweck der Festnahme ist; aus dem Tatbestand (Schneeballwerfen von Schulkindern), daß eine Verletzung der Aufsichtspflicht nicht in Betracht zu ziehen war.

[10] RGSt 12 195; OLG Hamm NJW 1972

1826; KG VRS 45 37; OLG Zweibrücken NJW 1981 2016; *Eb. Schmidt* Nachtr. I 8; *Karamuntzos* 58; *Schlüchter* 255; *Wiedenbrüg* JuS 1973 418; weitergehend – Festnehmender muß überzeugt sein, daß er den Festgenommenen auf frischer Tat betroffen hat – *Fincke* GA 1971 41 und JuS 1973 87; *Borchert* 341; offen – teilweise mit anderer Beurteilung der angezogenen Textstellen – BGH GA 1974 177; wie hier KK-*Boujong* 9.

[11] Eingehend zu diesem Problem *Borchert* 339 ff; enger OLG Bremen NJW 1972 1826; 1977 590: Tat muß zumindest nach ihren objektiven Voraussetzungen begangen oder verursacht worden sein; vgl. auch *Schlüchter* 295; *Albrecht* 96; *Schubert* 39; *Roxin* § 31 A I 5 b; *Fincke* 41 und JuS 1973 87; KK-*Boujong* 7; KMR-*Müller* 3 f; *Kleinknecht/Janischowsky* 314; *Kleinknecht/Meyer* 12.

[12] BGH GA 1974 177; BayObLG OLGSt § 127 StPO, 11; *Borchert* 343; KK-*Boujong* 9.

beendete Ausführung einer Tat einem Beobachter als rechtswidrige Tat oder als strafbarer Versuch einer solchen erkennbar ist[13]. Dazu braucht der Beobachter nicht sämtliche Teile der Handlung wahrzunehmen, nur müssen die wahrgenommenen Teile ohne weitere Indizien den beobachteten Hergang nach der Lebenserfahrung als rechtswidrige Tat erkennen lassen[14].

Meincke bezeichnet als frisch die Tat während oder kurz nach Ablauf des Tatgeschehens (S. 61), will aber als Zeitraum kurz nach der Tat nur die **Frist von 24 Stunden** ansehen (S. 72), und auch im Verfolgungsfall die Festnahme nur während der frischen Tat, also innerhalb von 24 Stunden, zulassen (S. 78), so daß er die beiden Festnahmemöglichkeiten nicht zu unterscheiden braucht (S. 80). Die rechtshistorischen und rechtsvergleichenden Untersuchungen *Meinckes* tragen seinen Schluß nicht. Denn das Gesetz trifft die Unterscheidung zwischen Betreffen und Verfolgen und setzt für die Verfolgung keine zeitliche Grenze. Die Annahme ist auszuschließen, daß der Gesetzgeber die Auslegung einer Vorschrift, die sich an jedermann wendet, von Kenntnissen der Rechtsgeschichte, ausländischer Rechte, anderer geltender und früherer Gesetze hätte abhängen lassen wollen. Fristen setzt das positive, geschriebene Recht. Fehlen sie, kann die Auslegung sie nicht schaffen. **12**

4. Betreffen und Verfolgen. Betroffen wird auf frischer Tat, wer während (RGSt 34 445) oder unmittelbar nach (RGSt 65 394) einer vollendeten oder, wenn mit Strafe bedroht, einer versuchten rechtswidrigen Tat am Tatort oder in dessen unmittelbarer Nähe bemerkt wird[15]. Der Begriff des Überraschens oder Entdeckens ist mit den Worten „betroffen wird" nicht notwendig verbunden (RGSt 73 348). **13**

Verfolgung auf frischer Tat (vgl. auch Erl. zu § 104) liegt vor, wenn unmittelbar nach Wahrnehmen, Bemerken oder Entdecken der vollendeten oder, wenn strafbar, auch der versuchten Tat die strafrechtliche Verfolgung des Täters aufgenommen wird. Es ist nicht erforderlich, daß der Täter, wenn die Tat bemerkt wird, selbst noch anwesend ist, wenn nur Spuren vorhanden sind, die auf eine bestimmte Person hinweisen und dem Verfolgenden gestatten, allein aus ihnen (Teile einer auffälligen Kleidung, benutztes Kraftfahrzeug) den Täter festzustellen[16]. Die Verfolgung umfaßt alle Maßnahmen, die darauf abzielen, den Täter zu ergreifen, und die das nach ihrer Natur ermöglichen, erleichtern oder sichern (RGSt 30 388), wie die Suche nach Beweismitteln. Sie braucht sich der **Entdeckung nicht** augenblicklich **anzuschließen.** Vielmehr kann sich der Verfolgende auf die Verfolgung dadurch vorbereiten, daß er Hilfskräfte und Hilfsmittel (etwa Kraftwagen) beschafft. Nicht notwendig ist, daß der Täter auf Sicht und Gehör verfolgt wird (*Eb. Schmidt* Nachtr. I 11), der Verfolgende kann ihm vorauseilen, Wege besetzen usw. (RGSt 30 388). Eine Rast nimmt dem Nacheilen nicht den Charakter der Verfolgung (RGSt 58 226). **14**

Der **Verfolgende** braucht nicht der Entdecker, kann vielmehr von diesem unterrichtet worden sein („haltet den Dieb"), doch muß die Tätigkeit des Verfolgenden auf eine Entdeckung der frischen Tat, sei es auch durch einen anderen, zurückgehen[17]. Wer in die Telefonleitung einer ihm bekannten Person gerät und aus dem, was diese einem **15**

---

[13] **A.A.** – Tatvorgang darf noch nicht beendet sein – *Peters* § 47 B I.

[14] KK-*Boujong* 10; *Kleinknecht/Janischowsky* 314.

[15] KK-*Boujong* 11; KMR-*Müller* 5; *Kleinknecht/Janischowsky* 314; *Kleinknecht/Meyer* 10.

[16] OLG Hamburg GA **1964** 342; KK-*Boujong* 12; *Kleinknecht/Janischowsky* 316; *Kleinknecht/Meyer* 11.

[17] *Borchert* 342; *Schubert* 45; KK-*Boujong* 13; KMR-*Müller* 5.

Günter Wendisch

Dritten mitteilt, erfährt, daß sie eine rechtswidrige Tat begangen hat, hat den Täter nicht auf frischer Tat betroffen und hat auch von niemandem, der das getan, davon erfahren. Er darf sie nicht selbst verfolgen, muß sich vielmehr mit einer Nachricht an die Polizei begnügen[18]. Der **Festnehmende** braucht nicht der erste Verfolger zu sein. Es genügt, wenn er von ihm oder einem weiteren Zwischenmann mit Verfolgungsmaßnahmen beauftragt worden ist (RGSt **60** 69).

16   Das Gesetz kennt keine **zeitliche Begrenzung** der Festnahmebefugnis. Danach kann, wenn der Täter nicht alsbald beim Betreffen festgenommen werden konnte, die Verfolgung bis zu seiner Festnahme fortgesetzt werden. Für den Fall der Verfolgung ist die frische Tat der Ausgang; eine zeitliche Begrenzung für das Ende der Verfolgung ist dem Begriff nicht zu entnehmen, wohl aber hängt die Verfolgungs- und Festnahmebefugnis davon ab, daß die Verfolgung auf die noch frische Tat hin begonnen worden ist. Wird jemand Stunden nach der Tat durch einen Beobachter unterrichtet, kann er den Täter nicht mehr auf frischer Tat verfolgen.

17   **5. Festnahmegründe.** Wer auf frischer Tat betroffen oder verfolgt wird, kann aus zwei Gründen festgenommen werden: weil er der Flucht verdächtig ist, oder weil seine Persönlichkeit nicht sofort festgestellt werden kann. Die beiden Gründe werden nicht, wie das in § 112 Abs. 2 und § 112 a Abs. 1 geschieht, als Haftgründe bezeichnet, und stimmen auch, wenigstens dem Wortlaut nach, mit keinem der Haftgründe des § 112 Abs. 2, § 112 a Abs. 1 überein; in Wirklichkeit ist das bei dem ersten Verhaftungsgrund doch der Fall (Rdn. 20, 21), und beide Festnahmegründe entsprechen in ihrer begrenzenden Bedeutung den Haftgründen der §§ 112, 112 a.

18   Dort machen die Haftgründe allein noch nicht die Voraussetzungen der Haft aus (§ 112, 2). Zu ihnen gehört noch der dringende Tatverdacht, dem hier die frische Tat entspricht, und die **Verhältnismäßigkeit** des anzuwendenden Zwangs zu dem angestrebten Erfolg (§ 112 Abs. 1 Satz 2)[19]. Dieser für die Untersuchungshaft ausdrücklich ausgesprochene Satz gilt für alle Akte der öffentlichen Gewalt. Er muß daher auch gelten, wenn ein Privater, im öffentlichen Interesse handelnd, den Vollzug eines künftigen Haftbefehls gleichsam vorwegnimmt (vgl. BGH — Z — NJW **1981** 745; *Roxin* § 31 A 5 c). Demzufolge besteht die Festnahmeberechtigung nicht, wenn die Festhaltung zu der Bedeutung der Sache und zu einer zu erwartenden Strafe oder Maßregel der Besserung und Sicherung außer Verhältnis steht (BayObLGSt **1959** 41; *Naucke* NJW **1968** 1225). Da die Abwägung für den Privaten äußerst schwierig ist, wird dieser das Festnahmerecht nur bei besonders schweren Verstößen, bei denen die Angemessenheit der Verhaftung auf der Hand liegt, ausüben können (*Naucke* SchlHA **1966** 101; *Schlüchter* 252).

19   **Keine Berechtigung** zur Festnahme verleiht Verdunkelungsgefahr (BGH VRS **40** 106), Wiederholungsgefahr — jedermann ohnehin nicht erkennbar — oder Ungehorsam gegen Ladungen (§ 230 Abs. 2, § 236, § 329 Abs. 4 Satz 1). Auch darf der Beschuldigte selbstverständlich nicht etwa deshalb festgenommen werden, weil er den beleidigt,

---

[18] *Burghard* (Dt. Pol. **1971** Nr. 11) vermißt hier zu Unrecht einen Hinweis auf § 201 Abs. 2 StGB. Indessen wird ziemlich allgemein verneint, daß das Telefon ein Abhörgerät ist (Bgr. BTDrucks. **IV** 650, S. 323; **V** 1880, S. 14; LK[9] *Mösl* § 298, 9; *Schönke/Schröder/Lenckner* § 201, 23; *Lackner* § 201, 4). Auf jeden Fall handelt, wer in eine fremde Telefonleitung „gerät", nicht vorsätzlich, auch nicht durch Unterlassen. Denn für ihn besteht, weil das Mithören nicht herbeigeführt hat, keine Rechtspflicht, das Mithören zu beenden (*Schönke/Schröder* aaO).

[19] *Naucke* SchlHA **1966** 101; NJW **1968** 1225; *Roxin* § 31 A I 5 c; *Schlüchter* 252; KK-*Boujong* 19; KMR-*Müller* 8.

der seine Person feststellen will (OLG Celle GA **53** 302). Wenn die Identität feststeht, ist es unzulässig, den Beschuldigten festzunehmen, um ihn alsbald zu vernehmen (RGSt **32** 270; **39** 190; **67** 352; BGH NJW **1962** 1021)[20] oder um den Erfolg einer Durchsuchung sicherzustellen (RGSt **15** 358).

6. Fluchtgefahr. Die vorläufige Festnahme ist zulässig, wenn der Verfolgte der **20** Flucht verdächtig ist. Diese abkürzende Formulierung sollte vor dem Inkrafttreten des StPÄG 1964 ersichtlich auf §112 verweisen. Dort wurde in Absatz 1 Nr. 1 ein Haftgrund umschrieben, der in Absatz 2 mit der Bezeichnung Fluchtverdacht versehen wurde. In der neuen Fassung ist der Tatbestand dieses Haftgrunds enger gefaßt: die Verhaftung ist nur zulässig, wenn aufgrund bestimmter Tatsachen (diese ausdrückliche Voraussetzung bestand zunächst nur bei Verdunkelungsgefahr) die Gefahr besteht (früher: die Befürchtung begründet ist), daß sich der Beschuldigte dem Strafverfahren entziehen werde. Der Haftgrund wird im Anschluß an die neue Formulierung als Fluchtgefahr, nicht mehr als Fluchtverdacht, bezeichnet. Dem Wortlaut nach verweist Absatz 1 mit den Worten „der Flucht verdächtig ist" nicht auf §112 Abs. 2 Nr. 2. Eine Begründung, warum §127 unverändert geblieben ist, ist den Materialien nicht zu entnehmen.

Man könnte die Auffassung vertreten, daß für eine Verhaftung, zu der **jeder- 21 mann** befugt ist, einfachere **Voraussetzungen** genügen und eine durchsichtigere Fassung bereitgestellt werden sollte[21]. Dem letzten Punkt würde die Erwägung entgegenstehen, daß die Fassung „der Flucht verdächtig" eine Kurzfassung ist, die der Erläuterung bedarf, wann denn dieser Verdacht gegeben sei. Dem ersten Punkt wäre entgegenzuhalten, daß der Staat die Rechte für den privat Einschreitenden eher geringer zu bemessen Veranlassung hätte, als bei seinen geschulten Beamten. Denn die Gefahr, daß der Private die Grenzen überschreitet, liegt nahe. Aus beiden Überlegungen muß man folgern, daß ein Redaktionsversehen vorliegt. Nach dem **Sinn** der Vorschrift **und** nach dem **System** des Abschnitts will Absatz 1 mit seiner ersten Festnahmemöglichkeit auf §112 Abs. 2 Nr. 2 **verweisen** (*Scheel* SchlHA **1967** 137). Die Vorschrift ist daher zu lesen: „wenn Fluchtgefahr besteht oder..."[22]. — Zu dem **Begriff** der Fluchtgefahr s. §112, 35.

7. Fehlender Identitätsnachweis. Die Festnahme ist ferner zulässig, wenn die Per- **22** sönlichkeit des Täters nicht sofort, d.h. grundsätzlich augenblicklich und an Ort und Stelle (wegen Abweichungen s. Rdn. 24), festgestellt werden kann[23]. Das ist der Fall, wenn der Betroffene in einer Weise, die ernstliche Zweifel ausschließt, nicht ohne Vernehmung oder Nachforschung identifiziert werden kann, z.B. weil er Angaben über

---

[20] Ebenso BayOblGSt **1956** 192; OLG Schleswig NJW **1956** 1570.
[21] So *Kleinknecht/Meyer* 12, 24; ähnlich *Albrecht* 150 ff; *Gössel* 88 f; *Roxin* §31 A I 2 d; *Schlüchter* 250; einschränkend *Borchert* 344. *Meyer* behauptet, die unterschiedliche Formulierung sei bewußt getroffen worden und habe gute Gründe, kann jedoch die Intentionalität nicht belegen. Sie ist auch dem Umstand nicht zu entnehmen, daß das Wort „verdächtig" mehrere Änderungen der Strafprozeßordnung überstanden hat. Denn alle diese Änderungen waren punktuell, und haben nie Zweifelsfragen, Redaktionsfehler,

selbst Verfassungswidrigkeiten (vgl. §116, 2) klargestellt, wenn nicht die Materie von dem beschränkten Änderungszweck unmittelbar berührt wurde. In §122 Abs. 1 ist durch Art. 21 EGStGB 1974 (auch früher wäre mehrfach Gelegenheit gewesen) nicht einmal auf „das" Gericht fälschlich bezogene Wort „er" geändert worden. Das ist erst stillschweigend in der Bekanntmachung 1975 nachgeholt worden.
[22] So auch *Naucke* SchlHA **1966** 101; NJW **1968** 1225; *Borchert* 344.
[23] *Schlüchter* 250; KK-*Boujong* 17; KMR-*Müller* 7; *Kleinknecht/Meyer* 13.

Günter Wendisch

seine Person verweigert (RGSt **21** 10). Aber auch die Namensangabe kann ungenügend sein, wenn keine Möglichkeit besteht, sie nachzuprüfen[24].

23   Ist der **Name** eines ortsansässigen Betroffenen **bekannt,** besteht grundsätzlich kein Recht, diesen festzunehmen (RGSt **67** 353), doch kann in großstädtischen Verhältnissen die Festnahme berechtigt sein, wenn nur der Familienname, nicht aber der Vorname und die Anschrift bekannt sind (OLG Hamburg MDR **1964** 778). Denn die Persönlichkeit ist nur dann festgestellt, wenn mit Hilfe bekannter oder nachgewiesener Angaben der Beschuldigte später zur Verantwortung gezogen werden kann. Reichen die Nachweise nicht aus, wird die Nachprüfung in der Regel möglich sein, wenn ein anderer, der sich selbst ausweisen kann, die Personalangaben und die Anschrift bestätigen kann (OLG Celle GA **53** (1906) 302).

24   Können die **Angaben,** etwa bei großem Verkehr, bei Unruhen oder weil — ernstlich und konkret — Störungen zu erwarten sind oder wegen Dunkelheit, **nicht** auf der Straße **nachgeprüft** werden, kann der Verdächtige zum nächsten Polizeirevier verbracht werden (RG JW **1925** 1000). Daß die Feststellung später oder durch einen anderen wahrscheinlich möglich sein wird, steht der Festnahme nicht entgegen (BayObLG LZ **1928** 1408). Daher braucht der Festnehmende, wenn der Verdächtige ein **Kraftfahrzeug** benutzt, sich nicht damit zu begnügen, das Kennzeichen festzustellen[25]. Denn damit allein kann der Nachweis, wer das Fahrzeug benutzt hat, nicht mit Sicherheit geführt werden. Wenn der Verdächtige dagegen ein **öffentliches,** nach Fahrplan verkehrendes, **Verkehrsmittel** führt, wird eine Anfrage bei der Leitung des Verkehrsbetriebs regelmäßig zur Identifizierung führen. Der theoretisch gleichwohl nicht völlig auszuschließende Beweisverlust ist so gering, daß er jedenfalls bei geringeren Straftaten hingenommen werden muß. Es widerspricht dem Grundsatz der Verhältnismäßigkeit, eine Straßenbahn anzuhalten, um den Ausweis des Fahrers einzusehen, wenn dieser etwa die Stoßstange eines Kraftwagens verbeult hat[26].

25   **8. Identitätsfeststellung.** Die Befugnis, den auf frischer Tat Betroffenen oder Verfolgten (Rdn. 11 bis 16) dann festzunehmen, wenn seine Identität nicht sofort festgestellt werden kann, steht jedermann zu. Jedermann ist auch ein Beamter des Polizeidienstes (Rdn. 26). Durch Absatz 1 Satz 2 werden diese Beamten aus der Regelung des Satzes 1 herausgenommen, soweit die Festnahme sich darauf stützt, daß die Identität nicht sofort festgestellt werden kann. Insoweit sind sie nicht mehr jedermann i. S. des Satzes 1; die Feststellung der Identität durch die Beamten des Polizeidienstes bestimmt sich jetzt nach § 163 b Abs. 1[27]. Daher muß dazu auf die Kommentierung dieser Vorschrift verwiesen werden. Mit der Herausnahme der Beamten des Polizeidienstes aus Absatz 1 Satz 1 entfällt auch die Möglichkeit, daß diese Beamten — als jedermann — im Fall des Satzes 1 auch außerhalb ihres Amtsbezirks tätig werden, soweit die Festnahme sich

---

[24] RGSt **27** 199; KK-*Boujong* 17; KMR-*Müller* 7.

[25] OLG Schleswig NJW **1953** 275; KG VRS **16** 113.

[26] **A.A.** – Feststellungsberechtigter braucht sich nicht mit einer Anfrage bei dem Verkehrsbetrieb zu begnügen – OLG Düsseldorf VRS **9** 217.

[27] § 163 b bringt nur den Grundsatz der Identitätsfeststellung und der dazu erforderlichen Maßnahmen, wozu das Festhalten gehört, und die hierfür gegebenen Voraussetzungen und deren Einschränkungen. Die Art und Weise, wie die Maßnahmen durchzuführen sind, ist in § 163 c geregelt und eine notwendige Ergänzung des § 163 b. Wenn § 127 Abs. 1 Satz 2 (nur) auf § 163 b Abs. 1 verweist, hindert das nicht, daß § 163 c notwendigerweise auch Anwendung findet (*Riegel* NJW **1979** 148 Fußn. 15; *Jung* JuS **1978** 500; vgl. auch *Benfer* 72 *Kurth* 1378 Fußn. 17; *Kleinknecht/Meyer* 21; KK-*Boujong* 23).

darauf stützt, daß die Identität nicht sofort festgestellt werden kann. Im übrigen (Festnahme wegen Fluchtverdachts) gilt die bisherige Regelung (Rdn. 26) weiter.

9. Festnahmeberechtigte. Die Befugnis zur Festnahme hat **jedermann,** also auch **26** ein Ausländer oder Minderjähriger; eine Altersgrenze besteht nicht (*Karamuntzos* 17). Eine persönliche Beziehung des Festnehmenden zu der Tat ist nicht erforderlich. Er braucht also nicht der Verletzte oder damit beauftragt zu sein, dessen Interessen wahrzunehmen (RGSt **12** 194). Jedermann ist auch ein Polizeibeamter[28], der hier — anders als nach Absatz 2 — auch außerhalb seines Amtsbezirks tätig werden kann.

Die **Festnahmeberechtigung** eines Privaten **endet,** wenn die öffentliche Gewalt, in **27** der Regel die Polizei, selbst einschreitet und damit das Handeln des Privaten für sie (RGSt **17** 128) überflüssig macht. Gegen ihren Willen kann ein Privater nicht tätig werden. Nimmt die anwesende Polizei einen ihr zwar bekannten, aber fluchtverdächtigen Täter nicht fest — etwa weil die Festhaltung zu der Bedeutung der Sache außer Verhältnis stehen würde —, ist ein Privater nicht befugt, das von sich aus zu tun.

10. Festnahme. Jede Einwirkung, die über die Frage nach Namen und Anschrift **28** und die Einsicht in freiwillig vorgelegte Ausweise hinausgeht, ist Festnahme. Sie liegt also namentlich vor, wenn jemand zum Polizeirevier mitgenommen wird, damit dort seine Personalien festgestellt werden (RGSt **27** 157)[29]. Die Festnahme wird **durchgeführt** durch die Aufforderung, dem Festnehmenden zum Richter beim nächsten Amtsgericht oder, was vorzuziehen ist, zur nächsten Polizeistation (§128, 7) zu folgen. Hat die Aufforderung keinen Erfolg, ist der Festnehmende befugt, die zur Vorführung nötigen Mittel, namentlich **Gewalt, anzuwenden**[30]. Er darf den Widerstand auch durch unmittelbaren Zwang überwinden (OLG Koblenz VRS **54** 358). Dazu darf er Handlungen vornehmen, die ohne diese Berechtigung als Freiheitsberaubung, Nötigung und körperliche Mißhandlung strafbar wären (RGSt **12** 197; **34** 446; **65** 392; *Boehm* 493; *Meincke* 11). Kann der Festnehmende den Täter nicht alsbald zum Richter beim nächsten Amtsgericht oder zur Polizei bringen, darf er ihn in einem Privatzimmer festhalten, bis Polizei herbeigerufen werden kann (KG JR **1971** 30). Die Vorschrift gestattet nur, die Bewegungsfreiheit aufzuheben, erlaubt aber sonst weiter keine Einschränkung (RG DJZ **1905** 219)[31]. Wegen des Verhältnisses zu §81a vgl. die dort. Erläuterungen.

11. Festnahmemittel. Der Festnehmende kann den Täter zwingen, in ein Kraft- **29** fahrzeug zu steigen (OLG Braunschweig HESt **2** 83). Er kann ihn festhalten und dazu fest anpacken. Doch ist ihm darüber hinaus, anders als bei der Notwehr, nicht jedes Mittel gestattet. Vielmehr muß die mit den angewendeten Mitteln verbundene Rechtsgutverletzung in einem angemessenen **Verhältnis** zu dem angestrebten Zweck der Festnahme stehen (RGSt **65** 394). Danach ist in der Rechtsprechung grundsätzlich für unzulässig erachtet worden, Leib und Leben des Betroffenen zu verletzen[32], namentlich auf einen

---

[28] RGSt **21** 12; **27** 156; **46** 351; *Borchert* 338; *Schubert* 48; *Schlüchter* 261.1; KK-*Boujong* 22; KMR-*Müller* 9; *Kleinknecht/Meyer* 20.

[29] Ebenso *Lobe/Alsberg* V; *Schlüchter* 261.2; KK-*Boujong* 24; KMR-*Müller* 23; **a.A.** RG JW **1925** 1000; JW **1935** 3393; OLG Braunschweig GA **1953** 28.

[30] OLG Karlsruhe NJW **1974** 806; *Roxin* §31 II 2a; KK-*Boujong* 27; KMR-*Müller* 14 f; *Kleinknecht/Meyer* 16.

[31] Beispiele: An sich erlaubte Drohungen dürfen nicht in Beleidigungen eingekleidet werden. Der Beschuldigte darf nicht geduzt werden (BayObLGSt **33** [1934] 42).

[32] RGSt **34** 446; *Eb. Schmidt* Nachtr. I 24; *Roxin* §31 II 2; KK-*Boujong* 28; *Kleinknecht/Meyer* 16; **a.A.** KMR-*Müller* 16: unvermeidbare Körperverletzung erlaubt.

Günter Wendisch

Fliehenden, auch nur mit Schrot, angriffsweise zu schießen[33]. Mit Schießen zu drohen (RGSt **12** 197; **65** 394) und ein Warnschuß bleiben erlaubt; Belästigung der Allgemeinheit durch einen solchen Schuß muß hingenommen werden (BayObLGSt **2** 387). Fesseln und Binden sind in besonderen Fällen erlaubt, doch ist starkes Fesseln unzulässig[34]. Die Rechtsprechung ist an Fällen entwickelt worden, in denen die Tat geringfügig war. Sie ist nicht ohne weiteres auf die Festnahme bei **schweren Verbrechen** zu übertragen. Denn das angemessene Verhältnis, in dem die angewendeten Mittel zu dem Festnahmezweck stehen sollen, ist auch in Beziehung zu der verübten Rechtsgutverletzung zu suchen. Daher kann auch ein unbeteiligter Dritter nach Entdeckung eines beendeten Mordes den flüchtigen Täter mit der Schußwaffe an der Flucht hindern, sofern er alle Sorgfalt anwendet, ihn nicht zu töten[35]. § 32 StGB (Rdn. 5) bleibt auch hier vorbehalten.

30   Der Festnehmende darf dem Verdächtigen **Sachen wegnehmen,** die ihm die Fortbewegung erleichtern (OLG Saarbrücken NJW **1959** 1191). Ebenso kann er ihm Beweisstücke abnehmen, deren er sich zu entäußern sucht (KK-*Boujong* 29). Schließlich kann er sich, wenn er den Beschuldigten nicht festzunehmen vermag, darauf beschränken (*Boehm* 493), ihm solche Sachen wegzunehmen, die es ermöglichen, ihn zu identifizieren (RGSt **8** 291)[36]. Das gilt jedoch nur für Sachen, die der Täter bei sich führt, nicht für solche, die er in seiner Wohnung oder an anderer Stelle verwahrt (OLG Celle GA **37** [1889] 377).

31   Ist der Festnehmende ein **Beamter**, so beantwortet sich die Frage, welche Handlungen er zum Zwecke der Festnahme vornehmen darf, nach den für diesen Fall für seine Beamtengruppe erlassenen besonderen Vorschriften (OLG Koblenz VRS **54** 358). Danach kann einem Beamten der Gebrauch von Schußwaffen weitergehend als einem Privaten erlaubt sein (RG Recht **1926** 344; RGSt **72** 305). Die Einzelheiten regeln die Gesetze des Bundes und der Länder über die Anwendung unmittelbaren Zwangs; für die Bundeswehr das entsprechende Gesetz vom 12. 8. 1965 (BGBl. I 796); sie gestatten den Schußwaffengebrauch nur bei besonders gelagerten Fällen. Die aus seinem Amt erwachsenen Befugnisse hat der Beamte jedoch nur, wenn er die sachlichen (RGSt **66** 340) und örtlichen Grenzen seines Amtes innehält.

32   **12. Kraftfahrer als Täter.** Aus dem Recht, die Persönlichkeit des Verdächtigen festzustellen, und, wenn dies an Ort und Stelle nicht möglich ist, ihn dazu festzunehmen, folgt das weitere, die Fortbewegung des Verdächtigen zu verhindern. Das wirft besondere Fragen auf, wenn der Verdächtige zur Fortbewegung ein Kraftfahrzeug auf öffentlichen Straßen benutzt. Ist der Täter gestellt, kann er durch Wegnahme des Zündschlüssels an der Flucht gehindert werden (OLG Saarbrücken NJW **1959** 1191). Muß er noch gestellt werden, ist es grundsätzlich zulässig, Hindernisse zu bereiten, die es ihm unmöglich machen, weiter zu fahren (OLG Hamburg HRR **1928** 1401). Dabei ist aber sowohl eine Gefährdung des Straßenverkehrs[37] als auch regelmäßig eine solche des Flüchtigen

---

[33] RGSt **65** 394; **69** 312; **71** 52; **72** 306; **a.A.** KG GA **69** (1925) 288.

[34] RGSt **17** 128; *Roxin* § 31 II 2 a; *Schlüchter* 257.2; *Kleinknecht/Meyer* 16.

[35] **A.A.** – kein Recht, auf Fliehende zu schießen – *Peters* § 47 B I 1; *Eb. Schmidt* Nachtr. I 25; *Roxin* § 31 A II 2 a, 185; *Schlüchter* 257.2; *Gössel* 87; wie hier BGH bei *Holtz* MDR **1979** 985; BGH bei *Pfeiffer* NStZ **1981** 94;

KK-*Boujong* 28; KMR-*Müller* 16; *Kleinknecht/Meyer* 16.

[36] Ebenso RG GA **50** (1903) 392; KG GA **70** (1926) 12; OLG Düsseldorf HESt **1** 270; *Peters* § 47 B I 1 letzter Absatz *Schlüchter* 257.3; **a.A.** – zwangsweise Sachentziehung darf allein nach § 94 ff beurteilt werden – *Eb. Schmidt* Nachtr. I 26.

[37] OLG Hamm VRS **16** 136; **23** 453; KG VRS **17** 359; OLG Oldenburg VRS **32** 275.

zu vermeiden[38]. Daher ist es in der Regel nicht zulässig, eine belebte Straße (BayObLG LZ **1928** 1408), auf jeden Fall eine Autobahn, wegen einer nur geringfügigen Tat zu sperren (vgl. OLG Celle NdsRpfl. **1958** 98). Doch müssen die anderen Verkehrsteilnehmer Belästigungen auf sich nehmen (OLG Düsseldorf VRS **9** 217). Auch hier dürfen indessen einzelne Entscheidungen **nicht verallgemeinert** werden. Was nicht angemessen ist, wenn jemand verfolgt wird, der nur einer geringfügigen Tat verdächtig ist, kann geboten sein, wenn ein Kraftfahrer gestellt werden soll, der nach einem von ihm verursachten schweren Unfall die Flucht ergriffen hat. Versucht er, den Verfolger rücksichtslos abzuschütteln und gefährdet er ihn dabei, so ist es erlaubt, auch ihn zu gefährden[39]. Andere dürfen allerdings nicht in Gefahr gebracht werden, müssen aber hinnehmen, daß sie belästigt und in schweren Fällen auch behindert werden.

13. Form. Die Festnahme unterliegt keiner besonderen Form[40]. Sie braucht nicht **33** ausdrücklich als solche bezeichnet zu werden. Der Festnehmende kann, wenn sonst der beabsichtigte Erfolg gefährdet wäre, davon absehen, sowohl die Festnahme (OLG Braunschweig HESt **2** 83) als auch eine dazu etwa erforderliche Gewaltanwendung (BayObLGSt **1959** 38) anzukündigen. Die vorgenomme Handlung muß jedoch dem Verdächtigen als eine Festnahme erkennbar sein[41]. Hierzu wird regelmäßig die — zumindest schlüssige — Aufforderung an den Betroffenen erforderlich sein, zur nächsten Polizeiwache mitzukommen (*Schlüchter* 257.1).

Zur **Nachtzeit** kann ohne Beschränkung verhaftet werden (RGSt **40** 67), wenn **34** der zu Verhaftende außerhalb einer Wohnung, eines Geschäftsraums oder eines befriedeten Besitztums betroffen wird oder diese Örtlichkeit auf Auffordern freiwillig verläßt. Muß eine **Wohnung** usw., um den Beschuldigten zu verhaften, sei es am Tag sei es zur Nachtzeit, betreten werden, liegt darin eine **Durchsuchung,** die nur unter den Voraussetzungen der §§ 102 bis 104 zulässig ist[42]. Weil sie nach diesen Bestimmungen ein behördlicher Eingriff ist, scheidet sie für Private aus. Für Hilfsbeamte der Staatsanwaltschaft (§ 105 Abs. 1) ist sie, da der Beschuldigte festgenommen werden soll, nachdem er auf frischer Tat verfolgt worden ist, nach §§ 104 Abs. 1, 105 Abs. 1 zulässig.

III. Festnahme bei Gefahr im Verzug (Absatz 2)

1. Gefahr im Verzug liegt vor, wenn die Festnahme gefährdet wäre (vgl. § 81 a **35** Abs. 2, § 81 c Abs. 5) zufolge der Verzögerung, die eintreten würde, falls zuvor ein richterlicher Haft- oder Unterbringungsbefehl erwirkt werden müßte. Dabei kommt es indessen nicht auf eine — kaum feststellbare — objektive Gefahr an, sondern allein darauf, ob der Beamte bei seinem Einschreiten auf Grund der gesamten Umstände des Falles nach seinem pflichtgemäßen Ermessen als wahrscheinlich annehmen kann, der Festnahmeerfolg sei gefährdet[43].

---

[38] OLG Schleswig NJW **1953** 275; OLG Frankfurt VerkMitt. **1959** 72; *Roxin* § 31 II 2 b; KK-*Boujong* 32; *Kleinknecht/Meyer* 18.

[39] Enger *Schlüchter* 257.3: nur wenn die Voraussetzungen von §§ 32, 35 StGB vorliegen; wie hier: KK-*Boujong* 32.

[40] OLG Koblenz VRS **54** 359; *Roxin* § 31 A II 1 a; *Schlüchter* 257.1; KK-*Boujong* 25; *Kleinknecht/Meyer* 15.

[41] BayObLGSt **1960** 66 = NJW **1960** 1583; KK-*Boujong* 25; *Kleinknecht/Meyer* 15.

[42] RGSt **31** 308; *Peters* § 47 B I 1 Abs. 7 und 8; *Roxin* § 31 A II 2 c; *Eb. Schmidt* Nachtr. I 5; **a.A.** – vorläufige Festnahme kann jederzeit an jedem Ort vorgenommen werden – RGSt **40** 67 und wohl auch *Kaiser* NJW **1980** 876 und *Kleinknecht/Meyer* 25.

[43] RGSt **37** 34; **38** 373; *Schlüchter* 261.1; KK-*Boujong* 35; *Kleinknecht/Janischowsky* 322.

Günter Wendisch

36　　Liegen die **Voraussetzungen eines Haftbefehls** vor, dann darf der Polizeibeamte den Fall der Gefahr im Verzug nicht dadurch herbeiführen, daß er, ohne einen Haftbefehl erwirkt zu haben, den Beschuldigten vernimmt und dadurch einen latenten Entschluß zur Flucht oder zur Verdunkelung zu einer konkreten Gefahr macht. Ist der Beamte aber versehentlich oder absichtlich so verfahren, dann hat das auf sein Recht zur Festnahme gleichwohl keinen Einfluß. Der Umstand, daß er durch frühere Fehler oder Pflichtwidrigkeiten die **Gefahr mitverursacht** hat, muß außer Betracht bleiben (BGHSt 3 243).

37　　2. **Voraussetzungen eines Haft- oder Unterbringungsbefehls.** Die vorläufige Festnahme ist nur dann zulässig, wenn neben Gefahr im Verzug die Voraussetzungen eines Haft- oder Unterbringungsbefehls vorliegen. Damit ist die vorläufige Festnahme nach Absatz 2 fest mit § 112, § 112 a, § 113 und § 126 a verzahnt. Im Gegensatz zu Absatz 1 ist im Fall des Absatzes 2 die Festnahme auch wegen **Verdunkelungs- und Wiederholungsgefahr** zulässig. Die Verdunkelungsgefahr kann den Umständen (in Angriff genommene Vernichtung von Beweismitteln, in die Wege geleitete Reise zu dem Hauptbelastungszeugen), die Wiederholungsgefahr den polizeilichen Personalakten entnommen werden.

38　　Der Ausdruck „**Voraussetzungen eines Haftbefehls**" kommt außer in Absatz 2 noch in § 127 a Abs. 1 und in § 132 Abs. 1 — sowie in der umständlicheren Wendung „Voraussetzungen für den Erlaß eines Haftbefehls" in § 112 a Abs. 2 — vor, doch ist an keiner dieser Stellen gesagt, worin diese Voraussetzungen bestehen. Sie sind § 114 zu entnehmen, wenn man auch dessen Absatz 2 in Betracht zieht. Danach bestehen sie, wie sich vor allem auch aus § 120 Abs. 1 ergibt, aus den Voraussetzungen der Untersuchungshaft (§ 112, 2) und der Verhältnismäßigkeit der Untersuchungshaft zu der zu erwartenden Sanktion (§ 112 Abs. 1 Satz 2; § 120 Abs. 1 Satz 1 zweiter Halbsatz). Die Notwendigkeit, die beiden Voraussetzungen zu unterscheiden, ergab sich daraus, daß nicht die Verhältnismäßigkeit als Haftvoraussetzung, sondern die **Unverhältnismäßigkeit** als **Ausschließungsgrund** aufgebaut worden ist.

39　　Die **Voraussetzungen der Untersuchungshaft** sind in § 112, § 112 a und § 113 abschließend aufgeführt. Sie bestehen aus dringendem Tatverdacht und einem Haftgrund. Der Haftgrund wird in § 113 eingeschränkt, in § 112 Abs. 3 fehlt er und ist durch gewisse Umstände zu ersetzen (§ 112, 52; § 114, 16). Die **Voraussetzungen eines Unterbringungsbefehls** sind in § 126 a Abs. 1 abschließend aufgeführt. Sie fallen mit den Voraussetzungen der einstweiligen Unterbringung zusammen (§ 126 a Abs. 3 Satz 1), weil eine Unverhältnismäßigkeitsklausel fehlt, wie sie § 112 Abs. 1 Satz 2 aufführt. Das Erfordernis der öffentlichen Sicherheit (§ 126 a Abs. 1, letzter Halbsatz) ist (richtigerweise) positiv gefaßt.

40　　3. **Festnahmeberechtigt** sind die Staatsanwaltschaft und die Polizeibeamten. Der Ausdruck **Staatsanwaltschaft** umfaßt die Bundesanwälte, die Staatsanwälte und die Amtsanwälte einschl. ihrer Beförderungsstufen. Bundesanwälte sind auch die bei der Bundesanwaltschaft beschäftigten Oberstaatsanwälte sowie die mit staatsanwaltschaftlichen Aufgaben befaßten — im Abordnungsverhältnis tätigen — Planrichter und nichtstaatsanwaltschaftlichen Beamten, Staatsanwälte auch die mit der Wahrnehmung staatsanwaltschaftlicher Aufgaben beauftragten Richter auf Probe, Amtsanwälte auch die mit der Wahrnehmung amtsanwaltschaftlicher Aufgaben beauftragten Referendare (OLG Düsseldorf JMBlNRW **1965** 103), Rechtskandidaten (§ 5 b Abs. 2 DRiG in Verb. mit § 142 Abs. 3 GVG) und Inspektoren. Die **Amtsanwälte** sind festnahmeberechtigt nicht nur im Umfang ihrer Zuständigkeit nach den Anordnungen der Landesjustizverwaltungen über Organisation und Dienstbetrieb der Staatsanwaltschaft, sondern in allen Sachen, die zur Zuständigkeit des Amtsgerichts (§ 24 GVG) gehören (§ 142 Abs. 2 GVG), doch wird sich der Amtsanwalt in den ihm nach jenen Verfügungen nicht zugewiesenen Sachen der Anordnung einer Festnahme zu enthalten haben, wenn nicht Gefahr im Verzug in der Weise vorliegt, daß nicht nur kein Richter, sondern auch kein Staatsanwalt zu erlangen ist.

Beamte des Polizeidienstes sind alle Beamten des Polizeidienstes (Schutzpolizei, **41** einschl. Wasserschutz- und Bereitschaftspolizei, und Kriminalpolizei), nicht nur die Beamten derjenigen Klassen, die nach § 152 Abs. 2 GVG als Hilfsbeamte der Staatsanwaltschaft bezeichnet worden sind[44]. Hilfsbeamte der Staatsanwaltschaft, die **nicht Polizeibeamte** sind, fallen nicht unter Absatz 2, doch ist einzelnen Klassen von ihnen in Einzelgesetzen die Befugnis zur Verhaftung ausdrücklich beigelegt worden. So nimmt nach § 399 Abs. 1 AO die Finanzbehörde, die das Ermittlungsverfahren aufgrund des § 386 Abs. 2 AO selbständig durchführt, die Rechte und Pflichten der Staatsanwaltschaft im Ermittlungsverfahren wahr. Finanzbehörden i. S. dieser Bestimmungen sind das Hauptzollamt, das Finanzamt und das Bundesamt für Finanzen (§ 386 Abs. 1 Satz 2 AO; vgl. § 6 AO). Die Zollfahndungsämter und die mit der Steuerfahndung betrauten Dienststellen der Landesfinanzbehörden sowie ihre Beamten haben nach § 404 AO dieselben Rechte und Pflichten wie die Behörden und Beamten des Polizeidienstes nach den Vorschriften der Strafprozeßordnung; ihre Beamten sind Hilfsbeamte der Staatsanwaltschaft.

In der Sitzung kann der Richter die vorläufige Festnahme wegen einer dort be- **42** gangenen Straftat verfügen (§ 183 Satz 2 GVG). Aber auch in bezug auf die Tat, die er aburteilt, kann er nicht weniger Rechte als der Staatsanwalt haben. Daher kann auch er den Angeklagten vorläufig festnehmen, wenn die Maßregeln nach § 231 Satz 2 nicht ausreichen, etwa weil die Voraussetzungen eines Haftbefehls wegen Verdunkelungsgefahr vorliegen, den das Gericht, weil es nicht zuständig ist (§ 125, 4) nicht erlassen kann.

Die vorläufige Festnahme von **Soldaten** wegen eines Dienstvergehens richtet sich **43** nach § 9 WDO. Die Bestimmung verleiht den militärischen Vorgesetzten keine Befugnisse nach Absatz 2 (*Dreher/Lackner/Schwalm* WStG § 46, 9). Von den Bahnpolizeibeamten sind nur die hauptamtlichen zur Festnahme nach Absatz 2 befugt[45]. Privatdetektive haben keine Recht nach Absatz 2 (RGSt **59** 296).

4. Festnahme. Wegen der Durchführung gilt das zu Rdn. 28 bis 34 Ausgeführte **44** entsprechend. Bei Verhaftungen zur **Nachtzeit** ist zu beachten, daß die Gefahr im Verzug, von der Absatz 2 spricht, nicht dieselbe zu sein braucht, die nach § 104 Abs. 1 berechtigt, eine Wohnung zur Nachtzeit zu durchsuchen. Auch wenn ein Polizeibeamter einen Täter verhaften muß, ohne vorher einen richterlichen Haftbefehl erwirken zu können, kann durchaus die Möglichkeit bestehen, daß er mit der Verhaftung bis zum Tagesanbruch wartet, falls feststeht, daß der Gesuchte sich in der Wohnung aufhält und wenn deren Ausgänge gesichert werden können.

5. Rechtsbehelf. Wird der Beschuldigte nach Absatz 2 vorläufig festgenommen **45** und soll die vorläufige Festnahme andauern, so regelt sich das weitere Verfahren nach § 128; es geht in das Rechtsschutzsystem des Haftrechts über (*Rieß/Thym* GA **1981** 206). Streitig ist die Frage, ob und gegebenenfalls wie ein nach Absatz 2 vorläufig Festgenom-

---

[44] *Eb. Schmidt* Nachtr. I 14; *Schlüchter* 261.1; KK-*Boujong* 39; KMR-*Müller* 13.

[45] § 55 Abs. 2 der Eisenbahn-Bau- und Betriebsordnung vom 8. 5. 1967 (BGBl. II 1565).

Günter Wendisch

mener eine Nachprüfung der vorläufigen Maßnahme erreichen kann, wenn er ohne Vorführung vor den Richter wieder freigelassen wird. Bis Mitte des vorigen Jahrzehnts[46] wurde in Rechtsprechung und Lehre überwiegend die Meinung vertreten, die **Nachprüfung erledigter Maßnahmen** gegen einen Beschuldigten sei ausgeschlossen, weil Ermittlungshandlungen wie Durchsuchung, körperliche Untersuchung oder auch Vorführung durch Staatsanwaltschaft und Polizei Prozeßhandlungen seien, die bis zur Eröffnung des Hauptverfahrens, abgesehen von den in der Strafprozeßordnung ausdrücklich vorgesehenen Fällen, grundsätzlich keiner gerichtlichen Nachprüfung zugänglich seien[47].

46   Gegen diese Ansicht, der zunächst in der Literatur widersprochen wurde[48], haben sich inzwischen auch der Ermittlungsrichter des Bundesgerichtshofs (GA **1981** 223) und das Oberlandesgericht Celle (StrVert. **1982** 513) gewandt. Beide halten die gerichtliche Nachprüfung einer erledigten strafprozessualen Verfolgungsmaßnahme dann für zulässig, wenn der davon Betroffene — wie das bei einem vorläufig Festgenommenen regelmäßig der Fall ist — an der **Feststellung der Rechtswidrigkeit** dieser Maßnahme ein fortwirkendes Interesse hat. Während das Oberlandesgericht Celle für diese Überprüfung den Rechtsweg nach § 23 EGGVG eröffnen will, hält der Ermittlungsrichter des Bundesgerichtshofs die Entscheidungszuständigkeit des Ermittlungsrichters aufgrund analoger Anwendung des § 98 Abs. 2 für gegeben. Zur Begründung seines Standpunkts bezieht er sich auf die Rechtsprechung des Bundesgerichtshofs zur Frage der Rechtmäßigkeit einer Durchsuchungsanordnung des Staatsanwalts bei einem nicht beschuldigten Dritten[49] sowie auf neuere Ansichten in der Literatur[50], die in § 98 Abs. 2 einen allgemeinen Rechtsgrundsatz sehen, der auf alle Grundrechtsverletzungen auszudehnen sei.

47   Der im vorhergehenden Absatz vertretenen Ansicht — sowohl des Ermittlungsrichters des Bundesgerichtshofs als auch des Oberlandesgerichts Celle — ist zu **widersprechen.** Vielmehr ist an dem Rechtszustand festzuhalten, der seit 1879 über 100 Jahre

---

[46] Vgl. OLG Koblenz GA **1975** 340; OLG Karlsruhe NJW **1976** 1417; **1978** 1595; Justiz **1979** 275; NStZ **1982** 434; OLG Stuttgart NJW **1977** 2276; *Altenhain* DRiZ **1966** 361; **1970** 106; *Kaiser* NJW **1961** 201; *Eb. Schmidt* NJW **1963** 1085 ff; *Lüke* JuS **1961** 208; *D. Meyer* JuS **1971** 297; *Schmidt* SchlHA **1962** 73; umfassend zu dieser Problematik LR-*Schäfer*[23] § 23 EGGVG XV bis XX sowie *Meyer* FS Schäfer 119 ff; vgl. auch BVerfGE **49** 329; **a.A.** für Maßnahmen gegen Dritte KG JR **1972** 297; GA **1976** 79.

[47] Gedanke eines gewissen gerichtsfreien Raums sowie der untrennbaren Einheit zwischen Ermittlungs- und gerichtlichem Eröffnungs- und Hauptverfahren; vgl. LR-*Schäfer*[23] § 23 EGGVG XV; *Bottke* JA **1980** 719; sowie – allgemein – zur Überprüfung von Maßnahmen der Staatsanwaltschaft im Ermittlungsverfahren BVerfG NStZ **1982** 430; **1984** 229.

[48] Vgl. die Hinweise bei *Rieß/Thym* GA **1981** 200.

[49] BGHSt **28** 57; vgl. auch BGHSt **28** 160, 206; KG JR **1972** 297; zur Ansicht des BGHs s. auch die kritischen Ausführungen von *Meyer* FS Schäfer 130 ff im Gegensatz zu KK-*Boujong* 48.

[50] U. a. *Peters* JR **1972** 300; **1973** 341; *Amelung* NJW **1978** 1014; **1979** 1687; *Gössel* GA **1977** 28; *Rieß* fordert (de lege ferenda) ganz allgemein die effektivere Ausgestaltung des Rechtsschutzes gegen strafprozessuale Zwangsmaßnahmen. „Dazu gehört, daß strafprozessuale Zwangsmaßnahmen nicht mittels ihrer Qualifikation als Prozeßhandlungen einer gesonderten Anfechtung entzogen werden und daß auch bei erledigten Zwangsmaßnahmen nachträglicher Rechtsschutz möglich ist" (FS Schäfer 206, Leitsatz 42); seine Ideen haben Eingang in den – allerdings nicht weiter verfolgten – Referentenentwurf eines Gesetzes zur Änderung der Strafprozeßordnung – Vereinheitlichung und Verbesserung des Rechtsschutzes gegen strafprozessuale Maßnahmen vom 15. 1. 1981 gefunden; dazu *Rieß* ZRP **1981** 101.

gegolten hat. Für diesen Standpunkt dürfte einmal sprechen, daß der richterliche Über-
prüfungsumfang in § 128 Abs. 2 verbindlich festgelegt ist. Danach ist dem Richter aber
die Prüfung versagt, ob die Festnahme gerechtfertigt oder rechtswidrig war, ihm vielmehr allein eine Entscheidungsbefugnis über die Frage eingeräumt, ob im Zeitpunkt *seiner* Entscheidung die Voraussetzungen eines Haft- oder Unterbringungsbefehls vorliegen (§ 128, 14)[51]. Die Richtigkeit dieser Ansicht folgt aber auch daraus, daß das Gesetz
an die Entscheidung des Richters — etwa, die vorläufige Festnahme sei rechtswidrig gewesen — keine Folgen knüpft, sie mithin für den vorläufig Festgenommenen ohne jeden
rechtlichen Wert wäre. Die als Fortentwicklung eines allgemeinen Rechtsgedankens des
§ 98 Abs. 2 herausgestellte Entscheidungszuständigkeit des Ermittlungsrichters bedeutet in Wirklichkeit eine Komplizierung des Rechts, ohne daß dadurch die Rechtsposi-
tion des Festgenommenen verbessert würde. Hätte der Gesetzgeber eine solche Entscheidungsbefugnis gewollt, hätte er auch die Folgen regeln müssen, die sich für den
Fall der Feststellung einer rechtswidrigen Festnahme daraus ergeben. § 98 Abs. 2 —
auch nicht bei analoger Anwendung — läßt eine solche Entscheidung nicht zu, § 28
EGGVG, der eine solche Möglichkeit an sich eröffnen könnte, scheidet als gesetzliche
Grundlage deshalb aus, weil im Verfahren nach §§ 23 ff EGGVG nur solche Einwendungen geltend gemacht werden können, die die Art und Weise des Vollzugs der vorläufigen Festnahme betreffen, während die Frage der Rechtmäßigkeit der Anordnung selbst
von diesem Rechtsweg ausgeschlossen ist[52].

IV. Strafantrag, Ermächtigung (Absatz 3)

1. Grundsatz. Prozeßhindernisse, wozu auch fehlende Prozeßvoraussetzungen **48**
zählen, stehen jeder Prozeßhandlung entgegen. § 130 macht hiervon, freilich sprachlich
unzulänglich, eine Ausnahme (s. auch § 114, 9). Absatz 3 dehnt die Ausnahme, im Gegensatz zu § 130 sprachlich korrekt, auf die vorläufige Festnahme aus (*Geerds* — LV
Vor § 112 — 238 Fußn. 3). Danach ist die vorläufige Festnahme bei Antrags- und Er-
mächtigungsdelikten schon zulässig, **ehe** ein **Strafantrag** oder ein Strafverlangen **gestellt** oder eine Ermächtigung erteilt ist. Bei **Antragsdelikten** ist die vorläufige Festnahme nur solange zulässig, als noch nicht feststeht, daß der Berechtigte, von mehreren
Berechtigten jeder von ihnen (OLG Celle *Alsb.* 1 271), den Strafantrag nicht stellen
wird. Dieser Ausnahme kommt für Absatz 1 kaum Bedeutung zu. Denn bei frischer Tat
wird dem (privaten) Festnehmenden kaum je bekannt sein, daß Antragsberechtigte auf
ihr Antragsrecht verzichten wollen (*Geerds* — Vor § 112 — 238 Fußn. 4 sowie 247
Fußn. 46).

2. Antragsdelikte des Strafgesetzbuches sind Hausfriedensbruch (§ 123 Abs. 2 **49**
StGB); Verführung Minderjähriger (§ 182 Abs. 2 Satz 1 StGB); exhibitonistische Beläsi-
gung (§ 183 Abs. 2 StGB); Beleidigung einschl. der Verunglimpfung des Andenkens Ver-
storbener (§ 194 StGB); Verletzung der Vertraulichkeit des Wortes, Briefgeheimnisses,
von Privatgeheimnissen sowie die Verwertung fremder Geheimnisse (§ 201 Abs. 1 und
2, §§ 202 bis 204 in Verb. mit § 205 StGB); Körperverletzung (§ 232 Abs. 1 StGB); gewisse Vergehen gegen die persönliche Freiheit (§ 238 Abs. 1 StGB); Haus- und Familien-

---

[51] So zu Recht auch OLG Celle StrVert. **1982**   [52] *Meyer* FS Schäfer 131 Fußn. 42 und 133.
513 und *Meyer* FS Schäfer 132 zu § 98 Abs. 2.

Günter Wendisch

diebstahl (§ 247 StGB); Diebstahl und Unterschlagung geringfügiger Sachen (§ 248 a StGB); unbefugter Gebrauch eines Fahrzeugs (§ 248 b Abs. 3 StGB); Entziehung elektrischer Energie (§ 248 c Abs. 3 Satz 2 StGB); gewisse Fälle der Begünstigung (§ 257 Abs. 4 StGB), der Hehlerei (§ 259 Abs. 2 StGB), des Betrugs (§ 263 Abs. 4 StGB) und der Untreue (§ 266 Abs. 3, jeweils in Verb. mit §§ 247, 248 a StGB); Vereiteln der Zwangsvollstreckung (§ 288 Abs. 2 StGB); Pfandkehr (§ 294 StGB); Sachbeschädigungen (§ 303 Abs. 3); gewisse Fälle des Vollrauschs (§ 323 a Abs. 3 StGB); Verletzung des Steuergeheimnisses (§ 355 Abs. 3 StGB). Nur in wenigen Fällen dieser Straftaten wird Untersuchungshaft erwogen werden. Die geringe Bedeutung wird noch dadurch **gemindert,** daß bei exhibitionistischer Belästigung (§ 183 Abs. 2 StGB); bei Körperverletzung (§ 232 Abs. 1 StGB); bei Diebstahl, Unterschlagung, Begünstigung, Hehlerei, Betrug und Untreue, die sich auf geringwertige Sachen beziehen (§ 248 a StGB), die Staatsanwaltschaft auch ohne Strafantrag von Amts wegen einschreiten kann. Da in Privatklagesachen kein Haftbefehl zulässig ist, ist auch für eine vorläufige Festnahme kein Raum (vgl. Erl. zu § 384; Zwangsmaßnahmen).

50　　**3. Ermächtigung und Strafverlangen.** Als Straftaten, die nur auf **Ermächtigung** zu verfolgen sind, kommen im Strafgesetzbuch in Betracht: Verunglimpfung des Bundespräsidenten (§ 90 Abs. 4 StGB); verfassungsfeindliche Verunglimpfung von Verfassungsorganen (§ 90 b Abs. 2 StGB); Preisgabe von Staatsgeheimnissen (§ 97 Abs. 3 StGB); Straftaten gegen ausländische Staaten (§ 104 a StGB); Beleidigung von Gesetzgebungsorganen und politischen Körperschaften (§ 194 Abs. 4 StGB); Vertrauensbruch im auswärtigen Dienst (§ 353 a Abs. 2 StGB); Verletzung des Dienstgeheimnisses (§ 353 b Abs. 3 StGB); unbefugte Weitergabe geheimer Gegenstände oder Nachrichten (§ 353 c Abs. 4 StGB). Das Strafgesetzbuch kennt als Straftaten, die nur auf **Strafverlangen** (und zusätzlich mit Ermächtigung der Bundesregierung) verfolgt werden, allein solche gegen ausländische Staaten (§ 104 a StGB).

§ 127 a

(1) Hat der Beschuldigte im Geltungsbereich dieses Gesetzes keinen festen Wohnsitz oder Aufenthalt und liegen die Voraussetzungen eines Haftbefehls nur wegen Fluchtgefahr vor, so kann davon abgesehen werden, seine Festnahme anzuordnen oder aufrechtzuerhalten, wenn

1. nicht damit zu rechnen ist, daß wegen der Tat eine Freiheitsstrafe verhängt oder eine freiheitsentziehende Maßregel der Besserung und Sicherung angeordnet wird und

2. der Beschuldigte eine angemessene Sicherheit für die zu erwartende Geldstrafe und die Kosten des Verfahrens leistet.

(2) § 116 a Abs. 1, 3 gilt entsprechend.

Schrifttum. *Dünnebier* Sicherstellung der Strafvollstreckung durch Sicherheitsleistung (§ 127 a, 132 StPO), NJW **1968** 1752; *Seetzen* Zur Verhältnismäßigkeit der Untersuchungshaft, NJW **1973** 2001.

Entstehungsgeschichte. Die dem inzwischen aufgehobenen § 434 RAO entsprechende Vorschrift ist durch Art. 2 Nr. 6 EGOWiG mit leichten Änderungen aus der Reichsabgabenordnung übernommen worden.

Stand: 1. 8. 1984

Übersicht

1. Inhalt, Voraussetzungen (Absatz 1). Die Vorschrift ist verwirrenderweise als **1** eine Ausnahme von § 127 eingesetzt, obwohl sie, weil hinter der vorläufigen Festnahme die Untersuchungshaft steht, eine solche von § 112 Abs. 1 Satz 1 bildet. In bezug auf § 127 kann die Ausnahme sich nur auf dessen Absatz 2 beziehen. Dazu kann auf die Wendung „Voraussetzungen eines Haftbefehls" verwiesen werden, die sich in beiden Bestimmungen findet, nicht aber in § 127 Abs. 1. Neben diesem mehr äußerlichen und allein nicht tragfähigen Argument steht jedoch der ausschlaggebende Umstand, daß die Vorschrift unvollständig ist (wer kann von der Festnahme absehen? wer bestimmt, ob eine Sicherheit angemessen ist? wem ist der Zustellungsbevollmächtigte zu benennen?) und nur durch § 127 Abs. 2 vervollständigt werden kann, weil die zur Durchführung des Gesetzes notwendigen Befugnisse nicht in jedermanns (§ 127 Abs. 1) Hand liegen können. Leider wird durch die Verbindung mit § 127 Abs. 2 nicht nur dessen Beziehung zu den §§ 128, 129 gestört, sondern in erster Linie verschleiert, daß die Vorschrift Surrogat der Untersuchungshaft und nicht der vorläufigen Festnahme ist. Dieser Ersatz ist von drei Voraussetzungen abhängig:

a) Wohnsitz (erster Halbsatz). Der Beschuldigte darf im Geltungsbereich der **2** Strafprozeßordnung, d.h. in der Bundesrepublik und in Berlin (West), keinen festen Wohnsitz oder Aufenthalt (§ 113, 9; 10; *Dünnebier* 1753: tatsächlicher Aufenthalt von einer gewissen Dauer) haben. Die Fassung erklärt sich daraus, daß der Gesetzgeber die DDR zwar rechtlich wie Ausland behandelt, aber nach dem Grundgesetz nicht als Ausland anerkennen kann, deshalb auch nicht vom Inland, sondern vom Geltungsbereich des Gesetzes spricht. Die Bestimmung bezieht sich daher in erster Linie auf Ausländer und Angehörige der DDR, freilich auch auf Beschuldigte, die ihren früheren Wohnsitz im Ausland oder in der DDR aufgegeben oder verloren haben und in der Bundesrepublik und in Berlin (West) keinen erlangt haben.

Nach Entstehungsgeschichte und Sinn ist die Vorschrift **nicht** anwendbar **auf An- 3 gehörige der Bundesrepublik,** die ohne Beziehung zum Ausland oder zur DDR als Angehörige der Bundesrepublik nach Aufgabe ihres festen Wohnsitzes oder Aufenthalts sich in der Bundesrepublik umhertreiben. Erst recht nicht kann die Vorschrift, wie *Seetzen* (2003) meint, wegen des Grundsatzes der Verhältnismäßigkeit auf Angehörige der Bundesrepublik angewendet werden, die dort einen festen Wohnsitz haben. Die Auslegung läge außerhalb jeder Erwägung, wenn der Eingangshalbsatz lautete: Ist der Beschuldigte ein Ausländer. . . Diese Bedeutung hat sie aber, nur konnte der Ausdruck aus staatsrechtlichen Gründen nicht verwendet werden.

b) Fluchtgefahr (zweiter Halbsatz). Gegen den Beschuldigten müssen die Voraus- **4** setzungen eines Haftbefehls vorliegen, aber nur aus dem einen Haftgrund der Fluchtgefahr (§ 112 Abs. 1 in Verb. mit Absatz 2 Nr. 2; § 112, 35 ff). Bei Verdunkelungsgefahr — auch wenn sie neben Fluchtgefahr besteht — findet § 127 a mithin keine Anwendung[1]. Nicht stattfinden darf das Verfahren, wenn die Voraussetzungen eines Unter-

---

[1] KK-*Boujong* 3; *Kleinknecht/Meyer* 3.

Günter Wendisch

bringungsbefehls (§ 126 a) gegeben sind. Die Untersuchungshaft wird bei zu erwartender **Geldstrafe** oft wegen des Grundsatzes der Verhältnismäßigkeit (§ 112 Abs. 1 Satz 2) ausgeschlossen sein; dann ist ggf. nach § 132 zu verfahren. Immerhin zeigen sowohl die hier behandelte Vorschrift wie auch § 113, daß der Gesetzgeber selbst bei geringen Strafen die Untersuchungshaft für zulässig hält, wenn der Beschuldigte im Geltungsbereich der Strafprozeßordnung keinen festen Wohnsitz hat. Auf keinen Fall aber darf mit Festnahme gedroht werden, wenn nach der Praxis der Gerichte nicht zu erwarten ist, daß Untersuchungshaft verhängt wird.

5   c) **Strafart (Nr. 1).** Da die Voraussetzungen eines Haftbefehls (§ 127, 50 ff) vorliegen müssen, muß eine Strafe oder eine Maßregel der Besserung und Sicherung (§ 112 Abs. 1 Satz 2) zu erwarten sein. Die Vorschrift erklärt das Verfahren aber für unzulässig, wenn mit einer Freiheitsstrafe (§ 124, 10) oder einer freiheitsentziehenden Maßregel der Besserung und Sicherung (§ 124, 12) zu rechnen ist. Jugendarrest (§ 16 JGG) ist ein Zuchtmittel (§ 13 Abs. 2 Nr. 3 JGG) und keine Freiheitsstrafe, so daß die Vorschrift ihrem Wortlaut nach Anwendung finden könnte. Da indessen die mit ihm verbundene Einsperrung wegen ihrer erzieherischen Bedeutung nicht durch eine Sicherheitsleistung abgegolten werden kann, muß er hier wie eine Strafe behandelt werden. Daher findet das Verfahren nicht statt, wenn Jugendarrest zu erwarten ist. Freilich werden die Möglichkeiten, auf einen Ausländer erzieherisch einzuwirken, schon wegen der Sprachschwierigkeiten selten vorliegen, so daß bei Ausländern kaum je mit Jugendarrest zu rechnen ist.

6   Nach alledem ist das **Verfahren zulässig,** wenn Geldstrafe (§ 40 StGB), Verfall und Einziehung (§§ 73, 73a, 74, 74c, 74d StGB), Fahrverbot (§ 44 StGB) oder Entziehung der Fahrerlaubnis (§ 69 StGB) zu erwarten ist. **Das Fahrverbot** und die Entziehung der Fahrerlaubnis können zwar nicht wie die Geldstrafe durch eine Sicherheit abgegolten werden; daher dürfen sie bei der Bemessung der Sicherheit auch nicht berücksichtigt werden. Auch ist die Eintragung des Fahrverbots oder der Entziehung der Fahrerlaubnis in einen ausländischen Fahrausweis (§ 44 Abs. 3 Satz 3, § 69 b Abs. 2 StGB) unmöglich, wenn der Beschuldigte vor der Verurteilung die Bundesrepublik verläßt. Gleichwohl sind die zuständigen Organe befugt, aber nicht verpflichtet, von der Verhaftung auch dann abzusehen, wenn neben Geldstrafe Fahrverbot oder Entziehung der Fahrerlaubnis zu erwarten ist[2].

2. Sicherheitsleistung (Nr. 2)

7   a) **Art.** Liegen die genannten Voraussetzungen vor, kann davon abgesehen werden, eine Festnahme anzuordnen oder aufrechtzuerhalten, wenn der Beschuldigte eine angemessene Sicherheit für die zu erwartende Geldstrafe und die Kosten des Verfahrens leistet. Wegen der Art der Sicherheit gilt § 116 a Abs. 1 (§ 116 a, 6) entsprechend. Dort ist auch die **Bürgschaft** „geeigneter Personen" vorgesehen. In Absatz 1 Nr. 2 wird verlangt, daß „der Beschuldigte" die Sicherheit leistet, während § 116 Abs. 1 Nr. 4 die Leistung einer Sicherheit durch den Beschuldigten „oder einen anderen" zuläßt. Durch die Verweisung auf § 116 a Abs. 1 kommt zum Ausdruck, daß der Gesetzgeber die Sicherheit auch dann als vom Beschuldigten geleistet ansieht, wenn ein anderer Bürgschaft leistet. Als „geeignete Personen" sind nicht nur natürliche Personen anzusehen, sondern auch Konsulate, Kraftfahrerverbände, Banken, Versicherungsgesellschaften, Reedereiagenturen u. ä.[3]

---

[2] *Dünnebier* 1753; KK-*Boujong* 4; KMR-*Müller* 6; *Kleinknecht/Meyer* 4; **a.A.** *Eb. Schmidt* Nachtr. II 12.

[3] *Dünnebier* 1753; *Eb. Schmidt* Nachtr. II 16; KK-*Boujong* 5.

b) Bemessung. Die Sicherheit des § 116 Abs. 1 Nr. 4 in Verb. mit § 116 a Abs. 2 ist **8**
so zu bemessen, daß anzunehmen ist, der Beschuldigte werde lieber das Strafverfahren
mit der Hauptverhandlung und den Vollzug einer Freiheitsstrafe (vgl. § 124) hinnehmen
als den Verlust der Sicherheit. Dabei ist die bloße Angleichung der Sicherheit an die
Höhe einer zu erwartenden Geldstrafe und die Gerichtskosten nicht zulässig (§ 116 a,
11). Diese Grundsätze gelten für die hier behandelte Sicherheit nicht. Eine Freiheitsstrafe hat der Beschuldigte nicht zu erwarten; mit einer Hauptverhandlung, zu der er
erscheinen müßte, hat er nicht zu rechnen. Das Verfahren ist vielmehr auf der Voraussetzung aufgebaut, daß der Beschuldigte einen ihm außerhalb des Geltungsbereiches
der Strafprozeßordnung zugestellten Strafbefehl hinnimmt. Danach wird die Sicherheit
für die zu erwartende **Geldstrafe und die Kosten** des Verfahrens bestellt, für die sie nach
Rechtskraft der verurteilenden Entscheidung in Anspruch genommen wird. Beide Rech-
nungsposten sind der Bemessung der Sicherheit zugrunde zu legen, und zwar, nach
dem klaren Wortlaut des Gesetzes, *allein*. Ihre Höhe ist aufgrund der Strafzumessungspraxis der Spruchkörper zu schätzen[4]. Ist ausnahmsweise eine Einziehung zu erwarten,
kann nach § 111 b verfahren werden.

3. **Zustellungsbevollmächtigter (Absatz 2).** Nach Absatz 2 gilt § 116 a Abs. 3 ent- **9**
sprechend. Die damit angezogene Vorschrift hat einen dreifachen Inhalt: Der Beschuldigte wohnt nicht im Geltungsbereich des Grundgesetzes; er stellt einen Antrag, den
Vollzug des Haftbefehls gegen Sicherheitsleistung auszusetzen; er ist verpflichtet,
einen Zustellungsbevollmächtigten — aus Beweisgründen regelmäßig schriftlich — zu
benennen. Ob ein Unterschied zwischen Wohnen (§ 116 a, 16) und festem Wohnsitz besteht, kann hier dahingestellt bleiben; denn die Anordnung, § 116 a Abs. 3 sei entsprechend anzuwenden, kann nicht bedeuten, daß die Voraussetzungen des Absatzes 1 zurückgenommen werden.

Auch das **Antragserfordernis** soll wohl nicht eingeführt werden. Denn das Verfahren **10**
kommt ohnehin nur zur Anwendung, wenn der Beschuldigte ihm dadurch zustimmt,
daß er eine Sicherheit bestellt[5]. Das Antragserfordernis, auch im Fall des § 116 Abs. 1
Nr. 4 zumindest überflüssig, sollte daher gewiß nicht eingeführt werden. Danach hat die
Verweisung praktisch denselben Inhalt wie § 132 Abs. 1 Nr. 2: Die Verhaftung unterbleibt, wenn der Beschuldigte außer der Sicherheitsleistung auch noch einen Zustellungsbevollmächtigten bestellt. Wegen des **Zustellungsbevollmächtigten** s. § 116 a, 14.
Dazu ist darauf hinzuweisen, daß das Gericht durch den Gesetzeswortlaut nicht gehindert ist, auch Zustellungsbevollmächtigte anzuerkennen, die nicht im Gerichtsbezirk
wohnen[6]. Bei reisenden Ausländern wird darauf Bedacht zu nehmen sein, wenn sie etwa
ihren außerhalb des Gerichtsbezirks niedergelassenen Generalkonsul als Zustellungsbevollmächtigten bestellen wollen.

4. **Zuständigkeit.** Entscheidungsberechtigt sind in erster Linie die in § 127 Abs. 2 **11**
genannten **Polizeibeamten** (Begr. zu BTDrucks. **V** 2600, 2601, S. 18), gleichgültig ob
sie Hilfsbeamte der Staatsanwaltschaft sind, und die Staatsanwälte (Amtsanwälte). Erweitert wird der Kreis um die Behörden und Beamten, denen in Einzelgesetzen die Befugnis zu verhaften ausdrücklich beigelegt worden ist (§ 127, 41). Der Gesetzestext be-

---

[4] KK-*Boujong* 5; *Kleinknecht/Meyer* 5; KMR-
Müller 9: evtl. nach Besprechung mit dem
Staatsanwalt.
[5] *Dünnebier* 1754; KK-*Boujong* 6; KMR-*Müller* 10.

[6] *Dünnebier* 1754; *Geppert* GA **1979** 295; *Eb.
Schmidt* Nachtr. II 18; KK-*Boujong* 6;
Kleinknecht/Meyer 7; **a.A.** KMR-*Müller* 11.

schränkt den Kreis der Entscheidungsberechtigten nicht auf die genannten Beamten. Er umfaßt vielmehr auch den **Richter,** dem der Festgenommene, sofern er nicht wieder in Freiheit gesetzt worden ist, vorgeführt wird (§ 128)[7]. Auch der Fall des § 129 ist, obwohl er kaum vorkommen kann, nicht ausgeschlossen. Ebenso nicht ausgeschlossen ist die Anwendung auf sonstige Fälle, in denen es zur Anordnung der Untersuchungshaft (§ 114), die ja stets eine Anordnung der Festnahme ist, ohne vorläufige Festnahme kommt[8].

12   **5. Rechtsmittel.** Die Entscheidung, einen Fluchtverdächtigen festzunehmen oder bei Sicherheitsleistung davon abzusehen, ist kein Verwaltungsakt, sondern eine Prozeßhandlung. Ein Rechtsmittel ist nicht gegeben. Dienstaufsichtsbeschwerde ist zulässig, aber von keiner Bedeutung. Der Beschuldigte kann die Sicherheitsleistung verweigern, sich zum Richter vorführen lassen und dort seine Entlassung ohne Sicherheitsleistung beantragen, indem er etwa den Haftgrund oder die Verhältnismäßigkeit der Untersuchungshaft angreift. Dringt er damit nicht durch und ordnet der Richter die Untersuchungshaft an, kann er dessen Entscheidung mit der Beschwerde anfechten, worüber er zu belehren ist (§ 128 Abs. 2 Satz 3 in Verb. mit § 115 Abs. 4).

13   **6. Folgen. Leistet** der Beschuldigte die **Sicherheit,** dann wird er trotz des Haftgrunds der Fluchtgefahr nicht festgenommen oder, wenn er festgenommen war, entlassen. Er kann dann insbesondere den Geltungsbereich der Strafprozeßordnung verlassen. **Leistet** er **sie nicht,** ist er vorläufig festzunehmen und unverzüglich dem Richter bei dem Amtsgericht vorzuführen, in dessen Bezirk er vorläufig festgenommen worden ist (§ 128 Abs. 1). Das Weitere richtet sich nach § 128 Abs. 2, doch kann der Richter bei diesem Amtsgericht noch nach § 127 a verfahren, wenn der Beschuldigte nunmehr die Sicherheit leistet. Der Richter beim Amtsgericht kann die Vorschrift auch dann anwenden, wenn die Polizei sie für unanwendbar gehalten hatte, etwa weil sie annahm, es sei eine Freiheitsstrafe zu erwarten.

14   **7. Verwendung der Sicherheit.** Ziel der Sicherheitsleistung ist weder, den Antritt einer Freiheitsstrafe, noch die Beteiligung an einer Hauptverhandlung zu sichern. Der Gesetzgeber rechnet im Gegenteil damit, daß sich der Beschuldigte aus dem Geltungsbereich der Strafprozeßordnung entfernt, und daß die zu erwartende Strafe durch Strafbefehl auferlegt wird. Deshalb sind die Vorschriften des § 123 Abs. 2 und 3 und des § 124 nicht anwendbar. Die Sicherheit ist als ein **Vorschuß** auf die zu erwartende Geldstrafe und die im Verfahren anfallenden Kosten zu behandeln und nach Rechtskraft des Erkenntnisses abzurechnen; ein etwa verbleibender Überschuß ist zurückzuzahlen. Daraus folgt auch, daß die Polizeibehörde die vereinnahmte Sicherheit an die Gerichtskasse abzuführen hat. Hatte ein anderer Bürgschaft geleistet, so wird der Bürge unmittelbar in Anspruch genommen, sofern nicht der Verurteilte vorher die Geldstrafe und Kosten beglichen hat (*Dünnebier* 1755).

---

[7] *Dünnebier* 1754; KK-*Boujong* 10; KMR-*Müller* 15; *Kleinknecht/Janischowsky* 332; *Kleinknecht/Meyer* 10; **a.A.** *Eb. Schmidt* Nachtr. II 19.

[8] Beispiel: Der Beschuldigte hatte sich bereit erklärt, bis zur Verhandlung in der Bundesrepublik zu bleiben, wird dann aber fluchtverdächtig.

Stand: 1. 8. 1984

§ 128

(1) [1]Der Festgenommene ist, sofern er nicht wieder in Freiheit gesetzt wird, unverzüglich, spätestens am Tage nach der Festnahme dem Richter bei dem Amtsgericht, in dessen Bezirk er festgenommen worden ist, vorzuführen. [2]Der Richter vernimmt den Vorgeführten gemäß § 115 Abs. 3.

(2) [1]Hält der Richter die Festnahme nicht für gerechtfertigt oder ihre Gründe für beseitigt, so ordnet er die Freilassung an. [2]Andernfalls erläßt er auf Antrag der Staatsanwaltschaft oder, wenn ein Staatsanwalt nicht erreichbar ist, von Amts wegen einen Haftbefehl oder einen Unterbringungsbefehl. [3]§ 115 Abs. 4 gilt entsprechend.

Schrifttum. *Dvorak* Unverzüglichkeit der Vorführung vor den zuständigen Richter — nur eine unverbindliche Empfehlung für die Behandlung vorläufig festgenommener Personen? StrVert. **1983** 514; *Kaiser* Mitwirkung der Staatsanwaltschaft bei Erlaß eines Haftbefehls gemäß § 128 StPO, NJW **1969** 1097.

Entstehungsgeschichte. Durch Art. 2 Nr. 8 GewVerbrG wurden in Absatz 2 die Worte „oder einen Unterbringungsbefehl", durch Art. 3 Nr. 30 VereinhG in Absatz 1 die Worte „spätestens am Tage nach der Festnahme" eingefügt. Die Klausel, die sich auf den Antrag der Staatsanwaltschaft bezieht, ist durch Art. 3 Nr. 2 des. 8. StRÄndG eingestellt worden. Der Wortlaut des letzten Satzes von Absatz 1 und von Absatz 2 stammt aus Art. 1 Nr. 2 StPÄG 1964; er dient der Anpassung an die §§ 115, 115 a. Die Richterbezeichnungen sind durch Art. 1 Nr. 32 des. 1. StrVRG geändert worden.

1. Beendigung der vorläufigen Festnahme. Die Untersuchungshaft ist alsbald zu **1** beenden, wenn ihre Voraussetzungen nicht mehr vorliegen oder wenn sie außer Verhältnis zu der zu erwartenden Sanktion stehen würde. Dieser ausdrückliche Gesetzesbefehl (§ 120 Abs. 1) wird für die vorläufige Festnahme nicht wiederholt, ist aber selbstverständlich, weil ohne Festnahmegrund keine Festnahme bestehen bleiben darf. Mit diesem Inhalt ist der erste Zwischensatz („sofern er nicht wieder in Freiheit gesetzt wird") auszufüllen. Danach muß, wer den Verdächtigen festgenommen hat — wenn es ein Beamter war, auch sein Vorgesetzter — ihn alsbald freilassen, wenn die Festnahmegründe entfallen sind. Das ist nach Festnahme auf frischer Tat stets der Fall, wenn bei einem nicht fluchtverdächtigen Unbekannten die Personalien festgestellt sind oder wenn eine **Fluchtgefahr,** die zunächst bestanden hatte, **ausgeräumt** worden ist. Alsdann ist es auch unzulässig, eine zunächst zulässige Festnahme zu dem Zweck aufrechtzuerhalten, die Fortsetzung der Straftat eines bekannten, nicht fluchtverdächtigen Täters zu verhindern (§ 127, 2; 8), sofern nicht § 112 a Abs. 1 einschlägt. Ohne Rücksicht auf den Stand der Identitätsfeststellung und trotz bestehender Fluchtgefahr ist ein Festgenommener, der sich in polizeilichem Gewahrsam befindet, alsbald freizulassen, wenn die Polizei ihn nicht bis zum **Ende des Tages nach der Festnahme** dem Richter bei dem Amtsgericht (Absatz 1 Satz 1) oder dem zuständigen Gericht (§ 129 Abs. 1) hat vorführen können (Art. 104 Abs. 2 Satz 3 GG; *Dvorak* 515).

Bei der **polizeilichen Festnahme** nach § 127 Abs. 2 kann die Einlassung des Festge- **2** nommenen ergeben, daß der Festnehmende die Haftgründe zu Unrecht angenommen hatte, etwa weil sich herausstellt, daß nur der Fall des § 113 vorliegt, dessen besondere Voraussetzungen aber nicht gegeben sind, oder weil sich ergibt, daß die Tat — entgegen der ursprünglichen Annahme — nur geringfügig ist, und daher die Haft zu der Bedeutung der Sache und der zu erwartenden Strafe außer Verhältnis stehen würde.

2. Verhältnis zu § 129 und § 115. Das Verfahren nach der Festnahme ist in den **3** §§ 128, 129 geregelt. Dabei behandelt § 129 die Vorführung, nachdem die öffentliche

Günter Wendisch

Klage bereits erhoben ist, und demnach § 128 den Fall, daß dies noch nicht geschehen ist. Beide Bestimmungen gehen davon aus, daß noch kein Haftbefehl vorliegt, wie sich aus § 128 Abs. 2 Satz 2, § 129 letztem Halbsatz ergibt. Es ist aber denkbar, daß jemand vorläufig festgenommen wird, obwohl gegen ihn bereits ein Haftbefehl erlassen worden ist. § 127 hat das nicht im Auge, setzt vielmehr voraus, daß noch kein Haftbefehl ergangen ist (,,wenn die Voraussetzungen eines Haftbefehls. . . vorliegen"). Ausnahmsweise kann das indessen gleichwohl der Fall sein, ohne daß der verhaftete Beamte das weiß. Für § 127 Abs. 1 kann dieser Fall nicht eintreten, wenn der Täter auf frischer Tat betroffen wird. Wird er nach Verfolgung festgenommen, könnte theoretisch inzwischen ein Haftbefehl ergangen sein; praktisch ist das nahezu ausgeschlossen. Kommt es gleichwohl vor, wird der Verfolgende von dem Haftbefehl benachrichtigt, so daß der Festnehmende nach § 115 zu verfahren hat, wenn er den Beschuldigten nunmehr aufgrund des Haftbefehls ergreift.

4   Anders ist es bei der **polizeilichen Festnahme** nach § 127 Abs. 2. Hier kann der Festnehmende auf keinen Fall wissen, daß die Untersuchungshaft bereits angeordnet ist. Nimmt er den Beschuldigten ohne Kenntnis von dem Haftbefehl fest, so kann er ihn nicht ,,aufgrund des Haftbefehls" ergreifen. Alsdann findet nicht § 115, sondern § 128 Abs. 1 Satz 1 Anwendung. Für die Vernehmung gilt § 115 Abs. 3 (§ 128 Abs. 1 Satz 2), für die Entscheidung § 128 Abs. 2 Satz 1 und 2 und für die Rechtsmittelbelehrung § 115 Abs. 4 (§ 128 Abs. 2 Satz 3).

5   3. Die **Vorführung** (§ 115, 5) ist zu dem Richter bei dem Amtsgericht zu bewirken, in dessen Bezirk der Verhaftete festgenommen worden ist. Die Vorschrift ergibt, im Hinblick darauf, daß im Fall des § 127 Abs. 1 jedermann zur Festnahme berechtigt ist, eine klare, leicht einprägsame Vorführungsregel. Sachlich ist sie entbehrlich, nachdem in § 125 Abs. 1, der auch im Fall der vorläufigen Festnahme gilt, die Zuständigkeit des Richters bei dem Amtsgericht begründet worden ist, in dessen Bezirk sich der Beschuldigte — hier zufolge der vorläufigen Festnahme — aufhält.

6   Der Regelung ist nicht zu entnehmen, daß mit Absatz 1 eine von § 125 Abs. 1 abweichende ausschließliche Zuständigkeit des Richters des **Festnahmebezirks** geschaffen werden sollte (so OLG Dresden JW **1932** 1779); es ist auch kein Grund für eine solche Abweichung zu erkennen. Demzufolge ist außer dem Richter bei dem Amtsgericht des Festnahmebezirks auch jeder nach § 125 Abs. 1 zuständige Richter beim Amtsgericht zur Vernehmung und zu den Entscheidungen nach § 128 Abs. 2 Satz 1 und 2, § 129 berufen[1] und in Sachen, die nach § 120 Abs. 1 und 2 GVG zur Zuständigkeit des Oberlandesgerichts gehören, der Ermittlungsrichter des Bundesgerichtshofs und des Oberlandesgerichts (§ 169).

7   Der Vorführende, gleichviel ob er eine Privatperson oder ein Polizeibeamter ist, braucht den Festgenommenen nicht unmittelbar zum Richter zu bringen, kann ihn vielmehr beim nächsten Polizeirevier[2] oder, wenn dieses nicht mit Kriminalpolizei besetzt ist, bei der **nächsten Kriminaldienststelle** abliefern. Diese hat den Festgenommenen unverzüglich dem Richter vorzuführen, falls sie ihn nach Prüfung des Sachverhalts, zu der sie berechtigt und verpflichtet ist, nicht von sich aus freiläßt (RGSt **67** 299). Für Privatpersonen und Polizeibeamte, die nicht Kriminalbeamte sind, empfiehlt sich der Weg; es wäre wünschenswert, wenn er in § 127, der sich an jedermann wendet, selbst (allenfalls in § 128) ausdrücklich bezeichnet würde.

---

[1] OLG Celle JZ **1956** 125; KK-*Boujong* 3; KMR-*Müller* 4; *Kleinknecht/Janischowsky* 325; *Kleinknecht/Meyer* 4.

[2] RGSt **29** 137; *Eb. Schmidt* Nachtr. I 11; KK-*Boujong* 4

Befindet sich am Sitz des Richters eine **Staatsanwaltschaft,** dann hat ein Beamter, **8** wenn die Zeit es zuläßt, den Beschuldigten dorthin zuzuführen, damit die Staatsanwaltschaft den notwendigen Antrag (Absatz 2 Satz 2) stellen kann und auf diese Weise durch die Anhörung (§ 33 Abs. 2) keine weitere Zeit verlorengeht. Die Staatsanwaltschaft wird auch am ehesten feststellen können, ob bereits öffentliche Klage erhoben ist oder ob etwa schon ein Haftbefehl vorliegt. Außerdem kann sie, wenn sie die zuständige Staatsanwaltschaft ist und die öffentliche Klage noch nicht erhoben hat, den Vorgeführten entlassen. Da ihr das Recht der Entlassung während des vorbereitenden Verfahrens für die Zeit nach Erlaß des Haftbefehls zusteht (§ 120 Abs. 3), hat sie es auch vorher[3].

4. Frist. Wegen der in Absatz 1 gebrauchten Wendung „unverzüglich, spätestens **9** am Tage nach der Festnahme" s. § 115, 9, wegen der „symbolischen Vorführung" § 115, 6.

5. Die Vernehmung ist nach § 115 Abs. 3 durchzuführen. Wegen ihres Inhalts und **10** der Form siehe § 115, 14 bis 19. Die Vernehmung ist entbehrlich, wenn der Richter aufgrund des Festnahmeberichts alsbald die Freilassung anordnen kann oder wenn die Staatsanwaltschaft die Freilassung nach § 120 Abs. 3 Satz 1 beantragt.

Absatz 1 Satz 2 enthält keine Verweisung auf § 115 Abs. 2, wonach der Richter **11** den Beschuldigten **unverzüglich** nach der Vorführung, spätestens am nächsten Tag, auch am Sonnabend sowie an Sonn- und Feiertagen, zu vernehmen hat. Das ist ein Mangel des Gesetzes; er kann jedoch durch Auslegung behoben werden. Wenn der Beschuldigte, gegen den ein Haftbefehl vorliegt, unverzüglich zu vernehmen ist (§ 115 Abs. 2), dann gilt das für den, gegen den noch kein Haftbefehl vorliegt, erst recht; er muß sich so rasch wie möglich verteidigen können. Für die Endfrist gilt § 129 letzter Halbsatz, entsprechend. Der Beschuldigte ist so frühzeitig zu vernehmen, daß der Richter spätestens am Tag nach der Festnahme entscheiden kann[4]. Nur so kann Art. 104 Abs. 2 Satz 3 GG, der zwar nach seinem Wortlaut nicht einschlägt, dem Sinn nach Genüge getan werden.

6. Verfahren. Nach § 168 c Abs. 1 können Staatsanwalt und Verteidiger der Ver- **12** nehmung beiwohnen. Sie sind daher von dem Termin zu benachrichtigen, wenn das möglich ist, ohne daß der Untersuchungserfolg gefährdet würde (§ 168 c Abs. 5 Satz 1 und 2). Die Wendung von der **Gefährdung des Untersuchungserfolgs** knüpft an § 81 a Abs. 2, § 81 c Abs. 5 an, wo sie jedoch die Worte „durch Verzögerung" enthält. In § 168 c ersetzen sie die bisher geltende Klausel „soweit dies ohne Aufenthalt für die Sache geschehen kann" (§ 193 Abs. 3 a. F.). Sinn der Wortänderung ist: Die Verzögerung allein soll noch nicht ausreichen, davon abzusehen, Staatsanwalt und Verteidiger zu benachrichtigen. Die Pflicht dazu entfällt erst, wenn durch die Verzögerung der Untersuchungserfolg gefährdet würde (Begr. zu § 168 c, BTDrucks. 7 551, S. 76). Die neue und bessere Fassung des § 81 a Abs. 2, § 81 c Abs. 5 entspricht der alten — auch heute noch verwendeten — Klausel „bei Gefahr im Verzug". Diese Bedeutung stellt zweifelsfrei klar, daß **allein auf** eine Gefährdung des Untersuchungszwecks abgestellt werden darf, die bei einer Benachrichtigung durch die damit verbundene **Verzögerung** einträte und daß kein anderer Grund für die Gefährdung des Untersuchungserfolgs als Klausel angenommen werden darf.

---

[3] KK-*Boujong* 10; KMR-*Müller* 5; *Klein-knecht/Janischowsky* 328.

[4] KK-*Boujong* 7; *Kleinknecht/Janischowsky*

324; *Kleinknecht/Meyer* 15; **a.A.** KMR-*Müller* 7.

Günter Wendisch

13 Die **Benachrichtigung** wird mit dem Mittel des Telefons beim Verteidiger regelmäßig, bei der Staatsanwaltschaft stets möglich sein, wenn der Richter sich bewußt bleibt, daß die ihm obliegende Fürsorgepflicht Vorkehrungen erfordert, die eine Benachrichtigung für den Regelfall möglich machen.

14 7. **Entscheidung.** Die Entscheidung des Richters bei dem Amtsgericht des Festnahmebezirks ist verschieden, je nachdem, ob die Untersuchungshaft schon angeordnet ist oder ob, was der Regelfall ist, noch kein Haftbefehl erlassen worden ist. Liegt **kein Haftbefehl** vor, entscheidet der Richter bei dem Amtsgericht nach dem Ergebnis der Vernehmung und aufgrund des Vorführungsberichts. Bei der Entscheidung hat er nicht zu prüfen (worauf die nicht ganz glückliche Fassung des Absatzes 2 — freilich nur scheinbar — hindeuten könnte), ob die Festnahme gerechtfertigt war, sondern allein ob im Augenblick der Entscheidung die Voraussetzungen eines Haftbefehls vorliegen[5]. Aufgrund dieser **Prüfung** läßt er den Vorgeführten entweder frei oder erläßt einen Haft-oder Unterbringungsbefehl (Absatz 2). Beantragt die nach § 33 Abs. 2 zu hörende Staatsanwaltschaft die Freilassung, hat er dem zu entsprechen (§ 120 Abs. 3 Satz 1).

15 Hat der Richter bei dem Amtsgericht des Festnahmebezirks selbst (zwischen Verfolgung und Verhaftung) einen **Haftbefehl erlassen,** entscheidet er nach § 115 (§ 115, 20). Hat ein anderer Richter einen Haftbefehl erlassen, so entscheidet er, wenn ihm das bekannt ist, als Richter des nächsten Amtsgerichts nach § 115 a Abs. 2 Satz 3, Absatz 3, § 128 Abs. 2 gilt dann nicht, weil die §§ 128, 129 nur den Fall im Auge haben, daß noch kein Haftbefehl vorliegt.

16 Der **Antrag der Staatsanwaltschaft** ist, von Notfällen (wenn ein Staatsanwalt nicht ereichbar ist) abgesehen, **notwendige Voraussetzung** der Entscheidung, daß die Untersuchungshaft angeordnet werde. Der zuständige Richter darf mithin keinen Haftbefehl erlassen, wenn der (erreichbare) Staatsanwalt entgegen der Ansicht des Richters aufgrund seiner Prüfung die Voraussetzungen für einen Haftbefehl verneint[6]. Denn unerreichbar ist ein Staatsanwalt nur, wenn sein Antrag nicht mehr rechtzeitig — auch nicht fernschriftlich oder fernmündlich (*Krauth/Kurfeß/Wulf* JZ **1968** 737) — vor Ablauf der Vorführungsfrist herbeigeführt werden kann[7]. Vor dieser Entscheidung ist daher die Staatsanwaltschaft auf jeden Fall zu hören, falls sie ihren Antrag nicht schon bei der Vorführung (Rdn. 8) gestellt hat. Auch wenn der Richter bei dem Amtsgericht des Festnahmebezirks keinen Haftbefehl erlassen will, hat er die Staatsanwaltschaft nach § 33 Abs. 2 zu hören[8].

17 Für die **Rechtsmittelbelehrung** gilt § 115 Abs. 4 entsprechend (Absatz 2 Satz 3). Ist der Haftbefehl erlassen, richtet sich das weitere Verfahren nach § 114 a Abs. 2 (Abschrift des Haftbefehls), § 114 b (Haftbenachrichtigung und Zugangsbrief), §§ 116 ff.

18 8. **Mehrere Haftbefehle.** Ausnahmsweise kann es vorkommen, daß der Richter des Amtsgerichts, in dessen Bezirk der Beschuldigte festgenommen worden ist, nach Absatz 2 Satz 2 einen Haftbefehl erläßt, obwohl an anderer Stelle schon die Untersuchungshaft angeordnet ist. Dann ist nach den allgemeinen Vorrangsregeln (vgl. § 12

[5] *Borchert* – LV zu § 127 – 339; *Eb. Schmidt* Nachtr. I 9; KK-*Boujong* 9; *Kleinknecht/ Meyer* 9; vgl. auch OLG Celle StrVert. **1982** 514.

[6] Ein gleichwohl erlassener Haftbefehl bleibt trotzdem wirksam (KK-*Boujong* 11; *Kleinknecht/Meyer* 13), allerdings kann ihn der Staatsanwalt alsbald durch einen Antrag nach § 120 Abs. 3 Satz 1, dem der Richter entsprechen muß, wieder zur Aufhebung bringen.

[7] KK-*Boujong* 12; KMR-*Müller* 9; 11.

[8] *Kaiser* 1098; KK-*Boujong* 11; *Kleinknecht/ Meyer* 10.

Abs. 1) zu entscheiden. Ist bereits **Klage erhoben,** wird das Verfahren dort weiter geführt, wo das Hauptverfahren bereits eröffnet ist. Dem danach zuständigen Gericht hat der Richter des Amtsgerichts des Festnahmebezirks den Haftbefehl und die Vorgänge abzugeben. Das Gericht hebt dann einen der beiden Haftbefehle auf. Der Richter des Amtsgerichts des Festnahmebezirks ist aber auch befugt, seinen Haftbefehl von Amts wegen oder auf Antrag des Beschuldigten oder der für ihn zuständigen Staatsanwaltschaft im Hinblick auf die Anhängigkeit der Sache bei dem anderen Gericht aufzuheben.

Für das **Ermittlungsverfahren** fehlen solche Vorrangsregeln; die Staatsanwalt- **19** schaften haben sich zu einigen. Der Richter des Amtsgerichts des Bezirks, deren Staatsanwaltschaft das Verfahren abgegeben hat, gibt in entsprechender Anwendung des §126 Abs. 1 Satz 3 das Verfahren an den Richter des Amtsgerichts des Bezirks ab, deren Staatsanwaltschaft das Verfahren führt. Dieser hebt einen der beiden Haftbefehle auf. Einfacher ist es, wenn die abgebende Staatsanwaltschaft, bevor sie die Sache abgibt, beantragt, den Haftbefehl nach §120 Abs. 3 Satz 1 aufzuheben.

§129

Ist gegen den Festgenommenen bereits die öffentliche Klage erhoben, so ist er entweder sofort oder auf Verfügung des Richters, dem er zunächst vorgeführt worden ist, dem zuständigen Gericht vorzuführen; dieses hat spätestens am Tage nach der Festnahme über Freilassung, Verhaftung oder einstweilige Unterbringung des Festgenommenen zu entscheiden.

Entstehungsgeschichte. Durch Art. 2 Nr. 9 GewVerbrG wurden die Worte „oder einstweilige Unterbringung", durch Art. 3 Nr. 50 die Worte „spätestens am Tage nach der Festnahme" eingefügt. Durch Art. 1 Nr. 34 1. StVRG wurde die Richterbezeichnung geändert und die Bezugnahme auf den Untersuchungsrichter gestrichen.

1. Hinweise. Wie bereits ausgeführt (§128, 3), regelt §129 das Verfahren nach **1** der vorläufigen Festnahme für den Fall, daß bereits die öffentliche Klage erhoben ist. Wegen des Begriffs Erhebung der öffentlichen Klage s. §125, 13. Wegen der **Freilassung** vor der Vorführung gilt das zu §128, 1 und 2 Ausgeführte; der Umstand, daß bereits öffentliche Klage erhoben ist, begründet keinen Unterschied.

2. Vorführung. Wird der Festgenommene nicht wieder in Freiheit gesetzt, kann **2** der vorführende Beamte (es können nur Fälle des §127 Abs. 2 und als Vorführende daher nur Beamte in Betracht kommen) den Festgenommenen dem zuständigen Gericht unmittelbar vorführen. Wegen des Begriffs der Vorführung s. §115, 5. Das ist sachgemäß, wenn der Beamte den zuständigen Richter fristgemäß erreichen kann. Der vorführende Beamte braucht diesen Weg aber nicht einzuschlagen, kann vielmehr in jedem Fall den Richter bei dem Amtsgericht (§128 Abs. 1, §125 Abs. 1) angehen[1]. Das muß er tun, wenn er den Beschuldigten dem zuständigen Richter nicht fristgemäß zuführen kann.

Das Wort **sofort** steht in keinem Gegensatz zu dem in §128 Abs. 1 Satz 1 verwen- **3** deten Ausdruck unverzüglich, hat vielmehr die **Bedeutung von unmittelbar**[2]. Das folgt

---

[1] *Eb. Schmidt* Nachtr. I 6; KK-*Boujong* 2.
[2] *Hartung* 2; KK-*Boujong* 3.

Günter Wendisch

daraus, daß die Vorführung, die der Vorführende aus eigenem Entschluß *unmittelbar* („sofort") ans zuständige Gericht vornimmt, den Gegensatz zu derjenigen bildet, die er erst auf Verfügung des nächsten Richters, d. h. *mittelbar,* bewirkt. Demzufolge ändert § 129, der als Sonderfall des § 128 aus dieser Vorschrift zu ergänzen ist, nichts an der dort begründeten Verpflichtung, den Festgenommenen unverzüglich, spätestens am Tag nach der Ergreifung, dem Richter vorzuführen. Er bestimmt vielmehr nur, daß der Verdächtige innerhalb dieser Frist statt dem Richter bei dem Amtsgericht „sofort", d.h. ohne dessen Vermittlung, dem zuständigen Gericht zugeführt werden kann, wenn die Zuständigkeit durch die Klage festgelegt ist.

4   **3. Vernehmung.** Die Vorschrift ist nur verständlich, wenn man sie nicht als selbständige Bestimmung, sondern als Ergänzung des § 128 auffaßt. Auf § 128 ist daher für den Fall zurückzugreifen, daß der Festnehmende den Angeschuldigten nicht dem zuständigen Richter, sondern dem Richter bei dem Amtsgericht vorführt, in dessen Bezirk der Beschuldigte festgenommen worden ist. Dessen Verpflichtung, die Vorführung zum zuständigen Gericht anzuordnen, entbindet ihn nicht von der Pflicht, den Angeschuldigten unverzüglich selbst zu vernehmen. Diese Vernehmung hat dem § 115 Abs. 3 zu entsprechen. Auch § 115 Abs. 2 ist anzuwenden (§ 128,11).

5   Wird der Vorgeführte, sei es „sofort", sei es, nachdem ihn der Richter beim Amtsgericht vernommen hat, dem zuständigen Gericht vorgeführt, hat nunmehr (auch) dieses ihn zu **vernehmen.** Das ist zwar in § 129 nicht vorgeschrieben. Wenn aber das zuständige Gericht verpflichtet ist, einen ergriffenen Beschuldigten zu vernehmen, gegen den ein Haftbefehl besteht (§ 115 Abs. 2), so hat es diese Verpflichtung erst recht, wenn ihm jemand vorgeführt wird, gegen den noch kein Haftbefehl vorliegt. Die **Vernehmung** ist **entbehrlich,** wenn der Richter aufgrund des Festnahmeberichts alsbald die Freilassung anordnen kann. Auch für diese Vernehmung ist § 115 Abs. 1, für die Frist zu dieser Vernehmung § 115 Abs. 2 anzuwenden. Wegen des **Verfahrens** gilt das zu § 128, 10 ff Ausgeführte.

6   **4. Entscheidung.** Ist die öffentliche Klage bei dem Richter des Amtsgerichts erhoben worden, in dessen Bezirk der Beschuldigte verhaftet worden ist (§ 128 Abs. 1), trifft dieser Richter die in § 129 vorgesehene Entscheidung. Ist sie bei einem anderen Gericht erhoben, ordnet er die Vorführung zu dem zuständigen Gericht an. Der Richter des Amtsgerichts kann jedoch den Beschuldigten auch **freilassen.** Dazu ist er nicht nur im Rahmen des § 115 a Abs. 2 Satz 3, sondern im gleichen Umfang wie der Festnehmende selbst befugt und verpflichtet[3]. Seine gegenüber § 115 a Abs. 2 Satz 3 weitergehende Befugnis erklärt sich daraus, daß die Untersuchungshaft noch nicht angeordnet ist. Dagegen ist er, wenn die Strafsache schon bei einem anderen Gericht anhängig ist, **nicht** befugt, die **Untersuchungshaft anzuordnen**[4]. Das ist allein Sache des zuständigen Gerichts.

7   Die **Entscheidung des zuständigen Gerichts** kann nur auf Freilassung (auch nach § 116 Abs. 1 bis 3 und nach § 72 Abs. 1 JGG) oder auf Anordnung der Untersuchungshaft (§ 114) oder der einstweiligen Unterbringung (§ 126 a) lauten. Wegen der Zuständigkeit s. § 125 Abs. 2, § 126 Abs. 2. Die Entscheidung ist spätestens am Tag nach der Festnahme zu treffen. Von dieser **Frist** entbindet nur höhere Gewalt. Die Überführung vom Richter

---

[3] *Eb. Schmidt* Nachtr. I 7; *KK-Boujong* 4; KMR-*Müller* 4; *Kleinknecht/ Janischowsky* 326; *Kleinknecht/Meyer* 2; *Schlüchter* 261.5.

[4] OLG Hamm Recht **1899** 25; KMR-*Müller*

4; *Kleinknecht/Meyer* 2; **a.A.** *Schlüchter* 261.5. *Eb. Schmidt* Nachtr. I 8; *KK-Boujong* 4; *Kleinknecht/Janischowsky* 327.

bei dem Amtsgericht zum zuständigen Gericht muß daher stets im Einzeltransport auf dem schnellsten Weg bewirkt werden.

Nachdem der Haftbefehl erlassen worden ist, richtet sich das **weitere Verfahren** **8** nach § 114 a Abs. 2 (Abschrift des Haftbefehls), § 114 b (Haftbenachrichtigung und Zugangsbrief), §§ 116 ff.

5. Wegen der **Rechtsmittelbelehrung** gilt § 115 Abs. 4 entsprechend. Das ist zwar **9** nur für den Fall bestimmt, daß der Richter bei dem Amtsgericht, in dessen Bezirk der Beschuldigte festgenommen worden ist, die Untersuchungshaft, anordnet (§ 128 Abs. 2 Satz 3), gilt aber auch dann, wenn die Untersuchungshaft nach § 129 von dem zuständigen Gericht verhängt wird. Denn die Rechtsmittelbelehrung ist, wie der Zusammenhang der Vorschriften eindeutig erkennen läßt, immer zu erteilen, wenn jemand aufgrund eines Haftbefehls in Haft genommen wird, oder wenn gegen jemanden, der sich in Haft befindet, ein Haftbefehl ergeht.

§ 130

[1]Wird wegen Verdachts einer Straftat, die nur auf Antrag verfolgbar ist, ein Haftbefehl erlassen, bevor der Antrag gestellt ist, so ist der Antragsberechtigte, von mehreren wenigstens einer, sofort nach dem Erlaß des Haftbefehls in Kenntnis zu setzen und davon zu unterrichten, daß der Haftbefehl aufgehoben werden wird, wenn der Antrag nicht innerhalb einer vom Richter zu bestimmenden Frist, die eine Woche nicht überschreiten soll, gestellt wird. [2]Wird innerhalb der Frist Strafantrag nicht gestellt, so ist der Haftbefehl aufzuheben. [3]Dies gilt entsprechend, wenn eine Straftat nur mit Ermächtigung oder auf Strafverlangen verfolgbar ist. [4]§ 120 Abs. 3 ist anzuwenden.

Schrifttum. *Geerds* Festnahme und Untersuchungshaft bei Antrags- und Privatklagedelikten, GA **1982** 237.

Entstehungsgeschichte. Die Vorschrift hat ihre gegenwärtige Fassung erhalten durch Art. 21 Nr. 37 EGStGB 1974. Dadurch ist namentlich die richterliche Fristbestimmung und die Pflicht eingeführt worden, den Haftbefehl aufzuheben, wenn innerhalb der Frist kein Strafantrag gestellt wird (Satz 2 und 3). Zu Satz 4 siehe Rdn. 15.

1. **Inhalt.** Die Vorschrift hat einen doppelten Inhalt, einen der in der neuen Fas- **1** sung zum Ausdruck gebracht wird, und einen, der dem alten Teil durch Auslegung zu entnehmen ist. Letzterer läßt sich für den Haftbefehl als das erschließen, was § 127 Abs. 3 für die vorläufige Festnahme wörtlich zum Ausdruck bringt, daß bei Straftaten, die nur auf Antrag verfolgt werden, der Eingriff — dort die vorläufige Festnahme, hier der **Haftbefehl** — **schon** dann **zulässig** ist, wenn der Strafantrag noch nicht gestellt ist (*Geerds* 239). Allerdings liegt die Bedeutung dieses Teils der Vorschrift nicht bei den Antragsdelikten, sondern bei den Straftaten, die nur mit Ermächtigung oder auf Strafverlangen verfolgt werden (Satz 3, *Geerds* 253 Fußn. 64). Der Hauptinhalt entstammt der neuen Fassung: Dem Antragsberechtigten ist eine Frist zu stellen. Stellt er innerhalb der Frist keinen Strafantrag, ist der **Haftbefehl aufzuheben.** Der Text normiert eine alte Praxis und stellt dabei die Zuständigkeit des Richters klar (Rdn. 7).

2. Wegen der **Antragsdelikte** s. § 127, 46. **2**

3. **Unterrichtung des Antragsberechtigten.** Der Antragsberechtigte ist nach Erlaß **3** des Haftbefehls sofort zu unterrichten, daß ein Haftbefehl wegen einer Straftat erlassen

Günter Wendisch

worden ist, die nur auf seinen Antrag verfolgt wird. Die Unterrichtung umfaßt die Angabe des Beschuldigten, der Tat, der dieser verdächtig ist, Zeit und Ort ihrer Begehung und die gesetzlichen Merkmale der Straftat (vgl. § 114 Abs. 2 Nr. 1 und 2). Die Angabe des Haftgrunds (§ 114 Abs. 2 Nr. 3) kann nach den Umständen geboten sein, wird aber unterbleiben, wenn kein Grund für die Annahme vorliegt, daß der Antragsberechtigte seine Entschließung darauf abstellen werde.

4　　In der Unterrichtung ist eine vom Richter bestimmte **Erklärungsfrist** zu bestimmen. Sie soll eine Woche nicht überschreiten, doch kann eine längere Frist geboten sein, etwa wenn der Antragsberechtigte sich im Ausland aufhält[1]. Stellt sich nach Absendung der Unterrichtung heraus, daß der Antragsberechtigte innerhalb der Frist nicht antworten kann, etwa weil er verreist ist, so kann die **Frist verlängert** werden, wenn zu erwarten ist, daß er Strafantrag stellen wird[2]. Doch ist Zurückhaltung geboten. Denn mit der sehr kurzen Regelfrist von einer Woche[3] läßt der Gesetzgeber erkennen, daß äußerst rasch Klarheit erlangt werden soll, ob der Verhaftete auch verfolgt werden wird. Mit der Fristbestimmung ist der Antragsberechtigte davon zu unterrichten, daß der **Haftbefehl aufgehoben** werden wird, wenn der Strafantrag nicht innerhalb der Frist gestellt werden wird.

5　　**Empfänger** der Benachrichtigung ist der Antragsberechtigte. Sind mehrere Personen antragsberechtigt, sind alle Empfänger. Zwar genügt es, wenn einer von ihnen benachrichtigt wird. Eine solche Beschränkung empfiehlt sich aber nicht, weil sonst, wenn der allein Benachrichtigte keinen Antrag stellt, nunmehr die anderen Berechtigten benachrichtigt werden müssen. Da Haftsachen stets beschleunigt zu bearbeiten sind, ist es vielmehr geboten, allen bekannten Antragsberechtigten gleichzeitig Nachricht zu geben.

6　　**4. Absender** der Unterrichtung ist das **Gericht,** das den Haftbefehl erlassen hat. Zwar ist es Sache der Staatsanwaltschaft, die Klagevoraussetzungen zu klären. Aus der Neufassung von § 36 Abs. 1, § 214 Abs. 1 ergibt sich indessen das System, daß richterliche Anordnungen nicht mehr von der Staatsanwaltschaft, sondern von der Geschäftsstelle des Gerichts veranlaßt werden. Dieses System beansprucht, weil es der Zweckmäßigkeit entspringt und der Beschleunigung dient, auch über die beiden genannten Vorschriften hinaus Geltung.

7　　Zwar sagt die Vorschrift nicht, daß der Richter die Unterrichtung anordnet, wohl aber, daß er ihren Hauptinhalt, die Frist, bestimmt. Es wäre gekünstelt, die Fristbestimmungen selbst von der Unterrichtung über diese und über die Folgen zu trennen, die eintreten, wenn die Frist versäumt wird. Es handelt sich vielmehr um eine **einheitliche Anordnung,** die der Richter, der die Untersuchungshaft verhängt, im Anschluß an den Haftbefehl erläßt. Die Geschäftsstelle sorgt dafür, daß die Unterrichtung bewirkt wird. Wegen einer **Ausnahme** s. Rdn. 14.

5. Aufhebung des Haftbefehls

8　　**a) Allgemeine Gründe.** Es gelten zunächst die Aufhebungsgründe des § 120, so daß es in einzelnen Fällen zur Entlassung kommen kann, ehe die dem Antragsberechtigten gesetzte Frist abgelaufen ist. Auch wenn sämtliche Antragsberechtigten bei Gericht,

---

[1] KK-*Boujong* 5; vgl. auch *Kleinknecht/Meyer* 8.

[2] KK-*Boujong* 5; KMR-*Müller* 3; *Kleinknecht/Meyer* 8, ähnlich auch *Geerds* 240 Fußn. 11.

[3] *Geerds* hält sie zumindest für Antragsdelikte für „entschieden zu lang"; empfiehlt statt dessen eine Frist von allenfalls 24 bis 48 Stunden (250 Fußn. 57).

bei der Staatsanwaltschaft oder bei der Polizei vor Fristablauf ausdrücklich **verzichtet** haben, Strafantrag zu stellen, ist der Haftbefehl aufzuheben[4]. Einem solchen raschen Verzicht kommt Bedeutung zu, wenn die Berechtigten die Haft nicht wünschen, etwa weil sie sich mit dem Beschuldigten versöhnt haben. **Erklären** die Berechtigten vor Ablauf der Frist, sie stellten **keinen Strafantrag**, so ist das zwar nicht ohne weiteres als Verzicht auszulegen (OLG Hamm JMBlNRW **1953** 35). Die Erklärung nötigt aber gleichwohl, den Haftbefehl aufzuheben, weil mit großer Wahrscheinlichkeit feststeht, daß das Verfahren eingestellt werden wird. Der Haftbefehl muß auch aufgehoben werden, wenn die **Strafantragsfrist abgelaufen** ist, bevor der Strafantrag gestellt wird. Doch ist das, wenn ein Haftbefehl ergangen ist, ein nahezu theoretisches Beispiel.

b) Erfolgloser Fristablauf (Satz 2). Hauptgrund, den Haftbefehl aufzuheben, ist **9** der Umstand, daß **innerhalb der** vom Richter gestellten **Frist kein Strafantrag** gestellt wird. Die Aufhebung ist jedoch, wenn dringender Tatverdacht, Verhältnismäßigkeit und ein Haftgrund vorliegen, nicht endgültig. Die **Frist** ist **keine Ausschlußfrist** (*Geerds* 240 Fußn. 12); die Aufhebung des Haftbefehls nach Satz 2 steht dem Fall des § 120 Abs. 1 Satz 2 (dazu § 120,15 ff.) nicht gleich. Wird nach Fristablauf noch Strafantrag gestellt, bleibt ein noch nicht aufgehobener Haftbefehl bestehen[5]; war er aufgehoben, ist ein neuer zu erlassen. Dem kommt vor allem Bedeutung zu, wenn das Gericht bei mehreren zum Strafantrag Berechtigten nur einen von ihnen unterrichtet hat und ein anderer erst später Kenntnis erhält.

War die richterliche Frist unverschuldet versäumt, ist **Wiedereinsetzung** in den vo- **10** rigen Stand zu gewähren (§ 44). Doch braucht der Antragsberechtigte diesen Weg nicht zu wählen. Solange die Antragsfrist läuft (§ 77 b StGB), kann der Antrag gestellt werden, und sobald mit dem Antrag die Prozeßvoraussetzung geschaffen ist, muß — wenigstens in aller Regel (§ 112, 63) — die Untersuchungshaft angeordnet werden, wenn ihre Voraussetzungen vorliegen. Satz 2 hat daher nur die Bedeutung, die Haftfrage **für die Dauer eines ungewissen Zustands** und möglichst rasch zu klären.

6. Ermächtigung und Strafverlangen (Satz 3)
a) Wegen des **Katalogs** s. § 127, 47. Straftaten, die nur auf Ermächtigung oder **11** auf Strafverlangen zu verfolgen sind, sind in der Regel mit **höheren Strafen** bedroht, als die Antragsdelikte. Daher hat § 130 seine Hauptbedeutung für die Fälle des Satzes 3, ist somit — historisch verständlich — falsch aufgebaut und ordnet das Verfahren für die Hauptfälle nur unzureichend[6].

b) Inhalt. Satz 3 knüpft mit den Worten „dies gilt entsprechend" an Satz 2 an, **12** wonach der Haftbefehl aufzuheben ist, wenn innerhalb der Frist kein Strafantrag gestellt wird. Darin kann sich die Verweisung aber nicht erschöpfen. Da Satz 2 von der Frist handelt, muß sich die **Verweisung** auch auf die Fristbestimmung und auf die Unterrichtung, ja auf den ganzen Folgeteil („so ist") des ersten Satzes erstrecken.

Weil die ganze Vorschrift umformuliert ist, kommt dem Umstand Bedeutung zu, **13** daß es im ersten Relativsatz nicht heißt: „die nur auf Antrag, mit Ermächtigung oder auf Strafverlangen verfolgbar ist", sondern daß die Fälle der Ermächtigung und des Strafverlangens in einem besonderen Satz aufgeführt werden. Durch diese Stellung erlangt die Bestimmung besondere Bedeutung, daß die in Bezug genommenen Teile **nur entsprechend** gelten. Das gilt für alle Teile, auch für Satz 2, so daß unter besonderen Umständen der Haftbefehl nach Fristablauf nicht aufzuheben, sondern die Frist von

---

[4] BGH NJW **1957** 1368; *Geerds* 250 Fußn. 54; KK-*Boujong* 8.

[5] KK-*Boujong* 7; KMR-*Müller* 6.
[6] So auch *Geerds* 245 Fußn. 34.

Günter Wendisch

Amts wegen zu verlängern und die Anfrage zu wiederholen ist. Besonders für die „**Frist, die eine Woche nicht überschreiten soll**", kommt der entsprechenden Anwendung Bedeutung zu. Betrachtet man § 104 a StGB, wo sowohl die Entschließung einer ausländischen Regierung über das Strafverlangen als auch (und wohl erst, wenn diese eingegangen ist) ein Beschluß des zuständigen Ministers, u.U. unter Beteiligung eines anderen Ressorts, namentlich des Bundesministers der Justiz, über die Ermächtigung gefaßt werden muß, so liegt es auf der Hand, daß selbst bei größter Beschleunigung die Frist von einer Woche völlig unzulänglich wäre. Aber auch bei den meisten Ermächtigungsfällen, wo oft schwerwiegende Abwägungen erforderlich sind, reicht die Frist von einer Woche nicht aus. Selbst die mit der „Unterrichtung" verbundene Fristbestimmung muß gegenüber dem **Bundespräsidenten** (§ 90 Abs. 4 StGB) und den in § 90 b StGB genannten **Verfassungsorganen** als peinlich empfunden werden, so daß gefragt werden könnte, ob sie in diesen Fällen von einer entsprechenden Geltung umfaßt wird oder ob hier genügt, daß die von diesen Vorschriften Betroffenen von dem Haftbefehl in Kenntnis gesetzt werden. Da die Fristbestimmung aber der Kern der Vorschrift ist, wird man die Frage wohl verneinen müssen.

14   In den Fällen des Satzes 3 wird der **Richter** das Schreiben, mit dem die Betroffenen in Kenntnis gesetzt, die Frist bestimmt und die Betroffenen von der Folge der Fristversäumung unterrichtet werden, nicht der Geschäftsstelle überlassen dürfen, sondern **selbst** zu **unterschreiben** haben.

15   **7. Aufhebung auf Antrag der Staatsanwaltschaft (Satz 4).** Da der Strafantrag Klagevoraussetzung ist, kann der Fall, den die Bestimmung im Auge hat, nur eintreten, bevor die öffentliche Klage erhoben ist. Für diesen Zeitpunkt gilt § 120 Abs. 3 nach seinem Wortlaut unmittelbar. Die Verweisung ist ohne Inhalt; Satz 4 ordnet überflüssigerweise an, was selbstverständlich ist. Daß die Vorschrift noch besteht, beruht auf mehrfacher Nachlässigkeit des Gesetzgebers. Die Vorschrift hieß ursprünglich: Auf den Haftbefehl finden die Bestimmungen des § 126 gleichfalls Anwendung. § 126 lautete früher: Der vor Erhebung der öffentlichen Klage erlassene Haftbefehl ist aufzuheben, wenn die Staatsanwaltschaft es beantragt oder wenn nicht binnen einer Woche die öffentliche Klage erhoben und die Fortdauer der Haft von dem zuständigen Richter angeordnet worden ist. Streng genommen war schon damals die Verweisung des § 126 entbehrlich. Als durch das Gesetz zur Abänderung der Strafprozeßordnung vom 27. 12. 1926 (RGBl. I 329) die Frist fiel, blieb für § 126 als alleiniger Inhalt, daß im Vorverfahren der Haftbefehl auf Antrag der Staatsanwaltschaft aufzuheben sei. Bereits damals wäre die Verweisung auf § 126 zu streichen gewesen, weil nunmehr nicht mehr zweifelhaft sein konnte, daß § 126 anzuwenden sei. Durch Art. 1 StPÄG 1964 erhielt § 120 die jetzige Fassung. § 126 wurde als Absatz 3 nach § 120 verlegt, § 126 für Vorschriften über die Zuständigkeit zu Haftentscheidungen verwendet. Ungeprüft blieb, daß die Verweisung auf das Recht der Staatsanwaltschaft, im Ermittlungsverfahren die Haftaufhebung zu veranlassen, sinnlos geworden war: In § 130 wurde nunmehr auf § 120 Abs. 3 verwiesen. Auch die Neufassung durch Art. 21 Nr. 37 EGStGB 1974 hebt die Erkenntnis nicht auf, daß Satz 4 **ohne** sinnvollen **Inhalt** ist.

§ 131

(1) **Auf Grund eines Haftbefehls oder eines Unterbringungsbefehls können die Staatsanwaltschaft oder der Richter einen Steckbrief erlassen, wenn der Beschuldigte flüchtig ist oder sich verborgen hält.**

Stand: 1. 8. 1984

(2) [1]Ohne Haft- oder Unterbringungsbefehl ist eine steckbriefliche Verfolgung nur zulässig, wenn ein Festgenommener entweicht oder sich sonst der Bewachung entzieht. [2]In diesen Fällen kann auch die Polizeibehörde einen Steckbrief erlassen.

(3) [1]In dem Steckbrief ist der Verfolgte zu bezeichnen und soweit möglich zu beschreiben. [2]Die Tat, deren er verdächtig ist, sowie Ort und Zeit ihrer Begehung sind anzugeben.

(4) Die §§ 115 und 115a gelten entsprechend.

Schrifttum. *Bottke* Strafprozessuale Rechtsprobleme massenmedialer Fahndung, ZStW **93** (1981) 425; *Krause/Nehring* Strafverfahrensrecht in der Polizeipraxis (1978); *Seebode* Das Recht zur Festnahme entwichener Strafgefangener, FS Bruns, 487.

Entstehungsgeschichte. Absatz 4 ist eingefügt durch das Gesetz zur Abänderung der Strafprozeßordnung vom 27.1.1926 (RGVl. I 529) und hat seine jetzige Fassung erhalten durch Art. 1 Nr. 4 StPÄG 1964. Die Erweiterung auf den Unterbringungsbefehl beruht auf Art. 2 Nr. 10 AGGewVerbrG.

Übersicht

I. Abgrenzung

1. Der **Inhalt** des ersten Absatzes ist eindeutig, der des zweiten, wie auch sein **1** Verhältnis zum ersten, ist dagegen unklar. Immerhin vermittelt die Entstehungsgeschichte Einblicke in die Absichten des Gesetzgebers. In den Motiven (*Hahn* Mat. **1** 138) ist ausgeführt: Der Erlaß eines Steckbriefes solle, weil durch ihn der Ruf des vielleicht unschuldigen Beschuldigten gefährdet werde, **regelmäßig** nur zulässig sein, wenn der **Richter** die Verhaftung oder Verwahrung angeordnet habe. Auf diese Rücksicht habe aber der Entwichene keinen Anspruch; deshalb mache Absatz 2 eine im Interesse der Verfolgung notwendige Ausnahme. Daß diese **Ausnahme** sich indessen nicht nur auf die Ermächtigung bezieht, einen Steckbrief auch bei fehlendem Haftbefehl zu erlassen, sondern namentlich auf die Befugnis der Polizei, steckbrieflich zu verfolgen, ist in der Reichstagskommission dargelegt worden: In den Fällen des Absatzes 2 habe ein Steckbrief nur Bedeutung, wenn er sofort vollstreckt würde. Dazu sei vorzugsweise geeignet, daß die **Polizei** unmittelbar einschreite. Wäre die steckbriefliche Verfolgung erst auf dem Umweg über eine richterliche Verfügung zu erreichen, dann könnte der Beschuldigte häufig nicht ereilt werden (*Hahn* Mat. **2** 1267). Dem hat auch der Regierungsvertreter zugestimmt (*Hahn* Mat. **2** 1268), nachdem er allerdings früher erklärt hatte, Absatz 2 beziehe sich nur auf den Fall des § 127.

Die dargestellte Ansicht setzte sich zunächst nicht durch; § 131 Abs. 2 Satz 2 **2** wurde gestrichen. Gleichzeitig wurde die Vorschrift authentisch dahin interpretiert, daß sie nur im vorbereitenden Verfahren Anwendung finde, nicht dagegen, wenn ein bereits

Günter Wendisch

Verurteilter sich der Haft entziehe (*Hahn* Mat. 2 1268, 1504). Für diese Fälle sollte der **Polizei** die Befugnis, **Steckbriefe** zu erlassen, durch § 131 nicht entzogen sein (*Hahn* Mat. 2 1531). Nachdem der Bundesrat Vorstellungen erhoben hatte (*Hahn* Mat. 2 1597), wurde Satz 2 von der gleichen Kommission, die ihn vorher gestrichen hatte, wieder angefügt. Gründe dafür sind nicht angegeben (*Hahn* Mat. 2 1624).

3   Nach diesen Vorgängen wird man der **Entstehungsgeschichte** entnehmen dürfen, daß die Reichstagskommission in Übereinstimmung mit der Regierung und mit dem Bundesrat mit Absatz 2 nach ursprünglichem Schwanken schließlich zweierlei wollte: Einmal soll beim Entweichen ein **Steckbrief** ausnahmsweise **ohne** die Grundlage eines **Haftbefehls** zulässig sein. Zum anderen soll in diesem Fall die Polizei einen Steckbrief erlassen können, gleichviel ob ein Haftbefehl vorliegt oder fehlt. Schließlich bestand noch Übereinstimmung, daß die **polizeiliche** steckbriefliche **Verfolgung auch bei** entwichenen **Strafgefangenen** zulässig sei. Das Ergebnis kann aus dem Wortlaut gewonnen werden, wenn man den Mittelsatz (wenn ein Festgenommener entweicht) sowohl als Nachsatz zum ersten Halbsatz (ohne Haftbefehl ist eine steckbriefliche Verfolgung zulässig, wenn ein Festgenommener entweicht) als auch als Vorsatz zum zweiten Satz (wenn ein Festgenommener entweicht, kann auch die Polizeibehörde einen Steckbrief erlassen) auffaßt. Für den ersten Fall ist das der Gesetzeswortlaut; für den zweiten Fall ist der Wortlaut durch die Verweisung „in diesen Fällen" dem Gesetz zu entnehmen.

4   Diese Auslegung ist auch allein **sinnvoll:** Wenn am Sonntag nachmittag in Grenznähe ein Gefangener, gleichgültig in wessen Gewahrsam er sich befindet, entweicht, muß die verwahrende Behörde die Polizei unmittelbar angehen dürfen und muß die Polizei aus eigener Entschließung die unbeschränkte Fahndung und die Grenzbewachung veranlassen können. So wurde auch schon früher in der Praxis verfahren. Heute hat sie ihre gesetzliche (Teil-)Regelung in § 87 StVollzG gefunden, der ein eigenes vollzugsgesetzliches Festnahmerecht der Vollzugsbehörde und — auf ihre Veranlassung — auch der Polizei für entwichene Strafgefangene, aber auch solche, die nicht aus dem Urlaub zurückgekehrt sind, begründet, solange das durch das Entweichen oder Ausbleiben des Strafgefangenen gelockerte Gewahrsamsverhältnis noch nicht völlig aufgehoben worden ist[1]. Ist ein solches zufolge nicht mehr bestehendem zeitlichen Zusammenhang und fehlender räumlicher Nähe entgültig aufgehoben, bedarf es für die Wiederergreifung des Strafgefangenen grundsätzlich eines Vollstreckungshaftbefehls nach § 457 Abs. 1 Satz 2. Da aber — zumal an Wochenenden und Feiertagen — Vollstreckungshaftbefehle kaum oder nur schwer zu erlangen sind, ihre Ausstellung auch immer eine gewisse Bearbeitungszeit erfordert und ihre Übermittlung eine gewisse Zeit beansprucht, muß der Polizei auch in diesem Fall eine polizeiliche steckbriefliche Verfolgung möglich sein[2].

5   **2. Steckbrief** ist die nicht an eine bestimmte Person oder an eine bestimmte Behörde, sondern an eine unbestimmte Zahl von Behörden, Stellen und Personen, notfalls

---

[1] *Seebode* 492 f; *Schwind/Böhm* § 87, 3; vgl. auch *Krause/Nehring* S. 189 Rdn. 294; *Pohlmann/Jabel* § 40, 21.

[2] *Seebode* vertritt den Standpunkt, daß nach Inkrafttreten des § 87 StVollzG und Ergänzung des § 457 Abs. 1 durch einen neuen Satz 2 die Polizei in keinem Fall mehr befugt sei, von sich aus einen entwichenen Strafgefangenen festzunehmen. Er hält diese Rechtslage in den Fällen für unbefriedigend, wo die Polizei tatsächlich in der Lage ist, einen flüchtigen Strafgefangenen wieder in Gewahrsam zu nehmen. Diese Befugnis zu sichern, sei nur durch eine Ergänzung des § 457 um eine polizeiliche Befugnis entsprechend der Regelung in § 127 Abs. 2 möglich (501 f).

an die Öffentlichkeit (Rdn. 32 ff), gerichtete amtliche Aufforderung, nach einem flüchtigen oder sich verborgen haltenden Beschuldigten oder Verurteilten (Rdn. 2 bis 5) zu fahnden und ihn festzunehmen. Diese **„ungezielte Fahndung"** macht das Wesen des Steckbriefs aus, nicht (so *Peters* § 47 A III 1 Abs. 3) die in Absatz 3 Satz 1 angeordnete genaue Personenbeschreibung. Steckbrief ist nicht nur das bei Behörden (Polizeidienststelle, Post usw.) angeheftete (angesteckte) Fahndungsplakat, sondern auch jede moderne Fortentwicklung dieser ursprünglichen, den Namen ergebenden, Form der ungezielten Verfolgung. Danach fällt unter den Begriff der steckbrieflichen Verfolgung namentlich die „Fahndungshilfe" durch Publikationsorgane (Rdn. 33).

Die **Fahndungsaufforderung** kann sich an jedermann richten, das **Festnahmeersuchen** dagegen nur an die zur Strafverfolgung berufenen Beamten. Denn ein Steckbrief kann den Angesprochenen, seien es Privatpersonen oder auch Behörden, keine weiteren Eingriffsbefugnisse verleihen, als ihnen die Strafprozeßordnung einräumt[3]. Grundlage der Festnahme ist der Haft- oder Unterbringungsbefehl (Absatz 1), das rechtskräftige Urteil (§ 457 Abs. 1) oder die im Steckbrief enthaltene Anordnung der Staatsanwaltschaft oder der Polizei. Grundlage des Steckbriefs ist ein Haft- oder Unterbringungsbefehl oder ein rechtskräftiges Urteil, bei Entweichung und fehlendem Haftbefehl oder Urteil das Festnahmerecht der Staatsanwaltschaft oder Polizei nach § 127 Abs. 2. **6**

Die Anordnung eines Steckbriefs ist nicht nur an die in den Absätzen 1 und 2 Satz 1 genannten Voraussetzungen geknüpft, sondern auch an den allgemeinen **Grundsatz der Verhältnismäßigkeit** gebunden[4]. Weil der Steckbrief nicht nur, wie der Haft- und der Unterbringungsbefehl, die Bewegungsfreiheit aufhebt, sondern darüber hinaus zu öffentlicher Bloßstellung führen kann, muß sich die Notwendigkeit, den Beschuldigten mit dem Mittel des Steckbriefs zu verfolgen, sowohl aus der Schwere der Straftat (Grundsatz der **Verhältnismäßigkeit**) als auch aus der Erkenntnis ergeben, daß das angestrebte Ziel nicht mit weniger eingreifenden Maßnahmen erreicht werden kann (Grundsatz der **Subsidiarität**). **7**

Aufgrund eines **Strafurteils** kann die Staatsanwaltschaft **vor dem Vollzug** einen Steckbrief erlassen, wenn der Verurteilte, der die Strafe noch nicht angetreten hat, flüchtig ist oder sich verborgen hält (§ 457 Abs. 2). § 457 Abs. 2 erweitert damit Absatz 1 für das Gebiet der Strafvollstreckung in bezug auf die Zeit vor dem Vollzug. Für die Zeit nach **Beginn des Vollzugs** ist eine gleiche Erweiterung für den aus der Strafhaft entwichenen Verurteilten im siebenten Buch nicht enthalten. Es kann kein Zweifel sein, sowohl daß die Notwendigkeit besteht, nach entwichenen Gefangenen mit den Mitteln des Steckbriefes zu fahnden, als auch daß während der Gesetzgebungsarbeit davon ausgegangen worden ist, dieser Notwendigkeit sei Rechnung getragen (Rdn. 2). Alsdann muß Absatz 2 für das Vollstreckungsverfahren entsprechend angewendet werden[5]. **8**

3. Fahndung nach einem unbekannten Täter. Der Steckbrief ist das Fahndungsmittel gegen einen Beschuldigten (Absatz 1) oder Festgenommenen (Absatz 2), d.h. einen individuell genau zu bezeichnenden Verfolgten (Absatz 3 Satz 1). Wird nach einem unbekannten Täter gefahndet oder wird nach Beweismitteln gesucht, findet die Vorschrift unmittelbar keine Anwendung. Der Grundsatz der Verhältnismäßigkeit ist **9**

---

[3] *Eb. Schmidt* Nachtr. I 4; *KK-Boujong* 1; *Kleinknecht/Meyer* 1; *Roxin* § 32 B.

[4] *Eb. Schmidt* Nachtr. I 15; *KK-Boujong* 2; *Krause/Nehring* 1.

[5] *Feisenberger* 2; im Ergebnis ebenso *Roxin*

§ 33 A II 2 zufolge analoger Anwendung des § 457; **a.A.** *Hartung* 3; *Eb. Schmidt* 13; Nachtr. I 14, 16; vgl. zu diesem Problem auch *Seebode* 489 sowie *Pohlmann/Jabel* § 40, 19 ff.

aber auch hier zu beachten; schutzwürdige Interessen des Geschädigten sind zu schonen. Da in diesen Fällen ein Haft- oder Unterbringungsbefehl nicht vorliegen kann, kann Absatz 1 auch nicht entsprechend angewendet werden. Da kein Täter bekannt ist, besteht keine **Zuständigkeit** des Richters. Die Fahndung, namentlich eine Sachfahndung, kann auch die Polizei veranlassen. Publikationsorgane in Anspruch zu nehmen, ist dem Staatsanwalt vorbehalten, der Kriminalpolizei aber nachgelassen, wenn die Ermittlungen verzögert würden, falls die Staatsanwaltschaft eingeschaltet würde (vgl. Rdn. 13, Fußn. 8).

II. Einzelregelung

10   **1. Steckbrief auf Grund eines Haftbefehls (Absatz 1).** Voraussetzungen des Steckbriefs sind ein Haftbefehl (§ 114, § 230 Abs. 2, § 236) oder ein Unterbringungsbefehl (§ 126 a Abs. 1) sowie Flucht (§ 112, 32) oder Verbergen (§ 112, 33) des Beschuldigten. Der Beschuldigte verbirgt sich, wenn er seinen Aufenthalt, sei es unter eigenem, sei es unter fremdem Namen, so wählt, daß dieser den Behörden nicht als Aufenthalt des Beschuldigten erkennbar ist.

11   Liegt ein Haftbefehl oder ein Unterbringungsbefehl vor, ist der Erlaß eines Steckbriefs eine **Vollstreckungshandlung**[6]. Absatz 1 erklärt in Abweichung von § 36 Abs. 2 Satz 1 Staatsanwaltschaft und Richter gleicherweise für zuständig. Richter ist der Richter beim Amtsgericht, der Strafrichter, und der Vorsitzende eines Kollegialgerichts (§ 126, 24). Der Staatsanwalt kann nach Lage der Sache zum Erlaß eines Steckbriefs verpflichtet sein. Der Richter ist es nicht; er kann der Staatsanwaltschaft die Vollstreckung des Haftbefehls überlassen (§ 36 Abs. 2 Satz 1). Daß er in Absatz 1 neben dem Staatsanwalt genannt wird, verpflichtet ihn nicht, eine Vollstreckungsmaßnahme selbst zu veranlassen. Erläßt der Richter den Steckbrief selbst, kann er wiederum die Vollstreckung des Steckbriefs, d.h. die Veröffentlichung usw., der Staatsanwaltschaft überlassen. Dagegen kann er nicht verfügen, daß die Staatsanwaltschaft einen Steckbrief zu erlassen habe[7].

12   Wegen der **Zuständigkeit** im allgemeinen s. §§ 125, 126.

13   Die AV der Justizminister vom März 1973[8] faßt die Fahndungshilfe durch **Publikationsorgane** nicht unter § 131. Das entspricht nicht dem Sinn der Vorschrift im Hinblick auf die moderne Entwicklung. Der Schutzzweck für den durch den Steckbrief bloßgestellten Beschuldigten verbietet es, die Anwendung der Vorschrift auf die Fahndungsmittel des Jahres 1870 zu beschränken, zumal da schon die Begründung die „Bekanntmachung in öffentlichen Blättern" als Mittel der steckbrieflichen Verfolgung erwähnt (Mot. *Hahn* Mat. 1 138; vgl. dazu auch *Bottke* 435). Zudem muß wohl, was für einen Anschlag gilt, erst recht für die viel weitergehende Fahndung durch Presse, Funk und Fernsehen gelten. Soweit die AV daher bei Gefahr im Verzug auf Haft- und Unter-

---

[6] *Eb. Schmidt* Nachtr. I 11; KK-*Boujong* 5.
[7] OLG Karlsruhe Rpfleger **1968** 288; *Eb. Schmidt* Nachtr. I 12; KK-*Boujong* 6.
[8] Allgemeine Verfügung der Landesjustizverwaltungen und des Bundesministers der Justiz im Einvernehmen mit den Innenministern der Länder und dem Bundesminister des Innern über die Inanspruchnahme von Publikationsorganen zur Fahndung nach Personen bei der Strafverfolgung. Bundeseinheitlich mit ver-

schiedenen Daten meist im März 1973 erlassen. Vgl. z. B. AV des Bundesministers der Justiz vom 12. 3. 1973 (BAnz. Nr. 52 vom 15. 3. 1973 = SäBl. **1973** 461); AV des JustizMin. Nordrhein-Westfalen vom 22. 1. 1973 (JMBlNRW **1974** 161). Wegen der Bekanntmachung der AVen in den übrigen Bundesländern vgl. Anl. B der RiStBV Fußn. 1; wegen weiterer Einzelheiten zur Bedeutung der AV *Bottke* 441 ff.

bringungsbefehl verzichten und sich damit begnügen will, daß deren Voraussetzungen gegeben sind (II 1) und soweit sie die Polizei bei Gefahr im Verzug für zuständig erklärt, ist sie für den Fall des Absatzes 1 nichtig, weil sie gegen die gesetzliche Regelung des Absatzes 1 verstößt, die den Steckbrief nur zuläßt, wenn ein Haft- oder ein Unterbringungsbefehl vorliegt[9].

2. Steckbrief bei Entweichung (Absatz 2)

a) Voraussetzungen. Voraussetzung der steckbrieflichen Verfolgung nach Ab- **14** satz 2 ist die Entweichung. Der Beschuldigte entweicht, wenn er sich unerlaubt aus einem behördlichen Gewahrsam entfernt, in dem er sich als Gefangener befindet[10]. Wegen des Begriffs Gefangener s. Erl. zu § 104, doch gehören die aufgrund eines Vorführungsbefehls Verhafteten nicht hierher. Entweichen sie, ist es unzulässig, nach ihnen steckbrieflich zu fahnden; es muß vielmehr erst ein Haftbefehl ergehen.

Der Entweichung steht es gleich, wenn sich der Festgenommene der Bewachung **15** entzieht, d. h. nicht aus einer Anstalt, sondern auf dem Transport dahin, von einem Zwischenaufenthalt oder bei einer Vorführung entflieht (*Hahn* Mat. 1 695). Bewachung ist indessen nur eine amtliche. Wer nach vorläufiger Festnahme durch einen Privaten sich dessen Überwachung entzieht, kann nicht mit einem Steckbrief verfolgt werden[11].

Der Steckbrief bezweckt die Verhaftung. Demzufolge kann, wenn noch kein **16** Haft- oder Unterbringungsbefehl vorliegt, ein Steckbrief nur erlassen werden, wenn die **Voraussetzungen eines Haft- oder eines Unterbringungsbefehls** vorliegen (§ 127 Abs. 2). Dagegen kommt es hierauf nicht an, wenn ein Strafgefangener entwichen ist, weil dann das rechtskräftige Urteil die Grundlage zur Verhaftung gibt.

Da der Steckbrief zur Festnahme führen soll, über die Freiheitsentziehung aber **17** grundsätzlich nur der Richter, und zwar vor der Freiheitsentziehung, zu entscheiden hat (Art. 104 Abs. 2 Satz 1 GG), können **andere Stellen** nur hilfsweise tätig werden. Demzufolge dürfen Beamte, wenn kein Haft- oder Unterbringungsbefehl vorliegt, einen Steckbrief nur erlassen, wenn sie berechtigt wären, einen Beschuldigten vorläufig festzunehmen, nämlich (§ 127 Abs. 2) bei Gefahr im Verzug. Diese wird bei der Entweichung gesetzlich vermutet, doch sind Staatsanwaltschaft und Polizei verpflichtet, die letztere durch Vermittlung der Staatsanwaltschaft, alsbald den Erlaß eines Haft- oder eines Unterbringungsbefehls herbeizuführen. Sie dürfen es nicht darauf ankommen lassen, daß durch ihre Säumnis noch Gefahr im Verzug vorliegt, wenn der Beschuldigte ergriffen wird. Haben sie allerdings, obwohl ein richterlicher Haftbefehl als Grundlage des Steckbriefs hätte geschaffen werden können, den Zustand der Gefahr im Verzug pflichtwidrig herbeigeführt, so beseitigt das nicht die Befugnis, den Entwichenen festzunehmen (vgl. BGHSt 3 243).

Ein rechtskräftiges Urteil, in dem auf eine Freiheitsstrafe oder auf eine freiheits- **18** entziehende Maßregel der Besserung und Sicherung erkannt worden ist, gibt die Befugnis, den Verurteilten einzusperren. In **Strafvollstreckungssachen** ist daher kein richterlicher Haftbefehl oder Unterbringungsbefehl erforderlich und wegen des Abschlusses der Untersuchung auch nicht möglich. Auch kommt es, weil die Grundlage zur Fest-

---

[9] Ebenso *Bottke* 495; *Roxin* § 32 C; vgl. auch *Ostendorf* GA **1980** 452; **a.A.** OLG München NJW **1970** 1745; OLG Frankfurt NJW **1971** 47; *Krause/Nehring* S. 98 Rdn. 180; *Kleinknecht/Meyer* 6.

[10] Wie hier *Roxin* § 33 A II 2; **a.A.** – Absatz 2 bezieht sich nur auf vorläufig Festgenom-

mene – *v. Hippel* § 67 I 2 Abs. 2 und Anm. 5; *Thilo* 4; *Hartung* 3; KK-*Boujong* 7; KMR-*Müller* 3; *Eb. Schmidt* Nachtr. 16; *Kleinknecht/Meyer* 3.

[11] RGSt **13** 254; *Eb. Schmidt* Nachtr. I 16; KK-*Boujong* 7; KMR-*Müller* 3.

Günter Wendisch

nahme eindeutig gegeben ist, nicht auf Gefahr im Verzug an, wenn die Polizei einen Steckbrief erläßt. Sie ist jedoch verpflichtet, die Vorgänge alsbald der Vollstreckungsbehörde zuzuleiten, damit diese die weitere Entscheidung (Strafzeitberechnung) treffen oder bei der Anstalt veranlassen kann. Unbeschadet des Urteils kann die Staatsanwaltschaft aus Gründen der Klarheit oder der Vereinfachung einen Vorführungs- oder Haftbefehl erlassen, wenn ein Strafgefangener oder Untergebrachter entwichen ist oder sich sonst dem Vollzug entzieht (§ 457 Abs. 1 Satz 2, § 463 Abs. 1).

19   **b) Zuständigkeit.** Liegt ein **Haft-** oder ein Unterbringungs**befehl** vor, ist grundsätzlich nach Absatz 1 zu verfahren (Rdn. 11), doch kann auch die Polizei einen Steckbrief erlassen, wenn entweder der Gefangene aus ihrem Gewahrsam entwichen ist, oder die verwahrende Stelle (Untersuchungshaftanstalt, sichere Abteilung eines Krankenhauses, Strafanstalt, psychiatrisches Krankenhaus, Entziehungsanstalt, sozialtherapeutische Anstalt, Sicherungsverwahrungsanstalt) die Polizei unmittelbar angeht (Absatz 2 Satz 2; Rdn. 3)[12].

20   Liegt **kein Haft-** oder Unterbringungs**befehl** vor, sind zuständig der Richter, die Staatsanwaltschaft und die Polizei. Wird der Richter mit der Sache befaßt, wird er regelmäßig — jedoch bei Eilsachen nicht immer — einen Haftbefehl erlassen, so daß alsdann Absatz 1 Anwendung findet[13]. Erläßt er zunächst nur den Steckbrief, hat er die Untersuchungshaft alsbald nachträglich anzuordnen. Erläßt die Staatsanwaltschaft oder die Polizei den Steckbrief, hat sie alsbald den Erlaß eines Haftbefehls zu beantragen.

21   In Strafvollstreckungssachen kann nur der **Staatsanwalt** als Vollstreckungsbehörde tätig werden. Der Erlaß eines richterlichen Haftbefehls scheidet aus.

22   Wegen der **Zuständigkeit** im allgemeinen s. §§ 125, 126.

23   **3. Steckbriefinhalt (Absatz 3).** Anzugeben sind der Verfolgte mit Namen, Vornamen, Geburtstag und -ort; eine Beschreibung kennzeichnender Merkmale zu seiner Person (Dialekt) oder zu seinem Verhalten (Hoteldieb); die Kurzbezeichnung der Tat mit Ort und Zeit ihrer Begehung (Bandendiebstahl, Köln, April 1975); das Ersuchen um Verhaftung; die Angabe des zuständigen Gerichts (§ 115; vgl. Absatz 4); die Aufforderung, der ausschreibenden Stelle sofort Mitteilung von der Verhaftung zu machen (vgl. § 34 StVollstrO). Bei Steckbriefen gegen entwichene Verurteilte sind anstelle der Tat die zu vollstreckende Entscheidung nebst Art und Dauer der zu vollstreckenden Strafe, und anstelle des zuständigen Gerichts die Vollzugsanstalt anzugeben.

24   **Adressat** des Steckbriefs ist eine unbestimmte Zahl von Behörden, Stellen und Personen (Rdn. 5), doch ist der Umfang der Fahndung (Beschränkung auf die Polizei, auf bestimmte Gebiete, Grenzfahndung) nach den Umständen des Einzelfalls festzulegen. Namentlich sind Fahndungsaufforderungen, die sich durch Plakate, Zeitungen, Rundfunk und Fernsehen an die Öffentlichkeit wenden, in aller Regel nur bei Kapitalverbrechen angebracht (Rdn. 7).

25   **4. Verfahren nach der Ergreifung (Absatz 4).** Ist der Steckbrief aufgrund eines Haftbefehls oder eines Unterbringungsbefehls erlassen (Absatz 1), dann wird der Beschuldigte auch aufgrund des Haftbefehls oder Unterbringungsbefehls ergriffen (§ 115 Abs. 1). Alsdann finden die §§ 115 und 115 a unmittelbar Anwendung[14]. In allen anderen

---

[12] KMR-*Müller* 5; **a.A.** *Eb. Schmidt* Nachtr. I 14; KK-*Boujong* 7; *Kleinknecht/Meyer* 3.

[13] KK-*Boujong* 8; KMR-*Müller* 4.

[14] *Eb. Schmidt* Nachtr. I 19; KK-*Boujong* 10; KMR-*Müller* 8; *Kleinknecht/Meyer* 5.

Fällen gelten sie entsprechend. Demzufolge ist, wenn der Steckbrief ohne Haft- oder Unterbringungsbefehl ergangen ist, nicht nach §§ 128, 129 zu verfahren, sondern so, **als ob** bereits ein **Haftbefehl** vorläge[15]. Das ist sachgemäß, weil bei ordnungsgemäßer Behandlung inzwischen in der Tat ein Haftbefehl vorliegen muß (Rdn. 20).

Ist das ausnahmsweise nicht der Fall und steht somit vor Erhebung der öffentlichen Klage nicht fest, **welcher Richter** bei dem Amtsgericht **zuständig** ist (§ 127 Abs. 1: jeder Richter bei dem Amtsgericht, in dessen Bezirk ein Gerichtsstand begründet ist), dann wählt die Staatsanwaltschaft den Richter aus; ggf. ist zunächst nach § 115 a zu verfahren. Der Richter des nächsten Amtsgerichts ist jedoch nicht befugt, einen Haftbefehl zu erlassen, wenn er nicht, was beim Fehlen eines Haftbefehls in der Regel zutreffen wird, zugleich zuständiger Richter nach § 125 Abs. 1 ist. Im Hinblick auf Art. 103 Abs. 3 Satz 2 GG ist nochmals die Notwendigkeit zu betonen, einen fehlenden Haftbefehl alsbald nach Erlaß des Steckbriefs auszubringen, damit das nicht bei der Ergreifung nachgeholt werden muß. **26**

Ist ein **Verurteilter** aufgrund eines Steckbriefs nach Entweichung ergriffen, gibt es keinen zuständigen Haftrichter. Die entsprechende Anwendung der §§ 115, 115 a bedeutet daher, daß der entwichene Strafgefangene der Haftanstalt zuzuführen ist, aus der er entwichen ist. Auf sein Verlangen ist er dem Richter des nächsten Amtsgerichts zur Identitätsprüfung vorzuführen (*Hartung* 6 Abs. 5). **27**

III. Fahndungsmittel

1. Grundsatz. Der Steckbrief wendet sich, etwa durch Ausschreibung in Fahndungsblättern, an eine unbestimmte Zahl von Behörden, wenn Plakate angeschlagen oder Publikationsorgane in Anspruch genommen werden, von Behörden, Stellen und Personen, doch ist der Umfang der Fahndung nach den Umständen des Einzelfalls festzulegen. Dabei müssen die Art und der Umfang der Fahndungsmaßnahmen in einem angemessenen Verhältnis zum Ausmaß der Tat und zu ihrer Bedeutung stehen (Nr. 39 Abs. 2 RiStBV). Namentlich sind Fahndungsersuchen, die sich an die Öffentlichkeit wenden, in der Regel nur bei Kapitalverbrechen angebracht. Eine umfassende Darstellung des Fahndungswesens enthält die bundeseinheitliche Polizeidienstvorschrift (PDV) 384.1 „Polizeiliche Fahndung", die von den Innenministerien der Länder im Mai 1979 — mit Nachtrag vom Dezember 1982 — in Kraft gesetzt worden ist. **28**

Für die steckbriefliche Verfolgung kommen regelmäßig in Betracht:

a) **Steckbriefnachrichten** ins Zentralregister (§ 25 BZRG) und Suchvermerke in die Einwohnermelderegister. **29**

b) **Fahndungsersuchen.** Ausschreibungen der Gerichte und Staatsanwaltschaften werden durch Übernahme in die Personenfahndungsdateien, die bei allen Polizeibehörden geführt werden und durch einen elektronischen Datenverbund mit dem Bundeskriminalamt verbunden sind (**Inpol**-System) alsbald bundesweit verbreitet[16]. Eine wichtige Rolle spielt daneben das vom Bundeskriminalamt herausgegebene **Deutsche Fahndungsbuch,** das einmal monatlich erscheint und weiterhin alle Ersuchen zur Festnahme oder Inverwahrnahme oder zur Aufenthaltsermittlung enthält[17]. Von untergeordneter Bedeutung für Fahndungsersuchen sind dagegen das **Bundeskriminalblatt** und die **Landes-** **30**

---

[15] **A.A.** KMR-*Müller* 9.

[16] Vgl. PDV 384.1 „Polizeiliche Fahndung".

[17] Nicht mehr Ersuchen zur Überwachung gefährlicher Intensivtäter, sie werden inzwischen aufgrund der PDV 384.2 „Polizeiliche Überwachung" ebenfalls im Inpol-System erfaßt.

Günter Wendisch

kriminalblätter, in die heute vornehmlich noch Ausschreibungen aufgenommen werden, die wegen herausragender Besonderheiten wie außergewöhnlicher Tathergang, Art der Beute, Geschlecht, Alter und äußere Erscheinung des Opfers überregionale Aufmerksamkeit gewonnen haben. Zu erwähnen sind schließlich noch **Zollfahndungsnachweis** sowie Zollnachrichten- und Fahndungsblatt, herausgegeben vom Zollkriminalinstitut Köln und der **Fahndungsnachweis der Wasserschutzpolizeien** der Bundesrepublik, herausgegeben vom Wasserschutzpolizeidirektor Nordrhein-Westfalen — Zentralfahndungsstelle — Duisburg.

31   **c) Internationale Fahndung.** Die Bundesrepublik ist Mitglied der Internationalen Kriminalpolizeilichen Organisation (IKPO — INTERPOL), Paris. Der Verkehr mit Interpol ist dem Bundeskriminalamt vorbehalten (§ 7 BKrimAG; Nr. 163 Abs. 1 RiVASt.).

2. Öffentliche Fahndung
32   **a) Beschränkte Fahndungsmittel.** Eine Fahndung, die über amtliche Blätter hinausgeht, ist stets mit besonderer Zurückhaltung zu betreiben. Für sie kommen in geeigneten Fällen Lauf- oder Handzettel, die sich an bestimmte Fachleute (Apotheker, Juweliere) richten, Postwurfsendungen an einen bestimmten Personenkreis (Hersteller von Textilien, Waffen) sowie Ausschreibungen in Fachzeitschriften in Betracht. Muß eine breite Öffentlichkeit in Anspruch genommen werden, ist das Aushängen von Plakaten, meist verbunden mit der Auslobung einer Belohnung, auf Polizeidienststellen, Gerichten, Postämtern, in schwersten Fällen auch an Litfaßsäulen, zu wählen. In letzter Linie treten dazu Veröffentlichungen in der Presse, Kinovorführungen sowie die Fahndung durch Sprechrundfunk und durch das Fernsehen (Publikationsorgane).

33   **b) Fahndung durch Massenmedien.** Für die Beteiligung von Publikationsorganen an der Fahndung sind die Schranken, die sich aus dem Grundsatz der Verhältnismäßigkeit ergeben, besonders sorgfältig zu beachten. Denn durch Namensnennung und Abbildung wird der als unschuldig geltende Beschuldigte (Art. 6 Abs. 2 MRK) erheblich in seinem Ruf geschädigt. Das muß so lange vermieden werden, als es irgend geht. Denn wenn die Beschuldigung nicht erwiesen wird, ist der Schaden meist nicht völlig wiedergutzumachen; bei Verurteilung kann durch unnötige Publizität die spätere Sozialisation des Täters erschwert oder vereitelt werden. Auch für andere Personen können Nachteile entstehen. Publikationsorgane dürfen daher — in der Regel, aber nicht stets — nur eingeschaltet werden, wenn andere, den Betroffenen weniger beeinträchtigende Fahndungsmittel nicht (mehr) genügend erfolgversprechend erscheinen (Grundsatz der **Subsidiarität**) und die öffentliche Fahndung zu der Bedeutung der Sache und zu den zu erwartenden Rechtsfolgen der Tat nicht außer Verhältnis steht (Grundsatz der **Verhältnismäßigkeit**).

34   Dazu ist zu prüfen, ob drohende Nachteile dadurch vermindert werden können, daß nur Publikationsorgane mit **eingeschränktem Verbreitungsgebiet** (nur lokal verbreitete Zeitungen, regionale Hörfunk- und Fernsehsendungen) in Anspruch genommen oder daß die Fahndungshilfe örtlich oder in anderer Weise, etwa durch Verzicht, das Bild eines Gesuchten zu verbreiten, beschränkt werden kann.

35   Die Staatsanwaltschaft hat, bevor sie Publikationsorgane in Anspruch nimmt, die **Polizei** zu hören. Das Gericht bindet die Allgemeine Verfügung nicht; doch sollte es, weil es oft wenig Gelegenheit hat, kriminalistische Praxis zu erwerben, diese Art der Fahndung der Staatsanwaltschaft überlassen.

36   In die Fahndung nach einem **Entwichenen** (Rdn. 14, 15) sollten Publikationsorgane nur eingeschaltet werden, wenn der Verurteilte noch mindestens ein Jahr Freiheitsstrafe zu verbüßen hat; wenn seine Unterbringung angeordnet ist; oder wenn seine

Ergreifung aus anderen Gründen im öffentlichen Interesse liegt, etwa weil die Gefahr begründet ist, er werde weiter erhebliche Straftaten begehen. Die **Einzelheiten** sind geregelt in der genannten AV der Justizminister vom März 1973 (vgl. Rdn. 13, Fußn. 8).

3. Erledigung. Ist die Fahndung erledigt, sind alsbald die Steckbriefe und die auf **37** ihrer Grundlage ergangenen Ausschreibungen zurückzunehmen (Nr. 39 Abs. 3 RiStBV). Die Erledigung ist anhand der Blätter nachzuprüfen, wo sie veröffentlicht waren.

Günter Wendisch

9 a. ABSCHNITT

Sonstige Maßnahmen zur Sicherstellung der Strafverfolgung und Strafvollstreckung

Vorbemerkungen

Der Abschnitt ist eingefügt durch Art. 2 Nr. 7 EGOWiG. Die vom Rechtausschuß vorgeschlagene Einfügung zielt, ebenso wie die des § 127 a, darauf ab, „gewisse Mängel zu beseitigen, die nach den geltenden Vorschriften über die Sicherstellung der Strafverfolgung zutage getreten sind und der Praxis namentlich bei der Verfolgung von Verkehrszuwiderhandlungen durchreisender Ausländer große Schwierigkeiten bereiten" (Begr. BTDrucks. zu V 2600, 2601, S. 17). Die zulässigen Maßnahmen sind die Auferlegung einer Sicherheitsleistung und die Beschlagnahme, namentlich von Kraftwagen.

§ 132

(1) ¹Hat der Beschuldigte, der einer Straftat dringend verdächtig ist, im Geltungsbereich dieses Gesetzes keinen festen Wohnsitz oder Aufenthalt, liegen aber die Voraussetzungen eines Haftbefehls nicht vor, so kann, um die Durchführung des Strafverfahrens sicherzustellen, angeordnet werden, daß der Beschuldigte

1. eine angemessene Sicherheit für die zu erwartende Geldstrafe und die Kosten des Verfahrens leistet und

2. eine im Bezirk des zuständigen Gerichts wohnende Person zum Empfang von Zustellungen bevollmächtigt.

²§ 116 a Abs. 1 gilt entsprechend.

(2) Die Anordnung dürfen nur der Richter, bei Gefahr im Verzuge auch die Staatsanwaltschaft und ihre Hilfsbeamten (§ 152 des Gerichtsverfassungsgesetzes) treffen.

(3) ¹Befolgt der Beschuldigte die Anordnung nicht, so können Beförderungsmittel und andere Sachen, die der Beschuldigte mit sich führt und die ihm gehören, beschlagnahmt werden. ²Die §§ 94 und 98 gelten entsprechend.

Schrifttum. *Dünnebier* Sicherstellung der Strafvollstreckung durch Sicherheitsleistung (§§ 127 a, 132 StPO), NJW **1968** 1752; *Geppert* Die Ahndung von Verkehrsverstößen durchreisender Ausländer, GA **1979** 281.

Entstehungsgeschichte. § 132 hatte früher einen ähnlichen Inhalt, wie ihn jetzt § 115 a hat. Bei mehreren Neuregelungen im neunten Abschnitt wurde die Vorschrift durch A Nr. 6 des Gesetzes zur Abänderung der Strafprozeßordnung vom 27. 12. 1926 (RGBl. § 529) gestrichen. Die jetzt geltende Vorschrift ist eingefügt durch Art. 2 Nr. 7 EGOWiG. Die Verweisung auf die §§ 94 und 98 entstammt Art. 21 Nr. 38 EGStGB 1974.

I. Anordnung

1. Voraussetzungen (Absatz 1). Die Anordnung, eine Sicherheit zu leisten, ist von **1** drei Voraussetzungen abhängig, die mit denen des § 127 a weitgehend übereinstimmen:

a) Wohnsitz. Der Beschuldigte darf im Geltungsbereich der Strafprozeßordnung, **2** d. h. in der Bundesrepublik und in Berlin (West), keinen festen Wohnsitz oder Aufenthalt haben. Einzelheiten s. § 127 a, 2; vgl. auch *Geppert* 294.

b) Dringender Tatverdacht. Der Beschuldigte muß einer Straftat dringend verdächtig (§ 112, 6) sein. **3**

c) Kein Haftbefehl. Die Voraussetzungen eines Haftbefehls dürfen nicht vorliegen. Die Formulierung ist ungenau. Die **Voraussetzungen eines Haftbefehls** (ein Ausdruck der sonst nur noch in § 127 Abs. 2, § 127 a Abs. 1 vorkommt) sind einmal die „Voraussetzungen der Untersuchungshaft" (§ 120 Abs. 1 Satz 1 erster Halbsatz) und zum anderen die Verhältnismäßigkeit, die in § 112 Abs. 1 Satz 2 und in § 120 Abs. 1 Satz 1 zweiter Halbsatz negativ zur Voraussetzung gemacht wird. Voraussetzungen der Untersuchungshaft wiederum sind dringender Tatverdacht und ein Haftgrund (§ 112 Abs. 1 Satz 1), beim Verdacht eines Verbrechens wider das Leben (§ 112 Abs. 3) gewisse Umstände (§ 112, 52). Da mit dem Verlangen, daß die Voraussetzungen eines Haftbefehls nicht vorliegen dürfen, der dringende Tatverdacht, der als erste Voraussetzung des Verfahrens aufgestellt worden ist, nicht wieder preisgegeben werden kann, muß man den Eingang des § 132 in folgender **Formulierung lesen:** „Hat der Beschuldigte im Geltungsbereich dieses Gesetzes keinen festen Wohnsitz oder Aufenthalt und ist er einer Straftat dringend verdächtig, liegen aber die *sonstigen* Voraussetzungen eines Haftbefehls nicht vor, . . .". **4**

2. Strafart. Der Wortlaut schließt das Verfahren — im Gegensatz zu § 127 a — **5** nicht aus, wenn eine Freiheitsstrafe oder eine freiheitsentziehende Maßregel zu erwarten ist. Der Gesetzgeber dürfte bei dem nicht ganz sorgfältigen Sprachgebrauch davon ausgegangen sein, daß die Voraussetzungen eines Haftbefehls nur vorliegen, wenn eine **Freiheitsstrafe** zu erwarten ist. Für den Regelfall trifft das zu, aber doch nicht immer, wie sich schon aus § 113 ergibt. Weil der Gesetzgeber die Sicherheit aber nur für eine „zu erwartende **Geldstrafe** und die Kosten des Verfahrens" zuläßt (Absatz 1 Nr. 1) folgt daraus, daß das Verfahren wie das des § 127 a nur zulässig ist, wenn „nicht damit zu rechnen ist, daß wegen der Tat eine Freiheitsstrafe verhängt oder eine freiheitsentziehende Maßregel der Besserung und Sicherung angeordnet wird" (§ 127 a Abs. 1 Nr. 1). In dieser Formulierung ist die Vorschrift zu lesen[1]. Da die Sicherheit nur die Geldstrafe abgelten kann, ist es für die Anwendung der Vorschrift bedeutungslos, daß ein **Fahrverbot** oder die Entziehung der Fahrerlaubnis zu erwarten ist[2].

---

[1] *Dünnebier* 1753; *Eb. Schmidt* Nachtr. II 4; KK-*Boujong* 4; KMR-*Müller* 4; *Kleinknecht/Meyer* 4.

[2] *Dünnebier* 1753; *Eb. Schmidt* Nachtr. II 4; KK-*Boujong* 4; KMR-*Müller* 4; *Kleinknecht/Meyer* 4.

Günter Wendisch

6   **3. Sicherheitsleistung. Zustellungsbevollmächtigter.** Liegen die genannten Voraussetzungen vor, kann[3] angeordnet werden, daß der Beschuldigte eine angemessene Sicherheit für die zu erwartende Geldstrafe und die Kosten des Verfahrens leistet (Absatz 1 Satz 1 Nr. 1). Wegen der Art der Sicherheitsleistung und wegen ihrer Bemessung s. § 127 a, 7; 8. Wegen des Zustellungsbevollmächtigten (Absatz 1 Satz 2) s. § 127 a, 10; § 116 a, 14.

7   **4. Zuständigkeit (Absatz 2). Anordnungsberechtigt** sind der Richter, bei Gefahr im Verzug auch die Staatsanwaltschaft und ihre Hilfsbeamten. **Richter** ist das Amtsgericht, in dessen Bezirk die Handlung vorzunehmen ist (§ 162 Abs. 1 Satz 1). Weil die Sicherheit aus Anlaß einer Straftat verlangt wird, und der Beschuldigte im Geltungsbereich der Strafprozeßordnung keinen festen Wohnsitz oder Aufenthalt hat, wird die Prozeßhandlung regelmäßig beim Richter des Amtsgerichts, das für den Tatort zuständig ist, wahrzunehmen sein. Doch ist auch der Richter bei dem Amtsgericht zuständig, in dessen Bezirk der Beschuldigte sich aufhält[4].

8   Bei **Gefahr im Verzug** sind auch die Staatsanwaltschaft und ihre Hilfsbeamten (§ 152 GVG) zuständig. Gefahr im Verzug liegt vor, wenn die Abforderung der Sicherheit und notfalls die Beschlagnahme der Beförderungsmittel (Absatz 3) gefährdet wäre (vgl. § 81 a Abs. 2, § 81 c Abs. 5) zufolge der Verzögerung, die eintreten würde, wenn eine richterliche Anordnung erwirkt werden müßte[5]. Diese Gefahr wird die Regel sein, weil keine Möglichkeit besteht, den Beschuldigten, nachdem die Amtsverrichtung zur Aufklärung der Straftat beendet ist, auch nur eine Minute an der Fortbewegung zu hindern. Freilich darf diese Überlegung nicht den Versuch ausschließen, einen **Richter** anzugehen, wo das mit einiger Aussicht auf Erfolg möglich ist. Das ist stets der Fall, wenn der Beschuldigte versichert, er werde eine richterliche Entscheidung abwarten, und wenn dieser Versicherung Vertrauen zu schenken ist. Eine Anordnung der **Staatsanwaltschaft** wird kaum in Betracht kommen. Denn wenn ein Staatsanwalt zu erreichen ist, ist es meist auch ein Richter. Die meisten Anordnungen werden von Hilfsbeamten der Staatsanwaltschaft erlassen.

9   **Polizeibeamte,** denen die Eigenschaft eines Hilfsbeamten der Staatsanwaltschaft fehlt, sind — anders als in § 127 a (§ 127 a, 11) — nicht berechtigt, die Anordnung zu erteilen[6].

10   Nach dem Wortlaut des Gesetzes ist auch der **erkennende Richter** (§ 28, 11 ff) nicht davon ausgeschlossen, die Anordnung zu erlassen, was nach dem Gang der Hauptverhandlung ausnahmsweise möglich sein kann. Anordnungen des Richters ergehen als **Beschluß,** nachdem die Staatsanwaltschaft (§ 33 Abs. 2) und der Beschuldigte (§ 33 Abs. 3) **gehört** worden sind, soweit nicht § 33 Abs. 4 einschlägt. Die Anordnung eines Ermittlungsbeamten der Staatsanwaltschaft kann auch mündlich eröffnet werden. Das wird oft geboten sein. Dann sollte sie schriftlich bestätigt werden[7].

11   **5. Rechtsmittel.** Der Beschuldigte hat das Recht, die richterliche Entscheidung nachzusuchen, wenn ein Beamter — Staatsanwalt oder Hilfsbeamter der Staatsanwaltschaft — entschieden hat. Dieses Recht folgt aus § 98 Abs. 2, dessen Sätze 2 und 7 nach

---

[3] Die Entscheidung steht – wie beim Erlaß eines Haftbefehls – im pflichtgemäßem Ermessen des Richters; ohne daß es einer Begründung bedarf; vgl. dazu § 112, 63 sowie *Geppert* 300; KK-*Boujong* 5; *Kleinknecht/ Meyer* 5.

[4] *Dünnebier* 1754; KK-*Boujong* 7; *Kleinknecht/Meyer* 6.

[5] *Dünnebier* 1754; KK-*Boujong* 7.

[6] *Dünnebier* 1755; KK-*Boujong* 7; KMR-*Müller* 9.

[7] *Dünnebier* 1755; KK-*Boujong* 8.

allgemeiner Auffassung überall dort anzuwenden sind, wo der Staatsanwalt oder einer seiner Hilfsbeamten bei Gefahr im Verzug statt des an sich zuständigen Richters zu handeln ermächtigt ist[8]. Gegen die Entscheidung des Richters oder gegen seine selbständige Anordnung (Rdn. 7) ist die **Beschwerde** statthaft (§304 Abs. 1). Da diese grundsätzlich unbefristet ist, trifft das Gericht keine Belehrungspflicht (§35 a); jedoch dürfte eine Belehrung regelmäßig deshalb angebracht sein, weil die Beschuldigten überwiegend Ausländer sein werden, denen das deutsche Recht nicht geläufig ist. Ist die Entscheidung ausnahmsweise die eines erkennenden Gerichts, ist die Beschwerde unzulässig (§305 Satz 1). Eine Analogie zu §305 Satz 2 zu suchen, besteht kein Anlaß. Die Anordnung, eine Sicherheit zu leisten, ist nicht vollstreckbar (Rdn. 13) und daher den Entscheidungen des §305 Satz 2 nicht gleichzustellen. Kommt es zur Beschlagnahme (Absatz 3), ist die Beschwerde auch gegen die Entscheidung eines erkennenden Gerichts statthaft (§305 Satz 2)[9].

6. Leistung der Sicherheit. Leistet der Beschuldigte die Sicherheit und bestellt er **12** einen Zustellungsbevollmächtigten, ist eine Beschlagnahme unzulässig. Der Beschuldigte kann seinen Aufenthalt fortsetzen und den Geltungsbereich der Strafprozeßordnung verlassen. Im übrigen nimmt das Verfahren seinen Fortgang. Das zu §127 a, Rdn. 14 Ausgeführte gilt auch hier.

II. Beschlagnahme (Absatz 3)

1. Art der Beschlagnahme (Satz 1). Die Anordnung, eine Sicherheit zu leisten, **13** kann nicht zwangsweise vollstreckt werden. Zum Ausgleich sieht das Gesetz einen mittelbaren Zwang vor. Leistet der Beschuldigte die Sicherheit nicht oder bestellt er keinen Zustellungsbevollmächtigten, der im Gerichtsbezirk wohnt oder den der Richter zugelassen hat, dann können Beförderungsmittel und andere Sachen beschlagnahmt werden, die der Beschuldigte mit sich führt und die ihm (allein: BGHSt **2** 337) gehören. Das — formale, nicht das wirtschaftliche (so aber KMR-*Müller* 12: für Sicherungseigentum und Eigentumsvorbehalt) — Eigentum muß feststehen (LG Krefeld DAR **1966** 192)[10]. Die Beschlagnahmebefugnis umfaßt auch das Recht, zur Auffindung von Beschlagnahmegegenständen die Person, das Kraftfahrzeug, den Wohnwagen und die Ladung des Beschuldigten zu durchsuchen[11].

Der Grundsatz der **Verhältnismäßigkeit** ist zu beachten. Wegen einer zu erwar- **14** tenden Strafe von einigen hundert Mark darf kein Kraftwagen beschlagnahmt werden, sondern nur etwa eine Uhr oder eine Camping-Ausrüstung. Auch dabei ist Zurückhaltung zu üben: Ist das Interesse des Beschuldigten an einer gebrauchten Sache erheblich höher als der bei einer Versteigerung zu erzielende Wert, dann ist die Beschlagnahme

---

[8] *Dünnebier* 1755; *Geppert* 302; KK-*Boujong* 8, 13; *Kleinknecht/Meyer* 12; **a.A.** KMR-*Müller* 9.

[9] *Geppert* 302; KK-*Boujong* 8.

[10] *Geppert* stellt in diesem Zusammenhang die Frage, ob nicht de lege ferenda ein gesetzliches Sistierungsrecht auch hinsichtlich fremder Fahrzeuge erwogen werden sollte (297). Obwohl er die Effektivität einer solchen Befugnis (namentlich bei Lastzügen) als sicherlich unbestreitbar bezeichnet, verwirft er die-

sen Gedanken gleichwohl doch, weil diese Lösung „so elegant und erfolgreich sie erscheinen mag", einer verfassungsrechtlichen Nachprüfung kaum standhalten würde (298), darüber hinaus aber auch zufolge einer wegen des Grundsatzes der Verhältnismäßigkeit besonders restriktiven Handhabung der Praxis mit einer solchen Regelung letztlich nicht gedient wäre.

[11] *Geppert* 297; KK-*Boujong* 11; KMR-*Müller* 14; *Kleinknecht/Meyer* 10.

Günter Wendisch

unzulässig. Wegen einer Bagatellstrafe darf nicht die Habe des Beschuldigten verschleudert werden.

15   Zu den Sachen zählt auch **Geld.** Es eignet sich zur Beschlagnahme besonders, weil es leicht und ohne Verlust zu verwerten ist. Doch darf der Beschuldigte nicht seiner Unterhaltsmittel entblößt werden. Auch wird man wegen einer geringfügigen Strafe nicht so viel beschlagnahmen dürfen, daß der Beschuldigte zwar seinen Lebensunterhalt bestreiten kann, aber nur, wenn er entgegen seinen Plänen alsbald nach Hause fährt. Den Schwierigkeiten, Verkehrsstrafen von Ausländern hereinzuholen, kann nicht durch harte Sicherstellungsmaßnahmen begegnet werden, sondern letztlich nur durch **internationale Vereinbarungen.** Ist § 132 nicht ohne unverhältnismäßige Härte durchzuführen, muß davon abgesehen werden, ihn anzuwenden.

16   **2. Form und Rechtsmittel (Satz 2).** Obwohl die Beschlagnahme nicht dazu dient, Beweismittel sicherzustellen, finden — weil auch keine Einziehung zulässig ist (Rdn. 26) — nicht die §§ 111 b Abs. 2, 111 c Abs. 1, 5, 6 und für das Verfahren § 111 e Anwendung (so auch *Kleinknecht/Meyer* 8). Vielmehr ist wie bei Beweismitteln zu verfahren (Satz 2), jedoch mit der Maßgabe, daß die schlichte Sicherstellung (§ 94 Abs. 1) ausscheidet und immer die Form der Beschlagnahme (Satz 1 vorletztes Wort; § 94 Abs. 2) zu wählen ist. Die Form kann § 111 c Abs. 1 entnommen werden. Danach sind die Sachen in Gewahrsam zu nehmen, ein Kraftfahrzeug etwa in einen Fuhrpark einzustellen. Die Beschlagnahme kann auch in anderer Weise, etwa durch Siegel, kenntlich gemacht werden. Doch empfiehlt sich immer die Verwahrung, weil ein Gebietsfremder, wenn er mit versiegelten Sachen die Bundesrepublik verläßt, kaum je wegen Siegelbruchs belangt werden kann.

17   Für die **Anordnung** der Beschlagnahme gilt § 98 Abs. 1. Anordnungen des Richters ergehen als Beschluß, nachdem die Staatsanwaltschaft (§ 33 Abs. 2) und der Beschuldigte (§ 33 Abs. 3) gehört worden sind, wenn nicht § 33 Abs. 4 einschlägt. Die Anordnung eines Hilfsbeamten der Staatsanwaltschaft kann auch mündlich eröffnet werden; oft wird das geboten sein. Dann sollte sie aber stets schriftlich bestätigt werden. § 98 Abs. 2 (richterliche Bestätigung) ist zu beachten.

18   Wegen der Rechtsbehelfe und **Rechtsmittel** gilt das zu Rdn. 11 Ausgeführte.

19   **3. Beendigung der Beschlagnahme.** Da der Beschuldigte die Beschlagnahme durch Sicherheitsleistung vermeiden kann, kann er sie auch jederzeit dadurch beenden, daß er die (ursprünglich verlangte) Sicherheit leistet[12]. Das Gericht ist dann verpflichtet, die Beschlagnahme aufzuheben und die Sache herauszugeben. Zweckmäßigerweise wird der Beschuldigte in dem Beschlagnahmebeschluß auf diese Möglichkeit hingewiesen. Denn dem Staat ist nicht an dem oft schwer und ungünstig zu verwertenden Beschlagnahmegegenstand gelegen, sondern an der Sicherheit.

20   Macht der Beschuldigte von der Möglichkeit, die Beschlagnahme zu beenden, keinen Gebrauch, steht die beschlagnahmte Sache als **Vollstreckungsgegenstand** für die Geldstrafe und die Kosten des Verfahrens zur Verfügung. Eine Einziehung ist unzulässig; ins Eigentum des Fiskus kann sie nicht übergehen. Vor der Vollstreckung, die regelmäßig mit einer Versteigerung verbunden sein wird, ist der Verurteilte zu benachrichtigen, damit er Strafe und Kosten bezahlen und damit die Beendigung der Beschlag-

---

[12] *Geppert* 297; KK-*Boujong* 10.

nahme erwirken oder sich an der Versteigerung, ggf. durch einen Bevollmächtigten, beteiligen kann. Ist Geld beschlagnahmt worden, ist es wie eine Sicherheit des Beschuldigten zu behandeln.

III. Bußgeldverfahren

Im Bußgeldverfahren findet § 132 entsprechende Anwendung (§ 46 Abs. 1 **21** OWiG). Allerdings darf eine Einstellung nach § 47 Abs. 3 OWiG — anders als im Fall des § 153 a — nicht von einer Geldzahlung abhängig gemacht werden[13].

---

[13] KK-*Boujong* 15; *Kleinknecht/Meyer* 11.

Günter Wendisch

9 b. ABSCHNITT

Vorläufiges Berufsverbot

Vorbemerkungen

Der durch Art. 21 Nr. 39 EGStGB eingefügte Abschnitt enthält nur die Vorschrift des § 132 a über das vorläufige Berufsverbot. Der Gesetzgeber hat die Gelegenheit nicht genutzt, in diesem Abschnitt alle Vorschriften über die vorläufigen Maßnahmen zusammenzufassen, mit denen einem Urteil, in dem Maßregeln der Besserung und Sicherung angeordnet werden, vorgegriffen werden kann. Dazu gehören außer dem vorläufigen Berufsverbot die vorläufige Entziehung der Fahrerlaubnis (§ 111 a) und die einstweilige Unterbringung (§ 126 a). Auch die Vorschrift des § 112 a über die Untersuchungshaft wegen Wiederholungsgefahr, bei der es sich ebenfalls um eine Sicherungsmaßnahme handelt, hätte hier aufgenommen werden können. Daß diese Bestimmungen über drei Abschnitte der Strafprozeßordnung verstreut sind, ist systematisch verfehlt, trägt nicht zur Übersichtlichkeit des Gesetzes bei und erschwert insbesondere die Herausbildung übergeordneter allgemeiner Grundsätze für den Bereich der vorläufigen Maßregeln (näher zu diesen Fragen *Möller* Vorläufige Maßregeln, Diss. Bonn 1982, S. 237 ff mit Nachw.; s. auch *Wolter* ZStW **93** [1981] 484 ff, 501 ff).

§ 132 a

(1) ¹**Sind dringende Gründe für die Annahme vorhanden, daß ein Berufsverbot angeordnet werden wird (§ 70 des Strafgesetzbuches), so kann der Richter dem Beschuldigten durch Beschluß die Ausübung des Berufs, Berufszweiges, Gewerbes oder Gewerbezweiges vorläufig verbieten. ²§ 70 Abs. 3 des Strafgesetzbuches gilt entsprechend.**

(2) **Das vorläufige Berufsverbot ist aufzuheben, wenn sein Grund weggefallen ist oder wenn das Gericht im Urteil das Berufsverbot nicht anordnet.**

Schrifttum. *Möller* Vorläufige Maßregeln, Diss. Bonn 1982; *Wolter* Untersuchungshaft, Vorbeugungshaft und vorläufige Sanktionen, ZStW **93** (1981) 452.

Entstehungsgeschichte. Die Vorschrift ist durch Art. 21 Nr. 39 EGStGB eingefügt worden. Vgl. auch Rdn. 1.

Übersicht

I. Allgemeines

Durch die §§ 70 ff StGB i. d. F. des 2. StrRG sind die Vorschriften über die Maß- **1** regel des Berufsverbots unter weitgehender Anlehnung an die Bestimmungen über die Entziehung der Fahrerlaubnis (§§ 69 ff StGB) umgestaltet worden. Im Zusammenhang damit wurde die Möglichkeit eines vorläufigen Berufsverbots (vgl. § 70 Abs. 2 und 4 StGB) eingeführt. Dieses vorläufige Berufsverbot regelt § 132 a. Seine kriminalpolitische Notwendigkeit war bei den Gesetzesberatungen umstritten (eingehend *Möller* 66 ff). Die Voraussetzungen für Anordnung und Aufhebung des vorläufigen Verbots nach § 132 a entsprechen im wesentlichen der Regelung des § 111 a über die vorläufige Entziehung der Fahrerlaubnis. Die Erläuterungen zu § 132 a können daher in weitem Umfang auf diejenigen zu § 111 a Bezug nehmen.

Das Berufsverbot des § 70 StGB kann nur durch Urteil im normalen Strafverfah- **2** ren oder im Sicherungsverfahren (§ 71 StGB i. V. mit §§ 413 ff StPO) angeordnet werden. Es wird nach § 70 Abs. 4 Satz 1 StGB erst mit Rechtskraft des Urteils wirksam. §§ 132 a erlaubt einen **Vorgriff** auf dieses Urteil. Mit ihm werden dem Beschuldigten dieselben Rechte vorläufig genommen, die ihm im Urteil endgültig entzogen werden. Strafverfahren, in denen ein Berufsverbot in Betracht kommt, bereiten oft erhebliche tatsächliche und rechtliche Schwierigkeiten, so daß bis zur Rechtskraft des Urteils nicht selten beträchtliche Zeit vergeht. § 132 a **bezweckt**, den mit der Maßregel des § 70 StGB erstrebten Schutz der Allgemeinheit vor Tätern, die unter Mißbrauch ihres Berufs oder unter grober Verletzung ihrer Berufspflichten Straftaten begehen, durch eine vorläufige Anordnung herbeiführen zu können, ohne daß auf das Urteil oder gar auf dessen Rechtskraft gewartet werden muß. Es handelt sich also in der Sache um eine präventivpolizeiliche Maßnahme in justizförmigem Gewande, deren Vereinbarkeit mit der Gesetzgebungskompetenz des Bundes und mit der Unschuldsvermutung umstritten, aber zu bejahen ist[1]. **Angerechnet** wird die Zeit des vorläufigen Berufsverbots auf die Verbotsfrist des § 70 Abs. 1 StGB nur, soweit sie nach Verkündung des letzten tatrichterlichen Urteils verstrichen ist (§ 70 Abs. 2 Satz 4 StGB). Im übrigen findet also eine Anrechnung nicht statt; jedoch verkürzt sich das Mindestmaß der Verbotsfrist des § 70 Abs. 1 StGB auf drei Monate für die Zeit, während der ein vorläufiges Berufsverbot wirksam war (§ 70 Abs. 2 StGB). Zur **Bindung von Verwaltungsbehörden** an die Entscheidung nach § 132 a vgl. insbesondere § 35 Abs. 3 GewO[2].

Das vorläufige Berufsverbot enthält, in gewisser Weise mehr noch als das Berufs- **3** verbot durch Urteil (dazu LK-*Hanack* § 70, 30), eine **erhebliche Beeinträchtigung** der Rechtsstellung des Beschuldigten. Wird im Urteil kein Berufsverbot angeordnet, ist der

---

[1] Näher und zusammenfassend zu diesen Fragen *Möller* 188 ff; vgl. auch *Wolter* 484 ff.
[2] Und im übrigen LK-*Hanack* § 70, 85 ff über das Verhältnis des § 70 StGB zu außerstraf-

rechtlichen Maßnahmen, das für § 132a weitgehend entsprechend gilt; eingehend auch *Möller* 164 ff.

Ernst-Walter Hanack

Staat daher nach § 2 Abs. 2 Nr. 6 StrEG **entschädigungspflichtig**. Auch wenn Ausschließungsgründe nach § 5 StrEG oder Versagungsgründe nach § 6 StrEG vorliegen, hat der Beschuldigte einen Entschädigungsanspruch, soweit das vorläufige Berufsverbot länger aufrechterhalten worden ist, als dies durch § 132 a gerechtfertigt war (vgl. § 111 a, 7). Strafverfahren, in denen eine Anordnung nach § 132 a getroffen worden ist, müssen daher mit ähnlicher **Beschleunigung** wie Haftsachen und Verfahren, in denen die Fahrerlaubnis nach § 111 a vorläufig entzogen worden ist (s. § 111 a, 7), durchgeführt werden.

II. Voraussetzungen des vorläufigen Berufsverbots (Absatz 1)

4   **1. Anordnung des Berufsverbots nach § 70 StGB.** § 132 a Abs. 1 Satz 1 setzt dringende Gründe für die Annahme voraus, daß gegen den Beschuldigten ein Berufsverbot gemäß § 70 StGB angeordnet wird. Eine solche Anordnung erfolgt in der Praxis nicht häufig (näher LK-*Hanack* § 70, 4). Sie ist nur zulässig, wenn eine Anlaßtat vorliegt, die der Täter unter Mißbrauch seines Berufs oder Gewerbes oder unter grober Verletzung der mit ihnen verbundenen Pflichten begangen hat. Eine Ordnungswidrigkeit genügt nicht. Unter Mißbrauch seines Berufs oder Gewerbes handelt, wer die ihm durch Beruf oder Gewerbe gegebenen Möglichkeiten bei seiner Berufstätigkeit bewußt und planmäßig zu Straftaten ausnutzt. Eine grobe Verletzung der mit Beruf oder Gewerbe verbundenen Pflichten liegt vor, wenn der Täter diese Pflichten vorsätzlich oder fahrlässig mißachtet. Weder beim Mißbrauch noch bei der Pflichtverletzung wird vorausgesetzt, daß zur Ausübung des Berufs oder Gewerbes eine besondere Genehmigung erforderlich ist. Nach herrschender Meinung ist ein Berufsverbot auch zulässig, wenn der Täter (Arzt, Rechtsanwalt) einem Berufsstand angehört, aus dem er im Ehrengerichtsverfahren ausgeschlossen werden kann. Mit gewissen Einschränkungen darf auch gegen Journalisten ein Berufsverbot verhängt werden. Weitere und meist besonders kritische Voraussetzung der Anordnung ist, daß eine Gesamtwürdigung des Täters und seiner Tat erkennen läßt, daß er bei weiterer Ausübung des Berufs, Berufszweiges, Gewerbes oder Gewerbezweiges erhebliche rechtswidrige Taten der in § 70 Abs. 1 StGB bezeichneten Art begehen wird. Bei dieser Gesamtwürdigung kommt es allein auf die Sachlage im Zeitpunkt des (letzten) tatrichterlichen Urteils an. Im übrigen ist streng darauf zu achten, daß ein Berufsverbot immer nur in dem sachlichen Umfang angeordnet wird, in dem das zur Abwehr weiterer Gefahren erforderlich ist, das Verbot also vielfach nur bestimmte Teile, Zweige oder Betätigungsformen innerhalb eines Berufs oder Gewerbes zu erfassen braucht, und daß der verbotene Bereich genau bezeichnet wird (§ 260 Abs. 2; vgl. auch unten Rdn. 11).

Im einzelnen muß wegen der, fast durchweg sehr komplizierten, Voraussetzungen des § 70 StGB auf die Erläuterungswerke zum StGB verwiesen werden.

5   **2. Dringende Gründe.** Nach § 132 a Abs. 1 Satz 1 müssen dringende Gründe für die Annahme vorhanden sein, daß ein Berufsverbot gemäß § 70 StGB angeordnet werden wird. Die Worte „dringende Gründe", die das Gesetz auch in § 111 a Abs. 1 Satz 1, § 111 b Abs. 1, § 126 a Abs. 1 verwendet, stimmen mit dem Begriff des dringenden Tatverdachts überein, der nach § 112 Abs. 1 Satz 1, § 112 a Abs. 1 Satz 1 für die Anordnung der Untersuchungshaft vorausgesetzt wird (vgl. bei § 111 a, 13). Das vorläufige Berufsverbot ist daher nur zulässig, wenn ein hoher Grad von Wahrscheinlichkeit (dazu bei § 112, 22; § 126 a, 4) dafür besteht, daß der Beschuldigte einer rechtswidrigen Tat überführt wird, deren Begehung nach § 70 StGB die Anordnung des Berufsverbots rechtfertigt; derselbe Grad von Wahrscheinlichkeit ist für die Annahme erforderlich, das erkennende Gericht werde es für erforderlich halten, ein Berufsverbot anzuordnen, weil die Gesamtwürdigung des Täters und seiner Tat die Gefahr weiterer erheblicher Straftaten der in § 70 Abs. 1 Satz StGB bezeichneten Art ergibt[3].

Soll die Entscheidung nach § 132 a erst getroffen werden, nachdem der Beschul- **6** digte sich **längere Zeit nach der Tat** straffrei geführt hat, so wird häufig davon auszugehen sein, daß dringende Gründe für die Annahme, das erkennende Gericht werde das Berufsverbot nach § 70 StGB anordnen, nicht mehr vorhanden sind. Ebensowenig wie bei der Entziehung der Fahrerlaubnis (§ 111 a, 22) rechtfertigt jedoch das allein durch den Druck des Strafverfahrens beeinflußte Wohlverhalten des Täters nicht ohne weiteres die Annahme, daß die Gefahr weiterer Straftaten nicht mehr besteht. Die Anordnung nach § 132 a ist daher nicht nur im Ermittlungsverfahren, sondern auch noch in späteren Verfahrensabschnitten zulässig und kann sogar nachgeholt werden, wenn erst das Berufungsgericht die Maßregel nach § 70 StGB ausspricht. Wenn ein Antrag der Staatsanwaltschaft, das vorläufige Berufsverbot anzuordnen, aber bereits einmal abgelehnt war, ist die Anordnung nur zulässig, sofern sie auf neu hervorgetretene Tatsachen oder Beweismittel gestützt wird.

3. Erforderlichkeit. § 132 a ist eine **Kannvorschrift**. Das bedeutet nicht, daß der **7** Richter von der Anordnung des vorläufigen Berufsverbots ohne weiteres absehen darf, wenn keine Zweifel daran bestehen, daß das endgültige Berufsverbot erforderlich sein wird, um eine weitere Gefährdung der Allgemeinheit abzuwenden. Sind dringende Gründe für die Annahme vorhanden, daß das erkennende Gericht die Maßregel nach § 70 StGB anordnen wird, ist vielmehr regelmäßig auch die Anordnung nach § 132 a angezeigt[4]. Der Richter hat jedoch sorgfältig zu prüfen, ob überwiegende Interessen gerade die *Sofortmaßnahme* erforderlich machen, die ja gegenüber dem Urteilsverfahren eine gewisse einstweilige Verkürzung im Rechtsschutz des Betroffenen hinsichtlich seiner Berufsfreiheit (Art. 12 GG) mit sich bringt[5]. Unterlassen, nicht aber mit aufschiebender Wirkung anordnen, darf der Richter das vorläufige Berufsverbot auch, wenn das sofortige Verbot für den Beschuldigten oder seine Angehörigen eine besondere Härte bedeuten würde und darum das erkennende Gericht nach § 456 c Abs. 1 das Wirksamwerden des Verbots aufschieben könnte[6]. Zu beachten hat der Richter weiter, daß § 70 **StGB selbst** eine **Kannvorschrift** enthält, also die Anordnung des Berufsverbots nicht zwingend vorschreibt, sondern in das pflichtgemäße Ermessen des Gerichts stellt (dazu näher z. B. LK-*Hanack* § 70, 75 ff mit Nachw.). Das gilt insbesondere, wenn die Anlaßtat nicht sehr schwer wiegt und die Wahrscheinlichkeit der zu erwartenden (erheblichen) weiteren Taten nicht sehr hoch ist, oder wenn besondere Umstände in der Person des Täters (hohes Alter, Unzumutbarkeit eines Berufswechsels) den Verzicht auf die Maßregel angezeigt erscheinen lassen; es gilt entgegen BGH NJW **1975** 2250 und ver-

---

[3] Sachlich übereinstimmend KK-*Boujong* 3; *Kleinknecht/Meyer* 1; KMR-*Müller* 1; vgl. auch *Roxin* § 36 D I: „Verdacht von annähernd großer Stärke" wie für die „sichere Überzeugung" vom Vorliegen der Voraussetzungen des § 70 StGB; dagegen *Kühne* 233, der dringenden Verdacht einer Anlaßtat, im übrigen aber offenbar Überzeugung des Gerichts vom Vorliegen aller Voraussetzungen des § 70 StGB fordert; eingehend *Möller* 76 ff.

[4] BGHSt **28** 86 in Auseinandersetzung auch

mit den Anforderungen von BVerfGE 44 105 und BVerfG NJW **1978** 1479 zum vorläufigen Berufsverbot nach § 150 BRAO; KK-*Boujong* 4; KMR-*Müller* 1; *Möller* 113; vgl. auch BTDrucks. 7 1261 S. 26.

[5] BVerfGE 44 105; OLG Düsseldorf JZ **1984** 440; *Möller* 106, 113; vgl. auch *Roxin* § 36 D II; *Kühne* 233.

[6] *Kleinknecht/Meyer* 6; KMR-*Müller* 7; *Roxin* § 36 D II; *Kühne* 233; vgl. auch BTDrucks. 7 550 S. 296.

Ernst-Walter Hanack

breiteter Meinung aber auch, wenn ehrengerichtliche oder verwaltungsrechtliche Maßnahmen, die gegen den Täter verhängt worden oder zu erwarten sind, ein Berufsverbot ersetzen können (vgl. LK-*Hanack* § 70, 79). Derartige Gesichtspunkte sind daher *schon und gerade* bei der Entscheidung nach § 132 a zu berücksichtigen. Daß der Täter seinen Beruf gewechselt hat, überhaupt nicht mehr berufstätig ist oder daß die Verwaltungsbehörde das Ruhen der Approbation des beschuldigten Arztes angeordnet hat, hindert freilich nicht zwingend die Anordnung des Berufsverbots nach § 70 StGB und dementsprechend auch nicht die vorläufige Anordnung nach § 132 a. Auch verhängte Untersuchungshaft steht der Maßnahme nach § 132 a nicht entgegen (BGHSt **28** 86; *Kleinknecht/Meyer* 1).

8   **Der Verhältnismäßigkeitsgrundsatz,** der nach § 62 StGB bei allen Maßregelanordnungen zu beachten ist, besitzt beim einschneidenden und zwiespältigen Charakter des Berufsverbots besondere Bedeutung (näher LK-*Hanack* § 70, 49). Er konkretisiert sich bei der Anwendung des § 70 StGB in der erforderlichen Gesamtwürdigung (Rdn. 4) sowie bei Ausübung des pflichtgemäßen Ermessens (Rdn. 7). Als Ausprägung des Verhältnismäßigkeitsgrundsatzes kann man auch die Pflicht ansehen, den sachlichen Umfang des Verbots auf diejenigen Bereiche einer weiteren Berufs- oder Gewerbeausübung zu beschränken, die zur Abwehr der bestehenden Gefahren ausreichen (Rdn. 4). Alle diese Gesichtspunkte gelten insoweit selbstverständlich auch bei der Entscheidung nach § 132 a. Darüber hinaus wird man, obwohl der Verhältnismäßigkeitsgrundsatz bei § 132 a selbst nicht noch einmal genannt ist, anzunehmen haben, daß der Grundsatz bei der vorläufigen Anordnung eine zusätzliche Bedeutung besitzt, nämlich im Hinblick auf den Umstand, daß sie einem Urteil vorgreift und auf einer schwächeren Entscheidungsbasis beruht als das in einer Hauptverhandlung gewonnene Urteil; denn es handelt sich gerade beim letzteren um Faktoren, die nicht nur prozessual wesentlich sind (vgl. Rdn. 10), sondern zugleich auch den (Grund-)Rechtsbereich des Betroffenen berühren[7].

III. Anordnung der Maßnahme

9   **1. Zuständigkeit.** Da die Anordnung nach § 132 a erheblich in die Rechte des Beschuldigten eingreift, wird sie vom Gesetz ausschließlich dem Richter übertragen. Im Vorverfahren entscheidet der Richter beim Amtsgericht (§ 162); in Staatsschutzsachen ist auch der Ermittlungsrichter nach § 169 zuständig (vgl. BGHSt **28** 84). Für die örtliche Zuständigkeit des Richters beim Amtsgericht ist, da die Anordnung des vorläufigen Berufsverbots keine richterliche Untersuchungshandlung darstellt, § 162 Abs. 1 nicht maßgebend. Vielmehr ist mangels einer besonderen Regelung jeder Richter beim Amtsgericht zuständig, in dessen Bezirk ein Gerichtsstand nach §§ 7 ff begründet ist[8]. Nach Anklageerhebung und den ihr gleichstehenden Anträgen der Staatsanwaltschaft (vgl. bei § 98) ist das Gericht zuständig, bei dem die Sache anhängig ist (vgl. bei § 111 a, 42). Das Berufungsgericht ist erst zuständig, nachdem ihm die Akten nach § 321 vorgelegt worden sind; vorher entscheidet der erste Richter (vgl. bei § 111 a, 43). Während des Revisionsverfahrens kann die Maßnahme nicht mehr angeordnet werden, da nach § 132 a

---

[7] Vgl. auch *Möller* 110, der allerdings übersieht, daß das (endgültige wie vorläufige) Berufsverbot gemäß § 70 StGB die Gefahr „erheblicher" weiterer Taten voraussetzt.

[8] *Kleinknecht/Meyer* 3; LR-*Meyer* in der 23. Aufl.; ihm folgend KK-*Boujong* 7; **a.A.** *Kleinknecht* 35. Aufl., 2a und wohl auch KMR-*Müller* 5; für entsprechende Anwendung des § 162 Abs. 1 auch *Möller* 105; vgl. auch § 111a, 41 und die Erl. zu § 162.

Abs. 2 sogar ein angeordnetes vorläufiges Verbot aufzuheben ist, wenn ein Berufsverbot im (tatrichterlichen) Urteil nicht ausgesprochen wird. Also besteht insoweit auch keinerlei Zuständigkeit[9].

2. Beschluß. Nach $\S$ 132a Abs. 1 Satz entscheidet das Gericht durch Beschluß. **10** Grundlage der Entscheidung sind die durch die bisherigen Ermittlungen gewonnenen Erkenntnisse und Unterlagen. Es ist nicht Aufgabe des Gerichts, bei dem die Staatsanwaltschaft einen Antrag auf Anordnung des vorläufigen Berufsverbots stellt, weitere Ermittlungen zu führen. Rechtfertigt das bisherige Ermittlungsergebnis die Anordnung nicht, so ist der Antrag abzulehnen. Vgl. näher bei $\S$ 111 a, 47 ff.

3. Inhalt. Der Gerichtsbeschluß muß, wie später das Urteil ($\S$ 260 Abs. 2), den **11** Beruf oder Berufszweig, das Gewerbe oder den Gewerbezweig, dessen Ausübung dem Beschuldigten verboten wird, genau bezeichnen. Denn der Beschuldigte und seine Umwelt müssen — zumal im Hinblick auf die Strafbestimmung des $\S$ 145 c StGB — Klarheit darüber haben, was untersagt ist. Unzulässig sind daher Berufsverbote, die nicht genügend bestimmt sind, wie z. B. (näher in den Erläuterungswerken zum StGB) das Verbot „jeder selbständigen Gewerbetätigkeit" (BGH bei *Holtz* MDR **1979** 455), der Betätigung „als Manager" (BGH bei *Dallinger* MDR **1958** 139) oder das Verbot einer Tätigkeit, die „die Möglichkeit gibt, über fremde Gelder zu verfügen" (BGH bei *Dallinger* MDR **1974** 12), während die Zulässigkeit des Verbots einer „Ausübung des Vertreterberufs im weitesten Sinne" umstritten ist (näher LK-*Hanack* $\S$ 70, 56).

4. Rechtliches Gehör. Vor der Entscheidung ist die Staatsanwaltschaft zu hören, **12** wenn sie nicht selbst den Antrag auf Anordnung des vorläufigen Berufsverbots gestellt hat ($\S$ 33 Abs. 2). Nach $\S$ 33 Abs. 3 ist auch der Beschuldigte vor der Entscheidung zu hören, da eine Überraschungsentscheidung ($\S$ 33 Abs. 4) wohl niemals geboten ist. Bei der Bedeutung der Maßnahme sowie angesichts ihrer komplizierten tatsächlichen und rechtlichen Voraussetzungen sollte die Anhörung in der Regel durch den Richter selbst erfolgen (vgl. *Möller* 116; wohl auch KK-*Boujong* 8). Die Ansicht von LR-*Meyer*[23], daß eine Anhörung, wie bei $\S$ 111 a, nur erforderlich sei, wenn Tatsachen oder Beweisergebnisse berücksichtigt werden sollen, zu denen sich der Beschuldigte noch nicht hat äußern können, überzeugt jedenfalls bei $\S$ 132 a nicht; nicht überzeugend ist auch die Auffassung von *Meyer*, das Anhörungsgebot verpflichte nicht stets zur vorherigen Bekanntmachung eines beabsichtigten Verbots, da der Beschuldigte oder sein Verteidiger Einwendungen gegen die Anordnung mit der Beschwerde geltend machen könnten[10].

5. Bekanntmachung. Der Staatsanwaltschaft wird die Anordnung formlos be- **13** kanntgemacht ($\S$ 35 Abs. 2 Satz 2). Da durch die Bekanntmachung keine verfahrensrechtliche Frist in Lauf gesetzt wird, genügt an sich auch für die Bekanntmachung an

---

[9] Ersichtlich **a.A.** LR-*Meyer* in der 23. Aufl. und KK-*Boujong* 7, die davon sprechen, daß während des Revisionsverfahrens der zuletzt mit der Sache befaßte Tatrichter zuständig sei. Dies kann jedoch nur *nach* einer revisionsgerichtlichen Entscheidung der Fall sein, durch die das ein Berufsverbot nach $\S$ 70 StGB *nicht* anordnende Urteil aufgehoben und die Sache an den Tatrichter zurückver-

wiesen wird; vgl. dazu unten Rdn. 19. Zur (anderen) Frage der *Aufhebung* einer nach $\S$ 132a getroffenen Entscheidung während des Revisionsverfahrens s. Rdn. 18.

[10] Dagegen auch *Möller* S. 116 Fußn. 176 unter Hinweis auf *Maunz/Dürig* Art. 103 Abs. 1 Rdn. 46 und *Rüping* Bonn.Komm. (Zweitbearbeitung), Art. 103 Abs. 1 Rdn. 62.

Ernst-Walter Hanack

den Beschuldigten die formlose Mitteilung. Von der Kenntnis des Beschuldigten hängt es jedoch ab, ob er das vorläufige Berufsverbot befolgen und, wenn er dagegen verstößt, nach § 145 c StGB bestraft werden kann. Die Bekanntmachung des Beschlusses an ihn durch förmliche Zustellung ist daher zu empfehlen (*Kleinknecht/Meyer* 4), wenn auch nicht „unerläßlich" (so aber LR-*Meyer* [23]), falls sie nicht ausnahmsweise mündlich erfolgt. Erst mit der Bekanntmachung an den Beschuldigten wird das vorläufige Berufsverbot wirksam[11]. Auf die Rechtsfolgen des § 132 a Abs. 1 Satz 2 StPO i. V. mit § 70 Abs. 3 StGB (Rdn. 14) und auf die Strafvorschrift des § 145 c StGB sollte der Beschuldigte bei der Bekanntmachung hingewiesen werden (*Kleinknecht/Meyer* 4).

14   **6. Wirkung der Anordnung.** § 132 a Abs. 1 Satz 2 bestimmt die entsprechende Anwendung des § 70 Abs. 3 StGB. Nach dieser Vorschrift darf der Täter, solange das Verbot wirksam ist, den Beruf, den Berufszweig, das Gewerbe oder den Gewerbezweig nicht, auch nicht für einen anderen, ausüben oder durch eine von seinen Weisungen abhängige Person für sich ausüben lassen. Verstößt der Beschuldigte gegen das Verbot, so macht er sich nach § 145 c StGB strafbar.

IV. Aufhebung der Maßnahme (Absatz 2)

15   **1. Allgemeines.** § 132 a regelt nur die Voraussetzungen, unter denen die Anordnung wieder aufzuheben ist. Daß sie ohne weiteres erlischt, wenn das Urteil rechtskräftig wird, durch das ein Berufsverbot endgültig angeordnet worden ist, wird als selbstverständlich vorausgesetzt. Eine Aufhebung der Maßnahme nach § 132 a ist dann nicht erforderlich (vgl. bei § 111 a, 29). Wird hingegen in dem Urteil ein Berufsverbot nicht angeordnet, so ist das nach § 132 a Abs. 2 ein Grund zur Aufhebung der vorläufigen Maßnahme (unten Rdn. 19). Wenn eine Anordnung nach § 132 a aus anderem Grund aufgehoben worden ist, steht das ihrer Wiederholung nicht entgegen, sofern sie aufgrund neu hervorgetretener Tatsachen oder Beweismittel gerechtfertigt ist, insbesondere wenn nunmehr das Berufsverbot im (noch nicht rechtskräftigen) Urteil endgültig angeordnet worden ist. Die Aufhebung der Anordnung nach § 132 a hat die Wirkung, daß der Beschuldigte den Beruf oder das Gewerbe, dessen Ausübung ihm vorläufig verboten war, sofort wieder ausüben darf.

2. Wegfall des Grundes

16   **a) Allgemeine Gründe.** Nach § 132 a Abs. 2 ist das vorläufige Berufsverbot aufzuheben, wenn sein Grund weggefallen ist. Ob diese Voraussetzungen vorliegen, ist während des ganzen Verfahrens von Amts wegen zu prüfen[12]. Wie bei der vorläufigen Entziehung der Fahrerlaubnis kann der Grund für die Maßnahme auch dann entfallen, wenn sich das Verfahren so lange hinzieht, daß für die Annahme, das erkennende Gericht werde die Maßregel noch für erforderlich halten, keine große Wahrscheinlichkeit mehr besteht. Insbesondere kann der Täter schon durch das vorläufige Berufsverbot so beeindruckt sein, daß eine Wiederholungsgefahr entfällt. Weshalb das Verfahren so lange dauert, ist dabei ohne Bedeutung (vgl. auch § 111 a, 34).

17   **b) Zeitablauf während des Berufungsverfahrens.** Die Aufhebung der vorläufigen Maßnahme kann auch während des Berufungsverfahrens erfolgen. Insoweit gelten ent-

---

[11] KK-*Boujong* 8; *Kleinknecht/Meyer* 5; KMR-*Müller* 7; vgl. auch § 111a, 54.
[12] KK-*Boujong* 12; *Kleinknecht/Meyer* 7; *Möl-*

ler 125; vgl. auch LG Hamburg MDR **1973** 958.

sprechende Grundsätze wie bei der vorläufigen Entziehung der Fahrerlaubnis gemäß § 111 a (s. dort Rdn. 35). Auch bei § 132 a zwingt nach der problematischen Regelung des Gesetzes ein bloßer „Ablauf" der vom Erstrichter angeordneten Verbotsfrist nicht ohne weiteres zur Aufhebung der vorläufigen Maßnahme. Aufzuheben ist sie jedoch, wenn wegen des Zeitablaufs ein Berufsverbot nicht mehr genügend wahrscheinlich ist[13].

c) Zeitablauf während des Revisionsverfahrens. Die bei § 111 a (s. dort Rdn. 36)   **18** sehr streitige Frage, ob die vorläufige Maßnahme aufzuheben ist, wenn während des Revisionsverfahrens die im (letzten) tatrichterlichen Urteil festgelegte Sperre verstrichen ist und nur der Angeklagte Revision eingelegt hat, stellt sich in etwas anderer Weise auch bei § 132 a, wenn während des Revisionsverfahrens eine Zeit verstreicht, die der im Urteil für das Berufsverbot bestimmten Frist entspricht[14]. Aus dem Gesetz ergibt sich, daß die Frist vor Rechtskraft des Urteils nicht ablaufen kann, weil das Berufsverbot vorher nicht wirksam wird (§ 70 Abs. 4 Satz 1 StGB). Daher setzt auch die Einrechnung der Frist des vorläufigen Berufsverbots in die Frist des § 70 Abs. 4 Satz 2 StGB voraus, daß die Revision, jedenfalls soweit sie sich auf die Maßregel des § 70 StGB bezieht, verworfen wird. Hat die Revision insoweit aber Erfolg und wird die Sache an den Tatrichter zurückverwiesen, so ist dieser nach h. M. rechtlich nicht gehindert, das Berufsverbot erneut anzuordnen, da ihm das Verbot der Schlechterstellung (§ 358 Abs. 2) nur verbietet, bei der erneuten Anordnung eine längere Frist (oder ein umfänglicheres Verbot) festzusetzen[15]. Daß es zu einer erneuten Anordnung von gleicher Länge kommt, wird zwar regelmäßig wenig wahrscheinlich sein; es ist aber auch nicht ohne weiteres auszuschließen. Die scheinbar logische Folge ist, daß es wegen dieser Möglichkeit nicht angeht, das vorläufige Berufsverbot stets schon dann entfallen zu lassen, wenn während des Revisionsverfahrens so lange Zeit verstrichen ist, daß die Verbotsfrist abgelaufen wäre, falls das Urteil bereits vorher Rechtskraft erlangt hätte (so LR-*Meyer*[23] und ihm folgend KK-*Boujong* 12). Aber diese Konsequenz erscheint fragwürdig nicht nur, weil der Angeklagte dann in seiner Entschlußfreiheit beeinträchtigt wäre, das Rechtsmittel einzulegen, sondern vor allem auch, weil der Eingriff in seine Rechte dann von den Zufälligkeiten der Dauer des Revisionsverfahrens abhinge[16] und es leicht oder häufig zu einem Verstoß gegen den Verhältnismäßigkeitsgrundsatz kommen müßte. Die Schwierigkeiten lösen sich im Bereich des § 132 a jedoch zwanglos, wenn man folgendes bedenkt: Für die Aufhebung des vorläufigen Berufsverbots ist auch während des Revisionsverfahrens grundsätzlich der letzte Tatrichter zuständig (unten Rdn. 20). Er aber hat (aufgrund einer Hauptverhandlung!) seine Entscheidung über die erforderliche Dauer eines Berufsverbots getroffen; und da das vorläufige Verbot dem endgültigen in seinen Wirkungen gleichsteht (Rdn. 2), kann er insoweit die Erforderlichkeit eines vorläufigen Verbots nicht mehr abweichend beurteilen. Man wird ihn darum, entgegen LR-*Meyer*[23],

---

[13] Enger LR-*Meyer* in der 23. Aufl.: „nur dann aufzuheben, wenn wegen der ungewöhnlich langen Dauer des Rechtsmittelverfahrens" nicht mehr genügend wahrscheinlich ist.

[14] Etwas anders stellt sich bei § 132a die Frage deswegen, weil es hier an einer Parallele zur Problematik fehlt, daß bei bloßem „Ablauf" der vorläufigen Entziehung die Wiedererteilung einer neuen Fahrerlaubnis (§§ 69 Abs. 3, 69a Abs. 1 StGB) vermieden bzw. umgangen wird.

[15] Vgl. die Ausführungen zur Entziehung der Fahrerlaubnis bei § 331, die insoweit auch für § 358 Abs. 2 entsprechend gelten; die für § 111a vertretene abweichende Ansicht des OLG Bremen in VRS **46** 43 und **48** 279 erscheint rechtlich nicht haltbar.

[16] Vgl. auch bei § 111a, wo – wenig befriedigend – vielfach darauf abgestellt wird, ob sich das Revisionsverfahren *ungewöhnlich* in die Länge zieht (dort Rdn. 37).

Ernst-Walter Hanack

auch als verpflichtet ansehen müssen, über die Aufhebung von Amts wegen zu befinden, da nicht ersichtlich ist, warum die gebotene Aufhebung, abweichend von der Regel (Rdn. 16), hier nur auf Antrag ergehen sollte. Bei der Entscheidung außer Betracht bleibt jedoch diejenige Zeit nach Erlaß des letzten tatrichterlichen Urteils, während deren der Angeklagte auf behördliche Anordnung in einer Anstalt verwahrt wird. Denn diese Zeit wird nach § 70 Abs. 4 Satz StGB in die Verbotsfrist nicht eingerechnet.

19   **3. Nichtanordnung im Urteil.** Daß die Maßnahme nach § 132 a aufzuheben ist, wenn das Urteil, in dem eine Maßregel gemäß § 70 StGB nicht angeordnet worden ist, Rechtskraft erlangt, versteht sich von selbst (vgl. bei § 111 a, 39). § 132 a Abs. 2 bestimmt darüber hinaus, daß die vorläufige Anordnung auch aufgehoben werden muß, wenn das Urteil, das den Angeklagten zwar verurteilt, eine Maßregel nach § 70 StGB aber nicht anordnet, noch nicht rechtskräftig ist. Auch in diesem Fall muß also, ohne Rücksicht auf ein zuungunsten des Angeklagten eingelegtes Rechtsmittel, das vorläufige Berufsverbot sofort entfallen. Die Rechtslage ist nicht anders als bei der vorläufigen Entziehung der Fahrerlaubnis (vgl. § 111 a, 39) und bei Haft- und Unterbringungsbefehlen (§ 120 Abs. 2, § 126 a Abs. 3 Satz 2). Die in § 132 a Abs. 2 für Urteile getroffene Regelung gilt entsprechend, wenn das Verfahren durch einen noch nicht rechtskräftigen Beschluß eingestellt wird (vgl. § 111 a, 39). Ist gegen das Urteil zuungunsten des Angeklagten ein Rechtsmittel eingelegt worden, soll nach herrschender Meinung eine erneute Anordnung des vorläufigen Berufsverbots nur, aber immerhin, zulässig sein, wenn neue Tatsachen oder Beweismittel bekannt geworden sind, die voraussichtlich dazu führen werden, daß in dem auf das Rechtsmittel ergehenden Urteil ein Berufsverbot nach § 70 StGB angeordnet wird[17]. Dem ist zu widersprechen: Die Regelung des § 132 a Abs. 2 beruht erkennbar auf dem Gedanken, daß die Nichtanordnung eines Berufsverbots „im Urteil" einer vorläufigen Anordnung nach § 132 a die Grundlage entzieht, weil das Urteil in einer Hauptverhandlung gewonnen wird, die der Richter nach § 244 Abs. 2 auf alle entscheidungserheblichen Tatsachen und Beweismittel zu erstrecken hat. Dem Urteilsverfahren wird also insoweit gegenüber dem Beschlußverfahren die Vermutung der größeren Richtigkeit oder zumindest doch eine Sperrwirkung für die vorläufige Maßnahme eingeräumt. Daß sich der urteilende Richter selbst (vgl. Rdn. 8) oder ein anderer Richter durch Beschluß aufgrund (angeblich oder wirklich) neuer Tatsachen oder Beweismittel über das Urteil soll hinwegsetzen können, ist mit diesem Gedanken ganz unvereinbar. Für eine einstweilige Anordnung ist erst dann wieder Raum, wenn das infrage stehende Urteil durch eine Entscheidung des Rechtsmittelgerichts, also durch Berufung oder Revision, aufgehoben worden ist. Diese Sperrwirkung besteht nach dem Zweck des § 132 a auch, wenn gegen das ein Berufsverbot nicht anordnende Urteil des Amtsgerichts noch eine weitere tatrichterliche Entscheidung des Berufungsgerichts möglich ist.

20   **4. Zuständigkeit.** Über die Aufhebung des vorläufigen Berufsverbots entscheidet das mit der Sache befaßte Gericht. Die Ausführungen bei § 111 a, 40 ff gelten entsprechend. Im Vorverfahren ist das Amtsgericht zuständig, das die Anordnung nach § 132 a getroffen hat (oben Rdn. 9); da eine dem § 120 Abs. 3 entsprechende Regelung fehlt, ist es an einen Aufhebungsantrag der Staatsanwaltschaft nicht gebunden, muß die Maßnahme jedoch immer aufheben, wenn das Verfahren von dieser eingestellt ist. Das Beru-

---

[17] KK-*Boujong* 13; KMR-*Müller* 8; LR-*Meyer* in der 23. Aufl.; ebenso die ganz herrschende Auffassung zu § 111a (vgl. dort Rdn. 18f), auf die sich *Meyer* auch beruft. Anders aber wohl *Kleinknecht/Meyer* 7, die die Anordnung offenbar und mit Recht (vgl. im folg. Text) grundsätzlich für unzulässig halten.

fungsgericht ist zuständig, wenn ihm die Akten nach § 321 vorgelegt worden sind; vorher entscheidet das Amtsgericht, auch wenn schon Berufung eingelegt worden ist. Das Revisionsgericht entscheidet über die vorläufige Maßregel nur, wenn es das im Urteil angeordnete Berufsverbot endgültig aufhebt oder wenn es das Verfahren einstellt[18].

V. Anfechtung

1. Beschwerde. Der Beschluß über das vorläufige Berufsverbot ist, wenn er nicht **21** von einem Strafsenat des Oberlandesgerichts (vgl. § 304 Abs. 4 Satz 2) oder vom Ermittlungsrichter des Bundesgerichtshofs gemäß § 169 Abs. 1 Satz 2 (vgl. § 304 Abs. 5) erlassen worden ist, mit der einfachen Beschwerde nach § 304 Abs. 1 anfechtbar. Auch die Entscheidung des erkennenden Gerichts kann angefochten werden (§ 305 Satz 2)[19]. Die Beschwerde steht der Staatsanwaltschaft zu, wenn die Anordnung nach § 132 a abgelehnt, dem Beschuldigten, wenn sie erlassen worden ist; für die Staatsanwaltschaft gilt aber auch § 296 Abs. 2. Das Rechtsmittel hat keine aufschiebende Wirkung (§ 307 Abs. 1; vgl. aber auch § 307 Abs. 2). Weitere Beschwerde ist nach § 310 ausgeschlossen (vgl. § 111 a, 84).

Eine Beschwerde gegen den Beschluß des Amtsgerichts über das vorläufige Be- **22** rufsverbot ist von der Strafkammer, bei der inzwischen Anklage erhoben worden ist, und von dem Berufungsgericht, dem die Akten nach § 321 vorgelegt worden sind, als Antrag auf Aufhebung der Maßnahme zu behandeln. Gegen die Entscheidung des Landgerichts ist die Beschwerde an das Oberlandesgericht zulässig. Die Ausführungen bei § 111 a, 90 gelten entsprechend.

2. Beschwerde bei Aufhebung. Gegen den Beschluß, der die Anordnung nach **23** § 132 a wieder aufhebt, kann die Staatsanwaltschaft nach § 304 Abs. 1 Beschwerde einlegen, auch wenn das erkennende Gericht entschieden hat (§ 305 Satz 2). Entscheidungen der Oberlandesgerichte sind nach § 304 Abs. 4 Satz 2 unanfechtbar, ebenso nach § 304 Abs. 5 Entscheidungen, die der Ermittlungsrichter des Bundesgerichtshofs gemäß § 169 Abs. 1 Satz 2 erlassen hat. Wird das vorläufige Berufsverbot aufgehoben, weil das Gericht im Urteil die Maßregel des § 70 StGB nicht angeordnet hat, so ist die Beschwerde, solange das Urteil besteht, entgegen der h. M. nicht begründet, selbst wenn in ihr neue Tatsachen oder Beweismittel erhalten sind, die das erkennende Gericht nicht berücksichtigen konnte (vgl. oben Rdn. 19). Die Frage, ob das untere Gericht die Maßnahme nach § 132 a erneut anordnen darf, nachdem das Beschwerdegericht sie aufgehoben hat, beurteilt sich wie bei § 111 a (s. dort Rdn. 92).

VI. Abgeordnete

Die Anordnung des vorläufigen Berufsverbots gegen Abgeordnete ist nach Art. 46 **24** GG und den entsprechenden Vorschriften der Landesverfassungen nur zulässig, wenn das Parlament die Genehmigung zur Strafverfolgung erteilt hat. Aufgrund allgemein erteilter Genehmigung (vgl. bei § 152 a; s. auch § 192 RiStBV) ist nun zwar die Durchführung von Ermittlungsverfahren gegen Abgeordnete mit gewissen Einschränkungen zulässig, zu denen freiheitsentziehende und freiheitsbeschränkende Maßnahmen gehören.

---

[18] KK-*Boujong* 14; *Kleinknecht/Meyer* 7; KMR-*Müller* 8.

[19] Die Nichtanfechtbarkeit gemäß § 304 Abs. 4

Satz 2 und gemäß § 304 Abs. 5 erscheint bemerkenswert (und ganz unverständlich).

Ernst-Walter Hanack

LR-*Meyer*[23] hat daraus den Schluß gezogen, daß auch die Anordnung eines vorläufigen Berufsverbots genehmigt sei, da dieses Verbot keine freiheitsbeschränkende Maßnahme darstellt. Aber das Verbot ist überhaupt keine spezifische Ausprägung oder Komponente des Ermittlungsverfahrens, sondern (vgl. Rdn. 2) eine der Justiz zugewiesene präventivpolizeiliche Maßnahme. Es muß als ausgeschlossen gelten, daß der schwerwiegende Eingriff von der genannten Genehmigung umfaßt ist, zumal die Maßnahme dann wohl auch das Verbot der Abgeordnetentätigkeit selbst erfassen müßte, da sie im Sinne des § 70 StGB als „Beruf" (vgl. LK-*Hanack* § 70, 13) anzusehen sein dürfte.

ZEHNTER ABSCHNITT

Vernehmung des Beschuldigten

Vorbemerkungen

Der Abschnitt enthält die Vorschriften über die Vernehmung des Beschuldigten durch den Richter sowie über die Art und Weise, wie er zu der Vernehmung geladen und notfalls zwangsweise vorgeführt wird. Die Bestimmungen gelten nach § 163 a Abs. 3 Satz 2 entsprechend, wenn der Beschuldigte vor die Staatsanwaltschaft geladen und von ihr vernommen wird.

Die §§ 133 ff sind in erster Hinsicht im Vorverfahren anwendbar. Vor allem die §§ 136 und 136 a haben aber für den Charakter des ganzen Strafverfahrens prinzipielle Bedeutung. Durch den in § 136 Abs. 1 Satz 2 vorgeschriebenen Hinweis auf die Aussagefreiheit, zu dem alle Vernehmungsorgane verpflichtet sind (nach § 163 a Abs. 4 Satz 2 ist der Hinweis auch bei polizeilichen Vernehmungen zu erteilen), wird — im Zusammenhang auch mit § 243 Abs. 4 Satz 1, wonach der Hinweis in der Hauptverhandlung zu wiederholen ist — die Rechtsstellung des Beschuldigten im Strafverfahren verdeutlicht: Er ist Beteiligter, nicht Objekt des Verfahrens, und er braucht nicht gegen sich selbst zu zeugen (vgl. § 136, 21). Durch § 136 a, der allgemeine Grundsätze für Vernehmungen jeder Art enthält (§ 69 Abs. 3 und § 72 schreiben seine entsprechende Anwendung bei der Vernehmung von Zeugen und Sachverständigen vor), werden Vernehmungsmethoden und -mittel verboten, die mit der Pflicht, die Menschenwürde zu achten (Art. 1 Abs. 1 GG), unvereinbar sind oder jedenfalls nach rechtsstaatlichen Grundsätzen als unannehmbar gelten. Die Vorschrift ist Ausdruck des allgemeinen Grundsatzes, daß auch im Strafverfahren die Wahrheit nicht auf jede Weise und um jeden Preis aufgeklärt werden darf (§ 136 a, 3).

§ 133

(1) Der Beschuldigte ist zur Vernehmung schriftlich zu laden.

(2) Die Ladung kann unter der Androhung geschehen, daß im Falle des Ausbleibens seine Vorführung erfolgen werde.

Schrifttum. *Enzian* Das richterliche und das staatsanwaltschaftliche Vorführungsrecht, JR **1975** 277; *Eb. Schmidt* Der Vorführungsbefehl des Ermittlungsrichters — Androhung und Vollzug, JZ **1968** 354.

Übersicht

Ernst-Walter Hanack

1 **1. Anwendungsbereich.** Die Vorschrift gilt unmittelbar nur für richterliche Vernehmungen. Für Vernehmungen durch die Staatsanwaltschaft ist sie nach § 163 a Abs. 3 Satz 2 entsprechend anzuwenden. Die Polizei ist, unbeschadet der Rechte nach § 127 Abs. 2, §§ 163 b, 163 c, nicht berechtigt, einen Beschuldigten zwangsweise zur eigenen Vernehmung vorzuführen; auch das Polizeirecht der Länder kann ihr die Vorführung nicht gestatten[1]. Bedeutung hat § 133 in erster Linie für Vernehmungen durch den Ermittlungsrichter (§§ 162, 169). Die Vorschrift gilt aber nicht nur im Vorverfahren, sondern für alle richterlichen Vernehmungen des Beschuldigten bis zur Eröffnung des Hauptverfahrens, insbesondere auch für Vernehmungen nach § 173 Abs. 3 und nach § 202[2]. Die Ladung zur Hauptverhandlung regelt § 216; diese Vorschrift ist auch anzuwenden, wenn der Angeklagte nach § 233 Abs. 2 Satz 1 vernommen werden soll. Für die Ladung zur Berufungsverhandlung gilt zusätzlich § 323 Abs. 1 Satz 2, und für die „Ladung" zur Revisionshauptverhandlung gilt allein § 350. Im Bußgeldverfahren ist § 133 entsprechend anwendbar (§ 46 Abs. 1 und 5 OWiG).

2 **2. Beschuldigter** ist jeder Tatverdächtige, gegen den allein oder mit anderen zusammen ein Ermittlungsverfahren eingeleitet worden ist (Näheres bei § 136, 4 ff). Darüber hinaus versteht § 133 Abs. 1 unter dem Beschuldigten auch den Angeschuldigten, der nach § 202 Abs. 1 vernommen werden soll (Rdn. 1).

3. Ladung

3 **a) Inhalt.** Die Ladung muß zum Ausdruck bringen, daß der Geladene als Beschuldigter vernommen werden soll[3]. Die ihm zur Last gelegte Straftat braucht in der Ladung nicht unbedingt bezeichnet zu werden. Der Richter hat insoweit freie Hand und darf nach kriminalistischer Zweckmäßigkeit handeln[4]. Wenn es mit dem Zweck der Untersuchung vereinbar ist, wird eine kurze Angabe des Gegenstandes der Beschuldigung angebracht sein. Termin und Ort der richterlichen Vernehmung sind in der Ladung genau zu bezeichnen. Die Ladung kann auch vor einen anderen Ort als das Gericht erfolgen (*Eb. Schmidt* 7; KK-*Boujong* 5). Ein Hinweis darauf, daß sich der Beschuldigte nicht zur Sache zu äußern braucht, ist zwar in der Ladung rechtlich zulässig[5], aber in der Regel fehl am Platze. Das Gesetz sieht den Hinweis erst bei der Vernehmung vor (§ 136 Abs. 1 Satz 2), und es gibt im allgemeinen keinen Grund, die Belehrung vorzuziehen bzw. doppelt zu erteilen.

---

[1] BGH NJW **1962** 1021; BayObLGSt **1956** 170; **1962** 177 = NJW **1962** 2072 = JR **1963** 67 m.Anm. *Dünnebier*; OLG Schleswig NJW **1956** 1570; KK-*Boujong* 1; *Henkel* 173; *Kühne* 227; *Roxin* § 31 A II 1; *Schlüchter* 266.2; *Hust* NJW **1969** 22; *Kaufmann* Der polizeiliche Eingriff in Freiheiten und Rechte (1951), S. 335; eingehend *Schenke* JR **1970** 48; *H. W. Schmidt* NJW **1962** 2190; *Koschwitz* Die kurzfristige polizeiliche Freiheitsentziehung (1969), S. 88; unklar *Groß/Geerds* Handbuch der Kriminalistik, 10. Aufl., Bd. III S. 135 f; a.A. *Peters* § 24 II; *Schulz/Berke-Müller* § 133, B.

[2] OLG Schleswig SchlHA **1958** 290; KK-*Boujong* 2; die gegenteilige Ansicht von *KMR* 6. Aufl., Vor § 133, ist offenbar aufgegeben.

[3] KK-*Boujong* 5; *Kleinknecht/Meyer* 3; KMR-*Müller* 2; *Eb. Schmidt* 7; vgl. auch RiStBV Nr. 44 Abs. 1.

[4] *Eb. Schmidt* 7; LR-*Meyer* in der 23. Aufl.; strenger *Kleinknecht/Meyer* 3 („soll" erkennbar machen); KK-*Boujong* 5 („ist" zu bezeichnen, sofern mit dem Untersuchungszweck vereinbar); KMR-*Müller* 2 („erforderlich" gegenüber dem nicht flucht- oder verdunkelungsverdächtigen Beschuldigten); in diesem strengeren Sinne auch RiStBV Nr. 44 Abs. 1.

[5] OLG Düsseldorf JZ **1974** 137; LG Köln NJW **1967** 1873; LG Mönchengladbach JZ **1970** 192; KK-*Boujong* 5; *Eb. Schmidt* JZ **1968** 357; a.A. LG Aachen JMBlNRW **1970** 57.

b) Form. Die Ladung darf nur der Richter anordnen. Sie erfolgt schriftlich (vgl. **4** aber Rdn. 7), und zwar durch verschlossenen Brief, nicht etwa durch Postkarte (RiStBV Nr. 44 Abs. 1 Satz 3). Eine telegrafische Ladung steht der schriftlichen gleich. Im übrigen ist eine bestimmte Form für die schriftliche Ladung gesetzlich nicht vorgeschrieben. Insbesondere bedarf sie nicht der förmlichen Zustellung. Diese wird sich aber oft empfehlen, wenn die Vorführung angedroht wird; denn der Erlaß des Vorführungsbefehls setzt voraus, daß der Zugang der Ladung nachgewiesen ist (unten Rdn. 12). Wegen der Ladung von Soldaten und Seeleuten vgl. bei § 48.

c) Frist. Eine Ladungsfrist sieht das Gesetz nicht vor. Die Zeit zwischen Ladung **5** und Termin darf aber nicht allzu kurz bemessen werden; anderenfalls muß unter Umständen das Ausbleiben des Beschuldigten als entschuldigt angesehen werden[6].

4. Vernehmung ohne schriftliche Ladung. Eine Vernehmung, zu der der Beschul- **6** digte nicht schriftlich geladen worden ist, wird durch § 133 nicht ausgeschlossen. Es kann daher auch mündlich oder telefonisch, ja sogar durch Benachrichtigung über die Polizei geladen werden[7]. Dann darf aber die Vorführung nicht angedroht werden (unten Rdn. 10). Eine Vernehmung ist auch zulässig, wenn der Beschuldigte weder schriftlich noch mündlich geladen worden ist, sich aber unaufgefordert bei Gericht eingefunden hat oder aus der Haft vorgeführt worden ist.

5. Erscheinungspflicht. Nur die schriftliche Ladung begründet die Pflicht zum Er- **7** scheinen; eine Ausnahme für die mündliche Ladung gilt lediglich, wenn sie der Richter dem Beschuldigten, namentlich bei einer unterbrochenen Vernehmung für deren Fortsetzung, verkündet (§ 35 Abs. 1; KK-*Boujong* 7; KMR-*Müller* 1). Einer Ladung, die statt des Richters der Urkundsbeamte angeordnet hat, braucht der Beschuldigte nicht zu folgen (RGSt **56** 234).

Auch wenn sich der Beschuldigte **nicht zur Sache äußern will**, ist er zum Erschei- **8** nen verpflichtet[8]. Das gilt selbst dann, wenn er bereits vorher ausdrücklich erklärt hat, sich nicht einlassen zu wollen oder das dem Richter nach Erhalt der Ladung schriftlich oder telefonisch mitteilt[9]. Die Erscheinungspflicht besteht schon deshalb unabhängig von der Aussagefreiheit, weil der Vernehmungstermin außer der Vernehmung des Beschuldigten noch anderen Zwecken dienen kann. Der Richter kann es etwa für erforderlich halten, den Beschuldigten zur Person zu vernehmen, was der Beschuldigte nicht ablehnen darf (§ 136, 10 ff), ihn einem Zeugen gegenüberzustellen[10] oder sich einen persönlichen Eindruck von ihm zu verschaffen. Der Richter kann es namentlich auch für angebracht halten, den Beschuldigten über die Zweckmäßigkeit oder Unzweckmäßigkeit der Weigerung, zur Sache auszusagen, zu belehren (§ 136, 24). Es kann daher nicht dem zur Sachaussage nicht bereiten Beschuldigten überlassen bleiben, der Ladung zu folgen oder sie unbeachtet zu lassen.

---

[6] KK-*Boujong* 4; KMR-*Müller* 5; *Eb. Schmidt* 3.

[7] *Kleinknecht/Meyer* 2; KK-*Boujong* 6; KMR-*Müller* 1.

[8] LG Aachen JMBlNRW **1970** 57; LG Krefeld MDR **1968** 68; LG Mönchengladbach NJW **1968** 1392; KK-*Boujong* 8; KMR-*Müller* 3; *Kühne* 226; vgl. auch *Roxin* § 31 C II 2 a; *Schlüchter* § 266.2 Fußn. 336. **a.A.** LG Köln NJW **1967** 1873.

[9] LG Hannover NJW **1967** 791; LG Nürnberg-Fürth NJW **1967** 2126 m.Anm. *Sauer* NJW **1968** 167; *Lampe* MDR **1974** 538; eingehend *Eb. Schmidt* JZ **1968** 356; **a.A.** AG Mainz MDR **1967** 323; s. auch OLG Düsseldorf JZ **1974** 137. Vgl. aber auch Rdn. 9.

[10] Vgl. aber *Grünwald* JZ **1981** 426, der eine Gegenüberstellung ohne Einwilligung stets für unzulässig hält; kritisch auch *Lampe* MDR **1974** 539.

Ernst-Walter Hanack

9   **6. Androhung der Vorführung.** Das Gesetz schreibt die Androhung nicht zwingend vor; sie steht im Ermessen des Gerichts[11]. Der Richter sollte sie nur aussprechen, wenn er sie auch wahrmachen will[12]. Denn wenn die Vorführung angedroht wird, dann aber trotz unentschuldigten Ausbleibens des Beschuldigten unterbleibt, entsteht ein Autoritätsverlust, der vermieden werden sollte. Andererseits ist der Richter, der erforderlichenfalls die Vorführung anordnen will, durch nichts gehindert, sie anzudrohen. Da auch der Zeuge unter Hinweis auf die gesetzlichen Folgen seines Ausbleibens geladen wird (§ 48), muß der Richter beim Beschuldigten nicht zurückhaltender verfahren, um dessen Ehrgefühl zu schonen und dadurch unter Umständen Verzögerungen in Kauf nehmen (anders *Schorn* Der Strafrichter [1960], S. 30). Denn wenn der ohne Vorführungsanordnung geladene Beschuldigte nicht erscheint, muß er erneut, diesmal mit der Androhung der Vorführung geladen werden, damit sein Erscheinen erzwungen werden kann. Es empfiehlt sich daher, bei jeder Ladung die Vorführung anzuordnen, falls der Richter sie nicht von vornherein für überflüssig hält oder aus anderen Gründen nicht anordnen will (*Eb. Schmidt* 8); das ist insbesondere der Fall, wenn nach Lage der Sache erwartet werden kann, daß der Beschuldigte der Ladung auch ohne Zwangsmaßnahmen folgt, oder wenn er wohlüberlegt und endgültig erklärt hat, keine Aussage zu machen und besondere Gründe, eine Vernehmung dennoch durchzuführen (Rdn. 8), nicht bestehen[13].

10   Die Vorführung darf nur in einer **schriftlichen Ladung** angeordnet werden, da schon die Ladung schriftlich erfolgen muß; ihre mündliche oder fernmündliche Androhung reicht also nicht[14]. Etwas anderes gilt nur, wenn eine Vernehmung, zu der der Beschuldigte erschienen ist, unterbrochen werden muß und der Beschuldigte zu ihrer Fortsetzung unter Androhung einer möglichen Vorführung vom Richter mündlich geladen wird[15]. Geht es nicht um die Unterbrechung einer Vernehmung, sondern um die Ladung zu einer späteren *neuen* Vernehmung, hat die frühere Androhung ihre Wirksamkeit verloren, muß also die schriftliche Androhung wiederholt werden[16].

7. Vorführungsbefehl

11   **a) Voraussetzungen.** Obwohl § 133 Abs. 2 nur von der Androhung, nicht auch von der Möglichkeit der Vorführung spricht, ist selbstverständlich, daß der Richter die Androhung wahrmachen kann. Ob er den Vorführungsbefehl erläßt, steht nach allgemeiner Meinung aber ebenfalls in seinem pflichtgemäßen Ermessen (BayVerfGH MDR **1973** 739; vgl. Rdn. 9). Ob die Vorführung auch zulässig ist, wenn in der Ladung darauf hingewiesen worden war, beim Ausbleiben des Beschuldigten werde angenommen, daß er sich nicht äußern wolle, erscheint äußerst zweifelhaft, weil der (ungeschickte) Hinweis beim Beschuldigten die Vorstellung erwecken muß, daß er in diesem Fall auch

---

[11] LG Mönchengladbach JZ **1970** 192; *Eb. Schmidt* JZ *1968* 360; allg. M.

[12] *Eb. Schmidt* JZ **1968** 355; KK-*Boujong* 9; KMR-*Müller* 3; RiStBV Nr. 44 Abs. 2.

[13] Vgl. BGH NJW **1962** 1020; KK-*Boujong* 9; *Kleinknecht/Meyer* 5 (alle zur unterlassenen Vorführung trotz Androhung).

[14] KK-*Boujong* 10; LR-*Meyer* in der 23. Aufl.; anders KMR-*Müller* 1 ohne Begründung; gegen die von KMR 6. Aufl., Rdn. 1 gegebene Begründung, daß das auch beim Zeugen so

sei, spricht, daß dieser nach § 48 nicht schriftlich geladen werden muß.

[15] KK-*Boujong* 10; *Kleinknecht/Meyer* 4; LR-*Meyer* in der 23. Aufl., die aber verlangen, daß der Beschuldigte zunächst schriftlich unter Androhung geladen war; das ist im Hinblick auf § 35 nicht einsichtig (vgl. auch oben Rdn. 7); die mündliche Ladung hält auch hier nicht für ausreichend *Schorn* (oben Rdn. 9) S. 30.

[16] KMR-*Müller* 4; zust. KK-*Boujong* 10.

nicht zu erscheinen brauche[17]. Der Beschuldigte darf mit der Vorführung überrascht werden; die Absicht des Richters, die in der Ladung enthaltene Androhung wahrzumachen, braucht ihm nicht bekanntgegeben zu werden (verfehlt *Enzian* JR **1975** 277, der eine solche Unterrichtungspflicht aus Art. 103 Abs. 1 GG, § 33 Abs. 3 StPO herleiten zu können glaubt).

12 Der Erlaß des Vorführungsbefehls setzt grundsätzlich voraus, daß die Vorführung in einer schriftlichen Ladung angedroht war (vgl. aber Rdn. 10) und daß der Zugang der Ladung nachgewiesen ist. Zur Ladung im Falle einer erneuten Vernehmung s. Rdn. 10. Ferner darf der Vorführungsbefehl nur erlassen werden, wenn der Beschuldigte unentschuldigt ausgeblieben ist[18]. Dabei kommt es nicht darauf an, ob er sich entschuldigt *hat*; es genügt, daß sein Ausbleiben entschuldigt *ist*. Der Richter muß daher die ihm bekannten Hinderungsgründe berücksichtigen, auch wenn der Beschuldigte sie nicht geltend gemacht hat. Dem Ausbleiben steht es gleich, wenn der Beschuldigte in verhandlungsunfähigem Zustand, etwa nach Alkoholgenuß oder Drogeneinnahme, erscheint (*Kaiser* NJW **1968** 188). Kündigt der Beschuldigte vor dem Vernehmungstermin an, daß er der Ladung nicht folgen werde, so darf die Vorführung nicht ohne weiteres zu dem angesetzten Termin angeordnet werden, weil in der Erklärung möglicherweise ein entschuldigender Irrtum deutlich wird; der Beschuldigte darf dann auch nicht ohne erneute Ladung unter Androhung der Vorführung zu einem anderen Termin vorgeführt werden, da der Vorführungsbefehl immer voraussetzt, daß der Beschuldigte in dem Termin ausbleibt, zu dem er geladen war[19]. Unter Umständen kommt aber eine Vorführung gemäß § 134 in Betracht.

13 **b) Verhältnismäßigkeit.** Umstritten ist, ob oder wann der Grundsatz der Verhältnismäßigkeit einer Vorführung entgegensteht. Jedenfalls bei der *richterlichen* Vorführung ist das nach überwiegender und richtiger Meinung niemals der Fall[20]: Maßnahmen nach § 133 Abs. 2 beeinträchtigen die Freiheitsrechte des Beschuldigten in so geringem Maße, daß die zwangsweise Durchführung seiner Erscheinenspflicht unter keinen Umständen als unverhältnismäßig angesehen werden kann. Die Vorführung darf daher auch bei geringfügigen Straftaten angeordnet werden[21]. Einige Instanzgerichte halten die Vorführung für unverhältnismäßig, wenn der Beschuldigte ausdrücklich oder stillschweigend erklärt hat, daß er vor dem Richter nicht aussagen werde und es auch nicht aus anderen Gründen auf seine persönliche Anwesenheit ankommt[22]. Dem kann nicht zugestimmt werden. Wenn von vornherein feststünde, daß die Vorführung überflüssig ist, wäre sie eine nutzlose, wegen ihrer Zwecklosigkeit nicht zu rechtfertigende

---

[17] LG Köln NJW **1967** 1873; anders aber die h. M.: LG Aachen JMBlNRW **1970** 57; LG Mönchengladbach JZ **1970** 192; *Eb. Schmidt* JZ **1968** 357; KK-*Boujong* 11; LR-*Meyer* in der 23. Aufl.

[18] *Eb. Schmidt* JZ **1968** 355; KK-*Boujong* 12; *Kleinknecht/Meyer* 5; KMR-*Müller* 4; vgl. auch RiStBV Nr. 44 Abs. 2.

[19] Zum letzteren OLG Stuttgart NJW **1956** 840; *Schorn* (Rdn. 9) S. 31; zum ersteren ganz unklar (und unter nicht stimmiger Berufung auf OLG Stuttgart aaO) aber KK-*Boujong* 12 und LR-*Meyer* in der 23. Aufl. sowie KMR-*Müller* § 134, 1, die dann eine Vorführung offenbar *immer* für unzulässig halten.

[20] Eingehend *Eb. Schmidt* JZ **1968** 360; ebenso KK-*Boujong* 13; *Gössel* § 4 B IId; *Roxin* § 31 C II 2a; *Schlüchter* 266.2 Fußn. 336; vgl. auch KMR-*Müller* 3 und im folg. Auch auf den Einzelfall abstellend *G. Schäfer* § 20 III 3.

[21] LG Krefeld MDR **1968** 68; auch bei den früheren Übertretungen war sie für zulässig gehalten worden (BayVerfGH MDR **1963** 739; LG Hannover NJW **1967** 792); *Kleinknecht/Meyer* 6; a.A. OLG Zweibrücken NJW **1981** 534 für ein ausländisches Rechtshilfeersuchen in einer minimalen OWiG-Sache.

[22] LG Hannover NJW **1967** 792; LG Köln NJW **1967** 1873; LG Krefeld MDR **1968** 68; AG Stuttgart NJW **1966** 791.

Ernst-Walter Hanack

Zwangsmaßnahme und deshalb eine prozessual unzulässige Beeinträchtigung der persönlichen Freiheit (*Eb. Schmidt* JZ **1968** 357); auf die Frage der Verhältnismäßigkeit, die sich nur bei prozessual zulässigen Zwangsmaßnahmen stellen kann, käme es dann gar nicht an. Jedoch kann regelmäßig nicht von vornherein mit Sicherheit ausgeschlossen werden, daß der Beschuldigte, nachdem der Richter ihm nach § 136 Abs. 1 Satz 1 den Tatvorwurf eröffnet hat, seinen Entschluß ändert und sich zur Aussage bereitfindet; seine Vorführung kann daher nicht überflüssig und zwecklos sein[23]. Zur Frage der *staatsanwaltschaftlichen* Vorführung (§ 163 a Abs. 3 Satz 2) s. bei § 163 a.

14   **c) Form. Inhalt.** Auch der Vorführungsbefehl muß schriftlich erlassen werden. Inhaltlich muß er den Anforderungen des § 134 Abs. 2 genügen (dort Rdn. 6), also den Beschuldigten genau bezeichnen und die ihm zur Last gelegte Straftat nennen, worunter die gesetzliche Bezeichnung der Tat, nicht die Schilderung des tatsächlichen Vorgangs zu verstehen ist, sowie den Grund der Vorführung angeben. Dazu gehört die Angabe, daß und wie der Beschuldigte geladen worden ist und daß sein Ausbleiben nicht entschuldigt ist, oder, wenn er Entschuldigungsgründe vorgebracht hat, daß und warum sie nicht als ausreichend angesehen werden.

15   **d) Bekanntmachung.** Der Vorführungsbefehl wird dem Beschuldigten nicht zugestellt, sondern unmittelbar vor Beginn der Zwangsmaßnahme eröffnet[24]. Daß ihm hierdurch die Beschwerdemöglichkeit praktisch abgeschnitten wird, liegt in der Natur der Sache und ist verfassungsrechtlich unbedenklich (BayVerfGH MDR **1963** 739).

16   **e) Zur Vollstreckung** vgl. § 134, 8 ff.

17   **8. Anfechtung.** Gegen die richterliche Ladung (zur staatsanwaltschaftlichen vgl. bei § 163 a) steht dem Beschuldigten die einfache Beschwerde nach § 304 Abs. 1 zu, wenn sie eine Vorführungsandrohung enthält[25], da die einfache Ladung selbst noch nicht als hinreichende Beschwer angesehen werden kann. Eine Ladung vor das Oberlandesgericht, etwa zur Vernehmung nach § 173 Abs. 3 oder § 202, ist unanfechtbar (§ 304 Abs. 3 Satz 2). Lehnt das Amtsgericht die Vorführung ab, so hat die Staatsanwaltschaft das Rechtsmittel der einfachen Beschwerde[26]. Das Beschwerdegericht, das dieses Rechtsmittel für begründet hält, darf die Vorführung nicht selbst anordnen, sondern muß die Sache an das Amtsgericht zurückverweisen[27]. Eine weitere Beschwerde nach § 310 ist ausgeschlossen (OLG Köln MDR **1952** 378; s. auch bei § 310).

18   **9. Verstöße** gegen § 133 beeinträchtigen die Verwertbarkeit der Vernehmung nicht und begründen auch nicht die Revision.

---

[23] LG Nürnberg-Fürth NJW **1967** 2126; *Roxin* § 31 C II 2a; *Eb. Schmidt* JZ **1968** 357 ff; vgl. auch LG Mönchengladbach JZ **1970** 192.

[24] *Eb. Schmidt* 5; a.A. *Enzian* JR **1975** 279, der die Mitteilung zur Wahrung des Anspruchs auf rechtliches Gehör für erforderlich hält; vgl. im übrigen § 134, 7.

[25] LG Hannover NJW **1967** 791; *Kleinknecht/Meyer* 7; weitergehend *Eb. Schmidt* JZ **1968** 362; KK-*Boujong* 15; *Gössel* GA **1976** 62, die die Ladung auch sonst für anfechtbar

halten; KMR-*Müller* 6 halten die Ladung für anfechtbar, nicht aber die Androhung, die noch keine Beschwer enthalte.

[26] LG Aachen JMBlNRW **1970** 58; LG Köln NJW **1967** 1873; LG Krefeld MDR **1968** 68; LG Mönchengladbach NJW **1968** 1392; LG Nürnberg-Fürth NJW **1967** 2126; KK-*Boujong* 15; *Kleinknecht/Meyer* 7.

[27] LG Mönchengladbach JZ **1970** 193; LG Nürnberg-Fürth NJW **1967** 2128; KK-*Boujong* 15.

10. Abgeordnete. Der Abgeordnete wird schon mit der Ladung, nicht erst mit der **19** Vorführung oder ihrer Androhung, im Sinne des Art. 46 GG und der entsprechenden Landesverfassungen „zur Verantwortung gezogen" (KK-*Boujong* 16; KMR-*Müller* 6). Sie ist daher nur unter den Voraussetzungen des Art. 46. Abs. 2 GG oder aufgrund der entsprechenden Vorschriften der Länderverfassungen zulässig. Doch erstreckt sich die vom Deutschen Bundestag und den Landtagen allgemein erteilte Genehmigung (Anlage 6 zur GeschäftsO des Bundestages; vgl. bei §152 a; RiStBV Nr. 192 Abs. 1 und 2) auch auf die Ladung und die Vorführungsanordnung; erst die Vorführung selbst stellt eine von der Genehmigung nicht mehr gedeckten Maßnahme dar, darf also ohne besondere Genehmigung nicht durchgeführt werden[28].

§134

(1) **Die sofortige Vorführung des Beschuldigten kann verfügt werden, wenn Gründe vorliegen, die den Erlaß eines Haftbefehls rechtfertigen würden.**

(2) **In dem Vorführungsbefehl ist der Beschuldigte genau zu bezeichnen und die ihm zur Last gelegte Straftat sowie der Grund der Vorführung anzugeben.**

Schrifttum. *Enzian* Wesen und Wirken des Vorführungsbefehls, NJW **1957** 450; *Enzian* Das richterliche und das staatsanwaltschaftliche Vorführungsrecht, JR **1975** 277; *Kaiser* Die Wohnung als Schranke bei der Vollstreckung von Haft- und Vorführungsbefehlen? NJW **1964** 759; *Rasehorn* Probleme des Vorführungsbefehls, DRiZ **1956** 269.

Entstehungsgeschichte. Art. 21 Nr. 40 EGStGB ersetzte in Absatz 2 die Worte „strafbare Handlung" durch das Wort „Straftat".

1. Allgemeines. Der Ausdruck „sofortige Vorführung" in §134 Abs. 1 ist nicht **1** ganz treffend. Gemeint ist nach dem Sinnzusammenhang die Vorführung ohne vorausgegangene Ladung im Gegensatz zur Vorführung nach §133, die bei unentschuldigtem Ausbleiben des Beschuldigten angeordnet wird (allg. M.) und weniger strengen Anforderungen unterliegt. Die Anordnung steht, wie bei §133 (dort Rdn. 1), nur dem Richter zu, nicht der Polizei. Nach §163 a Abs. 3 Satz 2 gilt sie entsprechend für die Vorführung durch den Staatsanwalt. §134 ist nicht nur im Vorverfahren, sondern für alle richterliche Vernehmungen des Beschuldigten bis zur Eröffnung des Hauptverfahrens anwendbar (vgl. §133, 1).

Die sofortige Vorführung zum Zweck der Vernehmung darf verfügt werden, **2** wenn Gründe vorliegen, die den Erlaß eines **Haftbefehls** rechtfertigen würden (§134 Abs. 1). Da es zum Erlaß eines Haftbefehls der vorherigen Anhörung oder Vernehmung des Beschuldigten nicht bedarf (§33 Abs. 4 Satz 1), ist der Vorführungsbefehl nach §134 nicht als eine den Haftbefehl vorbereitende Maßnahme, sondern nur als ein Mittel anzusehen, mit dem die Vernehmung des Beschuldigten herbeigeführt werden kann (KK-*Boujong* 2; *Eb. Schmidt* 2). Die Bestimmung will dem Richter einen Mittelweg zwischen der sofortigen Verhaftung und der Ladung zum Zweck der Vernehmung ermögli-

---

[28] *Bonn.Komm.* (Zweitbearb.) Art. 46, 81; *Maunz/Dürig/Herzog* Art. 46, 57; KK-*Boujong* 16; **a.A.** LR-*Meyer* in der 23. Aufl.

Ernst-Walter Hanack

chen. Die vorherige Anhörung des Beschuldigten ist nach § 33 Abs. 4 ebensowenig wie beim Erlaß eines Haftbefehls erforderlich[1].

3　　Die **praktische Bedeutung** der Vorschrift ist gering. Ihre Anwendung kommt in Betracht: wenn der Richter als „Notstaatsanwalt" nach § 165 bei Gefahr im Verzug die überraschende Vorführung ohne vorangegangene Ladung für geboten hält (*Eb. Schmidt* JZ **1968** 354); wenn die Staatsanwaltschaft den Erlaß eines Haftbefehls beantragt hat und der Richter sich zuvor durch Vernehmung des Beschuldigten darüber Gewißheit verschaffen will, ob die sich aus den Ermittlungsakten ergebenden Haftgründe bestehen; wenn die Staatsanwaltschaft gegen die Ablehnung oder gegen die Aufhebung oder Außervollzugsetzung des Haftbefehls Beschwerde eingelegt hat. Zum Unterbringungsbefehl s. Rdn. 4.

4　　**2. Zulässigkeit der sofortigen Vorführung.** Nach § 134 Abs. 1 müssen Gründe vorliegen, die den Erlaß eines Haftbefehls rechtfertigen würden. Diese Gründe sind in den §§ 112 bis 113 umschrieben. In Erweiterung des Wortlauts ist anzunehmen, daß die sofortige Vorführung auch angeordnet werden darf, wenn ein Unterbringungsbefehl nach § 126 a erlassen werden könnte[2]; gerade in diesem Fall kann es zweckmäßig sein, daß sich der Richter, bevor er die freiheitsentziehende Maßregel anordnet, einen persönlichen Eindruck von dem Beschuldigten verschafft und ihm Gelegenheit gibt, entlastende Umstände vorzutragen.

3. Vorführungsbefehl

5　　**a) Zuständigkeit.** Die Anordnung der Vorführung nach § 134 steht nur dem Richter, nicht dem Urkundsbeamten zu (vgl. RGSt **56** 234). Zuständig ist das mit der Sache befaßte Gericht, im Ermittlungsverfahren der nach §§ 125, 126, 162, 165, 169 zuständige Richter.

6　　**b) Form. Inhalt.** Der Vorführungsbefehl ist, wie sich aus § 134 Abs. 2 ergibt, schriftlich zu erlassen (allg. M.). In ihm muß Vorführungsort und -zeit angegeben und der Beschuldigte so genau bezeichnet werden, daß eine Personenverwechslung ausgeschlossen ist. Mit der erforderlichen Angabe der dem Beschuldigten zur Last gelegten Straftat meint § 134 Abs. 2 nur die gesetzliche Bezeichnung der Tat, nicht die Schilderung des tatsächlichen Vorgangs, wie sich aus einem Vergleich mit den §§ 114 Abs. 2, 136 Abs. 1 ergibt[3]. Für den ebenfalls anzugebenden Grund der Vorführung genügt nicht die bloße Bemerkung, daß Gründe gegeben sind, die den Erlaß eines Haftbefehls rechtfertigen würden (KK-*Boujong* 6; *Kleinknecht/Meyer* 4). Vielmehr ist auszusprechen, daß dringender Tatverdacht besteht und der Haftgrund ebenso zu bezeichnen wie bei einem Haftbefehl (§ 114 Abs. 2 Nr. 3). Das erfordert regelmäßig eine kurze Tatschilderung (KK-*Boujong* 6; KMR-*Müller* 4). Jedoch ist die Angabe der Tatsachen, aus denen sich der dringende Tatverdacht und der Haftgrund ergeben (§ 114 Abs. 2 Nr. 4), entbehrlich[4]; das Gesetz verlangt nicht, daß der Vorführungsbefehl genauso ausführlich begründet wird wie der Haftbefehl.

---

[1] KK-*Boujong* 3; *Kleinknecht/Meyer* 3; KMR-*Müller* 5; *Enzian* JR **1975** 278.

[2] Ebenso KK-*Boujong* 1; KMR-*Müller* 2; LR-*Meyer* in der 23. Aufl.

[3] KMR-*Müller* 4; ebenso KK-*Boujong* 6; LR-

Meyer in der 23. Aufl.; anders wohl *G. Schäfer* § 20 III 3.

[4] KK-*Boujong* 6; wohl auch KMR-*Müller* 4 und *Kleinknecht/Meyer* 4; **a.A.** *Eb. Schmidt* 4; *G. Schäfer* § 20 III.

c) Bekanntmachung. Der Vorführungsbefehl wird dem Beschuldigten bei der **7** Vollstreckung (Rdn. 8) eröffnet[5]. Jedenfalls auf Verlangen ist er ihm vorzuzeigen[6]. Ein Anspruch auf Aushändigung einer Abschrift wie beim Haftbefehl (§ 114 a Abs. 2) besteht nicht. Wenn die Vollstreckung des schriftlich vorliegenden Vorführungsbefehls durch Fernsprecher oder Fernschreiber veranlaßt wird, was in Eilfällen zulässig ist (*Niese* 132 ff), muß dem Beschuldigten in sinngemäßer Anwendung des § 114 a Abs. 1 Satz 2 vorläufig mitgeteilt werden, daß er auf richterliche Anordnung vorgeführt wird[7].

d) Vollstreckung. Der Vorführungsbefehl ist der Staatsanwaltschaft zur Vollstrek- **8** kung zu übergeben (§ 36 Abs. 2 Satz 1). Bei inhaftierten Beschuldigten erfolgt die Vollstreckung durch den Anstaltsleiter (§ 36 Abs. 2 Satz 2 StVollzG; dazu *Calliess/Müller-Dietz* § 36, 3). Ein Steckbrief darf zur Vollstreckung nicht erlassen werden. Für die Beamten, die die Staatsanwaltschaft mit der Vollstreckung beauftragt, enthält der Vollstreckungsbefehl die Ermächtigung, die Wohnung des Beschuldigten, nicht aber die eines Dritten, zum Zweck seiner Ergreifung zu betreten und zu durchsuchen; eine besondere Durchsuchungsanordnung ist nicht erforderlich[8]. Die Gegenmeinung muß dazu führen, daß der Richter, da er die Vorführung selbstverständlich nicht daran scheitern lassen will, daß der Beschuldigte sich in seiner Wohnung verbirgt, mit dem Vorführungsbefehl stets eine Durchsuchungsanordnung nach §§ 102, 105 verbindet; das wäre eine überflüssige Formalität (vgl. auch § 105, 7).

Der Vorführungsbefehl berechtigt zur **Anwendung unmittelbaren Zwangs**, insbe- **9** sondere zur Festnahme des Beschuldigten, jedoch erst, wenn er ihm eröffnet ist[9]. Darauf zu achten ist, daß die Freiheitsbeschränkung nicht länger dauert, als zur Vorführung unbedingt erforderlich ist (§ 135, 2 ff). Zur Vorführung bei Nacht wird im allgemeinen kein Anlaß bestehen[10]. Die Festnahme kann aber nötigenfalls schon am Vorabend oder in den frühen Morgenstunden erfolgen (§ 135, 5). Wohnt der Beschuldigte weit entfernt vom Gerichtsort, so darf ein Gefangenentransportwagen benutzt werden, sofern dann die Frist des § 135 Satz 2 eingehalten werden kann. Wird dabei eine Übernachtung erforderlich, darf der Vorzuführende in einer Arrestzelle untergebracht werden. Bei Widersetzlichkeit kann auch das Anlegen von Fesseln gerechtfertigt sein (*Kaiser* NJW **1965** 1217).

Der Vorführungsbefehl **verliert seine Wirksamkeit** nicht mit dem Beginn, son- **10** dern mit dem Abschluß der Vernehmung[11]. Bis dahin darf der Beschuldigte festgehalten werden; es wäre sinnlos, ihn erst zwangsweise vorzuführen, ihm dann aber vor dem Ende der Vernehmung Gelegenheit zu geben, sich zu entfernen. Nach Beendigung der Vernehmung muß er aber entlassen werden, sofern der Richter keinen Haft- oder Un-

---

[5] KK-*Boujong* 7; KMR-*Müller* 6; *Kleinknecht/Meyer* 6; vgl. auch BGH NStZ **1981** 23; OLG Stuttgart Justiz **1982** 340.

[6] Weitergehend *Kleinknecht/Meyer* 5 und KMR-*Müller* 6, die die Vorzeigung immer für erforderlich halten, weil der Beschuldigte sonst mangels Ladung nicht zum Gehorsam verpflichtet wäre; vgl. auch KK-*Boujong* 7: „wenn möglich" vorzuzeigen.

[7] KK-*Boujong* 7; sehr weitgehend in den Einzelheiten der Unterrichtung (im Hinblick auf § 113 StGB) OLG Stuttgart Justiz **1982** 339 f; vgl. auch BGH NStZ **1981** 23.

[8] *Kaiser* NJW **1964** 759; KK-*Boujong* 8;

LR-*Meyer* in der 23. Aufl.; vgl. auch OLG Frankfurt NJW **1964** 785; **a.A.** KMR-*Müller* 7.

[9] BGH NStZ **1981** 23; OLG Stuttgart Justiz **1982** 340; RGSt **12** 162; KK-*Boujong* 8; KMR-*Müller* 7; *Kaiser* NJW **1965** 1217.

[10] *Kaiser* NJW **1965** 1217; KK-*Boujong* 8; KMR-*Müller* 7; vgl. auch OLG Cöln GA **41** (1893) 157 in Anwendung alten preußischen Rechts.

[11] KK-*Boujong* 10; anders *Enzian* NJW **1957** 415 (der aber ein besonderes, vom Vorführungsbefehl unabhängiges Festhalterecht für gegeben hält); *Lampe* MDR **1974** 538.

Ernst-Walter Hanack

terbringungsbefehl erläßt. Beendet ist die Vernehmung auch, wenn der Beschuldigte definitiv zum Ausdruck gebracht hat, nicht zur Sache aussagen zu wollen[12]. Der Vorführungsbefehl lebt nicht wieder auf, wenn der Beschuldigte einer erneuten Ladung nicht folgt; vielmehr bedarf es dann einer neuen Anordnung der Vorführung[13].

11　　**4. Anfechtung.** Der Vorführungsbefehl kann mit der einfachen Beschwerde nach § 304 Abs. 1 angefochten werden, sofern er nicht von dem Oberlandesgericht erlassen worden ist (§ 304 Abs. 4 Satz 2). Das Rechtsmittel hat keine aufschiebende Wirkung (§ 307 Abs. 1). Die weitere Beschwerde ist nach § 310 ausgeschlossen (vgl. dort). Praktische Bedeutung hat die Anfechtungsmöglichkeit allerdings nicht. Denn die Vorführung wird normalerweise durch Freilassung oder durch den Erlaß eines Haft- oder Unterbringungsbefehls überholt sein, bevor das Rechtsmittel eingelegt werden oder das Rechtsmittelgericht entscheiden kann. Die Beschwerde ist dann nach den umstrittenen Grundsätzen der Rechtsprechung zur prozessualen Überholung (vgl. Einl. Kap. **10** unter III; bei § 304) in der Regel entweder unzulässig oder gegenstandslos.

12　　**5. Abgeordnete.** Gegen Abgeordnete darf ein Vorführungsbefehl nur unter den Voraussetzungen des Art. 46 Abs. 2 GG bzw. der entsprechenden Vorschriften der Länderverfassungen erlassen werden. Zu den Grenzen der allgemein erteilten Genehmigung zur Durchführung von Ermittlungsverfahren hinsichtlich der Vorführung s. bei § 133, 19.

§ 135

[1]Der Beschuldigte ist unverzüglich dem Richter vorzuführen und von diesem zu vernehmen. [2]Er darf auf Grund des Vorführungsbefehls nicht länger festgehalten werden als bis zum Ende des Tages, der dem Beginn der Vorführung folgt.

Schrifttum. *Enzian* Wesen und Wirken des Vorführungsbefehls, NJW **1957** 450; *Kaiser* Die Zelle als Verwahrungsort für Vorgeführte, NJW **1965** 1216; *Lampe* Grenzen des Festhalterechts gegenüber vorgeführten Beschuldigten und Zeugen im Ermittlungsverfahren, MDR **1974** 535.

Entstehungsgeschichte. Die Vorschrift lautete ursprünglich: „Der Vorgeführte ist sofort von dem Richter zu vernehmen. Ist dies nicht ausführbar, so kann er bis zu seiner Vernehmung, jedoch nicht über den nächstfolgenden Tag hinaus, festgehalten werden". Ihre jetzige Fassung erhielt sie durch Art. 1 Nr. 35 des 1. StVRG; sie ist erst im Vermittlungsausschuß zustande gekommen (BTDrucks. 7 2810).

1　　**1. Geltungsbereich.** Die Vorschrift gilt sowohl für die Vorführung wegen unentschuldigten Ausbleibens (§ 133) als auch für die Vorführung bei Vorliegen eines Haftgrundes (§ 134 Abs. 1). Für die Hauptverhandlung gehen die §§ 230, 236, 329 Abs. 4 als Sondervorschriften vor. Die §§ 115, 115 a sind im Vorführungsverfahren nicht anzuwenden; insoweit ist § 135 die Sondervorschrift (*Eb. Schmidt* Nachtr. I 2). § 135 gilt entsprechend bei der richterlichen Anordnung der Vorführung von Zeugen (§ 51 Abs. 1 Satz 3) und bei der staatsanwaltschaftlichen Anordnung der Vorführung des Beschuldigten (§ 163 a Abs. 3 Satz 2) und von Zeugen (§ 161 a Abs. 2 Satz 1).

---

[12] *Kleinknecht/Meyer* § 135, 3; *Grünwald* JZ **1981** 426; näher *Kühne* 226.
[13] *Enzian* NJW **1957** 450; *Schorn* Der Straf-richter (1960) S. 32; **a.A.** *Rasehorn* DRiZ **1956** 269 für den Vorführungsbefehl nach § 230 Abs. 2. Vgl. auch § 133, 10.

2. Beschleunigungsgebot (Satz 1)

a) Allgemeines. § 135 Satz 1 enthält ein Beschleunigungsgebot. Der Vorführungs- **2** befehl ist nur auf eine Freiheitsbeschränkung (Art. 104 Abs. 1 Satz 1 GG), nicht auf eine Freiheitsentziehung im engeren Sinne (Art. 104 Abs. 2 bis 4 GG) gerichtet[1]. Der Beschuldigte muß daher so schnell wie möglich dem Richter vorgeführt und vernommen werden, damit die durch den Vorführungsbefehl gerechtfertigte Freiheitsbeschränkung nicht infolge verzögerter Behandlung in eine unnötige Freiheitsentziehung umschlägt. Das muß schon bei der Wahl des Zeitpunkts der Vorführung beachtet werden. Er richtet sich grundsätzlich nach dem Termin, den der Richter für die Vernehmung festgesetzt hat; die Vorführung darf also nicht früher erfolgen, als zur Sicherstellung des Erscheinens des Beschuldigten in dem angesetzten Vernehmungstermin erforderlich ist (KK-*Boujong* 2; KMR-*Müller* 1). Aber auch der Richter hat den Termin möglichst so festzusetzen, daß Verzögerungen vermieden werden (unten Rdn. 5, 6).

b) Unverzüglich. In Angleichung an den Wortlaut ähnlicher Bestimmungen **3** (§§ 115, 115 a, 128) ist durch das 1. StVRG in § 135 Satz 1 das Wort „sofort" durch das Wort „unverzüglich" ersetzt worden. Sachlich unterscheiden sich die Begriffe nicht (*Lampe* 537). Der Begriff „unverzüglich" ist insbesondere nicht wie im bürgerlichen Recht (§ 121 BGB) dahin auszulegen, daß die Vorführung ohne schuldhaftes Zögern stattfinden muß; die Betrachtungsweise des auf ganz andere Rechtsbeziehungen und Rücksichtnahmen eingestellten bürgerlichen Rechts ist bei der Auslegung von Vorschriften, die das Verhalten staatlicher Behörden regeln, nicht angebracht[2]. „Unverzüglich" verlangt vielmehr ein Handeln ohne jede nach den Umständen vermeidbare Säumnis (vgl. KMR-*Müller* § 115, 3). Tritt eine Verzögerung ein, so kommt es nicht darauf an, ob sie schuldhaft, sondern ob sie sachlich berechtigt ist. Berechtigt ist jede Verzögerung, deren Gründe in rechtlichen oder tatsächlichen Hindernissen liegen. Der Beschuldigte wird „unverzüglich" vorgeführt, wenn das nach Lage der Sache und unter Berücksichtigung der Geschäftsverhältnisse der beteiligten Behörden mit der notwendigen Beschleunigung geschieht (vgl. auch § 115, 9).

c) Unverzügliche Vorführung vor den Richter. Der Beschuldigte, der aufgrund **4** des Vorführungsbefehls festgenommen worden ist, muß nach § 135 Satz 1 unverzüglich dem Richter vorgeführt und von diesem vernommen werden. Daraus folgt, daß der Zeitpunkt der Vorführung vor den Richter, wie in §§ 115, 115 a, nicht unbedingt mit dem der Vernehmung zusammenfallen muß; denn sonst hätte es genügt, die unverzügliche Vernehmung des Beschuldigten vorzuschreiben. Da es weder sinnvoll noch zweckmäßig wäre, den Beschuldigten vor den Richter zu führen, obwohl dieser ihn zunächst nicht vernehmen kann, muß aus dem Wortlaut des § 135 Satz geschlossen werden, daß die Vorführung nicht darin zu bestehen braucht, daß der Beschuldigte dem Richter sogleich persönlich gegenübergestellt wird. Vorführung bedeutet wie in §§ 115, 115 a nur, daß der Ergriffene in den unmittelbaren Machtbereich des zuständigen Richters gelangt, also dessen unmittelbarer Verfügungsgewalt unterstellt wird (vgl. auch § 115, 5). Der Beschuldigte ist dem Richter daher auch „vorgeführt", wenn er in das Gerichtsgefängnis eingeliefert oder in das Gerichtsgebäude gebracht und dort in einem Zimmer bewacht oder eingeschlossen wird.

Das Gebot der unverzüglichen Vorführung hindert nicht eine **Ergreifung** des am **5** Vernehmungsort wohnenden Beschuldigten zu einem mehrere Stunden vor dem Ver-

---

[1] *Lampe* 536; vgl. auch BTDrucks. **7** 2600 S. 5; KK-*Boujong* 2; LR-*Meyer* in der 23. Aufl.

[2] Vgl. *Eb. Schmidt* Nachtr. I § 115, 7; *Maunz/ Dürig/Herzog* Art. 104, 38.

Ernst-Walter Hanack

nehmungstermin liegenden Zeitpunkt und seine vorläufige Verbringung in polizeilichen Gewahrsam, falls die Vorführung nicht anders sichergestellt werden kann. Sofern bestimmte Tatsachen dafür sprechen, daß der Beschuldigte sich sonst der Vorführung entziehen würde, darf er so frühzeitig, unter Umständen schon am Vorabend, festgenommen werden, daß er keine Gelegenheit hat, sein Vorhaben zu verwirklichen (BayVerfGHE 3 II 63). Beschuldigte, die tagsüber erfahrungsgemäß nicht erreichbar sind, dürfen schon in den frühen Morgenstunden in ihrer Wohnung ergriffen werden[3]; bei Beschuldigten ohne festen Arbeitsplatz (Verkaufsfahrer, Handelsvertreter) ist die Festnahme zu einem anderen Zeitpunkt oft praktisch gar nicht möglich. Bei sonstigen Beschuldigten ist die verhältnismäßig unauffällige Festnahme in der Wohnung der Ergreifung am Arbeitsplatz schon in ihrem eigenen Interesse vorzuziehen. Der Richter muß aber bei der Anberaumung des Vernehmungstermins auf die vorzeitige Ergreifung möglichst Rücksicht nehmen (Rdn. 6).

6   **d) Unverzügliche Vernehmung.** Ist der Beschuldigte dem Richter vorgeführt worden (oben Rdn. 4), so muß er sogleich vernommen werden, sofern dem nicht Hindernisse entgegenstehen, die es rechtfertigen, die Vernehmung aufzuschieben. Solche Hindernisse können in der Person des Richters (Erkrankung, andere unaufschiebbare Dienstgeschäfte) oder in der Person des Beschuldigten (Übermüdung, etwa nach längerem Transport), aber auch in der organisatorischen Einrichtung der Justiz liegen (*Eb. Schmidt* 3; *Lampe* 537). Auch die Verhinderung des Staatsanwalts und des Verteidigers, die nach § 168 c der Vernehmung beiwohnen dürfen, kann ein Hinderungsgrund sein (KK-*Boujong* 5; *Kleinknecht/Meyer* 2). Trifft der Beschuldigte früher ein als erwartet, muß der Richter weniger eilige Dienstgeschäfte zurückstellen und in der Regel einen anderen Raum suchen, wenn das Vernehmungszimmer gerade nicht frei ist (*Kleinknecht/Meyer* 2). Der Richter hat bei der Terminsplanung insbesondere auch zu berücksichtigen, daß der Beschuldigte (s. Rdn. 5) vielfach schon am Vorabend oder in den frühen Morgenstunden zur Vernehmung gebracht wird (*Kleinknecht/Meyer* 2). Während der Vernehmung darf der Beschuldigte aufgrund des Vorführungsbefehls daran gehindert werden, sich zu entfernen (§ 134, 10).

3. Festhalten bis zum Ende des nächsten Tages (Satz 2)

7   **a) Zeitliche Grenze.** Nach der bis zum 1. StVRG geltenden Fassung des § 135 Satz 2 war es zulässig, den Beschuldigten ohne Rücksicht darauf, wann er zum Zweck der Vorführung ergriffen worden war, bis zum Ende des Tages festzuhalten, der auf den Tag seines Eintreffens bei Gericht folgt. Die Frist, die für den Transport zum Vernehmungsort benötigt wurde, war nicht einzurechnen (*Eb. Schmidt* 4). Nunmehr zieht § 135 Satz 2 in Anlehnung an den Wortlaut des Art. 104 Abs. 2 Satz 3 GG die äußerste zeitliche Grenze, bis zu der ein Festhalten des Betroffenen aufgrund des Vorführungsbefehls zulässig ist, wesentlich enger. Der Beschuldigte darf, auch wenn bis dahin mit der Vernehmung nicht begonnen werden kann, nicht länger als bis zu dem Ende des Tages, der dem Beginn der Vorführung folgt, festgehalten werden, im Höchstfall also knapp 48 Stunden. Ob einer der beiden Tage arbeitsfrei ist, spielt keine Rolle[4]. Beginn der Vorführung im Sinne des § 135 Satz 2 ist die Ergreifung des Beschuldigten zum Zwecke der Vorführung vor den Richter, nicht der Beginn dieser Vorführung selbst (KK-*Boujong* 6; KMR-*Müller* 2). Der Zeitraum des § 135 Satz 2 umfaßt also die gesamte Vorführung

---

[3] KK-*Boujong* 5 und § 134, 8; *Kleinknecht/ Meyer* 2; KMR-*Müller* § 134, 8.

[4] KK-*Boujong* 6; *Kleinknecht/Meyer* 3; KMR-*Müller* 2; *Maunz/Dürig/Herzog* Art. 104, 41; vgl. auch *Eb. Schmidt* 5.

von der Ergreifung bis zum Ende der Vernehmung. Wohnt der Beschuldigte so weit vom Vernehmungsort entfernt, daß die Frist mit Sicherheit nicht eingehalten werden kann, so ist die Vorführung von vornherein unzulässig.

Festgehalten werden darf der Beschuldigte äußerstenfalls bis zum Ende (24 Uhr) **8** des auf seine Ergreifung folgenden Tages. Auch der Richter darf ihn daher, wenn aus zwingenden Gründen (Rdn. 6) eine Vernehmung nicht früher möglich ist, bis zum Ablauf der Frist festhalten. Wenn jedoch feststeht, daß eine Vernehmung bis dahin nicht durchgeführt werden kann, ist der Beschuldigte sofort freizulassen (KK-*Boujong* 6; KMR-*Müller* 2). Zweifelhaft ist, ob ein Festhalten über die in § 135 Satz 2 bestimmte Frist hinaus ausnahmsweise dann zulässig ist, wenn die Vernehmung vor Ablauf der Frist begonnen, aber bei Fristablauf noch nicht abgeschlossen worden ist. Man wird die Frage wohl verneinen müssen, obwohl dann die Vernehmung, unter Umständen gerade zum Nachteil des Beschuldigten, abgekürzt werden muß[5]. Denn bei einer anderen Betrachtung würde die strenge zeitliche Beschränkung des § 135 Satz zu sehr unterlaufen oder unterlaufen werden können, da die Vernehmung nicht in einem Zuge zu erfolgen braucht, sondern durch Pausen, auch während der Nachtruhe, unterbrochen werden darf oder sogar muß. Nach dem Ende der Vernehmung (vgl. § 134, 10) muß der Richter den Beschuldigten sofort entlassen, sofern er keinen Haft- oder Unterbringungsbefehl gegen ihn erläßt.

b) Art des Festhaltens. Über Art und Weise des Festhaltens bestimmt das Gesetz **9** nichts. Hierüber entscheidet daher das Gericht[6] unter Beachtung des Verhältnismäßigkeitsgrundsatzes. Es hat dabei die voraussichtliche Dauer der Festhaltung zu berücksichtigen. Die Festhaltung kann in der bloßen Bewachung im Gerichtszimmer durch den vorführenden Beamten oder durch einen Gerichtswachtmeister, aber auch in der Einschließung in einem Raum des Gerichts bestehen; auch die Aufnahme in einer Arrestzelle oder im Gerichtsgefängnis ist zulässig, etwa wenn der Beschuldigte am Abend vor dem für die Vernehmung bestimmten Tag ergriffen worden ist. Die für Untersuchungsgefangene geltenden Erleichterungen (§ 119) müssen unter allen Umständen gewahrt werden (allg. M.).

§ 136

(1) [1]Bei Beginn der ersten Vernehmung ist dem Beschuldigten zu eröffnen, welche Tat ihm zur Last gelegt wird und welche Strafvorschriften in Betracht kommen. [2]Er ist darauf hinzuweisen, daß es ihm nach dem Gesetz freistehe, sich zu der Beschuldigung zu äußern oder nicht zur Sache auszusagen und jederzeit, auch schon vor seiner Vernehmung, einen von ihm zu wählenden Verteidiger zu befragen. [3]Er ist ferner darüber zu belehren, daß er zu seiner Entlastung einzelne Beweiserhebungen beantragen kann. [4]In geeigneten Fällen soll der Beschuldigte auch darauf hingewiesen werden, daß er sich schriftlich äußern kann.

(2) Die Vernehmung soll dem Beschuldigten Gelegenheit geben, die gegen ihn vorliegenden Verdachtsgründe zu beseitigen und die zu seinen Gunsten sprechenden Tatsachen geltend zu machen.

(3) Bei der ersten Vernehmung des Beschuldigten ist zugleich auf die Ermittlung seiner persönlichen Verhältnisse Bedacht zu nehmen.

---

[5] Ebenso KK-*Boujong* 6; KMR-*Müller* 2; *Kleinknecht* 35. Aufl., Rdn. 3; **a.A.** *Kleinknecht/Meyer* 3 und *Meyer* in der 23. Aufl.

[6] KK-*Boujong* 7; KMR-*Müller* 3; *Eb. Schmidt* 6; *Kaiser* NJW **1965** 1216; (jeweils mit Einzelheiten auch zum folgenden Text).

Ernst-Walter Hanack

Schrifttum. *Ad. Arndt* Das Schweigen vor Gericht, NJW **1966** 869; *Artzt* Begründung der Beschuldigten-Eigenschaft, Kriminalistik **1970** 379; *Bauer* Die Aussage des über sein Schweigerecht nicht belehrten Beschuldigten, Diss. Göttingen 1972; *Bender/Röder/Nack* Tatsachenfeststellung vor Gericht, Bd. I und II (1981); *Benfer* Grundrechtseingriffe im Ermittlungsverfahren (1982); *Binding* Die Wahrheitspflicht im Prozesse, DJZ **1909** 162; *Castringius* Schweigen und Leugnen des Beschuldigten im Strafprozeß, Diss. Hamburg 1965; *Dencker* Belehrung des Angeklagten über sein Schweigerecht und Vernehmung zur Person, MDR **1975** 359; *Dingeldey* Das Prinzip der Aussagefreiheit im Strafprozeß, JA **1984** 407; *Döhring* Die Erforschung des Sachverhalts im Prozeß (1964); *Döhring* Persönlichkeitsforschung im Rahmen der Beschuldigtenvernehmung, Kriminalistik **1967** 5; *Doller* Der schweigende Angeklagte und das Revisionsgericht, MDR **1974** 979; *Engelhard* Die Vernehmung des Angeklagten und die damit zusammenhängenden Probleme, ZStW 58 (1939) 335; *Eser* Aussagefreiheit und Beistand des Verteidigers im Ermittlungsverfahren, ZStW 79 (1967) 565; *Eser* Der Schutz vor Selbstbezichtigung im deutschen Strafprozeßrecht, ZStW 86 (1974) Beih. 136; *Fincke* Verwertbarkeit von Aussagen des nicht belehrten Beschuldigten, NJW **1969** 1014; *Fincke* Die Pflicht des Sachverständigen zur Belehrung des Beschuldigten, ZStW 86 (1974) 656; *Fincke* Zum Begriff des Beschuldigten und den Verdachtsgraden, ZStW 95 (1983) 918; *Fuhrmann* Das Schweigen des Angeklagten in der Hauptverhandlung, JR **1965** 417; *Geerds* Vernehmungstechnik (1976; 5. Aufl. des Werks von Meinert); *Gegenfurtner* Zum Recht des Angeklagten auf Schweigen in Verkehrsstrafsachen, DAR **1966** 98; *von Gerlach* Die Begründung der Beschuldigteneigenschaft im Ermittlungsverfahren, NJW **1969** 776; *Grassberger* Psychologie des Strafverfahrens, 2. Aufl. (1968); *Groß/Geerds* Handbuch der Kriminalistik [10] Bd. II (1978); *Gundlach* Die Vernehmung des Beschuldigten im Ermittlungsverfahren (1984); *Günter* Die Einführung und Verwertung früherer Angaben des in der Hauptverhandlung schweigenden Angeklagten, DRiZ **1971** 379; *Guradze* Schweigerecht und Unschuldsvermutung im englisch-amerikanischen und bundesdeutschen Strafprozeß, Festschrift für Loewenstein (1971) 151; *Habscheid* Das Persönlichkeitsrecht als Schranke der Wahrheitsfindung im Prozeßrecht, Gedächtnisschrift für Hans Peters (1967) 840; *Heldmann* Die Vernehmung des Beschuldigten, DStrZ **1916** 366; *Helgerth* Der „Verdächtige" als schweigeberechtigte Auskunftsperson und selbständiger Prozeßbeteiligter neben dem Beschuldigten und den Zeugen, Diss. Erlangen, 1976; *Hellwig* Psychologie und Vernehmungstechnik bei Tatbestandsermittlungen, 4. Aufl. (1951); *Helmer* Die Vernehmung des Angeklagten über seine persönlichen Verhältnisse (§ 243 Abs. 2 StPO), Diss. Kiel 1968; *Henschel* Die Vernehmung des Beschuldigten (1909); *von Hentig* Die Ausrede, Festschrift für Aschaffenburg (1926) 97; *von Hentig* Das Geständnis, SchwZStr. **1929** 25; *von Hentig* Das Leugnen, SchwZStr. **1937** 201; *von Hentig* Zur Psychologie der Geständnisbereitschaft, FS Rittler 373; *Höra* Wahrheitspflicht und Schweigebefugnis des Beschuldigten, Diss. Frankfurt 1970; *Hülle* Das Geständnis des Beschuldigten vor dem Haftrichter und seine Beurkundung, DRiZ **1952** 166; *Kallmann* Leugnende Angeklagte, GA 54 (1907) 230; *Kion* Anwesenheitsrecht des Verteidigers im Ermittlungsverfahren, NJW **1966** 1800; *Kleinknecht* Ermittlungen der Polizei nach der „kleinen Strafprozeßreform", Kriminalistik **1965** 449; *Kohlhaas* Schlüsse aus dem Schweigen des Beschuldigten? NJW **1965** 2282; *Kunert* Wie weit schützt die Strafprozeßordnung die Grundrechte des Beschuldigten? MDR **1967** 539; *Lenckner* Mitbeschuldigter und Zeuge, FS Peters 333; *Liepmann* Die Psychologie der Vernehmung des Angeklagten im deutschen Strafprozeß, ZStW 44 (1924) 647; *Lohsing* Das Geständnis in Strafsachen (1905); *Lorenz* Die Frage nach den Vorstrafen, DRiZ **1961** 329; *Meinert* Vernehmungstechnik, 4. Aufl. (1956); *Mezger* Die Beschuldigtenvernehmung auf psychologischer Grundlage, ZStW (1919) 40 152; *Mönkemöller* Psychologie und Psychopathologie der Aussage (1930); *Mörsch* Zur Rechtsstellung des Beschuldigten und seines Verteidigers im Vorverfahren, Diss. Mainz 1967; *Müller-Dietz* Die Stellung des Beschuldigten im Strafprozeß, ZStW 93 (1981) 1177; *Nass* Erforschung der Täterpersönlichkeit im Ermittlungsverfahren (1958); *Niederreuther* Die Wahrheitspflicht der Prozeßbeteiligten im Lichte der Strafrechtsreform, GerS 109 (1937) 64; *Ostermeyer* Der schweigende Beschuldigte, NJW **1967** 915; *Pfenninger* Die Wahrheitspflicht des Beschuldigten im Strafverfahren, FS Rittler 355; *Radbruch* Grenzen der Kriminalpolizei, FS Sauer 121; *Rauscher* Probleme bei polizeilichen Belehrungen, Polizei **1967** 287; *Reick* Geständniszwang und Strafbedürfnis (1925); *Reinhart* Die Befragung des Beschuldigten im Strafprozeß (1978; zugleich Diss. Bern); *Reitberger* Der Beschuldigte als Beweismittel, Kriminalistik **1968** 349; *Rieß* Die Vernehmung des Beschuldigten im Strafprozeß, JA **1980** 293; *Rejewski* Unterbliebener Hinweis auf die „Aussagefreiheit" des Beschuldigten als Revisionsgrund? NJW **1967** 1999; *Rogall* Der Beschuldigte als Beweismittel gegen sich selbst (1977); *Rogall* Zur Verwertbarkeit der Aussage einer noch nicht beschuldigten Person, MDR **1977** 978; *Rogall* Gegenwärtiger Stand und Entwicklungstendenzen der Lehre von den strafrechtlichen Beweisverboten, ZStW **91** (1979) 1; *Rüping* Zur Mitwirkungspflicht des Beschuldigten und Angeklagten, JR **1974** 135; *A. Schmidt* Fehler bei Vernehmungen, DRiZ **1960** 426; *Eb. Schmidt* Sinn und Tragweite des Hinweises auf die Aussagefreiheit des Beschuldigten, NJW **1968** 1209; *R. Schmidt* Die Lüge im Prozeß, DJZ **1909** 39, 255; *Schmidt-Leichner* Ist und bleibt Schweigen des Beschuldigten zweischneidig? NJW **1966** 189; *Schreieder* Die Stellung des Beschuldigten im Hinblick auf die Aussage nach formellem und materiellem Strafrecht (1968); *Schünemann* Die Belehrungspflichten der §§ 243 IV, 136 n. F. StPO und der BGH, MDR **1969** 101; *Schwagerl* Tatverdacht und Belehrungspflicht, Kriminalistik **1963** 53; *Seebode* Schweigen des Beschuldigten zur Person, MDR **1970** 185; *Seebode* Über die Freiheit, die eigene Strafverfolgung zu unterstützen, JA **1980** 493; *Seibert* Das Schweigen des Angeklagten, NJW **1965** 1706; *Sieg* Zur Anwesenheit des Verteidigers bei Vernehmungen des Beschuldigten im Ermittlungsverfahren, NJW **1975** 1009; *Skuhr* Anwesenheitsrecht des Verteidigers im Ermittlungsverfahren, NJW **1966** 1350; *Stree* Schweigen des Beschuldigten im Strafverfahren, JZ **1966** 593; *Stümpfler* Das Schweigen im Strafverfahren oder Bußgeldverfahren, DAR **1973** 1; *Tzschach* Schweigen verboten? DAR **1973** 286; *Walder* Das Verhör mit dem Angeschuldigten, FS Pfenninger 181; *Walder* Die Vernehmung des Beschuldigten (1965); *Wessels* Schweigen und Leugnen im Strafverfahren, JuS **1966** 169; *Wimmer* Gestehen und Leugnen im Strafprozeß, ZStW **50** (1930) 538; *Witkowski* Folgen eines Verstoßes gegen die Belehrungspflichten, Kriminalistik **1968** 81; *Wolf* Zur Stellung des Beschuldigten im Strafverfahren, ZAkDR **1937** 177.

Entstehungsgeschichte. Absatz 1 wurde durch Art. 4 Nr. 1 StPÄG 1964 neu gefaßt. Dabei wurden in Satz 1 die Worte „und welche Strafvorschriften in Betracht kommen" eingefügt. Satz 2 (ursprünglich: „Der Beschuldigte ist zu befragen, ob er etwas auf die Beschuldigung erwidern wolle") erhielt seine neue Fassung. Der jetzige Satz 4 wurde (als Satz 3) eingefügt. Durch Art. 1 Nr. 36 des 1. StVRG wurde in Absatz 1 der Satz 3 eingefügt.

Übersicht

Ernst-Walter Hanack

I. Anwendungsbereich

1   **1. Richterliche Vernehmungen.** Die Vorschrift gilt unmittelbar nur für richterliche Vernehmungen, und zwar für alle richterlichen Vernehmungen vor und außerhalb der Hauptverhandlung, nicht nur für Vernehmungen im vorbereitenden Verfahren (KK-*Boujong* 3). Die Vernehmung durch den Haftrichter regeln die besonderen Vorschriften der §§ 115 Abs. 3, 115 a Abs. 2 Satz 2, die für die richterliche Vernehmung nach einer vorläufigen Festnahme (§ 128) oder bei einer einstweiligen Unterbringung (§ 126 a) entsprechend gelten. Handelt es sich bei der Vernehmung durch den Haftrichter um die erste richterliche Vernehmung, findet immer auch § 136 Anwendung (vgl. unten Rdn. 30). Richterliche Vernehmungen des Beschuldigten im Ermittlungsverfahren, die nicht Haft- oder Unterbringungssachen betreffen, erfolgen außer im seltenen Fall des § 165 nur, wenn sie von der Staatsanwaltschaft beantragt werden (§ 162), was vor allem aus Gründen der Beweissicherung geschieht, z. B. im Hinblick auf ein nach § 254 verwertbares Geständnis. Über die richterliche Kontrolle beim Festhalten zur Identitätsfeststellung (§ 163 b) s. § 163 c und die dort. Erl. Für die Vernehmung in der Hauptverhandlung gilt § 243 Abs. 2 bis 4; dabei findet § 136 Abs. 2 Anwendung (§ 243 Abs. 4 Satz 2). Im Bußgeldverfahren ist § 136 bei allen Vernehmungen im Vorverfahren anzuwenden (§ 46 Abs. 1 OWiG), jedoch mit den Einschränkungen, die sich aus § 55 OWiG ergeben.

2   **2. Staatsanwaltschaftliche und polizeiliche Vernehmungen.** § 136 ist auch bei der Vernehmung des Beschuldigten durch die Staatsanwaltschaft anzuwenden (§ 163 a Abs. 3 Satz 2). Für polizeiliche Vernehmungen ersetzt § 163 a Abs. 4 Satz 1 die Vorschrift des § 136 Abs. 1 Satz 1; Polizeibeamte brauchen danach dem Beschuldigten vor der Vernehmung nicht zu eröffnen, welche Strafbestimmungen in Betracht kommen. Die übrigen Regelungen des § 136 gelten auch bei polizeilichen Vernehmungen (§ 163 a Abs. 4 Satz 2). § 136 ist auch bei Befragungen durch die **Gerichtshilfe** (§ 160 Abs. 3 Satz 2, § 38 JGG) zu beachten[1], weil diese als staatliches Verfahrensorgan oder doch als Prozeßhilfeorgan eigener Art Ermittlungen durchführt, die sich zwar nicht auf die Tataufklärung im engeren Sinne beziehen, aber doch auf möglicherweise entscheidungserhebliche täterbezogene Umstände und die sie stützenden Beweismittel; die Belehrungspflicht bezieht sich allerdings nicht auf die in Betracht kommenden Strafvorschriften, weil der Zweck dieser Belehrung mit dem spezifischen Auftrag des Gerichtshelfers nichts zu tun hat (*Bottke* MschrKrim. **1981** 71).

---

[1] *Roxin* § 25 III 5; *Bottke* MschrKrim. **1981** 71; eingehend *Lange* Die Gerichtshilfe und ihr Einbau in das Erkenntnisverfahren des überkommenen Strafprozesses, Diss. Freiburg **1980** 176; a.A. LR-*Meyer-Goßner* in der 23. Aufl., § 160, 43.

3. Sachverständigentätigkeit. Befragungen des Beschuldigten, die ein Sachverstän- **3** diger durchführt, sind nach h. M. keine Vernehmungen, und zwar auch nicht bei Explorationen (vgl. bei § 80). Daher soll nach verbreiteter Meinung § 136 für den Sachverständigen keine Bedeutung haben[2], auch nicht, wenn er Untersuchungen vornimmt, bei denen (s. bei § 81 a) die Mitwirkung des Beschuldigten nicht erzwungen werden kann. Das erscheint nicht überzeugend, weil der Sachverständige ja im Auftrag der Strafverfolgungsorgane handelt (so daß für ihn auch § 136 a gilt, s. dort Rdn. 8) und sich jedenfalls bei vielen Befragungen ein Bezug zum Tatgeschehen, damit aber auch zu seiner Aufklärung, überhaupt nicht vermeiden läßt[3]. Man könnte meinen, § 136 für den Bereich dieser Befragungen nicht umgangen werden darf, daher daran denken, dem Sachverständigen in analoger Anwendung der Vorschrift eine Belehrungspflicht, mindestens über die Aussagefreiheit, aufzuerlegen[4]. In der Regel richtiger dürfte es jedoch sein, eine Belehrungspflicht des die Begutachtung anordnenden Richters, Staatsanwalts oder Polizeibeamten anzunehmen[5]. Im Einzelfall möglich ist aber auch eine Übertragung dieser Pflicht auf den Sachverständigen[6]. Daß in irgendeiner Form eine Belehrung erforderlich ist, dürfte jedenfalls im Endergebnis nicht zu bezweifeln sein[7].

II. Beschuldigter

1. Begründung der Beschuldigteneigenschaft. Nach herrschender und zutreffen- **4** der Meinung hat im Strafverfahren derjenige die Stellung eines Beschuldigten inne, gegen den das Verfahren als Beschuldigter betrieben wird[8]. Dazu genügt nicht vorhandener Tatverdacht, wie schon der Umstand zeigt, daß das Gesetz (§ 60 Nr. 2) auch die problematische Figur des tatverdächtigen Zeugen kennt. Die Beschuldigteneigenschaft kann vielmehr immer nur durch einen Willensakt der Strafverfolgungsbehörden als „Produkt eines Zuschreibungsprozesses"[9] begründet werden, zu dessen Vollzug die Ermittlungsbehörden bei zureichendem Verdacht (Rdn. 5) verpflichtet sind[10]. Auf den Willensakt kommt es im Grundsatz selbst dann an, wenn nach Lage der Sache und dem Stand des Verfahrens die erforderlichen konkreten Verdachtsgründe objektiv vorlie-

---

[2] BGH NJW **1968** 2297 = JR **1969** 231 mit Anm. *Peters* = JZ **1969** 437 mit Anm. *Arzt*; OLG Hamm NJW **1967** 1524; KK-*Boujong* 3; *Kleinknecht/Meyer* 2; LR-*Meyer* in der 23. Aufl. Eingehend zum Ganzen *Fincke* ZStW **86** (1974) 656.

[3] So wird in der Praxis z. B. die tatbezogene Befragung des Beschuldigten bei Affektdelikten ständig geübt und ihr Ergebnis mit Billigung des BGH auch in der Hauptverhandlung verwertet.

[4] So *Roxin* § 25 III 5; *Gössel* § 23 A I d; *Arzt* JZ **1969** 438; *Bauer* 123; vgl. auch *Hanack* JZ **1971** 169; dagegen *Fincke* ZStW **86** (1974) 657 und *Rogall* Der Beschuldigte 194.

[5] LG Münster StrVert. **1981** 615; *Jagusch/Hentschel* § 81a, 3; **a.A.** auch insoweit LR-*Meyer* in der 23. Aufl.; *Peters* JR **1969** 233.

[6] *Peters* JR **1969** 233; **a.A.** *Fincke* ZStW **86** (1974) 671.

[7] Vgl. auch *Rieß* JA **1980** 296; *Rogall* Der Beschuldigte 193.

[8] BGHSt **10** 12; OLG Hamburg JR **1955** 394; OLG Hamm NJW **1974** 915; OLG Stuttgart MDR **1977** 70; KK-*Boujong* 4; *Kleinknecht/Meyer* Einl. 76; *Gössel* § 4 B I; *Roxin* § 25 III 4; *Schlüchter* 478; *Artzt* Kriminalistik **1970** 380; *von Gerlach* NJW **1969** 777; *Gundlach* 26; *Lenckner* FS Peters 340; *Rieß* JA **1980** 298; *Rogall* Der Beschuldigte 25 ff und MDR **1977** 978; **a.A.** *Peters* § 28 I. Eingehend zum Ganzen *Fincke* ZStW **95** (1983) 919 ff.

[9] Vgl. *Rogall* Der Beschuldigte 26 und MDR **1977** 978 im Anschluß an *Jung* Straffreiheit für den Kronzeugen? (1974) 74.

[10] Es handelt sich dabei, entgegen der fast allgemein vertretenen Meinung, nicht um eine Frage des pflichtgemäßen Ermessens, sondern um die Ausfüllung eines unbestimmten Rechtsbegriffs; vgl. *Fincke* ZStW **95** (1983) 935; eingehend *Gundlach* 27 ff.

Ernst-Walter Hanack

gen[11]. Der dadurch bedingten Gefahr einer Umgehung der Beschuldigtenrechte will der BGH, wenn auch in recht unklarer Umgrenzung, durch eine Ausnahme bei Willkür steuern, die dem Betroffenen die Beschuldigteneigenschaft nicht soll nehmen können[12]. Richtiger dürfte es jedoch sein, dieser Gefahr und damit zugleich der Rechtsunsicherheit, die mit dem Abstellen auf einen Willensakt der Verfolgungsbehörden verbunden ist[13], vor allem durch eine gewisse Objektivierung des Willensakts zu begegnen: Der förmlichen Einleitung des Ermittlungsverfahrens gleichzustellen sind Maßnahmen, die nur gegen einen Beschuldigten zulässig sind oder regelmäßig nur gegenüber einem Beschuldigten erfolgen, z. B. die Anordnung einer Untersuchung nach § 81 a, eine vorläufige Festnahme nach § 127 oder eine Beschlagnahme nach §§ 94, 111 b[14]. Mit einer neueren Lehre wird man in entsprechender Anwendung des § 397 Abs. 1 AO insgesamt jede von einem Strafverfolgungsorgan getroffene Maßnahme ausreichen lassen müssen, die erkennbar darauf abzielt, gegen jemanden wegen einer Straftat vorzugehen[15].

5   Die Ausübung der Pflicht, den geschilderten Willensakt zu vollziehen, beurteilt sich nach der **Stärke des Tatverdachts**, verlangt also, daß zureichende tatsächliche Anhaltspunkte (§ 152 Abs. 2) den konkreten Verdacht einer Straftat (§ 160 Abs. 1) gegen eine bestimmte Person ergeben. Bei staatsanwaltschaftlichen, insbesondere aber bei polizeilichen Ermittlungen kann, namentlich im Anfangsstadium, die Entscheidung schwierig sein, ob jemand als Beschuldigter oder Zeuge zu behandeln ist bzw. zunächst „informell" befragt werden darf, und wie derartige Befragungen im weiteren Verfahren zu beurteilen sind (dazu im einzelnen bei § 163 a). Bei der richterlichen Vernehmung entstehen solche Probleme aus den in Rdn. 8 genannten Gründen in der Regel nicht.

6   Ob **ein Kind** (§ 19 StGB) Beschuldigter sein kann, ist umstritten[16], da gegenüber Kindern nach h. M. ein Verfahrenshindernis, also ein Verbot der strafgerichtlichen Verfolgung besteht (vgl. Einl. Kap. **12** unter IX). Die Entscheidung von der ebenfalls umstrittenen Frage abhängig zu machen, ob die Inkulpation von Kindern, deren wahres Alter zunächst nicht bekannt war, „rechtswidrig" (prozeßrechtswidrig) ist[17], dürfte nicht weiter führen. Richtigerweise ist vielmehr anzunehmen, daß einem Kind, gegen das irrtümlich ermittelt wird, auch die Rechte des Beschuldigten zustehen müssen, zumal sich nie sicher sagen läßt, ob sich der Irrtum aufklärt, so daß es jedenfalls als Beschuldigter zu behandeln ist.

7   **2. Behandlung bei Beschuldigteneigenschaft.** Werden gegen eine bestimmte Person wegen einer bestimmten Tat Ermittlungen geführt (Rdn. 4, 5), so ist sie als Beschuldigter zu behandeln. Der Vernehmungsbeamte darf die zum Schutz des Beschuldigten bestehenden Sicherungen des § 136 (§ 163 a Abs. 3 Satz 2, Abs. 4) nicht dadurch umgehen, daß er den Beschuldigten anstelle einer Vernehmung **„informatorisch" befragt**;

---

[11] Insoweit **a.A.** *von Gerlach* NJW **1969** 779 f und JR **1969** 150; *Gundlach* 40; vgl. auch *Geerds* GA **1965** 321 und *Peters* § 28 I. Dagegen eingehend *Rogall* Der Beschuldigte 26.

[12] BGHSt **10** 12; dazu kritisch *Rogall* Der Beschuldigte 26 und MDR **1977** 978.

[13] Vgl. dazu z. B. *Rogall* jeweils aaO.

[14] Anders für die Beschlagnahme (und die Durchsuchung) *Rogall* Der Beschuldigte 25. Kritisch zum Ganzen *Fincke* ZStW **95** (1983) 951.

[15] Dazu insbes. *Rogall* Der Beschuldigte 27 ff und MDR **1977** 978; *Roxin* § 25 III 4 mit

w. Nachw.; vgl. auch *Müller-Dietz* ZStW **93** (1981) 1224 und bei § 163 a; kritisch *Gundlach* 34.

[16] Verneinend *Becker* Polizei **1967** 105; *Greiner* und *Häusler* Kriminalistik **1972** 92 und 94; *LR-Meyer* in der 23. Aufl. Bejahend *Peters* § 28 I; *Wieczorek* Kriminalistik **1971** 374; **1972** 287; *Fincke* ZStW **95** (1983) 943 f. Vgl. auch *Naucke* und *Fincke* zit. bei *Gropp* ZStW **95** 1020 und 1024 (Tagungsbericht).

[17] Bejahend *Fincke* und *Naucke* (wie Fn. 16); verneinend *Steinke* Kriminalistik **1972** 289 und LR-*Meyer* in der 23. Aufl.

auch „informatorische Vorbesprechungen" zu solchen Vernehmungen sind erst zulässig, wenn der vernehmende Beamte die nach dem Gesetz erforderlichen Hinweise erteilt hat: Wenn Anlaß besteht, eine Person als Beschuldigten zu behandeln, hat das stets unter Beachtung der für ihn geltenden Rechte zu geschehen; jede amtliche Befragung des Beschuldigten im Ermittlungsverfahren ist eine Vernehmung im Sinne des § 136[18]. Ist jemand als Beschuldigter zu behandeln, kommt es auch nicht auf die Stärke des Tatverdachts an. Das gilt insbesondere, wenn die Ermittlungen aufgrund einer Strafanzeige eingeleitet werden. Die Strafverfolgungsbehörde kann zwar von Ermittlungen absehen, wenn die Anzeige hierfür keine zureichenden Anhaltspunkte enthält (§ 152 Abs. 2), etwa weil der Anzeigende als böswilliger Denunziant bekannt oder die Anzeige aus anderen Gründen offensichtlich haltlos ist (vgl. bei § 160). Wird der Verdächtige aber aufgrund der Anzeige vernommen, ist er immer Beschuldigter; eine Vernehmung als Zeuge ist unzulässig[19]. Ist ein Ermittlungsverfahren gegen **mehrere Beschuldigte** eingeleitet worden, so muß jeder von ihnen auch dann als Beschuldigter vernommen werden, wenn er nur zu den gegen die Mitbeschuldigten erhobenen Vorwürfen gehört wird (vgl. Vor § 48, 18). Zur streitigen Frage, ob das auch gilt, wenn gegen den Mitbeschuldigten ein besonderes Strafverfahren anhängig ist, oder ob er insoweit in dem anderen Verfahren als Zeuge zu vernehmen ist, s. Vor § 48, 18 ff; vgl. auch § 2, 55 f. Wenn ein Ermittlungsverfahren gegen den Beschuldigten eingeleitet worden ist, bleibt er auch nach **Wegfall des Tatverdachts** so lange Beschuldigter, bis das Verfahren nach § 170 Abs. 2 eingestellt oder ein etwa betriebenes Klageerzwingungsverfahren nach § 172 Abs. 2 abgeschlossen wird; erst dann darf er als Zeuge vernommen werden[20]. Wer **rechtskräftig verurteilt** ist, kann, außer im Fall des zugelassenen Wiederaufnahmeverfahrens (§§ 359 ff), nicht mehr als Beschuldigter vernommen werden[21].

3. Bindung des Richters an die Entscheidung der Staatsanwaltschaft. Die origi- **8** näre Entscheidung, ob jemand als Zeuge oder als Beschuldigter zu vernehmen ist, obliegt dem Richter nur, wenn er unter den praktisch kaum vorkommenden Voraussetzungen des § 165 tätig wird. Sonst ist er grundsätzlich daran gebunden, ob die Staatsanwaltschaft als die Herrin des Ermittlungsverfahrens den zu Vernehmenden als Beschuldigten oder als Zeugen behandelt. Der Richter, der auf Ersuchen der Staatsanwaltschaft (§§ 162, 169) oder des Gerichts (§ 173 Abs. 3, § 233 Abs. 1, § 369 Abs. 1) eine Vernehmung durchführt, darf daher einen bisher als Zeugen Behandelten auch dann nicht als Beschuldigten laden oder vernehmen, wenn er objektiv tatverdächtig ist. Mißbraucht die Staatsanwaltschaft die Pflicht, die Beschuldigteneigenschaft zu begründen (oben Rdn. 4), so hat der Richter die Vernehmung gemäß § 162 Abs. 3 als unzulässig abzulehnen (KK-*Boujong* 4). Zweifelhaft und umstritten ist jedoch, wie er zu verfahren hat, wenn ein solcher Mißbrauch nicht vorliegt, sondern erst die richterliche Vernehmung überraschend ergibt, daß jemand, der als Zeuge vernommen werden soll, wegen Tatverdachts als Beschuldigter behandelt werden muß. Sicher dürfte sein, daß der Richter die Vernehmung nicht als Zeugenvernehmung fortführen darf, weil ihn der staatsan-

---

[18] *Bauer* 132; LR-*Meyer* in der 23. Aufl. Zur informatorischen Befragung solcher Personen, die nach Lage des Falles als Beschuldigte nicht oder noch nicht befragt zu werden brauchen, s. bei § 163a.

[19] *von Gerlach* NJW **1969** 778; *Gundlach* 10; **a.A.** *Kohlhaas* NJW **1965** 1255. Vgl. auch *Fincke* ZStW **95** (1983) 933, 947, 948 und bei § 163a.

[20] *Kleinknecht/Meyer* Einl. 81; *von Gerlach* NJW **1969** 777 Fußn. 12; vgl. auch *Rogall* Der Beschuldigte 24 und OLG Hamm NJW **1974** 915 sowie Rdn. 8 a.E.

[21] *Lenckner* FS Peters 342; vgl. auch OLG Düsseldorf StrVert. **1982** 344 mit krit. Anm. *Prittwitz* zur Vernehmung des rechtskräftig abgeurteilten Mitangeklagten als Zeugen; kritisch *Grünwald* FS Klug 503.

Ernst-Walter Hanack

waltschaftliche Antrag zur Mißachtung des § 136 nicht berechtigt. Die Frage ist also allein, ob er die (weitere) Vernehmung als unzulässig abzubrechen hat oder — nach Belehrung entsprechend § 136 — zur Beschuldigtenvernehmung übergehen darf. Mit der heute wohl vorherrschenden Meinung wird man annehmen müssen, daß ihm das letztere, tunlich allerdings nach fernmündlicher Rücksprache mit dem zuständigen Staatsanwalt, in der Regel gestattet ist, weil es dem mutmaßlichen Willen der Staatsanwaltschaft entspricht (näher bei § 162). Wenn der Richter jemand entgegen den dargelegten Grundsätzen zu Unrecht als Zeugen vernimmt oder weiter vernimmt, bleibt dessen Verstoß gegen die Wahrheitspflicht nach §§ 153, 154 StGB ohne strafrechtliche Folgen (vgl. BGHSt 10 10). Nicht weigern darf sich der Richter jedoch, einen Beschuldigten, der nach seiner Auffassung nicht tatverdächtig ist, in dieser Eigenschaft zu vernehmen[22]. Nach herrschender, aber sehr umstrittener Auffassung muß das Gericht nach der Anklageerhebung alle Personen, die zur Sache Auskunft geben können, als Zeugen behandeln, wenn sich die Anklage auf sie nicht erstreckt, selbst Mittäter (vgl. näher Vor § 48, 19 f).

III. Erste Vernehmung

9   Erste Vernehmung im Sinne des Absatz 1 und des Absatz 3 ist die erste richterliche Vernehmung außerhalb der Hauptverhandlung. Ob vorher schon eine Vernehmung durch die Polizei oder die Staatsanwaltschaft stattgefunden hat, ist ohne Bedeutung. Belehrungen und Hinweise, die Polizei und Staatsanwaltschaft bereits nach § 163 a Abs. 3 und 4 erteilt haben, müsen daher bei der ersten richterlichen Vernehmung wiederholt werden (allg. M.). Die Belehrung über die Aussagefreiheit und die Möglichkeit, zunächst einen Verteidiger zu befragen (§ 136 Abs. 1 Satz 2), sowie die Belehrung über das Recht, Beweiserhebungen zu beantragen (§ 136 Abs. 1 Satz 3), sind nach dem Gesetz nur bei der ersten richterlichen Vernehmung erforderlich, können also bei späteren Vernehmungen in der gleichen Sache entfallen[23]. Eine Wiederholung namentlich über das letztgenannte Recht kann jedoch nach Lage des Einzelfalles im Hinblick auf § 136 Abs. 2 angezeigt sein, insbesondere wenn es bei der weiteren Vernehmung um einen veränderten Tatvorwurf geht (vgl. auch *Kleinknecht/Meyer* 1). Entgegen dem insoweit mißverständlichen Wortlaut des § 136 Abs. 1 Satz 1 ist die Eröffnung, welche Tat dem Beschuldigten zur Last gelegt wird und welche Strafvorschriften in Betracht kommen, nicht nur bei der ersten, sondern auch bei einer späteren Vernehmung notwendig, wenn sie einen bisher nicht erörterten Tatvorwurf zum Gegenstand hat[24]. § 136 Abs. 2 ist bei allen richterlichen Vernehmungen, nicht nur bei der ersten, zu beachten[25].

IV. Vernehmung zur Person

10   **1. Allgemeines.** Nach § 136 Abs. 3 ist bei der ersten richterlichen Vernehmung des Beschuldigten zugleich auf die Ermittlung seiner persönlichen Verhältnisse Bedacht zu nehmen. Nach den Vorstellungen des Gesetzgebers sollte sich diese Ermittlung sowohl auf die Identität (Name, Beruf, Wohnort usw.) als auch auf die weiteren Lebensumstände des Beschuldigten, also seinen Werdegang, seine Familien- und Vermögensver-

---

[22] *von Gerlach* NJW **1969** 779; vgl. auch bei § 162.

[23] KK-*Boujong* 5; *Kleinknecht/Meyer* 1; KMR-*Müller* 1; *Kleinknecht* Kriminalistik **1965** 452.

[24] KK-*Boujong* 5; KMR-*Müller* 1; *Eb. Schmidt* Nachtr. I 6; *Eser* ZStW **86** Beih. 150.

[25] KK-*Boujong* 5; *Kleinknecht/Meyer* 1; KMR-*Müller* 1.

hältnisse beziehen[26]. Nach überkommener Ansicht erfaßt daher die Vernehmung des Beschuldigten bei § 136 wie bei § 243 Abs. 2 Satz 3 mehr als die Feststellung seiner Identität[27]. Einleuchtend ist das heute mindestens für die Hauptverhandlung nicht. Denn § 243 Abs. 2 Satz 2 schreibt vor, daß die Vernehmung über die persönlichen Verhältnisse noch vor der Verlesung des Anklagesatzes und der Belehrung des Angeklagten über seine Aussagefreiheit stattfinden muß, obwohl seine persönlichen und wirtschaftlichen Verhältnisse bei der Strafzumessung von entscheidender Bedeutung sein können (vgl. § 56 Abs. 2 StGB) und oft auch für die Schuldfeststellung wesentlich sind. Es geht daher nicht an, Angaben des Angeklagten, die er insoweit vor der Belehrung macht, zu seinem Nachteil zu verwerten, wenn er nach der Belehrung die Aussage verweigert[28], womit sich zeigt, daß die Erörterung dieser Verhältnisse nur Teil der Vernehmung zur Sache im Sinne des § 243 Abs. 4 Satz sein kann[29]. Was für § 243 richtig ist, muß aber bei § 136 ebenso gelten. Auch bei der richterlichen Vernehmung außerhalb der Hauptverhandlung sind daher bei der Vernehmung zur Person nur die Identität des Beschuldigten und solche persönlichen Umstände festzustellen, die für Verfahrensvoraussetzungen (z. B. Verhandlungsfähigkeit, Alter) Bedeutung haben[30]; seine weiteren Lebensumstände werden erst innerhalb der Vernehmung zur Sache erörtert, nachdem dem Beschuldigten die vom Gesetz vorgeschriebenen Hinweise und Belehrungen erteilt worden sind.

2. Identitätsfeststellung. Persönliche Daten. Jede Vernehmung des Beschuldigten **11** muß mit der Feststellung seiner Identität beginnen (vgl. § 68 Satz 1 für die Zeugenvernehmung). Die etwas vage Ausdrucksweise des § 136 Abs. 3 („Bedacht zu nehmen") steht dem nicht entgegen. Der Richter darf keine Beschuldigtenvernehmung zur Sache beginnen, bevor er sicher ist, wen er vor sich hat und ob der Betreffende (s. Rdn. 10 a E.) die für eine Vernehmung erforderlichen persönlichen Verfahrensvoraussetzungen erfüllt. Er muß den Beschuldigten daher zu allen Angaben über die Person veranlassen, die insoweit erforderlich sind. Dazu gehören in erster Linie die in § 111 Abs. 1 OWiG (früher § 360 Abs. 1 Nr. 8 StGB) aufgeführten Angaben über Vor-, Familien- und Geburtsnamen, Ort und Tag der Geburt (näher *Göhler* § 111, 11 f), nicht aber die in § 111 OWiG auch genannten Angaben über Familienstand, Beruf, Wohnung und Staatsangehörigkeit, weil sie zur Identitätsfeststellung nicht erforderlich sind[31]. Auch die Religionszugehörigkeit betrifft keine Frage der Identität. Selbst bei der Vernehmung zur Sache darf der Beschuldigte nach dem Religionsbekenntnis wegen Art. 140 GG,

---

[26] Vgl. *Hahn* **1** 140; dazu *Seebode* MDR **1970** 186 Fußn. 15. Vgl. auch bei § 243.

[27] BGH bei *Dallinger* MDR **1975** 368, wonach sich eine feste Grenze nicht bestimmen lasse; *Kleinknecht/Meyer* 8; *Eb. Schmidt* 1; *Henkel* 175; *Gegenfurtner* DAR **1966** 98. Vgl. auch Fußn. 29.

[28] Vgl. BayObLG JZ **1984** 440; OLG Hamburg GA **1976** 249; OLG Stuttgart NJW **1975** 703.

[29] BayObLG JZ **1984** 440; vgl. auch BayObLGSt **71** 44 = MDR **1971** 775; *Kleinknecht* FS Heinitz 658; *Blau* ZStW **81** (1969) 34; *Dencker* MDR **1975** 365; *Rieß* JA **1980** 299; a.A. BGH bei *Dallinger* MDR **1975** 368 für Feststellungen zur Straf-, nicht aber zur

Schuldfrage; *Gössel* § 23 A I B 1; *Eb. Schmidt* Nachtr. I § 243, 18; *Tröndle* DRiZ **1970** 216; offengelassen in BGHSt **25** 328 und OLG Stuttgart NJW **1975** 704. Vgl. auch § 243, 37 ff.

[30] Ebenso KK-*Boujong* 21; *Roxin* § 25 III 1b; *Rieß* JA **1980** 299; LR-*Meyer* in der 23. Aufl.

[31] BayObLGSt **1979** 16 und 191 für Beruf und Familienstand (bezogen auf Ordnungswidrigkeit und mit unklarer Einschränkung); OLG Celle JA **1980** 541; vgl. dazu und zum Ganzen eingehend *Seebode* JA **1980** 495; a.A. die überkommene Meinung, soweit sie (s. Rdn. 12) eine Auskunftspflicht bejaht, die sich dann auf *alle* in § 111 OWiG genannten Daten erstrecken soll.

Ernst-Walter Hanack

Art. 136 Abs. 3 Satz 1 WeimVerf. nur gefragt werden, wenn der Sachverhalt ausnahmsweise dazu Anlaß gibt (vgl. auch Nr. 13 Abs. 5 RiStBV). Das gleiche gilt für Fragen nach Abstammung, Rasse und politischer Gesinnung (vgl. Art. 3 Abs. 3 GG). Wie in der Hauptverhandlung (§ 243 Abs. 4 Satz 3) darf der Beschuldigte bei richterlichen Vernehmungen im Vorverfahren nicht schon vor der Sachvernehmung nach den Vorstrafen gefragt werden (**a. A.** LR-*Meyer*[23]).

12   **3. Auskunftspflicht?** Ob der Beschuldigte verpflichtet ist, Angaben zur Person zu machen, ist streitig. Nach verbreiteter Ansicht darf er sie grundsätzlich nicht verweigern[32]. Für diese Auffassung spricht, daß nach § 111 OWiG (früher § 360 Abs. 1 Nr. 8 StGB) die Verweigerung der Angaben im Umfang dieser Bestimmung eine Ordnungswidrigkeit ist, die verfahrensrechtliche Stellung als Beschuldigter allein insoweit aber keinen Rechtfertigungsgrund darstellen dürfte[33]. Auch fällt auf, daß das Gesetz zwar eine Belehrung darüber vorschreibt, daß der Beschuldigte keine Angaben zur Sache zu machen braucht, eine entsprechende Belehrung hinsichtlich der Angaben zur Person aber nicht bestimmt. Daß insoweit keine Aussagefreiheit eingeführt werden sollte, ergibt die Begründung des Regierungsentwurfs zum StPÄG 1964 (BTDrucks. **IV** 178 S. 32): „An der Pflicht des Beschuldigten, die erforderlichen Angaben zur Person zu machen (vgl. § 360 Abs. 1 Nr. 8 StGB), ändert der Entwurf nichts."

13   Eine verbreitete **Gegenmeinung**[34] hält demgegenüber für entscheidend, daß bereits die Angaben zur Person für den Beschuldigten von erheblichem Nachteil sein können, und hält darum grundsätzlich keine Aussagepflicht für gegeben. Eine **vermittelnde Ansicht**[35] will dem Beschuldigten jedenfalls dann ein Recht zur Verweigerung der Angaben zugestehen, wenn im Einzelfall ein solcher Nachteil droht. Aber wenn man den Begriff der „persönlichen Verhältnisse" auf die zur Identitätsfeststellung unerläßlichen Daten beschränkt (Rdn. 11) und anerkennt, daß Äußerungen zur Person, die der Beschuldigte vor der Belehrung über seine Aussagefreiheit macht, bei der Schuld- und Straffrage zu seinem Nachteil nicht verwendet werden dürfen, wenn er später die Aussage verweigert (Rdn. 10), können die Äußerungen zur Person für den Beschuldigten allenfalls den Nachteil haben, daß dann seine Identifizierung schneller möglich ist als bei zulässiger Verweigerung. Unmöglich ist die Identifizierung bei den heutigen Möglichkeiten der Datenerfassung und Nachrichtenübermittlung fast niemals, zumal die Straf-

[32] BGHSt **21** 364; **25** 17; BayObLGSt **1957** 221 = NJW **1958** 310; BayObLGSt **1969** 79 = NJW **1969** 2058 mit abl. Anm. *Seebode* = JR **1970** 71 mit zust. Anm. *Koffka*; OLG Düsseldorf NJW **1970** 1888; **1971** 2237; OLG Hamm NJW **1954** 1212; OLG Oldenburg MDR **1971** 861; KK-*Boujong* 7; *Kleinknecht/Meyer* 13; KMR-*Müller* 2; *Gössel* § 23 A II; *Henkel* 174; *Göhler* § 55, 8; *G. Schäfer* § 20 IV 4; *Dreves* DRiZ **1965** 113; *Gegenfurtner* DAR **1966** 98; die häufig zitierte Entscheidung RGSt **72** 30 betrifft offenbar keine Beschuldigtenvernehmung.

[33] BayObLGSt **1969** 79 = NJW **1969** 2059; *Gössel* § 23 A II b 2; *Schlüchter* 86; *Eb. Schmidt* Nachtr. I 17 hält das für ein Scheinargument, weil die Stellung des Beschuldigten nur aus sich selbst heraus zu verstehen sei.

[34] Grundsätzlich und eingehend *Seebode* JA **1980** 493; ferner *Eb. Schmidt* Nachtr. I 17; *zu Dohna* 106; *von Hippel* 423; *Peters* § 28 IV 2 (S. 196); *Rosenfeld* 122; *Dahs/Wimmer* NJW **1960** 2219; *Eser* ZStW **79** (1967) 576; **86** Beih. 152; *Gundlach* 47; *Müller-Dietz* ZStW **93** (1981) 1226; *Pfenninger* FS Rittler 371; *Rüping* JR **1974** 135 ff und ZStW **91** (1979) 352; *Schorn* Strafrichter 32; *Seebode* MDR **1970** 185; *Walder* Vernehmung 117.

[35] *Rebmann/Roth/Herrmann* § 111, 19; *Roxin* § 25 III 3 (Unzumutbarkeit normgemäßen Verhaltens); *Rogall* Der Beschuldigte 178; *Schlüchter* 86 Fußn. 243; *Benfer* 600; *Petry* Beweisverbote im Strafprozeß (1971) 40; *Wessels* JuS **1966** 176; vgl. auch die in Fußn. 29 zit. Entscheidungen des BayObLG.

verfolgungsbehörden zur Feststellung der Identität heute gemäß § 163 b verfahren können. Der Hinweis der Gegenmeinung, daß niemand verpflichtet ist, an seiner Strafverfolgung mitzuwirken, überzeugt daher nicht. Vielmehr findet das „Schweigerecht" seine Grenze an der Pflicht jedes Staatsbürgers, auch des Rechtsbrechers, den staatlichen Behörden nicht nur über seine Person Auskunft zu geben, sondern ihnen auf Verlangen auch seinen Personalausweis oder Reisepaß vorzulegen. Der Verstoß gegen diese Pflicht ist nach § 3 des Gesetzes über Personalausweise vom 19. 12. 1950 (BGBl. 807) bußgeldbewehrt, im Land Berlin nach Nr. 5 der Anordnung BK/O (46) 61 der Alliierten Kommandatura Berlin i. d. F. der Bekanntmachung vom 31. 7. 1963 (GVBl. 798) sogar strafbewehrt.

Verfahrensrechtlich **erzwingen** läßt sich die Auskunft zur Person allerdings nicht. **14** Auch § 163 b begründet keine selbständige Auskunftspflicht (s. dort), sondern erlaubt Staatsanwalt und Polizei nur, die notwendigen Maßnahmen zur Identitätsfeststellung zu treffen. Die Vorschrift geht insoweit § 127 Abs. 1 vor (§ 127 Abs. 1 Satz 2). Ein Haftbefehl läßt sich mit der Weigerung des Verdächtigen, seine Personalien zu nennen, im allgemeinen nicht begründen, wie schon die Spezialregelung des § 163 b i. V. mit § 163 c zeigt (vgl. auch *Eb. Schmidt* JZ **1968** 365).

V. Eröffnung des Tatvorwurfs

1. Zeitpunkt. Die Eröffnung, welche Tat ihm zur Last gelegt wird und welche **15** Strafvorschriften in Betracht kommen (§ 136 Abs. 1 Satz 1), ist dem Beschuldigten „bei Beginn" der ersten Vernehmung zu diesem Tatvorwurf zu machen. Sie darf nach Feststellung der Identität (vgl. Rdn. 10 f) erfolgen, *muß* aber im Hinblick auf ihren Zweck vor Eintritt in die Vernehmung zur Sache und auch vor der Belehrung über die Aussagefreiheit nach § 136 Abs. 1 Satz 2 stattfinden[36]. Es ist dieselbe Reihenfolge einzuhalten, die § 243 Abs. 2 bis 4 für die Vernehmung des Angeklagten in der Hauptverhandlung vorschreibt.

Kriminalistisch wird die sofortige Eröffnung des Tatvorwurfs oft unzweckmäßig **16** sein. Fragen, deren Sinn dem Beschuldigten zunächst verborgen bleibt, könnten die Ermittlungen meist sehr viel wirksamer fördern als eine Vernehmung, bei der er von vornherein weiß, was ihm vorgeworfen wird. Der Gesetzgeber hat sich jedoch nicht für die kriminalistische Zweckmäßigkeit, sondern für eine Vernehmungsmethode entschieden, die aus rechtsstaatlichen Gründen dem Beschuldigten die Gewährung des vollen rechtlichen Gehörs sichert. Seine Vernehmung darf daher — nach Feststellung der Identität — niemals anders beginnen als mit der Eröffnung der ihm zur Last gelegten Tat, d. h. ihrer tatsächlichen Umstände und der in Betracht kommenden Strafvorschriften.

2. Inhalt. Die Eröffnung, welche Tat ihm zur Last gelegt wird, muß so bestimmt **17** sein, daß der Beschuldigte keine Zweifel über den Gegenstand der Vernehmung haben kann. Es genügt daher nicht die Mitteilung, daß ihm ein Diebstahl, ein Betrug oder ein Raub vorgeworfen wird. Vielmehr ist ihm der Sachverhalt mindestens in groben Zügen bekanntzugeben[37]. Der Beschuldigte muß den Tatvorwurf so genau kennen, daß er sich gegen ihn verteidigen kann. Denn nur wenn er weiß, wessen er beschuldigt wird, kann er entscheiden, ob Reden oder Schweigen für ihn günstiger ist und ob er bestimmte Beweiserhebungen beantragen soll. Andererseits braucht der Vernehmende dem Beschul-

---

[36] *Eb. Schmidt* JZ **1968** 365; vgl. auch KK-*Boujong* 8; KMR-*Müller* 1.
[37] KK-*Boujong* 8; KMR-*Müller* 4. Beispiele bei

Peters § 41 III 2; *G. Schäfer* § 20 IV 1. Vgl. auch *Fincke* ZStW **95** (1983) 959, 960.

Ernst-Walter Hanack

digten nicht alle Umstände der Tat, so wie sie bisher aufgeklärt worden ist, mitzuteilen[38]; im Interesse einer sachgemäßen Aufklärung muß er sich davor sogar hüten. So müssen wichtige Einzelheiten dem Beschuldigten schon deshalb vorenthalten werden, weil nur dann die Richtigkeit eines etwaigen Geständnisses geprüft werden kann (*Walder* Vernehmung 119). Die Vorschrift des Art. 6 Abs. 3 Buchst. a MRK, wonach der Angeklagte unverzüglich in allen Einzelheiten über Art und Grund der Beschuldigung in Kenntnis gesetzt werden muß, steht dem nicht entgegen, schon weil sie Vernehmungen vor Anklageerhebung nicht betrifft und im übrigen (vgl. EuKomMR NJW **1977** 2011) auch nicht die Angabe der Beweismittel verlangt.

18   Soll der Beschuldigte über **mehrere Taten** vernommen werden, so braucht die Vernehmung über die erste nicht mit der Eröffnung eingeleitet zu werden, daß ihm auch noch andere vorgeworfen werden und um welche es sich handelt[39]. Vielmehr darf die Vernehmung zunächst auf eine der Taten beschränkt werden. Die anderen können dann nacheinander zum Gegenstand der Vernehmung gemacht werden, wobei es genügt, daß die Eröffnung, welche weitere Tat ihm zur Last gelegt wird, dem Beschuldigten erst gemacht wird, wenn er zu dieser Tat vernommen werden soll. Die Reihenfolge, in der das geschieht, ist Sache des Vernehmenden; der Beschuldigte hat hierauf keinen Einfluß. Unzulässig ist es aber selbstverständlich, die Vernehmung über die *eine* Tat zu benutzen, um vom Beschuldigten Äußerungen über eine *andere* zu erlangen, wenn ihm für diese andere der Tatvorwurf noch nicht eröffnet worden ist (vgl. auch *Peters* § 41 III 2).

19   Gegenstand der Unterrichtung ist **die Tat** im verfahrensrechtlichen Sinne (§ 264; vgl. näher dort). Sie bezieht sich also auf einen einheitlichen Lebensvorgang, dessen Trennung der natürlichen Auffassung widersprechen würde[40]. Nimmt der Vernehmende sachwidrig eine solche Trennung vor, um den Beschuldigten im unklaren zu lassen[41], verletzt er das Gesetz.

20   Was die Eröffnung der **in Betracht kommenden Strafvorschriften** verlangt, ist merkwürdig ungeklärt. Sicher dürfte sein, daß eine entsprechende Anwendung der strengen Pflichten aus § 265 Abs. 1 und 2 nicht gemeint ist, da § 265 eine ganz andere Situation betrifft. Sicher erscheint auch, daß die Eröffnung nicht die Pflicht zur detaillierten Belehrung über die vielleicht sogar umstrittenen Einzelheiten der Strafvorschriften umfassen muß. Der Zusammenhang mit der Eröffnung des Tatvorwurfs spricht vielmehr dafür, daß es sich um eine mehr ergänzende Unterrichtung zu dem Zweck handelt, dem Beschuldigten die rechtliche Richtung des Vorwurfs so weit zu verdeutlichen, wie das im Hinblick auf seine Verteidigung gegenüber dem ihm zur Last gelegten Sachverhalt geboten ist. Er muß also z. B., wenn ihm die Entwendung einer fremden Handtasche vorgeworfen wird, darüber unterrichtet werden, daß das als Diebstahl strafbar sein kann und im Fall der gewaltsamen Entwendung als Raub. Gegebenenfalls ist auch eine Unterrichtung über Qualifikationen (§ 250 StGB) oder Regelbeispiele für besonders schwere Fälle (§ 243 StGB) erforderlich. Jedenfalls bei nicht völlig klaren Vorschriften sollten dem Beschuldigten die in Betracht kommenden Strafvorschriften wohl vorgelesen werden (KK-*Boujong* 8), und zwar in langsamer, dem Verständnis förderlicher Form. Vermag der Beschuldigte nach seinem Bildungsgrad oder/und nach der Art des Tatbestandes mit dem vorgetragenen oder vorgelesenen Wortlaut allein ersichtlich

---

[38] KK-*Boujong* 8; KMR-*Müller* 4; *Gundlach* 45; vgl. (sehr weitgehend) auch *Eser* ZStW **86** Beih. 151; *Fincke* aaO; unten Rdn. 34.

[39] KK-*Boujong* 8; KMR-*Müller* 4; LR-*Meyer* in der 23. Aufl.; anders offenbar *Fincke* ZStW **95** (1983) 959.

[40] KK-*Boujong* 7; *Kleinknecht/Meyer* 3; *Eb. Schmidt* Nachtr. I 12.

[41] Vgl. den Fall von *Peters* § 41 III 2: Vernehmung als „Spanner", während es in Wahrheit um die Frage ging, ob der „Spanner" einen Mord begangen hatte.

nichts anzufangen, verlangt der Zweck der Belehrung eine Erläuterung der Bestimmungen (vgl. KK-*Boujong* 9), aber nur umrißartig und allein anhand des Gesetzestextes. Zeigt sich während der Vernehmung, daß die Tat möglicherweise unter andere oder weitere Strafvorschriften fällt, ist der Beschuldigte darauf, entgegen dem Gesetzeswortlaut („Beginn der ersten Vernehmung"), jedenfalls dann hinzuweisen, wenn es sich um eine wesentliche Änderung zu seinem Nachteil (Raub statt Diebstahl) handelt[42]; die gegenteilige Auffassung widerspricht dem Zweck der Eröffnung und ist auch mit § 136 Abs. 2 nicht in Einklang zu bringen.

VI. Belehrung über die Aussagefreiheit

1. Allgemeines. Im Strafprozeß ist grundsätzlich niemand verpflichtet, durch positives Tun an seiner eigenen Strafverfolgung mitzuwirken. Daraus folgt, daß der Beschuldigte sich zu den gegen ihn erhobenen Vorwürfen nicht zu äußern braucht. Es gilt der Grundsatz der Aussagefreiheit, der sich aus rechtsstaatlichen Erwägungen ableitet[43] und zugleich auch der prozessualen Stellung des Beschuldigten entspricht: Er ist Beteiligter, nicht bloßes Objekt des Verfahrens[44]. Das Gesetz setzt aber die Kenntnis dieser Rechtsstellung beim Staatsbürger nicht voraus, so daß er über sie zu belehren ist. Nach der bis 1965 geltenden Fassung des § 136 geschah das durch die Befragung des Beschuldigten, „ob er etwas auf die Beschuldigung erwidern wolle". Eine deutlichere Belehrung hielt der Gesetzgeber von 1877 nicht für angebracht. Er befürchtete zum einen, sie werde den Beschuldigten zum Schweigen ermuntern und damit die Sachaufklärung erschweren; und er meinte zum anderen, dem Beschuldigten würde das Schweigen mehr schaden als nutzen, weil man gewohnt sei, es zu seinem Nachteil zu deuten (vgl. *Hahn* **1** 139 ff, 701 ff). Die Neufassung des § 136 Abs. 1 Satz 2 (und des § 243 Abs. 4 Satz 1) durch das StPAG 1964[45] schreibt jetzt eine Belehrung vor, die dem Beschuldigten seine Wahlfreiheit „eindeutiger und drastischer"[46] vor Augen führen soll. Ihre Folgen für die unterlassene Belehrung sind sehr umstritten (unten Rdn. 54 ff). Überzogen erscheint es jedoch, aus der Verbesserung zu schließen, der Grundsatz der Aussagefreiheit, der im Grunde eine „prozessuale Binsenweisheit" darstellt (*Niese* ZStW **63** [1951] 219), sei zu einem „fundamentalen Schweigerecht" ausgebaut worden[47]. Die verbreitete Formulierung vom „Schweigerecht" ist wohl überhaupt wenig glücklich. Denn obwohl es sich gewiß um ein Recht materiell-staatsrechtlichen Charakters handelt[48]: Die Sachvernehmung des Beschuldigten dient mindestens in wesentlichem Maße auch seiner Verteidigung (unten Rdn. 35); sie soll ihm Gelegenheit geben, bestehende Verdachtsgründe zu beseitigen und für ihn sprechende Tatsachen geltend zu machen (§ 136 Abs. 2). Wer sich nicht zur Sache einläßt, wählt nicht immer die zweckmäßigste Art der Verteidigung[49],

21

---

[42] KK-*Boujong* 9; *Fincke* ZStW **95** 957, 961; **a.A.** *Eb. Schmidt* Nachtr. I 12 und LR-*Meyer* in der 23. Aufl., Rdn. 22.

[43] Dazu statt vieler BVerfGE **56** 37 = NJW **1981** 1431 und *Stürner* NJW **1981** 1757 m. w. Nachw.; *Rogall* Der Beschuldigte 104 ff; *Müller-Dietz* ZStW **93** (1981) 1181; vgl. auch BGHSt **31** 308.

[44] BGHSt **5** 333; **14** 368; aus dem Schrifttum z. B. *Eb. Schmidt* Teil I Rdn. 99; *Henkel* 170 ff; *Roxin* § 18; *Rogall* Der Beschuldigte 67 ff; *Rieß* FS Reichsjustizamt 373 ff; *K. Schäfer* FS Dünnebier 11 ff.

[45] Zu seiner Entstehungsgeschichte *Bauer* 77 ff; *Eb. Schmidt* NJW **1968** 1213 ff.

[46] *Eb. Schmidt* Nachtr. I 14; vgl. auch BGHSt **22** 174.

[47] So aber (z. B.) *Wessels* JuS **1966** 171; vgl. auch *Schmidt-Leichner* NJW **1966** 189; eine Rechtsänderung nimmt auch *Bauer* 88 ff an.

[48] *Eb. Schmidt* NJW **1968** 1213; *Rogall* Der Beschuldigte 108; vgl. auch *Müller-Dietz* ZStW **93** 1181 ff und oben bei Fußn. 43.

[49] BGHSt **25** 332; *Bauer* 58; eingehend *Dahs* Hdb. 219 ff; vgl. auch unten Rdn. 24.

Ernst-Walter Hanack

sondern verzichtet auf ein wichtiges (Verteidigungs-)Recht, so daß man, prozessual gesehen, auch oder eher davon sprechen kann, daß er ein ihm eingeräumtes Recht nicht ausübt[50]. Mindestens mißverständlich erscheint darum auch die verbreitete Formulierung, daß sich für den Beschuldigten „zwei Verteidigungsmöglichkeiten" ergeben[51]. Der neuerdings überwiegend benutzte Begriff der Aussagefreiheit trifft wohl am besten das Wesen der Sache.

22　　**2. Form und Zeitpunkt des Hinweises.** Der Hinweis muß vom Vernehmenden, der damit nicht etwa einen Dritten beauftragen darf (*Bauer* 111), immer dem Beschuldigten *selbst* erteilt werden. Das gilt auch, wenn der Beschuldigte Jugendlicher oder Heranwachsender ist; ein dem gesetzlichen Vertreter oder dem Erziehungsberechtigten erteilter Hinweis genügt nicht[52]. Über den Zeitpunkt des Hinweises bestimmt § 136 Abs. 1 Satz 2 nichts. Es ist aber selbstverständlich, daß er vor der Sachvernehmung erfolgen muß (allg. M.). In der Hauptverhandlung wird er nach Eröffnung des Tatvorwurfs erteilt (§ 243 Abs. 4 Satz 1); entsprechend ist auch bei der Beschuldigtenvernehmung vor und außerhalb der Hauptverhandlung zu verfahren. Die Belehrung nach § 136 und die nach § 52 schließen einander aus[53].

23　　Nur bei der **ersten richterlichen Vernehmung** muß nach dem Gesetz auf die Aussagefreiheit hingewiesen werden, dann aber ohne Rücksicht darauf, ob der Hinweis schon bei Vernehmungen durch die Polizei oder Staatsanwaltschaft erteilt worden ist. Weder die Möglichkeit noch die Gewißheit, daß der Beschuldigte seine Rechte kennt, macht die Belehrung entbehrlich[54]. In der Hauptverhandlung ist sie zu wiederholen, auch wenn der Beschuldigte schon bei einer früheren richterlichen Vernehmung belehrt worden war. Für den Hinweis müssen nicht unbedingt die Worte des Gesetzes benutzt werden (*Bauer* 104). Es genügt jede Belehrung, die für den Beschuldigten unmißverständlich zum Ausdruck bringt, daß er nicht verpflichtet ist, sich zur Sache zu äußern. Anzunehmen, daß hierzu ausnahmsweise die Frage reiche, ob er etwas auf die Beschuldigung erwidern wolle[55], erscheint angesichts der Gesetzesänderung (Rdn. 21) etwas peinlich und nicht überzeugend, zumal die *Frage* eben keine *Belehrung* darstellt[56].

24　　Der Vernehmende braucht sich mit dem **bloßen Hinweis** auf die Aussagefreiheit nicht zu begnügen und muß auch die Erklärung des Beschuldigten, er wolle sich nicht äußern, nicht einfach hinnehmen[57]. Er darf den Beschuldigten auf die **Nachteile hinweisen**, die ein Verteidigungsverzicht für ihn haben kann, insbesondere wenn das Ermittlungsergebnis ihn der Tat zu überführen scheint und mögliche entlastende Umstände, die allein er kennt, nur aufgeklärt werden können, wenn er sie nennt. Daß das Schweigen des Beschuldigten gerade in solchen Fällen „zweischneidig" ist[58], darf der Vernehmende dem Beschuldigten schon vor Augen führen. Selbst die unverhüllte Empfehlung, sich zur Sache zu äußern, kann daher angebracht und mitunter sogar durch die richterliche Fürsorgepflicht geboten sein (*Kleinknecht* JZ **1965** 156); das gilt im Einzelfall auch

---

[50] Vgl. KG VRS **45** 288; *Meyer* JR **1966** 310.

[51] So aber z. B. BGH NJW **1966** 1718; *Kleinknecht* JZ **1965** 155.

[52] KK-*Boujong* 11; *Kleinknecht/Meyer* 5.

[53] BayObLGSt **1977** 129 = NJW **1978** 387; KK-*Boujong* 11; *Kleinknecht/Meyer* 5.

[54] *Bauer* 107 ff; vgl. aber *Dencker* MDR **1975** 361.

[55] So BGH NJW **1966** 1718 mit abl. Anm. *Schmidt-Leichner*; OLG Schleswig bei *Erne-*

sti/Jürgensen SchlHA **1969** 151; *Meyer* JR **1967** 308.

[56] Ablehnend KK-*Boujong* 12; *Eb. Schmidt* Nachtr. I 14 und NJW **1968** 1216; *Rogall* Der Beschuldigte 190; *Bauer* 106; *Eser* ZStW **79** 575 und **86** Beih. 153; *Stree* JZ **1966** 593 Fußn. 4.

[57] KK-*Boujong* 12; *Kleinknecht/Meyer* 5; *Walder* Vernehmung 133 ff.

[58] Vgl. *Dahs* Hdb. 238; *Schmidt-Leichner* NJW **1966** 191 Fußn. 39; *Stree* JZ **1966** 596.

dann, wenn der Verteidiger anderer Auffassung ist[59], mag sich gerade insoweit in der Regel für den Vernehmenden auch äußerste Zurückhaltung empfehlen. Angebracht ist ein Hinweis auf die Nachteile des Schweigens namentlich, wenn der Beschuldigte ersichtlich nicht begriffen hat, daß die Vernehmung in wesentlichem Maße (s. Rdn. 35) seiner Verteidigung dienen soll. Mit ihm die Verdachtsgründe zu erörtern und ihn über belastende Beweise zu unterrichten (vgl. unten Rdn. 34), kann gerade notwendig sein, um ihm Gelegenheit zur Überprüfung seiner Entscheidung zu geben, nicht auszusagen[60]. Auf die Entschließungsfreiheit des Beschuldigten darf dabei aber niemals in unerlaubter Weise (§ 136 a) eingewirkt werden, namentlich nicht durch Drohung oder durch das Versprechen eines gesetzlich nicht vorgeschriebenen Vorteils (vgl. § 136 a, 48 ff; 50 ff).

Der Beschuldigte kann seine Aussagebereitschaft im Laufe der Vernehmung **jeder-** **25** **zeit zurücknehmen** und die Beantwortung einzelner Fragen ganz oder teilweise ablehnen[61]. Zur Frage, ob eine Aussage verwertbar ist, die er ohne Belehrung über die Aussagefreiheit gemacht hat, s. unten Rdn. 54 ff.

3. Aussagefreiheit und Beweiswürdigung. Strafzumessung. Der Beschuldigte kann **26** nach h. M. in gewissem Umfang (Aussehen, Körpergröße, Mimik, Gestik) auch dann materielles Beweismittel sein, wenn er sich entschließt, zur Sache nicht auszusagen (vgl. bei § 261). Er wäre jedoch in seinem Entschluß nicht mehr frei, wenn es zulässig wäre, sein Schweigen als Anzeichen für seine Schuld zu werten. Auch verstößt eine richterliche Beweiswürdigung, die eine solche Wertung vornimmt, regelmäßig gegen Erfahrungssätze und damit nach heutiger Auffassung zugleich auch gegen das sachliche Recht (vgl. § 337 unter V 4), weil der Richter die Gründe für das Schweigen nicht kennt und es keinen Erfahrungssatz gibt, daß nur der Schuldige schweigt, der Unschuldige hingegen redet[62]. Nach fast allgemeiner Meinung ist es daher unzulässig, aus dem **völligen Schweigen** des Beschuldigten, also wenn er im gesamten Verfahren die Einlassung verweigert, Schlüsse zu ziehen, wobei ein solches völliges Schweigen auch vorliegt, wenn er sich auf pauschale Erklärungen beschränkt, z. B. die Täterschaft allgemein bestreitet (BGHSt 25 368; näher Einl. Kap. 14 und bei § 261). Für die Verwertung des **zeitweisen Schweigens**, also den Fall des unterschiedlichen Prozeßverhaltens (der Beschuldigte schweigt in einzelnen Verfahrensabschnitten oder bei einzelnen Vernehmungen, bei anderen redet er), gilt entsprechendes (BGHSt 20 281; vgl. Einl. Kap. 14 und bei § 261); dabei ist freilich zu beachten, daß Äußerungen, die der Beschuldigte im Ermittlungsverfahren abgegeben hat, nach h. M. nicht nur unter den Voraussetzungen des § 254 in der Hauptverhandlung verwertbar sind, sondern auch durch Vorhalt und insbesondere durch Vernehmung der Verhörsperson (vgl. bei § 254).

Nach umstrittener, aber richtiger Meinung können hingegen aus einem **teilweisen 27 Schweigen** des Beschuldigten Schlüsse gezogen werden (BGHSt 20 298; näher Einl. Kap. 14 unter V A und bei § 261). Denn wenn sich der Beschuldigte als Beweismittel zur Verfügung stellt, also zur Sache äußert, ist es trotz der Aussagefreiheit zwingend, daß seine Bekundungen gemäß § 261 gewürdigt werden. Lehnt es der Beschuldigte, dem mehrere selbständige Taten vorgeworfen werden, nur ab, über eine oder einige von

[59] KK-*Boujong* 12 und *Kleinknecht/Meyer* 6 unter Bezugnahme auf BGH 1 StR 156/65 v. 27.7.1965.
[60] *Bauer* 59; *Kleinknecht* Kriminalistik **1965** 452. Kritisch zum Ganzen *Hübner* Allgemeine Verfahrensgrundsätze, Fürsorgepflicht oder fair trial? (1983) 145.

[61] BGHSt **5** 334; *Eb. Schmidt* Nachtr. I 14; *Eser* ZStW **79** (1967) 576.
[62] KG VRS **42** 217; *Meyer* JR **1966** 352 und LR 23. Aufl.; *Eb. Schmidt* JZ **1970** 341; *Stree* JZ **1966** 595; vgl. auch *Wessels* JuS **1966** 171.

Ernst-Walter Hanack

ihnen keine Auskunft zu geben, liegt insoweit aber kein Teilschweigen, sondern ein völliges Schweigen vor, aus dem keine nachteiligen Schlüsse gezogen werden dürfen (BGHSt **32** 144 f m. w. Nachw.). Im übrigen darf das teilweise Schweigen bei der Beweiswürdigung immer nur verwertet werden, soweit es der Lebenserfahrung entspricht, daß sich ein Unschuldiger verteidigt hätte, wo der Beschuldigte geschwiegen hat (vgl. dazu *Meyer* JR **1966** 352). Es gibt Fälle des Teilschweigens, die ebensowenig wie das völlige Schweigen des Beschuldigten irgendwelche Schlüsse zu seinem Nachteil zulassen (*Wessels* JuS **1966** 172). Das ist insbesondere der Fall, wenn der Beschuldigte von vornherein erklärt, er wolle über bestimmte Geschehnisse keine Auskunft geben, wenn er sich nur zur Straffrage äußert, wenn er nur nähere Erklärungen über sein mangelhaftes Erinnerungsvermögen abgibt (OLG Hamm NJW **1974** 250) oder wenn er nach langer Vernehmung erklärt, er wolle nicht mehr aussagen, weil man ihm doch nicht glaube. Andererseits kann nach Lage des Einzelfalles das Teilschweigen mitunter einem Geständnis geradezu gleichstehen, z. B. wenn der Beschuldigte die Frage, wo er zur Tatzeit gewesen ist, nicht beantwortet[63] oder wenn er auf den Vorhalt schweigt, er müsse doch das Alter seines jugendlichen Opfers gekannt haben. Entscheidend ist in diesen Fällen immer, ob es der Erfahrung entspricht, daß ein Verteidigungswilliger nicht schweigt, wenn er sich durch Reden entlasten könnte[64]. Maßgebend ist der „aussagepsychologische Gesamtzusammenhang" (*Eser* ZStW **86** Beih. 161).

28   Bei der **Strafzumessung** darf das Schweigen des Beschuldigten zu seinem Nachteil selbstverständlich ebenfalls nicht berücksichtigt werden[65]. Die Weigerung, sich zur Sache einzulassen, rechtfertigt regelmäßig keine Schlüsse auf das Maß der persönlichen Schuld oder den Grad der Gefährlichkeit des Täters. Das gilt auch, wenn der Beschuldigte nicht völlig schweigt, sondern sich nur zu einzelnen Fragen nicht äußert[66]. Verweigert jedoch der sonst geständige Beschuldigte die Auskunft über den Verbleib der Beute, so wird man das als strafschärfenden Umstand ansehen dürfen[67].

VII. Hinweis auf das Recht zur Verteidigerkonsultation

29   Da der Beschuldigte sich in jeder Lage des Verfahrens des Beistandes eines Verteidigers bedienen kann (§ 137 Abs. 1), ist er nicht gehindert, schon vor seiner Vernehmung einen Verteidiger zuzuziehen und sich von ihm beraten zu lassen. Auf dieses Recht muß er nach § 136 Abs. 1 Satz 2 vor der Vernehmung hingewiesen werden, und zwar zugleich mit der Belehrung über die Aussagefreiheit. Denn gerade die Frage, ob der Beschuldigte aussagen oder schweigen will, kann die Beratung mit einem Verteidiger erforderlich machen. Daß der Hinweis entfällt, wenn der Beschuldigte bereits einen Wahl- oder Pflichtverteidiger hat[68], erscheint trotz des (wenig klaren) Gesetzeswortlauts nicht zwingend; denn es kann sein, daß er mit diesem Verteidiger noch nicht oder

---

[63] *Meyer* JR **1966** 352; **a.A.** *Wessels* JuS **1966** 172, der darauf hinweist, daß dafür andere Gründe als ein schlechtes Gewissen vorliegen können; aber dann müßte der Beschuldigte diese Gründe doch wohl wenigstens andeuten.

[64] *Meyer* JR **1966** 353; **a.A.** *Eb. Schmidt* JZ **1970** 341, der aber eine Berücksichtigung des gesamten Prozeßverhaltens zulassen will.

[65] *Eb. Schmidt* Nachtr. I 29; *Henkel* 176 Fußn. 20; *Peters* § 28 IV 2; *Schönke/Schröder* § 46

42; *Bruns* Strafzumessungsrecht[2] 1974 S. 599; *Eser* ZStW **86** Beih. 162; *Kurnicki* DJZ **1906** 537 ff; *Rieß* JA **1980** 295; *Rüping* JR **1974** 138.

[66] BGH bei *Dallinger* MDR **1973** 370; *Dreher/Tröndle*, § 46, 29.

[67] BGH bei *Dallinger* MDR **1966** 560; RG JW **1930** 713 mit Anm. *Unger; Bruns* aaO S. 600; vgl. auch BGH GA **1975** 84; NStZ **1981** 343.

[68] So KK-*Boujong* 12; KMR-*Müller* 11; LR-*Meyer* in der 23. Aufl.

noch nicht eingehender gesprochen hat und nicht weiß, daß er sich vor der Vernehmung mit ihm beraten kann. Ein Anwesenheitsrecht des Verteidigers bei der Vernehmung ergibt sich aus § 136 Abs. 1 Satz 2 nicht; insoweit gilt allein § 168 c und, für staatsanwaltschaftliche Vernehmungen, § 163 a Abs. 3 Satz 2. Schwierigkeiten können entstehen, wenn der Beschuldigte zwar einen Verteidiger zuziehen möchte, aber keinen kennt oder keinen findet. Die Beiordnung eines Pflichtverteidigers, die an sich schon im Vorverfahren möglich ist (§ 141 Abs. 3 Satz 1), kommt allein deswegen nicht in Betracht; denn notwendige Verteidigung besteht nicht deshalb, weil der Beschuldigte vor (oder bei) der Vernehmung den Beistand eines Verteidigers wünscht. Wenn der Beschuldigte erklärt, er wolle sich zunächst mit einem Verteidiger beraten, ist die Anberaumung eines neuen Vernehmungstermins erforderlich, und zwar nach angemessener Frist, in der Regel nach einigen Tagen[69]; die Erklärung darf also nicht etwa als Verweigerung der Aussage aufgefaßt werden. Ist der Beschuldigte vorläufig festgenommen oder befindet er sich in Untersuchungshaft, so muß seine erneute Vorführung angeordnet werden.

30 In § 115 Abs. 3 ist eine Belehrung des Beschuldigten über die Möglichkeit, vor der Vernehmung einen Verteidiger zu befragen, nicht vorgesehen. Daraus darf aber nicht geschlossen werden, daß § 136 Abs. 1 Satz 2 insoweit nicht gilt[70]. Denn für die erste richterliche Vernehmung, um die es sich bei der Vernehmung nach § 115 Abs. 3 aber nicht immer handeln muß, ist § 136 die Sondervorschrift. Allerdings muß der aufgrund eines Haftbefehls ergriffene Beschuldigte spätestens am Tag nach der Vorführung vernommen werden (§ 115 Abs. 2, § 115 a Abs. 2 Satz 1). Da diese Frist unbedingt einzuhalten ist, wird eine Vorbesprechung des Beschuldigten mit einem Verteidiger nur in Betracht kommen, wenn dieser schon für ihn tätig ist oder von ihm sofort bestellt wird und noch rechtzeitig vor dem Vernehmungstermin, und sei es fernmündlich, benachrichtigt werden kann[71].

VIII. Belehrung über das Beweisantragsrecht

31 Nach § 163 a Abs. 2 hat der Beschuldigte bereits im vorbereitenden Verfahren das Recht, zu seiner Entlastung die Aufnahme von Beweisen zu beantragen. Dem Antrag muß aber nur stattgegeben werden, wenn die Beweise von Bedeutung sind. Da die Beweiserheblichkeit von der Strafverfolgungsbehörde beurteilt wird, handelt es sich um kein Beweisantragsrecht im engeren Sinne, sondern um Beweisanregungen (*Alsberg/ Nüse/Meyer* 34), denen die Behörde lediglich im Rahmen der nach § 160 Abs. 2 ohnedies bestehenden Pflicht zur Sachaufklärung nachzugehen braucht (vgl. bei § 163 a). Noch mehr eingeschränkt ist das Recht des Beschuldigten, bei der Vernehmung durch den Richter beim Amtsgericht nach § 166 Abs. 1 Beweiserhebungen zu beantragen. Der Richter braucht Beweisanträgen, selbst wenn er sie für erheblich hält, nicht stattzugeben, sofern nicht der Verlust der Beweise zu besorgen ist oder die Beweiserhebung die Freilassung des Beschuldigten begründen kann.

32 **Die Belehrung** über das Recht, zu seiner Entlastung einzelne Beweiserhebungen zu beantragen (§ 136 Abs. 1 Satz 3), erfolgt zweckmäßigerweise im Anschluß an den Hinweis auf die Aussagefreiheit; sie kann aber im Verlauf der Vernehmung nachgeholt

---

[69] KK-*Boujong* 14; *Kleinknecht/Meyer* 8; KMR-*Müller* 11; *Eser* ZStW **79** (1967) 609; *Dahs* Hdb. 238.

[70] KK-*Boujong* § 115, 10; *Kleinknecht/Meyer* § 115, 6; KMR-*Müller* § 115, 8; *Kleinknecht*

JZ **1965** 156; *Hengsberger* JZ **1966** 212; a.A. *Dreves* DRiZ **1965** 113; *Gegenfurtner* DRiZ **1965** 334. Vgl. auch § 115, 18.

[71] *Eb. Schmidt* Nachtr. I § 115, 13; *Kleinknecht* JZ **1965** 156.

Ernst-Walter Hanack

werden. Bezweckt wird mit der durch das 1. StVRG eingefügten Belehrungspflicht, daß der Beschuldigte von seinen schon im Ermittlungsverfahren bestehenden Rechten früher als bisher Gebrauch macht; der Gesetzgeber wollte dadurch die mit der Abschaffung der Schlußanhörung (früher § 169 a Abs. 2) und des Schlußgehörs (früher § 169 b) verbundenen Nachteile teilweise ausgleichen (BTDrucks. 7 551 S. 69). Die Belehrung ist auch erforderlich, wenn der Beschuldigte bereits vorher erklärt hat, nicht aussagen zu wollen, da er das Recht zur Antragstellung auch dann hat[72]. Stellt der Beschuldigte bei polizeilichen oder staatsanwaltschaftlichen Vernehmungen Beweisanträge, so entscheidet die Staatsanwaltschaft, ob ihnen entsprochen werden muß (näher bei § 163 a); wird das Ermittlungsverfahren noch allein im Polizeibereich geführt, darf die Polizei den Anträgen freilich auch selbst nachgehen. Bei richterlichen Vernehmungen ist dem Antrag nur unter den Voraussetzungen des § 166 Abs. 1 stattzugeben. Sonst hat der Richter die Anträge nur in die Vernehmungsniederschrift aufzunehmen; denn im vorbereitenden Verfahren entscheidet grundsätzlich nicht das Gericht, sondern die Staatsanwaltschaft darüber, ob die Beweise erhoben werden müssen.

IX. Hinweis auf die Möglichkeit einer schriftlichen Äußerung

33   Der Hinweis, daß er sich auch schriftlich äußern könne (§ 136 Abs. 1 Satz 4), ist dem Beschuldigten nicht schon in der Ladung, sondern erst nach Beginn der Vernehmung mitzuteilen[73]. Er ist nur in „geeigneten Fällen" erforderlich. Wenn die richterliche Vernehmung ersichtlich zu dem Zweck stattfinden soll, eine Niederschrift zu gewinnen, die notfalls nach § 254 verlesen werden kann, kommt der Hinweis nicht in Betracht. Denn die schriftliche Äußerung des Beschuldigten ist allenfalls nach den §§ 249, 251 Abs. 2 verlesbar. Ob die schriftliche Äußerung geeignet ist, entscheidet der Richter, gegen dessen Auffassung die die Vernehmung beantragende Staatsanwaltschaft das Recht der Beschwerde hat (KMR-*Müller* 13). „Geeignet" sind Fälle, in denen der Beschuldigte voraussichtlich hinreichend guten Willens und hinreichend in der Lage ist, eine sachgerechte schriftliche Aussage zu machen[74]. In Betracht kommt die Möglichkeit vor allem, wenn der Fall so einfach liegt, daß anzunehmen ist, der Beschuldigte werde sich auch ohne nähere Anleitung sachgemäß äußern können (*Kleinknecht* Kriminalistik **1965** 451). In Betracht kommen im Einzelfall aber auch schwierigere Fälle, da das Gesetz, anders als bei § 163 a Abs. 1 Satz 2, auf die einfacheren nicht beschränkt ist. Insoweit kann der Hinweis mitunter angezeigt sein, wenn die Einlassung besonders umfangreich ist oder der Beschuldigte auf zahlreiche Unterlagen und Belege zurückgreifen muß, deren Erörterung in einer mündlichen Vernehmung unnötig zeitraubend wäre[75]. Die schriftliche Äußerung kann der mündlichen auch vorzuziehen sein, wenn der Beschuldigte sich erst mit seinem Verteidiger beraten möchte und dadurch ein neuer Vernehmungstermin erspart werden kann[76]. Der Verteidiger kann den Beschuldigten bei der Abfassung unterstützen oder diese anhand der Sachdarstellung des Beschuldigten auch selbst fertigen[77]. Praktisch hat es übrigens der Beschuldigte in der Hand, ob er

---

[72] KK-*Boujong* 15; KMR-*Müller* 12; vgl. auch *Kleinknecht/Meyer* 9.

[73] *Kleinknecht/Meyer* 11; großzügiger KK-*Boujong* 36 und KMR-*Müller* 11.

[74] KK-*Boujong* 16; vgl. auch *Kleinknecht* JZ **1965** 157.

[75] KK-*Boujong* 17; *Kleinknecht/Meyer* 10; vgl. auch *Eb. Schmidt* Nachtr. I 16.

[76] KK-*Boujong* 17; *Kleinknecht/Meyer* 10.

[77] KK-*Boujong* 17, 18; *Kleinknecht/Meyer* 10. Dazu *Dahs* Hdb. 241. Vgl. auch BayObLG MDR **1981** 516 und OLG Köln VRS **59** 348 (je m.w.Nachw., zur Vertretung des Angeklagten bei der Einlassung zur Sache in der Hauptverhandlung).

eine schriftliche Äußerung vorzieht, selbst wenn der Richter den Fall hierfür nicht als geeignet ansieht; denn zur mündlichen Äußerung kann den Beschuldigten niemand zwingen. Eine Ergänzung der mündlichen Aussage durch eine schriftliche Äußerung ist dem Beschuldigten niemals verwehrt.

X. Beseitigung der Verdachtsgründe (§ 136 Abs. 2)

34

Nach § 136 Abs. 2 soll jede richterliche Vernehmung, nicht nur die erste, dem Beschuldigten Gelegenheit geben, die gegen ihn vorliegenden Verdachtsgründe zu beseitigen und die zu seinen Gunsten sprechenden Tatsachen geltend zu machen. Dies setzt voraus, daß ihm die Verdachtsgründe mitgeteilt werden. Dazu besteht auch dann Anlaß, wenn der Beschuldigte erklärt, er wolle nicht aussagen; denn vielfach wird ihn gerade die Kenntnis der vorliegenden Verdachtsgründe dazu bestimmen, sich zu verteidigen[78]. Zu beachten ist jedoch, daß es sich bei § 136 Abs. 2 um eine Sollvorschrift handelt. Sie bedeutet nicht, daß der Vernehmende verpflichtet ist, den Beschuldigten gleich zu Anfang über das ganze bisherige Ergebnis der Ermittlungen zu unterrichten, da dann eine sachgemäße Durchführung des Ermittlungsverfahrens oft kaum möglich wäre (vgl. auch Rdn. 17). Daß § 136 Abs. 2 eine solche Handhabung nicht verlangt, folgt zwingend aus § 147 Abs. 2. Denn wenn dem Beschuldigten bereits vor Abschluß der Ermittlungen alle Verdachtsgründe offengelegt werden müßten, hätte es keinen Sinn, sie bei Gefahr für den Untersuchungszweck dem Verteidiger vorzuenthalten. Man wird daher annehmen müssen, daß sie auch dem Beschuldigten nicht mitgeteilt oder sogleich mitgeteilt zu werden brauchen, soweit dies nach dem jeweiligen Stand des Verfahrens im Sinne des § 147 Abs. 2 „den Untersuchungszweck gefährden" könnte[79]. Ist der Abschluß der Ermittlungen in den Akten vermerkt (vgl. §§ 169 a, 147 Abs. 2), besteht aber kein Anlaß mehr, dem Beschuldigten irgendwelche Verdachtsgründe zu verheimlichen. Im übrigen wird der Vernehmende, wenn er zulässigerweise Verdachtsgründe zurückhält, im Rahmen des möglichen dennoch versuchen müssen, die Vernehmung so zu gestalten, daß der Beschuldigte Umstände, die die Verdachtsgründe beseitigen, geltend machen kann; er darf ihn dabei, über das Verschweigen der Verdachtsgründe hinaus, freilich nicht täuschen, insbesondere keine in Wahrheit nicht vorliegende belastende Ermittlungsergebnisse behaupten (vgl. § 136 a, 34).

XI. Vernehmung zur Sache

35

1. Zweck der Vernehmung. Wenig geklärt ist, ob die Vernehmung des Beschuldigten im Ermittlungsverfahren primär seiner Verteidigung oder der Sachverhaltsaufklärung dient (vgl. *Rieß* JA **1980** 297). Aus § 163 a Abs. 1 ergibt sich generell, daß sie in erster Linie zu Verteidigungszwecken bestimmt ist[80]. Dem Beschuldigten wird durch die Vernehmung rechtliches Gehör gewährt (vgl. BGHSt **25** 332). Daneben ist die Vernehmung des Beschuldigten aber auch ein wichtiges Mittel der Sachverhaltsaufklärung[81],

---

[78] KK-*Boujong* 18; KMR-*Müller* 5; LR-*Meyer* in der 23. Aufl.

[79] Im Ergebnis ebenso KK-*Boujong* 18; *G. Schäfer* § 20 IV 3. Vgl. auch KMR-*Müller* 5; recht unklar BVerfG NStZ **1984** 228.

[80] *Rogall* Der Beschuldigte 31 f; *Rieß* JA **1980** 297; LR-*Meyer* in der 23. Aufl.; wohl auch KK-*Boujong* 19 und *Kleinknecht/Meyer* 14;

vgl. auch *Wessels* JuS **1966** 170 f; anders akzentuierend *Eb. Schmidt* Nachtr. I 13; *Henkel* 175; *Peters* § 41 III 1.

[81] KK-*Boujong* 19; *Eb. Schmidt* Nachtr. I 13; *Henkel* 175; *von Hippel* ZStW **44** (1924) 353; *Eser* ZStW **79** (1967) 260; *Walder* Vernehmung 62 ff.

Ernst-Walter Hanack

da der Beschuldigte, ungeachtet seiner Stellung als Prozeßbeteiligter, zugleich Beweismittel im materiellen Sinne ist, dessen Aussage als Erkenntnisquelle des Gerichts der freien Beweiswürdigung unterliegt[82]. Soweit die richterliche Vernehmung nicht im Rahmen und für Zwecke des Haftverfahrens (§§ 115, 115 a, § 128) oder gemäß § 165 erfolgt, wird sie von der Staatsanwaltschaft zwar regelmäßig speziell zur besseren Sachaufklärung bzw. zum Zwecke der Beweissicherung beantragt. Sie behält aber auch dabei ihren Doppelcharakter und ihre primäre Ausrichtung am Verteidigungszweck. Demgemäß hat der Vernehmende mit dem Beschuldigten stets die entlastenden Umstände zu erörtern, den aussagebereiten Beschuldigten aber auch dazu anzuhalten, zum Sachverhalt in seiner Gesamtheit Stellung zu nehmen und zu seiner Aufklärung beizutragen (vgl. *Eb. Schmidt* Nachtr. I 13). Bestreitet der Beschuldigte die Tat, so darf sich der Vernehmende daher nicht darauf beschränken, diese Erklärung hinzunehmen, sondern muß ihn über die Einzelheiten des Sachverhalts befragen.

36   **2. Mündliche Äußerung.** Um eine Beschuldigtenvernehmung im Sinne des § 136 handelt es sich nur, wenn dem Beschuldigten Gelegenheit gegeben wird, sich vor dem Richter mündlich zu den Vorwürfen zu äußern; zu Besonderheiten bei stummen und tauben Personen vgl. § 186 GVG. Schlägt der Beschuldigte die Gelegenheit zur mündlichen Äußerung freiwillig aus, um sich schriftlich zu äußern (vgl. Rdn. 33), muß die schriftliche Erklärung zwar entgegengenommen werden; es handelt sich dann aber nicht um eine richterliche Niederschrift gemäß §§ 251 Abs. 1, 254 (näher dort). Zur Bedeutung der schriftlichen Äußerung bei der staatsanwaltschaftlichen oder polizeilichen Vernehmung (§ 163 a Abs. 1 Satz 2) s. bei § 163 a.

37   Eine richterliche **Vernehmung** liegt nur vor, wenn der Beschuldigte sich selbst zur Sache äußert. Es genügt nicht, daß ihm der Richter das Protokoll über eine polizeiliche oder staatsanwaltschaftliche Vernehmung vorliest oder vorlesen läßt und der Beschuldigte nur die Richtigkeit der dort fixierten Angaben bestätigt[83]. Auch wenn der Beschuldigte vor dem Richter im wesentlichen dieselben Angaben macht wie vor der Polizei oder der Staatsanwaltschaft, darf das richterliche Vernehmungsprotokoll (§§ 168, 168 a) hierauf nicht einfach Bezug nehmen (RG HRR **1938** 1379). In einem solchen Fall gilt es aber ausnahmsweise als zulässig, das polizeiliche oder staatsanwaltschaftliche Protokoll zu verlesen, nachdem der Beschuldigte seine Aussage gemacht hat, und die Bestätigung des Beschuldigten zu protokollieren, daß er es in dieser Form zum Gegenstand der richterlichen Vernehmung mache und es in der von dem Polizeibeamten oder Staatsanwalt gegebenen Fassung als Bestandteil seiner Erklärung vor dem Richter betrachtet wissen wolle[84]. Auf eine solche Erklärung hinzuwirken, entspricht nicht der Bedeutung einer richterlichen Vernehmung (BGHSt 7 74). Auch im übrigen ist das genannte Verfahren nicht zu empfehlen; die eingehende Protokollierung der Angaben, die der Beschuldigte vor dem Richter macht, ist der Bezugnahme auf frühere Vernehmungsniederschriften unter allen Umständen vorzuziehen.

38   **3. Gang und Inhalt der Vernehmung.** Bei einer Mehrheit von Beschuldigten wird in der Regel zunächst jeder von ihnen einzeln und in Abwesenheit der anderen vernom-

---

[82] BGHSt **20** 300; *Kleinknecht* JR **1966** 270; *Meyer* JR **1966** 310; *Eb. Schmidt* SJZ **1949** 449. Vgl. auch bei § 261.

[83] BGHSt 7 73 = MDR **1955** 244 mit Anm. *Mittelbach*; BGH bei *Dallinger* MDR **1974**

725; BGH bei *Herlan* MDR **1954** 656; RGSt 24 94; *Hülle* DRiZ **1952** 166.

[84] BGHSt **6** 281; BGH NJW **1952** 1027; RGSt **25** 34; 40 425 u. ö.; *Meyer* DRiZ **1961** 49; vgl. im übrigen bei § 254.

men. Das ist zwar nicht, wie in § 58 Abs. 1 für Zeugen, ausdrücklich bestimmt; es handelt sich aber um ein Gebot kriminalistischer Zweckmäßigkeit, von dem nicht abgewichen werden sollte (*Eb. Schmidt* Nachtr. I 9). Zur Gegenüberstellung mit anderen Beschuldigten oder Zeugen s. unten Rdn. 47 f.

Nach § 136 Abs. 3 ist auf die **persönlichen Verhältnisse** bei der ersten richterlichen **39** Vernehmung „Bedacht zu nehmen" (vgl. auch oben Rdn. 10 f). Diese Verpflichtung bezieht sich auf alle Umstände, die für die Beurteilung des Schuldgehalts der Tat und die Rechtsfolgenentscheidung, insbesondere also der Bemessung der Tagessätze bei der Geldstrafe, für eine Strafaussetzung zur Bewährung, für das Absehen von Strafe oder für die Anordnung von Maßregeln der Besserung und Sicherung von Bedeutung sein können. Zu erörtern sind regelmäßig das Vorleben des Beschuldigten, sein Werdegang, seine berufliche Tätigkeit, seine familiären und wirtschaftlichen Verhältnisse (vgl. auch Nr. 13 ff RiStBV). Ob diese Erörterungen der Vernehmung zum Tatvorwurf vorangestellt werden oder ihr folgen, ist eine Frage der Zweckmäßigkeit, die sich nach den Umständen des Einzelfalls richtet und auch psychologische Gesichtspunkte berücksichtigen sollte (Herstellung einer gewissen zwischenmenschlichen Atmosphäre). Bei geringer Bedeutung des Tatvorwurfs oder bei zunächst nur geringer Stärke des Tatverdachts kann es angebracht sein, die Erörterung der persönlichen Verhältnisse kurz zu halten oder auch ganz zu unterlassen. Die Erörterung von Vorstrafen ist im allgemeinen nur erforderlich, wenn sie für die Schuldfrage (etwa bei gleichartiger Tatbegehung) von Bedeutung ist oder wenn sich ein Auszug aus dem Zentralregister bei den Akten befindet und ergänzende Feststellungen, z. B. über Tat- und Vollstreckungszeiten, notwendig erscheinen.

Die Vernehmung des Beschuldigten über die ihm **vorgeworfene Tat** richtet sich **40** nach den Umständen des Falles. Über die eigentliche Vernehmungstechnik[85] enthält das Gesetz, von den Verboten des § 136 a abgesehen, keine Bestimmungen. Anders als beim Zeugen (§ 69 Abs. 1 Satz 1) schreibt es insbesondere nicht vor, daß dem Beschuldigten zunächst Gelegenheit gegeben werden muß, sich im Zusammenhang zu der Beschuldigung zu äußern. Das hat insofern einen Sinn, als der Zeuge bekunden soll, was er von einem bestimmten Ereignis weiß, während der Beschuldigte (s. Rdn. 35) Gelegenheit erhält, sich gegen bestimmte Vorwürfe zu verteidigen. Dennoch wird der Richter im allgemeinen auch dem Beschuldigten, gerade weil es um seine Verteidigung geht, zunächst die Möglichkeit einer zusammenhängenden Äußerung einräumen[86] und ihn erst dann ergänzend befragen[87]. Doch kann es ausnahmsweise angebracht sein, die Vernehmung von vornherein in der Form von Frage und Antwort durchzuführen[88]; dem Beschuldigten, der damit nicht einverstanden ist, darf jedoch die Gelegenheit zur zusammenhän-

---

[85] Hierzu insbes. die im Schrifttumsverzeichnis aufgeführten Arbeiten von *Bender/Röder/Nack* (Bd. II S. 107 ff); *Döhring*; *Geerds*; *Groß/Geerds*; *Grassberger*; *Hellwig* und *Meinert*. Vgl. auch *Kühne* 160 m.w.Nachw. in Fußn. 15; *Gundlach* 65 ff, 84 ff.

[86] Was wohl in der Mehrzahl der Fälle auch kriminaltaktisch angezeigt ist, vgl. nur *Geerds* 177 ff; vgl. auch *Gundlach* 156 ff.

[87] OGHSt **3** 147; vgl. auch BGH StrVert. **1982** 458; KK-*Boujong* 19; KMR-*Müller* 5; *Roxin* § 25 III 1d; *Döhring* 33; *Liepmann* ZStW **44** (1924) 665; **a.A.** RGSt **68** 111, das grund-

sätzlich nur einen Austausch von Rede und Gegenrede für zulässig hielt; **a.A.** auch LR-*Meyer* in der 23. Aufl., der die zusammenhängende Äußerung nur „oft" für „zweckmäßig" hält; vgl. auch *Walder* Vernehmung 124, der zusammenhängende Darstellungen im allgemeinen lediglich intelligenten geständigen Beschuldigten und dreisten Lügnern zutraut.

[88] OLG Köln MDR **1956** 695; KK-*Boujong* 19; **a.A.** OLG Schleswig bei *Ernesti/Jürgensen* SchlHA **1973** 186; *Henkel* 175; s. auch BGHSt **13** 360.

Ernst-Walter Hanack

genden Darstellung nicht grundsätzlich abgeschnitten werden[89], jedenfalls nicht bei der ersten Vernehmung. Gibt der Beschuldigte eine zusammenhängende Schilderung, ist der Vernehmende, wo es dessen bedarf, berechtigt und gegebenenfalls verpflichtet, ihm durch Zwischenfragen, Hinweise und Vorhalte weiterzuhelfen, ihn beim Thema zu halten und ihn zu einer möglichst klaren, deutlichen und widerspruchsfreien Erklärung dessen zu veranlassen, was er sagen will[90]. Dabei ist freilich nicht nur aus kriminaltaktischen Gründen (dazu *Geerds* 177 ff) Zurückhaltung geboten, weil der Vernehmende den Eindruck bzw. den späteren Vorwurf vermeiden muß, er habe den Inhalt der Aussage unlauter beeinflußt oder „manipuliert". Bei zusätzlichen Fragen, die der Vernehmende nach Abschluß der zusammenhängenden Darstellung stellt, darf er den Beschuldigten, der erkennbar die Unwahrheit sagt, durch sachliche Vorhalte in Widersprüche verwickeln und zur Wahrheit veranlassen; mit Vorsicht darf er dies auch bei Zwischenfragen. Der Richter darf den Beschuldigten auch ermahnen, die Wahrheit zu sagen (unten Rdn. 43).

41   **4. Keine Wahrheitspflicht.** Die Frage, ob der Beschuldigte sittlich verpflichtet ist, bei seiner Vernehmung die Wahrheit zu sagen und eine Tat einzugestehen, die er begangen hat[91], bewegt sich als solche nicht auf prozeßrechtlichem Gebiet und ist darum hier nicht zu erörtern. Verfahrensrechtliche Bestimmungen, aus denen sich eine Wahrheitspflicht ergibt oder mit denen eine derartige Pflicht sogar durchgesetzt werden könnte, gibt es nicht. Die lebhaft umstrittene Frage, ob den aussagebreiten Beschuldigten dennoch eine — nicht sanktionierte — Pflicht zur Wahrheit trifft, ist danach aus *prozessualer* Sicht zu verneinen[92], da sie sich aus einer möglicherweise bestehenden sittlichen Pflicht allein noch nicht ergeben kann. Daraus darf jedoch nicht geschlossen werden, daß der Beschuldigte ein „Recht" zur Lüge hat[93]. Denn wenn er berechtigt wäre, das Gericht anzulügen, müßte sich das auf die sachlichrechtlichen Folgen eines solchen Verhaltens auswirken. Das materielle Recht kennt jedoch keinen Rechtfertigungsgrund, der sich allein aus der Vernehmung als Beschuldigter ergibt; macht der Beschuldigte unrichtige Angaben, die die Tatbestände der §§ 145 d, 164, 187, 258, 259 oder der §§ 27, 154 StGB erfüllen, kann er vielmehr bestraft werden[94]. Es gibt nach allem für den Beschuldigten weder ein Recht zur Lüge noch eine rechtliche Pflicht zur Wahrheit[95].

---

[89] Die offenbar gegenteilige Ansicht von LR-*Meyer* in der 23. Aufl., daß der Beschuldigte, dem „das nicht gefällt", die Antworten verweigern könne, überzeugt nicht.

[90] KK-*Boujong* 19; KMR-*Müller* 5; vgl. OLG Schleswig bei *Ernesti/Jürgensen* aaO.

[91] Dazu (sehr divergierend) z. B. RMG **11** 101; *Eb. Schmidt* Nachtr. I 23; *Henkel* 177; *Peters* § 28 IV 2 (S. 196); *Engelhardt* ZStW **58** (1939) 358; *Rieß* JA **1980** 296; *Sachs* SJZ **1949** 103; *Wessels* JuS **1966** 173; *Wimmer* ZStW **50** (1930) 538.

[92] BGHSt **3** 152; OLG Hamm NJW **1957** 152; *Eb. Schmidt* Nachtr. I 20; *Rogall* Der Beschuldigte 52 ff; *Rüping* JR **1974** 139; **a.A.** *zu Dohna* 107; *Peters* § 28 IV 2 (S. 196); *Binding* DJZ **1909** 162; *Mezger* ZStW **40** (1919) 162; *Walder* Vernehmung 80.

[93] OLG Braunschweig NJW **1947/48** 150; *Henkel* 177; *Engelhard* ZStW **58** (1939) 354; **a.A.** *Hauck* ZStW **27** (1907) 926; *Kallmann* GA **54** (1907) 231; *Kohlhaas* NJW **1965** 2284; *Kurnicki* DJZ **1906** 537.

[94] BGHSt **18** 204; **19** 305; BGH bei *Dallinger* MDR **1953** 272; RGSt **69** 173; RG DR **1942** 1782; OLG Hamm NJW **1957** 152; **1965** 62; OLG Koblenz NJW **1956** 561; OLG Schleswig SchlHA **1953** 219; *Henkel* 178; *Pfenninger* FS Rittler 370; *Rieß* JA **1980** 297; *Wessels* JuS **1966** 174.

[95] OLG Hamm NJW **1965** 62; KK-*Boujong* 20; *Beling* 310; *Kohlrausch* JW **1925** 1440; *Pfenninger* FS Rittler 370 ff; *H.M. Schmidt* JZ **1958** 70; *R. Schmitt* DJZ **1909** 39; *Wessels* JuS **1966** 137.

Er darf sich, wenn er damit gegen kein Strafgesetz verstößt, für die Lüge entscheiden; eine Strafe dafür sieht das Gesetz nicht vor[96].

Allerdings muß der Beschuldigte **nachteilige Konsequenzen** seiner Entscheidung, **42** die Unwahrheit zu sagen, jedenfalls bei der Beweiswürdigung in Kauf nehmen. Denn wenn er sich als Beweismittel (im weiteren Sinne) zur Verfügung stellt, unterliegt seine Äußerung der freien Beweiswürdigung. Wird der Beschuldigte bei einer Lüge ertappt, ist es daher zulässig, daraus Schlüsse auf seine Glaubwürdigkeit zu ziehen, und zwar möglicherweise auch in anderen Punkten oder sogar insgesamt[97]. Auch bei der Rechtsfolgeentscheidung kann sein Verhalten Bedeutung haben, aber nur ausnahmsweise und unter besonderen Voraussetzungen: Nach heute weitgehend gefestigter Rechtsprechung und Lehre ist das Leugnen allein noch kein Strafschärfungsgrund[98]. Das Prozeßverhalten des überführten Täters darf nach h.M. jedoch bei der Strafzumessung (als Nachtatverhalten im Sinne des § 46 Abs. 2 StGB) und auch bei der Prognoseentscheidung nach § 56 dann Berücksichtigung finden, wenn es den Schluß auf eine rechtsfeindliche Gesinnung oder auf mangelnde Unrechtseinsicht zuläßt[99]. Praktisch wird sich ein solcher Schluß in überzeugender Weise aber selten ziehen lassen. Aus gutem Grund ist daher die neuere Rechtsprechung, wie sich im Schrifttum oft nicht hinreichend widerspiegelt, in der Anerkennung einer solchen Möglichkeit erkennbar sehr zurückhaltend geworden[100].

Den aussagebereiten Beschuldigten zur **Wahrheit zu ermahnen**, ist angesichts der **43** möglichen Nachteile seines Leugnens zulässig, soweit die Ermahnung den Hinweis betrifft, daß das Leugnen für ihn solche nachteiligen Folgen haben kann[101]. Ein allgemeiner Hinweis, der Beschuldigte müsse die Wahrheit sagen, ist jedoch unstatthaft und kann eine Täuschung im Sinne des § 136 a darstellen (§ 136 a, 34), falls dadurch der Eindruck erweckt wird, die Pflicht zur Wahrheit sei gesetzlich vorgeschrieben. Unzulässig ist es auch, einem Beschuldigten, gegen den noch keine zur Überführung ausreichenden Beweise vorliegen, zu erklären, die Aufklärung der Wahrheit liege in seinem eigenen Interesse.

XII. Anwesenheitsrechte und -pflichten. Gegenüberstellungen

1. Staatsanwalt und Verteidiger. Sie sind gemäß § 168 c Abs. 1, Abs. 5 berechtigt, **44** an richterlichen Vernehmungen im Vorverfahren teilzunehmen. Für staatsanwaltschaftliche Vernehmungen gilt entsprechendes (§ 163 a Abs. 3 Satz 2). Zur Situation bei polizeilichen Vernehmungen vgl. die Erl. zu § 163 a.

2. Protokollführer. Anders als bei staatsanwaltschaftlichen Vernehmungen (§ 168 b) **45**

---

[96] BayObLGSt **1964** 147 = MDR **1965** 318; *Rogall* Der Beschuldigte 54; *Radbruch* FS Sauer 121.

[97] KK-*Boujong* 20; *Rüping* JR **1974** 139; *Rieß* JA **1980** 297; LR-*Meyer* in der 23. Aufl. Freilich ist die Lüge durchaus nicht immer ein Indiz für Schuld (vgl. nur *Bender/Röder/Nack* II 743 ff).

[98] BGHSt 1 105 und std. Rspr. (z.B. BGH StrVert. **1983** 102 und 105 m.Nachw.; *Mösl* NStZ **1982** 151 m.Nachw.); eingehend *Bruns* Strafzumessungsrecht[2] (1974) 601 ff.

[99] BGHSt 1 105 und 107; BGH NJW **1961** 85; NStZ **1981** 257 m.zahlr. Nachw.; *Bruns* aaO.

[100] Das gilt selbst bei auf Täuschung angelegtem Prozeßverhalten (vgl. z.B. BGH JZ **1980** 335; StrVert. **1981** 122 und 620). Die noch immer in Bezug genommenen Ausgangsentscheidungen BGHSt 1 103 (105) und 1 105 (107) sind mit der Praxis der neueren Rechtsprechung kaum noch in Einklang zu bringen.

[101] OLG Braunschweig NJW **1947/48** 150; KK-*Boujong* 19; *Kleinknecht/Meyer* 9; *Göhler* § 55, 2.

Ernst-Walter Hanack

und bei polizeilichen Vernehmungen (dazu bei § 163 a) ist die Mitwirkung eines Protokollführers bei richterlichen Vernehmungen durch § 168 gesetzlich als Regel vorgeschrieben.

46   3. **Dolmetscher.** Wann seine Zuziehung notwendig ist, ergibt sich aus den §§ 185,
186 GVG.

47   4. **Sachverständige und Zeugen.** Die Beiziehung eines Sachverständigen durch
den vernehmenden Richter kann, z. B. zur Beurteilung der Verhandlungsfähigkeit des
Beschuldigten, geboten sein. Der Richter darf dem Sachverständigen gestatten, unmittelbar Fragen an den Beschuldigten zu stellen (§ 80 Abs. 2). Auch ohne besonderen
Antrag (§ 162) dürfte der Richter nicht nur in den Fällen des § 165 befugt sein, den Beschuldigten bei seiner Vernehmung Zeugen gegenüberzustellen (§ 58 Abs. 2), die er zu
diesem Zweck lädt (vgl. auch bei § 58). Zur Lage bei staatsanwaltschaftlichen und polizeilichen Vernehmungen s. die Erläuterungen zu § 161 a und § 163 a.

48   5. **Mitbeschuldigte.** Auch die Gegenüberstellung von Mitbeschuldigten durch den
vernehmenden Richter ist zulässig. Im allgemeinen wird es sich empfehlen, Mitbeschuldigte zunächst getrennt zu vernehmen (oben Rdn. 38).

49   6. **Beistände.** Die Zulassung von Ehegatten und gesetzlichen Vertretern als Beistand unterliegt im Vorverfahren dem richterlichen Ermessen (§ 149 Abs. 3); vgl., auch
zur sonstigen Zulassung im Ermittlungsverfahren, näher bei § 149.

50   7. **Gesetzliche Vertreter und Erziehungsberechtigte.** Nach § 67 Abs. 1 JGG haben
der gesetzliche Vertreter und jeder Erziehungsberechtigte das Recht, gehört zu werden,
sowie Fragen und Anträge zu stellen und bei Untersuchungshandlungen anwesend zu
sein, soweit der jugendliche Beschuldigte selbst diese Rechte hat. Das gilt auch im Vorverfahren. Der Wortlaut des Gesetzes läßt allerdings offen, ob sich das Recht auch auf
die Anwesenheit bei Vernehmungen erstreckt. Da die Vernehmung aber unbestreitbar
eine Untersuchungshandlung ist, gibt es keinen Grund, dem gesetzlichen Vertreter und
dem Erziehungsberechtigten die Anwesenheit nicht zu gestatten. Bei Teilnahmever-
dacht und Mißbrauch können die Rechte nach Maßgabe des § 67 Abs. 4 JGG entzogen
werden.

XIII. Protokoll

51   Richterliche Vernehmungen des Beschuldigten sind nach der Bestimmung des
§ 168 a detailliert zu protokollieren (näher dort). Für Vernehmungen durch die Staatsanwaltschaft gilt die etwas andersartige Regelung des § 168 b, während für die Protokollierung polizeilicher Vernehmungen (dazu bei § 163 a und § 168 b) ausdrückliche Vorschriften fehlen.

XIV. Anfechtung

52   Gegen die Art und Weise der richterlichen Vernehmung ist an sich die Beschwerde zulässig (§ 304), soweit dem nicht § 304 Abs. 5 entgegensteht. Nach den umstrittenen Grundsätzen der h. M. zur prozessualen Überholung (vgl. Einl. Kap. 12 unter
III; bei § 304), ist die Beschwerde im allgemeinen jedoch unzulässig oder gegenstandslos, weil die Maßnahme zur Zeit der Beschwerdeeinlegung, mindestens aber der Be-

schwerdeentscheidung, im Zweifel überholt ist. Zur Anfechtung staatsanwaltschaftlicher und polizeilicher Vernehmungen s. bei §23 EGGVG.

XV. Verwertungsverbote

1. Allgemeines. Von den spezifischen Verstößen gegen die Verbote des §136a abgesehen, kommen als Rechtsfehler, die die Aussage des Beschuldigten unverwertbar machen, nur Verstöße gegen die Belehrungspflichten des §136 Abs. 1 in Betracht. Denn Verstöße gegen die Pflichten des §136 Abs. 2 und 3 wiegen gewiß nicht so schwer, daß sie ein solches Verwertungsverbot nach sich ziehen. Aber auch die Belehrungspflichten des §136 Abs. 1 sind in ihrem Gewicht recht unterschiedlich. Außer beim umstrittenen Fall der unterlassenen Belehrung über die Aussagefreiheit (Rdn. 54 ff) dürfte ein Verwertungsverbot auch insoweit in der Regel nicht in Betracht kommen, weil der Verstoß im Rahmen des Gesamtvorgangs der Vernehmung im allgemeinen keine so große Bedeutung besitzt, daß er nach den heute vorherrschenden Abwägungskriterien zur Bestimmung eines Verwertungsverbots die (im Zweifel völlige) Unverwertbarkeit der Aussage nach sich ziehen müßte. Anderes gilt nur im Einzelfall (und in Überschneidung mit §136a) für besonders schwere Verstöße, die zugleich auch die Aussagefreiheit berühren, so z. B. bei Verschleierung des eigentlichen Tatvorwurfs (oben Rdn. 18, 19). Als richterliche Vernehmungen unverwertbar sind im übrigen auch solche, bei denen der Beschuldigte sich nicht selbst zur Sache äußert, sondern nur das Protokoll über eine polizeiliche oder staatsanwaltschaftliche Vernehmung bestätigt (oben Rdn. 37). **53**

2. Unterlassene Belehrung über die Aussagefreiheit. Schwierig ist die Beurteilung der Folgen einer unterlassenen Belehrung des Beschuldigten über seine Aussagefreiheit (§136 Abs. 1 Satz 2), weil diese Freiheit für die Stellung des Beschuldigten im Strafprozeß und im Rechtsstaat des GG (vgl. Rdn. 21) zentrale Bedeutung besitzt. Daß insoweit eine Täuschung i. S. des §136a vorliegt, wenn dem Beschuldigten bewußt vorgespielt wird, daß er zur Aussage verpflichtet sei, dürfte anerkannt sein (vgl. §136a, 34); das gleiche gilt für den Fall, daß der Vernehmende einen ihm erkennbaren Irrtum des Beschuldigten hierüber nicht aufklärt (vgl. §136a, 36). Zweifelhaft und sehr umstritten ist jedoch, ob oder wann beim sonstigen, insbesondere also beim versehentlichen Unterlassen der Belehrung ein Verwertungsverbot besteht. **Eine Meinung**, die heute im wesentlichen nur noch vom BGH vertreten wird[102], lehnt ein Verwertungsverbot insbesondere ab, weil die Erweiterung der Belehrungspflicht durch das StPÄG 1964 (vgl. Rdn. 21) am Charakter der Vorschrift als einer bloßen Ordnungsvorschrift nichts geändert habe (dazu unten Rdn. 59), der Gesetzgeber aber *jedenfalls*, trotz Kenntnis des Problems, ein Verwertungsverbot nicht ausgesprochen habe; ein Verwertungsverbot wegen Täuschung nach §136a lehnt diese Meinung ab, weil dies eine bewußte Irreführung voraussetzt (dazu §136a, 41 f) und ein Verwertungsverbot nach dieser Vorschrift (§136a Abs. 3 Satz 2) überdies den Nachweis voraussetze, daß die unzulässige Vernehmung die Freiheit der Willensbetätigung oder -entscheidung beeinträchtigt habe, ein solcher Nachweis aber praktisch nicht zu führen sei, so daß es eine Systemwidrigkeit bedeute, den Verstoß gegen §136 Abs. 1 Satz anders zu behandeln. Eine insbesondere im **54**

---

[102] BGHSt **22** 170 = JZ **1968** 750 m.Anm. *Grünwald*; BGHSt **31** 395 m.w. Nachw. = NStZ **1983** 565 mit abl. Anm. *Meyer* = JZ **1983** 716 mit abl. Anm. *Grünwald* = JR **1984** 340 mit abl. Anm. *Fezer*; BGH GA **1962** 148; BGH VRS **50** 350; BGH bei *Pfeiffer* NStZ **1981** 94; BayObLG bei *Rüth* DAR **1967** 294; OLG Hamm VRS **36** 117; NJW **1967** 1524; Blutalkohol **1974** 352; OLG Oldenburg NJW **1967** 1098; OLG Zweibrücken VRS **31** 280; ebenso KMR-*Müller* 10; *Rejewski* NJW **1967** 2000; *H. W. Schmidt* SchlHA **1965** 50; *Schorn* JR **1967** 205.

Ernst-Walter Hanack

Schrifttum vertretene **Gegenmeinung**[103] bejaht demgegenüber teils in unmittelbarer, teils in sinngemäßer Anwendung des § 136 a ein generelles Verwertungsverbot oder leitet doch ein solches Verbot aus der Bedeutung der Belehrung ab. Eine zunehmend vertretene **Mittelmeinung**[104] nimmt ein Beweisverwertungsverbot an, wenn die unterlassene Belehrung für die Aussage ursächlich war, hat dabei aber mit der — oft nicht klar behandelten oder auch offen gelassenen — Frage Schwierigkeiten, ob diese Ursächlichkeit im Zweifel schon aus der Verletzung des § 136 Abs. 1 Satz 2 folgt; im Anschluß an die Entscheidung BGHSt **25** 325 zu § 243 Absatz 4 Satz 1 (unten Rdn. 61) wird insoweit zum Teil angenommen, daß die Kenntnis von der Aussagefreiheit im allgemeinen zu bejahen sei, die Unkenntnis daher besonders begründet werden müsse oder doch nur selten in Betracht komme, insbesondere regelmäßig ausscheide, wenn der Beschuldigte einen Verteidiger hatte, gerichtserfahren war oder seine Aussagefreiheit gekannt habe[105]. Soweit ein Verwertungsverbot generell oder im Einzelfall anerkannt wird, ist im übrigen streitig, ob es nur für belastende Aussagen gilt[106] oder für jede Aussage[107].

55   Die Ansicht, daß die unterlassene Belehrung grundsätzlich irrelevant sei, entspricht nicht der dargelegten Bedeutung der Aussagefreiheit und ist darum mit der heute weit überwiegenden Meinung abzulehnen. **Die Frage kann** vielmehr **nur sein,** ob die unterlassene Belehrung stets ein Verwertungsverbot begründet oder nur dann, wenn sicher oder nicht auszuschließen ist, daß der Beschuldigte seine Rechte nicht oder möglicherweise nicht kannte. Da anzunehmen ist, daß § 136 a nur die absichtliche Täuschung über die Aussagefreiheit erfaßt (dort Rdn. 41 f), beurteilt sich dies nach dem gesetzlichen Zweck der Belehrung, und zwar im Hinblick auf die Garantie wie die Bedeutung der Aussagefreiheit. Insoweit ist nun zwar anzuerkennen, daß eine große Zahl, wenn nicht die Mehrzahl der Beschuldigten von ihrer Aussagefreiheit eine mehr oder weniger deutliche Grundvorstellung besitzen wird. Aber zu bedenken bleibt zum einen, daß es in der Praxis zu einer bedenklichen „Beweislastumkehr" führt, von einer entsprechenden Vermutung auszugehen (vgl. unten Rdn. 61). Zu bedenken bleibt weiter und insbesondere die der Belehrungspflicht zugrundeliegende Entscheidung des Gesetzgebers, daß eine solche Belehrung regelmäßig nötig ist, zumindest um in der besonderen Situation der Vernehmung die mehr oder weniger klaren Kenntnisse des Beschuldigten von seiner Aussagefreiheit zu präzisieren, zu bestätigen oder ihm doch „aktuell in das Bewußtsein zurückzurufen" (*Rieß* JA **1980** 300), und zwar gerade durch die Instanz, die die Vernehmung verantwortlich durchführt oder sogar über ihre Verwertbarkeit befindet[108]. So sprechen nach geltendem Recht die besseren Gründe wohl für die Ansicht,

[103] OLG Bremen NJW **1967** 2023; *Henkel* 174; *Dahs* NJW **1965** 1266; *Fincke* NJW **1969** 1014; *Grünwald* JZ **1966** 495 und **1968** 752; *Jerusalem* NJW **1966** 1279; *Kunert* MDR **1967** 542; *Maase* DAR **1966** 45; *Schmidt-Leichner* NJW **1965** 1311 und **1966** 1720; *Stree* JZ **1966** 593 Fußn. 4.

[104] OLG Stuttgart MDR **1975** 591; LG Münster StrVert. **1981** 615; vgl. auch BayObLG VRS **59** 422; KK-*Boujong* 27; *Kleinknecht/Meyer* 21; *Peters* § 41 III 2; *Roxin* § 24 D II 2e; *Schlüchter* 398; *Alsberg/Nüse/Meyer* 494; *Eser* ZStW **86** Beih. 155; *Gössel* NJW **1981** 2220; *Meyer* JR **1966** 310; *Petry* 113; *Rieß* JA **1980** 300; *Rogall* Der Beschuldigte

217 und ZStW **91** (1979) 36; *Schünemann* MDR **1969** 101.

[105] KK-*Boujong* 28; *Meyer* JR **1966** 310; *Alsberg/Nüse/Meyer* 495 m.w.Nachw.

[106] So *Alsberg/Nüse/Meyer* 496; *Erbs* NJW **1951** 389; *Rogall* ZStW **91** (1979) 31.

[107] So *Bauer* 167 ff; *Peters* § 41 II 4a.

[108] Vgl. im einzelnen – meist zu § 243 Abs. 4 Satz 1 – KMR-*Paulus* § 244, 64; *Roxin* § 24 D III 2e; *Schlüchter* 398; *Dencker* MDR **1975** 359; *Fezer* JuS **1978** 107; *Grünwald* JZ **1968** 735; *Hanack* JR **1975** 340; *Hegmann* NJW **1975** 915; *Rogall* Der Beschuldigte 219; *Rieß* JA **1980** 300; *Seelmann* JuS **1976** 157; vgl. auch *Eb. Schmidt* NJW **1968** 1212; bei § 243 und bei § 337 unter II 2.

die grundsätzlich ein Verwertungsverbot annimmt. Eine Ausnahme von diesem Verbot ist nur anzuerkennen, wenn der ursächliche Zusammenhang zwischen der Nichtbelehrung und der Aussage *mit Sicherheit* ausgeschlossen werden kann, und zwar *im konkreten Fall* sowie ohne Rückgriff auf bloße Vermutungen und einen „Entlastungsbeweis" des Beschuldigten. Eine Differenzierung, ob es sich um belastende oder dem Beschuldigten günstige Aussage handelt, ist dabei nicht anzuerkennen, schon weil das häufig eine Frage des Standpunkts ist und sich in der einzelnen Vernehmung beides vielfach praktisch nicht trennen läßt.

Eine **Fortwirkung** des durch die Nichtbelehrung begangenen Verfahrenverstoßes **56** ist nicht anzuerkennen, wenn sich der Beschuldigte — nach Belehrung — später erneut vernehmen läßt[109] oder einer Verwertung der ohne Belehrung gewonnenen Aussage zustimmt[110], schon weil eine solche Fortwirkung seiner Subjektstellung widerstreiten würde. Dies setzt jedoch voraus, daß der Beschuldigte bei der zweiten Vernehmung oder bei der Zustimmung speziell auch darüber belehrt wird, daß die frühere Aussage an sich unverwertbar ist bzw. (im Fall der erneuten Vernehmung) außer Betracht bleibt[111], da der Prozeßverstoß sonst nicht als ausreichend geheilt angesehen werden kann. Soweit ein Verwertungsverbot besteht, darf die Aussage auch nicht zum Gegenstand eines Vorhalts gemacht werden[112]. **Fernwirkungen** eines Verstoßes gegen die Belehrungspflicht sind, wie bei §136 a (dort Rdn. 66), nicht anzuerkennen; eingehend zu dieser Frage für §136 *Bauer* 195 ff.

XVI. Revision

1. Allgemeines. Die Verwertung von Niederschriften über richterliche Verneh- **57** mungen des Beschuldigten in der Hauptverhandlung, die unter Verletzung wesentlicher Vorschriften zustandegekommen sind, begründet die (Verfahrens-)Revision; vgl. dazu näher bei §251 und bei §254. Zur Revision wegen Verletzung des §136 a s. dort Rdn. 70 ff und zur Revision bei Verwertung fehlerhafter staatsanwaltschaftlicher und polizeilicher Vernehmungen s. bei §163 a.

2. Revisibilität bei Verletzung der Belehrung über die Aussagefreiheit. Sehr um- **58** stritten ist jedoch, ob oder wann die unterlassene Belehrung über die Aussagefreiheit (§136 Abs. 1 Satz 2) mit der Revision gerügt werden kann, wenn die betreffende Vernehmung in der Hauptverhandlung verwertet wird. Die Frage ist mit der des Verwertungsverbots für die Aussage (Rdn. 54 ff) weitgehend identisch.

a) Grundsätzliche Revisibilität. Nach einer überkommenen, insbesondere vom **59** BGH vertretenen Auffassung ist §136 Abs. 1 Satz 2 eine bloße Ordnungsvorschrift,

---

[109] BGHSt **22** 129 = JZ **1968** 750 mit Anm. *Grünwald*; BGHSt **27** 359; *Alsberg/Nüse/ Meyer* 496 m.w.Nachw. in Fußn. 509.

[110] *Alsberg/Nüse/Meyer* 495, 496; *Rogall* Der Beschuldigte 218; *Eb. Schmidt* NJW **1968** 1217, der dafür eine „qualifizierte" Zustimmung verlangt, d. h. eine Erklärung des Beschuldigten, daß er auch nach Belehrung ausgesagt hätte; zust. KK-*Boujong* 29; vgl. auch im folg. Text.

[111] KK-*Boujong* 29; *Gössel* §23 B I b 3; *Roxin* §24 D III 2e; *Bauer* 178 ff; *Grünwald* JZ **1968** 752; *Rogall* Der Beschuldigte 218; *Schünemann* MDR **1969** 102; vgl. auch AG Tiergarten StrVert. **1983** 277 f und *ter Veen* StrVert. **1983** 296 für die Verwertung einer vorherigen informatorischen Befragung ohne Belehrung; anders BGHSt **22** 129.

[112] *Eb. Schmidt* NJW **1968** 1218; LR-*Meyer* in der 23. Aufl.; **a.A.** *Bauer* 207.

Ernst-Walter Hanack

deren Verletzung darum die Revision nicht begründen kann[113]. Diese Ansicht wird der Bedeutung der Belehrungspflicht nicht gerecht und darum von der heute ganz herrschenden Meinung zu Recht abgelehnt[114]. Sie entspricht nicht dem Zweck der Belehrung, durch die dem Beschuldigten die Kenntnis seiner prozessualen Rechtsstellung im Rahmen des rechtsstaatlichen Verfahrens gesichert werden soll (vgl. oben Rdn. 55). Für die Belehrung über die Aussagefreiheit in der Hauptverhandlung (§ 243 Abs. 4 Satz 1) hat das mit gewissen Einschränkungen (unten Rdn. 60 f) auch der Bundesgerichtshof in BGHSt **25** 325 anerkannt[115]. Es ist daher, wie im Schrifttum oft dargelegt wird, widersprüchlich, wenn er die Frage für § 136 Abs. 1 Satz 2 abweichend beurteilt; und es ist auch widersprüchlich, wenn er sie offenläßt[116], um durch Ablehnung eines Verwertungsverbots (Rdn. 54) den Verstoß im Ergebnis insoweit für irrevisibel zu erklären. Denn der Belehrung im Vorverfahren kommt zumindest keine geringere Bedeutung zu als der in der Hauptverhandlung; eher ist es umgekehrt, weil der Beschuldigte in der Hauptverhandlung aufgrund der Vernehmung im Ermittlungsverfahren und der stärkeren Mitwirkung von Verteidigern über seine Aussagefreiheit im Zweifel besser Bescheid weiß[117]. Auch leuchtet nicht ein, daß z. B. die unterlassene Belehrung nach § 52 Abs. 3 Satz 1 oder ein Verstoß gegen § 168 c die Revision begründen soll, nicht aber die Verletzung des § 136 Abs. 1 Satz 2.

60   Da sich, wie dargelegt (Rdn. 55), auch nicht annehmen läßt, daß der Verstoß gegen die Pflicht zur Belehrung über die Aussagefreiheit kein Verwertungsverbot begründen kann, ist nach allem die Möglichkeit eines revisiblen Verfahrensverstoßes durch die unterlassene Belehrung grundsätzlich anzuerkennen[118]. Entgegen der Ansicht des BGH zur Belehrungspflicht nach § 243 Abs. 4 Satz 1 (BGHSt **25** 325) ist insoweit auch nicht davon auszugehen, daß der Verstoß mit der Revision nur gerügt werden könne, wenn die **Belehrung erforderlich** war, um den Beschuldigten (Angeklagten) über seine Aussagefreiheit zu unterrichten, bei fehlender Erforderlichkeit hingegen eine nicht revisible Ordnungsvorschrift vorliege. Denn ob eine gesetzliche Regelung eine bloße Ordnungsvorschrift ist, beurteilt sich nach ihrer allgemeinen Bedeutung für das Verfahren, nicht nach der Notwendigkeit ihrer Beachtung im Einzelfall. Der BGH „ersetzt mit der Einführung seines moderneren Begriffs der Ordnungsvorschrift in Wahrheit nur den Rechtssatz, daß eine Revision nicht begründet ist, wenn das Urteil auf dem festgestellten Verfahrensverstoß nicht beruht, durch den Satz, daß ein Verfahrensverstoß nicht revisibel ist, wenn die Beachtung der Verfahrensvorschrift im Einzelfall nicht erforderlich war" (LR-*Meyer* [23])[119]; der BGH verschiebt damit die Beruhensfrage aus dem Bereich der Begründetheitsprüfung in den der Zulässigkeit.

61   **b) Beruhen des Urteils auf der Nichtbelehrung.** Der unterlassene Hinweis auf die Aussagefreiheit gemäß § 136 Abs. 1 Satz 2 kann die Revision nur begründen, wenn das

---

[113] Vgl. die Nachweise in Fußn. 102 (außer BGHSt **22** 170, 173 und **31** 395, 398, die die Frage offenlassen).

[114] Vgl. nur KK-*Boujong* 27; *Kleinknecht/Meyer* 21 und im übrigen die umfassenden Nachweise bei *Alsberg/Nüse/Meyer* 494 Fußn. 496. Ebenso OLG Hamburg MDR **1967** 517; OLG Stuttgart MDR **1973** 951.

[115] = JR **1975** 339 mit Anm. *Hanack*; näher zu den Problemen dieser Entscheidung bei § 243 sowie bei § 337 unter II 2.

[116] So aber (zuletzt) BGHSt **31** 395 = NStZ

1983 565 mit abl. Anm. *Meyer* = JZ **1983** 716 mit abl. Anm. *Grünwald* = JR **1984** 340 mit abl. Anm. *Fezer*.

[117] So auch KK-*Boujong* 27; *Schlüchter* 398; *Dencker* MDR **1975** 361; *Meyer* NStZ **1983** 567.

[118] Anders im neueren Schrifttum (seit BGHSt **25** 325) wohl nur noch KMR-*Müller* 10 (im Gegensatz zu KMR-*Paulus* § 244, 62, 64).

[119] Vgl. auch *Grünwald* JZ **1983** 718; dem BGH folgend aber BayObLG VRS **59** 422; *Dencker* MDR **1965** 361.

Urteil auf dem Verfahrensverstoß beruht (§337). Das ist nicht der Fall, wenn der Beschuldigte seine Aussagefreiheit gekannt und dennoch ausgesagt hat. Die kritische und umstrittene Frage ist nur auch hier wieder (vgl. oben Rdn. 55), wann ein solches Beruhen anzunehmen ist. Im Anschluß an BGHSt **25** 325 zur Revisibilität des Verstoßes gegen §243 Abs. 4 Satz 1 wird zum Teil die Ansicht vertreten, daß den Beschwerdeführer insoweit eine erweiterte Darlegungslast treffe, die auf eine Verschiebung der „Beweislast" hinausläuft, weil ein Erfahrungssatz bestehe, daß fast jeder Beschuldigte (Angeklagte) seine Aussagefreiheit kenne[120]. Mit der herrschenden Lehre[121] dürfte dem zu widersprechen sein: Wenn das Gesetz eine zwingende Belehrungspflicht vorsieht, läßt sich, wie beim Problem des Verwertungsverbots, aufgrund von Sinn und Zweck der gesetzgeberischen Entscheidung (oben Rdn. 55) nach den allgemeinen Grundsätzen des Revisionsrechts nur annehmen, daß der Nachweis der Gesetzesverletzung und die *Möglichkeit* des Beruhens genügen. Das Revisionsgericht darf das Beruhen also nur verneinen, wenn es sicher ist, daß der Beschuldigte seine Aussagefreiheit kannte; daß er es unterläßt, in der Revisionsbegründung die Unkenntnis dieser Freiheit darzulegen, reicht dafür nicht.

Im übrigen beruht ein Urteil auf Rechtsverstößen im Vorverfahren nur, wenn der **62** Fehler **bis zum Urteil fortwirkt**, sich also in ihm niederschlägt (vgl. bei §336). Das ist hier der Fall, wenn die Beschuldigtenvernehmung aus dem Ermittlungsverfahren im Urteil verwertet wird und das Beweisergebnis beeinflußt, also bei Verwertung eines Geständnisses nach §254, bei Verwertung der Aussage eines Mitbeschuldigten gemäß §251, aber auch[122] bei Vernehmung der Verhörsperson über die Aussage des nicht belehrten Beschuldigten.

c) Revisionsbegründung. Folgt man der in Rdn. 61 befürworteten h. L., ist für die **63** Begründung der Revision nur die Darlegung erforderlich, daß der Beschuldigte über seine Aussagefreiheit nicht belehrt worden ist (und die Aussage im Urteil verwertet wurde). Die im Anschluß an BGHSt **25** 325 vertretene Gegenmeinung (s. Rdn. 61) verlangt demgegenüber auch, daß der Angeklagte darlegt, daß er (obwohl ihm ein Verteidiger zur Seite stand, trotz Belehrung über die Aussagefreiheit in früheren Verfahren oder bei früheren Vernehmungen) an eine Aussagepflicht geglaubt hat und dadurch veranlaßt worden ist, zur Sache auszusagen.

§136a

(1) [1]Die Freiheit der Willensentschließung und der Willensbetätigung des Beschuldigten darf nicht beeinträchtigt werden durch Mißhandlung, durch Ermüdung, durch körperlichen Eingriff, durch Verabreichung von Mitteln, durch Quälerei, durch Täuschung oder durch Hypnose. [2]Zwang darf nur angewandt werden, soweit das Strafverfahrensrecht dies zuläßt. [3]Die Drohung mit einer nach seinen Vorschriften unzulässigen Maßnahme und das Versprechen eines gesetzlich nicht vorgesehenen Vorteils sind verboten.

---

[120] KK-*Boujong* 30; LR-*Meyer* in der 23. Aufl.; vgl. auch *Meyer* JR **1966** 310; *Hegmann* NJW **1975** 919.

[121] Vgl. (teils zu §243 Abs. 4 Satz 1) KMR-*Paulus* §244 64; *Roxin* §24 D II 2e; *Schlüchter* 398; *Dencker* MDR **1965** 362 f; *Fezer* JuS

1978 107; *Grünwald* JZ **1983** 718; *Hanack* JR **1975** 342; *Seelmann* JuS **1976** 175; *Rogall*/Der Beschuldigte 219 f; *Rieß* JA **1980** 300.

[122] KK-*Boujong* 29; *Schlüchter* 398; *Bauer* 170, 203 ff; *Meyer* JR **1967** 309.

Ernst-Walter Hanack

(2) Maßnahmen, die das Erinnerungsvermögen oder die Einsichtsfähigkeit des Beschuldigten beeinträchtigen, sind nicht gestattet.

(3) [1]Das Verbot der Absätze 1 und 2 gilt ohne Rücksicht auf die Einwilligung des Beschuldigten. [2]Aussagen, die unter Verletzung dieses Verbots zustande gekommen sind, dürfen auch dann nicht verwertet werden, wenn der Beschuldigte der Verwertung zustimmt.

Schrifttum. *Achenbach* Polygraphie pro reo? NStZ **1984** 350; *Arndt* Der Lügendetektor vor amerikanischen Gerichten, DRZ **1950** 133; *Bader* Zum neuen § 136 a StPO, JZ **1951** 123; *Baumann* Die Narcoanalyse, Diss. Münster 1950; *Baumann* Sperrkraft der mit unzulässigen Mitteln herbeigeführten Aussage, GA **1959** 33; *Bindokat* Zur Frage des Irrtums bei Prozeßhandlungen, NJW **1956** 51; *Birmanns* Das Geschäft mit dem Täter, NJW **1970** 1834; *Buchert* Grenzen polizeilicher Vernehmung, Kriminalistik **1972** 39; *Delvo* Der Lügendetektor im Strafprozeß der USA (1981); *Dencker* Verwertungsverbote im Strafprozeß (1977); *Döhring* Die Erforschung des Sachverhalts im Prozeß (1964) 199 ff; *Erhardt* Chemische und psychische Aussagebeeinflussung (1954); *Erbs* Unzulässige Vernehmungsmethoden, NJW **1951** 386; *Fuchs* Die Hypnose von Zeugen im polizeilichen Ermittlungsverfahren, Kriminalistik **1983** 2; *Geerds* Vernehmungstechnik (1976; 5. Aufl. des Werks von Meinert); *Groß/Geerds* Handbuch der Kriminalistik[10] Bd. II (1978); *Grünwald* Zur Ankündigung von Strafmilderung für den Fall eines Geständnisses, NJW **1960** 1941; *Habscheid* Das Persönlichkeitsrecht als Schranke der Wahrheitsfindung im Prozeßrecht, Gedächtnisschrift für Hans Peters (1967) 840; *Hellwig* Psychologie und Vernehmungstechnik bei Tatbestandsermittlungen, 4. Aufl. (1951); *Hellwig* Unzulässige Vernehmungsmethoden, Polizei **1950** 334; *Helmken* Zur Zulässigkeit von Fragen zur sexuellen Vergangenheit von Vergewaltigungsopfern, StrVert. **1983** 81; *Hermes* Der § 136 a StPO unter besonderer Berücksichtigung des darin enthaltenen Verwertungsverbots, Diss. Köln 1954; *Hilland* Das Beweisgewinnungsverbot des § 136 a StPO, Diss. Tübingen 1981; *Hoffmann* Bemerkungen zur Aussageerpressung, NJW **1953** 972; *von Holstein* Zu § 136 a StPO, MDR **1952** 340; *Klimke* Der Polygraphentest im Strafverfahren, NStZ **1981** 433; *Knögel* Der Lügendetektor, DRiZ **1954** 234; *Kohlhaas* Zur Anwendung des Lügendetektors, JR **1953** 450; *Kohlhaas* Die neuen wissenschaftlichen Methoden der Verbrechensaufklärung und der Schutz der Rechte des Beschuldigten, JR **1960** 246; *Kranz* Die Narkoanalyse als diagnostisches und kriminalistisches Verfahren (1950); *Kube/Leineweber* Polizeibeamte als Zeugen und Sachverständige[2] (1981); *Kühne* Strafprozessuale Beweisverbote und Art. 1 I Grundgesetz (1970); *Kunert* Wie weit schützt die Strafprozeßordnung die Grundrechte des Beschuldigten? MDR **1967** 539; *Laag* Grenzlinien bei der Vernehmung des Beschuldigten, Diss. Hamburg 1951; *Laux* Zum Begriff der Täuschung in § 136 a Abs. I StPO, SchlHA **1951** 39; *Less* Zur Anwendung experimental-psychologischer Methoden bei Zeugen, DRZ **1950** 322; *Metz* Zur Frage der Zulässigkeit der Anwendung des „Lügendetektors" im Strafverfahren, NJW **1951** 752; *Müncheberg* Unzulässige Täuschung durch Organe der Strafverfolgungsbehörden, Diss. Münster 1966; *Niese* Narkoanalyse als doppelfunktionelle Prozeßhandlung, ZStW **63** (1951) 199; *Osmer* Der Umfang des Beweisverwertungsverbotes nach § 136 a StPO, Diss. Hamburg 1966; *Otto* Grenzen und Tragweite der Beweisverbote im Strafverfahren, GA **1970** 289; *Peters* Narcoanalyse? JR **1950** 47; *Peters* Eine Antwort auf Undeutsch: Die Verwertbarkeit unwillkürlicher Ausdruckserscheinungen bei der Aussagewürdigung, ZStW **87** (1975) 663; *Petry* Beweisverbote im Strafprozeß (1971); *Prittwitz* Der Lügendetektor im Strafverfahren, MDR **1982** 886; *Puppe* List im Verhör des Beschuldigten, GA **1978** 289; *Radbruch* Grenzen der Kriminalpolizei, FS Sauer 121; *von Rechenberg* Unzulässige Untersuchungsmethoden, Kriminalistik **1954** 79; *Reitberger* Verbotene Vernehmungsmethoden, Kriminalistik **1952** 25, 58, 82, 109; *Rogall* Der Beschuldigte als Beweismittel gegen sich selbst (1977); *Rogall* Gegenwärtiger Stand und Entwicklungstendenzen der Lehre von den strafprozessualen Beweisverboten, ZStW **91** (1981) 1; *Sauer* Grenzen des richterlichen Beweises, JR **1949** 500; *Schäfer* Neues zum § 136 a StPO, Kriminalistik **1963** 221; *A. Schmidt* Fehler bei Vernehmungen, DRiZ **1960** 426; *Eb. Schmidt* Verhaftungsantrag, Rechtsmittelerklärungen und § 136 a StPO, JR **1962** 290; *Eb. Schmidt/Schneider* Zur Frage der Eunarkon-Versuche in der gerichtlichen Praxis, SJZ **1949** 449; *H. W. Schmidt* Ermüdung des Beschuldigten gemäß § 136 a StPO, MDR **1962** 358; *Schönke* Grenzen des Sachverständigenbeweises, DRZ **1949** 203; *Schönke* Einige Bemerkungen zur Frage der Verwendung des „Wahrheitsserums", DRZ **1950** 145; *G. Schulz* Unzulässige Vernehmungsmethoden,

Kriminalpolizeiliche Gegenwartsfragen (1959) 207; *Schwabe* Rechtsprobleme des „Lügendetektors", NJW **1979** 576; *Schwabe* Der „Lügendetektor" vor dem Bundesverfassungsgericht, NJW **1982** 367; *Schwenck* Unzulässige Vernehmungsmethoden (Probleme des § 136 a StPO), Diss. Köln 1952; *Sendler* Die Verwertung rechtswidrig erlangter Beweismittel im Strafprozeß mit Berücksichtigung des anglo-amerikanischen und französischen Rechts, Diss. Berlin 1956; *Siegert* Zur Tragweite des § 136 a StPO, DRiZ **1953** 98; *Spendel* Wahrheitsfindung im Strafprozeß, JuS **1964** 465; *Stein* Narco-Analyse, Kriminalistik **1950** 207; *Undeutsch* Die Verwertbarkeit unwillkürlicher Ausdruckserscheinungen bei der Aussagewürdigung. Eine Anfrage von psychologischer Seite, ZStW **87** (1975) 650; *Walder* Die Vernehmung des Beschuldigten (1965) 145 ff; (zit. Walder); *Walder* Grenzen der Ermittlungstätigkeit, ZStW **95** (1983) 862; *Wegner* Täterschaftsermittlung durch Polygraphie (1981; = Diss. rer. nat. Köln); *Weimar* Täuschung als unzulässiges Vernehmungsmittel, Kriminalistik **1955** 43; *Wenzky* Umstrittene Vernehmungsmittel, Kriminalistik **1961** 240; *Wintrich* Die Bedeutung der „Menschenwürde" für die Anwendung des Rechts, BayVerwBl. **1957** 137; *Würtenberger* Ist die Anwendung des Lügendetektors im deutschen Strafverfahren zulässig? JZ **1951** 772.

Entstehungsgeschichte. Die Vorschrift wurde durch Art. 3 Nr. 51 VereinhG eingefügt. Vgl. auch Rdn. 2.

Übersicht

I. Allgemeines

Der Beschuldigte ist Beteiligter, nicht bloßes Objekt des Strafverfahrens (§ 136, **1** 21). Es muß daher seinem freien Willen überlassen bleiben, ob er sich zu den gegen ihn erhobenen Vorwürfen äußert oder ob er schweigt (§ 136 Abs. 1 Satz 2, § 163 a Abs. 3 Satz 2, Abs. 4 Satz 2, § 243 Abs. 4 Satz 1). Aus einer solchen Sicht, die allein auch den

Ernst-Walter Hanack

heutigen Vorstellungen von der Menschenwürde entspricht (*Maunz/Dürig/Herzog* Art. 1, 34), folgt zwangsläufig (*Spendel* NJW **1966** 1108), daß jede Manipulation dieser Willensentscheidung und -betätigung durch Drohung, Täuschung, Zwang und ähnliche Mittel verboten ist: Auf die Entschließungsfreiheit des Beschuldigten darf niemals mit dem Ziel eingewirkt werden, ihn auf solche Weise zu einer Aussage oder zu einer bestimmten Aussage zu veranlassen. Es darf nichts geschehen, was seine völlige Freiheit hinsichtlich des Ob und Wie seiner Aussage aufheben oder auch nur gezielt beeinträchtigen könnte (*Eb. Schmidt* 1 und SJZ **1949** 450).

2   Der Gesetzgeber von 1877 hielt das für so **selbstverständlich** (übrigens auch mit Rücksicht auf die Strafbarkeit der Aussageerpressung gemäß § 343 StGB), daß er eine besondere Bestimmung darüber in die Strafprozeßordnung nicht aufnahm. In der Tat enthält § 136 a, jedenfalls im Kern, einen „ohnedies gültigen Prozeßgrundsatz" (*Peters* § 41 II 1). Die Vorschrift ist im Jahre 1950 aus zwei Gründen in das Gesetz eingefügt worden. Zum einen hatte sich gezeigt, daß die Achtung vor der Würde des Menschen, die dem historischen Gesetzgeber als selbstverständlich galt, totalitären Staatssystemen wie dem NS-Regime nichts bedeutet; die „schmerzlichen Erfahrungen einer Zeit, die diese Achtung vor der freien Entschließung eines Menschen, auf dem der Verdacht einer strafbaren Handlung ruht, vielfach verletzte" (BGHSt **1** 387), legten es daher nahe, die unzulässige Einwirkung auf die Willensentschließung des Beschuldigten ausdrücklich zu verbieten (vgl. *Eb. Schmidt* Nachtr. I 3 und 4). Zum anderen hatte die Wissenschaft bedenkliche Ausforschungsmittel und -methoden entwickelt, z. B. den Lügendetektor und die Narkoanalyse, die weder als Zwang noch als Täuschung angesehen werden können; ihre Anwendung zu regeln bzw. zu untersagen, erschien dem Gesetzgeber notwendig, weil sich ihre Unzulässigkeit zum Teil nicht von selbst versteht und insbesondere Zweifel darüber beseitigt werden sollten, ob die Einwilligung des Vernommenen sie zulässig macht.

3   § 136 a ist nach alledem eine prozeßrechtliche Ausformung des Grundrechts auf **Achtung der Menschenwürde** (Art. 1 Abs. 1 GG). Er gilt für den Beschuldigten, der dieses Recht nicht schon deshalb verliert, weil er einer Straftat verdächtig ist[1], ebenso aber für die Befragung von Zeugen und Sachverständigen (vgl. §§ 69 Abs. 3, 72)[2]. Die Vorschrift stellt für die Vernehmung von Personen elementare Grundsätze auf, die sich unabdingbar aus dem Wesen und der Würde des Rechtsstaats ableiten[3]. Der Vernommene hat hierüber kein Verfügungsrecht; seine Einwilligung ist ohne Bedeutung (§ 136 a Abs. 3 Satz 1). § 136 a bezweckt also nicht etwa in erster Hinsicht, den Beschuldigten, Zeugen oder Sachverständigen vor falschen Aussagen zu bewahren. Vielmehr darf auch die Wahrheit dann nicht beachtet werden, wenn sie durch verbotene Vernehmungsmethoden ans Licht gebracht worden ist (BGHSt **5** 290). Die Vorschrift hat gerade deshalb über ihren Geltungsbereich hinaus allgemeine Bedeutung, weil sie den Grundsatz verdeutlicht, daß im Strafverfahren die Wahrheit nicht um jeden Preis erforscht werden

---

[1] BGHSt **5** 333; **14** 364; BVerfG NStZ **1984** 82; KK-*Boujong* 1; *Kleinknecht/Meyer* 1; *Peters* § 41 II 2; *Roxin* § 25 IV; *Kleinknecht* NJW **1964** 2185; *Nüse* JR **1966** 284; *Wintrich* BayVerwBl. **1957** 139.

[2] Was in Grenzbereichen bei Zeugen Probleme aufwirft, denen ein Aussageverweigerungsrecht nicht zusteht, weil bei ihnen, wie mittelbar wohl auch die „Sollvorschrift" des § 68a zeigt, die Grenze der verbotenen Einwirkung im Einzelfall möglicherweise etwas anders zu bestimmen ist als beim Beschuldigten (und dem aussageverweigerungsberechtigten Zeugen), der durch § 136a schon und insbesondere gegen jeden Angriff auf seine Aussagefreiheit geschützt wird.

[3] BGHSt **31** 308: Ausprägung des „Leitgedankens der Rechtsstaatlichkeit", unter dem nach Art. 20 Abs. 3 GG das gesamte Strafverfahren steht.

darf oder gar muß[4]: Wenn eine Straftat nur mit Mitteln aufgeklärt werden könnte, die nach rechtsstaatlichen Vorstellungen unannehmbar sind, muß sie ungeahndet bleiben (vgl. Einl. Kap. 6 unter III).

Dadurch ergeben sich mancherlei **Ausstrahlungen** der „prozessualen Grund- **4** norm" (*Eb. Schmidt* Teil I Rdn. 100) des § 136 a auf Rechtsprobleme, die er selbst nicht unmittelbar regelt. Das gilt etwa für die Verwertung von Beweisen, die Privatpersonen in rechtswidriger Weise beschafft haben (unten Rdn. 10). Es gilt entgegen verbreiteter Meinung[5] aber auch für den Einsatz **tatprovozierender Lockspitzel** durch Polizeibehörden, den die neuere Rechtsprechung zur Bekämpfung moderner Kriminalitätsformen, insbesondere des Rauschgifthandels, in bestimmtem Umfang und unter bestimmten Voraussetzungen für zulässig erachtet. Das Problem wird in diesem Kommentar, entsprechend seiner heute vorherrschenden Betrachtung, in anderem Zusammenhang erörtert (vgl. bei § 163 und § 206 a, 57 f), so daß hier nur folgendes zu bemerken ist. Mit dem Grundgedanken des § 136 a ist der tatprovozierende Lockspitzeleinsatz selbst bei einer gewissen Tatgeneigtheit des Provozierten mindestens dann unvereinbar, wenn der Spitzel, wie regelmäßig, dabei die Labilität, Begehrlichkeit oder gar Schwäche des Provozierten irgendwie ausnutzt. Man muß wohl sehen, daß die neuere Rechtsprechung, beeinflußt ersichtlich auch vom Gedanken der „funktionstüchtigen Strafrechtspflege" (vgl. nur BVerfGE 57 250, 285), mit ihrer andersartigen Grenzziehung und Abwägung gegenüber dem Geist des § 136 a nicht ungefährliche neue Akzente setzt, zumal sie sich auch nicht einfach darauf zurückziehen kann, daß der Spitzel keine „Vernehmung" durchführt (vgl. unten Rdn. 13).

Kritische Akzente in der Einschätzung des § 136 a und seiner Bedeutung finden **5** sich auch sonst, und zwar in zunehmendem Maße. Das hängt wohl stark mit der modernen Entwicklung der allgemeinen Beweisverbote zusammen, die in manchen anderen Fragen zu differenzierteren Lösungen führt als § 136 a. Auch werden zum Teil gewisse systemimmanente Korrekturen gefordert, die sich (so beim Polygraphen, s. unten Rdn. 56) aus einer bisher möglicherweise zu engen oder zu emotionalen Betrachtung einzelner Phänomene ergeben. Weit über solche Tendenzen hinaus greift aber z. B. die Äußerung in einem angesehenen Kommentar zum Grundgesetz, es müsse „mit Nachdruck gefragt werden, ob nicht zumindest gegenüber einem besonders ‚ausgekochten' vorbestraften Beschuldigten zur Wahrung der Würde etwa einer vergewaltigten Frau oder einer durch Verkehrsmord unter Alkoholeinfluß ums Leben gekommenen Person die Anwendung der durch § 136 a verbotenen psychologischen Beweismittel und sonstiger Vernehmungsmethoden zulässig, ja von Abs. 1 (des Art. 1 GG) geradezu gefordert wird"[6]. Darüber hinaus greift auch die Ansicht, ein durch Ordnungsmittel erzwingbares Geständnisgebot kollidiere jedenfalls bei Taten, für die nur eine Geldstrafe zu erwarten sei, nicht mit § 136 a[7]. Derartige Äußerungen zeigen die fragwürdige Tendenz, das Prinzip und bittere geschichtliche Erfahrungen gering zu achten.

---

[4] BVerfG NStZ **1984** 82; BGHSt **14** 365; *Eb. Schmidt* Teil I Rdn. 100; vgl. auch *Habscheid* Peters-Gedächtnisschrift 853; *Rogall* ZStW **91** (1979) 21.

[5] Vgl. nur BGH GA **1975** 333; *Berz* JuS **1982** 417; *Bruns* NStZ **1983** 53, der die Grundsatzentscheidung BGH NJW **1982** 1626 u. a. begrüßt, weil sie „den leidigen Streit um die Anwendbarkeit des § 136a überflüssig" macht. Anders oder kritisch *Lüderssen* FS Peters 349; *Mache* StrVert. **1981** 600; vgl. auch

Roxin § 21 B III 4 und die berechtigten Hinweise von *J. Meyer* NStZ **1983** 468 und *Gössel* JZ **1984** 364 auf die Ausführungen von BGHSt **31** 308.

[6] *von Mangoldt/Klein* Art. 1 Anm. 5a (S. 152 f); dazu – erstaunlich milde – *Peters* FS für Rudolf Gmür (1983) 317.

[7] *Fischer* Divergierende Selbstbelastungspflichten nach geltendem Recht (1979) 96; dazu *Rieß* GA **1981** 48.

Ernst-Walter Hanack

II. Anwendungsbereich

1. Adressaten der Vorschrift

6   **a) Strafverfolgungsorgane.** § 136 a wendet sich, entsprechend seiner Rechtsnatur als Vorschrift des Strafverfahrensrechts, vor allem an Richter, an Staatsanwälte (§ 163 a Abs. 3 Satz 2) und an Polizeibeamte (§ 163 a Abs. 4 Satz 2), also an die mit der Strafverfolgung beauftragten Organe des Staates. Sie dürfen die nach § 136 a verbotenen Vernehmungsmethoden weder selbst anwenden, noch durch andere anwenden lassen[8]. Den Strafverfolgungsorganen ist es daher auch untersagt, den Beschuldigten durch eine Privatperson, die sich dabei unerlaubter Mittel bedienen soll, zu einer Aussage zu bringen, insbesondere ihn durch Täuschung aushorchen zu lassen. So darf der Beschuldigte z. B. nicht mit einem **Polizeispitzel** in eine Zelle gelegt werden, damit dieser sich dort Informationen durch Täuschung beschaffen kann[9]. Umstritten und zweifelhaft ist dabei freilich, ob eine Täuschung schon vorliegt, wenn der Spitzel lediglich verschweigt, daß er im Auftrag eines Strafverfolgungsorgans handelt[10]. Das Problem ist kritisch, weil dann auch tatprovozierende Lockspitzel und vielleicht sogar Kontaktpersonen eigentlich überhaupt nicht verwendet werden könnten; diese Verwendung aber hält die herrschende Meinung keineswegs allgemein für untersagt (vgl. näher bei § 163). Daß auch der Verteidiger nicht als Mittelsmann zu einer unerlaubten Täuschung benutzt werden darf, ist im Grundsatz anerkannt[11].

7   Um einen Fall der verbotenen Ausnutzung handelt es sich im übrigen auch, wenn der Richter bei der Vernehmung die Anwendung unlauterer Methoden durch einen **frageberechtigten Prozeßbeteiligten** (Staatsanwalt, Verteidiger, Nebenkläger) hinnimmt, schon weil sich die ergänzende Befragung als Bestandteil der Vernehmung darstellt, die in ihr Ergebnis unmittelbar einfließt oder einfließen kann. Das Recht zur Zurückweisung von Fragen gemäß § 241 verdichtet sich insoweit zu einer Zurückweisungspflicht (vgl. auch § 241, 14) und besteht im Kollegialgericht als Pflicht des Vorsitzenden und des Kollegiums auch gegenüber richterlichen Beisitzern.

8   **b) Sachverständige.** Außer für die Strafverfolgungsorgane gilt § 136 a für Sachverständige, die zur Vorbereitung ihres Gutachtens Beschuldigte oder Zeugen untersuchen, um Befundtatsachen festzustellen[12]. Denn da sie von Strafverfolgungsbehörden bestellt

---

[8] KK-*Boujong* 3; KMR-*Müller* 25; *Fincke* ZStW **86** (1974) 660; *Grünwald* JZ **1966** 497 Fußn. 75; *Kohlhaas* JR **1960** 249; *Petry* 82; *Rogall* ZStW **91** (1979) 40; *Peters* Verh. 46. DJT Bd. I S. 161. Vgl. den Fall BayObLGSt **1956** 269.

[9] So KK-*Boujong* 27 m.w.Nachw.; *Alsberg/ Nüse/Meyer* 484; *Walder* 170.

[10] Bejahend LR-*Sarstedt* in der 22. Aufl. Anm. 2; strikt ablehnend gegenüber derartigen Tricks auch *Bader* JZ **1958** 449; ablehnend ferner *Dencker* FS Dünnebier 458; *Peters* Verh. 46. DJT Bd. I S. 162; anders KK-*Boujong* 26; LR-*Meyer* in der 23. Aufl.; vgl. auch *Franzheim* NJW **1979** 2015 (insbesondere zur Abgrenzung von tatprovozierenden Lockspitzel); *Alsberg/Nüse/Meyer* 484 mit Nachweis weiterer unterschiedlicher Stellungnahmen in Fußn. 422.

[11] Vgl. BGHSt **14** 192 = LM Nr. 9 zu § 136a mit Anm. *Krumme* = JR **1961** 70 mit Anm. *Eb. Schmidt*. Die Entscheidung ist freilich insoweit bedenklich, als sie einen Einfluß des Richters auf das in Frage stehende Verteidigerverhalten (Nahelegung eines Geständnisses) im konkreten Fall verneint. Dazu ablehnend *Grünwald* NJW **1960** 1941; *Hanack* JZ **1971** 170; LR-*Sarstedt* in der 22. Aufl. Vgl. auch den Fall von *Peters* § 41 II 2b.

[12] BGHSt **11** 211; BGH NJW **1968** 2298 = JR **1969** 231 mit Anm. *Peters* = JZ **1969** 437 mit Anm. *Arzt*; BGH VRS **29** 204; KK-*Boujong* 5; *Kleinknecht/Meyer* 1; KMR-*Müller* 24; *Roxin* § 25 IV 1d; *Alsberg/Nüse/ Meyer* 483 m.w.Nachw.; *Dahs/Wimmer* NJW **1960** 2218; *Rieß* JA **1980** 296; *Eb. Schmidt* NJW **1962** 665; **a.A.** *Fincke* ZStW **86** (1974) 658; *Ehrhardt* 26 ff.

worden sind, um die Aufklärung des Sachverhalts zu fördern, dürfen sie sich ebensowenig wie ihre Auftraggeber unerlaubter Mittel bedienen, um Beschuldigte oder Zeugen zum Reden zu bringen[13]. Die Forderung nach Einführung des § 136 a ist seinerzeit gerade wegen eines Falles erhoben worden, in dem ein Beschuldigter durch Sachverständige mit Hilfe von Injektionen zur Aussage gebracht wurde (vgl. *Eb. Schmidt* SJZ 1949 449). Im Auftrag der Strafverfolgungsorgane handeln auch die **Augenscheinsgehilfen** (vgl. bei § 86). Für sie gelten die Verbote des § 136 a daher ebenfalls (*Eb. Schmidt* NJW **1962** 665).

c) Sonstige Personen; Drittwirkung. § 136 a bezieht sich, wie schon seine Stellung **9** in der StPO erkennen läßt, auf „Vernehmungen" durch den Richter oder (vgl. Rdn. 6) durch die sonstigen Strafverfolgungsorgane und verbietet in Absatz 3 daher auch nur die Verwertung unzulässig gewonnener „Aussagen" durch Justizorgane. Daraus folgt im Grundsatz, daß § 136 a auf „Vernehmungen" und „Aussagen", die nicht von Strafverfolgungsorganen herrühren oder (vgl. Rdn. 6, 8) in ihrem direkten Auftrag gewonnen sind, keine Anwendung findet (Einl. Kap. 14 unter VI). Daher sind Private, z. B. Versicherungsgesellschaften, nicht gehindert, dem Täter eine Belohnung für Auskünfte über die Straftat, etwa für die Wiederbeschaffung der Beute oder die Nennung des Hehlers, zu versprechen oder zu zahlen[14]. Die Vorschrift erfaßt grundsätzlich auch nicht die Anwendung verbotener Methoden durch den Verteidiger außerhalb der staatlichen Vernehmung[15]. Sie erfaßt ferner nicht Zeugen, die den Beschuldigten oder einen anderen Zeugen ohne amtlichen Auftrag ausfragen[16]. Die Handlungsfreiheit dieser Personen wird durch das Prozeßgesetz nicht begrenzt. Begrenzt wird sie vielmehr nur durch materiellrechtliche Normen, namentlich also durch das Grundgesetz und das Strafgesetzbuch (insbesondere die §§ 223, 240), beim Verteidiger (Rechtsanwalt) auch durch das anwaltliche Standesrecht.

Das bedeutet indessen entgegen verbreiteter Meinung noch nicht, daß Beweismit- **10** tel, die **Privatpersonen** unter Verstoß gegen die Grundsätze des § 136 a in rechtswidriger Weise beschafft haben, von den Justizorganen ohne weiteres benutzt werden dürften. Denn § 136 a regelt das Problem der Beweisverbote nicht erschöpfend, sondern nur in einem besonderen Ausschnitt. Die Vorschrift besagt also insbesondere nicht, daß für die von ihr nicht erfaßten Verhaltensweisen Privater auch kein Verwertungsverbot besteht. Diese Frage beurteilt sich vielmehr nach den allgemeinen, noch stark in der Entwicklung begriffenen und umstrittenen Grundsätzen über Beweisverbote (dazu allgemein Einl. Kap. 14). § 136 a hat für diese allgemeinen Grundsätze freilich eine gewisse mittelbare Bedeutung, weil die Vorschrift (vgl. Rdn. 3) einen Ausdruck rechtsstaatlichen Denkens enthält, insbesondere deutlich macht, daß die Wahrheitsfindung im Strafprozeß nicht um jeden Preis erfolgen darf. Im einzelnen gehen die Ansichten, ob oder wann Beweise verwertbar sind, die Privatpersonen in einer dem Geist des § 136 a zuwiderlaufenden oder sonst rechtswidrigen Weise erlangt haben, weit auseinander. Die herrschende

---

[13] *Hermes* 23 ff; *Peters* JR **1969** 234 will zu diesem Ergebnis aufgrund der prozessualen Stellung des Sachverständigen als eines bloßen Beweismittels gelangen.

[14] *Rogall* ZStW **91** (1979) 41; anders *Biermanns* NJW **1970** 1834.

[15] BGHSt **14** 190 (dazu Fußn. 11); OLG Nürnberg OLGSt § 302 S. 18; KK-*Boujong* 3. – Zur Situation bei der Vernehmung (oder Hauptverhandlung) vgl. Rdn. 7.

[16] OLG Oldenburg NJW **1953** 1137; *Kleinknecht* NJW **1966** 1542; KK-*Boujong* 3; *Kleinknecht/Meyer* 17; *Eb. Schmidt* 22; einschränkend *Kohlhaas* JR **1960** 249; Bedenken äußert auch *Eser* ZStW **86** Beih. 158; grundsätzlich **a.A.** (Beschränkung auf Fälle des § 100a) *Hilland* 20 ff. Vgl. im übrigen im folg. Text.

Ernst-Walter Hanack

Meinung läßt ihre Verwertung grundsätzlich zu. Eine Ausnahme macht sie nach Abwägung im Einzelfall nur für solche Erklärungen, die unter besonders krassem Verstoß gegen die Menschenwürde, etwa durch Folter, gewonnen worden sind[17]. Eine andere Meinung hält demgegenüber, insbesondere weil die staatliche Schutzverpflichtung auch gegenüber den Angriffen Einzelner bestehe, eine Beeinträchtigung des Rechtsstaatsprinzips für gegeben, wenn sich der Staat eine Verletzung von Individualrechtsgütern zur Durchsetzung des staatlichen Strafanspruchs zu Nutze macht, und entnimmt dem in unterschiedlichem Umfang ein weitgehendes oder völliges Verwertungsverbot[18]. Richtig dürfte es sein, die der weiteren Klärung noch bedürftige Frage unter Berücksichtigung des in § 136 a enthaltenen Grundgedankens mit der Pflicht der Strafverfolgungsorgane zur Beachtung der Grundrechte zu lösen. Man wird also die Verwertung dann für unzulässig halten müssen, wenn die in unlauterer Form beschafften Beweise den Kernbereich des Grundrechtsschutzes berühren, auf dessen Verletzung eine rechtsstaatliche Strafrechtspflege nicht aufbauen kann (vgl. auch Einl. Kap. 14; bei § 244 zur „unzulässigen" Beweiserhebung). So dürfen z. B. heimliche Tonbandaufnahmen durch Private, die heute auch durch § 201 StGB verboten sind, wegen des mit ihr verbundenen Einbruchs in die grundrechtlich geschützte Intimssphäre von den Strafverfolgungsorganen nur verwertet werden, wenn für die Aufnahme ein Rechtfertigungsgrund besteht und fortwirkt, weil ansonsten die Verfolgungsbehörde selbst die Grundrechtssphäre schroff mißachten würde[19].

11   Besondere und noch wenig geklärte Probleme können in diesem Zusammenhang entstehen, wenn die staatlichen Organe unzulässige Einwirkungen Dritter bei einer Vernehmung **ausnutzen**, insbesondere sich zu Nutze machen, um vom Beschuldigten eine Aussage zu erlangen. LR-*Meyer* hat dazu in der 23. Aufl. das Beispiel gebildet, daß der Beschuldigte ein Geständnis ablegen will, weil er durch Dritte getäuscht oder bedroht worden ist. *Meyer* meint im Anschluß an *Walder* 166 ff, daß der Vernehmende, dem die weiterwirkende unzulässige Einwirkung erkennbar ist, das Geständnis nicht entgegennehmen dürfe; er müsse vielmehr zuvor den Irrtum beseitigen oder die Drohung „so gut wie möglich unwirksam machen"; erst dann dürfe er den Beschuldigten vernehmen (zustimmend KK-*Boujong* 4). Das erscheint in dieser Form nicht schlüssig

---

[17] *Kleinknecht* NJW **1966** 1543 (auf dessen Ausführungen die h. M entscheidend zurückgeht); KK-*Boujong* 3; *Kleinknecht/Meyer* 17; KMR-*Müller* 5; *Alsberg/Nüse/Meyer* 484; *Kühne* 542; *Roxin* § 24 D V; *Schlüchter* 100; *Nüse* JR **1966** 285; *Walder* 196; LR-*Meyer* in der 23. Aufl.; vgl. auch BGHSt **27** 355. Anders *Kohlhaas* DAR **1971** 68 unter Aufgabe seiner in DRiZ **1966** 286 vertretenen Meinung; gegen jede Ausdehnung auf die von Privaten beschafften Beweismittel auch KK-*Pelchen* Vor § 48, 52; *Dencker* S. 98 f; *Feldmann* NJW **1959** 855.

[18] So verlangt *Rogall* ZStW **91** (1979) 41 f und Der Beschuldigte 210 f eine Abwägung im Einzelfall, hält aber die Verletzung des Verbots der Selbstbelastung stets für beachtlich. *Haffke* GA **1973** 83 stellt ebenfalls auf eine solche Abwägung ab, die aber regelmäßig eine Prävalenz des Aufklärungsinteresses er-

gäbe. *Sydow* 116 f will stets ein Verwertungsverbot eingreifen lassen; ebenso wohl *Gössel* § 23 B II c unter Hinweis auch auf die Gefahr, daß sonst die rechtsstaatliche Bindung der Strafverfolgungsbehörden durch unkontrollierte gewaltsame private Ermittlungstätigkeit ersetzt werden könnte; vgl. auch *Klug* und *Schmidt-Leichner* Verh. 46. DJT Bd. II S. F 4 und F 139.

[19] Vgl. zum Ganzen insbesondere BVerfGE **34** 249 = NJW **1973** 891 = JZ **1973** 504 mit Anm. *Arzt*; BGHSt **14** 358; BGHZ **27** 290 = NJW **1958** 1344; OLG Celle NJW **1965** 1677; OLG Düsseldorf NJW **1966** 214; KG NJW **1956** 26; KG JR **1981** 254 mit Anm. *Tenckhoff* insbesondere zur Frage der fortwirkenden Rechtfertigung; *Kleinknecht* NJW **1966** 1561; *R. Schmitt* JuS **1967** 19; vgl. auch Einl. Kap. **14** und bei § 244.

(und auch wenig realistisch). Vielmehr ist zu unterscheiden: Der Vernehmende darf die ihm erkennbar fortwirkende Einwirkung in der Tat nicht „ausnutzen", d. h. er darf sie sich nicht zu eigen machen. Er ist aber nicht verpflichtet, die fortwirkende Täuschung oder Drohung auszuräumen, und zwar insbesondere nicht, wenn der Beschuldigte unter ihrem Einfluß selbst ein Geständnis ablegen will. Dazu ist er sogar im Fall der Drohung (der an sich schwerer wiegt als der der Täuschung) nicht einmal berechtigt, weil es grundsätzlich Sache des Beschuldigten ist, wie er sich in einer solchen Konfliktsituation verhält. Wird ihm etwa im Zusammenhang mit einer ihm begangenen Straftat mit der Tötung seines als Geisel genommenen Kindes gedroht, kann nur er entscheiden, ob er sich der Polizei offenbart. Wenn er das aber will, ist die Polizei auch berechtigt oder sogar verpflichtet, sein Geständnis entgegenzunehmen[20].

2. Geschützter Personenkreis. § 136 a gilt unmittelbar nur für richterliche Verneh- **12** mungen des Beschuldigten, und zwar in jedem Verfahrensabschnitt, auch in der Hauptverhandlung. Daß Zeugen nicht unter Anwendung der nach § 136 a verbotenen Mittel richterlich vernommen werden dürfen, schreibt § 69 Abs. 3 vor. Nach § 72 ist diese Bestimmung bei der Vernehmung von Sachverständigen entsprechend anzuwenden. Die §§ 69, 72 gelten nach § 161 a Abs. 1 Satz 2 auch für Vernehmungen von Zeugen und Sachverständigen durch die Staatsanwaltschaft. Nach § 163 a Abs. 5 findet § 136 a bei Vernehmungen von Zeugen und Sachverständigen durch die Polizei Anwendung. Alle diese Vorschriften gelten nach § 46 Abs. 1 OWiG im Bußgeldverfahren entsprechend.

3. Geltung bei Vernehmungen. Die Verbote des § 136 a beziehen sich, wie be- **13** merkt (Rdn. 9), nur auf Vernehmungen, d. h. auf Aussagen, die ein Staatsorgan direkt oder (s. Rdn. 6, 8) indirekt herbeigeführt hat. Solcherart herbeigeführte Aussagen sind dann aber in dem vorausgesetzten Sinne selbst dann „Vernehmungen", wenn ihnen alle sonstigen Merkmale und Voraussetzungen fehlen, die das Gesetz bei einer Vernehmung durch Strafverfolgungsorgane kennt. Auf die Beschaffung von Beweismitteln, die auf andere Weise als durch Vernehmung geschieht, ist § 136 a nicht anzuwenden[21]. Hiervon gilt eine Ausnahme für den Fall, daß die unerlaubte Einwirkung eines Staatsorgans auf die Willensfreiheit des Beschuldigten dazu führt, daß er einer Privatperson bestimmte Angaben macht. Diese Angaben sind nach dem Sinngehalt des § 136 a genauso unver- wertbar wie solche, die ein Staatsorgan durch verbotene Vernehmungsmethoden selbst herbeiführt oder herbeiführen läßt[22]. Nicht um einen Anwendungsfall des § 136 a han- delt es sich jedoch, wenn jemand, ohne hierzu aufgefordert zu sein, von sich aus Erklä- rungen abgibt, selbst wenn der Erklärungsempfänger ein Staatsorgan ist; das gilt z. B. für spontane Äußerungen, die ein Beschuldigter auf der Fahrt zur Polizeidienststelle ge- genüber den ihn begleitenden Polizeibeamten macht[23]. Nicht um einen Anwendungs- fall des § 136 a handelt es sich ferner, wenn jemand, etwa am Tatort, Fragen eines Beam-

---

[20] Das folgt mittelbar auch aus § 154c. Wäre es anders, könnte es diese Vorschrift gar nicht geben.

[21] BGH bei *Dallinger* MDR **1975** 23; KK-*Bou- jong* 6; *Alsberg/Nüse/Meyer* 482; vgl. auch KG NJW **1979** 1669. Ihre Verwertung richtet sich, von der im folgenden Text behandelten Ausnahme abgesehen, nach den allgemeinen Grundsätzen über Beweisverbote. Zum tat- provozierenden Lockspitzel s. bei § 163.

[22] KK-*Boujong* 6; *Alsberg/Nüse/Meyer* 483; *Petry* 82; *Sendler* 59.

[23] BGH bei *Dallinger* MDR **1970** 14 = Blut- alkohol **1970** 404 mit Anm. *Händel*; *Alsberg/ Nüse/Meyer* 483; vgl. auch OLG Düsseldorf NJW **1969** 1840. Zur umstrittenen Frage, wie derartige Äußerungen zu behandeln sind, vgl. bei § 163a.

Ernst-Walter Hanack

ten der Polizei beantwortet, der klären will, ob Grund für ein polizeiliches Einschreiten vorliegt oder der Befragte als Beschuldigter zu behandeln ist[24]. Unzulässig ist es jedoch, einem Beschuldigten oder Zeugen eine sog. **Hörfalle** zu stellen, indem der Vernehmende den Eindruck erweckt, der Vernommene könne in einer Vernehmungspause ungehört mit einem Dritten sprechen oder (Fall LG Verden MDR 1975 950) indem er nach Abschluß der Vernehmung mit dem Befragten ein „Privatgespräch" provoziert, das ein anderer Beamter mithört. Derartige Verhaltensweisen bedeuten eine indirekte Täuschung des Betroffenen unter Mißbrauch der staatlichen Vernehmungsbefugnis und müssen § 136 a unterfallen[25]. Zur Frage, ob § 136 a auf Untersuchungen und körperliche Eingriffe nach § 81 a entsprechend anwendbar ist, s. bei § 81 a.

14　　**4. Prozessuale Willenserklärungen.** § 136 a regelt nach Wortlaut und Zweck ausschließlich Probleme des rechtsstaatlichen Beweisrechts. Die Frage, mit welchen strafprozessualen Mitteln die Wahrheit erforscht werden darf, ist aber nicht identisch mit der Frage, wie die Gültigkeit oder Ungültigkeit von prozessualen Willenserklärungen, insbesondere von Rechtsmittelerklärungen, zu beurteilen ist, so daß § 136 a jedenfalls nicht unmittelbar oder im Wege direkter Analogie Anwendung findet[26]. Das bedeutet jedoch nicht, daß von den Staatsorganen verursachte Willensmängel bei der Abgabe verfahrensrechtlicher Erklärungen des Beschuldigten, insbesondere bei Rechtsmittelverzicht oder -rücknahme, und bei Prozeßerklärungen anderer Verfahrensbeteiligter, etwa bei der Zurücknahme der Privatklage, unbeachtlich sind. Werden sie durch auch nur objektiv unwahre Erklärungen des Gerichts oder der Staatsanwaltschaft veranlaßt, oder beruhen sie gar auf rechtswidrigen Drohungen dieser Organe, haftet der Willenserklärung ein solcher Mangel an, daß das staatliche Verfahren auf ihm nicht aufbauen kann, die Rechtssicherheit, auf die bei Abgabe prozeßgestaltender Willenserklärungen sonst regelmäßig abzustellen ist, also zurücktritt. Bei Beurteilung der Frage, wann prozessuale Erklärungen aus diesem Grunde im Einzelfall unwirksam sind, bieten die Grundgedanken des § 136 a eine wichtige Stütze und einen wichtigen Anhaltspunkt[27]. Eine andere Frage ist, ob es nicht überhaupt „näher liegt" (so LR-*Meyer*[23]), auf Prozeßerklärungen, die durch Drohung, Zwang und Täuschung zustande gekommen sind, § 123 BGB sinngemäß anzuwenden, weil es dann gleichgültig ist, ob diese Mittel von einem Staatsorgan oder von einem Dritten angewendet worden sind; insoweit geht es um die grundsätzlichere Frage, nach welchen Maßstäben sich die Wirksamkeit oder Anfechtung von gestaltenden Prozeßerklärungen, mit denen die h. M. besonders bei Drohung und Täuschung erhebliche Schwierigkeiten hat, überhaupt richtet (dazu eingehend Einl. Kap. 10 unter V und bei § 302).

---

[24] Zur Zulässigkeit und Verwertung dieser informatorischen Befragungen beim (späteren) Beschuldigten s. bei § 163a.

[25] Ebenso KK-*Boujong* 6; *Döhring* 205; vgl. auch *Reitberger* Kriminalistik 1965 17; **a.A.** LG Verden MDR 1975 950; *Walder* 189; *Reitberger* Kriminalistik 1968 353; *Hilland* 114; LR-*Meyer* in der 23. Aufl.

[26] BGHSt 17 14 = JR 1962 92 mit Anm. *Eb. Schmidt* = JZ 1963 226 mit Anm. *Oehler*; OLG Celle GA 1970 285; OLG Frankfurt NJW 1971 950; OLG Köln NJW 1968 2349 = JR 1969 392 mit Anm. *Koffka*; KK-*Boujong* 7; *Kleinknecht/Meyer* Einl. 110;

KMR-*Sax* Einl. X 28; *Bindokat* NJW 1956 51; *Feldmann* NJW 1960 211; **a.A.** oder doch weitergehend: OLG Bremen JZ 1955 680 mit Anm. *Eb. Schmidt*; OLG Düsseldorf NJW 1960 210 mit Anm. *Feldmann* und *Mölders*; OLG Hamm JMBlNRW 1956 250 = VRS 11 448; NJW 1960 1967; *Eb. Schmidt* Nachtr. I 5 und JR 1962 290; *Roxin* § 22 B II 2b; *Hanack* JZ 1971 170; 1973 660.

[27] BGHSt 17 18 (vgl. Fußn. 26); OLG Celle GA 1970 285; die in Fußn. 26 unter „anders oder weitergehend" Genannten, aber z. B. auch KK-*Boujong* 7 und *Kleinknecht/Meyer* Einl. 110.

III. Beschränkung auf Beeinträchtigungen der Willensfreiheit

Die in § 136 a aufgeführten Mittel untersagt Absatz 1 nur insoweit, als sie die Frei- **15** heit der Willensentscheidung und Willensbetätigung beeinträchtigen. Für die Fälle des Absatz 2 folgt entsprechendes schon aus ihrer Eigenart. Eine Beeinträchtigung der genannten Art liegt vor, wenn der Vernommene nicht mehr in der Lage ist, frei darüber zu entscheiden, ob, in welchem Umfang oder mit welchem Inhalt er aussagen will (statt aller: *Eb. Schmidt* SJZ **1949** 450). § 136 a verlangt demnach nicht, auf jeden Zustand einer körperlichen oder seelischen Beeinträchtigung, der sich irgendwie nachteilig auf die Entschließungen des Vernommenen auswirken könnte, Rücksicht zu nehmen (*Eb. Schmidt* NJW **1962** 666). Diese Einschränkung ist wesentlich. Sie hat zur Folge, daß z. B. eine *gewisse* Ermüdung oder eine *gewisse* Täuschung nicht verboten sind, jedenfalls aber nicht zur Unverwertbarkeit der Aussage führen. Daher zwingt § 136 a den Vernehmenden auch nicht, immer erst zu ermitteln, ob der Vernommene im Besitz seiner normalen körperlichen oder geistigen Fähigkeiten ist (*Eb. Schmidt* NJW **1962** 666). Die Grenzziehung bleibt weitgehend Sache verständiger Beweiswürdigung. Wo es völlig fern liegt, daß sich jemand durch eine Ermüdung geringeren Grades zu einer Aussage bringen läßt, fehlt es an der vorausgesetzten Beeinträchtigung der Willensfreiheit. Doch kommt es dabei immer auf den Einzelfall und die Gesamtsituation an. So ist der Satz, daß niemand einen Mord zugibt, „weil er eine Zigarette bekommt oder nicht bekommt" (LR-*Meyer*[23] im Anschluß an BGHSt **5** 290), für sich gewiß richtig. Er verliert im Einzelfall aber möglicherweise seine Berechtigung beim starken Raucher, der im Rahmen stundenlanger intensiver Vernehmungen in seiner Konzentrationsfähigkeit beeinträchtigt ist oder bei dem neben der Sucht nach der Zigarette sonstige Besonderheiten vorliegen (vgl. auch unten Rdn. 24, 29, 31).

IV. Die verbotenen Mittel des Absatz 1

1. Allgemeines. Die in § 136 a Abs. 1 verbotenen Mittel lassen sich meist nicht **16** genau voneinander abgrenzen. So gehen Mißhandlung und Quälerei ineinander über, wobei die Mißhandlung ihren Schwerpunkt mehr auf körperlichem, die Quälerei mehr auf seelischem Gebiet hat. Drohung und Versprechen treten vielfach gleichzeitig oder wechselweise auf, weil das eine die Kehrseite des anderen ist: Wer dem Beschuldigten androht, er werde ihn bei weiterem Bestreiten vorläufig festnehmen, verspricht ihm gleichzeitig die Freiheit für den Fall, daß er ein Geständnis ablegt. Drohungen können eine Mißhandlung zum Gegenstand haben. Ein körperlicher Eingriff kann das Mittel des Zwangs sein. Die Verabreichung von Mitteln kann durch körperlichen Eingriff (Injektion) geschehen. Ein Versprechen ist, wenn es nicht ernst gemeint wird, gleichzeitig eine Täuschung (BGH bei *Dallinger* MDR **1954** 17). Bei der praktischen Anwendung des § 136 a kann es daher erforderlich sein, ein Verhalten unter mehreren Gesichtspunkten zu prüfen.

Die Aufzählung der verbotenen Mittel in § 136 a wird im Schrifttum nicht ohne **17** Grund gelegentlich für **überflüssig** gehalten, weil sie nur verwirre[28] und vom eigentlichen ablenke: „daß der Beschuldigte nicht zum Objekt gemacht, nicht seiner Willensfreiheit beraubt, daß er Prozeßsubjekt und Persönlichkeit bleiben soll" (*Eb. Schmidt* 7; vgl. Rdn. 3). Jedenfalls ist die Aufzählung **nicht abschließend**; die Vorschrift nennt nur

---

[28] *Eb. Schmidt* 7; *Schlüchter* 88.1; *Bader* JZ **1951**
123; vgl. auch *Kleinknecht/Meyer* 3.

Ernst-Walter Hanack

Beispiele unzulässiger Beeinträchtigungen[29]. Sie bestimmt lediglich den Rahmen der Vernehmungsmethoden, die mit der rechtsstaatlichen Gestaltung des Strafverfahrens unvereinbar sind. In entsprechender Anwendung des § 136 a sind darüber hinaus alle Maßnahmen verboten, mit denen derselbe Zweck verfolgt wird, wie mit den durch die Vorschrift ausdrücklich erfaßten Mitteln und Methoden[30].

18   **2. Mißhandlung.** Der Begriff entspricht nach ganz h. M. dem des Tatbestands von § 223 StGB[31]. Erfaßt wird also nicht nur die eigentliche Verletzung des Körpers, sondern schon die nicht ganz geringfügige Beeinträchtigung des körperlichen Wohlbefindens. Verboten sind danach unmittelbare Einwirkungen (Beibringung von Verletzungen, Fußtritte, Schläge) ebenso wie mittelbare Einwirkungen auf den körperlichen Zustand, wie sie etwa durch Nahrungsentzug, durch grelle Beleuchtung bei Vernehmungen, durch andauernde laute Geräusche, ständiges Stören im Schlaf oder dadurch eintreten, daß der Beschuldigte einer für den Körper unzuträglichen Kälte oder Wärme ausgesetzt wird. Länger dauernde Maßnahmen dieser Art sind auch als Quälerei zu werten (unten Rdn. 31)[32]. Eine Mißhandlung kann auch durch **Unterlassen** begangen werden (wobei es auf die Voraussetzungen des § 13 StGB nicht ankommt), wie schon das Beispiel vom Nahrungsentzug zeigt[33]. Diese Situation ist insbesondere gegeben, wenn der Beschuldigte, etwa nach vorläufiger Festnahme, unversorgt vernommen wird, obwohl er verletzt oder krank ist. Auch hier überschneidet sich die Mißhandlung bei länger dauernder Vernehmung mit der Quälerei.

19   **3. Ermüdung.** Nach dem Zweck des § 136 a ist darunter ein Zustand zu verstehen, in dem die Willenskraft ohne Anwendung irgendwelcher Mittel infolge des Ruhebedürfnisses so abgesunken ist, daß die Freiheit der Willensentschließung und -betätigung ernsthaft gefährdet ist[34]. Der vom Gesetz vorausgesetzte Grad der Ermüdung ist konkret oft schwer festzusetzen und zu ermitteln. In Betracht kommen vor allem extreme Fälle wie Dauerverhöre (*Walder* 154) oder die Entgegennahme des Geständnisses eines Beschuldigten, der 30 Stunden keine Gelegenheit zum Schlafen hatte[35]. Ermüdende oder anstrengende Vernehmungen sind als solche weder unzulässig noch vermeidbar[36]. Sie müssen jedoch abgebrochen werden, wenn die Ermüdung des Vernommenen so weit fortgeschritten ist, daß er zu freien Entschließungen nicht mehr fähig er-

---

[29] BGHSt 5 334; ganz h. M; vgl. z. B. KK-*Boujong* 9; *Kleinknecht/Meyer* 3; KMR-*Müller* 2; *Eb. Schmidt* 7; *Roxin* § 25 IV 2a; *Schlüchter* 88.1; vgl. auch BayObLGSt 1949/51 495.

[30] KMR-*Müller* 2; *Eb. Schmidt* 9; *Roxin* § 25 IV 2a; *Dallinger* SJZ 1950 734; *Erbs* NJW 1951 387; *von Holstein* MDR 1952 340; *Kohlhaas* JR 1960 247; vgl. auch KK-*Boujong* 9.

[31] Vgl. z. B. KK-*Boujong* 11; *Kleinknecht/Meyer* 4; KMR-*Müller* 6; *Eb. Schmidt* 8; *Schlüchter* 88.2; *Erbs* NJW 1951 387; eingehend *Hilland* 29 ff.

[32] Nach h. M wohl nur als Quälerei (z. B. KK-*Boujong* 11; KMR-*Müller* 5; LR-*Meyer* in der 23. Aufl.). Richtigerweise dürften aber beide Alternativen verletzt sein. Abweichend *Hilland* 30, der das Quälen entsprechend § 223 b StGB bestimmt.

[33] *Hilland* 95; vgl. auch *Kleinknecht/Meyer* 3; **a.A.** offenbar *Groß/Geerds* II 145. Die Frage ist wenig untersucht.

[34] Sachlich übereinstimmend z. B. KK-*Boujong* 12, *Kleinknecht/Meyer* 5; KMR-*Müller* 8; eingehend zum Ganzen *H. W. Schmidt* MDR 1962 358; *Döhring* 209 ff; *Hilland* 31 ff.

[35] BGHSt 13 60, wo der BGH unnötigerweise (*Hanack* JZ 1971 170) auch noch darauf abstellt, daß der Beschuldigte „an der Grenze des Schwachsinns" stand, „eine Neigung zu impulsiven Entgleisungen" hatte und „übermäßig stimmungslabil" war.

[36] *Kleinknecht/Meyer* 5; *Eb. Schmidt* 11; *Erbs* NJW 1951 387; *Pauli* DRZ 1950 462; vgl. auch KK-*Boujong* 12; kritisch *Hilland* 32.

scheint[37]. Den Beschuldigten durch ermüdende Vernehmungen zu zermürben, ist unter allen Umständen verboten. Nächtliche Vernehmungen sind durch §136a nicht unbedingt ausgeschlossen, falls sie sachlich gerechtfertigt sind und nicht nur Ermüdungszwecken dienen[38]. Das ist etwa der Fall bei Vernehmungen oder Hauptverhandlungen, die zur Besichtigung der Unfallstelle in Verkehrsstrafsachen zur Nachtzeit erforderlich sind[39]. Ansonsten bleiben nächtliche Vernehmungen grundsätzlich suspekt, weil sie den Verdacht begründen müssen, daß die Vernehmung dem Vernommenen „keine Ruhe" lassen soll, also zur Ausnutzung objektiver Ermüdung geschieht. Das zeigt der Fall BGHSt 1 376, der eine Frau betraf, die tagsüber wiederholt bis in die Abendstunden vernommen worden war, am nächsten Tag ebenfalls wiederholt verhört wurde, in den Abendstunden der Ausgrabung der Leiche ihres Kindes „beigewohnt" hatte und nun von einem Kriminalkommissar aus dem Schlaf geholt und von 3 bis etwa 4 Uhr nachts vernommen wurde. Es mag sein, daß die Bekundung des Kommissars zutraf, die Frau habe einen „frischen und keineswegs übermüdeten Eindruck gemacht"; aber das hindert die naheliegende Wahrscheinlichkeit nicht, daß hier zur Aufklärung von Widersprüchen bei einem Tötungsverbrechen „mit jeder nur möglichen Beschleunigung" (BGH) eine möglicherweise objektiv übermüdete Person vernommen wurde. Es erscheint mindestens bedenklich, daß der BGH das hingenommen hat[40].

20 Gleichgültig ist, ob der Vernehmende die Ermüdung zur Beeinflussung der Aussage **absichtlich herbeigeführt** oder ob er eine schon vorhandene Ermüdung ausgenutzt hat[41]. Ohne Bedeutung ist auch, ob der Vernehmende überhaupt erkannt hat, daß ein die Vernehmung unzulässig machender Ermüdungszustand gegeben war. Es kommt nur darauf an, daß der Beschuldigte tatsächlich erheblich ermüdet war[42].

21 Die **nachträgliche Feststellung** der Ermüdung ist nur aufgrund objektiver Anhaltspunkte möglich. Keine Billigung verdient jedoch die Auffassung, dabei könne regelmäßig davon ausgegangen werden, daß der Vernommene die Aussage verweigert hätte, falls er so ermüdet gewesen sei, daß er sich in seiner Willensfreiheit beeinträchtigt fühlte[43]. Denn gerade der Ermüdete wird nicht ohne weiteres den Weg zur Aussageverweigerung finden, falls er ihn aus anderen Gründen nicht ohnedies scheut (vgl. auch *Hilland* 34).

22 Auch in der **Hauptverhandlung** beurteilen sich die rechtlichen Folgen einer die Willensfreiheit beeinträchtigenden Ermüdung des Angeklagten nach §136a[44]. Die ge-

---

[37] Vgl. *H.W. Schmidt* MDR **1962** 358; KK-*Boujong* 12; LR-*Meyer* in der 23. Aufl.

[38] BGHSt 1 376 = JZ **1952** 86 mit Anm. *Bader* (dazu im folg. Text); KK-*Boujong* 12; *Kleinknecht/Meyer* 5; *Eb. Schmidt* 12; *Roxin* § 25 IV 2b; *G. Schäfer* § 20 IV 2; vgl. auch KMR-*Müller* 7; *Hellwig* Polizei **1950** 334; *Siegert* DRiZ **1953** 100 fordert eine Wiederholung am Tage; kritisch mit guten Gründen *Hilland* 38.

[39] Vgl. BGHSt 12 332. Im entschiedenen Fall war es allerdings nicht nötig, die Verhandlung von 21 Uhr „bis gegen Morgen" fortzusetzen; ablehnend darum *Hanack* JZ **1971** 170 und kritisch KMR-*Müller* 7.

[40] Kritisch oder ablehnend darum *Eb. Schmidt* 12; *Bader* JZ **1952** 88; *von Holstein* MDR **1952** 341; *Hilland* 38 ff.

[41] BGHSt 1 379 = JZ **1952** 86 mit Anm. *Bader*; BGHSt 12 332; KK-*Boujong* 13; *Kleinknecht/Meyer* 8; *Eb. Schmidt* 11 und NJW **1962** 665; *Roxin* § 25 IV 2b; *G. Schäfer* § 20 IV 5a; *Niese* JZ **1955** 220; *Döhring* 212; *Hilland* 35; a.A. *Groß/Geerds* II 146; *Erbs* NJW **1951** 387 die nur die Verstärkung einer bereits vorhandenen Ermüdung für unzulässig halten.

[42] OLG Frankfurt VRS **36** 366; KK-*Boujong* 13; KMR-*Müller* 8; *Kleinknecht/Meyer* 18; *Eb. Schmidt* 12; *H.W. Schmidt* MDR **1962** 358; ebenso offenbar BGHSt 13 60.

[43] So aber *H.W. Schmidt* MDR **1962** 359; LR-*Meyer* in der 23. Aufl.

[44] So wohl auch BGHSt 12 332; *Hilland* 42 (der zu Recht darauf hinweist, daß der Frage bisher wenig Beachtung geschenkt worden ist); LR-*Sarstedt* in der 22. Aufl., Anm. 4b.

Ernst-Walter Hanack

genteilige Auffassung von LR-*Meyer*[23], daß es insoweit nur um eine Frage der Verhandlungsunfähigkeit gehe, deren Fehlen zum absoluten Revisionsgrund des § 338 Nr. 5 führe, überzeugt nicht. Verhandlungsunfähigkeit und willensbeeinträchtigende Ermüdung sind nicht dasselbe (vgl. auch Rdn. 28). Es ist nicht einzusehen und mit nichts zu rechtfertigen, vorhandene Ermüdungen in der Hauptverhandlung anders zu behandeln als bei sonstigen Vernehmungen und für Ermüdungen während der Hauptverhandlung das unbedingte Verwertungsverbot des § 136 a Abs. 3 auszuschließen.

23   **4. Körperliche Eingriffe.** Sie fallen regelmäßig bereits unter den Gesichtspunkt der Mißhandlung (oben Rdn. 18), der Verabreichung von Mitteln, etwa durch Injektionen (Rdn. 24), oder der Quälerei (unten Rdn. 31). Im Sinne des § 136 a ist körperlicher Eingriff jede Maßnahme, die sich unmittelbar auf den Körper einer Person auswirkt, insbesondere die körperliche Unversehrtheit oder das körperliche Wohlbefinden beeinträchtigt. Untersagt sind aber auch völlig schmerzlose und folgenlose körperliche Eingriffe; anderenfalls hätte es ihrer Erwähnung im Gesetz nicht bedurft. Die Anwendung des Polygraphen (Lügendetektor), der ein bloßes Meßgerät ist, stellt keinen körperlichen Eingriff, sondern eine fragwürdige Methode eigener Art dar (unten Rdn. 56). Gleiches gilt für die Phallometrie (Aufzeichnung der Penisreaktion), die bei § 81 a behandelt wird.

24   **5. Verabreichung von Mitteln.** Hierunter fällt jede Einführung von festen, flüssigen oder gasförmigen Stoffen in den menschlichen Körper. Gleichgültig ist, ob die Mittel eingenommen, ob sie Speisen oder Getränken beigefügt, ob sie eingeatmet, eingespritzt, in den Körper eingerieben oder in Körperöffnungen eingeführt werden[45]. In Betracht kommen namentlich berauschende, betäubende, hemmungslösende oder einschläfernde Mittel, aber auch Weckmittel. Dabei ist zu beachten, daß die Verabreichung von Mitteln nicht schlechthin, sondern nur dann verboten ist, wenn sie die Willensfreiheit beeinträchtigende Auswirkungen auf den körperlichen oder geistigen Zustand der zu vernehmenden Person hat. Das ist allein *durch Verabreichung* von Tabak, auch im Rahmen einer anstrengenden Vernehmung, bei einem gesunden Menschen nicht der Fall[46]; die Ausnutzung der Raucherleidenschaft kommt daher nur in anderer Form, nämlich unter dem Gesichtspunkt der Quälerei in Betracht (unten Rdn. 29, 31).

25   Berauschendes Mittel ist auch der **Alkohol.** In geringen Mengen genossen, hat er jedoch keine Auswirkungen auf den psychischen Zustand. Seine Verabreichung sollte vermieden werden, ist aber nicht ausnahmslos unzulässig[47]. Zu den **hemmungslösenden**, betäubenden und einschläfernden Mitteln gehören Amytal, Eunarkon, Evipan, Penthotal, Skopolamin. Derartige Mittel dürfen unter keinen Umständen verabreicht werden. Nach fast allgemeiner Ansicht ist es insbesondere untersagt, sie als „Wahrheitsserum" oder „Plauderdroge" zur Gewinnung wahrheitsgemäßer Aussagen zu benutzen. Denn eine solche **Narkoanalyse**, bei der durch die Beibringung hemmungslösender Mittel eine erhöhte Bereitschaft erzielt wird, sich mitzuteilen, setzt eine nach § 136 a verbotene Auf-

---

[45] *Erbs* NJW **1951** 387 und die ganz h.M. Eingehend zum Ganzen *Hilland* 67 ff.

[46] *G. Schäfer* § 20 IV 5c. Unklar oder anders jedoch BGHSt **5** 290; KK-*Boujong* 15; *Schlüchter* 89; *Roxin* § 25 IV 2b; LR-*Meyer* in der 23. Aufl.; *Hilland* 89 hält die Verabreichung

unter Hinweis auf eine Umfrage unter Strafrichtern bei Drogenabhängigen für ein im Einzelfall unerlaubtes Mittel.

[47] LR-*Meyer* in der 23. Aufl.; anders *Müller/Sax* 6. Aufl., § 69 3d; *Siegert* DRiZ **1953** 99.

hebung der Kraft zur gelenkten Willensbetätigung voraus[48]; dadurch unterscheidet sie sich vom umstrittenen Fall des Lügendetektors.

Untersagt ist auch die Verabreichung von **Weckmitteln** (BGHSt 11 211) wie **26** Benzedrin und Pervitin. Coffein ist zwar ebenfalls ein Weckmittel, gehört seiner Art nach aber nicht zu den Stoffen, deren Verabreichung ausnahmslos verboten ist. Es ist durchaus zulässig, den Beschuldigten bei der Vernehmung eine Tasse Kaffee oder auch mehrere trinken zu lassen. Auch andere Mittel, die nur der Stärkung oder Erfrischung dienen, fallen nicht unter das Verbot des §136 a Abs. 1[49], ebensowenig Medikamente und Injektionen, die unter dem Gesichtspunkt einer medizinischen Therapie den krankhaften Zustand der zu vernehmenden Person bekämpfen sollen, etwa Kopfschmerztabletten oder Spritzen gegen Herz- und Kreislaufschwäche. Die Vernehmung ist aber unzulässig, wenn als Nebenwirkung eine Veränderung des körperlichen oder geistigen Zustandes eintritt, die die Willensentschließung und -betätigung ernsthaft beeinträchtigt. Im übrigen ist bei Vernehmungen, die nur unter Anwendung derartiger Mittel möglich sind, grundsätzlich Vorsicht geboten; sie sollten im Zweifel unterbleiben.

Das Vernehmungsverbot setzt auch hier lediglich voraus, daß durch die Verabrei- **27** chung der Mittel eine **Beeinträchtigung der Willensfreiheit** eintritt. Ob sie vom Vernehmenden bezweckt oder auch nur erkannt worden ist, spielt, wie bei der Ermüdung (Rdn. 20), keine Rolle. §136 a greift bei der Verabreichung von Mitteln jedoch nicht nur ein, wenn der Vernehmende oder (vgl. Rdn. 6, 8) in seinem Auftrag ein anderer sie verabreicht, sondern auch, wenn der Vernommene sie selbst eingenommen hat: Auch wer sich durch Alkohol selbst in den Zustand der Trunkenheit versetzt, darf nicht vernommen werden[50]; entsprechendes gilt bei Einnahme von Rauschgiften im engeren Sinne[51].

Umstritten ist in diesem Zusammenhang jedoch, wann die Vernehmung **Ange-** **28** **trunkener** oder **Süchtiger** gegen §136 a verstößt. Eine verbreitete Meinung bejaht das nur, wenn die Verhandlungsfähigkeit ausgeschlossen ist[52]. Zwar mögen für diese Meinung Gesichtspunkte der Praktikabilität sowie der Umstand sprechen, daß der Vernommene seinen Zustand regelmäßig selbst herbeigeführt hat, also keine „Verabreichung" vorliegt[53]. Aber das alles vermag die Einsicht nicht zu hindern, daß Alkohol- oder Rauschmittelgenuß die Freiheit der Willensentschließung und -betätigung schon erheb-

---

[48] OLG Hamm DRZ **1950** 212; KK-*Boujong* 17; *Kleinknecht/Meyer* 6; KMR-*Müller* 9; *Peters* §41 II 1; 3 und JR **1950** 47; *Roxin* §25 IV 2c; *Maunz/Dürig/Herzog* Art. 2 Abs. 2, 35; *Erbs* NJW **1951** 387; *Less* DRZ **1950** 322; *Niese* ZStW **63** (1951) 199 ff; *Radbruch* FS Sauer 123; *Eb. Schmidt/Schneider* SJZ **1949** 449; *Schönke* DRZ **1950** 145; neuestens eingehend *Hilland* 69 ff; **a.A.** *Sauer* JR **1949** 500; *Siegert* DRiZ **1953** 99; *Schaumann* FS Pfenninger 139 ff will die Narkoanalyse wenigstens zur Persönlichkeitsforschung zulassen; hiergegen mit Recht *Fincke* ZStW **86** (1974) 668 Fußn. 40.

[49] KK-*Boujong* 16; *Kleinknecht/Meyer* 6; KMR-*Müller* 9; *Siegert* DRiZ **1953** 99.

[50] OLG Frankfurt VRS **36** 366; KK-*Boujong* 16; KMR-*Müller* 9; **a.A.** OLG Celle VRS **41** 206, das in solchen Fällen jedenfalls kein Verwertungsverbot für gegeben hält; **a.A.**

auch *Reitberger* Kriminalistik **1965** 17; offengelassen in BGH bei *Dallinger* MDR **1970** 14.

[51] Dazu insbesondere LG Mannheim NJW **1977** 346. Vgl. auch Fußn. 58.

[52] LG Münster StrVert. **1981** 613; KK-*Boujong* 16 (die aber beim Drogenkonsum anders entscheiden, s. unten Fußn. 57); *Eb. Schmidt* NJW **1962** 666; *Dallinger* MDR **1970** 14 Fußn. 7; *Dencker* JuS **1980** 210; LR-*Meyer* in der 23. Aufl. Eingehend und kritisch *Hilland* 82 ff.

[53] Vgl. nur *Dencker* JuS **1980** 210 f, der darum ein Verwertungsverbot nur nach allgemeinen Grundsätzen (bei Verhandlungsunfähigkeit) annimmt und auch den Vergleich zur Unverwertbarkeit einer nicht von den Strafverfolgungsbehörden hervorgerufenen Ermüdung (oben Rdn. 20) für unberechtigt hält.

Ernst-Walter Hanack

lich vor dem Stadium der Verhandlungsfähigkeit beeinträchtigen kann. Und eben dies auszunutzen, verbietet § 136 a (vgl. auch Rdn. 22), so daß die Ausnutzung trotz des scheinbar einschränkenden Gesetzeswortlauts unzulässig ist[54]. Den Justizorganen ist in diesen Fällen auch durchaus zuzumuten, im Ermittlungsverfahren von der sofortigen Vernehmung abzusehen[55], zumal die für Trunkenheitsdelikte entscheidende Blutprobe ja dennoch entnommen werden kann (§ 81 a). Wann aufgrund des Alkohol- oder Drogenkonsums eine relevante Beeinträchtigung vorliegt, hängt stark vom Einzelfall ab. Daß bei einem trinkgewohnten Beschuldigten die Willensfreiheit bei 2 Promille Blutalkoholgehalt noch nicht ernsthaft beeinträchtigt ist[56], wird man, wenn nicht weitere Umstände hinzutreten, wohl noch annehmen können. Als solche weiteren Umstände zu berücksichtigen sind insbesondere Schockzustände nach einem Verkehrsunfall sowie Ermüdungen, die die Schwelle des § 136 a für sich nicht erreichen[57]. Beim Süchtigen ergibt sich eine entsprechende Beeinträchtigung der Vernehmungsfähigkeit noch nicht aus der bloßen Abhängigkeit vom Rauschmittel, wohl aber aus den Wirkungen einer konkreten Intoxikation, etwa der Einnahme kurz vor der Vernehmung oder Festnahme, im übrigen aber auch bei Leistungsausfällen aufgrund starker Entzugserscheinungen[58].

29   § 136 a verbietet nur die Verabreichung, nicht die **Weigerung**, dem Beschuldigten Mittel zu geben. Das Vorenthalten von Zigaretten ist daher insoweit nicht verboten (vgl. BGHSt **5** 290), kann aber, falls es ohne Grund geschieht und der Beschuldigte ein starker Raucher ist, als Quälerei zu werten sein[59], wenn auch gewiß nur unter besonderen Voraussetzungen, insbesondere vielleicht beim Versprechen, nach abgelegtem Geständnis Zigaretten zu geben. Entsprechendes gilt für das Vorenthalten sonstiger Mittel. Handelt es sich um Mittel, die der Vernommene aus gesundheitlichen Gründen benötigt (Verletzung, Krankheit), ist das Vorenthalten Quälerei oder (s. Rdn. 18) ein der „Mißhandlung" gleichzustellendes verbotenes Verhalten.

30   Auch die in der **Hauptverhandlung** bestehende oder eingetretene Beeinträchtigung der Willensfreiheit als Folge der Einnahme von Mitteln, insbesondere des übermäßigen Genusses von Alkohol, ist entgegen LR-*Meyer*[23] nach § 136 a zu beurteilen. Insoweit gilt das gleiche wie bei der Ermüdung (oben Rdn. 22).

---

[54] Es zeigt sich hier insoweit ein beträchtlicher, bislang wohl noch nicht wirklich reflektierter Wertungswiderspruch zwischen dem traditionellen Begriff der Verhandlungsunfähigkeit und den durch § 136a verbotenen Vernehmungsmethoden.

[55] Nach Erkundigungen des Bearbeiters bei einer Anzahl von Strafverteidigern aus den verschiedenen Gebieten der Bundesrepublik wird in der polizeilichen Praxis übrigens meist – wenn auch nicht immer und nicht durchgängig – so verfahren. Ein Fall, in dem in der Hauptverhandlung ein erkennbar angetrunkener oder unter Rauschgifteinfluß stehender Angeklagter oder Zeuge vernommen worden wäre, wußte bezeichnenderweise keiner der befragten Anwälte zu nennen.

[56] So BGH bei *Dallinger* MDR 1970 14 = Blutalkohol **1970** 404 mit Anm. *Händel*; zustimmend KK-*Boujong* 16; **a.A.** *Hilland* 87, der im Hinblick auf das „Höchstmaß an Konzentration", das die Vernehmung dem Beschuldigten abverlangt, die Grenze bei 1,3 ‰ ansetzt.

[57] Im wesentlichen ebenso *Dahs/Wimmer* NJW **1960** 2218; LG Mannheim NJW **1977** 346 hält die Verwertung der Aussage eines Zeugen, der sich durch Rauschgiftkonsum im Zustand zumindest verminderter Willens- und Entscheidungsfreiheit befindet, für unzulässig; dem zustimmend KK-*Boujong* 16 (vgl. aber oben Fußn. 52); KMR-*Müller* 9; *Benfer* Grundrechtseingriffe im Ermittlungsverfahren (1982) 618.

[58] Näher dazu *Täschner* NJW **1984** 641; *Glatzel* StrVert. **1981** 191; vgl. auch BGH NStZ **1984** 179.

[59] KK-*Boujong* 18; KMR-*Müller* 7; *Schlüchter* 90; *Erbs* NJW **1951** 387; *Hilland* 93. Vgl. aber auch Rdn. 24 mit Fußn. 46.

6. Quälerei. Die Zufügung körperlicher Schmerzen fällt bereits unter den Begriff **31** der Mißhandlung (oben Rdn. 18), kann freilich bei längerer Dauer oder wiederholter Zufügung zugleich Quälerei sein (zur Überschneidung und Abgrenzung der beiden Alternativen s. Rdn. 18 a. E.; vgl. auch Rdn. 16). Die „bloße" Quälerei erfaßt daher nur die, typischerweise länger andauernde oder sich wiederholende Verursachung oder Herbeiführung seelischer Schmerzen oder Leiden. Darunter fällt namentlich die längere Zeit dauernde entwürdigende Behandlung durch schwere Kränkungen, also etwa durch Beschimpfungen und fortgesetztes Anschreien, aber auch Dunkelhaft oder Erzeugung von Angst und Hoffnungslosigkeit[60]. Immer ist jedoch erforderlich, daß es sich um eine im Rahmen der Vernehmung unangemessene Einwirkung handelt. Nicht ohne weiteres unzulässig ist es daher, den Beschuldigten auf die Leiden seiner Opfer oder auf die mißliche Lage hinzuweisen, in die er sich selbst und seine Familie gebracht hat[61]. Auch die Erörterung ekelerregender Sachverhalte verstößt nicht gegen §136a, wenn sie sich nicht vermeiden läßt, kann jedoch zur Quälerei werden, wenn mit ihrer Hilfe unnötigerweise ein seelischer Druck ausgeübt wird. Die als quälend empfundene Befragung von Zeugen, etwa zu den Einzelheiten eines Sexualdelikts oder zur sexuellen Vergangenheit eines Vergewaltigungsopfers (dazu *Helmken* StrVert. **1983** 81), ist ebenfalls kein unzulässiges Mittel, wenn sie prozessual geboten ist (vgl. §68a Abs. 1, §244 Abs. 2) und die nötige Form (Vermeidung schwerer Kränkungen, s. im vorigen) wahrt; ansonsten kann sie in krassen Fällen zur Quälerei werden. Wiederholte nächtliche Vernehmungen, die ebensogut am Tag hätten stattfinden können, sprechen regelmäßig für Quälerei[62]. Die Vorenthaltung von Genußmitteln, insbesondere die Ausnutzung der Raucherleidenschaft, kann ebenfalls eine Quälerei bedeuten (oben Rdn. 29). In besonderen Fällen wird auch die Verweigerung der Kontaktaufnahme mit Angehörigen (vgl. §114b) Quälerei sein können (*Hilland* 95 ff).

Auch bei **geringer Zeitdauer** der Einwirkung kann im Einzelfall Quälerei vorlie- **32** gen. So meint *Eb. Schmidt* 8 im Anschluß an *Erbs* NJW **1951** 387, „eine seelische Folter" sei schon durch die wahrheitsgemäße Mitteilung möglich, die Ehefrau sei verhaftet oder die Kinder seien unversorgt[63]. Die Frage, ob oder wann die Mißachtung der besonderen **seelischen Schmerzempfindlichkeit** des Beschuldigten eine Quälerei darstellt, ist sehr umstritten. Der Streit hat sich namentlich an der Entscheidung BGHSt 15 186[64] entzündet. Sie betraf den Fall, daß einem Beschuldigten, der sein „besonders geliebtes" Kind („sein Ein und Alles") getötet hatte, trotz seiner flehentlichen Bitten wiederholt gedroht worden war, er werde zur Leiche des Kindes geführt, wenn er nicht weitere Einzelheiten der Tatbegehung angebe, und der, als er dann tatsächlich zu der Leiche gebracht wurde, dort „schreiend zusammenbrach" und ein (weiteres) Geständnis ablegte. Der BGH hat einen Verstoß gegen §136a in der Form der Quälerei bejaht, weil der Beschuldigte „verfahrensrechtlich Anspruch darauf (habe), daß seine besondere seelische Schmerzempfindlichkeit während der Aufklärung der Tat ... nicht mißachtet" wer-

---

[60] *Erbs* NJW **1951** 387; vgl. auch KK-*Boujong* 18; KMR-*Müller* 7; *Hilland* 90: „schwere unangemessene Einwirkungen auf das Seelenleben".

[61] BGHSt **1** 387; KK-*Boujong* 18; KMR-*Müller* 7; *Erbs* NJW **1951** 387; vgl. auch *Peters* 41 II 3 (S. 314). Der Fall BGHSt **14** 190, der in diesem Zusammenhang auch genannt wird, betraf ein anderes Problem.

[62] KK-*Boujong* 18; strenger LR-*Meyer* in der 23. Aufl.; „sind als Quälerei anzusehen"; vgl.

auch KMR-*Müller* 7; *von Holstein* MDR **1952** 341 und im übrigen oben Rdn. 19.

[63] Zust. KK-*Boujong* 18; LR-*Meyer* in der 23. Aufl.; kritisch *Hilland* 103, der auf die Intention des Vernehmenden abstellt.

[64] = LM Nr. 12 zu §136a mit Anm. *Martin*; näher zu der Entscheidung *Händel* und *Rottberg* Strafrechtspflege und Strafrechtsreform (Bundeskriminalamt 1961) S. 221 und 241; *Wentzky* Kriminalistik **1964** 240; *Hanack* JZ **1971** 170; *Hilland* 97 ff.

Ernst-Walter Hanack

de[65]. Das ist im Ergebnis schon deswegen richtig, weil der Beschuldigte durch Ausnutzung dieser Schmerzempfindlichkeit zu einer Aussage gebracht wurde, die er (wenn auch mit Hinweis auf Erinnerungslücken) von sich aus nicht machen wollte. In derartiger Weise die Entschließungsfreiheit des Beschuldigten zu brechen, ist den Strafverfolgungsbehörden grundsätzlich nicht gestattet und darum bei hinreichender Stärke des Drucks und der Schmerzempfindlichkeit Quälerei[66]. Insofern enthält das Urteil des BGH, entgegen verbreiteten Tendenzen im Schrifttum, in seiner Kernaussage nicht nur die Entscheidung eines Falls mit Ausnahmecharakter; es erlaubt, wiederum entgegen verbreiteten Tendenzen, auch keine Relativierung dieser Kernaussage im Hinblick auf angebliche Notwendigkeiten oder Erfordernisse der Verbrechensaufklärung. Was für den Beschuldigten gilt, sollte eigentlich erst recht für den Zeugen richtig sein. Merkwürdigerweise macht die Rücksichtnahme auf seine besondere seelische Schmerzempfindlichkeit aber mehr Mühe, wenn der Zeuge zur Verweigerung der Aussage nicht berechtigt ist. Da das Verbot der Quälerei als Ausprägung des Grundrechts der Menschenwürde (oben Rdn. 3) auch für ihn besteht, wird man annehmen müssen, daß seine Pflicht, zur Sachaufklärung beizutragen, insoweit ebenfalls Grenzen unterliegt. Die Einzelheiten sind ersichtlich ungeklärt.

7. Täuschung

33   **a) Allgemeines.** Das in der Praxis wohl schwierigste Merkmal des § 136 a ist das der Täuschung. Dies dürfte zum einen daran liegen, daß die Täuschung zwar rechtsstaatlich bedenklich erscheint, aber nicht ohne weiteres die Menschenwürde verletzt[67]. Es dürfte zum anderen — und im Zusammenhang damit — darauf beruhen, daß ein gewisses Maß an Verschleierung oder unterlassener Offenlegung („im dunkeln tappen lassen") in der Regel geradezu zum Wesen einer strafrechtlichen Vernehmung gehört. So besteht in Rechtsprechung und Lehre Einigkeit, daß das Merkmal restriktiv auszulegen ist[68], weil nur eine „vorsichtig einschränkende Auslegung hier Ergebnisse vermeidet, die die Ermittlungtätigkeit der Strafverfolgungsbehörden lahmlegt" (*Eb. Schmidt*). Aber die Frage, nach welchen Kriterien und in welchem Maß eine solche Einschränkung zu erfolgen hat, ist bis heute offen und umstritten; abstrakt läßt sie sich auch kaum befriedigend lösen. Die früher verbreitete Unterscheidung zwischen groben Lügen und feineren Listen, die sich ohnedies nicht vermeiden ließen[69], führt nicht weit und ist

[65] Dem zustimmend z. B. KK-*Boujong* 18; KMR-*Müller* 7; *Eb. Schmidt* Nachtr. I 6 („klassisches Beispiel" für Quälerei); *Döhring* 216. Skeptisch, ablehnend oder doch auf die ganz besonderen Umstände abstellend z. B. LR-*Sarstedt* in der 22. Aufl.; LR-*Meyer* in der 23. Aufl.; *G. Schäfer* § 20 IV 5 b; *Geerds* 19.

[66] Wenn nicht gar die Ausübung verbotenen Zwangs i. S. von § 136a Abs. 1 Satz 2, da eine Pflicht des Beschuldigten zur „Anerkennung" der Leiche i. S. des § 88 Satz 2, die anderen Notwendigkeiten dient, hier ausschied. Aus § 88 Satz 2 den Umkehrschluß zu ziehen, daß die besondere seelische Schmerzempfindlichkeit unbeachtlich sei, verbietet sich; anders wohl *Kleinknecht/Meyer* 7; *Schlüchter* 90; *Kühne* 534 Fußn. 30. — Ob im Fall des

BGH auch eine strafbare Handlung nach § 343 oder § 240 StGB vorlag, mag hier offen bleiben.

[67] *Otto* GA **1970** 290; *Kühne* Strafprozessuale Beweisverbote 129; vgl. auch *Puppe* 289, die im übrigen meint, daß die Täuschung das einzige Merkmal des § 136a sei, das nicht unter § 343 StGB falle (was *Rüping* JR **1974** 137 kritisiert).

[68] *Eb. Schmidt* 13; KK-*Boujong* 19; *Roxin* § 25 IV 2e; *Baumann* GA **1959** 34; *Dallinger* SJZ **1950** 734; *Erbs* NJW **1951** 388; *Otto* GA **1970** 294; *Pauli* DRZ **1950** 469; *Puppe* 288; kritisch zur Methode der Einschränkungsbemühungen *Hilland* 106.

[69] *Eb. Schmidt* 13; *Siegert* DRiZ **1953** 98; *Buchert* Kriminalistik **1972** 41; LR-*Sarstedt* in der 22. Aufl.

schon deswegen fragwürdig, weil gerade die feineren Methoden der Täuschung im Einzelfall auf die Willensfreiheit besonders nachhaltig wirken können[70]. Aber auch der vielbenutzte Begriff der List selbst bleibt unscharf und problematisch[71]. So wird man — ohne auch dadurch zu eindeutigen Lösungen zu kommen — zur näheren Abgrenzung vor allem auf das zentrale Erfordernis des §136a abzustellen haben, daß Vernehmungsmethoden verboten sind, die die Freiheit der Willensentschließung oder Willensbetätigung im Kern beeinträchtigen[72]; insoweit ist wesentlich, ob die Freiheit des Beschuldigten, das Ob und Wie seiner Aussage zu bestimmen, dadurch verletzt wird, daß er „durch Täuschung" zu Äußerungen veranlaßt wird, die er freiwillig, aber aufgrund falscher Vorstellungen abgibt (OLG Köln GA 1973 119). Daneben ist für die Interpretation des Begriffs im Einzelfall aber auch der Vergleich mit dem Gewicht der anderen durch §136a verbotenen Methoden nützlich.

b) Möglicher Gegenstand der Täuschung. Falsche Vorstellungen in dem umschriebenen Sinne können sich auf Rechtsfragen, auf Tatsachen jeder Art, aber auch auf die Absichten des Vernehmenden beziehen. Eine unzulässige Täuschung über **Rechtsfragen** (dazu KMR-*Müller* 11) liegt z.B. vor, wenn dem Beschuldigten vorgespiegelt wird, er werde als Zeuge vernommen (allg. M.), er sei zur Aussage verpflichtet[73], er müsse die Wahrheit sagen (vgl. §136, 41 ff), die ihm vorgeworfene Tat könne allenfalls mit einer Geldstrafe geahndet werden (unten Rdn. 42), sein Schweigen könne als Beweis seiner Schuld gelten (*Wessels* JuS 1966 171), ein Geständnis werde unter allen Umständen strafmildernd berücksichtigt, die Strafvereitelung in bezug auf einen nahen Angehörigen sei strafbar. Eine unzulässige Täuschung über **Tatsachen** liegt vor, wenn sie sich auf das Ob und Wie der Aussage auswirken kann, z.B. durch die unwahre Behauptung, der Mittäter habe bereits gestanden, mehrere Belastungszeugen hätten ausgesagt, das Überführungsmaterial sei gefunden worden (allg. M.). Eine unzulässige Täuschung über **Absichten** des Vernehmenden ist gegeben, wenn er den falschen Eindruck erweckt, er werde die Aussage in bestimmter Weise behandeln, z.B. daraus keine für den Beschuldigten nachteiligen Folgen ziehen (BGH bei *Dallinger* MDR 1954 17). Nicht verboten ist dem Vernehmenden jedoch, dem Beschuldigten eine freundliche Gesinnung vorzuspiegeln[74]. Denn es liegt geradezu in der Natur der Sache, daß der Vernehmende mit dem Beschuldigten meist etwas durchaus Unerfreuliches vorhat: Er will ihn zur Angabe von Tatsachen veranlassen, von denen er in der Regel annimmt oder annehmen muß, daß ihr Bekanntwerden für den Beschuldigten unangenehme Folgen hat. Ein geschickter Vernehmungsbeamter wird diese Seite der Vernehmung nicht in den Vordergrund rükken, sondern im Gegenteil bestrebt sein, sie aus dem Bewußtsein des Beschuldigten zu verdrängen. Eine Täuschung im Sinne des §136a Abs.1 liegt darin ebensowenig wie im wirklichen oder vermeintlichen Bekunden von Verständnis für die Lage des Vernommenen.

c) Absichtliche Täuschungen. Das Verbot der Täuschung in §136a Abs.1 kann **35** und will nicht jede kriminalistische List bei Vernehmungen verbieten. Die Vorschrift

---

[70] *Puppe* 290; auch *Eb. Schmidt* Nachtr. I 10 ist später von ihr abgerückt; gegen sie z.B. auch *Otto* GA 1970 96; *Walder* 160; *Rogall* Der Beschuldigte 209; *Rieß* JA 1980 296.

[71] *Hilland* 108. Eingehend zur List als Täuschungsmittel *Puppe* 289.

[72] *Puppe* 297 (die dann S. 305 freilich weiter zu dem Schluß kommt, daß §136a den Schutz vor Geständniserschleichung gar nicht über-

nehmen könne); *Otto* GA 1970 299; *H. Schmidt* Kriminalistik 1971 315; *Siegert* DRiZ 1953 100; vgl. auch *Kleinknecht/Meyer* 8; *Peters* §41 II 3; *Roxin* §25 IV 2e.

[73] OLG Oldenburg NJW 1967 1098; allg. M, z.B. *Otto* GA 1970 301; *Eb. Schmidt* NJW 1968 1217.

[74] Vgl. BGH NJW 1953 1114; dazu *Puppe* 298 Fußn. 36; vgl. auch KK-*Boujong* 20.

Ernst-Walter Hanack

schließt jedoch aus, daß diese „List" darin besteht, den Beschuldigten oder Zeugen anzulügen. Falsche Angaben über Rechtsfragen und das bewußte Vorspiegeln oder Entstellen von Tatsachen sind daher nach ganz h. M. zu Recht ausnahmslos untersagt[75]. Dabei ist auch nicht zwischen groben Lügen und feineren „Überlistungen" zu unterscheiden (Rdn. 33). Bei geringfügigen Verdrehungen der Wahrheit kann nur zweifelhaft sein, ob sie die Willensfreiheit des Beschuldigten überhaupt beeinträchtigen; das richtet sich nach den Gegebenheiten des Einzelfalls. Bei beabsichtigten Täuschungen ist auch nicht nach der Stellung des Vernehmenden zu unterscheiden. Die Annahme, zwar sei dem Gericht jede Täuschung verboten, nicht aber der Polizei oder der Staatsanwaltschaft, widerspricht dem Gesetz und der rechtsstaatlichen Einbindung der verschiedenen Strafverfolgungsorgane in das Verfahren[76]. Soweit List nicht im bloßen Verschweigen von Tatsachen besteht (Rdn. 37), darf sie daher nur darin liegen, daß der Vernehmende Fragen stellt, deren Hintergrund der Beschuldigte nicht durchschaut oder verkennt, selbst wenn ihn das Verkennen zu falschen Folgerungen führt (vgl. auch unten Rdn. 38). Dazu gehört jedoch nicht, daß der Vernehmende bewußt doppeldeutige Erklärungen abgibt oder in einer Weise fragt, die den Beschuldigten „bei geringer Aufmerksamkeit und Intelligenz" zu falschen Schlußfolgerungen bringt[77]. Das Spekulieren mit solchen Methoden, insbesondere mit der unterschiedlichen Aufmerksamkeit oder Intelligenz des Vernommenen, bedeutet vielmehr grundsätzlich eine untersagte Täuschung, weil es darauf abzielt, seine intellektuellen oder sonstigen Schwächen gezielt zur Mißachtung seiner Willensfreiheit auszunutzen; es kann nicht sein, daß die erlaubte „List" von diesen Schwächen abhängt, also z. B. der Minderbegabte eher „überlistet" werden darf als andere.

36   **d) Verschweigen von Rechten und von Tatsachen.** Das Gesetz verpflichtet Richter, Staatsanwälte und Polizeibeamte zu vielfältigen **Belehrungen** von Beschuldigten und Zeugen über ihre allgemeinen und besonderen Rechte. Das Verschweigen dieser Rechte ist unzulässig. Man wird jedoch das Unterlassen einer vorgeschriebenen Belehrung prinzipiell nicht als Fall der verbotenen Täuschung nach § 136 a verstehen dürfen. Das Gesetz bringt nicht zum Ausdruck, daß die Verletzung von Belehrungspflichten, die im übrigen auch unterschiedliche Bedeutung haben, generell das schroffe Verwertungsverbot des § 136 a Abs. 3 nach sich ziehen soll; so ist die Entscheidung über die Folgen einer solchen Verletzung nach anderen Gesichtspunkten zu treffen (näher § 136, 53 ff). Das muß im Einzelfall selbst dann gelten, wenn sich nachweisen läßt, daß die Belehrung bewußt unterlassen worden ist. Anders ist die Sachlage jedoch dann, wenn dem Vernehmenden erkennbar ist, daß der Vernommene aufgrund der unterlassenen Belehrung an eine in Wahrheit nicht bestehende Aussagepflicht glaubt. Einen derartigen, von ihm erzeugten oder auch nur ausgenutzten Irrtum über das zentrale Recht eines Beschuldigten oder Zeugen darf das Strafverfolgungsorgan nicht ausnutzen[78]; tut er es doch, verstößt er gegen § 136 a.

---

[75] OLG Köln MDR **1972** 965; KK-*Boujong* 19; *Peters* § 41 II 3; *Roxin* § 25 IV 2e; *Schlüchter* 95; *Kleinknecht* JZ **1953** 534; *Laux* SchlHA **1951** 39; *Walder* 160; eingehend und differenzierend *Puppe* 301 ff, 304, die Täuschungen ausnehmen will, die den Beschuldigten einer Lüge überführen.

[76] Heute ganz h.M; vgl. schon *Radbruch* FS Sauer 126; *Eb. Schmidt* Nachtr. I 4; anders jedoch *Siegert* DRiZ **1953** 100.

[77] So aber LR-*Meyer* in der 23. Aufl. im Anschluß an *Siegert* DRiZ **1953** 100; dem zustimmend *Kube/Leineweber* 173; dagegen *Puppe* 298; vgl. auch *Hilland* 108.

[78] BayObLG NJW **1979** 2625 (für Zeugen). Ebenso KK-*Boujong* 22; *Kleinknecht/Meyer* 8; KMR-*Müller* 11; *Eb. Schmidt* JR **1961** 71; *Walder* 124; vgl. auch *Kühne* 534.

Sein Wissen über **Tatsachen** darf der Vernehmende grundsätzlich verschweigen. **37** Denn die Vernehmung verfolgt unbeschadet des §136 Abs. 2 (vgl. im folg. Text) nicht den Zweck, den Vernommenen davon zu unterrichten, was der Vernehmende von der Tat weiß; es ist gerade umgekehrt. Das Unterdrücken von Tatsachen, das Täuschen durch Unterlassen, ist daher regelmäßig zulässig[79]. Der Vernehmende darf zwar niemals die Unwahrheit sagen; aber was er dem Beschuldigten oder Zeugen von der Wahrheit sagt, ist keine Frage des §136 a. Er braucht darum zu Beginn der Vernehmung nicht „die Karten aufzudecken"[80], insbesondere nicht von vornherein deutlich zu machen, in welchen tatsächlichen oder rechtlichen Zusammenhang er die Tatsachen zu gestellen gedenkt, nach denen er fragt. Ebenso darf er Einzelheiten aus ihrem verfänglichen Zusammenhang lösen und sie entweder zusammenhanglos oder in anderer Verbindung erörtern[81]. Hat etwa der Beschuldigte am Tatort einen Fingerabdruck hinterlassen, so ist es nicht erforderlich, ihm das alsbald vorzuhalten (und ihm dadurch Gelegenheit zu geben, das Hinterlassen der Spur mit der Behauptung eines harmlosen Besuchs vor der Tat zu erklären). Zur Aufklärung darüber, welche Beweise bereits vorliegen und welche Tatsachen schon ermittelt worden sind, ist der Vernehmende nur im Rahmen der Sollvorschrift des §136 Abs. 2 verpflichtet (näher dort Rdn. 34). Zum Verschweigen bzw. zur Ausnutzung einer „Hörfalle" vgl. schon oben Rdn. 13.

e) Ausnutzung eines Irrtums. §136 a greift bei der Tatsachenaufklärung grund- **38** sätzlich nur ein, wenn der Vernehmende in Richtung auf die Erregung eines Irrtums ursächlich hinwirkt (*Eb. Schmidt* NJW **1962** 665). Zur Aufklärung des Beschuldigten über den Ermittlungsstand sind die Strafverfolgungsbehörden selbst dann nicht verpflichtet, wenn dieser bei der Vernehmung erkennbar von irrigen Vorstellungen ausgeht. Auch an Schlußfolgerungen, die den Irrtum verstärken, brauchen sie ihn nicht zu hindern. Fragen des Beschuldigten muß der Vernehmende nicht beantworten. Nach ganz herrschender Meinung darf der Vernehmende den Irrtum des Beschuldigten, bestimmte Tatsachen seien bereits bekannt, bestimmte Beweismittel lägen schon vor, sogar benutzen, um den Beschuldigten durch weitere Fragen zu wahrheitsgemäßen Angaben zu veranlassen[82]. Er darf ihn in seinem Irrtum aber nicht in sonstiger Weise bestärken, insbesondere den Irrtum nicht durch zusätzliche Erklärungen ausweiten oder vertiefen (*Döhring* 205).

Ob entsprechendes auch für irrige Vorstellungen des Beschuldigten von der **recht-** **39** **lichen Bewertung der Tat** gilt, ist wenig untersucht. Nach LR-*Meyer*[23] braucht der Staatsanwalt oder Polizeibeamte solche Vorstellungen nicht richtigzustellen; dies sei Sache des Richters. Das erscheint für den Staatsanwalt schon deswegen nicht zutreffend, weil dieser genau wie der Richter verpflichtet ist, den Beschuldigten auch darauf hinzuweisen, „welche Strafvorschriften in Betracht kommen" (§§163 a Abs. 3, 136 Abs. 1 Satz 1). Schon daraus ergibt sich für ihn (wie für den Richter) auch die Pflicht, grobe Fehlvorstellungen des Beschuldigten, die er nicht erzeugen darf (unten Rdn. 42), richtigzustellen, also nicht durch Schweigen auszunutzen. Obwohl für Polizeibeamte eine entsprechende Hinweispflicht nicht gilt (§136, 2), wird man aber auch bei ihnen annehmen

---

[79] OLG Bremen VRS **36** 182; NJW **1967** 2023; KK-*Boujong* 21; *Laux* SchlHA **1951** 39; *Rejewsky* NJW **1967** 2000; vgl. auch KMR-*Müller* 10; *Eb. Schmidt* NJW **1968** 1217; *Hilland* 116.

[80] OLG Köln MDR **1972** 965; *Eb. Schmidt* Nachtr. I 13; KK-*Boujong* 20. Vgl. auch §136, 17.

[81] LR-*Meyer* in der 23. Aufl.; *Buchert* Kriminalistik **1972** 41; KK-*Boujong* 20; vgl. auch *Puppe* 303; unsicher, aber kritisch *Hilland* 117.

[82] OLG Köln NJW **1972** 965; *Erbs* NJW **1951** 388; *Groß/Geerds* 146; *Hilland* 116; vgl. auch KK-*Boujong* 21, 22; *Kleinknecht/Meyer* 8; KMR-*Müller* 10.

Ernst-Walter Hanack

müssen, daß sie verpflichtet sind, erkennbare Fehlvorstellungen über die rechtliche Einstufung der Tat, die der Aussagebereitschaft des Beschuldigten zugrunde liegen, in Frage zu stellen; denn die heutigen Grundsätze rechtsstaatlichen Verfahrens begründen ein berechtigtes Vertrauen des Bürgers, auch von der Polizei nicht über die zentralen Grundlagen des rechtlichen Zusammenhangs seiner Vernehmung im dunkeln gehalten zu werden.

40　　　Einen erkennbaren **Irrtum über die Aussagefreiheit** muß der Vernehmende stets beseitigen (oben Rdn. 36).

41　　　**f) Unbeabsichtigte Täuschungen.** Umstritten und fraglich ist, ob auch die unbewußte Täuschung, insbesondere das fahrlässige Erregen eines Irrtums, unter die Verbote des § 136 a fällt. Eine verbreitete Meinung nimmt das jedenfalls für die fahrlässige Irrtumserregung an[83]. Die zu der Frage ergangenen Entscheidungen betreffen jedoch sämtlich Fälle der Irreführung bei *Prozeßerklärungen* (oben Rdn. 14). Daß es hierbei auf eine Täuschungsabsicht des Gerichts nicht ankommt, ist richtig. Das besagt aber nicht, daß entsprechendes auch für unbewußte Irreführungen anderer Art, also die von § 136 a erfaßten Vernehmungen, gelten muß. Insoweit ist vielmehr zu bedenken, daß schon der Begriff der Täuschung ein finales, auf absichtliche Einstellung ausgerichtetes Moment enthält. Zu bedenken ist weiter, daß zwar auch der fahrlässig verursachte Irrtum in die Sphäre der Justiz fällt, aber mindestens doch nicht in dem Maße mit dem Makel einer Mißachtung der Menschenwürde behaftet ist wie die gezielte Irreführung. Zu bedenken ist schließlich, daß man über die Frage, ob ein Irrtum auf Fahrlässigkeit beruht, oft wird streiten können, es aber im Grunde, wenn man die unbeabsichtigte Täuschung überhaupt reichen läßt, darauf gar nicht ankommen kann, sondern allein auf die „objektive Täuschung". Sie immer reichen zu lassen, wenn der Irrtum die Aussagefreiheit des Vernommenen berührt, ginge sehr weit, zumal dann jeder Vorhalt gefährlich wäre und es auch nicht darauf ankommen dürfte, ob sich der Irrtum noch während oder erst irgendwann nach der Vernehmung herausstellt.

42　　　So sprechen, unbeschadet aller Mißbrauchsmöglichkeiten, die besseren Gründe dafür, eine **Täuschung** grundsätzlich nur anzunehmen, **wenn** die **Wahrheit bewußt** und absichtlich **entstellt** wird[84]. Erhält etwa der Polizeibeamte während der Vernehmung des Beschuldigten ein Fernschreiben, dem dieser durch eine irrtümliche Erklärung des Beamten oder auch von sich aus entnimmt, daß der Mittäter gefaßt worden sei, und legt er daraufhin ein Geständnis ab, so ist es verwertbar. Anderes wird nur gelten müssen, wenn es sich um Rechtsfragen handelt (LR-*Meyer* [23]): Erklärt der Vernehmende dem Beschuldigten irrig, er könne die Tat ruhig gestehen, weil sie nach geltendem Recht nicht strafbar sei oder nur mit einer Geldbuße geahndet werde, muß das hierauf abgelegte Geständnis unverwertbar sein. Denn auf die Richtigkeit von Rechtsauskünften hat der Beschuldigte einen Anspruch; es wäre rechtsstaatlich nicht akzeptabel, Angaben zu

---

[83] OLG Bremen JZ **1955** 680 (mit zust. Anm. *Eb. Schmidt*) und NJW **1967** 2023; OLG Düsseldorf NJW **1960** 210 mit Anm. *Feldmann* und *Mölders*; OLG Hamm VRS **11** 448 und NJW **1960** 1967; *Eb. Schmidt* Nachtr. I 13 und NJW **1968** 1217 Fußn. 75; *Grünwald* NJW **1960** 1942; *Kunert* MDR **1967** 541; *Siegert* DRiZ **1953** 101; *Puppe* 295 f will auch nicht vorsätzliche Irrtumserregung durch standardisierte Zeichen erfassen und *Hilland*

108 ff jede objektive Täuschung, die einen vernünftigen Menschen zu einem bestimmten Vernehmungsverhalten veranlaßt.
[84] OLG Oldenburg NJW **1967** 1098; LG Verden MDR **1975** 950 (dazu aber oben Rdn. 13); KK-*Boujong* 23; *Kleinknecht/Meyer* 8; KMR-*Müller* 10; *Bindokat* NJW **1956** 51; *Otto* GA **1970** 299; *Rejewsky* NJW **1967** 2000. BGHSt **22** 175 läßt die Frage unentschieden.

seinem Nachteil zu berücksichtigen, die er nur im Vertrauen auf solche Auskünfte gemacht hat (vgl. auch oben Rdn. 39). Die Frage, ob der Vernehmende die Auskünfte aus Unkenntnis oder böser Absicht gegeben hat, kann nicht entscheidend sein.

g) Suggestivfragen. Versteht man unter dem, oft durchaus unklar verwendeten Be- **43** griff Fragen, die eine bestimmte Antwort ohne Rücksicht auf ihre sachliche Richtigkeit aus psychologischen Gründen nahelegen (*Hilland* 122), erscheint bedenklich, daß eine verbreitete Meinung[85] solche Fragen ohne weiteres insbesondere deswegen für zulässig hält, weil sie die Willensentschließung oder -betätigung des Beschuldigten im Zweifel nicht beeinträchtigen könnten[86]. Richtigerweise wird man Suggestivfragen, die systemwidrig auf eine spezielle Überrumpelung Minderbegabter hinauslaufen, im Einzelfall als unzulässige Täuschung ansehen müssen[87] und im übrigen absichtlich verwirrende Fragen, die schon eine gezielte Irrtumserregung enthalten[88]. Eine exakte Grenze von praktischem Wert ist gerade hier abstrakt kaum zu ziehen. Vgl. auch unten Rdn. 58. Nahe liegt es im übrigen, im Hinblick auf ihre unterschiedlichen Pflichten im Verfahren die Grenze bei Beschuldigten anders als bei nicht zur Aussageverweigerung berechtigten Zeugen und bei Sachverständigen zu bestimmen (*Hilland* 123 ff).

h) Heimliche Tonbandaufnahmen während einer Vernehmung, bei der der Ver- **44** nommene sich darüber im klaren ist, daß seine Erklärungen niedergeschrieben werden, sind zur Beeinträchtigung seiner Willensfreiheit in aller Regel nicht geeignet (*Siegert* DRiZ **1955** 103). Sie lassen sich daher, wenn überhaupt, nur als ein der Täuschung gleichzustellender Verstoß besonderer Art (vgl. Rdn. 17) ansehen. Dies entspricht im Ergebnis in der Tat der seit langem herrschenden Meinung, die schon vor Einführung des §201 bzw. des §298 a. F. StGB im Jahre 1967 überwiegend angenommen hat, daß es verboten ist, die Vernehmung des Beschuldigten oder Zeugen auf Tonband aufzunehmen, wenn ihm dies verschwiegen oder wenn ihm sogar zugesichert wurde, ein Tonband werde nicht laufen[89]. Die heute verbreitete Ansicht, daß die Strafvorschrift des §201 StGB, die auch für Verhörspersonen gilt, diese Auffassung stütze, ist zwar naheliegend (weil für den Geist der Rechtsordnung bezeichnend), aber für sich nicht zwingend, da das strafrechtliche Verbot noch nichts über die prozessuale Konsequenz besagt. So läßt sich die h. M. letztlich nur mit dem Gesichtspunkt der Menschenwürde (Rdn. 3) begründen und muß von daher auch die **Ausnahmen** bestimmen, die sie über die §§ 100 a, 100 b hinaus anerkennt, wenn die heimliche Tonbandaufnahme in Fällen schwerer Kriminalität bezweckt, einen Straftäter (Geiselnehmer, Erpresser) zu identifizieren oder die Ent-

---

[85] LR-*Meyer* in der 23. Aufl.; *Roesen* NJW **1958** 978; wohl auch *Kleinknecht/Meyer* 8; *Hellwig* 274 empfiehlt ihre Verwendung sogar ausdrücklich.

[86] Gegen ihre Zulassung *Eb. Schmidt* DRiZ **1960** 427; Bedenken erhebt auch *Reitberger* Kriminalistik **1965** 16; vgl. auch *Peters* § 41 II 3.

[87] Ähnlich *Hilland* 124. Bei Kindern hält *Geerds* 168 Suggestivfragen mit Recht stets für unzulässig.

[88] *Roesen* NJW **1958** 978; *Meyer* in der 23. Aufl.; KK-*Boujong* 20 für Fragen, die dem Beschuldigten eine angeblich entlastende Tatsache in den Mund legen; vgl. auch

Kube/Leineweber 172, 173. Instruktiv zur Problematik *Arntzen* Vernehmungspsychologie (1978) 23 ff.

[89] KK-*Boujong* 25; KMR-*Paulus* § 244, 572; *Henkel* JZ **1957** 150; *Kleinknecht* NJW **1966** 1541; *Kohlhaas* NJW **1957** 84 und JR **1960** 247 (anders aber DRiZ **1955** 80); *Nüse* JR **1966** 286; *Eb. Schmidt* JZ **1956** 208; *R. Schmitt* JuS **1967** 21; *Scupin* DÖV **1957** 551; *Siegert* DRiZ **1953** 102 und GA **1957** 265; vgl. auch *Maunz/Dürig/Herzog* Art. 2 Abs. 1 GG, 38 ff m.Nachw.; **a.A.** BGH JZ **1956** 277; LR-*Sarstedt* in der 22. Aufl.; *Hilland* 118 ff in eingehender Darlegung.

Ernst-Walter Hanack

lastung eines zu Unrecht Beschuldigten zu ermöglichen[90]. Mit dem Gesichtspunkt der Menschenwürde muß sie auch den eigentümlichen Widerspruch erklären, der darin liegt, daß die §§ 168 a Abs. 2, 169 b Abs. 2 heute zwar die Aufzeichnung richterlicher und staatsanwaltschaftlicher Vernehmungen durch ein Tonbandgerät als Wortprotokoll auch ohne Zustimmung des Vernommenen gestatten, dies aber nicht für die heimliche Aufnahme gelten soll[91].

45　　　**8. Hypnose.** Ob oder wann die dem Gesetz zugrundeliegende Vorstellung zutrifft, jemand könne durch Hypnose zu Äußerungen gebracht werden, die er sonst nicht machen würde, muß hier offenbleiben. Eine solche Wirkung unterstellt, gleicht die Hypnose infolge der Ausschaltung oder Beeinträchtigung des Bewußtseins der Narkoanalyse (näher *Hilland* 129 f). Ihr Verbot ist, entsprechend dem Gesetzeswortlaut, absolut[92]; es gilt für alle Vernehmungen und für jeden Grad von Hypnose. Eine Ausnahme ist mit *Peters* § 41 II 3 lediglich zur Beseitigung posthypnotischer Hemmungen anzuerkennen, weil dies gerade der Wiederherstellung des freien Willens dient[93]. Suggestivfragen (oben Rdn. 43) sind keine Hypnose.

46　　　**Projektive psychologische Tests,** die unter Umgehung des Bewußtseins der Testperson Informationen vermitteln sollen, sind ebenfalls keine Hypnose; sie dürften ihr auch nicht gleichzustellen oder (vgl. Rdn. 17) sonst als ungeschriebener Fall des § 136 a anzusehen sein[94]. Denn obwohl bei ihnen eine Auswertung von Ansichten und Empfindungen erfolgt, deren sich der Proband selbst nicht bewußt ist: Dies geschieht nicht, wie bei der Hypnose, unter Ausschaltung seines Bewußtseins, und es geschieht wohl auch nicht, wie beim Polygraphen (unten Rdn. 56), gegen seinen möglichen Willen[95] oder in vergleichbar fragwürdiger Weise. Dann aber erscheint es auch nicht berechtigt, die Tests als rechtsstaatswidrige Mißachtung der Menschenwürde anzusehen. In der gutach-

---

[90] Dazu BVerfGE **34** 249 = JZ **1973** 506 mit Anm. *Arzt; Rogall* ZStW **91** (1979) 34 m. Nachw.; vgl. aber auch BGHSt **31** 304 = JR **1984** 254 mit Anm. *Amelung* zur Unverwertbarkeit einer durch § 100a nicht gedeckten Aufnahme eines Telephongesprächs zwischen dem Verdächtigen und einem V-Mann im Rahmen von Rauschgifthandel.

[91] Vgl. *Kurth* NJW **1978** 2484 Fußn. 40; LR-*Rieß* ErgBd. zur 23. Aufl., § 168a, 7; KK-*Boujong* 25; KMR-*Müller* 168a, 3.

[92] KK-*Boujong* 28; *Kleinknecht/Meyer* 9; *Erbs* NJW **1951** 388; *Schönke* DRZ **1949** 204; eingehend *Hilland* 126 ff; **a.A.** *Leß* DRZ **1950** 322 und *Fuchs* Kriminalistik **1983** 2, die sie beim Zeugen, *Hellwig* 218, 298, der sie darüber hinaus beim Beschuldigten im Falle der Zustimmung für zulässig halten. *Fuchs* erklärt die gewonnene Aussage aber für gerichtlich nicht verwertbar. – In der polizeilichen Praxis scheint die Anwendung von Hypnose gelegentlich vorzukommen, vgl. *Fuchs* aaO m.w.Nachw.

[93] Vgl. auch *von Hentig* DJZ **1912** 630; ausdrücklich dagegen *Hilland* 131; weitere Stellungnahmen im Schrifttum sind unsicher oder unklar.

[94] *Kühne* 534, der sie aber wegen des Vergleichs zur Narkoanalyse für nicht unproblematisch hält; wohl auch *Gössel* § 23 B II b 2; vgl. auch *Göppinger* in Göppinger/Witter Hdb. der Forensischen Psychiatrie, Bd. II 1972, S. 1568. Anders noch *Kühne* Strafprozessuale Beweisverbote 56 f; **a.A.** möglicherweise auch *Kleinknecht/Meyer* 9, die eine tiefenpsychologische Behandlung für unzulässig halten, die die gleichen Wirkungen wie eine Hypnose hat; Bedenken auch bei *Eb. Schmidt* Nachtr. I 2 und *Peters* § 40 II 5. Die Frage ist, zumal angesichts der kritischen Abgrenzung zum Lügendetektor, weitgehend ungeklärt. BGHSt **13** 138 hat offenbar Tests in Bezug auf die Triebstruktur ohne weiteres zugelassen.

[95] *Göppinger* aaO. Auf die Ähnlichkeit zum Polygraph weist jedoch OLG München NJW **1979** 604 (vgl. Fußn. 96) hin; vgl. auch *Peters* ZStW **87** (1975) 676.

terlichen Praxis des Strafprozesses werden die Methoden — bei Einwilligung — wohl ganz unbefangen angewendet. Auch das BVerwG und das BAG halten sie für zulässig[96].

9. Zwang. Er darf nach § 136 a Abs. 1 Satz 2 nur angewendet werden, soweit ihn **47** das Strafverfahrensrecht zuläßt. Das ist der Fall, wenn das Erscheinen und die Aussage eines Zeugen (§§ 51, 70) oder Sachverständigen (§ 77) erzwungen werden soll. Der Beschuldigte darf zwar zum Erscheinen vor Gericht (§ 134) und Staatsanwaltschaft (§ 163 a Abs. 3), nicht aber zur Aussage gezwungen werden. Zwangsmittel, die das Gesetz insoweit oder zur Erreichung anderer Zwecke vorsieht (Untersuchungshaft, körperliche Untersuchung, Beschlagnahme), dürfen nicht mißbraucht, also nicht prozeßordnungswidrig angewendet werden; daß sie bei korrekter Anwendung die Aussagewilligkeit des Vernommenen beeinflussen, ist aber ohne Bedeutung[97]. Wird gegen den Beschuldigten kein Zwang ausgeübt, so liegt darin, daß er sich in eine Zwangslage versetzt fühlt, kein Verstoß gegen § 136 a; eine als peinlich, lästig oder ärgerlich empfundene Maßnahme ist als solche noch kein unerlaubter Zwang (*Eb. Schmidt* 7). Auch unangenehme Fragen sind daher nicht wegen einer solchen Wirkung verboten (LG Bremen MDR **1952** 122). Einen Sonderfall des unerlaubten Zwangs regelt § 393 Abs. 1 AO durch das Verbot, im Besteuerungsverfahren zulässige Zwangsmittel nach Einleitung eines Steuerstrafverfahrens einzusetzen.

10. Drohung mit einer verfahrensrechtlich unzulässigen Maßnahme. Eine Dro- **48** hung i. S. des § 136 a Abs. 1 Satz 3 liegt vor beim Inaussichtstellen eines Geschehens, auf dessen Eintritt der Vernehmende Einfluß zu haben behauptet; ob das tatsächlich der Fall ist, spielt keine Rolle[98]. Erfaßt wird auch die konkludente Drohung[99] und diejenige Drohung, die sich gegen eine dem Täter nahestehende Person richtet, gegen die keine von Aufklärungsinteressen getragene hoheitliche Maßnahme erforderlich ist, z. B. die unbeteiligte Ehefrau[100]. Die Drohung mit einer zulässigen Maßnahme ist an sich nicht verboten. Sie ist jedoch nur dann statthaft, wenn der Vernehmende zum Ausdruck bringt, er werde seine Entschließungen allein von den sachlichen Notwendigkeiten abhängig machen, da er sonst mit einer verfahrensrechtlich nicht zulässigen, weil willkürlich angewendeten Maßnahme droht[101]. Unter diesen Voraussetzungen darf z. B. einem Beschuldigten, der einen offenbar Unschuldigen der Täterschaft bezichtigt, ein Strafverfahren nach § 164 StGB, einem Zeugen, der allem Anschein nach falsch aussagt, ein Strafverfahren wegen Meineids, uneidlicher Falschaussage oder Strafvereitelung angedroht werden[102]. Auch die Drohung mit einer zulässigen vorläufigen Festnahme ist

---

[96] BVerwGE **17** 342 und BAG JZ **1964** 772 (für Eignungsprüfungen zum Führen von Kraftfahrzeugen durch Behörden bzw. Arbeitgeber; dazu *H.J. Schneider* JZ **1964** 750). Äußerst kritisch hingegen OLG München NJW **1979** 603 in einer Familienrechtssache.

[97] Allg. M, z. B. KK-*Boujong* 29; KMR-*Müller* 12; *Erbs* NJW **1951** 388.

[98] KK-*Boujong* 30; *Schlüchter* 92.1; *Grünwald* NJW **1960** 1941; *Hilland* 134 f stellt dabei stark auch auf die Person des Vernommenen ab.

[99] *Hilland* 140: „arglistige" Drohung, z. B. Schreie aus dem Nebenzimmer, die auf Ton-

band abgespielt werden, aber auch das Gespräch zweier Vernehmungsbeamter, in dem sie sich zur Einschüchterung des Vernommenen über angeblich in anderen Fällen angewendeten unlauteren Zwang unterhalten.

[100] Näher dazu *Hilland* 142 ff.

[101] *Eb. Schmidt* Nachtr. I 6, der jedoch zur Vorsicht mahnt; *Roxin* § 20 IV 2 f; LR-*Meyer* in der 23. Aufl.; kritisch *Hilland* 136. Vgl. auch *Schönke/Schröder* § 343, 11.

[102] Vgl. BGH bei *Dallinger* MDR **1956** 527; *Erbs* NJW **1951** 388 hält das für eine bloße Warnung oder Belehrung; vgl. auch BGH bei *Dallinger* MDR **1966** 25.

Ernst-Walter Hanack

regelmäßig nicht verboten[103]. Entsprechendes gilt für den Fall, daß der Beschuldigte sein früheres Geständnis widerruft und ihm darauf erklärt wird, das stehe der in Aussicht genommenen Haftentlassung entgegen. Solche Erklärungen sind jedoch trotz ihrer rechtlichen Zulässigkeit keineswegs unbedenklich. Sie sollten sparsam angewendet und jedenfalls dann unbedingt vermieden werden, wenn auch ohne sie eine Aussage zu erlangen ist[104]. Unzulässig ist es unter allen Umständen, mit einer vorläufigen Festnahme oder mit einer Verhaftung zu drohen, die nach den §§ 112, 127 nicht statthaft wäre, z. B. mit der Festnahme wegen Verdunkelungsgefahr, wenn diese kein Haftgrund wäre (BGH bei *Dallinger* MDR **1971** 18). Auch die Drohung gegenüber einem Jugendlichen, er komme in ein geschlossenes Erziehungsheim, wenn er nicht gestehe[105], ist grundsätzlich unzulässig.

49   **Warnungen, Belehrungen** und **Hinweise** sind nicht einmal Drohungen. Sie unterscheiden sich von ihnen entweder dadurch, daß nicht behauptet wird, die nachteiligen Folgen würden im konkreten Fall eintreten, oder durch die unmißverständliche Erklärung des Vernehmenden, daß er auf den Eintritt dieser Folgen weder Einfluß habe noch nehmen werde (dazu *Eb. Schmidt* 16). Derartige Einwirkungen auf die Entschließungen insbesondere des Beschuldigten, die ihm die Besinnung auf die richtige Wertung seiner Interessen ermöglichen, sind nicht verboten[106], sondern erlaubt und sinnvoll. Die Abgrenzung macht in der abstrakten Umschreibung keine Mühe, wohl aber in der Anwendung auf den Einzelfall und in der Beurteilung von Grenzfällen. Das gilt namentlich für Hinweise auf die **strafmildernden Folgen** im Falle eines geänderten Prozeßverhaltens beim Beschuldigten. Die h. M. ist auch in der Anerkennung solcher Hinweise großzügig. Das ist, trotz der damit möglicherweise verbundenen mittelbaren Einflußnahme, in aller Regel berechtigt bei Vernehmungen im Ermittlungsverfahren, wenn der Vernehmende sich darauf beschränkt, wahrscheinliche Reaktionen des erkennenden Gerichts (wahrheitsgemäß) darzustellen[107]. Es ist jedoch fragwürdig, wenn es sich um Hinweise des erkennenden Gerichts selbst handelt, insbesondere wenn sie in drängender Form erfolgen und darum beim Angeklagten den Eindruck hervorrufen, das Gericht sei, etwa zur Verfahrensbeschleunigung, an einer Änderung seines Prozeßverhaltens interessiert, werde also die Änderung (Geständnis) im Zweifel strafmildernd berücksichtigen[108]. Derartige Hinweise enthalten geradezu notwendig die konkludente Androhung, der Angeklagte werde die mildere Strafe sonst nicht erhalten. Sie bedeuten daher nicht ohne weiteres lediglich eine zulässige „Belehrung über die übliche Strafzumessungspraxis" (so aber LR-*Meyer*[23]), sondern mindestens im Einzelfall zugleich auch die Drohung, dem Prozeßverhalten einen Einfluß auf die Strafzumessung einzuräumen, der ihm nach heutigem Recht nur unter sehr besonderen Voraussetzungen zukommt[109]. Vgl. auch unten Rdn. 55. Noch als zulässig wird man die Belehrung ansehen können, der Beschul-

---

[103] BGH bei *Dallinger* MDR **1953** 723 und MDR **1956** 527; BGH GA **1955** 246; KK-*Boujong* 30; *Henkel* 178; *Roxin* § 25 IV 2 f; **a.A.** *Erbs* NJW **1951** 388, der nur Drohungen mit einer Maßnahme zulassen will, die das Gesetz ausdrücklich zur Beugung des Willens eines zu Vernehmenden vorsieht.

[104] So mit Recht *Döhring* 208; zust. LR-*Meyer* in der 23. Aufl.

[105] Vgl. den Fall bei *Regina Lange* Fehlerquellen im Ermittlungsverfahren (1980) 88.

[106] BGH bei *Dallinger* MDR **1971** 18; KK-*Boujong* 31; *Gössel* § 23 B II b 2; *Henkel* 178;

Schlüchter 92.1; *Peters* § 41 II 3; vgl. auch *Kleinknecht/Meyer* 12 und im folg. Text; kritisch *Hilland* 135.

[107] Vgl. BGHSt 1 387 = JZ **1952** 86 mit krit. Anm. *Bader*; ablehnend *Niese* JZ **1953** 220. – *Grünwald* NJW **1960** 1941 will aus gutem Grund *nur* solche Belehrungen zulassen.

[108] So BGHSt 14 191 = JR **1961** 70 mit Anm. *Eb. Schmidt*. Ablehnend *Grünwald*; *Hanack*; *Sarstedt* (vgl. oben Fußn. 11).

[109] Vgl. zu diesen Grundsätzen z. B. BGH NStZ **1981** 257 und **1983** 118 m.w.Nachw.; BGH StrVert. **1982** 418.

---

digte werde im Fall eines Geständnisses aus berechtigten Sachgründen nicht abgeschoben[110].

11. Versprechen eines gesetzlich nicht vorgesehenen Vorteils. Nach h. M. setzt das **50** Versprechen im Sinne des § 136 a Abs. 1 Satz 3 die Abgabe einer bindenden Zusage voraus, auf deren Einhaltung der Versprechensempfänger vertrauen darf[111]. Das ist zu eng, weil auf die Willensfreiheit des Vernommenen auch oder gerade durch das *Inaussichtstellen* unberechtigter Vorteile unlauterer Einfluß genommen werden kann, so daß ein solches Verhalten nach dem Zweck der Vorschrift reichen muß[112]. Im übrigen stellen sich die Fälle des unzulässigen Versprechens oft auch als verschleierte Drohung dar (so enthält die Zusage der Freilassung die Androhung der weiteren Freiheitsentziehung) und bedeuten vielfach zugleich auch eine Täuschung.

Unter **Vorteil** ist die Herbeiführung eines Zustandes zu verstehen, der vom Emp- **51** fänger des Versprechens als günstig empfunden wird. Das Versprechen kleinerer Annehmlichkeiten (Zusage von Kaffee oder anderen Getränken, eines Mittagessens) ist wohl noch kein Vorteil im Sinne der Vorschrift, jedenfalls aber im allgemeinen nicht geeignet, die Willensfreiheit des Vernommenen zu beeinträchtigen[113]. Es wird, insbesondere beim starken Raucher, nur ausnahmsweise von anderen Alternativen des § 136 a erfaßt (oben Rdn. 24, 29).

Schwierigkeiten bereitet die Frage, was unter einem **unzulässigen Vorteil** zu ver- **52** stehen ist. Die h. M. scheint der Meinung zu sein, daß jeder Vorteil unzulässig ist, der als Gegenleistung für eine Aussage oder den Inhalt einer Aussage gemacht wird[114]. Diese Meinung geht offenbar auf *Eb. Schmidt* 18 zurück, der im Versprechen eines Vorteils, auf der der Beschuldigte ohnedies Anspruch hat, die Androhung eines prozeßordnungswidrigen Verhaltens für den Fall sieht, daß der Beschuldigte die von ihm gewünschte Aussage nicht macht, worin „übrigens zugleich auch eine Täuschung liegen könnte". Aber diese Gleichung geht nicht auf. Gesetzlich nicht vorgesehen ist vielmehr ein Vorteil, der entweder überhaupt nicht oder doch im konkreten Fall rechtlich nicht gewährt werden darf. Darf er gewährt werden, ist es grundsätzlich nicht unzulässig, ihn zu versprechen, selbst wenn dadurch die Willensfreiheit des Vernommenen erheblich beeinflußt wird. Denn das Versprechen eines erlaubten Vorteils enthält keine unlautere Beeinflussung, also nichts, was das Gesetz sinnvollerweise verbieten könnte (ebenso wohl *Schlüchter* 93).

Das Gesetz kennt mittlerweile eine Reihe von Fällen, in denen bei **Straftätern,** **53** **die ihr Wissen offenbaren,** unter bestimmten weiteren Voraussetzungen mildere Strafe oder sogar ein Absehen von Strafe zulässig ist, wobei in den letzteren Fällen gemäß § 153 b auch eine Einstellung des Verfahrens erfolgen kann[115]. Es handelt sich dabei um

---

[110] BGH bei *Holtz* MDR **1979** 637; KK-*Boujong* 30; vgl. auch *Kleinknecht/Meyer* 16. Es handelt sich insoweit auch nicht um ein (mittelbares) Versprechen eines ungesetzlichen Vorteils im Fall eines Geständnisses.

[111] BGHSt 14 191 = JR **1961** 70 mit Anm. *Eb. Schmidt*; OLG Hamm NJW **1968** 955; KK-*Boujong* 32; *Eb. Schmidt* 20; *Erbs* NJW **1951** 389; wohl auch *Roxin* § 25 IV 2 g.

[112] Ebenso *Grünwald* NJW **1960** 1941 unter Hinweis auch auf Unklarheiten der zit. Äußerungen von *Eb. Schmidt* und *Erbs*; *Schlüchter* 93.

[113] *Schlüchter* 94; im Ergebnis auch KK-*Boujong* 32; KMR-*Müller* 15; *Siegert* DRiZ **1953** 100; *Hilland* 138.

[114] So wohl (jeweils nicht völlig klar) LR-*Meyer* in der 23. Aufl. und ihm folgend BVerfG NStZ **1984** 82; wohl auch KK-*Boujong* 32; KMR-*Müller* 15; vgl. auch *Roxin* § 25 IV 2 g.

[115] So insbesondere § 31 BtMG, aber auch §§ 87 Abs. 3, 98 Abs. 2, 99 Abs. 3, 129 Abs. 6 Nr. 2, 129a Abs. 5 StGB. Vgl. im übrigen auch *Eb. Schmidt* 18.

Ernst-Walter Hanack

gesetzlich vorgesehene „Vorteile". Über sie im Rahmen einer Vernehmung zu belehren, ist nicht verboten. Nicht verboten ist es nach dem Gesagten (Rdn. 52) aber auch, diese Vorteile zu versprechen oder wahrheitsgemäß in Aussicht zu stellen, wenn ihre Voraussetzungen vorliegen; insoweit ist daher der „Handel" mit dem staatlichen Strafanspruch, wie immer man darüber denkt, kein Fall des § 136 a. Das alles gilt freilich nur, wenn die Zusage durch die dafür zuständigen Instanzen und innerhalb des ihnen gesetzlich eingeräumten Ermessens erfolgt; denn das Versprechen muß sich immer auf einen Umstand beziehen, der in der Kompetenz des Vernehmenden liegt[116]. Nach wie vor unzulässig, weil im geltenden Recht nicht vorgesehen, ist im übrigen jedoch die Zusage von Straflosigkeit gegenüber einem Mitbeschuldigten oder „Kronzeugen" für den Fall, daß er seinen Komplizen belastet[117]. Unzulässig ist aus dem gleichen Grund das Versprechen, im Fall eines Geständnisses von einer namentlichen Anzeige abzusehen (BGH bei *Dallinger* MDR **1954** 17). Der von einer ausländischen Behörde zugesagte Vorteil ist nur bei einvernehmlichem Zusammenwirken relevant[118].

54   Im Grundsatz entsprechend dem vorigen (Rdn. 53) zu behandeln ist das Versprechen von Vorteilen, die sich für den Vernommenen objektiv ergeben, wenn er bei der Vernehmung **sein Verhalten ändert**. Dazu gehört in erster Linie das Versprechen der Freilassung für den Fall, daß der Beschuldigte die Tat gesteht. Es ist statthaft, wenn Fluchtgefahr nicht besteht und die Verdunkelungsgefahr durch ein Geständnis beseitigt würde[119], nicht jedoch, wenn Fluchtgefahr vorliegt, die durch ein Geständnis nicht berührt werden könnte[120]. Versprechungen, die der Vernehmende selbst nicht gewähren kann, sind, wie bemerkt (Rdn. 53), unzulässig. Daher darf der Polizeibeamte eine Haftentlassung oder Haftverschonung nicht zusagen; bringt er das klar zum Ausdruck, darf er aber versprechen, daß er sich dafür einsetzen wird, wenn das der Wahrheit entspricht. Bietet ein Polizeibeamter dem vorläufig Festgenommenen die Freilassung an, wenn er das Versteck offenbart, verspricht der Beamte dann einen unberechtigten Vorteil, wenn er trotz des Offenbarens den Festgenommenen nach Lage des Falles nicht freilassen dürfte[121]. Entsprechend darf der Sitzungsvertreter der Staatsanwaltschaft einem Zeugen, der sich durch eine wahrheitsgemäße Aussage selbst einer Straftat bezichtigen würde, die Einstellung nach § 154 versprechen, wenn die in Frage stehende Tat im Schuldumfang überschaubar ist und gegen die Anwendung des § 154 auch sonst keine Bedenken bestehen[122].

55   Hinweise auf die **strafmildernden Folgen** eines Geständnisses (vgl. auch oben Rdn. 49) sind nach h. M. keine unzulässigen Versprechungen, sondern zulässige Belehrungen über die übliche Strafzumessungspraxis[123]. Dies kann aber, wie wohl im Fall BGHSt **14** 191, jedenfalls dann nicht gelten, wenn der Hinweis nach Lage der Sache unzutreffend ist, weil dann ein unberechtigter Vorteil in Aussicht gestellt wird (zu des-

---

[116] BGHSt **20** 268 = JZ **1966** 197 mit Anm. *Bader; Eb. Schmidt* 19; *G. Schäfer* § 20 IV 5e; *Geerds/Groß* II 146; *Erbs* NJW **1951** 389. Vgl. auch Rdn. 54.

[117] KK-*Boujong* 32; vgl. auch *Eb. Schmidt* Nachtrag I 18; *Pauli* DRZ **1950** 463.

[118] Vgl. BVerfG NStZ **1984** 82; KK-*Boujong* 3.

[119] BGH bei *Dallinger* MDR **1952** 532; KK-*Boujong* 33; KMR-*Müller* 15; **a.A.** *Peters* § 41 II 3; vgl. auch *Erbs* NJW **1951** 389.

[120] BGHSt **20** 268 = JZ **1966** 179 mit Anm. *Bader;* KK-*Boujong* 33.

[121] Beispiel von *Benfer* Grundrechtseingriffe im Ermittlungsverfahren (1982) 623, der das offenbar stets für unzulässig hält.

[122] BGH bei *Pfeiffer* NStZ **1982** 188; zust. KK-*Boujong* 33; vgl. auch OLG Hamm NJW **1968** 954.

[123] BGHSt 1 387 = JZ **1952** 68 mit Anm. *Bader;* BGHSt **20** 268 = JZ **1966** 197 mit Anm. *Bader;* KK-*Boujong* 33 i. V. mit 31; *Kleinknecht/Meyer* 13; KMR-*Müller* 15; *Roxin* § 25 IV 2 g; *Schlüchter* 93; *Geerds* 21.

sen Gewährung es überdies dann auch meist nicht kommt)[124]. Im übrigen sprechen viele gute Gründe für den verbreiteten Rat[125], daß jedenfalls das erkennende Gericht mit solchen Hinweisen vorsichtig sein und sie in der Regel unterlassen sollte. Denn sie sind vielfach nicht nur überflüssig oder nutzlos (LR-*Meyer*[23]), sondern vor allem auch gefährlich, weil sie, zumal bei den heutigen Grundsätzen der Strafzumessung, das Gericht nahezu unausweichlich in den Teufelskreis zwischen verbotenem Versprechen und verbotener Täuschung führen (vgl. schon oben Rdn. 49).

12. Anwendung des Polygraphen (Lügendetektor). Es handelt sich um eine Apparatur, mit der Blutdruck, Pulsschlag, Atmung und Schweißabsonderung gemessen werden, um anhand der gemessenen Reaktion, die der Vernommene nicht (oder angeblich nicht) zu steuern vermag, Schlüsse auf die subjektive Richtigkeit des Ausgesagten zu ziehen[126]. Die in §136a genannten Beispiele erfassen diese Vernehmungsmethode nicht; sie ist insbesondere nicht, wie LR-*Sarstedt*[22] angenommen hat, als körperlicher Eingriff anzusehen. Nach einer lange Zeit fast allgemein vertretenen, oft nicht gerade emotionsfrei begründeten Ansicht[127] ist die Verwendung des Polygraphen jedoch in sinngemäßer Anwendung des §136a (vgl. oben Rdn. 17) schon deswegen unzulässig, weil der mit ihr verbundene „Einblick in die Seele des Beschuldigten und ihre unbewußten Regungen" (BGHSt 5 335) nicht erlaubt sei und daher auch durch die Einwilligung des Vernommenen nicht statthaft werde[128]. Aber gerade diese Argumentation ist nicht sonderlich überzeugend, zumal die sinnvolle Anwendung der Methode offenbar die völlige innere Zustimmung des Vernommenen zwingend voraussetzt[129] und sich insoweit dann kaum von manchen psychologischen Tests (vgl. Rdn. 46) und von gewissen Explorationen unterscheidet, die zwar nicht unbedingt ungewollte Körpervorgänge registrieren, wohl aber unbewußte Seelenregungen. Im Anschluß an Darlegungen von *Undeutsch*[130] und an eine befremdlich oberflächliche Entscheidung des BVerfG[131] mehren sich daher Stimmen, die — meist im Sinne einer ultima ratio und unter besonderen Kautelen oder

56

---

[124] Eingehend dazu *Grünwald* NJW **1960** 1941 (vgl. auch schon oben bei Fußn. 11).

[125] Z. B. KK-*Boujong* 33; *Eb. Schmidt* Nachtr. I 11; *Geerds/Groß* II 146; LR-*Meyer* in der 23. Aufl.

[126] Zur Entwicklung des Apparats und seinem Funktionieren näher z. B. *Wegner* 9 ff; *Delvo* 18 ff.

[127] Vgl. nur *Radbruch* FS Sauer 123, dem *Eb. Schmidt* Teil I Nr. 102 zustimmt: „Rückfall in die Methoden ... des Inquisitionsprozesses"; „Verrat am rechtsstaatlichen Prozeßdenken".

[128] BGHSt 5 332; OLG Hamm DRZ **1950** 212; aus dem älteren Schrifttum z. B. *Eb. Schmidt* aaO; *Bohne* FS Lehmann (1956) 27; *Kohlhaas* JR **1953** 450; *Metz* NJW **1951** 752; *Niese* ZStW **63** (1951) 199 mit w. Nachw.; *Würtenberger* JZ **1951** 772. Zum Teil, so etwa von *Erbs* NJW **1951** 387, wurde die Anwendung des Polygraphen auch als eine nach §81a unerlaubte Methode angesehen. – Noch heute ablehnend KK-*Boujong* 34; *Kleinknecht/Meyer* 6; KMR-*Müller* 9; *Gössel* §23 B II b 2;

Peters §40 II 5 und ZStW **87** (1975) 663 m.w.Nachw.; *Schlüchter* 98; *G. Schäfer* §20 IV 5 f. *Walder* ZStW **95** (1983) 888 versteht die Polygraphie als Experiment, das weder unter §136a noch unter §81a falle, aber verfahrensrechtlich unerlaubt sei.

[129] Vgl. *Delvo* 78 m.Nachw.; *Schwabe* NJW **1979** 576.

[130] ZStW **87** (1975) 650 („eine Anfrage von psychologischer Seite"); dazu und dagegen *Peters* ZStW **87** 663. Vgl. auch Undeutsch MSchrKrim. **1979** 228.

[131] NJW **1982** 375 (Vorprüfungsausschuß). Die Entscheidung greift im wesentlichen und knapp auf die traditionelle Argumentation vom unzulässigen Eingriff in das Persönlichkeitsrecht zurück und bemerkt, was besonderen Widerspruch hervorgerufen hat, daß dem Gerät bei einer angenommenen Treffsicherheit von 90 % letztlich „nur eine geringe Aussagekraft für das Erkenntnisverfahren beizumessen (sei), deren Bedeutung ersichtlich in keinem Verhältnis zur Schwere des erforderlichen Eingriffs stünde".

Ernst-Walter Hanack

aufgrund detaillierter Gesetzesregelung — mit oft eindrucksvoller Argumentation die Zulassung der Apparatur bei Einwilligung des Beschuldigten und zu seiner Entlastung fordern[132]. Ob das wünschenswert (und in der Begrenzung, insbesondere auf Beschuldigte, möglich oder logisch) wäre, ist indessen zweifelhaft. Nach dem heutigen Bild von Theorie und Praxis der Methode in Amerika[133] ist sie nämlich für den Vernommenen vielfach psychisch durchaus belastend, vor allem aber nur im Rahmen eines äußerst komplizierten Sachverständigenbeweises anwendbar, bei dem, entgegen verbreiteter Meinung, jedenfalls für die praktische Handhabung im Strafprozeß erhebliche Fehlerquellen nahe liegen[134], die zahllose Beweis- und Rechtsfragen aufwerfen; auch besteht zweifellos die Gefahr, daß der Beschuldigte seine Aussage auf den Aufzeichnungsvorgang ausrichtet, ihn also doch willentlich beeinflußt, ganz abgesehen davon, daß er bei der Vorbereitung offenbar notwendig über die Wirkungsweise der Apparatur belogen werden muß[135]. So wären, zumal auch beim Problem des mittelbaren Drucks (vgl. unten Rdn. 60), die Konsequenzen ihrer Zulassung kaum überschaubar (vgl. auch *Peters* § 40 II 5). In den USA wird der Polygraph im Ermittlungsverfahren mit großer Regelmäßigkeit eingesetzt, als gerichtliches Beweismittel aber überwiegend abgelehnt[136]. In der Bundesrepublik wird er in Strafsachen nicht verwendet.

V. Die verbotenen Methoden des Absatz 2

57   Die zur Beeinträchtigung des Erinnerungsvermögens oder der Einsichtsfähigkeit geeigneten Maßnahmen fallen regelmäßig schon unter die nach § 136 a Abs. 1 verbotenen Mittel, da sie vor allem in Ermüdung, körperlichen Eingriffen (Elektroschock), Verabreichung von Mitteln (Narkoanalyse) oder in Hypnose bestehen. So fällt es schwer, für sie überhaupt eigenständige Beispiele zu finden. Für notwendig gehalten hat der Gesetzgeber § 136 a Abs. 2 offensichtlich, weil sich die Verbote des Absatzes 1 nur gegen die Beeinträchtigung des Willens richten, jedenfalls aber das Erinnerungsvermögen vom Willen unabhängig ist.

58   Die Beeinträchtigung des **Erinnerungsvermögens** berührt die Fähigkeit, in der Vergangenheit liegende Tatsachen oder Vorgänge durch Denkarbeit zu reproduzieren. Beim Beschuldigten hindert dies seine Verteidigung. Er darf daher nicht künstlich in einen Zustand versetzt werden, in dem ihm Alibizeugen, Rechtfertigungs- und Entschuldigungsgründe oder andere Tatsachen entfallen. Die Auffrischung des Erinnerungsvermögens durch Vorhaltungen oder durch Vorlegung von Beweisstücken wird hingegen durch § 136 a Abs. 2 natürlich nicht verboten. Auch Fangfragen sind, selbst wenn sie den Vernommenen kurzfristig ablenken, als solche noch keine Beeinträchti-

---

[132] So außer *Undeutsch* (Fußn. 130) insbesondere *Schwabe* NJW **1979** 576 und **1982** 368; *Klimke* NStZ **1981** 433; *Amelung* Anm. in NStZ **1982** 38; *Prittwitz* MDR **1982** 886; *Delvo* 365 ff; *Wegner* 183 ff; *Kühne* 536; *Hilland* 43 ff, 65; *Benfer* Grundrechtseingriffe im Ermittlungsverfahren (1982) 618; aufgeschlossen auch *Roxin* § 20 IV 2a. Schon früher wollten *Knödel* DRiZ **1954** 234 und *Pfenninger* FS Rittler 372 die Methode allgemein, *Petry* 175 beim Beschuldigten und *Less* DRZ **1950** 322 beim Zeugen zulassen.

[133] Sorgfältig und eingehend dargestellt von *Delvo* und *Wegner*. *Rieß* GA **1984** 140 hält das

Ergebnis (von Delvo) für „ernüchternd bis schockierend"; skeptisch beeinflußt zeigt sich auch *Kühne* NJW **1983** 324.

[134] Die Ausführungen von *Delvo* insbes. S. 54 ff, 93 ff machen das evident; vgl. auch *Wegner* passim zur Beurteilung durch amerikanische Gerichte und die Fragen bei *Peters* ZStW **87** (1975) 667; *Achenbach* NStZ **1984** 350.

[135] So jedenfalls ganz klar *Delvo* 24, 25.

[136] Wenn auch aus sehr unterschiedlichen, z. T. durch die andere Verfahrensstruktur bedingten Gründen. Einzelheiten bei *Delvo* 120 ff; *Wegner* 33 ff.

gung des Erinnerungsvermögens[137]. Im Einzelfall anderes gilt allenfalls, wenn sie so gehäuft, massiv und langdauernd eingesetzt werden, daß sie das Erinnerungsbild des Vernommenen für einen relevanten Vernehmungszeitraum zerstören. Vgl. aber auch oben Rdn. 43.

Eine Herabsetzung der **Einsichtsfähigkeit** hindert den Vernommenen, sich seiner **59** Verantwortung bewußt zu bleiben. Das kann zwar Tatsachen zutage fördern, die sonst vielleicht nicht aufgedeckt würden, widerspricht aber beim Beschuldigten seiner vorausgesetzten Subjektstellung (Rdn. 1) und im übrigen dem Ethos eines rechtsstaatlichen Strafverfahrens (vgl. Rdn. 3). Verboten sind alle Maßnahmen, durch die sich das Wertungsvermögen des Vernommenen so verschiebt, daß er verkennt oder nicht mehr erkennt, was er eigentlich sagen will, was gestattet oder untersagt ist, was ihn belasten kann. Eine Minderung des Einsichtsvermögens kann insbesondere durch Alkoholgenuß oder dessen Folgen („Katerstimmung") herbeigeführt werden. Vorhaltungen beeinträchtigen die Einsichtsfähigkeit nicht (vgl. *Erbs* NJW **1951** 389).

VI. Unbeachtlichkeit der Einwilligung (Absatz 3 Satz 1)

Daß ein Beschuldigter nicht darin einwilligt, körperlich mißhandelt, getäuscht, ge- **60** quält oder bedroht zu werden, ist in der Regel selbstverständlich. Die Vorschrift des §136a Abs.3 Satz 1 war aber erforderlich, um der Gefahr zu begegnen, daß ein Vernommener, insbesondere der Beschuldigte, sich mit der Anwendung anderer verbotener Methoden, etwa der Narkoanalyse, der Hypnose oder auch (s. Rdn. 56) des Lügendetektors einverstanden erklärt oder sogar darum bittet, wenn ihm dies nützlich ist oder sein könnte. Denn wenn das zulässig wäre, läge es nahe, daraus bei Beschuldigten oder Zeugen Schlüsse zu ziehen, daß sie in eine solche Maßnahme nicht einwilligen, oder sie zu einer solchen Einwilligung sogar zu drängen (vgl. *Kühne* 538). Und eben dies will das Gesetz zum Schutz vor den verbotenen Methoden verhindern, wie namentlich bei der heutigen Diskussion um den Polygraphen (oben Rdn. 56) oft übersehen oder in abweichender rechtspolitischer Einschätzung des Konflikts zwischen dem konkreten und dem allgemeinen Interesse für nicht so wichtig gehalten wird. Die Einwilligung des gesetzlichen Vertreters und des Verteidigers ist ebenso unbeachtlich wie die des Beschuldigten oder Zeugen.

VII. Verwertungsverbot (Absatz 3 Satz 2)

1. Allgemeines. Der Tatrichter darf Aussagen, die im Vorverfahren oder in der **61** Hauptverhandlung durch eine Verletzung des §136a erlangt worden sind, auch mit Einwilligung des in unerlaubter Weise Vernommenen bei der Entscheidung nicht verwerten. Zweck des §136a Abs.3 Satz 2, der oft mißverstanden wird, ist in erster Hinsicht, jede Unklarheit darüber zu beseitigen, daß das Verwertungsverbot auch besteht, wenn der Beschuldigte oder Zeuge erst *nachträglich* in die Benutzung seiner Aussage einwilligt; die Unzulässigkeit der Verwertung gegen seinen Willen setzt die Vorschrift als selbstverständlich voraus[138]. Insofern unterscheidet sie sich aus den in Rdn. 60 genann-

---

[137] KK-*Boujong* 35; *Schlüchter* 97; *Erbs* NJW **1951** 389; einschränkend (ähnlich wie im folg. Text) *Peters* §41 II 3 a.E; *Kühne* 540; vgl. auch *Walder* 158.

[138] *Roxin* §24 D III 2d; *Fezer* JuS **1978** 105; *Ha-*nack JZ **1971** 169; *Alsberg/Nüse/Meyer* 482 m.w.Nachw. in Fußn. 407. *Petry* 124 hält die Vorschrift für verfehlt und fordert ihre Streichung.

Ernst-Walter Hanack

ten Gründen von ähnlichen Verboten in anderen Vorschriften (§ 52 Abs. 3; § 81 c Abs. 3 Satz 2 Halbsatz 2). Praktische Bedeutung hat die Regelung freilich nur bei einem Teil der verbotenen Methoden. Denn ein Beschuldigter oder Zeuge, der nach Zwang, Täuschung, Drohung oder unlauterem Versprechen die Verwertung der Aussage erlauben würde, ist in der Regel auch bereit, sie ohne Täuschung usw. zu wiederholen; dann aber bestehen gegen die Verwertung im Grundsatz keine Bedenken (unten Rdn. 65).

62   **2. Ursächlicher Zusammenhang.** Ein Verwertungsverbot besteht nur, wenn die Anwendung des unerlaubten Mittels mit der Aussage in ursächlichem Zusammenhang steht[139]. So macht insbesondere eine Täuschungshandlung die Verwertung nur unzulässig, wenn sie die Willensentschließung oder -betätigung des Beschuldigten oder Zeugen beeinträchtigt hat (a. A. *Walder* 148). Daran fehlt es z. B., wenn der Beschuldigte die Täuschung erkannt und trotzdem ausgesagt hat[140]. Der ursächliche Zusammenhang muß aber nicht erwiesen sein; ein Verwertungsverbot besteht schon, wenn er sich nicht ausschließen läßt[141].

63   **3. Umfang.** Das Verwertungsverbot gilt für alle Aussagen, die auf verbotenen Methoden beruhen, die von den Strafverfolgungsorganen angewendet oder (s. oben Rdn. 6, 8) veranlaßt worden sind. Ob sie für den Beschuldigten günstig oder ungünstig sind, ist ohne Bedeutung, schon weil das Gesetz die unzulässigen Methoden als solche eliminieren will[142]. Das Verwertungsverbot besteht für jedes Verfahren bzw. jeden Verfahrensabschnitt, in dem der Inhalt der gesetzeswidrig erlangten Aussage als Beweismittel für eine Entscheidung verwendet wird[143]. Dagegen darf in einem Straf- oder Disziplinarverfahren gegen den Vernehmungsbeamten festgestellt werden, welchen Wortlaut die von ihm erzielte Aussage gehabt hat. Betrifft der Verstoß gegen § 136 a nicht die gesamte Aussage, so ist der ordnungsgemäß zustande gekommene Teil, der durch den Verstoß nicht berührt wird, verwertbar[144].

64   **4. Inhalt.** Unzulässig ist nach allg. M.[145] jede unmittelbare und jede mittelbare Verwertung der Aussage. Sie darf weder durch Verlesung der über sie aufgenommenen Niederschrift, durch Vorhalte (BGH bei *Dallinger* MDR **1973** 371) noch durch Anhörung der Vernehmungsperson als Zeugen oder durch Anhörung eines Dritten, der bei der Vernehmung anwesend war, in die Verhandlung eingeführt werden. Die Bekundung der dennoch vernommenen Verhörsperson ist nicht verwertbar[146].

65   **5. Fortwirkung.** Ist ein Beschuldigter oder Zeuge unter Verstoß gegen § 136 a vernommen worden, so hindert das nicht, ihn erneut, auf rechtmäßige Weise, zu verneh-

---

[139] Allg. M. z. B. *Kleinknecht/Meyer* 19; *Schlüchter* 88.1, die eine doppelte Kausalitätsbeziehung verlangt.

[140] *Alsberg/Nüse/Meyer* 485; *Meyer* JR **1966** 311; *Rieß* JA **1980** 301; BGHSt **22** 175 hält in diesem Fall gar keine Täuschung für gegeben.

[141] BGHSt **5** 290; **13** 61; LG Mannheim NJW **1977** 346; KK-*Boujong* 38; KMR-*Müller* 22.

[142] BGHSt **5** 290; KK-*Boujong* 38; *Peters* § 41 II 4a; *Alsberg/Nüse/Meyer* 481 Fußn. 402; *Baumann* GA **1959** 4; *Kleinknecht* NJW **1964**

2185; a.A. *Erbs* NJW **1951** 389; *Dencker* 73 ff; *Sendler* 56 ff; *Walder* 197.

[143] Enger offenbar LR-*Meyer* in der 23. Aufl. und KK-*Boujong* 38 unter Bezugnahme auf eine unveröff. BGH-Entscheidung: nur das Verfahren, in dem die Aussage gewonnen ist.

[144] Allg. M, vgl. statt aller *Alsberg/Nüse/Meyer* 485 mit Nachw. in Fußn. 429.

[145] Vgl. *Alsberg/Nüse/Meyer* 481 mit zahlr. Nachweisen; *Rogall* Der Beschuldigte 211.

[146] *Grünwald* JZ **1966** 494 Fußn. 55; *Alsberg/Nüse/Meyer* 486; a.A. *Baumann* GA **1959** 43.

men. Die neue Aussage darf dann grundsätzlich verwertet werden[147]. Auch dabei spielt keine Rolle, ob die Aussage für den Beschuldigten günstig oder ungünstig ist (oben Rdn. 63). Die erneute Vernehmung sollte jedoch, um Fortwirkungen der früheren Aussage auszuschließen, stets durch eine andere Person erfolgen; im übrigen muß sie nicht nur jegliche Bezugnahme auf die frühere Aussage vermeiden, sondern auch die Belehrung enthalten[148], daß die frühere Aussage nicht verwertet werde. Unter besonderen Umständen kann jedoch auch dann der bei einer ersten Vernehmung ausgeübte Druck, insbesondere wenn sie infolge Quälerei oder durch Drohung zustande gekommen ist, so fortwirken, daß auch die zweite Vernehmung unverwertbar ist[149]. Beim Beschuldigten kommt es nicht darauf an, ob er die spätere Aussage nicht gemacht hätte, wenn er nicht durch unerlaubte Mittel zu der früheren veranlaßt worden wäre, schon weil er sonst in seiner Stellung als Prozeßsubjekt in ganz sachwidriger Weise beeinträchtigt würde. Maßgebend ist daher allein, ob er sich bei der zweiten Aussage seiner Entscheidungsmöglichkeit bewußt war[150]. Die Aussage eines Beschuldigten oder Zeugen, die darauf beruht, daß zuvor ein anderer unter Verstoß gegen § 136 a vernommen und dadurch die Wahrheit ans Licht gekommen ist, darf verwertet werden, wenn die Aussage ohne behördliches Zutun mittelbar aus der verbotenen Vernehmung entstanden ist, z. B. dadurch, daß die Eltern des in unzulässiger Weise vernommenen Kindes im Dorf den Inhalt der Aussage verbreiten und sich daraufhin andere Zeugen melden[151].

6. Fernwirkung. Ob oder wann Beweismittel benutzt werden dürfen, die erst aufgrund der durch die unerlaubte Methode gewonnenen Aussage erlangt oder bekanntgeworden sind, ist zweifelhaft und sehr umstritten. Die Frage ist auf dem 46. DJT eingehend behandelt worden (vgl. DRiZ **1966** 378). Nach **einer Meinung** ist, entsprechend dem Wortlaut des § 136 a, grundsätzlich nur die Verwertung der „Aussage" als Beweismittel verboten, nicht jedoch ihre Verwertung als Grundlage weiterer Ermittlungen, also nicht die Benutzung der mittelbar durch die Aussage erlangten Beweise[152]. Führt also z. B. das auf unzulässige Weise erlangte Geständnis des Beschuldigten dazu, daß die Diebesbeute, die Leiche des Opfers und die Tatwaffe mit zum Beweis geeigneten Tatspuren sichergestellt werden können, „muß in dem Strafverfahren nicht so getan werden, als existierten diese Beweismittel nicht" (LR-*Meyer*[23]). Begründet wird das vor allem damit, daß man sonst zu kriminalpolitisch unerträglichen Ergebnissen käme und die oft kaum zu lösende Frage erörtern müßte, ob die Beweismittel nicht auch auf ord-

66

---

[147] BGHSt **1** 379; **22** 134 = JZ **1968** 750 m. Anm. *Grünwald*; **27** 359; BGH bei *Dallinger* MDR **1951** 658; **1972** 199; KK-*Boujong* 41; *Kleinknecht/Meyer* 17; *Peters* § 41 II 4c; *Kleinknecht* NJW **1966** 1543; *Alsberg/Nüse/ Meyer* 485 m.w.Nachw.

[148] So zu Recht *Schlüchter* 99; *Dencker* 75 Fußn. 238.

[149] BGHSt **15** 187; **17** 364; BGH bei *Pfeiffer* NStZ **1981** 94; LG Aachen NJW **1978** 2257 (zu dieser Entscheidung kritisch *Alsberg/ Nüse/Meyer* 485 Fußn. 433); KK-*Boujong* 40 und h. M; zweifelnd BGHSt **22** 134; *Eb. Schmidt* 23 will schon die geringste Möglichkeit, daß die Unfreiheit fortgewirkt hat, genügen lassen.

[150] BGHSt **22** 135 = JZ **1968** 750 mit Anm. *Grünwald*; zurückhaltender *Eb. Schmidt* (vgl. Fußn. 149) und wohl auch *Peters* § 41 II 4c.

[151] *Peters* § 41 II 4c; *Baumann* GA **1959** 39 ff, 41; *Alsberg/Nüse/Meyer* 486.

[152] OLG Hamburg MDR **1976** 601; OLG Stuttgart NJW **1973** 1941; *Kleinknecht/Meyer* 21; KMR-*Müller* 20; *Alsberg/Nüse/Meyer* 486; *Kleinknecht* NJW **1964** 2185 und **1966** 1544 (mit Ausnahmen für Extremfälle); *Baumann* GA **1959** 42; *Dallinger* SJZ **1950** 734; *Döhring* 214; *Erbs* NJW **1951** 389; *Heinitz* JR **1964** 444; *Petry* 126.

Ernst-Walter Hanack

nungsgemäßem Wege zu erlangen gewesen wären. Die **Gegenmeinung**[153] stimmt im wesentlichen mit der „fruit of the poisenous tree doctrine" des amerikanischen Rechts überein, die ihre Entstehung vor allem der Notwendigkeit verdankt, bedenklichen Ermittlungsmethoden amerikanischer Polizeibehörden „disziplinierend" entgegenzuwirken[154]. Sie hält auch die Verwertung der mittelbar erlangten Beweise grundsätzlich für unzulässig, weil die Verbote des § 136 a sonst im Ergebnis umgangen und ausgehöhlt würden, insbesondere der Anreiz bliebe, sie zur Gewinnung mittelbarer Beweise doch anzuwenden. Eine **Mittelmeinung** will, wenn auch in unterschiedlicher Akzentuierung, auf eine Abwägung im Einzelfall abstellen, insbesondere berücksichtigen, ob in besonders grober Weise gegen die Rechtsordnung, namentlich gegen Grundrechtsnormen verstoßen worden ist, und dabei auch auf die Schwere der aufzuklärenden Tat abstellen[155]. **Der BGH** hat eine generelle Festlegung bisher vermieden (vgl. BGHSt **29** 248).

67   Es erscheint **richtig**, der letzteren Auffassung zu folgen und sich um ihre weitere Präzisierung zu bemühen. Denn es handelt sich um eine Frage, die § 136 a Abs. 3 als solche gar nicht löst. Sie betrifft vielmehr ein generelles Problem der Beweisverbote, das sich auch für die Fälle des § 136 a wohl nicht nach einer allgemein gültigen Regel beantworten läßt, sondern von der Art des Verstoßes und der übrigen Sachlage abhängt[156]. Nur mit einer solchen Betrachtung lassen sich auch die bedenklich extremen Konsequenzen vermeiden, die mit der grundsätzlichen Ablehnung oder der grundsätzlichen Anerkennung einer Fernwirkung jeweils verbunden sind. Verbreitete Erwägungen, daß sich die Verhältnisse in den USA rechtlich und tatsächlich von denen in der Bundesrepublik unterscheiden und darum ein Verbot der Fernwirkung nicht fordern, stehen jedenfalls in mehrfacher Hinsicht auf schwankendem Boden; sie sind ebenso problematisch wie die Beschwörung von Entartungszuständen, die ohne das mittelbare Verbot möglicherweise eintreten könnten.

68   **7. Beweis des Verfahrensverstoßes.** Ob ein Verstoß gegen § 136 a vorliegt, hat der Tatrichter gegebenenfalls unter Benutzung aller erreichbaren Beweismittel, auch durch Vernehmung der Verhörsperson, nach den Regeln des § 244 Abs. 2 (BGH bei *Dallinger* MDR **1951** 568) aufzuklären. Nach herrschender Meinung gelten dabei die Regeln des Freibeweises, weil es sich um die Feststellung prozeßerheblicher Tatsachen handelt, die nicht den Inhalt der für die Schuld- und Straffrage bedeutsamen Ausage betreffen, son-

---

[153] *Henkel* 271; *Kühne* 541; *Peters* § 41 II 4b (anders aber für Täuschungen); *Roxin* § 24 D IV; *Grünwald* JZ **1966** 500 (vgl. aber auch Fußn. 155); *Hellwig* Polizei **1950** 355; *Kohlhaas* JR **1960** 248 und DAR **1971** 66; *Laux* SchlHA **1951** 40; *Nüse* JR **1966** 284; *Osmer* 33 ff; *Otto* GA **1970** 294; *Sendler* 39 ff; *Spendel* JuS **1964** 471 und NJW **1966** 1105; *Siegert* GA **1957** 20 unter Aufgabe der in DRiZ **1953** 100 vertretenen Ansicht; *Walder* 194; vgl. auch *G. Schäfer* § 79a IV.

[154] Dazu näher *Erdmann* Die Ausdehnung der strafprozessualen Garantien der US-Bundesverfassung auf den Strafprozeß der Einzelstaaten (1969) S. 137 f, 201 ff; *Mueller* Verh. 46. DJT Bd. I Teil 3 A S. 38. Vgl. auch *Dencker* 52 ff (mit kritischen Ausführungen zur Systemfremdheit der doctrine für das deutsche Recht). – Nach Presseberichten während der Drucklegung hat der Supreme Court die doctrine neuestens mindestens wesentlich eingeschränkt (Fundstellen waren noch nicht bekannt).

[155] KK-*Boujong* 42; *Schäfer* Einl. Kap. 14 unter V B; *Kleinknecht* NJW **1966** 1545 (Fernwirkung nur in extremen Fällen); *Peters* Gutachten 46. DJT S. 99; *Maiwald* JuS **1978** 384 m.w.Nachw.; *Rogall* ZStW **91** (1979) 39; *Grünwald* JZ **1966** 500, wenn die Strafverfolgungsbehörden dem Beweismittel auch ohne Verstoß auf die Spur gekommen wären (dagegen *Rogall* 39).

[156] In diese Richtung dürfte auch BGHSt **29** 248 weisen, wo die Frage freilich nicht ausdrücklich entschieden wird.

dern nur die Art ihres Zustandekommens[157]. Das bedeutet vor allem, daß die Amtsaufklärungspflicht des § 244 Abs. 2 nur entsprechend gilt, daß Beweisanträge nicht ausdrücklich beschieden zu werden brauchen und auch aus anderen als den in § 244 Abs. 3 bis 5 genannten Gründen abgelehnt werden dürfen. Die h. M. ist nicht unbedenklich[158]. Denn die Prüfung des Verstoßes ist ja nicht nur zugleich auch für die Frage bedeutsam, ob die Aussage im Rahmen der Schuldfeststellungen überhaupt verwendet werden darf. Sie überschneidet sich vor allem regelmäßig mit der Frage nach dem materiellen Beweiswert der Aussage, wie sich insbesondere zeigt, wenn sie für verwertbar gehalten wird. Diese Beurteilung aber ist nach der heutigen Rechtsprechung der Revisionsgerichte als Voraussetzung für die richtige Anwendung des sachlichen Rechts grundsätzlich auch im Rahmen der Sachrüge relevant (vgl. unten Rdn. 72), so daß es naheliegt, eine doppelrelevante Tatsache mit der Folge anzunehmen (vgl. bei § 244), daß in der Hauptverhandlung der Strengbeweis vorgeht.

Nach herrschender Ansicht sind **Zweifel am Vorliegen** einer unzulässigen Vernehmungsmethode (nicht: an ihrer Ursächlichkeit, s. oben Rdn. 62) unbeachtlich[159], weil es sich um einen Verfahrensverstoß handelt, Verfahrensverstöße aber grundsätzlich nur beachtlich sein sollen, wenn sie erwiesen sind. Dies ist jedoch auch dann nicht überzeugend, wenn man mit der h. M. (Rdn. 68) annimmt, daß ein Verstoß gegen § 136 a allein das Verfahrensrecht betrifft. Zwar ist dann der Grundsatz in dubio pro reo nicht anwendbar, weil er dem sachlichen Recht angehört (vgl. bei § 337). Nicht zu folgen ist jedoch der Auffassung, daß Zweifel am Vorliegen eines Verfahrensverstoßes immer, also auch bei § 136 a, unbeachtlich sind. Mit einer im Vordringen begriffenen Lehre ist vielmehr anzunehmen, daß dies dann nicht gilt, wenn aus Gründen, die in der Sphäre der Justiz liegen, die Vermutung der Rechtmäßigkeit und Justizförmigkeit des staatlichen Verfahrens ernsthaft erschüttert ist[160]. Das ist gerade im sensiblen Bereich des § 136 a von Bedeutung. **69**

VIII. Revision

Die Verwertung einer Vernehmung entgegen dem Verbot des § 136 a Abs. 3 wird im Revisionsverfahren nicht von Amts wegen berücksichtigt, gleichgültig, wie schwer der Verstoß wiegt[161]. Sie begründet jedoch bei entsprechender Rüge die Revision wegen Verletzung des Verfahrensrechts, wenn das angefochtene Urteil auf dem Verstoß beruhen kann. Die Beschwerdeführer muß bei dieser Rüge die Tatsachen, aus denen sich die unzulässigen Vernehmungsmethoden ergeben, in der Revisionsbegründungsschrift **70**

---

[157] BGHSt **16** 166 = JR **1962** 108 mit Anm. *Eb. Schmidt*; KK-*Boujong* 43; *Kleinknecht/Meyer* 23; KMR-*Müller* 21. Zum Freibeweis vgl. bei § 244.

[158] Ablehnend (und für Strengbeweis) *Peters* § 41 II 4d bb; *Eg. Peters* Der sogenannte Freibeweis im Zivilprozeß (1962) 55 sieht in der h. M ein „Musterbeispiel" für die fragwürdige Handhabung der Unterscheidung zwischen materiellrechtlich und prozessual erheblichen Tatsachen; kritisch auch *Hanack* JZ **1971** 70.

[159] So – meist bezogen auf das Revisionsverfahren – BGHSt **16** 167; BGH VRS **29** 204; BGH

bei *Herlan* MDR **1955** 652; BGH bei *Martin* DAR **1975** 119; KK-*Boujong* 43; *Kleinknecht/Meyer* 21; KMR-*Müller* 21; *Alsberg/Nüse/Meyer* 485; **a.A.** *Peters* § 41 II 4 d bb; kritisch *Eb. Schmidt* Nachtr. I 24; *Hanack* JZ **1971** 170.

[160] Vgl. § 337 unter IV 3; eingehend *Lehmann* Die Behandlung des zweifelhaften Verfahrensverstoßes im Strafprozeß (1983) 114 ff m.w.Nachw.

[161] *Kleinknecht* NJW **1966** 1544; *Hanack* JZ **1971** 171; LR-*Meyer* in der 23. Aufl.; **a.A.** offenbar *Henkel* 181.

Ernst-Walter Hanack

form- und fristgerecht vortragen (§ 344 Abs. 2 Satz 2), wozu regelmäßig auch Tatsachenbehauptungen gehören, aus denen sich wenigstens die *Möglichkeit* eines ursächlichen Zusammenhangs zwischen der verbotenen Einwirkung und der Aussage ergibt[162]. Ob die Voraussetzungen des § 136 a vorgelegen haben, stellt das Revisionsgericht insoweit dann ohne Bindung an die Feststellungen des Tatrichters im Wege des Freibeweises fest[163]. Zweifel am Vorliegen des Verstoßes berücksichtigt es dabei, entgegen der h. M., nach den in Rdn. 69 dargelegten Grundsätzen.

71   Trotz seines besonderen Charakters (Rdn. 3) dürfte § 136 a bei verbotenen Vernehmungsmethoden gegenüber dem Beschuldigten mindestens im Wege der erweiternden Auslegung (s. § 339, 6) im Sinne des § 339 als eine Verfahrensvorschrift anzusehen sein, die lediglich **zu Gunsten des Angeklagten** gegeben ist[164]. Ihre Verletzung bei einer Vernehmung des Beschuldigten kann daher insoweit nur die Revision des Angeklagten oder eine zu seinen Gunsten eingelegte Revision der Staatsanwaltschaft geltend machen. Ist § 136 a jedoch bei der Vernehmung eines Zeugen mit dem Ziel verletzt worden, ihn zu einer dem Beschuldigten günstigen Aussage zu bewegen, so kann die Verwertung dieser Aussage auch zuungunsten des Angeklagten mit der Revision der Staatsanwaltschaft gerügt werden. Der Angeklagte kann auch die unzulässige Herbeiführung des Geständnisses eines Mitangeklagten rügen (BGH bei *Dallinger* MDR **1971** 18).

72   Ob die Auffassung des BGH (folge-)richtig ist, daß der Verstoß gegen § 136 a **nicht mit der Sachrüge**, sondern *nur* mit der Verfahrensrüge geltend gemacht werden kann[165], erscheint, wie schon angedeutet (Rdn. 68), zweifelhaft. Denn die Entscheidung über den Verstoß, also über Verwertung oder Nichtverwertung der Aussage, betrifft ja regelmäßig zugleich auch die Tragfähigkeit der Feststellungen zur Schuldfrage, die gerade der BGH heute (in weitgehender Verwischung der traditionellen Abgrenzung zwischen Verfahrens- und Sachrevision) als Voraussetzung richtiger Rechtsanwendung auch mit der Sachrüge kontrolliert (vgl. bei § 337 unter V 4). So müßte er nach diesen Grundsätzen z. B. die Annahme des Tatrichters, eine Aussage sei nicht durch Ermüdung verursacht und darum glaubwürdig, auch auf die Sachrüge hin kontrollieren, wenn auch (wie immer bei der Sachrüge) nur anhand der Urteilsurkunde.

---

[162] Vgl. OLG Neustadt NJW **1964** 313; s. auch KK-*Boujong* 41.

[163] BGHSt **14** 191; **16** 166 = JR **1962** 108 mit Anm. *Eb. Schmidt*; OLG Frankfurt VRS **36** 366; *Eb. Schmidt* Nachtr. I 24; KK-*Boujong* 43; *Kleinknecht/Meyer* 23.

[164] **A. A.** KMR-*Paulus* § 339, 5; *Amelunxen* Die Revision der Staatsanwaltschaft (1980) 54; im Sinne des Textes LR-*Meyer* in der 23. Aufl.

[165] BGH bei *Holtz* MDR **1976** 988; KK-*Boujong* 43; ebenso aber wohl die allg. M, die das als selbstverständlich voraussetzen dürfte.

ELFTER ABSCHNITT

Verteidigung

Vorbemerkungen

Schrifttum. *Ackermann* Die Verteidigung des schuldigen Angeklagten, NJW **1954** 1385; *Ackermann* Darf der Verteidiger auf Freispruch hinwirken, wenn er die Schuld des vor Gericht leugnenden Angeklagten kennt, Gedächtnisschrift für Josef Cüppers (1955) 92; *Ackermann* Zur Psychologie des Angeklagten im Strafverfahren aus der Sicht des Verteidigers, MSchrKrim **40** (1957) 129; *Ackermann* Zur Verschwiegenheitspflicht des Rechtsanwalts in Strafsachen, FS zum 100-jährigen Bestehen des deutschen Juristentages, Bd. 1 479; *Alexander* Die Stellung des Verteidigers, ZStW **51** (1931) 54; *Alsberg* Die Philosophie der Verteidigung (1930); *Arbeitskreis Strafprozeßreform* Die Verteidigung. Gesetzentwurf mit Begründung, Bemmann u. a. (1979); *Armbrüster* Die Entwicklung der Verteidigung in Strafsachen (1980); *Augstein* Polizei und Verteidiger, BKA-Vortragsreihe Bd. 23 (1977) 111; *Augstein* Der Anwalt, Organ der Rechtspflege, NStZ **1981** 52; *Augstein* Anwälte und Terroristen — Zur Behinderung der Verteidigung durch „Anti-Terrorgesetze", Terrorismus contra Rechtsstaat, (Hrsg.) Wassermann (1976) 188; *Baatz* Rechtliche Charakterisierung anwaltlicher Tätigkeit, NJ **1980** 38; *Bader* Strafverteidigung vor deutschen Gerichten im Dritten Reich, JZ **1972** 6; *Barton* Sachverständiger und Verteidiger, StrVert. **1983** 73; *Barton* Strafverteidigungs-Aktivitäten im Justizalltag, StrVert. **1984** 394; *Barton* Zur Effizienz der Strafverteidigung, MSchrKrim. **1988** 93; *Barton* Strafverteidigung und Kriminaltechnik, StrVert. **1988** 126; *Bayer* Die Verteidigung im Strafprozeß, Diss. Erlangen 1958; *Berkenheide* Die Grenzen der anwaltlichen Strafverteidigung, Diss. Münster 1952; *Bethge* Der verfassungsrechtliche Standort der „staatlich gebundenen" Berufe. Berufliche Teilhabe an Staatsfunktionen oder Verstaatlichung berufsgrundrechtsgeschützter Tätigkeiten? Diss. Köln 1968; *Beulke* Wohin treibt die Reform der Strafverteidigung?, Strafprozeß und Reform (1979) 30; *Beulke* (Hrsg.) Strafprozeß und Reform. Eine kritische Bestandsaufnahme (1979); *Beulke* Der Verteidiger im Strafverfahren — Funktionen und Rechtsstellung, Frankfurt (1980); *Blath/Hobe* Strafverfahren gegen linksterroristische Straftäter und ihre Unterstützer, (Bundesministerium der Justiz) (1982); *Bottke* Wahrheitspflicht des Verteidigers, ZStW **96** (1984) 726; *Bringewat,* Bewährungshilfe und Strafverteidigung: ein Rollenkonflikt? MDR **1988** 617; *Croissant* Die sog. Terroristenprozesse und -gesetzgebung, Rote Robe **1983** 32; *Croissant/Groenewold/Preuß/Schily/Stroebek* Politische Prozesse ohne Verteidigung (1976); *Crummenerl* Zum Stand des Standes Strafverteidiger/innen und ihr Berufsrecht, StrVert. **1988** 268; *Crummenerl* Verteidigung im Strafraum? StrVert. **1988** 86; *Dahs* Der Anwalt im Strafprozeß, AnwBl. **1959** 171; *Dahs* Stellung und Grundaufgabe des Strafverteidigers, NJW **1959** 1158; *Dahs* Verteidigung im Strafverfahren heute und morgen, ZRP **1968** 17; *Dahs* Ausschließung und Überwachung des Strafverteidigers — Bilanz und Vorschau, NJW **1975** 1385; *Dahs* Das Anti-Terroristen-Gesetz — eine Niederlage des Rechtsstaates, NJW **1976** 2145; *Dahs* Wehrhafter Rechtsstaat und freie Verteidigung — ein Widerspruch? Neue gesetzliche und ungesetzliche Beschränkungen der Strafverteidigung, ZRP **1977** 164; *Dahs* Wehrhafter Rechtsstaat und freie Verteidigung — ein Widerspruch? ZRP **1977** 2145; *Damaska* Die Stellung des Verteidigers im amerikanischen Strafprozeß, ZStW **90** (1978) 829; *Deckers* „Mißbrauch" von Anwaltsrechten zur „Prozeßsabotage", AnwBl. **1981** 316; Die Rechtsstellung des Verteidigers im Strafverfahren — ein europäischer Vergleich, (Hrsg.) Der Bundesminister der Justiz (1977/78); *Dörken* Bericht über das Kolloquium „Die Institution des Strafverteidigers in rechtsvergleichender Sicht", ZStW **93** (1981) 309; *Driendl* Zwischen Konsenszwang und Konfliktverbot. Verteidigung und Verteidigungsbeschränkung in der Hauptverhandlung in Österreich, JZ **1980** 457; *Dünnebier* Ausschließung von Verteidigern und Beschränkung der Verteidigung, NJW **1976** 1; *Dürkop* Was sind Mandanteninteressen? Straf-

Klaus Lüderssen

verteidiger als Interessenvertreter, (Hrsg.) Holtfort **1979** 172; *Ebert* Der Nachweis von Vollmachten im Straf- und Bußgeldverfahren, DRiZ **1984** 237; *Eschen* Der Anwalt im Prozeß der Wahrheitsfindung — Waffengleichheit — Thesen, Gustav Radbruch Forum (1981) 60; *Eschen* § 1 BRAO — Bedeutung des Begriffs „Organ der Rechtspflege", StrVert. **1981** 365; *Fleischmann* Die freien Berufe im Rechtsstaat, Schriften zum öffentlichen Recht, Bd. 127 (1970); *Gallas* Grenzen zulässiger Verteidigung im Strafprozeß, ZStW **53** (1934) 256; *Gerhardt* Ein altes Fach wird neu entdeckt: Die Renaissance der Strafverteidigung, FAZ 1984, 197 v. 4. 9. 1984, 12; *Gerlach* Der Verteidiger in Bagatellverfahren: Ein überflüssiges Organ der Rechtspflege?, FS II Peters 153; *Göddeke* Bundesverfassungsgericht und Strafverteidigung, DuR **1980** 176; *Gössel* Die Stellung des Verteidigers im rechtsstaatlichen Strafverfahren, ZStW **94** (1982) 5; *Gössel* Das Problem der Strafverteidigung durch den Beschuldigten selbst oder durch einen Rechtsanwalt, Deutsche strafrechtliche Landesreferate zum 11. internationalen Kongreß für Rechtsvergleichung, **1982** 127; *Groenewold* Angeklagt als Verteidiger — Prozeßerklärung und andere Texte (1978); *Grünwald* Die Verteidigung — Grundlagen und Ziele des Gesetzentwurfs des Arbeitskreises Strafprozeßreform, AnwBl. **1980** 1; *Güde* Die Verteidigung aus der Sicht der Anklage, AnwBl. **1961** 3; *Gülzow* Beschlagnahme von Unterlagen der Mandanten bei deren Rechtsanwälten, Wirtschaftsprüfern oder Steuerberatern, NJW **1981** 265; *Günther* Strafverteidigung, Eine Einführung mit Schriftsatz-Mustern, (1982); *Güstrow* Tödlicher Alltag — Strafverteidigung im Dritten Reich (1981); *Gusy* Grundrechtsschutz der Strafverteidigung, AnwBl. **1984** 225; *Hamburger Juristen* Die Einschränkung der Verteidigung im Strafprozeß, Eine Dokumentation Hamburger Juristen (1976); *Haffke* Einschränkung des Beschlagnahmeprivilegs des Verteidigers durch den Rechtsgedanken der Verwirkung? NJW **1975** 308; *Hamm* Entwicklungstendenzen der Strafverteidigung, FS Sarstedt 49; *Hammerstein* Zum Berufsbild des Strafverteidigers, BRAK-Mitteilungen **1983** 59; *Hammerstein* Verteidigung ohne Verteidiger, JR **1985** 140; *Hanack* Aktuelle Probleme der Strafverteidigung in der Bundesrepublik Deutschland, SchwZStr. **1977** 299; *Hanack* Arbeitskreis Strafprozeßreform: Die Verteidigung. Gesetzentwurf mit Begründung. Vorgelegt von Günter Bemmann (u. a.) (1979), ZStW **93** (1981) 559; *Hannover* Abschaffung der Verteidigung im politischen Strafprozeß? DuR **1976** 366; *Hannover* Strafverteidigung in der Vertrauenskrise, KJ **1977** 221; *Hannover* Verteidigung als Menschenrecht, 3. Internationales Russell-Tribunal, Bd. 4 (1979) 9; *Hannover/Holtfort/Mauz* Strafverteidigung und Anwaltsorganisation (1979); *Hannover* „Das mußt du machen!" — Erfahrungen eines Verteidigers im Ermittlungsverfahren gegen Terrorismus-Verdächtige, Wider die Herrschende Meinung (1982) 51; *Hanssen* Die rechtliche Stellung des Rechtsanwalts als Organ einer starken nationalsozialistischen Rechtspflege, DR **1944** 353; *Hassemer* Reform der Strafverteidigung, ZRP **1980** 326; *Hassemer* Informelle Programme im Strafprozeß. Zu Strategien der Strafverteidigung, StrVert. **1982** 377; *Haug* Die grundsätzliche Stellung des Verteidigers, Diss. Tübingen 1939; *Heeb* Grundsätze und Grenzen der anwaltlichen Strafverteidigung und ihre Anwendung auf den Fall der Mandatsübernahme, Diss. 1973; *Heine/Ronzani/Spaniol* Verteidiger und Strafverfahren, StrVert. **1987** 74; *Heinicke* Der Beschuldigte und sein Verteidiger in der Bundesrepublik Deutschland. Die Geschichte ihrer Beziehung und die Rechtsstellung des Verteidigers heute (1984); *Helms* Wirtschaftliche Aspekte der Strafverteidigung, Strafverteidiger als Interessenvertreter, (Hrsg.) Holtfort (1979) 167; *Henschel* Die Strafverteidigung im Inquisitionsprozeß des 18. und im Anklageprozeß des 19. Jahrhunderts, Diss. Freiburg 1972; *Hillmann* Bedeutung und Funktion der freien Berufe, AnwBl. **1979** 446; *Holtfort* (Hrsg.), Strafverteidiger als Interessenvertreter. Berufsbild und Tätigkeitsfeld, (1979); *Holtfort* Der Rechtsanwalt — Gegen die Mißdeutung des Begriffs „Organ der Rechtspflege" — Eine Erwiderung, RuP **1977** 173; *Holtfort* Ein Stück sozialer Gegenmacht, KJ **1977** 313; *Holtfort* Der Anwalt als soziale Gegenmacht, in: Holtfort (Hrsg.) Strafverteidiger als Interessenvertreter (1979), 37; *Huffmann* Kampf um freie Advokatur, Diss. Bonn 1965; *Isermann* Anwalt als „Rechtshelfer sozialer Gegenmacht", RuP **1977** 119; *Isermann* Der Strafverteidiger als „Organ der Rechtspflege" — ein historisches Danaergeschenk? Strafverteidiger als Interessenvertreter, (Hrsg.) Holtfort (1979) 14; *Jolmes* Der Verteidiger im deutschen und österreichischen Strafprozeß. Eine rechtsvergleichende Studie zur Stellung des Verteidigers im Strafverfahren, Diss. Göttingen 1982; *Jungfer* Eigene Ermittlungstätigkeit des Strafverteidigers — Strafprozessuale und standesrechtliche Möglichkeiten und Grenzen, StrVert. **1981** 100; *Kaiser* Die Verteidigervollmacht und ihre Tücken, NJW **1982** 1368; *Kalf* Die Beschlagnahme von Verteidigungsunterlagen in der Wohnung des Beschuldigten, Die Polizei **1985** 4; *Knapp* Der Verteidiger ein Organ der Rechtspflege? Diss. Saarbrücken 1974; *Knapp* Verteidigung des Rechtsstaates durch Bekämpfung des Verteidigers? AnwBl. **1975** 373; *König* Vom Dienst am Recht, Rechtsanwälte als Strafverteidiger im Nationalsozialismus (1987); *Kohlmann* Waffengleichheit im Strafprozeß? FS Peters 311; *Krämer* Der Rechtsanwalt — ein „staatlich gebundener Vertrauensberuf"? NJW **1975** 849; *Krekeler* Beeinträchtigungen der Rechte des Mandanten durch Strafverfolgungsmaßnahmen gegen den Rechtsanwalt, NJW **1977** 32; *Krekeler* Beeinträchtigungen der Rechte des Mandanten durch gerechtfertigte und mißbräuchliche Strafverfolgungsmaßnahmen gegen den Rechtsanwalt — Durchsuchung und Beschlagnahme, AnwBl. **1977** 367; *Krekeler* Durchsuchung des Verteidigers beim Betreten des Gerichtsgebäudes, NJW **1979** 185; *Krekeler* Terrorismusbekämpfung durch Änderung des Strafverfahrensrechts? Kurskorrekturen im Recht, Die Vorträge und Referate des Deutschen Richtertages 1979 in Essen (1980); *Krekeler* Probleme der Verteidigung in Wirtschaftsstrafsachen, wistra **1983** 280; *Krüger* Probleme der anwaltlichen Interessenvertretung im Ordnungswidrigkeitenverfahren. Überlegungen zur Reform des Bußgeldverfahrens, NJW **1981** 1642; *Krüger* Der Verteidiger im Strafverfahren, Kriminalistik **1974** 392; *Kunigk* Prozeßführung und Strafverteidigung, (1976); Leitsätze zur Reform des Rechts der Verteidigung. Erstellt von der Strafrechtskommission der Fachgruppe Richter und Staatsanwälte in der Gewerkschaft ÖTV, AnwBl. **1981** 224; *Leistner* Der Anwalt im Strafprozeß, DRiZ **1960** 243; *Levy* Das Recht auf Verteidigung, Forum Europarat **1981** 4, S. IX—X; *Lingenberg/Hummel/Zuck/Eich* Kommentar zu den Grundsätzen des anwaltschaftlichen Standesrechts[2] (1988); *Lüderssen* Aus der grauen Zone zwischen staatlichen und individuellen Interessen. Zur Funktion der Strafverteidigung in einer freien Gesellschaft, FS Sarstedt 145; *Lüderssen* Wie abhängig ist der Strafverteidiger von seinem Auftraggeber? Wie unabhängig kann er sein? FS Dünnebier 263; *Lüderssen* Die Pflichtverteidigung, NJW **1986** 2742; *Lüderssen* Die Krise des staatlichen Strafanspruchs, in: Würzburger Vorträge zur Rechtsphilosophie, Rechtstheorie und Rechtssoziologie, Heft 10 (1989); *Maas* Probleme der gemeinschaftlichen Verteidigung durch Rechtsanwälte und Angehörige der steuerberatenden Berufe, Diss. Köln 1983; *Madlener* Die Institution des Verteidigers in rechtsvergleichender Sicht, ZStW **93** (1981) 275; *Martin* Die Änderungen der StPO durch das Gesetz zur Ergänzung des Ersten Gesetzes zur Reform des Strafverfahrensrechts vom 20. 12. 1974 in der Rechtsprechung des Bundesgerichtshofes und des Bundesverfassungsgerichts, FS Dreher 647; *Mayer* Inwieweit ist Beweismaterial in der Hand des Verteidigers beschlagnahmefrei? SchlHA **1955** 348; *Mehle* Anmerkungen zum Alternativentwurf aus anwaltlicher Sicht, NStZ **1982** 309; *Mehle* Der Verteidiger — Ein Korrektiv auch zu Lasten des Beschuldigten, FS II Peters 201; *Mörsch* Zur Rechtsstellung des Beschuldigten und seines Verteidigers im Vorverfahren unter Berücksichtigung der Aufgabe des gesamten Strafverfahrens, Diss. Mainz 1968; *E. Müller* Strafverteidigung, NJW **1981** 1801; *E. Müller* Der Grundsatz der Waffengleichheit im Strafverfahren, NJW **1976** 1093; *I. Müller* Neue Grenzen anwaltlicher Tätigkeit? Anmerkungen zu den Verfahren gegen BM-Verteidiger und andere Rechtsanwälte, DuR **1977** 267; *I. Müller* Verteidigerrechte — Eine traurige Geschichte, Strafverteidiger als Interessenvertreter, (Hrsg.) Holtfort (1979) 69; *K. Müller* Die Pflichten des Anwalts im Zusammenhang mit der Führung des Prozesses, JR **1969** 161; *L. Müller* Die Freiheit der Advokatur. Ihre geschichtliche Entwicklung während der Neuzeit und ihre rechtliche Bedeutung in der Bundesrepublik Deutschland, Diss. Würzburg 1972; *Müller-Dietz* Strafverteidigung und Strafvereitelung, Jura **1979** 242; *Müller-Meiningen* Die Selbstachtung des Verteidigers, AnwBl. **1978** 218; *Mützelburg* Über Verteidigung im Verständnis der Verteidiger, FS Dünnebier 277; *Ostendorf* Strafvereitelung durch Strafverteidigung, NJW **1978** 1345; *Ostendorf* Verteidigung am Scheideweg (Anmerkung zum Groenewold-Urteil), JZ **1979** 252; *Ostendorf* Verteidigung im dritten Reich, StrVert. **1983** 121; *Ostler* Die deutschen Rechtsanwälte 1871—1971 (1971); *Ott* Mehr Rechtsstaatlichkeit mit weniger Rechten des Verteidigers? Zur Einschränkung der Rechte des Verteidigers und des Angeklagten, Vorgänge Nr. 13, **1975** 5; *Paul* Anwaltsberuf im Wandel — Rechtspflegeorgan oder Dienstleistungsgewerbe? Arbeiten zur Rechtsvergleichung (1982) 111; *Peters* Justizgewährungspflicht und Abblocken von Verteidigungsvorbringen, FS Dünnebier 53; *Pfeiffer* Zulässiges und unzulässiges Verteidigerhandeln. Eine Darstellung der in Rechtsprechung und Schrifttum erörterten Fälle, DRiZ **1984** 342; *Pieth* Strafverteidigung — wozu?, Standpunkte kontrovers Nr. 4, 1986; *Preuß* Verteidiger vor Gericht, Strafverteidiger als Interessenvertreter, (Hrsg.) Holtfort (1979) 48; *Quack* Sinn und Grenzen anwaltlicher Unabhängigkeit heute, NJW **1975** 1337; *Quedenfeld* Beweisantrag und Verteidigung in den Abschnitten des Strafverfahrens bis zum erstinstanzlichen Urteil, FS II Peters 215; *Redeker*

Klaus Lüderssen

Freiheit der Advokatur — heute, NJW **1987** 2610; *Reichel* Der Anwalt — Organ der Rechtspflege oder Interessenvertreter? ZRP **1982** 83; *Richter II* Grenzen anwaltlicher Interessenvertretung im Ermittlungsverfahren, NJW **1981** 1820; *Rieß* Gesetz zur Änderung der Strafprozeßordnung vom 14. 4. 1978 und Strafverfahrensänderungsgesetz 1979, NStZ **1981** 215; *Rieß* Gesamtreform des Strafverfahrensrechts — eine lösbare Aufgabe? ZRP **1977** 67; *Rieß* Pflichtverteidigung — Zwangsverteidigung — Ersatzverteidigung, Reform der notwendigen Verteidigung, StrVert. **1981** 460; *Rissel* Die verfassungsrechtliche Stellung des Rechtsanwalts, insbesondere in seiner Funktion als Verteidiger im Strafverfahren, Diss. Marburg 1980; *Römer* Pflichtverteidiger neben Wahlverteidiger? ZRP **1977** 92; *Ropohl* Der Zwangsverteidiger. Ein Beitrag zur Problematik der vorsorglichen Bestellung von Pflichtverteidigern im Hinblick auf die Prinzipien der Verfahrenssicherung, der freien Verteidigerwahl sowie der freien Advokatur, Diss. Hannover 1983; *Roesen* Exclusivität des Verteidigers, AnwBl. **1975** 132; *Roesen* Die Stellung des Vorsitzenden in der Hauptverhandlung, NJW **1958** 977; *Rösmann* Mitwirkung des Verteidigers an der Rekonstruktion in Verlust geratener Straf-(Ermittlungs-)Akten aus standesrechtlicher Sicht, NStZ **1983** 446; *Rudolph* Die jüngsten Änderungen des Strafprozeßrechts und Probleme der Pflichtverteidigung, FS Schmidt-Leichner 159; *Rudolphi* Notwendigkeit und Grenzen einer Vorverlagerung des Strafrechtsschutzes im Kampf gegen den Terrorismus, ZRP **1979** 214; *Rudolphi* Verteidigerhandeln als Unterstützung einer kriminellen oder terroristischen Vereinigung i. S. d. §§ 129, 129 a StGB, FS Bruns 315; *Rückel* Die Notwendigkeit eigener Ermittlungen des Strafverteidigers, FS II Peters 265; *Rückel* Verteidigertaktik bei Verständigung und Vereinbarungen im Strafverfahren, NStZ **1987** 297; *Rühmann* Anwaltsverfolgung in der Bundesrepublik 1971—1976; *Sack* Strafrecht und Kriminalität in einer freiheitlichen Gesellschaft — einige Folgerungen für das Verhältnis Rechtsanwalt und Mandant, Strafverteidiger als Interessenvertreter, (Hrsg.) Holtfort (1979) 132; *Saldit* Der Fall Bülow — Bericht über eine Strafverteidigung in den USA, StrVert. **1988** 75; *Sandermann* Waffengleichheit im Strafprozeß, Diss. Köln 1975; *Sarstedt* Die Situation des Strafprozesses: Richter, Strafverteidiger, Staatsanwalt, in: Richter — Rechtsanwalt — Staatsanwalt, Selbstverständnis und gegenseitiges Verständnis, Tagung vom 6. bis 8. Oktober 1978 in Bad Boll, Protokolldienst **1978** 15; *Schiller* Unzulässige Einschränkungen des Anwaltsprivilegs bei der Beschlagnahme? StrVert. **1985** 169; *Schily* Antrag zur Einstellung des Verfahrens in Stammheim, Politische Prozesse ohne Verteidigung, (Hrsg.) Dreßen (1976) 57; *Schmidt* Zur Problematik der Entziehung der Verteidigerbefugnis, NJW **1973** 1753; *Schmidt* Rechte und Pflichten, Funktionen und Konflikte des Strafverteidigers, JZ **1969** 316; *Schmidt-Hieber* Verständigung im Strafverfahren (1986); *Schnarr* Das Schicksal der Vollmacht nach Beiordnung des gewählten Verteidigers, NStZ **1986** 488; *Schneider* Das Leitbild des Rechtsanwalts im Grundgesetz, Strafverteidiger als Interessenvertreter, (Hrsg.) Holtfort (1979) 26; *Schneider* Der Anwalt als Rechtshelfer sozialer Gegenmacht, RuP **1976** 119; *Schneider* Der Rechtsanwalt ein unabhängiges Organ der Rechtspflege (1976); *Schorn* Die Rechtsstellung des Beschuldigten und seines Verteidigers nach dem Strafprozeßänderungsgesetz, NJW **1965** 713; *Schorn* Der Strafverteidiger (1966); *Schueler* Anwalt als Watschenmann. Terroristenprozesse verführen zur Laxheit des Rechtsbewußtseins, AnwBl. **1978** 218; *Seibert* Konfliktslage für Anwalt und Verteidiger, JR **1951** 678; *Seier* Die Trennlinie zwischen zulässiger Verteidigungstätigkeit und Strafvereitelung, NStZ **1981** 144; *Serke* Strafverteidiger in Deutschland (1976); *Sieg* Cave defensorum oder Hüte Dich vor Deinem Verteidiger, StrVert. **1987** 415; *Spendel* Zur Vollmacht und Rechtsstellung des Strafverteidigers, JZ **1959** 737; *Stellungnahme* (Arbeitspapier) zum Gesetzentwurf des Arbeitskreises Strafprozeßreform: Die Verteidigung, vorgelegt vom Strafrechtsausschuß der Bundesrechtsanwaltskammer durch Lantzke, E. Müller, Wahle, München (1984); *Streck/Rainer* Hinweise zur Verteidigungspraxis, Steuerkontrolle 1982, 147; *Stree* Begünstigung und Strafvereitelung und Hehlerei, JuS **1976** 137; *Stroebele* Verteidiger im Verfahren gegen die RAF, Politische Prozesse ohne Verteidiger, (Hrsg.) Dreßen (1976) 41; *Strzyz* Die Abgrenzung von Strafverteidigung und Strafvereitelung (1983); *Temming* Der Verteidiger als (modifiziertes) Organ der Rechtspflege, StrVert. **1982** 539; *Tondorf* Grenzen der Verteidigung in Vergewaltigungsprozessen, StrVert. **1988** 500; *Ulsenheimer* Zur Regelung des Verteidigerausschlusses in §§ 138 a—d, 146 n. F. StPO, GA **1975** 115; *Untersuchung des Bundesministers der Justiz* Die Rechtsstellung des Verteidigers im Strafverfahren — ein europäischer Vergleich (1977/78); *Vargha* Die Verteidigung in Strafsachen (1879); *Vogel* Strafverfahrensrecht und Terrorismus — eine Bilanz, NJW **1978** 1217; *Wagner* Verteidiger im Zwielicht? AnwBl. **1975** 1; *Waldhorn* Das Verhältnis von Strafverteidigung und Begünstigung, Diss. Würzburg 1967; *Waldowski* Verteidiger als Helfer des Staatsanwalts, NStZ **1984** 448; *Wassmann* Strafverteidigung und Strafvereitelung, Diss. Hamburg 1982; *Weigel* Der Anwalt — Organ der Rechtspflege oder Interessenvertreter? ZRP **1982** 184; *Weihrauch* Verteidigung im Ermittlungsverfahren, 2. Aufl. (1985); *Weiß* „Mißbrauch" von Anwaltsrechten zur „Prozeßsabotage"? AnwBl. **1981** 321; *Weiß* Die „Verteidigervollmacht" — ein tückischer Sprachgebrauch, NJW **1983** 89; *Weißler* Geschichte der Rechtsanwaltschaft (1905); *Welp* Die Geheimsphäre des Verteidigers in ihren strafprozessualen Funktionen, FS Gallas 391; *Welp* Die Rechtsstellung des Strafverteidigers, ZStW **90** (1978) 804; *Welp* Der Verteidiger als Anwalt des Vertrauens, ZStW **90** (1978) 101; *Welp* Die Verteidigung. Bericht über einen Gesetzentwurf des Arbeitskreises Strafprozeßreform, DuR **1980** 39; *Wetterich* Der Strafverteidiger im Ermittlungsverfahren, Erfahrungen und Vorstellungen der Ermittlungsbehörden, Schriftenreihe der Polizei-Führungsakademie **1977** 70; *v. Winterfeld* Staatsschutz und Rechtsstaat im Konfliktfeld des Verteidigers, FS Schmidt-Leichner 219; *v. Winterfeld* Die Verteidigung. Standort, Leitidee und Reformbild. FS zur 150-Jahr-Feier des Rechtsanwaltsvereins Hannover 306; *v. Winterfeld* Ausbau der Rechte der Verteidigung im europäischen Gemeinschaftsrecht, BRAK-Mitteilungen **1983** 4.

Übersicht

A. Grundlagen

I. Das Problem. Die Aufgaben einer geschlossenen Dogmatik des elften Abschnitts der StPO

Über die Stellung des Verteidigers im System der Strafrechtspflege besteht keine **1** Einigkeit. Die zahlreichen legislatorischen Eingriffe, die der Abschnitt „Verteidigung" im vergangenen Jahrzehnt erfahren hat, und die Veränderungen, die in der praktischen Arbeit der Verteidiger zu beobachten sind, schärfen zunehmend den Blick dafür, daß die Funktion der Verteidigung, obwohl (oder gerade weil) mit der politischen Durchsetzung der freien Advokatur ihr gesellschaftliches Ansehen seinerzeit sprunghaft gestie-

     Klaus Lüderssen

gen ist, immer noch nicht vollständig ergründet ist. Die Position der Verteidigung zwischen Justiz und Beschuldigtem blieb in dem Maße rechtlich in der Schwebe, wie die Berufung auf den erreichten — primär berufsständisch begriffenen — Status die Frage nach der exakten Rechtsgrundlage abschnitt. Das **Selbstverständnis** der Verteidiger ist insofern, bis in die Gegenwart, auf ähnliche Weise „unjuristisch"[1] wie das der Ärzte, die den Forderungen der Juristen ihre Standesethik entgegenhalten. Darunter leidet die nicht endende Diskussion über die „Stellung des Strafverteidigers" ganz erheblich; sie kann nicht leisten, was sie will und soll: eine verläßliche Grundlage schaffen für die Begründung vieler, nicht ohne weiteres aus den Einzelregelungen ableitbarer Entscheidungen. Das Bedürfnis nach dieser Grundlage ist nunmehr unabweisbar und entfaltet sich vornehmlich nach drei Seiten.

2   Die seit *Eberhard Schmidts* Appell[2] kontinuierlich voranschreitende Einbindung des Strafprozeßrechts in ein konkretisierende Konsequenzen forderndes Verfassungsrecht gebietet, an die Stelle unscharfer, an Rolle und Status orientierter Sozialnormen **klare Rechtsnormen** zu setzen.

3   Mit den Bemühungen um Rücknahme oder Relativierung der in der kleinen Strafprozeßreform[3] erreichten Stärkung der Verteidigerposition setzt eine Gesetzgebung ein, welche die Handlungsspielräume der Verteidigung ständig hin und her schiebt. Hier muß die **Dogmatik** der Vorschriften der StPO über die Strafverteidigung *feste* Punkte, unübersteigbare Barrieren schaffen.

4   Eine Arbeitskonzeption der Verteidigung, die bestimmt ist durch ein **neues Berufsverständnis** und — das ist ein wechselseitiger Einfluß — auf diesen Bereich des Gemeinschaftslebens bezogenes wachsendes Interesse gesellschaftlicher Gruppen und politischer Theorien, verlangt nach *umfassender* — nicht auf isolierte Interpretation von Vorschriften beschränkte — *Legitimation* durch Rechtssätze. Diese Aufgabe kann nicht losgelöst bewältigt werden von der

II. Geschichte der Strafverteidigung

5   Sie ist eng verknüpft mit der allgemeinen Geschichte des materiellen und prozessualen Strafrechts, die hier nicht im einzelnen nachgezeichnet werden kann. Aber die Strukturen der für die Strafverteidigung relevanten Entwicklung müssen sichtbar gemacht werden. Man kann im wesentlichen drei Phasen, die sich — streckenweise ineinander übergehend — abgelöst haben, unterscheiden.

6   Am Anfang steht ein privates, die Strafzwecke der Vergeltung und Sühne nur als Kompensation eines individuellen Schadens begreifendes Strafrecht, das in der Regel in Verfahren durchgesetzt wird, die von der Verhandlungsmaxime beherrscht sind, das heißt, es geht nicht um die „Erforschung materieller Wahrheit, sondern vielmehr um die Frage, welche Partei die (. . .) glaubwürdigeren Behauptungen aufstellt"[4]. Der Beschuldigte hat einen **„Vorsprecher"**, der mit dem „Vorsprecher" des Klägers auf derselben Stufe steht[5]. Das ist die Situation im Europa des frühen Mittelalters.

7   Erst im Hochmittelalter (in den Städten früher, auf dem Lande später) beginnt sich das **öffentliche Strafrecht** auszubilden: der Strafanspruch wird im Namen der All-

---

[1] Bezeichnend die Definition bei *Jungfer* StrVert. **1983** 393.

[2] „StPO und GVG bekommen als Ausführungsgesetze des Bonner Grundgesetzes überhaupt erst ihren politischen Sinn", *Eb. Schmidt* I 4.

[3] StPÄG 1964.

[4] *Vargha* 132.

[5] *Armbrüster* 21 ff.

gemeinheit erhoben, löst sich von der Initiative des Verletzten. Der Beschuldigte in einem solchen Prozeß sieht sich einer Macht gegenüber, die mit dem, was der Verletzte aufbieten kann, um gegen den Schädiger seine Interessen zu behaupten, nicht verglichen werden kann. Daraus müßte eigentlich folgen, daß der Beistand des Beschuldigten eine stärkere Stellung bekommt. Dazu kommt es aber erst sehr viel später. Das hängt mit den **Gründen** für die Entstehung des öffentlichen Strafanspruchs zusammen. Sie treten am sichtbarsten in der Ablösung des Parteienprozesses durch den Inquisitionsprozeß in Erscheinung. Inquiriert werden soll die Wahrheit. Der Beschuldigte ist der Inquisit, Objekt der Untersuchung. Für seine **Verteidigung** durch einen seine Partei nehmenden Verteidiger ist kein Raum. Das Gericht verantwortet alles selbst[6]. Gleichwohl fehlt der Verteidiger im Inquisitionsprozeß nicht ganz[7]. Aber ohne Zweifel handelt es sich dabei um eine Inkonsequenz. Dem entspricht die faktische Bedeutungslosigkeit des Verteidigers.

Die **Gründe** dafür, daß die Entwicklung diesen Verlauf nimmt, sind umstritten. **8**

In erster Linie wird auf die tiefgreifenden **sozialen Veränderungen** verwiesen, die **9** zu einem Ansteigen der Kriminalität führen[8].

Ferner heißt es, daß man dem Vorbild des **kanonischen Prozesses** gefolgt sei, der **10** seine Wurzeln im späten römischen Recht habe[9] (während im antiken römischen Recht sich kein Inquisitionsverfahren finde[10]) und in den oberitalienischen Städten zuerst rezipiert worden sei[11] (nachdem mit dem Verfall der germanischen Nachfolgestaaten die römischen Elemente in den Hintergrund getreten seien[12]).

Unbestritten ist jedenfalls, daß an die Stelle des Ausgleichs für das Opfer die **Dis-** **11** **ziplinierung** der Schädiger tritt als ein Gebot der um ihren Ausbau und Stabilisierung bemühten, teils sich zentral, teils regional etablierenden Herrschaft. Sie ist an allgemeiner politischer Loyalität interessiert; die Verfolgung von Rechtsgutsverletzungen dient nur diesem Ziel[13]. Wieviel Eigendynamik in der Herausbildung dieser Herrschaft liegt, ist wiederum fraglich. Jedenfalls ist der kirchliche Einfluß groß. Die Kirche sucht die weltliche Unterstützung im Kampf gegen die beginnenden Ketzerbewegungen[14]. Diese **Realfaktoren** werden begleitet[15] oder sogar gelenkt von der Idee, die **Verantwortlich-** **keit** des einzelnen zu fixieren. Daß diese Verantwortlichkeit nicht nur vor Gott, sondern auch vor der weltlichen Obrigkeit bestehen soll, ist das Neue[16]. Sühne und Vergeltung sind von Zweckmäßigkeitserwägungen freie (absolute) Reaktionen auf Schuld, sollen aber auch Abschreckungsfunktionen übernehmen[17]. Die Konzentration auf den

---

[6] *Armbrüster* 55.

[7] *Armbrüster* 45 ff.

[8] Genauer mit weiterführenden Belegen *Lüderssen* Krise, Fußn. 64–68.

[9] *Oehler* Gedächtnisschrift H. Kaufmann (1986) 860.

[10] *Oehler* aaO, 860; das ist eine in dieser Allgemeinheit nicht zutreffende Aussage; vielmehr bedarf es einer vor allem nach Epochen und Delikttypen stärker differenzierenden Betrachtung, vgl. eingehender mit Belegen *Lüderssen* Krise, Fußn. 63.

[11] *Oehler* aaO, 848; zur kritischen Auseinandersetzung mit dieser Position *Lüderssen* Krise Fußn. 73–75.

[12] *Lieberwirth* (Hrsg.), Christian Thomasius, Über die Folter (1960) 88.

[13] *Lieberwirth* 108 ff.

[14] *Achter* Geburt der Strafe (1951) 103 ff; *Bianchi* Ethik des Strafens (1966) 26 f; *Trusen* Strafprozeß und Rezeption, in: Landau/Schröder (Hrsg.), Strafrecht, Strafprozeß und Rezeption (1984) 45 ff.

[15] Die Gleichzeitigkeit der Änderungen betont mit Recht *Achter* 109; weitere Literatur bei *Lüderssen*, Krise Fußn. 78.

[16] Von *Achter* 102, 107 als ein nicht weiter reduzierbarer Vorgang der Ethisierung und Institutionalisierung des menschlichen Zusammenlebens bezeichnet.

[17] Erste Folge der mittelalterlichen Intellektualisierung sind Zwecksetzungen, *Achter* 107.

Klaus Lüderssen

Vorwurf gegenüber dem Individuum wird begünstigt durch den „Zerfall der Personalverbände"[18] und führt dazu, daß jetzt (zum ersten Mal um das Jahr 1200) das Wort „Strafe" auftaucht[19]. Ein neuer Begriff von Schuld und Sünde legt die Suche nach der materiellen Wahrheit nahe. Sie scheint verbürgt, wenn Verfolger und Inculpat dasselbe sagen: das **Geständnis** wird zum primären Prozeßziel, die Folter ist das Mittel. Die weltlichen Behörden wenden sie an, teils in Ausführung kirchlicher Anweisungen[20], teils in eigener Regie (etwa „um auch zu Geständnissen von landschädlichen Leuten zu kommen"[21]). Diese Beweismethode und der ihr zugrunde liegende Anspruch auf Wahrheitsermittlung harmonieren mit der durch die Rezeption allgemein in Gang gesetzten Verwissenschaftlichung des Rechts[22], deren sichtbarer Ausdruck die zunehmende Zahl der gelehrten Juristen ist[23], wobei wiederum der innerkirchliche Prozeß der Rationalisierung eine wichtige Rolle spielt[24]. An diesen Zusammenhängen ändert sich nichts Wesentliches, wenn man die wahrheitsverbürgende Funktion des Geständnisses nicht materiell, sondern formell begreift: „Nicht weil der gestehende Angeklagte voraussichtlich schuldig ist, wird er verurteilt, sondern weil er den gegen ihn erhobenen strafrechtlichen Anspruch als wahr gelten lassen will"[25].

12   Schließlich ist hervorgehoben worden, es seien Sanktionen nachweisbar, die darauf hindeuten könnten, daß auch die **Germanen** schon ein **öffentliches Strafrecht** gehabt haben: Tötungen und Friedloserklärungen. Noch die Rechtsgeschichte Anfang dieses Jahrhunderts hat diese Konsequenzen gezogen. In neuerer Zeit hat sich indessen die Meinung durchgesetzt, daß es sich bei diesen Tötungen entweder um Übernahmen aus dem römischen Recht (durch die germanischen Nachfolgestaaten) oder um religiös motivierte Opfervorgänge handelt[26]. Was die Friedloserklärungen angeht, so ist schon sehr bald ihr Strafcharakter bezweifelt worden[27]; die moderne rechtsgeschichtliche Forschung hat das bestätigt[28].

13   Manchmal wird nicht einmal eine Tradition des öffentlichen Strafrechts behauptet, sondern schlicht darauf verwiesen, daß die öffentliche Strafe aus früheren Erscheinungen hervorgegangen sei, etwa aus der **Blutrache**[29] oder aus der **Hauszucht** gegenüber Unfreien[30].

14   Eine endgültige Aufklärung und Gewichtung der — wahrscheinlich konkurrierenden — Vorgänge und Theorien ist nicht in Sicht. Daher muß sie, wer die Entwicklung der Verteidigung zurückverfolgen will, als **Ganzes** im Auge behalten.

---

[18] *Hattenhauer* Savigny-Zeitschrift, germanistische Abteilung **1983** 66.

[19] *Hattenhauer* 66; s. auch *Achter* 34 ff.

[20] *Trusen* 49.

[21] *Trusen* 57.

[22] Genauere Fixierung der dadurch abgelösten magischen Verfahren, welche „die durch die Tat gestörte Lebensordnung" wiederherstellen, bei *Achter* 17.

[23] *Trusen* 54; *Coing* Römisches Recht in Deutschland, in: Ius romanum maedii aeve, V, 6 (1964) 77 ff; *Moraw* Gelehrte Juristen im Dienst der deutschen Könige des späten Mittelalters (1273-1493) in: Schnur (Hrsg.) Die Rolle der Juristen bei der Entstehung des modernen Staates (1986) 77 ff; *Isenmann* in: Schnur 181 ff; Die Unverzichtbarkeit der gelehrten Juristen für die Formulierung der in-

quisitorischen Prinzipien vermuten *Coing* 100 und *Armbrüster* 47.

[24] *Trusen* 55.

[25] *Trusen* 81 ff (mit Nachw.); eingehender *Lüderssen* Krise Fußn. 89, 90.

[26] *Nehlsen*, in: Abhandlungen der Akademie der Wissenschaften in Göttingen, philologisch-historische Klasse, 3. Folge Nr. 113 (1978) 107 ff und in: Freiburger Festkolloquium zum 75. Geburtstag von Hans Thieme (1983) 3 ff.

[27] *Binding* Die Entstehung der öffentlichen Strafe im germanisch-deutschen Recht (1908) 19 ff, 25 ff.

[28] *Nehlsen* aaO.

[29] *Weismann* FS Wach (1913) 3 ff.

[30] *Nehlsen* Sklavenrecht zwischen Antike und Mittelalter I (1972).

Unerachtet vieler Veränderungen (insbesondere durch die Kodifikation des mate- **15** riellen und formellen Rechts in der Carolina von 1532 und die allmähliche Herausbildung des absoluten Staates oder doch jedenfalls eines dahingehenden Anspruchs[31]) bahnt sich erst nach Jahrhunderten ein **grundlegender Wandel** an.

Die politische und geistige Bewegung der **Aufklärung** dringt auf Säkularisierung, **16** Humanisierung, Rationalisierung und Liberalisierung eines Justizsystems, das seine fragmentarischen, mit anderen Formen der Konfliktbewältigung rivalisierenden Anfänge hinter sich gelassen und eine kontinuierliche, alles beherrschende Praxis entwickelt hat. Die Schwächen dieses Justizsystems werden bloßgelegt: Die Ineffizienz, Ungerechtigkeit und Maßlosigkeit nichtöffentlicher, ohne Laienbeteiligung stattfindender Verfahren in der Hand abhängiger, für Ermittlung und Verurteilung gleichermaßen zuständiger Richter. Ebenso moralisch wie pragmatisch motiviert ist der Kampf gegen Folter und Hexenwahn, gegen Todes- und Leibesstrafen — eng verknüpft mit einer die Fesseln der religiösen und später auch der antiken Überlieferung allmählich abstreifenden systematischen, zunächst unbegrenzt spekulativen, dann aber die Grenzen der Vernunft reflektierenden Philosophie und einer praktischen, allgemeine Probleme von Staat und Gesellschaft (wie Gewaltmonopol, Gewaltenteilung, Volkssouveränität, Freiheit und Würde der Person) aufgreifenden Philosophie.

Das Ergebnis ist der „reformierte Prozeß", der im 19. Jahrhundert nach und **17** nach politische Realität wird. Unverändert groß bleibt das Bedürfnis nach wirksamer, Schädiger und Opfer nicht sich selbst überlassender Friedenssicherung; die Notwendigkeit eines **öffentlichen Strafrechts** in der Form der Behauptung eines Strafanspruchs der Allgemeinheit wird nicht bestritten — in dieser Hinsicht gibt es keine Reformforderungen. Neu jedoch sind die Struktur des Verfahrens und seine grundlegenden Prinzipien. An erster Stelle ist die Trennung von Anklage und Urteil zu nennen, nunmehr freilich — anders als in den älteren gesellschaftlich-privat organisierten Verfahren — innerhalb der Staatsgewalt[32], die reif genug scheint, die damit notwendig werdende Selbstbindung zu ertragen. Der Justiz wird eine Kontrollinstanz im Namen der Allgemeinheit, der Bürger, des Volkes gegenübergestellt: die Staatsanwaltschaft.

Unter dem **Anwalt des Staates** versteht man nicht den Anwalt der autoritären **18** Staatsgewalt, sondern den Anwalt der Interessen derer, die im Staat leben und für die der Staat eine Verantwortung trägt[33].

Nicht minder wichtig ist die Einsicht, daß der wegen einer Schadenszufügung Be- **19** schuldigte nicht mehr Objekt der Untersuchung sein darf, sondern in der Auseinandersetzung mit den Instanzen der Strafverfolgung als **Person** auftritt. Daher erhält nun auch der nach allen Seiten hin **unabhängige Verteidiger** eine besondere Position; seine eigentliche Ära beginnt jetzt.

Das Verlangen danach hätte vielleicht weniger Resonanz gefunden, wenn es **20** nicht mit einer weit über Strafrecht und Strafprozeß hinausgehenden Bewegung von be-

---

[31] Der theoretisch auf den Grundsatz gestützt wurde, niemand könne sich selbst verpflichten (zeitgenössische Belege bei *Link*, in: Schnur aaO 783), politisch aber unter naturrechtlichem Vorbehalt stand (*Link* 779 f) und ziemlich weit davon entfernt war, ganz realisiert zu werden, vgl. dazu mit Belegen *Gerhard Oestreich* Geist und Gestalt des modernen Staates (1969) 179 ff.

[32] Diesen neueren Anklageprozeß muß man vom älteren also sorgfältig unterscheiden; irreführend, weil noch nicht vom Prinzip der Gewaltenteilung getragen, die Reklamation des terminus für die Prozeßepoche des gemeinen Rechts (so aber *Eb. Schmidt* Einführung in die Geschichte der deutschen Strafrechtspflege[3] [1965] 198 ff).

[33] *Günther* Staatsanwaltschaft – Kind der Revolution (1973).

Klaus Lüderssen

trächtlicher Eigendynamik verknüpft gewesen wäre. Diese Bewegung ist in die Geschichte eingegangen als der „Kampf um die Freiheit der Advokatur", der das Ziel hatte, einen Stand unabhängiger, ihre Organisation und Standesethik selbständig verwaltender **Anwälte** zu etablieren[34].

21   Für **die Durchsetzung des Beschuldigteninteresses** eröffneten sich damit zwei Wege: Es wird entweder zum internen Staatsziel; parteiliche Verteidigung ist dann sozusagen obrigkeitlich-fürsorglich zu verbürgen[34a]. Oder es bedarf nicht (jedenfalls nicht direkt) des Staates; der Beschuldigte findet in der dem Staat gegenübertretenden Gesellschaft die Ressourcen für seine Verteidigung.

22   Der Kampf um eine am Beschuldigteninteresse orientierte Verteidigung im **deutschen Strafprozeß** hat letzten Endes nur dem zweiten Weg gegolten. Maßgebend waren die liberalen Vorstellungen über die Unabhängigkeit des Individuums vom Staat. Die Gesellschaft dieser Individuen will nicht — mehr — im Staat aufgehen, sondern sieht sich ihm *gegenüber*, mit der Folge, daß ihre Mitglieder, die einzelnen Personen, auch in Stand gesetzt werden müssen, diese Positionen durchzuhalten. Die Parteilichkeit des Verteidigers eines Bürgers, den der Staat im Interesse der Allgemeinheit einem Strafverfahren aussetzt, ist **Ausdruck** einer **Unabhängigkeit** vom Staat und **nicht Derivat** einer **Fürsorge** des Staats. Erst mit der Trennung von Gesellschaft und Staat — als Folge der rechtsstaatlichen Begrenzung der Staatsgewalt — kann diese Konstellation entstehen[35]. Nicht die staatliche Einverleibung des Beschuldigteninteresses ist es mithin, die den Inquisitionsprozeß der Moderne von dem des Mittelalters und der beginnenden Neuzeit unterscheidet, sondern die Anerkennung der **Autonomie** des Beschuldigten gegenüber dem Staat.

23   Nur so wird die Auffassung verständlich, daß gerade der **Inquisitionsprozeß** den ausschließlich im Beschuldigteninteresse tätigen Verteidiger fordere, weil für die Wahrheit ja schon Gericht und Staatsanwalt sorgen[36]. Aber das gilt nur für den modernen Inquisitionsprozeß, der sich in einer Epoche behaupten muß, welche die Eigenständigkeit der Gesellschaft, das heißt der einzelnen Personen, die sie ausmachen, betont.

24   Wirksame **Parteilichkeit** durch eine starke Stellung des Verteidigers ist erst unter dieser Voraussetzung ein sinnvolles Ziel, bedarf dann aber auch nicht mehr der Hilfskonstruktion des obrigkeitlich motivierten Beschuldigteninteresses. Daß dies die Tendenz der rechtspolitischen Entwicklung war, ist von der zeitgenössischen Literatur über die Stellung des Verteidigers allerdings weitgehend verkannt worden[37].

25   Die Entwicklung der Verteidigerstellung kann auf dieser Basis nicht geradlinig verlaufen. Noch bis zum Inkrafttreten der Reichsjustizgesetze (1879)[38] ist in Preußen die Strafverteidigung beamteten Justizkommissaren anvertraut[39]. Diese äußerste Form **obrigkeitlicher Fürsorge** für den Beschuldigten wird dann im Zeichen des Konstitutionalismus, der bereits die als „Hüter der Gesellschaft gegen den Staat" sich verstehenden Parlamente[40] hervorgebracht hatte, aufgegeben. Die Rechtsanwaltsordnung etabliert eine Organisation, die einer nicht vom Staat abgeleiteten Verteidigertätigkeit, für die in

---

[34] Den entscheidenden Durchbruch erzielte *v. Gneist* Freie Advokatur – die erste Forderung aller Justizreformen in Preußen (1867); dazu *Armbrüster* 127 ff; ferner *Redeker* NJW **1987** 2610.

[34a] Das ist vor allem die Konzeption *Beulke* Verteidiger, 164 ff; sehr ähnlich *Kühne* Strafprozeßlehre[3] 90 ff.

[35] *Hesse* in: Böckenförde (Hrsg.) Staat und Gesellschaft (1976) 489.

[36] *Welp* ZStW **90** (1978) 119.

[37] Siehe Belege bei *Beulke* Verteidiger 165; siehe auch Arbeitskreis Strafprozeßreform S. 134.

[38] GVG, ZPO, StPO, KO, Rechtsanwaltsordnung.

[39] In Zivilsachen auftretende Anwälte hießen Assistenzräte.

[40] *Battis/Gusy* Einführung in das Staatsrecht[2] (1986) 113.

den §§ 137 bis 150 der StPO eine neue Grundlage geschaffen worden ist, den Weg endgültig öffnet. Die formale Ausgangsposition für eigenständige Rechte der Verteidigung ist aber — anders als die der konstitutionellen Parlamente — schwach.

Daß die parlamentarische Demokratie sich (1918) durchsetzt und die Parlamente **26** nunmehr zur Staatsgewalt zählen, ändert an dieser Position der Verteidiger nichts, sondern bringt eher die Gefahr mit sich, sie zusammen mit anderen im gesellschaftlichen Status verbleibenden Kräften zu schwächen. Die **realen Möglichkeiten** der Verteidigung sind daher weniger von der Rechtslage als von politischen Verhältnissen abhängig. In der Weimarer Zeit sind sie der Verteidigung günstig, in der NS-Zeit nicht, ohne daß der rechtliche Rahmen geändert wird. Der Verteidiger hat sich in den „über aller individueller Freiheit" stehenden „Staat" und die in ihm „verkörperte Volksgemeinschaft einzuordnen"[41]. Die Freiheit des Berufs ist „den Maßstäben an staatsbürgerlichem Gehorsam, welche der totale Staat anlegen muß", anzupassen mit der Folge „einer bedingungslosen Unterordnung des Anwaltes und Verteidigers unter diesen veränderten Begriff der Freiheit"[42].

Die neuere Gesetzesgeschichte ist bei den einzelnen Vorschriften nachgewie- **27** sen[43].

III. Das Verhältnis von Staat und Gesellschaft als Basis für die rechtliche Stellung des Strafverteidigers in Gegenwart und Zukunft

Nach Beseitigung des NS-Regimes stellt sich die durch die Entwicklung im **28** 19. Jahrhundert erreichte Konstellation wieder her, an der sich dann, ungeachtet vieler Veränderungen im Detail[44], bis zur Gegenwart nichts geändert hat. Sie ist inzwischen einerseits sehr ausgebaut worden, andererseits in den Grundlagen nicht mehr ganz unangefochten, weil die **Abgrenzung von Staat und Gesellschaft** (wieder) schwankend geworden ist. Mit Blick auf Theorie und — wachsende — Praxis des demokratischen Staates wird sie nicht mehr für zeitgerecht gehalten.

Die Einbeziehung der Parlamente in die Staatsgewalt ist inzwischen eine Selbst- **29** verständlichkeit. Insofern ist das Interesse des Bürgers an der Wahrnehmung dem Staat gegenübertretender Interessen auch praktisch zurückgetreten. Da die Konzeption des demokratischen Staates darin besteht, daß er sich „erst in gesellschaftlichem Zusammenwirken" konstituiert[45], scheint gegenwärtig für die Stellung des Verteidigers eine **staatsunabhängige gesellschaftliche Legitimation** (schon wieder) fragwürdig zu sein. Wie weit die auf Repräsentation beschränkte Demokratie zu diesem Schluß wirklich zwingt, muß hier ununtersucht bleiben. Trotz zunehmender Mediatisierung außerhalb der Parlamente[46] wird die „Ferne der Zentralität" nach wie vor empfunden mit der Folge, daß die Gesellschaft „vielfältige Formen der Autonomie und Selbstregulierung" erlaubt[47]. Als „Ausdruck einer funktionellen Differenzierung" jedenfalls hat der Unterschied zwischen Staat und Gesellschaft nach wie vor einen Sinn[48].

---

[41] *Dix* Totaler Staat und freie Advokatur, DJZ **1934** 246.

[42] *Dix*; zur „Gleichschaltung" s. *König* 35 ff, s. auch 161 ff.

[43] Guter Überblick: KK-*Laufhütte*[2] Vor § 137, 1; allgemein zu den Änderungen im elften Abschnitt durch das StVÄG 1987: („keine umfassende Reform dieses Rechtsinstituts") *Rieß/Hilger* NStZ **1987** 146 ff; *Dünnebier* FS Pfeiffer (1987) 269 ff.

[44] *Heinicke* 143 ff.

[45] *Hesse* Grundzüge des Verfassungsrechts der Bundesrepublik Deutschland[15] (1985) 8.

[46] *Teubner* Organisationsdemokratie und Verbandsverfassung (1978).

[47] *v. Trotha* Distanz und Nähe (1986) 21.

[48] *Hesse* Grundzüge aaO 8.

       Klaus Lüderssen

30   Diese Aufgabenverteilung wird besonders deutlich, wenn der einzelne in eine direkte Konfrontation mit Behörden gerät, speziell der in einem Strafverfahren Beschuldigte mit Staatsanwaltschaft und Gericht. Zwar ist es — mit einer durchgehenden demokratischen Konstruktion — auch dann noch *sein* Staat, doch bei der Fixierung der jeweiligen Interessen und der Abwicklung der realen Vorgänge wird evident, daß die in konstitutionellen Zeiten definierte Aufgabe des von der Gesellschaft abgegrenzten Staates kaum verändert fortbesteht: Sicherung der vorstaatlichen Freiheitssphäre des Bürgers. Dazu gehört die Garantie des autonomen Status des Beschuldigten und damit seiner **parteilichen Verteidigung**.

31   Die vom Bürger in Anspruch genommene **Freiheitssphäre** ist allerdings **Wandlungen** ausgesetzt. Teilweise treten diese Wandlungen als Folgen erstmals vom modernen Staat gewährter Freiheitsrechte in Erscheinung[49]. Dazu könnten auch der mehr und mehr verbriefte Autonomiestatus des Beschuldigten im Strafverfahren gehören und damit die Rechte seines Verteidigers. Seine Tätigkeit für den Beschuldigten wäre dann letztlich **Staatsziel**[49a].

32   Aber wiederum braucht hier nicht entschieden zu werden, ob sich darin eine allgemeine Tendenz der vollständigen Erfassung und Zuteilung des Individuellen und gänzliche Zurückdrängung des Gesellschaftlichen zeigt. Zwar haben die dem einzelnen zugebilligten Rechte an den Staat an Zahl und Verbindlichkeitsgrad so zugenommen, daß sie das, was man als eigenständige Sphäre der Freiheit vor oder jenseits des Staates ansehen könnte, förmlich verdunkeln. Demgegenüber muß jedoch die Kontinuität der gegen die — schon geteilte — Staatsgewalt gerichteten, aus der Gesellschaft (also der Summe der einzelnen, die sich — noch — nicht im Staat aufgehoben sehen) kommenden Bemühungen um die Autonomie des Beschuldigten gesehen werden. Dafür, daß dieses Bemühen sich in den Wunsch nach einer vom Staat zu gewährenden Freiheit umgewandelt hat, gibt es keine Belege. Auch „die andere Seite", der Staat, verharrt insoweit, trotz aller Expansionen im übrigen, etwa im Sozialbereich, auf seinem traditionellen konstitutionellen Standpunkt. Die **Eigenständigkeit**, jedenfalls der **anwaltlichen Standesorganisationen**, umzudeuten in eine spezielle Ausdrucksform staatlicher Demokratie, ginge an der Realität vorbei, ebenfalls der Gedanke, die Staatsräson habe sich in raffinierter Weise ein indirektes Herrschaftsinstrument geschaffen. Im Wandel begriffen sind lediglich die Gründe für die Behauptung einer nicht vom Staat zugeteilten Autonomieposition des Beschuldigten. Die ursprüngliche Freiheit des Individuums im Allgemeinen, wie im Bezug auf spezielle Interessen, wird weniger metaphysisch als soziologisch-positivistisch begriffen, das heißt, relevant ist in erster Linie die Tatsache, daß jenseits staatlicher Vorgaben und Einflüsse entsprechende Einigungsprozesse in der Gesellschaft stattfinden und politische Verbindlichkeit erlangen.

B. Folgerungen

I. Die Bedeutung der Beschränkung strafprozessualer Aufklärungspflicht und Justizgewährung auf die staatlichen Strafverfolgungsorgane für die Stellung des Verteidigers im allgemeinen

33   **1. Das Vertragsprinzip.** Es ist Ausdruck der allmählich durchgesetzten Anerkennung der Autonomie des Beschuldigten, daß die zentrale Norm — § 137 Abs. 1 — ihm das Recht gibt, sich „. . . des Beistandes eines Verteidigers" zu „bedienen". Die Respek-

---

[49] *Lüderssen* Kriminologie (1984) 15 mit weit. Nachw.

[49a] Zur modernen Funktion dieses Begriffs vgl. Staatszielbestimmungen/Gesetzgebungsauf-

träge, Bericht der Sachverständigenkommission der Bundesminister des Innern und der Justiz (1983).

tierung der Subjektrolle des Beschuldigten wäre nur halb vollzogen, wenn der beistehende Verteidiger die dienende Rolle verlassen würde und etwas ohne oder gegen den Willen des Beschuldigten tun dürfte[49b]. Da unsere Rechtsordnung auf der anderen Seite — abgesehen vielleicht von familiären Rechten — private Positionen nicht als Basis genuiner Abhängigkeitsverhältnisse anerkennt, bleibt für die Ausgestaltung der Beziehungen zwischen Beschuldigtem und Verteidiger nur die — für die gesamte Privatrechtsgesellschaft typische — Rechtsform des Vertrages.

a) Allgemeines. Daß der gewählte Verteidiger auf dieser Grundlage tätig wird, ergibt sich aus der **Bevollmächtigung.** Ihr geht entweder ein Vertrag voraus, oder es kommt mit ihr zugleich ein Vertrag zustande (genauer Rdn. 65 ff). Der Gedanke, daß die Vereinbarung mit dem Verteidiger zugleich die Wirkung einer öffentlich-rechtlich zu beurteilenden Mandatsstellung habe, findet im Gesetz keine Stütze. **34**

Der Vertrag zwischen Verteidiger und Mandant ist ein **Dienstvertrag** gemäß § 611 BGB, der zwei Besonderheiten aufweist. Einmal handelt es sich um Dienste höherer Art, die aufgrund eines besonderen Vertrauens übertragen zu werden pflegen — daher ist die Vorschrift des § 627 BGB (jederzeitige fristlose Kündigung) anwendbar; zum anderen ist Gegenstand der Dienste eine sogenannte **Geschäftsbesorgung** im Sinne des § 675 BGB mit der Folge der Anwendbarkeit einer Reihe von Vorschriften, die an sich nur für den unentgeltlichen Auftrag gelten. Dazu gehört unter anderem § 665 BGB, der unter bestimmten Voraussetzungen Abweichungen von den — prinzipiell zu beachtenden — Weisungen des Auftraggebers zuläßt. **35**

Die **Grenzen** des Vertrages ergeben sich aus den allgemeinen Vorschriften des bürgerlichen Rechts über Rechtsgeschäfte und Verträge. Wichtig sind hier vor allem die §§ 134, 138, 276 BGB. **36**

§ 134 BGB nimmt insbesondere sämtlichen Abmachungen zwischen Verteidiger und Mandant die Wirkung, die Verstöße gegen **Strafgesetze** zum Inhalt haben. **37**

Die **guten Sitten**, deren Verletzung den Vertrag zwischen Verteidiger und Mandant nach § 138 BGB nichtig macht, bilden den engeren Kern des Standesrechts — Vorschriften der BRAO und RiAA. Die Annahme, wonach jeder Verstoß gegen das Standesrecht gleichzeitig ein Verstoß gegen die guten Sitten sei[50], geht indessen zu weit[51]. An § 138 BGB scheitern also etwa Versuche des Mandanten, eine für ihn gleichsam selbstmörderische Strategie dem Verteidiger aufzudrängen. Diese Parallele zu der Grenze, die das ärztliche Standesrecht der Rücksichtnahme des Arztes auf den Patientenwillen zieht, liegt nahe, ist aber, weil im juristischen Bereich die Situationen sich eindeutiger Bewertung häufig entziehen (freilich ist es bei den Ärzten auch nicht immer ganz einfach) am Ende doch nicht so ergiebig. Aber selbst wenn das anders wäre, blieben noch viele standesrechtliche Probleme diesseits der guten Sitten übrig. **38**

Einfallstor für das **Standesrecht**, dessen prinzipielle Relevanz durch die inhaltliche Infragestellung der gegenwärtig „gültigen" RiAA seitens des Bundesverfassungsgerichts[51a] unberührt bleibt, ist vielmehr vor allem § 276 BGB. Über die im Verkehr erforderliche Sorgfalt, deren Verletzung die Haftung wegen Fahrlässigkeit auslöst, ist in **39**

[49b] Die Subjektstellung des Beschuldigten auch im Verhältnis zu seinem Verteidiger betont mit Recht *Schlothauer* Vorbereitung der Hauptverhandlung durch den Verteidiger (1988) Rdn. 25.

[50] Belege bei Staudinger Kommentar zum BGB[12] (1980) - *Dilcher* § 138, 72.

[51] Überzeugend *Deutsch* Freizeichnung von der Berufsausübung, in: VersR **1974** 303.

[51a] BVerfGE **76** 171 ff, 196 ff = NJW **1988** 191, 194; dazu *Weigel* BRAK-Mitt. **1988** 2 mit umfassenden Belegen; ferner *Zuck* in: Lingenberg/Hummel/Zuck/Eich N 1; *Pietzcker* NJW **1988** 513; *Kleine-Cosack* NJW **1988** 164; *Zuck* NJW **1988** 175; *Jähnke* NJW **1988** 1888; *Commichau* JZ **1988** 824; *Pfeiffer* BRAK-Mitt. **1988** 226.

Klaus Lüderssen

den RiAA einiges gesagt. Sie wird man auch für Einzelheiten der Berufspflichten heranziehen müssen, auf die § 45 Nr. 1 BRAO verweist. Jenseits der RiAA gibt es aber auch noch „Gewohnheitsrecht". „Es beruht auf der Rechtsüberzeugung der Standesgenossen, wie sie sich den jeweiligen beruflichen, wirtschaftlichen und sozialen Verhältnissen angepaßt, in der Gestalt der opinio communis der gesamten Anwaltschaft über die einzelnen Berufspflichten offenbart"[52]. Mit anderen Worten, hier kommt im Rahmen des Vertragsrechts ähnlich wie bei den Ärzten, die lex artis zur Geltung.

40   Der allgemeine Satz, daß die objektive Sorgfaltspflicht des Verteidigers — ausgefüllt durch das Standesrecht — die vertragliche Beziehung zum Mandanten bestimmt, löst indessen noch nicht das Problem, in welchem Maße sich der Verteidiger dabei vom Mandanten **unabhängig** fühlen darf. Zur objektiven Sorgfalt, zu der ein Anwalt verpflichtet ist, gehört auch, daß er die Weisungen des Mandanten aufmerksam beachtet. Das ergibt sich aus dem Vertrauensverhältnis, auf dem nach § 43 RiAA die Beziehungen zwischen Rechtsanwalt und Auftraggeber beruhen. Zwar weist § 8 RiAA darauf hin, daß eine Weisung des Auftraggebers einen Verstoß gegen das Standesrecht nicht rechtfertigen könne. Aber das ist nicht als Gegensatz gemeint, sondern bezieht sich auf den Konfliktfall. Selbst für diesen Konfliktfall gibt es eine Ausnahme, wenn die standesrechtlich gebotene kollegiale Rücksichtnahme zur Debatte steht; hier haben die Interessen des Auftraggebers den Vorrang (§ 21 RiAA). Doch muß man mit dieser Rückausnahme vorsichtig sein. Die Interessen des Auftraggebers werden von ihm selber womöglich anders definiert als vom Anwalt, und § 21 läßt offen, wer hier die Wahl zu treffen hat. Wieviel insofern noch weiterer Klärung bedürftig zu sein scheint — kein Zweifel jedenfalls besteht daran, daß es Weisungen durch den Auftraggeber gibt, die nicht standesgemäß sind, gleichviel wie man das Standesrecht im einzelnen auslegt.

41   Das Interesse muß sich daher auf die Frage konzentrieren, wie der Strafverteidiger mit diesen **Weisungen** umzugehen hat. Praktisch wird das nur, wenn dem Verteidiger die Weisungen nicht gefallen, etwa weil seine Konzeption der Verteidigung von der des Mandanten abweicht. Gebietet die Pflicht zur objektiven Sorgfalt im Sinne des § 276 BGB dem Verteidiger, daß er seine eigene Konzeption verfolgt oder daß er der Konzeption des Mandanten zur Durchsetzung verhilft? Die Richtlinien enthalten über diese Spezialfrage nichts. Auch die Generalklausel der BRAO (§ 43 — Gewissenhafte Berufsausübung) oder der Hinweis auf die Berufspflichten (§ 45 Nr. 1) führen nicht weiter.

42   So gesehen scheint es bei der Grundregel des § 665 BGB zu bleiben, die **Abweichungen von den Weisungen** des Auftraggebers nur gestattet, wenn der Beauftragte — also der Strafverteidiger — den Umständen nach annehmen darf, daß der Auftraggeber bei Kenntnis der Sachlage die Abweichung billigen würde. Kommt es zu einer rechtlichen Aufklärung, so gibt die Entschließung des Auftraggebers den Ausschlag. Daß der Verteidiger auf diese Entschließung durch entsprechende Begründungen für seine Konzeption einwirken kann, ist klar, ändert aber nichts daran, daß bei verbleibender Divergenz die Weisung des Auftraggebers den Vorrang hat. Man muß dabei Ausschau halten nach Standesregeln, die in den RiAA noch nicht ihren Niederschlag gefunden haben, aber — nach den oben wiedergegebenen, von *Dahs*[53] beschriebenen Grundsätzen — doch (schon oder noch) gelten.

43   Eine entsprechende communis opinio ist derzeit nicht feststellbar. Vielmehr sind die Auffassungen darüber, wie man sich, um eine ordentliche Strafverteidigung, das heißt eine Strafverteidigung nach der lex artis des **anwaltlichen Berufsstandes**, führen zu können, mit dem Mandanten arrangieren muß, sehr unterschiedlich[54].

---

[52] *Dahs* Hdb. Rdn. 28.
[53] *Dahs* Hdb. Rdn. 28.

[54] Man vergleiche etwa die unter der Überschrift „Der Verteidiger und sein Mandant

In dieser offenen Situation können sich die Strafverteidiger nur helfen, wenn sie **44** die **Auswirkungen mangelnder Verständigung** mit dem Mandanten auf das Vertragsverhältnis jeweils genau überblicken.

Die Absicherungen beginnen mit der **Anbahnung** des Vertragsverhältnisses. Ein **45** Strafverteidiger, der Grund zu der Annahme hat, seine Unabhängigkeit könnte im Verlauf des ihm angedienten Mandats Beeinträchtigungen ausgesetzt sein, wird die zu erwartenden Probleme vorher klären und — gegebenenfalls — von einer Übernahme des Mandats absehen. Viele Konfliktfälle werden auf diese Weise vermieden, weil schon die ersten Gespräche zwischen dem Strafverteidiger und seinem möglichen Mandanten sich auf die Konzeption der Verteidigung zu beziehen pflegen und unterschiedliche Auffassungen deutlich gemacht werden können. Erfolgt keine Einigung, so wissen die Beteiligten, woran sie sind.

Wollen sie trotzdem, daß die **Beauftragung** zustande kommt, so können sie festle- **46** gen, bis zu welchen Grenzen sie jeweils dem anderen gestatten, seiner Verteidigungskonzeption den Vorrang zu geben.

Der Fall, daß der Mandant auf sein **Weisungsrecht verzichtet** und alles dem Ver- **47** teidiger überläßt, ist einfach. Die §§ 138, 134 BGB markieren die Scheidelinie. Einen schrankenlosen Freibrief für den Verteidiger stellt der Mandant also nicht aus. Auch hier ist ergänzend und veranschaulichend an die Grenzen der Einwilligung des Patienten in die ärztliche Heiltätigkeit zu denken.

Schwieriger liegt der umgekehrte Fall. Der Verteidiger willigt ein, auf eine **48** **eigene Verteidigungskonzeption** ganz oder teilweise zu **verzichten** und sich dementsprechend nach den Weisungen des Mandanten zu richten. Die Parallelen zum Arztrecht sind seltener. Signifikant ist die Situation, in die ein Zahnarzt geraten ist, dem eine Patientin angesonnen hat, er möge ihr sämtliche Zähne ziehen, weil sie ständig unter Kopfschmerzen leide[55].

Enthält der Vertrag zwischen Verteidiger und Mandanten nicht Details der **49** Rdn. 46 skizzierten Art — etwa weil beide Seiten an die mögliche **Konkurrenz von Verteidigungskonzeptionen** nicht gedacht haben — und treten nun während des Mandatsverhältnisses diese Konkurrenzen erst auf, so gilt das gesetzliche Vertragsrecht. Das heißt, der Verteidiger ist — wenn er den Vertrag aufrechterhalten will — an die (ihn jetzt störenden) Weisungen des Mandanten gemäß § 665 BGB gebunden.

Verlangt der Mandant aber etwas, das — wenn es Gegenstand des Vertrages ge- **50** worden wäre — diesen gemäß §§ 138, 134 nichtig gemacht hätte, so braucht es der Verteidiger nicht zu tun; der Mandant darf vom Verteidiger nicht verlangen, wozu dieser sich **nicht wirksam verpflichten** kann.

Im Rahmen der **objektiven Sorgfaltspflicht**, die dem Verteidiger gemäß § 276 **51** BGB obliegt, ist er an das Standesrecht gebunden und kann in dem Maße, wie die Weisungen dieses Standesrecht verletzen, ihre Befolgung verweigern (§ 8 RiAA). Soweit die ihm vom Mandanten gegen seinen Willen nahegelegte Verteidigungskonzeption gegen dieses Standesrecht nicht verstößt, muß er sie akzeptieren.

Das klingt bedrohlicher für den auf seine **Unabhängigkeit** bedachten Verteidiger, **52** als es ist. Denn wenn ihm die neue, vom Mandanten gewünschte Richtung nicht paßt,

---

zwischen Identifizierung und Distanzierung" formulierten Thesen des Strafverteidigertages in Hamburg 1978 (DuR **1978** 365) mit den – zweifellos ebenfalls in Anwaltskreisen eine positive Resonanz findenden – Ausführungen

von *Beulke* Verteidiger 129 ff und *Hanack* ZStW **93** (1981) 559 ff, 561 bis 564.
[55] BGH NJW **1978** 1206; dazu *Horn* JuS **1979** 29 ff (mit weit. Nachw.).

Klaus Lüderssen

so kann er gemäß § 627 BGB jederzeit das Vertragsverhältnis kündigen. Mit Blick auf die Honorarsituation mag das im Einzelfall schwierig sein. Indessen ist dem Verteidiger soviel Lebenserfahrung zuzutrauen, daß er die Möglichkeit späterer Divergenzen voraussieht und — bei Unsicherheit des Mandanten — Vorauszahlungen verlangt. Sollte aber das Problem darin bestehen, daß wegen der mit Blick auf die weiteren, nunmehr vielleicht entfallenen Honorare eben die Entscheidung schwerfällt, das Vertragsverhältnis zu beenden, so werden Bedingungen der Unabhängigkeit des Verteidigers vom Mandanten sichtbar, die nichts mit seiner rechtlichen, sondern mit seiner (mehr oder weniger durch die Lage des Berufsstandes determinierten) ökonomisch-berufsethischen Stellung etwas zu tun haben.

53   Problematisch bleiben allein die Fälle, in denen der Verteidiger, auch wenn er nicht mehr will, das Mandat fortführt, weil er anderenfalls dem Mandanten schweren Schaden zufügen würde. Diese Fälle sind bekannt unter dem Stichwort **„Niederlegung zur Unzeit"** und generell in § 34 Abs. 4 RiAA geregelt. Im Kern geht diese Regelung über die Voraussetzungen, unter denen nach § 627 BGB gekündigt werden kann, nicht hinaus.

54   Das gilt allerdings nicht für den Fall (der Niederlegung zur Unzeit), daß beim Gericht der schwer widerlegliche Eindruck hervorgerufen werden kann, der Verteidiger sei nun selbst nicht mehr von der Unschuld seines Mandanten überzeugt. Es ist jedoch wenig wahrscheinlich, daß ein Verteidiger oft in diesen **Zwiespalt** gerät. Die Möglichkeiten, durch rechtzeitige Absprachen derartige Entwicklungen zu verhindern, sind mannigfach und können eigentlich nur Berufsanfängern verborgen bleiben. Sie zu schützen, sind andere Vorkehrungen erforderlich und ausreichend als die, jenseits des Vertragsrechts Stützen für die Unabhängigkeit des Verteidigers vom Mandanten zu errichten.

55   Dies ist die Rechtslage, solange im Standesrecht nicht andere Maßstäbe, die über § 276 BGB als Merkmale der objektiven Sorgfalt in das allgemeine Vertragsrecht eingehen, ausgebildet werden. Die entsprechende Richtlinie könnte etwa dahingehend lauten, daß der Verteidiger bei **Nichtübereinstimmung seiner Verteidigungskonzeption mit der des Mandanten** (das Gleiche gilt für Divergenzen im Bezug auf die Strategie einzelner Verteidigungshandlungen) das Mandatsverhältnis nur fortsetzen darf, wenn er dem Mandanten nicht nachgibt.

56   Ein solches — Weisungen (wenn sie nicht zur Einigung führen) ausnahmslos verbietendes — Standesrecht könnte im Verhältnis zum Mandanten natürlich in dem Maße **abbedungen** werden, wie Freizeichnungen von der Haftung möglich sind[56]. Der Verteidiger hätte in diesem Falle abzuwägen zwischen den Nachteilen, die ihm durch die Auflösung des Vertragsverhältnisses[57] (deren Möglichkeit von der angedeuteten Änderung des Standesrechts unberührt bliebe) drohen und denen, die mit der Verletzung des Standesrechts verknüpft sein würden. Die Gefahr, daß eine standesrechtlich gewünschte vollkommene Unabhängigkeit des Verteidigers von den Weisungen des Mandanten unterlaufen würde, weil die Verteidiger das Risiko standesrechtlicher Maßregelung vielleicht leichter nehmen als den Verlust eines Mandanten, dürfte à la longue gering sein. Es müßte sich schon um einen Mandanten handeln, nach dessen Vertretung der Verteidiger weitere Mandanten auf absehbare Zeit nicht mehr braucht, so daß er eine ehrengerichtlich verfügte Einschränkung seiner beruflichen Tätigkeit ohne weiteres hinnehmen könnte — sicher ein Ausnahmefall, den man nicht zur Basis zusätzlicher Vorkehrungen machen sollte.

---

[56] Instruktiv dazu *Deutsch* aaO.

[57] Dazu *Lingenberg/Hummel/Zuck/Eich* § 34, Anm. 3 f.

b) Vertragsprinzip und Pflichtverteidigung. Die Frage ist, ob diese eindeutige **57** Struktur der Beziehung zwischen Wahlverteidiger und Beschuldigtem maßgebend ist für die Stellung des Verteidigers schlechthin, oder aber, ob daraus, daß ein **Pflichtverteidiger** bestellt werden kann, der Schluß auf eine andere Konzeption des Gesetzes zu ziehen ist.

Es gibt zwei Formen der Pflichtverteidigung. Unbestreitbar ist, daß Wahl- und **58** Pflichtverteidiger jedenfalls dann die **gleichen Aufgaben** haben, wenn der Beschuldigte einen Verteidiger haben möchte[58]. Denn einerseits hat in einem Falle, in dem nach § 140 die Mitwirkung eines Verteidigers notwendig ist, der gewählte Verteidiger keine über den durch § 137 Abs. 1 gesteckten Rahmen hinausgehende Aufgaben (das heißt, ein gewählter Verteidiger hat die gleichen Rechte und Pflichten, gleichviel ob sein Mandant Anspruch auf einen Pflichtverteidiger hätte oder nicht). Andererseits ist der Grund dafür, daß ein Beschuldigter, der nach § 140 einen Verteidiger haben muß und auch wünscht, einen Pflichtverteidiger erhält, ausschließlich seine Armut. Die Armut darf nicht dazu führen, daß er einen Verteidiger mit anderen Aufgaben bekommt als ein Beschuldigter, der nicht arm ist, denn diese Unterscheidung wäre kein vom Grundgesetz anerkannter sachlicher Grund für eine ungleiche Behandlung. Auch die Regelung des § 145 steht dieser Gleichsetzung nicht entgegen (vgl. im einzelnen auch § 137, 4; § 145, 23; § 142, 20 ff).

Wird der — nach § 140 notwendige — Verteidiger dem Beschuldigten **aufgezwun-** **59** **gen,** so ist nicht evident, daß er die gleichen Aufgaben hat wie der mit Einverständnis des Beschuldigten tätig werdende — gewählte oder bestellte — Verteidiger. Aber das mag hier auf sich beruhen (vgl. genauer § 140, 2 ff). Die Gruppe der Fälle ist zu klein, als daß sie für die Charakterisierung der Verteidigung insgesamt eine Funktion haben könnte[59]. Aus dem gleichen Grund kann sie auch kein Hinweis darauf sein, daß die Strafprozeßordnung zwei unterschiedliche Typen von Verteidigung kennt.

Daß das somit als Einheit zu denkende Bild der Verteidigung von dem die Wahl- **60** verteidigung ausgestaltenden Vertrag mit dem Beschuldigten geprägt wird, kann nicht mit der Behauptung in Frage gestellt werden, auch das vertragliche Mandatsverhältnis zwischen Verteidiger und Beschuldigtem weise eine **öffentlich-rechtliche** Komponente auf[60], worin man das Gemeinsame mit der Pflichtverteidigung sehen könnte. Für diese öffentlich-rechtliche Komponente gibt es in den §§ 137 ff keinen Anknüpfungspunkt. Die Vorschriften, welche die Ausschließung des gewählten Verteidigers ermöglichen, sagen — negativ — etwas über die Fähigkeit, ein anerkennungsfähiger Vertragspartner des Beschuldigten zu sein; ebenso wie das — positiv — die Regeln tun, welche die Fähigkeit eines Verteidigers, vom Beschuldigten wirksam gewählt zu werden, daran knüpfen, daß er als Anwalt zugelassen oder Hochschullehrer ist. Solche Begrenzungen des freien Vertragsschlusses finden sich an vielen Stellen unserer Rechtsordnung, etwa im Bezug auf Ärzte, Apotheker etc. Erst recht kann die öffentlich-rechtliche Komponente nicht aus der Praxis einiger Gerichte abgeleitet werden, neben der Wahlverteidigung eine Pflichtverteidigung anzuordnen, weil sie vermuten, daß der Wahlverteidiger nicht hinreichend um die im öffentlichen Interesse liegenden Verfahrensziele bemüht sein wird (anders liegt es natürlich, wenn wegen der Schwierigkeit der Sach- oder Rechtslage mehr als ein Verteidiger erforderlich ist und der Beschuldigte nur einen Verteidiger bezahlen kann, vgl. § 141, 38; 39), denn diese Praxis entbehrt ja gerade der Legitima-

---

[58] So auch LR-*Dünnebier*[23] Vor § 137, 6.

[59] In diesem Sinne auch: LR-*Dünnebier*[23] Vor § 137, 6.

[60] *Hanack* Grundlagen und Inhalt der ‚öffent-

lich-rechtlichen Komponente' des Mandatsverhältnisses zwischen Beschuldigtem und Verteidiger (unveröffentlichtes Manuskript 1980).

Klaus Lüderssen

tion[61]. Die **Gleichheit** zwischen **Wahlverteidigung** und **Pflichtverteidigung** kann also nur von der Wahlverteidigung aus gestiftet sein; damit steht fest, daß das Vertragsprinzip Vorrang hat.

61   Die **Bestellung** des vom Beschuldigten nicht abgelehnten oder sogar erbetenen Pflichtverteidigers spricht nicht gegen diese Konzeption. Zunächst ist auf die damit eingetretene Wirkung abzustellen. Sie besteht darin, daß der bestellte Pflichtverteidiger gegenüber dem Mandanten die Position eines Vertragspartners einnimmt. Er bewegt sich, ist er einmal bestellt, faktisch in demselben Rahmen wie der Wahlverteidiger. Das geht schon daraus hervor, daß er sich — fast immer — (zusätzlich) durch den Beschuldigten bevollmächtigen läßt (und sei es auch nur, um in bezug auf die Freiheit, bestimmte Prozeßhandlungen vornehmen zu können, etwa Revisionseinlegung, sicher zu gehen). Zunehmend gehen die Gerichte bezeichnenderweise dazu über, sich von den Pflichtverteidigern Vollmachten vorlegen zu lassen.

62   Deshalb dürfte es den tatsächlichen Verhältnissen am ehesten entsprechen, wenn man den Akt der Bestellung als ein **hoheitlich eingeleitetes Vertragsverfahren** zwischen Beschuldigtem und Verteidiger interpretiert (genauer § 141, 1 ff). Dafür spricht die Neuregelung des § 142, wonach (eine Konsequenz aus jahrelanger Übung) dem Beschuldigten Gelegenheit gegeben werden soll, einen Rechtsanwalt zu benennen. Daß der Vertragscharakter der Beziehung zwischen Mandant und Rechtsanwalt auch im Falle öffentlicher Fürsorge durch diese Vorschrift unterstrichen wird, geht auch aus dem neuen § 397a hervor. Denn dort wird sie ausdrücklich mit der eindeutig vertragsorientierten Regelung der Prozeßkostenhilfe für den Nebenkläger verknüpft (Abs. 1 S. 4). Der Vorsitzende braucht dem Vorschlag des Beschuldigten zwar nicht zu folgen, wenn wichtige Gründe entgegenstehen, das ist aber nur eine Einschränkung, die der Gesetzgeber etwa für den Fall der Überlastung des vom Beschuldigten benannten Rechtsanwalts oder des Fehlens von Spezialkenntnissen in besonders schwierigen Strafverfahren vorsieht. Insbesondere hebt die Begründung hervor, daß ,,die Erwartung, der Verteidiger werde . . . die Interessen des Beschuldigten besonders energisch vertreten, keinen wichtigen Grund für die Nichtbestellung darstellen darf''[62].

63   Wenn das Vertragsprinzip so weit reicht, ist es kein großer Schritt mehr, auch die Fälle der **aufgezwungenen Verteidigung** unter seine Herrschaft zu stellen. Kontrahierungszwang ist unserer Rechtsordnung nicht unbekannt[63]. Das Pflichtversicherungsrecht liefert hier vielleicht die beste Anschauung. Für das Prozeßrecht allgemein kann auf den Anwaltszwang verwiesen werden[64]. Die Rolle des Beklagten im Zivilprozeß etwa ist der des Beschuldigten durchaus vergleichbar. Der Beklagte kann sich gegen den Prozeß, auch wenn er nichts schuldet, nicht wehren. Der Staat ist hier, abgesehen davon, daß er seinen Apparat zur Verfügung hält und seine Inanspruchnahme vorschreibt, damit es nicht zur Selbstjustiz kommt, nicht an der Durchsetzung eigener Interessen interessiert, und das mag der Grund dafür sein, daß dem Anwaltszwang Genüge geschieht, wenn die Parteien die entsprechenden Verträge mit dem Anwalt schließen; obrigkeitliche Steuerung — jenseits gewisser Rahmenerfordernisse (Voraussetzungen für die Zulassung zur Anwaltschaft zum Beispiel) — erscheint nicht angezeigt.

64   Die Übertragung dieser Struktur auf den Strafprozeß setzt voraus, daß dem An-

---

[61] Im einzelnen: § 141, 40.

[62] BT-Drucks. **10** 1313, S. 21. Gleichwohl skeptische Überlegungen zu den Motiven des Gesetzgebers bei *Lüderssen* NJW **1986** 2745.

[63] Münchener Kommentar²-*Kramer* Vor § 145

Rdn. 9 ff; *Bydlinski* AcP **180** (1980) 1; *Kilian* AcP aaO 47.

[64] Neueste Orientierung bei *Stürner* JZ **1987** 1089 ff.

walt auch in diesem Verfahren **keine obrigkeitliche Funktion** zugesprochen wird. Diese Voraussetzung ist gegeben, wenn Grund für die aufgezwungene Verteidigung nicht das Interesse des Staates am rechtstaatlich gesicherten Verfahren ist[65], sondern das Autonomiedefizit des Beschuldigten. (Zur Begründung dafür, daß die Parteinahme des Verteidigers für den Beschuldigten nicht zum Staatsziel erklärt wird, sondern die Konzession an ein ursprüngliches, nicht vom Staat erst zugeteiltes Recht des Beschuldigten ist, siehe oben Rdn. 30, 32.) Er muß, soweit das möglich ist, gestellt werden wie ein autonomer, zum freien Vertragsschluß befähigter Beschuldigter[66]. Dieses Ziel ist durch einen aufgezwungenen Vertragsschluß erreichbar. Einer darüber hinausgehenden obrigkeitlichen Steuerung bedarf es nicht. Die Beschränkung auf den Zwang zum Vertragsschluß ist wichtig, weil damit die — anzustrebende — Ausgestaltung der Beziehung zwischen Beschuldigtem und Verteidiger vorgezeichnet ist. Der Vertrag bietet den geeigneten Rahmen für die Entwicklung einer Vertrauensbeziehung; denn das Synallagma garantiert diese Zielsetzung nicht nur, sondern impliziert sie, wie die Tradition des Vertragsrechts, kulminierend in § 242 BGB, eindrucksvoll belegt. Daß auch der Zwangsverteidiger um das Vertrauen des Beschuldigten bemüht sein muß, ist allgemeine Ansicht[67], wird aber eigentlich erst durch die Vertragskonstruktion plausibel.

c) Vertrag, Vollmacht, Prozeßhandlungen. Noch nicht hinreichend geklärt ist die **65** Bedeutung des Vertrags zwischen Beschuldigtem und Verteidiger für die Gültigkeit, Zulässigkeit oder Wirksamkeit[68] sowie die Rechtmäßigkeit[69] von Erwirkungs- und Bewirkungshandlungen[70] des Verteidigers. Die Anerkennung des Verhaltens eines Prozeßbeteiligten als **Prozeßhandlung** (die etwas bewirkt oder erwirkt) ist ein strafprozeßrechtlicher Vorgang, dessen Beurteilung auch nach Regeln des Strafprozeßrechts erfolgen muß. Das gilt auch für Prozeßhandlungen des Verteidigers (daß er im Rahmen seines Mandats keine öffentlichen Interessen vertritt, Rdn. 60, bleibt davon unberührt). Die hier einschlägige Regel ist § 137. Daran ändert nichts, daß ihre Anwendung einen Vertrag zwischen Beschuldigtem und Verteidiger voraussetzt, der unmittelbare Folgen hat. Würde die Wirksamkeit oder Gültigkeit einer Prozeßhandlung von dem Vertrag unabhängig gemacht, also an andere Voraussetzungen geknüpft, hätte der Vertrag nur den Sinn, daß der Verteidiger dem Beschuldigten — privatrechtlich — dafür haftet, daß die von ihm vorgenommenen Prozeßhandlungen wirksam sind. Die Strafprozeßordnung setzt für die Rechtswirksamkeit des Handelns des Verteidigers aber das Vorliegen einer Vollmacht des Beschuldigten voraus[71].

Diese **Vollmacht** wirkt unmittelbar. Da sie einen Vertrag voraussetzt, erschöpft **66** sich die Vereinbarung zwischen Beschuldigtem und Verteidiger äußerlich in der Vollmachtserteilung, s. Rdn. 34, 67; insofern ist der Vertrag an der unmittelbaren Wirkung auch beteiligt. Ihr setzt das Prinzip der Abstraktheit der Vollmacht allerdings Grenzen. Da es im bürgerlichen Recht und im Zivilprozeßrecht entwickelt worden ist, während die StPO dazu schweigt (vgl. nur *Spendel* 740 f) und auch Strafprozeßpraxis und -wis-

---

[65] Generelle Warnung vor Einbindung der Verteidigung in den Zweck der „Wahrung der rechtsstaatlichen effektiven Strafverfolgung" bei *Dahs* NJW **1975** 1987.

[66] Zu der daraus folgenden restriktiven Auslegung in diesen Fällen vgl. § 140, 7 ff.

[67] Genauer dazu § 141, 6 ff.

[68] Zu diesen Kategorien Einl. Kap. 10 7.

[69] Auch diese Bewertung gilt für Prozeßhandlungen s. § 138 a, 77 und 80; zu der doppelten Funktion von Prozeßhandlungen s. *Niese* Doppelfunktionelle Prozeßhandlungen (1950) S. 48 ff.

[70] Zu dieser Unterscheidung s. Einl. Kap. 10 7.

[71] LR-*Dünnebier*[23] § 138, 36. Zur Abgrenzung dieser Vollmacht, die auch rein tatsächliches Handeln deckt, von der Vertretungsmacht s. unten Rdn. 91; § 138, 11.

Klaus Lüderssen

senschaft[72] sich der Frage bisher nur sporadisch angenommen haben[73], müssen die Grundlagen und Verbindungslinien hier skizziert werden.

67   Der **zivilrechtliche** Streit über das „Wesen der Stellvertretung" kreist um das Problem, wie sich die Begründung von Rechten und Pflichten für einen Dritten (den Vertretenen) mit dem Grundsatz der Privatautonomie vereinbaren läßt. Denn nach dem BGB wird das Rechtsgeschäft allein vom Vertreter vorgenommen, § 164 BGB ist insofern Zurechnungsnorm unter der Voraussetzung von Vertretungsmacht. Die Privatautonomie wird dadurch gewahrt, daß der Vertretene über die Vollmacht bestimmen kann, worin und wie weit er sich vertreten lassen will: „Der Selbstbestimmungsakt des Vertretenen, d. h. die Vollmacht oder die Genehmigung nach § 177, ist apriorisches Erfordernis der Wirksamkeit des Vertretergeschäfts"[74]. Deshalb bleibt auch die rechtsgeschäftliche Handlungsfähigkeit des Vollmachtgebers unberührt, die Vollmacht kann seine eigene Handlungskompetenz niemals verdrängen oder ausschließen. Möglich ist allerdings eine nur im Innenverhältnis und obligatorisch wirkende Verpflichtung des Vollmachtgebers, selbst nicht tätig zu werden[75]. Es findet keine Rechtsübertragung in dem Sinne statt, daß der Vertreter Rechtsinhaber würde[76]. Demnach bleibt auch der Beschuldigte für seine Verteidigungsrechte immer primär zuständig und kann sie jederzeit selbst und vorrangig wahrnehmen[77].

68   Die Vollmachtserteilung nach § 164 BGB ist ein selbständiges einseitiges Rechtsgeschäft, das durch einseitige empfangsbedürftige Willenserklärung die Rechtswirkung der Vertretungsmacht herbeiführt[78]. Erklärungsempfänger kann der Vertreter sein (dann Innenvollmacht) oder der Geschäftsgegner des Vertretergeschäfts (dann Außenvollmacht). Die **Verteidigervollmacht** ist eine **Innenvollmacht** mit der Besonderheit, daß sie durch Vollmachtsurkunde nach außen kundgegeben wird (§ 171 Abs. 1 BGB). In aller Regel geht eine Vollmacht mit einem Grundverhältnis zwischen Vertretenem und Vertreter einher. Eine isolierte Vollmacht ohne rechtliches Grundverhältnis (noch nicht einmal unentgeltlicher Auftrag) ist beschränkt auf Gefälligkeitsverhältnisse u. ä.[79]. Das der Verteidigervollmacht zugrunde liegende Vertragsverhältnis ist im einzelnen in Rdn. 35 ff erläutert. Nach bürgerlichem Recht ist die Vollmacht unabhängig vom Grundverhältnis[80]. Diese Verselbständigung gilt für das Entstehen und für das Fortbestehen eines Grundverhältnisses. Auch gibt sie die Möglichkeit, beide in ihrem Umfang unterschiedlich zu gestalten, weil die Vertretungsmacht das rechtliche Können gegenüber Dritten und das obligatorische Grundverhältnis das rechtliche Dürfen zwischen Vertretenem und Vertreter betrifft[81]. Für Wirksamkeitsmängel und Beendigung erfährt das Abstraktionsprinzip jedoch einige Durchbrechungen.

69   Für die **Bevollmächtigung** als einseitiges Rechtsgeschäft gelten die allgemeinen Nichtigkeitsgründe des BGB[82]. Für die Sittenwidrigkeit nach § 138 BGB kommt es bei der Innenvollmacht auf die Person des Bevollmächtigten an, hier also darauf, ob die objektiven und subjektiven Voraussetzungen beim **Verteidiger** vorliegen (für den Vertrag

---

[72] S. *Kaiser* NJW **1982** 1367; *Weiß* NJW **1983** 89; *Ebert* DRiZ **1984** 237; *Schnarr* NStZ **1986** 488.

[73] Ebenfalls wohl eine Folge der bisher allgemein unterbliebenen Dogmatik des das Verhältnis zwischen Beschuldigtem und Verteidiger bestimmenden Vertragsrechts.

[74] Münchener Kommentar² *Thiele* Vor § 164, 66.

[75] Münchener Kommentar²-*Thiele* § 168, 89.

[76] Staudinger Kommentar zum BGB¹² (1980)-*Dilcher* § 167, 9.

[77] Bereits von *Spendel* S. 738 mit Bezug auf das Strafprozeßrecht klar dargelegt.

[78] Münchener Kommentar²-*Thiele* § 167, 3 ff.

[79] Münchener Kommentar²-*Thiele* § 168, 2.

[80] Staudinger-*Dilcher* § 168, 2.

[81] Münchener Kommentar²-*Thiele* § 164, 89 ff.

[82] Staudinger-*Dilcher* § 167, 75.

zwischen Beschuldigtem und Verteidiger vgl. Rdn. 46 ff). Da bei „gleichzeitiger Begründung eines Grundverhältnisses dieselben Mängel häufig für beide Rechtsgeschäfte wirksam werden"[83], spielt in vielen Fällen die Abstraktheit der Vollmacht des Verteidigers keine Rolle (vgl. aber die möglichen Einschränkungen in Rdn. 74). Für die — mit ex-tunc-Wirkung ausgestattete — Anfechtung[84] besteht bei der Verteidigung kaum ein praktischer Bedarf. Denkbar ist freilich, daß der Verteidiger gegenüber dem Mandanten verschwiegen hatte, wie nahe die Rücknahme seiner Zulassung sei, oder daß er sehr häufig nicht in der Lage sein werde, Termine wahrzunehmen. Eine von dem Vertrag isolierte Anfechtung der Vollmacht mit ex-tunc-Wirkung liegt aber auch in diesen Fällen nicht im Interesse des Beschuldigten, der Widerruf ex nunc genügt (s. nur Rdn. 72).

„Für die Bestimmung des Vollmachtsumfangs ist der geäußerte Wille des Vertre- **70** tenen maßgebend. Ist dieser Wille zweifelsfrei, so ist er keiner Auslegung fähig"[85]. Ist er nicht zweifelsfrei, dann ist bei der normativen Auslegung dieses Willens im Falle der nach außen kundgetanen **Innenvollmacht** auf die Verständnismöglichkeiten des Geschäftsgegners abzustellen. Heranzuziehen ist auch die Art des vom Vertreter vorzunehmenden Geschäfts und der verkehrsübliche Umfang solcher Vollmachten, „sofern keine anderweitige eindeutigen Bestimmungen getroffen sind"[86]. Im Regelfall umfaßt die Verteidigervollmacht also alles, was ein Verteidiger üblicherweise tut. Das hindert den Mandanten jedoch keineswegs, Unübliches ausdrücklich zu bestimmen bzw. eine Auswahl zu treffen[87], soweit das praktisch möglich ist (Verzicht etwa auf Akteneinsicht oder Besuchsrecht ist kaum angemessen, weil diese Möglichkeiten die Voraussetzung für sinnvolle Verteidigung schlechthin sind). Völlig offen ist allerdings, welche Folgen das für § 137 Abs. 2 und § 146 hat.

Eine **Durchbrechung** des Abstraktionsprinzips enthält § 168 Abs. 1 S. 1 BGB, der **71** die Vollmacht dann erlöschen läßt, wenn das Grundverhältnis beendet ist. Die Vollmacht endet dann, wenn das Geschäftsbesorgungsverhältnis wirksam gekündigt ist. Der Widerruf nach § 168 Abs. 1 S. 2 BGB ist jederzeit möglich, und zwar auch bei Fortbestehen des Grundverhältnisses. Ausschluß oder Beschränkung des Widerrufs (denkbar bei Eingehen des Mandatsverhältnisses zur Begrenzung der Außenwirksamkeit späterer „Weisungen" des Mandanten, welche die Vollmacht einschränken sollen), sind nur zulässig, „wenn sie in dem Rechtsverhältnis, zu dessen Durchführung die Vollmacht ein Mittel zum Zweck ist, eine rechtfertigende Grundlage finden"[88], weil „die gewillkürte Stellvertretung im Kern der Erweiterung des Aktionsradius des Vollmachtgebers in dessen eigenem Interesse dient". Eine Rechtfertigung für den Schutz des Verteidigers vor einem teilweisen Widerruf (der im Prinzip nach Staudinger-*Dilcher* § 168, 7 möglich ist) gibt es gegenüber der Beschuldigtenautonomie nicht.

Die **Prozeßvollmacht** ist nach den Vorschriften der Zivilprozeßordnung vom In- **72** nenverhältnis zwischen Prozeßpartei und Prozeßbevollmächtigten weitgehend zu lösen: „In jedem Fall ist die Vertretungsmacht abstrakt"[89]. Die möglichen Durchbrechungen nach dem Vertretungsrecht des BGB werden abgewehrt, indem allein das Prozeßrecht als Beurteilungsgrundlage anerkannt und das bürgerliche Recht für unanwendbar er-

---

[83] Münchener Kommentar[2]-*Thiele* § 164, 94.

[84] Mit vielerlei Problemen verbunden, vgl. Münchener Kommentar[2]-*Thiele* § 167, 86; Staudinger-*Dilcher* § 167, 79.

[85] Staudinger-*Dilcher* § 167, 84.

[86] Münchener Kommentar[2]-*Thiele* § 167, 67.

[87] Vgl. das Modell einer beschränkten Auf-

tragserteilung bei *Danckert* in: Beck'sches Formularbuch für den Strafverteidiger (1988) S. 40, wobei allerdings offen bleibt, welche Folgen sich daraus für die Vollmacht ergeben.

[88] Münchener Kommentar[2]-*Thiele* § 168, 32.

[89] *Stein/Jonas/Leipold* § 80, 2.

Klaus Lüderssen

klärt wird[90]. Auch Nichtigkeits- und Anfechtungsgründe sollen nicht gelten, weil „damit in den Prozeß eine ihm schädliche Unsicherheit hineingetragen würde". Die besondere Regelung der ZPO sei insofern abschließend für das Außenverhältnis der Prozeßhandlungen, was nicht ausschließe, daß im Innenverhältnis Beschränkungen vereinbart werden. Das bedeutet zunächst: „Die Unwirksamkeit des zugrunde liegenden Rechtsverhältnisses läßt die Wirksamkeit der Vollmacht unberührt"[91], auch dann, wenn Vertrag und Vollmacht zeitlich zusammenfallen (insofern ist die materiell-rechtliche Regelung anders, siehe oben). Was die Vollmacht selbst angeht, so mögen die Anfechtungsgründe auch hier auf sich beruhen (s. oben Rdn. 69). Nichtigkeit aber wird immerhin dann zugestanden, wenn „gerade die Vollmacht eine sittenwidrige Knebelung des Vollmachtgebers ... bewirkt"[92]. Im übrigen sind die Unterschiede nicht von großer Bedeutung, weil jedenfalls der Widerruf (also die ex-nunc-Wirkung) auch der Prozeßhandlungen kein Problem bereitet[93].

73   Für den **Umfang** der Prozeßvollmacht gilt, daß er auf die Vornahme einzelner Prozeßhandlungen beschränkt werden kann, dies allerdings nur außerhalb des Anwaltszwangs, § 83 Abs. 2 ZPO[94], im Strafprozeß also im Rahmen der Wahlverteidigung. Liegt ein Fall der Pflichtverteidigung vor, kann sich der Beschuldigte im Konfliktfall nur darum bemühen, einen neuen bzw. zusätzlichen Verteidiger zu bekommen, Einzelheiten § 143, 9 f.

74   Die Situationen, in denen der Verteidiger von seiner Vollmacht Gebrauch macht, sind mannigfaltig. Nimmt er eine Prozeßhandlung vor, so ist für die **Beurteilung von Differenzen** zwischen ihm und dem Beschuldigten die Anlehnung an die Regeln des Zivilprozeßrechts indiziert. Bedenkt man indessen, daß diese Regeln auf den direkten Umgang des Anwalts mit dem Gericht gemünzt sind, während im Strafverfahren zu den Prozeßhandlungen des Verteidigers auch die Wahrung der Interessen des Beschuldigten gegenüber Polizei und Staatsanwaltschaft gehören, so zeigen sich die Grenzen, die den Parallelen zum Zivilprozeß gezogen sind. Vollends offenbar wird das mit Blick auf die eigenen Ermittlungen des Verteidigers. Sie gehören zwar auch zum Verfahren, sind also Prozeßhandlungen. Aber die Ansprüche an ihre Außenwirkung sind doch so sehr von denen einer Prozeßhandlung eines Anwaltes im Zivilprozeß unterschieden, daß nach eigenständigen Bewertungen gesucht werden muß, wobei auch die vom materiellen bürgerlichen Recht bereitgestellten Regelungsmodelle hilfreich sein können[94a]. Da das Problem bisher kaum gesehen worden ist, kann eine abschließende Würdigung noch nicht vorgenommen werden.

2. Abweichende Auffassungen

75   **a) Der Verteidiger als Organ der Rechtspflege.** Dem hier vertretenen Vertragsprinzip steht vor allem die Position gegenüber, daß der Verteidiger ein **Organ der Rechtspflege** sei. Die entscheidende Konsequenz dieser Auffassung ist, daß der Verteidiger aus eigenem Recht tätig wird oder doch jedenfalls eine Reihe genuin eigener Rechte hat, und zwar auch dann, wenn man der — neuerdings zugespitzt formulierten — Auffassung folgt, daß die Organschaft des Verteidigers ausschließlich im insofern ob-

---

[90] *Stein/Jonas/Leipold* § 80, 4.

[91] *Stein/Jonas/Leipold* § 80, 2; so auch schon ohne Einschränkung LR-*Dünnebier*[23] § 138, 28.

[92] *Stein/Jonas/Leipold* § 80, 105.

[93] *Stein/Jonas/Leipold* § 80, 5 Fußn. 7; für den Strafprozeß plastisch herausgearbeitet z. B. bei LR-*Gollwitzer* § 302, 67.

[94] *Stein/Jonas/Leipold* § 80, 13 und § 81, 1.

[94a] S. etwa *Kaiser* NJW **1982** 1367 ff; *Schnarr* NStZ **1986** 488; zu einfach macht es sich *Weiß* NJW **1981** 91, wenn er die „Abkehr vom Begriff ‚Verteidigungsvollmacht'" fordert.

rigkeitlich-fürsorglich wahrgenommenen Beschuldigteninteresse (vgl. zu dem entwicklungsgeschichtlichen Aspekt dieser Differenzierung oben Rdn. 31) geschaffen sei[95].

Das **pro und contra** in bezug auf die Stellung des Verteidigers als Organ der **76** Rechtspflege ist in der Literatur ausgiebig erörtert worden. Verwiesen sei insbesondere auf die ausführliche und materialreiche Darstellung von *Beulke*[96]. Hier kommt es daher nur darauf an, daß einige zusätzliche Akzente gesetzt werden.

Immer wieder klagen Anwälte darüber, daß die Gerichte sie unter Hinweis auf **77** die Stellung als Organ der Rechtspflege zu **disziplinieren** versuchen; ein Fall, in dem ein Anwalt unter Berufung auf diese Stellung seine Verteidigerstellung zugunsten des Beschuldigten habe stärken können, sei ihnen nicht bekannt[97]. Diese Stellung, sagen andere hingegen, schaffe dem Verteidiger überhaupt erst die Grundlage für eine Reihe wichtiger Rechte im Strafprozeß[98]. Das freilich ist schon deshalb falsch, weil die meisten dieser Rechte in der nun über hundert Jahre alten Strafprozeßordnung schon zu einer Zeit vorgesehen waren, als noch niemand behauptete, der Verteidiger sei ein Organ der Rechtspflege. In der Tat können diese Rechte direkt gewährt werden; weshalb das nur auf dem Umweg über die Installierung eines Organs der Rechtspflege möglich sein soll, ist nicht ersichtlich[99].

Organ der Rechtspflege könnte der Verteidiger allenfalls sein, wenn er die **78** **Pflicht** hätte, **Gericht** und **Staatsanwaltschaft** bei ihrer streng objektiven — also stets auch das Entlastende berücksichtigenden — **Tätigkeit zu unterstützen**. Das ist aber nicht die Pflicht des Verteidigers[100]. Seine Aufgabe ist vielmehr, für den Beschuldigten Partei zu nehmen. Dieser ist als in der Regel rechtsunkundiger Privatmann, wenn gegen ihn wegen des Verdachts einer Straftat ermittelt wird, mit einem sehr mächtigen und weitgehend anonymen Staatsapparat konfrontiert. Je freier und demokratischer eine Gesellschaft ist, desto sorgfältiger ist sie darauf bedacht, dieses Gefälle auszugleichen. Hinzu kommt, daß Wahrheit und Richtigkeit längst nicht mehr in einheitlicher und alle verbindender Gestalt auftreten, sondern — mindestens in vielen Grenzbereichen — miteinander **rivalisierende Konzepte** sich zeigen; das gilt für die Reichweite der geschützten Rechtsgüter ebenso wie für die sogenannten Strafzwecke[101]. So sehr **Wahrheit** und **Gerechtigkeit** schwankende Größen sind, auch Wandlungen unterworfen sind — denkbar wäre, einen historisch gewachsenen, für eine gewisse Epoche gültigen Rahmen zu fixieren und auch die Verteidigung darauf festzulegen. Aber wer darüber in Grenzfällen zu entscheiden hätte, bliebe offen. Ein liberaler Staat ist gut beraten, wenn er gar nicht erst versucht, die Strafverteidigung auf eine Konzeption von Wahrheit und Richtigkeit festzulegen, sondern bereit ist, sich mit **Alternativen** auseinanderzusetzen. Die seit der Auf-

---

[95] *Beulke* Verteidiger 116.

[96] AaO, S. 164 ff; neuere Literatur bei KK-*Laufhütte*[2] Vor § 137, 4; bemerkenswert die konzentrierte Stellungnahme bei *Vormbaum* Der strafrechtliche Schutz des Strafurteils (1987) 422 ff (siehe auch oben Fußn. 34a und unten Fußn. 97).

[97] S. z. B. *Dahs* NJW **1975** 1387, unter Hinweis auf die Ausstrahlungswirkung des Art. 33 GG zu Lasten von Art. 12 GG. Kritisch gegenüber dieser Perspektive (mit Belegen) LR-*Dünnebier*[23] Vor § 137, 9.

[98] Vgl. die Zusammenstellung bei *Beulke* Verteidigung 194 ff; neuestens *Rückel* NStZ **1987** 299.

[99] Auch *Beulkes* Plädoyer für eine „eingeschränkte" Organtheorie (aaO 201 ff) bleibt diesen Beweis schuldig.

[100] So auch *Dahs* NJW **1975** 1388: „Die Freiheit seines Berufes vom Staat" sei „wieder ins allgemeine Rechtsbewußtsein zu rücken".

[101] Ausgezeichnet dargelegt von *Ostendorf* NJW **1978** 1346 ff; ferner *Pieth* 10, 11; Bedenken hingegen bleiben gegenüber dem Harmonisierungsversuch von *Fezer* Strafprozeßrecht I (1986) 4/16 – trotz einer gewissen Nähe zu der hier vertretenen Position (s. Rdn. 11 bis 15).

Klaus Lüderssen

klärung propagierte und in den Verfassungen des 19. Jahrhunderts allmählich durchgesetzte Teilung der staatlichen Gewalt in voneinander unabhängige Gesetzgebung, Rechtsprechung und Regierung zeigt zwar, daß der Staat sich auch gleichsam selbst mit Alternativen versehen und kontrollieren kann. Das reicht aber offenbar nicht ganz aus. Auf vielen Gebieten — etwa im Bereich von Stadtplanung, Gesundheitswesen, Ausländerbetreuung, Datenschutz und ähnlichem — fühlt sich der einzelne legitimiert, mitzureden, mitzugestalten. Für das, was dabei geschieht, ist der Strafverteidiger als **rechtlich anerkannter privater Helfer** des Beschuldigten vielleicht sogar so etwas wie ein Modell; daß diejenige staatliche Tätigkeit, die am tiefsten in die Rechte der Bürger eingreift — die Strafverfolgung — eher als andere staatliche Tätigkeiten die Etablierung einer Kontrolle durch Private provoziert, ist nicht zufällig, sondern sehr bezeichnend.

79   § 1 BRAO kann für die Auffassung, daß der Verteidiger ein Organ der Rechtspflege sei, **nicht in Anspruch** genommen werden[102]. Denn diese Auffassung wird keineswegs aus dieser Vorschrift abgeleitet, sondern damit abgestützt. Das Mittel dazu ist eine extensive Auslegung der Vorschrift, die weder teleologisch, noch nach ihrer Entstehungsgeschichte, noch nach ihrem Wortlaut und nach dem systematischen Zusammenhang, in den sie gestellt werden muß, gerechtfertigt ist. Was den terminus „Organ" angeht, so besagt er für sich genommen nichts, was auf bestimmte Aufgaben des Rechtsanwalts schließen läßt[103]. Unter „Rechtspflege"[104] aber wird, unerachtet einiger Differenzierungen, überwiegend Staatstätigkeit verstanden[105]. Sprachlich kann die Vorschrift also nur so gedeutet werden, daß der **Rechtsanwalt ein Staatsorgan** sei. Das aber meint niemand. Ohne gleichzeitige Übertragung öffentlich-rechtlicher Befugnisse kann kein öffentliches Amt entstehen. § 1 BRAO überträgt solche Befugnisse nicht, und eine andere allgemeine Vorschrift, welche diese Funktion übernimmt, gibt es nicht. Ebenfalls unstreitig ist, daß Vorschriften, die dem Rechtsanwalt spezielle Befugnisse einräumen, diesen Charakter auch nicht haben. Eine „öffentlich-rechtliche Inpflichtnahme gleichsam als apriorische Gegebenheit" gibt es auch nicht[106]. Es ist vielmehr der Gedanke, für den das BVerfG später die Wendung vom staatlich gebundenen Vertrauensberuf gefunden hat, der bei Entstehung und Handhabung des § 1 BRAO Pate gestanden hat. Die Erscheinung, „daß es eine Reihe von Berufen gibt, deren Inhaber kraft öffentlichen Rechts in einem Verhältnis zum Staat stehen, das zwar nicht Staatsdienst im technischen Sinne ist, aber doch vermöge der Gebundenheit der Berufserfüllung, der Gestaltung der Berufpflichten, der Beaufsichtigung durch den Staat eine in die Augen springende Ähnlichkeit mit dem berufsmäßigen Beamtentum besitzt"[107], ist bald von den Staatsrechtlern registriert worden und schien dazu zu nötigen, Vertreter dieser Berufe, also auch Anwälte, als „Halbbeamte" anzuerkennen[108].

80   So ist es wohl zu verstehen, daß — obwohl die Rechtsanwaltsordnung von 1879 vom Organ der Rechtspflege noch nicht spricht (indessen als Zugeständnis an eine Art „verkümmerten Rest der Beamteneigenschaft"[109] eine Reihe inzwischen abgeschaffter Vorschriften etabliert, welche die Tätigkeit des Verteidigers unter eine beachtliche staatliche Kontrolle stellen[110]) — die **Rechtsprechung der Ehrengerichte** — zum ersten Mal

---

[102] *Dahs* NJW **1975** 1387; so auch wohl *Fezer* aaO Rdn. 11; *Rieß* FS Schäfer 200 f.

[103] Vgl. *Knapp* Der Verteidiger 104, 105.

[104] Leider fehlt eine ganz klare Aussage im GG. Art. 92 spricht nur von der *rechtsprechenden* Gewalt; die „Rechtspflege" ist nicht erwähnt, auch nicht die Staatsanwaltschaft.

[105] Nachweise bei *Knapp* Der Verteidiger 107.

[106] *Knapp* Der Verteidiger 134, zustimmend *Dahs* aaO.

[107] *Knapp* Der Verteidiger 132.

[108] *Knapp* Der Verteidiger 132 mit Nachweisen.

[109] *Knapp* Der Verteidiger.

[110] *Knapp* Der Verteidiger 129.

— im Jahre 1893 den Begriff verwenden zu sollen glaubt[111]. Hätte die Weimarer Republik länger bestanden, wäre es sicher bei einer die Distanz gegenüber staatlicher Vereinnahmung betonenden oder sie vielleicht auch noch stärker ausdifferenzierenden Lesart des Begriffs geblieben. Mit der NS-Ära gingen diese Tendenzen indessen unter, und es kam mit der Allgemeinverfügung des Reichsminister der Justiz vom 13. 4. 1935[112] zu einer Verfestigung des Begriffs im Sinne der nationalsozialistischen Vorstellungen eines autoritären Strafprozesses.

81 Der Neuanfang nach 1945 führte zurück zu jener Ambivalenz in der Zeit vor der Herrschaft des Nationalsozialismus, verharrte aber darin. Das zeigt schon die **Entstehungsgeschichte** des § 1 BRAO[113], der nun zwar — als erste gesetzliche Vorschrift — den Begriff des Organs der Rechtspflege verwendet, den man aber natürlich nicht nur nicht so legitimiert und auslegt wie in der NS-Zeit, sondern der durchaus mit der Distanz gesehen wird, wie sie in den Beratungen der Bundesjustizminister *Neumayer* zum Ausdruck gebracht hat: „Niemals darf er (der Rechtsanwalt) Instrument des Staates werden"[114]. Am besten charakterisiert vielleicht die Äußerung des rheinland-pfälzischen Justizministers *Becker* die zur Formulierung des § 1 hinführenden Regelungsbedürfnisse: In dem Begriff stecke, „daß die Güte unserer Rechtspflege insbesondere aber auch das Vertrauen des Staatsbürgers zur Rechtspflege, ganz wesentlich durch die Güte und Vertrauenswürdigkeit des Rechtsanwaltsberufs mitbestimmt wird"[115]. Die spätere, keineswegs einheitlich sich entwickelnde Interpretation bekommt dann freilich durch das BVerfG wieder einen anderen Akzent: „Sein Beruf ist ein staatlich gebundener Vertrauensberuf, der ihm eine auf Wahrheit und Gerechtigkeit verpflichtete amtsähnliche Stellung zuweist"[116].

82 Die allmähliche verfassungsrechtliche Klärung des „**Berufsordnungsrechts**" indessen ist geeignet, den Stellenwert des Begriffs „Organ der Rechtspflege" endlich richtig zu bezeichnen. Das Problem, daß die Ausübung eines Berufs öffentlich-rechtlich überwacht wird, taucht sehr häufig auf. Der Rechtscharakter der Arbeitsverhältnisse oder Betriebe muß davon nicht berührt werden[117]. Wählt der Staat nicht den Weg der besonderen Bindung der mit einer Aufgabe betreuten Personen, etwa als Beamte oder durch einen förmlichen Bestellungsakt, wie beim Notar, oder durch die Beleihung Privater mit der Wahrnehmung von Aufgaben[118], so handelt es sich nicht mehr um genuin öffentliche Aufgaben, sondern um die aus Fürsorge für die Allgemeinheit vorgenommene Begrenzung und Kontrolle einer genuin privaten Tätigkeit. Diese Begrenzungs- und Kontrollfunktion übernehmen die — vom Gesetzgeber durch Rahmengesetzgebung inaugu-

---

[111] EGH, Band I, 140 ff; zur weiteren Entwicklung der Rechtsprechung *Knapp* Der Verteidiger 36 ff; *Isermann* in: Holtfort (1979) 18; bei *Knapp* Der Verteidiger auch die richtige Relativierung der aus dem Rahmen fallenden Entscheidung des EGH aus dem Jahre 1909 (14, 145 ff), während *Isermann* eine konsequente Entwicklung diagnostiziert. Zur parallelen Rechtsprechung des RG siehe *Knapp* Der Verteidiger 44 ff.

[112] Amtliche Sonderveröffentlichung der deutschen Justiz Nr. 7; siehe dazu *Knapp* Der Verteidiger 76.

[113] *Knapp* Der Verteidiger 125 ff.

[114] Bei *Knapp* Der Verteidiger 126.

[115] Bei *Knapp* Der Verteidiger 126.

[116] BVerfGE **38** 119. Dagegen entschieden *Dahs* NJW **1975** 1387 und *Fezer* (Fußn. 101) 4/12.

[117] *Knapp* Der Verteidiger 112.

[118] Grundlegend: *Bethge* Der verfassungsrechtliche Standort der „staatlich gebundenen" Berufe, Diss. Köln 1968; Beispiele für sehr weitgehende Wahrnehmung öffentlicher Aufgaben durch Private (mit dem RA nicht zu vergleichen) sind etwa der Wirtschaftsprüfer (genaue Einordnung bei *Hönle* BB **1981** 466) und die Technischen Überwachungsvereine (umfassende Orientierung bei *Scherer* JA **1987** 237).

Klaus Lüderssen

rierten und einer staatlichen Aufsicht unterstellten, im Prinzip aber autonomen — Berufsverbände oder -körperschaften[119].

83   Die richtige Einordnung der Anwälte bereitet vielleicht deshalb Schwierigkeiten, weil sie eine Rolle in einem öffentlich-rechtlichen Verfahren haben. Die Dogmatik des Art. 12 GG — **Freiheit der Berufsausübung** — hat diesen Regelungsmechanismus unserer Rechtsordnung so gründlich ausgebaut, daß eine Interpretation des § 1 BRAO lediglich als eines Hinweises auf die besondere Verantwortung, die ein Rechtsanwalt in der Ausübung seines Berufs übernimmt (das ist freilich mehr als der Hinweis, daß der Rechtsanwalt nur im Rahmen der Rechtsordnung sein Ziel verfolgen dürfe[120]) jetzt den erforderlichen allgemeinen verfassungsrechtlichen Rahmen gefunden hat. Mindestens die Verlegenheit, angesichts des Wortlauts des § 1 BRAO, den Rechtsanwalt in jene amtsähnliche Stellung rücken zu **müssen**, ist damit entfallen. Gegen eine **Bezeichnung** des Verteidigers als Organ der Rechtspflege spricht also nichts, solange der Begriff nicht eine Legitimation des Verteidigers unabhängig von seiner Beziehung zum Beschuldigten impliziert.

84   Die Auffassung, daß der Verteidiger seine Rechte aus der vertraglichen Beziehung zum Beschuldigten beziehe, hat also keine Veranlassung, sich durch die Existenz des § 1 BRAO widerlegt zu sehen. Daß die wahren Argumente für eine Begründung der Rechte und Pflichten des Verteidigers mit seiner Organstellung aus einer vorab fixierten Konzeption seiner Aufgaben kommen und nicht aus § 1 BRAO zu deduzieren sind, ist nun noch deutlicher zu sehen als zuvor. Wenn der Staat ausdrücklich, wie im Fall der Strafverteidigung, die **private Vertretung individueller Gegeninteressen** anerkennt, so muß er wirklich davor Halt machen; er darf diese private Vertretung natürlich begrenzen (insofern ist sie Gegenstand seines Regelsystems), aber sie umdefinieren als — einem liberalen System konforme — öffentliche Interessen darf er nicht. Tut er das, so eröffnet sich ein unendlicher Regreß, denn von **diesem** öffentlichen Interesse müßten dann die wirklich privaten Interessen wieder abgehoben werden usw.

85   Die einseitige Parteinahme des Verteidigers für den Beschuldigten geschieht also **nicht im öffentlichen Interesse**, sondern wirklich nur um des einzelnen Beschuldigten willen. Daß es im öffentlichen Interesse liegt, diese Art des Beistandes durch die staatliche Gesetzgebung zu garantieren, macht ihn noch nicht zur öffentlichen Aufgabe. Dieser Unterschied ist wichtig und Ausdruck einer bestimmten Auffassung über das Verhältnis von Staat und Gesellschaft, von Rechtsstaat und Sozialstaat.

86   In der historischen **Entwicklung** dieses Verhältnisses liegt zugleich die von *Hanack*[120a] mit Recht beschworene Notwendigkeit der Wahrung des im Kampf um die freie Advokatur durchgesetzten Anspruchs der Verteidigerschaft auf „Seriosität". Sie wird nicht durch organschaftliche Teilhabe am Staat konstituiert, sondern durch Regeln, die sich der Berufsstand selbst gibt, den der moderne Staat, anders als der absolute Staat, anerkennen kann, ohne dafür darauf angewiesen zu sein, ihn zu inkorporieren[121]. Das ist der entscheidende Grund dafür, daß die Alternative zum Organ der Rechtspflege nicht (mehr) die Komplizenschaft mit dem Beschuldigten ist[122] (hinzu kommt, daß die-

---

[119] Für die Anwaltschaft vgl. die eindringlichen Bemerkungen von *Warmuth* BRAK-Mitteilungen **1987** 2; informativ auch *Rüschemeyer* Juristen in Deutschland und den USA (1976).

[120] Zutreffend *Knapp* Der Verteidiger 127.

[120a] S. Fußn. 60.

[121] Zutreffend *Dahs* NJW **1975** 1386: „Daß die Institution des unabhängigen, frei gewählten Verteidigers im Strafprozeß Bestandteil des Rechtsstaatsprinzips gemäß Art. 20 III GG ist". *Dahs* sieht diese Position allerdings in der Rechtsprechung des BVerfG verankert. Das ist angesichts der – auch von *Dahs* (siehe Fußn. 116) zurückgewiesenen – Rechtsprechung des BVerfG, die dem Verteidiger eine amtsähnliche Stellung zuweist, zweifelhaft.

[122] *Alsberg*, der diese Polarisierung mit der Wendung beklagt hat, daß man zu wählen

ses Bild mit Blick auf die Stellung des Beschuldigten als Subjekt im Prozeß und die Unschuldsvermutung[123] ohnehin nicht mehr paßt).

Das **Standesrecht** sollte, wenn sich in der Anwaltschaft entsprechende Wünsche **87** formieren, die Bindungen erzeugen, die direkt aufzuerlegen vom Staat nicht mehr erwartet werden darf. Insofern hat die Anwaltschaft die Freiheit, ihre Möglichkeiten, „seriös" zu sein, selbst auszugestalten. Hier ist dann auch der Ort abzuwägen, was im Interesse einer für die Mandanten generell günstigen Glaubwürdigkeit der Verteidigung vorzusehen ist. Die Grenzen dieses Standesrechts werden, wie anderwärts auch, durch die allgemeinen Gesetze, nicht zuletzt durch das Grundgesetz (Artikel 12), markiert (daß auch die StPO dazu gehört, heißt nicht, sie gebe am Ende doch den Ausschlag — dann wäre der Regelungsmechanismus zirkulär —, vielmehr ist ein Rahmen bezeichnet) und durch die staatliche Aufsicht über Normsetzung und -anwendung der Selbstverwaltungskörperschaften (Anwaltskammer) garantiert (vgl. §§ 62 Abs. 2, 92 ff BRAO), wobei noch einmal zu betonen ist, daß im modernen Inquisitionsprozeß die **direkte staatliche** Fürsorge für den Beschuldigten hinreichend durch die Objektivitätspflicht von Gericht und Staatsanwaltschaft gesichert ist. Erst recht gilt das für die keinem dialektischen Prinzip verpflichtete staatliche Verantwortung für Wahrheit und Richtigkeit der Entscheidung[124]. Zur Vermeidung im „luftleeren Raum" (von *Hanack*[125] mit Recht perhorresziert) bleibender Begründungen der Verteidigerstellung bedarf es also — entgegen *Hanack*[126] — nicht der Konstruktion einer öffentlich-rechtlichen Komponente des Mandatsverhältnisses.

b) Der Verteidiger als „ein Stück sozialer Gegenmacht". Die Kritik an der Stel- **88** lung des Verteidigers als Organ der Rechtspflege wird oft unter Berufung darauf, daß der Verteidiger „ein Stück sozialer Gegenmacht" sei[127], vorgetragen. Eine ausführliche Begründung dieses Standpunkts findet sich nirgends, so daß Mißverständnisse in der Auseinandersetzung damit nicht auszuschließen sind. Da der Eindruck, daß **soziale** (oder auch gesellschaftliche) **Gegenmacht** hier als direkte Legitimation und nicht nur als **gemeinschaftsbezogenes Motiv** der Verteidigung begriffen wird, jedenfalls nicht von der

---

habe, ob man den Verteidiger „als einen Spießgesellen des Angeklagten ansehen (...) oder ihm eine richtergleiche Stellung einräumen" müsse (JW **1926** 2757), hat diesen Ausweg noch nicht mit der wünschenswerten Klarheit formulieren können, weil auch damals der Anwaltschaft die Folgerungen, die sich für die staatsrechtlich exakte Definition ihrer Position aus der Komplementarität von Staat und Gesellschaft ergeben, nicht bewußt waren.

[123] *Dahs* NJW **1975** 1386 betont, daß sich an die in Art. 6 Abs. 2 MRK verbürgte Unschuldsvermutung der Anspruch auf Beistand eines Wahlverteidigers (Abs. 3c) – und das ist der „im Bereich des privaten Wirtschaftslebens" (1387) seinen freien Beruf ausübende Anwalt – anschließe, denn „in der Praxis pflegen Ideen wie Verfolgung des staatlichen Strafanspruchs bei gleichzeitiger Unschuldsvermutung nur zu funktionieren, wenn sie durch Institutionen oder Personen aktiviert werden, die einmal die Zweckmäßigkeit =

Strafverfolgung und zum anderen die Hemmungsmechanismen = Strafverfahrensrecht mit Leben erfüllen. Diese Aufgaben werden vom Staatsanwalt und vom Strafverteidiger wahrgenommen".

[124] Wer ein solches Prinzip annimmt, hat es schwerer, den Verteidiger nicht an der Wahrheitsfindung zu beteiligen. Dies dürfte der Grund für den vorsichtigen Standpunkt *Fezers* sein (s. Fußn. 101) und u. a. für die Konzeption *Beulkes*. Tiefgehende, auf ebenso vorsichtiger wie umsichtiger Analyse der historischen Entwicklung basierende Zweifel daran, daß dem geltenden Strafprozeßrecht das Modell „eines dialektischen Prozesses der ‚Wahrheitsfindung'", zugrunde liege, bei *Vormbaum* 423, 131/132 (mit negativen Folgerungen für die „Organstellung" des Verteidigers).

[125] *Hanack* (s. Fußn. 60) 35.

[126] AaO, 2 ff.

[127] *Holtfort*, in: *Holtfort* Strafverteidiger 45.

Klaus Lüderssen

Hand zu weisen ist, muß auf die fehlende rechtliche Fixierung dieses Ausgangspunkts hingewiesen werden. Daraus abzuleitende rechtliche Konsequenzen für die konkrete Aufgabenerfüllung des Verteidigers kann es mithin gar nicht geben. Inhaltliche Bedenken gegen ein Verständnis des Verteidigers als Repräsentant sozialer Gegenmacht treten hinzu. Leicht könnte es passieren, daß im Namen dieser sozialen Gegenmacht, welche für die Interessen vieler oder (sogar) kollektiver Interessen steht, die Wahrnehmung des Interesses eines einzelnen Beschuldigten im konkreten Verfahren zum Mittel für die Erreichung eines gesellschaftlichen Zwecks würde (etwa in Gestalt eines Musterprozesses, der „durchgezogen" wird, obwohl die rechtliche Möglichkeit bestünde, die Strafverfolgung gegenüber dem Beschuldigten selbst in einem früheren Verfahrensstadium zu beenden).

89   **c) Begründung der Stellung des Verteidigers aus seiner „Berufsrolle".** Die — ebenfalls nicht klar formulierte, aber in manchen Äußerungen über die Stellung des Verteidigers mitschwingende — Vorstellung, daß auch die **rechtlich** abgrenzbare und nicht nur die nach den Standesregeln sich ergebende Stellung des Verteidigers aus der — „richtigen" — **Definition seines Berufes** abgeleitet werden könne (so daß es für die Grundlegung und Ausgestaltung der Beziehung zwischen Verteidiger und Beschuldigtem nicht auf den zivilrechtlichen Vertrag, geschweige denn auf dessen Einzelheiten ankomme[128]), ist insofern den gleichen Bedenken ausgesetzt wie die Lehre vom Organ der Rechtspflege und der sozialen Gegenmacht, als im positiven Recht Vorschriften fehlen, die aus der Berufsrolle eine Rechtsquelle machen. Es mag mit dem — aus dem Berufsethos wohlbegründeten — Selbstverständnis von Anwälten zusammenhängen, daß sie, ähnlich wie die (etwa bei der Frage der Sterbehilfe und Einwilligung auf den Regeln ihrer Standesethik bestehenden) Ärzte, die Notwendigkeit einer exakten, ins Detail gehenden positiv-rechtlichen Fundierung ihrer Tätigkeit nicht einsehen mögen, mit der Folge, daß eben deshalb auch das Bedürfnis sich nicht ausgebildet hat, die §§ 137 ff durch Rückgriff auf andere zuständige Regelungsmaterien entsprechend zu ergänzen.

90   **d) Der Verteidiger als Vertreter des Beschuldigten.** Die Auffassung, es sei für die Stellung des Verteidigers bestimmend, daß er den Beschuldigten **vertrete** (zu den Begründungen im älteren Schrifttum LR-*Dünnebier*[23] Vor § 137, 2) hat weitgehend an Bedeutung verloren[128a]. Gegen sie spricht das inzwischen unstreitige Prinzip der Autonomie des Beschuldigten, seine Subjektstellung im Prozeß. Ferner tritt der grundsätzliche **Mangel** der Vertretungsmacht vornehmlich auch darin hervor, daß die Anwesenheit des Verteidigers die des Beschuldigten (§ 230, § 329 Abs. 1 S. 1), das Anhören des Verteidigers das des Beschuldigten nicht ersetzt (RGSt **18** 141), und daß Erklärungen des Verteidigers nicht die Wirkung von solchen des Beschuldigten zukommt (RGSt **44** 285), so daß gegen einen ausgebliebenen Angeklagten grundsätzlich auch dann keine Hauptverhandlung stattfindet, wenn der Verteidiger erschienen ist (§ 230). Gibt der Verteidiger in Anwesenheit des Beschuldigten eine Erklärung ab, so ist diese nur wirksam, wenn der Beschuldigte sie genehmigt (RGSt **18** 141), wobei sein Stillschweigen seine Genehmigung in der Regel (RGSt **1** 198) beinhaltet, was allerdings nicht der Fall ist, wenn er die Einlassung zur Sache verweigert hat.

91   Wenn auch der Verteidiger kein Vertreter ist, so kann ihn der Beschuldigte doch dazu bestellen und wird dies bei einem Wahlverteidiger auch oft tun. In gewissen Fällen muß der Beschuldigte, wenn er vertreten werden will, sich dazu eines Verteidigers be-

---

[128] S. etwa *Jungfer* StrVert. **1983** 393.
[128a] Die Begründung, mit der *Spendel* 740 für diese Theorie eintritt, spricht eigentlich mehr

für den hier vertretenen Standpunkt (Rdn. 33 ff).

dienen und diesen dazu schriftlich **bevollmächtigen** (s. vor allem § 234[129], ferner §§ 350 Abs. 2 S. 1, 387 Abs. 1, 411 Abs. 2, 434[129a]).

e) Der Verteidiger als Beistand des Beschuldigten. Wenig zu sagen ist zu der Auf- **92** fassung, der Verteidiger sei der **Beistand** des Beschuldigten. (Darüber, daß früher auch von einer Bindung der Beistandschaft an den Staat gesprochen wurde, LR-*Dünnebier*[23] Vor § 137, 3 mit Belegen aus der älteren Literatur.) Diese Formel deutet nur die Richtung an, in die sich die Tätigkeit des Verteidigers entfalten muß, gibt seiner Funktion also einen bestimmten inhaltlichen Akzent. Grund und Ausgestaltung der **rechtlichen** Legitimation des Verteidigers bleiben offen. Auf der Basis der hier vertretenen Konzeption kann man den Verteidiger durchaus als Beistand des Beschuldigten bezeichnen, weil keine Mißverständnisse über die wahre Rechtsgrundlage seiner Tätigkeit aufkommen können und die Einzelheiten der Augestaltung dieser Beistandspflicht sich aus dem Vertragsverhältnis zwischen Verteidiger und Beschuldigtem ergeben. Wird indessen diese Rechtsgrundlage nicht angegeben, entsteht der Eindruck, mit der zugewiesenen Rolle des Beistandes sei gleichzeitig die Rechtsgrundlage mitgeliefert oder überflüssig gemacht. Das aber ist aus den gleichen Gründen anfechtbar wie die entsprechende Ableitung aus der Rolle des Repräsentanten sozialer Gegenmacht (Rdn. 88) oder des durch seine tradierten und reflektierten, anerkannten Standesregeln definierten Verteidigers (Rdn. 89). Zwar stimmen die Ergebnisse mit dem, was sich aus der Vertragsgestaltung ergibt, teilweise überein (was freilich nichts daran ändert, daß sie nicht **rechtlich** abgesichert sind). Bedeutsamer ist, daß aus seiner Beistandsfunktion darüber hinaus das Recht des Verteidigers, prozessual selbständig zu handeln, gefolgert und eine Reihe von Vorschriften der Strafprozeßordnung, die aus ganz unterschiedlichen Gründen speziell an den Verteidiger adressiert sind (darüber genauer Rdn. 122 ff), unter dieses Prinzip gestellt werden (LR-*Dünnebier*[23] Vor § 137, 6 ff). Insofern treten zu den schon aufgeführten Einwänden auch noch diejenigen, die gegen die Organtheorie vorgebracht worden sind.

II. Zu speziellen Problemen der Verteidigerstellung

Den Rahmen bildet die herkömmliche Unterscheidung zwischen **Rechten** und **93 Pflichten** des Verteidigers.

1. Rechte. Jeweils ist zu unterscheiden zwischen dem sachlichen Gehalt und den **94** Folgen bei Überschreitung eines Rechts.

a) Die Rechte nach ihrem sachlichen Gehalt
aa) Zum allgemeinen Handlungsspielraum des Verteidigers. Er wird durch den **95** Vertrag zwischen Beschuldigtem und Verteidiger abgesteckt (vgl. näher Rdn. 33 ff). Der Vertrag ist die Grundlage für das wechselseitige Vertrauen. Das ergibt sich aus § 242 BGB. Treu und Glauben mit Rücksicht auf die Verkehrssitte werden konkretisiert durch § 43 der Grundsätze des anwaltlichen Standesrechts, die gemäß § 177 Abs. 2 Ziff. 2 BRAO als **Feststellung** der **allgemeinen Auffassung** über Fragen der Ausübung des Anwaltsberufs gelten. Je nach Ausgestaltung des Vertrages ist das Verhältnis mehr oder weniger abhängig von Wünschen oder Weisungen des Beschuldigten (umgekehrt kann der Vertrag auch eine gewisse Abhängigkeit des Beschuldigten vom Verteidiger vorsehen).

---

[129] Ausführliche Erläuterung § 234, 1; 6; 11 ff.　　　[129a] S. dazu *Schnarr* NStZ **1986** 489; *Weiß* NJW **1983** 89, 91.

Klaus Lüderssen

Das, was insoweit im Vertrag frei vereinbart werden kann, findet seine Grenze in den gesetzlichen Verboten (§ 134 BGB) und den guten Sitten (§ 138 BGB).

96   Was die **zu beachtenden gesetzlichen Verbote** betrifft, so geht es im wesentlichen um Strafgesetze.

97   Einmal ist auf die vom **Beschuldigten** wie vom **Verteidiger** zu beachtenden **Strafgesetze** hinzuweisen. Der Beschuldigte kann vom Verteidiger nicht wirksam verlangen, der Verteidiger kann sich dem Beschuldigten gegenüber nicht wirksam verpflichten, Aktivitäten zu unternehmen oder unternehmen zu lassen, die etwa den Tatbestand der Urkundenfälschung, der falschen uneidlichen Aussage oder des Meineides, der Nötigung, der Körperverletzung, des Geheimnisverrats, der Bestechung, des Parteiverrats, der Beleidigung, der Verletzung der Vertraulichkeit des Wortes erfüllen — jeweils unter Einschluß nach §§ 26, 27 StGB strafbarer Teilnahmehandlungen.

98   Schwierigkeiten bereitet hier nur **§ 129 a StGB**. Die Vagheit des Tatbestandes macht die Ausgrenzung dessen, was noch keine Unterstützung der Vereinigung ist, sondern „nur" Verteidigung, schwierig[130]. Dies insbesondere deshalb, weil das Recht des Beschuldigten, sich als Subjekt im Prozeß zur Geltung zu bringen, auch sein Interesse an der Wahrung seiner *Identität*, gegebenenfalls der „politischen Identität", einschließt und seine Stellung, dies ist immer wieder hervorzuheben, durch die Inanspruchnahme eines Verteidigers nicht verschlechtert werden darf[131].

99   Zum anderen gibt es den **Beschuldigten nicht betreffende Strafgesetze**. Hierher sind die §§ 258 und 120 StGB zu rechnen.

100   Das Verbot des **§ 258 StGB** existiert nicht für denjenigen, der selbst der Strafverfolgung ausgesetzt ist. Der Verteidiger aber muß es beachten.

101   In der geläufigen Diskussion der Frage, ob der Verteidiger durch § 258 StGB in seiner Parteinahme für den Beschuldigten gehemmt werden darf, taucht regelmäßig das Argument auf, der Verteidiger sei, wenn er seine Beistandspflicht gegenüber dem Beschuldigten **prozessual korrekt wahrnehme**, vom Geltungsbereich des § 258 ausgenommen.

102   Es wird also eine Priorität des Prozeßrechts gegenüber dem materiellen Recht postuliert. Umgekehrt wird § 258 gerade dazu benutzt, die Grenzen der Tätigkeit des Verteidigers für den Beschuldigten zu markieren. Die Lösung des durch die streckenweise **zirkuläre Argumentation** stark belasteten Problems ergibt sich aus einer genaueren Betrachtung der Struktur des § 258 und einer nochmaligen, präziseren Fixierung des Prinzips der Autonomie des Beschuldigten.

103   Der Tatbestand des § 258 ist das **Vereiteln** (der Bestrafung oder Unterwerfung unter eine Maßnahme). Damit ist mehr gemeint als das bloße Kausalwerden für den Erfolg. Nicht jeder Beitrag genügt. Die Abgrenzung ist identisch mit der zwischen Täterschaft und Teilnahme. Strafbar ist nur, wer als Täter die Bestrafung oder Unterwerfung unter eine Maßnahme verhindert. Diese Auffassung kann sich auf den Wortlaut des § 258 ebenso stützen wie auf die Veränderungen, welche die Vorschrift durch das EGStGB 1974 erfahren hat. Danach ist die „sehr weite Vorbereitungs-, Versuchs- und Teilnahmehandlungen gleichermaßen umgreifende Tathandlung des Beistandleistens durch die erfolgsbezogene Tathandlung des Vereitelns ersetzt" worden[132]; daraus folgt, daß „für die Strafvereitelung i. S. des § 258 die allgemeinen Regeln über Täterschaft und Teilnahme ihre Bedeutung zurückgewonnen haben"[133].

---

[130] S. im einzelnen § 138 a, 133 ff.
[131] Ausführlicher *Lüderssen* FS Sarstedt 162.
[132] *Rudolphi* FS Kleinknecht (1985) 380.
[133] *Rudolphi* aaO mit weiteren Nachweisen;

ebenso insbesondere LK-*Ruß* § 258, 35; SK-*Samson* § 258, 44 (unter Hinweis darauf, daß die Literatur „diese Veränderung der Gesetzeslage noch nicht akzeptiert" habe).

104 Das muß auch dann gelten, wenn die **eigenverantwortliche Verhinderung** der Bestrafung, weil sie dem Handelnden selbst gilt, straflos ist. Zwar läßt sich im Falle der Straflosigkeit nicht von „Täterschaft" sprechen; für die richtige Einordnung von Beiträgen anderer an der Erreichung des Erfolges Mitwirkender ist es gleichwohl von Bedeutung, in welchem Maße der straflos Bleibende für den Erfolg verantwortlich ist. Für die Feststellung der straflosen Eigenverantwortlichkeit sind dieselben Maßstäbe anzuwenden wie für die strafbare Täterschaft (wie das bei der strafrechtlichen Würdigung der Beteiligung an fremder Selbsttötung längst geläufig ist). Beihilfe oder Anstiftung zur in diesem Sinne eigenverantwortlichen Verhinderung der eigenen Bestrafung ist demgemäß straflos. Grundsätzlich folgt daraus für den Verteidiger: Ist er Täter im Sinne des § 258 StGB, so ist er strafbar und überschreitet somit die Grenzen, innerhalb derer sich vertragliche Abmachungen mit dem Beschuldigten bewegen müssen. Ist er nur Gehilfe oder Anstifter, bleibt er straffrei und verletzt somit **nicht** jene Grenzen[134].

105 Das bedeutet, daß der Verteidiger in derselben Lage ist wie jeder andere, der dem Beschuldigten hilft[135]. Das mag dem **Selbstverständnis** der **Verteidiger** zunächst widersprechen, führt aber im Ergebnis in keiner Weise zu Beschränkungen seiner Tätigkeit. Der Autonomie des Beschuldigten, die ernstzunehmen und konsequent auszugestalten Sinn der Beistandsfunktion des Verteidigers ist, trägt gerade diese Konstruktion Rechnung. Der Verteidiger *soll* im Prinzip gar nicht aus der Rolle des Gehilfen oder Anregers heraustreten. Die Verteidigung ist primär das Interesse des Beschuldigten; wie sie sich gestaltet, muß seine Sache bleiben. Das **Vertrauen**, das zwischen Verteidiger und Beschuldigtem bestehen muß, bewährt sich, wenn der Verteidiger seine Beratung so einrichtet, daß der Beschuldigte seine Vorschläge nicht nur begreift, sondern sich zu eigen macht. Das heißt aber nicht weniger, als daß der Beschuldigte die „Täterschaft" behält und der Beitrag des Verteidigers — gemessen an § 258 StGB — im Bereich der straflosen (und damit rechtmäßigen) Teilnahme an strafloser Selbstbegünstigung verbleibt. Auch das Prinzip der **Unabhängigkeit** vom Mandanten wird durch diese Dominanz des Beschuldigten nicht berührt. Für eine Unabhängigkeit des Verteidigers vom Mandanten im Sinne einer vom Vertrag losgelösten Selbständigkeit des Verteidigers gibt es, wie dargelegt (Rdn. 33 ff, 89), keine rechtliche Grundlage. Es ist die fachliche Kompetenz, die den Verteidiger vor anderen Gehilfen des Beschuldigten auszeichnet.

106 Diese Kompetenz führt allerdings leicht dazu, daß die Dominanz vom Beschuldigten auf den Verteidiger übergeht. Dieser hat **dann nicht** mehr das Privileg der straflosen Teilnahme an strafloser Selbstbegünstigung, sondern ist **Täter der Strafvereitelung**. Angesichts dieser Konstellation für den Verteidiger eine Sonderrolle zu reklamieren, die ihn von *dieser* Strafdrohung ausnimmt, besteht kein Anlaß. Ein Verteidiger, der den Beschuldigten beherrscht, entspricht nicht der Tradition und auch nicht dem an der Standesethik orientierten Selbstverständnis der Verteidiger. Die sich darin ausdrük-

---

Dagegen *Küpper* GA **1987** 391 ff. Die – bloße – Vermutung, daß der Gesetzgeber diesen Effekt nicht gewollt, sondern die Frage übersehen habe (*Lenckner* Gedächtnisschrift Schröder 352; s. auch *Rudolphi* aaO, 381), kann demgegenüber nicht ins Gewicht fallen. Dasselbe gilt für die Forderung *Rudolphis*, aus kriminalpolitischen Gründen müsse der Gesetzgeber die durch die Reform des § 258 geschaffene Strafbarkeitslücke schließen (aaO, 395).

[134] Ebenso *Vormbaum* aaO (Fußn. 96).
[135] Mit Recht spitzt *Vormbaum* 428 dieses Argument so zu: „eine schärfere strafrechtliche Haftung für den Verteidiger als für Normaltäter würde die durch § 137 StPO garantierte Beistandsfunktion in ihr Gegenteil verkehren, denn dem Verteidiger würde bei Strafe verboten, was jeder außenstehenden – auch strafprozeßrechtskundigen – Person folgenlos möglich wäre.".

kende Unabhängigkeit vom Beschuldigten und Unterwerfung (des Beschuldigten unter den Verteidiger) hat mit Vertrauen nichts mehr zu tun. Eine ausdrückliche oder konkludente Vertragsgestaltung mit diesem Ergebnis wäre gemäß § 138 BGB unwirksam. Die hier abgerufene Unterscheidung zwischen Täterschaft und Teilnahme zwingt den Verteidiger und den Beschuldigten förmlich dazu, mißbräuchliche Usancen der Verteidigung zu vermeiden (etwa Oktroi einer Sachverhalts-Version, die der Verteidigung strategisch günstig erscheint) und unstreitig unerwünschte Herrschaftsverhältnisse nicht aufkommen zu lassen.

107   Diesseits dieser Grenze vertraglicher Gestaltung liegen die Fälle, in denen die **Inkompetenz des Beschuldigten** so weit geht, daß er — jedenfalls auf weite Strecken — nicht anders kann, als, wenn auch nicht blind so doch ohne Möglichkeit des Nachvollzugs von Details, sich auf das zu verlassen, was der Verteidiger nicht nur vorschlägt, sondern auch selbst (planend und handelnd) in die Hand nimmt. Es würde zu weit gehen, einen diesen Verlauf der Verteidigung abdeckenden Vertrag nicht anzuerkennen. Es kann daher sein, daß der fachkundige Einsatz des Verteidigers für den Beschuldigten, den das Gesetz will, nur in dieser Form möglich ist. Den Verteidiger auch bei dieser Sachlage — immer noch im Rahmen des § 258 StGB — nur als **Teilnehmer an der straflosen Selbstbegünstigung** des Beschuldigten erscheinen zu lassen, wäre mit den allgemein anerkannten Kriterien der Abgrenzung zwischen Täterschaft und Teilnahme nicht vereinbar. (Nur eine extrem subjektive Auffassung könnte den Verteidiger auch in diesen Fällen noch zum bloßen Gehilfen machen, weil seine Motivation — animus socci — unverändert fortbesteht.) Verläuft die Verteidigung so, daß der Beschuldigte praktisch damit einverstanden ist, daß er Werkzeug des Verteidigers, als mittelbarer Täter des § 258 StGB, ist, so wird — auch wenn der Verteidiger den Beschuldigten nicht zwingt oder sich jedenfalls nicht einfach mit seiner Konzeption durchsetzt, sondern der Beschuldigte es ausdrücklich so will — bereits die durch § 138 BGB (in Verbindung mit den Standesregeln) gesetzte Grenze der Vertragsgestaltung durchbrochen sein.

108   Zur Diskussion stehen somit nur die Fälle, in denen trotz überlegener, aktiver Gestaltung der Verteidigung durch den Verteidiger dem **Beschuldigten soviel Autonomie** verbleibt, daß auch er — in den Grenzen des (hier einschlägigen) Strafgesetzes — als „Täter" erscheint. Da der Verteidiger damit nicht automatisch zum Gehilfen wird, sondern ebenfalls Täter ist, liegt in diesen Fällen **Mittäterschaft** (von Nebentäterschaft zu sprechen verbietet sich angesichts des Zusammenwirkens zu einem Zweck) vor, mit der Besonderheit, daß einer der Täter, der Beschuldigte, straflos ist. In der Strafrechtsdogmatik wird diese Konstruktion streitig diskutiert. Die folgerichtige Lösung — Straffreiheit auch des anderen Mittäters — ist indessen in der Literatur systematisch entwickelt[136] und neuerdings durch die Ausarbeitung des Prinzips der Eigenverantwortung auf eine noch eindeutigere Grundlage gestellt worden[137]. Zwar sind es andere Ausgangsfälle (Sterbehilfe), die zu diesem dogmatischen Ergebnis geführt haben; es ist aber unzweifelhaft, daß es auf andere Fälle übertragen werden kann.

109   § 258 StGB gehört zu den Vorschriften, die das Strafurteil schützen[138]. Wer selbst im Rahmen eines Strafverfahrens beschuldigt wird, hat nicht die Pflicht, sich an der Förderung des Strafverfahrens zu beteiligen. Dieser im modernen Strafprozeß unstreitige Grundsatz würde ausgehöhlt, wenn dem Beschuldigten nur erlaubt wäre, sich passiv zu verhalten. Das Schweigen des Beschuldigten etwa belastet ihn möglicherweise stärker als eine eigene aktive Verteidigung. Für den unschuldigen Beschuldigten ist das

---

[136] *Roxin* Täterschaft und Tatherrschaft[4] (1984) 573 f.

[137] *Roxin* NStZ **1987** 348; *Neumann* JA **1987** 248.

[138] *Vormbaum* aaO.

offensichtlich. Das Gesetz gestattet indessen nicht, die Grenzen der **erlaubten Aktivität** des Beschuldigten unterschiedlich zu ziehen, je nachdem ob der Beschuldigte schuldig ist oder nicht. Die Schuld wird (erst) durch das Urteil festgestellt. Die bis dahin bestehende **Unschuldsvermutung** wirkt sich aber nicht nur darauf aus, wie andere Personen, insbesondere andere Prozeßbeteiligte, mit einem Verdächtigen umzugehen haben, sondern auch in dem Sinne, daß **jeder** Beschuldigte sich so verhalten darf, als sei er unschuldig. Die Ausnahme von der Strafbarkeit wegen Strafvereitelung gemäß § 258 StGB ist mithin nicht nur eine Konzession an die subjektiv-notstandsähnliche Situation des Beschuldigten, sondern Konsequenz aus einem ihm gewährten Recht. Demgegenüber ist die Position dessen, der seinen eigenen Tod frei verantwortet, sogar eine schwächere, da ein **Recht** zur Selbsttötung, etwa als Teil der Menschenwürde, noch nicht anerkannt ist; vielmehr beruht die Freigabe der Selbsttötung darauf, daß existentielle private Entscheidungen auch dann zu respektieren sind, wenn die Rechtsordnung sie (noch) nicht als Recht oder Anspruch anerkennt, mit der Folge, daß der Staat nicht — bei persönlicher Unfähigkeit des Betroffenen, dieses Recht auszuüben oder den Anspruch geltend zu machen — nach dem Sozialstaatsprinzip fürsorglich eingreifen muß (also keine Pflicht zur Teilnahme an einer Selbsttötung, keine staatliche Deckung der damit verbundenen Kosten). Der für die Fälle der Sterbehilfe entwickelte Grundsatz des Respekts vor der **Eigenverantwortung** ist also nicht nur **übertragbar** auf § 258 StGB, sondern stellt sich mit Blick auf diese Vorschrift noch eindeutiger und klarer dar.

110   Der strafverfolgende Staat respektiert und fördert das Recht des Beschuldigten, sich aktiv zu verteidigen. Die lange Tradition des „gelehrten" Rechts hat zu einer allmählich, seit hundert Jahren endgültig etablierten Institution fachkundiger Verteidigung geführt (nur um die Details wird seitdem noch gekämpft), welche die insoweit mehr oder weniger unwiderlegbar vermutete **mangelnde Handlungs- und Beurteilungskompetenz** des Beschuldigten kompensieren soll. Darüber, daß diese Fürsorge nicht obrigkeitlich, durch Schaffung quasi staatlicher Hilfe erfolgen muß, sondern auch — wie das geltende Recht — den Weg gehen kann, dem Hilfsbedürftigen die Möglichkeit entsprechender Vertragsschlüsse zu gewähren, siehe oben Rdn. 30; 32; hinzuzufügen ist hier, daß dies, wie andere Beispiele zeigen, durchaus eine geläufige Technik des modernen Sozialstaats ist und — wie dargelegt — sich aus der besonderen Entwicklung des Verhältnisses von Staat und Gesellschaft bei uns ergibt. Diese Kompensation *kann* sich auf — immer noch in der Sprache des Strafrechts — Teilnahmehandlungen des Verteidigers beschränken; aber längst nicht in allen Fällen genügt das, ist vielmehr „Täterschaft" gefordert, wenn der Beschuldigte sein Recht zur aktiven Verteidigung effektiv wahrnehmen können soll. Die Konstruktion der straflosen Mitwirkung eines „Mittäters" (des Verteidigers) im Falle der Straflosigkeit des anderen Mittäters (Beschuldigter) trägt diesem rechtlich anerkannten Bedürfnis des Beschuldigten exakt Rechnung. Einer besonderen, die Ausnahme von der Haftung nach § 258 StGB begründenden Legitimation für den Verteidiger bedarf es also im Prinzip nicht (über Rückausnahmen und — wiederum — deren Grenzen s. § 138 a, 73 ff).

111   Die Frage, ob ein Verteidigerhandeln Strafvereitelung im Sinne des § 258 StGB sein könnte, taucht natürlich dann **nicht** auf, wenn die Vortat **nicht wirklich begangen** ist. „Keine Strafvereitelung begeht...", wer mit prozeßordnungswidrigen Mitteln die Verurteilung eines Unschuldigen vereitelt"[139]. Auch die alleinige „Tatherrschaft" des Verteidigers (er stellt etwa gegen den Willen des — im Ergebnis unschuldigen — Beschuldigten der Entlastung dienende Beweisanträge) wirkt sich dann nur im Verhältnis zum Beschuldigten aus und ist nach den dafür entwickelten Kriterien (siehe Rdn. 34 ff)

---

[139] SK- *Samson* § 258, 16.

zu beurteilen. Das gleiche Verhalten des Verteidigers im Falle des schuldigen Beschuldigten hingegen — das sei noch einmal zur Klarstellung gesagt — bleibt nur dann außerhalb des Bereichs des § 258 StGB, wenn das **Minimum an eigenverantwortlicher Beteiligung des Beschuldigten** (das „Mittäterschaft" des Verteidigers nicht ausschließt, s. oben Rdn. 108) gewahrt ist; bis zu diesem Punkt wirkt sich das Privileg des schuldigen Beschuldigten, seiner Bestrafung entgegenzuwirken, auch auf das Handeln des Verteidigers aus. Diese Abhängigkeit der Beurteilung des Verteidigerhandelns von der materiellen Rechtslage mag insofern irritieren, als es für die Verletzung des durch § 258 StGB geschützten Rechtsguts vielleicht „nicht auf die materielle Rechtslage . . ., sondern nur darauf ankommt", daß die „Verurteilung des Beschuldigten in einem nach den Regeln des Prozeßrechts durchgeführten Strafverfahren vereitelt wird"[140]. Damit kann aber nicht die „völlige Ablösung von der der Strafrechtspflege gestellten spezifisch kriminalpolitischen Aufgabe der Realisierung der Strafzwecke" gemeint sein[141]. Anderenfalls käme der Vorschrift „kein rational begründbarer Stellenwert im Gefüge der Rechtspflegeschutz-Tatbestände" zu, weil die bloße Beeinträchtigung der ordnungsgemäßen Entscheidung bereits hinlänglich durch andere Tatbestände sichergestellt ist[142]. Geschützt ist in § 258 also nur die **materiell richtige Entscheidung**. Daß die Anwendung dieser Vorschrift auf das Verteidigerhandeln zu einer ex-post-Betrachtung nötigt (wenn man einräumt, daß erst bei einer Verurteilung — und auch dann nur pragmatisch gesehen — die Haupttat feststeht, obwohl es doch gerade darum geht, das Verteidigerhandeln ex ante zu würdigen), darf ebenfalls nicht irritieren. § 258 StGB hat in erster Linie andere Fälle im Auge; was er für die Beurteilung des Verteidigerhandelns nicht leistet, hat das materielle Strafrecht nicht zu verantworten; insofern müssen die Lösungen anderwärts gesucht werden. Seit der Einführung des § 138 a StPO (Abs. 1 Nr. 3) allerdings verschwimmt praktisch der Unterschied zwischen der Verteidigung eines „Unschuldigen" oder eines „Schuldigen", denn das Vorliegen der Haupttat wird für die Frage der Beurteilung des Verteidigerhandelns — jedenfalls bei seinem Ausschluß — einfach unterstellt (dazu § 138 a, 29 ff).

112　　Die demgegenüber in Rechtsprechung und Literatur vorgenommenen Abgrenzungen von nach § 258 StGB strafbaren und nicht strafbaren Verteidigungshandlungen vermögen nicht zu überzeugen. Einmal, weil die **zirkuläre Argumentation** (Verteidigerhandlungen sind unzulässig, soweit sie Strafvereitelung gemäß § 258 StGB darstellen; zulässige Verteidigerhandlungen unterfallen nicht dem Tatbestand des § 258 StGB[143]) nicht aufgelöst wird, zum anderen, weil die Rechtsgrundlage für die kasuistisch zulässigen (nicht strafbaren) und unzulässigen (strafbaren) Verteidigungshandlungen nicht mitgeteilt oder — bei Ableitung aus der Stellung des Verteidigers als Organ der Rechtspflege — nicht hinreichend konkretisiert wird und eine klare Abgrenzung nicht erkennbar ist. (Detaillierte Auseinandersetzung mit der Kasuistik § 138 a, 37 ff.)

113　　Auch die Vorschrift des **§ 120 StGB** ist nicht an den — in Untersuchungshaft[144] befindlichen — Beschuldigten adressiert oder an den eine Freiheitsstrafe verbüßenden Gefangenen[145]. Der Verteidiger in diesen Fällen ist jedoch nicht nur als Täter, sondern

---

[140] *Vormbaum* (Fußn. 96) 396.

[141] *Vormbaum* (Fußn. 96) 396.

[142] *Vormbaum* (Fußn. 96) 396.

[143] Vor allem von *Vormbaum* (424) treffend hervorgehoben. Freilich trifft das Verdikt auch seinen eigenen Versuch, die Abgrenzung zwischen zulässigem Verteidigerhandeln und Strafvereitelung zusätzlich unter dem Gesichtspunkt vorzunehmen, daß „ein erwartungsgemäßes Verhalten des Strafverteidigers nicht die Ordnungsgemäßheit" der Entscheidung berühre und damit nicht das in § 258 StGB geschützte Rechtsgut, der Tatbestand also von vornherein nicht erfüllt sei.

[144] *LK-v. Bubnoff* § 120, 14.

[145] Über die Dauer der Bevollmächtigung bzw. der Pflichtverteidigerbestellung vergleiche § 137, 46 ff; § 141, 28 ff.

auch als Teilnehmer strafbar — nicht weil die Regel der Akzessorietät durchbrochen ist, sondern weil § 120 StGB Beihilfehandlungen selbständig vertypt, so daß sie gemäß „den zu § 27 (StGB) geltenden Grundsätzen bestimmt" werden können[146]. Die auf Haftentlassung gerichteten Bemühungen der Verteidigung werden indessen nicht erfaßt — es handelt sich insoweit um untaugliche Befreiungsmittel im Sinne des § 120 StGB[147]. Entscheidend ist, daß eine rechtsförmig einwandfreie Entscheidung vorliegt[148], die auch dann unberührt bleibt, wenn der Richter zum Beispiel einen Haftbefehl willkürlich aufhebt[149], wozu er etwa durch die Verteidigung angeregt worden sein könnte (ebenso wie es für die Rechtmäßigkeit der Inhaftierung lediglich darauf ankommt, daß die Zulässigkeitsvoraussetzungen für die Vollstreckung gegeben sind, und nicht darauf, ob das Urteil bzw. die Verhängung der Untersuchungshaft materiell richtig sind). „Eine solche Art mißbräuchlicher Ausnutzung der Staatsgewalt"[150] ist nach § 336 oder § 258 a zu beurteilen; für eine eventuelle Teilnahme des Verteidigers daran gilt nichts besonderes.

Schließlich sind die **guten Sitten** zu beachten. Die Regelungsmaterie ist insofern **114** das gesamte schriftlich fixierte und gewohnheitlich geltende Standesrecht (grundsätzlich dazu oben Rdn. 39; s. ferner vor allem bei § 138 a, 147).

bb) Einzelne Verteidigerhandlungen und -rechte. Nicht zweifelhaft sein kann das **115** Recht zu **eigenen Ermittlungen**. Begrenzt wird es nur durch die vertraglichen Abmachungen mit dem Beschuldigten. Gegen seinen Willen darf der Verteidiger nicht selbst ermitteln, es sei denn, der Fall liegt so, daß diese Einschränkung mit den Standesgrundsätzen nicht vereinbar und daher — über § 138 BGB (s. dazu Rdn. 38, 46, 50) — unwirksam ist.

Bei der Pflichtverteidigung tauchen allerdings die besonderen Probleme der **Ko-** **116** **stenerstattung** auf. Sie sind nach dem Grundsatz der „Waffengleichheit" zu lösen (zu Einzelheiten vgl. LR-*Hilger*, § 464 a, 49), dessen Gültigkeit auch der „nur" auf eine vertragliche Beziehung zum Beschuldigten sich stützende Verteidiger beanspruchen kann, weil die dafür erforderliche staatliche Anerkennung der Funktion des Verteidigers bei richtigem Verständnis der in unserem Gemeinwesen stabilisierten Abgrenzung von Staat und Gesellschaft (s. oben Rdn. 28 ff) nicht darauf angewiesen ist, dem Verteidiger eine darüber hinausgehende, nicht anders als unverbindlich „freischwebende", fiktive, quasi-staatlich zu begreifende Stellung zuzubilligen.

Für die **Vereinbarungen** gilt das zu den eigenen Ermittlungen Gesagte entspre- **117** chend. Die Behauptung, daß gerade für diese Aufgabe des Verteidigers es des Rückhalts der Stellung eines Organs der Rechtspflege bedürfe[151], beruht auf dem Unvermögen vieler Anwälte, zu akzeptieren, daß Verständigung mit den staatlichen Strafverfolgungsorganen **nicht** heißen kann, **Teilhabe am Staat** zu erstreben, sondern zu erkennen, daß der Staat die Rolle der Vertreter etablierter freier Berufe für die Erfüllung wichtiger, im Interesse einzelner liegender Aufgaben[152] respektiert. Die moderne Verteidigerschaft jedenfalls hat diesen Respekt nicht deshalb erlangt, weil die Verteidiger Organ der Rechtspflege sind, sondern weil sie in der Beziehung zum Beschuldigten eine gesteigerte fachliche Qualität erreicht haben, die *Hanack* wie folgt kommentiert: „Dieser neue Verteidigertyp ist . . . das vielleicht interessanteste und wichtigste Phänomen in unserer Strafrechtspflege . . . gemeint ist . . . der Typ eines sehr engagierten und grundsätzlich seriösen, oft überraschend kundigen Verteidigers; aber eines Verteidigers, der die weiten und äußersten Möglichkeiten unserer Prozeßordnung, anders als die Generation

---

[146] LK-*v. Bubnoff* § 120, 29.
[147] LK-*v. Bubnoff* § 120, 27.
[148] LK-*v. Bubnoff* § 120, 42.
[149] LK-*v. Bubnoff* § 120, 27.

[150] LK-*v. Bubnoff* § 120, 42.
[151] *Rückel* NStZ **1987** 299.
[152] Siehe dazu die Erhebungen von *Büschges* BRAK-Mitteilungen **1987** 16.

Klaus Lüderssen

vor ihm, nicht nur ausnahmsweise ausnutzt; sondern der im Interesse seines Mandanten, auch wenn er ihn für schuldig hält (etwas, was diese Verteidiger — bezeichnenderweise — oft gar nicht wissen *wollen*, weil es ihnen eine engagierte Verteidigung psychologisch, rechtlich und standesrechtlich erschwert), in alle gesetzlichen Freiräume vorstößt und dabei Verteidigungsstrategien entwickelt, die gerade auch auf die typischen Schwachpunkte unserer Justiz zielen. Es ist der Typ eines Verteidigers, der in der Regel formal durchaus korrekt verfährt, auch das Standesrecht beachtet, sich im Grunde aber dem traditionellen Ziel des Strafverfahrens nicht mehr verpflichtet fühlt oder mindestens doch die Bedeutung dieses Ziels im Spannungsverhältnis zu den Interessen seiner Mandanten kritischer gewichtet als früher; und der zudem ... unserer Strafjustiz mit oft geradezu abgrundtiefer Skepsis gegenübersteht"[153].

118   Auch hier ist im übrigen darauf hinzuweisen, daß die „Wahrheits-" und „Gerechtigkeits-"Konzeptionen von Strafverfolgung einerseits und Verteidigung andererseits **unterschiedlich** sein dürfen (s. oben Rdn. 78) und daß diese Einsicht in Beziehung zu setzen ist zum Problem der Legitimation von Zuschreibungsprozessen auf dem Hintergrund „interaktionistischer" Wahrheits- und Richtigkeitstheorien[154], wonach sich das Ganze möglicherweise als die Konkurrenz verschiedener Zuschreibungskonzepte darstellt. Das „Substantielle" ist also relativiert: vielleicht geht es im Strafprozeß überhaupt nicht um Feststellung oder Ableitung[155]; die damit verbleibende Möglichkeit der Verständigung muß deshalb eo ipso von divergierenden Konzepten ausgehen. Keineswegs jedoch verläuft das nur strategisch: Die Minimalpositionen, die jede Seite einbringt, markieren zugleich auch den verbleibenden substantiellen Rahmen[156].

119   Das **Akteneinsichtsrecht** ist die notwendige Voraussetzung dafür, daß der Beschuldigte im Verfahren die Subjektstellung erlangen kann[157]. Die Akteneinsicht dient dem Beschuldigten. Lediglich aus Gründen der Vorsicht ist sie in die Hand einer Person gelegt, die entweder durch Vorbildung und Standesrecht oder infolge der Kontrolle, die das Gericht bei der Auswahl ausübt, Gewähr dafür bietet, daß die Akten bei der Einsicht nicht beschädigt, verfälscht oder vernichtet werden. Es wäre falsch, hieraus, wie das gelegentlich geschieht, den Schluß zu ziehen, daß das Recht auf Akteneinsicht dem Verteidiger zustehe. Nach seinem Zweck steht es vielmehr quoad ius dem Beschuldigten, quoad exercitium dem Verteidiger zu (Einzelheiten § 147, 6 ff).

120   Das Recht des Beschuldigten, sich — vertraglich — der Hilfe eines Verteidigers zu versichern, liefe leer, wenn er nicht grundsätzlich die unbeschränkte Möglichkeit des **persönlichen Verkehrs** mit dem Verteidiger hätte. Einer von seiner Beziehung zum Beschuldigten unabhängigen Legitimation bedarf der Verteidiger also auch hier nicht. Die Grenzen des Umgangs mit dem Beschuldigten ergeben sich aus den allgemeinen Gesetzen. Bei dem in Untersuchungshaft befindlichen Beschuldigten tritt § 119 StPO hinzu. Daß die Position des Verteidigers besser ist als die irgendeines Dritten, beruht auf dem Zutrauen in die professionelle Qualität des Verteidigers, ebenso wie man einem appro-

[153] *Hanack* Vereinbarungen im Strafprozeß, ein besseres Mittel zur Bewältigung von Großverfahren? in: Mainzer Runde '85 (herausgegeben vom Ministerium der Justiz Rheinland-Pfalz) (1987) S. 4.

[154] *Lüderssen* Kriminologie (1984) Rdn. 837 bis 846 mit Nachweisen.

[155] *Lüderssen* aaO Rdn. 646 bis 660 mit Nachweisen; aus der neueren strafprozessualen Literatur sehr wichtig *Vormbaum* (Fußn. 96), 129 ff.

[156] Mit Recht unterstreicht *Vormbaum* aaO 130 die Notwendigkeit, für das Strafverfahren eine „psychologisch angemessene Interpretation" zu leisten: „menschliches Verhalten bedarf wenigstens subjektiv einer bestimmten Intentionalität"; im übrigen vgl. zum „deal" die weiteren Hinweise bei *Lüderssen* Krise Fußn. 20.

[157] *Welp* FS II Peters 309.

bierten Arzt die Wege zum Patienten erleichtert, nicht hingegen auf einer besonderen Stellung des Verteidigers als Organ der Rechtspflege (Einzelheiten § 148, 5 ff).

Die wichtigste Konsequenz aus der — auch von der Unschuldsvermutung geprägten — Subjektrolle des Beschuldigten ist das **Schweigerecht** des Verteidigers. Das nemo-tenetur-Prinzip für den Beschuldigten, der sich dem Verteidiger soll anvertrauen dürfen, darf nicht leerlaufen bzw. nicht unterlaufen werden. Der Beschuldigte stünde, wäre es anders, ohne Verteidiger besser da. Eine zwingende Konsequenz aus dem so zu verstehenden Schweigerecht sind das Beschlagnahmeprivileg für Anwälte, einschließlich seiner Ausdehnung auch auf die Fälle des § 97 Abs. 2 S. 3 bei Verteidigern[158] und die Ausnahmen bei der Telefonüberwachung[159]. **121**

Für **sonstige Rechte oder Privilegien** gilt das folgende: Gemeinsamer Ausgangspunkt ist, daß auch diese Rechte nur dazu dienen, der Subjektstellung des Beschuldigten im Verfahren, seiner Autonomie, volle Geltung zu verschaffen. **122**

Das sei hier — nur mit Blick auf die generelle Vereinbarkeit mit dem **Vertragsprinzip** (Rdn. 33 ff) — (pars pro toto) kurz demonstriert an Hand der folgenden Vorschriften[160], die vorsehen, daß **123**

Verteidiger und Beschuldigter **nebeneinander** handeln **124**
— §§ 61 Abs. 5, 71 Abs. 1 Satz 2, 240 Abs. 2 Satz 1, 251 Abs. 1 Nr. 4, Abs. 2 Satz 1,

Handlungen **gegenüber** Verteidiger und Beschuldigtem vorgenommen werden **125**
— §§ 118 a Abs. 1, 218 Satz 1, 233 Abs. 3 Satz 1, 1. Hs.,

der Verteidiger **ohne Vollmacht** des Beschuldigten nicht handelt **126**
— §§ 302 Abs. 2, 297, 233 Satz 1,

der Verteidiger im engeren Sinne **eigene Rechte** hat **127**
— §§ 81 Abs. 1, 145 a Abs. 3, 218 Satz 2 (217 Abs. 3), 239 Abs. 1, 240 Abs. 2 Satz 2,

Verteidiger **Handlungsprivilegien** haben: Befreiung von den Maßnahmen gemäß **128**
§ 177, 178 GVG; begrenzte Anwendung des § 176 GVG.

Einige dieser Vorschriften (§ 240 Abs. 2 Satz 1, § 118 a Abs. 1, § 218 Satz 1) sind **129** zweckmäßig im Sinne der effektiven **Durchsetzung der Autonomie** des Beschuldigten mit Hilfe des fachkundigen Verteidigers.

Im übrigen geht es nur um sinnvolle **Arbeitsteilung**. Das gilt jedenfalls für die Vorschriften der §§ 145 a Abs. 3, 218 Satz 2, 217 Abs. 3, 240 Abs. 2 Satz 2. **130**

Ganz unproblematisch sind die Vorschriften der §§ 302 Abs. 2, 297, 231 Satz 1 — **131** hier ist die **Dominanz des Beschuldigten** ausdrücklich vorgesehen.

Das gilt auch für § 81 Abs. 1. In der Regel ist die Anwendung von **Zwangsmaßnah-** **132** **men** von der Mitwirkung des Beschuldigten unabhängig. Dort, wo die Gefahr besteht, daß gerade ein Autonomiedefizit beim Beschuldigten das Zwangsmittel indiziert, wird durch die Mitwirkung des Verteidigers eine gewisse Kompensation erreicht. Das Vertragsprinzip ist gewahrt, weil eine mutmaßliche Einwilligung in die gesetzlich vorgesehene Mitwirkung des Verteidigers anzunehmen ist. Im übrigen ist noch einmal zu betonen, daß der Vertrag als Basis für die Stellung des Verteidigers nicht davon berührt

---

[158] LR-*G. Schäfer* § 97, 58.
[159] LR-*G. Schäfer* § 100 a, 26.
[160] Die beste verfügbare Übersicht findet sich bei *Rieß* (Leitaussagen über Stellung und Funktion des Verteidigers im geltenden Recht, Referat für den Strafrechtsausschuß der Bundesrechtsanwaltskammer [1980]), der 52 Paragraphen zählt, in denen ausdrücklich an den Verteidiger angeknüpft wird (S. 4) und für die hier interessierende Gruppe von Vorschriften die folgenden Einteilungen wählt: Anwesenheits- und Antragsbefugnisse, Zustimmungen und Verzichte, Anhörungen und Mitteilungen, dem Verteidiger vorbehaltene Rechte aus dem Betriebsverhältnis, eigene Rechte des Verteidigers. S. ferner *Spendel* 741; *Beulke* Verteidiger 142; *Krey* Strafverfahrensrecht I (1988) 229.

Klaus Lüderssen

wird, daß sein wirksamer Abschluß nicht nur gesetzliche Voraussetzungen, sondern auch vom Gesetz aufgegriffene Wirkungen hat.

133   Die Gründe für die Zurückhaltung des Gesetzes bezüglich der Handhabung des § 176 GVG liegen darin, daß die einschlägigen Eingriffe „zur Aberkennung der Postulationsfähigkeit mit nachteiligen Folgen nicht nur für den pflichtwidrig Handelnden (was hinzunehmen wäre), sondern vor allem für die von ihm vertretenen oder zu unterstützenden anderen Verfahrensbeteiligten", insbesondere der „Beschränkung der Verteidigung..." führen können. Die Organstellung des Verteidigers wird im übrigen kaum für die Begründung der **Unanwendbarkeit** der §§ 177, 178 GVG bemüht[161].

134   **b) Folgen bei Überschreitung der Rechte.** Das sind: Auflösung des Vertragsverhältnisses, Schadensersatz, Auferlegung von Kosten, standesrechtliche Sanktionen, Ausschluß des Verteidigers, Bestrafung.

2. Pflichten

135   **a) Die Pflichten nach ihrem sachlichen Gehalt.** Grundlage ist der Vertrag zwischen Beschuldigtem und Verteidiger und das daraus hervorgehende **wechselseitige Vertrauen**. Insofern verhält es sich nicht anders als bei den Rechten des Verteidigers (Rdn. 94 ff). Hinzu kommt die strafrechtliche Absicherung (§ 203 Abs. 1 Ziff. 3 StGB). Sie setzt den — möglicherweise entgegenstehenden — vertraglichen Vereinbarungen absolute Grenzen (der Verteidiger kann die Schweigepflicht nicht gegen den Willen des Mandanten abdingen, eine entsprechende Abrede wäre gemäß § 134 BGB nichtig), ist ihrerseits aber durch Vertrag aufhebbar (bei Einwilligung des Mandanten ist die Offenbarung nicht unbefugt). Diese Rechtslage ändert nichts an der Prädominanz des Vertragsprinzips (Rdn. 33 ff), zwingt nicht zur Konstruktion des Organs der Rechtspflege und ist auch keine Induktionsgrundlage dafür. Folglich sind auch Grenzen der gesetzlichen **Schweigepflicht**, die mit Blick darauf gefordert werden, daß der Verteidiger ein Organ der Rechtspflege sei, nicht anzuerkennen[162], zumal für die Durchsetzung des öffentlichen Interesses an der Durchbrechung der Schweigepflicht außerdem auch noch § 34 StGB bemüht werden muß[163].

136   Soweit die **Pflicht zur Wahrheit** mit einer Pflicht zur Unterlassung der Aufklärung kollidieren könnte, gilt das zur Schweigepflicht Gesagte, sie hat Vorrang.

137   Eine **ausdrückliche** positiv-rechtliche Regelung fehlt. Für indirekte, die Wahrheitspflicht des Verteidigers eventuell betreffende Regeln gibt es mehrere Anknüpfungspunkte:

138   Der Vertrag zwischen Verteidiger und Mandant eröffnet über die Vorschriften der §§ 134, 138 und 276 BGB Möglichkeiten, den **Verteidiger** zu **binden**. Gesetzliche Verbote gemäß § 134 BGB sind vor allem die einschlägigen Strafgesetze (§§ 153 ff, 263, 267 ff, auch wohl 186 ff und 130 Ziff. 3 StGB. §§ 138 und 276 BGB vermitteln das den Verteidiger zur Wahrheit verpflichtende Standesrecht; vgl. § 68 Abs. 1 S. 1 RiAA in Verbindung mit § 43 BRAO). Zu beachten ist aber, daß die vertraglichen Bindungen und ihre Grenzen nur den Vertragspartner betreffen; Bindungen gegenüber Staatsanwaltschaft und Gericht entstehen dadurch nicht.

---

[161] Nicht genannt in KK-*R. Müller* § 176 GVG, 4, *Kissel* § 176, 39 ff, *Kleinknecht/Meyer*[38] § 176, 4 GVG und auch nicht bei der von *Kissel* § 176, 40 aufgelisteten Literatur mit Ausnahme von *Dahs sen.* AnwBl. **1959** 177, 178, auch nicht bei LR-*Schäfer*[23] § 176, 16 ff.

[162] Anders *Beulke* Verteidiger 121 mit Beispielen und weiteren Nachweisen aus der Literatur; eine absolute Grenze sieht *Beulke* allerdings dort, wo es um die Offenbarung den Beschuldigten belastender Umstände gehen könnte.

[163] *Beulke* aaO.

Bei den **Strafgesetzen** ist wie bei den *Rechten* des Verteidigers zu unterscheiden: **139**

Aus den **auch** den **Beschuldigten** betreffenden Strafgesetzen ergibt sich, daß die **140** Wahrheitspflicht des Verteidigers in dem Maße gilt, wie ihm Betrug, falsche Aussage, Urkundenfälschung, üble Nachrede und Verleumdung verboten sind.

Bei den **Beschuldigten nicht** betreffenden Strafgesetzen kommt nur § 258 StGB in **141** Betracht. Unter der Voraussetzung, daß der Beschuldigte keine Wahrheitspflicht hat, ist im Anschluß an Rdn. 104 ff festzuhalten, daß **unwahre Behauptungen** des Verteidigers, die sich als Alleintäterschaft oder mittelbare Täterschaft darstellen, prinzipiell strafbar sind (vgl. aber auch hier den Hinweis Rdn. 110 am Ende), Teilnahme in bezug auf unwahre Behauptungen durch den Beschuldigten und als „Mittäterschaft" zu klassifizierendes Zusammenwirken mit dem eigenverantwortlich unwahre Behauptungen aufstellenden Beschuldigten dagegen straflos bleiben[163a].

Es ist allerdings **umstritten**, ob der Beschuldigte eine Wahrheitspflicht hat. Dage- **142** gen spricht, daß eine ausdrückliche Gebotsnorm insofern fehlt, und daß auch Sanktionsnormen, aus denen indirekt eine solche Gebotsnorm hervorgehen könnte[164], fehlen[165, 166].

Die Frage nach der **Wahrheitspflicht** des **Verteidigers** ist also nicht einheitlich zu **143** beantworten. Dies wird, soweit die Wahrheitspflicht aus der Stellung des Verteidigers als Organ der Rechtspflege abgeleitet wirtd, verkannt (abgesehen von den Zweifeln, die gegenüber dieser Position grundsätzlich angebracht sind, s. oben Rdn. 77 ff). Die Diskussion der Problematik leidet im übrigen darunter, daß unter dem Stichwort Wahrheitspflicht häufig generell die Grenzen der Parteilichkeit des Verteidigers abgehandelt werden[167]. Eine Übersicht der Meinungen ist daher schwer zu gewinnen. Unter den für einschlägig erachteten Äußerungen müßten zunächst die wirklich spezifisch auf das Thema bezogenen aussortiert und diese dann jeweils daraufhin geprüft werden, wie sich die Tatherrschaft auf Beschuldigten und Verteidiger verteilt (Einzelheiten § 138 a, 39 ff).

b) Die **Folgen der Pflichtverletzungen des Verteidigers** sind die gleichen wie beim **144** Fehlen oder Überschreiten eines Rechts (s. oben Rdn. 134)[168].

§ 137

(1) Der Beschuldigte kann sich in jeder Lage des Verfahrens des Beistandes eines Verteidigers bedienen. Die Zahl der gewählten Verteidiger darf drei nicht übersteigen.

(2) Hat der Beschuldigte einen gesetzlichen Vertreter, so kann auch dieser selbständig einen Verteidiger wählen. Absatz 1 Satz 2 gilt entsprechend.

[163a] Ebenso mit sehr ähnlicher Argumentation *Kühne* Strafprozeßlehre³, Rdn. 91.1.

[164] Auch § 46 Abs. 2 StGB scheidet aus: wahrheitsorientiertes Verhalten im Prozeß (Geständnis) fällt nicht unter „Verhalten nach der Tat"; keine Legitimation ist natürlich die insofern abweichende Praxis.

[165] Daß es auf die Sanktionsbewehrtheit nicht ankomme, wird mit Blick auf die Existenz von leges imperfectae gelegentlich für die Wahrheitspflicht des Beschuldigten ins Feld geführt; das Argument kann aber den primären Nachweis der Wahrheitspflicht des Beschuldigten nicht ersetzen.

[166] Im Ergebnis ebenso: LR-*Hanack* § 136, 41

(Der Beschuldigte „darf sich, wenn er damit gegen kein Strafgesetz verstößt, für die Lüge entscheiden"), mit allerdings ambivalenter Begründung (dort auch die weiteren Nachweise zum Streitstand).

[167] Signifikant *Bottke* ZStW **96** (1984) 726 ff; für das Standesrecht *Lingenberg/Hummel/Zuck/Eich* § 68, 1 ff.

[168] Zur Verteidigung in besonderen Verfahrensabschnitten (Ermittlungsverfahren, Hauptverfahren, Rechtsmittel, insbesondere Revision, Vollstreckung, Vollzug) und besonderen Verfahrensarten, s. § 137, 11 ff; 141, 28 ff.

Klaus Lüderssen

Schrifttum. *P. A. Albrecht/Stern* Verteidigung in Jugendstrafsachen, StrVert. **1988** 410; Bundesministerium der Justiz (Hrsg.), Verteidigung in Jugendstrafsachen (1987); *Geiter* Verteidigung in Jugend(straf)sachen, MSchrKrim 70 (1987) 330; *Heubel* Die Verschiebung der Hauptverhandlung wegen Verspätung des Verteidigers, NJW **1981** 2678; *Hübner* Allgemeine Verfahrensgrundsätze, Fürsorgepflicht oder fair trial? (1983); *Lappe* Kann ein verfahrensfähiger Minderjähriger selbst einen Anwalt bestellen? Rpfleger **1982** 10; *Laubenstein* Verteidigung im Strafvollzug, Diss. Frankfurt 1984; *Litwinski* Strafverteidigung im Strafvollzug, Diss. Kiel 1986; *Strate/Venzke* Unbeachtlichkeit der Verletzung des § 137 Abs. 1 S. 1 StPO im Ermittlungsverfahren, StrVert. **1986** 30; *Volckart* Verteidigung in der Strafvollstreckung und im Vollzug (1988).

Entstehungsgeschichte. Der Wortlaut von Abs. 1 S. 1 und Abs. 2 S. 1 ist bis heute in seiner ursprünglichen Fassung verblieben. Bemerkenswert sind aber vielleicht der Entwurf 1919 und der Vorentwurf 1936, die den Versuch einer Definition der Aufgaben des Verteidigers enthalten (dazu *Rieß*, in: Bundesministerium der Justiz [Hrsg.], 41). Durch das 1. StVRErgG wurden Abs. 1 S. 2 und Abs. 2 S. 2 eingefügt.

Übersicht

I. Grundsatz der freien Verteidigerwahl (Absatz 1 S. 1; Absatz 2 S. 1)

1   **1. Wahl durch den Beschuldigten (Abs. 1 S. 1).** Dies ist die **Ausgangsposition** im Abschnitt „Verteidigung". Deren wesentliche Prinzipien sind in **Begriffen** festgehalten, die eine den Sprachgebrauch, die Geschichte und den Zweck der Vorschrift beachtende Dogmatik ohne weiteres zu ihren einzelnen Konsequenzen entwickeln kann.

2   **a) Beschuldigter.** Das ist, wer sich gegenüber einer staatlichen Strafverfolgungsbehörde objektiv in einer Situation befindet, die für ihn die Gefahr der Selbstbelastung mit sich bringt. Dieser Gefahr darf jedermann sofort entgegentreten[1]. Dazu paßt schlecht, daß von einem Beschuldigten erst gesprochen werden soll, wenn ein „finaler Verfolgungsakt" registriert werden kann[2]. De lege lata richtig ist daher — entgegen der an anderen Stellen dieses Kommentars vertretenen Auffassung[3] — die materielle oder ob-

---

[1] *Bringewat* JZ **1981** 294; SK-StPO-*Rogall* Vor § 133, 45.

[2] SK-StPO-*Rogall* Vor § 133, 31 Formale oder subjektive „Beschuldigten-Theorie", s. dazu im einzelnen LR-*Hanack* § 133, 2; 136, 4 ff.

[3] LR-*Hanack* § 136, 4 ff; LR-*Rieß* § 163 a, 9; vgl. aber auch LR-*Rieß* § 163 a, 10, wo für den Beschuldigtenbegriff des § 137 ein anderer Inhalt für erwägenswert gehalten wird.

jektive Beschuldigten-Theorie[4]; daß es dem Gesetzgeber freisteht, diese Rechtslage — Reformvorschlägen[5] folgend — zu ändern, ist eine andere Frage.

b) Wahlverteidiger. Diese Frage ist im einzelnen durch § 138 geregelt. **3**

c) Beistand. Dieser weite Begriff erfährt durch seinen Bezug zum Verfahren (s. **4** Rdn. 10) und die funktionale Verknüpfung mit dem Wort „Verteidiger" eine Begrenzung, nicht aber etwa durch §§ 140 ff; vielmehr ist § 137 auch in dieser Hinsicht das für die gesamte Verteidigung geltende Generalklausel (s. auch Rdn. 74). Das Verfahren (genauer Rdn. 10) dient der Aufklärung einer Straftat. Ist ein Beschuldigter vorhanden, so geht es um seine Aburteilung (einschließlich der dahin führenden Vorentscheidungen) oder die Einstellung des Verfahrens (mit oder ohne Auflagen). Sich dagegen wehren zu dürfen, macht das Recht des Beschuldigten auf Verteidigung aus[6] und definiert dementsprechend die Rolle des Verteidigers. Nur das, was sich nicht als Mittel zur Erreichung dieses Zwecks darstellt, ist kein Beistand (z. B. Sicherung der Beute, Hilfe bei neuen Straftaten). Weitere Grenzen ergeben sich aus strafbewehrten oder sonstigen Verboten des materiellen Rechts[7] und — anderen — Regeln des Strafprozesses sowie der Vollstreckung und des Vollzugs[8].

Die Abgrenzung von der **Vertretung** ist Vor § 137, 91; 92 dargestellt. **5**

Eine **positive** Definition dessen, was Beistand ist, enthält die StPO so wenig, wie **6** eine positive Definition der dem Beschuldigten direkt gestatteten Verteidigung.

Wohl aber gibt es eine Reihe ausdrücklich fixierter **Gestattungen**. Soweit sie — **7** das ist die Regel — an die Adresse des Beschuldigten gerichtet sind, konkretisieren sie auch das, was der Beschuldigte insoweit vom Verteidiger als Beistand erwarten darf. Was dem Verteidiger direkt gestattet ist, darf, auch wenn das Gesetz es nicht ausdrücklich sagt, der Beschuldigte — das folgt aus seiner Subjektstellung einerseits, der akzessorischen Stellung des Verteidigers andererseits[9] — von ihm verlangen. Auch insoweit ist also Beistand konkretisiert.

Aber diese Konkretisierungen sind **nicht als System** begreifbar, sondern — rechts- **8** politischen Anstößen folgend — nach und nach zusammengekommen. Im Prinzip sind die Vorkehrungen der StPO zur Sicherung der Position des Beschuldigten von seiner Initiative unabhängig gestellt[10] — soweit es sich um die Erforschung der Wahrheit und die gerechte Entscheidung handelt. Die an diesem Verfahrensziel nicht notwendig orientierten Interessen des Beschuldigten und damit seines Verteidigers[11] gehen aber weiter. Ihre strafprozessuale Anerkennung ist durch den nemo-tenetur-se-ipse-accusare-Satz (§§ 136 Abs. 1 S. 2; 115 Abs. 3 S. 1; 163 a Abs. 3 S. 2; 243 Abs. 4 S. 1; aber auch: §§ 136 Abs. 2, 115 Abs. 3 S. 3; 243 Abs. 4 S. 2) zwar generell gesichert[12], aber im einzelnen unterschiedlichen Interpretationen zugänglich.

Jede dem Beschuldigten (oder damit seinem Verteidiger) **ausdrücklich** gewährte **9** Handlungskompetenz stützt also die Subjektstellung des Beschuldigten, auch wenn das Ganze fragmentarisch bleibt. In diesem Sinne sind etwa Normen wie die des § 163 a

---

[4] Nachweise bei SK-StPO-*Rogall* 29; s. ferner *Lüderssen* wistra **1983** 232; *Lüderssen* V-Leute. Die Falle im Rechtsstaat (1985), S. 9, 10.

[5] *Egon Müller* AnwBl. **1986** 51.

[6] SK-StPO-*Rogall* Vor § 133, 95.

[7] S. Vor § 137, 86 ff; § 138 a, 25 bis 112, 127 bis 149.

[8] § 138 a Abs. 1 Nr. 2, s. dort Rdn. 113 bis 126.

[9] S. Vor § 137, 33 ff.

[10] Allseitige Kognition, § 244 Abs. 2; § 160 Abs. 2, aber auch weitere institutionelle Sicherungen, wie Zwischenverfahren, Einschaltung des Ermittlungsrichters, s. *Nelles* StrVert. **1986** 74.

[11] S. Vor § 137, 22 bis 24, 31 bis 32, 78, 136 bis 143; s. auch LR-*K. Schäfer* Einl. Kap. 6 7 ff.

[12] LR-*Hanack* § 136, 21; SK-StPO-*Rogall* Vor § 133, 130 ff.

Klaus Lüderssen

Abs. 2 wichtig, aber erst recht natürlich vor allem das für die Hauptverhandlung geltende Beweisantragsrecht (§ 244 Abs. 3, 4). Im einzelnen sind diese und andere Vorschriften, was ihre Bedeutung für die Verteidigung angeht, Rdn. 11 ff (Verfahren) behandelt.

10   **d) Bedienen.** Dieses Wort ist der unmißverständliche Hinweis auf die Bindung des Verteidigers an den Willen des Beschuldigten, die rechtlich verbindlich nur durch einen Vertrag zustandekommen kann[13].

11   **e) Verfahren.** Der Begriff ist in Einl. Kap. 6 30 erläutert. Wichtig ist hier die Unterscheidung nach allgemeinen **Stadien** und besonderen **Arten** des Verfahrens.

12   **aa) Stadien des Verfahrens.** Das sind Ermittlungs- (Vor-), Zwischen- und Hauptverfahren, inklusive Rechtsmittel-, Vollstreckungs- und Wiederaufnahmeverfahren.

13   Der Strafprozeß beginnt mit der ersten *Ermittlungs*handlung[14]. Dazu gehören auch alle Ermittlungen, welche die Polizei „kraft ihrer Befugnisse und Pflichten aus §§ 161, 163 StPO, 152 GVG ... selbständig durchführt; sie handelt dann als ‚verlängerter Arm‘ der Staatsanwaltschaft, die ‚Herrin‘ des Ermittlungsverfahrens bleibt"[15].

14   **Informatorische Befragung,** „Verdachtsschöpfung", gehört dazu, auch wenn zweifelhaft erscheint, ob nicht (oder auch sogar nur) präventive Maßnahmen angezeigt sind[16]. Solange noch kein Beschuldigter existiert[17], ist das freilich für die Anwendung des § 137 Abs. 1 S. 1 noch nicht relevant. „In jeder Lage des Verfahrens" ist insofern also zu relativieren. Damit steht zugleich fest, daß dieser Teil der Regelung des § 137 Abs. 1 S. 1 insofern überflüssig ist, als aus dem Zusammenspiel der Definition „Beschuldigter" und „Verfahren" sich bereits ergibt, daß jede Lage des Verfahrens, insbesondere die allererste „Zugriffssituation", gemeint ist[18]. Indessen hat jene Wendung auch die Funktion, deutlich zu machen, daß die Entscheidung des Beschuldigten, sich eines Verteidigers zu bedienen, nicht (nur) bedeutet, ein für alle Mal diese Möglichkeit abzurufen, um dann aber keinen weiteren Einfluß zu haben, sondern einen Verteidiger, der eigene, vom Gesetz zugewiesene Rechte hat, für deren vom Beschuldigten unabhängige Wahrnehmung der Vertrag nur der auslösende Faktor ist[18a]. Vielmehr ist mit „in jeder Lage des Verfahrens" klargestellt, daß der **Vertrag** (gemeint mit „Bedienen", Rdn. 10) auch für die **einzelnen,** sich während des Verfahrens einstellenden Fragen gilt.

15   Im übrigen sind hier aus dem — im Prinzip unbegrenzten — Kreis der möglichen Verteidigeraktivitäten in erster Linie diejenigen zu behandeln, die in der durch **Reformansprüche** aus verschiedenen Richtungen geprägten Diskussion allmählich eine Hervorhebung erfahren haben. Dabei kann die Grenze zu noch nicht durchweg anerkannten, aber — vor allem aus Verteidigersicht geforderten — speziell zu fixierenden **Befugnissen** des Verteidigers[19] nicht ganz klar gezogen werden. Der gemeinsame Tenor ist, im modernen Ermittlungsverfahren werde bereits sehr viel vorentschieden, obwohl die Prozeßsubjektrolle des Beschuldigten noch zu wünschen übriglasse[20], so daß eine verstärkte Mitwirkung des Verteidigers zwingend geboten sei, weil gerade im

---

[13] Im einzelnen s. Vor § 137, 33 ff.
[14] Immer noch eindrucksvoll die Fixierung dieses Zeitpunkts bei *Eb. Schmidt* I, 51.
[15] Einl. Kap. **6**, 31; näher und ausführlich Vor § 158, 33 ff; § 161, 45 ff und § 163, 7 ff.
[16] Zu diesem Problem *Wolter* GA **1988** 62 ff mit umfassenden Nachw.
[17] Darüber oben Rdn. 2; vgl. zur informatorischen Befragung ausführlich und näher LR-*Rieß* § 163 a, 15 ff.

[18] S. auch noch Rdn. 64 ff.
[18a] So aber – unzutreffend – *Weiß* NJW **1983** 91.
[19] Vgl. das DAV-Forum: Reform des Ermittlungsverfahrens, in AnwBl. **1986** 50.
[20] *Thomas* AnwBl. **1986** 56; vgl. auch LR-*Rieß* § 168 c, 1.

Stadium des Anfangsverdachts die Weichen für die gesamten Ermittlungen gestellt werden, Ermittlungsfehler im Vorverfahren sich wie auf einer „Rutschbahn" bis hin zur Wiederaufnahme des Verfahrens erstrecken, „die Anklageerhebung angesichts der verhältnismäßig geringen Freispruchsquote in der Hauptverhandlung die hohe Wahrscheinlichkeit bedeutet, daß auch der Angeklagte verurteilt wird"[21].

Im einzelnen handelt es sich zunächst um die Bereitstellung der **Bedingungen** für **16** eine angemessene Verteidigung im Ermittlungsverfahren[22], nämlich um **Information** des **Beschuldigten** (möglichst frühzeitig) „über die Einleitung des Ermittlungsverfahrens und die sie stützenden belastenden Umstände"[23], d. h. um entsprechende **Benachrichtigungspflichten**[24], ferner — konsequenterweise — um **Belehrung** des **Beschuldigten** (rechtzeitig und umfassend) über alle prozessualen Rechte[25]; weiter um die Gewährung **rechtlichen Gehörs** vor Abschluß des Ermittlungsverfahrens, um **Anwesenheitsrechte, Bescheidung** von Anträgen, vor allem von **Beweisanträgen**[26].

Sodann geht es um aktive **Teilhaberechte**[27], wie das Stellen von Beweisanträgen **17** oder die Geltendmachung von **Beweiserhebungsansprüchen**[28], Einflußnahme auf die Auswahl des Sachverständigen und den Inhalt seines Auftrags, Anfechtung ablehnender Bescheide (als Teilaspekt der Rechtsbehelfe im Ermittlungsverfahren)[29], eigene **Ermittlungen**[30].

Die Folge dieser Besserstellung des Beschuldigten ist immer eine entsprechende **18** Konkretisierung der Beistandsmöglichkeiten des **Verteidigers**. Seine **Anwesenheitsrechte** etwa sollen über die ausdrücklichen Gestattungen in § 168 c Abs. 1, 163 a Abs. 1 hinausgehen[31], mit weiterreichenden Konsequenzen auch für die Benachrichtigungspflichten[32]. Was die Handlungsmöglichkeiten des Verteidigers im **Haftverfahren** angeht, so ist die Diskussion noch in den Anfängen[33].

Allerdings sind im Zuge dieser Entwicklungen gelegentlich eigenartige **Reflexwir- 19 kungen** zu registrieren. Dem grundsätzlichen Anwesenheitsrecht des Beschuldigten bei

[21] *Egon Müller* AnwBl. **1986** 51; gegen diese Interpretation des Ermittlungsverfahrens: BVerfGE **39** 167, kritisch dazu *Richter II* StrVert. **1985** 382.

[22] *Müller* AnwBl. **1986** 52.

[23] *Müller* AnwBl. **1986** 52; ausführliche Empfehlungen bei *Weihrauch*[2] (1985) 41 ff.

[24] S. auch *Richter II* StrVert. **1985** 388; ferner – mit Bezug auf die Neufassung der Mistra-*Richter II* AnwBl. **1985** 432.

[25] *Müller* AnwBl. **1986** 52; *Lüderssen* wistra **1983** 231.

[26] Dazu *Thomas* AnwBl. **1986** 57, wichtige Folgerungen S. 57 rechte Spalte; s. auch *Richter II* StrVert. **1985** 388; *Krekeler* AnwBl. **1986** 63.

[27] S. auch die Thesen in AnwBl. **1986** 55.

[28] *Krekeler* AnwBl. **1986** 62.

[29] S. dazu *Hamm* AnwBl. **1986** 60.

[30] S. schon Vor § 137, 115 ff; bejahend auch *Kleinknecht/Meyer*[38] Vor § 137, 2 und KK-*Laufhütte*[2] Vor § 137, 3 mit arg. e § 364 b Abs. 1 Nr. 1 „bestimmte Nachforschungen", dem zu entnehmen sei, daß die StPO auch sonst von der Berechtigung des Verteidigers

hierzu ausgehe. *Rückel* FS Peters II, S. 265 ff setzt die Zulässigkeit voraus und zeigt zahlreiche Bereiche auf, in denen eigene Ermittlungen eine effektive Strafverteidigung erst möglich machen (dazu kritisch *Ernesti* JR **1982** 227 unter Bezugnahme auf BGH-Entscheidungen); s. ferner *Weihrauch* aaO 62 ff.

[31] Zur Anwesenheit des Verteidigers bei polizeilichen Vernehmungen des Beschuldigten s. näher LR-*Hanack* § 136, 29; LR-*Rieß* § 163 a, 95 mit Nachw.; umfassender Bericht über den Diskussionsstand bei *Krause* StrVert. **1984** 173 ff; auch *Weihrauch* aaO 104 ff; s. ferner Rdn. 71, 72.

[32] Für eine insofern konsequente Auslegung des § 168 c Abs. 5 S. 2 *Zaczyk* NStZ **1987** 535; vgl. auch LR-*Rieß* § 168 c, 42 ff; vgl. weiterhin §§ 118 a Abs. 1, 218 S. 1, 224 Abs. 1, 145 a Abs. 4 S. 2 und den Vorschlag LR-*Dünnebier*[23] 7, die Pflicht zur Benachrichtigung auf weitere Akte des Verfahrens auszudehnen.

[33] Vgl. die Diskussion zwischen *Rückel* StrVert. **1985** 36 und *Ulrich* StrVert. **1986** 268.

Klaus Lüderssen

Vernehmungen von Zeugen (§ 168 c Abs. 2) korrespondiert zwar ein Anwesenheitsrecht auch des Verteidigers. Doch ist auf der anderen Seite der Beistand, den der Verteidiger dem Beschuldigten gewährt, für den Gesetzgeber Anlaß, das zunächst dem Beschuldigten gewährte Recht wieder zurückzuschrauben (§ 168 c Abs. 4). Keineswegs wird damit dem Verteidiger eine eigenständige Funktion zuerkannt. Denn handelt der an Stelle des Beschuldigten erschienene Verteidiger nicht in Übereinstimmung mit dem Beschuldigten, so muß er mit zivilrechtlichen Folgen rechnen (vgl. Vor § 137, 134; 144), die eigenständige Funktion wäre also ein Danaergeschenk. Widerruft der Beschuldigte die **Vollmacht**, wenn auch nur für diesen Teil des Verfahrens (über die Zulässigkeit eines sachlich oder zeitlich begrenzten Widerrufs vgl. Vor § 137, 71 und § 138, 16), so entfällt die eigenständige Funktion, allerdings nur ex nunc, der Widerruf kann also im Einzelfall durchaus zu spät kommen, denn Anfechtung der Bevollmächtigung mit der Wirkung ex tunc ist auch im Strafprozeß nicht möglich (s. Vor § 137, 69). In den Begründungen für die ratio legis des § 168 c Abs. 4 taucht der Hinweis auf die eigenständige Funktion des Verteidigers denn auch nicht auf; freilich überzeugen die statt dessen gegebenen Begründungen auch nicht (vgl. etwa § 168 c, 19). Eine ähnliche Struktur hat § 81 Abs. 1 (vgl. Vor § 137, 132).

20   Im **Zwischenverfahren** hat der Beschuldigte Anspruch auf Mitteilung der Anklageschrift und die Aufforderung, eine Erklärung nach § 201 abzugeben. Von dieser Möglichkeit macht, obwohl die Chancen praktisch immer noch gering bleiben, die jüngere Anwaltschaft zunehmend Gebrauch[34]. Allerdings ist die ablehnende Entscheidung des Gerichts unanfechtbar (§ 201 Abs. 2 S. 2). Auch der Eröffnungsbeschluß selbst kann vom Angeklagten nicht angefochten werden (§ 210 Abs. 1). Eine beachtliche Meinung geht freilich dahin, daß unter bestimmten Voraussetzungen **Zurücknahme** des Eröffnungsbeschlusses verlangt werden kann[35]. Dementsprechend sind die Beistandsmöglichkeiten der Verteidigung mehr oder weniger begrenzt.

21   Für das **Hauptverfahren** sind, was die **Vorbereitung der Hauptverhandlung** angeht, eindeutige *Ladung*spflichten vorgesehen: § 216; ausdrücklich für den Verteidiger: § 218. Weniger klar bestimmt sind die *Benachrichtigung*spflichten: § 224[36], hier sind Angeklagter und Verteidiger als Adressaten genannt. Ferner gibt es die *Bekanntmachung*spflicht des Vorsitzenden bezüglich der Verfügung über Beweisanträge des Angeklagten; § 219 Abs. 2: die Pflicht zur Namhaftmachung von Zeugen, § 222 Abs. 1, hier ist der Verteidiger als Adressat ausgespart; die Pflicht zur **Mitteilung** der Gerichtsbesetzung, wenn der Angeklagte einen Verteidiger hat, an diesen zu richten, § 222 a Abs. 1 S. 2 2. Halbsatz; das Anwesenheitsrecht des Verteidigers bei einem Vernehmungstermin (§ 224 Abs. 2). Gesonderte Rechtsmittel gegen die Verletzung dieser Pflichten sind nicht vorgesehen.

22   Zu den **aktiven** Möglichkeiten des Angeklagten gehört das Recht, Beweisanträge zu stellen, § 219 Abs. 1 (keine Rechtsmittel gegen ablehnende Verfügung, § 305), Personen unmittelbar laden zu lassen (§ 220 Abs. 1, dazu auch § 222 Abs. 2), Anträge auf Unterbrechung wegen Prüfung der Besetzung, § 222 a Abs. 2 — hier ist auch der Verteidiger ausdrücklich genannt — zu stellen, Besetzungseinwände zu erheben (§ 222 b).

23   Die **unterschiedliche Adressierung** von Angeklagtem und Verteidiger ist bedeutungslos. Immer ist, wenn der Angeklagte einen Verteidiger hat, zusätzlich auch dieser gemeint (im Verhältnis zum Beschuldigten ist das durch den — im Zweifel so weit er-

---

[34] Vgl. dazu *Hamm* StrVert. **1982** 490 (492 f).

[35] *Ulsenheimer* NStZ **1984** 440; im Ergebnis ebenso *Hohendorf* NStZ **1985** 399; **a. A** LR-*Rieß* § 207, 34 mit weit. Nachw.

[36] Dazu *Welp* JZ **1980** 134.

streckten — Vertrag gedeckt); die Differenzierungen des Gesetzes lassen keinen Sinn erkennen[37].

Die **Hauptverhandlung** ist — aus der Sicht des Angeklagten und seines Verteidigers — vor allem geprägt durch den Grundsatz der **Anwesenheit** des Angeklagten (§ 231). Die Ausnahmen von diesem Grundsatz (§§ 231 a bis c, 232, 233, 247) werden nicht etwa durch eine Anwesenheit des Verteidigers kompensiert. Dessen ganz an die Verteidigungskonzeption des Beschuldigten geknüpfte Funktion kommt vielmehr sinnfällig darin zum Ausdruck, daß § 234 dem Angeklagten für den Fall, daß seine Anwesenheit nicht erforderlich ist, ihm lediglich das **Recht** gewährt, sich durch einen Verteidiger vertreten zu lassen (dort, wo — wie in § 247 — das nicht ausdrücklich vorgesehen ist, entfällt freilich das **Recht** des Verteidigers auf Anwesenheit auch nicht; keine Ausdehnung über den Wortlaut hinaus auf andere Verfahrensbeteiligte, § 247, 4.). An dem — **vertraglich** begründeten — Recht des Angeklagten, auf das Verhalten des in der Verhandlung allein bleibenden Verteidigers Einfluß zu nehmen, ändert sich nichts (schon immer war anerkannt, daß § 247 das Anwesenheitsrecht des Angeklagten einschränkt, nicht aber seine sonstigen Verfahrensbefugnisse, § 247 Rdn. 3)[38]. **24**

Eine andere Frage ist, ob der Verteidiger anwesend sein **muß** — mit der Konsequenz, daß ohne ihn nicht verhandelt wird. Verzichtet der Angeklagte auf seine Anwesenheit, so gibt es kein Problem. Die StPO tritt einer solchen Abrede — im Prinzip — nicht entgegen. Bleibt der Verteidiger ohne oder gegen den Willen des Angeklagten der Verhandlung fern, ist es nicht anders; die Vertragsverletzung, die der Verteidiger möglicherweise gegenüber dem Angeklagten begeht, muß er nur diesem gegenüber verantworten. Die StPO hilft dem Angeklagten nicht, wie die Regelung des § 228 Abs. 2 zeigt. **25**

Zu registrieren ist schon hier, daß in den Fällen der **Pflichtverteidigung** etwas anderes gilt, § 145. Allerdings ist durch die analoge Anwendung des § 142 Abs. 1 S. 2 weitgehend sichergestellt, daß bei der vom Beschuldigten erbetenen oder akzeptierten Pflichtverteidigung nicht gegen den Willen des Angeklagten ein neuer Verteidiger kommt, es sei denn, der Beschuldigte will **jetzt** überhaupt keinen Verteidiger mehr haben. Von da ab liegt dann aber ein Fall der aufgezwungenen Verteidigung vor, die für die Verteidigung als Ganzes keineswegs repräsentativ ist[39], und deren Voraussetzungen schwieriger zu erfüllen sind als die der erbetenen oder akzeptierten Pflichtverteidigung[40]. **26**

Die ausdrücklich **geregelten** Rechte des Angeklagten beziehen sich auf Beweisanträge (§ 244 Abs. 3, 4), Erklärungen (§ 257 Abs. 1), Beurkundungen (§ 273 Abs. 3) und den Schlußvortrag (§ 258 Abs. 1, 3). **27**

Bei § 244 werden die Personen, denen das Recht zusteht, nicht genannt; bei § 273 werden die an der Verhandlung beteiligten Personen, also auch Angeklagter und Verteidiger, ermächtigt. In §§ 257, 258 werden Angeklagter und Verteidiger ausdrücklich genannt. Angesichts dieses ersichtlich **unüberlegten Sprachgebrauchs** der StPO ist zunächst festzuhalten, daß auch in der Vorschrift, die Angeklagten und Verteidiger nicht ausdrücklich erwähnt, gleichwohl beide angesprochen sind. Nicht ohne weiteres entschieden ist jedoch, wie das Zusammenwirken von Angeklagtem und Verteidiger jeweils gedacht ist. Sicher darf in allen Fällen der Angeklagte unabhängig von seinem Verteidiger handeln bzw. sprechen. Für den umgekehrten Fall gilt das im Zweifel nicht. Allerdings ist zu differenzieren: **28**

---

[37] Grundsätzlich dazu Vor § 137, 122 bis 133.
[38] Zum Verhältnis von Vertrag und Vertretung vgl. Vor § 137, 65 ff.
[39] Vor § 137, 59.

[40] § 140, 6; 20 ff; wie sich diese Unterscheidung auf die Handhabung des § 145 auswirkt, ist dort – Rdn. 23 in Verbindung mit § 142, 27 – dargelegt.

Klaus Lüderssen

29   Was § 244 angeht, so bedarf — trotz des offenen Wortlautes — die Notwendigkeit der Abstimmung zwischen Verteidiger und Angeklagtem keiner über das bisher Gesagte hinausgehenden Begründung. Damit wird allerdings eine **traditionelle Bastion** der sich unabhängig vom Angeklagten zum Handeln legitimiert fühlenden Verteidigerschaft angegriffen. Nach nahezu allgemeiner Meinung darf der Verteidiger unabhängig vom Angeklagten, ja sogar gegen seinen Widerspruch, Beweisanträge stellen[41].

30   Aber auch wer wenig Neigung verspürt, von dieser Meinung abzuweichen, braucht sich gleichwohl nicht von der Konzeption des Verteidigers als Vertragspartner des Beschuldigten zu distanzieren. Das selbständige Stellen von Beweisanträgen kann sich durchaus im Rahmen des **Vertrages** zwischen Beschuldigtem und Verteidiger bewegen. In den meisten Fällen wird der Mandant nichts dagegen haben, daß der Verteidiger nach *seinem* sachverständigen Ermessen entscheidet. Bei eindeutigem und offenem **Widerspruch** des Mandanten freilich (und gerade dieser Fall wird von der allgemeinen Meinung zitiert) versagt die Konstruktion. An ihre Stelle schiebt sich nun aber — dies ist offenbar die übereinstimmende Position vieler Verteidiger — nicht der im Interesse der Verfahrenssicherung tätige Verteidiger (wie in vergleichbaren streitigen Fällen sonst häufig), sondern nur eine besonders ausgeprägte (wenn auch nicht explizit gemachte) Vorstellung von der Unmündigkeit eines Mandanten, der dem Beweisantrag seines Verteidigers entgegentritt. Dieses Verhalten scheint so sehr gegen die eigenen Interessen des Mandanten gerichtet zu sein, daß eine gleichsam partielle, im Gesetz allerdings nicht ausdrücklich vorgesehene, zusätzliche Pflichtverteidigung Platz greifen soll.

31   Da eine Vorschrift, die einer **gegen den Willen** des Angeklagten vorgenommenen Prozeßhandlung des Verteidigers die äußere Wirkung nimmt (wie z. B. § 297), hier fehlt, ist gesondert zu prüfen, wie sich das Gericht zu verhalten hat, wenn der Verteidiger einen Beweisantrag stellt, ohne daß ganz klar ist, daß dies mit Zustimmung des Angeklagten geschieht.

32   **Widerspricht** der Angeklagte **eindeutig**, so ist kein Grund ersichtlich, anders zu entscheiden als bei § 297: der Beweisantrag ist mithin nicht wirksam gestellt. (Selbstverständlich ist das Gericht nicht gehindert, den beantragten Beweis im Rahmen der Erfüllung seiner Aufklärungspflicht gemäß § 244 Abs. 2 zu erheben.) Für ein argumentum e contrario wäre nur Raum, wenn auch die Interessenlage eine andere wäre als bei § 297. Die Unterlassung eines aus der Sicht des Fachmanns gebotenen Beweisantrages kann aber genauso folgenreich sein für den Angeklagten wie die Nichteinlegung eines ebenfalls aus der Sicht des Fachmanns gebotenen Rechtsmittels. Die Analogie liegt also näher.

33   Der Widerspruch des Angeklagten ist als partieller **Widerruf der Vollmacht**[41a] aufzufassen[42, 43]. Das macht die Parallele zu § 297 noch deutlicher. Die Ermächtigung

---

[41] § 244, 96; *Alsberg/Nüse/Meyer* S. 377; *Beulke* S. 129; s. auch OLG Celle NStZ **1988** 426 – hauptsächlich zur (abgelehnten) Verlesbarkeit von Einlassungen in Anwaltsschriftsätzen als Urkunden.

[41a] Das gilt auch für den Pflichtverteidiger. Das ist ganz eindeutig für den Fall, daß es sich um einen Wahlpflichtverteidiger (siehe § 140, 2) handelt; denn auch er ist bevollmächtigt (Vor § 137, 61; § 141, 7). Ist der Pflichtverteidiger aufgezwungen (§ 140, 116), so gelten für das zivilrechtliche Verhältnis die Vorschriften des BGB über die Geschäftsführung ohne

Auftrag (§ 141, 7; 8). Hier ist die Initiative des Angeklagten allerdings eo ipso auch nicht zu erwarten. Im übrigen kann in vereinzelten Fällen der Widerspruch des Angeklagten gegen einen Beweisantrag aber auch als Ausdruck des Begehrens auf Austausch des Pflichtverteidigers, bzw. der Beendigung der Pflichtverteidigung überhaupt aufgefaßt werden (vgl. § 143, 1 bis 12).

[42] Allgemeiner zu dessen Zulässigkeit und zum Verhältnis von Anwaltsvertrag und -vollmacht Vor § 137, 65 ff; § 138, 16.

[43] Die – denkbare – Konstruktion einer selb-

zur Einlegung von Rechtsmitteln wird in der Regel schon bei Erteilung der ersten Strafprozeß-Vollmacht — formularmäßig — gegeben. Daß eine Ermächtigung kraft Gesetzes vorliegt, ohne die Notwendigkeit einer Vertretungsvollmacht[44], kann aus §297 nicht abgeleitet werden. Vielmehr zieht diese Vorschrift, wie viele andere auch, lediglich der Freiheit der Vertragsgestaltung zwischen Beschuldigtem und Verteidiger eine Grenze. Selbst wenn der Beschuldigte von vornherein — unwiderruflich — erklärt, bei der irgendwann akut werdenden Entscheidung über die Einlegung eines Rechtsmittels unter keinen Umständen mitzuwirken, ist er daran nicht gebunden, sondern darf es sich — später — anders überlegen. In §302 Abs. 2 ist diese Vorkehrung zum Schutz des Beschuldigten noch gesteigert. Danach ist die einmal gegebene Zustimmung zum Rechtsmittelverzicht nicht nur widerrufbar, auch wenn das Gegenteil vereinbart wurde, sondern muß in casu gegebenenfalls erneuert werden[45].

Eine sogar der Regelung des §302 Abs. 2 vergleichbare Aktualisierung des **Einver-** **34** **ständnisses** zwischen Angeklagtem und Verteidiger wird man[46] indessen nicht fordern können.

Vielmehr muß das Gericht den Beweisantrag des Verteidigers, verhält sich der **35** Angeklagte nicht eindeutig ablehnend, akzeptieren, wenn die übrigen Voraussetzungen vorliegen. Die **Vertrauensbeziehung** zwischen Angeklagtem und Verteidiger verträgt keine entsprechende Nachfrage des Gerichts. Sie könnte den Verteidiger in die Situation versetzen, entweder Aufklärungen geben zu müssen, die seiner Schweigepflicht widersprechen, oder zu riskieren, daß der Beweisantrag als nicht wirksam gestellt und daher nicht bescheidungspflichtig angesehen wird. Daher muß das Gericht in diesen Fällen unterstellen, daß die Beweisantragstellung im Rahmen der dem Verteidiger erteilten **Vollmacht** erfolgt.

Eine andere Frage ist es, ob der Angeklagte, auch wenn er Grund hat, in der Ver- **36** handlung zu schweigen[46a], seinen Verteidiger unter Berufung auf eine eventuell anders lautende interne vertragliche Abrede für die Folgen haftbar machen kann[47]. In dem Maße wie der Verteidiger nicht vom Staat als Organ der Rechtspflege in Anspruch genommen werden kann, wächst seine Haftbarkeit gegenüber dem Beschuldigten.

Grenzfälle von der Art, daß der Angeklagte **später**, während der Verteidiger den **37** Beweisantrag stellt oder nachdem er ihn schon gestellt hat, **ausdrücklich widerspricht**, sind sicher selten, dürfen aber dogmatisch nicht außer acht gelassen werden. Im Zweifel ist der Wille des Angeklagten auch bei dieser Sachlage zu beachten. Es mag allerdings vorkommen, daß dies nicht nur dem „wahren" Willen des Angeklagten zuwiderläuft (das mag in Kauf genommen werden), sondern bei Würdigung aller Umstände auch mit der subjektiven Willenssituation des Angeklagten letztlich nicht vereinbar ist (ähnlich wie ein Arzt, der mit Einwilligung des Patienten die Operation begonnen hat und wäh-

---

ständigen Rücknahme des vom Verteidiger gestellten Beweisantrages durch den Angeklagten – auch für den Verteidiger wirksam, wenn dieser seinerseits jetzt nicht widerspricht, *Alsberg/Nüse/Meyer* 406 – ist wenig praktisch.

[44] So LR-*Gollwitzer* § 297, 2.

[45] So – mit besonders überzeugender Begründung – *Dencker* Willensfehler bei Rechtsmittelverzicht und Rechtsmittelrücknahme im Strafprozeß (1972) S. 75; ferner LR-*Gollwitzer* § 302, 59 ff; mit weit. Nachw. aus der Literatur und zutreffenden Argumenten gegen

die ebenfalls dort dokumentierte h. M in der Rspr.

[46] Auch wenn es bei *Gollwitzer* – äußerlich bezogen auf § 297, aber sehr grundsätzlich formuliert – heißt, daß der Wille des Beschuldigten stets vorgehe, gleichviel ob er gegenüber dem Verteidiger oder dem Gericht erklärt werde, § 297, 12; die zu § 244, 96 vertretene Ansicht *Gollwitzers* läßt sich damit schwer vereinbaren.

[46a] Bemerkenswert hierzu OLG Hamm NJW **1979** 1373.

[47] S. schon die Auflistung Vor § 137, 134.

Klaus Lüderssen

rend seiner Arbeit die Willensänderung des Patienten vernimmt, im Zweifel davon ausgehen muß, daß hier nur eine eigentlich nicht gewollte Intervention des Patienten vorliegt). Insofern hat das Gericht, will es den entgegenstehenden Willen des Angeklagten nicht gelten lassen, sondern den Beweisantrag des Verteidigers, eine schwierige Diagnose vorzunehmen.

38　　§ 257 Abs. 2 eröffnet dem Verteidiger ein **Erklärungsrecht** — unabhängig von dem des Angeklagten. Daß dabei — anders als beim Angeklagten — die Initiative des Verteidigers abzuwarten ist (auf Verlangen, § 257 Abs. 2), kann man vernachlässigen. Im übrigen ist die Vorschrift dahin auszulegen, daß der Verteidiger seine Erklärungen mit dem Angeklagten abstimmen muß. Daß das Erklärungsrecht des Verteidigers nicht entfällt, wenn der Angeklagte die Einlassung zur Sache verweigert (§ 257, 11), steht dazu nicht in Widerspruch; vielmehr kann zwischen Angeklagtem und Verteidiger abgesprochen sein, daß der Verteidiger „Erklärungen für das Schweigen seines Mandanten" abgibt bzw. vorträgt, „wie sich der Sachverhalt aus der Sicht der Verteidigung darstellt" (§ 257, 11). Hat der Angeklagte eine dementsprechende **generelle Vollmacht** erteilt, so ist die Frage, ob er in der mitgeteilten Situation gleichwohl widerrufen darf, ebenso zu beantworten wie bei § 244 (Rdn. 35), insbesondere kommt es auch hier auf die Diskretion des Gerichts gegenüber dem Verhältnis von Angeklagtem und Verteidiger an. Das Gericht hat die Erklärung des Verteidigers gegebenenfalls nicht zur Kenntnis zu nehmen.

39　　§ 258 schließlich bereitet wenig Probleme. Hier ist die **jederzeitige** Aktualisierung des Beschuldigtenwillens gegenüber dem Verteidiger eindeutig vorgesehen (Abs. 3).

40　　**Streitfälle** zwischen Beschuldigtem und Verteidiger im Rahmen der Anwendung des § 273 Abs. 3 wiederum sind nach dem für § 244 herangezogenen Widerrufsmodell zu entscheiden.

41　　Was **nicht** ausdrücklich **geregelte**, aber gleichwohl in der Praxis speziell hervorgehobene Rechte des Beschuldigten und damit des Verteidigers in der Hauptverhandlung angeht, so gelten für den Umgang mit eventuellen Divergenzen zwischen Verteidiger und Beschuldigtem die — auf der Basis der Vor § 137, 65 ff dargelegten Grundsätze — zu den geregelten Fällen entwickelten Lösungen entsprechend. Dabei ist dann freilich noch zu prüfen, ob das **Widerrufsmodell** (§§ 297, 244, 257) oder das Modell des **aktualisierten Einverständnisses** (§§ 302 Abs. 2, 258) gilt. Die Entscheidung hängt davon ab, in welchem Umfang die Diskretionsinteressen in bezug auf das Beschuldigten-/Verteidigerverhältnis zu wahren sind. Im Zweifel erhalten sie den Vorzug. Eine besondere Bedeutung hat etwa die Tonbandaufnahme für Zwecke der Verteidigung erlangt[48]. Hier gilt das Widerrufsmodell.

42　　Für die **Rechtsmittelverfahren** gilt im Prinzip nichts Besonderes. Art und Umfang der Verteidigung hängen auch hier von Vertrag und Vollmacht ab (gleichviel, ob von vornherein für alle Instanzen gegeben oder erst später). Zu den Spezialvorschriften der §§ 297 und 302 Abs. 2 ist schon Rdn. 29 bis 33 das Erforderliche gesagt worden. Was die Vertretung des Angeklagten, der in der Hauptverhandlung nicht erscheint[49], angeht, so sind die Vorschriften für Berufung (§ 329 Abs. 1) und Revision (§ 350 Abs. 2 Satz 1) zwar unterschiedlich formuliert; der Sache nach aber bedeuten sie jeweils dasselbe (§ 329, 46 ff).

43　　Für **sonstige Rechtsbehelfe** (Verfassungsbeschwerde, Menschenrechtsbeschwerde, Dienstaufsichtsbeschwerde, Petitionsrecht) gilt Entsprechendes. Wegen der Bevoll-

---

[48] Zu der grundsätzlichen Frage der Zulässigkeit s. *Marxen* NJW **1977** 2188 ff; *Roggemann* JR **1966** 47 ff; KMR-*Paulus* § 169 GVG, 16.

[49] Vgl. oben Rdn. 24.

mächtigung bei der Verfassungsbeschwerde s. § 22 Abs. 1 BVerfGG und wegen der Vollmacht § 22 Abs. 3 BVerfGG. Soweit diese Rechtsbehelfe sich gegen Maßnahmen, Entscheidungen und Verfügungen richten, die im Rahmen eines Strafverfahrens ergangen sind, unterfallen sie der Verteidigertätigkeit im Sinne von § 137. Insbesondere stehen dem Betroffenen und seinem Prozeßbevollmächtigten die Rechte aus § 148 zu. Die Akteneinsicht erfolgt nach den spezialgesetzlichen Regelungen, etwa § 20 BVerfGG.

Im **Vollstreckungsverfahren** gilt für Vertretung und Vollmacht das zum Rechts- **44** mittelverfahren Gesagte entsprechend, während die Probleme der Anwesenheit weitgehend entfallen. Sachlich geht es in diesem Verfahrensabschnitt vor allem um die Wahrnehmung von **Rechtsbehelfen**, also um Einwände gegen die Zulässigkeit der Strafvollstreckung (§ 458 Abs. 1 3. Fall), Überprüfung, ob die Strafe in der vom Gericht verhängten Höhe zu verbüßen ist (Auslegung des Strafurteils, § 458 Abs. 1 1. Fall; nachträgliche Bildung einer Gesamtstrafe, § 460 StPO; Anrechnung von Untersuchungs- und Auslieferungshaft, §§ 458 Abs. 1 2. Fall, 450, 450 a; Anrechnung von Krankenhausaufenthalt, § 461), ferner darum, ob die Strafzeit zur Bewährung auszusetzen ist, § 454; die Vertretung des Verurteilten durch den Verteidiger kann nur in den Fällen akut werden, in denen von der Anhörung des Verurteilten abgesehen wird, § 454 Abs. 1 S. 4[50, 51].

Das Verfahren für die **Festsetzung der Kosten** des Verfahrens ist gemäß § 464 b **45** S. 3 nach den Vorschriften der ZPO abzuwickeln. Gleichwohl gilt § 137 auch noch für diesen Abschnitt des Verfahrens; der Beschuldigte kann sich eines Verteidigers bedienen. Spezielle Vorschriften, welche die Tätigkeit des Verteidigers in diesem Verfahrensabschnitt regeln, gibt es nicht; § 473 Abs. 3 spricht von der Möglichkeit, daß ein anderer Beteiligter das Rechtsmittel auf bestimmte Beschwerdepunkte beschränkt. Konsequenzen für den Ablauf des Kostenfestsetzungsverfahrens hat das aber nicht, vielmehr muß diese Vorschrift mit den Vorschriften, welche die Selbständigkeit der Rechtsmitteleinlegung durch den Verteidiger begrenzen, harmonisiert, das heißt entsprechend restriktiv ausgelegt werden, gehört also insofern in einen anderen Kontext.

Die Zulässigkeit der Verteidigung auch nach Eintritt der Rechtskraft ist weitge- **46** hend anerkannt[52]; die Praxis der Verteidigung im **Strafvollzug** ist aber noch wenig ausgebildet[53]. Zu Vertrag und Vollmacht vgl. Rdn. 44. Ähnlich wie bei der Vollstreckung sind es zunächst die Rechtsbehelfe, die in das Blickfeld der Verteidigung fallen, also Antrag auf gerichtliche Entscheidung (§§ 109 ff StVollzG) und Rechtsbeschwerde gegen die Entscheidung des Gerichts (§§ 116 ff StVollzG)[54]. Dabei treten spezielle Fragen des Akteneinsichtsrechts auf[55].

Ferner ist besonders wichtig das **Besuchsrecht** des Verteidigers und der **Schrift-** **47** **wechsel**[56]. Zur gemeinschaftlichen Verteidigung im Vollzugsverfahren vgl. § 146[57].

Die für das **Wiederaufnahmeverfahren** speziell vorgesehenen, den Verteidiger be- **48** treffenden Regeln (§§ 364 a und b) ergänzen lediglich die Pflichtverteidigung[58].

---

[50] Darüber, wie sinnvoll der Beistand eines Verteidigers in diesem Verfahrensstadium sein kann, vgl. auch § 140, 99.

[51] Vgl. zum Ganzen die ausführliche Darstellung bei *Litwinski* 85 ff.

[52] *Kleinknecht/Meyer*[38] Vor § 137, 6; LR-*Wendisch* Vor § 449, 32; KK-*Chlosta*[2] Vor § 449, 16; OLG München NJW **1978** 654; s. auch *Schwenn* StrVert. **1981** 208; *E. Müller* NJW **1981** 1801 ff.

[53] Vgl. *Müller-Dietz* StrVert. **1982** 83 ff.

[54] *Laubenstein* 36 ff.

[55] *Laubenstein* 256 ff; s. näher § 147, 79 bis 98.

[56] Über Einzelheiten informieren die Kommentierungen der einschlägigen Vorschriften des StVollzG, siehe ferner § 148, 12, 14.

[57] Ferner *Laubenstein* 266 ff.

[58] Vgl. OLG Düsseldorf StrVert. **1988** 57 zu den Anforderungen an den Antrag auf Pflichtverteidigerbestellung.

Klaus Lüderssen

49   **bb) Besondere Verfahrensarten.** Das **Strafbefehlsverfahren** sieht in § 411 Abs. 2 vor, daß der Angeklagte sich durch einen Verteidiger mit schriftlicher Vollmacht vertreten lassen kann. Weitere, die durch § 137 eröffnete Verteidigungsmöglichkeit konkretisierende Vorschriften gibt es nicht.

50   Im **Sicherungsverfahren** ist die Vertretung durch einen Verteidiger gem. § 140 Abs. 1 Nr. 7 vorgesehen. Für den Fall der Hauptverhandlung bei Abwesenheit des Beschuldigten (§ 415 Abs. 1) ist weiter vorgeschrieben, daß der Verteidiger von der Vernehmung des Beschuldigten durch den beauftragten Richter benachrichtigt wird (§ 415 Abs. 2 S. 1); seiner Anwesenheit bedarf es nicht.

51   Im **Verfahren bei Einziehungen und Vermögensbeschlagnahmen** wird auf die Möglichkeit der Vertretung des Einziehungsbeteiligten hingewiesen. Zwar ist nicht vom Verteidiger, sondern von einem Rechtsanwalt oder einer Person, die als Verteidiger gewählt werden kann, die Rede (§ 434 Abs. 1 S. 1); § 137 ist jedoch ausdrücklich für anwendbar erklärt (zusammen mit §§ 138, 139, 145 a bis 149 und 218), § 434 Abs. 1 S. 2. Das gilt kraft Verweises auch für die Fälle des § 440 (§ 440 Abs. 3) und des § 442 (§ 442 Abs. 1).

52   Für das **Verfahren bei Festsetzung von Geldbuße gegen juristische Personen und Personenvereinigungen**, § 444, gelten kraft Verweises ebenfalls unter anderem die die Anwendbarkeit von § 137 garantierenden Vorschriften über Verfahren bei Einziehungen und Vermögensbeschlagnahmen (§ 444 Abs. 2).

53   Was das durch **Privatklage** eingeleitete Verfahren angeht, so ist in einer Spezialvorschrift, § 387 Abs. 1, dem Angeklagten ausdrücklich gestattet, in der Hauptverhandlung im Beistand eines Rechtsanwalts zu erscheinen oder sich aufgrund einer schriftlichen Vollmacht durch einen solchen vertreten zu lassen.

54   Für das **Ordnungswidrigkeitenverfahren** findet sich eine direkte Bezugnahme auf § 137 nicht (nur auf §§ 140, 143 in § 60 OWiG). Seine Anwendbarkeit wird aber über die Generalklausel des § 46 Abs. 1 OWiG hergestellt.

55   Auch im **Jugendgerichtsverfahren** gilt gemäß § 2 JGG die StPO, also auch § 137. Abweichende Spezialbestimmungen finden sich nicht. (Anders bei der Pflichtverteidigung, § 68 JGG[59].) Insbesondere existieren keine Hinweise darauf, daß der Verteidiger in Jugendstrafverfahren erzieherisch befähigt sein muß, obwohl das JGG solche Vorschriften kennt (§ 35 Abs. 2 für die Schöffen, § 37 für Jugendrichter und Jugendstaatsanwälte). *Rieß* hält deshalb sogar einen Umkehrschluß für möglich[60]. Ob man dieser Logik den Lauf lassen soll, hängt von substantiellen Vorentscheidungen ab. Die Frage ist danach, ob der in § 137 niedergelegte Grundsatz, daß der Verteidiger aufgrund des Vertrags mit dem Beschuldigten tätig wird[61], mit Blick auf die Jugendlichkeit des Vertragspartners des Verteidigers beschränkt werden kann. Selbst wenn man, wie *Bottke*, der Meinung ist, die lex scripta sei insofern „offen für ambivalente Funktionszuweisungen"[62], muß das verneint werden.

56   **Jugendliche** sind zwar nur beschränkt geschäftsfähig im Sinne des bürgerlichen Rechts, für Strafrecht und Strafverfahren gelten diese Maßstäbe aber nicht; vielmehr entscheidet die **faktische Einsichtsfähigkeit**[63]. In dem Maße, wie sie nicht vorhanden ist, füllen dann nicht öffentliche Fürsorgeregeln, sondern die privat-familienrechtlichen Vertretungsregeln die Lücke (unbeschadet der in diesem Bereich dann nach wieder ganz speziellen Normen unter Umständen notwendig werdenden Bevormundung). Der jugendliche Beschuldigte als **Vertragspartner** kann sich also den **erzieherischen Verteidiger**

---

[59] Vgl. § 140, 87 ff.
[60] Verteidigung in Jugendstrafsachen, S. 43.
[61] Vor § 137, 33 ff.

[62] Verteidigung in Jugendstrafsachen, S. 59.
[63] *Lappe* Rpfleger **1982** 10.

verbitten. Er kann ihn aber ebenso auch favorisieren, je nachdem, wie sich das Vertrauensverhältnis zum Verteidiger etabliert. Diese Lösung schließt also den Verteidiger vom **Erziehungsgedanken** des **Jugendstrafverfahrens**[64] keineswegs rigoros aus, entfernt sich möglicherweise im Ergebnis gar nicht so sehr von den Erziehungsvorstellungen, die mit dem Jugendstrafverfahren verbunden werden, wenn man bedenkt, daß die moderne Pädagogik das Zustimmungserfordernis des zu Erziehenden ohnehin groß schreibt. Das Vertragsmodell erweist sich also als geeignet, beide Tendenzen im jugendstrafrechtlichen Schrifttum, den Erziehungsgedanken wie die Betonung der Autonomie auch des Jugendlichen[65], in gleicher Weise aufzufangen, und ist insofern auch ein Beitrag zur Überwindung unnötiger Antagonismen in der modernen Strafzwecklehre[66, 67]; der Hinweis von *Rieß* „im Jugendstrafrecht erziehen aus Anlaß eines Tatverdachts so viele am Jugendlichen herum, daß irgendjemand aufpassen muß, damit die strafverfahrensrechtlichen Förmlichkeiten gewahrt bleiben und damit die Grenzen des materiellen Strafrechts nicht vor lauter Erziehungseifer überschritten werden" (aaO [Fußn. 60] S. 43) verdient Zustimmung, soweit es sich um die Skepsis gegen die totale Erziehung handelt; das Gegengewicht, das der Verteidiger hier unter Umständen setzen muß, ist indessen vor allem die Wahrung der Autonomie des Beschuldigten[68].

2. Andere Auftraggeber eines Rechtsanwaltes im Strafverfahren
a) Der Verletzte. Er hat zunächst die Möglichkeit der **Klageerzwingung**. Die **57** StPO enthält keine speziellen Regelungen. Daß auch das Opferschutzgesetz, obwohl es für die Entschädigung und Nebenklage Vorschriften über die Verteidigung in die StPO eingefügt hat (s. unten), insofern schweigt, ist befremdlich.

Für die **Privatklage** sind Beistand und Vertretung des Privatklägers durch einen **58** Rechtsanwalt in § 378 geregelt. Hinzu tritt der Hinweis auf § 139 in § 387 Abs. 1 1. Halbs.

Für die **Nebenklage** gilt über den Verweis in § 397 Abs. 1 S. 2 das Gleiche wie für **59** den Privatkläger.

Die Vorschriften über die **Entschädigung des Verletzten** wiederholen (§ 406 f Abs. 1) **60** die vertragsrechtlich zu interpretierende Formulierung des § 137. Allerdings scheint das nicht für die Zeit vor Erhebung der öffentlichen Klage zu gelten, wie die Regelung des § 406 g zeigt, die in diesem frühen Stadium dem Verletzten nur dann das Recht gibt, sich des Beistandes eines Rechtsanwalts zu bedienen, wenn er zum Anschluß als Nebenkläger befugt ist (der Begriff „Strafverfahren" wäre dann in § 406 f Abs. 1 also enger als in § 137). Indessen sind die von LR-*Hilger* (§ 406 e, 2) erhobenen Zweifel, daß der Gesetzgeber diese Unterscheidung wirklich gewollt habe, wohl berechtigt. Freilich heißt das, daß die Vorschriften insofern redaktionell nicht recht gelungen sind.

Abgesehen von dem Beistand ist jeweils auch die **Vertretung** durch den Rechtsan- **61** walt möglich. Die Formulierungen weichen etwas von denen des § 378 ab, laufen aber sachlich auf dasselbe hinaus. Bemerkenswert ist die klare, die Auffassung vom vertraglichen Charakter der Beziehung zwischen Mandant und Verteidiger eindeutig stützende Einschränkung der Befugnis des Verteidigers für den Fall, daß der Verletzte **wider-**

---

[64] Dessen Berechtigung hier nicht diskutiert werden soll, so auch schon *Rieß* (Fußn. 60) 42.

[65] Belege bei *Ostendorf* StrVert. **1986** 108.

[66] Dazu *Lüderssen* in: *Hassemer/Lüderssen/Naucke* Fortschritt des Strafrechts durch die Sozialwissenschaften? (1983) 67 ff.

[67] Im Ergebnis bestehen hier m. E. wenigstens partielle Übereinstimmungen auch mit *Beul-*

ke, der immerhin die Freiheit des jugendlichen Beschuldigten bei der Verteidigerwahl unterstreicht, Verteidigung in Jugendstrafsachen, S. 191.

[68] Weitere Literatur zu der Kontroverse, ob der Verteidiger erzieherische Aufgaben im Jugendstrafrecht habe, bei *Peter-Alexis Albrecht* Jugendstrafrecht, 1987, § 44 c; *Walter* NStZ **1987** 481; s. auch § 140, 87.

    Klaus Lüderssen

spricht. Spezielle weitergehende Befugnisse des Verletzten sind in § 406 f Abs. 2 festgehalten. In den Fällen des § 406 g treten auch noch weitere Anwesenheitsrechte des Rechtsanwalts hinzu.

62   **b) Zeugen.** Hier wird auf § 58, 10 (auch Vor § 48, 34) verwiesen[69].

63   **3. Zur Realisierbarkeit der Wahlfreiheit. Die Wendung „kann ... sich bedienen"** setzt die Freiheit des Beschuldigten zu Vertragsschluß und Bevollmächtigung (Rdn. 9) voraus. Diese Freiheit ist aber nicht in jeder Lage des Verfahrens, obwohl das Gesetz insofern keine Einschränkung macht, faktisch gegeben. Ist der Beschuldigte **vorläufig festgenommen**, in **Untersuchungshaft** oder in **Strafhaft** in einer anderen Sache oder nach den Vorschriften über freiheitsentziehende Maßregeln des StGB bzw. der Unterbringungsgesetze der Länder **untergebracht**, so ist er für die **Realisierung** seines Rechts[70], sich eines Verteidigers zu bedienen, auf fremde Hilfe angewiesen. Diese Hilfe ist von der Seite zu gewähren, welche die Verantwortung dafür trägt, daß der Beschuldigte den seine Handlungsfreiheit beschränkenden Umständen ausgesetzt ist. Die Unschuldsvermutung verbietet die Annahme, daß der Beschuldigte selbst diese Verantwortung trage. Vielmehr sind das die jeweils zuständigen Strafverfolgungsorgane. Ihre Verpflichtung, dem Beschuldigten die rechtzeitige Wahl eines Verteidigers zu garantieren, ergibt sich aus dem die Strafverfolgungsorgane bindenden Prinzip der **Fürsorge** gegenüber dem in einem Strafverfahren Beschuldigten[71]. Die Fürsorge hat unter anderem der **effektiven Verteidigung** zu gelten[72].

64   **a) Der „erste Zugriff".** Der Beschuldigte muß in dieser Situation vor allem wissen, daß es ihm nach dem Gesetz freisteht, sich zu der Beschuldigung zu äußern oder **nicht zur Sache auszusagen.** Deshalb schreibt § 136 Abs. 1 S. 2, bezogen auf den Zeitpunkt **vor** der ersten Vernehmung, ausdrücklich eine entsprechende Belehrung vor. Das heißt, auch für die Entscheidung, ob er zur Sache aussagen möchte, darf sich der Beschuldigte eines Verteidigers seiner Wahl bedienen. Dieses Recht des Beschuldigten ist also, soweit es um die Verteidigung geht, *auch* eine ganz spezielle Folge des Grundsatzes nemo tenetur se ipse accusare[73]. Auch die auf die Realisierung der Regel des § 136 Abs. 1 S. 2 sich konkretisierende **Fürsorgepflicht** der Strafverfolgungsorgane hat also eine doppelte Wurzel: Garantie der freien Verteidigerwahl und nemo-tenetur-Grundsatz. Dem Gewicht, das die Fürsorgepflicht dadurch erhält, entspricht ihre Erstreckung darauf, daß die Chancen der Beschuldigten, einen Verteidiger ihrer Wahl zu bekommen, gleich sind. Das heißt, dem nicht in Freiheit befindlichen Beschuldigten muß der **Zugang** zu einem Verteidiger entsprechend erleichtert werden[74]. Dazu gehört, daß man die Vernehmung solange unterläßt, wie nicht feststeht, daß der Beschuldigte eine der des in Freiheit befindlichen Beschuldigten vergleichbare Möglichkeit hat, sich dafür zu entscheiden, zunächst einen Verteidiger zu befragen. Die Chance eines nicht auf freiem Fuß sich befindenden Beschuldigten ist derjenigen, die ein in Freiheit befindlicher Beschuldigter hat, nur vergleichbar, wenn er, da die unbeschränkte Kommunikation nach

---

[69] Siehe auch § 140, 90.

[70] Das Recht des Beschuldigten, sich des Beistandes eines von ihm gewählten Verteidigers zu bedienen, wird auch als Teil des verfassungsrechtlich verbürgten Anspruchs auf ein faires, rechtsstaatliches Verfahren aufgefaßt, BVerfGE **66** 313, 318 f; **68** 237, 255.

[71] Allgemein dazu Einl. Kap. **6** 23 ff; *Hübner* 17, 23.

[72] *Hübner* 221 ff; darüber, daß das nicht gleichbedeutend ist mit einer obrigkeitlichen Wahrnehmung der Beschuldigteninteressen, vgl. Vor § 137, 30 bis 32.

[73] Dazu: Einl. Kap. **14** 29 ff; SK-StPO-*Rogall* Vor § 133, 130 ff; *Reiß* Besteuerungsverfahren und Strafverfahren (1987) 171 ff.

[74] Richtiger Ansatz auch bei LR-*Hanack* § 136, 29.

draußen nicht gegeben ist, Zugang zu von außen kommenden **Angeboten** erhält; die Freiheit, selbst Angebote einzuholen, genügt unter diesen Umständen nicht.

Es liegt also ein Verstoß gegen §137 Abs.1 und §163 Abs.4 S.2 in Vbdg. mit **65** §136 Abs.1 S.2 zugleich vor, wenn die Polizei dem Beschuldigten nicht rechtzeitig, also zur Wahrung des in §136 Abs.1 S.2 garantierten Rechts auf Nichteinlassung, mitteilt, daß sich für ihn ein Verteidiger (s. Rdn. 3) **gemeldet** hat. Dabei spielt es keine Rolle, ob dieser das auf Veranlassung Dritter, etwa Angehöriger (aber auch eines Tatbeteiligten) oder aufgrund einer Eigeninitiative getan hat (eventuellen Mißbräuchen durch die sogenannten Gefängnisanwälte oder durch Presseorgane ist auf anderen Wegen vorzubeugen), ob der Verteidiger unmittelbar vorspricht oder brieflich oder telefonisch in Erscheinung tritt, ob das vor oder während der Vernehmung (die dann zu unterbrechen ist) geschieht[75].

Entscheidet sich der Beschuldigte aufgrund eines solchen Angebots, einen Vertei- **66** diger zu wählen, darf man ihn nicht etwa auf telefonische Kontakte beschränken. Vielmehr ist die Form des Kontaktes zu ermöglichen, auf die Beschuldigter und Verteidiger sich **einigen** im Rahmen des an Gesetz und gute Sitten gebundenen Vertrags (Vor §137, 33 ff).

Die die Chancengleichheit verbürgende Fürsorgepflicht der Strafverfolgungsor- **67** gane sollte auch **vor anderen Ermittlungshandlungen**, obwohl insofern eine Vorschrift wie §136 Abs.1 S.2 fehlt, Platz greifen. Dies ist anerkannt, wenn Ermittlungshandlungen — etwa eine **Gegenüberstellung** — in engem zeitlichen Zusammenhang mit einer Vernehmung stehen und somit als deren Bestandteil anzusehen sind[76], muß aber auch dann gelten, wenn der Beschuldigte die Aussage verweigert oder Ermittlungshandlungen ohne Vernehmung des Beschuldigten geplant sind[77]. Ihre Durchsetzung kann den Angeklagten in ähnlicher Weise wie eine Aussage um sein Recht bringen, sich nicht selbst zu belasten.

Eine Ausnahme mit Blick auf **Eilbedürftigkeit** der Ermittlungen kann nicht etwa **68** auf §34 StGB gestützt werden[78] und auch nicht auf das Prinzip der **Effektivität der Strafrechtspflege,** weil der Begriff der Effektivität die Realisierung der Vorschriften der StPO gerade einschließt[79]. Vielmehr bedürfte es insofern spezieller Ermächtigungen, die hier aber bisher ebenso ausgeblieben sind wie auf dem Gebiete der Straftataufklärung durch Straftatprovokation[80].

Auch dürfen die Folgen aus der hier dargelegten Fürsorgepflicht der Strafverfol- **69** gungsorgane **nicht** durch Schaffung eines rechtsfreien Raums der **informellen Befragung** umgangen werden[81].

Soweit die Praxis der Polizei sogar die auf **Eigeninitiative** des Beschuldigten beru- **70** henden Bemühungen, rechtzeitig einen Verteidiger zu bekommen, behindert (etwa durch den Hinweis, der Fall sei doch einfach, der Beschuldigte brauche doch gar keinen Verteidiger, er könne sich selbst verteidigen, im übrigen koste der Verteidiger doch sehr viel Geld, das solle er sich doch genau überlegen, man könne doch erst einmal ein unverbindliches Gespräch führen, den Verteidiger könne man doch später einschalten)

---

[75] Generell zur Benachrichtigungspflicht *Richter II* StrVert. **1985** 388.

[76] *Odenthal* Die Gegenüberstellung im Strafverfahren, Diss. Köln o. J (1984) 66 mit weit. Nachw.

[77] Wiederum für die Gegenüberstellung *Odenthal* aaO 67; *Grünwald* JZ **1981** 426; a. A KG NJW **1979** 1669.

[78] Zur Nichtanwendbarkeit des §34 StGB

dort, wo speziell normative Eingriffsrechte gelten (streitig), vgl. LK-*Hirsch* §34, 6 mit Verweisen.

[79] *Hassemer* StrVert. **1982** 275; *Taschke* Behördliche Zurückhaltung von Beweismitteln (erscheint 1989).

[80] Vgl. dazu *Lüderssen* Jura **1985** 126.

[81] S. oben Rdn. 13.

Klaus Lüderssen

oder durch Verwendung keine hinreichende Aufklärung des Beschuldigten über seine Rechte garantierender Formulare oder gar durch Nichtgestattung eines **Telefongesprächs**[82], muß dem auf der Grundlage des bereits Ausgeführten mit besonderem Nachdruck entgegengetreten werden.

71   **b) Anwesenheit des Verteidigers bei polizeilicher Vernehmung des nicht in Freiheit befindlichen Beschuldigten.** Die Aufgabe der Strafverfolgungsbehörden, für die Beschränkung der Handlungskompetenz des nicht auf freiem Fuß befindlichen Beschuldigten einen **Ausgleich** durch **Stärkung** der **Verteidigung** zu schaffen, schließt auch ein, daß dem Beschuldigten in dieser Lage bei seiner Vernehmung durch die Polizei die **Anwesenheit** des Verteidigers gestattet wird. Damit ist nicht ein generelles Anwesenheitsrecht des Verteidigers bei polizeilichen Vernehmungen des Beschuldigten gefordert. Aus der durch § 137 Abs. 1 gegebenen Garantie, daß der Beschuldigte sich in jeder Lage des Verfahrens eines Verteidigers bedienen **kann**, folgt sicher nicht, daß die Polizei nichts mehr allein tun darf. Freilich ist auch für den in Freiheit befindlichen Beschuldigten die Vernehmung eine besonders belastende Ermittlungshandlung, so daß viel für ein Anwesenheitsrecht des Verteidigers bei allen polizeilichen Vernehmungen des Beschuldigten spricht[83]. Die Frage kann hier auf sich beruhen.

72   Denn der **nicht auf freiem Fuß befindliche Beschuldigte** hat jedenfalls **nicht** die — den Mangel einer Anwesenheit des Verteidigers vielleicht ausgleichende — **Möglichkeit**, die Vernehmungssituation zu **vermeiden**. Er ist insofern — mindestens — in der gleichen Lage wie der Beschuldigte, der vor dem Staatsanwalt (§ 163 a Abs. 3 S. 1) oder dem Richter (vgl. § 168 c, 11) erscheinen muß, ohne aussagepflichtig zu sein, und — deshalb — seinen Verteidiger mitbringen darf. Bezogen auf diese Sachlage ist — gesetzessystematisch — in der Tat eine Analogie[84] und nicht ein argumentum e contrario angebracht[85]; auch die sprachliche Argumentation, „vor" in § 136 Abs. 1 S. 2 heiße nicht „bei"[86], versagt. Denn die Unfreiheit des Beschuldigten, die es ihm unmöglich macht, sich der Vernehmung zu entziehen, dauert doch während der Vernehmung an und bedarf deshalb aus dem gleichen Grund der Kompensation durch den in Form der Anwesenheit gewährten Beistand des Verteidigers wie bei der Entscheidung, sich zur Sache überhaupt zu äußern. Im übrigen ist darauf hinzuweisen, daß sich Situationen dieser Art für den Beschuldigten, wenn er nach der vorläufigen Festnahme in Untersuchungshaft kommt oder untergebracht wird, immer wieder ergeben können. Das Anwesenheitsrecht des Verteidigers bei polizeilichen Vernehmungen muß daher für die **ganze Dauer** der Untersuchungshaft oder Unterbringung gegeben sein.

73   **c) Der Beschuldigte im Strafvollzug.** Hier wird die Anwendung des § 137 Abs. 1 S. 1 unter anderem aktuell in den bereits gesondert behandelten Fällen der Strafverteidigung im Vollzug[87]. Die Generalklauseln der §§ 5 und 73 StVollzG, die eine Belehrung und Unterstützung des Gefangenen bei der Wahrnehmung seiner Rechte vorschreiben, genügen nicht, um sicherzustellen, daß der Gefangene auch **jenseits seiner Eigeninitia-**

---

[82] Gegen diese Verweigerung *Kleinknecht/Meyer*[38] § 136, 10.

[83] Vgl. die Belege bei Rdn. 17 sowie ausführlich mit umf. Nachw. zum Streitstand LR-*Rieß* § 163 a, 95 f.

[84] So ohne die hier gemachte Einschränkung, *Schaefer* MDR **1977** 981, mit dem zusätzlichen Argument, daß die Polizei ohnehin doch nur von der Staatsanwaltschaft abgeleitete Rechte habe und daher nicht das Privileg beanspruchen dürfe, den Beschuldigten in Abwesenheit seines Verteidigers zu vernehmen; **a. A** mit weit. Nachw. LR-*Rieß* § 163 a, 95.

[85] Der Nachdruck, mit dem *Zaczyk* NStZ **1986** 537 sagt, daß der Gesetzgeber eine Entscheidung getroffen hat und daher kein Raum mehr sei für eine alternative Lösung, überzeugt insofern nicht.

[86] *Krause* StrVert. **1984** 177.

[87] S. oben Rdn. 46.

tive einen Verteidiger erhält. Die Defizite, die insofern die soziale Wirklichkeit im Vollzug aufweist[88], müssen durch den Rückgriff auf die allgemeinen Normen der StPO, die auch für die Strafverteidigung im Strafvollzug gelten[89], ausgeglichen werden. Daß die Vollzugsbehörden, wenn der Gefangene Antrag auf gerichtliche Entscheidung stellt, seine Klagegegner sind[90], berechtigt sie nicht dazu, Barrieren gegen den freien Zugang zu einem Verteidiger zu errichten oder bestehen zu lassen[91]. Diese besondere Konstellation entfällt freilich, wenn sich der Strafgefangene im Rahmen eines in anderer Sache gegen ihn geführten Verfahrens eines Verteidigers bedienen will.

4. Wahl durch den Vertreter (Absatz 2 S. 1). Der **gesetzliche Vertreter**[91a] ist selb- **74** ständig berechtigt, einen Verteidiger zu wählen (Satz 1). Er ist vom Willen des Beschuldigten unabhängig sowohl in der Frage, ob er einen Verteidiger zuziehen, als auch bei der, wen er als Verteidiger auswählen will. Auf der anderen Seite ist der **Beschuldigte** in gleicher Weise **selbständig**. Sein Recht wird durch Abs. 2 S. 1 nicht eingeschränkt, wenn ihm meist auch durch die Unfähigkeit, sich vertraglich zur Honorarzahlung zu verpflichten[92], geringere Bedeutung zukommt. Einigen sich der Beschuldigte und sein gesetzlicher Vertreter nicht auf einen oder mehrere Verteidiger, sondern wählt jeder einen anderen oder auch mehrere andere, dann treten diese gemeinschaftlich auf.

Wegen der Beschränkung der Zahl der Wahlverteidiger gilt das zu Rdn. 77 ff Aus- **75** geführte entsprechend. Da das **Wahlrecht** des gesetzlichen Vertreters gewahrt bleiben muß, kann dieser die Wahl auch dann ausüben, wenn der Beschuldigte selbst schon drei Verteidiger gewählt hat, und umgekehrt[93]. Da das Wahlrecht nicht auf einen Verteidiger beschränkt ist, besagt Satz 2 deutlich, daß auch der gesetzliche Vertreter **selbständig** drei Verteidiger wählen kann, so daß in einem solchen Fall bis zu sechs Verteidiger gewählt werden können[94].

5. Mögliche Folgen eines Verstoßes gegen § 137 Absatz 1 S. 1. In Betracht kom- **76** men die **Behinderung** bei der Wahl selbst oder **Fehler** bei der **Belehrung** (§ 136 Abs. 1 S. 2). Das Korrektiv könnte eine **Wahrunterstellung** der Beschuldigten-Einlassung sein[95]. Allerdings ist dem Beschuldigten damit nur gedient, wenn er den Tatvorwurf bestreitet. Im Falle eines vollen oder teilweisen Geständnisses kann nur ein **Verwertungsverbot** helfen[96].

II. Grenzen der freien Verteidigerwahl (Absatz 1 S. 2; Absatz 2 S. 2)

Die Vorschrift ist starr und gestattet **keine Abwägung**, ob nicht das Interesse an **77** einem ordnungsgemäßen Verfahrensablauf im Einzelfall mit besonders umfangreicher

---

[88] Dazu ausführlich *Laubenstein* aaO 116 ff.
[89] S. oben Rdn. 46.
[90] Dazu *Laubenstein* aaO 116.
[91] Mißverständlich insofern *Laubenstein* 116.
[91a] Diese Regelung ist exklusiv (unbeschadet der in Rdn. 57 ff behandelten Fälle). Dritte, die „für den Beschuldigten" einen Verteidiger beauftragen, handeln also nur wirksam, wenn der Beschuldigte zustimmt – damit hat *er* den Verteidiger gewählt. Auch Weisungen des Dritten an den Verteidiger sind daher nur mit Genehmigung des Beschuldigten, die freilich auch pauschal erteilt werden kann (in den Grenzen des § 138 BGB, dazu Vor § 137, 38 f), wirksam. Zutreffend LG Frankfurt

StrVert. **1988** 482 (Verbot der Verwertung einer ohne Mitwirkung des Beschuldigten für diesen von einem durch Dritte beauftragten Verteidiger gegebenen Einlassung).
[92] OLG Schleswig NJW **1981** 1681.
[93] *Dünnebier* NJW **1976** 1; *Gössel* 153; a. A KK-*Laufhütte*[2] 5; *Kleinknecht/Meyer*[38] 10.
[94] Vgl. die eindeutigen Hinweise aus der Gesetzgebungsgeschichte bei *Dünnebier* NJW **1976** 1, Fußn. 1.
[95] Von *Nelles* erwogen für den Fall unterbliebener Beweiserhebung, StrVert. **1986** 78.
[96] Siehe *Strate/Venzke* StrVert. **1986** 30, 33; vgl. auch mit weit. Nachw. LR-*Hanack* § 136, 53 ff; LR-*Rieß* § 163 a, 121 f.

Klaus Lüderssen

und besonders schwieriger Materie hinter dem gerechtfertigten Verlangen, mit mehr als drei Verteidigern für ein gerechtes Urteil zu streiten, zurücktreten muß.

78 Die Bestimmung bezieht sich nach ihrer Stellung nur auf den Wahlverteidiger, ist aber wegen der Gleichheit der Aufgaben[97] auf den **Pflichtverteidiger entsprechend** anzuwenden[98]. Daher ist auch ein Pflichtverteidiger, der dem Beschuldigten neben dem Wahlverteidiger bestellt wird, auf die Dreizahl anzurechnen. Auch der Unterbevollmächtigte wird mitberechnet, wenn er neben dem Hauptbevollmächtigten und nicht nur an dessen Stelle tätig wird; das ergibt sich schon daraus, daß er — wegen der erforderlichen Zustimmung des Beschuldigten für eine wirksame Untervollmacht — als weiterer gewählter Verteidiger des Beschuldigten anzusehen ist[99].

79 **Scheidet** einer der drei Verteidiger **aus**, wenn auch nur vorübergehend, kann der Beschuldigte, um die Zahl wieder aufzufüllen, einen neuen wählen. Die Bestimmung darf nicht so verstanden werden, daß der Beschuldigte nur einmal drei Verteidiger wählen darf[100]. Das ergibt sich schon aus der Überlegung, daß sein Recht auf drei Verteidiger nicht durch den Tod eines von ihnen beeinträchtigt werden kann. Zu der Frage, ob bei sukzessiver Wahl und Entlassung von je drei Verteidigern, die sich jeweils neu einarbeiten müssen, evtl. ein Pflichtverteidiger bestellt werden darf, vgl. § 141, 43 f.

80 Die früher problematische Frage, was zu geschehen hat, wenn die Dreizahl überschritten wird[101], ist mit der Einfügung des § 146 a dahingehend entschieden, daß eine Zurückweisung erforderlich ist und bis dahin die Verteidigerbestellungen wirksam sind[102]. Darüber, wie die Vollmachterteilung an in eine Sozietät zusammengeschlossene Anwälte erfolgt, vgl. § 146, 42. Zu Rechtsmitteln und Revision vgl. § 146 a, 16 ff.

III. Ende der Wahlverteidigung

81 Abgesehen von den Fällen, in denen die Verteidigung durch Erfüllung des Vertrags (in der Regel mit Ablauf des Verfahrens, vgl. Rdn. 11 ff; 42 ff, zusammenfallend) oder durch Auflösung des Vertrags endet, ist hier noch auf die Anträge auf Umwandlung der Wahlverteidigung in Pflichtverteidigung hinzuweisen (dazu näher § 142 Rdn. 17).

§ 138

(1) Zu Verteidigern können die bei einem deutschen Gericht zugelassenen Rechtsanwälte sowie die Rechtslehrer an deutschen Hochschulen gewählt werden.

(2) Andere Personen können nur mit Genehmigung des Gerichts und, wenn der Fall einer notwendigen Verteidigung vorliegt und der Gewählte nicht zu den Personen gehört, die zu Verteidigern bestellt werden dürfen, nur in Gemeinschaft mit einer solchen als Wahlverteidiger zugelassen werden.

Schrifttum. *Bergmann* Ausländische Hochschullehrer als Strafverteidiger, MDR **1982** 97; *Bornemann* Prozeßvertretung durch Hochschullehrer und das Rechtsberatungsgesetz, MDR **1985**

---

[97] Vor § 137, 60 ff.

[98] Anders LR-*Dünnebier*[23] 9; auch *Kleinknecht/Meyer*[38] 4 und KK-*Laufhütte*[2] 2 sprechen nur vom Wahlverteidiger.

[99] Vgl. schon LR-*Dünnebier*[23] Vor § 137, 6; *Kaiser* NJW **1982** 1368; BGH MDR **1978** 111 (bei Holtz); zu weitgehend aber KG NJW **1977** 912, wonach schon in der Erteilung einer Untervollmacht an einen weiteren Ver-

teidiger ein Verstoß gegen § 137 Abs. 1 S. 2 gesehen wird, vgl. *Sieg* NJW **1977** 1975.

[100] *Kleinknecht/Meyer*[38] 5.

[101] LR-*Dünnebier*[23] 11, 12, 15.

[102] Genauer § 146 a, 1 bis 4; über die Folgen der Zurückweisung § 146 a, 12 bis 14; über die Rechtsmittel gegen die Zurückweisung 76.

192; *Hilla* Volljuristen als Verteidiger, NJW **1988** 2525; *Schröter* Der Hochschullehrer als Strafverteidiger, Diss. Regensburg 1987.

Entstehungsgeschichte. Die Vorschrift ist nie geändert worden. Gleichwohl hat es,
weil die rechtlichen Rahmenbedingungen nicht konstant blieben, große Schwankungen
bei ihrer Anwendung gegeben. Erst am 11. 7. 1922 wurde Frauen durch das Gesetz über
die Zulassung der Frauen zu den Ämtern der Rechtspflege die Möglichkeit eröffnet, als
Rechtsanwältinnen und damit auch als Verteidigerinnen aufzutreten. Dies geschah
unter Einlösung des Versprechens der Art. 109, 128 WeimVerf. — und unter heftigen
Widerständen (vgl. *Ostler* NJW **1979** 1962). Aufgrund des Gesetzes vom 7. 4. 1933
(RGBl. I S. 175) wurde in § 3 die Zulassung solcher Anwälte zurückgenommen, die sich
im „kommunistischen Sinne betätigt hatten" (*Ostendorf* StrVert. **1983** 121; *Ostler*
AnwBl. **1983** 54). Dazu zählte z. B. die wiederholte Verteidigung von Kommunisten und
Sozialdemokraten (*Ostendorf*). Außerdem sah das Gesetz in § 1 die Rücknahme der Zulassung von Anwälten nichtarischer Abstammung mit einer Durchführungsfrist bis zum
30. 9. 1933 vor (*Ostler*). Daneben wurde am 1. 4. 1933 zum Boykott jüdischer Rechtsan-
waltspraxen aufgerufen (*Ostendorf; Ostler* 53). Mit der 5. Verordnung zum Reichsbür-
gergesetz vom 27. 9. 1938 (RGBl. I S. 1403) wurden mit einer Übergangsfrist bis zum
30. 11. 1938 alle noch bestehenden Zulassungen nichtarischer Rechtsanwälte zurückgenommen (*Ostler* 54). Jüdische Angeklagte wiederum durften nicht von „deutschen"
Rechtsanwälten verteidigt werden. Ihnen wurde ein jüdischer „Konsulent" zugeteilt,
der jedoch als „Verteidiger" vielfach diskriminiert wurde (der Niederlassungsort
wurde zugeteilt, er durfte keine Robe tragen und mußte statt dessen einen Judenstern
an seiner Kleidung anbringen; *Ostler* 54 f; *Ostendorf* 122). Auch auf andere Weise
wurde die freie Wahl des Verteidigers eingeschränkt: In Schutzhaftsachen mußte der
Verteidiger nach einer Anordnung vom 31. 8. 1938 das besondere Vertrauen der Staats-
polizei genießen (*Ostler* 57; *Ostendorf* 123). Die Vertretung vor dem Volksgerichtshof
bedurfte der Zustimmung des Vorsitzenden des Gerichts (*Ostendorf* 122). Durch die
Kriegsverordnung vom 1. 3. 1943 wurde die Möglichkeit geschaffen, Rechtsanwälte im
Alter von über 65 Jahren in den Ruhestand zu versetzen. Außerdem waren Frauen zur
Rechtsanwaltschaft nicht mehr zugelassen (*Ostler* NJW **1979** 1963). Am 21. 5. 1942
wurde durch Runderlaß des Reichsjustizministers den deutschen Rechtsanwälten die
Verteidigung von polnischen Angeklagten in Polen standesrechtlich verboten. Polnische
Rechtsanwälte durften nur bei „Zuverlässigkeit" verteidigen (*Ostendorf*). Auch im
Rußlandfeldzug wurden den Angeklagten aus der fremden Bevölkerung Wahlverteidiger oder gar überhaupt ein Beistand verwehrt (Gerichtsbarkeitserlaß „Barbarossa" vom
13. 5. 1941 und Kommissarbefehl vom 6. 6. 1941, *Ostendorf* 123). Die oben aufgeführten Zulassungsbeschränkungen entfielen nach 1945, so daß — bei gleichlautendem
§ 138 — wieder eine freie Wahl des Verteidigers möglich wurde.

Klaus Lüderssen

I. Verteidiger (Absatz 1)

1   Die **Wahl** — d. h. der Vertrag zwischen Beschuldigtem und Verteidiger — **genügt** (d. h. es bedarf keines weiteren konstitutiven Zulassungsakts durch das Gericht), wenn es sich handelt um:

2   **1. Rechtsanwälte.** Rechtsanwalt ist, wer die Fähigkeit zum Richteramt nach den Vorschriften des Deutschen Richtergesetzes erlangt hat (§ 4 BRAO), zur Rechtsanwaltschaft zugelassen ist (§ 6 Abs. 1 BRAO) und über die Zulassung eine von der Landesjustizverwaltung ausgefertigte Urkunde erhalten hat (§ 12 Abs. 2 in Vbdg. mit Abs. 1 BRAO). Die Befugnis, die Anwaltstätigkeit auszuüben, **beginnt** erst, wenn der Anwalt in die Liste der Rechtsanwälte (§ 31 Abs. 1 BRAO) eingetragen ist (§ 32 Abs. 1 BRAO), doch sind Prozeßhandlungen, die er zwischen Zulassung und Eintragung vornimmt, rechtswirksam (§ 32 Abs. 2 BRAO). Die Zulassung **erlischt**, wenn durch rechtskräftiges Urteil auf Ausschließung aus der Rechtsanwaltschaft erkannt ist (§ 13 BRAO), oder wenn die Justizverwaltung des Landes, in dem der Rechtsanwalt zugelassen ist, die Zulassung rechtskräftig zurückgenommen hat (§ 16 Abs. 1 BRAO).

3   **Wird gegen einen Rechtsanwalt ein Berufsverbot** verhängt (§ 150 Abs. 1; § 153 BRAO; § 70 Abs. 1 StGB), so darf er seinen Beruf nicht ausüben (§ 155 Abs. 2 BRAO; § 70 Abs. 1 StGB). Wird ein Vertretungsverbot ausgesprochen (§ 150 Abs. 1, § 153 BRAO), darf der Rechtsanwalt nicht als Vertreter und Beistand in Person oder im schriftlichen Verkehr vor einem Gericht, vor Behörden oder gegenüber anderen Personen tätig werden oder Vollmachten oder Untervollmachten erteilen (§ 155 Abs. 3 BRAO). Dieselben Wirkungen wie das Berufsverbot des § 70 Abs. 1 StGB hat das **vorläufige Berufsverbot** (§ 132 a Abs. 1) sowie das vorläufige Verbot, auf bestimmten Rechtsgebieten als Vertreter und Beistand tätig zu werden (§ 161 a Abs. 1 und 2 BRAO). Durch das Berufsverbot nach § 150 Abs. 1, § 153 BRAO wird die Wirksamkeit der von dem betroffenen Rechtsanwalt (gleichwohl) vorgenommenen Rechtshandlungen nicht berührt (§ 155 Abs. 5 BRAO)[1], nach Ansicht des OLG Oldenburg auch dann, wenn er sie in eigener Sache vornimmt[2], was indessen mit dem Charakter der Vorschrift als einer Schutzvorschrift für den gutgläubigen Mandanten kaum vereinbar ist. Weil die Verbote nach § 70 Abs. 1 StGB und nach § 132 a Abs. 1 die gleiche Wirkung haben, muß man die dem Mandanten des Anwalts dienende Schutzvorschrift des § 155 Abs. 5 BRAO auf das Berufsverbot des § 70 Abs. 1 StGB und auf das vorläufige Berufsverbot des § 132 a Abs. 1 entsprechend anwenden.

4   In **Steuersachen** können auch Steuerberater, Steuerbevollmächtigte, Wirtschaftsprüfer und vereidigte Buchprüfer zu Verteidigern gewählt werden, soweit das Finanzamt (Hauptzollamt) das Verfahren selbständig durchführt (§ 392 Abs. 1 AO). Sonst können sie — ohne besondere Zulassung nach Abs. 2 — die Verteidigung nur in Gemeinschaft mit einem Rechtsanwalt oder Rechtslehrer durchführen[3], soweit sie nicht, wenn die Verteidigung nicht notwendig ist, nach Abs. 2 als — alleiniger — Verteidiger ausdrücklich zugelassen werden.

5   Grundsätzlich müssen die Rechtsanwälte bei einem **deutschen Gericht** zugelassen sein; „deutsch" heißt „im Geltungsbereich dieses Gesetzes"[4]. (Wegen der Rechtsanwälte, die vor dem 9. 5. 1945 bei einem Gericht im jetzigen Gebiet der DDR und Berlin [Ost] oder östlich der Oder-Neiße-Linie zugelassen waren, siehe § 212 BRAO.) Etwas anderes gilt allerdings für Rechtsanwälte aus den Mitgliedstaaten der **Europäischen**

---

[1] So auch KK-*Laufhütte*[2] 4.
[2] NdsRpfl. **1963** 117.

[3] OLG Hamburg NJW **1981** 934.
[4] Im Ergebnis ebenso BGHSt **8** 200.

Gemeinschaft. Gemäß ihrer Verpflichtung aus einer Richtlinie des Rates der EG (vom 22. März 1977, Amtsblatt der EG Nr. 78/17) über die Erleichterung der tatsächlichen Ausübung des freien Dienstleistungsverkehrs der Rechtsanwälte, die sich in Art. 4 Abs. 1 ausdrücklich auch auf Strafverteidigung erstreckt, hat die Bundesrepublik Deutschland ein Durchführungsgesetz (vom 16. August 1980, BGBl. I 1453) erlassen. In § 4 Abs. 1 dieses Gesetzes wird von der Einschränkungsmöglichkeit aus Art. 5 der RL, die EG-Rechtsanwälte nur „im Einvernehmen" mit einem im Inland zugelassenen Rechtsanwalt auftreten zu lassen, in einer Weise Gebrauch gemacht, die der EuGH mit Urteil vom 25. Februar 1988[5] als einen Verstoß gegen Art. 59, 60 EWGV erkannt hat. Das Bundesgesetz verstößt demnach zunächst dadurch gegen das Übermaßverbot, daß es auch bei fehlendem Anwaltszwang das einvernehmliche Handeln verlangt. Überträgt man dies auf die Strafverteidigung, dann könnte nach § 138 Abs. 2 in Fällen nicht notwendiger Verteidigung allenfalls eine gerichtliche Genehmigung verlangt werden — wobei auch dies noch angesichts des Gleichstellungsgebots mit inländischen Rechtsanwälten (Art. 1 RL, s. auch BTDrucks. 8 3181, wo ausdrücklich gesagt wird, daß die Einschränkungen des § 138 Abs. 2 nicht gelten dürfen, sondern die freie Wählbarkeit des § 138 Abs. 1 bestehen muß) problematisch erschiene. Aus Sinn und Zweck des Einvernehmens-Vorbehalts, der darin bestehe, dem ausländischen Rechtsanwalt die notwendige Unterstützung hinsichtlich der Besonderheiten des nationalen Rechts zu geben, leitet der EuGH weiter her, daß weder das Gebot ständiger Anwesenheit des inländischen Rechtsanwalts in der mündlichen Verhandlung noch das Erfordernis, daß dieser Rechtsanwalt selbst Verteidiger sein muß, noch die eingehenden Bestimmungen über den Nachweis des Einvernehmens „unerläßlich oder auch nur sachdienlich" seien[6].

Eine weitergehende Bindung an einvernehmliches Handeln wurde dagegen für **6** **Gefangenenbesuche** anerkannt. Auch diese dürfe jedoch nicht soweit reichen, daß keine Ausnahme für ein Besuchsrecht nur in Begleitung eines inländischen Rechtsanwalts und den Schriftverkehr nur über einen solchen vorgesehen ist. § 4 Abs. 1 des Durchführungsgesetzes verstößt damit insgesamt gegen primäres Gemeinschaftsrecht und gegen die Richtlinie. Unbedenklich (und in Art. 4 Abs. 1 der RL ausdrücklich vorgesehen) ist dagegen die Bindung der EG-Rechtsanwälte an alle Bedingungen, wie sie auch für inländische Rechtsanwälte bestehen, mit Ausnahme des Wohnsitzes und der Zugehörigkeit zu einer Berufsorganisation. Trotz fehlender Zugehörigkeit zur Bundesrechtsanwaltskammer gilt für sie aber das deutsche Standesrecht (Art. 4 Abs. 2 RL, § 3 Abs. 2 des Durchführungsgesetzes). Die Rechtswirkungen des EuGH-Urteils auf die Aufsichtsklage der Kommission nach Art. 169 Abs. 2, 170 EWGV sind jedoch nur die eines reinen Feststellungsurteils darüber, daß die Bundesrepublik Deutschland Gemeinschaftsrecht verletzt hat. Eine unmittelbare Korrektur- bzw. Nichtigkeitswirkung entfaltet es nicht, sondern nur die Verpflichtung des Mitgliedsstaates selbst, die aus dem Urteil abzuleitenden Maßnahmen zu ergreifen (Art. 171 EWGV). Eine Reaktion des bundesdeutschen Gesetzgebers bleibt deshalb abzuwarten, einstweilen gilt das Durchführungsgesetz mit der zu weit gehenden Einvernehmensregelung weiter.

Nicht erforderlich ist, daß die Rechtsanwälte (wie im Zivilprozeß) bei dem deut- **7** schen Gericht **zugelassen** sind, bei dem die Verteidigung stattfinden soll. Die beim **Bundesgerichtshof** zugelassenen Rechtsanwälte darf der Beschuldigte jedoch nur zur Verteidigung vor diesem Gericht, dem Bundesverfassungsgericht und internationalen oder zwischenstaatlichen Gerichten, etwa dem Europäischen Gerichtshof für Menschenrechte (Art. 19 Buchst. b MRK), wählen (§ 172 Abs. 1 BRAO). Sie dürfen bei anderen als den in § 172 Abs. 1 BRAO genannten Gerichten nur auftreten, wenn jene ersuchte Ge-

---

[5] JZ **1988** 506 m. Anm. *Bleckmann.*   [6] EuGH aaO S. 507.

Klaus Lüderssen

richte dieser Gerichte sind (§ 172 Abs. 2 BRAO). Das Verbot, vor Gericht aufzutreten, schließt auch das Verbot ein, Schriftsätze für andere als die in § 172 Abs. 1 BRAO genannten Gerichte zu unterzeichnen und bei ihnen einzureichen. **Revisionsanträge** und Revisionsbegründung (§ 345 Abs. 2) sowie Anfragen beim Instanzgericht (etwa in bezug auf die Gesetzmäßigkeit der Besetzung) **gehören** jedoch schon **zur Verteidigung vor dem Bundesgerichtshof** und stehen daher auch dem am Bundesgerichtshof zugelassenen Rechtsanwalt zu, wenn auch die Schriften beim Landgericht einzureichen sind (§ 341 Abs. 1, § 345 Abs. 1).

8   **2. Rechtslehrer an deutschen Hochschulen.** Das sind **selbständig** und **hauptberuflich** ein **Rechtsgebiet** in Lehre und Forschung vertretende Personen, also Professoren (nicht Honorarprofessoren[7], wohl aber entpflichtete Professoren) und habilitierte Dozenten (es sei denn, sie haben einen anderen Hauptberuf), nicht Lehrbeauftragte[7a], wissenschaftliche Assistenten[7b] und Mitarbeiter. Sie müssen einer deutschen **Universität** oder gleichgestellten **wissenschaftlichen** Hochschule angehören. **Fachhochschullehrer** sind demnach keine Rechtslehrer im Sinne der Vorschrift. Diese Unterscheidung verstößt nicht gegen Art. 3 Abs. 1 GG[8]. Sie entspricht der verwaltungsgerichtlichen Rechtsprechung zu § 67 VwGO, die als Unterscheidungskriterium die wissenschaftliche Zwecksetzung der Tätigkeit an wissenschaftlichen Hochschulen[9], die Entstehungsgeschichte der Vorschrift[10] und die Notwendigkeit restriktiver Auslegung[11] anführt. Dieser Rechtsprechung hat sich der BGH in einem obiter dictum angeschlossen[12]. Nicht erforderlich ist für die Eigenschaft des Rechtslehrers eine Tätigkeit im Rahmen eines juristischen Fachbereichs oder einer juristischen Fakultät. Unerheblich ist auch, daß der Hochschullehrer nach erfolgter Wahl zum Verteidiger an eine ausländische Hochschule wechselt[13]. Aus der Zulassung der Hochschullehrer durch die StPO folgt, daß sie eine Verteidigung auch geschäftsmäßig übernehmen dürfen, ohne eine Erlaubnis nach § 1 RBerG einzuholen[14] (s. ferner Rdn. 11).

---

[7] Streitig – **a. A** *Kleinknecht/Meyer*[38] 4; *Schröter*, aaO S. 38 mit weit. Nachw.; *Kühne* Strafprozeßlehre[3], Rdn. 78.

[7a] A. A noch LR-*Dünnebier*[23] 8 und KK-*Laufhütte*[2] 5 bei Befähigung, selbständig zu lehren; *Schröter*, aaO, S. 47 ff, 52 mit weit. Nachw.; im Ergebnis wie hier *Kühne* Strafprozeßlehre[3], Rdn. 78.

[7b] *Schröter* aaO S. 40.

[8] BVerfG NJW **1975** 2340.

[9] So BVerwG NJW **1975** 1899 mit abl. Anm. *Wochner* und zust. Anm. *Bieler* NJW **1975** 2356.

[10] BVerwG NJW **1979** 1174: da der Gesetzgeber des Jahres 1960 Fachhochschulen noch nicht gekannt habe, sei der Rechtsbegriff Hochschule im hergebrachten Sinne zu verstehen. Dieses Argument müßte für die StPO erst recht gelten.

[11] OVG Münster NJW **1980** 1590 im Anschluß an *Bieler* NJW **1975** 2356.

[12] BGHSt **34** 87.

[13] OLG Koblenz NStZ **1981** 403; zust. *Kleinknecht/Meyer*[38] 4, der klarstellt, daß damit nicht die Übernahme neuer Mandate nach dem Auslandswechsel gemeint ist; vgl. dazu auch *Bergmann* MDR **1982** 97.

[14] Gegen die Anwendbarkeit des RBerG auf Hochschullehrer des Rechts überhaupt überzeugend *Kühne* Strafprozeßlehre[3], Rdn. 78.1 mit weit. Nachw.; **a. A** *Bornemann* MDR **1985** 192 mit Verweis auf die Entstehungsgeschichte des RBerG; zur Fragwürdigkeit der Übernahme der Prämissen des Gesetzgebers von 1935 in das Recht der Bundesrepublik vgl. aber *Lüderssen* Der freie Zugang zum Recht – Analyse fragwürdig gewordener gesetzlicher Hürden, in: *ders.*, Kriminalpolitik auf verschlungenen Wegen (1981), 175.

II. Wahl

1. Verteidigervollmacht. Von Wahl eines Verteidigers spricht das Gesetz, um die **9** Möglichkeit des Auswählens zu betonen. Rechtlich erheblich ist nicht die Wahl, sondern im Verhältnis zum Gewählten der Abschluß eines Vertrages auf Geschäftsbesorgung nach § 675 BGB (Vor § 137, 35), der mit der Annahme durch den Gewählten zustande kommt[15], und im Verhältnis nach außen, namentlich zum Gericht, die Bevollmächtigung. Ob der Gewählte **zustimmt**, steht ihm frei; eine Verpflichtung dazu besteht weder für Rechtsanwälte (§ 675, § 663 S. 1 BGB) noch für Rechtslehrer, noch — im Fall des § 138 Abs. 2 — für Rechtsbeistände. Im Fall des § 138 Abs. 2 ist die Vollmacht bis zur Genehmigung schwebend unwirksam.

Die **strafprozessuale Vollmacht** begründet als Ausdruck der Wahl das Verteidiger- **10** verhältnis[16]. Wer sie erteilt, braucht, wie sich aus § 137 Abs. 2 ergibt, nicht geschäftsfähig zu sein. Die Vollmacht ermächtigt zu allen Verteidigungshandlungen, namentlich auch dazu, Rechtsmittel einzulegen (§ 297), doch bedarf die Rücknahme eines Rechtsmittels ausdrücklicher Ermächtigung (§ 302 Abs. 2)[17].

2. Vertretungsvollmacht. Von der Verteidigungsvollmacht ist die **Vertretungsvoll-** **11** **macht** zu unterscheiden (vgl. auch Vor § 137, 91)[17a]. Eine solche ist erforderlich in den Fällen von § 234, § 329 Abs. 1, § 350 Abs. 2 S. 1, § 387 Abs. 1, § 411 Abs. 2 S. 1. Es genügt eine zwar ausdrücklich erteilte, aber dem Inhalt nach allgemeine Vertretungsvollmacht; auf die besonderen Umstände, etwa den Angeklagten in dessen Abwesenheit zu vertreten, braucht nicht abgestellt zu werden[18]. Wie die Prozeßvollmacht ist auch die Vertretungsvollmacht keine bürgerlich-rechtliche Vertretungsvollmacht, sondern **Prozeß-** **handlung**. Sie kann daher auch von einem Geschäftsunfähigen erteilt werden. Soweit eine solche ausdrücklich erteilte Vertretungsvollmacht nicht erforderlich ist, wird einer Verteidigungsvollmacht grundsätzlich eine **allgemeine Vertretungsvollmacht** zu entnehmen sein. Ein Sonderfall (Zustellungsvollmacht) ist in § 145 a Abs. 1 geregelt. Wegen der allgemeinen Vertretungsvollmacht kann der nach § 138 Abs. 2 Gewählte, wenn ihn das Gericht nicht zuläßt, zwar keine Revisionsanträge schriftlich stellen (§ 345 Abs. 2), wohl aber — nicht als Verteidiger, aber als Vertreter des Beschuldigten — wirksam Berufung einlegen. Eine Vollmacht, den Beschuldigten bei der Annahme von **Ladungen** zu vertreten, muß jedoch wegen der besonderen Folgen stets ausdrücklich erteilt werden (vgl. § 145 a Abs. 2), doch ist es zulässig, sie für sämtliche Zustellungen des Verfahrens abzugeben.

3. Nachweis der Vollmacht. Eine Form ist nicht vorgeschrieben[19]. Es genügt, daß **12** der Beschuldigte die Wahl anzeigt oder durch konkludente Handlungen erkennen läßt. Dazu reicht es aus, wenn er mit einem **Wahlverteidiger** zur Hauptverhandlung erscheint[20]. Alsdann ist die Vollmacht für alle nachfolgenden Verteidigungshandlungen nachgewiesen.

---

[15] Schon damit ist das Verteidigerverhältnis begründet, *Weiß* NJW **1983** 90; *Schnarr* NStZ **1986** 489.

[16] Zum Verhältnis zur bürgerlich-rechtlichen Vertretungsmacht und zum Vertrag vgl. Vor § 137, 65 ff.

[17] Zur Bevollmächtigung des Pflichtverteidigers vgl. § 141, 6.

[17a] Vgl. auch LR-*Gollwitzer* § 237, 7 ff.

[18] BGHSt **9** 357.

[19] Unzutreffende und widersprüchliche Begründung dieser allgemein anerkannten Regel bei *Weiß* NJW **1983** 90, 91.

[20] RGSt **25** 153; *Kleinknecht/Meyer*[38] § 145 a, 9.

Klaus Lüderssen

13   Der Nachweis der Vollmacht kann auch **nachträglich** erbracht werden. Erklärungen, namentlich der Rechtsmittel oder sonstige fristgebundene Erklärungen, sind daher rechtswirksam, wenn der Verteidiger bevollmächtigt war, als er sie abgab, auch wenn er das erst nach Ablauf der Frist nachweist (RGSt **21** 125; **46** 372; **66** 210; LR-*Gollwitzer* § 297, 5). Soweit keine Fristen zu beachten sind, kann auch ganz **vom Nachweis** der Vollmacht **abgesehen** werden. Namentlich greift die Vermutung der Bevollmächtigung Platz, wenn ein Rechtsanwalt, der sich als Verteidiger bezeichnet, den der Beschuldigte aber nicht als solchen angezeigt hat, schriftliche Erklärungen zu den Akten einreicht[21].

14   Die **Vertretungsvollmacht** muß schriftlich erteilt sein. Das kann das Gericht nur durch Einsicht nachprüfen. Daher ist der Nachweis der Vertretungsvollmacht durch Vorlage der schriftlichen Vollmachtsurkunde zu führen. Erteilt der mit der Vertretung Beauftragte Untervollmacht, braucht er das nicht schriftlich zu tun (OLG Hamm NJW **1963** 1793). Die Einwilligung des Beschuldigten in die Unterbevollmächtigung berührt nur die Beziehung zwischen ihm und dem Vertreter und ist dem Gericht nicht nachzuweisen.

15   **4. Dauer der Vollmacht.** Sie richtet sich nach ihrem Inhalt. Sie kann auf einzelne Prozeßhandlungen (Akteneinsicht) oder Verfahrensabschnitte (Haftverfahren, Tatsacheninstanz, Revisionsinstanz) beschränkt, auch zurückgenommen und vom Verteidiger, wenn auch nicht zur Unzeit (§ 34 Abs. 4 RiAA), gekündigt werden. Ist sie **nicht beschränkt**, gilt sie für die ganze Dauer des Verfahrens (zum Begriff § 137, 10), doch umfaßt die in der Prozeßvollmacht erteilte Ermächtigung, Rechtsmittel zurückzunehmen, nicht ohne weiteres auch die, einen Wiederaufnahmeantrag zurückzuziehen (OLG Braunschweig NdsRpfl. **1960** 117). Ist die Vollmacht auf einen Verfahrensabschnitt **beschränkt** (etwa auf ein Verfahren zur Aussetzung eines Strafrestes nach § 57 StGB oder einer Unterbringung nach § 67 d Abs. 2 StGB), so endet sie, wenn das erstrebte Ziel erreicht ist (OLG Hamm NJW **1971** 1418), berechtigt also auch, in dem Verfahrensabschnitt Beschwerden einzulegen oder, wenn der Antrag abgelehnt worden ist, die Überprüfung erneut zu beantragen[22].

16   Ein **Widerruf** der Vollmacht ist nicht schon darin zu erblicken, daß der Beschuldigte eine einzelne Prozeßhandlung selbst vornimmt[23], kann aber darin liegen, daß er einen anderen Verteidiger bestellt[24], wenn ersichtlich ist, daß der neue Verteidiger nicht neben den alten, sondern — wenn auch nur für eine bestimmte Prozeßhandlung — an dessen Stelle treten soll.

17   Die Vollmacht **endet**, wenn die Zulassung des Rechtsanwalts erlischt (§ 13 BRAO) oder zurückgenommen wird (§§ 14, 15 BRAO). Indessen bleibt, soweit nicht anders vereinbart, eine in der Verteidigungsvollmacht enthaltene Vertretungsvollmacht wirksam. Auf jeden Fall endet die Vollmacht mit dem **Tod des Beschuldigten**[24a].

5. Untervollmacht

18   **a) Grundsatz.** Die Strafprozeßordnung enthält keine Vorschriften darüber, ob ein Verteidiger ermächtigt ist, die Verteidigung ganz oder teilweise auf einen anderen

---

[21] LG Dortmund AnwBl. **1977** 118; weitere Einzelheiten bei *Ebert* DRiZ **1984** 237.

[22] Weitere Differenzierungen bei *Kaiser* NJW **1982** 1368.

[23] RGSt **25** 153.

[24] OLG Celle NdsRpfl. **1973** 133.

[24a] So ausdrücklich OLG Karlsruhe Justiz **1983** 132 mit weit. Nachw.; **a. A** jedoch *Kühl* NJW

1978 977, 980 f, der mit OLG Hamm NJW **1978** 177 unter Hinweis auf §§ 168, 672 BGB die Vollmacht für die Auslagenentscheidung aufrechterhalten will; dazu jedoch BGHSt **34** 184 (= NStZ **1987** 336 m. krit. Anm. *Kühl* = JR **1987** 346 m. Anm. *Bloy*) und LR-*Hilger* § 467, 10 ff; siehe hierzu auch *Pflüger* NJW **1988** 675; *Beitlich* NStZ **1988** 490.

Verteidiger durch Untervollmacht zu übertragen. § 139 läßt das im Verhältnis eines Rechtsanwalts zu seinem Referendar zwar zu, ist aber seinem Inhalt nach mehr eine Ergänzung von § 138 Abs. 2 als Ausdruck einer allgemeinen Regel. Immerhin ist ihm zu entnehmen, daß das Gesetz eine Unterbevollmächtigung nicht für unzulässig erachtet. Dafür besteht auch keine Veranlassung. Zwar sind die Anwaltsdienste im Zweifel persönlich zu leisten (§ 675 in Vbdg. mit §§ 613, 664, 665 BGB) und ist das Verhältnis zwischen Beschuldigtem und Anwalt ein Vertrauensverhältnis (§ 43 Satz 1 RiAA). Es beruht jedoch auf dem Willen des Beschuldigten. Demzufolge kann, wenn dieser oder im Fall des § 137 Abs. 2 Satz 1 sein gesetzlicher Vertreter einwilligt, an der Zulässigkeit einer Unterbevollmächtigung kein Zweifel sein[25]. Die **Einwilligung** hat, was für § 137 Abs. 1 Satz 2 bedeutsam ist, den Charakter der **Wahl eines weiteren Verteidigers**, der — je nach dem Inhalt der Vereinbarung — für einzelne Verfahrensabschnitte oder für das ganze weitere Verfahren an die Stelle des zunächst gewählten Verteidigers tritt, häufiger diesen aber in der Weise unterstützen soll, daß er nach außen auftritt, der ursprüngliche Verteidiger aber die Leitung der Verteidigung behält.

b) Einwilligung. Aufgrund dieser Erwägungen ist die Einwilligung die tragende **19** Grundlage der Unterbevollmächtigung. Sie berührt allerdings nur die Beziehungen zwischen dem Beschuldigten und seinem Verteidiger und ist daher dem Gericht — wie die Hauptvollmacht, s. Rdn. 11 — nicht nachzuweisen[26]. Die Einwilligung kann schriftlich oder mündlich erklärt, aber auch durch konkludente Handlungen ausgedrückt werden. Der Beschuldigte kann seine Einwilligung auch im voraus — etwa in der Vollmacht — erteilen und die Auswahl des Vertreters seinem Verteidiger überlassen[27]. Sofern nicht anders vereinbart, ist nach dem Sinn der Verteidigungsvollmacht als stillschweigend vereinbart anzusehen, daß der Beschuldigte stets in der **Hauptverhandlung** von dem von ihm gewählten Verteidiger selbst verteidigt werden will, daß dieser jedoch zu rein formellen Handlungen Untervollmacht erteilen kann, etwa dazu, ein Rechtsmittel einzulegen[28]. Die Ermächtigung, Untervollmacht zu erteilen, kann jedoch nicht dafür angenommen werden, ein **Rechtsmittel** auch zu **begründen** und vor dem Rechtsmittelgericht zu vertreten, es sei denn, daß im Falle der Revision ein Verteidiger, der selbst am Revisionsgericht regelmäßig nicht auftritt, sich eines Rechtsanwalts bedienen will, der mit der Rechtsprechung dieses Gerichts besonders vertraut ist.

c) Allgemeiner Vertreter eines Rechtsanwalts. Nach § 53 Abs. 1 BRAO muß ein **20** Rechtsanwalt, der über eine Woche abwesend oder verhindert ist, für seine Vertretung sorgen. Er kann, wenn die Vertretung nicht länger als einen Monat dauert, einen bei demselben Gericht zugelassenen Rechtsanwalt bestellen (§ 53 Abs. 2 BRAO). Dieser allgemeine Vertreter tritt ganz an die Stelle des gewählten Anwalts. Einer Untervollmacht im einzelnen Fall bedarf es nicht. Der Nachweis der Bestellung als allgemeiner Vertreter kann verlangt werden, wird aber im allgemeinen durch umlaufende Mitteilungen gerichtskundig sein. Auf die **Einwilligung** des Beschuldigten oder im Fall des § 137 Abs. 2 S. 1 des gesetzlichen Vertreters kommt es, auch im Fall des § 139[29], nicht an, doch haben diese selbstverständlich das Recht, der Verteidigung durch den Vertreter zu widersprechen und einen neuen Verteidiger zu wählen.

---

[25] OLG Hamm JMBlNRW **1980** 83, *Kleinknecht/Meyer*[38] Vor § 137, 11 mit weit. Nachw.; *Kaiser* NJW **1963** 1793; *Schmidt* MDR **1979** 804.

[26] OLG Hamm NJW **1963** 1793; JMBlNRW **1980** 83; MDR **1985** 157.

[27] RG GA **56** (1909) 87.

[28] RGSt **41** 14; KG JR **1981** 168; *Kleinknecht/Meyer*[38] Vor § 137, 11.

[29] OLG Dresden *Alsb.* E 1 137.

      Klaus Lüderssen

21   **d) Personenkreis.** Als Unterbevollmächtigte können alle Personen bezeichnet werden, die befähigt sind, eine Verteidigung zu führen, d. h. regelmäßig Rechtsanwälte und Hochschullehrer. Soweit die Prozeßhandlung, wie das Einlegen einer Berufung, nicht durch einen Verteidiger vorgenommen werden muß, kann auch eine sonstige Person als Vertreter Untervollmacht erhalten. Wird eine sonstige Person als Verteidiger mit Untervollmacht versehen, so bedarf sie dazu der Zulassung durch das Gericht, doch kann auf der anderen Seite eine nach § 138 Abs. 2 zugelassene sonstige Person einem Rechtsanwalt ohne gerichtliche Genehmigung Untervollmacht erteilen.

III. Andere Personen (Absatz 2, 1. Alternative)

22   Auch bei anderen Personen ist die **Wahl** erforderlich (... der „Gewählte"... „als Wahlverteidiger"). Hinzutreten muß aber die Genehmigung des Gerichts. Liegt sie vor, so bedarf es nicht auch noch — obwohl der Wortlaut der Vorschrift (... zugelassen werden ...) das suggerieren könnte — der Zulassung. Vielmehr **ist** die Genehmigung zugleich die Zulassung.

23   Der Kreis der Personen, die unter dieser Voraussetzung Verteidiger werden können, ist **nicht beschränkt.** Die Vorschrift des Abs. 2, daß auch andere als die in Abs. 1 genannten Personen, regelmäßig Rechtsanwälte, zu Verteidigern bestellt werden können, ist seinerzeit nach dem Antrag *Wolffsohns* aufgenommen worden. Er wollte damit eine Bestimmung der Preußischen Strafprozeßordnung übernehmen, eine Anzahl Nichtrechtskundiger so heranzubilden, daß sie Rechtsanwälte, wo es an ihnen fehle, ersetzen könnten, vorzugsweise aber dem Interesse des Beschuldigten Genüge tun, von einer bestimmten Person, etwa mit technischen oder literarischen Kenntnissen, verteidigt zu werden[30]. Die Reichstagskommission hat die Vorschrift allein aus der letzteren Erwägung aufgenommen, „um dem Angeklagten eine möglichst freie Wahl und die Wahl einer Person zu sichern, welcher er sein Vertrauen zugewendet hat"[31]. Daher sieht die Rechtsprechung mit Recht die Bedeutung der Vorschrift weniger darin, die Wahlmöglichkeit durch die gerichtliche Genehmigung einzuschränken, als vielmehr den **Kreis der Verteidiger auszudehnen**[32]. Nach der Entstehungsgeschichte dient die Vorschrift also nicht dem Schutz der Interessen der zugelassenen Rechtsanwälte, sondern dem Vertrauensinteresse des Beschuldigten[33].

24   Zu diesem Vertrauensinteresse des Beschuldigten ist jetzt ein gleichwertiges Interesse des **Verletzten** getreten[34]. Daher sollte § 138 Abs. 2 auch dort angewendet werden, wo das neue Recht dem Verletzten (nur) den Beistand eines **Rechtsanwalts** gestattet. Das gleiche gilt für die Einbeziehung der Rechtslehrer. Daß dabei die sprachlich enge und scheinbar eindeutige Fixierung kein Hinderungsgrund sein muß, zeigt die (freilich streitige) extensive Interpretation des § 387 (§ 387, 19 ff) (unbeschadet dessen, daß es dort um den Rechtsanwalt des Angeklagten geht).

25   **Andere Personen** sind auch **ausländische**[35] und in der DDR zugelassene Rechtsanwälte[36] (vgl. aber zu den EG-Anwälten oben Rdn. 5 f) und die nach Art. 1 § 1 RBerG

---

[30] *Hahn* Mat. 1 953.

[31] *Hahn* Mat. 2 1553.

[32] Wegen des Ausnahmecharakters der Vorschrift vertritt allerdings das OLG Karlsruhe (JR **1987** 387 mit Anm. *Hammerstein*) eine grundsätzlich restriktive Auslegung.

[33] KG JR **1956** 29; OLG Bremen NJW **1951** 123.

[34] Vgl. *Kleinknecht/Meyer*[38] Vor § 406 d, 1.

Daß der Verletzte im Strafprozeß, ebenso wie der Beschuldigte nur den Verdacht dulden muß, nur eine Vermutung (verletzt zu sein) beanspruchen darf, wird von der Polemik der Gegner dieser Neuregelungen übersehen, s. *Lüderssen* NStZ **1987** 253.

[35] *Hahn* Mat. 1 935.

[36] BGHSt **8** 200.

zugelassenen[37] **Rechtsbeistände**, gleichgültig ob sie bei dem Gericht, wo sie verteidigen wollen, oder bei einem anderen zugelassen sind[38]. Auch Verwandte können gewählt werden, eine die Genehmigung ausschließende Interessenkollosion kann nicht automatisch unterstellt werden[39]. Die Vorschrift ist anwendbar auch im Nebenstrafrecht[40], dagegen unanwendbar in Auslieferungssachen[41].

26 Die **Genehmigung muß das Gericht** nach pflichtgemäßem Ermessen erteilen. Es darf auch die Zulassung nicht mit dem Hinweis auf eine allgemeine Übung des Gerichts versagen[42]. Es darf auch, wenn der Beschuldigte das Vertrauen zu einem Verteidiger darlegt, nicht den Vortrag besonderer Gründe dafür verlangen, daß der Beschuldigte an der Verteidigung gerade durch den Gewählten ein Interesse habe[43]. Wenn der Gewählte vertrauenswürdig ist und nach den Umständen des Falles in besonderem Maße die Befähigung zur Verteidigung besitzt, kann die Genehmigung nicht versagt werden[44]. Eine völlig unbedeutende Vorstrafe bietet für sich allein keinen Versagungsgrund[45]. Die Genehmigung kann auch stillschweigend durch Gewährung von Verteidigerrechten erfolgen[46].

27 Der Gewählte ist entweder abzulehnen oder als Verteidiger zuzulassen. Wird er zugelassen, so erstreckt sich die Verteidigung auf das **gesamte Verfahren**. Der Beschuldigte kann unter Beachtung von § 137 Abs. 1 S. 2 (nicht mehr als drei Verteidiger) die Verteidigung unter mehrere Verteidiger aufteilen, die nacheinander auftreten. Er kann auch von vornherein erklären, daß er einen Verteidiger nur für einen bestimmten **Verfahrensabschnitt** bestelle. In diesem Fall erfaßt die Genehmigung auch nur die Wahl für diesen Abschnitt[47]. Darüber hinaus ist es unzulässig, daß das Gericht bei unbeschränkter Wahl eine beschränkte Genehmigung erteilt[48]. Die Genehmigung kann **jederzeit** erteilt werden, solange das Gericht mit der Sache befaßt und der Verfahrensabschnitt noch nicht beendet ist, für den die vom Verteidiger vorzunehmende Prozeßhandlung bestimmt ist und in dem sie wirken soll. Die Vorschrift setzt voraus, daß die Genehmigung erteilt sein muß, bevor der als Verteidiger auftretende Beauftragte des Beschuldigten eine Prozeßhandlung vornimmt[49]. Die Genehmigung wirkt aber zurück[50].

28 Das Gericht ist befugt, die Genehmigung wieder **zurückzunehmen**. Anlaß dazu kann u. a. geben, daß der Gewählte die Verteidigung nicht zu führen vermag; daß jemand bestellt worden ist, der nicht bestellt werden durfte; daß von jemandem, der fremde Rechtsangelegenheiten betreibt, bekannt wird, ihm fehle die nach Art. 1 § 1 RBerG erforderliche Genehmigung; oder daß sonst Irrtümer obgewaltet haben[51]. Das **Rechtsmittelgericht** kann eine andere Beurteilung zugrunde legen als der judex a quo[52].

[37] BayObLGSt **1971** 177.

[38] Vgl. BVerfGE **41** 389.

[39] OLG Hamm MDR **1978** 509 zum Schwiegersohn als Verteidiger; zum gesetzlichen Vertreter s. OLG Schleswig SchlHA **1986** 104.

[40] OLG Koblenz NStZ **1981** 489.

[41] OLG Koblenz MDR **1982** 429: wegen Spezialität von § 53 IRG (BGBl. I 1982, 2071).

[42] BayObLGSt **1954** 33.

[43] BayObLG MDR **1978** 862.

[44] OLG Bremen NJW **1951** 123; **a. A** OLG Nürnberg MDR **1968** 944, das zu Unrecht einen Rechtsbeistand nur in Sonderfällen zulassen will, in denen für die Verteidigung besondere Sachkunde erwünscht sei. Die nötige

Befähigung betont besonders OLG Düsseldorf NStZ **1988** 91, wo es um die Zulassung eines Strafgefangenen als Verteidiger ging; vgl. auch OLG Karlsruhe NJW **1988** 2549 sowie *Hilla* NJW **1988** 2525.

[45] OLG Hamburg NJW **1955** 644.

[46] OLG Düsseldorf OLGSt (alt) Nr. 2 zu § 138 Abs. 2.

[47] RGSt **9** 80.

[48] *Eb. Schmidt* 15; **a. A** KMR-*Müller* 13.

[49] RGSt **55** 214.

[50] OLG Hamm MDR **1951** 503; OLG Schleswig SchlHA **1986** 105.

[51] BayObLGSt **1953** 15.

[52] BGHSt **8** 196.

Klaus Lüderssen

Es kann also im Gegensatz zum Vorderrichter die Genehmigung versagen, aber nur mit Wirkung für die Zukunft. Die Entscheidung ergeht durch **Beschluß**, der im Fall der Ablehnung und der Rücknahme zu begründen ist (§ 34). Wird die Genehmigung **stillschweigend** erteilt, ist sie gleichwohl rechtswirksam[53], wenn die Handlungen, aus denen sich die Genehmigung schlüssig ergeben soll, klar erkennen lassen, daß das Gericht den Willen gehabt hat, die Bestellung zu genehmigen[54].

29   **Zuständig** ist das Gericht, bei dem das Verfahren anhängig ist. Ist ein Rechtsmittel eingelegt, ist das Gericht, bei dem es eingelegt ist (§ 314 Abs. 1, § 341 Abs. 1), solange zuständig, bis die Akten an das Rechtsmittelgericht gelangt sind[55]. Der judex a quo braucht jedoch nicht zu entscheiden, sondern kann die Entscheidung dem judex ad quem überlassen[56].

30   Im **Vorverfahren** gilt § 141 Abs. 4 in der Weise entsprechend, daß über die Genehmigung das Gericht (§ 138 Abs. 2; nicht sein Vorsitzender) entscheidet, das für das Hauptverfahren zuständig ist.

31   Gegen die Entscheidung des Gerichts ist die **Beschwerde** zulässig, wenn es sich nicht um Beschlüsse der Strafsenate (§ 304 Abs. 4) handelt. Es handelt sich dabei nicht etwa um eine Entscheidung im Sinne von § 305 S. 1[57]. Auch die Beschlüsse des erkennenden Gerichts (§ 305 S. 1) unterliegen der Beschwerde, weil sie nicht im inneren Zusammenhang mit dem Urteil stehen. Beschwerdeberechtigt sind der Beschuldigte und die Staatsanwaltschaft, der Beschuldigte jedoch nur, wenn sein Antrag abgelehnt oder eine erteilte Genehmigung zurückgenommen wird. In diesen Fällen ist auch der vom Beschuldigten **Gewählte beschwerdeberechtigt**, *gleichviel ob* er ein zugelassener Rechtsbeistand[58] oder eine nicht in dieser Stellung befindliche „andere Person" ist[59]. Durch die Wahl des Beschuldigten wird er eine „andere Person" auch im Sinne des § 304 Abs. 2. Diese prozessuale Stellung wird durch die Versagung oder Rücknahme der Genehmigung berührt; das reicht zur Beschwerdeberechtigung aus. Eine „durch Gesetz begründete Rechtsstellung"[60] darf nicht gefordert werden. Auch Privat- oder Nebenkläger haben ein Beschwerderecht[61], ferner der Verletzte (vgl. grundsätzlich § 137, 20). Zwar kann die Entscheidung vom Beschwerdegericht nur auf Rechtsfehler hin untersucht werden, dazu gehört aber auch ein rechtsfehlerhafter Ermessensgebrauch[62]. Hier fließt also die verwaltungsrechtliche Ermessenslehre ein.

32   Hat das Gericht unter Mißbrauch seines pflichtgemäßen Ermessens die Genehmigung zur Wahl eines Verteidigers versagt, kann der Angeklagte mit der **Revision** eine Verletzung von § 338 Nr. 8 rügen[63].

33   Mit der **Zulassung** wird der Gewählte, wenn er die Wahl angenommen hat, Verteidiger mit allen Rechten eines Verteidigers, auch wenn er im Fall der notwendigen Verteidigung nur in Gemeinschaft mit einem anderen bestellt ist, der „zu den Personen gehört, die zu Verteidigern bestellt werden dürfen". Er kann also namentlich auch Revisionsanträge und -begründungen anbringen[64]. Er muß sie jedoch im Falle notwendi-

[53] RGSt **55** 213.
[54] RGSt **61** 106.
[55] § 321, § 347 Abs. 2; RGSt **55** 214; **62** 250; RG JW **1927** 2047; BayObLGSt **24** 121; OLG Hamm MDR **1951** 503.
[56] *Seibert* JZ **1951** 440.
[57] OLG Düsseldorf NStZ **1988** 91.
[58] BayObLGSt **1954** 53; OLG Bremen NJW **1951** 123.
[59] OLG Oldenburg NJW **1958** 33.

[60] OLG Hamburg MDR **1969** 598.
[61] **A. A** noch LG Dortmund JMBlNRW **1954** 156, durch die Neugestaltung der Mitwirkung des Verletzten im Strafverfahren (s. oben Rdn. 20) indessen wohl überholt.
[62] OLG Düsseldorf MDR **1983** 600; NStZ **1988** 91.
[63] *Eb. Schmidt* 11.
[64] BayObLGSt **1955** 256.

ger Verteidigung von einer nach Abs. 1 wählbaren Person mitunterzeichnen lassen, um sie wirksam zu machen[65]. Die Genehmigung kann zwar zurückgenommen werden (Rdn. 15); solange das aber nicht geschehen ist, besteht sie auch für höhere Instanzen.

IV. Andere Personen und notwendige Verteidigung (Absatz 2, 2. Alternative)

Im übrigen unterscheidet das Gesetz danach, ob der Fall einer notwendigen Ver- **34** teidigung vorliegt oder nicht.

Steht fest, daß ein solcher Fall **nicht** vorliegt, so müssen für die Wahl einer ande- **35** ren Person zum Verteidiger keine weiteren Voraussetzungen erfüllt sein.

Liegt der Fall einer **notwendigen Verteidigung** vor, so ist noch einmal zu unter- **36** scheiden: Gehört der Gewählte zu den Personen, die als Verteidiger bestellt werden dürfen, so ist Abs. 1 anzuwenden. Gehört die gewählte Person nicht zu diesem Personenkreis, so kann sie — unter den Rdn. 9 ff genannten Voraussetzungen (Wahl durch den Beschuldigten und Genehmigung des Gerichts) — nur in Gemeinschaft mit jemandem Verteidiger sein, der zu den nach § 138 Abs. 1 wählbaren oder nach § 142 Abs. 1 **und** Abs. 2 bestellbaren Verteidigern gehört. Dieser andere Verteidiger kann nach § 138 Abs. 1 gewählt oder nach § 141 bestellt werden. Das Gesetz verschleiert diese Alternative allerdings etwas, indem es diesen Vorgang und den der gerichtlichen Genehmigung der Verteidigung durch eine andere Person mit der globalen Wendung „zugelassen werden" zusammenfaßt.

Der „Fall einer notwendigen Verteidigung" ist gegeben, wenn die Voraussetzun- **37** gen des § 140 Abs. 1 oder Abs. 2 vorliegen. Das müßte demnach, obwohl es auf die nach § 141 vorzunehmende **Bestellung** eines Verteidigers jetzt noch nicht ankommt, vom Gericht festgestellt werden. Indessen kann es dazu — bei richtiger Auslegung der Vorschrift — praktisch nicht kommen.

Denn ist der Beschuldigte mit dem zusätzlichen, den Erfordernissen des § 138 **38** Abs. 1 oder § 142 genügenden Verteidiger **einverstanden**, so heißt das praktisch, daß er ihn **wählt**. Kann er ihn bezahlen, kommt es zu einem Fall nach § 138 Abs. 1. Kann er ihn nicht bezahlen, gelangen § 142 Abs. 1 S. 2 und 3 zur Anwendung. In beiden Fällen wird dem Beschuldigten also **kein Verteidiger aufgezwungen**. Es verhält sich vielmehr so wie in den Fällen, in denen der Beschuldigte bereits einen Verteidiger hat und nun noch eine andere Person beauftragen möchte. Hier genügt die Genehmigung des Gerichts; die Prüfung, ob ein Fall notwendiger Verteidigung vorliegt, findet bei dieser Genehmigung gar nicht statt (sondern nur im Rahmen der Bestellung nach § 142).

Ist der Beschuldigte mit jenem zusätzlichen Verteidiger **nicht einverstanden**, so **39** bekommt er ihn gleichwohl (Zwangskontrahierung), wenn auch bei restriktiver Auslegung die Voraussetzungen des § 140 vorliegen (s. § 140, 7 ff). Diese Prüfung hat aber ohnehin, unabhängig von den Begehren des Beschuldigten, eine andere Person mit seiner Verteidigung zu beauftragen, zu erfolgen. Zeigt sich, daß die Voraussetzungen des § 140 nicht vorliegen, so bleibt es bei der ersten Alternative des Abs. 2 (Rdn. 9 ff); die Genehmigung des Gerichts genügt.

Der Fall, daß das Gericht **lediglich** für die **Entscheidung** über die **Genehmigung** **40** der Wahl einer anderen Person als Verteidiger das Vorliegen der Voraussetzungen des § 140 feststellen muß, könnte mithin nur gegeben sein, wenn der Beschuldigte, der den zusätzlichen Verteidiger nicht wünscht, nur das **Recht** hätte, einen Pflichtverteidiger zu beauftragen (extensive Auslegung des § 140, vgl. dazu § 140, 6), eine Aufzwingung indessen bei restriktiver Auslegung nicht erforderlich wäre.

---

[65] BGHSt **32** 326.

41   Ob bei **dieser Sachlage** die **extensive** Auslegung des § 140 geboten ist, muß aber bezweifelt werden. Zwar wird dem Beschuldigten kein Verteidiger aufgezwungen, weil er ja die Freiheit hat, diesen Vorgang durch den **Verzicht** auf die Wahl einer anderen Person als Verteidiger abzuwenden. Andererseits kann man sagen, daß der Beschuldigte gerade wegen jener zusätzlichen Bedingung in seiner Freiheit, eine andere Person zu wählen, beschränkt ist. Die Lösung des Problems muß sich am Sinn des § 138 Abs. 2 orientieren. Der Beschuldigte soll, wenn er eine nicht gemäß § 138 Abs. 1 oder § 142 berufbare Person zu seinem Verteidiger wählt, vor unsachgemäßer Verteidigung geschützt werden, auch wenn kein Fall notwendiger Verteidigung vorliegt, denn auch dann ist ja die Genehmigung des Gerichts nötig. Ist dieser Fall dem gleichzustellen, in dem der Beschuldigte überhaupt keinen Verteidiger haben will, so muß man konsequenterweise auch hier die **restriktive** Auslegung der Pflichtverteidigung befürworten.

42   Gegen diese Gleichstellung könnte sprechen, daß ein Verteidiger, der nicht die professionellen Mindestgarantien der nach § 138 Abs. 1 und § 142 berufbaren Personen aufweist, dem Beschuldigten unter Umständen sogar **schaden** kann, so daß es für ihn bei dieser Sachlage besser wäre, gar keinen Verteidiger zu haben als sozusagen einen „halben". Indessen würde das auf eine **schwer überprüfbare** Differenzierung von Autonomiedefiziten des Beschuldigten hinauslaufen, darauf nämlich zu prüfen, ob dieser Beschuldigte, wiewohl er durch sich selbst nicht so gefährdet ist, daß er einen professionellen Verteidiger braucht, doch so urteilsschwach ist, daß er jedenfalls keinen allein agierenden nicht-professionellen Verteidiger bekommen darf. Demgegenüber dürfte die generalisierende Annahme praktischer sein, daß zur Autonomie des „unvernünftigen" Beschuldigten, der keinen Verteidiger haben will, eben auch gehört, daß er statt dessen nach nicht-professionellen Helfern sucht. Auch davor ist er also nur in den Grenzen des restriktiv zu interpretierenden § 140 zu schützen, und ob diese Voraussetzung vorliegt, stellt das Gericht ohnehin fest.

§ 138 a

(1) Ein Verteidiger ist von der Mitwirkung in einem Verfahren auszuschließen, wenn er dringend oder in einem die Eröffnung des Hauptverfahrens rechtfertigenden Grade verdächtig ist, daß er

1. an der Tat, die den Gegenstand der Untersuchung bildet, beteiligt ist,
2. den Verkehr mit dem nicht auf freiem Fuße befindlichen Beschuldigten dazu mißbraucht, Straftaten zu begehen oder die Sicherheit einer Vollzugsanstalt erheblich zu gefährden, oder
3. eine Handlung begangen hat, die für den Fall der Verurteilung des Beschuldigten Begünstigung, Strafvereitelung oder Hehlerei wäre.

(2) Von der Mitwirkung in einem Verfahren, das eine Straftat nach § 129 a des Strafgesetzbuches zum Gegenstand hat, ist ein Verteidiger auch auszuschließen, wenn bestimmte Tatsachen den Verdacht begründen, daß er einen der in Absatz 1 Nr. 1 und 2 bezeichneten Handlungen begangen hat oder begeht.

(3) [1]Die Ausschließung ist aufzuheben,

1. sobald ihre Voraussetzungen nicht mehr vorliegen, jedoch nicht allein deshalb, weil der Beschuldigte auf freien Fuß gesetzt worden ist,
2. wenn der Verteidiger in einem wegen des Sachverhalts, der zur Ausschließung geführt hat, eröffneten Hauptverfahren freigesprochen oder wenn in einem Urteil des Ehren- oder Berufsgerichts eine schuldhafte Verletzung der Berufspflichten im Hinblick auf diesen Sachverhalt nicht festgestellt wird,

3. wenn nicht spätestens ein Jahr nach der Ausschließung wegen des Sachverhalts, der zur Ausschließung geführt hat, das Hauptverfahren im Strafverfahren oder im ehren- oder berufsgerichtlichen Verfahren eröffnet oder ein Strafbefehl erlassen worden ist.

²Eine Ausschließung, die nach Nummer 3 aufzuheben ist, kann befristet, längstens jedoch insgesamt für die Dauer eines weiteren Jahres, aufrechterhalten werden, wenn die besondere Schwierigkeit oder der besondere Umfang der Sache oder ein anderer wichtiger Grund die Entscheidung über die Eröffnung des Hauptverfahrens noch nicht zuläßt.

(4) ¹Solange ein Verteidiger ausgeschlossen ist, kann er den Beschuldigten auch in anderen gesetzlich geordneten Verfahren nicht verteidigen. ²In sonstigen Angelegenheiten darf er den Beschuldigten, der sich nicht auf freiem Fuße befindet, nicht aufsuchen.

(5) ¹Andere Beschuldigte kann ein Verteidiger, solange er ausgeschlossen ist, in demselben Verfahren nicht verteidigen, in anderen Verfahren dann nicht, wenn diese eine Straftat nach § 129a des Strafgesetzbuches zum Gegenstand haben und die Ausschließung in einem Verfahren erfolgt ist, das ebenfalls eine solche Straftat zum Gegenstand hat. ²Absatz 4 gilt entsprechend.

Schrifttum zu den §§ 138a bis 138d. Ausschließung und Überwachung des Verteidigers. Stellungnahme des Strafrechtsausschusses der BRAK v. 13. Sept. 1977 zum Entwurf eines Strafverfahrensänderungsgesetzes (Kabinettsvorlage des Bundesministers der Justiz vom 25. August 1977) etc., BRAK-Mitteilungen **1978** 15; *Baumann* Strafprozeßreform in Raten, ZRP **1975** 38; *Dahs* Ausschließung und Überwachung des Strafverteidigers — Bilanz und Vorschau, NJW **1975** 1385; *Dahs* Das „Anti-Terroristen-Gesetz" — eine Niederlage des Rechtsstaates, NJW **1976** 2145; *Denker* Die Ausschließung des Pflichtverteidigers, NJW **1979** 2176; *Donus* Ausschließung und Überwachung des Verteidigers im Strafverfahren, Diss. Tübingen 1978; *Dünnebier* Ausschließung von Verteidigern und Beschränkung der Verteidigung. Verfahren — Rechtsmittel — Vollstreckung, NJW **1976** 1; *Feuerich* Verhältnis des ehrengerichtlichen Verfahrens zum Straf- oder Bußgeldverfahren, NJW **1988** 181; *Göddeke* Verteidigerausschluß aufgrund „Verdachts"? DuR **1975** 325; *Görlitz* Verkehrsrecht des Verteidigers, ZRP **1977** 174; *Groß* Die gesetzliche Regelung des Verteidiger-Ausschlusses, ZRP **1974** 25; *Groß* Der erweiterte Verteidigerausschluß nach § 138a II StPO — eine Fehlentscheidung des Gesetzgebers, NJW **1975** 422; *Holtz* Eine gesetzliche Regelung der Ausschließung des Verteidigers? JR **1973** 357; *Jescheck* Die Ausschließung des Verteidigers in rechtsvergleichender Sicht, FS Dreher 783; *Knapp* Verteidigung des Rechtsstaats durch Bekämpfung des Verteidigers? AnwBl. **1975** 373; *E.-J. Lampe* Der Ausschluß des Verteidigers im Entwurf des Zweiten Gesetzes zur Reform des Strafverfahrensrechts, JZ **1974** 696; *J. Lampe* Anlaufschwierigkeiten des neuen Strafverfahrensrechts (Streitfragen beim Ausschluß des Strafverteidigers und im Strafvollzugsrecht), MDR **1975** 529; *Lantzke* Eine gesetzliche Regelung der Ausschließung des Verteidigers? JR **1973** 357; *Maul* Gesetz gegen Terrorismus und Rechtsstaat, DRiZ **1977** 207; *Otto* Strafvereitelung durch Verteidigerhandeln, Jura **1987** 329; *Rebmann* Inhalt und Grenzen des Straftatbestandes „Werben für eine terroristische Vereinigung" nach § 129a StGB, NStZ **1981** 457; *Rieß* Der Ausschluß des Verteidigers in der Rechtswirklichkeit, NStZ **1981** 328; *Rudolph* Gesetzliche Regelung der Ausschließung des Verteidigers, DRiZ **1973** 257; *Schmidt-Leichner* Der Ausschluß des Verteidigers, NJW **1973** 696; *Schmidt-Leichner* Strafverfahrensrecht 1975 — Fortschritt oder Rückschritt? NJW **1975** 417; *Seelmann* Die Ausschließung des Verteidigers, NJW **1979** 1228; *Sturm* Zur Bekämpfung terroristischer Vereinigungen — Ein Beitrag zum Gesetz vom 18. August 1976, MDR **1977** 6; *Ulsenheimer* Zur Regelung des Verteidigerausschlusses in §§ 138a—d, 146 n. F. StPO, GA **1975** 103; *Vogel* Strafverfahrensrecht und Terrorismus — eine Bilanz, NJW **1978** 1217; *Wasserburg* Ausschluß des Verteidigers von der Verhandlung bei Gefährdung des Zeugen, FS II Peters 285; *Wuttke* Ausschließung des Strafverteidigers, NJW **1972** 1884. Literatur zur Rechtslage vor der Diskussion über die Einführung einer gesetzlichen Regelung vgl. 23. Auflage.

Entstehungsgeschichte. Die Vorschrift ist eingefügt worden durch Art. 1 Nr. 6 des 1. StVRErgG. Es handelt sich dabei um die „ersten durch die Terrorismuskriminalität,

Klaus Lüderssen

namentlich durch die Ermordung des Kammergerichtspräsidenten von Drenckmann ausgelösten strafverfahrensrechtlichen Änderungen"[1]. Die Einfügung ist auch eine direkte Folge des Beschlusses des BVerfG vom 14. 2. 1973 (BVerfGE **34** 293 ff), der die Ausschließung von RA Schily als Wahlverteidiger von Gudrun Ensslin im Baader-Meinhof-Verfahren wegen fehlender gesetzlicher Grundlage für unzulässig erklärt, gleichzeitig aber auf diesen „höchst unbefriedigende(n)" Rechtszustand hingewiesen hat, den es „in naher Zukunft" zu beseitigen gelte.

Der jetzige Absatz 4 war zunächst in Absatz 2 Satz 2 geregelt. Die Umstellung ist bewirkt worden durch Art. 2 Nr. 2 Buchst. a des StGBÄndG vom 18. 8. 1976. Durch Art. 2 Nr. 2 Buchst. b desselben Gesetzes wurde Absatz 2 angefügt. Im Rahmen dieses sog. „Anti-Terrorismusgesetzes"[2] sollten durch die Erstreckung des Verteidigerausschlusses auch auf andere Verfahren „Zweifel, die bei der Anwendung in der Praxis aufgetreten sind, ausgeräumt werden"[3]. Die Neufassung des § 138 a StPO vom 14. 4. 1978 durch das StPÄG 1978 ist eines der Ergebnisse weiterer Beratungen zur Terrorismusbekämpfung[4]. *Vogel* bezeichnete es als „Vorweggesetz zur Verwirklichung besonders dringlicher gesetzgeberischer Maßnahmen nach den Erfahrungen aus den Terroranschlägen Buback, Ponto und Schleyer"[5].

Die **Ausschließungsgründe** der Absätze 1 und 2 a. F. sind, durch das StPÄG 1978 neu geordnet, in Absatz 1 zusammengestellt. Bei der Begehung von Straftaten (Absatz 1 Nr. 2) wurde die Beschränkung auf einen gewissen Strafrahmen (Absatz 2 Nr. 1 a. F.) aufgegeben. Der **Verdachtsgrad** des bisherigen Absatzes 1 wurde auf alle bisherigen Ausschließungsgründe ausgedehnt (Absatz 1, Eingang). Neu eingefügt wurde Absatz 2, der in Strafsachen nach § **129 a StGB** bei **minderem Verdachtsgrad** die Ausschließung als Verteidiger zuläßt. Zum Ausgleich erweiterte Absatz 3 die **Aufhebungsgründe** und engte den bisherigen einzigen (Absatz 3 a. F) dahin ein, daß der Wegfall der Verwahrung — entgegen der bisherigen Rechtslage (LR-*Dünnebier*[23], Rdn. 56) — allein nicht zur Aufhebung der Ausschließung führt (Absatz 3 Nr. 1 am Ende — „jedoch nicht" —). Das zuvor allein in Absatz 4 geregelte Verteidigungsverbot wurde zu Satz 1 und in Absatz 4 Satz 2 durch ein **Besuchsverbot** erweitert. Die auf andere Beschuldigte bezogenen **Verteidigungsverbote** (Absatz 5) wurden in mehrfacher Hinsicht erweitert[6]. Einzelheiten s. Rdn. 186.

Übersicht

---

[1] *Vogel* als amtierender Bundesjustizminister, NJW **1978** 1217 ff, 1219; vgl. auch aus der dritten Beratung des Gesetzesentwurfs im Bundestag, 138. Sitzung am 18. 12. 1974, S. 9515 des Sitzungsprotokolls mit der Stellungnahme des CDU-Abgeordneten *Dr. Lenz*.

[2] *Vogel* NJW **1978** 1220.
[3] Bericht des BTRAussch., BTDrucks. 7 5401 zu Nummer 1 (§ 138 a StPO) Absatz 3 Satz 2, S. 7 1.
[4] BTDrucks. **8** 322; **8** 976; **8** 1283; **8** 1482.
[5] NJW **1978** 1217 ff, 1221.
[6] Begr. BTDrucks. **8** 976, S. 38, 39.

A. Allgemeines

I. Verfassungsmäßigkeit

Der Wesensgehalt des gemäß Art. 12 Abs. 1 Satz 2 GG durch Gesetz einschränkbaren Grundrechts auf freie Berufsausübung ist nicht angetastet (Art. 19 Abs. 2 GG)[7]. Auch die dem Rechtsstaatsprinzip (Art. 20, 28 GG) zu entnehmende Forderung nach dem fairen Verfahren[8], zu dem gehört, daß der Beschuldigte einen — seine Partei nehmenden — Verteidiger seines Vertrauens hat[9], bleibt erfüllbar[10]. Die gesetzlichen Einschränkungen der Geltung des aus dem Prinzip seiner Autonomie hervorgehenden Rechts des Beschuldigten zum Vertragsabschluß mit einem Verteidiger respektieren die immanenten Grenzen, welche die einschlägigen Artikel des Grundgesetzes (1, 2) hier **1**

---

[7] BVerfG NJW **1975** 2341 = AnwBl. **1975** 366. Entschieden hat allerdings nur der Vorprüfungs- bzw. Dreierausschuß, ohne eingehende Begründung. Der Beschluß bezieht sich auf BGH AnwBl. **1975** 243, dieser auf OLG Stuttgart AnwBl. **1975** 213.
[8] BVerfGE **66** 313, 318 f; ständige Rspr. (vgl.

z. B. BVerfGE **26** 66, 71; **38** 105, 111; **46** 202, 210.
[9] Siehe auch BVerfGE **68** 273, 255.
[10] Grundlegend BVerfGE **19** 342, 347 ff; **20** 45, 49 ff; **30** 367, 383; **38** 105, 111 ff; **41** 246, 250; **53** 152.

Klaus Lüderssen

ziehen[11] — unerachtet der Kritik, die man an der Heterogenität der mit der Ausschluß-regelung verfolgten Zwecke[11a] üben kann[11b].

2   Das BVerfG hat die gesetzliche Regelung des § 138 a Abs. 1 Satz 2 Nr. 1 a. F für verfassungsgemäß erklärt[11c]. Der Fall bot dem Gericht wohl keine Veranlassung, zu dem **Grundsatz der Verhältnismäßigkeit** Stellung zu nehmen. Erinnert man sich aber daran, daß das Gericht vor BVerfGE **34** 293 (= NJW **1973** 689 = AnwBl. **1973** 107) alle ihm mit Verfassungsbeschwerde unterbreiteten Ausschließungsentscheidungen wegen Verletzung jenes Grundsatzes aufgehoben hat[11d], so tritt dessen Bedeutung deutlich hervor. Gewiß hat der Gesetzgeber einen Spielraum, wie er die Ausschlie-ßungsgründe abgrenzt, und nach fester Rechtsprechung des BVerfG hat dieses nicht zu prüfen, ob der Gesetzgeber die zweckmäßigste, vernünftigste oder gerechteste Lösung gefunden hat. Daher wird bei Abs. 1 Nr. 1 und 3 wenig Raum für richterliche Abwägung sein. Aber das im Grundgesetz verankerte Prinzip der Verhältnismäßigkeit geht dem all-gemeinen Gesetz vor und beansprucht seine Geltung in Randfällen, die in Abs. 1 Nr. 2 sicher auftreten werden, weil Nr. 2 1. Alternative praktisch das gesamte Strafgesetzbuch umfaßt und der Begriff der Sicherheit einer Vollzugsanstalt (Nr. 2 2. Alternative) recht weiter Auslegung zugänglich ist. Bei der Entscheidung gemäß § 138 a ist daher immer zu beachten, ob die Ausschließung gegenüber den sonstigen Hilfsmitteln der Strafpro-zeßordnung die angemessene Lösung ist[11e].

II. Grundbegriffe

1. Verteidiger

3   Das sind die **Rechtsanwälte** und **Hochschul-Rechtslehrer** des § 138 Abs. 1; die Rechtskundigen der §§ 138, 142 Abs. 2; die Steuerberater, Steuerbevollmächtigten, Wirtschaftsprüfer und vereidigten Buchprüfer des § 392 Abs. 1 AO (OLG Karlsruhe NJW **1975** 943 = AnwBl. **1975** 168); die „anderen Personen" des § 138 Abs. 2, wozu neben ausländischen und in der DDR zugelassenen Rechtsanwälten auch die mit be-hördlicher Erlaubnis tätigen Rechtsbeistände zählen; die Vertreter nach § 434 Abs. 1, § 442, § 444 und der Beistand eines Jugendlichen (§ 69 Abs. 3 JGG).

4   Ob die §§ 138 a bis 138 d nur auf **Wahlverteidiger** (§§ 138, 145) oder auf alle Ver-teidiger, also auch die **Pflichtverteidiger** (§§ 141, 145 Abs. 1) anzuwenden sind, ist heftig umstritten[11f]. Die Ablehnung einer Geltung der §§ 138 a bis 138 d für **Pflichtver-teidiger** wird in erster Linie auf die **Entstehungsgeschichte** gestützt. In seiner Entschei-

[11] Grundlegend BVerfGE **6** 32, 37 f; **30** 1, 26; **45** 187, 242.

[11a] *Seelmann* NJW **1979** 1129; *Groß* ZRP **1974** 30; *Ulsenheimer* GA **1975** 106 ff. Eine Be-schränkung des Verteidigerausschlusses auf die Fälle der Interessenkollision zwischen Verteidiger und Beschuldigtem hat der Ar-beitskreis Strafprozeßreform (133 ff) vorge-schlagen.

[11b] Eine sehr weitgehende politische Kritik fin-det sich bei *Bakker/Schut* 135 ff; generalisie-rend-kritische Bemerkungen zu diesem Buch freilich bei *Heldmann* StrVert. **1988** 183.

[11c] Vgl. Fußn. 7.

[11d] BVerfGE **15** 234; **16** 220; **22** 133.

[11e] Vgl. die von *Seelmann* (NJW **1979** 1132 ff) vorgeschlagenen milderen Mittel als Ersatz

für die Ausschließung des Verteidigers. BVerfGE NJW **1975** 2341 hat jedoch für Abs. 1, Abs. 2 Nr. 1 einen auf Nicht-Berück-sichtigung der Möglichkeit eines milderen Mittels gestützten Verstoß gegen das Über-maßverbot ausdrücklich verneint.

[11f] Für eine Beschränkung auf die **Wahlverteidi-ger** BVerfGE **39** 238, 245; OLG Koblenz NJW **1978** 2521 = AnwBl. **1978** 321 m. abl. Anm. *Krekeler* = MDR **1979** 862 = GA **1979** 394 (LS) = JR **1979** 36 m. abl. Anm. *Rieß*; OLG Köln NStZ **1982** 129; *Kleinknecht/ Meyer*[38] 3; § 143, 5; *Ulsenheimer* GA **1975** 105; *Lampe* JZ **1974** 699. **A. A** OLG Braun-schweig StrVert. **1984** 500; OLG Düsseldorf MDR **1988** 988 = NStZ **1988** 519; KG NJW **1978** 1538 (Das KG wendet § 138 a auf einen

dung vom 14. 2. 1974 (BVerfGE **34** 293) habe das BVerfG lediglich eine Gesetzeslücke im Bereich des Verteidigerausschlusses aufgedeckt. Der Gesetzgeber habe dementsprechend auch nur diese Lücke durch Einfügung der §§ 138 a ff schließen wollen. Auch der Standort der eingefügten Vorschriften innerhalb der StPO zeige diesen Willen des Gesetzgebers. Die Plazierung der Vorschriften über den Verteidigerausschluß direkt im Anschluß an § 138 (Wahlverteidiger) mache deutlich, daß der Gesetzgeber dieses Verfahren nur auf Wahlverteidiger angewendet sehen wolle. Anderenfalls hätte er das Verfahren am Beginn oder am Ende des gesamten Abschnittes „Verteidigung" geregelt. Die Bestellung als Pflichtverteidiger könne in den fraglichen Fällen ohne weiteres nach § 143 zurückgenommen werden. Dies allein entspreche den praktischen Erwägungen und sei wesentlich einfacher als das schwerfällige Ausschließungsverfahren für Wahlverteidiger[11g]. Diese Argumente überzeugen jedoch nicht.

Die Vertreter der Gegenmeinung übersehen, daß das BVerfG (BVerfGE **34** 293) **5** seinerzeit **keineswegs** völlig eindeutig **nur in Bezug auf den Wahlverteidiger** eine Gesetzeslücke festgestellt hat. Aber selbst wenn man das anders interpretiert, darf nicht gefolgert werden, das BVerfG habe gleichzeitig ausgesprochen, die Materie des Pflichtverteidigerausschlusses sei zur Genüge gesetzlich geregelt (in dem damaligen Verfahren war ein Wahlverteidiger betroffen, so daß der Senat sich mit der Frage des Pflichtverteidigerausschlusses nicht zu beschäftigen brauchte[11h]). Auch wenn die Aufforderung des BVerfG dahin zu verstehen ist, der Gesetzgeber möge eine Gesetzeslücke im Bereich des *Wahl*verteidigerausschlusses schließen, kann es damit dem Gesetzgeber nicht die Hände gebunden haben. Vielmehr kann der Gesetzgeber die Gesetzeslücke aufgrund eigener Initiative bei der Regelung des Wahlverteidigerausschlusses gleich mit geschlossen haben. Auch aus § 434 Abs. 1 ergibt sich nichts anderes. Dort gelten zwar für den gewählten Verteidiger die §§ 137 bis 139, 145 a bis 149, nicht aber für den (entsprechend § 140 Abs. 2) beigeordneten Verteidiger (§ 434 Abs. 2). Doch ist die Vorschrift im Jahre 1968 durch Art. 2 Nr. 16 EGOWiG eingefügt worden, als es die §§ 138 a ff noch nicht gab. Daß der Gesetzgeber sie bei Einführung der §§ 138 a ff bewußt unverändert gelassen hat, ist nicht ersichtlich. Außerdem gibt es keinen sachlichen Grund für die Übernahme dieser Trennung in die Regelung der §§ 138 a ff.

Aus den **Gesetzgebungsmaterialien** läßt sich ein Wille des Gesetzgebers, das Verfahren der §§ 138 a bis 138 d auf die Wahlverteidiger zu beschränken, ebenfalls nicht herauslesen[12]. Ebensowenig besagt die Anordnung des Ausschlußverfahrens direkt im Anschluß an § 138 (Wahlverteidiger), daß es für Pflichtverteidiger nicht gelten soll[13]. Selbst wenn die erste Gesetzgebungsinitiative nur eine Regelung des Wahlverteidigerausschlusses vorgesehen haben mag, kann doch im Laufe des Gesetzgebungsverfahrens der ursprünglich gewollte Anwendungsbereich ausgedehnt worden sein unter Beibehaltung des Standortes[14].

Pflichtverteidiger an, ohne aber in der Streitfrage selbst Stellung zu nehmen); *Dünnebier* NJW **1976** 1; KK-*Laufhütte*[2] § 138, 2; KMR-*Müller* 1; *Dencker* NJW **1979** 2179; *Krekeler* aaO; *Rieß* aaO; *Teske* Erl. zu BGH NStZ **1986** 37 in JA **1986** 109, 110.

[11g] Vgl. insbesondere OLG Koblenz aaO; auch BVerfGE **39** 238, 245 und OLG Köln aaO.

[11h] BVerfGE **34** 293 f.

[12] Eingehend *Dencker* NJW **1979** 2177; *Rieß* JR **1979** 38.

[13] *Ulsenheimer* GA **1975** 109 findet einen Be-

leg für die – von ihm abgelehnte – Einbeziehung des Pflichtverteidigers auf S. 12 der Begründung. Dort heißt es: Die Regelung gilt für alle Verteidiger, nicht nur für Rechtsanwälte. (BTDrucks. 7 2526, S. 12 1. = AnwBl. **1974** 216 r.). Danach will die Begründung wohl die Verteidiger des § 138 Abs. 1 1. Alternative denen nach § 138 Abs. 1 2. Alternative, Abs. 2 gegenüberstellen, nicht die Wahlverteidiger den Pflichtverteidigern.

[14] Vgl. *Krekeler* AnwBl. **1978** 322.

Klaus Lüderssen

7   Keineswegs stützt die **Gegenmeinung** die vom OLG Koblenz (aaO) angestellte Überlegung, der Gesetzgeber müsse nur eine Regelung für den Wahlverteidiger gewollt haben, da es praktisch und wesentlich **einfacher** als das schwerfällige Verfahren nach §§ 138 a ff sei, den **Pflichtverteidiger nach § 143 zu entpflichten**. Letztlich kann auch der Pflichtverteidiger das Verfahren nach § 138 a ff *erzwingen*, wenn er will (er braucht sich nur nach der Rücknahme seiner Bestellung vom Beschuldigten als Wahlverteidiger verpflichten zu lassen)[15]. Die engen materiellen und formellen Voraussetzungen des Ausschließungsverfahrens — einschließlich der Zuständigkeit des OLG und der Beschwerdemöglichkeit zum BGH (§ 138 c Abs. 1, § 138 d Abs. 6 i. V. m. § 304 Abs. 4 Satz 2)[15a] — wurden vom Gesetzgeber ja gerade aufgestellt, um erstens die Einheitlichkeit der Rechtsprechung zu garantieren[16] und um zweitens das Gericht vor dem Eindruck zu bewahren, es wolle sich — in eigener Entscheidungskompetenz — eines unbequemen Verteidigers entledigen[17]. An dieser Zielsetzung mußte dem Gesetzgeber umso mehr gelegen sein, als für den Bestellungswiderruf nach § 143 die Zuständigkeit des Vorsitzenden des erkennenden Gerichts angenommen wird[18].

8   Der **Wortlaut** des § 138 a ist eindeutig und nicht auslegungsbedürftig. Ohne Differenzierung spricht die Vorschrift von dem „Verteidiger". Nach dem **Sprachgebrauch** der StPO ist der **Begriff** des Verteidigers, wenn sich nicht aus der Benennung oder aus dem Zusammenhang eine Beschränkung ergibt, **umfassend**. In diesem Sinne muß man den Begriff auch hier verstehen[19], weil weder die §§ 138 a, 138 b noch eine andere Vorschrift eine Ausnahme für den Pflichtverteidiger vorsehen.

9   Für eine **teleologische Reduktion** des Gesetzeswortlautes[20] wäre Voraussetzung, daß man Wahlverteidigung und Pflichtverteidigung als zwei grundsätzlich unterschiedliche Formen der Verteidigung ansieht, so daß sich eine Anwendung der §§ 138 a ff auf die Pflichtverteidigung nach dem systematischen Sinn der Ausschlußregeln verbieten würde. Wahlverteidigung und Pflichtverteidigung sind jedoch gleichzusetzen (Vor § 137, 58 ff). Gerade weil der Beschuldigte mit seinem Pflichtverteidiger **nicht schlechter** gestellt sein darf als derjenige, der — über die notwendigen Geldmittel verfügend — einen Wahlverteidiger hat, kann eine unterschiedliche Handhabung des Verteidigerausschlusses nicht hingenommen werden. Denn wenn die Ausschließung des *Pflicht*verteidigers „einfacher" (OLG Koblenz aaO) ist als die des Wahlverteidigers (weil erstere allein in der Hand des Vorsitzenden liegen soll, § 143) und kein „schwerfälliges" Verfahren passieren muß (vgl. OLG Koblenz aaO), hat dies Auswirkungen auf das uneingeschränkte Engagement des Verteidigers, mit dem er sich möglicherweise den Unwillen des Vorsitzenden zuzieht[21].

10   **2. Verfahren.** Die Strafprozeßordnung verwendet den Begriff Verfahren[22] nicht einheitlich. Einmal bezeichnet sie damit verschiedene Verfahrensarten[23], dann das pro-

---

[15] Das räumen auch *Kleinknecht/Meyer*[38] 3; § 143, 5 ein.

[15a] Zum Rechtsbehelf nach einer Verfügung gem. § 143 vgl. eingehend *Dünnebier* NJW **1976** 5.

[16] BTDrucks. 7 2526, S. 22 = AnwBl. **1974** 218.

[17] BTDrucks. 7 2526, S. 12 = AnwBl. **1974** 216.

[18] BVerfGE **39** 238 = NJW **1975** 1016 = AnwBl. **1975** 212 (s. a. *Dünnebier* NJW **1976** 4.

[19] Vgl. *Krekeler* AnwBl. **1978** 322.

[20] Vgl. dazu *Rieß* JR **1979** 38.

[21] Vgl. auch die Argumente bei *Dencker* NJW **1979** 2178.

[22] Klärender Überblick bei *Dünnebier* FS Schäfer 27.

[23] Z. B. Strafverfahren (§ 416 Abs. 1, 2); Sicherungsverfahren (§ 414 Abs. 1, § 416 Abs. 1 bis 3); Berufungsverfahren (§ 437 Abs. 2); Revisionsverfahren (§ 437 Abs. 3); Wiederaufnahmeverfahren (§ 364 a, § 364 b Abs. 1 Satz 1); Privatklageverfahren (§ 377 Abs. 1); Nachverfahren (§ 439 Abs. 1, 2, 5); selbständiges Verfahren (§ 444 Abs. 3).

zessuale Vorgehen gegen **einen** Täter. Aus § 272 Nr. 4 ergibt sich, daß das Hauptverfahren (§§ 213 bis 275), der entscheidende Teil des Verfahrens, sich **gegen mehrere Angeklagte** richten kann („**die Namen der** Angeklagten"). Im gleichen Sinn des strafrechtlichen Vorgehens in einer und derselben Untersuchung und meist Verhandlung gegen (auch) mehrere Beschuldigte (vgl. §§ 2 bis 4, § 213 Abs. 1 und 2, § 237) wird der Begriff in Abs. 5 Satz 1 (in demselben Verfahren **auch andere Beschuldigte**) verwendet. Daraus folgt, daß auch in Abs. 1 Nr. 2 (Verkehr mit **dem Beschuldigten**) und Abs. 1 Nr. 3 (Verurteilung **des** Beschuldigten) das Verfahren (auch) gegen mehrere Beschuldigte gemeint ist (Abs. 5: Auch andere Beschuldigte ... in demselben Verfahren)[24]. Wegen § 146 (Verteidigung nur eines Beschuldigten) hat das allenfalls Bedeutung, wenn ein Verteidiger in demselben Verfahren wegen desselben Gegenstandes **nacheinander** verschiedene Beschuldigte verteidigen will. Letztlich kommt es indessen darauf nicht mehr an, da mit Abs. 5 Satz 1 eine spezielle Regelung geschaffen worden ist.

11 Das Verfahren *dauert* so lange, wie sich der Beschuldigte eines Verteidigers bedienen (§ 137 Abs. 1) kann, d. h. von der Anzeige (§ 158 Abs. 1) oder dem ersten Einschreiten (§ 160 Abs. 1 Satz 1) **bis zum Ende des Strafvollzugs** (§ 137, 11 ff), also auch für das Vollstreckungsverfahren, das Nachverfahren und das Gnadenverfahren und damit über den Zeitpunkt der Rechtskraft des Urteils hinaus (BGHSt **26** 371). Das ergibt sich klar aus dem Wort „sonst" in § 138 c Abs. 2 Satz 1, das[25] an die Stelle der Wendung „im vorbereitenden Verfahren"[26] getreten ist und damit alle Abschnitte außerhalb des Hauptverfahrens umfaßt[27].

12 **3. Mitwirkung.** Das Gesetz knüpft hier an § 140 Abs. 1, § 141 Abs. 3 Satz 2 an, wo von der Mitwirkung eines Verteidigers in dem gerichtlichen Verfahren[28] gesprochen wird. Sie erfaßt also alles, was zur Verteidigung gehört, den Beistand in jeder Lage des Verfahrens (§ 137 Abs. 1 Satz 1), dazu Akteneinsicht (§ 147) und Verkehr mit dem Beschuldigten (§ 148), die Annahme von Zustellungen (§ 145 a Abs. 1), aber auch — wenn auch mit besonderer Vollmacht — die Vertretung des abwesenden Angeklagten (§ 234). Aber nicht nur wegen jener Anlehnung dürfte die Vorschrift nicht schlicht sagen „ist von der Verteidigung auszuschließen". Vielmehr ist nach dem Sinn der Vorschrift die umständlichere Wendung „Mitwirkung in einem Verfahren" gewiß gewählt worden, um **jede** Mit-

---

[24] So schon OLG Stuttgart AnwBl. **1975** 246: nicht nur das Verfahren gegen **einen** Beschuldigten; zum mindesten ist der Ausschluß eines Verteidigers kraft Gesetzes auf die künftige Verteidigung anderer Angeklagter im gleichen Verfahren „erstreckt"; BGHSt **26** 221 = AnwBl. **1975** 445: „Tatbestandswirkung" (223, 226), „Erstreckung des Verteidigerausschlusses" (225). Die Frage ist durch das Verteidigungsverbot des Absatzes 5 Satz 1 erledigt.

[25] Durch Art. 2 Nr. 3 Buchst. a des StGB-ÄndG.

[26] So § 138 c Abs. 2 Satz 1 in der Fassung von Art. 1 Nr. 6 des 1. StVRErgG.

[27] § 138 c Abs. 3 Satz 2 hat durch Art. 2 Nr. 3 Buchst. b des StGÄndG die Fassung erhalten:

Vor Erhebung der Klage und nach rechtskräftigem Abschluß des Verfahrens (trifft die Anordnung). Der Inhalt ist derselbe wie bei der „sonst"-Fassung von § 138 c Abs. 2 Satz 1. Diese vereinfachende Fassung konnte in § 138 c Abs. 3 Satz 2 aus Gründen des Aufbaus der Vorschrift nicht verwendet werden.

[28] Da die Verteidigung grundsätzlich stets in bezug auf einen einzelnen Beschuldigten notwendig ist, nicht in bezug auf ein Verfahren (§ 140, 5), könnte das Wort Verfahren in § 141 Abs. 3 Satz 2 in einem anderen Sinn als in §§ 138 a, 138 b gebraucht worden sein, doch spielt diese Frage seit der Einfügung des Abs. 5 durch Art. 2 Nr. 3 des in Fußn. 27 genannten Gesetzes keine Rolle mehr.

Klaus Lüderssen

wirkung des ausgeschlossenen Verteidigers auszuschließen, vornehmlich also die durch jedermann mögliche Vertretung bei der Einlegung von Rechtsmitteln[29].

13   **4. Ausschließung.** Ausgeschlossen ist der Verteidiger von der Mitwirkung in einem Verfahren i. S. der Ausführungen zu Rdn. 10 ff. Aufgrund der Ausschließung als Verteidiger ist der Ausgeschlossene kein Verteidiger mehr. Von der Rechtskraft der Entscheidung nach § 138 c Abs. 1, § 138 d Abs. 1, 5 an gehört er zu den „bei der Verhandlung nicht beteiligten Personen" (§ 177 Satz 1, § 178 Abs. 1 Satz 1, Abs. 2 GVG).

14   Entgegen der noch von LR-*Dünnebier*[23] 10 vertretenen Auffassung sind **Prozeßhandlungen** des nach § 138 c Abs. 1, § 138 d Abs. 1, 5 ausgeschlossenen Verteidigers **unwirksam**, ohne daß es hierfür einer besonderen Feststellung bedarf[29a]. Dagegen stellt der neue § 146 a klar, daß die Unzulässigkeit der Verteidigung nach § 137 Abs. 1 Satz 2 und nach § 146 nicht schon kraft Gesetzes, sondern erst durch die Zurückweisung für die Zukunft wirkt (siehe aber auch Rdn. 174).

B. Die Regelungen im einzelnen

I. Die Ausschließungsgründe

15   **1. Für normale Verfahren. Allgemeine Voraussetzung: Verdachtsgrad.** Alle in der StPO verwendeten Verdachtsgrade kommen vor. (Zu den Änderungen nach Einfügung der Vorschriften in die StPO vgl. Entstehungsgeschichte.) Mit der Absicht, die Verdachtsschwelle auf „durch bestimmte Tatsachen begründeten Verdacht" herabzusetzen (BTDrucks. **8** 1976, 37) hat sich die Bundesregierung nicht durchgesetzt (BTDrucks. **8** 1482, 12). Die Unterscheidung danach, auf welches Delikt sich das Verfahren bezieht, an dem der Verteidiger mitwirkt, erweckt den Eindruck, daß für den Regelfall der **einfache Tatverdacht nicht ausreicht**. Noch deutlicher ist dieses Bild in der realen **Statistik**. Nach *Rieß* NStZ **1981** 329 hat es seinerzeit nur einen einzigen Fall gegeben, in dem der Ausschluß des Verteidigers an den durch bestimmte Tatsachen begründeten Verdacht im Sinne des § 138 a Abs. 2 StPO geknüpft worden ist.

16   Was den genaueren Umgang mit der gesteigerte Anforderungen stellenden Verdachtskombination des Abs. 1 angeht, so hat *Dünnebier* die Schwierigkeiten bereits zutreffend beschrieben[30]. An dieser Sachlage hat sich nichts Wesentliches geändert[31]. Die Rechtsprechung geht über die Probleme kommentarlos hinweg. Auch die wissenschaftli-

---

[29] BGH NJW **1976** 1415 zu § 146: Die Gültigkeit der von dem gemeinschaftlichen Verteidiger eingelegten Revision anzunehmen (wie *Dünnebier* NJW **1976** 5 – inzwischen aufgegeben – und das BayObLG NJW **1976** 156, 861 [= BayObLGSt **1975** 102]) würde dem Sinn und Zweck der Vorschrift widersprechen; BGHSt **26** 372 f = NJW **1976** 1903 (2. Sen.) zu § 146: Revision unzulässig, weil Verbotsnorm (des § 146) nicht ausschließlich in die Zukunft wirkt; zudem Umgehung des Gesetzeszwecks; OLG Karlsruhe AnwBl. **1975** 247 zu § 146; OLG Düsseldorf AnwBl. **1976** 651 zu § 146; OLG Hamm MDR **1976** 775 mit dem anfechtbaren Argument, es entspreche nicht dem Willen und den Interessen des Betroffenen, die Vollmacht soweit aufrechtzuerhalten, als sie den Rechtsanwalt ermächtigt hat, Rechtsmittel einzulegen und zu begründen. So nun auch OLG Karlsruhe Die Justiz **1981** 446: Die in § 138 a Abs. 4 Satz 1 normierte Wirkung beschränkt sich nicht lediglich auf das Verbot der Verteidigung, sondern umfaßt jede Mitwirkung des ausgeschlossenen Verteidigers in einem weiteren Verfahren, insbesondere die durch jedermann mögliche Vertretung bei der Einlegung von Rechtsmitteln.

[29a] Vgl. *Kleinknecht/Meyer*[38] 24; KK-*Laufhütte*[2] 5.

[30] LR-*Dünnebier*[23] 11 bis 13.

[31] LR-*Dünnebier*[23] EB 3.

chen Bemühungen um eine allgemeine Klärung der in der StPO verwendeten Verdachts-
begriffe sind noch nicht soweit gediehen, daß für die Praxis feste Anhaltspunkte abruf-
bar wären (§152, 21 ff).

Die erste Frage gilt den **Anknüpfungstatsachen**. Beschränkt man sich hier auf **17**
Fragmente, so muß, bezogen **darauf,** dann dieselbe Gewißheit vorliegen wie beim Richter, der am Ende des Verfahrens gemäß §261 zu seiner Überzeugung über den Tatvorwurf gelangt. Das wird oft übersehen, ist indessen mit Blick auf die Notwendigkeit einer
genauen Fixierung der verbleibenden prognostischen Aufgabe hilfreich. Sie besteht in
einer **Auswahl** von Anknüpfungstatsachen. Die Kriterien für diese Auswahl zu benennen, ist also das Problem. Sie bestimmt sich danach, ob die Tatsachen **Indizien** sind für
die Möglichkeit einer Verurteilung. Daß dabei wissenschaftlich nicht überprüfbare All-
tagsplausibilitäten den Ausschlag geben, ist äußerst unbefriedigend. Leider haben die
kritischen Feststellungen teilnehmend beobachtender Soziologen[32] keine Bemühungen
ausgelöst, wissenschaftlich haltbare Maßstäbe zu entwickeln. Mit naturwissenschaft-
lich-statistischen Wahrscheinlichkeiten kann nicht gearbeitet werden, weil sie den Einzelfall vernachlässigen, auf den hier alles ankommt. Was man braucht, sind auf vielen
Erfahrungen basierende Einzelstudien, die zu einer eine gewisse Abstraktionsstufe errei-
chenden Formel führen könnten. Sie fehlen, weil die Richter, die aufgrund ihrer Kompetenz auch für die Entscheidung über andere Zwangsmittel als die Untersuchungshaft
schon im Ermittlungsverfahren insofern die Maßstäbe setzen, glauben, auf derartige Ex-
pertisen nicht angewiesen zu sein und selbst dann, wenn sie Zweifel an ihrer eigenen
Sachkunde hätten, mit Recht darauf verweisen würden, daß die möglicherweise hierfür
zuständigen Sozialwissenschaften aus verschiedenen Gründen kein entsprechendes Ar-
beitsprogramm vorgelegt haben.

Die besonderen Schwierigkeiten, die das Erfordernis des **gesteigerten Tatver- 18**
dachts aufwirft, könnten relativiert werden, wenn man dem Vorschlag folgen würde,
auch für den zur Eröffnung des Hauptverfahrens berechtigenden Verdacht die hohe
Wahrscheinlichkeit zu fordern, ihn also dem dringenden Verdacht gleichzustellen
(§203, 12). Das hätte zwar für sich, daß man der Antwort auf die schwierige Frage ent-
hoben wäre, wie man die in ihrer Allgemeinheit einleuchtende Maxime im Einzelfall
konkretisieren könnte; daß die — für die meist vor der Angeklageerhebung angeordnete Untersuchungshaft — erforderliche höhere Verdachtsstufe im Falle der Eröffnung
mit der größeren **Gründlichkeit** der **Anklagevorbereitung** zu **kompensieren** ist. Der
Preis wäre aber die zwangsläufige Koppelung der Untersuchungshaft mit der Anklageerhebung (es sei denn, es liegen keine Haftgründe vor, was aber im Fall des §112
Abs. 3 bedeutungslos wäre). Was als Vorzug jener neueren, den für die Anklageerhebung erforderlichen Tatverdacht auf die Stufe des für die Anordnung der Untersuchungshaft hebenden Auffassung erscheint — bei Vorliegen von Haftgründen, insbesondere Fluchtgefahr, nicht zur Aufhebung des Haftbefehls gezwungen zu sein (§203,
12) — beraubt die Justiz also in Wahrheit eines wichtigen **Differenzierungsinstruments**.
Dieser Nachteil wird nicht etwa dadurch aufgehoben, daß mit dem Erfordernis des dringenden Tatverdachts auch für die Anklageerhebung die **Barriere** für **Eröffnungen**
höher gelegt würde. Vielmehr muß — angesichts der schwachen Verbindlichkeit der Definition der Verdachtsstufen — vermutet werden, daß ein von der Staatsanwaltschaft zu-
sammengetragenes Tatsachenensemble, das den Schluß auf **überwiegende Verurtei-**

---

[32] Nachweise bei *Naucke* FS der wissenschaftlichen Gesellschaft an der Johann Wolfgang
Goethe-Universität Frankfurt am Main 1981,
295; *Lüderssen* in Lüderssen/Sack Abweichendes Verhalten III (1977), 86.

Klaus Lüderssen

lungswahrscheinlichkeit erlaubt, dem Gericht ohne weiteres auch schlüssig im Sinne einer hohen Verurteilungswahrscheinlichkeit angeboten würde. Ratio legis — vorschnelle Haftbefehle sind zu vermeiden — mag hier gegen ratio legis — schwer begreifbare Haftentlassungen sind zu vermeiden — stehen. Welcher man den Vorzug gibt, ist nur unter Rückgriff auf eine höhere Regel entscheidbar.

19   Diese Regel ist hier die **Unschuldsvermutung**[33]. Untersuchungshaft und Anklageerhebung sind Entscheidungen, die der Unschuldsvermutung eigentlich widersprechen. Es handelt sich bei der generellen Zulassung von Anklage und Untersuchungshaft um einen pragmatischen Kompromiß[34]. Er ist so klein wie möglich zu halten. Im Zweifel also ist für die Lösung einzutreten, die bei diesem Kompromiß die größere Zurückhaltung erlaubt. Das ist diejenige, die den vorschnellen Haftbefehl vermeiden hilft. Liegt es so, daß im Ermittlungsverfahren der Tatverdacht zwar noch weiter aufgeklärt werden kann, soll aber, weil besondere Haftgründe vorliegen, die Untersuchungshaft sofort angeordnet werden, so ist dringender Tatverdacht erforderlich.

20   Die mithin unvermindert weiter bestehende Aufgabe, hinreichenden und dringenden Tatverdacht voneinander abzugrenzen, stellt sich bei § 138 a in Gestalt von zwei Fragen. Einmal ist zu klären, welche **Gruppe** von **Verdachtstatsachen überwiegende** und welche Gruppe **hohe Wahrscheinlichkeit** der **Verurteilung** indiziert. Zum anderen muß man wissen, bei welcher Konstellation die überwiegende Wahrscheinlichkeit genügt und bei welcher die hohe Wahrscheinlichkeit zu fordern ist. Bei § 203, auf den die Wendung in § 138 a: „... in einem die Eröffnung des Hauptverfahrens rechtfertigenden Grade ...“ verweist, scheint es nur auf die erste Frage anzukommen. Ist der überwiegende Wahrscheinlichkeit der Verurteilung gegeben, so beschließt das Gericht die Eröffnung. Aber diese Lesart würde übersehen, daß eine **zweite Voraussetzung** erfüllt sein muß. Es dürfen nur noch die Tatsachen offenbleiben, die nicht anders als in einer öffentlichen Hauptverhandlung aufgeklärt werden können. Nicht nur der **Wahrscheinlichkeitsgrad** der Prognose, sondern auch der **Weg**, auf dem sie **überprüft** werden muß, ist genau bestimmt. Der Spielraum ist auf die Hauptverhandlung begrenzt. Das Komplizierte dieser Regelung liegt darin, daß diese Begrenzung auf den Wahrscheinlichkeitsgrad, der für die Prognose zu fordern ist, zurückwirkt. Weil jetzt nur noch die Hauptverhandlung weiterführen kann, genügt die **überwiegende Wahrscheinlichkeit**.

21   Ganz durchsichtig ist diese Regelung auf den ersten Blick nicht. Sie wird es, wenn man zunächst in die Betrachtung einbezieht, was die **Hauptverhandlung** für den — dann — Angeklagten **bedeutet**. Sie belastet ihn. Aber nicht so schwer wie die Untersuchungshaft. Deshalb darf sie in Gang gesetzt werden, auch wenn nur die überwiegende Wahrscheinlichkeit der Verurteilung gegeben ist. Ferner ist der Nachweis erforderlich, daß mit anderen Mitteln als der öffentlichen — die Prozeßbeteiligten konfrontierenden — Verhandlung eine weitere, den Beschuldigten schonende Aufklärung nicht mehr zu leisten ist. Schließlich spricht für den **Verzicht** auf die **äußerste Verdachtsstufe**, daß die in der Hauptverhandlung stattfindende Beweisaufnahme nicht so viele Risiken birgt wie das Ermittlungsverfahren, das aus diesem Grunde, wenn es bereits in diesem Stadium zu erheblichen Belastungen des Beschuldigten kommt (Untersuchungshaft), mit entsprechender Kompensation — höhere Verdachtsstufe — aufwarten muß.

22   Für die Auslegung des § 138 a bedeutet das: sind die Unsicherheiten der Beweissammlung im Ermittlungsverfahren soweit ausgeräumt, daß nur noch die — für den Angeklagten vergleichsweise risikoarme — Beweismöglichkeit in der Hauptverhandlung

---

[33] Einl. Kap. **6** 9; grundlegende Orientierung bei *Kühl* Unschuldsvermutung, Freispruch und Einstellung, 1983.

[34] Arbeitskreis Strafprozeßreform, Die Untersuchungshaft 1983, 31.

weiterhelfen kann, so liegen die Voraussetzungen für die Eröffnung des Hauptverfahrens gegen den Verteidiger vor. Das ist nach System und Tradition des Strafprozesses sachgerecht. Wenn aber das Argument, daß — weil andere Aufklärungsmöglichkeiten nicht mehr bestehen — nunmehr die Hauptverhandlung stattfindet und alles zu klären versucht, gar nicht zum Tragen kommt, sondern **ohne** diese **Verhandlung**, allein auf der Basis des hinreichenden Verdachts über eine **Rechtsfolge** — Ausschluß des Verteidigers — **entschieden** wird, läuft die Beschränkung der Verdachtsstufe auf hinreichenden Verdacht nicht nur leer, sondern wird in ihr Gegenteil verkehrt. Den Beschuldigten treffende Entscheidungen sollen ja bei nur hinreichendem Tatverdacht gerade erst aufgrund der nun **folgenden Hauptverhandlung** ermöglicht werden, **nicht** aber die Hauptverhandlung **ersetzen.**

23 Über diese Inkonsequenz könnte man hinweggehen, wenn die Entscheidung — Ausschluß des Verteidigers — kein gravierender Eingriff wäre. (Immerhin kennt die StPO zahlreiche Eingriffe sogar nur bei einfachem Tatverdacht.) Das ist aber keineswegs die für die Schaffung des § 138 a leitende Vorstellung des Gesetzgebers, wie die **Ausgangsposition**, bei (noch nicht abgeschlossenen) Ermittlungsverfahren für den Ausschluß der Verteidigung den **dringenden Tatverdacht** zu fordern, zeigt. Die Eröffnungsreife gemäß § 203 rückt den Zeitpunkt der endgültigen Aufklärung der gegenüber dem Verteidiger erhobenen Vorwürfe zwar näher; daß **deshalb** der sofortige Eingriff — Ausschluß des Verteidigers **vor endgültiger Klärung** des Vorwurfs in der Hauptverhandlung — geringer wiegt, kann man aber — schon mit Blick auf die langen Fristen für die Terminierung der Hauptverhandlung (trotz § 138 a Abs. 3 Nr. 3) — nicht sagen. Die **Gleichstellung** der **Verdachtsstufen,** die für § 203 vorgeschlagen wird (§ 203, 12) und dort abzulehnen ist, hat also für § 138 a Abs. 1 sehr wohl ihre **Berechtigung.**

24 Schränkt man den Anwendungsbereich des § 138 a in dieser Weise ein, stellt sich das in der Rechtsprechung[34a] diskutierte Problem, wie zu verfahren ist, wenn gegen den Strafverteidiger der eventuell erforderliche **Strafantrag** nicht gestellt wird, von vornherein nicht. Da es auf die tatsächliche Eröffnung des Hauptverfahrens für den (auch wenn mit Blick auf § 138 Abs. 1 zeitlich begrenzten) Verteidigerausschluß gar nicht ankommt, sondern nur auf das Vorliegen *einer* Eröffnungsvoraussetzung, sind die übrigen Eröffnungsvoraussetzungen, also auch die des Strafantrages, sofern sie nicht jene des Tatverdachts mitbedingen, irrelevant. Das Argument für den **Verzicht** auf das Erfordernis des Strafantrags (auch bei Nichtdurchführbarkeit des Strafverfahrens bestehe ja noch immer die Möglichkeit eines ehrengerichtlichen Verfahrens) bestätigt die Erkenntnis, daß der Gesichtspunkt, der normalerweise rechtfertigt, hinreichenden Tatverdacht genügen zu lassen, — die Durchführung der Hauptverhandlung — für den von der Durchführung der Hauptverhandlung unabhängigen Verteidigerausschluß nicht gelten kann.

2. Nähe zur angeklagten Tat
25 **a) Beteiligung an der Tat (Absatz 1 Nr. 1).** Der Verteidiger ist von der Mitwirkung in einem Verfahren auszuschließen, wenn er dringend verdächtig ist, an der Tat, die den Gegenstand der Untersuchung — das ist das Verfahren gegen den Beschuldigten — bildet, beteiligt zu sein. Beteiligt (an der Haupttat) sind der mittelbare Täter (§ 25 Abs. 1 2. Alternative StGB), der Mittäter (§ 25 Abs. 2 StGB)[35], der Anstifter (§ 26 StGB)

[34a] BGH NJW **1984** 316; OLG Hamburg NStZ **1983** 426.

[35] Nach OLG Stuttgart soll eine „Beteiligung" im S. von § 138 a sogar auch dann vorliegen, wenn der Verteidiger an der gleichen Tat (in diesem Fall eine Sitzblockade) teilgenommen hat, ohne von der Teilnahme seines späteren Mandanten zu wissen; also wenn beide Nebentäter sind (OLG Stuttgart JuS **1984** 897, Zusammenfassung von *Hassemer*).

Klaus Lüderssen

und der Gehilfe (§ 27 Abs. 1 StGB). Ein strafbarer Versuch der Beteiligung genügt (vgl. KK-*Laufhütte*[2] 8; KMR-*Müller* 6.) Diese strafrechtliche Einteilung kann nicht allein maßgebend sein. Denn die Tat, die den „Gegenstand der Untersuchung bildet", kann nach der Terminologie des Strafgesetzbuchs auch eine Beihilfe usw. sein. Beteiligt i. S. des Absatzes 1 ist daher auch der Verteidiger, der selbst der Haupttäter ist. Dabei kann der Beschuldigte Anstifter, mittelbarer Täter oder Gehilfe sein[36].

26   **Bezugspunkte** für die Tatbeteiligung ist die Tat i. S. des § 264, d. h. der gesamte **geschichtliche Vorgang**, der das dem verteidigten Beschuldigten vorgeworfene Tun umfaßt, soweit es nach der natürlichen Auffassung des Lebens eine sinnvolle Einheit darstellt (§ 264, 4). Nur insoweit ist auch ein beachtlicher Interessenkonflikt denkbar[37]. Denn der Grund für den Ausschluß liegt darin, daß der in die Tat verstrickte Anwalt seine Aufgabe, als Beistand des Beschuldigten (§ 137 Abs. 1) die Interessen seines Mandanten durch Hervorheben der entlastenden Umstände deshalb nicht wahrnehmen kann, weil er ein **eigenes Interesse** daran haben könnte, die Erforschung der Wahrheit zu erschweren[38]. Denn er wird in erster Linie bestrebt sein, seine Beteiligung zu leugnen oder zu verringern. Das wird in der Regel den Beschuldigten belasten. Selbst wenn das nach der Gestaltung des Falles ausgeschlossen ist, ist eine **unbefangene** Verteidigung nicht möglich.

27   Das Merkmal der **Beteiligung** setzt hier jedoch nicht nur eine „bestimmende" Mitwirkung des Verteidigers[39] an dem seinem Mandanten zur Last gelegten Tatgeschehen voraus. Es ist stets zu prüfen, ob dieses Tatgeschehen strafbar und die Beteiligung des Verteidigers vorwerfbar ist. Der BGH[40] schließt das aus dem für § 138 Abs. 1 Nr. 1 erforderlichen Verdachtsgrad: sowohl der hinreichende als auch der dringende Tatverdacht setzen den Verdacht einer „Straftat" voraus und damit auch hier eine „strafbare" Beteiligung[41]. Nicht erforderlich soll dabei jedoch ein Strafantrag gegen den Verteidiger sein[41a].

28   **b) Unterstützung nach der Tat (Absatz 1 Nr. 3). Allgemeines.** Auch bei dieser Sachlage besteht die Gefahr, daß der Verteidiger bei der Wahrnehmung der Interessen des Beschuldigten zu sehr an seine eigenen denken versucht sein könnte[42].

29   Die Qualifizierung der Handlung des Verteidigers als Straftat hängt zunächst davon ab, daß der Beschuldigte wegen der angeklagten Tat **verurteilt** werden könnte. Da die **Entscheidung** darüber nicht abgewartet werden soll — vielmehr geht es jetzt auch darum, daß einem zu mißbilligenden Einfluß des Verteidigers auf das Zustandekommen dieser Entscheidung gegebenenfalls gerade entgegengetreten werden kann — wird ihr **Vorliegen unterstellt**. Dem Wortlaut der Vorschrift ist nicht zu entnehmen, was das bedeutet. Es könnte die (bloße) **Tatsache** der Verurteilung gemeint sein (erste Variante) oder (außerdem) das Vorliegen der Voraussetzungen für eine **rechtmäßige** Verurteilung. Dabei wäre noch einmal zu unterscheiden zwischen einer prozessual korrekten

---

[36] Diese wohl allein sinnvolle Auslegung ist mit dem Text vereinbar. Auch bei Begünstigung, Strafvereitelung und Hehlerei kann es nicht darauf ankommen, ob der Verteidiger oder der Beschuldigte diese Rolle spielt (*Lampe* JZ **1974** 697), doch bietet hier der Gesetzestext keinen Weg zu einer vernünftigen Lösung. Wegen der Zweifel bei der Auslegung vgl. auch *Ulsenheimer* GA **1975** 112.

[37] Vgl. *Lantzke* JR **1973** 360.

[38] Bgrdg., BTDrucks. 7 2526, S. 20 = AnwBl.

1974 217; vgl. auch *Seelmann* NJW **1979** 1129.

[39] So OLG Hamm, wiedergegeben in dem BGH-Beschluß vom 8. 8. 1985, StrVert. **1985** 487.

[40] StrVert. **1985** 487.

[41] Vgl. auch BGH AnwBl. **1981** 115; vgl. auch *Hammerstein* NStZ **1986** 37.

[41a] KK-*Laufhütte*[2] 8.

[42] Vgl. dazu Arbeitskreis Strafprozeßreform S. 41.

Stand: 1. 11. 1988

(zweite Variante) Verurteilung und einer vom materiellen Recht gedeckten Verurteilung (dritte Variante).

Nach **allen drei Varianten** ist es möglich, daß der Verteidiger zunächst ausgeschlossen, später aber wegen Begünstigung etc. freigesprochen wird und umgekehrt — eine notwendige Folge daraus, daß man das eine Mal eine Unterstellung genügen läßt, das andere Mal Gewißheit fordert. **30**

Unterschiede ergeben sich **nur** in bezug auf die **Begründung.** Legt man die erste **31** Variante zugrunde, so ist der Unterschied zwischen Fiktion und Realität des Verfahrens der Verurteilung wegen der Vortat nicht der einzige. Hinzu kommt noch, daß unterschiedliche sachliche Kriterien der Beurteilung der Vortat gelten: die für die **Bestrafung** erforderliche **Gewißheit** ist — nach herrschender Meinung — an dem tatsächlichen **Vorliegen der Vortat** orientiert[43], **nicht** aber die für die **Ausschließung** erforderliche **Unterstellung.** Läßt man für die Bestrafung — entgegen der herrschenden Meinung — genügen, daß eine prozessual korrekte Entscheidung wegen der Vortat vorliegt[44] (bzw. für den Fall, daß der Prozeß nicht zustande oder noch nicht zu seinem Ende gekommen ist, einen korrekt gebildeten Verdacht), so wird die zweite Variante interessant: die Beurteilungskriterien für Ausschluß und Bestrafung stimmen überein. Bleibt man für die Bestrafung bei der herrschenden Meinung, so bringt nur die dritte Variante eine **Harmonisierung** der **Beurteilungskriterien** für Ausschluß und Bestrafung.

Die **Harmonisierung** ist sicher wünschenswert. Der Verteidiger, der für seinen **32** Mandanten über dessen Kopf hinweg (ohne Einwilligung) kämpft, daher — ist die Vortat gegeben — strafbarer Alleintäter gemäß §258 StGB ist (s. Vor §137, 106), wird nach herrschender Meinung, wenn der Mandant unschuldig ist, nicht wegen Strafvereitelung bestraft und sollte für diesen Fall auch nicht ausgeschlossen werden dürfen. Anderenfalls bräche man mit einer gewohnten Vorstellung: Denn eher liegt es doch so, daß die Grenzen, die dem Verteidiger durch die Bestrafung wegen Begünstigung und Strafvereitelung etc. gezogen werden, durch das, was das Strafprozeßrecht ihm zusteht, gelockert werden, als umgekehrt (was noch nicht strafbar ist nach §257 ff StGB, soll schon zum Ausschluß nach §138a StPO führen und insofern die Rechte des Verteidigers im Vergleich zu dem, der sich nur nach §§257 ff StGB richten muß, einschränken). Danach scheint für die Ausschließung die **Unterstellung** einer **prozessual korrekten** Verurteilung geboten.

Wer für die Bestrafung — die Beurteilung der Vortat betreffend — **prozessuale 33 Kriterien** ausschlaggebend lassen sein möchte, muß dementsprechend die Ausschließung an die Unterstellung einer prozessual korrekten Verurteilung knüpfen.

Praktische Bedeutung hätten diese Differenzierungen freilich nur, wenn — was **34** der Regelung eindeutig **nicht** entnommen werden kann — für die Unterstellung der Verurteilung eine **Prognose** erforderlich wäre. Gerade deshalb machen sie aber die Tragweite der Regelung des §138a Abs. 1 Ziff. 3 deutlich: Sie nivelliert die unterschiedlichen Verteidigungshandlungen vollständig und kann deshalb zu einem ganz unberechenbaren Instrument werden. Die Frage ist daher, ob der Gesetzgeber nicht eine befriedigendere Lösung hätte versuchen können, etwa durch Zulassung einer **Differenzierungen** ermöglichenden Prognose. Indessen würde das zu prinzipiellen Widersprüchen führen. Man müßte in bezug auf die Beurteilung der Vortat ein besonderes Verfahren neben dem eigentlichen Verfahren zulassen und dieses bei **negativer Prognose** eigentlich sofort durch **Einstellung** oder **Freispruch** beenden. Damit wäre aber der Zweck des §138a Abs. 1 Nr. 3, gerade die korrekte Durchführung des Verfahrens zu sichern, in

---

[43] Vgl. die Belege Vor §137, 103. [44] Vgl. dazu ebenfalls Vor §137, 103.

Klaus Lüderssen

sein Gegenteil verkehrt. Das Problem ist kaum zu lösen; daher nimmt es nicht wunder, daß die Zahl der Ausschließungsverfahren so verschwindend gering ist.

35   **c) Begünstigung und Hehlerei.** Bei der Begünstigung muß festgestellt werden, ob der Verteidiger **dringend verdächtig** ist, Hilfe geleistet zu haben, dem Beschuldigten die Vorteile der Tat zu sichern. **Beistand** im Sinne des § 137 kann das **nicht** sein (§ 137, 4). Es ist ohne weiteres nach den für die Auslegung und Anwendung des § 257 StGB entwickelten Maßstäben zu verfahren; Besonderheiten für die Strafverteidigung ergeben sich nicht.

36   Bei der **Hehlerei** muß festgestellt werden, ob der Verteidiger dringend verdächtig ist, eine der im Tatbestand beschriebenen Verschaffungshandlungen begangen oder beim Absatz mitgewirkt zu haben. Auch diese Aktivitäten können nicht Beistand im Sinne des § 137 sein; das zu § 257 StGB Gesagte gilt entsprechend.

37   **d) Strafvereitelung.** Hier liegt es anders. Der auf das Verfahren zur Entscheidung über Bestrafung, Maßnahmen oder Freispruch bezogene Beistand des Verteidigers richtet sich, wenn der Beschuldigte das will, auf Verhinderung der Bestrafung bzw. der Maßnahmen oder ihre Milderung. Beides kann Strafvereitelung im Sinne des § 258 StGB sein.

38   **aa) Keine Erfüllung des objektiven Tatbestandes bei eigenverantwortlichem Verteidigungsverhalten des Beschuldigten. Allgemeines.** Der Möglichkeit, „daß der Verteidiger gerade durch die Erfüllung seiner Verteidigungsaufgaben in die Gefahr eines Ausschlusses gebracht wird"[45], könnte man, wie das der Arbeitskreis Strafprozeßreform vorschlägt, durch eine **zeitliche** Zäsur begegnen: „Dabei bleiben Handlungen des Verteidigers nach Aufnahme der Verhandlungen außer Betracht, welche die Übernahme der Verteidigung zum Gegenstand hatten"[46]. Sicher sind dann nur die eindeutigen Fälle einer Kollision mit den Verteidigungsinteressen des Beschuldigten erfaßt: „Der Verteidiger handelt in solchen Konstellationen unter der Drohung, selber Beschuldigter zu werden. Er weiß, daß der Beschuldigte dies weiß. Folglich kann er gegenüber dem Mandanten nicht unabhängig sein"[47]. Doch ist § 138 a eindeutig so nicht gemeint: „Der Ausschlußgrund des Abs. 1 Nr. 3 knüpft an die grundsätzliche Verpflichtung des Verteidigers an, nur rechtlich erlaubte Mittel einzusetzen und der Rechtsordnung nicht entgegenzutreten"[48]. Eine andere Frage ist es, ob de lege ferenda eine zeitliche Zäsur erwogen werden sollte[49].

39   Indessen: **Teilnahme** des Verteidigers am eigenverantwortlichen Verteidigungsverhalten des Beschuldigten und auch seine die **Eigenverantwortung** des Beschuldigten **unberührt** lassende **Täterschaft** fallen ebensowenig unter § 258 StGB wie die vergleichbaren Aktivitäten eines beruflich nicht entsprechend qualifizierten Dritten. Die dogmatischen Grundlagen für diese Auffassung sind Vor § 137, 91 bis 104 dargelegt worden. Darüber, wie danach die in Rechtsprechung und Literatur streitig gewordenen Fälle zu entscheiden sind, vgl. die folgenden Randnummern[50].

40   **bb) Einfluß des Verteidigers auf den Beschuldigten.** Der Beschuldigte braucht sich zur Sache nicht einzulassen (§§ 136 Abs. 1 Satz 2, 163 a Abs. 3 Satz 2, 243 Abs. 4 Satz 1). Der Verteidiger, der ihm dazu rät, ist jedenfalls dann, wenn die Eigenverant-

[45] Arbeitskreis Strafprozeßreform 142.
[46] AaO 10/11; sehr kritisch dazu *Hanack* ZStW **93** (1981) 582 f.
[47] AaO 141.
[48] KK-*Laufhütte*[2] 13.

[49] Arbeitskreis Strafprozeßreform 142.
[50] Sorgfältige Kasuistik jetzt bei *Hassemer* in: Beck'sches Formularbuch für den Strafverteidiger (1988) 21 ff.

wortlichkeit des Beschuldigten dadurch nicht berührt wird und der Verteidiger deshalb insofern Teilnehmer bleibt, nicht nach §258 StGB strafbar[51]. Das gilt auch, wenn der Verteidiger dem Beschuldigten sogar dazu rät, seinen **Namen** nicht zu sagen. Die angeführten Vorschriften der StPO erlauben dem Beschuldigten das zwar nicht (vielmehr ist sogar eine Sanktion nach §111 OWiG indiziert[52], so daß für die — die Anwendbarkeit des §138a freilich noch nicht auslösende — Haftung des Verteidigers insofern schon die Teilnahmehandlung genügt). Die Straflosigkeit der Vereitelung der Bestrafung durch den Beschuldigten selbst bleibt davon indessen unberührt und damit auch die der auf eine Teilnahme daran beschränkten Aktivität des Verteidigers.

Dann erhebt sich freilich die Frage, ob die ausdrückliche Gestattung der die **41** Strafverfolgung behindernden Nicht-Einlassung des Beschuldigten zur Sache den Verteidiger sogar auch dann von der Bestrafung nach §258 StGB freistellt — ungeachtet denkbarer anderer Bestrafungen, z. B. wegen Nötigung —, wenn er dem Beschuldigten für seine Entscheidung praktisch nicht die Freiheit gelassen hat, die dessen **Eigenverantwortlichkeit** begründet und den Verteidiger in die Rolle des — straflosen — Teilnehmers verwiesen haben könnte. §258 StGB soll dem Eintritt eines Erfolges entgegenwirken, ohne daß besondere Angriffswege bezeichnet werden. Dieses Bild wird jedoch an anderen Stellen der Rechtsordnung vielleicht korrigiert. Der Beschuldigte bewirkt, wenn er sich nicht einläßt, einen — negativen — prozessualen Erfolg, den die StPO anerkennt und der vielleicht eo ipso den Weg in die Verletzung des durch §258 StGB geschützten Rechtsguts versperrt. Diese Anerkennung ist aber an die **Person** des **Beschuldigten** gebunden. Er kann also durchaus zum rechtmäßig handelnden Werkzeug des Verteidigers werden, der dann seinerseits sich auf diese Rechtmäßigkeit aber **nicht** berufen darf.

Daß das in den Fällen, in denen sich die Rechtmäßigkeit des Beschuldigtenverhal- **42** tens nicht expressis verbis aus dem Gesetz ergibt, noch evidenter ist, stellt dieses Ergebnis nicht in Frage; wenn die **prozessualen** Rechte des Beschuldigten für den Verteidiger nicht direkt, sondern nur insofern gelten, als er dem Beschuldigten bei ihrer Wahrnehmung behilflich sein darf, kann es keinen Unterschied machen, wie sie abgeleitet werden. Wann mittelbare Täterschaft und damit Strafbarkeit des Verteidigers in diesen Fällen anzunehmen ist, richtet sich im Prinzip nach den allgemeinen Regeln über die Abgrenzung von Täterschaft und Teilnahme.

Im „Normalfall" wird man daher bei einem **Rat** des Verteidigers an den Beschul- **43** digten, die **Einlassung** zu **verweigern**, keine tatbestandsmäßige Handlung im Sinne des §258 StGB erblicken dürfen[53]. Aber auch wenn der Beschuldigte (so der von BGH bei *Holtz* MDR **1982** 970 für möglich gehaltene Sachverhalt) bei der Polizei keine Angaben macht, um andere „Tatgenossen" zu decken, und der Verteidiger ihm das ausschließlich im Interesse jener Tatgenossen geraten hat, liegt es nicht anders. Der BGH scheint freilich nicht von vornherein abzulehnen, daß hier wenigstens versuchte Strafvereitelung des Verteidigers vorliegen könnte. In der Tat unternimmt es der Beschuldigte insofern, einen **anderen** der Bestrafung zu entziehen; auf die Straflosigkeit der Vereitelung der ihm selbst drohenden Bestrafung kann er sich nicht berufen und damit auch nicht der Verteidiger, selbst wenn er nur Teilnehmer ist.

---

[51] Gegen die üblich gewordene Unterscheidung von Auskunft und Beratung mit Recht *Hassemer* aaO 7.

[52] Streitig, vgl. §136, 12.

[53] Nahezu allg. M; grundlegend BGHSt **2** 375,

377; **a. A**, freilich nur mit Hinweis auf die Unzulässigkeit, ohne – nicht automatisch gegebene – spezielle Konsequenz für §258 StGB *Peters*[4] 228.

Klaus Lüderssen

44   Indessen ist die Vereitelung der Bestrafung eines anderen durch **Schweigen** tatbestandsmäßig im Sinne des § 258 StGB nur dann, wenn eine **Rechtspflicht** zum Handeln besteht. Die hat der Beschuldigte nicht. Eine Haupttat — auch eine versuchte, an welcher der Verteidiger ja sogar vollendete Teilnahme leisten könnte — liegt nicht vor. Anders verhielte es sich nur dann, wenn der Verteidiger das Heft in die Hand nähme oder auf eigene Faust handelte. Das gilt selbst dann, wenn der Beschuldigte sich dadurch **belasten** würde. An diese Strategie ist der Verteidiger gebunden, soweit der Vertrag mit dem Beschuldigten dem nicht entgegensteht oder — etwa wegen besonderer Umstände — unwirksam ist. Eine andere, nicht hierher gehörende Frage ist, ob der Verteidiger in diesem Falle wegen Parteiverrats zur Verantwortung gezogen werden könnte; der BGH lehnt das, weil **keine widerstreitenden** Interessen gegeben seien, ab — zu Recht, wenn man nicht überhaupt schon feststellen muß, daß nicht einmal zwei Parteien vorhanden sind (streitig, vgl. die von BGH bei *Holtz* MDR **1982** 970 gegebenen Nachweise).

45   Läßt sich der Beschuldigte ein, sagt aber **nicht** die **Wahrheit**, so gilt für den Anteil des Verteidigers — gleichviel, ob er dazu rät[54] oder die Aussage nur nicht korrigiert — an diesem Vorgang nichts anderes, weil der Beschuldigte berechtigt ist, die Unwahrheit zu sagen (Vor § 137, 142). Bemerkenswert ist, daß die Rechtsprechung, ohne daß ihr das bewußt wird, zu diesem Ergebnis — was die Nicht-Korrektur der unwahren Einlassung angeht — mit Argumenten kommt, die auf die **Anwendung der Kriterien der Abgrenzung von Täterschaft und Teilnahme**, hier zugunsten der — mangels Haupttat — straflosen Teilnahme des Verteidigers, hinauslaufen (vgl. BGHSt **2** 375).

46   Was speziell das **Geständnis** angeht, so ist der Verteidiger, der dem Beschuldigten davon **abrät**, ebenfalls nur strafloser Teilnehmer, da die „Haupttat" tatbestandslos ist; wiederum kann man die zum gleichen Ergebnis führenden Argumente des BGH (BGHSt **2** 375) in diesem Sinne klassifizieren[55].

47   Unbefriedigend ist es daher, daß der BGH bei der Frage, ob der Verteidiger wegen Veranlassung des Beschuldigten zum **Widerruf** des Geständnisses eine Strafvereitelung begeht, nicht entsprechend differenziert, sondern ohne weiteres **Strafbarkeit** wegen Strafvereitelung annimmt[56].

48   Hinweise, in welche Richtung diese **Differenzierungen** gehen könnten, enthält die Entscheidung des OLG Braunschweig vom 30. 8. 1983[57]. Das Gericht hatte darüber zu entscheiden, ob der gegebenenfalls auszuschließende Verteidiger dem Mandanten **wahrheitswidrig suggeriert** hatte, sein Geständnis sei ihm von dem vernehmenden Kriminalbeamten „in den Mund gelegt worden". Dieser Sachverhalt deutet — unbeschadet der Notwendigkeit weiterer Aufklärung — auf ein Element jedenfalls von **Taterrschaft** des Verteidigers, das ihn zum — strafbaren — **Täter** einer Strafvereitelung machen könnte.

49   Leider hat das Gericht die Entscheidung von vornherein nur im **Subjektiven** gesucht (mit bemerkenswert gründlichen Ausführungen, welche die Vermutung begründen, daß sie bei vom Gericht objektiv als eindeutig zu Lasten des Verteidigers empfundener Sachlage lapidarer [im Sinne der Bejahung des subjektiven Tatbestandes] ausgefallen wären[58]) und sich im übrigen auf die Feststellung beschränkt, daß nur bei bewußter Verdunkelung des Sachverhaltes oder Erschwerung der Wahrheitsermittlung mit unlau-

---

[54] So auch *Wassmann* 134 ff; *Strzyz* 268; *Kühne* 59; *Hassemer* Beck'sches Formularbuch (Fußn. 50); **a. A** *Müller-Dietz* 252; *Pfeiffer* 345; *Bottke* 757; *Peters*⁴ 228.

[55] Ebenso *Wassmann* 136; vgl. im übrigen Fußn. 54.

[56] Im Ergebnis wie hier *Wassmann* 136; *Schön-*

ke/Schröder/Stree § 258, 20; **a. A** *Beulke* 155; *Bottke* 757; *Pfeiffer* 345; *Dahs* (Hdb.) 49.

[57] StrVert. **1984** 500.

[58] Die Tendenz der Praxis, Vagheiten im objektiven Tatbestand durch Vorsicht bei der Bejahung des subjektiven Tatbestandes auszugleichen, ist unverkennbar, s. etwa die —

teren Mitteln, Strafvereitelung vorliege; im Zweifel dürfte damit aber die Indikation für die Übertretung anderer, durch die Verteidigertätigkeit in ihrer Anwendung überhaupt nicht beschränkter Strafgesetze (darüber Vor §137, 139 f) gemeint sein.

50

Entsprechend zu beurteilen ist der **Rat zur Flucht**[59].

cc) Verhalten des Verteidigers gegenüber Zeugen. Beim Einfluß des Verteidigers **51** auf die **Aussage von Zeugen** entfällt das Privileg der straflosen Teilnahme an einer nicht tatbestandsmäßigen „Haupttat" insoweit, als es um die **Strafbarkeit wegen Teilnahme** an einer **Tat gemäß §§153 ff** StGB geht. Daß der Zeuge außerdem, anders als der Beschuldigte, auch tauglicher Täter der Strafvereitelung gemäß §258 StGB ist, darf aber nicht zu einem voreiligen Schluß auch auf die Strafbarkeit des nur an **dieser Strafvereitelung** teilnehmenden Verteidigers führen. Denn soweit die falsche Aussage des Zeugen nicht nur den Tatbestand des §153 oder §154 StGB, sondern auch noch den des §258 StGB erfüllt, hat das für den dazu in irgendeiner Form beitragenden **Beschuldigten** keine strafrechtlichen Folgen; §258 StGB gilt — bezogen auf *sein* Strafverfahren — für ihn nicht und damit auch nicht für den Verteidiger, wenn dieser nicht mit seiner gegenüber dem Zeugen an den Tag gelegten Aktivität den Beschuldigten in eine untergeordnete Rolle drängt.

Für die Teilnahme an der **Strafvereitelung durch den Zeugen** würde der Verteidi- **52** ger nur dann haften, wenn Strafgrund der Teilnahme die Herbeiführung fremden Unrechts wäre[60] und nicht nur die entfernte Urheberschaft für einen Erfolg, dessen Herbeiführung Täter wie Teilnehmer verboten ist[61]. Den Erfolg — Vereitelung der Bestrafung des Beschuldigten — herbeizuführen, ist dem Verteidiger — wahrt er die **Autonomie des Beschuldigten** — aber nicht verboten (die Strafbarkeit wegen Verletzung anderer Strafgesetze als des §258 StGB bleibt davon natürlich unberührt). Das ist keineswegs ein Zugeständnis an die (trotz ihrer Ablehnung der Unrechts- und Schuldteilnahmetheorien) in Akzessorietätskategorien befangene herrschende Lehre[62], sondern folgt aus der Einsicht, daß die Strafrechtsordnung für die Verletzung bestimmter Rechtsgüter **spezielle Angriffswege** vorschreibt bzw. ausscheidet: Vollzieht sich der Angriff auf ein Rechtsgut auf dem Wege über die Entscheidung dessen, der eigenverantwortlich über den Schutz dieses Rechtsguts verfügt (das ist die im Falle der Selbsttötung auftretende Konstellation) oder dem gestattet ist, sich selbst der Anforderung zu entziehen, die zum Schutze eines Rechtsguts von der Rechtsordnung aufgestellt wird (das ist die Konstellation der Selbst-„Begünstigung") (grundsätzlich dazu Vor §137, 104 ff), so ist ein anderer, der diesen Freiraum auszunutzen dem dafür Privilegierten nur hilft, von dem pönalisierten Angriffsweg gleichsam abgeschnitten[63].

ebenfalls einen Verteidigerausschluß betreffende – Entscheidung des BGHSt **29** 99, 101; klar erkannt schon von *Naucke* Über Generalklauseln und Rechtsanwendung im Strafrecht, 1973, 24 f; s. ferner *Sessar* StrVert. **1988** 94.

[59] *Wassmann* 136; a. A (s. aber Hinweis in Fußn. 43) *Beulke* 155; *Strzyz* 241, 289; auch *Hassemer* Beck'sches Formularbuch (Fußn. 50) 7 will die Kriterien des allgemeinen Strafrechts entscheiden lassen, macht aber – ohne Begründung – keinen Unterschied zwischen mittelbarer Täterschaft und Teilnahme (**beides** strafbar).

[60] Eine kaum noch vertretbare Ansicht, vgl.

SK-*Samson* Vor §26, 6; vgl. aber immerhin: *Schumann* Strafrechtliches Handlungsunrecht und das Prinzip der Selbstverantwortung der anderen (1986) 49 ff.

[61] Vgl. SK-*Samson* Vor §26, 7 ff.

[62] Vgl. SK-*Samson* Vor §26, 11 ff.

[63] Siehe dazu *Lüderssen* Strafgrund der Teilnahme, S. 198 ff, wo die Rechtsgüter beschrieben sind, deren Verletzung nur tatbestandsmäßig ist, wenn sie auf bestimmten Angriffswegen erfolgt; daß sich daraus – negative – Folgerungen auch für die Fälle der straflosen Teilnahme an Selbsttötung ergeben, ist nachzutragen; die abweichende Lösung (s. S. 168) wird hiermit aufgegeben.

Klaus Lüderssen

53   Deshalb ist es auch richtig, daß der BGH den Verteidiger, selbst wenn dieser vom **Meineid** des Zeugen **überzeugt** war, nicht nach § 258 StGB zur Verantwortung ziehen möchte.

54   Allerdings ist der globale Hinweis auf das **Recht** des Verteidigers, sich sogar dann für den **Freispruch** des Mandanten einzusetzen, wenn er von dessen **Schuld** ausgeht, irreführend; an der Strafbarkeit gemäß §§ 26, 27 153 ff StGB findet diese Aktivität prinzipiell ihre Grenze. Jedenfalls gilt das für die **bewußte Benennung** eines Zeugen, der die Unwahrheit sagen wird (darüber auch noch weiteres Rdn. 68): Strafbare Teilnahme des Verteidigers an einer Falschaussage oder einem Meineid durch positives Tun. Auch der **Beschuldigte** darf das **nicht**, obwohl es Fälle geben mag, die möglicherweise nach § 34 StGB gerechtfertigt werden können (anders ist es, wenn „nur“ § 164 StGB mit der Absicht des Beschuldigten, sich der Bestrafung zu entziehen, kollidiert; hier kommt es auf § 34 StGB nicht[64] an).

55   Ob die **Nichtkorrektur** der falschen Aussage ebenso zu beurteilen ist, erscheint allerdings insofern zweifelhaft, als jetzt eine Kollision mit der Pflicht des Verteidigers, keine Geheimnisse des Beschuldigten preiszugeben, eintritt. Wie diese **Kollision** von **Pflichten** zu entscheiden wäre, kann offenbleiben, da von vornherein keine Rechtspflicht des Verteidigers zur Aufklärung besteht. Der eventuell nachfolgende dolus malus des Verteidigers ist also unschädlich. Anderenfalls wäre es für einen Beschuldigten, der selbstverständlich die Zeugenaussage (erst recht) nicht korrigieren muß, schlecht, wenn er einen Verteidiger hat.

56   Festzuhalten bleibt also, daß mit der Strafbarkeit nach §§ 26, 27, 153 ff StGB **nicht** automatisch die Strafbarkeit nach § 258 StGB verbunden ist (vgl. auch unten Rdn. 86).

57   In dem Fall, über den der BGH mit Beschluß vom 16. 5. 1983 entschieden hat[65], ist nicht erkennbar, ob der Verteidiger auf der Basis einer mit der **Autonomie** des Beschuldigten **nicht** vereinbaren **Herrschaftsstellung** gegenüber der Zeugin, die er zur Abgabe einer den Beschuldigten entlastenden eidesstattlichen Erklärung aufgefordert hatte, aktiv geworden ist. Ähnlich liegt es im Bezug auf den dem Beschluß des KG vom 19. 12. 1983[66] zugrundeliegenden Sachverhalt (die Ablehnung des Ausschlusses des Verteidigers beruhte lediglich darauf, daß im Verhalten des Verteidigers nur eine straflose Vorbereitung, noch kein Versuch der Strafvereitelung gesehen wurde). Für die Aufklärung derartiger Sachverhalte käme es darauf an, die **vertragliche Vereinbarung zwischen Verteidiger und Mandanten** und deren Abwicklung im einzelnen zu studieren; soweit Unterlagen darüber fehlen, müßte die Informationslücke durch mündliche Befragung der Beteiligten geschlossen werden. Wenn in den mitgeteilten Fällen diese Aufklärung offensichtlich gar nicht versucht worden ist, so beruht das darauf, daß die Gerichte — irrig — sich nicht vorgestellt haben, daß es darauf ankommen könnte.

58   Wie entscheidend das aber sein kann, wird in dem Sachverhalt deutlich, der dem OLG Köln vorgelegen hat[67]. Hier hatte „der Angeklagte sich . . .“ beim Verteidiger, der „bei der falschen Aussage“ nicht eingriff, „durch Anstoßen bemerkbar gemacht“. Gleichwohl beantragte der Verteidiger „schließlich Haftverschonung und benannte in einem späteren Schriftsatz zum Alibi weitere Zeugen“: eine ziemlich eindeutige Indikation seiner Täterschaft. **Damit** wird die Anwendbarkeit des § 258 StGB auf das Verhalten des Verteidigers möglich.

58a   Die Auffassung von *Beulke*[68], der zur Falschaussage auffordernde Verteidiger sei

---

[64] Vgl. BGH StrVert. **1987** 533.

[65] NStZ **1983** 503.

[66] JR **1984** 250.

[67] Beschluß vom 5. 2. 1975 NJW **1975** 459.

[68] Anmerkung zur Entscheidung des BGH vom 16. 5. 1983 NStZ **1983** 504.

immer als **Täter** des §258 StGB einzustufen, ist (von ihm selbst, insofern gibt es schon — entgegen der Annahme von *Samson*[69] — eine Begründung) aus dem Dogma abgeleitet, daß der Verteidiger **Organ der Rechtspflege** sei und daher „selbst dann die Tatherrschaft und den Täterwillen" habe, „wenn er lediglich unterstützend bzw. auffordernd tätig" werde[70].

Auch wenn **nicht falsch**, sondern **gar nicht** ausgesagt wird, kommt es für den Verdacht einer strafbaren Strafvereitelung durch den Verteidiger nicht darauf an, ob und in welchem Maße er sich bei seiner Einflußnahme auf den die **Aussage verweigernden Zeugen** „unlauterer" Mittel bedient, solange diese nicht auch im Verhältnis zum Mandanten zu einer **vertraglich nicht** mehr gedeckten **Beherrschungssituation** führen. Dies verkennt der BGH[71], der einem Verteidiger, welcher bei der Beratung von Angehörigen des Beschuldigten über ihr Zeugnisverweigerungsrecht in §136a für unzulässig erklärte Methoden benutzt, gleichsam automatisch strafbare Begünstigung (jetzt Strafvereitelung) vorwirft, ohne das **Verhältnis zwischen Verteidiger und Beschuldigtem** im einzelnen zu prüfen. Mehr als eine (widerlegbare) Vermutung, daß der Mandant mit dem Verhalten seines Verteidigers nicht einverstanden gewesen sei, ist diesem Sachverhalt nicht abzugewinnen. **59**

Eine **ausdrückliche Vereinbarung**, der Verteidiger solle so vorgehen, wäre wegen Verstoßes gegen §134 BGB zwar nichtig, könnte aber die Straffreiheit gemäß §258 StGB nicht in Frage stellen. Die Vereinbarung zwischen Verteidiger und Beschuldigtem ist für die Entscheidung *dieser* Frage nur insofern von Bedeutung, als sie etwas über die **faktische Aufgabenverteilung** zwischen Verteidiger und Beschuldigtem sagt. Ist sie unwirksam, so hat das andere wichtige Folgen: Etwa der Verteidiger ist nicht verpflichtet, das zu tun, worauf er sich mit dem Beschuldigten geeinigt hat; dieser ist nicht verpflichtet, Honorar zu zahlen etc. (siehe auch Vor §137, 134). Das Gleiche gilt, wenn der Verteidiger nicht mit unerlaubten Mitteln die Wahrnehmung eines Schweige*rechts* zu erreichen sucht, sondern auf einen zur Aussageverweigerung gar nicht berechtigten Zeugen einwirkt[72]: Strafvereitelung kann das nur sein, wenn der Anteil des Beschuldigten an diesem Vorgang im Verhältnis zu dem des Verteidigers als untergeordnet erscheint[73]. **60**

Wird ein Zeuge vom Verteidiger durch **Übermittlung** von **Nachrichten** beeinflußt[74] und geschieht das im Zusammenwirken mit dem Angeklagten (dieser schreibt die Nachricht in der Untersuchungshaft und bittet den Verteidiger um Übergabe an den Zeugen „draußen"), so ist, was die Strafvereitelung angeht, der täterschaftliche Beitrag des Beschuldigten straffrei, also auch die Mitwirkung des Verteidigers daran, selbst wenn sie ihrerseits Täterschaftscharakter hat. (Auf die etwas künstlich wirkende Ablehnung des Versuchs und Annahme einer bloßen Vorbereitungshandlung hätte das — offenbar um die Vermeidung der Anwendung des §258 StGB bemühte — Gericht also gar nicht abzustellen brauchen.) **61**

dd) Weitere Fälle. Bei **mehreren Beschuldigten** tritt gelegentlich die Situation ein, daß ein in Untersuchungshaft befindlicher Mitbeschuldigter eine **Nachricht** an einen anderen Mitbeschuldigten gelangen lassen möchte und in diesem Zusammenhang die Verteidiger tätig werden. Das OLG Frankfurt[75] nimmt Strafvereitelung (bzw. Strafvereite- **62**

---

[69] SK-*Samson* §258, 43.
[70] Kritisch zum Verteidiger als Organ der Rechtspflege Vor §137, 97.
[71] BGHSt 10 393 ff (394, 395).
[72] BGHSt 29 99 ff.
[73] Zu undifferenziert daher die Annahme von Strafvereitelung seitens des Verteidigers in Fällen dieser Art bei *Hassemer* (Fußn. 50) 24.
[74] Vgl. den Sachverhalt in BGHSt 31 10 ff = NStZ 1982 329 m. Anm. *Beulke*.
[75] NStZ 1981 144.

Klaus Lüderssen

lungsversuch) nur an, wenn die Verteidiger bei den Übermittlungen die Absicht verfolgen, „daß die Angeklagten ihre Einlassungen in der Hauptverhandlung bewußt wahrheitswidrig aufeinander abstimmen". Aber diese **Abstimmungen** der Mitbeschuldigten wären ja der Versuch einer tatbestandslosen Vereitelung ihrer **eigenen Bestrafung**, so daß die Verteidiger, indem sie diese Abstimmung durch Übermittlung der Informationen ermöglichen, ebenfalls straflos wären, es sei denn, die Abstimmung wäre unter ihrer **Dominanz** zustandegekommen.

63   Anders liegen häufig die Fälle, in denen der Verteidiger **direkt** Einfluß nimmt auf die Tätigkeit der Strafverfolgungsorgane.

64   Wenn er etwa den Beschuldigten kurz nach der Tat in seine Kanzlei bringt[76] und dadurch dessen Festnahme durch die Polizei verzögert, so ist nur **er** und **nicht** auch der **Beschuldigte** Herr des Geschehens; der Verteidiger erfüllt also den Tatbestand des § 258 StGB.

65   Veranstaltet der Verteidiger gegenüber den Ermittlungsbehörden ein **Täuschungsmanöver**, um herauszufinden, ob seinem Mandanten eine Festnahme droht, hat er ebenfalls im Zweifel die Fäden dieser Aktion[77] so in der Hand, daß der Mandant, gleichviel, ob er davon weiß oder sogar damit einverstanden ist, in einer **untergeordneten** Rolle erscheint. Insofern ist die vom KG beschlossene Ausschließung des Verteidigers wegen des Verdachts einer versuchten Strafvereitelung zu Recht erfolgt[78].

66   Erfährt der Verteidiger von der **bevorstehenden Verhaftung** indessen aus den **Akten** und macht dem Beschuldigten eine entsprechende **Mitteilung**, so handelt er auf der Grundlage des prinzipiell dem Beschuldigten zustehenden Akteneinsichtsrechts (§ 147, 9) und damit als strafloser „Gehilfe" des durch die Benutzung dieser Information seiner eigenen Bestrafung straflos entgegenwirkenden Beschuldigten[79].

67   Wieder „täterschaftliche" Handlungen des Verteidigers liegen beim **Kassiberschmuggel** vor; hier ist der — inhaftierte — Beschuldigte in der klaren Rolle des selbst handlungsunfähigen Anstifters. Auf die zusätzlichen Begründungen, die von den Gerichten gegeben zu werden pflegen[80], kommt es nicht an. Enthalten die Kassiber **Anweisungen zur Begehung (weiterer) Straftaten**, so ist zugleich eine Strafbarkeit des Verteidigers wegen Beteiligung **daran** indiziert.

68   Was die Benennung von zur Unwahrheit entschlossenen Zeugen angeht, so ist — unter dem Aspekt des § 258 StGB — prima vista **strafloses Teilnehmen indiziert** (vgl. schon oben Rdn. 54). Darüber, wie die — streitige[81] — Strafbarkeit nach den §§ 26, 27, 153 ff StGB sich im Ergebnis doch noch auf die Strafbarkeit nach § 258 StGB auswirken könnte, vgl. unten Rdn. 85 ff.

69   Im Prinzip das gleiche gilt für den **Antrag auf Freispruch** des gegenüber dem Verteidiger geständigen oder nach Überzeugung des Verteidigers überführten Beschuldigten, sowie für den Vortrag objektiv und subjektiv falscher Rechtsausführungen.

70   Auch wenn der Verteidiger sich an die Adresse eines Verfahrensbeteiligten richtet, scheidet, wenn sein Verhalten als — teilnehmerschaftliche oder täterschaftliche — Unterstützung des seiner eigenen Bestrafung straflos entgegenwirkenden Beschuldigten aufzufassen ist, Strafvereitelung des Verteidigers aus. Das ist etwa für den Fall zu bejahen, daß der Verteidiger **Prozeßerklärungen** seines Mandanten zur Presse gibt[82].

---

[76] Vgl. den Sachverhalt in OLG Hamm vom 18. 6. 1959: DAR **1960** 15 D.

[77] KG NStZ **1983** 556 m. Anm. *Mehle.*

[78] Zutreffend allerdings die Kritik *Mehles* (aaO) an dem generellen Informationsverbot, das das KG bei dieser Gelegenheit ausspricht.

Vgl. auch die folgende Rdn.

[79] Einzelheiten bei § 147, 127; zur Strafvereitelung s. auch *Hassemer* (Fußn. 50) 23.

[80] BGH NJW **1972** 2140.

[81] S. *Hassemer* (Fußn. 50) 25.

[82] BGHSt **31** 16.

Davon bleibt unberührt, daß gleichwohl die zwischen Täterschaft und Teilnahme nicht differenzierende Unterstützung einer terroristischen Vereinigung vorliegen könnte (darüber: Rdn. 133 ff).

Nach dem gleichen Grundsatz ist die Einflußnahme auf **Strafantragsberechtigte** **71** und **Anzeigeerstatter** zu beurteilen. Anders als bei der Einflußnahme auf Zeugen oder die Benennung von Zeugen fehlt hier eine spezialisierte Strafdrohung, so daß die Frage, ob der Verteidiger auf diesem Wege Strafvereitelung begehen kann, sich nur stellt, wenn er im Umgang mit den Strafantragsberechtigten und Anzeigeerstattern **allgemeine Normen** verletzt (z. B. eine Nötigung begeht)[83] und daraus auf täterschaftliche Strafvereitelung zu schließen ist. Das ist keineswegs zwingend. Beispielsweise bleibt es auch in diesem Fall — unbeschadet der Strafbarkeit nach anderen Vorschriften — bei strafloser Teilnahme an der in der Person des Beschuldigten straflosen Strafvereitelung, wenn eine **Eigenverantwortung** des Beschuldigten festzustellen ist.

Strafvereitelung des Verteidigers kann schließlich durch den **Umgang mit Beweis-** **72** **mitteln** indiziert sein. Der in einem Verfahren wegen Vergehens gegen das Betäubungsmittelgesetz tätige Verteidiger erhält z. B. Rauschgift und vernichtet es. Das OLG Zweibrücken, das über einen solchen Fall zu entscheiden hatte[84], verneint Strafvereitelung, weil die Vortat nicht bewiesen war. Wäre gegen den Verteidiger nicht Anklage erhoben, sondern sein Ausschluß nach §138a beantragt worden, hätte das Gericht so nicht entscheiden dürfen, sondern sich zu dem Verdacht äußern müssen. Die Antwort auf die Frage nach der Täterschaft des Verteidigers hinge dann von den Umständen ab. Hätte der Beschuldigte das Rauschgift dem Verteidiger übergeben, so wäre bis dahin ein den Verteidiger von der Haftung nach §258 StGB freistellendes Zusammenwirken mit dem ebenfalls verantwortlich handelnden Beschuldigten gegeben. Bei der **Vernichtung** hingegen hatte der Beschuldigte keine Einwirkungsmöglichkeit mehr, es sei denn, man begreift den Verteidiger insofern als denjenigen, der die einmal begonnene Arbeitsteilung nur dem gemeinsamen Plane entsprechend zwar allein, aber vom Mandanten gesteuert, zu Ende bringt. Das ist angesichts der ohnmächtigen Situation des inhaftierten Beschuldigten aber eher eine Fiktion. Noch eindeutiger liegt es, wenn — so verhält es sich in dem entschiedenen Fall — die Mutter des Mandanten (wiewohl später selbst beschuldigt) das Rauschgift übergibt. Hier fehlt **jede Einwirkung des Mandanten**; daß die Beteiligung der Mutter unter das Angehörigenprivileg (§258 Abs. 6 StGB) fällt, macht sie für den Verteidiger noch nicht zur straflosen Vortäterin, so daß sogar eine Einstufung seines Handelns als **Teilnahme** ihn nicht von der Strafbarkeit nach §258 StGB und damit der Ausschließung nach §138a befreien könnte[85].

ee) Rechtfertigung bei nicht eigenverantwortlichem Verteidigungsverhalten des **73** **Beschuldigten. Allgemeines.** Eine Reihe von Verteidigerhandlungen erreichen, weil sie die Selbstverantwortlichkeit des Beschuldigten für die Vereitelung **seiner** Bestrafung unberührt lassen, gar nicht die Tatbestandsebene des §258 StGB (Rdn. 38 bis 72).

Ist das jedoch der Fall, so stehen in begrenztem Umfang dem Verteidigerhandeln **74** **Rechtfertigungsgründe** zur Seite[86].

---

[83] Dazu *Hassemer* (Fußn. 50) 23, 24 mit Belegen.

[84] AnwBl. **1983** 126.

[85] Der für das Rechtsgut gefährliche Angriffsweg – **Täterschaft** eines anderen (die Mutter) – ist eröffnet; das unterscheidet diese Konstellation von der oben Rdn. 52 erörterten.

[86] Diese Prüfung ist selbstverständlich auch schon für die Feststellung des **Verdachts** einer Straftat erforderlich; zur Notwendigkeit, den Verdacht auf alle Bewertungsstufen des Verstoßes gegen ein Strafgesetz zu erstrecken, vgl. §152, 29.

Klaus Lüderssen

75   Ein Verteidiger, dessen Tätigkeit sich nicht als die eines Partners des autonomen Beschuldigten darstellt, sondern als die jemandes, der ihn **dirigiert**, kann nicht die Vermutung in Anspruch nehmen, sich außerhalb der Strafvereitelung zu bewegen; er hat sie, weil die von der Vorschrift des § 258 StGB erfaßte Täterschaft indiziert ist, (im Zweifel) gegen sich.

76   Sein insofern nach § 258 StGB tatbestandsmäßiges Verhalten kann aber **durch § 137 Abs. 1 Satz 1** in Verbindung mit dem **Vertrag** zwischen Beschuldigtem und Verteidiger gerechtfertigt sein.

77   Daß ein privater Vertrag an der Rechtfertigung der Verletzung eines Rechtsguts der Allgemeinheit (des öffentlichen Strafanspruchs) beteiligt ist, findet seine Erklärung in der von der Strafprozeßordnung geschaffenen **Konzeption der Verteidigung**[87]. Sie zeichnet diesen Weg durch die eindeutige Formulierung im § 137 (kann ... sich bedienen)[88] vor, d. h. die Handlungskompetenz, welche die Strafprozeßordnung dem Verteidiger gibt, setzt die Schließung eines Vertrages voraus.

78   Damit wird eine Beschränkung staatlicher Macht zugunsten eines privaten status vorgenommen. Keineswegs handelt es sich dabei um den privaten status des seinen Beruf frei ausübenden Verteidigers, sondern um den **status des Beschuldigten**. Zur **Anerkennung** dieses status gehört — das ist der Sinn des § 137 Abs. 1 —, daß der Beschuldigte sich — **durch Privatvertrag** — der Hilfe eines Verteidigers bedienen kann. Sein **Recht**, sich der Strafverfolgung zu entziehen, weshalb § 258 StGB ihn auch ohne weiteres von der Haftung ausschließt, wird insofern auf die Tätigkeit eines Verteidigers erstreckt. Auch für ihn gilt insoweit die Ausnahme vom Verbot, die Strafverfolgung des Staates zu hindern. Aber diese Ausnahme ist daran geknüpft, daß die Tätigkeit des **Verteidigers nicht aus eigenem Recht** erfolgt, sondern **akzessorisch** zum **Beschuldigten**. Diese Akzessorietät wird durch den Vertrag hergestellt. In dieser Funktion ist der Vertrag eine Voraussetzung für die Teilhabe des Verteidigers an der Exemption von der Strafvorschrift des § 258 StGB. Daß diese Exemption beim Verteidiger (sofern er alleintäterschaftlich handelt) erst auf der Rechtfertigungsebene stattfindet, folgt aus der anerkannten Struktur des tradierten Deliktsbegriffs, wonach das, was typischerweise eine Rechtsgutsverletzung darstellt, erst einmal tatbestandsmäßig ist und die Ausnahmen von dieser Regel durch das System der Rechtfertigungsgründe eingefangen werden. Gemessen an der Fülle möglicher Strafvereitelungshandlungen ist die Tätigkeit des Verteidigers durchaus eine Ausnahme — **wenn** sie alleintäterschaftlich erfolgt (anders bei der schon tatbestandslosen Teilnahme oder partnerschaftlichen Mittäterschaft).

79   Gibt es **generell** eine **Vereinbarung**, deckt sie aber (Auslegungsfrage) eine einzelne Aktion des Verteidigers nicht, so scheidet für diese Aktion die Rechtfertigung nach § 137 Abs. 1 Satz 1 aus.

80   Gibt es eine Vereinbarung, ist sie indessen gemäß §§ 134 bzw. 138 BGB **unwirksam**, so gilt das Gleiche[89].

81   Es bleiben für die Rechtfertigung auf der Basis von § 137 Abs. 1 Satz 1 nur die Fälle **ausschließlicher Tatherrschaft** des Verteidigers übrig. Zu denken ist dabei etwa an

---

[87] Vgl. grundlegend Vor § 137, 33 ff.

[88] Für die Auswirkung auf die Pflichtverteidigung s. Vor § 137, 57 ff und § 137, 10.

[89] Daß die Unwirksamkeit der Vereinbarung an der Verteilung der Tatherrschaft unter Beschuldigtem und Verteidiger nichts ändert, insofern also ohne Einfluß auf die Anwendbarkeit des § 258 StGB bleibt, steht auf einem anderen Blatt. Insoweit geht es darum, wie die trotz Unwirksamkeit der Vereinbarung bestehende Tatherrschaft des Verteidigers zu bewerten ist. Ob ein Vertrag etwa als Rechtfertigungsgrund dafür in Frage kommt, hängt indessen durchaus auch von seiner Wirksamkeit ab.

den durch seinen Beruf voll in Anspruch genommenen Beschuldigten, der seinem Verteidiger ganz freie Hand läßt, ja vielleicht ausdrücklich darum bittet, nicht mit Anfragen um Genehmigung einzelner Schritte behelligt zu werden. Diese Vereinbarung macht den Verteidiger zwar nicht automatisch zum — schon den Tatbestand des §258 nicht erfüllenden — Gehilfen oder „Mittäter" des Beschuldigten; seine tatbestandsmäßige Alleintäterschaft kann aber gerechtfertigt werden, wenn der Vertrag in Ordnung ist.

82 Diese besondere Prüfung ist gegenüber einem **dominanten** Verteidiger ein wichtiges **Kontrollmittel**. Sein Einsatz wird mühelos möglich durch die Benutzung des vom materiellen Strafrecht ausgebildeten Instrumentariums stufenweiser Bewertung. Dieses harmoniert — spiegelbildlich — mit der Technik der Beurteilung einer Reihe von Maßnahmen der Strafverfolgungsbehörden. Durchsuchung, körperliche Untersuchung, Beschlagnahme, Festnahme sind alltägliche Vorgänge in einem Ermittlungsverfahren und gleichwohl zunächst tatbestandsmäßig, bedürfen der Rechtfertigung; die §§102, 103, 81a, 112ff, 127, 163a sind längst als klassische Rechtfertigungsgründe des materiellen Strafrechts anerkannt; niemand kommt auf den Gedanken, in **einem** Durchgang diese Maßnahmen auf ihre Zulässigkeit hin zu prüfen; genau das geschieht aber, wenn die herrschende Lehre und Rechtsprechung die Frage nach dem „strafvereitelnden" Charakter von Verteidigungshandlungen **global** im **Vorfeld** des §258 StGB zu beantworten sucht.

83 Die **Indizwirkung** der strafrechtlichen Tatbestände, die durch die **Zwangsmittel** verwirklicht werden, ist sogar noch stärker als die des §258 StGB, weil die Fälle **tatbestandsloser Teilnahme** praktisch ausscheiden.

84 Folgt man der täterschaftlich orientierten Auslegung des §258 StGB **nicht** (oder kommt vielleicht auch einmal eine entsprechende Änderung des §258 StGB, die vereinzelt gefordert wird), so ergreift die Indizwirkung auch „teilnehmerschaftliche" und jede Form der „mittäterschaftlichen" Verteidigung, so daß deren Legitimation erst auf der **Rechtfertigungsebene** stattfinden könnte. Damit wäre dann eine Art Symmetrie zur Technik der Legitimation von Eingriffen der Strafverfolgungsbehörden geschaffen. Da der Verteidiger **in die Tätigkeit des Staates eingreift**, könnte man — bei mehr obrigkeitlichem Verständnis — das sogar für die besonders angemessene Lösung halten — ein Argument für die extensive Auslegung des §258 StGB. Eine weniger obrigkeitsstaatlich orientierte Dogmatik indessen müßte die schwache Indizwirkung des §258 StGB eher begrüßen — ein Argument für die restriktive Auslegung. Anders wiederum stellt sich die Frage — hier ist der Grund für die konturenlose Einheitslösung der herrschenden Lehre und Rechtsprechung zu finden —, wenn man die Tätigkeit des Verteidigers von vornherein gar **nicht** als Eingriff in die staatliche Strafverfolgungsarbeit auffaßt, weil er ein Teil dieser Strafverfolgung sei, in Gestalt des — nach dem Prinzip der dialektischen Wahrheitsfindung — einseitig zugunsten des Beschuldigten auftretenden Organs der Rechtspflege. Man hat dann in der Tat Schwierigkeiten, überhaupt eine Indizwirkung der Strafverteidigertätigkeit im Sinne des §258 StGB anzunehmen. Das klingt sehr verteidigerfreundlich, ist aber, wie die Kritik an der Auffassung, daß der Verteidiger ein Organ der Rechtspflege sei[90], zeigt, in Wahrheit nur eine Verschleierung des Versuchs, seiner Parteilichkeit für den Beschuldigten dann doch im Interesse einer effektiven Strafrechtspflege Grenzen zu setzen.

85 ff) **Die vornehmlich die Judikatur beschäftigenden Fälle der aktiven Beeinflussung von Zeugen.** Stets liegt, wenn die übrigen Voraussetzungen gegeben sind, Anstiftung oder Beihilfe zur Falschaussage bzw. zum Meineid vor.

---

[90] Vgl. im einzelnen Vor §137, 46ff.

Klaus Lüderssen

86   Bleibt der Verteidiger damit — im Verhältnis zum Beschuldigten — im Rahmen einer dessen **ebenfalls täterschaftliche Mitwirkung integrierenden Tätigkeit**, so fehlt es für § 258 StGB am Tatbestand (die von der herrschenden Lehre beim Verstoß des Verteidigers gegen andere Strafvorschriften automatisch gezogene Folgerung *für* eine Anwendung des § 258 StGB [vgl. oben Rdn. 56] ist insoweit falsch); ein Ausschluß nach § 138 a kommt nicht in Frage.

87   Wird der Rahmen überschritten, so liegt tatbestandsmäßiges Verhalten im Sinne des § 258 StGB vor. Wer — ähnlich wie die Ärzte es mit Blick auf den Tatbestand der Körperverletzung wünschen — bereits diesen Anschein vermeiden möchte, muß sich darum bemühen, in jenem Rahmen zu bleiben — eine angesichts der großen Bedeutung, welche die Anwaltschaft der **Vertrauensbeziehung** zum Beschuldigten zuschreibt, nicht unbillige Empfehlung.

88   Der nächste Punkt ist dann die Frage nach einem **Rechtfertigungsgrund**. Damit erst ist prinzipiell die Frage nach der Bedeutung des zwischen Beschuldigtem und Verteidiger geschlossenen Vertrags eröffnet, während sie für die Fälle der nicht gegebenen Alleintäterschaft des Verteidigers noch nicht auftaucht. Fehlt eine Vereinbarung ganz oder bezogen auf die speziellen Aktivitäten, so scheidet eine Rechtfertigung nach § 137 Abs. 1 Satz 1 von vornherein aus.

89   Gibt es eine **Vereinbarung**, so ist sie, soweit sie jene Beeinflussung des Zeugen zum Gegenstand hat, gemäß § 134 BGB unwirksam, so daß eine Rechtfertigung ausscheidet. Mit **dieser Begründung** und unter Beschränkung auf diese Fälle ist der Standpunkt der herrschenden Lehre, wonach ein Verteidigerverhalten, das andere Strafgesetze verletzt, auch § 258 StGB verwirklicht, akzeptabel und damit eine Handhabe für den Ausschluß nach § 138 a gegeben.

90   Kein vom Beschuldigten und vom Verteidiger zu respektierendes gesetzliches **Verbot** kann daraus hergeleitet werden, daß in §§ 112 ff rechtliche Folgen für Verdunkelung und Flucht vorgesehen sind[90a]. Es handelt sich vielmehr um prozessuale Lasten[90b] einer darauf gerichteten Verabredung zwischen Beschuldigtem und Verteidiger, dieser kann also die Wirksamkeit jedenfalls nicht mit Bezug auf § 134 BGB abgesprochen werden. Eine andere Frage ist, ob § 138 BGB tangiert ist (dazu die folgenden Rdn.).

91   Was die Fälle der nach § 138 BGB — weil kein Gesetzesverstoß, wohl aber ein Verstoß gegen die **guten Sitten** vorliegt — unwirksamen Vereinbarungen zwischen Verteidiger und Beschuldigtem angeht, so ist es nicht leicht, zu eindeutigen Fixierungen zu gelangen. Das **Standesrecht**[91] gibt nur begrenzt Auskunft, denn keineswegs jeder Verstoß gegen Standesregeln ist zugleich sittenwidrig im Sinne des BGB[92].

92   Umgekehrt ist freilich das, was (sogar) das **Standesrecht erlaubt,** erst recht nicht sittenwidrig in diesem Sinne. Das gilt etwa für den Fall des gegenüber dem Verteidiger geständigen und/oder nach seiner Ansicht überführten Angeklagten, der seinem Vertei-

---

[90a] So aber *Paeffgen* Vorüberlegungen zu einer Dogmatik des Untersuchungshaft-Rechts (1980), 87 ff.

[90b] Grundlegend: *Goldschmidt* Der Prozeß als Rechtslage (1925); *Niese* Doppelfunktionelle Prozeßhandlungen (1951), 63 ff; *Eb. Schmidt* I 65 ff. Ausführliche Behandlung des Problems jetzt bei *Paeffgen* (Fußn. 90a) 83 ff.

[91] An seiner prinzipiellen Bedeutung für das berufliche Verhalten von Rechtsanwälten ändert nichts, daß die RiAA in ihrer gegenwärti-

gen Gestalt jetzt durch das BVerfG (StrVert. **1988** 27 = NStZ **1988** 74) für verfassungswidrig erklärt worden sind. (Zu den sachlichen Fragen vgl. jetzt auch *Zuck* FS Pfeiffer [1988] 1007 ff.) S. ferner Vor § 137, 39 Fußn. 51a.

[92] *Staudinger-Dilcher*[12], Kommentar zum BGB, § 138, 72; Münchener Kommentar-*Mayer-Maly*[2] zum BGB, § 138, 40; näher liegt die Kongruenz mit dem Regelungsgehalt des § 276 BGB (vgl. Vor § 137, 54, 58).

diger durch Vertrag einen Freibrief gibt für alleintäterschaftliches Handeln mit dem Ziel des Freispruchs[93], während bei entsprechender Zusammenarbeit mit dem Verteidiger dieser ja gar nicht die Schwelle des Tatbestands des § 258 StGB erreicht, so daß, was die Anwendung *dieser* Vorschrift angeht, gar kein Problem auftaucht.

So sicher diese **negative** Abgrenzung ist, so offen ist die Frage im übrigen. Das **93** liegt auch daran, daß die Kriterien für die Zulässigkeit des Verteidigerhandelns bisher direkt im Gesetz gesucht worden sind und die mangelnde Einsicht in den **Vertragscharakter** der Beziehung zwischen Verteidiger und Beschuldigtem den Zugang zu einer weiteren Rechtsquelle — dem Normenkomplex nämlich, der nur über die Frage nach den **Grenzen des Vertrages** in den Blick gerät — versperrt. Eine ausführliche **Kasuistik** kann dazu hier nicht entwickelt werden; das ist eine Aufgabe, die den Rahmen dieser Kommentierung sprengen würde. Sie besteht in der Transformation der für die Handhabung des § 138 BGB entwickelten Generalklausel des Anstandsgefühls aller billig und gerecht Denkenden in die **Handlungsanweisungen** für einen bestimmten **Berufsstand**[94]. Einige Beispiele müssen genügen.

Das, was — mit Blick auf das Beweisantragsrecht — oft als **Prozeßsabotage** be- **94** zeichnet wird[95], könnte etwa gegen § 138 BGB verstoßen. Indessen wäre schwer nachzuvollziehen, die „Prozeßsabotage" über die Sittenwidrigkeitsklausel, die eine Rechtfertigung des im Sinne des § 258 StGB tatbestandsmäßigen Verhaltens des Verteidigers möglicherweise verhindert, doch noch — entgegen der allgemeinen Meinung[96] — dem Katalog der Ausschließungsgründe zuzuschlagen.

Zu denken wäre eher an eine Verteidigerstrategie, die — ohne daß schon ein **95** Straftatbestand bereitsteht — **andere Personen** in sie empfindlich schädigender Weise einbezieht, instrumentalisiert, etwa durch Indiskretion und Ausspähung, soweit sie von dem — freilich immer dichter werdenden — Netz einschlägiger Strafvorschriften[97] noch nicht erfaßt sind.

In Betracht kommt ferner die „schlichte" Lüge des Verteidigers, sofern sie nicht **96** schon gemäß §§ 26, 153, 164, 185 ff StGB strafbar ist (so daß der auf diese Aktivitäten bezogene Vertrag gem. § 134 BGB nichtig ist und eine Rechtfertigung gem. § 137 Abs. 1 Satz 1 daher ausscheidet). Daß der Beschuldigte das Recht zur Lüge hat (Vor § 137, 141), gibt dem Verteidiger seinerseits das Recht, ihm dabei zu helfen; die „alleintäterschaftliche" **Lüge** des Verteidigers ist damit noch nicht gedeckt. Wer als Verteidiger so vorgehen will, muß eben die Kommunikation mit dem Beschuldigten suchen; das ist eine durchaus sachgerechte Erweiterung des Tätigkeitsbereichs des Verteidigers insofern, als **besondere** Handlungsfreiheiten der Verteidigung nach dem Willen der StPO an Person und Schicksal des in seiner Autonomie und Ausgeliefertheit an die staatliche Justiz anerkannten Beschuldigten geknüpft sind.

---

[93] Die standesrechtliche Zulässigkeit bejahen: *Wassmann* 195; *Hassemer* (s. Fußn. 50) 19; KK-*Laufhütte*[2] Vor § 137, 5.

[94] Vgl. dazu den in der in Fußn. 92 zitierten Literatur angegebenen Orientierungsrahmen. Im übrigen ist festzuhalten, daß es konsequent im Sinne der Anerkennung des Rechtsanwalts und Strafverteidigers als Vertreter eines freien Berufes – in Verbindung mit der Anerkennung der Autonomie des Beschuldigten – ist, wenn man die Festlegung von Grenzen zulässigen Verteidigerhandelns als

berufsständische und nicht als – direkte – staatliche Aufgabe ansieht.

[95] Vgl. dazu die ihrerseits uferlose Spekulation des LG Oldenburg über das „maßlos . . . in der Welt wohl einzig dastehende Beweisantragsrecht" der StPO (StrVert. **1987** 523, mit kritischer Anmerkung von *W. Meyer*).

[96] Vgl. zuletzt KG StrVert. **1988** 141.

[97] Vgl. *Achenbach* NJW **1986** 1835 ff; *Möhrenschlager* wistra **1986** 123 ff; *U. Weber* NStZ **1986** 481 ff.

Klaus Lüderssen

97   Ferner verstößt im Zweifel gegen § 138 BGB der **Kassiberschmuggel**; doch darauf kommt es nur an, wenn nicht schon ein gesetzliches Verbot (etwa § 148) verletzt ist (vgl. § 148, 16).

98   Jenseits der Fälle, in denen eine Rechtfertigung auf der Basis des § 137 Abs. 1 Satz 1 ausscheidet, weil kein Vertrag besteht oder der Vertrag unwirksam ist, mag es Situationen geben, in denen man dem eigenmächtig handelnden Verteidiger gleichwohl die Rechtfertigung nicht versagen möchte. Hier könnten **allgemeine Rechtfertigungsgründe** wie § 34 oder § 193 StGB in Erwägung zu ziehen sein, etwa bei einer prozessualen Schieflage, die wegen des von der Verteidigung nicht zu vertretenden Verlusts der Chancen, einen prozessual korrekten Entlastungsbeweis zu führen, entstanden ist und einer notstandsähnlichen Lage für den Beschuldigten gleichkommt. Allerdings ist, auch wenn das Standesrecht es gestattet, daß ein gegenüber der Verteidigung geständiger Beschuldigter, wenn die Beweismöglichkeiten es zulassen, mit dem Verteidiger vereinbart, daß er, ohne sich noch weiter mit dem Beschuldigten abzustimmen, also „alleintäterschaftlich" auf Freispruch hinarbeiten darf, der Fall eines Verteidigers, der das ohne oder gar gegen den Willen des Beschuldigten tut (so daß eine auf § 137 Abs. 1 Satz 1 gestützte Rechtfertigung eines alleintäterschaftlich handelnden Verteidigers entfällt), kaum vorstellbar.

99   Eine **indizielle Funktion** dafür, wann der Verteidiger sich wegen tatbestandsmäßiger Handlung im Sinne des § 258 StGB auf einen Rechtfertigungsgrund berufen darf, mögen die Entscheidungen haben, die dem Verteidiger für die Verletzung anderer strafrechtlicher Normen einen Rechtfertigungsgrund zubilligen[98].

100   **gg) Probleme des subjektiven Tatbestands und der Schuld.** Strafrechtssystematisch **vor** der Frage nach der Rechtfertigung, praktisch aber wohl erst danach muß geprüft werden, ob der Verteidiger **wissentlich** oder **absichtlich** gehandelt hat. Hier kommt es einmal auf die genaue Herausarbeitung der Zielsetzung an[99], ferner darauf, die Bedeutung des Kriteriums der **Parallelwertung in der Laiensphäre für berufsbezogenes** Handeln richtig **einzuschätzen**[100].

101   Ganz selten, aber auch nicht ausgeschlossen, dürfte der Fall insoweit mangelnder **Schuld** des Verteidigers sein. Das gilt jedenfalls für die Entschuldigungsgründe der §§ 20, 21, 35 StGB; vorsichtiger bei der Ablehnung einer Exkulpation sollte man aber schon wieder sein im Falle des Verbotsirrtums (§ 17 StGB) wegen der nicht immer leicht zu vollziehenden Abgrenzung zum — im Prinzip nach § 16 StGB zu entscheidenden — **Beurteilungsirrtum**.

102   **hh) Zusammenfassung.** Es ergibt sich mithin für die Prüfung oder Zulässigkeit des Verteidigerhandelns unter dem Gesichtspunkt des § 258 StGB folgende Reihenfolge:

103   Zunächst ist zu prüfen, ob das Verhalten des Verteidigers dem Beschuldigten die **volle Verantwortung, auch im Detail**, läßt, so daß es nur als Teilnahme oder (straflose) „Mittäterschaft" einzustufen ist. Kann die Frage mit Ja beantwortet werden, so sind alle

---

[98] Vgl. etwa LG Frankfurt AnwBl. **1971** 109; LG Hechingen NJW **1984** 1766 ff; BGH StrVert. **1987** 533 – alle zu dem Problem der Wahrnehmung berechtigter Interessen im Falle einer Beleidigung, §§ 185, 193 StGB; OLG Frankfurt NJW **1979** 1172 – durch Notstand gerechtfertigte Verletzung der Vertraulichkeit des Wortes, §§ 201, 34 StGB.

[99] Vgl. dazu die nicht direkt einschlägigen, aber gleichwohl beachtlichen Ausführungen von *Dahs* BRAK-Mitteilungen **1987** 164 zu einem Fall von Informationsvermittlung an den Angeklagten.

[100] Ein signifikanter Fall gründlicher Untersuchung der aus der Sicht der Verteidigung wahrscheinlichen Beurteilung der Vorsatztatsachen findet sich in OLG Braunschweig StrVert. **1984** 500, s. dazu schon oben Rdn. 48; s. auch BGHSt **29** 99.

weiteren Überlegungen entbehrlich; auch die Frage nach dem Vertrag (Zustandekommen, Wirksamkeit, Erstreckung auf alle Einzelhandlungen etc.) kann offenbleiben, soweit eine Antwort darauf nicht schon insofern erforderlich war, als sich aus dem Vertragsverhältnis (auch) der Grad der Mitwirkung des Verteidigers ablesen läßt. Das kann so sein (auch in dem Sinne, daß dem Verteidiger gerade die „Alleintäterschaft" eingeräumt wird), ist aber nicht zwingend, weil es für die materiell-strafrechtliche Abgrenzung von Täterschaft und Teilnahme, strafbarer Mittäterschaft und „strafloser Mittäterschaft" auf die **faktische** Ausgestaltung der Beteiligungsverhältnisse ankommt.

Liegt „Alleintäterschaft" vor (gleichviel, ob aufgrund der tatsächlichen Verhält- **104** nisse oder — schon — durch den Vertrag so vereinbart), so ist der **Tatbestand** des § 258 StGB erfüllt. Eine Rechtfertigung kann sich aber ergeben aus § 137 Abs. 1 Satz 1 in Verbindung mit dem Vertrag zwischen Beschuldigtem und Verteidiger.

Fehlt ein Vertrag bzw. erstreckt er sich nicht auf die fragliche Handlung des Ver- **105** teidigers, so scheidet an dieser Stelle die Rechtfertigung schon aus; die Befreiung des Verteidigers von einem strafrechtlichen Vorwurf kann nur noch mit Blick auf die subjektive Tatseite oder die Schuld erfolgen.

Ist der Vertrag zustandegekommen und „deckt" er auch die fragliche Handlung **106** des Verteidigers, so ist weiter zu prüfen, ob er — je nachdem, worauf es ankommt — im Ganzen oder im Detail — auch **wirksam** ist.

Er könnte wegen eines **Verstoßes gegen ein Gesetz** unwirksam sein (§ 134 BGB). **107**

Er könnte, wenn er nicht schon gegen ein Gesetz verstößt, **gegen die guten Sitten** **108** **verstoßen** und deshalb unwirksam sein (§ 138 BGB).

Scheidet eine Rechtfertigung gemäß § 137 Abs. 1 Satz 1 aus, so ist zu prüfen, ob **109** andere, **allgemeine Rechtfertigungsgründe** vorliegen (u. a. §§ 34, 193 StGB).

Bei fehlender Rechtfertigung kann die Strafbarkeit des Verteidigers immer noch **110** am **Mangel des subjektiven Tatbestandes** scheitern.

Schließlich sind **Entschuldigungsgründe** zu erwägen, insbesondere der Verbotsirr- **111** tum.

Der nach § 138 a erforderliche **dringende Verdacht** muß sich auf sämtliche De- **112** liktsstufen beziehen.

3. Mißbrauch des Verkehrsrechts (Absatz 1 Nr. 2). Die Ausschlußgründe der **113** Nr. 2, nicht im ursprünglichen Entwurf[101] enthalten, sollen Gefahren vorbeugen, die entstehen können, wenn der Verteidiger, sei es im Zusammenwirken mit dem Beschuldigten, sei es selbständig, den freien unüberwachten Verkehr mit dem verhafteten Beschuldigten für verteidigungsfremde Zwecke ausnützt. Der Ausschlußgrund wurde der ursprünglichen Absicht vorgezogen, den freien Verkehr zwischen Verteidiger und Beschuldigtem einzuschränken.

a) Allgemeine Voraussetzungen. Der Grundsatz, daß der Beschuldigte die Mög- **114** lichkeit haben muß, mit seinem Verteidiger unbeschränkt zu **verkehren**, ist bereits § 137 Abs. 1 Satz 1 zu entnehmen und in § 148 Abs. 1 noch einmal ausdrücklich formuliert. Was im einzelnen unter Verkehr zu verstehen ist, ergibt sich aus der Konkretisierung, welche diese Vorschrift durch Rechtsprechung und Lehre erfahren hat (§ 148, 12 bis 16); das gilt auch für zeitliche Grenzen (§ 148, 7 bis 8) und Kontrollen (§ 148, 17 bis 19).

Vom **nicht auf freiem Fuß befindlichen Beschuldigten** ist die Rede in § 35 Abs. 3, **115** § 148, § 216 Abs. 2, § 299 Abs. 1, § 250 Abs. 3 Satz 1 (vgl. auch § 42 Abs. 1 Nr. 2 JGG). Nach der Rechtsprechung kommt jede Freiheitsentziehung im weitesten Sinne (BGHSt

---

[101] BTDrucks. 7 2526 = AnwBl. **1974** 214.

Klaus Lüderssen

4 309) in Betracht (also auch der Fall, in dem die Freiheitsentziehung auf dem Willen des Vormunds beruht, der der Genehmigung des Vormundschaftsgerichts bedarf [BGHSt **13** 213]). Dieser weiten Auslegung folgt LR-*Wendisch* (§ 35, 25) zu Recht für den von ihm behandelten Fall, daß mit der Vorschrift ein Fürsorgezweck verfolgt wird. Bei der hier behandelten Vorschrift dagegen ist diese weite Auslegung zweifelhaft. Von einem Fürsorgezweck kann keine Rede sein. Nicht nur durch Abs. 1 Nr. 2, sondern auch durch Abs. 4 und 5 werden die Rechte des Verteidigers und die des Beschuldigten empfindlich beschränkt. Daher muß die Vorschrift als seltene Ausnahme **eng ausgelegt** werden. Man wird daher nur den Beschuldigten als nicht auf freiem Fuß befindlich ansehen können, dem die Freiheit durch einen **behördlichen Akt** der öffentlichen Gewalt wider seinen Willen oder wider den Willen seines gesetzlichen Vertreters oder Vormunds unmittelbar entzogen worden ist. Dafür kommen hier in erster Linie der Haftbefehl, der Unterbringungsbefehl, das Urteil, die Anordnung von Erzwingungshaft (§ 96 OWiG) in Betracht, aber auch die Unterbringungsbeschlüsse aufgrund der Unterbringungsgesetze der Länder. Ist ein Verhafteter oder Verurteilter in einem Krankenhaus untergebracht, ohne daß der Haft- oder Unterbringungsbefehl aufgehoben oder die Vollstreckung des Urteils ausgesetzt worden ist, bleibt die Unterbringung ein Teil der Vollstreckung; der Untergebrachte ist nicht auf freiem Fuß.

116   Vom **Mißbrauch** spricht auch § 241 Abs. 1 (Kreuzverhör). Nähere Angaben fehlen dort. Daher bedarf das Merkmal der Konkretisierung. Insbesondere (ausführlicher dazu 23. Aufl. Rdn. 25, dort auch — Rdn. 26 — über die Funktion des Merkmals im StGB) wird dabei auf die Verfolgung **verfahrensfremder Zwecke** abgestellt (§ 241 Rdn. 2). Da Abs. 1 Nr. 2 die verfahrensfremden Zwecke (Begehung von Straftaten, Gefährdung der Sicherheit einer Vollzugsanstalt) selbst angibt, ist das Wort „Mißbrauch" ohne Inhalt. Die Vorschrift böte keinen anderen Sinn, wenn das Wort „Mißbrauch" durch „verwendet" ersetzt würde.

117   **b) Begehen von Straftaten.** Straftat ist die **tatbestandsmäßige, rechtswidrige** und **schuldhafte** Handlung, wie dies in § 11 Abs. 1 Nr. 1 Entw. StGB 1962 (BTDrucks. **IV** 32, 191) ausdrücklich gesagt worden war. Die bloß rechtswidrige Tat (§ 11 Abs. 1 Nr. 5 StGB) reicht nicht aus. Nach dem Sprachgebrauch des StGB fallen unter den Begriff der Straftat auch die Mittäterschaft (§ 25 Abs. 2 StGB), die mittelbare Täterschaft (§ 25 Abs. 1 2. Alt. StGB), die Anstiftung (§ 26 StGB), die Beihilfe (§ 27 Abs. 1 StGB), der Versuch (§ 22 StGB), wenn er strafbar ist (§ 23 Abs. 1 StGB), und der Versuch der Beteiligung (§ 30 StGB).

118   Die Feststellung, daß der Verteidiger solche Straftaten begangen **hat**, genügt nicht, auch wenn dies als Indiz für die Prognose **künftiger** Straftaten von Bedeutung ist[102]. Vielmehr muß der dringende Verdacht eines in Aussicht genommenen fortgesetzten Mißbrauchs zu einer unbestimmten Zahl konkreter Straftaten festgestellt werden (für sich genommen lassen *Kleinknecht/Meyer*[38] aaO und KK-*Laufhütte*[2] das nicht ausreichen; die dort vertretenen Standpunkte sind also zugleich weiter und enger). Dabei kann freilich **keine** Konkretisierung auf **ganz bestimmte** Taten verlangt werden. Es genügt, daß Straftaten einer gewissen Gruppe oder Richtung zu erwarten sind, mögen sie auch variieren und mag auch vorher nicht gesagt werden können, welche Variante der Straftatengruppe zuerst zu erwarten ist. Dagegen ist der Verdacht, der Verteidiger werde zu irgendeiner Zeit irgendwelche Straftaten begehen, keine genügende Konkretisierung.

---

[102] So aber *Kleinknecht/Meyer*[38] 7 und KK-*Laufhütte*[2] 11; der dort gegebene Hinweis auf Abs. 2 berechtigt, wo es *nicht* um zukünftige Taten geht, nicht zum Analogieschluß, sondern zum argumentum e contrario.

119 Im Gegensatz zur ersten Fassung dieses Ausschlußgrundes (1. StVRErgG — im Höchstmaß mit mindestens Freiheitsstrafe von einem Jahr bedrohte Straftaten) reicht jetzt jede — auch eine geringfügige — Straftat aus. Dabei wird jedoch der **Verhältnismäßigkeitsgrundsatz** zu beachten sein.

120 Unter den Straftaten gibt es solche, die nur auf **Antrag** oder nur mit **Ermächtigung** oder auf **Strafverlangen** verfolgbar sind. Sie sind aufgeführt bei §127, 49; 50. Von ihnen scheiden für die weitere Betrachtung diejenigen aus, bei denen die Staatsanwaltschaft auch ohne Strafantrag von Amts wegen einschreiten kann (Aufzählung §127, 50). Denn bei diesen Delikten kann die Staatsanwaltschaft alsbald Klarheit schaffen, ob sie es wegen des besonderen öffentlichen Interesses an der Strafverfolgung für geboten hält, von Amts wegen einzuschreiten.

121 Die Ausschließung des Verteidigers ist keine Strafverfolgung. Daher kommt es nach dem Wortlaut der Vorschrift **nicht** darauf an, ob die Tat, die zur Ausschließung führt, **verfolgbar** ist. Nähme man den Wortlaut, der der Antragsdelikte nicht gedenkt[103], ernst, so wäre das Ergebnis aber verwirrend: Ein Verteidiger könnte wegen einer Tat ausgeschlossen werden, die der Antragsberechtigte oder der zur Ermächtigung Berechtigte durch seine Erklärung der Strafverfolgung entziehen könnte.

122 Solange nicht feststeht, ob ein Strafantrag gestellt wird, ist die Ausschließung verfrüht, weil sie in einem Zustand der Ungewißheit stattfindet[104]. Steht fest, daß kein Strafantrag gestellt wird, die Tat also nicht verfolgbar ist, so ist die Ausschließung unangemessen, weil der Staat, wenn er die Strafverfolgung in das Ermessen eines Privaten gestellt hat, bei dessen Verzicht **keine prozessualen Konsequenzen** ziehen kann. Dies ergibt sich auch zwangsläufig aus dem Aufhebungsgrund des Abs. 3 Nr. 3. Eine in der Kenntnis, daß kein Strafantrag gestellt werden wird, vorgenommene Ausschließung wäre sofort wieder aufzuheben[105]. Selbst wenn Strafantrag gestellt ist, wird die Verhältnismäßigkeit besonders zu prüfen sein. Denn die meisten Antragsdelikte sind Privatklagedelikte (§374; Ausnahmen: Vermögensdelikte, die sich auf geringwertige Sachen beziehen), deren Bagatellcharakter schon daraus hervorgeht, daß eine Vereidigung Ausnahme sein soll (§62).

123 **c) Gefährdung der Sicherheit einer Vollzugsanstalt.** Während in der ersten Fassung dieses Ausschlußgrundes (1. StVRErgG) der Mißbrauch effektiv vorliegen mußte (vgl. LR-*Dünnebier*[23] 33), sind nunmehr auch für diesen Ausschließungsgrund die in Abs. 1 angegebenen **Verdachtsgrade** verbindlich (vgl. *Vogel* NJW **1978** 1222).

124 Mit **Vollzugsanstalten** sind gemeint: Anstalten für den Vollzug der Untersuchungshaft (§§112, 112a) und der einstweiligen Unterbringung (§128a); für den Vollzug von Freiheitsstrafen im Sinne der §§38, 39 StGB, der Jugendstrafe (§17 Abs. 1 JGG) und des Strafarrestes (§§9, 12 WStG); für den Vollzug der Erzwingungshaft (§96 OWiG in Vbdg. mit §171 StVollzG); für den Vollzug von Maßregeln der Besserung und Sicherung (§61 Nr. 1 bis 3 StGB in Vbdg. mit §171 StVollzG); für den Vollzug des Jugendarrestes in den Formen des Freizeitarrestes, des Kurzarrestes und des Dauerarrestes (§16 JGG); für den Vollzug der Ordnungshaft (Art. 6 Abs. 2 EGStGB in Vbdg. mit §171 StVollzG); für den Vollzug der sogenannten Zivilhaft (Beispiel §901 ZPO). Krankenhäuser, die nicht Teil einer Vollzugsanstalt sind, fallen nicht unter die Vorschrift. Sie sind aber Vollzugsanstalten gleichzustellen, wenn in ihnen Verhaftete oder Verurteilte unter Sicherungsmaßnahmen untergebracht sind, ohne daß der Haft- oder Unterbringungsbefehl aufgehoben oder die Vollstreckung des Urteils ausgesetzt worden ist.

---

[103] *Groß* NJW **1975** 423.
[104] A. A KMR-*Müller* 10.

[105] Vgl. auch KMR-*Müller* 10.

Klaus Lüderssen

125   Die **Sicherheit** wird in § 119 Abs. 3 und 4 als Teil der Ordnung verstanden[106]. Zweifel an der Einbeziehung der Sicherheit in den Ordnungsbegriff (unter Hinweis darauf, daß „Polizei- und Strafvollzugsrecht die Sicherheit **neben** der Ordnung, aber wohl als aliud erwähnen") äußert *Seebode*[107]. In § 138 a hat diese Unklarheit keinen Eingang gefunden, die Vorschrift ist daher schon aus diesem Grunde entsprechend enger auszulegen als § 119 Abs. 3 und 4, so daß es auf die Durchsetzung der mit Recht für die Einschränkung des Ordnungsbegriffs in § 119 Abs. 3 und 4 erhobenen Forderung[108] nicht ankommt. Hinzu kommt, daß diese Vorschriften von der Ordnung *in* der Anstalt sprechen, während es sich hier um die Sicherheit der Anstalt handelt. Hieße es Sicherheit *in* der Anstalt, könnte darunter die Verletzung einer jeden Sicherheitsvorschrift verstanden werden, auch wenn mehrere Sicherheitsvorschriften verletzt sein müßten, ehe die Sicherheit *der* Anstalt gefährdet wäre. Auf der anderen Seite ginge eine Auslegung zu weit, die nur die Gefährdung der Sicherheit einer *ganzen* Vollzugsanstalt als Ausschließungsgrund genügen ließe. Auch wenn ganze Gebäude oder Gebäudeteile außerhalb jeder Gefährdung bleiben, ist die Sicherheit einer Vollzugsanstalt erheblich gefährdet, wenn wesentliche Teile der Anstalt erheblich gefährdet sind, z. B. die Räume für Arbeit, gemeinschaftlichen Aufenthalt und gemeinschaftliche Veranstaltungen, einzelne Zellentrakte, die Bewachungszellen, aber auch die Räume der Anstaltsverwaltung.

126   Die **Mißbrauchshandlung** muß einen Angriff auf die Sicherheit erwarten lassen, der eine **erhebliche Gefährdung** darstellt, das heißt sich über den Durchschnitt der denkbaren Gefährdungen erhebt. Zu einer **Störung** selbst braucht es **nicht** zu kommen, es genügt die konkrete **Wahrscheinlichkeit**, daß es zu einer solchen kommen werde. Beispiele sind: Einführung von Ausbruchs- oder Meutereiinstrumenten wie Waffen und Sprengstoffen, Lieferung von Gebäudeskizzen.

4. Verfahren über Straftaten nach § 129 a StGB (Abs. 2)

127   Zum **rechtspolitischen Hintergrund** der Einführung dieser Regelung vgl. zunächst § 148, 20 bis 26. Was § 138 a Abs. 2 angeht, so steht diese Diskussion nach *Rieß* „im umgekehrten Verhältnis zur praktischen Bedeutung", da lediglich in einem einzigen Verfahren die Ausschließung des Verteidigers an den durch bestimmte Tatsachen begründeten Verdacht i. S. des § 138 a Abs. 2 geknüpft worden sei, wobei die Begründung den Eindruck erwecke, „daß der Ausschluß an der Feststellung des dringenden Tatverdachts nicht gescheitert wäre"[109].

a) Verhältnis zu Absatz 1

128   **aa) Abweichungen.** Der schwächere Verdachtsgrad entspricht dem „einfachen" Tatverdacht. Dessen minima sind aber nicht so variabel, wie das nach den Darlegungen *Dünnebiers*[110] erscheint. Vielmehr ist **durchweg** die Schwelle so hoch anzusetzen, wie es das Kammergericht[111] verlangt: Es muß ein Verdacht bestehen, der es rechtfertigt, ein Ermittlungsverfahren wegen einer der in Abs. 1 Nr. 1 und Nr. 2 bezeichneten Taten oder Handlungen einzuleiten[112]. Die Anforderungen, die allgemein an diesen Verdacht zu stellen sind, werden teilweise unterschätzt[113].

---

[106] § 119, 31.

[107] Der Vollzug der Untersuchungshaft (1985), 235.

[108] Darüber *Seebode* 239 ff.

[109] *Rieß* NStZ **1981** 328.

[110] LR-*Dünnebier*[23] EB § 138 a, 4; s. auch BGH StrVert. **1982** 342; OLG Hamm StrVert. **1984** 105.

[111] NJW **1978** 1539 (worauf sich *Dünnebier* aaO bezieht).

[112] Zur Notwendigkeit eines einheitlichen Begriffs des „Anfangsverdachts" vgl. *Lüderssen* V-Leute (1985), 9 ff; vgl. auch LR-*Rieß* § 152, 21; zum Ganzen jetzt auch informativ SK-StPO-*Rogall* Vor § 133 17 ff.

[113] Darüber *Lüderssen* (Fußn. 112) 10/11.

Der **Mißbrauch des Verkehrsrechts** gemäß Abs. 1 Nr. 2 muß bereits geschehen **129** sein oder andauern. Das ergibt sich eindeutig daraus, daß Abs. 2 Handlungen bezeichnet, die der Verteidiger „begangen hat oder begeht".

bb) Parallelen. Der Ausschließungsgrund der Beteiligung an der Tat, die den Ge- **130** genstand der Untersuchung bildet, ist mit „Handlungen", die der Verteidiger „begangen hat oder begeht", was den Zeitpunkt der Beteiligung angeht, so gefaßt, daß eine Entsprechung zu der in Abs. 1 Nr. 1 gewählten Formulierung „beteiligt ist" anzunehmen ist. Diese Formulierung umfaßt jedenfalls die bereits geleisteten Tatbeiträge. Sie läßt aber auch den Übergang zur Gegenwart insofern offen, als eine Fortsetzung der Beteiligung während des Verfahrens sprachlich mitgedeckt ist, weil „ist" (auch) für Präsens steht. Bei § 129a StGB liegt eine solche Kontinuität freilich näher; das ist der Grund für die differenziertere, in der Sache aber nichts Neues bringende zeitliche Fixierung der Beteiligung in Abs. 2.

cc) Subsidiäre Geltung des Absatz 1. Liegt die nach Abs. 1 erforderliche Ver- **131** dachtsstufe vor, so ist ein Ausschließungsgrund auch (bei Verfahren, die sich mit dem Vorwurf einer Straftat gemäß § 129a StGB befassen) der nur **bevorstehende** Mißbrauch des Verkehrsrechts, ferner die Gruppe der in Abs. 1 Nr. 3 zusammengestellten Handlungen (Begünstigung, Strafvereitelung, Hehlerei).

Ob man deshalb, wie das KG[114] meint, auch wenn an sich die Anwendung des **132** Abs. 2 indiziert ist, grundsätzlich erst prüft, ob die Voraussetzungen des Abs. 1 vorliegen, bleibt letztlich Ermessenssache, abhängig von praktischen Erwägungen.

b) Besonderheiten
aa) Beteiligung des Verteidigers. Die Aktivitäten der Verteidiger, die dazu ge- **133** führt haben, ihnen gegenüber den Vorwurf der Beteiligung an nach § 129a StGB strafbare Taten zu erheben, stehen in so engem Zusammenhang mit der Wahrnehmung ihrer Pflichten gegenüber den Mandanten, daß sich der Gedanke aufdrängen mag, hier seien Freistellungen von strafrechtlicher Haftung ebenso indiziert wie bei § 258 StGB. Demgegenüber muß zunächst die Selbstverständlichkeit festgehalten werden, daß § 129a StGB ein Tatbestand wie jeder andere ist, also grundsätzlich **gleichermaßen** gegenüber **Beschuldigtem** und **Verteidiger** Geltung beansprucht. Das heißt die Bemühungen des Beschuldigten, die eigene Bestrafung zu verhindern, finden an der damit verbundenen Verwirklichung dieses Tatbestandes ebenso ihre Grenze wie etwa bei der Anstiftung zur Falschaussage mit der Folge, daß auch der Verteidiger sich, gleichviel ob als Täter oder Teilnehmer, entsprechender Aktivitäten enthalten muß.

Angesichts dessen, daß der Tatbestand des § 129a StGB keine festen Konturen **134** hat, ist allerdings mit **Überschneidungen** zu rechnen, bei denen sich, anders als etwa bei §§ 153 ff StGB, ernsthaft die Frage stellt, ob die Straffreiheit der „Selbstbegünstigung" nicht doch im Einzelfall Vorrang hat.

Ehe man das tut, sind jedoch die **Voraussetzungen** festzustellen, unter denen je- **135** dermann Täter gemäß § 129a StGB sein kann. Diese Voraussetzungen sind eng auszulegen. Nicht genügt beispielsweise, wenn jemand nur die politischen oder sonstigen Endziele einer terroristischen Vereinigung bejaht, „nicht aber auch die Begehung von Straftaten zur Erreichung dieser Ziele befürwortet und propagiert"[115]. Es fehlt in diesen Fällen an einer Unterstützung der Vereinigung „in ihrem verbrecherischen Potential"[116]. Die in § 129a StGB vorausgesetzte spezifische Gefährlichkeit ist erst gegeben, wenn die

---

[114] NJW **1978** 1538.
[115] *Rudolphi* FS Bruns 331.
[116] *Rudolphi* aaO.

Klaus Lüderssen

von der Vereinigung zur Erreichung ihrer Ziele „geplanten Straftaten ausdrücklich oder zumindest konkludent propagiert" werden[117]. Auch reicht die Unterstützung lediglich einzelner Mitglieder nicht aus. Die Hilfe muß sich zugleich auch als „mitursächlich für die Existenz der Vereinigung als kriminelle Gefahrenquelle" erweisen[118]. Ferner sind „auszuklammern aus dem Begriff des Unterstützens einer... terroristischen Vereinigung... grundsätzlich sozial übliche Verhaltensweisen..., etwa der Verkauf von Nahrungsmitteln und Kleidung, die Vermietung von Wohnungen sowie die Lieferung von allgemein zugänglichen Informationen"[119].

136   Danach fällt ein großer Teil der **Kommunikation**, die zwischen dem wegen einer Straftat nach § 129 a StGB verdächtigten Beschuldigten und seinem Verteidiger stattfindet, schon ohne weiteres nicht unter den Tatbestand des § 129 a StGB.

137   Was darüber hinaus seitens der Verteidigung geschieht und sich **isoliert** als Unterstützung einer terroristischen Vereinigung darstellt, muß daraufhin geprüft werden, ob es sich dabei um eine **notwendige Nebenwirkung** einer Verteidigung handelt, die sich innerhalb der dem Verteidiger durch die Strafprozeßordnung gezogenen Grenzen hält. Ist das der Fall, so kommt, weil Unterstützen im Sinne von § 129 a StGB als zur Täterschaft verselbständigte Beihilfe konstruiert ist, zwar ein Tatbestandsausschluß — anders als bei § 258 StGB — nicht mehr in Betracht, wohl aber kann ein Rechtfertigungsgrund gegeben sein.

138   Die **Grenzen**, welche die Strafprozeßordnung der Verteidigung zieht, sind in den §§ 137 Abs. 1 Satz 2, 146, 146 a, 147, 148, 148 a enthalten (auch §§ 138 a ff gehören hierher, sind aber, soweit es für *ihre* Anwendbarkeit gerade auf die Prüfung der anderwärts gezogenen Grenzen der Verteidigung ankommt, aus der Betrachtung auszuscheiden).

139   **Tatbestandsmäßige** Unterstützungshandlungen, die als notwendige Nebenwirkungen eines Verhaltens auftreten, das mit den genannten Normen in Einklang steht, sind daher gerechtfertigt, wenn die Voraussetzungen der generellen Ermächtigungsnorm für den Verteidiger — § 137 Abs. 1 Satz 1 — erfüllt sind. Verteidigung im Sinne dieser Vorschrift ist jeder Beistand, der dem Beschuldigten, unabhängig von der materiellen Rechtslage, hilft, die Bestrafung oder Verhängung einer Maßnahme von sich abzuwenden.

140   Wenn also ein Verteidiger „durch die Einrichtung und den Betrieb einer Informationszentrale die Inhaftierten mit Informationen versorgt und eine Kommunikation zwischen den Gefangenen ermöglicht"[120], ist sein Verhalten gerechtfertigt, sofern die gegebenen Informationen und die ermöglichte Kommunikation **für die Verteidigung erhebliche Umstände** betreffen.

141   Es muß noch einmal gesagt werden, daß es auf diesen Ausnahmefall nicht ankommt, wenn jene Informationen und Kommunikationen **nur** für die Verteidigung erhebliche oder „zumindest neutrale, d. h. für den Fortbestand der... terroristischen Vereinigung in ihrer verbrecherischen Potenz bedeutungslose Umstände" betreffen. Diese Fälle sind ja frei von jenen Nebenwirkungen; für ihre Ausklammerung aus § 129 a StGB bedarf es also — entgegen dem Eindruck, den *Rudolphi*[121] erweckt — **nicht** der Überlegung, daß die im Wege der notwendigen Nebenwirkung zulässigen Verteidigerverhaltens eingetretene Unterstützung einer terroristischen Vereinigung im Ergebnis nicht von § 129 a StGB erfaßt wird. Sie erfüllt vielmehr schon nicht den Tatbestand des § 129 a StGB. Das Gleiche gilt natürlich auch dann, wenn ein Verteidigerverhalten zwar nach den Normen des Strafprozeßrechts unzulässig ist, indessen gleichwohl nicht „mitur-

---

[117] *Rudolphi* aaO.
[118] *Rudolphi* aaO.
[119] *Rudolphi* aaO 332.

[120] *Rudolphi* aaO 337.
[121] *Rudolphi* aaO.

sächlich für den Fortbestand" des „verbrecherischen Potentials" der terroristischen Vereinigung „in seiner konkreten Gestalt geworden ist"[122] (diese Feststellung entspricht dem, was oben, Rdn. 56, 86 zur Anwendbarkeit des §258 StGB gesagt worden ist: Nicht jede Verletzung **anderer** Vorschriften bedeutet automatisch tatbestandsmäßiges Verhalten im Sinne des §258 StGB).

Bei den für die **Rechtfertigung** verbleibenden Fällen ist dann wiederum zu prü- **142** fen, ob die Bedingung erfüllt ist, an welche die rechtfertigende Kraft des §137 Abs. 1 Satz 1 geknüpft ist: das Vorliegen eines wirksamen Vertrages zwischen Beschuldigtem und Verteidiger. Zu den gesetzlichen Verboten, die gemäß §134 BGB einen solchen Vertrag unwirksam machen können, gehören weder diejenigen Normen, die sich ganz ersichtlich nicht an die Andresse des Beschuldigten und damit auch nicht an die Adresse seines Verteidigers richten, wenn er aufgrund einer Vereinbarung mit dem Beschuldigten tätig wird, noch andere Normen, soweit durch **Auslegung** feststellbar ist, daß sie den Beschuldigten und — unter den genannten Voraussetzungen — den Verteidiger nicht binden; das betrifft §129a StGB mit Blick auf jene notwendigen Nebenwirkungen.

Die Grenze, die §**134 BGB** der Wirksamkeit des Vertrages zwischen Beschuldig- **143** tem und Verteidiger und damit der Rechtfertigung des Verteidigers nach §137 Abs. 1 Satz 1 zieht, kann also **mittelbar** — wie bei §258 StGB (s. oben Rdn. 73 ff) — doch noch zur Anwendung des §129a StGB auf den Verteidiger führen, wenn zwischen Beschuldigtem und Verteidiger etwas vereinbart wird, was Vorschriften zuwiderläuft, die **unmittelbar** mit §129a StGB nichts zu tun haben. Nur wenn diese Verstöße nicht einmal ein tatbestandsmäßiges Handeln gemäß §129a StGB bedeuten, sind sie (s. oben Rdn. 135 ff) für den Ausschluß des Verteidigers stets irrelevant.

Was **die Unwirksamkeit des Vertrages** wegen Verstoßes gegen §138 BGB angeht, **144** so gilt gegenüber dem oben Rdn. 91 zu §258 StGB Gesagten nichts Abweichendes.

Die höchstrichterliche **Rechtsprechung** kommt im wesentlichen zu den **gleichen 145 Ergebnissen**. Die Begründungen sind zwar weniger verbindlich in bezug auf die kategorialen Festlegungen (so ist[123] ohne weitere Rubrizierung von der Notwendigkeit einer Abwägung zwischen dem Verbot der Unterstützung einer Vereinigung einerseits und dem Gebot, dem Mandanten Beistand zu gewähren, andererseits die Rede). Immerhin wird aber, weil es für die Beurteilung des Irrtums darauf ankommen könnte, die Möglichkeit erwogen, ein in die Nähe des §129a StGB kommendes Verteidigerverhalten entweder als nicht tatbestandsmäßig aufzufassen oder aber die erlaubte Verteidigung als Rechtfertigungsgrund für tatbestandsmäßiges Handeln anzusehen[124].

Der Sache nach ist der Gesichtspunkt, daß unvermeidbare Folgen einer Verteidi- **146** gung außerhalb des Anwendungsbereichs des §129a StGB liegen müssen, vor allem in BGHSt **31** 21 zum Ausdruck gekommen. Dort findet sich auch die Bemerkung, daß man bei der Feststellung jener Nebenwirkungen das zu prüfende Verhalten nicht zu stark isolieren dürfe; notwendig sei vielmehr eine **Gesamtbetrachtung**: „Ohne ein solches Erfordernis ist eine wirklich freie, durch die Gefahr der Vermengung straffreier und nach §129 StGB strafbarer Einzeläußerungen nicht belastete Verteidigung nicht gewährleistet."

Bei der Frage, was zur **zulässigen Verteidigung** gehört, also dazu beitragen kann, **147** daß der Beschuldigte Bestrafung oder Verhängung von Maßnahmen von sich abwenden kann, auch wenn das der materiellen Rechtslage nicht entspricht, spielt nach der Rechtsprechung eine große Rolle, „daß der Beschuldigte weiß, worauf sich der gegen ihn erhobene Vorwurf stützt, und daß er den Verteidiger informieren kann, wie er sich

---

[122] *Rudolphi* aaO 336.
[123] BGHSt **32** 247.

[124] BGHSt **32** 248.

Klaus Lüderssen

dazu einlassen wird"[125]. Allein daraus ergibt sich die Notwendigkeit von Mitteilungen, die — für sich betrachtet — als Unterstützung einer terroristischen Vereinigung im Sinne des § 129 a StGB erscheinen. Inwieweit **politische** Ausführungen der Beschuldigten und eine entsprechende Mitwirkung des Verteidigers, die sich, wenn sie in konkrete Aufforderungen etwa „zur Fortsetzung des bewaffneten Kampfes" münden und unter der Voraussetzung, daß im Zusammenhang damit konkrete Straftaten sichtbar werden, den Tatbestand des § 129 a erfüllende **Prozeßerklärungen** sind, die „insgesamt aus der Sicht der Erklärenden der Rechtfertigung begangener Taten" dienen und insofern dazu geeignet sind, das Ziel der Verteidigung (s. oben) zu erreichen, solange der Verteidiger für seine Mitwirkung daran vom Vorwurf nach § 129 a StGB freigestellt werden könnte, ist in Einzelfällen umstritten, wird aber in BGHSt **31** 21 durchaus in den Bereich des Möglichen gerückt. Eindeutige Grenzen in bezug auf den „Aufbau eines sog. ,Info-Systems'" hat das OLG Hamburg[126] gesteckt — allerdings unter ausdrücklichem Hinweis darauf, daß der Verteidiger „als unabhängiges Organ der Rechtspflege ... mithelfen" solle, „das Recht zu verwirklichen" und damit „an die Seite der Gerichte und der Staatsanwaltschaft" trete[127].

148   **bb) Probleme des Verfahrens.** Nicht erforderlich ist, daß sich das Verfahren wegen § 129 a StGB gegen den Mandanten des auszuschließenden Verteidigers richtet. Es reicht aus, daß in dem Verfahren gegen andere Beschuldigte eine Tat nach § 129 a StGB verhandelt wird, wobei diese Verfahren jedoch nicht mißbräuchlich zusammengefaßt werden dürfen[128]. Ebenfalls reicht die Parallelermittlung wegen § 129 a StGB gegen einen Beschuldigten aus, wenn dieser sich wegen einer anderen Tat in Haft befindet und die Ermittlungen wegen § 129 a StGB allein den Haftgrund nicht ergeben würden[129].

149   **Nach Einstellung** der Ermittlungen wegen § 129 a StGB kommt ein Ausschluß des Verteidigers nach Abs. 2 nicht mehr in Betracht. Das Gleiche gilt, wenn wegen einer Tat ermittelt wird, die in Tateinheit zu einer bereits abgeurteilten Tat nach § 129 a StGB steht, von der Rechtskraft dieses Urteils jedoch nicht umfaßt wird[130].

II. Wirkungen (Abs. 4 und 5)

150   Dem nach § 138 a Abs. 1 oder Abs. 2 mißbilligten Verhalten kann wirksam nur entgegengetreten werden, wenn die Wirkung der Ausschließung soweit erstreckt wird, daß sie nicht umgangen werden kann. Das Gesetz sieht daher ein konsequentes **System von Verteidigungs- und anderen Kommunikationsverboten** vor.

151   **1. Verteidigungsverbote (Absatz 4 Satz 1; Absatz 5 Satz 1).** Sie beziehen sich auf verschiedene Verfahren und Beschuldigte.

152   **a) Im anhängigen Verfahren.** Die Mitwirkung zugunsten **des Beschuldigten** ist dem Verteidiger durch die Ausschließung eo ipso verboten (§ 138 a Abs. 1, 2). Mitwir-

---

[125] Hierzu auch grundlegend *Rudolphi* FS Bruns 333.

[126] JZ **1979** 275.

[127] AaO S. 276; zur Kritik an dieser Entscheidung vgl. *Seifert* KJ **1979** 80 ff und *Ostendorf* JZ **1979** 252 ff, 255: „Derartige Positionspapiere haben bei politisch motivierten Delikten Verteidigungscharakter, der nicht dadurch wegfällt, daß sie gleichzeitig den Kampfwillen und die Solidarität der Gruppenmitglieder bestärken"; vgl. ferner zum Ganzen *Bakker/Schut* 523 ff, unter anderem mit Hinweis auf Sachverständigengutachten von *Welp* und *Hassemer* (527 ff).

[128] Vgl. KMR-*Müller* 15.

[129] Vgl. KK-*Laufhütte*[2] 15.

[130] Vgl. KK-*Laufhütte*[2] 16.

kung ist ein Synonym für Verteidigung. Die Auffassung, „Vertretung beim Rechtsmittelgebrauch" sei nicht Verteidigung (LR-*Dünnebier*[23] 38), falle aber unter den weiteren Begriff der Mitwirkung, wird aufgegeben. Sie widerspricht dem der StPO zugrundeliegenden umfassenden Begriff von Verteidigung und dem — insoweit klaren — Wortlaut der Absätze 4 und 5 (Abs. 1 wird insofern also dem Sprachgebrauch von Abs. 4 und 5 angepaßt und nicht umgekehrt, wie das *Dünnebier* aaO vorgeschlagen hat).

153 Das Verbot, in anhängigen („demselben") Verfahren **andere** Beschuldigte zu verteidigen, ist in Abs. 5 Satz 1 1. Hs. ausgesprochen. Bis zum StPÄG 1978 war es in bezug auf die Fälle des **jetzigen** Absatzes 1 Nr. 2 eingeschränkt: insoweit galt es also nur in Hinsicht auf Beschuldigte, die sich nicht auf freiem Fuß befanden[131].

154 Die Wendung „kann ... nicht" ist — seit der Änderung durch das StVÄG 1978 — kongruent mit der in §146 gebrauchten (und bedeutet: die Verteidigung ist unzulässig, s. im einzelnen §146, 1 ff). Aus dem Verhältnis zum Verbot, mehrere Beschuldigte in einem Verfahren zu verteidigen, §146 Satz 2 ergibt sich, daß §138a Abs. 5 Satz 1 1. Halbsatz nur die **Übernahme** der Verteidigung eines **weiteren Beschuldigten** meint.

155 Der Verweis in Abs. 5 Satz 2 auf Abs. 4, der für den gesamten Abs. 5 Satz 1 gilt, bringt eine weitere Erstreckung des Verteidigungsverbots. Die entsprechende Anwendung des Abs. 4 — jetzt mit Blick auf Satz 1 — bedeutet, daß die anderen Beschuldigten, deren Aburteilung in dem Verfahren vorgesehen ist, aus dem der Verteidiger ausgeschlossen ist, von ihm auch in jenen **anderen gesetzlich geordneten Verfahren** nicht verteidigt werden dürfen.

156 **b) In anderen Verfahren.** Für den **Beschuldigten** gilt Abs. 4 Satz 1. Die Vorschrift ist mehrfach geändert worden. Das Verteidigungsverbot in anderen gesetzlichen Verfahren enthielt zunächst die Beschränkung, daß sich der Beschuldigte nicht auf freiem Fuß befinden dürfe. Nach mehreren Anläufen (vgl. dazu 23. Aufl. EB §138a, 11) ist jetzt klar, daß das Verteidigungsverbot auch für nicht inhaftierte Beschuldigte gilt. Selbstverständlich gibt es insoweit aber keine Beschränkung für den — sonstigen — **Verkehr** mit dem Beschuldigten. Sie wäre nicht durchsetzbar.

157 Mit gesetzlich geordneten Verfahren sind zunächst **andere Strafverfahren** gemeint. Sodann andere Verfahren, die nach einer Prozeß- oder Verfahrensordnung stattfinden. Diese muß in einem Gesetz enthalten sein. Gesetzlich nicht geordnete Partei- oder Verbandsgerichtsverfahren, Verfahren einer „Betriebsgerichtsbarkeit", die Verteidigung in „Unterwerfungsverfahren" nach einem Ladendiebstahl werden nicht betroffen. Die zunächst sehr weitgehend scheinende Ausdehnung der „gesetzlich geordneten Verfahren" wird dadurch stark eingeschränkt, daß nur Verfahren in Betracht kommen, in denen die **Möglichkeit** der Wahl eines Verteidigers besteht.

158 Für die Verteidigung **anderer** Beschuldigter gilt Abs. 5 Satz 1 2. Hs. Auch diese Vorschrift hat ihre letzte Fassung erhalten durch das StVÄG 1978. Bis dahin war der Ausschluß ebenso wie nach Abs. 5 Satz 1 1. Hs. (s. oben) auf die Fälle des jetzigen Abs. 1 Nr. 2 eingeschränkt. Außerdem mußte das andere Verfahren im Zeitpunkt der Ausschließung bereits **eingeleitet** sein. Beide Änderungen werden damit begründet, daß „in dem besonders gefährlichen Bereich der terroristischen Gewaltkriminalität ... der Kontakt zwischen dem Verteidiger, der mit seinem Mandanten gemeinsame Sache macht, und dem Beschuldigten rigoros unterbunden werden" soll[132]. Die Begründung ist insoweit unrichtig, als es für die Ausschließung, an die das Verteidigungsverbot anknüpft, nicht darauf ankommt, ob der Verteidiger und der Beschuldigte „gemeinsame

---

[131] Zur Begründung vgl. im einzelnen BT-Drucks. **8** 976, S. 38.

[132] BTDrucks. **8** 976, S. 38.

Sache" **machen**, sondern allein auf den Verdacht, daß der Verteidiger bestimmte Handlungen begehen **könnte**.

159   **Andere Kontakte** sind, solange die Beschuldigten nicht inhaftiert sind, ebensowenig verboten wie im Falle des Abs. 4 Satz 1. Das ist — entgegen LR-*Dünnebier*[23] EB § 138 a, 13 — jetzt nicht etwa in Frage gestellt, weil die Inhaftierung „gesetzlich als Voraussetzung entfallen" ist; diese Streichung bezieht sich ja nur auf die Verteidigung.

160   Auch die Regelung des Abs. 5 Satz 1 2. Hs. muß im Zusammenhang mit § 146 gesehen werden. Nach der Neufassung ist die Abgrenzung leicht: Während dort (Satz 1) nur bei mehreren **derselben** Tat Beschuldigten (dann aber ohne Beschränkung auf bestimmte Tatbestände) Mehrfachverteidigung unzulässig ist, verbietet § 138 Abs. 5 Satz 1 2. Hs. das auch (allerdings unter der wieder einschränkenden Voraussetzung, daß es um Vorwürfe nach § 129 a StGB geht) bei wegen **verschiedener** Taten verdächtigen Beschuldigten, ohne Rücksicht darauf, ob die Vereinigung etwas damit zu tun hat[133].

161   Die **anderen** Verfahren, von denen Abs. 5 Satz 1 2. Hs. spricht, sind — das geht klar aus ihrer Beschränkung auf Verhandlungen über die Strafbarkeit nach § 129 a StGB hervor — **Strafverfahren**.

162   **Weitere** Verfahren, in denen der Verteidiger, dessen Situation durch Abs. 5 Satz 1 2. Hs. gekennzeichnet ist, nicht verteidigen darf, sind die „anderen gesetzlich geordneten Verfahren", die Abs. 4 Satz 1 nennt, dessen entsprechende Anwendung Abs. 5 Satz 2, der für den gesamten Abs. 5 Satz 1 gilt, vorschreibt.

163   **2. Besuchsverbote (Absatz 4 Satz 2; Absatz 5 Satz 2).** Daß sie sich nur auf **inhaftierte** Beschuldigte beziehen können, bedarf lediglich insofern einer Kommentierung, als der Grund für die Inhaftierung gleichgültig ist. Freilich ist das gerade unbefriedigend, weil auch Situationen zur Verhinderung der Kommunikation benutzt werden können, die mit dem Verfahren nichts zu tun haben. Damit wird die Motivation des Gesetzgebers nur zu deutlich: Jede Kommunikation des ausgeschlossenen Verteidigers ist unerwünscht; wo sich die Möglichkeit zeigt, dieses Ziel zu erreichen (hier durch das Kontrollsystem der Haftanstalt), wird sie wahrgenommen.

164   Eine weitere eindeutige Beschränkung des Kommunikationsverbots liegt in dem Wort „aufsuchen". Andere Formen der Mitwirkung (schriftlich, telefonisch) sind nicht erfaßt. Aber auch hier darf vermutet werden, daß der Gesetzgeber lediglich seine Grenzen akzeptiert.

165   „Sonstige Angelegenheiten" ist ein weiter Begriff. Gemessen an der Relevanz der Kontrollmöglichkeiten ist eine Einschränkung nicht zwingend. Man sollte seinen Anwendungsbereich aber auf das beschränken, was den Verteidiger **beruflich** mit dem Beschuldigten verbindet, etwa Zivil- oder Verwaltungsprozesse, die er als Anwalt des Beschuldigten führt. Ein privater Besuch, etwa in einem Trauerfall, gehört nicht dazu (daraus, daß das Wort „sonstige Angelegenheiten" an das Verteidigungsverbot anschließt, ist das allerdings — entgegen LR-*Dünnebier*[23] EB § 138 a, 12 — nicht abzuleiten).

166   Diese Regeln ergeben sich für den Beschuldigten, dessen Verteidigung dem Verteidiger schon durch die Ausschließung vom Verfahren verboten ist, aus Abs. 4 Satz 2, für **andere** Beschuldigte aus dem Verweis in Abs. 5 Satz 2.

167   Das heißt, der Verteidiger darf die Beschuldigten, wenn über die gegen sie erhobenen Vorwürfe im gleichen Verfahren ermittelt wird, in der Haft **überhaupt nicht** in sonstigen Angelegenheiten aufsuchen (Verknüpfung von Abs. 4 Satz 2 mit Abs. 5 Satz 1 1. Halbsatz).

---

[133] Kritisch dazu KK-*Laufhütte*[2] 26.

Andere Beschuldigte in **anderen** Verfahren darf der ausgeschlossene Verteidiger **168** in sonstigen Angelegenheiten in der Haft nur dann nicht aufsuchen, wenn diese anderen Verfahren eine Straftat nach § 129 a StGB zum Gegenstand haben und die Ausschließung ebenfalls in einem solchen Verfahren erfolgt ist (Verknüpfung von Abs. 4 Satz 2 mit Abs. 5 Satz 1 2. Halbsatz).

Die Verweisnorm des § 138 a Absatz 5 Satz 2 macht die Lektüre des Gesetzes so **169** schwer, daß man sich fragen muß, ob sie nicht die politische Funktion hat, die mit dem Ausschluß des Verteidigers insbesondere nach Abs. 5 Satz 1 ausgelöste **Kettenreaktion** von Verteidigungs- und Kommunikationsverboten optisch abzumildern. Sofort erschließen würde den wahren Gehalt der Absätze 4 und 5 die folgende **direkte** Formulierung:

„Solange ein Verteidiger ausgeschlossen ist, kann er den Beschuldigten und an- **170** dere in demselben Verfahren ebenfalls Beschuldigte in diesem und anderen gesetzlich geordneten Verfahren nicht verteidigen und die Beschuldigten, wenn sie sich **nicht auf freiem Fuß** befinden, in sonstigen Angelegenheiten nicht aufsuchen.

Ist ein Verteidiger in einem Verfahren ausgeschlossen worden, das eine Straftat **171** nach § 129 a StGB zum Gegenstand hat, kann er, solange er ausgeschlossen ist, auch in anderen Verfahren, die eine **solche Straftat** zum Gegenstand haben, keine Verteidigung übernehmen und die in diesen Verfahren Beschuldigten, sofern sie sich nicht auf freiem Fuß befinden, in sonstigen Angelegenheiten nicht aufsuchen."

3. Verfahrensfragen. Erste Voraussetzung für die Wirksamkeit der Verteidi- **172** gungs- und Besuchsverbote ist jedenfalls die **Rechtskraft** der Ausschlußentscheidung. Sie tritt ein, wenn kein Rechtsmittel zulässig (sofern der BGH über den Ausschluß entschieden hat) oder eingelegt ist (sofortige Beschwerde, § 138 d Abs. 6) oder eine negative Entscheidung darüber vorliegt. Wenn allerdings das Gericht nicht von seinem Recht Gebrauch macht, die Vollziehung der angefochtenen Entscheidung auszusetzen (§ 307 Abs. 2, der auch für die sofortige Beschwerde gilt, § 311, 1), so ist das maßgebende Datum bereits der Erlaß der Entscheidung (§ 307 Abs. 1).

Aber auch das ist praktisch nicht zwingend, denn das Gericht kann schon vor sei- **173** ner Entscheidung das **Ruhen** der Verteidigerrechte auch für die in § 138 a Abs. 4 und 5 bezeichneten Fälle anordnen (§ 138 c Abs. 3 2. Halbsatz).

Verteidigungs- und Besuchsverbote sind die kraft **Gesetzes** eintretenden **Folgen 174** der (oben Rdn. 15 ff unter dem Aspekt, von wann ab sie praktisch gilt, gewürdigten) Ausschließung. Eine Ausschließung des Verteidigers in den Verfahren, die von dem Verteidigungsverbot betroffen sind, ist — wenn nicht ein selbständiger Ausschlußgrund hervortritt — weder möglich noch erforderlich. Spätestens seit der Einführung des § 146 a kommt es aber für den **Beginn** der **Unwirksamkeit** von Verteidigerhandlungen, die nach § 138 a Abs. 4 und 5 verboten sind, außerdem auf die **Zurückweisung** an[134]. Erst jetzt also brauchen die Beschuldigten gegebenenfalls einen neuen Verteidiger; das kann natürlich wieder ein Wahlverteidiger sein[135].

III. Aufhebung der Ausschließung (Abs. 3)

1. Wegfall der Voraussetzungen (Satz 1 Nr. 1). Die Voraussetzungen liegen nicht **175** mehr vor, wenn eines der Tatbestandsmerkmale des Ausschließungstatbestandes wegge-

---

[134] Vgl. dazu § 146 a, 12 bis 14, zur Zuständigkeit für die Zurückweisung vgl. Rdn. 11; ebenso KK-*Laufhütte*[2] 28; § 137, 9 ff, § 146, 14 ff; **a. A** *Kleinknecht/Meyer*[38] 28 – Prozeßhandlungen ohne weiteres unwirksam.
[135] Irreführend insofern LR-*Dünnebier*[23] § 140, 30.

Klaus Lüderssen

fallen ist, zum Beispiel wenn der Verdacht erloschen ist oder wenn er nicht mehr den entsprechenden Grad erreicht.

176   Mit der Einschränkung im 2. Halbsatz soll verhindert werden, daß der Wechsel zwischen Inhaftierung und Freilassung zu immer neuen Entscheidungen zwingt[136]. Diese Begründung ist nicht überzeugend. Einmal ist der Wechsel zwischen Inhaftierung, Freilassung und neuer Inhaftierung — wie es richtig heißen muß — nicht sehr häufig, eher selten. Zum anderen können (überdies geringe) Unbequemlichkeiten nicht zu Inkonsequenzen zwingen, die im Falle der Gefährdung einer Vollzugsanstalt umso peinlicher wirken, als mit der Freilassung des Beschuldigten, dessen Haft die Beziehung zu der Anstalt hergestellt hat, die Anstaltsgefährdung ganz ins Abstrakte verschoben wird. In Wirklichkeit bedeutet der jedoch-Satz einen neuen Ausschließungsgrund im Sinne des Abs. 1 für den Mißbrauch des Verkehrs mit einem **freien Beschuldigten**, der früher einmal verhaftet war, als er denselben Verteidiger hatte wie nach seiner Entlassung. Nachdem der Gesetzgeber die Ausschließung in den Fällen des Absatzes 1 Nr. 2 ausdrücklich an die Verwahrung gebunden hatte, ist der im Gegensatz zu dieser Beschränkung stehende Ausschließungsgrund nicht zu billigen. Für die Gefährdung der Sicherheit einer Vollzugsanstalt ist die jedoch-Klausel nahezu bedeutungslos: Ist der Anknüpfungspunkt der Verwahrung entfallen, gibt es auch den dringenden Verdacht nicht mehr, der Verteidiger werde die Sicherheit einer Vollzugsanstalt gefährden. Zwar braucht wegen der Fassung „**einer** Vollzugsanstalt" die Gefährdung nicht gerade auf diejenige gerichtet zu sein, aus der der Beschuldigte entlassen worden ist. Der Verdacht, daß ein Verteidiger den Verkehr mit einem freien Beschuldigten dazu mißbrauchen könnte, die Sicherheit irgendeiner Vollzugsanstalt zu gefährden, kann aber praktisch nicht begründet werden. Mit der Entlassung des Beschuldigten tritt daher — von ganz seltenen, kaum vorstellbaren Ausnahmefällen abgesehen — der Aufhebungsgrund der Nr. 1 ein. Auch im Bezug auf den ohnehin bedenklichen Ausschließungsgrund des Mißbrauchs des Verkehrs zur Begehung von Straftaten verschlechtert sich mit der Entlassung des Beschuldigten die Beweislage so sehr, daß in aller Regel nach der Entlassung des Beschuldigten aus der Vollzugsanstalt der Aufhebungsgrund des Abs. 3 Nr. 1 eintreten wird.

177   Anzuwenden ist Nr. 1 etwa dann, wenn in dem gegen den Beschuldigten gerichteten Verfahren, in dem der Verteidiger ausgeschlossen worden ist, sämtliche Beschuldigten **freigesprochen** werden oder abgelehnt wird, gegen sie das Hauptverfahren zu eröffnen oder das Verfahren nicht bloß vorläufig eingestellt wird. Denn dann gibt es kein Verfahren mehr, von dem der Verteidiger ausgeschlossen werden könnte. Daher ist die Ausschließung aufzuheben.

178   Tritt einer der genannten Umstände **nur bei einem von mehreren Beschuldigten** ein, so bleibt die Ausschließung aufrechterhalten. Das folgt aus dem Verfahrensbegriff.

179   Allerdings ist nicht, wie bei § 120 Abs. 1 Satz 2, allein auf den Akt des **Freispruchs** usw. abzustellen. Die Notwendigkeit, die Ausschließung aufzuheben, tritt vielmehr erst mit der Rechtskraft der genannten Entscheidungen ein. Umgekehrt ist es bei der Verurteilung: Die Voraussetzungen der Ausschließung entfallen nicht mit der Rechtskraft der Verurteilung. Denn der Verteidiger ist auch bestellt, um nach der Rechtskraft des Urteils bei Nachtragsentscheidungen (vgl. §§ 462, 462 a) mitzuwirken.

180   Das Gericht wird, mag auch eine Vorschrift nach dem Muster des § 268 b fehlen, bei der Urteilsfällung **von Amts wegen** prüfen, ob es dem nach § 138 c Abs. 1 zuständigen Gericht die Sache vorlegen muß zu dem Zweck, die Ausschließung aufzuheben.

---

[136] BTDrucks. **8** 976, S. 38.

2. Freispruch im Strafverfahren oder Nichtfeststellung des Sachverhalts im Ehren- 181 oder Berufungsgerichtsverfahren (Satz 1 Nr. 2). Dies ist die gesetzliche Regelung eines auch schon nach früherem Recht praktisch anerkannten Anwendungsfalls der Aufhebung eines Ausschlusses[137]. Dabei wird der **Wegfall** der Voraussetzungen der Ausschließung, nämlich des Verdachts gegenüber dem Verteidiger, gesetzlich **vermutet**.

Die Ablehnung der Eröffnung des Hauptverfahrens durch das Gericht (§204) 182 steht dem Freispruch gleich. Liegen die Voraussetzungen der Aufhebung vor, so bleiben der Ausschluß und damit die mit ihm verbundenen Beschränkungen aufrechterhalten, bis ein aufhebender Gerichtsbeschluß ergangen ist; die Regelung des §138c gilt für **alle** Entscheidungen nach §138a[138].

Gegen den die Aufhebung der Ausschließung ablehnenden Beschluß (des OLG 183 oder des BGH, §138c Abs. 1) steht dem **Verteidiger kein Rechtsmittel** zu. §138d Abs. 6 erfaßt diesen Fall nicht; es gilt also die allgemeine Regelung des §304 Abs. 4. Die Entscheidung über die Aufhebung ist ohne mündliche Verhandlung zu treffen; §138d Abs. 4 ist nicht anzuwenden (BGH NJW **1984** 935).

3. Ablauf eines Jahres ohne Verfahrenseröffnung oder Strafbefehlserlaß (Satz 1 184 Nr. 3). Die Vorschrift soll davor schützen, daß der Verteidiger unverhältnismäßig lange aus einem Verfahren ausgeschlossen bleibt, ohne daß er Gelegenheit hat (von der Beschwerdemöglichkeit des §138d Abs. 6 abgesehen), den Verdacht gegen seine Person in einem gesetzlich geordneten Verfahren auszuräumen und so die Aufhebung des Ausschlusses zu erzwingen (BTDrucks. 8 976, S. 38).

4. Befristung, Aufrechterhaltung für die Dauer eines Jahres (Absatz 3 Satz 2). Die 185 Voraussetzungen für die Verlängerung eines Ausschlusses, der nach Abs. 3 Satz 1 Nr. 3 aufzuheben wäre, sind §121 Abs. 1 nachgestaltet. Befristung erfordert einen Gerichtsbeschluß.

5. Verteidigungs- und Kommunikationsverbote. Sie enden, sobald die Ausschlie- 186 ßung aufgehoben wird, von selbst. Im Fall des Abs. 1 endet die Ausschließung, weil sie auf das Verfahren bezogen ist, erst, wenn das Verfahren gegen alle Beschuldigten erledigt ist. Zwar könnte man fragen, ob die Ausschließung nicht aufzuheben ist, wenn in dem Verfahren gegen A, B, C und D, wo Rechtsanwalt X als Verteidiger von A wegen Teilnahme ausgeschlossen worden ist, die Ausschließung aufzuheben ist, wenn festgestellt wird, daß nur B, C und D mit Vorsatz, A aber vorsatzlos gehandelt hat, so daß Rechtsanwalt X, obwohl er vorsätzlich Hilfe geleistet hat, im Bezug auf den von ihm Verteidigten strafrechtlich (§27 Abs. 1 StGB) nicht beteiligt war. Indessen ist Abs. 5 Satz 1 1. Halbsatz gerade eingefügt worden, um klarzustellen, daß die Ausschließung nach Abs. 1 sich auf das ganze Verfahren und auf die (sukzessive) Verteidigung aller Mitbeschuldigten bezieht (BTDrucks. 7 1005). Insoweit interpretiert das Verteidigungsverbot des Abs. 5 Satz 1 1. Halbsatz den Umfang der Ausschließung nach Abs. 1.

---

[137] Vgl. LR-*Dünnebier*[23] 57.

[138] Vgl. OLG Karlsruhe Justiz **1981** 446; *Kleinknecht/Meyer*[38] 20.

Klaus Lüderssen

§ 138 b

[1]Von der Mitwirkung in einem Verfahren, das eine der in § 74 a Abs. 1 Nr. 3, § 120 Abs. 1 Nr. 3 des Gerichtsverfassungsgesetzes genannten Straftaten oder die Nichterfüllung der Pflichten nach § 138 des Strafgesetzbuches hinsichtlich der Straftaten des Landesverrates oder einer Gefährdung der äußeren Sicherheit nach den §§ 94 bis 96, 97 a, 100 des Strafgesetzbuches zum Gegenstand hat, ist ein Verteidiger auch dann auszuschließen, wenn auf Grund bestimmter Tatsachen die Annahme begründet ist, daß seine Mitwirkung eine Gefahr für die Sicherheit der Bundesrepublik Deutschland herbeiführen würde. [2]§ 138 a Abs. 3 Satz 1 Nr. 1 gilt entsprechend.

Schrifttum siehe bei § 138 a.

Entstehungsgeschichte. Eingefügt durch Art. 1 Nr. 6 des StVRErgG; Satz 2, neugefaßt durch Art. 1 Nr. 7 StPÄG 1978. Im Gesetzesentwurf war Verfahrenssabotage als Ausschließungsgrund vorgesehen, BTDrucks 7 3649; mit Blick auf die Schwierigkeit, diesen Begriff zu definieren, wurde diese Absicht aber fallengelassen.

1   **1. Statistik.** Nach *Rieß* (NStZ **1981** 328) hat es von 1975 bis 1980 keine auf § 138 b gestützte Ausschließung gegeben.

2   **2. Verfahrensgegenstand.** § 74 a Abs. 1 Nr. 3 ist nach Art. 324 Nr. 6 EGStGB in Berlin nicht anzuwenden. Die Straftaten nach § 138 StGB sind ein Ausschnitt aus § 120 Abs. 1 Nr. 7 in Verbindung mit Nr. 3 GVG. Dort lautet der Text nach Art. 22 Nr. 8 EGStGB: Bei Nichtanzeige von Straftaten nach § 138 StGB, wenn die Nichtanzeige eine Straftat betrifft, die zur Zuständigkeit des Oberlandesgerichts gehört. Durch die Änderung wurden die Worte „Nichterfüllung der Pflichten" durch „Nichtanzeige von Straftaten" ersetzt, nachdem § 138 durch Art. 19 Nr. 207 EGStGB die Überschrift „Nichtanzeige geplanter Straftaten" erhalten hatte. In § 138 b wird — wohl versehentlich — an den alten Text von § 120 Abs. 1 Nr. 7 angeknüpft. Einen sachlichen Unterschied begründet das nicht.

3. Ausschließungsgrund

3   **a) Herbeiführung einer Gefahr für die Sicherheit der Bundesrepublik durch die Mitwirkung des Verteidigers.** Der Begriff der **Gefährdung** der Bundesrepublik wird in § 109 e Abs. 1 und in § 109 g Abs. 1 und 2 StGB verwendet. Von der Sicherheit der Bundesrepublik sprechen § 87 Abs. 1, § 88 Abs. 1, § 89 Abs. 1, § 109 f StGB. Eine Definition enthält § 92 Abs. 3 Nr. 2 StGB. Die dort gewonnene Auslegung ist auch für die hier behandelte Bestimmung maßgebend, weil sie dasselbe Ziel verfolgt, wie es die Strafgesetze tun. Deshalb ist auf die Kommentare zum Strafgesetzbuch zu verweisen und hier nur folgendes hervorzuheben: Die **Sicherheit** der Bundesrepublik umfaßt die äußere und die innere Sicherheit, das heißt deren Fähigkeit, sich nach außen und innen gegen gewaltsame Einwirkungen zur Wehr zu setzen[1]. Eine **Gefahr** für die Sicherheit besteht, wenn nach den konkreten Umständen des Falls die Wahrscheinlichkeit gegeben ist, daß der Eintritt des Schadens ernstlich zu befürchten ist, wobei Wahrscheinlichkeit die naheliegende Möglichkeit, die begründete Besorgnis bedeutet[2]. **Mitwirkung** ist Verteidigung (s. oben § 138 a, 12).

b) Verdachtsgrad. Wegen der **bestimmten Tatsachen** vgl. § 138 a, 15. Allein auf **4** äußerlich zu Tage liegende Tatsachen kann nicht abgestellt werden, weil die Feststellung der Gefahr erfordert, auch das als Tatsache zu bewerten, was aufgrund äußerer Tatsachen nach der Lebenserfahrung aus dem Innern eines Verteidigers erschlossen werden kann, etwa die Widerstandskraft, Anforderungen entgegenzutreten, die an ihn von Stellen erhoben werden, denen er Gehorsam schuldet oder Entgegenkommen zu erbringen sich verpflichtet glaubt.

Die Tatsachen müssen eine **Annahme** begründen. LR-*Dünnebier*[23] 4 meinte, die **5** Annahme sei weniger als der Verdacht, aber mehr als die Vermutung. Nach der hier vertretenen Auffassung von der Einheitlichkeit des „Anfangsverdachts" in der StPO (s. § 138 a, 128) kann Annahme hingegen ohne weiteres als Synonym für Verdacht begriffen werden. Der Verdacht ist begründet, wenn er gewiß ist. Davon zu trennen ist die Frage, welches Maß an Wissen einen Verdacht ausmacht; hier genügt die Möglichkeit, daß es sich so verhalte, wie es der Verdacht ausspricht. **Erfahrungssätze** dafür existieren **nicht**. Nach der amtlichen Begründung soll es aber jedenfalls *nicht* genügen, daß ein Anwalt etwa eine extreme politische **Gesinnung** vertritt[3].

4. Abwägung. Hierfür ist entgegen der Auffassung LR-*Dünnebiers*[23] 6 kein **6** Raum. Anderenfalls müßte es in § 138 b heißen, daß der Verteidiger ausgeschlossen werden *könne* oder *dürfe*. In diesem Sinne auch die von *Dünnebier* seinerzeit selbst zitierte Begründung des Gesetzes[4].

5. Aufhebung der Ausschließung (Satz 2). Nachdem § 138 a Abs. 3 Satz 1 um die **7** Aufhebungstatbestände der Nummern 2 und 3 erweitert worden ist, die nur für § 138 a Abs. 1 und 2, nicht aber für § 138 b Bedeutung haben, ist der Text des Satzes 2 dahin geändert worden, daß (nur) § 138 a Abs. 3 Satz 1 Nr. 1 entsprechend gilt. Die gegenüber der alten Fassung „gilt entsprechend" erhobenen Bedenken[5] erneuern sich hier in anderer Gestalt. Denn die durch den globalen Verweis mitgemeinte Einschränkung (die Ausschließung ist nicht allein deshalb aufzuheben, weil der Beschuldigte auf freien Fuß gesetzt worden ist) ist ohne Inhalt, weil die Verwahrung nicht Tatbestandsmerkmal des Satzes 1 ist. Nur wenn dies der Fall wäre, könnte ohne den Jedoch-Halbsatz des § 138 a Abs. 3 Satz 1 Nr. 1 der Wegfall der Verwahrung als Aufhebungsgrund in Betracht gezogen werden. Da somit der Jedoch-Halbsatz für § 138 b nicht gilt, kann die entsprechende Anwendung nur zu dem Ergebnis führen, daß § 138 a Abs. 3 Satz 1 Nr. 1 in der Fassung anzuwenden ist: (Die Ausschließung) ist aufzuheben, sobald ihre Voraussetzungen nicht mehr vorliegen.

Für die Frage, ob die Voraussetzungen der Ausschließung **nicht mehr** vorliegen, **8** gilt der Verfahrensbegriff des § 138 a. Im übrigen kann es sich nur darum handeln, ob

---

[1] LK-*Willms* § 92, 9; vgl. zur inneren Sicherheit BGHSt **28** 313, 316 f.

[2] *Dreher/Tröndle*[47] § 34, 3.

[3] BTDrucks. **7** 2526, S. 21 = AnwBl. **1974** 217.

[4] BTDrucks. **7** 2526, S. 21 = AnwBl. **1974** 217.

[5] S. LR-*Dünnebier*[23] 7.

Klaus Lüderssen

bessere Erkenntnisse nicht mehr die Annahme begründen, daß die Mitwirkung des Verteidigers die Sicherheit der Bundesrepublik Deutschland gefährden würde. Die beteiligten Behörden müssen dauernd bemüht bleiben, die Erkenntnisse so zu verbessern, daß sobald als möglich Klarheit geschaffen, an Stelle der Annahme also eine Annäherung an die „Sicherheit" geschaffen oder die Annahme ausgeräumt wird. Zur Aufhebung berechtigen nicht nur neue Erkenntnisse, also eine Änderung der dem Gericht bei der Entscheidung bekannten Tatsachengrundlage, sondern auch die bei gleichbleibender Tatsachengrundlage aufgrund neuer Überlegungen gewonnene Überzeugung des Gerichts, es habe zu Unrecht auf eine Gefahr geschlossen[6].

§ 138 c

(1) [1]Die Entscheidungen nach den §§ 138 a, 138 b trifft das Oberlandesgericht. [2]Werden im vorbereitenden Verfahren die Ermittlungen vom Generalbundesanwalt geführt oder ist das Verfahren vor dem Bundesgerichtshof anhängig, so entscheidet der Bundesgerichtshof. [3]Ist das Verfahren vor einem Senat eines Oberlandesgerichtes oder des Bundesgerichtshofes anhängig, so entscheidet ein anderer Senat.

(2) [1]Das nach Absatz 1 zuständige Gericht entscheidet nach Erhebung der öffentlichen Klage bis zum rechtskräftigen Abschluß des Verfahrens auf Vorlage des Gerichts, bei dem das Verfahren anhängig ist, sonst auf Antrag der Staatsanwaltschaft. [2]Die Vorlage erfolgt auf Antrag der Staatsanwaltschaft oder von Amts wegen durch Vermittlung der Staatsanwaltschaft. [3]Soll ein Verteidiger ausgeschlossen werden, der Rechtsanwalt ist, so ist eine Abschrift des Antrages der Staatsanwaltschaft nach Satz 1 oder die Vorlage des Gerichts dem Vorstand der Rechtsanwaltskammer mitzuteilen, der der Rechtsanwalt angehört. [4]Er kann sich im Verfahren äußern.

(3) [1]Das Gericht, bei dem das Verfahren anhängig ist, kann anordnen, daß die Rechte des Verteidigers aus den §§ 147, 148 bis zur Entscheidung des nach Absatz 1 zuständigen Gerichts über die Ausschließung ruhen; es kann das Ruhen dieser Rechte auch für die in § 138 a Abs. 4 und 5 bezeichneten Fälle anordnen. [2]Vor Erhebung der öffentlichen Klage und nach rechtskräftigem Abschluß des Verfahrens trifft die Anordnung nach Satz 1 das Gericht, das über die Ausschließung des Verteidigers zu entscheiden hat. [3]Die Anordnung ergeht durch unanfechtbaren Beschluß. [4]Für die Dauer der Anordnung hat das Gericht zur Wahrnehmung der Rechte aus den §§ 147, 148 einen anderen Verteidiger zu bestellen. [5]§ 142 gilt entsprechend.

(4) [1]Legt das Gericht, bei dem das Verfahren anhängig ist, gemäß Absatz 2 während der Hauptverhandlung vor, so hat es zugleich mit der Vorlage die Hauptverhandlung bis zur Entscheidung durch das nach Absatz 2 zuständige Gericht zu unterbrechen oder auszusetzen. [2]Die Hauptverhandlung kann bis zu dreißig Tagen unterbrochen werden.

(5) [1]Scheidet der Verteidiger aus eigenem Entschluß oder auf Veranlassung des Beschuldigten von der Mitwirkung in einem Verfahren aus, nachdem gemäß Absatz 2 der Antrag auf Ausschließung gegen ihn gestellt oder die Sache dem zur Entscheidung zuständigen Gericht vorgelegt worden ist, so kann dieses Gericht das Ausschließungsverfahren weiterführen mit dem Ziel der Feststellung, ob die Mitwirkung des ausgeschiedenen Verteidigers in dem Verfahren zulässig ist. [2]Die Feststellung der Unzulässigkeit steht im Sinne der §§ 138 a, 138 b, 138 d der Ausschließung gleich.

---

[6] So wohl auch *Kleinknecht/Meyer*[38] 3; anders LR-*Dünnebier*[23] 8, der verkennt, daß es hier keine innerprozessuale Bindungswirkung gibt, allgemein dazu jetzt *Lüderssen* FS Pfeiffer (1988) 241 f.

(6) [1]Ist der Verteidiger von der Mitwirkung in dem Verfahren ausgeschlossen worden, so können ihm die durch die Aussetzung verursachten Kosten auferlegt werden. [2]Die Entscheidung hierüber trifft das Gericht, bei dem das Verfahren anhängig ist.

Schrifttum siehe bei § 138 a.

Entstehungsgeschichte. Eingefügt durch Art. 1 Nr. 6 des 1. StVRErgG. Durch Art. 2 Nr. 2 Buchst. b des StGBÄndG wurden in den Absätzen 2 und 3 Klarstellungen vorgenommen, die sich auf das Verfahren nach rechtskräftigem Abschluß des Verfahrens beziehen. Durch das gleiche Gesetz kam der jetzige Absatz 5 (selbständige Fortführung des Verfahrens) hinzu. Eine Ergänzung brachte Art. 1 Nr. 8 StPÄG 1978: Absatz 3 Satz 1 zweiter Halbsatz.

Übersicht

1. Zuständigkeit (Absatz 1)
a) Strafgerichtsbarkeit. Nicht die ehrengerichtliche Standesgerichtsbarkeit, sondern die ordentliche Gerichtsbarkeit ist für zuständig erklärt. Denn es ist über den Inhalt und die Tragweite strafprozessualer Bestimmungen zu entscheiden. **1**

b) Zuständiges Gericht. Zuständig ist grundsätzlich das Oberlandesgericht **2** (Rdn. 3), ausnahmsweise der Bundesgerichtshof (Rdn. 5) in erster Instanz und der Bundesgerichtshof als Beschwerdeinstanz, ferner das Gericht, bei dem das Verfahren anhängig ist (für die Entscheidung nach Abs. 3 Satz 1).

Oberlandesgericht. Die Entscheidung, einen Verteidiger von der Mitwirkung in **3** einem Verfahren auszuschließen, trifft grundsätzlich das Oberlandesgericht (Satz 1). Es entscheidet grundsätzlich im vorbereitenden Verfahren (§§ 158 bis 175); solange das Verfahren bei dem Amtsgericht (§ 24 GVG), der Strafkammer (§ 74 Abs. 1; § 74 Abs. 2; § 74 c; § 74 b GVG) und dem Oberlandesgericht in erster Instanz (§ 120 Abs. 1, 2 und 6 GVG) oder im Revisionsverfahren (§ 333; § 121 Abs. 1 Nr. 1 GVG) anhängig ist, sowie im Nachverfahren und in der Strafvollstreckung, wenn nicht der Generalbundesanwalt Vollstreckungsbehörde ist. Ist das Verfahren bei dem Oberlandesgericht anhängig, ent-

Klaus Lüderssen

scheidet ein anderer Senat (S. 3), der durch die Geschäftsverteilung (§ 21 c Abs. 1 Satz 1 GVG) zu bestimmen ist. **Anhängig** (§ 2, 40; § 13, 21) wird das Verfahren beim Oberlandesgericht, wenn es mit der Sache befaßt wird (vgl. § 126 Abs. 2 Satz 1). Das ist der Fall, wenn — ist die öffentliche Klage beim Amtsgericht erhoben — die Akten auf Revision (§ 347 Abs. 2) beim Oberlandesgericht eingegangen sind (§ 125, 15) oder sobald bei ihm (§ 120 Abs. 1, 2 GVG) die öffentliche Klage erhoben worden ist.

4   Im übrigen bereitet es keine Schwierigkeit, das **zuständige Oberlandesgericht** festzustellen: zuständig ist das Oberlandesgericht, das dem erkennenden Gericht im Instanzenzug vorgesetzt ist. Im vorbereitenden Verfahren ist das — in entsprechender Anwendung von § 141 Abs. 4 — das Oberlandesgericht, das dem Gericht im Instanzenzug vorgesetzt ist, welches für das Hauptverfahren zuständig wäre. Im Fall des § 138 a Abs. 1 Nr. 2 richtet sich die Zuständigkeit, wenn gegen den Beschuldigten mehrere Verfahren laufen, nach dem Verfahren, in dem die Untersuchungshaft angeordnet worden ist. Führt der Generalbundesanwalt die Ermittlungen (§ 142 a Abs. 1, 3 GVG), ist das Oberlandesgericht des § 120 Abs. 1 GVG zuständig (§ 142 a Abs. 1 GVG).

5   **Bundesgerichtshof.** Nur ausnahmsweise zuständig ist der Bundesgerichtshof. Einmal ist seine Zuständigkeit gegeben, wenn im vorbereitenden Verfahren (§§ 158 bis 175) die Ermittlungen vom Generalbundesanwalt geführt (§ 142 a Abs. 1, 3 GVG) werden, zum anderen, wenn das Verfahren nach eingelegter Revision (§ 333; § 135 Abs. 1 GVG) bei ihm anhängig ist. Ist das Verfahren beim Bundesgerichtshof anhängig, entscheidet ein anderer Senat (Satz 3), der durch die Geschäftsverteilung (§ 21 e Abs. 1 Satz 1, Abs. 3 Satz 1 GVG) zu bestimmen ist.

6   Wer im **Nach- und Vollstreckungsverfahren** zuständig ist, wenn das Oberlandesgericht im Hauptverfahren Gerichtsbarkeit des Bundes nach Art. 96 Abs. 5 GG, § 120 Abs. 6 GVG ausgeübt hat, ist — wie überhaupt die gerichtliche Zuständigkeit im Vollstreckungs(Nach)verfahren — nicht bestimmt, doch muß man wohl auf die Zuständigkeit der Vollstreckungsbehörde abstellen. Vollstreckungsbehörde ist der Generalbundesanwalt beim Bundesgerichtshof in Sachen, in denen im ersten Rechtszug in Ausübung von Gerichtsbarkeit des Bundes entschieden worden ist (§ 4 Abs. 1 Buchst. c StVollstrO; vgl. § 9 Abs. 2, § 24 Abs. 5 StVollstrO). Hat der Generalbundesanwalt die Sache an die Landesstaatsanwaltschaft abgegeben (§ 142 a Abs. 2 und 4 GVG), liegen die Voraussetzungen nicht mehr vor; dann ist das Oberlandesgericht zuständig.

7   **2. Entscheidungen (Absatz 1).** Die Vorschriften der § 138 a Abs. 1, Abs. 2, § 138 b Satz 1 enthalten die materiellen Voraussetzungen für die **Ausschließung** eines Verteidigers, die der § 138 a Abs. 3, § 138 b Satz 2 für die **Aufhebung** der Ausschließung. Dieser Zweiteilung müßten die Verfahrensvorschriften der § 138 c Abs. 1 und 2, § 138 d gerecht werden. Die Entscheidungen nach § 138 c Abs. 1 scheinen daher sowohl solche über die Ausschließung als auch über deren Aufhebung zu sein. Aus § 138 d Abs. 1 (Über die *Ausschließung . . . wird . . . entschieden*) ergibt sich indessen, daß die Verfahrensvorschriften des § 138 d Abs. 1 bis 6 sich nur auf das Verfahren über die Ausschließung des Verteidigers beziehen. Deshalb **fehlt** es **für** die Entscheidung über die **Aufhebung** an **Verfahrensvorschriften** (vgl. dazu im einzelnen Rdn. 48 ff).

3. Veranlassung der Entscheidung (Absatz 2)

8   **a) Im vorbereitenden Verfahren** (§§ 158 bis 177). Hier entscheidet das zur Ausschließung zuständige Gericht (Rdn. 2 ff) auf **Antrag der Staatsanwaltschaft**, Satz 1 a. E. Werden die Ermittlungen vom Generalbundesanwalt geführt, legt dieser die Akten vor; wenn sie vom Generalstaatsanwalt geführt werden, dieser. Werden die Ermittlungen selbständig vom **Finanzamt** (Hauptzollamt) geführt (§ 386 Abs. 2 AO), stellt dieses den Antrag (§ 399 Abs. 1 AO)[1].

Wenn die Ermittlungen von der **Staatsanwaltschaft beim Landgericht** geführt wer- **9** den, legt diese die Akten über den Generalstaatsanwalt vor. Dieser kann, wenn er die Ansicht der vorlegenden Staatsanwaltschaft nicht teilt, die Überprüfung der Vorlage durch den ersten Beamten der Staatsanwaltschaft beim Landgericht verlangen. Beharrt dieser auf der Vorlage, kann der Generalstaatsanwalt diese dadurch verhindern, daß er die (weiteren) Amtsverrichtungen der Staatsanwaltschaft selbst übernimmt (§ 145 Abs. 1 GVG). Im Prinzip kann der **Generalstaatsanwalt** aber auch, weil die Ausschließung keine Maßnahme der Strafverfolgung ist und deshalb nicht dem Legalitätsprinzip unterliegt, Anweisungen erteilen (§ 146 GVG), die Akten nicht dem Oberlandesgericht vorzulegen. Praktisch wird das aber nur bei § 138 a Abs. 1 Nr. 2 2. Alt. angängig sein. In den übrigen Fällen besteht Anklagepflicht der Staatsanwaltschaft, so daß eine abweichende Behandlung der Frage einer Ausschließung venire contra factum proprium wäre. Dem Unterlassen der Anklage kann der Generalstaatsanwalt letztlich nur mit der Übernahme der Amtsverrichtungen, nicht mit einer Weisung entgegentreten[2].

b) Nach Erhebung der öffentlichen Klage. Das Gericht, bei dem das Verfahren **10** anhängig geworden ist (das **mit der Sache befaßte Gericht**, § 126 Abs. 2 Satz 1) legt dem zur Ausschließung zuständigen Gericht (Absatz 1) die Akten zur Entscheidung über die Ausschließung von Amts wegen (allerdings durch Vermittlung der Staatsanwaltschaft) oder auf **Antrag der Staatsanwaltschaft** vor, Satz 2. Da dieser Antrag ausdrücklich erwähnt wird, hat er nicht nur die Wirkung einer Anregung.

Für das mit dem Antrag der Staatsanwaltschaft konfrontierte Gericht besteht **11** keine negative Entscheidungskompetenz[3]. Wie sich aus Satz 2 eindeutig ergibt, „erfolgt" die Vorlage. Das Gericht „hat" demnach vorzulegen und kann die Vorlage auch dann nicht verweigern[4], wenn es sie nach eigener Prüfung aus sachlichen Gründen für nicht geboten hält. Auch die **Entstehungsgeschichte** des § 138 c spricht für die hier vertretene Auffassung. In der amtlichen Begründung des **Entwurfs** eines zweiten Gesetzes zur Reform des Strafverfahrensrechts[5], aus dem die Vorschrift des § 138 c durch Art. 1 Nr. 6 des 1. StVRErgG entnommen und in die StPO eingefügt wurde, heißt es: „Stellt die Staatsanwaltschaft einen entsprechenden Antrag, so ist das mit der Sache befaßte Gericht ohne eine Überprüfung des Antrags zur Vorlage an das zur Entscheidung über die Ausschließung befugte Gericht verpflichtet. Eine Prüfung des Antrags ist ausgeschlossen, da dies einer Vorentscheidung durch das erkennende Gericht gleichkommen würde"[6]. Die durch StGBÄndG und StPÄG 1978 vorgenommenen Änderungen des § 138 c waren nur noch sprachlicher Natur, eine Neuregelung des Vorlageverfahrens sollte nicht erfolgen[7].

Bohnert[8] weist zu Recht darauf hin, daß bei einer **Prüfungskompetenz des Ge- 12**

[1] OLG Karlsruhe NJW **1975** 844 = JR **1976** 205 mit Anm. *Rieß*.
[2] *Dünnebier* JZ **1958** 417; **1961** 341; RuP **1973** 121.
[3] **A. A** KMR-*Müller* 5; KK-*Laufhütte*[2] 5; LR-*Dünnebier*[23] 9; wohl auch OLG Koblenz NJW **1978** 2521 (nicht ganz deutlich wird, ob es eine Befugnis des erkennenden Gerichts, den Antrag der Staatsanwaltschaft zurückzuweisen, wirklich annehmen will, oder nur die Erlaubnis einer Stellungnahme meint).

[4] *Kleinknecht/Meyer*[38] 4.
[5] BTDrucks. 7 2526 = AnwBl. **1974** 214.
[6] BTDrucks. 7 2526 S. 22 = AnwBl. **1974** 218.
[7] Vgl. zu allem OLG Karlsruhe MDR **1983** 426 = NStZ **1983** 281.
[8] Anm. zu OLG Karlsruhe (Fußn. 7) NStZ **1983** 282.

Klaus Lüderssen

richts, das mit dem Verfahren befaßt ist, von dem der Verteidiger eventuell auszuschließen ist, die „Staatsanwaltschaft bei Differenzen der Auffassung auf die Revision warten müßte (§§ 305 Satz 1, 326 Satz 1, 337 StPO), um die unterlassene Vorlage an das Obergericht rügen zu können"[9]. Demgegenüber muß der Einwand, das erkennende Gericht dürfe nicht als Bote erscheinen[10], zurücktreten. Der vergleichbare Fall des § 122 Abs. 1 2. Halbsatz liegt anders. Dort hat die Vorlage durch das Gericht den Sinn, daß es vorher prüfen kann, ob es den Haftbefehl aufhebt oder seinen Vollzug aussetzt und „damit das Vorlageverfahren überflüssig macht" (§ 122, 6). Eine solche Entscheidung des erkennenden Gerichts soll aber durch das Zwischenverfahren nach § 138 a ff StPO gerade vermieden werden[11]. § 122 Abs. 1 2. Halbsatz liefert also nicht ein argumentum e contrario, sondern ein argumentum a minore ad maius.

13   Die Vorlage hat die Form eines Beschlusses. Der **Antrag** der Staatsanwaltschaft sowie der **Vorlagebeschluß** des erkennenden Gerichts müssen begründet sein und die Vorschrift, auf die der Ausschluß gestützt werden soll, angeben. Daneben müssen sie die Beweismittel und die objektiven und subjektiven Tatsachen im einzelnen substantiiert mitteilen, aus denen sich im Falle des Nachweises das den Ausschluß rechtfertigende Verhalten des Verteidigers ergeben soll. Ein Antrag oder eine Vorlage, die diesen Mindestanforderungen nicht genügen, sind als unzulässig zu verwerfen[12].

14   Legt das mit der Sache befaßte Gericht die Akten **vor Beginn der Hauptverhandlung** (§ 243 Abs. 1 Satz 1) vor, entscheidet es in Beschlußbesetzung (§ 30 Abs. 2; § 76 Abs. 1; § 122 Abs. 1 GVG). Legt es die Akten **während der Hauptverhandlung** — auch einer Berufungsverhandlung (§§ 324 ff) — vor, dann entscheiden das Schöffengericht (§ 30 Abs. 1 GVG) und die Strafkammer mit Schöffen (§ 76 Abs. 2 GVG), das Oberlandesgericht mit fünf Mitgliedern einschließlich des Vorsitzenden (§ 122 Abs. 2 GVG). Die Hauptverhandlung darf **nicht**, etwa um die Schöffen auszuschalten, für das Vorlegungsverfahren **unterbrochen** werden[13]. Einmal fehlt es dazu an einer Vorschrift, zum anderen folgt das aus dem Aufbau des § 138 c, denn nach Abs. 4 Satz 1 hat das Gericht zugleich mit der Vorlage die Hauptverhandlung zu unterbrechen oder auszusetzen. Das bedeutet, daß alles, was vor der Unterbrechung liegt, in der laufenden Hauptverhandlung und aus diesem Grund vom voll besetzten Gericht entschieden werden muß, damit auch die Vorlage. Zwar hat das Gericht die Hauptverhandlung zugleich mit (dem Akt) der Vorlage zu unterbrechen, aber doch erst, nachdem es diese Vorlage — vor der Unterbrechung — beschlossen hat. Die Unterbrechung ist die Folge der Vorlegung. Sie darf nicht beschlossen werden, um zu prüfen, ob eine Vorlegung geboten ist. Wird gleichwohl so verfahren, so wird dadurch Art. 101 Abs. 1 Satz 2 GG verletzt.

15   **c) Nach Rechtskraft des Urteils.** Es entscheidet das zur Ausschließung zuständige Gericht wieder auf Antrag der Staatsanwaltschaft. Das Wort „sonst" in Abs. 2 Satz 1 hat den gleichen Inhalt wie in Abs. 3 Satz 2 die Worte „vor Erhebung der Klage und nach rechtskräftigem Abschluß des Verfahrens".

16   **d) Mitteilung des Antrags oder der Vorlage.** Nach Satz 3 ist der Antrag der Staatsanwaltschaft oder die Vorlage des Gerichts dem **Vorstand der Rechtsanwaltskammer** mitzuteilen, der der Rechtsanwalt angehört, wenn ein solcher — was der Regelfall

---

[9] S. auch *Bohnert* Beschränkungen der strafprozessualen Revision durch Zwischenverfahren (1983), 131 ff.

[10] KK-*Laufhütte*[2] 5.

[11] Grundsätzlich zu dieser Art von Verfahren *Bohnert* (s. oben Fußn. 9).

[12] Vgl. OLG Düsseldorf MDR **1983** 339; OLG Düsseldorf JZ **1986** 408; OLG Koblenz NJW **1978** 2521; JR **1980** 477 m. Anm. *Rieß*; *Kleinknecht/Meyer*[38] 7.

[13] A. A *Kleinknecht/Meyer*[38] 8.

ist — ausgeschlossen werden soll. Das Gesetz spricht von einer **Abschrift** des Antrags der Staatsanwaltschaft und von der Vorlage des Gerichts selbst. In Wirklichkeit erhält die Rechtsanwaltskammer natürlich auch nicht die Urschrift der Vorlage, die ja an das zur Entscheidung über die Ausschließung zuständige Gericht geht; daher ist die Erwähnung der Abschrift überflüssig. Gegenstand der Mitteilung (§ 35 Abs. 2 Satz 2) ist stets eine Abschrift (oder Ausfertigung) der Entscheidung (§ 39, 27). Wer die Mitteilung **veranlaßt**, sagt das Gesetz nicht, doch gilt § 36 Abs. 1 entsprechend. Danach ordnet der **Vorsitzende** die Mitteilung an, und die Geschäftsstelle führt die Anordnung aus. § 36 Abs. 1 regelt zwar nur die Zustellung, aber die Mitteilung ist eine Ersatzform der Zustellung (§ 35 Abs. 2). Auch spricht § 36 Abs. 1 nur von Entscheidungen, doch muß man die Vorschrift, wenn Sonderregelungen fehlen, auch auf andere Willensäußerungen des Gerichts anwenden, wenn man nicht, wie dies hier geschieht (§ 35, 1), unter Entscheidungen auch die prozeßleitenden Verfügungen versteht. Da auch die **Staatsanwaltschaft** eine Zustellungsbehörde ist — wie sich aus § 36 Abs. 2 ergibt (§ 36, 15) — kann die Staatsanwaltschaft ihren Antrag dem Vorstand selbst mitteilen.

17 Über die **Mitteilung** an den **Verteidiger** und an die sonst Beteiligten wird weder in Absatz 2 noch in § 138 d etwas gesagt; auch § 35 ist dazu nichts zu entnehmen. Die Mitteilung ist aber erforderlich[14], damit sich die Beteiligten, namentlich der Verteidiger, auf die mündliche Verhandlung (§ 138 Abs. 1 bis 5) vorbereiten können. Da die Ladungsfrist sehr kurz sein kann (§ 138 d Abs. 2 Satz 2 2. Halbsatz), muß die Mitteilung alsbald veranlaßt und sollte keinesfalls[15] erst mit der Ladung des Verteidigers zum Termin oder mit der Benachrichtigung der Beteiligten von diesem (§ 138 d Abs. 2) verbunden werden.

18 **e) Beteiligung des Vorstands der Rechtsanwaltskammer (Absatz 2 Satz 4).** Dem Vorstand der zuständigen Anwaltskammer ist eine Abschrift des Antrags der Staatsanwaltschaft (Rdn. 7, 11) oder der Vorlage des Gerichts (Rdn. 9, 10) mitzuteilen (Rdn. 12). Diese Mitteilung genügt; auf den Zweck, sich im Verfahren zu äußern, braucht dabei nicht hingewiesen zu werden. Das wäre eher unangemessen, weil dem Vorstand der Zweck der Mitteilung der Abschrift bekannt ist. Diesem ist auch keine Frist zu setzen. Denn er bestimmt selbst, ob er sich äußert, und wenn er es tut, wann (vor oder in der mündlichen Verhandlung) und wie (schriftlich oder beim Gehör in der mündlichen Verhandlung) er die Äußerung anbringt oder durch wen er sie anbringen läßt. Mit der Äußerung ist die Beteiligung des Vorstands der Rechtsanwaltskammer erschöpft; die Beschwerde steht ihm nicht zu (§ 138 d Abs. 6 Satz 2).

19 **f) Unterbrechung oder Aussetzung der Hauptverhandlung (Absatz 4).** Stellt die Staatsanwaltschaft den Antrag, muß sie diesem die Akten beifügen. Legt das Gericht die Akten während des Zwischenverfahrens (§ 199 Abs. 1, §§ 201, 202) vor, ruht dieses von selbst; es ist nichts weiter zu veranlassen. Dasselbe gilt für die Vorbereitung der Hauptverhandlung nach der Eröffnung; die Hauptverhandlung kann nicht begonnen werden[15a]. Legt das Gericht die Akten während der Hauptverhandlung (§§ 226 bis 275) vor, ist diese notwendigerweise zu unterbrechen oder auszusetzen. Die Befugnis dazu ergibt sich aus §§ 228, 229, wird aber hier, wie nicht anders möglich, zur Pflicht gemacht. Denn es ist nicht zulässig, dem Beschuldigten einen Pflichtverteidiger zu dem Zweck zu bestellen, die Hauptverhandlung zu Ende zu führen[16]. Damit würde nämlich die Entscheidung des nach Absatz 1 zuständigen Gerichts vorweggenommen: der Verteidiger

---

[14] So auch *Kleinknecht/Meyer*[38] 10; KMR-*Müller* 7.
[15] So aber *Kleinknecht/Meyer*[38] 10.

[15a] Vgl. KMR-*Müller* 16.
[16] Begrdg. BTDrucks. 7 2526, S. 23 = AnwBl. 1974 218.

würde von dem mit der Sache befaßten Gericht aus dem Verfahren ausgeschlossen, ehe das zur Ausschließung zuständige Gericht entschieden hat.

20   Die Hauptverhandlung zu unterbrechen oder auszusetzen, ist **ohne Ausnahme** gesetzlich vorgeschrieben. Die Verhandlung darf also auch dann nicht weitergeführt werden, wenn der Angeklagte mehrere Verteidiger hat. Dem würde in der Regel auch entgegenstehen, daß die mehreren Verteidiger sich die Aufgabe geteilt haben und die Übernahme bisher fremder Teile in einem Verfahrensabschnitt mit ungewissem Ausgang nicht erwartet, auf jeden Fall nicht erzwungen werden kann. Die **Unterbrechung** ist — auch wenn es die erste Unterbrechung im Verfahren ist — über die Regelung des § 229 Abs. 1, Abs. 2 Satz 1 erster Halbsatz hinaus für **30 Tage** zulässig (Absatz 4 Satz 2). Sie gestattet, die Hauptverhandlung am nächsten Werktag nach Ablauf der Unterbrechung wieder fortzusetzen (§ 229 Abs. 4 Satz 1). Daher ist sie der Aussetzung vorzuziehen, wenn Aussicht besteht, daß innerhalb der **Unterbrechungsfrist** entschieden werden wird und daß, wenn es zur Ausschließung kommt, ein neuer Verteidiger sich einarbeiten kann. Das wird immer fraglich sein. Denn zur raschen Einarbeitung werden in der Regel Besprechungen mit dem ausgeschlossenen Verteidiger erforderlich sein, und dieser wird dazu nicht jederzeit zur Verfügung stehen. Auf keinen Fall genügt es, daß der neue Verteidiger durch den Vorsitzenden unterrichtet wird. Daher wird, wenn auch die Hauptverhandlung alsbald bis zu 30 Tagen unterbrochen werden kann, öfter Aussetzung in Betracht kommen.

21   Zur **Aussetzung** — mit der Notwendigkeit, die Hauptverhandlung neu zu beginnen — kommt es von selbst, wenn die Unterbrechungsfrist überschritten wird (§ 229 Abs. 4). Sonst ist die Aussetzung, auf jeden Fall zu Beginn des Verfahrens, zu wählen, wenn die Entscheidung schwierig ist; wenn damit zu rechnen ist, daß der neue Verteidiger sich ohne den alten nicht einarbeiten kann, dessen Hilfe aber nicht jederzeit zu erwarten ist; oder wenn der Prozeßstoff umfangreich ist, so daß ein neuer Verteidiger, obwohl der alte ihn unterstützt, mehr Zeit braucht, sich einzuarbeiten, als ihm bei einem Monat verbleibt, nachdem das Verfahren des § 138 d davon schon die meiste Zeit benötigt hat.

22   **g) Beschwerde.** Ist ein Antrag der Staatsanwaltschaft an das mit der Sache befaßte Gericht (Satz 2), die Akten dem zur Entscheidung über die Ausschließung zuständigen Gericht (Absatz 1) vorzulegen, von jenem Gericht abgelehnt worden, steht der Staatsanwaltschaft gegen die ablehnende Entscheidung die (einfache) Beschwerde zu (§ 304 Abs. 1), wenn die Entscheidung nicht von einem Strafsenat, auch einem erstinstanzlich entscheidenden, erlassen worden ist (§ 304 Abs. 4). Ein Fall des § 305 Abs. 1 liegt nicht vor (anders wäre es, wenn das zur Vorlegung aufgeforderte Gericht eine negative Entscheidungskompetenz hätte [vgl. oben Rdn. 9]).

23   Ist die Sache bei einem **Oberlandesgericht** oder beim Bundesgerichtshof anhängig, entscheiden diese Gerichte gegebenenfalls endgültig, daß das Verfahren des § 138 d nicht stattfindet (§ 304 Abs. 4). Man wird nicht erwägen können, § 138 d Abs. 6 entsprechend anzuwenden und der Staatsanwaltschaft die sofortige Beschwerde an den Bundesgerichtshof auch gegen die Entscheidung des Oberlandesgerichts einzuräumen, daß der staatsanwaltschaftliche Antrag auf Vorlage (Satz 2) abgelehnt wird. Denn § 138 d Abs. 6 ist eine Regel für einen besonderen Ausnahmefall. Sie kann nicht im Wege der Analogie ausgedehnt werden. Auf der anderen Seite kann man mit dem Gedanken des § 138 d Abs. 6 wiederum die nach § 304 Abs. 1 gegebene unbeschränkte Beschwerde gegen amts- und landgerichtliche Ablehnungen **nicht** dadurch **einschränken**, daß man die Beschwerde der Staatsanwaltschaft deshalb auf die Fälle des § 138 b begrenzt, weil eine die Ausschließung des Verteidigers nach § 138 a ablehnende Entscheidung nicht anfechtbar ist (§ 138 d Abs. 6 Satz 3).

4. Ruhen von Verteidigerrechten (Absatz 3)

a) Grundsätzliches. Wie sich aus den Worten „bis zur Entscheidung des... zu- **24** ständigen Gerichts" ergibt, enthält die Bestimmung Regeln über eine **vorläufige Maß- nahme**, die bei der Vorlage oder während des Entscheidungsverfahrens für dessen Dauer getroffen werden kann. Die vorläufige Maßnahme kann nur einen Teil der Fol- gen vorwegnehmen, welche die endgültige Entscheidung bewirkt. Die „Rechte des Ver- teidigers aus den §§ 147, 148" werden also nur insoweit betroffen, als sie zur „Mitwir- kung in einem Verfahren" in Anspruch genommen werden können. Darunter fällt, da ja Beschuldigter und Verteidiger auch als Privatleute miteinander verkehren können, nicht der schriftliche und mündliche Verkehr des Verteidigers mit dem nicht verhafte- ten Beschuldigten, wie aus der Fassung des § 148 Abs. 1 gefolgert werden könnte, der, wenn auch nur scheinbar, *auch* dem Beschuldigten, der sich auf freiem Fuß befindet, Verkehr mit dem Verteidiger nur zu gestatten und damit zur Disposition des Gerichts zu stellen scheint. Selbstverständlich bedeutet das Ruhen der Rechte aus § 148 nicht, daß die über den Wortlaut des § 148 hinausgehenden schützenden Formen des Verkehrs zwischen dem nicht inhaftierten Beschuldigten und dem Verteidiger (näher § 148, 5) de- rogiert werden; diese bleiben vielmehr voll bestehen.

Das **Opportunitätsprinzip** nach Satz 1 bildet zusammen mit dem nach Absatz 5 **25** (selbständiges Verfahren) nach der Absicht des Gesetzgebers eine Ausnahme innerhalb der Bestimmungen über die Ausschließung von Verteidigern und die Beschränkung der Verteidigung: § 137 Abs. 1 Satz 2, Abs. 2 Satz 2; § 138 a Abs. 4 und 5; § 146 enthalten Verbote, die kraft Gesetzes wirken. Die Ausschließung nach § 138 a Abs. 1, Abs. 2; § 138 b *ist* im Einzelfall vom zuständigen Gericht auszusprechen, wenn dieses den Tat- bestand als erfüllt ansieht. Lediglich das Ruhen der „Rechte des Verteidigers" und die Anordnung des selbständigen Verfahrens (Rdn. 35) sind in das **Ermessen** des Gerichts gestellt (*kann* anordnen). Dieses Ermessen dürfte als Ausgleich dafür anzusehen sein, daß die Bestimmung keine besonderen Voraussetzungen für die Anordnung des Ruhens der genannten Rechte aufstellt. Wie jedes Ermessen steht allerdings auch dieses unter dem rechtsstaatlichen Übermaßverbot, weshalb die Verteidigerrechte nur dann zum Ruhen gebracht werden dürfen, wenn dies zur Vorbeugung ihres (erneuten) Miß- brauchs erforderlich ist[17].

b) Zuständigkeit (Satz 1 und 2). Für die Anordnung, daß gewisse Verteidiger- **26** rechte vorläufig ruhen, sind je nach Prozeßlage verschiedene Gerichte zuständig. Ist das **Verfahren anhängig**, erläßt die Anordnung das Gericht, bei dem das Verfahren anhängig ist (Satz 1). Das ist eine bedenkliche Regelung, weil durch die — unanfechtbare (Satz 3) — Entscheidung die Beziehung zwischen Gericht und Verteidiger tief beeinträchtigt werden kann, wenn das zur Ausschließung zuständige Gericht auf die Vorlage die Aus- schließung des Verteidigers **nicht** beschließt. Aus diesem Grund wäre es ratsamer gewe- sen, die einstweilige Anordnung dem **nach Abs. 1 zuständigen Gericht** zu übertragen, das sich ohnehin wegen der Vorlage in die Sache einarbeiten muß, aber, weil es mit ihr nicht befaßt ist und nicht befaßt werden kann, die erforderliche Distanz aufbringen kann. Mit Recht hat deshalb dieses Gericht und nicht das für das Hauptverfahren zu- ständige die Entscheidungszuständigkeit für die Zeit **vor Erhebung der öffentlichen Klage** und **nach** rechtskräftigem **Abschluß des Verfahrens** erhalten (Satz 2 in Vbdg. mit Absatz 1).

---

[17] OLG Stuttgart AnwBl. **1975** 170; *Klein- knecht/Meyer*[38] 12.

Klaus Lüderssen

27   c) **Verfahren.** Das Gericht entscheidet durch **Beschluß**, je nach Verfahrenslage in voller oder in Beschlußbesetzung ebenso wie im Vorlegungsverfahren (Rdn. 10). Im vorbereitenden Verfahren und nach rechtskräftigem Abschluß des Verfahrens (Rdn. 11) entscheidet das Gericht, das nach Absatz 1 Satz 1 und 2 über die Ausschließung des Verteidigers zu entscheiden hat (Satz 2), in Beschlußbesetzung, der Bundesgerichtshof in der Besetzung von fünf Mitgliedern einschließlich des Vorsitzenden (§ 139 Abs. 1 GVG). Entscheidet das Gericht während der Hauptverhandlung, darf diese nicht unterbrochen werden, um das Ruhen der Verteidigerrechte anzuordnen. Denn auch diese Anordnung liegt vor der Unterbrechung, die in Absatz 4 angeordnet wird.

28   Der Verteidiger kann sich für das Verfahren nach Absatz 3 des Beistandes **eines Verteidigers bedienen.** Denn das Verfahren über das Ruhen von Verteidigerrechten ist Teil des Ausschließungsverfahrens, in dem das Recht auf Verteidigung darin begründet ist, daß der Verteidiger „Beschuldigter im Ausschließungsverfahren" ist (§ 138 d, 6).

29   Bevor das Gericht entscheidet, ist die Staatsanwaltschaft zu **hören** (§ 33 Abs. 2), doch wird sie sich meistens schon, in der Regel als Antragstellerin oder bei Übersendung der Akten an das nach Absatz 1 zuständige Gericht, geäußert haben. Rechtliches Gehör (§ 33 Abs. 3) erhält weiter der Beschuldigte, weil er nicht nur durch den (Teil-)Verlust seines Verteidigers betroffen ist, sondern weil durch die Beschränkung des Rechts auf freien Verkehr mit dem Verteidiger in sein Recht eingegriffen wird. Rechtliches Gehör erhalten weiter der Verteidiger und sein Verteidiger; den betroffenen Verteidiger allein zu hören, genügt nicht. — § 33 Abs. 4 Satz 1 (Entscheidung vor rechtlichem Gehör) ist in einzelnen Fällen denkbar, aber keineswegs regelmäßig. Geschieht das, ist nach § 33 a zu verfahren.

30   Trotz der Unanfechtbarkeit (Satz 3) wird man entgegen § 34 die **Begründung** eines so einschneidenden Beschlusses verlangen müssen. Der Beschluß ist den Verfahrensbeteiligten (Rdn. 27) **bekanntzumachen,** je nach Verfahrenslage durch Verkündung (§ 35 Abs. 1) oder durch Zustellung (§ 35 Abs. 2 Satz 1). Im letzten Fall genügt, weil die Anordnung unanfechtbar ist (Satz 3), die formlose Mitteilung (§ 35 Abs. 2 Satz 2), doch entspricht sie kaum der Bedeutung der Entscheidung.

31   d) **Bedeutung des Ruhens.** Aufgrund der Anordnung verliert der Verteidiger das Recht, die **Akten,** die dem Gericht vorliegen oder die im vorbereitenden Verfahren diesem bei Erhebung der Anklage vorzulegen wären, sowie Beweisstücke **einzusehen.** Das Gesetz sieht auch keine Ausnahme für die in § 147 Abs. 3 genannten Niederschriften vor, obwohl der Verteidiger, solange er nicht ausgeschlossen ist, weiterhin den dort genannten Vernehmungen und Untersuchungshandlungen beiwohnen darf und daher vom Inhalt Kenntnis haben kann.

32   e) *Provisorische Verteidigerbestellung* (Satz 4, 5). Diese Regelung soll sicherstellen, daß der Beschuldigte durch die Beschränkung der Rechte seines Verteidigers nicht **gezwungen** ist, einen neuen Verteidiger zu wählen und — auf seine Kosten — zu beauftragen. Insofern kommt es nicht darauf an, ob die Verteidigung notwendig ist, sondern allein darauf, daß der Beschuldigte verteidigt war[18]. Doch muß dem Beschuldigten, einen Verteidiger zu wählen, natürlich freigestellt sein. (Primat der Regelung des § 137 Abs. 1: „. . . in jeder Lage des Verfahrens".) Macht er von diesem Recht keinen Gebrauch, so ist zunächst nach § 142 Abs. 1 Satz 2 und 3 zu verfahren. Über das Verhältnis dieser Vorschriften zu § 142 Abs. 1 Satz 1 vgl. § 142, 18 ff.

33   **Welches Gericht** gegebenenfalls den Verteidiger bestellt, sagt das Gesetz nicht. Es erklärt nur § 142 für entsprechend anwendbar (Satz 5), aber nicht § 141 Abs. 4. Trotz-

---

[18] Vgl. *Lampe* MDR **1975** 529.

dem kann kein Zweifel bestehen, daß der in § 142 Abs. 1 genannte „Vorsitzende des Gerichts" der in § 141 Abs. 4 bezeichnete ist. Es entscheidet also nicht das Gericht, sondern der Vorsitzende des Gerichts, **das für das Hauptverfahren zuständig oder** bei dem das **Verfahren anhängig** ist.

Der **Verteidiger zur Wahrnehmung der Rechte** aus den §§ 147, 148 ist in einer **34** mißlichen, ja wohl unzumutbaren Lage. Er hat die Akten einzusehen und mit dem Beschuldigten zu sprechen, kann die dabei gewonnenen Erkenntnisse aber nicht selbst verwerten, weil er die Verteidigung nicht führt. Dazu muß er den Verteidiger, der das (noch) tut, unterrichten, also u. a. mit Ablichtungen aus den Akten versehen. Das darf er aber wiederum nicht, wenn gegen den Hauptverteidiger ein Ausschließungsverfahren nach § 138 b schwebt, weil er sonst den Zweck der einstweiligen Anordnung vereiteln würde. Auch wenn ein Ausschließungsverfahren nach § 138 a Abs. 1 läuft, kann er den Hauptverteidiger nicht unbefangen unterrichten, um nicht dessen Teilnahme zu fördern. Aber auch sonst kann der mittelbare Verkehr den unmittelbaren nicht ersetzen. Die beschränkte Verteidigerbestellung zur Wahrnehmung von unabspaltbaren Teilrechten des Verteidigers, an der dem Beschuldigten kaum gelegen sein kann, ist nur eine „optische Lösung", in Wahrheit eine Fehlentscheidung des Gesetzgebers.

f) Bestellung eines neuen Verteidigers. Der Verteidiger zur Wahrnehmung der **35** Rechte aus den §§ 147, 148 kann die **Lücke nicht füllen**, die durch das Ruhen der Rechte des Hauptverteidigers entsteht. Der Verteidiger, der mit dem Beschuldigten nicht selbst sprechen und die Akten, soweit zulässig, nicht selbst einsehen kann, kann nicht verteidigen und ist **kein Verteidiger**. Zwei halbe Verteidiger machen keinen ganzen Verteidiger. Daraus folgt: Dem Beschuldigten ist, weil er in Wahrheit „keinen Verteidiger hat" (§ 141 Abs. 1), die Chance zu geben, einen neuen Verteidiger zu wählen. Das Rdn. 32 grundsätzlich Gesagte gilt hier entsprechend. Auch für das Procedere bei der **eventuell notwendig** werdenden Entscheidung für einen Pflichtverteidiger sei auf diese Rdn. verwiesen. Der neue Verteidiger hat nicht nur **Teil-Aufgaben**. Freilich darf, wie schon ausgeführt (Rdn. 15), mit ihm eine unterbrochene **Hauptverhandlung nicht fortgesetzt** werden. Aber das ist keine Beschränkung der Verteidigung, sondern ein das ganze Verfahren betreffendes Gebot. Der Beschuldigte kann nicht einen Monat oder länger ohne einen voll berechtigten Verteidiger bleiben. LR-*Dünnebier*[23] hat das nur für die Fälle der notwendigen Verteidigung postuliert (Rdn. 33). Aus den in Rdn. 32 dargelegten Gründen ist das aber auch nach *Dünnebiers* eigenen Prämissen keine zwingende Einschränkung. Die Gegenmeinung[19] beruft sich auf § 140 Abs. 1 Nr. 8. Daß diese Vorschrift aber mit § 138 c Abs. 3 Satz 4 nicht abgestimmt ist, hat LR-*Dünnebier*[23] [20] überzeugend dargelegt. Hinzuzufügen ist, daß § 140 Abs. 1 Nr. 8 das **Minimum** formuliert. Darüber hinauszugehen gestattet die **Grundnorm** des § 137 Abs. 1 Satz 1 (über die auch hier vorgängig zu eruierende Möglichkeit der **Wahl** eines Verteidigers, entweder gemäß § 137 Abs. 1 Satz 1 oder nach Maßgabe der neuen Regelung des § 142 Satz 2, 3 vgl. oben Rdn. 32), auch wenn die **Spezialnorm** des § 138 c[21] einen neuen unbeschränkt tätigen Verteidiger nicht ausdrücklich vorsieht.

Gar kein Problem ist das, sofern § 137 Abs. 1 Satz 2 unberührt bleibt. Aber selbst **36** wenn der Fall so liegt, daß § 137 Abs. 1 Satz 2, solange der Ausschluß nicht rechtskräftig ist, formal eine Grenze setzt, bleibt es bei der prävalierenden Feststellung, daß der Beschuldigte, nachdem die Anordnung gemäß § 138 c Abs. 3 Satz 1 ergangen ist, **effektiv**

---

[19] *Kleinknecht/Meyer*[38] 13.
[20] § 140, 30 Fußn. 2.
[21] Hierauf weisen *Kleinknecht/Meyer*[38] 13 – bei

isolierter Betrachtung mit Recht – hin; im Ergebnis ebenso jetzt KMR-*Müller* 13.

Klaus Lüderssen

keinen Verteidiger hat (s. o.). Antizipierbare und daher die Wahl eines neuen Verteidigers von vornherein belastende praktische Schwierigkeiten dürften allerdings auftreten, wenn es im Verfahren nach § 138 c Abs. 1 nicht zur Ausschließung kommt. Indessen ist das wohl eher eine Sache des Standesrechts[22]. Namentlich im Nachverfahren und in der Strafvollstreckung können rasch Entscheidungen anfallen, bei denen der Verurteilte einen Verteidiger braucht, zu dem er unmittelbar Zugang hat. Die Unhaltbarkeit einer „gespaltenen Verteidigung" liegt aber auch dann auf der Hand, wenn der Beschuldigte zu beabsichtigten Zwangsmaßnahmen gehört wird (§ 119, 212) und sich mit dem Verteidiger beraten will.

37   **g) Unanfechtbarkeit (Satz 3).** Der Beschluß ist unanfechtbar. Die auf den ersten Blick nicht ganz unbedenkliche Regelung wird dadurch annehmbar, daß der Anordnung das rasch abzuwickelnde Verfahren des § 138 d folgt und sie daher nur von beschränkter Dauer sein kann. Auch würde das für alle Beteiligten, auch den Verteidiger, bedeutsame Verfahren nach § 138 d verzögert, wenn ihm ein Beschwerdeverfahren in bezug auf die Anordnung des Ruhens von Verteidigerrechten vorausgehen würde. In der Praxis würde daher die Beschwerdeentscheidung in der Regel mit der Entscheidung über die Ausschließung verbunden werden müssen, so daß die Rechte des Verteidigers und des Beschuldigten durch die Unanfechtbarkeit kaum verkürzt werden.

5. Selbständiges Verfahren (Absatz 5)

38   **a) Grundsatz.** Die Ausschließung des Verteidigers nach § 138 a Abs. 1 oder 2 löst kraft Gesetzes Verteidigungsverbote aus (§ 138 a Abs. 4 und 5). Wenn der Verteidiger bestimmter Handlungen in gewissen Graden so verdächtig ist, daß ein Ausschluß anzuordnen sein wird, soll er sich den Verteidigungsverboten, die er zugleich mit der Ausschließung zu erwarten hat, nicht dadurch entziehen können, daß er aus dem Verfahren, in dem der Ausschluß betrieben wird, ausscheidet; es soll verhindert werden, daß die Ausschlußvorschriften — die die Verteidigungsverbote enthalten — umgangen werden[23]. Daher wird **dem zur Entscheidung zuständigen Gericht** (Absatz 1) die Befugnis eingeräumt, das durch Antrag oder Vorlage eingeleitete Verfahren mit den Wirkungen einer Ausschließung auch dann — selbständig — weiterzuführen, wenn der Verteidiger aus dem Verfahren ausgeschieden ist. Zusammen mit der Möglichkeit anzuordnen, daß die Rechte des Verteidigers ruhen (Absatz 3), ist die des selbständigen Verfahrens im Gegensatz zu der Ausschließung des Verteidigers (§ 138 a Abs. 1 und 2, § 138 b), der Unzulässigkeit der Verteidigung (§ 137 Abs. 1 Satz 1, Abs. 2 Satz 1; § 146) und den Verteidigungsverboten (§ 138 a Abs. 4 und 5) in das Ermessen des Gerichts gestellt.

39   **b) Ausscheiden des Verteidigers.** Dies ist die erste Voraussetzung des selbständigen Verfahrens. Obwohl es nur auf das Ausscheiden ankommt, zählt das Gesetz zwei Möglichkeiten auf: das Ausscheiden aus eigenem Entschluß oder auf Veranlassung des Beschuldigten. Daß der Beschuldigte den **Vertrag** mit dem Verteidiger kündigen oder inhaltlich beschränken kann, wenn ein Ausschließungsverfahren in Gang gesetzt wird, kann selbst dann nicht zweifelhaft sein, wenn der Beschuldigte an dem Handeln des Verteidigers beteiligt ist; denn er braucht einen Verteidiger, der im Verfahren ungehin-

---

[22] Gegen eine beschränkte Verteidigertätigkeit nur KK-*Laufhütte*[2] 18; zum Ganzen ferner: *Dünnebier* NJW **1976** 111; *Oellerich* StrVert. **1981** 434.

[23] BTDrucks. 7 5401, S. 7 zu Nr. 3. Weitere Gefahren der Regelungsumgehung benennt

Rieß JR **1980** 479, dort aber auch überzeugende Zurückweisung anderer denkbarer Aufgaben des Verteidigerausschlusses: strafrechtliche oder standesrechtliche Ahndung; s. ferner *Kleinknecht/Meyer*[38] 15.

dert mitwirken kann. Wenn auch auf den eigenen Entschluß des Verteidigers abgestellt wird, kann das nur den Sinn haben, daß dem Verteidiger das Recht eingeräumt wird, auch seinerseits, auch zur Unzeit, den Vertrag zu kündigen oder inhaltlich zu beschränken. Ob die Vertragsparteien den Vertrag auflösen, ist nicht entscheidend; sie können Veranlassung haben, ihn bestehen zu lassen. Es kommt nur darauf an, daß der Verteidiger entweder die Verteidigung niederlegt oder als Verteidiger entlassen wird.

c) Entscheidungsveranlassung. Das zuständige Gericht (Rdn. 2 ff) kann das Ausschließungsverfahren (selbständig) weiterführen, wenn der Verteidiger ausgeschieden ist, nachdem das veranlaßt worden ist, was das Ausschließungsverfahren in Gang setzt. Dazu gibt es zwei Möglichkeiten, die Vorlage des **Gerichts** (Rdn. 10) und den Antrag der **Staatsanwaltschaft** (Rdn. 8). Das Gesetz macht das Weiterführen des Verfahrens davon abhängig, daß der Antrag gestellt oder die Sache dem zur Entscheidung zuständigen Gericht vorgelegt worden ist. **40**

Die Wendung von der **Vorlage** (dort: der Akten) gebraucht § 121 Abs. 3 (werden die Akten . . . vorgelegt). Dort wird nahezu übereinstimmend angenommen, daß die Akten dann vorgelegt worden sind, wenn sie bei dem Gericht **eingegangen** sind (§ 121, 19). So kann die Wendung hier nicht ausgelegt werden. Denn sie steht mit dem zusammen, daß der Antrag (der Staatsanwaltschaft) gestellt worden ist. Gestellt ist der Antrag aber, wenn er als Entscheidung ergangen (§ 33, 10 sinngemäß) ist. Der Zeitpunkt der Wirksamkeit muß aber für den Antrag der Staatsanwaltschaft derselbe sein wie für die Gerichtsvorlage. Man wird daher die Wendung von der Vorlage so lesen müssen, daß darauf abgestellt wird, wann die Vorlage verkündet worden (§ 33, 10) ist. Das ergibt sich schon daraus, daß das Gericht **zugleich** mit der Vorlage die Hauptverhandlung zu unterbrechen oder auszusetzen hat. Als Vorlage wird also hier die Verkündung des Vorlagebeschlusses verstanden[24]. Scheidet der Verteidiger vorher aus, ist das selbständige Verfahren unzulässig. **41**

d) Opportunitätsprinzip. Das zur Entscheidung zuständige Gericht **kann** das Ausschließungsverfahren fortführen. Da der Verteidiger schon aus dem Verfahren ausgeschieden ist, hat das Verfahren nur für die Verteidigungsverbote des § 138 a Abs. 4 und 5 Bedeutung; diese reichen sehr weit, enthalten einen starken **Eingriff** in die Berufsausübung des Anwalts und können nach dem Wortlaut des Gesetzes nicht eingeschränkt oder durch Richterspruch vorzeitig beendet werden. Das Gericht wird daher das selbständige Verfahren nur dann betreiben können, wenn nach den Umständen des Falls und der Persönlichkeit des Verteidigers Konflikte zu erwarten sind, denen durch die Verteidigerverbote begegnet werden muß. In Fällen, in denen jedoch eine **mißbräuchliche** Umgehung der Abs. 4 und 5 des § 138 a durch den Verteidiger nicht denkbar ist — etwa, weil gegen **denselben** Beschuldigten kein anderes Verfahren anhängig ist, oder weil kein **anderer** Beschuldigter in demselben Verfahren beschuldigt wird, und der Verteidiger auch nicht in einem Verfahren mit Gegenstand § 129 a StGB ausgeschlossen wurde —, kommt eine Fortführung des Verfahrens **nicht** in Betracht[25]. **42**

e) Weiterführung des Verfahrens. Liegen die unter Rdn. 33, 34 aufgeführten Voraussetzungen vor und sieht sich das Gericht veranlaßt (Rdn. 36), das selbständige Verfahren zu betreiben, dann führt das nach Absatz 1 zuständige Gericht (Rdn. 32) das Verfahren weiter, das dadurch begonnen worden ist, daß die Staatsanwaltschaft ihren An- **43**

---

[24] Im Ergebnis ebenso *Kleinknecht/Meyer*[38] 15.
[25] Vgl. OLG Koblenz JR **1980** 477 m. Anm. *Rieß*, der statt schlichter Nichtfortführung einen formellen Abschluß durch Einstellung des Verfahrens fordert.

Klaus Lüderssen

trag gestellt oder das Gericht den Vorlagebeschluß erlassen hat. Das Verfahren läuft ebenso ab, wie das gewöhnliche Ausschließungsverfahren, nämlich nach der Vorschrift des § 138 d, allerdings mit einigen Besonderheiten.

44   Die **Entscheidung** muß — am besten im Tenor, notfalls in den Gründen — aussprechen, aufgrund welcher Vorschrift (§ 138 a Abs. 1, § 138 a Abs. 2, § 138 b) „die Mitwirkung des ausgeschlossenen Verteidigers" unzulässig ist. Die **Verteidigungsverbote** des § 138 a Abs. 4 und 5 treten nur ein, wenn festgestellt wird, daß die Mitwirkung nach § 138 a Abs. 1 und 2 unzulässig ist, und auch dann unterschiedlich, so daß auch der Absatz anzugeben ist, der die Mitwirkung des Verteidigers unzulässig macht.

45   **f) Wirkung.** Hat das Gericht in dem weitergeführten selbständigen Verfahren festgestellt, daß die **Mitwirkung** des ausgeschiedenen Verteidigers in dem Verfahren **unzulässig** ist, dann hat diese Feststellung die Wirkung, die eingetreten wäre, wenn der Verteidiger ausgeschlossen worden wäre. Da die Ausschließung selbst entfällt und damit § 138 a Abs. 3 unanwendbar wird, verbleiben die Verteidigungsverbote des § 138 a Abs. 4 und 5[25a], je nach der Bestimmung, die der Feststellung zugrunde liegt, die Mitwirkung des ausgeschlossenen Verteidigers sei unzulässig. Entgegen LR-*Dünnebier*[23] 45 tritt die Kostenfolge des Absatzes 6 nicht ein, was sich systematisch daraus ergibt, daß sich die Verweisung des vorstehenden Absatzes 5 hierauf gerade nicht erstreckt.

46   **6. Kosten (Absatz 6)**[26]. Dem von der Mitwirkung im Verfahren ausgeschlossenen Verteidiger können die Kosten auferlegt werden, die durch die Aussetzung (Absatz 4 Satz 1) verursacht sind (Satz 1). Darunter fallen Kosten für die Abbestellung und Neuladung von Zeugen und Schöffen und für den neuen Verteidiger, soweit die letzteren „doppelt", z. B. für einen wiederholten Prozeßabschnitt, entstanden sind. **Zuständig** ist das Gericht, bei dem das Verfahren anhängig ist (Satz 2). Auf das vorbereitende Verfahren findet die Vorschrift keine Anwendung, weil der Begriff „Aussetzung", wie sich aus Absatz 4 ergibt, nur die Aussetzung einer Hauptverhandlung ist (§ 228). Da nach Ausscheiden des Verteidigers die Kostenentscheidung mit dem laufenden Verfahren gegen den Beschuldigten nicht mehr unmittelbar zusammenhängt, entscheidet das Gericht nach Anhörung des Verteidigers und der Staatsanwaltschaft (§ 33 Abs. 3 und 2) durch Gerichtsbeschluß außerhalb der Hauptverhandlung in nicht öffentlicher Sitzung in Beschlußbesetzung.

47   Gegen den Beschluß ist, wenn er nicht von einem erstinstanzlich entscheidenden Oberlandesgericht erlassen worden ist (§ 304 Abs. 4), die **Beschwerde** (§ 304 Abs. 1) zulässig. Beschwerdeberechtigt sind die Staatsanwaltschaft und der Beschuldigte sowie, wenn eine Kostenbelastung auferlegt worden ist, der mit den Kosten belastete Verteidiger. Da die Kosten den Verteidiger persönlich treffen, ist der Beschuldigte nicht beschwert.

7. Entscheidung über die Aufhebung der Ausschließung

48   **a) Voraussetzungen der Aufhebung.** Wie in Rdn. 6 ausgeführt, bezieht sich das Wort Entscheidungen in Absatz 1 Satz 1 nur auf solche, die zur **Ausschließung** des Verteidigers zu treffen sind. Material für die Erwägung, welches Gericht **zuständig** ist, die Ausschließung aufzuheben, liefert die Prüfung, wann die Voraussetzungen der Aus-

---

[25a] Für eine Gleichstellung mit dem ausgeschlossenen Verteidiger „in jeder Hinsicht" *Rieß* JR **1980** 479.

[26] Die Vorschrift steht an falscher Stelle. Denn sie enthält eine Folge der Ausschließung, und

die Regeln über die Ausschließung des Verteidigers sind in § 138 d enthalten. Die Kostenvorschrift wäre daher als § 138 d Abs. 7 zu erwarten gewesen.

schließung nicht mehr vorliegen. Sichtet man diese Gründe, zeigt sich, daß sie in bezug auf die Schwierigkeit der Aufhebungsentscheidung von recht unterschiedlichem Gewicht sind.

Werden die Angeklagten rechtskräftig **freigesprochen**, wird die Eröffnung des **49** Hauptverfahrens gegen die Beschuldigten abgelehnt oder das Verfahren gegen sie nicht bloß vorläufig eingestellt, könnte die Ausschließung kraft Gesetzes entfallen. Jedenfalls bei Rechtskraft der genannten Entscheidungen besteht kein gesetzgeberischer Anlaß, mit der Entscheidung über die Aufhebung ein übergeordnetes Gericht oder einen anderen Senat zu beauftragen.

Der **staatsanwaltschaftlichen Einstellung** könnte die Aufhebung der Ausschließung **50** nicht ohne weiteres folgen, weil die Einstellung wieder aufgehoben werden kann und Berichtspflichten bestehen, die dazu führen können, daß die vorgesetzte Behörde zwar letztlich nicht zur Anklage anweisen[27], aber Überprüfung der Einstellung verlangen und, wenn sie die besseren Argumente hat, die Aufhebung der Einstellung durch die Staatsanwaltschaft erreichen kann. Es müßte also nach Ablauf gewisser Zeit eine gerichtliche Entscheidung über die Aufhebung herbeigeführt werden.

Ist dagegen zu prüfen, ob eines der Merkmale oder alle Merkmale des Ausschlie- **51** ßungstatbestands weggefallen sind, so handelt es sich um die **Korrektur** einer rechtskräftigen Entscheidung des Oberlandesgerichts (§ 138 c Abs. 1 Satz 1) oder des Bundesgerichtshofs (§ 138 c Abs. 1 Satz 2), bei der die Entscheidung über die Aufhebung der Ausschließung nicht — wie in den zu Rdn. 49 aufgeführten Fällen — auf der Hand liegt oder einfach ist, sondern derselben Wertung und Erfahrung bedarf wie die Entscheidung über die Ausschließung.

b) Zuständiges Gericht. Zwar hätte der Gesetzgeber für verschiedene Fallgruppen **52** verschiedene Zuständigkeiten bezeichnen können. Da er das indessen nicht getan hat, muß sich die Auslegung daran orientieren, daß in den schwierigsten Fällen nur das **Oberlandesgericht und** der **Bundesgerichtshof** zuständig sein können. Die Entscheidungszuständigkeit — so sinnvoll das wäre — aufzuteilen, ist nicht möglich. Wer das täte, setzte sich unzulässigerweise an die Stelle des Gesetzgebers. Wegen der Notwendigkeit, auf jeden Fall die Zuständigkeit des Oberlandesgerichts und des Bundesgerichtshofs zu erhalten, bleibt allein die Möglichkeit, § 138 c Abs. 1 **entsprechend** anzuwenden. Erleichterung in dem etwas schwerfälligen Verfahren ist dann nur darin zu finden, daß man § 138 d Abs. 1 nicht in allen Fällen entsprechend anwendet.

Zuständig ist nicht unbedingt **dasselbe** Gericht, das den Verteidiger ausgeschlos- **53** sen hatte. Vielmehr richtet sich die Zuständigkeit nach dem **Verfahrensstand**. Hat im vorbereitenden Verfahren, weil die Ermittlungen vom Generalbundesanwalt geführt wurden, der Bundesgerichtshof den Verteidiger ausgeschlossen, und ist das Verfahren inzwischen beim Oberlandesgericht anhängig (§ 120 Abs. 1, Abs. 2 Satz 1 GVG), so trifft die Entscheidung über die Aufhebung der Ausschließung ein anderer Senat des Oberlandesgerichts. Hatte das Oberlandesgericht den Verteidiger ausgeschlossen und ist die Sache inzwischen mit der Revision beim Bundesgerichtshof (§ 135 Abs. 1 erste Alternative GVG) anhängig, entscheidet ein anderer Senat des Bundesgerichtshofs[28].

---

[27] *Dünnebier* JZ **1958** 417; **1961** 314; RuP **1973** 121.

[28] Wer entgegen der hier vertretenen Ansicht (Rdn. 7) **Absatz 1 unmittelbar** anwendet, indem er unter „die Entscheidungen nach § 138 a, 138 b" alle Entscheidungen, also auch die zählt, die nach § 138 a Abs. 3 und § 138 b S. 2 die Aufhebung betreffen, darf nicht übersehen, daß er dann auch § 138 d unmittelbar voll anwenden muß, was hinsichtlich der mündlichen Verhandlung zu schwer tragbaren Ergebnissen führen müßte.

Klaus Lüderssen

54   c) **Veranlassen der Entscheidung.** Entschließt man sich, die Bestimmung über die Zuständigkeit (Absatz 1) entsprechend anzuwenden (Rdn. 48), empfiehlt es sich, auch die Bestimmungen zur Herbeiführung der Entscheidung so anzuwenden, daß sie dem Verfahren zur Aufhebung der Ausschließung entsprechen. Das kann dazu führen, daß einzelne Vorschriften nicht — für Absatz 3 liegt das auf der Hand — oder **modifiziert** — etwa Absatz 4 — angewendet werden. Außerdem sind die Regeln zu **erweitern**. Denn die Ausschließung können nur die Staatsanwaltschaft und das Gericht herbeiführen; und wenn auch Gericht und Staatsanwaltschaft stets die Aufhebung der Ausschließung im Auge behalten und gegebenenfalls die Entscheidung des zuständigen Gerichts herbeiführen müssen, so werden doch Aufhebungsanträge der Beteiligten im Vordergrund stehen.

55   Der Ausgeschlossene ist zwar kein Verteidiger mehr, bleibt aber, wenn er Wahlverteidiger ist, weiterhin der vom Beschuldigten Gewählte, solange der entsprechende Vertrag nicht aufgelöst worden ist. Daher ist der ausgeschlossene Verteidiger — ebenso, wenn er einen gewählt hat, dessen Verteidiger — trotz der Rechtskraft der Ausschließungsentscheidung weiterhin Beteiligter im Verfahren zur Aufhebung der Ausschließung. Der Vertrag mit dem Beschuldigten und umgekehrt kann **ausdrücklich** aufgehoben werden, aber auch durch **schlüssige** Handlungen, etwa eine abschließende Honorarrechnung, durch Übergabe der Handakten an einen neuen Verteidiger, wenn dieses Indiz auch mehrdeutig ist und daher besonderer Prüfung bedarf. Ist längere Zeit seit der Ausschließung verflossen, kann vom ausgeschlossenen Verteidiger verlangt werden, seine Legitimation zum Antrag so darzulegen, daß sie im Freibeweis gerichtlich geprüft werden kann. Beteiligt sind weiterhin der **Beschuldigte** und sein neuer **Verteidiger**, sei es ein Wahl-, sei es ein Pflichtverteidiger.

56   Da keine gesetzliche Regelung besteht, daß Verteidiger und Beschuldigter den Antrag, die Ausschließung aufzuheben, bei dem Gericht anbringen müssen, das mit der Sache befaßt ist, muß man ihnen das Recht einräumen, den Antrag unmittelbar **bei dem Oberlandesgericht** zu stellen; wenn im vorbereitenden Verfahren die Ermittlungen vom Generalbundesanwalt geführt werden oder wenn das Verfahren beim Bundesgerichtshof mit Revision anhängig ist, bei diesem Gericht. Man wird ihm freistellen müssen, den Antrag auch bei dem mit der Sache befaßten Gericht anzubringen, bei dem sich die Akten befinden und das sich in der Regel zu dem Antrag äußern wird.

57   Wegen der **Anträge der Staatsanwaltschaft und des mit der Sache befaßten Gerichts** gilt das Rdn. 8, wegen der Mitteilung des Antrags das Rdn. 12, 13, wegen der Beteiligung des Vorstands der Rechtsanwaltskammer das Rdn. 14 Ausgeführte entsprechend.

58   In Rdn. 10 ist ausgeführt, daß die Vorlage der Akten durch das entscheidende Gericht an das zur Entscheidung über die Ausschließung zuständige Gericht während der Hauptverhandlung in voller Besetzung stattfindet. Für einen Antrag des Gerichts, die Ausschließung des Verteidigers **aufzuheben**, gilt das nicht. Einmal entfällt das für die Vorlage wichtige Argument, was vor der gesetzlich angeordneten Unterbrechung liege, müsse innerhalb der Hauptverhandlung entschieden werden; denn die Aussetzungsvorschrift ist nur für das Ausschließungsverfahren zwingend. Zum anderen wird nicht die Stellung einer Person angegriffen, deren Anwesenheit in der Hauptverhandlung das Gesetz vorschreibt, sondern deren Rückkehr in die Verteidigerstellung bezweckt. Es entscheidet also beim Schöffengericht der Richter beim Amtsgericht (§ 30 Abs. 2 GVG), die Strafkammer und das Oberlandesgericht in der Besetzung von drei Mitgliedern einschließlich des Vorsitzenden (§ 76 Abs. 1; § 122 Abs. 1 GVG), der Bundesgerichtshof in der Besetzung von fünf Mitgliedern einschließlich des Vorsitzenden (§ 139 Abs. 1 GVG).

§ 138 d

(1) Über die Ausschließung des Verteidigers wird nach mündlicher Verhandlung entschieden.

(2) [1]Der Verteidiger ist zu dem Termin der mündlichen Verhandlung zu laden. [2]Die Ladungsfrist beträgt eine Woche; sie kann auf drei Tage verkürzt werden. [3]Die Staatsanwaltschaft, der Beschuldigte und in den Fällen des § 138 c Abs. 2 Satz 3 der Vorstand der Rechtsanwaltskammer sind von dem Termin zur mündlichen Verhandlung zu benachrichtigen.

(3) Die mündliche Verhandlung kann ohne den Verteidiger durchgeführt werden, wenn er ordnungsgemäß geladen und in der Ladung darauf hingewiesen worden ist, daß in seiner Abwesenheit verhandelt werden kann.

(4) [1]In der mündlichen Verhandlung sind die anwesenden Beteiligten zu hören. [2]Den Umfang der Beweisaufnahme bestimmt das Gericht nach pflichtgemäßem Ermessen. [3]Über die Verhandlung ist eine Niederschrift aufzunehmen; die §§ 271 bis 273 gelten entsprechend.

(5) [1]Die Entscheidung ist am Schluß der mündlichen Verhandlung zu verkünden. [2]Ist dies nicht möglich, so ist die Entscheidung spätestens binnen einer Woche zu erlassen.

(6) [1]Gegen die Entscheidung, durch die ein Verteidiger aus den in § 138 a genannten Gründen ausgeschlossen wird oder die einen Fall des § 138 b betrifft, ist sofortige Beschwerde zulässig. [2]Dem Vorstand der Rechtsanwaltskammer steht ein Beschwerderecht nicht zu. [3]Eine die Ausschließung des Verteidigers nach § 138 a ablehnende Entscheidung ist nicht anfechtbar.

Schrifttum siehe bei § 138 a.

Entstehungsgeschichte. § 138 d ist eingefügt durch Art. 1 Nr. 6 des 1. StVErgG.

Übersicht

1. Entscheidung über die Ausschließung

a) Mündliche Verhandlung (Absatz 1 und 3). Die mündliche Verhandlung findet, **1**
weil das verhandelnde kein erkennendes Gericht ist (ist das Verfahren beim Oberlandesgericht oder beim Bundesgerichtshof anhängig, entscheidet ein anderer Senat, § 138 c Abs. 1 Satz 2), in nicht öffentlicher Sitzung statt[1]. Der Bundesgerichtshof entscheidet, weil kein Fall des § 139 Abs. 2 Satz 1 GVG vorliegt, in der **Besetzung** von fünf Mitglie-

---

[1] § 169 S. 1 GVG; BGH NStZ **1981** 95; OLG Stuttgart MDR **1975** 600; *Lampe* MDR **1975** 529.

Klaus Lüderssen

dern einschließlich des Vorsitzenden (§ 139 Abs. 1 GVG), das Oberlandesgericht in der von drei Mitgliedern einschließlich des Vorsitzenden (§ 122 Abs. 1 GVG).

2   Die mündliche Verhandlung hat den **Zweck**, die am Verfahren Beteiligten und das Gericht zusammenzubringen, damit in Gegenwart aller Beweise erhoben, Behauptungen vorgebracht und gewürdigt werden können und Würdigungen entgegengetreten werden kann, damit rascher als im schriftlichen Verfahren eine Entscheidung gefällt werden kann. Daher ist es eine Ausnahme, daß die mündliche Verhandlung auch **ohne den Verteidiger** durchgeführt werden kann, wenn er in der Ladung auf diese Möglichkeit hingewiesen worden ist (Abs. 3). Das ist rigoros, aber mit Rücksicht auf die vorauszusetzende professionelle Informiertheit des Verteidigers vertretbar. Nach LR-*Dünnebier*[23] 2 folgt aus dem Respekt vor dem Verzicht, den man bei dem fernbleibenden Verteidiger unterstellen müsse, daß die Verhandlung nicht stattfinden könne, wenn der **Verteidiger** nachweise, daß er ernstlich **verhindert** sei zu erscheinen. Das sei stets der Fall, wenn er nicht nur unbedeutend erkrankt sei. Bei anderen Verpflichtungen sei abwägend zu prüfen, ob die Interessen des Verteidigers dem öffentlichen Interesse vorgehen. Das öffentliche Interesse habe starkes Gewicht, wenn eine Hauptverhandlung begonnen habe und Aussicht bestehe, das Ausschließungsverfahren innerhalb von dreißig Tagen zu beenden, so daß eine unterbrochene Hauptverhandlung fortgesetzt werden könne. Das ist zweifellos eine vernünftige Lösung; aber man sollte dafür nicht den Text des Abs. 3 strapazieren, der nichts in diese Richtung Gehendes erkennen läßt, sondern sinngemäß § 44 anwenden.

3   **b) Keine Ausnahme von der mündlichen Verhandlung bei die Ausschließung ablehnender Entscheidung.** Da ein Antrag der Staatsanwaltschaft oder eine gerichtliche Vorlage nach der Rechtsprechung des nach § 138 c Abs. 1 entscheidenden Gerichts von vornherein unbegründet sein kann, fragt es sich, ob das Gericht eine die Ausschließung ablehnende Entscheidung auch **ohne mündliche Verhandlung** erlassen kann. Die Frage muß mit nein beantwortet werden. Der Satzbeginn „über die Ausschließung" stimmt mit dem des § 141 Abs. 4 überein, wo es heißt: „Über die Bestellung entscheidet der Vorsitzende". Dort ist es nahezu herrschende Ansicht, daß „über" eine Entscheidung „im positiven und im negativen Sinn" bedeutet, also auch die Ablehnung mit umfaßt (§ 141, 27). Bei dem nicht besonders sorgfältig redigierten Gesetz ist die Verweisung auf eine benachbarte Vorschrift allein nicht zwingend. Erwägt man zusätzlich, daß ablehnende Entscheidungen zum Teil unanfechtbar sind (Abs. 6 Satz 3) und daß abgelehnte Anträge nur bei neuen Tatsachen und Beweismitteln wiederholt werden können, nicht aber, wenn ein fehlender Tatsachenvortrag nachgeholt wird, so führt kein Weg daran vorbei, daß die **Ausschließungsfrage**, sei es bejahend, sei es ablehnend, nur **nach mündlicher Verhandlung** entschieden werden kann, denn sie verhindert im Zweifel eine überraschende Entscheidung.

4   Die wohl herrschende Gegenmeinung[2] hingegen erachtet es für zulässig, unschlüssige Anträge „ohne weiteres" ohne mündliche Verhandlung zu verwerfen, damit das für die Ausschließung zuständige Gericht nicht mit offensichtlich unbegründeten Anträgen befaßt werde.

5   **c) Ladung; Beteiligte (Absatz 2, 3).** Abs. 2 Satz 2 bestimmt, daß der Verteidiger zu laden ist. Die Androhung, daß er, wenn er ausbleibe, vorgeführt werden könne (vgl.

[1a] Rdn. 2.
[2] OLG Karlsruhe JR **1976** 205 m. abl. Anm. *Rieß*; OLG Bremen NJW **1981** 2711; OLG Düsseldorf NStZ **1983** = MDR **1983** 339; OLG Braunschweig StrVert. **1984** 500, 502; OLG Düsseldorf JZ **1986** 408; LG Bamberg AnwBl. **1980** 33, m. Anm. *Demmer*; *Kleinknecht/Meyer*[38] 1; KK-*Laufhütte*[2] 1. Wie hier: KMR-*Müller* 1; *Rieß* JR **1976** 208.

§ 133 Abs. 2), ist nicht zulässig. Sie wird durch den Hinweis ersetzt, daß in seiner Abwesenheit verhandelt werden kann (Abs. 3). Weil das Verfahren möglichst innerhalb von dreißig Tagen abgeschlossen sein muß (vgl. § 138 c Abs. 4 Satz 2), beträgt die **Ladungsfrist** eine Woche; sie kann auf drei Tage verkürzt werden (Abs. 2 Satz 2). Die Verkürzung kommt etwa in Betracht, wenn die Ausschließung deshalb besonders dringlich ist, weil im Fall des § 138 b eine besondere Gefahr für die Sicherheit der Bundesrepublik besteht. Die weiteren Beteiligten werden nicht geladen, sondern vom Termin benachrichtigt. Unter **Beteiligten** versteht das Gesetz außer dem Verteidiger: die Staatsanwaltschaft, den Beschuldigten und den Vorstand der Rechtsanwaltskammer. Gemeint ist die Kammer, welcher der Rechtsanwalt angehört. Der Vorstand erhält in § 138 c Abs. 2 Satz 4 ausdrücklich das Recht, sich — auch schon schriftlich vor dem Verhandlungstermin — zu äußern, und wird damit Beteiligter. Soll ein Verteidiger, der nicht Rechtsanwalt ist, ausgeschlossen werden, unterbleibt die Benachrichtigung. (S. ferner Rdn. 6.)

Der Verteidiger ist zwar kein Beschuldigter, doch kann seine Rolle als die eines **6** **Beschuldigten** im Ausschließungsverfahren angesehen werden, so daß er sich in entsprechender Anwendung des § 137 Abs. 1 des **Beistands eines Rechtsanwalts** bedienen kann[3]. Nicht folgerichtig ist es dann aber, wenn der Anspruch auf einen Pflichtverteidiger abgelehnt wird[4], ferner wenn dem Verteidiger, der sich eines Rechtsanwalts als Beistand bedient, die Erstattung der notwendigen Kosten für den Beistand aus der Staatskasse verweigert wird, sofern er **nicht** ausgeschlossen worden ist[5]. Hat der Verteidiger einen Verteidiger bestellt, zählt dieser zu den Beteiligten und ist vom Termin zu benachrichtigen. Die anwesenden Beteiligten sind zu hören[6].

d) Ablauf der Verhandlung (Absatz 4 Satz 1 und 2). Das Gericht verhandelt und **7** entscheidet in nichtöffentlicher Sitzung[7]. Da Satz 1 neben § 33 Abs. 3 gilt, ist klar, daß der gesamte Tatsachenstoff ausgebreitet werden muß, auch wenn der Verteidiger zu ihm schon früher von der Staatsanwaltschaft oder dem mit der Sache befaßten Gericht gehört worden ist. § 136 Abs. 1 Satz 1 bis 3 findet entsprechend Anwendung.

Das Gericht ist frei, den **Umfang** der Beweisaufnahme zu bestimmen (Satz 2); **8** § 244 Abs. 3 bis 6 und § 245 gelten nicht. LR-*Dünnebier*[23] 8 war der Meinung, daß, weil die Vorschrift dem § 118 a Abs. 3 nachgebildet sei[8], man in Satz 2 „Art" zu ergänzen habe. Diese Auffassung beruht auf der stillschweigenden Vermutung, daß „Art" in Satz 2 vom Gesetzgeber praktisch vergessen worden sei. Hält man sich an den Wortlaut, so ergibt sich, daß die Vorschrift insoweit eben gerade nicht analog zu § 118 a Abs. 3 geschaffen worden ist. Vielmehr kann auch ein argumentum e contrario angebracht sein. Dafür spricht, daß nicht einzusehen ist, weshalb ein Verteidiger, der mit der schwerwiegenden Folge des Ausschlusses aus einem Verfahren bedroht ist, schlechter gestellt sein soll als ein Beschuldigter. Daher gilt für das Verfahren nach § 138 d Abs. 4 Satz 1 und 2 nicht der Freibeweis. Die §§ 136, 136 a, 239, 241 a, 249, 250, die sich zwar nicht auf den Umfang der Beweisaufnahme, wohl aber deren Methode beziehen, gelten daher uneingeschränkt[9]. Auch sind die §§ 57 bis 61, 64, 66 c bis 70, 72, 79 anzuwenden. Das Gericht

---

[3] *Schmidt* AnwBl. **1981** 117; a. A KG JR **1981** 121 = AnwBl. **1981** 116; *Kleinknecht/Meyer*[38] 5; KK-*Laufhütte*[2] 6, die aber gestatten wollen, daß ein Rechtsanwalt als Beistand – wie beim Zeugen – erscheint.

[4] So aber LR-*Dünnebier*[23] 6 unter Hinweis darauf, daß § 140 Abs. 2 vom Beschuldigten im Sinne des § 157 spreche. Das ist jedoch bei

dem entsprechend angewandten § 137 Abs. 1 nicht anders.

[5] So aber KG JR **1981** 121.

[6] Peters[4] 225.

[7] A. A *Roxin*[20] 110.

[8] Begründung: BTDrucks. 7 2526, S. 23.

[9] So auch *Bottke* JR **1984** 300; *Schlüchter*[2] 126 (Fußn. 396).

Klaus Lüderssen

darf die Vernehmung von Zeugen und Sachverständigen nicht durch das Verlesen von Protokollen ersetzen, soweit nicht die §§ 251, 254, 256 anwendbar sind. Es darf sich nicht mit Glaubhaftmachung oder, soweit nicht gesetzlich erlaubt, mit uneidlicher Aussage begnügen. **Beweisverbote** sind zu beachten; § 252 findet Anwendung[10].

9   e) **Protokoll (Absatz 4 Satz 3).** Die wesentlichen Vorschriften für das Protokoll sind für anwendbar erklärt; doch ist zu beachten, daß sie entsprechend gelten, wie es die Art des Ausschließungsverfahrens erfordert. Jedenfalls muß das Protokoll so abgefaßt werden, daß, wenn Beschwerde statthaft ist (Rdn. 13), das Beschwerdegericht die Entscheidungsgrundlagen nachprüfen kann. Wenn Beschwerde zulässig ist, sind daher die **wesentlichen Ergebnisse der Verhandlungen** in das Protokoll aufzunehmen. § 274 hat nur für die Hauptverhandlung Sinn. Die Verweisung nimmt ihn daher zu Recht von den Vorschriften aus, die entsprechend anzuwenden sind.

10   f) **Entscheidung.** Die Entscheidung ergeht dahin, daß der Verteidiger von der Mitwirkung in einem bestimmten Verfahren aus einem bestimmten Grund ausgeschlossen wird oder daß die Ausschließung des Verteidigers abgelehnt wird. Die Entscheidung ist zu **begründen.** Für die mit Rechtsmitteln anfechtbaren Entscheidungen folgt das aus § 34, für die unanfechtbaren Entscheidungen ist das wegen der Möglichkeit einer Verfassungsbeschwerde geboten und entspricht der Stellung des Bundesgerichtshofs, der nicht, ohne seine Argumente den Beteiligten, der Fachwelt und der Öffentlichkeit bekanntzugeben, eine Entscheidung trifft, die zu einer einheitlichen Rechtsprechung zur Frage der Ausschließung des Verteidigers führen soll[11].

11   g) **Bekanntmachung (Absatz 5).** Die Entscheidung ist grundsätzlich am Schluß der mündlichen Verhandlung zu **verkünden.** Man wird es den bei der Verkündung nicht Anwesenden nicht wie bei einem Urteil überlassen, sich um die Entscheidung zu kümmern, vielmehr wird der Vorsitzende veranlassen, daß den Beteiligten eine Abschrift der Entscheidung mitgeteilt wird, zumal da die schriftliche Begründung in der Regel bei der Verkündung noch nicht abgesetzt ist. Maßgebend für den Beginn der Frist zur sofortigen Beschwerde (Abs. 6 Satz 1) ist im Fall des Satzes 1 allein die Verkündung.

12   Kann die Entscheidung **nicht am Schluß** der mündlichen Verhandlung verkündet werden (Satz 2), so dürfen neue Tatsachen, die nach Schluß der mündlichen Verhandlung bekannt werden, nicht verwendet werden, doch kann das Gericht die Verhandlung wieder eröffnen, solange die Entscheidung noch nicht ergangen ist (§ 33, 9 ff). Die Entscheidung ist, wenn Beschwerde zulässig ist, den beschwerdeberechtigten Beteiligten **zuzustellen** (§ 35 Abs. 2 Satz 1), der Anwaltskammer mitzuteilen. Wenn keine Beschwerde statthaft ist, ist die Entscheidung den Beteiligten mitzuteilen (§ 35 Abs. 2 Satz 2).

13   h) **Sofortige Beschwerde (Absatz 6 Satz 1 und 2).** Zur Beschwerde **berechtigt** sind die Beteiligten (Ausnahme Satz 2). Der ausgeschlossene Verteidiger[12] kann sowohl für seine eigene Person, wie auch für den Beschuldigten Beschwerde einlegen[13]. Die vom

[10] Dagegen wollen für das Verfahren **Freibeweis** genügen lassen: BGHSt 28 116 (= LM 1979 Nr. 1 zu § 138 d mit zust. Anm. *Willms*); BGH NStZ **1981** 95; BGH JR **1984** 299; *Hammerstein* NStZ **1986** 38; *Kleinknecht/Meyer*[38] 7; KK-*Laufhütte*[2] 7; *Rieß* NStZ **1981** 332; das OLG Hamburg AnwBl. **1987** 44 trifft seine Entscheidung ausdrücklich „unter Berücksichtigung des Inhalts der Ermittlungsakte".

[11] Vgl. Begründung BTDrucks. 7 2526, S. 12 = AnwBl. **1974** 216.

[12] Selbstverständlich – nach der hier vertretenen Ansicht (siehe § 138 a, 4 ff) – auch der ausgeschlossene Pflichtverteidiger; das bedarf nur deshalb der Hervorhebung, weil OLG Köln NStZ **1982** 129 insofern differenzieren möchte: Nur Beschwerdeberechtigung des Wahlverteidigers.

[13] BGHSt **26** 291; ferner KK-*Laufhütte*[2] 14;

Bundesgerichtshof auf § 146 bezogene Begründung (mit Einfügung des § 146 a durch das StVÄG 1987 bestätigt, s. § 146 a, 1, 13 ff) ist auch für die Ausschließung einleuchtend: die Unzulässigkeit der Vertretung des Beschuldigten ist erst gegeben, wenn eine **begründete** (d. h. der etwaigen Nachprüfung durch das Rechtsmittelgericht standhaltende) Ausschließung des Verteidigers vorliegt. Der Beschuldigte kann freilich auch als Beteiligter selbst sich der Beschwerde bedienen[14] (§ 304 Abs. 1). Dazu kann er einen neuen Verteidiger bestellen, aber auch einen Bevollmächtigten benennen. Dieser bedarf, weil er kein Verteidiger ist, nicht der Genehmigung nach § 138 Abs. 2.

14 Nach Satz 1 ist die Beschwerde auch zulässig, wenn sie einen **Fall des § 138 b** „betrifft", also in *diesem* Fall sowohl wenn ein Verteidiger ausgeschlossen als auch wenn die Ausschließung abgelehnt wird.

15 Nach Abs. 1 in Verbindung mit § 138 c Abs. 1 entscheidet über die Ausschließung des Verteidigers je nach Verfahrenslage das Oberlandesgericht oder der Bundesgerichtshof. Gegen diese Entscheidung ist nach Abs. 6 Satz 1 in dem dort genannten Umfang die **sofortige Beschwerde** (§ 311) zulässig, dem **Wortlaut** nach auch gegen jene des Bundesgerichtshofs. Das StVÄG 1987, Art. 1 Nr. 23, hat hier jedoch der früher verschiedentlich vertretenen Auffassung, die Beschwerde sei auch gegen Entscheidungen des BGH statthaft[15], den Boden entzogen (vgl. BT-Drucks. 10 1313, S. 30). Nach der Neufassung des § 304 ist eine Beschwerde nach Abs. 6 daher eindeutig ausgeschlossen, wenn der BGH die Entscheidung nach Abs. 1 in Verbindung mit § 138 c Abs. 1 Satz 2 und 3 getroffen hat[16].

16 Das Beschwerdegericht entscheidet in **nicht** öffentlicher Sitzung ohne mündliche Verhandlung[17], der Bundesgerichtshof also in der Besetzung von drei Mitgliedern einschließlich des Vorsitzenden (§ 139 Abs. 2 GVG). Hat der ausgeschlossene **Verteidiger** oder der **Beschuldigte** die sofortige Beschwerde eingelegt, wird die Sache stets ein **geeigneter** Fall sein, die **Staatsanwaltschaft anzuhören** (§ 309 Abs. 1). Hat die Staatsanwaltschaft die Beschwerde eingelegt, sind die **anderen Beteiligten** nach § 308 Abs. 1 Satz 1 zu hören. Das Beschwerdegericht kann Ermittlungen anordnen oder selbst vornehmen (§ 308 Abs. 2); zu deren Ergebnis sind die Beteiligten gegebenenfalls wieder zu hören. Die Entscheidung ist zu begründen (§ 34) und durch formlose Mitteilung bekanntzumachen (§ 33 Abs. 2).

17 **i) Revision.** Der Beurteilung des Revisionsgerichts unterliegen solche Entscheidungen nicht, die mit der sofortigen Beschwerde anfechtbar sind, und solche, die nach den Vorschriften der StPO unanfechtbar sind (§ 336 Satz 2)[18].

18 **j) Wirkung.** Die Rechtskraft macht die Entscheidung, auch wenn sie irrtümlich ergangen ist, **unabänderlich**. Sie kann nur geändert werden, wenn neue Tatsachen und Beweismittel beigebracht werden, gleichwie, ob sie neu entstanden sind oder bei der Entscheidung zwar schon existierten, dem Gericht aber nicht bekannt waren.

19 Der **Ausgeschlossene** ist **kein Verteidiger** des Beschuldigten (mehr). Das betrifft nur das Verhältnis des Beschuldigten und des Verteidigers auf der einen Seite zum Gericht, der Staatsanwaltschaft und der Vollzugsanstalt auf der anderen Seite. Auf den

---

Kleinknecht/Meyer[38] 12; **a. A** LR-*Dünnebier*[23] 13; KMR-*Müller* 7 mit dem Argument, der Beschluß habe keine aufschiebende Wirkung. Dagegen spricht aber die Regelung des § 138 c Abs. 3.

[14] Vgl. BGH AnwBl. **1979** 44.

[15] So ausdrücklich *Peters* Der neue Strafprozeß (1975) 133.

[16] So bereits früher *Dünnebier* FS Dreher 679.

[17] § 309 Abs. 1; BGHSt **26** 221 = AnwBl. **1975** 444.

[18] Siehe auch *Dünnebier* FS Dreher 679.

Klaus Lüderssen

zwischen Verteidiger und Beschuldigtem geschlossenen Vertrag hat die gerichtliche Entscheidung **keinen Einfluß**; der Ausgeschlossene bleibt der vom Beschuldigten Gewählte, solange die beiden den Vertrag nicht auflösen (über die Modalitäten im Falle der Pflichtverteidigung vgl. § 143, 9 f).

2. Aufhebende Entscheidungen

20   **a) Grundsatz.** Bei § 138 c, 52 ist festgestellt worden, daß auch für die Entscheidung über die **Aufhebung** der Ausschließung des Verteidigers von der Mitwirkung in einem Verfahren je nach Verfahrenslage das OLG und der Bundesgerichtshof zuständig sind. Über die Veranlassung der Entscheidung — entsprechend § 138 c Abs. 2 und 4 — ist bei § 138 c, 54 das Notwendige ausgeführt. Hier ist zu prüfen, ob § 138 d voll anzuwenden ist, welche Modifikationen zulässig oder geboten sind oder welches Verfahren sonst anzuwenden ist. Dabei ist Ausgangspunkt, daß es für die Entscheidung über die Aufhebung an Verfahrensvorschriften fehlt (§ 138 c, 7), daß man sich aber, wenn man schon die Bestimmung über die Zuständigkeit **entsprechend anwendet** (§ 138 c, 52 ff), auch soweit als möglich an § 138 d anlehnen sollte.

21   Bei der Überlegung, ob bei entsprechender Anwendung von § 138 d auch die Aufhebung der Ausschließung in **mündlicher Verhandlung** entschieden werden müsse, könnte für diese sprechen, daß die Entscheidung über die **Aufhebung**, weil mit ihr ein Aufhebungsantrag abgelehnt werden kann, **auch** eine Entscheidung über die **Ausschließung** enthält. Indessen ist über die Ausschließung schon entschieden, und eine ablehnende Entscheidung im Aufhebungsverfahren bestätigt die Ausschließungsentscheidung nur. Im Bezug auf die Ausschließung ist die Aufhebungsentscheidung also von geringerem Gewicht als die Ausschließungsentscheidung, so daß die mündliche Verhandlung aus *diesem* Grund nicht unbedingt erforderlich ist. Gegen die mündliche Verhandlung spricht, daß das Verfahren, das sich dann meistens im Stadium der Hauptverhandlung befindet, zu oft unterbrochen werden müßte. Denn der Beschuldigte und der ausgeschlossene Verteidiger können, weil es an einer § 118 Abs. 3, Abs. 4 entsprechenden Vorschrift fehlt, beliebig oft einen Antrag auf Aufhebung der Ausschließung stellen und wiederholen.

22   **b)** Man wird daher annehmen können, daß der Gesetzgeber, wenn er das Verfahren über die Aufhebung der Ausschließung geregelt hätte, die mündliche Verhandlung nicht zwingend angeordnet, sondern — wie in § 122 Abs. 2 Satz 2 — ins Ermessen des Gerichts gestellt hätte. Aus diesem Grund ist es zweckmäßig, daß das Oberlandesgericht und der Bundesgerichtshof grundsätzlich im **schriftlichen Verfahren** entscheiden, nach mündlicher Verhandlung jedoch — sei es auf Antrag, sei es von Amts wegen — nur dann, wenn das Gericht es nach seinem Ermessen (vgl. § 118 Abs. 1) für erforderlich hält[19].

23   **c) Beteiligte.** Beteiligt sind die in § 138 c, 55 Aufgeführten. Da der ausgeschlossene Verteidiger der vom Beschuldigten **Gewählte bleibt** (Rdn. 19), ist er berechtigt, solange der Vertrag mit dem Beschuldigten besteht, den Antrag zu stellen, die Ausschließung aufzuheben (§ 138 c, 55). Alsdann muß man ihm auch das Recht einräumen, wenn der Antrag abgelehnt worden ist, dagegen Beschwerde einzulegen.

24   **d) Rechtsmittel.** Auch hier gelten sinngemäß die Vorschriften über die Ausschließung (Rdn. 13 bis 16). Dabei stehen die Fälle der Aufhebung des Ausschlusses denen der Ablehnung des Ausschlusses gleich (keine Beschwerdemöglichkeit, es sei denn, ein Fall

---

[19] Vgl. BGHSt **32** 231.

des § 138 b liegt vor). Insoweit ist daher der Entscheidung des BGHSt **32** 231[20] nicht zu folgen. Zutreffend sagt *Laufhütte*[21], daß die Ablehnung der Aufhebung im Ergebnis die Anordnung des — weiteren — Ausschlusses sei.

§ 139

Der als Verteidiger gewählte Rechtsanwalt kann mit Zustimmung dessen, der ihn gewählt hat, die Verteidigung einem Rechtskundigen, der die erste Prüfung für den Justizdienst bestanden hat und darin seit mindestens einem Jahr und drei Monaten beschäftigt ist, übertragen.

Schrifttum. *Dünnebier* Anwaltsreferendare als Verteidiger, JR **1973** 367; *Dünnebier* Über Änderungen im Recht der Verteidigung, FS Pfeiffer (1988) 269; *Giehring* Referendare mit Untervollmacht als Strafverteidiger im Vor- und Zwischenverfahren, NJW **1973** 22; *v. Pestalozza* Die rechtliche Stellung der Generalsubstituten, JW **1932** 2182; *M. Schmid* Die Untervollmacht im Strafprozeß, MDR **1979** 804; *Seibert* „Andere Personen" als Verteidiger, JZ **1951** 440.

Entstehungsgeschichte. Die Beschäftigungszeit von ursprünglich zwei Jahren ist durch Art. II der VO der RReg. vom 1. 6. 1920 (RGBl. I 1108) auf ein Jahr und drei Monate herabgesetzt worden. Durch Art. 1 Nr. 6 StVÄG 1987 sind die Worte „des Angeklagten" durch die Worte „dessen, der ihn gewählt hat," ersetzt worden.

1. Sinn der Vorschrift. Die ursprüngliche Motivation (es sollte dem Mangel an **1** verteidigenden Rechtsanwälten abgeholfen werden)[1] ist überholt, seitdem überall ausreichend Rechtsanwälte als Verteidiger zur Verfügung stehen[2]. Die Bestimmung behält aber ihre Berechtigung mit Blick darauf, daß im Vorbereitungsdienst (§ 5 b Abs. 1 Nr. 4 DRiG) ein Teil der Ausbildung bei einem Rechtsanwalt abzuleisten ist.

Die Rechtskundigen bedürfen, obwohl sie zu den in § 138 Abs. 2 genannten „an- **2** deren Personen" gehören, dann nicht der **Genehmigung des Gerichts**, wenn ihnen der als Verteidiger gewählte Rechtsanwalt mit Zustimmung dessen, der ihn gewählt hat, die Verteidigung übertragen hat[3]. Die Übertragung mit Zustimmung dessen, der ihn gewählt hat, ist eine Bestellung zum Verteidiger, und die Rechtskundigen gehören daher zu den Personen, „die zu Verteidigern bestellt werden dürfen" (§ 138 Abs. 2).

Die **Beschränkung** auf die Verteidigung in amtsgerichtlichen Verfahren, die § 142 **3** Abs. 2 bei demselben Personenkreis vorsieht, wird hier nicht wiederholt und darf nicht im Wege der Analogie auf § 139 übertragen werden.

---

[20] Ebenso *Kleinknecht/Meyer*[38] 12.
[21] KK-*Laufhütte*[2] 16.
[1] *Hahn* Bd. I 969.

[2] BGHSt **26** 319.
[3] RGSt **61** 106.

Klaus Lüderssen

4   Die Übertragung nach § 139 ist unzulässig, wenn sie dem Rechtskundigen die Verteidigung in **eigener** Sache ermöglichen soll[4].

5   **2. Gewählter Rechtsanwalt. Pflichtverteidiger** dürfen nicht nach § 139 verfahren[5]. Allerdings darf ein Rechtsreferendar, der nach § 53 BRAO durch die Landesjustizverwaltung zum allgemeinen Vertreter bestellt worden ist, den Pflichtverteidiger auch im ersten Rechtszug vor dem OLG vertreten, ohne daß das Gericht den Verhinderungsfall prüft[6]. Der BGH[7] läßt in diesem Falle offen, ob es der Zustimmung des Angeklagten bedarf. Spätestens mit der Einfügung des Satz 2 in § 142 Abs. 1 ist die Zustimmung unverzichtbar.

6   Unberührt von § 139 bleibt die Möglichkeit des Pflichtverteidigers, dem Referendar die **Ausübung der Verteidigung** im Rahmen der Ausbildung zu überlassen; der Pflichtverteidiger muß für die Verteidigung dann jedoch verantwortlich zeichnen und die Zustimmung des Vorsitzenden einholen[8].

7   Die Bestimmung ist nach dem Zweck der Ausbildung, die regelmäßig in der Anwaltsstation stattfindet, auf **Rechtsanwälte** beschränkt. **Rechtslehrer** an deutschen Hochschulen sind nicht an der praktischen Ausbildung beteiligt. Daher dürfen sie eine von ihnen übernommene Verteidigung nicht in entsprechender Anwendung des § 139 auf Referendare übertragen, die bei ihnen als Assistenten tätig sind[9]. Diese können nur mit Genehmigung des Gerichts nach § 138 Abs. 2 tätig werden.

8   Im **Privatklageverfahren** gilt die Vorschrift nicht nur für den Anwalt des Beschuldigten, sondern auch für den des Privatklägers (§ 387 Abs. 2). Entsprechende Anwendung findet die Vorschrift auf den Anwalt des Nebenklägers[10] und in den Fällen der §§ 406 f, 406 g.

9   § 139 betrifft nicht den Fall, in dem der Verteidiger sich — auch in der Hauptverhandlung — der Assistenz eines Referendars bedient. Dies ist zweckmäßig im Sinne der **praktischen Ausbildung**[11] und zulässig[12]. Ein eigenes Frage-, Erklärungs- und Antragsrecht hat der Referendar in diesen Fällen indessen nicht[13]. Das Gericht kann jedoch (entsprechend § 138 Abs. 2) seine Zustimmung hierzu erteilen[14]. Der Verteidiger trägt jedoch auch dann die Verantwortung für die Ausführungen des Referendars[15].

10   **3. Zustimmung.** Die Übertragung bedarf der Zustimmung desjenigen, der den Verteidiger gewählt hat. Die Zustimmung bedeutet die Wahl eines weiteren Verteidigers, der — je nach dem Inhalt der Vereinbarung — ganz oder für einzelne Verfahrensabschnitte, allein oder zusammen mit dem zunächst gewählten Verteidiger, als Verteidiger auftritt. Die Zustimmung kann für einen bestimmten Rechtskundigen, aber auch **allgemein** für alle vom Rechtsanwalt zur Ausbildung angenommenen Rechtskundigen **erteilt** und jederzeit zurückgenommen werden[16]. Sie betrifft nur das Verhältnis des Auftraggebers zum Anwalt und braucht daher dem Gericht nicht nachgewiesen zu werden. Zu Unrecht verlangt das Kammergericht eine **ausdrückliche Zustimmung** des Beschul-

---

[4] *Kleinknecht/Meyer*[38] 1; OLG Karlsruhe MDR **1971** 320.
[5] BGH NJW **1958** 1308; **1967** 165; **1975** 2351; OLG Stuttgart NJW **1955** 1291; *Kleinknecht/Meyer*[38] 1; KMR-*Müller* 3; KK-*Laufhütte*[2] 1. De lege ferenda wäre eine Gleichstellung zu erwägen – in konsequenter Fortsetzung der mit Einführung der Sätze 2 und 3 in § 142 Abs. 1 begonnenen Linie.
[6] BGH NJW **1975** 2352; KMR-*Müller* 3.

[7] BGHSt **26** 319.
[8] BGH NJW **1958** 1308.
[9] *Kleinknecht/Meyer*[38] 1; KMR-*Müller* 3.
[10] KK-*Laufhütte*[2] 6.
[11] *Dahs* Hdb. 24.
[12] *Kleinknecht/Meyer*[38] 7; KK-*Laufhütte*[2] 7.
[13] KK-*Laufhütte*[2] 7.
[14] *Kleinknecht/Meyer*[38] 7; *Dahs* Hdb. 24.
[15] *Kleinknecht/Meyer*[38] 7.
[16] KK-*Laufhütte*[2] 2.

digten und hält die Ermächtigung im Vollmachtsformular, „sich bei der Wahrnehmung der Verteidigergeschäfte durch einen Referendar vertreten zu lassen", nicht für ausreichend[17]. Das ist eine übertriebene Fürsorge[17a], die dazu führt, die Teilnehmer am Rechtsverkehr unmündig zu machen. Wer eine Vollmacht unterschreibt, muß sie lesen. Gefällt ihm eine darin befindliche Klausel nicht, kann er verlangen, daß sie gestrichen oder modifiziert wird. Geht der Anwalt darauf nicht ein, muß der Beschuldigte einen anderen wählen.

Die Vorschrift spricht (in der Fassung des StVÄG 1987) nunmehr von der „Zu- **11** stimmung dessen, der ihn gewählt hat", und stellt damit klar, wie bereits in früheren Entwürfen intendiert[18], daß es auf die **Zustimmung** des **Auftraggebers** ankommt[19]. Dies bedeutet, daß es, wenn der gesetzliche Vertreter den Verteidiger wählt (§ 137 Abs. 2), auf dessen Zustimmung ankommt[20]. Bei der Wahl durch den Erziehungsberechtigten (§ 67 Abs. 3 JGG) ist dessen Zustimmung erforderlich[21]. Die Zustimmung des Beschuldigten ist, wenn er nicht der Auftraggeber ist, nach der Neufassung nicht mehr erforderlich. Es empfiehlt sich jedoch, seine Zustimmung einzuholen. Gegen den ausdrücklichen Willen des Beschuldigten darf die Übertragung nicht erfolgen (Argument aus §§ 298, 302 Abs. 2). Geschieht sie dennoch, hat das Gericht im Fall notwendiger Verteidigung einen **Pflichtverteidiger** zu bestellen, der neben dem Referendar als Verteidiger auftritt.

4. Folgen der Übertragung. Die Übertragung wird durch Untervollmacht bewirkt **12** (§ 138, 18 ff). Sie hat zur Folge, daß der Referendar alle Verteidigerrechte hat[22]. Der Referendar kann daher in Vertretung des gewählten Verteidigers auftreten, aber auch neben ihm. Dann wird er nach § 137 Abs. 1 S. 2 mitgezählt[23]. Der Rechtsanwalt ist jedoch immer zur Überwachung verpflichtet. Ungeachtet dessen, sind die Prozeßhandlungen des Referendars ohne weiteres wirksam[24]. Zustellungen gemäß § 145 a können an ihn gerichtet werden, jedoch nur in die Kanzlei des Rechtsanwalts, nicht an seine Privatadresse[25].

5. Übertragungszeitraum. Die Übertragung ist in allen Verfahrensstadien, also **13** auch vor Eröffnung des Hauptverfahrens, zulässig. Die dem früheren Wortlaut folgende Auslegung[26] nahm zu Recht an, aus dem Wort „Angeklagter" („mit Zustimmung des Angeklagten") folge, daß das Hauptverfahren eröffnet sein müsse (§ 157). Dieser Auslegung, für die ein sachlicher Grund nicht ersichtlich ist, wollte das StVÄG 1987 (Entstehungsgeschichte) die Grundlage entziehen[27], wenngleich diese Intention in der jetzt geltenden Fassung nur unvollständig zum Ausdruck kommt[27a].

6. Rechtskundige. Darunter werden, obwohl der Wortlaut weitergeht, allgemein **14** nur Gerichtsreferendare verstanden, die sich im Vorbereitungsdienst (§ 5 b DRiG) befinden[28]. Daher fällt **nicht unter die Vorschrift**, wer sich, nachdem er die erste Staats-

[17] JR **1972** 207.
[17a] Ablehnend auch KK-*Laufhütte*[2] 2; KMR-*Müller* 5; *Kleinknecht/Meyer*[38] 2.
[18] LR-*Dünnebier*[23] Rdn. 6, Fußn. 1.
[19] *Rieß/Hilger* NStZ **1987** 148; BT-Drucks. **10** 1313, S. 20.
[20] KK-*Laufhütte*[2] 3; *Kleinknecht/Meyer*[38] 2.
[21] *Kleinknecht/Meyer*[38] 2.
[22] *Kleinknecht/Meyer*[38] 6; KK-*Laufhütte*[2] 4.
[23] § 137, 78; KK-*Laufhütte*[2] 4.
[24] KK-*Laufhütte*[2] 4; *Kleinknecht/Meyer*[38] 6.
[25] *Kleinknecht/Meyer*[38] 6; KK-*Laufhütte*[2] 4.

[26] Siehe die Diskussion zum früheren Recht bei LR-*Dünnebier*[23] 8; KK-*Laufhütte*[2] 5; *Dünnebier* FS Pfeiffer, S. 270 f.
[27] BT-Drucks. **10** 1313, S. 20; *Kleinknecht/Meyer*[38] 5; *Rieß/Hilger* NStZ **1987** 148.
[27a] Siehe *Dünnebier* FS Pfeiffer, S. 270 f.
[28] BGHSt **20** 96. Ebenso *Eb. Schmidt* 3; *Isele* § 53 IV D 1; KMR-*Müller* 6; *Kleinknecht/Meyer*[38] 3; KK-*Laufhütte*[2] 1.

Klaus Lüderssen

prüfung bestanden hat, dem gehobenen Justizdienst als Amtsanwalt, Rechtspfleger oder Bewährungshelfer zugewandt hat, ferner sind auch nicht gemeint Assessoren[29], ausgeschiedene Richter, Rechtsanwälte usw. Die Bestimmung hat in erster Linie Bedeutung für Referendare in der Anwaltsstation, ist aber nach dem klaren Wortlaut nicht auf solche beschränkt. Der Rechtsanwalt kann die Verteidigung auch Referendaren übertragen, die nicht bei ihm beschäftigt sind. Ob der Referendar in diesem Fall nach Dienstrecht der **Genehmigung** seiner Vorgesetzten bedarf, hat das Gericht nicht zu prüfen.

15   **7. Revision.** Die Verletzung von § 139 kann nach §§ 337, 338 Nr. 8 gerügt werden, wenn der Vorsitzende, bzw. nach Beschlußfassung das Gericht die Verteidigung durch einen Referendar nicht zugelassen haben, obwohl ihm zulässigerweise die Verteidigung übertragen wurde, und der Angeklagte deshalb **keinen Verteidiger** hatte. Das Urteil wird in aller Regel auch auf diesem Verstoß beruhen, da nicht auszuschließen sein wird, daß von dem Referendar sachgerechte Fragen und Anträge gestellt worden wären, die zu einem anderen Urteil geführt hätten. Liegt ein Fall notwendiger Verteidigung vor, ist daneben gleichzeitig § 338 Nr. 5 verletzt. Eine Verletzung von § 338 Nr. 5 liegt bei notwendiger Verteidigung auch vor, wenn der Pflichtverteidiger einem Referendar die Verteidigung überträgt und das Gericht gleichwohl die Verhandlung durchführt[30].

§ 140

(1) **Die Mitwirkung eines Verteidigers ist notwendig, wenn**
1. die Hauptverhandlung im ersten Rechtszug vor dem Oberlandesgericht oder dem Landgericht stattfindet;
2. dem Beschuldigten ein Verbrechen zur Last gelegt wird;
3. das Verfahren zu einem Berufsverbot führen kann;
4. (weggefallen);
5. der Beschuldigte sich mindestens drei Monate auf Grund richterlicher Anordnung oder mit richterlicher Genehmigung in einer Anstalt befunden hat und nicht mindestens zwei Wochen vor Beginn der Hauptverhandlung entlassen wird;
6. zur Vorbereitung eines Gutachtens über den psychischen Zustand des Beschuldigten seine Unterbringung nach § 81 in Frage kommt;
7. ein Sicherungsverfahren durchgeführt wird;
8. der bisherige Verteidiger durch eine Entscheidung von der Mitwirkung in dem Verfahren ausgeschlossen ist.

(2) [1]In anderen Fällen bestellt der Vorsitzende auf Antrag oder von Amts wegen einen Verteidiger, wenn wegen der Schwere der Tat oder wegen der Schwierigkeit der Sach- oder Rechtslage die Mitwirkung eines Verteidigers geboten erscheint oder wenn ersichtlich ist, daß sich der Beschuldigte nicht selbst verteidigen kann, namentlich weil dem Verletzten nach den §§ 397 a und 406 g Abs. 3 und 4 ein Rechtsanwalt beigeordnet worden ist. [2]Dem Antrag eines tauben oder stummen Beschuldigten ist zu entsprechen.

(3) [1]Die Bestellung eines Verteidigers nach Absatz 1 Nr. 5 kann aufgehoben werden, wenn der Beschuldigte mindestens zwei Wochen vor Beginn der Hauptverhandlung aus der Anstalt entlassen wird. [2]Die Bestellung des Verteidigers nach § 117 Abs. 4 bleibt unter den in Absatz 1 Nr. 5 bezeichneten Voraussetzungen für das weitere Verfahren wirksam, wenn nicht ein anderer Verteidiger bestellt wird.

---

[29] BGHSt **26** 319; KK-*Laufhütte*[2] 1; KMR-*Müller* 6.   [30] BGHSt **26** 319.

Schrifttum. *Amelung* Pflichtverteidiger auf Abruf? NStZ **1981** 341; *Beulke* Wer unterrichtet den „Zwangsverteidiger"? JR **1982** 45; *Bringewat* Die sogenannte Pflichtverteidigung — Strafverteidigung zweiter Klasse? ZRP **1979** 248; *Busche* Der vorsorglich bestellte Pflichtverteidiger. Sonder-Schwierigkeiten für Rechtsanwälte in Terroristenprozessen, AnwBl. **1978** 6; *Dahs* Verfassungsrechtliche Gewährleistung umfassender Verteidigung in Revisionsverfahren, NJW **1978** 140; *Dahs/Feigen* Offizialverteidigung auch im Strafvollstreckungsverfahren? NStZ **1984** 66; *Eggert* Kostenerstattungsprobleme bei kumulativer Wahl- und Pflichtverteidigung, MDR **1984** 110; *Haffke* Zwangsverteidigung — notwendige Verteidigung — Pflichtverteidigung — Ersatzverteidigung, StrVert. **1981** 471; *Hamm* Notwendige Verteidigung bei behinderten Beschuldigten, NJW **1988** 1820; *Heinbuch* Die Erstattung von Wahlverteidigerkosten aus der Staatskasse bei gleichzeitiger Bestellung eines Pflichtverteidigers, AnwBl. **1983** 489; *Heldmann* Der verhinderte Verteidiger. Eine Prozeßdokumentation zu §§ 140, 265 Abs. 4 StPO, StrVert. **1981** 100; *Herzig* Notwendige Verteidigung bei fahrlässiger Tötung im Straßenverkehr? NJW **1980** 164; *Künzel* Erfahrungen eines Zwangsverteidigers, StrVert. **1981** 464; *Lammel* Der Einwand der Schlechterfüllung gegen die Heranziehung zur Erstattung von Pflichtverteidigerkosten, MDR **1977** 629; *Molketin* Die Schutzfunktion des § 140 II StPO zugunsten des Beschuldigten im Strafverfahren (1985); *Molketin* „Pflichtverteidigung" im Jugendstrafverfahren, ZentrBl. f. JugendR u. Jugendwohlfahrt **1981** 199; *Molketin* Stellungnahme des Angeschuldigten gemäß § 40 III JGG — ein Fall des § 140 StPO? ZentrBl. f. JugendR u. Jugendwohlfahrt **1981** 378; *Molketin* Zur Auslegung und Anwendung des § 140 Abs. 2 StPO, insbesondere bei nicht der deutschen Gerichtssprache kundigen Beschuldigten, AnwBl. **1980** 442; *Molketin/Jakobs* Beiordnung eines Pflichtverteidigers im Privatklageverfahren, AnwBl. **1981** 483; *Ingo Müller* Pflichtverteidiger — Verteidiger wessen Vertrauens? StrVert. **1981** 570; *Oellerich* Voraussetzungen einer notwendigen Verteidigung und Zeitpunkt der Pflichtverteidigerbestellung, StrVert. **1981** 434; *Oswald* Der verfassungsrechtliche Anspruch des Angeklagten auf ein faires Verfahren, JR **1979** 100; *Rieß* Der Beschuldigte als Subjekt des Strafverfahrens in Entwicklung und Reform der Strafprozeßordnung, in: FS Reichsjustizamt 373; *Rieß* Pflichtverteidigung — Zwangsverteidigung — Ersatzverteidigung, StrVert. **1981** 460; *Schlothauer* Die Auswahl des Pflichtverteidigers, StrVert. **1981** 443; *Schlothauer* Der Pflichtverteidiger: Vertrauensanwalt des Gerichts oder des Angeklagten? DuR **1980** 322; *B. Schneider* Notwendige Verteidigung und Stellung des Pflichtverteidigers im Strafverfahren, Diss. Bonn 1979; *Strate* Pflichtverteidigung bei Ausländern, StrVert. **1981** 46; *Schwenn* Pflichtverteidigung im Strafvollstreckungsverfahren, StrVert. **1981** 203; *Wächtler* Ersatzverteidigung — eine Alternative zur Zwangsverteidigung? StrVert. **1981** 466; *Wasserburg* Die Pflichtverteidigerbestellung unter besonderer Berücksichtigung des Wiederaufnahmerechts, GA **1982** 304; *Weider* Pflichtverteidigerbestellung im Ermittlungsverfahren und Opferschutzgesetz, StrVert. **1987** 317; *Werner* Neuregelung der notwendigen Verteidigung für taube, stumme und blinde Beschuldigte, NStZ **1988** 346; *Wieland* Pflicht — Zwang — Vertrauen im Lorenz-Drenkmann-Verfahren, StrVert. **1981** 577.

Entstehungsgeschichte[1]. Schon in ihrer ursprünglichen Fassung enthielt die Vorschrift einen **Katalog** und eine **Generalklausel**. Diese war allerdings nicht in § 140 untergebracht, sondern beanspruchte eine besondere Vorschrift, den damaligen § 141, während § 140 in seinem letzten Absatz den Zeitpunkt der Bestellung regelte. Diese Aufgabe hat jetzt wiederum § 141 (Abs. 1). Der **Katalog** war schmal. Ohne jede Einschränkung war die Verteidigung nur notwendig, wenn der „Angeschuldigte taub oder stumm" war oder das „sechzehnte Lebensjahr noch nicht vollendet" hatte. Im übrigen war nur noch für den Fall eines Verbrechens (und das auch nur, wenn die Qualifikation der Tat als Verbrechen nicht lediglich auf Rückfall beruhte) ein Pflichtverteidiger vorgesehen und dies auch nur unter der Voraussetzung, daß der **Beschuldigte** (oder sein gesetzlicher Vertreter) dies **beantragte**. Erst mit der 1. VereinfVO trat in § 20 eine Regelung in Kraft, die das Antragserfordernis nicht mehr enthielt. Die in der Folge vom nationalsozialistischen Gesetzgeber verabschiedeten Vorschriften revidierten das nicht. Zwar

---

[1] Dazu auch *Rieß* FS Reichsjustizamt S. 373, 411 ff.

Klaus Lüderssen

tauchte in der VO vom 21.2. 1940 erneut ein Antragserfordernis auf; jetzt war es aber der Staatsanwalt, der den Antrag stellen mußte (§ 32 Abs. 1 Ziff. 3; eine ratio ist hier freilich nicht erkennbar; in dem schwereren Fall — bei erwarteter Todes- oder lebenslanger Zuchthausstrafe — bedarf es des Antrages der Staatsanwaltschaft ebensowenig [Ziff. 2] wie in dem auf der anderen Seite in der Werteskala dicht folgenden Fall, wenn „Totschlag... in Frage kommt" [Ziff. 4]). Erst im VereinhG wird das Antragserfordernis des Beschuldigten wieder aufgenommen, aber unter Erstreckung auf die Fälle der jetzigen Ziff. 5 und mit der Maßgabe, daß jetzt **auch** der Antrag des Staatsanwalts, der (s. oben) insofern zum ersten Mal in einer nationalsozialistischen Verordnung auftaucht, ausreicht. Das StPÄG 1964 erst läßt die Antragserfordernisse des Staatsanwalts und des Beschuldigten in § 140 ganz fallen, nimmt sie aber in § 141 Abs. 3 — jetzt nicht als Ergänzung der sachlichen, sondern der zeitlichen Voraussetzungen — auf und — diese neue Kontinuität ist auffallend — unter Beschränkung auf die Staatsanwaltschaft. Dabei bleibt es — unbeschadet einiger späterer Modifizierungen des § 141 Abs. 3.

Was die **sachlichen** Voraussetzungen angeht, so ist der Katalog lange unverändert geblieben. Auch die EmmingerVO brachte noch keine Erweiterung (freilich auch keine Beschränkung; die Streichung des Jugendlichenprivilegs ist lediglich eine Folge der Einführung entsprechender Vorschriften im JGG, s. im einzelnen unten Rdn. 87 ff). Erst das AGGewVerbrG bezog weitere Fälle ein, nämlich diejenigen, in denen „zu erwarten ist, daß die Unterbringung in einer Heil- oder Pflegeanstalt, die Sicherungsverwahrung oder die Entmannung angeordnet oder die Berufsausübung untersagt werden wird". Die nächste Erweiterung kam mit der ZustVO. Der Katalog (§ 32 Abs. 1 der VO) weist nun bereits sechs Ziffern auf. Ziff. 1 ist strukturell dem § 140 Abs. 1 vergleichbar, spricht aber, was das Reichsgericht angeht, von „dem **besonderen** Strafsenat" und fügt Volksgerichtshof und Oberlandesgericht hinzu. Ziff. 2, 3 und 4 decken sich mit § 140 Abs. 1 Ziff. 2 insofern, als sie sich (nach den damaligen Kategorien) auf **Verbrechen** beziehen. Auch Ziff. 5 und 6 bringen sachlich nichts Neues. Es folgte die VO vom 14. 3. 1940, die, weil sie nur eine Harmonisierung mit dem österreichischen Recht versucht, hier übergangen werden kann. Die 4. VereinfVO strich den Katalog ganz. Durch das VereinhG bekam er im wesentlichen seine heutige Struktur, die unberührt blieb von den späteren inhaltlichen Änderungen. Diese erreichten mit dem StPÄG 1964 ungefähr die gegenwärtige Fassung. Allerdings war in Ziff. 1 noch der Bundesgerichtshof aufgeführt (erst gestrichen durch das StaatschStrafsG), und Ziff. 2 erwähnte immer noch, daß die Tat nicht nur wegen Rückfalls ein Verbrechen sein dürfe (erst gestrichen durch 1. StRG); Ziff. 3 enthielt noch den Fall, daß das Verfahren zur Unterbringung in einer Heil- und Pflegeanstalt führen könne (die Entmannung war schon im VereinhG gestrichen worden; nur der Fall, daß die Anordnung der Sicherungsverwahrung möglich sei, wurde ausgeklammert, erst das EGStGB 1974 reduzierte die Fälle der Ziff. 3 auf die Möglichkeit eines Berufsverbotes). Ziff. 5 war etwas umständlicher formuliert (erhielt ihre heutige Fassung ebenfalls durch das EGStGB 1974); Ziff. 6 wurde unverändert aus dem VereinhG (heutige Fassung wiederum durch EGStGB 1974) übernommen, ebenfalls Ziff. 7 (Hauptverhandlung gegen einen Abwesenden, erst das EGStGB 1974 ersetzte sie durch die heutige Fassung). Im Zuge der Einführung der §§ 138 a ff (s. dort) kam Ziff. 8 hinzu. Das StVÄG 1987 erweiterte die Fälle der Ziff. 4 um den blinden Beschuldigten. Diese Änderung wurde durch Gesetz vom 17. 5. 1988 (BGBl. I 606) nicht nur wieder rückgängig gemacht, vielmehr wurde auch der Rest der Ziff. 4 gestrichen.

Die **Generalklausel** („in anderen... Fällen kann das Gericht und bei vorhandener Dringlichkeit der Vorsitzende desselben auf Antrag oder von Amts wegen einen Verteidiger bestellen") blieb lange ohne inhaltliche Konturierung. Erst die 1. VereinfVO brachte eine **Einschränkung:** Die Bestellung eines Verteidigers „in anderen Fällen" wurde vorgesehen, „wenn wegen der Schwere der Tat oder wegen der Schwierigkeit der Sach- oder Rechtslage die Mitwirkung eines Verteidigers dringend erforderlich ist" ($\S$ 21). Diese Formel wurde durch die VO vom 26. 2. 1940 dann wieder nach zwei Richtungen erweitert: Statt „dringend erforderlich" hieß es jetzt „geboten erscheint"; außerdem wurde — zum ersten Mal — der Fall ausdrücklich genannt, daß „sich der Beschuldigte seiner Persönlichkeit nach nicht selbst verteidigen kann". Auch nach der Streichung des Katalogs durch die 4. VereinfVO blieb ein Teil der Generalklausel erhalten; gestrichen wurde: „wegen der Schwere der Tat". Ferner gab es ein paar unwesentliche redaktionelle Änderungen. Die Streichung (und auch die redaktionellen Änderungen) machte das VereinhG rückgängig; außerdem erhielt der passus über die Verteidigungsfähigkeit des Beschuldigten seine heutige Gestalt. Schließlich brachte dieses Gesetz endlich die (systematisch gebotene) Überführung der Generalklausel in $\S$ 140 (Abs. 2) (dementsprechend die Plazierung der Regelung über den Zeitpunkt der Bestellung in $\S$ 141, s. Entstehungsgeschichte dort). Bei dieser Fassung blieb es bis zum OpferschutzG 1987, das eine besondere Situation der Verteidigungsunfähigkeit des Beschuldigten herausho: „... namentlich, weil dem Verletzten nach dem $\S$ 397 a und 406 g Abs. 3 und 4 ein Rechtsanwalt beigeordnet worden ist". Durch das Gesetz vom 17. 5. 1988 (BGBl. I 606) schließlich wurde Abs. 2 ein zweiter Satz angefügt: „Dem Antrag eines tauben oder stummen Beschuldigten ist zu entsprechen".

Die Entstehungsgeschichte des Abs. 3 ist teilweise auch die des $\S$ 141 Abs. 1 (s. oben) und wird insofern dort behandelt. Der jetzige Absatz 3 ist erst durch das StPÄG 1964 angefügt worden. Satz 2 ist danach nicht mehr verändert worden; Satz 1 erhielt durch das EGStGB 1974 seine heutige Fassung, die von der ursprünglichen sachlich nur in einem — freilich nicht unwesentlichen — Punkt abweicht: „die Bestellung ... *kann* aufgehoben werden" (hinzukommt eine redaktionelle Vereinfachung: die Einführung des einheitlichen Begriffs „Anstalt").

Übersicht

Klaus Lüderssen

A. Die Unterscheidung zwischen vom Beschuldigten erbetener oder akzeptierter und ihm aufgezwungener Pflichtverteidigung

1   Die Vorschrift behandelt sowohl die Voraussetzungen, unter denen ein Beschuldigter **Anspruch** darauf hat, daß ein — von ihm bezeichneter — Verteidiger bestellt wird, wie diejenigen, unter denen dem Beschuldigten, der keinen Verteidiger haben will, ein Verteidiger bestellt werden **muß**.

2   Diese **Doppelfunktion** der Vorschrift ist schon Vor § 137 Rdn. 57 ff herausgearbeitet worden. Besonders deutlich gemacht hat sie aber die jüngste Gesetzesänderung (s. Entstehungsgeschichte) und deren Begründung. Der — vor allem von den Blindenverbänden erhobene — Vorwurf, man dürfe die Blinden nicht in diskriminierender Weise bevormunden, löste bei den bestürzten Abgeordneten (aller Fraktionen) in der die Gesetzesänderung vorbereitenden Diskussion die dringende Frage aus, was denn seinerzeit zu diesem Fehlgriff geführt habe und — noch früher — zu der entsprechenden Regelung bei den Tauben und Stummen. Unter einen so breiten Rechtfertigungszwang gestellt, wurde den Abgeordneten dann aber klar, daß nun nicht etwa zu konstatieren sei, man habe *alles* falsch gemacht, sondern daß es auch eine andere Argumentationslinie gab, die (nicht nur, wie man hinzufügen muß) zur Regelung der Nr. 4 (in ihrer Gesamtheit) geführt hatte: Wer sich aus finanziellen Gründen nicht gemäß § 137 Abs. 1 des Beistandes eines Verteidigers bedienen kann, mag zu bedauern sein, aber man kann im Prinzip darüber hinweggehen. Trifft indessen einen Tauben, Stummen oder Blinden dieses Handikap, dann soll es ausgeglichen werden. *Diese* Fürsorge war offenbar gemeint, nicht die der Bevormundung, und *deshalb* hatte man bei der ganzen Regelung kein schlechtes Gewissen gehabt, empfand die Hinzunahme der Blinden nur als konsequente Ergänzung.

3   Die Verbandsproteste waren aber nur durch die — mit der Neuregelung freilich auch gemeinte — **aufgezwungene** Verteidigung motiviert. Die Abschichtung der beiden Fallgruppen, deren unterschiedliche Behandlung dem gleichen Prinzip verpflichtet ist (s. Rdn. 2), und die deshalb in der Vorstellung leicht durcheinandergeraten, brachte zunächst den Vorschlag hervor, die „Nr. 4 in § 140 Abs. 1 StPO dahin zu ändern, daß den blinden, tauben oder stummen Beschuldigten ein Verteidiger beizuordnen ist, wenn sie es wünschen"[1a]; daß das später dann nur noch für die Tauben und Stummen gefordert wurde[2], ändert an dem grundlegenden Perspektivenwechsel (bzw. der Akzentverschiebung) nichts, sondern bezeichnet nur einen (möglicherweise gar nicht gerechtfertigten — wahrscheinlich hätten die Blinden nichts gegen die Einbeziehung in die Regelung des Abs. 2, ihr Protest galt nur dem aufgezwungenen Verteidiger —, darüber Rdn. 7 ff) graduellen Unterschied.

[1a] BTVerh. 11. Wahlperiode, 36. Sitzung, 5. 11. 1987, S. 2461.
[2] BTVerh. 11. Wahlperiode, 68. Sitzung, 10. 3. 1988, S. 4663; zu Entstehungsgeschichte und neuer Rechtslage s. *Werner* NStZ **1988** 346.

Stand: 1. 11. 1988

Gleichzeitig wurde damit — stillschweigend — der Grundsatz etabliert, die Fälle, **4** in denen jemand, der einen Verteidiger nicht bezahlen kann, ihn aber gleichwohl wünscht, großzügig zu handhaben, d. h. die einschlägigen Regelungen **extensiv** auszulegen. Schon vorher war zu hören, daß § 140 Abs. 2 die Fälle der bloß erbetenen, aber nicht aufgezwungenen Pflichtverteidigung erfasse. Aber daß nur § 140 Abs. 2 diese Funktion habe, während § 140 Abs. 1 nur die aufgezwungene Verteidigung meine, kann man daraus nicht ablesen; vielmehr sind eben — wie gerade die Entwicklung der Nr. 4 zeigt — auch die Fallgruppen des § 140 Abs. 1 ambivalent im Ausgangspunkt: Fürsorge durch Zurverfügungstellung **oder** durch Aufzwingung des Verteidigers.

I. Auslegungsgrundsätze

Die Voraussetzungen sind für beide Fallgruppen identisch formuliert. Bei der **5** Auslegung sind indessen unterschiedliche Maßstäbe anzulegen.

1. Extensive Auslegung. Da zur ersten Fallgruppe nur die Beschuldigten gehören, **6** die entweder überhaupt oder wenigstens einen bestimmten Verteidiger nicht bezahlen können (einschließlich derer, die sich nur aus Mangel an Fähigkeit oder Kenntnis der Möglichkeit nicht um einen Verteidiger kümmern), ist ihre Situation soweit wie möglich derjenigen **anzugleichen**, in der sich zur Bezahlung eines Verteidigers fähige Beschuldigte befinden. Die Voraussetzungen des § 140 sind also **extensiv** auszulegen. Zwar bietet der Katalog des § 140 Abs. 1 für sich genommen insoweit wenig Spielräume[3]. Sie ergeben sich aber, wenn man die Ermessensvorschrift des § 141 Abs. 3 hinzunimmt. Allerdings betrifft sie nur das Vorverfahren; da das Fehlen eines Verteidigers in diesem Verfahrensabschnitt für den Beschuldigten aber besonders problematisch ist[4], hat diese Vorschrift große Bedeutung. Ferner eröffnet § 140 Abs. 3 S. 1 einen Spielraum. Ganz offen für eine extensive Auslegung ist § 140 Abs. 2.

2. Restriktive Auslegung. Das **Autonomieprinzip**, das eine weitestmögliche Annä- **7** herung der nur mit Blick auf die Finanzierungsmöglichkeiten unterschiedenen Fälle der Verteidigung nahelegt, gebietet ebenso eindeutig eine möglichst radikale **Reduzierung** der Fälle **aufgezwungener** Verteidigung. Der Katalog des § 140 Abs. 1 sowie die Generalklauseln der §§ 141 Abs. 3, 140 Abs. 3 S. 1 und 140 Abs. 2 sind insofern als Indikatoren bzw. Regeln für die Feststellung von Autonomiedefiziten beim Beschuldigten zu begreifen. Diese Vorschriften erfassen im Vergleich zu anderen Vorschriften unsere Rechtsordnung, die Autonomiedefizite kompensieren wollen, allerdings zu viele Fälle (selbst wenn man das Sozialstaatsprinzip des Grundgesetzes hier ganz ernst nimmt); das gilt vor allem für § 140 Abs. 1. Daher ist **restriktive** Auslegung geboten[4a].

Andererseits darf nicht übersehen werden, daß es sich um ein **Autonomiedefizit 8 sui generis** handelt. Die mangelnde Einsicht in sehr spezielle Zusammenhänge wird vermutet — auch bei Personen, denen im übrigen der Überblick keineswegs zu fehlen braucht. Diese Partikularisierung des Autonomiedefizits mindert dementsprechend auch die aus ihm abgeleitete Bevormundung.

Über die richtigen **Indikatoren** für dieses — eingeschränkte — Autonomiedefizit **9** kann man sicher streiten. Das Gesetz ist keineswegs die perfekte Lösung[5]. Aber die

---

[3] Vgl. dazu die berechtigten Reformforderungen bei *Deckers* AnwBl. **1986** 60.

[4] S. § 137, 13 ff mit Belegen.

[4a] Anders insofern Arbeitskreis Strafprozeßreform, Die Verteidigung, S. 59/60.

[5] S. die kritischen Vorschläge des Arbeitskreises Strafprozeßreform, Die Verteidigung, S. 59 ff.

Klaus Lüderssen

wichtigsten Perspektiven sind in § 140 Abs. 1 genannt und werden in der Generalklausel des § 140 Abs. 2 zum Teil noch einmal aufgefangen.

10　　Entweder der Beschuldigte verkennt seine besonders **ausgesetzte** Lage (Abs. 1 Nr. 5, 6 und auch 8) oder die zu erwartenden **Kompliziertheiten** des Verfahrens (in tatsächlicher und rechtlicher — wozu auch das materielle Recht zu rechnen ist — Hinsicht) (Nr. 1), oder die hohe Wahrscheinlichkeit einer besonders nachhaltigen oder schweren **Sanktion** (Nr. 2, 3, 7), wobei es auch zu einer offenen (etwa: sowohl Nr. 1 wie Nr. 2 oder Nr. 5 und Nr. 2 oder 1 etc. sind gegeben) oder verdeckten (z. B. erweist sich das Sicherungsverfahren als besonders schwierig, oder das gesamte Verfahren wird durch Ausschluß des Verteidigers besonders schwierig) **Konkurrenz** der Gesichtspunkte kommen kann.

11　　Geht man von der theoretisch möglichen Zahl der Fälle aus, so erscheint sie sehr hoch, etwa wenn man sie mit den Fällen vergleicht, in denen ein Patient gegen seinen erklärten Willen einen Arzt bekommt. Die **reale Zahl aufgezwungener Verteidigungen** ist natürlich viel kleiner, insbesondere wenn man die Fälle abzieht, in denen die Beschuldigten sich am Ende doch davon überzeugen lassen, daß sie einen Verteidiger brauchen, und dann den bekommen, den sie wünschen[6]. Andererseits wächst die Zahl wiederum dann, wenn neben dem gewählten Verteidiger (oder dem erbetenen Pflichtverteidiger) ein weiterer Verteidiger gegen den Willen des Beschuldigten bestellt wird[7]. Daher ist der **Vergleich** mit den **Arzt**fällen per saldo doch nicht von vornherein unergiebig.

12　　Gegen ihn wird häufig eingewandt, der Beschuldigte könne sich dem Strafverfahren nicht entziehen und daher bedürfe er der erhöhten Fürsorge. Aber der Patient kann sich der Krankheit erst recht nicht entziehen. Andererseits werden dann immer wieder die falschen Vergleiche gezogen: Der bewußtlose oder sonst artikulationsunfähige Patient werde doch auch nicht gefragt, ob er einen Arzt wolle. Hier offenbart sich eine ebenso tiefsitzende wie **übertriebene Vorstellung** von der **Eigenständigkeit** des Verteidigers. Auch Ärzte sind natürlich in Gefahr, so zu denken (und zwar mit mehr Recht, weil Diagnose und Therapie von Krankheiten wohl dem Laienverstand noch mehr entrückt sind als ein — wenn auch sehr kompliziert gewordenes — Rechtssystem); aber hier hat die juristische Kontrolle (jedenfalls durch die Rechtsprechung) rechtzeitig eingesetzt und die Autonomie des Patienten zur Geltung gebracht. Den Blick für das vergleichbare Problem im Verhältnis Beschuldigter — Verteidiger verstellt nicht nur die Heraufstilisierung des Verteidigers zum Organ der Rechtspflege[8], sondern wohl auch die Insider-Stellung der Rechtsanwälte. Juristen mißtrauen eher *Nicht*juristen, wenn es um die Wahrung der Autonomie der privaten Persönlichkeit geht. Außerdem billigen sie — das ist in Deutschland das Ergebnis der richterzentrierten Ausbildung — einander und sich selbst, gleichviel ob sie als Anwälte oder Richter sind, eher Entscheidungskompetenzen als Beratungsaufgaben zu.

13　　Daß eine an das Einverständnis des Schutzbefohlenen geknüpfte Ausübung des **freien Berufs** Mittel und Wege finden kann, hohes Ansehen und Respekt zu erlangen, zeigt die Entwicklung der Ärzteschaft[9]. Wenn die Verteidiger diese Möglichkeit, Autorität zu erlangen und zu erhalten, bisher nicht hinreichend kultiviert haben, so liegt das daran, daß der Abschied des Beschuldigten von der Rolle des Inquisiten zwar expressis verbis akzeptiert worden ist, man daraus aber noch nicht die Konsequenz gezogen hat, ihn — unter der Devise der Unschuldsvermutung — als vollwertige autonome Persön-

---

[6] Zu diesen Fallgruppen im einzelnen § 141, 6.
[7] Zu diesen Fallgruppen s. unten Rdn. 118 und § 141, 35.

[8] S. Vor § 137, 75.
[9] Dazu *Wehler* Deutsche Gesellschaftsgeschichte, Bd. 2 (1987), S. 230.

lichkeit anzuerkennen, mit der man ebenso solidarisch sein darf, wie es der Arzt mit seinem Patienten ist.

Es mag merkwürdig erscheinen, daß ein und dieselbe Gruppe von Vorschriften **14** **sowohl extensiv**[10] wie **restriktiv**[11] ausgelegt werden soll, je nachdem, um welche Fallgruppen es sich handelt. Wenn man sich aber klar macht, daß diese beiden Fallgruppen zwar eindeutig auseinanderstreben (Verteidigung gegen den Willen des Beschuldigten versus Verteidigung auf Wunsch des Beschuldigten), jedoch demselben Prinzip verpflichtet sind — soweit wie möglich soll die Autonomie des Beschuldigten gewahrt werden —, ist das Ergebnis vorgezeichnet. Die Tatsache, daß das Gesetz die beiden Fälle nicht ausdrücklich auseinanderhält, zwingt nicht zur einheitlichen Interpretation. Im übrigen ist eine schwierige und nicht restlos aufgehende Interpretation, gemessen an der Alternative, daß das Gesetz sonst als in sich widersprüchlich akzeptiert werden muß, das geringere Übel. Die vorliegende Interpretation kann sich darauf stützen, daß auch bei der Pflichtverteidigung der **Wille** des Beschuldigten im Vordergrund steht; dieses Autonomieprinzip ist nicht teilbar.

II. Das Rechtsstaatsargument

Andere als die Rdn. 2 ff skizzierten Funktionen hat das Institut der Pflichtverteidi- **15** gung nicht. Insbesondere kommt hier **kein** spezielles **öffentliches** Interesse in Betracht[12]. Die immer wieder aufgestellte Behauptung, die Pflichtverteidigung (wobei aber wohl — mehr oder weniger unausgesprochen — immer die **aufgezwungene** Pflichtverteidigung gemeint ist) garantiere, daß das Verfahren fair und rechtsstaatlich sei, ist — für sich genommen — leer.

Vorab ist noch einmal festzustellen, daß der Pflichtverteidiger **keine anderen Auf-** **16** **gaben** hat als der **Wahlverteidiger**[13] und in § 137 nichts von dem öffentlichen Interesse steht, das zur Charakterisierung der Pflichtverteidigung bemüht wird[14]. Eine Ungleichheit zwischen Wahlverteidigung und Pflichtverteidigung ginge zu Lasten des Beschuldigten und würde also insofern gegen den **Gleichheitssatz** verstoßen.

Fragt man genauer, was mit dem **fairen** und **rechtsstaatlichen Verfahren** gemeint **17** ist, so werden hinter diesem Begriff eben die Konzeptionen der Verteidigung sichtbar, um die eigentlich gestritten wird.

Zunächst ist klar, daß die Vorstellung von der Notwendigkeit, die Tätigkeit des **18** einseitig für den Beschuldigten eintretenden Verteidigers liege im **Verfahrensinteresse**, impliziert, daß ein ganz bestimmtes Verfahren gemeint ist, nämlich das rechtsstaatliche. Ohne diesen Zusatz könnte man sich vorstellen, daß es eher im Verfahrensinteresse liegt, wenn kein Verteidiger beteiligt ist: zügige, auf die Erledigungsquote achtende Verfahrenskonzeptionen könnten so angelegt sein.

Geht man den Bewertungsmöglichkeiten im einzelnen nach, so stößt man entwe- **19** der auf den Gesichtspunkt, daß **einseitige Interessenwahrnehmung** des Verteidigers für den Beschuldigten der „besseren" **Wahrheit** und **Gerechtigkeit** diene, und daß das der wesentliche Aspekt des rechtsstaatlichen Verfahrens sei; dann ist diese Konzeption deckungsgleich mit der bereits abgelehnten[15]. Oder aber man definiert das rechtsstaatliche Verfahren so, daß dazu ein bestimmter **Schutz** des **Beschuldigten** als **Individuum** gehört.

---

[10] S. oben Rdn. 6.
[11] S. oben Rdn. 7 bis 13.
[12] Vgl. schon Vor § 137, 60; 64.
[13] S. schon Vor § 137, 58 bis 60 und *Lüderssen* NJW **1986** 2743.

[14] S. Vor § 137, 60.
[15] S. Vor § 137, 87.

Klaus Lüderssen

Diesen Schutz hat sowohl der freiwillig geschlossene wie der aufgezwungene Vertrag mit dem Verteidiger im Auge. Deshalb ist diese Verfahrensbewertung identisch mit dem hier vertretenen Verteidigungskonzept.

B. Voraussetzungen der vom Beschuldigten erbetenen oder akzeptierten Pflichtverteidigung

I. Sachliche Voraussetzungen der Bestellung[15a]

1. Katalog (§ 140 Absatz 1)

20   **a) Oberlandesgericht und Landgericht (Nr. 1).** Was das **Oberlandesgericht** angeht, so ist seine Zuständigkeit mit der Änderung des § 120 Abs. 2 GVG durch das TerrorismusG 1987 nicht unerheblich erweitert worden. Allerdings liegt in allen Fällen, die hinzugekommen sind (§ 120 Abs. 2 Nr. 2 und 3), zugleich Nr. 2 vor. Eine noch breitere Zuständigkeit hat das **Landgericht.** Der Begriff umfaßt in bezug auf eine Hauptverhandlung im ersten Rechtszug die Strafkammer (§§ 74 Abs. 1, 74 a GVG), ferner die Strafkammer als Jugendkammer (§ 74 b GVG), als Wirtschaftsstrafkammer (§ 74 c GVG) und als Schwurgericht (§ 74 Abs. 2 GVG). Analoge Anwendungen (etwa, wenn die Unterbringung in einer **Entziehungsanstalt** (§ 64 StGB) zu erwarten ist) scheiden aus[16].

21   Mit Blick auf die Regelung des § 141 Abs. 1 muß „stattfindet" als „stattfinden soll" gelesen werden.

22   **b) Verbrechen (Nr. 2)** ist eine rechtswidrige Tat, die im Mindestmaß mit Freiheitsstrafe von einem Jahr oder darüber bedroht ist (§ 12 Abs. 1 StGB). Diese Nummer des Katalogs ist — indirekt — aber auch an den Rechtsfolgen orientiert[17]. Das ist nicht zuletzt wichtig mit Blick auf die Maßregeln der Besserung und Sicherung, von denen § 140 Abs. 1 in Nr. 3 nur (noch) das Berufsverbot nennt[18]. Strafschärfungen machen ein Vergehen nicht zu einem Verbrechen und Strafmilderungen ein Verbrechen nicht zu einem Vergehen (§ 12 Abs. 3 StGB). Daher ist der minder schwere Fall eines Verbrechens kein Vergehen und der besonders schwere Fall des Vergehens kein Verbrechen. **Qualifizierte Straftaten** sind nach ihrer Strafandrohung zu beurteilen. **Besonders schwere Fälle** sind selbst dann keine qualifizierten Tatbestände, wenn ihnen ein benannter Fall als Beispiel beigefügt ist (BGHSt **11** 241). Die **Strafmilderung für Versuch** (§ 23 Abs. 2 StGB), Beihilfe (§ 27 Abs. 2 S. 2 StGB), im Falle der verminderten Schuldfähigkeit (§ 21 StGB) und beim vermeidbaren Verbotsirrtum (§ 17 S. 2 StGB) ändern den Verbrechenscharakter nicht.

23   Zur **Last** gelegt wird dem Beschuldigten ein Verbrechen jedenfalls dann, wenn es auf Grund einer Anklageschrift (§ 200), einer Nachtragsanklage (§ 266 Abs. 1 und 2; RGSt **65** 246) oder eines Hinweises nach § 265 Abs. 1 (OLG Düsseldorf StrVert. **1984** 309; KG StrVert. **1985** 184) Gegenstand des Strafverfahrens wird. Das sind **Mindestvoraussetzungen** (besonders deutlich insofern KG aaO). Die Bindung des „zur Last Legens" an formalisierte Erklärungen kann aber gelockert werden, wenn der Verteidiger nicht nach § 141 Abs. 1 oder 2, sondern nach § 141 Abs. 3 bestellt wird (vgl. § 141, 23).

24   In dem vom KG entschiedenen Fall hatte der **gewählte** Verteidiger (offensichtlich in Übereinstimmung mit dem Angeklagten) um die Bestellung gebeten. Nach der deshalb gebotenen extensiven Auslegung (s. oben Rdn. 6) wäre also im Zweifel schon während

---

[15a] Zur Rechtsnatur des Bestellungsakts vgl. § 141, 1 f.

[16] Zu Reformforderungen vgl. LR-*Dünnebier*[23] 10.

[17] Zu dieser „Mehrdimensionalität" vgl. auch schon oben Rdn. 6 f.

[18] Vgl. dazu LR-*Dünnebier*[23] 14; KK-*Laufhütte*[2] 10.

des Vorverfahrens die Bestellung vorzunehmen gewesen. Die neuere Rechtsprechung geht — ganz auf dieser Linie — noch einen Schritt weiter, indem sie auch die obligatorische Bestellung nach §141 Abs. 1 selbst dann für angezeigt hält, wenn die formalisierten Erklärungen noch nicht von einem Verbrechen sprechen, wohl aber die „naheliegende Möglichkeit" besteht, daß im Laufe des Verfahrens „die dem Gericht unterbreitete Tat . . . als Verbrechen beurteilt werden wird" (OLG Bremen StrVert. 1984 13). Da in dem entschiedenen Fall der gewählte Verteidiger der erbetene Pflichtverteidiger war, ist die Entscheidung zu begrüßen (**a. A** — ohne Differenzierung — *Kleinknecht/Meyer*[38] 12).

Es ist gleichgültig, wenn nach dem weiteren Verfahrensverlauf die **Verurteilung** **25** **nicht** mehr wegen des angenommenen Verbrechens, sondern nur wegen eines Vergehens erfolgt, oder wenn Freispruch **zu erwarten** ist. Die Verteidigung wird dadurch nicht hinfällig, vielmehr bleibt die einmal notwendige Verteidigung solange notwendig, bis rechtskräftig entschieden ist, daß kein Verbrechen vorliegt (OLG Düsseldorf StrVert. 1984 370). Daher ist die Verteidigung auch dann noch notwendig, wenn der wegen eines Verbrechens Angeklagte, aber nur wegen eines Vergehens Verurteilte allein ein Rechtsmittel einlegt, weil er trotz §331 Abs. 1, §358 Abs. 2 S. 1 in der Rechtsmittelinstanz wieder wegen eines Verbrechens verurteilt werden kann (RGSt **62** 97; OLG Schleswig SchlHA **1982** 122). Dagegen endet die Notwendigkeit der Verteidigung mit der **Rechtskraft des** nur wegen eines Vergehens ausgesprochenen **Schuldspruchs**, wenn der Angeklagte allein den Strafausspruch anficht, weil dann eine Verurteilung wegen eines Verbrechens nicht mehr in Betracht kommt (OLG Schleswig aaO; KMR-*Müller* 11; **a. A** — ohne Begründung — *Kleinknecht/Meyer*[38] 9).

c) **Berufsverbot (Nr. 3).** Es handelt sich um die am tiefsten eingreifende **nicht frei-** **26** **heitsentziehende** Maßregel (§70 StGB). Noch unsicherer als bei der Entscheidung, ob eine Straftat ein Verbrechen sei, ist hier die **Prognose.** Es ist daher verständlich, daß das Gesetz nicht wie bei Nr. 2 erst einmal eine Tatsache fixiert, die dann möglicherweise durch eine andere ersetzt werden kann, sondern von vornherein einen mehrere Varianten zulassenden Spielraum absteckt („kann . . . führen"). Die Beschränkung auf formalisierte Erklärungen (wie bei Nr. 2, s. dort) findet daher im Gesetz keine Stütze (freilich reichen sie natürlich aus für die Verteidigerbestellung).

Vielmehr ist auf die **naheliegende Möglichkeit** eines Berufsverbots abzustellen. **27** Diese Prüfung ist nicht, wie — immerhin insofern auch von der Formalisierung sich lösend — *Kleinknecht/Meyer*[38] 13 und wohl auch KK-*Laufhütte*[2] 10 annehmen, erst in der Hauptverhandlung zulässig und geboten, sondern auch schon zu dem in §141 Abs. 1 angegebenen Zeitpunkt (so wohl auch schon LR-*Dünnebier*[23] 15), so daß es — wenn mit Blick auf den Wunsch des Beschuldigten, einen Pflichtverteidiger zu bekommen, **extensive** Auslegung geboten ist — durchaus zu einer **obligatorischen** Verteidigerbestellung kommen kann — unbeschadet der (nach §141 Abs. 3) möglichen **fakultativen** Verteidigerbestellung, wobei hier ganz abgesehen wird von der noch weitergehenden Möglichkeit der fakultativen Verteidigerbestellung, die an die Voraussetzungen des §140 Abs. 2, den §141 Abs. 3 mit einbezieht, anknüpft.

Die **Rechtsprechung** hat denn auch, als die Bestellung eines Pflichtverteidigers **28** noch vorgeschrieben war, wenn das Verfahren zur Unterbringung in einer Heil- oder Pflegeanstalt führen kann, es für ausreichend gehalten, daß bei Eröffnung des Hauptverfahrens **Umstände** vorhanden sind, die dem Gericht **Anlaß** geben, sich mit der Frage der Anordnung zu befassen (BGHSt **4** 322). Die Judikatur ist im übrigen spärlich[19].

---

[19] Einige Aspekte bei BGH MDR **1954** 564; OLG Celle NJW **1964** 877; dazu näher LR-*Dünnebier*[23] 15, dort auch Hinweise auf noch ältere Rechtsprechung.

Klaus Lüderssen

29   **d) Drei Monate in einer Anstalt (Nr. 5).** Die neue Fassung gibt der Vorschrift nach zweimaligen verfassungsrechtlich bedenklichen (BVerfGE 40 1) Anläufen endgültig ein klares Gesicht: Der Pflichtverteidiger ist zu bestellen, wenn der Beschuldigte sich mindestens drei Monate — richterlich angeordnet oder genehmigt (dazu Rdn. 31 und 32) — in einer **Anstalt** befunden hat. Eine Beziehung zu der zur Aburteilung anstehenden Tat wird nicht verlangt; die drei Monate Verwahrung können auf verschiedenen Gesetzesverletzungen beruhen, aus verschiedenen Anlässen angeordnet sein und verschiedene Sachen betreffen. Gemeinsamer Grund für die Bestellung des Pflichtverteidigers in diesen Fällen ist, daß der Beschuldigte **nicht** die **Freiheit** hat, sich selbst um das Erforderliche zu kümmern, z. B. bei der Suche nach Zeugen und Gegenzeugen, bei Reisen, die notwendig sind, um Beweismittel aufzufinden oder Zeugen zur Aussage zu bewegen, bei Schriftwechsel, um Daten klarzustellen u. ä.

30   Daher ist kein Grund ersichtlich, nur an die Hauptverhandlung erster Instanz zu denken[20]. Auch ist es nicht gerechtfertigt, das Bedürfnis eines Beschuldigten, einen Pflichtverteidiger zu bekommen, nur für die Zeit der Hauptverhandlung anzuerkennen[21]. Wenn § 140 Abs. 1 Nr. 5 am Ende die Hauptverhandlung erwähnt, so ist damit nur ein **Berechnungsmodus** für die Frist vorgegeben; weitergehende Schlüsse darauf, daß überhaupt nur die Pflichtverteidigung während der Hauptverhandlung in dieser Nummer gemeint ist, sind nicht zulässig.

31   **Richterlich angeordnet**[22] sind in erster Linie der Vollzug der Freiheitsstrafe[23] und sonstige freiheitsentziehende Strafen: Jugendstrafe (§ 17 JGG); Strafarrest (§ 9 WStG) oder Jugendarrest (§ 16 JGG)[24]; die Untersuchungshaft (§ 117), einstweilige Unterbringung (§ 126 a), Auslieferungshaft (§§ 15, 16 IRG), der Vollzug freiheitsentziehender Maßregeln der Besserung und Sicherung (§ 61 Nr. 1 bis 3 StGB), sei es aufgrund eines Verfahrens auf öffentlicher Klage (§ 170 Abs. 1), sei es auf Antrag der Staatsanwaltschaft im Sicherungsverfahren (§ 414 Abs. 2) sowie die Fürsorgeerziehung.

32   **Richterlich genehmigt** ist in erster Linie die Unterbringung nach den Unterbringungsgesetzen der Länder, aber auch die Unterbringung durch den Vormund, weil sie vormundschaftsgerichtlich, also richterlich genehmigt werden muß (§§ 1800 Abs. 2, 1897 BGB). Ferner gehören hierher die Fälle der Unterbringung in einer Langzeittherapie (wenn nicht schon richterliche Anordnung erforderlich ist)[25] oder einer stationären Drogentherapie[26].

---

[20] Zutreffend schon OLG Bremen NJW **1951** 454.

[21] So aber LG Münster MDR **1980** 335; darüber, ob dieser Entscheidung für den Fall zuzustimmen ist, daß der Beschuldigte den Pflichtverteidiger nicht will, s. Rdn. 112.

[22] Dabei kommt es nicht darauf an, ob die Anordnung eines deutschen oder eines ausländischen Gerichtes vorliegt, OLG Koblenz NStZ **1984** 522; im Falle der aufgezwungenen Verteidigung ist hier wohl nicht anders zu entscheiden, der Sachverhalt der mitgeteilten Entscheidung ist nicht eindeutig im Bezug darauf, ob Pflichtverteidigung erbeten war.

[23] § 38 StGB, der auch dann uneingeschränkt gegeben ist, wenn der Strafgefangene die Erlaubnis zum Freigang (§ 11 Abs. 1 Nr. 1 StVollzG) hat, KG JR **1980** 348; wiederum

wäre für den Fall eines aufgezwungenen Verteidigers möglicherweise anders zu entscheiden, auch der Sachverhalt dieser Entscheidung ist nicht eindeutig im Bezug darauf, ob Pflichtverteidigung erbeten war.

[24] Auch der Aufenthalt in einem Erziehungsheim genügt, wenn die persönliche Freiheit so erheblich eingeschränkt ist, daß diese Maßnahme einem Anstaltsaufenthalt gleichzuerachten ist, LG Braunschweig StrVert. **1986** 472 – der Verteidiger hatte sich für den Beschuldigten gemeldet, hier wäre der Fall des aufgezwungenen Verteidigers möglicherweise aber genauso zu entscheiden.

[25] LG Gießen StrVert. **1986** 14.

[26] AG Hannover StrVert. **1986** 52; s. auch LG Hagen StrVert. **1986** 146; AG Kleve StrVert. **1986** 507.

Es ist gleichgültig, aufgrund welchen Gesetzes, aus welchem Anlaß und in welcher Sache die Verwahrung stattgefunden hat. Es ist auch nur auf den Zeitraum von drei Monaten abgestellt[27]. Nicht wird gefordert, daß dieser ununterbrochen sein müsse[28]. Danach sind alle Verwahrungen **zusammenzuzählen**. Die (unbegründete) Gegenmeinung (OLG Hamburg MDR **1973** 336) ist mit dem Wortlaut nicht vereinbar. **33**

Da die Verwahrung in keiner Beziehung zu der Strafsache zu stehen braucht, in der ein Verteidiger zu bestellen ist, kann es nur sinnvoll sein, die Anrechnung zu dem Zeitpunkt **beginnen** zu lassen, in dem der Beschuldigte für die Strafverfolgungsbehörde als Beschuldigter **in dieser Sache** erkennbar geworden und von ihr bei Untersuchungshandlungen oder in den Akten als Beschuldigter behandelt worden ist oder bei ordnungsmäßigem Verfahren als Beschuldigter hätte behandelt werden können. **34**

Da zwei Wochen freier Verteidigung oft kaum ausreichen, die Hemmnisse durch eine Drei-Monats-Verwahrung auszugleichen, wird immer sorgfältig zu prüfen sein, ob die Behinderung der Verteidigung es **notwendig** macht, nach Abs. 3 davon abzusehen, die Bestellung als Verteidiger aufzuheben (*kann ... aufgehoben werden*; vgl. Rdn. 111 ff). **35**

Die Frage des **Zeitpunkts der Bestellung** regelt im Prinzip § 141. Indessen ist hier schon darauf hinzuweisen, daß dem Angeklagten auf seinen Antrag der Pflichtverteidiger auch schon vor Ablauf der Dreimonatsfrist zu bestellen ist, wenn er voraussichtlich zum Zeitpunkt der Hauptverhandlung länger als drei Monate in Haft sein wird (OLG Nürnberg StrVert. **1987** 191). **36**

Was die **Entlassung vor der Hauptverhandlung** angeht, so ist jede Hauptverhandlung gemeint[29]. Daher kann auch die Entlassung vor der **Berufungs**hauptverhandlung (§ 324) die Notwendigkeit der Verteidigung entfallen lassen. Auch im **Revisionsverfahren** gilt dann § 350 Abs. 3 nicht, weil der Angeklagte wieder auf freiem Fuß ist. **37**

e) Unterbringung zur Begutachtung (Nr. 6). Die Notwendigkeit der Verteidigung setzt schon ein, wenn die Unterbringung **in Frage kommt**, d. h. wenn das Gericht sie im vorbereitenden Verfahren (§§ 158 bis 176; vgl. § 81 Abs. 3), im Zwischenverfahren (§§ 199 bis 202 S. 1) oder im Hauptverfahren erwägt oder gar anordnet, einen Sachverständigen zu hören. Denn gleichzeitig ist der Verteidiger zu hören (§ 81 Abs. 1 S. 1); er muß also schon bestellt sein. Für das **Vorverfahren** bedeutet das, daß an die Stelle der in § 141 Abs. 3 S. 1 vorgesehenen fakultativen Verteidigerbestellung in diesen Fällen praktisch eine obligatorische tritt (vgl. im einzelnen dort). **38**

Die Verteidigung ist **für das ganze** Verfahren notwendig, gleichgültig ob das Gericht, nachdem es den Sachverständigen und den Verteidiger (§ 81 Abs. 1 S. 1) gehört hat, die Unterbringung anordnet und wie sich das Anstaltsgutachten äußert. Denn über die Schuldfähigkeit wegen einer krankhaften seelischen Störung, wegen einer tiefgreifenden Bewußtseinsstörung, wegen Schwachsinns oder wegen einer anderen seelischen Abartigkeit (§ 20 StGB) oder einer aus diesen Gründen erheblich verminderten Schuldfähigkeit (§ 21 StGB) hat das **Gericht** und nicht der Sachverständige zu entscheiden; daher bleibt die Frage, die durch die Anstaltsunterbringung aufgeworfen ist, bis zur Rechtskraft offen[30]. **39**

---

[27] Wird die Frist von drei Monaten erst nach der Berufungsverhandlung überschritten, so ist die Voraussetzung für die Bestellung eines Pflichtverteidigers, auch wenn er vom Beschuldigten gewünscht wird, nicht erfüllt, OLG Oldenburg NStZ **1984** 523 = JR **1985** 256 mit Anmerkung *Dahs*.

[28] So schon für das alte Recht OLG Düsseldorf JMBlNRW **1970** 237.
[29] Genauer bei § 141, 11 und 28 – Dauer und Zeitpunkt der Bestellung.
[30] RGSt **37** 21; **67** 261; BGH NJW **1952** 797.

Klaus Lüderssen

40   **f) Sicherungsverfahren (Nr. 7).** Weil die Unterbringung in einem psychiatrischen Krankenhaus nicht vom Amtsgericht angeordnet werden darf (§ 24 Abs. 1 Nr. 2 GVG) und daher die Verteidigung nach Nr. 1, und weil, wenn ein Berufsverbot zu erwarten ist, die Verteidigung nach Nr. 3 notwendig ist, kommt der Bestimmung **Bedeutung** nur zu für die Unterbringung in einer Entziehungsanstalt (§ 64 Abs. 1 StGB) und für die Entziehung der Fahrerlaubnis (§ 69 StGB). Weil das Verfahren wegen seiner Voraussetzungen (Schuld- oder Verhandlungsunfähigkeit) auch stattfinden kann, wenn der Beschuldigte nicht oder nur zeitweise zugegen ist (§ 415 Abs. 3), ist die Pflichtverteidigung besonders wichtig. Daher ist dies ein Fall, in dem, wenn es im Rahmen des von § 141 Abs. 3 S. 1 eingeräumten Spielraums um die Einschätzung des richtigen Zeitpunkts geht, auch bei aufgezwungener Verteidigung im Zweifel eher für als gegen die Bestellung zu optieren ist.

41   **g) Verteidigerausschließung (Nr. 8).** Ist die Mitwirkung eines Verteidigers notwendig (Abs. 1) oder geboten (Abs. 2), so ist dem Angeschuldigten, wenn der nach §§ 138 a, b ausgeschlossene Verteidiger sein einziger Verteidiger war und er demzufolge „keinen Verteidiger" hat (§ 141 Abs. 1), je nach dem Zeitpunkt entweder nach § 141 Abs. 1 oder Abs. 2, ein neuer Verteidiger zu bestellen. Für den Fall der notwendigen Verteidigung ist die Vorschrift daher ohne Bedeutung. Mit Recht wird in Nr. 8 aber, wenn der Verteidiger ausgeschlossen worden ist, die Verteidigung auch für die — wahrscheinlich wenigen — Fälle notwendig gemacht, bei denen sie **nicht** schon nach § 140 Abs. 1 Nr. 1 bis 7 **notwendig** ist. Der Angeschuldigte soll, wenn er den „Beistand eines Verteidigers" (§ 137 Abs. 1) für notwendig gehalten hat, auch weiter Beistand durch einen Verteidiger erhalten[31] — die Regelung ergänzt die provisorische Verteidigerbestellung gemäß § 138 c Abs. 3 S. 3[32] — ohne sich im Augenblick um die Kosten sorgen zu müssen; die spätere Belastung mit den Kosten (§ 92 Nr. 7 GKG) wird ihm freilich nicht erspart; § 138 c Abs. 6 schafft hier keine Abhilfe.

42   **2. Generalklausel (§ 140 Absatz 2).** Die Enumeration in § 140 Abs. 1 kann — bei der Masse denkbarer Fälle — nicht abschließend sein. Sie bedarf daher einer **ergänzenden** Norm, die den Charakter eines Auffangtatbestandes hat: § 140 Abs. 2. Dies ist der Grund für die zweigleisige Regelung[33]. **Sachlich** sind beide Vorschriften dem **gleichen Maßstab** verpflichtet. Die „anderen" Fälle sind nicht, wie LR-*Dünnebier*[23] 31 meint, als **gebotene** Verteidigung „denen der notwendigen Verteidigung entgegen" gesetzt. Die unterschiedliche Wortwahl kann hier ebensowenig einen Unterschied in der Sache suggerieren wie etwa die Worte „geboten" und „erforderlich" in § 32 StGB. Insbesondere kann man auch nicht etwa sagen, daß § 140 Abs. 1 die aufgezwungene Verteidigung meint (wofür man sich auf das Wort „notwendig" zu beziehen versuchen könnte) und § 140 Abs. 2 die gewillkürte Pflichtverteidigung, wofür der vielleicht etwas zurückhaltender klingende Ausdruck „geboten" sprechen könnte. Denn gerade die letzte Variante des § 140 Abs. 2 „...daß sich der Beschuldigte nicht selbst verteidigen kann"

---

[31] Anders könnte es liegen, wenn er seinerseits schon keinen Verteidiger wollte (der Ausschluß also – ein nicht undenkbarer, doch praktisch wohl nicht vorkommender Fall – den aufgezwungenen Verteidiger betroffen hat) oder **jetzt** keinen neuen (anderen) Verteidiger haben möchte; der gemäß § 141 Abs. 3 gegebene Spielraum wäre dann restriktiv zu handhaben, für Zwischen- und Hauptver-

fahren (§ 141 Abs. 1, 2) freilich gäbe es keine Alternative.

[32] Eine zwingende Folge daraus ist sie nicht, dazu ausführlicher und überzeugend LR-*Dünnebier*[23] 30 Fußn. 2.

[33] Eine geläufige Technik des modernen Gesetzgebers, der gelernt hat, daß er mit einem *reinen* Prinzip seinen Aufgaben nicht gerecht werden kann.

klingt eher obrigkeitlich-fürsorglich. Vielmehr stehen beide Vorschriften jeweils für beide Gruppen von Pflichtverteidigern. Auch daß nur in § 140 Abs. 2 die Funktion des Vorsitzenden erwähnt ist, deutet nicht auf eine zusätzliche Voraussetzung etwa im Sinne eines Ermessens des Vorsitzenden[34]. Nach § 140 Abs. 1 wie Abs. 2 wird, wenn die sachlichen Voraussetzungen vorliegen, unter Beachtung der Regeln der §§ 141 ff, die ausdrücklich jeweils für § 140 Abs. 1 **und** Abs. 2 gelten, der Verteidiger bestellt.

Die **Ausdifferenzierung** der Generalklausel ist weit fortgeschritten. Die von der **43** Rechtsprechung entwickelte Kasuistik ist so reichhaltig, daß der Überblick nur gelingen kann, wenn man auf **mehreren Ebenen** gliedert. Zunächst ist nach den **Prinzipien** vorzugehen, welche die Vorschrift selbst nennt: **Schwere der Tat, Schwierigkeit der Sach- oder Rechtslage, Unfähigkeit des Beschuldigten, sich selbst zu verteidigen.** Danach sind die Fälle, bezogen auf **besondere Gruppen von Klienten**, zusammenzustellen, schließlich geht es um **besondere Verfahrensstadien** und -arten.

a) Prinzipien
aa) Schwere der Tat. Dieses Merkmal ist aus der Perspektive der Verfahrenssitua- **44** tion des Beschuldigten zu begreifen. Je schwerer der Tatvorwurf, um so höher und empfindlicher ist die zu erwartende Sanktion. Die **Schwere der Tat** ergibt sich daher aus der Höhe der im Einzelfall zu erwartenden Strafe oder der Schwere der Maßregel oder den sonstigen Auswirkungen der verhängten Sanktionen auf das Leben des Angeklagten[35]. Für den Fall einer Einheitsjugendstrafe ist allein deren Höhe maßgebend, auch wenn sie nur durch Einbeziehung weiterer Jugendstrafen beeinflußt war[36]. Da in allen Strafkammersachen (Abs. 1 Nr. 1), bei Verbrechen (Abs. 1 Nr. 2) und bei den schwersten Maßregeln (Abs. 1 Nr. 7) ohnehin der Pflichtverteidiger bestellt wird, ist die Strafgewalt des Amtsgerichts (§ 24 Abs. 2 GVG; OLG Köln NJW **1972** 1432) maßgebend. Dabei kommen vor allem die vor dem erweiterten Schöffengericht verhandelten Sachen in Betracht (OLG Bremen NJW **1955** 1529 — wobei die Abgrenzung zur Schwierigkeit der Sach- oder Rechtslage manchmal nicht einfach ist, s. unten Rdn. 53). Wegen der Mitwirkung der Schöffen bei der Entscheidung über das Strafmaß sind für die Rechtsfolgen-Prognose nicht allein die Vorstellungen des Vorsitzenden maßgeblich; eine Konkretisierung kann sich auch aus dem Antrag der Staatsanwaltschaft ergeben[37]. Auch wenn in der **Berufungsinstanz** über amtsgerichtliche Urteile zu entscheiden ist, kann die Verteidigung dort notwendig werden, sei es, daß das Amtsgericht die Verteidigerbestellung fehlerhaft unterlassen hatte, sei es, daß wenigstens in der Berufungsinstanz wegen einer hohen Strafe die Bestellung eines Verteidigers geboten ist[38].

Im Einzelnen wird **Schwere der Tat** bei nicht zur Bewährung ausgesetzten Frei- **45** heitsstrafen von einem Jahr an aufwärts **durchweg** angenommen[39].

---

[34] Einen solchen Spielraum räumt LR-*Dünnebier*[23] 31 praktisch ein, wenn er sagt, daß die Verteidigung hier erst aufgrund richterlicher Feststellung notwendig werde, s. auch § 141, 31, obwohl er, § 141, 32, betont, daß § 140 Abs. 2 nicht mit richterlichem Ermessen, sondern mit einem unbestimmten Rechtsbegriff arbeite.

[35] KG StrVert. **1983** 186; OLG Düsseldorf AnwBl. **1978** 355 (Einweisung in eine Entziehungsanstalt gemäß § 64 StGB).

[36] OLG Hamm NStZ **1982** 298. Darüber hinaus wollen auch auf die „Schuldintensität"

abstellen: *Eb. Schmidt* 28; OLG Hamburg NStZ **1984** 281 (unter Ablehnung der generellen Relevanz der „Auswirkungen").

[37] LG Freiburg StrVert. **1988** 102.

[38] OLG Köln NJW **1972** 1432; OLG Hamm NStZ **1982** 298.

[39] Genaue Angaben liegen jeweils für die Fälle vor, in denen über die rechtlichen Voraussetzungen der Pflichtverteidigerbestellung entschieden worden ist, nachdem es schon eine Verurteilung gegeben hat: OLG Düsseldorf AnwBl. **1978** 355; OLG Stuttgart AnwBl. **1982** 32 (zwei Jahre ein Monat); OLG Celle

Klaus Lüderssen

46   **Keine sichere** Prognose der Verteidigerbestellung mehr kann man hingegen für die Fälle machen, in denen die Freiheitsstrafe zwar auch **ein Jahr** oder mehr beträgt, aber **zur Bewährung ausgesetzt** wird. Hier hängt das Ergebnis von weiteren Umständen ab. Ist etwa bei Verurteilung zu einem Jahr Freiheitsstrafe mit Bewährung auch noch die von Gesetzes wegen eintretende Beendigung des Beamtenverhältnisses zu erwarten, so wird Schwere der Tat angenommen[40]. Geht es — bei gleichem Strafmaß — darum, daß außerdem eine Sperrfrist für die Erteilung einer neuen Fahrerlaubnis von vier Jahren festgesetzt wird, so wird die Schwere der Tat verneint[41].

47   **Ungesichert** ist auch, wie die **weiteren Auswirkungen** beurteilt werden. Da häufig gar nicht abzusehen sei, welche Fernwirkungen durch eine Verurteilung eintreten „und welche Bedeutung sie für den Beschuldigten erlangen", müsse nach einer sicheren Rechtsgrundlage für die Bestimmbarkeit der Auswirkungen gesucht werden. Bei einer Verurteilung zu einer zur Bewährung ausgesetzten Freiheitsstrafe von acht Monaten könne in diesem Sinne von weiteren Auswirkungen auch dann nicht gesprochen werden, wenn der Verurteilte ein Beamter sei. Auswirkungen auf den Status des Angeklagten könne ein solches Urteil immer erst dadurch erlangen, „daß es der Dienstherr bei Entscheidungen über die Einstellung als Lebenszeitbeamter oder Beförderungen berücksichtigt oder daß es in einem Disziplinarverfahren verwertet" werde. Ob und mit welchem Ergebnis das aber geschehe, sei vorher nicht abzuschätzen, weil einer solchen Verurteilung meistens auch Tatsachen gegenübergestellt werden könnten, die zugunsten des Beamten sprechen[42].

48   Eine **sichere** Prognose in dem Sinne, daß ein Pflichtverteidiger **nicht** wegen Schwere der Tat bestellt wird, kann man wiederum abgeben, wenn die erwartete Freiheitsstrafe unter einem Jahr liegt, gleichviel ob sie zur Bewährung ausgesetzt ist oder nicht[43].

49   In der **Literatur** werden weitergehende **Forderungen** erhoben. In allen Fällen, in denen überhaupt Freiheitsstrafe zu erwarten ist, soll ein Pflichtverteidiger bestellt werden, und zwar auch dann, wenn Aussetzung des Vollzuges der Freiheitsstrafe zur Bewährung angeordnet worden ist. Denn der Verurteilte müsse ja jederzeit mit dem Widerruf rechnen[44]. Dieser Auffassung ist zuzustimmen. Der Begriff „Schwere der Tat" ist angesichts der Regel des § 140 Abs. 1 Nr. 2, zu der Abs. 2 ja nicht eine Parallele, sondern eine **weitergehende Ergänzung** anbietet, von vornherein nicht als Ausnahme konzipiert worden; man darf hier also nicht vom genuinen Bedeutungsgehalt des Wortes „Schwere" ausgehen. Der Wortlaut des § 140 Abs. 2 steht insofern der Tendenz einer extensiven Auslegung in den Fällen vom Beschuldigten beantragter Pflichtverteidigerbestellung nicht entgegen.

50   Weiterhin wird mit Nachdruck darauf hingewiesen, bestimmte, nicht freiheitsentziehende Rechtsfolgen seien für die soziale Existenz des Beschuldigten so gravierend ge-

---

StrVert. **1985** 184 (zwei Jahre); OLG Celle MDR **1986** 164 (zwei Jahre); OLG Celle wistra **1986** 233 (ein Jahr sechs Monate); OLG Zweibrücken NStZ **1986** 135 (ein Jahr zwei Monate); OLG Nürnberg StrVert. **1987** 191 (ein Jahr zwei Monate); BayObLG StrVert. **1985** 447 (Straferwartung von mehr als einem Jahr); KG StrVert. **1982** 412 (ein Jahr); LG Bremen StrVert. **1987** 13 (ein Jahr). Verneinend allerdings bei ebenfalls einem Jahr: BayObLG DAR **1983** 251 und OLG Hamburg NJW **1978** 1172.

[40] KG StrVert. **1983** 186.
[41] OLG Koblenz VRS **1985** 293.
[42] OLG Hamburg NStZ **1984** 281.
[43] OLG Karlsruhe Die Justiz **1980** 89 (zehn Monate); OLG Koblenz wistra **1983** 122 (sieben Monate).
[44] Nachweise bei *Molketin* Schutzfunktion S. 49 ff; vgl. auch Arbeitskreis Strafprozeßreform, S. 64.

worden, daß zur Verteidigung dem Beschuldigten ebenfalls professioneller Beistand garantiert sein müsse. Gemeint sind **Fahrverbot**[45] und die **Entziehung der Fahrerlaubnis**[46] über die von der Rechtsprechung bereits anerkannten Fälle (s. oben) hinaus.

Schließlich erscheint es angezeigt, daß die in der Rechtsprechung vorherrschende **51** und im Ausgangspunkt auch berechtigte (s. oben) Orientierung nur an der Rechtsfolge etwas aufgelockert wird und „Schwere der Tat" auch mit Blick auf den **isolierten Unrechts- und Schuldgehalt** gemessen wird. Daß dem allein im Erfolg liegenden Unrecht kein Handlungsunrecht zu entsprechen braucht[47], ist kein Hinderungsgrund. Die Bedeutung des Erfolges als objektive Bedingung der Strafbarkeit[48] ist ein Faktum, das in der modernen Strafrechtsentwicklung (gegenläufig zur Kultivierung des Begriffs der Schuld oder der subjektiven Zurechnung) der Verurteilte unvermindert (möglicherweise, denkt man an gewisse Tendenzen im Umweltstrafrecht, sogar verstärkt) zu spüren bekommt. In dem Maße, wie Zweifel an der Legitimation und Eindruckskraft realer Sanktionen nicht verstummen und auch neue Nahrung bekommen, wächst die Bedeutung der symbolischen Sanktion oder der bloßen Tatbestandsfeststellung und Zurechnung (die leicht zur Zuschreibung werden kann) für den sozialen Status des Beschuldigten. **Schwerwiegende Verletzungs-** oder **Gefährdungserfolge**, die sich mit dem Tatvorwurf verbinden, werden dann zum entscheidenden Indikator vor allem dort, wo die subjektive Zurechnung besonders schwach und in ihren Voraussetzungen vage ist, nämlich im Bereich des **fahrlässigen Handelns**, das typischerweise vom Katalog des Abs. 1 nicht erfaßt wird. Vorschläge, wenigstens bei fahrlässiger Tötung, vorzugsweise begangen im Straßenverkehr, die Pflichtverteidigung vorzusehen[49], sollten daher nicht nur aufgegriffen, sondern ausgeweitet werden.

bb) Schwierigkeit der Sach- oder Rechtslage. Die von der Rechtsprechung allmäh- **52** lich entwickelten und inzwischen nach vielen Seiten hin aufgefächerten Kriterien treffen je nach Lage des Falles mehr oder weniger gehäuft **zusammen**. Lassen sie sich auseinanderdividieren, so werden im folgenden die Entscheidungen dementsprechend an verschiedenen Stellen zitiert. Sind die Sachverhalte so komplex, daß eine solche Aufteilung keine angemessene Information bietet, so wird für die Einordnung der Entscheidung ein **Schwerpunkt** gewählt. Manchmal ist auch das nicht möglich[50]. Überwiegend werden die Kriterien, die über die Frage, ob die Schwierigkeit der Sach- oder Rechtslage gegeben ist, entscheiden, direkt benannt.

Eine Ausnahme von diesem Prinzip ist die in regelmäßigen Abständen auftre- **53** tende Technik, mit einem **Indikator** zu arbeiten, dem Hinweis nämlich, daß die Sach- oder Rechtslage deshalb schwierig sei, weil die Sache vor dem **erweiterten Schöffengericht** verhandelt werde[51].

Aus den Sachverhalten aller zitierten Entscheidungen ergibt sich, daß es nicht um **54** Pflichtverteidigung gegen oder ohne den Willen des Beschuldigten bzw. Angeklagten ging. Meistens ist ausdrücklich von dem Antrag auf Bestellung eines Pflichtverteidigers

---

[45] S. *Molketin* Schutzfunktion S. 59 mit Nachw.
[46] S. *Molketin* Schutzfunktion S. 56 mit Nachw.
[47] Darüber *Lüderssen* FS Bockelmann 181 ff.
[48] *Lüderssen* aaO.
[49] S. *Molketin* Schutzfunktion S. 59 ff mit Nachw.; in diesem Sinne immerhin schon OLG Hamm NJW **1957** 1530.
[50] Vgl. etwa OLG Düsseldorf AnwBl. **1984** 262 ff; in dieser Entscheidung werden fast alle Kriterien berührt; sie nimmt deshalb innerhalb der Judikatur zur Schwierigkeit der Sach- oder Rechtslage eine zentrale Stelle ein.
[51] LG Hagen StrVert. **1987** 193; verneinend allerdings OLG Hamm OLGSt NF § 140 Abs. 2 Nr. 2 mit dem Argument, daß die Verfahren vor dem erweiterten Schöffengericht ja gerade nicht in den Katalog des § 140 Abs. 1 aufgenommen worden seien (s. auch schon Rdn. 44 a. E).

Klaus Lüderssen

die Rede. In den restlichen Fällen liegt es so, daß **nichts** darauf hindeutet, daß den Beschuldigten der Pflichtverteidiger **aufgezwungen** worden sei. Eine hundertprozentige Gewißheit brächte insofern freilich nur die Akteneinsicht. Daraus aber, daß die Gerichte in einer weiteren, kleinen Gruppe von Fällen es für erforderlich gehalten haben, darauf hinzuweisen, daß der Beschuldigte nicht ausdrücklich um die Bestellung eines Pflichtverteidigers gebeten habe, entweder überhaupt nicht, oder erst im Laufe der Verfahrensentwicklung, kann man die Vermutung ableiten, daß ein Widerspruch des Beschuldigten im Sachverhalt vermerkt worden wäre. Wenn daher mit sehr großer Wahrscheinlichkeit anzunehmen ist, daß in der überwiegenden Zahl der Fälle der Pflichtverteidiger vom Beschuldigten erbeten wird, so kann die gelegentlich schon aufgestellte Behauptung, die **Nichtbestellung** eines **Pflichtverteidigers** sei die **Ausnahme** (OLG Bremen NJW **1955** 1529), wohl bestätigt werden[52]. Ist das richtig, dann muß endgültig eine Linie verlassen werden, die mit einem argumentum e contrario gewissen Fällen von vornherein die Qualität, sachlich oder rechtlich schwierig zu sein, mit Blick darauf, daß sie gerade nicht in den Katalog des Abs. 1 aufgenommen seien, abspricht[53].

55   Schwierigkeit der **Sachlage**. Innerhalb dieser Gruppe werden nicht selten auch Fälle aufgeführt, in denen es in Wahrheit um die Schwierigkeit der **Beweisführung** geht. Im Prinzip handelt es sich hierbei aber um ein Rechtsproblem; freilich ist hier die Abgrenzung nicht immer ganz leicht.

56   Ob Schwierigkeit der Sachlage vorliegt, ist vor allem danach zu entscheiden, welche **Informationsmöglichkeiten** der Beschuldigte hat. Ausschlaggebend kann dabei schon sein, daß die Anklage viele Punkte enthält, der Überblick über den Verfahrensstoff nicht zu gewinnen ist[53a].

57   Vorwiegend beschäftigt die Praxis die Frage nach der Schwierigkeit der Sachlage unter dem Aspekt, ob es erforderlich ist, daß der Beschuldigte die **Möglichkeit der Akteneinsicht** erhält, was nur über einen Verteidiger möglich ist (§ 147, 6 ff; 18 ff). Die Situationen sind mannigfach, lassen sich nicht auf einen Begriff bringen. Akteneinsicht und damit Bestellung eines Pflichtverteidigers wird für erforderlich gehalten, wenn nach dem erstinstanzlichen Urteil die Staatsanwaltschaft nochmals die in der erstinstanzlichen Verhandlung gehörten Zeugen hat polizeilich vernehmen lassen und dabei teilweise abweichende Angaben gemacht worden sind[54], wenn (zur Schuldfähigkeit des Angeklagten) ein Sachverständigengutachten eingeholt werden wird, mit dem der Angeklagte sich vertraut machen muß[55], ferner wenn es darauf ankommt, durch Einsicht in

---

[52] Erwähnt, aber dahingestellt bleibt die Frage in der Entscheidung des OLG Hamm OLGSt NF § 140 Abs. 2 Nr. 2.

[53] Vgl. LG Dortmund MDR **1983** 864 mit dem Argument, der Gesetzgeber habe in § 140 Abs. 1 Nr. 6 nur für den Fall der Unterbringung des Beschuldigten zur Vorbereitung eines Gutachtens über seinen psychischen Zustand die Pflichtverteidigung vorgesehen, in anderen Fällen der Anordnung psychiatrischer Untersuchung des Angeklagten dürfe man deshalb über § 140 Abs. 2 nicht den gleichen Effekt zu erreichen suchen; ähnlich auch die Argumentation des OLG Hamm OLGSt NF § 140 Abs. 2 Nr. 2.

[53a] BGH NJW **1961** 740; kritisch dazu OLG Hamm OLGSt NF § 140 Abs. 2 StPO Nr. 2.

[54] OLG Hamm StRVert. **1985** 447.

[55] LG Osnabrück StRVert. **1982** 515; anders LG Dortmund MDR **1983** 864, das die Frage nur „im Einzelfall nach Abwägung aller Verfahrensumstände" beantworten möchte, eine generelle Notwendigkeit der Akteneinsicht des Angeklagten in diesen Fällen nicht annimmt; nach OLG Hamm StRVert. **1987** 192 kommt es darauf an, ob es sich um ein Gutachten handelt, mit dem sich der Angeklagte „vernünftigerweise zur Vorbereitung der Verteidigung auseinandersetzen muß"; mit derselben Formulierung OLG Hamm MDR **1988** 340.

anderweitige Verfahrensakten eine Grundlage für die Beurteilung der Glaubwürdigkeit eines Belastungszeugen zu gewinnen[56]; das gleiche gilt, wenn das Ergebnis eines Gutachtens des Landeskriminalamts zum Beweiswert der am Tatort gefundenen Beweismittel für den Angeklagten wichtig ist[57], wenn fachlich qualifizierte Fragen an den sachverständigen Facharzt für Psychiatrie gestellt werden müssen[58], wenn Vorhalte notwendig werden[59], wenn der Zeuge seine Angaben gegenüber seiner Einlassung erster Instanz verändert[60], wenn es um ein Sachverständigengutachten über die Schuldfähigkeit eines Mitangeklagten geht[61].

Schwierigkeit der **Rechtslage**. Im **materiellen** Recht geht es dabei vor allem um **58** **straf**rechtliche Probleme. Vereinzelt sind sie im **Tatbestand** eines Strafgesetzes lokalisiert, etwa wenn es bei § 267 StGB um die Frage geht, ob eine Identitäts- oder nur Namenstäuschung vorliegt[62]; dabei sind die Maßstäbe allerdings eher streng[63].

Überwiegend aber geht es bei den Fällen, in denen schwierige **materiell-strafrecht- 59 liche** Probleme zu entscheiden sind, um Fragen der **Schuldfähigkeit**. Die Mitwirkung eines Verteidigers wird für erforderlich gehalten, wenn eine alkoholbedingte eingeschränkte Schuldfähigkeit zur Diskussion steht[64], wenn beim Angeklagten möglicherweise eine seelische Abartigkeit, indiziert durch paranoide Züge und Gemütsarmut, im Sinne des § 20 StGB besteht[65], wenn Anhaltspunkte dafür gegeben sind, daß bei dem Angeklagten im Hinblick auf einen Hirnschaden von einer Minderung oder Aufhebung der Schuldfähigkeit ausgegangen werden muß[66].

Im **Prozeßrecht** sind es vor allem Probleme des **Beweisverfahrens**, die zur Bestel- **60** lung eines Pflichtverteidigers führen.

Im Rahmen der **Beweisaufnahme** wird etwa bei zu befürchtenden Schwierigkei- **61** ten im Bezug auf Dauer und Zahl der Vernehmungen die Beiordnung eines Pflichtverteidigers verlangt[67]. Bei den Beweiserhebungen zur **inneren Tatseite** können ebenfalls Probleme auftreten, die den Beistand eines Verteidigers erfordern[68]. Sehr restriktiv allerdings ist OLG Hamm OLGSt (alt) § 140 S. 26 in einem Falle, in dem die Frage sich stellte, „ob aus dem von den Angeklagten eingeräumten äußeren Tatgeschehen auf Diebstahlsvorsatz zu schließen" sei; „bei dem Schluß von einem feststehenden objektiven Geschehensablauf auf Wissens- und Wollensvorstellungen der daran Beteiligten" handele es sich „um eine dem Tatgericht ständig gestellte Aufgabe, die nicht als generell schwierig einzustufen" sei.

Beim **Sachverständigenbeweis** wird fast immer die Mitwirkung eines Verteidigers **62** für erforderlich gehalten; entsprechende Entscheidungen liegen vor in Fällen, in denen es sich um die sachverständige Beurteilung der Glaubwürdigkeit eines Kindes handel-

---

[56] OLG Karlsruhe StrVert. **1987** 518.

[57] LG Essen StrVert. **1986** 427.

[58] LG Oldenburg StrVert. **1983** 236.

[59] OLG Zweibrücken StrVert. **1986** 240.

[60] OLG Zweibrücken vom 6. 11. 1985 – 2 Ss 198/85.

[61] LG Verden StrVert. **1982** 164; zum Sachverständigengutachten s. auch noch LG Bochum StrVert. **1987** 383; eine gewisse Vorsicht bei der Frage, ob wegen der Notwendigkeit von Vorhalten aus den Akten über den Pflichtverteidiger Akteneinsicht des Beschuldigten gegeben sein müsse, fordert OLG Karlsruhe Justiz **1984** 214.

[62] LG Bonn StrVert. **1986** 246.

[63] Vgl. etwa OLG Koblenz wistra **1983** 122: bei Straftatbeständen, „die aus der Führung eines Geschäftsbetriebs resultieren" und daher im Zweifel eher schwierig sind, wird kein Grund für die Bestellung eines Verteidigers gesehen – allerdings in dem entschiedenen Fall wohl auch deshalb, weil der Angeklagte gelernter Betriebswirt ist.

[64] LG Hamburg StrVert. **1983** 99.

[65] OLG Hamm StrVert. **1984** 66.

[66] LG Lübeck StrVert. **1986** 1947.

[67] OLG Stuttgart StrVert. **1987** 8 – rubriziert unter „tatsächlicher Schwierigkeit" des Verfahrens.

[68] LG Hamburg StrVert. **1985** 453.

Klaus Lüderssen

te[69], oder in denen es um Gutachten zu verschiedenen Wirkstoffkonzentrationen von Betäubungsmitteln geht, wovon das Vorliegen einer nicht geringen Menge abhängig ist[70].

63   Auch bei der Einnahme des **Augenscheins** können Schwierigkeiten auftreten, welche die Bestellung eines Verteidigers angezeigt erscheinen lassen, etwa wenn es darum geht, in der Hauptverhandlung einen Videofilm vorzuführen, der dem Beschuldigten nicht bekannt ist[71].

64   Im Rahmen der **Beweiswürdigung** häufen sich die Schwierigkeiten, welche zur Bestellung eines Pflichtverteidigers führen. Ein in diese Richtung gehendes Anzeichen ist immer gegeben, wenn im bisherigen Verfahren Staatsanwaltschaft und Richter zu einer unterschiedlichen Bewertung der Beweise gekommen sind[72]. Verneint wird eine mit Blick auf die Beweiswürdigung gegebene Schwierigkeit der Rechtslage allerdings dann, wenn der Schuldnachweis nur durch Indizien geführt werden könne; jedenfalls rechtfertige das, für sich allein betrachtet, noch nicht die Bestellung eines Pflichtverteidigers[73]. Auch für den Fall, daß im Berufungsverfahren Zeugen in verschiedenen Punkten von ihren im Ermittlungsverfahren oder in der Hauptverhandlung vor dem Schöffengericht gemachten Aussagen teilweise abweichen oder ungenaue Angaben gemacht haben sollen, sei noch kein Grund für die Bestellung eines Pflichtverteidigers gegeben[74]. Diese Auffassung ist sicher schon mit Blick darauf, daß bei derselben Konstellation, sofern noch die Beweisaufnahme bevorsteht, Pflichtverteidigung für erforderlich gehalten wird (s. Rdn. 69), angreifbar[75].

65   **Nicht** spezifisch **auf das Beweisverfahren** bezogene Probleme **prozessualer** Art ergeben sich, wenn die Frage auftaucht, ob die Möglichkeit eines Angeklagten, „sich durch Begründung der Revision zum Protokoll der Geschäftsstelle gemäß § 345 Abs. 2 hinreichend selbst verteidigen zu können", genügt für die Ablehnung der Schwierigkeit der Rechtslage[76].

66   Auch wenn erkennbar ist, daß in der Revision „noch nicht erkannte **Verfahrensfehler** ‚aufzuspüren'" sein werden, wird die Schwierigkeit der Rechtslage verneint[77].

67   Großzügiger verfährt die Rechtsprechung, wenn es sich um die Stellung eines **Wiedereinsetzungsantrages**, der rechtlich schwierig ist, handelt und zweifelhaft ist, ob der Angeklagte selbst „die geeigneten Umstände hätte vortragen können"[78].

68   Von den in der **Literatur** erhobenen Forderungen nach Bestellung eines Pflichtverteidigers bei Schwierigkeit der Sach- und Rechtslage sind hier drei besonders hervorzuheben[79]. Es handelt sich jeweils um besondere Konstellationen des Prozeßrechts.

---

[69] OLG Koblenz OLGSt NF § 140 Abs. 2 Nr. 2.

[70] OLG Celle StrVert. **1987** 239: auch hier ist die Abgrenzung zur Schwierigkeit der Sachlage immer dann nicht leicht, wenn gleichzeitig unter dem Aspekt der notwendigen Akteneinsicht die Mitwirkung eines Verteidigers als erforderlich erscheint.

[71] LG Amberg StrVert. **1986** 523.

[72] Grundsätzlich dazu OLG Hamm StrVert. **1985** 447; auch hier spielt allerdings wiederum die Frage der Möglichkeit der Akteneinsicht eine Rolle, s. dazu schon oben Rdn. 55.

[73] OLG Koblenz NF OLGSt § 140 Abs. 2 Nr. 2.

[74] OLG Koblenz aaO.

[75] Anders daher mit Recht OLG Düsseldorf Beschluß vom 20. 3. 1984 Az 3 Ws 358/84.

[76] So OLG Hamm NStZ **1982** 345, mit sehr kritischer Anmerkung von *Dahs*; wie OLG Hamm auch OLG Koblenz Rpfleger **1984** 366, unter Hinweis darauf, daß anders nur zu entscheiden sei bei Abfassung besonders schwieriger Revisionsrügen; s. auch OLG Koblenz wistra **1983** 122 unter Hinweis auf eine prozessuale Fürsorgepflicht des Rechtspflegers.

[77] OLG Oldenburg NStZ **1984** 523; **a. A** auch hier *Dahs* NStZ **1982** 345 ff.

[78] OLG Zweibrücken StrVert. **1982** 128.

[79] Vgl. im übrigen *Molketin* Schutzfunktion S. 62 bis 110; *Lüderssen* NJW **1986** 2745 ff.

Die zunehmende, durch fachwissenschaftliche Entwicklungen begünstigte Ten- **69** denz der Gerichte, **psychiatrisch-psychologische Sachverständige** auch in den Fällen heranzuziehen, in denen **nicht nur „klassische"** geistige oder seelische Erkrankungen indiziert sind, kann häufiger als bisher zur Anwendung des §247 führen. Wegen der „damit notwendigerweise einhergehenden Beschränkung der Verteidigung des Angeklagten"[80], aber auch mit Blick auf die ganz besonderen Schwierigkeiten, die sich aus dem Zusammentreffen freiheitlich-rechtsstaatlicher und fürsorglich-sozialstaatlicher Grundsätze hier ergeben[81], kann kein Zweifel daran bestehen, daß in diesen Fällen ein Pflichtverteidiger bestellt werden muß.

Das gleiche gilt für die Fälle, in denen zur Beweisführung auf die Aussage von so- **70** genannten **V-Leuten** zurückgegriffen werden muß[82]. Die Problematik hat in den letzten zehn Jahren derart an Gewicht zugenommen und ist juristisch so stark ausdifferenziert, daß auch in Verfahren, die im Bereich der Bagatelldelikte sich bewegende Tatvorwürfe zum Gegenstand haben, der Angeklagte professionellen Beistand braucht.

Eine ähnliche Explosion der Rechtsprobleme hat stattgefunden im Bezug auf eine **71** in ihren Schwierigkeiten lange verkannte, zunehmend auftretende Prozeßkonstellation: Verhandlung gegen mehrere, sich **wechselseitig belastende Beschuldigte**[83]. Auch hier dürfte in **allen** Fällen Pflichtverteidigung geboten sein.

cc) Unfähigkeit des Beschuldigten, sich selbst zu verteidigen. Unabhängig von der **72** Tatschwere oder der Schwierigkeit der Sach- oder Rechtslage wird auf die **persönlichen Fähigkeiten** des Beschuldigten abgestellt. Dieser Bestellungsgrund lag vor der Streichung des Abs. 1 Nr. 4 z. B. vor, wenn der Beschuldigte zwar nicht taub ist, aber hochgradig schwerhörig ist[84]; wenn er zwar nicht stumm ist, aber durch Stottern so behindert, daß die Befürchtung besteht, er werde wegen seines Gebrechens nicht alles Notwendige sagen. Aus der Regelung des Abs. 2 S. 2 ergibt sich, daß auch die eindeutigen Fälle von **Stummheit** und **Taubheit** jetzt dorthin gehören[85]. **Blindheit** müßte nach der Streichung der zunächst um diesen Fall erweiterten Nr. 4 und der Nichtaufnahme in die Regelung des §140 Abs. 2 S. 2 eigentlich ausscheiden. Indessen werden Einzelfälle, welche zur Korrektur dieser Entscheidung Anlaß geben könnten[86], abzuwarten sein.

Zu den **körperlich-seelischen,** eindeutig manifestierten Dauer-Defiziten sind fer- **73** ner zu rechnen die Fälle **unterdurchschnittlicher Intelligenz**[87] und sehr hohen Lebensalters[88].

Eine weitere Gruppe bilden die Fälle, in denen dem Beschuldigten spezielle **so- 74 ziale Fähigkeiten** fehlen, wie etwa die Fähigkeit zu **lesen** und zu **schreiben**[89]. Auf der gleichen Stufe steht der Mangel gewisser **kommunikativer** Fähigkeiten, etwa die fehlende Gewandtheit für die erforderlichen Verhandlungen mit Therapieeinrichtungen und Sozialamt[90].

---

[80] *Molketin* Schutzfunktion S. 103.
[81] S. dazu im einzelnen *Becker-Toussaint* u. a., Aspekte der psychoanalytischen Begutachtung im Strafverfahren (1981) S. 46 ff.
[82] Grundsätzlich dazu § 163, 54 ff; § 206 a, 57; § 136 a, 4; § 250, 27 ff; § 96, 30 ff.
[83] Grundsätzlich dazu Vor § 48, 17 ff.
[84] OLG Hamm NJW **1952** 1190.
[85] Darüber, wie in diesen Fällen bei aufgezwungener Verteidigung zu entscheiden ist, vgl. Rdn. 116.
[86] Ein argumentum e contrario dürfte, so wie

§ 140 Abs. 2 angelegt ist, nicht geboten sein, zumal diese jüngste Reformgeschichte wahrscheinlicher ohnehin das Ergebnis ebenso beachtlicher wie vermeidbarer Mißverständnisse ist, s. Rdn. 2 f und 116.
[87] Vgl. LG Berlin StrVert. **1983** 99.
[88] *Molketin* Schutzfunktion S. 94 und 124.
[89] OLG Celle StrVert. **1983** 187; über die Sprachschwierigkeiten von Ausländern vgl. weiter unten Rdn. 80 ff.
[90] OLG Celle Beschluß vom 18. 8. 1987 – 3 Ws 307/87.

Klaus Lüderssen

75   Noch weitergehend ist das Zugeständnis, daß auch eine erst im Prozeß selbst hervortretende besonders gravierende **Fehleinschätzung der Verfahrenslage** die Unfähigkeit des Beschuldigten, sich selbst zu verteidigen, indiziert, wiewohl keine Anzeichen mehr oder weniger allgemeiner kommunikativer Schwierigkeiten bestehen[91].

76   Schließlich sind **temporäre** Behinderungen durch Krankheit oder damit vergleichbare körperlich-seelische Veränderungen, wie etwa Schwangerschaft[92], zu berücksichtigen. Proteste schwangerer Frauen sind hier freilich ebenso zu erwarten wie in den Fällen der Blinden, und zwar auf der Basis der gleichen Mißverständnisse, weshalb noch einmal ganz klar gesagt werden muß: die Schwangere soll den Verteidiger bekommen, wenn sie ihn nicht bezahlen kann, ihn aber haben möchte — ohne daß es auf andere Voraussetzungen des § 140 Abs. 1 oder Abs. 2 noch ankommen muß. LR-*Dünnebier* zählt noch die Fälle der Entmündigung auf (RG GA **62** (1914/15) 337). Aber diese Fälle sind mit § 140 Abs. 1 Nr. 6 oder doch jedenfalls mit dem Argument, daß dann eine schwierige Rechtslage (Schuldfähigkeit) besteht, erfaßt. Andererseits ist zu bedenken, daß es auch Fälle der Entmündigung gibt, in denen der Grund für die Entmündigung mit der Straftat nichts zu tun hat.

77   Die **kompensierende** Pflichtverteidigung für den Fall, daß dem Verletzten ein Rechtsanwalt beigeordnet ist, ist schon vor der Gesetzesänderung gefordert worden[93]. Hier wird es vor allem darauf ankommen, wegen des möglicherweise frühen Zeitpunkts, zu dem der Verletzte anwaltlich vertreten ist (§ 406 g Abs. 3), zu einer angemessenen Interpretation des § 141 Abs. 3 zu kommen[93a].

78   **b) Besondere Gruppen von Klienten.** Betroffen können hier sein sämtliche Unterfälle der Prinzipien; die Empirie der Fälle lehrt allerdings, daß es sich im wesentlichen um Ausprägungen der Unfähigkeit zur Selbstverteidigung handelt.

79   **aa) Ausländer.** Die wesentlichen **ausländerspezifischen Probleme** der Verteidigung sind wohl bekannt: Unkenntnis der deutschen Sprache, Unkenntnis sogar der auch für deutsche Laien nachvollziehbaren Begriffe der Gerichtssprache, Unkenntnis des deutschen Rechtssystems, insbesondere des Gerichtsverfahrens sehr oft infolge Sozialisation in einem völlig anderen Kulturkreis.

80   Die Literatur[94] ist einhellig der Auffassung, daß **Sprachunkenntnis** eines Ausländers an sich schon den Fall der Pflichtverteidigung gemäß § 140 Abs. 2 begründet. Die Anwesenheit des vom Gericht bestellten Dolmetschers bedeute keine ausreichende Kompensation im Hinblick auf die Verteidigungsunfähigkeit. Häufig sei es so, daß Dolmetscher nur summarisch übersetzen und zudem interpretierend suggestiv fragen. Dem gemeinsamen Kulturkreis von Angeklagtem und Dolmetscher entstammende Konflikte seien nicht selten. Eine gewissenhafte Überprüfung der Übersetzungen sei dem Angeklagten unmöglich, zudem wisse er nicht, daß er den Dolmetscher wegen Befangenheit ablehnen kann (§§ 191 GVG in Vbdg. mit § 74 StPO).

81   Die **Rechtsprechung** folgt diesen Überlegungen leider nur bedingt. Ein Teil der Entscheidungen nennt die mangelnde Sprachkenntnis des ausländischen Angeklagten nur neben der zu erwartenden Strafe[95] oder neben dem schweren Tatvorwurf[96]. Andere

---

[91] OLG Zweibrücken StrVert. **1985** 447.
[92] Hierzu OLG Düsseldorf NJW **1964** 877.
[93] LG Essen NStZ **1987** 184.
[93a] Dazu *Weider* StrVert. **1987** 317, 319, der zu dem Ergebnis kommt, daß die Voraussetzungen der Pflichtverteidigerbestellung im Ermittlungsverfahren immer dann vorliegen,

wenn der Verletzte von einem Beistand vertreten wird; siehe zum Ganzen auch *Rieß/Hilger* NStZ **1987** 146.
[94] *Strate* StrVert. **1981** 46; *Molketin* AnwBl. **1980** 448; *Oellerich* StrVert. **1981** 437 f.
[95] So LG Baden-Baden StrVert. **1983** 236.
[96] So LG Itzehoe StrVert. **1983** 454.

Entscheidungen stützen die Beiordnung **ausschließlich** oder **überwiegend** auf die Sprachdefizite: Beiordnung bei Sprachunkenntnis, fremdem Kulturkreis und von der deutschen Durchschnittsnorm abweichender sozialer Herkunft eines Landarbeiters[97].

Auch bei **relativ einfach** gelagertem Sachverhalt wird durchaus beigeordnet[98], **82** auch dann, „wenn die gegen den Angeklagten erhobenen Vorwürfe allein eine Pflichtverteidigerbestellung nicht zu rechtfertigen" vermögen[99] oder der Angeklagte geständig ist[100]. Eine einleuchtende Begründung für die Beiordnung in solchen Fällen gibt das LG Osnabrück[101]: es sei „im Hinblick auf das Gebot fairer Verhandlungsführung als Ausfluß des Rechtsstaatsprinzips geboten, einem die deutsche Sprache nur unzulänglich beherrschenden Angeklagten einen Verteidiger beizuordnen, um sichere Gewähr dafür zu bieten, daß er in der Lage ist, der Verhandlung zu folgen und alle, seiner Verteidigung dienenden Handlungen vorzunehmen". Die Ansicht, ein Dolmetscher reiche zur Kompensation der auf Sprachunkenntnis beruhenden Verteidigungsunfähigkeit aus[102], scheint sich nicht durchzusetzen[103].

Umstritten ist die erst in den letzten Jahren aufgeworfene Frage, ob die Beiord- **83** nung eines Verteidigers dann geboten sei, wenn eine **Verständigung** zwischen dem der deutschen Sprache nicht mächtigen und seinem gewählten Verteidiger **ohne Dolmetscher nicht möglich** ist, der Angeklagte die erforderlichen Mittel für den Dolmetscher aber nicht aufzubringen in der Lage ist[104]. Anlaß für diese Beiordnung ist, daß nach herrschender Meinung zwar der bestellte Verteidiger die notwendigen Kosten für den von ihm herangezogenen Dolmetscher aus der Staatskasse verlangen kann, die dem Angeklagten in seinem Verkehr mit dem Wahlverteidiger entstandenen Dolmetscherkosten aber nicht erstattet werden[105], obwohl dem ausländischen Angeklagten für das gesamte Strafverfahren[106] nach der Auffassung der EuKomMR unentgeltlich ein Dolmetscher beigeordnet werden muß[107].

[97] LG Heilbronn StrVert. **1984** 506; im konkreten Fall ging es um einen Verstoß gegen die Aufenthaltsbeurteilung gem. § 20 AsylVfG, der in der Regel nur mit niedrigen Strafen sanktioniert wird.

[98] LG Osnabrück StrVert. **1984** 506; LG Hannover StrVert. **1987** 352; LG Hildesheim StrVert. **1988** 13; OLG Celle NStZ **1987** 521; OLG Karlsruhe NStZ **1987** 552.

[99] LG Darmstadt StrVert. **1981** 351; LG Freiburg StrVert. **1986** 472.

[100] OLG Stuttgart StrVert. **1987** 40.

[101] StrVert. **1984** 506; s. auch OLG Köln StrVert. **1986** 238; s. ferner Fußn. 97.

[102] So LG Flensburg JurBüro **1982** 1858; ebenso LG Koblenz MDR **1987** 431; bemerkenswert OLG Celle StrVert. **1987** 518: Beiordnung eines Pflichtverteidigers mit dem Argument, wenn der Dolmetscher nicht die Muttersprache des Angeklagten spreche und er sich mit diesem nur in einer Sprache verständigen könne, die der Angeklagte seinerseits nicht vollständig beherrsche. Im gleichen Sinn LG Bochum StrVert. **1988** 101, s. ferner OLG München StrVert. **1986** 422 (Beiordnung eines Verteidigers geboten, wenn der

ausländische Angeklagte erst dadurch in die Lage versetzt werde, sich bei den notwendigen Besprechungen mit dem Verteidiger eines Dolmetschers zu bedienen); so auch LG Krefeld StrVert. **1987** 432.

[103] Explizit dagegen jedenfalls LG Itzehoe StrVert. **1983** 454; auch das OLG Hamm StrVert. **1981** 440 hat sich diesem Argument seines Vorgerichts nicht anschließen können.

[104] Bejahend LG Berlin StrVert. **1984** 237; und KG StrVert. **1985** 184; s. auch LR-*Hilger* § 464 a, 9; *Kleinknecht/Meyer*[38] 32; KG StrVert. **1986** 239; LG Berlin StrVert. **1984** 237; abl. OLG Zweibrücken NJW **1983** 2143.

[105] Vgl. *Kleinknecht/Meyer*[38] Art. 6 MRK Rdn. 19, § 140, 20; KK-*Schikora*[2] § 464, 4; dagegen mit dem Hinweis, sonst sei Pflichtverteidigung erforderlich, LG Düsseldorf StrVert. **1984** 112; vgl. auch AG Bremen StrVert. **1984** 113.

[106] So LG Berlin AnwBl. **1980** 30.

[107] Vgl. EuKomMR NJW **1978** 477; s. ferner EGMR StrVert. **1984** 273; BVerfG NJW **1988** 1462; LG Bremen StrVert. **1983** 193; das LG Bonn (vgl. Fußn. 104) begründet seine Ablehnung einer Beiordnung damit, daß „der

Klaus Lüderssen

84   Ein Vergleich der jeweiligen richterlichen Begründungen zeigt, daß die Dogmatik des § 140 Abs. 2 StPO als Anknüpfungspunkt weitgehend aufgegeben wird. Steht auf der einen Seite die Gewährleistung eines rechtsstaatlichen Verfahrens[108], so wird andererseits vor der Verletzung des **Gleichheitsgrundsatzes** gewarnt. Die Argumentation des LG Bonn überzeugt aber nicht: Es geht nicht darum, ob der Anspruch auf unentgeltliches Heranziehen eines Dolmetschers weiter geht als der Anspruch auf unentgeltliche Verteidigung, sondern darum, ob es der Anspruch auf die Ausübung der Wahlverteidigung nicht notwendig macht, den Verteidiger beizuordnen, wenn — wegen der Unentbehrlichkeit des Dolmetschers — die **Wahl**verteidigung anders als durch die Beiordnung nicht realisierbar ist. Damit ist auch der zweite Einwand widerlegt: beide, der sprachunkundige ausländische wie der deutsche Mitangeklagte haben einen Wahlverteidiger, der erstere kann mit diesem ohne Beiordnung und Ersetzung der Dolmetscherkosten aber gar nicht seine Verteidigung vorbereiten. Daß die Beiordnung nicht nur dieses Defizit aufhebt, sondern den Angeklagten zusätzlich besser stellt, ist solange aufgrund der vorher bestehenden Ungleichheit sachlich gerechtfertigt, wie nicht Alternativen zur Beseitigung dieses Defizits eröffnet werden[109].

85   Ebenfalls geläufig sind die ausländerspezifischen **Konsequenzen** einer Verurteilung: die ziemlich sichere **Ausweisung** schon bei Strafen im Bereich von einem Jahr, in jedem Fall: Mitteilung an die Ausländerbehörde, so daß die ausländerrechtlichen Konsequenzen einer Verurteilung im weitesten Sinne immer eintreten.

86   Es finden sich wenige Entscheidungen, die auf die Ausweisung als aus der Sicht des Angeklagten erheblich belastende Folge einer möglichen Verurteilung eingehen. Grund dafür mag sein, daß den Amtsgerichten, vor denen die fraglichen Verfahren ganz überwiegend verhandelt werden, die ausländerrechtlichen Folgen einer Verurteilung zumindest zu Beginn des Verfahrens nicht präsent sind[110]. Als weiterer Grund kann vermutet werden, daß in vielen Fällen, in denen eine Ausweisung nach der Verwaltungspraxis der Länder mit hoher Wahrscheinlichkeit droht, schon wegen der Schwere des Vorwurfs eine Beiordnung erfolgt. Nicht bezüglich einer möglichen **Ausweisung**, sondern für den Fall **beamtenrechtlicher Nachteile** hat das OLG Hamburg in einer sehr umfassenden und dabei durchaus restriktiven Entscheidung ausgeführt, wenn die Verurteilung „von Gesetz wegen oder wenigstens nach feststehender Rechtspraxis noch einen erheblichen weiteren Nachteil für das künftige Leben des Beschuldigten zur Folge habe, so müsse das bei der Schwere der Tat i. S des § 140 Abs. 2 berücksichtigt werden"[111]. § 10 AuslG ist eine Ermessensvorschrift, die Ausübung des Ermessens ist aber in Verwaltungsrichtlinien weitgehend festgelegt. Ist danach bei der möglichen Verurteilung eine Ausweisung höchstwahrscheinlich, muß ein Verteidiger beigeordnet werden. Soweit ersichtlich, begründet aber nur *eine* veröffentlichte Entscheidung die Beiordnung auch mit der möglichen Ausweisung[112].

Anspruch auf unentgeltliche Heranziehung eines Dolmetschers für die Zwecke der Verteidigung nicht weiter gehen kann als der Anspruch auf unentgeltliche Verteidigung selbst" und daß die gegenteilige Ansicht dazu führen würde, „den armen, nicht deutsch sprechenden Angeklagten besserzustellen als beispielsweise seinen ebenso armen deutschen Mittäter".

[108] LG Berlin StrVert. **1984** 237, der Rechtsprechung des BVerfG zu § 140 Abs. 2 StPO (vgl. Nachw. bei *Kleinknecht/Meyer*[38] 32) folgend.

[109] U. U wie durch das LG Düsseldorf StrVert. **1984** 112.

[110] Vgl. aber *Kanein* AuslG[3] Anm. 3 d u. S. 10, der betont, daß „die Ausweisung ... den Ausländer zumeist ungleich schwerer trifft als die Bestrafung".

[111] StrVert. **1984** 370.

[112] LG Darmstadt StrVert. **1981** 351.

bb) Jugendliche. Zu dieser Personengruppe gibt es die spezielle Vorschrift des **87** §68 JGG. In Nr. 1 dieser Vorschrift wird faktisch auf §140 StPO verwiesen. Nur für §140 Abs. 2 ergeben sich daraus Probleme. Die Auslegung der **Generalklausel** muß, wenn es sich um jugendliche Beschuldigte handelt, unter **jugendrechtlichen** und **jugendkriminologischen** Gesichtspunkten erfolgen[113]. Das ist aber nur eine **zusätzliche** Forderung. Wenn nach §140 Abs. 2 die Voraussetzungen der Bestellung eines Pflichtverteidigers für einen Erwachsenen vorliegen, so gilt das ohne weiteres auch für den Jugendlichen. Welche Fälle aus spezifisch jugendrechtlicher und jugendkriminologischer Sicht hinzutreten müssen, ist daher eine Frage, für die auf jugendstrafrechtliches Schrifttum zu verweisen ist[114].

Ein **Eingriff** in die **Substanz** des §140 Abs. 2 und nicht nur eine Ergänzung wäre **88** mit der Regelung des §68 Nr. 1 JGG nur dann möglicherweise erfolgt, wenn die Strafverteidigung bei Jugendlichen etwas grundsätzlich anderes zu sein hätte als bei Erwachsenen. Das ist an sich durch die Formulierung von §68 Nr. 1 ausdrücklich ausgeschlossen. Allerdings gibt es im Jugendstrafrecht die Auffassung, der **Verteidiger** eines Jugendlichen habe eine **erzieherische** Aufgabe, die den kontradiktorischen Strafprozeß insofern einschränke. Wäre das richtig, müßte die Kommentierung zu §140 Abs. 2 mit Blick auf Jugendliche nicht nur ergänzt, sondern auch in ihren Grundlagen umgestaltet werden. Voraussetzung dafür wäre wiederum, daß auch für den gemäß §137 gewählten Verteidiger eines Jugendlichen das Entsprechende gelten würde. Dagegen vgl. aber §137, 55. Demgemäß sind für die Pflichtverteidigung, weil sie keine anderen Aufgaben hat als die Wahlverteidigung (s. oben Rdn. 16), die Konsequenzen bereits vorgezeichnet, wiewohl das Mißverständnis, daß der Pflichtverteidiger eine zusätzliche **rechtsstaatliche** Funktion habe, hier doch zu einer differenzierenden Betrachtung führen könnte, indem nun die **sozialstaatliche** Komponente, die man dem Wahlverteidiger nicht aufzwingen kann, zum Tragen kommt[115].

Zu den besonderen Regelungen in §68 Nr. 2 und 3 JGG, die eigentlich eine Er- **89** gänzung des §140 Abs. 1 StPO darstellen, vgl. ebenfalls die einschlägigen Kommentare zum JGG.

cc) Zeugen. Die Frage ist, ob einem mittellosen Zeugen ein Rechtsbeistand auf **90** Staatskosten beizuordnen sein kann. Grundsätzlich hat das BVerfG (E **38** 105 ff) entschieden, daß ein Zeuge zwar keine eigenen Ziele im Verfahren verfolge und ihm dabei auch keine Rechte zur Verfahrensgestaltung zustünden, er aber dennoch **selbständige**, rechtlich geschützte **Interessen** haben könne, wie sie zum Beispiel in Zeugnis-, Aussageverweigerungs- und Eidesverweigerungsrecht zum Ausdruck kommen. Die Problematik der Zeugenaussage sei deshalb keine prinzipiell andere als die der Einlassung des Beschuldigten. Um der **Chancengleichheit** willen habe der Zeuge deshalb auch grund-

---

[113] *Ostendorf* StrVert. **1986** 109.

[114] Einzelheiten und Kasuistik bei *Ostendorf* JGG (1987) §68, 8 bis 10; *Eisenberg* JGG² §68, 18; *Peter-Alexis Albrecht* Jugendstrafrecht (1987) §44 C; *Kahlert* Verteidigung in Jugendstrafsachen², Rdn. 38; s. ferner *Beulke* Der Bundesminister der Justiz (Hrsg.), Verteidigung in Jugendstrafsachen (1987) 170 ff, auf S. 195 findet sich eine vorzügliche, allgemeine Strafverfahren und Jugendstrafverfahren vergleichende „Checkliste für notwendige Verteidigung".

[115] Über diese Tendenz kritisch *Ostendorf* StrVert. **1986** 108 – unter kritischer Zurückweisung; s. ferner die Nachweise kritischer Literatur zur speziell bei Pflichtverteidigern in Jugendsachen verlangten erzieherischen Funktion bei *Kahlert* (Fußn. 114), Rdn. 10; zur für die Gesamtverteidigung im Jugendstrafverfahren insofern einschlägigen Diskussion vgl. die Literaturhinweise bei §137, 55.

Klaus Lüderssen

sätzlich ein Recht auf Rechtsbeistand, der erst die umfassende und sachgerechte Wahrnehmung seiner prozessualen Befugnisse gewährleiste; für den mittellosen Zeugen ergebe sich hieraus jedoch kein Recht auf Beiordnung auf Staatskosten[116], er sei durch § 55 StPO und eine entsprechende Hinweispflicht des Gerichts und der Staatsanwaltschaft ausreichend geschützt. Kritisiert wird diese Entscheidung von *Hauffe*[117] mit dem Hinweis, daß es bei der Wahrnehmung von Rechten nicht auf einzelne ankommen dürfe und diese Rechte ohne Rechtsbeistand meist theoretischer Natur bleiben müssen. Da eine analoge Anwendung der Vorschriften für die Pflichtverteidigung jedoch durchaus diskutabel und ebensowenig wie ihre Nichtanwendung ein Verstoß gegen das Willkürverbot des Art. 3 Abs. 1 GG sei, müsse den Instanzgerichten überlassen bleiben, für die Voraussetzungen eines fairen Verfahrens zu sorgen. Die Möglichkeit der Beiordnung wird bejaht vom AG Bremen[118].

91   **dd) Privatkläger.** Im Rahmen der nach § 379 vorgesehenen Prozeßkostenhilfe hat sich eine Praxis der Beiordnung eines Rechtsanwaltes entwickelt (Einzelheiten bei § 379).

92   **ee) Nebenkläger.** An die Stelle der Pauschalverweisung auf die Befugnisse des Privatklägers sind jetzt durch das StVÄG 1987 die Spezialvorschriften der §§ 397 a und 406 g Abs. 3 und 4 getreten (s. im einzelnen die Kommentierung des § 397 a im Nachtr. und § 406 g, 16 ff).

c) Besondere Verfahrensstadien und -arten

93   **aa) Revisionsverfahren.** Diese spezielle Frage stellt sich nur, weil die Bestellung des Pflichtverteidigers zwar für alle Verfahrensstadien gilt[119], nicht aber für die Hauptverhandlung vor dem Revisionsgericht (§ 350, 8; § 141, 30). Eine detaillierte Behandlung kann hier aber mit Blick auf die gründlichen Darlegungen § 350, 8 bis 11 unterbleiben.

94   **bb) Vollstreckungsverfahren.** Was allgemein zur Rolle des Verteidigers in diesem Verfahrensstadium zu sagen ist, findet sich in § 137, 44. Bei der **Pflichtverteidigerbestellung** zeigt sich zunächst — im Rahmen der allgemeineren Frage nach der Dauer der Bestellung — das Problem, ob die irgendwann einmal vorgenommene Bestellung ohne weiteres in das Vollstreckungsverfahren hinüberwirkt oder der Pflichtverteidiger für das Vollstreckungsverfahren gesondert bestellt werden muß. Nur wenn man sich für die zweite Variante entscheidet, kann sich noch die zusätzliche Frage stellen, ob für das Vollstreckungsverfahren Pflichtverteidigung überhaupt in Betracht kommt. Wortlaut und Systematik der §§ 140 Abs. 1 und 2 scheinen ganz auf das **Erkenntnisverfahren** zugeschnitten zu sein. Andererseits haben sich im modernen Strafrecht „eine Vielzahl von Aspekten der Sanktionsverwirklichung und Sanktionsdifferenzierung in das Vollstreckungsverfahren verlagert"[120]. Von dieser inzwischen h. M, die auch durch eine Vielzahl von Entscheidungen bestätigt worden ist[121], wird hier ausgegangen. Das heißt, § 140 Abs. 2 ist direkt und nicht nur analog anzuwenden[122].

---

[116] BVerfG StrVert. **1983** 489.

[117] StrVert. **1983** 489 f.

[118] StrVert. **1983** 500 mit zust. Anm. *Joester* S. 513 f. Auch das LG Darmstadt StrVert. **1986** 147 bejaht eine Beiordnung aufgrund der Fürsorgepflicht des Gerichts, wenn es in einer rechtlich und tatsächlich schwierigen Situation um das Recht des Zeugen aus § 55 StPO geht.

[119] Vgl. daher auch schon die oben Rdn. 30 mitgeteilten Fälle; ferner OLG Stuttgart NJW **1979** 1373.

[120] *Rieß* StrVert. **1981** 462.

[121] S. die Nachweise bei *Laubenstein* Verteidigung im Strafvollzug, Diss. Frankfurt 1984, S. 183.

[122] Vgl. *Laubenstein* aaO S. 183 f mit weit. Nachw.

Wirkt die Bestellung fort[123], so kann es auf **besondere** Kriterien für die Bestel- **95** lung des Pflichtverteidigers im Vollstreckungsverfahren eigentlich gar nicht mehr an- kommen. Da die herrschende Lehre das Fortwirken aber ablehnt (vgl. im einzelnen § 141, 28 ff), ist, gleichviel wie man sich zu dieser Frage stellt, eine Dokumentation der Kriterien geboten[124]:

Die Praxis hat vor allem in Verfahren, in denen es um eine **Unterbringung** nach **96** §§ 63 ff StGB ging, einen Verteidiger beigeordnet[125].

In Verfahren zur **bedingten Aussetzung** der Freiheitsstrafe gemäß § 57 StGB gibt **97** es Gründe dafür, zumindest für Verfahren über die Aussetzung der Halbstrafe gemäß § 57 Abs. 2 StGB, davon auszugehen, daß nicht nur in extrem gelagerten Ausnahmefäl- len, sondern ganz regelmäßig eine Beiordnung gemäß § 140 Abs. 2 StPO stattzufinden hat. Denn schon im Strafverfahren ist bei zu erwartenden Freiheitsstrafen von einem Jahr in der Regel die Beiordnung eines Verteidigers geboten (s. oben Rdn. 45). Aus der Sicht des Verurteilten macht es aber keinen Unterschied, ob er ein Jahr Freiheitsstrafe aufgrund des Urteils im Strafverfahren oder der Entscheidung der Strafvollstreckungs- kammer verbüßt, die eine Aussetzung der Halbstrafe ablehnt.

Hinzu kommt folgendes: Generell ist anerkannt, daß die Beiordnung eines Verteidi- **98** gers geboten ist, wenn die Voraussetzung einer sachgemäßen Verteidigung **Kenntnis der Akten** ist (s. oben Rdn. 57). Die Entscheidung über die Aussetzung der Reststrafe ergeht ohne mündliche Verhandlung unter Anhörung der Beteiligten, § 454. Empirische Untersuchungen[126] haben gezeigt, daß die Vollstreckungskammern überwiegend, d. h. zu ungefähr 75 Prozent, den Stellungnahmen der Staatsanwaltschaft und der Vollzugs- anstalt folgen. Um dieser „Grundlage" der Aussetzungsentscheidung gewachsen zu sein, muß der Gefangene sie kennen. Das Recht zur Einsicht in die Akten — hier geht es vor allem um Gefangenenpersonalakten, soweit sie der Strafvollstreckungskammer vor- gelegt werden — steht aber gemäß § 147 nur dem Verteidiger zu (s. dort generell Rdn. 18 ff; speziell zu den Gefangenenpersonalakten Rdn. 97).

Schließlich: Die genannten empirischen Studien stellen weiterhin fest[127], daß ent- **99** scheidungserheblich auch der **Eindruck** sei, den der Gefangene bei seiner Anhörung mache, daß bei den Entscheidungsvariablen aber diejenigen der Nachentlassungssitua- tion fast irrelevant sind. Erfahrungsgemäß fällt es Angeklagten und Gefangenen schwer, sich nicht nur gegen den Vorwurf der Tat zu wehren, sich also **defensiv** zu ver- halten, sondern **offensiv** für eine positive **Prognose** günstige Anhaltspunkte vorzutragen — oder erst herzustellen —, indem die mögliche Entlassungssituation vorbereitet wird. Auch insofern bedürfen sie einer Verteidigung[128].

---

[123] S. oben und die Belege der dafür eintreten- den Autoren bei *Litwinski* Strafverteidigung im Strafvollzug, Diss. Kiel 1986, S. 180 f.

[124] Geht es um die Pflichtverteidigung im Rah- men eines gegen **Jugendliche** betriebenen Vollstreckungsverfahrens, so kann direkt auf eine Vorschrift zurückgegriffen werden: § 83 Abs. 3 S. 2 JGG, dazu *Hartman-Hilter* Not- wendige Verteidigung im jugendgerichtli- chen Vollstreckungsverfahren, StrVert. **1988** 308.

[125] LG Paderborn NStZ **1981** 365; OLG Celle StrVert. **1982** 262; OLG Düsseldorf StrVert. **1983** 11; einschränkend – für das Überprü- fungsverfahren nach §§ 67 d Abs. 2, 67 e

StGB – OLG Düsseldorf StrVert. **1983** 407; ganz ablehnend das gleiche Gericht, wenn im Rahmen der von Amts wegen gemäß § 67 e StGB vorzunehmenden Prüfung der Antrag des Untergebrachten auf Aussetzung zur Be- währung erst am Tage der gerichtlichen Ent- scheidung gestellt wird.

[126] *Aufsattler* u. a., MSchrKrim. **65** (1982) 305 ff; *Dünkel/Ganz* Kriterien der richterli- chen Entscheidung bei der Strafaussetzung nach § 57 StGB, MSchrKrim. **68** (1985) 157 ff.

[127] Vgl. nur *Dünkel/Ganz* S. 157.

[128] So auch OLG Hamm NStZ **1983** 189; (vor allem dann, wenn Sachverständigengutach-

Klaus Lüderssen

100 Auch bei der Entscheidung über die Aussetzung der Vollstreckung einer Maßregel sollte, nach den oben dargelegten Grundsätzen, ein Pflichtverteidiger bestellt werden[129].

101 Das gleiche gilt für Verfahren über den **Widerruf der Strafaussetzung** gemäß § 56 f StGB jedenfalls dann, wenn Anlaß für den Widerruf der Strafaussetzung eine Tat bietet, derentwegen die Schuldfähigkeit des Angeklagten durch ein psychiatrisches Gutachten geprüft werden muß[130].

102 Insgesamt muß man sagen, daß die Praxis der Bestellung von Pflichtverteidigern im Rahmen des Strafvollstreckungsverfahrens noch nicht die nötige Aufmerksamkeit gewidmet hat[131]. Es mag nicht zuletzt daran liegen, daß mit Blick auf die äußerst **geringen Pflichtverteidigergebühren** im Vollstreckungsverfahren[132] verhältnismäßig **wenige Anträge** gestellt werden[133].

103 **cc) Vollzug.** Auch hier ist zunächst auf die Ausführungen zur generellen Bedeutung der Verteidigung im Strafvollzug zu verweisen (§ 137, 46 f). Auch für die Frage der **Fortwirkung** der einmal vorgenommenen Pflichtverteidigerbestellung ist auf Kommentierungen an anderer Stelle zu verweisen (§ 141, 28). Noch eindeutiger als im Vollstreckungsverfahren ist hier freilich die Tendenz, für die nach Eintritt der Rechtskraft liegenden Verfahren von vornherein nur das Problem der Neubestellung zu diskutieren.

104 Anknüpfungspunkt für die ganze Materie ist § 120 StrVollzG. Allerdings ist die **Verweisung** auf die Vorschriften der **Strafprozeßordnung** hier nur ganz allgemein vorgenommen, nicht so speziell wie in § 68 JGG (und dem in Verbindung damit zu sehenden § 83 Abs. 3 S. 2 JGG). Dennoch ist nicht nur für die Frage der Verteidigung im Strafvollzug allgemein, sondern auch speziell für die Frage der Bestellung des Pflichtverteidigers sedes materiae diese Vorschrift, weshalb insofern auf die einschlägigen Darstellungen verwiesen wird[134].

105 **dd) Nebenklage.** Für diesen Fall gilt die Regelung des Abs. 2 letzter Halbsatz (s. darüber schon oben Rdn. 77). Darüber hinaus gibt es keine Besonderheiten; die Voraussetzungen, unter denen ein Beschuldigter im übrigen einen Verteidiger bekommt, bestimmen sich nach den allgemeinen Kriterien.

106 **ee) Privatklage.** Grundsätzlich muß gelten, daß, wenn die Voraussetzungen des § 140 Abs. 2 vorliegen, ein Pflichtverteidiger bestellt wird. Hier wird im wesentlichen die Unfähigkeit des Beschuldigten, sich selbst zu verteidigen, den maßgebenden Gesichtspunkt liefern; es sind aber auch Fälle denkbar, in denen die Sach- oder Rechtslage schwierig ist (schwer überblickbare geschäftliche Verhältnisse und zivilrechtliche Vorfragen, etwa in den Fällen des § 374 Abs. 1 Nr. 7 und 8)[135].

107 Ob die Auffassung des Bundesverfassungsgerichts (BVerfGE **63** 380), daß die Beiordnung eines Verteidigers für den Beschuldigten im Privatklageverfahren **nicht**

ten nötig sind:) OLG Hamm StrVert. **1984** 105; s. ferner (für den Fall, daß sich seit Anordnung der Unterbringung infolge erneuter Straftaten die tatsächlichen Umstände ändern und neue Rechtsfragen aufgeworfen werden) KG StrVert. **1984** 502.

[129] So OLG Düsseldorf StrVert. **1985** 377.

[130] OLG Bamberg NStZ **1985** 39 mit Anm. *Pöpperl.*

[131] Vgl. etwa die Fülle der Möglichkeiten für die Verteidigung schlechthin unter dem Aspekt der „Rechtsbehelfe im Strafvollstrek-

kungsverfahren", die *Litwinski* S. 84 ff entwickelt und die im einzelnen darauf hin durchgeprüft werden müßten, ob sie Anlaß zur Bestellung eines **Pflicht**verteidigers geben könnten.

[132] Darüber *Litwinski* S. 193.

[133] Über die auch nicht sehr attraktive Alternative der Prozeßkostenhilfe gemäß §§ 117 ZPO in diesen Fällen vgl. ebenfalls *Litwinski* S. 194 ff.

[134] Ausführlich *Litwinski* aaO S. 202 ff.

[135] Grundsätzlich bejahend BVerfGE **56** 185.

schon deshalb erfolgen müssen, weil der Privatkläger **anwaltlich** vertreten sei, noch aufrechterhalten werden kann, ist mit Blick auf die Neuregelung in § 140 Abs. 2 letzter Halbsatz zweifelhaft geworden. Zwar ist der Fall der Privatklage in dieser Vorschrift gerade nicht erwähnt. Ein argumentum e contrario ist aber, jedenfalls im Falle eines vom Beschuldigten erbetenen Pflichtverteidigers, nicht angezeigt; hier ist vielmehr — mit Blick auf das Prinzip der in diesen Fällen vorzunehmenden extensiven Auslegung (im weiteren Sinne) — eine Analogie angebracht. (Der — schwer vorstellbare — Fall eines aufgezwungenen Verteidigers wäre allerdings im Sinne eines argumentum e contrario zu lösen.)

d) Mehrere Verteidiger. Die sachlichen Gründe, die es erforderlich machen, **108** einem Beschuldigten, der einen Verteidiger möchte, ihn aber nicht bezahlen kann, einen Verteidiger zu bestellen, können so beschaffen sein, daß auch der Wunsch des Beschuldigten, mehrere Verteidiger zu bekommen, als gerechtfertigt erscheint. Den Spielraum für diese Erwägung gibt nicht § 140 Abs. 1, wohl aber Abs. 2. Gleichwohl setzt die zu treffende Entscheidung eine Interpretation der Regelung des § 141 Abs. 1 — (nur) dem Beschuldigten, der noch **keinen** Verteidiger hat, wird **ein** Verteidiger bestellt — voraus, die hier nicht vorweggenommen werden soll; vgl. daher § 141, 32 ff, dort insbesondere auch zu der Konstellation, daß — auf Antrag oder mit Einverständnis des Beschuldigten — ein Pflichtverteidiger neben einem Wahlverteidiger bestellt wird.

II. Zeitliche Voraussetzungen der Bestellung

Die **sachliche** Bedeutung der Pflichtverteidigung wird ganz entscheidend erweitert **108a** oder verengt, je nachdem zu welchem Zeitpunkt die Bestellung erfolgt und wann sie endet.

1. Beginn. Der Beginn kann sehr früh sein (§ 141 Abs. 3) oder relativ spät (§ 141 **109** Abs. 2). Beide Bestimmungen lassen zeitlich und in bezug auf weitere Voraussetzungen einen erheblichen Spielraum, während für einen zeitlich ganz genau bestimmten Tatbestand — die an den Beschuldigten gerichtete Aufforderung, sich zur Anklage zu erklären — die Bestellung, ohne daß es noch auf zusätzliche Überlegungen ankommt, vorzunehmen ist (§ 141 Abs. 1). Im einzelnen vgl. § 141, 11.

2. Ende. Für das Ende der Pflichtverteidigertätigkeit sind relativ bestimmte Ereig- **110** nisse maßgebend mit teils fakultativen, teils obligatorischen Folgeentscheidungen.

a) Wegfall der Voraussetzungen des § 140 Abs. 1 Nr. 5. Der maßgebende Gesichts- **111** punkt ist hier, daß die spezifische Behinderung, welche die Pflichtverteidigung erforderlich gemacht hat, rein äußerlich gesehen nicht mehr besteht. Zu prüfen ist aber, ob sie mittelbar weiterwirkt[136]. Für diese Entscheidung besteht ein Spielraum, da die Aufhebung nicht zwingend ist („kann"). Hierbei **kann** eine Rolle spielen, daß „das Gericht sich in einem Drei-Monate-Fall in der Bedeutung der Sache geirrt" hat oder „sich die Verhältnisse geändert haben" (LR-*Dünnebier*[23] § 141, 39). Im Ergebnis wird in der Regel die Aufhebung nicht geboten sein[137].

Die **Handhabung** der Vorschrift muß — korrespondierend der bei der Bestellung **112** eines vom Beschuldigten erbetenen oder akzeptierten Pflichtverteidigers gebotenen extensiven Auslegung — **restriktiv** sein. Wird gleichwohl die Bestellung zurückgenom-

---

[136] Zutreffend KK-*Laufhütte*[2] § 141, 15.

[137] OLG Frankfurt StrVert. **1983** 497; OLG Stuttgart StrVert. **1986** 140.

Klaus Lüderssen

men, so muß dem Angeklagten genügend Zeit bis zur Hauptverhandlung gelassen werden, damit er sich gegebenenfalls um einen Wahlverteidiger bemühen kann. Der dafür in Frage kommende Zeitraum bestimmt sich jeweils nach der gesamten Sachlage[138].

113   Wer für die Aufhebung (zur Rechtsnatur dieser Entscheidung gilt das in § 141, 1 ff Gesagte entsprechend: Rückgängigmachung des vertraglichen bzw. quasivertraglichen Verhältnisses) zuständig ist, ist nicht geregelt. Hier ist eine Parallele zu § 143 zu ziehen; d. h. zuständig ist der **Vorsitzende** des Gerichts, bei dem Anklage erhoben worden ist, und wenn das Hauptverfahren inzwischen bei einem anderen Gericht eröffnet worden ist, der Vorsitzende dieses Gerichts.

114   **b) Rücknahme gemäß § 143.** Sie ist obligatorisch; vgl. im übrigen § 143, 2.

115   **c) Ausschließung nach § 138 a ff.** Vgl. § 138 a, 4.

C. Die Voraussetzungen einer aufgezwungenen Pflichtverteidigung

I. Sachliche Voraussetzungen der Bestellung

116   Theoretisch ist sie in allen Fällen des § 140 Abs. 1 (s. dazu auch Rdn. 40 a. E.) und 2 möglich. Zweifelhaft mag das allein in den in Abs. 2 S. 2 genannten Fällen sein. Nimmt man die Vorschrift ganz wörtlich, so soll dort nur sichergestellt sein, daß einem **Antrag gefolgt** wird. Daß der Antrag erforderlich ist, wird nicht gesagt. Vielmehr müßte eine unbefangene Logik dahingehen zu sagen, daß auf Antrag bestellt werden **muß**, im übrigen bestellt werden **darf.** Die Entstehungsgeschichte der Vorschrift (s. oben) weist indessen in eine andere Richtung. Der Protest der Blindenverbände gegen die Aufnahme der Blinden in den Katalog des § 140 Abs. 1 Nr. 4 ließ in den Beratungen den Gedanken aufkommen, daß zwar auch die **Diskreditierung** der Stummen und Tauben zu vermeiden sei, diesem Effekt aber durch Einführung eines **Antragsrechts** vorgebeugt werden könne. So kam es zur Vorschrift des § 140 Abs. 2 S. 2; man glaubte, durch diese Regelung den aufgezwungenen Verteidiger gerade vermeiden zu können[138a].

117   Schon vor der Einführung des § 142 Abs. 1 S. 2 sind aber, wenn es sich nicht um Pflichtverteidigung neben Wahlverteidigung handelte (darüber § 141, 36 ff), keine Fälle ernstlicher Weigerung des Beschuldigten bekannt geworden. Die Regelung des § 142 Abs. 1 S. 2 eröffnet freilich mit der Einschränkung („wenn nicht gewichtige Gründe entgegenstehen") eine neuartige Möglichkeit der aufgezwungenen Verteidigung (vgl. § 142, 13).

118   Es bleibt ferner die vom Beschuldigten nicht gewünschte **Pflichtverteidigung neben** der **Wahlverteidigung.** Diese Fälle sind sehr umstritten. Die Leitlinie der Auslegung muß restriktiv sein. Einzelheiten werden aus den gleichen Gründen wie bei der vom Beschuldigten erbetenen oder akzeptierten Pflichtverteidigung (s. oben Rdn. 107) bei § 141 erörtert.

II. Zeitliche Voraussetzungen der Bestellung

119   Hier ergeben sich keine Abweichungen im Verhältnis zur Erstellung des armenrechtlich motivierten Pflichtverteidigers.

---

[138] OLG Koblenz OLGSt. N. F § 140 StPO Nr. 9.

[138a] Vgl. im einzelnen *Hamm* NJW **1988** 1820; *Werner* NStZ **1988** 346.

D. Nicht von § 140 Abs. 1 und 2 erfaßte anderweitig geregelte Fälle der Pflichtverteidigung

Es sind dies die Fälle der §§ 117 Abs. 4[139], § 231a Abs. 4[140], § 350 Abs. 3[141], **120** § 364 a, 364 b[142], §§ 68 und 83 Abs. 3 S. 2 JGG[143], § 60 OWiG.

§ 141

(1) In den Fällen des § 140 Abs. 1 und 2 wird dem Angeschuldigten, der noch keinen Verteidiger hat, ein Verteidiger bestellt, sobald er gemäß § 201 zur Erklärung über die Anklageschrift aufgefordert worden ist.

(2) Ergibt sich erst später, daß ein Verteidiger notwendig ist, so wird er sofort bestellt.

(3) [1]Der Verteidiger kann auch schon während des Vorverfahrens bestellt werden. [2]Die Staatsanwaltschaft beantragt dies, wenn nach ihrer Auffassung in dem gerichtlichen Verfahren die Mitwirkung eines Verteidigers nach § 140 Abs. 1 oder 2 notwendig sein wird. [3]Nach dem Abschluß der Ermittlungen (§ 169 a) ist er auf Antrag der Staatsanwaltschaft zu bestellen.

(4) Über die Bestellung entscheidet der Vorsitzende des Gerichts, das für das Hauptverfahren zuständig oder bei dem das Verfahren anhängig ist.

Schrifttum siehe bei § 140.

Entstehungsgeschichte. Die Vorschrift bestand ursprünglich aus der Generalklausel des späteren § 140 Abs. 2, während der Gegenstand der heutigen Regelung (Abs. 1) auf § 140 Abs. 3 und (Abs. 3 S. 1) § 142 verteilt war. Die EmmingerVO brachte, unter Beibehaltung der Standorte einige für die weitere Entwicklung nicht ins Gewicht fallende Änderungen. In der Verordnung zur Durchführung der ZustVO vom 13. 3. 1940 (RGBl. I, S. 489) tauchte zum ersten Mal die Vorschrift auf (Art. 2 § 7 Abs. 2), die heute — unverändert — in Abs. 2 steht. Außerdem gab es jetzt auch eine Zuständigkeitsregelung (Art. 2 § 7 Abs. 3). In die „Sondervorschriften für die Ostmark", welche diese Verordnung enthielt, wurde auch eine Bestimmung über die Dauer der Bestellung aufgenommen (Art. 3 § 18 Nr. 4). Das VereinhG erst reservierte § 141 für die Materie. Dabei fiel die Vorschrift über die Dauer der Bestellung wieder weg. Die weiteren Änderungen sind für die Interpretation der geltenden Regelung ohne Bedeutung. Mit dem StPÄG 1964 kam — in Abs. 3 — eine Regelung der Antragsbefugnisse und -pflichten der Staatsanwaltschaft. Abs. 1 erhielt seine heutige Fassung, desgleichen Abs. 4, die — inhaltlich bereits festliegende — Regelung des Abs. 2 ihre heutige Plazierung. Mit dem 1. StVRG (Art. 1 Nr. 37) erreichte dann auch der Abs. 3 seine heutige Fassung.

---

[139] § 140 Abs. 3 S. 2 ist nur eine Folgeregelung, s. dazu § 117, 35 ff.

[140] S. dazu § 231 a, 19 f.

[141] S. dazu oben Rdn. 93.

[142] S. die gesamten Erörterungen dort.

[143] S. oben Rdn. 87 ff.

I. Die Rechtsnatur des Bestellungsaktes

1 „Die rechtliche Qualität des gerichtlichen Bestellungsaktes ist wenig erforscht"[1]. In den Kommentierungen zu § 141 wird der Begriff bisher überhaupt nicht behandelt, in denen zu §§ 97 ff BRAGO wird der **Rechtsgrund der Bestellung** teils für „unerheblich" gehalten und nur von der „Tatsache der Bestellung" gesprochen[2], teils wird noch gesagt, daß der Anspruch des Pflichtverteidigers gegen die Staatskasse nach § 97 BRAGO im öffentlichen Recht wurzele[3]. *Gerold/Schmidt*[4] betonen besonders, daß der Pflichtverteidiger „allein auf Grund des öffentlich-rechtlichen Verhältnisses seiner Bestellung" tätig werde und begründen die Notwendigkeit des § 100 BRAGO damit, daß vertragliche Ansprüche des Pflichtverteidigers gegen den Beschuldigten mangels eines bürgerlich-rechtlichen Verhältnisses ausschieden. Am eingehendsten äußert sich noch das BVerfG[5], das die Bestellung als „eine besondere Form der Indienstnahme Privater zu öffentlichen Zwecken" bezeichnet[6], die als richterliche Verfügung „nach Inhalt und Form einem begünstigenden Verwaltungsakt" gleiche[7]. Das bedeute, daß die Aufhebung der Bestellung nach den (damals noch nicht kodifizierten) Grundsätzen über den Widerruf begünstigender Verwaltungsakte[8] zu behandeln sei.

2 *Ingo Müller*[9] zitiert zustimmend die Auffassung schon des Reichsgerichts[10], daß es auf die Rechte und Pflichten des Verteidigers keinen Einfluß haben könne, ob der Grund der Bestellung „Auftrag oder Gesetz" sei, um diese Auffassung in kritischer Ab-

---

[1] *Schnarr* NStZ **1986** 488, 490.
[2] *Hartmann/Albers* Kostengesetze[22] (1987) Anm. A zu § 97 BRAGO.
[3] *Riedel/Sußbauer* Bundesgebührenordnung für Rechtsanwälte[5] (1985) § 97, 2.
[4] BRAGO-Kommentar[9] (1987) Vor § 97, 2; § 100, 1.
[5] BVerfGE **39** 238 ff.
[6] AaO S. 241.
[7] AaO S. 242.
[8] Heute §§ 48, 49 VwVfG.
[9] StrVert. **1981** 370, 372.
[10] RGSt **17** 315, 316.

Stand: 1. 11. 1988

sicht derjenigen von *Peters*[11] entgegenzuhalten, wonach der Offizialverteidiger in einem „öffentlich-rechtlichen Pflichtenverhältnis" stehe. *Haffke*[12] unterscheidet, um die Autonomie des Beschuldigten zu wahren, zwischen einem öffentlich-rechtlichen Akt, der den Zahlungsanspruch des Pflichtverteidigers begründe, und der Notwendigkeit, das **hoheitlich nicht oktroyierbare Vertrauensverhältnis** zwischen Verteidiger und Beschuldigtem auf andere Weise zu begründen. Dabei betont er die tatsächliche Natur der geforderten Freiwilligkeit, die an das „sich nicht notwendig in der juristischen Form des Vertrages dokumentierende Einständnis beider Beteiligten gebunden" sei. Das Vertragsprinzip reiche hier nicht hin. „Denn eine rechtliche Verpflichtung zur Begründung einer Vertrauensbeziehung wäre, solange Vertrauen material und nicht nur formal nach dem Modell der Rechtsfigur des Kontrahierungszwanges verstanden wird, ein Widerspruch in sich." Eine alternative Begründung zur öffentlich-rechtlichen oder privatrechtlichen, die das tatsächlich fehlende Einständnis überwindet, bietet *Haffke* aber auch nicht[13]. Eine Klärung der Frage ist nur zu erwarten, wenn man scharf unterscheidet zwischen dem Verhältnis Pflichtverteidiger—Beschuldigter und Pflichtverteidiger—Staat.

1. Das Verhältnis Verteidiger—Beschuldigter

a) Gewählter Pflichtverteidiger. Das ist der vom Beschuldigten **erbetene oder akzeptierte** Pflichtverteidiger. Er läßt sich in der Regel eine Vollmacht geben[14]. Das ist nicht überflüssig, wie *Schnarr*[15] meint, sondern hat etwas damit zu tun, daß der Pflichtverteidiger dem Wahlverteidiger, was sein Verhältnis zum Beschuldigten angeht, gleichgestellt ist. Dieser tragende Grundsatz der Bestimmungen über die Verteidigung[16] läßt sich gar nicht anders als durch Übernahme des **Vertragsprinzips** auch für den Pflichtverteidiger konkretisieren, und die Vollmachterteilung ist die natürliche Konsequenz daraus[17]. Damit entfallen dann auch Verlegenheiten von der Art, mit denen *Schnarr* kämpft, um — mit Recht — bei der „Wahlpflichtverteidigung", die eine „reine" Wahlverteidigung ablöst, die vor der Beiordnung begründete Vertretungsmacht fortbestehen zu lassen[18]. Das Problem entsteht eben gar nicht, wenn man den „einheitlich geschlossenen Verteidigervertrag", auf den sich die Vertretungsmacht, wie *Schnarr* zutreffend hervorhebt, stützt, in die neue Konstellation überführt, so wie in den Fällen, in denen der Verteidiger von vornherein als Wahlpflichtverteidiger auftritt, das Vertragsverhältnis hoheitlich eingeleitet wird[19]. Darauf beschränkt sich für den Beschuldigten, was sein Verhältnis zum Verteidiger angeht, die hoheitliche Funktion des Bestellungsaktes.

Für den Verteidiger indessen kommt eine weitere Funktion hinzu: Er **muß** sich **4** wählen lassen[20] — es sei denn, er ist Hochschullehrer[21] —; insofern unterliegt auch er einem Kontrahierungszwang.

b) Aufgezwungener Pflichtverteidiger. Hier müssen noch einmal zwei Fallgrup- **5** pen unterschieden werden.

aa) Vertrag. Es kommt — unter dem staatlichen Zwang zum Kontrahieren — **6** schließlich doch noch zu einer Bevollmächtigung, also auch zu einem Vertrag, gleich-

[11] Strafprozeß, 4. Aufl., S. 221.
[12] StrVert. **1981** 471 f.
[13] Unbefriedigend auch *Hahn* 29.
[14] Vor § 137, 61.
[15] NStZ **1986** 490.
[16] Vor § 137, 58 ff; 62 ff; § 140, 1 ff.
[17] Über Einschränkungen s. Vor § 137, 65 ff.

[18] *Schnarr* NStZ **1986** 422; nach *Kleinknecht/ Meyer*[38] § 142, 7 erlischt die Vollmacht mit der Beiordnung.
[19] Dazu ausführlicher Vor § 137, 62.
[20] Das ist im einzelnen bei § 142, 30 ff ausgeführt.
[21] Dazu § 142, 33.

Klaus Lüderssen

viel, ob der Beschuldigte nur dem — jedenfalls unter der Voraussetzung der richtigen (restriktiven) Auslegung des § 140 (§ 140, 7 ff) nicht rechtswidrigen — Druck folgt oder die Notwendigkeit der Verteidigung doch noch einsieht. Das ist, auch wenn bei einem Beschuldigten, der die Voraussetzungen des § 140 Abs. 1 oder 2 erfüllt, im Falle seiner Weigerung ein **Autonomiedefizit** vermutet wird, keineswegs ausgeschlossen, weil die Unfähigkeit eines Beschuldigten, einzusehen, daß er einen Verteidiger braucht, nicht automatisch bedeutet, daß er auch unfähig ist, mit einem Verteidiger einen Vertrag zu schließen. Der Fall ist, wenn er sich so entwickelt, dann wie ein Fall des gewählten Pflichtverteidigers (s. Rdn. 3) zu beurteilen.

7   **bb) Quasi-Vertrag.** Kommt es nicht zur Bevollmächtigung (also auch nicht zu einem Vertrag) oder wird sie widerrufen, so hat die Bestellung die Funktion, das Zustandekommen eines Auftragsverhältnisses zwischen Beschuldigtem und Verteidiger zu begründen und seine Aufrechterhaltung zu garantieren. Auch in diesem Fall nimmt der Verteidiger seine Aufgaben nicht als Beauftragter des Staates wahr. Vielmehr ist seine — durch den Bestellungsakt inaugurierte — Tätigkeit eine **Geschäftsführung ohne Auftrag** im Sinne der Vorschriften des BGB. Geschäftsherr ist der Beschuldigte.

8   Was seinen **entgegenstehenden Willen** angeht, so ist die in § 679 BGB gegebene Regelung der Voraussetzungen, unter denen er „nicht in Betracht" kommt, durch den zum **Quasi-Vertrag** führenden Bestellungsakt ersetzt[22]. Denn wenn der Wille des Beschuldigten nicht entgegensteht, kommt es ja zum Vertrag (s. Rdn. 6 und 3). Im übrigen aber bleibt es bei der Struktur der Geschäftsführung ohne Auftrag, vor allem dabei, daß der Geschäftsführer in dem Bewußtsein, in der Erkenntnis und mit dem Willen, im Interesse eines anderen zu handeln, tätig werden muß[23]. Diese wichtige Konsequenz aus einer auf die (hier quasi-)vertragliche Beziehung zum Beschuldigten gestützten Verteidigerkonzeption macht den Unterschied zu einer organschaftlich konzipierten Zwangspflichtverteidigung noch einmal deutlich: Es gibt auch auf diesem, ohnehin nur Ausnahmecharakter tragenden[24] Feld der Verteidigung keine Legitimation für die „eigenen" Rechte der Verteidigung. Im übrigen kann und soll das quasi-vertragliche Verhältnis in dem Maße, wie der Verteidiger sich pflichtgemäß um das Vertrauen des Beschuldigten bemüht, natürlich in ein vertragliches übergehen.

9   **2. Das Verhältnis Verteidiger—Staat. Besondere Pflichten**, abweichend von denen des Wahlverteidigers, werden **nicht** begründet durch die Bestellung. Daraus, daß die Bestellung das Verhältnis Beschuldigter—Verteidiger nicht regelt, sondern nur die Bedingung seiner Entstehung und Dauer ist, ergibt sich das noch nicht. Es könnte die Bestellung ja direkt (zusätzliche) Pflichten gegenüber dem Staat erzeugen. Indessen hat der Gesetzgeber diesen Weg nicht beschritten. Anderenfalls müßte insofern ein Unterschied gegenüber der Wahlverteidigung konstituiert sein. Daß das nicht geschehen ist, ergibt sich aus den gleichen Gesichtspunkten, die für die Gleichstellung von Wahlverteidigung und Pflichtverteidigung im Verhältnis zum Beschuldigten sprechen.

10   Daher beschränkt sich die Funktion der Bestellung hier auf die Begründung der **vorläufigen Kostenübernahme** durch den Staat.

---

[22] Entsprechendes gilt für den Anspruch aus § 683 BGB; der Pflichtverteidiger hat gemäß § 98 BRAGO einen Anspruch an die Staatskasse. Diese Vergütung gehört zu den Auslagen der Staatskasse im Sinne des § 464 a Abs. 1 S. 1, vgl. LR-*Hilger* § 464 a, 2; *Kleinknecht/ Meyer*[38] § 464, 1; KK-*Laufhütte*[2] § 141, 30.

[23] *Palandt/Thomas*[47] § 677, 3.

[24] Vgl. § 140, 7 ff, zum Grundsatz der restriktiven Auslegung.

II. Vornahme der Bestellung

1. Zeitpunkt. Prinzipiell **in jeder Lage** des Verfahrens ist die Bestellung des **11** Pflichtverteidigers **möglich.** Eine zeitliche Zäsur ist insofern nicht angegeben. Es gilt also das § 137, 12 bis 14 Ausgeführte entsprechend. Insbesondere sei insofern auch auf die Möglichkeit der Verteidigung in der Situation des ersten Zugriffs verwiesen[25]. Was — umgekehrt — die Bestellung in späteren Verfahrensabschnitten angeht, so konkurriert diese Frage mit der nach der Dauer der ersten Bestellung[26]. Für ein abgeschlossenes Verfahren (vgl. aber zum Wiederaufnahmeverfahren LR-*Gössel* zu §§ 364 a, 364 b) kann nach allgemeiner Meinung ein Verteidiger nicht mehr bestellt werden, und zwar auch dann nicht, wenn die gerichtliche Beiordnung vor Verfahrensabschluß beantragt worden war, jedoch darüber trotz Vorliegens der Voraussetzungen der §§ 140, 141 nicht entschieden wurde[27]; das gleiche gilt für eine rückwirkende Bestellung[28].

Eine besondere Rolle spielt das **Verfahrensstadium** allerdings mit Blick darauf, ob **12** die Bestellung des Pflichtverteidiger obligatorisch oder fakultativ ist (darüber Rdn. 22 ff).

2. Verfahrensarten. Auch hier gibt es **keine Beschränkung,** insofern sei wieder auf **13** § 137, 49 bis 56 verwiesen. Allerdings ist vieles noch nicht geklärt, anderes streitig (s. auch § 140, 103 ff).

3. Zuständigkeit. Ausgangspunkt ist die Grundnorm des § 141 Abs. 4, die in meh- **14** rerer Hinsicht Auslegungsfragen aufwirft. Es ist eine **richterliche** Entscheidung erforderlich.

a) Personen. Die Rede ist von einem **vorsitzenden** Richter. Die Formulierung ist **15** insofern unglücklich, als sie den **Einzelrichter** auszuschließen scheint, was sachlich natürlich nicht gemeint ist; vielmehr soll nur sichergestellt sein, daß der Richter entscheidet, der das Verfahren leitet[29]. Das gilt auch für die **Ablehnung** eines Antrags auf Bestellung eines Verteidigers[30].

b) Gerichte. Soll im **Vorverfahren** bestellt werden, entscheidet der Vorsitzende **16** oder Einzelrichter des Gerichtes, das für die **Hauptverhandlung** zuständig wäre, also das Gericht, bei dem die Staatsanwaltschaft die Anklage erheben will. Wenn zunächst die Staatsanwaltschaft die Bedeutung der Sache zu beurteilen hat (§ 24 Abs. 1 Nr. 2 und 3 GVG), richtet sich die Zuständigkeit nach der Erklärung der Staatsanwaltschaft, wo sie Anklage erheben wolle[31], doch kann die Strafkammer die Entscheidung an das Amtsgericht abgeben mit der Begründung, daß sie das Hauptverfahren vor diesem eröffnen werde (§ 209 Abs. 1, 2). Ein Irrtum bei der Annahme der Zuständigkeit ist unschädlich. Der Verteidiger ist wirksam bestellt, auch wenn die Hauptverhandlung schließlich vor einem anderen Gericht stattfindet.

Soll die Bestellung im **Zwischen-** oder **Hauptverfahren** erfolgen, entscheidet der **17** Vorsitzende oder der Einzelrichter des Gerichts, bei dem das Verfahren anhängig ist.

---

[25] § 137, 63 bis 72.
[26] Siehe dazu unter Rdn. 28 ff.
[27] OLG Karlsruhe, Justiz **1986** 96.
[28] OLG Hamburg NJW **1965** 2217; OLG Düsseldorf StrVert. **1984** 66 und AnwBl. **1988** 178; LG Osnabrück JurBüro **1984** 1050 mit zust. Anmerkung *Mümmler; Kleinknecht/Meyer*[38] 8.

[29] Mit Konsequenzen (im Kollegialgericht) für die Anwendbarkeit des § 238.
[30] OLG Düsseldorf MDR **1967** 515; OLG Hamm OLGSt N. F. § 141 Nr. 2; *Kleinknecht/Meyer*[38] 6.
[31] KK-*Laufhütte*[2] 11.

Klaus Lüderssen

Speziell für die Vorbereitung des Revisionsverfahrens (§§ 341 ff) gilt, daß, solange die Sache noch nicht an das Revisionsgericht abgegeben ist (§ 347 Abs. 2), nicht dessen Zuständigkeit, sondern die des Gerichts maßgebend ist, dessen Urteil angefochten wird[32]. Ob die Revisionsbegründungsfrist schon abgelaufen ist, ist gleichgültig[33]; es kommt nur darauf an, wo sich die Akten befinden. Nach Rechtskraft ist maßgeblich die Zuständigkeit des nach §§ 462 a, 463 zu ermittelnden Gerichts, für den Antrag auf Wiederaufnahme des Verfahrens die Zuständigkeit des Gerichts, das für die Wiederaufnahme zuständig ist (§§ 364 a, 364 b).

18   **4. Modalitäten.** Grundsätzlich **ist** der Verteidiger von **Amts wegen** zu bestellen. Das ergibt sich zunächst daraus, daß § 141 Abs. 4, die Grundnorm, zu dieser Frage schweigt; d. h. es ist vom Normalfall einer Entscheidung (s. näher Rdn. 27) im Strafprozeß auszugehen.

19   **a) Bestellung nach Anklageerhebung (§ 141 Abs. 1 und 2).** Spätestens, wenn der Angeschuldigte zur Erklärung über die Anklageschrift aufgefordert wird, also zu Beginn des **Zwischenverfahrens**, ist der Verteidiger zu bestellen (§ 141 Abs. 1). Die Wendung „... sobald ... ist" könnte, weil in Abs. 2 sich eine eindeutigere Formulierung findet („sofort"), so verstanden werden, als gebe es noch einen zeitlichen Ermessensspielraum. Das ist aber nicht der Fall. Vielmehr ist auch in Abs. 1 sofort gemeint, d. h. die Gleichzeitigkeit von Aufforderung gemäß § 201 und Bestellung des Pflichtverteidigers. KK-*Laufhütte*[2] 4 hält eine Verbindung von Zustellungsverfügung und Bestellung ebenfalls für geboten, während es *Kleinknecht/Meyer*[38] 3 für „empfehlenswert" erklärt, die Anklageschrift zunächst nur mit der nach § 142 Abs. 1 S. 2 vorgeschriebenen Aufforderung zuzustellen und den Pflichtverteidiger erst nach Ablauf der Bezeichnungsfrist, aber noch innerhalb der Erklärungsfrist nach § 201 Abs. 1 zu bestellen (ebenso LR-*Rieß* § 201, 11). Dadurch sei dem Zweck genügt, den Beschuldigten darüber zu beraten, welche Erklärungen nach § 201 Abs. 1 abzugeben seien. Dagegen spricht aber erstens, daß sich die Erklärungsfrist mit Beratung unnötig verkürzt und daß zweitens der Beschuldigte unter Umständen schon in der Zwischenzeit Erklärungen abgibt, die er bei anwaltlichem Beistand nicht abgegeben haben würde. Dieser Gefahr steht die Chance des Beschuldigten gegenüber, sich zur Auswahl des Pflichtverteidigers zu äußern. Die Gefahr wird jedenfalls nicht dadurch ausgeräumt, daß dem nach Zustellung der Anklageschrift bestellten Verteidiger noch vor der Eröffnung Gelegenheit zur Stellungnahme gegeben wird[34]. Eine sachliche Abweichung gegenüber § 141 Abs. 2 besteht insoweit nicht.

20   Das Wort „später" ist hier im übrigen mit keiner Einschränkung verbunden, d. h. die Vorschrift gilt für den **Rest des Verfahrens**[35]. Dabei ist aber zu beachten, daß die Hauptverhandlung in ihren wesentlichen Teilen wiederholt werden muß, wenn der Verteidiger später bestellt wird, weil die Notwendigkeit der Verteidigung sich erst während der Hauptverhandlung ergeben hat[36]. Ein besonderer Fall einer erst während der Hauptverhandlung auftretenden Notwendigkeit der Verteidigung ist die Beiordnung eines anderen Verteidigers während der Vernehmung des Verteidigers als Zeuge[37].

21   Abs. 2 gilt ferner, soweit nicht Spezialvorschriften eingreifen (vgl. § 140, 93) oder die Bestellung während des erstinstanzlichen Verfahrens fortwirkt (vgl. unten Rdn.

---

[32] OLG Hamm NJW **1963** 1513; KMR-*Müller* 7.

[33] OLG Hamburg AnwBl. **1972** 287.

[34] Forderung von KK-*Laufhütte*[2] 4.

[35] Was dazugehört, darüber Rdn. 11 und Rdn. 28 ff.

[36] BGHSt **9** 243; *Kleinknecht/Meyer*[38] 4; zu der Sorgfalt, mit der diese Notwendigkeit zu prüfen ist, vgl. BGH bei *Dallinger* MDR **1957** 141; s. auch § 145, 24.

[37] BGH StrVert. **1985** 442.

Stand: 1. 11. 1988

28 ff), für alle Fälle der Bestellung eines Pflichtverteidigers im **Rechtsmittelverfahren**. Für die Hauptverhandlung vor dem **Berufungsgericht** ist ein Pflichtverteidiger schon dann zu bestellen, wenn aufgrund der erstinstanzlichen Verurteilung zu erkennen ist, daß nunmehr ein Fall des § 140 Abs. 2 vorliegt[38]. Im Revisionsverfahren ist ein in der Praxis besonders wichtig gewordener Zeitpunkt für die Bestellung eines Pflichtverteidigers erreicht, wenn es um die anwaltliche Begründung der bereits vom Angeklagten selbst eingelegten Revision geht[39].

b) Bestellung vor Anklageerhebung (§ 141 Abs. 3). Für die vor dem in § 141 **22** Abs. 1 bezeichneten Zeitpunkt liegenden Verfahrensstadien sind Ausnahmen von dem Grundsatz der Entscheidung von Amts wegen *und* der obligatorischen Bestellung vorgesehen.

aa) Bestellung nach Abschluß der Ermittlungen (§ 141 Abs. 3 S. 3). Die Bestellung **23** ist **obligatorisch**, wenn ein Antrag der Staatsanwaltschaft vorliegt. Diese ist verpflichtet, den Antrag zu stellen, sobald sie erkennt, daß ein Fall der Pflichtverteidigung vorliegt. Dabei handelt es sich um die Handhabung **unbestimmter Rechtsbegriffe**, die zwar einen gewissen richterlichen Beurteilungsspielraum voraussetzt, der aber nicht mit dem Spielraum des pflichtgemäßen Ermessens verwechselt werden darf (instruktiv LR-*Dünnebier*[23] 32). Stellt die Staatsanwaltschaft den Antrag nicht, so ist die Bestellung nicht obligatorisch, aber möglich[40].

bb) Bestellung vor Abschluß der Ermittlungen (§ 141 Abs. 3 S. 1 und 2). Die Be- **24** stellung des Verteidigers ist nicht obligatorisch, sondern fakultativ („kann", gleichviel, ob die Staatsanwaltschaft einen Antrag stellt [S. 2] oder nicht). Satz 2 darf also nicht dahin verstanden werden, daß es für die fakultative Bestellung eines Antrages der **Staatsanwaltschaft** bedarf; vielmehr ist auch der Antrag des Beschuldigten zu beachten[41]. Offengeblieben ist dabei bisher, ob der Beschuldigte auch ein Recht auf Bescheidung dieses Antrags hat[41a].

cc) Maßstäbe für die Fälle fakultativer Bestellung. Wenn (siehe Rdn. 24 und 25) **25** keine obligatorische Bestellung vorgesehen ist, stellt sich die Frage nach den Maßstäben für die fakultative Bestellung. **Willkürlich** darf sie natürlich **nicht** ausfallen. Die Beurteilung (s. dazu Rdn. 23) richtet sich danach, ob ein Fall des gewählten Pflichtverteidigers (dann extensiv) oder des aufgezwungenen Pflichtverteidigers (dann restriktiv) vorliegt[42].

c) Der Fall des § 140 Abs. 2. Eine Entscheidung von Amts wegen oder auf Antrag **26** sieht § 140 Abs. 2 vor. Diese Alternativität gilt aber nicht für bestimmte Verfahrensstadien, sondern mit Blick darauf, daß auch bei der Entscheidung über die **sachlichen** Vor-

---

[38] OLG Köln NJW **1972** 1432.

[39] Vgl. dazu die Fußn. 54 mitgeteilte Entscheidung.

[40] „Kann", § 141 Abs. 3 S. 1; mißverständlich insofern KK-*Laufhütte*[2] 6: „nur auf Antrag der Staatsanwaltschaft".

[41] LG Heilbronn Justiz **1979** 444; KK-*Laufhütte*[2] 6 meint, ein solcher Antrag des Beschuldigten sei als „Anregung" an die Staatsanwaltschaft zu verstehen, einen Antrag nach Abs. 3 S. 2 zu stellen. Immer dann aber, wenn

der Nebenkläger im Ermittlungsverfahren von einem Rechtsanwalt vertreten wird, liegen die Voraussetzungen der §§ 141 Abs. 3, 140 Abs. 2 vor, vgl. dazu *Weider* StrVert. **1987** 317 ff mit ausführlicher Begründung.

[41a] Wenn der Nebenkläger anwaltlich vertreten ist, ist gegen die ablehnende Entscheidung der Staatsanwaltschaft, die Beiordnung zu beantragen, der Rechtsweg nach §§ 23 ff EGGVG gegeben, vgl. *Weider* StrVert. **1987** 319 f.

[42] Grundsätzlich dazu siehe § 140, 6 ff.

Klaus Lüderssen

aussetzungen ein Spielraum besteht (siehe § 140 Rdn. 43). Die Antragsberechtigung (Beschuldigter *und* Staatsanwaltschaft) hat ihren Sinn darin, daß die Anträge zu bescheiden sind.

27   **d) Die Entscheidung (§ 141 Abs. 4).** Die Entscheidung **über** die Bestellung bedeutet, daß sie auch **ablehnend** sein kann[43]. In diesem Fall ist sie zu **begründen.** Die Entscheidung kann auch schlüssig ergehen (Bestellung etwa durch Zustellung der Anklageschrift und Gewährung von Akteneinsicht[44]) oder stillschweigend erfolgen[45] (s. auch § 142, 23 Ablehnung der Bestellung).

III. Dauer der Bestellung

28   Die Bestellung nur für eine gewisse Zeit oder einzelne Stadien des Verfahrens ist in § 141 nicht vorgesehen. Daraus folgt, daß die Bestellung für das ganze Verfahren[46], also auch für das Rechtsmittelverfahren gilt, und erst recht für das Verfahren der nachträglichen Gesamtstrafenbildung[47]; die Bestellung endet erst mit der **Rechtskraft des Beschlusses,** mit dem nach § 370 Abs. 2 die **Wiederaufnahme** des Verfahrens angeordnet wird[48], also nicht immer schon mit der **Rechtskraft** des Urteils[49], sofern keine Rücknahme der Bestellung erfolgt.

29   Eine **Spezialregelung** enthält zwar § 140 Abs. 3 S. 2. Sie berechtigt aber nicht zu einem argumentum e contrario (etwa mit der Tendenz: In anderen Fällen, in denen die Fortdauer der Bestellung nicht angeordnet ist, erlischt sie); vielmehr war diese Erstreckung nötig, weil die Bestellung nicht nach den generellen Regeln des § 141, sondern „nur" aus Anlaß der Haftprüfung erfolgt.

30   Gleichwohl macht die h. M hier eine Einschränkung, soweit es um die **Revisionshauptverhandlung** geht (so auch LR-*Hanack* § 350, 8)[50]. Das gehe aus den Spezialregelungen des Revisionsrechts hervor: Der Angeklagte brauche gar nicht anwesend zu sein (§ 350 Abs. 2), und für die Bestellung eines Verteidigers sei ein besonderes Verfahren vorgesehen (§ 350 Abs. 3)[51]. Indessen sind beide Schlußfolgerungen nicht zwingend. Weshalb der mit schriftlicher Vollmacht des abwesenden Angeklagten vertretende Verteidiger nicht auch der bereits bestellte Pflichtverteidiger sein kann, ist überhaupt nicht ersichtlich. Die einzige Erklärung könnte sein, daß eine Vollmacht nur dem Wahlverteidiger erteilt wird. Selbst wenn man davon absähe, daß das falsch ist (s. Rdn. 3), wäre es dann aber unmöglich zu rechtfertigen, daß (unstreitig) für die Revisionshauptverhandlung ein Pflichtverteidiger neu bestellt werden darf; denn die Bedingung, unter der der Angeklagte abwesend sein dürfte, könnte auch dieser Pflichtverteidiger nach jener eingeschränkten Auffassung von der Möglichkeit der Erteilung einer Vollmacht an den Verteidiger nicht erfüllen, sein Auftreten brächte den Angeklagten mithin um sein gesetzlich geschütztes Abwesenheitsrecht. Die in § 350 Abs. 3 S. 1 gewählte Formulierung könnte freilich darauf deuten, daß an den Fall, ein Angeklagter könnte bereits einen be-

---

[43] Früher, weil es hieß „für die Bestellung ... zuständig" streitig, siehe LR-*Dünnebier*[23] 25.

[44] LG Heilbronn AnwBl. **1979** 280.

[45] Vgl. OLG Düsseldorf StrVert. **1984** 66; OLG Nürnberg JurBüro **1987** 246; allerdings genügt nicht – bei Nichtbescheidung des Antrags des bisher tätig gewesenen Wahlverteidigers – die bloße Inanspruchnahme in der Hauptverhandlung; OLG Hamburg NJW **1965** 2217; *Kleinknecht/Meyer*[38] 7.

[46] Dazu § 137, 11.

[47] OLG Bamberg StrVert. **1985** 140.

[48] OLG Koblenz MDR **1983** 252.

[49] So OLG Düsseldorf AnwBl. **1982** 259 und KK-*Laufhütte*[2] 9.

[50] Vgl. außerdem OLG Düsseldorf StrVert. **1984** 66 mit zahlreichen Nachweisen.

[51] S. dieses Argument bei KK-*Laufhütte*[2] 9 und § 140, 6.

stellten Verteidiger haben, gar nicht gedacht sei. Doch wäre das mit Blick auf die große Zahl der **Wahl**pflichtverteidiger zu undifferenziert. Die Vorschrift hat nur Sinn, wenn sie die **Zwangs**pflichtverteidiger von der Kontinuität der Bestellung ausschließt, und das ist — auf der Basis der restriktiven Auslegung (s. Rdn. 6) — in der Tat auch wünschenswert. Die Forderung nach Fortdauer der Bestellung[52] ist also insofern zu beschränken.

IV. Umfang der Bestellung

31 **Beschränkte Bestellung** ist im Falle des § 140 Abs. 1 nicht zulässig, wohl aber in dem des § 140 Abs. 2[53]. Denn die Bestellung eines Verteidigers für **einzelne Prozeßabschnitte** oder -handlungen ist der Strafprozeßordnung nicht grundsätzlich fremd, wie § 117 Abs. 4 S. 1 und § 138 c Abs. 3 S. 4 zeigen. Die Befugnis, die Bestellung ganz abzulehnen, schließt daher auch die Ermächtigung in sich ein, die Beiordnung auf bestimmte Abschnitte des Verfahrens zu beschränken[54]. Im Zweifel wird die Beschränkung (extensive Auslegung) abzulehnen sein. Anders ist es beim Zwangspflichtverteidiger. Für den Beschuldigten, der überhaupt keinen Verteidiger haben will, ist die Beschränkung kein Problem. Aus der Sicht des Gerichts handelt es sich um einen für die Beurteilung des Autonomiedefizits zusätzlich eröffneten Spielraum, für dessen Ausfüllung allerdings auch hier der Grundsatz der restriktiven Auslegung gilt. Das heißt, wenn überhaupt ein Verteidiger bestellt wird, dann möglichst nur für ausgewählte Abschnitte des Verfahrens; das können[55] auch **Teile der Hauptverhandlung** sein.

V. Mehrere Verteidiger

1. Mehrere Pflichtverteidiger
32 **a) Nur gewählte Pflichtverteidiger.** Hier ist die Anwendung des § 137 Abs. 1 S. 2 in dem Sinne geboten, daß es auch bis zu drei Pflichtverteidiger geben darf. Die diese **Beschränkung bei der Pflichtverteidigung nicht anerkennende allgemeine Meinung**[56] könnte damit erklärt werden, daß der Pflichtverteidiger andere Aufgaben hätte als der Wahlverteidiger, wenn diese Differenzierung nicht grundsätzlich abgelehnt würde. Insbesondere ist nicht ersichtlich, weshalb die Gründe, die für eine Beschränkung der Zahl der Verteidiger in § 137 Abs. 1 S. 2 genannt werden, nicht auch auf den Pflichtverteidiger zutreffen, wenn er ebenfalls, gemäß § 142 Abs. 1 S. 2, praktisch vom Beschuldigten gewählt wird.

33 Andererseits sollte es dem Beschuldigten prinzipiell möglich sein, die **Zahl der möglichen Wahlpflichtverteidiger** auch **auszuschöpfen**. Wenn die Rechtsprechung dies, ohne dabei ausdrücklich zwischen Wahlpflichtverteidiger und Zwangspflichtverteidiger zu unterscheiden, obwohl in den jeweiligen Verfahren es sich ausschließlich um vom Beschuldigten erbetene zusätzliche Pflichtverteidiger handelte, nicht tut, sondern die Beiordnung mehrerer Pflichtverteidiger nur gestattet, wenn „ein unabweisbares Bedürfnis" besteht[57], so muß das wohl mit Blick auf fiskalische Interessen zugestanden werden, obwohl im Zweifel eine extensive Auslegung geboten ist (vgl. § 140, 6). Eine Rechtfertigung dieser Einschränkung aus dem Gesichtspunkt einer richterlich zu beurteilenden Angemessenheit der Verteidigung des Beschuldigten durch mehrere Verteidiger

---

[52] OLG Hamburg NJW **1964** 418.
[53] So auch KK-*Laufhütte*[2] 9; § 140, 20.
[54] Vgl. OLG Düsseldorf RPfleger **1986** 150 (Bestellung eines Pflichtverteidigers [nur] für die Anfertigung der Revisionsbegründung).
[55] Insofern wird die abweichende Ansicht von LR-*Dünnebier*[23] 43 aufgegeben.
[56] Vgl. statt aller *Kleinknecht/Meyer*[38] 2.
[57] OLG Frankfurt NJW **1972** 1964; OLG Düsseldorf JZ **1986** 137.

Klaus Lüderssen

kann es bei der Gleichheit der Aufgaben aller Verteidiger nicht geben (KK-*Laufhütte*[2] 8 führt noch an, daß die Bestellung mehrerer Verteidiger die Einheitlichkeit der Verteidigung gefährden könne und *deshalb* nur ausnahmsweise vorgenommen werden dürfe), auch wenn ein anderes Kriterium für die Vermeidung generell fiskalisch motivierter, im Einzelfall dann aber willkürlich getroffener Beschränkung der Verteidigerzahl offensichtlich nicht zur Verfügung steht. Zweifellos unzulässig ist es beispielsweise, einen zweiten Pflichtverteidiger nur mit der Maßgabe beizuordnen, daß nur eine Gebühr erstattet wird[58, 59].

34   **b) Nur aufgezwungene Pflichtverteidiger.** Bei aufgezwungener Verteidigung gehört die Frage in den Zusammenhang der Prüfung des **Autonomiedefizits**. Würde ein Beschuldigter, der sich verteidigen lassen möchte, mehrere Verteidiger wählen, so sollte bei der aufgezwungenen Pflichtverteidigung entsprechend verfahren werden dürfen. Allerdings muß wohl auch in diesen Fällen eine Überprüfung des „unabweisbaren Bedürfnisses" akzeptiert werden, und zwar mit **restriktiver** Tendenz (siehe § 140, 7 ff).

35   **c) Wahlpflichtverteidiger und Zwangspflichtverteidiger.** Die in Rdn. 32 bis 34 entwickelten Grundsätze sind entsprechend zu koordinieren.

36   **2. Pflichtverteidiger neben Wahlverteidiger.** Nur wer noch keinen Verteidiger hat, darf einen Pflichtverteidiger bekommen. Diese Regel des § 141 Abs. 1, die nach ihrer systematischen Stellung auch für die Fälle der Abs. 2 und 3 gilt, schließt selbstverständlich nicht aus, daß es mehrere Verteidiger geben kann. Ebenso selbstverständlich ist, daß die Zahl der Verteidiger auch sukzessive vermehrt werden darf. Also auch wenn der Beschuldigte schon einen Verteidiger hat, kommt die Wahl weiterer Verteidiger in Betracht. Wegen der Gleichheit der Aufgaben von Wahl- und Pflichtverteidigung muß diese **sukzessive Möglichkeit**, weitere Verteidiger zu bekommen, auch für **Pflichtverteidiger** gelten (mit den Rdn. 33 näher angedeuteten fiskalisch motivierten Einschränkungen).

37   Schließlich ist nicht zu erkennen, weshalb sich daran etwas ändern sollte, wenn zu Wahlverteidigern **Pflichtverteidiger** oder zu Pflichtverteidigern **Wahlverteidiger** **sukzessiv** hinzutreten[60]. § 141 Abs. 1 steht einer Bestellung von Pflichtverteidigern neben Wahlverteidigern also nicht im Wege, wohl aber vielleicht § 143. Denn wenn bei Wahl eines Verteidigers die Bestellung zurückzunehmen ist, dann darf sie, ist ein gewählter Verteidiger bereits vorhanden, gar nicht erfolgen. Konfrontiert man dieses argumentum a minore ad maius mit dem Grundsatz der Gleichheit der Aufgaben von Wahl- und Pflichtverteidigung, so wird sein begrenzter Stellenwert offenbar: Sind mehrere Verteidiger, gleichviel ob als Wahlverteidiger oder als Wahlpflichtverteidiger, gewählt oder mit Blick auf das Autonomiedefizit des Beschuldigten erforderlich, so führt die Wahl eines Verteidigers nur dazu, daß die Bestellung *eines* Pflichtverteidigers zurückzunehmen ist, andere bereits bestellte Pflichtverteidiger bleiben im Verfahren. Diese Kombination muß dann aber auch von vornherein möglich sein; § 143 will sie nicht ausschließen. Im einzelnen ist, wie folgt, zu unterscheiden.

38   **a) Gewählter Pflichtverteidiger neben Wahlverteidiger.** Dieser Fall kann eintreten, wenn der Beschuldigte gern die Möglichkeiten des § 137 Abs. 1 S. 2 ausschöpfen würde, aber finanziell dazu nicht in der Lage ist[61]; es gilt — unerachtet fiskalischer Rücksicht — die extensive Auslegung. Denkbar sind alle Kombinationen: **zwei Pflichtverteidiger, ein Wahlverteidiger; ein Pflichtverteidiger, zwei Wahlverteidiger.** Die nach

---

[58] OLG Frankfurt NJW **1980** 1703.
[59] Zur Begründung für die Ablehnung eines dritten Pflichtverteidigers vgl. OLG Köln NJW **1981** 1523.

[60] Die zweite Variante ist eher selten, vgl. den Fall bei LG Mainz Rpfleger **1987** 477.
[61] Hierzu erhellend schon *Rieß* StrVert. **1981** 463.

allgemeiner Meinung[62] gebotene Nichtanrechnung der Pflichtverteidiger und die nach § 137 Abs. 1 S. 2 zulässige Zahl von Verteidigern ist aus den gleichen Gründen abzulehnen wie die Nichtanwendung des § 137 Abs. 1 S. 2 auf die Pflichtverteidiger (s. Rdn. 32). Für die Auswahl des Pflichtverteidigers gilt selbstverständlich § 142 Abs. 1 S. 2 und 3[63].

b) Aufgezwungene Pflichtverteidigung neben Wahlverteidiger oder Wahlpflichtver- 39 teidiger. Dies sind die in Rechtsprechung und Literatur im Grunde **allein streitigen** Fälle. Die zusätzliche aufgezwungene Pflichtverteidigung ist aber nur in dem Maße zulässig, wie es der Beschuldigte unterläßt, neben dem oder den Wahlverteidigern Pflichtverteidiger zu beantragen, *und* dies Ausdruck seiner Unfähigkeit ist, für seine ausreichende Verteidigung zu sorgen. Diese Diagnose ist im Rahmen der durch §§ 140 Abs. 2, 141 Abs. 3 S. 1 und 2 gewährten Beurteilungsspielräume, die auch die Bestellung eines Pflichtverteidigers für einzelne Verfahrensabschnitte und -handlungen zulassen (vgl. oben Rdn. 31), vorzunehmen. Fälle dieser Art dürften außerordentlich selten sein.

Alle von der Rechtsprechung entschiedenen Fälle betreffen hingegen im **Interesse 40 der Sicherung des rechtsstaatlichen Verfahrens** erfolgte zusätzliche Bestellungen von Pflichtverteidigern[63a]. Mit der Sicherung des rechtsstaatlichen Verfahrens *kann* auch gemeint sein, daß der **Schutz des Beschuldigten** garantiert sein soll. Hinter dieser Zielsetzung kann sich also auch eine Bestellung des Verteidigers zum Ausgleich des Autonomiedefizits beim Beschuldigten verbergen. Verhält es sich so, kann auch die im Namen der Verfahrenssicherung vorgenommene Bestellung eines zusätzlichen Pflichtverteidigers zulässig sein. Indessen tritt diese Komponente der Sicherung eines rechtsstaatlichen Verfahrens in den Begründungen der einschlägigen Entscheidungen ganz zurück. Sie stellen durchweg auf das vom Gericht verfolgte Verfahrensziel einer auf einen wahren Sachverhalt gestützten gerechten Entscheidung ab. Schon damit bewegen sie sich, wenn nicht zugleich der Beschuldigtenschutz intendiert ist (was in keiner der zahlreichen Entscheidungen zu erkennen ist), jenseits der eine zusätzliche Pflichtverteidigerbestellung rechtfertigenden Erwägungen. Erst recht gilt das für die Entscheidungen, in denen für überflüssig gehaltener Kosten- und Zeitaufwand es sind, welche die Sorge, ohne zusätzlichen Pflichtverteidiger werde der Ablauf des rechtsstaatlichen Strafverfahrens behindert, bestimmen. Im einzelnen handelt es sich um die folgenden Argumentationslinien.

Ohne weiteres ist die Bestellung eines zusätzlichen Pflichtverteidigers gegen den 41 Willen des Beschuldigten bisher in keinem Fall für zulässig erachtet worden. Vielmehr werden **spezielle Begründungen** gefordert, oder es ist sogar davon die Rede, daß nur in Ausnahmefällen so vorgegangen werden darf[64]. Die Begründungen gelten einmal der Frage, welche **Maßstäbe**, die das Verfahren leiten sollen, garantiert werden müssen, und zum anderen den **Indikatoren** für die Gefahr, die der Erhaltung jener Maßstäbe droht.

Die **Maßstäbe** sind vor allem gekennzeichnet durch den Gesichtspunkt ,,ord- 42 nungsgemäße Durchführung der Hauptverhandlung"[65], ,,Interesse des reibungslosen Fortgangs des Verfahrens"[66]; gelegentlich taucht der Grundsatz des Beschleunigungs-

---

[62] LR-*Dünnebier*[23] § 137, 9; BayObLG StrVert. **1988** 98.
[63] BayObLG StrVert. **1988** 98.
[63a] Vgl. grundlegend BGHSt. **15** 306.
[64] OLG Frankfurt StrVert. **1986** 144.
[65] OLG Frankfurt StrVert. **1986** 144.
[66] OLG Koblenz Rpfleger **1988** 116; OLG Hamm NJW **1978** 1986; dieselbe Formulierung bei KK-*Laufhütte*[2] 7; *Kleinknecht/Meyer*[38] 1 spricht vom ,,zügige(n) Fortgang des

Verfahrens"; *Rudolph* FS Schmidt-Leichner (1977) 168 f und DRiZ **1975** 219 schlägt im Anschluß hieran das – auch aus der Sicht des verfassungsrechtlichen Übermaßverbots ,,mildere" – Mittel des Ersatzverteidigers vor, der erst in Aktion tritt, wenn der Wahlverteidiger tatsächlich ausfällt; vgl. auch Arbeitskreis Strafprozeßreform, Die Verteidigung, S. 121 ff.

Klaus Lüderssen

gebots auf[67]. Zwar ist ferner auch von der prozessualen Fürsorgepflicht die Rede[68], diese wird aber entweder nicht konkretisiert oder auf die zuvor erwähnten Gesichtspunkte bezogen. Das Gleiche gilt von dem topos „Sicherstellung der Verteidigung für die Hauptverhandlung"[69].

43   Eine hervorragende Gruppe von Fällen, in denen indiziert ist, daß jene Maßstäbe in Gefahr geraten, nicht eingehalten werden zu können, wenn kein zusätzlicher Pflichtverteidiger bestellt wird, bilden die sogenannten **umfangreichen Verfahren**. Eine scharfe Definition dafür wird nicht gegeben und ist wohl auch kaum möglich[70]. Hier ist der Aufwand, Indikatoren für die Gefährdung der Verfahrensmaßstäbe zu finden, relativ gering. So genügen gewisse Daten — Anklageschrift von 277 Seiten, 108 genannte Zeugen, die Vermutung, daß die Hauptverhandlung mehrere Monate dauern werde[71], während mutmaßliche vier Tage Hauptverhandlung nicht für ausreichend gehalten werden[72] — „für die Befürchtung, daß durch einen dauernden oder jedenfalls länger andauernden Ausfall der Wahlverteidiger das Verfahren wesentlich verzögert werden könnte" und die Formulierung des Rechtssatzes, daß es in Verfahren dieser Art in der Regel geboten sei, vorsorglich einen Pflichtverteidiger zu bestellen.

44   Die abstrakteste Begründung, die für die Bestellung eines zusätzlichen Pflichtverteidigers gegeben wird, besteht in dem Hinweis auf die „Gefahr, daß der Wahlverteidiger die zur **ordnungsgemäßen Durchführung der Hauptverhandlung** erforderlichen Maßnahmen nicht treffen oder die Verteidigung überhaupt nicht führen kann"[73]. Für die Konkretisierungen werden dann — zum Teil wiederkehrend — die folgenden Gesichtspunkte aufgegriffen: „mehrfache Niederlegung des Wahlmandats"[74]; Gefahr des Ausschlusses des Wahlverteidigers von der Verteidigung[75].

45   Eine befremdliche Steigerung erfährt diese im Ergebnis ziemlich extensive Beiordnungspraxis in Gestalt **kostenrechtlicher Konsequenzen**: Dem freigesprochenen Angeklagten wird nur ein Teil der Wahlverteidigergebühren erstattet, wenn zusätzlich der — unerbetene — Pflichtverteidiger tätig war und seine Vergütung erlangt hat[76].

46   **Grenzen** auch dieser Beiordnungspraxis werden sichtbar, wenn es zu einer zusätzlichen Pflichtverteidigerbestellung deshalb kommt, weil die Beiordnung des bisherigen Wahlverteidigers am Fehlen seiner Zulassung im Gerichtsbezirk scheitert, obwohl der neubestellte Pflichtverteidiger das Vertrauen des Beschuldigten nicht hat. Diese vom OLG Frankfurt[77] mit Recht kritisierte Entscheidung ist deshalb so bemerkenswert, weil

---

[67] OLG Hamm NJW **1978** 1986.

[68] Vgl. die in Fußn. 73 zitierten Entscheidungen.

[69] OLG Düsseldorf NStZ **1986** 137.

[70] Vgl. *Römer* ZRP **1977** 92 mit Beispielen.

[71] OLG Hamm NJW **1978** 1986.

[72] OLG Frankfurt StrVert. **1986** 144; zustimmend *Kleinknecht/Meyer*[38] 2.

[73] OLG Frankfurt NJW **1972** 2056; OLG Frankfurt StrVert. **1986** 144; KK-*Laufhütte*[2] 7; *Römer* ZRP **1977** 97 f hält hier eine analoge Anwendung von § 145 Abs. 1 für möglich, wenn mit hinreichender Sicherheit feststeht, daß in der Hauptverhandlung kein Wahlverteidiger – also weder der bisherige noch ein Vertreter noch ein neuer – anwesend sein wird. Für die Gefahr eines Wahlverteidigerwechsels, was dann wegen der nötigen Einarbeitungszeit zu Verfahrensverzögerungen führt, hält *Römer* aaO S. 98 den Nachweis eines Rechtsmißbrauchs für erforderlich, das heißt, daß der Beschuldigte sein Recht, den Verteidiger zu wechseln, planmäßig zur Erzwingung von Verfahrensunterbrechungen bzw. -aussetzungen mißbraucht.

[74] OLG Düsseldorf NStZ **1986** 137, in Verbindung mit der Besorgnis, daß es an der ständigen Anwesenheit des Verteidigers fehlen werde.

[75] OLG Frankfurt NJW **1972** 2056.

[76] OLG Nürnberg MDR **1983** 780; dagegen treffend *Eggert* MDR **1984** 110 und im Ergebnis BVerfGE **66** 313 (voller Erstattungsanspruch); zu den Einzelheiten vgl. LR-*Hilger* § 464 a, 47.

[77] OLG Frankfurt StrVert. **1983** 234.

gerade bei der zusätzlichen Bestellung eines vom Beschuldigten nicht gewollten Pflichtverteidigers es am Vertrauen des Beschuldigten zu diesem Pflichtverteidiger ja eo ipso fehlt.

Ferner darf auch nach der Rechtsprechung ein Pflichtverteidiger nicht schon deshalb gegen den Willen des Beschuldigten neben dem Wahlverteidiger bestellt werden, weil dieser aus **terminlichen Gründen** verhindert ist, den Termin einer Berufungshauptverhandlung wahrzunehmen[78]. Auch die Weigerung des Wahlverteidigers, einer Terminverlegung zuzustimmen, darf nicht ohne weiteres zur Bestellung eines Pflichtverteidigers führen, wobei sogar noch darauf hingewiesen wird, was alles im einzelnen nicht zu einer den Wahlverteidiger in Schwierigkeiten bringenden Terminverlegung führen muß, etwa daß Zeugen mitteilen, sie seien verhindert. In anderen Fällen „hat der Vorsitzende unter Beachtung der zu § 51 StPO entwickelten Grundsätze nach pflichtgemäßem Ermessen zu entscheiden, ob der vom Zeugen mitgeteilte Hinderungsgrund in Anbetracht der mit einer Terminverlegung für den Angeklagten verbundenen Nachteile anzuerkennen ist oder nicht. Dabei sind die Interessen des Zeugen und die des Angeklagten gegeneinander abzuwägen. Zu erwägen ist auch, ob der verhinderte Zeuge entbehrlich oder durch einen anderen ersetzbar ist"[79]. Auch die Weigerung des Verteidigers (Wahlpflichtverteidigers), in der Hauptverhandlung eine weiße Krawatte anzulegen, wird nicht als Rechtfertigung für die Bestellung eines (weiteren) Pflichtverteidigers anerkannt[80].

VI. Rechtsbehelfe

1. Beschwerde

a) Die beschwerdefähigen Entscheidungen. Die Entscheidung des Vorsitzenden (bzw. des Einzelrichters) über die Bestellung eines Pflichtverteidigers soll nach h. M **vor Beginn der Hauptverhandlung** mit der Beschwerde nach § 304 anfechtbar sein[81]; **nach Beginn der Hauptverhandlung** soll dagegen nur die Anrufung des Spruchkörpers gemäß § 238 Abs. 2, nicht jedoch die Beschwerde möglich sein[82]. Der Ausschluß der Beschwerde für Entscheidungen während der laufenden Hauptverhandlung ist jedoch nicht gerechtfertigt. Die Gründe hierfür haben *Dieblich*[83] und *Wagner*[84] eingehend dargelegt. Die h. M ist nicht konsequent, wenn sie die Beschwerde gegen die Verfügung des Vorsitzenden nach Eröffnung des Hauptverfahrens, aber noch vor Beginn der Hauptverhandlung zuläßt, nicht aber danach. Denn der Beginn der Hauptverhandlung schafft keine für die Beschwerde nach § 304 relevante Zäsur[85]. Zum anderen handelt es sich bei der Pflichtverteidigerbestellung oder der Ablehnung der Pflichtverteidigerbestellung durch den Richter (§ 141 Abs. 4) nicht um eine Entscheidung des erkennenden Gerichts, die der Urteilsfällung vorausgeht[86]. Die Zurückhaltung der Rechtsprechung,

[78] OLG Celle StrVert. **1988** 100.
[79] BGH wistra **1988** 152; ohne nachvollziehbare Überlegung gelangt diese Entscheidung aber gleichwohl zu dem Ergebnis, daß die Bestellung des Pflichtverteidigers im konkreten Fall zulässig war.
[80] BGH NStZ **1988** 510; OLG Zweibrücken NStZ **1988** 144 (s. auch § 145, 18).
[81] S. etwa OLG Hamburg JR **1986** 257 mit Anmerkung *Wagner*; OLG Celle StrVert. **1985** 184; OLG Schleswig OLGSt N. F. § 141

StPO Nr. 2, **a. A** OLG Hamm MDR **1985** 867.
[82] S. zuletzt OLG Karlsruhe NStZ **1988** 287 mit Anmerkung *Dieblich*; vgl. im übrigen die vollständige Übersicht bei *Paulus* NStZ **1985** 520.
[83] NStZ **1988** 288.
[84] *Wagner* JR **1986** 258 f.
[85] *Wagner* JR **1986** 258.
[86] Ausführlich *Wagner* JR **1986** 259 f; differenzierend *Dieblich* NStZ **1988** 289.

Klaus Lüderssen

welche die Beschwerde während einer laufenden Hauptverhandlung für unzulässig hält, dürfte im wesentlichen auf praktische Erwägungen[87] zurückzuführen sein, die jedoch den Ausschluß der Beschwerde nicht zu rechtfertigen vermögen[88].

49   Dies bedeutet, daß die Beschwerde auch **während der laufenden Hauptverhandlung** zulässig ist. Um eine Entscheidung des Beschwerdegerichts im Rahmen des laufenden Verfahrens noch berücksichtigen zu können, muß das Gericht das Verfahren gegebenenfalls nach pflichtgemäßem Ermessen (LR-*Gollwitzer* § 307, 5) aussetzen oder unterbrechen.

50   **b) Einzelfälle.** Zu unterscheiden sind Beschwerden gegen die **Bestellung** überhaupt, insbesondere wegen ermessensfehlerhafter Auswahl[89], gegen die Bestellung eines **Pflichtverteidigers neben dem Wahlverteidiger**[90], gegen die Bestellung eines **weiteren Pflichtverteidigers**, gegen die **Ablehnung** einer Bestellung überhaupt[91], gegen die **Ablehnung der Bestellung** eines **weiteren Pflichtverteidigers**[92]. Zu den Beschwerden gegen die **Rücknahme einer Bestellung** und die Bestellung eines **anderen Pflichtverteidigers** oder die **Ablehnung der Rücknahme** einer Bestellung vgl. bei § 143 Rdn. 15.

51   **c) Zeitpunkte.** Die Beschwerde ist als **einfache Beschwerde** an keine Frist gebunden. Sie kann durch den Fortgang des Verfahrens gegenstandslos und damit unzulässig werden; das gilt vor allem, wenn der Vollzug der angefochtenen Entscheidung beendet ist[93]. Der rechtskräftige Abschluß des Verfahrens präkludiert die Beschwerde noch nicht[94].

52   **d) Beschwerdeberechtigte.** Der gewählte Verteidiger hat kein eigenes Beschwerderecht gegen die Ablehnung seiner Bestellung als Pflichtverteidiger, weil es für ihn an der Beschwer fehlt[95].

53   **e) Entscheidung.** Ist die Beschwerde begründet, so entscheidet das Beschwerdegericht gemäß § 309 Abs. 2 **in der Sache selbst**. Diese klare Anweisung des Gesetzes hat gleichwohl gelegentlich Anlaß zu einer Begründung gegeben, weshalb die Sache nicht zur Bestellung des Verteidigers durch den Vorsitzenden der Strafkammer gemäß § 141 Abs. 4 zurückgegeben wurde[96].

2. Revision

54   **a) Verletzung von § 140.** Wird die Verhandlung in ihren wesentlichen Teilen (näher § 338, 84) — hierzu soll nicht gehören, wenn lediglich die Tat eines Mitangeklagten verhandelt wurde[97] oder ein Anklagevorwurf, von dem der Angeklagte später

---

[87] So ausdrücklich OLG Hamburg NStZ **1985** 88; dagegen *Dieblich* NStZ **1988** 289.

[88] *Wagner* und *Dieblich*, jeweils aaO.

[89] OLG München AnwBl. **1980** 467; OLG Celle NStZ **1988** 39; OLG Koblenz Rpfleger **1983** 170.

[90] OLG Frankfurt NJW **1972** 2055; OLG Celle StrVert. **1988** 100.

[91] OLG Bremen NJW **1951** 454 mit Anmerkung *Dahs* sen. – für zulässig gehalten; OLG Hamburg MDR **1985** 74 – hier mit Blick auf § 305 für unzulässig gehalten; KG StrVert. **1985** 449 – für zulässig gehalten.

[92] OLG München NJW **1981** 2208; OLG

Köln NJW **1981** 1523; OLG Karlsruhe MDR **1979** 780; OLG Karlsruhe Die Justiz **1988** 97 – wiederum mit Blick auf § 305 für unzulässig erklärt.

[93] LG Frankfurt StrVert. **1987** 158 mit Anm. *Krehl*.

[94] OLG Koblenz MDR **1983** 252.

[95] OLG Koblenz wistra **1986** 118; OLG Düsseldorf MDR **1986** 340; OLG Hamburg NJW **1978** 1172.

[96] OLG Hamm 5. 11. 1984 – 1 Ws 273/84; s. auch OLG Karlsruhe NJW **1974** 110.

[97] BGHSt **21** 180; BGH NStZ **1983** 375; StrVert. **1986** 288.

freigesprochen wurde[98], [99] — in Abwesenheit des Wahl- oder Pflichtverteidigers geführt, obwohl ein Fall notwendiger Verteidigung vorliegt, begründet dies die Revision nach §338 Nr. 5[100]. Dies gilt nicht nur im Falle des §140 Abs. 1, sondern auch — entgegen LR-*Dünnebier*[23] 53 f und der dort angeführten Rechtsprechung, die lediglich die Rüge nach §337 zulassen wollen — bei einer Verletzung des Abs. 2 der Vorschrift[101].

Zur Überprüfung des dem Vorsitzenden nach §140 Abs. 2 eingeräumten Ermessens s. OLG Hamm NStZ **1982** 298; KG StrVert. **1983** 186; OLG Düsseldorf AnwBl. **1984** 262; zu den Anforderungen an die im Rahmen der Verfahrensrüge darzulegenden Tatsachen s. OLG Karlsruhe Die Justiz **1984** 214. **55**

b) Verletzung von §141. Unabhängig von der Beschwerdemöglichkeit gemäß Rdn. 48 können Verfügungen des Vorsitzenden im Zusammenhang mit der Beiordnung oder Entpflichtung eines Verteidigers mit der Revision (§336) gerügt werden, und zwar auch dann, wenn die Beschwerde erfolglos geblieben ist[102]. **56**

Daneben kann eine unzulässige Behinderung der Verteidigung nach §338 Nr. 8 vorliegen. Eines Gerichtsbeschlusses bedarf es für die Rüge nicht, da eine Anrufung des Gerichts gemäß §238 Abs. 2 nicht möglich ist[103]. **57**

§ 142

(1) [1]Der zu bestellende Verteidiger wird durch den Vorsitzenden des Gerichts möglichst aus der Zahl der bei einem Gericht des Gerichtsbezirks zugelassenen Rechtsanwälte ausgewählt. [2]Dem Beschuldigten soll Gelegenheit gegeben werden, innerhalb einer zu bestimmenden Frist einen Rechtsanwalt zu bezeichnen. [3]Der Vorsitzende bestellt den vom Beschuldigten bezeichneten Verteidiger, wenn nicht wichtige Gründe entgegenstehen.

(2) In den Fällen des §140 Abs. 1 Nr. 2 und 5 sowie des §140 Abs. 2 können auch Rechtskundige, welche die vorgeschriebene erste Prüfung für den Justizdienst bestanden haben und darin seit mindestens einem Jahr und drei Monaten beschäftigt sind, für den ersten Rechtszug als Verteidiger bestellt werden, jedoch nicht bei dem Gericht, dessen Richter sie zur Ausbildung überwiesen sind.

Schrifttum siehe bei §140

Entstehungsgeschichte. Die Auswahl des Pflichtverteidigers war ursprünglich in §144 geregelt. Diese Voschrift lautete:

(1)[1]Die Auswahl des zu bestellenden Verteidigers erfolgt durch den Vorsitzenden des Gerichts aus der Zahl der am Sitze dieses Gerichts wohnhaften Rechtsanwälte. [2]Für das vorbereitende Verfahren erfolgt die Bestellung durch den Amtsrichter.

(2) Auch Justizbeamte, welche nicht als Richter angestellt sind, sowie solche Rechtskundige, welche die vorgeschriebene erste Prüfung für den Justizdienst bestanden haben, können als Verteidiger bestellt werden.

---

[98] BGHSt **15** 308.

[99] Zur berechtigten Kritik an dieser Rechtsprechung s. §338, 84 mit weit. Nachw.

[100] §338, 93; *Kleinknecht/Meyer*[38] §338, 41.

[101] §338, 94; *Kleinknecht/Meyer*[38], §338, 41 (anders noch LR-*Meyer*[23], §338, 53); KMR-*Paulus*, §338, 63; OLG Zweibrücken

NStZ **1986** 135; OLG Celle wistra **1986** 233 mit Anm. *Molketin*; a. A OLG München AnwBl. **1979** 398; weit. Nachw. zur Rechtsprechung bei §338, Fußn. 226 und 233.

[102] KK-*Laufhütte*[2] 13.

[103] KK-*Laufhütte*[2] §140, 28.

Klaus Lüderssen

Erst das VereinhG änderte den ersten Absatz geringfügig und überführte die ganze Vorschrift in den § 142. Abs. 2 erhielt im wesentlichen seine gegenwärtige Gestalt durch das StPÄG 1964. Lediglich der Verweis auf die Nummern des § 140 Abs. 1 wies noch eine Abweichung vom geltenden Recht auf, die mit der Streichung des Verweises auf § 140 Abs. 1 Nr. 7 durch EGStGB 1974 und auf die wegfallende Nr. 4 durch das Gesetz vom 17. 5. 1988 (BGBl. I 606; vgl. § 140, 2 ff) aber beseitigt wurde. Abs. 1 wurde inhaltlich nicht mehr geändert, sondern — durch das StVÄG 1987 — nur noch um die Sätze 2 und 3 ergänzt.

Übersicht

A. Die als Pflichtverteidiger bestellbaren Personen

I. Rechtsanwälte

1 **1. Im Gerichtsbezirk zugelassene Rechtsanwälte.** Der Regelfall ist unproblematisch. Einige Fallgruppen sind umstritten. Der bisherige **Wahlverteidiger** darf natürlich auch zum Pflichtverteidiger bestellt werden. Unterschiedlich von der Rechtsprechung beurteilt wird aber, ob eim Anspruch darauf besteht. Der Wahlverteidiger selbst kann einen solchen Anspruch nicht haben, wohl aber vielleicht der Beschuldigte[1]. Ist ein Rechtsanwalt gemäß § 137 Abs. 1 S. 2 zurückgewiesen worden, darf er auch nicht mehr als Pflichtverteidiger zugelassen werden[2].

2 Bei Rechtsanwälten, die nach Ansicht des zur Auswahl berufenen Richters (s. unten Rdn. 18) die **Fähigkeit zur sachgerechten Vertretung** des Mandanten in besonders hohem Maße vermissen lassen, taucht die Frage auf, ob ihre Bestellung zum Pflichtverteidiger verantwortet werden kann. Die Vorschriften der StPO enthalten keine Anhaltspunkte für eine solche Einschränkung[3]. Ein etwaiger Regelungsbedarf fällt in die Zuständigkeit des **Standesrechts**.

---

[1] Einzelheiten vgl. Rdn. 12 ff.
[2] A. A BayObLG StrVert. **1988** 97; vgl. dazu näher § 141, 32.
[3] Zu den Konsequenzen eines Interessenwiderstreits zwischen strafrechtlichem und

zivilrechtlichem Mandat, der – obwohl kein Fall des § 146 vorliegt – die Bestellung verhindern kann, vgl. OLG Koblenz NJW **1982** 129.

Stand: 1. 11. 1988

Die Rechtsprechung hat indessen in einigen Fällen die **Ablehnung der Bestellung** 3
für zulässig erklärt, etwa weil der Rechtsanwalt ohne ausreichende vorherige Prüfung
staatliche Stellen des Mordes an Untersuchungsgefangenen bezichtigt habe[4] oder weil
der Verteidiger in einem anderen Strafverfahren in so hohem Maße in die Prozeßfüh-
rungsbefugnisse des Vorsitzenden in rechts- und standeswidriger Weise eingegriffen
habe, daß besonderer Anlaß zu der Befürchtung auf Wiederholung derartiger Manöver
im anhängigen Verfahren bestehe[5].

Auch dem Vorschlag LR-*Dünnebiers*[23] 26, bei **Verdacht** auf einen **Ausschließungs-** 4
grund von der Auswahl dieses Rechtsanwalts abzusehen, kann nicht gefolgt werden. Der
Sinn des sorgfältig geregelten Ausschlußverfahrens ist es vor allem, scharf abgrenzbare
Tatbestände zu schaffen. Deshalb dürfen die Ausschlußgründe gerade nicht vorverlagert
werden in ein Ermessensstadium (vgl. auch § 143, 7).

2. Im Gerichtsbezirk nicht zugelassene Rechtsanwälte. Mit der Einschränkung 5
„möglichst" bringt Abs. 1 zum Ausdruck, daß diese Alternative besteht. Nach überwiegender Meinung ist daher auch ein **auswärtiger Verteidiger** bestellbar. Allerdings werden dabei zusätzliche Argumente bemüht.

An erster Stelle steht der Hinweis, daß zu dem auswärtigen Verteidiger ein **beson-** 6
deres Vertrauensverhältnis bestehe[6]. Daß der Gesichtspunkt des Vertrauens besonders
ins Gewicht fällt, ist nach Einführung der Sätze 2 und 3 in Abs. 1 evident (s. dazu genauer
Rdn. 12 ff) und zeigt, wie sehr die zitierte Rechtsprechung bereits auf dem richtigen
Wege war.

Indikator für das besondere Vertrauensverhältnis ist meistens, daß der Anwalt 7
den Beschuldigten schon einmal in einer anderen Sache verteidigt hat oder (und) im anhängigen Verfahren bereits als Wahlverteidiger tätig geworden ist[7]. Gelegentlich wird
zusätzlich betont, daß der auswärtige Verteidiger den Beschuldigten schon länger während der gesamten Untersuchungshaftzeit betreut und das gegenwärtige Mandatsverhältnis durch zahlreiche Besprechungen vertieft habe[8], und daß keine besonderen

[4] KG JR **1978** 346.

[5] OLG Karlsruhe AnwBl. **1980** 306; der Hintergrund dieser Entscheidung ist nicht nur die
Besorgnis, dem Beschuldigten werde der
richtige Beistand fehlen; vielmehr wird
außerdem auf die Gefährdung des ordnungsgemäßen Ablaufs des Verfahrens abgestellt,
so auch OLG Karlsruhe Justiz **1980** 88; OLG
Köln NStZ **1982** 129.

[6] OLG Düsseldorf (1. StS) MDR **1984** 775;
StrVert. **1986** 143; StrVert. **1986** 239;
StrVert. **1987** 240; s. auch schon NStZ **1981**
35 (LS); OLG Düsseldorf (3. StS) StrVert.
1981 226; StrVert. **1985** 450; OLG Schleswig
StrVert. **1987** 478 – unter der zusätzlichen
Voraussetzung, daß dadurch die Kosten nicht
oder nur unerheblich erhöht werden und eine
Verzögerung des Verfahrens nicht zu besorgen ist; OLG Zweibrücken StrVert. **1981**
288; StrVert. **1984** 193; OLG Bremen
StrVert. **1982** 260; OLG Saarbrücken
StrVert. **1983** 362; LG Koblenz KJ **1980** 104
(m. Anm. *Zieger*, mit der zutreffenden Feststellung, daß auch „die Niederlegung des

Wahlmandats nicht als Ausdruck der Zerstörung des Vertrauensverhältnisses gewertet
werden kann", wenn der Verteidiger mit seiner Beiordnung als Pflichtverteidiger einverstanden ist); LG Oldenburg StrVert. **1984**
506; zur Notwendigkeit eines substantiierten
Vortrags für das Bestehen eines Vertrauensverhältnisses OLG Frankfurt StrVert. **1985**
449; OLG Stuttgart, Justiz **1987** 509; LG
Verden StrVert. **1982** 217; LG Frankfurt
BRAK-Mitteilungen **1985** 235.

[7] OLG Saarbrücken StrVert. **1983** 302 (mit
besonders klarer und konkreter Begrün-
dung); OLG Koblenz StrVert. **1981** 227;
OLG Zweibrücken StrVert. **1981** 288; OLG
Düsseldorf (1. StS) MDR **1984** 775; OLG
Frankfurt StrVert. **1985** 449; StrVert. **1986**
239; StrVert. **1987** 241; StrVert. **1987** 286;
OLG Nürnberg StrVert. **1987** 191; LG Ver-
den StrVert. **1982** 217; LG Oldenburg
StrVert. **1984** 506; LG Frankfurt BRAK-
Mitteilungen **1985** 235.

[8] OLG Düsseldorf (3. StS) StrVert. **1985** 450.

Klaus Lüderssen

Gründe ersichtlich seien, die einer Bestellung entgegenstünden (in einer früheren Entscheidung hat der 3. Strafsenat des OLG Düsseldorf genügen lassen, daß der auswärtige Verteidiger den Beschuldigten schon öfter in der Vollzugsanstalt aufgesucht hat[9]). Daß allein auf die Abwesenheit besonderer Gründe, die einer Bestellung entgegenstehen könnten, die Pflicht des Gerichts gestützt wird, den auswärtigen Verteidiger beizuordnen, kommt auch vor[10]. Manchmal wird die Argumentation mit der zusätzlichen Überlegung gestützt, daß die Entfernung zwischen dem Sitz der Kanzlei des Rechtsanwalts und dem Gerichtsort nicht sonderlich groß sei[11], oder daß der Kanzleisitz des auswärtigen Anwalts dort ist, wo der Beschuldigte einsitzt. Keine Rolle spielt, daß der Beschuldigte den Anwalt seines Vertrauens erst benennt, nachdem ein anderer ihm nicht oder weniger willkommener Verteidiger bestellt worden ist[12]. Auch ist es unzulässig, den auswärtigen Anwalt mit Blick auf die höheren Gebühren nicht zu bestellen oder nur unter der Voraussetzung, daß er zu den Bedingungen eines ortsansässigen Anwalts tätig wird[13].

8   Weitere Gesichtspunkte sind, daß der auswärtige Verteidiger in der einschlägigen Materie **Spezialwissen** besitzt[14], ferner daß der Beschuldigte als Ausländer in besonderer Weise in der Untersuchungshaft isoliert ist und der Kontakt zwischen ihm und dem Verteidiger durch Vermittlung eines ebenfalls einsitzenden Landsmanns des Beschuldigten zustande gekommen ist[15].

9   Die Gegenmeinung hält das Bestehen eines Vertrauensverhältnisses in der Regel nicht für ausreichend zur Bestellung eines auswärtigen Verteidigers[16], allerdings mit der Maßgabe, daß anders zu entscheiden ist, wenn der auswärtige Verteidiger seine Kanzlei in der Nähe der JVA hat, in der der Angeklagte bis zum Hauptverhandlungstermin einsitzt.

---

[9] OLG Düsseldorf, StrVert. **1981** 226; s. auch OLG Frankfurt StrVert. **1987** 286, das aber außerdem noch darauf abstellt, daß der Verteidiger auch bei der Vernehmung durch die Staatsanwaltschaft zugegen war und aufgrund seiner Anträge die Aufhebung des Haftbefehls erreicht hat; ähnlich auch OLG Frankfurt StrVert. **1983** 408.

[10] LG Koblenz StrVert. **1985** 454.

[11] Etwa OLG Zweibrücken StrVert. **1984** 193; OLG Frankfurt StrVert. **1987** 286; LG Oldenburg StrVert **1984** 506.

[12] OLG Düsseldorf (1. StS) StrVert. **1986** 143.

[13] OLG Düsseldorf (1. StS) JZ **1985** 147; etwas rätselhaft ist insofern die Entscheidung des LG Frankfurt StrVert. **1987** 158, wonach eine solche Bestellung nur zulässig sein soll, wenn und solange der beigeordnete Rechtsanwalt sie widerspruchslos hinnehme, vgl. dazu auch die kritische Anmerkung von *Krehl* aaO; strittig ist auch, ob die Zustimmung des Verteidigers später widerrufen werden darf, vgl. LG Marburg JurBüro **1984** 1688; OLG Karlsruhe JurBüro **1986** 71.

[14] OLG München StrVert. **1986** 422.

[15] LG Osnabrück StrVert. **1987** 383.

[16] OLG Düsseldorf (2. StS) NStZ **1987** 41; LG Bielefeld StrVert. **1987** 193; OLG Stuttgart StrVert. **1981** 613 – mit dem Vorbehalt, daß im konkreten Fall das Vorliegen eines Vertrauensverhältnisses, bezogen auf den auswärtigen Verteidiger, und die Unmöglichkeit, zu dem ortsansässigen Verteidiger ein Vertrauensverhältnis herzustellen, nicht dargetan sei; ähnlich auch OLG Koblenz Rpfleger **1983** 170; in einer späteren Entscheidung (Justiz **1987** 509) hat das OLG Stuttgart sich auch im Prinzip zur Vorrangigkeit des Vertrauensverhältnisses durchgerungen (daher ist die Entscheidung auch oben bei der h. M zitiert, vgl. Fußn. 6) und nur (wiederum) wegen – vom Sachverhalt her übrigens nicht ganz unbegründeter – Zweifel an dessen tatsächlichem Vorliegen die Bestellung des auswärtigen Verteidigers abgelehnt. Vergleichbar ambivalent ist die Rechtsprechung des 1. Strafsenats des OLG Koblenz, der in einer früheren Entscheidung die Relevanz des Vertrauensverhältnisses durchaus anerkennt (s. daher auch Fußn. 7) und nur an die tatsächlichen Voraussetzungen für das Vorliegen strengere Maßstäbe anlegt, StrVert. **1981** 227; OLG Köln NStZ **1981** 35 (LS), unter besonderem Hinweis auf prozeßtaktische Bedürfnisse und Kostengründe.

Stand: 1. 11. 1988

II. Rechtslehrer

Sie werden weder in Abs. 1 noch in Abs. 2 ausdrücklich erwähnt, sind aber nach **10**
allgemeiner Meinung bestellbar — ein Analogieschluß aus § 138 Abs. 1, den die nicht exklusive Formulierung des Abs. 1 deckt. Wer **Rechtslehrer** im Sinne der Vorschrift ist, ist
bei § 138, 8 ausgeführt. Darüber, daß die Rechtslehrer **nicht verpflichtet** sind, sich bestellen zu lassen, vgl. Rdn. 33. Für auswärtige Rechtslehrer gilt das für auswärtige Anwälte
Gesagte entsprechend (vgl. Rdn. 5 ff).

III. Referendare (Abs. 2)

Bei dem Rechtskundigen, von dem die Vorschrift spricht, handelt es sich um Ge- **11**
richts- oder Rechts**referendare**, der Sprachgebrauch wechselt von Bundesland zu Bundesland (vgl. § 139, 14). Die Vorschrift bedarf keiner Auslegung. Streitig geworden ist
nur, ob mit dem Gericht, dem der Referendar zur Ausbildung überwiesen ist, der entscheidende Spruchkörper gemeint ist[17] oder das gesamte (Amts-)Gericht[18]; Zustimmung verdient die zuerst genannte Ansicht.

B. Die Auswahl

I. Die Rolle des Beschuldigten

1. Charakter der Neuregelung (Abs. 1 S. 2)[18a]. Die Ergänzung in Abs. 1 zieht die **12**
Konsequenz aus einer steigenden Tendenz der Rechtsprechung, dem Beschuldigten den
von ihm bezeichneten **Anwalt seines Vertrauens** zu bestellen. Hierher gehören einige der
insoweit positiven älteren Entscheidungen zur Frage der Bestellung eines auswärtigen
Verteidigers[19], ferner eine Reihe von anderen Entscheidungen[20]. Bemerkenswert sind
darunter die Entscheidungen, die vor der Auswahl der Pflichtverteidiger die Gewährung
rechtlichen Gehörs für den Beschuldigten verlangen[21].

Allerdings ist die Rechtsprechung dabei nicht so weit gegangen, dem Beschuldig- **13**
ten einen entsprechenden **Anspruch** zuzuerkennen[22]. Auch nach der Gesetzesänderung

---

[17] So *Kleinknecht/Meyer*[38] 18.

[18] So Eb. *Schmidt* Nachtr. I 8; *Peters* Fehlerquellen im Strafprozeß 3, § 25, 1.

[18a] Zur Neuregelung insgesamt vgl. *Rieß/Hilger*
NStZ **1987** 145, 147.

[19] S. oben Rdn. 6 ff; ferner: LG Bamberg
StrVert. **1985** 454; LG Frankfurt BRAK-
Mitteilungen **1985** 235; OLG Frankfurt
StrVert. **1985** 315; 449.

[20] OLG Karlsruhe NJW **1978** 1064; AnwBl.
1980 199 (mit der zusätzlichen Begründung,
dabei müsse auch hingenommen werden, daß
bestimmte Anwälte im Vergleich zu anderen
häufiger als Pflichtverteidiger bestellt werden) OLG München AnwBl. **1980** 467 (der
Rechtsanwalt, der Wahlverteidiger wird, nur
um Akteneinsicht zu erhalten und sonst drohende Verzögerung des Verfahrens zu vermeiden, kann als Pflichtverteidiger beigeordnet werden); OLG Stuttgart AnwBl. **1981** 288
(mit den gleichen Indikatoren für das Ver-

trauensverhältnis, wie sie vor allem in der
Rechtsprechung zur Beiordnung auswärtiger
Verteidiger entwickelt worden sind, s. Fußn.
6); OLG Hamburg StrVert. **1983** 234; OLG
Koblenz wistra **1986** 118 (im konkreten Fall
ablehnend); OLG Nürnberg AnwBl. **1987**
236 (der Wahlverteidiger, der Niederlegung
nur für den Fall der Bestellung zum Pflichtverteidiger angekündigt hat, kann sofort als
Pflichtverteidiger beigeordnet werden).

[21] OLG Bamberg StrVert. **1981** 612; OLG
Hamm StrVert. **1984** 245; LG Hannover
NJW **1978** 1932.

[22] BGH bei *Pfeiffer/Miebach* NStZ **1987** 217;
OLG Koblenz OLGSt (a. F.) § 142 S. 7; OLG
Celle StrVert. **1982** 369 (in der Sache ablehnend, weil Beschuldigter es versäumt habe,
rechtzeitig einen anderen Verteidiger vorzuschlagen); OLG Koblenz wistra **1986** 118.

Klaus Lüderssen

ergangene Entscheidungen halten an dieser Einschränkung fest[23], mit Recht, wenn man auf den formellen Charakter der „Soll-Vorschrift" und den Vorbehalt in S. 3 2. Hälfte blickt, zu Unrecht, wenn man das Postulat ernst nimmt, der Beschuldigte, der sich keinen Wahlverteidiger leisten könne, dürfe gegenüber dem Beschuldigten, der diese Chance habe, auch schon in der Ausgangslage nicht schlechter gestellt sein[24] (s. auch § 143, 9).

14   **2. Gelegenheit.** Sie sollte schon zu dem Zeitpunkt gewährt werden, der durch die Regelung des § 137 mit „in jeder Lage des Verfahrens" gekennzeichnet ist[25], also vor allem bei der ersten **„verantwortlichen Vernehmung"**[26], spätestens aber zu dem Zeitpunkt, der nach der Vorschrift des § 141 die Bestellung gestattet, bzw. vorschreibt[27]. *Wie* die Gelegenheit zu gewähren ist, richtet sich dementsprechend nach der jeweiligen Situation. Die Anforderungen gehen dabei sehr weit. Zum Beispiel ist, wenn die Kürze der zur Verfügung stehenden Zeit eine schriftliche Erklärung nicht zuläßt, die Anhörung fernmündlich in der JVA durchzuführen[28]. Was die **Frist** angeht, so darf sie nicht zu kurz bemessen werden. Die Mitteilung „falls sich innerhalb einer Woche kein Verteidiger für Sie meldet, wird Ihnen ein Pflichtverteidiger beigeordnet" reicht jedenfalls nicht[29].

15   Gelegenheit zur Benennung eines Verteidigers erfordert auch, daß der Beschuldigte eine Chance erhält, zu einer Ablehnung der Bestellung aus wichtigem Grund Stellung zu nehmen, das ist ein spezieller Anspruch auf **Gewährung rechtlichen Gehörs**. Der Beschuldigte muß, wenn der Richter die Bestellung ablehnen möchte, die Möglichkeit haben, seine gegenteilige Auffassung darzulegen.

16   Lehnt der Richter die Bestellung des benannten Verteidigers aus wichtigem Grunde ab, muß dem Beschuldigten **erneut Gelegenheit** gegeben werden, einen (anderen) Verteidiger zu benennen. Denn der Beschuldigte, der nur auf einen Pflichtwahlverteidiger zurückgreifen kann, soll nicht schlechter stehen als der Beschuldigte, der sich einen Wahlverteidiger leisten kann und dem ebenfalls die Möglichkeit offensteht, weitere Wahlverteidiger um die Übernahme der Verteidigung zu bitten.

17   **3. Die zu bezeichnenden Personen.** Zwar ist nur von Rechtsanwälten die Rede, aber hier ist sinngemäß, wie in S. 1, das Wort „möglichst" zu ergänzen, so daß auch **auswärtige Rechtsanwälte** und **Rechtslehrer** benannt werden können. Jeweils handelt es sich dabei oft darum (vor allem freilich bei den Rechtsanwälten), daß der **bisherige Wahlverteidiger** als Pflichtverteidiger bezeichnet wird. Die frühere Wahlverteidigung steht dieser Pflichtverteidigerbestellung nicht entgegen, weil der dahingehende Antrag (bzw. das Gesuch) des Wahlverteidigers die Erklärung enthält, die Wahlverteidigung solle mit der Bestellung zum Pflichtverteidiger enden[29a]. Jenseits dieser Auslegungsmöglichkeit bewegt sich die Frage, ob auch die in Abs. 2 bezeichneten Personen benannt werden kön-

---

[23] LG München vom 28. 4. 1988 – JK Qs 38/88.
[24] OLG Zweibrücken StrVert. **1984** 193; OLG Koblenz StrVert. **1985** 454; vgl. ferner die grundlegenden Ausführungen § 140, 1 ff; Vor § 137, 57 ff.
[25] S. § 137, 13; insbesondere Rdn. 63 ff zur Situation des ersten Zugriffs.
[26] So LG Hagen StrVert. **1987** 432.
[27] S. dazu nur OLG Düsseldorf StrVert. **1986**

239; zum Ganzen auch *Schlothauer* StrVert. **1981** 443 ff.
[28] BayObLG StrVert. **1988** 97.
[29] OLG Hamm StrVert. **1987** 478.
[29a] Allgemeine Ansicht der Rechtsprechung, vgl. OLG Düsseldorf MDR **1967** 515, StrVert. **1983** 190, MDR **1988** 431; OLG Bamberg StrVert. **1984** 235; zu Grenzfällen unten Rdn. 22.

nen. Wenn der Beschuldigte mit den Bedingungen einverstanden ist, unter denen ein Referendar als Pflichtverteidiger tätig werden darf, spricht eigentlich nichts dagegen.

4. Die vorgesehenen Rechtsfolgen
a) Die Bezeichnung eines Verteidigers durch den Beschuldigten
aa) Bestellung (Abs. 1 S. 3 1. Hälfte). Was die für diese Entscheidung genannte **18** Zuständigkeit des „Vorsitzenden" angeht, so gilt das zu § 141 Abs. 4 Gesagte (s. § 141, 14, 15) entsprechend; auch ein Einzelrichter kommt in Betracht.

bb) Nichtbestellung (Abs. 1 S. 3, 2. Halbsatz). Das bedeutet, es wird entweder gar **19** kein Verteidiger bestellt (über die Voraussetzungen, unter denen auch diese Alternative in Betracht kommt[29b], vgl. im einzelnen Rdn. 25 und 27) oder ein anderer. Voraussetzung für diese Entscheidung ist, daß **wichtige Gründe** dem Vorschlag des Beschuldigten entgegenstehen.

In Betracht kommen zunächst die Gesichtspunkte, die geltend gemacht werden **20** zur Bestellung eines Zwangspflichtverteidigers neben einem Wahlverteidiger oder einem Wahlpflichtverteidiger[30]. Sie sind hier aus den gleichen Erwägungen auszuscheiden wie dort. Der insofern abweichenden Interpretation *Kleinknecht/Meyers*[31], für die es in der Motivation des Gesetzgebers keine Stütze gibt[32], muß die objektive Auslegung also entgegentreten. Richtschnur darf nur das **Interesse** sein, das der **Beschuldigte** spezifisch an seiner Verteidigung hat. Dem entspricht es, wenn die Gesetzesbegründung ausdrücklich darauf hinweist, ein wichtiger Grund im Sinne des Abs. 1 S. 3 liege niemals darin, daß damit zu rechnen sei, der Verteidiger werde im Rahmen seiner gesetzlichen Befugnisse die Interessen des Beschuldigten besonders energisch vertreten[33]. Zur Anerkennung der Autonomie des Beschuldigten gehört es im Prinzip, daß er sein Interesse an der für ihn richtigen Verteidigung, auch was die Person des Verteidigers betrifft, selbst definiert. Daher sind die wichtigen Gründe des Abs. 1 S. 3 jedenfalls als ein Hinweis auf eine streng zu handhabende **Ausnahme** zu verstehen.

Der verbleibende Spielraum eröffnet im Rahmen des **Fürsorgeprinzips** die Mög- **21** lichkeit, die Wahlpflichtverteidigung partiell, was die Person des Verteidigers betrifft, einzuschränken. Dies muß ebenso hingenommen werden wie die Zwangspflichtverteidigung und sprengt deshalb ebenfalls nicht die Einheit des Prinzips der durch die vertragliche Beziehung zum Beschuldigten definierten Verteidigung[34], macht keinen Rückgriff auf den Grundsatz, daß der Verteidiger ein Organ der Rechtspflege sein müsse, notwendig. Der leitende Gedanke ist daher auch hier, daß Indizien vorliegen müssen für die Unfähigkeit des Beschuldigten, ein Recht auszuüben, das ihn instandsetzt, seine **Autonomie** zu bewahren. Eine solche Lage ist daher sicher dann gegeben, wenn die Wahl des Beschuldigten auf einen Verteidiger fällt, der nicht fähig oder Willens ist, die Autonomie des Beschuldigten im Strafverfahren zu respektieren, und von dem deshalb keine Verteidigung zu erwarten ist, die sich rückhaltlos in den Dienst der Interessen des Beschuldigten stellt und zwar so, wie dieser sie sieht, nicht wie Gericht und Staatsanwaltschaft oder ein auf seinen eigenen Rechten im Strafverfahren bestehender Verteidiger sie sehen.

[29b] Der Gesetzgeber hat daran offenbar nicht gedacht; das liegt daran, daß ihm die Notwendigkeit, zwischen Wahl- und Zwangspflichtverteidigung zu unterscheiden, in diesem Zusammenhang nicht klar genug vor Augen gestanden hat.

[30] Vgl. § 141, 39 ff.
[31] *Kleinknecht/Meyer*[38] 13.
[32] Vgl. BTDrucks. 10 1313, S. 20 ff.
[33] BTDrucks. 10 1317, S. 21.
[34] Vor § 137, 57 ff; § 140, 1 ff.

Klaus Lüderssen

22   Danach ist zunächst festzuhalten, daß die **Einwendungen gegen die Bestellung des vom Beschuldigten gewünschten Verteidigers**, die in der langen Kette von vor Einführung des Abs. 1 S. 2 ergangenen Entscheidungen **zurückgewiesen** worden sind, jetzt **nicht als wichtiger Grund** im Sinne des S. 3 wiederkehren[35] dürfen[36]. Nicht einschlägig dürften darüber hinaus aber auch die Fälle sein, in denen die Bestellung des Wahlverteidigers zum Pflichtverteidiger dadurch erreicht werden soll, daß der Wahlverteidiger mit seiner Mandatsübernahme zunächst die — nach § 143 vorgeschriebene — Entpflichtung des bereits bestellten Pflichtverteidigers erreicht, um dann — verbunden mit dem Antrag, ihn als Pflichtverteidiger zu bestellen — sein Wahlmandat niederzulegen[37]. Denn keineswegs indiziert dieses Manöver (um das sich das Standesrecht kümmern mag, das freilich den Interessen des Beschuldigten gegenüber denen des „Kollegen" den Vorrang einräumt[38] und dem Problem durch Anzeigepflichten die Schärfe zu nehmen versucht), daß der Wahlverteidiger nicht in dem oben beschriebenen Sinne für den Beschuldigten tätig werden will, wobei es nicht darauf ankommt, ob der erste Pflichtverteidiger dem Angeklagten bestellt worden ist, ohne daß dieser Gelegenheit hatte, einen Anwalt seines Vertrauens zu benennen[39]. Vielmehr ist, ebenso wie bei den isolierten Fällen der Zwangspflichtverteidigung[40], schon jetzt zu registrieren, daß es kaum Fälle für S. 3 geben wird[41]. Wenn es zur Anwendung des S. 3 kommt, gilt folgendes:

23   Wird kein Verteidiger bestellt, so gilt auch für die ablehnende Entscheidung die **Zuständigkeitsregel** des Abs. 1 S. 3 (s. dazu oben Rdn. 18).

24   Soll es nicht bei der Ablehnung der Bestellung des erbetenen Verteidigers verbleiben, muß geklärt werden, ob die **sachlichen Voraussetzungen** für die Bestellung eines anderen Verteidigers vorliegen. Grundlage für diese Entscheidung ist dann nicht § 142, sondern § 140 in Verbindung mit § 141. Danach ist zunächst zu prüfen, ob ein Fall der Wahlpflichtverteidigung vorliegt (dann extensive Auslegung der Voraussetzungen, s. § 140, 6, aber auch § 141, 3, Zusammenfassung der Ermessensfälle) oder aber ein Fall der Zwangspflichtverteidigung (dann restriktive Auslegung der Voraussetzungen). Da der Beschuldigte immerhin eindeutig einen Verteidiger wollte, ist es nicht zwingend, gleich von Zwangspflichtverteidigung zu sprechen. Vielmehr muß man mit mehreren Situationen rechnen, und aus der **Fürsorgepflicht** sowie dem Prinzip des fair-trial ergibt sich, daß die jeweiligen Situationen zur Vorbereitung der Entschließung des Beschuldigten von den übrigen Prozeßbeteiligten rechtzeitig und hinreichend geklärt werden müssen.

25   Entweder der Beschuldigte will, wenn er den von ihm vorgeschlagenen Verteidiger nicht bekommt, gar keinen Verteidiger. Dann geht es eindeutig nur mehr um **Zwangspflichtverteidigung**, und die restriktive Auslegung hat ihre Berechtigung. Der Beschuldigte bekommt dann unter Umständen keinen Pflichtverteidiger, obwohl er, wenn der Richter seiner Wahl gefolgt wäre, einen bekommen hätte. Oder es verhält sich so, daß der Beschuldigte in bezug auf die Wahl der Person des Verteidigers resigniert,

---

[35] Also auch nicht, daß der Verteidiger von auswärts kommt; so aber *Meyer-Goßner* NJW **1987** 1161.

[36] So — jedenfalls im Grundsatz — auch KG StrVert. **1987** 428; OLG Hamm StrVert. **1987** 478.

[37] So aber (Ablehnung der Bestellung) KG JR **1974** 433; OLG Koblenz MDR **1986** 604; zustimmend *Kleinknecht/Meyer*[38] 7.

[38] *Lantzke* JR **1974** 434; *Schlothauer* StrVert. **1981** 452.

[39] So der im Sinne des Antrags des Wahlverteidigers auf Bestellung zum Pflichtverteidiger vom LG Düsseldorf StrVert. **1985** 453 entschiedene Fall.

[40] Vgl. dazu § 140, 117.

[41] Ganz unproblematisch sind die Fälle des OLG München AnwBl. **1980** 467, vgl. Fußn. 17 a. E, und des OLG Nürnberg AnwBl. **1987** 236.

nicht aber in der Sache; irgendein Verteidiger ist ihm lieber als gar keiner. Eine restriktive Auslegung der Voraussetzungen der Verteidigerbestellung liegt dann nicht im Interesse des Beschuldigten. Es liegt vielmehr ein Fall von **eingeschränkter Wahlpflichtverteidigung** vor, der — abgesehen von dem Leerlauf des Abs. 1 S. 2 — wie ein **normaler Fall** von **Wahlpflichtverteidigung** zu behandeln ist. Das heißt, die sachlichen Voraussetzungen, unter denen der vom Beschuldigten bezeichnete Verteidiger bestellt worden wäre, und diejenigen, unter denen ein anderer Verteidiger jetzt bestellt wird, sind die gleichen. Auf der Grenze liegt schließlich der Fall, daß es dem Beschuldigten völlig gleichgültig ist, ob der Richter, nachdem er den Vorschlag des Beschuldigten abgelehnt hat, nun einen anderen Verteidiger bestellt oder nicht. Ob dann eine extensive oder restriktive Auslegung in seinem Interesse liegt, ist nach dem Autonomieprinzip eo ipso nicht zu entscheiden. Auch die Regel, daß bei einem non liquet die weniger belastende Entscheidung zu treffen ist, hilft hier nicht weiter. Beide Auslegungen sind daher in diesem praktisch äußerst seltenen Fall zulässig.

Wird — nach Maßgabe der §§ 140, 141 — ein Verteidiger bestellt, so richtet sich **26** die Auswahl nach § 142 Abs. 1 S. 2, Abs. 2. Die **Zuständigkeitsfrage** ist genauso zu behandeln wie bei 141 Abs. 4; d. h. auch ein Einzelrichter kommt in Betracht. Die Auswahl selbst liegt im pflichtgemäßen Ermessen des Richters.

b) Die unterbliebene Bezeichnung eines Verteidigers durch den Beschuldigten. 27 Diese Situation tritt in der Regel erst ein, nachdem der vorsitzende Richter für sich schon entschieden hat, daß ein Fall der Pflichtverteidigung vorliegt. Gleichwohl muß er, wenn feststeht, daß der Beschuldigte keinen Verteidiger bezeichnet, noch einmal in die Prüfung der **sachlichen Voraussetzungen** der Pflichtverteidigung eintreten. Denn der Beschuldigte, der keine Wahl trifft, tut dies entweder, weil er überhaupt keinen Verteidiger haben möchte — dann geht es nur noch um Zwangspflichtverteidigung. Die Situation ist dann die gleiche, wie in Rdn. 25 beschrieben. Insbesondere kann dann auch hier jene Differenz auftreten: Der Beschuldigte bekommt keinen Pflichtverteidiger, obwohl er, wenn er gewählt hätte, einen bekommen hätte. Oder es verhält sich so, daß der Beschuldigte zwar keine Wahl trifft, es ihm aber recht ist, wie der Richter entscheidet. Das wäre dann wieder der Fall der eingeschränkten Wahlpflichtverteidigung (bzgl. der Folgen kann auf Rdn. 25 verwiesen werden). Schließlich kann es so sein, daß es dem Beschuldigten ganz gleichgültig ist, ob ein Verteidiger bestellt wird (dann gilt wiederum das Rdn. 25 Ausgeführte entsprechend).

Danach ist die **Entscheidungssituation** wie folgt: Werden nunmehr die Voraussetzungen für die Bestellung eines Pflichtverteidigers nicht angenommen, so ergeht eine ablehnende Entscheidung gemäß § 141 Abs. 4. Liegen die Voraussetzungen für eine Bestellung vor, so erfolgt, wieder nach § 141 Abs. 4 die Bestellung; für die dabei vorzunehmende Auswahl gilt § 142 Abs. 1 S. 1, Abs. 2 (hier wird die Zuständigkeitsidentität besonders deutlich).

II. Die Rolle der Verteidigung

1. Kein eigener Anspruch auf Bestellung. Die Aufgabe der Pflichtverteidigung besteht nicht darin, daß „dem Anwalt zu seinem eigenen Nutzen und Vorteil eine zusätzliche Gelegenheit beruflicher Betätigung" verschafft wird[42]. Vielmehr ist es der **Beschuldigte**, auf dessen Wünsche das Gesetz Rücksicht nimmt.

---

[42] BVerfGE **39** 242; OLG Düsseldorf AnwBl. **1988** 178; ebenso schon NStZ **1987** 41; ferner BGH bei *Pfeiffer/Miebach* NStZ **1987** 217; OLG Köln NStZ **1982** 129.

Klaus Lüderssen

30   **2. Pflicht des Rechtsanwaltes zur Übernahme der Pflichtverteidigung.** Dies ist die andere Seite des **Kontrahierungszwanges**[43]. Auch wenn man nicht so weit geht zu sagen, die Bestellung zum Pflichtverteidiger sei eine besondere Form der Indienstnahme Privater zu öffentlichen Zwecken[44], läßt sich diese in § 49 Abs. 1 BRAO ausgesprochene rechtliche Bindung als organisatorisch notwendige Folge der Zurverfügungstellung (im Falle der Zwangspflichtverteidigung — Aufdrängung) staatlicher Mittel zur Wahrnehmung persönlicher Interessen in der Auseinandersetzung mit den staatlichen Strafverfolgungsorganen rechtfertigen[45].

31   Gleichwohl gibt es **Ausnahmen**. Der Rechtsanwalt kann nach § 49 Abs. 2 in Vbdg. mit § 48 Abs. 2 BRAO beantragen, die Beiordnung aufzuheben, wenn dafür wichtige Gründe vorliegen. Allerdings ist das Ablehnungsrecht eng auszulegen[46]. Die wichtigen Gründe müssen auf außergewöhnlichen Umständen beruhen[47], sie müssen schwerwiegend sein[48]. Ihre Grundlage müssen besondere Verhältnisse des Anwalts oder der Sache bilden; Gründe allgemeiner Art (Gebührenhöhe) genügen nicht[49].

32   **Beispiele** für wichtige Gründe sind u. a.: Der Rechtsanwalt ist mit dem Strafrecht und dem Strafverfahren nicht vertraut, weil er seit Jahren nur Zivilsachen oder Spezialsachen (Steuerrecht, Verwaltungsrecht) bearbeitet; er ist bereits übermäßig mit Verteidigungen belastet; das Vertrauensverhältnis des Anwalts zum Beschuldigten ist gestört oder kann nicht hergestellt werden, etwa weil die Ideologien, die der Tat zugrunde liegen, dem Anwalt so wesensfremd sind, daß er dem Beschuldigten nicht das Gefühl geben kann, er werde sich voll für ihn einsetzen[50]; der Anwalt findet sich in Gewissensnot[51]; es besteht ein Interessenkonflikt, etwa weil der Anwalt den durch die Straftat Verletzten beraten hat; der Anwalt fühlt sich wegen hohen Alters den Anstrengungen einer Hauptverhandlung nicht gewachsen.

33   **3. Keine Pflicht der Rechtslehrer zur Übernahme der Pflichtverteidigung.** Es fehlt insofern eine Norm wie die des § 49 BRAO[52]. Daß der Einbeziehung der Rechtslehrer in den Kreis bestellbarer Pflichtverteidiger **keine Übernahmepflicht** entspricht, mag mit Blick auf die Ausführungen zur Einheit des Kontrahierungszwanges (vgl. die Hinweise in Fußn. 43) widersprüchlich erscheinen. Die Erklärung ist, daß die Verteidigung durch Rechtslehrer ohnehin nicht zwingend zum System des Strafprozeßrechts gehört, sondern eine historisch gewachsene Konzession ist, die — gleichsam aus Gründen der Reinheit der Doktrin — abzuschaffen freilich auch keine Veranlassung besteht.

34   **4. Keine Pflicht der Übernahme der Verteidigung durch die Referendare.** Auch dieser Fall ist nicht geregelt. Daher wird man eine **Verpflichtung verneinen** müssen. Auch als Zwangspflichtverteidiger sollte ein Referendar nicht bestellt werden, selbst wenn der Angeklagte von seinem Vorschlagsrecht nach § 142 Abs. 1 S. 2 keinen Gebrauch gemacht hat.

35   **5. Untervollmacht und Vertretung.** Nach überwiegender Meinung soll die Erteilung einer **Untervollmacht** durch den Pflichtverteidiger[53] ebenso unzulässig sein wie die

---

[43] Vgl. § 141, 1 ff; Vor § 137, 57 ff.

[44] BVerfGE **39** 238; **68** 237, 253 ff; kritisch dazu Vor § 137, 85.

[45] Den Enscheidungen des BVerfG AnwBl. **1987** 194; BGH bei *Pfeiffer/Miebach* NStZ **1983** 208 ist also im Ergebnis beizupflichten.

[46] OLG Koblenz MDR **1971** 679.

[47] OLG Frankfurt AnwBl. **1975** 30.

[48] Weitergehend OLG Hamm **1976** 30: besonders schwerwiegend.

[49] OLG Oldenburg NdsRpfl. **1972** 245.

[50] OLG Hamm NJW **1975** 1283.

[51] *Isele* § 48 II E 4 c.

[52] Vgl. dazu auch LR-*Dünnebier*[23] 2.

[53] BGH StrVert. **1981** 393; **1982** 213; bei *Pfeiffer/Miebach* NStZ **1983** 208; 354; KG JR **1981**

Übertragung der Verteidigung auf den Sozius des beigeordneten Rechtsanwalts[54]. Diese Auffassung ist offenbar stark von der mit der Pflichtverteidigerstellung verbundenen öffentlichen Komponente (§ 141, 1 ff) geprägt. Geht man von der Notwendigkeit aus, die Pflichtverteidigung der Wahlverteidigung, soweit es geht, anzugleichen, bestehen keine Bedenken gegen die Erteilung von Untervollmacht, wenn der Beschuldigte damit einverstanden ist.

In der **Praxis** wird ohnehin faktisch die Erteilung von Untervollmacht akzeptiert, **36** wenn ausnahmsweise bei vorübergehender Verhinderung die Vertretung des Pflichtverteidigers zulässig sein soll[55]. Die Versuche, die Vertretung in diesen Fällen zu rechtfertigen[56], sind äußerst mühsam und machen einmal mehr deutlich, wie verfehlt eine Konzeption der Pflichtverteidigung sein muß, die sich den einfachen Weg zum Institut der Untervollmacht verstellt.

Der nach § 53 BRAO bestellte **allgemeine Vertreter** — auch der Rechtsreferendar **37** — darf in dieser Funktion an Stelle des beigeordneten Rechtsanwaltes die Verteidigung führen[57]. Wird offenbar, daß der allgemeine Vertreter hierzu nicht in der Lage ist — etwa weil in seiner Person die Rdn. 3 angeführten Gründe vorliegen —, kann die Bestellung zurückgenommen werden[58].

C. Rechtsmittel

Entscheidungen des Vorsitzenden oder Einzelrichters, die unter Verstoß gegen **38** § 142 Abs. 1 zustandegekommen sind, unterliegen der Beschwerde; hier gelten die bei § 141, 48 ff entwickelten Grundsätze. Unabhängig davon kann die Revision die fehlerhafte Auswahl des Verteidigers rügen[59].

§ 143

Die Bestellung ist zurückzunehmen, wenn demnächst ein anderer Verteidiger gewählt wird und dieser die Wahl annimmt.

Schrifttum siehe bei § 140.

86; OLG Hamburg NStZ **1983** 88; LR-*Dünnebier*[23] 10; *Kleinknecht/Meyer*[38] 15; a. A noch die frühere Rspr. OLG Hamburg NJW **1963** 2040; OLG Stuttgart NJW **1955** 1291.

[54] BGH StrVert. **1981** 12; BayObLG NJW **1981** 1629; StrVert. **1983** 55; *Kleinknecht/Meyer*[38] 15.

[55] OLG Frankfurt NJW **1980** 1703; KK-*Laufhütte*[2] 10; *Dahs* Hdb. 115; *Kleinknecht/Meyer*[38] 15..

[56] Vgl. etwa LR-*Dünnebier*[23] 10 mit weit. Nachw. zur älteren Rspr.: es liege eine stillschweigende Bestellung des zweiten Verteidigers vor, der allerdings keinen eigenen Ge-

bührenanspruch habe, sondern aufgrund einer Vereinbarung der beiden Verteidiger hierauf verzichte; Zweifel an dieser Konstruktion offenbar auch bei *Kleinknecht/Meyer*[38] 15.

[57] BGH NJW **1975** 2351; BayObLG NJW **1981** 1629; OLG Frankfurt NJW **1980** 1703; KK-*Laufhütte*[2] 10; zweifelnd *Kleinknecht/Meyer*[38] 17.

[58] *Kleinknecht/Meyer*[38] 17.

[59] KK-*Laufhütte*[2] 12; anders wohl *Kleinknecht/Meyer*[38] 20 unter Berufung auf BGH bei *Holtz* MDR **1979** 108.

Klaus Lüderssen

Übersicht

I. Allgemeines

1   **1. Stellenwert der Vorschrift im elften Abschnitt.** Sie macht äußerlich den **Vorrang** der **Wahlverteidigung** deutlich. Daraus den Schluß zu ziehen, der Pflichtverteidiger sei dementsprechend zweitrangig zu behandeln oder als etwas ganz anderes, wäre völlig verfehlt. Vielmehr zeigt die Strafprozeßordnung an dieser Stelle noch einmal, was für sie das Ideal der Verteidigung ist. Es wird von der herrschenden modernen Strafrechtspraxis und -wissenschaft, die auf einen verfassungsrechtlichen Fundus zurückgreifen kann, der dem Gesetzgeber von 1877 noch nicht zur Verfügung stand, konsequent weiterentwickelt, wenn sie, auf verschiedenen Wegen, aber weitgehend einig im Ziel, versucht, die Pflichtverteidigung der Wahlverteidigung anzugleichen.

2   **2. Die Rechtsnatur der Zurücknahme.** Spiegelbildlich zum Kontrahierungszwang liegt in der Zurücknahme der Bestellung der **Zwang** zur **Beendigung** des **Vertrages** (Wahlpflichtverteidigung, s. § 141, 3 ff) bzw. des Quasi-Vertrages (Zwangspflichtverteidigung, s. § 141, 7 ff).

II. Die obligatorischen Fälle

3   **1. Wahl eines anderen Verteidigers.** Das Gesetz spricht von einem **anderen Verteidiger**, findet aber auch Anwendung, wenn der Beschuldigte den Pflichtverteidiger nunmehr als seinen Wahlverteidiger benennt oder mehrere Verteidiger. Als andere Verteidiger gewählt werden können die in § 138 genannten Personen. Dies sind zunächst die in Abs. 1 genannten Personen. Ist ein **Rechtskundiger**, der die vorgeschriebene erste Prüfung für den Justizdienst bestanden hat und hierin seit mindestens fünfzehn Monaten beschäftigt ist (§ 142 Abs. 2), gewählt worden, kann die Bestellung erst zurückgenommen werden, nachdem das Gericht die Wahl nach § 138 Abs. 2 genehmigt hat. Bei **anderen Personen**, die der Beschuldigte gewählt hat (§ 138, 22 ff), darf die Bestellung nicht zurückgenommen werden (vgl. auch § 138, 36).

4   **2. Zeitpunkt.** Die Wendung „demnächst" ist irreführend: Auch die **Wahl** muß **vollzogen** sein. Anderenfalls gäbe das Erfordernis der Annahme der Wahl gar keinen Sinn.

Stand: 1. 11. 1988

III. Fakultative Fälle

1. Nichtanwendung des § 143. Obwohl die unter Rdn. 3 beschriebenen Vorausset- **5**
zungen sämtlich vorliegen, muß die Bestellung nicht zurückgenommen werden, wenn
ein Fall vorliegt, in dem es zulässig ist, daß ein **Pflichtverteidiger neben einem Wahlver-**
teidiger tätig wird. Das ist im einzelnen bei § 141, 36 ff, bezogen auf die Situation ausgeführt, daß der Pflichtverteidiger erst bestellt wird, nachdem der Beschuldigte schon
einen Verteidiger gewählt hat. Ist die zeitliche Reihenfolge die umgekehrte, hätte es keinen Sinn, wenn die Bestellung zurückgenommen würde, obwohl schon erkennbar ist,
daß sie anschließend wieder vorzunehmen wäre[1]. Dabei ist hervorzuheben, daß in den
Fällen, in denen neben dem Wahlverteidiger ein Wahlpflichtverteidiger tätig wird, natürlich ohne weiteres die Zurücknahme der Bestellung zu erfolgen hat, wenn der Beschuldigte es — später — wünscht; es ist dann sozusagen der Normalfall des § 143 wieder hergestellt; auf die besonderen Begründungen, die nötig sind, damit der Beschuldigte — über den Wortlaut des § 143 hinaus — die Abberufung eines Pflichtverteidigers
erreichen kann (s. dazu unten Rdn. 9 ff), kommt es hier also nicht an. Ferner wird der
Normalfall des § 143 wieder hergestellt, wenn das Gericht von sich aus Veranlassung
sieht, die Bestellung des neben dem Wahlverteidiger tätigen **Zwangspflichtverteidigers**
zurückzunehmen[2]. Anders liegt es wiederum, wenn das Gericht einen neben dem Wahlverteidiger tätigen **Wahlpflichtverteidiger** abberufen will; hier bedarf es der Zustimmung des Beschuldigten, er kann also insofern auf der Nichtanwendung des § 143 bestehen (zur Begründung dieses Anspruchs des Beschuldigten vgl. näher Rdn. 9).

Für weitere **Ausnahmen** von der Anwendung des § 143 gibt es indessen keine **6**
überzeugenden Argumente. Nicht zulässig jedenfalls ist es, mit der Zurücknahme der
Bestellung zu warten, wenn zu befürchten ist, daß der Wahlverteidiger wegen der Mit-
tellosigkeit des Beschuldigten das Mandat alsbald niederlegen könnte[3], oder die Entpflichtung abzulehnen, weil die Gefahr nicht auszuschließen ist, daß der auswärtige
Wahlverteidiger an der mehrtägigen Hauptverhandlung in einer rechtlich nicht einfach
gelagerten Sache für bestimmte Zeiten verhindert sein kann[4].

2. Analoge Anwendung des § 143
a) Initiativen von Staatsanwaltschaft und Gericht
aa) Auf die Person des Verteidigers bezogene Entpflichtung.

Nach allgemeiner **7**
Meinung ist eine Rücknahme der Bestellung des Verteidigers auch **gegen den Willen des**
Beschuldigten aus **wichtigem Grund** zulässig, obwohl die Anknüpfung an § 143 lediglich
darin ihre Berechtigung hat, daß dies die einzige gesetzliche Norm ist, die eine große
Gruppe von Rücknahmefällen regelt (die Vorschrift des § 140 Abs. 3 S. 2 hingegen, die
von Aufhebung der Pflichtverteidigung spricht, betrifft eine zu spezielle Situation). Sofern es sich um die Gründe handelt, die nach Auffassung der Rechtsprechung dazu berechtigen, einen Rechtsanwalt nicht zum Pflichtverteidiger zu bestellen (§ 142, 3), ist
kurz zu wiederholen, daß es sich um Fragen handelt, die in das **Standesrecht** gehören (s.
§ 142, 3). Das gilt sowohl für die Fälle, in denen eine Bedrohung des Verfahrensablaufs
durch den Pflichtverteidiger angenommen wird[5], wie für diejenigen, in denen — unab-

---

[1] Vgl. dazu LG Mainz Rpfleger **1987** 477.

[2] OLG Koblenz wistra **1984** 82, wenn die Revision vom Wahlverteidiger begründet worden ist.

[3] So aber OLG Zweibrücken NJW **1982**
2010; zustimmend *Kleinknecht/Meyer*[38] 2.

[4] So aber OLG Koblenz OLGSt (alt), § 143 S. 5.

[5] **A. A** aber OLG Karlsruhe Justiz **1980** 338,
das angesichts des vom Pflichtverteidiger gestellten Antrags auf Aussetzung, weil er anderweitige Terminverpflichtungen habe,
davon spricht, daß der Verteidiger die Mitwirkung in der Hauptverhandlung ,,als den
wichtigsten Teil seiner durch die Bestellung

Klaus Lüderssen

hängig von der Meinung des Beschuldigten dazu — vermutet wird, es bestehe das Vertrauensverhältnis zwischen Beschuldigtem und Verteidiger nicht mehr. Für die Strafprozeßordnung ist insofern auf die Exklusivität der §§ 138 a ff hinzuweisen. Die genaue Regelung der Ausschlußgründe, die auch für die Pflichtverteidigung gilt (s. § 138 a, 4 ff), darf nicht durch eine umstandslos anwendbare Generalklausel umgangen werden. Gerade die Ausschlußgründe der §§ 138 a ff als Anwendungsfall des Widerrufs der Bestellung anzusehen[6], kehrt den Sinn der Regelung in sein Gegenteil (vgl. auch § 142, 4).

8   **bb) Rücknahme der Bestellung wegen Wegfalls der sachlichen Voraussetzungen der Pflichtverteidigung.** Dieser Fall kann eintreten, wenn eine der in § 140 Abs. 1 Nr. 1 bis 3 aufgeführten **Voraussetzungen** für die **Bestellung** des Pflichtverteidigers **wegfällt**. Das gleiche kann eintreten, wenn gemäß § 140 Abs. 1 Nr. 8 ein Pflichtverteidiger bestellt worden ist und später der ausgeschlossene Wahlverteidiger wieder zum Verfahren zugelassen werden kann. Schließlich kann auch der Verlauf des Verfahrens ergeben, daß aus einem schweren Fall gemäß § 140 Abs. 2 ein leichter, keine Pflichtverteidigung mehr fordernder Fall wird[7]. Allerdings genügt dafür nicht, daß der Vorsitzende des mit der Sache befaßten Gerichts seine **Ansicht** über die Schwierigkeit der Sach- und Rechtslage geändert hat. Eine Rücknahme in einem solchen Falle würde dem Grundsatz des prozessualen Vertrauensschutzes widersprechen[8]. Aus den gleichen Gründen ist es auch nicht zulässig, daß dem Beschuldigten, wenn ihm zunächst zwei Pflichtverteidiger bestellt worden sind, später wieder einer entzogen wird, weil der Vorsitzende der Strafkammer, an die das Verfahren abgegeben wurde, der Auffassung ist, ein Verteidiger reiche aus[9].

b) Initiative des Beschuldigten

9   **aa) Austausch des Pflichtverteidigers.** Die durch § 142 Abs. 1 S. 2 dem Beschuldigten, gleichviel ob Wahlpflicht- oder Zwangspflichtverteidigung vorliegen (s. § 142, 12 ff), eingeräumte Möglichkeit, die Person des Verteidigers zu wählen, ist nur die halbe Gleichstellung mit dem Beschuldigten, der einen Wahlverteidiger hat. Hinzukommen muß die **Möglichkeit der Abwahl.** Nun hat der Gesetzgeber das insofern erforderliche Pendant in § 143 bei Einfügung des § 142 Abs. 1 S. 2 und 3 nicht geschaffen. Er wollte vielmehr durch die Neuregelung den späteren Auseinandersetzungen und Anträgen auf Auswechslung des Pflichtverteidigers gerade vorbeugen[10]. Das würde aber nur dann zum argumentum e contrario berechtigen, wenn man von der — unangefochtenen — Prämisse der Gleichstellung von Pflichtverteidigung und Wahlverteidigung abginge. Die

---

begründeten Pflicht zur ordnungsgemäßen Führung der Pflichtverteidigung" verweigere. (Bemerkenswert ist, daß der BGH im umgekehrten Fall die Revision für begründet erachtet hat, weil dem darauf gestützten Aussetzungsantrag des Wahlverteidigers, er sei an dem mit dem Pflichtverteidiger vereinbarten Termin verhindert, nicht stattgegeben wurde, BGH StrVert. **198** 516); ebenso OLG Frankfurt StrVert. **1985** 450, das ein Fehlverhalten des Pflichtverteidigers darin sieht, daß er es für die von ihm nicht wahrnehmbaren Termine mit Rücksicht auf das Vertrauensverhältnis zum Angeklagten ablehnt, sich vertreten zu lassen; kritisch dazu die Anm. von *Sieg* StrVert. **1985** 451; oder OLG

Frankfurt NJW **1972** 1964, das die Bestellung des Verteidigers zurücknimmt, weil er den ordnungsgemäßen Ablauf des Verfahrens gefährdet, indem er die Führung seiner Verteidigung von der Beiordnung eines zweiten Verteidigers abhängig macht. Das KG JR **1982** 349 gesteht immerhin zu, daß nur ein Fehlverhalten von besonderem Gewicht die Abberufung des Pflichtverteidigers rechtfertige.

[6] So *Kleinknecht/Meyer*[38] 4.
[7] Vgl. BGHSt 7 69.
[8] OLG Stuttgart StrVert. **1985** 140.
[9] OLG Frankfurt StrVert. **1984** 502.
[10] BTDrucks. **10** 1313, S. 20.

Neuregelung ist, was aus der Begründung klar hervorgeht, aber gerade von dieser Prämisse getragen. Es ist hier daher spiegelbildlich zu verfahren: Wenn der Beschuldigte den ihm bestellten Pflichtverteidiger nicht mehr haben möchte, ist seinem Wunsch zu entsprechen, so daß es auf ein gestörtes Vertrauensverhältnis[11] oder auf besondere Pflichtwidrigkeiten des Pflichtverteidigers[12] gar nicht mehr ankommt, sofern nicht wichtige Gründe entgegenstehen[13].

Spiegelbildlich sind auch diese **wichtigen Gründe** aufzufassen. Daß ein Verteidi- **10** ger etwa die Beschuldigteninteressen nicht energisch vertritt, sich angepaßt verhält etc., darf das Gericht nicht veranlassen, ihn gegen den Willen des Beschuldigten im Verfahren zu lassen (dies ist die Umkehrung der Begründung zur Einführung des in § 142 Abs. 1 S. 2 und 3 genannten Falles). Die Berechtigung dazu könnte nur dann vorliegen, wenn der bestellte Pflichtverteidiger die Aufgaben der parteilichen Wahrnehmung seiner Interessen besonders gut erfüllt und die abweichende Auffassung des Beschuldigten auf ein Autonomiedefizit deutet. Ein solcher Fall ist keineswegs dann schon gegeben, wenn der Beschuldigte es versäumt, Umstände darzulegen, die bei objektiver Betrachtung aus seiner Sicht eine Erschütterung seines Vertrauens zu dem bestellten Pflichtverteidiger besorgen lassen könnten[14], oder wenn er die Abberufung des Verteidigers wünscht, weil dieser eine vom Beschuldigten selbst eingelegte Revision für aussichtslos hält und es deshalb ablehnt, sie zu begründen[15]. In Betracht mag eine Zurücknahme der Bestellung kommen, wenn die Entscheidung des Beschuldigten, sich von dem Verteidiger trennen zu wollen, unter dem Druck Dritter zustandekommt. Als Indikator für die vom Gericht empfundene Notwendigkeit, die Bestellung nicht rückgängig zu machen, scheidet im Zweifel auch aus, daß Einwände gegen die Bestellung eines anderen Pflichtverteidigers geltend gemacht werden, etwa weil dieser den ersten nur verdrängen möchte (vgl. dazu § 142, 22). Auch insofern ist aber festzuhalten, daß die Zahl einschlägiger Fälle äußerst klein bleiben wird.

bb) Beendigung der Pflichtverteidigung überhaupt. Will der Beschuldigte, der **11** einen **Wahlpflichtverteidiger** hat, nunmehr gar keinen Verteidiger haben, so ist zu prü-

---

[11] Siehe etwa OLG Bamberg StrVert. **1984** 234; OLG Düsseldorf MDR **1985** 249; OLG Hamburg NStZ **1985** 518.

[12] Vgl. OLG Frankfurt StrVert. **1985** 225 – Weigerung des Pflichtverteidigers, die Revisionsbegründung zu verfassen.

[13] Grundsätzlich ebenso KG StrVert. **1987** 428; überholt insofern OLG Hamburg JR **1986** 257 mit zutreffend kritischer Anm. von *Wagner*; auch OLG Düsseldorf MDR **1988** 431 ist insofern nicht differenzierend genug, wenn es nur zu der Frage Stellung nimmt, ob der Beschuldigte einen Anspruch auf Auswechslung des Pflichtverteidigers hat; s. auch § 142, 12.

[14] Gegen eine Rücknahme der Bestellung in diesem Falle spricht sich aber OLG Bamberg StrVert. **1984** 234 aus; ebenso in einem vergleichbaren Fall OLG Düsseldorf (1. StS) AnwBl. **1985** 154, das diese Tendenz in einer weiteren Entscheidung dazu noch vertieft (NStZ **1986** 137 – unter Hinweis darauf, in

einem solchen Fall gehe die staatliche Fürsorge für die Sicherung eines ordnungsgemäßen und fairen Verfahrens nicht so weit, daß die in der Regel mit einem Pflichtverteidigerwechsel verbundenen Nachteile, wie Mehrbelastung der Staatskasse mit Kosten und Gefährdung des raschen Ablaufs des Strafverfahrens, in Kauf genommen werden müßten); ferner OLG Koblenz OLGSt (alt), § 143, S. 3; OLG Bremen NJW **1979** 666; OLG Schleswig SchlHA **1986** 105; Grenzen der Darlegungsobliegenheit bei Störung des Vertrauenshindernisses formuliert das OLG Karlsruhe NStZ **1988** 239 – auch mit Bezug auf das Recht des Beschuldigten, sein dem Verteidiger anvertrautes Wissen nicht dem Gericht offenbaren zu müssen; instruktiv insofern auch OLG Hamm StrVert. **1982** 511; siehe hierzu zuletzt BGH StrVert. **1988** 469.

[15] Gegen eine Rücknahme aber OLG Stuttgart MDR **1979** 780.

Klaus Lüderssen

fen, ob — bei nun fälliger restriktiver Auslegung — die Wahlpflichtverteidigung in Zwangspflichtverteidigung übergeht. Nur wenn das der Fall ist, kann die aus sachlichen Gründen notwendige Bestellung nicht zurückgenommen werden (wohl aber natürlich mit Blick auf die Person des Verteidigers; insofern gilt das Rdn. 9 Gesagte dazu entsprechend).

12   Will der Beschuldigte, der einen **Zwangspflichtverteidiger** hat, die Pflichtverteidigung beenden, so scheidet die Rücknahme auf jeden Fall aus.

13   **c) Initiativen des Verteidigers.** Seine **Pflicht**, die Verteidigung zu übernehmen (s. § 142, 30 ff), hat zur Folge, daß er auch **nicht das Recht** hat, die **Rücknahme** der Bestellung zu verlangen. Aber so wie es Ausnahmen von der Übernahmepflicht gibt, so muß es aus vergleichbaren Gründen auch **ausnahmsweise** die Möglichkeit geben, daß der Verteidiger entpflichtet wird. So kann dem Verteidiger bei Verweisung der Sache an ein anderes Gericht in der Regel nicht zugemutet werden, dort zu verteidigen[16]. Das gleiche gilt, wenn der Beschuldigte es ablehnt, Kontakt zu dem Verteidiger aufzunehmen, weil dem Verteidiger die ideologisch-politischen Auffassungen des Beschuldigten in keiner Weise nachvollziehbar seien und der Verteidiger dem Beschuldigten infolgedessen auch nicht das Gefühl vermitteln könne, er werde sich voll für ihn einsetzen[17], oder wenn der Angeklagte den Pflichtverteidiger tätlich angreift[18].

IV. Zuständigkeit

14   § 141 Abs. 4 gilt **entsprechend**.

V. Rechtsmittel

15   Die **Zurücknahme der Bestellung** ist für den Angeklagten mit der **Beschwerde** nach Maßgabe der bei §§ 141, 48 ff; 142, 38 dargelegten Kriterien anfechtbar. Wegen der dort abgelehnten Differenzierung zwischen Entscheidungen über die Pflichtverteidigerbestellung, die als der Urteilsfällung vorausgehend anzusehen sind, und anderen Entscheidungen kommt es auf weitere Differenzierungen (Entscheidung nach Eröffnung des Hauptverfahrens, aber vor Beginn der Hauptverhandlung), die mit Bezug auf eine Beschwerde gegen die Ablehnung der Zurücknahme einer Bestellung vorgenommen worden sind[19], nicht an. Abzulehnen sind daher im übrigen auch alle Entscheidungen, die eine Beschwerde gegen Entscheidungen des Vorsitzenden in der Hauptverhandlung für unzulässig halten[20]. Das Gleiche gilt für die **Ablehnung der Zurücknahme** der Bestellung, wenn sie grob ermessensfehlerhaft ist, denn dann liegt ebenso eine Beschwer vor wie bei einer ermessensfehlerhaften Bestellung, die der Anfechtung nicht entzogen ist (vgl. § 141, 48 ff)[21].

16   Dem entpflichteten **Verteidiger** steht ein **Beschwerderecht nicht** zu, es sei denn, die Rücknahme seiner Bestellung ist willkürlich geschehen[22]. Unstreitig unzulässig ist

---

[16] **A. A** aber OLG Celle NdsRpfl. **1983** 125.

[17] **A. A** in diesem Fall OLG Karlsruhe NJW **1978** 1172; in einem vergleichbaren Fall wie hier: OLG Hamm NJW **1975** 1238.

[18] **A. A** jedoch KG AnwBl. **1978** 241.

[19] Vgl. OLG Hamburg JR **1986** 257 mit Anm. *Wagner.*

[20] Etwa OLG Zweibrücken NStZ **1987** 477.

[21] Unzutreffend ist also die pauschale Ablehnung einer Beschwerdefähigkeit in diesem Fall durch das OLG Düsseldorf MDR **1986** 604 und OLG Zweibrücken OLGSt (alt), § 141, S. 17.

[22] OLG Düsseldorf NStZ **1986** 138; KK-*Laufhütte*[2] 6; *Kleinknecht/Meyer*[38] 7; **a. A** LR-*Dünnebier*[23] 13.

Stand: 1. 11. 1988

schließlich auch die nach Abschluß des Strafverfahrens gegen die Entpflichtung eines Pflichtverteidigers eingelegte Beschwerde[23].

VI. Revision

Die Entpflichtung kann schließlich nach Maßgabe der bei § 141, 54 mitgeteilten **17** Gesichtspunkte mit der **Revision** angefochten werden.

§ 144

hatte in Absatz 1 die Auswahl des zu bestellenden Verteidigers geregelt und in Absatz 2 die Bestellung von Justizbeamten, die nicht als Richter angestellt sind, sowie von Referendaren als Verteidiger für zulässig erklärt. Das VereinhG hat Absatz 1 mit verändertem Inhalt in den neuen § 142 Abs. 1, Absatz 2 in den neuen § 142 Abs. 2 übernommen. Demzufolge hat Art. 3 VereinhG den § 144 **aufgehoben**.

§ 145

(1) [1]Wenn in einem Falle, in dem die Verteidigung notwendig ist, der Verteidiger in der Hauptverhandlung ausbleibt, sich unzeitig entfernt oder sich weigert, die Verteidigung zu führen, so hat der Vorsitzende dem Angeklagten sogleich einen anderen Verteidiger zu bestellen. [2]Das Gericht kann jedoch auch eine Aussetzung der Verhandlung beschließen.

(2) Wird der notwendige Verteidiger gemäß § 141 Abs. 2 erst im Laufe der Hauptverhandlung bestellt, so kann das Gericht eine Aussetzung der Verhandlung beschließen.

(3) Erklärt der neu bestellte Verteidiger, daß ihm die zur Vorbereitung der Verteidigung erforderliche Zeit nicht verbleiben würde, so ist die Verhandlung zu unterbrechen oder auszusetzen.

(4) Wird durch die Schuld des Verteidigers eine Aussetzung erforderlich, so sind ihm die hierdurch verursachten Kosten aufzuerlegen.

Schrifttum. *Börker* Aussetzung der Hauptverhandlung wegen Wechsels des notwendigen Verteidigers, MDR **1956** 578; *Oellerich* Voraussetzungen einer notwendigen Verteidigung und Zeitpunkt der Pflichtverteidigerbestellung, StrVert. **1981** 434; *Schlothauer* Gerichtliche Hinweispflichten in der Hauptverhandlung, StrVert. **1986** 213; *Strate* Zum Härdle-Beschluß des BGH, StrVert. **1981** 261; vgl. im übrigen die Schrifttumsnachweise bei § 141.

Entstehungsgeschichte. Die Bestimmung ist lange unverändert geblieben. Durch Art. 2 Nr. 12 AGGewVerbrG wurde zwischen dem ersten und zweiten Absatz eine dem jetzigen § 141 Abs. 2 entsprechende Vorschrift eingefügt und (in Satz 2 der Vorschrift) bestimmt, daß Abs. 1 S. 2 entsprechend gelte. Das VereinhG hat in Art. III Nr. 54 die heutige Fassung festgelegt. In Abs. 1 wurde die Wendung „oder die Bestellung eines Verteidigers in Gemäßheit des § 141 erfolgt ist" gestrichen. Die durch das AGGewVerbrG eingesetzte Vorschrift wurde in § 141 Abs. 1 aufgenommen. In Abs. 4 wurden die Worte „vorbehaltlich dienstlicher Ahndung" gestrichen.

---

[23] LG Koblenz MDR **1983** 252.

Klaus Lüderssen

I. Anwendungsbereich

1   **1. Sinn.** Die Vorschrift ergänzt die Regelungen über die Pflichtverteidigung, insbesondere § 140 Abs. 1 und 2, § 141 Abs. 1 und 2, § 231 a Abs. 4[1]. Sie soll den Zweck dieser Bestimmungen für den Fall sichern, daß die vom Gesetz eröffnete Möglichkeit für den Beschuldigten, sich in jeder Lage des Verfahrens eines **Verteidigers zu bedienen**, in der Hauptverhandlung nicht wirksam wird. § 145 ist keine Bestimmung, welche die **Verfahrenssicherung** im Auge hat. Dem Recht des Beschuldigten zur freien Wahl eines ausreichend auf die Hauptverhandlung vorbereiteten Verteidigers gebührt daher immer der Vorrang vor dem Beschleunigungsinteresse. Siehe im einzelnen Rdn. 19.

2   Die Vorschrift bringt im übrigen den sonst in der Strafprozeßordnung nicht ausgesprochenen Grundsatz zum Ausdruck, daß in Fällen notwendiger Verteidigung der Verteidiger zu den Personen gehört, deren **Anwesenheit in der Hauptverhandlung** (§ 226) **das Gesetz vorschreibt**[2]. Darüber hinaus will die Vorschrift sicherstellen, daß der Verteidiger sich ausreichend auf die (weitere) Hauptverhandlung **vorbereiten kann**[3].

3   **2. Notwendige Verteidigung.** § 145 greift nur in Fällen notwendiger Verteidigung ein, und zwar unabhängig davon, ob der ausgebliebene Verteidiger ein Wahl- oder Pflichtverteidiger ist[4]. Notwendige Verteidigung liegt nicht nur vor, wenn die Voraussetzungen des § 140 Abs. 1 oder Abs. 2 gegeben sind[5]; vgl. hierzu näher § 140, 20 ff. Als notwendig gilt die Verteidigung weiterhin, wenn ein Pflichtverteidiger bestellt war, die Beurteilung der Voraussetzungen für die Pflichtverteidigerbestellung sich aber nachträglich geändert hat[6]. Eine Ausnahme hiervon ist nur in den seltenen Fällen zu machen, in denen die Verteidigerbestellung wegen veränderter Umstände zurückgenommen werden darf[7]; das Gericht ist dann nicht verpflichtet, nach § 145 vorzugehen und einen neuen Pflichtverteidiger zu bestellen[8].

---

[1] So auch *Kleinknecht/Meyer*[38] 2.
[2] RGSt **44** 17; KK-*Laufhütte*[2] 1; *Kleinknecht/Meyer*[38] 3.
[3] RGSt **77** 155; KK-*Laufhütte*[2] 1.
[4] So auch KMR-*Müller* 1.

[5] KG JR **1983** 83; KK-*Laufhütte*[2] 2; KMR-*Müller* 1.
[6] Ebenso KK-*Laufhütte*[2] 2.
[7] Vgl. § 143, 11; dort insbesondere der Hinweis, daß nach der in diesem Kommentar

Treten während der Hauptverhandlung Umstände zutage, welche die **Verteidi- 4 gung notwendig machen könnten,** und ist der (gewählte) Verteidiger ausgeblieben, hat das Gericht durch Beschluß auf Antrag oder von Amts wegen festzustellen, ob die Verteidigung notwendig ist, und gegebenenfalls einen Pflichtverteidiger zu bestellen[9]; s. näher § 141, 27.

3. Hauptverhandlung. Die Bestimmung gilt nur für die Hauptverhandlung[10]. Es **5** entspricht dem Schutzbedürfnis des Angeklagten, daß er während der ganzen Dauer der Hauptverhandlung den Beistand eines Verteidigers hat. Im Sinne dieser Bestimmung umfaßt die Hauptverhandlung **nicht** deren **vorweggenommene Teile,** also insbesondere die kommissarische Vernehmung von Zeugen und Sachverständigen (§ 223) und des Angeklagten (§ 233 Abs. 2), weil für diese Akte ausdrücklich das Erscheinen des Verteidigers freigestellt ist (§ 224 Abs. 1 S. 1; § 233 Abs. 3 S. 1 2. Halbsatz)[11].

4. Mehrere Verteidiger. Die Maßnahmen des Absatzes 1 können nur angeordnet **6** werden, wenn der Angeklagte, weil einer der drei Fälle des Absatzes 1 vorliegt, nicht verteidigt wird. Hat der Angeklagte **mehrere Verteidiger** (§ 137 Abs. 1 S. 2), genügt es, wenn **einer** von ihnen die Verteidigung in der Hauptverhandlung führt[12]. Es ist nicht erforderlich, daß die mehreren Verteidiger gleichzeitig anwesend sind[13]. Das Gesetz geht davon aus, daß sie sich gegenseitig unterrichten.

Bei mehreren Verteidigern kommt es grundsätzlich nicht darauf an, wie sie die **7 Verteidigung** unter sich **geteilt haben.** Tritt in der Person eines Verteidigers einer der in Abs. 1 genannten Umstände ein, hat das Gericht die Verhandlung zu unterbrechen oder auszusetzen, damit sich der verbleibende Verteidiger einarbeiten kann[14]. Ist im Einzelfall der Stoff so umfangreich, daß er ohne Verteilung unter mehrere Anwälte nicht bewältigt werden kann, hat das Gericht für den weggefallenen Verteidiger einen Pflichtverteidiger zu bestellen oder die Verhandlung zu unterbrechen oder auszusetzen und dem Angeklagten Gelegenheit zu geben, einen neuen Verteidiger zu wählen. Zur Bestellung eines Pflichtverteidigers neben dem Wahlverteidiger, weil der Wahlverteidiger allein nicht in der Lage ist, die Verteidigung zu führen, vgl. § 143, 5.

Gehört bei mehreren Verteidigern der **verbleibende nicht zu den Personen, die zu 8 Verteidigern bestellt werden dürfen** (§ 138, 22 ff), ist der Angeklagte als verteidigungslos zu behandeln[15].

§ 145 findet keine Anwendung, wenn mehrere Verteidiger **nacheinander** die Ver- **9** teidigung führen. Wenn die Einarbeitung und Information des neuen (Pflicht- oder Wahl-)Verteidigers zu dem zurückliegenden Prozeßstoff gewährleistet ist, kann die Verhandlung ohne Wiederholung einzelner Teile weitergeführt werden[16].

---

vertretenen Auffassung die Rücknahmevoraussetzungen im Falle der einverständlichen Pflichtverteidigung restriktiv, im Falle der aufgezwungenen Pflichtverteidigung extensiv zu beurteilen sind.

[8] Ebenso KK-*Laufhütte*[2] 2; so wohl auch KMR-*Müller* 1.

[9] BGHSt **15** 307; RGSt **44** 218; OLG Zweibrücken wistra **1986** 233 m. Anm. *Molketin;* vgl. auch OLG Zweibrücken NStZ **1986** 135; BVerfGE **65** 171 (1976).

[10] Mot. *Hahn* **1** 144; RGSt **28** 414; OLG Frankfurt JR **1950** 570; BayObLG NJW **1952** 1066; OLG Hamm NJW **1963** 1416; KK-

Laufhütte[2] 1; *Kleinknecht/Meyer*[38] 2; KMR-*Müller* 1.

[11] So auch KMR-*Müller* 1.

[12] Ebenso KK-*Laufhütte*[2] 1; KMR-*Müller* 2.

[13] BGH NJW **1973** 1985; BGH bei *Dallinger* MDR **1966** 201; KMR-*Müller* 2; KK-*Laufhütte*[2] 1.

[14] RGSt **71** 354; siehe auch *Strate* StrVert. **1981** 262 f.

[15] So auch KMR-*Müller* 1.

[16] BGHSt **13** 340; RGSt **33** 333; *Börker* MDR **1956** 578; *Kleinknecht/Meyer*[38] 3; KK-*Laufhütte*[2] 1; a. A *Eb. Schmidt* Nachtrag I 12 ff; *Fezer* StrafprozeßR (1986) 11/83.

Klaus Lüderssen

10   **5. Bestellung eines neuen Pflichtverteidigers.** Erscheint der gewählte oder bestellte Verteidiger in der Hauptverhandlung nicht oder stellt sich erst in der Hauptverhandlung heraus, daß ein Fall notwendiger Verteidigung vorliegt (§ 141 Abs. 2), hat der Vorsitzende sogleich einen (neuen) Pflichtverteidiger zu bestellen. Wird jedoch die Hauptverhandlung ausgesetzt oder unterbrochen, ist dem Angeklagten in analoger Anwendung des § 142 Abs. 1 S. 2 Gelegenheit zu geben, einen Rechtsanwalt zu bezeichnen (Rdn. 23). Wählt der Angeklagte selbst einen neuen Verteidiger, ist von der Pflichtverteidigerbestellung nach § 145 abzusehen[17]. Denn bei ordnungsgemäßem Vorgehen wäre die Bestellung des Pflichtverteidigers zurückzunehmen, sobald der Wahlverteidiger sich zu den Akten meldet (§ 143).

11   **6. Notwendige Verteidigung auch bei Absatz 4.** Die Vorschrift gilt in allen Absätzen nur, wenn die Verteidigung notwendig ist[18]. Bei den Absätzen 1 und 2 ergibt das der Gesetzestext, bei Absatz 3 der Zusammenhang mit den beiden ersten Absätzen. Aber auch für Absatz 4 besteht dieser Zusammenhang nach seiner Stellung im Gesetz. Hätte mit diesem Absatz ein selbständiger Gedanke zum Ausdruck gebracht werden sollen, so wäre ein besonderer Paragraph erforderlich gewesen. Auch Abs. 4 findet daher nur bei der notwendigen Verteidigung Anwendung[19].

12   Im Rahmen der **notwendigen Verteidigung** ist es — was selbstverständlich ist — auch bei Abs. 4 gleichgültig, ob der ausgebliebene Verteidiger ein Pflicht- oder ein Wahlverteidiger ist[20]. Denn der Zwang, im Falle der notwendigen Verteidigung eine Hauptverhandlung auszusetzen, besteht bei beiden Arten von Verteidigern gleichermaßen.

II. Fehlende Verteidigung nach Absatz 1

1. Tatbestandliche Voraussetzungen

13   **a) Ausbleiben.** Ein Verteidiger ist ausgeblieben, wenn er zu Beginn der Hauptverhandlung nicht erscheint[21]; zur Wartepflicht des Gerichts s. Rdn. 36. Der Aufruf der Sache nach § 243 Abs. 1 fällt nicht unter die Vorschrift[22]. Ausgeblieben im Sinne des § 145 ist ein Verteidiger nur dann, wenn er ordnungsgemäß geladen wurde[23]; zu den Voraussetzungen einer ordnungsgemäßen Ladung s. § 218, 13 bis 16. Auf die ordnungsgemäße Ladung des Verteidigers kann der Angeklagte verzichten[24]. Für die Frage des Ausbleibens ist es zunächst ohne Bedeutung, ob die Ladungsfrist (§ 218 S. 2 in Vbdg. mit § 217 Abs. 1) eingehalten wurde[25]. Denn auch bei Unterschreitung der Ladungsfrist hat der Verteidiger zu erscheinen; er kann jedoch die Aussetzung der Hauptverhandlung verlangen (§ 218 S. 2 in Vbdg. mit § 217 Abs. 2). Der Aussetzungsantrag kann bereits vor der Hauptverhandlung gestellt werden[26]. Hat der Verteidiger vor Beginn der

---

[17] Ebenso KK-*Laufhütte*[2] 6; *Kleinknecht/Meyer*[38] 4; *Oellerich* StrVert. **1981** 434.

[18] RGSt 44 213.

[19] BayObLG NJW **1952** 1066; OLG München AnwBl. **1979** 394; KK-*Laufhütte*[2] 11; *Kleinknecht/Meyer*[38] 17.

[20] BayObLG NJW **1952** 1066; OLG München AnwBl. **1979** 394; KK-*Laufhütte*[2] 11; *Kleinknecht/Meyer*[38] 17.

[21] A. A *Kleinknecht/Meyer*[38] 5: verspätetes Erscheinen fällt nicht unter die Vorschrift.

[22] RG HRR **1928** 2332; ähnlich *Kleinknecht/Meyer*[38] 5.

[23] RGSt **53** 264; *Kleinknecht/Meyer*[38] 5; KK-*Laufhütte*[2] 3; KMR-*Müller* 3.

[24] RGSt **53** 265; **a. A** LR-*Dünnebier*[23] 8 unter Verkennung der vorgenannten Entscheidung; zum Verzicht auf die ordnungsgemäße Ladung siehe § 218, 17 bis 20.

[25] **A. A** KMR-*Müller* 3.

[26] § 218, 25; KK-*Treier*[2] § 218, 10.

Hauptverhandlung keinen Aussetzungsantrag gestellt und ist er ausgeblieben, kann der Angeklagte den Verzicht auf die Einhaltung der Ladungsfrist selbst erklären. Hierbei sind die bei § 218, 19 dargelegten Grundsätze zu beachten. Verzichtet der Angeklagte auf die Einhaltung der Ladungsfrist, kann der Vorsitzende unverzüglich einen neuen Pflichtverteidiger bestellen; verzichtet der Angeklagte nicht, ist die Bestellung eines anderen Verteidigers unzulässig[27].

14 Dem Ausbleiben steht es gleich, wenn ein erschienener Verteidiger infolge seines **geistigen Zustandes** (Geisteskrankheit, Rauschmittelvergiftung, Trunkenheit; vgl. BGHSt **23** 334) unfähig ist, der Verhandlung zu folgen, ihre Ergebnisse zuverlässig in sich aufzunehmen und sie zur Verteidigung zu verwerten[28].

15 **b) Entfernen.** Der Verteidiger entfernt sich unzeitig, wenn während seiner Abwesenheit Prozeßhandlungen vorgenommen werden müßten, die für die Führung der Verteidigung wesentlich sind[28a]. Bei der Frage, was zu den wesentlichen Prozeßhandlungen gehört, gelten die zu § 141, 54 ff entwickelten Kriterien entsprechend.

16 Ein unzeitiges Entfernen liegt auch vor, wenn der Verteidiger sich mit **Einverständnis des Gerichts** entfernt, also etwa dann, wenn der Vorsitzende den Pflichtverteidiger ohne Zurücknahme der Bestellung aus der Hauptverhandlung entläßt oder er dem Wahlverteidiger ein Entfernen gestattet, obwohl tatsächlich ein Fall notwendiger Verteidigung vorliegt. Die **Beurteilung** nach § 231 c wird von § 145 nicht erfaßt[29].

17 **c) Die Weigerung, die Verteidigung zu führen,** kann einer ausdrücklichen Erklärung des Verteidigers entnommen werden, die er etwa als Protest gegen einen Gerichtsbeschluß abgibt[29a], oder seinem schlüssigen Verhalten, indem er in der Hauptverhandlung untätig verharrt, wo er als Verteidiger zu handeln verpflichtet wäre[30]. Allerdings ist es nicht, worauf KK-*Laufhütte*[2] 5 zutreffend hinweist, Sache des Gerichts, das Verteidigungskonzept zu bestimmen. Einem prozeßordnungswidrigen Ansinnen hat der Verteidiger nicht nachzukommen[31].

18 **d) Standeswidriges Verhalten** kann die Anwendung des § 145 nicht rechtfertigen[32]. Ungebühr vor Gericht ist daher keine Weigerung, die Verteidigung zu führen, sondern lediglich eine ungebührliche Verteidigung[33]. Ebensowenig darf ein Verteidiger als ausgeblieben angesehen werden, der nicht so erscheint, wie es die Standesrichtlinien vorsehen, der also etwa keine Robe[33a] oder andere als die übliche Straßenkleidung trägt.

2. Folgen
19 **a) Aussetzung.** Liegt einer der Anwendungsfälle des Absatzes 1 vor, hat das Gericht einen anderen Verteidiger zu bestellen. Es kann jedoch auch beschließen, die Hauptverhandlung auszusetzen. Aussetzung der Hauptverhandlung (§ 228 Abs. 1 S. 1) ist

---

[27] *Hartmut Schmidt* Die Pflichtverteidigung (1967) 75.
[28] *Kleinknecht/Meyer*[38] 5.
[28a] RGSt **44** 18; **63** 249.
[29] KK-*Laufhütte*[2] 4; *Kleinknecht/Meyer*[38] 6.
[29a] Vgl. etwa OLG Frankfurt StrVert. **1981** 289; zum Verschulden siehe Rdn. 36.
[30] Ebenso KK-*Laufhütte*[2] 5; *Kleinknecht/Meyer*[38] 7; KMR-*Müller* 5.
[31] BGHSt **10** 207; KK-*Laufhütte*[2] 5; KMR-*Müller* 5.

[32] OLG Zweibrücken NStZ **1988** 144; *Kleinknecht/Meyer*[38] 7; KMR-*Müller* 5; ebenso LR-*Dünnebier*[23] 13, der gleichwohl (Rdn. 33) die Aussetzung bei ungebührlichem Verhalten des Verteidigers für zulässig hält. Dies ist abzulehnen, siehe Rdn. 36.
[33] **A. A** OLG Hamm NJW **1954** 1053.
[33a] Vgl. auch OLG Zweibrücken NStZ **1988** 144; BGH NStZ **1988** 510.

Klaus Lüderssen

das Abbrechen der Verhandlung mit der Maßgabe, daß demnächst, aber — anders als bei der Unterbrechung (§ 229) — später als in den Fristen des § 229 eine neue Hauptverhandlung stattfinden werde, wobei das Gericht selbstverständlich nicht gehindert ist, die Verhandlung auszusetzen und sie innerhalb der Fristen des § 229 neu zu beginnen; zur Kostenfolge in diesem Fall siehe Rdn. 34. Das Aussetzen zwingt auf der einen Seite, die Hauptverhandlung zu wiederholen, kann aber, wenn der Verteidiger nur vorübergehend ausgefallen ist, einen Verteidigerwechsel ersparen. Da dem Beschuldigten nach Möglichkeit der eingearbeitete und vertraute Verteidiger zu erhalten ist, verdient die Aussetzung vor der Bestellung eines neuen Verteidigers den Vorzug[33b], wenn Anzeichen dafür bestehen, daß der Verteidiger nicht aus Gleichgültigkeit oder weil er die Bestellung als Pflichtverteidiger ablehnt, ausgeblieben ist, sich unzeitig entfernt oder nicht verhandelt hat, sondern aus anderen Umständen, die ihm nicht vorzuwerfen sind und behoben werden können[34]. Ein „Aussetzen" liegt nicht vor, wenn eine noch gar nicht begonnene Hauptverhandlung abgesetzt wird[35].

20   Das Gericht ist nicht gehindert, die Hauptverhandlung zunächst nur zu **unterbrechen** (§ 228 Abs. 1 S. 2, § 229), um die Gründe eines Entfernens oder einer Weigerung, die Verteidigung zu führen, zu klären und für Abhilfe Zeit zu geben. Bei der Prüfung, ob der Grundsatz der Kontinuität der Verteidigung zurücktreten muß, ist zu beachten, daß es sich, auch wenn ein anderer Verteidiger bestellt wird, in der Regel nicht vermeiden läßt, die Hauptverhandlung zu wiederholen.

21   **b) Anderer Verteidiger.** Ist die Fortführung der Verhandlung nach einer Unterbrechung nicht möglich und ist eine neue, ungestörte Hauptverhandlung auch nach einer Aussetzung nicht zu erwarten, hat der Vorsitzende dem Angeklagten sogleich **einen anderen Verteidiger** zu bestellen. Das wird der Aussetzung auch dann vorzuziehen sein, wenn der Verteidigermangel zwar behebbar, aber verschuldet und die Hauptverhandlung schon fortgeschritten ist, jedoch mit dem anderen Verteidiger fortgesetzt werden kann, also nicht wiederholt zu werden braucht. Das ist stets der Fall, wenn der bisherige Verteidiger sich weigert, die Hauptverhandlung als **Wahlverteidiger** zu führen, aber bereit ist, das als **Pflichtverteidiger** zu tun; im Sinne des Gesetzes ist er dann ein anderer Verteidiger[36]. Allerdings sollte der bisherige Wahlverteidiger grundsätzlich nicht gegen den Willen des Angeklagten zum Pflichtverteidiger bestellt werden[37].

22   Der andere Verteidiger kann auch erst bestellt werden, **nachdem** die Hauptverhandlung **unterbrochen oder ausgesetzt** war. Die Anordnung, daß er sogleich zu bestellen ist, bedeutet, daß zuvor keine wesentlichen Prozeßhandlungen vorgenommen werden dürfen[38]. Wegen der Unterbrechung zur Unterrichtung des neuen Verteidigers s. Rdn. 27.

23   Da die Bestellung eines Pflichtverteidigers in erster Linie eine vom Angeklagten gewünschte Verteidigung gewährleisten soll, § 145 insoweit also nur eine auf die Hauptverhandlung zugeschnittene Ausprägung der Vorschriften über die Pflichtverteidigung ist, muß dem Angeklagten in analoger Anwendung des § 142 Abs. 1 S. 2 **Gelegenheit gegeben werden, einen Verteidiger zu bezeichnen.** Scheitert diese Initiative oder soll — ebenfalls analog zu § 142 Abs. 1 S. 2 — die Bestellung des vom Angeklagten bezeichneten Verteidigers unterbleiben, so gelten die bei § 142 Rdn. 18 ff entwickelten Grund-

---

[33b] So auch *Kleinknecht/Meyer*[38] 9; KK-*Laufhütte*[2] 7; zu weitgehend BGH wistra **1988** 152.
[34] OLG Celle NdsRpfl. **1961** 138.
[35] OLG Nürnberg AnwBl. **1971** 25.
[36] OLG Freiburg HESt **3** 33; OLG Stuttgart

JR **1979** 170; KMR-*Müller* 10; *Kleinknecht/ Meyer*[38] 3; *Pelchen* JR **1979** 173.
[37] *Eb. Schmidt* 10; **a. A** OLG Stuttgart JR **1979** 170.
[38] RGSt **44** 17; *Kleinknecht/Meyer*[38] 2.

sätze. Bei der vom Vorsitzenden zu bestimmenden Frist kann dann allerdings gegebenenfalls berücksichtigt werden, daß die Hauptverhandlung lediglich unterbrochen ist und innerhalb der Fristen des § 229 fortgeführt werden soll; zur Fristbestimmung vgl. allgemein näher bei § 142, 14.

III. Bestellung eines Pflichtverteidigers während der Hauptverhandlung (Absatz 2)

Das Gericht kann, wenn sich im Laufe des Verfahrens herausstellt, daß ein Fall **24** notwendiger Verteidigung vorliegt und die Beiordnung eines Verteidigers erfolgt ist, die **Aussetzung des Verfahrens** beschließen. Dies kommt namentlich dann in Betracht, wenn wesentliche Teile der Hauptverhandlung in Anwesenheit des neu bestellten Verteidigers wiederholt werden müssen oder der Verteidiger sich während der laufenden Hauptverhandlung nicht genügend vorbereiten kann[39]. Zur Aussetzung bei einem neuen Wahlverteidiger s. Rdn. 31.

IV. Aussetzung oder Unterbrechung nach Absatz 3

Erklärt der nach Abs. 1 oder Abs. 2 neu bestellte Verteidiger, daß ihm die zur **25** Vorbereitung erforderliche Zeit nicht verbleiben würde, hat das Gericht die Verhandlung zu unterbrechen oder auszusetzen. Die **Erklärung nach Abs. 3** kann nur der Verteidiger, nicht der Angeklagte, abgeben[40]; sie kann auch nur bei Beginn der **Übernahme der Verteidigung**, nicht aber zu einem beliebigen späteren Zeitpunkt erfolgen[41]. Die Entscheidung, ob eine Erklärung nach Abs. 3 abzugeben ist, entzieht sich der Kompetenz des Angeklagten, weil sie von rein professionellen Erwägungen abhängig ist; nichts destoweniger muß aber auch sie prinzipiell mit dem Angeklagten abgestimmt werden.

Das Gericht hat die Erklärung des Verteidigers **nicht zu überprüfen**[42]. Gibt der **26** Verteidiger eine entsprechende Erklärung ab, soll es im pflichtgemäßen Ermessen des Gerichts stehen, ob es die Verhandlung aussetzt oder unterbricht[43]. Nach zutreffender Ansicht wird man jedoch dem **Verteidiger** das **Wahlrecht** zugestehen müssen[44], da nur er sicher überschauen kann, ob die Interessen der Verteidigung auch bei einer Unterbrechung noch gewahrt sind. Zu diesem Ergebnis gelangt man in den meisten Fällen auch auf der Basis der herrschenden Meinung. Denn von der pflichtgemäßen Ausübung des Ermessens kann nur dann die Rede sein, wenn die gerichtliche Entscheidung die Belange der Verteidigung ausreichend berücksichtigt. Erklärt der Verteidiger, eine Unterbrechung für die Dauer von zehn Tagen — oder, falls die Voraussetzungen hierfür vorliegen, von dreißig Tagen — reiche zur Vorbereitung der Hauptverhandlung nicht aus, und hat das Gericht keine Anhaltspunkte dafür, daß diese Erklärung mißbräuchlich ist, hat es die Verhandlung auszusetzen.

Danach wird eine **Unterbrechung** nur dann in Betracht kommen, wenn die **27** Hauptverhandlung unter Beteiligung eines Verteidigers schon begonnen hatte, die Verteidigung aber weggefallen ist und bereits durch eine Unterbrechung sichergestellt werden kann, daß der alte den neuen Verteidiger ausreichend unterrichtet[45]. Scheidet der

---

[39] Ebenso *Kleinknecht/Meyer*[38] 10; KK-*Laufhütte*[2] 8.

[40] So auch KK-*Laufhütte*[2] 9; *Kleinknecht/Meyer*[38] 14.

[41] BGHSt **13** 339; BGH NJW **1973** 1985; *Kleinknecht/Meyer*[38] 11.

[42] Ebenso KK-*Laufhütte*[2] 9; BGH bei *Holtz* MDR **1979** 108.

[43] BGHSt **13** 343; KK-*Laufhütte*[2] 10; *Kleinknecht/Meyer*[38] 12.

[44] *Peters* JR **1974** 248.

[45] KK-*Laufhütte*[2] 11.

Klaus Lüderssen

Verteidiger aus, weil er nach § 138 a Abs. 1 ausgeschlossen worden ist, so genügt es nicht, daß der alte Verteidiger den neuen unterrichtet; in den Fällen des § 138 a Abs. 2 und § 138 b kommt es auf die Umstände des Einzelfalles an. Es genügt auf keinen Fall, daß der neue Verteidiger **durch den Vorsitzenden unterrichtet** wird[46]. Denn der Vorsitzende beobachtet die Hauptverhandlung aus einer anderen Blickrichtung als der Verteidiger. Das gleiche gilt für den Staatsanwalt. Auch die Unterrichtung durch den Angeklagten ist in der Regel unzulänglich: wenn er einen Verteidiger notwendig braucht, kann er grundsätzlich nicht beurteilen, was dieser wissen muß[47].

28   Eine **Aussetzung** der Hauptverhandlung hat immer dann zu erfolgen, wenn die Unterbrechung nicht genügt, den neuen Verteidiger durch den alten zu unterrichten; wenn eine solche Unterrichtung nicht möglich ist, weil der alte Verteidiger dazu nicht in der Lage ist oder die Unterrichtung ablehnt, oder wenn im Falle des Absatzes 2 der neue Verteidiger sich in der Zeit der Unterbrechung nicht einarbeiten kann. Bei sachlich und rechtlich sehr schwierigen und umfangreichen Verfahren ist es im allgemeinen geboten, die Hauptverhandlung auszusetzen[48]. So ist im übrigen immer dann zu verfahren, wenn die Hauptverhandlung ohnehin **wiederholt werden muß**. Denn dann besteht kein Anlaß, den Verteidiger zu einer schnellen und daher möglicherweise nicht so sorgfältigen Vorbereitung der Verteidigung anzuhalten, wie dies geboten sein kann, wenn durch bloße Unterbrechung ein neuer Verfahrensbeginn vermieden werden kann. Der Gesichtspunkt der beschleunigten Abwicklung des Verfahrens hat jedoch im Zweifel immer hinter dem Interesse des Angeklagten an einer sorgfältig vorbereiteten Verteidigung zurückzutreten.

29   Das Gericht muß darauf achten, daß der neu bestellte Verteidiger, der keine Erklärung nach Abs. 3 abgibt, tatsächlich auf die Verteidigung vorbereitet ist[49]. Stellt das Gericht hierbei fest, daß der Angeklagte nicht ordnungsgemäß verteidigt ist, hat es aus Gründen der **Fürsorgepflicht die Hauptverhandlung auszusetzen oder zu unterbrechen**[50].

30   Die Unterbrechung oder Aussetzung der Hauptverhandlung können der **Angeklagte**[51] und die sonstigen Prozeßbeteiligten, insbesondere die **Staatsanwaltschaft** und der **Nebenkläger**, nicht erzwingen[52]. Sie können diese Maßnahmen aber anregen.

31   § 145 Abs. 3 findet seinem Wortlaut nach nur auf den bestellten Verteidiger Anwendung, gilt aber auch entsprechend für einen neu eingetretenen **Wahlverteidiger**[53].

32   Neben der Aussetzung oder Unterbrechung nach Absatz 3 hat das Gericht von Amts wegen oder auf Antrag zu prüfen, ob eine **Aussetzung nach § 265 Abs. 4 in Betracht kommt**[54]; siehe dazu näher § 265, 102 ff.

---

[46] So aber RGSt **33** 333; **a. A** mit Recht *Eb. Schmidt* 11.

[47] *Hartmut Schmidt* Die Pflichtverteidigung (1967) 62.

[48] BGHSt **13** 337; KK-*Laufhütte*² 10; KMR-*Müller* 9.

[49] RGSt **71** 353; **77** 153; BGH NJW **1958** 1736; **1965** 2164 mit Anm. *Schmidt-Leichner* BGH NStZ **1983** 281; KK-*Laufhütte*² 9.

[50] RGSt **77** 153; KK-*Laufhütte*² 9; dies ist offenbar in dem Fall BGH wistra **1988** 152 nicht beachtet worden.

[51] BGHSt **13** 399; BGH NJW **1973** 1986.

[52] So auch *Kleinknecht/Meyer*³⁸ 14.

[53] Ebenso KK-*Laufhütte*² 9; *Kleinknecht/Meyer*³⁸ 15; KMR-*Müller* 13.

[54] RGSt **71** 354; BGH NJW **1965** 2164 m. Anm. *Schmidt-Leichner*; BGH NJW **1985**; BGH NStZ **1981** 231; *Kleinknecht/Meyer*³⁸ 13; siehe auch *Schlothauer* StrVert. **1986** 228.

V. Kostenlast (Absatz 4)

1. Grundsatz. Die Überbürdung der Kosten kann nur bei einer Aussetzung der **33** Verhandlung — nicht bei ihrer Unterbrechung[55] oder bei Aufhebung des Hauptverhandlungstermins[56] — erfolgen, und nur dann, wenn die Aussetzung auf den in Abs. 1 genannten Gründen beruht[57]; ergänzend Rdn. 18. Zur Anwendung des Absatzes 4 auf den Wahlverteidiger s. Rdn. 12.

2. Schuld. Die Aussetzung muß durch die Schuld des Verteidigers erforderlich ge- **34** worden sein. Dies ist dann der Fall, wenn er sich prozeßordnungswidrig und pflichtwidrig verhalten hat[58]. Ein Verschulden setzt stets voraus, daß der Verteidiger Kenntnis des Termins hatte[59] und daß er die Notwendigkeit der Verteidigung kannte[60]. Der bestellte Pflichtverteidiger hat diese Kenntnis immer, ebenso der Wahlverteidiger in den Fällen des § 140 Abs. 1[61]. Im Rahmen des § 140 Abs. 2 ist Kenntnis des (Wahl-)Verteidigers zumindest dann gegeben, wenn der Vorsitzende die Notwendigkeit der Verteidigung festgestellt hat[62]. Ein Verschulden des Verteidigers im Sinne von Abs. 4 ist weiterhin ausgeschlossen, wenn die durch ihn verursachte Störung der Hauptverhandlung auch durch eine Unterbrechung hätte behoben werden können, das Gericht aber gleichwohl das Verfahren ausgesetzt hat; s. auch Rdn. 19.

3. Einzelfälle. Ein **Verschulden** des Verteidigers ist in folgenden Fällen gesehen **35** worden: Ein unterbevollmächtigter Referendar trat in der Hauptverhandlung auf, obwohl der Angeklagte glaubte, der Verteidiger werde ihn selbst verteidigen[63]; der allgemeine Vertreter eines Verteidigers (§ 138, 20) hatte den Angeklagten nicht befragt, ob er mit der Verteidigung durch ihn einverstanden sei, und sich lange Zeit nicht um ihn gekümmert[64]; ein Verteidiger hatte sein Auftreten davon abhängig gemacht, daß der Angeklagte einen Honorarvorschuß zahlte, ihm aber keine Frist gesetzt, dem Gericht keine Mitteilung gemacht und die ihm angetragene Pflichtverteidigung nicht übernommen[65]; ein Verteidiger hatte unmittelbar vor der Hauptverhandlung, also zur Unzeit, das Mandat niedergelegt, weil der Angeklagte seiner Zahlungspflicht nicht nachgekommen war[66]; ein Verteidiger teilte den Umstand, daß er sich nicht ausreichend vorbereiten konnte, zu spät mit[67]; ein Verteidiger hatte den Termin vergessen[68] oder schuldhaft darauf vertraut, der Termin werde nicht stattfinden[68a]; ein Verteidiger entfernte sich wegen abfälliger Äußerungen des Mandanten aus der Hauptverhandlung[69] — oder weil

---

[55] OLG Celle MDR **1979** 864; KK-*Laufhütte*[2] 11; KMR-*Müller* 14; *Kleinknecht/Meyer*[38] 17.

[56] OLG Nürnberg AnwBl. **1971** 25; *Kleinknecht/Meyer*[38] 17.

[57] Weitergehend LR-*Dünnebier*[23] Rdn. 28, 32 f.

[58] OLG Hamm NJW **1963** 1416; OLG Koblenz NStZ **1982** 43; OLG Hamm NStZ **1983** 186; *Kleinknecht/Meyer*[38] 19; KMR-*Müller* 17.

[59] OLG Hamm JMBlNRW **1978** 57; *Kleinknecht/Meyer*[38] 19.

[60] Ebenso *Kleinknecht/Meyer*[38] 20.

[61] KMR-*Müller* 16.

[62] OLG Hamm NJW **1974** 328; OLG München MDR **1979** 779; *Kleinknecht/Meyer*[38] 20.

[63] KG JR **1972** 206; KK-*Laufhütte*[2] 11; *Kleinknecht/Meyer*[38] 21.

[64] RG JZ **1916** 575.

[65] OLG Düsseldorf AnwBl. **1972** 63; KK-*Laufhütte*[2] 11; *Kleinknecht/Meyer*[38] 21.

[66] OLG Koblenz MDR **1975** 773; KK-*Laufhütte*[2] 11; *Kleinknecht/Meyer*[38] 21; KMR-*Müller* 17.

[67] OLG Düsseldorf AnwBl. **1981** 201; *Kleinknecht/Meyer*[38] 21; KK-*Laufhütte*[2] 11.

[68] OLG Düsseldorf NJW **1982** 2512 (LS.) = JMBlNRW **1982** 235; KK-*Laufhütte*[2] 11; KMR-*Müller* 17; *Kleinknecht/Meyer*[38] 21.

[68a] OLG Düsseldorf StrVert. **1984** 8.

[69] OLG Köln MDR **1977** 598 m. abl. Anm. *Terhorst*; *Kleinknecht/Meyer*[38] 21.

Klaus Lüderssen

der Vorsitzende Polizeibeamte zur Aufrechterhaltung der Ordnung in der Sitzung hinzugezogen hatte[70]; ein Verteidiger hatte sich vorzeitig ohne Zustimmung des Gerichts sowohl aus dem Sitzungssaal als auch dem Gerichtsgebäude entfernt, so daß aus diesem Grunde eine Weiterverhandlung in einem Schwurgerichtsverfahren mit mehrtägiger Dauer, in dem sich der Angeklagte in U-Haft befand, nicht möglich war[70a]; ein Verteidiger führte durch die unsachgemäße Erörterung eines beabsichtigten Befangenheitsantrages die Verhandlungsunfähigkeit eines gesundheitlich angegriffenen Angeklagten herbei[70b]. Die Niederlegung des Mandats wegen Spannungen mit dem Vorsitzenden kann schuldhaft sein, wenn der Verteidiger die Möglichkeit nicht ausnutzt, die Entscheidung des Gerichts herbeizuführen[71].

36   **Keine Schuld** des Verteidigers liegt vor, wenn er sich wegen prozeßordnungswidriger Anordnungen[72] oder wegen einer Anordnung, deren Zulässigkeit rechtlich umstritten ist[73], oder aus Gewissenszwang[74] weigert, die Verteidigung zu führen, es sei denn, eigene Nachlässigkeit des Verteidigers hat dazu geführt, daß er den Konflikt zu spät bemerkte oder daß er trotz rechtzeitiger Erkenntnis eine Mitteilung an das Gericht unterlassen hat[75]. Das Verlassen der Sitzung aus Protest gegen eine prozessual in keiner Weise gedeckte Maßnahme des Gerichts ist weder standeswidrig[76] noch schuldhaft[77]. Ein Verschulden ist ausgeschlossen, wenn der Verteidiger die Verhinderung rechtzeitig angezeigt hat[78] oder er bei einer Verspätung auf ein Zuwarten des Gerichts vertrauen durfte[79]. Ein Verschulden entfällt auch dann, wenn der Verteidiger sich in analoger Anwendung von § 51 Abs. 2 S. 3 nachträglich entschuldigt[80]. Ein krankheitsbedingter Ausfall des Verteidigers kann amtsärztlich überprüft werden[81]. **Weitere Fälle** werden von Abs. 4 nicht erfaßt[82]. Prozeßordnungsgemäßes Verhalten kann daher die Überbürdung der Kosten niemals rechtfertigen[83].

37   **4. Kosten.** Der Verteidiger hat die durch die Aussetzung bedingten **Kosten** in dem **Umfang** zu tragen, in dem sie der Angeklagte im Falle einer Verurteilung oder die Staatskasse im Falle des Freispruchs zu tragen hätte[84]. Nach Absatz 4 wird lediglich die Kostentragungspflicht des Verteidigers festgestellt; über die Höhe der Kosten wird im Verfahren nach § 464 b entschieden[85].

---

[70] OLG Schleswig MDR **1977** 775; *Kleinknecht/Meyer*[38] 21.

[70a] OLG Koblenz NStZ **1982** 43 (sehr zweifelhaft).

[70b] OLG Hamburg NStZ **1982** 171.

[71] OLG Hamm NJW **1967** 897; *Kleinknecht/Meyer*[38] 21.

[72] BGHSt **10** 207.

[73] BayObLG NJW **1956** 390.

[74] OLG Breslau GA **51** (1904) 374; BGH StrVert. **1981** 133.

[75] OLG Celle NdsRpfl. **1961** 137; AnwBl. **1975** 249.

[76] RAK Frankfurt StrVert. **1981** 210.

[77] A. A OLG Frankfurt StrVert. **1981** 289; *Kleinknecht/Meyer*[38] 21; offengelassen bei KK-*Laufhütte*[2] 11.

[78] OLG Frankfurt StrVert. **1987** 8.

[79] OLG Düsseldorf StrVert. **1984** 372;

[KK-*Laufhütte*[2] 11; *Kleinknecht/Meyer*[38] 21.

[80] So auch *Kleinknecht/Meyer*[38] 23; offengelassen von OLG Düsseldorf StrVert. **1984** 8.

[81] OLG Hamburg NStZ **1982** 172; *Kleinknecht/Meyer*[38] 21; KK-*Laufhütte*[2] 11; OLG Hamm NStZ **1983** 186; a. A KMR-*Müller* 17.

[82] *Kleinknecht/Meyer*[38] 18, KK-*Laufhütte*[2] 12; OLG Hamm NJW **1963** 1416; NStZ **1983** 186; a. A LR-*Dünnebier*[23] 32 f mit weit. Nachw. zur Gegenmeinung.

[83] OLG Frankfurt JR **1950** 570; *Kleinknecht/Meyer*[38] 18; KK-*Laufhütte*[2] 11; KMR-*Müller* 18; bedenklich OLG Hamburg NStZ **1982** 171 = AnwBl. **1982** 160 m. abl. Anm. *Chemnitz*; a. A OLG Frankfurt NJW **1977** 913.

[84] OLG Karlsruhe NJW **1980** 951; KK-*Laufhütte*[2] 11; *Kleinknecht/Meyer*[38] 24; einschränkend *H. Schmitt* AnwBl. **1977** 100.

[85] So auch *Kleinknecht/Meyer*[38] 24.

VI. Verfahren

1. Zuständigkeit. Zuständig für die Entscheidungen nach dieser Vorschrift ist das **38** erkennende **Gericht.** Der Vorsitzende hat zwar den Verteidiger zu bestellen (§ 145 Abs. 1, § 141 Abs. 4) und kürzere Unterbrechungen anzuordnen (§ 228 Abs. 1 S. 2). Welche Maßnahme indessen angewendet werden soll, beschließt das Gericht (Abs. 1 S. 2, Abs. 2); das gilt auch für Abs. 3. Der **Beschluß** wird regelmäßig in der Hauptverhandlung ergehen. Jedoch kann die Entscheidung auch später durch mitzuteilenden (§ 35 Abs. 2 S. 2) Beschluß erlassen werden, nachdem die Hauptverhandlung zunächst unterbrochen worden war, um die Sachlage zu klären. Vor einer Überbürdung der Kosten nach **Abs. 4** ist der Verteidiger zu hören, ggf. auch außerhalb der Hauptverhandlung[86].

2. Beschwerde. Wird ein Antrag, die Hauptverhandlung zu unterbrechen oder **39** auszusetzen, **abgelehnt** oder statt einer beantragten Aussetzung nur Unterbrechung gewährt, so ist **keine Beschwerde** statthaft (§ 305 Abs. 1)[87]. Wird dagegen Unterbrechung oder Aussetzung **beschlossen,** dann steht diese Entscheidung mit der Urteilsfällung nicht in innerem Zusammenhang, so daß für alle an der Hauptverhandlung Beteiligten **Beschwerde statthaft ist**[88]. Im Falle des **Absatzes 4** ist Beschwerde (§ 304 Abs. 1) des Verteidigers und der Staatsanwaltschaft (§ 296 Abs. 2) sowie des Angeklagten[89] statthaft, wobei die Wertgrenze des § 304 Abs. 3 gilt[90].

Die Entscheidungen des Vorsitzenden über die **Pflichtverteidigerbestellung** kön- **40** nen nach Maßgabe der bei § 141, 48 ff, § 142, 38 genannten Voraussetzungen angefochten werden.

3. Revision. Ein Verstoß gegen **Absatz 1 Satz 1** — die Nichtbestellung eines **41** (neuen) Verteidigers bei Ausbleiben des (alten) Verteidigers — begründet die Revision unter den bei § 141, 54 ff dargelegten Grundsätzen. Gleiches gilt für den Fall, daß bei einer Verteidigung, die erst in der Hauptverhandlung notwendig wird, zwar ein Verteidiger bestellt, die Verhandlung aber nicht — soweit erforderlich — wiederholt wird[91]; ergänzend § 141, 54. Eine Verletzung von **Abs. 1 Satz 2 und Abs. 3** begründet die Revision, wenn das Gericht die Frage, ob das Verfahren auszusetzen sei, nicht von Amts wegen geprüft hat[92] oder das Gericht einem Unterbrechungs- oder Aussetzungsantrag nicht stattgegeben[93] oder die Unterbrechung beschlossen hat, obwohl eine Aussetzung des Verfahrens zur Vorbereitung der Verteidigung erforderlich gewesen wäre. In diesen Fällen kann zugleich § 338 Nr. 8 verletzt sein[94]. § 265 Abs. 4 ist verletzt, wenn ohne Aussetzung weiter verhandelt wird, obwohl von zwei Verteidigern derjenige die Verteidigung niedergelegt hat, der die Hauptlast der Verteidigung übernommen hatte[95]. Das gleiche gilt für den Fall, daß das Gericht einem Aussetzungsantrag des Angeklagten nicht stattgibt, obwohl der Termin lediglich mit dem Pflichtverteidiger, nicht aber mit dem Wahlverteidiger abgestimmt war und der Wahlverteidiger rechtzeitig mitgeteilt

---

[86] **A. A** KMR-*Müller* 20; *Kleinknecht/Meyer*[38] 23: Verschaffung rechtlichen Gehörs im Beschwerdeverfahren; siehe auch OLG Düsseldorf StrVert. **1984** 8.

[87] KK-*Laufhütte*[2] 13; *Kleinknecht/Meyer*[38] 25; KMR-*Müller* 21.

[88] OLG Rostock *Alsb.* E **2** 168; OLG Neustadt DRiZ **1949** 189; KK-*Laufhütte*[2] 13.

[89] **A. A** KMR-*Müller* 21.

[90] *Kleinknecht/Meyer*[38] 25.

[91] BGHSt **9** 244.

[92] RGSt **77** 155; BGH NStZ **1983** 281.

[93] KK-*Laufhütte*[2] 15.

[94] Vgl. BGH NStZ **1983** 281.

[95] RGSt **71** 354.

Klaus Lüderssen

hatte, daß er an dem mit dem Pflichtverteidiger vereinbarten Termin verhindert sei[96]. §§ 145, 217 sind verletzt, wenn wegen Ausbleibens des Verteidigers ein neuer bestellt worden ist, obwohl der ursprüngliche Verteidiger nicht geladen war[97].

§ 145 a

(1) **Der gewählte Verteidiger, dessen Vollmacht sich bei den Akten befindet, sowie der bestellte Verteidiger gelten als ermächtigt, Zustellungen und sonstige Mitteilungen für den Beschuldigten in Empfang zu nehmen.**

(2) [1]**Eine Ladung des Beschuldigten darf an den Verteidiger nur zugestellt werden, wenn er in einer bei den Akten befindlichen Vollmacht ausdrücklich zur Empfangnahme von Ladungen ermächtigt ist.** [2]**§ 116 a Absatz 3 bleibt unberührt.**

(3) [1]**Wird eine Entscheidung dem Verteidiger nach Absatz 1 zugestellt, so wird der Beschuldigte hiervon unterrichtet; zugleich erhält er formlos eine Abschrift der Entscheidung.** [2]**Wird eine Entscheidung dem Beschuldigten zugestellt, so wird der Verteidiger hiervon zugleich unterrichtet, auch wenn eine schriftliche Vollmacht bei den Akten nicht vorliegt; dabei erhält er formlos eine Abschrift der Entscheidung.**

Schrifttum. *Dünnebier* Fristberechnung bei mehrfacher Zustellung (§ 37 Abs. 2 StPO), JZ **1969** 94; *Kaiser* Die Verteidigervollmacht und ihre Tücken, NJW **1982** 1367; *Kohlhaas* Zustellung des in Abwesenheit des Angeklagten verkündeten Urteils, NJW **1968** 538; *Oppe* Neue Zustellungsprobleme im Strafprozeß, NJW **1968** 829; *Schnarr* Das Schicksal der Vollmacht nach Beiordnung des gewählten Verteidigers, NStZ **1986** 488; *Weiß* Die „Verteidigervollmacht" — ein tückischer Sprachgebrauch, NJW **1983** 89.

Entstehungsgeschichte. § 145 a ist eingefügt worden durch Art. 3 Nr. 4 StPÄG 1964. Die Vorschrift wurde geändert durch das StVÄG 1987 vom 27. Januar 1987 (BGBl. I 475). In Absatz 1 wurden nach dem Wort „Zustellungen" die Worte „und sonstige Mitteilungen" eingefügt. Aufgehoben wurde Absatz 2, der in seiner ursprünglichen Fassung lautete:

Die Ermächtigung nach Abs. 1 gilt nicht, wenn das Gesetz die Zustellung an den Beschuldigten durch Übergabe vorschreibt (§ 232 Abs. 4).

Übersicht

1   **1. Zweck der Vorschrift.** Die Bestimmung soll (in Abs. 1) **sicherstellen**, daß an den Beschuldigten gerichtete **Entscheidungen** und sonstige **Schriftstücke** ordnungsgemäß **zugestellt werden können**[1]. Daneben soll sie (insbesondere in Abs. 3) gewährleisten, daß der Verteidiger die für seine Beistandsfunktion erforderlichen Informationen erhält. Die Vorschrift ist insoweit Ausdruck prozessualer Fürsorge[2]. Außerdem vereinfacht sie das Zustellungswesen[3].

2   Abs. 1 begründet eine **gesetzliche Zustellungsvollmacht**[4], die vom Willen des Beschuldigten unabhängig ist[5]. Die Notwendigkeit einer Zustellungsvollmacht ergibt sich

---

[96] BGH StrVert. **1986** 515.
[97] RGSt **53** 265.
[1] KK-*Laufhütte*[2] 1.

[2] KK-*Laufhütte*[2] 6; *Kleinknecht/Meyer*[38] 13.
[3] *Kleinknecht/Meyer*[38] 2.
[4] *Kleinknecht/Meyer*[38] 1.

daraus, daß der Verteidiger kein Prozeßbevollmächtigter oder Vertreter des Beschuldigten ist[6]; näher Vor §137, 80.

Das Gesetz geht grundsätzlich davon aus, daß dem **Verteidiger zugestellt wird**[7]. **3** Hat der Beschuldigte — oder sein gesetzlicher Vertreter (§137 Abs. 2) — **mehrere Verteidiger** gewählt oder sind mehrere Verteidiger bestellt worden, so ist an jeden Verteidiger zuzustellen, wobei die Fristberechnung des §37 Abs. 2 gilt[8]. Das Unterbleiben der Zustellung an einen oder mehrere Verteidiger kann einen Wiedereinsetzungsgrund darstellen[8a]. Es ist selbstverständlich, daß der dem Verteidiger zuzustellenden Entscheidung die dem Angeklagten zu erteilende **Rechtsmittelbelehrung** (§35 a) hinzuzufügen ist. §145 a hindert die Zustellung an den Beschuldigten nicht[9]. Eine Zustellung an den Beschuldigten kann aber die **Wiedereinsetzung in den vorigen Stand begründen**, insbesondere dann, wenn die bei Zustellung an den Beschuldigten erforderliche Mitteilung an den Verteidiger (Abs. 3 S. 2) unterblieben ist[10].

2. Zustellungsvollmacht (Absatz 1). Abs. 1 soll sicherstellen, daß der Verteidiger **4** als **Zustellungsbevollmächtigter** (§37, 39 ff) behandelt wird. Der **Pflichtverteidiger**, dessen Verteidigerbestellung für das Gericht feststeht, gilt stets als ermächtigt, Zustellungen für den Beschuldigten in Empfang zu nehmen. Der **Wahlverteidiger** hat die Ermächtigung nur dann, wenn sich seine Vollmacht — auch in Form einer unbeglaubigten Abschrift oder Ablichtung[11] — bei den Akten befindet[11a]. Als bevollmächtigt gilt auch der Verteidiger, dem der Beschuldigte in der Hauptverhandlung zu **Protokoll Vollmacht erteilt** hat[12]. Ebenso wird das in der Sitzungsniederschrift festgehaltene Auftreten des Verteidigers in Anwesenheit des Angeklagten als **konkludente Erteilung** von Vollmacht anzusehen sein[13]; auch in diesen Fällen ist der (gewählte) Verteidiger Zustellungsbevollmächtigter[14].

Die Erteilung von **Untervollmacht** bewirkt Zustellungsvollmacht für den bevoll- **5** mächtigten Rechtsanwalt[15]. Bedarf die Verteidigerbestellung der **Genehmigung durch das Gericht** (§138 Abs. 2), gilt der Verteidiger erst mit der Genehmigung als ermächtigt, Zustellungen in Empfang zu nehmen[16]; die Zustellung ist erst nach der Genehmigung wirksam[16a]. Die Genehmigung durch das Gericht kann auch konkludent erfolgen[17]. Die Vorlage der Vollmacht durch eine der in §138 Abs. 2 genannten Personen kann eine ausdrückliche Zustellungsvollmacht enthalten, die unabhängig von der gerichtlichen Genehmigung wirksam ist.

[5] BayObLG VRS **38** 194.

[6] BGHSt **18** 354; KK-*Laufhütte*[2] 1.

[7] Ebenso KK-*Laufhütte*[2] 1.

[8] So auch KK-*Laufhütte*[2] 3; *Kleinknecht/Meyer*[38] 6; vgl. näher §37, 59 ff.

[8a] BGH NStZ **1987** 422; KK-*Laufhütte*[2] 3.

[9] *Kleinknecht/Meyer*[38] 6: Keine Rechtspflicht der Zustellung an den Verteidiger.

[10] BGH NJW **1977** 640; OLG Hamm NJW **1973** 1338; NJW **1965** 2217; OLG Frankfurt NJW **1982** 1297; KK-*Laufhütte*[2] 1; *Kleinknecht/Meyer*[38] 14.

[11] BayObLG bei *Rüth* DAR **1982** 252; *Kleinknecht/Meyer*[38] 8.

[11a] Zum Inhalt der Vollmacht vgl. *Kaiser* NJW **1982** 1367 ff.

[12] BayObLG VRS **50** 292; BayObLG bei *Rüth* DAR **1985** 244; OLG Celle NJW **1984** 444;

OLG Düsseldorf VRS **68** 461; KK-*Laufhütte*[2] 1; *Kleinknecht/Meyer*[38] 9.

[13] *Kleinknecht/Meyer*[38] 9.

[14] OLG Düsseldorf AnwBl. **1985** 586; VRS **68** 461; MDR **1988** 796 = NStZ **1988** 327; OLG Karlsruhe NJW **1983** 895; *Kleinknecht/Meyer*[38] 9; *Kaiser* NJW **1982** 1368; KMR-*Müller* 1; a. A OLG Stuttgart NStZ **1988** 193; OLG Celle NJW **1984** 444; NdsRpfl. **1984** 173; KK-*Laufhütte*[2] Vor §137, 2; LR-*Dünnebier*[23] 3.

[15] OLG Koblenz VRS **64** 275; KK-*Laufhütte*[2] 3; *Kleinknecht/Meyer*[38] 10; *Kaiser* NJW **1982** 1368.

[16] *Kleinknecht/Meyer*[38] 3; KK-*Laufhütte*[2] 2; KMR-*Müller* 1.

[16a] KMR-*Müller* 1.

[17] *Kaiser* NJW **1982** 1369.

Klaus Lüderssen

6   **3. Zeitraum.** Die Zustellungsvollmacht nach Abs. 1 setzt ein nach außen **wirksames Verteidigungsverhältnis** voraus[18]. Bei dem **bestellten Verteidiger** fällt die Dauer der Ermächtigung mit der Dauer der Bestellung zusammen. Sie beginnt mit der Bestellung (§ 141, 11 ff) und endet mit Rücknahme der Bestellung[19]; siehe hierzu § 143, 2; 5 ff. Der **Wahlverteidiger** gilt so lange als ermächtigt, bis dem Gericht die Beendigung des Mandats angezeigt[20] oder der Verteidiger gemäß § 146 a zurückgewiesen wird[21].

7   **Erlischt** die **Zulassung** des Rechtsanwaltes oder wird sie **zurückgenommen** (§§ 13 ff BRAO), endet das Verteidigerverhältnis und damit die Zustellungsvollmacht, wenn das Gericht nicht die Genehmigung nach § 138 Abs. 2 erteilt; hier gelten die Rdn. 5 dargelegten Grundsätze. Zustellungsvollmacht besteht jedoch weiterhin bei einem vorläufigen oder beschränkten Berufsverbot[22].

8   **4. Zustellung durch Übergabe.** § 145 a Abs. 2 a. F nahm die **Zustellung durch Übergabe** im Falle eines **Abwesenheitsurteils** nach § 232 Abs. 4 von der Zustellungsvollmacht nach Abs. 1 aus. Diese Regelung war ohne rechten Sinn[23]. Abs. 2 a. F ist daher durch das StVÄG 1987 ersatzlos gestrichen worden; zugleich ist in diesem Gesetz durch die Hinzufügung des letzten Halbsatzes in § 232 Abs. 4 klargestellt worden, daß § 145 a Abs. 1 auch für Abwesenheitsurteile gilt[24].

9   **5. Ladungen (Absatz 2).** Für Ladungen ist zwar keine Zustellung vorgeschrieben, doch ist sie notwendig, wenn nachgewiesen werden muß, daß die Ladungsfrist eingehalten ist (§ 217 Abs. 1: Zustellung der Ladung), oder wenn es als Urteilsvoraussetzung auf den Nachweis ankommt, daß der Angeklagte ordnungsgemäß geladen worden ist (§ 232 Abs. 1: in der Ladung). Die Ladung wird daher in der Regel zugestellt. Auch das Gesetz geht in § 217 Abs. 1 von dieser Form der Ladung aus.

10   Die Zustellung kann neben dem Angeklagten auch an den **Zustellungsbevollmächtigten** bewirkt werden[25]. Der Verteidiger, und zwar sowohl der Wahl-, als auch der bestellte Verteidiger[25a], kann Ladungen nur dann wirksam in Empfang nehmen, wenn er **eine besondere Ladungsvollmacht** hat und wenn diese zu den Akten gegeben worden ist oder der Angeklagte in der Hauptverhandlung seinen Verteidiger zur Empfangnahme von Ladungen bevollmächtigt hat[26]. Die in den Vollmachtsformularen verwendete Formulierung, „Zustellungen aller Art entgegenzunehmen", genügt hierfür nicht[27]. Aufgabe des Zustellungsbevollmächtigten (§ 37, 39) eines gegen **Sicherheitsleistung** entlassenen Beschuldigten, der nicht im Geltungsbereich der Strafprozeßordnung wohnt (§ 116 a Abs. 3), ist es ausdrücklich, Ladungen[28] und Urteile[29] entgegenzunehmen. Bei ihm wird daher keine besondere Ladungsvollmacht verlangt (Abs. 2 S. 2). Infolge der Verweisung gilt dasselbe im Fall des § 127 a (vgl. dessen Abs. 2) und der Sache nach auch im Fall des § 132, dessen Abs. 1 Nr. 2 mit § 116 a Abs. 3 übereinstimmt; näher § 127, 9 ff; § 132, 6.

---

[18] *Kleinknecht/Meyer*[38] 3; KK-*Laufhütte*[2] 2.

[19] KK-*Laufhütte*[2] 2.

[20] BayObLG VRS **38** 194; OLG Koblenz VRS **71** 203; *Kleinknecht/Meyer*[38] 11.

[21] So auch *Kleinknecht/Meyer*[38] 3.

[22] Ebenso KK-*Laufhütte*[2] 2.

[23] LR-*Dünnebier*[23] 8.

[24] KK-*Treier*[2] § 232, 18; BTDrucks. **10** 1313, S. 50; vgl. auch die Erläuterungen zu § 232 im Nachtr.

[25] RGSt **43** 321; **66** 79; *Kaiser* NJW **1982** 1368; vgl. auch OLG Karlsruhe MDR **1980** 687.

[25a] OLG Köln StrVert. **1982** 460; OLG Düsseldorf StrVert. **1982** 127; KK-*Laufhütte*[2] 5; *Kleinknecht/Meyer*[38] 12.

[26] *Kaiser* NJW **1982** 1368.

[27] OLG Karlsruhe MDR **1980** 687; KK-*Laufhütte*[2] 5; *Kleinknecht/Meyer*[38] 12.

[28] BGHSt **10** 63.

[29] RGSt **77** 212.

6. Unterrichtung (Absatz 3). Nach Abs. 1 kann dem Beschuldigten oder dem Verteidiger zugestellt werden, wenngleich auch regelmäßig die Zustellung an den Verteidiger zu bewirken ist (Rdn. 3). Abs. 3 soll sicherstellen, daß jeweils derjenige, dem nicht zugestellt wird, von der **Zustellung benachrichtigt wird** und zugleich **formlos eine Abschrift der Entscheidung erhält.** Die Benachrichtigung sollte gleichzeitig mit der Zustellung zur Post gegeben werden. Der Verteidiger bekommt die Benachrichtigung und die Abschrift auch dann, wenn keine Verteidigervollmacht bei den Akten liegt (Abs. 3 S. 2), für das Gericht aber erkennbar ist, daß der Verteidiger für den Beschuldigten tätig geworden ist[30]. **11**

Abs. 3 ist eine **Ordnungsvorschrift**[31]. Unterbleibt die Nachricht, ist dies daher ohne Wirkung auf den Lauf der Zustellungsfrist[32]; zur Wiedereinsetzung in den vorigen Stand bei unterbliebener Benachrichtigung siehe Rdn. 3. **12**

Abs. 3 Satz 1 gilt nach seinem Wortlaut nur bei Zustellungen von Entscheidungen nach Abs. 1. Er ist aber entsprechend anzuwenden, wenn dem Verteidiger nicht nach Abs. 1, sondern aufgrund einer ausdrücklichen **Zustellungsvollmacht** zugestellt wird. Satz 2 gilt allgemein: Immer wenn dem Beschuldigten selbst zugestellt wird, also auch im Falle des § 232 Abs. 4, ist der Verteidiger von der Zustellung zu unterrichten. Die **Unterrichtung** ist keine Bekanntmachung im Sinne der §§ 35 Abs. 1, 35 a. Sie braucht daher **keine Rechtsmittelbelehrung** zu enthalten. **13**

Abs. 3 bezieht sich nicht auf **Anträge und sonstige Mitteilungen**[33]; allerdings sollte nach Abs. 3 auch außerhalb seines eigentlichen Anwendungsbereichs verfahren werden[34]. **14**

Auf **Ladungen** bezieht sich Abs. 3 nicht[35]. Der Gesetzentwurf zum StVÄG 1987 sah ausdrücklich vor, den Verteidiger auch von Ladungen des Beschuldigten zu unterrichten (BTDrucks. 10 1313 S. 21). Daß der Gesetzgeber dem nicht gefolgt ist, hat jedoch keine große Bedeutung[36]. Denn die erforderliche Unterrichtung des Verteidigers von Ladungen wird bereits durch andere Vorschriften (§§ 168 a Abs. 5 Satz 1, 163 a Abs. 3 Satz 2, 218) gewährleistet[37]. **15**

§ 146

[1]Ein Verteidiger kann nicht gleichzeitig mehrere derselben Tat Beschuldigte verteidigen. [2]In einem Verfahren kann er auch nicht gleichzeitig mehrere verschiedener Taten Beschuldigte verteidigen.

Schrifttum. *Beulke* Verbot der gemeinschaftlichen Verteidigung nur bei Interessenkollision? NStZ **1985** 289; *Franke* Verbot der Mehrfachverteidigung im Ordnungswidrigkeitenverfahren, JZ **1978** 264; *Günther* Zur strafprozessualen Problematik der sog. sukzessiven Verteidigung mehrerer Beschuldigter durch einen Verteidiger, JZ **1981** 816; *Heinicke* Das Gemeinsame beim „gemeinschaftlichen Verteidiger" i. S. des § 146 StPO, NJW **1978** 1497; *Heldmann* Von neuem Strafprozeß und altem Grundgesetz, DuR **1975** 315; *Krämer* Die „gemeinschaftliche Verteidigung" i. S. des § 146 StPO, NJW **1976** 1664; *Krämer* Das Verbot der Mehrfachverteidigung gem. § 146 StPO,

---

[30] So auch KK-*Laufhütte*[2] 6.

[31] BGH NJW **1977** 640; OLG Frankfurt NJW **1982** 1297; KK-*Laufhütte*[2] 6; *Kleinknecht/Meyer*[38] 14.

[32] BGH NJW **1977** 640; OLG Hamburg NJW **1965** 1614; MDR **1971** 775; OLG Köln VRS **42** 127; KMR-*Müller* 3; *Kleinknecht/Meyer*[38] 14; KK-*Laufhütte*[2] 6.

[33] Ebenso *Kleinknecht/Meyer*[38] 13; BGH bei *Pfeiffer* NStZ **1981** 95.

[34] So auch KK-*Laufhütte*[2] 8.

[35] Ebenso *Kleinknecht/Meyer*[38] 14.

[36] Ebenso KK-*Laufhütte*[2] 7.

[37] Vgl. BTDrucks. 10 1313, S. 49.

Klaus Lüderssen

AnwBl. **1978** 14; *Krekeler* Das Verbot der Mehrfachverteidigung gem. § 146 StPO und seine extensive Auslegung durch die Rechtsprechung, AnwBl. **1981** 5; *W. Müller* Zum Begriff der Tatidentität
im Sinne des § 146 StPO bei der Verteidigung mehrerer Beschuldigter in getrennten Verfahren,
StrVert. **1981** 196; *Nestler-Tremel* Das Verbot der Mehrfachverteidigung gem. § 146 StPO in aktuellen Verfahren wegen Mitgliedschaft in einer terroristischen Vereinigung, NStZ **1986** 534; *Nestler-Tremel* Die durch das StVÄG 1987 gebotene Neuorientierung beim Verbot der Mehrfachverteidigung gem. §§ 146, 146 a StPO, NStZ **1988** 103; *Rebmann* Das Verbot der Mehrfachverteidigung
nach § 146 StPO, NStZ **1981** 41; *Sannwald* Verfassungsrechtsprechung zu § 146 StPO, AnwBl.
1980 10; *Schubarth* Zur Problematik des Verbots der Mehrfachverteidigung, FS zur 150-Jahr-
Feier des Rechtsanwaltsvereins Hannover e. V. (1981) 241; *Wächtler* Thesen zur rechtspolitischen
Diskussion des § 146 StPO n. F., DuR **1983** 49.

Entstehungsgeschichte. Die Vorschrift lautete unverändert bis 1974: „Die Verteidigung mehrerer Beschuldigter kann, sofern dies der Aufgabe der Verteidigung nicht
widerstreitet, durch einen gemeinschaftlichen Verteidiger geführt werden." Der Zwischensatz war die wesentliche Grundlage der Rechtsprechung für die Ausschließung
von Verteidigern. Im Zusammenhang mit der Einfügung der §§ 138 a ff hatte die Bestimmung durch Art. 1 Nr. 8 des 1. StVRErgG die bis zum 1. 4. 1987 gültige Fassung erhalten. Durch Art. 1 Nr. 11 des StVÄG 1987 wurde die Vorschrift erneut geändert und
§ 146 a eingefügt (s. ferner Rdn. 4).

Übersicht

I. Grundlagen

1   **1. Ziel der Vorschrift.** Im Zusammenhang mit der Regelung der Ausschließung
von Verteidigern in §§ 138 a, 138 b durch das 1. StVRErgG von 1974 war zu entscheiden,
ob auch die Interessenkollision, die bei gleichzeitiger Verteidigung mehrerer Beschuldigter durch denselben Verteidiger auftreten kann, als Ausschließungsgrund mit richterlicher Entscheidung (vgl. §§ 138 c, 138 d) aufgenommen werden sollte. Der Gesetzgeber hat seinerzeit die richterliche Einzelabwägung aufgegeben und die Verteidigung
mehrerer Beschuldigter durch einen gemeinschaftlichen Verteidiger **schlechthin** kraft

Gesetzes, also ohne die Möglichkeit richterlicher Prüfung im Einzelfall, für **unzulässig** erklärt. Er ging dabei von folgenden Erwägungen aus: Die Gefahr einer **Interessenkollision** bestehe in der Regel; im Einzelfall könne das Gericht schwer beurteilen, ob ein Ausschließungsgrund vorliege; eine spätere Ausschließung könne zu prozessualen Komplikationen führen; daher sei die Unzulässigkeit klarer und eindeutiger als ein Ausschließungsgrund. (Begr. BTDrucks. 7 2526, S. 25 1.)

Auch die Neufassung des § 146 in der jetzt gültigen Fassung des StVÄG 1987, **2** die mit der Regelung im Entwurf des StVÄG 1984 vom 23. 12. 1983[1] identisch ist, „hält im Grundsatz an dem objektiv gefaßten Verbot der Verteidigung mehrerer Beschuldigter fest", weil es „die größtmögliche Rechtsklarheit" enthalte (Begr. BTDrucks. **10** 1313, S. 21 f)[2], nimmt aber in **Satz 1** die Verteidigung mehrerer Beschuldigter durch einen Verteidiger **nacheinander**, die sog. **sukzessive Mehrfachverteidigung**, vom Verbot des § 146 aus. In diesen Fällen habe § 146 a. F „regelmäßig erheblich verfahrensverzögernde Auswirkungen" gehabt und daher „zusätzlichen Verfahrensaufwand" (Begr. S. 21) mit sich gebracht. Die Reduzierung des Anwendungsbereichs des § 146 auf die „gleichzeitige" Mehrfachverteidigung steht somit mit dem Ziel des StVÄG 1987 in Einklang, „durch Gesetzesänderungen im Strafverfahrensrecht die Strafjustiz zu entlasten, ohne daß dabei die rechtsstaatlich erforderlichen Garantien des Strafverfahrensrechts beeinträchtigt werden" (Begr. S. 1). **Satz 2** stellt klar, daß verbotene Mehrfachverteidigung nicht nur bei Tatidentität, sondern auch bei Verfahrensidentität gegeben ist. Mit der Einführung des Begriffs „derselben Tat" ist klargestellt, daß nicht ein Tatkomplex, sondern allein Tatidentität gem. § 264 die Rechtsfolge des § 146 auslösen kann. Durch die Einfügung des § 146 a sind die Zurückweisung des Verteidigers und ihre Folgen in den Fällen der §§ 137 Abs. 1 Satz 2 und 146 eigenständig gesetzlich geregelt worden.

2. Genereller Regelungsbedarf. Die Begründung der Neufassung des § 146 hält **3** daran fest, daß ein „an objektive Voraussetzungen geknüpfte(s) Verbot der Mehrfachverteidigung unerläßlich" sei (S. 22 r. Sp.). Mit Schwierigkeiten oder einem generellen Regelungsdefizit bei der Anwendung des § 146 in der von 1877 bis 1974 gültigen Fassung läßt sich aber die Notwendigkeit einer den Einzelfall verabsolutierenden Vorschrift nicht erklären. In den 99 Jahren ihres Bestehens hat es nur eine veröffentlichte höchstrichterliche Entscheidung zu § 146 gegeben (RGSt **35** 190), und nennenswerte Probleme bei seiner Anwendung sind nicht ersichtlich[3]. Die vom Gesetzgeber beabsichtigte Klarheit und Eindeutigkeit im Verfahren beim Vorliegen einer Mehrfachverteidigung hat im Gegenteil zu einer nahezu unübersehbaren Flut von Gerichtsentscheidungen geführt, die zweierlei demonstriert: In vielen Fällen haben sich **Beschuldigte** gegen das Verbot der Mehrfachverteidigung gewandt — ihr tatsächliches Interesse an *diesem* Verteidigungsverhältnis stand also in Widerspruch zu der gesetzlichen Vermutung, im Beschuldigteninteresse sei eine Interessenkollision zu verhindern —, und die Neufassung der Vorschrift von 1974 hat die Auslegung mit großer Unsicherheit belastet[4].

3. Konkrete Entstehungsgeschichte. In der aktuellen politischen Situation von **4** 1974 hat der Gesetzgeber mit der Neufassung des § 146 vorrangig andere Interessen als

---

[1] BTDrucks. **10** 1313; weitere Nachweise zum Gesetzgebungsverfahren bei *Dünnebier* FS Pfeiffer (1988) 269.

[2] Auch die Begründung ist mit der des Entwurfs des StVÄG 1984 identisch.

[3] Vgl. nur die Kommentierung des § 146 bei LR-*Dünnebier*23 und rückblickend ders. FS Pfeiffer 275 und 278; instruktiv auch *Held-*

mann DuR **1975** 315 in Fußn. 25 m. Nachw. aus Rspr. und Lit. zum Verhältnis von Parteiverrat gem. § 356 StGB und § 146 a. F; *Heldmann* sieht daher in der Neufassung von 1974 einen Verstoß gegen das verfassungsrechtliche Übermaßverbot, aaO, 319 f.

[4] *Günther* JZ **1981** 818 und Rdn. 10.

Klaus Lüderssen

den Schutz des Beschuldigten vor einer ineffektiven Verteidigung verfolgt. Die Änderung ist zusammen mit der Reduzierung der zulässigen Zahl von Wahlverteidigern auf
drei gem. § 137 und den Ausschlußregelungen gem. § 138 a bis d Gesetz geworden. Obwohl die Neufassung des § 146 schon im Entwurf eines 2. StVRG enthalten war (*Heinicke* NJW **1978** 1497), wurde ihre Einfügung in das 1. StrVRErgG vom damaligen Justizminister *Vogel* ausdrücklich in den Zusammenhang der gesetzgeberischen Bekämpfung des Mißbrauchs von Verteidigerrechten in konkret genannten Strafverfahren
gegen Mitglieder der „RAF" gestellt (NJW **1978** 1224)[5]. Der Verteidigung in Terrori-
stenverfahren wurde generell mit dem Verdacht der Konspiration begegnet[6], die Block-
verteidigung in mehreren Verfahren sollte unterbunden werden[7].

5   Obwohl die **Materialien** (BTDrucks. **7** 2526, S. 25) nur ausweisen, daß § 146 bei
widerstreitenden Interessen der Mandanten den Loyalitätskonflikt verhindern sollte, der
die vom Beschuldigten gewünschte Verteidigung unmöglich macht, vermutete man
schon bei den Beratungen im RAussch. als Motiv auch „die Unterbindung von etwaigen
Konspirationen zwischen zwei in U-Haft befindlichen Beschuldigten auf dem Wege
über einen gemeinsamen Verteidiger"[8]; in der Beratung im Bundestag wurde § 146 ausdrücklich mit der Intention der §§ 137 n. F, 138 a bis d verknüpft: Ein Verteidiger solle
„in einem solchem Verfahren" (gemeint ist ein Terrorismus-Verfahren) „nicht mehr als
einen Angeklagten verteidigen dürfen"[9]. Rekapituliert man die Beratungen im RAussch
und im Bundestag, zeigt sich, daß in der allgemeinen Diskussion um die gesetzgeberischen Möglichkeiten der Terrorismusbekämpfung die **grundsätzliche Frage** nicht mehr
behandelt wurde, ob allein schon die **Möglichkeit einer Interessenkollision** einen generellen Eingriff in die Beschuldigten- und Verteidigerrechte legitimieren kann, und ob
die Fürsorge des Staates, dem Beschuldigten eine effektive Verteidigung zu gewährleisten, so weit gehen darf, daß im Einzelfall der gewünschte Verteidiger und ggf. auch die
Verteidigung in Form der gemeinschaftlichen Mehrfachverteidigung verwehrt werden[9a].

6   So gibt es mehrere Hinweise darauf, daß der Gesetzgeber die **möglichen Konsequenzen der Neufassung** des § 146 von 1974 nicht mitbedacht hat. *Zuck* (AnwBl. **1978**
18) teilt mit, der Gesetzgeber habe seinerzeit in der Eile des Verfahrens schlicht übersehen, daß § 146 **generell** auch im Ordnungswidrigkeitenverfahren Anwendung finden
könnte (§ 46 OWiG). Die Unausgereiftheit der gesetzgeberischen Konzeption offenbart sich auch darin, daß danach die Beschränkung der Verteidigung auf einen Beschuldigten auch die Fälle erfaßt, in denen das Verfahren gegen mehrere Beschuldigte wegen
desselben „Tatkomplexes" **getrennt** verläuft: Es sei angebracht, auch diese Fälle in die

[5] Einen unmittelbaren Zusammenhang zwischen der „Terrorismusbekämpfung" und
der Einführung des § 146 n. F. sehen auch
Berlit/Dreier Die legislative Auseinandersetzung mit dem Terrorismus, in: *Sack/Steinert*
Protest und Reaktion, Analysen zum Terrorismus, Teilband 4/2 (1984) S. 300 Fußn. 8
mit Nachweisen; die bei *Günther* JZ **1981** 818
in Fußn. 44 genannten; *Gerhardt* ZRP **1974**
127; *Heldmann* DuR **1975** 315; *Nestler-Tremel* NStZ **1986** 534 und *Dünnebier* FS Pfeiffer 276 f: „Der wahre Grund der Änderungen
lag im Baader-Meinhof-Verfahren . . .".
[6] Vgl. *Berlit/Dreier* aaO 249 ff. Zu der gegen
die Verteidigung durch Stellungnahmen füh-
render Politiker betriebenen und von den
Medien mit großem Aufwand aufgegriffenen

Kampagne vgl. auch die Dokumentation von
Rühmann Anwaltsverfolgung in der BRD
(1980); in den später gegen Verteidiger der
„RAF" durchgeführten Strafverfahren ist
von diesem Vorwurf wenig bestätigt worden,
vgl. *Ostendorf* JZ **1979** 253, 254 zu OLG
Hamburg, JZ **1979** 275; es handelte sich um
ein Maßnahmegesetz (*Nestler-Tremel* NStZ
1986 534, zustimmend *Dünnebier* FS Pfeiffer
298).
[7] Siehe den Sachverhalt bei OLG Stuttgart
NJW **1976** 15 f.
[8] BTVerh. RAussch., 46. Sitzung vom 4. 12.
1974 – 46/60 –.
[9] BTVerh., 138. Sitzung vom 18. 12., 7 9517.
[9a] Vgl. den Überblick über die Gesetzgebungsgeschichte bei *Heldmann* DuR **1975** 315 ff.

Regelung einzubeziehen, sofern die gemeinschaftliche Verteidigung „der Aufgabe der Verteidigung widerstreitet" (BTDrucks. 7 2526, S. 25). Dieses Tatbestandsmerkmal der alten Fassung war indessen gestrichen und durch ein absolutes Verbot ersetzt worden, dessen Folge kraft Gesetzes eintreten sollte und keinen Raum für die nach der alten Fassung erforderliche richterliche Wertung ließ. Die Regierungsbegründung ist aber nicht nur angesichts des Gesetzestextes, sondern auch in sich widersprüchlich. So wird die generelle Unzulässigkeit der Mehrfachverteidigung gerade damit begründet, daß dem Gericht die konkrete Einzelfallprüfung erspart sein soll. Treffend bemerkt *Sieg* (MDR **1976** 423) dazu, „daß man sich bei der Lektüre (der Gesetzesbegründung) fragen muß, mit welcher Leichtfertigkeit Gesetze gemacht werden, wenn sich nicht einmal die Initiatoren über deren Anwendungsbereich klar sind."

Bestätigt wird diese Interpretation der Entstehungsgeschichte durch die übereinstimmenden Stellungnahmen der Mitglieder im Rechtsausschuß von CDU/CSU und SPD bei den Beratungen zum StVÄG 1987. Der Gesetzgeber sei bei dem aufgrund der Erfahrungen mit den Terroristenprozessen eingeführten Verbot der Mehrfachverteidigung „wohl über das Ziel hinausgeschossen". Übereinstimmend wurde erwogen, zu dem **alten Rechtszustand zurückzukehren**[10]. **7**

4. Die Begründung des Gesetzesentwurfs von 1974. Dennoch bot die Gesetzesbegründung von 1974 Anhaltspunkte für die Wertungen des Gesetzgebers zur Auslegung der Vorschrift. „In erster Linie" sollte die gemeinschaftliche Verteidigung „in demselben Verfahren" (S. 25) unzulässig sein. Für diese Verfahrenskonstellation wurde **in der Regel** die Gefahr einer Interessenkollision angenommen, die von vornherein ausgeschlossen werden sollte. Auch bei getrennten Verfahren sollte §146 Anwendung finden; bei dieser Verfahrenskonstellation wurde die Gefahr einer Interessenkollision aber schon nicht mehr generell vermutet[11]. Die Regierungsbegründung nannte als Verfahren, in dem §146 zur Anwendung kommen sollte, das Strafverfahren. Nach der bis 1974 geltenden Fassung war ein Verbot der Mehrfachverteidigung außerhalb des **Erkenntnisverfahrens** nicht bekannt und wurde auch nicht diskutiert. Man kann daher davon ausgehen, daß der Gesetzgeber einen Grundtypus einer Verfahrenskonstellation vor Augen hatte, bei dem generell die Gefahr einer Interessenkollision vermutet wurde: Die Verteidigung mehrerer wegen einer Tat Beschuldigter in demselben und (in Ausnahmefällen auch) in getrennt verlaufenden **Erkenntnis**verfahren. **8**

5. Tatsächliche Auswirkungen des Verbots der Mehrfachverteidigung. Da §146 seit 1974 den Einzelfall verallgemeinert, ist die Verteidigung auch dann unzulässig, wenn sie ohne Interessenkollision möglich ist und von den Beschuldigten auch gewollt wird — etwa bei geständigen Eheleuten, welche die gemeinschaftliche Verantwortung übernehmen und in der Darstellung der jedem von ihnen zufallenden, jeweils gemeinschaftlich gewollten Tatteile voll übereinstimmen[12], und vor allem bei Mitgliedern derselben Vereinigung gem. §§129, 129a StGB. **9**

Die Anwendung des §146 hat handgreifliche **Nachteile** für die Beschuldigten mit sich gebracht[13]: Die Ausschaltung erfahrener Verteidiger in umfangreichen Massenver- **10**

---

[10] BTVerh. RAussch., 41. Sitzung vom 16. 1. 1985 – 41/31 –.

[11] *Dünnebier* FS Pfeiffer 281 Fußn. 67 hält diese Formulierung für ein Redaktionsversehen; man kann aber auch vermuten, daß die Initiatoren des Gesetzes seine konsequente Anwendung auf getrennte Verfahren – ob-

wohl nach dem Wortlaut geboten – selbst für zweifelhaft hielten.

[12] So das Beispiel bei LR-*Dünnebier*[23] 2.

[13] Vgl. zusammenfassend *Roxin*[20] §19 C 4; *Wächtler* DuR **1983** 49; *Heldmann* DuR **1975** 322; *Kohlmann* wistra **1982** 2, 6 ff bzgl. der Probleme im Steuerstrafverfahren.

Klaus Lüderssen

fahren, die Zersplitterung und Desinformation der Verteidigung in solchen Verfahren, in denen ihr eine umfassend informierte und in zahlreichen gleichen Verfahren geschulte StA gegenübersitzt[14]; die Beschränkung der freien Verteidigerwahl, weil der einzige spezialisierte Verteidiger schon den anderen Beschuldigten verteidigt, bis hin zur Unmöglichkeit für Beschuldigte, überhaupt einen geeigneten Verteidiger zu finden; die Verteuerung von Verfahren, die — obwohl nicht umfangreich — nun mehrere Verteidiger für mehrere Beschuldigte verlangen[15]; Verfahrensunterbrechungen und Belastungen des Beschuldigten durch häufig erfolgte Zurückweisungen der Verteidigung erst nach längerer Tätigkeit im Verfahren und die für den Beschuldigten und den Verteidiger unberechenbaren und unüberschaubaren Voraussetzungen. Besondere Probleme hat § 146 für die Vertretung mutmaßlicher Terroristen gemäß § 129 a StGB geschaffen[16]. Die Neufassung des § 146 wird nun vermutlich dazu führen, daß in der Praxis die Anwendungsfälle des § 146 und damit auch die verfahrenstechnischen Probleme stark zurückgehen, da die Probleme überwiegend in Fällen sukzessiver Verteidigung aufgetreten sind; *Dünnebier* (FS Pfeiffer 283 Fußn. 73) hat das für die bei *Nestler-Tremel* NStZ **1986** 534 genannte Rspr. vorgeführt.

11   **6. Auslegung durch die Rechtsprechung.** Die Rechtsprechung hat den Anwendungsbereich des § 146 weit über die in der Regierungsbegründung von 1974 avisierte **Verfahrenskonstellation** der gemeinschaftlichen Verteidigung im Erkenntnisverfahren (dazu Rdn. 8) hinaus erstreckt mit dem Argument, § 146 wolle **jede** Interessenkollision verhindern. Das Verbot der Mehrfachverteidigung von Beschuldigten, denen eine Tat vorgeworfen wird, gelte nicht nur im Erkenntnisverfahren, sondern auch bei der Mandatsanbahnung (Rdn. 38), im Rechtsmittelverfahren, im Strafvollstreckungsverfahren (Rdn. 59) und sogar im Strafvollzug (Rdn. 64); außer im Strafverfahren auch im Bußgeld- (Rdn. 67) und Disziplinarverfahren (Rdn. 68); und in **demselben** Verfahren soll die Mehrfachverteidigung unabhängig davon verboten sein, ob den Beschuldigten eine gemeinsame Tat vorgeworfen wird (Rdn. 52).

12   Da nach den Intentionen der Rechtsprechung § 146 nicht nur bei gleichzeitiger, sondern grundsätzlich auch bei **sukzessiver Verteidigung** Anwendung finden sollte, blieben letztlich nur drei Fälle übrig, auf die die Rechtsprechung § 146 nicht angewandt hat: Die Vertretung eines weiteren Beschuldigten nach dem Tod des Erstbeschuldigten (BGHSt **27** 315), die Fortführung des ersten Mandates nach Zurückweisung von einem später übernommenen Mandat (BGHSt **27** 148) und die Vertretung mehrerer Beschuldigter durch Verteidiger der gleichen Sozietät (Rdn. 42).

II. Die gemeinschaftliche Verteidigung nach dem 1974 bis 1987 geltenden Recht

13   Viele der für den Beschuldigten nachteiligen tatsächlichen Auswirkungen der Anwendung des § 146, auf die das StVÄG 1987 nunmehr mit der Änderung des § 146 und der Einführung des § 146 a teilweise reagiert hat, hätten bei zutreffender Auslegung des § 146 schon nach altem Recht vermieden werden können.

---

[14] Vgl. *Nestler-Tremel* NStZ **1986** 535.
[15] Dies gilt insbesondere für Verfahren nach dem OWiG, vgl. *Axster* Gewerblicher Rechtsschutz und Urheberrechte **1977** 738, Anm. zu BVerfGE **45** 272.

[16] So *Rebmann* NStZ **1981** 41; vgl. auch instruktiv den Überblick über neuere unveröffentlichte Rspr. bei *Nestler-Tremel* NStZ **1986** 534.

1. Der Gesetzeswortlaut. Nach der ganz herrschenden Meinung sollte eine **ge-** **14** **meinschaftliche** Verteidigung schon immer dann vorliegen, wenn zwei wegen derselben Tat Beschuldigte durch denselben Verteidiger vertreten werden[17]. Dem Begriff der **gemeinschaftlichen** Verteidigung wurde durch diese Auslegung seine besondere Bedeutung genommen, die Tatbestandsmerkmale „mehrere Beschuldigte" sowie „Verteidigung", mithin die „Personenidentität des Verteidigers mehrerer Tatbeschuldigter"[18] sollten für die Herbeiführung der Folgen des §146 ausreichen: Die Verteidigung in getrennten Verfahren sollte nur unzulässig sein, „sofern die Kriterien einer gemeinschaftlichen Verteidigung zu bejahen" seien[19]. Diese Hervorhebung der Kriterien einer gemeinschaftlichen Verteidigung hätte sich erübrigt, wäre damit nur *derselbe* Verteidiger gemeint gewesen, denn diese Voraussetzung ist selbstverständlich. Die „Gemeinschaftlichkeit" mußte also zur Verteidigeridentität hinzutreten, damit jene Interessenkollision begründet sein konnte, welche die Verteidigung unzulässig machte[20]. LR-*Dünnebiers*[23] (Rdn. 7) Annahme, die Gemeinschaftlichkeit der Verteidigung in getrennten Verfahren sei bei Vorliegen eines Tatkomplexes „gewiß selbstverständlich", ist daher anfechtbar. Das Verbot der **gemeinschaftlichen** Verteidigung konnte somit schon dem Gesetzeswortlaut nach nur die zeitgleiche, nicht aber die sukzessive Verteidigung erfassen.

2. Sukzessive Verteidigung. Nach der ganz herrschenden Meinung[21] war sukzes- **15** sive Verteidigung mehrerer derselben Tat Beschuldigter nicht nur in demselben, sondern auch in **getrennten Verfahren** gemäß §146 unzulässig. Daher wurde schon in der Begründung des Strafverfahrensänderungsgesetzes 1984[22] der Rechtsprechung der Vorwurf gemacht, sie habe „die teleologisch beschränkte Reichweite des §146 StPO nicht ausreichend berücksichtigt. . .". Weiter heißt es: „Mit dieser Vorschrift kann nicht jeder denkbare Interessenkonflikt, dem ein Verteidiger ausgesetzt sein kann und der die Erfüllung seiner einseitigen Beistandsaufgabe zu beeinträchtigen geeignet ist, verhindert werden. Eine Vorschrift, die die Zulässigkeit der Verteidigung regelt, kann aus systematischen Gründen nur solche Interessenkonflikte erfassen, die sich aus unterschiedlichen Beistandsaufgaben als Verteidiger ergeben. Solche drohen aber nur insoweit, als der Verteidiger gleichzeitig mehrere Beschuldigte verteidigt". Der Entwurf — nunmehr als StVÄG 1987 zum Gesetz geworden — bestätigt somit die hier vertretene Auffassung, daß der Gesetzgeber bei der ersten Neufassung des §146 nicht beabsichtigt hatte, auch die sukzessive Verteidigung für unzulässig zu erklären, und daß schon nach dem Gesetzeswortlaut nur die gleichzeitige Verteidigung unzulässig war[23]. Daneben sprachen auch systematische und teleologische Gründe gegen ein Verbot der Sukzessivverteidigung durch §146[24].

---

[17] Vgl. nur LR-*Dünnebier*[23] 9.

[18] BGHSt 27 154 im Anschluß an OLG München NJW **1976** 252.

[19] BTDrucks. 7 2526, S. 25 l. Sp., vgl. auch *Heinicke* NJW 1978 1499.

[20] *Heinicke* NJW 1978 1499.

[21] BGHSt 26 367, 371; 26 291, 296; 27 154, 156; 27 315, 316; NStZ **1981** 190; BVerfG (Vorprüfungsausschuß) NJW **1977** 800; NJW **1976** 231; OLG München NJW **1980** 1477; **1976** 252; OLG Frankfurt NJW **1980** 899; OLG Düsseldorf **1978** OLGSt S. 21; OLG Hamburg NJW **1976** 250; OLG Koblenz NJW **1978** 2608; KG StrVert. **1981** 14;

zustimmend *Beulke* Verteidiger 126; **anders** noch LG Memmingen NJW **1976** 252; BayObLG MDR **1977** 336.

[22] BTDrucks. 10 1313, S. 21.

[23] Vgl. oben bei Rdn. 15.

[24] Die ausführliche Begründung der Zulässigkeit der sukzessiven Mehrfachverteidigung erscheint auch nach der Änderung des Gesetzes erforderlich, damit deutlich wird, daß sich die Kritik nicht „allein an der zu weiten Auslegung der Vorschrift" (diesen Vorwurf erhoben etwa *Krämer* NJW **1976** 1664 und *Sieg* MDR **1976** 423) erschöpfen durfte; zu dieser Kritik OLG Bamberg NJW **1977** 822.

Klaus Lüderssen

16   a) **Systematisches Verhältnis zu § 138 a.** Das Verbot der sukzessiven Verteidigung gem. § 146 vertrug sich schon nicht mit der Regelung des § 138 a Abs. 5, 1. Alt., die einem Verteidiger nach seinem Ausschluß gem. § 138 a verbietet, auch andere Beschuldigte in demselben Verfahren zu verteidigen. Wäre schon gem. § 146 die (sukzessive) Verteidigung eines anderen Beschuldigten unzulässig gewesen, so hätte diese Regelung keinen Sinn gehabt. Eigenständige Bedeutung wäre ihr dann nur noch für den Fall zugekommen, daß der Verteidiger schon vor der konkreten Übernahme der Verteidigung eines Beschuldigten von der Mitwirkung im Verfahren ausgeschlossen worden war. Denn dann wäre es nicht zu einer ersten Verteidigung gekommen, mit der die Übernahme einer weiteren Verteidigung gem. § 146 hätte kollidieren können. Daß der Gesetzgeber in § 138 a Abs. 5 1. Alt. nicht nur diesen Sonderfall regeln wollte, zeigt schon der Bezug des Gesetzestextes auf das Mandatsverhältnis mit „anderen Beschuldigten". Der allgemein gefaßte Wortlaut des § 138 a Abs. 5 setzt eine **Mehrzahl von Anwendungsfällen** voraus, die es nicht gegeben hätte, wenn nach § 146 sukzessive Verteidigung verboten gewesen wäre.

17   Noch schärfere Konturen gewinnt dieses Argument angesichts der Fassung des § 138 a Abs. 5 Satz 1 2. Halbs. in der Fassung des sog. „Terrorismusgesetzes" vom 18. 8. 1976 (BGBl. I, 2181). Danach durfte ein Verteidiger, der gem. § 138 a Abs. 2 ausgeschlossen ist, auch andere **inhaftierte** Beschuldigte nicht verteidigen. Der Wortlaut der Vorschrift ließ daher nur den Schluß zu, daß der Verteidiger in demselben Verfahren andere Beschuldigte verteidigen durfte, die sich in Freiheit befanden. Diese Auslegung deckt sich mit dem Regierungsentwurf[25], der in der Novelle des § 138 a eine „Erstreckung" des Verbots der Mehrfachverteidigung nach § 146 auf die Fälle des Verteidigerausschlusses sah — und zwar eben nur bzgl. weiterer **inhaftierter** Beschuldigter. Wäre der Gesetzgeber vom Verbot der sukzessiven Verteidigung ausgegangen, hätte es dieser gesetzlichen Erstreckung nicht mehr bedurft[26]. Setzte § 138 a aber die Zulässigkeit der Sukzessivverteidigung in demselben Verfahren voraus, mußte dies erst recht für getrennte Verfahren gelten[27].

18   Auch die Regelung des Art. 17 Abs. 3 1. StVRErgG, wonach ein Verteidiger bei Einführung des § 146 wählen konnte, welches Mandat er weiterführen wollte, war ein Hinweis auf die Zulässigkeit der sukzessiven Mehrfachverteidigung. Die Rechtsprechung sah in dieser Norm zwar eine reine Überleitungsvorschrift zur Verfahrenssicherung, die nicht ohne weiteres den Maßstab für die allgemeine Auslegung des § 146 abgeben könne[28]. Da eine Verfahrenssicherung auch durch Art. 17 Abs. 3 StVRErgG in den

---

[25] BTDrucks. 7 4005.

[26] Für den Anwendungsbereich des § 138 a Abs. 5 in der Fassung von 1976 bliebe dann nur der Fall, daß der Verteidiger für einen auf freiem Fuß befindlichen Beschuldigten nur (wieder) tätig werden darf, wenn er diesen schon *vor* der Übernahme einer weiteren Verteidigung, von der er nunmehr ausgeschlossen ist, verteidigt hat. Da sich die Unzulässigkeit der zweiten Verteidigung schon aus § 146 ergäbe, wäre ein Ausschlußverfahren gemäß § 138 a ff nur damit zu erklären, daß die Folgen des § 138 a Abs. 5 S. 2 herbeigeführt werden sollen (vgl. BGHSt **27** 154, 157). Der BGH (aaO) nennt darüberhinaus als möglichen Anwendungsfall für § 138 a die

Verbindung zweier Verfahren, ohne daß Gegenstand des Verfahrens eine gleiche Tat ist; diese Fallvariante wäre nach der Ansicht, daß § 146 grundsätzlich, also unabhängig von einem gemeinsamen Tatvorwurf, anzuwenden ist (so BVerfG Vorprüfungsausschuß NJW **1982** 1803; dazu Rdn. 44), ebenfalls nicht möglich. In der Zusammenschau zeigt sich hier ein Beispiel für die Irrungen und Wirrungen der Rspr., die bei der Auslegung des § 146 kaum eine konsistente Linie durchhalten konnte.

[27] *Heinicke* NJW **1978** 1500.

[28] BGHSt **27** 154, 157 = NJW **1977** 1208; OLG Hamburg, NJW **1976** 250, 252; OLG Frankfurt NJW **1980** 898, 890.

Fällen gar nicht erzielt werden konnte, in denen der Beschuldigte durch § 146 den einzigen Verteidiger verlor (weil sich dieser für den anderen Beschuldigten entschieden hatte), kann Art. 17 Abs. 3 StVRErgG aber nur so ausgelegt werden, daß durch den angedrohten Ausschluß von allen Verteidigern die Mandatskonkretisierung erzwungen werden sollte, wobei jedem Verteidiger die Wahl blieb, welches Mandat er weiterführen wollte[29]. Damit setzte Art. 17 Abs. 3 StVRErgG die grundsätzliche Zulässigkeit des Mandatswechsels voraus[30], also die generelle Zulässigkeit der sukzessiven Verteidigung.

b) Interessenkollision bei sukzessiver Verteidigung. Der für eine Interessenkolli- **19** sion typische Fall besteht darin, daß ein Verteidiger die gegensätzlichen Interessen seiner Mandanten zu harmonisieren versucht und deshalb die Verteidigung nicht mit dem gebotenen rückhaltlosen Einsatz führen kann[31]. Die Gefahr einer solchen Interessenkollision ist indessen nur dann erheblich, wenn der Verteidiger beiden Klienten gleichzeitig zur Wahrung ihrer jeweils aktuellen Interessen verpflichtet ist[32]. Bei sukzessiver Verteidigung vertritt der Verteidiger hingegen nur noch die Belange **eines** Beschuldigten. Die Gefahr einer Interessenkollision kann daher allein im Hinblick auf über die Beendigung des früheren Mandats hinausreichende Treuepflichten des Verteidigers in Betracht kommen[33]. Diese Aufgaben verpflichten den Verteidiger jedoch nicht zum aktiven Einsatz für seinen ehemaligen Klienten, sondern lediglich zum Unterlassen schädigender Handlungen[34]. Treuepflichten nach Mandatsbeendigung auf der einen und Verteidigungspflichten auf der anderen Seite führen aber beim Verteidiger zu einer Interessenlage, die sich quantitativ wie qualitativ erheblich von den Fällen einer Doppel- oder Mehrfachverteidigung unterscheidet[35], so daß die Gefahr einer Interessenkollision bei sukzessiver Verteidigung **nicht** die Regel, sondern die Ausnahme ist. Tritt ausnahmsweise doch ein Interessenkonflikt auf, reichen das anwaltliche Standesrecht[36] sowie die strafrechtlichen Vorschriften[37] zum Schutz des (ersten) Beschuldigten aus. Daher kann § 146 als verfahrensbezogene Vorschrift — worauf *Günther* zu Recht hinweist (JZ **1981** 820) — nur den Zweck haben, die sachgerechte Verteidigung des **nunmehr** vertretenen Mandanten zu gewährleisten. Dessen Verteidigungslage wird aber nicht einmal dann von der zulässigen sukzessiven Verteidigung beeinträchtigt, wenn diese dem früheren Mandanten zum Nachteil gereichen sollte[38]. Die Gefahr, daß die Mehrfachverteidigung regelmäßig zu einer Interessenkollision bei der Verteidigung führen kann, ist also bei der sukzessiven Verteidigung eine Fiktion.

Schon nach der alten Rechtslage hätte daher unterschieden werden müssen zwi- **20** schen (erlaubter) sukzessiver und (verbotener) gleichzeitiger Verteidigung. Diese Ab-

---

[29] Darauf weist auch BGHSt **27** 154 hin.

[30] *Heinicke* NJW **1978** 1500.

[31] Vgl. etwa OLG Hamburg NJW **1976** 250 f; BGHSt **27** 154.

[32] *Heinicke* NJW **1978** 1499.

[33] BVerfG (Vorprüfungsausschuß) NJW **1977** 800, 801; OLG Koblenz MDR **1977** 335, 336.

[34] *Günther* JZ **1981** 819.

[35] So schon BayObLG MDR **1977** 336, 377.

[36] § 46 der Richtlinien gemäß § 177 Abs. 2 S. 2 BRAO; dazu *Ulsenheimer* GA **1975** 115. S. dazu aber Anm. Vor § 137 39.

[37] § 203 Abs. 1 Nr. 3, § 356 StGB.

[38] Verletzt der Verteidiger seine Berufspflich-

ten gegenüber dem früheren Mandanten, wirkt sich die sukzessive Verteidigung für den nunmehr vertretenen Mandanten regelmäßig sogar vorteilhaft aus; kommt der Verteidiger seinen Treuepflichten nach, wäre der nunmehr vertretene Beschuldigte durch einen anderen Verteidiger nicht besser gestellt, da dieser ja nicht über die Informationen aus dem früheren Mandatsverhältnis verfügt. Diesen Sachverhalt hat die Rechtsprechung, indem sie pauschal auf die Gefahr einer Interessenkollision abstellte, übersehen (vgl. etwa OLG Koblenz MDR **1977** 335; OLG Düsseldorf OLGSt S. 21, 22).

Klaus Lüderssen

grenzung hätte vorgenommen werden müssen an Hand der Frage, ob eines der beiden miteinander kollidierenden Mandate „endgültig formell beendet ist, wenn also der Verteidiger nicht mehr aufgrund fortdauernder Verteidigungsverpflichtung potentiell aktiv für die einander widerstreitenden Belange mehrerer Beschuldigter eintreten muß"[39]. Dieses Ende des Mandatsverhältnisses kann sich aus dem Abschluß eines Verfahrens, das automatisch zur Beendigung der Verteidigerstellung führt, vor allem aber auch aus der Niederlegung eines Mandats oder der (beantragten) Rücknahme der Bestellung des Pflichtverteidigers ergeben.

21   **3. Fallgruppen.** Bedenken gegen die vom StVÄG 1987 nunmehr **generell** für zulässig erklärte sukzessive Mehrfachverteidigung lassen sich in Fällen etwa der Niederlegung eines Mandates und der Übernahme eines anderen während **desselben** Erkenntnisverfahrens nicht gänzlich von der Hand weisen. Für bestimmte Fallgruppen hätte aber über die oben gegebene **generelle** Begründung hinaus von der Zulässigkeit der sukzessiven Verteidigung ausgegangen werden müssen.

22   **a) Freispruch.** Hat das Verfahren gegen den Erstbeschuldigten zu einem rechtskräftigen Freispruch geführt, so kann sich eine Interessenkollision bei der Verteidigung eines weiteren Beschuldigten allenfalls daraus ergeben, daß die Verteidigung zu einem Wiederaufnahmeverfahren zuungunsten des Erstbeschuldigten führen könnte[40]. Das ist aber eher unwahrscheinlich. Die Möglichkeit, daß es dazu kommt, ist selbst dann äußerst gering, wenn sich der nunmehr Beschuldigte unter Belastung des rechtskräftig Freigesprochenen zu entlasten versucht[41], denn die Wiederaufnahme ist nur unter den engen Voraussetzungen des § 362 möglich. Der pauschale Hinweis des Vorprüfungsausschusses beim BVerfG[42], belastende Umstände, die sich im zweiten Verfahren ergeben haben, könnten jederzeit zu einer Wiederaufnahme zuungunsten des Erstbeschuldigten führen, ließ außer acht, daß mit der Rechtskraft des Ersturteils die Strafklage für die gesamte Tat im prozessualen Sinn verbraucht ist[43]. Bei rechtskräftiger **Verurteilung** des Erstbeschuldigten ist ein Interessenkonflikt in der zweiten Verteidigung wegen möglicher Rücksichten auf den Erstbeschuldigten erst recht kaum vorstellbar. Es besteht allenfalls die angesichts der Praxis in Wiederaufnahmeverfahren rein theoretische Möglichkeit, daß sich durch das Verteidigungsvorbringen des nunmehr Beschuldigten die Chancen einer Wiederaufnahme des Erstbeschuldigten verringern[44]. Die bloß theoretische Möglichkeit eines Wiederaufnahmeverfahrens durfte daher nicht zu einer Anwendung des § 146 auch bei rechtskräftigem Abschluß des ersten Verfahrens führen[45], denn anwaltliche Treuepflichten begründen für sich allein keine Interessenkollision i. S. d. § 146[46].

---

[39] *Günther* JZ **1981** 819 mit Beispielen.

[40] OLG München NJW **1976** 252; OLG Bamberg NJW **1977** 822.

[41] Darin sieht BVerfG (Vorprüfungsausschuß) NJW **1977** 800 aber auch bei rechtskräftigem Abschluß des Erstverfahrens die typische Gefahr einer Interessenkollision.

[42] AaO; ebenso OLG Düsseldorf OLGSt S. 21, 22.

[43] *Rebmann* NStZ **1981** 43; besondere Probleme ergeben sich bei Tatvorwürfen von Organisations- und Dauerdelikten, dazu Rdn. 46 ff.

[44] So argumentiert etwa OLG Frankfurt NJW **1980** 898, 899.

[45] So auch *Rebmann* NStZ **1981** 43, der daraus aber nicht den Schluß genereller Zulässigkeit der Verteidigung zog, sondern unter diesem Gesichtspunkt jeweils die konkrete Prüfung im Einzelfall forderte – zur Unzulässigkeit dieser Auslegung des § 146, 33.

[46] *Rebmann* NStZ **1981** 43; *Krämer* NJW **1976** 1667; LG Memmingen NJW **1976** 252; im Ergebnis auch OLG Hamm NJW **1980** 1060.

b) Einstellung. In den Fällen **endgültiger** Verfahrenseinstellung[47] ist die Verfahrenssituation vergleichbar der des rechtskräftigen Urteils, da in vergleichbarem Umfang Strafklageverbrauch eintritt[48], so daß die Gefahr einer Interessenkollision nicht besteht[49, 50]. Aber auch in allen anderen Fällen der Verfahrenseinstellung ist die Gefahr einer Interessenkollision *wesentlich* geringer als bei gleichzeitiger Mehrfachverteidigung, so daß § 146 auch hier generell nicht anzuwenden war. Die Rechtsprechung hat immerhin versucht, dem Rechnung zu tragen, indem sie für die Anwendung des § 146 Anhaltspunkte für das Vorliegen einer **konkreten** Interessenkollision verlangte[51]. Für die Einstellung nach § 170 Abs. 2[52] vgl. LG Verden (StrVert. **1981** 334): keine Anwendung des § 146, wenn sich der zur Einleitung des Ermittlungsverfahrens führende Anfangsverdacht (§ 152 Abs. 2) nicht bestätigt oder verdichtet hat[53].

4. Zusammenfassung. Schon nach der Gesetzeslage vor dem StVÄG 1987 erfaßte § 146 somit nicht die sukzessive Mehrfachverteidigung, sondern nur die gleichzeitige. Lehnt man diese Auslegung des § 146 a. F ab, so hätte er jedenfalls auf die sukzessive Mehrfachverteidigung dann nicht angewandt werden dürfen, wenn die Verfahrenskonstellation keinen oder allenfalls einen theoretischen und angesichts des Eingriffs in das Recht des Beschuldigten auf Wahl des Verteidigers seines Vertrauens zu vernachlässigenden Interessenkonflikt mit sich brachte[54].

III. Die Neufassung von 1987

Die Neufassung des Paragraphen durch das StVÄG 1987 bringt, wenn man der hier vorgeschlagenen Auslegung des § 146 in der Fassung von 1974 (vgl. oben Rdn. 13 bis 24) folgt, im Kern eigentlich nur eine Klarstellung[55]: Nur die gleichzeitige Verteidigung ist verboten[56]. Freilich ist nicht zu verkennen, daß der Gesetzgeber im übrigen der Begründung der Änderung von 1974 folgt, sich keineswegs der kritischen Literatur anschließt und auch die extensive Auslegung durch die Rechtsprechung akzeptiert, die § 146 nicht nur auf das Erkenntnisverfahren, sondern auf weitere Verfahrensabschnitte

---

[47] Vgl. *Bloy* GA **1980** 161 zu den Möglichkeiten von Verfahrenseinstellungen.

[48] Zu § 153 a Absatz 1 Satz 1 LR-*Rieß* § 153 a, 67.

[49] Vgl. oben Rdn. 22.

[50] Zur Rspr. vgl. KG JR **1981** 435, 436: Mehrfachverteidigung im Vollstreckungsverfahren nach Einstellung des Verfahrens gegen den Mitbeschuldigten gemäß § 153 a Abs. 2 zulässig; **a. A** grundsätzlich OLG Karlsruhe, Justiz **1982** 57 wegen der Möglichkeit, daß der Erstbeschuldigte als Zeuge im zweiten Verfahren auftritt.

[51] BGHSt **27** 148, 153 aufgrund „pflichtgemäßen Ermessens" nach Einstellung gemäß § 154 a – im konkreten Fall kam hinzu, daß Tatidentität bei um Jahre auseinanderliegenden Tatvorwürfen allein wegen der Zugehörigkeit zu derselben Vereinigung gemäß § 129 StGB gegeben war; vgl. zu derartigen Konstellationen 46 ff.

[52] Für grundsätzliche Anwendung des § 146 BGH NStZ **1981** 190; OLG Düsseldorf AnwBl. **1982** 22, 23; OLG Koblenz VRS **1983** 372; ebenso OLG Hamburg MDR **1980** 424 für Verteidigung im Strafverfahren nach Einstellung des Bußgeldverfahrens gemäß § 154 Abs. 2.

[53] Ähnlich *Rebmann* NStZ **1981** 43; AG Bremen StrVert. **1982** 67 und AG Bochum AnwBl. **1983** 43 halten die Mehrfachverteidigung nach Einstellung gemäß § 170 Abs. 2 für zulässig, wenn Verfahrensidentität, aber keine Tatidentität gemäß § 264 gegeben ist, dazu auch Rdn. 52.

[54] Bei sukzessiver Verteidigung in einem Erkenntnisverfahren und einem dem Urteil folgenden Verfahren lag eine solche Verfahrenskonstellation ebenfalls vor.

[55] Vgl. schon Rdn. 13 ff.

[56] Weitere Klarstellungen ergeben sich für die Verfahrensidentität (Rdn. 52 ff), die Tatidentität (Rdn. 43 ff) und das Verfahren der Zurückweisung (§ 146 a).

Klaus Lüderssen

sowie dem Strafverfahren vergleichbare Verfahren, wie das Bußgeld- und Disziplinar-verfahren, anwendet.

26   **1. Autonomie des Beschuldigten.** Zurückgewiesen wird der „Einwand, der Be-schuldigte müsse selbst entscheiden können, ob sein Verteidiger trotz der Verteidigung anderer seine Interessen wahrnehmen könne"[57]. Zur Begründung beruft sich der Regie-rungsentwurf auf das Institut der notwendigen Verteidigung, aus dem folge, „daß der Gesetzgeber berechtigt und verpflichtet ist, ein Minimum an inhaltlichen Rahmenbedin-gungen für die Ausfüllung des Leitbildes einseitiger Interessenwahrnehmung aufzustel-len"[58]. Dieser Hinweis ist zutreffend, soweit er sich auf eine Verteidigung mehrerer Be-schuldigter mit widerstreitenden Interessen bezieht, die ohnehin — worauf der Regie-rungsentwurf selbst hinweist — sogar schon nach der Fassung von 1877 nicht zulässig war. Indem die Vorschrift aber die Interessenkollision in *jedem* Falle generell ausschlie-ßen will, „wird kein Minimum festgelegt, sondern ein Maximum" (*Dünnebier* FS Pfeif-fer 279). Der Gesetzgeber vermag nicht zu begründen, warum die Mehrfachverteidi-gung auch dann verboten sein soll, wenn sie von den Beschuldigten gewünscht wird, ohne daß ein Interessenwiderstreit in der Verteidigung auftritt, und wenn die Verteidi-gung durch *einen* Verteidiger sogar eindeutig im gemeinsamen Interesse der Beschuldig-ten liegt.

27   Aus der **Autonomie des Beschuldigten** folgt, daß er seinen Verteidiger frei wählt und ihn nach seinem Ermessen beauftragt und gegebenenfalls das Mandat kündigt, wenn kein Vertrauen mehr besteht. Das Institut der notwendigen Verteidigung durch-bricht dieses Prinzip nicht (vgl. Vor § 137, 57 ff und § 140, 1 ff). Dementsprechend kann die Befugnis des Gesetzgebers, den Beschuldigten vor einer Verteidigung zu schützen, die seinen Interessen zuwiderlaufen könnte, nur in Extremfällen soweit gehen, daß das Recht des Beschuldigten, so verteidigt zu werden, wie er es für richtig hält, außer Kraft gesetzt wird[59]. Die Literatur hat daher immer wieder betont, daß dieser generalisie-rende Ausschluß der Mehrfachverteidigung, der gegen den Wunsch der Beschuldigten erfolgt und faktisch zu einer Beschränkung seines Rechts auf Verteidigung führt[60], nicht gerechtfertigt ist[61].

28   Daher ist auch das weitere Argument gegen eine **Rückkehr zur Gesetzeslage vor 1974**, die Beschränkung auf einen offensichtlichen Interessenkonflikt sei nicht sachge-recht, da verdeckte Konflikte am gefährlichsten sein könnten[62], nicht überzeugend. Denn damit wird allein die *Möglichkeit* einer Interessenkollision stärker gewichtet als das tatsächliche Interesse des Beschuldigten an *dieser* Verteidigung und die tatsächliche Einschränkung der Effektivität seiner Verteidigung. Und es wird — nach der anderen Seite hin — vernachlässigt, daß der Beschuldigte gegen konkrete Interessenkollisionen

---

[57] Begr. in BTDrucks. 10 1313, S. 22.
[58] AaO.
[59] Ganz anderer Meinung BVerfGE **39** 156 ff sowie (Vorprüfungsausschuß) NJW **1977** 801: die Verfassungsmäßigkeit des § 146 folge daraus, daß die Verteidigung eine Auf-gabe im öffentlichen Interesse sei, die der Verteidiger als Organ der Rechtspflege ausübe (generelle Kritik an dieser Position: Vor § 137, 75 ff).
[60] Vgl. dazu oben Rdn. 9 f.
[61] So hat die Einführung des § 146 im Jahre

1974 einen „Aufschrei der Empörung" (*Günther* JZ **1981** 816 Fußn. 4) ausgelöst: Vgl. u. a. *Dahs* NJW **1975** 1385, 1390; *Dün-nebier* NJW **1976** 1, 7 und 23. Auflage; *Krä-mer* NJW **1976** 1664 ff; *Schmidt-Leichner* NJW **1975** 417, 419: Ein Unglück sowohl für die Anwaltschaft wie für die Rechtspflege; *Ulsenheimer* GA **1975** 103, 115; vgl. auch Ar-beitskreis Strafprozeßreform, §§ 2 und 19 des Gesetzesentwurfs mit Begründung 48, 145.
[62] BTDrucks. 10 1313, S. 22.

ohnehin schon durch die Strafvorschriften der §§ 203, 356 StGB[63] und die standesrechtlichen Vorschriften geschützt ist, § 45 Abs. 2 BRAO und § 46 Abs. 3 der Grundsätze des anwaltlichen Standesrechts[64].

2. Verfahrensprobleme. Das vom konkreten Fall abstrahierende generelle Verbot **29** der Mehrfachverteidigung läßt sich auch nur bedingt mit den verfahrenstechnischen Problemen begründen, die auftreten könnten, wenn § 146 die Mehrfachverteidigung nur bei Vorliegen eines konkreten Interessenkonfliktes verbieten würde. Der Gesetzgeber meint zwar, bei Anknüpfung an eine bestimmte Straftat „wäre es bei der gegenwärtigen gesetzlichen Regelung des Verteidigerausschlusses gesetzestechnisch notwendig, den Interessenkonflikt als zusätzlichen Ausschließungsgrund auszugestalten"[65]. Diese Überlegung ist wahrscheinlich von der Entscheidung des Bundesverfassungsgerichts beeinflußt, wonach der Verteidigerausschluß nicht auf Gewohnheitsrecht gestützt werden darf, sondern eine gesetzliche Grundlage braucht[66]. Die Entscheidung bemängelt zu Recht, daß § 146 Abs. 1 der Fassung vor 1974 „über die Befugnisse des Prozeßgerichts nichts besagt", also keine Eingriffskompetenz enthält. Der Gesetzgeber hat diese Kritik aber nicht einmal in der Fassung des § 146 von 1974 aufgegriffen. Das hat in der Folge die Streitfrage ausgelöst, ob die Zurückweisung des Verteidigers durch das Gericht nur deklaratorische Bedeutung haben könne, weil sie vom Gesetz vorgesehen sei, oder konstitutive. Außerdem entstanden die großen verfahrensrechtlichen Probleme bzgl. der Wirksamkeit von Verteidigerhandlungen vor der Zurückweisung, welche die Rechtsprechung des Bundesgerichtshofs nur durch eine Auslegung contra legem einer praktikablen Lösung zuführen konnte[67]. Die Entscheidung des Gesetzgebers von 1987 ist daher nur eine Wiederholung des untauglichen Versuchs, die Verantwortung für die Neuformulierung des § 146 im Jahre 1974 auf das Bundesverfassungsgericht und den bekannten Schily-Beschluß abzuwälzen[68]. Und es ist nicht ersichtlich, warum gesetzestechnisch eine Rückkehr zur Rechtslage vor 1974 nicht möglich sein soll. Eine derartige Vorschrift könnte etwa folgenden Wortlaut haben: „Widerstreitet die Verteidigung mehrerer derselben Tat Beschuldigter durch denselben Verteidiger der Aufgabe der Verteidigung, so ist der Verteidiger vom Gericht auszuschließen"[69].

Eine derartige Regelung soll nach Meinung des Gesetzgebers nun weder für den **30** Verteidiger noch für den Beschuldigten vorteilhaft sein[69a]. Gesetzestechnisch ist dieses Argument nicht einsichtig. Eine Regelung, die auf der Grundlage der vor 1974 geltenden Vorschrift allein die Eingriffskompetenz des Gerichts gesetzlich festlegen würde, wäre in der Sache nichts anderes als die Rückkehr zu der alten Rechtslage, für die, wie dargelegt, viel spricht. Und ebenso vermag der **Ausnahmefall**, daß erst im fortgeschrittenen Stadium des Verfahrens ein Interessenkonflikt auftritt, der Beschuldigte also gerade dann seinen Verteidiger verliert, wenn er für ihn am wichtigsten ist[70], die **Regel** des Verbots der Mehrfachverteidigung nicht zu begründen.

---

[63] Vgl. *Roxin*[20] § 19 C 4 und *Günther* JZ **1981** 816.

[64] Richtlinien gem. § 177 Abs. 2 Nr. 2 BRAO, Stand 1. Februar 1985 (vgl. dazu aber auch Vor § 137, 39).

[65] BTDrucks. **10** 1313, S. 22 f; so auch die Argumentation von *Rieß* (als Vertreter des Justizministeriums) gegen das gemeinsame Votum der Vertreter von CDU und SPD im Rechtsausschuß des Bundestages, zu der Fassung vor 1974 zurückzukehren, vgl. BTVerh.

RAussch., 41. Sitzung (10) vom 16. 1. 1985, 41/31 ff.

[66] BVerfGE **34** 293; vgl. dazu § 138 a, Entstehungsgeschichte.

[67] LR-*Dünnebier*[23] 10 ff; § 146 a, 12.

[68] *Wächtler* DuR **1983** 49; so auch *Heldmann* DuR **1975** 314; *Krämer* NJW **1976** 1664.

[69] Vgl. auch § 19 des Gesetzesentwurfs des Arbeitskreises Strafprozeßreform.

[69a] BTDrucks. **10** 1313, S. 23.

[70] BTDrucks. **10** 1313, S. 23.

Klaus Lüderssen

31   **3. Veränderte Praxis der Gerichte.** Gegen die Rückkehr zur Einzelfallprüfung nach altem Recht wird nun eingewandt, daß das Gericht dann die Verteidigungskonzeption würdigen und sich in die Belange der Verteidigung einmischen müßte[71]. Was die Praxis vor 1974 angeht, die zu nur einer veröffentlichten Entscheidung geführt hat[72], so scheint es, daß diese — unbestreitbare — Gefahr für die Unabhängigkeit der Verteidigung durch eine gerichtliche Einmischung im Grunde nicht bestand. Die dreizehnjährige Praxis zu § 146 mit der gesetzlichen Vermutung der Interessenkollision bietet indessen ein anderes Bild. Man muß davon ausgehen, daß die Gerichte diese gesetzliche Vermutung internalisiert haben. Das bis 1974 geltende Verhältnis von Regel (Mehrfachverteidigung zulässig) und Ausnahme (Mehrfachverteidigung unzulässig) hat sich durch die Anwendung des § 146 von 1974 in sein Gegenteil verkehrt: eine regelmäßige Überprüfung der Belange der Verteidigung durch die Gerichte bei formell gegebener Mehrfachverteidigung.

32   Letztlich ist daher dem Rat, der Gesetzgeber solle zur vor 1974 geltenden Fassung des Gesetzes zurückkehren[73], nicht mehr zuzustimmen. Denn inzwischen ist eine gerichtliche Tradition entstanden, bei der nicht mehr abzusehen ist, ob nicht die Rückkehr zu der Gesetzeslage vor 1974 nun im Übermaß auf eine höchst problematische Überprüfung der (Mehrfach-)Verteidigung hinauslaufen würde. **De lege ferenda** zu erwägen ist aber eine (Ausnahme)Klausel, die vorsieht, daß auf ausdrücklich erklärten Wunsch von mehreren Beschuldigten und ihrem Verteidiger die Mehrfachverteidigung erlaubt ist[74].

IV. Generalisierende restriktive Auslegung

33   Wegen der „wohl von niemandem vorhergesehenen" (*Wächtler* DuR **1983** 50) weiten Auslegung des § 146 gibt es in der neueren Rechtsprechung die Tendenz, in besonders unbefriedigenden Einzelfällen[75] gegenzusteuern, d. h. nach einer konkreten Interessenkollision zu fragen[76]. Diese partielle Rückorientierung an der Rechtslage nach dem bis 1974 geltenden § 146 wird teilweise auch von der Literatur gefordert[77]. § 146 n. F (1987) sperrt sich aber eindeutig gegen eine solche am Einzelfall orientierte Auslegung. Der Gesetzgeber hat (erneut) ein absolutes, also keine Ausnahme zulassendes Verbot aufgestellt. Ein Nebeneinander von generellem Verbot und konkreter Prüfung im Einzelfall würde zu einer nicht hinnehmbaren uneinheitlichen Rechtsanwendung und damit zu größter Rechtsunsicherheit führen[78].

34   Die im Hinblick auf die fragwürdige Konzeption des § 146 gebotene restriktive Auslegung kann daher nur generalisierend Fallgruppen in einem ersten Schritt daraufhin untersuchen, ob bei ihnen die formellen gesetzlichen Voraussetzungen für die Auslegung des § 146 gegeben sind (Beispiel: Im Strafvollzug geht es nicht regelmäßig um die Verteidigung mehrerer *Beschuldigter*), und in einem zweiten Schritt, ob bei diesen Fall-

---

[71] *Beulke* NStZ **1985** 289 und ders. Verteidiger 123; BTDrucks. aaO.

[72] Vgl. nur die knappe Kommentierung von LR-*Dünnebier*[22], die demonstriert, daß § 146 vor 1974 keinerlei Bedeutung für die Praxis hatte.

[73] So auch *Roxin*[20] § 19 C 4; *Dünnebier* FS Pfeiffer 289 Fußn. 89 (am Ende) rechnet sogar mit einer solchen Entwicklung.

[74] In diese Richtung auch Überlegungen bei *Dünnebier* FS Pfeiffer 285, 279.

[75] Angesichts der überwiegenden Rechtsprechung kann aber von einem „Tendenzwandel" nicht die Rede sein, so schon *W. Müller* StrVert. **1981** 196.

[76] Vgl. dazu den zusammenfassenden Überblick bei *Beulke* NStZ **1985** 289 ff.

[77] *Sannwald, Rebmann,* KK-*Laufhütte*[2] 1, 2 bis 8; *Roxin*[20] § 19 C 4.

[78] Vgl. oben Rdn. 31.

gruppen von der Gefahr einer Interessenkollision auszugehen ist, die derjenigen im Erkenntnisverfahren vergleichbar ist. Grundlage der hier vorgeschlagenen restriktiven Auslegung ist die Annahme, daß der Gesetzgeber auch bei der generalisierenden Unzulässigkeit der Mehrfachverteidigung durch § 146 n. F. vorrangig die Verfahrenskonstellation des Erkenntnisverfahrens vor Augen hatte[79] und daß das Gewicht der im Erkenntnisverfahren möglichen Interessenkollisionen Richtlinie dafür zu sein hat, ob in anderen Verfahren Interessenkollisionen von einer Intensität auftreten können, die den generalisierenden Eingriff in das Recht des Beschuldigten auf freie Verteidigerwahl rechtfertigen können.

V. Die Regelung im einzelnen

1. Verteidigung. Die Bestimmung bezieht sich auf die Verteidigung[79a] schlecht-   **35**
hin, betrifft also die Wahl- wie die Pflichtverteidigung[79b]. Sie bezieht sich auch auf unterbevollmächtigte Verteidiger[80] (vgl. § 138, 18 ff).

a) Gemeinschaftlicher Verteidiger. § 146 soll nicht jede Mehrfachverteidigung   **36**
schlechthin ausschließen, denn die Mehrfachverteidigung ist nur insoweit unzulässig, wie die Gefahr von Interessenkollisionen besteht, die sich aus der Mehrfachverteidigung ergeben können. Gemeinschaftlicher Verteidiger im Sinne des § 146 ist also nicht schon, wer tatsächliche Verteidigungshandlungen für mehr als einen Beschuldigten vornimmt, sondern nur, wer rechtlich die **Stellung eines Verteidigers** mehrerer Beschuldigter hat. Nur dann ist er verpflichtet, im Strafverfahren die Belange mehrerer Beschuldigter zu vertreten, so daß die Möglichkeit eines Interessenkonfliktes besteht[81]. Ein Fall von Mehrfachverteidigung trat schon nach der Rechtslage vor dem StVÄG 1987 dann nicht ein, wenn es in dem einen Verteidigungsverhältnis nur zur Bestellung als Verteidiger gekommen war, der Verteidiger aber keinerlei Verteidigerhandlungen vorgenommen und dann das Mandat niedergelegt hatte[82]. Umstritten war aber nach der alten Rechtslage, ob *jede* Handlung eines bestellten Verteidigers zur Unzulässigkeit der Mehrfachverteidigung führt[83] oder Verteidigerhandlungen in einem Umfang vorliegen müssen, daß

---

[79] Vgl. schon oben Rdn. 8 und *Beulke* NStZ **1985** 289; *Günther* JZ **1981** 818.

[79a] Nach OLG Karlsruhe MDR **1986** 605 setzt Verteidigung voraus, daß die Beschuldigteneigenschaft durch einen förmlichen Akt begründet ist; Handlungen des Verteidigers für Mitbeschuldigte sind, solange sie nicht im Rahmen eines Verteidigungsverhältnisses erfolgen, nicht von § 146 erfaßt, vgl. BGH MDR **1983** 3 (bei *Schmidt*); abzulehnen daher OLG München MDR **1985** 865.

[79b] Aber eben auch nur auf die *Verteidigung*: Eine analoge Anwendung aufgrund einer – möglicherweise eine Interessenkollision begründenden – Vertretung in Zivilstreitigkeiten (so OLG Koblenz NJW **1980** 1058) oder sogar auf den Beistand eines Bewährungshelfers, der dadurch in einen Interessenkonflikt zu seiner Auftragstätigkeit für das Gericht geraten könnte (so OLG Düsseldorf MDR **1987** 694), scheidet aus (so auch *Bringewat* MDR **1988** 617 ff); vgl. auch OLG Karlsruhe,

Justiz **1983** 163, wonach die gemeinschaftliche Verteidigung eines Beschuldigten und der dazugehörigen Personenvereinigung gem. § 30 OWiG nicht gegen § 146 verstößt.

[80] OLG München NJW **1976** 253; BVerfG (Vorprüfungsausschuß) NJW **1976** 231.

[81] OLG Frankfurt NJW **1978** 333; s. ferner OLG Hamm AnwBl. **1980** 308; OLG Karlsruhe Justiz **1978** 442.

[82] OLG Karlsruhe GA **1977** 280; vgl. auch OLG Koblenz VRS **72** (1987) 191 zu dem Fall, daß ein Verteidiger aufgrund einer Namensverwechslung für zwei Personen auftritt, von denen der eine beschuldigt ist.

[83] So OLG Düsseldorf auch bei „rein formeller" Tätigkeit – Sachstandsanfrage – NStZ **1983** 471 m. Anm. *Paulus*; BGHSt **28** 67 – auf den Umfang der Verteidigertätigkeit komme es nicht an –; BGH GA **1983** 327 – Vertretung im Haftprüfungstermin; OLG Hamburg MDR **1977** 776; LR-*Dünnebier*[23] 12.

Klaus Lüderssen

davon Verteidigerhandlungen in einem anderen Mandatsverhältnis tangiert sein können[84]. Diese Differenzierung zwischen eher formellen und daher unbeachtlichen und für § 146 beachtlichen Verteidigerhandlungen wurde zu Recht kritisiert, weil dem Begriff der Verteidigung diese Differenzierung fremd ist[85] und diese Entscheidungen in der Sache eine Rückkehr zur Einzelfallabwägung darstellen[86].

37   Mit der Einführung des § 146 a dürften die hier **aufgetretenen Probleme aber entfallen.** Denn hat der Verteidiger in der Vergangenheit eine vom Umfang her geringe Tätigkeit für einen anderen Beschuldigten entfaltet[87], so ist mit der Klarstellung, daß dieses Mandatsverhältnis nicht mehr weiterbesteht, das andere Mandatsverhältnis zulässig (vgl. § 146 a, 6 ff). Geht es um die Zulässigkeit der Verteidigerhandlung für einen weiteren Mitbeschuldigten (z. B. Einlegung des Rechtsmittels), so ist diese Handlung wirksam, da erst die Zurückweisung des Verteidigers alle weiteren Handlungen unzulässig macht (vgl. § 146 a, 12). Auslegungsprobleme können daher allenfalls noch die Fälle bereiten, in denen anläßlich des Auftritts eines Verteidigers fraglich ist, ob ihm die Tätigkeit für einen weiteren Mitbeschuldigten erlaubt ist (etwa die Vertretung in einem Haftprüfungstermin). Hier muß dann aber nur geklärt werden, ob die fragliche Tätigkeit als Verteidigung im Rahmen eines Mandatsverhältnisses anzusehen ist[88] und ob ein Fall der gleichzeitigen Verteidigung (zu den Voraussetzungen unten Rdn. 50) vorliegt. Ist dies der Fall, ist der Verteidiger zurückzuweisen, § 146 a.

38   **b) Mandatsanbahnung.** Das Verbot der Mehrfachverteidigung kann bei Mandatsanbahnungsgesprächen (genauer dazu § 148, 7; 7 a) in zweierlei Weise Bedeutung erlangen: Einmal kann, wenn Mandatsanbahnungsgespräche stattgefunden haben, fraglich sein, ob dadurch die Verteidigung eines weiteren Beschuldigten oder die Anbahnung eines Mandats mit ihm zulässig ist, zum anderen, wenn ein Verteidigungsverhältnis mit einem Beschuldigten vorliegt, ob Mandatsanbahnungsgespräche mit weiteren Beschuldigten zulässig sind.

39   **aa) Mandatsanbahnung keine Verteidigung gemäß § 146.** Unstreitig liegt kein Fall für die Anwendung der Vorschrift vor, wenn ein Anbahnungsgespräch nicht zur Übernahme der Verteidigung geführt hat, denn ohne ein förmliches Mandatsverhältnis ist § 146 nicht anwendbar[89]. Der Verteidiger kann daher solange, bis er eine Verteidigung übernommen hat, auch mit mehreren Beschuldigten Anbahnungsgespräche führen. *Hassemer*[89a] weist darauf hin, daß diese Ansicht zu Konflikten mit der ratio legis des § 146

---

[84] So OLG Frankfurt NStZ **1983** 472 m. abl. Anm. *Paulus* – durch den Sozius verantwortete Berufungseinlegung zur Fristwahrung –; LG Bremen StrVert. **1985** 143 – U-Haft-Besuch in Untervollmacht nur zum Zweck der Mitteilung von Formalien –; ähnlich auch OLG Köln NStZ **1983** 560 – keine Notwendigkeit zur Zurückweisung im Rechtsbeschwerdeverfahren, wenn das Bußgeldverfahren wegen Eintritts der Verfolgungsverjährung ohnehin einzustellen ist – und OLG Frankfurt NJW **1978** 2164 – Zulässigkeit der Revision bei fehlender Interessenkollision – m. Anm. *Ostendorf* AnwBl. **1979** 193.

[85] *Paulus* NStZ **1983** 474; LR-*Dünnebier*[23] 12.

[86] *Beulke* NStZ **1985** 292; bei einer Vertretung im Haftprüfungstermin konnte offensichtlich nur die Verneinung einer *konkreten* Interes-

senkollision zur Nichtanwendung des § 146 (vgl. Nachweise oben in Fußn. 83 und 84) führen.

[87] So durchweg die Sachverhalte der in Fußn. 83, 84 genannten Entscheidungen.

[88] Das ist etwa bei der Vertretung in einer Haftprüfung selbstverständlich zu bejahen.

[89] § 148, 7; OLG Düsseldorf StrVert. **1984** 106; *Hassemer* Anm. zu KG StrVert. **1985** 405. Das KG folgt dieser Auffassung, macht aber andererseits – insbesondere bei einem Tatvorwurf gem. § 129 a StGB – das Mandatsverhältnis zur Voraussetzung dafür, daß ein unüberwachtes Anbahnungsgespräch gem. § 148 Abs. 1 erlaubt wird (s. dazu bei § 148, 7).

[89a] StrVert. **1985** 408.

führe, weil Inhalt von Anbahnungsgesprächen regelmäßig auch die Erörterung des Tatvorwurfs sei. Dieses Problem hat sich mit der Neufassung des §146 durch das StVÄG 1987 erledigt[90]. Ist nur die gleichzeitige Mehrfachverteidigung verboten, so können die für die Verteidigung des bereits von ihm vertretenen Beschuldigten bedeutsamen Informationen, die der Verteidiger aus einem Anbahnungsgespräch mit einem anderen Beschuldigten erhalten hat, keine Interessenkollisionen im Sinne des §146 auslösen. Ebensowenig ist das der Fall, wenn er vor dieser Verteidigung schon einen anderen Beschuldigten vertreten hat. Aus dem Mandatsanbahnungsgespräch erwächst dem Verteidiger keine „aktuelle Beistandsaufgabe" mehr. Nur diese kann zum Verbot der Mehrfachverteidigung führen[91].

bb) Verteidigung und zusätzliche Mandatsanbahnung. Deshalb ist aber auch die **40** Auffassung, der Verteidiger eines Beschuldigten dürfe kein Anbahnungsgespräch mit einem anderen Mitbeschuldigten führen[92], nicht haltbar[93]. Die Ansicht, es handele sich bei derartigen Kontakten mit einem Beschuldigten schon um ein zunächst nicht in Erscheinung tretendes Verteidigen im Sinne des §146[94], ist ohnehin nicht damit in Einklang zu bringen, daß §146 nur gleichzeitige **Verteidigung** verbietet und bei einem Anbahnungsgespräch keine Verteidigung stattfindet (Rdn. 39)[95]. Mit der Neufassung des §146 trifft aber auch das Argument nicht mehr zu, das Anabhnungsgespräch sei in einem solchen Fall zweckwidrig, da es gemäß §146 nicht zur Übernahme einer erlaubten Verteidigung führen könne[96]. Schon gegenüber der alten Fassung des §146 wurde zu Recht eingewandt, dem Verteidiger müsse ein erstes Kontaktgespräch mit dem inhaftierten Beschuldigten möglich sein, um zu überprüfen, ob die Voraussetzungen des §146 StPO tatsächlich erfüllt sind[97].

Mit der Neufassung des §146 ist aber vor allem die Annahme nicht mehr zu ver- **41** einbaren, die Übernahme der **weiteren Verteidigung** sei von vornherein ausgeschlossen. Diese Verteidigung kann ja durchaus erst zu einem Zeitpunkt übernommen werden, zu dem das erste Mandatsverhältnis nicht mehr besteht; außerdem ist nicht ausgeschlossen, daß der Verteidiger das erste Mandat niederlegt und dann das zweite Mandat übernimmt[98], verboten ist nur die gleichzeitige Verteidigung.

---

[90] Zu den Auswirkungen der Neufassung des §146 und der Einführung des §146 a auf die Zulässigkeit der Mandatsanbahnung im Hinblick auf §146 vgl. *Nestler-Tremel* NStZ **1988** 104.

[91] BTDrucks. aaO **10** 1313, S. 22; **a. A** *Kleinknecht/Meyer*[38] 3, 4.

[92] So BVerfG (Vorprüfungsausschuß) NJW **1976** 231; *Kleinknecht/Meyer*[37] 5; BGHSt **28** 67, 68; in BGHSt **26** 291, 293 noch offengelassen.

[93] Vgl. schon LR-*Dünnebier*[23] 26.

[94] So OLG München NJW **1983** 1688; *Kleinknecht/Meyer*[37] 5.

[95] So auch schon *Beulke* Verteidiger 126 und *Kratzsch* JA **1983** 675; *Krämer* NJW **1976** 1665.

[96] BVerfG (Vorprüfungsausschuß) NJW **1976** 231.

[97] *Beulke* Verteidiger 126; *Krämer* NJW **1976**

1665; ders. AnwBl. **1978** 15; LR-*Dünnebier*[23] 26. So kann ein Kontaktgespräch mit dem inhaftierten Beschuldigten notwendige Voraussetzung dafür sein, der Ansicht des zuständigen Richters (zur Zurückweisungskompetenz vgl. unten §146 a, 11), es liege ein Fall des §146 vor, substantiiert entgegentreten zu können, zumal keine Akteneinsicht gewährt wird, solange kein Verteidigungsverhältnis besteht.

[98] Zu einem vergleichbaren Vorgang des Mandatswechsels vgl. etwa den bei BGH NJW **1977** 1208 geschilderten Sachverhalt. Die Gesichtspunkte, unter denen die Niederlegung des ersten Mandats unzulässig ist – Standesrecht, Mandatsvertrag etc. – können nicht die Antwort auf die Frage beeinflussen, ob in der Übernahme des zweiten Mandats ein Verstoß gegen das Verbot der **gleichzeitigen** Verteidigung zu sehen ist.

Klaus Lüderssen

42   c) **Anwaltssozietät.** Verboten ist die Verteidigung mehrerer Beschuldigter durch *einen* Anwalt (vgl. den Wortlaut der Vorschrift). Daher liegt kein Fall des § 146 vor, wenn mehrere Beschuldigte durch jeweils andere Verteidiger vertreten werden, die in einer Anwaltssozietät zusammengeschlossen sind[99]. Daran ändert sich nichts, wenn die Vollmacht des Beschuldigten auf alle oder mehrere Anwälte der Sozietät ausgestellt ist[100], denn maßgeblich für die Anwendung des § 146 ist, ob ein Verteidigungsverhältnis vorliegt, ob also eine Bestellung zum Verteidiger vorliegt. Diese ergibt sich aber noch nicht aus der Vollmachturkunde, vielmehr muß ein Vertrag mit dem Verteidiger vorliegen[101]. Für Anwälte aus einer Sozietät gilt daher nichts Besonderes. Eine nachträgliche Beschränkung auf jeweils einen Beschuldigten kann die Anwendung des § 146 aber ausschließen[102], wenn sie vor dem Zurückweisungsbeschluß erfolgt; dann ist nämlich kein Fall **gleichzeitiger** Verteidigung mehr gegeben[103].

43   **2. Mehrere derselben Tat Beschuldigte.** Nach der Fassung des Gesetzes vor dem StVÄG 1987 war die „gemeinschaftliche Verteidigung mehrerer Beschuldigter" verboten. Dieser Formulierung war nicht eindeutig zu entnehmen, welcher Zusammenhang zwischen den Beschuldigungen bestehen mußte, damit die Verteidigung eine „gemeinschaftliche" war[104]. Die Begründung des Regierungsentwurfs von 1974 hatte dafür den Begriff des gemeinsamen „Tatkomplexes"[105] benutzt. Darunter wurde zunächst nur die Tatidentität gemäß § 264 verstanden[106], ein weitergehender Anwendungsbereich des § 146 bei getrennten Verfahren aber abgelehnt[107]. Die Rechtsprechung hat dann den Begriff des Tatkomplexes aufgegriffen und § 146 auf Taten angewandt, die nicht identisch im Sinne des § 264 sind, aber in einem engen persönlichen oder sachlichen Zusammenhang gem. § 3 stehen[108]. Diese Rechtsprechung ist — mit Recht — kritisiert worden, weil die einheitliche Tat gemäß § 264 das Maximum dessen darstelle[109], was gemäß § 146 an denkbaren Interessenkollisionen berücksichtigt werden dürfe[110].

---

[99] OLG Stuttgart OLGSt § 146 S. 11 mit ausführlicher Begründung; BVerfGE **43** 79 mit Nachweisen zur abweichenden älteren Rspr.; im Ergebnis zweifelnd, aber im Ausgangspunkt falsch auch schon OLG Frankfurt NJW **1978** 2164 m. Anm. *Ostendorf* AnwBl. **1979** 193; BVerfGE **45** 272, 295 ff; zum Verhältnis von zivilrechtlicher Konstruktion der Sozietät und Problemen des § 146 vgl. *Steindorff* in: FS Robert Fischer (1979) 741, 753 f.

[100] BGHSt **27** 124, 127; OLG Frankfurt NStZ **1983** 472; *Kleinknecht/Meyer*[38] 8.

[101] Vgl. bei § 138, 9.

[102] Anders noch – zur Rechtslage vor dem StVÄG 1987 – BGH NStZ **1983** 228 und OLG Karlsruhe MDR **1977** 69.

[103] Vgl. unten § 146 a, 4 ff; unzutreffend daher OLG Hamm MDR **1984** 72; KK-*Laufhütte*[2] 13 mit Verweis auf BGH NStZ **1983** 228 und *Kleinknecht/Meyer*[38] 8 mit Verweis auf OLG Karlsruhe MDR **1977** 69, vgl. *Nestler-Tremel* NStZ **1988** 107.

[104] Vgl. aber LR-*Dünnebier*[23] 5, der schon die Fassung des § 146 von 1974 so auslegt wie die des StVÄG 1987.

[105] BTDrucks. **7** 2526, S. 25.

[106] OLG München NJW **1976** 252.

[107] OLG Karlsruhe, Justiz **1978** 441; LR-*Dünnebier*[23] 8; Sieg MDR **1976** 423; ähnlich auch LG Bonn MDR **1979** 76; anders schon OLG Düsseldorf NJW **1975** 2220.

[108] Vgl. BVerfG (Vorprüfungsausschuß) NJW **1976** 237; NJW **1982** 1803 – aber nur nach Bejahung einer konkreten Interessenkollision; kritisch dazu *Kratzsch* JA **1982** 520; OLG Zweibrücken StrVert. **1986** 519; so auch *Krekeler* AnwBl. **1981** 6, aber nur bei gleichzeitiger Verteidigung 7; die Entscheidung des OLG Bremen NStZ **1985** 89, die in diesem Zusammenhang zitiert wird (vgl. KK-*Laufhütte*[2] 3; *Beulke* NStZ **1985** 291 Fußn. 34) ist zur Anwendung des § 3 in *einem* Verfahren ergangen, so daß die Verfahrensidentität als Grund für die Anwendung des § 146 hinzukam; KK-*Laufhütte*[2] 6; unentschieden KMR-*Müller* 2.

[109] *Beulke* NStZ **1985** 291.

[110] *Schlüchter* 120; *Müller* StrVert. **1981** 196; *Beulke* Verteidiger 127.

a) Tatidentität. § 146 in der Fassung des StVÄG 1987 verbietet nunmehr nur **44** noch — bei getrennten Verfahren, in demselben Verfahren soll die Verfahrensidentität das Verbot begründen (Rdn. 52) — die Verteidigung von „derselben Tat" Beschuldigten. Damit ist klargestellt[111], daß höchstens die Tatidentität gemäß § 264 Anknüpfungspunkt für ein Verbot gemäß § 146 sein kann[112].

Auch gegen die **Verwendung der Tatidentität** gem. § 264 als Auslöser des Verbo- **45** tes der Mehrfachverteidigung ergeben sich jedoch **Bedenken.** § 264 behandelt das Verhältnis des Urteils zur Anklage und bestimmt sowohl die Kognitionspflicht des Gerichts als auch, in welchem Umfang die richterliche Entscheidung die Strafklage verbraucht[113]. Der Begriff der Tatidentität, die sich auf alle Vorgänge erstreckt, „die nach Auffassung des Lebens ein einheitliches geschichtliches Ereignis sind"[114], ist weit gefaßt und im Einzelfall keiner eindeutigen Auslegung zugänglich[115]. Diese weite Definition ist eindeutig auf das Verfahren zwischen Anklage und Urteil bezogen. Für das Ermittlungsverfahren paßt sie daher nur bedingt. Da sie eindeutig auf das jeweilige Verfahren bezogen ist, bleibt zweifelhaft, ob die Tatidentität als Maßstab für die Beurteilung der Zulässigkeit der Mehrfachverteidigung in anderen Verfahren herangezogen werden kann. Daher ist die Vermutung des Gesetzgebers, gerade die Tatidentität begründe immer die Gefahr einer (wenn auch nur verdeckten) Interessenkollision, für das Ermittlungsverfahren und für getrennte Verfahren nicht plausibel. Folglich ist bei der Frage, ob dieselbe Tat gemäß § 146 vorliegt, im Ermittlungsverfahren und bei getrennten Verfahren eine restriktive Auslegung geboten.

b) Verfahren nach § 129 a StGB. Besondere Schwierigkeiten hat der Begriff der **46** Tatidentität bei Verfahren mit einer Beschuldigung gemäß §§ 129, 129 a StGB bereitet[116]. Denn diese Beschuldigung kann dazu führen, daß die konkreten Taten, die keinen einheitlichen Lebensvorgang betreffen, weil sie zeitlich und örtlich weit auseinanderliegen, durch die Klammerwirkung des § 129 a StGB zu Teilen derselben Tat werden[117]. Man wird für die Lösung dieser Fälle andere Hilfsmittel als die richterliche „Prüfung aller Umstände des Einzelfalles nach pflichtgemäßem Ermessen"[118] mobilisieren müssen. Wegweisend ist eine Entscheidung des KG aus dem Jahre 1980 (StrVert. **1981** 14)[119]. In diesem Verfahren ging es darum, daß die Straftat, die einem Beschuldigten vorgeworfen wurde, der verdächtig war, derselben Vereinigung anzugehören wie der Beschuldigte im ersten Verfahren, Jahre nach Beendigung des Mandatsverhältnisses mit dem ersten Beschuldigten begangen war. Somit hatte der geschichtliche Vorgang,

---

[111] Vgl. BTDrucks. **10** 1313, S. 22.

[112] So auch KK-*Laufhütte*[2] 11; *Beulke* NStZ **1985** 291; wohl auch *Roxin*[20] 105; *Kleinknecht/Meyer*[38] 14 geht auf die Gesetzesänderung nicht ein und befürwortet weiterhin den Standpunkt der Rechtsprechung (o. Fußn. 108) vor dem StVÄG 1987.

[113] § 264, 1; 2.

[114] BGHSt **11** 130, 133.

[115] BGHSt **11** 130, 133.

[116] Vgl. *Müller* StrVert. **1981** 197; *Nestler-Tremel* NStZ **1986** 534 mit einem Überblick über die neuere Rspr. zu § 146 in Verfahren nach § 129 a StGB; *Rebmann* NStZ **1981** 44 ff; KK-*Laufhütte*[2] 12.

[117] Überwiegend betreffen diese Fälle eine sukzessive Verteidigung und/oder Verteidigun-

gen in Strafvollstreckungs- und Strafvollzugssachen, *Nestler-Tremel* NStZ **1986** 534 sowie OLG Frankfurt StrVert. **1986** 516 und 517 jeweils m. Anm. *Nestler-Tremel*, so daß in Zukunft die Anwendung des § 146 in Verfahren mit einem Vorwurf gemäß § 129 a StGB in den meisten Fällen schon mangels Gleichzeitigkeit der Verteidigung (dazu Rdn. 15) und mangels Anwendbarkeit auf Verfahren, die dem Urteil folgen, nicht in Frage kommen dürfte; *Dünnebier* FS Pfeiffer 283 Fußn. 73.

[118] So KK-*Laufhütte*[2] 7 zu KG StrVert. **1981** 14.

[119] Ebenso Beschl. v. 11. 7. 1980, bei *Müller* StrVert. **1981** 201 als Dokument Nr. 2 wiedergegeben; zustimmend *Rebmann* NStZ **1981** 44 Fußn. 51.

Klaus Lüderssen

der Gegenstand des ersten Verfahrens war, nur bis zum Ende des Mandatsverhältnisses auch einen Bezug zur Verteidigung. Das KG lehnte daher Identität mit einem Vorgang, der Jahre später stattfand, ab, obwohl auf Grund der Struktur des § 129 StGB als Dauerdelikt und der möglicherweise auch zum Zeitpunkt der zweiten Verteidigung fortbestehenden Zugehörigkeit des ersten Mandanten zu der kriminellen Vereinigung Tatidentität vorlag. Der von der Rechtsprechung mehrfach verwandte Satz, die Mitgliedschaft mehrerer Beschuldigter in derselben Vereinigung gemäß §§ 129, 129 a StGB führe zur Anwendung des § 146, wenn sich die Beschuldigten in etwa derselben Zeit als Mitglied beteiligt hatten[120], ist weniger präzise, entspricht aber im Ergebnis den Überlegungen des KG.

47   Die Konzentration auf die Frage, welcher Tatvorwurf Gegenstand der Verteidigung ist, muß aber auch fruchtbar gemacht werden für die Fälle, in denen das Verhalten mutmaßlicher **verhafteter** Mitglieder terroristischer Vereinigungen — Fortführung der terroristischen Vereinigung aus der Haft heraus[121] — zeitgleiche Mitgliedschaft zu Tatvorwürfen gegen andere mutmaßliche Mitglieder begründen soll[122]. Solange das Verhalten des inhaftierten Beschuldigten nicht ausdrücklich zum Gegenstand eines Ermittlungsverfahrens oder des laufenden Strafverfahrens gemacht worden ist und ihn der Verteidiger in einem dieser Verfahren vertritt, ist eine Anwendung des § 146 ausgeschlossen[123].

48   Der Tendenz der Rechtsprechung aus den Jahren 1985/1986, die Vertretung mehrerer Beschuldigter der „RAF" durch einen Verteidiger auch bei zweifelhafter Tatidentität und in nahezu allen Verfahrenskonstellationen zu verbieten[124], ist das OLG Frankfurt mit der Begründung entgegengetreten, die Auslegung des § 146 dürfe nicht dazu führen, „daß ein Verteidiger auch nach Beendigung der Tätigkeit für einen der Mitgliedschaft in der ‚RAF' verdächtigten Beschuldigten keine weitere Person, gegen die eine gleiche Beschuldigung erhoben wird, vertreten könnte"[125]. Das OLG Frankfurt hat in dieser Entscheidung[126] die Anwendung des § 146 trotz Tatidentität wegen zeitgleicher Beteiligung gemäß § 129 a StGB (und damit auch materiellrechtlicher Tateinheit)[127] auf die Fälle abgelehnt, in denen sich die Beschuldigung im jeweiligen

---

[120] BGHSt **27** 148, 153; **28** 67; BGH NStZ **1981** 95 (bei *Pfeiffer*) nennt „zeitlichen Zusammenhang zwischen den Taten"; *Rebmann* NStZ **1981** 44.

[121] Zu den umstrittenen Voraussetzungen, ob Handlungen in der Haft den Tatbestand des § 129 a StGB erfüllen können, vgl. *Nestler-Tremel* NStZ **1986** 538, 4. Fall mit Nachweisen in Fußn. 59.

[122] Vgl. *Nestler-Tremel* NStZ **1986** 538 zu derartigen Beschlüssen des BayObLG.

[123] *Nestler-Tremel* NStZ **1986** 539 mit konkreten Vorschlägen.

[124] Vgl. die Dokumentation der Rspr. bei *Nestler-Tremel* NStZ **1986** 534.

[125] StVert. **1986** 516, 517 m. Anm. *Nestler-Tremel*.

[126] Die Entscheidungen des OLG Frankfurt (StVert. **1986** 516 und 517) greifen darüberhinaus dem Gesetzgeber des StVÄG 1987 vor, da sie die sukzessive Mehrfachverteidigung für zulässig erklären.

[127] Der Streit, ob bei den §§ 129, 129 a StGB abweichend von dem Grundsatz, daß materiellrechtliche Tateinheit grundsätzlich zur Tatidentität gemäß § 264 führt, die Strafklage hinsichtlich der im Rahmen der Mitgliedschaft begangenen schwereren Delikte nicht von der Verurteilung nach § 129 a StGB verbraucht ist, wenn sie nicht Gegenstand des Urteils waren (vgl. nur BGHSt **29** 288 = NStZ **1981** 74 mit Anm. *Rieß* und *Krauth* FS Kleinknecht 215 ff; dagegen *Grünwald* Anm. zu BVerfG StrVert. **1981** 323, 326; *Ostendorf* AK-StGB § 129 Rdn. 34; vgl. den Überblick über den Streitstand bei *Kleinknecht/Meyer*[38] Einleitung Rdn. 175 und LR-*Gollwitzer* § 264 Rdn. 7 m. umfangr. Nachw.) kommt hier entgegen *Müller* StrVert. **1981** 197 f nicht zum Tragen, weil bei zeitgleicher Tatbeteiligung allemal Tatidentität gegeben ist, *Nestler-Tremel* StrVert. **1986** 518.

Verfahren über den Vorwurf der Beteiligung an derselben Vereinigung hinaus auf ganz **unterschiedliche Taten** bezieht. Demnach kann § 146 in getrennten Verfahren mit dem Vorwurf der zeitgleichen Mitgliedschaft in derselben Vereinigung gemäß § 129 a StGB nur dann Anwendung finden, wenn Tatidentität bezüglich der konkreten Taten vorliegt oder wenn den Beschuldigten ein konkretes Zusammenwirken im Rahmen des § 129 a StGB vorgeworfen wird[128].

Damit kann das Verbot der Mehrfachverteidigung auch in Verfahren wegen **Un- 49 terstützung** einer terroristischen Vereinigung oder **Werbung** dafür nicht allein darauf gestützt werden, daß es um zeitlich sich überschneidende Beteiligungen gehe[129]. Die zusätzlich zur Beteiligung an der Vereinigung erhobenen Vorwürfe müssen tatidentisch gemäß § 264 sein[130].

3. Gleichzeitige Verteidigung. § 146 verbietet nur die gleichzeitige Verteidigung **50** mehrerer Beschuldigter. Gleichzeitig ist die Verteidigung dann, wenn dem Verteidiger aus den Mandatsverhältnissen zur gleichen Zeit Beistandsaufgaben erwachsen. Wegen des weiten Verfahrensbegriffs (vgl. dazu § 137 Rdn. 12 ff) fällt eine praktische Bedürfnisse befriedigende positive Definition der Gleichzeitigkeit schwer, so daß auch die Begründung des Regierungsentwurfs auf Negativdefinitionen zurückgreift: „Nicht gleichzeitig ist die Verteidigung dann, wenn der Verteidiger rechtlich nicht mehr in der Lage ist, für seinen früheren Mandanten eine Verteidigertätigkeit zu entfalten" (BTDrucks. 10 1313, S. 23 1. S.), wenn das frühere Mandat „endgültig formell beendet ist" (*Günther* JZ **1981** 819). Die formelle Beendigung des Mandatsverhältnisses *kann* sich aus dem Abschluß eines Verfahrens ergeben — etwa aus dem rechtskräftigen Freispruch[131] —, das *muß* aber nicht so sein.

So führen **Rechtskraft** oder **Einstellung** des Verfahrens dann nicht zum Mandats- **51** ende, wenn das Mandatsverhältnis weitere Verfahrensabschnitte — bei Verurteilung etwa das Vollstreckungsverfahren — umfaßt. Ob die Verteidigung beendet ist, so daß keine Gleichzeitigkeit besteht, richtet sich daher nach den allgemeinen Regeln über den zeitlichen Umfang der Verteidigung (dazu bei § 137, 12 ff), bei der Wahlverteidigung nach dem zwischen Mandanten und Verteidiger geschlossenen Vertrag (dazu näher Vor § 137, 33), bei der Pflichtverteidigung nach dem Umfang der Bestellung durch den Gerichtsvorsitzenden (dazu allgemein § 141, 31; 140, 109 ff). Damit besteht **generell** die Möglichkeit, daß durch **Beendigung** des früheren Mandats die Voraussetzungen für die Zulässigkeit der Verteidigung eines weiteren wegen des gleichen Tatvorwurfs Beschuldigten geschaffen werden. Bei der Pflichtverteidigung hat der Verteidiger die Rücknahme der Bestellung infolge der Anzeige, daß er den Beschuldigten nicht mehr vertritt,

---

[128] OLG Frankfurt StrVert. **1986** 517; ähnlich schon *Rebmann* NStZ **1981** 44: *Enger* zeitlicher und sachlicher Zusammenhang zwischen den vorgeworfenen Taten müsse hinzukommen; abzulehnen daher OLG Düsseldorf AnwBl. **1981** 24, 25.

[129] Zu der – kaum veröffentlichten – Rechtsprechung zu derartigen Fällen vgl. die Nachweise bei KK-*Laufhütte*[2] 7 und *Müller* StrVert. **1981** 199 ff, Dokumente Nr. 1 bis 3.

[130] *Rebmann* NStZ **1981** 45 hält dafür einen zufälligen zeitlichen und örtlichen Zusammenhang zwischen den Taten nicht für ausreichend, sondern fordert einen „direkten

engen sachlichen Zusammenhang ... z. B. eine Verabredung"; vgl. auch den umfassenden Überblick über Sachverhaltskonstellationen bei KK-*Laufhütte*[2] 11.

[131] Diese Möglichkeit übergeht die Rechtsprechung zur a. F des § 146, soweit pauschal darauf hingewiesen wird, die Mandatsvollmacht dauere über die Rechtskraft des Erstverfahrens fort, so daß schon deswegen auch bei rechtskräftigem Verfahrensabschluß *generell* die Gefahr einer Interessenkollision bestehe, so OLG Bamberg NJW **1977** 822; OLG Koblenz MDR **1977** 335, 336.

Klaus Lüderssen

abzuwarten und notfalls die Rücknahme zu beantragen[132]. Eindeutig ist die **Dauer** des Mandatsverhältnisses, wenn bei der Wahlverteidigung durch die Vollmacht und bei der Pflichtverteidigung durch den beiordnenden Beschluß präzise ausgewiesen ist, welche Verfahrensabschnitte von der Verteidigung umfaßt sind. Liegt — was in der Praxis die Regel sein dürfte[133] — eine allgemein gehaltene Bevollmächtigung oder Beiordnung vor, ist die Dauer des Verteidigungsverhältnisses bei der Wahlverteidigung nach den für den Umfang der Vollmacht allgemein üblichen Regeln, bei der Pflichtverteidigung nach den für den Umfang der Beiordnung allgemein üblichen Regeln vorzunehmen[134].

52   **4. Verfahrensidentität.** § 146 Satz 2 stellt nunmehr klar, daß auch die bloße Verfahrensidentität bei verschiedenen Taten (§ 264) zum Verbot der gleichzeitigen Verteidigung mehrerer Beschuldigter führt. Die dafür gegebene Begründung konzediert zwar, daß der aus der bloßen Verfahrensidentität herrührende Interessenkonflikt nicht stets so evident ist wie der sich aus der Tatidentität ergebende, stellt dann aber fest (BTDrucks. 10 1313, S. 22): „Er kann aber regelmäßig nicht so sicher ausgeschlossen werden, daß es vertretbar erscheint, die gleichzeitige Mehrfachverteidigung bei bloßer Verfahrensidentität zu gestatten. Denn auch die rein verfahrensmäßigen Interessen mehrerer Beschuldigter können und werden häufig durchaus unterschiedlich sein; ihnen kann ein gemeinschaftlicher Verteidiger nicht gleichzeitig Rechnung tragen".

53   Bisher ist die Frage, ob Verfahrensidentität allein zur Unzulässigkeit der Mehrfachverteidigung führen kann, in **Rechtsprechung und Literatur** allerdings kontrovers behandelt worden[135]. Für die Unzulässigkeit der Mehrfachverteidigung wird angeführt, bei der Verteidigung mehrerer Beschuldigter durch einen gemeinschaftlichen Verteidiger in einem Verfahren bestehe, unabhängig von der Frage der Tatidentität, in der Regel die Gefahr einer Interessenkollision, „da kaum ein Strafverfahren vorstellbar ist, das hinsichtlich der Verteidigung mehrerer Beschuldigter exakt parallel verläuft"[136]. Interessenkonflikte seien auch bei Prozeßhandlungen[137] und auch der Termingestaltung,

---

[132] So auch der Hinweis der Begründung des Regierungsentwurfs BTDrucks. 10 1313, S. 23 1. S.

[133] In der Konkretisierung der Vollmacht auf einzelne Verfahrensteile liegt andererseits die Möglichkeit für die Verteidigung, von vornherein die Bedingungen für das Entstehen gleichzeitiger, das heißt verbotener Verteidigungsverhältnisse zu begrenzen; vgl. *Dankert* in: Beck'sches Formularbuch für den Strafverteidiger 1988, 40; für Sozietätsanwälte vgl. schon OLG Karlsruhe NJW 1976 1417.

[134] Vgl. bei § 138, 15; § 140, 109 ff; § 141, 9.

[135] Dagegen BayObLG NJW 1977 820; OLG Celle VRS 67 347 (konkrete Prüfung im Einzelfall); OLG Stuttgart, GA 1979 395; OLG Stuttgart NStZ 1985 326 (konkrete Prüfung im Einzelfall), *Kleinknecht/Meyer*[37] 1; LR-*Dünnebier*[23] 5, 7, 8; *Roxin*[19] § 19 C 4.; *Heinicke* NJW 1978 1502; *Krämer* NJW 1976 1666; *Krekeler* AnwBl. 1981 6; *Sannwald* AnwBl. 1980 14; Sieg MDR 1977 423; Schmidt MDR 1977 529; KMR-*Müller* 3.

Dafür OLG Düsseldorf NJW 1975 2220; KK-*Laufhütte*[1] 8; *Rebmann* NStZ 1981 42 (konkrete Interessenprüfung); *Beulke* NStZ 1985 292 mit der zutreffenden Kritik, die Rechtsprechung tendiere dazu, die Unzulässigkeit nur auf Grund von Prüfungen der konkreten Interessenkollision zu verneinen und dem Vorschlag, aus Praktikabilitätsgründen die Verteidigung in getrennten Verfahren *grundsätzlich* für zulässig zu erklären, in einem Verfahren hingegen *grundsätzlich* nur für die Verteidigung eines Beschuldigten durch einen Verteidiger zu erlauben. Für verfassungsrechtlich unbedenklich erklärt durch BVerfG 45 354; offengelassen bei OLG Bremen NStZ 1985 89.

[136] Auf diese Formulierung in BTDrucks. 7 2526, S. 25, die auf *Rudolph* DRiZ 1973 260 zurückgreift, beruft sich *Beulke* NStZ 1985 293; zweifelnd gegenüber dieser Argumentation OLG Stuttgart NStZ 1985 326.

[137] Z. B. bei Beweisanträgen oder Richterablehnung, so OLG Düsseldorf NJW 1975 2220.

der Auswahl von Sachverständigen und der Verhandlungsfähigkeit der Angeklagten[138] möglich. Als nicht zutreffend hat sich die Prognose von LR-*Dünnebier*[23] 8 erwiesen, diese Frage werde nur in Ausnahmefällen auftauchen. Es hat sich gezeigt, daß gerade in Bußgeldverfahren gleichartige Taten in einem Verfahren behandelt werden, obwohl keine Tatidentität gegeben ist.

Die Konzeption des Gesetzes kann nicht überzeugen. Treten Probleme der Ter- **54** mingestaltung, insbesondere bedingt durch die Verhandlungsunfähigkeit eines der Mitbeschuldigten, auf, so können diese durch eine Verfahrenstrennung einfach gelöst werden; das Recht der Beschuldigten auf einen Verteidiger ihres Vertrauens ist insofern höherrangig[139]. Angesichts der extremen Seltenheit begründeter Richterablehnungen in der Praxis muß hier die Möglichkeit ausreichen, daß der Verteidiger im Konfliktfall eines der Mandate niederlegt. Die **Mandatsniederlegung** zur Vermeidung von Interessenkonflikten ist in der Neufassung der §§ 146, 146 a ja ausdrücklich vorgesehen (§ 146 a Rdn. 4 ff). Die für § 146 typische Konfliktgefahr bei der Beweisaufnahme im selben Verfahren — die gegenseitige Belastung der Angeklagten — ist aber bei völlig verschiedenen Taten, die nur wegen peripherer Gleichartigkeit gemäß § 237 verbunden werden, so gering, daß ein Verbot der Mehrfachverteidigung in diesen Fällen als „überzogene petitio principii"[140] erscheint.

Durch die **Verbindung der Verfahren nach § 237** darf jedenfalls eine zunächst zu- **55** lässige Verteidigung nicht nachträglich unzulässig werden[141]. Denn die Nachteile der Erstreckung des § 146 auf diese Fälle können erheblich sein[142]. Die Begründung im Regierungsentwurf zum StVÄG 1987 hebt im übrigen hervor, die generalisierende Konzeption des § 146 solle gerade verhindern, daß der Beschuldigte seinen Verteidiger dann verlieren kann, wenn sich ein Vertrauensverhältnis gebildet hat und es für ihn am wichtigsten ist, diesen Verteidiger zu behalten (BTDrucks. 10 1313, S. 23). Mit der Verfahrensverbindung, die zur Unzulässigkeit der Verteidigung führt, würden zudem exakt die prozeßökonomischen Schwierigkeiten eintreten, die mit der Beschränkung des § 146 auf das Verbot der *gleichzeitigen* Mehrfachverteidigung verhindert werden sollen. Zwar hat der Beschuldigte auf Verfahrensverbindung oder -trennung grundsätzlich keinen Anspruch (§ 237, 7; 17). Mit dem Verlust der Verteidigung durch einen Anwalt seines Vertrauens sind aber erhebliche rechtliche Interessen des Beschuldigten berührt. Eine Verbindung, die allein Gründen der prozeßtechnischen Erleichterung dienen kann[143], verstößt daher wegen der Folgen für das Recht des Beschuldigten auf eine möglichst effektive Verteidigung gegen den verfassungsrechtlichen Grundsatz der Verhältnismäßigkeit[144, 145].

Unklar ist, wann im **Ermittlungsverfahren** von Verfahrensidentität auszugehen **56** ist. *Laufhütte* (KK[2] 12) hat das Vorliegen von Verfahrensidentität im Ermittlungsver-

---

138 So der GBA bei BVerfGE **45** 354, 359.

139 *Heinicke* NJW **1978** 1501 f.

140 *Heinicke* NJW **1978** 1502.

141 Vgl. *Nestler-Tremel* NStZ **1988** 105 f. Ein Beispiel für mögliche „extreme" Konstellationen gibt OLG Düsseldorf MDR **1976** 70: Durch Verbindung eines Verfahrens mit einem anderen, in dem die Verteidigung auf Grund von Tatidentität unzulässig ist, wird auch die Verteidigung im ersten Verfahren unzulässig.

142 BayObLG NJW **1977** 820.

143 BGHSt **19** 182; **26** 273.

144 *Heinicke* NJW **1978** 1502; den Hinweis auf den Grundsatz der Verhältnismäßigkeit gibt auch BVerfGE **45** 354, 359 f, obwohl es in der Sache anders entscheidet; vgl. dagegen aus verfassungsrechtlicher Sicht *Niemöller/ Schuppert* AöR **1982** 387, 439; *Sannwald* AnwBl. **1980** 13 f; ebenso LR-*Wendisch* § 2, 27, der in derartigen Fällen eine Verbindung für ermessensmißbräuchlich erachtet.

145 Das gilt nicht nur für Verbindungen nach § 237, sondern auch für Verbindungen durch die Anklage (§ 2) und durch Entscheidung des Gerichts nach §§ 4, 13 Abs. 2.

Klaus Lüderssen

fahren an Hand der Rechtsprechung des BGH zur prozessualen Gemeinsamkeit von förmlichen Ermittlungen gegen mehrere Mitbeschuldigte zu § 52 Abs. 1 bestimmt. Danach begründet weder die bloße Gleichzeitigkeit der Ermittlungen[146] noch die faktische Zusammenführung mehrerer Ermittlungsverfahren in einen Vorgang[147] Verfahrensidentität. Notwendig ist vielmehr, daß die prozessuale Gemeinsamkeit durch eine nach außen erkennbare konkludente Verbindungserklärung der Staatsanwaltschaft ausdrücklich fixiert und begründet wird. Es muß also eine prozessuale Gemeinsamkeit in dem Sinne bestehen, daß die Beschuldigten „in Bezug auf das gleiche historische Ereignis nach prozeßrechtlicher Betrachtungsweise förmlich Mitbeschuldigte gewesen sind"[148]. Angesichts des klaren Wortlauts des Gesetzes wird man nicht so weit gehen können, über die Mitbeschuldigteneigenschaft die Tatidentität zum Kriterium für die Verfahrensidentität im Ermittlungsverfahren zu erheben[149]. Der von *Laufhütte* (KK[2] 12) vorgeschlagenen Auslegung des § 146 Satz 2 für das Ermittlungsverfahren ist somit aus zwei Gründen zuzustimmen. Einmal wird vermieden, daß allein die Zufälligkeiten der Verfahrensgestaltung durch Polizei und Staatsanwaltschaft im Ermittlungsverfahren das Verbot der Mehrfachverteidigung auslösen können. Zum anderen ist damit der einzig mögliche verläßliche Maßstab gegeben, an dem das Gericht, das nach § 146 a über die Zulässigkeit der Verteidigung zu befinden hat (§ 146 a, 11), seine Entscheidung orientieren kann. Soll das Verbot der Mehrfachverteidigung nicht den Zufälligkeiten *faktisch* gemeinsamer Ermittlungtätigkeit unterworfen sein, bedarf es eines förmlichen prozessualen Kriteriums. In Betracht dafür kommt — analog der Rechtsprechung zu § 52 — die ausdrückliche Verbindungserklärung der Staatsanwaltschaft.

57   **Zusammenfassung.** Verfahrensidentität gemäß § 146 Satz 2 ohne das Vorliegen von Tatidentität kann nur in den Fällen zur Mehrfachverteidigung führen, in denen ein **Hauptverfahren** gegen mehrere Beschuldigte wegen verschiedener Taten geführt wird und der Verteidiger eines Beschuldigten die Vertretung eines weiteren Beschuldigten übernehmen will. Im Ermittlungsverfahren ist die ausdrückliche förmliche Verfahrensverbindung Voraussetzung für die Zurückweisung des Verteidigers; für das Zwischenverfahren ist die Anklage ausschlaggebend. Eine Herbeiführung der Verfahrensidentität durch Verbindung (mit der Anklageerhebung, § 2 und in den späteren Verfahrensabschnitten, §§ 4, 13 Abs. 2, 237) ist unzulässig, wenn sie zum Verbot der Mehrfachverteidigung führen würde.

VI. Verfahrensarten

58   Die Rechtsprechung hat den Anwendungsbereich des § 146 weit über das Strafverfahren im engeren Sinn, das Erkenntnisverfahren, hinaus auf alle **anderen Verfahrensstadien und -arten** erstreckt, in denen „Verteidigung" stattfindet. Argumentiert wurde damit, daß § 146 *jede* Interessenkollision in der „Verteidigung" verhindern solle. Die Neufassung des § 146 „beruht auf der Überlegung, daß die Rechtsprechung, indem sie sich vorrangig an dem gesetzgeberischen Motiv für die Neufassung" (1974), „jeden Interessenkonflikt zu verhindern, orientierte (. . .), die teleologisch beschränkte Reichweite des § 146 nicht ausreichend berücksichtigt hat" (BTDrucks. 10 1313, S. 22). Kann § 146 aber nicht *jeden* denkbaren Interessenkonflikt in der Verteidigung verhindern, so

---

[146] BGH NStZ **1985** 419, 420.
[147] So auch AG Bremen, StrVert. **1982** 67; ebenso für das Berufungsverfahren BayObLG MDR **1978** 510.

[148] BGH NStZ **1985** 419; BGHSt **34** 138, 139 f.
[149] In diese Richtung aber AG Bremen AnwBl. **1983** 43.

ist zu überprüfen, für welche Verfahrenstypen und Verfahrenskonstellationen zu Recht davon ausgegangen werden kann, daß die Anwendung des Verbots der Mehrfachverteidigung der „teleologisch beschränkten Reichweite des § 146" entspricht.

1. Strafvollstreckung. Nach h. M war § 146 (1974) im Vollstreckungsverfahren anwendbar[150]. § 146 (1987) betrifft aber — in der Neufassung ausdrücklich klargestellt — nur die Fälle der Verteidigung, in denen der Mandant einer Tat beschuldigt wird. *Laufhütte* zieht daraus den Schluß, § 146 sei *generell* nicht mehr[151] auf **Verfahren nach Rechtskraft** des Urteils anwendbar[152]. Für die Fälle, in denen es auch im Vollstreckungsverfahren um die Beschuldigung wegen einer Tat geht, läßt sich die Nichtanwendbarkeit des § 146 so aber nicht begründen. Man muß vielmehr nach Verfahrenskonstellationen unterscheiden[153]. **59**

Folgende **Verfahrenskonstellationen** sind denkbar: Zwei Mandate im Vollstreckungsverfahren[154] oder ein Mandat im Erkenntnisverfahren, eines im Vollstreckungsverfahren. Dabei ist die Unterscheidung zu machen, ob die Tatidentität sich aus dem — vom Vollstreckungsverfahren her gesehen — abgeschlossenen Verfahren ergibt[155] oder darin besteht, daß zur Grundlage der Aussetzungsentscheidung ein noch anhängiges Verfahren herangezogen wird[156]. **60**

Geht es um Entscheidungen über die **Aussetzung des Strafrests** gemäß § 454, liegt nicht die für die Annahme eines Interessenkonflikts typische Situation vor, daß der eine Beschuldigte den anderen belasten könnte, um sich selbst zu entlasten. Grundlage der Entscheidung nach § 57 StGB sind zunächst das Verhalten des Gefangenen im Vollzug und die Sozialprognose — Kriterien, bei deren Anwendung ein Interessenkonflikt nicht denkbar ist. Allein „die Umstände der Tat" (§ 57 Abs. 1 Satz 2, Abs. 2 Nr. 2 StGB) können für mehrere Beschuldigte gemeinsam von Bedeutung sein. Da das Gericht aber im Rahmen der Entscheidung nach § 57 StGB an die Tatsachenfeststellungen des Urteils gebunden ist[157], ist lediglich die Bewertung dieser Umstände für die Verteidigung offen. Im Rahmen dieser — jeweils auf die individuelle Situation des jeweiligen Mandanten bezogenen — Bewertung ist aber ein Interessenwiderstreit kaum vorstellbar[158]. **61**

Dieselbe Situation ist gegeben, wenn die Tatidentität mit Blick auf das durch Urteil abgeschlossene Verfahren anzunehmen ist. Auch Entlastungsversuche im **Erkenntnisverfahren**, die den schon Verurteilten belasten, sind für dessen Vollstreckungs- **62**

---

[150] BGHSt **26** 367, 371; **27** 148, 150. Zur Rspr. vgl. weiterhin die Nachweise in Fußn. 174 bis 178. Die im Ergebnis ein Verbot der Mehrfachverteidigung verneinende Entscheidung KG JR **1981** 435 vertritt in der Sache keinen anderen Standpunkt. Dort wurde im konkreten Fall die Zulässigkeit des Vollstreckungsmandats damit begründet, daß das erste Verfahren nach § 153 a endgültig eingestellt war, so daß eine weitere strafrechtliche Verfolgung des ersten Mandanten praktisch vollkommen ausgeschlossen war (§ 153 a Abs. 1 S. 4). Diese Entscheidung bezieht sich in der Begründung somit auf einen Spezialfall der sukzessiven Verteidigung und nicht darauf, daß es sich bei dem zweiten Mandat um eine Vertretung im Strafvollstreckungsverfahren

handelt. Der Rspr. zustimmend *Kleinknecht/ Meyer*[38] 10.

[151] Anders noch KK-*Laufhütte*[1] 2.

[152] KK-*Laufhütte*[2] 9.

[153] Zum folgenden detailliert: *Nestler-Tremel* NStZ **1988** 105.

[154] So der Fall bei OLG Schleswig SchlHA **1985** 131.

[155] So der Fall bei OLG München NJW **1980** 1477.

[156] So der Fall bei OLG Düsseldorf StrVert. **1986** 96.

[157] Dazu ausführlich OLG Celle NStZ **1986** 456 mit Anm. *Schöch*.

[158] **A. A** OLG München NJW **1980** 1477; OLG Schleswig SchlHA **1985** 131.

Klaus Lüderssen

verfahren unbeachtlich[159]. Für diesen Fall hat das OLG München (NJW **1980** 477) gegen die Zulässigkeit der Mehrfachverteidigung eingewandt, daß der Rechtsanwalt von dem Verurteilten im Vollstreckungsverfahren Informationen beschaffen könnte, welche in das Erkenntnisverfahren noch nicht eingeführt sind und zum Nachteil des dort Beschuldigten ausschlagen könnten. Mit der Neufassung des § 146 von 1987 hat dieses Argument seine Geltung verloren. Informationen aus dem Vollstreckungsverfahren, die im Erkenntnisverfahren Bedeutung erlangen, kann der Verteidiger auch haben, wenn das Mandat schon beendet ist. Bei gleichzeitigen Mandaten ist andererseits nicht ersichtlich, worin ein Interessenwiderstreit in der Wahrnehmung von Beistandspflichten liegen könnte, wenn Informationen eingebracht werden, die für die Verteidigung nur von Vorteil sind[160].

63   Anders ist die Sachlage, wenn Gegenstand des Vollstreckungsverfahrens die Beurteilung einer **noch nicht abgeurteilten Straftat** ist[161]. In diesem Fall ist die von § 146 anvisierte Konstellation vorstellbar, daß auch im Vollstreckungsverfahren der eine Mandant sich dadurch zu entlasten versucht, daß er den anderen belastet — und umgekehrt. Nur bei dieser Fallkonstellation ist § 146 im Vollstreckungsverfahren anwendbar.

64   **2. Strafvollzug.** Im Strafvollzug kann § 146 nur dann Anwendung finden, wenn Gegenstand der Strafvollzugssache eine **Disziplinarmaßnahme,** das heißt eine Beschuldigung, ein gegen den Strafgefangenen gerichteter Tatvorwurf ist[162]. In der Rechtsprechung wird durchaus registriert, daß auch im Strafvollzug „Verteidigung" stattfindet und Interessenkollisionen vorstellbar sind, so daß § 146 auch auf die Verfahren nach dem StVollzG anwendbar erscheint[163]. Strafprozessuale Normen gelten, soweit ihre **entsprechende** Anwendung möglich ist (§ 120 StVollzG)[164]. Da sich § 120 StVollzG unbestritten nur auf die **Verfahren** nach dem StVollzG bezieht und keine Verweisungsnorm für den gesamten Strafvollzug ist, entstünde bei der Anwendung des § 146 StPO auf Verfahren nach dem StVollzG die kuriose Situation, daß ein Verteidiger zwar mehrere Gefangene innerhalb des Strafvollzugs beraten dürfte, aber nicht mehr in einem möglicherweise der Beratung folgenden gerichtlichen Verfahren. Hinzukommt, daß es im Strafvollzug nicht um ein Verfahren geht, in dem der Beschuldigte

---

[159] Auch hier ist die Strafvollstreckungskammer an die Feststellungen des Urteils gebunden.

[160] Die Vertretung des Mandanten aus dem Vollstreckungsverfahren kann nicht beeinträchtigt sein, wenn sein Verteidiger daraus Informationen für das Erkenntnisverfahren erhält; ihre Verwendung kann allenfalls im Hinblick auf § 203 StGB problematisch sein. Aus der Perspektive des anderen Mandanten mag es problematisch sein, wenn der Verteidiger für ihn nachteilige Informationen hat; diese Konstellation besteht aber unabhängig von der Gleichzeitigkeit der Verfahren, und entscheidend für die Verteidigung ist die Frage, ob sie gut daran tut, riskante Informationen einzubringen. Das hat aber mit § 146 nichts mehr zu tun, vgl. *Günther* JZ **1981** 820.

[161] Vgl. etwa den Sachverhalt bei OLG Düsseldorf NStZ **1985** 521: Widerruf einer Rest-

strafaussetzung wegen einer Tat, bzgl. derer der Verteidiger im Ermittlungsverfahren einen anderen Mandanten vertreten hat.

[162] KG NStZ **1981** 75; OLG München Beschl. v. 19. 1. 1978 (1 Ws 1322/77); *Volckart/Schmidt* AK StVollzG, § 120, 5; *Callies/Müller-Dietz*[3] § 120, 3 (in der 4. Aufl. offen gelassen); *Schwind/Böhm* StVollzG § 120, 3; nunmehr auch KK-*Laufhütte*[2] 9 und *Dünnebier* FS Pfeiffer 283 – allerdings mit der Begründung, Verteidigung im Strafvollzug könne nie „im gleichen Verfahren" erfolgen; da § 146 n. F. auch getrennte Verfahren erfaßt, ist diese Begründung nicht überzeugend.

[163] OLG München NStZ **1985** 383; OLG Celle StrVert. **1986** 108; LG Hamburg (bei *Franke*) NStZ **1985** 349, 355.

[164] Vgl. zum Folgenden *Nestler-Tremel/Prittwitz* Anm. zu OLG Celle StrVert. **1986** 109 ff.

einem Tatvorwurf ausgesetzt ist, sondern um das Rechtsverhältnis zwischen dem Gefangenen und der Strafvollzugsbehörde. Der Gefangene betreibt ein Rechtsbehelfsverfahren gegen den Staat[165].

Die Dogmatik des § 146 wird ganz aufgegeben, wenn an die Stelle der Tatidentität gemäß § 264 als Anknüpfungspunkt eine gemeinsame **Vollzugssituation** mehrerer Gefangener tritt, aus der sich Interessenkollisionen bei der Vertretung durch den Verteidiger ergeben[166]. Abzulehnen ist aber auch die Begründung des OLG München (NStZ **1985** 383), wonach das Verbot der Mehrfachverteidigung im Strafvollzug dann Anwendung finden soll, wenn mehrere Gefangene wegen einer gemeinsamen Tat gemäß § 264 verurteilt worden sind. Abgesehen von den generellen Bedenken gegen die Anwendbarkeit des § 146 auf Verfahren nach dem StVollzG gilt hier das gleiche wie im Vollstreckungsverfahren bezüglich abgeurteilter Taten (Rdn. 62). Im Strafvollzugsverfahren ist der dem Verbot der Mehrfachverteidigung gemäß § 146 StPO zugrundeliegende Regelfall — der eine Beschuldigte belastet den anderen, um sich zu entlasten — ausgeschlossen. **65**

3. **Privatklageverfahren.** Im Privatklageverfahren gilt § 146 bei der Vertretung mehrerer Beschuldigter durch einen Rechtsanwalt[167]. Der Vorprüfungsausschuß des BVerfG begründet die Anwendbarkeit des § 146 mit der **strukturellen Ähnlichkeit** der Rolle des Verteidigers im Privatklage- wie im allgemeinen Strafverfahren. Noch systematischer argumentiert das OLG Karlsruhe (Justiz **1978** 114): da die allgemeinen Bestimmungen der StPO, soweit sie nicht durch die §§ 374 ff ausgeschlossen oder geändert seien, was aber für § 146 nicht zutreffe, auch für das Privatklageverfahren verbindlich seien, müsse § 146 angewendet werden. In der Tat kann der Grundfall des § 146 — Entlastung durch Belastung eines anderen Beschuldigten — bei mehreren Beschuldigten im Privatklageverfahren in gleicher Weise und mit gleichen Konsequenzen[168] wie im Strafverfahren auftreten. § 146 gilt daher auch hier[169]. **66**

4. **Bußgeldverfahren.** Die Rechtsprechung ist ganz überwiegend davon ausgegangen, daß § 146 im Verfahren nach dem OWiG anwendbar ist[170]. Der Gesetzgeber hat **67**

---

[165] Vgl. *Roxin*[19] § 1 C.

[166] So aber OLG Celle StrVert. **1986** 108; die gegen diese Entscheidung eingelegte Verfassungsbeschwerde ist vom Vorprüfungsausschuß des BVerfG – mit anfechtbarer Begründung – nicht zur Entscheidung angenommen worden, vgl. dazu *Nestler-Tremel* NStZ **1986** 535.

[167] BVerfG (Vorprüfungsausschuß) AnwBl. **1977** 223 m. Anm. *Krämer*; OLG Karlsruhe, Justiz **1978** 114; zustimmend *Kleinknecht/ Meyer*[38] 10; (Daß die Vertretung mehrerer Privat*kläger* durch einen Rechtsanwalt nicht in § 146 verboten ist – diese Ansicht unterstellt *Krämer* aaO dem Beschluß des Vorprüfungsausschusses des BVerfG aaO 223 – steht außer Zweifel, denn § 146 intendiert den Schutz der Interessen von *Beschuldigten*).

[168] Freiheits- oder Geldstrafen – darauf weist OLG Karlsruhe, Justiz **1978** 114 zu Recht hin.

[169] Das Argument *Krämers* AnwBl. **1977** 225, im Privatklageverfahren sei das „öffentliche Interesse" an der Strafverfolgung verneint, vermag daran nichts zu ändern. Ob öffentliches oder privates Interesse an der Strafverfolgung vorliegt, hat auf die Stellung des Beschuldigten und seine Verteidigung wenig Einfluß.

[170] OLG Stuttgart NJW **1977** 1354 (LS.); LG Krefeld NJW **1976** 1413; OLG Karlsruhe NJW **1977** 161; OLG Koblenz OLGSt (*alt*) § 146 S. 19 bezüglich des Einspruchs gemäß § 67 OWiG; OLG Stuttgart Justiz **1977** 279; LG Osnabrück NdsRpfl. **1978** 290; OLG Hamburg MDR **1980** 424; OLG Hamm NStZ **1983** 378; OLG Köln NStZ **1983** 560; das BVerfG hat diese Rechtsprechung für verfassungskonform erklärt, BVerfGE **45** 272 ff, aber offen gelassen, ob sie zweckmäßig sei, vgl. *Berkemann* JR **1977** 446 und *Axster*

Klaus Lüderssen

nunmehr im StVÄG 1987[171] durch die Neufassung des § 60 OWiG, der das Verfahren bei der Zurückweisung der Verteidigung regelt, diese Auffassung bestätigt. Gegen die Anwendung des § 146 im Verfahren nach dem OWiG wird eingewandt, die gesetzgeberische Prämisse, Mehrfachverteidigungen begründeten *in der Regel* die Gefahr von Interessenkollisionen, ermangele der tatsächlichen Grundlage, da es allein in den Verfahren zur Ahndung von Verstößen gegen das Kartellrecht zuweilen mehrere tausend Betroffene mit völlig identischen Interessen gebe[172]. Die Rechtsprechung übersehe zudem, daß nach dem — für Bußgeldverfahren maßgebenden — Opportunitätsprinzip die Frage, ob und wie eine Ordnungswidrigkeit verfolgt werde, stets unter Berücksichtigung des Einzelfalls zu beurteilen sei. Im Ordnungswidrigkeitenrecht könne daher der gesetzgeberischen Konzeption des § 146, von der auf den Einzelfall bezogenen Prüfung der Interessenkollision abzusehen, nicht gefolgt werden; eine sinngemäße Anwendung (§ 46 OWiG) komme nur in Betracht, wenn im jeweiligen Einzelfall die konkrete Gefahr einer Interessenkollision bestehe[173]. Diese Argumentation hat für sich, daß unter **quantitativen** Gesichtspunkten die generelle Kritik an § 146, die abstrakte Gefahr von Interessenkollisionen werde auch gegen die Fälle ausgespielt, in denen die Interessen der Beschuldigten eindeutig identisch seien, besonders deutlich wird. Doch unterscheidet sich in dem Verfahren nach dem OWiG die Verfahrenslage von derjenigen im Strafverfahren **qualitativ** nicht: auch hier kann es zu einer Interessenkollision kommen, weil sich der eine Beschuldigte durch Belastung des anderen zu entlasten versucht. Da der Ausgleich über die Prüfung der Interessenkollision im konkreten Fall abzulehnen ist (Rdn. 33), muß § 146 auch im Verfahren nach dem OWiG uneingeschränkt Anwendung finden[174].

68   **5. Weitere Verfahren.** Hier ist jeweils zu prüfen, ob es sich um einen Tatvorwurf handelt, der demjenigen, der gegen einen Beschuldigten[175] im normalen strafprozessualen Erkenntnisverfahren erhoben wird, vergleichbar ist[176]. Im **Disziplinarverfahren** wird § 146 prinzipiell für anwendbar erklärt[177]. Das erscheint aus systematischen Gründen bedenklich. *Dünnebier* hat darauf aufmerksam gemacht, daß die Verteidigung in Disziplinarverfahren nicht grundsätzlich den Regeln der StPO unterliegt, sondern in § 138 a Abs. 4 ausdrücklich als Verteidigung „in anderen gesetzlich geordneten Verfahren" gekennzeichnet wird (FS Schäfer 27). Nach dieser Vorschrift ist das Disziplinarverfahren von § 146, der die Verteidigung nicht auf andere gesetzlich geordnete Verfah-

Gewerblicher Rechtsschutz und Urheberrecht (1977), 738; der BGH hat in einer kartellrechtlichen Entscheidung (NJW **1977** 156) darauf hingewiesen, er neige zu der Auffassung, § 146 finde bei gleichzeitiger Vertretung des Betroffenen und des Nebenbeteiligten durch einen gemeinsamen Prozeßbevollmächtigten keine Anwendung, zustimmend BVerfGE **45** 272 ff; unentschieden zu § 30 OWiG aber OLG Stuttgart VRS **53** (1977) 450; vgl. aber OLG Karlsruhe, Justiz **1983** 163.

[171] Zur Begründung BTDrucks. **10** 1313, S. 44; *Zuck* NJW **1979** 1121, 1124 in Fußn. 57 (mit Nachweisen) hat zur Neufassung des Gesetzes 1974 darauf hingewiesen, der Gesetzge-

ber habe schlichtweg übersehen, daß § 146 gemäß § 46 OWiG **generell** auch im OWiG-Verfahren Anwendung finden könnte; die Entscheidung des BVerfG aaO bezeichnet er als aberratio ictus, AnwBl. **1978** 435.
[172] *Franke* JZ **1978** 265 unter Hinweis auf *Schmidt-Leichner* NJW **1975** 419 Fußn. 24.
[173] *Franke* aaO.
[174] BVerfG **45** 272.
[175] Zu einem Fall, in dem die Beschuldigtengemeinschaft verneint wurde, OLG Karlsruhe MDR **1986** 605.
[176] Vgl. Rdn. 34.
[177] BVerfG Beschluß v. 17. 8. 1977, 2 BvR 449/77 nach KK-*Laufhütte*[2] 19; BVerwG NJW **1985** 1180 (LS).

ren erstreckt, nicht erfaßt. Im **Auslieferungsverfahren** nach §§ 2 ff IRG ist § 146 nicht anwendbar[178]. Zu den verschiedenen Konstellationen der Vertretung im **Steuerstrafverfahren** vgl. *Streck*[179] und *Kohlmann*[180].

§ 146 a

(1) [1]Ist jemand als Verteidiger gewählt worden, obwohl die Voraussetzungen des § 146 oder des § 137 Abs. 1 Satz 2 vorliegen, so ist er als Verteidiger zurückzuweisen, sobald dies erkennbar wird; gleiches gilt, wenn die Voraussetzungen des § 146 nach der Wahl eintreten. [2]Zeigen in den Fällen des § 137 Abs. 1 Satz 2 mehrere Verteidiger gleichzeitig ihre Wahl an und wird dadurch die Höchstzahl der wählbaren Verteidiger überschritten, so sind sie alle zurückzuweisen. [3]Über die Zurückweisung entscheidet das Gericht, bei dem das Verfahren anhängig ist oder das für das Hauptverfahren zuständig wäre.

(2) Handlungen, die ein Verteidiger vor der Zurückweisung vorgenommen hat, sind nicht deshalb unwirksam, weil die Voraussetzungen des § 137 Abs. 1 Satz 2 oder des § 146 vorlagen.

Schrifttum siehe bei § 146.

Entstehungsgeschichte. Die Vorschrift ist im Zusammenhang mit der Neufassung des § 146 (vgl. dort) neu eingefügt worden durch Art. 1 Nr. 12 StVÄG 1987 und regelt die verfahrensrechtlichen Fragen der Zurückweisung in den Fällen der §§ 137 Abs. 1 Satz 2 und 146.

1. Zurückweisung. Satz 1 sieht — in Einklang mit der bisherigen Rechtsprechung **1** des BGH[1] — vor, daß das Gericht berechtigt und verpflichtet ist, einen Verteidiger zurückzuweisen, sobald es erkennt, daß die Voraussetzungen der §§ 146, 137 Abs. 1 Satz 2 gegeben sind. § 146 a stellt damit klar[2], daß die Folge der Normverletzung nicht kraft Gesetzes eintritt[3], sondern erst mit der gerichtlichen Zurückweisung. Der Wahlverteidi-

---

[178] KK-*Laufhütte*[2] 2; *Kleinknecht/Meyer*[38] 12.
[179] MDR **1978** 893.
[180] wistra **1982** 2 (6 ff).
[1] BGHSt **26** 291, 294.
[2] Diese Klarstellung wird mit dem zutreffenden Hinweis begründet, die von der Rechtsprechung bisher vertretene Auffassung sei zwar sachgerecht, ihre dogmatische Vereinbarkeit mit dem geltenden Recht jedoch nicht zweifelsfrei, BTDrucks. **10** 1313, S. 23.
[3] So aber LR-*Dünnebier*[23] 13, der den Entscheidungen des Gerichts über die Unzuläs-

sigkeit der Verteidigung nur deklaratorischen Charakter zuerkennt und vorgeschlagen hat, den „Nicht"-Verteidiger schlichtweg als solchen zu behandeln, aaO § 137, 14. Der Gesetzgeber ist wohl schon 1978 davon ausgegangen, daß erst durch die Zurückweisung die Verteidigung unzulässig wird, vgl. den durch StVÄG 1979 eingefügten § 304 Abs. 5, der auch die Zurückweisungsentscheidung gemäß §§ 137, 146 enthielt, die durch das StVÄG 1987 wieder herausgenommen wurde.

Klaus Lüderssen

ger verliert daher erst dann die Befugnis, Verteidiger zu sein. Das Gesetz sieht die Zurückweisung nur beim Wahlverteidiger vor, § 146 a Abs. 1 Satz 1 1. Halbsatz. Im Fall der Pflichtverteidigung soll an die Stelle der Zurückweisung die Bestellung eines anderen Verteidigers treten (BTDrucks. 10 1313, S. 23 r. Sp.). Das ist gesetzessystematisch konsequent (*Dünnebier* FS Pfeiffer [1988] 286); in der Sache folgen aber die Rücknahme der Beiordnung des Pflichtverteidigers und die Bestellung eines neuen denselben Grundsätzen[4].

2　　Satz 1 2. Halbsatz sieht die gleiche Regelung für den Fall vor, daß aufgrund einer **Verfahrensverbindung** Verfahrensidentität eintritt und damit die zunächst zulässige Verteidigung mehrerer Beschuldigter durch einen Verteidiger unter das Verbot der Mehrfachverteidigung fällt (§ 146, 52).

3　　Die Zurückweisung ist **nicht erforderlich**, wenn die unzulässige Mehrfachverteidigung keinerlei Auswirkungen mehr auf das weitere Verfahren haben kann. So verhält es sich im Revisionsverfahren, wenn zwar ein Verstoß gegen § 137 Abs. 1 Satz 2 vorliegt, die Revision aber nach § 349 Abs. 2 zu verwerfen ist. Dann darf das Gericht ohne Entscheidung gemäß § 146 a diese das Verfahren abschließende Entscheidung treffen[5].

4　　**2. Wahlrecht.** Satz 2 bestimmt, daß das Gericht **alle** Verteidiger zurückzuweisen hat, wenn in den Fällen des § 137 Abs. 1 Satz 2 mehrere Verteidiger gleichzeitig ihre Wahl anzeigen und dadurch die zulässige Höchstzahl der wählbaren Verteidiger überschritten wird. Dem Gericht kann nicht zugebilligt werden, die Zahl von sich aus zu reduzieren und damit für den Beschuldigten zu entscheiden, welche Verteidiger er zu behalten wünscht (BTDrucks. 10 1313, S. 23). Vor der Zurückweisung ist aber dem Beschuldigten und seinen Verteidigern gemäß § 33 rechtliches Gehör zu gewähren, so daß es dem Beschuldigten überlassen bleibt, die Verteidiger zu bezeichnen, deren Beistandes er sich zulässigerweise bedienen will[6].

5　　Da außer Zweifel steht, daß das Gericht nicht anstelle des Beschuldigten die Auswahl der Wahlverteidiger treffen kann, ist Satz 2 nur eine **Klarstellung.** Daß die Regelung **nur** für die Fälle gilt, in denen mehrere Verteidiger ihre Wahl **gleichzeitig** anzeigen, ist ebenso selbstverständlich: Melden sich mehrere Verteidiger nacheinander, ist, sobald sich drei Verteidiger gemeldet haben, jeder weitere zurückzuweisen.

6　　**Wahlmöglichkeiten** existieren aber nicht nur in den Fällen gemäß Satz 2. Auch dann, wenn gemäß § 146 das Verbot der Mehrfachverteidigung wegen Verfahrensidentität durch Verfahrensverbindung erst nachträglich entsteht oder sich — was bei getrennten Verfahren nie auszuschließen ist — das Verbot der gleichzeitigen Mehrfachverteidigung wegen Tatidentität erst im Verfahren herausstellt, ist der Verteidiger vor der Zurückweisung zu hören; dabei ist ihm Gelegenheit zu geben, die Verteidigerbeziehung zu einem der Beschuldigten zu beenden[7]. Die Begründung des Regierungsentwurfs nennt diesen Weg nur für den Fall, daß durch Verbindung **Verfahrensidentität**[8] herbeigeführt wird. Aber auch bei Tatidentität muß der Verteidiger sich entscheiden können,

---

[4] BGH NJW **1978** 384; *Kleinknecht/Meyer*[38] 3; KK-*Laufhütte*[2] § 146, 14.

[5] Die weiteren von KK-*Laufhütte*[2] § 146, 15; § 137, 12 vorgenommenen Differenzierungen sind überflüssig, da ihnen die falsche Annahme zugrundeliegt, die Verteidigungshandlung, die Anlaß zur Zurückweisung gibt, sei auch nach der neuen Gesetzeslage unwirksam, vgl. dazu unten Rdn. 13; zur Gesetzeslage vor dem StVÄG 1987 zuletzt BGH NJW **1987** 451, 453.

[6] BTDrucks. **10** 1313, S. 24; so auch schon die Praxis zu § 137 Abs. 1 S. 2 vor der Einfügung des § 146 a, vgl. KK-*Laufhütte*[2] § 137, 13.

[7] So wohl auch *Dünnebier* FS Pfeiffer 283; generell zur Wahlmöglichkeit des Verteidigers nach § 146 a *Nestler-Tremel* NStZ **1988** 106 f.

[8] BTDrucks. **10** 1313, S. 24.

welches Mandat er aufgeben will, so daß das andere Mandat dann zulässig wird, weil keine **gleichzeitige** Mehrfachverteidigung mehr vorliegt.

Die umfangreiche **Rechtsprechung** zu der Frage, ob und gegebenenfalls welches **7** von zwei Mandaten weitergeführt werden darf, hat sich damit weitgehend **erledigt**[9]. Ihr Ausgangspunkt war die Unzulässigkeit jeder Form von sukzessiver Mehrfachverteidigung[10]. Um unverhältnismäßige Eingriffe in die Belange der Verteidigung zu verhindern, hat der Bundesgerichtshof (BGHSt **27** 148) die Fortführung der zuerst übernommenen Verteidigung nach Zurückweisung der später übernommenen Verteidigung für zulässig erachtet[11] und die Zurückweisung von allen Verteidigern nur für den Fall vorgesehen, daß sich eine Reihenfolge nicht ermitteln läßt[12]. Mit dem Verbot *nur* der gleichzeitigen Verteidigung mehrerer Beschuldigter ist dem Verteidiger faktisch das „**Recht der Auswahl**", das ihm der BGH nicht einräumen wollte[13], gegeben. Er kann — im Rahmen standesrechtlicher und strafrechtlicher Vorschriften[14] — ein Mandat niederlegen, um das andere zu übernehmen. Die sachgerechte Entscheidung „für eine dem gesetzgeberischen Ziel der Vermeidung von Interessenkonflikten möglichst nahe kommende Auswahl", welche Verteidigung fortgeführt werden soll, ist damit dem Verteidiger überlassen. Daß dann, wenn erst nachträglich eine verbotene gleichzeitige Mehrfachverteidigung erkannt wird, nichts anderes gelten kann, erweist sich auch gerade an Hand der Maßstäbe, welche die BGHSt **27** 148 folgende Rechtsprechung entwickelt hat. Nur dann, wenn sich eine zeitliche Reihenfolge der Verteidigungen nicht feststellen ließ, sollten alle Verteidigungen unzulässig sein.

Da nach der Neufassung des §146 nur die gleichzeitige Verteidigung verboten **8** ist, wird das gesetzgeberische Ziel aber schon erreicht, wenn der Verteidiger nur in einem der beiden Fälle zurückgewiesen wird. Die **Entscheidung**, welche Verteidigung aufgegeben werden soll, kann nur der **Verteidiger** treffen; eine Zurückweisung von beiden Verteidigungen würde beide und nicht nur einen der Beschuldigten benachteiligen und wäre auch nur durch Erwägungen zu rechtfertigen, die vom Normzweck des §146 (Verbot der gleichzeitigen Verteidigung) nicht gedeckt sind. Gibt es mit der zeitlichen Reihenfolge der Verteidigungen zwar einen formalen Anhaltspunkt für eine Entscheidung des Gerichts, welche Verteidigung unzulässig ist, so kann das nicht bedeuten, daß dem Verteidiger das **Recht der Auswahl** genommen wird. Andernfalls würde ein Kriterium eingeführt, das nach §146 irrelevant ist — unterschieden wird nur noch in gleichzeitige oder nicht gleichzeitige, aber nicht in frühere und spätere Verteidigung[15]. Der Verteidiger kann aber stets die Zurückweisung in *einem* Verfahren dadurch korrigieren, daß er die Verteidigung im anderen Verfahren beendet und sich neu bestellt.

In allen Fällen, in denen das Verbot der Mehrfachverteidigung erst nachträglich **9** eintritt oder erkannt wird, ist dem **Verteidiger** daher **Gelegenheit zu geben, sich zu entscheiden,** welche Verteidigung er — unter Aufgabe der anderen — fortführen will. Nur

---

[9] Anders *Kleinknecht/Meyer*[38] §146, 22, 23; vgl. aber *Nestler-Tremel* NStZ **1988** 106 f; bei KK-*Laufhütte*[2] nur Stellungnahme zur alten Rechtslage in §146, 8.

[10] Dazu oben bei §146, 15.

[11] Zustimmend die überwiegende Rspr., vgl. Nachweise bei *Bottke* Anm. zu OLG Hamm (1. Strafsenat) NStZ **1985** 327, 328; dagegen OLG Hamm aaO und 6. Strafsenat NStZ **1984** 425.

[12] Kritisch zu dieser an rein formalen Gesichts-

punkten orientierten und die Interessen der Beschuldigten letztlich hintanstellenden Auslegung, die ein Wahlrecht des Verteidigers ausdrücklich ablehnt (BGHSt **27** 148, 153) *Schubarth* FS Rechtsanwaltsverein Hannover 1981, 243; *Nestler-Tremel* Anm. zu OLG Frankfurt StrVert. **1986** 519 Fußn. 25.

[13] BGHSt **27** 148, 153.

[14] Vgl. dazu Vor §137, 36 ff.

[15] Zutreffend *Nestler-Tremel* NStZ **1988** 106.

Klaus Lüderssen

dann, wenn der Verteidiger diese Entscheidung nicht in angemessener Zeit trifft, kann das Gericht von sich aus den Verteidiger zurückweisen. Bei **Verfahrensidentität** hat das Gericht den Verteidiger dann von allen Verteidigungen zurückzuweisen[16], denn andernfalls müßte es eine Entscheidung für oder gegen einen der Beschuldigten im selben Verfahren treffen. Bei **Tatidentität**[17] weist das Gericht den Verteidiger von der Verteidigung zurück, die sich wegen Gleichzeitigkeit mit der Verteidigung eines anderen Beschuldigten als unzulässig herausgestellt hat. Mit dieser Zurückweisung trifft das Gericht de facto eine Entscheidung für die Zulässigkeit der anderen — nunmehr erlaubten — Verteidigung. Da das Gericht aber allein über die Zurückweisung der Verteidigung in seinem Verfahren zu entscheiden hat, ist diese Nebenfolge der Entscheidung ohne Belang.

10   Auch dem **bestellten Verteidiger** steht ein Wahlrecht zu. Die Begründung stellt lapidar fest, daß dann, wenn die Voraussetzungen des § 146 a vorliegen oder eintreten, bei einem bestellten Verteidiger an die Stelle der Zurückweisung die Bestellung eines anderen Verteidigers tritt (BTDrucks. **10** 1313, S. 23). Aus dem richtigen Verständnis der Pflichtverteidigung (Vor § 137, 58 ff) ergibt sich, daß für sie hier nichts anderes gelten kann als für die Wahlverteidigung. Auch dem bestellten Verteidiger ist daher bei Verfahrensidentität die Möglichkeit zu geben, sich dazu zu äußern, welche Verteidigung er weiterführen will; diese Wahl hat das Gericht bei der Entscheidung zu berücksichtigen, für welche Verteidigung ein anderer Verteidiger bestellt wird. Bei Tatidentität (in verschiedenen Verfahren) ist dem Verteidiger Gelegenheit zu geben, durch Niederlegung des Mandats oder Antrag auf Rücknahme der Bestellung in anderen Verfahren zu verhindern, daß das Gericht über die Bestellung eines anderen Verteidigers nur nach seinem Ermessen entscheidet.

11   **3. Zuständigkeit.** Die Zurückweisung nimmt nach Absatz 1 Satz 3 das Gericht vor, bei dem die Strafsache anhängig ist, oder das Gericht, das — im vorbereitenden Verfahren — für die Hauptverhandlung zuständig wäre. Die Staatsanwaltschaft ist somit entgegen der bislang geltenden Auffassung[18] auch dann, wenn eine richterliche Zuständigkeit noch nicht begründet ist, nicht zur Zurückweisung berechtigt, sondern hat eine Entscheidung des — für die Hauptverhandlung — zuständigen Gerichts herbeizuführen (BTDrucks. **10** 1313, S. 23). Diese Änderung ist zu begrüßen. Die Staatsanwaltschaft kann, weil sie über die Möglichkeit der Verbindung von Verfahren verfügt[19], faktisch auch die Grundlage für eine Zurückweisung der Verteidigung schaffen. Da gegen die Entscheidung der Staatsanwaltschaft über die Verfahrensverbindung wie auch über die Zurückweisung des Verteidigers kein ordentliches Rechtsmittel gegeben wäre[20], hätten der Beschuldigte und der Verteidiger keine Möglichkeit, die Zurückweisungsentscheidung gerichtlich überprüfen zu lassen. Es wäre eine „bittere Ungerechtigkeit"[21] im Vergleich zur ausführlichen Verfahrensregelung des Ausschlusses gemäß § 138 a ff, gegen den die Beschwerde selbstverständlich möglich ist[22], wenn die Zurückweisung richterlicher Kontrolle entzogen wäre.

---

[16] So auch BTDrucks. **10** 1313, S. 23.

[17] Diese kann sich nur in getrennten Verfahren nachträglich erweisen, im selben Verfahren bestünde schon ein Fall verbotener Verfahrensidentität.

[18] BVerfG (Vorprüfungsausschuß) NJW **1976** 231; *Kleinknecht/Meyer*[37] § 146, 8; KK-*Laufhütte*[1] § 137, 14.

[19] *Kleinknecht/Meyer*[38] § 163, 5.

[20] Nur Gegenvorstellung und Dienstaufsichtsbeschwerde sind möglich, *Kleinknecht/Meyer*[37] § 146, 10.

[21] LR-*Dünnebier*[23] 26.

[22] § 138 d Abs. 6; § 304 Abs. 4 Satz 3.

4. Folgen der Zurückweisung. Nach Abs. 2 bleiben diejenigen Handlungen des zu- **12** rückgewiesenen Verteidigers wirksam, die vor der Zurückweisung liegen (BTDrucks. 10 1313, S. 24). Abs. 2 beendet somit den Streit um die Frage, welche Folgen eine nach §137 Abs. 1 Satz 2 oder §146 unzulässige Verteidigung hat.

Zunächst wurde teilweise davon ausgegangen, ein Verstoß gegen §§137 Abs. 1 **13** Satz 2 und 146 habe zur Folge, daß der Beschuldigte **als unverteidigt behandelt werden müsse,** weil der gewählte Verteidiger kraft Gesetzes kein Verteidiger sei[23]. Der BGH hat vor allem aus prozeßökonomischen Erwägungen[24] aber auch §146 alsbald dahin ausgelegt, daß der Verstoß gegen §146 Prozeßhandlungen des Verteidigers nicht ohne weiteres unwirksam mache[25]. Erst mit der Zurückweisung werde das Mandat unwirksam[26]. Von der damit eingetretenen Unwirksamkeit des Mandats sollte allerdings dann auch die Prozeßhandlung erfaßt sein, die Anlaß zur Zurückweisung gegeben hatte[27]. Größere praktische Bedeutung bekam diese Ansicht bei der Einlegung[28] und Begründung von Rechtsmitteln. Wurde wegen der Zurückweisung die Frist versäumt, war der Beschuldigte auf die Wiedereinsetzung in den vorigen Stand verwiesen[29]. In den Fällen des §137 Abs. 1 Satz 2 hat die Rechtsprechung sogar von der Verpflichtung abgesehen, die Verteidigung im Revisionsverfahren zurückzuweisen, da eine Zurückweisung — dem Normzweck des §137 Abs. 1 Satz 2 widersprechend (dazu §137 Rdn. 73 ff) — nur zu Verfahrenskomplikationen führen würde und anders als bei §146 ein Interessenkonflikt nicht entstanden sein könne[30]. Die Praxis hat die Probleme einer gemäß §137 Abs. 1 Satz 2 unzulässigen Mehrfachverteidigung weitgehend so gelöst, daß dem Beschuldigten vor einer Zurückweisung aller Verteidiger Gelegenheit gegeben wurde, eine dem §137 entsprechende Verteidigerwahl zu treffen[31].

Die Begründung des §146a Abs. 2 betont zu Recht, daß für die von der Recht- **14** sprechung vorgenommene Ausnahme von dem Grundsatz, die Verteidigung sei erst mit der Zurückweisung unzulässig, **kein praktisches Bedürfnis** besteht (BTDrucks. 10 1313, S. 24)[32]. *Laufhütte* ist hingegen der Ansicht[33], an der Unwirksamkeit der Handlung, die

[23] Vgl. LR-*Dünnebier*[23] 1; 10; 13; ders. NJW **1976** 7; BayObLG NJW **1976** 156 – zu §146 NJW **1976** 862 – zu §137; OLG Karlsruhe AnwBl. **1975** 247; NJW **1976** 249.

[24] BGHSt **26** 291, 292: „Eine unmittelbar aus dem Gesetz folgende Unwirksamkeit der Prozeßhandlungen ... könnte zu schwerwiegenden Komplikationen führen, die der Gesetzgeber gerade vermeiden wollte"; vgl. auch OLG Köln NStZ **1983** 560.

[25] Zusammenfassend BGH NJW **1984** 2372.

[26] BGH **26** 291; **28** 67; 68; zur Inkonsistenz der Rechtsprechung, die sich nicht mit dem Gesetzeswortlaut vereinbaren läßt, vgl. LR-*Dünnebier*[23] 19 ff, 26 ff.

[27] BGHSt **26** 367, 372; **27** 124 zu §137; für Pflichtverteidigung BGH NJW **1978** 384; OLG Düsseldorf NStZ **1983** 471; eine Ausnahme bzgl. der Einlegung eines Einspruchs gegen einen Bußgeldbescheid im Ordnungswidrigkeitenverfahren macht BGH NStZ **1986** 513; LR-*Dünnebier*[23] 25 bemerkt zutreffend und die Regelung des §146a vorwegnehmend, daß dann, wenn man wie die Rechtsprechung die Zurückweisung faktisch

zur Ausschließungsentscheidung gestaltet, keine Grundlage existiere, der Zurückweisung *rückwirkende* Kraft beizulegen.

[28] Das BayObLG NJW **1976** 156 hat, obwohl es der Ansicht ist, die Unzulässigkeit trete kraft Gesetzes ein, die *Einlegung* einer Revision für wirksam erachtet; ebenso für Ordnungswidrigkeiten BGH NJW **1987** 451, 453.

[29] *Kleinknecht/Meyer*[37] 9; beispielhaft BGHSt **26** 367, 373.

[30] So schon BayObLG NJW **1976** 1547; vgl. zur Entwicklung in der Rechtsprechung KK-*Laufhütte*[2] §137, 17.

[31] Nur die Prozeßhandlung – und zwar nur die unmittelbar zur Zurückweisung Anlaß gebende – des nicht gewählten Verteidigers sollte dann unwirksam sein, vgl. KK-*Laufhütte*[1] §137, 13 und 17.

[32] Mit systematischen Gründen zustimmend *Dünnebier* FS Pfeiffer (1988) 282. Zu den von *Foth* NStZ **1987** 441 und *Kleinknecht/Meyer*[38] 6 genannten Mißbrauchsmöglichkeiten vgl. *Nestler-Tremel* NStZ **1988** 107.

[33] KK[2] §137, 12; §146, 15.

Klaus Lüderssen

die Zurückweisung herausfordert, sei festzuhalten, der Wortlaut des § 146 a stehe dem nicht entgegen. Die „Wirksamkeit und Relevanz" des Aktes, der zur Zurückweisung führt, sei „gerade Gegenstand der gerichtlichen Entscheidung". Der Wortlaut des Gesetzes und seine Konstruktion als Ausschlußtatbestand stehen dieser Auslegung eindeutig entgegen. Die Handlung, die zur Zurückweisung führt, ist nur noch **Anlaß** für die Entscheidung nach § 146 a, ihre **Wirksamkeit** wird vorausgesetzt. Unzulässig ist somit erst das Verteidigungshandeln, das **nach** einer Zurückweisung gemäß §§ 137 Abs. 1 Satz 2, 146 in Vbdg. mit 146 a erfolgt.

15   **5. Gebühren.** Umstritten war bis zur gesetzlichen Neufassung des Verbots der Mehrfachverteidigung durch das StVÄG 1987, ob der Verteidiger, der zurückgewiesen worden war, dennoch seine Gebühren geltend machen konnte und ob ein Kostenerstattungsanspruch gegen die Staatskasse entstanden war[34]. Durch § 146 a ist nun eindeutig klargestellt, daß die Verteidigung bis zur Zurückweisung zulässig war. Damit stehen der Verteidigung auch die Verteidigergebühren bis zur Zurückweisung zu. Die gegenteilige Ansicht von LR-*Hilger* (§ 464 a, 33), der — gegen § 146 verstoßende — Mandatsvertrag sei nichtig gem. § 134 BGB, und dies gelte unabhängig davon, ob eine förmliche Zurückweisung erfolgt ist, verkennt die Rechtswirkung der Zurückweisung gem. § 146 a. Durch sie wird nicht (mehr) nur deklaratorisch das Verbot der Mehrfachverteidigung festgestellt, sondern sie wirkt konstitutiv. Für ein Auseinanderfallen der zivil- und damit kostenrechtlichen Beurteilung der Mehrfachverteidigung und ihrer prozeßrechtlichen Gültigkeit gibt das Gesetz daher keinen Raum mehr.

16   **6. Rechtsmittel gegen die Zurückweisung.** Gegen die Zurückweisung durch das Gericht[35] haben alle davon betroffenen Beschuldigten und der zurückgewiesene Verteidiger namens und im Auftrag des Beschuldigten[36] das Rechtsmittel der Beschwerde nach § 304 Abs. 1[37]. Ein eigenes Beschwerderecht haben weder der Wahl-[38] noch der Pflichtverteidiger[38a]. Wird der Antrag der Staatsanwaltschaft auf Zurückweisung eines Verteidigers abgelehnt, hat sie ebenfalls das Rechtsmittel der Beschwerde gemäß § 304 Abs. 1 (§ 296). Unanfechtbar ist aber der Zurückweisungsbeschluß des OLG nach § 304 Abs. 4 Satz 2[39], so daß insofern nur die Gegenvorstellung[40] möglich ist[41].

[34] Für Anspruch auf Gebühren und Kostenerstattungsanspruch LG Essen AnwBl. **1981** 23 gegen LG Flensburg JurBüro **1981** 78; LG Köln NStZ **1982** 347; KK-*Laufhütte*[2] § 137, 11; dagegen LG Freiburg NStZ **1985** 330; OLG Osnabrück JurBüro **1978** 1041; LG Krefeld MDR **1980** 248.

[35] Zurückweisungen durch die Staatsanwaltschaft sind wegen § 146 a Abs. 1 Satz 3 nicht mehr möglich, Rdn. 11.

[36] BGHSt **26** 291; **27** 148; OLG Stuttgart Justiz **1984** 430; OLG München NJW **1976** 863; *Schmidt* MDR **1977** 529.

[37] *Kleinknecht/Meyer*[38] § 305, 5; a. A OLG Hamm NStZ **1987** 476; soweit dort über die generelle Frage der Zulässigkeit von Beschwerden gegen Entscheidungen über die Verteidigerbestellung hinaus (dazu § 141, 48 ff) auf die Neufassung des § 304 Abs. 5

verwiesen ist, in dem die Beschwerde gegen die Zurückweisung des Ermittlungsrichters beim BGH nicht mit aufgezählt wird, geht dieser Hinweis fehl: Die Änderung des § 304 Abs. 5 wurde allein deswegen erforderlich, weil aufgrund des § 146 a nicht mehr der Ermittlungsrichter, sondern nur noch das erkennende Gericht zuständig ist, vgl. BTDrucks. **10** 1313, S. 30.

[38] KK-*Laufhütte*[2] § 146, 16; vgl. § 141, 52. Anders BVerfGE **39** 156; BGHSt **26** 291; OLG Köln NStZ **1982** 129; OLG München NJW **1976** 863; *Sannwald* AnwBl. **1980** 11.

[38a] OLG Köln NStZ **1982** 129.

[39] BGH NJW **1977** 156; *Schmidt* MDR **1977** 532; im Verfahren nach dem OWiG hingegen ist die Beschwerde zulässig gegen Entscheidungen des OLG, die außerhalb der Hauptverhandlung erfolgen, BGH NJW **1987** 451.

7. Revision. Der Revision können zwei Fallkonstellationen zugrundeliegen: Die **17** Verteidigung verstieß gegen das Verbot des § 146, der Verteidiger ist aber nicht zurückgewiesen worden, oder der Verteidiger ist zurückgewiesen worden, ohne daß die Voraussetzungen des § 146 gegeben waren[42].

Mit Erfolg soll die Revision auf das **Unterlassen der Zurückweisung** dann ge- **18** stützt werden können, wenn die Verteidigung der mehreren Beschuldigten der Aufgabe der Verteidigung im Einzelfall tatsächlich widersprochen hat[43]. Unterschiedlich wird die Frage beurteilt, ob in einem solchen Fall der absolute Revisionsgrund des § 338 Nr. 5 oder ein Revisionsgrund gemäß § 337 gegeben ist. Die Befürworter einer Lösung nach § 338 Nr. 5 meinen, daß die durch das Vorliegen einer konkreten Interessenkollision bedingte Verhinderung, die Verteidigung uneingeschränkt wahrzunehmen, einer fehlenden Verteidigung gleichzusetzen sei[44]. Diese Argumentation ist allerdings auf die Fälle notwendiger Verteidigung beschränkt, denn nur hier ist das Fehlen der Verteidigung ein absoluter Revisionsgrund (§§ 226, 338 Nr. 5). Ferner: § 338 Nr. 5 soll anwendbar sein, weil bei gemeinschaftlicher Verteidigung der Verteidiger schon von Gesetzes wegen „kein Verteidiger" sei[45]. § 146 a legt aber fest, daß die Verteidigung erst durch rechtskräftige Zurückweisung unzulässig wird. Daß nicht **jede** gemäß § 146 unzulässige Mehrfachverteidigung (bei notwendiger Verteidigung) den Revisionsgrund des § 338 Nr. 5 auslösen kann[46], ist damit offenkundig[47]. Die Differenz reduziert sich daher auf die Fälle, in denen festgestellt wird, daß die Mehrfachverteidigung **tatsächlich** zu einem Interessenkonflikt geführt hat. Dann macht es in der Sache — abgesehen von den Fällen, in denen die Verteidigung nicht gemäß § 140 notwendig war — keinen Unterschied, ob die Revision nach § 337 oder § 338 Nr. 5 begründet wird. Denn die Feststellung eines tatsächlichen Interessenkonflikts indiziert die „bloße Möglichkeit", daß das Urteil auf dem Verstoß gegen § 146 beruht[48]. Da eine **Beurteilung des Interessenkonfliktes** erforderlich ist, die Verletzung des § 146 allein also gerade nicht zu der unwiderlegbaren Vermutung führen soll, daß das Urteil auf dem in § 338 Nr. 5 genannten Verfahrensfehler beruht[49], kann die Revision nur nach § 337 begründet werden[50].

Eine auf die Rüge, die verbotene Mehrfachverteidigung habe einen **tatsächlichen 19 Interessenwiderstreit** bewirkt, gestützte Revision, führt zwar zurück zu der Auslegung des § 146 in der Fassung vor 1974 und widerspricht darüberhinaus dem Grundsatz, daß nur die Verteidigung als unwirksam gelten soll, die rechtskräftig zurückgewie-

---

[40] Vgl. dazu LR-*Gollwitzer* Vor § 296, 8 ff.

[41] Die Beschwerde gegen Entscheidungen des Ermittlungsrichters beim BGH ist entfallen, da nach § 146 a Abs. 1 S. 3 auch im Vorverfahren das erkennende Gericht für die Zurückweisung von Verteidigern zuständig ist, vgl. BTDrucks. **10** 1313, S. 30 zu der deshalb notwendigen redaktionellen Änderung des § 304 Abs. 5.

[42] Vgl. im übrigen § 137, 76.

[43] BGHSt **27** 22 = JR **1977** 211 m. Anm. *Meyer*; BGHSt **27** 154, 159; BGH StrVert. **1981** 117; OLG Koblenz NJW **1980** 1058; LG Frankfurt NJW **1978** 2164.

[44] BGH StrVert. **1981** 117 – allerdings ohne Begründung –; OLG Koblenz NJW **1980** 1058; LR-*Hanack* § 338, 93.

[45] Vgl. LR-*Dünnebier*[23] 18; LR-*Hanack* aaO greift dieses Argument direkt auf.

[46] Diese Folge hat allerdings nur LR-*Dünnebier*[23] 18 als Konsequenz des Gesetzes angenommen; die Rspr. setzt in jedem Fall das Vorliegen einer tatsächlichen Interessenkollision voraus, zur Begründung vgl. BGHSt **26** 291, 294.

[47] *Nestler-Tremel* NStZ **1988** 107; gegenteilige Ansicht *Dünnebier* FS Pfeiffer 278.

[48] Zu den Voraussetzungen des § 337 LR-*Hanack* § 337, 256 ff.

[49] LR-*Hanack* § 338, 1.

[50] So im Ergebnis auch BGHSt **27** 22 = JR **1977** 211 m. Anm. *Meyer*; **27** 154, 159; *Kleinknecht/Meyer*[38] 9.

Klaus Lüderssen

sen worden ist. Eine auf eine konkrete Interessenkollision gestützte Revision widerspräche aber nicht der hier (§ 146, 33) befürworteten Auslegung des § 146, die es verbietet, auf die Einzelabwägung zurückzugreifen[51]. Daß der Beschuldigte vor *konkreten* Interessenkollisionen im Einzelfall zu schützen ist, wird von niemandem bestritten. Andererseits gelten die gegen eine Einzelfallprüfung genannten Einwände — Einmischung in die Belange der Verteidigung, willkürliche Selektion zwischen genehmen und unerwünschten Verteidigern durch StA und Gericht (§ 146 Rdn. 26 bis 31) — im Revisionsverfahren nicht mehr. Somit kann die Revision damit begründet werden, die Verteidigung habe ihrer **Aufgabe auf Grund einer konkreten Interessenkollision** nicht nachkommen können[52]. Der Beschwerdeführer muß die Tatsachen darlegen, aus denen sich das ergibt[53]. Ob dem Tatrichter der Verstoß bekannt war, ist unerheblich[54]. Daß der Verteidiger eines Mitangeklagten hätte zurückgewiesen werden müssen, kann hingegen mangels Beschwer nicht gerügt werden[55].

20   Ist ein Verteidiger zurückgewiesen worden, obwohl die **Voraussetzungen** des § 146 **nicht gegeben** waren, soll die Revision nicht gegeben sein, wenn der Beschuldigte durch einen anderen Verteidiger ordnungsgemäß verteidigt war (nicht unbedenklich, vgl. § 142, 38)[56].

§ 147

(1) Der Verteidiger ist befugt, die Akten, die dem Gericht vorliegen oder diesem im Falle der Erhebung der Anklage vorzulegen wären, einzusehen sowie amtlich verwahrte Beweisstücke zu besichtigen.

(2) Ist der Abschluß der Ermittlungen noch nicht in den Akten vermerkt, so kann dem Verteidiger die Einsicht in die Akten oder einzelne Aktenstücke sowie die Besichtigung der amtlich verwahrten Beweisstücke versagt werden, wenn sie den Untersuchungszweck gefährden kann.

(3) Die Einsicht in die Niederschriften über die Vernehmung des Beschuldigten und über solche richterliche Untersuchungshandlungen, bei denen dem Verteidiger die Anwesenheit gestattet worden ist oder hätte gestattet werden müssen, sowie in die Gutachten von Sachverständigen darf dem Verteidiger in keiner Lage des Verfahrens versagt werden.

(4) [1]Auf Antrag sollen dem Verteidiger, soweit nicht wichtige Gründe entgegenstehen, die Akten mit Ausnahme der Beweisstücke in seine Geschäftsräume oder in seine Wohnung mitgegeben werden. [2]Die Entscheidung ist nicht anfechtbar.

(5) Über die Gewährung der Akteneinsicht entscheidet während des vorbereitenden Verfahrens die Staatsanwaltschaft, im übrigen der Vorsitzende des mit der Sache befaßten Gerichts.

---

[51] *Beulke* NStZ **1985** 292 Fußn. 44 zitiert für die kritisierten Beispiele einer einzelfallbezogenen Rechtsprechung zwar auch die Revisionsentscheidungen des BGH, setzt sich aber im folgenden nicht mit der besonderen Situation im Revisionsverfahren auseinander.

[52] Das gilt auch für andere Rechtsmittel, die gegen Entscheidungen eingelegt wurden, an deren Zustandekommen ein Verteidiger beteiligt war, der in einer konkreten Interessenkollision handelte; zu einem Fall des Rechtsmittelverzichts vgl. OLG Köln OLGSt S. 23.

[53] BGHSt **27** 22; **27** 154, 159; BGH StrVert. **1981** 117; *Kleinknecht/Meyer*[38] 9.

[54] Vgl. *Meyer* Anm. zu BGH **27** 22, 44 in JR **1977** 213; OLG Koblenz NJW **1980** 1058.

[55] BGH StrVert. **1984** 493.

[56] BGHSt **27** 154, 159; *Kleinknecht/Meyer*[38] 9.

(6) [1]Ist der Grund für die Versagung der Akteneinsicht nicht vorher entfallen, so hebt die Staatsanwaltschaft die Anordnung spätestens mit dem Abschluß der Ermittlungen auf. [2]Dem Verteidiger ist Mitteilung zu machen, sobald das Recht zur Akteneinsicht wieder uneingeschränkt besteht.

Schrifttum. *Bender/Nack* Unzulässige Beschränkung der Verteidigung durch Vorenthaltung der Spurenakten? ZRP **1983** 1; *Beulke* Das Einsichtsrecht des Strafverteidigers in die polizeilichen Spurenakten, FS Dünnebier 285; *Bode* Ist ein Verteidiger berechtigt, nach Eröffnung des Hauptverfahrens dem Angeklagten einen Aktenauszug zu überlassen? MDR **1981** 287; *Borgs* Steuerakten — Vorlage für parlamentarische Untersuchungen (Art. 44 GG, § 30 AO), JZ **1985** 112; *Czaschke* Einsicht in Gefangenenpersonalakten, NStZ **1983** 441; *Flümann* Die Vorlage von Akten nach § 99 VwGO im Rahmen von Auskunftsverlangen aus Kriminalakten, NJW **1985** 1452; *Frohn* Strafverteidigung und rechtliches Gehör — verfassungsrechtliche Anmerkungen zur Strafverfahrensreform, GA **1984** 555; *Groh* Zum Recht des Strafverteidigers auf Einsichtnahme in staatsanwaltschaftliche Ermittlungsakten, DRiZ **1985** 52; *Hilger* Zur Akteneinsicht Dritter in von Strafverfolgungsbehörden sichergestellte Unterlagen, NStZ **1984** 541; *Keller* Das Akteneinsichtsrecht der Strafgefangenen, NStZ **1982** 17; *Lingen* Die Akteneinsicht durch den Beamten und den Verteidiger im strafrechtlichen Ermittlungsverfahren und während der disziplinarrechtlichen Vorermittlungen, DÖV **1980** 193; *Molketin* Zum Anspruch des Strafgefangenen auf Einsichtnahme in die von der Vollzugsbehörde über ihn geführten Krankenunterlagen, MDR **1980** 544; *Oswald* Aktenaushändigung in die Kanzlei des Bevollmächtigten, AnwBl. **1983** 253; *Pawlita* Die Wahrnehmung des Akteneinsichtsrechts im gerichtlichen und behördlichen Verfahren durch Überlassung der Akten in die Rechtsanwaltskanzlei, AnwBl. **1986** 1; *Rieß* Amtlich verwahrte Beweisstücke (§ 147 StPO), FS II Peters 113; *H. Schäfer* Das Recht eines früheren Beschuldigten auf Akteneinsicht und das Geheimhaltungsinteresse des öffentlichen Dienstes, MDR **1984** 454; *H. Schäfer* Die Grenzen des Rechts auf Akteneinsicht durch den Verteidiger, NStZ **1984** 203; *H. Schäfer* Die Einsicht in Strafakten durch Verfahrensbeteiligte und Dritte, NStZ **1985** 198; *Schneider* Problemfälle aus der Prozeßpraxis — Akteneinsicht durch Aktenüberlassung, MDR **1984** 108; *Schoreit* Verwaltungsstreit um Kriminalakten, NJW **1985** 169; *Seibert* Parlamentarischer Untersuchungsausschuß und Steuergeheimnis, NJW **1984** 1001; *Taschke* Die behördliche Zurückhaltung von Beweismitteln im Strafprozeß (1989); *Taschke* Akteneinsicht und Geheimnisschutz im Strafverfahren, Computer und Recht, **1989** H.4; *Wasserburg* Das Einsichtsrecht des Anwalts in die kriminalpolizeilichen Spurenakten, NJW **1980** 2440; *Wasserburg* Einsichtsrecht des Verteidigers in kriminalpolizeiliche Spurenakten, NStZ **1981** 211; *Wasserburg* Einschränkung des Akteneinsichtsrechts bei Gefährdung der Staatssicherheit oder bei Gefährdung eines Zeugen, FS II Peters 285; *Welp* Probleme des Akteneinsichtsrechts, FS II Peters 309; *Welp* Rechtsschutz gegen verweigerte Akteneinsicht, StrVert. **1986** 446; *Wieczorek* Kriminalpolizeiliche Spurenakten. Einsichtsrecht des Verteidigers? Kriminalistik **1984** 598.

Entstehungsgeschichte. § 147 lautete in der ursprünglichen Fassung:

(1) Der Verteidiger ist nach dem Abschlusse der Voruntersuchung und, wenn eine solche nicht stattgefunden hat, nach Einreichung der Anklageschrift bei dem Gerichte zur Einsicht der dem Gerichte vorliegenden Akten befugt.

(2) Schon vor diesem Zeitpunkte ist ihm die Einsicht der gerichtlichen Untersuchungsakten insoweit zu gestatten, als dies ohne Gefährdung des Untersuchungszweckes geschehen kann.

(3) Die Einsicht der Protokolle über die Vernehmung des Beschuldigten, der Gutachten der Sachverständigen und der Protokolle über diejenigen gerichtlichen Handlungen, denen der Verteidiger beizuwohnen befugt ist, darf ihm keineswegs verweigert werden.

(4) Nach dem Ermessen des Vorsitzenden können die Akten, mit Ausnahme der Überführungsstücke, dem Verteidiger in seine Wohnung verabfolgt werden.

Artikel II § 31 I der ZustVO knüpfte das Akteneinsichtsrecht — ohne Änderung des § 147 StPO — an bestimmte Voraussetzungen: Der Verteidiger konnte die Akten erst einsehen, wenn der Staatsanwalt einen Antrag auf Aburteilung im beschleunigten Verfahren bei Gericht gestellt hatte (Satz 1) und nur, wenn das Verfahren durch das Akten-

Klaus Lüderssen

einsichtsrecht nicht aufgehalten wurde (Satz 2). Satz 1 dieser Regelung fand — durch Art. III Nr. 56 VereinhG — als § 147 Abs. 1 Satz 2 Eingang in die StPO. Das StPÄG 1964 beseitigte diese Regelung wieder, formulierte das Akteneinsichtsrecht in Abs. 1 zum ersten Mal als unbeschränkten Grundsatz, während in Abs. 2 und Abs. 3 die bis heute gültigen Ausnahmen bzw. Rückausnahmen fixiert wurden und fügte die Absätze 5 und 6 an. Das 1. StVRG brachte mit Blick auf die Abschaffung der gerichtlichen Voruntersuchung weitere Änderungen. Außerdem wurde in Abs. 6 Satz 2 angefügt. Seitdem ist die Vorschrift unverändert.

Übersicht

I. Zweck der Vorschrift

1   Neben dem Beweisantrags- und Fragerecht ist das **Akteneinsichtsrecht** ein Kernstück der Verteidigung[1]. Nur wer weiß, mit welchem Vorwurf er konfrontiert wird, worauf der Vorwurf sich gründet und welche Beweismittel vorhanden sind, vermag sich

---

[1] Vgl. *Groh* DRiZ **1985** 54: „Ein essentielles Recht der Verteidigung"; *Peters*[4] 231: „Das Recht auf Akteneinsicht stellt eine wesent- liche Voraussetzung der Verteidigung dar"; *Schlüchter* 109: Das Akteneinsichtsrecht sei „eine wichtige Befugnis der Verteidigung".

sinnvoll zu verteidigen[2]. Es handelt sich um ein Recht, das auf verschiedene rechtsstaatliche Prinzipien zurückgeht.

In erster Linie ist das uneingeschränkte Akteneinsichtsrecht notwendige Voraussetzung dafür, daß der Beschuldigte nicht Objekt der strafrechtlichen Untersuchung bleibt, sondern eine **Subjekt-Rolle** erhält (*Welp* FS II Peters 309; Vor §§ 137, 22 ff; 33 ff). Das Akteneinsichtsrecht ist insofern eine Konkretisierung des Rechts auf **rechtliches Gehör**[3]. Denn Art. 103 Abs. 1 GG fordert, daß „einer gerichtlichen Entscheidung nur solche Tatsachen und Beweisergebnisse zugrunde gelegt werden, zu denen Stellung zu nehmen den Beteiligten Gelegenheit gegeben war." (BVerfGE 18 404). **2**

Freilich kann das Recht auf Akteneinsicht nicht allein aus dem Recht auf rechtliches Gehör abgeleitet werden (*Welp* FS II Peters 309). Denn zumindest für die Hauptverhandlung gilt der Grundsatz des § 261, wonach das Urteil sich auf den „Inbegriff der Verhandlung" zu stützen hat. Die Kenntnis vom Inhalt der **Akten** und der sich aus ihnen ergebenden Belastungs- und Entlastungsmomente ist bei einem auf den „Inbegriff der Verhandlung" gegründeten Urteil nicht geboten. Da das Gericht nur das verwerten darf, was in mündlicher Verhandlung erörtert wurde, und Art. 103 Abs. 1 GG nur verlangt, daß der Angeklagte sich zu den Tatsachen äußern konnte, die das Gericht seiner Entscheidung zugrunde gelegt hat (BGHSt **17** 387; **30** 141), könnte dem Angeklagten, wenn die Basis dafür nur das Recht auf rechtliches Gehör wäre, sogar jede Akteneinsicht verweigert werden (*Welp* aaO; RGSt **72** 273 f). **3**

Indessen schafft die Akteneinsicht außerdem eine **„Parität des Wissens"** (*Welp* FS II Peters 309), die es dem Angeklagten (und *daher* auch seinem Verteidiger) erlaubt, den Gang des Verfahrens aktiv zu beeinflussen. Das Akteneinsichtsrecht ist also auch eine Konkretisierung des aus dem Rechtsstaatsprinzip in Verbindung mit der dem Beschuldigten zugebilligten Autonomie abgeleiteten (BVerfGE **57** 274 f; BVerfGE **63** 61) Rechts auf ein **faires** Strafverfahren (*Wasserburg* NJW **1980** 2242; NStZ **1981** 211). Hierzu gehört, daß dem Beschuldigten Akten und Beweisstücke so frühzeitig wie möglich offengelegt werden, auf jeden Fall aber — und dann ohne Ausnahme —, wenn die Ermittlungen abgeschlossen sind, damit er von dem Ergebnis der Ermittlungen, auch von einem negativen, Kenntnis erlangt, sich darauf einstellen und, wenn nötig, Verteidigungsmittel beschaffen und vorbringen kann. Das Akteneinsichtsrecht dient damit auch der Verhinderung von Fehlurteilen (*Wasserburg* NJW **1980** 2241; NStZ **1981** 211). **4**

§ 147 unterscheidet zwischen dem **Recht** zur **Einsicht** in die Akten und dem **Recht** zur **Besichtigung** der Beweisstücke[4], wobei das Besichtigungsrecht das Einsichtsrecht ergänzt[5]. Beide Rechte werden vom Gesetz gleich behandelt. (Daher ist im folgenden mit Akteneinsichtsrecht, auch wenn nichts besonderes vermerkt ist, der umfassende Begriff gemeint.) Lediglich bei der Form der Einsichtnahme ergeben sich Unterschiede: während die **Akten** zur Einsichtnahme in die Kanzlei oder Geschäftsräume des Verteidigers überlassen oder übersendet werden müssen, sofern nicht gewichtige Gründe entgegenstehen (vgl. hierzu unten Rdn. 142 ff), gibt § 147 bei den **Beweismitteln** nur einen Anspruch auf Besichtigung (vgl. im einzelnen unten Rdn. 111 ff). **5**

Die Akteneinsicht dient dem **Beschuldigten**. Daß Akteneinsicht nur dem **Verteidiger**, also den in §§ 138, 139, 142 Abs. 2 genannten Personen (vgl. unten Rdn. 18 ff), nicht jedoch dem Beschuldigten, auch nicht dem beschuldigten Rechtsanwalt[6], zu gewähren **6**

---

[2] BGHSt **29** 99, 102; KK-*Laufhütte*[2] 1; 8; *Fezer* StrafprozeßR (1986) 4/19.

[3] BVerfGE **18** 405; *H. Schäfer* NStZ **1984** 204; NStZ **1985** 199.

[4] Vgl. hierzu *Rieß* FS II Peters 113 ff, 120 f.

[5] *Rieß* FS II Peters 120, Fußn. 35 mit weit. Nachw.; *Kleinknecht/Meyer*[38] 19.

[6] *Kleinknecht/Meyer*[38] 3.

Klaus Lüderssen

ist[7], wird zum Teil auf die Erwägung gestützt, aus Gründen der Vorsicht sei die Akteneinsicht in die Hand einer Person gelegt, die entweder durch Vorbildung und Standesrecht (§ 138 Abs. 1) oder wegen der Kontrolle, die das Gericht bei der Auswahl ausübt (§§ 138 Abs. 2, 142 Abs. 2), Gewähr dafür biete, daß die Akten bei der Einsicht nicht beschädigt, verfälscht oder vernichtet werden[8].

7   Dazu scheint freilich nicht zu passen, daß die Aktenintegrität bei Überlassung von Fotokopien oder Abschriften an den Beschuldigten nicht gefährdet wäre (*Beulke* Verteidiger 89 f). Andererseits sollen dem Verteidiger **Beweismittel** auch dann nicht zur Einsichtnahme in die Kanzlei überlassen werden, wenn es sich bei ihnen um Urkunden handelt (*H. Schäfer* NStZ **1985** 206 für Beiakten). Wer aber die Integrität der Ermittlungsakte bei Überlassung an einen Verteidiger nicht gefährdet sieht, sollte die Integrität von Akten, die als Beweismittel in Betracht kommen und an einen Verteidiger herausgegeben werden, gleichfalls nicht bedroht sehen. Wenig überzeugend ist auch das Argument, mit der Beschränkung des Akteneinsichtsrechts auf den Verteidiger sei die Erwartung verknüpft, daß er sein Wissen nicht in vollem Umfang dem Beschuldigten mitteile (*Beulke* Verteidiger 90 mit weit. Nachw. in Fußn. 42). Denn der Verteidiger ist gerade befugt und verpflichtet, seinem Mandanten zu Verteidigungszwecken mitzuteilen, was er aus den Akten erfahren hat[9]. Dies gilt auch, wenn sich aus den Akten ergibt, daß ein Haftbefehl ergangen ist oder eine Durchsuchung bevorsteht (s. genauer unten Rdn. 127)[10].

8   Die Beschränkung des Akteneinsichtsrechts auf die Person des Verteidigers hat daher nicht zuletzt mit **tatsächlichen Verhältnissen** zu tun, die sich inzwischen geändert haben. Solange die Anfertigung von Duplikaten der Ermittlungsakten nur mit großer Mühe und Aufwand zu erreichen war, mag es gerechtfertigt gewesen sein, die Akteneinsicht nur dem Verteidiger zu gewähren, der sich dann mit der Anfertigung von Notizen begnügen oder die — aufwendigere — Herstellung einer Abschrift veranlassen konnte. Der technische Fortschritt, der es mühelos erlaubt, eine beliebige Anzahl von Duplo-Akten herzustellen, macht die Beschränkung des Akteneinsichtsrechts auf den Verteidiger indessen zum Anachronismus[11].

[7] BGHSt **29** 102 = NJW **1980** 64 m. Anm. *Kuckuck* NJW **1980** 298 = JR **1981** 73 m. Anm. *Müller-Dietz*; BGH MDR **1980** 67; BGH NJW **1977** 2086; OLG Düsseldorf JZ **1986** 508; OLG Stuttgart NStZ **1986** 46; OLG Zweibrücken NJW **1977** 1699; OLG Frankfurt NJW **1965** 2312; KG JR **1965** 69, 70; OLG Schleswig SchlHA **1952** 50; EGH JW **1936** 264 und 3549; RGSt **72** 268, 275; *Kleinknecht/Meyer*[38] 3; vgl. auch *Schroeder* NJW **1987** 302 f; *Bode* MDR **1981** 287.

[8] OLG Zweibrücken NJW **1977** 1699; *Klussmann* NJW **1973** 1965; *Welp* FS II Peters 314, 323; LR-*Dünnebier*[23] 1; *Lobe* JW **1926** 2726; *Alsberg* ebenda; vgl. auch die Begründung zu § 147 Abs. 6 des „Referentenentwurf eines Gesetzes zur Änderung strafverfahrensrechtlicher Vorschriften (Strafverfahrensänderungsgesetz 1983 – StVÄG 1983)" vom 30. 9. 1982, zit. bei *Frohn* GA **1984** 565.

[9] BGHSt **29** 102; *Dahs*, Hdb. 227; LR-*Dünnebier*[23] 17; KK-*Laufhütte*[2] 8.

[10] OLG Hamburg BRAKMitt. **1987** 163 mit Anm. *Dahs*; *Dahs* Hdb. 227; *Welp* FS II Peters 318 ff; *Eb. Schmidt* 19; **a. A** *Kleinknecht/ Meyer*[38] 21; KK-*Laufhütte*[2] 8; offen gelassen bei BGHSt **29** 103.

[11] Vgl. *Welp* FS II Peters 315: „Aber offenbar liegt die Möglichkeit, dem Beschuldigten – und dem Verteidiger! – einen gesetzlichen Anspruch (auf die Überlassung einer amtlich herzustellenden Fotokopie, K.L.) einzuräumen, noch immer jenseits eines rechtspolitischen Horizonts, der mit dem Begriff der **Abschrift** die Vorstellung eines mit dem Federkiel bewaffneten Kanzleiangestellten assoziiert. Auf den Einzug der Kopiertechnik in die Strafprozeßordnung wird man daher vergeblich warten." Der Referentenentwurf des Bundesministers der Justiz vom 30. 9. 1982 sah ein eigenes Akteneinsichtsrecht des Beschuldigten vor. Der Text lautet (zit. nach *Welp* FS II Peters 314): „(6) Dem Beschuldigten kann die Einsicht in die Akten auf der

Träger des Akteneinsichtsrechts ist aber auch schon nach geltendem Recht der **9** Beschuldigte: Nach seinem Zweck steht es quoad ius dem Beschuldigten, quoad exercitium dem Verteidiger zu[12]. Daher ist es konsequent, wenn §147 StPO nicht als Verbot der Gewährung von Akteneinsicht an den Beschuldigten interpretiert wird[13].

Unter dem Gesichtspunkt der „Parität des Wissens" hätte der Gesetzgeber vorse- **10** hen können und für den verteidigerlosen Beschuldigten in gewissem Umfang vorsehen sollen, daß diesem **Abschriften** aus den Akten oder **Fotokopien** von Aktenteilen erteilt werden.

Einen Anspruch auf die Erteilung von Abschriften oder die Fertigung von Fotoko- **11** pien haben nach herrschender Auffassung weder der Beschuldigte noch der Verteidiger[14]. §147 gibt insoweit nur einen **Anspruch auf Einsicht** in die Akten und die Anfertigung von Abschriften oder Fotokopien durch den Verteidiger. *H. Schmidt* (AnwBl. **1984** 261, 262) hat mit beachtlichen Gründen Kritik an dieser Auffassung geübt und dargelegt, daß aus §147 Abs. 4, der es erlaubt, dem Verteidiger die Akten zur Einsicht in sein Büro zu übersenden, nicht gefolgert werden könne, der Verteidiger habe keinen Anspruch auf die Überlassung von Ablichtungen. So sehr es rechtspolitisch zu begrüßen wäre, dem Verteidiger generell oder dem Beschuldigten in näher zu bestimmenden Grenzen einen **Anspruch** auf Erteilung von Abschriften oder Fotokopien zu geben — es darf doch nicht übersehen werden, daß de lege lata ein solcher Anspruch nicht besteht. Hieran können weder Nr. 182 Abs. 1 Satz 2 RiStBV noch Nr. 190 des Kostenverzeichnisses zum GKG etwas ändern. Die RiStBV stellen lediglich Verwaltungsvorschriften dar, die — abgesehen davon, daß sie für den Richter nur unverbindliche Empfehlungen sind (vgl. die Einführung zu den RiStBV) — keinen Rechtsanspruch geben können (**a. A.** *H. Schäfer* NStZ **1985** 202, der sie als Bundesgewohnheitsrecht betrachtet). Daß Nr. 1900 Ziff. 2 d die Abschrift jeder Niederschrift über eine Sitzung als schreibauslagenfrei erklärt, trifft nur die gebührenrechtliche Seite der Erteilung von Abschriften.

Gleichwohl steht §147 der Erteilung von Abschriften und der Anfertigung von **12** Fotokopien nicht entgegen. Die zur Entscheidung über die Akteneinsicht zuständige Stelle kann daher **Abschriften (Ablichtungen) von Aktenteilen geben,** wenn der Beschuldigte keinen Verteidiger hat, also etwa wenn er sich, ohne daß ein Fall notwendiger Verteidigung vorliegt, selbst verteidigen will[15] oder Staatsanwaltschaft beziehungsweise Gericht die Zurverfügungstellung von Ablichtungen der Akten oder Aktenteilen für erforderlich halten, um dem Beschuldigten Gelegenheit zu geben, sich zu äußern (*Kleinknecht/Meyer*[37] 8). Die Gewährung von Akteneinsicht an den nicht verteidigten Beschuldigten kann sogar unter dem **Gesichtspunkt der Aufklärungspflicht (§244 Abs. 2)** gebo-

---

Geschäftsstelle des Gerichts oder der Staatsanwaltschaft oder bei einer anderen Behörde unter Aufsicht gestattet werden, soweit nicht gewichtige Gründe entgegenstehen." Zu dem Entwurf siehe ausführlich *Welp* FS II Peters 314; *Frohn* GA **1984** 554.

[12] Formulierung von LR-*Dünnebier*[23] 1; OLG Zweibrücken NJW **1977** 1699 = OLGSt § 147, S. 7 = VRS **53** 122; Alternativentwurf, Begründung S. 100; *Wasserburg* NJW **1980** 2440, 2441; **a. A** *Beulke* (Verteidiger) 142; *Isele* (BRAO) 1976, Anhang zu §43 Nr. II A; vgl. auch BVerfGE **62** 338, 343.

[13] OLG Zweibrücken NJW **1977** 1699; *Welp* FS II Peters 313; *Kleinknecht/Meyer*[38] 3;

KK-*Laufhütte*[2] 2; KMR-*Müller* 23; *Beulke* (Verteidiger) 142; *Lüttger* NJW **1951** 745; *Krekeler* wistra **1983** 46 f.

[14] BVerfG (Vorprüfungsausschuß) AnwBl. **1984** 261 m. abl. Anm. *H. Schmidt*; BGH bei *Dallinger* MDR **1975** 725; BGH bei *Dallinger* MDR **1973** 371; OLG Hamburg NJW **1963** 1024; KK-*Laufhütte*[2] 6; *Kleinknecht/Meyer*[38] 6; KMR-*Müller* 20; für Abschriften der Sitzungsniederschrift siehe unten Rdn. 15 f.

[15] Vgl. etwa den bei *Plöger* NJW **1974** 634 f mitgeteilten Beschluß des AG Berlin, in dem ein Rechtsreferendar als Beschuldigter um Akteneinsicht ersucht hatte.

Klaus Lüderssen

ten sein, wenn nur so eine Aufklärung des Sachverhaltes zu erwarten ist (*Lüttger* NJW **1951** 744, 745 mit weit. Nachw.).

13　　Von dem Grundsatz, daß der Verteidiger oder der Beschuldigte keinen Anspruch auf Erteilung von Abschriften oder auf Anfertigung von Fotokopien haben, gibt es **Ausnahmen**. Wenn der umfassenden Akteneinsicht durch den Verteidiger noch Bedenken entgegenstehen (Abs. 2) und der Verteidiger deshalb gehindert ist, selbst Abschriften oder Fotokopien fertigen zu lassen, muß die Einsicht in die nach Abs. 3 privilegierten Unterlagen durch Überlassung von Abschriften oder Ablichtungen gewährt werden[16]; wird die Einsicht in diesen Fällen verwehrt, ist der Anspruch auf rechtliches Gehör verletzt (BVerfGE 18, 399; *Dahs* Hdb. Rdn. 220). Es wäre zweckmäßig, wenn für die in Abs. 3 genannten Urkunden die Herausgabe von Abschriften an Verteidiger und Beschuldigte vorgesehen würde; sie könnten mühelos als Durchschläge gefertigt werden.

14　　Einen gesetzlichen Anspruch auf die Erteilung einer Abschrift gibt ferner § 35 **Abs. 1 Satz 2**.

15　　Auch die prozessuale **Fürsorgepflicht**[17] kann die Erteilung von Abschriften gebieten[18]. Dies gilt insbesondere für die Sitzungsniederschrift und Teile der Sitzungsniederschrift bei mehrtägigen Hauptverhandlungen. Hier steht zwar die überwiegende Auffassung in Rechtsprechung und Literatur auf dem Standpunkt, Abschriften oder Ablichtungen des Protokolls oder wesentlicher Teile des Protokolls könnten vor Beendigung der Hauptverhandlung und Fertigstellung des Protokolls nicht verlangt werden[19]. Begründet wird diese Auffassung damit, das Protokoll über die gesamte Hauptverhandlung bilde eine Einheit; seine Fertigstellung vor dem letzten Sitzungstag sei rechtlich nicht möglich[20]. Ein Anspruch auf Überlassung von Abschriften der Sitzungsniederschrift soll sich jedoch dann ergeben, wenn es sich um umfangreiche Beschlüsse handelt, die in der Hauptverhandlung verkündet werden[21], da der Angeklagte nur dann eine klare und unverrückbare Unterlage für weitere Prozeßhandlungen in der Hand habe[22].

16　　Wenn die gerichtliche Fürsorgepflicht es in diesen Fällen gebietet, eine Abschrift oder Ablichtung zur Verfügung zu stellen, dann muß dies erst recht für **Ablichtungen des — noch nicht fertiggestellten — Protokollentwurfs** gelten. Denn die Revisionsbegründungsfrist beträgt, unabhängig davon, ob es sich um eine eintägige oder mehrtägige, unter Umständen über Jahre hinweg erstreckende Hauptverhandlung handelt, einen Monat. Der Lauf dieser Frist beginnt zwar erst mit der Zustellung des Urteils (§ 345 Abs. 1 Satz 2), das vor Fertigstellung des Protokolls nicht zugestellt werden darf (§ 273 Abs. 4). Gerade bei mehrtägigen Hauptverhandlungen ist es oftmals aber nur unter großen Schwierigkeiten oder überhaupt nicht möglich, die fristgebundenen Verfahrensrügen in der vorgeschriebenen Form (§ 344 Abs. 2 Satz 2) anzubringen (vgl.

---

[16] BGHSt **18** 372 für unter Geheimschutz stehende Akten; KK-*Laufhütte* 7.

[17] *Roxin*[20] § 42 D V; KMR-*Sax* Einleitung **XII**; *Schorn* MDR **1966** 639 ff; *Kleinknecht/Meyer*[38] Einl. Rdn. 156; LR-*Schäfer* Einl., Kap. **6** 21 ff.

[18] *Kleinknecht/Meyer*[38] § 35, 8 in Vbdg. mit Einl. Rdn. 156 ff; KK-*Maul*[2] § 35, 9; KMR-*Paulus* § 35, 23; LR-*Wendisch* § 35, 11; *Eb. Schmidt* § 35, 11; *Alsberg/Nüse/Meyer* 767.

[19] BGHSt **29** 394 f; BGH bei *Dallinger* MDR **1973** 371; BGH bei *Dallinger* MDR **1975** 725;

RGSt **44** 53, 54; *Alsberg/Nüse/Meyer* 766; *Kleinknecht/Meyer*[38] 6; LR-*Dünnebier*[23] 2; **a. A** *Alsberg/Nüse*[2] 411 ff mit weit. Nachw.

[20] BGHSt **16** 306, 307; **29** 394, 395; BGH bei *Dallinger* MDR **1975** 725; RGSt **44** 53, 54; **30** 205; *Alsberg/Nüse/Meyer* 766 mit weit. Nachw.; vgl. auch BGH bei *Pfeiffer* NStZ **1981** 297.

[21] *Alsberg/Nüse/Meyer* 767; KK-*Maul*[2] § 35, 10; KMR-*Paulus* § 35, 23; LR-*Wendisch* § 35, 11; *Eb. Schmidt* § 35, 11.

[22] § 35, 11; *Eb. Schmidt* § 35, 11.

Dahs Hdb. 492 ff). In diesen Fällen gebietet die Fürsorgepflicht, Abschriften oder Ablichtungen von Teilen des Sitzungsprotokolls anzufertigen und dem Verteidiger zur Verfügung zu stellen, wenn nur so gewährleistet werden kann, daß die Verfahrensrügen form- und fristgerecht erhoben werden können.

Bei umfangreichen **Beweisstücken mit Urkundenqualität** wandelt sich das Besichtigungsrecht nach Abs. 1 in einen **Anspruch auf Herstellung amtlich gefertigter Photokopien** um[23]. **17**

II. Verteidiger

Die Akteneinsicht steht dem **Verteidiger** zu. Verteidiger sind zunächst der Wahlverteidiger (§ 138) und der Pflichtverteidiger (§ 141). Verteidiger im Sinne der Vorschrift sind weiter der Rechtsreferendar, dem die Verteidigung gemäß § 139 StPO übertragen wurde, und die nach § 138 Abs. 2 als Verteidiger zugelassenen Personen (*KK-Laufhütte*[2] 3), unabhängig davon, ob ein Fall notwendiger Verteidigung vorliegt. Im Steuerstrafverfahren haben weiterhin die nach § 392 AO als Verteidiger wählbaren Personen einen Anspruch auf Akteneinsicht. **18**

Der **beschuldigte Rechtsanwalt** hat kein Akteneinsichtsrecht[24]; insoweit ist er Beschuldigter, für den die Rdn. 12 dargelegten Grundsätze gelten. **19**

Da das Akteneinsichtsrecht nur dem „Verteidiger" zusteht, haben der gesetzliche **Vertreter oder der Beistand** (§ 149) kein Recht auf Einsichtnahme der Akten. Ihnen kann jedoch — wie dem Beschuldigten (Rdn. 12) — Einsicht gewährt werden. **20**

Als Vertreter **anderer Verfahrensbeteiligter** hat ein Rechtsanwalt Anspruch auf Akteneinsicht, also etwa als Vertreter des Verfalls- oder Einziehungsbeteiligten (§§ 434 Abs. 1 Satz 2, 442, 444); gleiches gilt für Privat- und Nebenkläger (§§ 385 Abs. 3, 397 Abs. 1)[25]; wegen des Akteneinsichtsrechts des Verletzten siehe § 406 e, 1 ff. **21**

III. Akten

1. Zum Aktenbegriff in § 147. Die StPO enthält weder in § 147 noch in anderen Vorschriften, in denen von Akten die Rede ist[26], eine **Definition** (§ 199, 7). Zu den Akten, auf die das Einsichtsrecht der Verteidigung sich erstreckt, werden gemeinhin „alle vom ersten Zugriff der Polizei (§ 163 StPO) an gesammelten be- und entlastenden Schriftstücke" gezählt, „die nach Anklageerhebung entstandenen Aktenteile und die vom Gericht herangezogenen oder von der Staatsanwaltschaft nachgereichten Beiakten"[27] oder „sämtliche verkörperten Ermittlungs- und Verhandlungsergebnisse (...), die im Verlauf der Ermittlungen durch die Staatsanwaltschaft oder ihre Hilfsbeamten sowie nach Anklageerhebung bei Gericht angefallen (...) sind." (*H. Schäfer* NStZ **1984** 204). **22**

Verschiedene **Problemfälle der Akteneinsicht** (siehe im einzelnen unten Rdn. 31 ff) zeigen jedoch, daß der so bestimmte Aktenbegriff zu unpräzise ist. Es muß bei der Auslegung ein „aus dem Gesamtzusammenhang der jeweiligen Regelung abzuleitender funktioneller Aktenbegriff" entwickelt werden (§ 199, 8): **23**

Das Ermittlungsverfahren der StPO ist ein **schriftliches Verfahren** insofern, als alle Ermittlungsschritte und Beweisergebnisse schriftlich fixiert werden müssen[28]. Das **24**

[23] *Rieß* FS II Peters 127; s. u. Rdn. 117 ff.
[24] *Klussmann* NJW **1973** 1965 (gegen ihn: *Plöger* NJW **1974** 634); *Bode* MDR **1981** 287; *Kleinknecht/Meyer*[38] 3.
[25] *Kleinknecht/Meyer*[38] 2.
[26] Siehe die Aufzählung bei § 199, 2 Fußn. 7.
[27] *Kleinknecht/Meyer*[38] 14; ähnlich KK-*Laufhütte*[2] 4; KMR-*Müller* 3; LR-*Dünnebier*[23] 4.
[28] *Kleinknecht/Meyer*[38] § 163, 18 und Einl. Rdn. 62, KK-*R. Müller*[2] § 163, 26.

Klaus Lüderssen

gesamte Ermittlungsverfahren muß daher lückenlos dokumentiert (näher § 160, 61 ff), und alle im Rahmen des Ermittlungsverfahrens anfallenden Unterlagen müssen zu den Akten genommen werden. (§ 199, 10). Insofern gilt der Grundsatz der Aktenvollständigkeit (*Kleinknecht* FS Dreher, 722; *Kleinknecht/Meyer*[38] 14).

25　　Das Ermittlungsverfahren dient zunächst dem Zweck, **der Staatsanwaltschaft die Entscheidung zu ermöglichen,** ob das Verfahren eingestellt (§§ 170 Abs. 2, 153 ff) oder Anklage erhoben werden soll (§ 170 Abs. 1). Im Falle der Anklageerhebung hat das zuständige Gericht über die Eröffnung des Hauptverfahrens zu entscheiden. Grundlage sind die von der Staatsanwaltschaft mit der Anklage übersandten Akten (§ 199 Abs. 2 Satz 2). Daher müssen sie mit den Akten übereinstimmen, die der Staatsanwaltschaft bei ihrer Entscheidung nach § 170 Abs. 1 zur Verfügung standen[29]. Da dem Beschuldigten sowohl vor der Entschließung über die Erhebung der öffentlichen Klage als auch vor der Entscheidung über die Eröffnung des Hauptverfahrens rechtliches Gehör zu gewähren ist (§§ 163 a Abs. 1, 201 Abs. 1) und der Anspruch auf rechtliches Gehör nur dann gewahrt ist, wenn dem Beschuldigten Gelegenheit gegeben wird, zu dem gesamten Material Stellung zu nehmen, das Gericht oder Staatsanwaltschaft ihrer Entscheidung zugrunde legen (Rdn. 2), muß die Akteneinsicht auf alle Unterlagen erstreckt werden, die Staatsanwaltschaft oder Gericht zur Verfügung standen. **Der Aktenbegriff in § 147 und § 199 ist daher identisch**[30].

26　　Insbesondere die Diskussion um die Vorlage oder Beiziehung von Spurenakten (Rdn. 31 ff) hat gezeigt, daß die §§ 147, 199 einen **normativen Aktenbegriff** voraussetzen. Dies bedeutet, daß die Staatsanwaltschaft (oder bereits die Polizeibehörden) nicht mit bindender Wirkung für Gericht oder Verteidigung entscheiden können, welche Aktenteile oder schriftlichen Unterlagen zu den Ermittlungsakten genommen werden. Werden schriftliche Unterlagen dem Gericht nicht vorgelegt oder der Verteidigung vorenthalten, ist das eine Verletzung der §§ 147, 199, die unter den Rdn. 170 ff aufgeführten Voraussetzungen die Revision begründen kann.

27　　Die Akteneinsicht soll eine **lückenlose Information** über die im Ermittlungsverfahren angefallenen schriftlichen Unterlagen möglich machen. Dabei kommt es vor allem darauf an, daß die Verteidigung in die Lage versetzt wird, eigenverantwortlich zu prüfen, welche Unterlagen sie für verteidigungsrelevant hält; eine Vorauswahl der von Polizei oder Staatsanwaltschaft vorzulegenden Akten darf es deshalb nicht geben, mag die Staatsanwaltschaft auch bestimmte Unterlagen nicht für entscheidungserheblich halten (*Peters* NStZ **1983** 276).

28　　Zu den **Akten,** auf die das Einsichtsrecht der Verteidigung sich erstreckt, gehören danach alle schriftlich erstellten Unterlagen, die in einem Ermittlungsverfahren angefallen sind, sei es, daß sie von der Polizei, sei es, daß sie von der Staatsanwaltschaft angefertigt worden sind, und auch die nach dem Übergang in das gerichtliche Verfahren angefallenen Unterlagen.

29　　Hätten Polizei, Staatsanwaltschaft oder Gericht es in der Hand, Vorgänge, Wahrnehmungen oder Bekundungen aus den Akten fernzuhalten, indem sie zwar mündlich Informationen entgegennehmen, diese Informationen aber nicht schriftlich festhalten, entstünde gleichwohl eine Lücke. Der Aktenbegriff in § 147 impliziert daher nicht nur, daß alle angefallenen schriftlichen Unterlagen zu den Akten zu nehmen sind, sondern **daß über** alle im Verfahren **anfallenden Informationen** oder sonstige relevante Vorgänge **Vermerke, Niederschriften o. ä. anzufertigen sind**.

30　　Nicht zu den Akten, auf die das Einsichtsrecht der Verteidigung sich erstreckt,

---

[29] Ausführlicher § 199, 8.　　　　　　　　　[30] § 199, 9.

gehören die **Handakten der Staatsanwaltschaft**[31]. Hierzu zählen[32] Berichte an vorgesetzte Stellen, Entwürfe der Staatsanwaltschaft oder Weisungen des Vorgesetzten (a. A *Peters*[4] §23 III 3 b), sowie Schriftverkehr mit fremden Behörden, soweit er sich nicht unmittelbar auf den Gegenstand des Strafverfahrens, sondern lediglich auf formelle Aspekte, etwa Sachstandsanfragen oder die Anforderung von Akten, bezieht.

2. Problemfälle

a) Spurenakten[33]. Der Aktenbegriff ist insbesondere im Zusammenhang mit der **31** Vorlage von Spurenakten eingehend diskutiert worden.

aa) Formeller Aktenbegriff. Nach BGHSt 30 131, 138 f[34] sollen zu den Verfah- **32** rensakten nur die Akten gehören, die durch die **Identität der Tat und die Identität des Täters** konkretisiert sind. Für Spurenakten gelte kein anderer Maßstab. Weil sie nicht auf Grund des Verfahrens gegen den Angeschuldigten und des durch Tat und Täter bestimmten Prozeßgegenstandes entstanden seien, handele es sich um „verfahrensfremde" Akten, auch wenn sie tatbezogene Ermittlungen zur Überprüfung eines Gegenstandes, eines Sachverhaltes oder einer anderen Person enthielten[35].

Die Prüfung, ob Spurenakten durch Tat und Täter konkretisiert sind und damit **33** zu den dem Gericht vorzulegenden Akten gehören, soll nach BGHSt **30** 131, 139 von der **Staatsanwaltschaft** vorgenommen werden, die bei der Auswahl der vorzulegenden Akten dem **Grundsatz der Objektivität nach §160 Abs. 2** verpflichtet sei. Eine derartige Vorauswahl der vorzulegenden Akten durch die Staatsanwaltschaft hält BGHSt **30** 131, 139 f aus zwei Gründen für unerläßlich. Einmal könne die Einsicht in verfahrensfremde (Spuren-)Akten **öffentliche oder private Interessen** berühren, deren Vernachlässigung zugunsten des Informationsinteresses der Verteidigung nur gerechtfertigt erscheine, wenn ein Sachzusammenhang im Sinne der möglichen schulderheblichen oder rechtsfolgerelevanten Bedeutung des Akteninhalts bestehe. Zum anderen müsse die **Aufklärungspflicht des Gerichts** überschaubar und erfüllbar sein. Ihre Grundlage seien der Verfahrensablauf und die dem Gericht vorliegenden Akten. Die Aufklärungspflicht werde ohne sachliche Anhaltspunkte ins Uferlose ausgedehnt und die Durchführbarkeit des Verfahrens gefährdet, „wenn man die Ansicht billigen würde, daß diese Spurenakten ohne weiteres als ,Bestandteile der Haupt- und damit der Gerichtsakten' anzusehen (so *Wasserburg* aaO) und infolgedessen mit den Hauptakten vorzulegen sind."

Das BVerfG[36] hat diese Auslegung der §§147, 199 für verfassungskonform er- **34** klärt und darin weder eine Verletzung des Rechts des Beschuldigten auf **rechtliches Gehör** vor Gericht noch einen Verstoß gegen den Anspruch eines Beschuldigten auf ein faires Strafverfahren gesehen. Art. 103 Abs. 1 GG wolle verhindern, „daß das Gericht ihm bekannte, dem Beschuldigten aber verschlossene Sachverhalte zu dessen Nachteil verwertet." Davon sei die andere Frage zu trennen, ob das Gericht sich und den Prozeßbeteiligten die Information über Sachverhalte, die es selbst nicht kenne, weil sie ihm nicht unterbreitet worden seien, erst zu verschaffen habe; denn es sei nicht Sinn und Zweck grundgesetzlicher Gewährleistung rechtlichen Gehörs vor Gericht, dem Beschul-

---

[31] KK-*Laufhütte*[2] 4; *Beulke* NJW **1980** 2441.
[32] Vgl. §199, 22; *Kleinknecht* FS Dreher 723 ff; *G. Schäfer*[4] §7 III 2.
[33] Zur Begriffsbestimmung siehe §199, 16; *Dünnebier* StrVert. **1981** 504 Fußn. 6; *Meyer-Goßner* NStZ **1982** 353; *Wasserburg* NJW **1980** 2441.

[34] = StrVert. **1981** 500 m. Anm. *Dünnebier*.
[35] BGHSt **30** 139 unter Hinweis auf *Peters*[3] 219 und *Wasserburg* NJW **1980** 2440, 2441.
[36] BVerfGE **63** 45 ff = NStZ **1983** 273 mit Anm. *Peters* = StrVert. **1983** 177 mit Anm. *Amelung*.

Klaus Lüderssen

digten Zugang zu dem Gericht nicht bekannten Tatsachen zu erzwingen. Auch wenn man unterstelle, „daß der Anspruch des Beschuldigten auf rechtliches Gehör ihm — unter welchen Voraussetzungen und in welchen Grenzen auch immer — ein Recht auf Kenntnis von Akteninhalten einräumt, ist dieses Recht daher jedenfalls beschränkt auf die dem Gericht *tatsächlich vorliegenden Akten*". (BVerfGE **63** 59 f; Hervorhebung im Original).

35   Auch mit dem — aus dem Rechtsstaatsprinzip des Grundgesetzes in Verbindung mit dem allgemeinen Freiheitsrecht (Art. 2 Abs. 1 GG) abgeleiteten — Recht eines Beschuldigten auf ein **faires, rechtsstaatliches Strafverfahren** sei die Auslegung der §§ 199, 147 durch den BGH vereinbar. Das Recht auf Akteneinsicht beziehe sich auf die **vollständigen** Akten, die dem Gericht vorliegen oder ihm im Falle der Erhebung der Anklage nach § 199 Abs. 2 Satz 2 von der Staatsanwaltschaft vorzulegen wären. Akten in diesem Sinne sind nach Auffassung des BVerfG — in Übereinstimmung mit BGHSt **30** 131 ff — alle vom ersten Zugriff der Polizei gesammelten be- und entlastenden Vorgänge, die im Rahmen der Ermittlungen gegen **den Beschuldigten** entstanden sind.

36   Spurenakten, in denen tatbezogene Untersuchungen gegen Dritte und deren Ergebnisse festgehalten wurden, gehören danach nicht notwendig zu den Hauptakten, weil sie **außerhalb** der Ermittlungen **gegen den Beschuldigten** entstanden seien; sie müssen dem Gericht nur dann vorgelegt und damit der Einsicht des Verteidigers zugänglich gemacht werden, wenn ihr Inhalt für die Feststellung der dem Beschuldigten vorgeworfenen Tat und für etwaige gegen ihn zu verhängende Rechtsfolgen von irgendeiner Bedeutung sein kann (S. 62).

37   Daß es zunächst Sache des Staatsanwaltes sei, darüber zu befinden, welche Spurenakten für die anhängige Strafsache Bedeutung haben könnten und damit dem Gericht vorzulegen und der Akteneinsicht des Verteidigers zu öffnen seien, hält das BVerfG (S. 63) für unbedenklich. Denn dem Ziel, die materielle Wahrheit zu erforschen, sei nicht nur das Gericht, sondern gleichermaßen die Staatsanwaltschaft verpflichtet. Der Staatsanwalt habe daher gemäß § 160 Abs. 2 auch die zur Entlastung des Verdächtigen dienenden Umstände zu ermitteln und für die Erhebung der entsprechenden Beweise Sorge zu tragen (S. 63 f). Als **Herr des Vorverfahrens** habe der Staatsanwalt die Aufgabe, die Strafakten vollständig zusammenzustellen, die er dem Gericht nach § 199 Abs. 2 Satz 2 mit der Anklageschrift vorzulegen habe. Bei der Frage, welche Akten vorzulegen seien, habe der Staatsanwalt mit **Wertungen verbundene Entscheidungen** zu treffen, die sich daran auszurichten hätten, daß dem Gericht und dem Beschuldigten Aktenkenntnisse nicht vorenthalten bleiben dürfen, die für die gerechte Beurteilung der anhängigen Strafsache nützlich sein könnten. Habe der Staatsanwalt hinsichtlich einzelner Ermittlungsvorgänge Zweifel, dürfe er die Vorgänge nicht zurückhalten; er müsse sie dem Gericht im Interesse rechtsstaatlicher Verfahrensgestaltung vorlegen (S. 64).

38   Die notwendige **Gegenkontrolle** sieht das BVerfG darin, daß das Gericht sich in jeder Lage des Verfahrens zu vergewissern habe, „ob begründeter Anlaß zu Zweifeln daran besteht, daß ihm alle zur Beurteilung des Falles bedeutsamen Akten vorliegen." Gegebenenfalls habe es dafür Sorge zu tragen, daß die Strafakten vervollständigt würden. Dabei könne es von der Staatsanwaltschaft Auskünfte, insbesondere nähere Erläuterungen über die Kriterien bei der Zusammenstellung der Verfahrensakten und über Art und Inhalt nicht vorgelegter Ermittlungsvorgänge, verlangen (S. 65). Der Beschuldigte seinerseits habe die Möglichkeit, Beweisanträge zu stellen oder mit Beweisermittlungsanträgen Anregung für eine weitere Sachaufklärung an das Gericht heranzutragen. Zudem sei ihm die nach **§§ 23 ff EGGVG durchsetzbare Möglichkeit** gegeben, durch Vermittlung eines Rechtsanwalts Einsicht in die Spurenakten unmittelbar bei der für die Ermittlungen verantwortlichen Staatsanwaltschaft zu beantragen (S. 65 f).

Zu den **Vertretern des formellen Aktenbegriffs** zählen im Schrifttum KK-*R. Müller*[2] § 170, 11; KK-*Treier*[2] § 199, 1; *Meyer-Goßner* NStZ **1982** 353 ff; *Roxin*[20] § 19 E IV und wohl auch *Kühne*[3] § 8 IV 4. **39**

bb) Materieller Aktenbegriff. Nach dem materiellen Aktenbegriff gehören zu den **40** von der Staatsanwaltschaft vorzulegenden und damit auch vom Akteneinsichtsrecht der Verteidigung umfaßten Akten alle Vorgänge, die im Rahmen eines durch die Tat konkretisierten Sachverhalts aufgefallen sind, mithin **alle** Spurenakten[37].

Die Begründungen differieren jedoch. *Wasserburg* (NJW **1980** 2241; NStZ **1981** **41** 211) und teilweise *Beulke* (FS Dünnebier 293 f) nehmen **Artikel 103 GG** zum Ausgangspunkt ihrer Überlegungen, wobei sie den Anspruch des Beschuldigten auf rechtliches Gehör dahingehend interpretieren, daß er auch die Möglichkeit eröffnen muß, zu den Beweisergebnissen und Ermittlungen Stellung nehmen zu können, die dem Gericht **nicht** zur Kenntnis gebracht worden sind. *Wasserburg* (NJW **1980** 2242) begründet seine Auffassung, das Akteneinsichtsrecht der Verteidigung erstrecke sich auch auf die Spurenakten, weiterhin mit dem Hinweis auf die **Chancen-** und **Waffengleichheit** zwischen Anklage und Verteidigung und mit **prozeßökonomischen** Erwägungen: Bei nachträglicher Einführung von Beweismitteln durch die Staatsanwaltschaft müsse die Hauptverhandlung ausgesetzt werden, damit die Verteidigung Gelegenheit habe, sich auf die veränderten Umstände einzustellen.

Während *Wasserburg* und *Beulke* sich dem Problem vornehmlich über § 147 nä- **42** hern — und damit über die Frage, auf welche Akten das Einsichtsrecht sich erstreckt —, sucht *Dünnebier* (StrVert. **1981** 501 ff) eine Lösung über **§ 199 Abs. 2 Satz 2 StPO.** In der Vorenthaltung von Spurenakten sieht er keine Verletzung des § 147, da die Vorschrift sich nach ihrem Wortlaut nur auf die dem Gericht vorliegenden — und nicht auch auf die vorzulegenden — Akten erstrecke. Allerdings soll § 199 Abs. 2 Satz 2 in diesem Fall verletzt sein, dessen Aktenbegriff auch die Spurenakten umfasse (aaO, S. 505 f).

Beulke (FS Dünnebier S. 289) weist zutreffend darauf hin, daß der **Wortlaut** auch **43** eine andere Auslegung deckt: Da § 147 (auch) von den Akten spricht, die dem Gericht im Falle der Anklage „vorzulegen wären“, und diese Formulierung nicht allein auf den Zeitraum vor Anklageerhebung bezogen sein kann, muß § 147 zur Vermeidung von Ungereimtheiten auch die Akten erfassen, die dem Gericht nicht mit Anklageerhebung vorgelegt wurden, ihm aber vorzulegen wären. Die von *Dünnebier* aus dem Wortlaut abgeleitete Interpretation verträgt sich im übrigen nicht mit dem **normativen Aktenbegriff der StPO,** wonach der Umfang der vorzulegenden Akten sich unabhängig davon ergibt, welche Akten Polizei oder Staatsanwaltschaft tatsächlich vorlegen (Rdn. 26). Auf die aktentechnische Behandlung der Unterlagen kann es daher nicht ankommen (*Peters* NStZ **1983** 276; LR-*Rieß* § 199, 19).

Alle Vertreter eines materiellen Aktenbegriffs heben übereinstimmend hervor, **44** daß die **Auswahl** der vorzulegenden Akten **nicht allein der Staatsanwaltschaft** überlassen werden könne. Denn obwohl die Staatsanwaltschaft zur Objektivität verpflichtet sei (§ 160 Abs. 2), könne nicht ausgeschlossen werden, daß sie durch „Nachlässigkeit und Betriebsblindheit“ eine Auswahl zuungunsten des Angeklagten treffe[38]. Die Staatsan-

---

[37] LR-*Rieß* § 199, 19 f; *Beulke* FS Dünnebier 285 ff, 294; *Peters* NStZ **1983** 276; *Wasserburg* NJW **1980** 2441; ders. NStZ **1981** 211; *Kleinknecht/Meyer*[38] 18; KK-*Laufhütte*[2] 4.

[38] So namentlich *Beulke* FS Dünnebier 290; ähnlich *Peters* NStZ **1983** 276.

waltschaft bedürfe daher einer umfassenden Kontrolle durch die Verteidigung und das Gericht[39].

45   **cc) Stellungnahme.** Die Beantwortung der Frage, ob die Spurenakten als Bestandteil der Gerichtsakten anzusehen sind und damit der Vorlagepflicht nach § 199 Abs. 2 Satz 2 und dem Akteneinsichtsrecht nach § 147 unterfallen, hat, was ihre **praktische** Relevanz betrifft, einiges an Schärfe eingebüßt, nachdem das BVerfG (BVerfGE **63** 45 ff) der Verteidigung ein nach §§ 23 ff EGGVG einklagbares Recht auf Einsicht auch in die Spurenakten zuerkannt hat, die (Polizei oder) Staatsanwaltschaft dem Gericht nicht vorlegen. Im **Ergebnis** kann die Verteidigung sich daher einen Überblick über alle Spuren verschaffen, die im Rahmen des Ermittlungsverfahrens verfolgt und später als bedeutungslos eingestuft worden sind.

46   Dennoch ist die Frage auch praktisch nicht völlig bedeutungslos. Die Rechtsprechung des BGH (BGHSt **30** 131 ff) und die sie modifizierende Entscheidung des BVerfG (BVerfGE **63** 45 ff) überbürden die Verantwortung für die Auswertung und Verwertung der dem Gericht nicht vorgelegten Spurenakten allein der Verteidigung. Damit wird das Gericht aus der Pflicht entlassen, den Inhalt der **gesamten** Akten, die im Rahmen des Ermittlungsverfahrens wegen **derselben** Tat angefallen sind, auf ihre Relevanz für die Beurteilung des gegen den Angeklagten erhobenen Vorwurfs zu untersuchen. Auswirkungen kann dies namentlich auf den Erfolg einer **Aufklärungsrüge** haben, wenn sich aus den Spurenakten Anhaltspunkte für die Erforderlichkeit weiterer Sachaufklärung ergeben und der Verteidiger der Tatsacheninstanz diese Anhaltspunkte nicht gesehen hat.

47   Konsequenzen kann es auch für die (erst im Urteil mitgeteilte) **Beweiswürdigung** geben. *Bender/Nack* (ZRP **1983** 1 ff) haben eindrucksvoll dargelegt, daß sich gerade aus Spuren, die nicht zu dem angeklagten Verdächtigen führen, entlastende Aspekte ergeben können, die zu einer anderen **Beurteilung der Täterwahrscheinlichkeit** zwingen. Wie das Gericht die Indizien bewertet und worauf es seine Überzeugung von der Täterschaft des Angeklagten stützt, wird die Verteidigung oft erst mit der Urteilsbegründung erfahren. **Die Überzeugungsbildung** kann dann nicht mehr durch entsprechende Beweisanträge erschüttert werden. Aus diesem Grunde kann die Sichtung des gesamten Materials, das im Rahmen der Ermittlungen wegen einer Tat angefallen ist, nicht (allein) auf die Verteidigung übertragen werden. Das Gericht muß sein Urteil in voller Kenntnis des Ergebnisses aller, auch erfolglos gebliebener Ermittlungen fällen.

48   Es ist daher nicht gerechtfertigt, bei § 147 einen **anderen Aktenbegriff** zugrunde zu legen als bei § 199.

49   Der entscheidende Gesichtspunkt ist, daß das Gericht bei der Entscheidung über die Eröffnung des Hauptverfahrens über alle Akten verfügen muß, welche die Staatsanwaltschaft bei ihrer Entscheidung über die Anklageerhebung berücksichtigt hat oder zumindest hätte berücksichtigen müssen. Zu eben diesen Akten muß — im Prinzip — die Verteidigung Zugang haben. Nur so ist die „**Parität des Wissens**" gewährleistet.

50   **b) Geheimhaltungsbedürftige Akten.** Geht man von einem normativen Aktenbegriff aus, der unabhängig davon zu bestimmen ist, welche Akten Polizei oder Staatsanwaltschaft der Akteneinsicht durch den Verteidiger faktisch zugänglich machen oder dem Gericht vorlegen, stellt sich die Frage, ob **Geheimhaltungsgründe den normativ zu**

---

[39] *Wasserburg* NStZ **1981** 211; *Dünnebier* StrVert. **1981** 506; *Beulke* FS Dünnebier 290; *Peters* NStZ **1983** 276.

bestimmenden Aktenbestand einschränken können. Von Bedeutung ist die Frage insbesondere bei behördlichen Akten, die Staatsanwaltschaft oder Gericht zur **„vertraulichen Behandlung"** oder mit einem Sperrvermerk nach §96 übersandt worden sind, sowie dann, wenn die Polizeibehörden gegenüber der Staatsanwaltschaft oder dem Gericht unter Hinweis auf einen eigenen Geheimnisbereich die Vorlage von Akten oder die Erteilung von Auskünften verweigern[40].

aa) Polizeiliche und staatsanwaltschaftliche Akten. Für diese Akten gilt, daß sie in **51** **vollem Umfang** der Vorlagepflicht nach §199 und damit auch dem Akteneinsichtsrecht der Verteidigung unterliegen, wenn sie im Rahmen des Ermittlungsverfahrens gegen den jeweiligen Beschuldigten entstanden sind[41]. Für das Verhältnis der Polizeibehörden zur Staatsanwaltschaft ergibt sich dies daraus, daß die Polizeibehörden im Rahmen der Strafverfolgung lediglich als **Mandatar der Staatsanwaltschaft** tätig werden[42]. Insofern gibt es keinen staatsanwaltsfreien Raum im Ermittlungsverfahren (*Füllkrug* ZRP **1984** 194) und daher auch keine selbständigen polizeilichen Ermittlungsakten (§199, 10; siehe auch §96, 12 f). Etwas anderes gilt freilich dann, wenn die Polizeibehörden (ausschließlich) **präventiv** tätig werden. Dann nehmen sie eigenständige Aufgaben wahr, für die sie den strafprozessualen Geheimnisschutz beanspruchen können[43].

Ebensowenig wie die Polizeibehörden befugt sind, im Verhältnis zur Staatsan- **52** waltschaft Informationen aus dem laufenden Verfahren zurückzuhalten, ist diese befugt, Informationen dem Gericht vorzuenthalten[44]. Gericht und Staatsanwaltschaft sind zwar voneinander unabhängige Behörden, die in keinem Weisungsverhältnis — wie etwa die Polizeibehörden und die Staatsanwaltschaft — zueinander stehen. Die Pflicht zur umfassenden Aktenvoranlage und damit **lückenlosen Informationsübermittlung** ergibt sich hier vielmehr aus der **prozessualen Stellung der Staatsanwaltschaft,** die dem Gericht in einem System gegenseitiger Kontrolle verbunden ist (*Taschke* StrVert. **1986** 55 mit weit. Nachw.). *Niethammer* hat dies in der 20. Auflage dieses Kommentars (§147, 8e) mit einer für die heutige Diskussion erstaunlichen Klarheit festgestellt: „Würde eine zum Dienst in der Strafrechtspflege eingesetzte Polizeibehörde einen solchen Vorbehalt (scil. der vertraulichen Behandlung) mit der Übergabe ihrer Akten an das Strafgericht verbinden, so wäre der Vorbehalt vom Gericht nicht zu beachten, weil er im Widerspruch zu der Aufgabe stünde, die von der Polizeibehörde im Dienst der Strafrechtspflege zu erfüllen ist."

Dies gilt nicht nur für die Polizeibehörden, sondern auch für die Staatsanwalt- **53** schaft, deren originäre gesetzliche Aufgabe die Verfolgung von Straftaten ist. Sie ist, wie die Polizeibehörden ihr gegenüber, zur **umfassenden Vorlage der Akten an das Gericht** verpflichtet. Denn was für das Verfahren geschaffen worden ist, kann ihm nicht vorenthalten werden.

Aus diesem Grunde ist die **Praxis der Polizeibehörden,** die insoweit von der **54** Rechtsprechung gebilligt wird[45], **rechtswidrig,** die Namen von V-Leuten, vertraulichen

---

[40] LR-*G. Schäfer* §96, 25 ff; s. auch LR-*Rieß* §163, 60.

[41] SK-StPO-*Rudolphi* §96, 4; LR-*Rieß* §199, 13; *Keller* StrVert. **1984** 525 f; *Taschke* StrVert. **1986** 55; a. A LR-*G. Schäfer* §96, 56; teilw. auch LR-*Rieß* §163, 60.

[42] *Görgen* Die organisationsrechtliche Stellung der Staatsanwaltschaft (1971), passim; *Geißer* GA **1983** 385 ff; SK-StPO-*Rudolphi* §96, 3; näher LR-*Rieß* §161, 47.

[43] SK-StPO-*Rudolphi* §96, 3; §96, 12 f.

[44] Siehe die Nachweise in Fußn. 41; **a. A** LR-*G. Schäfer* §96, 56; LR-*Rieß* §163, 60 unter teilweiser Aufgabe von §199, 13.

[45] BGHSt 17 382; 30 34; BGH StrVert. **1981** 110; **1981** 111; **1981** 596; vgl. zur Rechtslage auch ausführlich und teilw. abweichend LR-*Rieß* §163, 54 ff.

Klaus Lüderssen

Anzeigeerstattern etc. aus den Akten fernzuhalten. Da das Ermittlungsverfahren der StPO ein schriftliches Verfahren ist (oben Rdn. 24), sind alle Wahrnehmungen der ermittelnden Beamten schriftlich festzuhalten und zu den Akten zu bringen. Bereits aus der schriftlichen Stoffsammlung müssen sich alle Aspekte ergeben, die für die spätere gerichtliche Beurteilung der Sache von Bedeutung sind. Daher dürfte es auch nicht zu den Auseinandersetzungen über die Erteilung einer Ausnahmegenehmigung für Polizeibeamte kommen[46], denen eine (beamtenrechtliche) Ausnahmegenehmigung regelmäßig nur insoweit erteilt wird, als sie Bekundungen eines (polizeilichen) V-Mannes vor Gericht wiedergeben, die sich aber nicht auf dessen Namen und ladungsfähige Anschrift erstreckt. Diese Informationen müssen sich bei korrekter Handhabung aus den Akten ergeben.

55 Die **Zurückhaltung von Informationen,** die im Rahmen (repressiver) Ermittlungen angefallen sind, stellt sich damit immer auch als eine **Verletzung des § 147** dar[47].

56 Verschiedentlich wird zwar in der Literatur die Auffassung vertreten, daß auch die Strafverfolgungsbehörden im Rahmen des jeweiligen Verfahrens befugt sein sollen, unter Berufung auf die Geheimhaltungsgründe des § 96 Informationen und Unterlagen zurückzuhalten[48]. Auch die Judikatur hat dieses Problem lange nicht erkannt[49]. Übersehen wird, daß Geheimhaltungsgründe **zum Schutz staatlicher Interessen nur außerhalb des jeweiligen Strafverfahrens liegende Belange** betreffen können[50].

57 Aber auch der Auffassung (§ 199, 15), § 96 dürfte jedenfalls insoweit zur Anwendung kommen, als die **Akten** bei einer **anderen Staatsanwaltschaft** geführt werden[51], kann nur bedingt zugestimmt werden:

---

[46] Vgl. hierzu *Hilger* NStZ **1985** 138.

[47] Soweit sich dies den veröffentlichten Entscheidungen entnehmen läßt, erfolgt die Zurückhaltung von Informationen oft ausdücklich oder stillschweigend mit dem Hinweis auf das Akteneinsichtsrecht der Verteidigung, vgl. *Taschke* StrVert. **1986** 56 Fußn. 22.

[48] LR-*G. Schäfer* § 96, 56; *Arloth* Geheimhaltung von V-Personen, S. 25.

[49] Vgl. *Taschke* StrVert. **1986** 55 mit weit. Nachw. Selbst das BVerfG (BVerfGE **63** 45, 65) hat in einem obiter dictum geäußert, die Staatsanwaltschaft habe einer gerichtlichen Aktenanforderung nachzukommen, sofern nicht die oberste Dienstbehörde die Herausgabe der Akten aufgrund überwiegender staatlicher Geheimhaltungsinteressen zu verweigern befugt sei. Die Entscheidung OLG Frankfurt NJW **1982** 1408, auf die das BVerfG in diesem Zusammenhang verweist, betrifft jedoch den Fall, daß das Gericht die Vorlage von Akten fordert, die in einem anderen Verfahren angefallen sind (vgl. *Keller* StrVert. **1984** 521, 525 Fußn. 36; SK-StPO-*Rudolphi* § 96, 3). Diese Frage wird unten Rdn. 59 ff näher erörtert.

[50] Vgl. eingehend *Lüderssen* FS Klug 569 ff. Die Rechtsprechung nähert sich jetzt freilich in der Sache der hier vertretenen Position an. In seinem Urteil vom 18. 9. 1984 (BGHSt **33** 83 = StrVert. **1985** 45 m. Anm. *Taschke* StrVert. **1985** 269 = NStZ **1985** 278 m. Anm. *Arloth* = JZ **1985** 494 m. Anm. *Fezer* = MDR **1985** 337 = NJW **1985** 984) hat der zweite Senat die Sperrung eines (polizeilichen) V-Mannes für unberechtigt erklärt, den die Behörde mit der Begründung gesperrt hatte, es bestehe die Gefahr der Enttarnung, die gegebene Vertraulichkeitszusage könne mit Rücksicht auf die weitere Ermittlungstätigkeit der Polizei nicht gebrochen werden, und der V-Mann müsse wegen seines weiteren Einsatzes gesperrt werden; eine Sperrerklärung darf nach Ansicht des zweiten Senats allein darauf gestützt werden, daß dem Zeugen konkrete Gefahr an Leib und Leben drohe; so bereits BGHSt **31** 290, 294 = StrVert. **1983** 225 m. Anm. *Weider*; zu den Sperrungsgründen siehe auch *Arloth* Geheimhaltung von V-Personen, S. 36 ff.

[51] Zu diesen Fällen vgl. BVerfGE **63** 45, 65; OLG Hamburg StrVert. **1984** 11; OLG Frankfurt NJW **1982** 1409; KMR-*Müller* § 96, 3; § 199, 13; SK-StPO-*Rudolphi* § 96, 4; vgl. auch teilw. abweichend LR-*Rieß* § 161, 11; 15.

Soweit die Ermittlungsakten einer anderen Staatsanwaltschaft von der ermitt- **58** lungsführenden Staatsanwaltschaft bereits **beigezogen** worden sind, unterliegen sie der **uneingeschränkten Vorlagepflicht.** Für diese Akten gilt das gleiche wie für beigezogene Akten von nicht an der Strafverfolgung beteiligten Behörden (unten Rdn. 60, 62).

Soweit die Akten der fremden Staatsanwaltschaft noch nicht von der ermittlungs- **59** führenden Staatsanwaltschaft beigezogen worden sind, ergibt sich die umfassende, nicht durch § 96 StPO einschränkbare Pflicht zur Vorlage der Ermittlungsakten des laufenden Verfahrens daraus, daß Informationen, Unterlagen und sonst während der Ermittlungen angefallenes Material im Rahmen der strafprozessualen Ermittlungen zusammengekommen sind und daß das, was **für** das Verfahren geschaffen worden ist, ihm nicht vorenthalten werden darf. **§ 96 bringt keine Ausnahme;** die Vorschrift ist im **binnenjustiziellen** Bereich nicht anwendbar. Das gilt nicht ohne weiteres mutatis mutandis für die Vorlage von Akten einer anderen als der ermittlungsführenden Staatsanwaltschaft. Denn diese (fremde) Staatsanwaltschaft ist zwar wie die ermittlungsführende Staatsanwaltschaft dem **Legalitätsprinzip** verpflichtet. Als Strafverfolgungsbehörde mit der Aufgabe, Straftaten aufzuklären und zu verfolgen, kann sie sich jedoch grundsätzlich bei Auskunftsverlangen anderer Staatsanwaltschaften auf den Schutz des § 96 berufen[51a]. Wegen der Einzelheiten siehe *Taschke*, a. a. O. (Fußn. 51a)[52].

bb) Akten anderer Behörden. Im Rahmen eines Strafverfahrens können Akten **60** oder Auskünfte von an der Strafverfolgung nicht beteiligten Behörden Bedeutung für den Schuld- oder Strafausspruch erlangen. Hierbei handelt es sich entweder um Behörden, die im weitesten Sinne der Gefahrenabwehr verpflichtet sind, also insbesondere **MAD, BND und das Bundesamt für Verfassungsschutz sowie die Landesämter für Verfassungsschutz,** oder sonstige Behörden, die reine Verwaltungsaufgaben wahrnehmen **(Arbeitsämter, Sozialämter, Finanzämter etc).** Für diese Behörden gilt zunächst, daß sie gemäß Art. 35 Abs. 1 GG zur Amtshilfe verpflichtet sind und Akten demgemäß vorgelegt werden müssen. Sie genießen zwar den strafprozessualen Geheimnisschutz des § 96[53]. Werden sie aber auf Ersuchen der Staatsanwaltschaft oder des Gerichts freigegeben, erstreckt sich das Akteneinsichtsrecht der Verteidigung gemäß § 147 auch hierauf. Dies wird nicht angezweifelt, soweit diese Akten dann auch (faktisch) zu den Gerichtsakten genommen werden[54].

Ist das noch nicht der Fall, räumt die Praxis (unter teilweiser Zustimmung der **61** Literatur) der **Staatsanwaltschaft die Befugnis** ein, **Akten oder Aktenteile von der Vorlage an das Gericht auszunehmen.** Auch RiStBV Nr. 111 Abs. 5 geht davon aus, daß die Staatsanwaltschaft Akten, Schriftstücke oder Beweismittel, die im Ermittlungsverfahren angefallen sind, zurückhalten darf. In der StPO gibt es dafür freilich keine Grundlage. Sind Akten, Schriftstücke oder Beweismittel — und auch mündliche Auskünfte von Behörden, die dann in Form eines Vermerks schriftlich zu den Akten zu nehmen sind — durch Übersendung zu den Verfahrensakten gelangt, werden sie zu deren Bestandteil und können der Akteneinsicht nicht entzogen werden[54a].

[51a] LR-*Rieß* § 161, 11; differenzierend *Taschke* Die behördliche Zurückhaltung von Beweismitteln im Strafprozeß, 5. Kapitel C III 2 a.

[52] Allgemein zur Amtshilfe im Rahmen der Strafverfolgung s. auch *Lüderssen* FS Pfeiffer (1988) 250 ff.

[53] § 96, 1; SK-StPO-*Rudolphi* § 96, 1.

[54] Vgl. BGHSt **18** 370; § 199, 13; SK-StPO-*Rudolphi* § 96, 4; KK-*Laufhütte*² § 96, 5 am Ende; KK-*Laufhütte*² 7; *Dahs* Hdb. 226.

[54a] Eingehend *Taschke* aaO (Fußn. 51a), 5. Kapitel C III 1, 2 b.

Klaus Lüderssen

62   Aber auch die vielfach geübte Praxis von Behörden, der Staatsanwaltschaft[55] Akten mit der **Bitte um vertrauliche Behandlung** zu übersenden oder mit der ausdrücklichen Auflage, sie dem Verteidiger nicht zugänglich zu machen, ist gesetzlich nicht gedeckt. Die um Aktenvorlage ersuchte Behörde bzw. deren oberste Dienstbehörde darf unter den Voraussetzungen des § 96 (vgl. § 96, 25 ff) das Ersuchen ablehnen und die Vorlage von Akten verweigern. Die nach § 96 abgegebene Sperrerklärung ist jedoch **nicht teilbar in dem Sinne,** daß zwar die Staatsanwaltschaft, nicht aber Gericht und Verteidiger Kenntnis von den Akten erhalten sollen. Die Vorlage von Akten an die Staatsanwaltschaft bewirkt, daß sie zum Bestandteil der Verfahrensakten oder zu Beiakten werden, die dem Akteneinsichtsrecht nicht (mehr) entzogen werden können.

63   Unter Geheimnisschutz stehende Akten **(Verschlußsachen)** dürfen gleichfalls der Akteneinsicht nicht entzogen werden[56]. Hinsichtlich der hierbei zu beachtenden Modalitäten vgl. Nr. 213 RiStBV. Zu der Anfertigung von Abschriften etc. siehe unten Rdn. 103, 126.

64   **c) Gesetzliche Geheimhaltungsgründe.** Für sonstige gesetzliche Geheimhaltungsgründe (etwa §§ 30 AO, 30 VwVfG, 35 SGB I)[57] ergeben sich keine Besonderheiten. Ob Verwaltungsbehörden die Vorlage von Akten oder die Erteilung von Auskünften unter Berufung auf gesetzliche Geheimhaltungsgründe verweigern können oder müssen, bestimmt sich nach der Reichweite der einzelnen Geheimhaltungsvorschriften und ist an dieser Stelle nicht zu erörtern[58]. Werden die geheimhaltungsbedürftigen Informationen jedoch an die Staatsanwaltschaft weitergegeben, sind sie wegen des normativ zu bestimmenden Aktenumfangs (oben Rdn. 26) als **Beiakten,** soweit Akten vorgelegt werden, oder als **Bestandteile der Hauptakten** zu behandeln, die der uneingeschränkten Akteneinsicht unterliegen. Die Akten übersendende oder Auskünfte erteilende Behörde kann bei den gesetzlichen Geheimhaltungsgründen, ähnlich wie bei § 96, **keine Aufteilung des Geheimnisschutzes** in der Form bewirken, daß das Amtsgeheimnis gegenüber der Staatsanwaltschaft nicht geschützt, gegenüber allen anderen Verfahrensbeteiligten, insbesondere aber der Verteidigung und dem Gericht, gewahrt bleiben soll.

65   Besondere Probleme können auftreten, wenn ein **einheitliches Verfahren** gegen **mehrere Beschuldigte** geführt wird. Die umfassende Akteneinsicht an den Verteidiger kann dazu führen, daß er und sein Mandant Kenntnis von Geheimnissen erhalten, die im Bereich der Mitbeschuldigten angefallen sind und einem **gesteigerten Geheimnisschutz (etwa § 30 AO)** unterliegen. Keine Bedenken bestehen, wenn die Kenntnis der die Mitbeschuldigten betreffenden Geheimnisse zu Verteidigungszwecken erforderlich ist. Anders verhält es sich, wenn etwa die Mitbeschuldigten als Nebentäter gehandelt haben und das die gemeinsame Duchführung des Verfahrens begründende Element allein darin besteht, daß sie gemeinsam mit dem Haupttäter gehandelt haben[59]. Soweit die

---

[55] Daß eine vertrauliche Übersendung an das Gericht nicht zulässig ist, ist nicht (mehr) streitig. Selbstverständlich muß – worauf LR-*Dünnebier*[23] 5, Fußn. 2, hinweist, „das Verfahren, die Akten dem Gericht nicht vorzulegen, sie aber ‚neben dem Vorsitzenden' liegenzulassen (RGSt **72** 239), . . . Mißtrauen bei den Beteiligten erwecken und sollte streng vermieden werden."

[56] Vgl. BGHSt **18** 369; LR-*Dünnebier*[23] 16; *Dahs* Hdb. 226.

[57] Weitere Geheimhaltungsvorschriften bei

Schnapp NJW **1980** 2165, Fußn. 3; siehe auch § 96, 20; § 161, 18 ff; *Alsberg/Nüse/Meyer* 473 ff mit weit. Nachw.; vgl. auch *Kleinknecht/Meyer*[38] § 161, 3.

[58] Vgl. die Erläuterungen bei § 96, 20; § 161, 18 ff; sowie *Alsberg/Nüse/Meyer*, 473 ff; *Kleinknecht/Meyer*[38] § 161, 3 bis 6; KK-*R. Müller* § 161, 7 bis 10.

[59] Vgl. *H. Schäfer* NStZ **1984** 306: „Als aktuelles Beispiel sei der Fall genannt, daß der Täter einer Vielzahl von Steuerpflichtigen Belege über angeblich nicht entstandene Betriebs-

Verteidigung des einen Beschuldigten nicht auch die Kenntnis der den oder die anderen Beschuldigten betreffenden Vorgänge erfordert, ließe sich daran denken, die unter besonderem Geheimnisschutz stehenden Akten von der Einsicht auszunehmen. Auch diese Lösung ist jedoch mit § 147 nicht zu vereinbaren[60]. Die Akteneinsicht bezieht sich auf **die Akten des einheitlichen Verfahrens,** von der bestimmte Aktenteile nicht ausgenommen werden dürfen. Werden die Ermittlungen gegen mehrere Nebentäter gemeinsam geführt, besteht ein **umfassender Anspruch** auf Akteneinsicht. Einem gesteigerten Geheimnisschutz kann nur dadurch Rechnung getragen werden, daß die Staatsanwaltschaft von Anfang an mehrere Verfahren führt oder nachträglich eine (zulässige) Verfahrenstrennung vornimmt. Freilich wirft dies nicht nur erhebliche praktische Schwierigkeiten auf[61]; es ist auch zweifelhaft, ob mit der (anfänglichen oder späteren) Trennung das gewünschte Ziel überhaupt erreicht werden kann, da das Recht auf Akteneinsicht sich auch auf die abgetrennten Verfahren gegen Mitbeschuldigte erstreckt (unten Rdn. 71).

d) Beiakten. Die Akteneinsicht erstreckt sich nach dem Wortlaut des § 147 auf **66** die Akten, die dem Gericht vorliegen oder im Falle der Erhebung der Anklage vorzulegen wären. Hierzu zählen auch sogenannte **Beiakten**[62], also etwa Vorstrafenakten, Personalakten, Akten über Zivil- oder Verwaltungsprozesse, Steuerakten[63], die der Kenntnisnahme des Beschuldigten über seinen Verteidiger nicht entzogen werden dürfen.

Im Hinblick auf die Mitnahmebefugnis (der Akten) nach Abs. 4 und der Besichti- **67** gungsbefugnis (der Beweisstücke) nach Abs. 1[64] gewinnt die Frage an Bedeutung, ob **Beiakten als Teil der Akten** oder als dem **erhöhten Bestandsschutz unterliegende Beweisstücke** zu behandeln sind, die nur in den Räumen der Staatsanwaltschaft oder eines Gerichts eingesehen werden dürfen. *H. Schäfer* (NStZ **1984** 206) will zu den Akten des Verfahrens lediglich die der Staatsanwaltschaft oder dem Gericht gehörenden Akten zählen und behandelt daher alle Beiakten justizfremder Behörden als Beweismittel.

Eine derart weite Auffassung ist jedoch mit dem **Beweismittelbegriff der StPO** im **68** allgemeinen und des § 147[65] im besonderen nicht zu vereinbaren. Beiakten oder Teile von Beiakten sind zwar dann als Beweismittel anzusehen, wenn sie für das weitere Verfahren lediglich wegen der individuellen Beschaffenheit ihrer Substanz Bedeutung erlangen können[66]; sind sie dagegen „*nur* Träger einer in ihnen verkörperten, nicht notwendig mit ihrer Substanz verbundenen Information"[67], zählen sie zu den Akten im Sinne des § 147, die dem Einsichtsrecht — und nicht lediglich der Besichtigungsbefugnis — unterliegen. Dies kann dazu führen, daß Beiakten teils als Beweismittel, teils als

---

ausgaben zur Verfügung stellt und sich dadurch an der jeweiligen Hinterziehung der Einkommenssteuer der einzelnen Steuerpflichtigen beteiligt. Hier besteht zwischen den Nebentätern keine Verbindung, wenn man von der Beteiligung des Organisators bei allen Nebentätern absieht." Ein ähnliches Problem stellt sich, wenn im Rahmen eines einheitlichen Ermittlungsverfahrens gegen Verantwortliche mehrerer Firmen, Betriebe oder Unternehmen Beschlagnahmen von Geschäftspapieren, Vorstandsprotokollen, Kalkulationsunterlagen, Gesellschafterbeschlüssen u. ä. erfolgen. Da die umfassende Akteneinsicht sich auch auf diese Beweismit-

tel erstreckt (unten Rdn. 106), können ansonsten sorgsam gehütete Geschäftsgeheimnisse offenbar werden.
[60] Vgl. hierzu ausführlich *H. Schäfer* NStZ **1984** 207.
[61] Vgl. *H. Schäfer* NStZ **1984** 207.
[62] *Kleinknecht/Meyer*[38] 14; LR-*Dünnebier*[23] 4; KK-*Laufhütte*[2] 4; KMR-*Müller* 3; § 199, 12; BVerfGE **62** 338, 343.
[63] Vgl. § 199, 12; *H. Schäfer* NStZ **1984** 206.
[64] Vgl. hierzu ausführlich *Rieß* FS II Peters 113 ff.
[65] Vgl. hierzu eingehend unten Rdn. 107 ff.
[66] *Rieß* FS II Peters 122.
[67] *Rieß* aaO, Hervorhebung dort.

Klaus Lüderssen

Akten einzuordnen sind[68]. Die aktentechnische Behandlung hat hier nicht anders als sonst zu erfolgen (unten Rdn. 114): Die als Beweismittel in Betracht kommenden Urkunden sind der Akte zu entnehmen und können vom Verteidiger besichtigt werden, während der übrige Teil der Beiakte zur Einsicht in den Geschäftsräumen oder in der Wohnung des Verteidigers überlassen werden muß.

69   **e) Verfahren gegen mehrere Beschuldigte.** In diesen Verfahren treten Probleme praktischer und rechtlicher Natur auf. **Praktische Probleme** entstehen, weil die Akteneinsicht für mehrere Verteidiger mehrerer Beschuldigter sich oftmals unangemessen verzögert. Wenn die beschleunigte Bearbeitung des Verfahrens oder eine effiziente Verteidigung es erfordern, müssen daher **Duplo-Akten** angefertigt werden, damit mehrere Verteidiger zur gleichen Zeit die Akten einsehen können. Unterbleibt dies und wird dadurch die Verteidigung eines Beschuldigten beeinträchtigt, lassen sich keine Einwände gegen das in der Praxis geübte Verfahren geltend machen, daß ein Verteidiger seine Ablichtungen der Akte den Verteidigern der Mitbeschuldigten zur Verfügung stellt[69], sofern dadurch nicht die gegen einen oder mehrere Beschuldigte gerichtete Akteneinsichtsperre der Staatsanwaltschaft unterlaufen wird.

70   **Rechtliche Probleme** ergeben sich bei mehreren Beschuldigten in folgender Hinsicht. Wird ein **einheitliches Verfahren** geführt, erstreckt sich die Akteneinsicht selbstverständlich auf die gesamten Akten[70]. Aktenteile, welche die Tat nur *eines* Beschuldigten betreffen, dürfen selbst dann nicht zurückgehalten werden, wenn sie keine Relevanz für die Taten der Mitbeschuldigten haben.

71   Wird ein ursprünglich gemeinsames Ermittlungsverfahren gegen mehrere Beschuldigte (Ursprungsverfahren) **getrennt** und gesondert gegen einzelne Beschuldigte fortgeführt, erstreckt die **Akteneinsicht** sich auch auf die **Akten des Ursprungsverfahrens**[71]. Inwieweit ein Beschuldigter Einsicht auch in die Teile der Akten von Mitbeschuldigten verlangen kann, die nach Trennung des Ursprungsverfahrens angefallen sind oder in die gesamten Akten, wenn die Ermittlungsverfahren von Beginn an getrennt geführt worden sind, ist höchstrichterlich noch nicht entschieden. Ein Akteneinsichtsanspruch dürfte jedenfalls dann gegeben sein, wenn der Inhalt der gesonderten Akten von irgendeiner Bedeutung für die Feststellung der dem Beschuldigten vorgeworfenen Tat und eventuell gegen ihn zu verhängende Rechtsfolgen sein kann[72].

72   Soweit das Gericht in diesen Fällen die betreffenden Akten bereits beigezogen hat, ist der Vorsitzende **Adressat des Einsichtsgesuchs.** Befinden sich die Akten noch bei der Staatsanwaltschaft, ist der Antrag auf Akteneinsicht bei dieser anzubringen; im Weigerungsfall ist die Akteneinsicht dann über §§ 23 ff EGGVG durchsetzbar (unten Rdn. 157 ff). Davon unberührt bleibt die Verpflichtung des Gerichts, im Rahmen der Aufklärungspflicht die Akten der Verfahren gegen Mitbeschuldigte beizuziehen[73].

---

[68] Wird etwa im Rahmen eines Ermittlungsverfahrens wegen des Verdachts des Betruges im Zusammenhang mit der Erschleichung von Sozialhilfe die den Vorgang betreffende Akte der Behörde beigezogen, ist die von dem Beschuldigten mit seinen Angaben unterzeichnete Erklärung über die sozialhilferechtlich erheblichen Tatsachen sowohl „Akte" als auch „Beweismittel"; Akte insofern, als die – falschen – Angaben jederzeit reproduzierbar sind, Beweismittel insoweit, als mit dem (verkörperten) Sozialhilfeantrag der Beweis geführt werden kann, daß der Beschuldigte ihn unterzeichnet hat.

[69] So wohl auch *Rieß* FS II Peters 128 für Beweisstücke; zur Überlassung von **Fotokopien** durch den Verteidiger an den Beschuldigten s. unten Rdn. 126.

[70] *H. Schäfer* NStZ **1984** 206.

[71] *H. Schäfer* NStZ **1984** 206; OLG Karlsruhe AnwBl. **1981** 18 f.

[72] Vgl. BVerfGE **63** 45, 62.

[73] Vgl. hierzu § 244, 70.

f) Strafregisterauszüge. Die Akteneinsicht umfaßt auch die Strafregisterauszü-**73** ge[74]. Das Akteneinsichtsrecht ergibt sich auch hier nicht nur aus dem Recht auf rechtliches Gehör[75], sondern ebenfalls aus der durch § 147 gewährleisteten **„Parität des Wissens"** (oben Rdn. 4). Für die Vorbereitung der Verteidigung kommt es insbesondere auf die Rekonstruktion der eventuell für die Festsetzung der Rechtsfolgen bedeutsamen Umstände, hier die Vorstrafen des Beschuldigten, an.

g) Richterliche Entscheidungen im Ermittlungsverfahren. Das vorbereitende Ver-**74** fahren liegt in der Hand der Staatsanwaltschaft. Dennoch sind bestimmte Entscheidungen in diesem Verfahrensstadium dem **Richter** vorbehalten: Erlaß eines Haftbefehls (§§ 112 ff), richterliche Entscheidung über die Anordnung einer Beschlagnahme (§ 98) oder die Rechtmäßigkeit einer Durchsuchung[76], sowie die richterlichen Entscheidungen über die vorläufige Anordnung eines Berufsverbotes (§ 132 a), einstweilige Unterbringung (§ 126 a), vorläufige Entziehung der Fahrerlaubnis (§ 111 a) oder die Anordnung einer Beschlagnahme oder eines Arrestes (§ 111 e). Soweit die vorherige Anhörung des Beschuldigten nicht erforderlich ist (vgl. insbesondere § 33 Abs. 4) oder der Verteidiger des Beschuldigten zuvor umfassende Akteneinsicht hatte, ergeben sich im Hinblick auf § 147 keine Probleme.

Anders verhält es sich, wenn die Staatsanwaltschaft unter Hinweis auf die **Gefähr-**75 **dung des Untersuchungszweckes** die Akteneinsicht versagt **(§ 147 Abs. 2),** gleichwohl aber der Erlaß einer richterlichen Entscheidung erforderlich ist. Für diese Fälle ist bisher kontrovers erörtert worden, wer über die Gewährung der Akteneinsicht zu entscheiden hat[77]. Diese Fragestellung verkürzt das Problem jedoch unzulässigerweise. Es geht auch darum, welche Akten das Gericht einerseits seiner Entscheidung zugrundelegen darf, wenn die Staatsanwaltschaft die Akteneinsicht eingeschränkt hat, und ob andererseits das Gericht nicht verpflichtet ist, alle ihm überlassenen Unterlagen dem Beschuldigten über seinen Verteidiger zugänglich zu machen. Drei Antworten sind möglich:

Die Staatsanwaltschaft legt die vollständigen Akten vor, und das Gericht trifft **76** seine Entscheidung in umfassender Kenntnis dieser Akten, ohne sie dem Verteidiger zugänglich zu machen. In diesem Fall verstößt das Gericht bei einer den Beschuldigten belastenden Entscheidung gegen **Art. 103 Abs. 1 GG,** da es dann Tatsachen zum Nachteil des Beschuldigten verwertet, ohne ihn vorher hierzu gehört zu haben[78]. Gleichzeitig liegt ein Verstoß gegen § 147 vor, da der Verteidiger alle Akten einsehen darf, die auch dem Gericht vorliegen[79]. Hier könnte mit der **nachträglichen Gewährung rechtlichen Gehörs** geholfen werden, indem man dem Beschuldigten nach Wegfall der Aktensperre Gelegenheit gibt, über seinen Verteidiger Akteneinsicht zu nehmen und sodann die ihn entlastenden Tatsachen vorzutragen. Dieser Weg, den die StPO in § 33 a für alle Fälle eröffnet, in denen eine Beschwerde oder ein weiterer Rechtsbehelf nicht möglich sind,

---

[74] BVerfGE **62** 338 = StrVert. **1983** 137 = NStZ **1983** 131; OLG Frankfurt NJW **1960** 1731; *Kleinknecht/Meyer*[38] 14; KMR-*Müller* 3; LR-*Dünnebier*[23] 4; *Eb. Schmidt* Nachtr. I 7; *Krüger* Kriminalistik **1974** 396; *K. H. Schmidt* NStZ **1983** 89 f; **a. A** LG Hildesheim NStZ **1983** 88 f – aufgehoben durch BVerfGE **62** 338.

[75] Vgl. *K. H. Schmidt* NStZ **1983** 89 f.

[76] Die nur unter bestimmten Voraussetzungen einer gerichtlichen Prüfung unterzogen werden kann (vgl. § 105, 44 f und § 98, 68 bis 71).

[77] Vgl. einerseits LR-*Dünnebier*[23] 26; *Welp* FS II Peters 324: Zuständigkeit des mit der Sache befaßten Gerichts; andererseits OLG Hamm NStZ **1982** 348; OLG Stuttgart Justiz **1970** 113; KK-*Laufhütte*[2] 17; KMR-*Müller* 12; *Schlüchter* 109; *Kleinknecht/Meyer*[38] 34.

[78] Vgl. BVerfGE **18** 404.

[79] Vgl. OLG Koblenz StrVert. **1981** 286 für die Gerichtsakten der Strafvollstreckungskammer.

Klaus Lüderssen

scheidet für die vorliegenden Fallkonstellationen jedoch aus. Denn nicht selten wird zwischen der richterlichen Entscheidung und dem Wegfall der Gründe für die Versagung der Akteneinsicht durch die Staatsanwaltschaft ein so langer Zeitraum liegen, daß ein wirksamer Schutz der Interessen des Betroffenen durch die nachträgliche Gewährung rechtlichen Gehörs nicht mehr gewährleistet ist. Die spürbare Belastung des Betroffenen dauert in diesen Fällen aufgrund einer richterlichen Anordnung fort, die auf der Grundlage von Tatsachen und Beweismitteln ergangen ist, zu denen der Beschuldigte sich nicht äußern konnte.

77   Scheidet diese Möglichkeit aus und will das Gericht den Verstoß gegen die Pflicht zur Gewährung rechtlichen Gehörs vermeiden, kann es — als zweite Möglichkeit — die gesamten von der Staatsanwaltschaft übersandten Unterlagen der Einsicht durch den Verteidiger zugänglich machen. Dann freilich würde die **Akteneinsichtssperre** durch die **Staatsanwaltschaft** unterlaufen und durch die Einsicht möglicherweise der Untersuchungszweck gefährdet.

78   Somit verbleibt nur noch die **(dritte) Möglichkeit,** daß die Staatsanwaltschaft dem Gericht lediglich die Aktenteile vorlegt, auf die nach ihrer Ansicht sich die Einsicht ohne Gefährdung des Untersuchungszwecks erstrecken kann (neben den in § 147 Abs. 3 genannten Aktenteilen, die ohnehin der Einsicht zu keinem Zeitpunkt des Verfahrens entzogen werden können). Freilich kann es dann passieren, daß das Gericht den Erlaß der beantragten Entscheidung ablehnt oder eine ergangene Maßnahme der Staatsanwaltschaft oder der Polizei richterlich nicht bestätigt oder auf die Beschwerde hin aufhebt, da ihm das vorgelegte Material nicht ausreicht[80], obwohl die sachlichen Voraussetzungen hierfür vorlagen. Diese Gefahr muß jedoch mit Rücksicht auf das rechtliche Gehör des Betroffenen in Kauf genommen werden. Zu einer Fehlentscheidung — allerdings zu Lasten des Betroffenen — kommt es eventuell auch, wenn das Gericht den **gesamten** Akteninhalt verwertet, ohne dem Beschuldigten Gelegenheit zur Stellungnahme zu geben.

h) Gefangenenpersonalakten

79   **aa) Zum Einsichtsrecht in Gefangenenpersonalakten.** Bei der Frage nach der Einsicht in Gefangenenpersonalakten[81], zu denen auch Krankenunterlagen gehören[82], sind **zwei Konstellationen** zu unterscheiden: Die Einsicht zur Vorbereitung oder während eines gerichtlichen Verfahrens und ein allgemeines, verfahrensunabhängiges Einsichtsrecht[82a].

80   Für das **gerichtliche Verfahren** ist mittlerweile herrschende Meinung[83], der anwaltliche Beistand eines Gefangenen habe ein Recht auf Akteneinsicht zum mindesten in die dem Gericht vorliegenden Akten einschließlich der herangezogenen Beiakten. Die Begründungen hierfür differieren jedoch. Während das Akteneinsichtsrecht zum Teil aus § 147 (über §§ 109, 120 StVollzG) abgeleitet wird[84], fixiert die Gegenmeinung die

---

[80] Dazu *Lüderssen* FS Pfeiffer (1988) 239 ff.

[81] Zum Inhalt dieser Akten vergleiche *Grunau* Strafvollzugsgesetz (1982) Einleitung, Rdn. 11; siehe auch *Czaschke* NStZ **1983** 443.

[82] OLG München ZfStrVo. **1980** 124; OLG Celle NStZ **1986** 285; LG Berlin StrVert. **1984** 384; *Volckart* StrVert. **1984** 385; *Müller-Dietz* NStZ **1986** 286.

[82a] Zur Gewährung von Akteneinsicht im Wege der Amtshilfe durch eine JVA an einen Gefangenen s. BayVGH NStZ **1987** 294.

[83] OLG Koblenz StrVert. **1981** 80 (LS); OLG Celle StrVert. **1981** 80 (LS) = NStZ **1982** 45, bestätigt durch BVerfG NStZ **1982** 44; OLG Koblenz StrVert. **1981** 286; OLG Celle StrVert. **1982** 264 f; LG Braunschweig StrVert. **1981** 80 (LS); weitere Nachweise bei *Czaschke* NStZ **1983** 443 f.

[84] Vgl. etwa OLG Koblenz StrVert. **1981** 286; OLG Celle StrVert. **1982** 264; OLG Koblenz StrVert. **1981** 80 (LS); *Volckart* StrVert. **1984** 385; *Haß* NJW **1980** 466; *Czaschke* NStZ **1983** 442 mit weit. Nachw. zu unveröffentlichten Entscheidungen in Fußn. 5; *Grunau*

Rechtsgrundlage in entsprechender Anwendung des § 100 VwGO[85]. *Schmidt*[86] leitet den Anspruch auf Akteneinsicht unmittelbar aus Art. 103 Abs. 1 GG ab[87]. Nahezu unstreitig ist der Zeitpunkt. Das Einsichtsrecht soll bereits dann gegeben sein, wenn es um die Vorbereitung eines gerichtlichen — auch zivilrechtlichen[88] — Verfahrens geht[89].

81 Für das **außergerichtliche Verfahren** wird ein eigenständiger Anspruch auf Akteneinsicht weitgehend verneint[90]. Jedoch soll der Antragsteller einen Anspruch auf eine fehlerhafte Ermessensentscheidung der Strafvollzugsbehörde haben[91]. Bei der Ermessensentscheidung sind die Interessen des Strafvollzugs und die Interessen des Gefangenen an der Akteneinsicht gegeneinander abzuwägen[92], wobei auch die Interessen Dritter (Angehöriger oder Mitgefangener) Berücksichtigung finden müssen[93].

82 Die Rechtsprechung erkennt mittlerweile auch an, daß es in bestimmten Fällen (Krankenunterlagen) zu einer **Ermessensreduzierung bei der Behörde auf Null** kommen kann[94]. Zur Kontrolle des Ermessens vgl. im einzelnen *Volckart* StrVert. **1984** 384.

83 Die Klärung dieser streitigen Fragen hängt davon ab, wie man die **Stellung des Verteidigers im Vollzug** beurteilt, vgl. dazu § 137, 46; § 140, 103. Aus den dort dargelegten Grundsätzen ergibt sich für die Akteneinsicht folgendes:

84 Als Rechtsgrundlage für die Akteneinsicht im **gerichtlichen Verfahren** kommt nur § 147 in Verbindung mit § 120 Abs. 1 StVollzG in Betracht[95]. Ein Anspruch auf Akteneinsicht aus § 100 VwGO scheidet aus, da das Strafvollzugsgesetz eine entsprechende Anwendung nicht vorsieht[96] und § 147 die sachnähere Regelung ist[97].

Strafvollzugsgesetz, § 120, 3.4; **a. A** *Keller* NStZ **1982** 20; offen gelassen bei OLG Celle StrVert. **1981** 80 (LS).

[85] LG Braunschweig StrVert. **1981** 80 (LS); *Keller* NStZ **1982** 20; weitere Nachweise bei *Joester* StrVert. **1981** 81, Fußn. 5.

[86] AK-StVollzG § 109, 9.

[87] Zu weiteren Begründungsversuchen vgl. *Müller-Dietz* NStZ **1986** 286. In Betracht kommen als Rechtsgrundlagen für ein Akteneinsichtsrecht: rechtliches Gehör im Verwaltungsverfahren gem. § 29 VwVfG, Auskunftsanspruch gemäß § 26 Abs. 2 BDSG; rechtliche Interessen im Sinne des § 810 BGB; Informationsanspruch nach § 25 SGB X.

[88] LG Berlin StrVert. **1984** 384; *Müller-Dietz* NStZ **1986** 286.

[89] OLG Celle StrVert. **1983** 512; OLG Koblenz StrVert. **1981** 80 (LS); *Czaschke* NStZ **1983** 444.

[90] OLG Karlsruhe StrVert. **1981** 80 (LS); OLG Koblenz StrVert. **1981** 80 (LS); OLG Celle StrVert. **1981** 80 (LS); OLG München ZfStrVo. **1980** 124; OLG Frankfurt ZfStrVo. **1981** 317; OLG Celle StrVert. **1983** 512; LG Augsburg NJW **1980** 465 mit zustimmender Anmerkung *Haß*; LG Braunschweig StrVert. **1981** 80 (LS); *Czaschke* NStZ **1983** 441 ff; *Volckart* StrVert. **1984** 385; *Schuler* in: Schwind/Böhm StVollzG, § 115, 7; *Grunau/Tiesler* StVollzG[2], § 109, 10; *Volckart/Schmidt* in: AK-StVollzG[2], § 109, 9; **a. A**

Joester StrVert. **1981** 80; *Calliess/Müller-Dietz* StVollzG[4] § 115, 5; *Keller* NStZ **1982** 17 ff.

[91] Vgl. etwa OLG Karlsruhe StrVert. **1981** 80 (LS); OLG Koblenz StrVert. **1981** 80 (LS); OLG Celle StrVert. **1981** 80 (LS); StrVert. **1983** 512; OLG Frankfurt ZfStrVo. **1981** 317; LG Braunschweig StrVert **1981** 80 (LS); weitere Nachweise zu unveröffentlichten Entscheidungen bei *Franke* NStZ **1981** 248 f; NStZ **1984** 352, 356; vgl. auch *Müller-Dietz* StrVert. **1982** 83, 93; **a. A** *Laubenstein* Verteidigung im Strafvollzug, Diss. Frankfurt/Main 1984, 261 ff mit weit. Nachw.

[92] OLG Celle NStZ **1983** 512; *Czaschke* NStZ **1983** 444.

[93] *Müller-Dietz* NStZ **1986** 285.

[94] OLG Celle NStZ **1986** 284 mit zust. Anm. *Müller-Dietz* 286.

[95] Vgl. etwa OLG Koblenz StrVert. **1981** 286; OLG Celle StrVert. **1982** 264; OLG Koblenz StrVert. **1981** 80 (LS); *Volckart* StrVert. **1984** 385; *Haß* NJW **1980** 466; *Czaschke* NStZ **1983** 443 mit weit. Nachw. zu weiteren unveröffentlichten Entscheidungen in Fußn. 5; *Grunau* Strafvollzugsgesetz, § 120, 3.4; **a. A** *Keller* NStZ **1982** 20; offen gelassen bei OLG Celle StrVert. **1981** 80 (LS); *Laubenstein* aaO (Fußn. 91) 256 ff.

[96] *Czaschke* NStZ **1983** 442.

[97] Eingehend: *Laubenstein* aaO (Fußn. 91) 260 f.

Klaus Lüderssen

85   Das Akteneinsichtsrecht im gerichtlichen Verfahren erstreckt sich von seinem **Umfang** her ausnahmslos auf alle dem Gericht vorliegenden Akten einschließlich der beigezogenen Beiakten. Zwar hat das OLG Celle mit Beschluß vom 8. 5. 1980[98] zunächst die Auffassung vertreten, die Strafvollzugsbehörde könne die vollständigen Personalakten vorlegen, dem Gericht aber nur die teilweise Gewährung von Akteneinsicht an den Verteidiger gestatten[99]. In einer späteren Entscheidung[100] wird dann aber ausgeführt, die Weigerung der Behörde, die dem Gericht übersandten Akten dem Verteidiger zugänglich zu machen, führe dazu, daß auch das Gericht sie nicht verwenden dürfe. Verwerte das Gericht die Akten gleichwohl, ohne dem Verteidiger die beantragte Einsicht gewährt zu haben, liege darin gleichzeitig ein Verstoß gegen § 147[101]. Mit den zuletzt gemachten Einschränkungen kann der Auffassung des OLG Celle zugestimmt werden.

86   Wenn die Vollzugbehörde **berechtigterweise Aktenteile** von der Einsicht ausnehmen will, darf sie diese Teile nicht dem Gericht übersenden. Geschieht dies dennoch, hat das Gericht diese Aktenteile ungelesen zurückzugeben. Die oben Rdn. 78 dargelegten Grundsätze zur Verwertung von Akten, welche die Staatsanwaltschaft aus ermittlungstaktischen Gesichtspunkten der Akteneinsicht entziehen möchte, obwohl sie für den Erlaß einer richterlichen Entscheidung von Bedeutung sind, gelten hier entsprechend.

87   Bei der Übersendung der Akten an das Gericht hat die Vollzugsbehörde daher auch **kein Auswahlermessen.** Abgesehen davon, daß ein Ermessen der Behörde bei der Auswahl der Akten gerichtlich nicht kontrollierbar ist[102], besteht eine umfassende Vorlagepflicht der Behörde hinsichtlich aller Aktenteile, die für die anstehende Entscheidung von Bedeutung sein können[103]. Das Verhältnis zwischen Vollzugsbehörde und Gericht (Strafvollstreckungskammer) stellt sich hier nicht anders dar als das Verhältnis zwischen anklagender Staatsanwaltschaft und Gericht. Wie die Staatsanwaltschaft alle Unterlagen dem Gericht vorzulegen hat, die im Rahmen des Ermittlungsverfahrens angefallen sind und welche die Staatsanwaltschaft im Rahmen ihrer Entschließung zur Erhebung der öffentlichen Klage berücksichtigt hat oder hätte berücksichtigen müssen (oben Rdn. 25), so ist die Vollstreckungsbehörde verpflichtet, alle Unterlagen vorzulegen, die sie bei ihrer Entscheidung berücksichtigt hat oder hätte berücksichtigen müssen. Der Satz, daß das, was für das Verfahren geschaffen worden ist, ihm nicht vorenthalten werden darf (oben Rdn. 59), gilt in anderer Formulierung auch hier: Was für den Strafvollzug geschaffen worden ist, darf seiner Kontrolle durch das Gericht nicht vorenthalten werden.

88   In der Sache läuft dies auf eine **uneingeschränkte Vorlagepflicht** der Behörde und ein ebenfalls uneingeschränktes Akteneinsichtsrecht der Verteidigung hinaus. Dieses Ergebnis wird bei den Vollzugsbehörden kaum auf Zustimmung stoßen. Es mag auch in der Tat gute Gründe für die Haltung der Vollzugsbehörden geben, die Gefangenenpersonalakten einer umfassenden und uneingeschränkten Akteneinsicht zu entziehen. Die Bedenken verlieren jedoch an Gewicht, wenn man die unmittelbare Akteneinsicht an die Person des Verteidigers knüpft[104].

---

[98] NStZ **1982** 45 = StrVert. **1981** 80 (LS).

[99] Hierbei handelt es sich lediglich um ein obiter dictum. Aus diesem Grunde kann der Beschluß des BVerfG (Vorprüfungsausschuß) vom 28. 5. 1981, NStZ **1982** 44 = StrVert. **1981** 533, auch nicht als verfassungsgerichtliche Bestätigung der Rechtsauffassung des OLG Celle angesehen werden.

[100] Beschluß vom 3. 2. 1982, StrVert. **1982** 264 = NStZ **1982** 304 = NJW **1982** 2083 (LS).

[101] StrVert. **1982** 265 unter Hinweis auf RGSt 72 268, 273.

[102] *Volckart* StrVert. **1984** 385 ff.

[103] *Laubenstein* aaO (Fußn. 91) 264 ff.

[104] *Volckart* StrVert. **1984** 386; zum Träger des Akteneinsichtsrechts siehe aber im einzelnen unten Rdn. 97.

Dies ist in der Sache für **Krankenunterlagen** anerkannt. Im Anschluß an die **89** neuere Rechtsprechung des Bundesgerichtshofs[105], die dem Patienten grundsätzlich ein Recht auf Einsicht in die ihn betreffenden Krankenunterlagen zuerkennt, hat das OLG Celle[106] — bereits für das außergerichtliche Verfahren — ausdrücklich offengelassen, ob ein Ermessen der Vollzugsbehörde besteht, und im Ergebnis eine Ermessensreduzierung auf Null angenommen. Ob es dogmatisch überzeugender ist, statt einer Ermessensreduzierung auf Null ein unbedingtes Recht auf Akteneinsicht zu bejahen, mag dahinstehen[107]. Was für Krankenunterlagen gilt, muß jedoch auch für die sonstigen Teile der Gefangenenpersonalakten gelten. Bei einer an den — verfassungsrechtlich reflektierten — Zielen des Strafvollzugs orientierten Abwägung[108] wird ohnehin in den meisten Fällen das Ermessen der Behörde derart reduziert sein, daß nur eine Entscheidung — nämlich die Gewährung von Einsicht — möglich ist.

Die Zurückhaltung von (Teilen der) Gefangenenpersonalakten kann allerdings **90** dann gerechtfertigt sein, wenn durch die Einsicht **sicherheitsrelevante Informationen** offenbart würden[109]. Hier kann man versuchen, den Interessen der Vollzugsbehörde Rechnung zu tragen, indem die Einsicht (für den Verteidiger) nur auf der Geschäftsstelle der Vollzugsanstalt gewährt wird; so läßt sich verhindern, daß Kopien gefertigt werden[110]. Ist dieser Weg versperrt, weil auch eine einmalige Einsicht durch den Verteidiger sicherheitsempfindliche Bereiche berührt, ist die Behörde befugt, unter Darlegung der Gründe die betreffenden Aktenteile zurückzuhalten. Der Gefangene kann dann in einem Zwischenverfahren die vollzugsbehördliche Weigerung überprüfen lassen (vgl. unten Rdn. 98).

Diese Grundsätze gelten auch für die Akteneinsicht **außerhalb eines gerichtlichen 91 Verfahrens**. Rechtsgrundlage ist hierbei ebenfalls § 120 Abs. StVollzG in Vbdg. mit § 147. Nach allgemeiner Auffassung setzen diese Vorschriften zwar ein laufendes gerichtliches Verfahren voraus; überwiegend wird deshalb § 29 VwVfG als Rechtsgrundlage für eine von der Vollzugsbehörde nach pflichtgemäßem Ermessen zu gewährende Akteneinsicht betrachtet[111]. Da **Verteidigung im Strafvollzug** jedoch ein sehr weitgehender Begriff ist (§ 137, 46), unterfällt die Tätigkeit eines Verteidigers auch im Vorfeld eines Antrags auf gerichtliche Entscheidung dem Anwendungsbereich des § 120 Abs. 1 StVollzG, der mit seiner Verweisung auf die Vorschriften der StPO das Akteneinsichtsrecht gemäß § 147 erfaßt[112]. Für den Fall, daß eine vollzugsbehördliche **Entscheidung** (auf Antrag des Gefangenen oder von Amts wegen) bereits **ergangen ist**, ergibt sich dies daraus, daß der beigezogene Verteidiger, um die Aussichten eines Rechtsmittels beurteilen oder das Rechtsmittel begründen zu können, der Einsicht in die Akten bedarf.

[105] BGHZ **85** 327 ff.

[106] NStZ **1986** 284 mit zust. Anm. *Müller-Dietz*.

[107] Vgl. *Müller-Dietz* NStZ **1986** 285 f.

[108] Vgl. hierzu *Keller* NStZ **1982** 17 ff, der im Ergebnis ein unbedingtes Akteneinsichtsrecht auch außerhalb eines gerichtlichen Verfahrens bejaht.

[109] Vgl. *Volckart* StrVert. **1984** 387.

[110] Vgl. *Volckart* StrVert. **1984** 387.

[111] OLG Karlsruhe StrVert. **1981** 80 (LS); OLG Koblenz StrVert. **1981** 80 (LS); OLG Celle StrVert. **1981** 80 (LS); **1983** 512; OLG München ZfStrVo. **1980** 124; OLG Frankfurt ZfStrVo. **1981** 317; LG Augsburg NJW **1980** 465 mit zustimmender Anmerkung *Haß*; LG Braunschweig StrVert. **1981** 80 (LS); *Czaschke* NStZ **1983** 441 ff; *Volckart* StrVert. **1984** 385; *Schuler* in Schwind/Böhm StVollzG, § 115, 7; *Grunau/Tiesler* StVollzG[2], § 109, 10; *Volckart/Schmidt* in AK-StVollzG[2], § 109, 9; a. A *Joester* StrVert. **1981** 80; *Calliess/Müller-Dietz* StVollzG[4], § 115, 5; *Keller* NStZ **1982** 17 ff.

[112] A. A *Keller* NStZ **1982** 20; *Czaschke* NStZ **1983** 442, jeweils mit weit. Nachw.; *Laubenstein* aaO (Fußn. 91) 261 ff.

Klaus Lüderssen

92   Ihm muß als Beurteilungsgrundlage dabei das gesamte aktenmäßig angefallene Material überlassen werden, das auch der **Behörde** bei ihrer **Entscheidung** zur **Verfügung** stand und das bei einem Antrag auf gerichtliche Entscheidung gemäß §§ 109 ff StVollzG dem Gericht vorzulegen wäre. In diesem Fall ist kein Grund für die Verweigerung oder Beschränkung der Akteneinsicht im Verwaltungsverfahren ersichtlich. Auch für eine Ermessensentscheidung der Vollzugsbehörde ist kein Raum, wenn die vollzugsbehördlichen Akten umfassend und uneingeschränkt — mit Ausnahme sicherheitsrelevanter Tatsachen — im gerichtlichen Verfahren vorgelegt werden müssen und dort gleichfalls uneingeschränkt der Akteneinsicht durch den Verteidiger unterliegen.

93   Die umfassende Gewährung von Akteneinsicht bereits im **Verwaltungsverfahren** hat überdies den Vorteil, daß der Verteidiger sich durch vollständige Kenntnis der Akten einen Überblick verschaffen kann, ob der Antrag auf gerichtliche Entscheidung überhaupt Aussicht auf Erfolg hat. Auf diese Weise lassen sich **unnötige Anträge** auf gerichtliche Entscheidung vermeiden.

94   Die Fälle, in denen eine **Entscheidung** der Vollzugsbehörde nicht vorliegt, sind entsprechend zu beurteilen, wenn der Verteidiger des Gefangenen darlegt, daß er einen Antrag zu stellen oder zumindest die Erfolgsaussichten eines Antrags (etwa auf Urlaubsgewährung, Vollzugslockerung, Halbstrafen- oder Zweidrittelerlaß usw.) zu prüfen beabsichtigt. Die Akteneinsicht dient hier der Begründung eines Antrags an die Vollzugsbehörde oder die Strafvollstreckungskammer und ist demgemäß nach § 147 zu gewähren. Auch hier ist es nicht sinnvoll, den Verteidiger einen Antrag stellen zu lassen, der keine Aussicht auf Erfolg hat, um ihm dann nach einer ablehnenden Entscheidung der Vollzugsbehörde oder im gerichtlichen Verfahren Akteneinsicht gewähren zu müssen.

95   Daraus folgt zugleich, daß es ein **allgemeines Recht auf Akteneinsicht,** wie es namentlich von *Keller* NStZ **1982** 17 ff und *Laubenstein* aaO (Fn. 91) 261 ff, gefordert wird, nicht geben kann. Das ist auch nicht erforderlich. Denn nach der hier vertretenen Auffassung erhält der Verteidiger immer dann Akteneinsicht, wenn dies zur Durchsetzung der Rechte des Gefangenen erforderlich ist. Darüber hinausgehende Interessen dürfen vernachlässigt werden.

96   Für die Akteneinsicht im **Maßregelvollzug** gelten die für Gefangenenpersonalakten entwickelten Grundsätze[113].

97   **bb) Träger des Akteneinsichtsrechts.** In bezug auf die Personalakten ist das der Gefangene; quoad exercitum steht das Recht dem Verteidiger zu[114]. Mag es auch im Hinblick auf eine aktive Beteiligung des Gefangenen an der Erreichung der Strafvollzugsziele beachtliche Gründe geben, auch dem **nicht verteidigten** Gefangenen Akteneinsicht zu gewähren[115], so ist doch allein durch die Einschaltung einer nach der StPO zur Verteidigung berechtigten Person gewährleistet, daß das Interesse der Vollzugsbehörden, nicht mit grundlosen Akteneinsichtsanträgen konfrontiert zu werden, angemessen berücksichtigt wird.

98   **cc) Rechtsmittel.** Im Zusammenhang mit Gefangenenpersonalakten sind die dem Gefangenen zustehenden **Rechtsmittel** zu erörtern. Der von der Vollzugsbehörde abgelehnte Antrag auf Einsicht in die Personalakten oder Krankenunterlagen kann — so-

---

[113] Vgl. auch *Volckart* StrVert. **1984** 386; ders. Maßregelvollzug (1984) 100.

[114] OLG Celle NStZ **1984** 85; *Volckart* StrVert. **1984** 387.

[115] *Keller* NStZ **1982** 17 ff; in diesem Sinne wohl auch *Müller-Dietz* StrVert. **1982** 83 ff, 89.

weit erforderlich[116]: nach durchgeführtem **Widerspruchsverfahren** — durch Antrag auf gerichtliche Entscheidung nach § 109 StVollzG angefochten werden[117]. Die Verweigerung von Akteneinsicht durch die Strafvollstreckungskammer kann mit der **Beschwerde** angefochten werden[118].

IV. Einsicht

Der Verteidiger kann die Akten — auch **mehrmals** — einsehen. Für die erstmalige Gewährung von Akteneinsicht sind notfalls auch **Verzögerungen der Ermittlungen** in Kauf zu nehmen[119]. Dasselbe gilt, wenn die Akten zum Zwecke einer richterlichen Entscheidung im Ermittlungsverfahren (s. auch oben Rdn. 74 ff) an das Gericht gesandt worden sind und der Verteidiger die Akten zur Begründung eines Antrages oder einer Beschwerde benötigt. Der — im Grundsatz anzuerkennende — ungehinderte Fortgang der Ermittlungen darf nicht zu einer (faktischen) Beschränkung der Akteneinsicht führen; diese kann nur unter den Voraussetzungen des Abs. 2 verweigert oder beschränkt werden. Um frühzeitige und umfassende Akteneinsicht zu gewährleisten, hat die Staatsanwaltschaft notfalls **Duplo-Akten** anzulegen. Bei einer weiteren Akteneinsicht geht in der Regel der Grundsatz des **schleunigen Verfahrens** vor, wenn der Verteidiger die weitere Akteneinsicht bei umsichtigem Verhalten (Auszüge, Ablichtungen) hätte vermeiden können[120]. Das gilt aber dann nicht, wenn der Inhalt der Akten seit der letzten Akteneinsicht zugenommen hat[121]. Der Vorrang des Beschleunigungsgrundsatzes bedeutet jedoch nur, daß die Gewährung von (nochmaliger) Akteneinsicht lediglich vorläufig zurückgestellt werden kann. Verweigert werden darf die Akteneinsicht auch in diesen Fällen nicht. **99**

Der Verteidiger hat das Recht auf Akteneinsicht auch **während der Hauptverhandlung**. Dies gilt nach unbestrittener Ansicht, wenn der Verteidiger erst im Verlauf der Hauptverhandlung bestellt oder gewählt worden ist[122], wenn er ein besonderes Interesse an der Akteneinsicht nachweisen kann[123] oder wenn neue Ermittlungsergebnisse oder Urkunden zu den Akten gelangt sind[124]. Das Recht auf Akteneinsicht in der Hauptverhandlung geht jedoch noch weiter[125]. Für den Verteidiger kann es gute Gründe geben, die Akten auch während der Hauptverhandlung einzusehen. Zu einer **Darlegung seines Interesses** kann er dabei nicht gezwungen werden. Da nach dem Abschluß der Ermittlungen die Akteneinsicht nicht mehr beschränkt werden kann, fehlt **100**

---

[116] Zur unterschiedlichen Ausgestaltung des Vorverfahrens in den verschiedenen Bundesländern vgl. *Laubenstein* aaO (Fußn. 91) 43 ff.

[117] OLG Celle NStZ **1982** 45; StrVert. **1982** 265; StrVert. **1983** 512; NStZ **1986** 284; *Volckart* StrVert. **1984** 386; *Czaschke* NStZ **1983** 445.

[118] OLG Celle StrVert. **1982** 264; OLG Koblenz StrVert. **1981** 286.

[119] *Eb. Schmidt* 11; enger LR-*Dünnebier*[23] 11.

[120] KK-*Laufhütte*[2] 14.

[121] OLG Hamm VRS **49** 113; NJW **1972** 1096; OLG Hamburg JR **1966** 274; KK-*Laufhütte*[2] 14; *Kleinknecht/Meyer*[38] 12.

[122] OLG Stuttgart NJW **1979** 560; *Kleinknecht/Meyer*[38] 10.

[123] KK-*Laufhütte*[2] 14.

[124] LR-*Dünnebier*[23] 11.

[125] **A. A** LR-*Dünnebier*[23] 12; *Kleinknecht/Meyer*[38] 10; KK-*Laufhütte*[2] 14. *Dünnebier* beruft sich für seine Auffassung, der Verteidiger könne während der Hauptverhandlung grundsätzlich keine Akteneinsicht beanspruchen, unzutreffend auf RG JW **1932** 1748. In dieser Entscheidung ging es um die Frage, unter welchen Voraussetzungen einem Beweisermittlungsantrag nach Beiziehung von Beiakten zu entsprechen ist. Allerdings interpretiert *Beling* JW **1932** 1749, in seiner Anmerkung die Entscheidung des RG dahingehend, die Akteneinsicht während der Hauptverhandlung sei in das Ermessen des Gerichts gestellt.

Klaus Lüderssen

es an einer gesetzlichen Handhabe, die Einsicht während der Hauptverhandlung zu verweigern. Hieran kann auch eine bereits erfolgte Akteneinsicht nichts ändern, denn das Akteneinsichtsrecht ist kein Recht, das dem Verteidiger nur einmal zusteht. Da das Gericht während der Hauptverhandlung die Akten benötigt[126], kann die Gewährung von Akteneinsicht dann jedoch mit Einschränkungen versehen werden; insbesondere kann der Verteidiger nicht verlangen, die Akten zur Einsicht in sein Büro zu erhalten; er muß die Akten dann auf der Geschäftsstelle des Gerichts[127] oder in Verhandlungspausen im Gerichtssaal oder im Zimmer des Vorsitzenden einsehen.

101   Einen Anspruch auf Einsicht in das **Sitzungsprotokoll** einer über mehrere Tage dauernden Hauptverhandlung hat der Verteidiger nicht[128], da das Sitzungsprotokoll erst durch Unterschrift des Vorsitzenden und des Protokollführers fertiggestellt ist[129]. Allerdings gibt es in bestimmten Fällen einen Anspruch auf Erteilung von Abschriften aus Teilen des (noch nicht fertiggestellten) Protokolls (vgl. oben Rdn. 15 f).

102   Der Verteidiger kann, namentlich bei umfangreichen Sachen, seine Aufgabe nicht lediglich anhand von Notizen erfüllen. Er ist daher berechtigt, **Abschriften oder Ablichtungen** aus den Akten anzufertigen oder anfertigen zu lassen[130], grundsätzlich aber nur durch eigenes Büropersonal[131] oder, falls Abschriften oder Ablichtungen außerhalb der Büroräume oder durch bürofremdes Personal hergestellt werden, unter Beachtung der in §§ 13, 14 RiAA niedergelegten Grundsätze[131a].

103   Diese Befugnis darf ihm nicht — was selbstverständlich ist — mit der Erwägung versagt werden, er brauche keine **Abschriften,** weil das Gericht selbst die Wahrheit zu erforschen habe (OLG Hamburg NJW **1963** 1024). Auch bei Akten, die Verschlußsachen sind, selbst bei Staatsgeheimnissen, darf die Anfertigung von Abschriften nicht untersagt werden. Die Abschriften sind aber als Verschlußsachen zu behandeln; auch können Auflagen erteilt werden über die Verwahrung und Zugänglichkeit der Abschriften, ein Verbot, weitere Abschriften, Ablichtungen oder Auszüge zu fertigen, sowie über den Personenkreis, mit dem der Verteidiger die Schriftstücke erörtern darf (BGHSt **18** 369 = JZ **1963** 60 m. Anm. *Ad. Arndt*). Der Verteidiger haftet in bezug auf Abschriften, die er Verschlußsachen entnimmt, **standesrechtlich** für das ordnungsgemäße Verhalten seines Personals bei der Anfertigung der Abschriften und beim Umgang mit ihnen.

104   Entsprechendes gilt für die Anfertigung von Kopien von **Tonbandaufzeichnungen**, Bild-[132], Filmaufnahmen und Videobändern (vgl. auch unten Rdn. 112).

105   Staatsanwalt (außer im Fall des Absatzes 2) und Gericht haben keine Möglichkeit, die Akteneinsicht zu versagen. **Mißbraucht** der Verteidiger die Aktenkenntnis zu verfahrensfremden Zwecken, ist — wenn kein Ausschließungsgrund vorliegt (§ 138 a Abs. 2) — Abhilfe durch die Rechtsanwaltskammer zu suchen, ggf. im ehrengerichtlichen Verfahren. Mißbraucht der Verteidiger die Aktenkenntnis zur Verdunkelung, kann er, wenn er der Strafvereitelung verdächtig ist, von der Verteidigung ausgeschlossen werden (§ 138 a Abs. 1). Dagegen ist es **unzulässig**, dem Verteidiger das **Recht** zu entziehen, die **Akten einzusehen.** Solange jemand Verteidiger ist, hat er alle Rechte eines Verteidigers. Die einzige Ausnahme bilden § 138 c Abs. 3 Satz 1 und 2.

---

[126] KK-*Laufhütte*[2] 14.

[127] OLG Stuttgart NJW **1979** 560.

[128] KK-*Laufhütte*[2] 14.

[129] BGHSt **16** 307; **29** 394; BGH bei *Pfeiffer* NStZ **1981** 297; BGH bei *Dallinger* MDR **1975** 725.

[130] § 13 RiAA; BGHSt **18** 369; BayObLG **53** 28; OLG Hamburg NJW **1963** 1024; *Lüttger*

NJW **1951** 745; *Bode* MDR **1981** 287; KK-*Laufhütte*[2] 6; *Dahs* Hdb. 224; *Isele* 754; *Kleinknecht/Meyer*[38] 6.

[131] *Kleinknecht/Meyer*[38] 7; KK-*Laufhütte*[2] 6; *Isele* 754.

[131a] EG Köln BRAKMitt **1987** 160.

[132] *Kleinknecht/Meyer*[38] 7.

V. Beweismittel

1. Allgemeines. Das Recht auf **Besichtigung der Beweismittel** (§147 Abs. 1, 2. Al- **106** ternative) **ergänzt** das Recht auf Einsicht in die Akten[133]; beide Rechte „sind in ihrer prozessualen Funktion gleichwertige Informationsbefugnisse des Beschuldigten"[134]. Dies ist namentlich für die Frage der Verwertung von Bedeutung (unten Rdn. 126 ff).

2. Beweismittelbegriff. Zu den **Beweismitteln** im Sinne der Vorschrift — der Be- **107** griff der Beweisstücke in Abs. 1 und Abs. 4 ist grundsätzlich der gleiche[135] — gehören alle Gegenstände, die nach §94 ff beschlagnahmt oder sichergestellt sind, sowie die nach §111 b ff sichergestellten Gegenstände, soweit sie als Beweismittel in Betracht kommen[136], also auch Druckwerke, sonstige Schriften oder andere Gegenstände im Sinne des §74 d StGB, von denen in der Regel zumindest ein Exemplar als Beweismittel zu beschlagnahmen ist[137], und „alle (potentiellen) Augenscheinsobjekte, aber auch solche körperlichen Gegenstände, die Grundlage für einen Sachverständigenbeweis oder (wegen ihrer Beschaffenheit) Gegenstand eines Vorhalts bei Zeugen- oder Beschuldigtenvernehmungen werden können"[138]. Beweismittel sind danach zunächst alle Gegenstände, „an denen Tatspuren haften oder die sonst zum Beweis der Tat oder zur Entlastung dienen können"[138a], und Video-[139] und Tonbandaufnahmen von der Tat. Auch Urkunden und Urkundensammlungen gehören zu den Beweismitteln[140], wenn sie wegen ihrer Beschaffenheit entscheidungserheblich sein können[141]; kommt es bei ihnen für das weitere Verfahren nur auf den in ihnen verkörperten Inhalt an, sind sie als Aktenbestandteile zu behandeln[142].

Beiakten von **justizfremden Behörden** zählen zu den Verfahrensakten, sofern bei **108** ihnen nur der verkörperte Inhalt von Bedeutung ist[143].

Das Besichtigungsrecht der Verteidigung erstreckt sich auch auf Beweismittel, **109** die (möglicherweise) einem **Verwertungsverbot** unterliegen[144]. Denn über ein Verwertungsverbot wird regelmäßig erst in der Hauptverhandlung entschieden, und hierzu muß der Beschuldigte oder sein Verteidiger sich äußern können[145].

Das Besichtigungsrecht erstreckt sich nach dem Wortlaut des §147 Abs. 1 nur auf **110** die **amtlich verwahrten Beweisstücke.** Daraus folgt aber nicht, daß dem Verteidiger die gemäß §94 Abs. 1 2. Alternative **„in anderer Weise sicherzustellenden" Beweismittel** verschlossen bleiben[146]. Dies ist so selbstverständlich, daß *Dünnebier*[147] ein Redaktionsversehen angenommen hat. Hierfür liegen nach der Entstehungsgeschichte jedoch keine Anhaltspunkte vor[148]. Eine, das Informationsinteresse des Beschuldigten berücksichtigende, Auslegung des §147 erfordert daher, das Besichtigungsrecht dahingehend zu interpretieren, daß Staatsanwalt und Gericht dem Verteidiger die Möglichkeit ver-

---

[133] *Kleinknecht/Meyer*[38] 19.

[134] *Rieß* FS II Peters 121.

[135] *Rieß* FS II Peters 120.

[136] *Kleinknecht/Meyer*[38] 19.

[137] Die Beschlagnahme erfolgt dann nach §94, vgl. §111 m, 3.

[138] *Rieß* FS II Peters 122; so auch *Kleinknecht/Meyer*[38] 19.

[138a] LR-*Dünnebier*[23] 7.

[139] SchlHOLG NJW **1980** 352.

[140] *Kleinknecht/Meyer*[38] 19; *Rieß* FS II Peters 122; offen gelassen von OLG Köln NJW **1985** 336, 337.

[141] *Rieß* FS II Peters 122; weitergehend *Kleinknecht/Meyer*[38] 19.

[142] *Rieß* FS II Peters 122.

[143] *Kleinknecht/Meyer*[38] 16; **a. A** *H. Schäfer* NStZ **1984** 206; s. auch o. Rdn. 66 ff.

[144] *Kleinknecht/Meyer*[38] 19; *Rieß* FS II Peters 122, Fußn. 44; **a. A** *H. Schäfer* NStZ **1984** 208.

[145] Dies verkennt *H. Schäfer* NStZ **1984** 208.

[146] *Rieß* FS II Peters 123; *Kleinknecht/Meyer*[38] 19; KMR-*Müller* 13.

[147] LR-*Dünnebier*[23] 7.

[148] *Rieß* FS II Peters 123.

Klaus Lüderssen

schaffen müssen, die in anderer Weise sichergestellten Beweisstücke besichtigen zu können, etwa durch Umwandlung der Sicherstellung in sonstiger Weise in eine amtliche Verwahrung[149]. Keinesfalls darf der Verteidiger darauf verwiesen werden, das in sonstiger Weise sichergestellte Beweisstück in der Hauptverhandlung zu besichtigen.

111   **3. Besichtigung der Beweismittel.** Im Gegensatz zu der Einsicht in die Akten, die regelmäßig in den Geschäftsräumen des Verteidigers zu gewähren ist (s. unten Rdn. 142 f), erfolgt die **Besichtigung der Beweisstücke** an der Stelle, an der sie sich befinden, also etwa im Asservatenraum oder, wenn es sich um umfangreiche Geschäftsunterlagen handelt, in den zur Aufbewahrung der Akten bestimmten Räumlichkeiten; Gericht oder Staatsanwaltschaft können die Beweisstücke zum Zwecke der Besichtigung auch in dafür geeignete Räume bringen[150]. Die Besichtigung muß jedoch unter zumutbaren Bedingungen ermöglicht werden. Insbesondere dann, wenn sie — etwa bei Aktensammlungen — längere Zeit in Anspruch nimmt, muß der Verteidiger sich nicht darauf verweisen lassen, die Beweisstücke im ungeheizten Aktenkeller zu besichtigen[151].

112   Die Besichtigung von **Tonband-, Video- oder Filmaufnahmen** erfolgt in der Weise, daß der Verteidiger sie sich — auch mehrmals — auf der Geschäftsstelle vorspielen läßt[152]. Ist dies zur Informationsvermittlung nicht ausreichend, hat der Verteidiger einen **Anspruch auf Herstellung einer amtlich gefertigten Kopie des Video- oder Tonbandes oder Films**[153]. Hier gelten die unten Rdn. 117 zu umfangreichen Aktensammlungen entwickelten Kriterien entsprechend.

113   Bei der Besichtigung der Beweisstücke ist der Verteidiger befugt, sich **Aufzeichnungen** zu machen oder die **Beweisstücke** zu **photographieren**; auch darf er **Sachverständige** bei der Besichtigung hinzuziehen[154]. Auch dem Angeklagten ist in Anwesenheit des Verteidigers die Besichtigung der Beweismittel zu gestatten.

114   **a) Mitgabeverbot.** Während § 147 Abs. 1 uneingeschränkt die Einsicht in die Akten und die Besichtigung der Beweismittel ermöglicht, dürfen nach Abs. 4 nur die Akten, nicht aber die Beweisstücke zur Einsichtnahme in die Geschäftsräume oder die Wohnung des Verteidigers mitgegeben werden. Aus dem Wortlaut des Abs. 4 läßt sich nicht ableiten, ob er die generelle Verpflichtung zur Mitgabe der Akten (s. unten Rdn. 142) bei Beweisstücken suspendiert (also die Mitgabe der Beweisstücke in das pflichtgemäße Ermessen der verwahrenden Behörde stellt) oder ob er ein Mitgabeverbot begründet[155]. *Rieß*[156] hat unter Berücksichtigung der Entstehungsgeschichte überzeugend dargelegt, daß Abs. 4 ein **Mitgabeverbot** enthält, das es ausnahmslos verbieten soll, die Beweisstücke dem Verteidiger zur Besichtigung in seine Geschäftsräume oder seine Wohnung zu übersenden[157]. Hieraus folgt zunächst, daß Beweisstücke, die zu Aktenbestandteilen geworden sind, den Akten zu entnehmen sind, wenn diese zur Einsicht-

---

[149] *Rieß* FS II Peters 123.

[150] *Rieß* FS II Peters 124.

[151] **A. A** BGH 2 StR 83/82 v. 17. 12. 1982, zitiert bei *Hilger* NStZ **1983** 344 Fußn. 150; vgl. auch *Rieß* FS II Peters 124.

[152] Vgl. *Kleinknecht/Meyer*[38] 19 für Tonbandaufnahmen.

[153] *Rieß* FS II Peters 126 Fußn. 63; *Kleinknecht/Meyer*[38] 7 für Tonaufzeichnungen.

[154] *Rieß* FS II Peters 124.

[155] Vgl. *Rieß* FS II Peters 114, Fußn. 3: „Im er-
steren Fall wäre die Vorschrift insoweit etwa wie folgt zu lesen: ‚Über die Mitgabe von Beweisstücken ist nach pflichtgemäßem Ermessen zu entscheiden‘; im zweiten Fall müßte sie lauten: ‚Die Mitgabe von Beweisstücken ist untersagt.‘ "

[156] *Rieß* FS II Peters 117, 119 f.

[157] Vgl. auch BGH 5 StR 513/78 vom 24. 4. 79, zitiert nach *Pfeiffer* NStZ **1981** 95; KK-*Laufhütte*[2] 5.

Stand: 1. 11. 1988

nahme übersandt werden. Bei Urkunden mit Beweisqualität ist ggfs. dem Verteidiger eine Fotokopie zu überlassen.

Trotz des generellen Mitgabeverbots in Abs. 4 wird eine **Ausnahme** anzuerkennen **115** sein, wenn nur dadurch eine wirksame Verteidigung gewährleistet ist. Dies gilt namentlich dann, wenn der Verteidiger einen **Sachverständigen** beauftragen möchte, der sein Gutachten nur bei Überlassung des Beweisstückes erstellen kann. Denn wenn man dem Verteidiger das Recht eigener Ermittlungen zugesteht[158], muß der Verteidiger auch private Sachverständigengutachten zugunsten des Beschuldigten in Auftrag geben dürfen[159]. Hierzu sind ihm nötigenfalls die Beweismittel auszuhändigen, wobei Staatsanwaltschaft oder Gericht in diesen Fällen auch befugt sind, die Beweismittel unter Umgehung des Verteidigers direkt an den Sachverständigen zu geben.

Die Verpflichtung zur **Aushändigung des Beweismittels** besteht auch dann, wenn **116** bereits von Amts wegen ein Sachverständiger eingeschaltet ist.

b) Beweisstücke mit Urkundenqualität. Insbesondere in Wirtschaftsstrafverfahren, **117** in denen es zur Beschlagnahme **umfangreicher Geschäftsunterlagen** gekommen ist, läßt sich das Recht nach Abs. 4 sinnvoll nicht durch Besichtigung der Beweismittel (hier: Lektüre der Urkunden) in den Räumen von Staatsanwaltschaft oder Gericht ausüben. Durch bloße Lektüre umfangreicher Urkundensammlungen läßt sich ihr Inhalt nicht aufnehmen und für das Verfahren verfügbar halten; ebensowenig reichen handschriftliche Notizen oder Abschriften aus[160]. Aus diesem Grunde hat *Krekeler*[161] die aus dem Fair-trail-Prinzip abgeleitete Forderung erhoben, dem Verteidiger auch die Beweismittel zur Einsicht in sein Büro zu überlassen oder ihm zumindest Fotokopien der Beweismittel zur Verfügung zu stellen[162]. Abgesehen von dem oben Rdn. 115 dargelegten Fall gibt es von dem Mitgabeverbot des Abs. 4 jedoch keine Ausnahmen. Dies bedeutet, daß aus **Gründen des Integritätsschutzes** die Beweismittel auch dann nicht herausgegeben werden dürfen, wenn ihre Besichtigung in den Räumen der Staatsanwaltschaft oder des Gerichts nicht genügt, um dem Informationsinteresse des Beschuldigten gerecht zu werden. Allerdings gebietet eine das Besichtigungsrecht in seiner Funktion berücksichtigende Auslegung es dann, dem Verteidiger **amtlich gefertigte Fotokopien der Beweismittel** zur Verfügung zu stellen: Der Anspruch auf Besichtigung „wandelt sich in diesen Fällen in einen solchen auf Herstellung und Überlassung von Ablichtungen"[163]. In Verfahren mit mehreren Beschuldigten und mehreren Verteidigern bedarf es lediglich einer von Amts wegen herzustellenden Ablichtung, welche die übrigen Verteidiger ihrerseits fotokopieren können[164].

Hinsichtlich der **Kosten** vertritt *Rieß*[165] die Auffassung, der Verteidiger habe zu- **118** nächst die Kosten für die Ablichtungen zu tragen[166]. Dieser Auffassung kann jedoch nicht zugestimmt werden. Die Kosten fallen, wenn das Besichtigungsrecht nur durch Überlassung amtlich gefertigter Fotokopien gewährt werden kann, (jedenfalls zunächst) der Staatskasse zur Last.

---

[158] Vor §§ 137, 115 ff.
[159] *Roxin*[20] 111.
[160] *Rieß* FS II Peters 126.
[161] wistra **1983** 47.
[162] Kritisch zu dieser Ableitung aus dem Fair-trial-Prinzip *Rieß* FS II Peters 126.
[163] *Rieß* FS II Peters 126 f; ebenso (subsidiär) *Krekeler* wistra **1983** 47. Bedenken im Hinblick auf den hierdurch entstehenden Ar-

beitsanfall bei Staatsanwalt oder Gericht macht *Koch* wistra **1982** 66 geltend; hiergegen zutreffend *Rieß* FS II Peters 128.
[164] *Rieß* FS II Peters 128.
[165] FS II Peters 129.
[166] Der Pflichtverteidiger mit Anspruch auf Erstattung der Auslagen und Zahlung eines Vorschusses gemäß §§ 97 Abs. 2, 127 BRAGO.

Klaus Lüderssen

VI. Zeitraum

119   Der Verteidiger kann die Akten in jeder Lage des Verfahrens einsehen. Deshalb **beginnt** das Recht auf Akteneinsicht in zeitlicher Hinsicht mit dem Verfahren (§ 137, 10 ff). Das ergibt sich auch aus dem Fall, in dem das Verfahren mit der Verhaftung anfängt. Dann ist der Beschuldigte richterlich zu vernehmen (§ 115 Abs. 2). An der Vernehmung kann der Verteidiger teilnehmen (§ 168 c Abs. 1; vgl. § 115, 16). Dazu bedarf er der Akteneinsicht.

120   In entsprechender Anwendung der Vorschrift wird man ein Akteneinsichtsrecht auch in den Fällen zu bejahen haben, in denen die **Staatsanwaltschaft prüft,** ob sie **ein Ermittlungsverfahren einleiten** soll[167].

121   Dem oben Rdn. 18 ff genannten Personenkreis steht das Recht auf Akteneinsicht zu, **sobald** sie Verteidiger sind, d. h. wenn sie gewählt oder bestellt sind[168]. Im Vorfeld einer **Mandatserteilung** besteht gleichfalls ein Recht auf Akteneinsicht, wenn der Verteidiger prüfen will, ob er das Mandat übernimmt[169]. Hierfür muß er jedoch die Aufforderung des Beschuldigten vorweisen, die Verteidigung zu übernehmen[170].

122   Das **Akteneinsichtsrecht endet** für den Wahlverteidiger, sobald seine Vollmacht erlischt[171]. Die Vollmacht gilt, wenn sie nicht beschränkt ist, für die ganze Dauer des Verfahrens, einschließlich des Vollstreckungsverfahrens[172], das in seiner neuen Ausgestaltung auch die sog. Nachverfahren[173] umfaßt, des Wiederaufnahmeverfahrens und des Gnadenverfahrens (§ 137, 10, 40 ff).

123   Für den **Pflichtverteidiger** gilt im Prinzip nichts anderes (vgl. aber § 141, 28 ff). Ferner endet das Akteneinsichtsrecht, wenn der Verteidiger nach **§ 146 a** zurückgewiesen[174], das Ruhen der Rechte aus den §§ 147, 148 nach **§ 138 c Abs. 3 Satz 1** angeordnet worden oder der **Beschluß über die Ausschließung nach §§ 138 a ff** rechtskräftig geworden ist[175].

124   **Nach der Einstellung** des Ermittlungsverfahrens gemäß § 170 Abs. 2 hat der Verteidiger in entsprechender Anwendung des § 147 einen Anspruch auf Einsicht in die Akten[176]. Ein rechtliches Interesse muß der frühere Beschuldigte nicht darlegen. Es ergibt sich daraus, daß die Staatsanwaltschaft die Ermittlungen jederzeit wieder aufnehmen kann[177].

---

[167] Die Staatsanwaltschaft darf es nicht in der Hand haben, die Akteneinsicht durch die relativ späte Einleitung eines Ermittlungsverfahrens zu beschränken. (Das ist ein – weiteres – Argument dafür, daß der Status des Beschuldigten zu fixieren ist; vgl. dazu *Prittwitz* Der Mitbeschuldigte [1984] 89 ff, 128 ff; *Lüderssen* wistra **1983** 231 f; V-Leute [1985] 9 ff; AnwBl. **1986** 72 ff) Wenn abzusehen ist, daß verschiedene Personen in Verdacht geraten können oder bereits in Verdacht geraten sind, ohne daß ein förmliches Ermittlungsverfahren gegen sie eingeleitet ist, dann haben sie grundsätzlich ein Akteneinsichtsrecht.

[168] *Kleinknecht/Meyer*[38] 9.

[169] *Kleinknecht/Meyer*[38] 9; *Danckert* StrVert. **1986** 171 f.

[170] *Kleinknecht/Meyer*[38] 9; KMR-*Müller* 1; s. auch § 148, 10.

[171] *Kleinknecht/Meyer*[38] 9.

[172] §§ 449, 450, 450 a Abs. 1 und 2, §§ 451, 452, 455, 456, 456 a, §§ 456 c Abs. 2, 457, § 458 Abs. 1, 2 in Vbdg. mit §§ 455, 456, §§ 456, 459 a, 459 b, 459 c, 459 e, 459 g, 459 f, § 459 h in Vbdg. mit § 459 a, 459 e, 459 g, § 461 Abs. 1 1. Mögl., §§ 463 b, 463 c.

[173] § 450 a Abs. 3 S. 1, §§ 453, 453 a, 453 b, § 453 c Abs. 1, § 454, 456 c Abs. 1, § 458 Abs. 2 in Vbdg. mit § 456 c Abs. 2, §§ 459 d, 460, § 461 Abs. 1 letzter Halbsatz in Vbdg. mit § 461 Abs. 2, § 462 Abs. 1 S. 2, § 463 Abs. 2, 3, 5.

[174] S. auch § 146 a, 14.

[175] *Kleinknecht/Meyer*[38] 9.

[176] KK-*Laufhütte*[2] 15; teilw. abweichend LR-*Rieß* § 170, 43; a. A *H. Schäfer* MDR **1984** 455; im Ergebnis wie hier OLG Hamm NJW **1984** 880, das die Frage nach der Rechtsgrundlage offen läßt; einschränkend ebenfalls *Kleinknecht/Meyer*[38] 11.

[177] KK-*Laufhütte*[2] 15.

Der Einstellung nach § 170 Abs. 2 steht die **Einstellung nach den §§ 153, 153 a** **125** gleich. Auch hier ist Einsicht in die Akten zu gewähren, da dem Einstellungsbeschluß keine oder nur bedingte Rechtskraft zukommt und die Ermittlungen unter bestimmten Voraussetzungen wieder aufgenommen werden können[178]. Nach einer Einstellung des Verfahrens gemäß § 153 d kann die Einsicht versagt werden, wenn sie die dort genannten Interessen gefährdet und mit der Einstellung des Verfahrens gerade die Einsichtnahme durch Dritte, sei es den Verteidiger oder den Beschuldigten, vermieden werden sollte.

VII. Verwertung

Der Verteidiger ist berechtigt und verpflichtet, die durch die Akteneinsicht erlang- **126** ten **Kenntnisse** an den **Beschuldigten** weiterzugeben[179]. In gleichem Umfange ist er auch berechtigt, dem Beschuldigten **Aktenauszüge oder Abschriften aus den Akten** auszuhändigen[180]. Dies gilt auch, wenn es sich bei den Akten um Verschlußsachen handelt; wird dem Verteidiger nicht ausdrücklich untersagt, Ablichtungen oder Abschriften der Akten an den Beschuldigten auszuhändigen, ist er hierzu befugt. Die Überlassung der Originalakten ist jedoch generell unzulässig[181].

Eine Verpflichtung des Verteidigers zur Zurückhaltung bei Weitergabe von Infor- **127** mationen (etwa über eine bevorstehende **Durchsuchung, Beschlagnahme oder Verhaftung**) aus den Akten, weil anderenfalls der Untersuchungszweck gefährdet würde[182], kann nicht anerkannt werden. Das gilt auch für die generelle Empfehlung an den Verteidiger, im Ermittlungsverfahren den Untersuchungszweck stärker zu beachten als im Hauptverfahren[183]. Sie liefe darauf hinaus, wie *Welp*[184] zutreffend dargelegt hat, daß der Verteidiger „die Beurteilung der Verfolgungsbehörde zu korrigieren" habe. Denn diese hätte ja gegebenenfalls nach § 147 Abs. 2 die Akteneinsicht verweigern dürfen. Das Argument, die Akteneinsicht werde dem Verteidiger im Vertrauen auf eine gewisse Solidarität mit der Strafverfolgungsbehörde gewährt, ist schon mit Blick auf die Entstehungsgeschichte nicht haltbar. Die Klausel des § 147 Abs. 2 ist „überhaupt nur deswegen in das Gesetz aufgenommen worden, weil als selbstverständlich unterstellt worden ist, daß der Verteidiger seinen Mandanten über den Akteninhalt informieren werde"[185]. Die von der Rechtsprechung vorgeschlagene Differenzierung (wenn der Beschuldigte durch die Mitteilungen des Verteidigers — nur — in die Lage versetzt wird, sich ein falsches Alibi zu verschaffen, sei der Verteidiger zur Zurückhaltung nicht verpflichtet, BGHSt **29** 103) ist auf dieser Basis ohne Bedeutung.

---

[178] Einzelheiten bei § 153, 85; § 153 a, 61 ff.

[179] BGHSt **29** 102 = JR **1981** m. Anm. *Müller-Dietz* = NJW **1980** 64 m. Anm. *Kuckuck* NJW **1980** 298; BGH GA **1968** 307; bei *Dallinger* MDR **1968** 728; OLG Frankfurt NStZ **1981** 144; KK-*Laufhütte*[2] 8; *Dahs* Hdb. 227; *Fezer* Strafprozeßrecht (1986) 4/52; *Krekeler* wistra **1983** 47; *Bode* MDR **1981** 287; *Lüttger* NJW **1951** 744; *Welp* FS II Peters 316; *Schlüchter* 108 3; *Wassmann* 148 ff; *Roxin*[20] § 19 E IV; KMR-*Müller* 21; *Kühne* 100; *Peters*[4] § 29 V 2; *Kleinknecht/Meyer*[38] 20; *Blumers/Göggerle*, Handbuch des Verteidigers und Beraters im Steuerstrafverfahren (1984), Rdn. 554; einschränkend *Beulke* Verteidiger 90 ff.

[180] BGH aaO; *Krekeler* aaO; *Lüttger* aaO; *Kleinknecht/Meyer*[38] aaO; Bedenken bei *Fillkrug* Kriminalistik **1988** 391 ff.

[181] OLG Frankfurt NJW **1965** 2312; *Dahs* Hdb. 229; *Blumers/Göggerle* (Fußn. 179) Rdn. 127, 554; LR-*Dünnebier*[23] 15; *Isele* 754.

[182] So KK-*Laufhütte*[2] 9; LR-*Dünnebier*[23] 18.

[183] So aber LR-*Dünnebier*[23] 20.

[184] FS II Peters 320.

[185] *Welp* FS II Peters 320 mit Belegen. Ebenso im Ergebnis: *Dahs* Hdb. 227; *Fezer* 4/54; *Krekeler* wistra **1983** 47; *Mehle* NStZ **1983** 587; *Tondorf* StrVert. **1983** 257; OLG Hamburg BRAKMitt **1987** 163 mit zust. Anm. *Dahs*. (Über die Abgrenzung zur strafrechtlichen Haftung des Verteidigers in diesen Fällen nach § 258 StGB siehe § 138 a, 37 ff)

Klaus Lüderssen

128   Der Verteidiger ist nicht verpflichtet — aber berechtigt —, die dem Beschuldigten überlassenen **Aktenauszüge** nach Kenntnisnahme oder nach Beendigung des Mandats **zurückzufordern**[186]; der Verteidiger sollte den Beschuldigten dahingehend belehren, die **Unterlagen Dritten** nicht **zugänglich** zu machen[187].

129   Zwar sieht § 15 Abs. 2 RiAA vor, daß die Aushändigung von Abschriften an andere Personen nur zulässig ist, soweit diese selbst ein Akteneinsichtsrecht haben. Doch
hat sich die Praxis, wonach dem Beschuldigten Abschriften der Akten überlassen werden
können, auf die Auslegung dieser Regel dahingehend ausgewirkt, daß Aktenauszüge
und Abschriften in dem gleichen Umfange aus der Hand gegeben werden dürfen, wie
der Anwalt befugt ist, andere Personen über den Akteninhalt zu unterrichten[188]. Danach ist, das sieht § 14 RiAA vor, die Bekanntgabe des Akteninhalts soweit zu unterlassen, als eine **mißbräuchliche Verwendung** zu außerhalb des Verfahrens liegenden Zwek-
ken zu befürchten ist.

130   Der Verteidiger hat die aus den Akten gewonnenen Erkenntnisse allein zur **Verteidigung** zu verwenden[189]. Ihre **sonstige Benutzung,** etwa für Privatgespräche oder
literarische Verwertung, ist unzulässig[190], gleichfalls die Weitergabe des Inhalts oder
gar die Überlassung eines Aktenauszuges an die Presse[191].

131   Das durch die Aktenkenntnis erlangte Wissen darf der Verteidiger jedoch in **sach-
gleichen** Zivilverfahren oder in anderen Verfahren, die mit gleicher Zielrichtung wie die
Verteidigung geführt werden, verwerten[192]. Wegen der Überlassung von Aktenauszü-
gen an Versicherungen vgl. *Dahs* Hdb. 233; *Kimmig* AnwBl. **1971** 127; RAK Celle
AnwBl. **1950/51** 113; vgl. auch LG Regensburg NJW **1985** 816.

132   Was den Schutz der in der Akte eventuell enthaltenen **„Drittgeheimnisse"** angeht,
so muß zunächst auf das materielle Strafrecht verwiesen werden[193]. Im übrigen gilt, daß
der Verteidiger, der nach § 147 Akteneinsicht erhalten hat, jedenfalls dann nicht **Garant**
dieses Drittgeheimnisses ist, wenn er den Mandanten über den Umgang mit den Akten
belehrt hat (s. oben Rdn. 128).

VIII. Besonderheiten

133   **1. Gefährdung des Untersuchungszwecks (Absatz 2 und 6).** Das Recht auf Akteneinsicht besteht für das gesamte Verfahren (Rdn. 119 ff). Ausnahmsweise kann die Akteneinsicht ganz oder teilweise versagt werden, wenn der Abschluß der Ermittlungen
noch nicht in den Akten vermerkt ist (§ 169 a). Die Versagung darf n .ht auf **technische
Schwierigkeiten** (etwa die Versendung der Akten zum Zwecke von Ermittlungen an die
Polizeibehörden) oder auch mit der Akteneinsicht notwendig verbundene **zeitliche Verzögerungen** gestützt werden; hier hat die Staatsanwaltschaft durch geeignete Maßnahmen (etwa die Anfertigung von Duploakten, s. auch Rdn. 69) die Voraussetzungen für
die Einsicht zu schaffen. Die Versagung ist vielmehr allein dann möglich, wenn die Akteneinsicht den Untersuchungszweck gefährden könnte.

134   Dies ist der Fall, wenn die **Ermittlungen** durch den Beschuldigten **gestört** werden
könnten. Eine solche Gefährdung des Untersuchungszwecks kann eintreten, wenn der
Verteidiger, wozu er berechtigt und verpflichtet ist, den Akteninhalt dem Beschuldigten

---

[186] *Kleinknecht/Meyer*[38] 23; *Dahs* Hdb. 227.

[187] *Kleinknecht/Meyer*[38] 23.

[188] Bedenklich insofern EG Köln BRAKMitt.
1987 160.

[189] *Isele* 751; *Kleinknecht/Meyer*[38] 21.

[190] *Kleinknecht/Meyer*[38] 21.

[191] *Dahs* Hdb. 232.

[192] *Dahs* Hdb. 228.

[193] Vgl. SK-*Samson* § 203 29; ausführlicher:
Stucke Berufliche Schweigepflicht bei Dritt-
geheimnissen als Vertrauensschutz, Diss.
Kiel 1981, 133 ff, 48, 49, 53 mit zahlr. Belegen.

mitteilt, von diesem ein **Eingriff** (etwa Besprechung mit Zeugen und Mitbeschuldigten, Beseitigung von Beweismitteln) in das **Verfahren** zu erwarten und eine nachteilige Einwirkung auf das Untersuchungsverfahren zu befürchten ist[194]. Allerdings kann mit dem Versagungsgrund der Gefährdung des Untersuchungszwecks nur ein erwarteter **unzulässiger** Eingriff in das Verfahren gemeint sein. Denn natürlich hat der Verteidiger — begrenzte — Möglichkeiten, auf das (Ermittlungs-)Verfahren Einfluß zu nehmen, etwa durch Anträge, eigene Ermittlungen etc. Befürchtet die Staatsanwaltschaft, daß eine Einflußnahme mit zulässigen Mitteln erfolgt, stellt dies keinen Versagungsgrund dar.

Daher darf die Versagung der Akteneinsicht wegen einer Gefährdung des Unter- **135** suchungszwecks auch nicht auf Gründe gestützt werden, die in der **Person des Verteidigers** liegen. Soweit nicht die Ausschließungstatbestände der §§ 138 a ff eingreifen (insb. die Anordnung des Ruhens der Rechte aus §§ 147, 148 gemäß § 138 c Abs. 3 Satz 1), ist von einem pflichtgemäß handelnden Verteidiger auszugehen[195].

Die Annahme einer Gefährdung des Untersuchungszwecks verlangt die durch **136** Tatsachen belegte **konkrete Gefahr,** der Untersuchungszweck werde durch die Einsichtnahme, konkreter mit der Weitergabe des bei der Akteneinsicht gewonnenen Wissens durch den Verteidiger an den Beschuldigten[196] beeinträchtigt[197]. Hierbei ist der Zweck des Versagungsgrundes nach Abs. 2 — Gewährleistung der Erreichung des Untersuchungszweckes — zu berücksichtigen. Die StPO kennt im Haftgrund der Verdunkelungsgefahr ein Mittel, den Beschuldigten von einer unzulässigen Beeinflussung des Verfahrens abzuhalten. Die Versagung der Akteneinsicht wegen der Gefährdung des Untersuchungszwecks tritt ergänzend an die Seite dieses Haftgrundes und stellt ein milderes Mittel dar, die unzulässige Einflußnahme durch den Beschuldigten zu verhindern. Man mag an die Verhängung von Untersuchungshaft, weil sie massiv in die Freiheitsrechte des Beschuldigten eingreift, höhere Anforderungen stellen als an die Versagung der Akteneinsicht. Auf einen durch Tatsachen belegten Verdacht zu erwartender Verdunkelungshandlungen darf angesichts des **hohen Stellenwerts des Akteneinsichtsrechts** jedoch nicht verzichtet werden.

Grundsätzlich *ist* Einsicht zu gewähren. Auch wenn sie den Untersuchungszweck **137** gefährden kann, *muß* sie nicht versagt werden; die Staatsanwaltschaft *kann* das nur tun. Daher wird man nicht, wozu der Wortlaut ohne Kenntnis der Entstehungsgeschichte verführen könnte, auf die Lebenserfahrung abstellen dürfen, daß die Annahme näher liegt, jemand werde die Ermittlungen beeinträchtigen, wenn er das gefahrlos tun kann, als das Verfahren tatenlos über sich ergehen lassen. Es müssen vielmehr nach der Persönlichkeit des Beschuldigten, nach der Art des Delikts, nach dem Umfang und der Eigenart der Ermittlungen durch Tatsachen — und nicht lediglich durch Vermutungen — belegte **Umstände** erkennbar sein, die eine konkrete **Gefährdung** nahelegen.

2. Aufhebung der Anordnung nach Absatz 2 (Abs. 6). Die Anordnung nach Ab- **138** satz 2 ist (Absatz 6 Satz 1) so bald als möglich **aufzuheben,** wenn ihre Gründe nicht mehr vorliegen, spätestens mit dem Abschluß der Ermittlungen (§ 169 a). Das ist dem Verteidiger **mitzuteilen** (Absatz 6 Satz 2). Denn der Verteidiger muß wissen, wann die Beschränkung der Einsicht weggefallen ist. Ohne die Mitteilung müßte er immer neue An-

---

[194] KK-*Laufhütte*[2] 9.

[195] KK-*Laufhütte*[2] 9.

[196] Vgl. Strafrechtsausschuß der Bundesrechtsanwaltskammer. Stellungnahme zum Gesetzentwurf des Arbeitskreises Strafprozeß-

reform, Die Verteidigung, München (1984) 40 f.

[197] *Groh* DRiZ **1985** 52; Arbeitskreis Strafprozeßreform, Die Verteidigung 99; *Keller* GA **1983** 511; *Kleinknecht/Meyer*[38] 25.

Klaus Lüderssen

träge stellen, und es wäre unangemessen, ihm solche anzusinnen, solange er damit rechnen muß, daß sie abgelehnt werden.

139   Das durch die Aufhebung der Anordnung nach Abs. 2 erlangte volle Einsichtsrecht darf demnach auch dann nicht wieder eingeschränkt werden, wenn die Ermittlungen wieder **aufgenommen** werden[198].

140   Die Gewährung rechtlichen Gehörs erfordert, daß einem aus den Gründen des Abs. 2 abgelehnten Antrag auf Akteneinsicht nach **Wegfall der Beschränkung** entsprochen wird, bevor die Staatsanwaltschaft **Anklage** erhebt[199].

141   **3. Bevorzugte Urkunden (Absatz 3).** Bei einer Reihe von Urkunden darf niemals geprüft werden, ob die Einsicht in diese Aktenteile den Untersuchungszweck gefährden könnte, auch dann nicht, wenn der Abschluß der Ermittlungen noch nicht in den Akten vermerkt worden ist. Unter **Absatz 3** fallen: polizeiliche, staatsanwaltschaftliche und gerichtliche Protokolle über die Vernehmung des Beschuldigten aus jedem Verfahrensabschnitt (§ 115 Abs. 2, § 115 a Abs. 2 Abs. 2 Satz 1, § 118 a Abs. 3 Satz 1, § 128 Abs. 1 Satz 2, §§ 135, 136, § 163 a Abs. 1, § 168 a) und — in entsprechender Anwendung von Abs. 3 — schriftliche Äußerungen des Beschuldigten nach §§ 136 Abs. 1 Satz 4, 163 a Abs. 1 Satz 2, Abs. 4 Satz 2[200]; Protokolle über die gerichtlichen Handlungen, denen der Verteidiger beizuwohnen befugt ist (§ 118 a Abs. 3 in Vbdg. mit Abs. 2, § 168 c Abs. 1 und 2, § 369 Abs. 3 Satz 1) oder an denen er — zu Recht oder zu Unrecht — teilgenommen hat, auch wenn sie die Vernehmung von Mitbeschuldigten, Zeugen oder Sachverständigen oder richterlichen Augenschein zum Gegenstand hatten[201]; Bezugnahmen in richterlichen Vernehmungsprotokollen auf polizeiliche Vernehmungsniederschriften machen diese zum Bestandteil der bevorzugten Urkunden[201a]; Gutachten von Sachverständigen aus jedem Verfahrensabschnitt; hierzu zählen auch die sich in den Akten befindlichen Übersetzungen fremdsprachiger Urkunden[202]. Die Vorschrift legt nur die **Mindestrechte** des Verteidigers fest. Es bestehen daher keine Bedenken, wenn von den Urkunden Durchschläge gefertigt und dem Verteidiger auf Antrag ausgehändigt werden, um das Verfahren durch die Einsicht nicht zu verzögern.

142   **4. Einsicht in den Geschäftsräumen oder der Wohnung des Verteidigers.** Der Verteidiger hat — sofern nicht wichtige Gründe entgegenstehen — einen **Anspruch** auf Überlassung der Akten in seine Kanzlei oder Wohnung[203]. Die vom Gesetz gewählte Formulierung („auf Antrag **sollen** dem Verteidiger … die Akten … mitgegeben werden") ist ebenso verbindlich wie eine Muß-Vorschrift[204]. Die Gegenmeinung[205] vermag nicht zu überzeugen. Dies gilt auch, soweit sie sich auf Nummer 189 Abs. 3 RiStBV beruft. Zum einen können die RiStBV nicht geltendes Recht abändern; zum andern wiederholen die RiStBV in Nummer 189 Abs. 2 den Gesetzestext des § 147 Abs. 4 und re-

---

[198] LG Köln StrVert. **1987** 381 f; *Kleinknecht/ Meyer*[38] 27; KMR-*Müller* 6.

[199] *Kleinknecht/Meyer*[38] 27; vgl. auch LR-*Rieß* § 169 a, 7.

[200] *Kleinknecht/Meyer*[38] 26; KMR-*Müller* 7.

[201] *Kleinknecht/Meyer*[38] 26.

[201a] OLG Hamm StrVert. **1987** 479.

[202] *Welp* StrVert. **1986** 450; § 294, 32 mit weit. Nachw.; **a. A** OLG Hamburg StrVert. **1986** 422; *Kleinknecht/Meyer*[38] 26 (anders jedoch ders. bei § 249, 5); zur Einsichtsbefugnis in

Protokolle staatsanwaltschaftlicher Sachverständigenvernehmungen s. § 161 a, 34; 35.

[203] *Rieß* FS II Peters 127; *Groh* DRiZ **1985** 53.

[204] Ausführlich hierzu *Rieß* FS II Peters 127.

[205] BGH bei *Pfeiffer/Miebach* NStZ **1985** 13; OLG Stuttgart NJW **1979** 65 = JR **1979** 71 m. Anm. *Pelchen*; OLG Koblenz VRS **72** 284; *Kleinknecht/Meyer*[38] 28; KK-*Laufhütte*[2] 5; *Pawlita* AnwBl. **1986** 2; weitere Nachweise zu unveröffentlichten Entscheidungen bei *Rieß* FS II Peters 127.

geln in Nummer 189 Abs. 3 lediglich die Gewährung von Akteneinsicht in den **übrigen** Fällen.

Soweit ein Anspruch auf Überlassung besteht, ist das Gericht verpflichtet, die **143** Akten einem **auswärtigen Verteidiger** zuzusenden oder sie über die Geschäftsstelle des Gerichts seines Wohnortes zuzuleiten[206]. Bei der Überlassung der Akten zur Mitnahme oder bei ihrer Übersendung dürfen Aktenteile oder Beiakten nicht ausgenommen werden, es sei denn, es handelt sich um Beweismittel. Beweisstücke dürfen — abgesehen von den oben Rdn. 115 dargelegten Ausnahmen — aus dem amtlichen Gewahrsam nicht entlassen werden[207].

Für **Einziehungsgegenstände** gilt das gleiche. Sie sind in Abs. 4 nicht erwähnt, **144** weil das Besichtigungsrecht nach Abs. 1 sich auf sie als solche (anders, wenn sie zugleich Beweismittel sind) nicht erstreckt.

Werden Aktenteile — sofern wichtige Gründe der Mitgabe entgegenstehen — **145** oder in den Akten befindliche Beweismittel **ausgeheftet** und bei Gericht oder Staatsanwaltschaft einbehalten, ist dies dem Verteidiger **mitzuteilen.** Nur so wird sichergestellt, daß er jene Teile in den Diensträumen der Staatsanwaltschaft oder des Gerichts einsehen oder besichtigen kann.

Wichtige Gründe, die der Mitnahme entgegenstehen können, müssen „stärker **146** wiegen als das im Interesse sachgerechter Verteidigung liegende effektive Akteneinsichtsrecht"[208]. Als solche kommen in Betracht: Die Kennzeichnung der Akten als Verschlußsachen[209]; die Durchführung unaufschiebbarer Untersuchungsmaßnahmen, die bei der Mitgabe beeinträchtigt oder vereitelt werden könnten[210]; die — konkret begründete — Gefahr der Einsichtnahme oder Beeinträchtigung durch Dritte[211]; die bevorstehende oder laufende Hauptverhandlung, wenn der Verteidiger zuvor das Recht auf Akteneinsicht wahrnehmen konnte (oben Rdn. 100).

Die **schleunige Durchführung des Verfahrens** kann jedoch nur in sehr engen **147** Grenzen als wichtiger Grund anerkannt werden[212]. „Soweit eine Beeinträchtigung der staatsanwaltlichen Ermittlungstätigkeit in Frage steht, darf die als organisatorische Störung des Ermittlungsablaufs empfundene Weggabe der Akten nicht etwa zum Vorwand genommen werden, deren Mitnahme durch den Verteidiger zu verweigern"[213]. Derartige organisatorische Störungen hat die Staatsanwaltschaft durch Anfertigung der Duplo-Akten zu vermeiden (oben Rdn. 69, 133).

IX. Zuständigkeit (Absatz 5)

Zuständig zur Entscheidung über einen Antrag auf Akteneinsicht ist während des **148** **vorbereitenden Verfahrens** die **Staatsanwaltschaft.** Die **Polizeibehörden** sind nicht befugt, ohne Zustimmung der Staatsanwaltschaft Einsicht in die Vorgänge zu gewähren, die sie — gleichviel, ob sie selbständig oder auf Anordnung der Staatsanwaltschaft ermitteln — der Staatsanwaltschaft zu übersenden haben (§ 163 Abs. 2)[214].

§ 203 bezieht in das vorbereitende Verfahren auch das sog. **Zwischenverfahren 149** mit ein, namentlich die Zeit ergänzender Ermittlungen (§ 202). Nach dem Grundsatz, daß die sachnächste Stelle, die regelmäßig im Besitz der Akte ist, entscheidet, kann der

---

[206] A. A *Kleinknecht/Meyer*[38] 28; offen gelassen bei OLG Frankfurt NStZ **1981** 191; auch LR-*Dünnebier*[23] 23 hat einen Rechtsanspruch verneint.

[207] *Kleinknecht/Meyer*[38] 30; KK-*Laufhütte*[2] 5.

[208] *Groh* DRiZ **1985** 53.

[209] *Kleinknecht/Meyer*[38] 29.

[210] *Groh* DRiZ **1985** 53 f.

[211] *Kleinknecht/Meyer*[38] 29.

[212] A. A *Kleinknecht/Meyer*[38] 29.

[213] *Groh* DRiZ **1985** 53.

[214] LR-*Dünnebier*[23] 14.

Klaus Lüderssen

Begriff „vorbereitendes Verfahren" nur so verstanden werden, daß er den Zeitraum umfaßt, der in den §§ 158 bis 175 umschrieben ist. Dies bedeutet, daß nach Erhebung der Anklage und Eingang der Akten bei Gericht **der Vorsitzende des mit der Sache befaßten Spruchkörpers** über die Gewährung von Akteneinsicht entscheidet[215].

150   Nach Einlegung der **Berufung** ist der Vorsitzende des Berufungsgerichts, nach Einlegung der **Revision** der Vorsitzende des Revisionsgerichts zuständig[216], jedenfalls dann, wenn die Akten an das Rechtsmittelgericht gesandt sind (§§ 321, 347); bis dahin wird man den Vorsitzenden des Gerichts, dessen Urteil angefochten wird, für zuständig halten müssen[216a]. Bei richterlichen Entscheidungen im Ermittlungsverfahren gewährt der Vorsitzende des mit der Sache befaßten Gerichts Akteneinsicht (vgl. hierzu auch oben Rdn. 74 ff).

151   Nach **rechtskräftigem Abschluß** des Verfahrens entscheidet die Staatsanwaltschaft — als Justizverwaltungsbehörde — über die Gewährung von Akteneinsicht[217], es sei denn, der Verteidiger beantragt Akteneinsicht zur Prüfung der Frage, ob bei Gericht ein Antrag zu stellen ist (unten Rdn. 152).

152   „Im übrigen", d.h. in allen **anderen Fällen** entscheidet der **Vorsitzende** des Gerichts, das mit der Sache befaßt ist. Der Vorsitzende ist auch während der Hauptverhandlung zuständig. Das Gericht hat keine Zuständigkeit, kann deshalb auch nicht nach § 238 Abs. 2 angerufen werden[218]. Die Zuständigkeit des Vorsitzenden des mit der Sache befaßten oder dafür zuständigen Gerichts besteht auch, wenn das Gericht im Vollstreckungsverfahren angerufen wird[219] oder wenn im Wiederaufnahmeverfahren ein Antrag gestellt worden ist oder bei Gericht Akteneinsicht begehrt wird zur Prüfung, ob ein anderer Antrag zu stellen oder zunächst noch zu unterlassen ist, etwa für Gnadenentscheidungen[220]. Das Gericht fordert dazu, weil die Behandlung der Anträge seine Sache ist, die Akten von der Stelle an, die sie verwahrt (Nr. 185 Nr. 1, Nr. 189 Abs. 1 RiStBV). Alle diese Entscheidungen gehören zur Rechtsprechung. Deshalb entscheidet der Richter über die Akteneinsicht auch in den unscharf mit Strafvollstreckung bezeichneten Verfahren in richterlicher Unabhängigkeit und nicht kraft Delegation der Landesjustizverwaltung[221].

X. Akteneinsicht in besonderen Verfahrensarten

153   **1. Steuerstraf- und -ordnungswidrigkeitenverfahren.** Der Verteidiger hat einen Anspruch auf Akteneinsicht aus § 147 in Vbdg. mit § 385 Abs. 1 bzw. § 410 Abs. 1 Nr. 3 AO, ggfs. in Vbdg. mit § 46 Abs. 1 OWiG[222]. Die Akteneinsicht erfaßt neben den **Verfahrensakten** sämtliche **Beiakten**[223]. Die Beschränkungen des Abs. 2 gelten auch in diesen Verfahren. (Wegen der Wahrung des Steuergeheimnisses Dritter vgl. oben Rdn. 64 f und *Gast-de Haan* in: *Franzen/Gast/Samson* (Fußn. 222) § 392, 36 mit weit. Nachw.) Zuständig für die Gewährung von Akteneinsicht ist im Ermittlungsverfahren die Finanzbehörde, wenn sie in Steuersachen gemäß § 386 AO selbständig ermittelt, da sie dann die Rechte und Pflichten der Staatsanwaltschaft im Ermittlungsverfahren hat (§ 399 Abs. 1 AO).

---

[215] *Kleinknecht/Meyer*[38] 34; LR-*Dünnebier*[23] 26; KK-*Laufhütte*[2] 19.

[216] KK-*Laufhütte*[2] 19.

[216a] Vgl. LR-*Gollwitzer* 321, 4 f; LR-*Hanack* § 347, 11 f.

[217] *Kleinknecht/Meyer*[38] 36; KK-*Laufhütte*[2] 19.

[218] *Kleinknecht/Meyer*[38] 35; KK-*Laufhütte*[2] 22.

[219] *Kleinknecht/Meyer*[38] 36.

[220] KK-*Laufhütte*[2] 19.

[221] OLG Hamm NJW **1968** 169; *Kleinknecht/ Meyer*[38] 35.

[222] *Gast-de Haan* in: *Franzen/Gast/Samson* Steuerstrafrecht[3] (1985) § 392, 34.

[223] *Blumers/Göggerle* (Fußn. 179) Rdn. 559; *Dahs* Hdb. 558; *Gast-de Haan* in: *Franzen/ Gast/Samson* (Fußn. 222) § 392, 36.

2. Ordnungswidrigkeitenverfahren. Der Anspruch auf Akteneinsicht richtet sich **154** nach § 46 Abs. 1 OWiG in Vbdg. mit § 147 und erstreckt sich auf alle in der Sache **ange- fallenen Unterlagen**; Lichtbildaufnahmen (etwa Fotos einer Radarmessung) dürfen den Akten nicht ferngehalten werden. Nähere Einzelheiten bei *Göhler*[8] § 60, 48 ff.

3. Disziplinarverfahren. Bei der Akteneinsicht im Disziplinarverfahren sind fol- **155** gende **Besonderheiten** zu beachten: Der Beamte hat im Rahmen der Vorermittlungen ein selbständiges Akteneinsichtsrecht (§ 26 Abs. 3 BDO und entsprechend die landesge- setzlichen Vorschriften, etwa § 22 Abs. 3 HessDO); die Akteneinsicht ist ihm zu gestat- ten, soweit dies ohne Gefährdung des Untersuchungszwecks möglich ist. Im gleichen Umfang steht dem Verteidiger ein Recht auf Akteneinsicht zu (§ 40 Abs. 1 Satz 5 BDO und entsprechend die landesgesetzlichen Vorschriften, etwa § 34 Abs. 1 Satz 5 Hess- DO). Der Einsicht unterliegen alle Akten, die der Ermittlungsführer beigezogen hat, also auch die Personalakten des Beamten, sowie alle Urkunden und Schriftstücke, die Gegenstand der Ermittlungen sind[224]. Daneben hat der Beamte einen Anspruch auf Aushändigung von Abschriften der Anhörungsniederschriften (§ 26 Abs. 2 Satz 4 BDO; und entsprechend die ländergesetzlichen Regelungen, etwa § 22 Abs. 2 Satz 4, Abs. 4 Satz 4 HessDO, zum Teil sogar weitergehend §§ 26 Abs. 2 Satz 4 DO NW; 26 Abs. 2 Satz 3 Hmb DO; 26 Abs. 2 Satz 4 RhnlPfDOG). Der Verteidiger hat einen Anspruch auf Übersendung einer Abschrift aller Entscheidungen und Verfügun- gen der Einleitungsbehörde, des Untersuchungsführers und des Disziplinargerichts, die dem Beamten zuzustellen sind (§ 40 Abs. 1 Satz 4 BDO; entsprechend die ländergesetz- lichen Regelungen, etwa § 34 Abs. 1 Satz 4 HessDO).

4. Jugendstrafverfahren. Das Akteneinsichtsrecht besteht **uneingeschränkt im Ju- 156 gendstrafverfahren,** auch im vereinfachten Verfahren[225]; auch die Verwertung unter- liegt keiner anderen Beurteilung als im Erwachsenenstrafrecht. Allerdings sollte der Verteidiger bei der Mitteilung des Akteninhalts und der Überlassung von Fotokopien zurückhaltend und auf die Interessen des jungen Mandanten bedacht sein[226].

XI. Anfechtung

1. Entscheidungen der Staatsanwaltschaft im Ermittlungsverfahren
a) Versagung der Akteneinsicht nach § 147 Absatz 2 und Absatz 3. Nach überwie- **157** gender Meinung soll lediglich **Dienstaufsichtsbeschwerde,** nicht jedoch der Antrag auf gerichtliche Entscheidung nach §§ 23 ff EGGVG zulässig sein[227]. Dieser Auffassung kann aus den Gründen, auf die namentlich *Keller*[228], ihm folgend *Bottke*[229] und *Welp*[230], hingewiesen haben, nicht zugestimmt werden[231]. Da der Strafprozeß faktisch häufig im Ermittlungsverfahren entschieden wird[232], ist die gerichtliche Überprüfung

[224] *Clausen/Benneke* Vorermittlungen im Diszi- plinarverfahren[4] (1985) Rdn. 15, 87, 89.
[225] *Kahlert* Verteidigung in Jugendstrafsachen[2] (1986), Rdn. 39.
[226] Einzelheiten bei *Kahlert* aaO (Fußn. 226), Rdn. 47.
[227] OLG Hamburg NJW **1972** 1586; StrVert. **1986** 422; OLG Koblenz NJW **1985** 2038; OLG Hamm NStZ **1984** 280; *Kleinknecht/ Meyer*[38] 39; KK-*Laufhütte*[2] 18.

[228] GA **1983** 497 ff.
[229] StrVert. **1986** 123.
[230] FS II Peters 323 ff; StrVert. **1986** 446.
[231] Im Ergebnis wie hier KMR-*Müller* 13; *Groh* DRiZ **1985** 54; *Schenke* NJW **1976** 1816; *Wasserburg* NJW **1980** 2444.
[232] *Welp* FS II Peters 326 f.

Klaus Lüderssen

staatsanwaltlicher Entscheidungen über die Versagung der Akteneinsicht ein dringendes Postulat. Erst eine möglichst frühe Akteneinsicht „befähigt" den Beschuldigten dazu, die ihm gerade auch schon im Ermittlungsverfahren zuzubilligende Subjektstellung „mit angemessenen Gegenrechten wahrzunehmen"[233]. Gegenüber der „rechtlich ermöglichten Leitungsmacht der Staatsanwaltschaft bei den Ermittlungen fungiert das Akteneinsichtsrecht als Kompensation"[234].

158   Systematisch bedeutet dies, daß der Beschuldigte — über seinen Verteidiger — einen **(im Prinzip nicht einschränkbaren) Anspruch auf Akteneinsicht** hat, der lediglich unter der Voraussetzung des Abs. 2 nach pflichtgemäßem Ermessen des Staatsanwalts eingeschränkt werden kann[235]. Erst wenn eine Gefährdung des Untersuchungszwecks gegeben ist, „kann der Staatsanwalt sein pflichtgemäßes Ermessen handhaben und willkürfrei Akteneinsicht gewähren oder versagen. Behauptet der Verteidiger schlüssig, der Staatsanwalt habe die Bedeutung der Ermessensvoraussetzung (,wenn ... gefährden würde') verkannt oder willkürlich sein Ermessen gebraucht, hat er hinreichend die Verletzung eines eigenen Rechts (das auf Akteneinsicht bzw. auf fehlerfreien Ermessensgebrauch) dargetan. „Die gerichtliche Prüfung beeinträchtigt den Informationsvorsprung, der der Staatsanwaltschaft bei der Betreibung eines Ermittlungsverfahrens zugebilligt werden muß und der ihr im geltenden Recht zugebilligt wird, nicht."[236] Schließlich ist die Konsequenz der herrschenden Meinung nicht zu rechtfertigen, daß zwar die richterliche Versagung der Akteneinsicht beschwerdefähig ist, nicht dagegen die staatsanwaltliche[237].

159   Zu berücksichtigen ist auch, daß das BVerfG[238] dem Beschuldigten ein nach §§ 23 ff EGGVG einklagbares Recht auf Einsicht in die nicht dem Gericht vorgelegten Spurenakten zubilligt. Wenn dem Beschuldigten in diesen Fällen ein Rechtsmittel zusteht, muß dies um so mehr im **Ermittlungsverfahren** gelten, das entscheidend den weiteren Verlauf des Verfahrens prägt.

160   **Ergänzend** gilt über die bisherige Diskussion hinaus folgendes: Nach der Neufassung der Strafprozeßordnung durch das OpferschutzG[239] kann der Verletzte gemäß § 406 e Abs. 4 gegen die Versagung der Akteneinsicht durch die Staatsanwaltschaft gerichtliche Entscheidung nach Maßgabe des § 161 a Abs. 3 Satz 2 bis 4 beantragen. Da das OpferschutzG lediglich eine Verbesserung der Rechte des Opfers intendierte[240], dem Verletzten aber nicht weitergehende Befugnisse als dem Beschuldigten geben wollte, muß im Hinblick auf die **„Waffengleichheit"** zwischen Beschuldigtem und (angeblich) Verletztem jenem die gleiche Befugnis wie diesem eingeräumt werden[240a]. Es wäre jedenfalls ein nicht zu rechtfertigendes Ergebnis, wenn zwar dem Verletzten nach gerichtlicher Entscheidung Akteneinsicht gewährt, dem Beschuldigten aber bereits gerichtlicher Rechtsschutz verwehrt würde[241].

---

[233] *Bottke* StrVert. **1986** 123.

[234] *Keller* GA **1983** 510.

[235] *Keller* GA **1983** 510; *Bottke* StrVert. **1986** 123.

[236] *Bottke* StrVert. **1986** 123.

[237] *Bottke* StrVert. **1986** 123; *Keller* GA **1983** 504.

[238] BVerfGE **63** 45 ff; s. auch OLG Hamm NStZ **1984** 423 mit Anmerkung *Meyer-Goßner*.

[239] Hierzu ausführlich *Rieß/Hilger* NStZ **1987** 145 ff, 204 ff.

[240] *Rieß/Hilger* NStZ **1987** 145, 153.

[240a] Will die Staatsanwaltschaft dem Verletzten Akteneinsicht nach § 406 e gewähren, muß dem Beschuldigten auch bei Vorliegen der Voraussetzung für die Versagung nach Abs. 2 Akteneinsicht gewährt werden, da ansonsten eine effektive Anhörungsmöglichkeit des Beschuldigten nicht gegeben ist; vgl. eingehend *Schlothauer* StrVert. **1987** 359; vgl. auch (abweichend) LR-*Hilger* § 406 e, 13.

[241] Ähnlich KK-*Laufhütte*[2] 18, der zwar eine Übertragbarkeit von § 406 e Abs. 4 Satz 2 auf § 147 verneint (ebenso *Kleinknecht/Meyer*[38] 40), indessen einen Einfluß insofern aner-

Bei Versagung der Akteneinsicht in nach **Abs. 3 privilegierte Unterlagen** ist eben- **161** falls ein Antrag nach §§ 23 ff EGGVG zulässig[242]. Auch die Rechtsprechung bejaht in diesen Fällen ein Anfechtungsrecht[243].

b. Einsicht nach Einstellung des Verfahrens gemäß § 170 Absatz 2 und nach rechts- 162 kräftigem Abschluß des Verfahrens. Nach Einstellung des Ermittlungsverfahrens gemäß § 170 Abs. 2 hat der **frühere Beschuldigte** einen Anspruch auf Einsicht in die Akten[244]; s. ergänzend oben Rdn. 124. Wird die Akteneinsicht verweigert, steht dem Betroffenen der Rechtsweg nach §§ 23 ff EGGVG offen[245].

Nach rechtskräftigem Abschluß des Verfahrens entscheidet die aktenverwahrende **163** Behörde als **Justizverwaltungsbehörde,** deren Entscheidungen nach § 23 ff EGGVG anfechtbar sind[246].

Dies gilt jedoch nicht, wenn Einsicht zur Vorbereitung eines Antrages begehrt **164** wird (oben Rdn. 151 f). Der Verteidiger kann dann die Akteneinsicht bei **Gericht** begehren. Das Gericht wird die Akten, weil die Behandlung jener Anträge seine Sache ist, dazu von der Stelle anfordern (vgl. Nr. 85 Abs. 1 in Verbindung mit Nr. 189 Abs. 1 RiStBV), welche die Akten verwahrt. Versagt das Gericht die Akteneinsicht oder die Beiziehung der Akten, ist **Beschwerde** (§ 304 Abs. 1, Abs. 4 Satz 2 Nr. 4) zulässig[247].

2. Entscheidungen des Vorsitzenden. Statthaft ist die **Beschwerde,** auch wenn das **165** OLG im 1. Rechtszug entscheidet (§§ 304 Abs. 1, Abs. 4 Satz 2 Nr. 4)[248]. Die Beschwerde ist in jedem Stand des Verfahrens zulässig, wenn der Vorsitzende des Gerichts zuständig ist, Akteneinsicht zu gewähren (Rdn. 152). Die Beschwerde wird nicht nach § 305 Satz 1 dadurch ausgeschlossen, daß der Vorsitzende der eines **erkennenden Gerichts** ist[249]. Denn die Ablehnung der Akteneinsicht steht in keinem inneren Zusammenhang mit dem Urteil. Das ist auch, wenn etwa der neu bestellte Verteidiger während einer Unterbrechung der Hauptverhandlung Akteneinsicht (§ 145 Abs. 3) begehrt, durchaus angemessen. Dagegen ist es schwer erträglich, dem Verteidiger die Beschwerde einzuräumen, wenn er während der laufenden Hauptverhandlung Akteneinsicht begehrt. Das KG (JR **1965** 70) will deshalb unterscheiden: Lehnt der Vorsitzende des erkennenden Gerichts die Akteneinsicht *vor* der Hauptverhandlung ab, soll kein enger Zusammenhang mit der Urteilsfindung vorliegen und die Beschwerde statthaft sein; tut er das *in* der Hauptverhandlung, soll das Gegenteil gelten. Das ist eine zwar sehr praktische, aber unzulässige Auslegung. Ob ein Zusammenhang mit der Urteilsfällung besteht, ist allein nach dem Inhalt der Entscheidung zu beurteilen, nicht nach dem Zeitpunkt, in dem sie erlassen wird. Die Beschwerde betrifft nicht die Verhaftung; daher ist keine **weitere Beschwerde** statthaft (§ 310 Abs. 2).

kennt, als dem Verteidiger Akteneinsicht nicht versagt werden könne, wenn der Verletzte aufgrund einer richterlichen Entscheidung Akteneinsicht erhalten habe.

[242] S. die Nachweise oben Fußn. 228 bis 231; OLG Celle NStZ **1983** 379; *Roxin*[20] § 19 E IV.

[243] OLG Hamm StrVert. **1987** 479; OLG Celle NStZ **1983** 379; a. A OLG Hamburg StrVert. **1986** 422; kritisch hierzu *Welp* StrVert. **1986** 446.

[244] OLG Hamm NJW **1984** 880; a. A *H. Schäfer* MDR **1984** 455.

[245] OLG Hamm NJW **1984** 880.

[246] OLG Bremen NJW **1964** 2175; LR-*Dünnebier*[23] 30; *Kleinknecht/Meyer*[38] 42; *Wasserburg* NJW **1980** 2246.

[247] OLG Düsseldorf NJW **1965** 1033.

[248] OLG Hamburg NJW **1963** 1024; OLG Hamm **1968** 169; JMBlNRW **1977** 129; OLG Karlsruhe Justiz **1984** 108; *Kleinknecht/Meyer*[38] 41; KK-*Laufhütte*[2] 20.

[249] *Kleinknecht/Meyer*[38] 41.

Klaus Lüderssen

166   Wenn der Vorsitzende dem Verteidiger die Akteneinsicht verwehrt oder beschränkt, ist der Beschuldigte beschwerdeberechtigt, weil **sein** Recht (Rdn. 9) betroffen wird. Mit seiner Zustimmung kann auch der Verteidiger die Beschwerde einlegen.

167   **3. Sonderfall: Gesperrte Aktenteile.** Nach der hier vertretenen Auffassung umfaßt der Aktenbegriff des § 147 nicht nur die dem Gericht oder der Staatsanwaltschaft vorliegenden Akten, sondern auch die von Polizei oder Staatsanwaltschaft unter Berufung auf **Geheimhaltungsgründe (§ 96)** zurückgehaltenen Akten, soweit die Zurückhaltung unrechtmäßig ist (vgl. im einzelnen oben Rdn. 50 ff).

168   Der Angeklagte hat nach überwiegender Meinung die Möglichkeit der **gerichtlichen Anfechtung der Sperrerklärung**[250], wobei streitig ist, ob der Rechtsweg zu den Verwaltungsgerichten (§ 40 VwGO) oder den ordentlichen Gerichten eröffnet ist[251].

169   Soweit Auskünfte oder Akten des **laufenden Verfahrens** durch Polizei oder Staatsanwaltschaft zurückgehalten werden, steht dem Angeklagten der Rechtsweg nach § 23 EGGVG offen. Hier kann nichts anderes als bei von der Staatsanwaltschaft nicht vorgelegten Spurenakten gelten (oben Rdn. 38, 45).

XIII. Revision

170   Da die ablehnenden Entscheidungen des Vorsitzenden nicht der sofortigen Beschwerde unterliegen, sind Entscheidungen **vor der Hauptverhandlung** unter den Voraussetzungen des § 336 mit der Revision anfechtbar[252]. Entscheidungen des Vorsitzenden in der Hauptverhandlung können die Revision nach § 147 (BGHSt **30** 131 ff; BVerfGE **63** 45 ff) oder § 338 Nr. 8 begründen[253]. Da die Akteneinsicht durch den Vorsitzenden gewährt wird, bedarf es keines Gerichtsbeschlusses[254].

171   **Begründet** ist die Revision, wenn die Akteneinsicht noch in der Hauptverhandlung abgelehnt worden ist oder wenn sich eine vorher ausgesprochene Ablehnung in dieser ausgewirkt hat[255]; wenn dem Verteidiger die neuerliche Akteneinsicht versagt wird, obwohl seit der letzten Akteneinsicht weitere Ermittlungen durchgeführt worden sind[256], wobei der Verteidiger sich hier u. U. mit einer kurzfristigen Einsichtnahme der Akten im Gerichtssaal begnügen muß[257]; wenn in der Hauptverhandlung ein Antrag auf Unterbrechung oder Aussetzung gestellt und durch Gerichtsbeschluß abgelehnt worden ist, obwohl der Verteidiger trotz rechtzeitigen Antrags vor der Hauptverhandlung keine ausreichende Akteneinsicht hatte[258]; wenn dem Gericht oder der Verteidigung Akten oder Aktenteile vorenthalten worden sind, die zu den Verfahrensakten gehören. Dies ist dann der Fall, wenn einem begründeten Antrag auf Beiziehung von Akten nicht entsprochen worden ist[259], dem Verteidiger Akten vorenthalten werden,

---

[250] Nachweise bei § 96, 60.

[251] Übersicht über den Meinungsstand bei § 96, 61 ff und bei *Hilger* NStZ **1984** 145.

[252] KK-*Laufhütte*[2] 22.

[253] BGH StrVert. **1988** 193; *Kühne*[3] § 8 IV 4 zur Frage, ob § 338 Nr. 8 eine eigenständige Bedeutung zukommt oder ob die Vorschrift lediglich eine (überflüssige) Blankettvorschrift ist, die durch die einzelnen Vorschriften der StPO über die Rechte des Angeklagten und des Verteidigers ausgefüllt wird, vgl. § 338, 126 bis 128 mit weit. Nachw. zum Diskussionsstand.

[254] KK-*Laufhütte*[2] 22; *Kleinknecht/Meyer*[38] 35; *Dahs/Dahs*[4] 175.

[255] § 336; OLG Frankfurt NJW **1960** 1731.

[256] OLG Hamm NJW **1972** 1096.

[257] OLG Hamm NJW **1972** 1096.

[258] BGH StrVert. **1988** 193; NStZ **1985** 87; KG StrVert. **1982** 10; OLG Hamm VRS **49** 113; BGH 5 StR 155/55, wiedergegeben bei *Herlan* MDR **1955** 530 und ausführlicher bei OLG Hamm NJW **1972** 1096; OLG Hamm MDR **1975** 422; *Kleinknecht/Meyer*[38] 43; *Dahs/Dahs*[4] 175.

[259] BGHSt **30** 131 ff.

auf die das Akteneinsichtsrecht sich — wie etwa bei den Ermittlungsakten gegen Mitbeschuldigte — erstreckt[260] oder Aktenteile nach § 96 StPO gesperrt werden, obwohl die Voraussetzungen hierfür nicht vorliegen.

Ferner ist die **Revision begründet,** wenn Aktenteile unzulässigerweise zunächst in **172** die Handakten der Staatsanwaltschaft genommen, später den Sachakten einverleibt worden sind, der Verteidiger aber davon keine Nachricht erhalten, deshalb die Aktenteile nicht eingesehen und dies sich auf die Verteidigung ausgewirkt hat; wenn dem Verteidiger in unzulässiger Weise untersagt wird, von den Akten Ablichtungen oder Abschriften herzustellen[261] oder ihm unzulässigerweise untersagt wird, dem Angeklagten Aktenauszüge auszuhändigen[262]; wenn dem Verteidiger die Akteneinsicht unter unzumutbaren Bedingungen gewährt wird (vgl. etwa oben Rdn. 111) oder er keine ausreichende Gelegenheit hat, die Beweisstücke zu besichtigen oder ihm zustehende Kopien verweigert werden (oben Rdn. 112, 117); wenn dem Verteidiger die Akteneinsicht in seinen Geschäftsräumen verweigert wurde und eine Vorbereitung der Verteidigung in den Räumen des Gerichts oder der Staatsanwaltschaft nicht möglich ist, etwa weil erforderliche Ablichtungen oder Abschriften dort nicht hergestellt werden können.

Daneben können in Zusammenhang mit Fragen der Akteneinsicht **andere Vor-** **173** **schriften** verletzt sein, etwa § 244 Abs. 2, wenn das Gericht von der Beiziehung von Akten abgesehen hat, oder § 199 Abs. 2 Satz 2, wenn die Staatsanwaltschaft Akten zurückhält, die der Vorlagepflicht unterfallen[263].

§ 148

(1) Dem Beschuldigten ist, auch wenn er sich nicht auf freiem Fuß befindet, schriftlicher und mündlicher Verkehr mit dem Verteidiger gestattet.

(2) [1]Befindet sich der Beschuldigte nicht auf freiem Fuß und ist Gegenstand der Untersuchung eine Straftat nach § 129a des Strafgesetzbuches, so sind Schriftstücke oder andere Gegenstände zurückzuweisen, sofern sich der Absender nicht damit einverstanden erklärt, daß sie zunächst einem Richter vorgelegt werden. [2]Das gleiche gilt unter den Voraussetzungen des Satzes 1 für den schriftlichen Verkehr zwischen dem Beschuldigten und einem Verteidiger in einem anderen gesetzlich geordneten Verfahren. [3]Ist der schriftliche Verkehr nach Satz 1 oder 2 zu überwachen, so sind für das Gespräch zwischen dem Beschuldigten und dem Verteidiger Vorrichtungen vorzusehen, die die Übergabe von Schriftstücken und anderen Gegenständen ausschließen.

Schrifttum. *Bakker-Schut* Stammheim (1986); *Danckert* Das Recht des Beschuldigten auf ein unüberwachtes Anbahnungsgespräch, StrVert. **1986** 171; *Gödekke* Die Einschränkung der Strafverteidigung (1980); *Kreitner,* Aktuelle Probleme der Verteidigerpostkontrolle gem. §§ 148, 148a StPO bei ausländischen Mitgliedern terroristischer Vereinigungen, NStZ **1989** 5; *Neufeld* Die Besonderen Überwachungsmaßnahmen nach § 148 II StPO — Voraussetzungen und Anordnungskompetenz, NStZ **1984** 154; *Rogge* Telefonüberwachung des Anwaltsbüros Groenewold/Köncke/Rogge, KJ **1977** 58; *Sack/Steinert* Protest und Reaktion, in: Analysen zum Terrorismus, Teilband 4/2 (1984); *Welp* Die Überwachung des Strafverteidigers, GA **1977** 129; *Wessing* Die Kommunikation des Verteidigers mit seinem Mandanten, Diss. Köln 1985; *Utz* Die Kommunikation zwischen inhaftiertem Beschuldigten und Verteidiger, Diss. Basel 1984.

---

[260] OLG Karlsruhe AnwBl. **1981** 18; BGH StrVert. **1988** 193.
[261] BGHSt **18** 369.
[262] BGH GA **1968** 307.
[263] BGHSt **30** 131 ff; BVerfGE **63** 45 ff.

Klaus Lüderssen

Entstehungsgeschichte. In ihrer ursprünglichen Fassung lautete die Vorschrift:

> Dem verhafteten Beschuldigten ist schriftlicher und mündlicher Verkehr mit dem Verteidiger gestattet.
>
> Solange das Hauptverfahren nicht eröffnet ist, kann der Richter schriftliche Mitteilungen zurückweisen, falls deren Einsicht ihm nicht gestattet wird.
>
> Bis zu demselben Zeitpunkte kann der Richter, sofern die Verhaftung nicht lediglich wegen Verdachts der Flucht gerechtfertigt ist, anordnen, daß den Unterredungen mit dem Verteidiger eine Gerichtsperson beiwohne.

Durch das Gesetz zur Abänderung der Strafprozeßordnung vom 27. 12. 1926 (RGBl. I 529) wurden die Worte ,den Unterredungen mit dem Verteidiger eine Gerichtsperson beiwohne' durch folgende Worte ersetzt: „Unterredungen mit dem Verteidiger in seiner Gegenwart oder in Gegenwart eines beauftragten oder ersuchten Richters stattfinden". Das AGGewVerbrG bezog in die Regelung des Abs. 1 auch den einstweilig untergebrachten Beschuldigten ein.

Die ZustVO brachte — durch Hinzufügung eines vierten Absatzes — eine Aufhebung der in Abs. 2 und 3 vorgesehenen Beschränkungen des Verkehrs für das beschleunigte Verfahren.

Durch die Verordnung über die Beseitigung des Eröffnungsbeschlusses im Strafverfahren vom 13. 8. 1942 (RGBl. I 512) wurde — durch entsprechende Änderung des Abs. 2 — die Aufhebung der Beschränkungen auf den Zeitpunkt der Einreichung der Anklageschrift vorverlegt.

Das dritte Strafrechtsänderungsgesetz vom 4. 8. 1953 fügte der bisherigen Regelung den Abs. 5 an: „Abs. 1 gilt auch, wenn der Beschuldigte aus anderen Gründen nicht auf freiem Fuße ist."

Die kleine Strafprozeßreform von 1964 (StPÄG 1964) hob alle Beschränkungen auf, die Vorschrift bestand nunmehr nur noch aus einem Absatz: „Dem Beschuldigten ist, auch wenn er sich nicht auf freiem Fuß befindet, schriftlicher und mündlicher Verkehr mit dem Verteidiger gestattet."

Das ist der heutige Absatz 1 der Vorschrift. Diese Regelung hatte zehn Jahre Bestand. Dann wurde durch Art. 2. Nr. 4 des StGBÄndG ein (neuer) Absatz 2 eingefügt, der die Einschränkung des schriftlichen Verkehrs über die bis 1964 geltenden Einschränkungen hinaus auch im Hauptverfahren und während der Strafvollstreckung in Verfahren mit einem Tatvorwurf nach § 129 a StGB vorsieht. Durch Art. 1 des StPÄG 1978 ist in Abs. 2 Satz 2 die Überwachung des Schriftverkehrs unter den Voraussetzungen des Satzes 1 auch in anderen gesetzlich geordneten Verfahren und in Satz 3 die Einführung besonderer Vorrichtungen zur Ausschließung der Übergabe von Schriftstücken und durch Art. 2 Abs. 2 die entsprechende Anwendung auf vor dem Inkrafttreten des § 129 a StGB begangene Straftaten gem. § 129 StGB (zum Straftatkatalog vgl. BGBl. **1978** I 497) angeordnet worden. (Genauer zur Genese des Abs. 2 Rdn. 20 f.) Beschränkungen des mündlichen Verkehres sind in § 148 nicht wieder eingeführt, wohl aber durch die §§ 31 ff EGGVG (LR- *Schäfer*[23] Vor § 31 EGGVG).

Übersicht

1. Zweck der Vorschrift. Nach § 137 Abs. 1 Satz 1 kann sich der Beschuldigte in **1** jeder Lage des Verfahrens des Beistands eines Verteidigers bedienen. Dieses Recht, nach derzeitiger Auffassung selbstverständlich, gewinnt besondere Bedeutung, wenn der Beschuldigte nicht auf freiem Fuß ist. Hält man für diesen Fall Einschränkungen für zulässig, bedarf es spezieller Regeln. Deshalb wurde § 148 geschaffen, dessen Inhalt immer heiß umstritten war. Bis zur zweiten Lesung der Strafprozeßordnung hatten die Kommission und der Reichstag freien mündlichen Verkehr des Beschuldigten mit seinem Verteidiger verlangt, die Zulässigkeit einer Kontrolle des schriftlichen Verkehrs aber — und allein deshalb — zugestanden, weil Briefumschläge des Verteidigers auch wider seinen Willen zu Mitteilungen fremder Personen benützt werden könnten. Wegen des Widerstandes der Regierungen wurde im Weg einer Verständigung die Zulässigkeit zugestanden, auch den mündlichen Verkehr vor der Eröffnung des Hauptverfahrens zu kontrollieren (*Hahn* Mot. **2** 1289, 1625, 1826, 1828, 1995, 2071, 2072).

Die so gewonnene Vorschrift wurde alsbald beanstandet. Sie entsprang, wie nicht **2** zu leugnen, in ihren den Verkehr beschränkenden Teilen einem — erst später und nur in gewissen Teilen gerechtfertigten — **Mißtrauen gegen den Verteidiger.** Es wurde bemerkt (in beiden Fällen nicht von Anwälten): Die Form sei „für die Verteidigung ebenso beleidigend wie für den Richter peinlich" (*John* zu § 148) und ein überwachter Verkehr sei „für sachgemäße Verteidigung ungenügend und schädige zugleich rechtzeitige Aufklärung" (*von Hippel* § 49 VII 1 Abs. 5). Daher ist der völlig freie Verkehr des Beschuldigten mit dem Verteidiger mehrfach von angesehenen Organisationen gefordert worden, z. B. vom Anwaltstag, von der Internationalen Kriminalistischen Vereinigung und von der Kommission für die Reform des Strafprozesses (Nachweise bei *Rosenberg* ZStW **36** [1915] 390). Wegen der hohen Bedeutung, die das Vertrauen des Beschuldigten zu seinem Verteidiger sowohl im Interesse des Beschuldigten als auch des Staates für das Strafverfahren hat, waren die einengenden Klauseln in der dritten Lesung des Strafprozeßänderungsgesetzes 1964 ganz gestrichen worden mit der Begründung, sie enthielten eine Diskriminierung des Anwalts und machten es dem Verteidiger unmöglich, seine Aufgaben zu erfüllen. Dem Widerspruch des Bundesrats ist der Bundestag entgegengetreten mit der Behauptung, eine richterliche Aufsicht des Verteidigerverkehrs sei unvereinbar mit § 1 BRAO, nach dem der Rechtsanwalt ein „Organ" der Rechtspflege sei; gegen Pflichtverletzungen biete die Berufsgerichtsbarkeit ausreichend Sicherheit (BTProt. **IV** 6447 D, 6448 D, 7240 C; BTDrucks. **IV** 2459 zu Art. 3)[1].

Das ist richtig. Aber des Rückgriffs auf den problematischen (Vor 137, 69 ff) § 1 **3** BRAO bedarf es dafür nicht. Denn diese Vorschrift gilt auch „für den Anwalt als Ver-

---

[1] Vgl. zusammenfassend zur Entwicklung *Rieß* FS Reichsjustizamt, S. 404 ff.

Klaus Lüderssen

treter des inhaftierten Beschuldigten in zivilistischen oder verwaltungsrechtlichen Streitsachen"[2], obwohl § 148 ihm kein Verkehrsrecht gewährt. Auch die **besondere Berufsrolle** des Verteidigers **kann nicht** zur Legitimation eines unbeschränkten Verkehrs herangezogen werden. „Die soziale Reputation der Anwälte ist aus der Perspektive des Strafprozeßrechts nur insofern von Bedeutung, als sie mitbestimmend für das Dasein einer ausreichenden Zahl von Verteidigern hinreichender fachlicher Qualifikation ist, die die Verteidigungsinteressen der Beschuldigten wirksam wahrzunehmen vermögen"[3] (vgl. im übrigen Vor 137, 65 ff).

4   Vielmehr ergibt sich das Prinzip des unbeschränkten Verkehrs daraus, daß der Beschuldigte, der sein **Recht,** einen Verteidiger zu wählen, wahrnimmt (allgemein zu diesem die Stellung des Verteidigers bestimmenden Vertragsprinzip Vor 137, 33 ff) nicht schlechter dastehen darf, als wenn er keinen Verteidiger hätte. Durch die Wahl eines Verteidigers ist der Beschuldigte „dem *indirekten* prozessualen Zwang ausgesetzt ..., sich gegenüber seinem Verteidiger einzulassen"[4]. Nur wenn der Beschuldigte „seinen selbst gewählten Verteidiger über die wirklichen Vorgänge bereitwilliger unterrichten" darf „als die übrigen Verfahrensbeteiligten, von denen er keinen Beistand erwartet"[5], hat es für ihn Sinn, einen Verteidiger zu haben. Deshalb muß diese Geheimnissphäre geschützt sein.

5   Für das Bild des Gesetzes und für das Bild, das der Gesetzgeber — dem Wortlaut nach noch heute — vom Bürger hat, ist es bedauerlich, daß der alte **obrigkeitsstaatliche Text** des Absatzes 1, dem Beschuldigten sei Verkehr mit dem Verteidiger „gestattet", niemals geändert worden ist, obwohl dazu oft Gelegenheit gewesen wäre. *Dünnebier* hat in der Vorauflage (Rdn. 3) noch die Auffassung vertreten, die Vorschrift könne sich nur auf den Verkehr zwischen Verteidiger und dem in Haft befindlichen Beschuldigten, nicht aber auf den Verkehr mit dem in Freiheit befindlichen Beschuldigten beziehen — diesen Verkehr könne man nicht verbieten und er brauche daher auch nicht gestattet zu werden — und einen dementsprechenden Änderungsvorschlag gemacht. *Dünnebier* hat dabei übersehen, daß der Verteidigerverkehr mit dem auf freiem Fuß befindlichen Beschuldigten zwar nicht verboten, durchaus aber (heimlich) überwacht werden kann. Das durch § 148 gewährleistete Privileg einer vor Kenntnisnahme von außen absolut geschützten Kommunikation zwischen Verteidiger und Beschuldigtem erstreckt sich auch auf den Verteidigerverkehr mit dem auf freiem Fuß befindlichen Beschuldigten[6].

2. Unbeschränkter Verkehr (Absatz 1)

6   a) **Verteidiger** sind der Wahlverteidiger (auch im Fall des § 138 Abs. 2)[6a] und der Pflichtverteidiger. Für den Beistand (§ 149) gilt § 148 nicht. Zum Verkehrsrecht der Anwälte, die nicht in der Funktion des Verteidigers auftreten, vgl. Rdn. 3. Hier ist noch hinzuzufügen, daß auch die Vorschriften des StVollzG zwischen dem Verteidiger und (anderen) Rechtsanwälten und Notaren (§ 26) differenzieren und Besuch und Schriftwechsel des Verteidigers, nicht aber der anderen Mandatsträger, von der Überwachung ausnehmen (§§ 27 Abs. 3, 29 Abs. 1 S. 1)[7].

[2] *Welp* GA **1977** 132.
[3] *Welp* GA **1977** 132.
[4] *Welp* GA **1977** 133.
[5] *Welp* GA **1977** 133.
[6] Zum Schutz der Geheimnissphäre, die auch ihn mit dem Verteidiger verbindet, vgl. *Welp* FS Gallas 391; speziell zur Telefonüberwachung § 100 a, 26; BGHSt **33** 347 = NStZ **1986** 323; dazu *Welp* NStZ **1983** 294; *Beulke* Jura **1986** 642; *Rieß* JR **1987** 77; zur Beschlagnahme beim beteiligungsverdächtigen Verteidiger § 97, 38. Vgl. auch AG Frankfurt StrVert. **1988** 482.
[6a] Vgl. KG JR **1988** 391 m. Anm. *Hammerstein*.

b) Beginn des Verteidigungsverhältnisses. Ein Verteidigungsverhältnis besteht **7** grundsätzlich erst nach Erteilung des Mandats[8]. Die „Verteidigungsfähigkeit" des inhaftierten Beschuldigten erfordert aber, daß er sich seinem erwünschten Verteidiger mit Ausführungen über seine Straftat auch dann anvertrauen kann, wenn dieser noch nicht formell das Mandat übernommen hat, sondern einen Besuch auf Wunsch des Beschuldigten durchführt, um die Übernahme des Mandats zu prüfen[9]. Das KG[10] will dem Untersuchungsgefangenen hingegen das uneingeschränkte Recht auf schriftlichen und mündlichen Verkehr allein mit dem Rechtsanwalt zugestehen, dem eine (jederzeit widerrufliche) Verteidigungsvollmacht erteilt worden ist. Da der Sinn des Anbahnungsgespräches aber gerade darin besteht, daß Beschuldigter und Anwalt überprüfen können, ob sie **überhaupt** ein **Verteidigungsverhältnis** wollen, wird auf diesem Weg der Willen der Beteiligten verfälscht[11], ohne daß dafür ein vernünftiger Grund ersichtlich ist[12].

Ebenso wie der Besuch zum Zweck der **Mandatsanbahnung** gehört auch die **7a** schriftliche Bitte des Beschuldigten an einen Rechtsanwalt, die Verteidigung zu übernehmen, zu dem von §148 geschützten Bereich[13]. Der Beschuldigte wird regelmäßig das Bedürfnis haben, in dem Schreiben, mit dem er um einen Verteidigerbesuch bittet, auch schon erste Mitteilungen zu dem Tatvorwurf zu machen. Würden diese Mitteilungen vom Schutz des §148 ausgenommen, wäre das Gebot, jeden mittelbaren Zwang des Beschuldigten zur Selbstbelastung von vornherein zu unterbinden (siehe auch Rdn. 4), nicht beachtet. *Dünnebier*[14] hat in solchen Fällen zwischen dem offenen Ersuchen des Beschuldigten und der geschützten Mitteilung über die Tat unterschieden[15]. Danach käme es auf eine Überprüfung der schriftlichen Mitteilungen des Beschuldigten an einen Anwalt darauf an, ob sie nur ein Ersuchen um Übernahme der Verteidigung sind oder schon vertrauliche Mitteilungen enthalten. Für eine nach klaren Indikatoren für die Anwendung des §148 vorgehende Praxis muß es aber ausreichen, daß sich der inhaftierte Beschuldigte an eine als Verteidiger wählbare Person wendet[16]. Nicht erfaßt von §148 ist daher nur der sogenannte „Anbiederungsfall"; der Rechtsanwalt tritt im

---

[7] Auch der Verteidigerverkehr im Dienstordnungsverfahren (hier DienstordnungsG RhPf §25), vgl. LG Koblenz MDR **1981** 72, soll daher nicht von §148 erfaßt sein.

[8] Dazu oben bei §137, 10; *Danckert* StrVert. **1986** 173 geht hingegen davon aus, daß nach der StPO ein „Verteidigungsverhältnis" schon vor dem Abschluß des Mandatsvertrages gegeben ist.

[9] *Hassemer* Anm. zu KG StrVert. **1985** 405, 406 und *Wessing* 122 ff mit jeweils ausführlicher Begründung, daß für das Anbahnungsverhältnis das gleiche gelten muß wie für das Verteidigungsverhältnis; OLG Düsseldorf StrVert. **1984** 106; KK-*Laufhütte*[2] 5; *Fezer* Strafprozeßrecht 5/2; **a. A** *Kleinknecht/Meyer*[38] 4; *Hanack* Anm. zu BGH JR **1986** 33, 35 f weist auf den massiven Wertungswiderspruch hin, der sich zwischen einem ungeschützten Anbahnungsverhältnis und gleichzeitig bestehendem Zeugnisverweigerungsrecht des Verteidigers gem. §53 Abs. 1 Nr. 2 ergäbe.

[10] StrVert. **1985** 405 mit Anm. *Hassemer*.

[11] Vgl. *Hassemer* StrVert. **1985** 407.

[12] Nach der Rechtslage vor dem StVÄG 1987 führte die Auffassung des KG ferner dazu, daß auch dann, wenn das Anwendungsgespräch zu keinem (endgültigen) Verteidigungsverhältnis geführt hat, im Hinblick auf dieses als Verteidigungsverhältnis ausgestaltete Anbahnungsgespräch der Übernahme eines weiteren Mandats in derselben Sache das Verbot der Mehrfachverteidigung gem. §146 entgegenstand. Durch die Neufassung des §146 hat sich dieses Problem erledigt, vgl. §146, 39.

[13] KK-*Laufhütte*[2] 5; **a. A** noch LG Mannheim AnwBl. **1976** 357 und OLG Hamm MDR **1971** 679 (Schutz des §148 setzt erst mit Beginn des Verteidigerverhältnisses ein).

[14] LR-*Dünnebier*[23] 6.

[15] Sie soll entgegen LG Mannheim AnwBl. **1976** 357 dem Schutz des §148 unterliegen, aaO.

[16] *Hassemer* StrVert. **1985** 407.

Klaus Lüderssen

Auftrag von Familienangehörigen oder Freunden mit dem Beschuldigten in Verbindung, um über eine Mandatübernahme zu sprechen. Nur bei Mitteilungen, die der Beschuldigte im Hinblick auf seine Verteidigung macht, besteht die Gefahr, daß die Freiheit der Verteidigung und das Recht, sich nicht selbst belasten zu müssen, tangiert werden. Solange der Rechtsanwalt von sich aus an den Beschuldigten herantritt, darf er sich daher nicht als Verteidiger bezeichnen und auch seine Post nicht als „Verteidigerpost" kennzeichnen[17].

8　　**c) Ende des freien Verkehrs.** Mit dem Erlöschen des Verteidigunsverhältnisses entfällt auch das Recht auf freien Verkehr. Zu erwägen ist aber, ob die Schutzwirkung des § 148 nicht über das Ende des Verteidigungsverhältnisses hinaus bestehen muß.

9　　**d) Verteidigung außerhalb des Erkenntnisverfahrens.** Zur Verteidigung gehört auch die Vertretung des Beschuldigten in allen anderen Stadien des Verfahrens und in besonderen Verfahrensarten (§ 137, 10 ff, 47 ff). Für den Verkehr des Verteidigers mit dem **Strafgefangenen** sind die Vorschriften des StVollzG einschlägig. Unbestritten ist daher, daß der Verteidigerbesuch und der Schriftwechsel des Strafgefangenen mit seinem Verteidiger unüberwacht bleiben (§§ 27 Abs. 3, 29 Abs. 1 Satz 1 StVollzG). Eine Verteidigerfunktion soll aber in Strafvollzugssachen nur dann gegeben sein, wenn die Sache bereits anhängig ist oder die Rechtshängigkeit alsbald herbeigeführt werden wird[18]. Die Vorschriften des StVollzG geben keinen Anlaß zu einer derartigen Differenzierung. Das Gesetz definiert den Beistand eines Rechtsanwalts in Strafvollzugssachen als Verteidigung[19]. Dieser Beistand umfaßt **jede** beratende Tätigkeit in Angelegenheiten des Strafvollzugs unabhängig davon, ob diese Beratung zu einem Verfahren gem. §§ 109 ff StVollzG führt[20]. Ob ein Antrag nach §§ 109 ff StVollzG gestellt werden wird, ist vielleicht erst das Ergebnis der Kommunikation zwischen Gefangenem und seinem Verteidiger. Diesen Teil der Kommunikation vom Recht auf unüberwachten Verkehr auszunehmen, würde es notwendig machen, die Kommunikation daraufhin zu kontrollieren, ob sie in Zusammenhang mit einem Verfahren steht. Mit dieser Inhaltskontrolle würde das Recht auf unüberwachten Verteidigerverkehr aber leerlaufen. Ebenso selbstverständlich gehören Anträge an die Anstaltsleitung, die der Anwalt für den Inhaftierten stellt (§ 108 StVollzG), zur Verteidigertätigkeit. Man wird daher als Voraussetzung für das Recht auf unüberwachten Verteidigerverkehr von dem Strafgefangenen und dem Verteidiger nicht mehr als die Auskunft verlangen können, daß eine Vertretung in Strafvollzugsangelegenheiten stattfindet (vgl. unten Rdn. 11 zur Vollmacht).

10　　**e) Nachweis des Verteidigungsverhältnisses**[21]. Ergibt sich der Nachweis der Vollmacht nicht aus den Akten, wird der Richter ihre Vorlage zu fordern haben, sich jedoch

---

[17] *Kleinknecht/Meyer*[38] 4.

[18] OLG Nürnberg ZfStrVo. **1979** 186; LG Regensburg ZfStrVo. **1979** 55; *Schwind/Böhm* § 29 StVollzG Rdn. 14; auch nach OLG Celle StrVert. **1981** 78 ist die Verteidigung in Strafvollzugssachen Vertretung in Verfahren gem. §§ 109 StVollzG.

[19] *Schwind/Böhm* § 26, 3; OLG München NJW **1978** 654, 655; OLG Celle StrVert. **1981** 78.

[20] Auch mit der Definition der Verteidigungstätigkeit als „Vorbereitung" eines Verfahrens nach §§ 109 ff StVollzG (so LG Regensburg

ZfStrVo. **1979** 55; zustimmend AK-*Joester* StVollzG, § 26, 9) wird eine unzutreffende Verknüpfung mit dem Verfahren vorgenommen.

[21] AK-*Joester* StVollzG § 29, 9 hält es im Regelfall für ausreichend, daß sich der Verteidiger als solcher zu erkennen gibt oder die Post als Verteidigerpost gekennzeichnet ist – für den Nachweis der Verteidigereigenschaft gebe es keine gesetzliche Grundlage; dagegen aber OLG Frankfurt ZfStrVo **1987** 113 m. umfangreichen Nachweisen.

damit begnügen können, daß sie nachgereicht wird, wenn der Verteidiger ihm versichert, zwar mündliche, aber noch keine schriftliche Vollmacht zu haben. Eine von einer Vertrauensperson des Verhafteten unterzeichnete Vollmacht reicht nicht aus. Sie kann aber den durch diese Person seines Vertrauens erklärten Willen des Verhafteten erkennen lassen, er wolle sich im Fall eines Verfahrens des Bevollmächtigten bedienen. Daher kann eine solche Vollmacht Veranlassung geben, dem noch nicht ordnungsgemäß bevollmächtigten Verteidiger einen Besuch zu gestatten und ihm nachzulassen, die Vollmacht des Verhafteten nachzureichen.

Der **Vollzugsanstalt** gegenüber weist sich der Verteidiger durch die Vollmacht **11** des Verhafteten[22] oder — wenn er Pflichtverteidiger ist und keine zusätzliche Vollmacht erhalten hat (vgl. dazu § 141, 7) — durch die Bestellungsanordnung des Gerichts (§ 141 Abs. 1) aus. Manche Verteidiger ziehen es vor — weil sie die Vollmacht zu den Akten geben und keine zweite erbitten wollen —, sich (vom Richter oder vom Staatsanwalt) eine **Verteidigerbescheinigung** („Dauersprechschein") ausstellen zu lassen. Damit muß sich die Vollzugsanstalt begnügen; fordern darf sie eine solche Bescheinigung (anstelle der Vollmacht) nicht[23]. LR-*Dünnebier*[23] 8 hatte noch eine Ausnahme für den Fall vorgesehen, daß zweifelhaft ist, ob ein Fall der §§ 137 Abs. 1 Satz 2, Abs. 2 Satz 2, 146 vorliegt[24]. Mit der Einführung des § 146 a StPO durch das StVÄG 1987 ist nunmehr indessen geregelt, daß die Verteidigung, die gegen §§ 137, 146 verstößt, erst durch die *gerichtliche* Zurückweisung unzulässig wird, bis dahin aber wirksam ist (§ 146 a, 12 ff). Für eine faktische Zurückweisung durch die Anstalt bis zu dem Zeitpunkt der Vorlage einer *gerichtlichen* Verteidigerbescheinigung gibt es keine gesetzliche Grundlage mehr.

f) Besuche. Der mündliche Verkehr zwischen Verteidiger und Beschuldigtem ist **12** grundsätzlich erlaubt[25]. Das ergibt sich für die Untersuchungshaft aus § 148 und für die Strafhaft aus § 27 Abs. 3 StVollzG. Trotz der Freiheit des Verkehrs ist es selbstverständlich, daß sich der Verteidiger nach der Ordnung der Anstalt zu richten, namentlich die Besuchszeiten zu beachten hat[26]. Davon abgesehen sind Dauer und Häufigkeit der Besuche unbeschränkt[27]. Unzulässig sind Besuchszeiten, die den Verteidigerverkehr wesentlich erschweren[28]; im Zweifel ist dem Recht auf eine völlig freie Verteidigung Vorrang vor Regelungen im Interesse der Anstaltsordnung und -sicherheit einzuräumen[29]. Die Besuchszeiten gelten daher nur für den Regelfall (§ 36 Abs. 7 UVollzO). Besteht ein unabweisbares Bedürfnis für eine Sonderregelung, muß diesem entsprochen werden[30].

---

[22] Für den Strafvollzug vgl. *Schwind/Böhm* § 26, 6 StVollzG.

[23] **A. A** LG Würzburg NJW **1972** 1925 m. krit. Anm. *Seebode*. Die anderslautende Regelung in § 36 Abs. 2 S. 2 UVollzO ist unmaßgeblich, vgl. LR-*Wendisch* § 119, 5 ff.

[24] Vgl. auch OLG Hamburg NJW **1976** 250; OLG Frankfurt NStZ **1982** 134.

[25] Vgl. OLG Frankfurt NJW **1977** 2177 zur aufgrund ministerieller Anordnung vollzogenen Kontaktsperre (über Kontaktsperre gem. §§ 31 ff EGGVG vgl. dort).

[26] KG GA **1977** 115, 116.

[27] *Kleinknecht/Meyer*[38] 1; vgl. Bericht des Bundestagssonderausschusses für die Strafrechtsreform zum Entwurf eines StVollzG, BT-Drucks. **7** 3998, S. 14: Verteidigerbe-suche sind „ohne Einschränkung in Bezug auf Zeit und Häufigkeit zu gestatten".

[28] KG GA **1977** 115.

[29] LG Karlsruhe StrVert. **1985** 381 bzgl. einer Beschränkung der Besuchszeiten auf 4 Stunden am Nachmittag; zu eng daher OLG Karlsruhe ZfStrVo. **1986** 60; vgl. auch OLG Hamm NStZ **1985** 432 für einen Fall, in dem keine ernstliche Beschränkung der Verteidigung angenommen wurde.

[30] KK-*Laufhütte*[2] 7; Beispiel bei LR-*Dünnebier*[23] 11; bei sehr begrenzten Regelbesuchszeiten müssen die Anforderungen an die Begründetheit der Ausnahme entsprechend niedriger sein, vgl. OLG Karlsruhe ZfStrVo. **1986** 60.

Klaus Lüderssen

Das Besuchsrecht umfaßt die Mitnahme eines allgemein vereidigten **Dolmetschers** nach Wahl des Verteidigers[31]; auch die Benutzung eines Diktiergeräts ist erlaubt, damit an Ort und Stelle Aufzeichnungen gemacht werden können[32]; in besonders gelagerten Fällen kann auch das Fotografieren des Mandanten zu Beweiszwecken von § 148 gedeckt sein[33]. Denn welche Hilfsmittel der Verteidiger benutzen darf, ergibt sich aus der mit dem Beschuldigten abgestimmten allgemeinen Verteidigungskonzeption. Für den Verteidigerbesuch muß ein Raum zur Verfügung gestellt werden, in welchem mit normaler Lautstärke Gespräche geführt werden können, ohne daß diese unter normalen Bedingungen mitgehört werden können[34].

13   **Fernsprechverkehr**[35] ist ebenfalls mündlicher Verkehr im Sinne des § 148[36]. Daraus ergibt sich, daß Gespräche des Gefangenen mit seinem Verteidiger nicht mit- oder abgehört werden dürfen[37]. § 148 verbietet eine Fernmeldeüberwachung gem. § 100a entgegen BGHSt **33** 347 nicht nur, wenn der Verdacht einer Katalogtat gegen den Mandanten besteht, sondern auch dann, wenn gegen den Verteidiger Verdacht der Teilnahme an der seinem Mandanten vorgeworfenen (Katalog-)Tat oder einer hierzu begangenen Begünstigung, Strafvereitelung oder Hehlerei besteht[38].

14   **g) Übergabe von Verteidigungsunterlagen.** Wie sich aus der Entstehungsgeschichte eindeutig ergibt, bedeutet Verkehr soviel wie freier und ungehinderter, also unüberwachter und dem Umfang nach nicht beschränkter Verkehr (für den Strafvollzug vgl. § 27 Abs. 4 Satz 2 in Vbdg. mit § 26 Satz 3 StVollzG). Dazu muß der Verteidiger alle Unterlagen, d. h. Schriftstücke und Gegenstände, die Beweismittel sind, mit in die Haftanstalt nehmen und dem Verhafteten aushändigen können, ohne einer Kontrolle ausgesetzt zu sein[39]. Denn bereits daraus, daß er solche Beweismittel mitnimmt oder nicht, daß er die Beweismittel dem Verhafteten übergibt oder wieder mit in seine Kanzlei nimmt, könnten schon Schlüsse gezogen werden, die zu ziehen die Vorschrift verhindern soll[40]. Daß **Gegenstände** zum freien Verkehr gehören, steht nicht in Absatz 1, läßt sich aber nicht nur aus dem Zweck des Absatzes 1 herleiten, sondern folgt auch aus Absatz 2, wo den Schriftstücken, die zum schriftlichen Verkehr gehören, die anderen Gegenstände ausdrücklich zur Seite gestellt werden[41].

15   **h) Schriftverkehr.** Der Schriftverkehr zwischen Verteidiger und Inhaftiertem darf nicht überwacht (für den Strafvollzug vgl. § 29 StVollzG) oder eingeschränkt werden. Der vom Verteidiger eingehende sowie der an den Verteidiger adressierte Schriftverkehr ist als Verteidigerpost zu kennzeichnen. Der Verteidiger erklärt damit verbindlich, daß

---

[31] LG Köln NStZ **1983** 237.

[32] OLG Frankfurt AnwBl. **1980** 307.

[33] Vgl. EG Hamburg AnwBl. **1977** 83.

[34] OLG Hamm StrVert. **1985** 241.

[35] Vgl. UVollzO § 38 Abs. 1; ein allgemeiner Anspruch des Untersuchungsgefangenen auf fernmündlichen Verkehr besteht nicht (OLG Oldenburg NJW **1964** 215); für den Strafvollzug vgl. § 32 StVollzG; der Anspruch auf fehlerfreien Ermessensgebrauch kann aber dazu führen, daß gerade Gespräche mit dem Verteidiger zu gestatten sind, vgl. *Schwind/Böhm* § 32, 2.

[36] KK-*Laufhütte*[2] 7; **a. A** *Kleinknecht/Meyer*[38] 16.

[37] *Waldowski* AnwBl. **1975** 106; *Welp* JZ

1972 428; vgl. ferner die Nachweise bei Rdn. 5 in Fußn. 6.

[38] Vgl. die Nachweise in Fußn. 6 sowie bei Rdn. 17 zum weitgehend parallelen Problem der (nicht zulässigen) Beschlagnahme von Verteidigerunterlagen.

[39] BGHSt **26** 304; *Welp* 141; *Fezer* Strafprozeßrecht 5/4, *Kleinknecht/Meyer*[38] 15.

[40] BGH NJW **1973** 1656.

[41] Vgl. auch *Hanack* JR **1971** 273, 275 (Anm. zu KG JR **1971** 297) zu Augenscheinsobjekten; unrichtig daher Nr. 36 Abs. 5 UVollzO: nur Schriftstücke; daher kann entgegen OLG Hamm BlfStrVK **1985**/2, 9 (L.S.) auch die Versendung eines Kassettenrecorders aus der Anstalt *heraus* erlaubt sein.

er dem Gefangenen als Verteidiger und im Rahmen der Verteidigung und nicht darüber hinausgehend oder in anderen Angelegtenheiten oder privat schreibt. Der Schriftverkehr umfaßt außer Briefsendungen und Telegrammen auch Pakete mit Schriftstücken, etwa Gutachten und Akten. Er ist dem Umfang nach grundsätzlich unbeschränkt[42] (insofern gilt auch für Abs. 2 nichts anderes)[43]. Der Gefangene kann ungehindert seine Verteidigerpost der Vollzugsanstalt verschlossen zum Versand übergeben. Sie darf nicht angehalten werden (für den Strafvollzug vgl. § 31 Abs. 4 StVollzG).

i) Grenzen des Verkehrs. Der Verteidiger ist verpflichtet, von dem Verkehr nur **16** zum **Zweck der Verteidigung** Gebrauch zu machen[44]. Der Bundesgerichtshof hat dazu den Grundsatz aufgestellt, vom Verteidigerprivileg sei nur der Schriftwechsel erfaßt, der sich unmittelbar auf die Verteidigung bezieht, und daraus gefolgert, er dürfe dem Beschuldigten auch nicht, wenn er ihn zugleich in Zivil- (oder anderen) Sachen vertritt, ohne richterliche Genehmigung den die andere Sache betreffenden Schriftwechsel übergeben oder diese Sache mit ihm besprechen[45]. Diese Entscheidung betrifft einen Sachverhalt, in dem der Beschuldigte mittels der Verteidigerpost seine Geschäfte aus der Haft heraus weiterverfolgte und ist insoweit zutreffend. Dem obiter dictum liegt aber ein Begriff von Verteidigung zugrunde, der zu eng ist. Bemühungen etwa um den Erhalt oder die Beschaffung von Arbeitsplatz und Wohnung, Darlehensaufnahme für Kaution, Verkauf von Wertgegenständen für Kaution sind zwar primär zivilrechtliche Angelegenheiten, können aber die Haftgründe oder die Sanktionsentscheidungen betreffen. Daher umfaßt das Verteidigerprivileg auch sämtliche Schriftsätze aus anderen rechtlichen Verfahren, wenn sie **mit der Verteidigung** in einem unmittelbaren Zusammenhang stehen. (Die gleichen Grundsätze gelten für das unüberwachte Gespräch.) Soweit Briefe an Mitbeschuldigte, Zeugen oder andere Dritte der Verteidigung dienen (Beispiele: Der Beschuldigte bittet einen Dritten, dessen Identität er aber nicht den Strafverfolgungsbehörden preisgeben will, darum, das Honorar für die Verteidigung zu übernehmen; der Beschuldigte will einen Zeugen *persönlich* zur Aussage auffordern) und nicht gegen die Haftzwecke verstoßen, unterfallen auch sie dem Verteidiger(post)privileg. Selbstverständlich findet das Verteidigerprivileg dort seine Grenze, wo die allgemeinen Gesetze Verbote vorsehen: Ein Schriftwechsel, der — wenn auch an die Verteidigung anknüpfend — sich auf die Fortsetzung von Straftaten und die Beteiligung des Verteidigers daran bezieht, fällt nicht unter das Verteidigerprivileg[46].

j) Kontrolle. Der Richter oder die Anstalt können das aber — außer in den Fällen **17** des Absatz 2 — nicht kontrollieren, da § 148 ebenso wie das StVollzG (§§ 26 Satz 3 und 29 Abs. 1 Satz 1) eine Inhaltskontrolle untersagt[47]. Die Kontrolle des Schriftwechsels sowie der beim Besuch mitgeführten Gegenstände muß sich darauf beschränken, ob es sich nach äußeren Merkmalen (Vollmacht, Kennzeichnung als Verteidigerpost, Absenderidentität) um Bestandteile des Verteidigerverkehrs handelt[48]. Bei Zweifeln an

---

[42] *Kleinknecht/Meyer*[38] 6.
[43] LG Stuttgart StrVert. **1985** 67.
[44] BGH NJW **1973** 2036.
[45] BGHSt **26** 304.
[46] BGH NJW **1973** 2036.
[47] Die Norm ist insofern unvollkommen. Da die Kontrolle der Einhaltung der Norm den Zweck der Norm vereiteln würde, muß das hingenommen werden. Auch das Standesrecht kann diese Lücke nicht mit Wirkung für die Regelung der StPO überbrücken (irre-

führend insofern die Hinweise bei LR-*Dünnebier*[23] 17). Eine andere Frage ist, ob das Standesrecht unabhängig von der StPO entsprechende Regelungen zu treffen versuchen darf (zum Verhältnis von standesrechtlichen und strafprozessualen Vorschriften über die Verteidigung vgl. Vor 137, 39 ff; 55 ff; 112 ff).
[48] OLG Frankfurt ZfStrVo. Sonderheft **1979** 46; OLG Nürnberg, ZfStrVo. **1984** 182 (LS); OLG Koblenz NStZ **1986** 332; OLG Karlsruhe NStZ **1987** 188.

Klaus Lüderssen

der Absenderidentität empfiehlt sich vor Aushändigung der Sendung die Rückfrage beim Absender[49]; sind die Zweifel nicht auszuräumen, darf das Schriftstück nicht angehalten werden, sondern ist zurückzuschicken; die generelle Vorlage an das Gericht — dem ja ebenfalls keine Inhaltskontrolle möglich ist (Ausnahme Abs. 2) — ist wegen der damit verbundenen Verzögerungen unzulässig[50]. Mehr, als nach äußeren Merkmalen zu kontrollieren, verbietet § 148 auch in Fällen des Mißbrauchsverdachts. „Die mögliche Mißbrauchsgefahr ist dem Gesetzgeber bekannt gewesen, er hat sie in Kauf genommen"[51]. Die Post darf daher auch in Anwesenheit des Gefangenen grundsätzlich nicht geöffnet werden[52]. Denn jede Entnahme der Verteidigerpost aus der Versandumhüllung birgt die Möglichkeit in sich, daß der kontrollierende Beamte vom Inhalt Kenntnis nimmt, selbst wenn er dies gar nicht beabsichtigt hat oder es ihm auf Grund von Anordnungen untersagt ist[53].

18   Diese Auslegung des § 148 Abs. 1 ist auch aus **gesetzessystematischen Erwägungen** geboten. Eine Inhaltskontrolle hat der Gesetzgeber ausdrücklich nur in § 148 Abs. 2 vorgesehen[54]. Bei entsprechendem Verdacht kann der Verteidiger ausgeschlossen werden (§ 138 a Abs. 1). Erst nach der Entscheidung über das vorläufige Ruhen der Verteidigerrechte gem. § 138 c Abs. 3 soll der Schriftwechsel zur Beschlagnahme zur Verfügung stehen[55]. Die §§ 138 a ff regeln die Folgen des Mißbrauchs der Verteidigerrechte abschließend[56]. Es ist daher unzulässig, dem Verteidiger **einzelne** Rechte zu entziehen, ihm also den freien Verkehr mit dem Beschuldigten zu verbieten oder etwa durch Untersuchung der Post, ihre Beschlagnahme oder Abhören des Telefons illusorisch zu machen[57]. Die entgegengesetzte Rechtsprechung des Bundesgerichtshofs[58] — Durchsuchung und Beschlagnahme während bestehender Verteidigung ist zulässig[59] — war ein Ausweg[60] angesichts der Unzulässigkeit des Verteidigerausschlusses. Sie ist durch die Einführung der §§ 138 a ff, 148 Abs. 2, 148a überholt.

19   **k) Durchsuchung.** Durchsuchungen des Verteidigers verstoßen gegen § 148. Gibt es allerdings Anhaltspunkte für den Verdacht, daß dem Inhaftierten Waffen oder Ausbruchsmaterial zugeführt werden und daß der Verteidiger sich daran beteiligt oder dazu, selbst unwissentlich, benutzt wird, kann für den Einzelfall eine Durchsuchung auch des Verteidigers nach Waffen oder Ausbruchswerkzeugen angeordnet oder durchgeführt werden. Dabei dürfen nur die vom Verteidiger mitgeführten Behältnisse nach Waffen oder anderen gefährlichen Gegenständen durchsucht werden; von den mitgeführten Akten und sonstigen Unterlagen darf keine Kenntnis genommen werden[61]. Die

---

[49] OLG Karlsruhe NStZ **1987** 188.

[50] OLG Düsseldorf NJW **1983** 186.

[51] OLG Karlsruhe NStZ **1987** 189; OLG Koblenz NStZ **1986** 332, 33 mit weit. Nachw.

[52] **A. A** OLG Koblenz StrVert. **1982** 427 m. abl. Anm. *Dünnebier* bei Auslieferungshaft (zustimmend *Schwind/Böhm* § 29, 15); vgl. aber dagegen OLG Stuttgart NStZ **1983** 384; OLG Koblenz NStZ **1986** 333; *Kleinknecht/ Meyer*[38] Rdn. 7.

[53] OLG Karlsruhe **1987** 189; OLG Koblenz NStZ **1986** 333.

[54] Das verkennt OLG Koblenz StrVert. **1982** 427 (Analogien zu Fällen, die nur von § 148 Abs. 2 erfaßt sind).

[55] Vgl. § 97, 58; auch dagegen bestehen freilich Bedenken, da der Mandant de facto dann

nie sicher sein kann vor Selbstbelastung, wenn Verteidigerunterlagen – nach Ausschluß – nicht mehr geschützt sind.

[56] **A. A** *Beulke* Verteidiger 230.

[57] Vgl. LR-*G. Schäfer* § 97, 56 bis 62; *Welp* NStZ **1986** 289; *Rieß* JR **1987** 75; *Beulke* Jura **1986** 642.

[58] BGH NJW **1973** 2036.

[59] Dagegen schon *Sprecht* NJW **1974** 65; *Roxin* JR **1974** 117; *Welp* JZ **1974** 423; *Haffke* NJW **1974** 1974; vgl. auch die in Fußn. 57 Genannten.

[60] *Roxin* JR **1974** 119.

[61] BVerfGE **38** 30; BGH NJW **1973** 1656; OLG Hamm NJW **1980** 1405; KK-*Laufhütte*[2] 3.

Durchsuchung ist eine außerordentliche Maßnahme, die sorgfältig an dem Recht des Verteidigers auf Intimsphäre und freie Entfaltung seines Berufs gemessen werden muß. Eine Durchsuchung begründet zudem immer die Gefahr der Kenntnisnahme des Akteninhalts und macht dem Verteidiger die Mitnahme von Augenscheinsobjekten unmöglich[62]. Sie ist daher nur bei einem konkretisierten Verdacht zulässig[63] und muß dem Grundsatz der Verhältnismäßigkeit entsprechen[64].

3. Beschränkter Verkehr (Absatz 2)

a) Rechtspolitische Grundlagen. Mit Absatz 2 wollte der Gesetzgeber der Praxis **20** ein Instrument an die Hand geben zu verhindern, daß durch konspiratives Zusammenwirken inhaftierter Terroristen, insbesondere von Mitgliedern der „Rote Armee Fraktion (RAF)", und ihrer Verteidiger aus der Haft heraus weitere Mordtaten geplant und den Mandanten unkontrolliert Gegenstände überbracht werden konnten. Anlaß für die Vorschrift war die Vermutung, die Verteidiger dieser Beschuldigten seien deren politischen Zielen und Aktionen so nahe, daß ein Mißbrauch des unkontrollierten Verteidigerverkehrs befürchtet werden müsse. Die Unterschiede zwischen den politischen Vorstellungen der Gefangenen und ihren Verteidigern waren in der Tat mitunter fließend; in vielen Fällen gab es für beide Personengruppen Gemeinsamkeiten durch die „Studentenbewegung" und nachfolgende politische Auseinandersetzungen.

Das Bundeskabinett befürwortete die Überwachung des Besuches und des Schrift- **21** verkehrs. Anknüpfungspunkt war der einfache Tatverdacht und das Vorliegen eines Verfahrens wegen einer in § 100 StPO bezeichneten Straftat[65]. Der DAV wandte sich in seiner Stellungnahme vom 2. 12. 1974 dagegen und empfahl, § 148 unverändert zu lassen (AnwBl. **1975** 17). Die beabsichtigte Neuregelung sei praktisch unbrauchbar. Auch sei zu besorgen, daß dem Inhaftierten das Grundrecht auf eine optimale Verteidigung entzogen werde. Die vorbeugenden Maßnahmen könne man leicht **umgehen**, der überwachende Richter sei seiner Aufgabe auch nicht gewachsen. Letztlich ergebe sich zudem aus Personalkapazitätsgründen die Notwendigkeit, Zahl und Dauer der Besuche zu beschränken oder zusätzlichen Reglementierungen zu unterwerfen. Der DAV trat deshalb für den Fall eines **dringenden** bzw. **hinreichenden** Verdachts der Konspiration für den Ausschluß des Verteidigers ein. Das sei konsequenter, als den betroffenen Verteidiger zu einem Viertel- oder Halbverteidiger herabzusetzen. Im Gesetzentwurf der Bundesregierung zum 2. StVRG (BTDrucks. 7 2526) war nur von der Ausschließung die Rede. Hingegen bestand die Opposition nach wie vor darauf, eine **Überwachungsregelung** einzuführen (BTDrucks. 7 2989). Sie berief sich dafür auf den Beschluß der 44. Justizministerkonferenz vom 14./15. 11. 1974. Die Opposition machte weiter geltend, das Verfahren bis zum Ausschluß sei schwerfällig. Außerdem brauche man ein abgestuftes Instrumentarium für den Fall, daß Mißbrauch festgestellt werde, aber

---

[62] *Hanack* JR **1971** 273, 276; vgl. auch die deutliche Kritik an der Entscheidung des KG (NJW **1971** 476) aus anwaltlicher Sicht von *Schmidt-Leichner* NJW **1971** 476; Entschließung des DAV-Vorstandes, AnwBl. **1978** 206.

[63] OLG Saarbrücken NJW **1978**; *Krekeler* NJW **1979** 189; nicht zu folgen ist auch OLG Hamm NStZ **1981** 277, das eine allgemeine Durchsuchungsanordnung daher gegenüber Verteidigern gem. § 24 Abs. 3 StVollzG für

zulässig hält. Daß eine JVA Ziel gewaltsamer Demonstrationen war, kann kein ernsthafter Grund für die Durchsuchung aller Verteidiger sein. Zur Notwendigkeit, § 24 Abs. 3 StVollzG im Hinblick auf die Verkehrsrechte des § 148 restriktiv auszulegen, vgl. auch *Schwind/Böhm* § 26 Rdn. 11 f.

[64] BVerfGE 48 118, 124 f; kritisch dazu *Zuck* NJW **1979** 1125; zur besonderen Situation bei Besuchen mit Trennscheibe Rdn. 41 f.

[65] Vgl. AnwBl. **1975** 17.

Klaus Lüderssen

schuldhafter Mißbrauch nicht nachgewiesen werden könne. Die SPD/FDP-Koalition verteidigte ihr Konzept mit den Argumenten, die auch der DAV vorgebracht hatte. Die Verkehrsüberwachung greife zu tief in das Vertrauensverhältnis ein. Der Ausschluß sei die sauberere und radikalere Lösung. Zudem sei sie einfacher durchzuführen, erfordere insbesondere nicht so hohen Personalaufwand. Trotz Bedenken der CDU/CSU wurde das Gesetz einstimmig verabschiedet.

22   In der darauffolgenden Zeit bemühte sich die CDU/CSU dennoch weiterhin um eine Überwachungsregelung. In einer Gesetzesinitiative über den Bundesrat (BT-Drucks. 7 3649) begründete sie dies damit, daß die Überwachung zwar die mildere Maßnahme sei, sie aber gleichzeitig einen **geringeren Verdachtsgrad** voraussetze und somit geeignet sei, die Belange der öffentlichen Sicherheit und Ordnung in den Fällen zu schützen, in denen die Regelung über die Ausschließung nicht anwendbar sei. Der Gesetzesentwurf wurde im Bundestag am 22. 1. 1975 vorgelegt (BTDrucks. 7 3116, s. auch ähnlichen Entwurf 7 3649). Die Bundesregierung lehnte den Vorschlag in ihrer Stellungnahme am 16. 5. 1975 (BTDrucks. 7 3649) mit dem Argument ab, der Ausschluß sei die klarere und wirksamere Lösung. Gleichwohl hielt sie eine Überwachungsnorm für unverzichtbar, allerdings unter engeren Tatbestandsvoraussetzungen. Auch müsse der mündliche Verkehr gesondert behandelt werden, da er zum Kernbereich des Vertrauensverhältnisses gehöre und qualifizierten Schutz genieße. Hier seien Eingriffe etwa nur unter dem Verdacht zulässig, daß der Inhaftierte verdächtig sei, den Verkehr zur Fortsetzung einer kriminellen Vereinigung zu benutzen.

22a   Einen entsprechenden Gesetzesentwurf legte die SPD/FDP-Koalition am 4. 6. 1975 vor (BTDrucks. 7 3729). Sein Inhalt war die Kontrolle des Schriftverkehrs und die Einschränkung des mündlichen Verkehrs in eng umschriebenen **Ausnahmefällen**. Auf diesen auch von der Bundesregierung übernommenen Gesetzentwurf (1. 9. 1975, BTDrucks. 7 4005) erwiderte der Bundesrat (BTDrucks. 7 4005, S. 22), der Anknüpfungspunkt einer Überwachungsmöglichkeit (§ 129 a StGB) sei eine zu enge Umgrenzung. In ihrer Gegenäußerung führte die Bundesregierung aus, eine Überwachung des mündlichen Verkehrs wiege ebenso schwer wie ein Ausschluß. Deshalb dürfe sie nicht bei Verdachtsgründen angeordnet werden, die für eine Ausschließung nicht ausreichen würden.

23   Die Gesetzesentwürfe wurden dem Rechtsausschuß überwiesen. Am 2. 4. 1976 fand hierzu eine öffentliche Anhörung von Sachverständigen und Verbänden statt (*Schulz* ZRP **1976** 123). Am 16. 6. 1976 folgten der Bericht und der Antrag des Rechtsausschusses (BTDrucks. 7 5401). Dieser trug einstimmig vor, daß er eine **Überwachung des schriftlichen Verkehrs** befürworte, wenn Gegenstand der Untersuchung eine Straftat nach § 129 a StGB sei. Darüber hinaus sollte es aber keine mündliche Überwachung geben, da diese zu tief in das Vertrauensverhältnis eingreife. Dem hielten die CDU/CSU-Mitglieder entgegen, daß eine solche ihrer Meinung nach erforderlich und auch rechtsstaatlich unbedenklich sei.

24   Am 26. 4. 1977 brachte die CDU/CSU-Fraktion erneut einen Gesetzentwurf ein, der eine Besuchsüberwachung enthielt. Anknüpfungspunkt war wieder eine in § 100 a StPO genannte Straftat (BTDrucks. 8 322). Am 30. 11. 1977 legte der Bundesrat einen Gesetzentwurf dem Bundestag vor (BTDrucks. 8 1283). Dieser sah die Überwachung des mündlichen Verkehrs ohne weitere Voraussetzungen vor, wenn der Verdacht einer Straftat nach § 129 a bestehe. In der Begründung wurde ausgeführt, daß die Kontaktsperre eine Kontaktunterbrechung im Krisenfall ermögliche. Man müsse aber gleichzeitig dafür sorgen, daß außerhalb des Krisenfalles nicht bereits der nächste vorbereitet werde. Anknüpfungspunkt dürfe nicht ein konkreter Verdacht sein, sondern die **generelle Mißbrauchsgefahr**, die erfahrungsgemäß bei Terroristen und konspirierenden Verteidigern bestehe. Die Bundesregierung hielt dagegen, daß die Materie vom Gesetzgeber wiederholt geprüft und abgelehnt worden sei. Im übrigen verwies sie auf die Argumente in der Resolution des Deutschen Richterbundes vom 11.5.1977: Überwachung sei unpraktikabel, untauglich und ein **schwerwiegender Eingriff** in den für eine Verteidigung dringend notwendigen Freiraum. Es werde aber zu prüfen sein, ob bereits beschlossene Maßnahmen zu ergänzen seien (Trennscheibe). Am 27.1.1978 gab der Rechtsausschuß eine erste Beschlußempfehlung (Einführung einer Trennscheibe) und einen ersten Bericht zu den Gesetzentwürfen (BTDrucks. 8 1482). In der Begründung führte er aus, in § 148 Abs. 2 StPO müsse eine Lücke geschlossen werden, die bisher eine **Umgehung der Kontrolle** des Schriftverkehrs ermöglicht habe. Die CDU/CSU-Fraktion hielt die Trennscheibe für unzureichend. Sie forderte weiterhin eine Überwachung des mündlichen Verkehrs. Mit dem Gesetz vom 14.4.1978 wurde dann die Voraussetzung für die Einführung der **Trennscheibe** geschaffen (vgl. zur Gesetzgebungsgeschichte auch *Vogel* NJW **1978** 1217 ff).

25 Der Ausgang der gegen einige wenige Verteidiger betriebenen Strafverfahren zeigte bald, daß gegenüber den Verteidigern der Mitglieder der „RAF" in den frühen siebziger Jahren der **Mißbrauchsverdacht** allenfalls graduell bestätigt werden konnte. Außerdem ist durchaus umstritten, ob es sich nicht überhaupt um Formen zulässiger Verteidigung gehandelt hat[66].

26 Inzwischen (1988) ist aber auch die politische Situation eine andere. Die Positionen der „Linken", der die meisten Verteidiger in den Verfahren nach § 129 a StGB zuzurechnen sind, und der „RAF" haben sich allmählich auseinanderentwickelt. Es spricht einiges dafür, daß jetzt genauso viel oder **wenig Anlaß** für **einen generellen Mißbrauchsverdacht** in Verfahren nach § 129 a StGB wie in einem Verfahren gegen bandenmäßig organisierten Rauschgifthandel besteht. Die Basis für die Maßnahmegesetzgebung des § 148 Abs. 2[67] ist entfallen.

27 Liegt dennoch ein Verdacht **konspirativen** Zusammenwirkens vor, kann durch den Ausschluß gem. §§ 138 a ff vorgebeugt werden. Im übrigen macht § 148, weil der Eingriff in das Verteidigungsverhältnis nur vom Tatvorwurf des § 129 a abhängt, die Ausnahme zur Regel; die Vorschrift verstößt daher auch gegen den Verhältnismäßigkeitsgrundsatz[68].

28 **b) Ausdehnung durch Terrorismusgesetzgebung 1986.** § 148 Abs. 2 ist akzessorisch zu dem Umfang des von § 129 a StGB pönalisierten Verhaltens. Durch das am 1.1.1987 in Kraft getretene Gesetz zur Bekämpfung des Terrorismus (BGBl. I **1986** S. 2566)[69] ist § 129 a StGB auf Aktionen militanter Gegner von Großprojekten wie Atomkraftwerken, Flughäfen etc. ausgedehnt worden, auf Handlungen wie Umsägen von Strommasten, Zerstörung von Baumaschinen und Einrichtungen der öffentlichen Versorgung (§§ 305, 315 Abs. 1, 316 b Abs. 1 StGB). Bei der Einführung des § 148 Abs. 2 StGB hatte der Gesetzgeber die **Verhinderung von Mordtaten** und die Verhinderung eines kriminellen Weiterwirkens von **Vereinigungen** vor Augen, die **Mordtaten zur Durchsetzung ihrer politischen Ziele planen**. Nichts davon trifft auf die Gruppen zu, die nunmehr neu durch § 129 a StGB erfaßt werden: Die Gefährlichkeit der Delikte, die ihnen vorgeworfen werden, rechtfertigt nicht den Eingriff in die Verteidigungsrechte; das zeigt auch ein Vergleich mit Delikten, für die das Strafrecht erheblich höhere Sank-

---

[66] Vgl. *Ostendorf* JZ **1979** 252 ff; *Bakker-Schut* Stammheim, 519 ff; *Seifert* KJ **1979** 80 ff.

[67] *Sack/Steinert* 255 ff; vgl. auch die Kritik der Regelung auf S. 239 ff.

[68] *Wessing* 144 ff.

[69] Vgl. dazu *Dencker* StrVert. **1987** 116 und KJ **1987** 36.

Klaus Lüderssen

tionen vorsieht. Auch gibt es keinen Anlaß für die dem § 148 Abs. 2 zugrundeliegende Vermutung, daß bei unkontrolliertem Verteidigerverkehr eine weitere erhebliche Gefahr von Delikten etwa nach §§ 305, 315 Abs. 1, 316 b Abs. 1 StGB zu erwarten ist. Die Vorschrift sollte daher auf die Anwendung gegenüber terroristischen Vereinigungen begrenzt werden, zu deren Zielen und Mitteln auch Delikte gegen das Leben zählen.

29   Es hat sich eingebürgert, daß bei bestimmten Verteidigern sehr genaue **körperliche Durchsuchungen** und Kontrollen der mitgeführten Gegenstände vorgenommen werden. Da aber durch die Trennscheibe ohnehin eine Übergabe von Gegenständen ausgeschlossen ist und der Gefangene vor und nach dem Besuch in aller Regel durchsucht wird, sind diese generellen Kontrollen unzulässig, s. auch Rdn. 17.

30   **c) Straftat.** Die Vorschrift ist abschließend und kann nicht analog angewendet werden.

31   Die Rechtsprechung hat dies zum Teil für die Trennscheibenregelung des Satz 3 in Frage gestellt[70]. Er regele nur, wann die Trennscheibe von Amts wegen vorgesehen werden müsse[71]. Die Rechtsgrundlage für eine entsprechende Anordnung bei anderen Besuchen ist — soweit Untersuchungsgefangene betroffen sind (für den Strafvollzug vgl. § 27 Abs. 3 StVollzG) — § 119 Abs. 3. Demgegenüber trifft § 148 Abs. 2 gegenüber dem Verteidiger eine spezielle und nicht durch § 119 Abs. 3 erweiterungsfähige Regelung; ebenso ist die Besuchsregelung für den Verteidiger in § 29 Abs. 1 Satz 2 und 3 StVollzG abschließend. **Beschränkungen** des Verteidigerverkehrs können daher über die Fälle des § 29 StVollzG hinaus nicht auf § 4 Abs. 2 Satz 2 StVollzG gestützt werden[72].

32   Der Bundesrat hatte in seiner Stellungnahme zum StVÄG 1987[73] entgegen dem Entwurf der Bundesregierung, der eine derartige Änderung nicht enthält[74], eine Änderung des § 27 Abs. 3 StVollzG vorgeschlagen, wonach unabhängig von dem Grund der Strafhaft dem **Anstaltsleiter** die Befugnis zur Anordnung des Verteidigerbesuchs mit Trennscheibe gegeben sein sollte, „wenn dies zur Aufrechterhaltung der Sicherheit oder zur Abwendung einer schwerwiegenden Störung der Anstalt unerläßlich ist"[75]. Dieser Vorschlag ist vom Gesetzgeber nicht aufgegriffen worden. § 148 Abs. 2 regelt daher als lex specialis gegenüber **allen** Gesetzen mit Ausnahme des Kontaktsperregesetzes gem. §§ 31 EGGVG die Beschränkung des Verteidigerverkehrs abschließend.

33   Die Einschränkung ist nur zulässig bei tatbestandsmäßigen, rechtswidrigen und **schuldhaften Handlungen**. Danach ist sie ausgeschlossen bei rechtswidrigen Taten (§ 11 Abs. 1 Nr. 3 StGB), die ohne Schuld begangen worden sind. Der Verzicht auf die Überwachung des Schriftverkehrs, wenn nur eine **rechtswidrige** Tat nach § 129 a StGB Gegenstand des Verfahrens ist, wird darin zu suchen sein, daß bei dem davon betroffenen Täterkreis die möglichen Gefahren nicht erwartet werden, denen Absatz 2 begegnen will.

---

[70] OLG Hamburg MDR **1977** 337; OLG Hamm NJW **1980** 1404, 1405; OLG Celle AnwBl. **1981** 25 m. Anm. *Plähn* StrVert. **1981** 79; OLG München AnwBl. **1981** 36 m. Anm. *Höflich*.

[71] Diese Auslegung kann sich auf entsprechende Äußerungen im Bericht des Rechtsausschusses vom 27. Januar 1978 (BT-Drucks. 8 1482 S. 13) stützen.

[72] BGHSt **30** 38 = NJW **1981** 1222 = StrVert. **1981** 241 m. Anm. *Wächtler*; OLG Celle NStZ **1982** 527; OLG Frankfurt ZfStrVo. **1983** 306 (L.S.) ff; *Calliess/Müller-Dietz* StVollzG[4] § 122, 5; *Neufeld* NStZ **1984** 155; KK-*Laufhütte*[2] 12; *Kleinknecht/Meyer*[38] 17.

[73] BT-Drucks. **10** 1313 S. 48, 57.

[74] Vgl. aaO S. 8.

[75] Zur Begründung vgl. aaO S. 57 f.

i) Trennscheiben. Das Wort bezieht sich eindeutig nur auf technische Maßnah- **41** men (in der Regel Trennscheiben mit Löchern oder Schlitzen), welche die **Übergabe** von Schriftstücken und anderen Gegenständen unmöglich machen. § 148 Abs. 2 S. 3 bietet daher keine gesetzliche Grundlage für eine **optische Überwachung**, etwa durch einen Beamten aus einer Glaszelle, duch sogenannte Monitore oder Spione[86]. Es muß sichergestellt sein, daß jedes Mithören absolut unmöglich ist.

Nach *Dünnebier* müssen Trennscheiben so ausgestaltet sein, daß keiner der beiden **41a** Gesprächspartner Gegenstände und Schriftstücke, die der andere zur Besprechung mitgebracht hat, **einsehen** kann[87]. Dieser Auffassung kann nicht gefolgt werden. *Dünnebier* begründet sie mit einer erweiternden Auslegung des Wortes „überwachen"[88]. Es hat im Kontext der Vorschrift indessen keine selbständige Bedeutung, sondern nur die Funktion, in einem Begriff zusammenzufassen, was — substantiell — in Satz 1 geregelt ist. Man müßte also schon direkt aus diesem Satz das Verbot der Einsichtnahme ableiten. Dafür könnte sprechen, daß der Sinn der Zurückweisung nicht vom Richter kontrollierter Schriftstücke vielleicht gerade darin liegt, den Beschuldigten an der Lektüre zu hindern. Aber dann müßte dem Verteidiger auch verboten sein, dem Beschuldigten bei dem — nicht überwachten — mündlichen Verkehr die Schriftstücke vorzulesen. Das ist nun zweifellos nicht der Fall. Es geht somit in Satz 1 nur um die Kontrolle der körperlichen Übergabe: Diese Auslegung findet ihre Bestätigung darin, daß Satz 3 die Vorrichtung ausdrücklich dazu bestimmt, die **Übergabe** ... auszuschließen[89]. Das ist nicht nur sprachlich ganz eindeutig, sondern auch teleologisch: Satz 3 hat nicht die Aufgabe, auch den mündlichen Verkehr einzuschränken. Wird die Trennscheibe so gestaltet, daß sie die Einsichtnahme in Unterlagen des anderen ausschließt, so können sich die Gesprächspartner gegenseitig nur schemenhaft wahrnehmen; auch der mündliche Verkehr wäre beeinträchtigt, ganz abgesehen davon, daß zu einem Verteidiger, den man nicht richtig erkennen kann, ein Vertrauensverhältnis[89a] kaum herzustellen ist.

3. Verfahren

a) Zuständigkeit. § 148 Abs. 2 enthält keine Verfahrensvorschriften. § 148 a regelt **42** nur die Durchführung der Überwachung des Schriftverkehrs. Befindet sich der Beschuldigte **wegen** einer Straftat nach § 129 a StGB in Strafhaft oder ist im Anschluß an die aus einem anderen Rechtsgrund zu vollstreckende Freiheitsstrafe eine weitere Freiheitsstrafe **wegen** § 129 a StGB zu vollstrecken, obliegt die Anordnungskompetenz dem Anstaltsleiter, § 156 Abs. 2 StVollzG[90]. In allen anderen Fällen ist in entsprechender Anwendung des § 119 Abs. 6 StPO der Haftrichter (§ 126), nach Erhebung der öffentlichen Klage der Vorsitzende des mit der Sache befaßten Gerichts (§ 126 Abs. 2 StPO) zuständig[91]. In dem auf § 129 a StGB gestützten Haftbefehl ist schon die Anordnung der Überwachung enthalten[92].

Eine andere **Kompetenz** ergibt sich aber de facto dann, wenn die Beschränkun- **43** gen nach Absatz 2 erfolgen, ohne daß ein Haftbefehl ergangen ist, das heißt wenn gegen

---

[86] Vgl. OLG Hamm StrVert. **1985** 241, 242; KMR-*Müller* 12; *Welp* 142 Fußn. 59; *Kleinknecht/Meyer*[38] 22; anders noch LR-*Dünnebier*[23] EB 2 und *Kleinknecht/Meyer*[37] 22.

[87] LR-*Dünnebier*[23] EB 2.

[88] AaO in Vbdg. mit Rdn. 4.

[89] Vgl. auch Bericht des Rechtsausschusses BT-Drucks. 8 1482, S. 13.

[89a] Dazu *Gödekke* 150 mit weit. Nachw.

[90] *Neufeld* NStZ **1984** 154; KK-*Laufhütte*[2] 18.

[91] KK-*Laufhütte*[2] 18; *Kleinknecht/Meyer*[37] 19; KMR-*Müller* 15; *Neufeld* NStZ **1984** 154 ff; zu den Gründen gegen eine Kompetenz der Staatsanwaltschaft vgl. LR-*Dünnebier*[23] 24; **a. A** *Kleinknecht/Meyer*[38] 19.

[92] BGH Beschl. 6. 3. 1981, 1 BJs 70 u. 93/77/StB 13/81, nach KK-*Laufhütte*[2] 18.

Klaus Lüderssen

einen Strafgefangenen (aus anderem Grund) ein Ermittlungsverfahren **ohne dringenden Tatverdacht** eingeleitet wird[93]. In diesen Fällen ist in den veröffentlichten Sachverhalten[94] die Anordnung durch die Justizvollzugsanstalt auf Grund des Ersuchens durch die Staatsanwaltschaft erfolgt. Bezüglich der Rechtsmittel gegen diese Anordnungen wird teilweise angenommen, gegen die Anordnung durch die Justizvollzugsanstalt sei der Rechtsweg zur StrVollstrK gegeben[95], gegen die Anordnung durch die Staatsanwaltschaft der Rechtsweg nach §§ 23 ff EGGVG[96]. Da Eingriffe in die Rechte eines Beschuldigten in dem Verfahren zu prüfen sind, in dem sie eingetreten sind, muß auch für diese Fälle, in denen die Beschränkungen im Rahmen eines Ermittlungsverfahrens erfolgen sollen, der **Haftrichter** zuständig sein[97]. Man muß daher, wenn man die Anordnung der Beschränkungen hier überhaupt für zulässig hält, verlangen, daß die Anordnung durch den Haftrichter erfolgt.

44 **b) Anordnung.** Der Haftrichter und der Vorsitzende des zuständigen Gerichts, im Vollzug der Vorsitzende des Gerichts des ersten Rechtszugs (vgl. § 462 a Abs. 2 Satz 1), entscheiden auf Antrag der Staatsanwaltschaft oder von Amts wegen. Auch im **Vorverfahren** ist der Haftrichter nicht an einen Antrag der Staatsanwaltschaft gebunden.

45 Die Entscheidung des Vorsitzenden ergeht **außerhalb der Hauptverhandlung**, auch wenn eine solche läuft. Die Staatsanwaltschaft hat sich zu erklären (§ 33 Abs. 2). Auch die sonstigen Beteiligten sind stets zu **hören**, weil es sich um eine Zwischenentscheidung handelt. Beteiligt sind der Beschuldigte und der Verteidiger.

46 Bejaht der Haftrichter die Voraussetzungen des Absatz 2, hat er dem Beschuldigten und dem Verteidiger die **Anordnung zu eröffnen,** daß er Schriftstücke und andere Gegenstände zurückweisen werde, wenn sich der Absender — sei es der Beschuldigte, sei es der Verteidiger — nicht damit einverstanden erklärt, daß diese Schriftstücke oder Gegenstände zunächst dem Überwachungsrichter (§ 148 a) zur Kontrolle vorgelegt werden. Wenn entgegen der hier vertretenen Ansicht (Rdn. 37) die Anordnung gem. § 148 auch ohne dringenden Tatverdacht getroffen werden soll, hat der Haftrichter (Rdn. 42) zu prüfen und mit den Beteiligten zu erörtern, ob der Verdacht einer Straftat nach § 129 a StGB besteht.

47 **c) Beschwerde.** Gegen die Entscheidung des Haftrichters oder des Vorsitzenden des Gerichts ist die Beschwerde zulässig (§ 304 Abs. 1); wegen der Sonderzuständigkeiten in Verfahren nach § 129 a StGB (vgl. § 120 Abs. 1 Ziff. 6 GVG) handelt es sich aber regelmäßig um Entscheidungen eines **Vorsitzenden Richters** am OLG oder **Ermittlungsrichters** am BGH (§ 142 a GVG in Vbdg. mit § 169 a StPO), gegen die **keine Beschwerde** gegeben ist (§ 304 Abs. 4 Satz 1)[98]. Da nach der hier vertretenen Auffassung (vgl. Rdn. 20, 24), für die auch spricht, daß in § 304 Abs. 4 Satz 2 die Beschwerdemöglichkeiten nicht erweitert worden sind (was LR-*Dünnebier*[23] 30, weil er auch bei einfachem

---

[93] Zu dieser Konstellation vgl. schon oben Rdn. 38 mit ausführlicher Begründung, warum in diesem Fall die Beschränkung *unzulässig* ist.
[94] Vgl. dazu die folgenden Fußn.
[95] So OLG Celle JR **1980** 165; NStZ **1982** 527 m. Anm. *Hilger* und der von OLG Hamm NStZ **1984** 284 geschilderte Verfahrensablauf.
[96] Vgl. den bei BGH StrVert. **1984** 210 m. Anm. *Sauer* geschilderten Verfahrensablauf.

[97] BGH StrVert. **1984** 210; OLG Hamm NStZ **1984** 284; Vgl. KG JR **1979** 519.
[98] Vgl. BGHSt **26** 270 = NJW **1976** 721; BGHSt **15** 120 = NJW **1973** 664; BGHSt **29** 200 = NJW **1980** 1401; zur Zulässigkeit der Beschwerde im Hinblick auf § 304 Abs. 4 Satz 2 und im Hinblick auf § 304 Abs. 5 vgl. jeweils BGH NJW **1979** 1612 und BGHSt **30** 52 = NJW **1981** 1221; KK-*Laufhütte*[2] Rdn. 19.

Verdacht für die Anwendbarkeit des § 148 Abs. 2 eintrat, s. Beleg oben Rdn. 37, konsequent als schwer verständlich bezeichnen mußte), der Haftbefehl Voraussetzung für die Anordnung ist, kann die Anordnung aber (mittelbar) über die **Beschwerde gegen den Haftbefehl** angegriffen werden. Gegen **Anordnungen der Anstalt** oder das Ersuchen um eine Anordnung durch die Staatsanwaltschaft (vgl. dazu Rdn. 24) ist neben der Überprüfung der Rechtmäßigkeit der Anordnung durch den Haftrichter kein Rechtsmittel gegeben (Rdn. 24).

Beschwerdeberechtigt sind der Beschuldigte und der Verteidiger, deren freier **48** Schriftverkehr eingeschränkt wird, sowie die Staatsanwaltschaft.

d) **Vollzug.** Der Vollzug liegt in den Händen zweier Richter. Der **Haftrichter 49** weist Schriftstücke und andere Gegenstände zurück, wenn sich der Verteidiger oder der gegebenenfalls von ihm unterschiedene Absender nicht damit einverstanden erklärt, daß sie zunächst einem Richter vorgelegt werden. Ist der Staatsanwalt mit der Postkontrolle beauftragt (§ 119, 137), muß er die Zurückweisung als eine beschränkende Maßnahme dem Haftrichter überlassen. Geht Verteidigerpost unmittelbar bei der Anstalt ein, muß diese sie dem Haftrichter zur Zurückweisung zuleiten. Die **Kontrolle durch die Anstalt** ist grundsätzlich verboten[99]. Denn es darf nicht übersehen werden, daß der Verteidiger eine beschwerdefähige richterliche Entscheidung beanspruchen kann, damit er Beschwerde mit der Begründung einlegen kann, § 129a StGB werde zu Unrecht (überhaupt oder noch) als Gegenstand der Untersuchung angesehen. Hat sich der Absender damit einverstanden erklärt, daß Schriftstücke oder andere Gegenstände zunächst einem Richter vorgelegt werden (letzter Halbsatz)[100], dann legt sie die Stelle, wo sie eingehen (Richter, Staatsanwalt, Vollzugsanstalt) dem **Überwachungsrichter** (§ 148 a) vor. Man muß jedoch den Absender für befugt erachten, das auch selbst zu tun, auf jeden Fall dann, wenn die Angelegenheit dringlich ist, etwa weil er Schriftstücke oder andere Gegenstände des Verteidigerverkehrs dem Beschuldigten kurz vor einem Termin übergeben muß oder weil er alsbald bereit sein will, Zweifelsfragen mit dem Überwachungsrichter zu klären.

§ 148 a

(1) [1]Für die Durchführung von Überwachungsmaßnahmen nach § 148 Abs. 2 ist der Richter bei dem Amtsgericht zuständig, in dessen Bezirk die Vollzugsanstalt liegt. [2]Ist eine Anzeige nach § 138 des Strafgesetzbuches zu erstatten, so sind Schriftstücke oder andere Gegenstände, aus denen sich die Verpflichtung zur Anzeige ergibt, vorläufig in Verwahrung zu nehmen; die Vorschriften über die Beschlagnahme bleiben unberührt.

(2) [1]Der Richter, der mit Überwachungsmaßnahmen betraut ist, darf mit dem Gegenstand der Untersuchung weder befaßt sein noch befaßt werden. [2]Der Richter hat über Kenntnisse, die er bei der Überwachung erlangt, Verschwiegenheit zu bewahren; § 138 des Strafgesetzbuches bleibt unberührt.

Entstehungsgeschichte. Anläßlich der Einfügung des § 148 Abs. 2 (s. Entstehungsgeschichte dort) eingefügt durch Art. 2 Nr. 5 des StGBÄndG.

---

[99] OLG Stuttgart NStZ **1983** 384.

[100] Daß solche Schriftstücke oder Gegenstände dem Überwachungsrichter vorgelegt werden, solange keine Entscheidung des Haftrichters vorliegt, ist nicht denkbar. Denn die Überwachung findet erst statt, wenn der Haftrichter sie angeordnet hat (Rdn. 24).

Klaus Lüderssen

1   **1. Regelungsgehalt.** Die Vorschrift regelt die Durchführung der Kontrolle des Schriftverkehrs gem. § 148 Abs. 2. Abs. 1 S. 1 benennt den zuständigen Richter, dem gemäß § 148 Abs. 2 letzter Halbsatz die Schriftstücke vorzulegen sind. Abs. 1 S. 2 regelt den Kern des § 148, die Durchbrechung des Prinzips der unüberwachten und vor allem ungehinderten Kommunikation. Der Überwachungsrichter darf die Schriftstücke nicht weiterleiten und hat sie in Verwahrung zu nehmen, wenn gemäß § 138 StGB eine Anzeige zu erstatten ist.

2   **2. Zuständigkeit (Absatz 1 Satz 1).** Für die Durchführung der Überwachung wird der Richter bei dem Amtsgericht für zuständig erklärt, in dessen Bezirk sich die Vollzugsanstalt befindet (**Überwachungsrichter**). Es kommt also auf die tatsächliche Lage der Anstalt an, in der die Untersuchungshaft oder die Strafhaft an dem Gefangenen körperlich vollzogen wird, nicht auf den Verwaltungssitz der Anstalt. Unterhält eine Anstalt (Hauptanstalt mit Sitz der Anstaltsleitung) eine Außenstelle, dann ist der Richter bei dem Amtsgericht zuständig, in dessen Bezirk sich die Außenstelle befindet. Denn der Überwachungsrichter soll der dem Gefangenen nächste sein, damit Kontrollmaßnahmen anläßlich von Verteidigerbesuchen jederzeit, gegebenenfalls auch sehr rasch, ohne Beschwernisse möglich sind. Der Richter ist nach der **Geschäftsverteilung** (§ 21 e Abs. 1 GVG) zu bestellen.

3   Da der Richter nicht mit dem Gegenstand der Untersuchung befaßt sein darf, ist ihm — ein seltener Fall — **nicht** erlaubt, die Voraussetzungen seiner Zuständigkeit zu **prüfen**. Denn dazu müßte er untersuchen, ob eine Straftat nach § 129 a StGB Gegenstand der Untersuchung ist, d. h. er müßte sich mit dem Gegenstand der Untersuchung befassen. Der Richter kann nur seine örtliche Zuständigkeit prüfen.

4   **3. Überwachung.** Die im Gesetz nicht näher bezeichneten Überwachungsmaßnahmen bestehen darin, daß der Überwachungsrichter die Schriftstücke liest und die Gegenstände betrachtet, wenn der Verteidiger — was ihm völlig freisteht — der Anordnung gem. § 148 Abs. 2 nachkommt.

5   Das Gesetz legt eindeutig fest, daß der Richter den Schriftwechsel nur dann nicht weiterleiten muß, sondern vorläufig in Verwahrung zu nehmen hat, wenn eine **Anzeige** (§ 138 StGB) zu erstatten ist[1]. Daher ist es dem Überwachungsrichter untersagt, aus anderen Gründen die Weiterleitung von Sendungen zu unterlassen[2]. Ebenso wie er „sehenden Auges" Verdunkelungen hinnehmen muß, wenn diese keine Straftat gem. § 138 StGB begründen, geht ihn ein **Mißbrauch** des Verkehrs für Zwecke, die nicht der Verteidigung dienen, **nichts** an[3]. Eine andere Auslegung verfehlt das Ziel, Verteidiger und Beschuldigtem zu versichern, daß sie den Verteidigerverkehr so betrachten kön-

---

[1] *Fezer* Strafprozeßrecht 5/17.
[2] Anders aber *Kleinknecht/Meyer*[38] 2, 3 und KK-*Laufhütte*[2] 8 sowie die Rspr., vgl. näher unten bei Rdn. 6.
[3] *Beulke* Verteidiger 196; *Welp* GA **1977** 139 ff,

14; *Fezer* Strafprozeßrecht 5/17; ähnlich schon KG JR **1979** 217: Anhalten nur bei „Förderung" einer terroristischen Vereinigung.

Stand: 1. 11. 1988

nen, **als ob** er frei wäre, solange nur § 138 StGB unberührt bleibt. Dieses Ziel verfolgt das Gesetz — außer in den Fällen des § 138 StGB — durch die Zusicherung, daß der Überwachungsrichter über alle Kenntnisse, die er bei der Überwachung erlangt, volle Verschwiegenheit zu bewahren hat, Abs. 2 S. 2. Diese Auslegung ist geboten, weil die Einschränkung des Verteidigerverkehrs an keine (zu mißbilligende) spezielle Handlung des Beschuldigten oder des Verteidigers anknüpft, sondern lediglich an den Verdacht einer Straftat gem. § 129 a StGB und einen darauf gestützten Haftgrund. § 148 a sieht daher eine Zurückweisung neben der Verwahrung der Schriftstücke, die eine Anzeigepflicht gemäß § 138 StGB auslösen, nicht vor[4].

Die Rechtsprechung hat dennoch die **Zurückweisung** durch den Überwachungs- **6** richter zunächst schon dann für zulässig erachtet, wenn der Schriftverkehr nach Ansicht des Überwachungsrichters nicht den Verteidigungs**zwecken** dienlich war[5], sich nicht im Rahmen des **zulässigen** Verteidigerverkehrs bewegte[6] oder für die **Sicherheit** in der Anstalt von Bedeutung war[7]. Es müsse „nicht geduldet werden, daß der Verteidiger unter den Augen des Gerichts seine Rechte mißbraucht"[8]. Man wird dem für Fälle der Fluchtvorbereitung oder Verdunkelung zustimmen können[9]. Aber tatsächlich geht es allein um die Frage, ob die Kommunikation (noch) der Verteidigung dient, denn Verdunkelungs- oder Fluchtabsichten werden die Beteiligten nicht dem kontrollierten Schriftverkehr anvertrauen, sondern im unkontrollierten mündlichen Verkehr erörtern[10]. In der Rechtsprechung setzt sich zunehmend die Einsicht durch, daß die Zurückweisung nur in „klaren Mißbrauchsfällen"[11] erfolgen darf. Der Schriftverkehr sei nur zurückzuweisen, sofern er „erkennbar nicht den Verteidigungszwecken" diene[12]. Im übrigen müsse ein **weites Ermessen** der Verteidigung hingenommen werden, was zum Umfang der Verteidigung gehöre, und der Überwachungsrichter dürfe sein Ermessen nicht an die Stelle des Ermessens der Verteidigung setzen[13]; dies gelte etwa auch für die Zulässigkeit der Versendung fremdsprachiger Schriftstücke[14] (vgl. dazu auch Rdn. 12). Diese restriktive Auslegung durch die neuere Rechtsprechung wird auch einem praktischen Erfordernis gerecht. Der Überwachungsrichter mag den Haftbefehl kennen, nicht aber den (möglicherweise) umfangreichen Akteninhalt. Die ihm zur Verfügung stehenden Kriterien für die Annahme eines Mißbrauchs sind daher äußerst begrenzt. Manches von dem, worüber der Beschuldigte und sein Verteidiger kommunizieren, mag ihm völlig abwegig erscheinen. Diesen Zustand muß er hinnehmen. Anderenfalls wäre der Verteidiger zu arbeits- und zeitaufwendigen Erörterungen gezwungen, in denen er dem Überwachungsrichter das Verteidigungskonzept zu erläutern hätte.

Besondere Probleme für die Überwachung bringt es mit sich, daß Anknüpfungs- **7** punkt ein Strafverfahren gemäß § 129 a ist, gleichzeitig aber über § 138 Abs. 2 StGB Straftaten gemäß § 129 a StGB zum Gegenstand der Kontrolle werden. *Fezer*[15] hat

[4] Vgl. dazu die ausführlichen Darlegungen von *Welp* GA **1977** 139 ff, 142.

[5] Vgl. BayObLG MDR **1979** 862, 863; OLG Hamburg NJW **1979** 1724; LG Köln NJW **1979** 1173.

[6] OLG Stuttgart NStZ **1983** 384.

[7] OLG Stuttgart Justiz **1983** 240 = OLGSt Nr. 1 zu § 148 a.

[8] *Kleinknecht/Meyer*[38] 3.

[9] Vgl. *Welp* GA **1977** 138.

[10] *Welp* GA **1977** 142.

[11] *Kleinknecht/Meyer*[38] 3.

[12] LG Stuttgart StrVert. **1985** 67; LG Baden-Baden StrVert. **1982** 80; *eindeutiger* Mißbrauch wird von LG Regensburg StrVert. **1988** 538 vorausgesetzt; LG Stuttgart StrVert. **1987** 540 verlangt „offensichtlich verteidigungsfremde Zwecke".

[13] LG Stuttgart StrVert. **1985** 68.

[14] LG Baden-Baden StrVert. **1982** 80.

[15] Strafprozeßrecht 5/21; vgl. auch *Heinicke* Der Beschuldigte und sein Verteidiger (1984), 157 und *Klughardt* Die Gesetzgebung zur Bekämpfung des Terrorismus aus strafrechtlich-soziologischer Sicht (1984), 218 f.

Klaus Lüderssen

darauf hingewiesen, daß sich bei dem Organisationsdelikt des § 129 a StGB die **Aufklä-rung** begangener und die **Verhinderung** geplanter Straftaten gerade dann nicht trenn-scharf auseinanderhalten lassen, wenn sich die möglicherweise bevorstehende Straftat auf die fortbestehende Mitgliedschaft in einer terroristischen Vereinigung gründet. Die-jenigen Teile des Schriftverkehrs, die der Überwachungsrichter der Staatsanwaltschaft mitzuteilen hat, werden dann regelmäßig gleichermaßen auch die in der Vergangenheit liegende Mitgliedschaft betreffen. Die Verhinderung zukünftiger Taten führt dann un-mittelbar auch zur Aufdeckung der Verteidigerkommunikation[16]. Hinzu tritt die Schwierigkeit, die zulässige Verteidigung von der unzulässigen Unterstützung einer terroristischen Vereinigung abzugrenzen (vgl. dazu § 138 a, 135 ff).

8   **Beanstandet** der Überwachungsrichter entgegen der hier vertretenen Ansicht den Inhalt eines Schriftstückes, obwohl kein Fall des § 138 StGB vorliegt, dann hat er den Absender zu bescheiden und ihm das Schriftstück oder den Gegenstand zurückzugeben. Er darf wegen des **Verschwiegenheitsgebots** (Rdn. 12) weder dem Haftrichter, noch dem mit der Sache befaßten Gericht von der Zurückweisung Kenntnis geben. Weigert sich der Absender usw., das Schriftstück oder den Gegenstand zurückzunehmen, hat der Überwachungsrichter die Schriftstücke in Verwahrung zu nehmen. Er darf das Schrift-stück oder den Gegenstand nicht zur Habe des Verhafteten geben, weil er damit eine Kenntnis der Überwachung offenbaren würde. Nach Beendigung der Haft müssen die Schriftstücke und Gegenstände dem Verhafteten ausgehändigt werden.

9   Findet der Richter die Schriftstücke oder Gegenstände **unbedenklich**, leitet er sie der Vollzugsanstalt zur Aushändigung an den Beschuldigten weiter[16a] oder übergibt sie dem Verteidiger, wenn dieser den Beschuldigten besuchen will, um ihm die Schriftstücke oder Gegenstände vor der Aushändigung zu erläutern.

10   In Zweifelsfällen wird sich der Überwachungsrichter mit dem **Verteidiger** bespre-chen. Sonst hat er ihm auf andere Weise rechtliches **Gehör** zu geben, weil er, wenn auch auf der Grundlage der Überwachungsanordnung, eine neue **Zwischenentscheidung** tref-fen will (vgl. § 33, 6; 20; 44). Die Staatsanwaltschaft darf der Überwachungsrichter wegen des Verschwiegenheitsgebots nicht hören[17]. Die Entscheidung ist zu begründen (§ 34). Der Richter kann das, um den geheimzuhaltenden Schriftwechsel gering zu hal-ten, mündlich tun, doch wird der Verteidiger wohl meist eine Abschrift der Entschei-dung (§ 35 Abs. 1 S. 2) verlangen.

11   **4. Anzeigepflicht (Absatz 1 Satz 2; Absatz 2 Satz 2 letzter Halbsatz).** Nach § 138 StGB hat der Überwachungsrichter **Anzeige** an die Staatsanwaltschaft zu erstatten, wegen der Schriftstücke aber die richterliche Beschlagnahme (§ 98 Abs. 1) abzuwarten.

12   **5. Verschwiegenheitsgebot (Absatz 2 Satz 2 erster Halbsatz).** Der Überwachungs-richter hat über alles, was er aus der Überwachung erfährt, Verschwiegenheit zu be-wahren. Dazu gehört als eine Kenntnis der Überwachung auch der Umstand selbst, daß er ein Schriftstück oder einen Gegenstand beanstandet hat, auch wenn er Anzeige nach § 138 StGB zu erstatten hat. Denn nur diese Anzeige selbst ist von der Verschwiegen-heitspflicht ausgenommen. Daß der Überwachungsrichter mit der **Ausfertigung** der

---

[16] Vgl. dazu auch ausführlich *Welp* GA **1977** 135 ff. Zur unzulässigen Kenntnisnahme Dritter von den Verteidigungsunterlagen vgl. auch unten Rdn. 22.

[16a] Zur Unzulässigkeit der Sicherstellung von

Teilen der Verteidigerpost nach Eingang in dem Haftraum bei einem Strafgefangenen durch die JVA vgl. OLG Nürnberg StrVert. **1988** 11.

[17] BayObLG MDR **1979** 862.

Entscheidungen auch zur Verschwiegenheit verpflichtetes[18] **Personal** oder sachverständige Hilfen[19] betrauen darf, wird man nicht verneinen können, doch sollte er lieber Vordrucke verwenden und die Begründung, warum sich die Schriftstücke oder Gegenstände auf die Förderung einer terroristischen Vereinigung (§ 129 a StGB) oder auf geplante Straftaten nach § 138 StGB beziehen (Rdn. 5), selbst hand- oder maschinenschriftlich einsetzen. Daraus ergeben sich technische Anforderungen an den Umgang mit der Verteidigerpost. Sie ist strikt von dem Geschäftsgang der Geschäftsstelle des Überwachungsrichters zu trennen, damit gewährleistet ist, daß niemand außer dem Überwachungsrichter davon Kenntnis nehmen kann. Man wird darüber hinaus fordern müssen, daß die angehaltenen Unterlagen in einem separaten und verschlossenen Aktenschrank aufzubewahren sind (zur unzulässigen Kenntnisnahme Dritter von den Verteidigerunterlagen vgl. unten Rdn. 22). Da das Gesetz die (gesamte) „Durchführung von Überwachungsmaßnahmen", also mehr als die Überwachung selbst, auf den Richter beschränkt hat, ist ihm (entgegen OLG Stuttgart[20]) untersagt, die Durchführung der Überwachung an die Vollzugsanstalt zu **delegieren**[21]. Zweck der Überwachung ist nicht nur, daß dem mit der Sache befaßten Gericht jede Kenntnis aus dem Schriftverkehr vorenthalten wird, sondern der Verteidigung zu **garantieren**, daß, mit der Ausnahme einer Anzeige gemäß § 138 StGB, niemand als ein einziger zum strikten Schweigen verpflichteter Richter vom Inhalt des Schriftwechsels Kenntnis erhält. Sinn des Verschwiegenheitsgebots ist, daß, weil alles in der Brust eines Richters begraben bleibt, auch der schriftliche Verteidigerverkehr so betrachtet werden kann, als ob er frei wäre, solange er sich nicht auf Straftaten nach § 138 StGB bezieht.

Die **Grenzen dieser Auslegung** des § 148 a Abs. 1 S. 1 werden deutlich in den Fällen, in denen der Überwachungsrichter die ihm allein obliegende Kontrolle des Schriftverkehrs nicht vornehmen kann, weil dieser in einer ihm unbekannten Sprache verfaßt ist. Die Entstehungsgeschichte der Vorschrift zeigt deutlich, daß mit ihr die Aktivitäten des deutschen Terrorismus bekämpft werden sollten (vgl. nur BT-Drucks. 7 4005 S. 12), und sie enthält daher bezüglich der Übersetzungsprobleme bei ausländischen Straftätern eine unbewußte Regelungslücke (AG Köln, mitgeteilt von LG Köln StrVert **1988** 536). Das AG Köln hat am Grundsatz festgehalten, daß nur der Überwachungsrichter die Kontrolle vornehmen dürfe und daher die Weiterleitung von Schriftstücken, die in einer dem Richter unverständlichen Sprache abgefaßt waren, abgelehnt; das LG Köln hat hierauf die Hinzuziehung eines vereidigten Dolmetschers mit dem Einverständnis der Verteidigung zugelassen (LG Köln StrVert **1988** 536). Dieser Vorgang ist ein Anwendungsfall dafür, daß die Legitimation der Vorschrift, bei einer Kontrolle nur durch den Überwachungsrichter könne der Verteidigerverkehr so betrachtet werden, als ob er frei wäre, in der Praxis obsolet wird. Beide Alternativen — keine Weiterleitung der fremdsprachigen Post (AG Köln), Übersetzung durch den Dolmetscher (LG Köln) — sind nicht akzeptabel. Entweder wird der schriftliche Verteidigerverkehr partiell abgeschafft oder der Kreis der Personen, die Kenntnis von der Verteidigerpost erlangen, wird über den Kontrollrichter hinaus ausgedehnt. Dieser Fall gibt weiteren Anlaß zu der Forderung an den Gesetzgeber, eingedenk der Entstehungsgründe der Vorschrift die Kontrolle des Verteidigungsverkehrs bei Straftaten nach § 129 a StGB wieder abzuschaffen (vgl. schon oben § 148, 20 ff).

Auch im Fall dem § 138 StGB gilt das Verschwiegenheitsgebot gegenüber dem **13** Gericht. Zwar ist es bedenklich, daß wegen geplanter schwerer Straftaten Anzeige er-

---

[18] KK-*Laufhütte*[2] 8.
[19] OLG Stuttgart NStZ **1983** 348.
[20] Justiz **1983** 240.

[21] Vgl. OLG Stuttgart OLGSt N. F. Nr. 1 zu § 148 a.

Klaus Lüderssen

stattet wird, das Gericht aber mit etwa notwendigen Maßnahmen nach § 138 a Abs. 1, Abs. 2 Nr. 1 warten muß, bis es von der Staatsanwaltschaft unterrichtet wird. Indessen ist der Gesetzestext eindeutig: Der Richter hat über (alle) Kenntnisse, die er bei der Überwachung erlangt, Verschwiegenheit zu bewahren; (nur) § 138 StGB bleibt unberührt.

14   **6. Verhinderung des Richters (Absatz 2 Satz 1 zweite Alternative).** Der Überwachungsrichter erlangt durch die Kontrolle des Schriftwechsels Kenntnis von Tatsachen, die sich auf das Verfahren, den Gegenstand der Untersuchung beziehen. Da er darüber zur Verschwiegenheit verpflichtet ist, bestimmt das Gesetz folgerichtig, daß er mit dem Gegenstand der Untersuchung nicht befaßt werden darf. Der Ausdruck (mit der Sache) **befaßt** findet sich in § 125 Abs. 2 erste Alternative und in § 126 Abs. 2 S. 1. Dort bezeichnet er das Gericht, das nach der Prozeßlage zuständig ist, in der Sache zu entscheiden (§ 125, 11). Für den einzelnen Richter kann diese Definition, da Verfahren nach § 129 a StGB nicht vor dem Strafrichter verhandelt werden, hier keine Bedeutung haben. Vielmehr muß bei ihm auf die **Beteiligung** an der Sache abgestellt werden.

15   Da der Überwachungsrichter über die Kenntnisse aus der Überwachung, wenn nicht der Fall des § 138 StGB vorliegt, völlige Verschwiegenheit zu bewahren hat, ist er von der Mitwirkung in **jedem** Verfahren und in **jedem** Stand des Verfahrens ausgeschlossen, das sich in **irgendeinem** Punkt mit dem Gegenstand der Untersuchung berührt, in der der Richter als Überwachungsrichter tätig gewesen ist. Mit einer entsprechenden Ergänzung des § 22 Nr. 4 wäre es aber nicht getan gewesen (ausführlicher dazu LR-*Dünnebier*[23] 18, 19).

16   Der Ausdruck **befaßt** bedeutet daher **jede** richterliche Mitwirkung, sowohl bei der Verhandlung als auch bei der Entscheidung im vorbereitenden Verfahren. Er umfaßt auch die Tätigkeit als Ergänzungsrichter (§ 192 Abs. 2 GVG), weil sie zu einer Mitwirkung führen kann. Auch als Beamter der Staatsanwaltschaft darf der (frühere) Überwachungsrichter nicht mitwirken, weil er sonst in den Konflikt käme, Kenntnisse zu besitzen, die er nicht verwerten dürfte, und der Beschuldigte in die Gefahr, daß diese Kenntnisse den Staatsanwalt unbewußt beeinflussen und dieser Einfluß auf das Gericht einwirken könnte.

17   Nach der Rechtsprechung[22] soll der **Richter**, der über die Beschwerde gegen die Entscheidung des Überwachungsrichters entschieden hat, dennoch nicht von der Mitwirkung in der Hauptsache ausgeschlossen sein, da er nur im Einzelfall und von einem eng begrenzten Sachverhalt Kenntnis erlange, die den Ausschluß des gesetzlichen Richters regelnden Vorschriften wegen der automatisch eintretenden Folgen beim Vorliegen eines Ausschlußtatbestandes (§ 338 Nr. 2) strikt ausgelegt werden müßten und einer erweiternden Auslegung nicht zugänglich seien. Da aber der Verteidigerverkehr nicht mehr „frei" ist, wenn ein an der Hauptsache beteiligter Richter durch seine Tätigkeit als Beschwerderichter in bezug auf Entscheidungen des Überwachungsrichters Kenntnis von dem Verteidigerverkehr nehmen kann, muß für das Beschwerdegericht durch die Geschäftsverteilung eine Sonderzuständigkeit geschaffen werden[23]. Für die Beschwerden gegen Entscheidungen des Überwachungsrichters ist generell das LG zuständig (Rdn. 21), obwohl in aller Regel bei einem Tatvorwurf nach § 129 a StGB gemäß § 120 Abs. 1 Nr. 6 GVG das OLG im Erkenntnisverfahren zuständig ist. Deshalb dürften die Fälle, in denen nicht schon durch die Geschäftsverteilung dem Ausschluß des Be-

---

[22] KG NJW **1979** 771; in BGHSt **29** 196 (199)   [23] Vgl. schon BayObLG MDR **1979** 862.
noch offen, eindeutig dann in NStZ **1983** 209.

schwerderichters von der Hauptsache vorgebeugt werden kann, die Ausnahme sein. Liegt eine solche Ausnahme vor, muß der Beschwerderichter ausgeschlossen werden[24], anderenfalls begründet seine Teilnahme an der Hauptsache die Revision gem. § 338 Nr. 2 (Rdn. 22).

Wenn auch der Sinn der Vorschrift ist, daß der überwachende Richter völlig **un-** **18** **befangen** und ohne jede Berührung mit der Sache der Überwachung nachgeht, so kann er nach dem Wortlaut des Gesetzes doch mit der Sache befaßt gewesen sein[25]. Auf jeden Fall schließt der Begriff „befaßt" aus, daß schon eine Kenntnis des Verfahrens, die der Überwachungsrichter aus der Presse oder aus Kollegengesprächen erhalten hat, ihn unfähig macht, sein Amt auszuüben. Freilich kann, wenn der Richter den Verfahrensgegenstand aus Kollegengesprächen kennt, gegebenenfalls ein Befangenheitsgrund vorliegen. Das ist stets der Fall, wenn sich der Überwachungsrichter mit einem Mitglied des mit der Sache befaßten Gerichts über die Strafsache unterhalten hat. Dann hat er nach § 30 zu verfahren.

Für das **Verfahren** beim Ausschluß des Richters, der mit den Überwachungsmaß- **19** nahmen betraut gewesen ist, gelten die §§ 22, 24, 28 entsprechend.

7. Beschwerde. Gegen die Beanstandung des **Überwachungsrichters** ist Be- **20** schwerde zulässig, sowohl mit der Behauptung, es liege keine Untersuchung nach § 129 a StGB vor, als auch mit der, das beanstandete Schriftstück beziehe sich nicht auf eine Straftat gemäß § 138 StGB.

Für den Überwachungsrichter enthält Abs. 1 S. 1 eine besondere Zuständigkeit, **21** für das **Beschwerdegericht** fehlt sie, obwohl sie ebenso erforderlich wäre. Zuständig für die Beschwerde gegen die Entscheidung des Überwachungsrichters ist das LG[26], denn die Beschwerdeinstanz bei Entscheidungen gem. § 148 a kann nicht das regelmäßig mit der Hauptsache befaßte OLG sein.

8. Revision. Hat ein nach Abs. 2 S. 1 auszuschließender Richter (Rdn. 15 ff) in der **22** Strafsache mitgewirkt, ist ein zwingender Aufhebungsgrund gem. § 338 Nr. 2 gegeben[27]. Die Verwertung von Erkenntnissen, die unter Bruch der Verschwiegenheitspflicht in das Verfahren eingeführt worden sind, kann mit der Revision gemäß § 337 gerügt werden[28]. Das gilt auch für den Fall, daß auf dem Weg der Anzeige des Überwachungsrichters wegen des Verdachts einer der in § 138 StGB genannten Straftaten das Verteidigungskonzept zur Kenntnis der Staatsanwaltschaft gelangt, das Verfahren aber eingestellt worden ist. Dieses Beispiel zeigt auch mit aller Deutlichkeit, daß die Gefahr einer Kenntnisnahme des Verteidigungskonzepts durch andere Verfahrensbeteiligte mit der Überwachung des Schriftverkehrs gemäß § 148 a fast automatisch verbunden ist. Erschwerend tritt hinzu, daß die StPO für den Fall der Kenntnisnahme des Verteidigungskonzepts durch Staatsanwaltschaft und Gericht keine Kompensationen bereitstellt (etwa Verfahrenshindernis oder Verwertungsverbot) und die Revision nur unter äußerst engen Voraussetzungen begründet sein soll (vgl. BGH NStZ **1984** 419 mit Kritik von *Gössel*).

---

[24] So schon *Kleinknecht*[33] 15.

[25] *Kleinknecht/Meyer*[38] 8; KK-*Laufhütte*[2] 5.

[26] BGHSt **29** 196, 199; mit ausführlicher Begründung schon OLG Stuttgart OLGSt Nr. 2; anders noch KG NJW **1979** 771; BayObLG MDR **1979** 862.

[27] LR-*Hanack* § 338, 61; *Kleinknecht/Meyer*[38] 12; KK-*Laufhütte*[2] 13.

[28] *Kleinknecht/Meyer*[38] 12; KK-*Laufhütte*[2] 13.

Klaus Lüderssen

22a   Auch die **Entscheidungen des Überwachungsrichters** können zur Revisibilität des Urteils führen. Allerdings ist generell zu beachten, daß Entscheidungen vor Erlaß des Eröffnungsbeschlusses nach h. M. nicht gemäß § 336 S. 1 nachgeprüft werden. Eine Ausnahme ist z. B. „die unzulässige Ablehnung einer Verteidigerbestellung", wenn sie bis zum Urteil fortwirkt[29]. Entscheidungen des Überwachungsrichters können freilich – auch wenn sie vor dem Eröffnungsbeschluß liegen — ebenso bis zum Urteil fortwirken.

§ 149

(1) **Der Ehegatte eines Angeklagten ist in der Hauptverhandlung als Beistand zuzulassen und auf sein Verlangen zu hören. Zeit und Ort der Hauptverhandlung sollen ihm rechtzeitig mitgeteilt werden.**

(2) **Dasselbe gilt von dem gesetzlichen Vertreter eines Angeklagten.**

(3) **Im Vorverfahren unterliegt die Zulassung solcher Beistände dem richterlichen Ermessen.**

Entstehungsgeschichte. § 149 lautete in seiner ursprünglichen Fassung:

(1) Der gesetzliche Vertreter eines Angeklagten ist nach Einreichung der Anklageschrift als Beistand zuzulassen und auf sein Verlangen zu hören. Zeit und Ort der Hauptverhandlung sollen ihm rechtzeitig mitgeteilt werden.

(2) Abs. 1 Satz 1 gilt für den Ehemann einer Angeschuldigten entsprechend.

(3) Im vorbereitenden Verfahren unterliegt die Zulassung solcher Beistände dem Ermessen der Staatsanwaltschaft, in der Voruntersuchung dem Ermessen des Untersuchungsrichters.

Das EGBGB brachte die erste Änderung: An die Stelle des Abs. 2 trat folgende Vorschrift: „Dasselbe gilt von dem gesetzlichen Vertreter eines Angeklagten". Art. 2 Nr. 14 des AGGewVerbrG faßte § 149 neu. Er lautete nunmehr:

(1) Der gesetzliche Vertreter eines Angeklagten ist nach Einreichung der Anklageschrift als Beistand zuzulassen und auf sein Verlangen zu hören. Zeit und Ort der Hauptverhandlung sollen ihm rechtzeitig mitgeteilt werden.

(2) Abs. 1 Satz 1 gilt für den Ehemann einer Angeschuldigten entsprechend.

(3) Im vorbereitenden Verfahren unterliegt die Zulassung solcher Beistände dem Ermessen der Staatsanwaltschaft, in der Voruntersuchung dem Ermessen des Untersuchungsrichters.

Durch das VereinhG (Art. 3 Nr. 60) erhielt die Vorschrift ihre gegenwärtige Fassung.

Übersicht

1   **1. Personenkreis (Absatz 1 Satz 1, Absatz 2).** Berechtigt, als Beistand zugelassen zu werden, sind Ehegatten (Absatz 1) und gesetzliche Vertreter (Absatz 2)[1]. Nach dem

---

[29] LR-*Hanack* § 336, 6.

[1] Zur Erweiterung des Personenkreises de lege ferenda vgl. Arbeitskreis Strafprozeßreform, S. 65, 67, 69.

Zweck der Vorschrift muß die Ehe — anders als in § 52 Abs. 1 Nr. 2 — noch bestehen, wenn der Ehegatte verlangt, als Beistand zugelassen zu werden[1a]. Das Recht, Beistand zu leisten, **endet**, wenn die Ehe aufgelöst oder die gesetzliche Vertretung weggefallen ist. Der Beschuldigte kann dann dem Auftreten des Beistands widersprechen, auch wenn das Gericht die Zulassung, etwa aus Unkenntnis, noch nicht widerrufen haben sollte.

2. Hauptverhandlung. Der Beistand ist in allen Hauptverhandlungen zuzulassen, **2** d. h. in erster Instanz, in der Berufungshauptverhandlung und in der Revisionshauptverhandlung[2]; dort ist er jedoch nur zu Rechtsfragen zu hören. Zur Hauptverhandlung gehören auch die nach Eröffnung der Hauptverhandlung stattfindenden **auswärtigen Vernehmungen** des Angeklagten (§ 233 Abs. 2 S. 1) und von Zeugen und Sachverständigen (§ 233 Abs. 1 und 2) sowie Augenscheinstermine (§ 225)[3]. Für sie gilt Absatz 1, nicht Absatz 3[4].

3. Beistand. Er unterstützt den Angeklagten als sein wenigstens in der Regel natürlicher Vertrauter. Er ist daher auch dann zuzulassen, wenn der Angeklagte einen **3** Verteidiger hat[5]. Kann der Angeklagte sich durch einen Verteidiger vertreten lassen (Vor § 137, 91), darf der Beistand neben dem Vertreter erscheinen. Er kann jedoch den Angeklagten nicht vertreten, darf daher nicht an seiner Stelle kommen. Jedoch ist sein Beistand nicht daran gebunden, daß der Angeklagte anwesend ist. Wenn der Angeklagte sich entfernen muß (§ 247 Satz 1 bis 3), entfernt wird (§ 231 b Abs. 1 Satz 1) oder vorzeitig die Verhandlung verläßt (§ 231 Abs. 2), kann der Beistand bleiben, es sei denn, der Angeklagte widerspricht. Er darf — mit Zustimmung des Angeklagten — zu solchen Verhandlungen allein erscheinen, in denen der Angeklagte nicht anwesend und nicht vertreten zu sein braucht (§ 232 Abs. 1) oder die ohne ihn durchgeführt werden (§ 231 a Abs. 1).

Für die Zulassung des **gesetzlichen Vertreters** als Beistand bedarf es der **Zustim-** **4** **mung** des Angeklagten **nicht** (RGSt **38** 107). Dagegen muß der Beschuldigte mit der Zulassung des **Ehegatten** als Beistand einverstanden sein: Die Vorschrift kannte ursprünglich nur einen „in der Natur des ehelichen Verhältnisses wurzelnden Anspruch des Ehemannes, zur Verteidigung seiner Ehefrau mitwirken zu dürfen" (RGSt **22** 199). Art. 3 Abs. 2 GG hat dann dem Anspruch nunmehr beider Ehegatten die endgültige Grundlage gegeben. Der ursprünglichen Fassung hat aber weiter, wie sich aus der Gleichheit der Regelung für den gesetzlichen Vertreter ergibt, der Gedanke zugrunde gelegen, daß der Ehemann seiner Ehefrau gleichsam als deren Vormund seinen Beistand aufzwingen könne. Dieser Gedanke ist durch Art. 3 Abs. 2 GG verdrängt, so daß Zustimmung des beschuldigten Ehegatten verlangt werden muß[6].

Der Beistand kann seinerseits, wie ein Zeuge, einen **Rechtsanwalt als Beistand** **5** hinzuziehen[7], der allerdings keine weitergehenden Rechte als der Beistand selbst hat. Ein Anspruch auf **Prozeßkostenhilfe** oder **Beiordnung eines Rechtsanwalts** besteht nicht[8].

[1a] KK-*Laufhütte*[2] 1; KMR-*Müller* 1.

[2] KMR-*Müller* 2.

[3] *Eb. Schmidt* 7; *Kleinknecht/Meyer*[38] 2.

[4] *Kleinknecht/Meyer*[38] 1; **a. A** KMR-*Müller* 4.

[5] BGHSt **4** 205; *Kleinknecht/Meyer*[33]; KMR-*Müller* 2.

[6] *Köhler* Ehe und Familie (1955), 241; **a. A** *Müller-Sax* 2; KK-*Laufhütte*[2] 1.

[7] BGH bei *Holtz* MDR **1978** 626; *Kleinknecht/Meyer*[38] 3; KK-*Laufhütte*[2] 2.

[8] BGH aaO; KK-*Laufhütte*[2] 2.

Klaus Lüderssen

5a   **4. Anhörungsrecht.** Das Recht des Beistandes erschöpft sich in der **Beratung** des **Angeklagten** und in der **Stellungnahme zur Sache**[9]. Dazu ist er auf sein Verlangen, wenn auch nicht jederzeit, aber immer dann zu hören, wenn der Angeklagte ein Recht hat, sich zu äußern (z. B. § 257, § 258 Abs. 1 und 3, § 324 Abs. 2, § 326, § 351 Abs. 2)[10]. Dabei kann der Beistand Tatsächliches und Rechtliches zugunsten des Angeklagten vortragen, dessen Ausführungen ergänzen und erläutern, auch anregen, Beweise zu erheben. Das Aussagerecht des Angeklagten nach § 243 Abs. Satz 2 ist höchstpersönlich und kann vom Beistand nicht wahrgenommen werden. **Prozessuale Rechte** des Angeklagten kann er nicht ausüben. Er kann z. B. nicht einen Richter ablehnen, Beweisanträge stellen[11] oder eine Revision einlegen (RGSt 7 403); noch weniger stehen ihm Rechte zu, die allein zwischen dem Beschuldigten und dem Verteidiger bestehen (z. B. § 148) oder die allein der Verteidiger ausüben kann (z. B. § 147)[12].

6   Dies gilt allerdings nicht für den **gesetzlichen Vertreter,** der nach § 298 rechtsmittelberechtigt ist und dem in §§ 67, 69 JGG sehr viel weitergehende Rechte eingeräumt sind, etwa eine nach pflichtgemäßem Ermessen zu gewährende Akteneinsicht (§ 69 Abs. 3 JGG).

7   **5. Mitteilungspflicht (Absatz 1 Satz 2); konkurrierende Positionen.** Zeit und Ort der Hauptverhandlung sollen dem Beistand mitgeteilt werden. Beistand werden der Ehegatte und der gesetzliche Vertreter, obwohl sie zuzulassen sind, erst mit der Zulassung. **Die Mitteilungspflicht des Gerichts** entsteht daher erst dann, wenn der Ehegatte oder gesetzliche Vertreter um seine **Zulassung nachgesucht** hat[13]. Das Gericht hat nicht von Amts wegen nach Ehegatten oder gesetzlichen Vertretern zu forschen, darf sie auch, wenn sie in der Hauptverhandlung anwesend sind, nicht von Amts wegen als Beistand zulassen, kann vielmehr nur auf Antrag tätig werden[14], den es indessen anregen kann. Ist der Beistand zugelassen, so soll ihm der **Termin mitgeteilt** werden. Wird eine Hauptverhandlung vorverlegt, ist der zugelassene Beistand oder der Ehegatte oder gesetzliche Vertreter, der um seine Zulassung nachgesucht hatte, davon zu benachrichtigen[15], und zwar so rechtzeitig, daß der Beistand erscheinen kann[16]. Eine förmliche Ladung ist nicht vorgeschrieben[17].

8   Die **Beistandschaft des § 69 JGG** berührt die des § 149 nicht und umgekehrt[18], doch wird § 149 in Jugendsachen für gesetzliche Vertreter keine Bedeutung erlangen, weil die nach dieser Vorschrift zugestandenen Rechte nicht stärker sind, als sie dem gesetzlichen Vertreter in §§ 67, 69 JGG eingeräumt werden[19]

9   **6. Vorverfahren (Absatz 3).** Während in der Hauptverhandlung Ehegatten und gesetzliche Vertreter als Beistand zugelassen werden müssen (Rdn. 2), entscheidet der **Richter** im Vorverfahren nach pflichtgemäßem Ermessen. Dabei wird eine Rolle spielen, ob die Gefahr einer Verdunkelung durch Angehörige besteht. Der **Staatsanwalt,** dem die Vernehmung von Zeugen und Sachverständigen (§ 161 a) sowie des Beschuldigten (§ 163 a) weitgehend zufällt, hat keine Befugnis, Beistände förmlich zuzulassen, doch darf er ihnen formlos die Teilnahme an Vernehmungen gestatten. Eine förmliche Ent-

---

[9] *Kleinknecht/Meyer*[38] 3; KK-*Laufhütte*[2] 6.
[10] KK-*Laufhütte*[2] 6.
[11] **A. A** *Sauer* ZStW 37 (1916) 197.
[12] KK-*Laufhütte*[2] 6.
[13] RG JW **1925** 371; JW **1931** 1367; KMR-*Müller* 5.
[14] RGSt **41** 348.

[15] RGSt **5** 51.
[16] *Kleinknecht/Meyer*[38] 4.
[17] *Kleinknecht/Meyer*[38] 4; *Eb. Schmidt* 4; *Schorn* JR **1966** 8.
[18] KK-*Laufhütte*[2] 1; *Kleinknecht/Meyer*[38] 3.
[19] Zu Reformvorschlägen siehe *Eisenberg*[3], § 109, 8.

scheidung, welche die Möglichkeit der Beschwerde eröffnet, kann nur der Richter erlassen.

Das **Vorverfahren** ist noch nicht beendet, wenn der Staatsanwalt den Abschluß **10** der Ermittlungen in den Akten vermerkt (§ 169 a) — § 147 Abs. 2 ist eine Sondervorschrift —, sondern erst, wenn er eine Anklageschrift eingereicht (§ 170 Abs. 1), im beschleunigten Verfahren Anklage erhoben (§ 212 a Abs. 2 Satz 2) oder beantragt hat, die Strafe durch schriftlichen Strafbefehl des Strafrichters festzusetzen (§ 407 Abs. 1).

Was das **Zwischenverfahren** (§ 201 Abs. 2 Satz 1, § 202) angeht, so gelten — wenn **11** in ihm Teile der Hauptverhandlung vorweggenommen werden (Rdn. 2), die Vorschriften für die Hauptverhandlung. Im übrigen ist es zum Vorverfahren zu rechnen (vgl. § 203).

Wer der **zuständige Richter** ist, sagt das Gesetz nicht; es enthält nur den Richter- **12** vorbehalt. Da eine Zuständigkeitsregel fehlt, ist in diesen Fällen auf allgemeine Grundsätze und einige ausdrückliche Regelungen der Strafprozeßordnung zurückzugreifen. § 162 Abs. 1 versagt, weil die Zulassung als Beistand **keine richterliche Untersuchungshandlung** ist. § 125 Abs. 1 und § 126 Abs. 1 enthalten zwar allgemeine Grundsätze, passen aber schlecht, weil jedes mit der Sache neu befaßte Gericht über die **Haftfrage** neu und anders als die Vorinstanz entscheiden kann, während hier eine Entscheidung begehrt wird, die auch nach Abschluß des vorbereitenden Verfahrens noch in Geltung bleiben soll. Eine **Parallele** zu dem hier behandelten Fall findet sich in § 141 Abs. 4, den heranzuziehen schon deshalb geboten ist, weil der Beistand ebenso wie der Verteidiger (§ 137 Abs. 1 Satz 1) dem Beschuldigten Beistand leistet. Danach entscheidet das **Gericht, das für das Hauptverfahren zuständig** ist. Da die Entscheidung in der Hauptverhandlung der **Vorsitzende** trifft, steht sie ihm auch im vorbereitenden Verfahren zu, so daß § 141 Abs. 4 entsprechend anzuwenden ist[20].

7. Ausgeschlossene Beistände. Der Beistand muß, wie alle am Prozeß teilnehmen- **13** den Personen, verhandlungsfähig sein. Sonstige Ausschließungsgründe sind — mit Ausnahme des besonders geregelten Falles in § 67 Abs. 4 JGG — nicht anzuerkennen. Denn im Vorverfahren kann allen Gefahren durch die richterliche Genehmigung oder Versagung begegnet werden. In der Hauptverhandlung können Verdunkelungen durch Anordnungen des Vorsitzenden ausgeschlossen werden; der Beistand gehört zu den Parteien gemäß §§ 177, 178 GVG und unterliegt daher der sitzungspolizeilichen Gewalt und den Ordnungsmitteln des Gerichts[21].

Weil der Beistand keine prozessualen Rechte des Angeklagten ausüben kann, kön- **14** nen selbst **Mitangeklagte** Beistand sein[22].

Auch der **Zeuge** ist als Beistand nicht ausgeschlossen[23]. Er muß alsbald als Bei- **15** stand zugelassen werden, wenn er auch während der Verlesung des Angeklagesatzes (§ 243 Abs. 3 Satz 1) sowie der Vernehmung des Angeklagten (§ 243 Abs. 4 Satz 2) und der übrigen Zeugen (§ 58 Abs. 1) nicht anwesend sein darf[24]. Der Richter hat, um die Rechte des Beistands zu wahren, sorgfältig abzuwägen, ob nicht der Beistand als erster Zeuge vernommen werden kann[25].

---

[20] KK-*Laufhütte*² 4; *Kleinknecht/Meyer*³⁸ 1; KMR-*Müller* 4.
[21] LR-*Schäfer*²³ § 177, 3 GVG.
[22] RG JW **1916** 857; *Kleinknecht/Meyer*³⁸ 2; KMR-*Müller* 2.
[23] RGSt **22** 199; **59** 354; BGHSt **4** 205; KK-*Laufhütte*² 3; *Kleinknecht/Meyer*³⁸ 3; *Alsberg/Nüse/Meyer* 186; KMR-*Müller* 5.
[24] KK-*Laufhütte*² 3; *Kleinknecht/Meyer*³⁸ 3.
[25] BGHSt 4 20; *Kleinknecht/Meyer*³⁸ § 58, 4.

Klaus Lüderssen

16   **8. Verfahren.** Die Entscheidung über die Zulassung ergeht nicht von Amts wegen, sondern nur auf **Antrag**[26], den das Gericht freilich anregen kann. Antragsberechtigt soll allein der Ehegatte und gesetzliche Vertreter sein, nicht der Angeklagte bzw. Beschuldigte[27]. Das ist — angesichts dessen, daß der Beistand im Interesse des Beschuldigten tätig werden soll — nicht unbedenklich. Für die Entscheidung ist der **Vorsitzende zuständig**[28], denn wenn er den Pflichtverteidiger bestellt (§ 141 Abs. 4), muß ihm auch die in gleicher Richtung liegende, aber minder gewichtige der Zulassung eines Beistands zukommen. Findet die Vernehmung vor dem beauftragten oder ersuchten Richter statt, so entscheidet der **ersuchende Richter**, nicht der ersuchte. Die Entscheidung ist sofort nach Antragstellung (BGHSt 4 205) und ausdrücklich[29] zu treffen.

17   In den Fällen der Absätze 1 und 2 darf der Vorsitzende **prüfen**, ob der Antragsteller gesetzlicher Vertreter oder Ehegatte ist, im letzten Fall auch, ob der Beschuldigte der Zulassung als Beistand zugestimmt hat (Rdn. 4). Bejaht der Vorsitzende diese Voraussetzung, muß er dem Antrag stattgeben („ist zuzulassen"). Verneint er sie, hat er den Antrag nach Anhörung der Beteiligten (§ 33 Abs. 1) — hierzu gehört auch die den Antrag auf Zulassung stellende Person — mit begründetem (§ 34) Beschluß abzulehnen.

18   **Endet** die Ehe oder die gesetzliche Vertretung, hat der Vorsitzende von Amts wegen die **Zulassung zu widerrufen**. Der Angeklagte kann das beantragen und sich schon vor der Entscheidung gegen die weitere Beteiligung des Beistands wenden. Denn die Rechte des Beistands folgen nicht aus der Zulassung, sondern aus der Eigenschaft, die die Zulassung begründet. Daher erlöschen die Rechte schon vor dem Widerruf.

19   **9. Anfechtung.** Gegen die ablehnende oder widerrufende Entscheidung ist **Beschwerde** für den Angeklagten, die Staatsanwaltschaft und den nicht zugelassenen oder entlassenen Beistand statthaft (§ 304 Abs. 1), soweit nicht ein Strafsenat entschieden hat (§ 304 Abs. 4)[30]. Die Entscheidung steht nicht im inneren Zusammenhang mit dem Urteil; § 305 Satz 1 findet daher keine Anwendung. Das Beschwerdegericht hat sein Ermessen an die Stelle desjenigen des Erstrichters zu setzen. Die Verletzung des § 149 kann sowohl der verletzte Ehegatte oder gesetzliche Vertreter (RGSt 5 51; 38 106) als auch der durch die Prozeßordnungswidrigkeit selbst verletzte Angeklagte[31] mit der **Revision** rügen. § 338 Nr. 5 findet keine Anwendung, weil die Anwesenheit des Beistands zwar zugelassen, aber nicht vorgeschrieben ist. Es muß daher geprüft werden, ob das Urteil auf dem Verstoß beruht[32]. Das Gesetz geht — anders noch LR-*Dünnebier*[23] 17 — nicht davon aus, daß der Beistand sich selbst um die Sache kümmert, den Termin feststellt und sich meldet. Die Sollvorschrift des Abs. 1 Satz 2 ist keine unverbindliche Vorschrift, deren Verletzung folgenlos bleibt[33]. Daher ist bei einer Verletzung der Vorschrift des Absatzes 1 Satz 2 die Revision begründet, wenn das Urteil hierauf beruht[34]; dies wird in der Regel nicht auszuschließen sein, da das Urteil unter Beteiligung des Beistands möglicherweise anders ausgefallen wäre. Das gilt insbesondere auch für den Fall, daß das Gericht vor der angesetzten Terminstunde verhandelt; denn dann sind der be-

[26] RGSt 41 348.
[27] OLG Düsseldorf NJW **1979** 938; *Kleinknecht/Meyer*[38] 1; KMR-*Müller* 2; KK-*Laufhütte*[2] 4.
[28] *Kleinknecht/Meyer*[38] 1.
[29] *Kleinknecht/Meyer*[38] 2.
[30] *Kleinknecht/Meyer*[38] 5; KK-*Laufhütte*[2] 7.
[31] RG GA **50** (1903) 120; BGHSt 4 205; **a. A** RG JW **1916** 857.

[32] BGHSt 4 207.
[33] Vgl. die oben bei § 147, 142, 172 behandelte entsprechende Problematik für die Mitgabe der Akten in die Kanzlei oder Wohnung des Verteidigers nach § 147 Abs. 2.
[34] *Kleinknecht/Meyer*[38] 5; *Eb. Schmidt* 5.

reits zugelassene Beistand bzw. der Ehegatte oder der gesetzliche Vertreter, die beantragt hatten, als Beistand zugelassen zu werden, außerstande, ihre Rechte auszuüben. In diesem Fall ist nicht nur Abs. 1 Satz 2, sondern auch die zwingende Vorschrift des Absatzes 1 Satz 1 verletzt[35]. Die Revision ist — bei Bejahung der Beruhensfrage — auch begründet, wenn der Ehegatte oder gesetzliche Vertreter dem Gericht noch nicht angekündigt hatte, seine Zulassung als Beistand zu beantragen, das Gericht aber ohne vorherige Verlegung des Termins die Hauptverhandlung vor der anberaumten Terminsstunde abgehalten hat[36].

Für **den gesetzlichen Vertreter** gelten die allgemeinen Rechtsmittelfristen; er **20** kann Rechtsmittel auch dann einlegen, wenn Angeklagter oder Staatsanwaltschaft hierauf verzichten (§ 298 Abs. 1)[37]. Der noch nicht als Beistand zugelassene gesetzliche Vertreter, der um seine Zulassung gebeten hat, kann, ist die Mitteilung von Ort und Zeit unterblieben und hat er deshalb die Rechtsmittelfrist versäumt, Wiedereinsetzung in den vorigen Stand beantragen[38].

§ 150

hatte bestimmt, daß dem Pflichtverteidiger Gebühren aus der Staatskasse zu zahlen seien. Die Vorschrift ist durch Art. VIII des Gesetzes zur Änderung und Ergänzung kostenrechtlicher Vorschriften vom 26. 7. 1957 — BGBl. I 861 — in § 97 BRAGebO übernommen worden. Durch Art. IX § 8 Nr. 3 dieses Gesetzes ist § 150 **aufgehoben** worden.

---

[35] RGSt 5 50.
[36] RGSt 38 106.
[37] OLG Schleswig SchlHA 1985 134.

[38] OLG Hamm GA 1961 183; a. A OLG Schleswig SchlHA 1985 134.

Klaus Lüderssen

ZWEITES BUCH

Verfahren im ersten Rechtszug

Vorbemerkungen

Entstehungsgeschichte. In der ursprünglichen Fassung der StPO umfaßte das zweite Buch unter der Bezeichnung „Verfahren in erster Instanz" die §§ 151 bis 337 und enthielt zwei weitere Abschnitte. Der dritte Abschnitt (damals §§ 176 bis 195) regelte die gerichtliche Voruntersuchung; er wurde erst durch Art. 1 Nr. 57 des 1. StVRG aufgehoben. An den die Hauptverhandlung regelnden sechsten Abschnitt schlossen sich ursprünglich als §§ 276 bis 317 in einem siebten Abschnitt die besonderen Bestimmungen für die Hauptverhandlung vor dem (echten) Schwurgericht an. Mit dessen Beseitigung durch die EmmingerVO entfiel dieser Abschnitt. Bei der Neubekanntmachung der StPO aufgrund § 43 EmmingerVO rückte der ursprüngliche achte Abschnitt (bis dahin §§ 318 bis 337) mit der Regelung des Verfahrens gegen Abwesende an die freigewordene Stelle.

1. Systematik. Während die im ersten Buch in den §§ 1 bis 149 enthaltenen Vorschriften den, allerdings lückenhaften, „Allgemeinen Teil" der StPO bilden, beginnt mit den §§ 151 ff die Regelung des Ablaufs des Verfahrens. Dabei läßt sich der Gesetzgeber bei seiner Systematik im Grundsatz vom zeitlichen Verlauf des „Normalverfahrens" leiten. Das zweite Buch faßt die Tätigkeiten der Strafverfolgungsbehörden und Gerichte vom ersten Bekanntwerden zureichender tatsächlicher Anhaltspunkte für eine Straftat (§ 152 Abs. 2) bis zum Erlaß des Urteils im ersten Rechtszug unter dem Begriff „Verfahren im ersten Rechtszug" zusammen und setzt hiergegen die Regelung der Rechtsmittel im dritten Buch und den besonderen Rechtsbehelf der Wiederaufnahme gegen ein rechtskräftig abgeschlossenes Verfahren im vierten Buch ab. **1**

Dem als Verfahren im ersten Rechtszug in seiner äußerlichen Systematik einheitlich zusammengefaßten Abschnitt des Gesamtverfahrens liegt seit der Abschaffung der gerichtlichen Voruntersuchung eine **Zweiteilung** in ein staatsanwaltschaftliches, auf Verdachtsklärung gerichtetes Vorverfahren (zweiter Abschnitt, §§ 158 bis 176) und ein seinerseits im „Normalfall" zweigeteiltes (Eröffnungsverfahren und Hauptverfahren) gerichtliches Verfahren (vierter bis sechster Abschnitt, §§ 199 bis 275) zugrunde. Sie werden durch den ursprünglichen Inhalt des ersten Abschnitts „Öffentliche Klage" verklammert. Das Verfahren gegen Abwesende steht, jedenfalls nach seiner Umgestaltung durch das EGStGB 1975 (vgl. Entstehungsgeschichte Vor § 276) mit dem übrigen Regelungsgehalt des zweiten Buches nur noch in einem losen Zusammenhang. **2**

2. Kritik. Aufgrund der Gesetzesentwicklung in der mehr als einhundertjährigen Geltungszeit der StPO und der seither gewonnenen dogmatischen und funktionellen Einsichten kann der dem zweiten Buch zugrundeliegende, ursprünglich konsequente **3**

Peter Rieß

Aufbau heute weder systematisch befriedigen noch wird er der Rechtswirklichkeit gerecht. Abgesehen davon, daß namentlich im ersten bis vierten Abschnitt Regelungen aufgenommen worden sind, die in einen anderen Zusammenhang gehören, erscheint es nicht sachgerecht, die in den §§ 158 bis 177 geregelte staatsanwaltschaftliche Ermittlungstätigkeit unter der Bezeichnung „Vorbereitung der öffentlichen Klage" einseitig dem gerichtlichen Verfahren im ersten Rechtszug zuzuordnen (vgl. näher die Erl. Vor § 158). Bei einer Gesamtreform des Strafverfahrensrechts sollte das staatsanwaltschaftliche Ermittlungsverfahren als selbständiger Teil des Strafverfahrens in einem eigenen Buch geregelt und deutlicher vom gerichtlichen Verfahren geschieden werden; ein Schritt, der in der wissenschaftlichen Systembildung längst vollzogen ist.

ERSTER ABSCHNITT

Öffentliche Klage

Vorbemerkungen

Entstehungsgeschichte. Der Abschnitt umfaßte ursprünglich und bis 1924 nur fünf Paragraphen; auf § 152 folgten unmittelbar die heutigen §§ 155 bis 157 als §§ 153 bis 155. Dieser Kernbestand ist, abgesehen von ganz geringfügigen sprachlichen Änderungen, auch inhaltlich unverändert geblieben. Erst durch die EmmingerVO begann mit der Einfügung der §§ 153, 154 die bis heute kontinuierlich fortgesetzte Erweiterung des Abschnitts durch die Aufnahme von Nichtverfolgungsermächtigungen zur Begrenzung des Legalitätsprinzips. Die Einfügung der neuen Vorschriften erfolgte (der Sache nach, wenn auch teilweise zunächst in Sondergesetzen oder unter anderer Paragraphenbezeichnung und ursprünglich teilweise in engerer Fassung) in folgender zeitlicher Reihenfolge: § 154 b 1929 durch das DAG, § 154 d 1931 durch die 2. AusnVO, § 154 c durch Gesetz vom 28. 6. 1935 (RGBl. I S. 844), § 153 c durch VO vom 6. 5. 1940 (RGBl. I S. 755), § 153 b 1951 durch das 1. StRÄndG, § 152 a 1953 durch das 3. StRÄndG, § 153 e 1957 durch das 4. StRÄndG, § 154 a durch das StPÄG 1964, § 153 d 1968 durch das 8. StRÄndG und die §§ 153 a und 154 e durch das EGStGB 1974. Wegen der Einzelheiten s. die Entstehungsgeschichte zu den einzelnen Vorschriften.

Die ursprüngliche **Bedeutung des Abschnitts** liegt darin, daß er vor den Bestim- **1** mungen, die den Ablauf des Verfahrens im ersten Rechtszug im einzelnen regeln, die wichtigsten Konstitutionsprinzipien des deutschen Strafverfahrens ausdrücklich festlegt[1], nämlich die Klageform (Akkusationsmaxime) in § 151 verbunden mit der Instruktionsmaxime innerhalb des durch die Anklage bestimmten Prozeßthemas (§ 155), das prinzipielle Anklagemonopol der Staatsanwaltschaft für die Erhebung der öffentlichen Klage (§ 152 Abs. 1) und die korrespondierende Pflicht zur Klageerhebung, das Legalitätsprinzip (§ 152 Abs. 2), sowie das sog. Immutabilitätsprinzip[2], das der Staatsanwaltschaft mit der Eröffnung des Hauptverfahrens die Verfügung über den Prozeßgegenstand entzieht (§ 156). Zum Begriff der Klage und zum Verhältnis der öffentlichen und Privatklage s. § 151, 4, zur Klageerhebung § 151, 8; zur Zuständigkeit zur Klageerhebung § 152, 5, zu den mit ihr verbundenen Wirkungen (Anhängigkeit und Rechtshängigkeit) § 151, 10 ff und zum Verbrauch der Klagebefugnis § 151, 14.

Durch die im Laufe der Zeit eingefügten (heutigen) §§ 153 bis 154 e hat der Ab- **2** schnitt eine erhebliche **Bedeutungserweiterung** erfahren, indem er zum Standort der Begrenzungen des Legalitätsprinzips geworden ist. Dabei regeln die neuen Vorschriften nicht nur, an § 152 Abs. 2 anknüpfend, die gesetzlichen Ausnahmen von der Anklagepflicht der Staatsanwaltschaft. Da sie überwiegend auch dem Gericht die Befugnis zur

---

[1] KMR-*Müller* Vor § 151; *Eb. Schmidt* § 151, 7.

[2] *Gerland* 114, 167; *Henkel* 103; *Roxin* § 14

B III; etwas abweichend die Begriffsverwendung bei *Beling* 34, 135.

Peter Rieß

Verfahrenseinstellung geben, ermöglichen sie den prozessualen Verzicht auf den Sanktionsanspruch der Rechtsgemeinschaft insgesamt. Damit wird der bei Schaffung der StPO fast ausnahmslos geltende Grundsatz erheblich eingeschränkt, daß eine einmal erhobene und zugelassene Klage, wenn keine Verfahrenshindernisse vorliegen, nur durch ein (freisprechendes oder verurteilendes) Urteil erledigt werden kann. In den §§ 153 ff findet sich heute eine prozessuale Parallele zu den Vorschriften des materiellen Strafrechts, die trotz Feststellung eines strafbaren Verhaltens durch Verwarnung mit Strafvorbehalt oder Absehen von Strafe (§§ 59, 60 StGB) einen Verzicht auf die strafrechtliche Sanktion ermöglichen. Wegen der Einzelheiten s. § 152, 39 ff und die Erläuterungen zu den einzelnen Vorschriften.

§ 151

Die Eröffnung einer gerichtlichen Untersuchung ist durch die Erhebung einer Klage bedingt.

Übersicht

1. Bedeutung

1   **a) Anklagegrundsatz.** Die Vorschrift enthält den für den deutschen Strafprozeß grundlegenden Anklagegrundsatz (das Akkusationsprinzip, vgl. auch Einl. Kap 13 B I). Er besagt in der spezifischen Form, in der er in der Strafprozeßordnung verwirklicht ist, daß die gerichtliche Entscheidung über Schuld oder Unschuld und die auf diese Entscheidung hinzielende Untersuchung durch das Gericht in keinem Fall von Amts wegen erfolgt, sondern daß es dazu des Anstoßes durch einen Dritten, des Klägers, bedarf. Dieser Anstoß erscheint der Form nach in der Prozeßhandlung der **Klage**, die entweder als öffentliche Klage durch das dazu durch Verfahrens- und Gerichtsverfassungsrecht bestellte und grundsätzlich verpflichtete Organ, die Staatsanwaltschaft, oder (ausnahmsweise) durch einen dazu berechtigten und bereiten Privaten als Privatklage in Erscheinung tritt. Insoweit ist mit dem Anklagegrundsatz durch die „ingeniöse Idee" (*Eb. Schmidt* MDR **1951** 7) der Trennung zwischen Kläger und Richter der Inquisitionsprozeß mit der psychologisch unvereinbaren und die Verteidigungsposition des Beschuldigten mißachtenden Funktionenmischung von Verdachtsgewinnung, Verdachtsaufklärung, thematischer Bestimmung des Prozeßgegenstandes und Entscheidung überwunden worden[1]. Notwendiger Bestandteil des Anklagegrundsatzes ist § 155 Abs. 1, wonach die Klage mit der Beschreibung der Personen und des Lebenssachverhalts, den der Kläger zur gerichtlichen Entscheidung stellt, den thematischen Rahmen für die gerichtliche Tätigkeit bestimmt.

---

[1] *Geerds* SchlHA **1962** 184; *Henkel* 53, 98, 317; *v. Hippel* 45, 334; *v. Lilienthal* 29; *Roxin* § 13 A; *Eb. Schmidt* I 347 ff; FS Kohlrausch 278 ff.

b) Instruktionsmaxime. Der Anklagegrundsatz bestimmt die Form des Verfah- **2** rens. Er besagt, daß die **Initiative zur Strafverfolgung** nicht vom Richter ausgehen darf, sondern das Auftreten eines Klägers erfordert. Ob der Kläger über die einmal erhobene Klage frei disponieren, sie also auch zurücknehmen kann, ob der „Beklagte" sich der Klage unterwerfen kann, ob das Gericht auch in bezug auf die Präsentation und Ausschöpfung des Beweismaterials und die gestellten Anträge an das Klagebegehren gebunden ist, wird durch das in §151 verankerte Anklageformprinzip nicht beantwortet, sondern ist anderen Vorschriften zu entnehmen, namentlich §155 Abs. 2, §§156, 206, 244 Abs. 2 und §264. Aus diesen ergibt sich, daß das Gericht innerhalb des durch die Klage bestimmten Prozeßthemas zur selbständigen Ermittlung und Entscheidung ohne Bindung an Anträge und Verzichte verpflichtet ist (Instruktionsmaxime, §155, 7 ff) und daß die Klage nicht in jeder Lage des Verfahrens frei rücknehmbar ist (Einzelheiten bei §156)[2].

c) Anklagepflicht und Klagebefugnis. Das **Recht** des Staates, wegen rechtswidrig **3** begangener Straftaten (§11 Abs. 1 Nr. 5 StGB) einzuschreiten, ist von der Form des Strafverfahrens unabhängig; es ergibt sich aus dem Vorhandensein des materiellen Strafrechts und wird von der StPO vorausgesetzt. Die **Pflicht** zum Einschreiten ist mit dem in §151 enthaltenen Akkusationsprinzip nicht notwendig verbunden. Sie ergibt sich für das staatliche Strafverfolgungsorgan aus §152 Abs. 2 und ist durch Nichtverfolgungsermächtigungen eingeschränkt (näher bei §152); für den Privatkläger besteht sie in keinem Fall. Ebensowenig sagt §151 etwas darüber aus, wer zur Klageerhebung befugt ist; dies regeln für die öffentliche Klage §152 Abs. 1, der diese Befugnis der Staatsanwaltschaft einräumt (näher §152, 5 f), und für die Privatklage die §§374, 375.

d) Bedeutung und Wesen der Klage. Aus dem nur die Form des Verfahrens be- **4** treffenden Charakter der **Strafklage** in ihren beiden Varianten der regelmäßigen öffentlichen Klage und der seltenen Privatklage[3] ergibt sich, daß diese sich in wesentlichen Punkten von der zivilprozessualen und der verwaltungsgerichtlichen Klage unterscheidet; das Klageformprinzip des Strafverfahrens hat eine gänzlich andere und beschränktere Funktion als das Klageprinzip der anderen Verfahrensordnungen[4]. Mit ihm ist insbesondere nicht notwendig die Vorstellung eines Parteiprozesses im materiellen Sinne verbunden, der den Kläger berechtigt, einseitig gegen den Beschuldigten als „Beklagten" tätig zu sein[5]. Eine solche materielle Parteistellung kann zwar der Privatkläger innehaben, nicht aber die Staatsanwaltschaft, deren Objektivitätsverpflichtung (vgl. §160 Abs. 2 und die dort. Erl. sowie Vor §141 GVG) durch das Klageformprinzip nicht berührt wird und unter Berufung hierauf nicht in Frage gestellt werden kann.

Dogmatisch bildet die (wirksam erhobene) Strafklage eine in jeder Lage des Ver- **5** fahrens von Amts wegen zu prüfende **Verfahrensvoraussetzung** für das gerichtliche

---

[2] Darin eine Durchbrechung des Anklageprinzips zu sehen (so *Gössel* §2 A I), setzt voraus, daß man dieses in einer idealtypischen, von seiner konkreten Ausgestaltung abstrahierenden Form versteht; vgl. auch Einl. Kap. **13** B I; *Glaser* I 234; *Henkel* 98; *v. Lilienthal* 28.

[3] 1984 standen mehr als 1.000.000 öffentlichen Klagen lediglich 7.683 Privatklagen gegenüber, deren Zahl seit Jahren rückläufig ist und z. B. 1975 noch 13.099 betrug.

[4] *Henkel* 99; vgl. auch *Rüping* 12.

[5] Näher Einl. Kap. **9** III; vgl. BGHSt **15** 159; *v. Hippel* 230; *Rüping* 93; *Eb. Schmidt* I 105; FS Kohlrausch 284 ff; Zum „Parteibegriff" auch *Nowakowski* Verh. des 45. DJT (1964) Bd. I Teil 2 S. 13 ff sowie (vorwiegend zum österreichischen Recht) *Moos* FS Jescheck (1985) 751 f.

Peter Rieß

Verfahren; fehlt es an einer Klageerhebung, so ist das Verfahren durch Einstellung nach den §§ 206 a, 260 Abs. 3 zu beenden (Einl. Kap. 12 I; § 206 a, 41).

6   **2. Reichweite des Anklagegrundsatzes.** Die durch die Klageerhebung bedingte **gerichtliche Untersuchung** ist die das Verfahren in seiner Totalität erfassende, auf Aburteilung der Tat und bei Überführung des Beschuldigten auf Verhängung einer Sanktion gerichtete gerichtliche Tätigkeit, also das Zwischen- (oder Eröffnungs-) und das Hauptverfahren[6]. Auf einzelne richterliche Handlungen im staatsanwaltschaftlichen Ermittlungsverfahren bezieht sich § 151 nicht; doch ist auch hier regelmäßig (vgl. aber z. B. § 165) für eine richterliche Handlung ein Antrag der Strafverfolgungsbehörde oder des von einer Strafverfolgungsmaßnahme Betroffenen erforderlich (näher § 155, 2).

7   Für das Zwischen- und Hauptverfahren gilt das **Akkusationsprinzip formell lückenlos**[7]. Auch in den besonderen Verfahrensarten und namentlich bei der Nachtragsanklage nach § 266 ist es gewahrt[8]; vereinfacht ist insoweit gegenüber dem Normalverfahren lediglich teilweise die Form, in der die öffentliche Klage erhoben werden kann. Das Akkusationsprinzip wird auch nicht durchbrochen, wenn das Gericht nach § 81 Abs. 1 Satz 2 OWiG ein Bußgeldverfahren in ein Strafverfahren überleitet, weil hier der Bußgeldbescheid der Verwaltungsbehörde die mit der Klageerhebung verbundenen Funktionen übernimmt[9]. **Materiell** ist das **Akkusationsprinzip** beim Klageerzwingungsverfahren **durchbrochen**[10], wenn das Oberlandesgericht die Erhebung der öffentlichen Klage durch die Staatsanwaltschaft anordnet (§ 175), weil dann die Klageerhebung nicht mehr auf der eigenverantwortlich getroffenen Entschließung der Anklagebehörde beruht[11].

3. Erhebung der Klage

8   **a) Arten der Klageerhebung.** Die Erhebung der Privatklage und die Erhebung der öffentlichen Klage im **Normalverfahren** geschieht durch Einreichung einer Anklageschrift (§§ 170 Abs. 1, 199 Abs. 2, 200, 381[12]). Dem steht im **Sicherungsverfahren** nach den §§ 413 ff die Antragsschrift nach § 414 Abs. 2 Satz 2 gleich[13]. Im **beschleunigten Verfahren** nach den §§ 212 ff kann die öffentliche Klage ebenfalls durch die Einreichung einer Anklageschrift aber auch mündlich in der Hauptverhandlung erhoben werden (§ 212 a, 3 ff); im **vereinfachten Jugendverfahren** nach §§ 76 ff JGG geschieht dies durch den mündlichen oder schriftlichen Antrag der Staatsanwaltschaft auf Vorgehen in dieser Verfahrensart[14]. Im **Strafbefehlsverfahren** liegt die Klageerhebung im Antrag

---

[6] Vgl. z. B. *v. Hippel* 471; *Eb. Schmidt* 1; enger die Verwendung des Begriffs Untersuchung (erst mit Eröffnung des Hauptverfahrens) in § 12 (vgl. § 12, 10 ff), weiter (auch die Tätigkeit im Vorverfahren betreffend) in § 15 (vgl. § 15, 14).

[7] Insoweit mißverständlich *Geerds* SchlHA **1962** 185 mit dem Hinweis auf die Privatklage, der die Gesichtspunkte der Klageform und der Klagebefugnis vermengt.

[8] *Roxin* § 13 B I; *Schlüchter* 404; dazu, daß sich die Erkenntnis, daß die Nachtragsanklage keine Durchbrechung des Akkusationsprinzips darstellt, erst allmählich durchgesetzt hat, *Rieß* FS Reichsjustizamt 403 f.

[9] Zur Frage des Anklagemonopols der Staatsanwaltschaft in diesen Fällen vgl. § 152, 7.

[10] *Roxin* § 13 B IV; *Schlüchter* 61. 4.

[11] Zur Frage der Bindung der Staatsanwaltschaft an die gefestigte höchstrichterliche Rechtsprechung vgl. § 170, 22 f.

[12] Die Privatklage kann nach § 381 auch zu Protokoll des Urkundsbeamten der Geschäftsstelle erhoben werden; zur Widerklage, die ebenfalls eine Form der Klageerhebung darstellt, vgl. § 388 und die dort. Erl.

[13] RGSt **72** 143; *Eb. Schmidt* 6; für die Anträge im objektiven Einziehungs- und Geldbußenverfahren vgl. die Erl. zu §§ 440, 444.

[14] § 76 Satz 2 JGG; vgl. *Brunner* § 78, 8; *Eisenberg*[2] §§ 76 bis 78, 11.

auf Erlaß eines Strafbefehls[15]. Mündliche Klageerhebung wegen einer weiteren prozessualen Tat gegen einen bereits Beschuldigten ist nach § 266 in der Hauptverhandlung als **Nachtragsanklage** zulässig (vgl. näher die Erl. zu § 266). Um Klageerhebung im Normalverfahren, nicht um eine Nachtragsanklage im technischen Sinne, handelt es sich dagegen, wenn die Staatsanwaltschaft wegen einer weiteren Tat außerhalb der Hauptverhandlung Anklage erhebt und nach den hierfür maßgebenden gesetzlichen Vorschriften[16] die Verbindung mit einem bereits anhängigen Verfahren beantragt.

b) Zeitpunkt. Wird die Klage schriftlich erhoben, so wird sie wirksam, sobald das **9** sie enthaltende Schriftstück (Anklageschrift, Antragsschrift, Strafbefehlsantrag) bei Gericht eingegangen ist[17]. Bei mündlicher Klageerhebung ist der Zeitpunkt ihres Vortrags maßgebend, der durch Aufnahme in das Sitzungsprotokoll beurkundet wird.

c) Wirkungen der Klageerhebung. Mit der Erhebung der Klage geht die Verfah- **10** rensherrschaft auf das Gericht über[18]; die Sache wird bei Gericht anhängig (Rdn. 12). Befindet sich der Angeschuldigte (zur Bezeichnung s. § 157) in Untersuchungshaft, so geht die Zuständigkeit für Haftentscheidungen auf das mit der Sache befaßte Gericht über (§ 126 Abs. 3), die Staatsanwaltschaft verliert das Recht, die Aufhebung eines Haftbefehls mit Bindungswirkung verlangen zu können (§ 120 Abs. 3); ihre Befugnis zu eigenen Ermittlungen wird beschränkt (§ 202, 6); die Zuständigkeit des Ermittlungsrichters nach § 162 für richterliche Untersuchungshandlungen entfällt[19]. Nicht vom Richter angeordnete Beschlagnahmen sind binnen drei Tagen dem Richter anzuzeigen (§ 98 Abs. 3). Spätestens mit der Klageerhebung sind die Akten dem Gericht vorzulegen (§ 199, 7 ff), dessen Vorsitzender nunmehr über die Akteneinsicht entscheidet (§ 147 Abs. 5; Nr. 183 Buchst. b RiStBV). Der Gerichtsstand des Wohnsitzes (§ 8) bleibt erhalten, auch wenn der Angeschuldigte nunmehr in einen anderen Gerichtsbezirk verzieht[20]. Die Befugnis zur Einstellung des Verfahrens nach Ermessensvorschriften geht regelmäßig[21] auf das Gericht über, das jedoch hierfür der Zustimmung oder des Antrags der Staatsanwaltschaft bedarf[22]. Mit der Klageerhebung wird die Verjährung unterbrochen (§ 78 c Nr. 6 StGB).

Die **Wirkungen** der Klageerhebung mit Ausnahme der verjährungsunterbrechen- **11** den Wirkung[23] **entfallen** ex nunc, wenn die Klage in zulässiger Weise zurückgenommen wird (vgl. näher die Erl. zu § 156).

4. Anhängigkeit und Rechtshängigkeit. Mit der Klageerhebung wird das Verfah- **12** ren dergestalt bei Gericht **anhängig,** daß nunmehr die Verfahrensherrschaft auf dieses übergeht, ihm freilich durch Klagerücknahme (§ 156) wieder entzogen werden kann. Davon unterschieden werden sollte der Begriff der **Rechtshängigkeit** des Verfahrens, die erst mit Eröffnung des Hauptverfahrens oder mit dem dieser gleichstehenden Ereig-

---

[15] So ausdrücklich § 407 Abs. 1 Satz 4 nach dem Vorschlag in Art. 1 Nr. 29 StVÄGE 1984.

[16] Vgl. §§ 2, 4, 237, § 103 JGG.

[17] BayObLG NJW **1971** 854; OLG Dresden *Alsb.* E 1 50.

[18] Näher *Roxin* § 38 D.

[19] Umstritten; vgl. § 202, 6 mit Fußn. 7, 8.

[20] OLG Dresden *Alsb.* E 1 50; § 8, 11.

[21] Außer in den Fällen der §§ 153 c, 153 d und 154 d StPO.

[22] § 153 Abs. 2; § 153 a Abs. 2; § 153 b Abs. 2; § 153 e Abs. 2; § 154 Abs. 2; § 154 a Abs. 2; § 154 b Abs. 3; § 47 JGG; § 37 Abs. 2 BtMG.

[23] *Dreher/Tröndle*[42] § 78 c, 7; LK-*Jähnke* § 78 c, 10; *Schönke/Schröder/Stree* § 78 c, 14.

nis eintritt[24]. Im Schrifttum wird teilweise der Begriff der Rechtshängigkeit, gelegentlich mit Differenzierungen wie im weiteren oder engeren Sinne oder mit dem Zusatz, daß ihre Wirkungen sukzessive eintreten, schon mit der Klageerhebung verbunden[25]. Die Unterscheidung ist rein terminologischer Art und ohne sachliche Bedeutung[26], da die unterschiedlichen Wirkungen der Klageerhebung und der Eröffnung des Hauptverfahrens oder des gleichstehenden Ereignisses entweder positivrechtlich geregelt sind oder ohne Rückgriff auf die Terminologie durch Auslegung bestimmt werden müssen[27].

13   Nach der in diesem Kommentar verwendeten Terminologie ist für den **Eintritt der Rechtshängigkeit** der Zeitpunkt maßgebend, in dem die Klage nicht mehr frei zurückgenommen werden kann (§ 156, 2 ff). Dies ist im **Normalverfahren** und im **Sicherungsverfahren** nach den §§ 413 ff die Entscheidung über die Eröffnung, und zwar auch dann, wenn die Eröffnung abgelehnt wird (§ 156, 7), bei einer **Nachtragsanklage** nach § 266 der Erlaß des Einbeziehungsbeschlusses, beim **beschleunigten Verfahren** der Beginn der Vernehmung des Angeklagten zur Sache (§ 212 a, 2), beim **Strafbefehlsverfahren** nach Einspruch der Beginn der Hauptverhandlung[28]. Der Zeitpunkt des Eintritts der Rechtshängigkeit im objektiven Einziehungsverfahren nach § 440 ist zweifelhaft (vgl. die Erl. zu § 440). Im **Privatklageverfahren** wird man in Hinblick auf § 391 Abs. 1 Satz 2 annehmen müssen, daß die Rechtshängigkeit mit Beginn der Vernehmung des Angeklagten zur Sache eintritt.

14   **5. Verbrauch der Strafklage.** Der mehr bildlich zu verstehende Ausdruck vom „Verbrauch" der Strafklage bezeichnet die Wirkungen der Rechtskraft und sonstiger Sperrwirkungen verfahrensbeendender, gerichtlicher Entscheidungen. Ist die durch die Klage zur gerichtlichen Entscheidung gestellte (prozessuale) Tat durch ein freisprechendes oder verurteilendes Urteil abgeurteilt, so kann derselbe historische Sachverhalt nur unter den Voraussetzungen der Wiederaufnahme (§§ 359 ff) nochmals zum Gegenstand eines gerichtlichen Verfahrens gemacht werden (näher Einl. Kap. **12** V). Zum Umfang der Sperrwirkung anderer gerichtlicher Entscheidungen[29] vgl. die Erl. bei den jeweiligen Vorschriften, insbes. § 153, 85 ff; § 153 a, 67 ff; § 154, 50; 58 ff; § 154 b, 13 ff; § 206 a, 75 ff; § 206 b, 20; § 211 sowie (zur beschränkten Rechtskraft des Strafbefehls) bei § 410.

---

[24] Ebenso RGSt **58** 88; BGHSt **14** 17; **29** 229; OLG Hamm VRS **58** 365; *Feisenberger* 2; *Gössel* § 10 C IV; *v. Hippel* 371; KK-*Schoreit* 7; *Kleinknecht/Meyer*[37] Einl. 63; § 156, 1; KMR-*Müller* § 156, 1; KMR-*Paulus* § 12, 14; *Kohlrausch* 3; *Kühne* 142, 325; *Schlüchter* 410; wohl auch *v. Kries* 174; vgl. BGHSt **20** 221; BGH NJW **1953** 273.

[25] *Beling* 217; *Gerland* 309; *Henkel* 317; *Peters* § 50 II 4; *Ortloff* GerS **59** (1901) 346 f;

Roxin § 38 D I; *Rüping* 96; *Eb. Schmidt* I 175 ff; unklar *Dohna* [20] 140.

[26] So auch *Eb. Schmidt* I 176.

[27] Vgl. zur Auslegung des in § 206 a verwendeten Begriffs „anhängig" als „rechtshängig" § 206 b, 6.

[28] BGSt **13** 186; BGH JZ **1975** 635; MDR **1976** 856; vgl. die Erl. zu § 411.

[29] Dazu *Loos* JZ **1978** 592.

§ 152

(1) Zur Erhebung der öffentlichen Klage ist die Staatsanwaltschaft berufen.

(2) Sie ist, soweit nicht gesetzlich ein anderes bestimmt ist, verpflichtet, wegen aller verfolgbaren Straftaten einzuschreiten, sofern zureichende tatsächliche Anhaltspunkte vorliegen.

Schrifttum. *Albrecht* Perspektiven und Grenzen polizeilicher Kriminalprävention (1983); *Baumann* Minima non curat praetor, FS Peters 3; *Blankenburg* Nicht-Kriminalisierung als Struktur und Routine, Kriminologische Gegenwartsfragen, H. 12 (1976) 175; *Blankenburg/Sessar/Steffen* Die Staatsanwaltschaft im Prozeß strafrechtlicher Sozialkontrolle (1978); *Cramer* Ahndungsbedürfnis und staatlicher Strafanspruch, FS Maurach 197; *Dielmann* „Guilty plea" und „Plea bargaining" im amerikanischen Strafverfahren - Möglichkeiten für den deutschen Strafprozeß? GA **1981** 558; *Eckl* Legalitätsprinzip in der Krise? ZRP **1973** 139; *Faller* Verfassungsrechtliche Grenzen des Opportunitätsprinzips im Strafprozeß, FS Maunz (1971) 69; *Fincke* Zum Begriff des Beschuldigten und den Verdachtsgraden, ZStW **95** (1983) 918; *Geerds* Maximen des Strafprozesses, SchlHA **1962** 181; *Geerds* Strafrechtspflege und prozessuale Gerechtigkeit, SchlHA **1964** 57; *Geppert* Das Legalitätsprinzip, Jura **1982** 139; *Gössel* Überlegungen zur Bedeutung des Legalitätsprinzips im rechtsstaatlichen Strafverfahren, FS Dünnebier 121; *Heinitz* Einige Zweifelsfragen des Opportunitätsprinzips, FS Rittler 327; *Heinz* Strafrechtsreform und Sanktionsentwicklung, ZStW **94** (1982) 632; *Herrmann* Diversion und Schlichtung in der Bundesrepublik Deutschland, ZStW **96** (1984) 455; *Heyden* Begriff, Grundlagen und Verwirklichung des Legalitätsprinzips und des Opportunitätsprinzips, Diss. Zürich 1961; *v. Hindte* Die Verdachtsgrade im Strafverfahren, Diss. Kiel 1973; *Jahrreiß* Zum Ruf nach dem sogenannten Kronzeugen, FS Lange, 765; *Jescheck/Leibinger* Funktion und Tätigkeit der Anklagebehörde im ausländischen Recht (1979); *Jeutter* Sinn und Grenzen des Legalitätsprinzips im Strafverfahren, Diss. München 1976; *Jung* Straffreiheit für den Kronzeugen? (1974); *Kaiser, Eberhard* Tatverdacht und Verantwortung des Staatsanwalts, NJW **1965** 2380; *Kapahnke* Opportunität und Legalität im Strafverfahren, Diss. Tübingen 1982; *Kerner* Normbruch und Auslese der Bestraften, Kriminologische Gegenwartsfragen, H. 12 (1976) 137; *Kleinknecht* Das Legalitätsprinzip nach Abschluß des gerichtlichen Strafverfahrens, FS Bruns 475; *Krümpelmann* Die Bagatelldelikte (1966); *Kühne* Die Definition des Verdachts als Voraussetzung strafprozessualer Zwangsmaßnahmen, NJW **1979** 677; *Kunz* Das strafrechtliche Bagatellprinzip (1984); *Lüderssen* Grenzen des Legalitätsprinzips im effizienz-orientierten modernen Rechtsstaat. Schluckt das Verfahrensrecht die sichernden Funktionen des materiellen Rechts, in Denninger/ Lüderssen, Polizei und Strafprozeß im demokratischen Rechtsstaat (1978) 188; *Marquardt* Die Entwicklung des Legalitätsprinzips, Diss. Mannheim 1982; *Müller-Dietz* Das Bagatellprinzip im Strafrecht - am Beispiel des § 42 öStGB, Gedächtnisschrift Constantinesco (1983) 517; *Naucke* Der Tatverdacht, FS der wissenschaftlichen Gesellschaft an der Johann Wolfgang Goethe-Universität (1981) 293; *Niese* Die Anklageerzwingung im Verhältnis zum Legalitäts-und Opportunitätsprinzip, SJZ **1950** 890; *Ostendorf* Das Geringfügigkeitsprinzip als strafrechtliche Auslegungsregel, GA **1982** 333; *Peters* Sozialadäquanz und Legalitätsprinzip, FS Welzel 415; *Pohl-Laukamp* Legalitätsprinzip und Diversion, Kriminalistik **1983** 131; *Rieß* Die Zukunft des Legalitätsprinzips, NStZ **1981** 2; *Rieß* Legalitätsprinzip - Interessenabwägung - Verhältnismäßigkeit, FS Dünnebier 149; *Schmidt-Hieber* Vereinbarungen im Strafverfahren, NJW **1982** 1011; *Schroeder* Legalitäts- und Opportunitätsprinzip heute, FS Peters 411; *Schultz/Leppin* Staatsanwaltschaft contra Polizei? Jura **1981** 521; *Serwe* Abschied vom Legalitätsprinzip, Kriminalistik **1970** 377; *Shin* Anklagepflicht und Opportunitätsprinzip im deutschen und koreanischen Recht (1984); *Steffen* Analyse polizeilicher Ermittlungstätigkeit aus der Sicht des späteren Strafverfahrens, BKA-Forschungsreihe, Bd. 3 (1976); *Ulrich* Die Durchsetzung des Legalitätsprinzips und des Grundrechts der Gleichheit aller vor dem Gesetz in der Praxis der Staatsanwaltschaften, ZRP **1982** 169; *Wagner, Joachim* Legalitätsprinzip und politischer Protest, Kriminalistik **1982** 253, 306; *Wagner, Walter* Zum Legalitätsprinzip, FS für den 45. Deutschen Juristentag (1964) 149; *Walder* Grenzen der Ermittlungstätigkeit, ZStW **95** (1983) 862; *Walter* Wandlungen in der Reaktion auf Kriminalität, ZStW **95** (1983) 32; *Weigend* Anklagepflicht und Ermessen (1978); *Willms* Offenkundigkeit und Legalitätsprinzip, JZ

1957 465; *Zipf* Kriminalpolitische Überlegungen zum Legalitätsprinzip, FS Peters 487; weiteres Schrifttum bei den §§ 153 und 154.

Entstehungsgeschichte. Die gegenwärtige Fassung der Vorschrift entspricht der ursprünglichen; lediglich die Formulierung „aller verfolgbaren Straftaten" ersetzte erst durch Art. 21 Nr. 43 EGStGB die frühere Fassung „aller gerichtlich strafbaren und verfolgbaren Handlungen". Die 2. VereinfVO fügte der Vorschrift folgenden, durch das VereinhG wieder beseitigten Absatz 3 an:

> (3) Bei strafbaren Handlungen, deren Verfolgung nur auf Antrag eines Beteiligten eintritt, kann der Staatsanwalt, auch wenn der Strafantrag gestellt ist, von der Verfolgung absehen, wenn ein öffentliches Interesse an der Strafverfolgung nicht besteht.

Der heutige § 154 d (vgl. die dortige Entstehungsgeschichte) war von 1950 bis 1953 als Absatz 3 in § 152 enthalten.

Übersicht

I. Bedeutung der Vorschrift

1   **1. Inhalt und Aufbau.** Die Vorschrift hat zwar teilweise programmatischen Charakter[1], enthält aber darüberhinaus wichtige, präzisierende Sachaussagen. Mit ihnen steht sie in Zusammenhang mit einer Reihe anderer Bestimmungen, die sie teilweise vor-

---

[1] Weitergehend („vorwiegend") KK-*Schoreit* 1.

aussetzt und teilweise ergänzt (Rdn. 2 f). Absatz 1 knüpft an das aus § 151 abzuleitende Klageformprinzip an, indem er die Befugnis zur dort geforderten „öffentlichen Klage" der Staatsanwaltschaft zuweist (sog. Anklagemonopol, vgl. näher Rdn. 5 ff). Absatz 2 gehört zu den Bestimmungen, aus denen sich für das deutsche Strafverfahrensrecht das sog. **Legalitätsprinzip** ergibt. Die Vorschrift hat aber insoweit auch gesetzliche Begrenzungen im Auge und regelt die Voraussetzungen für das Eingreifen des Legalitätsprinzips, die „Verdachtsschwelle" (vgl. Rdn. 21 ff). Anklagemonopol und Legalitätsprinzip gehören mit zu den die Struktur des deutschen Strafverfahrens konstituierenden grundlegenden Maximen der StPO.

2. Beziehung zu anderen Vorschriften. Verweisungen. Die praktische und rechts- **2** politische Bedeutung des **Anklagemonopols** der Staatsanwaltschaft ergibt sich aus dem verhältnismäßig geringen Umfang, in dem nach § 374 die Privatklage zulässig ist, sowie aus dem Umstand, daß die Staatsanwaltschaft auch bei den Privatklagedelikten die öffentliche Klage erheben (§ 376) und bei bereits erhobener Privatklage die Verfolgung übernehmen kann (§ 377 Abs. 2). Damit hat die Staatsanwaltschaft in jedem gerichtlich anhängig werdenden Verfahren eine Beteiligungsmöglichkeit. Aus den §§ 160, 161 (vgl. die dort. Erl.) und aus den sonstigen das Ermittlungsverfahren regelnden Vorschriften folgt, daß die Staatsanwaltschaft nicht nur eine über die Erhebung der öffentlichen Klage entscheidende „Anklagebehörde" sein soll, sondern gleichzeitig die „Ermittlungsbehörde", deren Aufgabe es ist, die tatsächlichen Grundlagen für die Entscheidung über die Klageerhebung zu gewinnen oder mindestens als „Herrin des Ermittlungsverfahrens" die Anklagetätigkeit zu steuern (näher die Erl. Vor § 158 und zu §§ 160, 161). Die Entscheidungskriterien für die Klageerhebung nach durchgeführter Ermittlung sind, sofern nicht die §§ 153 ff eingreifen, dem § 170 zu entnehmen[2].

In enger **Verbindung mit** dem **Legalitätsprinzip** nach Absatz 2 steht § 160 Abs. 1. **3** Er präzisiert einerseits die Verpflichtung zum „Einschreiten" durch eine „Erforschungspflicht", wird aber seinerseits durch die in § 152 Abs. 2 geregelte Verdachtsschwelle für die Auslösung dieser Erforschungspflicht präzisiert[3]. Daß die Verpflichtung zum „Einschreiten" auch - bei genügendem Anlaß hierzu - die zur Klageerhebung nach Absatz 1 mit umfaßt, ergibt sich aus dem systematischen Zusammenhang mit der Vorschrift, doch läßt sich die Pflicht zur Erhebung der öffentlichen Klage auch selbständig aus § 170 Abs. 1 ableiten[4].

Die prozessuale **Stellung der Staatsanwaltschaft** insgesamt und namentlich im ge- **4** richtlichen Verfahren wird allerdings weder durch § 152 noch durch die §§ 160 ff vollständig bestimmt. Sie ergibt sich aus einer Vielzahl von Einzelvorschriften (vgl. Vor § 141 GVG), die Befugnisse und Pflichten der Staatsanwaltschaft konkretisieren und aus denen insgesamt folgt, daß es Aufgabe der Staatsanwaltschaft ist, als dem Gericht gleichgeordnetes, funktionell der Strafrechtspflege zugeordnetes Organ mit einer besonderen Verpflichtung zur Objektivität die Interessen der Rechtsgemeinschaft sowohl an der Durchsetzung des Sanktionsanspruchs als auch an der Wahrung der Justizförmigkeit zu vertreten[5]. Zur Objektivitätsverpflichtung vgl. die Erl. zu § 160, zur Frage der Bindung an eine gefestigte Rechtsprechung § 170, 22 f und Einl., Kap. **13** III, zu ihrer Stellung im Hauptverfahren Vor § 226, 36, zur Rechtsmittelbefugnis § 296 Abs. 2 und die dort. Erl.

---

[2] KK-*Schoreit* 2; vgl. die Erl. zu § 170.
[3] KK-*Schoreit* 3.

[4] So KK-*Schoreit* 4; KMR-*Müller* 2; wie hier z. B. *Lüttger* GA **1957** 193.
[5] Vgl. *Eb. Schmidt* I 95 mit weit. Nachw.

Peter Rieß

II. Anklagekompetenz der Staatsanwaltschaft (Absatz 1)

5   **1. Allgemeines. Verhältnis zum Offizialprinzip.** In der Bestimmung, nach der die Staatsanwaltschaft zur Erhebung der öffentlichen Klage „berufen" ist, wird verschiedentlich die Anerkennung des Offizialprinzips gesehen[6]. Richtigerweise ist dieses jedoch ein hier vorausgesetztes, dem Straf- und Strafverfahrensrecht überwiegend unausgesprochen zugrundeliegendes Konstitutionsprinzip[7], dessen Reichweite sich positivrechtlich aus dem Umfang der Privatklagebefugnis ergibt. Andererseits ist Absatz 1 nicht lediglich eine Zuständigkeitsregel[8], sondern Ausdruck der rechtspolitischen Entscheidung, daß die Erhebung der öffentlichen Klage grundsätzlich der der Justiz funktionell zugeordneten Staatsanwaltschaft und nicht etwa anderen Behörden anvertraut ist. Es ist auch vertretbar, von einem **Anklagemonopol** der Staatsanwaltschaft zu sprechen[9]. Hieraus, in Verbindung mit der Gesamtstellung der Staatsanwaltschaft als einer zur Objektivität verpflichteten, dem Rechtswillen und nicht dem Machtwillen des Staates verbundenen Behörde[10], folgt mit, daß das Klageformprinzip nicht zu einem materiellen Parteiprozeß führt (§ 151, 4). Zu den verschiedenen Formen der öffentlichen Klage s. § 151, 8.

6   **2. Sonderfälle.** Nach der Abschaffung des gerichtlichen Strafverfügungsverfahrens durch das EGStGB 1974[11] kennt die StPO im Offizialverfahren keine Ausnahme von der alleinigen Klagebefugnis der Staatsanwaltschaft mehr. Allerdings kann gemäß § 400 AO in **Steuerstrafsachen** die Finanzbehörde die öffentliche Klage in Form des Strafbefehlsantrags (nicht auf andere Weise) selbständig und ohne Mitwirkung der Staatsanwaltschaft erheben. Insoweit ist zwar das positive Anklagemonopol der Staatsanwaltschaft durchbrochen, nicht jedoch das negative, da die Staatsanwaltschaft eine Steuerstrafsache jederzeit an sich ziehen kann (§ 386 Abs. 4 Satz 2 AO), also auch zu dem Zweck, einen beabsichtigten Strafbefehlsantrag der Finanzbehörde zu verhindern oder einen bereits gestellten zurückzunehmen.

7   Im **Bußgeldverfahren** nach dem OWiG ist die zunächst als Ordnungswidrigkeit verfolgte Tat auch unter dem rechtlichen Gesichtspunkt einer Straftat zu würdigen (vgl. §§ 21, 41, 81 OWiG). Stellt sich schon während des Verfahrens vor der Verwaltungsbehörde heraus, daß Anhaltspunkte für die Qualifikation als Straftat vorliegen, so hat die Behörde die Sache an die Staatsanwaltschaft abzugeben. Im übrigen werden die Akten gemäß § 69 OWiG nach Einspruch gegen den Bußgeldbescheid dem Gericht über die Staatsanwaltschaft vorgelegt. Diese hat eigenverantwortlich zu prüfen, ob sie sich die Beschuldigung der Verwaltungsbehörde zu eigen macht[12]. Deshalb ist (funktionell) das Anklagemonopol der Staatsanwaltschaft auch dann gewahrt, wenn erst im gerichtlichen Bußgeldverfahren der Übergang ins Strafverfahren (§ 81 Abs. 1 Satz 2 OWiG) erfolgt.

---

[6] *Kleinknecht/Meyer*[37] 1; *Niese* SJZ **1950** 891; *Roxin* § 11 II 3; *Rüping* 94; *Schlüchter* 61.4.
[7] KK-*Schoreit* 9; vgl. § 151, 3.
[8] So aber KK-*Schoreit* 8.
[9] *Gössel* § 2 A 4; *Niese* SJZ **1950** 891; *Eb. Schmidt* I 350; 386; einschränkend *Geerds* SchlHA **1962** 185; krit. KK-*Schoreit* 8.

[10] *Eb. Schmidt* I 95; KMR-*Sax* Einl. **IV** 9.
[11] §§ 413 ff in der von 1950 bis 1974 geltenden Fassung, vgl. dazu LR[22] Vor § 413; *H. W. Schmidt* MDR **1961** 563.
[12] *Göhler* § 69, 19; § 81, 2.

III. Legalitätsprinzip (Absatz 2)

1. Inhalt und Bedeutung

a) Legalitätsprinzip und Opportunitätsprinzip. Macht das Verfahrensrecht den **8** Verfolgungsbehörden bei Vorliegen der gesetzlich bestimmten Verdachtsschwelle das Einschreiten und ggf. die Erhebung der Klage zur Pflicht, so wird vom Legalitätsprinzip gesprochen. Stellt eine Rechtsordnung dieses Einschreiten in das pflichtgemäße Ermessen der Verfolgungsbehörde, so ist es üblich, vom Opportunitätsprinzip zu sprechen. Wegen des umgangssprachlich und von der Entstehungsgeschichte her negativen Beigeschmacks des Wortes „Opportunität"[13] wird dieses Gegensatzpaar auch mit **Anklagepflicht** (oder Verfolgungspflicht) und **Anklageermessen** (Verfolgungsermessen) bezeichnet[14]. Verfolgungspflicht und Verfolgungsermessen bestimmen, rechtsvergleichend betrachtet, gegenwärtig in etwa gleichem Umfang die verschiedenen Rechtsordnungen[15].

Das Gegensatzpaar Legalitätsprinzip und Opportunitätsprinzip bringt nur einen **9** idealtypischen Gegensatz zum Ausdruck, der vielfach durch die Einzelheiten der gesetzlichen Vorschriften und die Rechtswirklichkeit in Richtung auf eine **vermittelnde Praxis** abgemildert wird[16]. Einerseits ist häufig die grundsätzliche Verfolgungspflicht durch gesetzlich zugelassene und umschriebene Ausnahmen gemildert, andererseits ist die Strafverfolgung auch unter einem Opportunitätsprinzip, selbst wenn dieses nicht durch gesetzliche Vorgaben begrenzt ist, zumindest durch den Gleichheitssatz und das Willkürverbot gebunden und nicht selten durch eine Verfolgungspraxis gekennzeichnet, die sich von derjenigen unter der Herrschaft des Legalitätsprinzip nicht sehr erheblich unterscheidet[17]. Mit der Aussage, daß ein Strafverfahrensrecht dem Legalitätsprinzip folge, ist deshalb allein über die wirkliche Verbindlichkeit des Verfolgungszwangs noch nichts ausgesagt, solange nicht der Blick auf etwaige Ausnahmen und ihre praktische Handhabung gerichtet wird. Legalitätsprinzip im gesetzestechnischen Sinne besagt demnach nur, daß der Verfolgungszwang die gesetzliche Regel darstellt und die Nichtverfolgung einer besonderen gesetzlichen Ermächtigung bedarf. Allerdings wird damit regelmäßig auch eine rechtspolitische Grundentscheidung des Gesetzgebers verbunden sein, die die Nichtverfolgung zu einer, auch sachlich einer besonderen Legitimation bedürftigen Ausnahme macht.

b) Geltung des Legalitätsprinzips. In diesem Sinne enthält Absatz 2 ebenso wie **10** § 160 und § 170 Abs. 1 die Entscheidung für das Legalitätsprinzip, indem er der Staatsanwaltschaft das „Einschreiten" (Rdn. 32 ff) grundsätzlich zur Pflicht macht. Dieser Grundsatz galt ursprünglich und in dieser Schärfe über die meisten partikularen Strafprozeßordnungen deutlich hinausgehend[18] sehr weitgehend, jedoch nicht einschränkungslos[19]. Der Gesetzgeber hat mit der Ausnahmeklausel „soweit gesetzlich nichts an-

---

[13] *Schroeder* FS Peters 412; vgl. auch *Henkel* 96 Fußn. 4; *Jung* 60. *Marquardt* 13 spricht von der „irrationalen Vorbelastetheit" des Begriffspaars.

[14] So *Weigend* 17, 19; vgl. auch *Schroeder* FS Peters 413.

[15] Vgl. die Übersichten bei *Heyden* 21 ff, 36 ff; *Jescheck/Leibinger; W. Wagner* 161 ff; *Weigend* 89 ff; zu Japan *Kühne* ZStW **85** (1983) 1029; zu Korea *Shin* 142 ff.

[16] Vgl. *Faller* FS Maunz 73; *Geerds* SchlHA **1964** 60; *Gössel* FS Dünnebier 124; *Heyden* 26; *v. Hippel* 338; *Hirsch* ZStW **92** (1980) 227.

[17] *Blankenburg* 181; vgl. auch die Nachw. bei *Jescheck/Leibinger* insbes. S. 699 f; für die Niederlande vgl. auch *de Jong* RuP **1976** 170.

[18] Dazu *Marquardt* 16 ff; *W. Wagner* 151 ff.

[19] Zur Entstehung ausführlich *Marquardt* 37 ff; ferner *Glaser* I 218 ff; *Heinitz* 329; *W. Wagner* 158; *Weigend* 25 ff.

Peter Rieß

deres bestimmt ist" stets Ausnahmen von der Verfolgungspflicht im Auge gehabt. Dabei hat er aber deren Umfang und Voraussetzungen nicht, wie bei einem gesetzestechnischen Opportunitätsprinzip, der staatsanwaltschaftlichen und infolge der Weisungsgebundenheit der Staatsanwaltschaft der exekutiven Beurteilung überlassen, sondern im Grundsatz einer legislatorischen Entscheidung vorbehalten wollen (vgl. auch Rdn. 42).

11   Bei dem **heute erreichten Rechtszustand** ist der Grundsatz der Verfolgungspflicht sowohl was den gesetzlich bestimmten Umfang der Ausnahmen angeht, als auch in bezug auf die tatsächliche Häufigkeit ihrer Anwendung in beträchtlichem Maße gelokkert (näher Rdn. 42 f). Dabei sind die tatbestandlichen Voraussetzungen der Nichtverfolgungsermächtigungen vielfach verhältnismäßig unbestimmt, so daß sich für die Anwendung durch die Staatsanwaltschaft im Einzelfall oder aufgrund allgemeiner Weisungen durch die Dienstvorgesetzten faktisch nicht unbeträchtliche Handlungsspielräume eröffnen[20]. Das derzeit geltende Legalitätsprinzip der StPO kann als ein solches von mittlerer Verbindlichkeit gekennzeichnet werden, das sich in der praktischen Auswirkung in vielen Deliktsbereichen einem gebundenen Opportunitätsprinzip annähert[21].

12   c) Über die **Legitimationsgrundlagen des Legalitätsprinzips** besteht keine Übereinstimmung; von den verschiedenen Autoren werden teilweise mehrere Gründe angeführt[22]. Das Legalitätsprinzip wird, besonders im älteren Schrifttum zur Zeit absoluter Straftheorien, als notwendige Folge aus der staatlichen Strafdrohung abgeleitet[23], teilweise auch mit generalpräventiven Erwägungen gerechtfertigt[24]. Ferner wird es als notwendiges Korrelat zum Anklagemonopol aufgefaßt[25] oder als Konsequenz des staatsrechtlichen Legalitätsprinzips (der Gesetzesbindung) angesehen[26]. Vornehmlich in neuerer Zeit wird seine Wurzel in der Gewährleistung der Gerechtigkeit ohne Ansehen der Person und damit in der Willkürfreiheit und im Gleichheitssatz[27] sowie, damit zusammenhängend, in der rechtsfriedenssichernden Aufgabe des Strafprozesses in Verbindung mit der auf Rechtsgüterschutz angelegten Funktion des materiellen Strafrechts und der Verpflichtung des Staates zur Gewährleistung einer funktionstüchtigen Strafrechtspflege gesehen[28].

---

[20] **A. A** wohl *Kühne* 139 (relativ scharfe Konturierung); zweifelnd wohl auch *Schroeder* FS Peters 416 ff.

[21] *Geerds* SchlHA **1962** 186; *Jung* 49 ff; *Kapahnke* 29; im Ergebnis wohl übereinstimmend *Schroeder* FS Peters 415 ff; *Zipf* FS Peters 494 f; ähnlich *Weigend* 23 f, 168 („Mischsystem"); wohl weitergehend *Roxin* § 14 B II 1 (praktisch Geltung des Opportunitätsprinzips bei kleiner und mittlerer Kriminalität).

[22] Übersicht bei *Weigend* 63 ff; ausführliche Auseinandersetzung bei *Jeutter* 13 ff.

[23] *Beling* 140; *Binding* LZ **1917** 497; *Birkmeyer* 69; *Gerland* 158; *v. Kries* 263; abgeschwächt *v. Hippel* 337.

[24] *Henkel* 96; *Loos* JZ **1978** 593; *Eb. Schmidt* I 386; zur Einschätzung *Jeutter* 30 ff.

[25] BGHSt **15** 159; LR-*Schäfer*[23] Einl. Kap. **13** 26; *Eckl* ZRP **1973** 139; *Kleinknecht/Meyer*[37] 2; *Kühne* 137; LR-*Meyer-Goßner*[23] 8.

[26] So *Heyden* 12 f, 97 f; ähnlich *Faller* FS Maunz 78; dagegen *Gössel* FS Dünnebier 125 f.

[27] BVerfGE **20** 222; BVerfG (Vorprüfungsausschuß) NStZ **1982** 430; vgl. auch BVerfGE **9** 228; **16** 202; ebenso *zu Dohna* 64; *Eckl* 139; *Faller* 78; *Gössel* § 1 B I; *Hirsch* ZStW **92** (1980) 227; *Kühne* 137; *Peters* § 23 IV 1 a; *Rüping* 94; *Shin* 17; *W. Wagner* 173; *Willms* JZ **1957** 465.

[28] *Rieß* NStZ **1981** 5; *Roxin* § 14 A I; *Ulrich* ZRP **1982** 169; ähnlich auch *Gössel* FS Dünnebier 129; vgl. auch *Zipf* FS Peters 496; BVerfGE **46** 222.

2. Geltungsbereich

a) Dem Legalitätsprinzip unterliegende Personen. Die in § 152 Abs. 2 bestimmte **13** Pflicht, zur Aufklärung und Verfolgung von Straftaten einzuschreiten, trifft zunächst und dem Wortlaut nach die Beamten der Staatsanwaltschaft (Staatsanwälte und Amtsanwälte, vgl. § 142 GVG). In Steuerstrafsachen (§ 386 AO) gilt sie auch für die zur Verfolgung zuständige Finanzbehörde, die nach § 399 Abs. 1 AO die Rechte und Pflichten der Staatsanwaltschaft wahrnimmt[28a]. Dem Legalitätsprinzip unterliegen ferner die nach § 163 Abs. 1 zur Erforschung von Straftaten berufenen Behörden und Beamten des Polizeidienstes, so daß es sich auf alle Personen erstreckt, denen durch strafverfahrensrechtliche Bestimmungen die Aufgabe der Verfolgung von Straftaten zugewiesen ist[29]. Zur Verfolgungspflicht bei außerdienstlicher Kenntniserlangung s. die Erl. zu § 160.

Nach ganz h. M soll das Legalitätsprinzip auch für die außerhalb der Staatsan- **14** waltschaft stehenden **Dienstvorgesetzten** gelten, namentlich für den Justizminister sowie die mit der Dienst- und Fachaufsicht befaßten Beamten der Justizverwaltung[30]. Die Dienstvorgesetzten haben bei Ausübung ihres Weisungsrechts das für den Staatsanwalt verbindliche Legalitätsprinzip zu beachten[31]. Es gehört auch zu ihren Amtspflichten, im Wege der Dienstaufsicht die Beachtung des Legalitätsprinzips durch die ihnen unterstehenden Staatsanwaltschaften zu überwachen[32]. Dagegen erscheint zweifelhaft, ob § 152 Abs. 2 für nicht der Staatsanwaltschaft angehörende Bedienstete der Justizverwaltung unmittelbar und insgesamt gilt, denn diese erfüllen keine Aufgaben der Strafverfolgung. Ob die pflichtwidrige Duldung von Verstößen gegen das Legalitätsprinzip für den externen Dienstvorgesetzten eine Strafbarkeit nach § 258 a StGB begründet, ist eine hier nicht zu erörternde materiell-rechtliche Frage[33].

Das Legalitätsprinzip gilt nicht für **Bedienstete anderer Behörden,** die nicht mit **15** Strafverfolgungsmaßnahmen befaßt sind, auch wenn sie dienstlich vom Verdacht strafbarer Handlungen Kenntnis erlangen[34] und auch soweit für sie eine besondere gesetzliche Anzeigepflicht (vgl. bei § 158) besteht und zwar selbst dann nicht, wenn sie zu Hilfsbeamten der Staatsanwaltschaft aufgrund § 152 GVG bestellt sind[35]. Auch hier ist die materiell-strafrechtliche Frage, ob die Unterlassung einer besonderen, gesetzlich vorgeschriebenen Anzeige den Tatbestand des § 258 a StGB begründen kann, nicht zu erörtern. Für das **Gericht** bestimmt § 183 GVG eine besondere Anzeigepflicht für die Straftaten, die in der Sitzung begangen werden.

[28a] *Franzen/Gast/Samson* Steuerstrafrecht³ (1985) § 397, 10; § 399, 7 AO mit weit. Nachw.

[29] Allg. M; vgl. z. B. *Gössel* FS Dünnebier 133; KK-*Schoreit* 18; *Eb. Schmidt* I 398.

[30] Vgl. die Erl. zu § 146 GVG; ferner *Dünnebier* JZ **1958** 418; *Geppert* Jura **1982** 140 (enger wohl 147); *Gössel* § 3 A II 2; *Henkel* 142 f; *v. Hippel* 340; *Kleinknecht/Meyer*³⁷ § 146, 3 GVG; KK-*Schoreit* 20; *Lüttger* GA **1957** 216; *Niese* SJZ **1950** 893; *Roxin* § 10 II 2; *Eb. Schmidt* I 395 (mit Nachw. auch zur früheren Gegenmeinung); *Willms* JZ **1957** 465.

[31] BGHSt **15** 161; vgl. zum Weisungsrecht und seinen Grenzen insgesamt die Erl. zu § 146 GVG.

[32] *Willms* JZ **1957** 466.

[33] Vgl. dazu *Dreher/Tröndle*⁴² § 258 a, 3; LK-*Ruß* § 258 a, 3; *Schönke/Schröder/Stree* § 258 a, 5; das Tatbestandsmerkmal „Mitwirkung bei dem Strafverfahren" muß nicht notwendig mit dem Kreis der durch § 152 Abs. 2 unmittelbar Angesprochenen korrespondieren.

[34] A. A für Beamte der Steuer- und Zollfahndung bei Kenntnis von strafbaren, nicht steuerstrafrechtlichen Handlungen *Brenner* DRiZ **1978** 52.

[35] *Geppert* Jura **1982** 141; a. A *Peters* § 24 IV; vgl. die Erl. zu § 152 GVG.

Peter Rieß

16   Ob das Legalitätsprinzip auch für das **Gericht** gilt, ist im wesentlichen eine terminologische Frage. Unmittelbar anwendbar ist § 152 Abs. 2, außer in den Fällen des § 165 („Notstaatsanwalt")[36] auf die gerichtliche Tätigkeit nicht. Dagegen läßt sich die der Vorschrift zugrundeliegende rechtspolitische Entscheidung, daß der Verdacht einer Straftat aufzuklären und im Falle ihres Nachweises eine strafrechtliche Sanktion zu verhängen ist, auch auf die gerichtliche Entscheidungspflicht übertragen. Diese, eng mit der Amtsaufklärungspflicht zusammenhängende Verpflichtung ließe sich als Legalitätsprinzip im weiteren Sinne bezeichnen[37]. Jedenfalls enthalten regelmäßig die in den §§ 153 ff der Staatsanwaltschaft eingeräumten, das Legalitätsprinzip begrenzenden Nichtverfolgungsermächtigungen zugleich für den Fall der gerichtlichen Anhängigkeit eine auch an das Gericht gerichtete Ermächtigung zur Einstellung des Verfahrens (vgl. Rdn. 52 und Vor § 151, 2).

17   b) **Zeitliche Geltung.** Die Pflicht zum Einschreiten umfaßt das gesamte Ermittlungsverfahren einschließlich der Erhebung der öffentlichen Klage (vgl. auch § 170 Abs. 1). Ob und ggf. in welchem Umfang der dem Legalitätsprinzip zugrundeliegende Grundgedanke für die Staatsanwaltschaft auch während des gerichtlich anhängigen Verfahrens verpflichtend bleibt und von ihr ein bestimmtes Verhalten verlangt, ist kaum erörtert[38]. Eine Verpflichtung, gegen eine die Eröffnung des Hauptverfahrens ablehnende oder den Angeklagten freisprechende gerichtliche Entscheidung ein Rechtsmittel einzulegen, dürfte sich für die Staatsanwaltschaft aus dem Legalitätsprinzip auch für den Fall nicht begründen lassen, daß sie diese Entscheidung für falsch hält[39].

18   Dagegen gilt das **Legalitätsprinzip nach Verfahrensbeendigung,** soweit nach der jeweiligen Rechtslage die Voraussetzungen für eine erneute Strafverfolgung vorliegen. Die Staatsanwaltschaft unterliegt deshalb erneut der Pflicht zum Einschreiten nach § 152 Abs. 2, wenn sie ein Verfahren nach § 170 Abs. 2 oder den §§ 153 ff eingestellt hatte und nunmehr neue tatsächliche Anhaltspunkte ein Ergebnis erwarten lassen, das die Einstellung nicht mehr gerechtfertigt erscheinen läßt, oder wenn in den Fällen der §§ 174, 211 neue Tatsachen oder Beweismittel bekannt werden, die eine Verfahrensfortsetzung erforderlich erscheinen lassen[40].

19   c) **Sachliche Geltung.** Die Pflicht zum Einschreiten gilt, zureichende tatsächliche Anhaltspunkte (Rdn. 21 ff) für eine verfolgbare Straftat (Rdn. 29) vorausgesetzt, stets, sofern nicht eine der gesetzlichen Ausnahmen (Rdn. 46 f) eingreift. Die Durchführung eines Ermittlungsverfahrens nach § 152 Abs. 2 darf nicht deshalb unterbleiben, weil es den von ihm Betroffenen besonders belasten oder ihm unverhältnismäßig schwere Nachteile zufügen würde; die Frage der **Verhältnismäßigkeit** stellt sich erst bei der Auswahl der erforderlichen Ermittlungshandlungen und Zwangsmaßnahmen[41]. Insoweit kann das Verhältnismäßigkeitsprinzip allerdings dazu führen, daß einem Anfangs-

---

[36] *Geppert* Jura **1982** 141.
[37] So *Kühne* 137; wohl auch *Geppert* GA **1979** 300.
[38] Vgl. verneinend KK-*Schoreit* 6; *Kleinknecht/Meyer*[37] 2 (prozessuale Aufgabe eigener Art); *Peters* § 23 IV 1 f; bejahend *Geppert* GA **1979** 300; wohl auch *Gössel* § 11 B II und FS Dünnebier 130; *Heyden* 6, 24; vgl. auch *Niese* SJZ **1950** 894.
[39] Vgl. auch Nr. 147 Abs. 1 RiStBV.

[40] Vgl. § 211, 15 und die Erl. zu § 174. Zur (umstrittenen) Geltung des Legalitätsprinzips für das Wiederaufnahmeverfahren zuungunsten des Freigesprochenen vgl. § 362, 1; zum Ganzen *Kleinknecht* FS Bruns.
[41] BGH (Z) vom 8. 2. 1971 – III ZR 54/68 – (mitgeteilt bei *Steffen* DRiZ **1972** 154); *Geppert* Jura **1982** 150; KK-*Schoreit* 48; *Kleinknecht/Meyer*[37] 6; *Steffen* DRiZ **1972** 154; im Ergebnis auch *Schroeder* FS Peters 415; a. A *Jeutter* 155; wohl auch G. *Schäfer* § 19 II 2 a.

verdacht nicht mit allen sonst zulässigen und gebotenen Mitteln nachgegangen werden darf. Zur Frage, ob prozeßordnungswidrig gewonnene Tatsachen bei der Begründung des Anfangsverdachts verwendet werden können, s. Rdn. 26 f.

Ein **Verzicht** auf die dem Legalitätsprinzip entspringende Pflicht zum Einschreiten **20** kann grundsätzlich **nicht durch Notstand gerechtfertigt** werden. Insbesondere ist, außerhalb der gesetzlichen Nichtverfolgungsermächtigungen, kein Abstandnehmen von der Strafverfolgung deshalb zulässig, weil bei Durchführung des Strafverfahrens innerer Unfriede oder gar „bürgerkriegsähnliche Zustände" zu befürchten wären[42]. In einer akuten, anders nicht abwendbaren Notstandssituation kommt allenfalls in Betracht, im Rahmen der freien Gestaltung des Ermittlungsverfahrens die Intensität von Ermittlungshandlungen zurückzunehmen oder sie zeitlich zurückzustellen (vgl. die Erl. zu § 160), wenn nicht die Gefahr besteht, daß dadurch die Aufklärung praktisch gänzlich vereitelt oder wesentlich erschwert würde[43]. Letzteres ist allenfalls dann in Kauf zu nehmen, wenn bei der kompromißlosen Durchführung des Legalitätsprinzips durch sofortiges Einschreiten Leib oder Leben unbeteiligter Dritter gefährdet würden, wie es etwa in Fällen von Geiselnahme der Fall sein kann[44]. In solchen Fällen können die Interessen akuter Gefahrenabwehr den Vorrang vor Aufklärungsinteressen haben[45].

3. Zureichende tatsächliche Anhaltspunkte

a) Bedeutung. Mit den Worten „zureichende tatsächliche Anhaltspunkte" wird **21** der sog. **Anfangsverdacht**[46] beschrieben. Der Begriff ist auch für § 160 Abs. 1 maßgebend, wo lediglich vom „Verdacht" die Rede ist. Er stimmt nicht notwendig mit den (verschiedenen) Verdachtsbegriffen überein, die in der StPO als Voraussetzungen für Zwangsmaßnahmen verwendet werden. Als auslösendes Element für die Einleitung eines zunächst auf Verdachtsklärung gerichteten Verfahrens ist der Anfangsverdacht im Vergleich zu den sonstigen Verdachtsgraden durch eine verhältnismäßig geringe Intensität gekennzeichnet. Dringend im Sinne der §§ 111 a, 112 braucht er nicht zu sein; mit dem hinreichenden Verdacht im Sinne des § 203 hat er nichts zu tun.

Der **Anfangsverdacht** löst nicht nur die Erforschungspflicht aus, sondern **begrenzt** auch die strafverfahrensrechtliche **Befugnis zum Einschreiten**. Aus § 152 Abs. 2 **22** (und § 160 Abs. 1) folgt auch, daß die Strafverfolgungsbehörden erst dann aufklärend und strafverfolgend tätig werden dürfen, wenn hierfür zureichende tatsächliche Anhaltspunkte vorliegen[47]. Bloße Vermutungen und Möglichkeiten begründen noch keinen Anfangsverdacht[48]. Es wird durch die Strafprozeßordnung nicht gedeckt und ist nicht Teil eines gesetzmäßigen strafprozessualen Ermittlungsverfahrens, wenn aufgrund

---

[42] *Rieß* FS Dünnebier 149; *Roxin* § 14 A I; dazu auch *Ulrich* ZRP **1982** 169; *Geppert* Jura **1982** 150; ferner (mit Hinw. zur die Fragen auslösenden realen Situation) *Schultz/Leppin* Jura **1981** 521 ff; *J. Wagner* Kriminalistik **1982** 253; vgl. auch BVerfGE **46** 222.

[43] *Kleinknecht/Meyer*[37] 6 (auch zur Zurückstellung aus kriminaltaktischen Gründen); KMR-*Müller* 7.

[44] Vgl. *Jeutter* 157; *Kleinknecht/Meyer*[37] 6; *Krey* ZRP **1975** 97; *Schultz/Leppin* aaO.

[45] Vgl. *Benrath* JR **1984** 3 sowie Abschnitt B Nr. III der Gemeinsamen Richtlinie der Justiz- und Innenminister über die Anwendung

des unmittelbaren Zwanges durch Polizeibeamte auf Anordnung der Staatsanwaltschaft, Anlage A der RiStBV.

[46] *Kleinknecht/Meyer*[37] 4; *Kühne* 145; *Roxin* § 37 B I; zur kriminologischen Bedeutung *Naucke* Tatverdacht; zur Struktur des Anfangsverdachts vgl. auch *Helgerth* Der Verdächtige als schweigeberechtigte Auskunftsperson, Diss. Erlangen/Nürnberg, 1976, 20 ff; *v. Hindte* 19.

[47] *Kleinknecht/Meyer*[37] 4.

[48] *Geerds* GA **1965** 327; *Roxin* § 37 B I; *G. Schäfer* § 18 I 1; vgl. OLG Hamburg NJW **1984** 1635.

Peter Rieß

bloßer, nicht durch tatsächliche Hinweise gestützter Möglichkeiten und rein kriminalistischer Hypothesen ganze Felder des sozialen Lebens durchleuchtet werden, nur weil die Möglichkeit besteht, daß dabei Straftaten ans Licht gefördert werden[49]. Aus dem strafprozessualen Legalitätsprinzip im Sinne der §§ 152 Abs. 2, 160 Abs. 1 läßt sich weder eine Ermächtigung noch gar eine Verpflichtung ableiten, ohne konkrete tatsächliche Hinweise nach unbekannten Straftaten zu forschen[50]. Das ergibt sich trotz des mißverständlichen Wortlauts auch nicht aus § 163 Abs. 1[51].

23   **b) Zureichende Anhaltspunkte** sind solche, die es rechtfertigen, die Mittel der Strafverfolgungsbehörden einzusetzen und, wenn auch in geringem Maße, in die Rechtssphäre des Bürgers einzugreifen, um festzustellen, ob eine verfolgbare Straftat vorliegt und wer sie begangen hat. Es genügt eine gewisse, wenn auch noch geringe Wahrscheinlichkeit, bei der der Zweifel an der Richtigkeit des Verdachts noch überwiegen darf[52]. Sie muß aber über die allgemeine theoretische Möglichkeit des Vorliegens von Straftaten hinausgehen. Auch dürftige und noch ungeprüfte Angaben, Gerüchte[53] und einseitige Behauptungen können ausreichen, denn die Prüfung des Grades ihrer Wahrscheinlichkeit ist gerade das Ziel und kann deshalb nicht der Ausgangspunkt von Ermittlungen sein[54]. Auf eine bestimmte Person brauchen die Anhaltspunkte noch nicht hinzudeuten; § 152 Abs. 2 verpflichtet auch zur Einleitung eines Verfahrens gegen Unbekannt[55], so etwa, wenn nach § 159 Anzeige von einem nicht natürlichen Todesfall gemacht wird und der Verdacht eines strafbaren Verhaltens nicht von vornherein ausgeschlossen werden kann[56].

24   **Keine zureichenden Anhaltspunkte** liegen allerdings dann vor, wenn die verdachtsbegründenden Umstände offensichtlich haltlos oder unrichtig sind, was beispielsweise bei Mitteilungen von bekannten Querulanten der Fall sein kann[57]. Die Ermittlungspflicht wird auch nicht ausgelöst, wenn sich aus den Umständen zugleich ergibt, daß der Verdacht der Erfüllung eines objektiven Tatbestands wegen Fehlens der subjektiven Seite kein strafbares Verhalten ergeben kann oder daß die zu untersuchende Handlung unzweifelhaft rechtmäßig oder schuldlos ist[58], beispielsweise im Falle der Nothilfe bei einer Geiselnahme[59]. Indessen ist in solchen Fällen stets zu erwägen, ob nicht Ermittlungen deshalb angezeigt sind, weil sie Umstände ans Licht fördern können, die Zweifel am Vorliegen der scheinbar die Strafbarkeit ausschließenden Gründe erwecken.

---

[49] *Arndt* NJW **1962** 2000; *Geerds* SchlHA **1964** 60; KMR-*Müller* 4; *Mörsch* Zur Rechtsstellung des Beschuldigten und seines Verteidigers im Vorverfahren, Diss. Mainz, 1968, 48; *G. Schäfer* § 18 I 1; *Walder* ZStW **95** (1983) 867.

[50] *Gössel* FS Dünnebier 131; KMR-*Müller* 5; *Eb. Schmidt* Nachtr. I 4; *Walder* aaO; *Weigend* 60 f; weitergehend wohl von einem materiellen Verständnis des Legalitätsprinzips her *Zipf* FS Peters 489; ferner *Henkel* 95.

[51] Vgl. die Erl. zu § 163; ferner KK-*Schoreit* 37 f; s. auch *Geerds* SchlHA **1964** 60.

[52] *Kaiser* NJW **1965** 2380; *Kleinknecht/Meyer*[37] 4; *Lüttger* GA **1957** 194; *Nagler* GerS **111** (1938) 361; *Eb. Schmidt* 10 (tatsächliche Begebenheit, deren Deutung nach vernünftiger sozialer Lebenserfahrung die Möglichkeit des Gegebenseins einer Straftat ins Blickfeld rückt); *Schlüchter* 393.3; wohl enger KMR-*Müller* 4; zum Ganzen ausführlich *Kühne* 145 ff und NJW **1979** 622 sowie (grundsätzlich) *Fincke* ZStW **95** (1983) 931.

[53] RGSt **70** 252; *Roxin* § 37 B I 1; *Willms* JZ **1957** 466.

[54] *Geerds* GA **1965** 327.

[55] *Kleinknecht/Meyer*[37] 5; vgl. auch *Kühne* 147; *Lüttger* GA **1957** 194 Fußn. 6; *Walder* ZStW **95** (1983) 868.

[56] *Maiwald* NJW **1978** 564; vgl. auch *Geerds* MedR **1984** 172; Rd. 34 a. E.

[57] *Kaiser* NJW **1965** 2380; vgl. KMR-*Müller* 4.

[58] Vgl. *Peters* FS Welzel 425 (sozialadäquate Handlungen).

[59] *Geerds* ArchKrim **151** (1973) 52; *Kleinknecht/Meyer*[37] 4.

c) Tatsächliche Anhaltspunkte. Die zureichenden Anhaltspunkte müssen eine tat- **25** sächliche Grundlage haben, die darauf hindeutet, daß über die bloße allgemeine Möglichkeit der Begehung von Straftaten gerade der zu untersuchende Lebenssachverhalt eine Straftat enthält. Dabei genügen auch Indiztatsachen oder Tatsachen, die offenkundig sind[60], sofern sich aus ihnen nach kriminalistischer Erfahrung *konkrete* Hinweise auf ein strafbares Verhalten ergeben. Es ist nicht erforderlich, daß die Tatsachen bereits die Subsumtion unter einen *bestimmten* Tatbestand ermöglichen. Sie müssen noch nicht feststehen; die bloße Wahrscheinlichkeit (auch geringen Grades), daß sie vorliegen, genügt, denn es ist gerade Ziel des Einschreitens, die Richtigkeit zu überprüfen[61]. Wie die in § 108 getroffene Regelung zeigt, können solche den Anfangsverdacht auslösende Tatsachen auch bei Gelegenheit der Verfolgung und Aufklärung anderer Straftaten festgestellt werden. Die Berufung auf ein Auskunftsverweigerungsrecht nach § 55 allein begründet noch keinen Anfangsverdacht (s. § 55, 5; 17).

d) Ob **Tatsachen, die einem Beweisverwertungsverbot unterliegen,** zur Begrün- **26** dung eines Anfangsverdachts herangezogen werden dürfen, ist zweifelhaft und wenig geklärt[62]. Das BVerfG hat bei der Annahme eines aus dem Verfassungsrecht abgeleiteten Durchsuchungs- und Beschlagnahmeverbots lediglich ausgesprochen, daß die beschlagnahmten Unterlagen und der in ihnen verkörperte gedankliche Inhalt einem Beweisverwertungsverbot unterliegen und „zu Beweiszwecken" nicht verwertet werden dürften[63]. Wohl weitergehend hat das OLG Stuttgart[64] nach einer unzulässigen Beschlagnahme ausgesprochen, daß die Befugnis zur Herstellung von Ablichtungen nicht auf die §§ 152, 160 gestützt werden könne, weil die Staatsanwaltschaft das Verfahren mit solchen Unterlagen „nicht weiter fördern" dürfe. Demgegenüber hat der BGH die Auffassung vertreten, die bei einer Telefonüberwachung nach § 100 a gewonnenen Hinweise auf das Vorliegen einer anderen, nicht unter den Katalog des § 100 a fallenden Tat dürften zwar nicht zu Beweiszwecken verwendet, wohl aber zur Grundlage von Ermittlungen gemacht werden[65], woraus folgt, daß sie auch einen Anfangsverdacht begründen können. Positivrechtlich ist die Unzulässigkeit jeder Verwendung von Erkenntnissen, also auch die zur Begründung eines Anfangsverdachts, in § 7 Abs. 3 G 10 geregelt, soweit eine Fernmeldeüberwachung auf § 1 Abs. 1 in Vbdg. mit § 2 Abs. 1 Nr. 1 dieses Gesetzes gestützt ist[66].

Das Problem gehört in den größeren Zusammenhang der **Fernwirkung von Be- 27 weisverwertungsverboten,** namentlich der amerikanischen „fruit-of-the-poisonous-tree-doctrine"[67], auf deren Anerkennung es im Ergebnis in der Praxis weitgehend hinauslaufen würde, wenn man an die Unzulässigkeit einer Beweishandlung regelmäßig das Verbot knüpfen würde, dabei gewonnene tatsächliche Erkenntnisse als Anfangsverdacht zuzulassen und zum Ausgangspunkt weiterer selbständiger Ermittlungen zu machen. Freilich bleibt zu berücksichtigen, daß die einem Beweisverwertungsverbot unter-

[60] *Kleinknecht/Meyer*[37] 4; *Willms* JZ **1957** 466.

[61] KMR-*Müller* 4.

[62] Vgl. verneinend KK-*Schoreit* 39 (unter unzutreffender Bezugnahme auf BGHSt **22** 135; **27** 357); *Knauth* NJW **1978** 743; JuS **1979** 341; zweifelnd Kleinknecht/Meyer[36] 4.

[63] BVerfGE **44** 383; daraus leitet *Knauth* JuS **1979** 341 trotz der Wendung „zu Beweiszwecken" auch die Unzulässigkeit von Ermittlungsmaßnahmen ab.

[64] AnwBl. **1978** 114.

[65] BGHSt **27** 355 = JR **1979** 163 mit Anm. *Rieß* 169; vgl. auch LR-*Meyer*[23] § 100 a, 13; BGHSt **29** 248; **31** 304; BGH NJW **1984** 2772 f (Verwertungsverbot darf nicht ohne weiteres zur Lähmung des gesamten Strafverfahrens führen).

[66] *Dünnebier* DuR **1980** 383 ff; vgl. BGHSt **29** 244; OLG Köln NJW **1979** 1216; *Rieß* JR **1983** 125 f.

[67] Vgl. Einl. Kap. **14** V B; § 136 a, 66 f.

liegenden Erkenntnisse, selbst wenn sie zur Begründung des Anfangsverdachts herangezogen werden, schon für das staatsanwaltschaftliche Ermittlungsverfahren als Beweismittel ausscheiden, solange sie nur aus der unzulässigen Beweiserhebung begründbar sind; sie dürfen weder dem Beschuldigten vorgehalten noch als Beweismittel für die Anordnung strafprozessualer Zwangsmaßnahmen verwendet werden[68]. Im übrigen sprechen wohl die überwiegenden, auch kriminalpolitischen Gründe stärker dafür, die Frage nicht generell zu bejahen oder zu verneinen, sondern auf die Intensität des das Beweisverbot auslösenden Rechtsverstoßes einerseits und die Schwere der aufzuklärenden Tat andererseits abzustellen[69].

28　　**e) Beurteilungsspielraum.** Den Strafverfolgungsbehörden ist bei der Frage, ob zureichende tatsächliche Anhaltspunkte ein Einschreiten erfordern, kein Ermessen eingeräumt, weil das im Ergebnis auf die Anerkennung des Opportunitätsprinzips hinauslaufen würde[70]. Vielmehr ist der Anfangsverdacht an einen unbestimmten Rechtsbegriff geknüpft[71], bei dessen Ausfüllung Staatsanwaltschaft und Polizei jedoch ein beträchtlicher Beurteilungsspielraum eingeräumt ist[72]. Bei seiner Anwendung sind auch kriminalistische Kenntnisse und Erfahrungen von Bedeutung[73].

29　　**4. Verfolgbare Straftaten.** Die Pflicht zum Einschreiten nach § 152 Abs. 2 wird nur ausgelöst, wenn sich der Anfangsverdacht auf eine Straftat, also eine tatbestandsmäßige, rechtswidrige und schuldhafte Handlung[74] richtet. Ordnungswidrigkeiten und Disziplinarsachen unterliegen nicht dem strafprozessualen Legalitätsprinzip. Aber auch wenn von vornherein ersichtlich ist, daß die in Betracht kommende rechtswidrige Tat nicht schuldhaft begangen ist, etwa weil der Verdächtige schuldunfähig ist, greift § 152 Abs. 2 selbst dann nicht ein, wenn die Anordnung einer Maßregel der Besserung und Sicherung im Sicherungsverfahren nach den §§ 413 ff in Betracht kommen kann, denn für dieses Verfahren gilt das Opportunitätsprinzip (vgl. die Erl. zu § 413). Allerdings kann sich die Notwendigkeit zum Einschreiten hier je nach Sachlage aus der pflichtgemäßen Ermessensausübung ergeben und wird es nicht selten tun.

30　　**Verfolgbar** ist die Straftat, wenn keine persönlichen Strafausschließungsgründe und keine Verfahrenshindernisse vorliegen[75]. Sind behebbare Verfahrenshindernisse gegeben (z. B. fehlender Strafantrag, parlamentarische Immunität), so gehört es zur Aufklärungspflicht der Strafverfolgungsbehörden, eine Klärung darüber herbeizuführen, ob ihre Beseitigung möglich ist[76]. Es müssen also etwa die Antragsberechtigten befragt werden, ob Strafantrag gestellt werden soll, oder es muß die Entscheidung des Parlaments über die Genehmigung zur Strafverfolgung herbeigeführt werden (§ 152 a, 33).

31　　Die Frage nach zureichenden **Anhaltspunkten und** die nach einer verfolgbaren **Straftat** sind **aufeinander bezogen.** Es ist daher stets zunächst zu prüfen, ob der bekannt-

---

[68] *Rieß* JR **1979** 169.

[69] Ähnlich LR-*Hanack* § 136 a, 67; vgl. auch BGHSt **27** 357; **29** 242.

[70] *Kleinknecht/Meyer*[37] 4; a. A v. *Hindte* 37; *Kaiser* NJW **1965** 2380; *Gössel* § 4 A I; *Eb. Schmidt* 11 (gebundenes Ermessen).

[71] BVerfG (Vorprüfungsausschuß) NJW **1984** 1451 = NStZ **1984** 228; BGH (Z) NJW **1970** 1543; KK-*Schoreit* 42; *Kleinknecht/Meyer*[37] 4; *Sailer* NJW **1977** 1138.

[72] Vgl. *Kutzer* DRiZ **1975** 110 (ermessensähnlicher Spielraum); im Ergebnis dürfte kaum

ein Unterschied zu der Auffassung bestehen, die ein gebundenes Ermessen annimmt, so auch KK-*Schoreit* 41.

[73] *Kleinknecht/Meyer*[37] 4; *Eb. Schmidt* 10.

[74] *Dreher/Tröndle*[42] Vor § 1, 2; KK-*Schoreit* 28.

[75] KK-*Schoreit* 29; KMR-*Müller* 3; *Eb. Schmidt* 9; v. *Hindte* 30 (alle auf Verfahrenshindernis bezogen).

[76] OLG Karlsruhe Justiz **1962** 82; KK-*Schoreit* 29; *Kleinknecht/Meyer*[37] 10.

gewordene Sachverhalt überhaupt strafrechtlich relevant ist[77] oder doch Anhaltspunkte dafür enthält, daß weitere Ermittlungen eine solche strafrechtliche Relevanz ergeben können, und ob die Verfahrensvoraussetzungen vorliegen oder noch geschaffen werden können[78]. Ist dies eindeutig nicht der Fall, so ist ein Einschreiten nicht geboten[79]. Es reicht aus, wenn *ein* Element der „verfolgbaren Straftat" offensichtlich fehlt. So verpflichtet das Legalitätsprinzip beispielsweise nicht zum Einschreiten, wenn die angezeigte Tat mit Sicherheit verjährt wäre oder wenn sich aus der Anzeige selbst ergibt, daß die Strafantragsfrist für den (einzigen) Antragsberechtigten verstrichen ist. Dagegen sind die erforderlichen Ermittlungen durchzuführen, wenn zwar die bisher bekannten Umstände noch nicht alle Elemente einer verfolgbaren Straftat erkennen lassen, aber die Möglichkeit besteht, daß weitere Erkenntnisse hierüber gewonnen werden können. Zur Frage, ob die Staatsanwaltschaft bei der rechtlichen Beurteilung an eine ständige höchstrichterliche Rechtsprechung gebunden ist, vgl. Einl. Kap. 13 III und § 170, 22 f.

5. Einschreiten

a) Begriff und Umfang. Der Anfangsverdacht verpflichtet die Strafverfolgungsbehörden zum „Einschreiten". Die damit verlangte Tätigkeit muß sich am Zweck des Verfahrens orientieren, zunächst in einem Vorverfahren eine Prognose über die Verurteilungswahrscheinlichkeit (§ 203, 9) zu ermöglichen und alsdann nach Erhebung der öffentlichen Klage zu einer gerichtlichen Entscheidung über Schuld oder Unschuld und ggf. zu einer Sanktionsfestsetzung zu kommen. Zum Einschreiten gehört regelmäßig die Erforschung des Sachverhalts (§ 160 Abs. 1, § 163 Abs. 1 Satz 1), notfalls und soweit erforderlich auch unter Einsatz von Zwangsmaßnahmen, ggf. die Erhebung der öffentlichen Klage (§ 170 Abs. 1)[80] und eventuell die wiederauflebende Verfolgungspflicht nach Verfahrensbeendigung (Rdn. 18). Was im einzelnen erforderlich ist, hängt von den Umständen des Einzelfalles ab, vgl. die Erl. zu § 160.

32

b) Vorermittlungen. Liegt der Anfangsverdacht vor, so ergibt sich daraus die Pflicht zum Einschreiten. Dieses Einschreiten ist der Sache nach stets ein Ermittlungsverfahren. Es richtet sich entweder gegen Unbekannt oder gegen einen bestimmten Verdächtigen, dem die Rechte des Beschuldigten nicht dadurch genommen werden dürfen, daß man die erste Phase eines Ermittlungsverfahrens, in der der Anfangsverdacht noch verhältnismäßig vage ist und angenommen werden kann, er werde sich alsbald wieder zerstreuen, terminologisch als Vorermittlungen verselbständigt. Ein solches Vorermittlungsverfahren ist der StPO fremd[81]; ebensowenig ändert es etwas am Einschreiten aufgrund eines Anfangsverdachts, daß die Sache registermäßig nur in das Allgemeine Register (ARs-Sache) eingetragen wird[82]. Derartige terminologische oder registermäßige Bemühungen, dem Betroffenen den vermeintlichen Makel eines gegen ihn gerichteten Ermittlungsverfahrens zu ersparen, sind schon deshalb verfehlt, weil aus der Notwendigkeit, aufgrund eines Anfangsverdachts einzuschreiten, ein solcher Makel weder rechtlich (Unschuldsvermutung) noch tatsächlich hergeleitet werden kann.

33

[77] BGHZ **20** 180; *Fincke* ZStW **95** (1983) 922; *v. Hindte* 26 ff; *Kaiser* NJW **1965** 2380; *Eb. Schmidt* 10; *Steffen* DRiZ **1972** 154.

[78] *Geerds* SchlHA **1964** 60; *Kaiser* NJW **1965** 2380.

[79] Vgl. OLG Köln NJW **1977** 1463 (Gesetzgebungsverfahren einschließlich vorbereitender Initiativen kann hinsichtlich des Gesetzgebungsinhalts nicht den Verdacht einer Straftat begründen).

[80] *Geppert* Jura **1982** 140; enger KK-*Schoreit* 4; KMR-*Müller* 2; vgl. Rdn. 3 mit Fußn. 4.

[81] *G. Schäfer* § 18 I 2; vgl. aber *Fincke* ZStW **95** (1983) 927 ff.

[82] *Kleinknecht/Meyer*[37] 5; teilw. **a. A** *Burchardi/ Klempahn* 392.

Peter Rieß

34   Von Vorermittlungen, die noch **kein Einschreiten** im Sinne des § 152 Abs. 2 darstellen, läßt sich lediglich dann sprechen, wenn die Polizei ihr bekannt gewordene Umstände, etwa eine Strafanzeige (vgl. die Erl. zu § 158), lediglich ohne weitere Maßnahmen der Staatsanwaltschaft zur Entscheidung über das weitere Vorgehen übermittelt[83], oder wenn die Staatsanwaltschaft lediglich behördenintern die ihr bekannten Verdachtsgründe in rechtlicher und tatsächlicher Hinsicht daraufhin überprüft, ob sie überhaupt ein Einschreiten rechtfertigen. Schließlich können Vorermittlungen auch dann erforderlich sein, wenn, wie etwa im Fall des § 159 (vgl. die dort. Erl.) oder bei einem Unfall, zunächst noch geklärt werden muß, ob die bekanntgewordenen Umstände überhaupt einen Anfangsverdacht eines *strafbaren* Verhaltens begründen[83a].

35   **c) Einzelfragen.** Das erforderliche Einschreiten umfaßt im Rahmen der gesetzlichen Befugnisse, bei der Polizei also aus eigenen Stücken nur im Rahmen des Zugriffs (vgl. die Erl. zu § 163), auch die Beantragung oder Anordnung von Zwangsmaßnahmen wie vorläufige Festnahme, Haftbefehl, Durchsuchung, Beschlagnahme oder körperliche Untersuchungen[84]. Allerdings setzen derartige Maßnahmen oft einen höheren Verdachtsgrad voraus. Aus dem Legalitätsprinzip und der Pflicht zum Einschreiten kann nicht die Verpflichtung zu Rechtsauskünften darüber hergeleitet werden, ob ein bestimmtes Verhalten strafbar ist[85]. Richtet sich gegen mehrere Personen ein gleichartiger Verdacht, so ist grundsätzlich gegen alle „einzuschreiten"[86]. Ob und wann ein Einschreiten unterbleiben kann, wenn von vornherein klar erkennbar ist, daß keine Möglichkeit zur Aufklärung besteht[87], ist bei § 160 erörtert.

36   **d) Einschreiten bei Ausnahmen von der Verfolgungspflicht.** Auch soweit das Legalitätsprinzip durch besondere gesetzliche Vorschriften begrenzt ist (Rdn. 46 f), darf regelmäßig nicht gänzlich von Ermittlungen und damit vom Einschreiten abgesehen werden. Der Sachverhalt ist mindestens soweit aufzuklären, daß beurteilt werden kann, ob die jeweiligen gesetzlichen Voraussetzungen für das Absehen von der weiteren Verfolgung vorliegen. So muß beispielsweise bei einem Privatklagedelikt mindestens erkennbar sein, ob ein öffentliches Interesse an der Verfolgung besteht; kommt eine Einstellung nach § 153 in Betracht, so muß darüberhinaus die Obergrenze der (potentiellen) Schuld insoweit feststehen, daß ein Urteil über die Geringfügigkeit möglich ist. Dagegen ist es nach heutiger Gesetzeslage nicht mehr generell erforderlich, zu ermitteln, ob überhaupt ein hinreichender Tatverdacht besteht. Die Einstellung nach § 170 Abs. 2 mangels hinreichenden Tatverdachts hat jedenfalls im allgemeinen dann keinen Vorrang vor anderen Einstellungen, wenn zu ihrer Klärung noch weitere Ermittlungen erforderlich wären. Das Gesetz bringt dies häufig mit der Wendung zum Ausdruck, daß von der „Verfolgung" abgesehen werden könne[88], doch kann aus einem anderen Sprachgebrauch nicht ohne weiteres auf eine Verpflichtung zur Durchermittlung geschlossen werden.

---

[83] Vgl. dazu *Kühne* 149.

[83a] Vgl. *Marxen* Straftatsystem und Strafprozeß (1984) 184 ff, der von einem „regelmäßig" dem Ermittlungsverfahren vorangehenden „Sondierungsverfahren" spricht; vgl. auch die Erl. zu §§ 160, 163.

[84] KK- *Schoreit* 5.

[85] OLG Hamburg JR **1965** 189 mit Anm. *Kohlhaas* (deshalb kein Rechtsbehelf nach § 23 EGGVG gegen die Ablehnung zulässig).

[86] BVerfG (Vorprüfungsausschuß) NStZ **1982** 430 mit krit. Anm. *Kuhlmann* NStZ **1983** 130.

[87] So *Lüttger* GA **1957** 194; zur Pflicht, das Ermittlungsverfahren nach Ausschöpfung der Erforschungsmöglichkeiten zu beenden vgl. *Hilger* JR **1985** 93 und näher § 170, 10.

[88] *Schroeder* FS Peters 414; enger *Gössel* § 9 B I b; a. A früher z. B. *Niese* SJZ **1950** 892; zu den Einzelheiten vgl. die Erl. zu den jeweiligen Vorschriften.

6. Kontrolle des Legalitätsprinzips. Die Verletzung des Legalitätsprinzips ist **37** durch § 258 a StGB mit Strafe bedroht. Prozessual wird seine Einhaltung durch das dem anzeigenden Verletzten offenstehende **Klageerzwingungsverfahren** überwacht (vgl. die Erl. zu § 172). Darüberhinaus gehört es zu den Amtspflichten der weisungsberechtigten Vorgesetzten, in Ausübung der Dienstaufsicht die Einhaltung der sich aus dem Legalitätsprinzip ergebenden Verpflichtungen zu überwachen; hierauf kann im Wege der Dienstaufsichtsbeschwerde hingewirkt werden. Daß auch die Polizei im Rahmen ihrer selbständigen Erforschungspflicht (§ 163) den Anforderungen des Legalitätsprinzips nachkommt, hat auch die Staatsanwaltschaft zu gewährleisten[88a].

Keiner gerichtlichen Kontrolle im Rahmen des Strafverfahrens unterliegt dage- **38** gen die Einleitung und Durchführung eines staatsanwaltschaftlichen Ermittlungsverfahrens[89]; auch eine verzögerliche Bearbeitung kann vom Beschuldigten gerichtlich nicht, auch nicht im Verfahren nach § 23 EGGVG, beanstandet werden[90]. Dieser Ausschluß gerichtlicher Kontrolle ist verfassungsrechtlich nicht zu beanstanden[91]. Unberührt bleibt die Möglichkeit, daß der nach seiner Auffassung mit einem ungerechtfertigten Ermittlungsverfahren überzogene Betroffene einen Anspruch aus Amtspflichtverletzung geltend macht[92] oder Strafanzeige als Verletzter wegen des Verdachts einer Straftat nach § 344 StGB erstattet[93].

IV. Begrenzungen des Legalitätsprinzips

1. Allgemeine Entwicklung und Bedeutung

a) Begrenzungen als Ausdruck des Opportunitätsprinzips? Die in § 152 Abs. 2 zu- **39** gelassenen Ausnahmen vom Legalitätsprinzip werden vielfach als Fälle des Opportunitäts*prinzips* zusammengefaßt. Dagegen läßt sich einwenden, daß eine Verfahrensordnung nicht gleichzeitig das Legalitätsprinzip und das Opportunitätsprinzip zugrundelegen kann, so daß allenfalls davon gesprochen werden könnte, daß im Rahmen der gesetzlichen Ausnahmen der Opportunitätsgedanke zu berücksichtigen sei. Aber auch insoweit ist zu bedenken, daß die Ausnahmen von der Verfolgungspflicht (dem Legalitätsprinzip) regelmäßig an bestimmte tatbestandsmäßige Voraussetzungen geknüpft sind, so daß es sachgerechter sein dürfte, diese Ausnahmen als Durchbrechungen oder **Begrenzungen** der Verfolgungspflicht zu verstehen[94]. Namentlich die letzte Bezeichnung berücksichtigt, daß die mit dem Legalitätsprinzip verbundene Verfolgungspflicht und die gesetzlichen **Nichtverfolgungsermächtigungen** als Teile eines als Einheit zu verstehenden kriminalpolitischen Reaktionssystems aufzufassen sind, die sich nicht grundsätzlich, sondern nur graduell unterscheiden.

In diesem Zusammenhang ist auch von Bedeutung, daß auch bei äußerlich geset- **40** zeskonformer Anwendung der das Legalitätsprinzip konstituierenden Vorschriften in der **Wirklichkeit der Verbrechensverfolgung Opportunitätsgesichtspunkte** durchschla-

---

[88a] KK-*Schoreit* 18; *Gössel* GA **1980** 351.

[89] OLG Karlsruhe NStZ **1982** 434 mit Anm. *Rieß;* LG Saarbrücken NJW **1966** 1038; *Rüping* 99; *Schlüchter* 393. 4; enger *Keller* GA **1983** 503; 520 (Anfechtbarkeit belastender Ermittlungshandlungen).

[90] OLG Hamm NStZ **1984** 38.

[91] BVerfG (Vorprüfungsausschuß) NStZ **1982** 430 mit Anm. *Kuhlmann* NStZ **1983** 130; NStZ **1984** 228 f.

[92] Vgl. BGHZ **20** 180; BGH NJW **1970** 1544; KK-*Schoreit* 51; zum Ganzen *Steffen* DRiZ **1972** 153.

[93] *Rieß* NStZ **1982** 436.

[94] Ebenso *Henkel* 96 Fußn. 4; teilweise abweichend *Schroeder* FS Peters 416; vgl. auch *Jeutter* 11 ff, der den Begriff „Opportunität" nur auf echtes Ermessen beziehen will.

gen können. Der Ermittlungsaufwand zur Klärung des Tatverdachts und zur Überführung eines Tatverdächtigen wird nach den Erkenntnissen der neueren Justizforschung sowohl von der Polizei als auch von der Staatsanwaltschaft deliktspezifisch und nach antizipierten Aufklärungswahrscheinlichkeiten dosiert, indem im Bereich der kleinen und teilweise wohl auch mittleren Kriminalität aus Gründen der Justizökonomie, aber auch aus kriminalpolitischen Erwägungen, vor einer Einstellung nach § 170 Abs. 2 Ermittlungsmöglichkeiten nicht genutzt werden, die bei der schwereren Kriminalität eingesetzt werden und dort die Aufklärungsquote erhöhen[95]. Der materielle Anspruch des Legalitätsprinzips, alle bekanntgewordenen, aufklärbaren und beweisbaren Straftaten zur Sanktionierung zu bringen, wird daher in der Verfahrenswirklichkeit nicht nur durch Ausnutzung der gesetzlichen Nichtverfolgungsermächtigungen, sondern auch durch den unterschiedlichen Aufklärungsaufwand eingeschränkt[96].

41 Ob auch die bloße **Existenz eines Dunkelfeldes** die Geltung des Legalitätsprinzips beeinträchtigt und als Begrenzung angesehen werden darf[97], erscheint zweifelhaft. Denn das der StPO zugrundeliegende Legalitätsprinzip knüpft an zureichende tatsächliche Anhaltspunkte an und verpflichtet nicht zur Erforschung unbekannt gebliebener Straftaten und damit zur Aufhellung des Dunkelfeldes (Rdn. 22). Auch ist ein unbekannt bleibendes Dunkelfeld in sehr viel geringerem Maße als die Nichtverfolgung einer bekanntgewordenen Tat geeignet, die materielle Legitimation des Legalitätsprinzips (Rdn. 12) in Frage zu stellen.

42 **b) Entwicklung und gegenwärtige Häufigkeit.** Der Bestand der gesetzlichen Nichtverfolgungsermächtigungen, die die StPO durch die Formulierung „soweit gesetzlich nichts anderes bestimmt ist" grundsätzlich mit ihrer Konzeption eines Legalitätsprinzips als vereinbar ansieht, war ursprünglich verhältnismäßig schmal. Er umfaßte lediglich den - damals umfangmäßig geringen[98] - Katalog der Privatklagedelikte sowie im früheren § 208 (vgl. die dort. Kommentierung) einen Vorläufer des heutigen § 154[99]. Die Erweiterung der Nichtverfolgungsermächtigungen vollzog sich zunächst bis 1924 durch den allmählichen Ausbau der Privatklagedelikte, eine Entwicklung, die mit der EmmingerVO im wesentlichen zum Stillstand kam. Stattdessen begann durch diese 1924 mit der Einfügung der §§ 153, 154 der bis heute fortgesetzte Ausbau von Nichtverfolgungsermächtigungen, die Einstellungsmöglichkeiten für Staatsanwalt und Gericht begründen[100].

43 Die **tatsächliche Häufigkeit der Anwendung** der das Legalitätsprinzip begrenzenden Nichtverfolgungsermächtigungen hat inzwischen eine erhebliche, seit Jahren zunehmende quantitative Dimension erreicht, wenn auch die Verfahrensabwicklung nach den Regeln des Legalitätsprinzips, also nach der Entscheidungsalternative des § 170 nach wie vor dominiert (vgl. aber Rdn. 40). 1984 wurden nach der Erledigungsstatistik

---

[95] Vgl. in rechtstatsächlicher Hinsicht *Blankenburg/Sessar/Steffen* insbes. 305 ff; *Feest/Blankenburg* Die Definitionsmacht der Polizei (1972); *Kerner; Kürzinger* Private Strafanzeige und polizeiliche Reaktion (1978); *Steffen;* ferner *Kühne* 139; *Kunz* (Bagatellprinzip) 108; *Naucke* Tatverdacht 296 ff mit weit. Nachw.; *Rüping* 101; *Sessar* ZStW **87** (1975) 1033; *Weigend* 58 f; *Zipf* FS Peters 490 ff; zum Ganzen auch *Eisenberg* Kriminologie[2] §§ 26, 27.

[96] *Rieß* NStZ **1981** 4; ähnlich *Jung* 53; kritisch zu dieser Betrachtungsweise *Peters* § 23 IV 1 c (S. 161), s. aber auch FS Welzel 424.

[97] So vor allem *Zipf* 137 und FS Peters 489.

[98] Vgl. die Entstehungsgeschichte zu § 374.

[99] Vollständige Zusammenstellung bei *Marquardt* 51 ff.

[100] Zur Entwicklung seit der Entstehung der StPO ausführlich (auch zur Reformdiskussion) *Marquardt* 60 ff; ferner *Jung* 45; *W. Wagner* 164 f; *Weigend* 29 ff.

der Staatsanwaltschaft[101] von den durch öffentliche Klage oder Einstellung abgeschlossenen Verfahren in rund 43% öffentliche Klage erhoben, in rund 33,5% das Verfahren nach §170 Abs. 2 und in 23,5% aufgrund einer gesetzlichen Nichtverfolgungsermächtigung eingestellt[102]. Die Einstellungen nach diesen Vorschriften durch die Staatsanwaltschaft machen etwa 37% aller staatsanwaltschaftlichen Verfahrenseinstellungen aus. Die Häufigkeit der Anwendung der einzelnen Einstellungsvorschriften ist sehr unterschiedlich; auf die §§153, 153 a, 154, 376 und §45 JGG entfallen etwa 95% aller Einstellungen[103]. Eine ins Gewicht fallende Nutzung von Nichtverfolgungsermächtigungen läßt sich auch im gerichtlichen Verfahren nach Erhebung der öffentlichen Klage nachweisen, in dem der früher recht geringe Anteil der Abgeurteilten, gegen die ohne Sachentscheidung (Verurteilung oder Freispruch) das Verfahren beendet wird, inzwischen auf fast 20% gestiegen ist[104].

c) Bedeutung der Nichtverfolgungsermächtigungen. Der Siegeszug der Begren- **44** zungen des Legalitätsprinzips in der neueren Rechtsentwicklung und Rechtspraxis ist auf unterschiedliche Tendenzen und Entwicklungen zurückzuführen. Zunächst dient die Möglichkeit der Nichtverfolgung oder (im Fall der Privatklage) die Übertragung der von diesem kaum genutzten Verfolgungslast[105] auf den Verletzten der Justizentlastung[106]. Daß die Entlastung allerdings gerade auf diesem Wege angestrebt wird, dürfte seinen Grund auch in einer Veränderung der „Basisbedingungen" haben[107]. Hervorzuheben ist das Vordringen der Auffassung, daß das Strafrecht in erster Linie Rechtsgüterschutz zu gewährleisten habe und in seinem Einsatz an dieser Aufgabe auszurichten sei. Damit wird der Unrechtsbegriff einer materiellen Abstufung zugänglich[108], was das Problem einer sachgerechten Behandlung der sog. Bagatellkriminalität aufwirft. Die hierdurch ausgelöste kriminalpolitische Tendenz bedient sich der elastischen Formen einer einzelfallangepaßten *prozessualen* Entkriminalisierung anstelle eines schwerer zu verwirklichenden und auf dogmatische und ideologische Hindernisse stoßenden materiell-strafrechtlichen Konzepts[109]. Dieser auf Beschränkung des Strafrechts auf das Unerläßliche gerichteten Entwicklung entsprechen, ein bisher namentlich für die Einstellungsmöglichkeiten des JGG maßgeblicher Gedanke[110], internationale Tendenzen zur

---

[101] Ohne Berlin, Hessen, Schleswig-Holstein.

[102] Von insgesamt 1 873 193 erledigten Verfahren (ohne vorläufige Einstellungen, Abgaben usw.) entfielen 803 999 auf Klageerhebungen, 628 434 auf Einstellungen nach §170 Abs. 2 und 440 760 auf andere Einstellungen.

[103] Von den 440 760 Einstellungen, die nicht nach §170 Abs. 2 erfolgten, beruhten auf §153 a 120 396 (27,3%), §153 97 985 (22,2%), §376 74 698 (16,9%), §154 69 362 (15,7%); §45 Abs. 2 JGG 41 513 (9,4%), §45 Abs. 1 JGG 15 340 (2,5%), §153 b 11 137 (2,5%), §§154 d und 154 e 6 658 (1,5%), §154 b 3 089 (0,7%), §153 c 438 (0,1%), §154 c 80 und §37 BtMG 64.

[104] *Rieß* DRiZ **1982** 211 Tab. 9; weitere statistische Angaben bei *Heinz* ZStW **94** (1982) 644; *Jescheck/Leibinger* 694; *Rieß* ZRP **1983** 93; *G. Schäfer* §26; *Shin* 83 ff *Eisenberg* Kriminologie² §27, 27 f.

[105] Vgl. dazu mit weit. Nachw. *Rieß* Gutachten

zum 55. DJT, Verh. d. 55. DJT (1984) Bd. I C 23 ff.

[106] Vgl. *G. Schäfer* §18 II 3; *Weigend* 37 ff (wenn auch zweifelnd in Hinblick auf die Überlastung der Polizei - S. 41); krit. *Geerds* SchlHA **1964** 62.

[107] *Marquardt* 155; vgl. auch *Kunz* (Bagatellprinzip) 34 ff; *Lüderssen* 213 ff.

[108] Vgl. *Krümpelmann* 27 ff; *Kunz* (Bagatellprinzip) 125 ff mit weit. Nachw.

[109] *G. Schäfer* §18 II 3 a; zur möglichen Austauschbarkeit von Prozeß- und Sachentscheidungen in diesem Bereich vgl. auch u. a. *Cramer* FS Maurach 493; *Baumann* FS Peters 4; *Ostendorf* GA **1982** 333; *Peters* ZStW **68** (1956) 374; *Schroeder* FS Peters 417; *Weigend* 49.

[110] Vgl. die Nachw. bei *Brunner* §45 Fußn. 2; ferner z. B. *Beckmann* Kriminalistik **1983** 356; *Kaiser* NStZ **1982** 102; *Pfeiffer* Kriminalprävention im Jugendgerichtsverfahren (1983); *Pohl-Laukamp* Kriminalistik **1983** 131.

Peter Rieß

Diversion[111], als deren systemspezifische deutsche Variante wenigstens einige Einstellungsermächtigungen gedeutet werden können. Andere Teile wiederum zeigen eine gewisse funktionelle Verwandtschaft mit Lösungen des anglo-amerikanischen Strafrechts, die in der Form des „plea-bargaing" ein Ausufern des Prozeßstoffes zu verhindern bemüht sind[112], vor allem dort, wo die Einstellung von einer aktiven Mitwirkung des Beschuldigten abhängig ist (§ 153 a)[113].

45   Insgesamt ist derzeit bei der sachgerechten systematischen sowie rechts- und kriminalpolitischen **Erfassung und Beurteilung** der verschiedenen, auch entstehungsgeschichtlich aus ganz unterschiedlichen Zeiten stammenden Nichtverfolgungsermächtigungen die Entwicklung in Fluß; eine einheitliche Auffassung hierüber besteht wohl gegenwärtig nicht. Ebensowenig läßt sich jedoch behaupten, daß das Legalitätsprinzip rechtlich oder faktisch außer Kraft gesetzt sei[114]. Es bestimmt nach wie vor zumindest als Leitlinie dergestalt das Handeln der Strafverfolgungsorgane, daß die Anwendung der Nichtverfolgungsermächtigungen als Ausnahme verstanden wird[115]. Zur weiteren rechtspolitischen Entwicklung vgl. Rdn. 59 f.

2. Einzelfragen der Begrenzungen

46   a) **Übersicht.** In der StPO finden sich derzeit folgende Ausnahmen von der Verfolgungspflicht des § 152 Abs. 2:

- Alle Vergehen, die im Wege der Privatklage verfolgt werden können (§ 374), sofern kein öffentliches Interesse an der Strafverfolgung besteht.

- Das Sicherungsverfahren nach den §§ 413 ff und das objektive Verfahren nach § 440.

- Vergehen, bei denen die Schuld des Täters gering erscheint und kein öffentliches Interesse an der Strafverfolgung besteht (§ 153) oder dieses Interesse durch die Erfüllung bestimmter Auflagen und Weisungen beseitigt werden würde (§ 153 a).

- Straftaten, bei denen im Falle einer Entscheidung durch Urteil das Absehen von Strafe zu erwarten wäre (§ 153 b).

- Straftaten mit Auslandsbezug (§ 153 c) oder bei bevorstehender Ausweisung oder Auslieferung (§ 154 b).

- Straftaten mit geringerem Gewicht gegenüber weiterverfolgten oder bereits abgeurteilten Taten (§ 154).

- Vergehen, die präjudizielle Rechtsfragen aus anderen Rechtsgebieten aufwerfen (§§ 154 d, 154 e, vgl. auch § 396 AO).

- Staatsschutzstrafsachen bestimmter Art bei überwiegenden außerprozessualen Nichtverfolgungsinteressen (§ 153 d) oder im Aufklärungsinteresse (§ 153 e).

- Straftaten von Opfern einer Nötigung oder Erpressung (§ 154 c).

Wegen der Einzelheiten der hier nur stichwortartig gekennzeichneten Voraussetzungen ist auf die Erl. zu den jeweiligen Vorschriften zu verweisen.

---

[111] Dazu mit weit. Nachw. *Walter* ZStW **95** (1983) 32, insbes. 44, 55 ff; *Herrmann* ZStW **96** (1985) 467 ff; *Schaffstein* FS Jescheck (1985) 937 (vor allem zum JGG); krit. Gegenposition bei *Kerner* (Hrsg.) Diversion statt Strafe (1983).

[112] Vgl. z. B. *Dielmann* GA **1981** 558; *Schmidt-Hieber* NJW **1982** 1017, dazu *Dencker* NStZ **1983** 402; *Schumann* Der Handel mit Gerechtigkeit (1977); zum differenzierten Ein-

satz der Nichtverfolgungsermächtigungen aufgrund der „begrenzten Rechtsfindungsressourcen" *Keller/Schmid* wistra **1984** 206 ff.

[113] *Kerner* 148; *Eisenberg* Kriminologie² § 27, 19.

[114] So aber *Blankenburg/Sessar/Steffen* 331; überzogen auch *Jeutter* 170; *Baumann* ZRP **1972** 273.

[115] *Eckl* ZRP **1973** 139; *Faller* FS Maunz 81 f; *Weigend* 24.

Eine verhältnismäßig weitgespannte Nichtverfolgungsermächtigung enthält für **Ju-** **47** **gendliche** oder **Heranwachsende** (soweit auf letztere Jugendstrafrecht anzuwenden ist) § 45 JGG, ohne daß man deshalb schon sagen könnte, daß im Jugendstrafrecht das Opportunitätsprinzip gilt[116]. Eine in der Struktur dem § 153 a verwandte Einstellungsmöglichkeit für **betäubungsmittelabhängige Täter** enthält § 37 BtMG (vgl. ausführlich § 153 a, 111 ff). Das für **Ordnungswidrigkeiten** nach § 47 OWiG geltende Opportunitätsprinzip[117] hat zwar heute dogmatisch und systematisch mit dem Legalitätsprinzip im Strafverfahren und seinen Begrenzungen nichts mehr zu tun, gehört aber entwicklungsgeschichtlich in diesen Zusammenhang, weil gerade im Bereich der früheren Übertretungen, denen der Hauptbestand der Ordnungswidrigkeiten entspricht, von Anfang an die Kritik an einer strengen Verfolgungspflicht besonders lebhaft war.

Nicht zu den Begrenzungen des Legalitätsprinzips sollte man dagegen das **Straf-** **48** **antragserfordernis** zählen[118]; der Strafantrag ist Prozeßvoraussetzung (§ 206 a, 45); sein Fehlen oder seine Rücknahme beseitigt die Verfolgbarkeit, beschränkt aber nicht das Legalitätsprinzip[119]. Dagegen gehört es in den Formenkreis der das Legalitätsprinzip begrenzenden Regelungen, wenn die Staatsanwaltschaft trotz fehlenden Strafantrags bei Bejahung eines besonderen öffentlichen Interesses eine Tat verfolgen kann (§§ 183, 232, 248 a StGB)[120].

b) Als **Gruppierungsmöglichkeiten** für die unterschiedlichen Ausnahmen von der **49** Verfolgungspflicht lassen sich, bei vielfachen Überschneidungen im einzelnen, die dem Geringfügigkeitsprinzip (in absoluter und relativer Form) zuzuordnenden Fälle der §§ 153, 153 a, 154, 154 b, 376 von denen absondern, bei denen außerprozessuale überwiegende Gegeninteressen die Nichtverfolgung rechtfertigen (§ 153 c Abs. 2, § 153 d) oder in denen prozessuale Aufklärungsinteressen für die Nichtverfolgung maßgebend sind (§§ 153 e, 154 c)[121]. Was den letzten Grund angeht, hat sich entgegen weitergehenden Reformüberlegungen die Tendenz zur Nichtverfolgungsermächtigung für den Kronzeugen nicht durchgesetzt[122], vielmehr hat der Gesetzgeber insoweit für einzelne Fälle materiell-rechtliche Strafmilderungsvorschriften bis hin zum Absehen von Strafe vorgezogen[123]. Zu den von den sonstigen Nichtverfolgungsermächtigungen tiefgreifend abweichenden Besonderheiten des § 153 a vgl. § 153 a, 8 ff.

c) **Ermessen.** Trotz des mißverständlichen Gesetzeswortlauts des § 467 Abs. 4, der **50** die Einstellungsmöglichkeiten nach den §§ 153 ff mit dem Begriff des Ermessens verknüpft, wird durch die Nichtverfolgungsermächtigungen den Strafverfolgungsbehörden

---

[116] So aber wohl *Brunner* § 45, 4; *Kleinknecht/ Meyer*[37] 8; *Geppert* Jura **1982** 145; *Peters* § 69 III 4 a; *Pohl-Laukamp* Kriminalistik **1983** 131; wie hier (Einschränkungen) *Eisenberg*[2] § 45, 9; *Henkel* 408; vgl. zu § 45 JGG auch *Bohnert* NJW **1980** 1927; *Nothacker* JZ **1982** 57; *Schaffstein* FS Jescheck (1985) 937; § 153, 12; § 153 a 19.

[117] Zu den Maßstäben bei Handhabung des Verfolgungsermessens z. B. *Göhler* § 47, 6 ff mit weit. Nachw.

[118] *Heyden* 18; **a. A** *Eb. Schmidt* 7.

[119] So aber *Ostendorf* NJW **1980** 2593.

[120] Zur Frage der gerichtlichen Überprüfung s. § 206 a, 3 mit Fußn. 4.

[121] Zu den verschiedenen Gruppierungsmöglichkeiten der Beschränkungen des Legalitätsprinzips *Faller* 75; *Geerds* SchlHA **1964** 63; *Gössel* § 1 B II b; *Grauhan* GA **1976** 229 ff; *Kühne* 297 ff; *Roxin* § 14 B II; *Rüping* 97 f; eine einheitliche Grundlegung im Verhältnismäßigkeitsprinzip bei *Jeutter* 144 ff.

[122] Vgl. dazu *Jung* 94 mit weit. Nachw.; ferner *Jeutter* 147 ff; *Roxin* § 14 B II 2 c ee; *Jahrreiß* FS Lange 765.

[123] Vgl. z. B. § 129 Abs. 6 Nr. 2, § 129 a Abs. 5 StGB; § 31 BtMG (dazu z. B. *Weider* NStZ **1984** 391).

Peter Rieß

regelmäßig kein vollständiges Ermessen eingeräumt. Die Möglichkeit des Absehens von der Verfolgung ist neben der deskriptiven Umschreibung der in Betracht kommenden Verfahren überwiegend von der Bejahung unbestimmter Rechtsbegriffe abhängig[124] (z. B. geringe Schuld und fehlendes öffentliches Interesse, Nicht-beträchtlich-ins-Gewicht-fallen der zu erwartenden Sanktion, schwerer Nachteil für die Bundesrepublik Deutschland), die allerdings häufig wegen ihrer Unbestimmtheit den Strafverfolgungsbehörden einen beträchtlichen Beurteilungsspielraum einräumen. Lediglich in einigen, dafür aber in ihrem Anwendungsbereich eng begrenzten Fällen ist die Nichtverfolgung an keine weiteren Voraussetzungen geknüpft (§ 153 c Abs. 1 Nr. 1, 2; § 154 b Abs. 1, 3), so daß von einem pflichtgemäß auszuübenden Ermessen der Strafverfolgungsbehörden gesprochen werden kann[125].

51   Hiervon zu unterscheiden ist die Frage, ob die Strafverfolgungsbehörden nach pflichtgemäßem Ermessen die **Strafverfolgung fortsetzen** dürfen, obwohl die Voraussetzungen für eine Nichtverfolgung vorliegen, also etwa in den Fällen des § 153 die öffentliche Klage erheben dürfen, obwohl die Schuld des Täters gering ist und kein öffentliches Interesse an der Strafverfolgung besteht. Das ist trotz der übereinstimmenden Verwendung des Wortes „kann" für die einzelnen Fälle unterschiedlich zu beurteilen und bei den jeweiligen Vorschriften zu erläutern[126].

52   3. **Inhaber der Nichtverfolgungsermächtigung.** Die Befugnis, vom Einschreiten abzusehen, steht vor Erhebung der öffentlichen Klage nur der Staatsanwaltschaft zu. Die Polizei ist hierzu nicht befugt[127]; hält sie die Voraussetzungen einer Nichtverfolgungsermächtigung für gegeben und deren Anwendung für geboten, so hat sie die Sache der Staatsanwaltschaft vorzulegen[128]. Gegebenenfalls kann sie allerdings, wenn die Anwendung der §§ 153 ff oder die Nichtanwendung des § 376 zu erwarten ist, sich auf die Aufklärung der einstellungsrelevanten Umstände (vgl. Rdn. 36) beschränken und von weiteren Ermittlungen vorerst absehen[129]. Die Einstellungsbefugnisse der Staatsanwaltschaft stehen in Steuerstrafsachen auch der Finanzbehörde zu, falls diese das Ermittlungsverfahren selbständig führt (§ 386 Abs. 2, § 399 Abs. 1 AO)[130]. **Nach Erhebung der öffentlichen Klage** geht regelmäßig die Nichtverfolgungsermächtigung auf das Gericht über[131]; in einigen wenigen Fällen verbleibt sie bei der Staatsanwaltschaft, der deshalb insoweit entgegen der Grundregel des § 156 die Rücknahme der Klage ermöglicht wird[132].

---

[124] Ganz h. M, vgl. *Heinitz* FS Rittler 352; KK-*Schoreit* 23; *Kleinknecht/Meyer*[37] 7; KMR-*Sax* Einl. **IV** 13; *G. Schäfer* § 18 II 3 e; *Schlüchter* 406.1; *Schroeder* FS Peters 416; a. A *Kühne* 296; früher (teilweise) *Niese* SJZ **1950** 897; zur Problematik auch *Weigend* 21 f; zur Besonderheit des Merkmals „öffentliches Interesse" näher § 153, 18; 25 ff.

[125] *Kleinknecht/Meyer*[37] 8; a. A LR-*Meyer-Goßner*[23] 25.

[126] Vgl. auch insgesamt *Schroeder* FS Peters 418 ff.

[127] Die Frage war bei dem Übertretungen betreffenden § 153 Abs. 1 in der bis 1975 geltenden Fassung umstritten (vgl. LR-*Kohlhaas*[22] § 153, 11). Die heute noch eine Einstellungsbefugnis der Polizei bejahende Auffassung von *Scholler/Broß* Grundzüge des Poli-

zei- und Ordnungsrechts[3] (1982) S. 85 dürfte noch auf der früheren Gesetzeslage beruhen; sie ist mit dem heutigen Gesetzeswortlaut unvereinbar.

[128] *Rieß* NStZ **1981** 9; kritisch de lege ferenda z. B. *Gemmer* Kriminalistik **1975** 539; vgl. auch *Albrecht* (mit rechtsvergl. Hinweisen) zusammenfassend 282 ff; *Steffen* 298; *Weigend* 42 f.

[129] *Rieß* aaO; DNP **1983** 185 (mit Hinw. auf praktische Handhabung); vgl. die Erl. zu § 163.

[130] Vgl. *Erbs/Kohlhaas/Meyer* § 399, 3 AO; *Hübschmann/Hepp/Spitaler* AO, § 398, 12; *Kühn/Kutter* § 399, 6.

[131] Anders in den Fällen der §§ 154 c, 154 d.

[132] § 153 c Abs. 3; § 153 d Abs. 2.

4. Gerichtliche Kontrolle. Soweit die Staatsanwaltschaft von einer Nichtverfol- **53** gungsermächtigung Gebrauch macht, ist das der Kontrolle des Legalitätsprinzips dienende Klageerzwingungsverfahren regelmäßig ausgeschlossen (§ 172 Abs. 2 Satz 3); dem Verletzten steht auch nicht der Rechtsweg nach § 23 EGGVG offen[133], und zwar wohl schon deshalb nicht, weil er nicht in seinen Rechten verletzt ist, wenn die Staatsanwaltschaft ein Offizialdelikt einstellt. Stellt sie das Verfahren wegen eines Privatklagedelikts mangels öffentlichen Interesses nach § 376 ein, so bleibt dem Verletzten die Privatklagemöglichkeit erhalten. In einer Reihe von Fällen wird die gerichtliche Kontrolle der Einhaltung der Grenzen der Nichtverfolgungsermächtigung und der sachgerechten Ausfüllung der Beurteilungsspielräume dadurch erreicht, daß die Einstellung der Zustimmung des Gerichts bedarf; wegen der Einzelheiten vgl. die Erl. zu den einzelnen Vorschriften.

Auch die **Nichteinstellung** trotz Vorliegens der Einstellungsvoraussetzungen ist **54** als solche gerichtlich nicht überprüfbar[133a]. Doch steht dem Gericht regelmäßig eine gleichartige Einstellungsmöglichkeit zur Verfügung (Rdn. 52), die allerdings von der Zustimmung der Staatsanwaltschaft abhängig ist[134].

V. Zur weiteren Entwicklung des Legalitätsprinzips

1. Meinungsstand. Die gegenwärtige Situation eines Legalitätsprinzips mittlerer **55** Reichweite mit einem zunehmend genutzten Katalog gesetzlicher Nichtverfolgungsermächtigungen ist rechtspolitisch äußerst umstritten; auch über die dogmatische Erfassung des gegenwärtigen Rechtszustands besteht keine Übereinstimmung. Die rechtspolitischen Vorschläge zielen in unterschiedliche Richtungen. Dabei wird der Übergang zu einem reinen Opportunitätsprinzip nach dem Vorbild von § 47 OWiG nur ganz vereinzelt gefordert[135]. Im übrigen ist mit dem nur von einer Minderheit vertretenen Vorschlag, die Strafprozeßordnung am Anklageermessen auszurichten, die Vorstellung verbunden, das Ermessen durch normative Regelbeispiele „anklagehemmender" und „anklagefreundlicher" Umstände einzuschränken, was diese Überlegungen[136] in die Nähe einer sachgerechten Präzisierung und Gruppierung der das Legalitätsprinzip begrenzenden Vorschriften bringt. Unbestritten ist gegenwärtig auch die Aufrechterhaltung des grundsätzlichen Anklagemonopols der Staatsanwaltschaft.

In **dogmatischer Hinsicht** wird die Tragfähigkeit der überkommenen Einteilung **56** in Anklagezwang (= Legalitätsprinzip) und Verfolgungsermessen (= Opportunitätsprinzip) mit unterschiedlichen Konsequenzen bezweifelt. Einmal wird darauf hingewiesen, daß die Einräumung breiter Beurteilungsspielräume bei der Frage des Verzichts auf

---

[133] LR-*K. Schäfer*[23] § 23, 50 ff EGGVG; *Kissel* § 23, 44 EGGVG; KMR-*Müller* 8; *Rüping* 100 (jedoch Überprüfung durch das erkennende Gericht -?-); **a. A** (für zustimmungsfreie Einstellungen) *Kalsbach* Die gerichtliche Nachprüfung von Maßnahmen der Staatsanwaltschaft (1967) 88 ff.

[133a] Zur vereinzelt vertretenen Gegenmeinung, die einige Einstellungsvoraussetzungen als Prozeßvoraussetzungen betrachtet, s. § 153, 36.

[134] Dazu kritisch die bei § 153, 4 Fußn. 15 Genannten; zur Frage, wieweit eine verweigerte

Zustimmung die Verwarnung mit Strafvorbehalt (§ 59 StGB) rechtfertigen kann, vgl. § 153, 65.

[135] So *Serwe* Kriminalistik **1970** 377.

[136] So namentlich *Weigend* 169 ff; gegen ihn *Hirsch* ZStW **92** (1980) 227; auch das Fazit der empirischen Untersuchungen geht vielfach in Richtung auf eine Erweiterung der Nichtverfolgungsermächtigungen und ihre Öffnung auch für die Polizei, z. B. *Blankenburg/Sessar/Steffen* 322; *Feltes* in Kerner, Diversion statt Strafe (1983) 93 f; *Steffen* 299.

Peter Rieß

die Sanktion auch für das Gericht das Legalitätsprinzip auf eine Zuständigkeitsfrage (Staatsanwaltschaft oder Gericht als Adressat der Nichtverfolgungsermächtigung) reduziere[137]. Andererseits wird einem begrenzten Legalitätsprinzip die kriminalpolitische Aufgabe zugewiesen, nach sachgerechten Kriterien eine „optimale Sanktionierungsrate" zu bestimmen[138], und hieraus die Forderung abgeleitet, die Begrenzungsmerkmale als Verfahrenshindernisse aufzufassen oder auszugestalten, um eine verstärkte rechtliche Nachprüfung zu erreichen[139]. Mit diesem Gedanken verwandt, wenn auch in umgekehrte Richtung auf eine bessere gerichtliche Kontrolle der Einstellungen durch die Staatsanwaltschaft zielend, ist die rechtspolitische Vorstellung, das Klageerzwingungsverfahren auch für die Einstellungen nach den §§ 153 ff nutzbar zu machen[140].

57   In der **rechtspolitischen Bewertung** ist die Schaffung von Nichtverfolgungsermächtigungen seit der Einführung des § 153 durch die EmmingerVO 1924 im Schrifttum umstritten gewesen[141]. Dabei hat sich die Erwartung nicht bestätigt, daß durch die Umwandlung großer Teile des Ordnungs- und Nebenstrafrechts in Ordnungswidrigkeiten eine Rückkehr zu einer strengeren Geltung des Legalitätsprinzips eintreten könnte[142], vielmehr ist auch nach der Schaffung des OWiG der Katalog der Nichtverfolgungsermächtigungen kräftig ausgeweitet worden. Der derzeitige Rechtszustand wird allgemein als wenig befriedigend empfunden. Im Mittelpunkt der gegenwärtigen Diskussion steht jedoch weniger die Forderung nach einer Rückkehr zu einem sehr weitgehenden oder uneingeschränkten Legalitätsprinzip[143], als vielmehr die Kritik an der Neigung des Gesetzgebers, das Problem der sachgerechten Erledigung von Bagatellkriminalität, der Nichtaufhebung überholter Strafvorschriften oder der Schaffung präziser, den erforderlichen Rechtsgüterschutz exakt und ohne Übermaßgefahr gewährleistender Tatbestände vorrangig oder ausschließlich auf prozessualem Wege mit Hilfe der Einschränkung des Legalitätsprinzips zu lösen[144], und es dabei an der erforderlichen Bestimmtheit der Einstellungsermächtigungen fehlen zu lassen[145].

58   **Zielpunkt der Kritik,** die rechtspolitischer, aber wegen der mangelnden Präzision der Abgrenzungsmerkmale und sonstiger struktureller Probleme auch dogmatischer Art ist, sind gegenwärtig die Nichtverfolgungsermächtigungen nach § 153 und namentlich nach § 153 a[146]. In diese Kritik wird, vor allem wegen seiner Anwendung durch die Praxis verbreitet auch das **Privatklageverfahren** und die Handhabung der Verweisung auf den Privatklageweg einbezogen. Die Beseitigung der Privatklage unter Einbeziehung

---

[137] *Schroeder* FS Peters 415 ff, 422 ff.

[138] *Zipf* 137 und FS Peters 489, 497; kritisch zu der damit verbundenen Verknüpfung des Dunkelfeldes mit dem Legalitätsprinzip *Kapahnke* 34; *Peters* § 23 IV 1 c (S. 161); *Weigend* 60; vgl. auch Rdn. 41.

[139] *Zipf* FS Peters 501; dazu kritisch *Rieß* in Schreiber, Strafprozeß und Reform (1979) 127; für die Qualifikation der Anwendungsmerkmale der Voraussetzungen als Prozeßvoraussetzungen bereits nach der lex lata *Vogel* (LV zu § 153) 211, 293 ff.

[140] *Gössel* FS Dünnebier 147; *Rieß* Gutachten zum 55. DJT, Verh. der 55. DJT, (1984) Bd. I C 118; *Schöch* NStZ **1984** 389; *Weigend* ZStW **96** (1984) 787; s. die Erl. zu § 172.

[141] Nachw. bei *Marquardt* 92 ff; *W. Wagner* 167 f.

[142] *Eb. Schmidt* I 391; vgl. auch *Kunz* (Bagatellprinzip) 148 ff.

[143] In diese Richtung aber *Baumann* FS Peters 14; *Heyden* 109; *W. Wagner* 175; die Notwendigkeit von Einschränkungen bejahen z. B. *Geerds* SchlHA **1962** 186; *Gössel* § 9 B I a; *Heinitz* FS Rittler 334; *Hirsch* ZStW **92** (1980) 228; *Kühne* 295; *Lüderssen* 222 f; *Rüping* 101; *Eb. Schmidt* I 394 (auch nach einer Generalbereinigung des materiellen Strafrechts).

[144] Vgl. z. B. *Baumann* FS Peters 4, 8; ZRP **1972** 273; *Heinitz* FS Rittler 335; *Hirsch* ZStW **92** (1980) 218; *Jeutter* 125; *Rüping* 94.

[145] *Faller* FS Maunz 80, 86; *Jeutter* 180; *Roxin* Kriminologische Gegenwartsfragen H. 12 (1976) 20; *Zipf* FS Peters 499.

[146] Vgl. näher § 153, 4 f; § 153 a 11 ff.

ihres Anwendungsbereichs in ein allgemeines, straf- und strafverfahrensrechtlich selbständiges Bagatellverfahren oder ein allgemeines Sühneverfahren wird deshalb vielfach gefordert[147]. Demgegenüber unterliegen die Beschränkungen der Verfolgungspflicht aufgrund der §§ 154, 154 a[148] und nach den §§ 154 c bis 154 e ebenso wie die nach § 45 JGG kaum grundsätzlicher Kritik; sie werden vielmehr überwiegend als sinnvolle Maßnahmen zur Stoffbeschränkung, Entkriminalisierung und zur Entlastung der Strafgerichtsbarkeit angesehen.

2. Folgerungen. Ein Verzicht auf das gegenwärtig bestehende Legalitätsprinzip **59** mittlerer Reichweite etwa in Form des Übergangs zu einer an einen Regelbeispielskatalog gebundenen Verfolgungsfreiheit empfiehlt sich jedenfalls für das deutsche Strafverfahrensrecht derzeit nicht; eine solche Forderung wird auch durch die rechtstatsächlichen Befunde nicht gestützt. Das Strafverfahren muß die prinzipielle Durchsetzbarkeit des materiellen Strafrechts zum Gegenstand haben. Der Gesetzgeber würde widerspruchsvoll handeln, wenn er es zuließe, daß in den von ihm als strafwürdig definierten Fällen Strafe regelmäßig nicht einzutreten brauche. Der Vorrang der Verfolgungspflicht sollte auch in einer grundsätzlichen Entscheidung für das Legalitätsprinzip zum Ausdruck kommen. Jedoch erscheint auch die Rückkehr zu einem strengen Legalitätsprinzip bei der gegenwärtig herrschenden relativen Straftheorie weder geboten noch erreichbar[149], zumal sich Bagatellkriminalität nicht ausschließlich mit materiell-strafrechtlichen Mitteln abgrenzen lassen dürfte[150]. Es entspricht dem Verhältnismäßigkeitsprinzip in verschiedenartiger Ausprägung, wenn das elastischere Strafverfahrensrecht auch mit dazu eingesetzt wird, in einer einzelfallangepaßten Form den Bereich des Strafwürdigen zu begrenzen[151], wenngleich es nicht allein mit dieser Aufgabe belastet werden sollte. Sachgerecht bestimmte Ausnahmen vom Verfolgungszwang sind daher systematisch und kriminalpolitisch als sinnvolle Begrenzungen des Legalitätsprinzips und nicht als systemfremde Ausnahmen anzuerkennen[152].

Auch wenn man diese Grundkonzeption des geltenden Rechts bejaht, ist jedoch **60** die **Entwicklung eines neuen systematischen und kriminalpolitischen Gesamtkonzepts** wünschenswert, das die Gründe für die Begrenzung der Verfolgungspflicht deutlicher erkennen läßt und die verschiedenen rechtspolitischen Ansätze (vgl. Rdn. 44) aufnimmt und gewichtet[153], wobei auch das materielle Strafrecht einbezogen werden muß. Insoweit sind derzeit erst erste Ansätze vorhanden[154]. Doch darf der Umstand, daß die gegenwärtige, vorwiegend prozessual orientierte Konzeption der Behandlung von Bagatellkriminalität von der Praxis auch als Möglichkeit der Justizentlastung angenommen

---

[147] Vgl. mit weit. Nachw. *Rieß* Gutacht. zum 55. DJT, Verh. des 55. DJT (1984) Bd. I C 104 ff; für Ausweitung der Privatklage dagegen *Geerds* JZ **1984** 792.

[148] Positiv und für Ausweitung z. B. selbst *Baumann* FS Klug 465.

[149] Vgl. rechtsvergleichend dazu, daß auch in Rechtsordnungen mit strengem Legalitätsprinzip dieses durch besondere Strategien unterlaufen wird, *Jescheck/Leibinger* 697; für Österreich *Driendl* ebd. 280; andererseits zur Normierung der Verfolgungspraxis in Rechtsordnungen mit Opportunitätsprinzip ebd. 700.

[150] Vgl. *Kunz* (Bagatellprinzip) 30, 93, 317.

[151] *Faller* FS Maunz 80.

[152] *Rieß* NStZ **1981** 5; *Roxin* § 14 A I.

[153] In ähnliche Richtung u. a. *Jeutter* 184 ff; *Kapahnke* 70; *Rüping* 101; *Zipf* 138.

[154] Vgl. etwa zu der in diesem Zusammenhang zentralen, wenn auch nicht allein entscheidenden Frage der sachgerechten Behandlung der Bagatellkriminalität *Dreher* FS Welzel 917; *Hirsch* ZStW **92** (1980) 218; *Jung/Kunz* NStZ **1982** 409; *Krümpelmann; Lüderssen* 223 ff; *Moos* Zur Reform des Strafprozeßrechts und des Sanktionenrechts für Bagatelldelikte (1981); *Müller-Dietz; Ostendorf* GA **1982** 333 sowie (weiterführend und grundlegend) *Kunz* (Bagatellprinzip).

Peter Rieß

wird (vgl. Rdn. 45) und „angebbare Bedürfnisse der Praxis befriedigt"[155], nicht darüber hinwegtäuschen, daß die heutige Rechtslage längerfristig dringend der Überprüfung und Neukonzeption bedarf.

§ 152 a

Landesgesetzliche Vorschriften über die Voraussetzungen, unter denen gegen Mitglieder eines Organs der Gesetzgebung eine Strafverfolgung eingeleitet oder fortgesetzt werden kann, sind auch für die anderen Länder der Bundesrepublik Deutschland und den Bund wirksam.

Schrifttum. *Achterberg* Parlamentsrecht (1984), S. 240 ff; *Ahrens* Immunität von Abgeordneten (1970); *Bleck* Indemnität und Immunität der Abgeordneten, DNP **1983** 75; *Bockelmann* Die Unverfolgbarkeit der Abgeordneten nach deutschem Immunitätsrecht (1951); *Cloppenburg* Vorläufige Fahrerlaubnisentziehung bei Abgeordneten, MDR **1961** 826; *Giesing* Grundsätze in Immunitätsangelegenheiten der Abgeordneten der Landesparlamente, DRiZ **1964** 161; Grundsätze des Deutschen Bundestages in Immunitätsangelegenheiten (Grundsätze), BGBl. I **1980** 1261; *Herlan* Immunitätsfragen, MDR **1950** 517; *Herlan* Die Immunität der Abgeordneten, JR **1951** 326; *Heydlauf* Die Praxis des Bundestages in Immunitätsangelegenheiten, Diss. Freiburg, 1974; *Magiera* in Bonn. Komm. (Zweitbearbeitung) (1981), Art. 46 Rdn. 55 bis 107; *v. Mangoldt/Klein* Art. 46 Anm. IV; *Maunz* in Maunz/Dürig, Art. 46 Rdn. 24 bis 76; *Merten/Pfennig* Immunität und Bußgeldverfahren, MDR **1970** 806; *Meyer* Die Immunität der Abgeordneten, GA **1953** 109 *Meyer* Fortgesetzte Strafverfahren und Immunität, JR **1955** 1; *Nau* Beschlagnahme des Führerscheins und Blutentnahme bei Abgeordneten, NJW **1958** 1668; *Ranft* Staatsanwaltschaftliche Ermittlungstätigkeit und Immunität, ZRP **1981** 271; *Rauball* in von Münch, Art. 46 Rdn. 15 bis 30; *Reh* Zur Anwendung des Art. 46 Abs. 2 GG (Abgeordnetenimmunität), NJW **1959** 86; *Rosen* Immunität und Durchsuchung ZRP **1974** 80; *Schneider, Hans-Peter* in Alternativ-Kommentar zum Grundgesetz (1984), Art. 46 Rdn. 9 bis 17; *Schneider, Rolf* Immunität und Verfahrenseinstellung, DVBl. **1956** 363; *Schorn* Abgeordneter und Immunität, NJW **1966** 234; *Troßmann* Parlamentsrecht des Deutschen Bundestages (1977), § 114; *Uhlitz* Die Strafverfolgung von Abgeordneten ohne Genehmigung des Parlaments, DVBl. **1962** 123; *Wagner* Die Immunität der deutschen Landtagsabgeordneten, Diss. Freiburg, 1956.

Entstehungsgeschichte. Die Vorschrift ist durch Art. 4 Nr. 19 des 3. StRÄndG in die Strafprozeßordnung eingefügt worden.

Übersicht

---

[155] *Naucke* Gutacht. zum 51. DJT, Verh. d. 51. DJT (1976) Bd. I D 15; *Ahrens* (LV zu § 153) 229.

I. Allgemeines

Seit Beginn des Konstitutionalismus[1] kennt das Verfassungsrecht Regelungen, die **1** die strafrechtliche Verfolgung von Abgeordneten Beschränkungen unterwerfen, und zwar in doppelter Hinsicht. Einerseits werden bestimmte, mit der Wahrnehmung des Mandats verbundene Handlungsweisen, namentlich Abstimmungen und Äußerungen im Parlament, von Strafe freigestellt (vgl. z. B. Art. 46 Abs. 1 GG). Insoweit handelt es sich aus strafrechtlicher Sicht um eine Erscheinung des materiellen Strafrechts, und zwar nach heute h. M um einen persönlichen Strafausschließungsgrund[2]. Andererseits bestimmt das Verfassungsrecht in unterschiedlichem Umfang, daß gegen Abgeordnete wegen des Verdachts strafbarer Handlungen aller Art ein Strafverfahren grundsätzlich nur mit Genehmigung des Parlaments durchgeführt werden darf (vgl. z. B. Art. 46 Abs. 2 bis 4 GG). Seit der Entstehung des Grundgesetzes hat es sich terminologisch durchgesetzt, in bezug auf die Straflosigkeit parlamentarischer Abstimmungen und Äußerungen von (parlamentarischer) **Indemnität** und in bezug auf die Verfolgungsbeschränkungen von (parlamentarischer) **Immunität** zu sprechen[3].

Parlamentarische **Immunität** ist einmal Bestandteil des dem Verfassungsrecht zu- **2** gehörenden Parlamentsrechts[4]. Sie ist aber teilweise, nämlich insoweit, als sie den Ablauf des Strafverfahrens betrifft[5], auch **Bestandteil des Strafprozeßrechts**. Anders als bei der materiellstrafrechtlichen Indemnität die §§ 36, 37 StGB wiederholt die StPO die strafverfahrensrechtlichen Teile der Immunitätsregelung nicht, sondern enthält in § 152a nur eine ergänzende Bestimmung. Rechtsgrundlagen für die parlamentarische Immunität sind daher unmittelbar Art. 46 Abs. 2 bis 4 GG sowie die entsprechenden Vorschriften der Landesverfassungen (Rdn. 5). Eine Erläuterung des Strafverfahrensrechts muß an dieser Stelle zwar, über die unmittelbare Bedeutung des § 152a hinausgehend (dazu Rdn. 3 f), die strafverfahrensrechtliche Bedeutung der Immunitätsregelun-

---

[1] Zur Entstehungsgeschichte der Immunitäts-
regelungen mit weit. Nachw. *Bockelmann* 9 ff;
Magiera 6 ff.
[2] LK-*Tröndle* § 36, 2.
[3] *Magiera* 3; *Maunz/Dürig* 2 ff mit weit.
Nachw.; abweichende Terminologie (Ver-
antwortungs-Immunität und Verfolgungs-

Immunität) bei *v. Mangoldt/Klein* II 2 b, c.
[4] Vgl. dazu (auch zur Rechtsnatur und zur
verfassungspolitischen Rechtfertigung) *Achterberg* 246; *Bockelmann* 23 ff; *Magiera* 14 ff;
Maunz/Dürig 25 ff, 33 ff.
[5] Zum darüberhinausgehenden Anwendungsbereich z. B. *Magiera* 62 ff.

Peter Rieß

gen darstellen; hinsichtlich der Immunität im Ganzen ist jedoch auf das verfassungsrechtliche Schrifttum (s. die Nachw. im Schrifttumsverzeichnis) zu verweisen.

II. Inhalt des § 152 a

3   **1. Bedeutung.** Anders als Art. 37 WeimVerf., der die Immunität für „Mitglieder des Reichstags oder eines Landtag" regelte[6], spricht Art. 46 GG nur von „Abgeordneten" und meint damit nur solche des Bundestages[7]. Für die Abgeordneten der Länderparlamente finden sich Immunitätsvorschriften in den jeweiligen Landesverfassungen (Rdn. 5). Sie gelten zwar gemäß § 6 Abs. 2 Nr. 1 EGStPO als Landesrecht weiter; jedoch war nach dem Inkrafttreten des Grundgesetzes lebhaft umstritten, ob diese landesverfassungsrechtliche Immunität nur gegenüber der Strafverfolgung durch Behörden und Gerichte des jeweiligen Landes oder auch gegenüber der durch Strafverfolgungsbehörden anderer Bundesländer und des Bundes schützte[8]. § 152 a entscheidet den damaligen Meinungsstreit dahingehend, daß die landesrechtlichen Immunitätsvorschriften von den Behörden des Bundes und aller Länder der Bundesrepublik zu beachten sind[9].

4   **2. Landesrechtliche Immunitäten.** § 152 a erstreckt nur den Geltungsbereich der Immunität für die Abgeordneten der Länderparlamente auf das ganze Bundesgebiet, und zwar auch für die Strafvollstreckung, soweit ihr Immunität entgegensteht (Rdn. 17)[10]. Dagegen bleibt der (im einzelnen unterschiedliche) Inhalt des Landesverfassungsrechts dafür maßgebend, unter welchen Voraussetzungen Immunität besteht, wieweit sie reicht und wann sie entfällt. Es ist also bei der Frage, ob einem Abgeordneten eines Landesparlaments Immunität zusteht, nicht auf Art. 46 GG, sondern auf das jeweilige Landes(verfassungs)recht zurückzugreifen, und über die Genehmigung zur Strafverfolgung hat das jeweilige Landesparlament zu entscheiden[11].

III. Immunität (Art. 46 Abs. 2 und 3 GG)

5   **1. Rechtsgrundlagen und Rechtspraxis.** Für die Mitglieder des Bundestages ergibt sich das materielle Immunitätsrecht aus Art. 46 Abs. 2 bis 4 GG (zur entsprechenden Geltung für andere Mandatsträger s. Rdn. 10). Für die Mitglieder der Landesparlamente finden sich Immunitätsvorschriften in den jeweiligen Landesverfassungen[12]. Sie stimmen zwar im Grundsatz mit Art. 46 GG überein, unterscheiden sich aber teilweise hiervon nicht nur in der Terminologie, sondern auch in sachlichen Einzelfragen[13]. Die parlamentarische Behandlung von Immunitätsangelegenheiten ist in den Geschäftsordnungen

---

[6] Wie heute Art. 46 GG jedoch Art. 31 der Reichsverfassung vom 16. 4. 1871; näher *Magiera* 10.

[7] *Magiera* 56 mit weit. Nachw.; *Rauball* 2, 19.

[8] Zum damaligen Meinungsstreit *Bockelmann* 90; *Herlan* MDR **1950** 518; JR **1951** 326; *Meyer* GA **1953** 111 ff; *Wagner* 150 ff.

[9] Zur Entstehungsgeschichte der Vorschrift, die Anregungen aus der Mitte des Bundestages entstammt, *Dallinger* JZ **1953** 439.

[10] *Pohlmann/Jabel* § 2, 24; *Wagner* 163 ff; **a. A** LR-*Schäfer*[23] § 449, 8.

[11] *Wolfrum* DÖV **1982** 675.

[12] BW Art. 38; Bay. Art 28, 38 Abs. 2; Brem. Art. 95; Berl. Art. 35 Abs. 3, 4; Hamb. Art. 15; Hess. Art. 96; Nds. Art. 15; NW Art. 48; RhPf. Art. 94; Saarl. Art. 83; SchlH Art. 17 Abs. 2. Vollständiger Abdruck der einschlägigen Bestimmungen bei *Ahrens* 128 ff.

[13] Beschränkung des Immunitätsschutzes auf die Dauer der Tagung in Bay., Hess. und RhPf. (vgl. aber Rdn. 12); Art. 95 Abs. 4 Brem. Verf. und Art. 96 Abs. 4 Hess. Verf. nehmen Pressedelikte aus dem Immunitätsschutz aus; ähnlich auch Art. 82 Abs. 4 Saarl. Verf.; Art. 48 Abs. 1 NWVerf. verleumderische Beleidi-

der Parlamente geregelt[14]; diese verweisen überwiegend auf vom jeweiligen Ausschuß für Immunitätsangelegenheiten aufzustellende Grundsätze über die Behandlung von Immunitätsangelegenheiten, die dieser zum Ausgangspunkt seiner Beschlußempfehlungen an das Parlament macht[15]. Zusammenfassende Verwaltungsanweisungen für die Behandlung von Immunitätsangelegenheiten enthalten die Nr. 191 f RiStBV[15a] und das Rundschreiben des BMI vom 10. 1. 1983 (GMBl. S. 37).

Die **praktische Handhabung** von Immunitätsangelegenheiten wird in neuerer Zeit **6** für die Strafverfolgungsbehörden dadurch erleichtert, daß der Bundestag und die meisten Länderparlamente durch einen regelmäßig zu Beginn der Legislaturperiode wiederholten Beschluß für deren Dauer staatsanwaltschaftliche Ermittlungsverfahren bis zur Erhebung der öffentlichen Klage mit gewissen Ausnahmen und in gewissen Grenzen allgemein genehmigen (näher Rdn. 28 ff). Dadurch hat sich die Zahl der vom Bundestag zu erledigenden Immunitätsangelegenheiten erheblich verringert[16]. In der parlamentarischen Behandlung sind dadurch Erleichterungen geschaffen worden, daß regelmäßig für Angelegenheiten von geringer Bedeutung ein vereinfachtes Genehmigungsverfahren dergestalt vorgesehen wird, daß der Immunitätsausschuß anstelle des Plenums die Entscheidung treffen kann[17].

2. Geltungsbereich
a) Sachlicher Geltungsbereich. Nach Art. 46 Abs. 2 GG darf ein Abgeordneter **7** „wegen einer mit Strafe bedrohten Handlung"[18] nur mit Genehmigung des Bundestages „zur Verantwortung gezogen oder verhaftet werden". Damit unterliegen der Immunität[19]: (1) alle Strafverfahren bis zur Rechtskraft der Entscheidung, und zwar auch, soweit sie die Anordnung einer Maßregel der Besserung und Sicherung bezwecken[20], (2) die Verhaftung wegen einer mit Strafe bedrohten Handlung sowie (3) gemäß Art. 46 Abs. 3 GG alle „anderen Beschränkungen der persönlichen Freiheit", gleichgültig ob sie in einem Strafverfahren gegen den Beschuldigten oder gegen einen Dritten angeordnet werden[21]. Sitzungspolizeiliche Maßnahmen als solche fallen hierunter nicht, wenn sie nicht eine Beschränkung der persönlichen Freiheit zur Folge haben (vgl. die Erl. zu §178 GVG).

---

gungen; eine dem Art. 46 Abs. 3 GG entsprechende Regelung fehlt in Art. 17 Abs. 2 SchlHVerf. sowie (bei weiterer Fassung des Immunitätsgrundtatbestandes) in Art. 38 BWVerf. und in Art. 35 Berl.Verf. Auf weitere Unterschiede wird im folgenden Text hingewiesen; vgl. auch *Bockelmann* 66 ff.

[14] Nachweise bei *Magiera* unter III.

[15] Vgl. für den Bundestag die letzte Veröffentlichung in BGBl. I **1980** S. 1261; für die Landesparlamente *Giesing* DRiZ **1964** 161; vollständiger Abdruck der Regelungen und Empfehlungen der Landtage in Recht und Organisation der Parlamente, Bd. 3 S. 1601; zur Bedeutung und Entwicklung *Troßmann* 13; zur Rechtsnatur *Ahrens* 42 ff.

[15a] Eine ausführlichere Fassung der Nr. 191 ff RiStBV ist in Vorbereitung.

[16] Vgl. die Zusammenstellung bei *Achterberg* 247. Detaillierte statistische Angaben, auch für die Landesparlamente bei *Ahrens*; Darstellung der Immunitätspraxis bis 1969 bei *Heydlauf*.

[17] Vgl. Grundsätze Nr. 8, 11, 12, 13; zu den verfassungsrechtlichen Bedenken *Ahrens* 31 ff; *Magiera* 91.

[18] Art. 35 Abs. 3 Berl.Verf. bezeichnet den Gegenstand der Immunität nicht; zu BW s. Rdn. 8.

[19] Zum Immunitätsschutz außerhalb des Strafverfahrens vgl. die Angaben bei *Magiera* 62, 79; *Maunz/Dürig* 40, 47 f, 56.

[20] Allg. M, vgl. z. B. *Bockelmann* 43; *Magiera* 62; **a. A** *Nau* NJW **1958** 1669; gegen ihn *Reh* NJW **1959** 86.

[21] In den Verfassungen von BW, Berl. und SchlH fehlt eine solche Bestimmung.

Peter Rieß

8   Ob sich der Immunitätsschutz auch auf die Verfolgung wegen **Ordnungswidrig-keiten** erstreckt, ist strittig. Die Immunitätspraxis der Parlamente[22] und das verfahrens-rechtliche Schrifttum[23] verneint es, während es im verfassungsrechtlichen Schrifttum mit beachtlichen Gründen überwiegend bejaht wird[24]. Auch nach der verneinenden, für die Praxis wohl maßgeblichen Auffassung tritt jedoch Immunitätsschutz ein, sobald durch einen Hinweis nach § 81 Abs. 1 Satz 2 OWiG das Bußgeldverfahren in ein Straf-verfahren übergeleitet werden soll[25]. Stets genehmigungspflichtig gemäß Art. 46 Abs. 3 GG ist auch die Anordnung von Erzwingungshaft nach § 96 OWiG[26]. Eine **Ausnahme** von der Immunitätsfreiheit gilt für Baden-Württemberg, weil Art. 38 Abs. 1 LVerf. die Verfolgung wegen einer Straftat „oder aus sonstigen Gründen" erfaßt. Weil der Landtag von Baden-Württemberg für die Verfolgung bloßer Ordnungswidrigkeiten eine allgemeine Genehmigung erteilt hat und insoweit auch auf die sonst vorgeschrie-bene Mitteilung an den Parlamentspräsidenten verzichtet, ergeben sich für die prak-tische Anwendung keine nennenswerten Abweichungen[27].

9   **b) Persönlicher Geltungsbereich.** Der Immunität unterliegen die Abgeordneten der Parlamente, in Bayern auch die Mitglieder des Senats (Art. 38 Abs. 2 LVerf.)

10   Für **andere Mandatsträger** gelten die Immunitätsvorschriften teilweise infolge Verweisung, so für die Mitglieder der **Bundesversammlung** Art. 46 GG gemäß § 7 des Gesetzes über die Wahl des Bundespräsidenten durch die Bundesversammlung vom 25. 4. 1959 (BGBl. I S. 230). Von praktischer Bedeutung ist dies dann, wenn die von den Landtagen zu wählenden Mitglieder diesen nicht angehören oder soweit die landesver-fassungsrechtliche Immunität hinter Art. 46 GG zurückbleibt. Die Immunität nach Art. 46 GG gilt gemäß Art. 60 Abs. 4 GG auch für den **Bundespräsidenten**; für die Ge-nehmigung zur Strafverfolgung wäre der Bundestag zuständig[28]. Keine Immunität genießen als solche Mitglieder der **Bundesregierung** oder des **Bundesrates** — auch als Mitglieder des gemeinsamen Ausschusses nach Art. 53 a GG oder des Vermittlungsaus-schusses nach Art. 77 Abs. 2 GG[29] — soweit sie nicht als Bundestags- oder Landtagsab-geordnete an dem insoweit gegebenen Immunitätsschutz teilhaben. Abgeordnete **kom-munaler Vertretungskörperschaften** haben keine Immunität[30].

11   Die Mitglieder des **Europäischen Parlaments** genießen im Hoheitsgebiet ihres eigenen Staates die gleiche Immunität wie die Mitglieder der nationalen Parlamente[31], so daß für die deutschen Abgeordneten materiell Art. 46 GG gilt, während für die Ge-

---

[22] *Troßmann* 5. 4; vgl. BTDrucks. V 3790, S. 3; *Bleck* DNP **1983** 76; Nr. 298 RistBV.

[23] LG Arnsberg BB **1974** 1134; *Göhler* Vor § 59, 42; KK-*Schoreit* 7, 8; *Rebmann/Roth/ Hermann* § 46, 22; *Rotberg* § 46, 12.

[24] *Achterberg* 243; *Bockelmann* 43; *Heydlauf* 54; *Magiera* 63; *von Mangoldt/Klein* IV 4; *Maunz/Dürig* 40; *Merten/Pfennig* MDR **1970** 806; *Schneider* 12; a. A *Rauball* 22; *Zinn/Stein* Verfassung des Landes Hessen, Art. 96 Anm. 8 a.

[25] Vgl. z. B. Nr. 2 Buchst. b der allgemeinen Genehmigung (Rdn. 28).

[26] *Rauball* 22; zu SchlH vgl. Fußn. 56.

[27] Vgl. KK-*Schoreit* 9; ein sachlicher Unter-schied besteht darin, daß das Aussetzungs-

verlangen (Art. 38 Abs. 2 BWVerf.) auch in Bezug auf Bußgeldverfahren ausgeübt wer-den kann.

[28] *Maunz/Dürig* Art. 60, 18.

[29] *Magiera* 59.

[30] *Herlan* JR **1951** 326.

[31] Art. 10 Abs. 1 Buchst. a des Protokolls über die Vorrechte und Befreiungen der Europäi-schen Gemeinschaft vom 8. 4. 1965 (BGBl. II S. 1482) in Vbdg. mit Art. 4 Abs. 2 des Aktes vom 20. 9. 1976 (BGBl. II **1977** S. 735); vgl. auch § 5 des EuAbgGes; Rundschreiben des BMI vom 10. 1. 1983 (GMBl. S. 34), Teil B; *Bleck* DNP **1983** 83 f; vgl. auch Nr. 192 b der geplanten Neufassung der RiStBV.

nehmigung der Strafverfolgung das Europäische Parlament zuständig ist[32]. Abgeordnete anderer Mitgliedsstaaten dürfen für die Dauer der Sitzungsperiode in der Bundesrepublik außer bei Ergreifung auf frischer Tat weder strafrechtlich verfolgt noch festgehalten werden[33]. Gleiches gilt für die Mitglieder der **Beratenden Versammlung des Europarates**[34].

c) **Zeitlicher Geltungsbereich.** Die **Immunität beginnt** mit dem Erwerb der Ab- **12** geordnetenstellung, also regelmäßig mit der Erklärung des Gewählten, daß er die Wahl annehme[35], und zwar auch, wenn die Tat, die der Abgeordnete begangen haben soll, früher liegt, aber erst danach zur Einleitung eines Verfahrens führt[36]. Umstritten ist, ob sie sich auch auf im Zeitpunkt des Mandatserwerbs **anhängige Verfahren** erstreckt (sog. mitgebrachte Verfahren). Dies wird von der heute überwiegenden Meinung[37] und der Parlamentspraxis[38] zutreffend bejaht. Ganz überwiegend erstreckt sich die Immunität auf die **Wahlperiode** des Parlaments; soweit in einigen Landesverfassungen der Immunitätsschutz nur für die Dauer der Tagung besteht, wird weitgehend die gleiche Wirkung dadurch erreicht, daß sich der Landtag üblicherweise nicht vertagt, sondern seine einheitliche Tagung lediglich unterbricht[39].

Die **Immunität endet** vorbehaltlich eines Aussetzungsverlangens nach Art. 46 **13** Abs. 4 GG, sobald und soweit das zuständige Parlament die Genehmigung zur Strafverfolgung (Rdn. 36 ff) erteilt. Sie endet auch ohne Genehmigung mit dem Ende des Mandats, das durch Verzicht, Verlust oder durch Ablauf der Wahlperiode eintritt. Für den Bundestag ist nach der Neufassung des Art. 39 Abs. 1 Satz 2 GG[40] bestimmt, daß die Wahlperiode erst mit dem Zusammentritt des neuen Bundestages endet, so daß bei Wiederwahl der Immunitätsschutz nicht unterbrochen wird[41]. In Landesverfassungen ohne diese Regelung erstreckt sich der Immunitätsschutz auch nach dem Ende der Wahlperiode auf das Parlamentspräsidium und die Mitglieder bestimmter Ausschüsse[42].

---

[32] Vgl. Art. 5 GO des Europäischen Parlaments, abgedruckt in Recht und Organisation der Parlamente, Bd. 4 S. 7203; *Troßmann* ErgBd. § 107, 1.

[33] Art. 10 Abs. 1 Buchst. b des Protokolls vom 8. 4. 1965 (Fußn. 31).

[34] Art. 15 des Allgemeinen Abkommens über die Vorrechte und Befreiungen des Europarats vom 2. 9. 1949 (BGBl. II **1954** S. 494) und Art. 3 des Zusatzabkommens vom 6. 11. 1952 (BGBl. II **1954** S. 502); vgl. auch Art. 52 der GO der Beratenden Versammlung, Recht und Organisation der Parlamente, Bd. 4 S. 7309.

[35] *Bockelmann* 39; *Magiera* 85; *Maunz/Dürig* 37.

[36] *Maunz/Dürig* 40.

[37] *Achterberg* 244; *Magiera* 86; *v. Mangoldt/Klein* IV 5 f; KMR-*Müller* 2; *Maunz/Dürig* 51; *Meyer* GA **1953** 114 ff; JR **1955** 1 ff; *Rauball* 25; *Schneider* 10; a. A OLG Celle JZ **1953** 564 mit Anm. *Bockelmann*; sowie früher das RG, RGSt **27** 386; **38** 179; *Bockelmann* 44 Fußn. 69; *Herlan* JR **1951** 326; *Eb. Schmidt* I 153.

[38] Vgl. Grundsätze Nr. 16; *Troßmann* 12; Nr. 191 Abs. 3 RiStBV.

[39] *Ahrens* 23; *Achterberg* 245 Fußn. 108; *Meder* Verfassung des Freistaats Bayern[2] (1978), Art. 17, 3 (für Bayern); *Zinn/Stein* Verfassung des Landes Hessen, Art. 96 Anm. 6 a.

[40] Durch Gesetz vom 23. 8. 1976 (BGBl. I S. 2381); entsprechende Regelung in Art. 10 Hamb.Verf.; Art. 67 Saarl.Verf. und Art. 10 SchlHVerf.

[41] Bis zu dieser Änderung bestimmte Art. 49 GG, daß für die Mitglieder des Präsidiums und der Ausschüsse gemäß Art. 45 (ständiger Ausschuß) und Art. 45 a (Verteidigungsausschuß und auswärtiger Ausschuß) die Immunität auch zwischen den Wahlperioden galt.

[42] Vgl. Art. 44 BWVerf.; Art. 95 Hess.Verf.; Art. 40 NWVerf.; Art. 92 RhPf.Verf; nach Art. 48 Abs. 4 NWVerf. gilt der Immunitätsschutz generell auch für die Zeit zwischen zwei Wahlperioden; vgl. dazu *Ahrens* 24.

3. Umfang

14 **a) Allgemeines.** Welche Tätigkeiten und Handlungen der Strafverfolgungsbehörden und Gerichte der Immunitätsregelung unterfallen, ergibt sich rechtlich aus den jeweils in Betracht kommenden Verfassungsbestimmungen. Innerhalb dieses zunächst darzustellenden Rahmens kann eine genehmigungsfreie Strafverfolgung im konkreten Einzelfall infolge Ergreifens auf frischer Tat nach Art. 46 Abs. 2 Halbsatz 2 GG kraft Verfassungsrecht gegeben sein (dazu Rdn. 22 ff) oder wegen des Vorliegens einer allgemeinen Genehmigung (dazu Rdn. 28 ff). Auch in diesen Fällen bleibt jedoch das Recht des Parlaments erhalten, die Aussetzung des Verfahrens zu verlangen (dazu Rdn. 42 ff).

15 **b) Erkenntnisverfahren.** Nach ganz h. M umfaßt der Immunitätsschutz das gesamte Erkenntnisverfahren der StPO einschließlich des staatsanwaltschaftlichen Ermittlungsverfahrens[43], soweit für dieses keine allgemeine Genehmigung vorliegt. Die Genehmigung zur Strafverfolgung ist daher schon erforderlich, wenn die Staatsanwaltschaft ihr bekannt werdenden hinreichenden tatsächlichen Anhaltspunkten (§ 152 Abs. 2) durch eine den Sachverhalt erforschende Tätigkeit (§ 160 Abs. 1) nachgehen will, mag auch zu erwarten sein, daß das Verfahren zur Einstellung führt[44]. Eine Genehmigung ist nicht erforderlich, wenn das Verfahren ohne eigene Nachforschungen der Staatsanwaltschaft eingestellt werden kann, etwa weil das angezeigte Verhalten aus Rechtsgründen nicht strafbar oder nicht verfolgbar ist[45]. Die Immunitätspraxis hält es auch für zulässig, daß die Staatsanwaltschaft zur Vorbereitung dieser Entscheidung die Anschuldigung dem Abgeordneten mit der Anheimgabe mitteilt, zu ihr Stellung zu nehmen, und Feststellungen zur Beurteilung der Ernsthaftigkeit einer Anzeige trifft[46]. Weil der Abgeordnete dadurch nicht „zur Verantwortung gezogen" wird, wird man es auch für zulässig halten können, daß die Staatsanwaltschaft das Verfahren ohne Genehmigung nach den §§ 153 Abs. 1, 154 Abs. 1 — nicht jedoch nach § 153 a Abs. 1[47] — einstellt, wenn dies ohne jede weitere Sachverhaltsermittlung geschehen kann[48]. Für den Bereich der allgemeinen Genehmigung für Ermittlungsverfahren haben die hier bestehenden Zweifelsfragen keine Bedeutung mehr.

16 Eine Strafverfolgung **anderer Tatbeteiligter** bedarf keiner Genehmigung; die Immunität wirkt nur für den Abgeordneten persönlich und das gegen ihn gerichtete Verfahren[49]. Auch soweit der Verdacht der Beteiligung, Strafvereitelung, Hehlerei oder Begünstigung besteht, darf der Abgeordnete genehmigungsfrei als Zeuge vernommen werden, wobei seine Auskunfts- und Zeugnisverweigerungsrechte (Art. 47 GG, § 55) unbe-

---

[43] RGSt **23** 193; **24** 209; *Achterberg* 243; *Ahrens* 11; *Bockelmann* 44; 50; *Herlan* JR **1951** 326; *Magiera* 66; *v. Mangoldt/Klein* IV 5 a; *Maunz/Dürig* 41; *Schneider* 12; *Schorn* NJW **1966** 235; a. A *Ranft* ZRP **1981** 274; wohl auch *Barschel/Gebel* Landessatzung für Schleswig-Holstein (1976), Art. 17 III 3.

[44] *Bockelmann* 47; *Magiera* 67; *Maunz/Dürig* 43; *Schorn* NJW **1966** 235.

[45] *Ahrens* 14; *Giesing* DRiZ **1964** 162; *Herlan* JR **1951** 326; *Kleinknecht/Meyer*[37] 5; *Maunz/Dürig* 43; *Magiera* 67; *Schneider* 12; *Rolf Schneider* DVBl. **1956** 364; *Troßmann* 6.

[46] So *Bockelmann* 47; *Magiera* 67; *Maunz/Dürig* 42; *Troßmann* 10; Grundsätze Nr. 5

Abs. 2; ebenso Nr. 191 Abs. 3 Buchst. c, Abs. 4 RiStBV in der geplanten Neufassung; a. A *Achterberg* 243.

[47] A. A *Kleinknecht/Meyer*[37] 5 (wenn Abgeordneter „geständig" ist und keine weiteren Ermittlungen erforderlich sind), der jedoch übersieht, daß der Abgeordnete bereits durch die Auferlegung der Auflagen und Weisungen zur Verantwortung gezogen wird.

[48] *Maunz/Dürig* 43; *Rolf Schneider* DVBl. **1956** 364; *Schorn* NJW **1966** 235; a. A *Bockelmann* 51.

[49] *Bockelmann* 54; *Herlan* MDR **1950** 519; *Magiera* 69; *v. Mangoldt/Klein* IV 5 d; *Maunz/Dürig* 36.

rührt bleiben[50]. Soweit sich das Verfahren gegen andere Tatbeteiligte richtet, hindert die Immunität auch nicht, Durchsuchungen bei dem Abgeordneten auf der Grundlage von $\S$ 103 durchzuführen[51] oder an ihn das Herausgabeverlangen nach $\S$ 95 zu richten[52], mag auch der Verdacht seiner Beteiligung bestehen.

c) Strafvollstreckung. Die Genehmigung zur Strafverfolgung reicht nur bis zur **17** Rechtskraft des Urteils, dessen Vollstreckung von ihr nicht erfaßt wird[53]. Jedoch unterfällt die Strafvollstreckung als solche nicht dem Immunitätsschutz, sie kann daher ohne Genehmigung eingeleitet und durchgeführt werden[54]. Dies gilt nur dann nicht, wenn die Strafvollstreckung zu einer Freiheitsentziehung oder Freiheitsbeschränkung führt, wie bei der Vollstreckung einer Freiheitsstrafe, der Ersatzfreiheitsstrafe oder der Erzwingungshaft nach $\S$ 96 OWiG. Diese Maßnahmen, nicht jedoch schon die zu ihrer Einleitung führenden Vollstreckungsmaßnahmen[55], dürfen wegen Art. 46 Abs. 3 erst vollzogen werden, wenn die Genehmigung des Parlaments vorliegt[56].

d) Freiheitsentziehung, Freiheitsbeschränkung. Die bloße Genehmigung zur Straf- **18** verfolgung nach Art. 46 Abs. 2 GG umfaßt nicht freiheitsentziehende und freiheitsbeschränkende Maßnahmen; sie bedürfen vielmehr einer besonderen Genehmigung zur „Verhaftung" oder nach Art. 46 Abs. 3 GG (vgl. aber Rdn. 27). Hierunter fallen nur Eingriffe in die räumlich-körperliche Bewegungsfreiheit, nicht andere Eingriffe in die Persönlichkeitssphäre[57]. Dazu gehören für das Strafverfahren Untersuchungshaft, vorläufige Festnahme nach $\S$ 127 Abs. 2, einstweilige Unterbringung ($\S\S$ 81, 126 a), Vorführung nach den $\S\S$ 51, 134, 161 a, 163 a, 230, auch, soweit der Abgeordnete nur als Zeuge in Betracht kommt, sowie Maßnahmen nach $\S$ 164 und das Ingewahrsamhalten nach $\S$ 231 Abs. 1 Satz 2. Auch die zur Durchführung einer erkennungsdienstlichen Behandlung oder einer körperlichen Untersuchung, etwa der Entnahme einer Blutprobe an sich zulässige vorübergehende zwangsweise „Sistierung" (vgl. bei $\S$ 81 a) bedarf als Freiheitsbeschränkung der Genehmigung, sofern nicht, was oft der Fall sein wird, die Voraussetzungen des Art. 46 Abs. 2 Halbsatz 2 GG vorliegen. Die Festhaltebefugnis zur Identitätsfeststellung nach $\S\S$ 163 b, 163 c kommt nicht in Betracht, denn wenn der Festzuhaltende als Abgeordneter erkennbar ist, steht zugleich seine Identität fest.

e) Andere Zwangsmaßnahmen. Zur Durchführung anderer Zwangsmaßnahmen **19** (Grundrechtseingriffe) bedarf es keiner besonderen Genehmigung. Sie werden, wenn der Abgeordnete Beschuldigter ist, von der Genehmigung zur Strafverfolgung oder von

[50] *Bockelmann* 54; KK-*Schoreit* 18; KMR-*Müller* 6; *Maunz/Dürig* 36.

[51] *Bockelmann* 55; vgl. aber Art. 40 Abs. 2 Satz 2 GG.

[52] Vgl. *Bockelmann* 55; KK-*Schoreit* 19.

[53] *Magiera* 68; *Maunz/Dürig* 49.

[54] *Bockelmann* 51; *Herlan* JR **1951** 326 *Magiera* 68; *v. Mangoldt/Klein* IV 5 c; *Maunz/Dürig* 49; *Pohlmann/Jabel* $\S$ 2, 14.

[55] *Magiera* 81; *Maunz/Dürig* 57.

[56] *Herlan* JR **1951** 326; *Pohlmann/Jabel* $\S$ 2, 6 ff: Da in Art. 17 SchlHVerf. eine dem Art. 46 Abs. 3 GG entsprechende Vorschrift fehlt, ist für Abgeordnete des Landtags von Schleswig-Holstein die Vollstreckung von Freiheitsstrafen genehmigungsfrei zulässig

(*Bockelmann* 67; *Pohlmann/Jabel* $\S$ 2, 22; wohl auch *Barschel/Gebel* Landessatzung für Schleswig-Holstein [1976], Art. 17 III 5), jedoch nimmt offenbar der Landtag, wie sich aus Nr. 4 der Grundsätze in Immunitätsangelegenheiten (Recht und Organisation der Parlamente, Bd. 3 S. 168649) ergibt, auch insoweit Immunität in Anspruch. Zur Rechtslage für die Abgeordneten der Landesparlamente von Baden-Württemberg und Berlin vgl. *Pohlmann/Jabel* $\S$ 2, 22 mit weit. Nachw.

[57] *Ahrens* 19; *Magiera* 82; *Maunz/Dürig* 58; a. A wohl *Ranft* ZRP **1981** 276; differenzierend *Bockelmann* 61; *v. Mangoldt/Klein* IV 10; vgl. auch die Aufzählung in Nr. 14 der Grundsätze.

der Genehmigungsfreiheit nach Art. 46 Abs. 2 Halbsatz 2 GG gedeckt; sofern sie ihn als andere Person treffen, sind sie genehmigungsfrei zulässig. Dazu gehören die Beschlagnahme nach §§ 96 ff (vgl. aber Art. 40 Abs. 2 Satz 2 GG), die Postbeschlagnahme nach §§ 99 f, die Überwachung des Fernmeldeverkehrs nach §§ 100 a f und die Durchsuchung von Räumen oder Sachen nach den §§ 102 ff[58], während die Durchsuchung der Person als Freiheitsbeschränkung anzusehen sein dürfte[59]. Körperliche Untersuchungen nach § 81 a sind zulässig, soweit sie nicht mit einer zwangsweisen Sistierung verbunden sind[60]; vgl. auch § 51, 34; § 70, 43, § 94, 64, § 102, 42; § 133, 12.

20   **f) Vorläufige Entziehung der Fahrerlaubnis und vorläufiges Berufsverbot** nach den §§ 111 a, 132 a gehören zu den Maßnahmen der Strafverfolgung, durch die der Abgeordnete zur Verantwortung gezogen wird und sind daher nur mit Genehmigung des Parlaments zulässig[61]. Sie sind jedoch keine freiheitsbeschränkenden Maßnahmen, die eine besondere Genehmigung erfordern. Zur Frage, ob die nach Art. 46 Abs. 2 Halbsatz 2 eintretende Genehmigungsfreiheit oder die allgemeine Genehmigung sie mit umfaßt, s. Rdn. 27; 32; § 111 a, 97; § 132 a, 24.

21   **g) Privatklagen.** Immunitätsschutz besteht auch gegenüber Privatklagen[62], jedoch wird der Abgeordnete in diesen Fällen erst „zur Verantwortung gezogen", wenn gegen ihn behördliche Handlungen vorgenommen werden. Die Erhebung der Privatklage durch den Privatkläger ist daher ohne Genehmigung möglich[63]; ob die Mitteilung der Anklageschrift nach § 382 bereits der Genehmigung bedarf, ist umstritten[64]. Zur Herbeiführung der Genehmigung in diesen Fällen s. Rdn. 34.

4. Genehmigungsfreie Strafverfolgung wegen Festnahme bei Begehung der Tat

22   **a) Bedeutung.** Die Immunität nach Art. 46 Abs. 2 GG[65] greift nicht ein, wenn der Abgeordnete „bei Begehung der Tat oder im Laufe des folgenden Tages festgenommen wird" (Art. 46 Abs. 2 Halbsatz 2 GG). Diese Ausnahme, die mit dem ursprünglichen Zweck der Immunität, Schutz vor willkürlichen Verhaftungen zu gewähren, in Zusammenhang steht und in früheren Fassungen diesem Zweck besser gerecht wurde[66], stellt im heutigen Immunitätsrecht einen auch gesetzestechnisch wenig geglückten Fremdkörper dar[67]. Die Auslegung der Ausnahmeklausel muß sich daher bis an die Grenze des

---

[58] *Magiera* 82; *Maunz/Dürig* 58; *Schneider* 14; a. A. *Ranft* ZRP **1981** 276 (freiheitsbeschränkende Maßnahme); zur Reichweite der allgemeinen Genehmigung s. Rdn. 32.

[59] *Rosen* ZRP **1974** 81; wohl auch *Magiera* 82.

[60] Weitergehend *Nau* NJW **1958** 1670, nach dem Blutentnahmen nach § 81 a in keinem Fall der Immunität unterliegen; a. A *Magiera* 80; wohl auch *Maunz/Dürig* 57.

[61] Allg. M.; a. A *Nau* NJW **1958** 1668; vgl. *Cloppenburg* MDR **1961** 286.

[62] LG Hamburg MDR **1947** 38; *Bockelmann* 33; *Magiera* 69; *Maunz/Dürig* 45; zur Übernahme der Privatklage nach § 377 *Bockelmann* 51; *Maunz/Dürig* 31.

[63] Allg. M; vgl. z. B. *Bockelmann* 34; *Herlan* JR **1951** 326; *Magiera* 69.

[64] Bejahend *Magiera* 69; *Maunz/Dürig* 45;

wohl auch (aber unklar) *Bockelmann* 34 Fußn. 58, 48 Fußn. 73; verneinend *Herlan* JR **1951** 327; zur Widerklage gegen einen Abgeordneten OLG Karlsruhe JW **1925** 1027; *Herlan* JR **1951** 327; *Maunz/Dürig* 45.

[65] Enger Art. 38 Abs. 1 BWVerf. (im Laufe des Tages); Art. 35 Abs. 3 Berl.Verf. (nur bei Ausübung der Tat). Statt von „Begehung" der Tat sprechen die Landesverfassungen teilweise von „Verübung" (BW) oder von „Ausübung" (Bay.; Brem.; Berl.; Hamb.; Hess.; NW; RhPf.; Saarl.).

[66] Vgl. § 117 Abs. 1 Paulskirchenverfassung: „mit der alleinigen Ausnahme der Ergreifung auf frischer Tat"; zur Entwicklungsgeschichte *Uhlitz* DVBl. **1962** 123.

[67] *Maunz/Dürig* 52 („Anachronismus"); vgl. auch *Uhlitz* DVBl. **1962** 124.

Wortlauts um eine verfassungsrechtlich und strafprozessual praktikable Sinngebung bei Voraussetzung und Umfang der Genehmigungsfreiheit bemühen.

b) Voraussetzungen. Die Genehmigungsfreiheit tritt unter der doppelten Voraus- **23** setzung ein, daß der Abgeordnete (1) „festgenommen wird" und (2), daß dies bei Begehung der Tat oder im Laufe des folgenden Tages geschieht. Unter **Festnahme** ist dabei nicht nur die vorläufige Festnahme nach § 127 und die Verhaftung zu verstehen, sondern jede freiheitsentziehende oder freiheitsbeschränkende Maßnahme aufgrund eines Tatverdachts[68], also auch die bloße „Sistierung" zur Entnahme einer Blutprobe[69] oder ein Festhalten zum Zwecke der Identitätsfeststellung nach § 163 b Abs. 1[70].

In zeitlicher Hinsicht muß die Festnahme bei **Begehung der Tat** oder im Laufe **24** des folgenden Tages geschehen. Dabei ist nach überwiegender Meinung unter Begehung der Tat das Gleiche zu verstehen, wie mit der Bezeichnung „auf frischer Tat betroffen" in § 127 Abs. 1[71]. Es wird jedoch unterschiedlich beurteilt, ob der Verdächtige bei Ausübung der Tat wahrgenommen werden muß[72], oder ob es genügt, wenn er lediglich aufgrund von Tatspuren verfolgt und alsbald festgenommen wird[73]. Umstritten und im einzelnen wenig geklärt ist, ob die zweite Festnahmevariante (**im Laufe des folgenden Tages**) eine selbständige Voraussetzung in Form einer reinen Zeitgrenze bildet, wodurch die erste Variante praktisch bedeutungslos würde[74], oder ob sie in irgendeiner Beziehung zu dem augenfälligen Umstand stehen muß, daß der Abgeordnete bei der Tat betroffen wird und sich lediglich seiner Festnahme hinauszögert[75].

Eine **sinnvolle Auslegung** der Vorschrift muß, soweit mit der Wortlautgrenze **25** noch vereinbar, unter Rückgriff auf die Entstehungsgeschichte auch der Vorgänger der Bestimmung[76], einerseits beide Alternativen aufeinander beziehen, andererseits jeder von ihnen eine selbständige Anwendungsmöglichkeit eröffnen und darf schließlich nicht zur völligen Unpraktikabilität führen. Letzteres schließt es aus, die „Begehung der Tat" mit ihrer Vollendung oder Beendigung im strafrechtlichen Sinne gleichzusetzen; es muß auch ausreichen, daß die Tat unmittelbar nach ihrer Begehung bemerkt wird und diese Kenntnis zur Festnahme des Verdächtigen führt. Das zeitliche Hinausschieben der Festnahme bis auf das Ende des folgenden Tages wäre für den Regelfall sinnlos, wenn man das Betroffensein im Sinne der unmittelbaren Wahrnehmung der Tatbegehung durch ein Strafverfolgungsorgan verstehen würde; Fälle, in denen ein auf frischer Tat Betroffener bis zu 48 Stunden verfolgt werden muß, dürften kaum vorkommen. Sinnvoll ist diese Alternative nur, wenn eine Festnahme auch aufgrund von Tatspuren zugelassen wird. Art. 46 Abs. 2 Halbsatz 2 sollte daher wie § 127 ausgelegt werden, so daß die Vorschrift zu lesen wäre: „. . .es sei denn, daß er auf frischer Tat betroffen oder verfolgt und spätestens im Laufe des folgenden Tages festgenommen wird"; vgl. § 127, 3.

Die **Genehmigungsfreiheit** für die weitere Strafverfolgung **tritt nicht** ein, wenn **26** der Abgeordnete auf frischer Tat lediglich betroffen, aber, da hierfür die gesetzlichen

---

[68] *Bockelmann* 56; *Magiera* 74; **a. A** v. *Mangoldt/Klein* IV 8 a; LR- *G. Schäfer* § 111 a, 96.

[69] OLG Bremen NJW **1966** 743; OLG Oldenburg NJW **1966** 1764; **a. A** LR- *G. Schäfer* § 111 a, 96.

[70] RGSt **59** 113; OLG Bremen NJW **1966** 744.

[71] *Bockelmann* 56 f; *Magiera* 72; v. *Mangoldt/ Klein* IV 8; *Maunz/Dürig* 53; *Schneider* 13; wohl enger *Eb. Schmidt* I 156; **a. A** *Uhlitz* DVBl. **1962** 124.

[72] *Bockelmann* 57 Fußn. 88; *Maunz/Dürig* 53; wohl auch v. *Mangoldt/Klein* IV 8.

[73] So wohl *Magiera* 72.

[74] *Uhlitz* DVBl. **1962** 124.

[75] So, im einzelnen unterschiedlich, *Bockelmann* aaO; *Magiera* 72; v. *Mangoldt/Klein* IV 8; *Maunz/Dürig* 53; *Schneider* 13.

[76] Vgl. dazu *Uhlitz* DVBl. **1962** 124.

Peter Rieß

Voraussetzungen nicht vorliegen, auch nicht im weiteren Sinne des Art. 46 Abs. 2 „festgenommen" wird. Eine solche, an sich sinnvolle Auslegung scheitert an der Wortlautgrenze. Dagegen wird, ohne daß dadurch Genehmigungsfreiheit für ein anschließendes Strafverfahren eintritt[77], per argumentum a maiore ad minus aus der Befugnis zur Festnahme des auf frischer Tat betroffenen Abgeordneten die Befugnis zur genehmigungsfreien Durchführung **unaufschiebbarer Sicherungsmaßnahmen** angenommen werden können, wenn durch die Einholung der Genehmigung eine Gefährdung des Untersuchungserfolges zu befürchten wäre[78]. Unaufschiebbare körperliche Untersuchungen nach § 81 a, namentlich die Entnahme von Blutproben, und Durchsuchungen sind daher in den Fällen des Betreffens auf frischer Tat auch ohne Genehmigung zulässig[79].

27   **c) Folgen.** Die Festnahme auf frischer Tat im Sinne der Ausnahmevorschrift bewirkt, daß die gesamte weitere Strafverfolgung wegen der Tat, aufgrund derer die Festnahme erfolgte, keiner Genehmigung bedarf[80]. Ohne Genehmigung zulässig ist auch der weitere Vollzug der aufgrund dieser Festnahme erfolgenden Freiheitsentziehung. Unberührt bleibt das Aussetzungsverlangen nach Art. 46 Abs. 4 GG. Wird die Festnahme beendet, so bleibt zwar das weitere Strafverfahren genehmigungsfrei zulässig[81], doch bedarf eine spätere erneute Freiheitsentziehung oder Freiheitsbeschränkung in demselben Verfahren der Genehmigung[82]. Ob die Genehmigungsfreiheit auch die Befugnis umfaßt, die Fahrerlaubnis vorläufig zu entziehen oder ein vorläufiges Berufsverbot anzuordnen, erscheint zweifelhaft. Zur Unterrichtung des Parlaments im Falle einer genehmigungsfreien Strafverfolgung s. Nr. 192 Abs. 8 RiStBV.

5. Ermittlungsverfahren aufgrund allgemeiner Genehmigung

28   **a) Grundlagen.** Seit der 5. Legislaturperiode[83] genehmigt der Bundestag durch einen zu Beginn der jeweiligen Legislaturperiode zu fassenden Beschluß für Ermittlungsverfahren die Strafverfolgung mit einigen Einschränkungen allgemein. Der Beschluß hat folgenden Wortlaut[84]:

> 1. Der Deutsche Bundestag genehmigt bis zum Ablauf dieser Wahlperiode die Durchführung von Ermittlungsverfahren gegen Mitglieder des Bundestages wegen Straftaten, es sei denn, daß es sich um Beleidigungen (§§ 185, 186, 187 a Abs. 1 StGB) politischen Charakters handelt. [Vor Einleitung eines Ermittlungsverfahrens ist dem Präsidenten des Deutschen Bundestages und, soweit nicht Gründe der Wahrheitsfindung entgegenstehen, dem betroffenen Mitglied des Bundestages Mitteilung zu machen; unterbleibt die Mitteilung an das Mitglied des Bundestages, so ist der Präsident auch hiervon unter Angabe der Gründe zu unterrichten. Das Recht des Deutschen Bundestages, die Aussetzung des Verfahrens zu verlangen (Artikel 46 Abs. 4 GG) bleibt unberührt.]

---

[77] *Magiera* 77; damit erledigt sich das Bedenken von *Ahrens* 17.

[78] *Magiera* 75 mit weit. Nachw.; *Reh* NJW **1959** 87; *Schreiber* 13; vgl. auch OLG Bremen NJW **1966** 745; **a. A** *Ahrens* 17; LR- *G. Schäfer* § 111 a, 96.

[79] *Bockelmann* 58; *Magiera* 75; **a. A** *Ahrens* 17 (nur im Rahmen einer vorläufigen Festnahme zu diesem Zweck); weitergehend *Nau* NJW **1958** 1668.

[80] *Magiera* 74; *v. Mangoldt/Klein* IV 8 b; *Maunz/Dürig* 54.

[81] RGSt **59** 113.

[82] Grundsätze Nr. 6; *Bockelmann* 58; *Magiera* 74; *Maunz/Dürig* 54.

[83] Zur Begründung BTDrucks. V 3790; zur Entstehung *Ahrens* 126; *Troßmann* 5.4; zur Frage der verfassungsrechtlichen Zulässigkeit *Heydlauf* 144 ff; *Magiera* 92; *Schneider* 16.

[84] Abdruck in BGBl. I **1980** 1264 sowie bei *Troßmann*. Die weiteren Teile befassen sich mit dem vereinfachten Genehmigungsverfahren.

2. Diese Genehmigung umfaßt nicht

a) Die Erhebung der öffentlichen Klage wegen einer Straftat und den Antrag auf Erlaß eines Strafbefehls,

b) im Verfahren nach dem Gesetz über Ordnungswidrigkeiten den Hinweis des Gerichts, daß über die Tat auch auf Grund eines Strafgesetzes entschieden werden kann (§ 81 Abs. 1 Satz 2 OWiG),

c) freiheitsentziehende und freiheitsbeschränkende Maßnahmen im Ermittlungsverfahren.

29 Die meisten **Landesparlamente** haben aufgrund einer Empfehlung der Konferenz der Präsidenten der Deutschen Landesparlamente[85] einen ähnlichen Weg eingeschlagen, wobei sich die Beschlüsse in einzelnen Punkten unterscheiden[86]. Das Parlament von Hamburg (Bürgerschaft) hat die Regelung des Bundestages übernommen. Im übrigen wird überwiegend die allgemeine Genehmigung ausdrücklich auf die vorläufige Entziehung der Fahrerlaubnis (§ 111 a) erstreckt, auf den Vollzug einer Durchsuchung oder Beschlagnahme nur, soweit der sofortige Vollzug ohne die Einholung einer Einzelgenehmigung zur Sicherung des Beweises unbedingt erforderlich ist[87], während im übrigen der Vollzug von Durchsuchung und Beschlagnahme von der Genehmigung ausdrücklich ausgenommen ist[88]. Der Landtag von Niedersachsen hat bisher keine allgemeine Genehmigung ausgesprochen.

30 **b) Bedeutung und Reichweite.** Das Institut der allgemeinen Genehmigung von Ermittlungsverfahren ermöglicht im praktischen Ergebnis, wenn auch nicht in der dogmatischen Konstruktion[89], die genehmigungsfreie Durchführung von staatsanwaltschaftlichen Ermittlungsverfahren bis zur Abschlußreife und die Verfahrenseinstellung durch die Staatsanwaltschaft, soweit nicht Ermittlungshandlungen einer bestimmten Eingriffsschwere erforderlich werden. Es reduziert insoweit die Genehmigung auf eine bloße Pflicht zur Mitteilung der beabsichtigten Verfahrenseinleitung, wodurch das Parlament in den Stand gesetzt wird, sein Aussetzungsrecht auszuüben.

31 Nach der gegenwärtigen Rechts- und Beschlußlage der einzelnen Parlamente ist für das staatsanwaltschaftliche Ermittlungsverfahren eine für den Einzelfall einzuholende **Genehmigung des Parlaments** noch erforderlich:

— uneingeschränkt für die Abgeordneten des Landtags von Niedersachsen, die Abgeordneten des Europa-Parlaments und die Mitglieder der Beratenden Versammlung des Europarats,

— für alle Abgeordneten und für das ganze Ermittlungsverfahren, soweit es sich um den Vorwurf der Beleidigung (§§ 185, 186, 187 a StGB) mit politischem Charakter handelt,

— für alle Abgeordneten, soweit im Ermittlungsverfahren freiheitsentziehende und freiheitsbeschränkende Maßnahmen (Rdn. 32) gegen den Abgeordneten erforderlich werden, für diese Maßnahme.

32 **c) Einzelfragen.** Da die allgemeine Genehmigung die Pflicht zur vorherigen Unterrichtung des Parlamentspräsidenten und im Regelfall auch des betroffenen Abgeordneten unberührt läßt und diese Pflicht der Staatsanwaltschaft obliegt, ist die **Polizei** nicht berechtigt, von sich aus Ermittlungen zu führen, soweit nicht die Ausnahmevor-

---

[85] vom 12. 1. 1979, Abdruck in Recht und Organisation der Parlamente, Bd. 3 S. 161061.

[86] Vollständige Wiedergabe in Recht und Organisation der Parlamente, Bd. 3.

[87] Berlin hat keine Regelung über Durchsuchung und Beschlagnahme getroffen.

[88] Baden-Württemberg und Bayern schließen Durchsuchung und Beschlagnahme generell von der allgemeinen Genehmigung aus.

[89] Vgl. zu dieser *Magiera* 92.

schrift des Art. 46 Abs. 2 Halbsatz 2 GG eingreift. Sie hat vielmehr die Vorgänge der Staatsanwaltschaft vorzulegen[90]. Beim **beschleunigten Verfahren** dürfte nicht erst die (ggf. mündliche) Anklageerhebung, sondern bereits der Antrag auf Aburteilung im beschleunigten Verfahren die Genehmigungsbedürftigkeit auslösen. Die **vorläufige Entziehung der Fahrerlaubnis** ist auch bei Bundestagsabgeordneten (bei den Landtagen ist sie von der Genehmigung ausdrücklich umfaßt) keine genehmigungsauslösende freiheitsbeschränkende Maßnahme[91]. Dagegen hält der Bundestag **Durchsuchungen** für freiheitsbeschränkende und die Einzelgenehmigung erfordernde Maßnahmen im Sinne von Nr. 2 Buchstabe c seines Beschlusses[92]. Ob die Anordnung eines vorläufigen Berufsverbots von der allgemeinen Genehmigung gedeckt wird, erscheint zweifelhaft (vgl. § 132 a, 24).

6. Genehmigung

33   **a) Verfahren.** Es obliegt der das Strafverfahren betreibenden Behörde, sobald dies erforderlich wird, eine Entscheidung darüber herbeizuführen, ob die Genehmigung zur Strafverfolgung erteilt wird. Die Staatsanwaltschaft ist nach dem Legalitätsprinzip und aufgrund ihrer Verpflichtung, den Sachverhalt zu erforschen, zu einem solchen Antrag verpflichtet[93]. Zur Antragstellung ist auch das **Gericht** befugt, und zwar immer dann, wenn die Notwendigkeit, eine Genehmigung herbeizuführen, eintritt, nachdem die Verfahrensherrschaft auf das Gericht übergegangen ist[94], etwa wenn der Immunitätsschutz erst nach Erhebung der öffentlichen Klage entsteht, oder wenn im Hauptverfahren eine genehmigungpflichtige freiheitsentziehende oder freiheitsbeschränkende Maßnahme erforderlich wird. Im zweiten Fall kann das Gericht es allerdings nach § 36 Abs. 2 der Staatsanwaltschaft überlassen, die Genehmigung herbeizuführen, weil dies zu dem für die Vollstreckung „Erforderlichen" gehört. Dagegen braucht sich das Gericht nicht um die Genehmigung zu bemühen, wenn der Immunitätsschutz schon für die Erhebung der öffentlichen Klage bestand; in diesem Fall ist die Eröffnung des Hauptverfahrens abzulehnen[95]. Der **Antrag** ist auf dem Dienstweg, wenn der Bundestag zu entscheiden hat über den Bundesminister der Justiz, an das Parlament zu richten[96]. Inhaltlich muß der Antrag, jedenfalls wenn nach Abschluß des Ermittlungsverfahrens die Klageerhebung genehmigt werden soll, die Tat ähnlich wie in einer Anklage konkretisieren; eine darüberhinausgehende, das Parlament über die wichtigsten Einzelheiten des Tatvorwurfs informierende Erläuterung im Sinne einer „schlüssigen Sachdarstellung" erscheint zweckmäßig. Einen etwa schon vorhandenen Entwurf der Anklageschrift kann das Parlament nicht verlangen.

[90] Rundschreiben des BMI, GMBl. **1983** 37, Abschnitt A 2, 3.

[91] *Troßmann* 9.

[92] *Troßmann* 8; ebenso *Ranft* ZRP **1981** 276; a. A *Rosen* ZRP **1974** 80; vgl. auch *Bücker* ZRP **1975** 23.

[93] KG JR **1959** 432 (auch zu der Frage, ob dies Ziel eines Klageerzwingungsverfahrens sein kann); *Bockelmann* 30; *Herlan* JR **1951** 326; *v. Mangoldt/Klein* IV 7 b; *Maunz/Dürig* 29; *Eb. Schmidt* I 154; *Schorn* NJW **1966** 235.

[94] *Herlan* MDR **1951** 57; a. A *Bockelmann* 33, der aber nur auf den Fall abstellt, daß eine Ge-

nehmigung bereits vor Klageerhebung erforderlich ist. Nach Abschnitt B I der Grundsätze für die Handhabung der Immunität (Recht und Organisation der Parlamente, Bd. 3 S. 1686 168645) vertritt der Landtag von Schleswig-Holstein die (unzutreffende) Auffassung, daß in Strafsachen nur die Staatsanwaltschaft (und der Privatkläger) den Antrag stellen dürfe.

[95] *Bockelmann* 30 f.

[96] Grundsätze Nr. 2 a; wegen weiterer Einzelheiten vgl. Nr. 192 Abs. 6 RiStBV; vgl. auch *Bockelmann* 33 Fußn. 57.

Im **Privatklageverfahren** kann der Privatkläger den Antrag selbst stellen[97], doch **34** kann wohl auch das Gericht, bevor es das Hauptverfahren nach §383 eröffnet, die Genehmigung beantragen[98]. Dem Verletzten als solchen steht die Antragsbefugnis nicht zu[99], und zwar auch dann nicht, wenn er als Nebenkläger anschlußberechtigt wäre (zur Reichweite des Klageerzwingungsverfahrens in diesen Fällen s. die Erl. zu §172). Auch die Polizeibehörden können die Genehmigung nicht beantragen[100].

Zum **parlamentarischen Verfahren** der Antragsbehandlung s. die entsprechenden **35** Bestimmungen der Geschäftsordnungen der Parlamente und die dazu ergangenen Grundsätze und Richtlinien in Immunitätsangelegenheiten[101].

b) Inhalt und Wirkung der Genehmigung. Die Genehmigung bezieht sich stets **36** auf ein bestimmtes Verfahren oder auf eine bestimmte Maßnahme, sie hebt nicht etwa die Immunität insgesamt auf[102]. Der Genehmigungsbeschluß gibt in der Regel nicht an, zu welchem Strafverfahren die Genehmigung erteilt wird; dies ist aus der Verhandlung des Parlaments in Verbindung mit dem gestellten Antrag zu entnehmen[103].

Wenn das Parlament keine weitergehende Bestimmung trifft, bezieht sich die **Ge-** **37** **nehmigung** jeweils nur **auf eine der** in Art. 46 Abs. 2 und 3 genannten **Fallgruppen**[104]. Die Genehmigung zur Durchführung eines Strafverfahrens ermächtigt zu allen damit verbundenen nicht freiheitsentziehenden oder freiheitsbeschränkenden (Rdn. 19) Maßnahmen, also etwa auch zu Vorladungen, Durchsuchungen und Beschlagnahmen, sie umfaßt aber nicht zugleich die Genehmigung zur Verhaftung oder zwangsweisen Vorführung oder Vollstreckung einer Freiheitsstrafe. Die Genehmigung zum Vollzug der Untersuchungshaft schließt die zur zwangsweisen Vorführung ein, nicht aber umgekehrt; sie umfaßt nicht die Genehmigung zur Verhaftung zum Zwecke der Strafverbüßung[105], ermöglicht aber die unmittelbare Anschlußvollstreckung[106]. Eine Genehmigung zur Verhaftung oder zu einer anderen freiheitsbeschränkenden Maßnahme bei einem im übrigen allgemein genehmigten Ermittlungsverfahren stellt noch keine Genehmigung für die Erhebung der öffentlichen Klage und das folgende Verfahren dar.

Die ohne Beschränkungen erteilte **Genehmigung** zur Durchführung eines Straf- **38** verfahrens umfaßt alle Verfahrensabschnitte **bis zur Rechtskraft.** Von der Genehmigung gedeckt wird auch die Fortsetzung des Verfahrens nach einer Einstellung, die keine Rechtskraftwirkung hat, etwa nach §§170 Abs. 2, 153 Abs. 1, 205. Umstritten ist, ob es für eine Wiederaufnahme des Verfahrens einer neuen Genehmigung bedarf, wenn das alte Verfahren mit voller oder beschränkter (§153 Abs. 2, §153a Abs. 1 Satz 4, §211) Rechtskraft abgeschlossen ist[107]. Das dürfte jedenfalls in den Fällen der Wiederauf-

---

[97] *Achterberg* 244; *Bockelmann* 33; *Herlan* MDR **1950** 519; KK-*Schoreit* 24; *Magiera* 95; *v. Mangoldt/Klein* IV 7 b; *Maunz/Dürig* 63. Nr. 1 der Grundsätze (Bundestag) erwähnen den Privatkläger (anders als die Grundsätze der meisten Landesparlamente) zwar nicht, doch kann diese innerparlamentarische Regelung die Befugnisse des Privatklägers nicht beschränken.

[98] Vgl. Nr. 1 Buchst. b der Grundsätze; *v. Mangoldt/Klein* IV 7 b; zu eng daher Nr. 192 Abs. 7 Satz 1 RistBV; LR-*Wendisch* §382, 1; §383, 3; **a. A** *Bockelmann* 33.

[99] *Magiera* 95; *v. Mangoldt/Klein* IV 7 b; *Maunz/Dürig* 63; vgl. auch *Bockelmann* 35.

[100] *Bockelmann* 33; *Magiera* 95; *v. Mangoldt/ Klein* IV 7 b.

[101] Vgl. z. B. §107 GO-Bundestag; Grundsätze Nr. 3, 4, 11, 12, 13; *Troßmann* 4, 13.

[102] *Magiera* 98; *Maunz/Dürig* 66.

[103] BGHSt **15** 274; *Herlan* JR **1951** 327.

[104] *Magiera* 100; vgl. Grundsätze Nr. 7, 8.

[105] Grundsätze Nr. 7 Buchst. b; *Magiera* 68; **a. A** *v. Mangoldt/Klein* IV 5 c.

[106] *Bockelmann* 56; *Pohlmann/Jabel* §2, 7.

[107] Vgl. bejahend *Magiera* 67; *Maunz/Dürig* 44; verneinend *Herlan* JR **1951** 328; *Meyer* GA **1953** 117; vgl. für Berlin auch die Richtlinien für die Behandlung der Immunitätssachen, Recht und Organisation der Parlamente, Bd. 3 S. 162646.

Peter Rieß

nahme nach den §§ 359 ff oder der Erhebung einer neuen Klage im Falle des § 211 zu bejahen sein.

39   Die Genehmigung wirkt nur für die **Dauer der Wahlperiode**. Wird der Abgeordnete wiedergewählt, so muß das neue Parlament eine neue Genehmigung erteilen[108]. Auch wenn der Abgeordnete in ein anderes Parlament (etwa als Bundestagsabgeordneter in das Europa-Parlament) gewählt wird, muß dieses die Strafverfolgung zusätzlich genehmigen.

40   Die **Genehmigung** zur Strafverfolgung **bezieht sich auf** die im Antrag der Staatsanwaltschaft umschriebene[109] **(prozessuale) Tat** (oder mehrere Taten). Sie bindet das Gericht nicht an die dem Antrag zugrundeliegende Rechtsauffassung oder den angenommenen Schuldumfang. Das Gericht hat, jedenfalls wenn keine ausdrückliche Beschränkung der Genehmigung erfolgt ist (Rdn. 41), die Tat in tatsächlicher und rechtlicher Hinsicht umfassend abzuurteilen[110]. Auch erst später bekannt werdende Einzelakte einer fortgesetzten Handlung werden von der Genehmigung erfaßt[111]. Dagegen ist eine neue Genehmigung erforderlich, wenn (durch neue Anklage und Verbindung oder durch Nachtragsanklage nach § 266) weitere Taten in das Verfahren einbezogen werden sollen.

41   c) **Begrenzte Genehmigung.** Das Parlament darf grundsätzlich auch über die verschiedenen Fallgruppen des Art. 46 Abs. 2 und 3 GG hinaus die Genehmigung bedingt, befristet oder sonst begrenzt erteilen[112], doch darf es dadurch nicht die Befugnis des Gerichts zur umfassenden rechtlichen und tatsächlichen Würdigung der prozessualen Tat beschränken. **Zulässig** wäre es deshalb, die Genehmigung nur für einzelne von mehreren im Antrag beschriebenen prozessualen Taten, nicht aber für einzelne, realkonkurrierende Delikte einer einheitlichen Tat[113], zur erteilen, oder zunächst nur, sofern keine allgemeine Genehmigung vorliegt, lediglich die Durchführung des Ermittlungsverfahrens oder des gerichtlichen Verfahrens bis zur Entscheidung über die Eröffnung des Hauptverfahrens zu genehmigen. **Unzulässig** wäre es dagegen, die Genehmigung unter der Bedingung zu erteilen, daß nur wegen bestimmter Straftaten oder bis zu einer bestimmten Sanktionsart oder Sanktionshöhe verurteilt wird, oder daß die Sachverhaltsaufklärung auf bestimmte Fragen nicht erstreckt werden dürfe. Eine an unzulässige Bedingungen geknüpfte Genehmigung ist als Verweigerung anzusehen[114].

IV. Aussetzungsverlangen (Art. 46 Abs. 4 GG)

42   1. **Bedeutung und Umfang.** Nach Art. 46 Abs. 4 GG[115] kann der Bundestag verlangen, daß jedes Strafverfahren, jede Haft und jede sonstige Beschränkung der persönlichen Freiheit eines Abgeordneten „auszusetzen" ist (Requisitions- oder Anforderungs-

---

[108] *Achterberg* 245; *Magiera* 100; *Maunz/Dürig* 70.

[109] Vgl. Nr. 192 Abs. 6 RiStBV, wonach der Antrag mit einer Sachdarstellung zu verbinden ist.

[110] BGSt **15** 274; *Maunz/Dürig* 66.

[111] OLG Schleswig MDR **1951** 56 mit Anm. *Herlan.*

[112] *Magiera* 100; *v. Mangoldt/Klein* IV 7 e; *Maunz/Dürig* 67; a. A *Herlan* MDR **1950** 520.

[113] A. A (offenbar unter Verkennung des Unterschiedes zwischen Realkonkurrenz und prozessualer Tat) *Bockelmann* 37; *Maunz/Dürig* 67; *Schorn* NJW **1966** 236.

[114] *Bockelmann* 37 Fußn. 60.

[115] Entsprechende Regelungen in allen Landesverfassungen; nach Art. 28 Abs. 3 Satz 2 Bay. Verf. kann das Verlangen bei einem „unpolitischen Verbrechen" nicht gestellt werden, ob ein solches vorliegt, hat der Landtag zu entscheiden; nach Art. 35 Abs. 4 Berl.Verf. beschränkt sich das Aufhebungsverlangen nur auf Haft und sonstige Freiheitsentziehung.

recht)[116]. Der Begriff der Aussetzung des Verfahrens ist nicht im technischen Sinne des Verfahrensrechts zu verstehen. Es handelt sich der Sache nach um eine Wiederherstellung des Immunitätsschutzes[117], so daß ein Aussetzungsverlangen im gleichen Umfang möglich ist, wie der Immunitätsschutz reicht[118]. Es ist ebenso teilbar, wie die Genehmigung teilbar ist (Rdn. 37). Ein Aussetzungsverlangen kommt deshalb in Betracht, (1) wenn eine genehmigungsfreie Strafverfolgung wegen Festnahme bei Begehung der Tat vorliegt, (2) wenn eine allgemeine Genehmigung vorlag oder (3) wenn eine ursprünglich erteilte Genehmigung nicht mehr aufrechterhalten werden soll; im letzten Fall ersetzt das Verlangen den Widerruf der Genehmigung[119]. Wird von den Strafverfolgungsbehörden die Immunität übersehen, so bedarf es eines förmlichen Aussetzungsverlangens an sich nicht; doch kann es auch eingesetzt werden, um in diesem Fall die Immunität durchzusetzen[120], namentlich, wenn Meinungsverschiedenheiten über den Umfang einer Genehmigung bestehen.

Die Wirkung des **Aussetzungsverlangens reicht nicht weiter als die Immunität 43** selbst. Mit seiner Hilfe kann deshalb kein Innehalten mit Verfolgungs- und Vollstreckungsmaßnahmen oder mit Verfahren gegen Personen erreicht werden, die überhaupt nicht der Immunität unterliegen. Es reicht deshalb nicht über die Wahlperiode hinaus[121], hindert nicht die Aufklärung des Sachverhalts in bezug auf andere Tatbeteiligte, auch soweit die Interessen des Abgeordneten dadurch beeinträchtigt werden (Rdn. 16), kann die Vollstreckung einer nicht mit Freiheitsentziehung verbundenen Strafe nicht verhindern (Rdn. 17) und könnte nach der h. M, die Bußgeldverfahren dem Immunitätsschutz entzieht (Rdn. 8), die Aussetzung eines Verfahrens nach dem OWiG nicht erreichen[122].

2. Prozessuale Wirkungen. Mit dem Zustandekommen des Parlamentsbeschlusses, **44** der die Aussetzung des Verfahrens verlangt, entsteht ein ex nunc von den Gerichten und Staatsanwaltschaften zu beachtendes persönliches Verfahrenshindernis[123], das, sofern das Aussetzungsverlangen das gesamte Verfahren betrifft, regelmäßig zur vorläufigen Einstellung des Verfahrens nach § 205 zwingt[124]. Das Verfahren bleibt in der Lage stecken, in der es sich zu diesem Zeitpunkt befindet. Bereits vorgenommene Handlungen und bereits erlassene Entscheidungen bleiben wirksam[125] und werden auch nicht fehlerhaft oder anfechtbar. Entfällt die durch das Aussetzungsverlangen wiederbegründete Immunität, so ist das Verfahren fortzusetzen. Prozeßhandlungen, die nach dem Aussetzungsverlangen ergehen, sind ebenso zu behandeln, wie solche, die unter Verkennung einer anfänglich bestehenden Immunität vorgenommen worden sind (Rdn. 47 f).

Bezieht sich das Aussetzungsverlangen nur auf die **Haft oder sonstige Freiheitsbeschränkung,** so sind lediglich diese zu beenden, während im übrigen das Verfahren **45** weiter betrieben werden kann. Der beschuldigte Abgeordnete ist also etwa aus der Haft zu entlassen, während der Haftbefehl weiter bestehen bleibt und nach Beendigung der Immunität wieder vollstreckt werden kann[126].

---

[116] Zur Terminologie v. *Mangoldt/Klein* IV 11; *Maunz/Dürig* 72.

[117] *Magiera* 84; *Schneider* 17.

[118] *Magiera* 84; v. *Mangoldt/Klein* IV 11 c; *Maunz/Dürig* 73.

[119] *Magiera* 105; v. *Maangoldt/Klein* IV 7 e; *Maunz/Dürig* 76.

[120] *Magiera* 104; *Maunz/Dürig* 74.

[121] *Maunz/Dürig* 75.

[122] Anders in Baden-Württemberg, vgl. Rdn. 8 mit Fußn. 27.

[123] *Achterberg* 246.

[124] *Bockelmann* 62; *Eb. Schmidt* I 158.

[125] *Bockelmann* 62; *Maunz/Dürig* 75.

[126] *Bockelmann* 62; v. *Mangoldt/Klein* IV 11.

Peter Rieß

V. Folgen der Immunität

46　　Die Immunität begründet, sobald sie eintritt und solange sie dauert, ein persönliches, regelmäßig vorübergehendes **Verfahrenshindernis**[127] und ist strafverfahrensrechtlich nach den hierfür geltenden Regeln zu behandeln. Besteht die Immunität bereits bei Entstehung des Tatverdachts, so darf ein Verfahren gar nicht erst eingeleitet werden; entsteht sie während des Verfahrens, so dürfen weitere Prozeßhandlungen nicht vorgenommen werden, das Verfahren ist nach § 205 vorläufig einzustellen (§ 205, 20; § 206 a, 34)[128]. Richtet sich das Verfahren gegen mehrere Beschuldigte, von denen nur einige Immunität genießen, so kann (und muß regelmäßig wegen des Beschleunigungsgrundsatzes) das Verfahren gegen die anderen Beschuldigten nach Verfahrenstrennung fortgesetzt werden. Das Verfahren ist fortzusetzen, sobald die Immunität beendet ist. Während der Dauer der Immunität ruht gemäß § 78 b Abs. 1, 2 StGB die **Verjährung**; dies gilt jedoch nicht, soweit aufgrund einer allgemeinen Genehmigung oder nach Art. 46 Abs. 2 Halbsatz 2 GG eine Strafverfolgung möglich wäre[129].

47　　Wird das Vorliegen der **Immunität übersehen**, so ist das in ihr liegende Verfahrenshindernis nach den dafür geltenden Grundsätzen (§ 206 a, 8 ff) bis zur Rechtskraft der Entscheidung von Amts wegen zu beachten. Wird das Urteil rechtskräftig so ist es wirksam[130] und grundsätzlich auch vollstreckbar. Lediglich die mit Freiheitsentziehung verbundene Volltreckung scheitert an der insoweit bestehenden besonderen Immunität nach Art. 46 Abs. 3 GG; sie wird jedoch uneingeschränkt zulässig, sobald diese Immunität nicht mehr besteht.

48　　Immunitätswidrige **einzelne Ermittlungsmaßnahmen**, sind zu beenden, wenn sich herausstellt, daß ihnen Immunitätsschutz entgegensteht und wenn sie noch andauern. Eine nicht genehmigte oder nach Art. 46 Abs. 2 Halbsatz 2 GG genehmigungsfreie vorläufige Festnahme oder Untersuchungshaft ist z. B. zu beenden, eine Überwachung des Fernmeldeverkehrs abzubrechen, beschlagnahmte Gegenstände sind freizugeben. Kaum behandelt ist, ob unter Verstoß gegen die Immunität erlangte Beweise einem **Beweisverwertungsverbot** unterliegen. Die Antwort hängt davon ab, in welchem Umfang man aufgrund unzulässiger Beweisgewinnung allgemein Verwertungsverbote anerkennen will (vgl. Einl. Kap. 14). Folgt man mit der Rechtsprechung einer eher zurückhaltenden Anerkennung solcher Verwertungsverbote, so dürfte in Hinblick auf den Umfang der Genehmigungsmöglichkeiten und der genehmigungsfreien Strafverfolgung und auf den heutigen Schutzzweck der Immunität (kein Recht des Abgeordneten, sondern im Interesse seiner Funktionsfähigkeit bestehendes Recht des Parlaments[131]) mehr dafür sprechen, ein Verwertungsverbot zu verneinen.

---

[127] *Bockelmann* 28; *Herlan* JR **1951** 325; KK-*Schoreit* 2; *Kleinknecht/Meyer* 3; *Magiera* 106; *v. Mangoldt/Klein* IV 5 e; *Maunz/Dürig* 28; weitergehend *Schneider* 10 (behördliches Vollzugshindernis).

[128] Teilweise **a. A** (nach Eröffnung des Hauptverfahrens Anwendung der §§ 206 a, 260 Abs. 3) aber im Ergebnis (der Sache nach nur vorläufige Einstellung) übereinstimmend *Bockelmann* 31 f; ihm folgend *Eb. Schmidt* I 159.

[129] OLG Bremen NJW **1966** 743; OLG Oldenburg NJW **1966** 1764.

[130] *Bockelmann* 33 f; *v. Mangoldt/Klein* IV 7 a; *Maunz/Dürig* 69.

[131] *Magiera* 107; *Maunz/Dürig* 27, beide mit weit. Nachw.

§ 153

(1) ¹Hat das Verfahren ein Vergehen zum Gegenstand, so kann die Staatsanwaltschaft mit Zustimmung des für die Eröffnung des Hauptverfahrens zuständigen Gerichts von der Verfolgung absehen, wenn die Schuld des Täters als gering anzusehen wäre und kein öffentliches Interesse an der Verfolgung besteht. ²Der Zustimmung des Gerichts bedarf es nicht bei einem Vergehen, das gegen fremdes Vermögen gerichtet und nicht mit einer im Mindestmaß erhöhten Strafe bedroht ist, wenn der durch die Tat verursachte Schaden gering ist.

(2) ¹Ist die Klage bereits erhoben, so kann das Gericht in jeder Lage des Verfahrens unter den Voraussetzungen des Absatzes 1 mit Zustimmung der Staatsanwaltschaft und des Angeschuldigten das Verfahren einstellen. ²Der Zustimmung des Angeschuldigten bedarf es nicht, wenn die Hauptverhandlung aus den in § 205 angeführten Gründen nicht durchgeführt werden kann oder in den Fällen des § 231 Abs. 2 und der §§ 232 und 233 in seiner Abwesenheit durchgeführt wird. ³Die Entscheidung ergeht durch Beschluß. ⁴Der Beschluß ist nicht anfechtbar.

Schrifttum zu den §§ 153, 153 a. *Ahrens* Die Einstellung in der Hauptverhandlung gemäß §§ 153 II, 153 a II StPO (1978); *Bär* Bedeutung und Anwendung des § 153 a StPO in Verkehrsstrafsachen, DAR **1984** 129; *Baumann* Grabgesang für das Legalitätsprinzip, ZRP **1972** 273; *Bloy* Zur Systematik der Einstellungsgründe im Strafverfahren, GA **1980** 161; *Bohnert* Die Reichweite staatsanwaltschaftlicher Einstellung im Jugendstrafverfahren, NJW **1980** 1927; *Boxdorfer* Das öffentliche Interesse an der Strafverfolgung trotz geringer Schuld des Täters, Grenzen der Anwendung des § 153 a StPO, NJW **1976** 317; *Braun* Die Verwarnung mit Strafvorbehalt. Entstehungsgeschichte, Vereinbarkeit mit dem Schuldprinzip und Verhältnis zu den §§ 153, 153 a StPO, Diss. Freiburg 1979; *Dencker* Die Bagatelldelikte im Entwurf eines EGStGB, JZ **1973** 144; *Dreher* Die Behandlung der Bagatellkriminalität, FS Welzel 917; *Eberth/Müller* Betäubungsmittelrecht (1982); *Eckl* Neue Verfahrensweisen zur Behandlung der Kleinkriminalität, JR **1975** 99; *Frehsee* Wiedergutmachungsauflage und Zivilrecht, NJW **1981** 1253; *Geerds* Über mögliche Reaktionen auf Ladendiebstähle, DRiZ **1976** 225; *Grohmann* Zustimmung der Staatsanwaltschaft zur Einstellung nach § 153 a Abs. 2 StPO, DRiZ **1983** 365; *Hanack* Das Legalitätsprinzip und die Strafrechtsreform, FS Gallas 339; *Hertwig* Die Einstellung des Strafverfahrens wegen Geringfügigkeit (1982); *Herzog* Die Rechtskraft strafgerichtlicher Beschlüsse und ihre Beseitigung, Diss. Freiburg, 1971; *Hirsch* Zur Behandlung der Bagatellkriminalität in der Bundesrepublik Deutschland, ZStW **92** (1980) 218; *Hobe* „Geringe Schuld" und „öffentliches Interesse" in den §§ 153 und 153 a StPO, FS Leferenz 629; *Homann* Der Begriff des „öffentlichen Interesses" in den §§ 376, 153 StPO und § 232 StGB, Diss. Göttingen 1971; *Hünerfeld* Kleinkriminalität und Strafverfahren, ZStW **90** (1978) 905; *Jungwirth* Bagatelldiebstahl und Sachen ohne Verkehrswert, NJW **1984** 954; *Kaiser* Möglichkeiten der Bekämpfung der Bagatellkriminalität, ZStW **90** (1978) 877; *Kaiser/Meinberg* „Tuschelverfahren" und „Millionärsschutzparagraph"? - Empirische Erkenntnisse zur Einstellung nach § 153 a I StPO am Beispiel Wirtschaftskriminalität, NStZ **1984** 343; *Katholnigg* Neue Verfahrensmaßnahmen in Betäubungsmittelstrafsachen, NStZ **1981** 417; *Kausch* Der Staatsanwalt - Ein Richter vor dem Richter? (1980); *Keller* Zur gerichtlichen Kontrolle prozessualer Ermessensentscheidungen der Staatsanwaltschaft, GA **1983** 497; *Kellner* Kann bei einer fahrlässigen Körperverletzung im Straßenverkehr das öffentliche Verfolgungsinteresse noch verneint werden? MDR **1977** 626; *Keunecke/Schinkel* § 153 a Strafprozeßordnung und Ladendiebstahl, MSchrKrim. **1984** 157; *Klussmann* Welche Bedeutung hat eine Einstellungsverfügung der Staatsanwaltschaft nach § 153 StPO für das Privatklageverfahren bei Tateinheit zwischen Offizialdelikt und Privatklagedelikt? MDR **1974** 362; *Kohlhaas* Unzulässige Durchbrechungen des Legalitätsprinzips, GA **1956** 241; *Kotz* Die Wahl der Verfahrensart durch den Staatsanwalt (1983); *Kramer* Willkürliche oder kontrollierte Warenhausjustiz, NJW **1976** 1608; *Krümpelmann* Die Bagatelldelikte (1966); *Kühl* Unschuldsvermutung, Freispruch und Einstellung (1983); *Kühl* Zur Beurteilung der Unschuldsvermutung bei Einstellungen und Kostenentscheidungen, JR **1978** 94; *Kühl* Die Auslagen des Nebenklägers bei Einstellung des Verfahrens, NJW **1980** 1834; *Kühl* Unschuldsvermutung und Einstellung des Strafverfahrens, NJW **1984** 1264; *Kuhlmann* Die Einstellungsverfügung nach § 153 Abs. 2 StPO bei tateinheitlichem Zusammentreffen von Offizial- und Privatklagedelikten, MDR **1974** 898; *Kunz* Die Einstellung wegen Geringfügigkeit durch die Staatsanwaltschaft (1980); *Kunz* Das strafrechtliche Bagatellprinzip (1984); *Liemersdorf/Miebach* Strafprozessuale Kostenentscheidung und Unschuldsvermutung, NJW **1980** 371; *Loos* Probleme der beschränkten Sperrwirkung strafprozessualer Entscheidungen, JZ **1978** 592; *Meinberg* Geringfügigkeitseinstellungen von Wirtschaftsstrafsachen (1985); *Meyer, D.* Zulässigkeit der Belastung des Angeklagten mit den notwendigen Auslagen des Nebenklägers im Falle einer endgültigen Verfahrenseinstellung gemäß §§ 153 a Abs. 2, 205 StPO, JurBüro **1978** 1755; *Meyer-Goldau* Der Begriff der „geringen Schuld" in § 153 der Strafprozeßordnung, Diss. Kiel 1972; *Müller, Rudolf* Begünstigung der Steuer- und Wirtschaftsstraftäter durch den Staat? ZRP **1975** 49; *Naucke* Der Begriff der „geringen Schuld" (§ 153 StPO) im Straftatensystem, FS Maurach 197; *Naucke* Empfiehlt es sich, in bestimmten Bereichen der kleinen Eigentums- und Vermögenskriminalität, insbesondere des Ladendiebstahls, die strafrechtlichen Sanktionen durch andere, zum Beispiel zivilrechtliche Sanktionen abzulösen, gegebenenfalls durch welche? Gutachten für den 51. DJT, Verh. des 51. DJT, 1976 , Bd. I Teil D; *Nothacker* Das Absehen von der Verfolgung im Jugendstrafverfahren (§ 45 JGG), JZ **1982** 57; *Pfeil/Hempel/Schiedermair/Slotty* Betäubungsmittelrecht[2] (Stand: 1. 9. 1984); *Potthoff* Zur Rechtskraft des Einstellungsbeschlusses nach § 153 III StPO, JR **1951** 679; *Rieß* Vereinfachte Verfahrensarten für die kleinere Kriminalität, in: Strafprozeß und Reform (1979), 113; *Rieß* Entwicklung und Bedeutung der Einstellungen nach § 153 a StPO, ZRP **1983** 93; *Rieß* Zur weiteren Entwicklung der Einstellungen nach § 153 a StPO, ZRP **1985** 212; *Roesen* Reform des § 153, NJW **1958** 1814; *Rössner* Bagatelldiebstahl und Verbrechenskontrolle (1976); *Schaffstein* Überlegungen zur Diversion, FS Jescheck (1985) 937; *Schlegl* Verfahrenseinstellung nach § 153 StPO bei in der Anklage als Verbrechen bezeichneten Taten, NJW **1969** 89; *Schlothauer* Die Einstellung des Verfahrens gemäß §§ 153, 153 a StPO nach Eröffnung des Hauptverfahrens, StrVert. **1982** 449; *Schmid, Michael J.* Teilweise oder verspätete Auflagenerfüllung nach § 153 a StPO, JR **1979** 53; *Schmid, Michael J.* Erstattung der Auslagen des Nebenklägers bei Einstellung des Verfahrens nach den §§ 153 ff StPO, JR **1980** 404; *Schmidhäuser* Freikaufverfahren mit Strafcharakter im Strafprozeß? JZ **1973** 529; *Schmidt, Hans Wolfgang* Reform des § 153 Abs. 3 StPO, SchlHA **1961** 326; *Schmidt, Herbert* Die Auslagen des Nebenklägers bei Einstellung des Verfahrens, DAR **1981** 104; *Schreiner* Wiedergutmachungsauflage und Konkurs, DRiZ **1977** 336; *Schuth* Die Einstellung unter Auflagen im System der Verfahrensvorschriften des Sanktionenrechts, Diss. Gießen 1979; *Sieg* Fehlerhafte Einstellung nach § 153 a StPO, MDR **1981** 200; *Slotty* Das Betäubungsmittelgesetz 1982, NStZ **1981** 321; *Treiber* Die Macht der Routine oder Was geschieht nach dem Inkrafttreten eines (Reform-)Gesetzes - Zur Implementierungspraxis der §§ 153, 153 a beim Bagatelldiebstahl, in Lüderssen/Sack (Hrsg.) Vom Nutzen und Nachteil der Sozialwissenschaften für das Strafrecht (1980) 444; *Tröndle* „Zurückstellung der Strafvollstreckung" und Strafaussetzung zur Bewährung, MDR **1982** 1; *Vogel, Horst* Das „öffentliche Interesse an der Strafverfolgung" und seine prozessuale Bedeutung, Diss. München 1966; *Weber* Das öffentliche Interesse an der Strafverfolgung im neuen § 153 Abs. 2 StPO, NJW **1966** 1241; *Weigend* Strafzumessung durch den Staatsanwalt? KrimJour. **1984** 10; *Wissgott* Probleme rechtsstaatlicher Garantien im Ermittlungsverfahren, Diss. Göttingen 1983; *Wolter* Strafverfahrensrecht und Strafprozeßreform, GA **1985** 49; *Zettel* Einstellungsverfügungen und -beschlüsse beim Zusammentreffen von Straftaten und Ordnungswidrigkeiten, MDR **1978** 531; weiteres Schrifttum bei § 152.

Entstehungsgeschichte. Die Vorschrift wurde durch § 23 EmmingerVO geschaffen[1] und durch die Bek. 1924 als § 153 in die StPO eingestellt. Sie hatte zunächst folgenden Wortlaut:

---

[1] Die Änderung knüpfte an Vorschläge aus der früheren Reformdiskussion an, vgl. mit weit. Nachw. *Krümpelmann* 204 ff; *Mar-* *quardt* (LV zu § 152) 70 ff; *Meyer-Goldau* 22 ff; 113 f.

(1) Übertretungen werden nicht verfolgt, wenn die Schuld des Täters gering ist und die Folgen der Tat unbedeutend sind, es sei denn, daß ein öffentliches Interesse an der Herbeiführung einer gerichtlichen Entscheidung besteht.

(2) Ist bei einem Vergehen die Schuld des Täters gering und sind die Folgen der Tat unbedeutend, so kann die Staatsanwaltschaft mit Zustimmung des Amtsrichters von der Erhebung der öffentlichen Klage absehen.

(3) Ist die Klage bereits erhoben, so kann das Gericht mit Zustimmung der Staatsanwaltschaft das Verfahren einstellen; der Beschluß kann nicht angefochten werden.

Bei unverändertem Wortlaut der StPO bestimmte § 2 des Kap. 1 des 6. Teils der 2. AusnVO, daß Übertretungen nur zu verfolgen seien, wenn es das öffentliche Interesse erfordere; bei fehlendem öffentlichen Interesse konnte das Gericht bei Übertretungen das Verfahren mit Zustimmung der Staatsanwaltschaft einstellen. Nach Art. 9 § 2 Abs. 2 der 2. VereinfVO entfiel in Absatz 2 das Erfordernis der gerichtlichen Zustimmung. Art. 3 I Nr. 61 des VereinhG stellte die ursprüngliche Fassung wieder her. Art. 4 Nr. 21 des 3. StRÄndG fügte in Absatz 3 die Worte „in jeder Lage" ein. Durch Art. 10 Nr. 3 des StPÄG 1964 wurden in dem die Übertretungen betreffenden Absatz 1 die Worte „und die Folgen der Tat unbedeutend sind" gestrichen; in Absatz 2 wurden sie (auf Vorschlag des Vermittlungsausschusses nach Einspruch des Bundesrates) durch das fehlende öffentliche Interesse an der Strafverfolgung ersetzt. Ferner wurden in Absatz 2 die Worte „des Amtsrichters" durch „des zur Entscheidung über die Eröffnung des Hauptverfahrens zuständigen Gerichts" ersetzt und in Absatz 3 die Worte „nach Anhörung des Angeschuldigten" eingefügt. Ihre heutige Fassung erhielt die Vorschrift durch Art. 21 Nr. 44 EGStGB 1975.

Übersicht

I. Bedeutung und Anwendungsbereich

1. Bedeutung

1　**a) Kriminalpolitische und dogmatische Bedeutung.** Die aus dem Jahre 1924 stammende und an frühere Vorschläge aus der Reformdiskussion anknüpfende Vorschrift ist die in ihrer Grundstruktur schon fast als klassisch zu bezeichnende älteste Begrenzung des Legalitätsprinzips im deutschen Strafverfahrensrecht[2]. Von ihrer ursprünglichen Zielsetzung her schwerpunktmäßig auf den Bereich der Übertretungen ausgerichtet, hat sie ihre Bedeutung auch nach deren Umwandlung in Ordnungswidrigkeiten beibehalten[3], indem sie weiterhin im Bereich der Vergehen von geringer Schwere eine zugleich justizentlastende und entkriminalisierende Funktion erfüllt. Der **Zweck der Vorschrift** kann heute wohl nicht mehr allein darin gesehen werden, sicherzustellen, daß die schnelle und effektive Verfolgung schwerer Straftaten nicht unter der Belastung der Strafjustiz mit geringfügigen Verfehlungen leidet[4]. Wenn auch dieser justizökonomische Gedanke weiterhin eine beträchtliche Rolle spielt, wird man die kriminalpolitische Funktion der Vorschrift auch und in zunehmendem Maße darin zu sehen haben, daß sie als prozessuales Mittel der Entkriminalisierung dient[5] und, zusammen mit § 153 a, Gedanken der „Diversion" aufnimmt[6].

2　Wenn damit auch kriminalpolitisch gesehen materiellstrafrechtliche Gedankengänge mit eine Rolle spielen, ist nach herrschender und zutreffender Meinung § 153, ebenso wie § 153 a, **dogmatisch** als **prozeßrechtliche Vorschrift** und nicht etwa als persönlicher Strafausschließungsgrund aufzufassen[7]; ein solches Verständnis erscheint

---

[2] Lediglich § 32 RJGG vom 16. 2. 1923 (RGBl. I 135) hatte als Vorläufer der heutigen §§ 45, 47 JGG bereits vorher erste Lockerungen des Legalitätsprinzips im Verfahren gegen Jugendliche geschaffen.

[3] *Rieß* NStZ **1981** 2.

[4] So z. B. BGHSt **16** 229; LR-*Meyer-Goßner*[23] 1; *Bloy* GA **1980** 172.

[5] Vgl. z. B. *Kunz* (Einstellung) 16; (Bagatellprinzip) 52 ff; vgl. auch § 152, 44.

[6] Vgl. auch § 152, 44; zur Frage, wieweit die §§ 153, 153 a dem „Diversionsgedanken" zugeordnet werden können vgl. ferner *Herrmann* ZStW **96** (1984) 467 ff einerseits und *Walter* ZStW **95** (1983) 54 ff andererseits. Die Antwort hängt wohl davon ab, wie weit man den Diversionsbegriff faßt.

[7] In dieser Richtung etwa *Naucke* FS Maurach 203; ihm folgend *Braun* 133 ff; *Jeutter* (LV zu § 152) 111; vgl. auch *Heinitz* FS Ritt-

auch de lege ferenda nicht wünschenswert (vgl. Rdn. 5). Als prozeßrechtliche Vorschrift enthält die Bestimmung eine Begrenzung des Legalitätsprinzips und, soweit Absatz 2 auch eine gerichtliche Einstellung gestattet, zugleich eine Einschränkung des Grundsatzes, daß ein gerichtlich anhängiges Verfahren nur nach voller Aufklärung des Sachverhalts durch eine verurteilende oder freisprechende Entscheidung in der Sache beendet werden kann (näher Vor § 151, 2; § 152, 39). Den darin liegenden Risiken für eine wirksame Durchsetzung des Sanktionsanspruchs der Rechtsgemeinschaft und eine gleichmäßige Gesetzesanwendung begegnet das Gesetz in verfahrensmäßiger Hinsicht dadurch, daß es die Nichtverfolgung grundsätzlich an die **übereinstimmende Beurteilung der Sache** durch Staatsanwaltschaft und Gericht bindet, wenn es auch, insoweit systemwidrig[8], für die staatsanwaltschaftliche Einstellung bei geringfügiger Vermögenskriminalität auf die gerichtliche Zustimmung verzichtet. Sachlich ist der Anwendungsbereich der Vorschrift auf Vergehen beschränkt und an die beiden kumulativ verlangten unbestimmten Rechtsbegriffe der (potentiellen) geringen Schuld und des fehlenden öffentlichen Interesses geknüpft (Rdn. 18 ff). Zum Verhältnis zu § 153 a vgl. § 153 a, 27.

b) Praktische Bedeutung. Die Vorschrift hat eine erhebliche praktische Bedeutung; nach den vorliegenden statistischen Erkenntnissen ist ihr Anwendungsbereich auch durch die Einführung des § 153 a auf Dauer nicht zurückgedrängt worden[9]. Insgesamt dürften 1983 etwa 150.000 Verfahren nach § 153 Abs. 1 und 2 eingestellt worden sein[10]. Durch eine Reihe neuerer empirischer Untersuchungen ist die **Rechtswirklichkeit** der Anwendung des § 153 wesentlich erhellt worden[11]. Aus ihnen ergibt sich u. a., daß die Vorschrift ganz überwiegend bei materiell geringer Schuld und geringem Unrecht angewendet wird, wobei namentlich eine geringe Schadenshöhe bei Vermögensdelikten eine einstellungsfördernde, eine strafrechtliche Vorbelastung eine einstellungshemmende Wirkung hat. Geringer Unrechts- und Schuldgehalt und namentlich Schadenshöhe werden dabei deliktsspezifisch differenziert beurteilt. Schichtenspezifische Ungleichbehandlungen sind jedenfalls nicht ausgeprägt erkennbar. Die Untersuchungen zeigen ferner nicht unerhebliche regionale Anwendungsunterschiede, während sich innerhalb einer Staatsanwaltschaft oder eines Gerichtsbezirks oft eine an festen Taxen orientierte Handlungsroutine entwickelt hat. Aus der Sicht der Verteidigung werden Strategien vorgeschlagen, die die Anwendung der Vorschrift befördern sollen[12]. **3**

c) Kritik. Die Vorschrift ist seit ihrer Einführung im Schrifttum umstritten[13]. Allerdings hat sich in neuerer Zeit die Stoßrichtung dieser Kritik auf den neuen § 153 a ver- **4**

---

ler 336 (Absehen von Strafe); wie hier u. a. LR-*Meyer-Goßner*[23] 16; *Gössel* FS Dünnebier 135; *Kunz* (Einstellung) 15; zur besonders zu § 153 Abs. 3 a. F umstrittenen Frage, ob die Einstellung eine Sach- oder Formalentscheidung darstellt, vgl. mit weit. Nachw. *Herzog* 35 ff; zur gegenwärtigen Situation, auch im Zusammenhang mit der Unschuldsvermutung nach Art. 6 Abs. 2 MRK *Kühl* (Unschuldsvermutung) 108 ff.

[8] Zur Kritik vgl. Rdn. 45.

[9] *Rieß* ZRP **1983** 96; **1985** 215 f; **a. A** z. B. früher *Herrmann* JuS **1976** 417; vgl. auch *Heinz* ZStW **94** (1982) 646 ff; *Wolter* GA **1985** 64 f; § 153 a, 22.

[10] Auf der Grundlage einer Hochrechnung von 8 Bundesländern wird man derzeit etwa von 100.000 Einstellungen nach § 153 Abs. 1 ausgehen können. Die gerichtlichen Einstellungen nach Absatz 2 lassen sich aufgrund der statistischen Angaben auf etwa 50.000 schätzen; vgl. *Rieß* ZRP **1983** 94 Fußn. 21.

[11] Nachweise § 153, 23 Fußn. 65.

[12] Vgl. *Dahs* Hdb. 261 f; *Kaiser/Meinberg* NStZ **1984** 349; *Keller/Schmid* wistra **1984** 205; *Schlothauer* StrVert. **1982** 409; *Weihrauch* Verteidigung im Ermittlungsverfahren[2] (1985) 177 ff.

[13] Nachweise z. B. bei *Marquardt* (LV zu § 152) 92 ff.

Peter Rieß

lagert (§ 153 a, 11 ff) und ihr Inhalt verändert. Während ursprünglich die Einschränkung des Verfolgungszwangs überhaupt beanstandet wurde, wird heute vorwiegend kritisiert, daß der Gesetzgeber mit Hilfe einer in ihren Anwendungsvoraussetzungen wenig konturierten prozessualen Norm (vgl. auch Rdn. 18) das Problem der Entkriminalisierung zu sehr auf das Prozeßrecht verlagere. Dabei wird teilweise freilich anerkannt, daß auch bei materiellrechtlichen Lösungen des Problems der Bagatellkriminalität auf flankierende prozessuale Normen nicht verzichtet werden könne[14]. Neben diesen grundsätzlichen kritischen Einwendungen, die heute allerdings die Existenz der Vorschrift kaum noch gänzlich in Frage stellen, richtet sich eine verbreitete Detailkritik gegen die Unschärfe der verwendeten Abgrenzungsmerkmale (Rdn. 18 ff), gegen die zustimmungsfreie Einstellung durch die Staatsanwaltschaft in den Fällen des Absatzes 1 Satz 2 (Rdn. 45), aber auch gegen das Erfordernis der staatsanwaltschaftlichen Zustimmung bei gerichtlicher Einstellung[15]; ferner gegen die unzureichende Berücksichtigung der Interessen des Verletzten[16]. Eine Erweiterung des § 153 auf Verbrechen wird nur ganz vereinzelt angeregt[17].

5   Bei der **Würdigung** dieser Kritik wird hier, wie bei § 152, 59 f ausführlich dargelegt, davon ausgegangen, daß prozessuale Normen zur Begrenzung der Verfolgungspflicht grundsätzlich sachgerecht sind, wenn auch eine materiell-strafrechtlich und prozessual koordinierte Gesamtkonzeption wünschenswert erscheint. In einer solchen wird eine dem heutigen § 153 entsprechende, verhältnismäßig weitgespannte Nichtverfolgungsermächtigung einen wichtigen Platz einnehmen, weil wohl nur sie eine einzelfallangepaßte kriminalpolitische Reaktion ermöglicht[18]. Es ist deshalb auch zweifelhaft, ob es sinnvoll ist, die Anwendungsgrenzen normativ wesentlich präziser zu fassen; allerdings sollten bei ihrer Auslegung schon jetzt die materiellrechtlichen und kriminalpolitischen Bezüge im Vordergrund stehen (näher Rdn. 20). Das Prinzip der übereinstimmenden Beurteilung der Sache durch Gericht und Staatsanwaltschaft sichert die Gleichförmigkeit der Anwendung und betont den Sondercharakter der Vorschrift gegenüber dem Grundsatz der Verfolgungspflicht; es sollte daher nicht eingeschränkt, sondern auf die bisherigen Ausnahmen ausgedehnt werden. Wünschenswert erscheint eine stärkere Berücksichtigung des Verletzteninteresses bei der Handhabung der Einstellungsentscheidung, die durch eine Verbesserung der rechtlichen Einflußmöglichkeiten des Verletzten[19] erreicht werden könnte.

2. Anwendungsbereich

6   **a) Prozessuale Tat.** Eine einheitliche Tat im prozessualen Sinne kann nach § 153 nur einheitlich eingestellt werden, gleichgültig, ob es sich bei der Verwirklichung mehrerer Tatbestände materiellrechtlich, was dem Regelfall entspricht, um tateinheitliches

---

[14] Vgl. z. B. *Hünerfeld* ZStW **90** (1978) 909 f; *Jeutter* (LV zu § 152) 119 ff; *Kaiser* ZStW **90** (1978) 897 ff; *Naucke* (Gutachten) D 115 ff; zur Problematik und geringen Effizienz einer rein materiell-rechtlichen Lösung, wie sie etwa in § 42 öStGB enthalten ist, s. u. a. *Moos* Zur Reform des Strafprozeßrechts und des Sanktionenrechts für Bagatelldelikte (1981) 141 ff; *Müller-Dietz* Gedächtnisschrift Constantinesco (1983) 511, 542; *Zipf* 121 f.

[15] *Cramer* FS Maurach 498 f; *H. W. Schmidt* SchlHA **1961** 326; *Roesen* NJW **1958** 1815; vgl. auch *Bloy* JuS **1981** 430 f; nach *Vogel*

312 ff, der die Geringfügigkeitsmerkmale als Prozeßvoraussetzungen ansieht, ist das Zustimmungserfordernis verfassungswidrig; ausdrücklich befürwortend aber z. B. *Heinitz* FS Rittler 333 f.

[16] *Rieß* Verh. des 55. DJT (1984) Bd. I Teil C 113 ff; *Schöch* NStZ **1984** 389; *Werner* NStZ **1984** 401.

[17] So *Meyer-Goldau* 109.

[18] So im Ergebnis u. a. auch *Hünerfeld* ZStW **90** (1978) 915 ff; *Wolter* GA **1985** 72 ff.

[19] Vgl. oben Fußn. 16.

oder (ausnahmsweise) um tatmehrheitliches Zusammentreffen handelt[20]. Einzelakte einer Dauerstraftat oder fortgesetzten Handlung oder einzelne rechtliche Gesichtspunkte können nur aufgrund von §154a unter den dort genannten Voraussetzungen und mit den sich aus dieser Bestimmung ergebenden Konsequenzen aus der weiteren Verfolgung ausgeschieden werden. Eine fälschlich auf §153 gestützte unzulässige Teileinstellung kann ggf. in eine Stoffbeschränkung nach §154a umgedeutet werden[21]. Trotz des mißverständlichen Wortlauts der Vorschrift, die von der Einstellung des „Verfahrens" spricht, ist es dagegen rechtlich nicht ausgeschlossen, daß bei mehreren, in einem Verfahren verbundenen Taten nur hinsichtlich einzelner von §153 (oder auch von §153a) Gebrauch gemacht wird[22], doch wird in solchen Fällen regelmäßig die Anwendung des §154 zweckmäßiger sein.

b) Vergehen. Anders als etwa die §§153c, 153d, 153e, 154, 154b und 154c ist **7** die Vorschrift nur bei Vergehen (§12 Abs. 2 StGB) anwendbar, nie bei Verbrechen, und zwar auch dann nicht, wenn wegen des Vorliegens eines minderschweren Falles oder aufgrund allgemeiner Strafmilderungsgründe (§49 StGB) der Unrechts- oder Schuldgehalt der Tat besonders gering ist und deshalb nur eine geringfügige Strafe zu erwarten wäre. Maßgebend für die Frage, ob nur der Verdacht eines Vergehens vorliegt, ist der Erkenntnisstand im Zeitpunkt der Entscheidung über die Anwendung der Vorschrift. Solange der Verdacht eines Verbrechens besteht und durch weitere Aufklärung erhärtet werden kann, muß dem nachgegangen und kann §153 noch nicht angewendet werden. Im Ermittlungsverfahren ist zunächst die Auffassung der Staatsanwaltschaft über die rechtliche Qualifikation der Tat maßgebend; die des Gerichts insoweit, als es seine Zustimmung zur Einstellung zu verweigern hat, wenn es entgegen der Staatsanwaltschaft ein Verbrechen für gegeben oder durch weitere Aufklärung für nachweisbar hält.

Hat die Staatsanwaltschaft die Tat als **Verbrechen angeklagt,** so steht dies einer **8** Anwendung des §153 Abs. 2 im Eröffnungsverfahren nicht entgegen, wenn sich Staatsanwaltschaft und Gericht, ggf. aufgrund der Ergebnisse einer ergänzenden Beweisaufnahme nach §202, darüber einig sind, daß es sich nur um ein Vergehen handelt. Der Einstellungsbeschluß sollte diese veränderte Rechtsauffassung aufzeigen. Ist das **Hauptverfahren wegen** eines **Verbrechens eröffnet** worden und stellt sich nunmehr heraus, daß nur ein Vergehen in Betracht kommt, so ist zunächst auf diese Veränderung des rechtlichen Gesichtspunkts hinzuweisen (§265 Abs. 1) und kann danach, wie aus §264 Abs. 2 folgt, das Verfahren (bei Vorliegen der erforderlichen Zustimmungen) nach Absatz 2 eingestellt werden[23]. Eine Einstellung nach Absatz 2 ist auch möglich, wenn das Revisionsgericht im Wege einer Schuldspruchänderung statt wegen eines im tatrichterlichen Urteil angenommenen Verbrechens wegen eines Vergehens verurteilt hat und die Sache nur noch wegen des Rechtsfolgenausspruchs zurückverwiesen ist (vgl. auch Rdn. 59).

c) Privatklagedelikte. Betrifft die Tat nur einen Tatbestand, der nach §374 im **9** Wege der Privatklage verfolgt werden kann, so kommt eine Anwendung des Absatzes 1 durch die Staatsanwaltschaft nicht in Betracht, vielmehr ist nach §376 zu verfahren[24].

---

[20] OLG Hamburg GA **1962** 86 = JZ **1963** 131 mit Anm. *Heinitz;* KG VRS **67** 123; OLG Köln JMBlNW **1955** 81; KK-*Schoreit* 19; *Kleinknecht/Meyer*[37] 1; KMR-*Müller* 1; *Kuhlmann* MDR **1974** 898 f. *Eb. Schmidt* Nachtr. I 14 stellt auf die Realkonkurrenz ab.

[21] KG VRS **67** 124; *Kleinknecht/Meyer*[37] 1, vgl. auch OLG Hamburg JZ **1963** 131 mit Anm.

Heinitz; OLG Köln JMBlNW **1955** 81 sowie unten Rdn. 74.

[22] *Kleinknecht/Meyer*[37] 1.

[23] OLG Hamm JMBlNW **1951** 113; *Kleinknecht/Meyer*[37] 1; *Schlegl* NJW **1969** 90 mit teilw. abweichender, problematischer Begründung.

[24] KMR-*Müller* 3.

Peter Rieß

Denn nach dieser Vorschrift darf die Staatsanwaltschaft bei Privatklagedelikten nur einschreiten, wenn ein öffentliches Interesse an der Strafverfolgung vorliegt, während § 153 nur anwendbar ist, wenn ein solches fehlt. Stellt die Staatsanwaltschaft ein reines Privatklagedelikt entgegen dieser Auffassung nach § 153 Abs. 1 ein, so ist der Verletzte nicht gehindert, Privatklage zu erheben, denn in der Einstellung liegt zugleich die Verneinung des öffentlichen Interesses im Sinne des § 376[25]. Zur Anwendung des § 153 a vgl. § 153 a, 17. Freilich läuft der Privatkläger Gefahr, daß das Gericht, das der Einstellung ja in der Regel zugestimmt hat[26], auch das Privatklageverfahren nach § 383 Abs. 2 einstellt. Im Privatklageverfahren selbst wird § 153 Abs. 2 durch § 383 Abs. 2, § 390 Abs. 5 verdrängt.

10   Treffen in der einheitlichen prozessualen Tat **Privatklagedelikt und Offizialdelikt** (tateinheitlich oder tatmehrheitlich) zusammen, so ist § 153 anwendbar. Nach allg. M[27] steht, als Folge ihres Strafklageverbrauchs (vgl. Rdn. 85 ff), die gerichtliche Einstellung nach Absatz 2 auch der Weiterverfolgung des Privatklagedelikts im Wege der Privatklage entgegen. Dies gilt nach der wohl überwiegenden Meinung[28] auch, wenn die Staatsanwaltschaft nach Absatz 1 von der Verfolgung abgesehen hat. Dem Verletzten ist es also in diesem Falle verwehrt, eine auf das Privatklagedelikt beschränkte Privatklage zu erheben; tut er es dennoch, so muß die Eröffnung des Privatklageverfahrens abgelehnt bzw., wenn dies übersehen wird, das Privatklageverfahren nach § 206 a (§ 389, 1) oder nach § 389 beendet werden. Das ist die zwingende Konsequenz daraus, daß die Einstellung nach § 153 sich auf die gesamte prozessuale Tat bezieht, daß das Privatklageverfahren unzulässig ist, solange die Tat auch ein verfolgbares Offizialdelikt enthalten kann (§ 374, 19) und daß auch nach einem Absehen von der Verfolgung nach Absatz 1 die Weiterverfolgung der Tat möglich ist (Rdn. 54).

11   Demgegenüber ist die **Gegenmeinung**[29] der Auffassung, daß bei Nichtverfolgung des Offizialdelikts aufgrund von Absatz 1 der Verletzte wegen des Privatklagedelikts Privatklage erheben könne, weil es unbillig sei, daß ihm die sonst bestehende Verfolgungsmöglichkeit nur deswegen abgeschnitten werde, weil das Privatklagedelikt mit einem Offizialdelikt in einer Tat zusammentreffe. Indessen können mit Billigkeitsüberlegungen, abgesehen davon, daß ihre Berechtigung hier ohnehin zweifelhaft ist[30], zwingende dogmatische und systematische Konsequenzen nicht aus der Welt geschafft werden. Daß die Berücksichtigung der Verletzteninteressen bei Einstellungen nach den §§ 153 ff de lege ferenda insgesamt verbesserungsbedürftig ist, steht auf einem anderen Blatt; eine dogmatisch problematische Teillösung vermag hier nicht zu helfen.

12   d) Im **Jugendstrafverfahren** wird bei der Anwendung von Jugendstrafrecht § 153 von § 45 Abs. 2, § 47 JGG verdrängt[31], denn § 45 Abs. 2 Nr. 2 JGG, auf den § 47 JGG

---

[25] KK-*Schoreit* 77; KMR-*Müller* 13; meine in NStZ **1981** 8 erwogene abweichende Meinung wird nicht aufrechterhalten; vgl. auch *Eb. Schmidt* § 376, 6.

[26] Die zustimmungsfreie Einstellung nach Absatz 1 Satz 2 betrifft regelmäßig (außer in den Fällen des § 374 Nr. 6 und 8) keine Privatklagedelikte.

[27] Strafkammer beim AG Bremerhaven MDR **1967** 420; KMR-*Müller* 20; KK-*Schoreit* 118; vgl. § 376, 21.

[28] KK-*Schoreit* 21; *Kleinknecht/Meyer*[37] § 376, 10; KMR-*Müller* 1; LR-*Meyer-Goßner*[23]

90 ff; *Kuhlmann* MDR **1974** 897; *Hellm. Mayer* JZ **1965** 603 f; *Schlüchter* 810.

[29] LR-*Wendisch* § 376, 24; *Kleinknecht* § 376, 5 (bis zur 32. Aufl.); *Klussmann* MDR **1974** 362; *Vogel* 251 f; wohl auch *Peters* § 65 I 1; unklar KK-*v. Stackelberg* § 376, 8 f.

[30] Näher LR-*Meyer-Goßner*[23] 92.

[31] *Brunner* § 45, 2; § 47, 3; *Eisenberg*[2] § 45, 10; § 47, 9; teilw. a. A *Bohnert* NJW **1980** 1930 f; *Nothacker* JZ **1982** 61; zur Häufigkeit der Anwendung der §§ 45, 47 JGG *Kaiser* NStZ **1982** 103; zur Anwendbarkeit des § 153 a vgl. § 153 a, 19.

verweist, gestattet das Absehen von der Verfolgung u. a. bei Vorliegen der Voraussetzungen des § 153, also bei Vergehen, geringer Schuld und fehlendem öffentlichen Interesse. Das Absehen von der Verfolgung nach § 45 Abs. 2 JGG bedarf nicht der Zustimmung des Gerichts[32]. Die gerichtliche Einstellung nach § 47 JGG weist in dem hier interessierenden Anwendungsbereich keine Unterschiede zu § 153 Abs. 2 auf[33]. Kommt bei
Heranwachsenden Erwachsenenstrafrecht zur Anwendung, so ist nur § 153 anwendbar
(§ 109 Abs. 2 JGG).

13   e) Im **Sicherungsverfahren** nach den §§ 413 ff kommt eine Anwendung des Absatzes 1 schon deshalb nicht in Betracht, weil für die Staatsanwaltschaft insoweit das Opportunitätsprinzip gilt. Aber auch eine gerichtliche Einstellung nach Absatz 2 ist wegen
der Besonderheit dieser Verfahrensart nicht möglich[34]. Stellt sich heraus, daß kein
Anlaß für die Verhängung einer Maßregel der Besserung und Sicherung gegen einen
Schuldunfähigen besteht, so ist der Antrag der Staatsanwaltschaft abzulehnen; das öffentliche Interesse hat daneben keine selbständige Bedeutung.

14   f) **Ordnungswidrigkeiten.** Betrifft das Bußgeldverfahren eine Tat, die lediglich als
Ordnungswidrigkeit zu qualifizieren ist, so ist die Anwendung des § 153 wegen des nach
§ 47 OWiG geltenden Opportunitätsprinzips entbehrlich[35]. Umfaßt die prozessuale Tat
Straftaten und Ordnungswidrigkeiten, so kann § 153 angewendet werden. Die Nicht-
verfolgung bezieht sich dann, sofern nichts anderes bestimmt wird, auch auf die Ordnungswidrigkeit. Nach allgemeiner Meinung, der auch die Praxis folgt, kann jedoch die
Anwendung des **§ 153 auf die Straftat beschränkt** und die Sache zur Verfolgung der
Ordnungswidrigkeit an die Verwaltungsbehörde abgegeben werden. Die dogmatische
Begründung für diese Durchbrechung des Grundsatzes, daß sich die Einstellung auf die
gesamte prozessuale Tat bezieht, ist in § 21 Abs. 2 OWiG gesehen, wonach bei Zusammentreffen von Straftat und Ordnungswidrigkeit die Tat als Ordnungswidrigkeit geahndet werden kann, wenn Strafe nicht verhängt wird[36]. Zur Situation bei Anwendung
des § 153 a vgl. § 153 a, 20.

15   **Dogmatische und praktische Schwierigkeiten** können sich bei einer auf die
Straftat beschränkten staatsanwaltschaftlichen Einstellung nach Absatz 1 ergeben, wenn
der Betroffene gegen den Bußgeldbescheid Einspruch einlegt und die Sache **im gerichtlichen Bußgeldverfahren** anhängig ist. Denn in diesem ist gemäß § 81 OWiG die Tat auch
unter dem rechtlichen Gesichtspunkt der Straftat abzuurteilen und zu diesem Zweck
das Bußgeldverfahren ggf. in ein Strafverfahren überzuleiten[37]. Da das Absehen von

---

[32] Umstritten ist, ob die Staatsanwaltschaft
auch mit gerichtlicher Zustimmung statt nach
§ 45 Abs. 2 JGG nach § 153 Abs. 1 StPO verfahren kann, um dem Jugendlichen die Eintragung in das Erziehungsregister gem. § 60
Abs. 1 Nr. 7 BZRG in der Fass. der Neubek.
vom 21. 9. 1984 (BGBl. I 1129) zu ersparen;
so *Bohnert* NJW **1980** 1930; *Eisenberg*[2] § 45,
10; *Nothacker* JZ **1982** 61; **a. A** *Brunner* § 45,
2.

[33] *Eisenberg*[2] § 47,5; 9 will § 153 Abs. 2 im Zwischenverfahren anwenden, weil er der Meinung ist, § 47 JGG gelte erst ab Eröffnung des
Hauptverfahrens, aber die Vorschrift stellt
unmißverständlich auf die Klageerhebung ab.

[34] LG Krefeld NJW **1976** 815.

[35] OLG Düsseldorf JMBlNW **1965** 102; *Göhler* § 47, 1.

[36] *Göhler* § 21, 27; KK-*Schoreit* 22; *Klein-
knecht/Meyer*[37] 6; KMR-*Müller* 1; kritisch zu
dieser Auffassung *Zettel* MDR **1978** 532.

[37] Vgl. zur ähnlich gelagerten Problematik bei
Einstellung des mit der Ordnungswidrigkeit
zusammentreffenden Privatklagedelikts nach
Verneinung des öffentlichen Interesses nach
§ 376 z. B. BayObLG MDR **1976** 246; *Kellner* MDR **1977** 626 sowie mit weit. Nachw.
LR-*Wendisch* § 376, 8; 9; *Göhler* § 81,
8; für den Fall der Einstellung der Straftat nach § 170 Abs. 2 s. § 171, 12.

       Peter Rieß

der Strafverfolgung durch die Staatsanwaltschaft grundsätzlich keine Sperrwirkung entfaltet (Rdn. 54), wäre das Gericht, sobald das Bußgeldverfahren gerichtlich anhängig geworden ist, hiernach gezwungen, die Straftat in seine Aburteilung mit einzubeziehen und zu diesem Zweck ins Strafverfahren überzugehen (§ 81 OWiG). Da nach der herrschenden, wenn auch umstrittenen Rechtsprechung der Einspruch gegen den Bußgeldbescheid nach dem Hinweis nach § 81 Abs. 2 Satz 1 OWiG nicht mehr zurückgenommen werden kann[38], könnte sich aus dieser Rechtslage die unerwünschte Folge ergeben, daß der von einem Bußgeldbescheid Betroffene, soweit mit der Ordnungswidrigkeit zugleich eine nach § 153 Abs. 1 eingestellte Straftat zusammentrifft, in der Möglichkeit der Einspruchsrücknahme beschränkt und der Gefahr einer Strafverfolgung ausgesetzt ist, die die Anklagebehörde nicht für sachgerecht hält.

16   Eine **praktische Lösung** der Schwierigkeiten läßt sich dadurch erzielen, daß in Fällen, in denen die Staatsanwaltschaft bereits nach § 153 Abs. 1 von der Verfolgung der Straftat abgesehen hat, nunmehr das Gericht im Bußgeldverfahren das Verfahren insoweit nochmals nach § 153 Abs. 2 einstellt, wozu Staatsanwaltschaft und Angeschuldigter regelmäßig die Zustimmung nicht versagen werden. Folgt man der zutreffend erscheinenden Auffassung[39], daß die Einstellung nach § 153 Abs. 2 schon vor dem Übergang ins Strafverfahren im Sinne des § 81 OWiG erfolgen kann, so kann das Verfahren danach als Bußgeldverfahren fortgesetzt werden. Allerdings hilft dieser Weg nicht weiter, wenn das Gericht zur Anwendung des § 153 Abs. 2 nicht (mehr) bereit ist. Solange das Problem nicht vom Gesetzgeber gelöst wird[40], könnte eine **dogmatische Lösung** wohl nur in der Richtung gesucht werden, daß sich die in der Weiterleitung des Bußgeldverfahrens an das Gericht liegende öffentliche Klage der Staatsanwaltschaft (§ 151, 7) dann nicht auf die Straftat erstreckt, wenn die Staatsanwaltschaft insoweit das Verfahren nach § 153 Abs. 1 eingestellt hatte und nicht zu erkennen gibt, daß sie an der Einstellungsentscheidung nicht mehr festhält. Folgt man diesem Gedanken, so käme in solchen Fällen eine Überleitung ins Strafverfahren nur mit Zustimmung der Staatsanwaltschaft in Frage. Freilich läßt sich dem die Regelung des § 155 Abs. 2 entgegenhalten (vgl. § 155, 7 ff), wogegen aber wiederum zu bedenken wäre, daß die Schwierigkeiten gerade ihre Ursache darin haben, daß bereits bei der Einstellungsentscheidung nach § 153 Abs. 1 in diesem Falle das Prinzip durchbrochen wird, daß über eine einheitliche Tat nur einheitlich entschieden werden kann.

17   g) Eine **entsprechende Anwendung** des § 153 ist beim Ordnungsgeld nach § 51 möglich[41], ob auch hinsichtlich der Säumniskosten[42], erscheint zweifelhaft, weil sie dann regelmäßig einem anderen zur Last fallen würden und nicht in erster Linie Sanktionscharakter haben. Auch im ehrengerichtlichen Verfahren nach der BRAO kommt die Anwendung des § 153 in Betracht[43], dagegen nicht im beamtenrechtlichen Disziplinarverfahren, da dieses nicht dem Legalitätsprinzip, sondern dem Opportunitätsprinzip unterliegt (vgl. z. B. § 3 BDO).

---

[38] BGSt **29** 305; zum Streitstand näher § 156 Fußn. 7; 8.

[39] *Göhler* § 81, 4.

[40] Einen freilich nur auf Privatklagen beschränkten Vorschlag, der auf die Einstellung nach § 153 Abs. 1 erweitert und auch noch präzisiert werden müßte, bei *Kellner* MDR **1977** 628.

[41] OLG Düsseldorf MDR **1982** 600; OLG Hamm VRS **41** 283; OLG Koblenz MDR **1979** 424; näher § 51, 20; *Schmid* MDR **1980** 116; vgl. auch *Dahs* NStZ **1983** 184.

[42] So OLG Düsseldorf MDR **1982** 600; OLG Koblenz MDR **1979** 424; **a. A** OLG Hamm VRS **41** 283.

[43] Ausführlich *Isele* 1470 ff mit Nachw. aus der ehrengerichtlichen Rechtsprechung (S. 1475 f).

II. Gemeinsame Voraussetzungen der Absätze 1 und 2

1. Allgemeines. Diskussionsstand. Über die sachlichen Voraussetzungen der An- **18** wendung des § 153 (geringe Schuld und fehlendes öffentliches Interesse) besteht, ebenso wie darüber, ob und in welcher Richtung die Vorschrift ein Ermessen einräumt[44], im Schrifttum keine völlige Klarheit, wenn auch die insbesondere durch den neuen § 153 a ausgelöste Diskussion manche Klärung gebracht hat und die Justizpraxis sich erkennbar durch diese Unsicherheiten in der Anwendungsfreudigkeit nicht beeindrucken läßt. Beim Merkmal der geringen Schuld scheint die Auffassung die Überhand zu gewinnen, daß darunter eine deliktspezifisch zu ermittelnde, in erster Linie an den Maßstäben des § 46 StGB orientierte Strafzumessungsschuld zu verstehen ist[45]. Größere Unsicherheit herrscht noch bei der Auslegung des Merkmals des fehlenden öffentlichen Interesses. Ihm wird teilweise jede begrenzende Wirkung abgesprochen, weil es nichts anderes zum Ausdruck bringe als die in ein pflichtgemäßes Abwägungsermessen einzubeziehenden Umstände[46]. Demgegenüber muß aber bedacht werden, daß dieses Merkmal, mag auch sein Fortbestand im Gesetzeswortlaut ursprünglich mehr auf gesetzgeberische Zufälle zurückzuführen sein[47], auch im neuen § 153 a verwendet und geradezu zum Eckpunkt der dortigen Regelung gemacht worden ist. Eine vorschnelle Resignation vor Auslegungsschwierigkeiten wird daher seiner ihm vom Gesetzgeber zugedachten Bedeutung nicht gerecht; andererseits erscheint es heute auch nicht mehr vertretbar, bei den Auslegungsbemühungen auf die Vorstellungen aus der Zeit der Jahrhundertwende zurückzugreifen, in der dieses Merkmal erstmals konzipiert wurde[48].

Im Ergebnis konzentrieren sich die **neueren Bemühungen zur Auslegung** des **19** öffentlichen Interesses schwerpunktmäßig darauf, eine Beziehung zu den Sanktionszwecken des materiellen Strafrechts, namentlich solchen präventiver Art, herzustellen[49]. Insoweit bleibt aber das Verhältnis der beiden Merkmale „Schuld" und „öffentliches Interesse" weiter klärungsbedürftig, namentlich im Hinblick auf die neuere materiell-strafrechtliche Diskussion über das Verhältnis von Schuld und Prävention[50].

Die **eigene Auffassung,** die der Auslegung der Merkmale „geringe Schuld" und **20** „fehlendes öffentliches Interesse" in dieser Kommentierung zugrundegelegt wird, geht davon aus, daß § 153 ebenso wie § 153 a nicht nur der Justizentlastung dient, sondern auch eine kriminalpolitische Funktion hat. Mit ihr soll die strafrechtliche Sanktion, also die Strafe oder die Maßregel der Besserung und Sicherung, als „ultima ratio" eingesetzt werden. Es erscheint daher sinnvoll, die prozessualen Nichtverfolgungsermächtigungen in den §§ 153, 153 a zumindest auch als Teil eines kriminalpolitischen Gesamtkonzepts abgestufter strafrechtlicher Intervention zu verstehen, und zwar als Regelungen prozessualer Natur mit materiell-rechtlichen Auswirkungen. Teleologisch, also von dieser kri-

---

[44] Vgl. dazu unten Rdn. 35 f.

[45] Nachweise in Fußn. 52.

[46] So etwa *Kunz* (Bagatellprinzip) 283; *Roxin* § 14 B II 2 b (beliebig ausfüllbare Leerformel); *Wolter* GA 1985 75; vgl. auch *Grebe* GA 72 (1928) 86 „kautschukartiger Begriff"; zu den verschiedenen Auslegungsversuchen im früheren Schrifttum auch *Homann* 19 ff; für Streichung des Merkmals „öffentliches Interesse" *Meyer-Goldau* 110; **a. A** *Vogel* 203 f, nach dem dieser Begriff als Oberbegriff die „geringe Schuld" mit umfassen soll.

[47] Vgl. *Krümpelmann* 205 f; *Vogel* 166 ff, 202.

[48] So aber z. B. *Homann* 40, 91 ff.

[49] So etwa, wenn auch mit erheblichen Nuancen im einzelnen KK-*Schoreit* 35; *Kleinknecht/Meyer*[37] 7; KMR-*Müller* 6; LR-*Meyer-Goßner*[23] 19; *Eckl* JR 1975 100; *Hanack* FS Gallas 355; *Hobe* FS Leferenz 636 f; *Jeutter* (LV zu § 152) 76 ff, 91 ff; *Kausch* 110; *Meinberg* 47 ff; *Wolter* GA 1985 75.

[50] Vgl. dazu mit weit. Nachw. *Jakobs* Strafrecht, Allgemeiner Teil (1983) 17/18 ff; s. auch *Hanack* FS Gallas 354.

Peter Rieß

minalpolitischen Funktion her, sollte deshalb davon ausgegangen werden, daß die beiden Begrenzungsmerkmale „Schuld" und „öffentliches Interesse" zusammen in erster Linie als Verweisungen auf die jeweils anerkannten Strafzwecke des materiellen Strafrechts aufzufassen sind, so daß diesen bei der Interpretation eine Führungsrolle zukommt. Dabei dürfte der Gesetzgeber seinerzeit davon ausgegangen sein, daß Schuld- und Präventionsgesichtspunkte unterscheidbar sind. Wenn und soweit diese Unterscheidbarkeit bezweifelt oder geleugnet wird, folgt für § 153 und insbesondere für § 153 a (vgl. § 153 a, 24), daß die Grenze zwischen beiden Merkmalen durchlässig wird und daß es entscheidend auf die Frage ankommt, ob aus schuld- oder präventionsbezogenen materiell-rechtlichen Sanktionszwecken ein nur durch eine strafrechtliche Sanktion zu ahndendes Strafbedürfnis vorhanden ist[51].

2. Geringe Schuld

21　　a) **Begriffsinhalt.** Die nach den §§ 153, 153 a als gering zu quantifizierende **Schuld** ist die Gesamtheit derjenigen schuldbezogenen Umstände, die auch für die Strafzumessung, insbesondere nach § 46 Abs. 2 StGB, von Bedeutung sind[52]. Unberücksichtigt bleiben Umstände und Bewertungen, die als Strafzumessungserwägungen unbeachtlich wären, insbesondere solche rein moralischer oder ethischer Art[53]. Maßgebend sind folglich in erster Linie materiell-strafrechtliche Wertungen. **Gering** ist die Schuld dann, wenn die für die (potentielle) Sanktionsbemessung heranzuziehenden schuldbezogenen Umstände überwiegend zugunsten des Beschuldigten sprechen, mit der Folge, daß unter Schuldgesichtspunkten eine Sanktion im unteren Bereich des Strafrahmens für das jeweilige Delikt (Rdn. 22) zu erwarten wäre[54]. Einzelne schuldsteigernde Umstände müssen die Geringfügigkeit nicht ausschließen; es kommt immer auf eine Gesamtbetrachtung an. Dagegen läßt sich nicht sagen, daß die Schuld so gering sein müsse, daß noch nicht einmal eine Verwarnung mit Strafvorbehalt eine angemessene Reaktion darstellt[55]; die Möglichkeiten der Einstellung nach den §§ 153, 153 a und der Verwarnung mit Strafvorbehalt nach § 59 StGB überschneiden sich in ihren Voraussetzungen.

22　　Die **Geringfügigkeit** der Schuld ist **deliktspezifisch** zu beurteilen[56], so daß auch

---

[51] In ähnliche Richtung zielt die Auffassung von *Kunz* (Bagatellprinzip) 311, 314 (zusammenfassend), nach der in den §§ 153, 153 a eine letztlich offene Ermächtigung an den Gesetzesanwender zur kriminalpolitisch motivierten Entscheidung steckt.

[52] LR-*Meyer-Goßner*[23] 13; *Bär* DAR **1984** 131; *Boxdorfer* NJW **1976** 318; *Hobe* FS Leferenz 634; *Hünerfeld* ZStW **90** (1978) 920; *Keller/Schmid* wistra **1984** 205; *Kunz* (Bagatellprinzip) 272 ff; *Hübschmann/Hepp/Spitaler* AO, § 398, 38; *Meinberg* 26 ff; vgl. auch Fußn. 60; **a. A** *Krümpelmann* (Bagatelldelikte) 213 ff; ihm folgend *Bloy* GA **1980** 172, die sich gegen den Rückgriff auf die „Strafzumessungsschuld" und für die Berücksichtigung der „Tatschuld" aussprechen; dazu ausführlich *Meinberg* 23 ff.

[53] LR-*Meyer-Goßner*[23] 13 mit weit. Nachw.; *Boxdorfer* NJW **1976** 318; **a. A** LR-*Kohlhaas*[22] 3; vgl. auch *Vogel* 205.

[54] *Kleinknecht/Meyer*[37] 4; *Eckl* JZ **1975** 99; *Hobe* FS Leferenz 633; *Rieß* NStZ **1981** 8.

[55] KK-*Schoreit* 25; *Braun* 122, 134 ff, 185; *Jescheck* § 80 II 3; **a. A** *Boxdorfer* NJW **1976** 319; LR-*Meyer-Goßner*[23] 15; vgl. auch *Horn* NJW **1980** 107; *Dreher/Tröndle*[42] Vor § 59, 4; LR-*Ruß* Vor § 59, 1; *Schöch* JR **1978** 74; s. auch Rdn. 65 mit Fußn. 155.

[56] KK-*Schoreit* 32; *Hanack* FS Gallas 350; *Hobe* FS Leferenz 634; *Rieß* NStZ **1981** 8; enger KMR-*Müller* 5; (in der Regel nicht bei Delikten mit erhöhter Mindeststrafdrohung); LR-*Meyer-Goßner*[23] 15; *Vogel* 206 f; wohl auch *Heinitz* FS Rittler 332. *Kunz* (Bagatellprinzip) 206 ff anerkennt bei der Geringfügigkeit des Unrechts „bagatellfreie Tatbestände", nicht aber für die Geringfügigkeit nach „Zumessungsgesichtspunkten"; teilweise abweichend *Meinberg* 37, der die Vergleichsgruppen nicht deliktsspezifisch, sondern nach Lebenssachverhalten bilden will; kritisch auch *Eisenberg* Kriminologie[2] (1985) § 27, 17.

bei Vergehen, die mit einer im Mindestmaß erhöhten Strafe bedroht sind, die Schuld gering sein kann, denn das Gesetz eröffnet die Nichtverfolgungsermächtigung ohne weitere Einschränkungen für alle Vergehen. Wegen dieses deliktspezifischen Maßstabs kommt es auch nicht entscheidend auf die absolute Höhe der Strafe an, die der Beschuldigte im Falle des Nachweises der Tat zu erwarten hätte[57], maßgebend ist, daß sie sich im unteren Bereich des konkreten Strafrahmens bewegen würde. Der Schuldgehalt muß deutlich unter dem Mittelmaß des deliktstypischen Schuldgehalts liegen. Zur deliktspezifischen Einheit, innerhalb derer das Maß der Schuld gering sein muß, gehören jedoch auch minderschwere und besonders schwere Fälle mit oder ohne Regelbeispiele sowie tatbestandsmäßig verselbständigte Qualifikationen und Privilegierungen. In solchen Fällen setzt geringe Schuld regelmäßig voraus, daß im Falle einer Verurteilung die Voraussetzungen eines minderschweren Falles mit besonderem Strafrahmen oder der tatbestandlichen Privilegierung vorliegen würden (wozu § 248 a StGB nicht gehört[58]); sie ist ausgeschlossen, wenn ein besonders schwerer Fall oder eine tatbestandliche Qualifikation eingreifen würde[58a].

b) Einzelfragen. Eine geringe Schuld kann gegeben sein, wenn Rechtfertigungs- **23** und Schuldausschließungsgründe zwar letztlich nicht durchgreifen, das Tatgeschehen aber doch in der Nähe eines solchen liegt[59], so etwa, wenn die Schuld nach § 21 StGB erheblich vermindert, ein Verbotsirrtum zwar nicht unvermeidbar, aber doch nicht unverständlich, eine Notwehr- oder Notstandslage zwar nicht gegeben, aber doch erwägenswert war. Auch bei einer nur untergeordneten Beteiligung, einem an der Grenze zum untauglichen Versuch oder zum Wahnverbrechen liegenden oder die Grenze der Vorbereitungshandlung nur wenig überschreitenden Versuch wird die Schuld häufig als gering anzusehen sein. Ein Indiz für geringe Schuld nach diesen Gesichtspunkten liegt immer dann vor, wenn bei der Strafzumessung, käme es darauf an, die Strafe nach § 49 StGB erheblich gemildert werden würde.

Einen weiteren Maßstab für die Geringfügigkeit der (potentiellen) Schuld geben **24** die in **§ 46 Abs. 2 Satz 2 StGB** genannten Strafzumessungsgründe ab, die jedenfalls überwiegend zugunsten des Beschuldigten sprechen müssen[60]. Für geringe Schuld sprechen demnach, wobei es aber immer auf den Einzelfall ankommt: nicht verwerfliche Motive und Gesinnungen des Täters, etwa ein Handeln aus Not oder eine Verführung zur Tat[61], eine geringe kriminelle Intensität[62], das Bemühen um eine Schadenswiedergutmachung[63], eher geringe verschuldete Tatfolgen[64] und fehlende kriminelle Vorbelastung, soweit Vorstrafen schuldrelevant sein können[65]. Ein zulässiges **Prozeßverhalten**

---

[57] So *Boxdorfer* NJW **1976** 319; ähnlich *Franzen/Gast/Samson* Steuerstrafrecht[3] (1985) § 398, 25 AO; wie hier KK-*Schoreit* 26; *Kleinknecht/Meyer*[37] 4; *Hobe* FS Leferenz 633 Fußn. 6; zweifelnd *Hünerfeld* ZStW **90** (1978) 920.

[58] *Rieß* NStZ **1981** 8 Fußn. 90.

[58a] A. A *Franzen/Gast/Samson* (Fußn. 57) § 398, 12 AO unter unzutreffender Bezugnahme auf *Kleinknecht/Meyer*[36] 17.

[59] *Kunz* (Bagatellprinzip) 229 ff; *Meinberg* 43; ähnlich auch *Heinitz* FS Rittler 332; *Meyer-Goldau* 103.

[60] KK-*Schoreit* 27; *Kleinknecht/Meyer*[37] 4; s. auch die in Fußn. 52 Genannten; Zusammenstellung der in Betracht kommenden Um-

stände, insbesondere bei Wirtschaftskriminalität, auch bei *Meinberg* 41 ff.

[61] KK-*Schoreit* 28; *Cramer* FS Maurach 495.

[62] LR-*Meyer-Goßner*[23] 13; KK-*Schoreit* 28.

[63] LG Aachen JZ **1971** 519; AG Nürnberg NJW **1974** 1668; KK-*Schoreit* 31; *Jeutter* (LV zu § 152) 93; *Vogel* 208.

[64] KK-*Schoreit* 30; *Hobe* FS Leferenz 639; zur begrenzten Aussagekraft der Schadenshöhe als Maßstab für Bagatelldelinquenz ausführlich *Kunz* (Bagatellprinzip) 221 ff; vgl. auch (krit.) *Eisenberg* (Fußn. 56) § 27, 17.

[65] Vgl. dazu mit weit. Nachw. *Dreher/Tröndle*[42] § 46, 24 a; LK-*G. Hirsch* § 46, 79 f; weitergehend *Eckl* JR **1975** 100; krit. *Hobe* FS Leferenz 639.

---

darf nicht dazu führen, die Geringfügigkeit der Schuld zu verneinen; deshalb darf beispielsweise einem bestreitenden Beschuldigten fehlende Wiedergutmachungsbereit-
schaft nicht schulderhöhend angelastet werden. Ein Geständnis ist weder Voraussetzung für die Anwendung des § 153 noch ohne weiteres allein ein Grund, eine geringe
Schuld anzunehmen. Es besteht deshalb auch kein Grund für Staatsanwaltschaft oder
Gericht, die Anwendung der Vorschrift (und des § 153 a) von einem Geständnis abhängig zu machen[65a].

3. Öffentliches Interesse

25   **a) Begriffsinhalt.** Nach dem Gesetzeswortlaut setzt die Einstellung voraus, daß
kein öffentliches Interesse an der „Strafverfolgung" besteht, doch ist dieser dahin zu
korrigieren, daß das öffentliche Interesse auf die „Bestrafung" des Beschuldigten oder,
sofern ein Absehen von Strafe in Betracht kommt, auf den Schuldspruch (vgl. § 153 b, 4)
gerichtet sein muß; die Strafverfolgung als solche ist kein die Verfahrensfortführung
rechtfertigender Selbstzweck[66]. Im übrigen ist das öffentliche Interesse weitgehend mit
den Sanktionszwecken gleichzusetzen (Rdn. 20). Dabei ist es eine für die praktische Anwendung jedenfalls bei § 153, aber auch bei § 153 a (vgl. § 153 a, 24) sekundäre Frage, ob
man das öffentliche Interesse, weil die schuldbezogenen Sanktionszwecke bereits vom
Merkmal der geringen Schuld erfaßt sind, für die präventiven Sanktionszwecke reser-
viert, oder die geringe Schuld mit einbezieht[67]. Umstände, die nicht im weitesten Sinne
den Sanktionszwecken zugeordnet werden können, können das öffentliche Interesse
nicht begründen; was als Sanktionszweck illegitim wäre, kann auch kein öffentliches Interesse im Sinne des § 153 rechtfertigen. Jedoch kann dem Gesichtspunkt der **Generalprävention** beim öffentlichen Interesse größere Bedeutung als bei der Strafzumessung
zukommen. Denn der mit ihr verbundene Gesichtspunkt der Androhungsprävention[68]
steht dem gänzlichen Verzicht auf die Sanktionierung strafbaren Verhaltens, den die
Anwendung des § 153 zur Folge hat, eher entgegen als einer auf generalpräventive
Schärfungen verzichtenden Strafzumessung.

26   Wenn auch das öffentliche Interesse nicht mit Umständen begründet werden
darf, die als präventive Gesichtspunkte der Sanktionszumessung nicht legitim wären, so
folgt daraus nicht, daß jedes Präventionsbedürfnis dem öffentlichen Interesse gleichge-
setzt werden kann. Bei **geringen,** insbesondere gegenläufigen **Präventionsinteressen**
braucht noch nicht stets ein öffentliches Interesse an der Strafverfolgung zu bestehen,
da § 153 auch eine verfahrensökonomische Funktion hat[69]. Öffentliches Interesse kann
deshalb auch aus Umständen heraus entfallen, die die materiell-rechtliche Strafwürdigkeit nicht gänzlich aufheben. Entscheidend ist immer, ob neben der geringen Schuld
(Rdn. 21 ff) entweder zur Einwirkung auf den (potentiellen) Täter oder aus Gründen anerkannter Generalprävention (näher Rdn. 28) auf eine Verfahrensfortsetzung mit dem
Ziel einer strafrechtlichen Sanktion nicht verzichtet werden kann. Die (verbreitete) Verwendung des Begriffs **berechtigte Belange der Allgemeinheit**[70] ist nur dann unbedenk-

---

[65a] *Dahs* Hdb. 262; zur auch hier bedeutsamen
Frage der Strafzumessungsrelevanz des Geständnisses s. mit weit. Nachw. LK-*G. Hirsch*
§ 46, 96; vgl. auch SK-*Horn* § 46, 75.

[66] *Hanack* FS Gallas 353; *Boxdorfer* NJW
1976 318 Fußn. 1; *Rieß* NStZ **1981** 8 Fußn. 93.

[67] Näher oben Rdn. 20 a. E; vgl. auch *Hobe* FS
Leferenz 632.

[68] Vgl. z. B. *Baumann/Weber*[9] 18; LK-
G. Hirsch § 46, 24; *Zipf* 85 f; vgl. auch (mit
empirischen Hinweisen) *Schöch* FS Jescheck
(1985) 1081.

[69] *Rieß* NStZ **1981** 8; ähnlich *Bloy* GA **1980**
175; *Homann* 94.

[70] Vgl. z. B. Nr. 86 Abs. 2 RiStBV; LR-*Meyer-
Goßner*[23] 19; KK-*Schoreit* 41; krit. *Hobe* FS

lich, wenn auch ungenau, wenn darunter nur generalpräventive Gesichtspunkte verstanden werden. Sprechen die Umstände teilweise für und teilweise gegen die Bejahung des öffentlichen Interesses, so kommt es darauf an, welche bei einer Gesamtbetrachtung überwiegen[71].

Das **öffentliche Interesse** an der Strafverfolgung **bei Privatklagedelikten** im Sinne **27** von § 376 dürfte im wesentlichen mit dem hier entwickelten Begriff übereinstimmen[72], doch muß der unterschiedliche funktionale Zusammenhang berücksichtigt werden, in dem das Merkmal in beiden Vorschriften steht. Dabei ist allerdings nach den empirischen und statistischen Erkenntnissen kein bedeutsamer Unterschied darin zu sehen, daß bei § 376 das Privatklageverfahren möglich bleibt, denn auch die Verweisung zur Privatklage nach § 376 führt in aller Regel dazu, daß der Beschuldigte nicht bestraft wird[73]. Jedoch wird bei der Bewertung des öffentlichen Interesses in § 376 auch die Zumutbarkeit einer eigenen Strafverfolgung durch den Verletzten und damit das Verletzteninteresse eine größere Rolle spielen als bei der Anwendung des § 153.

b) **Einzelfragen.** Ein der Nichtverfolgung entgegenstehendes öffentliches Inter- **28** esse liegt stets vor, wenn die Verhängung einer Maßregel der Besserung und Sicherung notwendig erscheint. **Spezialpräventive Gesichtspunkte** begründen ferner ein öffentliches Interesse regelmäßig dann, wenn ohne eine strafrechtliche Sanktion weitere Straffälligkeit zu befürchten ist; in diesem Zusammenhang (und nur insoweit) spielen auch einschlägige Vorstrafen[74] eine Rolle und kann berücksichtigt werden, ob sich aus der Tat eine gesellschaftsfeindliche Gesinnung ergibt[75]. **Generalpräventive Gesichtspunkte** (Belange der Allgemeinheit) begründen ein öffentliches Interesse an der Strafverfolgung insbesondere dann, wenn wegen der Art der Tatausführung, etwa bei außergewöhnlichen Tatfolgen[76], wegen der Häufigkeit gleichartiger Delikte oder aus anderen Gründen das reaktionslose Hinnehmen der Tat die Rechtstreue der Bevölkerung erschüttern würde. Insoweit kann das öffentliche Interesse auch deliktspezifisch zu bejahen sein, doch ist es ohne eine solche Begründung nicht zulässig, es für bestimmte Straftaten generell als gegeben anzusehen[77]. Entscheidend ist, ob nach den Umständen des Einzelfalls die Verbindlichkeit des Rechts beeinträchtigt werden könnte, wenn gerade dieser konkrete Fall nicht verfolgt werden würde. Deshalb kann auch eine besonders geringe Schuld das öffentliche Interesse entfallen lassen[78].

Das **Genugtuungsinteresse des Verletzten** allein begründet, wie sich schon aus **29** § 376 ergibt, noch kein öffentliches Interesse an der Strafverfolgung. Es ist aber zu be-

---

Leferenz 645; *Franzen/Gast/Samson* (Fußn. 57) § 398, 20 AO; das teilweise (z. B. KK-*Schoreit* 41; *Kleinknecht/Meyer*[37] 7) genannte Interesse an der Aufklärung eines kriminogenen Hintergrundes ist nur dann relevant, wenn es general- oder spezialpräventiv begründbar ist.

[71] LG Aachen JZ **1971** 519, 521; KK-*Schoreit* 43.

[72] Ebenso LR-*Meyer-Goßner*[23] 18 mit weit. Nachw.; vgl. auch KK-*Schoreit* 34 sowie (ausführlich) *Vogel* 130 ff.

[73] Vgl. dazu mit weit. Nachw. *Rieß* Verh. des 55. DJT (1984) Bd. I Teil C 23.

[74] KK-*Schoreit* 36; LR-*Meyer-Goßner*[23] 19; *Bär* DAR **1984** 132; *Eckl* JR **1975** 100; zwei-

feld (Frage des Einzelfalles) *Hobe* FS Leferenz 639; vgl. zur Wiederholungsgefahr bei Anwendung der §§ 153, 153 a *Keunecke/Schinkel* MSchrKrim. **1984** 161.

[75] Wohl allgemeiner LR-*Meyer-Goßner*[23] 20; *Eckl* JR **1975** 100; *Hobe* FS Leferenz 639; sehr weitgehend *Boxdorfer* NJW **1976** 319; krit. KK-*Schoreit* 37.

[76] LR-*Meyer-Goßner*[23] 21; *Kleinknecht/Meyer*[37] 7.

[77] *Keller* GA **1983** 518; differenzierend *Hobe* FS Leferenz 638; a. A *Eckl* JR **1975** 100; *Vogel* 202; wohl auch *Boxdorfer* NJW **1976** 319.

[78] *Hobe* FS Leferenz 637.

    Peter Rieß

denken, daß die mit dem Gedanken der Generalprävention bezweckte Bestätigung der Verbindlichkeit der Rechtsordnung gerade dem Verletzten gegenüber deutlich gemacht werden muß[79]. Eine allzustarke Vernachlässigung der Verletzteninteressen gefährdet damit die generalpräventive Aufgabe des Strafrechts und insoweit besteht auch dann ein öffentliches Interesse an der Strafverfolgung, wenn durch eine Nichtverfolgung die berechtigten Interessen des Verletzten besonders beeinträchtigt werden würden[79a].

30   **Kein öffentliches Interesse** wird durch solche Umstände begründet, die materiell-strafrechtlich keine präventiv begründbare Funktion aufweisen. Deshalb scheiden in der Regel aus, sofern nicht ausnahmsweise die in Rdn. 28 genannten Gesichtspunkte dominieren: Die Stellung des Beschuldigten oder Verletzten im öffentlichen Leben[80], das Interesse der Öffentlichkeit an der Klärung einer bestimmten Rechtsfrage[81], die Herbeiführung eines Strafurteils als Grundlage für eine verwaltungsrechtliche Maßnahme[82] oder das Bedürfnis nach einer Eintragung der Verurteilung in das Bundeszentralregister[83]. Daß die Tat eine besondere Aufmerksamkeit in der Öffentlichkeit gefunden hat und insbesondere in den Medien erörtert worden ist, reicht für sich allein nicht aus, wenn sich die Gesamtumstände ergeben, daß berechtigte generalpräventive Umstände eine Rolle spielen[84]. Umgekehrt kann bei der Prüfung der Anwendung des §§ 153, 153 a ein aus den (präventiven) Strafzwecken abzuleitendes öffentliches Strafverfolgungsinteresse nicht durch das Vorhandensein außerstrafrechtlichen Nichtverfolgungsinteressen verneint werden[84a]. Solche dem Strafverfolgungsinteresse entgegenstehenden öffentlichen Interessen können nur unter den besonderen Voraussetzungen der §§ 153 c bis 153 e berücksichtigt werden.

31   **c) Überlange Verfahrensdauer und Tatprovokation.** Nach der Rechtsprechung kommt eine Anwendung des § 153 auch bei **überlanger,** nicht vom Beschuldigten zu vertretender **Verfahrensdauer** in Betracht, weil eine schwerwiegende Verfahrensverzögerung das öffentliche Interesse an der Strafverfolgung erheblich vermindern kann[85]. Zweifelhaft, aber wohl wegen der Wechselwirkung beider Merkmale nicht ganz zu verneinen ist, ob die überlange Verfahrensdauer auch dann eine Anwendung der Vorschrift ermöglicht, wenn für sich allein betrachtet die (potentielle) Schuld die Geringfügigkeitsgrenze überschreiten würde[86]; jedenfalls kommt aber auch trotz überlanger Verfahrensdauer bei erheblicher Schuld § 153 nicht in Betracht. Auch bei staatlich ver-

---

[79] *Rieß* Verh. des 55. DJT (1984) Bd. I Teil C 51 mit weit. Nachw. in Fußn. 231; vgl. auch *Hobe* FS Leferenz 645; *Homann* 50 f; *Jeutter* (LV zu § 152) 103.

[79a] Zur Frage des Einflusses der sog. „Beschwerdemacht" des Verletzten auf die Einstellungshäufigkeit vgl. die (unterschiedlichen) empirischen Ergebnisse bei *Ahrens* 219; *Hertwig* 241 ff; *Meinberg* 154 ff.

[80] Ähnlich KK-*Schoreit* 36; 37; wohl auch *Hobe* FS Leferenz 639 (nur, soweit dadurch der Unrechtsgehalt erhöht); a. A *Kleinknecht/Meyer*[37] 7; LR-*Meyer-Goßner*[23] 21.

[81] LG Aachen JZ **1971** 520; KK-*Schoreit* 46; *Kleinknecht/Meyer*[37] 8; KMR-*Müller* 6; *Hobe*

FS Leferenz 646; *Homann* 105; *Meinberg* 49 f; einschränkend LR-*Meyer-Goßner*[23] 22; a. A *Grebe* GA **72** (1928) 85; *Kohlhaas* GA **1956** 249; LR-*K. Schäfer*[23] Einl. Kap. **13** 38.

[82] *Homann* 105 ff; a. A *Rietzsch* DJ **1940** 534.

[83] *Hobe* FS Leferenz 646; großzügiger LR-*Meyer-Goßner*[23] 20.

[84] KK-*Schoreit* 44; *Hobe* FS Leferenz 645; teilweise a. A *Jeutter* (LV zu § 152) 92.

[84a] *Vogel* 158, 198, 231; a. A *Meinberg* 47 f.

[85] BVerfG NJW **1984** 967; BGHSt 24 242; **27** 275 = JR **1978** 246 mit Anm. *Peters;* LG Aachen JZ **1971** 521; näher § 206 a, 56.

[86] So LG Flensburg MDR **1979** 76; vgl. aber auch BGHSt **27** 275.

anlaßter oder geduldeter **Tatprovokation** kann § 153 anwendbar sein[87], wobei in diesem Fall durch die Provokation sowohl die Schuld als gemindert erscheint als auch das öffentliche Interesse an der Strafverfolgung deutlich reduziert wird. Dies dürfte auch dann gelten, wenn die Tatprovokation die von der Rechtsprechung angenommene „Zulässigkeitsgrenze"[88] noch nicht überschreitet, aber erheblich ist.

4. Tatverdacht

a) Grundsatz. Aus der konjunktivischen Fassung des Absatz 1 Satz 1 („die Schuld **32** als gering anzusehen wäre") ergibt sich, daß, teilweise anders als bei § 153 a (vgl. § 153 a, 31), weder die Feststellung der schuldhaften Tatbegehung noch eine über den Anfangsverdacht (§ 152, 21 ff) hinausgehende Wahrscheinlichkeit vorausgesetzt wird. Weder bei der Anwendung des Absatz 1 durch die Staatsanwaltschaft noch bei der des Absatz 2 durch das Gericht muß der Sachverhalt bis zur Anklagereife oder Sachentscheidungsreife aufgeklärt werden[89]. Dagegen darf die Vorschrift nicht angewendet werden, wenn bereits feststeht, daß kein hinreichender Tatverdacht begründet werden kann oder ein Freispruch oder eine Einstellung nach § 206 a erfolgen muß. Bei **liquider Entscheidungslage** hat die Einstellung nach § 170 Abs. 2 oder der Freispruch Vorrang[90]. Eine Sachaufklärung ist auch stets insoweit erforderlich, als beurteilt werden muß, ob die Einstellungsvoraussetzungen gegeben sind. Es muß also feststehen, daß kein Verbrechen nachweisbar sein wird, daß das Höchstmaß der feststellbaren Schuld die Geringfügigkeitsgrenze nicht überschreiten würde und daß die aufklärbaren Tatumstände kein öffentliches Interesse an der Strafverfolgung begründen können.

Umstritten ist, ob eine aus der Fürsorgepflicht ableitbare Rechtspflicht besteht, **33** wenig aufwendige **weitere Ermittlungen** durchzuführen, die die Unschuld des Beschuldigten ergeben können[91]. Die Frage ist zu verneinen[92]. Der Beschuldigte kann sich auch bei Anwendung des § 153 auf die Unschuldsvermutung berufen; die Möglichkeit einer ungünstigen Kostenentscheidung nach § 467 Abs. 4 (vgl. auch Rdn. 76) ist vom Gesetzgeber bewußt in Kauf genommen worden. Legt der Angeschuldigte im gerichtlichen Verfahren Wert auf einen Freispruch, so kann er dies in der Regel durch Verweigerung seiner Zustimmung erzwingen (Rdn. 66 ff).

b) Einzelfragen. Im staatsanwaltschaftlichen Ermittlungsverfahren ist der Sachver- **34** halt zunächst daraufhin zu überprüfen, ob überhaupt der Verdacht einer Straftat besteht oder ggf. durch weitere Ermittlungen begründet werden kann (§ 152, 31). Ist das zu verneinen, etwa weil das angezeigte Verhalten nicht strafbar ist oder ein Verfahrenshinder-

---

[87] BGH **32** 345; umstritten ist, ob dies die äußerste Grenze der Berücksichtigung einer Tatprovokation ist; vgl. näher § 206 a, 57 f und die Erl. zu § 163.

[88] Vgl. § 206 a, 57 f sowie aus dem seitherigen Schrifttum z. B. *Bruns* StrVert. **1984** 382; *Herzog* NStZ **1985** 153; *Lüderssen* Jura **1985** 113; *Ostendorf/Meyer-Seitz* StrVert. **1985** 73.

[89] Nach der Neufassung allg. M, vgl. z. B. KK-*Schoreit* 6; 7; *Kleinknecht/Meyer*[37] 3; KMR-*Müller* 4; *Eckl* JR **1975** 101; vgl. BTDrucks. **7** 550 S. 298; kritisch für den Fall des Absatz 2 *Dencker* JZ **1973** 148; evtl. enger (Wahrscheinlichkeit) *Roxin* § 14 B II 2 a aa; ebenso *M. J. Schmid* JR **1979** 222; *Franzen/*

Gast/Samson (Fußn. 57) § 398, 17 AO (anders jedoch Rdn. 27); ähnlich *Schuth* 156 Fußn. 259. Die Frage war früher streitig, vgl. dazu LR-*Kohlhaas*[22] 8 und die Nachw. bei *Dencker* (aaO) Fußn. 29, 30. Zur Problematik einer denkbaren Kollision mit der Unschuldsvermutung *Kühl* (Unschuldsvermutung) 104 ff.

[90] KK-*Schoreit* 5; *Kleinknecht/Meyer*[37] 3; KMR-*Müller* 3.

[91] So *Dahs* Hdb. 423; *Kleinknecht/Meyer*[37] 3; *Vogler* ZStW **89** (1977) 785; *Franzen/Gast/Samson* (Fußn. 57) § 398, 27 AO.

[92] Ebenso KK-*Schoreit* 11; LR-*Meyer-Goßner*[23] 12; wohl auch *Kühl* JR **1978** 97.

Peter Rieß

nis besteht, so ist nach § 170 Abs. 2 zu verfahren. Kommt eine strafbare Tat in Betracht, liegen aber die Voraussetzungen des § 153 nahe, so können die Ermittlungen zunächst hierauf konzentriert werden. Im **gerichtlichen Verfahren** scheidet § 153 aus, wenn nach Beweislage ein Freispruch erfolgen müßte, weil die Beweismittel ausgeschöpft sind und eine Verurteilung nicht ermöglichen; dagegen ist er anwendbar, wenn weitere Ermittlungen zur Überführung führen könnten, aber die Frage der Geringfügigkeit und des fehlenden öffentlichen Interesses bereits abschließend beantwortet werden kann.

35   **5. Ermessen.** Nach dem Wortlaut der §§ 153, 153 a „kann" die Staatsanwaltschaft von der Verfolgung absehen oder das Gericht das Verfahren einstellen. Hierin sieht die Rechtsprechung teilweise, ohne sich mit der Problematik vertieft auseinanderzusetzen, die Einräumung eines Ermessensspielraums[93]; auch der Gesetzgeber hat in § 467 Abs. 4 die Anwendung der §§ 153 ff mit dem Begriff des Ermessens verknüpft. Demgegenüber wird im Schrifttum vielfach darauf hingewiesen, daß die weitgespannten unbestimmten Rechtsbegriffe der geringen Schuld und des fehlenden öffentlichen Interesses an der Strafverfolgung bereits alle bei der Einstellungsentscheidung anzustellenden Überlegungen in sich aufnehmen müßten, so daß ein Entscheidungsspielraum bei Bejahung dieser Merkmale nicht mehr denkbar sei[94]. Dieser Meinung ist zuzustimmen. Interpretiert man geringe Schuld und fehlendes öffentliches Interesse an der Strafverfolgung von den Strafzwecken her, so würde eine Ermessenseinräumung, die die Weiterverfolgung trotz Vorliegens der Nichtverfolgungsvoraussetzungen gestattet, darauf hinauslaufen, daß ein Strafverfahren durchgeführt werden dürfte, obwohl kein anerkannter Sanktionszweck erreicht werden kann. Das kann nicht richtig sein. Wäre die potentielle Schuld des Beschuldigten gering und besteht kein öffentliches Interesse an der Strafverfolgung und stimmen, soweit eine Übereinstimmung erforderlich, Gericht und Staatsanwaltschaft in dieser Beurteilung überein, so müssen sie deshalb von der Verfolgung absehen (vgl. auch § 152, 50 f)[95].

36   In der **praktischen Rechtsanwendung** läuft allerdings wegen der Weite der unbestimmten Rechtsbegriffe die Handhabung der Einstellungsvoraussetzungen vielfach auf eine ermessensähnliche Entscheidung (im untechnischen Sinne) hinaus, die zumindest im Ergebnis nicht justitiabel ist. Die ganz h. M sieht in den Merkmalen der geringen Schuld und des fehlenden öffentlichen Interesses jedenfalls kein Verfahrenshindernis[96] und versagt auch die Nachprüfbarkeit im Verfahren nach § 23 EGGVG. Als ein funktionelles Äquivalent für diese wohl unvermeidbare mangelnde Justitiabilität der Begrenzungsmerkmale wird man das Prinzip der übereinstimmenden Beurteilung durch Gericht und Staatsanwaltschaft (Rdn. 2) ansehen können, das deshalb auch de lege ferenda nicht in Frage gestellt werden sollte.

---

[93] Vgl. BGHSt **27** 275; BGH (Richterdienstgericht) NJW **1978** 2033.

[94] So z. B. *Naucke* FS Maurach 205; *Schroeder* FS Peters 418; vgl. auch schon *Niese* SJZ **1950** 895; *Heinitz* JZ **1963** 133 und FS Rittler 332, 334.

[95] Ebenso KMR-*Müller* 7; LR-*Meyer-Goßner*[23] 38; *Hobe* FS Leferenz 646; wohl auch KK-*Schoreit* 54 ff; a. A *Eb. Schmidt* Nachtr. I 13 (der das Ergebnis für „widersinnig" hält); vom Ermessen spricht u. a. auch *Kausch* 115

und öfter; ferner *Oehler* JZ **1951** 595; unklar *Hübschmann/Hepp/Spitaler* AO, § 398, 11; *Franzen/Gast/Samson* (Fußn. 57) § 398, 20; 30 AO.

[96] BayObLG **1949/51** 576; *Naucke* FS Maurach 202; *Eb. Schmidt* 8; a. A *Vogel* 211 f, 293 ff; teilw. a. A *Keller* GA **1983** 512 ff (Prozeßvoraussetzung mit Ermessensspielraum der Staatsanwaltschaft); vgl. auch § 152, 56.

III. Absehen von der Verfolgung (Absatz 1)

1. Zuständigkeit. Die Befugnis zum Absehen von der Strafverfolgung nach Ab- **37** satz 1 steht nur der **Staatsanwaltschaft,** in Steuerstrafsachen auch der **Finanzbehörde** zu, soweit sie das Ermittlungsverfahren selbständig durchführt (§§ 386 Abs. 2, 399 AO). Die **Polizei** ist zum Absehen von der Verfolgung nach nahezu einhelliger Meinung nicht be- rechtigt[97]; sie kann allerdings, wenn der Sachverhalt eine Anwendung des § 153 nahe- legt, sich zunächst auf die Aufklärung der einstellungsrelevanten Umstände beschrän- ken[98]. Möglich ist auch eine generelle Vereinbarung der Justiz- und Polizeibehörden über eine vereinfachte Anzeigenaufnahme und Aktenvorlage im Sinne des § 163 Abs. 2 Satz 1 in solchen Fällen[99].

2. Voraussetzungen. Wegen der allgemeinen Voraussetzungen s. Rdn. 18 ff. Er- **38** wägt die Staatsanwaltschaft die Anwendung des Absatzes 1, so hat sie in Steuerstrafsa- chen kraft gesetzlicher Regelung (§ 403 Abs. 4 AO) die Finanzbehörde zu hören; hat eine andere Behörde Anzeige erstattet, so ist die Staatsanwaltschaft innerdienstlich nach Nr. 93 Abs. 1 RiStBV gehalten, mit dieser „in Verbindung zu treten". Einer Zu- stimmung bedarf es in beiden Fällen nicht[100]. Ein privater Anzeigeerstatter braucht, auch wenn er **Verletzter** ist, weder zuzustimmen noch überhaupt angehört zu werden, doch kann dies in besonderen Fällen angezeigt sein. Auch die vorherige **Anhörung** und die Zustimmung **des Beschuldigten** ist **nicht erforderlich**[101]. Der Beschuldigte kann je- doch bei der Staatsanwaltschaft, ggf. auch durch Gegenvorstellung oder Dienstauf- sichtsbeschwerde, die Anwendung des Absatzes 1 anregen[102]; aus einem solchen zulässi- gen Prozeßverhalten dürfen bei einer späteren Beweiswürdigung keine Schlüsse zu sei- nem Nachteil dergestalt gezogen werden, daß darin ein Schuldeingeständnis gesehen wird[103].

3. Zustimmung des Gerichts
a) Allgemeines. Entscheidungsmaßstab. Das der Vorschrift zugrundeliegende Prin- **39** zip der übereinstimmenden Beurteilung der Sache durch Gericht und Staatsanwaltschaft (Rdn. 2) verlangt, daß das Gericht, soweit seine Zustimmung vorgeschrieben ist, die Mitverantwortung für das Vorliegen aller Voraussetzungen des Absatzes 1 übernimmt. Es sich sich daher nicht lediglich auf eine Rechtskontrolle der von der Staatsanwaltschaft beabsichtigten Maßnahmen beschränken, sondern muß selbst beurteilen, ob es die Tat als Vergehen ansieht, die Schuld für gering hält und ein öffentliches Interesse an der Strafverfolgung verneint[104]. Bejaht es dies, so hat es die Zustimmung zu erteilen, da die Vorschrift keinen Ermessensspielraum enthält (Rdn. 35 f), andernfalls hat es die Zustim-

---

[97] KK-*Schoreit* 15 ff; *Kleinknecht/Meyer*[37] 9; KMR-*Müller* 8; *Eb. Schmidt* 10; *Rieß* NStZ **1981** 9; vgl. auch § 152 Fußn. 127 f; gleiches gilt für Zollfahndungsämter und Dienststel- len der Steuerfahndung im Sinne von § 404 AO, *Franzen/Gast/Samson* (Fußn. 57) § 404, 56 AO.

[98] *Kleinknecht/Meyer*[37] 9; KMR-*Müller* 8; *Gep- pert* GA **1979** 287 Fußn. 16; ausführl. *Rieß* NStZ **1981** 9.

[99] Vgl. z. B. die Hinweise für die Praxis in Baden-Württemberg DNP **1983** 185.

[100] KK-*Schoreit* 60. Vgl. für die Fälle der Er- mächtigung und des Strafverlangens auch Nr. 211 Abs. 1 RiStBV.

[101] *Kleinknecht/Meyer*[37] 13; KMR-*Müller* 11; *Eb. Schmidt* Nachtr. I 16; **a. A** *Peters* 57 II 2 c aa (S. 508, Anhörung erforderlich); ebenso *Dahs* NJW **1985** 1115 (de lege ferenda auch Zustimmung zu erwägen).

[102] Vgl. dazu *Dahs* Hdb. 262 a. E; *Schlothauer* StrVert. **1982** 449 ff.

[103] Vgl. auch *Kühl* (Unschuldsvermutung) 108 ff.

[104] Vgl. *v. Weber* NJW **1966** 1243.

mung zu verweigern, und zwar auch dann, wenn es meint, daß eine weitere Sachverhaltsaufklärung, zu der es im Ermittlungsverfahren nicht von sich aus berechtigt ist, zu einer Bejahung der Einstellungsvoraussetzungen führen könnte (vgl. auch Rdn. 42; 44).

40　　**b) Zuständigkeit.** Zuständig ist das Gericht, das im Falle der Erhebung der öffentlichen Klage für die Entscheidung über die Eröffnung des Hauptverfahrens zuständig wäre, wobei für die Zuständigkeitsbeurteilung der Erkenntnisstand im Zeitpunkt der Anfrage der Staatsanwaltschaft maßgebend ist. In der Praxis wird im allgemeinen die Zuständigkeit des Strafrichters oder des Vorsitzenden des Schöffengerichts (§ 30 Abs. 2 GVG) in Betracht kommen, wenn auch die der Strafkammer oder des erstinstanzlich zuständigen Strafsenats, namentlich in den Fällen des § 74 a Abs. 1 Nr. 1 bis 4, § 120 Abs. 1 Nr. 3 bis 6 GVG denkbar ist. Bei einem sachlichen Zuständigkeitskonflikt für die Entscheidung über die Zustimmung gelten die §§ 209, 209 a entsprechend (§ 209, 4). Die Entscheidung ist in der Beschlußbesetzung zu treffen (§§ 30 Abs. 2, 76 Abs. 1, 122 Abs. 1 GVG), auch beim Oberlandesgericht nicht in der Besetzung nach § 122 Abs. 2 GVG.

41　　Stehen der Staatsanwaltschaft in ihrem Bezirk **mehrere Gerichtsstände** (§§ 7 ff) zur Verfügung, so kann sie bei ihrer Anfrage zwischen den verschiedenen örtlich zuständigen Gerichten ebenso wählen, wie sie im Falle der Anklageerhebung wählen könnte (Vor § 7, 20 f), ist jedoch für die weitere Erörterung der Zustimmungsfrage an ihre Wahl gebunden. Wird die Zustimmung verweigert, so kann die Staatsanwaltschaft, da andernfalls der Sinn des Zustimmungserfordernisses unterlaufen würde, bei keinem anderen Gericht mehr die verweigerte Zustimmung einzuholen versuchen[105]; sie kann allerdings die öffentliche Klage auch vor einem anderen Gericht erheben. Hält sich das mit der Zustimmungsfrage befaßte Gericht für **örtlich unzuständig,** so darf es nicht die Zustimmung verweigern, sondern muß sich für örtlich unzuständig erklären[106]. Der Staatsanwaltschaft steht gegen diese Entscheidung, die deshalb zu begründen ist (§ 34), Beschwerde zu; sie kann aber auch ein anderes zuständiges Gericht um Zustimmung ersuchen.

42　　**c) Entscheidung.** Die Entscheidung ergeht, zumindest im Kollegialgericht, durch Beschluß[107]; eine vorherige Anhörung des Beschuldigten oder Anzeigeerstatters ist nicht erforderlich. Zum Entscheidungsmaßstab s. Rdn. 39. Die Zustimmung braucht nicht begründet zu werden, dagegen ist die Versagung trotz ihrer Unanfechtbarkeit (Rdn. 43) zu begründen, da damit ein Antrag der Staatsanwaltschaft abgelehnt wird[108]. Sieht sich das Gericht nach dem aktenmäßigen Erkenntnisstand zu einer Zustimmung nicht in der Lage und regt deshalb weitere Aufklärung an, so steht das einer Verweigerung der Zustimmung gleich, hindert die Staatsanwaltschaft aber nicht, bei veränderter Sachlage erneut die Zustimmung zu beantragen. Lehnt das Gericht die Zustimmung zur Einstellung nach § 153 ab, regt aber zugleich unter konkreter Bezeichnung der Auflagen und Weisungen eine solche nach § 153 a an, so kann die Staatsanwaltschaft aufgrund dieser „vorweggenommenen Zustimmung" nach § 153 a Abs. 1 verfahren, ohne nochmals das Gericht einschalten zu müssen. Die Entscheidung über die Zustimmung wird der Staatsanwaltschaft mitgeteilt; eine Mitteilung an den Beschuldigten ist nicht erforderlich und regelmäßig nicht angebracht.

---

[105] KK-*Schoreit* 48; KMR-*Müller* 9; LR-*Meyer-Goßner*[23] 26; *Eb. Schmidt* Nachtr. I 15; *Kohlhaas* GA **1956** 252.

[106] KK-*Schoreit* 49; *Kleinknecht/Meyer*[37] 10; vgl. auch § 204, 6 f.

[107] Zweifelnd *Giesler* Der Ausschluß des Beschwerde gegen richterliche Entscheidungen im Strafverfahren (1981) 200.

[108] § 34 zweite Alternative; **a. A** LR-*Meyer-Goßner*[23] 31, der aber ebenfalls die Mitteilung der Gründe für zweckmäßig hält.

d) Anfechtung. Weder die Erteilung noch die Versagung der Zustimmung sind **43** anfechtbar. Für die Erteilung ergibt sich dies schon daraus, daß sie weder den Beschuldigten noch die Staatsanwaltschaft, die dadurch nicht zur Anwendung des Absatz 1 gezwungen wird (Rdn. 44), beschwert. Die Versagung der Zustimmung ist der Beschwerde nach der Grundstruktur der Regelung und dem Sinn des Zustimmungserfordernisses verschlossen[109]. Zur örtlichen Unzuständigkeitserklärung s. Rdn. 41; vgl. auch Rdn. 52.

e) Wirkung der Zustimmungsentscheidung. Die **Zustimmung** des Gerichts bindet **44** die Staatsanwaltschaft nicht; sie ist nicht gehindert, das Verfahren fortzusetzen und die öffentliche Klage zu erheben[110]. Ob das Gericht – ein Fall, der kaum jemals praktisch werden dürfte – seine Zustimmung widerrufen darf[111], erscheint jedenfalls dann zweifelhaft, wenn keine neuen Umstände eine andere Beurteilung der Einstellungsfrage rechtfertigen. Die **Versagung** der Zustimmung hindert die Staatsanwaltschaft nicht, bei veränderter Sachlage erneut eine Zustimmung zu beantragen, und das Gericht nicht, sie zu erteilen. Dagegen kann sich die Staatsanwaltschaft nach verweigerter Zustimmung, wenn sich nicht der zugrundeliegende Sachverhalt geändert hat, nicht auf den Standpunkt stellen, es liege ein Fall der Zustimmungsfreiheit nach Absatz 1 Satz 2 vor[112].

4. Zustimmungsfreie Einstellung (Absatz 1 Satz 2)
a) Bedeutung. Kritik. Mit der Einführung der zustimmungsfreien Einstellung war **45** beabsichtigt, die bis zur Abschaffung der Übertretungen durch das EGStGB 1974 für diese geltende zustimmungsfreie Nichtverfolgungsmöglichkeit auf einen Teil der Vergehen zu übertragen, zumal der frühere Übertretungstatbestand des sog. Mundraubs (§ 370 Abs. 1 Nr. 5 StGB a. F.) zu einem Vergehen aufgewertet wurde. Die im Laufe des Gesetzgebungsverfahrens mehrfach geänderte Vorschrift[113] knüpft den Verzicht auf die Zustimmung an drei **Voraussetzungen:** es muß sich (1) um ein Vermögensdelikt handeln (Rdn. 46), dieses darf (2) nicht mit einer im Mindestmaß erhöhten Strafe bedroht sein (Rdn. 47) und (3) muß der Schaden gering sein (Rdn. 49). Die Ausnahmevorschrift ist an dieser Stelle und vor allem bei Anwendung des § 153 a, wo sie infolge der Verweisung in § 153 a Abs. 1 Satz 6 gilt, dogmatisch und rechtspolitisch verfehlt[114]; sie belastet die auf einfache Handhabung und klare Normen angelegte Nichtverfolgung im Bagatellbereich mit überflüssigen Unsicherheiten und Abgrenzungsschwierigkeiten und stellt ohne zwingende praktische Notwendigkeit den Grundsatz der übereinstimmenden Beurteilung der Sache (Rdn. 2) in Frage.

---

[109] LG Ellwangen JZ **1980** 365; LR-*Meyer-Goßner*[23] 32 f mit ausf. Begründung; KK-*Schoreit* 51 ff; *Kleinknecht/Meyer*[37] 10; KMR-*Müller* 9; *Eb. Schmidt* 16 (für Beschuldigten); *Bloy* JuS **1981** 429 f; *Giesler* (Fußn. 107) 200 ff; **a. A** für die Staatsanwaltschaft bei Verweigerung der Zustimmung OLG Nürnberg OLGSt § 153 a a. F. 1; LR-*Kohlhaas*[22] 7; *Gössel* § 9 B II a 3; *Kohlhaas* GA **1956** 251; *Niethammer* JZ **1952** 298; *Eb. Schmidt* Nachtr. I 15 (für Staatsanwaltschaft); vgl. auch OLG Hamm VRS 7 129.

[110] RGSt 67 316; KK-*Schoreit* 50; KMR-*Müller* 9; *Eb. Schmidt* 17.

[111] So ohne Begründung LR-*Meyer-Goßner*[23] 28; ihm folgend KK-*Schoreit* 50; KMR-*Mül-*

ler 9; wohl noch weitergehend (auch nach Einstellung) *Vogel* 252.

[112] Ebenso LR-*Meyer-Goßner*[23] 53; **a. A** *Kleinknecht/Meyer*[37] 19.

[113] Vgl. zur Entstehungsgeschichte und zu den Motiven des Gesetzgebers ausführlich LR-*Meyer-Goßner*[23] 42 ff; ferner RegEntw. EGStGB BTDrucks. 7 550, S. 42, 298; Bericht des Sonderausch. für die Strafrechtsreform, BTDrucks. 7 1261, S. 26; *Dreher* FS Welzel 935.

[114] Ebenso *Hirsch* ZStW **92** (1980) 222 f; *Baumann* Gedächtnisschrift Schröder 524; *Wolter* GA **1985** 74 f; kritisch auch LR-*Meyer-Goßner*[23] 43.

Peter Rieß

46　　**b) Gegen fremdes Vermögen gerichtete Straftaten** sind trotz der unklaren Fassung nicht nur solche, die sich, wie etwa Betrug oder Untreue, gegen das Vermögen im Ganzen richten, sondern auch solche, die einzelne Vermögenswerte oder -bestandteile, wie etwa das Eigentum oder das Jagdrecht, schützen[115]. Die Bestimmung ist deshalb auch auf Diebstahl, Unterschlagung, Sachbeschädigung, Wilderei usw. anwendbar (s. auch Rdn. 48). Dagegen ist die Vorschrift unanwendbar, wenn der Straftatbestand zwar auch fremdes Vermögen, daneben aber **auch andere Rechtsgüter** schützen soll; sie entfällt deshalb bei Straftaten nach den §§ 133, 134, 136, 304, 317 StGB sowie bei allen Verkehrsdelikten[116]. Sind durch die einheitliche prozessuale Tat (ideal- oder realkonkurrierend) auch Tatbestände verwirklicht, die andere Rechtsgüter schützen, so ist eine zustimmungsfreie Einstellung ebenfalls nicht möglich[117]. Keine Vermögensdelikte im Sinne des Absatz 1 Satz 2 sind **Steuerstraftaten**[118], jedoch enthält § 398 AO eine vergleichbare Ermächtigung für Steuerhinterziehung (§ 370 AO), Steuerhehlerei (§ 374 AO) und für hierauf bezogene Begünstigungen, wenn die strafbar erlangten Steuervorteile geringwertig sind[119]. Die Befugnis zur zustimmungsfreien Einstellung steht der Finanzbehörde zu, wenn sie das Steuerstrafverfahren selbständig führt (§ 399 Abs. 1 AO). Nach § 80 ZollG werden **Zollstraftaten** im Reiseverkehr unter bestimmten, dort näher aufgeführten Voraussetzungen nicht verfolgt[119a].

47　　**c)** Vergehen, die mit einer **im Mindestmaß erhöhten Strafe** bedroht sind, scheiden für die Anwendung des Satzes 2 aus. Dabei muß es sich um tatbestandlich selbständige Qualifikationen handeln; bloße Strafzumessungsregeln, auch in Fällen mit Regelbeispielen, sind ohne Bedeutung. Deshalb ist, schon wegen dessen Absatz 2, eine zustimmungsfreie Einstellung in Fällen des § 243 StGB möglich[120], nicht dagegen in Fällen des § 244 StGB. Ferner scheiden wegen erhöhter Mindeststrafdrohung z. B. aus §§ 260, 292 Abs. 3 und § 293 Abs. 3 StGB. Die Anwendung des Satzes 2 wird nicht dadurch wieder eröffnet, daß ein minderschwerer Fall oder eine Vorschrift des allgemeinen Teils (z. B. § 49 StGB) den Strafrahmen bis zur Untergrenze eröffnet.

48　　**d) Gesamtübersicht.** Insgesamt kommt, wenn die weitere Voraussetzung des geringen Schadens vorliegt, die zustimmungsfreie Einstellung für folgende Tatbestände des allgemeinen Strafrechts in Betracht: §§ 242, 243, 246, 248 b, 248 c, 259, 263, 265 a, 265 b[121], 266, 288, 289, 292 Abs. 1 und 2, 293 Abs. 1 und 2, 302 a, 303 StGB. Soweit § 248 a StGB unmittelbar oder kraft Verweisung[122] anwendbar ist, hat das in diesem Zusammenhang keine unmittelbare Bedeutung; da die zustimmungsfreie Einstellung einen geringen Schaden voraussetzt, werden allerdings regelmäßig zugleich die Voraussetzun-

---

[115] Allgem. M, vgl. BTDrucks. **7** 1261, S. 26; KK-*Schoreit* 65.

[116] *Rüth* DAR **1975** 6.

[117] KMR-*Müller* 10.

[118] KK-*Schoreit* 69; *Kleinknecht/Meyer*[37] 20; a. A *Franzen/Gast/Samson* (Fußn. 57) § 398, 4 AO; *Hübschmann/Hepp/Spitaler* AO, § 398, 7 (jedoch im Ergebnis der Nichtanwendbarkeit des § 153 Abs. 1 Satz 2 übereinstimmend).

[119] Ausführlich *Hübschmann/Hepp/Spitaler* AO (zum Verhältnis zu § 80 ZollG vgl. dort Rdn. 9); ferner *Franzen/Gast/Samson* (Fußn. 57) § 398 AO; *Kühn/Kutter/Hoffmann* § 398, 2.

[119a] Vgl. näher die Erl. zu § 80 ZollG bei *Franzen/Gast/Samson* (Fußn. 57); es handelt sich nicht um eine Nichtverfolgungsermächtigung, sondern um ein Verfahrenshindernis.

[120] Vgl. Protokoll über die 9. Sitzung des Sonderaussch. für die Strafrechtsreform, 7. LegPer., S. 185; KK-*Schoreit* 70; *Kleinknecht/Meyer*[37] 17; vgl. aber auch Rdn. 50 a. E.

[121] Was freilich von der umstrittenen Frage abhängt, was geschütztes Rechtsgut ist, vgl. dazu LK-*Tiedemann* § 265 b, 9.

[122] § 257 Abs. 4, § 259 Abs. 2, § 263 Abs. 4, § 265 a Abs. 3, § 266 Abs. 3 StGB.

gen des § 248 a StGB vorliegen. Aus dem Nebenstrafrecht kommen beispielsweise in Betracht: § 142 PatG, § 16 GebrMG, § 106 UrhG und § 14 GeschMG. **Keine reinen Vermögensdelikte** und daher der Vorschrift nicht unterfallend sind dagegen unerlaubtes Entfernen vom Unfallort (§ 142 StGB), Erpressung (§ 253 StGB)[123], Subventionsbetrug (§ 264 StGB)[124] und die Konkursdelikte (§§ 283 ff StGB)[125] sowie die Urkundendelikte (§§ 267 StGB)[126], doch hängt das Ergebnis von der teilweise umstrittenen Frage ab, was das geschützte Rechtsgut der jeweiligen Vorschriften ist. Begünstigung nach § 257 StGB dürfte jedenfalls dann in Betracht kommen, wenn die Vortat ein geringfügiges Vermögensdelikt war[127]. Insgesamt sollte Satz 2 als Ausnahmevorschrift eng ausgelegt werden.

e) Geringer Schaden. Die Vorschrift knüpft insoweit an § 248 a StGB an, so daß **49** für die Geringfügigkeit die dort entwickelten Maßstäbe herangezogen werden können[128]. Derzeit dürfte ein Schaden bis zu etwa DM 50,-- als geringfügig anzusehen sein[129]; starre, indexartige Bindungen an die Kaufkraft oder Einkommensentwicklung lassen sich jedoch nicht vertreten. Maßgebend ist der objektive Verkehrswert, bei Sachen ohne solchen kommt es auf den Herstellungswert an[130]. Ein darüberhinausgehendes Affektionsinteresse beeinflußt die Geringfügigkeit nicht, kann aber ggf. bei der Frage der geringen Schuld oder des öffentlichen Interesses eine Rolle spielen[131].

Anders als § 248 a StGB, bei dem es auf die Geringfügigkeit der entwendeten Sache **50** ankommt, stellt Satz 2 auf die **Geringfügigkeit des Schadens** ab, der durch die Tat verursacht worden ist. Wenn dem Gesetzgeber dabei auch in erster Linie die Verwendung eines Oberbegriffs für alle gegen fremdes Vermögen gerichtete Delikte vorgeschwebt haben mag[132], so folgt doch aus diesem Wortlaut, daß es nicht auf die beim Täter eingetretene Bereicherung, sondern auf den dem Opfer entstandenen Schaden ankommt. Ist etwa eine zwar nur geringfügige Sache entwendet, dabei aber, z. B. durch Einbruch ein nicht mehr geringfügiger weiterer Schaden angerichtet worden, so ist eine zustimmungsfreie Einstellung nicht mehr zulässig.

f) Meinungsverschiedenheiten über die Geringfügigkeit. Die Entscheidung, ob die **51** Voraussetzungen des Satzes 2 vorliegen, hat zunächst die Staatsanwaltschaft zu treffen. Bejaht sie es, so stellt sie das Verfahren ohne Zustimmung des Gerichts ein. Auch wenn sie zu Unrecht die Voraussetzungen angenommen hat, ist dies ohne prozessuale Konsequenzen, da die Einstellungsentscheidung der Staatsanwaltschaft keiner gerichtlichen Kontrolle unterliegt (Rdn. 53). Stellt sich später heraus, daß die Voraussetzungen der Zustimmungsfreiheit nicht vorlagen, so hat die Staatsanwaltschaft das Verfahren fortzusetzen und kann es ggf. nach erteilter gerichtlicher Zustimmung erneut einstellen.

---

[123] Vgl. LK-*Lackner* § 253, 1.

[124] Vgl. LK-*Tiedemann* § 264, 8.

[125] Vgl. zu den geschützten Rechtsgütern LK-*Tiedemann* Vor § 283, 43 f.

[126] Vgl. zu den geschützten Rechtsgütern LK-*Tröndle* Vor § 267, 2.

[127] KK-*Schoreit* 66; *Kleinknecht/Meyer*[37] 15.

[128] LR-*Meyer-Goßner*[23] 50; *Eckl* JR **1975** 100; a. A KK-*Schoreit* 74 f (weiterer Anwendungsbereich bei § 153, bis etwa DM 100,-); zu den teilweise abweichenden Auffassungen bei der Geringwertigkeit der Steuerverkürzung in § 398 AO vgl. mit weit. Nachw. *Fran-*

zen/Gast/Samson (Fußn. 57) § 398, 14 ff AO.

[129] *Dreher/Tröndle*[42] § 248 a, 5 f; *Kleinknecht/Meyer*[37] 16; a. A KMR-*Müller* 10 (zu niedrig, ohne nähere eigene Angaben).

[130] *Jungwirth* NJW **1984** 954 ff; a. A (nie geringwertig) die wohl h. M zu § 248 a StGB, vgl. *Dreher/Tröndle*[42] § 248 a, 5 a.

[131] KK-*Schoreit* 71 f; *Kleinknecht/Meyer*[37] 16; vgl. auch schriftlicher Bericht des Sonderaussch. für die Strafrechtsreform, BTDrucks. 7 1261, S. 27.

[132] Vgl. die insoweit wenig klare Begründung BTDrucks. 7 1261, S. 27.

52   Hält die **Staatsanwaltschaft die Zustimmung für erforderlich** und leitet sie deshalb die Akten dem Gericht zu, so ist dieses, wenn keine Verständigung mit der Staatsanwaltschaft herbeigeführt werden kann, an diese Rechtsauffassung gebunden und hat eine Entscheidung über die Zustimmung zu treffen[133]. Es darf nicht etwa die Entscheidung mit der Begründung ablehnen, einer Zustimmung bedürfe es nicht[134]. Denn da die Staatsanwaltschaft an diese Meinung nicht gebunden ist und nicht gezwungen werden kann, das Verfahren in nach ihrer Meinung gesetzwidriger Weise einzustellen, müßte andernfalls eine Einstellung gänzlich unterbleiben, obwohl ihre Voraussetzungen vorliegen. Gegen die Verweigerung der Entscheidung über die Zustimmung könnte die Staatsanwaltschaft Beschwerde einlegen. Verweigert das Gericht die Zustimmung, so kann die Staatsanwaltschaft nur aufgrund neuer tatsächlicher Umstände die Voraussetzungen des Satzes 2 bejahen und das Verfahren ohne Zustimmung einstellen (Rdn. 44)[135].

53   5. **Entscheidung der Staatsanwaltschaft.** Das Absehen von der Verfolgung nach Absatz 1 geschieht in der Form einer **Einstellungsverfügung der Staatsanwaltschaft.** Die Einstellung ist dem Beschuldigten unter den Voraussetzungen des § 170 Abs. 2 Satz 2 mitzuteilen; der Anzeigeerstatter ist nach § 171 Satz 1 zu bescheiden (vgl. auch Nr. 89 Abs. 3 RiStBV). Die Belehrung nach § 171 Satz 2 unterbleibt auch dann, wenn der Anzeigeerstatter Verletzter ist, da bei Einstellungen nach § 153 Abs. 1 **kein Klageerzwingungsverfahren** möglich ist (§ 172 Abs. 2 Satz 3). Unter den Voraussetzungen des § 467 a und des § 9 StrEG kann eine gerichtliche **Entscheidung über die Kosten** und eine Entschädigung für Strafverfolgungsmaßnahmen ergehen, für deren Inhalt § 467 Abs. 4 bzw. § 3 StrEG maßgebend sind (vgl. näher Rdn. 76 f).

54   Anders als die gerichtliche Einstellung nach Absatz 2 (vgl. Rdn. 85 ff) hat die Einstellung durch die Staatsanwaltschaft **keine Sperrwirkung.** Eine **Verfahrensfortsetzung** ist grundsätzlich, wie bei allen staatsanwaltschaftlichen Einstellungen, uneingeschränkt möglich[136]; neue Tatsachen oder Beweismittel sind nicht Voraussetzung.

IV. Einstellung durch das Gericht (Absatz 2)

1. Zeitraum

55   a) **Nach Erhebung der öffentlichen Klage,** nicht erst mit der Eröffnung des Hauptverfahrens oder dem dieser gleichstehenden Zeitpunkt, geht die Zuständigkeit zur Einstellung nach § 153 gemäß Absatz 2 auf das Gericht über, jedoch kann die Staatsanwaltschaft die Befugnis zur Anwendung des Absatzes 1 zurückgewinnen, solange sie die Klage noch zurücknehmen kann (§ 156)[137].

56   Im **Strafbefehlsverfahren** wird die öffentliche Klage mit dem Strafbefehlsantrag erhoben. Mit Zustimmung der Staatsanwaltschaft und gemäß Satz 2 des Angeschuldigten[138] kann daher eine gerichtliche Einstellung vor Erlaß des Strafbefehls erfolgen[139];

---

[133] Ebenso LR-*Meyer-Goßner*[23] 53.
[134] So aber *Kleinknecht/Meyer*[37] 18; KMR-*Müller* 10 (Staatsanwaltschaft kann dann ohne Zustimmung einstellen); wie hier schon LR-*Meyer-Goßner*[23] 53.
[135] Ebenso LR-*Meyer-Goßner*[23] 53; **a. A** *Kleinknecht/Meyer*[37] 19; wohl auch (aber unklar) *Hübschmann/Hepp/Spitaler* AO, § 398, 15.
[136] Allg. M, RGSt **67** 315; KK-*Schoreit* 76; *Kleinknecht/Meyer*[37] 37; KMR-*Müller* 13; *Eb.*

Schmidt 17; **a. A** AG Gießen StrVert. **1984** 238; aufgehoben durch LG Gießen StrVert. **1984** 327; zu den Grenzen des Grundsatzes der freien Wiederaufnahme staatsanwaltschaftlicher Einstellungen vgl. § 170, 45 ff.
[137] Vgl. OLG Köln NJW **1953** 1405.
[138] **A. A** (Anhörung des Angeschuldigten nicht erforderlich) LR-*K. Schäfer*[23] § 408, 14.
[139] **A. A** LG Flensburg VRS **64** 31.

zweckmäßiger wird in solchen Fällen aber die Rücknahme des Strafbefehlantrags und die Einstellung durch die Staatsanwaltschaft sein. Nach Erlaß des Strafbefehls ist eine Anwendung des § 153 erst möglich, wenn gegen ihn ein zulässiger Einspruch eingelegt worden ist[140], auch kann die Staatsanwaltschaft nach Rücknahme der Klage gemäß § 411 Abs. 3 Satz 1 nach § 153 Abs. 1 verfahren. Im **beschleunigten Verfahren** ist nicht der Antrag auf Aburteilung in dieser Verfahrensart, sondern der davon möglicherweise verschiedene Zeitpunkt der Klageerhebung (§ 212, 15; § 212 a, 3 ff) maßgebend.

b) In jeder Lage des Verfahrens ist, wie der Wortlaut nunmehr eindeutig ergibt[141], die Einstellung zulässig, also im Zwischenverfahren, im Hauptverfahren (auch außerhalb der Hauptverhandlung und auch nach Zurückverweisung aus der Rechtsmittelinstanz), in der Berufungsinstanz, in der Revisionsinstanz und im Wiederaufnahmeverfahren, sobald die Wiederaufnahme für begründet erklärt worden ist; in diesem Fall kann dies auch ohne neue Hauptverhandlung gemäß § 371 Abs. 2 geschehen[142]. Auch wenn noch keine Rechtskraft eingetreten ist, muß das Gericht allerdings noch befugt sein, überhaupt noch in der Sache zu entscheiden. Hat es bereits ein Urteil erlassen, so kann es selbst das Verfahren nicht mehr einstellen, das Rechtsmittelgericht nur, soweit auf ein zulässiges Rechtsmittel hin die Sache bei ihm anhängig wird. Die Verwerfung des Rechtsmittels als unzulässig (§§ 322, 349 Abs. 1) geht der Einstellung vor. Dagegen ist zweifelhaft, ob die Anwendung des § 153 Abs. 2 ausgeschlossen ist, wenn eine Berufung nach § 329 Abs. 1 oder ein Einspruch nach § 412 Satz 1 wegen unentschuldigten Ausbleibens zu verwerfen wäre[143]. Freilich wird in diesen Fällen die hier erforderliche (vgl. Rdn. 70) Zustimmung des Angeklagten regelmäßig nicht zu erreichen sein. Zur Anwendung des § 153 im Klageerzwingungsverfahren durch das Oberlandesgericht s. bei § 174. **57**

c) Bei Einstellung in der Revisionsinstanz ist das Revisionsgericht nach allg. M in bezug auf die tatsächlichen Grundlagen der Einstellungsvoraussetzungen an die Feststellungen im angefochtenen Urteil gebunden und hat diese bei der von ihm zu treffenden Entscheidung, ob die Schuld des Angeklagten gering wäre und kein öffentliches Interesse an der Strafverfolgung besteht, zugrundezulegen[144]; in der Bewertung dieser tatsächlichen Grundlagen ist es aber frei. **58**

d) Auch bei **Teilrechtskraft** ist die Einstellung nach § 153 noch zulässig, wenn jedenfalls bei der (prozessualen) Tat, hinsichtlich derer die Einstellung erfolgen soll, noch keine volle Rechtskraft eingetreten ist[145]. Unerheblich ist, ob die Teilrechtskraft durch Rechtsmittelbeschränkung oder durch Teilaufhebung durch das Revisionsgericht eingetreten ist und wie weit sie reicht. Allerdings muß das Gericht bei seiner Einstellungs- **59**

---

[140] Vgl. die Ausführungen zu der ähnlichen Situation bei § 206 a, 20.

[141] Bis zur Neufassung durch das 3. StrÄndG war streitig, ob die Einstellung auch in der Revisionsinstanz zulässig sei; vgl. LR[20] 10; *Dallinger* JZ **1953** 439 Fußn. 54 mit weit. Nachw.

[142] Vgl. näher § 371, 18; ebenso OLG Hamm JMBlNW **1981** 285; a. A LR-*Meyer*[23] § 371, 12; *Kleinknecht/Meyer*[37] § 371, 8; KMR-*Paulus* § 371, 12.

[143] So LR-*Meyer-Goßner*[23] 56; KMR-*Müller* 14.

[144] BayObLG MDR **1952** 247; OLG Bremen NJW **1951** 326; (die Entscheidungen liegen vor der Neufassung der Vorschrift durch das 3. StrÄndG); § 353, 7; KK-*Schoreit* 84; KMR-*Müller* 14; *Eb. Schmidt* Nachtr. I 21; vgl. auch RGSt 73 400; 77 74; OLG Neustadt JZ **1951** 594 mit Anm. *Oehler*.

[145] OLG Köln NJW **1952** 1029; KK-*Schoreit* 83; *Kleinknecht/Meyer*[37] 25; KMR-*Müller* 14; *Gössel* JR **1982** 273; zum Problem bei § 153 a vgl. § 153 a, 91.

entscheidung die infolge der Teilrechtskraft bindend gewordenen Feststellungen zugrundelegen[146]; dies gilt auch dann, wenn sie im übrigen bei einer Zurückverweisung durch das Revisionsgericht bestehen geblieben sind (vgl. § 353, 32).

60   **2. Zuständigkeit.** Zuständig ist das Gericht, bei dem die Sache anhängig ist, das also zu der jeweils anstehenden Sachentscheidung berufen wäre. In der Hauptverhandlung wirken die Schöffen mit. Die Prüfung der sachlichen und örtlichen Zuständigkeit (soweit diese zu prüfen ist, vgl. § 16) geht vor; ein örtlich unzuständiges Gericht kann nicht etwa die gebotene Unzuständigkeitserklärung (§ 204, 7), ein sachlich unzuständiges nicht die nach den §§ 209, 209 a, 225 a gebotene Vorlage durch eine Einstellung nach § 153 vermeiden.

61   **3. Die allgemeinen Einstellungsvoraussetzungen** sind in den Rdn. 18 bis 31 erläutert, hierauf wird verwiesen. Da die Einstellung, sobald ihre Voraussetzungen vorliegen, zwar keine weitere Aufklärung erfordert, aber eine verbleibende Verurteilungsmöglichkeit voraussetzt (vgl. Rdn. 32), hindert auch das bereits feststehende Vorliegen eines Prozeßhindernisses die Einstellung nach Absatz 2; in diesen Fällen ist nach §§ 206 a, 260 Abs. 3 zu verfahren. Liegen die Voraussetzungen eines **Straffreiheitsgesetzes** vor, so kommt eine Einstellung nach § 153 Abs. 2 nur in Betracht, wenn das Straffreiheitsgesetz auf Antrag des Angeschuldigten eine Verfahrensfortsetzung gebietet[147] und dieser einen solchen Antrag stellt[148]. Freilich kann (und wird regelmäßig) der Angeschuldigte in diesen Fällen eine Sachentscheidung durch Verweigerung der Zustimmung zur Einstellung nach § 153 Abs. 2 erzwingen.

4. Zustimmung der Staatsanwaltschaft

62   **a) Zuständigkeit.** Die Zustimmung der Staatsanwaltschaft ist stets erforderlich[149]. Zuständig ist die Staatsanwaltschaft bei dem Gericht, das die Einstellung vornehmen will, beim Oberlandesgericht also der Generalstaatsanwalt, beim Bundesgerichtshof der Generalbundesanwalt. Für die Wirksamkeit der Zustimmung kommt es nicht darauf an, ob aufgrund innerdienstlicher Weisungen[150] erforderliches Einvernehmen mit anderen Stellen hergestellt worden ist; die Zustimmung des Sitzungsvertreters in der Hauptverhandlung ist auch dann wirksam, wenn sie entgegen der Weisung des Dienstvorgesetzten erteilt wird. Nach heute allg. M kann die Staatsanwaltschaft auch zustimmen, wenn die Erhebung der öffentlichen Klage im **Klageerzwingungsverfahren** angeordnet worden war[151]; auch der Verletzte, der das Klageerzwingungsverfahren erfolgreich betrieben hat, kann dies trotz seiner Anschlußbefugnis als Nebenkläger (§ 395 Abs. 2 Nr. 1) nicht verhindern (Rdn. 72).

63   **b) Form und Wirkung.** In der Hauptverhandlung wird die Zustimmung vom Sitzungsvertreter mündlich erklärt und ist als wesentliche Förmlichkeit nach § 273 Abs. 1

---

[146] KMR-*Müller* 14.

[147] Vgl. z. B. § 11 StrFG 1970; zum Ganzen Einl. Kap. **12** unter VI.

[148] BGH JR **1955** 427.

[149] Zur rechtspolitischen Einschätzung vgl. Rdn. 4 mit Fußn. 15; zur Anfechtbarkeit bei fehlender Zustimmung Rdn. 79. Vgl. auch BGHZ **64** 350.

[150] Vgl. für die Zustimmung des Generalbundesanwalts z. B. früher *Dallinger* JZ **1953** 493; ferner Nr. 93 Abs. 1 Satz 2 RiStBV.

[151] OLG Braunschweig JZ **1951** 788; KG NJW **1953** 147; KK-*Schoreit* 89; KMR-*Müller* 15; *Eb. Schmidt* Nachtr. I 23; *Kohlhaas* GA **1954** 130; **1956** 252; *Niese* SJZ **1950** 894; a. A früher OLG Kiel MDR **1948** 93; OLG Stuttgart DRZ **1949** 450.

zu protokollieren. Außerhalb der Hauptverhandlung wird sie regelmäßig schriftlich erteilt werden, doch wird man eine bloß mündliche Erklärung, die aktenkundig zu machen ist, ebenfalls als zulässig ansehen müssen. In dem Antrag oder der Anregung der Staatsanwaltschaft, das Verfahren einzustellen, liegt zugleich die erforderliche Zustimmung[152].

Die Zustimmung ermöglicht dem Gericht die Einstellung; es ist dazu aber auch **64** dann nicht verpflichtet, wenn es sie selbst angeregt hat. Jedoch bezieht sich die **Zustimmung** stets nur auf die jeweils bestehende Verfahrenslage; sie **verliert ihre Wirkung,** wenn diese sich erheblich verändert hat[153]. Eine vor der Hauptverhandlung erklärte Zustimmung (oder Einstellungsanregung) muß deshalb wiederholt werden, wenn das Gericht aufgrund des Hauptverhandlungsergebnisses das Verfahren einstellen will; die Zustimmungserklärung der Staatsanwaltschaft in der ersten Instanz wirkt nicht für die Berufungsinstanz weiter.

c) Die **Verweigerung der Zustimmung** hindert die Staatsanwaltschaft nicht, spä- **65** ter, namentlich bei veränderter Verfahrenslage, der Einstellung zuzustimmen. **Erzwingbar** ist die Zustimmung **nicht,** auch nicht für den Angeschuldigten im Verfahren nach den §§ 23 ff EGGVG[154]. Er kann lediglich versuchen, im Wege der Gegenvorstellung oder Dienstaufsichtsbeschwerde eine Korrektur zu erreichen. Wenn die Zustimmung aus offenbar sachwidrigen oder willkürlichen Gründen verweigert werden sollte, bleibt es dem Gericht unbenommen, nach § 59 StGB auf eine Verwarnung mit Strafvorbehalt zu erkennen[155].

5. Zustimmung des Angeschuldigten

a) **Notwendigkeit und Inhalt.** Nach der Neufassung der Vorschrift durch das **66** EGStGB 1974 ist im Regelfall (zu den Ausnahmen vgl. Rdn. 70 f) zur gerichtlichen Einstellung die Zustimmung des Angeschuldigten erforderlich. In seiner Anregung oder seinem oder des Verteidigers Antrag, das Verfahren einzustellen[156], ist die Zustimmung enthalten. Die Zustimmung gilt, wie die der Staatsanwaltschaft, nur für die jeweils aktuelle Verfahrenslage (Rdn. 64); für ihre Form gelten die Ausführungen Rdn. 63 entsprechend. Ein irgendwie geartetes Schuldeingeständnis liegt in der Zustimmung nicht (vgl. auch Rdn. 24)[157]. Wenn nicht besondere Gründe dagegen sprechen, kann davon ausgegangen werden, daß vom Verteidiger abgegebene Zustimmungserklärungen, auch in der Form von Anregungen und Anträgen, im Namen und mit Einverständnis des Angeschuldigten erfolgen (vgl. auch Rdn. 69).

152 *Kleinknecht/Meyer*[37] 26.

153 KK-*Schoreit* 88; *Kleinknecht/Meyer*[37] 26; KMR-*Müller* 15.

154 OLG Hamm MDR **1985** 785 = NStZ **1985** 472; LR-*Meyer-Goßner*[23] 63; LR-K. *Schäfer*[23] § 23, 59 EGGVG; *Kissel* § 23, 44 EGGVG; a. A für den Fall willkürlicher Zustimmungsverweigerung *Gössel* § 33 A IV b 5 im Anschluß an *Kalsbach* Die gerichtliche Nachprüfung von Maßnahmen der Staatsanwaltschaft im Strafverfahren (1967) 134 ff; vgl. auch *Keller* GA **1983** 511 ff; *Homann* 123.

155 Dazu die beiden die gleiche Sache betreffenden Entscheidungen OLG Zweibrücken VRS

66 197; NStZ **1984** 312 mit Anm. *Lackner/ Gehrig; Horn* NJW **1980** 106 (Anwendung des § 59 StGB in solchen Fällen regelmäßig geboten); ebenso *Baumann* JZ **1980** 464; LK-*Ruß* Vor § 59, 1; im Grundsatz auch *Schöch* JR **1985** 380; kritisch OLG Düsseldorf JR **1985** 376 mit Anm. *Schöch* = NStZ **1985** 362 mit Anm. *Horn; Cremer* NStZ **1982** 452; *Dreher/Tröndle*[42] Vor § 59, 4.

156 Vgl. zu den taktischen Überlegungen hierbei *Dahs* Hdb. 348, 422 ff; *Schlothauer* StrVert. **1982** 449.

157 **A. A** für den Fall der Anregung der Einstellung (in der Regel) *Kleinknecht/Meyer*[37] 23; vgl. auch *Dahs* Hdb. 261 a. E.

Peter Rieß

67　　b) Ob die Zustimmung an eine **Bedingung** geknüpft werden kann, namentlich an die, daß die notwendigen Auslagen des Angeschuldigten der Staatskasse auferlegt werden (§ 467 Abs. 4), ist umstritten und wird von der ganz überwiegenden Meinung verneint[158]. Die Frage dürfte indessen zu bejahen sein. Ein allgemeiner Grundsatz, daß Prozeßhandlungen, wozu die Zustimmung zählt, bedingungsfeindlich sind, besteht entgegen einer weit verbreiteten Ausdrucksweise nicht; es kommt immer darauf an, ob und welche Bedingung mit der jeweiligen Zweckbestimmung der Prozeßhandlung vereinbar ist. Bedingte Prozeßhandlungen, die für das Gericht keine Unklarheit schaffen, weil ihre Wirksamkeit von der Entscheidung des Gerichts selbst abhängt, sollten jedenfalls dann als wirksam angesehen werden, wenn sie einen prozessual legitimen Zweck erfüllen[159]. Diese Voraussetzung liegt hier ersichtlich vor. Der Angeschuldigte, der mit großer Wahrscheinlichkeit mit einem Freispruch rechnet, hat ein legitimes Interesse daran, nicht durch eine Einstellung den Erstattungsanspruch wegen seiner Verteidigerauslagen zu verlieren, der ihm bei einem Freispruch sicher wäre (§ 467 Abs. 1); für das Gericht besteht keine Unsicherheit, weil es im Zeitpunkt der Einstellungsentscheidung zugleich über die Auslagen entscheiden muß. Will der Angeschuldigte seine Zustimmung von einer zulässigen Bedingung abhängig machen, so muß er dies klar erklären; in der Zustimmung zur Einstellung „auf Kosten der Staatskasse" liegt nicht die Bedingung der Auslagenübernahme[160].

68　　**Gegen die bindungsfreundliche Auffassung** wendet *Meyer-Goßner* (23. Aufl. Rdn. 67) noch ein, daß in einem Fall, in dem der Angeschuldigte seine Zustimmung nur unter der Bedingung der Überbürdung der notwendigen Auslagen auf die Staatskasse erklärt, die Staatsanwaltschaft ihre Zustimmung vermutlich von der gegenteiligen Bedingung abhängig machen würde, so daß es nicht zu einer Einstellung käme. Indessen deutet eine solche Situation, die keineswegs regelmäßig eintreten muß, nur an, daß die vom Gesetz erkennbar angestrebte Übereinstimmung von Gericht, Staatsanwaltschaft und Angeschuldigtem noch nicht in allen Punkten erreicht ist. Im übrigen kann auch die Auffassung, die diese Bedingung für unzulässig hält, nicht verhindern, daß der Angeklagte seine Zustimmung nur unter der „Bedingung" der Auslagenüberbürdung erteilt; sie müßte in diesem Fall die Zustimmung für unwirksam halten. Im Ergebnis dürften sich deshalb in bezug auf die Praktikabilität der Einstellung beide Meinungen in ihren Auswirkungen die Waage halten.

69　　c) **Zustimmung des Verteidigers.** Ob und wieweit sich der Angeschuldigte die Erklärungen seines Verteidigers zur Zustimmung zurechnen lassen muß, ist in § 153 Abs. 2 nicht geregelt, im Gesetzgebungsverfahren nicht behandelt worden, wird kaum erörtert und spielt in der Praxis offenbar keine Rolle. Sicher erscheint nur, daß das Gesetz, anders als etwa in den Fällen des § 61 Nr. 5, § 245 Abs. 1 Satz 2, § 249 Abs. 2 Satz 1 und § 251 Abs. 1 Nr. 4 nicht die zusätzliche Zustimmung des Verteidigers in dieser Eigenschaft verlangt. Hat der Verteidiger eine besondere Vertretungsvollmacht im Sinne des

---

[158] OLG Schleswig bei *Ernesti/Lorenzen* SchlHA **1983** 111; ausführlich LR-*Meyer-Goßner*[23] 67; ferner KK-*Schoreit* 91; *Kleinknecht/Meyer*[37] 27; KMR-*Müller* 17; für den ähnlichen, wenn auch nicht voll vergleichbaren Fall der Strafantragsrücknahme hat BGHSt **9** 149 in Hinblick auf § 470 Abs. 2 die Bedingung einer günstigen Kostenentscheidung für zulässig gehalten; vgl. auch *Meister*

AnwBl. **1977** 206; für Zulässigkeit der Bedingung wohl auch, wenn auch im konkreten Fall eine solche verneinend KG JR **1978** 524; vgl. auch zur Zulässigkeit des bedingten Wiedereinbeziehungsantrags der Staatsanwaltschaft bei § 154 a, 36 mit weit. Nachw.

[159] Vgl. *Roxin* § 22 B III, *Schlüchter* 145.

[160] KG JR **1978** 524; zu Erörterungen der Kostenfrage vgl. *Schlothauer* StrVert. **1982** 452.

§234, so kann er statt des abwesenden Angeschuldigten, sofern in solchen Fällen eine Zustimmung nicht ohnehin entbehrlich ist, die Zustimmung für den Angeschuldigten erteilen (§234, 12). Ohne eine solche wird er, wenn der Angeklagte in der Hauptverhandlung nicht anwesend ist, die weitreichende, weil einen Verzicht auf den Anspruch auf Sachentscheidung darstellende, Zustimmung nicht erklären können. Erklärt er die Zustimmung in Anwesenheit des Angeklagten und gibt dieser keine andere Auffassung zu erkennen, so ist sie als solche des Angeklagten anzusehen (§234, 6), ebenso, wenn er sich schriftsätzlich äußert. Bei Divergenzen geht die Auffassung des Angeschuldigten vor.

d) Entbehrlichkeit der Zustimmung. Satz 2 zählt einige Fälle auf, in denen die Zu- **70** stimmung des Angeschuldigten nicht erforderlich ist, nämlich die Undurchführbarkeit der Hauptverhandlung wegen Abwesenheit des Angeschuldigten oder eines anderen in seiner Person liegenden Hindernisses im Sinne des §205 sowie die Hauptverhandlung in den Fällen des §231 Abs. 2 und der §§232, 233. Die Bestimmung dürfte als enumerativ gefaßte Ausnahmevorschrift einer analogen Anwendung auf andere Fälle (etwa §§231 a, 231 b oder bei einer Revisionshauptverhandlung in Abwesenheit des Angeklagten) nicht zugänglich sein[161]. Die wenig einsichtige Begründung des Regierungsentwurfs[162] stellt darauf ab, daß die Ausnahmen im Interesse des Betroffenen liegen. Der aus der Auswahl der Ausnahmefälle gerade noch faßbare Sinn der Vorschrift dürfte aber in erster Linie darin zu finden sein, daß die Zustimmung dann nicht erforderlich ist, wenn sie nicht alsbald herbeigeführt werden kann. Hieraus folgt zugleich, daß Satz 2 nicht nur zum Verzicht auf die Zustimmung, sondern darüberhinaus auf die Anhörung des Angeschuldigten ermächtigt, die in der von 1965 bis 1975 geltenden Fassung der Vorschrift uneingeschränkt vorgeschrieben war[163].

Im übrigen legt der erkennbare Sinn der Vorschrift, auf eine Zustimmung zu ver- **71** zichten, die wegen Unerreichbarkeit nicht herbeigeführt werden kann, eine **restriktive Auslegung** nahe. Ist ein **vertretungsberechtigter Verteidiger** (§234, 7) in der Hauptverhandlung anwesend, so ist dessen Zustimmung einzuholen und nicht Satz 2 anzuwenden. Gleiches wird anzunehmen sein, wenn zwar die Voraussetzungen des §205 vorliegen und einer Durchführung der Hauptverhandlung entgegenstehen, aber eine Zustimmungserklärung des Angeschuldigten oder des (vertretungsberechtigten) Verteidigers eingeholt werden kann. Schließlich sollte bedacht werden, daß Satz 2 zwar ermächtigt, auf die Zustimmung (und die Anhörung) des Angeschuldigten zu verzichten, daß das Gericht aber diese Ermächtigung nicht ausschöpfen muß, wenn ein berechtigtes Interesse des Angeschuldigten an der Verweigerung der Zustimmung erkennbar ist[164]. Namentlich in den Fällen des §233 sollte stets erwogen werden, ob nicht die bisherige Verteidigung und Einlassung des Angeschuldigten Veranlassung gibt, auf die Einholung der Zustimmungserklärung nicht zu verzichten.

6. Mitwirkung anderer Beteiligter

a) Nebenkläger. Liegt die Anschlußerklärung eines Nebenklägers vor, so ist vor **72** Anwendung des §153 Abs. 2 (oder des §153 a Abs. 2) über die Berechtigung zum Anschluß zu entscheiden (§396 Abs. 2 Satz 2). Danach ist der Nebenkläger, ebenso wie der bereits vorher zugelassene, zur beabsichtigten Einstellung zu hören (§33 Abs. 1 oder

---

[161] KMR-*Müller* 17; LR-*Meyer-Goßner*[23] 69; **a. A** (für §231 b) *Kleinknecht/Meyer*[37] 27.
[162] BTDrucks. 7 550, S. 298; krit. auch LR-*Meyer-Goßner*[23] 68 f.

[163] Zu den dabei aufgetretenen Schwierigkeiten vgl. *Naucke* ZRP **1969** 172.
[164] Vgl. auch *Giesler* (Fußn. 107) 206, der bei unterlassener Zustimmung des Angeschuldigten die Anwendung des §33 a erwägt.

3); ist das unterblieben, so ist nach § 33 a zu verfahren. Die Zustimmung des Nebenklägers ist nach heute allg. M nicht erforderlich[165]. Wer bloß als Nebenkläger anschlußberechtigt wäre, seinen Anschluß aber noch nicht erklärt hat, braucht vor der Einstellung nicht beteiligt zu werden und kann den Anschluß nach Erlaß des Einstellungsbeschlusses, der das Verfahren beendet und nicht anfechtbar ist, nicht mehr wirksam erklären (§ 395, 36). Zur Anfechtungsbefugnis des Nebenklägers s. Rdn. 78; zur umstrittenen Frage, wer die dem Nebenkläger entstandenen Auslagen zu tragen hat, s. § 153 a, 100 f.

73   b) Die **Finanzbehörde** ist in Steuerstrafsachen vor der beabsichtigten Einstellung zu hören (§ 407 Abs. 1 Satz 2 AO); ihrer Zustimmung bedarf es ebenfalls nicht[166]. Ist sie trotz Terminsmitteilung (§ 407 Abs. 1 Satz 3 AO) in der Hauptverhandlung nicht vertreten, so bedarf es ihrer Anhörung nicht. Die in § 407 Abs. 1 Satz 1, 2 AO vorgeschriebene Gelegenheit zur Äußerung wird ausreichend durch Terminsmitteilung und Anwesenheitsrecht gewährt.

7. Entscheidung

74   a) **Form und Inhalt.** Die Einstellung wird, wie Satz 3 ausdrücklich bestimmt, durch Beschluß ausgesprochen; auch eine rechtsfehlerhaft in Urteilsform vorgenommene Einstellung ist als Beschluß zu behandeln (§ 333, 5 ff). Der Beschluß erfaßt regelmäßig das gesamte Verfahren gegen den betreffenden Angeschuldigten und bedarf dann außer des Hinweises auf die Rechtsgrundlage („Das Verfahren wird gemäß § 153 Abs. 2 eingestellt") keiner näheren Konkretisierung. Wird in einem einheitlichen Verfahren nur eine von mehreren (prozessualen) Taten nach § 153 Abs. 2 eingestellt, so ist diese zu bezeichnen. Bei (unwirksamer, vgl. Rdn. 6) Beschränkung der Einstellung auf einen Teil der prozessualen Tat kann der Beschluß in eine Stoffbeschränkung nach § 154 a umzudeuten sein[167]; ist das nicht möglich, so bleibt das Verfahren insoweit anhängig[168].

75   Der Einstellungsbeschluß bedarf **keiner Begründung**, da er nach der hier vertretenen Meinung auch im Kostenpunkt unanfechtbar ist (Rdn. 81)[169]. In der Hauptverhandlung wird er durch Verkündung bekanntgemacht (§ 35 Abs. 1) und in das Hauptverhandlungsprotokoll aufgenommen (§ 273 Abs. 1). Ergeht der Beschluß außerhalb der Hauptverhandlung, so ist er den Prozeßbeteiligten bekanntzumachen; Zustellung ist nicht erforderlich (§ 35 Abs. 2 Satz 2).

76   b) **Kosten- und Entschädigungsentscheidung.** Der Einstellungsbeschluß ist als eine das Verfahren beendende Entscheidung mit einer Entscheidung über die Kosten des Verfahrens (§ 464 Abs. 1) und, sofern ein Anspruch in Betracht kommt, mit einer solchen über die Entschädigung für Strafverfolgungsmaßnahmen nach dem StrEG zu versehen (§ 8 Abs. 1 StrEG). Unterbleibt versehentlich eine Kostenentscheidung, so ist sie auf An-

---

[165] OLG Hamm NJW **1960** 1024; OLG Kiel MDR **1948** 93; OLG Köln NJW **1952** 1029 mit abl. Anm. *Wieczorek* S. 1269 (für den früheren Fall der Nebenklägerstellung der Finanzbehörde); OLG Saarbrücken VRS **25** 205; OLG Stuttgart DRZ **1949** 450; LG Berlin DAR **1965** 52; LG Mainz **1974** 949; KK-*Schoreit* 95; *Kleinknecht/Meyer*[37] 26; KMR-*Müller* 16; *Feisenberger* 8; *Eb. Schmidt* 22 und Nachtr. I 24; die Frage war früher streitig, a. A z. B. OLG Oldenburg NdsRpfl. **1949** 64; vgl. mit weit. Nachw. *Eggert* MDR

1971 981; *Kempfler* NJW **1964** 1115; *Reitberger* NJW **1963** 2260; **1964** 1116.
[166] Zur früheren Rechtslage *Fuchs* NJW **1960** 1752.
[167] KG VRS **67** 123; *Kleinknecht/Meyer*[37] 1.
[168] Vgl. auch OLG Hamburg JZ **1963** 131 mit Anm. *Heinitz;* OLG Köln JMBlNW **1954** 81.
[169] KK-*Schoreit* 96; *Kleinknecht/Meyer*[37] 24; a. A (weil Kostenentscheidung anfechtbar) KMR-*Müller* 18; a. A für den Fall, daß wegen der Tat als Verbrechen eröffnet worden war, *Schlegl* NJW **1969** 90.

trag, soweit sie die Auslagen des Angeschuldigten betrifft, als isolierte Entscheidung nachzuholen[170]; gleiches gilt für die Entscheidung nach dem StrEG[171]. Der **Inhalt** der Kostenentscheidung richtet sich nach §467 Abs. 1 und 4. Danach fallen die Kosten des Verfahrens, außer in den Fällen des §467 Abs. 2 (schuldhafte Säumnis des Angeschuldigten) der Staatskasse zur Last; von der Übernahme der notwendigen Auslagen des Angeschuldigten auf die Staatskasse kann abgesehen werden (§467 Abs. 4)[172]. Für den Entschädigungsanspruch gilt §3 StrEG. Zu den notwendigen Auslagen des Nebenklägers s. §153 a, 100.

Über die **Grundsätze,** nach denen die notwendigen Auslagen der Staatskasse auf- **77** erlegt oder eine Entschädigung gewährt wird, besteht keine Einigkeit. Die wohl überwiegende Rechtsprechungspraxis[173] und ein Teil des Schrifttums[174] stellt maßgebend auf den Grad des im Zeitpunkt der Einstellung bestehenden **Schuldverdachts** ab. Dies ist **unzulässig,** weil es gegen die Unschuldsvermutung gemäß Art. 6 Abs. 2 MRK verstößt[175]. Entscheidend hierfür ist nicht, daß dem Angeschuldigten die notwendigen Auslagen nicht abgenommen oder eine Entschädigung nicht gewährt wird, sondern daß dies wegen vermuteter Schuld geschieht[176]; die Unschuldsvermutung gebietet zwar nicht, den Angeschuldigten gänzlich von Kosten und notwendigen Auslagen freizustellen, sie verbietet aber bei der Kostenentscheidung eine Differenzierung nach der Verurteilungswahrscheinlichkeit. Als Differenzierungsmerkmale für die Anwendung des §467 Abs. 4 und des §3 StrEG kommen lediglich Umstände in Betracht, die weder mit der Schuldwahrscheinlichkeit noch, da diese zugleich ein Urteil über die Schuldwahrscheinlichkeit voraussetzt, mit der Schuldintensität[177] etwas zu tun haben[178]. Bei einer ausdrücklich erklärten Bereitschaft des Angeschuldigten, seine Auslagen selbst zu tragen, kann von einer Übernahme auf die Staatskasse abgesehen werden[179]. Weitere Einzelheiten sind bei §467 zu erläutern.

---

[170] OLG Hamburg MDR **1985** 604; LR-K. *Schäfer*[23] §464, 31 a. E; Einzelheiten zur isolierten Kostenentscheidung bei §464.

[171] Vgl. §8 Abs. 1 Satz 2 StrEG; *Schätzer* §8, 16.

[172] Nach der durch Art. 1 Nr. 36 StVÄGE 1984 vorgeschlagenen Neufassung des §467 Abs. 4 „werden die notwendigen Auslagen des Angeschuldigten der Staatskasse nicht auferlegt, es sei denn, daß es unbillig wäre, den Angeschuldigten damit zu belasten".

[173] Z. B. OLG Frankfurt NJW **1980** 2031 mit abl. Anm. *Kühl* NStZ **1981** 114; LG Flensburg GA **1985** 329 (zu §154); LG Regensburg AnwBl. **1984** 272; weitere Nachw. bei KK-*Schikora* §467, 11; LR-K. *Schäfer*[23] §467, 67; **a. A** LG Hanau MDR **1978** 1047; vgl. auch BGHZ **64** 353.

[174] LR-*Meyer-Goßner*[23] 73; LR-K. *Schäfer*[23] §467, 67; KK-*Schikora* 467, 11; KMR-*Müller* §467, 26; differenzierend *Haberstroh* NStZ **1984** 294 (bei Einstellung mit Zustimmung des Angeschuldigten).

[175] So die Auffassung der EuKommMR, vgl. EuGRZ **1977** 492; **1977** 204 und die Nachw. bei *Kühl* NJW **1984** 1265; *Liemersdorf/Mie-*

bach NJW **1980** 371; *Schätzler* §3, 17; im Schrifttum ebenso *Göhler* §47, 46; *Kleinknecht/Meyer*[37] §467, 19; *Kühl* (Unschuldsvermutung) 120 mit weit. Nachw.; JR **1978** 94; NJW **1980** 806 (zu §3 StrEG); NJW **1984** 1267; *Liemersdorf/Miebach* aaO; *Rüping* 191; *G. Schäfer* §15 III 2 b; im Ergebnis auch *Schmid* JR **1979** 222; teilweise **a. A** (für §47 OWiG) *Herde* DAR **1984** 306 ff; zurückhaltender *Schätzler* §3, 17.

[176] *Kühl* NJW **1984** 1267; *Liemersdorf/Miebach* aaO; vgl. auch (weitergehend) *Kunz* (Bagatellprinzip) 76 ff (Nichterstattung der Verteidigungsauslagen bei Einstellungen generell verfassungsrechtlich bedenklich).

[177] *M.J. Schmid* JR **1979** 223.

[178] Beispiele bei *Liemersdorf/Miebach* NJW **1980** 374 f; *M. J. Schmid* JR **1979** 223 ff; vgl. auch *Göhler* §47, 48 ff; *Herde* DAR **1984** 305 (zu §47 OWiG); *G. Schäfer* §15 III 2 b.

[179] Ebenso LR-*Meyer-Goßner*[23] 73 a. E; *Göhler* §47, 51; *Kleinknecht/Meyer*[37] §467, 19; *Herde* DAR **1984** 306; **a. A** *M. J. Schmid* JR **1979** 233; *Schlüchter* 851.2; zum Verzicht auf eine Entschädigung nach dem StrEG vgl. *Seebode* NStZ **1982** 144 ff.

8. Anfechtung

78 **a) Ablehnung der Einstellung.** Lehnt das Gericht es, ausdrücklich oder durch Verfahrensfortsetzung, trotz des Vorliegens der erforderlichen Zustimmungen ab, das Verfahren einzustellen, so ist diese Entscheidung nach allgemeiner Meinung nicht anfechtbar[180].

79 **b) Einstellungsbeschluß.** Satz 4 erklärt den gerichtlichen Einstellungsbeschluß ausdrücklich für unanfechtbar. Nach ganz h. M betrifft diese Unanfechtbarkeit jedoch nur den Wertungsbereich „geringe Schuld" und „fehlendes öffentliches Interesse"[181], nicht jedoch die sonstigen prozessualen Voraussetzungen der Einstellung. Deshalb ist **ausnahmsweise** der Einstellungsbeschluß von der Staatsanwaltschaft mit der einfachen Beschwerde nach § 304 **anfechtbar,** wenn die Tat ein Verbrechen betraf, auch wenn die erforderlichen Zustimmungen vorlagen[182], oder wenn die Zustimmung der Staatsanwaltschaft fehlte[183]. Fehlte die erforderliche (vgl. aber Rdn. 70) Zustimmung des Angeschuldigten, so greift der Beschwerdeausschluß nach Satz 4 aus den gleichen Gründen nicht durch; doch dürfte entgegen der h. M die Anfechtbarkeit insoweit an der fehlenden Beschwer scheitern[184], was jedoch in diesem besonderen Fall die Folge hätte, daß anders als im Normalfall (Rdn. 81) eine dem Angeschuldigten nachteilige Kostenentscheidung anfechtbar wäre.

80 **c)** Für den **Nebenkläger** ist die Unanfechtbarkeit der Einstellungsentscheidung ausdrücklich in § 397 Abs. 2 bestimmt. Der Sinn dieser durch das 1. StVRG eingeführten Vorschrift ist dunkel und wird auch durch die Entwurfsbegründung nicht sonderlich erhellt, die lediglich mitteilt, daß dadurch eine in neuerer Zeit entstandene Streitfrage in verneinendem Sinne entschieden werden solle[185]. Diese Bemerkung knüpft daran an, daß trotz der seit jeher bereits in § 153 bestimmten Unanfechtbarkeit für den Nebenkläger teilweise die sofortige Beschwerde für zulässig gehalten wurde[186]. Beschränkt man die Reichweite der Regelung auf diese gesetzgeberische Absicht, so würde aus § 401 Abs. 1 Satz 1 sowie aus § 397 Abs. 1 in Vbdg. mit § 390 Abs. 1 Satz 1, die dem Nebenkläger alle Rechtsmittel der Staatsanwaltschaft einräumen, folgen, daß dem Nebenkläger weiterhin die Beschwerde zusteht, wenn einer der Ausnahmefälle vorliegt, in denen die Beschwerde der Staatsanwaltschaft möglich ist (Rdn. 79)[187]. Indessen hat das gesetzgeberische Motiv in dem weiterreichenden Wortlaut des § 397 Abs. 2 keinen Ausdruck ge-

---

[180] Näher LR-*Meyer-Goßner*[23] 76; KG VRS **56** 35; KK-*Schoreit* 106; *Kleinknecht/Meyer*[37] 35; KMR-*Müller* 19; *Giesler* (Fußn. 107) 204 Fußn. 4; **a. A** *Wagner* GA **1958** 210 (zum heutigen § 153 e, vgl. § 153 e Fußn. 39).

[181] So *Schuth* 114; ähnlich *Gössel* § 33 C IV b 2; *Kleinknecht/Meyer*[37] 34.

[182] OLG Celle NJW **1966** 1329; OLG Hamm MDR **1977** 949; LG Krefeld NJW **1976** 815; KK-*Schoreit* 98; *Kleinknecht/Meyer*[37] 32; KMR-*Müller* 19; **a. A** *Krümpelmann* NJW **1966** 1978; ihm folgend *Gössel* § 33 C IV b 2. *Heinitz* JZ **1963** 134 hält in diesen Fällen die Einstellung für unwirksam.

[183] OLG Köln NJW **1952** 1029; OLG Saarbrücken VRS **25** 205; LG Arnsberg AnwBl. **1980** 169; LG Krefeld NJW **1976** 815; LG Osnabrück NJW **1956** 883; KK-*Schoreit* 98;

KMR-*Müller* 19; *Eb. Schmidt* 24; *Meurer* NStZ **1984** 8 Fußn. 9.

[184] **A. A** LR-*Meyer-Goßner*[23] 79; *Kleinknecht/Meyer*[37] 34; *Gössel* § 33 C IV b 4; *Dencker* JZ **1973** 149; vgl. KG JR **1978** 524.

[185] BTDrucks. 7 551, S. 93; vgl. auch *Giesler* (Fußn. 107) 310.

[186] Vgl. mit weit. Nachw. LR-*Kunert*[22] § 397, 1 a; *Eb. Schmidt* Nachtr. I 28; ferner *Eggert* MDR **1971** 982; zuletzt LG Mainz MDR **1974** 949.

[187] So LR-*Meyer-Goßner*[23] 80; KK-*Schoreit* 100; KMR-*Müller* 19; die frühere bejahende Rechtsprechung, OLG Köln NJW **1952** 1029; OLG Stuttgart DRZ **1949** 450; LG Osnabrück NJW **1963** 2261, kann infolge der Gesetzesänderung nicht mehr als Beleg für diese Auffassung herangezogen werden.

funden, so daß es näher liegt, diese Bestimmung als lex spezialis gegenüber § 397 Abs. 1 in Vbdg. mit § 390 Abs. 1 Satz 1 anzusehen. Dann würde aus ihr folgen, daß dem Nebenkläger die Beschwerde auch in den Fällen verschlossen ist, in denen sie der Staatsanwaltschaft ausnahmsweise zusteht[188]. Eine Beschwerde steht dem Nebenkläger auch dann nicht zu, wenn seine vor der Einstellung gebotene Anhörung unterblieben ist[189], vielmehr ist in diesen Fällen nach § 33 a zu verfahren.

d) **Kosten- und Entschädigungsentscheidung.** Ob aus der grundsätzlichen Unan- **81** fechtbarkeit der Einstellung auch die Unanfechtbarkeit der **Kosten- und Auslagenentscheidung** folgt, ist hier, ebenso wie bei § 153 a (vgl. § 153 a, 106), §§ 153 b, 154, 154 b, § 47 OWiG, in Schrifttum[190] und Rechtsprechung äußerst umstritten; letztere hat sich in der neueren Zeit wohl überwiegend für die Unanfechtbarkeit entschieden[191]. Aus den

---

[188] Anderes wäre allerdings für die Fälle des § 154 (vgl. § 154, 47) anzunehmen, da diese Vorschrift in § 397 Abs. 2 nicht genannt ist.

[189] So aber (vor Einführung des § 33 a) OLG Stuttgart DRZ **1949** 450 = HESt 2 90.

[190] Die Anfechtbarkeit **bejahend** *Giesler* (Fußn. 107) 236; *Kleinknecht*[35] 36; 37; § 464 12; KMR-*Müller* 23; *Koch* JR **1976** 230 (mit Nachw. des früheren Schrifttums); *Rebmann/Roth/Hermann* § 47, 36 a; *Rotberg* § 47, 11; *Seier* NStZ **1982** 273; *v. Stackelberg* NStZ **1983** 330; wohl auch *Kühl* NJW **1980** 1834; zweifelnd *Baukelmann* JR **1984** 392; **verneinend** *Göhler* § 47, 53; KK-*Schoreit* 103; KK-*Schikora* § 464, 8; *Kleinknecht/ Meyer*[37] § 464, 16; LR-*Meyer-Goßner*[23] 81; *K. H. Meyer* JR **1981** 39; *Herde* DAR **1984** 309; *Roxin* § 57 D; *G. Schäfer* § 97 I 7; *Schlüchter* 856.4.

[191] Nach dem gegenwärtigen Stand der veröffentlichten Rechtsprechung ergibt sich unter Beschränkung auf die neueren Entscheidungen folgendes Bild: **Bejahend** OLG Bamberg NJW **1972** 2145; JurBüro **1979** 1859; OLG Frankfurt NJW **1970** 1664; **1980** 2031 mit Anm. *Kühl* NStZ **1981** 114; JR **1984** 389 mit Anm. *Baukelmann;* OLG Köln OLGSt § 153, 59; OLG Karlsruhe Justiz **1980** 362 (2. StS); **1982** 166 (1. StS); OLG München MDR **1972** 966; AnwBl. **1976** 248; **1978** 189; NStZ **1981** 234 mit Anm. *Meyer-Goßner;* JurBüro **1982** 1858; OLG Oldenburg NdsRpfl. **1975** 71; LG Aachen AnwBl. **1980** 34; LG Mainz NJW **1980** 301 (nur im Falle des § 153 a); LG München I AnwBl. **1978** 365; LG Schweinfurt JurBüro **1983** 294; LG Stuttgart AnwBl. **1979** 201; 242 (nur für § 153 a); LG Würzburg JurBüro **1979** 1858; **verneinend** BayObLG GA **1971** 247; OLG Braunschweig NJW **1974** 1575; OLG Bremen NJW **1975** 273; OLG

Celle NdsRpfl. **1979** 248; NStZ **1983** 328 mit Anm. *v. Stackelberg;* OLG Düsseldorf NJW **1974** 873; 1294; NJW **1981** 833 = JurBüro **1981** 501 mit Anm. *D. Meyer;* OLG Hamburg MDR **1974** 1036; JR **1978** 256 mit Anm. *Meyer;* NStZ **1981** 184; MDR **1984** 425; OLG Hamm NJW **1970** 2127; **1972** 1290; **1973** 1515; MDR **1974** 419; OLG Koblenz MDR **1971** 319; **1980** 779; KG VRS 40 122; NJW **1970** 106; JR **1978** 525; OLG Karlsruhe MDR **1978** 378; Justiz **1980** 287 (3. StS); NStZ **1984** 330 (4. StS); OLG Nürnberg MDR **1972** 172; 438; OLG Schleswig SchlHA **1971** 95; **1979** 55; OLG Stuttgart MDR **1972** 438; Justiz **1974** 228; **1977** 386; OLG Zweibrücken MDR **1976** 162; MDR **1983** 692; LG Aschaffenburg JurBüro **1983** 495; LG Darmstadt JurBüro **1979** 1032; AnwBl. **1982** 216; LG Düsseldorf JurBüro **1982** 738 mit Anm. *Mümmler;* LG Duisburg JurBüro **1983** 394; LG Flensburg JurBüro **1977** 1582; **1982** 879; **1985** 732; LG Hannover MDR **1978** 1046; JurBüro **1983** 1209; LG Hildesheim NdsRpfl. **1978** 201; LG Bad Kreuznach JurBüro **1983** 396; LG Koblenz JurBüro **1983** 1208; LG Mainz NJW **1980** 301 (außer in den Fällen des § 153 a); LG Mannheim JurBüro **1983** 1209; LG Mönchengladbach JurBüro **1983** 394; für den Fall der Beschwerde gegen Entscheidungen des Oberlandesgerichts auch BGHSt **26** 250. Ausführliche Nachweise (auch der älteren Rechtspr.) nach dem Stand von Anfang 1977 bei LR-*K. Schäfer*[23] § 464, 55 f; vgl. auch LR-*Meyer-Goßner*[23] 81 und *Seier* NStZ **1982** 273. Die die Anfechtung verneinende Auffassung ist verfassungsrechtlich nicht zu beanstanden, BVerfG (Vorprüfungsausschuß) MDR **1984** 373.

in der 23. Aufl. bei § 467, 50 ff ausführlich dargelegten Gründen ist der die Unanfechtbarkeit der Kostenentscheidung vertretenden Auffassung zuzustimmen. Nicht gefolgt
werden kann auch der vereinzelt vertretenen differenzierenden Meinung, wonach die
Kostenentscheidung grundsätzlich unanfechtbar sein soll, die Beschwerde aber für zulässig gehalten wird, wenn die Kostenentscheidung an einer greifbaren Gesetzesverletzung leidet[192]. Es geht nicht an, die Zulässigkeit des Rechtsmittels davon abhängig zu
machen, ob es offensichtlich oder weniger offensichtlich begründet ist. Durch den
StVÄGE 1984 soll die Streitfrage im Sinne der Unanfechtbarkeit der Kostenentscheidung geklärt werden[193].

82   Ebenso umstritten ist, ob die Entscheidung über die **Entschädigung für Strafverfolgungsmaßnahmen** gemäß § 3 StrEG entsprechend dem Wortlaut von § 8 Abs. 3 Satz 1
StrEG in den Fällen der Einstellung nach den §§ 153 ff der sofortigen Beschwerde unterliegt oder ob auch insoweit der Grundsatz gilt, daß diese als Nebenentscheidung
nicht weiter anfechtbar ist als die das Verfahren einstellende Hauptentscheidung[194]. Soweit bereits, anders als nach der hier vertretenen Auffassung, gegen die Kostenentscheidung die sofortige Beschwerde zugelassen wird (vgl. Rdn. 81 Fußn. 191), wird dieses
Rechtsmittel auch gegen die Entschädigungsentscheidung für zulässig gehalten. Aber
auch die Vertreter der Auffassung, die die Kostenentscheidung für unanfechtbar halten, sind teilweise der Meinung, daß die Entschädigungsentscheidung der sofortigen Beschwerde unterliege, weil es sich nicht um eine strafprozessuale Nebenentscheidung,
sondern um ein selbständiges Verfahren handle[195]. Dem ist jedoch entgegenzuhalten,
daß die sachlichen Gründe für die Unanfechtbarkeit der Kostenentscheidung in gleichem Maße für die Entschädigungsentscheidung nach dem StrEG gelten. Die Auffassung, daß auch diese Entscheidung nicht angefochten werden kann, dürfte deshalb vorzuziehen sein[196]; sie ist verfassungsrechtlich nicht zu beanstanden[197].

V. Folgen der Einstellung

83   **1. Allgemeines.** Die Einstellung des Verfahrens durch die Staatsanwaltschaft nach
Absatz 1 oder durch das Gericht nach Absatz 2 beendet die Anhängigkeit im Sinne des
§ 154 e. Noch andauernde Zwangsmaßnahmen sind in der Regel zu beenden, sofern sie

---

[192] So OLG Düsseldorf AnwBl. **1979** 40 (zu
§ 154); dazu kritisch *Meyer* JR **1981** 259; LG
Kleve NJW **1978** 1393; AnwBl. **1981** 206 (bei
Nichtgewährung des rechtlichen Gehörs
unter Übersehen von § 33 a); dagegen OLG
Düsseldorf NJW **1981** 833 = JurBüro **1981**
501 mit Anm. *D. Meyer;* vgl. auch OLG Celle
NStZ **1983** 328 mit Anm. *v. Stackelberg* (einfache Beschwerde bei anders nicht zu beseiti-
gendem groben prozessualen Unrecht).

[193] Nach der in Art. 1 Nr. 35 StVÄGE 1984 vorgeschlagenen Neufassung des § 464 Abs. 3
Satz 1 soll die Beschwerde ausgeschlossen
sein, wenn eine Anfechtung der Hauptentscheidung nicht statthaft ist.

[194] Der StVÄGE 1984 hält zu diesem Punkt, anders als zur Frage der Anfechtbarkeit der
Kostenentscheidung, eine klarstellende gesetzliche Regelung nicht für erforderlich,

weil insoweit die Rechtslage im Sinne der
Zulässigkeit der Anfechtung unumstritten sei
(vgl. BTDrucks. **10** 1313, S. 40 f). Diese Auffassung trifft nicht zu; vgl. *Baukelmann* JR
1984 392.

[195] OLG Frankfurt JR **1984** 389 mit Anm. *Baukelmann;* OLG Hamm NJW **1974** 374; OLG
Karlsruhe JR **1981** 38 mit Anm. *Meyer;* OLG
Koblenz OLGSt § 153, 72; KMR-*Müller*
§ 154; 18; *Schätzler* § 8, 49; *Händel* JR **1975**
517.

[196] Ebenso KG JR **1975** 516 mit Anm. *Händel;*
OLG Düsseldorf NJW **1981** 833; OLG
Hamburg NStZ **1981** 187; KK-*Schoreit* 105;
§ 154, 65; *Kleinknecht/Meyer*[37] § 8 StrEG, 19;
LR-*Meyer-Goßner*[23] 82; *Meyer* JR **1981** 38.

[197] BVerfG (Vorprüfungsausschuß) NStZ
1985 181.

nicht für die Durchführung eines objektiven Verfahrens (Rdn. 91) aufrechtzuerhalten sind; ein etwa bestehender Haftbefehl ist in jedem Fall aufzuheben (vgl. ergänzend §154, 49; 51 ff).

2. Berücksichtigung eingestellter Taten. Die bei Anwendung der §§154, 154a in **84** neuerer Zeit in Schrifttum und Rechtsprechung intensiv behandelte Frage, wieweit die Einstellung eine Verwendungssperre bei der Aburteilung anderer Taten bewirkt (§154, 54 ff), hat bisher für Einstellungen nach §153 weder im Schrifttum noch in der Rechtsprechung Beachtung gefunden. Konsequenterweise müssen die zu den §§154, 154a entwickelten Rechtsgrundsätze auch im Falle der Einstellung nach §153 angewendet werden. Auch hier kann der Angeklagte nach der Einstellung darauf vertrauen, daß ihm die eingestellten Taten in einem anderen Verfahren ohne ausdrücklichen Hinweis nicht angelastet werden, so daß er sich gegen sie nicht zu verteidigen braucht. Wegen der teilweise umstrittenen Einzelfragen wird auf die Erl. zu §154, 54 bis 57 verwiesen.

3. Verbrauch der Strafklage
a) Allgemeines. Streitstand. Während die Anwendung des §153 Abs. 1 durch die **85** Staatsanwaltschaft nach fast einhelliger Meinung keinen Verbrauch der Strafklage bewirkt und der Fortsetzung des Verfahrens nicht entgegensteht (Rdn. 54), erlangt der gerichtliche Einstellungsbeschluß nach heute allg. M eine **beschränkte Rechtskraft**[198], über deren Umfang allerdings keine Übereinstimmung besteht. Unumstritten ist insoweit nur, daß die Sperrwirkung jedenfalls dann entfällt, wenn sich nachträglich herausstellt, daß ein **Verbrechen** vorliegt[199]; Meinungsverschiedenheiten bestehen hier aber darüber, ob die Sperrwirkung in diesem Fall nur entfällt, wenn neue Tatsachen oder Beweismittel diese Qualifikation ergeben[200] oder ob auch der bloße Subsumtionsirrtum bei der Einstellung ausreicht[201]. Ist die eingestellte Tat weiterhin als **Vergehen** anzusehen, so wird allgemein angenommen, daß der Wegfall der Sperrwirkung das Vorliegen neuer Tatsachen oder Beweismittel voraussetzt; nicht einheitlich wird dagegen die Frage beurteilt, ob diese darüberhinaus eine andere rechtliche Qualifikation bewirken müssen[202] oder ob ein höherer Unrechts- oder Schuldgehalt genügt[203]. In der **Rechtsprechung** ist anerkannt, daß eine erneute Strafverfolgung möglich ist, wenn eine als Einzeltat eingestellte Straftat Teilakt einer fortgesetzten Handlung war[204], aber auch, soweit bei der Einstellung unbekannt gebliebene Teile einer fortgesetzten Handlung verfolgt werden sollen[205]. Andererseits erfaßt die Einstellung nach §153 Abs. 2 auch die

---

[198] Die früher teilweise vertretene Auffassung, daß der Einstellungsbeschluß einen uneingeschränkten Strafklageverbrauch bewirke; so z. B. *Feisenberger* 11; *Gerland* 162; *Potthoff* JR **1951** 679; *Eb. Schmidt* in der 1. Auflage des Lehrkommentars, Teil I Rdn. 273 (anders 2. Aufl., Rdn. 327); *Vogel* 347 ff; wird in neuerer Zeit nur noch von *Herzog* 173 ff vertreten, der eine einheitliche Wiederaufnahmeregelung für alle Beschlüsse postuliert und von einem sachentscheidenden Charakter des §153 ausgeht; zur Diskussion bis 1970 *Herzog* 143 ff; ausführlich zum heutigen Streitstand *Loos* JZ **1978** 596 ff.

[199] RGSt **65** 291; **75** 123; BGH bei *Dallinger* MDR **1954** 151; OGHSt **1** 242; OLG Hamm JMBlNW **1951** 113.

[200] So OLG Hamm JMBlNW **1951** 113; *Heinitz* JZ **1963** 133.

[201] So RGSt **75** 123; die Entscheidung OGHSt **1** 242 betraf einen Sonderfall.

[202] So ausdrücklich BayObLG NJW **1965** 828 = JR **1965** 350 mit Anm. *Kleinknecht;* offengelassen BayObLG MDR **1978** 693; vgl. auch BGH bei *Dallinger* MDR **1954** 151.

[203] Vgl. dazu *Loos* JZ **1978** 596 und die Fußn. 208 Genannten.

[204] Vgl. BGH NJW **1963** 549 (für den Fall des Strafbefehls).

[205] LG Siegen JMBlNW **1976** 92; zustimmend LR-*Meyer-Goßner*[23] 88; a. A KMR-*Sax* Einl. **XIII** 48.

Peter Rieß

Verfolgung unter einem geringfügigeren rechtlichen Gesichtspunkt, so als Ordnungs-widrigkeit, wenn nicht insoweit ausdrücklich die Verfolgung vorbehalten bleibt (vgl. Rdn. 14)[206]. Auch Tatteile, die nach § 154 a ausgeschieden waren, werden von der Sperrwirkung mit erfaßt; ihre Wiedereinbeziehung ist nur möglich, wenn die Vorausset-zungen der Durchbrechung vorliegen[207].

86   Im **Schrifttum** wird heute, ohne daß die sich hieraus ergebenden Konsequenzen stets voll offengelegt werden, überwiegend der Rechtskraftumfang von Einstellungsbe-schlüssen aus einer analogen Anwendung der §§ 174, 211, § 47 Abs. 3 JGG hergelei-tet[208], teilweise für den Fall des Verbrechens ergänzend daraus, daß wegen der Zuläs-sigkeit der einfachen Beschwerde gegen den Einstellungsbeschluß schon eine formelle Rechtskraft nicht eintrete[209]. Zu einer weitergehenden Sperrwirkung führt die hieran anknüpfende Meinung, die zusätzlich eine andere (schwerere) rechtliche Qualifikation verlangt[210]. Darüberhinaus geht noch der Ansatz, der im wesentlichen aus pragmati-schen und Gerechtigkeitsüberlegungen neben der Weiterverfolgung von Verbrechen nur bei Vorliegen einer umfangreicheren fortgesetzten Handlung die Durchbrechung der Sperrwirkung anerkennt[211]. Die weiteste Sperrwirkung würde sich aus einer analo-gen Anwendung des § 153 a Abs. 1 Satz 4 ergeben[212], der aber trotz einer durchaus be-denkenswerten Begründung entgegensteht, daß die Neufassung des § 153 und die Einfü-gung des § 153 a vom Gesetzgeber durch den gleichen Gesetzgebungsakt vorgenommen worden ist, so daß für die Annahme einer durch analoge Anwendung gerade des § 153 a Abs. 1 Satz 4 auszufüllenden Regelungslücke angesichts der weniger weit reichenden Regelung in § 47 Abs. 3 JGG keine hinreichend sichere Grundlage gefunden werden kann.

87   **b) Eigene Auffassung.** Da der Gesetzgeber (bedauerlicherweise[212a]) den Umfang der Sperrwirkung des Einstellungsbeschlusses nach § 153 Abs. 2 bisher nicht geregelt hat, läßt er sich nur durch eine analoge Anwendung derjenigen Vorschriften bestimmen, die vergleichbare Einstellungssituationen regeln, namentlich durch Rückgriff auf § 153 a Abs. 1 Satz 4 und § 47 Abs. 3 JGG. Dabei ist zunächst evident, daß die Sperrwirkung des § 153 a Abs. 1 Satz 4 nicht hinter der des § 153 Abs. 2 zurückbleiben kann. Aus den bei § 153 a, 69 näher dargelegten Gründen kommt es für die neue Verfolgbarkeit der ein-gestellten Tat als **Verbrechen** nicht darauf an, ob diese Beurteilung auf neuen Tatsachen oder Beweismitteln beruht, so daß die Weiterverfolgung als Verbrechen auch im Falle des § 153 Abs. 2 bei bloßem **Subsumtionsirrtum** möglich ist. Für den verbleibenden Fall der beabsichtigten Weiterverfolgung als **Vergehen** kommt als analog heranzuziehende Vorschrift nur § 47 Abs. 3 JGG in Betracht, der im Wortlaut mit §§ 174, 211 überein-

---

[206] Vgl. dazu auch die im einzelnen problema-tische und heute überholte Entscheidung OLG Hamburg JZ **1963** 131 mit Anm. *Heinitz* sowie zur Frage der Umdeutung der Teilein-stellung in eine solche nach § 154 a KG VRS **67** 123.

[207] OLG Oldenburg OLGSt n. F § 154 a Nr. 1 = MDR **1983** 515 (L).

[208] *Kleinknecht* JR **1965** 350; *Göhler* § 47, 60; *Kleinknecht/Meyer*[37] 37; *Kühne* 316; *Roxin* § 50 B III 1 b bb; *G. Schäfer* § 100 III 5 b; *Schlüchter* 602 Fußn. 17; bereits früher *Nagler* GerS **90** (1924) 426; *Beling* 366 und JW **1931** 2818; ebenso BGH (Z) NJW **1950** 1830.

[209] So *G. Schäfer* § 100 III 5 a; insoweit wohl auch LR-*Meyer-Goßner*[23] 88 mit 78.

[210] LR-*Meyer-Goßner*[23] 87 f; KMR-*Sax* Einl. **XIII** 46; *Rebmann/Roth/Hermann* § 47, 36.

[211] KK-*Schoreit* 107 ff.

[212] *Loos* JZ **1978** 597 f; im Ergebnis würde wohl auch *Herzog*, der § 153 a noch nicht be-rücksichtigen konnte, zu dieser Auffassung kommen müssen; ebenso schon früher mit anderer Begründung *Heinitz* JZ **1963** 133; ihm folgend *Eb. Schmidt* I 327.

[212a] Für ein „klärendes Wort des Gesetzgebers" bereits *Geppert* GA **1972** 173 Fußn. 69.

stimmt, so daß im Ergebnis die **§§ 174, 211 analog** anzuwenden sind. Dabei muß die analoge Anwendung freilich die Unterschiede in der Verfahrenssituation, namentlich in Hinblick auf den Entscheidungsgegenstand beachten, auf den sich die Nova beziehen müssen. Jedenfalls findet bei dieser Analogie die Auffassung keine Stütze, daß sich die Tat zusätzlich zur Erschütterung der tatsächlichen Grundlage auch rechtlich anders qualifizieren muß[213]; diese Meinung läßt sich auch sonst nicht tragfähig begründen[214].

Neue Tatsachen oder Beweismittel (vgl. § 211, 9 ff) gestatten die Weiterverfol- **88** gung der eingestellten Tat als Vergehen immer dann, wenn sie gegenüber der Einstellungsentscheidung erheblich sind; auf eine andere rechtliche Beurteilung der eingestellten Tat kommt es dabei nicht an. Die **Erheblichkeit** setzt voraus, daß sich aufgrund der Nova entweder die Schuld des Täters als nicht mehr gering darstellt, oder daß sie ein öffentliches Interesse an der Strafverfolgung begründen können[215]. Dabei ist entsprechend der bei § 211, 11 näher dargelegten Rechtslage[216] im späteren Verfahren von der Rechtsauffassung des Gerichts auszugehen, das den Einstellungsbeschluß erlassen hat, soweit diese dem Angeschuldigten günstig ist. **Zweifel** an der Neuheit oder der Erheblichkeit der Tatsachen oder Beweismittel, die bei der Einstellung nach § 153 Abs. 2 leichter auftauchen können als bei den Entscheidungen nach §§ 174, 211[217], wirken sich zugunsten des Angeschuldigten aus, da das Vorliegen erheblicher Nova Verfahrensvoraussetzung für das neue Verfahren ist und Verfahrensvoraussetzungen feststehen müssen (§ 206 a, 28 f).

Dem hier vertretenen **Ergebnis,** das bei Vorliegen eines Verbrechens die erneute **89** Verfolgung stets und bei einem Vergehen schon bei neuen Tatsachen oder Beweismitteln zuläßt, die ohne eine Änderung in der rechtlichen Beurteilung infolge erhöhten Unrechts- oder Schuldgehalts die Voraussetzungen der geringen Schuld oder des fehlenden öffentlichen Interesses wegfallen lassen, ließe sich entgegenhalten, daß es die Sperrwirkung verhältnismäßig eng begrenzt und deshalb kriminalpolitisch unerwünscht ist. Doch ergibt sich dies als Konsequenz aus den einzigen tragfähigen Analogiegrundlagen und stimmt darüberhinaus im Kern mit dem Entscheidungsmaßstab überein, der für die Wiederaufnahme nach § 154 Abs. 2 eingestellter Verfahren gilt (§ 154, 61). Eine kriminalpolitisch (möglicherweise) wünschenswerte weitergehende Sperrwirkung könnte nur durch eine gesetzliche Regelung geschaffen werden.

c) Verfahrensmäßige Behandlung. Liegen die Voraussetzungen vor, unter denen **90** die Sperrwirkung entfällt, so bedarf es zur Weiterverfolgung der eingestellten Tat einer erneuten Klageerhebung durch die Staatsanwaltschaft, für die insoweit das Legalitätsprinzip gilt[218]. Das eingestellte Verfahren bleibt erledigt, es kann anders als bei § 154 Abs. 3 bis 5 mangels ausdrücklicher gesetzlicher Grundlage nicht wieder aufgenommen werden; ein Widerruf des Einstellungsbeschlusses ist weder erforderlich noch überhaupt möglich[219]. Die Existenz und die Erheblichkeit (im Zeitpunkt der Klageerhe-

---

[213] A. A allerdings für § 47 JGG *Brunner* § 47, 15; *Eisenberg*[2] § 47, 24 unter Rückgriff auf die gerade problematisch erscheinende Auffassung zu § 153 Abs. 2.

[214] A. A LR-*Meyer-Goßner*[23] 87 mit zweifelhaftem Hinweis auf das Systemgefüge der §§ 153, 153 a; dagegen KMR-*Sax* Einl. **XIII** 46, dessen eigene Begründung (Rdn. 47) aber ebenfalls nicht tragen dürfte, zumal dort RGSt **65** 291, 294 überinterpretiert wird.

[215] Ausdrücklich gegen diese Auffassung mit dem Hinweis, daß gerade diese Frage einer erneuten Erörterung entzogen sein soll, LR-*Kohlhaas*[22] 15 b; KMR-*Sax* Einl. **XIII** 47.

[216] Vgl. insbes. BGHSt **18** 225, 227 und dazu *Hanack* JZ **1971** 220.

[217] Dazu ausführlich *Loos* JZ **1978** 596.

[218] BayObLG MDR **1978** 693; *Kleinknecht/Meyer*[37] 38.

[219] **A. A** BGHZ **64** 351 = NJW **1975** 1830; vgl. auch § 211, 19.

bung) der Nova sind Prozeßvoraussetzungen für das neue Verfahren[220]; es gelten hier im wesentlichen die bei § 211 näher dargelegten Grundsätze (vgl. § 211, 21 ff).

91   **d) Objektives Verfahren.** Weder die Einstellung nach § 153 Abs. 1 durch die Staatsanwaltschaft noch die nach Abs. 2 durch das Gericht schließen ein nachträgliches objektives Verfahren nach den §§ 440, 442 mit dem Ziel der Einziehung (§ 74 StGB), des Verfalls (§ 73 StGB) oder der Vernichtung oder Unbrauchbarmachung (§ 74 d StGB) aus[221].

VI. Revision

92   Die Anwendung oder Nichtanwendung des § 153 Abs. 2 kann mit der Revision nicht beanstandet werden. Wird das Verfahren nach § 153 eingestellt, so ergibt sich das schon daraus, daß wegen dieser Tat ein mit der Revision angreifbares Urteil überhaupt nicht ergeht. Aber auch die Nichtanwendung des Absatzes 2 ist keine dem Urteil vorausgegangene Entscheidung im Sinne des § 336[222]. Dagegen ist in der Revisionsinstanz von Amts wegen zu prüfen, ob, nachdem ein Verfahren nach Absatz 2 eingestellt war, im neuen Verfahren die besondere Prozeßvoraussetzung der erheblichen neuen Tatsachen oder Beweismittel vorlagen. Wird dies verneint, so ist das Verfahren ebenso nach § 206 a einzustellen, wie wenn das Gericht das eingestellte Verfahren ohne erneute Klageerhebung einfach fortgesetzt hatte[223]. Bei der unzulässigen Verwertung eingestellter Taten (Rdn. 84) würden für das Revisionsverfahren die bei § 154, 77 näher dargelegten Grundsätze gelten.

§ 153 a

(1) [1]Mit Zustimmung des für die Eröffnung des Hauptverfahrens zuständigen Gerichts und des Beschuldigten kann die Staatsanwaltschaft bei einem Vergehen vorläufig von der Erhebung der öffentlichen Klage absehen und zugleich dem Beschuldigten auferlegen,

1. zur Wiedergutmachung des durch die Tat verursachten Schadens eine bestimmte Leistung zu erbringen,
2. einen Geldbetrag zugunsten einer gemeinnützigen Einrichtung oder der Staatskasse zu zahlen,
3. sonstige gemeinnützige Leistungen zu erbringen oder
4. Unterhaltspflichten in einer bestimmten Höhe nachzukommen,

wenn diese Auflagen und Weisungen geeignet sind, bei geringer Schuld das öffentliche Interesse an der Strafverfolgung zu beseitigen. [2]Zur Erfüllung der Auflagen und Weisungen setzt die Staatsanwaltschaft dem Beschuldigten eine Frist, die in den Fällen des Satzes 1 Nr. 1 bis 3 höchstens sechs Monate, in den Fällen des Satzes 1 Nr. 4 höchstens ein Jahr beträgt. [3]Die Staatsanwaltschaft kann Auflagen und Weisungen nachträglich

---

[220] BGHZ **64** 351 = NJW **1975** 1830; *Kleinknecht/Meyer*[37] 38.

[221] *Kleinknecht/Meyer*[37] 40; vgl. § 76 a Abs. 3 StGB und dazu LK-*K. Schäfer* § 76 a, 14 ff.

[222] OLG Köln MDR **1957** 182; KG JR **1967** 430; vgl. auch RGSt **66** 326; § 336, 5 sowie zur Anwendung der Vorschrift in der Revisionsinstanz oben Rdn. 58.

[223] BayObLG MDR **1978** 694.

aufheben und die Frist einmal für die Dauer von drei Monaten verlängern; mit Zustimmung des Beschuldigten kann sie auch Auflagen und Weisungen nachträglich auferlegen und ändern. [4]Erfüllt der Beschuldigte die Auflagen und Weisungen, so kann die Tat nicht mehr als Vergehen verfolgt werden. [5]Erfüllt der Beschuldigte die Auflagen und Weisungen nicht, so werden Leistungen, die er zu ihrer Erfüllung erbracht hat, nicht erstattet. [6]§ 153 Abs. 1 Satz 2 gilt entsprechend.

(2) [1]Ist die Klage bereits erhoben, so kann das Gericht mit Zustimmung der Staatsanwaltschaft und des Angeschuldigten das Verfahren bis zum Ende der Hauptverhandlung, in der die tatsächlichen Feststellungen letztmals geprüft werden können, vorläufig einstellen und zugleich dem Angeschuldigten die in Absatz 1 Satz 1 bezeichneten Auflagen und Weisungen erteilen. [2]Absatz 1 Satz 2 bis 5 gilt entsprechend. [3]Die Entscheidung nach Satz 1 ergeht durch Beschluß. [4]Der Beschluß ist nicht anfechtbar.

(3) Während des Laufes der für die Erfüllung der Auflagen und Weisungen gesetzten Frist ruht die Verjährung.

Schrifttum siehe bei § 153.

Entstehungsgeschichte. Die Vorschrift wurde durch Art. 21 Nr. 44 des EGStGB 1974 eingefügt[1].

Geplante Änderungen. Nach Art. 1 Nr. 13 StVÄGE 1984 soll in Absatz 2 folgender Satz 5 angefügt werden:

Satz 4 gilt auch für eine Feststellung, daß gemäß Satz 1 erteilte Auflagen und Weisungen erfüllt worden sind.

Ferner hat der Bundesrat unter den Nr. 5 und 6 seiner Stellungnahme zum StVÄGE 1984 gebeten, zu prüfen, ob der Anwendungsbereich der Vorschrift behutsam erweitert werden kann, etwa, indem das gesetzliche Merkmal „bei geringer Schuld" durch das Merkmal „und die Schuld des Täters nicht entgegensteht" ersetzt wird, sowie auf eine gesetzliche Klarstellung hinzuwirken, wer bei einer Einstellung des Verfahrens nach Absatz 2 die notwendigen Auslagen des Nebenklägers zu tragen hat. S. ggf. die Erläuterungen im Nachtrag zur 24. Auflage.

Übersicht

---

[1] Als kriegsbedingte Maßnahme enthielt § 8 Abs. 3 der 4. VereinfVO eine vergleichbare Regelung. Er räumte dem Staatsanwalt die Befugnis ein, das Verfahren gegen Auflagen einzustellen, wenn die Verfolgung zum Schutz des Volkes nicht erforderlich war.

Rdn.

I. Bedeutung und Inhalt der Vorschrift

1. Rechts- und kriminalpolitische Bedeutung

a) Allgemeines. Die durch das EGStGB 1974[2] eingefügte Vorschrift ist von weit- **1** reichender kriminalpolitischer, aber auch dogmatischer Bedeutung. In ihr zeigt sich in Ansätzen ein neuartiger Verfahrenstyp[3]. Die Reichweite der Regelung geht weit über die der traditionellen Begrenzungen des Legalitätsprinzips hinaus, mögen auch vom Gesetzgeber die rechtspolitischen und dogmatischen Implikationen bei der Schaffung der Vorschrift nicht klar erkannt worden sein[4]. Diese kriminalpolitische Brisanz der nach wie vor umstrittenen (vgl. Rdn. 11 ff) Vorschrift ist durch die häufige Anwendung in der Praxis (vgl. Rdn. 22 f) noch gesteigert worden.

Die entscheidende **kriminalpolitische Besonderheit** der Regelung liegt darin, daß **2** sie nicht, wie die bisherigen Begrenzungen des Legalitätsprinzips, eine bloße Nichtverfolgungsermächtigung mit der Konsequenz enthält, daß die (möglicherweise) begangene Tat ohne Sanktionsfolgen bleibt[5]. Die weitere Verfolgung mit dem Ziel der Verhängung einer strafrechtlichen Sanktion unterbleibt hier deshalb, weil den Tatverdächtigen durch die (freiwillige) Erfüllung der Auflagen und Weisungen ein vergleichbares Übel trifft, das die Verhängung einer Strafe oder Maßregel unter Schuld- und Präventionsgesichtspunkten entbehrlich macht[6]. Das Neuartige und Charakteristische des § 153 a liegt wohl darin, daß die Begrenzung des Verfolgungzwangs und damit der Verzicht auf formelles Verfahren und richterliche Entscheidung mit sanktionsähnlichen Maßnahmen verknüpft wird. Rechtsvergleichend ist das allerdings keineswegs singulär[7]. Die Besonderheit, die diese Konzeption verfassungsrechtlich und rechtspolitisch erträglich erscheinen läßt, dürfte in der Freiwilligkeit der Erfüllung der Auflagen und Weisungen sowie in der Notwendigkeit der übereinstimmenden Beurteilung der Sache durch Gericht und Staatsanwaltschaft liegen[8]. Sie kennzeichnet diese Verfahrensart als

---

[2] Die Bestimmung war im wesentlichen wortgleich im RegEntw. des EGStGB (BTDrucks. 7 550) und in dem des 1. StVRG (BTDrucks. 7 551) enthalten, wobei sich in den beiden Entwurfsbegründungen (vgl. einerseits BTDrucks. 7 550, S. 297 ff, andererseits BTDrucks. 7 551, S. 43 ff) gewisse Akzentunterschiede namentlich dahingehend zeigen, daß die Begründung zum 1. StVRG deutlicher den allgemeinen Charakter der Vorschrift betont und weniger starke Beziehungen zur reinen Bagatellkriminalität aufweist; vgl. auch BTDrucks. 7 1261; zur Entstehungsgeschichte ausführlich *Kausch* 45 ff; ferner *Ahrens* 13 ff.

[3] So z. B. *Hanack* FS Gallas 347 (seit der Schaffung der StPO kein Gesetzentwurf von ähnlich grundsätzlicher Bedeutung für das Strafrecht); *Naucke* (Gutachten) D 28; *Eckl* JR **1975** 99 (neues Verfahren); *Rüping* 98; *Hünerfeld* ZStW **90** (1978) 917; *Odersky* BayVerwBl. **1975** 35 (äußerst weitttragender Durchbruch im theoretischen System); *Zipf* 120.

[4] Vgl. *Kausch* 45 ff mit dem nicht näher belegten Vorwurf, daß von den Gesetzesverfassern die Konsequenzen bewußt verschleiert worden seien.

[5] Allerdings hatte die Praxis bereits teilweise vor dem Inkrafttreten der Vorschrift praeter (oder contra) legem die Einstellung nach § 153 gegen Bußzahlung praktiziert (vgl. jeweils mit weit. Nachw. *Ahrens* 11; *Dreher* FS Welzel 938; *Kausch* 31 ff; LR-*Meyer-Goßner*[23] 3), so daß die Neuregelung insoweit auch eine Legalisierung darstellt.

[6] Zur Ähnlichkeit mit der bei §§ 154, 154 a vorausgesetzten Situation s. § 154, 2.

[7] Vgl. zu den z. T weit über die Möglichkeiten des § 153 a hinausgehenden eigenen Sanktionskompetenzen der Strafverfolgungsbehörden in ausländischen Rechtsordnungen *Jescheck/Leibinger* (LV zu § 152) 689 ff sowie den Landesbericht *Schaffmeister* (Niederlande), S. 128; vgl. auch *Blau* GA **1976** 49.

[8] Zur Kritik an der zustimmungsfreien Einstellung durch die Staatsanwaltschaft nach Absatz 1 Satz 6 näher § 153, 45.

Peter Rieß

ein auf **Kooperation** zwischen allen Verfahrensbeteiligten angelegtes Prozeßmodell und macht damit die Verbindung zwischen der kriminalpolitischen Konzeption der „Diversion" (§ 152, 44) und Elementen des dem anglo-amerikanischen Prozeßrechts bekannten „plea bargaining" deutlich[9].

3   **b) Zweck der Vorschrift.** Nach den Vorstellungen des Gesetzgebers sollte die Bestimmung verschiedenen Zwecken dienen[10]. Im Vordergrund stand das Bestreben, eine Zunahme von Bestrafungen im Bagatellbereich zu verhindern, die durch den Wegfall des früheren § 153 Abs. 1[11] namentlich deshalb befürchtet wurde, weil einige Übertretungen in Vergehen umgewandelt wurden; daneben spielte die Absicht eine Rolle, durch eine Vereinfachung des Verfahrens bei der kleinen Kriminalität generell Arbeitskapazitäten für die zügigere Erledigung der mittleren und schweren Kriminalität freizusetzen und damit allgemein eine **Verfahrensbeschleunigung** zu erreichen[12]. Diesen vorwiegend **justizökonomischen Gedanken** gegenüber dürfte ursprünglich und von der gesetzgeberischen Absicht her der Gesichtspunkt der **Entkriminalisierung** zwar eine gewisse, aber eine keineswegs dominierende und namentlich nicht über den früheren Übertretungsbereich hinausgehende Rolle gespielt haben[13]. Er ist indessen durch die infolge der Vorschrift ausgelöste kriminalpolitische Diskussion im Schrifttum deutlich in den Vordergrund getreten, wenn auch in der justitiellen Praxis ebenso wie in weiteren gesetzgeberischen Überlegungen[14] der justizökonomische Aspekt weiterhin vorherrschen dürfte.

4   Nach dem heutigen Diskussionsstand wird man einen **doppelten Zweck** der Vorschrift anzuerkennen haben. Sie ist einmal ein Mittel der Entkriminalisierung und wahrt damit die „ultima-ratio-Aufgabe" des Strafrechts, indem sie dazu dient, in Grenzbereichen der Sanktionsbedürftigkeit den Makel des formellen Schuldspruchs und der Vorbestraftheit auch dort zu vermeiden, wo vorwiegend aus präventiven Gründen eine spürbare Einwirkung nicht zu entbehren ist[15]. Dadurch, daß dieser Zweck aber mit prozessualen Mitteln verfolgt, die erforderliche Einwirkung weitgehend in das Ermittlungsverfahren verlagert und auf die Durchführung des justizökonomisch gesehen aufwendigen Normalverfahrens verzichtet wird, erfüllt die Vorschrift zugleich Aufgaben der Justizentlastung. Auf diese Weise wird wiederum ermöglicht, daß für die Fälle schwererer Schuld und größeren Sanktionsbedürfnisses und für die Fälle fehlender Kooperation der Beteiligten das traditionelle und in diesem Bereich rechtsstaatlich unverzichtbare „Normalverfahren" funktionsfähig erhalten werden kann.

2. Inhalt und dogmatische Bedeutung

5   **a) Allgemeiner Aufbau.** Die Vorschrift ist konstruktiv und in ihren Voraussetzungen an § 153 angelehnt[16], indem sie bei Vergehen bei geringer Schuld des Beschuldigten die Nichtverfolgung auch dann gestattet, wenn ein an sich bestehendes öffentliches In-

---

[9] Vgl. dazu z. B. *Dielmann* GA **1981** 569 ff; *Eisenberg* Kriminologie[2] (1985) § 27, 19; *Vogler* ZStW **94** (1982) 237.

[10] Vgl. BTDrucks. 7 550, S. 298; BTDrucks. 7 551, S. 43; BTDrucks. 7 1261, S. 26 ff.

[11] Vgl. die Entstehungsgeschichte zu § 153.

[12] So insbesondere BTDrucks. 7 551, S. 43.

[13] A. A allerdings BGHSt **28** 70, der Beschleunigungs- und Vereinfachungseffekte als „untergeordnete Ziele" bezeichnet; ähnlich *Bär* DAR **1984** 130; wie hier *Wissgott* 361.

[14] Vgl. dazu den im Abschnitt geplante Änderungen wiedergegebenen Antrag des Bundesrates zum StVÄGE 1984.

[15] Ähnlich *Hirsch* ZStW **92** (1980) 225 f; wohl auch *Kleinknecht/Meyer*[37] 2; *Peters* § 23 IV 1 b bb (S. 163); *Hünerfeld* ZStW **90** (1978) 917; *Schaffstein* FS Jescheck (1985) 938; *Albrecht* (LV zu § 152) 155; vgl. auch BGHSt **28** 70; BayObLG NJW **1976** 2139.

[16] Kritisch dazu z. B. LR-*Meyer-Goßner*[23] 114.

teresse an der Strafverfolgung durch die freiwillige Erfüllung von Auflagen und Weisungen durch den Beschuldigten beseitigt werden kann. Die Anwendung der Vorschrift und damit die Befugnis zur Auferlegung von Auflagen und Weisungen steht (wie bei § 153) im Ermittlungsverfahren der Staatsanwaltschaft zu (Absatz 1), im gerichtlichen Verfahren, allerdings abweichend von § 153 außer im Revisionsverfahren (Rdn. 91), dem Gericht (Absatz 2). Dabei gilt, mit der auch für § 153 maßgebenden Ausnahme, das Prinzip der übereinstimmenden Beurteilung der Sache (§ 153, 2). Erhebliche Unterschiede zu § 153 bestehen indessen in der Intensität des für die Anwendung der Vorschrift vorausgesetzten Tatverdachts (Rdn. 31 f) und vor allem in der Sperrwirkung der Erfüllung der Auflagen und Weisungen für die Verfahrensfortsetzung auch schon bei Einstellung des Verfahrens durch die Staatsanwaltschaft (Rdn. 61 ff).

b) Vorläufige und endgültige Einstellung. Nach der gesetzlichen Konstruktion[17] **6** ist das Verfahren zweistufig aufgebaut. Nach der Herbeiführung der erforderlichen Einverständniserklärungen ist das Verfahren von der Staatsanwaltschaft oder dem Gericht zunächst vorläufig einzustellen und dem Beschuldigten zur Erfüllung der Auflagen und Weisungen eine Frist zu setzen. Es ist, wie sich aus § 467 Abs. 5 ergibt, endgültig einzustellen, wenn die Auflagen erfüllt werden, und es ist fortzusetzen, wenn dies nicht geschieht. Die Praxis hat sich mit Recht über die Umständlichkeit der vorläufigen Einstellung teilweise hinweggesetzt, indem sie dann, wenn nur eine kurze Erfüllungsfrist gesetzt wird, diese zugleich mit der Zustimmungsanfrage verbindet und auf die gesonderte förmliche vorläufige Einstellung verzichtet[18].

Auf die **vorläufige Einstellung** kommt es in der Tat **nicht entscheidend** an; sie ist **7** immer dann entbehrlich, wenn es wegen der Kürze der Erfüllungsfrist nicht erforderlich erscheint, das Nichtweiterbetreiben des Verfahrens ausdrücklich durch eine Einstellungsentscheidung zu dokumentieren[19]. Für die **dogmatische Einordnung** des § 153 a ist vielmehr entscheidend, daß dem Beschuldigten mit seiner Zustimmung bestimmte befristete Auflagen und Weisungen auferlegt werden und daß durch deren freiwillige Erfüllung das in Absatz 1 Satz 4 beschriebene Verfahrenshindernis eintritt[20]. An die vorläufige Einstellung als solche knüpfen sich keine selbständigen Rechtsfolgen; nicht sie, sondern bereits die Auferlegung der Auflagen und Weisungen begründet ein bedingtes Verfahrenshindernis. Es ist für die Wirksamkeit der im Rahmen des § 153 a zu treffenden Maßnahmen und für die Folgen der korrekten Auflagenerfüllung ohne jede Bedeutung, ob das Verfahren für die Dauer des Schwebezustandes formal vorläufig eingestellt worden war oder nicht.

c) Die **Rechtsnatur** des Verfahrens nach § 153 a hängt von der rechtlichen Einord- **8** nung der Auflagen und Weisungen und ihrer Erfüllung ab, deren Erfassung mit den herkömmlichen dogmatischen Begriffen des materiellen Strafrechts und des Prozeßrechts gewisse Schwierigkeiten aufwirft. Sicher erscheint zunächst, daß die Auflagen und Weisungen **keine Strafen** im Sinne des materiellen Strafrechts sind; es handelt sich auch

---

[17] Sie liegt auch dem Wortlaut des § 467 Abs. 5 zugrunde, ist aber dort ebenso wie an dieser Stelle (vgl. dazu im folgenden Text) nicht entscheidend.

[18] Vgl. dazu, teilw. mit Hinw. auf die in der Praxis gebräuchlichen Formulare u. a. *Hertwig* 92; *Kotz* 225; *Kühne* S. 189 f; *Meinberg* 90; *G. Schäfer* S. 189.

[19] Der im Schrifttum verbreiteten Auffassung, daß das Verfahren *stets* zweistufig ablaufe (so z. B. LR-*Meyer-Goßner*[23] 6; *Kleinknecht/ Meyer*[37] 3; KMR-*Müller* 13), kann deshalb nicht zugestimmt werden.

[20] Vgl. die treffende Bezeichnung von *Schuth* 18 „erdienbares Verfahrenshindernis"; s. auch *Naucke* (Gutachten) D 30.

nicht um Sanktionen strafähnlicher Art[21]. Andererseits läßt sich nicht bestreiten, daß die Erfüllung der Auflagen und Weisungen, namentlich bei der am weitaus häufigsten genutzten Geldzahlung nach Absatz 1 Satz 1 Nr. 2 vom Beschuldigten als ein Übel empfunden wird, das ihn wegen des Tatvorwurfs trifft, und daß es ihm von den Strafverfolgungsbehörden eben wegen dieser Wirkung auferlegt wird. Es kann deshalb nicht ernsthaft bestritten werden, daß den Auflagen und Weisungen mindestens auch die Funktion einer Sanktion zukommt; andernfalls ließe sich auch nicht erklären, wie ihre Erfüllung das öffentliche Interesse an der Strafverfolgung und damit an der Verhängung einer strafrechtlichen Sanktion beseitigen könnte[22].

9   Freilich handelt es sich hierbei, materiell-strafrechtlich gesehen, um eine **Sanktion besonderer,** nichtstrafrechtlicher **Art,** der namentlich das mit der Strafe verbundene sozialethische Unwerturteil ebensowenig zukommt wie die in ihr liegende Schuldfeststellung. Dafür ist von Bedeutung, daß der Beschuldigte weder zur Übernahme noch zur Erfüllung der Auflagen und Weisungen gezwungen werden kann; die mit ihnen verbundene Sanktionswirkung beruht auf Freiwilligkeit, bei der es nicht darauf ankommt, ob sie auf verfahrenstaktischen Überlegungen oder auf Unrechtseinsicht zurückzuführen ist[23], und bei der auch nicht danach gefragt wird, ob der Beschuldigte mit der Erfüllung der Bestrafung oder trotz eines von ihm erwarteten Freispruchs den Unannehmlichkeiten des weiteren Verfahrens entgehen will[24]. Weil die Schuldfrage offenbleibt (Rdn. 31 f), verstößt das Verfahren auch nicht gegen die Unschuldsvermutung des Art. 6 Abs. 2 MRK; diese gilt auch nach der Erfüllung der Auflagen und Weisungen weiter[25]. Aus dieser Schuldneutralität der Auflagenerfüllung folgt aber auch, daß sich ihre Eignung, die Strafsanktion zu ersetzen, in erster Linie auf die präventiven Strafzwecke bezieht; zum Ausgleich einer mehr als „nicht erheblichen" Schuld ist sie nicht geeignet.

10   Die verbreitete Bezeichnung des Verfahrens nach § 153 a als eines **freiwilligen Unterwerfungsverfahrens**[26] kennzeichnet den Rechtscharakter wohl zutreffend, soweit auf die Freiwilligkeit abgestellt wird. Sie erweckt aber durch den Begriff der „Unterwerfung" allzusehr den Eindruck einer von der Vorschrift nicht vorausgesetzten Unrechtseinsicht und verdunkelt auch den Sachverhalt, daß die Initiative zu diesem Verfahren nicht stets von den Strafverfolgungsbehörden ausgeht, denen sich der Beschuldigte nur zu unterwerfen hat, sondern daß sie durchaus vom Beschuldigten selbst ausgehen

[21] BGHSt **28** 176 (im Sinne des § 115 b BRAO); BTDrucks. 7 1261, S. 28; auch der Bemerkung des RegEntw. in BTDrucks. **7** 550, S. 298 kann entgegen dem Hinweis von *Dreher* FS Welzel 939 und der Kritik von *Dencker* JZ **1973** 149 f nichts anderes entnommen werden.

[22] Der Sanktionscharakter der Auflagen und Weisungen wird im neueren Schrifttum überwiegend anerkannt, vgl. z. B. *Kleinknecht/Meyer*[37] 12; *Bär* DAR **1984** 130; *Braun* 98, 104; *Dencker* JZ **1973** 149; *Gössel* FS Dünnebier 138; *Hirsch* ZStW **92** (1980) 224; *Jeutter* (LV zu § 152) 95; *Kausch* 50 ff; *Keller/ Schmidt* wistra **1984** 204; *Keunecke/Schinkel* MSchrKrim. **1984** 158; *Kunz* (Bagatellprinzip) 60 f; *Naucke* (Gutachten) D 30; *Sieg* MDR **1981** 200; *Weigend* KrimJourn. **1984** 13 ff; *Wissgott* 382; *Wolter* GA **1985** 65; **a. A** u. a. *Dreher* FS Welzel 939; zurückhaltend

Hünerfeld ZStW **90** (1978) 920; vgl. auch OLG Düsseldorf MDR **1976** 423 (planmäßige Herbeiführung einer sinnvollen Reaktion auf die Tat durch wechselseitiges Zusammenwirken der Prozeßbeteiligten). Zur Einschätzung der staatsanwaltschaftlichen Praxis, die den Sanktionscharakter überwiegend bejaht, vgl. *Meinberg* 232.

[23] Insoweit bedenklich BGHSt **28** 70, der auf „Unrechtseinsicht" abstellt.

[24] Ebenso LR-*Meyer-Goßner*[23] 8; *Hilger* NStZ **1982** 313; *Mehle* NStZ **1982** 310; *Wissgott* 389; vgl. aber auch *Naucke* (Gutachten) D 30 (Schonung müsse durch „Wohlverhalten" erdient werden).

[25] Vgl. näher unten Fußn. 48.

[26] So z. B. BGHSt **28** 70; *Albrecht* (LV zu § 152) 155 f; *Arzt* JuS **1974** 694; *Kleinknecht/ Meyer*[37] 12; KK-*Schoreit* 6; LR-*Meyer-Goßner*[23] 8; *Wissgott* 387.

kann[27]. Es erscheint deshalb sachgerechter, in dem Verfahren nach § 153 a einen Verfahrenstyp mit **kooperativer Verfahrensbeendigung** zu sehen, in dem gewisse vertragsähnliche Elemente erkennbar werden. Daß der Anwendung der Vorschrift Gespräche und Verhandlungen auch über die Modalitäten der Auflagen vorangehen, sollte deshalb nicht ausnahmslos mit den negativen Bezeichnungen des ,,Freikaufs", des ,,Feilschens", des ,,Handels" oder des ,,Tuschelns" abgewertet werden[28].

3. Kritik und Reformvorschläge

a) Kritik. Die Vorschrift ist bereits vor ihrer Verabschiedung durch den Gesetzge- **11** ber von der Lehre scharf kritisiert worden[29]; auch seither wird sie im rechtswissenschaftlichen Schrifttum, wenn auch mit unterschiedlicher Intensität, wohl noch überwiegend grundsätzlich abgelehnt[30]. Jedoch nimmt, nachdem die Regelung anfänglich nur wenige Befürworter gefunden hatte[31], auch in der neueren Lehre die Zahl derer zu, die ihr zustimmen oder sich doch jedenfalls mit ihr abfinden[32]; in den von Justizpraktikern stammenden literarischen Äußerungen dürfte die Zustimmung inzwischen deutlich überwiegen[33]. Vom Gesetzgeber wird die Vorschrift als erfolgreiche Maßnahme zur Justizentlastung angesehen und ihr Ausbau ins Auge gefaßt[34].

---

[27] Vgl. dazu die Hinweise bei *Dahs* Hdb. 262; *Schlothauer* StrVert. **1982** 449; *Weihrauch* Verteidigung im Ermittlungsverfahren² (1985) 122; 188 ff; ferner *Kaiser/Meinberg* NStZ **1984** 344 (offensive Verteidigungsstrategie befördert die Anwendungshäufigkeit des § 153 a); *Schmidt-Hieber* NJW **1982** 1017.

[28] Vgl. zu diesen vielfach zur Kennzeichnung des Verfahrens verwendeten Bezeichnungen etwa *Baumann* FS Peters 3; *Dencker* JZ **1973** 149; *Müller* ZRP **1975** 55 (Millionärschutzparagraph); *Schmidhäuser* JZ **1973** 535. Vor der Gefahr des ,,Feilschens" bei etwaigen Gesprächen warnen auch KK-*Schoreit* 41; *Kleinknecht/Meyer*³⁷ 30; LR-*Meyer-Goßner*²³ 39; vgl. auch *Schmidt-Hieber* NJW **1982** 1019.

[29] *Baumann* ZRP **1972** 273 und FS Peters 3; *Dencker* JZ **1973** 144; *Hanack* FS Gallas 339; *Schmidhäuser* JZ **1973** 529; zu diesen Einwänden ausführlich der schriftliche Bericht des Sonderaussch. für die Strafrechtsreform, BTDrucks. 7 1261, S. 27 f; vgl. auch die Nachw. bei *Marquardt* (LV zu § 152) 151.

[30] Vgl. die Zusammenfassungen bei *Ahrens* 18 ff; *Hertwig* 3 ff; *Hirsch* ZStW **92** (1980) 221 Fußn. 14; *Naucke* (Gutachten) D 77 ff; ferner *Engels/Frister* ZRP **1981** 112; *Geisler* ZStW **93** (1981) 1144; *Kühne* 300; *Kunz* (Bagatellprinzip) 320 ff (auch bei Modifizierung); *Marquardt* (LV zu § 152) 154; *Schünemann* NJW **1978** 529.

[31] So namentlich *Dreher* FS Welzel 917; *Eckl* JR **1975** 99; *Geerds* DRiZ **1976** 225 und FS Dreher 550 f; *Peters* Der neue Strafprozeß (1975) 100.

[32] So etwa *Albrecht* (LV zu § 152) 153 ff; *Beulke* JR **1982** 313; *Gössel* FS Dünnebier 138 f (anders noch Lehrbuch § 9 B III); *Herrmann* ZStW **96** (1984) 470; *Hobe* FS Leferenz 629 ff; *Hünerfeld* ZStW **90** (1978) 917 ff; *Jescheck* § 81 I 4 und ZStW **94** (1982) 237; *Kaiser* ZStW **90** (1978) 902; *Meinberg* 246 ff; *J. Meyer* ZStW **93** (1981) 1280; *Schaffstein* FS Jescheck (1985) 940 ff; *Schöch* ZStW **92** (1980) 180 ff; *G. Schmidt* ZStW **93** (1981) 1275; *Zipf* 120, 146; zurückhaltender (nur bei inhaltlichen Veränderungen der Regelung) *Weigend* KrimJourn. **1984** 8 ff; *Wolter* GA **1985** 65, 74.

[33] So etwa *Bär* DAR **1984** 130; *Dahs* Hdb. 262; *Franzheim* ZRP **1972** 160; *Keller/Schmid* wistra **1984** 204 f; *Keunecke/Schinkel* MSchr-Krim. **1984** 169; *Mehle* NStZ **1982** 310; *Müller-Guggenberger* ZStW **94** (1982) 237; *Schlothauer* StrVert. **1982** 449; *Weihrauch* (Fußn. 27) 123 ff; *Weiland* JuS **1983** 124; a. A in dem von Justizpraktikern stammenden Schrifttum z. B. *Kohlhaas* DAR **1975** 14; *Müller* ZRP **1975** 55 f; krit. auch noch LR-*Meyer-Goßner*²³ 108 ff.

[34] Vgl. die Begründung zum Antrag des Bundesrates im StVÄGE 1984 S. 49 sowie die Stellungnahme der Bundesregierung hierzu, S. 59; ferner (auf den Gesichtspunkt der ,,Verselbständigung der Verfahrensökonomie" in der praktischen Anwendung hinweisend) *Meinberg* 245 ff.

Peter Rieß

12   Die **Stoßrichtung der Kritik** ist teilweise kriminalpolitischer, teilweise auch verfassungsrechtlicher und dogmatischer Art[35]. Im einzelnen wird geltend gemacht, die Vorschrift führe, da sie den Staatsanwalt als Sanktionsinstanz anerkenne, zu einem Rückfall in den Inquisitionsprozeß[36], sie verstoße, weil sie den Beschuldigten in einer Drucksituation der Entscheidung über die Zustimmung aussetze, gegen den Grundgedanken des § 136 a[37] und wegen der Anknüpfung der Auflagen und Weisungen an einen bloßen Verdacht gegen die Unschuldsvermutung (Art. 6 Abs. 2 MRK)[38] und sie sei schließlich wegen eines Verstoßes gegen Art. 92 und Art. 103 Abs. 2 GG verfassungswidrig[39]. Ferner wird befürchtet, daß der handlungsmächtige und vermögende Beschuldigte sich von der Strafsanktion freikaufen könne[40], daß der Ungleichbehandlung Tür und Tor geöffnet seien, und es wird, mehr die Detailregelungen angreifend, eingewandt, daß die Anwendungsvoraussetzungen zu unbestimmt und die Einstellungshandhabungen zu wenig transparent seien[41] (s. auch ergänzend § 152, 57). Im Mittelpunkt dieser Grundsatzkritik steht die staatsanwaltschaftliche Einstellung nach Absatz 1, weniger Einwänden ist die gerichtliche Verfahrensbeendigung nach Absatz 2 ausgesetzt[42].

13   **b) Reformvorschläge.** Auch die Kritiker anerkennen ganz überwiegend die Notwendigkeit, für den Bereich der kleineren Kriminalität Alternativen zur herkömmlichen strafrechtlichen Sanktionierung und insoweit alternative Verfahrensgänge vorzusehen (vgl. auch § 152, 57). Hierzu wird, in im einzelnen sehr unterschiedlicher Form, teilweise vorgeschlagen, das Problem in erster Linie auf materiell-strafrechtlichem Wege zu lösen, indem für „Bagatelldelinquenz" Sanktionen nichtstrafrechtlicher Art vorgesehen werden, die in einem vereinfachten gerichtlichen Verfahren verhängt werden sollen[43] und nach deren Schaffung § 153 a entfallen soll. Mehr **systemimmanente Änderungsvorschläge** zielen darauf ab, die Regelung aus dem Zusammenhang der §§ 153 ff herauszulösen und die Verhängung von Auflagen und Weisungen in einer Art gerichtlichem Vor-

---

[35] Konzentrierte Zusammenfassung der Haupteinwände z. B. bei *Baumann* FS Klug 463; *Hirsch* ZStW **92** (1980) 226 ff; *Kunz* (Bagatellprinzip) 57 ff; *Meinberg* 5 f; *Roxin* § 14 B II 2 b.

[36] *Rudolphi* ZRP **1976** 168; *Hirsch* ZStW **92** (1980) 230; dagegen *Bartelt* ZRP **1977** 24; vgl. auch *Schaffstein* FS Jescheck (1985) 949.

[37] So vor allem *Dencker* JZ **1973** 149; ähnlich *Roxin* § 14 B II 2 b.

[38] *Hirsch* ZStW **92** (1980) 233; *Rüping* 98; vgl. auch *Weigend* KrimJourn. **1984** 27; näher unten Fußn. 48.

[39] So insbesondere *Kausch;* dazu krit. ausführlich *Kunz* (Bagatellprinzip) 70 ff; *Weigend* KrimJourn. **1984** 13 ff; vgl. auch *Hirsch* ZStW **92** (1980) 231.

[40] So z. B. *Baumann* ZRP **1972** 535; *Hanack* FS Gallas 357 f; *Rudolphi* ZRP **1976** 168; *Schmidhäuser* JZ **1973** 535; aber auch aus der Sicht der Praxis *Müller* ZRP **1975** 49.

[41] *Hanack* FS Gallas 347 f; *Hirsch* ZStW **92** (1980) 229; *Schöch* ZStW **92** (1980) 191; *Wolter* GA **1985** 65; *Wissgott* 380; zu den Versuchen, den Anwendungsbereich durch

staatsanwaltschaftliche Richtlinien zu begrenzen vgl. mit weit. Nachw. *Kausch* 194 ff; *Treiber* 453; zur regional unterschiedlichen Anwendungshäufigkeit mit zahlenmäßigem Nachw. *Hertwig* 43 ff, 253; *Rieß* ZRP **1983** 97 f; **1985** 214 f.

[42] *Ahrens* 23 f. Zu den davon abweichenden Ergebnissen der empirischen Untersuchungen s. Rdn. 23. Auf ihrer Grundlage spricht sich *Weigend* KrimJourn. **1984** 12 für eine Streichung des Absatz 2 aus; zu diesem krit. auch *Wolter* GA **1985** 76.

[43] Vgl. mit weit. Nachw. *Ahrens* 229 ff; *Hertwig* 256 ff; *Hirsch* ZStW **92** (1980) 236 ff; *Kunz* (Bagatellprinzip) 336 ff sowie den AE für ein Strafverfahren mit nichtöffentlicher Hauptverhandlung (1980); dazu u. a. *Baumann* NJW **1982** 1559; *Engels/Frister* ZRP **1981** 111; *Hilger* NStZ **1982** 312; *Mehle* NStZ **1982** 309; *Schüler-Springorum* NStZ **1982** 305 sowie die Beratungen des 54. DJT (1982), Gutachten *Zipf* S. C 72 ff; Referat *Dahs* (S. K 14 ff); Beschlußfassung S. K 163; s. auch *Zipf* 123.

schaltverfahren auf Antrag der Staatsanwaltschaft dem Gericht zu übertragen[44]; sie wollen durch besondere Sanktionierungsdezernate bei der Staatsanwaltschaft der Verbindung von ermittelnder und sanktionierender Tätigkeit entgegenwirken und den Anwendungsbereich der Vorschrift präziser fassen[45] oder durch eine Begründungspflicht und inhaltliche Kontrolle durch einen klageerzwingungsähnlichen Rechtsbehelf eine bessere Einhaltung der normativen Begrenzungen gewährleisten[45a].

14 $\quad$ c) **Eigene Auffassung.** Ein in erster Linie der Erläuterung des geltenden Rechts dienender Kommentar kann sich an der rechtspolitischen Diskussion nicht ausführlich beteiligen[46]. Angesichts der durch die empirischen Erkenntnisse erhellten Rechtswirklichkeit (Rdn. 22 f) besteht jedoch derzeit kein Grund, die Konzeption des § 153 a grundsätzlich in Frage zu stellen und vorschnell aufzugeben. Verfassungsrechtliche Einwände schlagen nicht durch[47]. Die Unschuldsvermutung wird angesichts der Freiwilligkeit der Auflagenerfüllung nicht tangiert[48]; diese Freiwilligkeit wiederum läßt sich ernsthaft nicht unter Hinweis auf § 136 a bezweifeln. Der Beschuldigte, der einer Einstellung nach § 153 a zustimmt, befindet sich nicht mehr, sondern eher weniger in einer „Drucksituation", als ein solcher, der sich entscheiden muß, ob er einen Einspruch gegen einen Strafbefehl oder ein Rechtsmittel gegen ein ihn verurteilendes Erkenntnis einlegen soll[49]. Die bisher vorgestellten Alternativmodelle erscheinen im übrigen wenig geeignet, besser als § 153 a den verschiedenen Zielen der Regelung zu entsprechen: teilweise sind sie nicht in der Lage, die mit ihr auch intendierte Justizbelastung zu bewirken; teilweise verfehlen sie die Entkriminalisierungsfunktion, wenn sie nicht gar auf einen nicht unbedenklichen „Geständnisdruck" hinauslaufen, der weit über die vermeintliche Drucksituation bei § 153 a hinausgeht[50].

15 $\quad$ Gegenwärtig sprechen die überwiegenden Gründe dafür, zumindest mittelfristig die augenblickliche **gesetzliche Regelung** im wesentlichen unverändert **beizubehalten,** die inzwischen in der Rechtswirklichkeit als eine systemspezifisch deutsche Variante der Diversion eine überragende Bedeutung gewonnen hat. Es besteht allerdings auch kein Bedürfnis, durch Veränderungen im Gesetzeswortlaut den Anwendungsbereich der Vorschrift lediglich zu erweitern[51]. Eine **Neukonzeption** sollte allerdings erwogen werden, wenn die Zeit insgesamt für eine Neubestimmung der Grenzen des Legalitätsprinzips reif ist (vgl. § 152, 60). Bis dahin können auch einige dogmatische und rechtspoli-

---

[44] LR-*Meyer-Goßner*[23] 114 ff; *Meyer-Goßner* ZRP **1982** 242.

[45] *Weigend* KrimJourn. **1984** 31 ff; *Wolter* GA **1985** 74; vgl. auch *Albrecht* (LV zu § 152) 157.

[45a] So *Meinberg* 247 f; vgl. auch Rdn. 89.

[46] Vgl. zur eigenen rechtspolitischen Auffassung insbes. NStZ **1981** 5 ff; ZRP **1983** 99; ferner FS Schäfer 199; ZStW **95** (1983) 548 f.

[47] Vgl. BVerfGE **50** 205, 214 = NJW **1979** 1038, wo zumindest inzident § 153 a verfassungsrechtlich nicht beanstandet wird; ausführlich *Kunz* (Bagatellprinzip) 70 ff; ferner z. B. *Gössel* FS Dünnebier 138; *Weigend* KrimJourn. **1984** 13 ff.

[48] Vgl. auch EuGHMR EuGRZ **1980** 667 ff mit Anm. *Espenhain* EuGRZ **1981** 15 und Bespr. *Trechsel* JR **1981** 135 (Fall Deweer),

wo entscheidend auf das Fehlen von Zwang abgestellt wird; ebenso *Haberstroh* NStZ **1984** 294; *Kühl* (Unschuldsvermutung) 116 ff; *Kunz* (Bagatellprinzip) 71 ff.

[49] Ebenso z. B. *Albrecht* (LV zu § 152) 156 f; *Gössel* FS Dünnebier 138; *Herrmann* ZStW **96** (1984) 471; LR-*Meyer-Goßner*[23] 8; *Jescheck* § 81 I 4 Fußn. 17.

[50] So z. B. die Geständnisvoraussetzung für die Anwendung des besonderen Verfahrens nach dem AE Nichtöffentliche Hauptverhandlung (vgl. oben Fußn. 43; *Hilger* NStZ **1982** 313); zur Geständnisvoraussetzung in § 45 JGG aber positiv *Schaffstein* FS Jescheck (1985) 951.

[51] So etwa die Vorschläge des Bundesrates zum StVÄGE 1984 (BTDrucks. **10** 1313, S. 49, 59); vgl. auch *Rieß* ZRP **1985** 216.

$\quad$ Peter Rieß

tische Unstimmigkeiten in Kauf genommen werden, deren Auswirkungen sich durch eine sachgerechte Auslegung und eine verständige Handhabung in der Praxis in Grenzen halten lassen. Diese verständige und sich von Mißbräuchen freihaltende Praxis allerdings ist die entscheidende Bedingung dafür, daß der neue Verfahrenstyp (Rdn. 1) seine Bewährungsprobe weiterhin besteht; allein aus seiner Anwendungshäufigkeit läßt sich dies nicht ableiten.

II. Anwendungsbereich

1. Rechtlicher Anwendungsbereich

16   a) **Prozessuale Tat. Vergehen.** Die Vorschrift kann in bezug auf eine prozessuale Tat nur einheitlich angewendet werden (näher § 153, 6; zur Frage des Strafklageverbrauchs s. Rdn. 67 f), die sich im Zeitpunkt der Einstellung unter allen rechtlichen Gesichtspunkten als Vergehen darstellen muß (näher § 153, 7 f). Verbrechen sind stets ausgenommen. Dagegen gibt es bei Vergehen grundsätzlich keine deliktspezifischen Ausnahmen. Die Vorschrift ist daher an sich auch auf Vergehen anwendbar, die mit einer im Mindestmaß erhöhten Strafe bedroht sind, doch werden bei diesen die sonstigen Anwendungsvoraussetzungen weniger häufig gegeben sein.

17   b) **Privatklagedelikte.** Betrifft das bei der Staatsanwaltschaft anhängige **Ermittlungsverfahren nur** ein **Privatklagedelikt,** so dürfte es, anders als bei § 153 (§ 153, 9) rechtlich zulässig sein, daß die Staatsanwaltschaft nach § 153 a Abs. 1 verfährt. Denn dessen Anwendung setzt an sich das Bestehen eines öffentlichen Interesses an der Strafverfolgung voraus, so daß die Voraussetzungen des § 376 vorliegen[52]. Kriminalpolitisch kann die Anwendung der Vorschrift bei Privatklagedelikten statt der Verweisung auf den Privatklageweg dann sinnvoll erscheinen, wenn das Verhalten des Beschuldigten einerseits eine gewisse Reaktion erforderlich erscheinen läßt, andererseits die im Privatklageverfahren allein zulässige strafrechtliche Sanktion unangemessen erscheint. Treffen in einer Tat **Privatklagedelikt und Offizialdelikt** zusammen, so ist § 153 a für die gesamte Tat anwendbar[53]. Der Strafklageverbrauch nach Absatz 1 Satz 4 erfaßt in jedem Fall auch das Privatklagedelikt, so daß eine Privatklage nie möglich ist, wenn der Beschuldigte die Auflagen und Weisungen nach Absatz 1 erfüllt hat. Die zu § 153 Abs. 1 bestehende Kontroverse (§ 153, 10 f) spielt hier keine Rolle.

18   Für das **gerichtlich anhängige Privatklageverfahren** gilt § 153 a nicht[54]; eine Einstellung nach § 383 Abs. 2 kann nach geltendem Recht nicht mit der Erfüllung von Auflagen und Weisungen verbunden werden[55]. Es wäre allenfalls, was rechtlich nicht unzulässig erscheint, daran zu denken, daß die Staatsanwaltschaft nach § 377 Abs. 2 die Strafverfolgung übernimmt und daraufhin in dem nunmehr vorliegenden Offizialverfahren das Gericht mit ihrer Zustimmung nach § 153 a Abs. 2 verfährt.

19   c) **Jugendstrafverfahren.** Bei Heranwachsenden, auf die Erwachsenenstrafrecht anzuwenden wäre, ist § 153 a uneingeschränkt anwendbar. Ob von der Bestimmung im Verfahren gegen Jugendliche und gegen Heranwachsende, auf die Jugendstrafrecht anzuwenden wäre (§ 109 Abs. 2 JGG), Gebrauch gemacht werden kann, ist in Hinblick auf die in den §§ 45 Abs. 1, 47 Abs. 1 Nr. 1 JGG getroffene Regelung umstritten. Nr. 5

---

[52] *Rieß* NStZ **1981** 8.
[53] *Kleinknecht/Meyer*[37] 34.
[54] KK-*Schoreit* 13; *Kleinknecht/Meyer*[37] 34.
[55] De lege ferenda für eine dem § 153 a entsprechende Erweiterung des § 383 Abs. 2 im

Anschluß an *Dreher* FS Welzel 940; *Rieß* Gutachten zum 55. DJT, Verh. des 55. DJT (1984), Bd. I C 110 sowie der Beschluß III 15 des 55. DJT (Verh. Bd. II L 190); ablehnend *Hirsch* FS Lange 825.

der RiJGG zu §45 scheint hiervon auszugehen[56], hat aber als bloße Verwaltungsanweisung keine rechtlich bindende Wirkung. Nach einer Gegenmeinung soll §153a unanwendbar sein[57]. Eine differenzierende Auffassung hält ihn dann für anwendbar, wenn zwar seine Voraussetzungen, nicht aber die der §§45, 47 JGG vorliegen, namentlich, wenn zwar eine Zustimmung des beschuldigten Jugendlichen (Heranwachsenden), nicht aber das nach den §§45, 47 JGG erforderliche Geständnis vorliegt[58]. Das Problem ist bei der gegenwärtigen Gesetzeslage nicht gänzlich befriedigend lösbar, da die (ohnehin problematische) Geständnisvoraussetzung im JGG und die unterschiedliche Reichweite des Verbrauchs der Strafklage (§47 Abs. 3 JGG gegenüber §153a Abs. 1 Satz 4) nicht sinnvoll miteinander in Einklang gebracht werden können. Will man den Jugendlichen nicht in bezug auf die ihm günstigen Vorschriften des allgemeinen Strafprozeßrechts schlechter stellen, wofür sich eine Begründung aus der besonderen Zielrichtung des JGG nicht finden läßt, so sprechen wohl die besseren Gründe für einen möglichst weitgehenden Vorrang des §153a. Die Frage bedarf noch weiterer Klärung.

d) Ordnungswidrigkeiten. Im Bußgeldverfahren ist §153a auch nicht entsprechend anwendbar; vielmehr bestimmt §47 Abs. 3 OWiG ausdrücklich, daß die Einstellung wegen Geringfügigkeit nicht von der Zahlung eines Geldbetrages abhängig gemacht oder damit in Zusammenhang gebracht werden darf. Damit ist über den Wortlaut hinaus insgesamt die Anwendung des §153a ausgeschlossen[59]. Ein in seiner prozessualen Funktion dem §153a teilweise verwandtes Institut stellt das Verwarnungsgeld nach §56 OWiG dar. Umfaßt die prozessuale Tat Straftat und Ordnungswidrigkeit, so ist §153a anwendbar. Anders als bei §153 (§153, 14) kann hier jedoch die Einstellung nicht auf die Straftat beschränkt werden und erfaßt die Sperrwirkung nach Absatz 1 Satz 4 in jedem Fall auch die Ordnungswidrigkeit[60]. **20**

e) Entsprechende Anwendung. Ob §153a in berufs- und ehrengerichtlichen Verfahren sowie in beamtenrechtlichen Disziplinarverfahren entsprechend anwendbar ist, ist zweifelhaft[61]. Dagegen spricht, daß in den sehr differenzierten Sanktionskatalogen des Berufs-, Ehren- und Disziplinarrechts bereits genügend dem §153a vergleichbare Reaktionsmöglichkeiten vorhanden sind, so daß kein Bedürfnis für die zusätzliche entsprechende Anwendung des §153a mit seiner auch kriminalpolitischen Zielsetzung (vgl. Rdn. 4) besteht. **21**

2. Anwendung in der Rechtswirklichkeit. Die Vorschrift hat sich nach einer anfänglich eher zögernden Aufnahme in der Praxis[62] inzwischen einen sehr breiten An- **22**

---

[56] Ähnlich (§45 Abs. 1 JGG nur anwendbar, soweit er weiter reicht als §153a) *Bohnert* NJW **1980** 1931; *Bottke* ZStW **95** (1983) 93.

[57] *Brunner* §45, 2; KK-*Schoreit* 11; *Kleinknecht*[35] 4; *Schuth* 167 ff.

[58] *Eisenberg*[2] §45, 13; *Kleinknecht/Meyer*[37] 4; *Nothacker* JZ **1982** 62; vgl. auch *Kaiser* NStZ **1982** 104.

[59] *Göhler* §47, 33; KK-*Schoreit* 10; *Kleinknecht/Meyer*[37] 6; ausführlich mit teilw. anderer Begründung *Schuth* 173 f.

[60] OLG Frankfurt NJW **1985** 1850; OLG Hamm MDR **1981** 871; OLG Nürnberg NJW **1977** 1787; *Göhler* §21, 27 und NStZ **1982** 14; KK-*Schoreit* 10; *Kleinknecht/Mey-*

er[37] 35; 52; KMR-*Müller* 1; *Zettel* MDR **1978** 533 f; a. A *Rüth* DAR **1975** 7.

[61] Bejahend für die Ehrengerichtsverfahren nach der BRAO EG Köln AnwBl. **1982** 40 (mit problematischer Begründung); verneinend *Isele* 1477.

[62] Vgl. noch die Hinweise bei LR-*Meyer-Goßner*[23] 110; *Kausch* 115 ff; *Hünerfeld* ZStW **90** (1978) 918 Fußn. 40; *Naucke* (Gutachten) D 79; *Rieß* in Strafprozeß und Reform (1979) 174; zu den früheren (heute nicht mehr maßgebenden) Anwendungshindernissen aus sozialwissenschaftlicher Sicht *Treiber* 454 ff; dazu jedoch kritisch *Düwel* ebda. 479.

wendungsbereich erobert[63]. 1983 dürfte insgesamt gegen rund 200.000 Beschuldigte das Verfahren nach der Erfüllung von Auflagen und Weisungen gemäß § 153 a eingestellt worden sein. Die Anwendung hat sich zunehmend auf die staatsanwaltschaftliche Einstellung verlagert, auf die derzeit etwa 70 % entfallen; hier nimmt die Anwendungshäufigkeit weiterhin zu, während das Anwendungspotential für die gerichtliche Einstellung ausgeschöpft zu sein scheint. Das kriminalpolitisch differenzierte Angebot der unterschiedlichen Auflagen und Weisungen wird in der Praxis kaum genutzt; jedenfalls bei den von der Staatsanwaltschaft verhängten Auflagen und Weisungen entfallen derzeit rund 98% auf die Geldzahlung (Nummer 2), nur 0,5% auf die Auflage der Schadenswiedergutmachung (Nummer 1). Entgegen ursprünglichen Befürchtungen[64] und einer anfänglich besonders in den Fällen des Absatz 2 in diese Richtung deutenden Entwicklung hat § 153 a die Einstellung nach § 153 nicht verdrängt, sondern ist im wesentlichen an die Stelle von Klageerhebungen und Urteilen getreten.

23   Aus den genaueren **empirischen Untersuchungen**[65] lassen sich bei den staatsanwaltschaftlichen Einstellungen auch keine besorgniserregenden Hinweise auf eine funktionswidrige Verwendung in der Praxis erkennen, während im gerichtlichen Verfahren, wenn auch nicht in besonders auffälligem Maße, Fälle von „Freispruchsvermeidungsstrategien" berichtet werden. In den typischen Anwendungsfällen scheint, bei fließenden Übergängen zur Anwendung des § 153, die Bagatelldelinquenz zu dominieren; als Folge davon sind die auferlegten Geldbußen durchweg von geringer Höhe. Dieser zahlenmäßig dominierende Bereich der Erledigung von Kleinkriminalität wird weitgehend nach fester Handlungsroutine abgewickelt, ermöglicht aber auch die Berücksichtigung fallspezifischer Besonderheiten. In einigen Bereichen der mittleren Kriminalität werden dagegen offenbar die Möglichkeiten der Vorschrift im Sinne einer individuell ausgehandelten „Vereinbarung" gehandhabt, bei der gelegentlich auch sehr hohe Geldauflagen angeboten, gefordert oder akzeptiert werden. Namentlich im Bereich der Wirtschaftskriminalität deuten ferner empirische Erkenntnisse darauf hin, daß die normativen Anwendungsmerkmale der geringen Schuld und des zu beseitigenden öffentlichen Interesses teilweise durch das Merkmal der „Verfahrenskomplexität" überlagert werden[65a].

III. Gemeinsame Voraussetzungen der Absätze 1 und 2. Allgemeines

1. Geringe Schuld und Beseitigung des öffentlichen Interesses

24   **a) Allgemeines. Verhältnis.** Die sachlichen Voraussetzungen des § 153 a, geringe Schuld und (durch die Auflagenerfüllung) zu beseitigendes öffentliches Interesse,

---

[63] Vgl. dazu *Heinz* ZStW **94** (1982) 644 ff; *Rieß* ZRP **1983** 93 ff; **1985** 212 ff.

[64] So *Herrmann* JuS **1976** 417; ähnlich LR-*Meyer-Goßner*[23] 115; ebenso noch (entgegen den statistischen Daten) *Mehle* NStZ **1982** 310; zur neueren, das Gegenteil belegenden statistischen Entwicklung *Rieß* ZRP **1985** 215 f.

[65] Vgl. vor allem die auf Repräsentativität angelegten Untersuchungen von *Ahrens* und *Hertwig* (auch mit Einzelfallschilderungen) sowie *Meinberg* (Wirtschaftskriminalität, mit Einzelfalldokumentation); als regional- oder

deliktspezifische Einzeluntersuchungen ferner *Feltes* Der Staatsanwalt als Sanktions- und Selektionsinstanz, in Kerner (Hrsg.) Diversion statt Strafe? (1983) 55 ff; *Kaiser/Meinberg* NStZ **1984** 343 (Wirtschaftskriminalität); *Keunecke/Schinkel* MSchrKrim. **1984** 157 (Ladendiebstahl); *Kotz* (Verhältnis zu Anklage und Strafbefehl); *Kunz* (Einstellung) (Saarland, 1977); *Treiber* 444 (Ladendiebstahl); *Wissgott* 361 f.

[65a] Näher *Meinberg* 194 ff, zusammenfassend 204; s. auch die Hinweise von *Weihrauch* (Fuß. 27) S. 130 f.

knüpfen an die Verwendung dieser Begriffe in § 153 Abs. 1 an, so daß zur Auslegung allgemein auf die dortigen Ausführungen (§ 153, 18 ff) verwiesen werden kann. Nach der auch im Gesetzeswortlaut zum Ausdruck kommenden Vorstellung des Gesetzgebers sollte wohl der Schuldmaßstab in beiden Vorschriften der Gleiche sein und die Differenzierung zwischen den Anwendungsbereichen allein über das Merkmal des öffentlichen Interesses erfolgen, das bei § 153 von Anfang an nicht besteht, bei § 153 a zwar ursprünglich vorhanden ist, aber durch die Wirkung der Auflagenerfüllung beseitigt wird. Indessen ist aus den in § 153, 19; 20 dargelegten Gründen zweifelhaft, ob sich eine solche trennscharfe Unterscheidung vornehmen läßt. Verneint man dies und sieht in beiden Merkmalen zusammen die Verweisung auf die jeweils anerkannten Sanktionszwecke des materiellen Strafrechts, so läßt sich die scharfe Zuordnung der das Sanktionsbedürfnis beseitigenden Wirkung der Auflagenerfüllung allein zur Komponente des öffentlichen Interesses nicht aufrecht erhalten, sondern es muß auch die Geringfügigkeitsgrenze für die Schuldkomponente höher als bei § 153 angesetzt werden[66], eine Konsequenz, die, wie die große Anwendungshäufigkeit der Vorschrift zeigt (Rdn. 22), wohl von der Praxis längst gezogen worden ist. Allerdings läßt sich aus dem Wortlaut weiterhin ableiten, daß das Schwergewicht der durch die Auflagenerfüllung bewirkten Reduktion des Sanktionsbedürfnisses die präventiven Elemente der Sanktion betreffen muß.

b) Geringe Schuld. Mit den in der vorstehenden Randnummer näher dargelegten **25** Einschränkungen, aus denen folgt, daß § 153 a den Strafverfolgungsbehörden auch bei einem etwas höheren „Schuldquantum" offensteht[67], decken sich die Begriffe in § 153 und § 153 a. Auf die Erläuterungen in § 153, 21 ff kann daher verwiesen werden.

c) Öffentliches Interesse. Begriff. Auch der Begriff des öffentlichen Interesses **26** deckt sich mit dem in § 153 verwendeten[68], so daß insoweit auf die Erläuterungen in § 153, 25 ff zu verweisen ist.

d) Beseitigung des öffentlichen Interesses. Während § 153 voraussetzt, daß kein **27** öffentliches Interesse an der Strafverfolgung (richtiger: an der Bestrafung[69]) besteht, muß dieses bei Anwendung des § 153 a durch die Auflagen und Weisungen beseitigt werden können. Der Gesetzeswortlaut ist insoweit ungenau, als selbstverständlich nicht die Auferlegung, sondern nur die *Erfüllung* der Auflagen und Weisungen das Strafverfolgungsinteresse beseitigen kann, und kann deshalb nur in diesem Sinne verstanden werden. Im übrigen folgt aus der Regelung ein Doppeltes: Einmal muß überhaupt ein öffentliches, durch die Auflagenerfüllung zu beseitigendes Strafverfolgungsinteresse vorhanden sein; deshalb hat die **Anwendung des § 153 Vorrang** vor der des § 153 a. Zweitens muß das Strafverfolgungsinteresse, also in erster Linie der präventive Sanktionszweck, in ausreichendem Maße durch die Auflagenerfüllung befriedigt werden können. Die Vorschrift erfordert demnach ein zwar bestehendes, aber begrenztes Strafverfolgungsinteresse. Zum Verhältnis zu § 153 b s. § 153 b, 7.

Ob eine solche **Kompensation des öffentlichen Interesses** möglich ist, hängt aller- **28** dings nicht nur vom Grad des (vorwiegend) präventiven Sanktionsbedürfnisses, sondern

---

[66] Ähnlich *Hobe* FS Leferenz 637; *Kausch* 107 f; *Kleinknecht/Meyer*[37] 6.

[67] Ebenso *Hobe* FS Leferenz 637; *Kleinknecht/ Meyer*[37] 6; **a. A** (deckungsgleich) die h. M, vgl. etwa KK-*Schoreit* 16; KMR-*Müller* 2; LR-*Meyer-Goßner*[23] 17; *Bär* DAR **1984** 131; *Eckl* JR **1975** 100; *Meinberg* 40.

[68] KMR-*Müller* 3; LR-*Meyer-Goßner*[23] 18; *Bär* DAR **1984** 131; *Boxdorfer* NJW **1976** 319; *Eckl* JR **1975** 100; einschränkend *Hanack* FS Gallas 353; krit. *Kausch* 114.

[69] Vgl. § 153, 25 mit Fußn. 66.

Peter Rieß

auch davon ab, mit welcher Intensität die Auflagen und Weisungen den Beschuldigten im Falle ihrer Erfüllung belasten würden. Zwischen ihnen und dem zu beseitigenden Strafverfolgungsinteresse besteht also eine **Wechselwirkung.** Ist das öffentliche Interesse verhältnismäßig gering, liegt der Fall also an der Grenze zu §153, so kann es durch eine eher geringfügige Auflage oder Weisung beseitigt werden. Ein gravierenderes öffentliches Interesse bedarf zu seiner Beseitigung spürbarer Auflagen, ggf. der Kombination mehrerer (Rdn. 39). Dabei ist aber zu berücksichtigen, daß die Auflagen und Weisungen keine unzumutbaren Anforderungen an den Beschuldigten darstellen dürfen (Rdn. 39); wäre das der Fall, so kann das öffentliche Interesse nicht mehr durch die Erfüllung von Auflagen oder Weisungen beseitigt und deshalb §153a nicht angewendet werden.

29 Es ist also letztlich immer eine **Frage des Einzelfalles,** ob eine Beseitigung des öffentlichen Interesses möglich ist. Dabei sind alle strafzumessungsrelevanten Umstände der (vermutlichen) Tat, die konkreten Präventionsbedürfnisse und die nach Lage des Falles in Betracht kommenden Auflagen und Weisungen gegeneinander abzuwägen. Schematische Anknüpfungen an bestimmte Merkmale oder Umstände sind dabei nicht hilfreich. Weder läßt sich generell sagen, daß bei bestimmten Deliktsgruppen regelmäßig oder besonders häufig das öffentliche Interesse durch Auflagenerfüllung beseitigt werden könne, noch scheiden andere von der Anwendung völlig oder weitgehend aus[70]. Auch die Schadenshöhe ist nur einer von mehreren, die Entscheidung beeinflussenden Umständen. Maßgebend ist immer, ob die präventiven Sanktionszwecke unvertretbar beeinträchtigt würden, wenn eine Bestrafung nicht erfolgt, wobei auch eine besonders geringe Schuld die Präventionsbedürfnisse verringert[71].

30 Unbeschadet dieser Notwendigkeit, stets die Umstände des Einzelfalls zu beachten, lassen sich als **anwendungsfördernde Umstände** beispielsweise eine verständliche Motivlage des (potentiellen) Täters, fehlende kriminelle Vorbelastung, Bemühungen um Schadensausgleich und geringe Tatfolgen bezeichnen. Wenn es auch an sich nicht darauf ankommt, ob der Beschuldigte seine Zustimmung zu den Auflagen und Weisungen aus Schuldeinsicht oder aus anderen Gründen erteilt, so kann doch diese Frage aus spezialpräventiven Erwägungen eine Rolle spielen. **Anwendungshemmend** sind dagegen in der Regel (sofern nicht die Besonderheiten der neuen Tat eine andere Beurteilung nahelegen) einschlägige oder sonstige erhebliche Vorstrafen, vorausgegangene, kurz zurückliegende Anwendungen des §153a in einem anderen Verfahren[72], aber im allgemeinen wohl auch folgenlose Einstellungen nach den §§153ff, ferner eine besondere kriminelle Intensität, etwa (wenn auch keinesfalls in jedem Fall) durch gemeinschaftliche Tatbegehung. Es gelten weitgehend die gleichen Grundsätze, wie sie auch bei der Frage, ob überhaupt ein öffentliches Interesse an der Strafverfolgung besteht, maßgebend sind (vgl. §153, 28 f).

31 **2. Tatverdacht.** Die Anwendung des §153a erfordert einen höheren Verdachtsgrad als die folgenlose Einstellung nach §153 (vgl. §153, 32). Wie die Gesetzesbegrün-

---

[70] A. A etwa für Wirtschaftskriminalität LR-*Meyer-Goßner*[23] 24; enger KK-*Schoreit* 18 (nur für bestimmte Erscheinungsformen); wie hier *Keller/Schmid* wistra **1984** 205; zur tatsächlichen Anwendungshäufigkeit *Meinberg* 72; vgl. auch *Bär* DAR **1984** 132 (Ver-

kehrsstraftaten); *Eckl* JR **1975** 100; *Hobe* FS Leferenz 638; *Kotz* 103.

[71] *Hobe* FS Leferenz 638; *Keller/Schmid* wistra **1984** 205.

[72] Vgl. dazu *Hanack* FS Gallas 359ff; zur wiederholten Anwendung der Vorschrift im gleichen Verfahren s. Rdn. 60.

dung ergibt[73], ist in der Vorschrift bewußt nicht die konjunktivische Fassung („als gering anzusehen wäre") gewählt[74] und in Absatz 1 bewußt vom Absehen von der Erhebung der öffentlichen Klage, nicht nur von der Strafverfolgung, gesprochen worden. Die Anwendung des Absatzes 1 setzt also die „Durchermittlung" voraus[75], es genügt nicht, daß lediglich ein Anfangsverdacht vorliegt. Bevor dem Beschuldigten zugemutet werden kann, durch die Erfüllung der Auflagen und Weisungen eine „Sanktion im weiteren Sinne" zu erbringen, muß mit hoher Wahrscheinlichkeit ausgeschlossen werden können, daß es im Falle der Weiterführung des Verfahrens nicht zu seiner Verurteilung kommen würde. Der Beschuldigte müßte nach der pflichtgemäßen Einschätzung des Staatsanwalts oder Richters aufgrund einer Hauptverhandlung, in der sich der ausermittelte, aktenkundige Sachverhalt als wahr herausstellte, verurteilt werden[76]. Dabei bleibt freilich die Schuldfrage offen; auch bei § 153 a hat die Verfahrensbeendigung rein prozessualen Charakter; eine mit der Unschuldsvermutung unvereinbare Schuldfeststellung oder Schuldüberzeugung liegt in ihr nicht[77].

Daß, wie im Schrifttum teilweise formuliert wird, die **Schuld feststehen** oder der **32** Richter oder Staatsanwalt **von der Schuld überzeugt** sein müsse[78], bedeutet den berechtigten Hinweis, daß Staatsanwalt oder Gericht nicht von sich aus auf Erfüllung von Auflagen hinwirken dürfen, solange sie noch Zweifel an einer andernfalls möglichen Verurteilung haben. Doch kann das Merkmal der Überzeugung hierbei nicht in dem sonst in der StPO gebrauchten Sinne verwendet werden. Denn eine Überzeugung von der Schuld läßt sich in aller Regel erst durch das Gericht nach völligem Abschluß der Beweisaufnahme, nach den Schlußvorträgen und (im Kollegialgericht) nach Beratung gewinnen. Auf diesen Verfahrenszeitpunkt ist die Anwendung des § 153 a aber nicht beschränkt. § 153 a verlangt die Schuld- bzw. Verurteilungswahrscheinlichkeit in der für die jeweilige Verfahrenslage vorgeschriebenen Verdachtsintensität. Sie muß also hinreichend im Sinne des § 203 (vgl. § 203, 6 ff) für die Anwendung des Absatzes 1 und des Absatzes 2 vor der Eröffnung des Hauptverfahrens sein[79]. Die Staatsanwaltschaft darf § 153 a nur anwenden, wenn sie bei Verneinung der Voraussetzungen die öffentliche Klage erheben, das Gericht im Zwischenverfahren nur, wenn es andernfalls die Anklage zulassen würde. **In der Hauptverhandlung** muß mindestens aufgrund des bisherigen Beweisergebnisses der hinreichende Tatverdacht (noch) vorliegen und es darf nicht zu erwarten sein, daß er durch die weitere Beweisaufnahme noch zerstreut werden könnte. Es kann aber nicht verlangt werden, daß das Gericht die Beweisaufnahme stets bis zur Sachentscheidungsreife fortführt[80]. Ist allerdings die **Beweisaufnahme** beendet, so darf § 153 a nur angewendet werden, wenn das Gericht andernfalls den Angeklagten verurteilen würde.

---

[73] BTDrucks. **7** 550, S. 298.

[74] A. A *Kunz* (Einstellung) 36, der meint, das „wäre" gelte auch hier.

[75] *Kleinknecht/Meyer*[37] 7; LR-*Meyer-Goßner*[23] 16; *Eckl* JR **1975** 101; *Wissgott* 363; etwas großzügiger KK-*Schoreit* 15; zu den nicht immer damit übereinstimmenden Praxiseinstellungen vgl. *Meinberg* 93 f, 228 f sowie das dort. Fallmaterial.

[76] So *Schuth* 165; ähnlich *Kunz* (Bagatellprinzip) 72 ff.

[77] Ausführlich *Kühl* (Unschuldsvermutung) 116 f; vgl. auch *Weihrauch* (Fußn. 27) 122.

[78] *Hanack* FS Gallas 349; ihm folgend LR-*Meyer-Goßner*[23] 18; ferner *Eckl* JR **1975** 101; *Rüth* DAR **1975** 6; *Wissgott* 363.

[79] KK-*Schoreit* 15; *G. Schäfer* § 30 II 1 b aa; *Meinberg* 190; zu der in diesem Kommentar vertretenen Auffassung, daß der hinreichende Verdacht „dringend" sein müsse, s. § 203, 12; geringere Anforderungen bei KMR-*Müller* 2 (nur dann unanwendbar, wenn Schuldfeststellung ausgeschlossen).

[80] OLG Düsseldorf VRS **68** 266.

Peter Rieß

3. Zustimmung des Beschuldigten

33 **a) Notwendigkeit. Inhalt.** Die Zustimmung des Beschuldigten zu den Auflagen und Weisungen ist ausnahmslos erforderlich, auch in den Fällen der staatsanwaltschaftlichen Einstellung nach Absatz 1 und bei gerichtlicher Einstellung nach Absatz 2 auch dann, wenn nach § 153 Abs. 2 Satz 2 die Zustimmung nicht erforderlich wäre[81]. Sie muß sich auf die Einzelheiten der vorgesehenen Auflagen und Weisungen einschließlich der Leistungsmodalitäten (wie Ratenzahlung und Frist) beziehen[82]. In der bloßen Erklärung, daß einer Einstellung „gegen Auflagen" zugestimmt werde, liegt sie noch nicht[83]. Es ist rechtlich nicht unzulässig, daß der Beschuldigte von sich aus bestimmte Auflagen und Weisungen anbietet, die er zu erfüllen bereit ist. Darin liegt dann die erforderliche Zustimmung, wenn Staatsanwaltschaft oder Gericht sie für ausreichend halten. Es ist ebenfalls möglich, daß der Beschuldigte auf die Zustimmungsanfrage hin eine Veränderung der Auflagen oder Auflagenmodalitäten vorschlägt; darin liegt eine Verweigerung der Zustimmung zur ursprünglichen Auflage, verbunden mit einer vorweg erklärten Zustimmung zu einer veränderten Auflagenfestsetzung, bei der es der Staatsanwaltschaft oder dem Gericht freisteht, ob sie hierauf eingehen wollen. Wenn auch, falls dafür ein Bedürfnis besteht, vorzuziehen sein dürfte, Art und Höhe der zumutbaren Auflagen durch informelle Gespräche der Prozeßbeteiligten zu klären[84], sind solche „Verhandlungen" über die Einstellung nicht unzulässig und müssen nicht stets dem Vorwurf des „Feilschens" oder des „Freikaufs" ausgesetzt sein.

34 Die Zustimmung muß unzweideutig, wenn auch nicht notwendig ausdrücklich erklärt werden, auch eine **konkludente Zustimmung** ist möglich. Sie liegt regelmäßig darin, daß der Beschuldigte auf die Anfrage hin, ob der Einstellung gegen bestimmt bezeichnete Auflagen und Weisungen zugestimmt werde, von sich aus die Auflagen erfüllt; in diesem Fall fallen Zustimmung und Auflagenerfüllung zusammen und die vom Gesetz vorgesehene vorläufige Einstellung entfällt. Es ist auch möglich, daß die Strafverfolgungsbehörden die Anfrage, ob der Einstellung gegen die Zahlung einer Geldauflage zugestimmt werde, sogleich mit einer bedingten Zahlungsaufforderung, etwa durch Beifügung einer Zahlkarte verbinden. Dieses Verfahren ist weder gesetzwidrig, noch regelmäßig verfehlt[85]; doch muß vermieden werden, daß beim Beschuldigten der Eindruck entsteht, er sei zur Zahlung verpflichtet, etwa durch einen entsprechenden, eindeutig gefaßten und auch einem nichtverteidigten Beschuldigten verständlichen Hinweis in der Anfrage[86]. Zur Reihenfolge der Einholung der erforderlichen Zustimmung s. Rdn. 78.

35 **b) Widerruf.** Solange die Auflagen und Weisungen nicht vollständig erfüllt sind, kann der Beschuldigte seine Zustimmung frei widerrufen[87]. Dies ergibt sich notwendigerweise daraus, daß er trotz Zustimmung in der Entscheidung frei bleibt, ob er die Auflagen und Weisungen erfüllen will. Nach der vollständigen und fristgerechten Erfüllung

---

[81] Zur (etwas pragmatischen) Begründung des Gesetzgebers vgl. BTDrucks. 7 550, S. 298.

[82] *Kleinknecht/Meyer*[37] 10; KK-*Schoreit* 47.

[83] Es ist deshalb gesetzwidrig, wenn, wie die Untersuchung von *Hertwig* 88 f, 91 ergeben hat, teilweise eine bereits bei der polizeilichen Vernehmung erklärte pauschale Zustimmung als ausreichend angesehen wird.

[84] Vgl. *Dahs* Hdb. 263; *Weihrauch* (Fußn. 27) 161 ff; vgl. auch KK-*Schoreit* 41; *Kleinknecht/Meyer*[37] 10; *Kaiser/Meinberg* NStZ

1984 345 f; *Meinberg* 218 ff und im Fallmaterial (wo solche „Verhandlungen" empirisch belegt werden); *Franzen/Gast/Samson* Steuerstrafrecht[3] (1985) § 398, 6 AO.

[85] So aber LR-*Meyer-Goßner*[23] 45; ähnlich *Gössel* JR **1984** 304; wie hier *G. Schäfer* § 31 II 2 a; zur praktischen Handhabung *Hertwig* 92.

[86] Vgl. *Hertwig* 93; *Kühne* nach Rdn. 300.

[87] Ebenso KMR-*Müller* 11.

ist die Zustimmung als Prozeßhandlung weder widerruflich noch wegen Willensmängeln anfechtbar (vgl. Einl. Kap. 10 V).

c) Verteidiger. Die Anfrage, ob die Zustimmung erteilt wird, kann an den Vertei- **36** diger gerichtet werden (§ 145 a Abs. 1)[88]. Erklärt dieser die Zustimmung, so ist regelmäßig davon auszugehen, daß es sich um eine Erklärung des Beschuldigten handelt. Im übrigen gelten die Darlegungen in § 153, 69 entsprechend.

4. Ermessen? Die Vorschrift eröffnet den Strafverfolgungsbehörden kein Ermes- **37** sen; es geht vielmehr um die Anwendung unbestimmter Rechtsbegriffe. Die Einzelheiten sind in § 153, 35 f erörtert.

IV. Auflagen und Weisungen

1. Allgemeines. Der Katalog der im Verfahren nach § 153 a zulässigen Auflagen **38** (Nr. 1, Schadenswiedergutmachung, Nr. 2, Geldleistung; Nr. 3, gemeinnützige Leistung) und Weisungen (Nr. 4, Unterhaltspflichten) ist **abschließend.** Andere Auflagen und Weisungen, auch soweit die §§ 56 b, 56 c StGB sie gestatten, sind nicht zulässig[89] und bewirken, wenn sie auferlegt und erfüllt werden, nicht den Strafklageverbrauch nach Absatz 1 Satz 4 (Rdn. 66). Könnte das öffentliche Interesse nur durch andersartige Auflagen und Weisungen beseitigt werden, so muß das Verfahren durchgeführt und ggf. mit einer Verwarnung mit Strafvorbehalt (§ 59 StGB in Vbdg. mit § 59 a StGB) beendet werden[90]. Unzulässig ist namentlich die Auflage oder Weisung, sich einer psychotherapeutischen Behandlung oder einer Entziehungskur (vgl. aber Rdn. 111 ff) zu unterziehen, an einer Nachschulung als Kraftfahrer teilzunehmen[91], auf Entschädigung für Strafverfolgungsmaßnahmen zu verzichten[92] oder die Verfahrenskosten zu übernehmen[93]. Der **Erfüllungsnachweis** der Hauptauflage ist als **Annexauflage** zulässig[94].

Die **Kombination mehrerer Auflagen und Weisungen** ist zulässig[95]; sie kann gebo- **39** ten sein, wenn nur auf diese Weise das öffentliche Interesse an der Strafverfolgung beseitigt werden kann (Rdn. 28). Doch gilt auch für die Auflagen und Weisungen nach § 153 a der in § 56 b Abs. 1 Satz 2, § 56 c Abs. 1 Satz 2 StGB positivierte Grundsatz, daß an den Beschuldigten keine unzumutbaren Anforderungen gestellt werden dürfen[96]. Betrifft die Einstellung **mehrere Taten** im Sinne des § 53 StGB, so sind **einheitliche Auflagen** festzusetzen, nicht etwa sind - z. B. im Falle der Geldauflage - Einzelbeträge für die einzelnen Taten festzusetzen, und es ist auch nicht etwa eine „Gesamtbuße" zu bilden. Absatz 2 Satz 2 schreibt eine **Befristung** für die Erfüllung der Auflagen und Weisungen vor und enthält hierfür Höchstfristen. Bei der Bemessung der konkreten Frist sind die Umstände des Einzelfalls zu berücksichtigen, nicht etwa sollte die gesetzliche Höchst-

---

[88] *Kleinknecht/Meyer*[37] 30.

[89] OLG Frankfurt NJW **1980** 515; OLG Stuttgart NJW **1980** 1009 mit krit. Bespr. *Sieg* MDR **1981** 200; KK-*Schoreit* 20; *Kleinknecht/Meyer*[37] 14; KMR-*Müller* 4; *Schuth* 28; zur Begründung vgl. BTDrucks. 7 550, S. 298; in der Praxis werden offenbar andere Auflagen gelegentlich erteilt und erfüllt, vgl. *Meinberg* 82.

[90] Vgl. auch *Dreher/Tröndle*[42] Vor § 59, 4 sowie § 153 Fußn. 155.

[91] Vgl. dazu (auch de lege ferenda) *Schreiber* Blutalkohol **1979** 19 ff.

[92] Vgl. *Seebode* NStZ **1982** 144.

[93] Insoweit problematisch LG Aachen JurBüro **1982** 584.

[94] Vgl. *Schuth* 31 (wohl bejahend); *M. J. Schmid* JR **1979** 53; näher Rdn. 50 (auch zu den Folgen der Nichterfüllung).

[95] KK-*Schoreit* 20; *Kleinknecht/Meyer*[37] 14 (auch mit unterschiedlichen Erfüllungsfristen); KMR-*Müller* 4.

[96] KK-*Schoreit* 20; LR-*Meyer-Goßner*[23] 25.

Peter Rieß

frist schematisch gesetzt werden[97]. Innerhalb der Frist können auch Ratenzahlungen auferlegt werden[98], doch hat die bloße Nichteinhaltung der Teilleistungstermine, da das Gesetz hierüber nichts enthält, nicht die Wirkung einer endgültigen Nichterfüllung der Auflage[99].

40   Die **Auflagen oder Weisungen** müssen **bestimmt** sein; daß sie durch den Beschuldigten bestimmbar sind, reicht nicht aus. Denn von der Bestimmung hängt oft ab, ob das öffentliche Interesse an der Strafverfolgung entfällt; diese Entscheidung kann nicht dem Beschuldigten überlassen bleiben. Außerdem bestünde andernfalls die Gefahr, daß unklar bliebe, ob der Strafklageverbrauch nach Absatz 1 Satz 4 eingetreten ist[100]. Der Beschuldigte muß also der Auflage oder Weisung eindeutig entnehmen können, welche Leistung, bei Geldleistungen in welcher Höhe, er bis zu welchem Zeitpunkt wem gegenüber zu erbringen hat. Er ist freilich nicht gehindert, mehr zu erbringen oder schneller zu leisten, als ihm auferlegt worden ist.

2. Schadenswiedergutmachung (Nummer 1)

41   **a) Allgemeines. Bedeutung.** Die Schadenswiedergutmachungsauflage, von der kaum Gebrauch gemacht wird[101], ist von der kriminalpolitischen Zielsetzung her von erheblicher Bedeutung; sie sollte deshalb in möglichst großem Umfang angewendet werden[102]. Der Auffassung von *Meyer-Goßner* in der 23. Auflage (Rdn. 27), daß die Wiedergutmachung des Schadens regelmäßig dem zivilgerichtlichen Verfahren zu überlassen sei, ist zu widersprechen; die von ihm angeführten Schwierigkeiten und Bedenken lassen sich durch eine sachgerechte Handhabung vermeiden. So läßt sich etwa die Auflage summenmäßig auf den mit Sicherheit entstandenen Schaden begrenzen und ggf. mit einer Auflage nach den Nummern 2 und 3 kombinieren. Eine zusätzliche **Anhörung des Beschuldigten** außerhalb der Zustimmung darüber, was er als Schaden anzuerkennen bereit sei, ist nicht erforderlich[103]; meint der Beschuldigte, die ihm auferlegte Wiedergutmachungsleistung nicht zu schulden, so kann er seine Zustimmung unter Hinweis hierauf verweigern und zugleich mitteilen, welche Schadenswiedergutmachungsleistung er zu erbringen bereit ist. Daß der Beschuldigte die Tat bestreitet, macht die Auflage nicht unzulässig[104], aus seiner Zustimmung darf aber später kein Schuldindiz hergeleitet werden.

42   **b) Schadensbegriff. Zivilrecht.** Ob ein ersetzbarer Schaden entstanden ist, richtet sich grundsätzlich nach den bürgerlich-rechtlichen Vorschriften; die Einzelheiten sind teilweise umstritten[105]. Jedenfalls scheidet die Schadenswiedergutmachung aus, wenn

---

[97] KK-*Schoreit* 49; *Kleinknecht/Meyer*[37] 23; zur praktischen Handhabung (überwiegend kurze Fristen) *Hertwig* 135; *Meinberg* 87; in der Einzelfalldokumentation bei *Meinberg* finden sich jedoch auch Beispiele für die gesetzliche Höchstfrist überschreitende Fristbestimmungen und Fristverlängerungen.

[98] *Kleinknecht/Meyer*[37] 20.

[99] **A. A** wohl *Kleinknecht/Meyer*[37] 24, der in Analogie zu § 42 Satz 2 und § 56 f Abs. 1 Nr. 2, 3 StGB Widerruf und Verfallsklauseln für möglich hält.

[100] Vgl. auch *Schuth* 146 f.

[101] Vgl. *Rieß* ZRP **1983** 95; **1985** 213 sowie oben Rdn. 22.

[102] *Kleinknecht/Meyer*[37] 15; *Kunz* (Bagatellprinzip) 289 ff; enger KMR-*Müller* 5. Der 55. DJT (Verh. des 55. DJT, 1984 Bd. II S. L 192, Beschl. IV 3) hat gefordert, daß von der Wiedergutmachungsauflage in möglichst großem Umfang Gebrauch gemacht werden solle. Kritisch zur gegenwärtigen geringen Anwendung auch *Wolter* GA **1985** 65.

[103] So *Schuth* 29.

[104] *Kleinknecht/Meyer*[37] 15; **a. A** *Dreher/Tröndle*[42] § 248 a, 12; *Dreher* FS Welzel 938.

[105] Vgl. auch das Schrifttum und die Rechtsprechung zu § 56 b Abs. 1 Nr. 1 StGB, z. B. mit weit. Nachw. LK-*Ruß* 56 b, 4 ff.

überhaupt kein Schaden entstanden oder dieser bereits durch den Beschuldigten selbst oder einen Dritten ausgeglichen worden ist. Im zweiten Fall kann allerdings die dem Dritten, beispielsweise der Versicherung, gegenüber ggf. durch Forderungsübergang entstandene Ersatzpflicht zum Gegenstand der Auflage gemacht werden. Ist die Ersatzpflicht bereits durch ein Zivilurteil geklärt, so darf die Auflage dies nicht unbeachtet lassen[106]. Im übrigen ist das Strafverfolgungsorgan in der Bestimmung des Schadensumfangs frei. Nach wohl überwiegender und zutreffender Meinung steht die Verjährung des Ersatzanspruchs der Auflage nicht entgegen[107]. Eine weitergehende Lösung der Wiedergutmachungsauflage von der zivilrechtlichen Grundlage ist zwar kriminalpolitisch wünschenswert[108], dürfte sich aber mit dem Gesetzeswortlaut nicht vereinbaren lassen[109]. Solange in § 153 a (und in § 56 b Abs. 2 Nr. 1 StGB) lediglich der Begriff des „Schadens" verwendet wird, lassen sich hinreichend klare Maßstäbe für eine abweichende Bestimmung von Schadensgrund und Schadenshöhe nicht finden.

c) Bestimmte Leistung. Einzelfragen. Anders als bei § 56 b Abs. 2 Nr. 1 StGB darf **43** die Auflage nicht dahin lauten, den Schaden nach Kräften wiedergutzumachen, sondern muß die geschuldete Wiedergutmachungsleistung genau bestimmen. In der Regel wird die Leistung eines bestimmten Geldbetrages (ggf. in Raten) angeordnet werden; dies kann auch als Schmerzensgeld für immaterielle Schäden geschehen, soweit ein solches zivilrechtlich gefordert werden kann[110]. Sowohl bei Vermögens- als auch bei Nichtvermögensschäden kommen aber auch andere, genau bestimmte Wiedergutmachungsleistungen in Betracht, so etwa die Abgabe einer Ehrenerklärung oder, unter den Voraussetzungen der §§ 165, 200 StGB, eine öffentliche Bekanntmachung[111].

Naturalrestitution kann dem Beschuldigten ebenfalls als bestimmte Wiedergutma- **44** chungsleistung auferlegt werden. Soweit der Gläubiger sich diese nach zivilrechtlichen Vorschriften (vgl. z. B. § 251 ff BGB) nicht aufdrängen zu lassen braucht, wird allerdings dessen Einverständnis vorliegen müssen. Auch ein Konkursverfahren über das Vermögen des Beschuldigten hindert die Wiedergutmachungsauflage nicht; sie trifft aber nie die Konkursmasse[112]. Ob dem Beschuldigten als Schadenswiedergutmachung ein Beitrag zu den dem Verletzten durch seinen Anschluß als **Nebenkläger** entstandenen Kosten auferlegt werden darf, ist umstritten[113], aber wohl zu verneinen[114].

3. Geldzahlung (Nummer 2). Die Auflage, einen Geldbetrag zugunsten einer ge- **45** meinnützigen Einrichtung oder der Staatskasse zu zahlen, stimmt im Wortlaut mit § 56 b Abs. 2 Nr. 2 StGB überein, so daß die zu dieser Vorschrift vorhandene Rechtsprechung und Literatur für die Auslegung herangezogen werden kann[115]. Sie ist in der Anwendungspraxis des § 153 a die ganz dominierende Auflage (Rdn. 22). Staatskasse und ge-

---

[106] *Kleinknecht/Meyer*[37] 16.

[107] OLG Koblenz NJW **1976** 527; OLG Stuttgart MDR **1971** 1025; *Kleinknecht/Meyer*[37] 16.

[108] Vgl. dazu etwa *Odersky* Verh. des 55. DJT (1984) Bd. II S L 40 ff; ferner u. a. *Baur* GA **1957** 344; *Frehsee* NJW **1981** 1253; *Schall* NJW **1977** 1045.

[109] Ebenso KMR-*Müller* 5; **a. A** (mit Beispielen) LR-*Meyer-Goßner*[23] 28.

[110] KK-*Schoreit* 24; *Kleinknecht/Meyer*[37] 17.

[111] *Kleinknecht/Meyer*[37] 17; LR-*Meyer-Goßner*[23] 29.

[112] Näher *Schreiner* DRiZ **1977** 336.

[113] Bejahend *M. J. Schmid* JR **1980** 406; verneinend OLG Frankfurt MDR **1980** 515; *Kleinknecht/Meyer*[37] 16; KK-*Schoreit* 22.

[114] Die wohl h. M verneint auch die Erstattungsfähigkeit der Nebenklagekosten im Rahmen des zivilrechtlichen Schadensersatzes, vgl. dazu BGHZ **24** 263; LR-*K. Schäfer*[23] Vor § 464, 30 mit weit. Nachw.; KK-*Schikora* § 471, 10 a. E; ferner *Staudinger-Medicus*[12] § 251, 88; *Freundorfer* NJW **1977** 2153 ff; *Leonhard* NJW **1976** 2152 ff.

[115] Vgl. mit weit. Nachw. LK-*Ruß* § 56 b, 10 ff.

meinnützige Einrichtung stehen gleichwertig nebeneinander[116]. Einzelpersonen sind keine gemeinnützigen Einrichtungen im Sinne der Vorschrift[117]. In Betracht kommen nur Vereinigungen, bei denen sich die Gemeinnützigkeit - ohne Bindung an die steuerrechtliche Anerkennung als gemeinnützig[118] - aus ihren Zwecken ergeben muß[119]. Die **Auswahl** der gemeinnützigen Einrichtung obliegt dem Gericht oder der Staatsanwaltschaft[120]; besondere Wünsche und Vorschläge des Beschuldigten können berücksichtigt werden, in geeigneten Fällen kann auch eine Beziehung zur Tat oder zum Täter hergestellt werden[121]. Zwischen dem Beschuldigten und der begünstigten Einrichtung entstehen durch die Auflage keine Rechtsbeziehungen, namentlich erwirbt diese keinen Anspruch auf die Geldleistung[122]. Es ist auch zulässig, einen Teil der Geldzahlung einer gemeinnützigen Einrichtung und den Rest der Staatskasse zuzuweisen. Geldleistungen eines Beschuldigten in Erfüllung einer Auflage nach § 153 a dürfen nicht als Spenden, Betriebsausgaben oder Werbungskosten steuermindernd berücksichtigt werden[123].

46   Die **Kosten des Verfahrens** dürfen dem Beschuldigten nicht als Geldleistung auferlegt werden[124]. Allerdings sollen bei der Verteilung der Geldleistung und der Bestimmung ihrer Höhe die bisher entstandenen Verfahrenskosten berücksichtigt werden können[125], jedoch ist es bedenklich, die Höhe der der Staatskasse zufließenden Geldleistung exakt an den Verfahrenskosten zu orientieren[126].

47   Die **Höhe der Geldleistung** ist gesetzlich weder näher bestimmt noch beschränkt[127]. In der Praxis werden namentlich in den statistisch dominierenden Fällen der Bagatellkriminalität nur verhältnismäßig geringfügige Geldleistungen festgesetzt[128], im Bereich der Wirtschaftskriminalität und ähnlicher Delikte in seltenen Fällen allerdings auch sehr hohe Beträge. Bei der Festsetzung der Höhe des Geldbetrages sind einerseits die persönlichen und wirtschaftlichen Verhältnisse des Beschuldigten zu berücksichtigen, andererseits spielt die Größe des durch die Auflagen zu beseitigenden öffentlichen Interesses an der Strafverfolgung eine Rolle. Im Ergebnis werden die hier anzustellenden Überlegungen denen bei der Geldstrafenfestsetzung ähnlich sein; ob sie sich auch an der im Falle einer Verurteilung zu verhängenden Geldstrafe „orientieren" sollten[129], erscheint zweifelhaft. Die Unzumutbarkeitsgrenze (Rdn. 39) ist ebenso zu

---

[116] *Kleinknecht/Meyer*[37] 19; LR-*Meyer-Goßner*[23] 32; zur Auffassung bei § 56 b StGB vgl. mit weit. Nach. LK-*Ruß* § 56 b, 10.

[117] *Kleinknecht/Meyer*[37] 18.

[118] KK-*Schoreit* 26; *Kleinknecht/Meyer*[37] 18; LK-*Ruß* § 56 b, 10 mit weit. Nachw.; a. A KMR-*Müller* 6.

[119] Nachweise über Verwaltungsvorschriften über die Zuweisung an gemeinnützige Einrichtungen bei *Kleinknecht/Meyer*[37] 20; LK-*Ruß* § 56 b, 10.

[120] LK-*Ruß* § 56 b, 10.

[121] Zurückhaltend KK-*Schoreit* 27.

[122] *Kleinknecht/Meyer*[37] 18.

[123] § 5 Abs. 1 Satz 1 Nr. 8 und § 12 Nr. 4 EStG, § 10 Nr. 3 KStG in der Fassung des Gesetzes vom 25. 7. 1984, BGBl. I 1006; *Bordewin* Finanzrundschau **1984** 405; a. A *Grezesch* wistra **1985** 183 (entgegen dem klaren Gesetzeswortlaut, der gesetzgeberischen Absicht und dem Sinn der Neuregelung); vgl. FG Berlin NJW **1985** 1045 (beim Verstoß gegen

Rückwirkungsverbot); zur Frage der Deckungspflicht der Rechtsschutzversicherung vgl. z. B. LG Karlsruhe JurBüro **1984** 720.

[124] LG Trier AnwBl. **1980** 463 mit Anm. *Chemnitz*; *Chemnitz* AnwBl. **1985** 126; vgl. auch BHSt **9** 365; OLG München MDR **1957** 500.

[125] *Kleinknecht/Meyer*[37] 19; LR-*Meyer-Goßner*[23] 32; krit. KK-*Schoreit* 28.

[126] Vgl. dazu die problematische Handhabung in dem der Entscheidung LG Karlsruhe JurBüro **1984** 720 zugrundeliegenden Fall.

[127] *Kleinknecht/Meyer*[37] 19; de lege ferenda für eine niedrige summenmäßige Begrenzung *Kunz* (Einstellung) 104; *Weigend* KrimJourn. **1984** 25.

[128] Vgl. *Ahrens* 100; *Hertwig* 130; *Kunz* (Einstellung) 74; höhere Beträge (bei denen aber auch 50 % unter DM 1.500 und nur 7 % über DM 20.000 lagen) in den Fällen der Wirtschaftskriminalität bei *Meinberg* 83 f.

[129] So LR-*Meyer-Goßner*[23] 33; vgl. aber KK-*Schoreit* 25.

beachten wie das Verhältnismäßigkeitsprinzip[130]. Es ließe sich wohl auch begründen, daß die Obergrenze der Geldstrafe (§ 40 StGB) in keinem Fall durch eine Geldauflage überschritten werden darf.

4. Die Auflage, **sonstige gemeinnützige Leistungen (Nummer 3)** zu erbringen, **48** stimmt mit der in § 56 b Abs. 2 Nr. 3 StGB überein[131]. Sie wird in der Praxis verhältnismäßig selten genutzt, kommt aber insbesondere gegen solche Beschuldigten in Betracht, die zu einer ausreichenden Geldleistung nicht in der Lage sind. Sie kann sinnvoll nur verhängt werden, soweit im Einzelfall der organisatorische Rahmen für die zu erbringende Leistung vorhanden ist. Dabei kann auch auf die landesrechtlich zu regelnden Möglichkeiten zurückgegriffen werden, eine uneinbringliche Geldstrafe durch freie Arbeit zu tilgen[132]. Bei der Erfüllung dieser Auflage genießt der Beschuldigte den Schutz der gesetzlichen Unfallversicherung (§ 539 Abs. 2 RVO, vgl. auch § 539 Abs. 1 Nr. 7, 8, 10 RVO). Wegen des Zustimmungserfordernisses lassen sich bei § 153 a die zu § 56 Abs. 2 Nr. 3 StGB erhobenen verfassungsrechtlichen Bedenken[133] nicht geltend machen, allerdings ist wegen der recht unbestimmten Weite des Gesetzeswortlauts die Unzumutbarkeitsgrenze (Rdn. 39) besonders zu beachten.

5. Erfüllung von Unterhaltspflichten. (Nummer 4). Es handelt sich um eine Weisung **49** im Sinne von § 56 c Abs. 2 StGB, die sich von der dort unter Nummer 5 geregelten dadurch unterscheidet, daß die zu erfüllende Unterhaltspflicht genau bestimmt werden muß. Der Sache nach handelt es sich um einen Sonderfall der Schadenswiedergutmachung. Zur Frage der Bindung an das Zivilrecht s. Rdn. 42. Die Unterhaltspflicht wird regelmäßig durch Geldzahlungen zu erfüllen sein; Naturalleistungen kommen nur dann in Betracht, wenn sie zivilrechtlich geschuldet sind oder der Unterhaltsberechtigte sich mit ihnen einverstanden erklärt[134]. Wenn auch der Hauptanwendungsfall der Vorschrift der Vorwurf einer Unterhaltspflichtverletzung (§ 170 b StGB) ist[135], so ist gesetzlich die Verhängung dieser Auflage auch bei anderen Tatvorwürfen nicht ausgeschlossen[136]; doch dürfte mindestens erforderlich sein, daß die Straftat, die dem Beschuldigten vorgeworfen wird, einen sachlichen Bezug zur Nichterfüllung der Unterhaltspflicht hat. Bei dieser Weisung beträgt die Höchstfrist nach Absatz 1 Satz 2 abweichend von den anderen Auflagen nicht sechs Monate, sondern ein Jahr.

6. Kontrolle der Erfüllung der Auflagen und Weisungen. Ob der Beschuldigte die **50** Auflagen oder Weisungen erfüllt hat, hat die Strafverfolgungsbehörde zu überprüfen, die sie auferlegt hat; in den Fällen des Absatzes 1 also die Staatsanwaltschaft, in denen des Absatzes 2 das Gericht, ggf. mit Hilfe der Geschäftsstellen[137]. Eine Verpflichtung, den Beschuldigten zur Erfüllung der Auflagen oder Weisungen anzuhalten, ihn etwa zur pünktlichen Zahlung zu ermahnen, besteht nicht. Die durch die Auflagen und Weisungen Begünstigten, namentlich die gemeinnützigen Einrichtungen, können veranlaßt werden, Staatsanwaltschaft oder Gericht von der Erfüllung zu informieren.

---

[130] *Kleinknecht/Meyer*[37] 19.

[131] Vgl. dazu, auch mit Hinweisen zur praktischen Anwendung LK-*Ruß* § 56 b, 13 f.

[132] Vgl. Art. 293 EGStGB 1974 und die Übersicht bei *Schall* NStZ **1985** 104, 108; vgl. auch *Schädler* ZRP **1985** 189.

[133] Vgl. mit weit. Nachw. LK-*Ruß* § 56 b, 13.

[134] Wohl weitergehend LR-*Meyer-Goßner*[23] 37; gänzlich verneinend *Kleinknecht/Meyer*[37] 22.

[135] Vgl. Begr. BTDrucks. **5** 550, S. 298.

[136] *Kleinknecht/Meyer*[37] 22; KMR-*Müller* 8; LR-*Meyer-Goßner*[23] 38; LK-*Ruß* § 56 c, 17.

[137] KK-*Schoreit* 52; *Kleinknecht/Meyer*[37] 26.

Peter Rieß

Rechtlich verpflichtet dazu sind sie nicht, doch kann eine insoweit zutagegetretene Unzuverlässigkeit bei weiteren Zuweisungen berücksichtigt werden. Wenn dem Beschuldigten der Leistungsnachweis auferlegt wird (Rdn. 38), wird der Eintritt des Strafklageverbrauchs nicht dadurch gehindert, daß er allein diese Verpflichtung nicht erfüllt[138]; wird das Verfahren fortgesetzt, weil es am Leistungsnachweis fehlt, und behauptet der Beschuldigte, die Auflagen erfüllt zu haben, so muß dem nachgegangen werden.

7. Änderung und Aufhebung der Auflagen und Weisungen

51   **a) Allgemeines.** Absatz 1 Satz 3 gestattet in begrenztem Umfang eine nachträgliche Korrektur der Auflagen und Weisungen und ihrer Modalitäten. Damit können sie sowohl einer späteren Veränderung der Umstände angepaßt als auch wegen einer anfänglichen Fehlbeurteilung korrigiert werden. Mit der Änderungsmöglichkeit kann auch die Härte der nicht ganz bedenkenfreien Regelung gemildert werden, daß auch eine vom Beschuldigten nicht zu vertretende Leistungsstörung zur Verfahrensfortsetzung zwingt. Zugunsten des Beschuldigten (einer ihm nachteiligen Änderung wird er regelmäßig nicht zustimmen) kommen Änderungen immer dann in Betracht, wenn etwa seine Leistungsfähigkeit erheblich überschätzt wurde oder sich im Laufe der Erfüllungsfrist verschlechtert hat, oder wenn ihm aus anderen Gründen die Erfüllung ohne Verschulden unmöglich geworden ist, etwa, wenn eine auferlegte Schadenswiedergutmachung mangels ersetzbaren Schadens nicht möglich ist. Hier kann auf eine andere Auflage ausgewichen werden, die in gleicher Weise geeignet ist, das öffentliche Interesse an der Strafverfolgung zu beseitigen. Ohne daß solche Sachgründe vorliegen, wird es regelmäßig keinen Grund für eine nachträgliche Änderung geben. Die Änderung kann auch vom Beschuldigten selbst angeregt werden[139], dies stellt dann zugleich die erforderliche Zustimmung dar.

52   Ob eine Veränderung (Fristverlängerung, Aufhebung, Änderung) der Auflage oder Weisung auch noch möglich ist, wenn die **Ursprungsfrist** bereits **verstrichen** ist, ist nicht unzweifelhaft[140]. Es dürfte aber nach dem Sinn der Änderungsmöglichkeit zu bejahen sein, zumal nicht selten Beschuldigte die tatsächlichen Umstände, die eine Veränderung rechtfertigen, erst nach Ablauf der Ursprungsfrist geltend machen werden.

53   **b) Zustimmung von Gericht oder Staatsanwaltschaft.** Da der Wortlaut der Vorschrift die nach Absatz 1 erforderliche Zustimmung des Gerichts und die nach Absatz 2 erforderliche Zustimmung der Staatsanwaltschaft nur für den Grundfall der jeweiligen Erteilung der Auflagen und Weisungen erwähnt, wird im Schrifttum allgemein angenommen, daß sie für nachfolgende Änderungen nicht erforderlich sei[141], zugleich wird aber teilweise die Problematik dieser Auslegung eingeräumt[142]. Doch ist der Gesetzeswortlaut insoweit keineswegs eindeutig; das in den beiden Absätzen jeweils enthaltene Zustimmungserfordernis läßt sich auch umfassend verstehen. Aus den Gesetzesmaterialien ergibt sich zu dieser Frage kein näherer Aufschluß. Nach der in diesem Kommentar vertretenen Auffassung erfordert das Prinzip der übereinstimmenden Beurteilung der Sache, daß die ursprüngliche Zustimmung die Einstellungsmodalitäten voll decken muß

---

[138] *M. J. Schmid* JR **1979** 53.

[139] Zur Frage der Glaubhaftmachung der tatsächlichen Umstände *Eckl* JR **1975** 101; *Rüth* DAR **1975** 7.

[140] Für die Zulässigkeit *Eckl* JR **1975** 101; KMR-*Müller* 14; LR-*Meyer-Goßner*[23] 65;

enger (nur für Aufhebung) KK-*Schoreit* 58; a. A *Kleinknecht/Meyer*[37] 40.

[141] KK-*Schoreit* 55; 61; *Kleinknecht/Meyer*[37] 42; KMR-*Müller* 14.

[142] LR-*Meyer-Goßner*[23] 62.

(Rdn. 74). Dieser Grundsatz würde aber aus den Angeln gehoben, wenn man eine zustimmungsfreie Auflagenänderung, die bis zur Aufhebung gehen könnte, für zulässig halten wollte. Entgegen der h. M ist deshalb eine Auflagenkorrektur durch die Staatsanwaltschaft (außer in den Fällen des Absatz 1 Satz 6) nur mit Zustimmung des Gerichts, eine solche durch das Gericht nur mit Zustimmung der Staatsanwaltschaft zulässig.

c) Fristverlängerung. Die Frist für die Auflagenerfüllung darf um höchstens drei **54** Monate, in den Fällen der Nummer 4 (Unterhaltspflichten) um höchstens sechs Monate verlängert werden, und zwar, wie der Gesetzeswortlaut eindeutig ergibt, nur einmal. Verlängert werden kann nur die im konkreten Fall gesetzte Frist; auch wenn sie kürzer als nach dem Gesetz zulässig bemessen war, darf dabei die Höchstdauer für die Verlängerung nicht überschritten werden. Diese braucht aber nicht ausgeschöpft zu werden. Fristverkürzungen läßt das Gesetz nicht zu; selbstverständlich kann aber der Beschuldigte die Auflagen vorzeitig erfüllen, es sei denn, daß die Auflage gerade den Inhalt hat, etwa eine gemeinnützige Leistung während eines bestimmten Zeitraumes zu erbringen.

d) Änderungen der Auflagen und Weisungen bedürfen stets, auch wenn sie für **55** ihn vorteilhaft erscheinen, der Zustimmung des Beschuldigten. Sie können in einer Veränderung der auferlegten Leistung innerhalb der Auflage, in der Auswechslung der Auflagen und Weisungen, im Wegfall einer von mehreren erteilten Auflagen oder Weisungen oder in der Begründung einer zusätzlichen Auflage oder Weisung bestehen.

e) Aufhebung. Die gänzliche Aufhebung der Auflagen oder Weisungen wird nur **56** ausnahmsweise in Frage kommen. Bei korrekter Rechtsanwendung muß vor Anwendung der Vorschrift geklärt sein, daß nur durch die Erfüllung von Auflagen oder Weisungen ein an sich bestehendes öffentliches Interesse an der Strafverfolgung beseitigt werden kann; mit dieser Bewertung würde sich der spätere Verzicht auf jede Auflage oder Weisung regelmäßig in Widerspruch setzen. Für eine Aufhebung in Betracht kommen aber etwa Fälle der Schadenswiedergutmachungsauflage, wenn sich herausstellt, daß der Schaden vom Beschuldigten bereits ausgeglichen war, sonstige, positiv zu bewertende, in Hinblick auf die Tat erbrachte, wenn auch nicht auferlegte Leistungen des Beschuldigten, die in ihrer Bedeutung der Auflage vergleichbar sind und wie diese das Sanktionsbedürfnis entfallen lassen, oder neu bekanntgewordene Umstände, die im Urteil das Absehen von Strafe nach § 60 StGB rechtfertigen würden. Hat der Beschuldigte bereits **Teilleistungen** erbracht, die sich als ausreichend zur Beseitigung des öffentlichen Interesses erweisen, so kommt keine Aufhebung in Frage, sondern eine Änderung dergestalt, daß nunmehr diese Teilleistungen als Auflage bestimmt werden.

Die **Aufhebung** der Auflage oder Weisung **steht** in den Folgen für das Verfahren **57** **der Erfüllung gleich.** Insbesondere tritt damit Strafklageverbrauch ein. Dem scheint allerdings der Wortlaut des Absatz 1 Satz 4 entgegenzustehen, demzufolge diese Wirkung nur eintritt, wenn der Beschuldigte die Auflagen oder Weisungen „erfüllt". Doch kann dies nicht richtig sein; vielmehr hat der Gesetzgeber offenbar den Sonderfall der Aufhebung übersehen, über den auch die Gesetzesmaterialien nichts enthalten. Denn die Sperrwirkung tritt in bedingter Form bereits mit der Erteilung der Auflagen und Weisungen ein (Rdn. 62), nur die Nichterfüllung der Auflagen berechtigt zur Verfahrensfortsetzung unter dem Gesichtspunkt eines Vergehens. Das Gericht oder die Staatsanwaltschaft können bei dieser Rechtslage nicht die Macht haben, die bereits bedingt eingetretene Sperrwirkung dadurch zu beseitigen, daß sie dem Beschuldigten durch Aufhebung der Auflagen deren Erfüllung und damit die Herbeiführung der Bedingung rechtlich unmöglich machen.

Peter Rieß

58   **8. Leistungsstörungen.** Das Verfahrenshindernis nach Absatz 1 Satz 4 tritt nur ein, wenn der Beschuldigte die ihm erteilten, ggf. geänderten Auflagen oder Weisungen fristgerecht vollständig erfüllt[143]. Eine Teilerfüllung hilft dem Beschuldigten nicht, weil dadurch die Eignung der Auflage entfallen kann, das öffentliche Interesse an der Strafverfolgung zu beseitigen[144]. Ob den Beschuldigten an der Nichterfüllung, Teilerfüllung oder verspäteten Erfüllung ein **Verschulden** trifft, ist **unerheblich**[145]. Bei unverschuldeter „Schlechterfüllung" besteht jedoch nach der in diesem Kommentar vertretenen, umstrittenen Auffassung (Rdn. 52) die Möglichkeit, auch nach Fristablauf durch Fristverlängerung, soweit diese noch möglich ist, Änderung oder äußerstenfalls Aufhebung gemäß Absatz 1 Satz 3 die Auflagen dem Leistungsvermögen des Beschuldigten anzupassen[146]; wird so verfahren, so ist für die Frage, ob die Auflagen vollständig erfüllt sind, ihr geänderter Inhalt maßgebend. Läßt sich aufgrund geänderter Umstände, die die Leistungsstörung bewirkt haben, ggf. auch unter Berücksichtigung bereits erbrachter Teilleistungen, das öffentliche Interesse an der Strafverfolgung verneinen, so kann das Verfahren nach § 153 eingestellt werden[147].

59   Hat der Beschuldigte **Teilleistungen** erbracht und kommt es nicht zu einer endgültigen Einstellung, sondern wird das Verfahren fortgesetzt, so **werden** diese kraft ausdrücklicher gesetzlicher Vorschrift (Absatz 1 Satz 5) **nicht erstattet**[148]. Das muß nach den für diese Regelung maßgebenden Motiven auch für verspätete Leistungen gelten[149]. Sie können auch nicht auf eine später erkannte Strafe angerechnet werden, da anders als in § 56 f Abs. 3 Satz 2 StGB, eine Anrechnungsvorschrift fehlt[150]. Solche Teilleistungen sind jedoch, worüber das Gericht sich im Urteil äußern muß, bei der Strafzumessung zugunsten des Verurteilten zu berücksichtigen[151]. Dagegen findet die Nichterstattung von Leistungen anordnende Satz 5 schon seinem Wortlaut nach **keine Anwendung,** wenn der Nichteintritt des Strafklageverbrauchs nach Satz 4 auf anderen Gründen als der Nichterfüllung beruht, etwa wenn das Verfahren fortgesetzt wird, weil es sich um ein Verbrechen handelt.

60   Wieweit nach erstmaliger Nichterfüllung eine **nochmalige Anwendung des § 153 a** im gleichen Verfahren möglich ist, ist umstritten. Der Gesetzgeber hat ausweislich der Begründung eine mehrmalige Anwendung in besonderen Fällen nicht ausschließen wollen[152]. Demgegenüber will *Meyer-Goßner* in der 23. Auflage (Rdn. 67) eine erneute Anwendung des Absatzes 1 nicht mehr zulassen, sondern nur noch eine solche nach Ab-

---

[143] KK-*Schoreit* 63; KMR-*Müller* 15; enger *Eckl* JR **1975** 101, der auf die Erheblichkeit der Abweichung abstellt, kritisch *Hanack* FS Gallas 361 f.

[144] So *Schuth* 144.

[145] OLG Düsseldorf MDR **1976** 423; KK-*Schoreit* 63; *Kleinknecht/Meyer*[37] 25; KMR-*Müller* 15; zu den (wenig überzeugenden, vgl. *Hanack* aaO) Gründen vgl. BTDrucks. 7 550, S. 298.

[146] Ebenso *Eckl* JR **1975** 101; KMR-*Müller* 15; *Rüth* DAR **1975** 6 f.

[147] *M. J. Schmid* JR **1979** 53.

[148] Zu den Gründen der auch im Gesetzgebungsverfahren umstrittenen (vgl. Protokolle der 17. Sitzung des Sonderaussch. für die Strafrechtsreform, 7. LegPer. S. 747 f) Regelung näher LR-*Meyer-Goßner*[23] 68.

[149] Enger (wenn ein anderer Rechtsgrund besteht) KK-*Schoreit* 64; a. A KMR-*Müller* 16.

[150] LR-*Meyer-Goßner*[23] 69; *M. J. Schmid* JR **1979** 53; a. A *Eckl* JR **1975** 101 Fußn. 26; KK-*Schoreit* 64; *Kleinknecht/Meyer*[37] 46; *Hanack* FS Gallas 362.

[151] Ebenso LR-*Meyer-Goßner*[23] 69; *M. J. Schmid* aaO; vgl. auch zur ähnlichen Problematik des „Härteausgleichs" bei einer nicht mehr möglichen Gesamtstrafenbildung oder zur Berücksichtigung der beamtenrechtlichen Folgen *Dreher/Tröndle*[42] § 55, 7; *Mösl* NStZ **1984** 161.

[152] Begr. BTDrucks. 7 550, S. 299; ebenso KK-*Schoreit* 35; *Kleinknecht/Meyer*[37] 40; KMR-*Müller* 16.

satz 2 durch das Gericht, weil andernfalls eine mehrfache Anwendung die Fristbestimmung des Absatz 1 Satz 2 unterlaufe. Dagegen ist aber zu bedenken, daß eine nochmalige Anwendung der Vorschrift die Erteilung neuer Auflagen oder Weisungen nach erneuter Zustimmung erfordert[153]. Ein solches Verfahren kann deshalb nicht als rechtlich unzulässig angesehen werden und im Einzelfall dazu dienen, unverschuldete Leistungsstörungen auszugleichen[154].

V. Strafklageverbrauch (Absatz 1 Satz 4)

1. Allgemeines. Bedeutung. Die in Absatz 1 Satz 4 getroffene Regelung, daß nach **61** der Erfüllung der Auflagen und Weisungen die prozessuale Tat (Rdn. 16; 69) nicht mehr als Vergehen verfolgt werden darf, daß diese Erfüllung also einen rechtskraftähnlichen Verfahrensabschluß bewirkt, stellt, jedenfalls soweit die staatsanwaltschaftliche Einstellung in Frage steht, die eigentliche dogmatische Besonderheit der Vorschrift dar. Sie verdeutlicht, daß § 153 a nicht nur eine Einschränkung der Verfolgungs- und Anklagepflicht enthält, sondern daß die Erfüllung der Auflagen und Weisungen eine besondere Art der „Erledigung" des Verfahrens bewirkt. Der Gesetzeswortlaut regelt allein die Sperrwirkung der Erfüllung der Auflagen und Weisungen dergestalt, daß er daran ein auf die Weiterverfolgung als Vergehen beschränktes, endgültiges Verfahrenshindernis knüpft[155]. Es ist jedoch sowohl aus systematischen als auch aus kriminalpolitischen Gründen notwendig[156], eine vergleichbare Sperrwirkung bereits von dem Zeitpunkt an anzunehmen, in dem aufeinander bezogene Auflagen oder Weisungen der Strafverfolgungsbehörden und Zustimmungserklärungen des Beschuldigten vorliegen; schon damit entsteht ein bedingtes Verfahrenshindernis[157].

2. Bedingte Sperrwirkung
a) Beginn. Die bedingte Sperrwirkung tritt ein, sobald die Staatsanwaltschaft **62** oder das Gericht dem Beschuldigten konkrete Auflagen oder Weisungen nach Absatz 1 Satz 1 Nr. 1 bis 4 erteilt und der Beschuldigte diesen zugestimmt hat; auf die vorläufige Einstellung als solche, die nicht in jedem Fall erforderlich ist (Rdn. 7), kommt es nicht an[158], ebensowenig auf die Reihenfolge. Entscheidend ist der Zeitpunkt, zu dem Auflagen und Zustimmungserklärung vorliegen und sich decken. Wird zunächst die Zustimmung eingeholt und sodann die Auflage oder Weisung erteilt, so entsteht das bedingte Verfahrenshindernis mit dieser. Auch bei einer vorweggenommenen Zustimmung (Rdn. 33) tritt die Sperrwirkung erst mit der Auflagenerteilung ein. Bei der in der Praxis nicht seltenen Handhabung, nach der die Staatsanwaltschaft (oder das Gericht) schon bei der Anfrage die Auflage (bedingt) erteilt (Rdn. 6), tritt das Verfahrenshindernis mit der Zustimmung ein; wird diese konkludent durch Auflagenerfüllung erteilt, so fallen

---

[153] *M. J. Schmid* JR **1979** 53; KK-*Schoreit* 36.
[154] Zur wiederholten Anwendung in der Praxis (die selten ist, aber bisweilen vorkommt) *Ahrens* 117; *Hertwig* 135; *Meinberg* 343.
[155] BGHSt **28** 177; OLG Düsseldorf MDR **1976** 423; OLG Nürnberg NJW **1977** 1787; Begr. BTDrucks. 7 550, S. 299.
[156] Ausführliche Begründung bei LR-*Meyer-Goßner*[23] 56; im Grundsatz allg. M, vgl. KK-*Schoreit* 88; *Kleinknecht/Meyer*[37] 38; 52; *Schuth* 25 f.

[157] Die Bezeichnung „vorläufig", so *Kleinknecht/Meyer*[37] 52, empfiehlt sich in diesem Zusammenhang nicht.
[158] A. A jedenfalls terminologisch die h. M im Schrifttum, die regelmäßig auf den Zeitpunkt der „vorläufigen Einstellung" abstellt; so z. B. KK-*Schoreit* 88; *Kleinknecht/Meyer*[37] 52; KMR-*Müller* 13; *Gössel* JR **1984** 303.

Peter Rieß

bedingtes und endgültiges Verfahrenshindernis zusammen. Die bloße Anfrage, ob der Auflagenerteilung zugestimmt werde, bewirkt für sich allein ebensowenig eine bedingte Sperrwirkung wie die bloße vorweggenommene Zustimmung ohne Auflage.

63   Auch wenn es an der erforderlichen **Zustimmung** des **Gerichts oder der Staatsanwaltschaft** zur Erteilung der Auflagen oder Weisungen **fehlt,** kann die bedingte Sperrwirkung eintreten[159]. Zwar gehören die vorgeschriebenen Zustimmungen des Gerichts (im Falle des Absatzes 1) oder der Staatsanwaltschaft (im Falle des Absatzes 2) zu den Voraussetzungen der Anwendung dieser Verfahrensart, so daß man argumentieren könnte, daß bei ihrem Fehlen ein wirksames Verfahren nach § 153 a überhaupt nicht vorliege. Indessen liegt es in der Verantwortung des jeweils mit der Sache befaßten Strafverfolgungsorgans, die erforderliche Zustimmung herbeizuführen, und zwar in einem Verfahren, an dem der Beschuldigte nicht beteiligt ist und über das er, sofern er nicht Akteneinsicht nimmt, nichts erfährt. Auch kann die Frage, ob ein Fall der zustimmungsfreien Einstellung nach Absatz 1 Satz 6 vorliegt, durchaus zweifelhaft sein und auch sonst kann die notwendige Deckungsgleichheit der Zustimmung Zweifelsfragen aufwerfen. Der Beschuldigte muß deshalb, wenn ihm mit seiner Zustimmung von dem nach außen dazu befugten Strafverfolgungsorgan Auflagen oder Weisungen erteilt werden, darauf vertrauen dürfen, daß die sonstigen Voraussetzungen dafür vorliegen, daß er durch deren Erfüllung den beschränkten Strafklageverbrauch erreichen kann. Lediglich dann, wenn dieser Vertrauenstatbestand erkennbar nicht gegeben ist, etwa weil der Beschuldigte in der Hauptverhandlung miterlebt, daß die Staatsanwaltschaft ihre erbetene Zustimmung verweigert, läßt sich die Auffassung vertreten, daß die Sperrwirkung nicht eintritt. Zu den Konsequenzen für die Anfechtbarkeit s. Rdn. 104.

64   **b) Wirkung und Dauer.** Die bedingte Sperrwirkung entspricht grundsätzlich der endgültigen mit der einzigen Ausnahme, daß offenbleibt, ob sie wegen Nichterfüllung der Auflagen und Weisungen wieder wegfällt. Das Verfahren kann während der Schwebezeit nur fortgesetzt werden, wenn sich die Tat nunmehr als Verbrechen darstellt; es sind auch weitere Ermittlungen darüber möglich, ob dies der Fall ist. Ergibt sich der hinreichende Verdacht eines Verbrechens, so kann die Erteilung der Auflagen oder Weisungen durch das Gericht oder die Staatsanwaltschaft widerrufen werden, nicht jedoch in anderen Fällen. Die bedingte Sperrwirkung wandelt sich in die endgültige um, wenn der Beschuldigte die Auflagen oder Weisungen erfüllt; sie entfällt, wenn dies nicht fristgerecht geschieht oder wenn der Beschuldigte seine Zustimmung widerruft (Rdn. 35).

65   Während der Dauer der bedingten Sperrwirkung ist es ungewiß, ob es zu einer Fortsetzung des Verfahrens kommt, doch ist dies weiterhin möglich. Daraus ergibt sich, daß **Zwangsmaßnahmen** zum Zwecke der Verfahrenssicherung nur noch in äußerst beschränktem Umfang aufrechterhalten werden können, aber nicht gänzlich unzulässig sind. Im einzelnen wird folgendes angenommen werden können: Ein etwa bestehender **Haftbefehl** ist auf jeden Fall außer Vollzug zu setzen (§ 116), seine Aufhebung ist jedoch nicht stets geboten[160]. Beweissicherungsmaßnahmen, namentlich **Beschlagnahmen** (§§ 94, 111 b) können, sofern nicht der Verhältnismäßigkeitsgrundsatz entgegensteht, aufrechterhalten werden[161]. Die **vorläufige Entziehung der Fahrerlaubnis** (§ 111 a) und das vorläufige Berufsverbot (§ 132 a) sind stets aufzuheben[162], denn mit der Einleitung des Verfahrens nach § 153 a entfallen jedenfalls die *dringenden* Gründe für die Annahme, daß die Maßregeln endgültig angeordnet werden. Maßnahmen der **Be-**

---

[159] Ebenso (für den Fall des Absatzes 2) KMR-*Müller* 24; **a. A** OLG Hamm MDR **1977** 949; wohl auch *Gössel* JR **1984** 305.

[160] KK-*Schoreit* 72; *Kleinknecht/Meyer*[37] 44.
[161] KK-*Schoreit* 73; *Kleinknecht/Meyer*[37] 44.
[162] KK-*Schoreit* 73; *Kleinknecht/Meyer*[37] 44.

weissicherung sind selbstverständlich auch während der Schwebezeit möglich und können geboten sein.

3. Endgültige Sperrwirkung nach Erfüllung

a) Eintritt. Die endgültige Sperrwirkung nach Absatz 1 Satz 4 tritt ein, sobald der **66** Beschuldigte fristgerecht (vgl. aber Rdn. 52) die Auflagen und Weisungen vollständig erfüllt hat. Es muß sich aber um solche Auflagen oder Weisungen handeln, die nach dem Katalog des Absatz 1 Satz 1 Nr. 1 bis 4 zulässig sind; erfüllt der Beschuldigte ihm erteilte Weisungen oder Auflagen anderer Art, so findet Absatz 1 Satz 4 keine Anwendung und die Verfahrensfortsetzung bleibt rechtlich möglich[163]. Doch kann es angezeigt sein, in solchen Fällen nach §153 zu verfahren. Wird die Auflage oder Weisung irrtümlich einem **falschen Beschuldigten** erteilt und erfüllt dieser sie nunmehr, so tritt die Sperrwirkung nur dann ein, wenn bereits der Richter oder Staatsanwalt irrtümlich das Verfahren nach §153a gegen den falschen Beschuldigten eingeleitet hat, denn es handelt sich um eine wirksame Prozeßhandlung des zuständigen Strafverfolgungsorgans, die allenfalls von einem bei Prozeßhandlungen unbeachtlichen Irrtum beeinflußt ist. Dagegen tritt kein Strafklageverbrauch ein, wenn lediglich bei der geschäftsmäßigen Behandlung der Auflagenerteilung die Auflage an einen anderen als den in der richterlichen (staatsanwaltschaftlichen) Verfügung bezeichneten Beschuldigten gerichtet wird, da dann überhaupt keine als Prozeßhandlung wirksame Auflagenerteilung vorliegt.[164].

b) Umfang der Sperrwirkung. Abgesehen von der Möglichkeit, die Tat als Verbre- **67** chen zu verfolgen (Rdn. 69), umfaßt der Strafklageverbrauch auch bei einer Anwendung der Vorschrift durch die Staatsanwaltschaft nach heute wohl h. M die gesamte prozessuale Tat, auch wenn sich nachträglich herausstellt, daß sie einen weitaus größeren Unrechts- oder Schuldgehalt aufweist, und selbst dann, wenn sie ein schwereres Vergehen darstellt, weitere tateinheitlich oder tatmehrheitlich zusammentreffende Vergehen hinzutreten oder wenn sich die vermeintliche Einzeltat als Teil einer fortgesetzten Handlung erweist[165]. Eine Gegenmeinung[166] will mindestens im Falle des Absatzes 1[167] den Umfang der Sperrwirkung in Anlehnung an §56 Abs. 4 OWiG dergestalt einschränken, daß die Tat lediglich nicht mehr unter dem tatsächlichen und rechtlichen Gesichtspunkt als Vergehen verfolgt werden kann, von dem bei Erteilung der Auflagen oder Weisungen ausgegangen worden ist. Diese Einschränkungsversuche sind nicht nur mit dem klaren Wortlaut und dem Willen des Gesetzgebers unvereinbar, sie erscheinen auch nach dem kriminalpolitischen Sinn der Vorschrift nicht geboten[168].

Die Sperrwirkung steht nicht nur der Weiterverfolgung mit dem Ziel einer Ver- **68** urteilung, sondern auch einer **Einstellung nach einer anderen Vorschrift** entgegen. Ins-

---

[163] OLG Stuttgart NJW **1980** 1009; *Kleinknecht/Meyer*[37] 14; *Schuth* 26; **a. A** *Sieg* MDR **1981** 200; *Schlüchter* 406.4 Fußn. 67 d (nur bei offensichtlichen Verstößen).

[164] Wohl weitergehend AG Grevenbroich JR **1984** 302 (stets Strafklageverbrauch) mit ablehnender engerer Anm. *Gössel* (in keinem Fall Strafklageverbrauch); wie hier wohl *Kleinknecht/Meyer*[37] 45.

[165] OLG Frankfurt NJW **1985** 1850; OLG Nürnberg NJW **1977** 1787; vgl. auch BGHSt **28** 69; OLG Hamm MDR **1981** 871; KK-*Schoreit* 65; *Kleinknecht/Meyer*[37] 52;

KMR-*Müller* 26; KMR-*Sax* Einl. **XIII** 50; *Roxin* §14 B II 2 b; *Achenbach* NJW **1979** 2021; ZRP **1977** 87 Fußn. 5; *Groth* NJW **1978** 198; *Herrmann* ZStW **89** (1977) 746; *Loos* JZ **1978** 597; *Schuth* 32 ff.

[166] LR-*K. Schäfer*[23] Einl. Kap. **12** 44 ff; *Molière* JZ **1977** 193; ähnlich *G. Schäfer*[2] §100 III 2 (jedoch nicht mehr in der 3. Aufl.); unklar *Gössel* §33 E III b mit §9 B III b 1.

[167] So LR-*K. Schäfer*[23] Einl. Kap. **12** 48 f; gegen diese Differenzierung *Molière* aaO.

[168] Insoweit **a. A** LR-*Meyer-Goßner*[23] 76.

Peter Rieß

besondere kann, wenn sich nachträglich herausstellt, daß kein hinreichender Tatverdacht vorliegt, nicht etwa, ggf. unter Aufhebung der endgültigen Einstellung nach § 153 a, das Verfahren nach § 170 Abs. 2 eingestellt werden. Denn dadurch würde, da dieser Einstellung keine Sperrwirkung zukommt, der durch die Auflagenerfüllung erreichte Schutz vor weiterer Strafverfolgung verloren gehen.

69   **c) Grenzen der Sperrwirkung. Verfahrensfortführung.** Die Sperrwirkung steht der Verfolgung der Tat als Verbrechen nicht entgegen. Umstritten ist, ob dies nur zulässig ist, wenn sich der Verbrechenscharakter aufgrund neuer Tatsachen oder Beweismittel herausstellt[169], oder ob es genügt, wenn er von Anfang an erkennbar war und nur übersehen wurde[170]. Richtig erscheint die zuletzt genannte Ansicht, nach der **Nova nicht erforderlich** sind. Dafür spricht der Gesetzeswortlaut, der, anders als die §§ 174, 211 und § 47 Abs. 3 JGG, die Verfolgung nicht vom Vorliegen von Nova abhängig macht. Es ist ferner als systematischer Gesichtspunkt zu bedenken, daß das Verfahren nach § 153 a von vornherein und ausnahmslos auf den Vergehensbereich beschränkt ist, so daß sich eine Sperrwirkung für Verbrechen außerhalb des abschließend geregelten Anwendungsbereichs der Vorschrift bewegen würde.

70   Die **Weiterverfolgung als Verbrechen** geschieht bei der Staatsanwaltschaft durch einfache Fortsetzung des Ermittlungsverfahrens. Nach gerichtlicher Einstellung nach § 153 a bedarf es einer neuen Anklage (vgl. § 153, 90). Stellt sich in dem neuen Verfahren heraus, daß eine Verurteilung wegen eines Verbrechens nicht möglich ist, so ist das Verfahren wegen des Fortbestehens des Verfahrenshindernisses der beschränkten Sperrwirkung einzustellen (§ 170 Abs. 2, §§ 206 a, 260 Abs. 3).

71   **4. Formaler Verfahrensabschluß nach Auflagenerfüllung.** Das (beschränkte) Verfahrenshindernis tritt durch die Erfüllung der Auflagen oder Weisungen ein; schon nach diesem Ereignis, nicht etwa erst nach einer nachfolgenden Einstellung ist die Strafklage verbraucht. Dennoch muß das Verfahren formal durch eine Einstellungsentscheidung (Verfügung der Staatsanwaltschaft, Beschluß des Gerichts) beendet werden; darüber besteht Einigkeit. Umstritten ist aber die Rechtsnatur und die Rechtsgrundlage dieser Einstellungsentscheidung. Teilweise wird angenommen, daß diese bei der Staatsanwaltschaft nach § 170 Abs. 2, bei Gericht nach § 206 a erfolge, weil durch die Erfüllung der Auflagen oder Weisungen ein unter diese Bestimmungen subsumierbares Verfahrenshindernis entstanden sei[171]. Obwohl diese Auffassung wohl der Vorstellung des Gesetzgebers entsprechen würde[172] und auch dogmatisch gut begründbar erscheint, ist die heute h. M der Auffassung, daß die endgültige Einstellungsentscheidung ihre Rechtsgrundlage unmittelbar in § 153 a finde[173]. Die eher dogmatische Kontroverse ist für die

---

[169] So *Kleinknecht* FS Bruns 186; *Kleinknecht/Meyer*[37] 52; 54; ihm folgend KK-*Schoreit* 95.

[170] LR-*Meyer-Goßner*[23] 74; KMR-*Müller* 26; *Loos* JZ **1978** 598.

[171] BGHSt **28** 177 (Anwaltsenat); LG Flensburg JurBüro **1977** 1582; **1982** 878; LG Mainz AnwBl. **1978** 269; LG Stuttgart AnwBl. **1979** 201; 242; vgl. auch OLG Nürnberg NJW **1977** 1787; LG Trier AnwBl. **1980** 463; *Chemnitz* AnwBl. **1985** 126 Fußn. 89; *Eckl* JR **1975** 101; *Koch* JR **1976** 230 Fußn. 2; *G. Schäfer* § 31 I; abwegig *D. Meyer* JurBüro

1978 1755, der die endgültige Einstellung auf § 205 stützen will.

[172] Vgl. Begründung BTDrucks. **7** 550 S. 299 mit dem Hinweis, daß durch Auflagenerfüllung ein Verfahrenshindernis entstehe, sowie *Eckl* JR **1975** 101, der an der Gesetzgebungsvorbereitung beteiligt war.

[173] OLG Düsseldorf MDR **1976** 423; OLG Frankfurt MDR **1980** 515; LG Koblenz NJW **1982** 2458; ausführlich LR-*Meyer-Goßner*[23] 70; 97; KK-*Schoreit* 67; 96; *Kleinknecht/Meyer*[37] 53; KMR-*Müller* 26; *Schuth* 123 ff;

gerichtliche Einstellung insoweit von praktischer Bedeutung, als von ihr Anfechtungsfragen abhängen (vgl. Rdn. 105 f)[174].

VI. Absehen von der Erhebung der öffentlichen Klage (Absatz 1)

1. Zuständigkeit. Voraussetzungen. Zur Anwendung des § 153 a Abs. 1 befugt ist **72** nur die Staatsanwaltschaft, in Steuerstrafsachen auch die Finanzbehörde, die das Ermittlungsverfahren selbständig durchführt (§§ 386 Abs. 2, § 399 Abs. 1 AO). Die Polizeibehörden dürfen die Vorschrift weder anwenden, noch dürfen sie, anders als bei § 153 (vgl. § 153, 37), die Sache ohne genauere Ermittlungen der Staatsanwaltschaft vorlegen[175], da die Einstellung gegen Auflagen und Weisungen den **Abschluß der Ermittlungen** voraussetzt. Dieser ist gemäß § 169 a in den Akten zu vermerken, bevor das Verfahren nach § 153 a eingeleitet wird (näher § 169 a, 3). Zu den allgemeinen Voraussetzungen der Anwendung der Vorschrift s. Rdn. 24 ff, zu den erforderlichen Zustimmungen Rdn. 73 ff.

2. Zustimmung des Gerichts

a) Allgemeines. Außer in den Fällen des § 153 Abs. 1 Satz 2 (näher § 153, 45 ff), **73** den Absatz 1 Satz 6 für sinngemäß anwendbar erklärt, muß bereits vor der Erteilung der Auflagen oder Weisungen die Zustimmung des Gerichts vorliegen. Wegen der Einzelheiten s. § 153, 39 ff, zur Reihenfolge der einzuholenden Zustimmungen s. Rdn. 78, zur Notwendigkeit der Zustimmung bei nachträglicher Änderung der Auflagen und Weisungen Rdn. 53 und zur Wirkung der Zustimmung § 153, 44.

b) Inhalt der Zustimmung. Wegen des Grundsatzes der übereinstimmenden Beur- **74** teilung der Sache (§ 153, 2) muß die Zustimmung die konkreten Auflagen oder Weisungen einschließlich der Leistungsmodalitäten erfassen[176], die globale Zustimmung zum Verfahren nach § 153 a Abs. 1 reicht nicht aus. Die Staatsanwaltschaft muß daher bei Einholung der Zustimmung den Inhalt der beabsichtigten Auflagen oder Weisungen mitteilen[177]. Will sie danach, etwa weil anders die Zustimmung des Beschuldigten nicht zu erreichen ist, andere Auflagen oder Weisungen erteilen, so ist hierzu grundsätzlich die erneute Zustimmung des Gerichts erforderlich, die ggf. auch formlos mündlich eingeholt werden kann, dann aber aktenkundig zu machen ist.

Das Gericht ist nicht gehindert, **andere Auflagen oder Weisungen** vorzuschlagen, **75** wenn es der Auffassung ist, daß die von der Staatsanwaltschaft beabsichtigten zur Beseitigung des öffentlichen Interesses nicht ausreichen oder ihnen andere Bedenken entgegenstehen. Darin liegt eine Verweigerung der Zustimmung zu der von der Staatsan-

---

wohl auch OLG Karlsruhe Justiz **1980** 287; *Giesler* Der Ausschluß der Beschwerde gegen richterliche Entscheidungen im Strafverfahren (1981), 209; *Seier* NStZ **1982** 274; offengelassen OLG München AnwBl. **1978** 189; *Kühl* NJW **1980** 1834; unklar OLG Stuttgart MDR **1980** 250.

[174] Durch die durch Art. 1 Nr. 13 StVÄGE 1984 vorgeschlagene Ergänzung des § 153 a Abs. 2 (vgl. geplante Änderungen) würde die Streitfrage ihrer praktischen Bedeutung entkleidet werden.

[175] KK-*Schoreit* 34; *Kleinknecht/Meyer*[37] 9.
[176] Vgl. LG Frankfurt NJW **1985** 2601 (L); *Grohmann* DRiZ **1983** 365 (für den umgekehrten Fall der Zustimmung der Staatsanwaltschaft nach Absatz 2); enger OLG Hamm MDR **1977** 950 (nur wenn ausdrücklicher Antrag gestellt als „Mindestgrundlage").
[177] KK-*Schoreit* 39; *Kleinknecht/Meyer*[37] 31; KMR-*Müller* 10.

Peter Rieß

waltschaft konkret beabsichtigten Sachbehandlung, verbunden mit einer vorweg erteilten Zustimmung bei Erteilung der vom Gericht für notwendig gehaltenen Auflagen. Es bleibt der Staatsanwaltschaft überlassen, ob sie dieser Anregung nachkommt oder ob sie, wegen Verweigerung der gerichtlichen Zustimmung, das Verfahren fortsetzt. Ihre Unabhängigkeit im Sinne des § 150 GVG wird durch eine solche Verfahrensweise nicht berührt[178]. Allerdings sollte im Falle des Absatzes 1 das Gericht (und umgekehrt im Falle des Absatzes 2 die Staatsanwaltschaft) bei Meinungsunterschieden geringfügiger Art, etwa bei der Bestimmung des Leistungsempfängers, beachten, daß die Verfahrensherrschaft bei dem jeweils anderen Strafverfolgungsorgan liegt, und dessen vertretbare Auswahl respektieren. Das Gericht kann sich auch darauf beschränken, bei der Verweigerung der Zustimmung darzulegen, daß es die beabsichtigten Auflagen oder Weisungen nicht für sachgerecht hält, und es der Staatsanwaltschaft überlassen, andere vorzuschlagen und dann erneut eine Zustimmung einzuholen.

76   **c) Zustimmungsfreie Einstellung.** Nach Absatz 1 Satz 6 gilt § 153 Abs. 1 Satz 2 entsprechend, so daß in den dort genannten Fällen keiner gerichtlichen Zustimmung bedarf[179]. Auf die Erläuterungen bei § 153, 45 ff wird verwiesen. Dagegen kommt bei geringfügigen Steuerstraftaten (§ 398 AO) für § 153 a eine zustimmungsfreie Einstellung nicht in Betracht, da diese Vorschrift nur die folgenlose Einstellung im Sinne des § 153 regelt[180].

77   **3. Weitere Zustimmungen und Anhörungen.** Die Zustimmung des **Beschuldigten** zum Verfahren nach § 153 a ist stets erforderlich (näher Rdn. 33 ff). Der **Verletzte** braucht, auch wenn er Anzeigeerstatter ist, weder zuzustimmen noch angehört zu werden. Da er nach der Erteilung der Auflagen und Weisungen die Entscheidung nicht mehr beeinflussen kann (vgl. Rdn. 87 ff), werden seine Interessen durch das Verfahren nach § 153 a empfindlich beeinträchtigt. In Steuerstrafsachen ist die zuständige **Finanzbehörde** schon vor der Erteilung der Auflagen zu hören (§ 403 Abs. 4 AO)[181]; nach Nr. 93 Abs. 1 RiStBV ist die Staatsanwaltschaft innerdienstlich verpflichtet, sich mit einer Behörde, die Anzeige erstattet hat oder sonst am Verfahren interessiert ist, in Verbindung zu setzen. In beiden Fällen bedarf es jedoch nicht der Zustimmung.

4. Verfahren

78   **a) Vor Erteilung der Auflagen und Weisungen.** In welcher **Reihenfolge** die Staatsanwaltschaft die erforderlichen Zustimmungen einholt, ist vom Gesetz nicht vorgeschrieben[182]. Es wird in der Regel zweckmäßig sein, zunächst das Gericht zu beteiligen und erst dann den Beschuldigten um seine Zustimmung zu befragen[183]; dem können zur Erkundung der Leistungsfähigkeit und Leistungsbereitschaft des Beschuldigten

---

[178] So aber KK-*Schoreit* 45 (Einwirkung in staatsanwaltschaftliche Aufgabengebiete); enger auch *Kleinknecht/Meyer*[37] 31 (nur Anregung kleinerer Änderungen); wie hier LR-*Meyer-Goßner*[23] 40; wohl auch KMR-*Müller* 10.

[179] Ausführlich zu den berechtigten Bedenken hiergegen LR-*Meyer-Goßner*[23] 42.

[180] *Kleinknecht/Meyer*[37] 9; *Erbs/Kohlhaas/Meyer* § 398, 1 AO; *Franzen/Gast/Samson* (Fußn. 84) § 398, 5 AO.

[181] Vgl. *Franzen/Gast/Samson* (Fußn. 84) § 403, 15 AO; *Hübschmann/Hepp/Spitaler* AO, § 403, 23.

[182] Nach Nr. 93 Abs. 1 RiStBV ist die Staatsanwaltschaft gehalten, vor der Einholung der gerichtlichen Zustimmung mit einer anzeigeerstattenden Behörde in Verbindung zu treten.

[183] KK-*Schoreit* 40 f; *Kleinknecht/Meyer*[37] 32.

Kontakte mit diesem vorangehen. Je nach Lage des Einzelfalls kann aber auch die umgekehrte Reihenfolge zweckmäßig sein. Eine dem Beschuldigten gesetzte Frist zur Zustimmung muß so ausreichend bemessen werden, daß er einen Verteidiger befragen kann[184].

Wird eine der erforderlichen **Zustimmungen verweigert,** so muß die Staatsanwaltschaft das Verfahren fortsetzen; regelmäßig wird sie, da der hinreichende Tatverdacht bereits bejaht sein muß (Rdn. 32), die öffentliche Klage erheben. Rechtlich zwingend ist dies jedoch nicht[185], gerade die mit der Zustimmungsverweigerung vorgebrachten Gründe können der Staatsanwaltschaft Veranlassung geben, weitere Ermittlungen zu veranlassen oder das Verfahren ohne Klageerhebung zu beenden, so etwa nach §170 Abs. 2, wenn sie den hinreichenden Tatverdacht erschüttern, ggf. auch nach §153 oder nach §154. **79**

Die Staatsanwaltschaft ist **an** die **Zustimmungen nicht gebunden;** sie kann das Verfahren auf andere Weise (Klageerhebung oder Einstellung aus einem anderen Grunde) beenden[186]. Dies gilt aber dann nicht, wenn die Zustimmungserklärung des Beschuldigten der Auflagenerteilung nachfolgt (Rdn. 34), etwa, weil die Staatsanwaltschaft die Zustimmungsanfrage mit der Auflagenerteilung verbunden hat. **80**

b) Nach Erteilung der Auflagen und Weisungen kann die Staatsanwaltschaft, sobald auch die Zustimmungserklärung des Beschuldigten vorliegt, das Verfahren nicht mehr fortsetzen, bis feststeht, ob die Auflagen erfüllt werden (Rdn. 64 f). Das wird im Regelfall durch eine **vorläufige Einstellung des Verfahrens** in Form einer Einstellungsverfügung zum Ausdruck zu bringen sein. Entgegen dem Gesetzeswortlaut, der dies ausnahmslos vorzuschreiben scheint, ist dies jedoch **nicht stets** erforderlich (Rdn. 6 f). Ist, etwa für eine einmalige Zahlung in mäßiger Höhe, nur eine kurze Frist gesetzt worden oder war bereits die Zustimmungsanfrage mit bedingter Auflagenerteilung verbunden (Rdn. 34), so kann die Staatsanwaltschaft auch ohne formelle Einstellungsverfügung bis zum Fristablauf zuwarten. In beiden Fällen hat die Staatsanwaltschaft die Erfüllung der Auflagen oder Weisungen zu überwachen (Rdn. 50) und ggf. Änderungen (Rdn. 51 ff) vorzunehmen. **81**

Die vorläufige Einstellung ist dem **Beschuldigten** mitzuteilen; dies kann mit der Auflagenerteilung verbunden werden. Auf diese beschränkt sich die Mitteilung, wenn das Verfahren nicht vorläufig eingestellt wird. Jedenfalls muß der Beschuldigte klar erkennen können, daß und in welcher Frist er welche Auflagen erfüllen muß, um in den Genuß der endgültigen Einstellung zu kommen. Die staatsanwaltschaftliche Verfügung, in der die Auflagen oder Weisungen und die Erfüllungsfrist bestimmt werden, sollte zugestellt werden (§35 Abs. 2 analog, vgl. auch §35, 18)[187]. In den Fällen des §145a kann die Zustellung oder Mitteilung an den Verteidiger gerichtet werden. Mit der Mitteilung kann, was oft zweckmäßig sein wird, der Hinweis verbunden werden, daß bei nicht fristgerechter Erfüllung das Verfahren fortgesetzt wird. Auch dem **Anzeigerstatter** ist die vorläufige Einstellung mitzuteilen (Nr. 89 Abs. 3 RiStBV); die erteilten Auflagen oder Weisungen brauchen ihm nur mitgeteilt zu werden, soweit er Lei- **82**

---

[184] *Kleinknecht/Meyer*[37] 30.

[185] LG München AnwBl. **1982** 36; a. A LG Landshut AnwBl. **1981** 205 mit der zweifelhaften Begründung, daß andernfalls §467a Abs. 1 unterlaufen würde.

[186] KMR-*Müller* 13; unklar LR-*Meyer-Goßner*[23] 53, der die Zwischenzeit zwischen Zustimmungserklärung und Auflagenerteilung nicht behandelt.

[187] Vgl. *Kleinknecht/Meyer*[37] 36.

Peter Rieß

stungsempfänger ist[188]. Auch die übrigen Leistungsempfänger (gemeinnützige Einrichtung, Geschädigter, Unterhaltsberechtigter) sind von der Erteilung der sie betreffenden Auflage zu unterrichten; das kann mit der Aufforderung verbunden werden, die Erfüllung der Leistung anzuzeigen (Rdn. 50).

83   **c) Nach Erfüllung der Auflagen und Weisungen** wird das Verfahren von der Staatsanwaltschaft endgültig eingestellt (zur rechtlichen Konstruktion s. Rdn. 71). Dies ist dem Beschuldigten mitzuteilen. Es mag zweifelhaft sein, ob § 170 Abs. 2 unmittelbar anzuwenden ist[189], doch wird diese Bestimmung mindestens analog angewendet werden müssen. Auch der Anzeigeerstatter ist nach § 171 von der endgültigen Einstellung zu unterrichten[190]. Eine Kostenentscheidung ergeht nicht. Auch wenn die Einstellung nach § 153 a Abs. 1 erst nach Rücknahme einer Klage erfolgt, kommt eine Entscheidung nach § 467 a in der Regel nicht in Betracht, da wegen § 467 Abs. 5 die notwendigen Auslagen des Beschuldigten der Staatskasse nicht auferlegt werden können. Ob eine Entscheidung nach § 9 StrEG in Frage kommt, hängt von der umstrittenen Frage ab, ob die Einstellung nach § 153 a einen Entschädigungsanspruch nach § 3 StrEG auslösen kann[191].

84   **d) Bei Nichterfüllung der Auflagen oder Weisungen,** der auch nicht durch eine nachträgliche Anpassung (Rdn. 51 ff) begegnet wird, setzt die Staatsanwaltschaft das Verfahren fort. Eine gesonderte Mitteilung hierüber schreibt das Gesetz nicht vor. Sie ist aber nicht unzulässig, vielmehr möglicherweise zur Klarstellung empfehlenswert, namentlich, wenn dadurch die Möglichkeit eröffnet wird, daß der Beschuldigte Entschuldigungsgründe vorbringt, oder um ihn von weiteren Teilleistungen abzuhalten.

85   **5. Keine Eintragung.** Die Einstellung nach § 153 a wird nicht in das **Bundeszentralregister** eingetragen[192]. Auch eine Eintragung in das **Verkehrszentralregister**, die bis 1982 möglich war, findet nicht mehr statt[193].

6. Anfechtung

86   **a) Beschuldigter.** Dem Beschuldigten stehen, abgesehen von Gegenvorstellungen und Dienstaufsichtsbeschwerden, gegen die Entscheidungen der Staatsanwaltschaft keine selbständigen Rechtsbehelfe zu. Die Erteilung der Auflagen und Weisungen beschwert ihn als solche nicht; will er sie nicht erfüllen, so kann er seine Zustimmung verweigern oder widerrufen. Die Nichtanwendung der Vorschrift kann er nicht rügen. Setzt die Staatsanwaltschaft das Verfahren durch Erhebung der öffentlichen Klage fort, obwohl der Beschuldigte nach seiner Auffassung die Auflagen oder Weisungen erfüllt hat, so kann er das dadurch entstandene Verfahrenshindernis nur im gerichtlichen Verfahren geltend machen.

---

[188] KK-*Schoreit* 50; *Rüth* DAR **1975** 7. KMR-*Müller* 13 hält die Mitteilung an den Anzeigeerstatter nicht für zwingend.

[189] Verneinend LR-*Meyer-Goßner*[23] 71; bejahend KMR-*Müller* 15; vgl. auch § 170, 35.

[190] Zur Frage der Rechtsmittelbelehrung nach § 171 Satz 2 vgl. Rdn. 88.

[191] Bejahend LG Flensburg MDR **1978** 868; *Kleinknecht*[35] § 3, 1 StrEG; verneinend *Kleinknecht/Meyer*[37] § 3, 1 StrEG; *Schätzler* § 3, 12.

[192] Zu den rechtspolitischen Auseinandersetzungen hierüber LR-*Meyer-Goßner*[23] 77 mit weit. Nachw.; weiterhin für eine Eintragungsmöglichkeit z. B. *Weiland* JuS **1983** 124 Fußn. 48; zur geringen praktischen Bedeutung der Streitfrage *Hertwig* 136 ff.

[193] Vgl. § 28 Nr. 1 a StVG, der durch Gesetz vom 28. 12. 1982 (BGBl. I S. 2090) aufgehoben worden ist; dazu näher die Erl. bei *Jagusch/Hentschel* bei § 28 StVG.

b) Verletzter. Die Rechtsbehelfsmöglichkeiten des Verletzten sind vom Gesetz **87** wenig klar geregelt. Nach § 172 Abs. 2 Satz 3 ist das **Klageerzwingungsverfahren** ausgeschlossen, wenn die Staatsanwaltschaft nach § 153 a Abs. 1 Satz 1 und 6 von der Verfolgung der Tat abgesehen hat. Ausweislich der Begründung[194] sollte damit lediglich die vorläufige Einstellung, nicht die endgültige nach der Erfüllung der Auflagen und Weisungen, ausgenommen werden. Dieser gegenüber sollte der Verletzte weiterhin geltend machen können, daß die Staatsanwaltschaft das Verfahren habe fortsetzen müssen. Diesen Ausführungen in der Begründung entsprechend wird überwiegend im Schrifttum angenommen, daß dem Verletzten gegen die endgültige Einstellung das Klageerzwingungsverfahren zustehe, mit ihm aber nur geltend gemacht werden könne, daß das Verfahrenshindernis nach Absatz 1 Satz 4 nicht eingetreten sei, weil entweder der Beschuldigte die Auflagen und Weisungen nicht erfüllt habe oder die Tat ein Verbrechen darstelle[195]. Anerkannt wird aber teilweise auch von dieser Auffassung, daß die aus ihr folgende Notwendigkeit, den Verletzten nach § 171 Satz 2 zu belehren, zu Mißverständnissen führen könne, weil der Verletzte ihr entnehmen könnte, er könne sich gegen die Sachbehandlung nach § 153 a insgesamt wehren[196]. Die **Gegenmeinung**[197] ist der Auffassung, daß das Klageerzwingungsverfahren insgesamt ausgeschlossen sei. Sie weist darauf hin, daß die vom Gesetzgeber gewollte beschränkte Überprüfbarkeit sich auch dadurch erreichen lasse, daß der Verletzte eine neue Anzeige mit der Behauptung erstatte, der beschränkte Strafklageverbrauch sei nicht eingetreten, und das Klageerzwingungsverfahren gegen die dann zu erwartende, auf § 170 Abs. 2 gestützte Einstellungsverfügung der Staatsanwaltschaft betreibe.

Die besseren Gründe dürften für die zuletzt genannte Auffassung sprechen, nach **88** der das **Klageerzwingungsverfahren insgesamt unzulässig** ist. Die Interessen des Verletzten werden dadurch, wie in der vorherigen Rdn. a. E dargelegt, nicht beeinträchtigt; sie werden eher enttäuscht, wenn ihm durch die Belehrung nach § 171 Satz 2 eine Überprüfungsmöglichkeit in Aussicht gestellt wird, die es nach der Rechtslage nicht gibt. Die den Materialien zu entnehmenden gesetzgeberischen Absichten, der Verletzte solle Einfluß darauf nehmen können, daß die Staatsanwaltschaft ihrer Fortsetzungspflicht nachkomme, lassen sich mit Hilfe einer neuen Anzeige ebensogut erreichen. Auch der Wortlaut des § 172 Abs. 2 Satz 3 steht dieser Auslegung nicht entgegen; da er sich auch als eine unvollständige Bezeichnung aller im Zusammenhang mit § 153 a Abs. 1 vorkommenden Einstellungen verstehen läßt. Folgt man dieser Auffassung, so bedarf es auch bei dem Verletzten, der Anzeige erstattet hat, keiner Belehrung nach § 171 Satz 2.

Die **Dienstaufsichtsbeschwerde** steht dem Verletzten zwar sowohl gegen die vor- **89** läufige wie gegen die endgültige Einstellung zu, ist aber regelmäßig von äußerst beschränkter Reichweite. Denn da bereits die Erteilung der Auflagen und Weisungen mit Zustimmung des Beschuldigten eine beschränkte Sperrwirkung herbeiführt (Rdn. 62 ff), kann der Verletzte, der vorher am Verfahren nicht beteiligt ist, mit der Dienstaufsichtsbeschwerde nicht erreichen, daß ein sachlich zu beanstandendes Verfahren nach § 153 a durch die vorgesetzte Behörde korrigiert wird, sondern er kann auch hier nur mit der

---

[194] BTDrucks. 7 550, S. 301; 7 1261, S. 29.

[195] KK-*R. Müller* § 172, 42; KMR-*Müller* 17; LR-*Meyer-Goßner*[23] 72; *Eckl* JR **1975** 101; *Schlüchter* 406.4; *Schuth* 125 ff; *Wissgott* 392.

[196] LR-*Meyer-Goßner*[23] 73; vgl. auch KK-*R. Müller* § 172, 42; *Schuth* 129.

[197] KK-*Schoreit* 68; wohl auch *Kleinknecht/ Meyer*[37] § 172, 3; von einem völligen Ausschluß spricht auch *Schöch* ZStW **92** (1980) 180 Fußn. 204; vgl. auch *Kunz* (Bagatellprinzip) 64 Fußn. 61.

Peter Rieß

Beanstandung Erfolg haben, daß die Tat als Verbrechen verfolgt werden müsse[198]. Insgesamt zeigt sich, daß die Interessen des Verletzten im Verfahren nach § 153 a deutlich vernachlässigt werden[199].

VII. Einstellung durch das Gericht (Absatz 2)

90   **1. Hinweis.** Bei Anwendung des § 153 a Abs. 2 durch das Gericht sind in vielen Punkten die gleichen Grundsätze anzuwenden wie bei § 153. Auf die Erläuterungen zu § 153 Abs. 2 (§ 153, 55 ff) wird daher ergänzend verwiesen. Wegen der allgemeinen Voraussetzungen s. Rdn. 24 bis 37; wegen des Strafklageverbrauchs Rdn. 61 ff. Nachfolgend werden vorwiegend die für die Anwendung des § 153 a Abs. 2 durch das Gericht hervorzuhebenden Besonderheiten erläutert.

91   **2. Zeitraum. Zuständigkeit.** Die Anwendung des § 153 a Abs. 2 ist nur in der **Revisionsinstanz ausgeschlossen**[200], jedoch von der Erhebung der öffentlichen Klage an bis zum Abschluß jeder tatrichterlichen Hauptverhandlung möglich[201], auch wenn diese aufgrund einer Zurückverweisung durch das Revisionsgericht stattfindet oder wenn bereits ein Teil der Feststellungen bindend geworden ist und deshalb nicht mehr „überprüft" werden kann[202]. Die an § 55 Abs. 1 Satz 2 und § 69 a Abs. 5 Satz 2 StGB angelehnte Fassung ist mehrdeutig. Nach der Gesetzesbegründung (BTDrucks. 7 550, S. 298) sollte damit lediglich die Einstellung im Revisionsverfahren ausgeschlossen werden. Auch schließt der Umstand, daß ein Teil der tatsächlichen Feststellungen nicht mehr geprüft werden kann, die Überprüfung der Rechtsfolgen betreffenden Feststellungen nicht aus[203]. Allerdings ist im Falle der Teilrechtskraft das Gericht bei der Prüfung der Voraussetzungen des § 153 a an den Schuldumfang gebunden, der sich aus den unüberprüfbaren Feststellungen ergibt; es ist aber bei der Bewertung im übrigen frei. Vgl. im übrigen § 153, 55 ff.

92   **3. Zustimmungen.** Die Zustimmung der **Staatsanwaltschaft** ist stets erforderlich, die Erläuterungen zur Zustimmung des Gerichts bei Anwendung des Absatz 1 (Rdn. 74 f) gelten entsprechend. Die Zustimmung muß in vollem Umfang deckungsgleich mit den beabsichtigten Auflagen oder Weisungen sein[204]; sie ist unwiderruflich,

---

[198] KK-*Schoreit* 54; *Kleinknecht/Meyer*[37] 38; KMR-*Müller* 17; LR-*Meyer-Goßner*[23] 54; das wird im schriftlichen Bericht des Sonderaussch. für die Strafrechtsreform, BTDrucks. 7 1261, S. 29 offensichtlich verkannt, der darauf hinweist, es bestünde die Möglichkeit, eine „unkorrekte Verfahrensweise" der Staatsanwaltschaft zu rügen; von einer weitergehenden Wirkung der Dienstaufsichtsbeschwerde geht offenbar auch *Schlüchter* 406.4 aus.

[199] Krit. dazu z. B. *Schöch* ZStW **92** (1980) 180 Fußn. 204; *Rieß* Gutachten zum 55. DJT, Verh. des 55. DJT (1984) Bd. I C 113 mit weit. Nachw.; *Meinberg* 247 f; **a. A** (auf den Ausschluß der gerichtlichen Kontrolle bezogen) *Dreher* FS Welzel 937.

[200] KK-*Schoreit* 75; *Kleinknecht/Meyer*[37] 47; KMR-*Müller* 18.

[201] Nach den empirischen Untersuchungen wird im gerichtlichen Verfahren die Vorschrift ganz überwiegend (etwa 90 %) in der Hauptverhandlung angewandt; vgl. *Ahrens* 105; *Hertwig* 95 ff.

[202] **A. A** *Gössel* JR **1982** 273, nach dem eine Einstellung nach § 153 a auch in der Tatsacheninstanz bei Teilrechtskraft nicht mehr zulässig ist.

[203] Ebenso für § 55 StGB z. B. LK-*Vogler* § 55, 4 mit weit. Nachw.; vgl. auch LK-*Rüth* § 69 a, 26.

[204] LG Frankfurt NJW **1985** 2601 (L); KK-*Schoreit* 79; KMR-*Müller* 19; *Grohmann* DRiZ **1983** 365; großzügiger OLG Hamm MDR **1977** 949.

sobald das Gericht unter Zustimmung des Angeschuldigten die Auflagen und Weisungen erteilt hat[205]. Auch wenn die Staatsanwaltschaft im Ermittlungsverfahren keine Veranlassung zur Anwendung des §153 a gesehen hat, kommt eine Zustimmung nach Absatz 2 in Betracht, wenn sich nach der Erhebung der Klage neue Umstände herausstellen, die den Unrechtsgehalt der Tat als geringer erscheinen lassen. Es ist dagegen nicht sachgerecht, wenn die Staatsanwaltschaft, obwohl die Voraussetzungen des Absatz 1 vorliegen, die öffentliche Klage mit dem Vorbehalt erhebt, einer Anwendung des Absatz 2 in der Hauptverhandlung zuzustimmen oder dies sogar anzuregen.

93 Zur stets notwendigen Zustimmung des **Angeschuldigten** s. Rdn. 33 ff; weitere Zustimmungen sind nicht erforderlich, auch nicht die des Verletzten. Hat sich dieser jedoch als **Nebenkläger** dem Verfahren angeschlossen, so muß er, ggf. nach vorheriger Entscheidung über den Anschluß, vor der Erteilung der Auflagen oder Weisungen gehört werden (§396 Abs. 2, vgl. §153, 72). Im übrigen ist auch eine Anhörung des Verletzten nicht vorgeschrieben[206].

4. Verfahren und Entscheidungen

94 **a) Vor Erteilung der Auflagen oder Weisungen.** Der Anstoß zur Einleitung des Verfahrens nach §153 a Abs. 2 kann vom Gericht selbst, von der Staatsanwaltschaft oder vom Angeschuldigten ausgehen. Dabei sind Erörterungen über den Inhalt der zu erteilenden Auflagen zwischen allen Beteiligten möglich und können nach Sachlage veranlaßt sein, allerdings sollte dabei jeder Eindruck des Feilschens oder des „Kuhhandels" vermieden werden. Erwägt das Gericht außerhalb der Hauptverhandlung die Anwendung der Vorschrift, so wird es die erforderlichen Zustimmungen regelmäßig schriftlich einholen; in der Hauptverhandlung wird die Sachlage mit allen Beteiligten zu erörtern sein[207]. Anregungen und **Anträge** des Angeschuldigten oder der Staatsanwaltschaft, denen das Gericht nicht folgen will, sollten, obwohl dies gesetzlich wohl nicht unzulässig ist, nicht stillschweigend übergangen werden[208]; ihre ausdrückliche Bescheidung (zumindest durch den Vorsitzenden) erscheint sachgerechter. Eine Begründung ist nicht erforderlich (§34, 4).

95 **b) Erteilung der Auflagen oder Weisungen.** Liegen die erforderlichen Zustimmungen vor und will das Gericht §153 a weiterhin anwenden[209], so erteilt es die Auflagen oder Weisungen durch **Beschluß** in der sich aus der jeweiligen Verfahrenslage ergebenden Besetzung. In diesem Beschluß wird das Verfahren regelmäßig **vorläufig eingestellt**; dies ist stets erforderlich, wenn keine kurzfristige Erfüllung der Auflagen zu erwarten ist. Kann und will der Angeschuldigte die Auflage alsbald erfüllen, so kann auf die vorläufige Einstellung verzichtet werden und ggf. eine Unterbrechung der Hauptverhandlung ausreichen. Der Beschluß bedarf keiner Begründung, muß aber die erteilten Auflagen oder Weisungen genau bezeichnen. Er enthält, da er das Verfahren nicht endgültig beendet, keine Kostenentscheidung und keine Entscheidung über die Entschädigung

---

[205] AG Köln MDR **1980** 1042; KK-*Schoreit* 88.

[206] Dazu de lege ferenda kritisch *Rieß* Gutachten zum 55. DJT, Verh. des 55. DJT (1984) Bd. I C 190; in den Beratungen des DJT (vgl. Bd. II S. L 190, Beschl. III 19 ff) haben Änderungsvorschläge keine Mehrheit gefunden.

[207] **A. A** LR-*Meyer-Goßner*[23] 82, der vorschlägt, daß auch bei Erörterung der Frage aufgrund des Hauptverhandlungsergebnisses zunächst eine Übereinstimmung zwischen Gericht und Staatsanwaltschaft in Abwesenheit des Angeklagten und des Verteidigers herbeigeführt wird.

[208] **A. A** LR-*Meyer-Goßner*[23] 85; wie hier KK-*Schoreit* 83.

[209] Zur (fehlenden) Bindung an die Zustimmungen vgl. §153, 64; KMR-*Müller* 21.

für Strafverfolgungsmaßnahmen. Ergeht die Entscheidung in der Hauptverhandlung, so wird sie durch Verkündung bekanntgemacht und ist in das Hauptverhandlungsprotokoll aufzunehmen. Mit ihrem Wirksamwerden tritt die bedingte Sperrwirkung (Rdn. 62 ff) ein. Während des Laufs der Frist hat das Gericht (nicht etwa die Staatsanwaltschaft)[210] die Erfüllung der Auflagen zu überwachen; es kann die Auflagen oder Weisungen, mit Zustimmung der Staatsanwaltschaft (Rdn. 53), nachträglich ändern, aufheben oder die Frist verlängern.

c) Fortsetzung des Verfahrens. Werden die Auflagen und Weisungen nicht er- **96** füllt, so muß das Verfahren fortgesetzt werden. Ob dazu ein besonderer Wiederaufnahmebeschluß ergehen muß, ist umstritten[211], jedenfalls ist er zulässig und wird oft zweckmäßig sein. Auf jeden Fall muß der Angeschuldigte von der Verfahrensfortsetzung unterrichtet werden; das kann aber auch dadurch geschehen, daß er zur Hauptverhandlung geladen wird. Eine rechtliche Verpflichtung, den Angeschuldigten vor der Verfahrensfortsetzung zu hören, besteht nicht, doch ist dies selbstverständlich zulässig und kann, etwa wenn zweifelhaft ist, ob er nicht möglicherweise doch die Auflagen erfüllt hat, zweckmäßig sein. Stellt sich in dem fortgesetzten Verfahren heraus, daß die Auflagen oder Weisungen fristgerecht erfüllt worden sind, so ist es endgültig einzustellen.

Der **Abschluß des fortgesetzten Verfahrens** muß nicht notwendig durch ein Urteil **97** erfolgen. Möglich ist auch eine Einstellung nach § 153, etwa bei unverschuldeter Nichterfüllung der Auflagen (vgl. Rdn. 58), oder nach § 154. Auch eine erneute Anwendung des § 153 a Abs. 2 ist nicht ausgeschlossen (vgl. Rdn. 60).

d) Endgültige Einstellung. Steht die fristgerechte Erfüllung der Auflagen und Wei- **98** sungen fest, so wird das Verfahren durch **Beschluß** endgültig eingestellt. Zur rechtlichen Konstruktion der Einstellung s. Rdn. 71. Der Beschluß ergeht regelmäßig außerhalb der Hauptverhandlung; in dieser, wenn die Auflagenerfüllung in einer Hauptverhandlung festgestellt wird. In diesem Fall genügt seine mündliche Verkündung. Sonst ist er den Prozeßbeteiligten mitzuteilen; Zustellung ist zwingend erforderlich, soweit die Auffassung vertreten wird, daß er, sei es auch nur im Kostenpunkt, mit der sofortigen Beschwerde anfechtbar ist (Rdn. 105 f). Vor der endgültigen Einstellung sind die Staatsanwaltschaft und ggf. der Nebenkläger zu hören (§ 33 Abs. 2, 3). Die Entscheidung wird weder in das Bundeszentralregister noch in das Verkehrszentralregister eingetragen (Rdn. 85).

Der Einstellungsbeschluß ist mit einer **Kostenentscheidung** und ggf. mit einer Ent- **99** scheidung über die **Entschädigung für Strafverfolgungsmaßnahmen** zu versehen. Die Kostenentscheidung richtet sich nach § 467 Abs. 1 und 5; danach trägt (außer in den Fällen des § 467 Abs. 2) die Staatskasse die Kosten des Verfahrens; die notwendigen Auslagen dürfen dem Angeschuldigten nicht erstattet werden.

e) Auslagen des Nebenklägers. Ob die notwendigen Auslagen des Nebenklägers **100** dem Angeschuldigten auferlegt werden dürfen, ist bei allen Einstellungen nach den §§ 153 ff, vor allem aber bei der endgültigen Einstellung nach § 153 a Abs. 2 umstrit-

---

[210] KK-*Schoreit* 89; *Kleinknecht/Meyer*[37] 26.
[211] Bejahend *Kleinknecht/Meyer*[37] 52; verneinend LR-*Meyer-Goßner*[23] 95; offengelassen

OLG Stuttgart MDR **1980** 250; KK-*Schoreit* 92 f.

ten[212]. Nach fast allg. M dürfen sie der **Staatskasse in keinem Fall** auferlegt werden[213]. Von einem Teil der Rechtsprechung und des Schrifttums wird generell[214] oder beschränkt auf die Einstellung nach § 153 a [215] § 471 Abs. 3 Nr. 2 mit der Folge analog angewandt, daß das Gericht nach seinem Ermessen die Auslagen des Nebenklägers ganz oder teilweise dem Angeschuldigten auferlegen kann[216]. Darüberhinaus wird von einer Minderheit für die Einstellung nach § 153 a § 467 Abs. 5 mit der Wirkung analog angewandt, daß die Auferlegung der Nebenklagekosten für zwingend notwendig gehalten wird[217]; dabei wird verkannt, daß es nicht angeht, eine lediglich die Versagung der Auslagenerstattung regelnde Bestimmung als Rechtsgrundlage dafür heranzuziehen, dem nichtverurteilten Angeschuldigten eine Leistungspflicht aufzuerlegen. Die Gegenmeinung hält, teilweise in Widerspruch zu anderen Entscheidungen des gleichen Gerichts, die analoge Anwendung des § 471 Abs. 3 Nr. 2 auf die Situation des Nebenklägers für nicht möglich und es deshalb mangels einer rechtlichen Grundlage für unzulässig, dem Angeschuldigten bei Verfahrenseinstellungen die Auslagen des Nebenklägers aufzuerlegen[218]. Diese Meinung verdient den Vorzug. Die Analogie scheitert schon daran, daß

---

[212] Weitere Rechtsprechungsnachw. zu dieser Frage bei KK-*Schikora* § 471, 10; *Kleinknecht/Meyer*[37] § 471, 15; LR-*K. Schäfer*[23] § 471, 48; 50 ff.

[213] A. A die verfehlte Entscheidung LG Bremen AnwBl. **1976** 25, nach der die Staatskasse diese Auslagen trägt, wenn das Gericht keine Entscheidung hierüber getroffen hat, sie aber eigentlich dem Angeschuldigten auferlegen wollte.

[214] OLG Frankfurt NJW **1972** 457; **1981** 2481; AnwBl. **1981** 204; MDR **1982** 868; OLG Hamm NJW **1971** 1471; **1977** 822; OLG Karlsruhe (2. StS) Justiz **1981** 51; OLG Zweibrücken NJW **1970** 2307; LG Bremen AnwBl. **1976** 25; LG Kiel MDR **1966** 1020; LG Limburg AnwBl. **1982** 212; LG Stuttgart AnwBl. **1979** 201; AG Flensburg JurBüro **1982** 1049; AG Pforzheim AnwBl. **1968** 237; KK-*Schikora* § 471, 10; *Kleinknecht*[35] § 397, 8; KMR-*Müller* § 471, 17; *H. Schmidt* DAR **1981** 104; *v. Stackelberg* NStZ **1983** 330; wohl auch *Schlüchter* 852.3; offengelassen OLG Hamburg JR **1978** 256.

[215] OLG Bamberg JurBüro **1979** 1859; OLG Karlsruhe (2. StS) Justiz **1980** 362; LG Aachen AnwBl. **1980** 34; LG Augsburg AnwBl. **1980** 203; 212; LG Berlin AnwBl. **1981** 461; LG Braunschweig AnwBl. **1981** 460; LG Düsseldorf DAR **1976** 275; LG Kempten AnwBl. **1978** 270; LG Koblenz NJW **1983** 2458; LG Mainz AnwBl. **1978** 269; LG Memmingen NStZ **1981** 35 (L); LG München II AnwBl. **1976** 406; LG Oldenburg DAR **1981** 299; LG Osnabrück DAR **1976** 275; LG Würzburg JurBüro **1979** 1858;

LR-*K. Schäfer*[23] § 471, 48; *Chemnitz* AnwBl. **1985** 126; wohl auch KK-*Schoreit* 100.

[216] Nach BVerfG (Vorprüfungsausschuß) MDR **1984** 376 bestehen gegen diese Auslegung keine verfassungsrechtlichen Bedenken.

[217] LG Flensburg JurBüro **1977** 1582; **1979** 1150; **1982** 878; **1985** 732 (auch ohne ausdrücklichen Ausspruch in der Kostenentscheidung); LG Stuttgart AnwBl. **1979** 201; 242; *D. Meyer* JurBüro **1978** 1775.

[218] OLG Bamburg NJW **1972** 2145 (wohl zu § 153 a durch JurBüro **1979** 1859 überholt); OLG Celle NJW **1979** 1201; NStZ **1983** 328; OLG Hamm MDR **1972** 260 (vgl. aber NJW **1977** 822); OLG Karlsruhe (1. StS) Justiz **1972** 161; **1977** 356; **1982** 166; OLG München AnwBl. **1978** 189; JurBüro **1982** 1858; OLG Nürnberg MDR **1970** 785 (unter Aufgabe von MDR **1970** 67); OLG Stuttgart Justiz **1971** 221; LG Augsburg JurBüro **1983** 102; LG Darmstadt JurBüro **1984** 1260; LG Düsseldorf MDR **1976** 951; JurBüro **1982** 1523; **1983** 252; LG Frankfurt NStZ **1981** 451 (L); LG Hannover JurBüro **1985** 563; LG Kiel SchlHA **1979** 41; LG München I AnwBl. **1978** 365; LG Osnabrück JurBüro **1983** 101; LG Stade NdsRpfl. **1970** 210; LG Trier JurBüro **1982** 1859; DAR **1984** 126; *Amelunxen* Nebenklage (1980), 45; *Kleinknecht/Meyer*[37] § 471, 15; *Kühl* NJW **1980** 404; LR-*Meyer-Goßner*[23] § 153, 74; *Roxin* § 57 C II 3; *M. J. Schmid* JR **1980** 404; zur (zu verneinenden) Frage, ob die Nebenklägerkosten als Wiedergutmachungsauflage auferlegt werden können, s. Rdn. 44.

Peter Rieß

der Nebenkläger in keinem Fall die notwendigen Auslagen des Angeschuldigten zu tragen hat, so daß die Anwendung des § 471 Abs. 3 Nr. 2 anders als im Fall der Privatklage eine einseitige Bevorzugung des Nebenklägers zur Folge hätte[219].

101 Diese Ungleichbehandlung tritt indessen nicht ein, wenn allein der **Nebenkläger** ein **Rechtsmittel** eingelegt hat und nunmehr im Rechtsmittelzug das Verfahren nach den §§ 153 ff eingestellt wird. In diesem Fall können in analoger Anwendung des § 471 Abs. 3 Nr. 2 die dem Nebenkläger entstandenen notwendigen Auslagen dem Angeschuldigten auferlegt werden[220].

5. Anfechtung

102 **a) Allgemeines.** Absatz 2 Satz 4 bestimmt seinem Wortlaut nach lediglich die Unanfechtbarkeit des Beschlusses, der das Verfahren unter Erteilung von Auflagen oder Weisungen vorläufig einstellt[221]; er lehnt sich erkennbar an die Regelung in § 153 Abs. 2 Satz 4 an, die in Schrifttum und Rechtsprechung einschränkend ausgelegt wird (§ 153, 79). Über die Anfechtbarkeit der sonstigen im Verfahren nach § 153 a Abs. 2 möglichen Entscheidungen fehlen gesetzliche Vorschriften; sie bestimmt sich deshalb nach den allgemeinen Rechtsmittelgrundsätzen und den systematischen Zusammenhängen. Dabei führen die teilweise kontroversen Auffassungen über die dogmatische Konstruktion einzelner Maßnahmen zu unterschiedlichen Ergebnissen.

103 **b) Entscheidungen im Zusammenhang mit der vorläufigen Einstellung.** Die Entscheidung, durch die eine **Anwendung des § 153 a abgelehnt** wird, ist nach allg. M unanfechtbar[222]. Gleiches gilt für die Ablehnung einer nachträglichen Änderung der Auflagen und Weisungen[223]. Nicht mit einem selbständigen Rechtsmittel anfechtbar ist auch die Fortsetzung des Verfahrens wegen nicht korrekter Auflagenerfüllung. Der Angeschuldigte (und zu seinen Gunsten die Staatsanwaltschaft) können aber im fortgesetzten Verfahren das durch die Auflagenerfüllung eingetretene Verfahrenshindernis mit den jeweils gegebenen Rechtsmitteln geltend machen. Einer selbständigen Beschwerde

---

[219] Zu der hier nicht näher zu erörternden Frage, ob die Rechtsschutzversicherung dem Angeschuldigten die von diesem freiwillig übernommenen oder ihm auferlegten Nebenklagekosten erstatten muß, vgl. u. a. **bejahend** BGH (Z) NJW **1985** 1466; LG Ellwangen JurBüro **1983** 1066; LG Essen AnwBl. **1982** 398; LG Frankfurt AnwBl. **1984** 575; LG Hanau AnwBl. **1983** 226; LG Hannover AnwBl. **1983** 224; LG Landshut AnwBl. **1983** 173; LG München JurBüro **1983** 1069; LG Siegen AnwBl. **1983** 225; LG Wuppertal AnwBl. **1982** 169; AG München JurBüro **1983** 1066; AG Stade AnwBl. **1985** 161; AG Tauberbischofsheim AnwBl. **1983** 226; *Kuntz* DAR **1985** 72; **verneinend** LG Aachen JurBüro **1983** 1065; LG Mannheim JurBüro **1985** 1053; LG Saarbrücken JurBüro **1985** 1055; LG Traunstein JurBüro **1984** 78; LG Trier JurBüro **1985** 561; AG Berlin-Schöneberg JurBüro **1984** 78; AG Düsseldorf JurBüro **1985** 561; AG Lübeck JurBüro **1983**

101; vgl. auch *D. Meyer* JurBüro **1984** 5; LG Darmstadt NJW **1982** 509; LG Duisburg JurBüro **1981** 1372 mit Anm. *Mümmler;* AG Düsseldorf JurBüro **1982** 1219.

[220] OLG Celle NStZ **1983** 330; OLG Hamm NJW **1970** 2126; MDR **1972** 260; OLG Köln OLGSt § 153 S. 59; OLG Stuttgart NJW **1969** 855; *Amelunxen* Nebenklage (1980), 45; *Kleinknecht/Meyer*[37] § 471, 15; LR-*Meyer-Goßner*[23] § 153, 72.

[221] Die Gesetzesmaterialien (BTDrucks. 7 550, S. 298 ff und 7 1261, S. 26 ff) erläutern die Regelung nicht, so daß gesetzgeberische Vorstellungen über ihre Reichweite nicht erkennbar sind.

[222] OLG Hamm VRS **67** 35; KK-*Schoreit* 34; *Kleinknecht/Meyer*[37] 57; KMR-*Müller* 24; *Schuth* 97 f.

[223] OLG Hamm VRS **67** 35; KK-*Schoreit* 91; *Schuth* 102 f; **a. A** (einfache Beschwerde) *Rüth* DAR **1975** 7.

stehen im Eröffnungsverfahren § 201 Abs. 2 Satz 2 und § 210, im Hauptverfahren § 305 Satz 1 entgegen[224].

Der Beschluß, der die Auflagen und Weisungen erteilt und ggf. (vgl. Rdn. 7) das **104** **Verfahren vorläufig einstellt**, ist nach Absatz 2 Satz 4 **unanfechtbar**. Für den Angeschuldigten würde sich dies schon daraus ergeben, daß er allein durch die Auflagenerteilung nicht beschwert ist. Entsprechend der bei § 153, 79 näher dargelegten Rechtslage bezieht sich nach allg. M die Unanfechtbarkeit nicht auf das Fehlen der prozessualen Voraussetzungen. Der Beschluß ist daher von der **Staatsanwaltschaft** mit der **einfachen Beschwerde** anfechtbar, wenn die Tat in Wahrheit ein Verbrechen darstellte oder wenn ihre Zustimmung überhaupt fehlte oder sich nicht mit den erteilten Auflagen oder Weisungen deckte[225]. Nach der in diesem Kommentar vertretenen Auffassung (Rdn. 63) hindert allerdings regelmäßig aus Gründen des Vertrauensschutzes die fehlende Zustimmung der Staatsanwaltschaft nicht den Eintritt der bedingten Sperrwirkung. Deshalb wird die auf fehlende Zustimmung gestützte Beschwerde zwar zulässig, aber immer dann unbegründet sein, wenn nicht festgestellt werden kann, daß kein Vertrauenstatbestand gegeben war[226]. Zur Anfechtbarkeit durch den **Nebenkläger** s. § 153, 80.

c) **Endgültige Einstellung.** Ob die endgültige Einstellung nach der Auflagenerfül- **105** lung als anfechtbar anzusehen ist, hängt davon ab, worin man den Rechtsgrund dieser Einstellung sieht (vgl. Rdn. 71). Die derzeit h. M[227] geht davon aus, daß sich dieser unmittelbar aus § 153 a ergebe und erstreckt deshalb die Unanfechtbarkeitsregelung des Absatz 2 Satz 4 auch auf die endgültige Einstellung[228]. Folgt man der Gegenmeinung, nach der die endgültige Einstellung auf § 206 a beruht, weil sie die Folgerung aus dem eingetretenen Verfahrenshindernis zieht, so wäre nach § 206 a Abs. 2 sofortige Beschwerde zulässig[229]; für den Angeschuldigten allerdings deshalb ausgeschlossen, weil er durch die endgültige Einstellung nicht beschwert ist (§ 206 a, 68). Nach der derzeit h. M kann die Staatsanwaltschaft (und der Nebenkläger) nicht mit einem Rechtsmittel die Verfahrensfortsetzung erzwingen, wenn der Angeschuldigte die Auflagen oder Weisungen nicht korrekt erfüllt hat, die endgültige Einstellung also gesetzwidrig ist[230]. Allerdings kann in diesem Fall die Staatsanwaltschaft eine neue Klage erheben, denn der unanfechtbare Einstellungsbeschluß beendet die Rechtshängigkeit des Verfahrens. Im neuen Verfahren kann geprüft und ggf. mit Rechtsmitteln kontrolliert werden (§ 210 Abs. 2), ob die Sperrwirkung des Absatz 1 Satz 4 tatsächlich eingetreten ist. Ebenso muß

---

[224] OLG Düsseldorf MDR **1985** 867; OLG Stuttgart MDR **1980** 250; *Kleinknecht/Meyer*[37] 57; *Schuth* 103 ff.

[225] OLG Hamm MDR **1977** 950; OLG Stuttgart MDR **1980** 250; LG Krefeld NJW **1976** 815; KK-*Schoreit* 85 (auch für Angeschuldigten, wenn seine Zustimmung fehlte); *Grohmann* DRiZ **1983** 366; *Schuth* 114; enger (nur bei Verbrechen) KMR-*Müller* 24.

[226] Dagegen halten bei fehlender Zustimmung die Beschwerde offenbar uneingeschränkt für begründet OLG Hamm MDR **1977** 950; KK-*Schoreit* 85; *Grohmann* aaO; *Schuth* 114.

[227] OLG Düsseldorf MDR **1976** 423; OLG Frankfurt MDR **1980** 515 (mit problematischen Einschränkungen); OLG Karlsruhe Justiz **1980** 287; OLG Stuttgart MDR **1980**

250; LG Koblenz NJW **1982** 2458 (mit zweifelhafter Entscheidung des konkreten Falles); KK-*Schoreit* 101; *Kleinknecht/Meyer*[37] 57; LR-*Meyer-Goßner*[23] 100; *Giesler* (Fußn. 173), 209; offengelassen OLG München AnwBl. **1978** 190.

[228] So ausdrücklich und klarstellend der in Art. 1 Nr. 13 StVÄG 1984 vorgesehene neue Absatz 2 Satz 5 (s. geplante Änderungen).

[229] LG Mainz NJW **1980** 301; KMR-*Müller* 24; *Koch* JR **1976** 230 Fußn. 2; vgl. auch OLG Nürnberg NJW **1977** 1787.

[230] Für diesen Fall will OLG Frankfurt MDR **1980** 516 die (einfache) Beschwerde zulassen; ebenso *Kleinknecht/Meyer*[37] 57; ähnlich *Schuth* 117.

Peter Rieß

die Staatsanwaltschaft verfahren, wenn sie zu der Auffassung gelangt, daß ein Verbrechen vorliegt.

106   Die Anfechtbarkeit der Entscheidung über die **Kosten** und die **Entschädigung für Strafverfolgungsmaßnahmen** ist, sofern man die endgültige Einstellung der Unanfechtbarkeitsregelung in Absatz 4 Satz 4 zuordnet[231], wie bei § 153 zu beantworten und nach der in diesem Kommentar vertretenen Auffassung (§ 153, 81 f) zu verneinen. Dagegen wäre gegen die Kosten- und Entschädigungsentscheidung die sofortige Beschwerde zulässig, wenn man der Auffassung ist, daß die endgültige Einstellung auf der Anwendung des § 206 a beruht (vgl. § 206 a, 70)[232].

VIII. Verjährung (Absatz 3)

107   Absatz 3 ordnet das **Ruhen** der Verjährung im Sinne des § 78 b StGB, also den Stillstand der Verjährungsfrist für die Dauer der Erfüllungsfrist an, gleichgültig, ob diese nach Absatz 1 von der Staatsanwaltschaft oder nach Absatz 2 vom Gericht gesetzt ist. Das Ruhen umfaßt auch die Verjährungsfrist für eine in der Tat liegende **Ordnungswidrigkeit**[233], dagegen nicht die Würdigung als Verbrechen[234]. Die Erteilung von Auflagen oder Weisungen, die vorläufige Einstellung oder die Verfahrensfortsetzung sind als solche keine die Verjährung unterbrechenden Handlungen im Sinne des § 78 c StGB.

108   Das **Ruhen der Verjährung beginnt** mit dem Beginn der Erfüllungsfrist, also in dem Zeitpunkt, in dem (aufeinander bezogen) die Erteilung der Auflagen und Weisungen und die Zustimmung des Beschuldigten vorliegen[235]. Es beginnt noch nicht, wenn lediglich die Auflagen oder Weisungen erteilt werden, es aber noch an der Zustimmung fehlt[236] und nicht erst, wenn das Verfahren vorläufig eingestellt wird, mag dies auch in der Regel, weil mit die Auflagen oder Weisungen in diesem Beschluß erteilt werden, der Anfangszeitpunkt sein. Maßgebend ist, wenn bereits eine Zustimmungserklärung vorliegt, der Zeitpunkt, zu dem die Verfügung oder der Beschluß, der die Auflagen erteilt, wirksam geworden ist (§ 33, 9 ff), wenn die Zustimmung diesem Beschluß nachfolgt, deren Eingang bei Gericht oder Staatsanwaltschaft.

109   Das **Ruhen endet** spätestens mit Ablauf der für die Erfüllung gesetzten Frist, bei deren Verlängerung (Rdn. 54) mit Ablauf der verlängerten Frist. Auf den Zeitpunkt der tatsächlichen Fortsetzung des Verfahrens kommt es dann nicht an, wenn er nach Fristablauf liegt[237]. Dagegen ist dieser maßgebend, wenn das Verfahren vor Fristablauf fortgesetzt wird, etwa weil der Beschuldigte seine Zustimmung widerrufen hat. Absatz 3 soll verhindern, daß sich die durch § 153 a gestattete Nichtverfolgung nachteilig auf die Verjährungslage auswirkt. Wird das Verfahren tatsächlich weiterbetrieben, so ist kein sinnvoller Grund erkennbar, der es rechtfertigen könnte, die Verjährungsfrist nicht laufen zu lassen.

---

[231] So ausdrücklich und daher die Kontroverse beendend der Änderungsvorschlag in Art. 1 Nr. 13 StVÄGE 1984.

[232] So LG Mainz NJW **1980** 301; LG Stuttgart AnwBl. **1979** 201; 242; **a. A** trotz Anwendung des § 206 a LG Flensburg JurBüro 1977 1582; *Schlüchter* 856.4 a. E; vgl. auch § 206 a, 70.

[233] BayObLG MDR **1983** 995; *Göhler* § 32, 13; KK-*Schoreit* 108; LR-*Meyer-Goßner*[23] 106; **a. A** *Rüth* DAR **1975** 7.

[234] LK-*Jähnke* § 78 b, 7.

[235] Abweichend das überwiegende Schrifttum, das allein auf den Erlaß der Entscheidung abstellt, die das Verfahren vorläufig einstellt, so KK-*Schoreit* 107; *Kleinknecht/Meyer*[37] 56; LR-*Meyer-Goßner*[23] 105.

[236] BayObLG MDR **1983** 955; LK-*Jähnke* § 78 b, 7.

[237] Ebenso KK-*Schoreit* 107; LR-*Meyer-Goßner*[23] 106; unklar (Ende der vorläufigen Einstellung) *Kleinknecht/Meyer*[37] 56.

IX. Revision

Mit der Revision kann die Anwendung oder Nichtanwendung des §153 a im allge- **110** meinen nicht geltend gemacht werden (vgl. auch §153, 92). Jedoch ist auch in der Revisionsinstanz (von Amts wegen) zu beachten, ob das Verfahrenshindernis des beschränkten Strafklageverbrauchs besteht. Das Revisionsgericht prüft daher, wenn das Verfahren nach §153 a eingestellt worden war, im fortgesetzten Verfahren, ob der Beschuldigte die Auflagen oder Weisungen entgegen der Annahme des Tatrichters korrekt erfüllt hat, und stellt, wenn es dies bejaht, das Verfahren ein. Gleiches gilt, wenn ein neues Verfahren durchgeführt wird, weil der Verdacht eines Verbrechens bestand, ein solches aber nicht nachgewiesen werden kann.

X. Absehen von der Verfolgung nach § 37 BtMG

1. Allgemeines. Bedeutung. Für betäubungsmittelabhängige Tatverdächtige eröff- **111** net §37 BtMG[238] eine besondere Nichtverfolgungsermächtigung, die in ihrer gesetzestechnischen Ausgestaltung an §153 a anknüpft. Die Bestimmung hat folgenden Wortlaut:

Absehen von der Verfolgung

(1) [1]Steht ein Beschuldigter in Verdacht, eine Straftat auf Grund einer Betäubungsmittelabhängigkeit begangen zu haben, und ist keine höhere Strafe als eine Freiheitsstrafe bis zu zwei Jahren zu erwarten, so kann die Staatsanwaltschaft mit Zustimmung des für die Eröffnung des Hauptverfahrens zuständigen Gerichts vorläufig von der Erhebung der öffentlichen Klage absehen, wenn der Beschuldigte nachweist, daß er sich wegen seiner Abhängigkeit seit mindestens drei Monaten der in §35 Abs. 1 bezeichneten Behandlung unterzieht, und seine Resozialisierung zu erwarten ist. [2]Die Staatsanwaltschaft setzt Zeitpunkte fest, zu denen der Beschuldigte die Fortdauer der Behandlung nachzuweisen hat. [3]Das Verfahren wird fortgesetzt, wenn
1. die Behandlung nicht bis zu ihrem vorgesehenen Abschluß fortgeführt wird,
2. der Beschuldigte den nach Satz 2 geforderten Nachweis nicht führt,
3. der Beschuldigte eine Straftat begeht und dadurch zeigt, daß die Erwartung, die dem Absehen von der Erhebung der öffentlichen Klage zugrundelag, sich nicht erfüllt hat, oder
4. aufgrund neuer Tatsachen oder Beweismittel eine Freiheitsstrafe von mehr als zwei Jahren zu erwarten ist.

[4]In den Fällen des Satzes 1 Nr. 1, 2 kann von der Fortsetzung des Verfahrens abgesehen werden, wenn der Beschuldigte nachträglich nachweist, daß er sich weiter in Behandlung befindet. [5]Die Tat kann nicht mehr verfolgt werden, wenn das Verfahren nicht innerhalb von vier Jahren fortgesetzt wird.

(2) [1]Ist die Klage bereits erhoben, so kann das Gericht mit Zustimmung der Staatsanwaltschaft das Verfahren bis zum Ende der Hauptverhandlung, in der die tatsächlichen Feststellungen letztmals geprüft werden können, vorläufig einstellen. [2]Die Entscheidung ergeht durch unanfechtbaren Beschluß. [3]Absatz 1 Satz 2 bis 5 gilt entsprechend.

(3) Die in § 172 Abs. 2 Satz 3, §396 Abs. 2 Satz 2, §397 Abs. 2 und §467 Abs. 5 der Strafprozeßordnung zu §153 a der Strafprozeßordnung getroffenen Regelungen gelten entsprechend.

Nach §38 Abs. 2 BtMG gilt die Vorschrift sinngemäß für Jugendliche und Heranwachsende[239]. Die Bestimmung ist Teil eines mit der problematischen und schlagwortartigen

---

[238] Zur (komplizierten) Entstehungsgeschichte *Slotty* NStZ **1981** 321 ff sowie (ausführlich) *Pfeil/Hempel/Schiedermair/Slotty* Vor § 35, 2 bis 20 BtMG; vgl. ferner (insbesondere zu den §§ 35 ff BtMG) *Katholnigg* NStZ **1981** 417;

Eberth/Müller Vorbem. zu § 35; § 37, 2 BtMG.
[239] Zum Verhältnis zu den §§ 45, 47 JGG *Nothacker* JZ **1982** 69.

Bezeichnung „Therapie statt Strafe" gekennzeichneten Konzepts[240], zu dem ferner die an ähnliche Voraussetzungen geknüpfte Möglichkeit gehört, nach § 35 BtMG die Strafvollstreckung zurückzustellen und nach § 36 BtMG eine therapeutische Behandlung auf die Strafe anzurechnen.

112   Der **Zweck** der Vorschrift ist rein **kriminalpolitischer** und **sozialpolitischer Art.** Durch sie soll entweder eine durch den Druck des Strafverfahrens gesteigerte Therapiebereitschaft genutzt oder doch verhindert werden, daß eine bereits eingeleitete Therapie durch das Strafverfahren beeinträchtigt wird[241]. Die bei § 153 a mitspielenden Gesichtspunkte der Justizentlastung und der Bewältigung von Kleinkriminalität (Rdn. 4) haben hier keine Bedeutung. Bemerkenswert ist allerdings die typenbildende Kraft des § 153 a auch für andere Zielsetzungen. In der **Praxis** hat § 37 BtMG, jedenfalls was die Anwendung durch die Staatsanwaltschaft betrifft, noch keine nennenswerte Bedeutung erlangt[242]; soweit ersichtlich, spielt er auch im gerichtlichen Verfahren keine erhebliche Rolle. Die Vorschrift, die zu **vielen Zweifelsfragen** Anlaß gibt, kann hier nur kursorisch in Hinblick auf die wesentlichen verfahrensrechtlichen Probleme erläutert werden[243].

113   **2. Voraussetzungen und Anwendungsbereich.** § 37 BtMG ist nicht auf Vergehen beschränkt, sondern auch bei Verbrechen anwendbar. Es kommt auch nicht auf geringe Schuld oder ein fehlendes oder zu beseitigendes öffentliches Interesse an der Strafverfolgung an. Allerdings wird auch bei der Entscheidung, ob die Vorschrift angewandt werden soll, eine Abwägung zwischen dem Strafverfolgungsinteresse und dem erhofften Therapieerfolg vorzunehmen sein, für die ähnliche Grundsätze gelten dürften, wie für die Frage, ob durch Auflagen oder Weisungen ein öffentliches Interesse an der Strafverfolgung beseitigt werden kann. Die (prozessuale) Tat, auf die die Vorschrift angewendet werden kann, muß nicht notwendig eine Straftat nach dem BtMG enthalten. Es genügt, ist aber auch erforderlich, daß der Beschuldigte die Tat, derer er verdächtig ist, aufgrund einer **Betäubungsmittelabhängigkeit**[244] begangen hat; zwischen dieser und der Tat muß ein ursächlicher Zusammenhang bestehen. Neben Straftaten nach dem BtMG kommen auch Delikte der sog. Beschaffungskriminalität in Frage, aber auch Aggressions- und Gewaltdelikte, die auf eine akute Betäubungsmittelabhängigkeit zurückzuführen sind[245]. Straftaten nach dem BtMG brauchen nicht stets mit einer Betäubungsmittelabhängigkeit zusammenzuhängen; ist das nicht der Fall, scheidet die Anwendung

[240] Dazu kritisch *Tröndle* MDR **1982** 1 ff; vgl. auch *Herrmann* ZStW **96** (1984) 472 f; BTDrucks. 8 4283, S. 6 ff; zu den Notizen des Gesetzgebers *Pfeil/Hempel/Schiedermair/Slotty* Vor § 35, 27 und § 37, 10 BtMG mit Forderung nach restriktiver Anwendung.

[241] *Eberth/Müller* § 37, 3; 4 BtMG; *Körner* § 35, 1; *Adams/Gerhard* NStZ **1981** 234 f; **1983** 193 ff; BTDrucks. 8 4283; S. 9.

[242] Bundesweit (ohne Berlin, Hessen, Schleswig-Holstein) wurden von der Staatsanwaltschaft nach § 37 Abs. 1 BtMG 1983 56 Verfahren (die Zahl 293 in der Arbeitsunterlage des statistischen Bundesamtes ist fehlerhaft) und 1984 64 Verfahren eingestellt. Die Einstellungen nach § 37 Abs. 2 durch das Gericht

sind in der Statistik leider nicht gesondert ausgewiesen. Nach einem Bericht der Bundesregierung (BTDrucks. 10 843, S. 36 f) ist § 37 BtMG vom 1. 1. 1982 bis 30. 7. 1983 insgesamt in 242 Verfahren angewendet worden.

[243] Wegen der Einzelheiten ist auf das Spezialschrifttum, vor allem auf *Eberth/Müller* und *Pfeil/Hempel/Schiedermair/Slotty,* zu verweisen.

[244] Zum Begriff *Eberth/Müller* § 35, 11 ff BtMG; *Körner* § 35, 4; *Pfeil/Hempel/Schiedermair/Slotty* § 35, 27 f; § 37, 14 BtMG.

[245] **A. A** (nur Beschaffungskriminalität) *Pfeil/Hempel/Schiedermair/Slotty* § 35, 29; § 37, 15 BtMG; wie hier *Eberth/Müller* § 35, 5 BtMG.

des § 37 BtMG aus. Alkoholabhängigkeit ist nach dem Sprachgebrauch des Gesetzes und dem systematischen Standort der Vorschrift keine Betäubungsmittelabhängigkeit im Sinne des § 37 BtMG.

Die konkrete Straferwartung darf **zwei Jahre Freiheitsstrafe** nicht überschreiten. **114** Sie — und damit eine Anwendungsvoraussetzung der Vorschrift - läßt sich nur beurteilen, wenn der Unrechts- und Schuldgehalt der Tat und der Strafzumessungssachverhalt ermittelt sind; schon deshalb erfordert die Anwendung der Vorschrift den Abschluß der Ermittlungen und die Anklagereife[246]. Umfaßt die einzustellende (prozessuale) Tat mehrere materiellrechtlich selbständige Straftaten, so kommt es auf die Gesamtstrafe an. Daneben zu erwartende Nebenstrafen oder Maßregeln der Besserung und Sicherung spielen in diesem Zusammenhang keine Rolle[247], sie können aber für die Resozialisierungsprognose von Bedeutung sein.

Der Beschuldigte muß sich im Zeitpunkt der Anwendung der Vorschrift seit **min-** **115** **destens drei Monaten** einer **Therapie** zur Beseitigung seiner Betäubungsmittelabhängigkeit **unterziehen**[248] und dies nachweisen[249]. Das Gesetz geht damit davon aus, daß die Initiative zur Therapie vom Beschuldigten herrührt und daß ihre bisherige Dauer ein gewisses Erfolgsindiz darstellt. Unerheblich ist aber, ob sich der Beschuldigte aufgrund des drohenden oder bereits eingeleiteten Strafverfahrens zur Therapie entschlossen hat. Es ist auch nicht ausgeschlossen, daß der Anstoß zur Therapie von den Strafverfolgungsbehörden ausgeht und daß mit der Klageerhebung abgewartet wird, bis die dreimonatige Frist erreicht ist[250].

Aufgrund der Therapie muß ferner die **Resozialisierung** des Beschuldigten zu er- **116** warten sein. Die als Gesetzeswortlaut ungewöhnliche und problematische Verwendung des Resozialisierungsbegriffs, die auch in den Gesetzesmaterialien nicht erläutert wird, dürfte wohl in Anlehnung an die Formulierung in § 35 Abs. 1 Satz 2 BtMG dahingehend zu verstehen sein, daß aufgrund der Behandlung eine Beseitigung der Betäubungsmittelabhängigkeit und der aus dieser herrührenden Gefahr einer erneuten Straffälligkeit zu erwarten sein muß[251].

3. Verfahren und Entscheidungen
a) Zuständigkeit. Zustimmungen. Die Vorschrift ist im Ermittlungsverfahren bis **117** zur Erhebung der öffentlichen Klage, aber erst nach Abschluß der Ermittlungen von der Staatsanwaltschaft mit Zustimmung des Gerichts (Rdn. 73 ff), nach Klageerhebung in allen Tatsacheninstanzen, nicht jedoch im Revisionsverfahren (Rdn. 91) vom Gericht mit Zustimmung der Staatsanwaltschaft anwendbar. Anders als in § 153 a ist eine Zustimmung des Beschuldigten nicht ausdrücklich vorgesehen, im Ergebnis aber regelmäßig schon deshalb erforderlich, weil er sich freiwillig in eine Therapie begeben, diese freiwillig fortsetzen und dies von sich aus nachweisen muß. Widerspricht ein therapiewilliger Beschuldigter ausdrücklich der vorläufigen Einstellung, etwa weil er einen Freispruch

---

[246] Daß die Überschrift der Vorschrift vom Absehen von der „Verfolgung" spricht, beruht auf einem Redaktionsversehen, vgl. *Katholnigg* NStZ **1981** 420.

[247] *Katholnigg* NStZ **1981** 420; *Erbs/Kohlhaas/ Pelchen* § 37, 2 BtMG; zur Frage der Anwendbarkeit, wenn bei Schuldunfähigkeit nur eine Maßregel der Besserung und Sicherung in Betracht kommt s. bejahend *Eberth/ Müller* § 37, 13 BtMG; verneinend *Katholnigg*

aaO; *Pfeil/Hempel/Schiedermair/Slotty* § 37, 18 BtMG.

[248] § 35 Abs. 1 Satz 2, 3; näher *Eberth/Müller* § 35, 51 ff; § 37, 20 BtMG.

[249] Näher *Körner* § 37, 4.

[250] BTDrucks. 9 500 (neu), S. 3; *Eberth/Müller* § 37, 4 BtMG; *Pfeil/Hempel/Schiedermair/ Slotty* § 37, 21 BtMG.

[251] Ähnlich wohl *Pfeil/Hempel/Schiedermair/ Slotty* § 37, 23 BtMG.

Peter Rieß

erwartet, so wird die Anwendung der Vorschrift im allgemeinen nicht in Betracht kommen.

118   **b) Vorläufige Einstellung. Nachweisauflagen.** Liegen die sachlichen Voraussetzungen des § 37 BtMG, die erforderlichen Zustimmungen und Nachweise vor, so steht es im Ermessen der Staatsanwaltschaft oder des Gerichts, ob von der Vorschrift Gebrauch gemacht wird[252]. Bejahendenfalls wird das Verfahren bei der Staatsanwaltschaft durch Einstellungsverfügung, bei Gericht durch Beschluß (Absatz 2 Satz 2) vorläufig eingestellt. Die vorläufige Einstellung ist anders als bei § 153 a stets Voraussetzung für die in Absatz 1 Satz 5 getroffene Regelung. Zugleich ist dem Beschuldigten aufzuerlegen, innerhalb zu bestimmender Fristen die Fortdauer der Behandlung nachzuweisen. Wegen der in ihr enthaltenen Fristbestimmungen und der durch den Zugang der Mitteilung ausgelösten Frist nach § 37 Abs. 1 Satz 5 BtMG ist Zustellung erforderlich[253].

119   **c)** Die **Wirkung der vorläufigen Einstellung** besteht in einem bedingten Verfolgungsverbot, das als Verfahrenshindernis der Weiterverfolgung der Tat entgegensteht, sofern nicht eine der Voraussetzungen des Absatz 1 Satz 3 eintritt. Die Staatsanwaltschaft ist also gehindert, die öffentliche Klage zu erheben, das Gericht, das Verfahren mit dem Ziel einer Sachentscheidung weiterzubetreiben. Zulässig bleiben jedoch Ermittlungen mit dem Ziel, festzustellen, ob die Voraussetzungen einer Verfahrensfortsetzung nach Absatz 1 Satz 3 Nr. 3 und 4 vorliegen[254], sowie Maßnahmen der Beweissicherung[255]. Das Verfahren bleibt, sofern keine Verfahrensfortsetzung in Betracht kommt, für die Dauer der vierjährigen Frist nach Absatz 1 Satz 5 vorläufig eingestellt; es darf auch dann nicht vorher endgültig eingestellt werden, wenn die Therapie wesentlich früher erfolgreich beendet wird. Denn das Gesetz sieht eine solche Möglichkeit nicht vor, und eine erneute Straffälligkeit innerhalb der Vierjahresfrist würde nach Absatz 1 Satz 3 Nr. 3 eine Verfahrensfortsetzung gestatten. Insoweit hat die Vorschrift auch den Charakter einer materiell-strafrechtlichen, antizipierten Strafaussetzung zur Bewährung.

120   **Ob** während der vorläufigen Einstellung die **Verjährung ruht,** ist unklar, da es an einer gesetzlichen Vorschrift fehlt. Die Frage ist nur von Bedeutung, wenn es zur Verfahrensfortsetzung kommt. Daß die bei Anwendung der Vorschrift notwendig eintretende bis zu vierjährige Nichtverfolgung nicht ohne Auswirkungen auf den Lauf der Verjährungsfrist sein kann, kann eigentlich kaum zweifelhaft sein. Die Anwendung des § 78 b StGB wirft freilich schwierige Probleme auf. Es ließe sich zwar die Auffassung vertreten, daß vom Zeitpunkt der vorläufigen Einstellung an die Verfolgung nach dem Gesetz im Sinne des § 78 b Abs. 1 Satz 1 StGB nicht fortgesetzt werden kann[256], obwohl schon diese Auslegung zweifelhaft ist. Jedoch würde das Ruhen bei Anwendung dieser Bestimmung immer dann enden, wenn die sachlichen Voraussetzungen für eine Verfahrensfortsetzung nach Absatz 1 Satz 3 vorliegen, ohne daß es auf den Zeitpunkt der tat-

---

[252] *Körner* 37, 2 im Anschluß an BTDrucks. **8** 4283, S. 9; *Erbs/Kohlhaas/Pelchen* § 37, 2 BtMG; *Katholnigg* NStZ **1981** 420; *Pfeil/ Hempel/Schiedermair/Slotty* § 37, 24 BtMG; **a. A** *Eberth/Müller* § 37, 27 BtMG.

[253] **A. A** *Pfeil/Hempel/Schiedermair/Slotty* § 37, 17 BtMG.

[254] Weitergehend *Körner* § 37, 4 a. E, nach dem die Ermittlungen der Staatsanwaltschaft und Polizei weiterlaufen dürfen und sollen,

wenn das Verfahren vorläufig eingestellt ist; dabei wird verkannt, daß die Anwendung der Vorschrift Anklagereife und damit den Abschluß der Ermittlungen voraussetzt, so daß nicht ersichtlich ist, welche Ermittlungen weiterlaufen dürfen und sollen; wohl wie hier *Eberth/Müller* § 37, 15 BtMG.

[255] Wegen der Zwangsmaßnahmen s. Rdn. 65.

[256] So *Pfeil/Hempel/Schiedermair/Slotty* § 37, 28 BtMG.

sächlichen Verfolgungsfortsetzung ankommt. Dieses Ereignis wird vielfach, wenn es auf die Bestimmung der Verjährungsfrist ankommt, kaum noch zuverlässig zu bestimmen sein. Da der Gesetzgeber das Verjährungsproblem erkennbar übersehen, die Vorschrift aber im übrigen dem § 153 a nachgebildet hat, spricht vieles für eine analoge Anwendung des § 153 a Abs. 3. Bei dessen Anwendung ruht die Verjährung von der vorläufigen Einstellung bis zur ersten die Verfahrensfortsetzung darstellenden Handlung (Rdn. 109).

d) Anfechtbarkeit. Die Einstellungsverfügung der Staatsanwaltschaft ist vom Ver- **121** letzten nicht mit Hilfe des Klageerzwingungsverfahrens (§ 37 Abs. 3 BtMG) und im Ergebnis auch nicht mit der Dienstaufsichtsbeschwerde überprüfbar (Rdn. 89), mit der allerdings geltend gemacht werden kann, daß die Staatsanwaltschaft ihrer Pflicht zur Verfahrensfortsetzung nicht nachgekommen sei. Der Einstellungsbeschluß des Gerichts ist kraft ausdrücklicher gesetzlicher Vorschrift (§ 37 Abs. 2 Satz 2 BtMG) unanfechtbar, doch gelten hier die gleichen Ausnahmen wie bei § 153 a (Rdn. 104).

4. Verfahrensfortsetzung. Das Verfahren darf nur innerhalb von vier Jahren nach **122** der vorläufigen Einstellung und nur dann fortgesetzt werden, wenn einer der in Absatz 1 Satz 3 genannten Fortsetzungsgründe vorliegt[257]. Ist dies der Fall, so besteht grundsätzlich eine Pflicht zur Verfahrensfortsetzung. Die verfahrensrechtlichen Probleme der Regelung sind schwierig und weitgehend ungeklärt. Es ist schon zweifelhaft, ob eine ausdrückliche, die vorläufige Einstellung aufhebende Fortsetzungsentscheidung ergehen muß (vgl. auch Rdn. 96); möglich ist sie stets.

Bei den Fortsetzungsgründen der Nummern 1 und 2 (Therapieabbruch und Nicht- **123** erfüllung der Nachweisauflage) gestattet Satz 4 bei **nachträglicher Heilung,** von der Verfahrensfortsetzung abzusehen. Fraglich ist, ob Satz 4 auch dann noch angewandt werden kann, wenn das Verfahren bereits fortgesetzt, also etwa weitere Ermittlungen vorgenommen, Anklage erhoben oder Termin zur Hauptverhandlung anberaumt worden ist. Der Gesetzeswortlaut scheint dem entgegenzustehen, da er davon spricht, daß von der Fortsetzung „abgesehen" werden könne. Wollte man die Vorschrift so interpretieren, so müßte man zugleich verlangen, daß in diesen Fällen die Verfahrensfortsetzung zunächst „angedroht" werden müßte, da andernfalls die Vorschrift praktisch leerlaufen und der Anspruch auf rechtliches Gehör beeinträchtigt werden würde. Deshalb ist eine Auslegung zu erwägen, die es der Staatsanwaltschaft oder dem Gericht gestattet, eine bereits eingeleitete Verfahrensfortsetzung „abzubrechen", also die vorläufige Einstellung wieder herzustellen, mit der Folge, daß die Frist in Absatz 1 Satz 5 weiterläuft. Bei dieser Auslegung wird man allerdings weiter verlangen müssen, daß der Beschuldigte die in Satz 4 verlangten Nachweise unverzüglich erbringt. Hat die Staatsanwaltschaft im Zuge der Verfahrensfortsetzung bereits die öffentliche Klage erhoben, so wird sie diese zuvor zurücknehmen müssen; ist dies nicht mehr möglich (§ 156), so scheidet ein „Abbrechen" der Verfahrensfortsetzung aus.

Zweifelhaft ist auch, ob in den Fällen der Nummern 3 und 4 (höhere Straferwar- **124** tung und neue Straftat) der Beschuldigte, was allerdings ohne Zweifel zulässig ist, gehört werden muß. Denn ob die **Voraussetzungen der Verfahrensfortsetzung** vorlagen, ist im weiteren Verfahren zu prüfen. Wird dies verneint, so besteht das bedingte Verfah-

---

257 Zur Frage, wann eine neue Straftat im Sinne der Nummer 3 die Verfahrensfortsetzung rechtfertigt, vgl. *Eberth/Müller* § 37, 37 BtMG; *Körner* § 37, 5; *Pfeil/Hempel/Schie-* *dermair/Slotty* § 37, 32 BtMG; *Adams/Gerhard* NStZ **1981** 245; *Katholnigg* NStZ **1981** 420; zum Abbruch der Behandlung *Eberth/Müller* § 37, 35 BtMG.

Peter Rieß

renshindernis der vorläufigen Einstellung fort. Das kann der Beschuldigte mit den gegen die Sachentscheidung zulässigen Rechtsmitteln geltend machen. Aus diesem Grunde stehen dem Beschuldigten gegen die Verfahrensfortsetzung keine selbständigen Rechtsbehelfe zu. Gegen die Ablehnung der Verfahrensfortsetzung durch das Gericht kann dagegen die Staatsanwaltschaft (und der Nebenkläger) einfache Beschwerde einlegen.

125   Zweifelhaft ist ferner, wie bei einer Verfahrensfortsetzung nach Absatz 1 Satz 3 Nr. 4 (höhere Straferwartung) im fortgesetzten Verfahren zu entscheiden ist, wenn sich die **höhere Straferwartung** bei der Sachentscheidung **nicht bestätigt,** also das Gericht auf eine Freiheitsstrafe von höchstens zwei Jahren erkennen würde. Nach dem Wortlaut der Vorschrift muß lediglich die (auf Nova gestützte) höhere Straferwartung im Zeitpunkt der Verfahrensfortsetzung vorliegen. Der Zweck der Vorschrift geht aber dahin, bei einer erfolgreichen Therapie auf eine geringere Strafe zu verzichten. Dieser Zweck könnte es nahelegen, das fortgesetzte Verfahren dann mit einer Einstellung zu beenden, wenn die Verfahrensfortsetzung allein wegen höherer Straferwartung gerechtfertigt war und diese Erwartung sich nicht bestätigt.

126   **5. Fristablauf (§ 37 Abs. 1 Satz 5 BtMG).** Wird das Verfahren nicht innerhalb von vier Jahren fortgesetzt, so tritt ein **vollständiger Strafklageverbrauch** ein. Die Frist beginnt mit der Zustellung der Entscheidung über die vorläufige Einstellung an den Beschuldigten[258]. Entscheidend für den Strafklageverbrauch ist, ob das Verfahren innerhalb der Frist in zulässiger Weise fortgesetzt worden ist, also ob eine Maßnahme vorgenommen wurde, die bezweckte, das Verfahren mit dem Ziel einer Sachentscheidung weiter zu fördern, und ob hierfür die Voraussetzungen vorlagen. Der Strafklageverbrauch wird nicht schon dadurch verhindert, daß innerhalb der Frist lediglich ein Umstand eingetreten ist, etwa eine erneute Straffälligkeit des Beschuldigten, der die Verfahrensfortsetzung gestattet; es muß stets auch eine tatsächliche Fortsetzung hinzukommen. Er wird aber auch nicht dadurch verhindert, daß innerhalb der Vierjahresfrist das Verfahren fortgesetzt wurde, ohne daß die Voraussetzungen des Absatz 1 Satz 3 vorlagen. Stellt sich dies im weiteren Verfahren heraus und ist die Frist inzwischen verstrichen, so ist das Verfahren endgültig einzustellen.

127   Ist innerhalb der Vierjahresfrist das Verfahren nicht fortgesetzt worden, so ist es durch staatsanwaltschaftliche Einstellungsverfügung oder gerichtlichen Beschluß **endgültig einzustellen**[259]. Die Rechtsgrundlage für diese Einstellung ist ebenso zu beurteilen wie bei § 153 a (Rdn. 71)[260], wegen der Kostenentscheidung s. Rdn. 99 und wegen der Anfechtbarkeit s. Rdn. 105.

128   **6.** Für die **Revision** gelten die Erläuterungen in Rdn. 110 entsprechend.

---

[258] *Katholnigg* NStZ **1981** 420; *Körner* § 377, 6; a. A *Eberth/Müller* § 37, 39 BtMG; *Erbs/ Kohlhaas/Pelchen* § 37, 4 BtMG; *Pfeil/Hempel/Schiedermair/Slotty* § 37, 39 BtMG (Erlaß der Verfügung).

[259] **A. A** *Eberth/Müller* § 37, 50 BtMG (Verfahren gilt als endgültig eingestellt).
[260] Nach Art. 7 StVÄGE 1984 soll § 37 Abs. 2 BtMG ebenso ergänzt werden wie § 153 a Abs. 2 (vgl. geplante Änderungen).

§ 153 b

(1) **Liegen die Voraussetzungen vor, unter denen das Gericht von Strafe absehen könnte, so kann die Staatsanwaltschaft mit Zustimmung des Gerichts, das für die Hauptverhandlung zuständig wäre, von der Erhebung der öffentlichen Klage absehen.**

(2) **Ist die Klage bereits erhoben, so kann das Gericht bis zum Beginn der Hauptverhandlung mit Zustimmung der Staatsanwaltschaft und des Angeschuldigten das Verfahren einstellen.**

Schrifttum. *Dallinger* Das Strafrechtsänderungsgesetz - Gerichtsverfassung und Strafverfahren, JZ **1951** 622; *Eser* Absehen von Strafe - Schuldspruch unter Strafverzicht, FS Maurach 257; *Maiwald* Das Absehen von Strafe nach § 16 StGB, ZStW 83 (1971) 663; *Wagner* Die selbständige Bedeutung des Schuldspruchs im Strafrecht, insbesondere beim Absehen von Strafe gemäß § 16 StGB, GA **1972** 33; *v. Weber* Das Absehen von Strafe, MDR **1956** 705.

Entstehungsgeschichte. Die Vorschrift wurde durch Art. 4 Nr. 1 des 1. StRÄndG als § 153 a in die Strafprozeßordnung eingefügt. Durch Art. 21 Nr. 45 des EGStGB 1974 erhielt sie die Bezeichnung § 153 b.

Übersicht

1. Bedeutung der Vorschrift. Das materielle Strafrecht eröffnet in zahlreichen **1** Vorschriften des Besonderen Teils (vgl. Rdn. 3) die Möglichkeit, durch Urteil von Strafe abzusehen, meist unter dem Gesichtspunkt der Geringfügigkeit[1]. Ferner schreibt der durch das 1. StRG (als § 16 StGB) geschaffene § 60 StGB[2] das Absehen von Strafe vor, wenn die Folgen der Tat, die den Täter getroffen haben, so schwer sind, daß eine Strafe offensichtlich verfehlt wäre, sofern die an sich verwirkte Strafe ein Jahr Freiheitsstrafe nicht übersteigen würde[3]. § 153 b ergänzt und erweitert diese Möglichkeiten des richterlichen Schuldspruchs unter Sanktionsverzicht durch eine korrespondierende prozessuale Einstellungsmöglichkeit. Sie gestattet es bereits der Staatsanwaltschaft, von der Erhebung der öffentlichen Klage abzusehen (Absatz 1), und ermöglicht es dem Gericht, das

---

[1] Zu den Rechtsgründen für das Absehen von Strafe in den einzelnen Vorschriften und zu deren Entwicklung vgl. z. B. *Eser* FS Maurach 258 ff; *Krümpelmann* (Bagatelldelikte) 194 ff; *Wagner* GA **1972** 35; *v. Weber* MDR **1956** 705 ff.

[2] Vgl. zur Entstehungsgeschichte und zu früheren Reformtendenzen z. B. *Müller-Dietz* FS Lange 303 ff.

[3] Wegen der teilweise komplizierten dogmatischen und kriminalpolitischen Probleme des § 60 StGB vgl. u. a. *Eser* FS Maurach 257 ff; *Hassemer* FS Sarstedt 65 ff; *Maiwald* ZStW 83 (1971) 663; ergänzend ist auf das materiellrechtliche Schrifttum zu dieser Vorschrift (vgl. die Nachweise bei LK-*G. Hirsch* § 60) zu verweisen.

Verfahren durch Beschluß zu beenden (Absatz 2), wenn materiellrechtlich ein Absehen von Strafe möglich wäre. Von der Vorschrift wird namentlich durch die Staatsanwaltschaft verhältnismäßig häufig Gebrauch gemacht[4]; sie hat in der praktischen Rechtsanwendung das Absehen von Strafe durch Urteil weitgehend verdrängt[5].

2   Der **Zweck der Vorschrift** wird überwiegend darin gesehen, den Verfahrensaufwand eines gerichtlichen Verfahrens oder (in den Fällen des Absatzes 2) einer Hauptverhandlung zu vermeiden, wenn abzusehen ist, daß ohnehin keine strafrechtliche Sanktion verhängt werden würde, also in einem justizökonomischen Vorteil[6]. Jedoch ist zu bedenken, daß die Anwendung des § 153 b namentlich in den Fällen des § 60 StGB auch dazu dienen kann, dem Beschuldigten die Belastung durch ein gerichtliches Verfahren zu ersparen[7]. Auch geht die Wirkung des § 153 b zugunsten des Beschuldigten insoweit über die einer materiellrechtlich von Strafe absehenden Entscheidung hinaus, als die Schuldfrage offenbleibt und der Beschuldigte sich weiterhin auf die Unschuldsvermutung (Art. 6 Abs. 2 MRK) berufen kann (vgl. auch Rdn. 4). Der Bestimmung kann deshalb auch ein kriminalpolitischer Zweck beigemessen werden[8].

2. Voraussetzungen und Anwendungsbereich

3   **a) Absehen von Strafe.** Es müssen die Voraussetzungen vorliegen, unter denen nach einer Vorschrift des materiellen Strafrechts von Strafe abgesehen werden kann; ist das der Fall, kann § 153 b auch bei Verbrechen angewendet werden. Zu den in Frage kommenden materiellrechtlichen Vorschriften gehört zunächst § 60 StGB[9]; ferner zählen dazu alle Tatbestände des Besonderen Teils, die das Absehen von Strafe gestatten[10], aber auch die Straffreiheitserklärung nach § 199 StGB, die sachlich ein Absehen von Strafe darstellt[11]. Unanwendbar ist die Vorschrift dagegen bei Vorliegen **persönlicher Strafaufhebungsgründe,** etwa nach den §§ 24, 31, 310, 315 Abs. 6 Satz 2 StGB. Liegen solche vor oder ist ihr Vorliegen nicht auszuschließen, so fehlt es an einem hinreichenden Tatverdacht, so daß die Staatsanwaltschaft das Verfahren nach § 170 Abs. 2 einstellen und das Gericht je nach Verfahrenslage die Eröffnung des Hauptverfahrens ablehnen oder den Angeklagten freisprechen muß.

4   **b) Verhältnis zur Entscheidung durch Urteil.** Die Anwendung des § 153 b ist nur möglich, wenn ohne die Erkenntnismöglichkeiten einer Hauptverhandlung hinreichend

---

[4] Bei den Staatsanwaltschaften (ohne Berlin, Hessen, Schleswig-Holstein) wurden 1982 11 087, 1983 11 295 und 1984 11 137 Verfahren nach § 153 b eingestellt.

[5] Nach der Strafverfolgungsstatistik wurde 1982 bei 293 Abgeurteilten und 1983 bei 350 Abgeurteilten von Strafe abgesehen.

[6] KK-*Schoreit* 1; *Eb. Schmidt* § 153 a, 3; *Peters* 163; *Roxin* § 14 B II 2 a aa; *Maiwald* ZStW **83** 693.

[7] So *Horstkotte* JZ **1970** 128; krit. *Maiwald* ZStW **83** 695.

[8] Ebenso LR-*Meyer-Goßner*[23] 2 a. E; vgl. auch *Dallinger* JZ **1951** 623; *Grauhan* GA **1976** 232.

[9] BayObLG NJW **1972** 696; OLG Bremen NJW **1975** 273; LG Bad Kreuznach MDR **1972** 341; im Schrifttum ganz h. M; **a. A** nur

Schroeder FS Peters 420; dagegen ausführlich LR-*Meyer-Goßner*[23] 4; de lege ferenda für Nichtanwendung des § 153 b für die Fälle des § 60 StGB auch *Maiwald* ZStW **83** (1971) 696.

[10] Dazu gehören z. B. §§ 83 a, 84 Abs. 4, 5, 85 Abs. 3, 86 Abs. 4, 86 a Abs. 3, 87 Abs. 3, 89 Abs. 3, 98 Abs. 2, 99 Abs. 3, 113 Abs. 4, 125 Abs. 2, 129 Abs. 5, 6; 129 a Abs. 4, 5, 139 Abs. 1, 157, 158 Abs. 1, 163 Abs. 2 Satz 2, 174 Abs. 4, 175 Abs. 2, 182 Abs. 3, 233, 311 c Abs. 2, 315 Abs. 6 Satz 1, 315 b Abs. 6, 316 a Abs. 2, 323 Abs. 5, 330 b StGB; § 47 Abs. 3 AuslG; §§ 29 Abs. 5, 31 BtMG; § 20 Abs. 2 VereinsG; §§ 5 Abs. 2, 20 Abs. 2, 22 Abs. 2 WStG.

[11] KK-*Schoreit* 2; *Kleinknecht/Meyer*[37] 1; KMR-*Müller* 1; *Wagner* GA **1972** 39; *v. Weber* MDR **1956** 706.

sicher beurteilt werden kann, ob die Voraussetzungen für das Absehen von Strafe vorliegen. Es muß also zumindest hinreichend wahrscheinlich im Sinne des §203 sein, daß das Gericht, würde sich der aktenkundige und insoweit ausermittelte Sachverhalt in der Hauptverhandlung bestätigen, von Strafe absehen würde[12]. Aber auch wenn die Aktenlage eine sichere Entscheidung über das Vorliegen der Voraussetzungen ermöglicht, muß das Absehen von Strafe dem Urteil vorbehalten werden, wenn als Reaktion auf die Tat zwar keine Sanktion, aber zumindest das im Schuldspruch liegende sozialethische Unwerturteil unerläßlich ist[13], oder wenn zwar keine Strafe, aber eine Maßregel der Besserung und Sicherung, etwa die Entziehung der Fahrerlaubnis, erforderlich ist[14]. Ob, wie verbreitet üblich[15], die Vorschrift zutreffend als Ermessensvorschrift interpretiert wird, ist zweifelhaft (vgl. §153, 35 f).

c) Prozessuale Tat. Die Einstellung muß sich stets auf die gesamte prozessuale **5** Tat beziehen. Treffen (tateinheitlich oder tatmehrheitlich) mehrere Gesetzesverletzungen in einer Tat zusammen, so kann §153b nur angewendet werden, wenn alle verwirklichten Tatbestände ein Absehen von der Verfolgung gestatten[16]. Ist das nur hinsichtlich einzelner materiellrechtlicher Straftaten einer prozessualen Tat der Fall, so können diese ggf. lediglich nach §154a ausgeschieden werden.

d) Verhältnis zu anderen Erledigungsmöglichkeiten. Die Einstellung nach §170 **6** **Abs. 2** und die Nichteröffnung des Hauptverfahrens nach §204 haben mindestens dann Vorrang, wenn der Sachverhalt aufgeklärt ist und keinen hinreichenden Tatverdacht ergibt[17]. Für **Privatklagedelikte** gelten die Erl. bei §153, 9 ff entsprechend. Ob im **Jugendstrafverfahren** §153b anwendbar ist oder durch die §§45, 47 JGG verdrängt wird, ist umstritten[18], richtigerweise wird man die Anwendung mindestens dann für zulässig zu halten haben, wenn eine Einstellung nach den §§45, 47 JGG nicht möglich ist. Die Einstellungen nach den **§§153, 154** werden nicht dadurch ausgeschlossen, daß zugleich die Voraussetzungen des §153b vorliegen[19].

Wenig geklärt ist das **Verhältnis zur Einstellung gegen Auflagen oder Weisungen 7 nach §153a.** Verbreitet wird angenommen, daß beide Einstellungsmöglichkeiten nebeneinander stünden[20]; doch dürften die Beziehungen komplexer sein. Denn mit der Anwendung des §153a wird dem Beschuldigten eine Sanktion im weiteren Sinne auferlegt

[12] Vgl. zur ähnlichen Situation bei §153a dort Rdn. 31 f; ebenso KK-*Schoreit* 4 und wohl auch LR-*Meyer-Goßner*[23] 7; KMR-*Müller* 3 (die von hoher Wahrscheinlichkeit sprechen); weitergehend (Gewißheit) *Eb. Schmidt* §153a, 4.
Ebenso LR-*Meyer-Goßner*[23] 7; LK-*G. Hirsch* §60, 49; SK-*Horn* §60, 19; *Wagner* GA **1972** 37 ff, 44; krit. *Bloy* GA **1980** 176; *Schroeder* FS Peters 420; vgl. auch *Eser* FS Maurach 268; *Maiwald* ZStZ **83** (1971) 694 f.
[14] *Wagner* GA **1972** 46; vgl. *Dreher/Tröndle*[42] §69, 5; LK-*G. Hirsch* §60, 45.
[15] LR-*Meyer-Goßner*[23] 7; *Eb. Schmidt* §153a, 5; *Bloy* GA **1980** 176; *Schlüchter* 406.5.
[16] BayObLG NJW **1972** 696; vgl. auch (zu §60 StGB) OLG Karlsruhe JZ **1974** 773; vgl. auch §153, 6.

[17] Allg. M, vgl. KK-*Schoreit* 3; *Kleinknecht/ Meyer*[37] 2; zur Frage, ob die Staatsanwaltschaft bis zur Anklagereife aufklären muß, s. Rdn. 9.
[18] Für Unanwendbarkeit *Brunner* §45, 2; *Eisenberg*[2] §45, 13; KK-*Schoreit* 25; *Kleinknecht/Meyer*[37] 5; LR-*Meyer-Goßner*[23] 22; *Dallinger* JZ **1951** 624; **a. A** *Bohnert* NJW **1980** 1929; vgl. auch BayObLG NJW **1961** 2029 (zur Anwendbarkeit des Absehens von Strafe auch bei anderen jugendstrafrechtlichen Reaktionen).
[19] KK-*Schoreit* 3; *Dallinger* JZ **1951** 624; *Wagner* GA **1972** 45.
[20] KK-*Schoreit* 3; *Kleinknecht/Meyer*[37] 2; LR-*Meyer-Goßner*[23] 23; zweifelnd *Shin* (LV zu §152) 73.

Peter Rieß

und damit vorausgesetzt, daß es einer solchen namentlich von den präventiven Strafzwecken her überhaupt bedarf (vgl. § 153 a, 8 ff; 27). Gestattet oder gebietet das materielle Strafrecht durch Absehen von Strafe den Verzicht auf eine strafrechtliche Sanktion, so wird häufig auch kein öffentliches Interesse an der Strafverfolgung bestehen,
das durch die Erfüllung von Auflagen oder Weisungen zu beseitigen wäre. In *diesen* Fällen dürfte § 153 b Vorrang vor § 153 a haben. Dagegen bleibt § 153 a in den Fällen anwendbar, in denen erst die besondere Sanktion der Auflagen- oder Weisungserfüllung
es gestattet, auf eine strafrechtliche Sanktion zu verzichten. Insoweit ermöglicht die Anwendung des § 153 a den in der Literatur zu § 60 StGB teilweise als fehlend kritisierten[21]
Ausgleich zwischen völliger Sanktionslosigkeit und einer Strafmilderung, die unter die
gesetzliche Untergrenze hinausgeht.

3. Absehen von der Erhebung der öffentlichen Klage (Absatz 1)

8   **a) Zeitpunkt und Zuständigkeit.** Die Anwendung der Vorschrift ist im Ermitt-
lungsverfahren nur der Staatsanwaltschaft möglich. Auch wenn die Finanzbehörde ein
Steuerstrafverfahren selbständig führt (§§ 386 Abs. 2, 399 Abs. 1 AO), werden Fälle des
Absehens von Strafe praktisch nicht vorkommen.

9   Ob das Verfahren bis zur **Anklagereife** durchermittelt sein muß, wie die wohl
überwiegende Meinung annimmt[22], erscheint zweifelhaft. Dem darauf hindeutenden
Wortlaut, der vom Absehen von der Erhebung der *Klage* und nicht der Verfolgung
spricht, kann bei dieser verhältnismäßig früh entstandenen Vorschrift heute keine entscheidende Bedeutung mehr beigemessen werden (§ 152, 36). Die auch verfahrensökonomische Zielsetzung der Vorschrift spricht dafür, daß sie bereits angewandt werden
kann, wenn noch die Möglichkeit besteht, daß weitere Ermittlungen zur Verringerung
des Tatverdachts führen können, also ähnliche Maßstäbe wie bei § 153 (vgl. § 153, 32 ff)
anzulegen[23]. Allerdings müssen die Ermittlungen jedenfalls soweit ausgedehnt werden,
daß abschließend beurteilt werden kann, ob die materiell-strafrechtlichen Voraussetzungen für das Absehen von Strafe vorliegen. Ist das der Fall, so braucht weiterer Ermittlungsmöglichkeiten, die lediglich eine Entlastung des Beschuldigten ergeben können,
nicht nachgegangen zu werden.

10   **b) Zustimmungen.** Die Staatsanwaltschaft bedarf stets, also auch in den Fällen, in
denen nach § 153 Abs. 1 Satz 2 die Zustimmung entbehrlich wäre, der Zustimmung des
Gerichts; die Erläuterungen in § 153, 39 bis 44 gelten entsprechend. Weitere Zustimmungen sind nicht erforderlich. Auch einer Anhörung des Beschuldigten bedarf es nicht
(§ 153, 38).

11   **c) Verfahren und Entscheidung.** Wendet die Staatsanwaltschaft § 153 b Abs. 1 an,
so stellt sie das Verfahren durch eine Abschlußverfügung ein. Wegen der weiteren Folgen s. § 153, 53; eine Sperrwirkung für eine Verfahrensfortsetzung tritt nicht ein[24].

4. Einstellung durch das Gericht (Absatz 2)

12   **a) Zeitraum.** Mit der Erhebung der öffentlichen Klage, nicht erst mit der Eröffnung des Hauptverfahrens, geht die Einstellungsbefugnis auf das zur Sachentscheidung
berufene Gericht über[25]. Sie endet mit dem Beginn (§ 243 Abs. 1 Satz 1) der erstinstanz-

---

[21] *Maiwald* ZStW **83** (1971) 684 ff; *Müller-
Dietz* FS Lange 314.
[22] KK-*Schoreit* 4; wohl auch LR-*Meyer-Goßner*[23] 7; *Schroeder* FS Peters 415.

[23] So auch KMR-*Müller* 2.
[24] *Dallinger* JZ **1951** 623; s. auch § 153, 54.
[25] Heute allg. M; **a. A** LR-*Kohlhaas*[22] § 153 a,
3; vgl. erg. § 153, 55; 56.

lichen Hauptverhandlung. Danach kann das Absehen von Strafe nur noch als materiell-rechtliche Sachentscheidung im Urteil ausgesprochen werden[26]. Nach allgemeiner Auffassung ist die Anwendung des § 153 b auch dann nicht mehr möglich, wenn eine bereits begonnene Hauptverhandlung ausgesetzt (§ 228, 1) wurde[27]. Diese Meinung kann sich auf den Wortlaut stützen, der, wie in § 6 a Satz 3, § 16 Satz 3, von „*der* Hauptverhandlung" spricht, während der Gesetzgeber, um auch eine erneuerte Hauptverhandlung zu erfassen, neuerdings die Wendung „*einer* Hauptverhandlung" benutzt (vgl. § 329 Abs. 1 Satz 1). Vom Zweck der Vorschrift her ist diese Beschränkung allerdings wenig sinnvoll. In der Rechtsmittelinstanz ist § 153 b stets unanwendbar.

b) Zustimmungen. Die Anwendung des Absatz 2 ist stets von der Zustimmung der **13** **Staatsanwaltschaft** (§ 153, 62 bis 65) und des **Angeschuldigten** (§ 153, 66 bis 69) abhängig; die in § 153 Abs. 2 Satz 2 vorgesehenen Ausnahmen vom Zustimmungserfordernis des Angeschuldigten gelten nicht[28]. Der **Nebenkläger** braucht nicht zuzustimmen, jedoch ist seine vorherige Anhörung erforderlich (§ 153, 72). § 396 Abs. 2 Satz 2, nach dem vor der Einstellung über eine bereits vorliegende Anschlußerklärung des Nebenklägers zu entscheiden ist, ist analog anzuwenden[29].

c) Entscheidung. Die Einstellungsentscheidung des Gerichts ergeht stets durch **14** **Beschluß** (§ 153, 74 f), der keiner Begründung bedarf und den Prozeßbeteiligten, da er nur außerhalb der Hauptverhandlung ergehen kann, nach § 35 Abs. 2 Satz 1 bekanntzumachen ist. Zu der mit dem Beschluß stets zu verbindenden **Kostenentscheidung** s. § 153, 76 f; ihr Inhalt richtet sich nach § 467 Abs. 1, 4, nicht nach § 465 Abs. 1 Satz 2, der nur die Sachentscheidung über das Absehen von Strafe betrifft. Zu den notwendigen Auslagen des Nebenklägers s. § 153 a, 100 f. Soweit erforderlich, ist im Beschluß eine Entscheidung über die **Entschädigung für Strafverfolgungsmaßnahmen** zu treffen (§ 8 StrEG), für die inhaltlich § 3 StrEG maßgebend ist[30].

d) Anfechtbarkeit. Die **Ablehnung** eines Einstellungsantrags ist ebenso wie die **15** Versagung der Zustimmung zur staatsanwaltschaftlichen Einstellung nach heute einhelliger Meinung[31] aus den gleichen Gründen unanfechtbar, wie sie bei § 153 näher dargelegt sind (vgl. § 153, 43; 78). Dem Prozeßbeteiligten, dessen Antrag abgelehnt worden ist, bleibt es unbenommen, auf eine von Strafe absehende Entscheidung im Urteil hinzuwirken und dieses Ziel mit Rechtsmitteln gegen das Urteil weiterzuverfolgen.

Der gerichtliche **Einstellungsbeschluß** ist ebenfalls grundsätzlich **unanfechtbar,** ob- **16** wohl eine ausdrückliche Regelung wie in § 153 Abs. 2 Satz 4 fehlt[32]. Der Gesetzgeber ist davon ausgegangen, daß wegen der Zustimmungen von Angeschuldigtem und

---

[26] Ausführlich LR-*Meyer-Goßner*[23] 14.

[27] *Kleinknecht/Meyer*[37] 3; KMR-*Müller* 5; *Eb. Schmidt* § 153 a, 9.

[28] De lege ferenda für eine gleichartige Regelung LR-*Meyer-Goßner*[23] 12.

[29] KK-*Schoreit* 10; *Kleinknecht/Meyer*[37] 3; KMR-*Müller* 7; LR-*Meyer-Goßner*[23] 13; vgl. auch § 154, 38.

[30] KK-*Schoreit* 14; *Kleinknecht/Meyer*[37] § 3 StrEG, 1; *Schätzler* § 3, 4; **a. A** LR-*Meyer-Goßner*[23] 15, der (was sachlich keinen Unterschied macht) § 4 Abs. 1 StrEG anwenden will.

[31] KK-*Schoreit* 16; *Kleinknecht/Meyer*[37] 6; KMR-*Müller* 9; LR-*Meyer-Goßner*[23] 16; **a. A** die früher vorherrschende Meinung, OLG Nürnberg OLGSt § 153 a a. F S. 1; *Dallinger* JZ **1951** 623; LR-*Kohlhaas*[22] § 153 a, 4; *Eb. Schmidt* § 153 a, 12.

[32] BGHSt **10** 91 f; OLG Bremen NJW **1975** 273; KK-*Schoreit* 17; *Kleinknecht/Meyer*[37] 6; KMR-*Müller* 9; *Eb. Schmidt* § 153 a, 12; ausführlich LR-*Meyer-Goßner*[23] 17; *Giesler* Der Ausschluß der Beschwerde gegen richterliche Entscheidungen im Strafverfahren (1981), 211.

Staatsanwaltschaft eine ausdrückliche Unanfechtsbarkeitsbestimmung nicht erforderlich sei[33]. Entsprechend der Rechtslage bei § 153 (vgl. § 153, 79) wird aber allgemein angenommen, daß gegen einen Einstellungsbeschluß, der ohne die erforderlichen Zustimmungen ergangen ist, die (einfache) Beschwerde zulässig ist[34]. Zur Reichweite der in § 397 Abs. 2 ausdrücklich bestimmten Unanfechtbarkeit für den Nebenkläger s. § 153, 80; zur umstrittenen Frage der Anfechtbarkeit der Kostenentscheidung und der Entscheidung über die Entschädigung s. § 153, 81 f.

17   **e) Folgen der Einstellung. Sperrwirkung.** Die gerichtliche Einstellung nach Absatz 2 beendet die Rechtshängigkeit des Verfahrens (vgl. § 153, 83) und bewirkt nach den gleichen Grundsätzen, wie sie für die Einstellung nach § 153 Abs. 2 gelten (vgl. § 153, 85 ff), einen beschränkten Verbrauch der Strafklage[35]. Da allerdings § 153 b die Einstellung auch bei Verbrechen zuläßt, ist die Verfahrenserneuerung nicht schon allein deshalb zulässig, weil sich der Verbrechenscharakter der eingestellten Tat herausstellt. Nach der in diesem Kommentar zu § 153 vertretenen Auffassung[36] ist die Weiterverfolgung der Tat (durch neue Anklage, vgl. § 153, 90) immer dann möglich, wenn neue Tatsachen oder Beweismittel bekannt werden, aufgrund derer sich ergibt, daß die materiellen Voraussetzungen für das Absehen von Strafe nach den Umständen des konkreten Falles nicht mehr vorliegen. Die Durchführung eines **objektiven Verfahrens** nach den §§ 440, 442 bleibt stets möglich (§ 153, 91).

18   **5. Revision.** Die Anwendung oder Nichtanwendung des § 153 b kann mit der Revision nicht gerügt werden (vgl. erg. § 153, 92). Dagegen kann auf die Sachrüge hin vom Revisionsgericht überprüft werden, ob durch Urteil von Strafe hätte abgesehen werden müssen; diese Entscheidung kann ggf. auch das Revisionsgericht selbst nach § 354 Abs. 1 treffen[37].

§ 153 c

(1) Die Staatsanwaltschaft kann von der Verfolgung von Straftaten absehen,
1. die außerhalb des räumlichen Geltungsbereichs dieses Gesetzes begangen sind oder die ein Teilnehmer an einer außerhalb des räumlichen Geltungsbereichs dieses Gesetzes begangenen Handlung in diesem Bereich begangen hat,
2. die ein Ausländer im Inland auf einem ausländischen Schiff oder Luftfahrzeug begangen hat,
3. wenn wegen der Tat im Ausland schon eine Strafe gegen den Beschuldigten vollstreckt worden ist und die im Inland zu erwartende Strafe nach Anrechnung der ausländischen nicht ins Gewicht fiele oder der Beschuldigte wegen der Tat im Ausland rechtskräftig freigesprochen worden ist.

---

[33] Vgl. BGHSt 10 91 f; *Dallinger* JZ **1951** 623 Fußn. 26 mit Nachw.

[34] Weitergehend *Schlüchter* 406.5 (Beschwerde auch zulässig, wenn ein Delikt betroffen, bei dem nicht von Strafe abgesehen werden darf).

[35] KK-*Schoreit* 20; *Kleinknecht/Meyer*[37] 3; KMR-*Müller* 9; *Eb. Schmidt* § 153 a, 13; *Dallinger* JZ **1951** 623.

[36] S. § 153, 87 ff; zu anderen Meinungen zu dieser umstrittenen Frage vgl. § 153, 85 f.

[37] BayObLG NJW **1972** 696; vgl. auch OLG Karlsruhe JZ **1974** 772 mit Anm. *Maiwald*; § 354, 5; 14.

(2) Die Staatsanwaltschaft kann auch von der Verfolgung von Straftaten absehen, die im räumlichen Geltungsbereich dieses Gesetzes durch eine außerhalb dieses Bereichs ausgeübte Tätigkeit begangen sind, wenn die Durchführung des Verfahrens die Gefahr eines schweren Nachteils für die Bundesrepublik Deutschland herbeiführen würde oder wenn der Verfolgung sonstige überwiegende öffentliche Interessen entgegenstehen.

(3) Ist die Klage bereits erhoben, so kann die Staatsanwaltschaft in den Fällen des Absatzes 1 Nr. 1, 2 und des Absatzes 2 die Klage in jeder Lage des Verfahrens zurücknehmen und das Verfahren einstellen, wenn die Durchführung des Verfahrens die Gefahr eines schweren Nachteils für die Bundesrepublik Deutschland herbeiführen würde oder wenn der Verfolgung sonstige überwiegende öffentliche Interessen entgegenstehen.

(4) Hat das Verfahren Straftaten der in § 74 a Abs. 1 Nr. 2 bis 6 und § 120 Abs. 1 Nr. 2 bis 7 des Gerichtsverfassungsgesetzes bezeichneten Art zum Gegenstand, so stehen diese Befugnisse dem Generalbundesanwalt zu.

Schrifttum zu den §§ 153 c bis 153 e. *Grützner* Die zwischenstaatliche Anerkennung europäischer Strafurteile, NJW **1969** 345; *Güde* Legalitätsprinzip und Rechtsstaat, MDR **1958** 285; *Hartinger* Zuständigkeit für Entscheidungen nach § 153 c StPO, DRiZ **1957** 292; *Jescheck* Zur Reform des politischen Strafrechts, JZ **1967** 6; *Kleinknecht* Das 4. Strafrechtsänderungsgesetz — Verfahrensrecht, JZ **1957** 407; *Krauth/Kurfess/Wulf* Zur Reform des Staatsschutz-Strafrechts durch das Achte Strafrechtsänderungsgesetz, JZ **1968** 577 (732 ff); *Krey* Anwendung des „Internationalen Strafrechts" im Verhältnis der Bundesrepublik Deutschland zur DDR, JR **1980** 45; *Lüttger* Lockerung des Verfolgungszwanges bei Staatsschutzdelikten? JZ **1964** 569; *Oehler* Internationales Strafrecht[2] (1983); *Poppe* Zweifelsfragen bei der Anwendung des § 153 c StPO, NJW **1957** 1577; *Ungern-Sternberg* Verfolgungs- und Vollstreckungshindernisse als Rechtsfolgen von Strafverfolgungsersuchen, ZStW **94** (1982) 84; *Wagner* Probleme des § 153 c StPO, GA **1958** 204; *Wille* Die Verfolgung strafbarer Handlungen an Bord von Schiffen und Luftfahrzeugen (1974).

Entstehungsgeschichte zu den §§ 153 c bis 153 e. Die in diesen Vorschriften geregelte Materie hat wiederholt, meist in Zusammenhang mit Reformen des materiellen Staatsschutz-Strafrechts eine gesetzliche Neuordnung erfahren, bei der mehrfach die Standorte der Einzelregelungen gewechselt haben. Der besseren Übersicht wegen ist deshalb die Entstehungsgeschichte zusammenhängend darzustellen, bei der folgende Etappen hervorzuheben sind: Der Kerngehalt des heutigen § 153 c Abs. 1 entstand 1940 in Zusammenhang mit der Neuregelung des Geltungsbereichs des materiellen Strafrechts. 1957 wurde durch das 4. StRÄndG als § 153 c im Ansatz die heute in den §§ 153 d und 153 e enthaltene Regelung eingeführt. Ihre heutige systematische Ordnung und im wesentlichen den noch heute geltenden Inhalt erhielt die Vorschriftengruppe 1968 durch das 8. StRÄndG.

§ 153 c. Art. II Abs. 2 der VO über den Geltungsbereich des Strafrechts vom 6. 5. 1940 (RGBl. I S. 755) fügte als § 153 a in die StPO folgende Vorschrift ein:

(1) Der Staatsanwalt kann von der Verfolgung einer Tat, die ein deutscher Staatsangehöriger im Ausland oder ein ausländischer Staatsangehöriger auf einem ausländischen Schiff oder Luftfahrzeug im Inland begangen hat, absehen, wenn die Verfolgung vom Standpunkt der Volksgemeinschaft aus nicht geboten oder unverhältnismäßig schwierig wäre.

(2) Eine Tat, die ein Ausländer im Ausland begeht, verfolgt der Staatsanwalt nur auf Anordnung des Reichsministers der Justiz.

(3) Der Staatsanwalt kann von der Verfolgung einer Tat absehen, wenn wegen derselben Tat im Ausland schon eine Strafe gegen den Beschuldigten vollstreckt worden ist und die im Inland zu erwartende Strafe nach Anrechnung der ausländischen nicht ins Gewicht fiele.

Peter Rieß

Sie erhielt durch Art. 3 I Nr. 63 VereinhG folgende Fassung:

> Die Staatsanwaltschaft kann von der Verfolgung einer Tat absehen,
> 1. die ein deutscher Staatsangehöriger im Ausland begangen hat,
> 2. die ein Ausländer im Ausland oder die er im Inland auf einem ausländischen Schiff oder Luftfahrzeug begangen hat,
> 3. wenn wegen der Tat im Ausland schon eine Strafe gegen den Beschuldigten vollstreckt worden ist und die im Inland zu erwartende nach Anrechnung der ausländischen nicht ins Gewicht fiele.

Art. 4 Nr. 2 1. StRÄndG gab ihr die Bezeichnung § 153 b. Durch Art. 3 Nr. 3 des 8. StRÄndG erhielt die Vorschrift im wesentlichen die heutige Fassung. Durch Art. 21 Nr. 46 EGStGB 1974 wurden die sich auf die Teilnehmer in Absatz 1 Nr. 1 beziehenden und die den Freispruch im Ausland in Absatz 1 Nr. 3 betreffenden Halbsätze eingefügt, ferner erhielt die Vorschrift die Paragraphenbezeichnung § 153 c.

§§ 153 d und 153 e. Das 4. StRÄndG (Art. 4 Nr. 3) fügte als § 153 c folgende Bestimmung ein:

(1) [1]Hat das Verfahren Straftaten
1. der Staatsgefährdung nach den §§ 90 bis 93 des Strafgesetzbuches,
2. des Landesverrats nach den §§ 100 bis 100 e des Strafgesetzbuches,
3. gegen die Landesverteidigung nach den §§ 109 f, 109 g des Strafgesetzbuches,
4. der Beteiligung an verbotenen Vereinigungen, die politische Zwecke verfolgen, nach den §§ 128 bis 129 a des Strafgesetzbuches, § 47 in Verbindung mit § 42 des Gesetzes über das Bundesverfassungsgericht oder
5. der Nichtanzeige eines Landesverrats nach § 138 des Strafgesetzbuches

zum Gegenstand, so kann der Oberbundesanwalt mit Zustimmung des Bundesgerichtshofes von der Erhebung der öffentlichen Klage wegen einer solchen Tat absehen, wenn der Täter nach der Tat, bevor ihm deren Entdeckung bekannt geworden ist, dazu beigetragen hat, eine Gefahr für die Sicherheit der Bundesrepublik Deutschland oder die verfassungsmäßige Ordnung abzuwenden. [2]Dasselbe gilt, wenn der Täter einen solchen Beitrag dadurch geleistet hat, daß er nach der Tat sein mit ihr zusammenhängendes Wissen über landesverräterische oder staatsgefährdende Bestrebungen offenbart hat.

(2) Für die in Absatz 1 Nr. 2, 3 und 5 bezeichneten Straftaten gilt dasselbe, soweit die Durchführung des Verfahrens über die in der Tat selbst liegende Gefährdung hinaus die Sicherheit der Bundesrepublik Deutschland beeinträchtigen würde.

(3) Ist die Klage bereits erhoben, so kann der Bundesgerichtshof mit Zustimmung des Oberbundesanwalts das Verfahren unter den in den Absätzen 1 oder 2 bezeichneten Voraussetzungen einstellen.

§ 26 des VereinsG ergänzte den Anwendungskatalog um § 20 Abs. 1 Nr. 1 VereinsG. An die Stelle des Absatzes 2 dieser Vorschrift trat durch die Neuregelung in Art. 3 Nr. 4 des 8. StRÄndG als selbständiger § 153 c der heutige **§ 153 d**, der diese Paragraphenbezeichnung durch Art. 21 Nr. 47 EGStGB 1974 erhielt.

Aus den Absätzen 1 und 3 des § 153 c in der Fassung des 4. StRÄndG entstand durch Art. 3 Nr. 5 des 8. StRÄndG, damals mit der Paragraphenbezeichnung § 153 d, der jetzige **§ 153 e**. Die Worte „das nach § 120 des Gerichtsverfassungsgesetzes zuständige Oberlandesgericht" in den Absätzen 1 und 2 wurden jedoch erst durch Art. 2 Nr. 4 StaatsschStrafG eingefügt. Die jetzige Paragraphenbezeichnung erhielt die Vorschrift durch Art. 21 Nr. 47 EGStGB 1974.

Durch Art. 2 Nr. 6 des StGBÄndG wurde in allen drei Vorschriften die Verweisung auf den Straftatenkatalog des § 120 GVG der dortigen Erweiterung angepaßt.

Übersicht

I. Bedeutung, Zweck und Inhalt der Vorschrift

Die Vorschrift faßt mehrere Fallgruppen unter dem mehr äußerlichen systematischen Gesichtspunkt zusammen, daß die zu verfolgende Tat in irgendeiner Weise Auslandsberührung aufweist[1]. Gemeinsam ist in der Regelung ferner, daß bei Vorliegen der in ihr genannten Voraussetzungen die Verfolgungspflicht des § 152 entfällt und daß sich die Ermächtigung zur Nichtverfolgung ausschließlich an die Staatsanwaltschaft richtet. Die Einstellung eines gerichtlich anhängigen Verfahrens durch das Gericht ermöglicht die Bestimmung in keinem Fall (vgl. aber Rdn. 22). Davon abgesehen sind die kriminal- und rechtspolitischen Zwecke der Vorschrift unterschiedlich. **1**

Die in **Absatz 1 Nr. 1 und 2** getroffenen Regelungen für Auslandstaten im weiteren Sinne stehen in enger Verbindung mit den materiellstrafrechtlichen Bestimmungen des sog. internationalen Strafrechts[2] (§§ 3 ff StGB); sie ermöglichen eine prozessuale Korrektur der verhältnismäßig weiten Ausdehnung der deutschen Strafgewalt und berücksichtigen das bei Auslandstaten oft geringere Strafverfolgungsinteresse der Rechtsgemeinschaft; sie verfolgen aber wohl auch, weil solche Taten nicht selten einen besonders hohen Aufklärungsaufwand erfordern, justizökonomische Ziele[3]. Ein weiteres Motiv für die Berücksichtigung von Opportunitätsgesichtspunkten bei der Verfolgung von Auslandsstraftaten ist auch immer die Notwendigkeit gewesen, außerprozessuale, insbesondere staatspolitische Gegeninteressen berücksichtigen zu können; Überlegungen, die aufgrund der Nachkriegssituation Deutschlands besonders bei der Neufassung der Vorschrift durch das 8. StRÄndG im Vordergrund gestanden haben[4]. Sie allein sind für die Schaffung des **Absatzes 2** und die besondere Zuständigkeit des Absatzes 4 maßgebend gewesen; diese Teile der Bestimmung gehören sachlich zu § 153 d. Dagegen betrifft **Absatz 1 Nr. 3** das Problem des „ne bis in idem". Da dieser Rechtsgrundsatz für **2**

---

[1] *Bloy* GA **1980** 177.

[2] Vgl. dazu ausführlich LK-*Tröndle* Vor § 3 sowie umfassend *Oehler*; zur Terminologie auch *Baumann/Weber*[9] § 6 II, III; die Vorschrift hatte insoweit einen Vorläufer in § 4 Abs. 2 RStGB 1971, vgl. *Marquardt* (LV zu § 152), 51 f.

[3] Vgl. etwa den letzten Satzteil des § 153 a Abs. 1 in der Fassung von 1940 (s. Entstehungsgeschichte).

[4] Vgl. nur *Krauth/Kurfess/Wulf* JZ **1968** 733; *Lüttger* JZ **1964** 569, 572; *Eb. Schmidt* Nachtr. II § 153 b, 1; ferner BTDrucks. V 2860, S. 28; Prot. des Sonderaussch. für die Strafrechtsreform, 5. LegPer. S. 1555 ff.

ausländische Aburteilungen im allgemeinen nicht gilt, dient hier die Nichtverfolgungsermächtigung dazu, ihn im Einzelfall praktisch zu realisieren. Insoweit steht die Regelung auch in engem Zusammenhang mit den §§ 154, 154 b, so daß erwogen werden sollte, sie bei einer Neuregelung der Begrenzungen des Legalitätsprinzips in diesen Zusammenhang aufzunehmen[5]. Die **praktische Bedeutung** der Vorschrift ist verhältnismäßig gering[6].

3   § 153 c ist überhaupt nur anwendbar, soweit das **deutsche Strafrecht** für eine Tat gilt. Wann das der Fall ist, ergibt sich aus den §§ 3 bis 9 StGB. Soweit hiernach eine Tat nicht nach deutschem Strafrecht strafbar ist, ist das Verfahren von der Staatsanwaltschaft nach § 170 Abs. 2 einzustellen, die Eröffnung des Hauptverfahrens abzulehnen oder der Angeklagte freizusprechen. Unzulässig wäre es insbesondere in einem solchen Fall, daß der Staatsanwalt die Klage nach Absatz 3 nach Eröffnung des Hauptverfahrens zurücknimmt.

II. Voraussetzungen

4   **1. Allgemeines. Anwendungsbereich.** Die Entscheidung, ob von der Strafverfolgung nach dieser Vorschrift abgesehen werden soll, steht allein der **Staatsanwaltschaft**, in den Fällen des Absatz 4 dem Generalbundesanwalt (Rdn. 25), zu. Zur Zusammenarbeit mit der Polizei s. Nr. 99 RiStBV[7]. Diese sollte, sobald in Betracht kommt, daß eine Straftat aufgrund der Vorschrift nicht verfolgt wird, die Staatsanwaltschaft unterrichten und deren weitere Weisung abwarten. Soweit die **Finanzbehörde** das Steuerstrafverfahren selbständig führt (§ 386 Abs. 1, § 399 Abs. 1 AO), ist sie, außer in den insoweit nicht in Betracht kommenden Fällen des Absatzes 4, rechtlich in der Lage, die Vorschrift anzuwenden; doch wird sich, namentlich bei Fallgestaltungen, bei denen die in Absatz 2 genannten Gesichtspunkte eine Rolle spielen können, in aller Regel empfehlen, daß sie das Verfahren an die Staatsanwaltschaft abgibt oder diese es an sich zieht (386 Abs. 3 AO). Zu den Besonderheiten bei Straftaten gegen die **NATO-Vertragsstaaten** s. § 153 e, 22 ff.

5   Die **Zustimmung** des Beschuldigten, des Verletzten oder des Gerichts ist **nicht erforderlich**. Das Gericht kann auch weder die Eröffnung des Hauptverfahrens mit der Begründung ablehnen, es halte die Verfolgung wegen der besonderen Umstände des § 153 c nicht für angebracht[8], noch das Verfahren aufgrund dieser Vorschrift einstellen. Es kann allerdings, soweit dies, auch nach Absatz 3, noch möglich ist, bei der Staatsanwaltschaft die Rücknahme der Klage und die Einstellung anregen. Durch innerdienstliche allgemeine Weisungen ist die Staatsanwaltschaft teilweise gehalten, auch soweit kein Entscheidungsvorbehalt des Generalbundesanwalts nach Absatz 4 besteht, die Entscheidung des Generalstaatsanwalts einzuholen[9].

6   Die Nichtverfolgung erfaßt die jeweilige **prozessuale Tat** in ihrem ganzen Umfang, unabhängig davon, ob sie mehrere tateinheitlich oder tatmehrheitlich zusammentreffende materiell-rechtliche Straftaten umfaßt. Daran ändert auch nichts, daß der

---

[5] So LR-*Meyer-Goßner*[23] 2.

[6] Von den Staatsanwaltschaften beim Landgericht (ohne Berlin, Hessen, Schleswig-Holstein) wurden 1982 504, 1983 540 und 1984 438 Verfahren nach § 153 c eingestellt; vgl. auch § 152, 43.

[7] Vgl. auch *Kleinknecht/Meyer*[37] 2; *Eb. Schmidt* Nachtr. II § 153 b, 2.

[8] LR-*Meyer-Goßner*[23] 3; *Eb. Schmidt* § 153 a, 4.

[9] Einzelheiten in den Nr. 94 ff RiStBV; Bedenken dagegen bei KK-*Schoreit* 11.

Wortlaut der Vorschrift von „Straftaten" spricht[10]. Die Herausnahme einzelner Straftatbestände aus der Verfolgung einer einheitlichen Tat ist nur unter den Voraussetzungen des § 154 a möglich. Sind **mehrere Beschuldigte** als Täter oder Teilnehmer an einer (prozessualen) Tat beteiligt, so kann die Vorschrift bei einzelnen angewendet werden und bei anderen nicht, auch dann, wenn, was nicht notwendig der Fall ist, bei allen Tatbeteiligten die formellen Voraussetzungen der Vorschrift vorliegen. Auch bei **Verbrechen** ist die Anwendung des § 153 c möglich. Die Vorschrift gilt auch im **Jugendstrafverfahren**[11]. Für das **Bußgeldverfahren** kommt sie schon wegen § 5 OWiG regelmäßig nicht in Betracht; sollte dies ausnahmsweise doch der Fall sein, so wird sie durch § 47 OWiG verdrängt[12].

7　　Die Vorschrift ermächtigt zum **Absehen von der Verfolgung**, nicht erst zum Absehen von der Klageerhebung. Eine Durchermittlung des Sachverhalts ist also nicht erforderlich. Von der Vorschrift kann schon Gebrauch gemacht werden, sobald ein Anfangsverdacht im Sinne des § 152 (vgl. § 152, 21 ff) besteht, ggf. kann von der Durchführung aller weiteren Ermittlungen abgesehen werden[13]. Es muß aber, soweit der Sachverhalt daran Zweifel aufkommen läßt, stets aufgeklärt werden, ob die (formellen und materiellen) Voraussetzungen für die Anwendung der Vorschrift vorliegen, also etwa der Charakter der (reinen) Auslandstat in den Fällen des Absatz 1 Nr. 1, die Ausländereigenschaft in den Fällen des Absatz 1 Nr. 2 oder die Aburteilung im Ausland in den Fällen des Absatz 1 Nr. 3.

8　　Ob die Staatsanwaltschaft von der Nichtverfolgungsermächtigung Gebrauch machen will, liegt in den Fällen des Absatz 1 Nr. 1 und 2, die keinerlei den Anwendungsbereich konkretisierenden Hinweise enthalten, in ihrem **pflichtgemäßen Ermessen**[14]. Sofern die besonderen Voraussetzungen des Absatz 2 vorliegen, sind sie regelmäßig auch ein zwingender Grund, von Absatz 1 Nr. 1, 2 Gebrauch zu machen. Im übrigen dürfte für die sachgerechte Ermessensausübung in erster Linie ins Gewicht fallen, ob aus der Sicht des deutschen Strafrechts ein öffentliches Interesse an der Verfolgung gerade dieser Tat mit Auslandsberührung besteht[15], auch unverhältnismäßige Schwierigkeiten der Strafverfolgung können berücksichtigt werden. Soweit die Bundesrepublik durch **völkerrechtliche Vereinbarungen** verpflichtet ist, ausländische Straftaten wie inländische zu behandeln, ist Absatz 1 Nr. 1, 2 nicht anzuwenden[16]. Ob es sich bei Absatz 1 Nr. 3 und Absatz 2 ebenfalls um Ermessen oder um die Subsumtion unter sehr weit gespannte unbestimmte Rechtsbegriffe handelt, erscheint zweifelhaft, ist aber wohl ohne praktische Bedeutung.

2. Auslandstaten (Absatz 1 Nr. 1)

9　　a) **Räumlicher Geltungsbereich der Strafprozeßordnung.** Absatz 1 Nr. 1 gilt für Taten, die außerhalb des Geltungsbereichs der Strafprozeßordnung begangen worden

---

[10] KMR-*Müller* 7; vgl. auch § 153 d, 4 ff; zur Wortwahl BTDrucks. V 2860, S. 29.

[11] *Brunner* § 45, 2; *Eisenberg*[2] § 45, 14; im Ergebnis wohl auch *Bohnert* NJW **1980** 1930, der allerdings meint, daß die Generalermächtigung des § 45 JGG diese Fälle (außer Absatz 4) mit umfasse.

[12] *Göhler* § 5, 9.

[13] Allg. M, vgl. z. B. KK-*Schoreit* 3; *Kleinknecht/Meyer*[37] 2; LR-*Meyer-Goßner*[23] 4; a. A

früher *Niese* SJZ **1950** 892; noch weitergehend wohl der schriftliche Bericht des Sonderausch. für die Strafrechtsreform zum 8. StRÄndG, BTDrucks. V 2860, S. 29.

[14] KK-*Schoreit* 1; LR-*Meyer-Goßner*[23] 9; *Krauth/Kurfess/Wulf* JZ **1968** 733.

[15] *Grauhan* GA **1976** 235; KMR-*Müller* 9.

[16] *Kleinknecht/Meyer*[37] 3; KMR-*Müller* 9; vgl. Nr. 94 Abs. 2 RiStBV; Nachw. auch bei *Oehler*, s. etwa 808 f, 847 ff.

sind[17]. Dieser umfaßt das Gebiet der Bundesrepublik Deutschland einschließlich West-berlin, die Eigengewässer und Küstengewässer, soweit diese staatsrechtlich zum Staats-gebiet zählen (sog. Dreimeilengrenze), und den gesamten Luftraum über dem Geltungs-gebiet[18]. Alles andere Gebiet, auch das der DDR oder die Hohe See, ist Ausland, auch wenn dort, wie etwa nach § 4 StGB für deutsche Schiffe oder Luftfahrzeuge, das deutsche Strafrecht uneingeschränkt gilt, so daß in solchen Fällen Absatz 1 Satz 1 an-wendbar wäre[19]; regelmäßig wird allerdings in den Fällen des § 4 StGB jedenfalls bei Taten auf Hoher See ein Gebrauchmachen von der Nichtverfolgungsermächtigung nicht sachgerecht sein.

10   **b) Tatbegehung im Ausland.** Wo eine Tat begangen ist, richtet sich nach § 9 StGB (§ 7, 2 ff). Begehungsort sind danach sowohl die (möglicherweise mehreren) Tä-tigkeitsorte als auch die (mehreren) Erfolgsorte[20]. Absatz 1 Nr. 1 verlangt, daß sämt-liche Begehungsorte im Sinne des § 9 StGB außerhalb des Geltungsbereichs der StPO (Rdn. 9) liegen; er ist unanwendbar, wenn auch nur ein Mittäter[21] im Inland gehandelt hat oder auch nur ein Erfolg im Inland eingetreten ist[22]; im zweiten Fall kann jedoch die Anwendung des Absatz 2 in Betracht kommen. Dagegen ist es bei einer Auslandstat in diesem Sinne ohne Bedeutung, ob der Täter (oder Teilnehmer) Deutscher oder Aus-länder ist.

11   **c) Teilnahme.** § 9 Abs. 2 StGB dehnt für Fälle der Teilnahme (Anstiftung oder Bei-hilfe) den Tatbegriff sehr weit aus[23]. Absatz 1 Nr. 1 zweiter Halbsatz ermöglicht eine prozessuale Korrektur dieser weiten Ausdehnung, indem er die Nichtverfolgungser-mächtigung auf die Fälle des § 9 Abs. 2 StGB erstreckt[24]. Von der Strafverfolgung kann hiernach auch abgesehen werden, wenn allein der Teilnahmeort gemäß § 9 Abs. 2 StGB im Inland, der Tatort aber insgesamt im Ausland (Rdn. 9) liegt. Auch hier ist ohne Bedeutung, ob der im Inland handelnde Teilnehmer Ausländer oder Deutscher ist.

12   **3. Ausländertaten im Inland auf ausländischen Schiffen oder Luftfahrzeugen (Ab-satz 1 Nr. 2).** Taten auf ausländischen (privaten) Schiffen und Luftfahrzeugen im Gel-tungsbereich der StPO (Rdn. 9) sind Inlandstaten[25]. Für diese gilt die Nichtverfolgungs-ermächtigung des § 153 c unter der doppelten Voraussetzung, daß (1) die Tat nur (im Sinne des § 9 StGB) auf einem ausländischen Schiff oder Luftfahrzeug begangen wor-den ist und daß (2) der Täter ein Ausländer ist. Sind an der Tat Ausländer und Deutsche beteiligt, so gilt die Nichtverfolgungsermächtigung nur für die Ausländer. Wann von

---

[17] Der Begriff stimmt mit dem derzeit ganz überwiegend vertretenen strafrechtlichen Auslandsbegriff im Sinne der §§ 3 ff StGB überein; vgl. mit weit. Nachw. *Dreher/Trönd-le*[42] § 3, 11; LK-*Tröndle* Vor § 3, 41 ff; *Krey* JR **1980** 46; vgl. auch zum Zweck der mit dem 8. StRÄndG vorgenommenen Bezeichnungs-änderung *Krauth/Kurfess/Wulf* JZ **1968** 733.

[18] Einzelheiten bei *Dreher/Tröndle*[42] § 3, 4 ff; LK-*Tröndle* Vor § 3, 50 ff; *Oehler* 396 ff; *Wille* 12 ff.

[19] *Kleinknecht/Meyer*[37] 4; LR-*Meyer-Goßner*[23] 6; LK-*Tröndle* § 4, 8; a. A *Oehler* 455 Fußn. 5.

[20] Sog. Ubiquitätstheorie, vgl. näher LK-*Tröndle* § 9, 2 ff; *Oehler* 252 ff.

[21] Wegen der Teilnahme s. Rdn. 11.

[22] KK-*Schoreit* 6; *Kleinknecht/Meyer*[37] 3; *Krauth/Kurfess/Wulf* JZ **1968** 733.

[23] Dazu näher LK-*Tröndle* § 9, 8 ff; *Oehler* 765 ff.

[24] Vgl. BTDrucks. 7 550, S. 299.

[25] LK-*Tröndle* Vor § 3, 55; § 4, 9; für auslän-dische Staatsfahrzeuge s. *Oehler* 476 f; *Schönke/Schröder/Eser* § 4, 9; über Ein-schränkungen bei „friedlicher Durchfahrt" durch Küstengewässer *Oehler* 411 ff; über die Zulässigkeit strafprozessualer Zwangsmaß-nahmen an Bord ausländischer Schiffe und Luftfahrzeuge vgl. ausführlich *Wille* 78 ff, 155 ff; ferner *Kleinknecht/Meyer*[37] 9 f.

ihr Gebrauch gemacht werden soll, entscheidet die Staatsanwaltschaft nach pflichtgemäßem Ermessen (Rdn. 8). Dabei kann auch eine Rolle spielen, ob sich die Tat nur gegen ausländische Rechtsgüter richtet (Rechtsgedanke des § 7 Abs. 1 StGB), ob zu erwarten ist, daß die Tat vom Heimatstaat des Ausländers verfolgt wird, und ob der Durchführung des Strafverfahrens besondere Schwierigkeiten entgegenstehen würden[26].

Ausländische Schiffe sind solche, die nach dem Flaggenrechtsgesetz nicht die Bundesflagge zu führen haben; auch ausländische Binnenschiffe fallen darunter. Ausländische **Luftfahrzeuge** sind solche, die nicht in die Luftfahrzeugrolle der Bundesrepublik eingetragen sind. Gemeint sind also alle Schiffe und Luftfahrzeuge, die nicht unter § 10 und nicht unter § 4 StGB fallen. Es ist deshalb wegen der Einzelheiten auf die Erl. zu § 10, 6; 9 zu verweisen[27]. Aus diesen Regelungen folgt zugleich, daß Schiffe und Luftfahrzeuge der **DDR** als ausländische zu betrachten sind. **13**

Ausländer ist jeder, der nicht Deutscher ist, also nicht die deutsche Staatsangehörigkeit besitzt oder sonst Deutscher im Sinne des Art. 116 GG ist[28]. Auf **Bürger der DDR** ist die Vorschrift mindestens analog anzuwenden[29]. Zu den Ausländern gehören auch Staatenlose[30], nicht aber Deutsche, die zusätzlich eine andere Staatsangehörigkeit besitzen (sog. Doppelstaatler). Für die Ausländereigenschaft soll der Zeitpunkt maßgebend sein, zu dem die Anklageerhebung in Betracht kommt, nicht etwa die Tatzeit[31]. Ihrem Wortlaut nach ist die Vorschrift auch anwendbar, wenn ein Ausländer, der seinen Wohnsitz und seinen Lebensmittelpunkt im Bundesgebiet hat, eine Straftat im Inland auf einem ausländischen Schiff oder Luftfahrzeug begeht, etwa wenn ein Staatenloser oder ein ausländischer Gastarbeiter als Hafenarbeiter auf einem ausländischen Schiff stiehlt; jedoch wird in solchen Fällen die Anwendung der Bestimmung nach ihrem Zweck regelmäßig nicht angebracht sein. **14**

4. Berücksichtigung von Auslandsurteilen (Absatz 1 Nr. 3)

a) Allgemeines. Kein Verbrauch der Strafklage. Wird ein Beschuldigter wegen einer Tat, die auch nach deutschem Strafrecht (§§ 3 bis 9 StGB) strafbar ist, im Ausland abgeurteilt, so tritt dadurch grundsätzlich kein Verbrauch der Strafklage ein; die Tat bleibt also für die deutschen Strafverfolgungsbehörden weiter verfolgbar, wenn auch die im Ausland vollstreckte Strafe auf eine im Inland zu verhängende nach § 51 Abs. 3 StGB anzurechnen ist[32]. Unerheblich ist dabei, ob die Tat von einem Ausländer oder einem Deutschen und ob sie im Inland oder im Ausland begangen worden ist. Für diesen Fall gestattet es Absatz 1 Nr. 3 der Staatsanwaltschaft, bis zur Erhebung der öffentlichen Klage oder unter ihrer Rücknahme gemäß § 156 bis zur Zulassung der Anklage von der Verfolgung der Tat abzusehen. Bei einer ausländischen Verurteilung ist weitere Voraussetzung, daß die in dem neuen Verfahren zu erwartende Strafe gegenüber der ausländischen nicht ins Gewicht fallen würde (Rdn. 18); für den Fall des ausländischen Freispruchs enthält das Gesetz keine weiteren Maßstäbe (Rdn. 19). Da weder Absatz 3 anwendbar noch eine gerichtliche Einstellung möglich ist, kann nach der Vorschrift nicht mehr verfahren werden, wenn das Hauptverfahren eröffnet ist. Das erscheint, auch im **15**

---

[26] Ebenso LR-*Meyer-Goßner*[23] 16.

[27] Vgl. ferner LK-*Tröndle* § 4, 3 ff.

[28] Vgl. zu den Einzelheiten z. B. *Maunz/Dürig* Art. 116, 4 ff; *Stern* Staatsrecht[2] Bd. I § 8.

[29] KK-*Schoreit* 9; *Kleinknecht/Meyer*[37] 12; KMR-*Müller* 5; LR-*Meyer-Goßner*[23] 13; die Auffassung dürfte in diesem Zusammenhang ganz h. M sein; vgl. auch § 154 b, 3.

[30] KK-*Schoreit* 15; KMR-*Müller* 5; a. A *Eb. Schmidt* § 153 a, 8.

[31] KMR-*Müller* 5; LR-*Meyer-Goßner*[23] 14; die Meinung erscheint nach dem Wortlaut der Vorschrift zweifelhaft.

[32] Vgl. Einleitung Kap. **12** III; ausführlich zur Problematik *Oehler* 959 ff.

Peter Rieß

Vergleich mit den §§ 154, 154 b wenig sachgerecht und, wenn sich die Auslandsverurteilung erst später herausstellt, bedenklich. Hier wird in geeigneten Fällen § 153 oder § 153 a anzuwenden sein.

16   Soweit ausländische Urteile ausnahmsweise einen **Verbrauch der Strafklage** bewirken, ist § 153 c Abs. 1 Nr. 3 nicht anzuwenden, vielmehr scheidet eine Strafverfolgung deshalb aus, weil ein Verfahrenshindernis besteht. Dem ist je nach Verfahrenslage durch Einstellung nach § 170 Abs. 2, Ablehnung der Eröffnung des Hauptverfahrens oder Einstellung nach den §§ 206 a, 260 Abs. 3 Rechnung zu tragen. Dies gilt grundsätzlich für besatzungsgerichtliche Urteile der früheren westlichen Besatzungmächte[33]. Auch aus internationalen Rechtshilfeübereinkommen können sich (unterschiedliche) Sperrwirkungen für eine erneute Aburteilung im Inland ergeben, aufgrund derer § 153 c Abs. 1 Nr. 3 unanwendbar ist[34].

17   Auch Aburteilungen durch **Gerichte der DDR** sind nicht nach § 153 c Abs. 1 Nr. 3 zu behandeln[35]. Sie bewirken, wie sich aus der Gesamtkonzeption der abschließenden Regelung im RHG ergibt, grundsätzlich einen Verbrauch der Strafklage. Lediglich unter den besonderen Voraussetzungen des § 11 RHG (vgl. die dort. Erl.) ist bei verurteilenden Entscheidungen der Gerichte der DDR eine erneute Strafverfolgung aufgrund des im RHG geregelten Verfahrens zulässig. Freisprechende Urteile schließen, weil sie die Strafklage verbrauchen, eine erneute Strafverfolgung stets aus, da das RHG insoweit keine Weiterverfolgungsmöglichkeit eröffnet.

18   b) **Ausländische Verurteilung.** Bei Verurteilung des Beschuldigten im Ausland kann von der Verfolgung abgesehen werden, wenn die im Inland zu erwartende Strafe aufgrund der Anrechnung (§ 51 Abs. 3 StGB) **nicht ins Gewicht** fallen würde. Die Erweiterung des Beträchtlichkeitsmerkmals in § 154 durch das StVÄG 1979 ist hier, wie in § 154 b Abs. 2, nicht vorgenommen worden; daß dies auf einem Redaktionsversehen beruht, läßt sich nicht mit ausreichender Sicherheit feststellen (LR-*Rieß*[23] EB § 154, 21). Eine Nichtverfolgung kommt deshalb nur in Betracht, wenn das nach Anrechnung der ausländischen Verurteilung verbleibende Rechtsfolgenquantum von den Strafzwecken her als bedeutungslos erscheinen würde. Dabei sind allerdings bei der Entscheidung, ebenso wie dies bei der Bestimmung des Anrechnungsmaßstabes im Falle einer Verurteilung zu geschehen hätte[36], die möglichen Besonderheiten einer Strafvollstreckung und eines Strafvollzugs im Ausland zu berücksichtigen[37]. Auch die Belastungen durch ein zusätzliches Strafverfahren können ggf. zugunsten des Beschuldigten berücksichtigt werden[38]. Obwohl Absatz 1 Nr. 3 lediglich einen Vergleich der Strafen, nicht aber von Maßregeln der Besserung und Sicherung sowie Nebenfolgen vorschreibt, erscheint eine mindestens analoge Anwendung auch dann möglich, wenn den Beschuldigten aufgrund

---

[33] Art. 7 Abs. 1 des Überleitungsvertrages vom 26. 5. 1952 in der Fassung vom 30. 3. 1955 (BGBl. II S. 405); vgl., auch zu den Ausnahmen, LK-*Tröndle* Vor § 3, 81 ff mit weit. Nachw.

[34] Vgl. *Grützner* NJW **1969** 345; *Ungern-Sternberg* ZStW **94** (1982) 84 ff; *Oehler* 686 ff; wegen der Einzelheiten muß auf das Spezialschrifttum verwiesen werden; vgl. auch § 206 a, 52.

[35] KK-*Schoreit* 18; *Kleinknecht/Meyer*[37] 14; wohl auch *Roxin* § 50 B III 3; **a. A** (Absatz 1

Nr. 3 analog) LR-*Meyer-Goßner*[23] 18; ihm folgend KMR-*Müller* 5; vgl. auch *Oehler* JR **1979** 218; vgl. zum Verhältnis zur DDR im internationalen Strafrecht allgemein mit weit. Nachw. LK-*Tröndle* Vor § 3, 95 ff; *Krey* JR **1980** 45 ff; **1985** 399 ff; *Oehler* 383 ff.

[36] § 51 Abs. 4 Satz 2 StGB; dazu LK-*Tröndle* § 51, 73 ff.

[37] Vgl. auch KK-*Schoreit* 21; *Kleinknecht/Meyer*[37] 13; KMR-*Müller* 4 (kein wesentlicher Strafrest).

[38] KK-*Schoreit* 22.

der Auslandsverurteilung andere Sanktionen getroffen haben, die in ihren Auswirkungen auf ihn einer Strafe gleichstehen.

c) Ausländischer Freispruch. Wann trotz eines ausländischen Freispruchs eine er- **19** neute Strafverfolgung geboten und wann von ihr abzusehen ist, wird vom Gesetz nicht näher bestimmt. Die Begründung des RegEntw.[39] verweist auf die Fälle, in denen wegen der Besonderheiten des ausländischen Rechts der Freispruch wegen fehlender Gerichtsbarkeit erfolgt sei, während in der Bundesrepublik ein Verfahren möglich sei, in denen das ausländische Verfahrensrecht so wesentliche Abweichungen enthalte, daß der Freispruch nicht hingenommen werden könne, oder in denen er lediglich auf der Nichterreichbarkeit von Beweismitteln beruhe, auf die in einem inländischen Verfahren zurückgegriffen werden könne. Geht man von diesen Beispielen aus, so sollte von der Nichtverfolgungsermächtigung im Falle eines ausländischen Freispruchs jedenfalls dann regelmäßig Gebrauch gemacht werden, wenn dieser eine Sachentscheidung darstellt und keine erheblichen Bedenken gegen die Beweisgrundlagen und das Verfahren bestehen. Eine solche, die erneute Verfolgung als Ausnahme und nicht als Regelfall ansehende Betrachtungsweise entspricht auch internationalen Entwicklungen[40]. Es dürfte wohl auch nicht entscheidend sein, ob sich die ausländische Entscheidung im Sinne des deutschen Verfahrensrechts formal als Freispruch oder als eine Verfahrenseinstellung darstellt, sondern es sollte darauf abgestellt werden, ob sie sich funktionell als eine Entscheidung darstellt, die mit einer umfassenden Rechtskraftwirkung ausgestattet ist und damit das ausländische Verfahren endgültig ohne Verurteilung beenden will.

5. Distanztaten (Absatz 2). Die Nichtverfolgungsermächtigung nach Absatz 2, die **20** sachlich zu §153 d gehört[41], betrifft Taten, die deshalb Inlandstaten im Sinne des §3 StGB sind, weil der Erfolg im Sinne des §9 StGB im Inland eingetreten ist, während der Tätigkeitsort ausschließlich im Ausland liegt. Ist dies der Fall, so kann die Bestimmung bei allen Straftaten angewendet werden. Sind mehrere Täter oder Teilnehmer vorhanden, so ist Absatz 2 nur gegenüber denjenigen anwendbar, die im Ausland gehandelt haben[42]. Solche Straftaten gefährden oder verletzten regelmäßig inländische Rechtsgüter, so daß der an sich für §153 c in seiner ursprünglichen Konzeption maßgebende Gedanke des wegen der Auslandsberührung geringeren Strafverfolgungsinteresses hier zurücktritt und der auch für §153 d maßgebliche des überwiegenden Gegeninteresses in den Vordergrund tritt. Die Anwendung des Absatzes 2 ist deshalb an die materielle Voraussetzung der Gefahr des schweren Nachteils für die Bundesrepublik Deutschland oder sonstiger überwiegender öffentlicher Interessen geknüpft, die bei §153 d, 7 ff näher erläutert wird; wegen des schwerwiegenden Nachteils für NATO-Vertragsstaaten s. §153 e, 26.

III. Verfahren

1. Bis zur Eröffnung des Hauptverfahrens. Hält die Staatsanwaltschaft die Vor- **21** aussetzungen der Vorschrift für gegeben und will sie von der Strafverfolgung absehen[43],

---

[39] BTDrucks. 7 550, S. 299; vgl. auch die Erörterungen im Sonderaussch. für die Strafrechtsreform, 118. Sitzung, Prot. der 5. Leg-Per. S. 2358 f.

[40] Vgl. BTDrucks. 7 550, S. 299; *Grützner* NJW **1969** 351; *Oehler* 799, 952, 955; ferner Prot. des Sonderaussch. für die Strafrechtsreform, 5. LegPer. S. 2359.

[41] Vgl. oben, Rdn. 2; zur Bedeutung auch *Krauth/Kurfess/Wulf* JZ **1968** 733.

[42] KMR-*Müller* 6.

[43] Zu der dabei einzuhaltenden Beteiligung vorgesetzter Dienststellen s. Nr. 94 Abs. 3, 4, Nr. 95 RiStBV; krit. dazu KK-*Schoreit* 11; 27.

Peter Rieß

so stellt sie, wenn die öffentliche Klage noch nicht erhoben ist, das Verfahren durch eine Abschlußverfügung ein, sofern nicht nach Absatz 4 die Zuständigkeit des Generalbundesanwalts gegeben ist (vgl. näher Rdn. 25 f). Zu den mit der Einstellung verbundenen Maßnahmen und Mitteilungen s. § 153, 53. Ist die öffentliche Klage bereits erhoben, aber gemäß § 156 noch rücknehmbar, so kann die Staatsanwaltschaft ebenfalls nach Klagerücknahme in allen Fällen des § 153 c und ohne zusätzliche Voraussetzungen das Verfahren einstellen. Obwohl Absatz 3, der die Zulässigkeit der Klagerücknahme von engeren Voraussetzungen abhängig macht, unscharf und mißverständlich an den Zeitpunkt der Klageerhebung anknüpft, gilt er erst von der Eröffnung des Hauptverfahrens oder dem diesen gleichstehenden Zeitpunkt (§ 156, 3 f) an; denn mit dieser Vorschrift sollte für die in ihr genannten Fälle die Möglichkeit der Klagerücknahme erweitert und nicht etwa gegenüber § 156 eingeschränkt werden[44].

22   **2. Nach Eröffnung des Hauptverfahrens** kann zum Zwecke der Einstellung des Verfahrens nach Absatz 1 Nr. 1, 2, Absatz 2 abweichend vom Grundsatz des § 156 die Klage zurückgenommen werden, wenn die Durchführung des Verfahrens die Gefahr eines schweren Nachteils für die Bundesrepublik Deutschland herbeiführen oder wenn der Verfolgung sonstige überwiegende öffentliche Interessen entgegenstehen (näher § 153 d, 7 ff). Damit können, wie in den Fällen des § 153 d solche der Verfahrensfortsetzung entgegenstehende außerprozessuale Interessen auch dann noch berücksichtigt werden, wenn sie erst nach Eröffnung des Hauptverfahrens auftreten[45], doch ist die Vorschrift auch anwendbar, wenn sie bereits vorher vorlagen[46]. Die erweiterte Rücknahmebefugnis gilt nicht für die Fälle von Auslandsverurteilung (Absatz 1 Nr. 3)[47]. Auch wenn die Klageerhebung aufgrund eines Beschlusses des Oberlandesgerichts nach § 175 im Klageerzwingungsverfahren erfolgte, kann Absatz 3 angewendet werden. Zwar ist in solchen Fällen die Klagerücknahme zum Zwecke der Verfahrenseinstellung generell ausgeschlossen (näher bei § 175). Nach § 172 Abs. 2 Satz 3 unterliegt jedoch die Anwendung des § 153 c nicht dem Klageerzwingungsverfahren und dies muß nach dem Sinn der Vorschrift auch dann gelten, wenn sich die Notwendigkeit zur Anwendung der Vorschrift erst nach der Klageerhebung ergibt.

23   Die Zurücknahme der Klage ist **in jeder Lage des Verfahrens**, auch noch in der Rechtsmittelinstanz und bei Teilrechtskraft (§ 153, 57 ff), möglich; zu ihr ist **keine Zustimmung** des Gerichts, des Angeklagten oder des Nebenklägers erforderlich. Das Gericht hat auch nicht zu prüfen, ob die Staatsanwaltschaft die besonderen Rücknahmevoraussetzungen des Absatz 3 (Gefahr eines schweren Nachteils usw.) zu Recht bejaht[48], weil dies auf eine Darlegung und Erörterung der Gründe hinauslaufen könnte, bei denen das Bedürfnis nach Nichterörterung gerade der Grund für die Rücknahme sein kann. Der Beurteilung des Gerichts unterliegt es jedoch, ob es sich bei der angeklagten Tat um eine solche handelt, die unter Absatz 1 Nr. 1, 2 oder Absatz 2 fällt. Verneint es dies, so hat es die Klagerücknahme als unwirksam zu behandeln (§ 156, 18).

24   Die Rücknahme der Klage, die gegenüber dem Gericht zu erklären ist (§ 156, 14), **beendet die Rechtshängigkeit** und versetzt das Verfahren in den Stand des Ermitt-

---

[44] Kleinknecht/Meyer[37] 18; 20; KMR-Müller 10; LR-Meyer-Goßner[23] 30; wohl auch KK-Schoreit 28; Eb. Schmidt Nachtr. II § 153 b, 13.

[45] Krauth/Kurfess/Wulf JZ **1968** 733; Lüttger JZ **1964** 575; Schroeder FS Peters 419; verfassungsrechtliche Kritik bei Faller FS Maunz

85 F; ihm folgend LR-Meyer-Goßner[23] 29; dagegen KMR-Müller 12; vgl. auch § 153 d, 1.

[46] KMR-Müller 11.

[47] OLG Schleswig bei Ernesti/Jürgensen SchlHA **1976** 170 (auch nicht, wenn das Gericht zustimmt).

[48] KMR-Müller 12.

lungsverfahrens zurück (§ 156, 15). Die Staatsanwaltschaft kann das Verfahren nunmehr durch eine zusätzlich erforderliche Einstellungsverfügung nach § 153 c einstellen[49]. Eine Verfahrenseinstellung aus einem anderen Grunde, etwa nach § 170 Abs. 2 oder nach den §§ 153, 154 ist unzulässig, weil damit die beschränkte Rücknahmebefugnis unterlaufen werden würde. Jedoch kann die Staatsanwaltschaft jedenfalls bis zur Einstellungsentscheidung (vgl. auch Rdn. 28) die Klage erneut erheben, wenn die die Einstellung rechtfertigende Gefahrenlage nicht mehr besteht.

3. Zuständigkeit des Generalbundesanwalts (Absatz 4)

a) Grund und Anwendungsbereich. Bei den in § 74 a Abs. 1 Nr. 2 bis 6 und § 120 **25** Abs. 1 Nr. 2 bis 7 GVG genannten Straftaten, den sog. Staatsschutz-Straftaten, ist allein der Generalbundesanwalt befugt, nach Absatz 1 und 2 von der Verfolgung der Tat abzusehen oder die Klage nach Absatz 3 zurückzunehmen, und zwar auch dann, wenn er nicht das Verfahren nach § 74 a Abs. 2, § 142 a GVG führt. Der Grund für diese Bestimmung liegt darin, daß bei diesen Straftaten der Generalbundesanwalt auch für die nach den §§ 153 d, 153 e möglichen Maßnahmen allein zuständig ist, mit denen sich vielfache Überschneidungen ergeben können, so daß eine einheitliche Handhabung sichergestellt werden muß[50]. Da für Friedensverrat (§§ 80, 80 a StGB) und Völkermord (§ 220 a StGB) die §§ 153 d, 153 e nicht anwendbar sind, besteht insoweit die ausschließliche Zuständigkeit des Generalbundesanwalts nach Absatz 4 nicht. Bei diesen Straftaten kann deshalb, soweit nicht ohnehin der Generalbundesanwalt nach § 142 a GVG für das Verfahren zuständig ist, auch die zuständige Landesstaatsanwaltschaft das Verfahren nach § 153 c einstellen oder die Klage zurücknehmen[51].

b) Durchführung. Kommt in den Fällen des Absatz 4 die Anwendung der Vorschrift in Betracht, so hat die Landesstaatsanwaltschaft bei einem bei ihr anhängigen Verfahren den Generalbundesanwalt zu unterrichten; dieser kann auch von sich aus tätig werden[52]. Hält der Generalbundesanwalt die Anwendung für geboten, so erläßt er die Einstellungsentscheidung und erklärt ggf. gegenüber dem Gericht die Rücknahme der Klage. Dazu bedarf es nicht der Ausübung des Evokationsrechts nach § 74 a Abs. 2 GVG oder der Rückübernahme einer nach § 142 a Abs. 2 GVG abgegebenen Sache, vielmehr ist in diesen Fällen der Generalbundesanwalt unmittelbar aufgrund des § 153 c Abs. 4 befugt, ein bei der Landesstaatsanwaltschaft anhängiges und hinsichtlich etwa erforderlich werdender weiterer Entscheidungen anhängig bleibendes Verfahren einzustellen und eine vor dem Gericht eines Landes erhobene Klage einer Landesstaatsanwaltschaft zurückzunehmen[53]. Soweit der Generalbundesanwalt ohnehin nach § 142 a GVG das Amt der Staatsanwaltschaft wahrnimmt, ist Absatz 4 ohne Bedeutung.

---

[49] KK-*Schoreit* 32; *Kleinknecht/Meyer*[37] 18; *Eb. Schmidt* Nachtr. II § 153 b, 12.

[50] *Kleinknecht/Meyer*[37] 28; LR-*Meyer-Goßner*[23] 32.

[51] **A. A** *Krauth/Kurfess/Wulf* JZ **1968** 734, die der Auffassung sind, daß bei diesen Delikten § 153 c nicht anwendbar sei; so auch der Regierungsvertreter in den Beratungen des Sonderaussch. für die Strafrechtsreform, Prot. 5. LegPer. S. 1992, dessen Auffassung

sich der Ausschuß „zu eigen" gemacht hat; aber diese Auffassung findet im Gesetzeswortlaut keine Stütze.

[52] Einzelheiten s. Nr. 97 RiStBV; vgl. auch *Kleinknecht/Meyer*[37] 21.

[53] *Krauth/Kurfess/Wulf* JZ **1958** 734; *Eb. Schmidt* Nachtr. II § 153 c, 3; vgl. auch *Kleinknecht* JZ **1957** 409; *Lüttger* JZ **1964** 574.

Peter Rieß

IV. Wirkung der Einstellung

27   Die Einstellung nach § 153 c **beendet das Verfahren**. Das Klageerzwingungsverfahren ist ausgeschlossen (§ 172 Abs. 2 Satz 3). War bereits Klage erhoben und wurde diese zurückgenommen, so ist ggf. eine Auslagenentscheidung nach § 467 a und eine Entscheidung über die Entschädigung für Strafverfolgungsmaßnahmen nach § 9 StrEG zu treffen. Ein nachträgliches **objektives Verfahren** nach §§ 440, 442 ist unter den Voraussetzungen des § 76 a StGB möglich. Nach der ganz h. M.[54] soll in den Fällen des Absatzes 4 nur der Generalbundesanwalt das Einziehungsverfahren betreiben können. Das erscheint unzutreffend, denn zu den Befugnissen des § 153 c, auf die sich allein die Zuständigkeit des Generalbundesanwalts nach Absatz 4 bezieht, gehört das nachfolgende objektive Verfahren nicht und eine sonstige Rechtsgrundlage für eine Zuständigkeit des Generalbundesanwalts ist nicht ersichtlich.

28   Die Einstellung des Verfahrens bewirkt **keinen Verbrauch der Strafklage**[55]; das Verfahren kann frei wieder aufgenommen werden, in den Fällen des Absatz 4 aber wohl nur im Einverständnis mit dem Generalbundesanwalt. Dies gilt nach allgemeiner Auffassung auch dann, wenn die Staatsanwaltschaft gemäß Absatz 3 nach Eröffnung des Hauptverfahrens die Klage zurückgenommen und das Verfahren eingestellt hat.

§ 153 d

(1) Der Generalbundesanwalt kann von der Verfolgung von Straftaten der in § 74 a Abs. 1 Nr. 2 bis 6 und in § 120 Abs. 1 Nr. 2 bis 7 des Gerichtsverfassungsgesetzes bezeichneten Art absehen, wenn die Durchführung des Verfahrens die Gefahr eines schweren Nachteils für die Bundesrepublik Deutschland herbeiführen würde oder wenn der Verfolgung sonstige überwiegende öffentliche Interessen entgegenstehen.

(2) Ist die Klage bereits erhoben, so kann der Generalbundesanwalt unter den in Absatz 1 bezeichneten Voraussetzungen die Klage in jeder Lage des Verfahrens zurücknehmen und das Verfahren einstellen.

Schrifttum und **Entstehungsgeschichte** siehe bei § 153 c.

Übersicht

1   **1. Bedeutung. Verhältnis zu anderen Vorschriften.** Die Bestimmung beschränkt das Legalitätsprinzip bei überwiegenden, der Strafverfolgung entgegenstehenden öffentlichen Interessen[1]; auch sie ist letztlich Ausdruck des Gedankens, daß es nicht Ziel

---

[54] *Kleinknecht/Meyer*[37] 23; im Anschluß an ihn KK-*Schoreit* 36; LR-*Meyer-Goßner*[23] 37, alle ohne Begründung.

[55] *Kleinknecht/Meyer*[37] 1; 18; KMR-*Müller* 14; LR-*Meyer-Goßner*[23] 36; **a. A** AG Gießen

StrVert. **1984** 238; aufgehoben durch LG Gießen StrVert. **1984** 327.

[1] *Rieß* NStZ **1981** 6; wohl zu weitgehend *Roxin* § 72 C (das Legalitätsprinzip sei ausgeschaltet).

des Straf- und Strafverfahrensrechts ist, um jeden Preis verwirklicht zu werden, spezifisch freilich eine Ausprägung des Notstandsgedankens[2]. Die vor allem bei und in den ersten Jahren nach der Schaffung der Vorschrift vielfach kritisierte Rücksichtnahme auf staatliche Gegeninteressen gegenüber einem uneingeschränkten Verfolgungszwang[3] wird in ihren Auswirkungen durch eine enge Begrenzung auf bestimmte Tatbestände, namentliche solche der sog. Staatsschutz-Kriminalität (vgl. aber Rdn. 4 ff), und durch eine Entscheidungskonzentration beim Generalbundesanwalt gemildert, wenngleich nicht verkannt werden kann, daß mit dieser Vorschrift der Gesetzgeber eine gewisse „Erpreßbarkeit" des Staates anerkannt hat. Da es sich bei den den Verzicht auf die Verfolgung rechtfertigenden Gegeninteressen um politisch zu beurteilende und politisch zu verantwortende Umstände handelt, die mit innerstrafprozessualen Interessen an der Strafverfolgung oder ihrem Unterbleiben nichts zu tun haben, erscheint es hier auch sachgerecht, daß keine gerichtliche Mitwirkung an der Entscheidung vorgesehen ist[4].

Die Vorschrift steht in engem **Zusammenhang mit § 153 c Abs. 2 bis 4**[5]. Ist eine **2** Tat nur im Inland (§ 153 c, 9) begangen oder liegt mindestens der Tätigkeitsort im Sinne des § 9 Abs. 1 StGB im Inland, so gilt allein § 153 d, der gegenständlich auf bestimmte Straftaten (Rdn. 3 ff) beschränkt ist. Liegt lediglich der Erfolgsort einer Tat im Inland (Distanztat, § 153 c, 20), so ist § 153 c Abs. 2 anwendbar, und zwar bei allen Straftaten. Beide Regelungen verwenden die gleiche Beschreibung der außerprozessualen Gegeninteressen. Bei reinen Auslandtaten (§ 153 c Abs. 1 Nr. 1) oder bei Ausländertaten im Inland auf ausländischen Schiffen oder Luftfahrzeugen (§ 153 c Abs. 1 Nr. 2) kommt es auf solche außerprozessualen Gegeninteressen nur dann an, wenn die Klage nach Eröffnung des Hauptverfahrens zurückgenommen und das Verfahren eingestellt werden soll. Soweit der deliktspezifische Anwendungsbereich der Vorschriften sich deckt, gilt übereinstimmend die ausschließliche Zuständigkeit des Generalbundesanwalts (vgl. § 153 c, 25). Zum Anwendungsbereich bei Straftaten gegen die **NATO-Vertragsstaaten** nach Art. 9 des 4. StRÄndG s. § 153 e, 22 ff.

2. Anwendungsbereich
a) Staatsschutz-Strafsachen. § 153 d ist nur bei Straftaten anwendbar, die in § 74 a **3** Abs. 1 Nr. 2 bis 6 und in § 120 Abs. 1 Nr. 2 bis 7 GVG genannt sind, also solchen, die die Zuständigkeit der sog. Staatsschutz-Strafkammer oder des Oberlandesgerichts im ersten Rechtszug begründen. **Unanwendbar** ist die Vorschrift, anders als § 153 c Abs. 2 (vgl. § 153 c, 25) bei Friedensverrat (§§ 80, 80 a StGB, vgl. § 74 a Abs. 1 Nr. 1, § 120 Abs. 1 Nr. 1 GVG) und Völkermord (§ 220 a StGB, vgl. § 120 Abs. 1 Nr. 8 GVG), soweit diese Straftaten im Inland begangen werden oder mindestens der Tätigkeitsort im Inland liegt.

---

[2] *Rieß* NStZ **1981** 6 Fußn. 58; FS Dünnebier 152; vgl. schon *Kleinknecht* JZ **1957** 409 (Pflichtenkollision); ferner *Bloy* GA **1980** 178 (überstrafrechtliche Interessenabwägung).

[3] Ablehnend z. B. *Faller* FS Maunz 84 ff; *Martin* DRiZ **1975** 318; *Peters* Der neue Strafprozeß (1975) 103; *Rüping* 98 (rechtsstaatlich zweifelhaft); *Schulz* MDR **1958** 18 f; *Woesner* NJW **1967** 758; **1968** 2134; positiv aber u. a. *Baumann* JZ **1966** 329 f; *Güde* MDR

1958 285; *Jeutter* (LV zu § 152) 128 ff; *Kohlhaas* NJW **1957** 933; *Kühne* 300; *Lüttger* JZ **1964** 569 ff mit weit. Nachw.; rechtsvergleichende Hinweise bei *Jescheck* JZ **1967** 12 f.

[4] Ebenso (ausführlich) *Lüttger* JZ **1964** 575; *Eb. Schmidt* Nachtr. II § 153 c, 3; krit. aber z. B. *Peters* Der neue Strafprozeß (1975) 103; vgl. auch *Krauth/Kurfess/Wulf* JZ **1968** 734; BTDrucks. V 898; S. 43.

[5] Vgl. KMR-*Müller* 3; *Krauth/Kurfess/Wulf* JZ **1958** 733.

Peter Rieß

4   **b) Andere, in derselben Tat zusammentreffende Straftaten.** Unzweifelhaft ist, daß sich bei mehreren in einem Verfahren verbundenen prozessualen Taten die Nichtverfolgungsermächtigung lediglich auf diejenigen bezieht, die die Voraussetzungen erfüllen. Zweifelhaft ist, ob und wieweit die Vorschrift anwendbar ist, wenn zu einer einheitlichen prozessualen Tat tateinheitlich oder (ausnahmsweise) tatmehrheitlich neben Katalogtaten nach den §§ 74 a, 120 GVG andere, dort nicht genannte Straftaten gehören. Die Frage ist namentlich bei der Mitgliedschaft in einer kriminellen oder terroristischen Vereinigung (§§ 129, 129 a StGB) von erheblicher Bedeutung, kann aber auch bei anderen Delikten eine Rolle spielen. Das Problem stellt sich in gleicher Form bei § 154 e Abs. 1. Zwar unterscheiden sich beide im Wortlaut insoweit, als § 153 d von der „Verfolgung von Straftaten der … bezeichneten Art" und § 153 e davon spricht, daß „das Verfahren Straftaten der … bezeichneten Art zum Gegenstand" hat; doch dürfte dem für die Auslegung keine Bedeutung zukommen. Im Schrifttum wird überwiegend die Auffassung vertreten, daß es möglich sei, die Nichtverfolgung auch bei einer einheitlichen Tat auf die Katalogtat zu beschränken und die übrigen Delikte weiterzuverfolgen[6]; es soll aber den Strafverfolgungsbehörden auch möglich sein, die nicht vom Wortlaut der §§ 153 d, 153 e erfaßten Straftatbestände mit einzustellen[7]. Teilweise wird auch die Auffassung vertreten, daß bei tatmehrheitlichem Zusammentreffen stets eine getrennte Behandlung erforderlich sei[8]. Die Gesetzgebungsmaterialien ergeben zu dieser Frage keinen Aufschluß[9].

5   Richtigerweise kann von der Nichtverfolgungsermächtigung nach den §§ 153 d, 153 e bei einer **einheitlichen prozessualen Tat nur einheitlich** Gebrauch gemacht werden. Die wohl noch herrschende Gegenauffassung ist zu einer Zeit begründet worden, als § 154 a noch nicht existierte und hat sich maßgebend auf die Verwendung des Wortes „soweit" in § 153 c Abs. 2 in der Fassung des 4. StRÄndG berufen[10], eine Wortwahl, die den jetzt geltenden Vorschriften fremd ist. Sie läuft heute darauf hinaus, in solchen Fällen das Absehen von der Verfolgung im Sinne der §§ 153 d, 153 e in eine Verfolgungsbeschränkung im Sinne des § 154 a umzudeuten. Das ist schon mit dem Wortlaut der jeweiligen Absätze 1 schwer vereinbar, wird aber namentlich durch die in den beiden Absätzen 2 getroffene Regelung ausgeschlossen. Denn in diesen wird der Generalbundesanwalt zur Rücknahme der Klage (§ 153 d Abs. 2) und das Oberlandesgericht zur Einstellung des Verfahrens (§ 153 e Abs. 2) ermächtigt. Es ist aber bei einer bloßen Stoffbeschränkung im Sinne des § 154 a nicht möglich, die Klage zurückzunehmen oder das Verfahren einzustellen; diese Prozeßhandlungen können sich immer nur auf die jeweilige prozessuale Tat insgesamt beziehen. Dabei ist auch zu berücksichtigen, daß dem Gesetzgeber bei der Neufassung der §§ 153 d, 153 e durch das 8. StRÄndG die Regelung in dem kurz vorher durch das StPÄG 1964 geschaffenen § 154 a bereits bekannt war, so daß es, hätte er eine bloße Stoffbeschränkung auch in den neuen Vorschriften ermöglichen wollen, nahegelegen hätte, auf den dortigen Wortlaut zurückzugreifen.

---

[6] So zuerst (zu § 153 c a. F.) *Kleinknecht* JZ **1957** 410; *Poppe* NJW **1957** 1578; ferner *Kleinknecht/Meyer*[37] § 153 e, 7; LR-*Meyer-Goßner*[23] § 153 e, 8; *Eb. Schmidt* § 153 c, 18 (a. F. Hauptbd. S. 1367); *Wagner* GA **1958** 212; zweifelnd KK-*Schoreit* § 153 e, 23; **a. A** (für §§ 153 c und 153 d, nicht jedoch für § 153 e) KMR-*Müller* § 153 d, 2; § 153 e, 17.

[7] *Kleinknecht/Meyer*[37] § 153 e, 7 (bei weniger schweren Delikten); LR-*Meyer-Goßner*[23] § 153 e, 9; *Eb. Schmidt* Nachtr. II § 153 d, 7.

[8] *Wagner* GA **1958** 212; ihm folgend LR-*Meyer-Goßner*[23] § 153 e, 10.

[9] Vgl. auch *Lüttger* JZ **1964** 576 (bewußt keine Regelung getroffen, da Rechtsprechung Miteinstellung anderer Delikte praktiziere).

[10] So insbesondere *Kleinknecht* JZ **1957** 410 und *Poppe* NJW **1957** 1578; s. Entstehungsgeschichte bei § 153 c.

Bei einer einheitlichen prozessualen Tat kann nach § 153 d (und nach § 153 e) **6** immer dann insgesamt von der Verfolgung abgesehen werden, wenn das **Schwergewicht bei einer Katalogtat** nach den §§ 74 a Abs. 1 Nr. 2 bis 6, 120 Abs. 1 Nr. 2 bis 7 GVG liegt. Die Nichtverfolgungsermächtigung erfaßt auch damit zusammentreffende andere Straftaten, die in ihrem Unrechts- und Schuldgehalt hinter der Katalogtat zurückbleiben oder ihr allenfalls gleichkommen, so etwa Urkundenfälschung, Betrug oder Diebstahl in Fällen des Landesverrats oder bei Mitgliedschaft in einer terroristischen Vereinigung (§ 129 a StGB). Bei dieser kommen auch solche allgemeinen Straftaten in Betracht, die lediglich deren Aufrechterhaltung und Förderung dienen. Dagegen sind die §§ 153 d, 153 e **unanwendbar**, wenn das Schwergewicht der Tat nicht bei der Katalogtat, sondern bei einem anderen Delikt liegt, da andernfalls die vom Gesetzgeber gewollte enge Begrenzung der Nichtverfolgungsermächtigung unterlaufen werden würde[11]. Die Vorschriften können daher z. B. nicht angewendet werden, wenn etwa mit der Mitgliedschaft in einer terroristischen Vereinigung ein vorsätzliches Tötungsdelikt tateinheitlich zusammentrifft. Es kann hier auf ähnliche Maßstäbe zurückgegriffen werden, wie sie bei der Anwendung des § 154 a anzulegen sind, wenn zu entscheiden ist, ob ein auszuscheidender Tatteil oder eine auszuscheidende Gesetzesverletzung nicht beträchtlich ins Gewicht fällt (vgl. § 154 a, 10).

3. Sachliche Voraussetzungen. Die Nichtverfolgung ist nur zulässig, wenn die **7** Durchführung des Verfahrens die Gefahr eines schweren Nachteils für die Bundesrepublik Deutschland herbeiführen oder wenn der Verfolgung sonstige **überwiegende öffentliche Interessen** entgegenstehen würden[12]. Wegen des schweren Nachteils für NATO-Vertragsstaaten s. § 153 e, 26. Dabei bilden nach allg. M die sonstigen öffentlichen Interessen den Oberbegriff, während der schwere Nachteil für die Bundesrepublik Deutschland nur ein besonders wichtiges, zugleich aber auch das erforderliche Gewicht der anderen Interessen kennzeichnendes Beispiel darstellt[13]. Mit dem Begriff des öffentlichen Interesses an der Strafverfolgung im Sinne der §§ 153, 153 a hat der Begriff der entgegenstehenden öffentlichen Interessen nichts zu tun[14], vielmehr meint er gerade solche Interessen, die (ausnahmsweise) das vorwiegend mit den präventiven Strafzwecken gleichzusetzende öffentliche Strafverfolgungsinteresse überwiegen[15] und es deshalb rechtfertigen, zum Schutze anderer Rechtsgüter von der an sich gebotenen Strafverfolgung abzusehen. Dieses Gegeninteresse muß ein öffentliches sein, also ein solches der Rechtsgemeinschaft; das bloße Interesse des Verletzten oder einer anderen einzelnen Person an der Nichtverfolgung reicht nicht aus.

---

[11] Vgl. auch die Begr. zum RegEntw. des 8. StRÄndG, BTDrucks. **V** 898, S. 43, die ausdrücklich darauf abstellt, daß die Lockerung des Verfolgungszwangs nicht die „Hochkriminalität" betreffe.

[12] Zu der (praktisch bedeutungslosen) Frage, ob hier dem Generalbundesanwalt ein Ermessen eingeräumt wird, vgl. (verneinend) *Schroeder* FS Peters 419; *Jeutter* (LV zu § 152) 135; *Kleinknecht* JZ **1957** 409; vgl. auch § 152, 50.

[13] So schon schriftl. Bericht des Sonderaussch. für die Strafrechtsreform, BTDrucks. **V** 2860, S. 29; KMR-*Müller* § 153 c, 7; *Kleinknecht/Meyer*[37] § 153 c, 17; LR-*Meyer-Goß-

ner[23] § 153 c, 24; *Eb. Schmidt* Nachtr. II § 153 b, 6; wohl auch KK-*Schoreit* § 153 c, 25; zur Entstehungsgeschichte der Formel ausführlich *Lüttger* JZ **1964** 573.

[14] *Hobe* FS Leferenz 636; *Rieß* FS Dünnebier 152.

[15] Die Überwiegensklausel wird von KK-*Schoreit* § 153 c, 7 (zu Unrecht) kritisiert. Gerade sie ist für den Gesetzgeber wegen des Ausnahmecharakters von erheblicher Bedeutung gewesen; vgl. BTDrucks. **V** 898, S. 43; **V** 2860, S. 29; Prot. Sonderaussch. für die Strafrechtsreform, 5. LegPer. S. 1565 f; *Lüttger* JZ **1964** 574.

8   Insgesamt ist in jedem Einzelfall eine **konkrete Interessenabwägung** zwischen dem wegen der Straftat bestehenden Strafverfolgungsinteresse, bei dem auch die Schuldschwere zu berücksichtigen ist, und dem Gewicht der bei einer Strafverfolgung drohenden Nachteile vorzunehmen[16]. Zu berücksichtigen ist, da § 153 d auch Elemente einer gesetzlich geregelten Notstandssituation enthält[17], auch stets, ob der Verzicht auf die Strafverfolgung das einzige zumutbare Mittel zur Wahrung der entgegenstehenden Interessen darstellt. Deshalb rechtfertigt beispielsweise die Gefahr, daß bei der Durchführung des Verfahrens Staatsgeheimnisse erörtert werden müssen, die Anwendung der Vorschrift dann und solange nicht, wie dieser Gefahr mit zulässigen prozessualen Mitteln, etwa durch Ausschluß der Öffentlichkeit in der Hauptverhandlung, begegnet werden kann. Allgemeine Regeln lassen sich nicht aufstellen; es kommt immer auf die besonderen Umstände des Einzelfalls an, bei denen stets zu berücksichtigen ist, daß auch die Durchsetzung des Sanktionsanspruchs der Rechtsgemeinschaft und die damit verbundene Stärkung des Rechtsbewußtseins ein gewichtiges öffentliches Interesse darstellt. Ein Verfolgungsverzicht zur Aufrechterhaltung des inneren Friedens, weil bei Durchführung des Verfahrens Unruhen drohen, kann deshalb auch im Anwendungsbereich des § 153 d nur ganz ausnahmsweise gerechtfertigt werden[18].

9   Ein **schwerwiegender Nachteil für die Bundesrepublik Deutschland** droht auch dann, wenn er nur ein Bundesland treffen würde[19]. Ein solcher Nachteil kann die äußere Sicherheit betreffen, aber auch sonstige das äußere oder innere Wohl betreffende Umstände. Dazu kann, wenn man dies nicht den sonstigen öffentlichen Interessen zurechnen will, auch die anders nicht abwendbare Gefahr für Freiheit, Leib oder Leben einzelner Staatsbürger gehören. Der Nachteil muß schwerwiegend sein; bloße Beeinträchtigungen der außenpolitischen Beziehungen oder des innenpolitischen Klimas reichen nicht aus. Auch genügt nicht die bloße Möglichkeit, daß ein schwerwiegender Nachteil eintritt, vielmehr muß eine **Gefahr** bestehen. Der Eintritt des Nachteils muß also mindestens wahrscheinlich im Sinne des bei § 34 StGB verwendeten Gefahrbegriffs[20] sein.

10   4. **Zuständigkeit. Verfahren. Wirkungen.** Zuständig für die Anwendung der Vorschrift ist stets der **Generalbundesanwalt**, auch soweit das Verfahren bei einer Landesstaatsanwaltschaft oder dem Gericht eines Landes anhängig ist (näher § 153 c, 26). Dieser kann wohl auch für bestimmte, konkret bezeichnete Fallgruppen vor der Einleitung einzelner Ermittlungsverfahren mit für die Landesstaatsanwaltschaft verbindlicher Wirkung die Erklärung abgeben, daß von der Strafverfolgung abgesehen werde[21]. Zum Zwecke der Einstellung kann die Klage auch noch nach Eröffnung des Hauptverfahrens zurückgenommen werden (näher § 153 c, 22 ff). Wegen der Wirkungen der Einstellung s. § 153 c, 27 f.

---

[16] So ausdrücklich BTDrucks. V 898, S. 43; KMR-*Müller* § 153 c, 7; *Krauth/Kurfess/Wulf* JZ **1968** 734; *Lüttger* JZ **1964** 574.

[17] *Rieß* FS Dünnebier 153, 156.

[18] Zu dieser Problematik insgesamt *Rieß* FS Dünnebier 149 ff.

[19] *Kleinknecht/Meyer*[37] § 153 c, 17; LR-*Meyer-Goßner*[23] § 153 c, 34; *Eb. Schmidt* Nachtr. II § 153 b, 9.

[20] Vgl. zu diesem mit weit. Nachw. *Dreher/Tröndle*[42] § 34, 3; LK-*Hirsch* § 34, 26 ff.

[21] Vgl. Prot. Sonderaussch. für die Strafrechtsreform, 5. LegPer. S. 1583 ff.

§ 153 e

(1) [1]Hat das Verfahren Straftaten der in § 74 a Abs. 1 Nr. 2 bis 4 und in § 120 Abs. 1 Nr. 2 bis 7 des Gerichtsverfassungsgesetzes bezeichneten Art zum Gegenstand, so kann der Generalbundesanwalt mit Zustimmung des nach § 120 des Gerichtsverfassungsgesetzes zuständigen Oberlandesgerichts von der Verfolgung einer solchen Tat absehen, wenn der Täter nach der Tat, bevor ihm deren Entdeckung bekanntgeworden ist, dazu beigetragen hat, eine Gefahr für den Bestand oder die Sicherheit der Bundesrepublik Deutschland oder die verfassungsmäßige Ordnung abzuwenden. [2]Dasselbe gilt, wenn der Täter einen solchen Beitrag dadurch geleistet hat, daß er nach der Tat sein mit ihr zusammenhängendes Wissen über Bestrebungen des Hochverrats, der Gefährdung des demokratischen Rechtsstaates oder des Landesverrats und der Gefährdung der äußeren Sicherheit einer Dienststelle offenbart hat.

(2) Ist die Klage bereits erhoben, so kann das nach § 120 des Gerichtsverfassungsgesetzes zuständige Oberlandesgericht mit Zustimmung des Generalbundesanwalts das Verfahren unter den in Absatz 1 bezeichneten Voraussetzungen einstellen.

Schrifttum und **Entstehungsgeschichte** siehe bei § 153 c.

Übersicht

1. Bedeutung und Inhalt der Vorschrift. Über die materiellstrafrechtlichen Rücktrittsregelungen des Allgemeinen Teils bei Versuch (§ 24 StGB) und versuchter Beteiligung (§ 31 StGB) hinaus enthält das materielle Strafrecht mehrere, im einzelnen unterschiedlich ausgestaltete Vorschriften[1], die für den Fall, daß der Täter durch aktives Handeln den Taterfolg zu verhindern sucht, dies erreicht oder einen darüberhinausgehenden Beitrag zur Tataufklärung leistet, entweder Strafmilderung bis hin zum Absehen von Strafe gestatten[2] oder einen persönlichen Strafaufhebungsgrund schaffen[3]. Sie werden verbreitet unter der (ungenauen) Bezeichnung **„tätige Reue"** zusammengefaßt. Soweit sie nicht nur Erfolgsvereitelung, sondern auch Ermittlungs- und Aufklärungshilfe

---

[1] Vgl. die Zusammenfassung bei *Grauhan* GA **1976** 232; LK-*Vogler* § 24, 210.

[2] So z. B. §§ 83 a, 84 Abs. 5 Satz 1, 87 Abs. 3, 98 Abs. 2 Satz 1, 129 Abs. 6 Halbsatz 1, 129 a

Abs. 5, 158, 311 c Abs. 2, 316 a Abs. 2 StGB; § 31 BtMG.

[3] So z. B. §§ 84 Abs. 5 Satz 2, 98 Abs. 2 Satz 2, 129 Abs. 2 Halbsatz 2, 310, 311 c Abs. 3 StGB.

prämieren[4], gehören sie zugleich in den Formenkreis des sog. **Kronzeugen oder „Aufklärungsgehilfen"** (vgl. auch § 152, 49). § 153 e ergänzt diese Bestimmungen um eine prozessuale Nichtverfolgungsermächtigung mit ähnlicher Zielrichtung, also der Prämierung von Erfolgsabwendung und Aufklärungshilfe[5]. Ihre Besonderheit besteht namentlich darin, daß sie auf bestimmte Staatsschutzdelikte beschränkt ist, daß ihre Anwendung allein in der Zuständigkeit des Generalbundesanwalts und des Oberlandesgerichts liegt und daß die vom Täter verlangten Handlungen der „tätigen Reue", anders als bei den meisten Regelungen des materiellen Strafrechts, nicht tatbezogen sein müssen, sondern allgemeiner Art sein können (Rdn. 6).

2. Anwendungsbereich

2   a) **Staatsschutz-Straftaten.** Die Vorschrift ist nur anwendbar, wenn das Verfahren die in § 74 a Abs. 1 Nr. 2 bis 4 und in § 120 Abs. 1 Nr. 2 bis 7 GVG genannten Straftaten zum Gegenstand hat. Diese Aufzählung ist abschließend. § 153 e ist daher unanwendbar bei Friedensverrat (§§ 80, 80 a StGB) und Völkermord (§ 220 a StGB), aber, insoweit abweichend von § 153 d, auch bei Verschleppung (§ 234 a StGB) und politischer Verdächtigung (§ 241 a StGB)[6]. Die Nichtverfolgung bzw. Einstellung kann auch hier nur einheitlich für die gesamte **prozessuale Tat** vorgenommen werden[7]; sie ist auch möglich, wenn nicht unter den Katalog fallende (tateinheitlich oder tatmehrheitlich zusammentreffende) Straftaten geringeren Gewichts mit erfaßt werden, nicht aber, wenn diese den größeren Unrechtsgehalt ausmachen (näher § 153 d, 4 ff).

3   b) **Verhältnis zu anderen Erledigungsarten.** Bei liquider Entscheidungslage haben die Einstellung nach § 170 Abs. 2, die Ablehnung der Eröffnung des Hauptverfahrens und der Freispruch Vorrang (§ 153, 32), also auch dann, wenn die Ausgleichshandlung (Rdn. 4 ff) nach den materiellrechtlichen Vorschriften zugleich einen Strafaufhebungsgrund darstellt[8]. Jedoch ist, wie bei § 153 (vgl. § 153, 32 ff) eine weitere Aufklärung nicht erforderlich, sobald feststeht, daß § 153 e angewandt werden kann[9]. Auch das Wort „Täter" in Absatz 1 darf nicht dahin mißverstanden werden, daß die Täterschaft des Beschuldigten feststehen müsse; es ist als „möglicher Täter" zu lesen. Soweit die jeweiligen Voraussetzungen vorliegen, sind auch die **§§ 153 ff anwendbar**[10]. Ermöglicht eine materiellrechtliche Vorschrift das Absehen von Strafe für eine auch unter § 153 e fallende Ausgleichshandlung, so kann insbesondere auch nach § 153 b verfahren werden; der Entscheidungsvorbehalt des Generalbundesanwalts und des Oberlandesgerichts gilt hierfür nicht.

---

[4] Vgl. z. B. §§ 87 Abs. 3, 98 Abs. 2, 129 Abs. 6 Nr. 2 StGB; § 31 BtMG.

[5] Diese prozessuale Lösung ist rechtspolitisch umstritten, vgl. z. B. befürwortend *Kleinknecht* JZ **1957** 408; *Wagner* GA **1958** 205; ablehnend *Bloy* GA **1980** 180; *Schroeder* FS Peters 424 f; zur Kritik an der Konzeption insgesamt vgl. § 153 d, 2 Fußn. 3; ausführlich zu den Gründen für die Schaffung der Bestimmung LR-*Meyer-Goßner*[23] 1 f.

[6] Zu den für den Gesetzgeber insoweit maßgebenden Gründen *Krauth/Kurfess/Wulf* JZ

1968 735; *Eb. Schmidt* Nachtr. II § 153 d, 2 bezeichnet sie als „nicht unbedingt überzeugend".

[7] In diesem Punkt auch **a. A** KMR-*Müller* 17 wegen der inhaltlichen Verwandtschaft zu den materiellrechtlichen Vorschriften.

[8] Z. B. §§ 24, 31 StGB und die in Fußn. 3 genannten Bestimmungen.

[9] KK-*Schoreit* 18; KMR-*Müller* 3; LR-*Meyer-Goßner*[23] 7.

[10] *Poppe* NJW **1957** 1579; LR-*Meyer-Goßner*[23] 6.

3. Voraussetzungen

a) Allgemeines. Das Absehen von der Verfolgung oder die Einstellung erfordert **4** ein bestimmtes aktives Tun des Beschuldigten, eine **Ausgleichshandlung**[11]. Sie muß nach Absatz 1 Satz 1 darin bestehen, daß ein Beitrag zur Abwendung einer näher bezeichneten Gefahr (Rdn. 6) geleistet wird. Bis zur Kenntnis des Täters von der Entdeckung der Tat reicht jeder Beitrag dieser Art aus (Satz 1). Für die Zeit danach muß der im übrigen ebenso taugliche Beitrag („einen solchen Beitrag") in der Offenbarung bestimmten Wissens gegenüber einer Dienststelle bestehen (Satz 2); es reicht nicht mehr jede Aktivität aus. Die Wissenspreisgabe nach Absatz 2 ist eine zusätzliche, den Gefahrabwendungsbeitrag näher konkretisierende Voraussetzung. Eine Ausgleichshandlung nach Satz 2 ist deshalb auch stets eine Ausgleichshandlung nach Satz 1[12]. Sie kommt bei **mehreren Tätern** oder Teilnehmern stets nur demjenigen zugute, der sie vorgenommen hat; nur ihm gegenüber kann das Verfahren eingestellt oder von der Verfolgung abgesehen werden. Jedoch kann eine gemeinschaftlich vorgenommene Ausgleichshandlung auch mehreren Beteiligten zugerechnet werden und es können mehrere Beteiligte unterschiedliche, jeweils geeignete Ausgleichshandlungen erbringen, etwa indem sie unterschiedliches Wissen preisgeben.

Die Ausgleichshandlung muß **nach der Tat** vorgenommen werden. Das bedeutet **5** nicht unbedingt, daß die Straftat materiellstrafrechtlich vollendet oder gar beendet sein muß. Es schließt aber denjenigen Beteiligten von der Anwendung der Vorschrift aus, der zwar eine Ausgleichshandlung vornimmt, aber danach noch eigene Tathandlungen begeht[13].

b) Gegenstand der Ausgleichshandlung muß stets ein Beitrag zur Abwendung **6** einer Gefahr für den Bestand oder die Sicherheit der Bundesrepublik Deutschland oder die verfassungsmäßige Ordnung sein. Die Begriffe des Bestands der Bundesrepublik (vgl. § 92 Abs. 1 StGB), ihrer Sicherheit (vgl. z. B. §§ 87, 88, 89 StGB) und der verfassungsmäßigen Ordnung (vgl. z. B. § 82 Abs. 1 Nr. 2 StGB), denen die abzuwendende Gefahr drohen muß, stimmen mit denen im materiellen Staatsschutz-Strafrecht überein[14]. Eine Gefahr für andere Rechtsgüter, etwa die öffentliche Ordnung, reicht nicht aus. Die **Gefahr** muß tatsächlich bestehen, braucht aber nicht schwerwiegend zu sein. Maßnahmen des Beschuldigten, die sich auf eine nur eingebildete Gefahr beziehen, genügen nicht. Es ist aber, anders als regelmäßig bei den materiellstrafrechtlichen Vorschriften über die „tätige Reue", nicht erforderlich, daß sich die Ausgleichshandlung gerade auf die Gefahr bezieht, die durch die Tat bereitet wurde, so reicht beispielsweise die Kompensation einer durch die Tat hervorgerufenen Gefährdung der äußeren Sicherheit durch einen Beitrag zur Hebung der inneren Sicherheit aus[15].

Zur **Abwendung der Gefahr** ist es weder erforderlich, daß das Handeln des Be- **7** schuldigten sie völlig beseitigt hat, noch daß es der einzige oder auch nur entscheidende Beitrag hierfür ist. Es genügt, daß die Ausgleichshandlung auch nur zusätzlich und in geringfügigem Umfang der Gefahrabwendung dienlich ist; nur gänzlich bedeutungslose

---

[11] KMR-*Müller* 3; der Begriff Ausgleichshandlung hat sich allgemein durchgesetzt; vgl. etwa KK-*Schoreit* 8; LR-*Meyer-Goßner*[23] 12.

[12] KMR-*Müller* 4.

[13] So im Ergebnis wohl übereinstimmend trotz teilweise unterschiedlicher Begründungen KK-*Schoreit* 8; KMR-*Müller* 4 und auch LR-*Meyer-Goßner*[23] 13.

[14] Wegen der Einzelheiten ist auf die Kommentare zum StGB zu verweisen, vgl. etwa *Dreher/Tröndle*[42] § 81, 6 ff, § 92, 2 ff; LK-*Willms* § 81, 5 ff, § 92, 9.

[15] *Kleinknecht* JZ **1957** 408; vgl. KK-*Schoreit* 14; *Kleinknecht/Meyer*[37] 6; KMR-*Müller* 12.

Handlungen scheiden aus. Wenn der Beschuldigte allerdings nur Wissen offenbaren kann, das den Strafverfolgungsbehörden bereits vollständig bekannt ist, liegt keine taugliche Ausgleichshandlung vor. Auch eine zeitweilige Abwehr oder eine Verringerung der Gefahr reicht aus[16]. Für die Anwendung des Satzes 1 (also vor Kenntnis von der Tatentdeckung) kommt es auf die **Art der Ausgleichshandlung** nicht an. Neben der Offenbarung von Wissen gegenüber (handlungsbereiten) Privaten und Dienststellen kann auch genügen, daß der Beschuldigte, ohne sich zu offenbaren, den Taterfolg verhindert oder den Schadensumfang wesentlich verringert. Auch das **Motiv** für die Ausgleichshandlung ist nicht entscheidend, wenn auch für die Ermessensausübung eine Rolle spielen mag, ob sie auf „innerer Umkehr" oder reinen Zweckmäßigkeitserwägungen beruht[17].

8   **c) Ausgleichshandlung nach Kenntnis von der Entdeckung (Absatz 1 Satz 2).** Bis zur Kenntnis des Beschuldigten von der Entdeckung der Tat erfüllt schon jede zur Gefahrenabwehr dienliche Ausgleichshandlung die Voraussetzung der Vorschrift; danach ist eine solche erforderlich, die darüberhinaus in der Preisgabe von Wissen über bestimmte Umstände besteht. Der Begriff der **Entdeckung** der Tat stimmte zur Zeit der Schaffung der Vorschrift mit dem in der materiell-strafrechtlichen Rücktrittsregelung (damals § 46 Nr. 2 StGB a. F.) überein[18], während er heute im Rücktrittsrecht nur noch als Indiz für den Mangel der Freiwilligkeit eine mittelbare Rolle spielt[19]. Wegen des insoweit im materiellen Strafrecht auch weiterhin bedeutsamen Entdeckungsbegriffs ist im einzelnen auf die dortige Rechtsprechung und das Schrifttum zu verweisen. Danach ist eine Tat entdeckt, wenn sie in ihren wesentlichen kriminellen Eigenschaften von einem (anzeige-, verhinderungs- oder verfolgungsbereiten) Unbeteiligten wahrgenommen worden ist[20]. Die Entdeckung muß die Tat betreffen, deretwegen die Nichtverfolgungsermächtigung in Anspruch genommen werden soll. Unerheblich ist insoweit, ob die gefahrabwendende Ausgleichshandlung, die nicht notwendig diese Tat betreffen muß, einen bereits entdeckten oder noch unentdeckten Sachverhalt betrifft; dies kann aber dafür eine Rolle spielen, ob der Beschuldigte durch seine Wissenspreisgabe noch einen zur Gefahrabwendung geeigneten Beitrag leisten kann.

9   Erforderlich ist ferner die **Kenntnis** des Beschuldigten **von der Entdeckung.** Sie muß positiv gegeben sein; rechnet der Beschuldigte lediglich mit der Möglichkeit der Entdeckung, so können ihn auch einfache Ausgleichshandlungen nach Absatz 1 Satz 1 privilegieren. Bleibt zweifelhaft, ob der Beschuldigte die erforderliche Kenntnis hatte, so ist die Anwendung von Absatz 1 Satz 1 möglich[21]. Kenntnis wird aber stets dadurch erlangt, daß der Beschuldigte wegen der Tat (als Beschuldigter oder auch als Zeuge) zur Sache vernommen wird[22].

10   Nach Kenntnis des Beschuldigten von der Entdeckung kann § 153 e nur noch angewendet werden, wenn die zur Gefahrenabwehr geeignete Ausgleichshandlung in der

---

[16] Vgl. (teilw. mit Beispielen) KK-*Schoreit* 13; LR-*Meyer-Goßner*[23] 17; *Eb. Schmidt* § 153 c, 5 a. F (Hauptbd. S. 1364); *Kleinknecht* JZ **1957** 408; *Wagner* GA **1958** 205.

[17] Ebenso KK-*Schoreit* 8; vgl. BGHSt 7 296; *Kleinknecht* JZ **1957** 408.

[18] Vgl. etwa LK-*Busch*[9] § 46, 37 ff; LK-*Vogler* § 24, 125.

[19] Vgl. § 24 StGB; dazu *Dreher/Tröndle*[42] § 24,

8; LK-*Vogler* § 24, 108; 125; *Schönke/Schröder/Eser* § 24, 50; 67.

[20] Vgl. mit weit. Nachw. LK-*Vogler* § 24, 125; *Schönke/Schröder/Eser* § 24, 51; ebenso KK-*Schoreit* 11.

[21] Vgl. auch KK-*Schoreit* 12; **a. A** *Eb. Schmidt* Nachtr. II § 153 d, 3 (begründete Anhaltspunkte reichen).

[22] KK-*Schoreit* 12; KMR-*Müller* 11; LR-*Meyer-Goßner*[23] 15.

Preisgabe von (bestimmtem, Rdn. 11) **Wissen** gegenüber einer Dienststelle besteht. **Dienststelle** ist jede behördliche Einrichtung der Bundesrepublik, von der erwartet werden kann, daß sie die Wissenserlangung dazu verwendet, Gegenmaßnahmen zu ergreifen oder zu veranlassen[23]. Dazu gehören neben den Strafverfolgungsbehörden namentlich die nachrichtendienstlichen Dienststellen, etwa des Verfassungsschutzes; es kommen aber auch die Sicherheitsbeauftragten von Behörden sowie Auslandsdienststellen in Betracht. Die Wissenspreisgabe gegenüber anderen Dienststellen hilft dem Beschuldigten nur dann, wenn diese es an die zuständige weitergibt und das preisgegebene Wissen noch eine taugliche Ausgleichshandlung darstellt, wenn diese davon Kenntnis erlangt. In welcher Form der Beschuldigte sein Wissen offenbaren muß, schreibt das Gesetz nicht vor; die Einschaltung von Mittelspersonen dürfte wohl zulässig sein. Entscheidend ist, daß sich der Beschuldigte des Wissens mit der Absicht entäußert, daß es einer zuständigen Dienststelle bekannt wird, daß dieser Erfolg tatsächlich eintritt und daß er dann noch eine taugliche Ausgleichshandlung darstellt.

Das vom Beschuldigten preisgegebene **Wissen muß die Tat betreffen** („sein mit **11** ihr zusammenhängendes Wissen"), mag insoweit auch nur ein entfernterer Zusammenhang gegeben sein (KK-*Schoreit* 16). Es muß sich vom **Inhalt** her nach dem Gesetzeswortlaut auf Bestrebungen (§ 92 Abs. 3 StGB) des Hochverrats, der Gefährdung des demokratischen Rechtsstaats, des Landesverrats oder der Gefährdung der äußeren Sicherheit beziehen. Damit sind die Tatbestände des zweiten und dritten Titels des ersten Abschnitts (§§ 81 bis 91 StGB) und des zweiten Abschnitts (§§ 93 bis 100 a StGB) des Strafgesetzbuchs gemeint. Insoweit muß der Beschuldigte das Wissen, das er hierüber hat, **vollständig** offenbaren („sein ... Wissen"), auch um den Preis, daß er insoweit ein Geständnis ablegen muß. Nach diesem Gesetzeswortlaut ist Absatz 1 Satz 2 auf Beschuldigte, denen Straftaten nach § 74 a Abs. 1 Nr. 4 GVG (§ 129 StGB) oder nach § 120 Abs. 1 Nr. 4 bis 6 GVG (§§ 102, 105, 106, 129 a StGB) vorgeworfen werden, regelmäßig nicht anwendbar, da das mit diesen Taten zusammenhängende Wissen im allgemeinen nicht Bestrebungen des Hochverrats usw. betreffen wird. Bei einem Mitglied einer terroristischen Vereinigung, die nicht zugleich Bestrebungen nach den §§ 81 bis 100 a StGB verfolgt, könnte deshalb nach der Entdeckung nicht von der Verfolgung abgesehen werden, selbst wenn der Beschuldigte sein vollständiges Wissen über die terroristische Vereinigung offenbart und damit eine schwere Gefahr für die innere Sicherheit abwendet. Ob diese eigenartige Beschränkung vom Gesetzgeber überhaupt gesehen worden und gewollt ist, läßt sich den Gesetzgebungsmaterialien nicht eindeutig entnehmen. Es erscheint jedenfalls zweifelhaft, ob eine analoge Anwendung der Bestimmung auf die Offenbarung von Wissen möglich ist, das eine solche Tat betrifft.

4. Ermessen. Ob bei Vorliegen der Voraussetzungen von § 153 e Gebrauch ge- **12** macht werden soll, ist nach pflichtgemäßem Ermessen zu entscheiden[24]. Zu berücksichtigen ist hierbei das gesamte Verhalten des Täters einschließlich seiner Motive für die Tat und für die Ausgleichshandlung, deren Zeitpunkt und Bedeutung, aber auch die Größe der abgewendeten Gefahr und der Unrechts- und Schuldgehalt der Tat, von deren Verfolgung abgesehen werden soll.

---

[23] *Eb. Schmidt* Nachtr. II § 153 d, 4; **a. A** KMR-*Müller* 9 (jede Dienststelle).

[24] *Eb. Schmidt* § 153 c, 13 a. F (Hauptbd. S. 1366); die im Anschluß an *Poppe* NJW **1957** 1577 verwendete Bezeichnung als „Billigkeitsentscheidung" (so LR-*Meyer-Goßner*[23] 20; KK-*Schoreit* 19) dürfte wohl zu weit gehen.

5. Absehen von der Verfolgung (Absatz 1)

13   **a) Zuständigkeit und Verfahren.** Das Absehen von der Verfolgung nach Absatz 1 kann nur der **Generalbundesanwalt** anordnen, auch wenn er das Verfahren nicht gemäß § 142 a GVG führt. Kommt in einem bei der Landesstaatsanwaltschaft anhängigen Verfahren die Anordnung in Betracht, so legt diese die Akten dem Generalbundesanwalt vor (Nr. 100 Abs. 2 RiStBV, näher § 153 c, 25 f); dazu kann auch eine Anregung des Beschuldigten Veranlassung geben. So lange die öffentliche Klage noch nicht erhoben ist, wirkt die Strafkammer nach § 74 a GVG auch dann nicht mit, wenn sie für das Hauptverfahren zuständig wäre[25]. Hält die Landesstaatsanwaltschaft die Anwendung der Vorschrift nicht für geboten, so braucht sie den Generalbundesanwalt nicht von sich aus zu beteiligen[26]. Eine Zustimmung oder auch nur Anhörung des Beschuldigten ist nicht erforderlich[27]. Es ist auch nicht vorgeschrieben, ihn über die Möglichkeiten des Absatz 1 Satz 2 zu belehren; geschieht dies dennoch, so muß dies zurückhaltend erfolgen, damit schon der Anschein einer nach § 136 a unzulässigen Einwirkung vermieden wird[28].

14   **b) Zustimmung des Oberlandesgerichts.** Für das Absehen von der Verfolgung ist stets die Zustimmung des nach § 120 GVG zuständigen Oberlandesgerichts notwendig; in Bayern ist das BayObLG zuständig (BGHSt **28** 103). Dies gilt auch, wenn die Landesstaatsanwaltschaft die Ermittlungen führt. Das Oberlandesgericht trifft die Entscheidung über die Zustimmung in der Besetzung mit drei Richtern (§ 122 Abs. 1 GVG); § 122 Abs. 2 Satz 2 GVG ist nicht anwendbar. Es stimmt der beabsichtigten Nichtverfolgung zu, wenn es die Voraussetzungen der Vorschrift für gegeben und die Nichtverfolgung nach eigenem pflichtgemäßen Ermessen für sachgerecht hält. Die Zustimmungsentscheidung wird stets vom Generalbundesanwalt herbeigeführt; sind ihm die Akten von einer Landesstaatsanwaltschaft vorgelegt worden, so braucht er sich nicht an das Oberlandesgericht zu wenden, wenn er nicht von der Verfolgung absehen will. Wegen der Unanfechtbarkeit der Zustimmungsentscheidung vgl. § 153, 43; wegen der Wirkungen § 153, 44.

15   **c) Entscheidung.** Aufgrund der Zustimmung kann der Generalbundesanwalt, und nur er, das Verfahren — auch soweit es bei der Landesstaatsanwaltschaft geführt wird — durch eine Einstellungsverfügung (§ 153 c, 26) beenden; wegen der Wirkungen s. § 153 c, 27 f. Wird die Zustimmung versagt, so gibt der Generalbundesanwalt, wenn er nicht das Verfahren selbst führt, die Akten zur Verfahrensfortsetzung an die Landesstaatsanwaltschaft zurück.

6. Einstellung des gerichtlichen Verfahrens (Absatz 2)

16   **a) Allgemeines. Zuständigkeit.** Nach Erhebung der öffentlichen Klage kann das Verfahren unter den Voraussetzungen des Absatz 1 in jeder Lage (§ 153, 57), auch noch nach Teilrechtskraft, eingestellt werden[29]. Zuständig ist stets, auch wenn das Verfahren vor der Strafkammer nach § 74 a GVG anhängig ist, das nach § 120 GVG zuständige

---

[25] *Eb. Schmidt* § 153 c, 13 a. F (Hauptbd. S. 1366); *Wagner* GA **1958** 208.

[26] Weitergehend und problematisch KK-*Schoreit* 21, nach dem der Generalbundesanwalt die Landesstaatsanwaltschaft nicht veranlassen kann, ihm eine Sache zur Prüfung der Anwendung des § 153 e vorzulegen.

[27] LR-*Meyer-Goßner* [23] 25; *Wagner* GA **1958** 209; vgl. § 153, 38.

[28] Siehe auch Nr. 100 Abs. 1 RiStBV; bedenklich undifferenziert und großzügig *Kühne* 311 ff, der Einstellungsvereinbarungen und deren gerichtliche Kontrolle im Verfahren nach den §§ 23 ff EGGVG für möglich hält; wie hier KK-*Schoreit* 18; LR-*Meyer-Goßner* [23] 21 f; *Wagner* GA **1958** 211.

[29] Allg. M, vgl. z. B. KMR-*Müller* 22; zur Einstellung in der Revisionsinstanz s. Rdn. 21.

Oberlandesgericht[30] (vgl. Rdn. 14); es bedarf stets der **Zustimmung des Generalbundesanwalts.** Soweit dieser in einem beim Oberlandesgericht anhängigen Verfahren nicht das Amt des Staatsanwalts ausübt (§ 142 a Abs. 2 GVG), hat die Landesstaatsanwaltschaft die Entscheidung des Generalbundesanwalts herbeizuführen, sobald das Gericht eine Einstellung in Erwägung zieht oder wenn sie von sich aus eine solche anregen will. Die Zustimmung des Angeschuldigten ist nicht erforderlich. Ob seine **Anhörung** rechtlich notwendig ist, ist umstritten[31]. Bei einer Entscheidung in der Hauptverhandlung folgt die Notwendigkeit der Anhörung aus § 33 Abs. 1. Im übrigen dürfte sie rechtlich entbehrlich sein, wenn das Verfahren eingestellt wird, da diese Entscheidung nicht zum Nachteil des Angeschuldigten im Sinne des § 33 Abs. 3 ergeht; sie ist aber nach dieser Vorschrift erforderlich, falls etwa das Gericht einer Anregung des Generalbundesanwalts zur Einstellung nicht entsprechen will. Für die (wohl seltenen) Fälle der Mitwirkung eines Nebenklägers s. § 153, 72.

b) Zwischenverfahren bei Anhängigkeit des Verfahrens vor der Strafkammer. 17
Auch wenn in Fällen des § 74 a GVG die Sache bei der Strafkammer anhängig ist, ist für die Einstellung des Verfahrens das Oberlandesgericht zuständig und die Zustimmung des Generalbundesanwalts erforderlich[32]. Für die hierbei erforderlichen Maßnahmen hat sich der von *Kleinknecht*[33] geprägte Ausdruck Zwischenverfahren allgemein eingebürgert. Hält die Strafkammer in einem bei ihr anhängigen Verfahren die Anwendung des § 153 e für geboten, so legt sie die Akten durch Vermittlung der Landesstaatsanwaltschaft und über den Generalbundesanwalt dem Oberlandesgericht vor. Ein Antrag der Staatsanwaltschaft beim Landgericht oder des Angeschuldigten ist hierzu nicht erforderlich; doch ist ein solcher möglich, und, wenn er gestellt wird, zu bescheiden (strittig, vgl. § 153 a, 94). Stattgeben muß die Strafkammer ihm nicht[34]. Auch können weder das Oberlandesgericht noch der Generalbundesanwalt die Vorlage erzwingen, so daß im Ergebnis der Strafkammer die Entscheidung über die *Nicht*anwendung des § 153 e selbständig möglich ist (vgl. aber Rdn. 21), sobald die öffentliche Klage erhoben ist und nicht mehr zurückgenommen werden kann[35]. Die Vorlage erfolgt durch Beschluß; eine Verfügung des Vorsitzenden reicht nicht aus[36]. Ergeht er in der Hauptverhandlung, so ist diese zugleich auszusetzen oder zu unterbrechen. § 34 gilt nicht, doch kann eine Begründung zweckmäßig sein, damit Generalbundesanwalt und Oberlandesgericht über die für die Vorlage maßgebenden Überlegungen der Strafkammer unterrichtet werden.

Der **Generalbundesanwalt**, dem die Akten aufgrund des Vorlagebeschlusses der **18** Strafkammer zuzuleiten sind, **legt** die **Akten** dem Oberlandesgericht nur **vor**, wenn er der Einstellung zustimmen will, andernfalls reicht er sie über die Landesstaatsanwaltschaft der Strafkammer zurück[37]. Das Oberlandesgericht entscheidet über die Einstel-

[30] In Bayern das BayObLG, BGHSt **28** 103.

[31] So LR-*Meyer-Goßner*[23] 31 (ausführlich); KMR-*Müller* 21; *Wagner* GA **1958** 209; wohl auch *Kleinknecht* JZ **1957** 409; a. A *Kleinknecht/Meyer*[37] 3; *Eb. Schmidt* Nachtr. I § 153 c, 6.

[32] BGHSt **11** 52; im Schrifttum heute allgem. M, vgl. zuerst *Kleinknecht* JZ **1957** 410; a. A früher nur *Poppe* NJW **1957** 1578; dagegen *Hartinger* DRiZ **1957** 292.

[33] JZ **1957** 409; ebenso BGHSt **11** 54; terminologische Vorbehalte bei *Eb. Schmidt* § 153 c, 11 a. F (Hauptbd. S. 1366).

[34] Möglicherweise einschränkend BGHSt **11** 54 (wenn die Einstellung „zweifelsfrei" nicht in Betracht kommt); vgl. auch (zur Frage der Bescheidung) KMR-*Müller* 18; *Hartinger* DRiZ **1957** 294; *Wagner* GA **1958** 208.

[35] *Kleinknecht* JZ **1957** 409; LR-*Meyer-Goßner*[23] 36.

[36] LR-*Meyer-Goßner*[23] 38; *Hartinger* DRiZ **1957** 294; a. A *Wagner* GA **1958** 208.

[37] BGHSt **11** 54; KMR-*Müller* 21; *Wagner* GA **1958** 209.

lung durch Beschluß; eine mündliche Verhandlung findet nicht statt. Dem Angeschuldigten ist vorher jedenfalls dann Gelegenheit zur Äußerung zu geben, wenn das Oberlandesgericht das Verfahren nicht einstellen will (§ 33 Abs. 3)[38]; hiervon kann abgesehen werden, wenn er sich vor Erlaß des Vorlagebeschlusses äußern konnte und keine neuen Tatsachen oder Beweismittel zu seinem Nachteil zu berücksichtigen sind. Vor seiner Entscheidung kann das Oberlandesgericht freibeweislich weitere Ermittlungen über die Einstellungsvoraussetzungen anstellen oder veranlassen. Hält es die Einstellung nicht für angebracht, so lehnt es sie durch Beschluß ab und gibt die Akten über die Staatsanwaltschaften an die Strafkammer zurück, wo das Verfahren seinen Fortgang nimmt.

19   c) Die **Einstellungsentscheidung** trifft stets das Oberlandesgericht selbst, auch wenn es nur aufgrund des Zwischenverfahrens mit der Sache befaßt ist. Zu ihrem Inhalt und den Nebenentscheidungen s. § 153, 75 ff; zum Verbrauch der Strafklage gelten die Erläuterungen bei § 153, 85 ff entsprechend. Durch die Einstellung wird das ggf. noch beim Landgericht anhängige Verfahren beendet. Für etwa erforderlich werdende Nachtragsentscheidungen ist wieder die Strafkammer nach § 74 a GVG zuständig.

20   d) **Anfechtbarkeit.** Alle vom Oberlandesgericht im Zusammenhang mit der Einstellungsfrage getroffenen Entscheidungen sind schon nach § 304 Abs. 4 Satz 2 unanfechtbar; auch bei Kostenentscheidungen und Entscheidungen über die Entschädigung für Strafverfolgungsmaßnahmen kommt es hier auf die im übrigen bei Einstellungen nach §§ 153 ff bestehenden Streitfragen (vgl. § 153, 79 f) nicht an. Auch falls die Zustimmung des Generalbundesanwalts fehlen sollte, würde hier § 304 Abs. 4 Satz 2 der Beschwerde entgegenstehen. Nach heute allg. M. sind auch die Entscheidungen der Strafkammer nach § 74 a GVG im Zwischenverfahren unanfechtbar[39]. Dagegen stünde der Staatsanwaltschaft die (einfache) Beschwerde zu, wenn etwa die Strafkammer über ihre Befugnisse hinausgehend das Verfahren nach Absatz 2 einstellen würde.

21   e) **Einstellung in der Revisionsinstanz.** Nach allg. M. kann zwar die Revision nicht auf die Nichtanwendung der Vorschrift gestützt werden[40]; jedoch kann § 153 e auch noch in der Revisionsinstanz angewendet werden[41]. Hierfür ist nach allgemeiner und zutreffender Auffassung der Bundesgerichtshof zuständig[42]. Der dem scheinbar entgegenstehende Wortlaut der Vorschrift, der die Zuständigkeit zur Einstellung ausschließlich dem Oberlandesgericht zuweist, bezieht sich nur auf die Tatsacheninstanz; er ist entstehungsgeschichtlich zu erklären. Denn bei der letzten Neufassung der Bestimmung durch das 8. StRÄndG war der Bundesgerichtshof noch erstinstanzlich für die jetzt dem Oberlandesgericht zugewiesenen Staatsschutz-Strafsachen und infolgedessen stets für die Einstellung nach § 153 e zuständig, so daß kein Grund bestand, seine Einstellungszuständigkeit für das Revisionsverfahren besonders zu erwähnen. Es ist nichts dafür ersichtlich, daß der Gesetzgeber bei Begründung der erstinstanzlichen Zuständigkeit des Oberlandesgerichts durch das StaatsschStrafsG die damals bereits bestehende Einstellungszuständigkeit des Bundesgerichtshofs als Revisionsgericht beseitigen wollte. Das Revisionsgericht ist bei der Einstellungsentscheidung an die fehlerfreien Feststel-

---

[38] Weitergehend LR-*Meyer-Goßner*[23] 41; vgl. auch Rdn. 16 a. E.

[39] LR-*Meyer-Goßner*[23] 44; KMR-*Müller* 20; *Kleinknecht* JZ **1957** 409; **a. A** *Wagner* GA **1958** 210.

[40] *Wagner* GA **1958** 210; LR-*Meyer-Goßner*[23]

45; *Eb. Schmidt* § 153 c, 13 a. F (Hauptbd. S. 1366).

[41] *Kleinknecht* JZ **1957** 410; KK-*Schoreit* 27; KMR-*Müller* 22; LR-*Meyer-Goßner*[23] 46.

[42] LR-*Meyer-Goßner*[23] 46; KK-*Schoreit* 27; KMR-*Müller* 22.

lungen des Tatrichters zum Schuld- und Strafausspruch gebunden, jedoch kann es zur Frage der Ausgleichshandlung eigene freibeweisliche Ermittlungen anstellen[43].

7. NATO-Vertragsstaaten. Bei Straftaten, die sich gegen die NATO-Vertragsstaa- **22** ten richten, enthält Art. 9 des 4. StRÄndG Bestimmungen über die Anwendbarkeit der §§ 153 c bis 153 e. Die Vorschrift hat in der derzeit geltenden Fassung[44] folgenden Wortlaut:

(1) Hat ein Strafverfahren Straftaten nach Artikel 7 dieses Gesetzes in Verbindung mit den §§ 94 bis 100, 109 f oder 109 g des Strafgesetzbuches zum Gegenstand, so gilt § 153 d der Strafprozeßordnung entsprechend mit der Maßgabe, daß das Absehen von der Verfolgung oder die Einstellung des Verfahrens zulässig ist,
1. wenn der Täter nach der Tat, bevor ihm deren Entdeckung bekanntgeworden ist, dazu beigetragen hat, eine Gefahr für die Sicherheit der Bundesrepublik Deutschland oder des betroffenen Vertragsstaates abzuwenden, oder wenn er einen solchen Beitrag dadurch geleistet hat, daß er nach der Tat sein mit ihr zusammenhängendes Wissen über verräterische Bestrebungen offenbart hat, oder
2. soweit die Durchführung des Verfahrens über die in der Tat selbst liegende Gefährdung hinaus die Sicherheit der Bundesrepublik Deutschland oder des betroffenen Vertragsstaates beeinträchtigen würde.
(2) Hat ein Strafverfahren Straftaten nach Artikel 7 dieses Gesetzes in Verbindung mit den § 87, 89, 90 a, 94 bis 100, 109 d oder 109 f des Strafgesetzbuches zum Gegenstand, so gelten die §§ 153 c und 153 d der Strafprozeßordnung entsprechend mit der Maßgabe, daß an die Stelle der Gefahr eines schweren Nachteils für die Bundesrepublik Deutschland der Gefahr eines schweren Nachteils für den betroffenen Vertragsstaat, seine in der Bundesrepublik Deutschland stationierten Truppen oder die im Land Berlin anwesenden Truppen der betroffenen Macht treten und überwiegende öffentliche Interessen auch solche des betroffenen Vertragsstaates sind.
(3) Bevor von der Erhebung der öffentlichen Klage abgesehen, das Verfahren eingestellt oder die Klage zurückgenommen wird, ist der obersten militärischen Dienststelle der in der Bundesrepublik Deutschland stationierten Truppen des betroffenen Vertragsstaates oder der im Land Berlin anwesenden Truppen der betroffenen Macht oder dem Leiter ihrer diplomatischen Vertretung Gelegenheit zur Stellungnahme zu geben.

Der Geltungsbereich dieser Bestimmung ist vom bloßen Wortlaut her namentlich deshalb schwer zu erschließen, weil durch eine Reihe von Redaktionsversehen und sonstigen Mängeln bei der Anpassung an die Änderungen in den §§ 153 c bis 153 e erhebliche Unklarheiten entstanden sind[45].

Nach Art. 7 des 4. StRÄndG[46] sind zum **Schutz der NATO-Vertragsstaaten** ein **23** Teil der die Sicherheitsinteressen und andere Rechtsgüter der Bundesrepublik Deutsch-

---

[43] *Kleinknecht* JZ **1957** 410 Fußn. 18; KMR-*Müller* 22; LR-*Meyer-Goßner*[23] 46; die Begründung von *Kleinknecht* aaO, daß es sich um ein „potentielles Verfahrenshindernis" handle (so auch KMR-*Müller* 18) trifft allerdings nicht zu; dagegen zutreffend *Eb. Schmidt* § 153 c, 12 a. F (Hauptbd. S. 1366).

[44] Die ursprüngliche Fassung des Art. 9 des 4. StRÄndG (BGBl. I **1957** S. 602) wurde durch Art. 5 Nr. 3 des 8. StRÄndG durch Verweisungsänderungen in Absatz 1 und durch die Einführung des jetzigen Absatz 2 geändert; der ursprüngliche Absatz 2 wurde in geän-

derter Form Absatz 3. Durch Art. 147 Nr. 4 EGStGB 1974 wurden die Verweisungen auf die StPO geändert.

[45] Ein offensichtliches Redaktionsversehen in Art. 147 Nr. 4 Buchst. b EGStGB 1974, demzufolge die Verweisungsänderung auf die §§ 153 c und 153 d statt §§ 153 b und 153 c StPO in Absatz 3 vorgenommen werden soll, während sich die zu ändernde Verweisung in Absatz 2 befindet.

[46] Abgedruckt u. a. bei LK-*Willms* Vor § 80, 31 mit Hinweisen auf die Entstehungsgeschichte.

land schützenden Straftatbestände auch anwendbar, wenn sich diese Straftaten gegen solche Vertragsstaaten richten. Art. 9 des 4. StRÄndG regelt für einen Teil dieser Fälle den Anwendungsbereich der §§ 153 c bis 153 e. Dem Wortlaut nach ist der Inhalt der Vorschrift insbesondere deshalb unklar, weil § 153 d sowohl in Absatz 1 als auch in Absatz 2 mit unterschiedlichen Voraussetzungen in Bezug genommen ist und weil sich die tatbestandlichen Voraussetzungen von Absatz 1 Nr. 1 und 2 mit den entsprechenden Voraussetzungen in den §§ 153 d und 153 e nicht decken. Das Schrifttum hat den Anwendungsbereich der Bestimmung bisher nicht eingehend erörtert[47].

24   Bei den Unklarheiten des Wortlauts ist der Anwendungsbereich nur durch eine genaue **Analyse der Entstehungsgeschichte** erschließbar. Aus ihr ergibt sich zunächst, daß sich der ursprüngliche Text weitgehend mit dem des damaligen § 153 c (vgl. Entstehungsgeschichte bei § 153 c) deckte und ihm sachlich entsprechen sollte[48]. Auch die Änderung der Vorschrift durch das 8. StRÄndG hat lediglich den Zweck gehabt, sie den neu gruppierten und teilweise neu gefaßten Regelungen in den §§ 153 c bis 153 e (damals §§ 153 b bis 153 d) unter Aufrechterhaltung der sachlichen Übereinstimmung anzupassen[49]. Dem diente insbesondere der neu eingefügte Absatz 2. Dabei hat der Gesetzgeber offensichtlich übersehen, daß der ursprüngliche Absatz 1, der sich auf § 153 c a. F. bezog, dem Umstand hätte angepaßt werden müssen, daß dieser § 153 c in mehrere Vorschriften geteilt und inhaltlich geändert wurde. Es ist deshalb nicht nur, worüber Übereinstimmung besteht, in Absatz 1 versehentlich die Verweisung auf „§ 153 c" nicht an die erst im Laufe des Gesetzgebungsverfahrens beschlossene Umstellung auf die Bezeichnung „§ 153 d" (heute § 153 e) angepaßt worden[50], sondern auch übersehen worden, daß der ursprüngliche § 153 c in der Fassung des 4. StRÄndG in Absatz 2 eine dem jetzigen § 153 d entsprechende Regelung enthielt, auf die sich Art. 9 Abs. 1 Nr. 2 des 4. StRÄndG allein bezieht, und daß die Voraussetzungen für die Nichtverfolgung im heutigen § 153 e sich nicht mehr voll mit denen im ursprünglichen § 153 c Abs. 1 decken. Daraus erklärt es sich, daß zwischen Art. 9 Abs. 1 Nr. 2 und Abs. 2, der nach dem Willen des Gesetzgebers des 8. StRÄndG die Anwendbarkeit der heutigen §§ 153 c und 153 d (damals §§ 153 b und 153 c) auf Straftaten nach Art. 7 des 4. StRÄndG regeln sollte, ein nach dem Wortlaut kaum auflösbarer Widerspruch entstanden ist.

25   **Art. 9 Abs. 1 des 4. StRÄndG bezieht sich**, entgegen seinem Wortlaut, allein auf **§ 153 e**[51]. Wann bei Straftaten, die unter Art. 7 des 4. StRÄndG fallen und in Art. 9 Abs. 1 genannt sind, nach § 153 e von der Verfolgung abgesehen werden kann, ergibt sich aus Nummer 1 der Vorschrift. Die Ausgleichshandlung muß sich auf die Sicherheit der Bundesrepublik Deutschland oder eines Vertragsstaates beziehen; die Abwendung einer Gefahr für den Bestand der Bundesrepublik Deutschland oder deren verfassungsmäßige Ordnung dürfte bei diesen Straftaten nicht ausreichen, denn es handelt sich insoweit um einen Fassungsunterschied, der durch die Nichterwähnung der verfassungsmäßigen Ordnung bereits von Anfang an im Verhältnis zum ursprünglichen

---

[47] Vgl. die lediglich kursorischen Hinweise bei *Kleinknecht* JZ **1957** 410 und *Krauth/Kurfess/Wulf* JZ **1968** 735; unklar auch *Kleinknecht/Meyer*[37] 1; KMR-*Müller* 24; teilweise mißverständlich LR-*Meyer-Goßner*[23] 48; ihm folgend KK-*Schoreit* 7.

[48] Schriftl. Bericht des BTRAussch. zum 4. StRÄndG, BTDrucks. II 3407, S. 14.

[49] Vgl. BTDrucks. V 898, S. 45; BTDrucks. V 2860, S. 30; auch aus den Beratungen des

Sonderaussch. für die Strafrechtsreform (Nachw. bei *Krauth/Kurfess/Wulf* JZ **1968** 735 Fußn. 213) ergibt sich kein anderer Zweck.

[50] Vgl. mit weit. Nachw. *Krauth/Kurfess/Wulf* JZ **1968** 735 Fußn. 213.

[51] Ebenso *Krauth/Kurfess/Wulf* JZ **1968** 735 Fußn. 213; a. A LR-*Meyer-Goßner*[23] 48 und ihm folgend KK-*Schoreit* 7, die Absatz 2 auf § 153 e beziehen wollen.

§ 153 c Abs. 1 vorhanden war. Dagegen ist im Wege der Auslegung beim zweiten Halbsatz der Nummer 1 die vom Gesetzgeber unterlassene Anpassung dahingehend vorzunehmen, daß die Preisgabe des Wissens einer Dienststelle gegenüber erfolgen muß (Rdn. 10). Absatz 1 **Nummer 2** der Vorschrift ist **nicht** mehr **anwendbar**; er bezog sich ursprünglich auf § 153 c *Abs. 2* in der Fassung des 4. StRÄndG. Diese Bestimmung ist aber in § 153 d aufgegangen, für den in Absatz 2 durch das 8. StRÄndG eine selbständige Regelung geschaffen worden ist.

Art. 9 Abs. 2 des 4. StRÄndG **betrifft** das Absehen von der Verfolgung, die Klage- **26** rücknahme und die ihr nachfolgende Einstellung des Verfahrens durch den Generalbundesanwalt in allen Fällen des § 153 d sowie in den Fällen des § 153 c Abs. 2 und 3, also bei Distanztaten sowie bei der Klagerücknahme nach Eröffnung des Hauptverfahrens, bei Straftaten gegen NATO-Vertragsstaaten im Sinne von Art. 7 des 4. StRÄndG, soweit die Tatbestände in Absatz 2 genannt sind. In diesen Fällen muß der „schwere Nachteil" ein solcher des betroffenen Vertragsstaates sein, als ein sonstiges der Strafverfolgung entgegenstehendes überwiegendes öffentliches Interesse genügt ein solches des Vertragsstaates. Insoweit genügen aber, wie die Verwendung des Wortes „auch" deutlich macht, auch bei Straftaten gegen NATO-Vertragsstaaten Gegeninteressen der Bundesrepublik Deutschland. Da der „schwere Nachteil für die Bundesrepublik Deutschland" nur ein Unterfall der Gegeninteressen ist (§ 153 d, 7), führt das im Ergebnis dazu, daß bei Straftaten gegen die NATO-Vertragsstaaten der Anwendungsbereich der §§ 153 c und 153 d lediglich erweitert wird[52]. Für Auslandstaten im Sinne des § 153 c Abs. 1 ist die Bestimmung ohne Bedeutung, wenn bereits die Staatsanwaltschaft von der Verfolgung absehen oder die öffentliche Klage vor Eröffnung des Hauptverfahrens gemäß § 156 zurücknehmen will.

Art. 9 Abs. 3 des 4. StRÄndG enthält eine **Konsultationspflicht** für alle Fälle, in **27** denen die Anwendung der §§ 153 c bis 153 e nur in Verbindung mit Art. 9 des 4. StRÄndG möglich ist. Eine Zustimmung des betroffenen Vertragsstaates schreibt das Gesetz nicht vor.

§ 154

(1) Die Staatsanwaltschaft kann von der Verfolgung einer Tat absehen,

1. wenn die Strafe oder die Maßregel der Besserung und Sicherung, zu der die Verfolgung führen kann, neben einer Strafe oder Maßregel der Besserung und Sicherung, die gegen den Beschuldigten wegen einer anderen Tat rechtskräftig verhängt worden ist oder die er wegen einer anderen Tat zu erwarten hat, nicht beträchtlich ins Gewicht fällt oder

2. darüber hinaus, wenn ein Urteil wegen dieser Tat in angemessener Frist nicht zu erwarten ist und wenn eine Strafe oder Maßregel der Besserung und Sicherung, die gegen den Beschuldigten rechtskräftig verhängt worden ist oder die er wegen einer anderen Tat zu erwarten hat, zur Einwirkung auf den Täter und zur Verteidigung der Rechtsordnung ausreichend erscheint.

(2) Ist die öffentliche Klage bereits erhoben, so kann das Gericht auf Antrag der Staatsanwaltschaft das Verfahren in jeder Lage vorläufig einstellen.

---

[52] Vgl. auch *Kleinknecht* JZ **1957** 410.

Peter Rieß

(3) Ist das Verfahren mit Rücksicht auf eine wegen einer anderen Tat bereits rechtskräftig erkannte Strafe oder Maßregel der Besserung und Sicherung vorläufig eingestellt worden, so kann es, falls nicht inzwischen Verjährung eingetreten ist, wieder aufgenommen werden, wenn die rechtskräftig erkannte Strafe oder Maßregel der Besserung und Sicherung nachträglich wegfällt.

(4) Ist das Verfahren mit Rücksicht auf eine wegen einer anderen Tat zu erwartende Strafe oder Maßregel der Besserung und Sicherung vorläufig eingestellt worden, so kann es, falls nicht inzwischen Verjährung eingetreten ist, binnen drei Monaten nach Rechtskraft des wegen der anderen Tat ergehenden Urteils wieder aufgenommen werden.

(5) Hat das Gericht das Verfahren vorläufig eingestellt, so bedarf es zur Wiederaufnahme eines Gerichtsbeschlusses.

Schrifttum zu den §§ 154, 154 a. *Beseler* Die Anwendbarkeit des § 154 bei Maßnahmen ausländischer Gerichte, NJW **1970** 370; *Bruns* Prozessuale „Strafzumessungsverbote" für nicht mitangeklagte oder wieder ausgeschiedene strafbare Vor- und Nachtaten, NStZ **1981** 81; *Dallinger* Konzentration auf das Wesentliche im Strafprozeß, MDR **1966** 797; *Grauhan* Bewältigung von Großverfahren durch Beschränkung des Prozeßstoffs, GA **1976** 225; *Grünwald* Empfiehlt es sich, besondere strafprozessuale Vorschriften für Großverfahren einzuführen? Gutachten C zum 50. DJT, Verh. des 50. DJT (1974) Bd. I C; *Henneberg* Die Auswirkungen des Strafverfahrensänderungsgesetzes 1979 auf die Verfolgung von Steuerstrafsachen, BB **1979** 585; *Kapahnke* Opportunität und Legalität im Strafverfahren — Strafverfolgungsverzicht durch die Staatsanwaltschaft gemäß den §§ 154, 154 a StPO nach der Neufassung durch das Strafverfahrensänderungsgesetz 1979, Diss. Tübingen, 1982; *Keller/Schmid* Möglichkeiten einer Verfahrensbeschleunigung in Wirtschaftsstrafsachen, wistra **1984** 201; *Kohlhaas* Zur Anwendbarkeit des § 154 bei Maßnahmen ausländischer Gerichte, NJW **1970** 796; *Kurth* Beschränkung des Prozeßstoffs und Einführung des Tonbandprotokolls durch das Strafverfahrensänderungsgesetz 1979, NJW **1978** 2481; *Metten* Die Kostenentscheidung bei der vorläufigen Einstellung gemäß § 154 Abs. 2 StPO, NJW **1969** 687; *D. Meyer* Gebührenrechtliche Konsequenzen von Verfahrenseinstellungen nach § 154 a II, JurBüro **1984** 801; *Momberg* Die Wiederaufnahme bei Einstellungen nach § 154 StPO und ihre rechtliche Kontrolle, NStZ **1984** 535; *Peters* Die Problematik der vorläufigen Einstellung nach § 154 Abs. 2 StPO, StrVert. **1981** 411; *Pickert* Verfolgungsbeschränkung gem. § 154 a StPO und das Problem des Strafklageverbrauchs (1984); *Ratz* Zur Anwendbarkeit der §§ 154, 154 b StPO bei Maßnahmen ausländischer Gerichte, NJW **1970** 1668; *Sack* Beschleunigung des Strafverfahrens durch Aufteilung und Beschränkung des Prozeßstoffes, NJW **1976** 605; *Sack* Kürzerer Strafprozeß — eine Aufgabe für den Gesetzgeber, ZRP **1976** 257; *Schoene* Zur Frage der Kostenentscheidung bei vorläufiger Einstellung gemäß § 154 Abs. 2 StPO, NJW **1974** 844; *Sieg* Kostenentscheidung bei Einstellung nach § 154 II StPO? NJW **1975** 1397; *Sieg* Entscheidung über die Entschädigung nach dem StrEG bei Einstellung nach § 154 II StPO? MDR **1976** 116; *Terhorst* Eingestellte Nebendelikte und ihre Verwertung bei der Strafbemessung, MDR **1979** 17; *Vogler* Die strafschärfende Verwertung strafbarer Vor- und Nachtaten bei der Strafzumessung und die Unschuldsvermutung (Art. 6 Abs. 2 MRK), FS Kleinknecht (1985) 429.

Entstehungsgeschichte. Die Vorschrift wurde in ihrer jetzigen Grundkonzeption durch § 24 EmmingerVO eingefügt. Sie hatte einen im Anwendungsbereich beschränkten Vorläufer in § 208 (vgl. die dortige Entstehungsgeschichte). Die seit 1924 geltende Vorschrift bestimmte in Absatz 1, daß die Staatsanwaltschaft von der Erhebung der öffentlichen Klage absehen könne, wenn die Strafe gegenüber einer rechtskräftig verhängten oder zu erwartenden wegen einer anderen Tat nicht ins Gewicht falle. Die Absätze 2 bis 5 entsprachen weitgehend der heutigen Fassung. Durch Art. 2 Nr. 15 AGGewVerbrG wurden jeweils die Worte „oder Maßregel der Sicherung und Besserung" eingefügt; Art. 4 Nr. 21 des 3. StRÄndG fügte in Absatz 2 die Worte „in jeder Lage des Verfahrens" ein. Art. 21 Nr. 48 EGStGB 1974 paßte durch Umstellung der Worte „Besserung und Sicherung" die Vorschrift an den geänderten Sprachgebrauch an. Durch Art. 1 Nr. 11 StVÄG 1979 erhielt Absatz 1 seine jetzige Fassung.

Übersicht

I. Bedeutung und Anwendungsbereich

1. Bedeutung

a) Allgemeines. Zweck der Vorschrift. Die Vorschrift gehört zusammen mit **1** § 154 a (vgl. Rdn. 9 ff) zu denjenigen Begrenzungen des Legalitätsprinzips, die in erster Linie der **Konzentration des Verfahrensstoffes** dienen. Ihr überwiegender Zweck ist eine Vereinfachung der Strafrechtspflege und eine Entlastung der Strafverfolgungsorgane[1],

---

[1] Weitergehend („ausschließlicher Zweck") OLG München NJW **1975** 70; LR-*Meyer-* *Goßner*[23] 1; *G. Schäfer* § 18 II 3 c; wie hier *Eb. Schmidt* 1; vgl. auch *Bloy* GA **1980** 181, der in

Peter Rieß

doch haben die Bestimmungen auch eine kriminalpolitische Bedeutung, indem sie es gestatten, die strafrechtliche Sanktion auf die wesentlichen Tatvorwürfe und Strafbestimmungen zu konzentrieren.

2　　Bei den §§ 154, 154 a findet die Nichtverfolgung ihren **Grund** darin, daß den Beschuldigten eine andere strafrechtliche Sanktion trifft, die zur Erreichung der Strafzwecke ausreicht[2]. Die Beziehung zu einer aus anderen Gründen den Täter treffenden strafrechtlichen Sanktion (**Bezugssanktion**) kennzeichnet diese Vorschriften: in § 154 ist insoweit eine andere (prozessuale) Tat, die **Bezugstat**, in Betracht zu ziehen, in § 154 a ein anderer rechtlicher Gesichtspunkt oder Tatteil. Durch ihren Bezug auf das den Täter bereits anderweit treffende „Übel" haben die §§ 154, 154 a eine gewisse kriminalpolitische Verwandtschaft mit § 153 a, bei dem ebenfalls die Strafverfolgung wegen der den Täter durch Erfüllung der Auflagen oder Weisungen treffenden (nicht strafrechtlichen) Sanktion (vgl. § 153 a, 8 f) entbehrlich erscheint.

3　　Die verbreitete Einordnung der Vorschrift als Fall **relativer Geringfügigkeit**[3] ist nur dann terminologisch unbedenklich, wenn dabei im Auge behalten wird, daß von „Geringfügigkeit" nur in Hinblick auf die Schwere der Bezugssanktion gesprochen werden kann, daß aber für sich allein betrachtet die nicht zu verfolgende Tat oder der auszuscheidende Tatteil bzw. die auszuscheidende Gesetzesverletzung durchaus erheblich sein kann. Eine restriktive Anwendung der Vorschrift läßt sich mit diesem Sprachgebrauch nicht rechtfertigen.

4　　b) **Entwicklung.** Die, wenn auch ursprünglich als § 208 in anderem dogmatischen Gewand und sehr viel engerem Anwendungsbereich (vgl. die dortige Entstehungsgeschichte), von Anfang an in der StPO enthaltene Vorschrift hat seit der EmmingerVO eine ständige Ausweitung erfahren. Namentlich die Änderungen durch das StVÄG 1979 sind vom Gesetzgeber mit der Erwartung verabschiedet worden, daß sich damit eine bessere Bewältigung von Großverfahren erreichen lasse[4]. Wieweit diese Erwartungen erfüllt worden sind, ist derzeit empirisch nicht zu belegen[5], zumal die Erweiterung des Merkmals „Nicht-ins-Gewicht-fallen" einer bereits vor der Neufassung in der Praxis geübten Handhabung entsprach (vgl. 23. Aufl., Rdn. 2).

5　　c) **Einschätzung.** Die durch die §§ 154, 154 a geschaffenen weitgespannten Möglichkeiten der Stoffbegrenzung sind an sich zu begrüßen, weil sie eine sinnvolle Konzentration auf das Wesentliche ermöglichen[6]. Freilich hängt der verfahrensökonomische Nutzen der Vorschriften von ihrer sachgerechten Handhabung durch die Strafverfolgungsorgane und Gerichte ab, die durch die Häufung unbestimmter Rechtsbegriffe und Generalklauseln in der Neufassung nicht erleichtert wird (vgl. 23. Aufl., EB 4). Es be-

---

Absatz 1 Nr. 2 eine auch im Beschuldigteninteresse liegende Einstellungsmöglichkeit sieht.

[2] BGHSt 10 92 („durch die der Gerechtigkeit und dem Schutz der Allgemeinheit Genüge geschieht"); vgl. auch unten Rdn. 25.

[3] So z. B. *Kühne* 302; *Roxin* § 14 B II 2 a bb; *G. Schäfer* § 18 II 3 c; ähnlich *Gössel* § 9 B IV A (unwesentliche Nebenstraftaten); krit. *Peters* § 23 IV 1 c cc; auch *Bloy* GA **1980** 180.

[4] Ausführlich, auch zur Entstehungsgeschichte der Änderungen durch das StVÄG 1979 mit weit. Nachw. 23. Aufl., EB 1 bis 4; vgl. auch *Kapahnke* 95 ff.

[5] Die Häufigkeit der Verfahrenseinstellungen nach der Staatsanwaltsstatistik (vgl. § 152 Fußn. 103) vermittelt deshalb kein vollständiges Bild, weil die Fälle nicht erfaßt werden, in denen innerhalb eines einheitlichen Verfahrens teilweise nach den §§ 154, 154 a verfahren wird.

[6] Ebenso u. a. *Baumann* FS Klug 465 (anders aber Grundbegriffe[3] 53); *Rebmann* NStZ **1984** 244; *Roxin* § 14 B II 2 a; *Sack* ZRP **1976** 257; *G. Schäfer* § 30 II 3.

steht auch die Gefahr, daß bei einer unsachgemäßen Handhabung die Sachverhaltsaufklärung leiden kann[7] und daß die Interessen des Beschuldigten beeinträchtigt werden können[8]. Die Vorschriften sind nicht dazu bestimmt, bei freispruchsreifen Tatvorwürfen einen Freispruch zu vermeiden; die Stoffbeschränkung rechtfertigt auf keinen Fall eine „stillschweigende" Kompensation bei der Sanktionsfestsetzung wegen des anhängig bleibenden Restes[9]. Diese Gefahren lassen sich verringern, wenn von den Möglichkeiten der Stoffbeschränkung möglichst frühzeitig und schon im Ermittlungsverfahren Gebrauch gemacht wird, was zugleich die Entlastungswirkung der Vorschrift erhöht.

2. Anwendungsbereich

a) Alle Straftaten. Eine Nichtverfolgung aufgrund von § 154 kommt bei allen **6** Straftaten in Betracht; auch Verbrechen sind nicht ausgenommen, wenn die wegen der Bezugstat verhängte oder zu erwartende Sanktion hinreichend gewichtig ist. Die Vorschrift ist auch im **Jugendstrafverfahren** anwendbar[10]. Für das **Bußgeldverfahren** gilt sie wegen der dortigen Verfolgungsfreiheit (§ 47 OWiG) unmittelbar nicht, doch ist der den §§ 154, 154 a zugrundeliegende Gedanke bei der pflichtgemäßen Ermessensausübung im Rahmen des § 47 OWiG zu berücksichtigen[11].

Ob im **Privatklageverfahren** die Anwendung des § 154 Abs. 2 bis 5 rechtlich zulässig **7** ist, erscheint zweifelhaft. Daß § 154 a angewandt werden kann, wird zwar, wie sich aus § 385 Abs. 4 ergibt, vom Gesetz vorausgesetzt. Auch würde die Zulässigkeit wohl nicht am Erfordernis des staatsanwaltschaftlichen Antrags scheitern, da nach ganz h. M die Staatsanwaltschaft auch ohne Verfahrensübernahme am Privatklageverfahren teilnehmen und dort Anträge stellen kann (vgl. § 377, 2 mit weit. Nachw.). Es erscheint aber fraglich und weiter klärungsbedürftig, ob die Interessen des Privatklägers durch eine solche Verfahrensweise nicht in einer mit dem Privatklageverfahren unvereinbaren Weise beeinträchtigt werden würden. Das Problem scheint in der Praxis keine erhebliche Rolle zu spielen.

b) Inländische Verurteilungen. Die wegen einer anderen Tat verhängte oder zu er- **8** wartende Sanktion muß von einem Gericht der Bundesrepublik Deutschland ausgesprochen werden; im Ausland abgeurteilte Bezugstaten fallen trotz des insoweit nicht eindeutigen Wortlauts nicht unter § 154[12], der hierauf auch nicht analog anwendbar ist[13]. Die Behandlung von Auslandsverfahren richtet sich allein nach § 153 c Abs. 1 Nr. 3 und § 154 b Abs. 2. Das ergibt sich, abgesehen von schwer überwindbaren praktischen Schwierigkeiten bei der Einbeziehung von ausländischen Verfahren[14], nach der Änderung des § 154 durch das StVÄG 1979 auch daraus, daß die Erweiterung des Begrenzungsmerkmals durch das Wort „beträchtlich" in jenen Vorschriften nicht vorgenommen worden ist[15], so daß eine gleichzeitige Anwendbarkeit des § 154 und der §§ 153 c

---

[7] *Peters* § 23 IV 1 c cc und StrVert. **1981** 412; Gegenüberstellung der Vor- und Nachteile bei *Kapahnke* 142 ff; vgl. auch *Pickert* 25.

[8] Zu verteidigungstaktischen Möglichkeiten vgl. *Dahs* Hdb. 261, 348, 424, 593, 651; *Weihrauch* Verteidigung im Ermittlungsverfahren[2] (1985) 124, 166.

[9] *Rüping* 97; vgl. auch *Gössel* § 9 B IV 4; vgl. auch unten Rdn. 54 ff.

[10] *Brunner* § 45, 2; *Eisenberg*[2] § 45, 115; *Kleinknecht/Meyer*[37] 1; *Nothhacker* JZ **1982** 62; **a. A** wohl *Bohnert* NJW **1980** 1930.

[11] *Göhler* § 47, 25 ff; *Rebmann/Roth/Hermann* § 47, 9 f; *Rotberg* § 47, 5.

[12] KK-*Schoreit* 8; KMR-*Müller* 2; *Kohlhaas* NJW **1970** 796; **a. A** LG Bonn NJW **1973** 1566; *Beseler* NJW **1970** 370.

[13] So aber Strafkammer beim AG Bremerhaven NJW **1971** 1003; *Ratz* NJW **1970** 1669.

[14] Dazu *Kohlhaas* NJW **1970** 796.

[15] Vgl. § 153 c, 18; § 154 b, 6 sowie 23. Aufl., EB 21.

Peter Rieß

Abs. 1 Nr. 3 und 154 b Abs. 2 zu unüberwindbaren systematischen Spannungen führen würde. Ob im Verhältnis zu Verurteilungen durch **Gerichte der DDR** § 154 gilt, ist zweifelhaft, dürfte aber entgegen der wohl herrschenden Meinung[16] rechtlich nicht ausgeschlossen sein. Denn eine Anwendung des § 153 c Abs. 1 Nr. 3 kommt aus Rechtsgründen nicht in Betracht (§ 153 c, 17); die des § 154 b ist nur in sehr eingeschränktem Maße möglich (§ 154 b, 3). Praktisch wird allerdings gegenwärtig eine Einstellung nach § 154 in Hinblick auf ein Bezugsverfahren in der DDR wohl kaum erwägenswert sein. In Hinblick auf besatzungsgerichtliche Urteile ist die Anwendbarkeit des § 154 bejaht worden[17].

9   c) **Verhältnis zu § 154 a.** Obwohl die §§ 154 und 154 a den gleichen Zweck verfolgen, unterscheiden sie sich dogmatisch-konstruktiv und in ihren Konsequenzen grundlegend. Die Nichtverfolgung nach § 154 betrifft stets die gesamte prozessuale Tat; die zu erwartende oder bereits festgesetzte Sanktion muß sich auf eine andere prozessuale Tat beziehen. Die Vorschrift gestattet es nicht, einzelne Teile einer Tat oder einzelne rechtliche Gesichtspunkte unberücksichtigt zu lassen[18]. Eine Stoffbeschränkung bei einer einheitlichen prozessualen Tat, etwa bei natürlicher Handlungseinheit im materiell-strafrechtlichen Sinne, bei fortgesetzter Handlung aber auch, sofern eine prozessuale Tat vorliegt, bei materiell-rechtlicher Tatmehrheit ist nur aufgrund des § 154 a und mit den sich aus dieser Vorschrift ergebenden Konsequenzen möglich. Anders als bei § 154 führt die Stoffbeschränkung nach § 154 a einerseits dazu, daß bereits vor Klageerhebung ausgeschiedene Tatteile mit der Erhebung der öffentlichen Klage anhängig werden, so daß es zu ihrer Wiedereinbeziehung keiner neuen Anklage bedarf[19], andererseits erfaßt der Strafklageverbrauch infolge der Rechtskraft auch die ausgeschiedenen Tatteile, so daß eine Wiederaufnahme nach den Absätzen 3 bis 5 nicht in Betracht kommt[20].

10   Trotz dieser Unterschiede ist eine **alternative Einstellung** nach den §§ 154, 154 a möglich, wenn im Zeitpunkt der Entscheidung noch nicht beurteilt werden kann, ob der nicht weiter verfolgte Lebenssachverhalt eine selbständige prozessuale Tat darstellen würde[21]. Im Interesse einer möglichst frühzeitigen Stoffbeschränkung kann zunächst offenbleiben, ob eine oder mehrere Taten gegeben sind und demgemäß § 154 oder § 154 a anzuwenden ist. Die Frage muß jedoch, aufgrund der dann erreichten Sachverhaltskenntnis, spätestens dann entschieden werden, wenn die Frage der Wiedereinbeziehung nach § 154 a Abs. 3 bzw. der Wiederaufnahme nach § 154 Abs. 3 bis 5 beantwortet werden muß. Maßgebend ist die Sach- und Rechtslage aus der Sicht des dann entscheidenden Gerichts[22].

11   Daraus ergeben sich im einzelnen folgende **Konsequenzen:** (1) Ist bereits die Staatsanwaltschaft irrtümlich nach § 154 verfahren, obwohl die Voraussetzungen des

---

[16] KK-*Schoreit* 9; KMR-*Müller* 2; *Kohlhaas* NJW **1970** 796; s. auch § 11 RHG.

[17] LR-*Kohlhaas*[22] 2; dem kommt heute keine praktische Bedeutung mehr zu.

[18] BGHSt **25** 390; BayObLG JR **1961** 224; OLG Karlsruhe Justiz **1967** 244; OLG Schleswig bei *Ernesti/Jürgensen* SchlHA **1975** 170 (Nr. 48); *Kleinknecht/Meyer*[37] 2.

[19] BGHSt **25** 390; OLG Stuttgart Justiz **1981** 137.

[20] Vgl. § 154 a, 43 f; BGSt **6** 122; BayObLG JR **1961** 224; OLG Karlsruhe Justiz **1967** 244; *Sack* ZRP **1976** 257, der deshalb bei dieser Verfahrensweise zu besonderer Vorsicht rät.

[21] *Dallinger* MDR **1966** 797 unter Hinweis auf BGH v. 11. 5. 1966 – 2 StR 88/66; KMR-*Müller* 2.

[22] BGHSt **15** 270; **25** 390; **33** 122; OLG Düsseldorf StrVert. **1984** 426; OLG Stuttgart Justiz **1981** 137.

§ 154 a vorliegen, so bedarf es zur Wiedereinbeziehung keiner neuen Klage[23], einer Anklage vor einem anderen Gericht stünde das Verfahrenshindernis der anderweitigen Rechtshängigkeit entgegen[24], nach Rechtskraft kommt eine Verfahrensfortsetzung nicht in Betracht[25]. (2) Hat das Gericht irrtümlich nach § 154 Abs. 2 eingestellt, und liegen die Voraussetzungen des § 154 a vor, so ist bereits mit der horizontalen Teilrechtskraft die Strafklage verbraucht (§ 154 a, 32), eine Wiederaufnahme nach § 154 Abs. 3 bis 5 kommt nicht in Betracht, einer irrtümlich beschlossenen Wiederaufnahme stünde das Verfahrenshindernis der Rechtskraft entgegen; umgekehrt gelten, solange das Verfahren noch nicht rechtskräftig beendet ist, die Wiederaufnahmegrenzen (Rdn. 67 f) nicht. (3) Ist die Staatsanwaltschaft unrichtigerweise nach § 154 a statt nach § 154 vorgegangen, so bedarf es zur Einbeziehung dieser Tat in das gerichtliche Verfahren einer zusätzlichen Klage, ggf. in der Form der Nachtragsanklage (§ 266). (4) Ein fälschlich von Gericht oder Staatsanwaltschaft auf § 154 a gestütztes Ausscheiden von Tatteilen, die in Wahrheit selbständige Taten darstellen, hindert auch nach Rechtskraft des Bezugsverfahrens nicht die Verfahrensfortsetzung nach den für § 154 geltenden Regeln.

II. Sachliche Voraussetzungen

1. Allgemeines. Die Anwendung des § 154 erfordert einen hypothetischen Vergleich (*G. Schäfer* § 30 II 3 a bb) zwischen der Sanktion, die wegen der einzustellenden Tat zu erwarten ist, und der Sanktion wegen der Bezugstat. Für diese enthält die Vorschrift zwei Alternativen. Die Bezugssanktion kann bereits rechtskräftig verhängt oder erst zu erwarten sein, eine Unterscheidung, die für die unterschiedlichen Wiederaufnahmevoraussetzungen nach den Absätzen 3 und 4 von Bedeutung ist. Im zweiten Fall erfordert die Anwendung der Vorschrift eine doppelte Prognose. Es reicht auch aus, daß die zu erwartende Sanktion nur in Hinblick auf mehrere in verschiedenen Verfahren verhängte oder zu erwartende Sanktionen aufgrund unterschiedlicher Bezugstaten nicht beträchtlich ins Gewicht fällt. **12**

Auch eine Sanktion, deren **Vollstreckung** bereits **begonnen** hat **oder** sogar schon **erledigt** ist, kann als Bezugssanktion in Frage kommen[26], namentlich, wenn unter ihrer Einbeziehung nachträglich eine (neue) Gesamtstrafe zu bilden oder, weil dies nicht mehr möglich ist, die neue Strafe zu mildern wäre[27]. Dagegen scheidet § 154 aus, wenn die neue Tat erst nach Abschluß der Vollstreckung der Bezugssanktion begangen wurde, weil dann gerade die neue Straftat zeigt, daß eine weitere Sanktion zur Einwirkung auf den Täter erforderlich ist[28]. **13**

Einzubeziehen sind in den hypothetischen Vergleich die für die jeweiligen Taten **konkret zu erwartenden Rechtsfolgen.** Auf die Deliktsart (Verbrechen oder Vergehen) kommt es für sich allein ebensowenig an wie auf die abstrakte gesetzliche Strafdrohung, so daß gegenüber einem oder mehreren Vergehen mit großem Unrechtsgehalt, namentlich wenn ein besonders schwerer Fall oder eine Strafschärfung aufgrund eines Regelbeispiels in Betracht kommt, auch ein Verbrechen einer Einstellung nach § 154 zugänglich **14**

[23] BGHSt **25** 390; BGH NStZ **1981** 23.
[24] OLG Stuttgart Justiz **1981** 137; vgl. auch Rdn. 58.
[25] OLG Karlsruhe Justiz **1967** 244; vgl. auch KG VRS **67** 123 (irrtümliche Einstellung eines Tatteils nach § 153 Abs. 2 als Anwendung des § 154 a).

[26] KK-*Schoreit* 3; *Kleinknecht/Meyer*[37] 19.
[27] Vgl. *Dreher/Tröndle*[42] § 55, 7 mit weit. Nachw.
[28] KK-*Schoreit* 4; *Kleinknecht/Meyer*[37] 19.

Peter Rieß

sein kann, vor allem, wenn für dieses infolge mildernder Umstände nur eine Strafe in der Nähe der Strafrahmenuntergrenze zu erwarten ist[29]. Obwohl nach dem Gesetzeswortlaut nur Strafen und Maßregeln der Besserung und Sicherung in die Abwägung einzubeziehen sind, können auch die übrigen Maßnahmen (§ 11 Abs. 1 Nr. 8 StGB) mit zu berücksichtigen sein und in Grenzfällen den Ausschlag geben[30]. Unerheblich ist, ob die verschiedenen Taten in einem oder mehreren Verfahren verfolgt werden (vgl. aber Rdn. 21).

15   Seit der Änderung durch das StVÄG 1979 enthält die Vorschrift **zwei unterschiedliche Einstellungsvoraussetzungen**. Nach Absatz 1 Nr. 1 kommt es nur darauf an, daß die wegen der nicht zu verfolgenden Tat zu erwartende Sanktion nicht beträchtlich ins Gewicht fällt (Rdn. 16 ff); Absatz 1 Nr. 2 gestattet dagegen die Nichtverfolgung auch bei beträchtlich ins Gewicht fallenden Rechtsfolgen, wenn bestimmte qualitative Merkmale vorliegen (Rdn. 20 ff). Nummer 2 ist kein bloßer Unterfall von Nummer 1[31], bestimmt aber durch die Bezugnahme auf die Strafzwecke (Rdn. 25) den für die Nummer 1 geltenden, vorwiegend quantitativen Maßstab inhaltlich mit, so daß beide Voraussetzungen aufeinander bezogen interpretiert werden müssen[32].

2. Nicht beträchtlich ins Gewicht fallende Rechtsfolgen (Absatz 1 Nr. 1)

16   a) **Maßstab.** Wann eine Rechtsfolge nicht beträchtlich ins Gewicht fällt, läßt sich nicht allein nach quantitativen Gesichtspunkten beurteilen, diese sind eher als Obergrenze von Bedeutung[33]. Eine Rechtsfolge, die den verbleibenden in ihrem zahlenmäßigen Gewicht etwa gleichkommt, ist jedoch stets als beträchtlich anzusehen; sie darf nur unter den besonderen Voraussetzungen der Nummer 2 entfallen.[34] Im übrigen kommt es entscheidend auf den Einzelfall an. Die Verwendung der Rechtsfolgenzwecke zur Begrenzung der Einstellungsfähigkeit in Nummer 2 hat auch Auswirkungen auf die Auslegung des Beträchtlichkeitsmerkmals; ein Verzicht, der im zu beurteilenden Fall die Rechtsfolgenzwecke in ihrem Kern wesentlich beeinträchtigen würde, überschreitet die Grenze der Beträchtlichkeit.

17   b) **Anwendungsleitlinien.** Unbeschadet der Notwendigkeit, auf die Umstände des Einzelfalls abzustellen, lassen sich gewisse allgemeine Leitlinien bezeichnen. So wird gegenüber einer **Geldstrafe** eine zu verbüßende Freiheitsstrafe fast immer beträchtlich ins Gewicht fallen, meist auch eine zur Bewährung ausgesetzte. Wenn nur Geldstrafe in Betracht kommt, wird diese oft neben **Freiheitsstrafe** oder einer freiheitsentziehenden Maßregel der Besserung und Sicherung nicht beträchtlich ins Gewicht fallen, doch kann dies nach den konkreten Fallumständen, etwa bei erheblicher Höhe oder im Falle des § 41 StGB auch anders liegen[35]. Eine zu verbüßende Freiheitsstrafe wird regelmäßig von beträchtlichem Gewicht gegenüber einer zur Bewährung ausgesetzten sein. Bei mehreren zu verbüßenden Freiheitsstrafen ist die Schwelle der Beträchtlichkeit umso höher anzusetzen, je größer die absolute Strafhöhe ist. Gegenüber einer **lebenslangen Freiheitsstrafe** werden auch langfristige zeitige Freiheitsstrafen und (je nach Lage des

---

[29] Zweifelnd KK-*Schoreit* 11.

[30] KK-*Schoreit* 7; *Kleinknecht/Meyer*[37] 7.

[31] *Bloy* GA **1980** 181; a. A *Rudolphi* JuS **1978** 865.

[32] Ähnlich KK-*Schoreit* 26; *Kleinknecht/Meyer*[37] 7; 9; KMR-*Müller* 5; a. A *Bloy* GA **1980** 181.

[33] Ähnlich KK-*Schoreit* 10; *Kleinknecht/Meyer*[37] 7; stärker quantitative Aspekte berücksichtigend KMR-*Müller* 3; *Kurth* NJW **1978** 2482.

[34] *Kleinknecht/Meyer*[37] 7; 8; KMR-*Müller* 3; vgl. auch *Kurth* NJW **1978** 2482 (bis etwa zu einem Viertel).

[35] KK-*Schoreit* 12.

Einzelfalls) wohl auch weitere lebenslange Freiheitsstrafen nicht beträchtlich ins Gewicht fallen, anders wenn sie den Entlassungszeitpunkt nach § 57 a StGB wesentlich beeinflussen würden[36]. Kommt **Sicherungsverwahrung** in Betracht, so wird sie regelmäßig gegenüber zeitigen Freiheitsstrafen beträchtlich ins Gewicht fallen[37]. Ob und wieweit nicht mit Freiheitsentziehung verbundene Maßregeln der Besserung und Sicherung beträchtlich ins Gewicht fallen, wird sich stets nach den Umständen des Einzelfalls richten[38].

Wäre aus der für die einzustellende Tat zu erwartenden Strafe und den übrigen **18** eine **Gesamtstrafe** zu bilden, so ist für die Beträchtlichkeit die zu erwartende Erhöhung der Gesamtstrafe entscheidend[39]. Selbst eine gegenüber den übrigen Einzelstrafen gleichwertige oder schwerere Einzelstrafe steht daher der Anwendung der Vorschrift nicht entgegen, wenn sie infolge einer größeren Zahl von Einzeltaten die Gesamtstrafe nicht mehr beträchtlich erhöhen würde. Infolge der degressiven Wirkung der Gesamtstrafenbildung können umso mehr Einzeltaten aus der Verfolgung ausgeschieden werden, je größer die Zahl der dem Täter insgesamt zur Last gelegten Taten ist. Dem verfahrensökonomischen Zweck der Vorschrift entspricht es dabei, das Verfahren auf diejenigen Taten zu konzentrieren, die den geringsten Aufklärungsaufwand erfordern; doch rechtfertigt das nicht eine Konzentration allein und vorrangig auf solche mit der höchsten Verurteilungswahrscheinlichkeit[40].

c) Ermessen. Die Beträchtlichkeitsgrenze stellt einen unbestimmten Rechtsbegriff **19** dar. Die Nichtverfolgung nach Absatz 1 Nr. 1 setzt voraus, daß diese Grenze nicht überschritten wird; insoweit steht Staatsanwaltschaft oder Gericht kein Ermessen zu (vgl. § 152, 50). Dagegen ist nach pflichtgemäßem Ermessen zu entscheiden, ob bei Vorliegen dieser Voraussetzung von der Nichtverfolgungsermächtigung Gebrauch gemacht werden soll. Eine Weiterverfolgung auch nicht beträchtlich ins Gewicht fallender Taten kommt insbesondere in Betracht, soweit erst eine Gesamtbetrachtung eine Überführung des Täters ermöglicht oder wichtige Strafzumessungsgründe ergibt[41]. Zwar können zu diesem Zweck auch eingestellte Taten verwendet werden, doch setzt dies ihre prozeßordnungsmäßige Feststellung und mindestens einen Hinweis an den Angeschuldigten voraus (Rdn. 54 ff), womit der prozeßökonomische Zweck der Vorschrift weitgehend verfehlt würde. Vorliegende Verdachtsgründe für andere Taten müssen aber auch dann, selbst wenn bei ihrer Bestätigung die zu erwartenden Rechtsfolgen nicht beträchtlich ins Gewicht fallen würden, weiter aufgeklärt werden, wenn die Aufklärung wichtige Entlastungsmomente in bezug auf die weiterverfolgten Straftaten ergeben würde.

3. Einstellung trotz beträchtlich ins Gewicht fallender Rechtsfolgen (Absatz 1 Nr. 2)
a) Bedeutung und Struktur der Regelung. Die Nichtverfolgung nach Absatz 1 **20** Nr. 2 ist in erster Linie für Großverfahren bestimmt; durch sie soll vermieden werden, daß ein Verfahren an sich selbst erstickt[42]. Zur Erreichung dieses Ziels hielt der Gesetz-

---

[36] *Böhm* NJW **1982** 137 f; vgl. auch *Kapahnke* 118; KK-*Schoreit* 13; *Rebmann* NStZ **1984** 244; *G. Schäfer* § 30 II 3 a bb.

[37] *Kapahnke* 119; KK-*Schoreit* 14.

[38] KK-*Schoreit* 15.

[39] Begr. zum RegE StVÄG 1979, BTDrucks. 8 976 S. 39; *Kapahnke* 119; KK-*Schoreit* 18; *Kleinknecht/Meyer*[37] 8; KMR-*Müller* 3; *Kurth* NJW **1978** 2482; *G. Schäfer* § 30 II 3 a bb.

[40] *Rieß* NStZ **1984** 427; vgl. auch *Peters* StrVert. **1981** 411.

[41] KK-*Schoreit* 17; *Vogel* (LV zu § 153) 234.

[42] Vgl. Begr. zum RegE StVÄG 1979 BT-Drucks. 8 976 S. 19, 39; zur Problematik auch *Grauhan* GA **1976** 225 ff; *Grünwald* 19 ff; *Kapahnke* 120 f; *Keller/Schmid* wistra **1984** 203; *Sack* NJW **1976** 605.

Peter Rieß

geber auch einen erheblichen Verzicht auf den Sanktionsanspruch der Rechtsgemein-schaft für vertretbar, wenn mit dem Sanktionsrest ein Minimum an Strafzwecken er-reicht werden kann[43]. Zugelassen wird die Nichtverfolgung auch solcher Taten (und in-folge der Verweisung in § 154 a Abs. 1 Satz 2 solcher Tatteile), für die die zu erwartende Sanktion im Verhältnis zur Bezugssanktion beträchtlich ins Gewicht fallen würde. Quantitative Grenzen entfallen völlig, auch daß eine gleichgewichtige oder schwerere Rechtsfolge zu erwarten ist, hindert die Einstellung nicht[44]. Der Anwendungsbereich wird durch zwei Merkmale begrenzt: die Einstellung muß dazu dienen, eine Aburtei-lung in nicht mehr angemessener Frist zu verhindern, und die dem materiellen Straf-recht zu entnehmenden Strafzwecke müssen in ausreichendem Maße auch ohne die wegen der einzustellenden Tat zu erwartenden Rechtsfolgen erreicht werden.

21   Wegen ihres weitgehenden Verzichts auf die Sanktion hat diese Einstellungsmög-lichkeit **ultima-ratio-Charakter**[45]. Sie kommt nur in Betracht, wenn nicht mit Hilfe einer anderen Verfahrensgestaltung ein Urteil in angemessener Frist erreicht werden kann. Bei einer Mehrzahl von in einem einheitlichen Verfahren verbundenen Tatvorwürfen ist der Weg der rechtzeitigen **Verfahrenstrennung** vorzuziehen[46], wenn die Taten nicht einen verwickelten und gleichgelagerten Grundsachverhalt aufweisen, der die Verdop-pelung einer umfangreichen oder schwierigen Beweisaufnahme erforderlich machen würde. Wird die Vorschrift bei bereits getrennten Verfahren angewandt, so ist dasje-nige einzustellen, bei dem in einer Art „Gesamtabwägung" zwischen Verfahrensdauer und voraussichtlicher Sanktion ein „Ergebnisoptimum" erreichbar erscheint, was aller-dings nicht mit einer möglichst hohen Strafe gleichzusetzen ist, sondern auch das Vertei-digungs-, Freispruchs- und Rehabilitationsinteresse des Beschuldigten mit einbegreift.

22   Nach dem Gesetzeswortlaut „kann" auch bei Anwendung der Nummer 2 von der Verfolgung abgesehen werden. Hierin sieht die h. M die Einräumung eines **Ermes-sens**[47], das es Staatsanwaltschaft und Gericht gestattet, das Verfahren auch dann fortzu-setzen, wenn feststeht, daß ein Urteil in angemessener Frist nicht erreichbar ist und daß alle Strafzwecke durch die Bezugssanktion (annäherungsweise) erreicht werden kön-nen. Ob diese Auffassung zutrifft, erscheint zweifelhaft (vgl. 23. Aufl., EB 20), ist aber wohl ohne praktische Bedeutung, weil wegen der Unbestimmtheit der vom Gesetz ver-wendeten Begriffe und des Prognosecharakters der erforderlichen Überlegungen ein weiter und unüberprüfbarer **Beurteilungsspielraum** besteht, der einer Ermessenseinräu-mung praktisch gleichkommt.

23   **b) Kein Urteil in angemessener Frist.** Wegen der einzustellenden Tat darf ein Urteil nicht in angemessener Frist zu erwarten sein; auf den Eintritt der Rechtskraft kommt es dabei nicht an. Es muß sich dabei nicht um ein Sachurteil handeln, die Vor-schrift ist auch unanwendbar, wenn, etwa weil nach § 78 c Abs. 3 Satz 2 StGB Verjäh-rung bevorsteht, in Kürze lediglich ein Einstellungsurteil zu erwarten ist[48]. Über die

[43] Vgl. KK-*Schoreit* 30, nach dem die Vor-schrift nur dann praktische Bedeutung hat, wenn deutliche Abstriche bei der Realisierung der Strafzwecke in Kauf genommen werden.

[44] KK-*Schoreit* 21; enger KMR-*Müller* 5 a. E; zur aus der Entstehungsgeschichte ableitba-ren Begründung 23. Aufl., EB 11 mit Fußn. 9.

[45] KK-*Schoreit* 19.

[46] BTDrucks. **8** 976 S. 39; KK-*Schoreit* 20;

Kleinknecht/Meyer[37] 9; *Kurth* NJW **1978** 2482; vgl. auch *Sack* NJW **1976** 605.

[47] BTDrucks. **8** 976 S. 40; *Grauhan* GA **1976** 241; *Kleinknecht/Meyer*[37] 12; KMR-*Müller* 5; *Kurth* NJW **1978** 2482; wie hier KK-*Schoreit* 37.

[48] Ausführlich *Rieß* NStZ **1984** 427; ebenso *Kleinknecht/Meyer*[37] 12; **a. A** LG Kaiserslau-tern NStZ **1984** 426.

Gründe für die Verzögerung sagt das Gesetz nichts[49]. Doch folgt aus dem ultima-ratio-Charakter der Vorschrift, daß es sich um Ursachen handeln muß, die nicht durch andere Verfahrensgestaltung beseitigt werden können. Neben dem Ermittlungs- und Verfahrensaufwand gehört dazu beispielsweise auch der Zeitaufwand durch notwendige Ermittlungen im Ausland, Unerreichbarkeit wichtiger Zeugen, beschränkte Verhandlungsfähigkeit des Angeschuldigten (KMR-*Müller* 4), aber auch Überlastung des zuständigen Spruchkörpers. Doch müssen die Gründe eine Beziehung zum jeweiligen Verfahren haben; mit Hilfe dieser Einstellungsvorschrift kann nicht die Gesamtbelastung der Strafverfolgungsbehörden und Gerichte reduziert werden, um infolge des verringerten Geschäftsanfalls eine schnellere Erledigung der verbleibenden Sachen zu erreichen, andernfalls verlöre das Verzögerungsmerkmal jede feste Begrenzung[50].

24 Die **Angemessenheit** der Frist richtet sich nach den **Umständen des Einzelfalls**. Sie ist zahlenmäßig nicht genau zu bestimmen; auch die Anknüpfung an Richtwerte für eine Untergrenze[51] oder grobe Schematisierungen[52] empfehlen sich nicht. Wann eine Frist noch angemessen ist, ergibt sich aus einer Gesamtbetrachtung unter Berücksichtigung der Bedeutung der Sache, des Ermittlungsaufwands, der verfahrenstypischen Normaldauer und der zu erwartenden Rechtsfolgen. Nicht mehr angemessen ist die Frist dann, wenn nach diesen Merkmalen die Verfahrensdauer diejenige wesentlich übersteigen würde, die bei vergleichbaren Verfahren dieser Art als unvermeidbar angesehen wird[53]. Dabei ist die Angemessenheit der Frist kürzer zu verstehen als in **Art. 6 Abs. 1 MRK**. Würde sie gleich bemessen werden, so hätte dies, da die Einstellung zu unterbleiben hat, wenn die Strafzwecke die Verfahrensfortsetzung erfordern, die gesetzliche Anordnung zum Inhalt, ggf. den Anspruch des Beschuldigten auf Aburteilung innerhalb angemessener Frist im Sinne der MRK zu verletzen.

25 c) **Einwirkung auf den Täter oder Verteidigung der Rechtsordnung.** Auch wenn ein Urteil nicht in angemessener Frist zu erwarten wäre, darf von der Verfolgung nicht abgesehen werden, wenn die zu erwartenden Rechtsfolgen zur Einwirkung auf den Täter oder zur Verteidigung der Rechtsordnung erforderlich erscheinen. Damit sind Begriffe des materiellen Strafrechts verwendet worden (vgl. § 47 Abs. 1, § 56 Abs. 1 und § 59 Abs. 1 Nr. 3 StGB), für die die materiell-strafrechtliche Auslegung mit heranzuziehen ist, die hier insbesondere die Strafzwecke der **Spezialprävention** (Einwirkung auf den Täter) und der **Generalprävention** (Verteidigung der Rechtsordnung) zu berücksichtigen gebietet. Doch ist damit für die Auslegung dieser Merkmale in § 154 die **Berücksichtigung der Schuld** als Einstellungshindernis **nicht ausgeschlossen**. Die Vorschrift enthält vielmehr eine unvollständige **Verweisung auf alle Rechtsfolgenzwecke** des materiellen Strafrechts[54]. Deshalb kann auch das Bedürfnis nach Sühne für begangenes Unrecht und die Schwere der Schuld einem Absehen von der Verfolgung entgegenste-

---

[49] Lediglich als Beispiele führt die Begründung (BTDrucks. **8** 976 S. 39) den besonderen Umfang oder die besondere Schwierigkeit der Ermittlungen an.

[50] A. A *Kapahnke* 123 f; *Keller/Schmid* wistra **1984** 203.

[51] So z. B. *Grauhan* GA **1976** 227; *Kurth* NJW **1978** 2482; vorsichtig zustimmend auch KK-*Schoreit* 24.

[52] So *Grauhan* aaO; *Kurth* aaO (für den Regelfall etwa 6 Monate); *Henneberg* BB **1979** 590 (18 Monate für Steuerstrafverfahren).

[53] Näher 23. Aufl., EB 14; ähnlich, aber einschränkend KK-*Schoreit* 25; vgl. auch *Kapahnke* 126.

[54] Ausführliche Begründung hierzu in der 23. Aufl., EB 17; 18; vgl. auch schriftlicher Bericht des BTRAussch. zum StVÄG 1979, BTDrucks. **8** 1844, S. 31.

Peter Rieß

hen[55]; dieses ist nur dann möglich, wenn alle vom materiellen Strafrecht anerkannten Rechtsfolgenzwecke jedenfalls ansatzweise durch die Bezugssanktion erreicht werden.

26　　Wann ein Strafzweck die Verfolgung gebietet, ist nach den **Umständen des Einzelfalls** zu beurteilen[56]. Die Verfolgung der in Frage stehenden Tat kann beispielsweise erforderlich sein, wenn nur sie die Verhängung bestimmter Maßregeln ermöglicht, die aus Präventionsgesichtspunkten notwendig sind. Die Verteidigung der Rechtsordnung erfordert es, die Verfolgung fortzusetzen, wenn anders der Eindruck entstehen würde, ein Täter brauche seine Tat oder seine Verteidigung nur geschickt und kompliziert genug anzulegen, um die Nichtverfolgung zu erreichen[57], oder wenn dem Eindruck begegnet werden muß, nach einer bestimmten Menge von Straftaten könne man ungestraft weiter straffällig werden.

III. Absehen von der Verfolgung durch die Staatsanwaltschaft (Absatz 1)

27　　**1. Zeitpunkt.** Vor der Anwendung des § 154 ist keine Ausermittlung des Sachverhalts bis zur Anklagereife erforderlich, wie sich jetzt bereits aus dem Wortlaut ergibt, nach dem von der „Verfolgung", abgesehen werden kann[58]. Die Staatsanwaltschaft kann daher bereits nach Absatz 1 verfahren, sobald erkennbar ist, daß die Einstellungsvoraussetzungen vorliegen würden, falls sich der Tatverdacht bestätigen würde[59]. Auf diese Frage können sich die Ermittlungen konzentrieren, wenn sie nicht bereits aufgrund des vorhandenen Erkenntnisstandes beantwortet werden kann. Kommt eine Einstellung nach Absatz 1 Nr. 2 in Betracht, muß sich die Aufklärung auch darauf richten, ob ein Urteil nicht in angemessener Frist möglich ist. Namentlich bei einer Einstellung mit Rücksicht auf noch zu erwartende Rechtsfolgen muß die Staatsanwaltschaft jedenfalls die Beweise sichern, deren Verlust zu besorgen ist[60]. Ergeben die hiernach ohnehin erforderlichen Ermittlungen, daß kein hinreichender Tatverdacht vorliegt, so hat die **Einstellung nach § 170 Abs. 2 Vorrang**; wären zur Klärung des Tatverdachts jedoch zusätzliche Ermittlungen erforderlich, so können sie in Hinblick auf die Einstellung nach § 154 Abs. 1 unterbleiben. Ob im Einzelfall der Gedanke des „fair-trial" und die Fürsorgepflicht es gebieten können, naheliegende und wenig aufwendige Ermittlungen vorzu-

---

[55] Ebenso alle Strafzwecke einbeziehend *Grauhan* GA **1976** 241; *Kapahnke* 134; KK-*Schoreit* 29; *Kleinknecht/Meyer*[37] 9; *Kurth* NJW **1978** 2482; *Pickert* 24 Fußn. 105; *Schlüchter* 406.6; wohl **a. A** (nur auf Präventionsgesichtspunkte abstellend) *Bloy* GA **1980** 181; KMR-*Müller* 5 (Schuldschwere mittelbar zu berücksichtigen); *Rudolphi* JuS **1978** 865; *G. Schäfer* § 30 II 3 a cc; zum Verhältnis von Schuld zur Verteidigung der Rechtsordnung allgemein auch *Maiwald* GA **1983** 49 ff mit weit. Nachw.

[56] Beispiele bei *Henneberg* BB **1979** 590; *Keller/Schmid* wistra **1984** 203 f.

[57] *Römer* Verh. des 50. DJT (1974) Bd. II K 16; *G. Schäfer* § 30 II 3 a cc.

[58] Die Frage war unter der bis 1978 geltenden

Fassung streitig; vgl. LR-*Meyer-Goßner*[23] 9; zur Absicht des Gesetzgebers bei der Fassungsänderung BTDrucks. **8** 976 S. 40.

[59] BTDrucks. **8** 976 S. 40; *Henneberg* BB **1979** 589; *Kapahnke* 107 ff; KK-*Schoreit* 38; *Keller/Schmid* wistra **1984** 203; *Kleinknecht/Meyer*[37] 6; 15; *Kurth* NJW **1978** 2483; *G. Schäfer* § 30 II 3 a; vgl. auch Nr. 101 Abs. 1 RiStBV; **a. A** *Baumann* Grundbegriffe 53; *D. Meyer* JurBüro **1978** 1052 (§ 154 setzt den Nachweis strafbaren Verhaltens voraus); ferner (von einem anderen Tatbegriff ausgehend) *Marxen* Straftatsystem und Strafprozeß (1984), 390 f.

[60] *Kapahnke* 110; *Kleinknecht/Meyer*[37] 15; KMR-*Müller* 7; *Kurth* NJW **1978** 2483; *Sack* NJW **1976** 605.

nehmen, die den Tatverdacht zerstreuen können[61], ist zweifelhaft und hier ebenso wie bei der Anwendung des § 153 Abs. 1 zu verneinen (näher § 153, 33; § 170, 9).

2. Zuständigkeit. Zum Absehen von der Verfolgung ist nur die **Staatsanwaltschaft** **28** befugt, in Steuerstrafsachen auch die **Finanzbehörde**, soweit sie nach § 386 AO das Steuerstrafverfahren selbständig durchführt[62]. Der Polizei steht diese Befugnis auch dann nicht zu, wenn sie nach § 163 im ersten Zugriff tätig wird[63].

3. Verfahren und Entscheidung

a) Verfahren. Beabsichtigt eine Staatsanwaltschaft, in Hinblick auf ein bei einer **29** anderen Staatsanwaltschaft geführtes Verfahren von der Verfolgung abzusehen, so ist durch ausreichende Abstimmung der beteiligten Staatsanwaltschaften sicherzustellen, daß nicht wechselseitig von § 154 Gebrauch gemacht wird und die über den Ausgang des nicht eingestellten Verfahrens erforderlichen Informationen gegeben werden[64]. Das Absehen von der Verfolgung bedarf **keiner gerichtlichen Zustimmung**; es erfordert weder die vorherige Anhörung des Beschuldigten noch des Anzeigenden, auch nicht, wenn er durch die Tat verletzt ist. In Steuerstrafsachen ist jedoch vor der Einstellung die **Finanzbehörde** zu hören (§ 403 Abs. 4 AO).

b) Entscheidung. Sieht die Staatsanwaltschaft von der Verfolgung ab, so beendet **30** sie das Verfahren durch eine **Einstellungsverfügung**, die auch dann nicht von „vorläufiger" Einstellung sprechen sollte, wenn die Nichtverfolgung in Hinblick auf erst zu erwartende Rechtsfolgen wegen einer anderen Tat ausgesprochen wird[65]. Die Verfügung muß den von der Einstellung umfaßten Sachverhalt konkretisieren, die Angabe „soweit Straftaten vorliegen, die nicht von der Anklage erfaßt sind" entspricht in der Regel nicht dem Gesetz[66], ist aber hier, anders als bei § 154 a im Ergebnis unschädlich. Eine **Kostenentscheidung** ergeht regelmäßig nicht, doch ist, wenn § 154 Abs. 1 nach Klagerücknahme angewendet wird, aus den gleichen Gründen, die eine Kostenentscheidung bei gerichtlicher Einstellung erfordern (Rdn. 43), § 467 a anzuwenden. Zur Entschädigung für Strafverfolgungsmaßnahmen nach dem **StrEG** vgl. Rdn. 44.

Die Einstellung ist dem Beschuldigten **mitzuteilen**, wenn die Voraussetzungen des **31** § 170 Abs. 2 Satz 2 vorliegen (vgl. § 170, 29). Auch der Anzeigeerstatter ist von der Einstellung zu benachrichtigen[67]; eine Rechtsmittelbelehrung (§ 171 Satz 2) unterbleibt auch dann, wenn er Verletzter ist (Rdn. 32). Die Einstellungsmitteilung an den Anzeigenden ist zwar zu begründen (Nr. 89 Abs. 2 RiStBV), doch sollten dabei in Hinblick auf den Persönlichkeitsschutz für den Beschuldigten Einzelheiten der Bezugstaten nicht genannt werden[68].

---

[61] So *Kapahnke* 112; KMR-*Müller* 7; weitergehend *Gössel* § 9 B I b (nur dann nicht, wenn noch umfangreiche Ermittlungen erforderlich, zur früheren Fassung der Vorschrift).

[62] KK-*Schoreit* 33; *Kurth* NJW **1978** 2483; vgl. *Henneberg* BB **1979** 589, auch zur Zusammenarbeit zwischen der gemeinsamen Strafsachenstelle und den Prüfdiensten.

[63] *Kurth* NJW **1978** 2483; zur Begrenzung des Ermittlungsaufwands in diesen Fällen vgl. § 152, 52; vgl. auch RiStBV Nr. 101 Abs. 1 Satz 3; KK-*Schoreit* 34 f.

[64] KK-*Schoreit* 6; weitergehend (Vereinbarung) KMR-*Müller* 2.

[65] KK-*Schoreit* 42; *Kleinknecht/Meyer*[37] 6; a. A KMR-*Müller* 6.

[66] BGH NStZ **1981** 23; vgl. auch § 154 a, 8 und zur Frage der alternativen Anwendung der §§ 154, 154 a Rdn. 10 f.

[67] Vgl. § 171 Satz 1; Nr. 101 Abs. 3 Satz 1 RiStBV; vgl. auch § 171, 5.

[68] KK-*Schoreit* 41.

Peter Rieß

32   **c) Anfechtung.** Weder dem Beschuldigten noch dem Verletzten steht gegen die Anwendung oder Nichtanwendung des § 154 durch die Staatsanwaltschaft ein gerichtlicher Rechtsbehelf offen. Namentlich kann der Verletzte kraft ausdrücklicher gesetzlicher Vorschrift (§ 172 Abs. 2 Satz 3) nicht im Klageerzwingungsverfahren vorgehen, auch der Rechtsweg nach § 23 EGGVG ist ihm verschlossen[69]. Etwa erforderlich werdende gerichtliche Kostenentscheidungen nach § 467 a[70] und § 9 StrEG[71] sind dagegen mit der sofortigen Beschwerde anfechtbar.

33   **4. Fortsetzung des Verfahrens.** Die Staatsanwaltschaft kann das eingestellte Verfahren jederzeit wiederaufnehmen, solange nicht Verjährung oder ein anderes Verfahrenshindernis entgegenstehen. Die Beschränkungen durch die Absätze 3 und 4 beziehen sich nach ganz h. M. nur auf die gerichtliche Einstellung nach Absatz 2[72]. Dagegen wendet sich neuerdings mit beachtlichen Gründen *Momberg*[73], dem jedoch entgegenzuhalten ist, daß damit ohne hinreichende Begründung für diese Differenzierung das allenfalls ganz ausnahmsweise eingeschränkte Prinzip der freien Wiederaufnahme staatsanwaltschaftlicher Einstellungen (vgl. dazu § 170, 45 ff) nur für einen Teilbereich in Frage gestellt wird. Folgt man der h. M., so hat das Gericht, wenn im fortgesetzten Verfahren Klage erhoben wird, nicht zu prüfen, ob die Staatsanwaltschaft hierfür einen sachlichen Grund hatte[74].

34   Die **Verfahrensfortsetzung** ist nach dem Legalitätsprinzip **geboten**, wenn sich aufgrund der weiteren Entwicklung ergibt, daß die sachlichen Einstellungsvoraussetzungen nicht mehr vorliegen[75], etwa, weil die Bezugstat nicht zu der erwarteten Sanktion geführt hat, aber, wenn die Einstellung auf Absatz 1 Nr. 2 beruht, auch, wenn sich ergibt, daß entgegen der ursprünglichen Erwartung ein Urteil doch in angemessener Frist ergehen kann. Auch in solchen Fällen kann jedoch die Verfahrensfortsetzung unterbleiben, wenn eine Einstellung aus anderen Gründen (§ 153, § 170 Abs. 2) zu erwarten wäre.

IV. Einstellung durch das Gericht (Absatz 2)

35   **1. Zuständigkeit.** Die Nichtverfolgungsermächtigung des § 154 geht mit der Erhebung der öffentlichen Klage, unbeschadet des staatsanwaltschaftlichen Antragserfordernisses, auf das Gericht über. Zuständig ist das Gericht, bei dem das Verfahren anhängig ist. Wird die Entscheidung in der Hauptverhandlung getroffen, so wirken die Schöffen

---

[69] Ganz h. M, vgl. die Erl. zu § 23 EGGVG; **a. A** z. B. *Kalsbach* Die gerichtliche Nachprüfung von Maßnahmen der Staatsanwaltschaft (1967), 92, 100.

[70] Anders (unanfechtbar) nach dem Vorschlag in Art. 1 Nr. 37 des StVÄGE 1984.

[71] OLG Düsseldorf JMBlNW **1979** 59; NJW **1981** 834; vgl. auch OLG Frankfurt JR **1984** 390 mit Anm. *Baukelmann*; AG Flensburg JurBüro **1978** 1051 mit Anm. *D. Meyer*.

[72] BGHSt **30** 165 f; BGH Urt. vom 1. 4. 1953 – 3 StR 484/52 –; *Feisenberger* 3; KK-*Schoreit* 44; *Kleinknecht/Meyer*[37] 21; KMR-*Müller* 6; 19; *Eb. Schmidt* 5.

[73] NStZ **1984** 536; so schon früher *Beling* 357 Fußn. 3; vgl. auch BGH NJW **1984** 2169 f, wo

im letzten Satz der Entscheidung in einem obiter dictum ausgeführt wird, daß es der Staatsanwaltschaft überlassen bleibe, das von ihr nach § 154 Abs. 1 eingestellte Verfahren in der Frist des § 154 Abs. 4 (!) wieder aufzunehmen; doch läßt die Entscheidung nicht erkennen, ob der BGH damit bewußt von der ganz herrschenden Auffassung abweichen wollte.

[74] **A. A** in Konsequenz seiner abweichenden Auffassung *Momberg* NStZ **1984** 538 (Einhaltung der rechtlichen Grenzen der Wiederaufnahme durch die Staatsanwaltschaft im Eröffnungsverfahren zu prüfen).

[75] KK-*Schoreit* 43; KMR-*Müller* 6; *Niese* SJZ **1950** 897; *Eb. Schmidt* 5.

mit. Die gerichtliche Einstellung ist **in jeder Lage des Verfahrens** zulässig, auch noch in der Rechtsmittelinstanz[76] und zwar nach Urteilserlaß nur durch das Rechtsmittelgericht[77], auch nach Eintritt horizontaler Teilrechtskraft (Einzelheiten bei § 153, 57 ff; vgl. auch § 154 a, 24). § 154 kann auch im Wiederaufnahmeverfahren nach den §§ 359 ff angewandt werden, wenn nach § 370 Abs. 2 die Erneuerung der Hauptverhandlung angeordnet worden ist[78]. Eine Anwendung in der **Revisionsinstanz** kommt vor allem dann in Betracht, wenn in bezug auf mehrere Taten Revision eingelegt ist und diese hinsichtlich der anderen Taten keinen Erfolg hat[79]. Es ist dann lediglich eine Zurückverweisung zur Neufestsetzung der Gesamtstrafe erforderlich; auch hiervon kann abgesehen werden, wenn das Urteil lediglich eine weitere Tat betrifft, da dann die verbleibende Einzelstrafe rechtskräftig wird, oder wenn die Einzelstrafe wegen der vom Revisionsgericht nach § 154 eingestellten Tat so geringfügig ist, daß sie die Höhe der Gesamtstrafe nicht beeinflußt haben kann. Eine Einstellung durch das Revisionsgericht in Hinblick auf eine anderweitig anhängige Tat ist zwar rechtlich möglich, dürfte aber kaum von praktischer Bedeutung sein.

2. Voraussetzungen. Neben den sachlichen Voraussetzungen (Rdn. 12 ff) erfordert die Einstellung einen **Antrag der Staatsanwaltschaft**, der das Gericht allerdings auch dann nicht zur Einstellung zwingt, wenn es ihn selbst angeregt hat. Will das Revisionsgericht einstellen, so ist der Antrag der bei diesem Gericht bestehenden Staatsanwaltschaft, beim Bundesgerichtshof also des Generalbundesanwalts erforderlich; auf den der Staatsanwaltschaft beim Tatgericht kommt es nicht an. Der Antrag und der Einstellungsgrund (Absatz 1 Nr. 1 oder Nr. 2) müssen übereinstimmen. Beantragt die Staatsanwaltschaft die Einstellung, weil die zu erwartende Sanktion nicht beträchtlich ins Gewicht falle, so kann das Gericht nicht die Einstellung darauf stützen, daß dies zwar der Fall sei, aber die Voraussetzungen des Absatz 1 Nr. 2 vorlägen[80]; allerdings kann die Staatsanwaltschaft, da sie den abgelehnten Antrag alsbald mit einer anderen Begründung wiederholen könnte, hilfsweise die Einstellung auch nach Absatz 1 Nr. 2 beantragen. Eine Erklärung der Staatsanwaltschaft, sie stelle die Entscheidung in das Ermessen des Gerichts, reicht nicht aus[81]; eine Zustimmung aufgrund einer entsprechenden Anregung des Gerichts kann je nach Lage des Falles in einen Antrag umzudeuten sein. **36**

Keine Voraussetzung ist die Zustimmung des Angeschuldigten oder des Nebenklägers, und zwar auch dann nicht, wenn der Nebenkläger allein ein Rechtsmittel eingelegt hat[82]. Der Angeschuldigte kann zwar auf eine Einstellung nach § 154 Abs. 2 auch durch einen „Antrag" hinwirken, doch macht dieser den der Staatsanwaltschaft nicht entbehrlich; der Widerspruch des Angeschuldigten hindert rechtlich die Einstellung nicht. **37**

3. Verfahren und Entscheidung
a) Verfahren. Liegt — was auch vom Gericht angeregt werden kann — ein staatsanwaltschaftlicher Einstellungsantrag vor, so sind bei einer **während der Hauptverhandlung** zu treffenden Entscheidung zu ihm die anwesenden Beteiligten (Angeklagter, Nebenkläger) zu hören (§ 33 Abs. 1), und zwar auch dann, wenn die Staatsanwaltschaft **38**

---

[76] Die Anwendung in der Revisionsinstanz wurde früher (aufgrund der bis zum 3. StrÄndG geltenden Fassung des Absatz 2) teilweise verneint, so RGSt **59** 54 (zu § 153); **66** 327; OLG Karlsruhe JW **1933** 1671.

[77] OLG Hamm MDR **1971** 1028.

[78] KK-*Schoreit* 49; *Eb. Schmidt* 7.

[79] Vgl. *Dallinger* MDR **1966** 797.

[80] Ausführlich *Rieß* NStZ **1984** 427.

[81] KK-*Schoreit* 50; KMR-*Müller* 10; *Eb. Schmidt* 6.

[82] BGHSt **28** 272; OLG Celle NStZ **1983** 329 (§ 397 Abs. 3 auch nicht entsprechend anwendbar).

den Antrag bereits vor der Hauptverhandlung gestellt hatte, das Gericht aber die Entscheidung dieser vorbehält. Bei einer Entscheidung **außerhalb der Hauptverhandlung** bedarf es rechtlich der Anhörung des Angeschuldigten jedenfalls bei Einstellung des Verfahrens nicht; da ihn die Entscheidung nicht beschwert (Rdn. 46), liegt kein Fall des § 33 Abs. 3 vor (vgl. auch § 153 e, 16). Dagegen ist es erforderlich, den Nebenkläger gemäß § 33 Abs. 3 zu hören, sofern die Einstellung die Tat betrifft, aus der sich seine Anschlußberechtigung ergibt; wird dies versäumt, so ist ggf. nach § 33 a zu verfahren[83]. Vor der Einstellung ist über die Anschlußberechtigung des Nebenklägers zu entscheiden. Daß § 154 in § 396 Abs. 2 Satz 2 nicht erwähnt wird, rechtfertigt keinen Umkehrschluß, denn es war bereits vor der Einführung dieser Regelung durch das StPÄG 1964 anerkannt, daß vor anderen Prozeßhandlungen über den Anschluß zu entscheiden war[84].

39　　**b) Ablehnender Beschluß.** Will das Gericht einem Antrag der Staatsanwaltschaft nicht folgen, so lehnt es diesen durch ausdrücklichen, zu begründenden (§ 34 zweite Alternative) Beschluß ab und setzt das Verfahren fort. Damit ist der Antrag erledigt; will das Gericht (etwa bei veränderter Sachlage) seinerseits nach § 154 verfahren, so ist ein erneuter Antrag der Staatsanwaltschaft erforderlich. Wird der Antrag in den Schlußvorträgen gestellt, so kann das Gericht, ohne den Antrag ausdrücklich abzulehnen und der Staatsanwaltschaft Gelegenheit zu weiteren Ausführungen zu geben, den Angeklagten auch insoweit freisprechen[85].

40　　**c) Einstellungsentscheidung.** Obwohl der Gesetzeswortlaut von einer „vorläufigen" Einstellung spricht, handelt es sich nicht um eine solche, die — wie die vorläufige Einstellung nach den §§ 153 a, 154 e, 205 — das Verfahren nur unterbricht und eine abschließende Entscheidung erfordert. Nach heute h. M beendet die Einstellung das Verfahren endgültig, sofern es nicht nach den Absätzen 3 bis 5 wiederaufgenommen wird; nur in diesem Sinne ist die lediglich entstehungsgeschichtlich erklärbare Wendung „vorläufig" zu verstehen[86]. Anders als bei der vorläufigen Einstellung nach § 153 a Abs. 3 und § 154 e Abs. 3 sieht das Gesetz ein Ruhen der Verjährung nicht vor; wie sich aus Absatz 4 ergibt, geht das Gesetz davon aus, daß die Verjährung weiterläuft, auch § 78 b StGB greift deshalb nicht ein.

41　　Die **Einstellungsentscheidung ergeht durch Beschluß**; die Bezeichnung der Einstellung als „vorläufig" ist weder erforderlich noch empfehlenswert[87]. Der Beschluß muß erkennen lassen, ob die Einstellung auf Absatz 1 Nr. 1 oder Nr. 2 beruht, muß, wenn das Verfahren mehrere Taten zum Gegenstand hat und im übrigen fortgesetzt wird, die Tat, hinsichtlich derer das Verfahren eingestellt wird, konkret bezeichnen, wobei eine ein-

---

[83] Vgl. OLG Celle NStZ **1983** 329 mit Anm. *v. Stackelberg.*

[84] RGSt **25** 186; *Feisenberger* § 396, 2; LR-*Sarstedt*[21] § 396, 4; *Eb. Schmidt* § 396, 9; vgl. auch BVerfGE **14** 320, 323; wie hier auch LR-*Wendisch* § 396, 16.

[85] BGH NStZ **1984** 468.

[86] BGHSt **10** 93; BayObLG MDR **1966** 1020; OLG Stuttgart Justiz **1981** 137; LG Hamburg NJW **1974** 373 = MDR **1974** 162; mindestens für die Einstellung wegen bereits verhängter Sanktionen auch OLG Bremen NJW **1976** 2358; OLG Celle MDR **1974** 687; NStZ **1983**

329 mit Anm. *v. Stackelberg*; OLG Düsseldorf AnwBl. **1979** 40; OLG Hamburg MDR **1972** 1048; OLG Karlsruhe NJW **1975** 321; 1425; **1978** 231; *Kapahnke* 94; KK-*Schoreit* 51 ff; *Kleinknecht/Meyer*[37] 17; KMR-*Müller* 11; *Metten* NJW **1969** 687; *Sieg* NJW **1975** 1397; a. A OLG München NJW **1975** 68; NStZ **1981** 234 mit Anm. *Meyer-Goßner* = JR **1981** 259 mit Anm. *K. Meyer*; offengelassen NJW **1978** 449; LG Berlin MDR **1983** 159; *Schätzler* § 2, 19.

[87] KK-*Schoreit* 54; a. A *Eb. Schmidt* 18.

deutige Verweisung auf die Anklage oder im Rechtsmittelzug auf das Urteil genügt, und muß ferner, schon wegen der Wiederaufnahmeregelung in den Absätzen 3 und 4, das (oder die) Verfahren eindeutig bezeichnen, das zu den rechtskräftigen oder zu erwartenden Bezugssanktionen geführt hat oder führen kann. Einer weiteren Begründung bedarf der Beschluß nicht. Wird die Einstellung in den Schlußvorträgen beantragt, so kann er zusammen mit dem Urteil verkündet werden[88]. Ergeht er außerhalb der Hauptverhandlung, so ist er den Beteiligten bekanntzumachen; Zustellung ist nicht erforderlich (§ 35 Abs. 2 Satz 2).

d) Kosten- und Entschädigungsentscheidung. Ob die Einstellung nach § 154 Abs. 2 **42** eine Entscheidung über die Kosten und ggf. über die Entschädigungspflicht nach dem StrEG enthalten muß, ist umstritten. Die frühere Rechtsprechung hat dies fast einhellig verneint[89], die nunmehr wohl überwiegende bejaht es[90], teilweise hält sie nur bei einer Einstellung in bezug auf eine bereits rechtskräftig verhängte Sanktion (also wenn allein die Wiederaufnahmemöglichkeit nach Absatz 3 in Betracht kommt) eine solche Entscheidung für erforderlich, während bei einer Einstellung wegen einer erst zu erwartenden Sanktion die Kosten- und Entschädigungsentscheidung als isolierte nachträglich nach Ablauf der in Absatz 4 gesetzten Frist zulässig und geboten sein soll[91]. Der Bundesgerichtshof versieht solche Einstellungen im Revisionsverfahren regelmäßig mit einer diese Tat betreffenden Kostenentscheidung. Vom Schrifttum wird jetzt die Notwendigkeit einer Kosten- und Entschädigungsentscheidung wohl überwiegend bejaht[92]. Die Frage ist insoweit von praktischer Bedeutung, als bei Unzulässigkeit einer Kosten- und Entschädigungsentscheidung eine Erstattung der dem Angeschuldigten erwachsenen notwendigen Auslagen und eine Entschädigung nach dem StrEG nicht möglich wäre.

Zuzustimmen ist der Auffassung, daß die das Verfahren nach § 154 Abs. 2 einstel- **43** lende Entscheidung in jedem Fall eine **Kostenentscheidung** und ggf. auch eine Entschädigungsentscheidung **enthalten muß**. Das ergibt sich aus § 464 bzw. aus § 8 StrEG. Denn die Einstellung schließt der Sache nach das Verfahren vorbehaltlich der Wiederaufnahmemöglichkeiten der Absätze 3 und 4 endgültig ab und ist damit eine die Untersuchung

---

[88] BGH NStZ **1984** 468; vgl. aber auch BGH NStZ **1983** 469 zur Frage, wieweit nach Verkündung eines solchen Beschlusses unmittelbar vor dem Urteil erneut rechtliches Gehör zu gewähren ist.

[89] Nachw. bei OLG München NJW **1975** 68; LR-*K. Schäfer*[23] § 464, 8 ff; LR-*Meyer-Goßner*[23] 20.

[90] OLG Celle MDR **1974** 687; NStZ **1983** 328 mit Anm. *v. Stackelberg* (für den Fall der rechtskräftig verhängten Sanktion); OLG Düsseldorf AnwBl. **1979** 40; JMBlNW **1979** 59; OLG Hamburg MDR **1972** 1048; OLG Koblenz MDR **1980** 779; OLG Schleswig SchlHA **1975** 14; OLG Stuttgart MDR **1973** 868; **1981** 137; LG Flensburg GA **1985** 329; LG Hamburg NJW **1974** 373 = MDR **1974** 162 mit Anm. *Schätzler*; LG Hildesheim AnwBl. **1981** 26; **a. A** OLG München NJW **1975** 68; NStZ **1981** 234 mit Anm. *Meyer-Goßner* = JR **1981** 259 mit Anm. *K. Meyer*; LG Berlin MDR **1983** 159.

[91] So vor allem OLG Karlsruhe NJW **1975** 321; 1425 = JR **1976** 75 mit Anm. *K. Meyer*; MDR **1976** 70; NJW **1978** 231; Justiz **1980** 209; NStZ **1984** 330; LG Karlsruhe NJW **1974** 872; AG Hamburg-Wandsbek MDR **1983** 780; ebenso *Schoene* NJW **1974** 844; vgl. auch OLG Bremen NJW **1976** 2358; OLG Frankfurt JR **1984** 389 mit Anm. *Baukelmann*; OLG Schleswig MDR **1980** 70.

[92] *Giesler* Der Ausschluß der Beschwerde gegen richterliche Entscheidungen im Strafverfahren (1981), 230 Fußn. 5; KK-*Schoreit* 55; KMR-*Müller* 17; *Meyer-Goßner* NStZ **1981** 235; *Metten* NJW **1969** 697; *Seier* NStZ **1982** 271; *Sieg* NJW **1975** 1398; MDR **1976** 117; *v. Stackelberg* NStZ **1983** 330; **a. A** *Kleinknecht/Meyer*[37] 18; LR-*K. Schäfer*[23] § 464, 14; *D. Meyer* JurBüro **1978** 1052; *K. Meyer* JR **1976** 75; *G. Schäfer* § 97 IV 2; *Schätzler* § 2, 19 ff und MDR **1974** 163.

Peter Rieß

einstellende Entscheidung (vgl. Rdn. 40). Die Gegenmeinung mißt dem Wort vorläufig eine zu große Bedeutung zu. Daß der Gesetzgeber mit dieser Kennzeichnung der Einstellung bewußt die Anwendbarkeit des § 467 ausschließen wollte[93], ist mit der Entstehungsgeschichte der unterschiedlichen Regelungen nicht vereinbar. Die Notwendigkeit einer Kostenentscheidung kann auch nicht damit verneint werden, daß es sich bei der Einstellungsentscheidung um keine „Ermessensentscheidung" im Sinne des § 467 Abs. 4 (§ 3 StrEG) handle, weil sie lediglich der Verfahrensökonomie diene[94]. Das eine hat mit dem anderen nichts zu tun, und es ist kein Grund erkennbar, einen Angeschuldigten durch die Unanwendbarkeit des § 467 Abs. 3, § 3 StrEG in bezug auf seine Entschädigungs- und Auslagenerstattungsansprüche deshalb schlechter zu stellen, weil auch Gesichtspunkte der Justizökonomie eine Rolle spielen. Da diese Entscheidungen keiner Beschwerde unterliegen (Rdn. 48), läßt sich schließlich auch nicht einwenden, daß durch die Kostenentscheidung infolge der „Aufpfropfung" eines Rechtsmittelzugs der justizökonomische Nutzen des § 154 verfehlt werde[95].

44   **Inhaltlich** richtet sich die Entscheidung nach § 467 bzw. § 3 StrEG[96]. Die Kosten des Verfahrens trägt die Staatskasse, für die dem Angeschuldigten erwachsenen notwendigen Auslagen gilt § 467 Abs. 4[97]. Die Kosten des Nebenklägers können dem Angeschuldigten nicht auferlegt werden[98]. Ist dem Angeschuldigten eine Entschädigung gemäß § 3 StrEG gewährt worden und wird das Verfahren später wieder aufgenommen, so tritt die Entschädigungsentscheidung gemäß § 14 Abs. 1 StrEG außer Kraft[99].

4. Anfechtung

45   **a) Ablehnung des Antrags auf Einstellung.** Der Beschluß, durch den der Antrag der Staatsanwaltschaft auf Einstellung des Verfahrens abgelehnt wird, ist von keiner Seite mit der Beschwerde anfechtbar[100]. Das ergibt sich nach Eröffnung des Hauptverfahrens bereits aus § 305. Vor der Eröffnungsentscheidung ergibt sich die Unanfechtbarkeit zwar nicht daraus, daß es sich um eine Ermessensentscheidung des für das Hauptverfahren zuständigen Gerichts handelt[101], es läßt sich aber aus dem Rechtsgedanken ableiten, der dem § 210 zugrundeliegt.

46   **b)** Der **Einstellungsbeschluß** ist ebenfalls grundsätzlich unanfechtbar, weil in den Absätzen 3 bis 5 andere Möglichkeiten der Überprüfung der Einstellungsentscheidung eröffnet sind, die einen Rechtsmittelzug ersetzen. Die Frage war früher streitig[102], wird

---

[93] So OLG München NJW **1975** 69; *K. Meyer* JR **1976** 76; ihm folgend LR-*K. Schäfer*[23] § 464, 15 a. E; dagegen wie hier *Meyer-Goßner* NStZ **1981** 235; *Seier* NStZ **1982** 272.

[94] OLG München NJW **1975** 69; *Schätzler* MDR **1974** 163; dagegen OLG Celle MDR **1974** 688.

[95] So *Schätzler* MDR **1974** 163 und StrEG § 2, 22; wie hier *Sieg* NJW **1975** 1398.

[96] **A. A** (allenfalls nach § 4 StrEG) *D. Meyer* JurBüro **1978** 1052 mit der unhaltbaren Begründung, daß die Einstellung nach § 154 de facto auf einen Schuldspruch hinauslaufe.

[97] OLG Celle MDR **1974** 686; OLG Hamburg MDR **1972** 1049; LG Frankfurt AnwBl. **1980** 203 (nur ausnahmsweise keine Übernahme der Auslagen auf die Staatskasse); AG Ham-

burg-Wandsbek MDR **1983** 780; *Haberstroh* NStZ **1984** 294; KK-*Schoreit* 56; *Sieg* MDR **1976** 117; vgl. auch § 153, 77; **a. A** LR-*K. Schäfer*[23] § 467, 65; *Schätzler* MDR **1974** 163.

[98] OLG Celle NStZ **1983** 329 mit Anm. *v. Stakkelberg*; **a. A** AG Büdingen AnwBl. **1976** 98; AG Hamburg-Wandsbek MDR **1983** 780; vgl. § 153 a, 100.

[99] KMR-*Müller* 17.

[100] *Giesler* (Fußn. 92) 215; KK-*Schoreit* 60; *Kleinknecht/Meyer*[37] 20; **a. A** (Beschwerdebefugnis für die Staatsanwaltschaft) KMR-*Müller* 13; *Eb. Schmidt* 8.

[101] So *Giesler* aaO; LR-*Meyer-Goßner*[23] 24; vgl. auch BGSt **10** 92 sowie Rdn. 73.

[102] Nachweise bei BGHSt **10** 91 und BayObLGSt **1952** 11.

aber seit BGHSt 10 88 überwiegend in diesem Sinne beantwortet[103]. Für den Angeschuldigten ergibt sich die Unanfechtbarkeit auch daraus, daß er durch die Einstellung nicht beschwert ist; einen Anspruch auf Verfahrensfortsetzung, um vom Verdacht einer Straftat befreit zu werden, hat er nicht[104]. Wegen der für ihn weitergeltenden Unschuldsvermutung gilt dies auch dann, wenn der Einstellungsbeschluß, etwa weil das Verhalten eindeutig unter kein Strafgesetz fällt, greifbar gesetzwidrig ist[105].

Ausnahmsweise kann jedoch die **Staatsanwaltschaft** den **Einstellungsbeschluß** mit **47** der (einfachen) Beschwerde **anfechten**, wenn er prozeßordnungswidrig ergangen ist, etwa wenn ihr Antrag nicht vorlag, oder wenn andere prozessuale Voraussetzungen für die Einstellung, etwa die Zuständigkeit[106], fehlten[107] (vgl. auch § 153, 79). Soweit hiernach die Staatsanwaltschaft Beschwerde einlegen kann, steht sie auch dem **Nebenkläger** zu (§ 397 Abs. 1 in Vbdg. mit § 390 Abs. 1 Satz 1).

c) **Kosten- und Entschädigungsentscheidung.** Ob die Entscheidung über die Ko- **48** sten und nach dem StrEG mit der (sofortigen) Beschwerde nach § 464 oder § 8 Abs. 3 StrEG angefochten werden kann, hängt von der umstrittenen Frage ab, ob die generelle Unanfechtbarkeit der Hauptentscheidung die Beschwerde gegen Nebenentscheidungen ausschließt. Das wird in diesem Kommentar bejaht (vgl. § 153, 81 und die Erl. zu § 464), so daß auch in diesem Fall keine Anfechtungsmöglichkeit besteht[107a].

V. Folgen der Einstellung

1. **Allgemeines.** Sieht die Staatsanwaltschaft von der Verfolgung ab, so stellt sie **49** das Verfahren ein (Rdn. 11). Damit ist es nicht mehr im Sinne des § 154 e anhängig (BGSt 10 88). Die eingestellte Tat wird von der Anklage nicht erfaßt, ihre Einbeziehung durch das Gericht ist daher ohne neue Klage (ggf. als Nachtragsanklage nach § 266) nicht möglich, es sei denn, es ist irrtümlich nach § 154 Abs. 1 eingestellt worden, obwohl nur eine Tat vorlag und damit in Wahrheit eine Beschränkung nach § 154 a vorgenommen worden war (BGHSt 25 388).

---

[103] BayObLGSt **1952** 11; OLG Celle NStZ **1983** 328 mit Anm. *v. Stackelberg*; OLG Düsseldorf AnwBl. **1979** 40; NJW **1981** 834; OLG Frankfurt JR **1984** 389; OLG Karlsruhe NJW **1978** 231; OLG München NStZ **1981** 235 mit Anm. *Meyer-Goßner* = JR **1981** 258 mit Anm. *K. Meyer*; OLG Schleswig SchlHA **1975** 14; *Baukelmann* JR **1984** 392; *Giesler* (Fußn. 92) 216; KK-*Schoreit* 58; *Kleinknecht/ Meyer*[37] 20; KMR-*Müller* 12; *G. Schäfer* § 97 IV 3; *Eb. Schmidt* 9; a. A *Peters* StrVert. **1981** 412.

[104] BayObLGSt **1952** 11; OLG Köln NJW **1953** 1444; OLG Bamberg StrVert. **1981** 402 mit krit. Anm. *Peters* 411; vgl. auch *Haberstroh* NStZ **1984** 291.

[105] Insofern a. A (obiter dictum) BGSt 10 93.

[106] Vgl. OLG Hamm MDR **1971** 1028 (Einstellung durch den Tatrichter nach Urteilserlaß).

[107] OLG Celle NStZ **1983** 329 mit Anm. *v. Stak-kelberg*; OLG Hamm MDR **1971** 1027; *Dalcke/Fuhrmann/Schäfer* 3; KK-*Schoreit* 59;

Kleinknecht/Meyer[37] 20; KMR-*Müller* 12; a. A KG JR **1968** 348 (außer, wenn Antrag fehlte, ebenso LR-*Kohlhaas*[22] 7); *Eb. Schmidt* 9; vgl. auch BGHSt 10 93.

[107a] Ebenso (ausdrücklich für § 154) z. B. OLG Düsseldorf JMBlNW **1979** 59; NJW **1981** 834; OLG Hamburg MDR **1976** 1039; **1979** 55; NStZ **1981** 188; OLG Karlsruhe NJW **1978** 231; OLG Koblenz NJW **1980** 779; OLG Schleswig SchlHA **1975** 14; **1979** 55; nur für den Fall, daß der Beschluß eine Kostenentscheidung enthält, OLG München NStZ **1981** 235 mit Anm. *Meyer-Goßner* = JR **1981** 258 mit Anm. *K. Meyer*; a. A OLG Frankfurt JR **1984** 389 mit Anm. *Baukelmann*; teilweise a. A OLG Düsseldorf AnwBl. **1979** 40 (bei offenbarer Rechtswidrigkeit anfechtbar), dazu *K. Meyer* JR **1981** 259; ähnlich OLG Celle NStZ **1983** 329 mit Anm. *v. Stak-kelberg*; OLG Karlsruhe NStZ **1984** 330 (Entscheidung nach StrEG).

Peter Rieß

50   Mit der **Einstellung durch** das **Gericht** nach Absatz 2 entsteht ein von Amts wegen zu beachtendes Verfahrenshindernis, zu dessen Beseitigung ein förmlicher Wiederaufnahmebeschluß nach Absatz 5 erforderlich ist[108]. Werden einzelne Taten eines einheitlichen Verfahrens eingestellt, so tritt insoweit Verfahrenstrennung ein[109]. Die Einstellung hindert das Gericht jedoch nicht, in Eilfällen Verfügungen zu treffen, etwa Maßnahmen der Beweissicherung anzuordnen, ohne daß schon damit das Verfahren im Sinne der Absätze 3 bis 5 wieder aufgenommen wird[110]. Die Staatsanwaltschaft kann das Verfahren weder allein aufnehmen, noch die eingestellte Tat in einem anderen Verfahren anklagen[111]; diese bleibt insoweit, wenn auch die Anhängigkeit im Sinne des § 154 e beseitigt wird, zumindest latent rechtshängig[112].

2. Zwangsmaßnahmen

51   **a) Beschlagnahme.** Da die Einstellung das Verfahren in der Regel endgültig abschließt, sind noch fortdauernde Zwangsmaßnahmen, die nur durch die eingestellte Tat gerechtfertigt waren, namentlich Beschlagnahmen, mit der Einstellung zu beenden; es gelten hierbei die gleichen Grundsätze, die auch sonst bei Verfahrenseinstellungen anzuwenden sind[113]. Dies gilt uneingeschränkt, wenn die Bezugstat rechtskräftig abgeurteilt worden ist. Ist die Einstellung in Hinblick auf zu erwartende Rechtsfolgen erfolgt, so wird man Staatsanwaltschaft und Gericht allerdings für berechtigt halten müssen, im Rahmen des Verhältnismäßigkeitsgrundsatzes (§ 94, 35 ff) Beschlagnahmen und Sicherstellungen bis zur rechtskräftigen Aburteilung jener Tat aufrechtzuerhalten, wenn zu befürchten ist, daß die Freigabe zum Beweismittelverlust führen würde[113a].

52   **b) Untersuchungshaft.** Ein Haftbefehl der eine nach § 154 Abs. 1 oder 2 eingestellte Tat zum Gegenstand hat, ist insoweit mit der Einstellung in jedem Fall aufzuheben. Für die Einstellung nach Absatz 2 folgt dies, da sie keine „vorläufige" im Sinne des § 153 a, § 205 ist (vgl. Rdn. 40), unmittelbar aus § 120 Abs. 1 Satz 2. Allerdings gilt diese Vorschrift nicht für die staatsanwaltschaftliche Einstellung. Anders als bei der Einstellung nach § 170 Abs. 2 (vgl. § 120, 19) verneint die Staatsanwaltschaft in diesen Fällen auch nicht ohne weiteres den dringenden Tatverdacht. Aber die Aufrechterhaltung der Untersuchungshaft würde in solchen Fällen stets gegen das Verhältnismäßigkeitsprinzip und das Gebot der besonderen Beschleunigung von Haftsachen verstoßen. Es wäre widersprüchlich, mit der Einstellung nach § 154 Abs. 1 in Aussicht zu stellen, das Verfahren nicht durchzuführen, zugleich aber die Untersuchungshaft zur Sicherung dieses Verfahrens aufrechtzuerhalten. Entsprechendes gilt für die **vorläufige Entziehung der Fahrerlaubnis** (vgl. § 111 a, 39) und das **vorläufige Berufsverbot** (vgl. § 132 a, 19).

53   **Anrechnung von Untersuchungshaft** aufgrund eines Haftbefehls, der allein auf der später nach § 154 eingestellten Tat beruhte, ist nach dem für § 51 StGB maßgebenden Grundsatz der Verfahrenseinheit (vgl. LK-*Tröndle* § 51, 27) immer dann möglich, wenn

---

[108] RGSt **59** 56; BGHSt **30** 198; BGH bei *Dallinger* MDR **1973** 192; GA **1981** 36 mit Anm. *Rieß*; BayObLG MDR **1966** 1020; OLG Celle NStZ **1985** 218; KMR-Müller 11.

[109] Nach LR-*Wendisch* § 2, 66 bloße Verhandlungstrennung; **a. A** (Sachtrennung) *D. Meyer* JurBüro **1984** 803 mit Hinweis auf die gebührenrechtlichen Konsequenzen.

[110] OLG Celle NStZ **1985** 219 mit Anm. *Schoreit*.

[111] BGHSt **30** 198; vgl. auch OLG Stuttgart Justiz **1981** 137.

[112] Das verkennen (jedenfalls in der Formulierung) BGHSt **30** 198 und *Kleinknecht/Meyer*[37] 17, soweit dort davon gesprochen wird, die Einstellung beende die gerichtliche Abhängigkeit; vgl. auch *Sieg* NJW **1975** 1398.

[113] Vgl. § 98, 58; § 111 a, 39; § 111 e, 17; 18.

[113a] Ebenso OLG Frankfurt bei *Sieg* wistra **1984** 174; **a. A** *Sieg* ebd; vgl. auch § 98, 59.

die eingestellte und die abgeurteilte Tat jedenfalls zeitweilig in einem Verfahren verbunden waren[114]. Ob darüber hinaus Untersuchungshaft, die wegen einer nach § 154 eingestellten Tat erlitten worden ist, auf die wegen der Bezugstat verhängte Strafe auch dann angerechnet werden kann, wenn bei Nichteinstellung über beide Taten in einer einheitlichen Hauptverhandlung hätte entschieden werden können, ist umstritten[115].

3. Berücksichtigung eingestellter Taten und Tatteile

a) Allgemeines. Obwohl im allgemeinen nach h. M auch nicht rechtskräftig ab- **54** geurteilte Straftaten ohne Verstoß gegen das Doppelbestrafungsverbot bei der Beweiswürdigung und Strafzumessung zu Lasten des Angeklagten berücksichtigt werden dürfen[116], besteht aus prozessualen Gründen für die Berücksichtigung von Taten, Tatteilen oder einzelnen Gesetzesverletzungen, die nach den §§ 154, 154 a eingestellt bzw. ausgeschieden worden sind, eine Verwendungssperre, weil der Angeklagte nach der Einstellung oder dem Ausscheiden darauf vertrauen kann, daß ihm diese Umstände nicht mehr angelastet werden[117]. Das Verbot der Berücksichtigung eingestellter Taten und Tatteile ist nach Auffassung der Rechtsprechung Ausdruck des ,,fair-trial-Gedankens"[118], läßt sich allerdings wohl auch ohne Rückgriff auf diesen in seiner Reichweite unklaren verfassungsrechtlichen Begriff innerprozessual aus der Funktion der §§ 154, 154 a ableiten. Es stellt ein widersprüchliches Verhalten des Gerichts dar, einerseits durch eine Entscheidung nach den §§ 154, 154 a zum Ausdruck zu bringen, solche Umstände dem Angeklagten nicht vorwerfen zu wollen, dies aber dennoch durch eine Mitberücksichtigung zu seinen Lasten bei der Entscheidung zu tun[119].

b) Voraussetzungen der Verwendungssperre. In den Fällen des § 154 a umfaßt die **55** Verwendungssperre auch das Ausscheiden von einzelnen Gesetzesverletzungen und abtrennbaren Teilen der Tat bereits durch die Staatsanwaltschaft, weil das Gericht diese Beschränkung dadurch mit übernimmt, daß es die Anklage unverändert zur Hauptverhandlung zuläßt[120]. Bei nach § 154 a ausgeschiedenen Tatteilen folgt es auch daraus,

---

[114] Vgl. OLG Bremen NJW **1976** 2358; OLG Schleswig MDR **1980** 70.

[115] Bejahend OLG Frankfurt StrVert. **1981** 170; OLG Schleswig MDR **1980** 70; *Dreher/Tröndle*[42] § 51, 5; verneinend OLG Celle NStZ **1985** 168 mit Anm. *Maatz*; OLG Hamm NStZ **1981** 480; OLG Oldenburg NdsRpfl. **1984** 100; OLG Stuttgart NJW **1982** 2083.

[116] Vgl. § 155 Fußn. 10.

[117] BGHSt 30 147; 30 165 = StrVert. **1982** 17 mit Anm. *Bruns* = JR **1982** 247 mit Anm. *Terhorst*; 30 197 = LM § 254 (1975) Nr. 2 mit Anm. *Schmidt*; 31 202 = JR **1984** 170 mit Anm. *Terhorst*; bereits früher BGH bei *Holtz* MDR **1977** 982; GA **1980** 311 mit Anm. *Rieß*; NStZ **1981** 100; **1981** 22; StrVert. **1981** 236; ferner NStZ **1983** 20 = StrVert. **1982** 523 mit Anm. *Bruns* **1983** 15; bei *Holtz* MDR **1983** 622; NStZ **1984** 20; StrVert. **1984** 364; NJW **1985** 1479; weitere Nachw. veröffentlichter Entscheidungen bei *Mösl* NStZ **1981** 134; *Rieß* GA **1980** 312; *Terhorst* MDR **1979** 17; im Schrifttum im wesentlichen zu-

stimmend *Bruns* Recht der Strafzumessung[2] (1985) 226 und NStZ **1981** 81; *Dreher/Tröndle*[42] § 46, 24 d; KK-*Schoreit* 88; *Roxin* § 14 B II 2 a bb; *Sarstedt/Hamm* 425 ff; *G. Schäfer* § 97 IV 4; *Schlüchter* 406.6; wohl auch *Schönke/Schröder/Stree* § 46, 33; kritisch *Terhorst* MDR **1979** 17; JR **1982** 247; **1984** 171; weitergehend (ausführlich) *Vogler* FS Kleinknecht (1985) 429 ff.

[118] Jetzt ganz h. M, vgl. zuerst BGH NStZ **1981** 100 mit Hinw. auf BGH vom 19. 10. 1978 – 4 StR 549/78 –; StrVert. **1981** 236; BGHSt 30 197; 31 302; BGH NJW **1985** 1479; *Bruns* NStZ **1981** 85; StrVert. **1982** 18; abweichende Begründung (mit teilw. abweichenden Konsequenzen) *Vogler* FS Kleinknecht 436.

[119] Vgl. zu einer ähnlichen, dort für zulässig gehaltenen Praxis in England und den Niederlanden *Jescheck/Leibinger* (LV zu § 152) 128 ff, 568, 692.

[120] BGHSt 30 147; vgl. auch BGHSt 31 302; *Rieß* GA **1980** 312 f.

daß jede Berücksichtigung im Strafmaß, da eine gesonderte Verurteilung im Schuldspruch ohnehin oft nicht in Frage kommt, die „Beschränkung der Verfolgung" aufhebt. Bei einer Einstellung selbständiger Taten nach § 154 greift die Verwendungssperre bei jeder gerichtlichen Einstellung ein, auch wenn der Einstellungsbeschluß von einem anderen Gericht erlassen worden ist[121]. Ob sie auch gilt, wenn bereits die Staatsanwaltschaft die Einstellung vorgenommen hat, ist zweifelhaft, aber wohl zu bejahen[122]. Stellt bereits die Staatsanwaltschaft eine Tat nach § 154 Abs. 1 ein, dann ist das Vertrauen des Angeklagten darauf, daß sie ihm nicht angelastet wird, eher größer[123]; es dürfte nicht darauf ankommen, daß das Gericht diese Vertrauenslage geschaffen hat, sondern daß sie durch das zuständige Strafverfolgungsorgan geschaffen worden ist und daß das nunmehr zuständige Gericht hiervon nicht einseitig und für den Angeklagten überraschend abrücken darf.

56   Die **Berücksichtigung** der eingestellten Taten, Tatteile oder Gesetzesverletzungen ist dagegen **zulässig**, wenn sie prozeßordnungsmäßig zur Überzeugung des Gerichts festgestellt sind[124] *und* wenn der Angeklagte ausdrücklich auf diese Möglichkeit hingewiesen worden ist[125]; einer formellen Wiedereinbeziehung nach § 154 Abs. 5 oder § 154 a Abs. 3 bedarf es nicht[126]. Der Hinweis ist in der Hauptverhandlung als wesentliche Förmlichkeit zu protokollieren. Entbehrlich ist er, wenn die Einstellung nach den Schlußvorträgen im Zusammenhang mit dem Urteil erfolgt[127]; doch ist in diesem Fall dem Angeklagten erneut das letzte Wort zu gewähren[127a]. Das Unterlassen des Hinweises kann revisionsrechtlich mangels Beruhens unschädlich sein, wenn die Anwendung der §§ 154, 154 a unmittelbar vor dem Ende der Beweisaufnahme beantragt und beschlossen wird[128] oder wenn sonst klar erkennbar ist, daß der Angeklagte nicht darauf vertraut hat, daß ihm diese Umstände nicht angelastet würden, etwa wenn er zu ihrer Widerlegung Beweisanträge gestellt hat.

[121] BGHSt 30 197 = LM § 154 (1975) Nr. 2 mit Anm. *Schmidt.*

[122] **Verneinend** BGHSt 30 165 = LM § 154 (1975) Nr. 1 mit Anm. *Schmidt* = JR 1982 247 mit Anm. *Terhorst* = StrVert. 1982 17 mit Anm. *Bruns; Schönke/Schröder/Stree* § 46, 33; **bejahend** BGH NStZ 1983 20 = StrVert. 1982 523 mit Anm. *Bruns* 1983 15 (jedenfalls für den Fall eines engen Zusammenhangs zwischen der eingestellten und der abgeurteilten Tat); vom 17. 4. 1980 – 4 StR 116/80 – (mitgeteilt bei *Mösl* NStZ 1981 134 Fußn. 35; *Rieß* GA 1980 314); *Kapahnke* 149; *Roxin* § 14 B II 2 a bb; *Sarstedt/Hamm* 427; *Schlüchter* 406. 6 Fußn. 67 k; *Theune* StrVert. 1985 166; vgl. aber auch Rdn. 57 a. E.

[123] Vgl. *Terhorst* JR 1982 248; zu den Konsequenzen auch *Bruns* StrVert. 1983 16.

[124] *Bruns* NStZ 1981 85; StrVert. 1983 15; KK-*Schoreit* 88; *Mösl* NStZ 1981 134 sowie einhellig die Rechtsprechung des BGH.

[125] BGHSt 30 147; 30 197; 31 302 = JR 1984 170 mit Anm. *Terhorst;* BGH NStZ 1981 100; 1983 20; 1984 20; StrVert. 1984 364; NJW

1985 1479; *Bruns* NStZ 1981 85; KK-*Schoreit* 88; *Roxin* § 14 B II 2 a bb; die frühere, auf die formelle Wiedereinbeziehung abstellende Rechtsprechung (BGH bei *Holtz* MDR 1977 982) dürfte dadurch überholt sein.

[126] **A. A** *Haberstroh* NStZ 1984 291 f; *Vogler* ZStW **94** (1982) 234 und FS Kleinknecht 438 (beide unter Hinweis auf die Unschuldsvermutung); *Schlüchter* 406. 6 a. E; kritisch auch *Sarstedt/Hamm* 425.

[127] BGH bei *Holtz* MDR 1983 622; weitergehend (maßgebend ist stets Verfahrenslage, aufgrund derer der Angeklagte infolge des Einstellungsbeschlusses verständigerweise in seinem Verteidigungsverhalten beeinflußt sein konnte) NJW 1985 1479.

[127a] Vgl. BGH NJW 1985 1480 mit weit. Nachw. (wo die Frage offengelassen wird, weil das Beruhen im konkreten Fall verneint wird).

[128] BGH NStZ 1984 20; BGH NJW 1985 1479 verneint in einem solchen Fall nicht nur das Beruhen, sondern schon den Rechtsverstoß.

c) Umfang der Verwendungssperre. Fehlt es an der Wiedereinbeziehung oder **57** dem notwendigen Hinweis, so dürfen die ausgeschiedenen Taten, Tatteile oder Gesetzesverletzungen nicht strafschärfend berücksichtigt werden. Zweifelhaft ist, ob festgestellte Tatsachen, die den Vorwurf eines eingestellten Delikts rechtfertigen würden, im Rahmen der Beweiswürdigung zur Schuldfrage für die Feststellung der Täterschaft oder der Schuldfähigkeit verwendet werden dürfen. Der BGH hat dies ursprünglich für zulässig gehalten[129], vertritt aber neuerdings die Auffassung, daß die Verwendung ohne Hinweis auch insoweit unzulässig sei[130]. Demgegenüber ließe sich fragen, ob damit nicht der der Rechtsprechung zugrundeliegende Gedanke des Vertrauensschutzes überdehnt wird. Mit der Einstellung wird dem Angeklagten lediglich zugesichert, daß sich diese Vorwürfe nicht auf die Art und Höhe der Rechtsfolgen der Tat auswirken werden. Einem Verwertungsverbot im Sinne der §§ 51, 52 BZRG (i. d. F. d. Neubek. v. 21. 9. 1984 — BGBl. I 1229) steht diese Verwendungssperre nicht gleich; darauf würde aber im Ergebnis die neuere Rechtsprechung hinauslaufen. Jedenfalls besteht anders als beim Verbot der straferschwerenden Berücksichtigung (Rdn. 55) kein Grund, die Verwendungssperre für die Beweiswürdigung auf bereits von der Staatsanwaltschaft nach § 154 Abs. 1 eingestellte Taten zu erstrecken.

VI. Wiederaufnahme des Verfahrens durch das Gericht

1. Allgemeines

a) Bedeutung und Reichweite. Während nach ganz h. M (vgl. Rdn. 33) ein durch **58** die Staatsanwaltschaft nach Absatz 1 eingestelltes Verfahren ohne besondere Voraussetzungen fortgeführt werden kann, kann das durch die Einstellung nach Absatz 2 eintretende Verfahrenshindernis (Rdn. 50) nur durch einen Wiederaufnahmebeschluß des zuständigen Gerichts (Rdn. 63) beseitigt werden, für den Absatz 3 (für den Fall der bereits rechtskräftig verhängten Sanktion) und Absatz 4 (für den Fall einer erst zu erwartenden Sanktion) unterschiedliche Voraussetzungen enthalten. Keiner ausdrücklichen Wiederaufnahme nach diesen Vorschriften bedarf es, wenn sich herausstellt, daß die als (vermeintlich) selbständige Tat eingestellte Tat Teilakt einer anderen prozessualen Tat (z. B. Einzelakt einer fortgesetzten Handlung) ist. Solange das andere Verfahren noch nicht rechtskräftig beendet ist, erstreckt es sich auf den „eingestellten" Tatteil, der nach § 154 a Abs. 3 wiedereinbezogen werden kann[131].

Die **Beschränkung** der Wiederaufnahmemöglichkeit **betrifft** nur den Fall, daß die **59** der Einstellung zugrundeliegende Prognose auf der Seite der **Bezugstat** eine Erschütterung erfährt; sie regelt nicht den Fall, daß bei unveränderter Prognose in Hinblick auf die Bezugstat eine Veränderung der Bewertung der *eingestellten* Tat eintritt, etwa weil sich herausstellt, daß der Schuldumfang wesentlich größer und damit die zu erwartende Sanktion erheblich höher ist und infolgedessen entgegen der ursprünglichen Annahme die Voraussetzungen des Absatzes 1 Nr. 1 oder Nr. 2 nicht vorliegen. Die Frage ist in Schrifttum und Rechtsprechung nur wenig erörtert[132]; sie wird nach den gleichen

[129] BGH NStZ **1981** 99 (vom 16. 12. 1975); vom 24. 4. 1979 – 5 StR 513/78 –; ebenso *Rieß* GA **1980** 313.

[130] BGHSt **31** 302 = JR **1984** 170 mit Anm. *Terhorst*; BGH StrVert. **1984** 364; ebenso *G. Schäfer* § 97 IV 4; vgl. auch BGH bei *Holtz* MDR **1983** 622; offengelassen BGH NJW **1985** 1479.

[131] BGH bei *Hürxthal* DRiZ **1978** 86; KK-*Schoreit* 68; *Kleinknecht/Meyer*[37] 22.

[132] Vgl. KK-*Schoreit* 86 (schwerwiegende Gründe); *Kleinknecht/Meyer*[37] Einl. 182; *Eb. Schmidt* 15 (der auf die Erl. zu § 153 Abs. 2 verweist); KMR-*Sax* Einl. **XIII** 52 (nur, wenn aufgrund neuer Tatsachen oder Beweistitel die eingestellte Tat als Verbrechen erscheint);

Peter Rieß

Grundsätzen zu behandeln sein, die für die Wiederaufnahme eines nach § 153 Abs. 2 eingestellten Verfahrens entwickelt worden sind (vgl. § 153, 85 ff), denn die Sachlage unterscheidet sich von der dort gegebenen in keinem wesentlichen Punkt[132a].

60　　**b) Entscheidung von Amts wegen.** Nach heute unbestrittener Meinung kann das Gericht von Amts wegen die Wiederaufnahme beschließen, ein Antrag der Staatsanwaltschaft ist dazu nicht erforderlich[133]; die Wiederaufnahme kann auch beschlossen werden, wenn die Staatsanwaltschaft das Verfahren nicht weiter durchführen will. War das Hauptverfahren noch nicht eröffnet, so kann die Staatsanwaltschaft allerdings auch schon vor dem Wiederaufnahmebeschluß die Anklage zurücknehmen und ihrerseits nach Absatz 1 verfahren. Umgekehrt ist das Gericht, anders als nach § 154a Abs. 3 Satz 2, auch bei einem Antrag der Staatsanwaltschaft nicht zur Wiederaufnahme verpflichtet.

61　　**c) Entscheidungsmaßstab** für die Frage der Wiederaufnahme ist grundsätzlich, ob die Einstellungsvoraussetzungen weiterhin vorliegen. Das Gericht muß das Verfahren wieder aufnehmen, wenn durch eine Veränderung bei der Bezugssanktion oder (aufgrund neuer Tatsachen oder Beweismittel) durch eine andere Bewertung der eingestellten Tat (vgl. Rdn. 59) angenommen werden kann, daß die Sanktion nunmehr beträchtlich ins Gewicht fallen würde[134]. Das wird in den Fällen des Absatzes 3 regelmäßig der Fall sein; es sei denn, daß die Bezugssanktion im Zeitpunkt des nachträglichen Wegfalls schon zu einem erheblichen Teil verbüßt war. In den Fällen des Absatzes 4 ist aufgrund des Ausgangs des Bezugsverfahrens nach pflichtgemäßem Ermessen zu erwägen, ob die ursprüngliche Prognose, der eine bestimmte Erwartung über die im anderen Verfahren zu verhängende Sanktion zugrundelag, sich bestätigt hat. Auch hier wird regelmäßig die Wiederaufnahme geboten sein, wenn der Angeklagte im Bezugsverfahren nicht oder nur geringfügig verurteilt wird.

62　　Auch in diesen Fällen kann die **Wiederaufnahme unterbleiben,** wenn aus anderen Gründen eine beträchtlich ins Gewicht fallende Sanktion nicht zu erwarten ist, so, wenn inzwischen ein Verfahrenshindernis eingetreten ist[135] oder die Voraussetzungen einer anderen Ermessenseinstellung (außer der nach § 153a Abs. 2, dessen Anwendung zunächst eine Wiederaufnahme erfordert) vorliegen würden[136]. War das Verfahren vor Eröffnung des Hauptverfahrens eingestellt, so braucht es auch nicht wiederaufgenommen zu werden, wenn kein hinreichender Tatverdacht (mehr) vorliegt; ob es bei der Einstellung des Hauptverfahrens nur deshalb verbleiben kann, weil nunmehr aufgrund der Rechts- oder Beweislage mit einem Freispruch zu rechnen ist, erscheint dagegen zweifelhaft.

---

unklar *Kühne* 316; ähnlich wie hier wohl *G. Schäfer* § 100 III 5 a, b; im früheren Schrifttum zu § 208 a. F wurde bei Fristablauf voller Strafklageverbrauch angenommen (vgl. LR[15] Vor § 151, 29 g; § 208, 8) doch existierte damals noch nicht § 153 und hatte sich die Auffassung von der „beschränkten Rechtskraft" gerichtlicher Einstellungsbeschlüsse noch nicht entwickelt.

[132a] Ebenso BGH in dem bei Drucklegung noch nicht veröffentlichten (in diesem Teil nicht zum Abdruck in BGHSt bestimmten) Urteil vom 12. 6. 1985 – 3 StR 35/85 – (zum Abdruck vorgesehen NStZ **1986** H. 1 mit Anm. *Rieß*), wonach trotz Ablaufs der Frist des

§ 154 Abs. 4 die Wiederaufnahme einer als Vergehen nach § 244 StGB eingestellten Tat für zulässig gehalten wird, weil aufgrund neuer Tatsachen insoweit der hinreichende Verdacht eines Mordes bestand. Der BGH verweist insoweit auf die Regelung in § 153a Abs. 1 Satz 4 und § 211.

[133] BGHSt **13** 44; **30** 198; KK-*Schoreit* 72; *Kleinknecht/Meyer*[37] 22; KMR-*Müller* 25; *Eb. Schmidt* 12 (mit Nachw. des früheren Streitstands); vgl. auch *Niese* SJZ **1950** 898.

[134] Ähnlich KK-*Schoreit* 71.

[135] Insoweit **a. A** *Eb. Schmidt* 13.

[136] KMR-*Müller* 22; zweifelnd KK-*Schoreit* 72.

d) Zuständigkeit. Der Wiederaufnahmebeschluß muß von dem Gericht erlassen **63** werden, das das Verfahren eingestellt hat[137], ggf. also auch vom Revisionsgericht. Erfolgt die Einstellung in einem mehrere Taten umfassenden Verfahren in Hinblick auf die sonstigen in diesem Verfahren abzuurteilenden Taten und ist nunmehr im weiter betriebenen Verfahren ein anderes Gericht zuständig, so soll dieses für den Wiederaufnahmebeschluß in keinem Fall zuständig sein. Das gilt für die Berufungsinstanz, wenn das Amtsgericht wegen einer Tat das Verfahren eingestellt hatte[138], für eine erstinstanzlich tätige Strafkammer, die ein beim Amtsgericht anhängig gewesenes und dort nach §154 eingestelltes Verfahren zur gemeinsamen Verhandlung und Entscheidung bei sich verbinden will[139], aber auch für ein aufgrund einer bindenden Verweisung nach §270 (oder einer Übernahme nach §225 a) zuständig gewordenes Gericht, wenn bereits das verweisende Gericht die Einstellung ausgesprochen hatte[140]. In den beiden zuletzt genannten Fällen muß das Gericht, das die Fortführung des eingestellten Verfahrens für geboten hält, beim Ursprungsgericht auf die Wiederaufnahme und die Abgabe hinwirken[141]. Diese der Verfahrensökonomie nicht gerade dienliche Auffassung erscheint jedenfalls dann nicht zwingend, wenn nach vorangegangener Einstellung das weiterbetriebene Verfahren insgesamt nach den §§225 a, 270 auf ein erstinstanzliches Gericht höherer Ordnung übergeht.

e) Verfahren und Entscheidung. Bei einer Einstellung in Hinblick auf eine erst zu **64** erwartende Sanktion ist es die Aufgabe des zur Wiederaufnahme berechtigten Gerichts, durch geeignete Maßnahmen sicherzustellen, daß es rechtzeitig innerhalb der Wiederaufnahmefrist nach Absatz 4 über den Ausgang des Bezugsverfahrens unterrichtet wird[142], doch hat auch die Staatsanwaltschaft im Rahmen ihrer allgemeinen Prozeßförderungspflicht den Ausgang des Bezugsverfahrens zu überwachen und ggf. durch geeignete Anträge auf die Wiederaufnahme hinzuwirken. Auch das Gericht, bei dem das Bezugsverfahren anhängig ist, kann bei dem einstellenden Gericht einen Wiederaufnahmebeschluß anregen, namentlich, wenn es die wiederaufgenommene Tat übernehmen und mit aburteilen will[143]. War das Verfahren in Hinblick auf eine bereits rechtskräftig verhängte Sanktion eingestellt worden, so wird das Gericht davon ausgehen können, daß es hierbei bleibt; eine **Überwachungspflicht** hat es ebensowenig wie die Staatsanwaltschaft, die allein für das eingestellte Verfahren zuständig ist. Vielmehr hat die Staatsanwaltschaft, die für das Bezugsverfahren zuständig ist, nach Wegfall der Sanktion das Gericht oder die Staatsanwaltschaft zu unterrichten, die das Verfahren eingestellt hat, was allerdings voraussetzt, daß sich aus den Akten dieses Verfahrens Hinweise darauf ergeben, daß ein anderes Verfahren nach §154 eingestellt worden ist.

Die Wiederaufnahme erfolgt durch **Beschluß des Gerichts** (Absatz 5); eine bloße **65** Maßnahme des Vorsitzenden im Kollegialgericht reicht nicht aus. Eine besondere Form ist für den Beschluß nicht vorgeschrieben; nach Auffassung des OLG Celle[144] kann er deshalb auch durch eindeutiges schlüssiges Handeln erfolgen, doch ist aus Gründen der Rechtsklarheit Schriftform stets vorzuziehen. Vor seinem Erlaß sind nach §33 Abs. 2 die Staatsanwaltschaft, sofern sie nicht ohnehin die Wiederaufnahme beantragt hat, und

---

[137] BGH bei *Dallinger* MDR **1973** 192; GA **1981** 36 mit Anm. *Rieß*; OLG Hamm JMBlNW **1969** 258; KK-*Schoreit* 80; *Kleinknecht/Meyer*[37] 22; KMR-*Müller* 26.

[138] OLG Hamm JMBlNW **1969** 258.

[139] BGH GA **1981** 36 mit Anm. *Rieß*.

[140] BGH bei Dallinger MDR **1973** 192.

[141] BGH bei Dallinger MDR **1973** 192.

[142] Vgl. *Burchardi/Klempahn* 421; *G. Schäfer* §97 IV 2.

[143] BGH bei Dallinger MDR **1973** 192; GA **1981** 36.

[144] NStZ **1985** 218 mit insoweit abl. Anm. *Schoreit*.

Peter Rieß

nach § 33 Abs. 3 der Angeschuldigte zu hören[145]; unterbleibt das versehentlich, so ist nach § 33 a zu verfahren. Der Nebenkläger braucht vor der Wiederaufnahme nicht gehört zu werden, da die Fortsetzung des Verfahrens nicht zu seinem Nachteil ist. Der Wiederaufnahmebeschluß ist den Beteiligten bekanntzugeben; Zustellung ist nicht erforderlich (§ 35 Abs. 2 Satz 2). Wird er in der Hauptverhandlung gefaßt, so wirken die Schöffen mit; die Anhörung richtet sich nach § 33 Abs. 1, die Bekanntgabe nach § 35 Abs. 1.

66   Nach dem Wiederaufnahmebeschluß wird das **Verfahren** in der Lage **fortgesetzt**, in der es sich bei der Einstellung befand. Es ist also nach den hierfür jeweils geltenden Verfahrensvorschriften die nunmehr erforderliche Prozeßhandlung vorzunehmen[146], also beispielsweise über die Eröffnung zu entscheiden, (erneut) Termin zur Hauptverhandlung anzuberaumen usw. Etwa notwendige, mit der Einstellung aufgehobene Zwangsmaßnahmen (vgl. Rdn. 51 f) sind ggf. erneut anzuordnen. Eine mit der Einstellung verbundene Kosten- und Entschädigungsentscheidung wird mit der Entscheidung rückgängig gemacht, die das wiederaufgenommene Verfahren abschließt, wenn dies nach deren Inhalt erforderlich ist[147].

67   **2. Wiederaufnahme nach Einstellung wegen rechtskräftig erkannter Rechtsfolgen (Absatz 3).** Die rechtskräftig erkannte Strafe oder Maßregel der Besserung und Sicherung muß weggefallen sein; daß sie gemildert wird, reicht ebensowenig aus wie ihre Vollstreckung oder die Erledigung der Maßregel wegen Zweckerreichung oder Ablauf der Höchstfrist[148]. Als Gründe für den Wegfall kommen Begnadigung, Amnestie und vor allem eine erfolgreiche Wiederaufnahme nach den §§ 359 ff in Betracht. Bei der **Wiederaufnahme** wird die Auffassung vertreten[149], daß die Strafe erst mit Rechtskraft des neuen Urteils nach § 373 Abs. 1, dann aber unabhängig von seinem Inhalt, weggefallen sei, nicht jedoch schon mit dem Beschluß, der die Erneuerung der Hauptverhandlung nach § 370 Abs. 2 anordnet. Da das ursprüngliche Urteil aber bereits durch diesen Beschluß alle Wirkungen verliert (vgl. § 370, 32 ff) und die erneute Hauptverhandlung nicht etwa seiner Überprüfung, sondern der Gewinnung einer selbständigen Entscheidung dient, erscheint das zweifelhaft. Allerdings wird, wenn nicht besondere Gründe, wie etwa drohende Verjährung, entgegenstehen, schon aus praktischen Gründen vor der Wiederaufnahme des eingestellten Verfahrens der Ausgang der nach § 373 erneuerten Hauptverhandlung abzuwarten sein, da ein sachlicher Grund für die Fortsetzung des eingestellten Verfahrens nicht besteht, wenn die neue Hauptverhandlung im wesentlichen zur gleichen Sanktion führt[150].

68   Die Wiederaufnahme ist (anders als nach Absatz 4) an **keine Frist** gebunden. Sie ist jedoch ausgeschlossen, wenn, was das Gesetz überflüssigerweise hervorhebt, die eingestellte Tat verjährt ist. Auch der zwischenzeitliche Eintritt anderer Verfahrenshindernisse steht der Wiederaufnahme entgegen. Allein durch den Wiederaufnahmebeschluß wird die **Verjährung** der eingestellten Tat, die während der Einstellung nicht ruht, nicht unterbrochen; eine Unterbrechung kann jedoch durch eine infolge der Wiederauf-

---

[145] BGSt **13** 45; **a. A** KMR-*Müller* 25.

[146] BGHSt **21** 329 f; **22** 108; KK-*Schoreit* 83.

[147] KK-*Schoreit* 83.

[148] KK-*Schoreit* 70; KMR-*Müller* 21; *Eb. Schmidt* 14.

[149] KG JR **1959** 472; KMR-*Müller* 20; LR-*Meyer-Goßner*[23] 32.

[150] Vgl. KMR-*Müller* 21.

[151] Vgl. § 78 c Abs. 1 Nr. 7, 8 StGB; zur verjährungsunterbrechenden Wirkung einer während der Einstellung nach § 154 Abs. 2 vorgenommenen Eilmaßnahme OLG Celle NStZ **1985** 218 mit Anm. *Schoreit*.

nahme notwendig werdende richterliche Handlung, etwa die Eröffnung des Hauptverfahrens oder die Terminsanberaumung eintreten[151]. War das Verfahren nach Erlaß eines Urteils eingestellt worden, so kann keine Verjährung eintreten (§ 78 b Abs. 3 StGB).

3. Wiederaufnahme nach Einstellung wegen zu erwartender Rechtsfolgen (Ab- **69** **satz 4).** Zulässig ist hier die Wiederaufnahme nur (vgl. aber Rdn. 59) innerhalb von drei Monaten nach rechtskräftigem Abschluß des Bezugsverfahrens. Den im Gesetzeswortlaut allein genannten Urteilen stehen nach dem Sinn der Vorschrift verfahrensbeendende Beschlüsse (Ablehnung der Eröffnung des Hauptverfahrens, Einstellungen nach den §§ 153 ff oder wegen eines Verfahrenshindernisses nach § 206 a) gleich[152], nicht jedoch vorläufige Einstellungen nach § 205. Auch die staatsanwaltschaftliche Einstellung des bei ihr als Ermittlungsverfahren anhängigen Bezugsverfahrens setzt die Frist in Lauf; sie beginnt, wenn kein Klageerzwingungsverfahren zulässig ist, mit der Einstellungsverfügung, andernfalls mit Ablauf der in § 172 gesetzten Fristen oder mit der Entscheidung nach § 174[153]. Bei Einstellung wegen mehrerer Bezugstaten beginnt die Frist erst mit Abschluß des letzten Verfahrens[154]. Erfolgte die Einstellung sowohl in Hinblick auf bereits rechtskräftig erkannte als auch auf noch zu erwartende Sanktionen, so bleibt, auch wenn die Dreimonatsfrist nach Absatz 4 abgelaufen ist, die Wiederaufnahme nach Absatz 3 möglich. Dieser ist auch analog anzuwenden, wenn eine im Zeitpunkt der Einstellung schon verhängte, aber noch nicht rechtskräftige Sanktion wegfällt oder die erwartete Sanktion zwar verhängt wird, aber später wegfällt[155], so daß es in diesen Fällen auf die Frist nicht ankommt.

Die Dreimonatsfrist, auf die als Ausschlußfrist § 43 nicht anzuwenden ist[156], be- **70** zeichnet nur den **Endzeitpunkt**, bis zu dem der Wiederaufnahmebeschluß wirksam erlassen sein muß; bis zu ihm ist die Wiederaufnahme jederzeit, auch schon vor einer Entscheidung im Bezugsverfahren, möglich[157].

Die Zulässigkeit der Wiederaufnahme hängt nach dem Gesetzeswortlaut nur von **71** der Einhaltung der Frist, nicht vom **Ergebnis des Bezugsverfahrens** ab. Eine Wiederaufnahme kommt zwar in erster Linie in Betracht, wenn der Angeschuldigte in diesem nicht oder nicht beträchtlich verurteilt wird[158], sie ist aber rechtlich nicht davon abhängig, daß die der Einstellung zugrundeliegende Sanktionserwartung sich nicht erfüllt hat. Hiervon die Zulässigkeit der Wiederaufnahme abhängig zu machen, verbietet sich schon deshalb, weil die Einstellungsentscheidung, die nicht begründet zu werden braucht, sich hierzu nicht äußert. Es würde freilich dem Sinn der Wiederaufnahmeregelung nicht entsprechen, wenn das Verfahren bei unveränderter Prognose und unveränderter Tatsachengrundlage bei der eingestellten Tat (vgl. Rdn. 59) nur wegen einer anderen Bewertung wieder aufgenommen würde[159].

[152] RGSt **73** 309; KK-*Schoreit* 78; *Kleinknecht/Meyer*[37] 23; KMR-*Müller* 23; *Eb. Schmidt* 15.

[153] KMR-*Müller* 23.

[154] KK-*Schoreit* 77; *Kleinknecht/Meyer*[37] 23.

[155] KG JR **1959** 472; KK-*Schoreit* 79; KMR-*Müller* 24; **a. A** *Eb. Schmidt* 15.

[156] RGSt **73** 308; BGH vom 8. 8. 1954 – 4 StR 388/54 –; vgl. Vor § 42, 5; **a. A** *Eb. Schmidt* 15.

[157] BayObLG **13** (1914) 135 (zu § 208 a. F);

OLG Celle NStZ **1985** 218 mit Anm. *Schoreit*; KK-*Schoreit* 75; KMR-*Müller* 23.

[158] RGSt **73** 308 (für den Fall des Freispruchs).

[159] KK-*Schoreit* 75; weitergehend KMR-*Müller* 23; OLG Celle NStZ **1985** 218 mit Anm. *Schoreit* verlangt einen „wichtigen Grund", ohne daß die Entscheidung diesen näher präzisiert und erkennen läßt, welche Rechtsfolgen sein Fehlen haben soll.

Peter Rieß

4. Anfechtung

72　　a) **Allgemeines.** Das frühere Schrifttum hat, teilweise von der heute überholten Rechtsauffassung ausgehend, daß der Wiederaufnahmebeschluß einen Antrag der Staatsanwaltschaft voraussetze (Rdn. 60), allgemein angenommen, daß der Wiederaufnahmebeschluß ebenso wie die die Wiederaufnahme ablehnende Entscheidung vom Angeschuldigten und der Staatsanwaltschaft mit der Beschwerde angegriffen werden könnten[160]; in der Rechtsprechung ist die Frage kaum behandelt worden[161]. In neuerer Zeit ist die Frage, die jetzt auch die Rechtsprechung beschäftigt, teilweise umstritten; dabei zeigt sich eine zunehmende Tendenz, eine weitgehende Unanfechtbarkeit anzunehmen. Da eine ausdrückliche, auf diesen Fall bezogene gesetzliche Regelung fehlt, kann angesichts der Generalklausel in § 304 Abs. 1 die Unzulässigkeit der Beschwerde nur aus anderen gesetzlichen Vorschriften oder daraus hergeleitet werden, daß einer der Ausnahmefälle vorliegt, bei denen sich die Unanfechtbarkeit aus dem Zweck oder dem Inhalt der Entscheidung oder der Verfahrenslage ergibt.

73　　b) **Der die Wiederaufnahme des Verfahrens anordnende Beschluß** ist unanfechtbar[162]. Das ergibt sich, wenn die Einstellung nach Eröffnung des Hauptverfahrens beschlossen war, aus § 305, weil es sich um eine Entscheidung des erkennenden Gerichts handelt, die der Urteilsfällung vorausgeht. War die Einstellung bereits im Zwischenverfahren beschlossen worden, folgt die Unanfechtbarkeit aus einer analogen Anwendung des den §§ 203, 210 zugrundeliegenden Rechtsgedankens. Angeklagter und Staatsanwalt können, falls die gesetzlichen Voraussetzungen für die Wiederaufnahme nicht vorgelegen haben, das Verfahrenshindernis der fortbestehenden Einstellung im weiteren Verfahren geltend machen[163], so daß es einer Beschwerdebefugnis nicht bedarf.

74　　c) Für die **Ablehnung der Wiederaufnahme** ist ein ausdrücklicher Beschluß immer dann erforderlich, wenn von einem Prozeßbeteiligten die Wiederaufnahme beantragt wird und das Gericht dem nicht entsprechen will[164]. Dieser Beschluß ist für den **Angeschuldigten** schon deshalb nicht anfechtbar, weil er durch die Nichtwiederaufnahme des Verfahrens nicht beschwert ist[165]. Dagegen ist umstritten, ob der **Staatsanwaltschaft** in diesen Fällen die (einfache) Beschwerde zusteht. Der von *Meyer-Goßner* in der 23. Auflage[166] ausführlich begründeten verneinenden Auffassung haben sich seither die Gerichte in den bekanntgewordenen Entscheidungen[167] und ein Teil des Schrifttums angeschlossen[168], während ein anderer Teil an der Zulässigkeit der Beschwerde der Staatsanwaltschaft (und des Nebenklägers wegen §§ 401, 397 Abs. 1, 390 Abs. 1) festhält[169].

---

[160] *Dalcke/Fuhrmann/Schäfer* 3; *Erbs* StPO (1950), IV; *Feisenberger* 10; LR-*Kohlhaas*[22] 8; 10; *Müller/Sax* (KMR)[6] 5 d; *Eb. Schmidt* 17.

[161] Vgl. aber KG JR **1959** 472; die bei *Erbs* aaO. angeführte Entscheidung OLG Darmstadt HRR **1939** Nr. 1563 bezieht sich auf den Einstellungsbeschluß nach Absatz 2.

[162] OLG Düsseldorf JR **1983** 471 mit Anm. *Meyer-Goßner*; OLG Karlsruhe NJW **1980** 2367; OLG München NJW **1978** 1449; OLG Stuttgart MDR **1984** 73; *Giesler* (Fußn. 92) 220; KK-*Schoreit* 84 f; *Kleinknecht/Meyer*[37] 24; *Meyer-Goßner* JR **1983** 473; *Momberg* NStZ **1984** 538; *Rieß* NStZ **1985** 40; *Rüping* 166; *Schlüchter* 406.6; a. A KG JR **1959** 472; KMR-*Müller* 27; *Eb. Schmidt* 17.

[163] Vgl. mit Einzelbeispielen *Rieß* GA **1981** 37.

[164] **A. A** *Meyer-Goßner* in der 23. Aufl. Rdn. 44 und JR **1983** 473; vgl. *Rieß* NStZ **1985** 40.

[165] KMR-*Müller* 27; *Rieß* NStZ **1985** 40.

[166] Rdn. 44; ebenso JR **1983** 473.

[167] OLG Düsseldorf JR **1983** 471 = StrVert. **1983** 93; OLG Frankfurt NStZ **1985** 39 mit Anm. *Rieß*; OLG Stuttgart MDR **1984** 73; LG Düsseldorf NJW **1983** 1008 (nur LS).

[168] *Giesler* (Fußn. 92), 221; KK-*Schoreit* 85; *Kleinknecht/Meyer* 24 (in der 37. Auflage).

[169] KMR-*Müller* 27; *Rieß* NStZ **1985** 40; *Schlüchter* 406 6; ebenso noch *Kleinknecht/Meyer* 24 (bis zur 36. Auflage).

Die für die Unanfechtbarkeit des Ablehnungsbeschlusses auch für die Staatsan- **75** waltschaft vorgebrachten Gründe können nicht überzeugen[170]. Die **Beschwerde** der **Staatsanwaltschaft** ist **zulässig**, doch ist die Prüfungsbefugnis des Beschwerdegerichts eingeschränkt. Dieses darf sein Ermessen insoweit nicht an die Stelle des Ermessens des erkennenden Richters setzen, als dieser allein beurteilen kann, ob die wegen der einge- stellten und ggf. wieder aufzunehmenden Tat zu erwartenden Rechtsfolgen beträcht- lich ins Gewicht fallen und, soweit dies der Fall ist, ob andere Gründe einer Wiederauf- nahme entgegenstehen (vgl. Rdn. 61 f). Das Beschwerdegericht kann aber prüfen, ob das Gericht sich bei der Ablehnung der Wiederaufnahme in den Grenzen dieses ihm al- lein eingeräumten Ermessens gehalten hat. Erweist sich die Beschwerde insoweit als be- gründet, so darf das Beschwerdegericht entgegen der in § 309 Abs. 1 für den Normalfall getroffenen Regelung nicht durch eine Entscheidung in der Sache selbst die Wiederauf- nahme anordnen, weil dies nur dem Gericht zusteht, das den Wiederaufnahmebeschluß erlassen hat (Rdn. 63). Es muß sich auf die Aufhebung des ablehnenden Beschlusses be- schränken, so daß das zuständige Gericht unter Berücksichtigung der der Beschwer- deentscheidung zugrundeliegenden Rechtsauffassung erneut über die Wiederaufnahme entscheiden muß.

VII. Revision

1. Einstellung und Nichteinstellung nach Absatz 2. Mit der Revision kann weder **76** geltend gemacht werden, daß der Tatrichter § 154 Abs. 2 nicht angewandt hat, noch daß zu Unrecht nach § 154 Abs. 2 verfahren worden ist[171]. Auch eine unzulässige Verfah- renseinstellung, etwa mangels Antrags der Staatsanwaltschaft, ist keine Entscheidung, die im Sinne des § 336 Satz 1 dem Urteil vorausgeht (vgl. auch § 336, 5); sie führt viel- mehr gerade dazu, daß wegen dieser Tat ein (mit der Revision angreifbares) Urteil nicht ergeht.

2. Berücksichtigung eingestellter Taten im Urteil. Mit der Revision kann geltend **77** gemacht werden, daß der Tatrichter entgegen den hierfür geltenden Grundsätzen (Rdn. 54 ff) eingestellte Taten oder Tatteile bei seiner Überzeugungsbildung oder bei der Strafzumessung zu Lasten des Angeklagten berücksichtigt hat, sofern das Urteil hierauf beruht[172]. Wegen des dieser Regelung zugrundeliegenden Vertrauensschutz- gedankens dürfte § 339 anwendbar sein, so daß die Staatsanwaltschaft bei einer zuun- gunsten des Angeklagten eingelegten Revision einen Verstoß gegen die Verwendungs- sperre nicht geltend machen kann. Der Verstoß wird nach der dogmatisch nicht ganz un- bedenklichen Praxis des BGH auf die Sachrüge hin berücksichtigt[173].

3. Wiederaufnahme des Verfahrens. Bei Wiederaufnahme des Verfahrens kann **78** mit der Revision nicht geltend gemacht werden, daß das Gericht das ihm zustehende Er- messen anders hätte ausüben und deshalb die Wiederaufnahme ablehnen müssen. Dage- gen ist im Revisionsverfahren — als Verfahrenshindernis auch ohne besondere Rüge von Amts wegen — durch Einstellung des Verfahrens wegen dieser Tat zu berücksichti- gen, daß der ursprüngliche Einstellungsbeschluß nicht wirksam durch einen Wieder- aufnahmebeschluß beseitigt worden ist. Das ist der Fall, wenn ein Wiederaufnahmebe-

---

[170] Ausführlicher *Rieß* NStZ **1985** 40.
[171] Vgl. RGSt **66** 326; BGHSt **21** 329.
[172] Vgl. dazu BGHSt NStZ **1984** 20 und Rdn. 56 a. E.

[173] Z. B. BGH bei *Holtz* MDR **1977** 982; NStZ **1983** 20; StrVert. **1981** 236; **1984** 364; vgl. auch § 337, 214.

Peter Rieß

schluß überhaupt nicht ergangen ist[174], von einem hierfür nicht zuständigen Gericht (vgl. Rdn. 63) erlassen worden war[175] oder die gesetzlichen Voraussetzungen für ihn nicht vorlagen[176]. Ob eine eingestellte Tat hätte wiederaufgenommen werden müssen, kann das Revisionsgericht nicht prüfen[177].

§ 154 a

(1) [1]Fallen einzelne abtrennbare Teile einer Tat oder einzelne von mehreren Gesetzesverletzungen, die durch dieselbe Tat begangen worden sind,

1. für die zu erwartende Strafe oder Maßregel der Besserung und Sicherung oder

2. neben einer Strafe oder Maßregel der Besserung und Sicherung, die gegen den Beschuldigten wegen einer anderen Tat rechtskräftig verhängt worden ist oder die er wegen einer anderen Tat zu erwarten hat,

nicht beträchtlich ins Gewicht, so kann die Verfolgung auf die übrigen Teile der Tat oder die übrigen Gesetzesverletzungen beschränkt werden. [2]§ 154 Abs. 1 Nr. 2 gilt entsprechend. [3]Die Beschränkung ist aktenkundig zu machen.

(2) Nach Einreichung der Anklageschrift kann das Gericht in jeder Lage des Verfahrens mit Zustimmung der Staatsanwaltschaft die Beschränkung vornehmen.

(3) [1]Das Gericht kann in jeder Lage des Verfahrens ausgeschiedene Teile einer Tat oder Gesetzesverletzungen in das Verfahren wieder einbeziehen. [2]Einem Antrag der Staatsanwaltschaft auf Einbeziehung ist zu entsprechen. [3]Werden ausgeschiedene Teile einer Tat wieder einbezogen, so ist § 265 Abs. 4 entsprechend anzuwenden.

Schrifttum siehe bei § 154.

Entstehungsgeschichte. Die Vorschrift wurde durch Art. 6 Nr. 1 StPÄG 1964 eingefügt. In der ursprünglichen Fassung fehlte in Absatz 1 Satz 1 die Nummer 2 und das Wort „beträchtlich" vor „Gewicht" sowie Satz 2; ein Absatz 4, der durch Art. 1 Nr. 39 1. StVRG gestrichen wurde, bezog sich auf die Voruntersuchung. Art. 21 Nr. 49 EGStGB 1974 paßte den Wortlaut des Absatzes 1 an die neue Fassung des Strafgesetzbuches an („dieselbe Straftat"; „Besserung und Sicherung"). Durch Art. 1 Nr. 12 StVÄG 1979 erhielt Absatz 1 seine heutige Fassung. Von 1929 bis 1953 führte der jetzige § 154 b und danach bis zum StPÄG 1964 der jetzige § 154 d die Bezeichnung § 154 a.

Übersicht

---

[174] BGH vom 20. 3. 1980 – 2 StR 5/80 – mitgeteilt bei *Rieß* GA **1981** 37.

[175] BGH bei *Dallinger* MDR **1973** 192; GA **1981** 36; OLG Hamm JMBlNW **1969** 258.

[176] *Rieß* GA **1981** 37; vgl. auch – weitergehend – *Momberg* NStZ **1984** 538.

[177] BGH bei *Dallinger* MDR **1970** 383; anders bei § 154 a, vgl. § 154 a, 47 ff.

1. Bedeutung der Vorschrift. Die Vorschrift gestattet es, den Verhandlungsstoff **1** bei der Aufklärung und Aburteilung einer einheitlichen prozessualen Tat zu beschränken; damit dient sie der Vereinfachung des Strafverfahrens und der Entlastung der Strafjustiz[1]. Sie ermöglicht ferner einen auf die wesentlichen Tatvorwürfe konzentrierten und damit verständlicheren Urteilsspruch. Vor ihrer Einführung durch das StPÄG 1964 wurde teilweise auf die heute von ihr erfaßten Sachverhalte § 154 entsprechend angewandt[2]. § 154 a schränkt den aus den §§ 155 Abs. 2, 206, 244 Abs. 2, 264 ableitbaren Grundsatz der umfassenden Kognitionspflicht ein, indem er gestattet, von der Aufklärung und Aburteilung minderwichtiger Aspekte einer einheitlichen prozessualen Tat abzusehen, wenn Gericht und Staatsanwaltschaft insoweit in der Beurteilung übereinstimmen. Er ändert jedoch nichts daran, daß diese Aspekte von der Klage ebenso erfaßt werden wie von der Rechtskraft der Entscheidung. Eine Beschränkung des Anklagemonopols der Staatsanwaltschaft kann in der Vorschrift nicht gesehen werden[3]. Zur allgemeinen Bedeutung s. näher § 154, 1 ff, zum Verhältnis zu § 154 sowie zu den Möglichkeiten einer alternativen Anwendung der §§ 154, 154 a und den Konsequenzen hieraus vgl. § 154, 9 ff.

Die **dogmatische Eigenart** des § 154 a liegt darin, daß — im Gegensatz zu § 154 **2** — die ausgeschiedenen Tatteile oder rechtlichen Gesichtspunkte Teile der weiterverfolgten Tat bleiben und ihr weiteres prozessuales Schicksal teilen. Auswirkungen des weiteren Verfahrensfortgangs auf die prozessuale Tat ergreifen deshalb auch die nach § 154 a ausgeschiedenen Tatteile oder Gesetzesverletzungen[4]. Sie werden deshalb mit der Klageerhebung „latent" mit der Folge anhängig, daß nunmehr die Befugnis zur Wiedereinbeziehung auch ohne staatsanwaltschaftlichen Antrag auf das Gericht übergeht und sie werden vor allem von der die Tat betreffenden Rechtskraft erfaßt (näher Rdn. 43 f).

---

[1] Vgl. z. B. BGHSt **21** 328; BGH NJW **1984** 1365; BayObLG NJW **1969** 1186; *Dallinger* MDR **1966** 797; *Kleinknecht/Meyer*[37] 1.
[2] Vgl. mit weit. Nachw. LR-*Kohlhaas*[21] EB 1; *Kleinknecht* JZ **1965** 158; *Pickert* 11; *Eb. Schmidt* Nachtr. I 2.

[3] A. A KK-*Schoreit* 2, dessen Forderung nach einer restriktiven Anwendung nicht zugestimmt werden kann; vgl. auch *Maiwald* JR **1984** 479, der allerdings verkennt, daß gelegentliche Schwierigkeiten bei der Anwendung im Einzelfall durch den justizökonomischen Gesamtnutzen aufgewogen werden.
[4] Vgl. *Kleinknecht* JZ **1965** 158.

Peter Rieß

2. Anwendungsbereich

3   **a) Allgemeines.** § 154 a setzt voraus, daß es sich bei dem Auszuscheidenden um Teile einer einheitlichen prozessualen Tat handelt, unabhängig davon, ob materiell-strafrechtlich, was regelmäßig der Fall sein wird, eine Handlung (in Form der natürlichen Handlungseinheit, des Fortsetzungszusammenhangs oder der Idealkonkurrenz) oder ausnahmsweise mehrere Handlungen in Form von Realkonkurrenz vorliegen[5]. Wird nach § 154 a verfahren, obwohl mehrere prozessuale Taten vorliegen, so handelt es sich in Wahrheit um eine Einstellung nach § 154, so daß für die Verfahrensfortführung die für diese Vorschrift geltenden Regeln anzuwenden sind (§ 154, 11). Die Vorschrift ermöglicht im Rahmen der einheitlichen Tat nicht jede beliebige Stoffbeschränkung, sondern nur das Ausscheiden einzelner abtrennbarer Teile der Tat (Rdn. 6) oder einzelner von mehreren Gesetzesverletzungen (Rdn. 7).

4   Darunter fallen **nicht einzelne Tatbestandsmerkmale** eines Straftatbestandes[6], etwa die Nötigungshandlung bei einem Raub unter Beschränkung der Verfolgung auf Diebstahl. Ebensowenig ist es möglich, nach § 154 a eine einzelne strafrechtliche Sanktion auszuscheiden; das ist nur für die in den §§ 430, 442 genannten Maßnahmen unter den dort bestimmten Voraussetzungen möglich[7]. Allerdings kann das Ausscheiden einzelner Teile der Tat oder einzelner Gesetzesverletzungen zur Folge haben, daß damit auch die Grundlage für die Verhängung bestimmter Sanktionen entfällt, falls sich deren Berechtigung allein aus dem Ausgeschiedenen ergeben würde[8].

5   Die Vorschrift gilt, wie sich aus § 385 Abs. 4 ergibt, grundsätzlich auch im **Privatklageverfahren**. Insoweit ging bisher die wohl überwiegende Auffassung davon aus, daß das Gericht zur Stoffbeschränkung weder der Zustimmung des Privatklägers noch der Staatsanwaltschaft bedürfe[9]. Das erscheint unzutreffend. Nach dem Gesetzeswortlaut ist *nur* § 154 a Abs. 3 Satz 2 im Privatklageverfahren nicht anwendbar; der Gesetzgeber des StPÄG 1964 ist ausweislich der Begründung davon ausgegangen, daß an die Stelle der im Offizialverfahren erforderlichen Zustimmung der Staatsanwaltschaft die des Privatklägers tritt[10]. Lediglich seinem Wiedereinbeziehungsantrag ist der zwingende Charakter genommen worden. Die bloße **Anschlußbefugnis für** einen **Nebenkläger** steht der Anwendung des § 154 a an sich nicht entgegen. Durch das Ausscheiden eines rechtlichen Gesichtspunkts, der die Anschlußbefugnis vermittelt (etwa einer tateinheitlich mit einer Vergewaltigung zusammentreffenden Beleidigung) kann aber diese nicht ausgeschlossen werden und die Beschränkung entfällt mit dem Wirksamwerden des Anschlusses (§ 397 Abs. 3 und die dort. Erl., vgl. auch Rdn. 26). Für das Jugendstrafverfahren und das Bußgeldverfahren s. § 154, 6.

6   **b) Abtrennbare Teile einer Tat** sind Handlungen, die im natürlichen Sinne in tatsächlicher Hinsicht in gewissem Umfang in sich abgeschlossen sind, infolge der rechtlichen Beurteilung aber mit anderen Handlungen zu einer rechtlichen Einheit, der prozessualen Tat, zusammengefaßt werden. Das entscheidende Kriterium der Abtrennbarkeit

---

[5] *Dallinger* MDR **1966** 798.

[6] BGH NStZ **1981** 21; KK-*Schoreit* 9; *Kleinknecht/Meyer*[37] 5; teilweise abweichend KMR-*Müller* 4; de lege ferenda für eine Erweiterung auf einzelne straferhöhende Umstände *Grünwald* 25 f; vgl. Verh. des 50. DJT (1974) Bd. II K 98 ff, 271.

[7] *Kleinknecht/Meyer*[37] 4; teilweise **a. A** wohl KMR-*Müller* 3.

[8] KMR-*Müller* 3; vgl. auch *Kleinknecht/Meyer*[37] 6 f.

[9] *LR-Wendisch*[23] § 385, 14; KK-*v. Stackelberg* § 385, 9; unklar KMR-*Müller* § 385, 1; wie hier jetzt LR-*Wendisch* § 385, 11.

[10] BTDrucks. **IV** 178 S. 44 f; ebenso *Eb. Schmidt* Nachtr. I § 385, 5.

nach dieser Alternative liegt in der Möglichkeit selbständiger Beurteilung des realen, tatsächlichen Geschehens, ohne daß durch das Ausscheiden die Gesamtwürdigung der Tat erheblich beeinträchtigt wird. In erster Linie kommen Einzelakte einer fortgesetzten Handlung in Betracht, ferner zeitlich herauslösbare Teile eines Dauerdelikts, selbständige Teile einer natürlichen Handlungseinheit, z. B. Teile einer falschen Zeugenaussage, sowie einzelne von mehreren zu einer prozessualen Tat zusammengefaßten, materiell-rechtlich in Realkonkurrenz stehenden Taten[11]. Mit dem Ausscheiden eines Tatteils ist (etwa bei Teilen einer fortgesetzten Handlung oder einer Dauerstraftat) nicht notwendig das Ausscheiden einzelner Gesetzesverletzungen im Sinne der zweiten Alternative verbunden, doch kann dies der Fall sein, etwa wenn sich allein aus dem ausgeschiedenen Tatteil die Tatbestandsmerkmale eines idealkonkurrierenden Delikts ergeben würden oder wenn er eine materiell-rechtlich selbständige Straftat betrifft.

c) Mehrere Gesetzesverletzungen. Einzelne von mehreren Gesetzesverletzungen **7** können im Falle der Tateinheit nach § 52 StGB ausgeschieden werden[12], nicht dagegen bei bloßer Gesetzeskonkurrenz, weil dafür kein Bedürfnis besteht[13]. Es ist nicht notwendig, daß damit auch ein bestimmter Sachverhaltsausschnitt ausgeschieden wird. Auch wenn dies nicht der Fall ist, kann eine Konzentration der rechtlichen Beurteilung die Klarheit und Übersichtlichkeit des Anklagesatzes und des Urteilsspruchs erhöhen. Der Zweck der Stoffkonzentration wird aber nur erreicht, wenn durch das Ausscheiden einzelner Gesetzesverletzungen die Notwendigkeit entfällt, die tatsächlichen Grundlagen für Tatbestandsmerkmale festzustellen, die nur mit der ausgeschiedenen Gesetzesverletzung verbunden sind[14]. Dabei muß es sich nicht notwendig um abtrennbare Teile der Tat im Sinne der ersten Alternative handeln. Ob eine tatmehrheitlich (§ 53 StGB) mit einer weiterverfolgten Straftat zusammentreffende, prozessual eine Tat bildende Gesetzesverletzung nach dieser Alternative ausgeschieden werden kann, ist angesichts des auf dieselbe Straftat[15] abstellenden Gesetzeswortlauts zweifelhaft[16], doch wird in solchen Fällen stets zugleich ein abtrennbarer Tatteil vorliegen.

d) Einzelne Tatteile oder Gesetzesverletzungen. Aus der Fassung, daß „einzelne" **8** abtrennbare Teile einer Tat oder „einzelne" von mehreren Gesetzesverletzungen ausgeschieden werden können, ließe sich schließen, daß das Auszuscheidende **positiv** beschrieben werden muß, so daß eine Negativumschreibung dergestalt unzulässig wäre, das Verfahren werde nach § 154 a eingestellt, „soweit nicht Anklage erhoben ist"[17]. Dem ist für den Regelfall zuzustimmen, bei dem sich das Ausscheiden auf einzelne Aspekte beschränkt. Jedoch kommt es nicht auf die Wortwahl an, sondern darauf, daß die das Ausscheiden bewirkende Prozeßhandlung keinen Zweifel darüber läßt, in wel-

---

[11] KK-*Schoreit* 6; *Kleinknecht/Meyer*[37] 5; KMR-*Müller* 2; wohl enger (nur Teilakte einer fortgesetzten Handlung) *Eb. Schmidt* Nachtr. I 3. Eine exakte begriffliche Bestimmung der „Abtrennbarkeit" eines Tatteiles ist dem Schrifttum bisher noch nicht gelungen.

[12] KK-*Schoreit* 9; *Kleinknecht/Meyer*[37] 6; *Eb. Schmidt* Nachtr. I 3; weitergehend KMR-*Müller* 3 (auch Rückfallvoraussetzungen nach § 48 StGB).

[13] BGH NStZ **1981** 23; eine versehentliche Anwendung des § 154 a wäre aber im Ergebnis unschädlich.

[14] Vgl. KK-*Schoreit* 9; *Kleinknecht/Meyer*[37] 8; KMR-*Müller* 3.

[15] Gemeint ist „eine und dieselbe Handlung" im Sinne des § 52 StGB; vgl. *Achenbach* MDR **1975** 21.

[16] Bejahend KK-*Schoreit* 9.

[17] So BGH NStZ **1981** 23; LR-*Meyer-Goßner*[23] 10; (zweifelnd aber 6); KK-*Schoreit* 21 (zweifelnd aber 6); *Kleinknecht/Meyer*[37] 7; *Pickert* 29; vgl. aber OLG Schleswig SchlHA **1967** 128 = OLGSt § 154 a, 3.

Peter Rieß

chem Umfang Tatteile oder Gesetzesverletzungen nach dem Willen der zuständigen Strafverfolgungsbehörde nicht weiterverfolgt werden sollen. Dazu kann im Einzelfall auch eine **Negativformulierung** ausreichen, etwa wenn sich aus ihr eindeutig ergibt, daß nur einer oder wenige Einzelakte einer fortgesetzten Handlung abgeurteilt werden sollen (vgl. Rdn. 10)[18]. Ergibt sich der Umfang dessen, was von der weiteren Verfolgung ausgenommen werden soll, nicht hinreichend klar, so liegt keine wirksame Stoffbeschränkung nach § 154 a vor.

3. Sachliche Voraussetzungen der Stoffbeschränkung

9   a) **Allgemeines.** Die sachlichen Voraussetzungen stimmen mit denen in § 154 Abs. 1 überein, so daß insoweit auf die dortigen Erläuterungen (§ 154, 12 bis 26) zu verweisen und hier nur darzustellen ist, was sich infolge der andersartigen Natur des Ausscheidens bei einer einheitlichen prozessualen Tat an Besonderheiten ergibt.

10   b) **Nicht beträchtlich ins Gewicht fallende Rechtsfolgen.** Erfaßt werden alle Tatteile oder Gesetzesverletzungen, deren Berücksichtigung im Urteil keine beträchtliche (§ 154, 16 ff) Verschärfung der wegen der Tat zu erwartenden Sanktion herbeiführen würde. Dabei können diejenigen ausgewählt werden, deren Nichtaufklärung das größte Maß an Stoffkonzentration bewirken würde. Bei tateinheitlich zusammentreffenden Gesetzesverletzungen kann hierbei auch derjenige Tatbestand ausgeschieden werden, aus dem an sich nach § 52 Abs. 2 Satz 1 StGB die Strafe zu entnehmen wäre, wenn die dem Gesetz mit der milderen Strafdrohung zu entnehmende Rechtsfolge im konkreten Fall hierunter nicht beträchtlich zurückbleiben würde[19]. Die Verfolgung einer fortgesetzten Tat kann auf einen besonders gewichtigen Einzelakt beschränkt werden[20], doch tritt auch in diesem Fall insgesamt Strafklageverbrauch ein (Rdn. 43). Hängt die Anordnung einer Maßregel der Besserung und Sicherung, etwa die Entziehung der Fahrerlaubnis, oder einer Nebenstrafe oder Nebenfolge allein von der Verurteilung wegen eines bestimmten Tatteiles oder einer bestimmten Gesetzesverletzung ab, so kommt insoweit ein Ausscheiden nicht in Betracht, wenn gerade durch den Wegfall dieser Maßnahme die Beträchtlichkeitsgrenze überschritten würde. Bleibt bei einem nach § 24 StGB strafbefreienden **Rücktritt** die Tat unter einem anderen rechtlichen Gesichtspunkt untergeordneter Art strafbar, so kann entgegen einer im materiellrechtlichen Schrifttum vertretenen Auffassung[20a] nicht insoweit nach § 154 a verfahren werden, da die Rechtsfolgen wegen der vom Rücktritt nicht erfaßten Gesetzesverletzung dann die einzigen wegen der Tat zu erwartenden sind und deshalb die materielle Voraussetzung der Vorschrift nicht vorliegt (vgl. auch Rdn. 35).

11   c) **Stoffbeschränkung in Hinblick auf die Rechtsfolgen wegen einer anderen Tat (Absatz 1 Satz 1 Nr. 2).** Von § 154 a kann auch Gebrauch gemacht werden, wenn die dadurch eintretende Verringerung des Rechtsfolgenquantums zwar gegenüber den allein wegen dieser Tat dann noch zu erwartenden Rechtsfolgen beträchtlich ins Gewicht fal-

---

[18] So hat der BGH (BGHSt **31** 303) eine Stoffbeschränkung als wirksam betrachtet, bei der bei einer fortgesetzten Handlung das Verfahren auf die „Vorgänge in der Zeit vom 1. 11. 1980 bis 14. 8. 1981" beschränkt wurde; dazu kritisch *Pickert* 29 Fußn. 120.

[19] Begr. zum RegE StVÄG 1979 BTDrucks. **8** 976 S. 46; KK-*Schoreit* 10; *Kurth* NJW **1978** 2483; im Ergebnis auch KMR-*Müller* 4.

[20] KK-*Schoreit* 10; *Kurth* aaO; vgl. auch Nr. 101 a Abs. 2 Satz 1 RiStBV.

[20a] LK-*Vogler* § 24, 204; ähnlich schon LK-*Busch*[9] § 46, 42; *Jescheck* § 51 VI 2 Fußn. 44; *Schönke/Schröder/Eser* § 24, 110, die aber auf den in diesem Fall gänzlich unanwendbaren § 154 abstellen.

len würde, nicht mehr aber bei *zusätzlicher* Einbeziehung der Rechtsfolgen wegen einer anderen Tat, die bereits rechtskräftig verhängt oder zu erwarten sind. Das ist namentlich dann von praktischer Bedeutung, wenn es aus spezial- oder generalpräventiven Gründen unvertretbar wäre, das neue Fehlverhalten gänzlich ohne Reaktion zu lassen, aber eine mehr symbolische Verurteilung ausreicht, oder wenn nur ein einzelner Teilakt oder rechtlicher Gesichtspunkt der neuen Tat abgeurteilt werden muß, weil nur er die Rückfallvoraussetzungen herbeiführt oder die Verhängung einer unerläßlichen Maßnahme (§11 Abs. 1 Nr. 8 StGB) ermöglicht. Unter den Voraussetzungen der Nummer 2 kann über das Maß an Auszuscheidendem hinausgegangen werden, das eingehalten werden müßte, wenn allein die neue Tat abzuurteilen wäre; es kommt hier, ähnlich wie bei §154, auf eine Gesamtabwägung der insgesamt zu erwartenden Rechtsfolgen an[21].

12 Ob die **andere Tat** in dem gleichen oder einem anderen Verfahren abgeurteilt wird, ist rechtlich ohne Bedeutung. Im zweiten Fall sollte jedoch stets geprüft werden, ob es nicht verfahrensökonomischer ist, die an sich einer Teilreduzierung nach §154a zugängliche Tat voll abzuurteilen und dafür die andere Tat insgesamt nach §154 einzustellen, weil dadurch ein ganzes Verfahren eingespart werden kann. Eine gewisse Vorsicht ist auch geboten, wenn die Stoffreduzierung in Hinblick auf die wegen einer anderen Tat erst zu erwartenden Rechtsfolgen vorgenommen wird; denn wenn sich erst nach Rechtskraft herausstellt, daß die Erwartung nicht eintritt, ist hier, anders als im Falle des §154 (vgl. §154 Abs. 4), eine Weiterverfolgung nicht möglich.

13 d) **Ausscheiden bei beträchtlich ins Gewicht fallender Rechtsfolgenerwartung (Absatz 1 Satz 2).** Die erweiterte Einstellungsmöglichkeit nach §154 Abs. 1 Nr. 2 gilt für das Ausscheiden einzelner Tatteile oder Gesetzesverletzungen entsprechend, und zwar sowohl in Hinblick auf die wegen dieser Tat verbleibenden Rechtsfolgen (Satz 1 Nr. 1) als auch bei Einbeziehung der Rechtsfolgen wegen einer anderen Tat (Absatz 1 Nr. 2). Quantitative Überlegungen spielen hierbei keine Rolle. Entscheidend ist, daß nur auf diese Weise ein Urteil in angemessener Frist (§154, 23) erreicht werden kann und die Erreichung der Strafzwecke nicht gefährdet wird (§154, 25). Da bei Aburteilung einer einheitlichen prozessualen Tat die Möglichkeit der Verfahrenstrennung als Mittel der Entscheidung in angemessener Frist (§154, 21) ausscheidet, stellt die entsprechende Anwendung des §154 Abs. 1 Nr. 2 nicht selten die einzige Möglichkeit dar, bei Großverfahren, denen aus vielen Einzelakten zusammengesetzte fortgesetzte Handlungen zugrunde liegen und die wegen dieser Stoffülle nicht in angemessener Frist bis zur Aburteilung gefördert werden können, die notwendige Verfahrensstraffung zu erreichen.

14 4. **Einfluß der Stoffkonzentration auf die Zuständigkeit.** Das Ausscheiden von Tatteilen oder einzelnen Gesetzesverletzungen vor der Eröffnung des Hauptverfahrens kann die gerichtliche Zuständigkeit beeinflussen, wenn sämtliche Gesetzesverletzungen oder Tatteile ausgeschieden werden, die eine bestimmte Zuständigkeit begründen. Von praktischer Bedeutung sind hierbei drei Fallgruppen: (1) Ausscheiden der Tatbestände der §§129, 129a StGB, die allein die Zuständigkeit der Staatsschutz-Strafkammer nach §74a GVG oder des Oberlandesgerichts im ersten Rechtszug (§120 Abs. 1 Nr. 6 GVG) begründen; (2) Ausscheiden von Tatbeständen, aus denen sich die Zuständigkeit der Wirtschaftsstrafkammer nach §74c Abs. 1 Nr. 1 bis 5 GVG ergibt, und (3) Ausscheiden von Einzelakten einer fortgesetzten Handlung, die der Angeschuldigte als Jugendlicher

---

[21] *Kleinknecht/Meyer*[37] 12; vgl. auch KK-*Schoreit* 11; KMR-*Müller* 6; *Kurth* NJW **1978** 2483.

Peter Rieß

(Heranwachsender) begangen hat und aus denen sich die Zuständigkeit der Jugendgerichte ergibt, unter Weiterverfolgung der von ihm als Erwachsener begangenen Tatteile. In diesen Fällen ist zweifelhaft, ob bei der Bestimmung der gerichtlichen Zuständigkeit für das Hauptverfahren (§§ 200 Abs. 1 Satz 2, 207 Abs. 1, 209, 209 a) die ausgeschiedenen Tatteile oder Gesetzesverletzungen zu berücksichtigen sind oder außer Betracht zu bleiben haben.

15   Im Anschluß an die Grundsatzentscheidung des BGH (BGHSt **29** 341)[22] vertritt die nunmehr ganz h. M[23] die Auffassung, daß das Ausscheiden von Tatteilen oder Gesetzesverletzungen eine **Veränderung der Zuständigkeit** bewirken kann. Sie bleiben bis zu einer etwaigen Wiedereinbeziehung (Rdn. 16) für die gerichtliche Zuständigkeit stets außer Betracht. Auch für die Zuständigkeit der Jugendgerichte (Rdn. 14, Fallgruppe 3) läßt sich eine andere Handhabung dogmatisch ebensowenig begründen[24] wie etwa die Annahme, in solchen Fällen sei die Anwendung des § 154 a unzulässig[25], die im Gesetzeswortlaut keine Stütze findet. Doch dürfte sich in solchen Fällen eine zuständigkeitsverändernde Anwendung des § 154 a regelmäßig nicht empfehlen. Scheidet bereits die Staatsanwaltschaft alle zuständigkeitsbegründenden Merkmale aus, so klagt sie bei dem Gericht niedrigerer Ordnung oder der in der Reihenfolge des § 74 e GVG nachfolgenden Strafkammer an, deren Zuständigkeit sich aus den weiterverfolgten Tatteilen oder Gesetzesverletzungen ergibt, also etwa nach Ausscheiden des § 129 a StGB bei einem damit rechtlich zusammentreffenden Mord nicht vor dem Oberlandesgericht, sondern vor der Schwurgerichtskammer. Beschränkt das Gericht bis zur Eröffnung des Hauptverfahrens (auch noch im Eröffnungsbeschluß nach § 207 Abs. 2 Nr. 2, 4) die Strafverfolgung, so eröffnet es vor dem nunmehr zuständigen Gericht niedrigerer Ordnung bzw. der in der Reihenfolge des § 74 e GVG nachfolgenden Strafkammer[26]. Die Anwendung des § 154 a nach der Eröffnung des Hauptverfahrens hat auf die Zuständigkeit keinen Einfluß (§ 269; § 47 a JGG).

16   Die **Wiedereinbeziehung** nach Anklageerhebung, aber vor Eröffnung des Hauptverfahrens (§ 207 Abs. 2 Nr. 2 und 4) kann eine Vorlage gemäß § 209 Abs. 2 erfordern; aus der Wiedereinbeziehung nach der Eröffnung kann sich die Notwendigkeit der Verweisung an ein Gericht höherer Ordnung oder eine in der Reihenfolge des § 209 a vorgehende Strafkammer nach den §§ 225 a, 270 ergeben, wenn der wiedereinbezogene Tatteil oder die wiedereinbezogene Gesetzesverletzung in deren Zuständigkeit fallen würde. Für den Wiedereinbeziehungsbeschluß ist noch das zunächst mit der Sache befaßte Gericht zuständig[27]; Voraussetzung für die Zuständigkeitsveränderung infolge der Wiedereinbeziehung ist, daß der Angeschuldigte auch hinsichtlich der wiedereinbezogenen Tatteile oder Gesetzesverletzungen mindestens hinreichend verdächtig ist[28]. Ist auf-

---

[22] = LM § 154 a (1975) Nr. 3 mit Anm. *Schmidt* = NStZ **1981** 151 mit Anm. *Dünnebier*; **a. A** OLG Köln JMBlNW **1977** 258.

[23] *Dünnebier* JR **1975** 1; NStZ **1981** 152; KK-*Schoreit* 13; *Kleinknecht/Meyer*[37] 17; KMR-*Müller* 10; *Kurth* NJW **1978** 2483 f; *Schlüchter* 406.6; wohl auch *Eb. Schmidt* Nachtr. I 16 a. E; **a. A** *Kleinknecht*[35] 17; die abweichende Meinung in LR-*Rieß*[23] EB 7 f wird aufgegeben.

[24] Insoweit **a. A** KK-*Schoreit* 16; wie hier wohl BGHSt **29** 349 (unter cc); vgl. auch BGHSt **10** 65.

[25] So möglicherweise BayObLGSt **1966** 119 = JR **1967** 105; *Brunner* Vor § 102, 2; *Eisenberg*[2] § 103, 32; LR-*Meyer-Goßner*[23] 15; vgl. auch *Miehe* FS Stutte (1979) 249.

[26] BGHSt **29** 341; vgl. auch § 209, 22.

[27] BGHSt **29** 348 (unter bb); KK-*Schoreit* 18; **a. A** KMR-*Müller* 10.

[28] BGHSt **29** 348; dazu auch *Schmidt* in LM § 154 a (1975) Nr. 3 unter 4 zur Frage der Bindungswirkung des staatsanwaltschaftlichen Antrags in diesen Fällen.

grund der Wiedereinbeziehung die Zuständigkeit einer in der Reihenfolge des §74 e GVG vorgehenden Strafkammer, etwa der Staatsschutz-Strafkammer nach §74 a GVG oder der Wirtschaftsstrafkammer, gegenüber der mit der Sache befaßten allgemeinen Strafkammer begründet, so ist eine Vorlage bzw. Verweisung nach §225 a Abs. 4, §270 Abs. 1 Satz 2 nur möglich, wenn der Wiedereinbeziehungsbeschluß vor dem Beginn der Vernehmung des Angeklagten zur Sache ergeht und wenn der Angeklagte den Einwand der Unzuständigkeit erhebt[29]; dies gilt jedoch nicht, wenn sich infolge der Wiedereinbeziehung die Zuständigkeit eines Jugendgerichts gleicher Ordnung ergibt.

5. Verfolgungsbeschränkung im Ermittlungsverfahren

a) Zuständigkeit. Ermessen. Stoffbeschränkungen im Ermittlungsverfahren nach **17** §154 a stehen nur der Staatsanwaltschaft, nicht der Polizei zu[30]. In Steuerstrafsachen (§386 Abs. 2 AO) kann auch die **Finanzbehörde** vorläufig nach §154 a verfahren, doch trifft auch hier regelmäßig, wenn nicht die Finanzbehörde einen Strafbefehlsantrag stellt (§400 AO), die Staatsanwaltschaft mindestens stillschweigend die Entscheidung, weil sie sich bei der in ihrer Hand liegenden Anklageerhebung die Stoffbeschränkung zu eigen macht. Ob, wenn die Voraussetzungen des §154 a Abs. 1 vorliegen, eine Stoffbeschränkung vorgenommen werden soll, entscheidet die Strafverfolgungsbehörde nach pflichtgemäßem Ermessen.

b) Zeitpunkt. Vor der Anwendung des §154 a bedarf es keiner vollständigen Auf- **18** klärung. Die Stoffbeschränkung kann bereits vorgenommen und die weiteren Ermittlungen können auf die verbleibenden Reste der Tat konzentriert werden, sobald erkennbar ist, daß die Voraussetzungen der Vorschrift vorliegen werden[31]. Auch in bezug auf die nicht weiterverfolgten Tatteile muß jedoch der Sachverhalt so weit aufgeklärt und müssen die Beweise so weit gesichert werden, daß bei einer notwendig werdenden Wiedereinbeziehung im gerichtlichen Verfahren Aufklärungsschwierigkeiten vermieden werden. Auch wenn das Ermittlungsverfahren eine umfassende Aufklärung erbracht hat, ist bei Klageerhebung eine Stoffbeschränkung in Betracht zu ziehen, wenn dadurch das gerichtliche Verfahren entlastet werden kann.

c) Verfahren und Entscheidung. Zur Stoffbeschränkung ist **keine** vorherige **Zu- 19 stimmung** des Gerichts erforderlich (vgl. aber Rdn. 31); auch der Anhörung oder Zustimmung des Beschuldigten oder als Nebenkläger anschlußberechtigten Verletzten bedarf es nicht. Liegt allerdings eine (erst mit Erhebung der öffentlichen Klage wirksam werdende) Anschlußerklärung bereits vor, so wäre in bezug auf das sie vermittelnde Delikt eine Stoffbeschränkung kaum sinnvoll, da sie mit Erhebung der öffentlichen Klage kraft Gesetzes entfallen würde (§397 Abs. 3). In **Steuerstrafsachen** bedarf es von Gesetzes wegen keiner vorherigen Anhörung der Finanzbehörde nach §403 Abs. 4 AO, da §154 a nicht zu einer Einstellung des Verfahrens führt[31a].

Die Stoffbeschränkung erfolgt durch eine **Prozeßhandlung der Staatsanwalt- 20 schaft**, die nach Absatz 1 Satz 3 aktenkundig zu machen, also **schriftlich** festzuhalten ist.

---

[29] Vgl. §6 a Satz 3; BGHSt **29** 349; *Dünnebier* NStZ **1981** 153 Fußn. 11; vgl. auch BGHSt **30** 187.

[30] KK-*Schoreit* 19; KMR-*Müller* 9; daß in der Neufassung des Absatz 1 durch das StVÄG 1979 die Staatsanwaltschaft nicht mehr erwähnt wird, bedeutet keine Erstreckung auf die Polizei, *Kurth* NJW **1978** 2483 Fußn. 34.

[31] KK-*Schoreit* 20; *Kleinknecht/Meyer*[37] 8; *Kurth* NJW **1978** 2483; *Pickert* 26; enger *Eb. Schmidt* Nachtr. I 7; vgl. auch Nr. 101 a Abs. 1 Satz 2 RiStBV; **a. A** *Marxen* Straftatsystem und Strafprozeß (1984) 390 f, der von einem abweichenden Tatbegriff ausgeht.

[31a] **A. A** *Franzen/Gast/Samson* Steuerstrafrecht[3] (1985) §403, 15 AO.

Peter Rieß

Dabei sind in der Regel die ausgeschiedenen Tatteile oder Gesetzesverletzungen konkret zu bezeichnen (Rdn. 8); eine **Begründung** schreibt das Gesetz nicht vor. Eine „stillschweigende" Stoffbeschränkung ohne schriftliche Festlegung in den Akten, etwa dadurch, daß bestimmte Gesetzesverletzungen oder Tatteile nicht in den Anklagesatz aufgenommen werden, stellt keine wirksame Stoffbeschränkung nach § 154 a dar; sie läßt die Verpflichtung des Gerichts unberührt, auch ohne ausdrücklichen Wiedereinbeziehungsbeschluß seine Entscheidung auf diese Umstände zu erstrecken. In der Anklageschrift, im Strafbefehlsantrag und im Antrag auf Aburteilung im beschleunigten Verfahren ist auf die Stoffbeschränkung hinzuweisen[32].

21   Eine **Mitteilung** der Entscheidung an den Beschuldigten, der von ihr durch Akteneinsicht oder durch Mitteilung der Anklage unterrichtet wird, oder an den Verletzten ist grundsätzlich nicht erforderlich, doch kann dies zulässig und kann in Einzelfällen aus der Fürsorgepflicht heraus geboten sein (vgl. § 171, 6). Eine **Kostenentscheidung**, auch eine solche nach § 467 a, ergeht nicht; in besonders gelagerten Ausnahmefällen, etwa wenn eine Strafverfolgungsmaßnahme ihre Rechtfertigung nur in der ausgeschiedenen Gesetzesverletzung findet, kann eine Entscheidung über die Entschädigung für Strafverfolgungsmaßnahmen nach dem StrEG erforderlich werden; sie ist jedoch stets erst nach Rechtskraft der abschließenden Entscheidung über die Tat zu treffen[33].

22   **d) Wiedereinbeziehung. Folgen.** Solange die Tat noch nicht gerichtlich anhängig geworden ist, kann die Staatsanwaltschaft jederzeit die Verfolgung wieder auf einzelne oder alle der ausgeschiedenen Tatteile oder Gesetzesverletzungen erstrecken, also die Stoffbeschränkung rückgängig machen[34]. Sie ist hierzu nach dem Legalitätsprinzip verpflichtet, sobald sich herausstellt, daß die Voraussetzungen der Vorschrift nicht (mehr) vorliegen (vgl. auch Rdn. 35). Die Wiedereinbeziehung kann zwar auch durch konkludente Handlungen geschehen, etwa indem insoweit besondere Ermittlungen vorgenommen oder in die Klage die ursprünglich ausgeschiedenen Tatteile oder Gesetzesverletzungen wieder aufgenommen werden, doch empfiehlt sich im Interesse der Klarheit eine ausdrückliche, aktenkundig zu machende schriftliche Verfügung. Nach Klageerhebung kann die Staatsanwaltschaft zwar nicht von sich aus die ausgeschiedenen Tatteile oder Gesetzesverletzungen wieder einbeziehen; sie kann aber die Wiedereinbeziehung durch das Gericht durch einen Antrag erzwingen (Absatz 3 Satz 2). Zu den Folgen des Ausscheidens s. Rdn. 29.

6. Beschränkung durch das Gericht (Absatz 2)

23   **a) Zuständigkeit und Geltungsbereich.** Die Befugnis zur Stoffbeschränkung geht mit der Erhebung der öffentlichen Klage auf das Gericht über. Obwohl der Wortlaut der Vorschrift, anders als sonst in den §§ 153 ff auf die Einreichung einer Anklageschrift und damit auf das Normalverfahren nach § 199 abstellt, hat das Gericht die Befugnis zur Stoffbeschränkung auch im Strafbefehlsverfahren[35], im beschleunigten Verfahren und im Sicherungsverfahren nach den §§ 413 ff sowie nach Klageerhebung durch Nachtragsanklage (§ 266). Für eine Nichtanwendung ist kein sachlicher Grund erkennbar; es

---

[32] § 200, 31; Nr. 101 a Abs. 3 RiStBV; KK-*Schoreit* 20; *Kleinknecht/Meyer*[37] 20.

[33] Vgl. dazu (auch zur Frage der Zuständigkeit) OLG Düsseldorf JurBüro **1984** 85; *D. Meyer* JurBüro **1984** 343.

[34] *Kleinknecht/Meyer*[37] 19; KMR-*Müller* 9; *Eb. Schmidt* Nachtr. I 9.

[35] Zur Anwendung des § 154 a vor Erlaß des Strafbefehls vgl. die Erl. zu § 408. Zweckmäßigerweise wird die Staatsanwaltschaft, die ja ohnehin der Stoffbeschränkung zustimmen muß, einen neuen Strafbefehlsantrag einreichen, der dies berücksichtigt.

handelt sich, zumal die Gesetzesmaterialien sich hierzu nicht äußern, ersichtlich um ein Redaktionsversehen. Die Beschränkung kann im **Eröffnungsverfahren** schon vor der Entscheidung über die Eröffnung und auch vor Zustellung der Anklage nach § 201 vorgenommen werden[36]; erfolgt sie gleichzeitig mit der Eröffnung, so ist nach § 207 Abs. 2 Nr. 2, 4 Abs. 3 zu verfahren (§ 207, 18). Die **Befugnis endet** (unbeschadet einer Beschränkung durch das Rechtsmittelgericht) mit dem Erlaß des Urteils[37], doch kann der Tatrichter auch noch durch einen zusammen mit dem Urteil verkündeten Beschluß[38] die Stoffbeschränkung vornehmen. Eine Wiedereinbeziehung ist dann allerdings nur in der Rechtsmittelinstanz möglich, falls das Urteil nicht rechtskräftig wird.

24 Grundsätzlich ist die Beschränkung auch noch in der Rechtsmittelinstanz und nach Zurückverweisung durch das Revisionsgericht möglich. Jedoch scheidet bereits mit Eintritt der **horizontalen Teilrechtskraft** eine Beschränkung aus[39]. Denn damit sind für das Rechtsmittelgericht und den neuen Tatrichter der Schuldspruch und die ihn bestimmenden, auch nur den Schuldumfang konkretisierenden Feststellungen bindend geworden (vgl. die Erl. zu § 318; § 344, 66; § 353, 28 f); jede Stoffbeschränkung nach § 154 a würde aber einen Eingriff in diesen bindenden Teil der Entscheidung und der Feststellungen zur Folge haben.

25 **b) Voraussetzungen.** Neben den sachlichen Voraussetzungen (Rdn. 9 ff) ist die **Zustimmung der Staatsanwaltschaft** erforderlich (zu den Einzelheiten vgl. § 153, 62 ff). Die Zustimmung des **Angeklagten** verlangt das Gesetz **nicht**; auch seiner Anhörung bedarf es nur in den Fällen des § 33 Abs. 1, nicht dagegen nach § 33 Abs. 3 bei einer Entscheidung außerhalb der Hauptverhandlung. Das schließt selbstverständlich auch in diesen Fällen nicht aus, Art und Umfang einer ins Auge gefaßten Stoffbeschränkung mit dem Angeschuldigten und seinem Verteidiger zu erörtern, was häufig zweckmäßig sein wird (vgl. *Keller/Schmid* wistra **1984** 208 f).

26 Die Anschlußerklärung eines **Nebenklägers**, nicht erst die nur deklaratorisch wirkende Entscheidung (§ 396, 13) über sie, macht eine bereits vorgenommene Stoffbeschränkung unwirksam und steht einer beabsichtigten entgegen, soweit sie den Sachverhalt oder die Gesetzesverletzung betrifft, aus denen sich die Anschlußbefugnis ergibt (§ 397 Abs. 3). Doch können mit Zustimmung des Nebenklägers einzelne Tatteile oder Gesetzesverletzungen aus der anschlußbegründenden Tat ausgeschieden werden, wenn sich aus dem verbleibenden Rest noch eine Anschlußbefugnis ergibt[40]; so könnte etwa bei einer mit einer Vergewaltigung tateinheitlich zusammentreffenden Körperverletzung und Beleidigung mit seiner Zustimmung die Beleidigung ausgeschieden werden. Eine Zustimmung des Nebenklägers zu einer Stoffbeschränkung, die seiner Anschlußbefugnis insgesamt den Boden entzieht, dürfte dagegen der in § 397 Abs. 3 getroffenen Regelung widersprechen; sie kann allenfalls im Einzelfall in einen Widerruf der Anschlußerklärung nach § 402 umzudeuten sein[41].

---

[36] *Eb. Schmidt* Nachtr. I 12.
[37] OLG Hamm MDR **1971** 1028 (zu § 154); vgl. auch OLG Hamm NJW **1967** 1433.
[38] Wohl nicht im Urteil selbst, wie LR-*Meyer-Goßner*[23] 14 und KMR-*Müller* 14 meinen; vgl. aber auch BGH NStZ **1984** 468 f, wonach es im Ergebnis ausreichen kann, daß das Gericht einem in dem Schlußvorträgen gestellten Antrag der Staatsanwaltschaft auf Anwendung des § 154 a Abs. 2 im Urteilsspruch verwirklicht.

[39] Ähnlich KMR-*Müller* 11; a. A *G. Schäfer* § 97 IV 1; zur umgekehrten Frage des Einflusses der Teilrechtskraft auf die Wiedereinbeziehung vgl. Rdn. 32.
[40] BGH VRS **45** 181; KMR-*Müller* 22.
[41] Vgl. dazu, daß sich die Rechte des Nebenklägers bei einer Stoffbeschränkung de lege ferenda auch anders wahren ließen, *Rieß* Gutachten zum 55. DJT (1984) Verh. des 55. DJT, Bd. I Teil C, Rdn. 181 f.

Peter Rieß

27   **c) Verfahren und Entscheidung.** Die Beschränkung kann nur das Gericht, nicht etwa der Vorsitzende allein, vornehmen; sie erfordert einen **Beschluß**, der keiner Begründung bedarf. In der Hauptverhandlung ist er in das Protokoll aufzunehmen; ergeht er außerhalb der Hauptverhandlung, so ist er den Beteiligten (auch dem Angeschuldigten) bekanntzumachen, Zustellung ist nicht erforderlich. Da der Beschluß eine bloß vorläufige, regelmäßig das Verfahren nicht beendende Entscheidung darstellt, enthält er **keine Kostenentscheidung**; diese bleibt der das Verfahren abschließenden Entscheidung vorbehalten[42], wobei das Ausscheiden von Tatteilen ggf. nach § 465 Abs. 2 Satz 2 zugunsten des Verurteilten zu berücksichtigen ist. Ausnahmsweise ist jedoch eine Kostenentscheidung erforderlich, wenn, etwa nach Teilrechtskraft hinsichtlich der übrigen Tatteile, durch die Anwendung des § 154 a das Verfahren insgesamt beendet wird[43].

28   **d) Anfechtung.** Weder die Anwendung noch die Nichtanwendung des Absatz 2 durch das Gericht können mit der Beschwerde angefochten werden[44]. Der Angeschuldigte ist an dem die Beschränkung herbeiführenden Verfahren nicht beteiligt und durch die Beschränkung selbst nicht beschwert. Auch die Staatsanwaltschaft hat nach Erhebung der öffentlichen Klage lediglich ein Recht der Zustimmung zur Beschränkung, aber kein mit der Beschwerde verfolgbares Antragsrecht; wird ohne ihre Zustimmung die Beschränkung vorgenommen, so hat sie die Möglichkeit des Wiedereinbeziehungsantrags nach Absatz 3 Satz 2 und damit einen anderen Rechtsbehelf, der die Beschwerde ausschließt. Schließlich steht der Beschwerde, wenn es sich um eine Entscheidung des erkennenden Gerichts handelt, auch § 305 Satz 1 entgegen.

7. Folgen des Ausscheidens

29   **a) Allgemeines. Hinweise.** Werden Tatteile oder Gesetzesverletzungen nach den Absätzen 1 oder 2 ausgeschieden, so darf der Angeschuldigte während der Dauer der Beschränkung insoweit strafrechtlich nicht zur Verantwortung gezogen werden. Doch bleiben diese Teile bis zur Rechtskraft der gerichtlichen Entscheidung rechtshängig[45]; mit deren Eintritt erstreckt sich das Verfahrenshindernis der Rechtskraft auf sie (vgl. näher Rdn. 43). Auch wenn bereits die Staatsanwaltschaft die Beschränkung vorgenommen hat, steht einer anderweitigen Klageerhebung die Rechtshängigkeit entgegen (Rdn. 2). Das Ausscheiden von Tatteilen oder Gesetzesverletzungen berührt nicht die materiell-strafrechtliche Klammerwirkung der ausgeschiedenen Umstände, durch die mehrere sonst rechtlich selbständige Handlungen zur Tateinheit verbunden werden können[46]. Zu den Grenzen der **Berücksichtigung bei den weiterverfolgten Tatteilen** s. § 154, 54 ff; zum Einfluß auf die Zuständigkeit Rdn. 14 ff.

30   **b) Die Unterbrechung der Verjährung** nach § 78 c StGB erstreckt sich auch auf nach § 154 a ausgeschiedene Tatteile oder Gesetzesverletzungen, auch wenn diese materiell-strafrechtlich selbständige Handlungen darstellen[47] und unabhängig davon, ob

[42] OLG Stuttgart Justiz **1981** 137; KK-*Schoreit* 26; **a. A** *Lemke* NJW **1971** 1248.

[43] OLG Frankfurt MDR **1982** 1042.

[44] *Giesler* Der Ausschluß der Beschwerde gegen richterliche Entscheidungen im Strafverfahren (1981), 223; KK-*Schoreit* 30; *Kleinknecht/Meyer*[37] 23; *Eb. Schmidt* Nachtr. I 16; teilweise **a. A** (Beschwerde der Staatsanwaltschaft, falls Zustimmung fehlte und § 305 nicht entgegensteht) KMR-*Müller* 17.

[45] BGHSt **29** 316 = LM § 154 a (1975) Nr. 2 mit Anm. *Pelchen*.

[46] BGH StrVert. **1983** 457 mit weit. Nachw.; NStZ **1984** 262.

[47] BGHSt **22** 105; **29** 316; BGH VRS **35** 113; *Dreher/Tröndle*[42] § 78 c, 6; KK-*Schoreit* 32; KMR-*Müller* 18; LK-*Jähnke* § 78 c, 15; **a. A** früher z. B. OLG Schleswig SchlHA **1967** 128.

die ausgeschiedenen Gesetzesverletzungen einer kürzeren Verjährungsfrist unterliegen (vgl. auch § 33 Abs. 4 Satz 2 OWiG). Sie dürfen nur nicht bereits im Zeitpunkt der Unterbrechungshandlung selbst verjährt sein. Umgekehrt sind deshalb ausgeschiedene Teile einer fortgesetzten Handlung wieder einzubeziehen, wenn dies zur Beurteilung der Verjährungsfrage erforderlich ist (BGHSt **29** 315).

8. Wiedereinbeziehung (Absatz 3)

a) Grundsatz und Grenzen. Die für das Ausscheiden einzelner Tatteile oder Gesetzesverletzungen maßgeblichen Prognoseerwägungen können sich im Laufe des Verfahrens ändern. Es kann sich herausstellen, daß infolge einer Veränderung des Schuldumfangs der weiterverfolgten Tatteile die Voraussetzungen für das Ausscheiden nicht mehr vorliegen, daß die ausgeschiedenen Umstände erwartungswidrig Einfluß auf die Gesamtwürdigung der Tat haben oder daß aus anderen Gründen die Nichtverfolgung unzweckmäßig erscheint. Deshalb kann grundsätzlich in jeder Lage des Verfahrens das mit der Sache befaßte Gericht, bei dem auch die ausgeschiedenen Tatteile unabhängig davon anhängig sind, von wem das Ausscheiden vorgenommen worden ist, seine Kognitionspflicht durch eine Wiedereinbeziehungsentscheidung wieder auf die gesamte Tat erstrecken. Hierzu ist es nach pflichtgemäßem Ermessen stets von Amts wegen befugt; es ist dazu verpflichtet, wenn die Staatsanwaltschaft es beantragt oder wenn anders eine sachgerechte Aburteilung der Tat nicht möglich ist (Rdn. 35). Sind mehrere abtrennbare Teile der Tat oder mehrere einzelne Gesetzesverletzungen ausgeschieden worden, so kann die Wiedereinbeziehung dabei auf einzelne beschränkt werden[48]. **31**

Die **Wiedereinbeziehungsbefugnis endet** für das jeweils mit der Sache befaßte Gericht mit der abschließenden Sachentscheidung; danach kann sie nur noch durch das Rechtsmittelgericht ausgeübt werden, sofern dieses mit der Sache befaßt wird. Spätestens mit dem Eintritt der Rechtskraft ist keine Wiedereinbeziehung mehr möglich; **horizontale Teilrechtskraft** in Hinblick auf die jeweilige prozessuale Tat reicht aus, wobei eine (auch in der Rechtsmittelinstanz) vorgenommene Stoffbeschränkung nach § 154a eine Beschränkung des Rechtsmittels auf den Rechtsfolgenausspruch nicht hindert[49]. **32**

b) Zuständigkeit. Zuständig für die Wiedereinbeziehung nach Absatz 3 ist von der Anhängigkeit (§ 151, 12) des Verfahrens an das jeweils gerade mit der Sache befaßte Gericht, also nach Erlaß des erstinstanzlichen Urteils das Rechtsmittelgericht, soweit nicht bereits horizontale Teilrechtskraft eingetreten ist (Rdn. 32). Die Wiedereinbeziehung kann auch im Eröffnungsbeschluß vorgenommen werden, dann ist nach § 207 Abs. 2 Nr. 2, 4, Abs. 3 zu verfahren (§ 207, 18). Unerheblich für die Zuständigkeit ist, anders als bei § 154 (vgl. § 154, 63), wer das Ausscheiden vorgenommen hat. Auch wenn bereits die Staatsanwaltschaft nach § 154a Abs. 1 vorgegangen ist, kann das Gericht wiedereinbeziehen; das gilt auch, wenn die Staatsanwaltschaft fehlerhaft nach § 154 Abs. 1 eingestellt hatte, sich aber nunmehr herausstellt, daß bei richtiger Betrachtung nur eine prozessuale Tat gegeben wäre[50], während im umgekehrten Fall die bloße Wiedereinbeziehungsmöglichkeit nicht besteht, sondern eine Klageerhebung erforderlich ist. **33**

[48] BGH NStZ **1982** 518.
[49] BayObLG NJW **1969** 1185; OLG Hamm JMBlNW **1969** 140; KK-*Schoreit* 29; *Kleinknecht/Meyer*[37] 28; KMR-*Paulus* 13; vgl. zur Bedeutung der Teilrechtskraft für die Vornahme der Stoffbeschränkung Rdn. 24.

[50] BGHSt **25** 388 = LM § 154a Nr. 3 mit Anm. *Martin*; OLG Koblenz OLGSt § 154, 1; KK-*Schoreit* 31; KMR-*Müller* 13.

Peter Rieß

34   c) **Ermessen und Wiedereinbeziehungspflicht.** Ob das Gericht ausgeschiedene Tatteile oder Gesetzesverletzungen wiedereinbeziehen will, liegt zunächst in seinem **pflichtgemäßen Ermessen**; der Antrag oder die Zustimmung anderer Prozeßbeteiligter ist hierzu nicht erforderlich. Hierbei ist zu erwägen, ob die Voraussetzung für das Ausscheiden, daß die Sanktion dadurch nicht beträchtlich beeinflußt werden darf, im Zeitpunkt der das Verfahren wegen der Tat abschließenden Entscheidung noch vorliegt. Dabei kommt dem Gericht, sofern überhaupt eine Sanktion zu erwarten ist, ein erheblicher, unüberprüfbarer Beurteilungsspielraum zu[51]. Auch andere verfahrensbezogene Gründe können Anlaß für eine Wiedereinbeziehung sein, etwa die Notwendigkeit, auf die ausgeschiedenen Tatteile zur Beweiswürdigung oder zur Strafzumessung zurückgreifen zu müssen.

35   Aus § 244 Abs. 2, § 264 ergibt sich jedoch für das Gericht eine **Verpflichtung zur Wiedereinbeziehung** von Amts wegen, wenn es ohne Berücksichtigung der ausgeschiedenen Tatteile oder Gesetzesverletzungen zu einem Freispruch[52] oder zu einer Einstellung wegen Verjährung[53] kommen würde, während bei Wiedereinbeziehung eine Verurteilung möglich erscheint. Gleiches wird für die Fälle anzunehmen sein, daß wegen der verfolgten Tatteile erwartungswidrig nur eine sehr geringfügige Sanktion in Betracht kommt, oder daß auf Grund des Verfahrensergebnisses erkennbar wird, daß die ausgeschiedenen Tatteile von so erheblichem Gewicht sind, daß die Voraussetzungen des § 154 a nicht (mehr) vorliegen. Die Wiedereinbeziehungspflicht **besteht** jedoch **nicht**, wenn nach der Beweislage eindeutig ist, daß wegen der ausgeschiedenen Tatteile oder Gesetzesverletzungen eine Verurteilung nicht in Betracht kommen würde[54], etwa weil der auch diesen zugrundeliegende strafbarkeitsbegründende Grundsachverhalt nicht erweisbar ist oder ein die ganze Tat betreffender Rechtfertigungs- oder Schuldausschließungsgrund angenommen werden muß, oder wenn aus anderen Gründen trotz der Wiedereinbeziehung keine höhere Sanktion zu erwarten wäre[55]. In diesen Fällen ist es zweckmäßig, die Gründe für die Nichtwiedereinbeziehung in den Urteilsgründen darzulegen[56].

36   Der **Einbeziehungsantrag der Staatsanwaltschaft**, der auf einzelne von mehreren ausgeschiedenen Tatteilen oder Gesetzesverletzungen beschränkt werden kann[57], begründet stets die Verpflichtung zur Wiedereinbeziehung (Absatz 3 Satz 2; für den Antrag in der Revisionsinstanz vgl. Rdn. 42). Das Gericht darf in diesem Fall auch dann nicht von der Wiedereinbeziehung absehen, wenn es nach der Beweislage eine Verurteilung für ausgeschlossen hält[58]. Der Antrag bindet das Gericht auch, wenn er unter der Bedingung gestellt wird, daß das Gericht den Angeklagten wegen der weiterverfolgten Tatteile freisprechen oder nur zu einer bestimmten Sanktion verurteilen will[59]. Im **Privat-**

---

[51] BGHSt **21** 327; **29** 397; KMR-*Müller* 14; *Eb. Schmidt* Nachtr. I 14; vgl. auch *Bruns* NStZ **1984** 130; *Maiwald* JR **1984** 480.

[52] BHSt **22** 106; **29** 315; **32** 85; BGH bei *Dallinger* MDR **1974** 725; NStZ **1982** 517; OLG Hamm NJW **1967** 1433; OLG Hamburg NStZ **1983** 170; OLG Stuttgart Justiz **1981** 137; KK-*Schoreit* 32; *Kleinknecht/Meyer*[37] 24.

[53] BGHSt **29** 315 = LM § 154 a (1975) Nr. 2 mit Anm. *Pelchen.*

[54] BGHSt **21** 327; **29** 397; KG JR **1984** 249 (für den Fall der Bestätigung eines Frei-

spruchs in der Revisionsinstanz); vgl. auch den eigenartigen Fall KG VRS **67** 123.

[55] BGH NStZ **1982** 517; vgl. auch KG VRS **67** 129.

[56] LR-*Meyer-Goßner*[23] 24; vgl. auch Rdn. 48.

[57] BGH NStZ **1982** 518; vgl. auch Rdn. 31 a. E; 47 a. E.

[58] BGHSt **21** 327; **29** 397 = LM § 154 a (1975) Nr. 4 mit Anm. *Heldenberg.*

[59] BGHSt **29** 396 = LM § 154 a (1975) Nr. 4 mit Anm. *Heldenberg*; KK-*Schoreit* 37; *Kleinknecht/Meyer*[37] 24; vgl. auch *G. Schäfer* § 97 IV 3.

klageverfahren löst der Antrag des Privatklägers diese Verpflichtung nicht aus (§385 Abs. 4); gleiches wird für den Antrag des Nebenklägers anzunehmen sein, soweit mit seiner Zustimmung einzelne Teile des nebenklagebegründenden Delikts ausgeschlossen worden sind (Rdn. 26).

d) Verfahren und Entscheidung. Beabsichtigt das Gericht eine Wiedereinbezie- **37** hung, so hat es zuvor die Prozeßbeteiligten zu hören, und zwar auch stets den Angeschuldigten, da diese Entscheidung zu seinem Nachteil ergeht[60]. Die Wiedereinbeziehung darf nicht erst zusammen mit dem Urteil erfolgen, weil dies dem Angeklagten das rechtliche Gehör verkürzt[61]. Die Entscheidung erfordert in aller Regel einen ausdrücklichen **Gerichtsbeschluß**, jedenfalls ist er im Interesse der Rechtsklarheit stets wünschenswert[62]. Die Rechtsprechung läßt jedoch in Ausnahmefällen einen Hinweis im Rahmen des §265 genügen, wenn damit für alle Verfahrensbeteiligten erkennbar ist, daß nach dem Willen des Gerichts die frühere Beschränkung wieder aufgehoben ist[63], doch reicht eine prozeßleitende Anordnung des Vorsitzenden im Kollegialgericht nicht aus, solange zweifelhaft ist, ob sie dem Willen des Gerichts entspricht.

Der Wiedereinbeziehungsbeschluß ist den Beteiligten **bekanntzugeben**, in der **38** Hauptverhandlung durch Verkündung. Wird die Wiedereinbeziehung in der Hauptverhandlung beschlossen, so gilt nach Absatz 3 Satz 2 §265 Abs. 4; das Gericht kann also nach pflichtgemäßem Ermessen zur genügenden Vorbereitung der Verteidigung die Hauptverhandlung unterbrechen oder aussetzen (vgl. die Erl. zu §265). Darüber hinaus ist §265 Abs. 1 bis 3 anzuwenden, wenn bereits von der Staatsanwaltschaft ausgeschiedene einzelne Gesetzesverletzungen wieder einbezogen werden sollen, denn diese sind in der zugelassenen Anklage nicht enthalten gewesen[64].

Das **erneute Ausscheiden** von Tatteilen oder Gesetzesverletzungen durch eine **39** Entscheidung nach Absatz 2 bleibt auch nach der Wiedereinbeziehung möglich, auch noch in der Rechtsmittelinstanz oder nach Zurückverweisung. Das Berufungsgericht kann bei einer Wiedereinbeziehung die Sache an das erstinstanzliche Gericht zurückverweisen, verpflichtet dazu ist es nicht (§328 Abs. 2 Satz 2)[65]. Zur Verfahrensweise bei einer **Zuständigkeitsveränderung** durch die Wiedereinbeziehung s. Rdn. 16.

e) Anfechtung. Der Wiedereinbeziehungsbeschluß unterliegt in keinem Fall der **40** Beschwerde[66]. Gleiches gilt vollen Umfangs für die Ablehnung des staatsanwaltschaftlichen Wiedereinbeziehungsantrags **nach** Eröffnung des Hauptverfahrens, da hier §305 Satz 1 entgegensteht. Dagegen soll der Staatsanwaltschaft die Beschwerde zustehen, wenn das Gericht ihren Wiedereinbeziehungsantrag **vor** Eröffnung des Hauptverfahrens ablehnt[67], doch erscheint dies zweifelhaft, weil sie den Antrag im Hauptverfahren wiederholen kann.

9. Wiedereinbeziehung in der Revisionsinstanz. Absatz 3 gilt auch für das Revi- **41** sionsgericht, das die Wiedereinbeziehung von Amts wegen vornehmen kann und grund-

---

[60] §33 Abs. 3; vgl. *Eb. Schmidt* Nachtr. I 15.
[61] BGH vom 7. 6. 1972 – 2 StR 206/72 –; NJW **1975** 1749.
[62] KK-*Schoreit* 34; *Kleinknecht/Meyer*[37] 24; KMR-*Müller* 16.
[63] BGH NJW **1975** 1478; BayObLG MDR **1972** 1049; zustimmend KK-*Schoreit* 35; *Kleinknecht/Meyer*[37] 24; KMR-*Müller* 16; kritisch *Giesler* (Fußn. 44) 222 Fußn. 4.

[64] KMR-*Müller* 16.
[65] Vgl. die Erl. zu §328; nach Art. 1 Nr. 24 StVÄGE 1984 soll diese Rückverweisungsmöglichkeit entfallen.
[66] *Giesler* (Fußn. 44) 225; KK-*Schoreit* 38; *Eb. Schmidt* 16; teilweise a. A KMR-*Müller* 17.
[67] LR-*Meyer-Goßner*[23] 29; KK-*Schoreit* 39; KMR-*Müller* 17; *Kleinknecht* 16 (bis zur 33. Aufl.).

Peter Rieß

sätzlich (vgl. aber Rdn. 42) auf Antrag der Staatsanwaltschaft vornehmen muß. Eine Verfahrensrüge ist hier, anders als wenn mit der Revision die Nichtwiedereinbeziehung durch den Tatrichter beanstandet wird (vgl. dazu Rdn. 47), nicht erforderlich. Von Amts wegen kommt eine Wiedereinbeziehung insbesondere in Betracht, wenn das Revisionsgericht durch eine Entscheidung in der Sache selbst ein schwereres Delikt entfallen läßt und deshalb die vom Tatrichter angenommenen Voraussetzungen des § 154 a nicht mehr vorliegen. Hier kann, sofern die tatrichterlichen Feststellungen ausreichen, gleichzeitig mit der Wiedereinbeziehung der ausgeschiedenen Gesetzesverletzung insoweit ein Schuldspruch durch das Revisionsgericht erfolgen[68]. In aller Regel werden aber bei einer Wiedereinbeziehung durch das Revisionsgericht die Voraussetzungen einer eigenen abschließenden Entscheidung nicht vorliegen und deshalb wird eine Zurückverweisung der Sache an den Tatrichter unter Aufhebung der Feststellungen erforderlich werden[69]. Das ist dann unbedenklich, wenn ohnehin eine Zurückverweisung erforderlich wird, es läuft aber dem verfahrensökonomischen Zweck der Vorschrift zuwider, wenn dadurch eine sonst mögliche abschließende Entscheidung der Sache verhindert wird.

42   Die Rechtsprechung des BGH hat deshalb in einer dogmatisch nicht ganz unproblematischen Weise einerseits die **Bindung** an den **Wiedereinbeziehungsantrag gelockert**, andererseits den Umfang der Aufhebung der Feststellungen in Fällen der Wiedereinbeziehung beschränkt (dazu näher Rdn. 49). Nach dieser Rechtsprechung ist der erst in der Revisionsinstanz gestellte Antrag der Staatsanwaltschaft unbeachtlich, wenn er eine das Verfahren abschließende Entscheidung oder auch nur die Bestätigung eines rechtsfehlerfreien Schuldspruchs verhindern würde[70]. Man wird den unter dem Gesichtspunkt des Rechtsmißbrauchs oder unter Anwendung des Verwirkungsgedankens wohl jedenfalls für den Fall zustimmen können, daß die Staatsanwaltschaft beim Tatgericht einen naheliegenden, ggf. auch bedingt zu stellenden Wiedereinbeziehungsantrag nicht gestellt hat. Ein nach diesen Grundsätzen zu behandelnder, grundsätzlich bindender Wiedereinbeziehungsantrag liegt aber nur dann vor, wenn er von der **Staatsanwaltschaft beim Revisionsgericht** gestellt wird, beim Bundesgerichtshof also vom Generalbundesanwalt. Daß die Staatsanwaltschaft beim Tatgericht ihn nach Urteilserlaß stellt oder in der Revisionsbegründung das Unterlassen der Wiedereinbeziehung rügt, reicht nicht aus[71]. Denn als Antrag beim Tatgericht wäre er unbeachtlich, weil dieses nach Urteilserlaß zur Wiedereinbeziehung nicht befugt ist (Rdn. 32); gegenüber dem Revisionsgericht kann die örtliche Staatsanwaltschaft keine Anträge stellen.

43   **10. Strafklageverbrauch.** Die Rechtskraft der die Tat betreffende Entscheidung umfaßt auch die ausgeschiedenen Tatteile und Gesetzesverletzungen, gleichgültig,

---

[68] So BGHSt **32** 180 f (unter II 4 a) wo die Verurteilung nach § 105 StGB aufgehoben, die tateinheitlich zusammentreffende nach § 125 StGB aber bestätigt und hierbei auch die vom Tatrichter ausgeschiedene Gesetzesverletzung nach § 240 StGB wieder einbezogen wurde; vgl. auch BGHSt **32** 86.

[69] Vgl. OLG Stuttgart NJW **1973** 1387 mit Anm. *Kraemer/Ringwald.*

[70] BGHSt **21** 326 = LM § 154 a Nr. 1 mit Anm. *Martin*; BGH NJW **1984** 1365; ebenso vom 10. 3. 1981 – 1 StR 539/80 –; zustimmend wohl KMR-*Müller* 13; LR-*K. Schäfer*[23] Einl.

Kap. **6** 18 (unter Hinweis auf den ,,fair-trial-Gedanken‘‘); ablehnend LR-*Meyer-Goßner*[23] 25; KK-*Schoreit* 36; *Kleinknecht*[33] 13; *Maiwald* JR **1984** 480 f.

[71] Offengelassen in BGHSt **21** 326; vgl. auch OLG Hamm NJW **1967** 1433; a. A *Maiwald* JR **1984** 481; in dem Urteil BGH JR **1984** 477 stellte sich daher das hier zu behandelnde Problem nicht, weil der Generalbundesanwalt die Revision der Staatsanwaltschaft weder vertreten noch einen Wiedereinbeziehungsantrag gestellt hatte.

wann und von wem sie ausgeschieden worden sind; sie sind danach nicht mehr verfolgbar[72]. Zur Wirkung der horizontalen Teilrechtskraft s. Rdn. 32[73]. Dies gilt für einzelne Gesetzesverletzungen oder abtrennbare Teile einer Dauerstraftat auch, wenn der Angeklagte freigesprochen wird. Waren Teilakte einer **fortgesetzten Handlung** ausgeschieden worden, so umfaßt der Strafklageverbrauch sie insgesamt mit, wenn der Angeklagte wegen fortgesetzter Handlung verurteilt wird, auch wenn das Verfahren auf einen einzigen Einzelakt beschränkt war. Wird er vom Vorwurf der fortgesetzten Handlung freigesprochen, so ist nach der h. M die Strafklage nur hinsichtlich der vom Urteil erfaßten Einzelakte verbraucht (vgl. Einl. Kap. **12** IV und die Erl. zu §264); folgt man dieser Auffassung, so bleiben die ausgeschiedenen Einzelakte verfolgbar, während nach der Gegenmeinung[74] auch in diesen Fällen Strafklageverbrauch eingetreten wäre.

Auch die **beschränkte Rechtskraft** erfaßt, soweit sie reicht, das Ausgeschiedene **44** mit. Wird beispielsweise nach vorheriger Anwendung des §154 a nach §153 Abs. 2 verfahren, so ist eine Weiterverfolgung nur möglich, wenn die Voraussetzungen für eine Überwindung der Sperrwirkung (§153, 85 ff) vorliegen[75]; bei einer Anwendung des §153 a müßte der ausgeschiedene Tatteil sich nachträglich als Verbrechen erweisen. Zu einer Ablehnung der Eröffnung des Hauptverfahrens kann es bei richtiger Rechtsanwendung nicht kommen, so lange noch hinsichtlich ausgeschiedener Tatteile oder Gesetzesverletzungen hinreichender Tatverdacht besteht, da das Gericht in diesem Fall zur Wiedereinbeziehung verpflichtet ist (Rdn. 35). Ggf. würde auch für die ausgeschiedenen Tatteile die Sperrwirkung des §211 gelten.

Strafklageverbrauch tritt nicht allein durch die (möglicherweise unrichtige) An- **45** wendung des §154 a **ein**; sie bindet für das weitere Verfahren ebensowenig wie die unrichtige Annahme einer einheitlichen Tat, namentlich des in Wahrheit nicht vorliegenden Fortsetzungszusammenhangs in einem rechtskräftigen Urteil. Das ist im neuen Verfahren aufgrund der dann vorliegenden Erkenntnisse selbständig zu prüfen[76].

11. Revision

a) Allgemein. Mit der Revision kann nicht geltend gemacht werden, daß die **46** Staatsanwaltschaft oder der Tatrichter eine Stoffbeschränkung hätten anordnen sollen oder daß eine solche zu Unrecht angeordnet worden ist. Im zweiten Fall können mit der Revision lediglich Verstöße gegen die Wiedereinbeziehungspflicht gerügt werden (Rdn. 47 ff). Werden ausgeschiedene Tatteile oder Gesetzesverletzungen ohne ordnungsgemäße Wiedereinbeziehungsentscheidung (Rdn. 37) wieder einbezogen, so kann hierauf die Revision mit der Verfahrensrüge gestützt werden. Das Revisionsgericht be-

---

[72] BGHSt **21** 327; **29** 316; **32** 85; OLG Karlsruhe Justiz **1967** 244 = OLGSt § 154 a, 5; OLG Stuttgart Justiz **1981** 137; *Dallinger* MDR **1966** 798; KK-*Schoreit* 28; *Kleinknecht/Meyer*[37] 28; KMR-*Müller* 18; *Pickert* 141 vgl. auch für den Sonderfall der Klammerwirkung der §§ 129, 129 a StGB, BGHSt **29** 288 = NStZ **1981** 72 mit Anm. *Rieß.*

[73] Zu den rechtspolitischen Überlegungen, bei solchen nach § 154 a eingestellten Tatteilen die Rechtskraftwirkungen zu beschränken, und zu ihrer Bewertung vgl. mit weit. Nachw. die 23. Aufl., EB 10, 11 sowie (mit ausführlicher kritischer Auseinandersetzung) *Pickert* 143 ff. Die dort geschilderten Pläne scheinen derzeit nicht weiterverfolgt zu werden. Neuerdings hat *Pickert* 171 ff eine (beschränkte) Wiederaufnahme zuungunsten des Verurteilten vorgeschlagen; vgl. auch *Krauth* FS Kleinknecht (1985) 215 ff.

[74] Vgl. z. B. Eb. *Schmidt* I 307; *Schlüchter* 610 mit weit. Nachw.

[75] OLG Oldenburg OLGSt n. F § 154 a Nr. 1 (zu § 47 Abs. 2 OWiG).

[76] BGHSt **15** 270; **25** 390; **33** 122; OLG Düsseldorf StrVert. **1984** 426; OLG Stuttgart Justiz **1981** 137; *Sack* ZRP **1976** 258.

rücksichtigt in einem späteren Verfahren auch ohne besondere Rüge von Amts wegen, daß der Weiterverfolgung einer vom Tatrichter fälschlich als selbständige Tat angesehenen und deshalb nach § 154 eingestellten Tatteils das Verfahrenshindernis der anderweitigen Rechtshängigkeit[77] oder des Strafklageverbrauchs entgegensteht, weil es sich in Wahrheit um eine Anwendung des § 154 a handelte. Zur Revisibilität der Berücksichtigung eingestellter Tatteile bei der Strafzumessung oder Beweiswürdigung s. § 154, 77.

47   **b) Unterlassene Wiedereinbeziehung.** Wenn der Tatrichter ausgeschiedene Tatteile oder Gesetzesverletzungen nicht wiedereinbezieht, so ist allein dadurch der Angeklagte nicht beschwert, er kann das Unterlassen folglich mit der Revision nicht geltend machen[78]. Dagegen steht der Staatsanwaltschaft (und dem Nebenkläger) die Revision zu, wenn der Tatrichter gesetzwidrig von einer gebotenen Wiedereinbeziehung abgesehen hat. Das Revisionsgericht prüft allerdings insoweit das Wiedereinbeziehungsermessen (Rdn. 34) des Tatrichters nicht nach, sondern kontrolliert nur, ob er gegen die Wiedereinbeziehungspflicht (Rdn. 35 f) verstoßen hat[79]. Mit der Revision kann deshalb insbesondere gerügt werden, daß der Tatrichter ohne Wiedereinbeziehung zu einem Freispruch oder zu einer Einstellung gelangt ist, oder daß er einem bei ihm gestellten Wiedereinbeziehungsantrag der Staatsanwaltschaft entgegen Absatz 3 Satz 2 nicht entsprochen hat. Der Verstoß ist mit der Verfahrensrüge geltend zu machen (§ 154 a Abs. 3, § 264). Die Rüge kann auf die Nichtwiedereinbeziehung einzelner von mehreren ausgeschiedenen Tatteilen oder Gesetzesverletzungen beschränkt werden[80]. Zur Behandlung des erst in der Revisionsinstanz gestellten Wiedereinbeziehungsantrags s. Rdn. 42.

48   Voraussetzung für den Erfolg der Revisionsrüge ist stets, daß das **Beruhen des Urteils** auf der pflichtwidrigen Nichtwiedereinbeziehung nicht ausgeschlossen werden kann. Obwohl der Tatrichter einen Wiedereinbeziehungsantrag der Staatsanwaltschaft nicht ablehnen kann, weil nach der Beweislage trotz der Wiedereinbeziehung eine Verurteilung ausgeschlossen erscheint (Rdn. 36), bleibt deshalb die Revision der Staatsanwaltschaft erfolglos, wenn für das Revisionsgericht unzweifelhaft erkennbar ist, daß die Wiedereinbeziehung am Urteil nichts geändert hätte[81]. Dagegen läßt sich die Einschränkung der Bindungswirkung des erst in der Revisionsinstanz gestellten Wiedereinbeziehungsantrags (Rdn. 42) nicht auf den Fall übertragen, daß mit der Revision das Übergehen des in der Tatsacheninstanz gestellten Antrags gerügt wird.

49   Die **Entscheidung des Revisionsgerichts** bei begründeter Rüge kann darin bestehen, die Wiedereinbeziehung selbst vorzunehmen[82] und, falls hierfür die Voraussetzungen vorliegen, auch im übrigen mindestens im Schuldspruch durchzuentscheiden; es kann aber auch unter bloßer Zurückverweisung dem Tatrichter der Weg zur Wiederein-

---

[77] Vgl. KG VRS **67** 124 (ausnahmsweise auch verfahrensbeendende Entscheidung im zweiten Verfahren möglich, wenn eine Wiedereinbeziehung des ausgeschiedenen Tatteils ausgeschlossen erscheint).

[78] A. A *Bruns* NStZ 1984 130 f, nach dem eine Wiedereinbeziehung zum Zwecke des Freispruchs auch dem „Rehabilitationsinteresse" des Angeklagten dient.

[79] Der Entscheidung des BGH JR **1984** 477 ist deshalb entgegen der Kritik von *Maiwald* (JR **1984** 480) zuzustimmen, weil sich die Nicht-

wiedereinbeziehung durch den Tatrichter hier noch im Rahmen des Wiedereinbeziehungsermessens gehalten hat.

[80] BGH NStZ **1982** 517.

[81] A. A wohl LR-*Meyer-Goßner*[23] 25, der in solchen Fällen eine Wiedereinbeziehung durch das Revisionsgericht und ein „Durchentscheiden" für geboten hält.

[82] So z. B. BGHSt **32** 84 = NStZ **1984** 129 mit Anm. *Bruns*; BGH vom 20. 2. 1985 – 2 StR 633/84; vom 11. 7. 1985 – 4 StR 274/85.

beziehung eröffnet werden[83]. War lediglich eine ausgeschiedene Gesetzesverletzung trotz eines Freispruchs nicht wieder einbezogen worden, so sollen nach der Auffassung des BGH rechtsfehlerfreie, den Freispruch tragende Feststellungen aufrechterhalten werden, so daß sich die neue Verhandlung und Entscheidung auf den Vorwurf der eingestellten Gesetzesverletzung beschränkt[84]. Eine solche Verfahrensweise ist sicher möglich, wenn hinsichtlich der wiedereinbezogenen Gesetzesverletzung keine weiteren Feststellungen erforderlich sind; sie läuft dann im Ergebnis auf eine Schuldspruchänderung durch das Revisionsgericht aufgrund der Wiedereinbeziehung hinaus. Im übrigen dürfte sie nur möglich sein, wenn aus anderen Gründen ausgeschlossen werden kann, daß die noch zu treffenden Feststellungen mit den aufrechterhaltenen in Widerspruch geraten können. Das wird bei Wiedereinbeziehung abtrennbarer Tatteile anders als bei bloßen Gesetzesverletzungen kaum jemals der Fall sein.

§ 154 b

(1) Von der Erhebung der öffentlichen Klage kann abgesehen werden, wenn der Beschuldigte wegen der Tat einer ausländischen Regierung ausgeliefert wird.

(2) Dasselbe gilt, wenn er wegen einer anderen Tat einer ausländischen Regierung ausgeliefert wird und die Strafe oder die Maßregel der Besserung und Sicherung, zu der die inländische Verfolgung führen kann, neben der Strafe oder der Maßregel der Besserung und Sicherung, die gegen ihn im Ausland rechtskräftig verhängt worden ist oder die er im Ausland zu erwarten hat, nicht ins Gewicht fällt.

(3) Von der Erhebung der öffentlichen Klage kann auch abgesehen werden, wenn der Beschuldigte aus dem Geltungsbereich dieses Bundesgesetzes ausgewiesen wird.

(4) [1]Ist in den Fällen der Absätze 1 bis 3 die öffentliche Klage bereits erhoben, so stellt das Gericht auf Antrag der Staatsanwaltschaft das Verfahren vorläufig ein. [2]§ 154 Abs. 3 bis 5 gilt mit der Maßgabe entsprechend, daß die Frist in Absatz 4 ein Jahr beträgt.

Entstehungsgeschichte. Die Vorschrift wurde 1929 als § 154 a durch § 50 DAG eingefügt, allerdings ohne den heutigen, die Ausweisung betreffenden Absatz 3. Dieser wurde, neben der Einfügung der Worte „Maßregeln der Sicherung und Besserung" in Absatz 2, erst durch Art. 2 Nr. 16 AGGewVerbrG geschaffen; das Absehen von der Klageerhebung war danach zulässig, „wenn der Beschuldigte aufgrund eines Strafurteils aus dem Reichsgebiet verwiesen wird". Bereits durch das Gesetz über Reichsverweisungen vom 23. 3. 1934 (RGBl. I 213) wurden die Worte „aufgrund eines Strafurteils" in Absatz 3 gestrichen; dieser erhielt durch Art. 3 I Nr. 65 VereinhG seine heutige Fassung. Art. 21 Nr. 50 EGStGB 1974 paßte den Wortlaut in Absatz 2 an den neuen Sprachgebrauch („Maßregel der Besserung und Sicherung") an. Durch Art. 4 Nr. 20 des 3. StrÄndG hatte die Vorschrift bereits vorher die heutige Bezeichnung § 154 b erhalten, weil dieses den jetzigen § 154 d als § 154 a einstellte.

---

[83] So z. B. BGHSt **29** 315, 317 = LM § 154 a (1975) Nr. 2 mit Anm. *Pelchen.*

[84] BGHSt **32** 84 = NStZ **1984** 129 mit Anm. *Bruns* = JR **1984** 478 mit Anm. *Maiwald* (beide nur im Ergebnis zustimmend); BGH

vom 20. 2. 1985 – 2 StR 633/84; vom 11. 7. 1985 – 4 StR 274/85; vgl. auch LR-*Hanack* § 353, 17; zustimmend *Kleinknecht/Meyer*[37] 27.

Peter Rieß

Übersicht

1 **1. Bedeutung der Vorschrift.** Die in der Praxis nicht ganz selten (vgl. § 152 Fußn. 103) angewandte Vorschrift erfaßt unterschiedliche Situationen mit der mehr äußerlichen Gemeinsamkeit, daß sich der Beschuldigte infolge Auslieferung aufgrund des IRG (Absätze 1 und 2) oder behördlicher Ausweisung nach den ausländerrechtlichen Vorschriften (Absatz 3) nicht mehr im Bundesgebiet aufhält und deshalb das Strafverfolgungsinteresse fehlt[1]. Absatz 1, der regelmäßig eine Auslandstat voraussetzt, ergänzt § 153 c; Absatz 2 stellt eine Sonderregelung zu § 154 dar, während Absatz 3 eine selbständige und dem Wortlaut nach sehr weitgehende (vgl. Rdn. 8) Begrenzung des Legalitätsprinzips enthält. Die Absätze 2 und 3 werden durch § 456 a ergänzt, der das Absehen von der Strafvollstreckung bei Auslieferung wegen einer anderen Tat oder Ausweisung gestattet[2].

2. Anwendungsbereich

2 **a) Allgemeines.** Die Vorschrift ist, obwohl sie nach ihrem Wortlaut keine Beschränkung auf Ausländer enthält, im allgemeinen **nicht auf Deutsche** anwendbar (vgl. aber Rdn. 3). Denn nach Art. 16 Abs. 2 Satz 1 GG ist die Auslieferung eines Deutschen unzulässig und für seine Ausweisung im Sinne des Absatz 3 gibt es ebenfalls keine Rechtsgrundlage. **Unanwendbar** ist § 154 b, wenn ein Beschuldigter den Geltungsbereich des Gesetzes **freiwillig verläßt**, also etwa ein Ausländer endgültig in seinen Heimatstaat zurückkehrt; da der Anwendungsbereich durch die hoheitliche Auslieferung oder Ausweisung gekennzeichnet ist, kommt auch eine analoge Anwendung nicht in Betracht[3]. Dagegen ist Absatz 3 anwendbar, wenn der Angehörige eines Entsendestaats nach dem NATO-Truppenstatut von diesem in sein Heimatland abgeschoben wird[4]. Die Vorschrift setzt stets voraus, daß eine in der Bundesrepublik verfolgbare Straftat vorliegt, mag sie auch im Ausland begangen sein (vgl. §§ 5 bis 7 StGB).

3 **b) Im Verhältnis zur DDR** ist die Anwendung der Vorschrift nicht ausgeschlossen, aber wesentlich eingeschränkt, da nach der ganz h. M Bürger der DDR als Deutsche im Sinne des Art. 16 GG und nicht als Ausländer im Sinne des Ausländerrechts anzusehen sind[5]. Deshalb kommt auch für diese eine Ausweisung nach Absatz 3 oder die Aus-

---

[1] *Roxin* § 14 B II 2 a cc; vgl. auch *Bloy* GA **1980** 181.

[2] Vgl. näher die Erl. zu § 456 a; *Pohlmann/Jabel* § 17; vgl. auch *Peters* § 78 III 3 c.

[3] LR-*Meyer-Goßner*[23] 3; KMR-*Müller* 4 (mit unklarer Einschränkung); vgl. auch *Lüttger* JZ **1964** 572; **a. A** *Ratz* NJW **1970** 1969 mit

unzutreffender Bezugnahme auf LR-*Kohlhaas*[22] 2.

[4] *Kleinknecht/Meyer*[37] 1.

[5] BVerfGE **36** 1, 30; **40** 141, 171 ff; *Maunz/Dürig/Randolzhofer* Art. 16, 71 ff mit weit. Nachw.

lieferung an eine andere Regierung nicht in Betracht. Dagegen ist Absatz 3 schon seinem Wortlaut nach anwendbar, wenn ein Nichtdeutscher aus dem Bundesgebiet ausgewiesen wird und sich in die DDR begibt oder dorthin abgeschoben wird[6]. Die Absätze 1 und 2 sind zwar ihrem Wortlaut nach nicht anwendbar, da im Verhältnis zur DDR nach h. M keine Auslieferung im Sinne des IRG stattfindet, sondern sich die Überstellung zur Aburteilung oder Vollstreckung als **Zulieferung** nach den Vorschriften des RHG richtet[7]. Doch können sie auf eine Zulieferung nach dem RHG **analog** angewandt werden. Es kann deshalb nach §154 b von der Strafverfolgung abgesehen werden, wenn jemand nach dem RHG wegen der auch in der Bundesrepublik zu verfolgenden Tat (Absatz 1) oder wegen einer anderen in der DDR zu verfolgenden Tat, dergegenüber die in der Bundesrepublik nicht ins Gewicht fiele (Absatz 2), den Behörden der DDR zugeliefert wird[8].

c) Vollzug der Auslieferung oder der Ausweisung? Im Anschluß an eine Entscheidung des RG aus dem Jahre 1934 (RGSt **69** 54) wird allgemein angenommen, daß die Anwendung des §154 b die tatsächliche Durchführung der Auslieferung oder Ausweisung voraussetze, die Nichtverfolgung oder Einstellung also erst möglich sei, wenn der Beschuldigte das Bundesgebiet tatsächlich verlassen habe[9]. Es ist jedoch fraglich, ob dieser Entscheidung, die ihr heute allgemein beigelegte Bedeutung wirklich zukommt. Sie bezog sich lediglich auf einen Fall der Auslieferung nach Absatz 1, bei dem eine Einstellung nach §154 b überhaupt nicht vorlag, und hatte eine andere Rechtsfrage zum Gegenstand. Das RG hat lediglich beiläufig ausgesprochen, daß nur die tatsächlich durchgeführte Auslieferung vom Verfolgungszwang befreie und daran die daraus nicht zwingend folgende und ebenfalls nicht tragende Bemerkung geknüpft, daß in dem von ihm zu entscheidenden Fall die Voraussetzungen für die Anwendung des §154 b nie gegeben gewesen seien. Der h. M kann **nicht zugestimmt** werden. §154 b ist bereits anwendbar, wenn die **Auslieferung oder Ausweisung bestandskräftig** angeordnet ist; daß sie bereits vollzogen ist, ist nicht erforderlich, daß lediglich ihre Voraussetzungen vorliegen, reicht nicht aus[10].

Diese Auffassung kann sich zunächst auf den **Gesetzeswortlaut** berufen, der das Absehen von der Verfolgung gestattet, wenn der Beschuldigte ausgeliefert oder ausgewiesen *wird*, und nicht erst, was die h. M verlangt, wenn er ausgeliefert oder ausgewiesen *worden ist*. Ferner führt die h. M zu erheblichen, teilweise unlösbaren **Friktionen**, wenn sich der Beschuldigte im Strafverfahren in Untersuchungshaft befindet und eine gerichtliche Einstellung nach Absatz 4 in Betracht kommt. Denn dann würde der Vollzug der Auslieferung oder Ausweisung die Aufhebung des Vollzugs des Haftbefehls voraussetzen, zu der die Staatsanwaltschaft den Richter nach Erhebung der öffentlichen Klage aber nicht zwingen kann. Andererseits ist nach Absatz 4 Satz 1 der Richter an den Einstellungsantrag der Staatsanwaltschaft gebunden (Rdn. 10); das Gesetz geht also davon aus, daß die Staatsanwaltschaft zu entscheiden hat, ob von §154 b Gebrauch

[6] KMR-*Müller* 3; LR-*K. Schäfer*[23] §456 a, 2; LR-*Meyer-Goßner*[23] 6; *Pohlmann/Jabel* §17, 3; *Eb. Schmidt* 6.

[7] Vgl. die Erl. zum RHG in diesem Kommentar; zweifelnd z. B. *Maunz/Dürig* Art. 16, 88.

[8] Für analoge Anwendung der Absätze 1 und 2 auch KK-*Schoreit* 3; *Kleinknecht/Meyer*[37] 1; teilweise a. A (nur in den Fällen des Absatzes 2) LR-*Meyer-Goßner*[23] 4; wohl auch KMR-

Müller 1, 2; **a. A** früher LR-*Kohlhaas*[22] 1; *Eb. Schmidt* 5; vgl. auch *Lüttger* JZ **1964** 571.

[9] *Grützner* GA **1954** 384; KK-*Schoreit* 2; *Kleinknecht/Meyer*[37] 3; KMR-*Müller* 5; LR-*Meyer-Goßner*[23] 2; 10; *Eb. Schmidt* 4; 7.

[10] Ebenso für den im Wortlaut mit §154 b übereinstimmenden §456 a LR-*K. Schäfer*[23] 2; vgl. auch *Pohlmann/Jabel* §17, 10.

Peter Rieß

4

5

gemacht werden soll und der Richter dies nicht verhindern kann. Nach der h. M könnte dieser aber durch die Aufrechterhaltung des Haftbefehls den Vollzug einer Auslieferung oder Ausweisung und damit das Eintreten der Voraussetzungen des § 154 b auch gegen den Willen der Staatsanwaltschaft verhindern; damit würde die gesetzliche Kompetenzverteilung bei Anwendung der Vorschrift unterlaufen. Nach der hier vertretenen Meinung lösen sich diese Schwierigkeiten dadurch, daß der Richter bereits bei einer bestandskräftigen Auslieferungs- oder Ausweisungsentscheidung das Verfahren auf Antrag der Staatsanwaltschaft einzustellen hat, als Folge der Einstellung auch den Haftbefehl aufheben muß (§ 154, 52) und daß damit der Weg zum Vollzug der Entscheidung frei wird (vgl. auch Rdn. 12). Kommt es trotz der Bestandskraft nicht zum Vollzug der Auslieferung oder Ausweisung, so kann das Verfahren aufgrund eines dann gebotenen und mit der Beschwerde erzwingbaren (§ 154, 74 f) Wiederaufnahmebeschlusses fortgesetzt werden, so daß auch insoweit die hier vertretene Auffassung zu keinen Schwierigkeiten führt.

3. Sachliche Voraussetzungen

6   **a) Auslieferung (Absätze 1 und 2).** Der Beschuldigte muß entweder wegen der Tat, die Gegenstand des Verfahrens ist (Absatz 1) oder wegen einer anderen Tat (Absatz 2) einem ausländischen Staat ausgeliefert werden. Während im ersten Fall regelmäßig nur eine Auslieferung zur Strafverfolgung in Betracht kommt, kann im zweiten Fall sowohl diese als auch eine solche zur Strafvollstreckung in Frage stehen; Absatz 2 erwähnt ausdrücklich den Fall einer bereits im Ausland rechtskräftig verhängten Strafe. Absatz 2 setzt weiter voraus, daß gegenüber der Auslandsverurteilung die inländische Sanktion nicht ins Gewicht fällt; anders als bei § 154 Abs. 1 Nr. 1 kommt hier, wie bei § 153 c Abs. 1 Nr. 3, eine Anwendung nicht schon in Frage, wenn die inländische Sanktion zwar ins Gewicht fallen würde, dies aber nicht beträchtlich wäre (näher § 153 c, 18). Der Beschuldigte „wird" nach der hier vertretenen Auffassung (Rdn. 4 f) ausgeliefert, wenn seine Auslieferung rechtlich sicher erscheint. Das ist der Fall, wenn sie nach den Vorschriften des IRG gerichtlich für zulässig erklärt (§ 12 IRG) worden ist oder der Verfolgte sich mit ihr einverstanden erklärt hat (§ 41 IRG) und wenn sie von der Bundesregierung bewilligt worden ist[11].

7   **b) Ausweisung.** Wann ein Beschuldigter ausgewiesen werden kann, richtet sich nach den ausländerrechtlichen Vorschriften (vgl. §§ 10, 11 AuslG). Zur Ausweisung im Sinne des § 154 b gehört nach dem Zweck der Vorschrift, die jedes Verlassen des Bundesgebiets aufgrund einer behördlichen Anweisung erfaßt, auch die Abschiebung eines zum Verlassen des Bundesgebiets verpflichteten Ausländers nach § 13 AuslG und die Zurückschiebung nach § 18 Abs. 2 AuslG[12]. Ob den Ausgewiesenen nach der Ausweisung in dem anderen Land eine Strafverfolgung erwartet, ist ohne Bedeutung. Der Beschuldigte „wird" nach der hier vertretenen Auffassung (Rdn. 4 f) ausgeliefert, sobald die Ausweisungsentscheidung bestandskräftig ist; auf ihren Vollzug kommt es nicht an.

8   **Beschränkungen der Nichtverfolgungsermächtigung** nach Ausweisung bestehen nach dem Gesetzeswortlaut nicht; er würde bei einem schweren Verbrechen mit hohem Unrechts- und Schuldgehalt die Nichtverfolgung bei bloßer Ausweisung gestatten, selbst wenn feststünde, daß der Ausgewiesene im Ausland nicht verfolgt wird. Man

---

[11] Zum Verhältnis von Zulässigkeitserklärung und Bewilligung vgl. zu B. *Uhlig/Schomburg* Einl. 9 ff; *Wilkitzki* GA **1981** 369 f.

[12] KK-*Schoreit* 7; vgl. auch KMR-*Müller* 4.

wird jedoch aus dem Gesamtsystem der Nichtverfolgungsermächtigungen in den §§ 153 ff und ihren Begrenzungen auch für diesen Fall Grenzen ableiten müssen. Das Absehen von der Verfolgung setzt voraus, daß kein öffentliches Interesse an der weiteren Strafverfolgung besteht, wobei in die hierbei erforderliche Bewertung der Umstand mit einzubeziehen ist, daß der Beschuldigte sich nicht mehr im Bundesgebiet aufhalten wird. Das öffentliche Interesse an der Strafverfolgung wird deshalb weniger häufig anzunehmen sein wird als etwa bei Anwendung des § 153. Entsprechend dem in § 153 c Abs. 2 und in § 153 d enthaltenen Gedanken läßt sich auch noch eine Anwendung des § 154 b Abs. 3 für vertretbar halten, wenn der weiteren Strafverfolgung sonstige überwiegende öffentliche Interessen, namentlich die Gefahr eines schweren Nachteils für die Bundesrepublik Deutschland entgegenstehen. Als **äußerste Grenze** für den Strafverfolgungsverzicht muß jedoch, entsprechend der in § 154 Abs. 1 Nr. 2 getroffenen Wertentscheidung, angenommen werden, daß eine Aufklärung und Aburteilung der Tat nicht wegen der Schwere der Schuld (§ 154, 25) oder zur Verteidigung der Rechtsordnung unerläßlich erscheint.

4. Absehen von der Erhebung der öffentlichen Klage durch die Staatsanwalt- **9** **schaft.** Trotz des historisch zu erklärenden Wortlauts der Absätze 1 bis 3 braucht die Staatsanwaltschaft nicht bis zur Anklagereife durchzuermitteln, sondern kann bereits von der Verfolgung absehen, sobald feststeht, daß die Anwendungsvoraussetzungen vorliegen[13]. Ob sie das tun will, steht in ihrem pflichtgemäßen Ermessen[14]; einer Zustimmung des Gerichts bedarf sie ebensowenig wie der des Beschuldigten oder des Verletzten, dem auch das Klageerzwingungsverfahren nicht offensteht (§ 172 Abs. 2 Satz 3). Der Staatsanwaltschaft ist es unbenommen, bei der Ausländerbehörde eine Ausweisung anzuregen, wenn sie eine Nichtverfolgung nach § 154 b für wünschenswert hält[15]. Das von der Staatsanwaltschaft nach § 154 b eingestellte Verfahren kann jederzeit wiederaufgenommen werden, solange die Tat noch verfolgbar ist[16]; ggf. kommt danach, wenn sich der Beschuldigte noch im Ausland aufhält, eine vorläufige Einstellung nach § 205 in Frage (§ 205, 4; 10). Die Staatsanwaltschaft ist auch nicht gehindert, trotz ursprünglicher Nichtverfolgung nach § 154 b später die Auslieferung des Beschuldigten im Wege der internationalen Rechtshilfe zu betreiben. S. ergänzend die Erl. in § 154, 29 ff.

5. Einstellung durch das Gericht (Absatz 4 Satz 1). Für die Einstellung des gericht- **10** lichen Verfahrens nach Erhebung der öffentlichen Klage entspricht die Rechtslage weitgehend der bei § 154; auf die dortigen Erl. (Rdn. 35 bis 58) wird daher verwiesen. Obwohl dies in Absatz 4 nicht ausdrücklich gesagt ist, kann auch von § 154 b in jeder Lage des Verfahrens Gebrauch gemacht werden[17]. Anders als bei § 154 ist das **Gericht an** den staatsanwaltschaftlichen **Einstellungsantrag gebunden,** wie sich aus der abweichenden Fassung („stellt … ein") ergibt[18]. Dem Gericht steht also insoweit kein Ermessensspielraum zu; es hat jedoch zu prüfen, ob die gesetzlichen Voraussetzungen vorliegen, daß der Angeschuldigte ausgeliefert oder ausgewiesen wird, in den Fällen des Absatzes 2 auch, daß die zu erwartende Sanktion nicht ins Gewicht fallen würde. Verneint es dies,

---

[13] KK-*Schoreit* 5.
[14] LR-*Meyer-Goßner*[23] 8; *Eb. Schmidt* 8.
[15] Zur Zusammenarbeit mit der Ausländerbehörde auch KK-*Schoreit* 8.
[16] *Kleinknecht/Meyer*[37] 2; KMR-*Müller* 6; *Eb. Schmidt* 8.

[17] KMR-*Müller* 7.
[18] OLG Karlsruhe JW **1933** 1671; KK-*Schoreit* 9; *Kleinknecht/Meyer*[37] 3; KMR-*Müller* 8; *Eb. Schmidt* 8.

Peter Rieß

so hat es den Antrag der Staatsanwaltschaft durch begründeten (§ 34) und von der Staatsanwaltschaft mit der Beschwerde anfechtbaren[19] Beschluß abzulehnen. Wird ein Auslieferungs- oder Ausweisungsverfahren betrieben und ist deshalb zu erwarten, daß demnächst die Voraussetzungen des § 154 b vorliegen werden und die Staatsanwaltschaft einen Einstellungsantrag stellen wird, so kann es zweckmäßig sein, mit der Durchführung der Hauptverhandlung kurzfristig zuzuwarten oder eine bereits begonnene nach § 228 auszusetzen[20]; eine Einstellung nach § 154 b, die zur Verfahrensfortsetzung einen ausdrücklichen Wiederaufnahmebeschluß erfordern würde, liegt in einem solchen Abwarten noch nicht[21].

11   Die Einstellung erfolgt wie bei § 154 nach der hier vertretenen, umstrittenen Meinung durch einen das Verfahren beendenden, unanfechtbaren **Beschluß**, der mit einer **Kostenentscheidung** und ggf. einer Entscheidung nach dem StrEG zu versehen ist[22]. Für die Kostenentscheidung ist § 467 Abs. 4 anzuwenden, denn trotz der Bindung des Gerichts an den in deren Ermessen liegenden Antrag der Staatsanwaltschaft handelt es sich der Sache nach um eine Ermessenseinstellung im Sinne dieser Vorschrift[23].

12   6. Die **Folgen der Einstellung** entsprechen im wesentlichen denen der Einstellung nach § 154. Die Einstellung nach Absatz 4 Satz 1 begründet bis zum Wiederaufnahmebeschluß ein Verfahrenshindernis (§ 154, 50); zur Notwendigkeit der Aufhebung von Zwangsmaßnahmen s. § 154, 51. Wird das Verfahren vor Vollzug der Auslieferung oder Ausweisung eingestellt und ist deshalb der **Haftbefehl aufzuheben** (§ 154, 52), so wird regelmäßig ein Auslieferungshaftbefehl (§§ 15 ff IRG) oder Abschiebehaft (§ 16 AuslG) zu vollstrecken sein[24]. Ggf. muß *vor* einer beabsichtigten Einstellung darauf hingewirkt werden, daß die Voraussetzungen für eine auslieferungs- oder ausländerrechtliche Freiheitsentziehung vorhanden sind; es ist jedenfalls nicht zulässig, nach einer Einstellung nach § 154 b den Haftbefehl lediglich in Erwartung solcher Maßnahmen aufrechtzuerhalten.

7. Wiederaufnahme des Verfahrens durch das Gericht

13   a) **Allgemeines.** Nach Absatz 4 Satz 2 gilt für die Wiederaufnahme des vom Gericht eingestellten Verfahrens § 154 Abs. 3 bis 5 entsprechend, so daß grundsätzlich auf die dortigen Erl. (§ 154, 58 bis 74) zu verweisen ist. Aus den abweichenden Voraussetzungen und Folgen des § 154 b ergeben sich jedoch einige **Besonderheiten**. Was die Wiederaufnahmevoraussetzungen angeht, so kann das Verfahren im Falle der Auslieferung wegen derselben Tat in der Regel auch dann wiederaufgenommen werden, wenn sie im Ausland abgeurteilt worden ist, weil die Auslandsverurteilung meist keinen Strafklageverbrauch bewirkt (§ 153 c, 15 ff), doch wird hiervon regelmäßig abzusehen sein, wenn die Voraussetzungen des § 153 c Abs. 1 Nr. 3 vorliegen[25]. Während für die Wiederaufnahme in den Fällen des Absatzes 2 die zu § 154 geltenden Regeln (§ 154, 61 f) weitgehend anwendbar sind, lassen sich aus der dortigen Regelung keine Wieder-

---

[19] *Gössel* § 33 C IV b 3; vgl. OLG Karlsruhe JW **1933** 1672.

[20] *Grützner* GA **1954** 383; *Kleinknecht/Meyer*[37] 3.

[21] RGSt **69** 54; LR-*Meyer-Goßner*[23] 10.

[22] Vgl. § 154, 40; 42 f mit Nachw. des Streitstands; OLG Hamburg NStZ **1981** 187 = MDR **1981** 604 mit Anm. *zur Megede*; MDR **1985** 604.

[23] KK-*Schoreit* 11; LR-*Meyer-Goßner*[23] 12; **a. A** *zur Megede* MDR **1981** 605.

[24] Vgl. *Kleinknecht/Meyer*[37] 3; *Pohlmann/Jabel* § 17, 10.

[25] Ähnlich LR-*Meyer-Goßner*[23] 15; *Kleinknecht/Meyer*[37] 4.

aufnahmemaßstäbe für die Fälle des Absatzes 3 gewinnen, da dieser auf keine zu vergleichende Sanktion abstellt. Nach dem kriminalpolitischen Zweck der Vorschrift wird in diesen Fällen eine Wiederaufnahme regelmäßig dann in Betracht kommen, wenn der Beschuldigte sich wieder im Bundesgebiet aufhält und nicht erneut ausgewiesen wird und wenn keine andere Nichtverfolgungsermächtigung eingreift. Bei einem weiterhin im Ausland befindlichen Beschuldigten wird eine Wiederaufnahme und ggf. ein Auslieferungsersuchen zu erwägen sein, wenn aufgrund neuer Tatsachen oder Beweismittel die nichtverfolgte Tat in einem wesentlich schwereren Licht erscheint (vgl. § 154, 59). Ein Antrag der Staatsanwaltschaft ist, trotz der gegenüber § 154 abweichenden Rechtslage bei der Einstellung, für die Wiederaufnahme wie bei § 154 weder Voraussetzung noch, wenn er gestellt wird, für das Gericht bindend[26].

14b) Die **Fristbestimmung** in § 154 Abs. 4, auf die Absatz 4 Satz 2 unter Verlängerung auf **ein Jahr** verweist, betrifft ihrem Wortlaut nach nur den Fall, daß wegen einer erst zu erwartenden Sanktion eingestellt und das Urteil nach der Einstellung rechtskräftig wird. Das ist bei § 154 b in den Fällen der Absätze 1 und 2 bei einer Auslieferung zur Strafverfolgung der Fall, nicht bei einer Auslieferung zur Strafvollstreckung, die ein rechtskräftiges ausländisches Urteil voraussetzt und bei der die Wiederaufnahme nach dessen Wegfall ohne zeitliche Begrenzung möglich ist (§ 154 Abs. 3).

15Für die **Ausweisungsfälle** nach Absatz 3 passen weder § 154 Abs. 3 noch Absatz 4, da hier die Einstellung nicht mit Rücksicht auf ein Urteil erfolgt, das wegfallen oder rechtskräftig werden kann. Daraus ließe sich schließen, daß in diesen Ausweisungsfällen die Wiederaufnahme, solange die Tat noch verfolgbar ist, jederzeit möglich wäre[27]. Jedoch ist zu bedenken, daß hier der Grund für die Nichtverfolgung die Erwartung ist, der Beschuldigte werde sich künftig nicht im Bundesgebiet aufhalten und aufhalten dürfen, und daß dies der Erwartung des § 154 entspricht, daß der Beschuldigte wegen einer anderen Tat verurteilt werde. Es ist weiter zu bedenken, daß die Ausweisung die Erteilung einer neuen Aufenthaltserlaubnis nicht in jedem Fall ausschließt (vgl. § 15 AuslG). Da § 154 Abs. 3 bis 5 lediglich entsprechend gilt, erscheint die deshalb mit dem Gesetzeswortlaut noch vereinbare, dem Beschleunigungsgebot näherkommende und den Interessen des Beschuldigten und der Verfahrensklarheit dienende Auslegung vorzugswürdig, auf die Ausweisungsfälle § 154 Abs. 4 in Verb. mit Absatz 4 Satz 2 mindestens analog anzuwenden und die **Jahresfrist für die erlaubte Wiedereinreise** gelten zu lassen. Bei einer Einstellung wegen Ausweisung kann nach dieser Auffassung das Verfahren bei unveränderter Sachlage in bezug auf die eingestellte Tat (vgl. § 154, 59) nur innerhalb eines Jahres nach der Wiedereinreise des Beschuldigten aufgenommen werden.

168. **Revision** s. § 154, 76; 78.

§ 154 c

Ist eine **Nötigung oder Erpressung** (§§ 240, 253 des Strafgesetzbuches) durch die Drohung begangen worden, eine Straftat zu offenbaren, so kann die Staatsanwaltschaft von der Verfolgung der Tat, deren Offenbarung angedroht worden ist, absehen, wenn nicht wegen der Schwere der Tat eine Sühne unerläßlich ist.

---

[26] *Giesler* Der Ausschluß der Beschwerde gegen richterliche Entscheidungen im Strafverfahren (1981), 227 Fußn. 5.

[27] So wohl *Kleinknecht/Meyer*[37] 4.

Schrifttum. *Arzt* Notwehr gegen Erpressung, MDR **1965** 344; *Haug* Notwehr gegen Erpressung, MDR **1964** 548; *Krause* Kriminalpolitische Betrachtungen zur sog. Chantage, MSchrKrim. **1969** 214; *Kreusch* Die Bekämpfung des Erpressertums im neuen Strafrecht, Diss. Köln 1936; *Lehmann* Die Strafprozeßnovelle vom 28. 6. 1935, DJ **1935** 1004; *Morschbach* Und noch einmal: § 154 c StPO, NJW **1956** 940; *Rahn* Zweifelsfragen des Opportunitätsprinzips, in: Kriminalpolitische Gegenwartsfragen (1959), 227; *Schlüter* Die Strafprozeßnovelle vom 28. 6. 1935, JW **1935** 2329; *Schmöe* Nochmals: Gedanken und Vorschläge zu § 154 c StPO, NJW **1956** 212; *Willigmann* Gedanken und Vorschläge zu § 154 c StPO, NJW **1955** 1747.

Entstehungsgeschichte. Die Vorschrift wurde als § 154 b durch Art. 4 Nr. 2 des Gesetzes zur Änderung von Vorschriften des Strafverfahrens und des Gerichtsverfassungsgesetzes vom 28. 6. 1935 (RGBl. I 844) geschaffen; damals lautete der letzte Satzteil: „wenn sie nicht zur Sühne und zum Schutz der Volksgemeinschaft unerläßlich ist". Dieser erhielt durch Art. 3 I Nr. 66 VereinhG seine heutige Fassung[1]. Art. 4 Nr. 20 des 3. StrÄndG gab der Vorschrift die heutige Bezeichnung § 154 c und Art. 21 Nr. 51 EGStGB 1974 fügte die Klammerverweisung „(§§ 240, 253 des Strafgesetzbuches)" ein.

Übersicht

1 **1. Bedeutung und Zweck.** Die Vorschrift ist derzeit wohl von größerer dogmatischer und rechtspolitischer als von praktischer Bedeutung. Ihre Anwendungshäufigkeit ist gering; jährlich werden kaum mehr als 100 Verfahren aufgrund von § 154 c von der Staatsanwaltschaft nicht verfolgt[2]. Maßgebender Grund für die mit verhältnismäßig großen Erwartungen verknüpfte Einführung[3] war es, bessere Möglichkeiten zur Bekämpfung bestimmter Formen der Erpressung, der sog. Chantage[4] zu schaffen; durch die Inaussichtstellung von Straffreiheit für den Erpreßten sollte seine Anzeige- und Aufklärungsbereitschaft gesteigert werden. Insoweit gehört die Vorschrift, als erste dieser Art im deutschen Strafverfahrensrecht, in den Formenkreis des Kronzeugen im weiteren Sinne[5]. Andere Regelungen mit ähnlicher kriminalpolitischer Zielsetzung finden sich heute in prozessualer Form z. B. in § 153 e sowie als materiell-strafrechtliche Regelungen in § 129 Abs. 6, § 129 a Abs. 5 StGB und § 31 BtMG. Darüberhinaus geht es wohl auch darum, dem Opfer zu helfen, sich vom Druck einer (andauernden) Erpressung zu befreien. Ob der Vorschrift auch der kriminalpolitische Sinn zukommt, zu be-

---

[1] Zur Entstehungsgeschichte der Neufassung, die im Gesetzgebungsverfahren umstritten war, vgl. *Willigmann* 1748.

[2] Vgl. § 152, 43 Fußn. 103; die geringe Anwendungshäufigkeit wird im Schrifttum allgemein hervorgehoben, vgl., auch zu den unterschiedlichen Vermutungen über die Gründe hierfür, z. B. *Gössel* § 9 B V b; *Haug*

349; *Krause* 215 f; *Less* SJZ **1947** 556; *Morschbach* 941; *Peters* § 23 IV 1 c dd (S. 164); *Rahn* 234; *Rüping* 98; *Eb. Schmidt* 1; vgl. auch Rdn. 11.

[3] Vgl. *Lehmann* 1004; *Schlüter* 2331.

[4] Näher *Krause* 214 mit weit. Nachw.

[5] Vgl. *Jung* (LV zu § 152) 64 f.

rücksichtigen, daß das Strafbedürfnis für die Tat des Genötigten oder Erpreßten deshalb reduziert sein kann, weil ihn durch die Nötigung oder Erpressung seelische oder materielle Belastungen getroffen haben, ist umstritten[6], aber wohl als Nebenzweck anzuerkennen, da die Anwendung der Vorschrift nicht davon abhängig ist, daß der Genötigte oder Erpreßte zur Aufklärung tatsächlich beigetragen hat (vgl. Rdn. 5). Wegen der geringen praktischen Bedeutung sind im Schrifttum verschiedene Reformvorschläge gemacht, aber vom Gesetzgeber bisher nicht aufgegriffen worden[7].

2. Voraussetzungen

a) Nötigung oder Erpressung. Es muß eine — mindestens versuchte[8] — Nötigung oder Erpressung im Sinne der §§ 240, 253 StGB begangen worden sein. Daß diese Tatbestände tateinheitlich mit anderen Straftaten zusammentreffen, reicht aus. Eine tatbestandsmäßige und rechtswidrige Nötigungs- oder Erpressungshandlung genügt; daß der Täter festgestellt und überführt wird, ist nicht erforderlich. Zweifelhaft und wohl eher zu verneinen ist, ob die Vorschrift auch (analog) angewandt werden kann, wenn der „Erpreßte" irrig eine in Wahrheit nicht vorliegende Nötigung oder Erpressung angenommen hat. Zwar ist für ihn die psychologische Zwangslage ähnlich, aber der hauptsächliche kriminalpolitische Sinn der Vorschrift liegt nicht in der Berücksichtigung dieser Situation, sondern in der Verbesserung der Strafverfolgungsmöglichkeiten gegenüber Erpressern und erfordert deshalb auf der Seite des Nötigenden eine tatsächlich begangene rechtswidrige Tat. Dagegen wird man § 154 c (mindestens analog) anwenden können, wenn zweifelhaft und unaufklärbar bleibt, ob eine Nötigung oder Erpressung begangen worden ist; der mangelnde Aufklärungserfolg kann nicht ohne weiteres dem Genötigten zum Nachteil gereichen[9]. **2**

b) Drohung mit der Offenbarung einer Straftat. Mittel der Nötigung oder Erpressung muß mindestens auch die Drohung sein, eine tatsächlich begangene **Straftat** zu offenbaren; es hindert die Anwendung nicht, wenn als Nötigungsmittel daneben noch andere empfindliche Übel angedroht werden. Die Drohung mit der Offenbarung einer **Ordnungswidrigkeit** führt dazu, daß nach den Maßstäben des § 154 c im Rahmen des pflichtgemäßen Ermessens gemäß § 47 Abs. 1 Satz 1 OWiG die Ordnungswidrigkeit nicht verfolgt wird[10]. Liegt in Wahrheit überhaupt keine Straftat vor, mag der Genötigte auch eine solche annehmen, so bedarf es des § 154 c schon deshalb nicht, weil dann auch von keiner Verfolgung abgesehen zu werden braucht. Die Straftat muß nicht von dem Bedrohten selbst begangen worden sein; es genügt, wenn sie von einer Person begangen worden ist, die dem Bedrohten so nahe steht, daß diese Drohung ihn unmittelbar berührt[11]. **3**

Die Drohung muß die **Offenbarung** einer Straftat zum Inhalt haben. Das erfordert nicht die Inaussichtstellung einer Strafanzeige, vielmehr genügt jede an Dritte gerichtete Mitteilung des Sachverhalts, aus dem sich das strafbare Verhalten ergibt, sei es durch öffentliche Bekanntmachung, sei es durch Information des durch diese Straftat Verletzten oder auch durch Mitteilung an nächste Angehörige[12]. Dies gilt selbst dann, **4**

---

[6] So LR-*Meyer-Goßner*[23] 8; *Morschbach* 941;
   a. A *Bloy* GA **1980** 182.
[7] Nachweise bei LR-*Meyer-Goßner*[23] 2; 16 f;
   vgl. auch *Arzt* 345; *Jeutter* (LV zu § 152) 63 ff;
   Krause 216 ff; *Schmöe* 212; *Willigmann* 1748.
[8] KK-*Schoreit* 2; *Kleinknecht/Meyer*[37] 1;
   KMR-*Müller* 1; *Eb. Schmidt* 3; *Schlüter* 2332.

[9] Vgl. *Haug* 554; *Willigmann* 1748.
[10] KK-*Schoreit* 5; *Kleinknecht/Meyer*[37] 2.
[11] KK-*Schoreit* 3; KMR-*Müller* 2; *Eb. Schmidt* 4.
[12] KK-*Schoreit* 4; *Kleinknecht/Meyer*[37] 1.

Peter Rieß

wenn der Bedrohte nicht befürchten muß, daß die angedrohte Offenbarung eine strafrechtliche Verfolgung nach sich zieht. Denn der Hauptzweck der Bestimmung besteht darin, dem Bedrohten die Scheu zu nehmen, sich wegen der Nötigung oder Erpressung an die Strafverfolgungsbehörden zu wenden, was notwendig die Gefahr der strafrechtlichen Verfolgung wegen der offenbarten Straftat mit sich bringt. Deshalb kommt es auch nicht darauf an, ob mit der Offenbarung der gesamten Tat gedroht und diese vom Drohenden oder Bedrohten rechtlich richtig qualifiziert wird[13]. Die richtige rechtliche Qualifikation und die Schwere der Tat spielt erst bei der Frage eine Rolle, ob die Anwendung des § 154 c nach seinem letzten Satzteil ausgeschlossen ist.

5   **c) Anzeige durch den Genötigten oder Erpreßten?** Das Schrifttum geht, anknüpfend an Äußerungen aus der Entstehungszeit der Vorschrift[14], wohl überwiegend davon aus, daß § 154 c mindestens regelmäßig eine Anzeige gegen den Nötiger oder Erpresser verlange, die allerdings auch von einem Dritten ausgehen könne[15], zumindest müsse ein ursächlicher Zusammenhang zwischen einer Mitteilung von Seiten des Opfers und der Aufdeckung der Erpressung (Nötigung) bestehen[16]. Das mag zwar der Regelfall sein, der dem Gesetzgeber bei Erlaß der Vorschrift vor Augen gestanden hat; im Gesetzeswortlaut hat aber eine solche Einschränkung keinen Ausdruck gefunden. Die Vorschrift ist deshalb auch dann anwendbar, wenn die Nötigung oder Erpressung von Amts wegen bekannt geworden ist[17], selbst dann, wenn sie sich aufgrund einer Anzeige des Erpressers gegen den Täter der begangenen Straftat herausstellt[18]. Auch in diesen Fällen kann die Straffreiheit des Bedrohten die Überführung des Erpressers erleichtern, ganz abgesehen davon, daß nach der hier vertretenen Auffassung (Rdn. 1) die Vorschrift auch den Nebenzweck hat, der verringerten Strafbedürftigkeit des Erpressungsopfers Rechnung zu tragen. Dem Grad der Mitwirkungsbereitschaft des Opfers an der Aufklärung der Nötigung der Erpressung kann aber im Rahmen der Ermessensausübung (Rdn. 9) Rechnung getragen werden.

6   **3. Ausschluß der Nichtverfolgung.** Von der Verfolgung der Tat, mit deren Offenbarung gedroht wurde, darf nicht abgesehen werden, wenn wegen der Schwere der Tat eine Sühne unerläßlich ist. Mit der aus der Entstehungszeit der Vorschrift erklärlichen, heute materiell-strafrechtlich nicht mehr zeitgemäßen Formulierung der „Sühne" wird ein Bezug zu den materiell-strafrechtlichen Strafzwecken hergestellt[19]. Ähnlich wie in § 154 Abs. 1 Nr. 2 (vgl. § 154, 25) liegt darin eine Verweisung auf alle Rechtsfolgenzwecke des materiellen Strafrechts, wobei hier der der Generalprävention zuzuordnende Gedanke der Verteidigung der Rechtsordnung eine besondere Bedeutung hat, aber nicht allein maßgebend ist[20]. Auch die Notwendigkeit des Ausgleichs besonders schwerer Schuld oder der Einwirkung auf den Täter (Spezialprävention) können die Verfolgung der Tat gebieten. Jedoch müssen die hierfür maßgebenden Umstände, da die Ausschlußklausel auf die Schwere der *Tat* abstellt, tatbezogener Art sein. Da das Gesetz Verbrechen nicht ausnimmt, ist die Deliktseinteilung nicht entscheidend. Auch

---

[13] KMR-*Müller* 4; teilweise abweichend LR-*Meyer-Goßner*[23] 6.

[14] *Lehmann* 1004; *Schlüter* 2332.

[15] So etwa KK-*Schoreit* 6; KMR-*Müller* 3.

[16] Vgl. LR-*Meyer-Goßner*[23] 8 (in der Regel).

[17] Ebenso *Morschbach* 941.

[18] Insoweit a. A LR-*Meyer-Goßner*[23] 8.

[19] *Rieß* NStZ **1981** 6 mit Fußn. 62; kritisch zur Verwendung des Begriffs der Sühne *Eb. Schmidt* 5; nach *Vogel* (LV zu § 153) 239 f entspricht der Begriff dem der öffentlichen Interesses an der Strafverfolgung.

[20] Weitergehend (nur generalpräventive Erwägungen) *Eb. Schmidt* 5; ihm folgend LR-*Meyer-Goßner*[23] 9; zweifelnd KK-*Schoreit* 7.

wenn es sich bei der Tat des Genötigten oder Erpreßten um ein Verbrechen handelt, ist das Absehen von der Verfolgung nicht ausgeschlossen, mag auch hier die Tatschwere häufiger als bei Vergehen zur Unerläßlichkeit der „Sühne" führen. Eine Relation zwischen der Tat des Bedrohten und der Schwere der Nötigung oder Erpressung sieht das Gesetz nicht vor (s. auch Rdn. 8).

Die Weiterverfolgung muß **unerläßlich** erscheinen; damit wird ein besonders **7** hoher Grad von Notwendigkeit zum Ausdruck gebracht[21]; daß sie lediglich erforderlich oder wünschenswert ist, schließt die Nichtverfolgung nicht aus. Maßgebend sind die konkreten Umstände der Tat, die so beschaffen sein müssen, daß ein Sanktionsverzicht in Hinblick auf mindestens einen der anerkannten Strafzwecke schlechthin nicht mehr vertretbar erscheint. Ob die in § 138 StGB aufgeführten Delikte stets die Unerläßlichkeit der Weiterverfolgung begründen[22], ist zweifelhaft.

Nach **Nr. 102 Abs. 1 RiStBV** soll § 154 c grundsätzlich nur angewandt werden, **8** „wenn die Nötigung der Erpressung strafwürdiger ist als die Tat des Genötigten oder Erpreßten". Diese Fassung **entspricht nicht dem Gesetz** und ist deshalb unwirksam; sie beschränkt sich nicht, wie *Morschbach* 940 meint, darauf, im Rahmen der gesetzlichen Anwendungsgrenzen das staatsanwaltschaftliche Ermessen durch zusätzliche Merkmale zu binden, sondern ersetzt für den Regelfall das Unerläßlichkeitsmerkmal des Gesetzes durch ein davon verschiedenes, engeres, und verlangt eine vom Gesetz gerade nicht vorgesehene Abwägung zwischen der Strafwürdigkeit der Nötigung oder Erpressung und der Tat des Genötigten oder Erpreßten[23]. Damit wird der allein entscheidende Maßstab der Schwere der Tat des Opfers der Nötigung oder Erpressung in unzulässiger Weise mit der Schwere der Tat des Nötigers oder Erpressers verknüpft, die das Opfer darüberhinaus überhaupt nicht zuverlässig einschätzen kann, wenn es sich in Hoffnung auf die Anwendung des § 154 c zur Offenbarung seiner Tat entschließt.

4. Verfahren bei der Einstellung. Ob die Staatsanwaltschaft, wenn die Voraussetzungen des § 154 c vorliegen, von der Verfolgung absehen will, entscheidet sie nach **9** pflichtgemäßem Ermessen[24]. Hierbei kann auch berücksichtigt werden, in welchem Umfang das Opfer an der Aufklärung der Erpressung oder Nötigung mitgewirkt hat (Rdn. 5); auch ein sonstiges öffentliches Interesse an der Strafverfolgung (vgl. § 153, 25 ff), aus dem sich noch nicht deren Unerläßlichkeit ergibt, kann berücksichtigt werden[25]. Bis zur Anklagereife braucht die Tat des Genötigten oder Erpreßten nicht aufgeklärt zu werden; doch muß ihr Schweregrad jedenfalls soweit festgestellt werden, daß beurteilt werden kann, ob die Anwendungsgrenzen der Vorschrift eingehalten werden können. Sieht die Staatsanwaltschaft von der Verfolgung ab, so stellt sie das Verfahren ein; eine **Zustimmung des Gerichts** oder des Beschuldigten ist **nicht erforderlich**. Wünscht der Beschuldigte, daß das Verfahren gegen ihn durchgeführt wird, etwa weil er hofft, daß der Ausgang ihn rehabilitiert, so wird für die Staatsanwaltschaft regelmäßig keine Veranlassung bestehen, nach dieser Vorschrift, die den Interessen des Beschul-

---

21 KMR-*Müller* 5; *Krause* 217; LR-*Meyer-Goß-ner*[23] 9; *Willigmann* 1748; *Schlüter* 2332.

22 So *Krause* 217; *Rahn* 235.

23 Kritisch zu dieser Fassung der RiStBV die ganz h. M, vgl. KK-*Schoreit* 8; KMR-*Müller* 5; *Krause* 217; *Jeutter* (LV zu § 152) 73; *Jung* (LV zu § 152) 65 Fußn. 96; LR-*Meyer-Goß-ner*[23] 9; *Rahn* 234; *Schmöe* 212; *Vogel* (LV zu

§ 153) 241; *Willigmann* 1749; **a. A** *Morsch-bach* 940; *Kleinknecht/Meyer*[37] 2.

24 KK-*Schoreit* 7; *Kleinknecht/Meyer*[37] 2; *Eb. Schmidt* 6; kritisch *Jeutter* (LV zu § 152) 70 f; **a. A** (unbestimmter Rechtsbegriff) *Vogel* (LV zu § 153) 242.

25 *Eb. Schmidt* 6.

digten und nicht etwa der Justizökonomie dient, von der Verfolgung anzusehen. Das Klageerzwingungsverfahren ist ausgeschlossen (§ 172 Abs. 2 Satz 3).

10   Führt die **Finanzbehörde** nach § 386 Abs. 2 AO ein Steuerstrafverfahren selbständig durch, so kann sie § 154 c anwenden; doch dürfte sich in solchen Fällen wegen der Verbindung mit der Nötigung oder Erpressung regelmäßig empfehlen, daß sie die Sache nach § 386 Abs. 3 AO an die Staatsanwaltschaft abgibt oder daß diese sie an sich zieht. Letzteres kann auch geschehen, wenn die Staatsanwaltschaft entgegen der Meinung der Finanzbehörde die Nichtverfolgung für geboten hält. Die **Polizei** ist nicht berechtigt, von sich aus von der Vorschrift Gebrauch zu machen; sie hat daher auch dann nach § 163 Abs. 2 Satz 1 die Staatsanwaltschaft von dem Tatverdacht gegen den Genötigten oder Erpreßten zu unterrichten, wenn dieser sich ihr gegenüber offenbart und sie daraufhin die Nötigung oder Erpressung aufgeklärt hat.

11   Die Vorschrift schließt eine **Zusicherung der Nichtverfolgung** durch die Staatsanwaltschaft, auch nach vorangegangenen Verhandlungen, nicht aus[26]; insoweit behält Nr. 102 Abs. 2 RiStBV innerdienstlich die Entscheidung dem **Behördenleiter** vor[27]. Allerdings bedeutet es für den Beschuldigten ein erhebliches Risiko, derartige Verhandlungen einzuleiten, weil, wenn sich die Staatsanwaltschaft zu einer Zusage der Nichtverfolgung nicht in der Lage sieht, regelmäßig ein zu weiteren Ermittlungen Anlaß gebender Anfangsverdacht entstanden sein wird; reduziert werden kann diese Gefahr durch die Einschaltung des Verteidigers[28]. Eine rechtliche Bindung der Staatsanwaltschaft an ihre Nichtverfolgungszusage läßt sich wohl auch für den Fall nicht begründen, daß ihr hierbei alle relevanten Tatumstände bekannt waren[29]; sie besteht zweifellos nicht, wenn sich die nichtverfolgte Tat aufgrund neuer Tatsachen als strafwürdiger darstellt.

12   **5. Fortsetzung des Verfahrens.** Die Einstellung des Verfahrens hat keine Sperrwirkung; die Strafverfolgungsbehörden können die Strafverfolgung jederzeit frei wieder aufnehmen. Dazu kann insbesondere dann Veranlassung bestehen, wenn sich aufgrund neu hervorgetretener Umstände ergibt, daß die Tat des Genötigten oder Erpreßten wesentlich schwerer erscheint als im Zeitpunkt der Einstellung angenommen. Daß dieser Irrtum auf einer Täuschung durch den Beschuldigten beruht, ist nicht erforderlich, kann aber eine Fortsetzung des Verfahrens besonders nahelegen[30]. Nach dem Legalitätsprinzip ist die Staatsanwaltschaft zur **Verfahrensfortsetzung verpflichtet**, wenn sich, etwa im Verfahren gegen den Nötiger oder Erpresser, herausstellt, daß die Voraussetzungen der Vorschrift überhaupt nicht vorliegen. Eine Verfahrensfortsetzung bei unveränderter Beurteilungsgrundlage lediglich aufgrund einer anderen Bewertung entspricht jedenfalls nicht dem Sinn der Vorschrift. Doch dürfte trotz ihrer Besonderheiten nach der lex lata ein für sie speziell geltendes Weiterverfolgungsverbot nicht begründbar sein[31]. Zur Frage, wieweit das Willkürverbot allgemein die freie Wiederaufnahmebefugnis staatsanwaltschaftlicher Einstellungen beschränkt, s. § 170, 47.

[26] *Kühne* 311; **a. A** KK-*Schoreit* 9.

[27] Die Auffassung von LR-*Meyer-Goßner*[23] 11; *Morschbach* 940, daß die Einstellungsentscheidung selbst durch die RiStBV dem Behördenleiter vorbehalten sei, findet im Wortlaut, der nur die *Zusicherung* betrifft, keine Stütze.

[28] Zur Vorgehensweise in solchen Fällen *Dahs* Hdb. 136; 264; vgl. auch *Morschbach* 941.

[29] **A. A** *Kühne* 312, der eine nach § 23 EG-GVG überprüfbare (?) Bindung erwägt; vgl.

auch *Kleinknecht/Meyer*[37] 4 und Einl. 156 mit Hinweis auf Fürsorgepflicht und Vertrauensgrundsatz; vgl. aber auch § 170, 45 ff.

[30] Vgl. *Krause* 217; *Schmöe* 212.

[31] **A. A** wohl *Kleinknecht/Meyer*[37] 4 (Vertrauensgrundsatz); *Kühne* 312; KR-*Meyer-Goßner*[23] 15 (fair-trial-Prinzip); ihm folgend KMR-*Müller* 7; wie hier wohl KK-*Schoreit* 10; de lege ferenda für eine Begrenzung der Befugnis zur Verfahrensfortsetzung z. B. LR*Meyer-Goßner*[23] 17; *Schmöe* 212.

6. Keine gerichtliche Einstellung. Abweichend von der Mehrzahl der neueren **13** Nichtverfolgungsermächtigungen ermöglicht § 154 c nicht die Einstellung des gerichtlich anhängigen Verfahrens durch das Gericht, und zwar auch dann nicht, wenn der Angeschuldigte erst jetzt offenbart, daß er das Opfer einer Nötigung oder Erpressung geworden ist und zur Aufklärung dieser Tat beiträgt. Dem kriminalpolitischen Zweck der Vorschrift wird diese Beschränkung nicht gerecht. Solange die Staatsanwaltschaft die Klage nach § 156 zurücknehmen kann, kann diese Lücke dadurch geschlossen werden, daß sie hiervon Gebrauch macht und das Ermittlungsverfahren einstellt; im übrigen werden ggf. die Einstellungsmöglichkeiten nach den §§ 153, 153 a genutzt werden können[32]. De lege ferenda erscheint die Erweiterung der Vorschrift um eine gerichtliche Einstellung wünschenswert[33].

§ 154 d

[1]Hängt die Erhebung der öffentlichen Klage wegen eines Vergehens von der Beurteilung einer Frage ab, die nach bürgerlichem oder nach Verwaltungsrecht zu beurteilen ist, so kann die Staatsanwaltschaft zur Austragung der Frage im bürgerlichen Streitverfahren oder im Verwaltungsstreitverfahren eine Frist bestimmen. [2]Hiervon ist der Anzeigende zu benachrichtigen. [3]Nach fruchtlosem Ablauf der Frist kann die Staatsanwaltschaft das Verfahren einstellen.

Schrifttum. *Isensee* Aussetzung des Steuerstrafverfahrens — rechtsstaatliche Ermessensdirektiven, NJW **1985** 1007; *Kaiser, Eberhard* Legalitätsprinzip und Ermessensspielraum — Probleme in Anlehnung an §§ 154 a, 262 Abs. 2 StPO, NJW **1963** 1190; *Kern* Die Aussetzung des Strafverfahrens zur Klärung präjudizieller Fragen, FS Reichsgericht Bd. V 131; *Kohlmann* Aussetzung des Steuerstrafverfahrens gemäß § 396 AO und prozessuale Fürsorgepflicht, FS Klug 507; *Krause* Die Fristbestimmung nach § 154 a StPO, SchlHA **1960** 158; *Krause* Die vorläufige Einstellung von Strafsachen praeter legem, GA **1969** 97; *Schneidewin* Das Klageerzwingungsverfahren nach Fristbestimmung gemäß § 154 a StPO, JZ **1959** 307.

Entstehungsgeschichte. Die Vorschrift wurde 1931 mit dem heute noch geltenden Wortlaut als § 3 des Kap. 1 Teil VI der 2. AusnVO eingeführt. Das VereinhG (Art. 3 I Nr. 61) fügte sie als Absatz 3 in § 152 ein; durch Art. 4 Nr. 20 des 3. StrÄndG wurde sie zu einer selbständigen Vorschrift mit der Bezeichnung § 154 a; durch Art. 6 Nr. 2 des StPÄG 1964 erhielt sie ihre heutige Bezeichnung.

Übersicht

---

[32] *Kleinknecht/Meyer*[37] 3; LR-*Meyer-Goßner*[23] 13.

[33] Ebenso LR-*Meyer-Goßner*[23] 13; *Morschbach* 941; *Schmöe* 212; a. A (früher) *Schlüter* 2332.

1   **1. Bedeutung, Zweck und Inhalt der Vorschrift.** Die Vorschrift wurde 1931[1] in Anlehnung an den von Anfang an in der StPO enthaltenen § 262 Abs. 2 eingeführt[2]. Wie sich aus § 262 Abs. 1 ergibt, sind im Strafverfahren die Gerichte in der Beurteilung zivil- und öffentlich-rechtlicher Vorfragen grundsätzlich frei, soweit sich nicht aus besonderen Bestimmungen ausdrückliche Bindungen ergeben (vgl. dazu Einl. Kap. **12** X und die Erl. zu § 262). Diese selbständige Kognitionspflicht gilt notwendig auch für das Ermittlungsverfahren und die Abschlußentscheidung der Staatsanwaltschaft über den genügenden Anlaß zur Erhebung der öffentlichen Klage. § 154 d schränkt die Befugnis und die grundsätzliche Pflicht zur selbständigen Beurteilung solcher Vorfragen nicht ein; er soll aber der Verlockung entgegenwirken, daß durch die Erstattung möglicherweise nicht begründeter Strafanzeigen Material für Zivilprozesse und öffentlich-rechtliche Verfahren unter Einsatz der Ermittlungsbefugnisse der Strafverfolgungsbehörden und damit unter mißbräuchlicher Inanspruchnahme des Strafverfahrens beschafft wird[3]. Teilweise wird der Vorschrift auch der weitere Zweck beigelegt, eine unterschiedliche Beurteilung der gleichen Rechtsfrage durch die Strafjustiz und die in erster Linie zur Entscheidung berufenen Fachgerichte zu verhindern[4]. Die Anwendungshäufigkeit der Vorschrift in der Praxis ist verhältnismäßig gering[5].

2   Die Vorschrift umfaßt **inhaltlich zwei verschiedene**, aber aufeinander bezogene **Regelungen**. Die Sätze 1 und 2, die der für das Gericht in § 262 Abs. 2 getroffenen Regelung entsprechen, gestatten der Staatsanwaltschaft, für die Austragung einer präjudiziellen Rechtsfrage eine Frist zu bestimmen; sie ermächtigen damit dazu, trotz des generellen Beschleunigungsgrundsatzes von der Förderung des Ermittlungsverfahrens einstweilen abzusehen. Damit ist notwendig die in § 262 Abs. 2 ausdrücklich normierte Befugnis verbunden, den Ausgang jenes Rechtsstreits abzuwarten, wodurch sich diese Befugnis insgesamt als eine solche zur vorläufigen Einstellung des Ermittlungsverfahrens darstellt. Darüberhinausgehend ermächtigt Satz 3 die Staatsanwaltschaft bei fruchtloser Fristsetzung zur endgültigen Einstellung des Verfahrens und enthält damit eine Einschränkung der dem Legalitätsprinzip entspringenden Erforschungspflicht (§ 160 Abs. 1).

2. Voraussetzungen

3   **a) Vergehen.** Die Vorschrift ist nur bei Vergehen (§ 12 Abs. 2, 3 StGB) anwendbar; für Verbrechen gilt sie nicht. Dem kann die gesetzgeberische Wertentscheidung entnommen werden, daß bei dem Verdacht besonders schwerer Straftaten das strafprozessuale Aufklärungsinteresse Vorrang hat. Bei Vergehen mit besonders großem Unrechtsgehalt, etwa bei Anhaltspunkten für das Vorliegen eines besonders schweren Falles, ist zwar die Anwendung der Vorschrift nicht ausgeschlossen, dürfte aber nur unter engen Voraussetzungen in Betracht zu ziehen sein. Ob die sinngemäße Anwendung der Sätze 1 und 2 bei der Verfolgung von **Ordnungswidrigkeiten** nach § 46 Abs. 2 OWiG

---

[1] Zu den Vorschlägen früherer Entwürfe vgl. *Kern* 157 ff.

[2] Vorher wurde teilweise die analoge Anwendung des § 262 Abs. 2 auf das Ermittlungsverfahren befürwortet, vgl. *Kern* 136 f mit weit. Nachw.

[3] KK-*Schoreit* 1; *Kleinknecht/Meyer*[37] 1; KMR-*Müller* 4; *Kühne* 308; *Peters* § 23 IV 1 c gg; § 50 IV; *Roxin* § 14 BB II 2 dd; *Eb.*

Schmidt § 154 a, 3; *Bloy* GA **1980** 182; *Kaiser* NJW **1963** 1190; *Krause* SchlHA **1960** 158.

[4] LR-*Meyer-Goßner*[23] 5; *Bloy* GA **1980** 182; *Roxin* aaO.

[5] Vgl. § 152, 43 Fußn. 103 (mit § 154 e 1,5 % aller Ermesseneinstellungen); vgl. auch *Kaiser* NJW **1963** 1190; kritisch zur zögernden Anwendung *Peters* § 50 IV (S. 440).

rechtlich möglich ist[6], ist angesichts der Entstehungsgeschichte der Vorschrift, die stets auf Vergehen beschränkt war und Übertretungen nicht einbezog[7], zweifelhaft, aber wohl ohne praktische Bedeutung; die Einstellungsbefugnis nach Satz 3 wäre ohnehin wegen § 47 Abs. 1 OWiG entbehrlich.

b) Vorfragen aus einem anderen Rechtsgebiet. Die Strafbarkeit — aber auch **4** schon die Verfolgbarkeit[8] — der Tat muß von einer Rechtsfrage abhängen, die nach bürgerlichem oder Verwaltungsrecht zu beurteilen ist. Darunter fallen auch Rechtsfragen, die von den Arbeits- und Sozialgerichten zu behandeln sind; entscheidend ist, daß es sich um eine Rechtsfrage nichtstrafrechtlicher Art handelt[9]. Das ist etwa dann der Fall, wenn das Strafgesetz in einem Tatbestandsmerkmal einen Rechtsbegriff verwendet, der ausschließlich nach Zivilrecht oder öffentlichem Recht zu beurteilen ist, wie etwa die Fremdheit der Sache bei den §§ 242, 246 StGB oder das fremde Jagdrecht in § 292 StGB, aber auch, wenn bei einem Vermögensdelikt der Beschuldigte einen Vermögensschaden bestreitet oder das Bestehen einer Gegenforderung behauptet[10]. Dagegen ist die Vorschrift unanwendbar, wenn der Rechtsbegriff eine spezifisch strafrechtliche Bedeutung hat; so kann bei dem Vorwurf einer fahrlässigen Körperverletzung der Anzeigende wegen des unterschiedlichen Fahrlässigkeitsbegriffs des Zivilrechts nicht darauf verwiesen werden, nach § 823 Abs. 1 BGB vorzugehen.

Keine präjudiziellen Rechtsfragen, die eine Anwendung des § 154 d ermöglichen, **5** liegen in der Regel vor, wenn die Strafverfolgungsbehörden ausnahmsweise an andere Hoheitsakte gebunden sind, etwa bei rechtsgestaltenden Urteilen oder Verwaltungsakten oder bei bloßer Tatbestandswirkung eines Hoheitsaktes (vgl. die Erl. zu § 262). Solche bindenden Hoheitsakte hat die Staatsanwaltschaft ihrer Ermittlung und Abschlußentscheidung zugrunde zu legen. Hier wird allenfalls der Beschuldigte ein Interesse daran haben, durch eine Veränderung der die Strafbarkeit begründenden und für die Strafverfolgungsbehörden bindenden Hoheitsakte eine ihm günstige Entscheidung herbeizuführen, etwa durch eine negative Abstammungsklage nach den §§ 640 ff ZPO bei einem Verfahren nach § 170 b StGB[11] oder durch eine Patentnichtigkeitsklage beim Vorwurf eines Verstoßes gegen das Patentgesetz[12]. In solchen Fällen kommt weder eine Fristsetzung nach Satz 1 noch eine Einstellung nach Satz 3 in Frage, doch kann hier der der Vorschrift auch zu entnehmende Rechtssatz angewandt werden, das Ermittlungsverfahren bis zur Entscheidung dieses Rechtsstreits auszusetzen[13]. Zur Sachbehandlung durch die Staatsanwaltschaft, wenn diese eine entscheidungserhebliche Vorschrift für verfassungswidrig hält, s. § 170, 24 f.

c) Abhängigkeit. Von der präjudiziellen Rechtsfrage muß die Entscheidung über **6** die Erhebung der öffentlichen Klage abhängen, es muß sich also ohne ihre Klärung nicht

---

[6] So *Kleinknecht/Meyer*[37] 2; LR-*Meyer-Goßner*[23] 2.

[7] Vgl. z. B. (auch zu den Gründen) LR-*Kohlhaas*[22] 4; *Eb. Schmidt* § 154 a, 5.

[8] Vgl. *Kern* 134 mit dem Beispiel, daß die Wirksamkeit oder Notwendigkeit eines Strafantrags von der Angehörigeneigenschaft abhängt.

[9] KK-*Schoreit* 7; *Kleinknecht/Meyer*[37] 3; KMR-*Müller* 3; *Kaiser* NJW **1963** 1190; *Krause* GA **1969** 100 Fußn. 15.

[10] Vgl. *Krause* SchlHA **1960** 158; ähnlich KK-*Schoreit* 3.

[11] Zum Problem der Bindung des Strafrichters an die zivilrechtlichen Statusurteile bei § 170 b StGB z. B. BGHSt **26** 111; dazu *Heimann-Trosien* JR **1976** 235; *Dreher/Tröndle*[42] § 170 b, 3 a.

[12] Vgl. dazu z. B. RGSt **14** 262; **46** 21; **48** 419 sowie die Erl. bei § 262.

[13] Vgl. *Krause* GA **1969** 99 f.

beantworten lassen, ob hinreichender Tatverdacht besteht[14]. Freilich ist dies auf der Grundlage des für die Staatsanwaltschaft im Zeitpunkt der Anwendung des § 154 d gegebenen Erkenntnisstandes zu beantworten; da nach dem Sinn der Vorschrift eine frühzeitige Anwendung geboten ist, kann es nur auf die **voraussichtliche** Abhängigkeit ankommen. Diese liegt aber nicht vor, wenn bereits zu diesem Zeitpunkt erkennbar ist, daß hinreichender Tatverdacht nicht besteht und auch nicht durch die Klärung der präjudiziellen Rechtsfrage begründet werden kann, etwa weil sich der Beschuldigte auf jeden Fall in einem seine Strafbarkeit ausschließenden Irrtum befunden hat. In solchen Fällen ist alsbald nach § 170 Abs. 2 das Verfahren endgültig einzustellen. **Keine Abhängigkeit** in diesem Sinne liegt nach der ganz h. M vor, wenn von einem Zivil- oder Verwaltungsgerichtsprozeß lediglich die Aufklärung von **Tatsachen** zu erwarten wäre, die auch für das Strafverfahren von Bedeutung sind, selbst wenn derselbe Lebenssachverhalt zu beurteilen ist[15]. Die insbesondere von *Peters* vertretene Gegenmeinung[16] findet im Wortlaut der Vorschrift keine Stütze. Wieweit es zulässig ist, parallele Sachverhaltsaufklärung in anderen Verfahren (auch Strafverfahren) abzuwarten, beurteilt sich nicht nach § 154 d, sondern nach den Grundsätzen und Grenzen der freien Gestaltung des Ermittlungsverfahrens (vgl. die Erl. zu § 160).

7   **d)** Für **Steuerstrafverfahren** enthält **§ 396 AO** eine vergleichbare Sondervorschrift. Danach kann das Strafverfahren, auch das Ermittlungsverfahren, bis zum rechtskräftigen Abschluß des Besteuerungsverfahrens ausgesetzt werden, wenn die Beurteilung der Straftat als Steuerhinterziehung davon abhängt, ob ein Steueranspruch besteht, ob Steuern verkürzt oder ob nicht gerechtfertigte Steuervorteile erlangt sind. Eine Fristsetzung sowie die Möglichkeit einer endgültigen Einstellung entsprechend § 154 d Satz 3 sieht § 396 AO nicht vor, dessen Zweck stärker darin zu sehen ist, divergierende Entscheidungen der Straf- und Finanzgerichte zu vermeiden[17]. Dennoch steht nach der heutigen Fassung[18] die Anwendung des § 396 AO im Ermessen der Staatsanwaltschaft und des Gerichts[18a]; auch in steuerrechtlichen Vorfragen besteht keine Bindung. Der im Schrifttum teilweise vertretenen Auffassung, daß sich aus § 396 AO unter bestimmten Voraussetzungen eine Aussetzungspflicht ableiten lasse[19], kann angesichts des Wortlauts und der Entstehungsgeschichte nicht ohne weiteres zugestimmt werden; allenfalls in besonders gelagerten Ausnahmefällen erscheint eine „Ermessensreduzierung auf null" erwägenswert. Es kann auch nicht anerkannt werden, daß Staatsanwalt-

---

[14] *Eb. Schmidt* § 154 a, 4; ähnlich LR-*Meyer-Goßner*[23] 6; *Schlüchter* 406.7 Fußn. 67 s (ausschlaggebende Bedeutung); vgl. auch KK-*Schoreit* 3 (wesentliche Bedeutung).

[15] *Kern* 133; KK-*Schoreit* 5; KMR-*Müller* 3; *Krause* SchlHA **1960** 158; LR-*Meyer-Goßner*[23] 6; *Schlüchter* 406.7 Fußn. 67 s; *Eb. Schmidt* § 154 a, 4.

[16] Lehrbuch § 23 IV 1 c gg (S. 166); ähnlich *Kaiser* NJW **1963** 1190.

[17] So z. B. *Franzen/Gast/Samson* Steuerstrafrecht[3] (1985) § 396, 5 AO; *Hübschmann/Hepp/Spitaler* AO, § 396, 13; *Kühn/Kutter/Hofmann* § 396, 3; *Isensee* NJW **1985** 1008; *Kohlmann* 503.

[18] Zur Entwicklung der Vorschrift ausführlich *Kohlmann* 510 ff; *Franzen/Gast/Samson* aaO. § 396, 1 ff AO.

[18a] BGH NStZ **1985** 126; etwas enger (in besonderen Fällen Aussetzungspflicht) *Franzen/Gast/Samson* § 396, 19 AO; vgl. auch BVerfG (Vorprüfungsausschuß) NJW **1985** 1950 (Aussetzungsfrage ist nach pflichtgemäßem Ermessen von Amts wegen zu prüfen).

[19] *Kohlmann* 523 unter Heranziehung der Fürsorgepflicht; *Isensee* NJW **1985** 1008 (aus verfassungssystematischen Gesichtspunkten); ähnlich *Meyer-Wegelin* DStR **1984** 248 (Ableitung aus dem Sinn des § 160 Abs. 2); vgl. auch *Schlüchter* JR **1985** 362 mit Nachw. in Fußn. 28.

schaft und Strafgerichte weniger kompetent zur Beurteilung von steuerrechtlichen Vorfragen seien als von solchen aus anderen Rechtsgebieten[19a].

3. Fristsetzung

a) Allgemeines. Obwohl nach dem Gesetzeswortlaut die Frist zur „Austragung" **8** der präjudiziellen Rechtsfrage zu bestimmen ist, kann sie sich nach dem Zweck der Vorschrift nur auf die **Einleitung des Zivil- oder Verwaltungsprozesses** beziehen, nicht auf dessen Abschluß, auf den die Prozeßpartei keine ausreichende Einwirkungsmöglichkeit hat[20]. Hierfür muß sie zeitlich angemessen sein; sie ist zu verlängern, wenn sich nachträglich herausstellt, daß sie zu kurz bemessen war[21]. Eine Frist kann nicht gesetzt werden, wenn eine Klage nicht zulässig wäre[22]; stellt sich dies später heraus, so ist das Verfahren fortzusetzen und darf Satz 3 nicht angewandt werden. Mit der Fristsetzung kann (und sollte regelmäßig) die Verpflichtung verbunden werden, der Staatsanwaltschaft die Einleitung des Verfahrens mitzuteilen. Die Fristsetzung kommt regelmäßig nicht in Betracht, wenn das Verfahren zur Klärung der präjudiziellen Rechtsfrage bereits anhängig ist; in diesem Fall ist § 154 d aber Grundlage für die Zulässigkeit der vorläufigen Einstellung des Ermittlungsverfahrens. Ausnahmsweise kommt eine Fristsetzung oder **erneute Fristsetzung** bei bereits anhängigen Verfahren in Frage, wenn derjenige, dem eine Frist gesetzt werden kann, in zurechenbarer Weise bewirkt, daß das Verfahren nicht betrieben wird.

Adressat der Fristsetzung kann sein, wer darauf hinwirken kann, daß der präjudi- **9** zielle Rechtsstreit eingeleitet wird. Um den unmittelbar Klagebefugten braucht es sich nicht unbedingt zu handeln, etwa wenn der Anzeigeerstatter nicht der Verletzte ist[23]. In der Praxis wird § 154 d regelmäßig in einem Verfahren angewendet werden, das aufgrund einer Strafanzeige nach § 158 eingeleitet worden ist. Es ist jedoch rechtlich nicht ausgeschlossen, daß die Staatsanwaltschaft in einem von Amts wegen eingeleiteten Ermittlungsverfahren dem möglicherweise Verletzten, der keine Anzeige erstattet hat, eine solche Frist setzt, um sich damit die Einstellungsmöglichkeit nach Satz 3 zu eröffnen, ohne den Sachverhalt aufgrund des Anfangsverdachts gemäß § 160 Abs. 1 erforschen zu müssen.

b) Verfahren und Entscheidung. Dem Zweck der Vorschrift entspricht es, wenn **10** von ihr möglichst frühzeitig im Ermittlungsverfahren Gebrauch gemacht wird[24], doch muß der Sachverhalt mindestens soweit aufgeklärt werden, daß die voraussichtliche Erheblichkeit der präjudiziellen Frage beurteilt werden kann. Dazu wird regelmäßig eine Einlassung des Beschuldigten festgestellt werden müssen. Ob die Staatsanwaltschaft eine Frist setzen will, liegt in ihrem pflichtgemäßen Ermessen[25]. Dabei hat sie namentlich den Grad des Verdachts einer Straftat, den Unrechtsgehalt der möglicherweise begangenen Tat, die Bedeutung der präjudiziellen Vorfrage, aber auch maßgeblich die Zu-

---

[19a] **A. A** *Isensee* NJW **1985** 1008 (wegen der akzessorischen Natur des Steuerstrafrechts) sowie eine im steuerrechtlichen Schrifttum im Zusammenhang mit der sog. „Parteispendenaffaire" im Vordringen befindliche Meinung (vgl. z. B *Ulsenheimer* NJW **1985** 1929 mit Nachw. in Fußn. 3), die für das Steuerrecht einen „Interpretationsvorrang der Finanzverwaltung" postuliert; zum Ganzen auch *Brauns* StrVert. **1985** 326; *Schlüchter* JR **1985** 360 ff.

[20] KMR-*Müller* 5; *Eb. Schmidt* 7; wohl auch KK-*Schoreit* 8.

[21] KK-*Schoreit* 9; KMR-*Müller* 7.

[22] KMR-*Müller* 4.

[23] KMR-*Müller* 4; **a. A** *Eb. Schmidt* 7.

[24] *Burchardi/Klempahn* 427.

[25] *Krause* SchlHA **1960** 158; *Eb. Schmidt* § 154 a, 7; *Vogel* (LV zu § 153) 236.

Peter Rieß

mutbarkeit einer zivilrechtlichen oder öffentlich-rechtlichen Auseinandersetzung für den mutmaßlich Geschädigten zu berücksichtigen. § 154 d soll zwar den Mißbrauch der Strafverfolgungsbehörden als Aufklärungsorgane für die Vorbereitung zivilrechtlicher Ansprüche verhindern, darf aber nicht dazu verwendet werden, dem Anzeigeerstatter die strafrechtliche Ermittlungsaufgabe aufzubürden. Maßgebend werden immer die Umstände des Einzelfalls sein.

11   Satz 2 schreibt die **Benachrichtigung** des Anzeigeerstatters von der Fristsetzung vor; Zustellung ist nicht erforderlich, zur Anfechtbarkeit s. Rdn. 19. Aus der Formulierung, daß der „Anzeigende" zu benachrichtigen sei, kann nicht geschlossen werden, daß die Frist nicht mitgeteilt zu werden brauche, wenn keine Strafanzeige im Sinne des § 158 vorliegt[26]. Die Vorschrift hat erkennbar nur den Regelfall im Auge, daß ihrer Anwendung eine solche Anzeige vorangegangen ist. Eine Fristsetzung, von der derjenige nichts erfährt, der durch sie zur Vermeidung von Rechtsnachteilen zur Einleitung eines Verfahrens veranlaßt werden soll, wäre sinnlos. Ist keine Strafanzeige erstattet worden, so hat die Staatsanwaltschaft denjenigen zu benachrichtigen, der nach dem Ermittlungsergebnis als möglicherweise Verletzter und zur Austragung der präjudiziellen Rechtsfrage Befugter anzusehen ist.

12   **c) Folge der Fristsetzung.** Die Fristsetzung hat zur Folge, daß das Ermittlungsverfahren vorläufig ruht. Die Staatsanwaltschaft braucht die Ermittlungen nicht fortzusetzen, wenn nicht aus Gründen der Beweissicherung Eilmaßnahmen erforderlich werden. Die Fristbestimmung bindet die Staatsanwaltschaft nicht; sie kann sie jederzeit aufheben und das Verfahren fortsetzen, auch durch schlüssige Handlungen, etwa wenn nachträglich neue Erkenntnisse die Tat in einem schwereren Licht erscheinen lassen oder wenn sich herausstellt, daß dem Anzeigenden die Durchführung des Rechtsstreits nicht zugemutet werden kann, aber auch, wenn sich zeigt, daß es auf die Rechtsfrage nicht (mehr) entscheidend ankommt.

4. Verfahren bei anhängigem präjudiziellem Rechtsstreit

13   **a) Vorläufige Einstellung.** Wird aufgrund der Fristsetzung der andere Rechtsstreit in Gang gebracht, so stellt die Staatsanwaltschaft das Verfahren vorläufig ein. Das muß auch dann geschehen, wenn die Frist zwar nicht eingehalten worden ist, aber die Klage noch erhoben wird, bevor die Staatsanwaltschaft das Verfahren nach Satz 3 endgültig eingestellt hat. Die Befugnis zur vorläufigen Einstellung des Verfahrens ergibt sich zwar nicht aus dem Wortlaut der Vorschrift, die nur die Fristbestimmung und die Folgen des fruchtlosen Ablaufs regelt. Aber wenn die Vorschrift die Staatsanwaltschaft ermächtigt, die Austragung einer präjudiziellen Rechtsfrage zu verlangen, liegt darin notwendigerweise die Befugnis, mit dem Ermittlungsverfahren bis zum Ergebnis dieser Austragung zuzuwarten. Deshalb ist eine solche vorläufige Einstellung auch zulässig, wenn es keiner Fristsetzung bedarf, weil das der Klärung der präjudiziellen Rechtsfrage dienliche Verfahren bereits im Gange ist[27]. Die **Verjährung ruht** während der vorläufigen Einstellung **nicht**, da es sich nicht um einen Fall handelt, in dem die Verfolgung im Sinne von § 78 b Abs. 1 StGB nicht fortgesetzt werden kann[28].

---

[26] So aber wohl LR-*Meyer-Goßner*[23] 10; weitergehend (Mitteilung auch an die Person, die das Verfahren in Gang setzen muß, wenn sie nicht Anzeigeerstatter ist) KMR-*Müller* 7; *Eb. Schmidt* § 154 a, 7.

[27] *Eb. Schmidt* § 154 a, 6; LR-*Meyer-Goßner*[23] 8; ebenso mit abweichender Begründung (§ 262 Abs. 2 analog) *Schlüchter* 406.7.

[28] *Dreher/Tröndle*[42] § 78 b, 4; *Schönke/Schröder/Stree* § 78 b, 4; vgl. auch die Sonderrege-

b) Fortsetzung des Strafverfahrens. Die Staatsanwaltschaft kann das Verfahren **14** auch vor der rechtskräftigen Erledigung des präjudiziellen Rechtsstreits jederzeit fortführen. Sie **muß** dies tun, wenn sich die Unerheblichkeit des Rechtsstreits für das Strafverfahren herausstellt oder wenn das Gericht, bei dem der präjudizielle Rechtsstreit schwebt, sein Verfahren nach den hierfür maßgebenden Vorschriften[29] aussetzt, um den Ausgang des Strafverfahrens abzuwarten[30], was die Staatsanwaltschaft nicht verhindern kann. Spätestens ist das Ermittlungsverfahren fortzusetzen, wenn, was festzustellen Aufgabe der Staatsanwaltschaft ist, der präjudizielle Rechtsstreit rechtskräftig abgeschlossen ist. An dessen Ergebnis ist die Staatsanwaltschaft rechtlich nicht gebunden, sofern nicht Sondervorschriften etwas anderes bestimmen.

5. Endgültige Einstellung (Satz 3)

a) Voraussetzung. Die Staatsanwaltschaft kann das Verfahren endgültig einstellen, wenn die von ihr gesetzte Frist „zur Austragung" der präjudiziellen Rechtsfrage **15** fruchtlos verstrichen ist. Das ist der Fall, wenn der präjudizielle Rechtsstreit nicht eingeleitet worden ist, aber auch wenn bei einem bereits anhängigen Verfahren eine zu seiner Förderung gesetzte Frist (Rdn. 8) nicht genutzt worden ist. Als fruchtloser Fristablauf ist es auch anzusehen, wenn der Adressat der Fristsetzung noch während des Laufs der Frist erklärt, den Rechtsstreit nicht „austragen" zu wollen. Die Einstellungsbefugnis besteht nicht, wenn sich herausstellt, daß der präjudizielle Rechtsstreit nicht durchgeführt werden kann. Stellt die Staatsanwaltschaft das Verfahren trotz Fristablaufs nicht endgültig ein, so muß sie die Ermittlungen fortführen; es ist unzulässig, das Verfahren einfach weiter ruhen zu lassen.

b) Entscheidungsmaßstab. Die Staatsanwaltschaft entscheidet nach pflichtgemäßem **16** Ermessen, ob sie das Verfahren endgültig einstellt. Bei sachgerechter Anwendung der Vorschrift wird schon Satz 1 nur dann angewandt worden sein, wenn nach der damaligen Sachlage bei fruchtlosem Fristablauf eine Verfahrenseinstellung sachlich vertretbar erschien, so daß sich die jetzt anzustellende Abwägung mit der damaligen decken wird (vgl. Rdn. 10). Zu berücksichtigen sind jedoch auch die der Staatsanwaltschaft bekannten Gründe dafür, warum der präjudizielle Rechtsstreit nicht eingeleitet worden ist; macht der Anzeigende etwa verständlich, daß und aus welchen Gründen ihm dies nicht zumutbar gewesen ist, so kann eine Fortsetzung des Ermittlungsverfahrens geboten und die Einstellung ermessensmißbräuchlich sein.

c) Verfahren und Entscheidung. Die Staatsanwaltschaft braucht nach Fristablauf **17** denjenigen, dem die Frist gesetzt wurde, nicht nochmals zu hören, wenn sie ihn bei Fristsetzung aufgefordert hatte, die Verfahrenseinleitung nachzuweisen; es ist seine Sache, von sich aus ggf. Gründe für die Nichteinleitung des präjudiziellen Rechtsstreits vorzubringen. War dagegen mit der Fristsetzung keine Mitteilungspflicht verbunden worden, so muß die Staatsanwaltschaft sich nunmehr zunächst Gewißheit über die Fruchtlosigkeit der Frist verschaffen. Für die Einstellung ist weder die Zustimmung des Gerichts noch die des Beschuldigten erforderlich. Für die Mitteilung der Einstellungsverfügung an den Beschuldigten gilt § 170 Abs. 2 Satz 2, an den Anzeigenden § 171. Ist dieser der Verletzte, so ist er nach § 171 Satz 2 zu belehren, da das Klageerzwingungsverfahren zulässig ist (Rdn. 20).

---

lungen in § 154 e Abs. 3 und § 396 Abs. 3 AO; abweichend für die frühere Fassung des § 69 StGB OLG Nürnberg OLGSt § 154 d, 1.

[29] Vgl. z. B. § 149 ZPO, der in der VwGO entsprechend anwendbar ist (*Baumbach/Lauterbach*[43] § 149, 3); § 114 Abs. 3 SGG.

[30] *Kaiser* NJW **1963** 1190; *Eb. Schmidt* § 154 a, 6.

Peter Rieß

18   **d) Verfahrensfortsetzung.** Solange die Tat noch verfolgbar ist, kann die Staatsanwaltschaft das nach Satz 3 eingestellte Verfahren jederzeit wieder aufnehmen. Dazu kann insbesondere dann Veranlassung bestehen, wenn der Verletzte oder Anzeigende nachträglich die präjudizielle Rechtsfrage „austrägt" und dieses Verfahren zuungunsten des Beschuldigten ausgeht. Aber auch andere Anhaltspunkte für ein strafbares Verhalten des Beschuldigten können ausreichen.

19   **6. Klageerzwingungsverfahren.** § 154 d ist in § 172 Abs. 2 Satz 3 nicht genannt, so daß bei seiner Anwendung dem Anzeigenden, der zugleich der Verletzte ist, das Klageerzwingungsverfahren grundsätzlich offensteht. Es ist jedoch **nicht gegen** die **Fristsetzung** nach Satz 1 **und die vorläufige Einstellung** (Rdn. 13) zulässig, da hierin noch kein endgültiges Absehen von der Klageerhebung liegt[31]. Daß eine unangemessen lange Frist ausnahmsweise in eine endgültige Einstellung umgedeutet werden kann[32], ist zu verneinen, da der von ihr Betroffene dieser Fristsetzung dadurch entgegenwirken kann, daß er alsbald den präjudiziellen Rechtsstreit einleitet oder erklärt, dies nicht tun zu wollen (Rdn. 15). Unbenommen bleibt in den Fällen der Fristsetzung und vorläufigen Einstellung dem Anzeigenden selbstverständlich die Möglichkeit der Gegenvorstellung und der Dienstaufsichtsbeschwerde.

20   Gegen die auf Satz 3 gestützte **endgültige** Einstellung ist das **Klageerzwingungsverfahren zulässig**[33]. Jedoch kann mit ihm nur geltend gemacht werden, daß die rechtlichen Voraussetzungen der Einstellung nicht vorgelegen hätten; den Ermessensspielraum der Staatsanwaltschaft muß das Oberlandesgericht im Klageerzwingungsverfahren respektieren[34]. Der Prüfung des Oberlandesgerichts unterliegt aber beispielsweise, ob der Verdacht eines Verbrechens vorlag, ob präjudizielle Rechtsfragen im Sinne der Vorschrift gegeben sind (Rdn. 4 f), ob die Frist zeitlich angemessen war und ob sie fruchtlos verstrichen ist. Das Oberlandesgericht kann auch prüfen, ob die Staatsanwaltschaft bei der Fristsetzung und bei der endgültigen Einstellung die **Grenzen des Ermessens** (Rdn. 16) eingehalten hat. Hält das Oberlandesgericht die endgültige Einstellung für rechtlich fehlerhaft, so können sich, da der Sachverhalt regelmäßig nicht aufgeklärt und deshalb nicht im Sinne des § 175 entscheidungsreif sein wird, Schwierigkeiten ergeben. Die umstrittene Frage, ob in solchen Fällen die Staatsanwaltschaft ausnahmsweise unter Aufhebung der Einstellungsverfügung zur Durchführung von Ermittlungen gezwungen werden kann, wird bei § 173 erläutert.

---

[31] Jetzt allg. M, OLG Hamm NJW **1959** 161; KG JR **1959** 29; OLG Köln NJW **1951** 932 (mit abweichender, zweifelhafter Begründung); OLG Nürnberg OLGSt § 154 d, 2; *Kaiser* NJW **1963** 1191; KK-*Schoreit* 11; *Kleinknecht/Meyer*[37] 4; KMR-*Müller* 8; *Kohlhaas* GA **1954** 136; *Peters* § 57 IV (S. 511); *Schlüchter* 406.7; *Eb. Schmidt* Nachtr. I 1 (anders noch Hauptwerk § 154 a, 9); **a. A** (früher) *Dallinger* JZ **1953** 440 Fußn. 67; *Schneidewin* JZ **1959** 308.

[32] Das erwägt KG JR **1959** 29; ebenso LR-*Meyer-Goßner*[23] 13; unklar OLG Nürnberg aaO; wie hier KMR-*Müller* 8.

[33] OLG Hamm NJW **1959** 161; OLG Nürnberg OLGSt § 154 d, 2; offengelassen von KG **1959** 29; KK-*Schoreit* 12; *Kleinknecht/Meyer*[37] 4; KMR-*Müller* 9; *Roxin* § 39 B I 3 a; *Eb. Schmidt* Nachtr. I 2 (anders noch Hauptwerk § 154 a, 10).

[34] LR-*Meyer-Goßner*[23] 14; KK-*Schoreit* 12; KMR-*Müller* 9; **a. A** *Vogel* (LV zu § 153) 263.

§ 154 e

(1) **Von der Erhebung der öffentlichen Klage wegen einer falschen Verdächtigung oder Beleidigung (§§ 164, 185 bis 187 a des Strafgesetzbuches) soll abgesehen werden, solange wegen der angezeigten oder behaupteten Handlung ein Straf- oder Disziplinarverfahren anhängig ist.**

(2) **Ist die öffentliche Klage oder eine Privatklage bereits erhoben, so stellt das Gericht das Verfahren bis zum Abschluß des Straf- oder Disziplinarverfahrens wegen der angezeigten oder behaupteten Handlung ein.**

(3) **Bis zum Abschluß des Straf- oder Disziplinarverfahrens wegen der angezeigten oder behaupteten Handlung ruht die Verjährung der Verfolgung der falschen Verdächtigung oder Beleidigung.**

Entstehungsgeschichte. Bis zum 1.1.1975 bestimmte § 191 StGB für die Beleidigungsdelikte

Ist wegen der strafbaren Handlung zum Zwecke der Herbeiführung eines Strafverfahrens bei der Behörde Anzeige gemacht, so ist bis zu dem Beschluß, daß die Eröffnung der Untersuchung nicht stattfinde, oder bis zur Beendigung der eingeleiteten Untersuchung mit dem Verfahren und der Entscheidung über die Beleidigung innezuhalten.

und regelte § 164 Abs. 3 (zwischen 1933 und 1959 Absatz 6) StGB für die falsche Anschuldigung

Solange ein infolge der gemachten Anzeige eingeleitetes Verfahren anhängig ist, soll mit dem Verfahren und mit der Entscheidung über die falsche Anschuldigung innegehalten werden.

Diese der Sache nach verfahrensrechtlichen Vorschriften wurden durch den durch Art. 21 Nr. 52 EGStGB 1974 eingefügten § 154 e ersetzt.

Übersicht

1. Zweck, Bedeutung und Inhalt der Vorschrift. Wird jemand im Sinne der **1** §§ 185 ff StGB dadurch beleidigt, daß ihm der Vorwurf eines strafbaren Verhaltens oder einer Verletzung seiner Dienstpflicht gemacht wird, oder wird jemand im Sinne des § 164 StGB zu Unrecht verdächtigt, so ist der dem Beleidigten oder Verdächtigten gemachte Vorwurf meist von präjudizieller Bedeutung für die Strafbarkeit des Beleidigers

Peter Rieß

oder Verdächtigers; bei der Beleidigung[1] gilt der Wahrheitsbeweis durch das Strafurteil wegen der behaupteten Tat als erbracht (§ 190 StGB). Umgekehrt wird die mögliche Beleidigung oder falsche Verdächtigung für Strafverfolgungs- und Disziplinarbehörden nicht selten einen Anfangsverdacht im Sinne des § 152 Abs. 2 begründen, der zu einem Verfahren gegen den (möglicherweise) Beleidigten oder falsch Verdächtigten wegen des ihm vorgeworfenen Verhaltens führt. Vom Ausgang dieses Bezugsverfahrens hängt vielfach das Ergebnis des Verfahrens wegen falscher Verdächtigung oder Beleidigung ab, dessen Behandlung § 154 e dahingehend regelt, daß das **Bezugsverfahren grundsätzlich Vorrang** hat. Zweck der Vorschrift ist es, widersprechende Feststellungen und Entscheidungen über denselben Lebenssachverhalt möglichst auszuschließen[2]. Die Vorschrift bestand im materiellen Strafrecht seit Schaffung des StGB (vgl. die Entstehungsgeschichte); bei der systematisch richtigeren Übertragung in die StPO durch das EGStGB 1974 wurde sie klarer gefaßt, wodurch zahlreiche Zweifelsfragen des früheren Rechts[3] geklärt sind.

2 Innerhalb der StPO ist die Vorschrift systematisch nicht glücklich eingeordnet; denn sie enthält abweichend von den sonstigen Regelungen in den §§ 153 ff **keine Einschränkung** der dem **Legalitätsprinzip** entspringenden Erforschungs- und Anklagepflicht, sondern ordnet lediglich ein vorläufiges Innehalten mit dem Strafverfahren bis zum Abschluß des Bezugsverfahrens an[4]; sie stellt sich damit als **ergänzende Spezialvorschrift zu** der allgemein die vorläufige Einstellung regelnden Bestimmung des § 205 dar (vgl. § 205, 2). Absatz 1 regelt als Sollvorschrift die Befugnis und grundsätzliche Pflicht der Staatsanwaltschaft, bei anhängigem Bezugsverfahren mit der Klageerhebung zuzuwarten; Absatz 2 schreibt als zwingende Vorschrift dem Gericht vom Beginn der Anhängigkeit an die vorläufige Einstellung vor und begründet damit ein vorübergehendes Verfahrenshindernis.

2. Anwendungsbereich

3 a) **Allgemeines.** Die Vorschrift findet auf Strafverfahren mit dem Vorwurf einer Beleidigung oder falschen Verdächtigung Anwendung, wenn wegen des Lebenssachverhalts, der durch die Beleidigung oder Verdächtigung behauptet oder verbreitet wird, ein Straf- oder Disziplinarverfahren (das Bezugsverfahren) anhängig ist und solange dies der Fall ist. Aus welchen Gründen das Bezugsverfahren in Gang gekommen ist, ist ohne Bedeutung, namentlich kommt es nicht auf eine Anzeige des Beleidigers oder Verdächtigers an[5].

4 b) **Falsche Verdächtigung oder Beleidigung.** Das vorläufig einzustellende Verfahren muß eine Tat zum Gegenstand haben, die sich als falsche Verdächtigung nach § 164 StGB oder als Beleidigung (§ 185 StGB), üble Nachrede (§ 186 StGB), Verleumdung (§ 187 StGB) oder politische Verleumdung oder üble Nachrede (§ 187 a StGB) darstellt.

---

[1] Zur Bedeutung des Wahrheitsbeweises nach § 190 StGB für die einfache Beleidigung nach § 185 StGB vgl. mit weit. Nachw. *Dreher/Tröndle*[42] § 190, 1; *Schönke/Schröder/Lenkner* § 190, 1.

[2] BGHSt **8** 135; **10** 89; BGH GA **1979** 224; aus der früheren Rechtsprechung z. B. RGSt **8** 186; **26** 366; **59** 200; im Schrifttum allg. M vgl. z. B. KK-*Schoreit* 1; *Kleinknecht/Meyer*[37] 1.

[3] Vgl. dazu die Hinweise in der 23. Aufl., die umfangreiche Rechtsprechung zu den früheren §§ 191, 164 Abs. 3 StGB ist damit teilweise überholt.

[4] *Kühne* 309 („uneigentlicher" Fall der Einstellung); *Peters* § 23 IV 1 c gg (Durchbrechung des Beschleunigungs-, nicht des Legalitätsprinzips).

[5] Die Frage war zu § 191 StGB umstritten, vgl. LK-*Herdegen*[9] § 191, 2; LR-*Meyer-Goßner*[23] 6 mit Nachw.

Bei anderen Tatbeständen, bei denen, wie etwa bei den Aussagedelikten, ebenfalls Bezugsverfahren mit ähnlich präjudizieller Wirkung denkbar sind, ist § 154 e nicht analog anwendbar; die Frage ist vom Gesetzgeber bei der Schaffung der Bestimmung erörtert und negativ entschieden worden[6]. Verletzt die dem Beschuldigten zur Last gelegte Tat auch noch andere Strafgesetze, so hat dies die Anwendung des § 154 e für die gesamte Tat zur Folge[7]; das Verfahren kann jedoch weitergeführt werden, wenn und solange die die Aussetzungspflicht begründenden Gesetzesverletzungen nach den §§ 164, 185 ff StGB gemäß § 154 a ausgeschieden werden[8]. Werden in einem einheitlichen Verfahren auch andere prozessuale Taten verfolgt, so können diese, wenn dies nach der Sachlage angezeigt ist, abgetrennt und weiterverfolgt werden[9].

c) Straf- oder Disziplinarverfahren (Bezugsverfahren). Bei dem Bezugsverfahren **5** muß es sich um ein **Strafverfahren** handeln, also um ein Ermittlungs- oder gerichtliches Verfahren wegen des Verdachts einer Straftat. Ein Sicherungsverfahren nach den §§ 413 ff reicht aus; nicht dagegen ein **Bußgeldverfahren** wegen einer Ordnungswidrigkeit. Jedoch ist § 154 e anzuwenden, sobald das ursprünglich als Bußgeldverfahren eingeleitete Bezugsverfahren nach den §§ 41, 81 Abs. 1 Satz 2 OWiG in ein Strafverfahren übergeleitet wird. Ferner kommt als Bezugsverfahren ein **Disziplinarverfahren** in Betracht, also ein nach den besonderen Vorschriften des Beamten- oder Soldatenrechts[10] wegen eines Dienstvergehens durchgeführtes Verfahren.

Andere behördliche Verfahren und Untersuchungen mit dem Ziel, den be- **6** haupteten Sachverhalt aufzuklären, reichen im Gegensatz zum früheren § 164 Abs. 3 StGB nicht aus. Der Gesetzgeber hat § 154 e bewußt auf Straf- oder Disziplinarverfahren beschränkt, weil er der Auffassung war, daß die verwaltungsrechtlichen Verfahren sehr vielgestaltig sein können und mitunter nur geringe Anforderungen an die Förmlichkeiten stellen[11]. Diese Begründung allein trägt freilich weder für Bußgeldverfahren noch für **ehren- und berufsgerichtliche Verfahren,** etwa gegen Rechtsanwälte nach den §§ 113 ff BRAO, deren Rechtsgarantien und Förmlichkeiten hinter denen von Straf- und Disziplinarverfahren nicht zurückstehen. Dem Gesetzgeber ist indessen bei der Neufassung die Existenz solcher Verfahren und ihre Ausgestaltung bekannt gewesen, so daß in ihrer Nichterwähnung eine Entscheidung für die Nichtanwendbarkeit gesehen werden muß. Eine analoge Anwendung des § 154 e scheidet folglich aus.

3. Anhängigkeit des Bezugsverfahrens
a) Strafverfahren. Die Anhängigkeit **beginnt** mit jeder Tätigkeit der Strafverfol- **7** gungsbehörden, die aufgrund eines Anfangsverdachts nach § 152 Abs. 2 ausgelöst wird und sich auf den durch die falsche Verdächtigung oder Beleidigung „Verletzten" bezieht. Das ist für das staatsanwaltschaftliche — sowie in Steuerstrafsachen gemäß § 386 Abs. 1, § 402 AO finanzbehördliche — Ermittlungsverfahren unbestritten[12], gilt aber

---

[6] Vgl. dazu erster Bericht des Sonderaussch. für die Strafrechtsreform, BTDrucks. 7 1261, S. 28; *v. Bülow* Prot. des Sonderaussch. für die Strafrechtsreform, 7 LegPer., 17. Sitzung, S. 722; ebenso KK-*Schoreit* 3.

[7] RG DR **1941** 1403; KK-*Schoreit* 4; KMR-*Müller* 1.

[8] KK-*Schoreit* 4; *Kleinknecht/Meyer*[37] 8; LR-*Meyer-Goßner*[23] 4, die aber fälschlich auch § 154 heranziehen; wie hier KMR-*Müller* 1; LK-*Herdegen* § 164, 36 a. E.

[9] *Kleinknecht/Meyer*[37] 8; KMR-*Müller* 1.

[10] Bundesdisziplinarordnung, Wehrdisziplinarordnung und die entsprechenden landesbeamtenrechtlichen Gesetze.

[11] Begr. zum RegE EGStGB 1974, BTDrucks. 7 550, S. 300.

[12] BGHSt **8** 152; BGH GA **1979** 224; RG GA 48 (1901) 365; im Schrifttum allg. M.

auch für die polizeilichen Ermittlungen nach § 163 Abs. 1[13]. Denn diese Ermittlungen sind Teil des strafrechtlichen Ermittlungsverfahrens und ihre Nichteinbeziehung in den § 154 e würde dem Sinn der Vorschrift nicht gerecht. Die rein praktische Schwierigkeit, daß Gerichte und Staatsanwaltschaften von solchen Ermittlungen nicht immer alsbald Kenntnis erhalten[14], ist keine Besonderheit dieses Falles, sondern besteht auch bei Bezugsverfahren bei anderen Staatsanwaltschaften oder bei der Einleitung von Disziplinarverfahren. In der Rechtsprechung ist diese Frage noch nicht abschließend entschieden[15].

8　　Die **Anhängigkeit endet** beim staatsanwaltschaftlichen **Ermittlungsverfahren** mit seiner endgültigen Einstellung, in den Fällen des § 153 a daher erst mit der Erfüllung der Auflagen und Weisungen (§ 153 a, 66), in den Fällen des § 154 d bei Anwendung des Satzes 3 dieser Vorschrift. Wäre gegen die Einstellung das **Klageerzwingungsverfahren** statthaft, so endet die Anhängigkeit erst mit fruchtlosem Ablauf der Frist nach § 172 Abs. 1 bzw. Abs. 2 oder der Verwerfung des Antrags nach § 174[16]. Durch bloße Gegenvorstellungen oder Dienstaufsichtsbeschwerden bleibt die Anhängigkeit nicht erhalten[17]; eine erneute Strafanzeige wegen derselben Handlung reicht für sich allein nicht aus, das Hindernis wieder aufleben zu lassen[18]. Das **gerichtliche Verfahren** ist nicht mehr anhängig, wenn es durch ein rechtskräftiges Urteil oder einen Strafbefehl oder einen verfahrensbeendenden, nicht mehr anfechtbaren Beschluß nach den §§ 153 ff, 204, 206 a oder 206 b abgeschlossen ist; auch die Einstellung nach § 154 Abs. 2 reicht aus[19]. Eine vorläufige Einstellung des Bezugsverfahrens nach § 205 (auch bei seiner analogen Anwendung durch die Staatsanwaltschaft) beendet die Anhängigkeit nicht; sie entfällt auch nicht deshalb, weil der Durchführung des Bezugsverfahrens die parlamentarische Immunität des Beleidigten oder falsch Verdächtigten vorübergehend entgegensteht[20].

9　　b) **Disziplinarverfahren.** Die Anhängigkeit **beginnt** nach unumstrittener Meinung spätestens mit der Einleitung des förmlichen Disziplinarverfahrens nach § 33 BDO (oder den entsprechenden landesrechtlichen Vorschriften). Darüberhinaus ist aber mit der überwiegenden Meinung bereits das disziplinarrechtliche Vorermittlungsverfahren nach § 26 BDO als anhängiges Disziplinarverfahren anzusehen[21]; es entspricht nicht nur in

---

[13] Ebenso KMR-*Müller* 2; wohl auch *Kleinknecht/Meyer*[37] 2; **a. A** KK-*Schoreit* 10; LR-*Meyer-Goßner*[23] 6; teilweise **a. A** (mit der polizeilichen Vernehmung des Beschuldigten) LK-*Herdegen* § 164, 36.

[14] Darauf stellt KK-*Schoreit* 10 ab.

[15] RG GA **48** (1901) 365 (nur Leitsatz) hat darauf abgestellt, daß die zur Einleitung des strafrechtlichen Verfahrens berufene Behörde tätig geworden sei und lediglich für „selbständig gepflogene Erörterungen von Hülfsorganen jener Behörden (z. B. Gendarmen)" eine Ausnahme gemacht; der Entscheidung BGHSt **8** 152, auf die BGH GA **1979** 224 lediglich Bezug nimmt, kann nur entnommen werden, daß *spätestens* mit Eingang bei der Staatsanwaltschaft das Verfahren als eingeleitet anzusehen ist, diese Voraussetzung lag im zu entscheidenden Fall vor;

die eine „Einleitungsverfügung" verlangende Entscheidung RG Recht **1902** 536 Nr. 2527 ist durch BGHSt **8** 152 überholt.

[16] BGHSt **8** 153; BGH GA **1979** 224; RG GA **39** (1891) 235; **57** (1910) 221; BayObLGSt **1955** 108 = JR **1955** 393; OLG Koblenz OLGSt § 191 StGB a. F 2; KK-*Schoreit* 13 f; *Kleinknecht/Meyer*[37] 2; KMR-*Müller* 2; LK-*Herdegen* § 164, 36.

[17] RG LZ **1916** 1037 Nr. 30.

[18] BGH GA **1979** 224; KK-*Schoreit* 15; *Kleinknecht/Meyer*[37] 2; *Schlüchter* 406.7 Fußn. 67 t.

[19] BGHSt **10** 90; vgl. § 154, 40; 49.

[20] LK-*Herdegen*[9] § 191, 7; vgl. § 152 a, 44.

[21] BayObLGSt **1961** 80 = MDR **1961** 707 (zu § 164 Abs. 3 StGB); KK-*Schoreit* 18; KMR-*Müller* 2; **a. A** *Kleinknecht/Meyer*[37] 3; LK-*Herdegen* § 164, 36.

seiner Funktion und Regelung dem strafrechtlichen Ermittlungsverfahren, sondern ermöglicht sogar ohne förmliches Verfahren disziplinarrechtliche Sanktionen (§ 28 BDO). Soweit nach § 154 e zu verfahren ist, darf das Disziplinarverfahren nicht nach § 17 Abs. 2 BDO mit Rücksicht auf das laufende Strafverfahren wegen falscher Verdächtigung oder Beleidigung ausgesetzt werden; die Aussetzungspflicht nach § 154 e geht vor[22]. Die **Anhängigkeit endet** mit der Einstellung der Vorermittlungen nach § 27 BDO sowie der nicht mehr anfechtbaren Entscheidung im förmlichen Disziplinarverfahren (Beschluß nach § 64 BDO oder Urteil nach § 76 BDO).

4. Absehen von der Erhebung der öffentlichen Klage (Absatz 1)

a) Allgemeines. Zeitpunkt. Absatz 1 schreibt der Staatsanwaltschaft (als „Sollvorschrift", vgl. Rdn. 11) lediglich vor, bei anhängigem Bezugsverfahren von der **Klageerhebung** abzusehen; eine Einstellung des Verfahrens gegen den falschen Verdächtiger oder Beleidiger ist ihr nicht untersagt. Sie kommt freilich nach dem Sinn der Vorschrift regelmäßig nicht in Betracht, wenn zu diesem Zweck eine Aufklärung der Tat erforderlich wäre, die Gegenstand des Bezugsverfahrens ist. Die **Verfahrenseinstellung** ist aber möglich und **geboten**, wenn ohne Rücksicht auf den Ausgang des Bezugsverfahrens feststeht, daß gegen den Beschuldigten kein hinreichender Tatverdacht begründet werden kann, etwa weil er in einem seine Strafbarkeit ausschließenden Irrtum gehandelt hat oder sich auf die Wahrung berechtigter Interessen (§ 193 StGB) berufen kann. Ermittlungen mit dieser Zielrichtung muß die Staatsanwaltschaft daher, soweit dafür Anhaltspunkte vorliegen, vornehmen. Im übrigen ist sie nicht verpflichtet, das Ermittlungsverfahren bis zur Anklagereife zu betreiben, denn § 154 e dient auch dazu, ein Nebeneinander von zwei gleichzeitig laufenden Ermittlungsverfahren über denselben Sachverhalt zu verhindern. Solche Ermittlungen kommen deshalb nur in „außergewöhnlichen Fällen"[23] in Betracht.

10

b) Sollvorschrift. Sofern nicht mangels Präjudizialität des Bezugsverfahrens eine Verfahrenseinstellung in Betracht kommt, *soll* die Staatsanwaltschaft von der Erhebung der öffentlichen Klage absehen. Sie ist grundsätzlich verpflichtet, auch bei Anklagereife die Klageerhebung bis zur Erledigung des Bezugsverfahrens zurückzustellen; will sie ausnahmsweise vorher Klage erheben, so müssen hierfür besondere Sachgründe vorliegen[24]. Im allgemeinen wird die Klageerhebung schon deshalb wenig sachgerecht sein, weil das Gericht alsbald nach ihrem Eingang das Verfahren ohnehin nach Absatz 2 aussetzen müßte. Ob die Klageerhebung rechtfertigende „außergewöhnliche" Fälle vorliegen, richtet sich nach den Umständen des Einzelfalls; die Staatsanwaltschaft kann dabei auch den Sachstand und die Beweislage des Bezugsverfahrens berücksichtigen. So wird eine Klageerhebung bereits dann in Betracht zu ziehen sein, wenn das Bezugsverfahren mit negativem Ergebnis sachlich abgeschlossen ist und lediglich die Bestandskraft der Abschlußentscheidung aussteht. Einer gerichtlichen Kontrolle unterliegt die Staatsanwaltschaft hierbei nicht; namentlich ist das **Klageerzwingungsverfahren** unzulässig, da es sich bei dem Absehen von der Klageerhebung nur um eine vorläufige Maßnahme handelt[25].

11

---

[22] BayObLG aaO; LR-*Meyer-Goßner*[23] 12.

[23] Begr. zum RegE EGStGB 1974, BTDrucks. 7 550 S. 300; vgl. auch *Kleinknecht/Meyer*[37] 4; KK-*Schoreit* 5.

[24] KMR-*Müller* 3; LR-*Meyer-Goßner*[23] 13; *Peters* § 23 IV 1 c gg; **a. A** wohl KK-*Schoreit* 19, der von „Kann-Vorschrift" spricht.

[25] KK-*Schoreit* 22; KMR-*Müller* 3; LR-*Meyer-Goßner*[23] 15; *Peters* § 57 IV.

Peter Rieß

12   **c) Verfahren und Entscheidung.** Die Befugnis nach Absatz 1 steht nur der Staatsanwaltschaft zu. Die Polizei kann zwar, auch bei ihrem Vorgehen nach § 163 Abs. 1, nach Beweissicherung die Sache alsbald der Staatsanwaltschaft zur Entscheidung nach Absatz 1 vorlegen; sie ist aber nicht berechtigt, etwa die Aufnahme und Bearbeitung einer Strafanzeige unter Hinweis auf § 154 e zu verweigern. Auch der Ermittlungsrichter darf Ermittlungshandlungen nicht mit der Begründung ablehnen, diese seien in Hinblick auf § 154 e unzulässig[26]. Macht die Staatsanwaltschaft von Absatz 1 Gebrauch, so stellt sie das Verfahren durch eine ausdrückliche Verfügung **vorläufig ein**[27], es sei denn, daß das Abwarten nach dem Stand des Bezugsverfahrens nur ganz kurzfristig sein wird (vgl. auch § 205, 8). Eine vorherige Anhörung des Beschuldigten und des Anzeigeerstatters ist nicht vorgeschrieben; einer Zustimmung des Gerichts bedarf die Staatsanwaltschaft nicht. Nach Nr. 103 RiStBV ist der Anzeigeerstatter von der vorläufigen Einstellung zu benachrichtigen. Jedenfalls wenn die Voraussetzungen des § 170 Abs. 2 Satz 2 vorliegen, ist auch eine Benachrichtigung des Beschuldigten erforderlich; er muß wissen, warum das Ermittlungsverfahren gegen ihn nicht gefördert wird. Zur Verfahrensfortsetzung s. Rdn. 19.

5. Vorläufige Einstellung des gerichtlichen Verfahrens (Absatz 2)

13   **a) Bedeutung. Vorübergehendes Verfahrenshindernis.** Absatz 2 enthält eine zwingende Vorschrift[28]. Sie verbietet die Weiterführung eines gerichtlich anhängigen Verfahrens, auch des Privatklageverfahrens, solange das Bezugsverfahren anhängig (Rdn. 7 ff) ist, und sie ordnet an, daß diesem Weiterführungsverbot durch vorläufige Einstellung Rechnung zu tragen ist. Die dogmatische Konsequenz dieser Regelung ist ein vorübergehendes Verfahrenshindernis[29], das in bezug auf seine verfahrensmäßige Behandlung in § 154 e Abs. 2 eine selbständige Regelung findet (vgl. auch Rdn. 15). Es beginnt mit der Anhängigkeit des Bezugsverfahrens oder, falls diese bei Klageerhebung bereits gegeben war, mit der Anhängigkeit (§ 151, 12) des Verfahrens wegen falscher Verdächtigung oder Beleidigung; es endet mit dem Ende der Anhängigkeit des Bezugsverfahrens, und es steht einer Sachentscheidung[29a], aber sobald es bekannt ist auch schon sachentscheidungsvorbereitenden Entscheidungen entgegen (vgl. aber Rdn. 15).

14   **b) Verfahren und Entscheidung.** Ob ein Bezugsverfahren anhängig ist, hat das mit der Sache befaßte Gericht von Amts wegen zu prüfen und ggf. freibeweislich zu klären, wenn der Akteninhalt hierfür irgendwelche Anhaltspunkte ergibt[30]. Bleibt das vorläufige Verfahrenshindernis bis zur Rechtskraft der Entscheidung unerkannt, so berührt es ihre Wirksamkeit nicht. Vor der vorläufigen Einstellung sind die Prozeßbeteiligten zu hören (§ 33); dazu gehört der Verletzte, der regelmäßig Betroffener des Bezugsverfahrens sein wird, nur dann, wenn er sich als Nebenkläger angeschlossen hat. Die **Entscheidung** ergeht stets **durch Beschluß**, der die vorläufige Einstellung ausspricht und

---

[26] *Kleinknecht/Meyer*[37] 6.
[27] Ausführlich LR-*Meyer-Goßner*[23] 14; ebenso KK-*Schoreit* 20; *Kleinknecht/Meyer*[37] 5; KMR-*Müller* 3.
[28] Das war für § 164 Abs. 3, § 191 StGB umstritten, vgl. die Nachw. bei LR-*Meyer-Goßner*[23] 17.
[29] BGHSt 8 154; BGH GA **1979** 223; BayObLGSt **1958** 314 = MDR **1959** 414; **1961** 80

= MDR **1961** 707; OLG Koblenz OLGSt § 191 StGB a. F 3; ebenso früher z. B. RGSt **31** 231; **41** 155; **59** 200; KK-*Schoreit* 23; *Kleinknecht/Meyer*[37] 11.
[29a] Auch einem Strafbefehl: BayObLG v. 21. 9. 1976 – RReg 6 St 89/76; *Kleinknecht/Meyer*[37] 12.
[30] Vgl. BayObLGSt **1958** 314 = MDR **1959** 414.

das Bezugsverfahren angibt; in der Hauptverhandlung wirken die Schöffen mit. Der Beschluß ist, da anfechtbar (Rdn. 18), zu begründen (vgl. § 34); ergeht er außerhalb der mündlichen Verhandlung, so ist er den Beteiligten mitzuteilen, Zustellung ist nicht erforderlich (§ 35 Abs. 2 Satz 2). Da nur vorläufige Einstellung beschlossen wird, ist keine Entscheidung über die Kosten und eine Entschädigung für Strafverfolgungsmaßnahmen zu treffen. Trotz der vorläufigen Einstellung bleibt der Vorsitzende zur **Sicherung der Beweise** befugt und ggf. verpflichtet; insoweit ist wegen der gleichen Sachlage § 205 Satz 2 analog anzuwenden (vgl. zu den Einzelheiten § 205, 35 ff).

Die vorläufige Einstellung findet ihre **Rechtsgrundlage** stets **in § 154 e Abs. 2.** Im **15** Zwischenverfahren darf kein Nichteröffnungsbeschluß nach § 204, nach Eröffnung des Hauptverfahrens kein Einstellungsbeschluß nach § 206 a und in der Hauptverhandlung kein Einstellungsurteil nach § 260 Abs. 3 ergehen[31]. **Prozeßhandlungen,** die der abschließenden tatrichterlichen Sachentscheidung vorausgehen, **bleiben** auch dann **wirksam,** wenn im Zeitpunkt ihrer Vornahme das Bezugsverfahren bereits anhängig war und deshalb eine vorläufige Einstellung hätte erfolgen müssen[32]. Denn der Zweck der Vorschrift liegt darin, widersprüchliche Sachentscheidungen zu vermeiden, er erfordert es nicht, auch solche Entscheidungen als unwirksam zu behandeln, die diese Sachentscheidung lediglich vorbereiten. Deshalb bleibt ein einmal erlassener Eröffnungsbeschluß wirksam, auch wenn im Zeitpunkt seines Erlasses das Bezugsverfahren bereits anhängig war, dies aber nicht beachtet wurde.

c) Verfahren nach Erlaß des erstinstanzlichen Urteils. Wird das Bezugsverfahren **16** erst nach Erlaß des erstinstanzlichen Urteils, aber vor seiner Rechtskraft anhängig, so ist das erstinstanzliche Gericht, anders als bei der Anwendung des § 206 a (vgl. § 206 a, 11 f) nicht zur vorläufigen Einstellung befugt; sie wäre sinnlos, weil dem Gericht auch ein seiner Entscheidung widersprechender Ausgang des Bezugsverfahrens keine Möglichkeit zur Korrektur seines Urteils geben würde. Ist das Verfahren in der **Berufungsinstanz** anhängig, so stellt es das Berufungsgericht nach § 154 e Abs. 2 vorläufig ein, unabhängig davon, ob der Tatrichter das Bezugsverfahren übersehen hatte oder ob es erst später anhängig geworden ist. Auch im ersten Fall bedarf es keiner Aufhebung allein wegen dieses Rechtsfehlers[33]; vielmehr ist der Ausgang des Bezugsverfahrens bei der vom Berufungsgericht ohnehin zu treffenden Sachentscheidung (§ 328 Abs. 1) zu berücksichtigen. Ist infolge einer wirksamen Beschränkung der Berufung die Möglichkeit entfallen, abweichende Ergebnisse des Bezugsverfahrens zu berücksichtigen, so braucht das Verfahren nicht vorläufig eingestellt zu werden.

Wird das Bezugsverfahren erst nach Erlaß des letzten tatrichterlichen Urteils anhängig, so ist das **Revisionsgericht** nicht zur vorläufigen Einstellung verpflichtet und **17** nicht an einer Entscheidung über die Revision gehindert[34]. Da § 154 e nur widersprüchliche tatsächliche Feststellungen verhindern will, gilt sein Absatz 2 im Ergebnis nur für die Tatsacheninstanz, zumal das Revisionsgericht in diesem Fall dem Ausgang des Be-

---

[31] BGH GA **1979** 224; *Kleinknecht/Meyer*[37] 11; ausführlich LR-*Meyer-Goßner*[23] 20.

[32] Vgl. BayObLG v. 21. 9. 1976 – RReg 6 St 89/76 – für den Fall eines Strafbefehls, dem nach Einspruch nur noch die Wirkung eines Eröffnungsbeschlusses zukomme; wohl weitergehend *Kleinknecht/Meyer*[37] 12, der solche vorbereitenden Entscheidungen schlechthin für zulässig hält.

[33] Zur Frage, ob § 328 Abs. 2 anwendbar ist, vgl. bejahend KK-*Schoreit* 26; *Kleinknecht/Meyer*[37] 13; KMR-*Müller* 4; verneinend LR-*Meyer-Goßner*[23] 21; vgl. auch die Erl. zu § 328.

[34] BGH GA **1979** 224; NJW **1966** 1278; RGSt **26** 365; RG GA **58** (1911) 475; BayObLGSt **1958** 315 = MDR **1959** 414; KK-*Schoreit* 27; LR-*Meyer-Goßner*[23] 22; a. A KMR-*Müller* 4.

zugsverfahrens bei einer unbegründeten Revision auch bei einer vorläufigen Einstellung nicht Rechnung tragen könnte. Verweist das Revisionsgericht allerdings aus anderen Gründen unter Aufhebung der Feststellungen die Sache an den Tatrichter zurück, so hat dieser ggf. nunmehr das Verfahren nach Absatz 2 vorläufig einzustellen. Zur Revisibilität einer fehlerhaften Nichtanwendung des Absatz 2 durch den Tatrichter s. Rdn. 22 f.

18   d) Die **Anfechtbarkeit** der vorläufigen Einstellung und der Ablehnung eines auf sie gerichteten Antrags richtet sich nach den für § 205 geltenden Grundsätzen; auf die dortigen Erl. (§ 205, 31 ff) wird verwiesen.

19   **6. Fortsetzung des vorläufig eingestellten Verfahrens.** Die Staatsanwaltschaft kann das nach Absatz 1 vorläufig eingestellte Ermittlungsverfahren auch vor Abschluß des Bezugsverfahrens wieder aufnehmen, wenn hierfür besondere Gründe (Rdn. 11) vorliegen; das Gericht ist zu einer Verfahrensfortsetzung des nach Absatz 2 eingestellten Verfahrens vor Abschluß des Bezugsverfahrens nicht befugt. Eine Verfahrensfortsetzung liegt aber noch nicht in Beweissicherungsmaßnahmen. Staatsanwaltschaft und Gericht haben zu überwachen, ob das Bezugsverfahren noch anhängig ist. Sobald es nicht mehr anhängig ist (Rdn. 8 f), ist das Verfahren von Amts wegen fortzusetzen. Die Verfahrensbeteiligten können hierauf durch Anträge hinwirken und, bei gerichtlicher Einstellung, bei Ablehnung des Antrags Beschwerde einlegen (§ 205, 33).

20   Die Verfahrensfortsetzung bedarf keiner ausdrücklichen **Entscheidung**[35], wenn dies auch zweckmäßig ist. Das Verfahren wird in der Lage fortgesetzt, in der es sich im Zeitpunkt der vorläufigen Einstellung befunden hat (vgl. Rdn. 15), indem die nunmehr nach der Sache gebotene Prozeßhandlung ergeht. Soweit das Ergebnis des Bezugsverfahrens bindende Wirkung hat, etwa nach § 190 StGB, ist dies bei der nunmehr zu treffenden Sachentscheidung zu berücksichtigen. So ist, wenn der Wahrheitsbeweis durch eine strafgerichtliche Verurteilung als erbracht gilt und nicht § 192 StGB eingreift, je nach Verfahrensstand das Ermittlungsverfahren einzustellen, die Eröffnung des Hauptverfahrens gemäß § 204 abzulehnen oder der Angeklagte durch Urteil freizusprechen.

21   **7. Verjährung.** Absatz 3 ordnet das Ruhen der Verjährung an. Für die Aussetzung des gerichtlichen Verfahrens würde sich dies infolge der zwingend vorgeschriebenen Einstellung auch aus § 78 b Abs. 1 Satz 1 StGB ergeben, jedoch ist die ausdrückliche Regelung in Hinblick auf die Sollvorschrift des Absatz 1 erforderlich[36]. Das **Ruhen beginnt** mit dem Erlaß der Entscheidung, die das Verfahren vorläufig einstellt, nicht schon, auch im Fall der gerichtlichen Einstellung, mit der Anhängigkeit des Bezugsverfahrens[37]. Es **endet**, d. h. die Verjährungsfrist läuft weiter, sobald das Bezugsverfahren nicht mehr anhängig ist (Rdn. 8), auf eine erst später liegende tatsächliche Fortsetzung des eingestellten Verfahrens kommt es nicht an[38]. Setzt die Staatsanwaltschaft das Verfahren fort, obwohl das Bezugsverfahren noch anhängig ist (Rdn. 19), so endet das Ruhen bereits mit der ersten neuen Verfolgungshandlung[39]; stellt sie später das Verfahren erneut ein, so ruht die Verjährung erneut. Nach dem Wortlaut des Absatz 3 ruht nur die Verjährung der falschen Verdächtigung oder Beleidigung. Diese **Fassung** ist **zu eng**. Das Ruhen erstreckt sich auch auf andere, zu derselben prozessualen Tat gehörende Ge-

---

[35] KK-*Schoreit* 29; LR-*Meyer-Goßner*[23] 26.
[36] So Begr. zum RegE EGStGB 1974, BT-Drucks. 7 550, S. 300; zur früheren Rechtslage vgl. z. B. RGSt **66** 329.
[37] *Kleinknecht/Meyer*[37] 14; KMR-*Müller* 6.
[38] KK-*Schoreit* 32; KMR-*Müller* 6.
[39] KK-*Schoreit* 31; *Kleinknecht/Meyer*[37] 14.

setzesverletzungen, da die vorläufige Einstellung insoweit nur einheitlich vorgenommen werden kann (Rdn. 4)[40]. Es erstreckt sich dagegen nicht auf strafbare Handlungen, die nach Verfahrenstrennung als selbständige prozessuale Taten weiterverfolgt werden könnten.

8. Revision. Hat der Tatrichter entgegen Absatz 2 trotz der Anhängigkeit des Bezugsverfahrens das Verfahren nicht vorläufig eingestellt, so liegt hierin grundsätzlich ein die Revision begründender Rechtsfehler. Er führt jedoch nicht zur vorläufigen Einstellung des Verfahrens durch das Revisionsgericht, sondern zur Aufhebung des tatrichterlichen Urteils mit seinen Feststellungen und zur Zurückverweisung, damit der Tatrichter das Verfahren nunmehr vorläufig einstellen und nach Abschluß des Bezugsverfahrens unter Berücksichtigung von dessen Ergebnissen neu in der Sache entscheiden kann[41]. Von Amts wegen und ohne ordnungsgemäße Rüge nach §344 Abs. 2 Satz 2 ist der Verstoß entgegen der wohl noch h. M vom Revisionsgericht nicht zu beachten[42]. Der Grundsatz, daß Verfahrenshindernisse in der Revisionsinstanz von Amts wegen zu beachten sind, findet seine Rechtfertigung nur in der Überlegung, daß sie auch in dieser nicht vorliegen dürfen; dies aber gilt für das vorläufige Verfahrenshindernis nach §154 e Abs. 2 gerade nicht (Rdn. 17). **22**

Das **Beruhen** des tatrichterlichen Urteils auf der unterlassenen Anwendung des Absatzes 2 läßt sich nicht ausschließen, wenn das Bezugsverfahren im Zeitpunkt der Revisionsentscheidung noch anhängig ist, weil es dann immer möglich ist, daß sein noch nicht feststehendes Ergebnis die neu zu treffenden tatrichterlichen Feststellungen beeinflussen kann. Anders kann es aber dann liegen, wenn im Zeitpunkt der Revisionsentscheidung das Bezugsverfahren rechtskräftig abgeschlossen ist. Zeigt dessen Ergebnis, das vom Revisionsgericht bei der Beruhensprüfung freibeweislich verwertet werden darf, daß ein Widerspruch mit dem vom Revisionsgericht zu prüfenden Urteil wegen falscher Anschuldigung oder Beleidigung nicht besteht, so kann das Revisionsgericht die Revision mangels Beruhens verwerfen. Ergibt sich umgekehrt gemäß §190 StGB aus der Bindungswirkung des inzwischen ergangenen Urteils im Bezugsverfahren, daß der wegen Beleidigung Verurteilte freigesprochen werden *muß*, so kann dies, da ohne weitere tatsächliche Erörterungen möglich, ggf. auch durch das Revisionsgericht nach §354 Abs. 1 geschehen. **23**

§155

(1) Die Untersuchung und Entscheidung erstreckt sich nur auf die in der Klage bezeichnete Tat und auf die durch die Klage beschuldigten Personen.

(2) Innerhalb dieser Grenzen sind die Gerichte zu einer selbständigen Tätigkeit berechtigt und verpflichtet; insbesondere sind sie bei Anwendung des Strafgesetzes an die gestellten Anträge nicht gebunden.

Bezeichnung bis 1924: §153

---

[40] KMR-*Müller* 6; zur parallelen Problematik bei §396 AO *Franzen/Gast/Samson* Steuerstrafrecht[3] §396, 30 AO; **a.** A LK-*Jähnke* §78 b, 8 a. E.

[41] BGHSt **8** 133; **8** 154; BGH GA **1979** 224; RG GA **39** (1891) 236; BayObLGSt **1958** 314 = MDR **1959** 414; OLG Koblenz §191 StGB

a. F 3; KK-*Schoreit* 27; *Kleinknecht/Meyer*[37] 15; KMR-*Müller* 6; LK-*Herdegen* §164, 35.

[42] Der hier vertretenen Auffassung zuneigend BGH GA **1979** 224; LR-*Hanack* §337, 47; **a.** A BayObLGSt **1961** 80 = MDR **1961** 707; OLG Koblenz aaO; LR-*Meyer-Goßner*[23] 25.

Peter Rieß

1   **1. Bedeutung und Anwendungsbereich.** Die Vorschrift gehört, zusammen mit den §§ 151, 206, 264, zu den grundlegenden, für das Prozeßmodell des deutschen Strafverfahrens mit konstitutiven Bestimmungen, die die Anklageform mit der Instruktionsmaxime verbinden. § 155 bringt beide Elemente zum Ausdruck. Absatz 1 zieht als Umgrenzungsregel in notwendiger Ergänzung des § 151 aus der Anklageform die Konsequenz der thematischen Bindung des Gerichts[1]. Danach bestimmt die Klage durch die Bezeichnung von Tat und Täter den Prozeßgegenstand[2]. Absatz 2 weist dem Gericht innerhalb dieses thematischen Rahmens die volle Entscheidungsfreiheit zu. Namentlich die Umgrenzungsregel schützt den Angeschuldigten gegen willkürliche Ausdehnung der gerichtlichen Untersuchung und „stellt einen besonders wichtigen Grundsatz rechtsstaatlichen Verfahrensrechts auf"[3].

2   Die Vorschrift bezieht sich nur auf die das gerichtliche Verfahren in seiner Totalität erfassende gerichtliche Untersuchung **nach der Erhebung der öffentlichen Klage**, also auf die in Richtung auf ein Urteil zielende gerichtliche Tätigkeit. Doch gilt auch im Vorverfahren grundsätzlich die Regel (Ausnahme z. B. §§ 125 Abs. 1, 165); daß das Gericht nur auf Antrag der Staatsanwaltschaft und nur innerhalb der von dieser gestellten Anträge (vgl. näher die Erl. zu § 162) tätig werden darf. In bezug auf Absatz 2 wird das Gericht im Vorverfahren teilweise mit derselben Freiheit tätig (vgl. z. B. §§ 81, 125, 128), teilweise darf es nur die gesetzliche Zulässigkeit, nicht jedoch die Zweckmäßigkeit der beantragten Handlung nachprüfen (§ 162 Abs. 3), in einigen Fällen muß es dem Antrag der Staatsanwaltschaft entsprechen, wie bei Aufhebung des Haft- oder Unterbringungsbefehls (§§ 120 Abs. 3, 126 Abs. 3 Satz 3).

2. Thematische Bindung (Absatz 1)

3   **a) In der Klage bezeichnete Tat** ist im Sinne des prozessualen Tatbegriffs zu verstehen, nicht im Sinne der rechtlichen Beurteilung[4]. Maßgebend ist der in der Anklage beschriebene einheitliche Lebensvorgang, wie er sich nach dem Ergebnis der Untersuchung darstellt, auch wenn nur einzelne rechtliche oder tatsächliche Gesichtspunkte hervorgehoben sind[5] und ohne daß es insoweit auf den Verfolgungswillen der Staatsanwaltschaft ankommt[6]. Dieser soll dagegen dort maßgeblich sein, wo es sich um ein in der Anklageschrift nur beiläufig erwähntes, historisch selbständiges Geschehen han-

---

[1] *Eb. Schmidt* I 352; *Roxin* § 38 D III b.

[2] BGHSt **30** 138; *v. Hippel* 336; *Schlüchter* 357; *Eb. Schmidt* 1.

[3] *Eb. Schmidt* I 353; vgl. auch *v. Kries* 278; *v. Hippel* 336; KK-*Schoreit* 2; *Roxin* § 38 D III b.

[4] BGHSt **25** 389; OLG Köln NJW **1968** 1894.

[5] BGHSt **25** 389; vgl. zu den verwandten Fragen der Teilbarkeit des Strafantrags RGSt **5** 97; **32** 280; **62** 89.

[6] BGHSt **16** 200.

delt[7]. Nach ganz h. M deckt sich der Tatbegriff des § 155 mit dem des § 264[8], so daß wegen der Einzelheiten auf die Erl. zu § 264 zu verweisen ist.

b) Strafzumessungssachverhalt. Die Feststellung des Strafzumessungssachverhalts **4** wird durch die Umgrenzungsregel des Absatz 1 grundsätzlich nicht beschränkt[9]; das Gericht ist jedenfalls durch § 155 nicht gehindert, die Untersuchung auf alle rechtsfolgenrelevanten Umstände auch außerhalb des von der Klage erfaßten historischen Geschehens zu erstrecken und dabei nach h. M auch andere, noch nicht abgeurteilte Straftaten zu berücksichtigen[10]. Eine Ausnahme gilt, sofern kein Hinweis an den Angeklagten erfolgt, für Tatvorwürfe, die gemäß §§ 154, 154 a ausgeschieden worden sind, vgl. dazu § 154, 54 ff.

c) Nur auf die **durch die Klage beschuldigten Personen** erstreckt sich die Aburtei- **5** lungsbefugnis des Gerichts. Ein gerichtliches Verfahren „gegen Unbekannt" ist nicht möglich. Unschädlich ist es, wenn die Person in der Klage mit einem falschen Namen bezeichnet wurde, sofern nur die Identität feststeht (§ 200, 9); das Verfahren richtet sich gegen die in der Anklageschrift gemeinte Person mindestens dann, wenn sie vor Gericht erscheint oder sonst im gerichtlichen Verfahren tätig wird[11]. Umstritten ist die Rechtslage, wenn in der Hauptverhandlung ein anderer, der fälschlich für den in der Klage Bezeichneten gehalten wird, erscheint und abgeurteilt wird[12].

d) Zur **Erweiterung** des Gegenstands der gerichtlichen Untersuchung kann es **6** (nur) durch eine neue Klage kommen. Diese kann bei einem bereits Angeklagten mit dessen Zustimmung in der Hauptverhandlung als Nachtragsanklage gemäß § 266 erhoben werden. Wenn deren Voraussetzungen nicht vorliegen, ist eine weitere Anklage und (ggf. nach ihrer Zulassung) eine Verbindung mit dem bereits anhängigen Verfahren möglich, und zwar auch dann, wenn sie sich gegen andere, bisher nicht angeklagte Personen richtet, sofern die Voraussetzungen eines sachlichen Zusammenhangs (§ 3, 6) gegeben sind.

3. Ermittlungs- und Entscheidungsfreiheit (Absatz 2)

a) Ermittlungsfreiheit. Die Vorschrift steht insoweit, als sie das Gericht zu einer **7** selbständigen Tätigkeit berechtigt und verpflichtet (1. Halbsatz), in enger Verbindung mit dem in § 244 Abs. 2 enthaltenen Amtsaufklärungsgrundsatz (vgl. auch §§ 202, 214 Abs. 1, 221)[13]; sie verpflichtet das Gericht, von Amts wegen und durch eigene Tätigkeit

---

[7] BGH LM § 264 Nr. 19; vgl. BGHSt **16** 202.

[8] RGSt **8** 135; **56** 324; **61** 237; BGHSt **25** 389; **29** 292; **29** 342; **30** 166; vgl. auch RGSt **51** 242; **72** 105; *Beling* 114; *Gössel* § 33 I; *Henkel* 388; *v. Hippel* 373; *KK-Schoreit* 5; *Kleinknecht/ Meyer*[37] 1; *KMR-Müller* 1; *Oehler* Gedächtnisschrift Schröder 443; *Pickert* (LV zu § 154) 96 ff; *Roxin* § 20 A I; § 46 B; *G. Schäfer* § 84 II; *Schlüchter* 362. 1; *Eb. Schmidt* I 295; a. A *Peters* § 36 II; § 50 II; § 54 III 2 (bei § 155 umfassenderer, bei § 264 engerer „dynamischer" Tatbegriff).

[9] BGH LM § 155 Nr. 1 = NJW **1951** 770; OLG Oldenburg NdsRpfl. **1950** 63; *Eb. Schmidt* 5.

[10] Wieweit nicht angeklagte, vor oder nach der Tat begangene Straftaten berücksichtigt

werden können, ist auch strafzumessungsrechtlich noch nicht restlos geklärt; vgl. jeweils mit weit. Nachw. einerseits (im wesentlichen zulässig) *Bruns* Strafzumessungsrecht[2] (1974) S. 562 ff; Recht der Strafzumessung[2] (1985) 225 ff; NStZ **1981** 81; *Dreher/Tröndle*[42] § 46, 24 c; LK-*G. Hirsch* § 46, 80; 94; *Mösl* DRiZ **1979** 168; *Schönke/Schröder/Stree* § 46, 33; andererseits (im wesentlichen unzulässig) *Haberstroh* NStZ **1984** 291; *Vogler* FS Kleinknecht (1985) 429 ff (Verstoß gegen die Unschuldsvermutung); *Zipf* Strafmaßrevision (1969) S. 236; JR **1975** 407.

[11] OLG Köln MDR **1983** 865; *Peters* § 50 II 1 a; *Eb. Schmidt* I 290.

[12] Ausführlich *Eb. Schmidt* I 291 ff; vgl. mit weit. Nachw. § 230, 11; *Roxin* § 50 C II 2 c.

Peter Rieß

den Sachverhalt zu erforschen (**Inquisitions- oder Instruktionsmaxime**). Das Gericht hat den Sachverhalt in jeder geeignet erscheinenden zulässigen Weise aufzuklären, also auch solche Belastungsbeweise zu benutzen, die von der Staatsanwaltschaft nicht vorgebracht werden und solche sich ihm aufdrängenden Entlastungsbeweise zu verfolgen, auf die sich der Angeschuldigte nicht beruft[14]. Weder die Staatsanwaltschaft noch der Angeschuldigte können (rechtlich) über den durch das Klagethema begrenzten Verfahrensstoff disponieren, mit der einzigen Ausnahme, daß der Angeschuldigte frei darüber entscheiden kann, ob er sich zur Sache äußern und damit zur Sachverhaltsaufklärung beitragen will.

8   b) **Entscheidungsfreiheit.** Die im zweiten Halbsatz eingeräumte Freiheit gegenüber Anträgen entspricht den spezielleren Regelungen in den §§ 206, 264. Sie berechtigt und verpflichtet[15] im Wege der sog. „Umgestaltung der Strafklage" zur Verurteilung wegen eines schwereren Delikts, auch wenn die Staatsanwaltschaft nur eine solche wegen eines weniger schweren beantragt, zur Verurteilung wegen eines weniger schweren oder zu einem Freispruch selbst dann, wenn der Angeklagte einen solchen Antrag nicht stellt. Die Wendung „bei Anwendung des Strafgesetzes" umfaßt auch die Zumessung der Rechtsfolgen[16], so daß das Gericht in Art und Maß der Strafe über die Anträge der Staatsanwaltschaft hinausgehen und hinter den geäußerten Vorstellungen des Angeklagten (Verteidigers) zurückbleiben darf und dies tun muß, wenn es dies nach seiner Überzeugung für geboten hält. Die Freiheit gegenüber prozessualen, das Verfahren betreffenden Anträgen der Prozeßbeteiligten regelt § 155 Abs. 2 nicht; insoweit sind die — allerdings weitgehend zu gleichen Ergebnissen führenden — einzelnen Vorschriften des Verfahrensrechts maßgebend[17].

9   c) **Einschränkungen** der Ermittlungs- und Entscheidungsfreiheit können sich aus besonderen gesetzlichen Vorschriften oder aus einer besonderen prozessualen Lage ergeben. Wenn Teilrechtskraft (durch beschränkte Anfechtung oder infolge beschränkter Urteilsaufhebung unter Aufrechterhaltung einzelner Feststellungen) eingetreten ist, ist das Gericht, soweit die bindend gewordenen Feststellungen reichen, zu weiteren Ermittlungen weder berechtigt noch verpflichtet[18]. Bei der Rechtsfolgenbemessung kann in höheren Instanzen oder nach Zurückverweisung das Verbot der reformatio in peius den Entscheidungsspielraum des Gerichts begrenzen. In einigen Fällen ist das Gericht kraft ausdrücklicher gesetzlicher Vorschrift verpflichtet, auch nach Klageerhebung einem Antrag der Staatsanwaltschaft zu entsprechen (§ 154 a Abs. 3 Satz 2, § 154 b), teilweise darf es ohne Antrag der Staatsanwaltschaft (§ 154 Abs. 2) oder ohne deren Zustimmung (§§ 153 Abs. 2, 153 a Abs. 2, 153 e Abs. 2, 154 a Abs. 2) nicht in einem bestimmten Sinne entscheiden[19].

4. Verstöße, Revision

10   a) **Verstöße gegen Absatz 1.** Überschreitet das Gericht den durch die Klageerhebung vorgegebenen thematischen Rahmen, indem es seine Entscheidung auf nicht angeklagte Taten erstreckt oder Personen einbezieht, die in der Klage nicht beschuldigt

---

[13] Vgl. BGHSt **3** 53; *v. Hippel* 384; KK-*Schoreit* 14; *Roxin* § 15 A; *Eb. Schmidt* 7.

[14] RGSt **6** 136; **13** 160; **14** 303; die neuere Rechtsprechung hat erkennbar keine Veranlassung mehr, diesen heute selbstverständlichen Grundsatz zu betonen.

[15] RGSt **3** 95; **4** 35.

[16] KK-*Schoreit* 18.

[17] *Kleinknecht/Meyer*[37] 4; *Eb. Schmidt* 8.

[18] Vgl. näher die Erl. zu § 318 und § 344, 66; § 353, 33.

[19] Zur Bindung an die Bejahung des öffentlichen Interesses im Sinne des § 376 und des besonderen öffentlichen Interesses im Sinne der §§ 183 Abs. 2, 232 Abs. 1, 248 a StGB vgl. § 206, 3.

sind, so fehlt es insoweit an der Verfahrensvoraussetzung der Klageerhebung, so daß das Verfahren bis zur Rechtskraft der Entscheidung in jeder Lage von Amts wegen einzustellen ist[20]. Hat der Tatrichter die angeklagte Tat für nicht erwiesen gehalten, jedoch unter Verstoß gegen §155 Abs. 1 wegen einer anderen, nicht angeklagten Tat verurteilt, so soll im Rechtsmittelverfahren nur auf Freispruch zu erkennen und nicht daneben auch noch das Verfahren einzustellen sein[21].

b) Verstöße gegen Absatz 2 können im Urteil zu materiell-rechtlichen oder verfahrensrechtlichen Fehlern führen, die im allgemeinen unmittelbar mit der Revision geltend gemacht werden können. Wenn das Gericht seine Ermittlungsfreiheit (1. Halbsatz) verkennt und deshalb ihm mögliche Ermittlungshandlungen unterläßt, kann dies die Aufklärungsrüge begründen[22] oder zu lückenhaften Feststellungen führen, die auf die Sachrüge hin zur Aufhebung zwingen. Verkennt das Gericht seine Entscheidungsfreiheit (2. Halbsatz) und verstößt es demzufolge gegen seine Pflicht zur Umgestaltung der Strafklage, so liegt darin ein sachlich-rechtlicher, den Schuldspruch betreffender Fehler. Ebenso liegt ein sachlich-rechtlicher, die Strafzumessung betreffender Mangel vor, wenn sich das Gericht insoweit unzutreffenderweise an die Anträge der Prozeßbeteiligten zum Strafmaß gebunden glaubt. Auf einer bloßen Verletzung des §155 Abs. 2, die nicht zu selbständig mit der Revision erfaßbaren materiell-rechtlichen oder verfahrensrechtlichen Fehlern führt, wird das Urteil regelmäßig nicht beruhen, so daß für eine unmittelbar auf diese Vorschrift gestützte Revision meist kein Raum sein wird. **11**

§156

Die öffentliche Klage kann nach Eröffnung des Hauptverfahrens nicht zurückgenommen werden.

Entstehungsgeschichte. Bis 1942 lautete die Vorschrift dahin, daß die öffentliche Klage „nach Eröffnung der Untersuchung" nicht zurückgenommen werden könne. Art. 3 der VO über die Beseitigung des Eröffnungsbeschlusses vom 13. 8. 1942 (RGBl. I S. 512) erweiterte die Rücknahmemöglichkeit „bis zum Beginn der ersten Hauptverhandlung"; Art. 3 I Nr. 67 VereinhG schloß sie „nach Eröffnung der Voruntersuchung oder des Hauptverfahrens" aus. Mit der Abschaffung der Voruntersuchung erhielt die Vorschrift durch Art. 1 Nr. 40 des 1. StVRG ihre heutige Fassung. Bezeichnung bis 1924: §154.

Übersicht

---

[20] Vgl. §206 a, 41; Einl. Kap. **12** I; RGSt **67** 59; BGHSt **15** 44; dagegen nimmt *Eb. Schmidt* I 256 weitergehend Unbeachtlichkeit des Urteils an; ebenso *Henkel* 258; *Goldschmidt* 507; KMR-*Sax* Einl. **X** 13; *Niese* 101; *Rosenfeld* 52; wie hier *Gössel* §33 E I b 2; *Peters* §55 I 2 (S. 497); *Rüping* 156; vgl. auch Einl. Kap. **16**; *Roxin* §50 C II.

[21] BayObLG VRS **57** 39 unter Aufgabe seiner früheren Auffassung VRS **38** 365; **47** 297.

[22] Vgl. RGSt **13** 159.

1   **1. Bedeutung und Grundsatz.** Die Vorschrift enthält den das deutsche Strafverfahrensrecht mit kennzeichnenden Grundsatz, daß der Ankläger nach Eröffnung des gerichtlichen Verfahrens die Dispositionsbefugnis über den Verfahrensgegenstand verliert; sie ist Ausdruck des teilweise sogenannten Immutabilitätsprinzips[1]. Dieser Verlust tritt jedoch noch nicht mit der Erhebung der öffentlichen Klage ein; die Rücknahmebefugnis erlischt regelmäßig erst mit der Eröffnung des Hauptverfahrens, in besonderen Verfahrensarten mit dem gleichstehenden Zeitpunkt, in dem die Rechtshängigkeit (vgl. § 151, 13) eintritt. Das Prinzip unterliegt jedoch in beiden Richtungen gewissen Ausnahmen.

     2. Maßgeblicher Zeitpunkt

2   **a) Eröffnung des Hauptverfahrens.** Im Normalverfahren endet die Rücknahmebefugnis mit dem Erlaß des Eröffnungsbeschlusses (§ 207, 34). Solange der Beschluß über die Eröffnung des Hauptverfahrens noch nicht wirksam (§ 33, 12) geworden ist, ist die Klagerücknahme möglich, auch wenn das Gericht bereits einzelne Handlungen zur Vorbereitung der Eröffnungsentscheidung getroffen hat[2]. Der Eröffnungsbeschluß steht der Rücknahme auch dann entgegen, wenn er infolge Fehlerhaftigkeit als Verfahrensvoraussetzung unwirksam ist und deshalb nach den §§ 206 a, 260 Abs. 3 zur Einstellung des Verfahrens zwingt (vgl. § 207, 37). Dagegen bleibt die Rücknahmebefugnis erhalten, wenn irrtümlich überhaupt kein Eröffnungsbeschluß ergangen ist. Sie lebt wieder auf, wenn das Verfahren wegen eines mangelhaften Eröffnungsbeschlusses unter Beschränkung auf die Eröffnungsentscheidung und das ihr nachfolgende Verfahren eingestellt wird (§ 207, 66 ff).

3   **b) Besondere Verfahrensarten.** Für das **Sicherungsverfahren** nach den §§ 413 ff gilt § 156 entsprechend für die Antragsschrift nach Eröffnung des Verfahrens[3]. Im **beschleunigten Verfahren** sowie im vereinfachten Jugendverfahren[4] kann die Anklage noch in der Hauptverhandlung bis zum Beginn der Vernehmung des Angeschuldigten zur Sache zurückgenommen werden (näher § 212 a, 2). Die Rücknahme der **Nachtragsanklage** nach § 266 ist bis zum Erlaß des funktionell dem Eröffnungsbeschluß entsprechenden Einstellungsbeschlusses möglich (vgl. bei § 266).

4   Im **Strafbefehlsverfahren** kann die Staatsanwaltschaft, in Steuerstrafverfahren in den Fällen der §§ 400, 406 Abs. 1 AO auch die Finanzbehörde, den Strafbefehlsantrag

---

[1] *Henkel* 103; *Roxin* § 14 B III; vgl. auch Vor § 151 Fußn. 2; zu den Gründen *Beling* 211; Mot. *Hahn* 147. Ob dieser Grundsatz eine notwendige Folge des Legalitätsprinzips ist (so z. B. *Kleinknecht/Meyer*[37] 1; *Rosenfeld* Reichsstrafprozeßrecht [1912] 55; *Roxin* aaO) ist zweifelhaft.

[2] Die Frage war bei der früheren, von der Eröffnung einer gerichtlichen Untersuchung

sprechenden Fassung strittig; wie hier schon damals RGSt **42** 5; **45** 175; **59** 60 und überwiegend das Schrifttum; a. A *Ortloff* GerS **59** (1901) 346; vgl. die Nachw. LR[19] 1.

[3] Vgl. Erl. zu § 414; KK- *W. Müller* § 414, 1; *Peters* § 64 II 3.

[4] Vgl. *Brunner* § 78, 9; *Eisenberg*[2] §§ 76 bis 78, 13.

und damit die öffentliche Klage bis zum Erlaß des Strafbefehls zurücknehmen[5]. Ist der Strafbefehl erlassen und gegen ihn Einspruch eingelegt worden, so ist die Rücknahme der Klage kraft ausdrücklicher gesetzlicher Vorschrift (§ 411 Abs. 3) bis zum Beginn der Verkündung des erstinstanzlichen Urteils zulässig, vom Beginn der Hauptverhandlung an jedoch nur mit Zustimmung des Angeklagten. Zweifelhaft ist, ob die im Strafbefehlsantrag liegende öffentliche Klage auch zurückgenommen werden kann, wenn nach § 408 Abs. 2 Hauptverhandlung anberaumt wird oder wenn der Strafbefehl bereits erlassen, aber gegen ihn noch kein Einspruch eingelegt worden ist. S. dazu die Erl. zu § 411.

Im gerichtlichen **Bußgeldverfahren** nach Einspruch gegen den Bußgeldbescheid kann die Staatsanwaltschaft die Klage (vgl. § 152, 7) infolge der Verweisung auf die Vorschriften über das Strafbefehlsverfahren in § 71 OWiG wie in diesem zurücknehmen[6]. Zweifelhaft ist, ob sie dies auch noch kann, wenn durch einen Hinweis nach § 81 OWiG eine **Überleitung ins Strafverfahren** vorgenommen worden ist. Es erscheint trotz der Verwendung des Begriffs Angeklagter in § 81 Abs. 2 Satz 2 OWiG fraglich, ob allein dieser Hinweis die Wirkung eines Eröffnungsbeschlusses hat. Jedoch soll nach der Rechtsprechung des BGH[7] die Befugnis zur Einspruchsrücknahme mit dem Hinweis nach § 81 Abs. 1 OWiG entfallen. Wer dieser Auffassung folgt, wird in einem solchen Fall auch die Rücknahme der Klage für unzulässig halten müssen, während die Gegenmeinung[8] mit der Einspruchsrücknahme auch die Klagerücknahme für zulässig halten muß. **5**

Im **Privatklageverfahren** gilt § 156 nicht, der nach seinem Wortlaut nur die Rücknahme der öffentlichen Klage regelt. Die Rücknahme der Privatklage ist nach § 391 in weiterem Umfang möglich. Zur Nebenklage s. § 402, zum Entschädigungsantrag des Verletzten § 404 Abs. 4. **6**

3. Ausnahmen

a) Rücknahmesperre vor Eröffnung. Hat das Gericht die **Eröffnung** des Hauptverfahrens nach § 204 **abgelehnt**, so kann die Staatsanwaltschaft die Klage auch vor Rechtskraft dieses Beschlusses nicht mehr zurücknehmen[9]. Die gerichtliche Entscheidung über die Sache durch den Ablehnungsbeschluß darf nicht einfach durch eine staatsanwaltschaftliche Rücknahmeerklärung gegenstandslos gemacht werden, zumal dadurch der Angeschuldigte den Schutz der Sperrwirkung des § 211 verlieren würde. Zu den Grenzen der Klagerücknahme nach erfolgreichem Klageerzwingungsverfahren s. die Erl. zu § 175. **7**

Ob ein **Mißbrauch der Rücknahmebefugnis** durch die Staatsanwaltschaft die Rücknahme unzulässig macht, erscheint zweifelhaft. Der BGH hat dies für den Fall erwogen, daß die Klage in der Absicht, sie vor einem anderen Gericht zu erheben, zurückgenommen wird, um damit eine im Zwischenverfahren deutlich gewordene ungünstige Auffassung des zuerst angerufenen Gerichts zu umgehen, weil darin eine Entziehung des gesetzlichen Richters liegen könne[10]. Im Schrifttum wurde teilweise die Auffassung **8**

---

[5] Vgl. § 407 Abs. 1 Satz 3 i. d. F. des Vorschlags von Art. 1 Nr. 29 StVÄGE 1984, wonach mit dem Antrag die öffentliche Klage erhoben wird.

[6] Einzelheiten bei *Göhler* § 81, 13 ff; vgl. BayObLG NJW **1973** 2312; OLG Celle NdsRpfl. **1978** 174.

[7] BGHSt **29** 305; zum früheren Meinungsstand *Göhler*[6] § 81, 19.

[8] *Göhler* § 81, 19 und JR **1976** 210; *Rebmann/Roth/Herrmann* § 81, 5.

[9] KMR-*Paulus* § 204, 14; LR-*Meyer-Goßner*[23] 4; a. A KK-*Schoreit* 8.

[10] BGHSt **14** 17; zustimmend (mit Einschränkungen) KK-*Schoreit* 6; vgl. auch BGH NStZ **1984** 132 mit Anm. *Hilger* (Rücknahme wegen bloß geschäftsplanmäßiger Unzuständigkeit der angerufenen Strafkammer); dazu auch § 200, 38.

vertreten, daß eine Rücknahme allein mit dem Ziel, das Verfahren nach § 153 Abs. 1 einzustellen, wegen der Umgehung der beschränkten Rechtskraftwirkung des § 153 Abs. 2 unzulässig sei[11]. Doch braucht die Staatsanwaltschaft den Grund für die Klagerücknahme nicht anzugeben; das Gericht hat keine Befugnis, ihn zu würdigen. Auch eine mißbräuchliche Klagerücknahme berührt daher ihre Wirksamkeit nicht, kann aber Konsequenzen für den weiteren Verfahrensfortgang haben. So könnte etwa in dem vom BGH erwogenen Fall, wenn der Angeschuldigte durch die Klagerücknahme seinem gesetzlichen Richter entzogen wird, dieser Umstand einer neuen Klage vor einem anderen Gericht entgegenstehen und in jenem Verfahren zu berücksichtigen sein.

9   b) Die **Rücknahmebefugnis nach der Eröffnung** ist nur kraft ausdrücklicher gesetzlicher Vorschrift in den Fällen des § 153 c Abs. 3 und des § 153 d Abs. 2 und nur zu dem Zweck gegeben, das Verfahren einzustellen. Davon abgesehen ist eine Rücknahme der Klage nach dem maßgeblichen Zeitpunkt (Rdn. 2) auch dann nicht zulässig, wenn der Angeklagte und das Gericht damit einverstanden sind[12] oder wenn sich zweifelsfrei die Unschuld des Angeklagten oder das Vorliegen eines Verfahrenshindernisses herausstellt; im zweiten Fall ist, worauf auch die Staatsanwaltschaft hinwirken kann, nach den §§ 206 a, 260 Abs. 3 zu verfahren.

4. Rücknahme der Klage

10   a) **Gründe.** Für die Rücknahme der Klage können unterschiedliche Gründe in Betracht kommen (vgl. *Eb. Schmidt* 4). Sie kann mit dem Ziel der Einstellung des Verfahrens nach § 170 Abs. 2 oder nach den §§ 153 ff vorgenommen werden, wenn sich nachträglich, etwa durch die Äußerung des Angeschuldigten nach § 201 oder durch Ermittlungen nach § 202 herausstellt, daß kein hinreichender Tatverdacht vorliegt oder die Schuld gering ist und das öffentliche Interesse an der Strafverfolgung fehlt[13]; damit kann die Staatsanwaltschaft auch einer bevorstehenden Ablehnung der Eröffnung zuvorkommen. Auch der Angeschuldigte kann, ggf. im Wege der Dienstaufsichtsbeschwerde, auf die Rücknahme hinwirken[14]. Die Rücknahme kann auch, ggf. auf Anregung des Gerichts, den Zweck haben, umfangreiche Nachermittlungen mit ungewissem Ausgang vorzunehmen, für die sich das Verfahren nach § 202 nicht eignet (§ 202, 3).

11   Möglich ist auch die Rücknahme mit dem Ziel, die **Klage vor einem anderen Gericht** neu zu erheben (vgl. aber § 200, 38 a. E.), etwa um dort eine Verbindung mit einer bereits anhängigen oder anzuklagenden Sache herbeizuführen, einer örtlichen Unzuständigkeitserklärung zuvorzukommen[15] oder vor einem Gericht höherer Ordnung anzuklagen, weil nunmehr die besondere Bedeutung im Sinne des § 74 Abs. 2 Satz 2 GVG bejaht wird[16]. Im umgekehrten Fall kann die Staatsanwaltschaft auch statt der Rücknahme und Neuanklage vor einem Gericht niedrigerer Ordnung durch einen zu-

---

[11] *Kleinknecht/Meyer* (bis zur 36. Aufl.) 5; dagegen KK-*Schoreit* 5; KMR-*Müller* 4; *Kleinknecht/Meyer*[37] 5.

[12] OLG Schleswig bei *Ernesti/Jürgensen* SchlHA **1976** 170.

[13] Ob es sachgerecht und unbedenklich ist, die Anklage nur zurückzunehmen, um bei mangelnder Bereitschaft des Gerichts zur Einstellung nach den §§ 153 ff in den Fällen der zustimmungsfreien Einstellung die Mitwirkung des Gerichts zu umgehen (so LR-*Meyer-Goßner*[23] 13), erscheint zweifelhaft.

[14] *Peters* § 57 IV (zweite Verteidigungsmöglichkeit neben der Äußerung nach § 201).

[15] Zur beschränkten Wirkung einer aus diesem Grunde im Bußgeldverfahren vorgenommenen Klagerücknahme vgl. BayObLG NJW **1973** 2312.

[16] Vgl. BVerfGE **18** 428 (selbst bei sachwidrigem Vorgehen der Staatsanwaltschaft kein Verfassungsverstoß); KK-*Schoreit* 4.

sätzlichen Antrag bei dem zuerst angegangenen Gericht darauf hinwirken, daß dieses von seiner Eröffnungsmöglichkeit nach § 209 Abs. 1 Gebrauch macht. Die Rücknahme der Klage ist auch angebracht, wenn die Staatsanwaltschaft in einer **anderen Verfahrensart** vorgehen will, etwa um einen Strafbefehlsantrag zu stellen oder unter Rücknahme dieses Antrags im ordentlichen Verfahren Anklage zu erheben. Will die Staatsanwaltschaft nach im Normalverfahren erhobener Anklage im beschleunigten Verfahren vorgehen, so bedarf es der Rücknahme nicht, vielmehr genügt es, den selbständigen Antrag auf Eröffnung des Hauptverfahrens (§ 199 Abs. 2 Satz 1) durch den auf Aburteilung im beschleunigten Verfahren zu ersetzen (§ 212, 18).

12 Eine Rücknahme mit dem Ziel der alsbaldigen **neuen Anklage vor dem gleichen Gericht** ist im allgemeinen kaum sinnvoll. Sie kann aber im Einzelfall zweckmäßig sein oder notwendig werden, wenn die zuerst erhobene Anklage erhebliche formelle Mängel aufweist (§ 200, 52 ff) und der Vorsitzende eine Nachbesserung anregt.

13 **b) Umfang der Rücknahme.** Die Rücknahme kann in bezug auf die gesamte Klage oder in bezug auf einzelne von mehreren (prozessualen) Taten und/oder Angeschuldigten erklärt werden. Im zweiten Fall bleibt die erhobene Klage im übrigen wirksam; es bedarf keiner Gesamtrücknahme und einer Neuerhebung mit reduziertem Inhalt, die allenfalls bei komplizierten Sachverhalten aus Klarstellungsgründen zweckmäßig sein kann. In bezug auf einzelne tateinheitlich oder tatmehrheitlich zusammentreffende Gesetzesverletzungen oder einzelne abtrennbare Teile der Tat ist bei einheitlicher prozessualer Tat eine Klagerücknahme nicht möglich.

14 **c) Form der Rücknahme.** Die Zurücknahme ist eine einseitige, empfangsbedürftige Prozeßhandlung in Form einer Bewirkungshandlung (*Eb. Schmidt* 7). Sie ist dem Gericht gegenüber zu erklären, bei dem die Sache anhängig ist, auch wenn dieses zur Entscheidung in der Sache örtlich oder sachlich unzuständig wäre[17]. Wirksam wird sie mit dem Eingang der Erklärung bei Gericht. Für die Rücknahmeerklärung ist Schriftform angebracht und üblich, doch ist auch eine mündliche Rücknahmeerklärung, die aktenkundig zu machen ist, beachtlich[18]. Soll, soweit dies noch möglich ist, eine Klagerücknahme in der Hauptverhandlung erklärt werden, so geschieht dies mündlich und ist als wesentliche Förmlichkeit zu protokollieren.

15 **d) Wirkung der Rücknahme.** Durch die Rücknahme der Klage wird das Verfahren in den Stand des Ermittlungsverfahrens zurückversetzt, die Anhängigkeit bei Gericht entfällt. Eines besonderen Gerichtsbeschlusses bedarf es nicht; das Gericht verständigt die übrigen Prozeßbeteiligten, soweit sie Kenntnis von der Anklageerhebung haben[19], und gibt, wenn die Anklage insgesamt zurückgenommen wird, die Akten der Staatsanwaltschaft zurück. Wird die Anklage nur hinsichtlich einzelner Taten oder Angeschuldigter zurückgenommen, im übrigen aber aufrechterhalten, so sind diese Taten nicht mehr Gegenstand des Verfahrens. Der Eröffnungsbeschluß umfaßt sie nicht, auch wenn er die Anklage ohne eigene Zusätze zuläßt; bei der Verlesung des Anklagesatzes in der Hauptverhandlung (§ 243 Abs. 3 Satz 1) läßt der Staatsanwalt sie weg. Soll das gerichtliche Verfahren nach Klagerücknahme fortgesetzt werden, so bedarf es einer neuen Klageerhebung und (im Normalverfahren) einer Entscheidung über die Eröffnung, vor der regelmäßig auch das Verfahren nach § 201 erneut durchzuführen ist. Es

---

[17] OLG Celle VRS **55** 285 = NdsRpfl. **1978** 174 mit eigenartigem Sachverhalt.
[18] Das Schrifttum, vgl. LR-*Meyer-Goßner*[23] 10; KK-*Schoreit* 1; KMR-*Müller* 3; *Eb. Schmidt* 7, erwähnt nur die Möglichkeit der

schriftlichen Zurücknahme, doch ist nicht ersichtlich, daß damit die Wirksamkeit einer nur mündlichen Rücknahmeerklärung bestritten werden soll.
[19] KMR-*Müller* 3; *Eb. Schmidt* 7.

Peter Rieß

reicht nicht aus, daß der Staatsanwalt in der Hauptverhandlung die zurückgenommene Anklage verliest[20].

16   Mit der Klagerücknahme als solcher ist **keine Kostenentscheidung** verbunden, weil hierdurch das Verfahren noch nicht endgültig abgeschlossen wird. Erst wenn die Staatsanwaltschaft das Verfahren nach der Rücknahme einstellt, ist auf Antrag nach § 467 a zu entscheiden, vgl. auch § 9 Abs. 2 StrEG.

17   e) **Weiteres Verfahren.** Das mit der Klagerücknahme wieder bei der Staatsanwaltschaft, in den Fällen des § 400 AO bei der Finanzbehörde, anhängige Ermittlungsverfahren muß von dieser nach den hierfür geltenden Vorschriften abgeschlossen werden; die Staatsanwaltschaft unterliegt dabei wieder dem Legalitätsprinzip[21]. Es ist also, ggf. nach weiteren Ermittlungen, entweder erneut die öffentliche Klage zu erheben oder das Verfahren nach § 170 Abs. 2 oder den §§ 153 ff, 376 einzustellen.

18   5. **Unzulässigkeit der Rücknahme.** Erklärt die Staatsanwaltschaft die Rücknahme der Klage zu einem Zeitpunkt, in dem dies nicht mehr möglich ist, so ist die verspätete Rücknahme unwirksam und für das Gericht unbeachtlich (*Eb. Schmidt* 7). Das Verfahren bleibt anhängig und wird vom Gericht fortgesetzt. Einer besonderen Entscheidung über die Unwirksamkeit der Rücknahme bedarf es nicht; doch ist es zweckmäßig, daß das Gericht die Staatsanwaltschaft hierauf hinweist[22]. Daß die Klage nicht mehr zurückgenommen werden kann, hindert die Staatsanwaltschaft nicht, im weiteren Verfahren Anträge auf Freispruch oder Einstellung des Verfahrens zu stellen; sie kann hierzu aufgrund ihrer Objektivitätsverpflichtung gehalten sein.

19   6. **Irrtümer und Meinungsverschiedenheiten über die Wirksamkeit der Klagerücknahme.** Behandelt das Gericht irrtümlich eine wirksame Zurücknahme der Klage als unwirksam und setzt es deshalb das Verfahren fort, so fehlt es an der Verfahrensvoraussetzung einer Klage, so daß das Verfahren, auch noch in der Revisionsinstanz, von Amts wegen einzustellen ist. Hierauf können alle Prozeßbeteiligten, auch die Staatsanwaltschaft, durch Anträge hinwirken. Behandeln Staatsanwaltschaft und Gericht irrtümlich eine unwirksame Klagerücknahme als wirksam, so bleibt das Verfahren bei Gericht anhängig und ist, falls der Irrtum aufgedeckt wird, fortzusetzen, sofern nicht inzwischen anderweitige Rechtshängigkeit, Strafklageverbrauch oder Verjährung eingetreten ist.

§ 157

Im Sinne dieses Gesetzes ist
Angeschuldigter der Beschuldigte, gegen den die öffentliche Klage erhoben ist,
Angeklagter der Beschuldigte oder Angeschuldigte, gegen den die Eröffnung des Hauptverfahrens beschlossen ist.

Entstehungsgeschichte. Durch Art. 2 Abs. 4 der VO über die Beseitigung des Eröffnungsbeschlusses im Strafverfahren vom 13. 8. 1942 (RGBl. I 512) waren die Worte

---

[20] RGSt 77 21.
[21] KK-*Schoreit* 3; *Kleinknecht/Meyer*[37] 2; *Eb. Schmidt* 3; zur Zulässigkeit des Klageerzwingungsverfahrens nach Anklagerücknahme und Einstellung s. bei § 172.

[22] *Eb. Schmidt* 7; weitergehend (Mitteilung erforderlich) LR-*Meyer-Goßner*[23] 3.

„Eröffnung des Hauptverfahrens" durch „Anordnung der Hauptverhandlung" ersetzt worden. Art. 3 I Nr. 67 VereinhG stellt die ursprüngliche Fassung der Vorschrift wieder her. Bezeichnung bis 1924: § 155.

Die Vorschrift enthält **terminologische Bestimmungen**, die an die verschiedenen **1** Stufen des Verfahrens anknüpfen und für den Beschuldigten (im weiteren Sinne) vom Zeitpunkt der Erhebung der öffentlichen Klage bzw. der Eröffnung des Hauptverfahrens an andere Bezeichnungen festlegen. Obwohl die StPO diese nicht ausnahmslos und konsequent verwendet, bildet die Wortwahl eine Auslegungshilfe für die Bestimmung der Reichweite der jeweiligen Vorschrift[1], doch bedarf das dabei gefundene Ergebnis regelmäßig zusätzlicher Bestätigung durch andere Auslegungsmethoden.

§ 157 definiert den Begriff des **Beschuldigten** nicht[2], sondern setzt ihn voraus. Na- **2** mentlich der Beginn der Beschuldigteneigenschaft und die Abgrenzung vom bloß Tatverdächtigen (vgl. z. B. §§ 102, 163 b) ist umstritten; die Frage ist bei § 163 zu erläutern. Regelmäßig verwendet die StPO, wenn sie vom Beschuldigten spricht, diesen Begriff als Oberbegriff in einem weiteren, den Angeschuldigten und den Angeklagten mit einschließenden Sinne[3] (vgl. z. B. §§ 99, 100 a Satz 2, 111 a Abs. 1, 112 Abs. 1, 137), nur ausnahmsweise in einer Bedeutung, die den Angeschuldigten und Angeklagten ausschließt (vgl. z. B. § 153 a Abs. 1 im Gegensatz zu § 153 a Abs. 2).

Als **Angeschuldigter** wird der Beschuldigte bezeichnet, gegen den die öffentliche **3** Klage (durch Einreichung einer Anklageschrift, Strafbefehlsantrag oder mündliche Anklage im beschleunigten Verfahren) erhoben, der Eröffnungsbeschluß aber noch nicht ergangen ist; mit der Eröffnung des Hauptverfahrens wird der Beschuldigte als **Angeklagter** bezeichnet[4]. Die Bezeichnung als Angeschuldigter umfaßt in der Regel den Angeklagten mit. Die Bezeichnung für den rechtskräftig Verurteilten ist unterschiedlich; überwiegend wird der Ausdruck **Verurteilter**[5] oder **Freigesprochener**[6] verwendet, daneben aber auch der Ausdruck Angeklagter[7].

Die Bezeichnungen in den besonderen Verfahrensarten richten sich nach den in **4** diesen maßgebenden Zeitpunkten der Anhängigkeit und Rechtshängigkeit. Im **Strafbefehlsverfahren** wird der Beschuldigte mit der Stellung des Strafbefehlsantrags zum Angeschuldigten; er ist als Angeklagter zu bezeichnen, sobald der Strafbefehl erlassen oder nach § 408 Abs. 2 Hauptverhandlungstermin anberaumt worden ist[8]. Im **beschleunigten Verfahren** wird der Beschuldigte zum Angeschuldigten, sobald die Staatsanwaltschaft mündlich oder schriftlich Anklage erhoben hat (§ 212 a, 3 ff), Angeklagter mit dem Beginn der Vernehmung zur Sache (§ 212 a, 2). Im Sicherungsverfahren nach den §§ 413 ff ist nur vom Beschuldigten die Rede.

---

[1] *Henkel* 170; namentlich bei Verwendung der spezielleren Bezeichnungen Angeschuldigter und Angeklagter.

[2] Vgl. *Hahn* 1474 f; ausführlich *Gundlach* Die Vernehmung des Beschuldigten im Ermittlungsverfahren (1984) 5 ff.

[3] Abweichende Terminologie bei *Peters* § 28 I, Beschuldigter im weiteren Sinne jeder Tatverdächtige, im engeren Sinne der Betroffene während des gesamten Strafverfahrens.

[4] Kritisch zum Sprachgebrauch *v. Hippel* 273 Fußn. 5; *v. Kries* 218.

[5] Vgl. z. B. §§ 359, 364 a, 371, 373, 450 a, 453 b, 455, 462 a.

[6] Vgl. z. B. § 362 Nr. 4.

[7] Vgl. z. B. §§ 362, 366, 369, 450, 453.

[8] Vgl. z. B. einerseits §§ 407 Abs. 3, 409 Abs. 1, andererseits §§ 408 Abs. 2 Satz 2, 409 Abs. 2, 410, 411; Bezeichnungsänderungen, mit denen der bisher nicht ganz einheitliche Sprachgebrauch dem § 157 angepaßt werden soll, schlägt der StVÄGE 1984 in Art. 1 Nr. 29 bis 32 vor.

Peter Rieß

5   Im **Privatklageverfahren** wird die die erhobene *öffentliche* Klage voraussetzende Bezeichnung Angeschuldigter nicht verwendet; im übrigen unterscheidet der Sprachgebrauch der StPO dort korrekt zwischen dem umfassend verstandenen Beschuldigten[9] und dem Angeklagten[10], wenn allein der Zeitraum nach dem Eröffnungsbeschluß gemeint ist[11].

6   Die Vorschrift wendet sich auch an die Gerichte und Staatsanwaltschaften. **In** deren **Entscheidungen** sollten daher die korrekten Beschuldigtenbezeichnungen verwendet werden. Daher ist beispielsweise in der Anklageschrift, bei Entscheidungen im Eröffnungsverfahren und im Beschluß, durch den die Eröffnung abgelehnt wird, der Beschuldigte als Angeschuldigter, im Eröffnungsbeschluß und im Urteil als Angeklagter zu bezeichnen. Verliest der Staatsanwalt den Anklagesatz in der Hauptverhandlung (§ 243 Abs. 3 Satz 1), so ist es sachgerecht, hierbei die bei Anklageerhebung korrekt gewesene Bezeichnung Angeschuldigter durch die der nunmehrigen Verfahrenslage entsprechende des Angeklagten zu ersetzen[12]. Eine unzutreffende Bezeichnung ist unschädlich.

---

[9] §§ 375, 379, 382, 383 Abs. 1 Satz 1, 388, 394.

[10] §§ 383 Abs. 1 Satz 2, 386 Abs. 2, 387 Abs. 2, 3, § 391.

[11] Die Auffassung, daß die technischen Ausdrücke im Privatklageverfahren nicht gelten (LR-*Meyer-Goßner*[23] 5; *Eb. Schmidt* 10) oder nicht exakt verwendet seien (KK-*Schoreit* 6 unter Hinweis auf § 388, der jedoch auch die Wiederklage vor dem Eröffnungsbeschluß regelt) trifft nicht zu.

[12] *Rautenberg* NStZ **1985** 256.

ZWEITER ABSCHNITT

Vorbereitung der öffentlichen Klage

Vorbemerkungen

Schrifttum. *Bandisch* Die zukünftige Praxis der Strafverteidigung im reformierten Ermittlungsverfahren, AnwBl. **1986** 69; *Benfer* Grundrechtseingriffe im Ermittlungsverfahren (1982); *Blankenburg/Sessar/Steffen* Die Staatsanwaltschaft im Prozeß strafrechtlicher Sozialkontrolle (1978); *Becker* Organisation und Umfang des Zugriffes des Bundes auf bundes- und landeseigene Polizeien, DVBl. **1977** 945; *Bottke* Rechtsbehelfe der Verteidigung im Ermittlungsverfahren, StrVert. **1986** 120; *Dahs* Zur Verteidigung im Ermittlungsverfahren, NJW **1985** 1113; *Daum* Interpol — öffentliche Gewalt ohne Kontrolle, JZ **1980** 798; *Decker* Zum Verhältnis Staatsanwaltschaft—Polizei, Kriminalistik **1980** 423; *Deckers* Die Notwendigkeit der Verteidigung im Ermittlungsverfahren, AnwBl. **1986** 60; *von Dietel* Zur Zentralstellenkompetenz des Bundeskriminalamtes, DVBl. **1982** 939; *Drews/Wacke/Vogel/Martens* Gefahrenabwehr. Allgemeines Polizeirecht (Ordnungsrecht) des Bundes und der Länder[9] (1986); *Eick/Trittel* Verfassungsrechtliche Bedenken gegen deutsche Mitarbeit bei Interpol, EuGRZ **1985** 81; *Ernesti* Staatsanwaltschaft, Polizei und die Zusammenarbeit mit den Nachrichtendiensten, ZRP **1986** 57; *Ernesti* Grenzen anwaltlicher Interessenvertretung im Ermittlungsverfahren, JR **1982** 221; *Feest/Blankenburg* Die Definitionsmacht der Polizei (1972); *Fezer* Richterliche Kontrolle der Ermittlungstätigkeit der Staatsanwaltschaft vor Anklageerhebung? Gedächtnisschrift Schröder 407; *Franzheim/Pfiszter* Die Zusammenarbeit von Polizei und Justiz bei der Verfolgung von Wirtschaftsstraftaten, DRiZ **1984** 90; *Füllkrug* Neue Formen der Kriminalitätsbekämpfung und ihre Auswirkungen auf das Verhältnis von Staatsanwaltschaft und Polizei, ZRP **1984** 193; *Geisler* Stellung und Funktion der Staatsanwaltschaft im heutigen deutschen Strafverfahren, ZStW **93** (1981) 1109; *Görgen* Strafverfolgungs- und Sicherheitsauftrag der Polizei, ZRP **1976** 59; *Görgen* Die organisationsrechtliche Stellung der Staatsanwaltschaft zu ihren Hilfsbeamten und zur Polizei (1973); *Gössel* Überlegungen über die Stellung der Staatsanwaltschaft im rechtsstaatlichen Strafverfahren und über ihr Verhältnis zur Polizei, GA **1980** 325; *Götz* Rechtsschutz gegen Maßnahmen der Polizei, JuS **1985** 869; *Groß/Geerds* Handbuch der Kriminalistik[10] (1977/78); *Grünwald* Menschenrechte im Strafprozeß, StrVert. **1987** 453; *Hamm* Rechtsbehelfe im Ermittlungsverfahren, AnwBl. **1986** 66; *Hegmann* Fürsorgepflicht gegenüber dem Beschuldigten im Ermittlungsverfahren (1981); *Heimeshoff* Die Stellung von Staatsanwaltschaft und Polizei bei der Verbrechensbekämpfung, DRiZ **1972** 164; *Helmken* Das Verhältnis Staatsanwaltschaft—Polizei im Spiegel rechtssoziologischer Forschung, Kriminalistik **1981** 303; *Henneberg* Die Zuständigkeit der Finanzbehörden als Strafverfolgungsbehörden bei nicht steuerlichen Zuwiderhandlungen, BB **1977** 938; *Herold* 25 Jahre Bundeskriminalamt, DNP **1976** 65; *Jescheck/Leibinger* Funktion und Tätigkeit der Anklagebehörde im ausländischen Recht (1979); *Klos* Die Vorfeldermittlungen der Steuerfahndung im Spiegel der Rechtsprechung, wistra **1988** 92; *Kniesel* Neue Polizeigesetze contra StPO? Zum Regelungsstandort der vorbeugenden Bekämpfung von Straftaten und zur Verfassungsmäßigkeit polizeilicher Vorfeldaktivitäten, ZRP **1987** 377; *Kohlhaas* Staatsanwaltschaft und Polizei im Vorverfahren, JR **1953** 321; *Krause/Nehring* Strafverfahrensrecht in der Polizeipraxis (1978); *Kube* Systematische Kriminalprävention[2], BKA-Forschungsreihe (1987); *Kubica/Leineweber* Grundfragen zu den Zentralstellenaufgaben des Bundeskriminalamtes, NJW **1984** 2068; *Kuhlmann* Gedanken zum Bericht über das Verhältnis „Staatsanwaltschaft und Polizei", DRiZ **1976** 265; *Lange* Fehlerquellen im Ermittlungsverfahren (1980); *Maas* Keimzelle einer „Euro-Kripo"? — Erfahrungen mit dem Europäischen Regionalsekretariat (EuSec) und dem Technischen Komitee für die Zusammenarbeit in Europa (TCE); Kriminalistik **1987** 431; *Mayer-Wegelin* Der Rechtsschutz in Ermittlungsverfahren wegen Steuerhinterziehung: Theo-

Peter Rieß

rie und Wirklichkeit, DStZ **1984** 244; *Merten* Das Verhältnis Staatsanwaltschaft—Polizei, Die Polizei **1979** 390; *Mörsch* Zur Rechtsstellung des Beschuldigten und seines Verteidigers im Vorverfahren unter Berücksichtigung der Aufgaben des gesamten Strafverfahrens, Diss. Mainz 1968; *E. Müller* Einige Bemerkungen zu dem saarländischen Gesetz zur Änderung der Bestimmungen über die Stellung des Beschuldigten und der Verteidigung im Strafverfahren vom 20. April 1950; FS zum 150jährigen Bestehen des Landgerichts Saarbrücken (1985) 215; *E. Müller* Bemerkungen zu den Grundlagen der Reform des Ermittlungsverfahrens, AnwBl. **1986** 50; *Müller-Dietz* Die Stellung des Beschuldigten im Strafprozeß, ZStW 93 (1981) 1177; *Randelzhofer* Rechtsschutz gegen Maßnahmen von Interpol vor deutschen Gerichten? FS Schlochauer (1981) 531; *Reuber* Die Polizei im Strafprozeß und Bußgeldverfahren, Die Polizei **1987** 207; *Richter II* Grenzen anwaltlicher Interessenvertretung im Ermittlungsverfahren, NJW **1981** 1820; *Richter II* Zum Bedeutungswandel des Ermittlungsverfahrens, StrVert. **1985** 382; *Riegel* Bundespolizeirecht (1985); *Riegel* Internationale Bekämpfung von Straftaten und Datenschutz, JZ **1982** 312; *Riegel* Stellung und Aufgabe der Bundeskriminalamtes: Überblick und Probleme, DVBl. **1982** 720; *Riegel* Grundfragen zu den Zentralstellenaufgaben des Bundeskriminalamtes, NJW **1983** 656; *Roxin* Rechtsstellung und Zukunftsaufgaben der Staatsanwaltschaft, DRiZ **1969** 385; *Rückel* Die Notwendigkeit eigener Ermittlungen des Strafverteidigers, FS II Peters 265; *Rüping* Das Verhältnis von Staatsanwaltschaft und Polizei, ZStW 95 (1983) 894; *Rupprecht* Keine Bedenken gegen die Leitsätze zum Verhältnis Staatsanwaltschaft—Polizei, ZRP **1977** 275; *H. Schäfer* Die Prädominanz der Prävention, GA **1986** 49; *Schick* Steuerfahndung im Rechtsstaat, JZ **1982** 152; *Schleifer* Zum Verhältnis von Besteuerungs- und Steuerstrafverfahren, wistra **1986** 250; *Eb. Schmidt* Die Rechtsstellung der Staatsanwaltschaft, MDR **1951** 1; *Eb. Schmidt* Staatsanwalt und Gericht, FS Kohlrausch 273; *Schoreit* Staatsanwaltschaft und Polizei im Lichte fragwürdiger Beiträge zur Reform des Rechts der Staatsanwaltschaft, ZRP **1982** 288; *Schroeder* Der Begriff der Strafverfolgung, GA **1985** 485; *Schulz/Berke-Müller/Fabis* Strafprozeßordnung⁶ (1979); *Schwan* Die Abgrenzung des Anwendungsbereichs der Regeln des Straf- und Ordnungswidrigkeitenrechts von denen des Rechts der Gefahrenabwehr, VerwArch. **1979** 105; *Steffen* Analyse polizeilicher Ermittlungstätigkeit aus der Sicht des späteren Strafverfahrens, BKA-Foschungsreihe (1976); *Stiebler* Die Rechtsnatur der I.K.P.O.-Interpol, Kriminalistik **1982** 610; *Straßer* Probleme im Grenzbereich Staatsanwaltschaft und Polizei, Diss. Berlin 1979; *Stümper* Prävention und Repression als überholte Unterscheidung, Kriminalistik **1975** 49; *Stümper* Wer ist Herrin des Strafverfahrens? Kriminalistik **1986** 117; *Thomas* Erweiterte Teilhaberechte der Verteidigung im reformierten Ermittlungsverfahren, AnwBl. **1986** 56; *Uhlig* Anspruch der Polizei: Herrin des Strafverfahrens? StrVert. **1986** 117; *Ulrich* Das Verhältnis Staatsanwaltschaft—Polizei, ZRP **1977** 158; *Ungerbieler* Der Hilfspolizeibeamte im deutschen Polizeirecht, DVBl. **1980** 409; *Vahle* Vorbeugende Verbrechensbekämpfung, DNP **1987** 115; *Wagner* Staatsanwaltschaft oder Polizei? MDR **1973** 713; *Wagner* Polizeirecht² (1985); *Walter* Doppelfunktionale Maßnahmen der Polizei, DNP **1988** 59; *Weihrauch* Verteidigung im Ermittlungsverfahren² (1985); *Wensky* Die Unterstellung der Kriminalpolizei unter die Staatsanwaltschaft als wiederauflebendes Problem zum Strafprozeß, ZStW 75 (1963) 266; *Wingerter* Das Fernverkehrsnetz der Kriminalpolizei, Zentralstelle der IKPO-Interpol, Kriminalistik **1987** 415; *Wissgott* Probleme rechtsstaatlicher Garantien im Ermittlungsverfahren, Diss. Göttingen 1983.

Entstehungsgeschichte. Der Abschnitt ist in seinem wesentlichen Aufbau und in seinen Kernregelungen, zunächst als §§ 156 bis 175, von Anfang an in der Strafprozeßordnung enthalten gewesen; die heutigen Paragraphenbezeichnungen wurden durch die EmmingerVO geschaffen. Ursprünglich enthielt der Abschnitt lediglich die (heutigen) §§ 158 bis 161, 162, 163, 164 bis 167, 170 bis 177. Die früheren §§ 168, 169 verwiesen wegen der Protokollierung richterlicher Untersuchungshandlungen und des Anwesenheitsrechts hierbei auf die Vorschriften über die gerichtliche Voruntersuchung. In dieser Form blieben die Bestimmungen bis 1942 fast unverändert. Seither ist der Inhalt des Abschnitts, über mehr redaktionelle, bei der Entstehungsgeschichte der Einzelvorschriften erwähnte Änderungen hinaus, wiederholt erweitert worden. Teilweise wurden Änderungen wieder rückgängig gemacht.

Im wesentlichen unverändert geblieben sind die §§ 158, 159, 161, 163, 164 bis 167 und 170. In § 160 wurde der heutige Absatz 3 durch das AGGewVerbrG eingefügt und durch das EGStGB 1974 um den Satz 2 ergänzt. Die Rechtsbehelfsbelehrung in § 171 Satz 2 wurde durch das 3. StRÄndG eingeführt. Mit dem durch das StPÄG 1964 eingefügten § 163 a wurde erstmals die gesetzliche Verpflichtung begründet, den Beschuldigten bei beabsichtigter Klageerhebung vor Abschluß der Ermittlungen zu hören. Der heutige § 169 wurde (als § 168 a) durch das 1. StRÄndG eingefügt und durch das Staatssch-StrafsG erweitert. Das 1. StVRG begründete mit der Einfügung des § 161 a die Pflicht von Zeugen und Sachverständigen, vor der Staatsanwaltschaft zu erscheinen und auszusagen, und mit der Änderung des § 163 a die Erscheinenspflicht des Beschuldigten vor der Staatsanwaltschaft und das Anwesenheitsrecht des Verteidigers hierbei; es änderte ferner § 162 und regelte als Folge der Abschaffung der gerichtlichen Voruntersuchung die Protokollierungspflicht sowie die Anwesenheitsbefugnisse selbständig in den §§ 168 bis 168 d, von denen die §§ 168 und 168 a durch das StVÄG 1979 nochmals vollkommen neu gefaßt wurden. Die §§ 163 b und 163 c mit der Regelung der Identitätsfeststellung wurden durch das StPÄG 1978 eingeführt, § 163 d durch Gesetz vom 19. 4. 1986.

Als §§ 169 a bis 169 c führte das StPÄG 1964 Vorschriften über das staatsanwaltschaftliche Schlußgehör und die mündliche Schlußanhörung ein. Sie wurden durch das 1. StVRG mit Ausnahme des jetzigen § 169 a wieder aufgehoben.

Das Klageerzwingungsverfahren (§§ 172 bis 177) wurde durch die 2. VereinfVO ersatzlos beseitigt, durch das VereinhG wieder eingeführt. Das 3. StRÄndG schloß es ausdrücklich für Einstellungen nach den §§ 153 ff aus und regelte die Gewährung von Armenrecht (jetzt Prozeßkostenhilfe) für den Antragsteller.

Übersicht

Peter Rieß

I. Bedeutung, Zweck und Gegenstand des Ermittlungsverfahrens

1. Allgemeines

1   **a) Bedeutung und Notwendigkeit.** Nach den grundlegenden Strukturprinzipien des deutschen Strafverfahrens ist das gerichtliche Verfahren durch die Erhebung einer regelmäßig der Staatsanwaltschaft vorbehaltenen Klage bedingt, die durch die Bezeichnung von Tat und Angeschuldigtem den Prozeßgegenstand im Sinne einer thematischen Bindung des erkennenden Gerichts bestimmt (§ 155, 1; 3). Ein solches gerichtliches Verfahren soll nur bei Bestehen eines hinreichenden Tatverdachts, also mindestens einer Verurteilungswahrscheinlichkeit[1] stattfinden, andererseits schreibt die StPO der Staatsanwaltschaft als Strafverfolgungsbehörde vor, schon bei zureichenden tatsächlichen Anhaltspunkten dafür, daß eine verfolgbare Straftat vorliegt, einzuschreiten (§ 152 Abs. 2). Daraus folgt sachlogisch zwingend, daß dem gerichtlichen Verfahren regelmäßig ein Verfahrensabschnitt vorangehen muß, welcher der Klärung des Anfangsverdachts, seiner Konkretisierung auf eine bestimmte prozessuale Tat und bestimmte Beschuldigte und der Stoffsammlung für ein etwa folgendes gerichtliches Verfahren dient. Da die deutsche StPO diese Verdachtsklärung und Stoffsammlung, abgesehen von den Fällen der Privatklage, nicht etwa Privatpersonen oder der Polizei, sondern der Staatsanwaltschaft als Justizbehörde zuweist, ist es sachgerecht, die dazu dienende Tätigkeit als Teil des Strafverfahrens zu verstehen (s. Rdn. 14) und in der StPO zu regeln. Das geschieht im Zweiten Abschnitt des Zweiten Buches in den §§ 158 bis 177.

2   Ein solches **Ermittlungsverfahren** ist **aus rechtsstaatlichen Gründen** als Voraussetzung für die Aufrechterhaltung wesentlicher Prozeßmaximen des gerichtlichen Verfahrens und aus justizökonomischen Gründen **unverzichtbar.** Eine sorgfältige Verdachtsklärung vor Erhebung der öffentlichen Klage gewährleistet, daß es rechtsstaatlich verantwortet werden kann, jemanden „vor ein erkennendes Gericht zu stellen und alle dem auszusetzen, was eine öffentliche Hauptverhandlung für einen Staatsbürger bedeutet"[2]. Die für die Hauptverhandlung geltenden Grundsätze der Mündlichkeit, Unmittelbarkeit, Konzentration und Öffentlichkeit lassen sich praktisch nur auf der Grundlage eines bereits gesichteten und aufbereiteten Verhandlungsstoffes durchführen, und es gewährleistet insoweit die Unabhängigkeit des erkennenden Gerichts, dies in einen Abschnitt vor der Klageerhebung zu verlagern und in die Hand einer anderen Strafverfolgungsbehörde zu legen[3]. Schließlich ist es auch aus justizökonomischen Gründen notwendig, dem infolge erhöhter rechtsstaatlicher Garantien aufwendigeren gerichtlichen Verfahren einen Abschnitt vorzuschalten, in dem ein erheblicher Teil der anfänglich Verdächtigen folgenlos aus dem Verfahren entlassen wird.

3   **b) Bezeichnung.** Die StPO bezeichnet den in den §§ 158 bis 177 geregelten Verfahrensabschnitt als Verfahren zur „Vorbereitung der öffentlichen Klage" und ordnet ihn damit dem gerichtlichen Verfahren im ersten Rechtszug zu. Die gleiche Ausrichtung auf das gerichtliche Verfahren ergibt sich aus der Einordnung in das das Verfahren im ersten Rechtszug regelnde Zweite Buch (s. auch Vor § 151, 3). An anderen Stellen wird dieser Verfahrensabschnitt als „Vorverfahren"[4], „vorbereitendes Verfahren"[5] sowie

---

[1] Zur Verdachtsintensität beim hinreichenden Tatverdacht vgl. § 203, 6.

[2] *Eb. Schmidt* 4; vgl. dazu, daß auch schon das Ermittlungsverfahren eine erhebliche Belastung bedeuten kann, *Dahs* NJW **1985** 1114; *Richter II* StrVert. **1985** 382.

[3] Zu dem sich daraus ergebenden Problem der prägenden Wirkung des Ermittlungsverfahrens für das Hauptverfahren vgl. Rdn. 7.

[4] Vgl. § 51 Abs. 3; § 58 Abs. 2; § 67 Abs. 3; § 70 Abs. 3; §§ 80 a, 82, 141 Abs. 3 Satz 1; § 149 Abs. 3; § 304 Abs. 1; § 306 Abs. 3; § 414 Abs. 3.

[5] Vgl. § 26 a Abs. 2 Satz 3; §§ 65, 81 Abs. 3;

vereinzelt als „Ermittlungsverfahren"[6] bezeichnet; gelegentlich wird er durch die Bezeichnung der Zäsur der „Erhebung der (öffentlichen) Klage" vom weiteren Verfahren abgegrenzt[7]. In der Literatur hat sich die Bezeichnung (staatsanwaltschaftliches) Ermittlungsverfahren allgemein durchgesetzt[8]. Sie entspricht besser als die gesetzliche Bezeichnung der Sachlage, weil sie seine selbständige Bedeutung zum Ausdruck bringt und dem Umstand Rechnung trägt, daß der größere Teil der Ermittlungsverfahren zur Einstellung und nicht zur Klageerhebung führt[9].

c) Dem **Aufbau des Abschnitts** in seiner ursprünglichen Fassung liegt eine klare, **4** auch heute noch erkennbare Architektur zugrunde, die durch eine **Zweiteilung** in die Vorschriften über den Ablauf des Ermittlungsverfahrens und die in ihm möglichen Maßnahmen und Handlungen (§§ 158 bis 169) sowie die über die nach Abschluß der Ermittlungen erforderlichen Entscheidungen und deren richterlicher Kontrolle (§§ 170 bis 177) gekennzeichnet ist. Die neuere **Rechtsentwicklung** hat über die ursprünglich nur generalklauselhaft umschriebenen Aufgabenzuweisungen im Ermittlungsverfahren hinaus namentlich einzelne Zwangs- und Eingriffsbefugnisse, teils nur für die Staatsanwaltschaft (§§ 161 a, 163 a Abs. 3), teils auch für die Polizeibehörden (§§ 163 b bis 163 d) in diesem Abschnitt untergebracht, den Beweiserhebungsanspruch des Beschuldigten sowie sein Recht auf Gehör (§ 163 a Abs. 1, 2, 4 und 5) geregelt und die ursprünglich durch Verweisung auf die Vorschriften über die Voruntersuchung geregelten Bestimmungen über die Protokollierung und Anwesenheitsbefugnisse erweiternd in den Abschnitt übernommen (§§ 168 bis 168 d). Darüber hinaus hat der **Wegfall der gerichtlichen Voruntersuchung** (vgl. Einl. Kap. 13 8) die Bedeutung des Abschnitts und den Charakter des Ermittlungsverfahrens insoweit verändert, als von ihm jetzt die gesamte sachverhaltserforschende Tätigkeit bis zur Anklagereife erfaßt wird, während es nach der ursprünglichen Konzeption der StPO gerade in bedeutenden und schwierigen Sachen, in denen die Voruntersuchung in Betracht kam, stärker auf die erste tatkonkretisierende und einen Tatverdächtigen ermittelnde Vorklärung ausgerichtet war[10].

Im einzelnen behandeln die §§ 158, 159 mit der Regelung von Anzeigenerstattung **5** und der Mitteilungspflicht bei nicht natürlichen Todesfällen typische Situationen der Gewinnung des Anfangsverdachts. Die für das Ermittlungsverfahren zentrale Vorschrift findet sich in § 160, der der Staatsanwaltschaft die Aufgabe der Sachverhaltsaufklärung zuweist und dabei die Erforschungspflicht, das Erforschungsziel und den Umfang der Aufklärung umreißt. § 161 regelt generalklauselhaft die freie Gestaltung des Ermittlungsverfahrens und bezieht, ebenso wie § 163, die Polizei in die Strafverfolgungsaufgabe mit ein. Dagegen regeln die §§ 162, 165, 166 und 169 die Stellung des Gerichts im Rahmen des Ermittlungsverfahrens. Welche Entscheidungsmöglichkeiten der Staatsanwaltschaft nach Abschluß der Ermittlungen offenstehen und wie dabei zu verfahren ist,

---

§ 111 l Abs. 2 Satz 1, Abs. 6 Satz 1; § 126 Abs. 1 Satz 3; § 138 c Abs. 1 Satz 2; § 147 Abs. 5; § 169 Abs. 1 Satz 1; §§ 203, 406 e Abs. 4 Satz 1; § 406 g Abs. 3 Satz 2.

[6] § 98 Abs. 2 Satz 4; eingefügt erst durch das 1. StVRG.

[7] So z. B. § 120 Abs. 3 Satz 1; § 125 Abs. 1, § 126 Abs. 1 Satz 1; § 153 Abs. 2 Satz 1; § 153 a Abs. 2 Satz 1; § 153 b Abs. 2; § 153 c Abs. 3; § 153 d Abs. 2; § 153 e Abs. 2; § 154 Abs. 2; § 154 b Abs. 4 Satz 1; § 154 e Abs. 2; § 406 g Abs. 1.

[8] Vgl. z. B. *Eb. Schmidt* 1; ferner *Peters*[4] § 57 I; *Roxin*[20] § 37; *Rüping* 93; *G. Schäfer* § 17; *Schlüchter* 391.1; im älteren Schrifttum ist stärker die Bezeichnung Vorverfahren gebräuchlich, vgl. z. B. *Beling* 351; *zu Dohna* 133; *Rosenfeld* 203; zum begrifflichen Verhältnis von „Strafverfolgung" und „Ermittlung" s. *Schroeder* GA **1985** 485.

[9] Näher § 170, 4.

[10] Vgl. zum Verhältnis von Ermittlungsverfahren und Voruntersuchung LR-*Kohlhaas*[21] Vor § 158, 2; Vor § 178, 1.

Peter Rieß

bestimmen die §§ 170, 171, während die §§ 172 bis 177 das Klageerzwingungsverfahren regeln.

2. Zweck und Gegenstand des Ermittlungsverfahrens

6   **a) Verdachtsklärung.** Nach der ursprünglichen, auch heute noch im Grundsatz der gesetzlichen Regelung zugrunde liegenden Konzeption besteht der Zweck des Ermittlungsverfahrens in der Klärung eines Verdachts und nicht in der Gewinnung einer Überzeugung und ist sein Gegenstand die durch einen Anfangsverdacht ausgelöste Untersuchung eines bestimmten, abgegrenzten Lebenssachverhalts auf das Vorliegen eines strafbaren Verhaltens[11]. Dabei kann für die Bestimmung des Untersuchungsgegenstandes des Ermittlungsverfahrens allerdings nicht der Grad der Konkretisierung verlangt werden, der bei der Bestimmung der prozessualen Tat gefordert werden muß, denn es ist gerade der Zweck des Ermittlungsverfahrens, diese Konkretisierung vorzunehmen. Die Ergebnisse des Ermittlungsverfahrens haben prozeßrechtlich gesehen aus dem Blickwinkel des späteren gerichtlichen Verfahrens grundsätzlich einen unfertigen und vorläufigen Charakter; sie sollen nach der Konzeption der StPO in das Hauptverfahren in der Regel nicht hineinwirken, in dem vielmehr nach den Grundsätzen der Instruktionsmaxime und der Unmittelbarkeit die Beweiserhebung und Beweiswürdigung selbständig vorzunehmen ist[12].

7   **b) Eigenständige Bedeutung.** Trotz der nach der gesetzlichen Regelung gewollten Vorläufigkeit des Ermittlungsverfahrens und der Selbständigkeit des gerichtlichen Verfahrens ist heute unbestritten, daß bereits im Ermittlungsverfahren **entscheidende Weichen** für das Ergebnis des Hauptverfahrens gestellt werden[13]. Da das Ermittlungsverfahren, falls es zur Klageerhebung und zur Eröffnung des Hauptverfahrens kommt, auch der Vorbereitung und Strukturierung der Hauptverhandlung dient, lassen sich in der Hauptverhandlung Fehler, Versäumnisse und Unrichtigkeiten im Ermittlungsverfahren nur schwer wiedergutmachen und sind deshalb nicht selten eine Quelle von Fehlurteilen[14]. Über diese mehr faktischen Zusammenhänge hinaus können die Ergebnisse des Ermittlungsverfahrens auch rechtlich dadurch in das gerichtliche Verfahren hineinwirken, daß Beweisaufnahmen im Ermittlungsverfahren durch Verlesung (§ 251 Abs. 1, 2, §§ 253, 254, 256) oder durch sonstige Reproduktion oder Vorhalt in die Hauptverhandlung eingeführt werden. Nach dem heutigen Stand der empirischen und dogmatischen Erkenntnisse über die Entscheidungsfindung erscheint es kaum noch vertretbar, zu sagen, daß der Schwerpunkt des Verfahrens in der Hauptverhandlung liege[15].

8   Eine Zunahme der eigenständigen Bedeutung des Ermittlungsverfahrens ergibt sicher ferner aus der gestiegenen **Bedeutung der das Legalitätsprinzip begrenzenden Ausnahmen**[16], vor allem der Möglichkeit der Einstellung nach Erfüllung von Auflagen und Weisungen nach § 153a, bei denen die Staatsanwaltschaft sanktionsähnliche Entscheidungen zu treffen hat, die richterlichen sozialen Gestaltungsakten im Zusammenhang mit der Sanktionsbemessung vergleichbar sind[17]. Soweit die Verfahrenseinstel-

---

[11] Näher § 160, 15 ff.

[12] Vgl. dazu ausführlich *Eb. Schmidt* 5; FS Kohlrausch 303 f; ferner *Henkel* 297.

[13] Vgl. u. a. *Richter II* StrVert. **1985** 385 f mit weit. Nachw. in Fußn. 29; KMR-*Müller* 2; *G. Schäfer* § 17; *Mörsch* 49; *Fezer* Gedächtnisschrift Schröder 412; *Heimeshoff* DRiZ **1972** 165; *E. Müller* AnwBl. **1986** 51.

[14] Vgl. *Peters* Fehlerquellen im Strafprozeß (1970 ff) Bd. II S. 195 ff; *Lange* 7 ff.

[15] Ebenso *Fezer* Gedächtnisschrift Schröder 412 f; vgl. ferner *Rieß* FS Lackner (1987) 985; *Richter II* StrVert. **1985** 385; vgl. aber auch BVerfGE **39** 156, 167; zu den daraus abgeleiteten Reformforderungen s. Rdn. 51 f.

[16] Vgl. dazu § 152, 39 mit weit. Nachw.; ferner § 170, 4.

[17] Vgl. *Rieß* NStZ **1981** 7; vgl. auch *Richter II* StrVert. **1985** 385.

lung nach solchen Vorschriften in Betracht kommt, ist Ziel des Ermittlungsverfahrens nicht lediglich die Klärung eines Tatverdachts, sondern auch die Herbeiführung einer Entscheidung darüber, ob die Voraussetzungen dafür gegeben sind, von der Durchsetzung des Sanktionsanspruchs der Rechtsgemeinschaft abzusehen. Ähnliches gilt, jedenfalls in der Rechtswirklichkeit, für die Verfahrenserledigung durch Strafbefehlsantrag[18].

3. Ermittlungsverfahren und Gefahrenabwehr (vorbeugende Verbrechensbekämpfung)

a) Repression und Prävention. Die nach den Regeln und auf der Grundlage der **9** StPO vorzunehmende Strafverfolgung knüpft stets an den Anfangsverdacht (vgl. § 152, 21 ff) begangener Straftaten an und zielt auf deren Aufklärung und Ahndung. Der durch zureichende tatsächliche Anhaltspunkte begründete Verdacht ist Voraussetzung für den Einsatz strafprozessualer Machtmittel und Zwangsbefugnisse; diese sind auf das Verfahrensziel der Aufklärung und Ahndung beschränkt. Das Strafprozeßrecht bietet weder eine Grundlage für darüber hinausgehende Maßnahmen, die der Verhinderung künftiger Straftaten dienen, noch für solche, die darauf zielen, unbekannte Straftaten zu ermitteln, ohne daß ein Anfangsverdacht erkennbar ist. Es läßt sich allenfalls sagen, daß die Verfolgung begangener Straftaten eine Reflexwirkung dahingehend entfalten kann, daß künftige Straftaten verhindert werden; insoweit wird man dem Strafverfahren eine präventive gefahrenabwehrende Wirkung nicht absprechen können[18a]. Davon abgesehen gehört die staatliche Aufgabe, Straftaten zu verhüten[19], sowie die Nachforschung nach unbekannten Taten mit dem Ziel, durch deren Aufklärung und Ahndung die Kriminalitätsrate insgesamt zu verringern, zum Bereich der Gefahrenabwehr; etwa erforderliche Rechtsgrundlagen können insoweit nicht dem Strafprozeßrecht, sondern müßten dem Polizeirecht entnommen werden.

Im Schrifttum wird diese Unterscheidung verbreitet dadurch zum Ausdruck ge- **10** bracht, daß dem Bereich der **repressiven Verbrechensbekämpfung** mit den Mitteln des Strafverfahrensrechts der der **präventiven Verbrechensbekämpfung** mit den Mitteln der Polizei als ein Teilbereich der Gefahrenabwehr gegenübergestellt wird[20]. Das Gesetz verwendet diese Begriffe nicht. Vielmehr spricht § 5 Abs. 1 BKrimAG von der **vorbeugenden Verbrechensbekämpfung** im Gegensatz zur Verfolgung von Straftaten und § 2 Abs. 1 Nr. 6, 7 BKrimAG verwendet die Begriffe „polizeiliche Methoden und Arbeitsweisen der Verbrechensbekämpfung" und „Vorbeugungsarbeit zur Verbrechensverhütung". Damit soll zum Ausdruck gebracht werden, daß es sich insoweit nicht um Strafverfolgungstätigkeit nach der StPO, sondern um eine Aufgabe der polizeilichen Gefahrenabwehr oder Gefahrenverhütung handelt[21].

Das ist unbestritten (und unbestreitbar), soweit die in Frage stehende Tätigkeit **10a** darauf abzielt, die **Begehung künftiger** befürchteter **Straftaten** zu verhindern, etwa

---

[18] Vgl. *Richter II* StrVert. **1985** 385.

[18a] Vgl. auch *Kube* 106 ff, der Strafverfahren und Strafvollzug auch als „tertiäre" (postdeliktische) Prävention versteht.

[19] Zur Frage, ob die Vorsorge für die Aufklärung künftiger Straftaten zur (präventiven) Verbrechensverhütung gehört, s. Rdn. 10 a und § 163, 101 ff.

[20] Kritisch dazu z. B. *Stümper* Kriminalistik **1975** 49, der den Begriff einer „operativen Verbrechensbekämpfung" verwenden will

(dagegen z. B. *Dreier* JZ **1987** 1015); zum Ganzen mit weit. Nachw. *Dreier* JZ **1987** 1009; *Kniesel* ZRP **1987** 377; *Schwan* Verw-Arch. **1979** 109 ff; *Wolter* GA **1988** 53 f, 62 ff; vgl. auch *Keller* StrVert. **1984** 522; *H. Schäfer* GA **1986** 49 und dazu Rdn. 12 f.

[21] Ebenso *Drews / Wacke / Vogel / Martens* 137; *Vahle* DNP **1987** 115; vgl. auch *Riegel* Bundespolizeirecht § 5, 1 c BKrimAG; teilw. **a. A** u. a. *Bull* DVR **1982** 4; *Denninger* CuR **1988** 54; *Schoreit* NJW **1985** 169 f.

durch Personen- oder Objektschutz oder durch Überwachung bestimmter Personengruppen mit dem Ziel, hieraus Hinweise für Straftatenplanung zu gewinnen, um danach Maßnahmen zur Verhinderung solcher Taten zu ergreifen. Umstritten ist aber, namentlich im Zusammenhang mit der Problematik der Führung von kriminalpolizeilichen Sammlungen und Dateien (s. § 163, 98 ff), die rechtssystematische Zuordnung des Teilbereichs der vorbeugenden Verbrechensbekämpfung, der die **Vorsorge für die Aufklärung künftiger Straftaten** betrifft[22]. Insoweit wird mit beachtlichen Gründen geltend gemacht, daß diese Tätigkeit gerade nicht die Verhinderung von Straftaten bezwecke und damit unmittelbar der Gefahrenabwehr zuzuordnen wäre, sondern daß es ihr Zweck ist, Hilfsmittel für eine zukünftige Strafverfolgung nach (dann) begangenen Straftaten bereitzustellen. Die Problematik ist wegen der unterschiedlichen Gesetzgebungskompetenz für Strafverfahren und Polizeirecht auch de lege ferenda von erheblicher Bedeutung. Dabei stellt sich unabhängig von der Frage der rechtssystematischen und kompetenzmäßigen Zuordnung für das Strafverfahren die Aufgabe, die StPO, die nach ihrer derzeitigen systematischen Konzeption für eine gesetzliche Regelung dieser Problematik nur unzureichend eingerichtet ist, entsprechend zu ergänzen.

11   b) Ein **Rückgriff auf präventiv-polizeiliche Rechtsgrundlagen** nach Polizeirecht ist für die ausschließlich strafverfolgende Tätigkeit der Polizei im Sinne der §§ 161, 163 StPO ebensowenig zulässig[23] wie umgekehrt bei einer gefahrenabwehrenden Tätigkeit der Polizei Zwangs- und Eingriffsbefugnisse auf die StPO gestützt werden können, soweit diese nicht, wie nach h. M[24] im Falle des § 81 b, zweite Alternative, ausnahmsweise materielles Polizeirecht enthält (vgl. § 81 b, 3). Sind bei der Vollstreckung strafprozessualer Maßnahmen zum Zwecke der Eigensicherung oder der Gefahrenabwehr zusätzliche Maßnahmen notwendig, so kann insoweit mangels strafprozessualer Grundlagen auf polizeirechtliche Befugnisse zurückgegriffen werden[25]. Ist eine einheitliche polizeiliche Maßnahme sowohl aus Gründen der Strafverfolgung als auch der Gefahrenabwehr veranlaßt, so soll es für die Frage, ob sie nach Strafprozeßrecht oder Polizeirecht zu beurteilen ist, darauf ankommen, wo das Schwergewicht des polizeilichen Handelns liegt[26]. Leitungsbefugnis und Weisungsrecht der Staatsanwaltschaft bestehen nur im Rahmen der strafverfolgenden Tätigkeit nach der StPO, nicht für den Bereich der Gefahrenabwehr. Zur Frage des Zusammentreffens von Maßnahmen der Gefahrenabwehr und der Strafverfolgung vgl. § 161, 55; § 163, 30.

12   c) **Dominanz der Prävention?** Aus polizeirechtlicher Sicht hat neuerdings *H. Schäfer*[27] entgegen der bisher ganz h. M, daß die strafverfolgende und gefahrenabwehrende polizeiliche Tätigkeit voneinander zu scheiden seien, unter dem Schlagwort „Dominanz

---

[22] Vgl. dazu zuletzt u. a. jeweils mit weit. Nachw. *Ahlf* Kriminalakten (LV zu § 163) 36 ff; *Dreier* JZ **1987** 1011; *Ringwald* (LV zu § 163) 144 ff; ZRP **1988** 181; *Schoreit* KritV **1988** 170 ff; *Wolter* GA **1988** 62 ff; vgl. auch die Nachw. bei § 163, 98 ff.

[23] Näher § 6, 1 EGStPO; ferner *Kühne* 71; *Reuber* Die Polizei **1987** 223 f; *Schwan* VerwArch. **1979** 115 ff; *Walter* DNP **1988** 59.

[24] A. A *Dreier* JZ **1987** 1009 (mit umfassenden Nachw. zum Meinungsstand); *Schwan* VerwArch. **1979** 121; wohl auch *Wolter* GA **1988** 65 f.

[25] *Drews/Wacke/Vogel/Martens* 140 mit weit. Nachw.; s. auch § 161, 55; § 163 b, 7.

[26] *Drews/Wacke/Vogel/Martens* 139 mit weit. Nachw.; a. A *Götz* JuS **1985** 812, nach dem primär die von der Polizei gegebene Begründung maßgebend ist; vgl. auch *Dreier* JZ **1987** 1009; *Schwan* VerwArch. **1979** 109; *Walter* DNP **1988** 62 (mit weit. Nachw.).

[27] GA **1986** 49; vgl. zur Inanspruchnahme eines einheitlichen Sicherheitsauftrags der Polizei auch (krit.) *Görgen* ZRP **1976** 59; *Schoreit* KritV **1988** 160 f; ferner *Walter* DNP **1988** 59; ähnlich wie *Schäfer* aber z. B. auch *Stümper* Kriminalistik **1979** 254 (um-

der Prävention" einen umfassenden Präventionsauftrag der Polizei postuliert, in den auch die strafverfolgende Tätigkeit einzubeziehen sei. Von diesem Ansatz her wird unter Hinweis auf die „präventiven Strafzwecke" auch das Strafverfahren als Teil einer präventiven staatlichen Aufgabe verstanden und deshalb ein Vorrang polizeilicher Beurteilung bei der operativen und strategischen Bekämpfung von Kriminalität in Anspruch genommen.

Auf den terminologischen und polizeirechtsdogmatischen Grundansatz dieser **13** Konzeption ist hier nicht einzugehen. Soweit aus ihr **strafverfahrensrechtliche Folgerungen** gezogen werden, die dem geltenden Recht nicht entsprechen, kann ihr **nicht zugestimmt** werden. Eine Prädominanz der Prävention mit einem Vorrang polizeilicher Beurteilung aus den Strafzwecken der Individual- und Generalprävention herzuleiten, dürfte neben sonstigen Bedenken auf eine Begriffsvertauschung hinauslaufen; darüber hinaus ist es bedenklich, die materiell-rechtlichen Strafzwecke ohne weiteres mit Inhalt und Aufgabe des Strafverfahrens gleichzusetzen; schließlich wird verkannt, daß im Strafrecht der Gedanke des Schuldausgleichs unabhängig von präventiven Strafzwecken Beachtung erheischt. Es wäre aber vor allem nicht zulässig, die detaillierten gesetzlichen Regelungen des Strafverfahrensrechts unter Rückgriff auf den unscharfen Begriff der Prävention oder unter Berufung auf einen globalen und insoweit mit der Gesetzeslage nicht zu vereinbarenden Begriff eines umfassenden Auftrags zur Gefahrenabwehr zu überspielen. Dabei wird namentlich übersehen, daß der Gesetzgeber aus einer langen rechtsstaatlichen Tradition heraus bewußt die Strafverfolgung durch die StPO als eine spezialgesetzliche Regelung aus dem Bereich der allgemeinen, der Polizei übertragenen Gefahrenabwehr herausgelöst, an die Stelle der dortigen Generalklausel einzelne Eingriffsermächtigungen gesetzt, die Einräumung pflichtgemäßen Ermessens durch Verfolgungszwang ersetzt und die verantwortliche Leitung einer der Justiz zugeordneten und von der Polizei getrennten Strafverfolgungsbehörde übertragen hat[28].

II. Charakter und Prinzipien des Ermittlungsverfahrens

1. Das Ermittlungsverfahren ist **Bestandteil des Strafverfahrens**, nicht etwa ein **14** diesem vorgelagertes, erst der Vorbereitung des „eigentlichen" Strafverfahrens dienendes Verfahren, worauf die gesetzliche Bezeichnung Vorverfahren oder vorbereitendes Verfahren hindeuten könnte. Das entspricht der heute ganz h. M[29], während das ältere Schrifttum stärker dazu neigte, den „eigentlichen" Strafprozeß erst mit der Klageerhebung, die allerdings damals den Antrag auf gerichtliche Voruntersuchung umfaßte, beginnen zu lassen[30]. Mit der eigenständigen Bedeutung des Ermittlungsverfahrens (vgl. Rdn. 7 f) ist eine solche Differenzierung unvereinbar, und es wäre angesichts einer Einstellungsquote von mehr als 50% eine eigenartige Terminologie, die eine sachverhaltserforschende, in der StPO geregelte Tätigkeit der Strafverfolgungsbehörden, die nicht

---

fassender Sicherheitsauftrag); dagegen z. B. *Ahlf* (Fußn. 22) 40; vgl. auch *Kube* 106 ff; 281 ff; *Kniesel* ZRP **1987** 382 f; grundsätzlich kritisch zum Präventionskonzept *Wagner* Polizeirecht 29.

[28] Zur notwendigen Beibehaltung der Sonderstellung des Strafverfahrensrechts und der Leitungsfunktion der Staatsanwaltschaft im Ermittlungsverfahren de lege ferenda s. Rdn. 39.

[29] Vgl. z. B. *Gössel* S. 29; *Henkel* 295; *Klein-*

knecht/*Meyer*[38] Einl. 59; *Peters*[4] § 56 I 1; *Roxin*[20] § 5 B 1; *Dünnebier* FS Schäfer 30; **a. A** *Mörsch* 48 f (kein eigentliches Strafverfahren); zur in die gleiche Richtung zielenden österreichischen Lehre vgl. kritisch *Moos* FS Jescheck 725 ff.

[30] So z. B. *Birkmeyer* 5 ff; *Binding* Grundriß[4] (1900) 178; *v. Lilienthal* Strafprozeßrecht (1923) S. 1; wohl auch *Rosenfeld* 28 ff; wie hier schon *Beling* 80; *zu Dohna* 133; *v. Hippel* 8; *v. Kries* 461.

Peter Rieß

zur Erhebung der öffentlichen Klage führt, als außerhalb des eigentlichen Strafprozesses stattfindend annehmen wollte. Allerdings ist die Folge dieser Einbeziehung des Ermittlungsverfahrens in den Begriff des Strafprozesses, daß ein Teil der traditionell sog. Prozeßmaximen nicht auf den gesamten Prozeß anwendbar sind (Rdn. 17).

15   Das Ermittlungsverfahren ist **notwendiger Bestandteil** des auf ihm aufbauenden gerichtlichen Strafverfahrens mindestens insoweit, als einem nachfolgenden gerichtlichen Verfahren stets eine Entscheidung der Staatsanwaltschaft über die Klageerhebung und damit verbunden eine Prüfung der zureichenden tatsächlichen Anhaltspunkte auf ihren Wahrheitsgehalt und ihre rechtliche Relevanz vorangegangen sein muß[31]. Entfallen kann innerhalb des Ermittlungsverfahrens lediglich die Pflicht zur Erforschung des Sachverhalts, nämlich immer dann, wenn die der Staatsanwaltschaft bekanntgewordenen tatsächlichen Anhaltspunkte alsbald die Klageerhebung gestatten (näher § 160, 34).

16   Die **wissenschaftliche und rechtsdogmatische Erforschung** und Durchdringung des Ermittlungsverfahrens hat noch nicht den Reifegrad der des gerichtlichen Verfahrens, namentlich bei Hauptverhandlung und Rechtsmittelsystem, erreicht. Erst in neuerer Zeit finden seine Bedeutung, seine Strukturen und die mit ihm verbundenen rechtspolitischen Fragen eine erhöhte Aufmerksamkeit. Weitaus stärker als im Bereich der traditionellen Gegenstände der Strafprozeßwissenschaft sind deshalb hier die Erkenntnisse und die möglichen Aussagen vorläufiger Natur, zumal die die Rechtsentwicklung beeinflussende Wirkung einer höchstrichterlichen Rechtsprechung deutlich zurücktritt.

17   **2. Prinzipien des Ermittlungsverfahrens.** Für das Ermittlungsverfahren gelten vielfach andere Prinzipien als für das gerichtliche Verfahren, namentlich für die Hauptverhandlung. Wichtiges Strukturprinzip ist der Grundsatz seiner **freien Gestaltung**[32]. Die Grundsätze der Mündlichkeit, Öffentlichkeit und Unmittelbarkeit gelten nicht[33], vielmehr ist das Ermittlungsverfahren grundsätzlich nicht öffentlich[34]; seine Erkenntnisse werden schriftlich festgehalten (näher § 160, 61 ff), und die Entscheidungen im Ermittlungsverfahren werden aufgrund dieser schriftlichen Unterlagen getroffen, ohne daß es einen numerus clausus der Beweismittel gibt. Es gilt also nicht Strengbeweis, sondern **Freibeweis**. Naturgemäß gilt auch das Akkusationsprinzip nicht, denn das Ermittlungsverfahren hat gerade das Ziel, den Stoff für die mit dem Anklagegrundsatz verbundene thematische Begrenzung zu sammeln. Dagegen gilt der Amtsaufklärungsgrundsatz auch und das Legalitätsprinzip vorrangig für das Ermittlungsverfahren (§ 160, 1).

18   Die **Fürsorgepflicht** (vgl. Einl. Kap. **6** 23) und der Grundsatz eines **fairen Verfahrens** (vgl. Einl. Kap. **6** 17) sind auch von der Staatsanwaltschaft im Ermittlungsverfahren zu beachten[35]. Dagegen läßt sich der ohnehin problematische Begriff der **Waffengleichheit**[36] auf das Ermittlungsverfahren nicht sinnvoll übertragen[37]. Der verfassungsrechtliche Anspruch auf **rechtliches Gehör** gilt nach dem Wortlaut von Art. 103 Abs. 1 GG nur im gerichtlichen Verfahren; gegenüber der Staatsanwaltschaft ist die Reichweite

---

[31] Enger LR-*Meyer-Goßner*[23] 4; nach dem das Ermittlungsverfahren im Falle der Nachtragsanklage nach § 266 Abs. 2 entfallen kann; aber ihr werden regelmäßig Ermittlungen vorausgegangen sein und sie erfordert notwendig eine tatsächliche und rechtliche Beurteilung des Stoffes sowie eine staatsanwaltschaftliche Entscheidung über die Klageerhebung.

[32] S. dazu ausführlich, auch zu den Grenzen, § 160, 35 ff.

[33] *Eb. Schmidt* 12.

[34] Vgl. KMR-*Müller* 10; vgl. auch § 160, 41.

[35] Vgl. *Kleinknecht/Meyer*[38] Einl. 161; *Hegmann* 19 ff; *Kohlmann* FS Klug 518 f; *Müller-Dietz* ZStW **93** (1981) 1239.

[36] Vgl. Einl. Kap. **6** 14 ff; ferner *Roxin*[20] § 11 V 1 a; *E. Müller* NJW **1976** 1063.

[37] *Rieß* FS Schäfer 174; vgl. auch *E. Müller* AnwBl. **1986** 52.

zweifelhaft (s. § 160, 41). S. zu den Grundsätzen der Sachverhaltserforschung insgesamt näher § 160, 35 ff; zum Objektivitätsgebot § 160, 47 f; zur Pflicht zur unverzögerten Abschlußverfügung § 170, 10.

3. Eingriffsbefugnisse und Zwangsmaßnahmen. Die in den §§ 160, 161 und 163 liegende Aufgabenzuweisung an die Strafverfolgungsbehörden, den Sachverhalt zu erforschen, enthält nach ganz h. M keine Befugnis zur Anordnung von Zwangsmaßnahmen und grundsätzlich keine Eingriffsermächtigung (s. näher § 160, 3 ff); dagegen stellt sie eine ausreichende Befugnis zur Erhebung personenbezogener Daten dar[37a]. Eingriffsermächtigungen und Zwangsbefugnisse finden sich innerhalb des Abschnittes in § 161 a, § 163 a Abs. 3 sowie in den §§ 163 b, 163 c, 163 d und 164. Im übrigen stehen die an anderen Stellen der StPO geregelten Zwangsmaßnahmen und Eingriffsbefugnisse den Strafverfolgungsbehörden, ggf. aufgrund richterlicher Anordnung[37b], auch im Ermittlungsverfahren zur Verfügung, vielfach liegt hier, wie etwa bei Beschlagnahmen, Durchsuchungen oder der Überwachung des Fernmeldeverkehrs, sogar ihr Schwerpunkt.

III. Beteiligte des Ermittlungsverfahrens

1. Allgemeines. Während das gerichtliche Verfahren und insbesondere die Hauptverhandlung durch eine Dreiecksbeziehung dergestalt gekennzeichnet ist, daß infolge des Akkusationsprinzips vor dem zur Entscheidung berufenen Gericht Staatsanwaltschaft und Beschuldigter in einer formal gleichen Position mit grundsätzlich gleichen Einwirkungsmöglichkeiten in der Rolle des Anklägers und des Angeklagten auftreten, ist das Ermittlungsverfahren überwiegend durch eine zweiseitige Beziehung geprägt, in der eine den Verfahrensgang bestimmende und den Sachverhalt erforschende, dabei zur Objektivität verpflichtete (näher § 160, 47 ff) Staatsanwaltschaft regelmäßig einem tatverdächtigen Beschuldigten gegenübertritt. Dabei bedient sich die Staatsanwaltschaft zur Aufklärung des Sachverhalts in großem Umfang der Behörden und Beamten des Polizeidienstes, die zur Sachverhaltserforschung auch aus eigener Veranlassung tätig werden können (§ 163), sowie zur Erforschung der persönlichen Verhältnisse des Beschuldigten der Gerichtshilfe. Nach der Abschaffung der gerichtlichen Voruntersuchung im Jahre 1975, die zwar gesetzessystematisch stets außerhalb des Ermittlungsverfahrens als gesonderter Abschnitt erschien, funktionell aber einen in der Hand des Richters liegenden Teil des Ermittlungsverfahrens darstellte (vgl. auch Rdn. 4), ist eine gerichtliche Zuständigkeit im Ermittlungsverfahren nur noch für einzelne Ermittlungshandlungen, vor allem aber für die Anordnung oder Kontrolle von Zwangsmaßnahmen[38] gegeben.

2. Staatsanwaltschaft
a) Aufgabe. Die Staatsanwaltschaft ist Trägerin und Leiterin des Ermittlungsverfahrens, das sich nach dem Gesetzeswortlaut weitgehend in ihrer Hand konzentriert, wenn auch die Polizei in der Rechtswirklichkeit einen erheblichen Teil der Sachverhaltsaufklärung selbständig wahrnimmt (vgl. näher Rdn. 34). Auch soweit das geschieht, trägt die Staatsanwaltschaft die Gesamtverantwortung für eine rechtsstaatliche, faire und ordnungsgemäße Durchführung des Verfahrens. Ihre Zuordnung zur Justiz befä-

---

[37a] Näher § 160, 9; zur Rechtsgrundlage für die Datenspeicherung und Datenübermittlung s. § 160, 63 f; § 163, 91 ff.
[37b] Vgl. zur Rechtsnatur der richterlichen Anordnung im Ermittlungsverfahren § 162, 2;

zum Umfang der richterlichen Prüfungsbefugnis § 162, 36 ff; 44 f.
[38] S. näher Rdn. 40; ferner § 160, 67 f; § 161, 34; § 161 a, 41; 44 ff; § 162, 8; 35; 47; § 163, 111.

higt sie in besonderem Maße, die Justizförmigkeit schon des Ermittlungsverfahrens zu sichern; die Verantwortlichkeit und Leitungsaufgabe der Staatsanwaltschaft bedeutet daher eine Garantie für die Rechtsstaatlichkeit des Strafverfahrens[39]. Aufgabe der Staatsanwaltschaft ist es im einzelnen, bei Kenntniserlangung von einem Anfangsverdacht (§ 160, 18 ff) den Sachverhalt zu erforschen und dabei die notwendigen Ermittlungen entweder selbst vorzunehmen (§ 161, 40 ff) oder durch die Polizei (§ 161, 45 ff) oder den Richter (§ 162) vornehmen zu lassen, beim Richter die erforderlichen Anordnungen von Zwangsmaßnahmen zu beantragen, soweit sie hierfür keine originäre oder Eilkompetenz besitzt, und nach dem Abschluß der Ermittlungen zu entscheiden, ob das Verfahren eingestellt werden soll oder die öffentliche Klage zu erheben ist (vgl. § 170 und die dort. Erl.). Die Staatsanwaltschaft unterliegt dabei grundsätzlich dem Legalitätsprinzip[40].

22   Wegen dieser Stellung wird die Staatsanwaltschaft verbreitet als **Herrin des Ermittlungsverfahrens** bezeichnet. Der Ausdruck trifft insoweit zu, als er kennzeichnet, daß im Ermittlungsverfahren die Verfahrensherrschaft bei ihr liegt, während sie nach Erhebung der öffentlichen Klage und vor allem nach dem Eröffnungsbeschluß auf das Gericht übergeht. Der Sache nach ist die **Bezeichnung überflüssig**. Ebensowenig, wie es üblich ist, das Gericht als den Herrn des Hauptverfahrens zu bezeichnen, besteht eine Notwendigkeit, der Staatsanwaltschaft terminologisch einen Machtanspruch zuzubilligen, der insbesondere bei der Polizei Emotionen auslöst[41] und den Umstand verdunkelt, daß es nicht in erster Linie um die Ausübung von Herrschaft gegenüber sonstigen Strafverfolgungsbehörden und gegenüber dem Beschuldigten geht, sondern um eine unter rechtsstaatlichen Gesichtspunkten auszuübende Leitung und die Übernahme von Verantwortung.

23   b) **Amtsträger der Staatsanwaltschaft** sind die Staatsanwälte (§ 142 Abs. 1 Nr. 1 und 2 GVG) und im Rahmen des § 142 Abs. 2 GVG die Amtsanwälte. Auch andere Beamte des höheren Dienstes, die die Befähigung zum Richteramt haben (vgl. § 122 Abs. 1 DRiG) und zu einer Staatsanwaltschaft abgeordnet sind, sind im Sinne der StPO Staatsanwälte, nicht dagegen Beamte mit der Amtsbezeichnung Staatsanwalt, solange sie (im Wege der Abordnung) bei einer anderen Behörde als bei einer Staatsanwaltschaft tätig sind. Wegen der Einzelheiten und der Organisation der Staatsanwaltschaft wird auf die Erl. zu den §§ 141 ff GVG verwiesen. Die aufgrund Landesrecht zugelassenen örtlichen Sitzungsvertreter[42] haben im Ermittlungsverfahren keine Bedeutung, da ihnen nur die Vertretung der Staatsanwaltschaft in der Hauptverhandlung vor dem Strafrichter und dem Jugendrichter obliegt. Soweit die Staatsanwaltschaft prozessuale Befugnisse ausübt, die ihr ausdrücklich vorbehalten sind, wie die Abschlußentscheidung nach § 170, Aufträge und Weisungen gegenüber der Polizei nach § 161 Satz 2, Anträge auf richterliche Untersuchungshandlungen nach § 162, die Durchsicht von Papieren nach § 110 oder die Vernehmung von Zeugen unter Begründung der Erscheinens- und Aussagepflicht nach § 161 a, müssen diese Amtsträger tätig werden. Im übrigen kann sich die Staatsanwaltschaft im Ermittlungsverfahren auch anderer bei ihr tätiger Beamten und Angestellten bedienen, die das Amt des Staatsanwalts (vgl. § 122 DRiG) nicht wahrnehmen können; auch Amtsanwälte können insoweit außerhalb der Grenzen des § 142

---

[39] Vgl. u. a. *Gössel* § 3 A I; *Peters*[4] § 23 IV 1 a; *Roxin*[20] § 10 III; DRiZ **1969** 385; *Eb. Schmidt* I 92 ff (auch zur historischen Entwicklung); Vor § 158, 2; *Rüping* ZStW **95** (1983) 915.

[40] Vgl. näher, auch zur Bedeutung und zu den Grenzen die Erl. zu § 152 sowie § 170, 19.

[41] Vgl. dazu z. B. *Stümper* Kriminalistik **1986** 395; vgl. auch (aus staatsanwaltschaftlicher Sicht) *Uhlig* StrVert. **1986** 117.

[42] Vgl. *Kissel* § 141, 28; KK-*Schoreit*[2] § 141, 7 GVG.

Abs. 2 GVG tätig werden (vgl. § 161, 43). In der Praxis werden insbesondere sog. **Wirtschaftsreferenten**[43] teils in einer Funktion als weisungsunabhängige Sachverständige, teils als Ermittlungsgehilfen der Staatsanwaltschaft eingesetzt.

c) Gleichgestellte Behörden. Soweit in **Steuerstrafsachen** die **Finanzbehörde** nach **24** § 386 Abs. 2 AO das Strafverfahren selbständig führt, hat sie für das Ermittlungsverfahren die Stellung der Staatsanwaltschaft (§ 399 AO); sie unterliegt also wie diese dem Legalitätsprinzip und ist für die rechtsstaatliche und faire Durchführung des Ermittlungsverfahrens verantwortlich[44]. Gleiches gilt für andere Straftaten, in denen die Zuständigkeit der Finanzbehörden zur Strafverfolgung ausdrücklich gesetzlich bestimmt ist[45]. Bei der Verfolgung von **Ordnungswidrigkeiten** hat die zuständige **Verwaltungsbehörde** nach § 46 Abs. 2 OWiG grundsätzlich die Rechte und Pflichten der Staatsanwaltschaft; wegen der Abweichungen im einzelnen s. die Erl. zu den einzelnen Vorschriften[46].

3. Behörden und Beamte des Polizeidienstes

a) Allgemeines. Die zentrale Aufgabe der Polizei besteht in der **Gefahrenab-** **25** **wehr**[47]. Sie hat aber auch bei der Strafverfolgung nach der StPO eine ihr gesetzlich zugewiesene wichtige Aufgabe zu erfüllen. Unbeschadet der Verantwortung und Leitungsaufgabe der Staatsanwaltschaft für das Ermittlungsverfahren und ihrer Befugnis zu eigenen Ermittlungen (§ 161, 40 ff) trägt die Polizei in der Praxis die **Hauptlast der Straftataufklärung.** Denn die Staatsanwaltschaft ist hierzu aufgrund ihrer personellen Ausstattung quantitativ nicht in der Lage; ferner bedarf die Sachverhaltserforschung vielfach kriminalistischer, kriminaltechnischer und organisatorischer Kenntnisse und Mittel, über die die Staatsanwaltschaft nicht verfügt und nicht in dem erforderlichen Maße verfügen kann (vgl. § 161, 45). In der täglichen Praxis der Strafverfolgung besteht daher seit langem im Bereich der kleinen und mittleren Kriminalität eine **Dominanz der polizeilichen Sachverhaltsermittlung,** sofern diese ohne Einsatz von Zwangsmaßnahmen möglich ist. Dagegen ist die rechtliche Bewertung und die Entscheidung über den Abschluß des Ermittlungsverfahrens nach wie vor der Staatsanwaltschaft vorbehalten. Über das Verhältnis von Staatsanwaltschaft und Polizei insgesamt s. näher Rdn. 33 ff sowie § 161, 47; § 163, 3; 7 ff.

Die Behörden und Beamte des Polizeidienstes sind verpflichtet, **Strafanzeigen** ent- **26** gegenzunehmen (§ 158 Abs. 1 Satz 1); sie haben **Ermittlungsersuchen** und **-aufträge** der Staatsanwaltschaft auszuführen (§ 161)[48] und auch ohne staatsanwaltschaftliches Ersuchen beim Anfangsverdacht einer Straftat den **Sachverhalt zu erforschen** und dabei mindestens (vgl. § 163, 24) alle unaufschiebbaren Handlungen vorzunehmen (§ 163). Sie sind befugt, **erkennungsdienstliche Maßnahmen** durchzuführen (§ 81 b), die **Identität festzustellen** (§§ 163 b, 163 c) und bei Vorliegen der Haftvoraussetzungen bei Gefahr im Verzuge Verdächtige **vorläufig festzunehmen** (§ 127 Abs. 2). Weitere Zwangsbefugnisse stehen den Beamten des Polizeidienstes bei der Strafverfolgung nicht ohne weiteres zu; lediglich, wenn sie zu **Hilfsbeamten der Staatsanwaltschaft** bestellt sind (vgl. § 152 GVG

---

[43] Zur (je nach dem konkreten Auftrag) unterschiedlichen Rechtsstellung vgl. BGHSt **28** 381; OLG Zweibrücken NJW **1979** 1995; vgl. auch *Franzheim* DRiZ **1984** 91; *Kuhlmann* DRiZ **1976** 268.

[44] Kritisch zur Verselbständigung der Finanzbehörde z. B. *Rüping* ZStW **95** (1983) 914; vgl. auch Rdn. 32; ferner § 160, 12; § 161, 20 ff; § 163, 90; *Schick* JZ **1982** 125 ff.

[45] Näher *Henneberg* BB **1977** 938; *Franzen/Gast/Samson* Steuerstrafrecht[3] § 385, 26 ff; s. auch Rdn. 32.

[46] Vgl. auch (zusammenfassend) *Göhler*[8] § 46, 7 ff.

[47] Zum Verhältnis der Gefahrenabwehr zur sog. vorbeugenden Verbrechensbekämpfung s. Rdn. 10 f.

[48] Vgl. näher § 161, 51 ff.

Peter Rieß

und die dort. Erl.), können sie eine Reihe von Zwangsmaßnahmen im Wege einer Eil- und Notkompetenz[49] bei Gefahr im Verzuge anordnen und vornehmen[50].

27   **Organisation und Einrichtung** der Polizeibehörden richten sich überwiegend nach Landesrecht; **Bundespolizeibehörden** sind nur in beschränktem Maße gesetzlich zugelassen[51]. Wegen der Einzelheiten wird auf das polizeirechtliche Schrifttum verwiesen. Soweit die StPO den Polizeibehörden Aufgaben überträgt, sind damit nur die Behörden der **Vollzugs-** oder **Sicherheitspolizei** gemeint, nicht solche der sog. Verwaltungs- oder Ordnungspolizei. Bei diesen können allerdings bestimmte Bedienstete, soweit sie Hilfsbeamte der Staatsanwaltschaft sind, Aufgaben der Strafverfolgung wahrnehmen. Wenig geklärt ist, ob **Hilfspolizeibeamte**[52] auch polizeiliche Aufgaben der Strafverfolgung wahrnehmen können. Maßgebend sind insoweit die landesrechtlichen Vorschriften[53], aufgrund derer dies jedenfalls dann nicht zulässig ist, wenn diesen Personen nur im einzelnen umschriebene Aufgaben der Gefahrenabwehr übertragen werden dürfen.

28   **b)** Die allgemeine **Schutz- und Kriminalpolizei**, die organisatorisch und dienstaufsichtsrechtlich den Innenministerien der Länder untersteht[54], ist in ihrem örtlichen Zuständigkeitsbereich für die polizeilichen Strafverfolgungsaufgaben **umfassend zuständig**. Welche Aufgaben dabei von der Schutzpolizei und welche von der fachlich verselbständigten Kriminalpolizei[55] bearbeitet werden, richtet sich nach Landesrecht und innerdienstlichen Organisationsvorschriften. Regelmäßig wird heute, außer im Bereich der Bagatellkriminalität und der Verkehrsdelikte oder für einzelne Ermittlungsersuchen, die Kriminalpolizei tätig, wenn auch für den ersten Zugriff die Schutzpolizei infolge ihrer örtlichen Nähe eine wichtige Rolle spielt. Kriminalpolizeiliche **Zentralstellenaufgaben** innerhalb der einzelnen Bundesländer nehmen die **Landeskriminalämter** wahr, deren Einrichtung bundesgesetzlich (§ 3 BKrimAG) vorgeschrieben ist[56].

29   **c) Sonderpolizeibehörden**[56a] nach Bundesrecht sind beispielsweise der Bundesgrenzschutz[57], die Bahnpolizei[58] und die Strom- und Schiffahrtspolizei[59]. Sonderpolizeien der Länder sind etwa die Bereitschaftspolizeien, die Wasserschutzpolizei und (in Bayern) die Grenzpolizei[60]. Zur begrenzten Zuständigkeit solcher Sonderpolizeibehörden zur Strafverfolgung s. § 161, 48; § 163, 11. Die Behörden des **Verfassungsschutzes** werden nur teilweise polizeirechtlich den Polizeibehörden zugerechnet[61], sind aber, da ihnen keine exekutiven Befugnisse zustehen, nicht Behörden des Polizeidienstes im Sinne der §§ 161, 163 StPO[62].

[49] Vgl. dazu grundsätzlich *Nelles* 23 ff.

[50] Vgl. § 81 a Abs. 2; § 81 c Abs. 5; § 98 Abs. 1 Satz 1; § 105 Abs.1 Satz 1; § 111 Abs. 2; § 111 e Abs. 1 Satz 2; § 111 l Abs. 2 Satz 3; § 132 Abs. 2; § 163 d Abs. 2 Satz 1.

[51] Vgl. Art. 73 Nr. 10; Art. 87 Abs. 1 Satz 2 GG; näher die Übersichten bei *Drews/Wacke/Vogel/Martens* 63 ff und *Becker* DVBl. **1977** 945; zu den Bundespolizeibehörden auch *Riegel* Bundespolizeirecht Vor § 1, 3 BKrimAG.

[52] Vgl. zum Begriff und zur historischen Entwicklung *Ungerbieler* DVBl. **1980** 409.

[53] Übersicht bei *Ungerbieler* DVBl. **1980** 411; ferner *Drews/Wacke/Vogel/Martens* 56 f.

[54] Vgl. zur Organisation näher *Drews/Wacke/Vogel/Martens* 89 ff.

[55] Vgl. *Drews/Wacke/Vogel/Martens* 92; *Kühne*

69; zur Geschichte der Kriminalpolizei und der derzeitigen Organisation in den einzelnen Ländern ausführlich *Groß/Geerds* II 522 ff.

[56] Zu den verschiedenen Arten der Organisation vgl. *Riegel* Bundespolizeirecht § 2, I 1 BKrimAG.

[56a] Übersicht bei *Groß/Geerds* II 573 ff.

[57] Vgl. näher *Drews/Wacke/Vogel/Martens* 66.

[58] Vgl. näher *Drews/Wacke/Vogel/Martens* 73; zur (räumlich begrenzten) Zuständigkeit vgl. RGSt **57** 20; OLG Oldenburg NJW **1983** 291; *Eb. Schmidt* 8.

[59] Vgl. *Drews/Wacke/Vogel/Martens* 77.

[60] Vgl. *Drews/Wacke/Vogel/Martens* 93 ff.

[61] Vgl. *Drews/Wacke/Vogel/Martens* 82, 95 mit Nachw.

[62] Zur Zusammenarbeit von Strafverfolgungs- und Verfassungsschutzbehörden s. § 161, 35.

d) Bundeskriminalamt. Interpol. Das dem Bundesinnenministerium unterstehende **30** Bundeskriminalamt[63] erfüllt neben einigen präventivpolizeilichen Aufgaben[64] polizeiliche Strafverfolgungsaufgaben vor allem im Bereich der überregionalen und internationalen Strafverfolgung (§ 1 BKrimAG). Das Bundeskriminalamt ist **Zentralstelle** für kriminaltechnische Untersuchungen (§ 2 Abs. 1 Nr. 3, 4, Abs. 2 BKrimAG), für die Informationssammlung und den Informationsaustausch einschließlich der elektronischen Datenverarbeitung (§ 2 Abs. 1 Nr. 1 BKrimAG)[65] sowie für die kriminalpolizeiliche Forschung und Fortbildung (§ 2 Abs. 1 Nr. 5 bis 8 BKrimAG). Als **Strafverfolgungsbehörde** wird es nach den §§ 161, 163 im Rahmen der in § 5 BKrimAG beschriebenen Zuständigkeiten tätig (vgl. näher § 161, 49); es kann ferner in einer mehrere Bundesländer betreffenden Tat die polizeilichen Aufgaben der Strafverfolgung koordinieren und einem Lande zuweisen (§ 7 BKrimAG)[66].

Dem Bundeskriminalamt ist ferner grundsätzlich die **internationale polizeiliche** **31** **Zusammenarbeit** auf dem Gebiet der Strafverfolgung vorbehalten (§ 10 BKrimAG); es hat nach § 1 Abs. 2 BKrimAG die Aufgabe des deutschen Zentralbüros der **Interpol** (Internationale Kriminalpolizeiliche Organisation – I.K.P.O.), einer Einrichtung zu internationalem Informationsaustausch über polizeiliche Verbrechensbekämpfung mit Sitz in Frankreich, deren Rechtsnatur umstritten ist[67] und hinsichtlich derer die Verfassungsmäßigkeit der Mitwirkung der Bundesrepublik Deutschland teilweise bestritten wird[68].

e) Gleichgestellte Behörden. Für die Verfolgung bestimmter Straftaten sind an- **32** dere Behörden und deren Bedienstete der Polizei ausdrücklich gleichgestellt; sie haben „dieselben Rechte und Pflichten wie die Behörden und Beamten des Polizeidienstes nach den Vorschriften der Strafprozeßordnung". Dazu gehören u. a. die Dienststellen der Steuerfahndung und die Zollfahndungsämter bei Steuerstrafsachen (§ 404 AO)[69] sowie die Hauptzollämter und Zollfahndungsämter bei Straftaten nach dem Außenwirtschaftsgesetz und dem Marktordnungsgesetz[70].

4. Verhältnis Staatsanwaltschaft—Polizei
a) Rechtslage und Rechtswirklichkeit. Nach dem geltenden Strafverfahrensrecht **33** ist das Verhältnis von Staatsanwaltschaft und Polizei bei der Strafverfolgung im Ermittlungsverfahren durch eine umfassende **Leitungsbefugnis der Staatsanwaltschaft** gekennzeichnet; die Polizei wird durch die Strafprozeßordnung, wenngleich organisato-

---

[63] Vgl. näher *Drews/Wacke/Vogel/Martens* 63 ff; *Becker* DVBl. **1977** 946; *Herold* DNP **1976** 65; *Kühne* 72 ff; *Riegel* DVBl. **1982** 720; *Roxin*[20] § 10 B I 4 b.

[64] Vgl. § 9 BKrimAG; ferner *Drews/Wacke/Vogel/Martens* 65; *Riegel* DVBl. **1982** 726.

[65] Zum strittigen Umfang dieser Kompetenz vgl. einerseits *Riegel* DVBl. **1982** 723; NJW **1983** 656; andererseits *v. Dietel* DVBl. **1982** 939; *Kubica/Leineweber* NJW **1984** 2068, jeweils mit Nachw.; vgl. auch § 163, 96.

[66] Vgl. dazu für die Verfahrensweise der Staatsanwaltschaft Nr. 28 RiStBV.

[67] Zu weiteren Einzelheiten s. u. a. mit Nachw. *Eick/Trittel* EuGRZ **1985** 81; *Riegel* Bundespolizeirecht § 1, III BKrimAG; DVBl. **1982** 724 f; JZ **1982** 312 (auch zu datenschutz-

rechtlichen Problemen); *Stiebler* Kriminalistik **1982** 610; *Wingerter* Kriminalistik **1987** 415; *Maaß* Kriminalistik **1987** 431; allgemein (auch zur Geschichte) *Groß/Geerds* II 739 ff.

[68] So *Eick/Trittel* EuGRZ **1985** 81; vgl. auch *Daum* JZ **1980** 798; *Randelzhofer* FS Schlochauer (1981) 531.

[69] Vgl. auch *Schick* JZ **1982** 126 ff; *Schleifer* wistra **1986** 250; *Rüster* wistra **1988** 49; *Klos* wistra **1988** 92 f (insbesondere zur „Doppelfunktion" der Steuerfahndung); vgl. auch § 161, 21.

[70] § 42 Abs. 2 AWG; § 37 Abs. 2 MOG; vgl. auch § 161, 50; *Kleinknecht/Meyer*[38] § 163, 14; § 34 EichG (Befugnisse von Polizeibehörden).

risch und ressortmäßig selbständig, die Strafjustiz dienstbar gemacht, sie erscheint gleichsam als der „verlängerte Arm der Staatsanwaltschaft"[71]. Mit der Leitungsbefugnis verbunden ist zugleich die umfassende **Verantwortung der Staatsanwaltschaft** für die Einhaltung des Legalitätsprinzips, die Vollständigkeit der Sachverhaltserforschung und die Justizförmigkeit des Verfahrens, auch soweit es durch die Polizei durchgeführt wird[72]. Um diese Leitungsbefugnis und Verantwortlichkeit wahrnehmen zu können, steht der Staatsanwaltschaft gegenüber der Polizei ein uneingeschränktes Weisungsrecht in bezug auf ihre auf die Sachverhaltserforschung gerichtete strafverfolgende Tätigkeit zu (vgl. § 161, 51 ff; § 163, 7 ff). Ein selbständiges, aus diesem Zusammenhang herausfallendes polizeiliches Ermittlungsverfahren ist dem geltenden Recht fremd, es läßt sich auch nicht mit Hilfe einer die gesetzlichen Regelungen mißachtenden Terminologie begründen, die mit dem Schlagwort der Dominanz der Prävention einen umfassenden Sicherheitsauftrag der Polizei unter Einschluß der strafverfolgenden Tätigkeit in Anspruch nimmt[73].

34   In der **Rechtswirklichkeit** liegt seit langem in erheblichem Umfang die Einleitung und Durchführung des Ermittlungsverfahrens und namentlich die eigentliche Sachverhaltserforschung in der Hand der Polizei[74]. Strafanzeigen werden überwiegend bei der Polizei erstattet; aufgrund ihrer präventiven Aufgaben erfährt auch in erster Linie sie und nicht die Staatsanwaltschaft durch amtliche Wahrnehmung von einem Anfangsverdacht, so daß die ganz überwiegende Zahl der Ermittlungsverfahren bei der Polizei ihren Anfang nimmt[75]. Sie führt darüber hinaus im Bereich der kleinen und mittleren Kriminalität unter weitgehender Ausnutzung der durch § 163 eröffneten Möglichkeiten die Ermittlungen bis zur Abschlußreife (aus ihrer Sicht) selbständig[76], so daß sich die Staatsanwaltschaft in *diesen* Fällen vielfach auf die Anordnung weniger Nachermittlungen und die Abschlußverfügung nach § 170 beschränkt[77]. Bei sehr weitgehender Inanspruchnahme der Eilkompetenzen wegen Gefahr im Verzuge bei der Durchführung von Zwangsmaßnahmen[78] gilt dies vielfach auch, wenn wegen der an sich bestehenden richterlichen Anordnungskompetenz eine Abgabe der Vorgänge an die Staatsanwaltschaft geboten wäre, damit diese die nach § 162 erforderlichen Anträge stellen kann.

35   Ein faktisches Übergewicht der Polizei besteht darüber hinaus zahlenmäßig bei der einfachen Ermittlungstätigkeit durch **Vernehmungen** sowie bei der Durchführung **kriminalistischer und kriminaltechnischer Untersuchungen** und bei komplexeren Ermittlungshandlungen, wie etwa Polizeiliche Beobachtungen und Observationen (§ 163, 39 ff). Dabei kann die Polizei zur Sachverhaltsaufklärung in weitaus größerem Maße als die Staatsanwaltschaft auf Datenbestände und Erkenntnisse aus der sog. vorbeugenden

---

[71] BVerwGE **47** 255, 263; vgl. auch § 161, 45 ff; § 163, 7 ff; sowie zur Abgrenzung von „Prävention" und „Repression" oben Rdn. 9 ff.

[72] Näher oben Rdn. 21 f.

[73] So z. B. *Schäfer* GA **1986** 49 ff; näher Rdn. 12 f.

[74] Vgl. jeweils mit weit. Nachw. *Peters*[4] § 23 III; *G. Schäfer* § 19 IV 1; *Rüping* ZStW **95** (1983) 899 ff; zu weitgehend *Fezer* StrafprozeßR (1986) 2/86.

[75] Nach der Staatsanwaltschaftsstatistik wurden z. B. 1986 80,6 % aller Ermittlungsverfahren von der Polizei, 17,1 % von der Staats-

anwaltschaft und 2,3 % von Verwaltungsbehörden, insbes. Steuer- und Zollfahndung eingeleitet; vgl. auch Fußn. 81.

[76] Näher § 163, 24 ff.

[77] Vgl. dazu die empirischen Untersuchungen bei *Blankenburg/Sessar/Steffen; Feest/Blankenburg; Steffen;* zur Aussagekraft dieser Untersuchungen für das gesamte Verhältnis Staatsanwaltschaft/Polizei kritisch u. a. *Straßer* 70 ff; *Helmken* Kriminalistik **1981** 303 mit Erwiderung *Steffen* Kriminalistik **1981** 429.

[78] Vgl. *Nelles* 179 mit empirischen Angaben.

Verbrechensbekämpfung zurückgreifen[79]. Insgesamt dürfte heute in vielen Kriminalitätsbereichen der operative Teil des Ermittlungsverfahrens, wenn auch teilweise aufgrund von Anordnungen oder mit Billigung der Staatsanwaltschaft, in der Hand der Polizei liegen[80]. Eine eigene **Ermittlungsführung** und nicht nur Ermittlungsleitung der **Staatsanwaltschaft** ist jedoch vor allem in bedeutenden und rechtlich schwierigen Verfahren keineswegs die seltene Ausnahme[81]; sie ist innerdienstlich verpflichtet, von ihren Ermittlungskompetenzen Gebrauch zu machen[82] und entscheidet vor allem, soweit nicht die Polizei bei der Entgegennahme von Anzeigen gesetzwidrig handelt[83], allein über das Ergebnis des Ermittlungsverfahrens und dessen Abschluß.

Das **Gesamtbild** des Verhältnisses von Staatsanwaltschaft und Polizei dürfte derzeit durch ein schwer exakt bestimmbares Geflecht von informellen und delikts- und bereichsspezifisch unterschiedlichen Formen der Zusammenarbeit und unterschiedlicher Dominanz der beiden maßgebenden Strafverfolgungsorgane gekennzeichnet sein, das mit den eher vagen und offenen Vorgaben der Strafprozeßordnung noch in Einklang zu bringen ist; ein gewohnheitsrechtlich anerkannter Übergang der Ermittlungstätigkeit auf die Polizei[84] kann nicht anerkannt werden[84a]. Dabei liegt das Schwergewicht polizeilicher Tätigkeit generell auf dem ersten Zugriff (§ 163, 25) sowie der Anwendung von kriminalistischen und kriminaltechnischen Maßnahmen, bei der kleinen und mittleren Kriminalität darüber hinaus auf der umfassenden Sachverhaltserforschung. Das Schwergewicht der staatsanwaltschaftlichen Tätigkeit liegt insoweit auf der Kontrolle der Ermittlungen und der Abschlußverfügung, bei bedeutenden Taten daneben auf der Wahrnehmung der Leitungsfunktion und bei rechtlich oder verfahrensmäßig schwierigen und komplexen Verfahren auch in der eigenen Sachverhaltserforschung. **36**

b) **Rechtspolitische Bewertung. Reformvorschläge.** Das Verhältnis von Staatsanwaltschaft und Polizei ist seit langem Gegenstand intensiver rechtspolitischer Diskussion. Das Schrifttum ist nahezu unübersehbar[85]; die Argumentation von Seiten der Staatsanwaltschaft und Polizei ist nicht immer frei von Emotionalität, Polemik und Empfindlichkeit[86]. Die neueste Auseinandersetzung hat sich insoweit vor allem an der Problematik der Verfügungsmacht über die anläßlich der Strafverfolgung gewonnenen Daten entzündet[87]; die vom Gesetz verwendete Bezeichnung der „Hilfsbeamten der Staatsanwaltschaft" und der in der Literatur vielfach verwendete (entbehrliche, vgl. **37**

---

[79] Zu den damit verbundenen Streitfragen näher § 163, 98 ff.

[80] Vgl. auch *Rüping* ZStW **95** (1983) 899 ff; ferner *Geisler* ZStW **93** (1981) 1114.

[81] Vgl. § 161, 40 ff; abweichend von der in Fußn. 75 mitgeteilten Verteilung wurden z. B. 1986 besondere Wirtschaftsstrafsachen (zum Begriff s. Arbeitsunterlage Staatsanwaltschaft des StatBA, S. 5) 67,9% von der Staatsanwaltschaft, 15,6% von der Steuer- und Zollfahndung und nur 14,8% von der Polizei eingeleitet; zur Zusammenarbeit in Wirtschaftsstrafsachen vgl. z. B. *Franzheim/Pfiszter* DRiZ **1984** 90.

[82] Nr. 3 RiStBV; vgl. *Peters*[4] § 57 II 3 b; *Rüping* ZStW **95** (1983) 905.

[83] Vgl. näher § 158, 18; ferner *Feest/Blankenburg*; vgl. aber auch *Gössel* GA **1976** 61.

[84] So *Kramer* Grundbegriffe des Strafverfahrensrechts (1984) 107.

[84a] Ähnlich auch *Krey* Strafverfahrensrecht I (1988) 495.

[85] Zusammenfassende Übersichten in neuerer Zeit jeweils mit weit. Nachw. z. B. bei *Fezer* (Fußn. 74) 2/87 ff; *Geisler* ZStW **93** (1981) 1113; *Gössel* GA **1980** 325; *Rüping* ZStW **95** (1983) 894; *Straßer*; vgl. insgesamt die hier nicht im einzelnen wiederholte Literatur im Schrifttumsverzeichnis.

[86] Vgl. z. B. aus der Perspektive der Polizei *Ahlf* (Fußn. 22) 71 ff; *Merten* Die Polizei **1979** 390; *H. Schäfer* GA **1986** 49; aus der Sicht der Staatsanwaltschaft *Schoreit* ZRP **1982** 228; *Uhlig* StrVert. **1986** 117.

[87] Vgl. z. B. KK-*Schoreit*[2] § 152, 3 GVG; *Schoreit* ZRP **1981** 73; *Uhlig* StrVert. **1986** 118; näher § 163, 101 ff.

Peter Rieß

Rdn. 22) Begriff der Staatsanwaltschaft als „Herrin des Ermittlungsverfahrens" führen zu Kontroversen, die über die Sachprobleme hinausgehen. Bei diesen selbst ist derzeit die Leitungsaufgabe der Staatsanwaltschaft mindestens im Sinne einer Gesamtverantwortung für den Verlauf des Ermittlungsverfahrens und namentlich für die Abschlußverfügung jedenfalls im Grundsatz auch im polizeilichen Schrifttum unbestritten[88]; wenn auch in Einzelfragen teilweise erhebliche Meinungsverschiedenheiten über den Grad der Selbständigkeit polizeilicher Tätigkeit vorhanden sind. Ebensowenig wird derzeit gefordert, der Staatsanwaltschaft die Befugnis zur eigenen sachverhaltserforschenden Tätigkeit durch Gesetzesänderungen insgesamt zu nehmen[89].

38   Im Schrifttum werden zum Teil grundsätzliche **Reformvorschläge** vertreten, die, eher vereinzelt, für den Bereich der Kleinkriminalität ein selbständiges polizeiliches Ermittlungsverfahren mit einer eigenen Abschlußbefugnis der Polizei in Form des Strafbefehlsantrags und die Ersetzung des staatsanwaltschaftlichen Weisungsrechts durch einen Rückgriff auf allgemeine Amtshilfegrundsätze vorschlagen[90]. Häufiger ist dagegen heute noch die Forderung, die sich auf eine ältere Tradition stützen kann[91], die Kriminalpolizei aus der Polizeiorganisation herauszulösen und der Staatsanwaltschaft zu unterstellen[92]. Eine gemeinsame Kommission der Justiz- und Innenressorts hat 1975 Leitsätze über das Verhältnis von Staatsanwaltschaft und Polizei beschlossen[93], aus denen 1978 ein Vorentwurf entwickelt wurde[94], der jedoch seither nicht weiterverfolgt worden ist. Die von der Wissenschaft überwiegend kritisch aufgenommene Konzeption läuft im wesentlichen auf eine gesetzliche Anerkennung der gegenwärtigen Rechtswirklichkeit mit formaler Anerkennung einer größeren Selbständigkeit der Polizei im Bereich der Ermittlungen unter Beibehaltung der Leitungsbefugnis der Staatsanwaltschaft und ihrer alleinigen Abschlußkompetenz hinaus.

39   Auch wenn sich angesichts rechtsstaatlicher Bindungen aller vollziehenden Gewalten die scharfe Antithese, daß die Staatsanwaltschaft den Rechtswillen und die Polizei den Machtwillen des Staates repräsentiere[95], nicht mehr vertreten läßt, ist an der Einheitlichkeit des Ermittlungsverfahrens unter **verantwortlicher Leitung der Staatsanwaltschaft** auch de lege ferenda festzuhalten[96], ohne daß damit notwendigerweise einer eigenen umfassenden Erforschungstätigkeit der Staatsanwaltschaft das Wort geredet werden soll (vgl. § 161, 40). Das schließt Selbständigkeit polizeilicher Ermittlungen soweit

---

[88] Vgl. z. B. *Reuber* Die Polizei **1987** 226; *Rupprecht* ZRP **1977** 275.

[89] Näher § 161, 40.

[90] So etwa *Merten* Die Polizei **1979** 390; weit. Nachw. und Würdigung bei *Rüping* ZStW **95** (1983) 907; *Straßer* 133 ff; *Gössel* GA **1980** 348.

[91] Vgl. *Rüping* ZStW **95** (1983) 894 f, 907; *Straßer* 124 f.

[92] In dieser Richtung z. B. KK-*Schoreit*[2] § 152, 6 GVG; *Groß/Geerds* II 469 ff (ausführlich); *Roxin*[20] § 10 B I 3; *Schlüchter* 71; *Füllkrug* ZRP **1984** 195; *Schoreit* ZRP **1982** 290; *Uhlig* StrVert. **1986** 120; *Wagner* MDR **1973** 713; **ablehnend** *Gössel* GA **1980** 349; *Rüping* ZStW **95** (1983) 908; *Peters*[4] § 23 II 2 b; *Straßer* 128 ff; *Krause* Die Polizei **1982** 32.

[93] Wiedergabe in Kriminalistik **1976** 545; bei *Kuhlmann* DRiZ **1976** 265; bei *Straßer* 195 ff

mit ausführl. Würdigung; dazu u. a. BKA-Vortragsreihe Bd. 23; *Goergen* ZRP **1976** 59; *Kuhlmann* aaO; *Häring* Kriminalistik **1979** 269; *Römer* Kriminalistik **1979** 275; *Rupprecht* ZRP **1977** 275; *Sydow* ZRP **1977** 119; *Ulrich* ZRP **1977** 158; vgl. auch *Rüping* ZStW **95** (1983) 911.

[94] Wiedergabe und krit. Würdigung u. a. bei *Geisler* ZStW **93** (1981) 1115; vgl. auch *Häring* Kriminalistik **1979** 269; *Rüping* ZStW **95** (1983) 911.

[95] *Eb. Schmidt* I 95; MDR **1951** 6; *Krey/Pföhler* NStZ **1985** 146.

[96] Im Ergebnis wohl heute ganz h. M; vgl. z. B. *G. Schäfer* § 19 III 1; *Schlüchter* 71; *Eb. Schmidt* 2 f; *Geisler* ZStW **93** (1981) 1138; *Gössel* GA **1980** 348 ff; *Rüping* ZStW **95** (1983) 909; ausführlich *Straßer* 147 ff.

und solange nicht aus, wie der Staatsanwaltschaft die Möglichkeit einer jederzeitigen Einflußnahme und Aktualisierung ihrer eigenen Ermittlungskompetenzen gewährleistet ist. Soweit das geschieht, dürfte die organisatorische Trennung zwischen einer vorwiegend exekutiv tätigen und insoweit wegen der Parallelität präventiver Tätigkeit mit umfassenden Ressourcen ausgestatteten Polizei und einer eher kontrollierenden und leitenden, der Justiz zugeordneten Staatsanwaltschaft mit nur in Sonderfällen wahrzunehmenden eigenen Ermittlungstätigkeiten aus rechtsstaatlichen Gründen die beste Lösung darstellen[97]. Die überwiegenden Gründe sprechen daher dafür, die seit mehr als einhundert Jahren geltende Rechtslage im Verhältnis von Staatsanwaltschaft und Polizei nicht grundlegend zu ändern[98].

5. Gericht. Die Mitwirkung der Gerichte im Ermittlungsverfahren besteht nur in **40** der Vornahme einzelner Untersuchungshandlungen (vgl. § 162, 5 ff), die kein zusammenhängendes richterliches Verfahren darstellen, selbst wenn sie (vgl. § 162 Abs. 1 Satz 2) alle von demselben Amtsgericht vorgenommen werden. Von der „Anhängigkeit" eines Ermittlungsverfahrens bei einem bestimmten Gericht kann deshalb nicht gesprochen werden. Als richterliche Untersuchungshandlung kommen einerseits auf Erforschung des Sachverhalts gerichtete Ermittlungsmaßnahmen, andererseits Anordnungen von Zwangsmaßnahmen oder deren Bestätigung in Betracht[99]. Die gerichtliche Tätigkeit setzt regelmäßig einen ihren Umfang begrenzenden Antrag der Staatsanwaltschaft voraus (§ 162, 32 f); Ausnahmen enthalten die §§ 165, 166. Eine Anrufung des Gerichts durch den Beschuldigten oder sonst von einer Maßnahme Betroffenen ist nach § 161 a Abs. 3, § 163 a Abs. 3 Satz 3 möglich; sie ist ferner bei der nichtrichterlichen Anordnung von Zwangsmaßnahmen unter Inanspruchnahme einer Eilkompetenz möglich, solange die Maßnahme noch andauert. Ist sie vollzogen, so kommt eine Anrufung des Gerichts zur Feststellung der Rechtswidrigkeit in Betracht, wenn hieran ein berechtigtes Interesse besteht (vgl. Rdn. 49). Eine richterliche Kontrolle der Einstellung des Ermittlungsverfahrens durch die Staatsanwaltschaft findet (nur) in der Form und unter den Voraussetzungen des Klageerzwingungsverfahrens nach den §§ 172 ff statt.

Für die richterliche Tätigkeit im Ermittlungsverfahren sind ganz überwiegend die **41** **Amtsgerichte sachlich zuständig**, in den Verfahren, die zur Zuständigkeit des Oberlandesgerichts im ersten Rechtszug gehören, daneben in gleichem Umfang Ermittlungsrichter des Bundesgerichtshofes oder des Oberlandesgerichts (§ 169). Zur örtlichen Zuständigkeit s. § 162, 77 ff. Ausnahmsweise (s. § 162, 4) ist auch die Zuständigkeit des Gerichts begründet, das für die Eröffnung des Hauptverfahrens zuständig wäre. In den Fällen des § 161 a Abs. 3, § 163 a Abs. 3 Satz 3 ist, ebenso wie bei Beschwerden gegen Entscheidungen des Amtsrichters im Ermittlungsverfahren, das Landgericht zuständig. Für das Klageerzwingungsverfahren ist regelmäßig die Zuständigkeit der Oberlandesgerichte begründet.

6. Die Gerichtshilfe kann im Ermittlungsverfahren von der Staatsanwaltschaft **42** nach § 160 Abs. 3 Satz 2 zur Aufklärung der für die Rechtsfolgenzumessung bedeutsamen Umstände herausgezogen werden. Die Einzelheiten sind bei § 160, 70 ff erläutert.

---

[97] Vgl. auch § 161, 40 f; *Rieß* FS Schäfer 195; *Gössel* GA **1980** 348 ff mit einem wohl zu weitgehenden Vorschlag zum Rückzug der Staatsanwaltschaft aus der eigenen Ermittlung.

[98] Im Ergebnis wohl weitgehend übereinstimmend *Peters*[4] § 23 II 2 b; *G. Schäfer* § 19 II 2; *Geisler* ZStW **93** (1981) 1141; *Rüping* ZStW **95** (1983) 909.

[99] Näheres § 162, 1; 5 ff.

7. Beschuldigter und Verteidiger

43   **a) Keine Notwendigkeit.** Während das gerichtliche Verfahren nach Erhebung der öffentlichen Klage notwendig einen individuellen Beschuldigten voraussetzt und durch seine Existenz bedingt ist[100], erfordert das Ermittlungsverfahren einen solchen nicht notwendig; auch das Verfahren aufgrund des bloßen Anfangsverdachts einer Tat zur Ermittlung eines noch unbekannten Täters ist ein Ermittlungsverfahren im Sinne der §§ 158 bis 171. Allerdings ist jedes Ermittlungsverfahren darauf gerichtet, einen noch lebenden und verfolgbaren Beschuldigten festzustellen[101]. Steht zugleich mit dem Anfangsverdacht einer Tat fest, daß kein lebender oder verfolgbarer Täter oder Teilnehmer mehr existiert, der Beschuldigter werden könnte, etwa weil die allein in Betracht kommenden Personen verstorben sind oder auf Dauer nicht der deutschen Gerichtsbarkeit unterliegen, so findet ein strafrechtliches Ermittlungsverfahren nicht statt. Etwas anderes gilt nur, soweit Einziehung oder Verfall im objektiven Verfahren nach § 440 in Betracht kommen können; das ist bei Tod des Beschuldigten nur unter den Voraussetzungen des § 76 a Abs. 2 StGB der Fall[102].

44   **b)** Die **Stellung des Beschuldigten** im Ermittlungsverfahren ist eine andere und schwächere als die im gerichtlichen Verfahren, wo es die durch den Anklagegrundsatz konstruktiv hergestellte Dreiecksbeziehung zwischen einem unabhängigen Gericht, einem Ankläger und einem Angeklagten gestattet, eine Ausbalanzierung der Befugnisse zwischen Anklagebehörde und Beschuldigtem vorzunehmen, die sich als Chancengleichheit oder Waffengleichheit interpretieren läßt[103]. In dem auf Verdachtsklärung und Stoffsammlung gerichteten Ermittlungsverfahren läßt sich die Stellung des Beschuldigten nicht nach den gleichen Grundsätzen gestalten wie im Zwischen- und Hauptverfahren. Hier muß notwendigerweise der Ermittlungsbehörde ein gewisser Ermittlungsvorsprung eingeräumt werden; er darf allerdings nicht dazu führen, daß die Verteidigungsmöglichkeit des Beschuldigten zu sehr eingeengt werden[104].

45   Der Beschuldigte[104a] ist auch im Ermittlungsverfahren nicht nur Objekt der Aufklä-rungstätigkeit der Staatsanwaltschaft, sondern auch **Subjekt des Verfahrens** mit einem Bündel unterschiedlicher Einzelbefugnisse und Einwirkungsmöglichkeiten[105]. Dem Beschuldigten steht bei richterlichen Zeugen- und Sachverständigenvernehmungen und bei richterlichen Augenscheinseinnahmen grundsätzlich ein Anwesenheitsrecht zu (§§ 168 c, 168 d); ihm ist ferner ein beschränkter Beweiserhebungsanspruch eingeräumt (§ 163 a Abs. 1, § 166) und der Beistand eines Verteidigers garantiert (§ 137). Wegen der Einzelheiten ist auf die Erläuterung zu diesen Vorschriften zu verweisen. Allerdings schreibt die StPO nicht vor, daß der Beschuldigte von der Einleitung eines Ermittlungsverfahrens alsbald in Kenntnis zu setzen ist[106]. Gewährleistet ist dies nur, wenn er als Beschuldigter vernommen wird (§ 163 a Abs. 3 Satz 2, Satz 4); außerdem erfährt er bei gegen ihn gerichteten offenen Zwangsmaßnahmen in der Regel von dem Verfahren. Je-

---

[100] BGHSt **34** 185; BGH NStZ **1983** 179; vgl. auch Einl. Kap. **9** 2.

[101] *Eb. Schmidt* 9.

[102] Vgl. § 440, 7: 11 a. E; LK-*Schäfer* § 76 a, 9; 11.

[103] Vgl. dazu Einl. Kap. **6** 14 ff; ferner z. B. *Mörsch* 43 ff.

[104] Vgl. dazu kontrovers u. a. *Richter II* NJW **1981** 1820; *Ernesti* JR **1982** 221; ferner *Dahs* NJW **1985** 1113; *Richter II* StrVert. **1985** 387; *Nelles* StrVert. **1986** 74; *H. Schäfer*

wistra **1987** 165; zu den Reformmöglichkeiten und den Reformtendenzen Rdn. 51 f.

[104a] Zum Beginn der Beschuldigteneigenschaft s. § 163 a, 11 ff.

[105] Vgl. *Eb. Schmidt* Nachtr. I 2; vgl. (auch zur historischen Entwicklung) *Fezer* Gedächtnisschrift Schröder 408 ff.

[106] *Dazu kritisch u. a. Mörsch* 78 ff; ferner *Dahs* NJW **1985** 1114; vgl. aber auch *Ernesti* JR **1982** 222 (Ermittlungsgeheimnis); s. auch § 160, 41 f; § 163 a, 37.

denfalls ist dem Beschuldigten vor Erhebung der öffentlichen Klage, nicht aber vor der Verfahrenseinstellung, Gelegenheit zur Äußerung zu geben.

c) Verteidiger. Die Befugnis des Beschuldigten, sich eines Verteidigers zu bedie- **46** nen, ist, wie aus § 137 folgt, auch schon im Ermittlungsverfahren gewährleistet; notwendig, ggf. mit der Folge der Beiordnung eines Verteidigers, ist die Verteidigung unter den Voraussetzungen des § 117 Abs. 4, § 118 a Abs. 2 Satz 2, § 141 Abs. 3[107]. Die Befugnisse des Verteidigers zur Anwesenheit bei Vernehmungen ergeben sich aus § 163 a Abs. 3 und § 168 c[108], die zur Akteneinsicht aus § 147; auf die jeweiligen Erl. wird verwiesen[109]. Der Verteidiger ist auch während des Ermittlungsverfahrens zu **eigenen Ermittlungen** berechtigt[110].

8. Der **Verletzte** spielt im Ermittlungsverfahren zunächst insoweit eine wichtige **47** Rolle, als er als Anzeigeerstatter den Strafverfolgungsbehörden die Kenntnis vom Tatverdacht verschafft und damit Anlaß zur Erforschung des Sachverhalts gibt[111]. Ihm ist darüber hinaus durch das nur ihm offenstehende Klageerzwingungsverfahren im Falle der Verfahrenseinstellung nach § 170 Abs. 2 die Kontrolle der Einhaltung des Legalitätsprinzips durch die Staatsanwaltschaft überantwortet (§ 172, 2). Darüber hinaus sind seine **Mitwirkungsbefugnisse** durch das OpferschutzG vom 18. 12. 1986 (BGBl. I 2496) schon im Ermittlungsverfahren erheblich ausgebaut worden. Ihm steht nach § 406 e ein durch einen Rechtsanwalt wahrzunehmendes Akteneinsichtsrecht zu; bei seiner staatsanwaltschaftlichen oder gerichtlichen Vernehmung ist sein Rechtsanwalt uneingeschränkt zur Anwesenheit befugt (§ 406 f Abs. 2 Satz 1); anderen Vertrauenspersonen kann der die Vernehmung leitende Beamte die Anwesenheit gestatten (§ 406 f Abs. 3). Dem im Falle eines gerichtlichen Verfahrens zum Anschluß als **Nebenkläger** befugten Verletzten (§ 395) gewährt § 406 g besondere Befugnisse bereits im Ermittlungsverfahren. Den vermögensrechtlichen Anspruch im **Adhäsionsverfahren** kann der Verletzte schon im Ermittlungsverfahren bei der Staatsanwaltschaft anbringen[112].

IV. Rechtsschutz im Ermittlungsverfahren

1. Rechtsbehelfe. Dem geltenden Recht ist, abgesehen von den Möglichkeiten der **48** Gegenvorstellung und der Aufsichtsbeschwerde, ein einheitliches und geschlossenes Rechtsschutzsystem im Ermittlungsverfahren fremd[113]. Gegenüber der Erhebung der öffentlichen Klage findet im Zwischenverfahren dadurch eine gerichtliche Kontrolle des

---

[107] Kritisch zum geringen Umfang der notwendigen Verteidigung z. B. *Deckers* AnwBl. **1986** 60; *E. Müller* NJW **1981** 1806; dagegen z. B. *Ernesti* JR **1982** 225.

[108] Zur umstrittenen Frage des Anwesenheitsrechts des Verteidigers bei polizeilichen Beschuldigtenvernehmungen s. § 163 a, 95; zur Gestattung der Verteidigeranwesenheit bei staatsanwaltschaftlichen und polizeilichen Zeugen- und Sachverständigenvernehmungen s. § 161 a, 31 ff; § 163 a, 93.

[109] Hinweise auf die praktische Tätigkeit des Verteidigers im Ermittlungsverfahren z. B. bei *Dahs* Hdb. 201 ff; *Weihrauch*; *Dahs* NJW **1985** 113; *Krekeler* wistra **1983** 43; zu den

verschiedenen Funktionen des Verteidigers im Ermittlungsverfahren vgl. *Mörsch* 64 ff.

[110] Vgl. näher Vor § 137, 115; ferner (mit dogmatischer Begründung aus der Funktion der Verteidigung) *Mörsch* 68 ff, 104 ff; aus prakt. Sicht z. B. *Dahs* NJW **1985** 1117; *Jungfer* StrVert. **1981** 100; *Müller* NJW **1981** 1806; *Rückel* FS II Peters 265; zurückhaltend *Ernesti* JR **1982** 227 f.

[111] Vgl. mit weit. Nachw. *Jung* ZStW **93** (1981) 1156; *Rieß* Verh. des 55. DJT Bd. I C 19.

[112] Vgl. näher § 404, 2 ff mit weit. Nachw. auch zur Gegenmeinung.

[113] Vgl. dazu kritisch *Hamm* AnwBl. **1986** 66 mit weit. Nachw.; zu den Reformforderungen s. auch Rdn. 52.

Peter Rieß

genügenden Anlasses statt, daß das Gericht die Zulassung der Anklage ablehnt, wenn es den hinreichenden Tatverdacht verneint (vgl. § 170, 18 ff; § 203, 6 ff). Dies gilt (§ 408 Abs. 2) auch, wenn die Staatsanwaltschaft die öffentliche Klage in Form des Strafbefehlsantrags erhebt[114]. Gegen die Einstellung des Ermittlungsverfahrens nach § 170 Abs. 2 steht dem Beschuldigten schon deshalb kein Rechtsbehelf zur Verfügung, weil er dadurch nicht beschwert ist; der Verletzte kann eine gerichtliche Überprüfung unter den Voraussetzungen und in den Grenzen des Klageerzwingungsverfahrens, das insoweit eine abschließende Regelung darstellt, herbeiführen (vgl. näher § 172, 5).

49 Gegen die **Einleitung und Durchführung des Ermittlungsverfahrens** im allgemeinen stehen dem Beschuldigten nach ganz h. M gerichtliche Rechtsbehelfe nicht zur Verfügung. Grundsätzlich gerichtlich überprüfbar sind dagegen einzelne **Zwangsmaßnahmen** und zwar nach umstrittener Auffassung bei fortbestehendem Feststellungsinteresse auch dann, wenn sie im Zeitpunkt der gerichtlichen Entscheidung bereits erledigt sind. Wegen der Einzelheiten s. § 160, 67 sowie die jeweiligen Erl. zu den einzelnen Vorschriften.

50 **2. Revision.** Rechtsverstöße im Ermittlungsverfahren als solche vermögen die Revision grundsätzlich nicht zu begründen, weil das Urteil im Rechtssinne nicht auf dem Ergebnis des Ermittlungsverfahrens, sondern nur auf dem Ergebnis der Hauptverhandlung beruht (näher § 160, 69). Etwas anderes gilt aber immer dann, wenn der im Ermittlungsverfahren vorgekommene Rechtsfehler in das Hauptverfahren hineinwirkt und sich (außer in den Fällen des § 338) auf das Urteil ausgewirkt haben kann[115]. Das kann beispielsweise der Fall sein, wenn im Ermittlungsverfahren Beweisverbote, die ein Verwertungsverbot auslösen, nicht beachtet werden oder wenn bei Beweisaufnahmen Benachrichtigungs- und Anwesenheitsrechte mißachtet werden (vgl. § 168 c, 64) und wenn die dabei gewonnenen Erkenntnisse in der Hauptverhandlung verwertet werden. Wegen der Einzelheiten wird auf die Erl. zu den einzelnen Vorschriften verwiesen.

V. Reform des Ermittlungsverfahrens

51 **1. Allgemeines.** Während die traditionelle und lange zurückreichende Reformdiskussion in erster Linie das gerichtliche Verfahren einschließlich der Rechtsmittel und der Wiederaufnahme betrifft (vgl. Einl. Kap. 4), hat sich inzwischen die Erkenntnis durchgesetzt, daß auch das Ermittlungsverfahren reformbedürftig ist[116]. Die rechtspolitische Diskussion ist insoweit in den letzten Jahren deutlich vorangeschritten und hat erste, wenn auch nicht unbestrittene und noch keineswegs einheitliche Konturen eines reformierten Ermittlungsverfahrens entwickelt[117]. Die Anstöße für eine Reform kommen aus verschiedenen Richtungen. Neben der länger zurückreichenden Diskussion über das Verhältnis von Staatsanwaltschaft und Polizei war zunächst die Erkenntnis von der eigenständigen Bedeutung des Ermittlungsverfahrens und seine prägende Wirkung für das gerichtliche Verfahren von Bedeutung und führte zu Forderungen, die Position des Beschuldigten im Ermittlungsverfahren zu verbessern. In neuester Zeit wird zuneh-

---

[114] Wegen des Antrags auf Aburteilung im beschleunigten Verfahren s. § 212 a, 9.

[115] Vgl. § 336, 2 f; *Dahs/Dahs* 178 ff; *Schmid* Die Verwirkung von Verfahrensrügen im Strafprozeß (1967) 175 ff, jeweils mit weit. Nachw.

[116] Vgl. jeweils mit weit. Nachw. *Rieß* FS Schä-

fer 207 ff; *E. Müller* NJW **1981** 1805; AnwBl. **1986** 50; *Richter II* StrVert. **1985** 386.

[117] Nachw. bei *Rieß* FS Schäfer 207 ff; vgl. ferner die Dokumentation des DAV-Forums Reform des Ermittlungsverfahrens, AnwBl. **1986** 50; *Dahs* NJW **1985** 1113; *E. Müller* NJW **1981** 1805; *Richter II* StrVert. **1985** 382.

mend das Bedürfnis bejaht, besondere Ermittlungsmaßnahmen mit Eingriffscharakter an spezielle gesetzliche Voraussetzungen zu binden und den Anforderungen des Datenschutzes sowie dem sog. Recht auf informationelle Selbstbestimmung besser Rechnung zu tragen[118]. Eine Gesamtperspektive, die insbesondere die das gerichtliche Verfahren und das Ermittlungsverfahren betreffenden Reformansätze in ihrer gegenseitigen Abhängigkeit zu bewerten trachtet, fehlt weitgehend[119].

2. Einzelne Vorschläge. Die Forderungen, die auf eine **Verstärkung der Stellung** **52** **des Beschuldigten** und seiner Verteidigungsmöglichkeiten abzielen[120], verlangen u. a. eine frühzeitige Unterrichtung des Beschuldigten über die Einleitung des Ermittlungsverfahrens[121], teilweise verbunden mit der Möglichkeit einer gerichtlichen Überprüfung des von der Staatsanwaltschaft bejahten Anfangsverdachts[122], weitergehende Anwesenheitsrechte des Beschuldigten und seines Verteidigers auch bei staatsanwaltschaftlichen und polizeilichen Vernehmungen[123], einen stärkeren Ausbau des Beweiserhebungsanspruchs des Beschuldigten schon im Ermittlungsverfahren[124], größere Einflußmöglichkeiten des Beschuldigten auf die Bestellung des Sachverständigen[125], einen Ausbau der notwendigen Verteidigung im Ermittlungsverfahren[126] sowie eine Verbesserung und Vereinheitlichung des Rechtsschutzes gegen strafprozessuale Zwangsmaßnahmen[127]. Zur Neuregelung des **Verhältnisses von Staatsanwaltschaft und Polizei** s. Rdn. 38; zur gesetzlichen Regelung von besonderen **Ermittlungsmaßnahmen** s. § 163, 44; zur Reform des Klageerzwingungsverfahrens s. § 172, 4.

§ 158

(1) [1]**Die Anzeige einer Straftat und der Strafantrag können bei der Staatsanwaltschaft, den Behörden und Beamten des Polizeidienstes und den Amtsgerichten mündlich oder schriftlich angebracht werden.** [2]**Die mündliche Anzeige ist zu beurkunden.**

(2) **Bei Straftaten, deren Verfolgung nur auf Antrag eintritt, muß der Antrag bei einem Gericht oder der Staatsanwaltschaft schriftlich oder zu Protokoll, bei einer anderen Behörde schriftlich angebracht werden.**

Schrifttum. *Brenner* Zoll- und Steuerfahnder müssen Betrug, Konkursdelikte usw. der Staatsanwaltschaft mitteilen, DRiZ **1978** 58; *Deutsch* Mutwillige Strafanzeige gegen den Arzt: Ersatzpflicht des Anwalts oder Patienten? NJW **1982** 680; *Helle* Der Ausschluß privatrechtlichen Eh-

---

[118] Vgl. dazu die Große Anfrage der SPD-Fraktion sowie die Antwort der Bundesregierung hierauf, BTDrucks. 11 1878; ferner § 160, 9; 65; § 163, 40; 103.

[119] Vgl. *Rieß* FS Lackner (1987) 985 ff; vgl. auch *Wolter* GA **1985** 49 ff.

[120] Dazu insgesamt u. a. *E. Müller* AnwBl. **1986** 50; *Richter II* StrVert. **1985** 382; *Fezer* Gedächtnisschrift Schröder 407.

[121] *Mörsch* 115; *Dahs* NJW **1985** 1114; *Mayer-Wegelin* DStZ **1984** 247.

[122] So (sehr weitgehend) *Hamm* AnwBl. **1986** 66; dagegen *Ernesti* JR **1982** 223; vgl. auch *E. Müller* FS LG Saarbrücken 215.

[123] So z. B. *Mörsch* 98 ff; *Dahs* NJW **1985** 1118; *Richter II* StrVert. **1985** 387; *Thomas* AnwBl. **1986** 56; vgl. auch § 163 a, 64; 92 ff.

[124] *Richter II* StrVert. **1985** 388; *Nelles* StrVert. **1986** 74; *Krekeler* AnwBl. **1986** 62; vgl. auch § 163 a, 107 Fußn. 206.

[125] *Dippel* Die Stellung des Sachverständigen im Strafprozeß (1986) 100; *Lürken* NJW **1968** 1161; *Richter II* StrVert. **1985** 388.

[126] Vgl. *Deckers* AnwBl. **1986** 60; ferner § 141, 22 ff.

[127] *Hamm* AnwBl. **1986** 66; zu (derzeit nicht weiterverfolgten) legislatorischen Plänen vgl. *Rieß* ZRP **1981** 101.

renschutzes gegenüber Zeugenaussagen im Strafverfahren, NJW **1987** 233; *Kaiser* Die Rechtsstellung geisteskranker und wegen Geistesschwäche entmündigter Antragsteller im staatsanwaltschaftlichen Ermittlungsverfahren, NJW **1960** 373; *Kürzinger* Private Strafanzeige und polizeiliche Reaktion (1978); *Menche* Anzeigepflicht auf dem Erlaßwege, DRiZ **1987** 396; *M.-K. Meyer* Zur Rechtsnatur und Funktion des Strafantrages (1984); *Posselt* Die Strafanzeige, DNP **1977** 7, 23; *Pump* Anzeige von Steuerstraftaten durch Gerichte und Behörden (§ 116 AO), wistra **1987** 322; *Riegel* Zum Problem der Schriftlichkeit i. S. § 158 Abs. 2 StPO, NJW **1973** 495; *Scheu* Anzeigepflicht von Verwaltungsbediensteten bei Umweltverstößen, NJW **1983** 1707; *Steffen* „Beleidigungen" Konfliktregelung durch Anzeigeerstattung? (1986); *Schnapp/Düring* Anzeigepflicht der Krankenkassen und kassenärztlicher Vereinigungen beim Verdacht auf sogenannten Abrechnungsbetrug? NJW **1988** 738; *Stree* Zum Strafantrag durch Strafanzeige, MDR **1956** 723; *Teyssen/Goetze* Vom Umfang staatsanwaltschaftlicher Ermittlungsrechte am Beispiel des kassenärztlichen Abrechnungsbetruges, NStZ **1986** 529.

Entstehungsgeschichte. In der inhaltlich seit dem Inkrafttreten der StPO unveränderten Vorschrift wurde durch Art. 1 Nr. 53 EGStGB 1974 der frühere Satzanfang in Absatz 1 Satz 1 „Anzeigen strafbarer Handlungen und Anträge auf Strafverfolgung" durch die heutige Fassung und in Absatz 2 die frühere Bezeichnung „strafbare Handlung" durch „Straftat" ersetzt. Bezeichnung bis 1924: § 156.

Übersicht

I. Allgemeines

1   **1. Inhalt der Vorschrift.** § 158 regelt zwei unterschiedliche Sachverhalte. **Absatz 1** betrifft Offizialdelikte, die keinen Strafantrag nach den §§ 77 ff StGB erfordern. Er bestimmt, in welcher Form den Strafverfolgungsbehörden durch Dritte Kenntnis von möglicherweise strafbaren Sachverhalten gegeben werden kann. Die Strafanzeige oder der „Strafantrag" im Sinne des Absatz 1 kann zureichende tatsächliche Anhaltspunkte im Sinne des § 152 Abs. 2 begründen und die Erforschungspflicht nach § 160 Abs. 1, ggf. auch die Pflicht zum Einstellungsbescheid nach § 171 auslösen. Eine weitere Bedeutung hat sie nicht, namentlich ist die Verfolgungs- und Erforschungspflicht der Strafverfolgungsbehörden nicht davon abhängig, daß eine Strafanzeige nach § 158 Abs. 1 erstattet wird (vgl. § 160, 20), mag dies auch bei der kleinen und teilweise auch der mittleren Kriminalität der häufigste Anstoß zur Einleitung von Strafverfahren sein[1]. **Absatz 2** enthält eine Teilregelung für den im übrigen in den §§ 77 ff StGB geregelten Strafantrag für Straftaten, bei denen die Verfolgung nach den jeweiligen Vorschriften des materiellen Strafrechts nur auf Antrag eintritt. Er bestimmt Adressat und Form solcher Strafanträge.

2. Pflicht zur Strafanzeige?

a) Allgemeines. Eine strafverfahrensrechtliche Pflicht, den Strafverfolgungsbehörden Verdachtsgründe für strafbare Handlungen mitzuteilen, also Strafanzeigen zu erstatten, besteht weder für Privatpersonen, noch, anders als teilweise im ausländischen Recht[2], allgemein für Behörden[3]. Die jedermann treffende Anzeigepflicht nach § 138 StGB betrifft nur *bevorstehende* Straftaten der dort genannten Art; sie verfolgt präventive Zwecke und nicht das Ziel der Aufklärung begangener Verbrechen[4]. Privatpersonen sind in keinem Fall verpflichtet, geschehene Straftaten anzuzeigen; bei Behörden kann sich eine solche Anzeigepflicht aus speziellen Rechtsvorschriften ergeben (Rdn. 4, 5). Ohne solche besteht auch keine Pflicht zur Anzeige bei Straftaten von Behördenbediensteten innerhalb des Amtes[5] oder bei besonders schwerwiegenden Straftaten[6]. Dagegen haben Behörden, denen Strafverfolgungsaufgaben obliegen und für die deshalb das Legalitätsprinzip gilt (§ 152, 13), soweit sie in diesem Aufgabenbereich tätig sind[7], einzuschreiten und ggf. die zuständige Strafverfolgungsbehörde zu informieren (vgl. § 160, 19; § 163, 19 f). Allein die Bestellung eines Beamten einer nicht mit Strafverfolgungsaufgaben betrauten Behörde zum Hilfsbeamten der Staatsanwaltschaft begründet noch keine Pflicht zur Strafanzeige[8], ebensowenig allein der Umstand, daß, wie beispielsweise in § 30 AO, für bestimmte Straftaten die Mitteilung verdachtsbegründender Tatsachen in Durchbrechung einer sonst bestehenden Geheimhaltungsvorschrift lediglich gestattet ist[9].

Eine Pflicht zur Stellung eines **Strafantrags** im Sinne des § 77 StGB besteht in keinem Fall. Es ist gerade das Wesen des Strafantrags, die Entscheidung, ob Strafverfol-

[1] *Eisenberg* Kriminologie[2] (1985) § 26, 8 ff; *Kaiser* Kriminologie[6] (1983) 104; *Kürzinger/Jung* ZStW **93** (1981) 1156; *Roxin*[20] § 37 A II; vgl. auch mit weit. Nachw. *Rieß* Verh. des 55. DJT (1984) Bd. I Teil C Rdn. 18 Fußn. 57.

[2] Vgl. z. B. § 84 österreichische StPO, nach dem alle öffentlichen Behörden und Ämter von ihnen selbst wahrgenommene oder zu ihrer Kenntnis gelangte strafbare Handlungen sogleich der Staatsanwaltschaft anzuzeigen haben; vgl. zur Problematik bei *Eisenberg* Kriminologie[2] (1985) § 26, 20 ff.

[3] *KK-R. Müller*[2] 25 ff; *Kleinknecht/Meyer*[38] 6; *KMR-Müller* 9; *Göhler*[8] Vor § 59, 163; *Henkel* 299 Fußn. 3; *Roxin*[20] § 37 A II 1 b; vgl. auch *Eb. Schmidt* Nachtr. I 1; für die Beamten des Verfassungsschutzes *Lisken* NJW **1982** 1481 ff; a. A früher z. B. *Gerland* 299; a. A für die Sozialbehörden als Korrelat zum Sozialgeheimnis mit zweifelhafter Begründung

Teyssen/Goetze NStZ **1986** 533; dagegen zutreffend *Schnapp/Düring* NJW **1988** 738.

[4] Vgl. LK-*Hanack* § 138, 2 mit weit. Nachw.

[5] RGSt **73** 267; **74** 180; *Roxin*[20] § 37 A II 1 b; vgl. auch *Eb. Schmidt* I 400; anders bei Strafverfolgungsbehörden, vgl. BGHSt **4** 169; § 160, 26.

[6] A. A KK-*R. Müller*[2] 26; *Kleinknecht/Meyer*[38] 6; wie hier *Roxin*[20] § 37 A II 1 b; vgl. auch *v. Hippel* 475 mit Nachw. des früheren, teilweise strengeren Schrifttums in Fußn. 4.

[7] Vgl. RGSt **74** 170; BGHSt **4** 170 (keine einschränkungslose Anzeigepflicht für Gemeindevorsteher, der zugleich Polizeiaufgaben erfüllt, wenn die Kenntnisse nicht aus dem Polizeibereich stammen).

[8] Vgl. § 152, 15; 163, 15; a. A wohl *Scheu* NJW **1983** 1708.

[9] A. A *Brenner* DRiZ **1978** 52.

Peter Rieß

gung eintreten soll, dem Antragsberechtigten zu überlassen; ihm kann dann nicht vom Recht vorgeschrieben werden, einen solchen Antrag zu stellen.

4   **b) Sonderfälle. Gesetzliche Anzeigepflichten** enthalten u. a. § 159 (vgl. die dort. Erl.), § 183 GVG für das Gericht, wenn eine strafbare Handlung in der Sitzung begangen ist (vgl. die Erl. zu § 183 GVG), § 40 WStG und § 29 Abs. 3 WDO, § 116 Abs. 1 AO bei Verdacht einer Steuerstraftat[9a] und § 6 SubvG. Nach § 17 a Abs. 2 des Arbeitnehmerüberlassungsgesetzes[10] unterrichtet die Bundesanstalt für Arbeit die Verfolgungs- und Ahndungsbehörden über Verstöße gegen bestimmte arbeits- und steuerrechtliche Vorschriften; ähnliche Verpflichtungen bestehen für die zuständigen Behörden nach §§ 317 b, 1543 e RVO, § 223 b Arbeitsförderungsgesetz, § 58 a AuslG und § 139 b GewO[11]. Nach § 41 OWiG muß die Verwaltungsbehörde das Verfahren wegen der von ihr unter dem Gesichtspunkt der Ordnungswidrigkeit untersuchten Tat an die Staatsanwaltschaft abgeben, wenn der Verdacht einer Straftat besteht; eine allgemeine Verpflichtung für Verwaltungsbehörden, Straftaten anzuzeigen, kann aus dieser Vorschrift nicht hergeleitet werden[12].

5   Durch **Verwaltungsvorschriften** kann nach ganz h. M grundsätzlich innerdienstlich eine Pflicht zur Anzeigeerstattung begründet werden[13], soweit dem keine zur Geheimhaltung auch gegenüber den Strafverfolgungsbehörden verpflichtende Vorschriften (z. B. § 30 AO, § 35 SGB I in Vbdg. mit §§ 67 ff SGB X) entgegenstehen. Ob das in Hinblick auf die vom Bundesverfassungsgericht im sog. Volkszählungsurteil (BVerfGE 65 1) entwickelten Grundsätze uneingeschränkt gilt, oder ob und in welcher Form, jedenfalls nach Ablauf einer Übergangszeit, bestimmte Anzeigepflichten einer gesetzlichen Grundlage bedürfen, ist nicht ganz unzweifelhaft und klärungsbedürftig.

II. Strafanzeige und Strafantrag nach Absatz 1

6   **1. Bedeutung.** Die Befugnis, den Strafverfolgungsbehörden ein vermeintlich strafbares Verhalten mitzuteilen und Aufklärung und ggf. Strafverfolgung zu verlangen, ist letztlich Ausfluß des Petitionsrechts nach Art. 17 GG[14]. Daß solche Mitteilungen für Staatsanwaltschaft und Polizei Anlaß zum „Einschreiten" darstellen können, folgt aus § 152 Abs. 2 und § 160 Abs. 1. Sofern kein Antragsdelikt vorliegt, ist eine Strafanzeige nach § 158 Abs. 1 keine Voraussetzung für die Einleitung eines Ermittlungsverfahrens. Die Bedeutung des § 158 Abs. 1 liegt weniger darin, daß der Anzeigende sich an die in Satz 1 genannten Behörden wenden kann, sondern vor allem darin, daß diese, einschließlich der mit Strafverfolgungsaufgaben grundsätzlich nicht befaßten Amtsgerichte, ohne Rücksicht auf Zuständigkeitsfragen zur Entgegennahme der Anzeige **verpflichtet** sind[15]. Die Vorschrift stellt ferner klar, daß jede Form der Strafanzeige, auch die mündliche, ausreicht und die Bescheidungspflicht nach § 171 auslösen kann.

[9a] S. dazu *Pump* wistra **1987** 322.

[10] In der Fassung der Bek. vom 24. 6. 1985, BGBl. I 1069.

[11] Zum Ganzen *Marschall* NJW **1982** 1363.

[12] *Göhler*[8] § 41, 2; *Rebmann/Roth/Hermann* § 41, 3; *Rotberg* § 41, 1.

[13] RGSt **53** 108; **73** 267; KK-*R. Müller*[2] 26; *Kleinknecht/Meyer*[38] 6; KMR-*Müller* 9; *Roxin*[20] § 37 A II 1 b; kritisch *Menche* DRiZ **1987** 396; vgl. auch (zweifelnd für Krankenkassen) *Schnapp/Düring* NJW **1988** 738.

[14] *Deutsch* NJW **1982** 681; vgl. auch *Maunz/*

Dürig Art. 17, 21 ff; BVerfGE **74** 257 = NJW **1987** 1929 (Ausfluß der aus dem Rechtsstaatsprinzip folgenden Pflicht zur Aufrechterhaltung einer funktionsfähigen Strafrechtspflege).

[15] *Kleinknecht/Meyer*[38] 8; KMR-*Müller*[2] 2; *Krause/Nehring* Strafverfahrensrecht in der Polizeipraxis (1978) 201; Hinweise auf die Behandlung der Strafanzeige in der polizeilichen Wirklichkeit bei *Kürzinger*; vgl. auch *Eisenberg* Kriminologie[2] (1985) § 27, 6 ff.

2. Strafanzeige und Strafantrag. Der Wortlaut der Vorschrift hat seit jeher termi- **7** nologisch zwischen der Anzeige einer Straftat und dem Antrag des Anzeigenden unterschieden. Dabei machte die ursprüngliche Bezeichnung als „Antrag auf Strafverfolgung" deutlich, daß dieser Antrag mit dem in § 171 genannten Antrag „auf Erhebung der öffentlichen Klage" in Beziehung stand[16]. Begrifflich ist weiterhin zwischen der Strafanzeige als bloßer Wissensmitteilung über das Vorliegen eines möglicherweise strafbaren Sachverhalts und dem Strafantrag (Antrag auf Strafverfolgung) zu unterscheiden, bei dem zu dieser Wissensmitteilung die Willensäußerung des Anzeigenden hinzutritt, die Strafverfolgungsbehörden mögen aufklärend und ggf. anklagend tätig werden[17]. Nur die über die bloße Wissensmitteilung hinausgehende im Strafantrag liegende Willensäußerung löst die Bescheidungspflicht nach § 171 aus (§ 171, 2). Für die Pflicht zur Entgegennahme der Anzeige und zum Tätigwerden der Strafverfolgungsbehörden ist der Unterschied ohne Bedeutung (§ 160, 21 f). Zu einem selbständigen Prozeßbeteiligten mit Anspruch auf rechtliches Gehör über die in den §§ 171, 172 getroffene Regelung hinaus wird weder der bloß Anzeigende noch der Antragsteller[18].

Der **Wortlaut** ist allerdings **nicht entscheidend** dafür, ob nur eine Strafanzeige **8** oder darüber hinausgehend ein Strafantrag (Antrag auf Strafverfolgung) vorliegt[19], zumal nicht nur umgangssprachlich, sondern auch fachsprachlich heute vielfach nur das Wort „Strafanzeige" verwendet wird. In der Regel wird mit einer Strafanzeige, namentlich wenn sie vom Verletzten herrührt, auch das Verlangen nach Strafverfolgung und damit ein Strafantrag im Sinne des Absatz 1 verbunden sein. Von einer bloßen, nicht bescheidungspflichtigen Strafanzeige wird nur dann ausgegangen werden können, wenn sich im Wege der Auslegung aus den bei der Anzeigeerstattung erkennbaren Umständen eindeutig ergibt, daß der Anzeigende das weitere Vorgehen den Strafverfolgungsbehörden anheimstellt und am Ergebnis nicht interessiert ist, so etwa, wenn ein Unbeteiligter der Polizei lediglich eine Wahrnehmung mitteilt[20]. Auch anonyme, pseudonyme oder vertrauliche Mitteilungen stellen in der Regel bloße Strafanzeigen dar.

3. Anzeigeerstatter
a) Recht zur Anzeigeerstattung. Zur Erstattung einer Strafanzeige und zur Stel- **9** lung eines Antrags auf Strafverfolgung nach Absatz 1 ist jedermann berechtigt. Ein besonderes persönliches Interesse an der Strafverfolgung braucht nicht vorzuliegen[21]. Prozeßfähig oder auch nur geschäftsfähig braucht der Anzeigende nicht zu sein; für

---

[16] *Gössel* § 1 A I a. Die Ersetzung dieses Begriffs durch das Wort „Strafantrag" durch das EGStGB 1974, die die Begründung (BTDrucks. 7 550, S. 300) nicht verständlich rechtfertigt, ist eine legislatorische Fehlleistung (vgl. auch § 160, 21 f).
[17] Ebenso KK-*R. Müller*[2] 2 f; *Kleinknecht/Meyer*[38] 2; *Gössel* § 1 A I a; *Peters*[4] § 57 I (S. 503); *Roxin*[20] § 37 A III 1; *G. Schäfer* § 18 I 3 a; *Schlüchter* 391.2; die Differenzierung (wenn auch mit anderer Terminologie – Anzeige und Mitteilung) auch bei KMR-*Müller* 1; **a. A** (kein sachlicher Unterschied) *Erbs* Strafprozeßordnung (1950) I; LR-*Meyer-Goßner*[23] 1; *Eb. Schmidt* 2. Die Rechtsprechung des RG (RGSt 5 92; 57 133; 74 103) hat, ohne

daß es für die dort zu entscheidenden Fälle auf diese Differenzierung ankam, mit dem Begriff der Strafanzeige auch die Willenskomponente verknüpft.
[18] *Röhl* NJW **1964** 275; KK-*R. Müller*[2] 5.
[19] Zur Möglichkeit, in dem Strafantrag im Sinne des Absatzes 1 auch einen Strafantrag im Sinne des § 77 StGB zu sehen, vgl. Rdn. 24.
[20] *G. Schäfer* § 18 I 3 a.
[21] *Beling* 355 Fußn. 1 „Der Weg zum Staatsanwalt steht jedem in eigener und fremder Sache offen"; KK-*R. Müller*[2] 4; vgl. auch BVerfGE 74 257 = NJW **1987** 1929 (Strafanzeige liegt im allgemeinen Interesse an der Erhaltung des Rechtsfriedens).

einen (nach § 171 bescheidungspflichtigen) Strafantrag ist jedoch, wenn er nicht durch einen Vertreter gestellt wird, mindestens beschränkte Geschäftsfähigkeit zu verlangen (§ 171, 8). Übermittlung durch Boten ist ebenso möglich wie Vertretung im Willen und in der Erklärung. In diesem Fall ist der Vertretene als Anzeigeerstatter zu behandeln[22]. Der Anzeigende braucht nicht davon überzeugt zu sein, daß die angezeigte Tat begangen worden ist; ein Verdacht reicht aus. Eine vorherige Erkundigungs- und Nachforschungspflicht obliegt ihm regelmäßig nicht[23]. Wer gutgläubig, also weder wissentlich noch leichtfertig unrichtig, eine Strafanzeige erstattet, ist dem dadurch Betroffenen auch dann nicht zum Schadensersatz verpflichtet, wenn sich später der Vorwurf nicht erweisen läßt[23a]; ebensowenig kann der Inhalt einer Strafanzeige zum Gegenstand einer zivilrechtlichen Widerrufsklage gemacht werden[23b]. Der Anzeigeerstatter kann aber nicht mit der Behauptung, daß die Strafverfolgungsbehörden die Anzeige verzögerlich behandelten und ihm keinen Bescheid erteilen, im Verfahren nach den §§ 23 ff EGGVG vorgehen[23c].

10   Bewußt **unrichtige Strafanzeigen** können für den Anzeigenden eine Strafbarkeit wegen wissentlich falscher Anschuldigung (§ 164 StGB) begründen. Im übrigen kann sich der Anzeigende, wenn sich die Anzeige später als unberechtigt herausstellt, gegenüber dem Vorwurf der üblen Nachrede (§ 186 StGB) regelmäßig auf den Rechtfertigungsgrund der Wahrung berechtigter Interessen (§ 193 StGB) berufen. Dies gilt jedoch dann nicht, wenn er leichtfertig zumutbare Erkundigungen unterläßt[24]. Besteht bei der Entgegennahme der Verdacht einer unwahren Anzeige, so werden die Ermittlungen neben der Erforschung der angezeigten Tat auch in Richtung auf die Verwirklichung der §§ 164, 186 StGB gegen den Anzeigenden zu führen sein[25]. Bei einer mindestens leichtfertig erstatteten unwahren Anzeige sind dem Anzeigeerstatter nach § 469 die **Kosten** des Verfahrens und die notwendigen Auslagen des Beschuldigten aufzuerlegen[25a].

11   **b) Anonyme und pseudonyme Strafanzeigen** dürfen nicht unbeachtet bleiben; sie sind daraufhin zu überprüfen, ob sie einen Anfangsverdacht begründen können[26]. Als Anträge auf Strafverfolgung werden sie regelmäßig nicht anzusehen sein. Ähnlich zu behandeln sind **querulatorische Anzeigen.** Allein der Umstand, daß jemand als Querulant bekannt ist, entbindet nicht von der Pflicht, seine Anzeige zur Kenntnis zu nehmen und die von ihm mitgeteilten Tatsachen daraufhin zu überprüfen, ob sie einen Anfangsverdacht begründen können[27]. Zur Bescheidungspflicht s. § 171, 9.

---

[22] Zur Stellvertretung vgl. auch KK-*R. Müller*[2] 8; KMR-*Müller* 3; zur Bescheidungspflicht in diesen Fällen s. § 171, 8.

[23] Nach *Deutsch* NJW **1982** 680 können haltlose Anzeigen Ersatzansprüche nach den §§ 823 ff BGB auslösen; vgl. auch LG Heidelberg AnwBl. **1977** 23; vgl. aber auch BVerfGE 74 257 = NJW **1987** 1929.

[23a] BVerfGE 74 257 = NJW **1987** 1929; dazu Anm. *Oberlies* STREIT **1987** 121.

[23b] BGH(Z) NJW **1962** 243; **1986** 2502, 2503; vgl. *Hülle* NJW **1987** 233.

[23c] OLG Hamm NStZ **1983** 38; OLG Stuttgart Justiz **1987** 199; vgl. auch die Erl. zu § 23 EGGVG und § 160, 68.

[24] Vgl. mit weit. Nachw. das materiellstrafrechtliche Schrifttum zu § 193 StGB, z. B. *Dreher/Tröndle*[44] § 193, 15.

[25] Vgl. auch (für anonyme Anzeigen) *Posselt* DNP **1977** 8 (Zweigleisigkeit der Ermittlungen).

[25a] Vgl. näher die Erl. zu dieser Vorschrift.

[26] Vgl. OLG Koblenz VRS **71** 37; Nr. 8 RiStBV; zur Behandlung auch *Posselt* DNP **1977** 8. Nach LR-*Meyer-Goßner*[23] 5 und KMR-*Müller* 4 sollte bei anonymen Anzeigen nicht ermittelt werden, wenn eine Anwendung der §§ 153 ff möglich ist.

[27] Vgl. auch *Kaiser* NJW **1960** 374 sowie das Schrifttum bei § 171, 9 Fußn. 15.

c) Vertrauliche Anzeigen dürfen nicht deshalb unbehandelt bleiben, weil der An- **12** zeigende darum bittet, daß sein Name im Verfahren geheimgehalten wird[28]. Sie können und müssen zu Ermittlungen Anlaß geben, wenn sie einen Anfangsverdacht begründen. Zur Vertraulichkeitszusage s. § 163, 54 ff, zu den Möglichkeiten und Grenzen der Geheimhaltung im weiteren Verfahren § 96, 30 ff und § 250, 27 ff.

d) Selbstanzeigen, also Mitteilungen eines Anzeigenden über einen Sachverhalt, **13** aus dem sich seine eigene Strafbarkeit ergibt, sind möglich. Sie können auch für die Strafverfolgungsbehörden einen Anfangsverdacht begründen und deshalb die Erforschungspflicht auslösen. Um eine Anzeige oder einen Strafantrag im Sinne des § 158 Abs. 1 handelt es sich bei ihnen aber nicht, sondern um die Kenntniserlangung von einem Tatverdacht auf andere Weise im Sinne des § 160 Abs. 1. Bei Einstellung des Verfahrens ist deshalb keine Bescheidung nach § 171, sondern nur eine Mitteilung nach § 170 Abs. 2 Satz 2 veranlaßt.

4. Inhalt der Anzeige. Die Anzeige und der Strafantrag nach Absatz 1 brauchen **14** nicht mit Gewißheit eine Straftat zu behaupten; es genügt, wenn die Möglichkeit eines strafbaren Verhaltens dargelegt wird. Ein Tatverdächtiger muß nicht bezeichnet werden; auch Anzeigen gegen **Unbekannt** sind möglich. Doch muß ein bestimmtes, auf eine Straftat hindeutendes historisches Ereignis mindestens in Umrissen angegeben werden[29]. Allgemeine Ausführungen über das Vorkommen strafbarer Handlungen oder bloße Nennungen von Straftatbeständen ohne Sachverhaltsangaben sind keine Strafanzeigen im Sinne des § 158.

5. Als Form der Anzeige nennt die Vorschrift Mündlichkeit oder Schriftlichkeit. **15** Danach sind die Strafanzeige und der Antrag auf Strafverfolgung (Strafantrag) formfrei möglich. Es genügt jede beliebige Übermittlung der Information durch den Anzeigenden. Die Schriftform verlangt weder Eigenhändigkeit noch Unterschrift (zum Strafantrag gemäß § 77 StGB s. Rdn. 32 f); sie wird auch durch Telegramm, Fernschreiben, Telebrief usw. gewahrt. Mündlich kann die Anzeige durch persönliche Vorsprache auf der Dienststelle, gegenüber einem Polizeibeamten außerhalb der Dienststelle, aber auch fernmündlich erstattet werden. Bei telegrafischen oder telefonischen Anzeigen kann es angebracht sein, vor der Aufnahme von Ermittlungen den Anzeigenden zuverlässig zu identifizieren[30].

6. Adressaten der Anzeige sind Staatsanwaltschaft, Behörden oder Beamte des Po- **16** lizeidienstes (vgl. Vor § 158, 28 ff; § 163, 11 ff) und Amtsgerichte. Letztere haben, wenn nicht ausnahmsweise § 165 eingreift, allerdings keine Befugnis, sachlich auf die Anzeige hin tätig zu werden, sondern müssen sie an die Staatsanwaltschaft weiterleiten. Die Anzeigeerstattung beim Amtsgericht ist daher im allgemeinen wenig zweckmäßig und in der Praxis kaum üblich. Bei Steuer- und Zolldelikten sind auch die Finanzbehörden taugliche Adressaten der Anzeige und haben insoweit dieselben Pflichten wie die in § 158 Abs. 1 Genannten[31]. Zuständig für die Entgegennahme der Strafanzeige ist jede Behörde der genannten Art, auch wenn sie für die angezeigte Tat sachlich oder örtlich

---

[28] KK-*R. Müller*[2] 18 ff; *Kleinknecht/Meyer*[38] 16.

[29] KK-*R. Müller*[2] 15; KMR-*Müller* 5.

[30] Näher LR-*Meyer-Goßner*[23] 4; KK-*R. Müller*[2] 16.

[31] Vgl. §§ 369, 386, 391 Abs. 1 AO; *Kleinknecht/Meyer*[38] 7; zur Strafverfolgungszuständigkeit der Zollbehörden bei nicht steuerstrafrechtlichen Straftaten s. Vor § 158, 32.

Peter Rieß

nicht zuständig wäre[32]. Der Anzeigende darf nicht an die sachlich oder örtlich zuständige Polizei oder Staatsanwaltschaft verwiesen werden; es ist Sache der von ihm angegangenen Behörde, die Anzeige an die zur Bearbeitung zuständige weiterzuleiten[33]. **Andere Behörden** sind nicht verpflichtet, Strafanzeigen entgegenzunehmen. Ob sie das tun wollen, liegt in ihrem Ermessen; wenn sie es tun, wird man sie aber als verpflichtet ansehen müssen, für eine ordnungsgemäße Weiterleitung Sorge zu tragen[34]. Werden bei ihnen Strafanzeigen unaufgefordert angebracht, so liegt darin noch keine zur Weitergabe verpflichtende Entgegennahme; in diesem Fall wird jedoch der Anzeigende, falls er ersichtlich ein Eingreifen erwartet, über die Sachlage zu unterrichten sein.

17   **Behörden und Beamte des Polizeidienstes** sind nur dann allgemein zur Entgegennahme von Strafanzeigen verpflichtet, wenn sie allgemeine und sicherheitspolizeiliche Aufgaben erfüllen. Behörden mit speziellen polizeilichen Aufgaben, wie etwa Bahnpolizei oder Wasserschutzpolizei, brauchen nur Anzeigen aus ihrem eigenen Aufgabenbereich entgegenzunehmen[35]. Bei Straftaten sonstiger Art haben sie die Stellung anderer Behörden.

7. Folgen der Anzeige und des Antrags

18   **a) Pflicht zur Entgegennahme.** Staatsanwaltschaft, Polizei und Amtsgerichte sind verpflichtet, die Anzeige oder den Antrag entgegenzunehmen, d.h. zur Kenntnis zu nehmen. Eine schriftliche Anzeige ist folglich zu prüfen, bei einer mündlichen Anzeige ist ferner der Anzeigevorgang zu beurkunden (Rdn. 19). Ist die Anzeige erkennbar haltlos und das angezeigte Verhalten offensichtlich nicht strafbar, so darf der Anzeigende zwar hierauf hingewiesen werden, besteht er aber auf der Aufnahme der Anzeige, so hat das zu geschehen[36]. Gleiches gilt bei Straftaten, die im Wege der Privatklage verfolgt werden können; hier ist die Polizei nicht berechtigt, die Entgegennahme der Anzeige abzulehnen und den Anzeigenden auf das Sühneverfahren zu verweisen. Sie kann ihn aber darüber belehren, daß möglicherweise das öffentliche Interesse an der Strafverfolgung verneint werde und er im Wege der Privatklage vorgehen könne[37]. Soweit ein Strafantrag nach § 77 StGB erforderlich ist, kann bei der Entgegennahme der Anzeige gefragt werden, ob ein solcher gestellt werden soll[38]. Wird das in der Weise verneint, daß darin ein Verzicht auf den Strafantrag liegt (Rdn. 35) und kommt erkennbar kein weiterer Antragsberechtigter in Frage, so kann häufig auf die Entgegennahme der Anzeige verzichtet werden[38a]. Durch Befragung des Anzeigenden kann auch geklärt werden, ob er wirklich eine Straftat verfolgt wissen oder nur einen Rat erbitten will oder ein präventivpolizeiliches Eingreifen erwartet[38b]. Jeder Druck auf den Anzeigeerstatter, von der An-

---

[32] KK-*R. Müller*[2] 12; KMR-*Müller* 2; *Posselt* DNP **1977** 9.

[33] Vgl. aber *Kleinknecht/Meyer*[38] 8 (Hinweis auf die an sich zuständige Stelle möglich); ähnlich KK-*R. Müller*[2] 13.

[34] *Eb. Schmidt* 9; wohl enger (auch Weiterleitung im pflichtgemäßen Ermessen) KK-*R. Müller*[2] 14; KMR-*Müller* 9.

[35] Vgl. RGSt **74** 105; vgl. auch KK-*R. Müller*[2] 12; KMR-*Müller* 2 (Pflicht zur Weiterleitung).

[36] Teilweise weitergehend (keine Pflicht zur Aufnahme offensichtlich haltloser Anzeigen) KK-*R. Müller*[2] 13; KMR-*Müller* 5; vgl. auch Rdn. 20 und *Posselt* DNP **1977** 9.

[37] *Posselt* DNP **1977** 41; *Klapper* Die Polizei **1981** 56; enger *Kay* Die Polizei **1980** 23 (auch Hinweis nicht zulässig); wohl weitergehend *Reuber* Die Polizei **1987** 212.

[38] Vgl. Nr. 6 Abs. 2, 3 RiStBV.

[38a] *Reuber* Die Polizei **1987** 211 mit näheren Hinw. Zur Notwendigkeit von Maßnahmen des ersten Zugriffs, wenn eine Strafverfolgung auch ohne Antrag bei Vorliegen eines besonderen öffentlichen Interesses in Betracht kommt, vgl. § 163, 28 und *Kay* Die Polizei **1980** 23; *Reuber* aaO.

[38b] Zur Frage, ob mit der Anzeige lediglich eine „Konfliktregelung" angestrebt wird, vgl. für den Teilbereich der Beleidigung empirisch

zeige abzusehen, hat aber zu unterbleiben[39]. Innerdienstlich sind Staatsanwaltschaft und Polizei gehalten, in der Regel den Eingang schriftlicher Anzeigen zu bestätigen, wenn sie zur Einleitung eines Ermittlungsverfahrens geführt haben[40].

b) Beurkundung. Die in Absatz 1 Satz 2 vorgeschriebene Beurkundung der mündlichen (oder fernmündlichen) Anzeige hat in erster Linie den Zweck, zu verhindern, daß die Anzeige in Vergessenheit gerät. Auch die nicht beurkundete Anzeige löst dieselben Pflichten aus. Eine besondere Form ist für die Beurkundung nicht vorgeschrieben[41], doch muß sie mindestens erkennen lassen, wer welchen Sachverhalt angezeigt hat. Die Beurkundung stellt eine öffentliche Urkunde im Sinne der §§ 271, 348 StGB dar[42]. **19**

c) Pflicht zur Bearbeitung. Alle Strafanzeigen und Anträge auf Strafverfolgung **20** stellen Erkenntnisquellen dar, die der Staatsanwaltschaft oder Polizei Veranlassung geben, zu prüfen, ob ein zum „Einschreiten" erforderlicher Anfangsverdacht im Sinne des § 152 Abs. 2 (§ 152, 21 ff) begründet wird. Die Strafanzeige führt also nicht automatisch zur Durchführung von Ermittlungen, sondern nur dann, wenn hierzu nach der durch sie mit gestalteten Sachlage Veranlassung besteht (vgl. auch Rdn. 9 a. E und § 171 Satz 1, erste Alternative). Ob die Polizei aufgrund bei ihr eingegangener Anzeigen im Rahmen des ersten Zugriffs (§ 163) ermittelnd tätig wird oder die Sache unbearbeitet der Staatsanwaltschaft zuleitet, weil ein strafbares Verhalten nicht in Betracht kommt, die Tat nicht verfolgbar ist oder (bei einem Privatklagedelikt) das öffentliche Interesse an der Strafverfolgung fraglich ist, richtet sich nach Lage des Einzelfalls. Jedoch muß die Polizei auf jeden Fall eine Abschlußentscheidung der Staatsanwaltschaft ermöglichen. Die Nichtweitergabe durch den polizeilichen Dienstvorgesetzten ist auch dann nicht zulässig, wenn er Zweifel an der Richtigkeit der Anzeige hat[43]. Zur Behandlung von Strafanzeigen in Fällen parlamentarischer Immunität s. § 152 a, 15; 31 ff.

d) Ein **Einstellungsbescheid** ist dem Anzeigenden nur zu erteilen, wenn sich seine **21** Strafanzeige zugleich als Antrag auf Strafverfolgung (Strafanzeige) darstellt (Rdn. 7). Die Einzelheiten sind bei § 171 erläutert.

8. Rücknahme der Strafanzeige oder des Strafantrags. Da bei Offizialdelikten die **22** Strafverfolgung nicht von einer Anzeige abhängig ist, ist ihre Rücknahme rechtlich bedeutungslos[44]. Sie kann den möglicherweise durch die Strafanzeige begründeten Anfangsverdacht nicht aus der Welt schaffen. In der Rücknahme des Strafantrags (Antrags auf Strafverfolgung) wird meist der Verzicht auf den Einstellungsbescheid nach § 171 liegen. Je nach Lage des Einzelfalls kann die Rücknahme der Anzeige in tatsächlicher Hinsicht die Bedeutung haben, daß der Anzeigende etwaige, den Tatverdächtigen belastende tatsächliche Behauptungen nicht mehr aufrechterhalten kann; sie kann deshalb die Verdachts- und Beweislage beeinflussen.

---

und mit Hinweisen de lege ferenda *Steffen* (Konfliktregelung) 152 ff (Zusammenfassung).

[39] Zur Rechtswirklichkeit bei der Aufnahme von Strafanzeigen durch die Polizei, die der Rechtslage nicht immer voll entsprechen dürfte, ausführlich *Kürzinger*; ferner (mit Nachw.) *Eisenberg* Kriminologie[2] (1985) § 27, 5 f.

[40] Nr. 9 RiStBV, *Posselt* DNP **1977** 8.

[41] *Eb. Schmidt* 6; zu den möglichen Formen *Posselt* DNP **1977** 8. *Kleinknecht/Meyer*[38] 10 und KK-*R. Müller*[2] 17 empfehlen Unterschrift durch die Anzeigenden.

[42] RGSt **57** 56; LK-*Tröndle* § 271, 10; **a. A** *Eb. Schmidt* 6.

[43] BGH JR **1956** 383; vgl. auch zur Pflicht zur Weitergabe *Kay* Die Polizei **1980** 23; *Posselt* DNP **1977** 23.

[44] KMR-*Müller* 1.

III. Strafanträge (Absatz 2)

23   **1. Allgemeines. Hinweis.** Das Strafantragsrecht ist, obwohl der Strafantrag nach heute ganz h. M als Prozeßvoraussetzung prozeßrechtlicher Natur ist[45], im StGB geregelt. Die Bestimmung der Delikte, die nur auf Antrag verfolgt werden, sowie etwaiger Beschränkungen und Ausnahmen ist in den einzelnen Tatbeständen des Besonderen Teils enthalten; die allgemeinen Vorschriften über Antragsbefugnis, Antragsfrist und Antragsrücknahme regeln die §§ 77 bis 77 d StGB. Insoweit ist auf die Kommentare zum materiellen Strafrecht zu verweisen[46]. Der hier zu erläuternde § 158 Abs. 2 bestimmt lediglich, bei welcher Stelle und in welcher Form ein Strafantrag wirksam gestellt werden kann. Für **Ermächtigung und Strafverlangen** gilt § 158 Abs. 2 nicht[47].

24   **2. Strafanzeige, Antrag auf Strafverfolgung und Strafantrag.** Der Strafantrag gemäß § 77 StGB ist an sich eine selbständige, von der Strafanzeige oder dem Antrag auf Strafverfolgung (Strafantrag im Sinne des § 158 Abs. 1) zu unterscheidende Prozeßhandlung. Er enthält das Verlangen nach Strafverfolgung wegen einer bestimmten Tat[48]. In der den Antrag auf Strafverfolgung (Rdn. 7) einschließenden Strafanzeige eines Strafantragsberechtigten wegen eines Antragsdelikts liegt aber regelmäßig zugleich ein ausreichender Strafantrag, wenn dessen Formerfordernisse erfüllt sind[49]. Es muß allerdings aus der Anzeige ein eindeutiger Verfolgungswille auch wegen des Antragsdelikts erkennbar sein[50]. Das kann auch dann der Fall sein, wenn ein Offizialdelikt angezeigt wird, das mit einem Antragsdelikt tateinheitlich zusammentrifft, etwa bei einer Anzeige wegen eines Sexualdelikts in bezug auf Beleidigung[51] oder wegen Einbruchsdiebstahls in bezug auf Hausfriedensbruch oder Sachbeschädigung. Es ist dagegen nicht anzunehmen, wenn eine rechtskundige Behörde einen Sachverhalt nur mit der Bitte um Prüfung in Hinblick auf den Tatbestand eines Offizialdelikts mitteilt, auch wenn er darüber hinaus Hinweise auf ein Antragsdelikt enthält[52]. Ob in einer Strafanzeige gegen einen noch unbekannten Täter zugleich der ggf. erforderliche Strafantrag gegen einen Angehörigen zu sehen ist, ist nach Lage des Einzelfalls zu beurteilen; im allgemeinen wird es nicht angenommen werden können[52a]. Bei Zweifeln liegt kein wirksamer Strafantrag vor (§ 206 a, 28 ff).

3. Adressaten des Strafantrags

25   **a) Allgemeines.** Der Strafantrag kann wirksam nur bei einer der in Absatz 2 genannten Stellen gestellt werden, nämlich bei einer Staatsanwaltschaft, einem Gericht oder einer Polizeibehörde. Wird er bei einer anderen Behörde gestellt, auch bei der Vergleichsbehörde im Sinne des § 380[53], so hängt seine Wirksamkeit davon ab, daß er innerhalb der Antragsfrist (§ 77 b StGB) in Schriftform bei Gericht, Staatsanwaltschaft

---

[45] § 206 a, 45; LK-*Jähnke* Vor § 77, 7 ff mit umfassenden Nachw., auch zur Gegenmeinung; ferner (monographisch) *M.-K. Meyer* Strafantrag.

[46] Umfassend mit weit. Nachw. namentlich LK-*Jähnke* §§ 77 ff.

[47] Näher LK-*Jähnke* § 77 e, 3; 5; **a. A** KMR-*Müller* 13; zur Behandlung s. Nr. 6 Abs. 5 RiStBV.

[48] LK-*Jähnke* § 77, 13 mit weit. Nachw.

[49] RGSt **76** 335; OLG Düsseldorf MDR **1986** 165; VRS **71** 31; KK-*R. Müller²* 48 mit

Nachw.; LK-*Jähnke* § 77, 13; *Roxin²⁰* § 37 A III 2; *Stree* MDR **1956** 723.

[50] BGH GA **1957** 17; OLG Köln NJW **1965** 408; OLG Stuttgart NStZ **1981** 184.

[51] BGH NJW **1951** 368; LG Kiel STREIT **1985** 54.

[52] OLG Köln NJW **1965** 408; OLG Stuttgart NStZ **1981** 184.

[52a] Vgl. KK-*R. Müller²* 48; *Stree* MDR **1956** 753.

[53] OLG Celle JZ **1952** 568 (L); LG Heilbronn MDR **1961** 528 (das den Antrag aber gleich-

oder Polizei eingeht[54]. Auf die sachliche und örtliche Zuständigkeit der zur Entgegennahme des Strafantrags berechtigten Behörden kommt es nicht an. Der Strafantrag kann also fristwahrend auch bei einer Staatsanwaltschaft oder Polizeibehörde gestellt werden, die für das Verfahren im übrigen nicht zuständig wäre, und zwar auch dann, wenn das Verfahren bereits gerichtlich anhängig ist[55]. Zur **Wahrung der Antragsfrist**, die regelmäßig drei Monate beträgt[56] und mit der Kenntnis von Tat und Täter beginnt[57], ist es erforderlich, daß spätestens bis zum Ende des Tages, an dem die Frist abläuft, die den Strafantrag enthaltende schriftliche Erklärung einer solchen Stelle zugeht[58] oder daß (soweit zulässig) bis zum Ende dieses Tages das Protokoll über die mündliche Strafantragsstellung errichtet wird. Zur Frage der **Wiedereinsetzung** gegen eine Versäumung der Antragsfrist s. § 44, 11 sowie LK-*Jähnke* § 77 b, 2; 12 f.

Mit fristwahrender Wirkung kann der Strafantrag nur bei einer **deutschen Behörde** gestellt werden. Die Antragstellung bei einem ausländischen Gericht, einer ausländischen Staatsanwaltschaft oder einer ausländischen Polizeibehörde reicht hierfür nicht aus[59], wenn sich nicht aus zwischenstaatlichen Rechtshilfevereinbarungen etwas anderes ergibt. Ist dagegen bei einer Auslandstat das Verfahren im Ausland mit einem dort nach den dortigen Vorschriften erforderlichen Antrag eingeleitet worden, so bleibt dieser Antrag wirksam, wenn das ausländische Verfahren an deutsche Behörden abgegeben wird[60]. **26**

b) **Gericht.** Anders als die Strafanzeige nach Absatz 1 Satz 1 kann der Strafantrag nicht nur beim Amtsgericht, sondern auch bei anderen Gerichten gestellt werden. Er kann damit in einem schwebenden Verfahren, wenn sich seine Erforderlichkeit herausstellt, bei dem Gericht gestellt werden, bei dem das Verfahren anhängig ist, und zwar auch noch in der Revisionsinstanz[61]. Davon abgesehen sind nur die Amtsgerichte stets verpflichtet, Strafanträge entgegenzunehmen oder zu beurkunden, andere Gerichte dagegen nicht, soweit das Verfahren nicht bei ihnen anhängig ist[62]. Tun sie es dennoch, so ist der Strafantrag wirksam gestellt[63]. **27**

---

wohl für wirksam hielt, weil im konkreten Fall das – frühere – baden-württembergische Gemeindegericht für den Sühneversuch zuständig war und der Antrag mithin zugleich bei einem Gericht gestellt sei).

[54] RGSt 48 276; BayObLG 28 147; OLG Koblenz OLGSt § 158 S. 3; *Eb. Schmidt* 15.

[55] Anders bei der Rücknahme, s. Rdn. 35.

[56] § 77 b StGB; wegen der Einzelheiten und Ausnahmen vgl. die Kommentierungen zu dieser Vorschrift. Nach dem durch das StVÄG 1987 (v. 27. 1. 1987, BGBl. I 475) eingeführten Absatz 5 dieser Vorschrift ruht der Lauf der Antragsfrist während der Durchführung des Sühneverfahrens nach § 380; näher Nachtr. § 380, 4.

[57] Zum Fristbeginn näher LK-*Jähnke* § 77 b, 5 ff; zur Antragsmöglichkeit vor Fristbeginn, die aber in der Regel mindestens Tatbeginn voraussetzt, LK-*Jähnke* § 77, 22; *Ott* StrVert. **1982** 42; *Schroth* NStZ **1982** 1, jeweils mit weit. Nachw.; vgl. auch OLG Düsseldorf NJW **1987** 2526 (ausnahmsweise auch schon Antragstellung vor Tatbeginn).

[58] S. dazu die ausführlichen Erläuterungen Vor § 42, 6 bis 29.

[59] RGSt 27 161; BayObLGSt **1972** 78 = NJW **1972** 1631; LG Stuttgart Justiz **1964** 236; KK-R. *Müller*[2] 41; LR-*Meyer-Goßner*[23] 23 (ausführlich); LK-*Jähnke* § 77, 8 mit weit. Nachw.; a. A *Schulz* NJW **1977** 480. Zur Unzuständigkeit von Polizeiorganen der Stationierungsstreitkräfte OLG Koblenz OLGSt § 158 S. 1.

[60] LK-*Jähnke* § 77, 8 mit weit. Nachw.

[61] BGHSt 3 73; 6 157; RGSt 38 39; 68 124; 73 114; im Schrifttum allg. M; zur Nachholung des Strafantrags in der Revisionsinstanz früher verneinend RGSt 46 48.

[62] *Kleinknecht/Meyer*[38] 7; KMR-*Müller* 15; LR-*Meyer-Goßner*[23] 23; *Schlüchter* 391.3 Fußn. 14; a. A wohl *Peters*[4] § 57 I.

[63] KK-R. *Müller*[2] 39; LR-*Meyer-Goßner*[23] 23; *Eb. Schmidt* 13; a. A KMR-*Müller* 15; vgl. auch LG Heilbronn MDR **1961** 528 (früheres baden-württembergisches Gemeindegericht im Sühneverfahren).

28   **c) Staatsanwaltschaft.** Zuständig für die fristwahrende Entgegennahme oder Beurkundung des Strafantrags und hierzu auch verpflichtet ist jede Staatsanwaltschaft ohne Rücksicht auf ihre örtliche oder sachliche Zuständigkeit im übrigen. Ist die Staatsanwaltschaft oder der sachbearbeitende Staatsanwalt selbst antragsberechtigt, so kann sie den Antrag bei sich selbst anbringen, indem sie ihn schriftlich zu den eigenen Akten nimmt[64].

29   **d) Andere Behörden** im Sinne des Absatz 2 sind nur Behörden **des Polizeidienstes** (Rdn. 17). Absatz 2 knüpft mit dem Wort „andere" insoweit an die Aufzählung in Absatz 1 an; nicht etwa gestattet er es, bei jeder beliebigen Behörde wirksam einen Strafantrag anzubringen[65]. Ein einzelner Polizist beim Streifendienst soll nicht mit fristwahrender Wirkung einen schriftlichen Strafantrag entgegennehmen können, vielmehr soll dieser erst wirksam werden, wenn er an die Behörde als solche gelangt[66].

4. Form

30   **a) Allgemeines.** Bei Gericht oder Staatsanwaltschaft stehen dem Antragsteller Schriftform und mündliche Erklärung zu Protokoll zur Wahl, dagegen kann der Strafantrag bei der Polizei nur schriftlich gestellt werden. Jedoch erfüllt ein zu Protokoll angebrachter Strafantrag die Schriftform, wenn der Antragsteller das Protokoll unterschreibt[67]. Nach verbreiteter Meinung soll es auch ausreichen, wenn der Antragsteller bei einer polizeilichen Vernehmung den Strafantrag auf einen Tonträger gesprochen hat und der Polizeibeamte später diesen Text schriftlich niederlegt, auch wenn er nicht unterschrieben wird[68], oder wenn lediglich ein Stenogramm unterschrieben wird[69]. Ein bloß fernmündlich bei der Polizei gestellter Antrag soll dagegen die Schriftform auch dann nicht wahren, wenn die Polizei dies schriftlich beurkundet[70].

31   **b) Schriftform.** Die Schriftform soll sicherstellen, daß über den Verfolgungswillen des Antragstellers kein Zweifel entstehen kann[71]. Nach der kasuistischen und nicht immer einheitlichen Rechtsprechung sind die Anforderungen jedoch nicht hoch[72]. Sie entsprechen weitgehend den für die Einlegung der Berufung (§ 314, 8) und Revision (§ 341, 14) geltenden (vgl. auch Rdn. 34). Telegramm, Fernschreiben und Telekopie wahren die Schriftform[73], die Blanko-Unterzeichnung eines Formblattes genügt[74]; eine mechanische Herstellung der Unterschrift, etwa durch einen Faksimile-Stempel reicht aus[75], nicht aber ein bloßer Firmenstempel[76]. Es reicht auch aus, wenn die Unterzeich-

---

[64] RGSt 4 266; KK-*R. Müller*[2] 40; *Eb. Schmidt* 14.

[65] RGSt 39 358; 48 274; 67 125; BayObLGSt 1957 52 = NJW 1957 919; im Schrifttum jetzt allgem. M, vgl. *Feisenberger* 4; KK-*R. Müller*[2] 41; *Kleinknecht/Meyer*[38] 7; KMR-*Müller* 15; *Eb. Schmidt* 15; LK-*Jähnke* § 77, 7.

[66] RGSt 39 359; OLG Hamburg *Alsb.* E 1 363, KK-*R. Müller*[2] 41; *Eb. Schmidt* 15; LK-*Jähnke* § 77, 7; vgl. auch *W. Schmid* FS Dünnebier 104 f.

[67] RGSt 48 275; BGH NJW 1951 368; OLG Düsseldorf MDR 1986 165 (Unterschrift unter Vernehmungsniederschrift); KK-*R. Müller*[2] 45 mit Nachw. unveröffentlichter Rechtsprechung.

[68] *Riegel* NJW 1973 495; ihm folgend KK-*R.*

Müller[2] 45; *Kleinknecht/Meyer*[38] 11; LR-*Meyer-Goßner*[23] 30; LK-*Jähnke* § 77, 11.

[69] KK-*R. Müller*[2] 45; LR-*Meyer-Goßner*[23] 30.

[70] BGH NJW 1971 903; KK-*R. Müller*[2] 45.

[71] RGSt 71 358; BayObLGSt 26 31.

[72] Vgl. aber *Peters*[4] § 57 I (S. 30, der § 126 BGB – als Ausdruck eines allgemeinen Rechtsgedankens – anwenden will).

[73] Vgl. Vor § 42, 26 ff; zuletzt (auch für die Revisionsbegründung) BGHSt 31 7 mit weit. Nachw.

[74] OLG München *Alsb.* E 1 362.

[75] RGSt 62 54; 63 248 (zur Berufungsschrift der Staatsanwaltschaft); OLG Celle GA 1971 378.

[76] OLG Celle GA 1971 378.

nung des Strafantrags mit dem Namen des Antragsberechtigten in dessen Auftrag von fremder Hand geschrieben wird[77] oder wenn ein Bevollmächtigter mit seinem Namen zeichnet, auch, wenn der Wille im fremden Namen zu handeln, nicht aus dem Antrag hervorgeht[78], und auch, wenn die Vollmacht nur mündlich erteilt ist[79]. Ihr Nachweis ist auch nach Ablauf der Antragsfrist möglich[80], doch muß sie bereits im Zeitpunkt der Antragstellung vorgelegen haben[81], wobei eine allgemeine Bevollmächtigung, auch durch konkludentes Verhalten, ausreichen soll[82].

Im allgemeinen wird verlangt, daß die **Urschrift** des Strafantrags einer zur Entge- **32** gennahme des Antrags berechtigten Behörde zugeht. Wird der **Strafantrag von einer Behörde** gestellt, so ist die Schriftform auch gewahrt, wenn das Schreiben nicht die Unterschrift eines zeichnungsberechtigten Beamten enthält, sondern nur in beglaubigter Abschrift mitgeteilt wird[83]. Das gleiche gilt, wenn eine vorgesetzte Behörde einen bei ihr eingegangenen Strafantrag in beglaubigter Ablichtung an die zuständige Behörde weitergibt[84]. Dagegen soll es nicht ausreichen, wenn ein bei einer unzuständigen Behörde eingegangener Strafantrag nur in einer beglaubigten Abschrift weitergegeben wird[85] oder wenn eine von privater Seite hergestellte einfache Abschrift übersandt wird[86]. Sonderlich einleuchtend sind all diese, aus verschiedenen Zeiten der Rechtsprechung stammenden Differenzierungen nicht.

c) **Antragstellung zu Protokoll** ist nur bei Gericht oder Staatsanwaltschaft mög- **33** lich (vgl. aber Rdn. 30). Das Protokoll muß nicht vom Richter oder Staatsanwalt errichtet werden, es genügt stets das des Urkundsbeamten der Geschäftsstelle[87]. Unterschrift ist ebensowenig erforderlich wie Verlesung[88]. Das Protokoll braucht auch nicht als besonderes Schriftstück angelegt zu werden; die Aufnahme in ein Sitzungs- oder Vernehmungsprotokoll reicht aus. Ein bloßer Aktenvermerk kann ausreichen, wenn er nach Form und Inhalt noch ausreichende Gewähr für die Wiedergabe eines Strafantrags gibt[89]. Ob eine **fernmündliche Erklärung** zu Protokoll möglich ist, ist zweifelhaft[90].

d) **Unklarheiten.** Bei den verhältnismäßig geringen Anforderungen an die Schrift- **34** form können sich Zweifel darüber ergeben, ob dem schriftlich dokumentierten Antrag während der Antragsfrist ein Strafverfolgungsverlangen des Antragsberechtigten zugrunde lag. Das ist in jeder Lage des Verfahrens freibeweislich von Amts wegen zu prüfen[91], etwa durch Befragung des Antragsberechtigten, ob das Schriftstück mit seinem Willen eingereicht worden ist. Bleiben Zweifel, so fehlt es an der erforderlichen Prozeßvoraussetzung des Strafantrags (§ 206 a, 28 f).

[77] RGSt **6** 69; **62** 54.
[78] RGSt **61** 47; BGH NStZ **1982** 508; zur Frage der Zulässigkeit der Vertretung bei Stellung des Strafantrags vgl. u. a. BGH StrVert. **1986** 58; *Dreher/Tröndle*⁴⁴ § 77, 21 ff.
[79] RGSt **19** 7; **60** 282; **62** 262.
[80] RGSt **60** 282; **61** 45; **62** 262; BGH NStZ **1982** 508.
[81] BayObLGSt **34** 14.
[82] LR-*Meyer-Goßner*²³ 31.
[83] RGSt **71** 358; **72** 388; RG GA **38** (1891) 288; BGHSt **2** 77 (für Rechtsmitteleinlegung); a. A früher RGSt **57** 280; RG HRR **1934** Nr. 77.
[84] BayObLGSt **1957** 52 = NJW **1957** 919.
[85] RGSt **48** 276; OLG Koblenz OLGSt § 158 S. 4; offengelassen BayObLG aaO; a. A wohl KG GA **1953** 123.
[86] RG GA **46** (1898/99) 130.
[87] KK-*R. Müller*² 46; *Eb. Schmidt* 18 (kein Protokoll des Richters oder Staatsanwalts erforderlich); vgl. auch *Peters*⁴ § 57 I (S. 504).
[88] RGSt **12** 173; **38** 41; KK-*R. Müller*² 46; *Eb. Schmidt* 18.
[89] LR-*Meyer-Goßner*²³ 32; KK-*R. Müller*² 46; vgl. auch RGSt **12** 174.
[90] Bejahend für den Einspruch gegen den Bußgeldbescheid BGHSt **29** 173; verneinend für die Einlegung der Berufung BGHSt **30** 64; zum Ganzen ausführlich Vor § 42, 8 ff.
[91] *Eb. Schmidt* 19; vgl. auch KK-*R. Müller*² 44; LR-*Meyer-Goßner*²³ 29.

35   **5. Verzicht und Rücknahme des Strafantrags.** Für die Rücknahme des gestellten Strafantrags (§ 77 d StGB), sowie für den gesetzlich nicht geregelten, aber zulässigen Verzicht darauf, ihn zu stellen[92], gilt § 158 Abs. 2 nicht[93]. Die Rücknahme kann schriftlich oder mündlich auch gegenüber der Polizei erfolgen[94]; die mündliche Rücknahme ist zu beurkunden. Sie wird aber erst wirksam, wenn sie der Stelle zugeht, bei der das Verfahren anhängig ist[95]. Ab Anklageerhebung ist, auch wenn das Haupverfahren noch nicht eröffnet ist, das Gericht Adressat der Rücknahmeerklärung[96], es sei denn, daß die Staatsanwaltschaft, etwa weil sie von der Rücknahme zuerst erfährt, die Anklage zurücknimmt (§ 156). Der **Verzicht** auf den noch nicht gestellten Strafantrag ist prozessual nur wirksam, wenn er entweder vor einer Stelle erklärt wird, die auch zur Entgegennahme des Strafantrags berechtigt ist[97], oder im Rahmen des Sühneverfahrens vor der Vergleichsbehörde[98]. Schriftform ist auch bei einer Erklärung bei der Polizei nicht erforderlich[99]. Die bloße Erklärung, daß ein Strafantrag nicht gestellt werde, stellt nicht ohne weiteres einen Verzicht dar; ob dies der Fall ist, ist unter Berücksichtigung aller Umstände durch Auslegung zu ermitteln[100].

§ 159

(1) **Sind Anhaltspunkte dafür vorhanden, daß jemand eines nicht natürlichen Todes gestorben ist, oder wird der Leichnam eines Unbekannten gefunden, so sind die Polizei- und Gemeindebehörden zur sofortigen Anzeige an die Staatsanwaltschaft oder an das Amtsgericht verpflichtet.**

(2) **Zur Bestattung ist die schriftliche Genehmigung der Staatsanwaltschaft erforderlich.**

Schrifttum. *Geerds* Leichensachen und Leichenschau aus juristischer Sicht, MedR **1984** 172; *Karger* Artikel Leichenrecht, in Eisen (Hrsg.) Handwörterbuch der Rechtsmedizin (1977), Bd. III 254; *Kleinewefers/Wilts* Die Schweigepflicht der Krankenhausleitung, NJW **1964** 428; *Langenberg* Organtransplantation und § 159 StPO, NJW **1972** 320; *Maiwald* Zur Ermittlungspflicht des Staatsanwalts in Todesfällen, NJW **1978** 561; *Mallach/Weiser* Leichenschauprobleme bei der Erd- und Feuerbestattung, Kriminalistik **1983** 199; *Metter* Ärztliche Leichenschau und Dunkelziffer bei unnatürlichen Todesfällen, Kriminalistik **1978** 155; *Spann* Der Ermittler als Anwalt des Verstorbenen — Leichenschau und polizeiliche Nachforschungen, Kriminalistik **1987** 586.

Entstehungsgeschichte. Art. 1 Nr. 41 des 1. StVRG ersetzte in Absatz 1 das Wort „Amtsrichter" durch „Amtsgericht" und beseitigte in Absatz 2 die bis dahin gegebene Möglichkeit der amtsrichterlichen Bestattungsgenehmigung[1]. Redaktionell hatte bereits

---

[92] Näher mit weit. Nachw. (auch zu den Wirkungen) LK-*Jähnke* § 77 d, 8.

[93] KK-*R. Müller*[2] 53; 55; *Kleinknecht/Müller*[38] 18; a. A LG Kiel NJW **1964** 263.

[94] RGSt **55** 23; OLG Koblenz GA **1976** 282; LK-*Jähnke* § 77 d, 3 mit weit. Nachw.; vgl. (auch zur Bevollmächtigung und Bedingung) auch BGHSt **9** 149.

[95] RGSt **8** 79; **52** 200; **55** 23; BGHSt **16** 108; LK-*Jähnke* § 77 d, 3 mit Nachw.; vgl. auch § 206 a, 11 ff.

[96] BGHSt **16** 108; KK-*R. Müller*[2] 53; *Kleinknecht/Meyer*[38] 18; a. A LR-*Kohlhaas*[22] 7.

[97] LK-*Jähnke* § 77 d, 8 mit weit. Nachw.

[98] RGSt **77** 159; *Holland* Rpfleger **1968** 45; LK-*Jähnke* § 77 d, 8.

[99] A. A LG Kiel NJW **1964** 263.

[100] OLG Hamm JMBlNW **1953** 35; KK-*R. Müller*[2] 53; LK-*Jähnke* § 77 d, 8 mit weit. Nachw.

[1] Zu den Gründen vgl. LR-*Meyer-Goßner*[23] 9.

das VereinhG den Absatz 2 neu gefaßt. Er lautete bis dahin: „Die Beerdigung darf nur aufgrund einer schriftlichen Genehmigung der Staatsanwaltschaft oder des Amtsrichters erfolgen." Bezeichnung bis 1924: § 157.

Übersicht

1. Bedeutung und Zweck der Vorschrift. Die Vorschrift, deren Absatz 1 eine ge- **1** setzliche Anzeigepflicht statuiert[2], soll sicherstellen, daß Hinweise vor allem auf vorsätzliche oder fahrlässige Tötungsdelikte nicht übersehen und daß Beweismittelverluste verhindert werden. Ein nicht natürlicher Tod oder das Auffinden der Leiche eines Unbekannten begründen allein zwar noch keinen Anfangsverdacht im Sinne des § 152 Abs. 2. Diese Umstände lassen es aber nach der Lebenserfahrung als möglich erscheinen, daß bei Betrachtung der näheren Umstände ein solcher entstehen kann. Durch die Anzeigepflicht wird insoweit eine „Vorermittlung" ermöglicht[3]. **Absatz 2** ergänzt die landesrechtlichen Vorschriften über das Bestattungswesen[4] dahingehend, daß wegen des strafprozessualen Aufklärungsinteresses in den in der Vorschrift genannten Fällen die allgemein erforderliche Bestattungsgenehmigung durch eine solche der Staatsanwaltschaft als Strafverfolgungsbehörde ergänzt wird.

2. Voraussetzungen der Anzeigepflicht nach Absatz 1
a) Nicht natürlicher Todesfall. Wann ein nicht natürlicher Todesfall vorliegt, ist **2** nach dem Zweck der Vorschrift (Rdn. 1) zu bestimmen; es handelt sich um einen Rechtsbegriff. Todesfälle sind nicht natürlich, wenn ein strafrechtlich relevantes Verschulden und damit die Notwendigkeit staatsanwaltschaftlichen Einschreitens mit dem Ziel eines Ermittlungsverfahrens nicht völlig ausgeschlossen werden kann[5]. Negativ ausgedrückt liegt ein nicht natürlicher Tod immer dann vor, wenn sichere Anzeichen für einen natürlichen, d. h. alters- oder krankheitsbedingten Tod fehlen[6]. Dazu gehören namentlich der Tod durch (vermeintlichen) Selbstmord, durch eine rechtswidrige Tat im Sinne des § 11 Abs. 1 Nr. 5 StGB, aber auch durch eine erkennbar gerechtfertigte

---

[2] *Geerds* MedR **1984** 172; vgl. auch § 158, 4; nach *Kleinknecht/Meyer*[38] 7; KK-*R. Müller*[2] 5 keine Strafanzeige, sondern eine „Information" bzw. „Meldung".

[3] Vgl. § 152, 34; ähnlich *Geerds* MedR **1984** 172 (Vorfeld des Ermittlungsverfahrens); KK-*R. Müller*[2] 1; *Kleinknecht/Meyer*[38] 1 („Leichensache" ist kein Ermittlungsverfahren); wohl weitergehend (Teil des Ermittlungsverfahrens) *Maiwald* NJW **1977** 564.

[4] Nachweise bei *Karger* 257; *Mallach/Weiser* Kriminalistik **1983** 199 f; Übersicht auch bei *Spann* Kriminalistik **1987** 587 f.

[5] *Maiwald* NJW **1978** 563; ähnlich *Geerds* MedR **1984** 173; im Ergebnis wohl auch KK-*R. Müller*[2] 2; vgl. aus medizinischer Sicht *Spann* Kriminalistik **1987** 606 f.

[6] *Geerds* MedR **1984** 173 mit weit. Nachw. in Fußn. 11, 12.

Peter Rieß

Tat[7], oder durch Unfall[8]. Tritt der Tod bei einer **Operation** ein, so liegt nicht allein deshalb ein nicht natürlicher Tod vor, wohl aber dann, wenn ein irregulärer Operationsverlauf nicht ausgeschlossen werden kann[9].

3   Für die Annahme des nicht natürlichen Todes genügen **Anhaltspunkte**, also gewisse, wenn auch vage tatsächliche Hinweise, die Zweifel an einem natürlichen, d. h. alters- oder krankheitsbedingten Tod aufkommen lassen. Sie können sich beispielsweise ergeben aus den Begleitumständen des Todeseintritts, aus dem Ort der Auffindung der Leiche oder aus Spuren von Gewaltanwendung. Sie können aber auch aus dem Fehlen von Anhaltspunkten oder Erklärungen für einen natürlichen Tod herzuleiten sein, so daß auch der Tod aus (medizinisch zunächst) ungeklärter Ursache[10] einen Anhaltspunkt für einen nicht natürlichen Tod darstellt und die Anzeigepflicht auslöst.

4   **b)** Der **Leichnam eines Unbekannten** wird aufgefunden, wenn ein Toter nicht alsbald identifiziert werden kann, aber auch, wenn ein Unbekannter vor den Augen anderer Personen plötzlich stirbt und seine Identifizierung nicht möglich ist[11]. Unanwendbar ist die Vorschrift, wenn ein Unbekannter erst nach längerer Behandlung stirbt[12].

5   **3. Zur Anzeige verpflichtet** sind die Polizei und die Gemeindebehörden, wenn sie Anhaltspunkte für einen nicht natürlichen Todesfall haben. Eine Entscheidung darüber, ob darüber hinaus der Verdacht einer Straftat begründet ist, steht ihnen nicht zu[13]. Die Entscheidung trifft der Leiter oder der nach der Geschäftsorganisation zuständige Angehörige der Behörde. Dies kann auch die Krankenhausleitung eines gemeindlichen Krankenhauses sein, auch soweit ihr Ärzte angehören, wenn der nicht natürliche Todesfall im Zusammenhang mit der Behandlung in diesem Krankenhaus eingetreten ist. Die ärztliche Schweigepflicht gemäß § 203 StGB steht dem nicht entgegen, weil die Offenbarung in Erfüllung der Verpflichtung nach § 159 nicht „unbefugt" erfolgt[14]. Hat eine der beiden Behörden die Anzeige erstattet, so entfällt die Pflicht der anderen hierzu[15]. In der Praxis wird bei auffälligen Fällen eines nicht natürlichen Todes und dem Auffinden des Leichnams eines Unbekannten regelmäßig die Polizei tätig.

6   **Andere Behörden, Privatpersonen** und auch **Ärzte** unterliegen der Anzeigepflicht nach § 159 Abs. 1 nicht, letztere auch dann nicht, wenn ihnen die Leichenschau und die Ausstellung der Todesbescheinigung obliegt[16]. Sie sind dann aber nach den landesrechtlichen Vorschriften über das Leichen- und Bestattungswesen[17] verpflichtet, Anhaltspunkte für einen nicht natürlichen (gewaltsamen) Tod der Gemeindebehörde mitzuteilen, damit diese ihrer Anzeigepflicht nachkommen kann[18]. In der Praxis ist al-

---

[7] Möglicherweise a. A *Kleinknecht/Meyer*[38] 3.

[8] Vgl. aber BayObLGSt **1969** 4 zum krankheitsbedingten Unfall.

[9] Vgl. KK-*R. Müller*[2]; *Kleinknecht/Meyer*[38] 2; LR-*Meyer-Goßner*[23] 5; *Maiwald* NJW **1978** 563, die (wohl etwas zu eng) auf Anhaltspunkte für „Kunstfehler" oder Pflichtwidrigkeiten des Personals abstellen; wie hier wohl *Geerds* MedR **1984** 174 Fußn. 21.

[10] LR-*Meyer-Goßner*[23] 5; KK-*R. Müller*[2] 2 (namentlich bei jungen Menschen).

[11] KK-*R. Müller*[2] 3; *Kleinknecht/Meyer*[38] 3; *Eb. Schmidt* 2; a. A wohl *Gerland* 300.

[12] KK-*R. Müller*[2] 3; *Kleinknecht/Meyer*[38] 3.

[13] KK-*R. Müller*[2] 4; *Kleinknecht/Meyer*[38] 6; *Geerds* MedR **1984** 174 Fußn. 18 mit weit.

Nachw. Ob die Anzeigepflicht entfällt, wenn klar erkennbar ist, daß ein strafbares Verhalten nicht in Betracht kommt (so KK-*R. Müller*[2] 4; *Kleinknecht/Meyer*[38] 3), erscheint zweifelhaft.

[14] KK-*R. Müller*[2] 4; *Kleinknecht/Meyer*[38] 6; LR-*Meyer-Goßner*[23] 1; a. A *Kleinewefers/Wilts* NJW **1964** 431 f.

[15] *Kleinknecht/Meyer*[38] 6.

[16] Dazu näher *Karger* 259 f; *Mallach/Weiser* Kriminalistik **1983** 200.

[17] Nachweise bei *Karger* 254 ff; *Mallach/Weiser* 200.

[18] Vgl. dazu z. B. BayObLGSt **1969** 4; **1969** 204; *Geerds* MedR **1984** 175 mit weit. Nachw.

lerdings nicht gewährleistet, daß alle nicht natürlichen Todesfälle zur Kenntnis einer nach § 159 Abs. 1 anzeigepflichtigen Behörde kommen[19].

4. Anzeige

a) Adressat der Anzeige ist entweder die Staatsanwaltschaft oder das Amtsgericht **7** des Bezirks, in dem sich der Leichnam befindet[20]. Da für die aufgrund der Anzeige nötigen Prüfungen und die Erteilung der Bestattungsgenehmigung (Rdn. 12 ff) die Staatsanwaltschaft zuständig ist, erscheint eine Anzeige an das Amtsgericht nur dann zweckmäßig, wenn der Richter des Amtsgerichts als Notstaatsanwalt nach § 165 oder nach § 163 Abs. 2 Satz 2 tätig werden muß[21].

b) Eine sofortige Anzeige schreibt § 159 Abs. 1 vor. Die Polizei oder die Gemein- **8** debehörde muß also auf dem schnellstmöglichen Wege die Staatsanwaltschaft oder das Amtsgericht informieren, ggf. fernmündlich, fernschriftlich oder durch besonderen Boten. Es darf auch nicht etwa mit der Anzeige abgewartet werden, weil sich der Verdacht eines nicht natürlichen Todes durch weitere Ermittlungen zerstreuen ließe.

c) Inhalt der Anzeige. Da die Anzeige die Strafverfolgungsbehörden in den Stand **9** setzen soll, ein Ermittlungsverfahren einzuleiten und über die Bestattungsgenehmigung zu entscheiden, müssen mit ihr alle im Zeitpunkt der Anzeige vorhandenen, hierfür relevanten Informationen verbunden werden. Es ist also nicht nur mitzuteilen, daß ein (möglicherweise) nicht natürlicher Todesfall vorliegt, sondern welche tatsächlichen Umstände zu dieser Annahme geführt haben[22].

5. Maßnahmen zur Vorbereitung der Entscheidung der Staatsanwaltschaft

a) Maßnahmen der Polizei. Die Polizeibehörden haben im Rahmen ihrer Befug- **10** nisse nach § 163 die erforderlichen Beweissicherungen vorzunehmen, also etwa dafür zu sorgen, daß der Leichnam sichergestellt wird und daß an ihm keine Veränderungen vorgenommen werden[23], äußerstenfalls durch Beschlagnahme nach § 94 in Vbdg. mit § 98 Abs. 1 Satz 1[24]. Ferner sind ggf. die notwendigen Maßnahmen zur Beweissicherung und Spurensuche am Fundort der Leiche vorzunehmen, vor allem, wenn eine Überführung der Leiche an einen anderen als den Auffindungsort vorgenommen wird, die ohne Bestattungsgenehmigung zulässig ist.

b) Maßnahmen der Staatsanwaltschaft. Aufgrund der Anzeige nach Absatz 1 hat **11** die Staatsanwaltschaft zunächst zu prüfen, ob der ihr mitgeteilte Sachverhalt eine weitere Aufklärung erforderlich macht, bevor die Bestattungsgenehmigung erteilt wird[25]. Sie muß entscheiden, ob vor der Bestattung eine Leichenschau oder eine Leichenöffnung vorgenommen werden soll und ggf. die hierfür erforderlichen Anträge stellen. Die Einzelheiten sind bei § 87 erläutert[26]. Sie muß ferner prüfen, ob, weil etwa durch eine

---

[19] *Geerds* 176 f mit weit. Nachw.; *Mallach/Weiser* 214 f (Fehlerquote zwischen 3 und 5 % statistisch gesichert); *Metter* Kriminalistik **1978** 155; vgl. auch *Händel* Kriminalistik **1984** 634; *Mätzler* Kriminalistik **1978** 157; *Grede* Kriminalistik **1987** 580; *Spann* Kriminalistik **1987** 607 f.

[20] Zur Zuständigkeit für die richterliche Anordnung der Leichenöffnung s. § 162, 19.

[21] Zu den Gründen für die Beibehaltung des Amtsgerichts als Mitteilungsadressat trotz Beseitigung der amtsgerichtlichen Bestat-

tungsgenehmigung vgl. BTDrucks. 7 551, S. 71.

[22] KK-*R. Müller*[2] 5.

[23] *Kleinknecht/Meyer*[38] 8.

[24] Zur Beschlagnahmefähigkeit der Leiche s. § 94, 9 mit weit. Nachw.; KK-*R. Müller*[2] 6; *Kleinknecht/Meyer*[38] 8; *Eb. Schmidt* 6; 7.

[25] Einzelheiten in den Nr. 33 ff RiStBV.

[26] Zur Notwendigkeit der Anordnung der Leichenöffnung vgl. auch *Geerds* MedR **1984** 174; *Maiwald* NJW **1978** 563.

klinische Sektion oder eine Organtransplantation (vgl. Rdn. 13) eine Veränderung der Leiche droht und dies aus Gründen der Beweissicherung verhindert werden muß, eine Beschlagnahme angezeigt erscheint. Wird die Anzeige an das **Amtsgericht** gerichtet, so hat der Richter zunächst zu prüfen, ob er als Notstaatsanwalt nach § 165 tätig werden muß. Andernfalls ist die Anzeige auf dem schnellsten Wege an die Staatsanwaltschaft weiterzuleiten[27].

6. Bestattungsgenehmigung (Absatz 2)

12   **a) Bedeutung. Anwendungsbereich.** Ist eine Anzeige nach § 159 Abs. 1 vorgenommen worden, so darf der Standesbeamte die Bestattung nur genehmigen, wenn ihm die schriftliche Genehmigung der Staatsanwaltschaft vorliegt. Für eine **Feuerbestattung** bedarf es ihrer ausdrücklichen, zusätzlichen Genehmigung, bei deren Erteilung zu berücksichtigen ist, daß durch die Einäscherung der Leichnam als Beweismittel endgültig verlorengeht[28].

13   Die **klinische Sektion** und die **Organentnahme zum Zwecke der Transplantation**[29] sind keine Bestattung im Sinne des Absatz 2 und folglich auch ohne ausdrückliche Genehmigung der Staatsanwaltschaft rechtlich zulässig[30]. Die Staatsanwaltschaft könnte sie rechtlich nur durch eine Beschlagnahme der Leiche verhindern. Es dürfte allerdings für die Praxis vorzuziehen sein, auf klinische Sektionen so lange zu verzichten wie eine gerichtliche Leichenöffnung nach § 87 Abs. 2 in Betracht kommt und bei Organtransplantationen Vereinbarungen zwischen Medizinern und Strafverfolgungsbehörden zu treffen, durch die einerseits die Organentnahme zu Transplantationszwecken ermöglicht wird, andererseits aber die strafprozessualen Beweisinteressen gewahrt bleiben[31].

14   **b) Entscheidung.** Es obliegt dem pflichtgemäßen Ermessen der Staatsanwaltschaft, unter welchen Voraussetzungen sie die Bestattungsgenehmigung erteilt[32]. Sie kann dies ohne weiteres tun, wenn sie nach dem Inhalt der ihr zugegangenen Anzeige den Verdacht einer Straftat ausschließen kann, sie kann aber auch weitere Aufklärung veranlassen, insbesondere eine Leichenschau (§ 87 Abs. 1) oder eine Leichenöffnung (§ 87 Abs. 2). Mit der Anordnung der Leichenöffnung kann bereits die Bestattungsgenehmigung nach deren Durchführung verbunden werden, es kann aber auch deren Ergebnis abgewartet werden. Alle erforderlichen Maßnahmen sind mit größtmöglicher **Beschleunigung** zu treffen[33], vor allem ist die Bestattungsgenehmigung selbst, die dem Standesbeamten schriftlich vorliegen muß, schnellstens zu erteilen. Die Schriftform wird auch gewahrt, wenn die Bestattungsgenehmigung zunächst fernmündlich der örtlichen Polizeibehörde mit der Bitte übermittelt wird, sie schriftlich niederzulegen und dem Standesbeamten zuzuleiten[34].

---

[27] *Kleinknecht/Meyer*[38] 7.

[28] Vgl. Nr. 38 RiStBV; KK-*R. Müller*[2] 9; KMR-*Müller* 3; *Eb. Schmidt* 9; zur Feuerbestattung auch *Karger* 257; *Mallach/Weiser* Kriminalistik **1983** 215 f.

[29] Vgl. zur Frage der allgemeinen Zulässigkeit der klinischen Sektion und der Organtransplantation mit weit. Nachw. LK-*Dippel* § 168, 3 ff; 28 ff; zum Stand der Transplantation aus medizinischer Sicht mit weit. Nachw. *Schreiber* FS Klug 344.

[30] LR-*Meyer-Goßner*[23] 12; *Langenberg* NJW **1972** 320.

[31] Vgl. dazu z. B. *Langenberg* NJW **1972** 320.

[32] Einzelheiten bei *Burchardi/Klempahn/Wetterich* 189 ff; vgl. auch *Maiwald* NJW **1978** 563 ff.

[33] *Burchardi/Klempahn/Wetterich* 194; KK-*R. Müller*[2] 9.

[34] Einzelheiten bei *Kleinknecht/Meyer*[38] 9; vgl. auch *Lampe* NJW **1975** 198.

c) Anfechtbarkeit. Gegen die Erteilung der Bestattungsgenehmigung ist kein **15** Rechtsbehelf möglich. Ob die Nichterteilung der Bestattungsgenehmigung von den Hinterbliebenen im Verfahren nach den §§ 23 ff EGGVG angegriffen werden kann[35], ist zweifelhaft und wohl eher zu verneinen. Für die Praxis ist die Frage ohne Bedeutung, denn daß die Bestattungsgenehmigung noch nicht vorliegt, bis die Frist nach § 27 Abs. 1 EGGVG abgelaufen ist, wird nicht vorkommen. Selbst in den Fällen des § 27 Abs. 1 Satz 2 EGGVG wird die Bestattungsgenehmigung erteilt sein, bis das Oberlandesgericht entscheidet; ein Feststellungsinteresse nach § 28 Abs. 1 Satz 4 EGGVG wird kaum jemals gegeben sein.

§ 160

(1) **Sobald die Staatsanwaltschaft durch eine Anzeige oder auf anderem Wege von dem Verdacht einer Straftat Kenntnis erhält, hat sie zu ihrer Entschließung darüber, ob die öffentliche Klage zu erheben ist, den Sachverhalt zu erforschen.**

(2) **Die Staatsanwaltschaft hat nicht nur die zur Belastung, sondern auch die zur Entlastung dienenden Umstände zu ermitteln und für die Erhebung der Beweise Sorge zu tragen, deren Verlust zu besorgen ist.**

(3) **¹Die Ermittlungen der Staatsanwaltschaft sollen sich auch auf die Umstände erstrecken, die für die Bestimmung der Rechtsfolgen der Tat von Bedeutung sind. ²Dazu kann sie sich der Gerichtshilfe bedienen.**

Schrifttum

Allgemeines. *Ahlf* Der Begriff des „Eingriffes" insbesondere bei kriminalpolizeilicher Tätigkeit und die sog. „Schwellentheorie" zu § 163 Abs. 1 StPO, Die Polizei **1983** 41; *Alberts* Übergangszeit im bereichsspezifischen Datenschutz, ZRP **1987** 193; *Amelung* Zulässigkeit und Freiwilligkeit der Einwilligung bei strafprozessualen Grundrechtsbeeinträchtigungen, Festgabe zum 10jährigen Jubiläum der Gesellschaft für Rechtspolitik (1984) 1; *Anterist* Anzeigepflicht und Privatsphäre des Staatsanwalts (1968); *Bäumler* Normenklarheit als Instrument der Transparenz, JR **1984** 361; *Bandisch* Mandant und Patient, schutzlos bei Durchsuchung von Kanzlei und Praxis, NJW **1987** 2200; *Bauwens* Schutz der Mandantenakten bei Durchsuchungen in der Kanzlei des Steuerberaters, wistra **1988** 100; *Denninger* Das Recht auf informationelle Selbstbestimmung und innere Sicherheit, KJ **1985** 215; *Ehmke* Die Durchsuchung besetzter Häuser nach den Rechtsvorschriften der StPO, Die Polizei **1983** 211; *Füllkrug* Auf geheimen Wegen zum Ermittlungsziel, Kriminalistik **1987** 387; *Geerds* Kenntnisnahme vom Tatverdacht und Verfolgungspflicht, Gedächtnisschrift Schröder 389; *Gössel* Über die Rechtmäßigkeit befugnisloser strafprozessualer rechtsgutbeeinträchtigender Maßnahmen, JuS **1979** 162; *Götz* Rechtsschutz gegen Maßnahmen der Polizei, JuS **1985** 869; *Hahn* Staatsanwaltschaftliche Ermittlungstätigkeit während des Hauptverfahrens, GA **1978** 331; *Hilger* Zur Akteneinsicht Dritter in von Strafverfolgungsbehörden sichergestellte Unterlagen (Nr. 185 IV RiStBV), NStZ **1984** 541; *Jekewitz* Die Einsicht in Strafakten durch parlamentarische Untersuchungsausschüsse, NStZ **1985** 395; *Kalsbach* Die gerichtliche Nachprüfung von Maßnahmen der Staatsanwaltschaft im Strafverfahren (1967); *Krause* Erfüllt die Nichtverfolgung durch den Staatsanwalt bei privat erlangter Kenntnis einer strafbaren Handlung den Tatbestand des § 346 StGB? GA **1964** 110; *Krause* Verfolgungspflicht bei privater Kenntnis und Strafvereitelung im Amt, JZ **1984** 548; *Merten* Volkszählungsurteil des BVerfG und Eingriffsbefugnis, DÖV **1985** 518; *Meyer* Zur Anfechtung der durch Vollzug erledigten Maßnahmen der Staatsanwaltschaft im Ermittlungsverfahren, FS Schäfer 119; *Moos* Beschuldigtenstatus und Prozeßrechtsverhältnis im österreichischen Strafverfahrensrecht, FS Jescheck (1985) 725; *Rieß/Thym* Rechtsschutz gegen strafprozessuale Zwangsmaßnahmen, GA **1981** 189; *Schenke* Rechtsschutz bei strafprozessualen Eingriffen von Staatsanwaltschaft und Polizei, NJW **1976** 1816; *Schoreit* Grundrechte und effektive Strafrechtspflege, Schutz der Allgemeinheit, Schutz des einzelnen; insbesondere unter Be-

---

[35] So *Gössel* § 4 D III a 2.

rücksichtigung neuer Fahndungstechniken, DRiZ **1987** 464; *Schroeder* Eine funktionelle Analyse der strafprozessualen Zwangsmittel, JZ **1985** 1023; *Simitis* Von der Amtshilfe zu Informationshilfe, NJW **1986** 2795; *Steinke* § 163 Abs. 1 StPO eine Generalermächtigung für polizeiliche „Eingriffe"? MDR **1980** 456; *Teyssen/Goetze* Vom Umfang staatsanwaltschaftlicher Ermittlungsrechte am Beispiel des kassenärztlichen Abrechnungsbetruges, NStZ **1986** 529; *Uhlenbruck* Probleme der Ermittlungskonkurrenz von Strafverfolgungsbehörde und Konkurs- bzw. Vergleichsgericht bei Insolvenzverfahren, Konkurs-, Treuhand- und Schiedsgerichtswesen (KTS) **1967** 9. Weiteres Schrifttum s. bei den §§ 161, 163.

Gerichtshilfe. *Arbeitskreis Alternativ-Entwürfe*, AE — Novelle zur Strafprozeßordnung Reform der Hauptverhandlung (AE-StPO-HV) (1985); *Beese* Die prozessuale Stellung der Gerichtshilfe für Erwachsene und ihre Bedeutung für die Entwicklung dieses Instituts der modernen Strafrechtspflege, BewHi. **1977** 66; *Beese* Die Gerichtshilfe für Erwachsene, Aufgabenstellung, Arbeitsmethode und rechtliche Fragen, gesehen aus der Praxis von Strafrichtern und Staatsanwälten, BewHi. **1980** 142; *Beese* „Haftentscheidungshilfe", ein zukunftsträchtiges Experiment für den weiteren Auf- und Ausbau der Gerichtshilfe für Erwachsene, BewHi. **1981** 7; *Bender/Reher* Sozialarbeiter in der Entscheidungshilfe, Anmerkungen aus der Praxis, BewHi. **1981** 17; *Best* Ambulante Soziale Dienste der Justiz. Gestaltungsvorschläge für die Praxis, in: Steinhilper (Hrsg.) Soziale Dienste in der Strafrechtspflege (1984) 7; *Birkle* Polizei und Gerichtshilfe, BewHi. **1975** 275; *Bottke* Bemerkungen zur Gerichtshilfe für Erwachsene, MSchrKrim. **1981** 62; *Chilian* Die Zukunft der Sozialarbeit in der Justiz, FS Leferenz 107; *Hardraht* Modellversuch „Haftentscheidungshilfe" in Hamburg, BewHi. **1980** 182; *Hardt* Gedanken zur bundesgesetzlichen Verankerung der Gerichtshilfe, BewHi. **1975** 263; *Hering/Rössner* Die Opferperspektive in der Gerichtshilfe, BewHi. **1984** 220; *Hörster* Die (soziale) Gerichtshilfe zur Persönlichkeitserforschung, JZ **1982** 92; *Lange* Die Gerichtshilfe und ihr Einbau in das Erkenntnisverfahren des überkommenen Strafprozesses, Diss. Freiburg, 1980; *Lau* Haftentscheidungshilfe — Bedeutung für den Richter, BewHi. **1981** 25; *Maelicke* Thesen zur Weiterentwicklung der sozialen Dienste in der Straffälligenhilfe, ZRP **1985** 53; *Mai* Auftrag, Arbeitsweisen und Perspektiven der Gerichtshilfe, BewHi. **1979** 231; *Plemper* Haftentscheidungshilfe — Kommentierung aus sozialwissenschaftlicher Sicht, BewHi. **1981** 32; *Rahn* Gerichtshilfe für Erwachsene — eine vordringliche Aufgabe, NJW **1973** 1357; *Rahn* Die Situation der Gerichtshilfe und Bewährungshilfe, NJW **1976** 838; *Rahn* Aufgabe und Praxis der Gerichtshilfe, Vorschläge zu ihrer weiteren gesetzlichen Ausgestaltung, BewHi. **1976** 134; *Renschler-Delcker* Die Gerichtshilfe in der Praxis der Strafrechtspflege (1983); *Richtlinien* für die Erstellung von Gerichtshilfeberichten, BewHi. **1976** 71; *Rieß* Die Anforderungen der Strafrechtsreform an die Gerichtshilfe, BewHi. **1969** 320; *Scheurmann* Gerichtshilfe im deutschen und schwedischen Strafprozeß, BewHi. **1977** 334; *Schöch* Die Gerichtshilfe aus kriminologischer und verfahrensrechtlicher Sicht, FS Leferenz 127; *Schüler-Springorum* Perspektiven einer Gerichtshilfe für Erwachsene, BewHi. **1977** 224; *Sessar* Das Opfer als Faktor in der Arbeit von Bewährungs- und Gerichtshilfe, in: Janssen/Kerner (Hrsg.) Verbrechensopfer, Sozialarbeit und Justiz (1985) 221; *Sieverts* Zur Notwendigkeit und Gestaltung der Gerichtshilfe im allgemeinen Strafverfahren, MSchrKrim. **1953** 129; *Sontag* Die prozessuale Stellung des Gerichtshelfers, NJW **1976** 1436; *Stökkel* Der Sozialdienst in der Justiz, FS Bruns 299; *Stöckel* Zur Einführung der Gerichtshilfe für Erwachsene in Bayern, FS Nüchterlein (1978) 327.

Entstehungsgeschichte. Die Vorschrift bestand zunächst nur aus den Absätzen 1 und 2. Durch Art. 2 Nr. 17 AGGewVerbrG wurde ein Absatz 3 angefügt, wonach sich die Ermittlungen der Staatsanwaltschaft auch auf die Umstände erstrecken sollten, „die für die Strafbemessung und die Anordnung oder Zulassung von Maßregeln der Sicherung und Besserung von Bedeutung sind". Die Worte „oder Zulassung" in Absatz 3 wurden durch § 8 des Gesetzes über Reichsverweisungen vom 23. 3. 1934 (RGBl. I 213) wieder gestrichen. Art. 4 Nr. 22 des 3. StRÄndG fügte in Absatz 3 die Worte „die Strafaussetzung zu Bewährung" hinter dem Wort „Strafbemessung" ein. Art. 21 Nr. 54 des EGStGB 1974 ersetzte die bis dahin in Absatz 1 stehenden Worte „strafbaren Handlung" durch das Wort „Straftat", gab Absatz 3 Satz 1 die heutige Fassung und fügte den Satz 2 in Absatz 3 an. Bezeichnung bis 1924: § 158.

Übersicht

I. Bedeutung und Anwendungsbereich

1. Bedeutung

1   **a) Legalitätsprinzip und Amtsaufklärungsgrundsatz.** § 160 gehört zu den Vorschriften von grundsätzlicher Bedeutung, die das Prozeßmodell des deutschen Strafverfahrens konstituieren[1]. In Verbindung mit § 152 Abs. 2 und § 170 begründet er die Geltung des Legalitätsprinzips[2]. Die Verpflichtung, bei jeder Kenntniserlangung (vgl. Rdn. 20 ff) den Sachverhalt von Amts wegen zu erforschen und dabei auch entlastenden Umständen nachzugehen, beschreibt die **Pflicht zur Erforschung der materiellen Wahrheit** (vgl. Rdn. 47 f); insoweit steht die Vorschrift in Verbindung mit § 244 Abs. 2 und ist Ausdruck der Instruktionsmaxime[3]. Indem § 160 Abs. 1 das Ziel staatsanwaltschaftlicher Sachverhaltserforschung grundsätzlich auf **Verdachtsklärung** beschränkt (vgl. Rdn. 15), steht die Vorschrift in Beziehung zum **Anklageprinzip** und zu der in §§ 155 Abs. 2, 206 und 264 verankerten selbständigen Kognitionsbefugnis des Gerichts.

2   **b) Verantwortlichkeit der Staatsanwaltschaft für das Ermittlungsverfahren.** Weil Absatz 1 der Staatsanwaltschaft die grundsätzliche Pflicht auferlegt, den Sachverhalt zu *erforschen*, wird durch die Vorschrift auch zum Ausdruck gebracht, daß diese zur eigenen Ermittlungstätigkeit berechtigt ist und nicht nur die Ermittlungstätigkeit anderer Behörden zu kontrollieren und zu bewerten hat[4]. Nähere Konkretisierungen dieses Grundsatzes enthalten die §§ 161, 161 a, 163 a Abs. 3. Wenn auch die Staatsanwaltschaft, wie aus § 163 folgt, **kein Monopol** für die Sachverhaltserforschung besitzt[5], so kommt ihr doch, vor allem nach dem Wegfall der gerichtlichen Voruntersuchung[6], allein die **umfassende Kompetenz** für Einleitung, Gestaltung und Abschluß des Ermittlungsverfahrens zu; alle anderen Strafverfolgungsbehörden haben entweder nur abgeleitete oder nur Teilkompetenzen. Mit den §§ 161, 163 Abs. 2 Satz 1, 167 und 170 zusammen begründet daher § 160 auch die **Leitungsbefugnis** und Verantwortlichkeit der Staatsanwaltschaft für das Ermittlungsverfahren[7].

2. Aufgabenzuweisung und Eingriffsermächtigung

3   **a) Allgemeines.** § 160 weist der Staatsanwaltschaft die Aufgabe der Sachverhaltserforschung zu. Eine ähnliche, wenn auch gegenständlich beschränkte Aufgabenzuweisung für die Polizei enthält § 163. Darüber hinaus begründet § 161 für die Staatsanwaltschaft einen generellen Anspruch auf Auskunft gegenüber öffentlichen Stellen. Die §§ 160, 161 und 163 stellen jedoch grundsätzlich sowohl einzeln wie in ihrer Gesamtheit **keine allgemeine Eingriffsermächtigung** in die grundrechtlich geschützten Rechte des einzelnen, insbesondere in Freiheit, Hausrecht und Eigentum dar. Die StPO beruht insoweit auf dem Prinzip der jeweils nach Voraussetzung, Verfahren und Anordnungskompetenz unterschiedlichen Einzelermächtigung[8]; eine Generalklausel nach dem Vor-

---

[1] Vgl. *Eb. Schmidt* 2 f und MDR **1951** 4 f.

[2] Vgl. näher § 152, 3; § 170, 1.

[3] *Eb. Schmidt* I 363; KK-*R. Müller*[2] 3.

[4] Vgl. näher § 161, 1; 40 ff. Anders z. B. nach der österreichischen Strafprozeßordnung, vgl. *Moos* FS Jescheck 731; *Jescheck/Leibinger/Driendl* 216 ff; *Rüping* ZStW **95** (1983) 910 Fußn. 73; *Geisler* ZStW **93** (1981) 1132.

[5] Vgl. § 163, 19 ff; wegen der Stellung der Finanzbehörden in Steuerstrafsachen s. Rdn. 11 und Vor § 158, 24.

[6] Vgl. Einl. Kap. **13** 8.

[7] Vgl. auch Vor § 158, 21 f; auch zur problematischen Bezeichnung der „Herrin des Ermittlungsverfahrens".

[8] Vgl. u. a. *Peters*[4] § 46 I 4 e; *Roxin*[20] § 10 B I; *Ehmke* Die Polizei **1983** 221 (mit ausführlichen Rechtsprechungsnachw.); *Lisken* NJW **1982** 1485 f; *Nelles* 32; *Rogall* GA **1985** 6; *Strate* AnwBl. **1986** 312; *Vogel* NJW **1978** 1225; ferner die Nachw. in § 163, 6 Fußn. 10; grundsätzlich **a. A** (teilw.) *Schwan* VerwArch. **1979** 116 ff; darüber noch hinausgehend *Jaeschke* NJW **1983** 434; dagegen zu-

bild der (früheren) polizeilichen Generalklauseln ist ihr fremd. Das ist ganz unbestritten, soweit es sich um „klassische Eingriffe", wie etwa Festnahme, Haft, Beschlagnahme, Durchsuchung oder körperliche Untersuchungen oder um solche neuerer Art handelt, die in grundrechtlich besonders geschützte und abgrenzbare Bereiche eingreifen, wie etwa die Fernmeldeüberwachung.

b) Schwellentheorie? Umstritten und zweifelhaft ist jedoch die Reichweite des **4** Grundsatzes, daß mit der Aufgabenzuweisung der §§160, 161, 163 keine Eingriffsermächtigungen verbunden sind, im Hinblick auf solche Ermittlungsmaßnahmen, die nicht in den traditionell anerkannten und durch spezielle Verbürgungen geschützten Freiheitsraum des Bürgers eingreifen, sondern deren Eingriffsqualität in der verfassungsrechtlichen Lehre und Rechtsprechung aus dem Grundrecht auf allgemeine Handlungsfreiheit, aus dem allgemeinen Persönlichkeitsrecht, aus dem Rechtsstaatsprinzip oder aus dem umstrittenen Grundrecht auf informationelle Selbstbestimmung[9] abgeleitet werden. Insoweit fragt es sich, ob bereits für die herkömmlichen einfachen Ermittlungsmaßnahmen, wie etwa das Sammeln von Informationen, oder für darüber hinausgehende, wie etwa die Vornahme verdeckter Ermittlungen, der Einsatz technischer Mittel, von Vertrauenspersonen, Verdeckten Ermittlern oder Maßnahmen der beobachtenden Fahndung (vgl. §163, 39ff) ausdrückliche gesetzliche Eingriffsermächtigungen erforderlich sind. Das wird von einem Teil des Schrifttums teilweise uneingeschränkt, teilweise jedenfalls für bestimmte Ermittlungsmethoden mit der Folge bejaht, daß solche Maßnahmen ohne spezialgesetzliche Regelungen für unzulässig gehalten werden[10]. Nicht mehr vertreten wird heute die Auffassung[11], daß der Notstandsgedanke (§34 StGB) als Ermächtigung für regelmäßig vorkommende und voraussehbare Eingriffe herangezogen werden könne[12].

Die **Rechtspraxis** hält einen großen Teil solcher Ermittlungsmethoden auch ohne **5** spezialgesetzliche Einzelregelung für zulässig[13], wobei teilweise bereits ihr Eingriffscharakter verneint wird[14]. Soweit dieser nicht in Frage gestellt wird, hält eine vielfach als **Schwellentheorie**[15] bezeichnete dogmatische Begründung die §§160, 161 und 163 überall dort für eine ausreichende Rechtsgrundlage, wo die Rechtsbeeinträchtigung infolge der Ermittlungsmaßnahme in ihrer Eingriffsintensität unterhalb einer Schwelle liegt, die bei einer Gesamtschau der vorhandenen gesetzlichen Eingriffsermächtigungen den Bereich kennzeichnet, bei dem der Gesetzgeber differenzierte spezialgesetzliche Eingriffsnormen für geboten erachtet hat. Nach dieser Auffassung sind Ermittlungsmaßnahmen mangels gesetzlicher Grundlage allenfalls dort unzulässig, wo sie in ihrer Eingriffsschwere mit gesetzlich geregelten Grundrechtseingriffen vergleichbar

---

treffend *Ehmke* aaO und *Werwigk* NJW **1983** 2366.

[9] Vgl. dazu vor allem das sog. Volkszählungsurteil des BVerfGE **65** 1 ff; dazu näher Rdn. 9.

[10] Nachw. zuletzt bei *Wolter* GA **1988** 60; s. näher bei den Erl. der entsprechenden Maßnahmen, vor allem bei §163, 39 ff.

[11] Vgl. aber noch den Bericht eines Arbeitskreises der Innenministerkonferenz „Neue Methoden der Verbrechensbekämpfung", StrVert. **1984** 350 ff.

[12] Vgl. näher mit umf. Nachw. LK-*Hirsch* §34, 6 ff; *Schönke/Schröder/Lenckner*[23] §34, 7.

[13] Näher §163, 39 ff.

[14] So teilw. z.B. *Steinke* MDR **1980** 457; gegen ihn z.B. *Vahle* Observation (LV zu §163) 22; ferner *Seeber* Kriminalistik **1981** 205 (Rasterfahndung); vgl. auch §163, 39 ff.

[15] Vgl. vor allem *Schwan* VerwArch. **1979** 116 ff; *Ahlf* Die Polizei **1983** 41 ff; *Rebmann* NJW **1985** 3; ferner *Ernesti* NStZ **1983** 59; *Große/Rösemann* Die Polizei **1988** 74; *Kramer* Grundbegriffe des Strafverfahrensrechts (1984) 180; *Reuber* Die Polizei **1987** 222. Den Vertretern der sog. Schwellentheorie ist bisher eine umfassende und in sich geschlossene Darstellung dieser Konzeption noch nicht gelungen.

Peter Rieß

sind[16]. Dabei kommen diejenigen, die den Eingriffscharakter bestimmter Maßnahmen verneinen und diejenigen, die ihn bejahend unter Berufung auf die Schwellentheorie für zulässig halten, weitgehend zu übereinstimmenden Ergebnissen[16a]. Allerdings wird auch von den Vertretern dieser Auffassung de lege ferenda teilweise im Interesse der Rechtsklarheit die spezialgesetzliche Regelung mindestens bestimmter Ermittlungsmaßnahmen für wünschenswert gehalten.

6   c) Die **eigene Auffassung** geht von der historischen Entwicklung aus. Der Gesetzgeber der Reichsstrafprozeßordnung 1877 hat dem schon damals bekannten Vorbehalt des Gesetzes bei Eingriffen in Freiheit, Eigentum, Hausrecht und ähnlich abgrenzbaren Rechtsgüter unzweifelhaft nicht durch Generalklauseln, sondern durch einzelne Eingriffsermächtigungen Rechnung tragen wollen; deshalb kann in den §§ 160, 161 und 163 eine echte Eingriffsermächtigung nicht gesehen werden. Ebenso unzweifelhaft hat er aber einfache Ermittlungsmaßnahmen gestatten wollen, deren aus heutiger Sicht teilweise vertretener Eingriffscharakter ihm nicht erkennbar war[17]. Die nicht immer unzweifelhafte Qualifikation einer Ermittlungshandlung als Grundrechtseingriff infolge einer verfeinerten verfassungsrechtlichen Einsicht kann nicht ohne weiteres das Umschlagen von der Zulässigkeit zur Unzulässigkeit zur Folge haben. Insoweit enthält die Schwellentheorie einen historisch begründbaren einleuchtenden Grundgedanken. Für eine geräumig zu bemessende Übergangszeit[18] bis zu einer verfestigten Auffassung, daß eine Maßnahme einen Grundrechtseingriff darstellt, ist ihre Anwendung aufgrund der strafprozessualen Aufgabenzuweisungen für zulässig zu halten; danach wird man jedenfalls für Maßnahmen, die strukturell, nicht unbedingt nur gemessen an der Eingriffsschwere (vgl. Rdn. 7), den klassischen Zwangsmaßnahmen vergleichbar sind, eine spezialgesetzliche Ermächtigungsnorm verlangen oder ihre Rechtfertigung durch Auslegung vorhandener Vorschriften[19] vornehmen müssen.

7   Das Prinzip der Einzeleingriffsermächtigung ist darüber hinaus aus strukturellen Gründen nicht für Maßnahmen geeignet, deren Qualifikation als Grundrechtseingriff lediglich aus der **allgemeinen Handlungsfreiheit**, dem Persönlichkeitsrecht oder dem sog. Recht auf informationelle Selbstbestimmung abgeleitet wird. Denn in diese grundrechtlich geschützte Position griffe nahezu jede Ermittlungsmaßnahme ein; sie durch exklusive Einzelregelungen in Form von differenzierten Eingriffsnormen regeln zu wollen, würde mit dem im Kern unverzichtbaren Strukturprinzip der freien Gestaltung des Ermittlungsverfahrens[20] nicht zu vereinbaren sein. Es wäre allenfalls möglich, aber wohl ohne nennenswerte praktische Bedeutung, durch Wortlautänderungen die derzeit

---

[16] Gegen die sog. Schwellentheorie ausdrücklich u. a. SK-StPO-*Rudolphi* Vor § 94, 20; *Roxin*[20] § 10 B I 2 a; *Riegel* JZ **1980** 225; *Rogall* GA **1985** 6; *Simon/Taeger* JZ **1982** 142; *Strate* AnwBl. **1986** 312; *Wagner* Polizeirecht 121 f; *Steinke* MDR **1980** 456; *Roos/Scheuenstuhl* Kriminalistik **1985** 66; *Wolter* GA **1988** 60; wohl auch *Krüger* NJW **1982** 857.

[16a] Weitgehend übereinstimmendes Ergebnis bei *Krey* Strafverfahrensrecht (1988) I 488, der (problematisch) die Zulässigkeit einzelner Maßnahmen auf vorkonstitutionelles Gewohnheitsrecht stützen will.

[17] Vgl. auch *Schwan* VerwArch. **1979** 118.

[18] Vgl. zur Übergangszeit z. B. auch *Alberts* ZRP **1987** 195; *Wolter* GA **1988** 81 mit weit.

Nachw. Die Auffassung, daß diese Übergangszeit spätestens 1991 ablaufe (so z. B. *Wolter* 83), ist nicht begründbar; sie verkennt, daß es sich hier nicht um Nachbesserung eines einzelnen, für verfassungswidrig erkannten Zustandes, sondern um tiefgreifende Umstrukturierung eines Rechtsgebietes handelt.

[19] So z. B. hinsichtlich der Rasterfahndung, vgl. § 94, 17 und § 163, 45; vgl. auch BVerfGE 47 239, 248, wo die Eingriffsermächtigung des § 81 a im Wege der Auslegung für die Veränderung der Haar- und Barttracht herangezogen wird.

[20] Vgl. näher unter Rdn. 35 und Vor § 158, 17; vgl. auch *Wolter* GA **1988** 138 ff.

als bloße Aufgabenzuweisungen interpretierten §§ 160, 161 und 163 in Befugnisnormen umzuwandeln.

Eine über diese Einschränkungen (Rdn. 6, 7) hinausgehende dogmatische oder **8** praktische **Abgrenzungsleistung** kann die sog. Schwellentheorie nach dem derzeitigen Diskussionsstand nicht erbringen. Es ist vor allem kaum möglich, allein oder vorrangig von der Eingriffsschwere her den Bereich der Ermittlungsmaßnahmen zuverlässig abzugrenzen, die einer besonderen gesetzlichen Ermächtigung bedürfen, denn weder läßt sich regelmäßig der Schweregrad der zu beurteilenden Maßnahme allgemein überzeugend bestimmen, noch läßt sich aus den vorhandenen und sehr unterschiedlich motivierten spezialgesetzlichen Eingriffsermächtigungen eine in sich konsistente, an der Eingriffsschwere orientierte „Schwelle" ableiten. **De lege ferenda** erscheint es wünschenswert, für einen eher kleinen Kreis besonderer Ermittlungsmaßnahmen handhabbare Einzelvorschriften zu schaffen, die sich als Eingriffsermächtigungen interpretieren lassen, aber die Funktionsfähigkeit des Ermittlungsverfahrens als eines seiner notwendigen Struktur nach elastischen Verfahrens weiterhin gewährleisten[21].

d) Befugnis zur Erhebung personenbezogener Daten. Soweit aus dem sog. Volks- **9** zählungsurteil ein Recht auf informationelle Selbstbestimmung abgeleitet und deshalb eine gesetzliche Grundlage für die Erhebung personenbezogener Informationen gefordert wird[22], stellen die vorhandenen Regelungen der StPO, namentlich die §§ 160, 161 und 163 die erforderliche Rechtsgrundlage dar. Aus dem gesetzlichen Auftrag, den Sachverhalt zu erforschen, soweit dies für die Erhebung der Klage erforderlich ist (§ 160 Abs. 1), und zur Erforschung der Wahrheit die Beweisaufnahme von Amts wegen auf alle Tatsachen und Beweismittel zu erstrecken, die für die Entscheidung von Bedeutung sind (§ 244 Abs. 2), folgt notwendig, da es im Strafrecht und im Strafverfahren um die Handlungen von Menschen im Socialleben und deren Bewertung geht, daß die Strafverfolgungsbehörden vorrangig personenbezogene Informationen zu erheben haben; bei diesen strafprozessualen Vorschriften handelt es sich um **Datenerhebungsnormen** im Sinne der datenschutzrechtlichen Terminologie[23].

3. Anwendungsbereich
a) Adressaten. Die umfassende Erforschungspflicht nach § 160 betrifft zunächst **10** die Staatsanwaltschaft, zu der im Rahmen ihrer Zuständigkeit (§ 142 Abs. 1 Nr. 3, Abs. 2 GVG) auch die **Amtsanwälte** gehören (s. näher Vor § 158, 23). Für die **Polizei** ergibt sich der Auftrag zur Sachverhaltserforschung nicht aus § 160; ihre originäre Erforschungspflicht richtet sich nach § 163[24]; ferner wird sie nach § 161 im Auftrag der Staatsanwaltschaft tätig[25]. Die mit § 160 verbundenen Grundsätze der Sachverhaltserforschung (Rdn. 35 ff) hat jedoch auch die Polizei zu beachten; die Pflicht zu beweissichernden Maßnahmen (Rdn. 51 ff) gilt auch für sie.

---

[21] Tendenziell ähnlich, wenn auch mit einer Tendenz zu weitergehenden Spezialregelungen *Wolter* GA **1988** 138 ff; wohl weitergehend z. B. *Schoreit* DRiZ **1987** 468; s. auch § 163, 44 sowie die weit. Nachw. bei § 163, 45 ff.

[22] BVerfGE **65** 1, 44; vgl. zum Volkszählungsurteil und den daraus abzuleitenden Folgerungen insbesondere für das Ermittlungsverfahren u. a. SK-StPO-*Rudolphi* Vor § 94, 42 ff (mit weit. Nachw.); *Bäumler* JR **1984** 361; *Denninger* KJ **1985** 215; *Hufen* JZ **1984**

1072; *Merten* DÖV **1985** 518; *Rogall* GA **1985** 8 ff; *Roos/Scheuenstuhl* Kriminalistik **1985** 65 ff; *Simitis* NJW **1984** 398; *Wolter* GA **1988** 49.

[23] Vgl. auch Rdn. 61 f (Aktenführung), 63 ff (Speicherung in Dateien); § 163, 94 ff (kriminalpolizeiliche Akten und Dateien); § 163 a, 2 (Befugnis zur Vernehmung).

[24] Zum Umfang s. § 163, 23 ff.

[25] S. näher § 161, 45 ff.

Peter Rieß

11   In **Steuerstrafsachen** im Sinne von § 386 Abs. 2 AO richtet sich die Vorschrift auch an die Finanzbehörde, soweit diese das Ermittlungsverfahren nach § 386 Abs. 2 AO selbständig führt, denn sie hat insoweit die Rechte und Pflichten der Staatsanwaltschaft (§ 399 Abs. 1 AO)[26]. Diese selbständige **Erforschungskompetenz** der **Finanzbehörde** nach § 160 **endet**, sobald der Anfangsverdacht einer tateinheitlich zusammentreffenden nichtsteuerlichen Straftat besteht, auch, wenn die Strafe nach § 51 Abs. 2 StGB dem steuerstrafrechtlichen Tatbestand zu entnehmen wäre[27], ein Haft- oder Unterbringungsbefehl erlassen ist (§ 386 Abs. 1 AO), die Finanzbehörde die Sache an die Staatsanwaltschaft abgibt (§ 386 Abs. 4 Satz 1 AO) oder diese die Sache an sich zieht (§ 386 Abs. 4 Satz 2 AO)[28]; sie **lebt wieder auf**, wenn die Staatsanwaltschaft die Sache (im Einvernehmen mit der Finanzbehörde) an die Finanzbehörde zurückgibt (§ 386 Abs. 4 Satz 3 AO).

12   In den Grenzen des § 386 Abs. 2 bis 4 AO ist die **Finanzbehörde unabhängig von der Staatsanwaltschaft** zur Aufklärung des Sachverhalts bis zum Abschluß der Ermittlungen verpflichtet und berechtigt; ihr stehen dabei die Befugnisse nach den §§ 161, 161 a, 162, 163 a Abs. 3 zu und für sie gilt das Legalitätsprinzip, das Objektivitätspostulat des § 160 Abs. 2 und die Pflicht zur Aufklärung des Rechtsfolgenzumessungssachverhalts nach Absatz 3. Sie kann ohne Mitwirkung der Staatsanwaltschaft das Verfahren einstellen und die öffentliche Klage durch Strafbefehlsantrag erheben (§ 400 AO)[29]. Eine Abgabe des Verfahrens nach Abschluß der Ermittlungen an die Staatsanwaltschaft ist nur erforderlich, wenn eine Anklageerhebung oder ein Antrag auf Aburteilung im beschleunigten Verfahren in Betracht kommt. Solange die Finanzbehörde das Ermittlungsverfahren selbständig führt, ist die Staatsanwaltschaft auch nicht befugt, ihr für die Behandlung des Falles rechtlich bindende Weisungen zu erteilen oder bestimmte Ermittlungen vorzuschreiben; hält sie dies für erforderlich und ist eine Verständigung mit der Finanzbehörde nicht herbeizuführen, so muß sie die Sache an sich ziehen. Daß die Finanzbehörde die Staatsanwaltschaft über die Einleitung und den Abschluß von Steuerstrafverfahren unterrichtet, schreibt das Gesetz nicht vor[30]; damit ist auch nicht gewährleistet, daß diese von ihrer Befugnis nach § 386 Abs. 4 Satz 2 AO in allen Fällen Gebrauch machen kann[31].

13   **b) Ordnungswidrigkeiten.** Besteht nur der Verdacht einer Ordnungswidrigkeit, so hat die Staatsanwaltschaft als Strafverfolgungsbehörde weder eine Erforschungspflicht noch überhaupt eine Erforschungsbefugnis. Besteht der Anfangsverdacht einer Straftat, so erforscht sie allerdings den Sachverhalt auch unter dem Gesichtspunkt der Ordnungswidrigkeit (§ 40 OWiG)[32], solange sie wegen eines Zusammenhangs im Sinne des § 42 OWiG die Verfolgung nach dieser Vorschrift übernommen hat. Davon abgesehen ist sie zur Sachverhaltsaufklärung nur berechtigt, soweit sie (ausnahmsweise) **Verwaltungsbehörde** im Sinne des § 35 OWiG ist[33]. Für die Verwaltungsbehörde gilt nicht die Erforschungs*pflicht* nach § 160 Abs. 1, sondern es ist § 47 Abs. 1 OWiG maßgebend[34]. Dagegen gilt gemäß der Verweisung in § 46 Abs. 1, 2 OWiG für die Sachverhaltserforschung durch die Verwaltungsbehörde das Objektivitätsgebot des § 160 Abs. 2 und

---

[26] Vgl. auch Vor § 158, 24 und § 161, 20 f jeweils mit weit. Nachw.

[27] KK-*R. Müller*[2] 9; *Kleinknecht/Meyer*[38] 13.

[28] Maßstäbe hierfür in Nr. 267 Abs. 1 RiStBV; vgl. auch *Franzen/Gast/Samson* Steuerstrafrecht[3] (1985) § 386, 34 ff AO.

[29] Vgl. dazu Nr. 267 Abs. 2 RiStBV.

[30] Kritisch *Rüping* ZStW **95** (1983) 915.

[31] Vgl. *Rüping* ZStW **95** (1983) 915.

[32] Zur Abschlußverfügung s. § 170, 12 mit Nachw.

[33] Vgl. *Göhler*[8] § 35, 3 mit weit. Nachw.

[34] Vgl. *Göhler*[8] § 47, 30.

grundsätzlich die Pflicht zur Erforschung des Rechtsfolgenzumessungssachverhalts[35] nach Absatz 3 Satz 1.

c) Zeitraum. § 160 gilt für die staatsanwaltschaftliche Tätigkeit in **Ermittlungsver- 14 fahren,** denn nur solange ist es möglich, den Sachverhalt zur Entscheidung darüber zu erforschen, ob die öffentliche Klage zu erheben ist. **Nach** der **Erhebung der öffentlichen Klage** kann sich die Staatsanwaltschaft nicht mehr auf § 160 berufen. Ihre überwiegend anerkannte weiterbestehende Befugnis zur Vornahme eigener Ermittlungen[36] ergibt sich aus ihrer allgemeinen Stellung als weiterhin am Verfahren beteiligte Strafverfolgungsbehörde und wird beispielsweise in § 98 Abs. 3 vorausgesetzt[37]. Nach rechtskräftigem Abschluß des Verfahrens gilt § 160 (mindestens) analog für die Vorbereitung eines **Wiederaufnahmeverfahrens** sowohl zugunsten als auch zuungunsten des Verurteilten[38].

II. Erforschung des Sachverhalts im allgemeinen

1. Ziel und Gegenstand der Erforschung

a) Erforschungsziel. Das Ermittlungsverfahren dient der Stoffsammlung; es soll **15** klären, ob ein Anfangsverdacht (§ 152, 21 ff) zu einem hinreichenden Tatverdacht (§ 203, 6 ff) verdichtet werden kann, ob er diese Schwelle nicht erreicht oder ob er gar ausgeräumt werden kann. Das Gesetz begrenzt das Erforschungsziel auf die am Ende des Ermittlungsverfahrens der Staatsanwaltschaft zugewiesene Entscheidung, *ob* die öffentliche Klage zu erheben ist. Schon daraus ergibt sich, was Absatz 2 nochmals hervorhebt, daß Ziel der Sachverhaltserforschung **objektive Verdachtsklärung,** nicht etwa Überführung eines Verdächtigen ist[39]. Ob die öffentliche Klage zu erheben ist, hängt nach § 170 regelmäßig davon ab, ob ein hinreichender Tatverdacht besteht (§ 170, 20 f), so daß das Ziel des Ermittlungsverfahrens im allgemeinen nur in der Klärung dieses Verdachtsgrades, nicht, wie beim richterlichen Urteil in der Gewinnung einer Überzeugung besteht[40]. Lediglich wenn die Staatsanwaltschaft die öffentliche Klage durch **Strafbefehlsantrag** erheben will, muß die Sachverhaltserforschung so weit betrieben werden, daß dem Richter aufgrund der aktenmäßigen Ergebnisse des Ermittlungsverfahrens die Gewinnung einer Überzeugung möglich ist[41]. Soweit die Staatsanwaltschaft nach besonderen Vorschriften von der Erhebung der öffentlichen Klage oder der Verfolgung absehen kann[42], ist das Erforschungsziel schon erreicht, wenn feststeht, daß deren Voraussetzungen vorliegen; die Erforschung des Sachverhalts kann sich, sofern dies naheliegend ist, zunächst auf die für diese Beurteilung maßgebenden Umstände konzentrieren[43].

Ziel der Sachverhaltserforschung ist ferner, wenn die Erhebung der öffentlichen **16** Klage zu erwarten ist, die **Vorbereitung** des gerichtlichen Verfahrens, insbesondere **der**

---

[35] Vgl. *Göhler*[8] Vor § 59, 53 a; zur Gerichtshilfe § 46 Abs. 3 Satz 2 OWiG.

[36] Vgl. mit weit. Nachw. § 202, 6; Vor § 213, 17 f; KK-*R. Müller*[2] 21; *Kleinknecht/Meyer*[38] § 162, 17; krit. *Hahn* GA **1978** 331; *Strate* StrVert. **1985** 337; zur (zu verneinenden) Anwendbarkeit der §§ 161, 161 a, 162 in diesen Fällen vgl. § 161, 3; § 161 a, 7; § 162, 4.

[37] LR-*G. Schäfer* § 98, 40; *Kleinknecht/Meyer*[38] § 162, 17.

[38] S. näher § 362, 1; § 364 b, 7; vgl. auch *Dünnebier* FS II Peters 337.

[39] *Kühne* 157; vgl. auch Rdn. 37.

[40] KMR-*Müller* 10.

[41] S. näher (auch zur Gegenmeinung) LR-*Gössel* Vor § 407, 11 ff; *Rieß* JR **1988** 133.

[42] §§ 153, 153 a, 153 b, 153 c, 153 d, 153 e, 154, 154 b, 154 c, 376, § 45 JGG.

[43] Vgl. auch § 158, 18 (zur Behandlung von Strafanzeigen); § 163, 27 (Erforschungspflicht der Polizei).

Hauptverhandlung, deren störungsfreier und zügiger Ablauf durch die Ermittlungen gesichert werden soll[44]. Daraus erklärt sich die Pflicht zur **Beweissicherung** (Rdn. 51 ff) und zur Ermittlung des Rechtsfolgenzumessungssachverhalts (Rdn. 55 ff). Es kann auch nötig machen, auch solchen Umständen nachzugehen, die zur Begründung des hinreichenden Verdachts nicht unerläßlich wären, bei der umfassenden Beweiserhebung in der Hauptverhandlung aber nicht unberücksichtigt bleiben können[45].

17   **b) Gegenstand der Erforschung.** Die Vorschrift gibt der Staatsanwaltschaft auf, den **Sachverhalt** zu erforschen, also **tatsächliche Umstände** aufzuklären, von denen die Entscheidung über die Erhebung der öffentlichen Klage abhängt oder die für die Entscheidung in der Hauptverhandlung von Bedeutung sein können; auf die Klärung von **Rechtsfragen** bezieht sie sich nicht. Das bedeutet aber nicht, daß Rechtsfragen für die Sachverhaltserforschung keine Rolle spielen; welche tatsächlichen Umstände mit welchem Stellenwert bedeutsam sein können, ist stets von der möglichen rechtlichen Würdigung abhängig. Die Sachverhaltserforschung muß daher stets auf der Grundlage einer (möglichen) rechtlichen Subsumtion des Untersuchungsgegenstandes vorgenommen werden. Rechtsfragen sind auch insoweit von Bedeutung, als Rechtsvorschriften bei der Sachverhaltserforschung zu beachten sind oder ihr Grenzen setzen können. Bei außerstrafrechtlichen Vorfragen kann sich die Erforschungspflicht, mindestens ihrem Grundgedanken nach, auch auf die Erforschung der Rechtslage beziehen[46].

2. Voraussetzungen

18   **a) Verdacht einer Straftat.** Die Erforschungspflicht beginnt, sobald der Verdacht einer Straftat besteht. Erforderlich ist der sog. **Anfangsverdacht** im Sinne des Vorliegens zureichender tatsächlicher Anhaltspunkte nach § 152 Abs. 2[47]. Anhaltspunkte für das Vorliegen der objektiven Merkmale einer Straftat reichen grundsätzlich (vgl. aber § 152, 24) aus; ein Tatverdächtiger braucht noch nicht erkennbar zu sein; die Erforschungspflicht bezieht sich auch auf die Ermittlung unbekannter Täter. Dagegen ist die Staatsanwaltschaft weder verpflichtet noch berechtigt, ohne hinreichende tatsächliche Anhaltspunkte für das Vorliegen konkreter Straftaten nach solchen zu forschen; daß in bestimmten Bereichen und unter bestimmten Umständen Straftaten ermittelt worden sind, begründet für sich allein noch keinen Anfangsverdacht für Nachforschungen in vergleichbaren Bereichen[48].

19   **b) Zuständigkeit.** Die Erforschungspflicht obliegt der örtlich zuständigen Staatsanwaltschaft; eine unzuständige Staatsanwaltschaft hat jedoch die Ermittlungsmaßnahmen durchzuführen, bei denen Gefahr im Verzuge besteht (§ 143 Abs. 2 GVG). Im übrigen hat sie vom Tatverdacht die zuständige Staatsanwaltschaft, ggf. unter Abgabe bereits vorhandener Vorgänge, zu informieren[49], wenn nicht, wie bei einem öffentlich bekanntwerdenden Verdacht, davon ausgegangen werden kann, daß diese unterrichtet ist. Welche Staatsanwaltschaften zuständig sind, ergibt sich aus den §§ 142, 142 a, 143 GVG in Vbdg. mit den §§ 7 ff, da sich die örtliche Zuständigkeit der Staatsanwaltschaft

[44] RGSt **76** 255; KK-*R. Müller* 21; KMR-*Müller* 11; s. auch Vor § 158, 2; 7.

[45] KMR-*Müller* 12; vgl. auch *Krause/Nehring* 146, die zwischen dem Primärziel und dem Sekundärziel des Ermittlungsverfahrens unterscheiden.

[46] Vgl. für steuerrechtliche Vorfragen *Mayer-Wegelin* DStZ **1984** 244; vgl. auch (zur Aus-

setzung nach § 396 AO) *Kohlmann* FS Klug 516; s. auch § 154 d und die dort. Erl.

[47] Näher § 152, 3; 21 ff; *Kleinknecht/Meyer*[38] 4; KMR-*Müller* 1; *Geerds* Gedächtnisschrift Schröder 390.

[48] Vgl. (für routinemäßige Überprüfung ärztlicher Abrechnungen) krit. *Teyssen/Goetze* NStZ **1986** 529; näher § 152, 22; Vor § 158, 9.

[49] LR-*Meyer-Goßner*[23] 1; *Eb. Schmidt* 6.

nach den Bestimmungen über den Gerichtsstand richtet. Bestehen mehrere Gerichtsstände, so ist nach Nr. 2 RiStBV grundsätzlich der Tatort maßgebend; bei überörtlichen Zusammenhängen sind von einer Staatsanwaltschaft Sammelverfahren zu führen (Nr. 25 ff RiStBV). Eine **Zuständigkeitskonzentration** für den Bereich mehrerer Staatsanwaltschaften eines Landes ist sowohl auf der Grundlage des § 143 Abs. 4 GVG[50], als auch durch Ausübung des Substitutionsrechts nach § 145 Abs. 1 GVG[51] möglich. **Zuständigkeitsstreitigkeiten** innerhalb eines Landes sind mit Hilfe der Weisungsbefugnisse zu lösen[52]; bei solchen über die Ländergrenzen hinweg entscheidet der Generalbundesanwalt (§ 143 Abs. 3 GVG). Unter mehreren örtlich zuständigen Staatsanwaltschaften ist eine **Abgabe und Übernahme** bei Einverständnis oder durch Vereinbarung der jeweils vorgesetzten Behörde möglich[53].

3. Art der Kenntniserlangung

a) Allgemeines. Die Erforschungspflicht der Staatsanwaltschaft wird durch jede **20** dienstlich erlangte Kenntnis[54] über das Vorliegen von tatsächlichen Umständen begründet, aus denen sich ein Anfangsverdacht (§ 152, 21 ff) ergeben kann; dazu gehören auch allgemein verbreitete Gerüchte[55] und die Berichterstattung in Presse, Rundfunk und Fernsehen, wenn sie bestimmte und nachprüfbare Tatsachen enthält[56]. Die besondere Erwähnung der Anzeige trägt dem Umstand Rechnung, daß dies eine typische und besonders häufige Form der Kenntniserlangung darstellt; die Erwähnung der Kenntniserlangung auf anderen Wegen verdeutlicht, daß die Anzeige keine rechtliche Voraussetzung für ein Tätigwerden darstellt. Wird ein Anfangsverdacht durch zuverlässige Berichte in der Öffentlichkeit bekannt, so braucht (und darf) die zuständige Staatsanwaltschaft nicht abzuwarten, bis von privater Seite eine Anzeige erstattet wird.

b) Anzeige. Die Anzeige umfaßt die in § 158 Abs. 1 genannten Mitteilungen (vgl. **21** § 158, 6 ff)[57]; auch der **Strafantrag** im Sinne der §§ 77 ff StGB ist eine solche Anzeige. Wird die Anzeige bei der Polizei oder gegenüber dem Amtsgericht erstattet (§ 158, 16), so erlangt die Staatsanwaltschaft von ihr Kenntnis, sobald diese Stellen sie an sie weiterleiten[58]. Zu den möglichen Reaktionen auf die Anzeige s. Rdn. 32.

Liegt bei einem **Antragsdelikt** ein Strafantrag im Sinne der §§ 77 ff StGB nicht **22** vor, erlangt die Staatsanwaltschaft aber (durch Anzeige von dritter Seite oder auf sonstige Weise) Kenntnis vom Anfangsverdacht, so geht die Erforschungspflicht zunächst dahin zu klären, ob ein Strafantrag gestellt werden wird[59]. Solange dies noch möglich ist, sind mindestens die Beweise zu sichern. Steht fest, daß kein Strafantrag gestellt werden wird, so entfällt die weitere Erforschungspflicht (vgl. § 158, 18). Ist trotz Fehlens des Strafantrags eine Strafverfolgung bei Vorliegen eines **besonderen öffentlichen Interesses**[60] möglich, so sind erforderlichenfalls die hierfür maßgebenden tatsächlichen Umstände aufzuklären.

---

[50] Vgl. näher die Erl. im ErgBd. der 23. Aufl. zu § 143 Abs. 4 GVG; *Kleinknecht/Meyer*[38] § 143, 3 ff GVG; *Katholnigg* NJW **1978** 2379.

[51] Vgl. LR-*K. Schäfer*[23] § 145, 1 GVG; *Kleinknecht/Meyer*[38] § 145, 3 GVG.

[52] Näher LR-*K. Schäfer*[23] § 143, 6 GVG; *Kleinknecht/Meyer*[38] § 143, 3 GVG.

[53] Vgl. auch Nr. 27 RiStBV; Einzelheiten bei *Burchardi/Klempahn/Wetterich* 100 ff.

[54] Wegen der außerdienstlichen Kenntnis s. Rdn. 27 ff.

[55] Vgl. RGSt **70** 251, dazu *Anterist* 40.

[56] KK-*R. Müller*[2] 12; *Kleinknecht/Meyer*[38] 9.

[57] Zum Bestehen von Anzeigepflichten s. § 158, 2 ff.

[58] Zur Pflicht zur Weiterleitung s. § 158, 16; 18; § 163, 27 f.

[59] Vgl. § 130; § 152, 30.

[60] §§ 232, 183 Abs. 2, § 194 Abs. 2 Satz 2; § 248 a StGB.

Peter Rieß

23　　c) **Kenntniserlangung auf anderem Wege** liegt vor, sobald der Staatsanwalt im Rahmen seiner **dienstlichen Tätigkeit** einen Anfangsverdacht begründende tatsächliche Umstände erfährt; es ist nicht erforderlich, daß dies gerade im Zusammenhang mit der Wahrnehmung einer Strafverfolgungsaufgabe geschieht. Auch die Kenntniserlangung anläßlich anderer, der Staatsanwaltschaft übertragener Dienstaufgaben reicht grundsätzlich aus[61]. Ebenso erlangt der Staatsanwalt in seiner dienstlichen Eigenschaft Kenntnis, wenn ihm die Tatsachen, sei es auch außerhalb seiner Dienstverrichtungen und im Zusammenhang mit einem privaten Kontakt, in der Erwartung mitgeteilt werden, daß er sie als Strafverfolgungsbehörde zur Kenntnis nehme und entsprechend reagiere, beispielsweise, wenn ihm ein Nachbar oder Bekannter entsprechende Mitteilungen macht, *weil* er Staatsanwalt ist[62]. Die dienstliche Kenntniserlangung entfällt in diesen Fällen auch nicht deshalb, weil der Staatsanwalt örtlich oder sachlich unzuständig ist; in solchen Fällen besteht die Pflicht zur Weitergabe an einen zuständigen Amtsträger[63].

24　　Im einzelnen kann sich die dienstliche Kenntnis auf anderem Wege als durch eine Anzeige durch die Mitteilung von einem **nichtnatürlichen Todesfall** (§ 159 Abs. 1) oder durch die **Übersendung** von Verhandlungen **polizeilicher Ermittlungen** (§ 163 Abs. 2 Satz 1) oder durch **Mitteilungen des Gerichts** nach § 183 GVG ergeben. Dienstliche Kenntnis kann auch anläßlich der **Ermittlungstätigkeit** wegen konkreter Taten erlangt werden, soweit sich dabei Hinweise auf andere Taten ergeben, etwa, wenn der Verdacht von Falschaussagen, Begünstigung oder Strafvereitelung hervortritt, oder wenn beigezogene Akten anderer Behörden einen Anfangsverdacht begründen[63a], oder Ereignisse und Beweisergebnisse in der Hauptverhandlung, die der Staatsanwalt als Sitzungsvertreter erfährt. Ferner gehören hierzu Erkenntnisse, die die Staatsanwaltschaft als **Strafvollstreckungsbehörde** oder im Rahmen ihrer Beteiligung in **Ehe- und Statussachen** im Zivilprozeß[64] gewinnt, oder solche, die bei Durchführung von **Verwaltungsaufgaben** der Staatsanwaltschaft, beispielsweise Baumaßnahmen, erlangt werden[65].

25　　Erlangt ein Strafverfolgungsorgan dienstliche Kenntnis aus einer nicht der Strafverfolgung dienenden Tätigkeit, so besteht **keine Erforschungspflicht**, sondern vielmehr ein Verwertungsverbot, soweit eine gegenüber dem Strafverfahren wirksame besondere **Geheimhaltungsvorschrift** eingreift. Das gilt beispielsweise für die **Finanzbehörde**, die die Befugnisse der Staatsanwaltschaft wahrnimmt (§ 399 AO), in bezug auf Kenntnisse aus dem Besteuerungsverfahren, soweit nicht § 30 Abs. 4 AO die Offenbarung gestattet[65a], oder für einen Staatsanwalt, der in einem ehrengerichtlichen Verfahren gegen einen Rechtsanwalt Erkenntnisse erlangt, die die Geheimsphäre zwischen Verteidiger und Beschuldigten betreffen. Gleiches gilt für Erkenntnisse, die im Rahmen der Strafverfolgung gewonnen werden, wenn sie einem auch der Durchführung von Ermittlungen entgegenstehenden **Nutzungsverbot** unterliegen, so beispielsweise bei Erkenntnissen aus einer Fernmeldeüberwachung nach dem G 10 wegen § 7 Abs. 3 G 10[66]. Dagegen

---

[61] Teilweise umstritten; a. A z. B. *Anterist* 58; wohl auch LR-*Meyer-Goßner*[23] 9, nach denen die Kenntnisnahme etwa bei der Wahrnehmung von Verwaltungsaufgaben oder im Rahmen der Personalführung dem außerdienstlichen Wissen zuzurechnen ist, vgl. dazu unten Rdn. 26.

[62] Vgl. *Anterist* 59; *Geerds* 395.

[63] *Eb. Schmidt* I 398; *Geerds* 392.

[63a] Zur Auswertung der Akten von Konkursver-

fahren vgl. eingehend *Uhlenbruck* KTS **1967** 9.

[64] Vgl. z. B. §§ 632 ff, 646 Abs. 2, §§ 652, 666, 675, 679 Abs. 2 ZPO.

[65] Wegen der bei präventiv-polizeilicher Tätigkeit der Polizei von dieser gewonnenen Erkenntnisse vgl. § 163, 21.

[65a] Vgl. BGH(Z) NJW **1982** 1648.

[66] Vgl. BGHSt **29** 244, 250; dazu u. a. *Dünnebier* DuR **1980** 383; *Riegel* JZ **1980** 757; *Rieß*

dürfen nach der nicht unumstrittenen Rechtsprechung Zufallserkenntnisse aus einer strafprozessualen Fernmeldeüberwachung nach § 100 a auch zur Grundlage weiterer Ermittlungen gemacht werden, lösen also eine Erforschungspflicht aus, auch wenn sie keine Katalogtat betreffen[67].

d) Kenntniserlangung als Dienstvorgesetzter vom Verdacht strafbarer Handlun- **26** gen von Untergebenen ist grundsätzlich dienstliche Kenntnisnahme und verpflichtet daher zum Einschreiten; dies gilt jedenfalls dann, wenn die Erkenntnis im Rahmen der allgemeinen Dienstaufsicht und Leitung erlangt wird[68]. Anders liegen die Dinge dann, wenn der Dienstvorgesetzte diese Kenntnis außerhalb der allgemeinen Dienstaufsicht und Leitung im Zusammenhang mit seiner besonderen **Personalführungsaufgabe** erfährt, etwa, wenn sich ihm ein Behördenmitglied in einer Aussprache unter vier Augen offenbart oder wenn sich der Verdacht allein aus den Personalakten ergibt. Auch hier handelt es sich zwar nicht um außerdienstlich erlangte Kenntnisse[69], doch ist der Konflikt zu berücksichtigen, der sich insoweit aus den beiden dienstlichen Aufgaben der Personalführung und der Strafverfolgung ergeben kann. Nach dem allgemeinen Rechtsgrundsatz der **Güter- und Pflichtenkollision** ist hier deshalb auf die Abwägungsgesichtspunkte zurückzugreifen, die nach der h. M für privat erlangte Kenntnisse generell gelten. Der Dienstvorgesetzte ist deshalb nur dann zur Strafverfolgung verpflichtet, wenn ein Delikt in Frage steht, daß die Belange der Öffentlichkeit und der Volksgesamtheit in besonderem Maße berührt (näher Rdn. 27)[70].

e) Private Kenntniserlangung
aa) Meinungsstand. Ob, unter welchen Voraussetzungen und in welchem Um- **27** fang ein Staatsanwalt zum Einschreiten oder mindestens zur Mitteilung an die zuständige Staatsanwaltschaft verpflichtet ist, wenn er vom Verdacht einer strafbaren Handlung ohne dienstliche Veranlassung (im weitesten Sinne) erfährt, ist seit langem **umstritten**, wobei das Schrifttum, namentlich aber die Rechtsprechung, die Frage in erster Linie unter dem materiell-strafrechtlichen Gesichtspunkt der Strafbarkeit wegen Strafvereitelung im Amt (§ 258 a StGB)[71] erörtert[72], für den die hier interessierende Frage der Reichweite des § 160 Abs. 1 aber deshalb von Bedeutung ist, weil sich aus ihm eine Garantenpflicht ergeben kann. Die heute wohl **herrschende Meinung** in der Rechtsprechung[73] und im Schrifttum[74] bejaht eine Verfolgungspflicht, wenn durch Art und Um-

---

JR **1983** 125 f; vgl. auch LR-G. *Schäfer* § 100 a, 28.
[67] Vgl. LR-G. *Schäfer* § 100 a, 46 mit weit. Nachw.; **a. A** SK-StPO-*Rudolphi* § 100 a, 32.
[68] BGHSt **4** 167; anders, wenn dem Betreffenden nicht überwiegend Strafverfolgungsaufgaben, sondern daneben auch noch andere Aufgaben obliegen, vgl. RGSt **73** 267; **74** 180 für den Bürgermeister als Ortspolizeibehörde; kritisch zu dieser Differenzierung *Anterist* 60 f; vgl. auch *Krause/Nehring* 161; *Peters*[4] § 24 VI; *Eb. Schmidt* I 400; *Geerds* 396 Fußn. 16.
[69] So aber z. B. LR-*Meyer-Goßner*[23] 11; *Anterist* 61; vgl. auch LK-*Ruß* § 258 a, 8.
[70] Strenger *Eb. Schmidt* I 400.
[71] Früher Begünstigung im Amt (§ 346 StGB).
[72] Umfassende Nachw. vor allem bei *Anterist*,

Geerds Gedächtnisschrift Schröder; *Krause* GA **1964** 110; JZ **1984** 548; ferner *Geppert* Jura **1982** 147.
[73] So zuerst beiläufig (da dienstliche Kenntnisnahme bejaht wurde) RGSt **70** 251; ferner BGHSt **5** 225; **12** 277, 280; OLG Freiburg DRZ **1947** 201; OLG Köln NJW **1981** 1794.
[74] So mit leichten Differenzierungen im einzelnen KK-*R. Müller*[2] § 158, 29; *Gössel* § 1 B III; *Henkel* 298; *Kühne* 147; *Peters*[4] § 23 IV 1 a; *Roxin*[20] § 37 A I 2 a; *G. Schäfer* § 18 I 3 c; *Schlüchter* 69; *Bohne* SJZ **1948** 689; im materiellen Strafrecht *Dreher/Tröndle*[44] § 258 a, 4; LK-*Ruß* § 258 a, 7; *Schönke/Schröder/Stree*[23] § 258 a, 11; *Maurach/Schroeder* BT § 98 II 9; zweifelnd *Lackner*[16] § 258 a, 3 b; vollständige Nachw. zum Meinungsstand bei *Anterist*; *Krause* JZ **1984** 589.

fang der Straftat Belange der Öffentlichkeit und der Volksgesamtheit in besonderem Maße berührt werden. Wegen der vielfach kritisierten Unbestimmtheit dieser Abgrenzungsformel[75] wird teilweise auf die in § 138 StGB genannten[76], teilweise auf die im Katalog des § 100 a aufgezählten Delikte abgestellt[77]; bei Betäubungsmittelstraftaten sollen nur besonders schwere Fälle eine Verfolgungspflicht begründen[78]. Auch bei einer aufgrund der Deliktsschwere an sich bestehender Verfolgungspflicht wird bei Vorliegen einer **persönlichen Konfliktslage**, etwa wenn sich die Verfolgung gegen einen Angehörigen oder sonst eine nahestehende Person richten würde, eine Ausnahme anerkannt[79].

28   **Abweichende Meinungen** nehmen auch bei privater Kenntniserlangung eine umfassende[80] oder allenfalls durch den Maßstab der Geringfügigkeit im Sinne des § 153 beschränkte[81] Verfolgungspflicht an, oder sie verneinen umgekehrt eine solche Pflicht gänzlich[82]. Im Anschluß an *Krause* und *Anterist*[83] ist in neuerer Zeit eine Auffassung im Vordringen[84], die zwar eine nach § 258 a StGB zu beurteilende Verfolgungspflicht verneint, aber den Staatsanwalt aufgrund seiner Treuepflicht beamtenrechtlich und disziplinarrechtlich für verpflichtet hält, beim Verdacht schwerer Straftaten tätig zu werden[85]. Diese Meinung mag zwar die materiell-strafrechtlichen Probleme lösen; sie führt aber strafprozessual zu keiner anderen Antwort als die h. M, denn auch nach ihr würde sich für den Staatsanwalt die zwar nicht strafrechtlich, aber disziplinarrechtlich sanktionierte Amtspflicht ergeben, bei privater Kenntnis strafverfolgend tätig zu werden.

29   **bb) Eigene Auffassung.** Die überwiegenden Gründe sprechen **gegen eine Erforschungspflicht** nach § 160 Abs. 1 bei lediglich privater Kenntniserlangung. Das formale Argument, daß die Vorschrift von der Staatsanwaltschaft als Behörde und nicht von der Person des einzelnen Staatsanwalts spricht[86], ist dabei von geringerem Gewicht, zumal es für die Tätigkeit der Polizei, wo die Streitfrage nicht anders behandelt werden kann (§ 163, 22), nicht durchgreift. Jedoch deutet die Entstehungsgeschichte stärker auf eine Beschränkung auf amtliche Kenntniserlangung hin[87]. Die von der h. M vorgenommene Differenzierung ist schwer begründbar und führt zu Abgrenzungsschwierigkeiten. Entscheidend ist aber, daß ein Strafverfolgungsbeamter bei einer wie auch immer gearteten Verfolgungspflicht bei privater Kenntniserlangung in kaum zumutbarer Weise in seinem Recht auf eine von dienstlichen Anforderungen freie Privatsphäre und in der Her-

---

[75] So vor allem *Krause* GA **1964** 116; dazu kritisch *Anterist* 52.

[76] *Roxin*[20] § 37 A I 2; *Schlüchter* 69; *Geppert* Jura **1982** 148; ähnlich (Schwelle etwas unterhalb dieser Vorschrift) *Kühne* 147; weitergehend LK-*Ruß* § 258 a, 7; *Schönke/Schröder/Stree*[23] § 258 a, 11.

[77] So *Kramer* (Fußn. 15) 178.

[78] OLG Köln NJW **1981** 1794.

[79] *Gössel* § 1 B III; *Schlüchter* 69; LK-*Ruß* § 258 a, 7; *Schönke/Schröder/Stree*[23] § 258 a, 11.

[80] *Gerland* 299; *v. Kries* 470; *Rosenfeld* 204; weit. Nachw. bei *Krause* GA **1964** 112 Fußn. 10; das insoweit vielfach zitierte Urteil OLG Stuttgart NJW **1950** 198 liegt auf der Linie der h. M.; vgl. dazu *Anterist* 23.

[81] *Eb. Schmidt* I 298; § 160, 7.

[82] OLG Hamburg SJZ **1948** 688; KMR-*Müller*

§ 158, 11; *Jakobs* Strafrecht AT 29/77 Fußn. 155; SK-*Samson* § 258 a, 14; früher u. a. *Feisenberger* 2; *Binding* 186; *Birkmeyer* 577; *zu Dohna* 134; *Glaser* II 323; *v. Hippel* 475 Anm. 7; weit. Nachw. bei *Anterist* 53 f; *Krause* GA **1964** 113.

[83] *Krause* GA **1964** 118; ausführlich *Anterist* 71 ff.

[84] *Krause* JZ **1984** 548 bezeichnet sie zu Unrecht als unbestritten.

[85] Außer *Krause* und *Anterist* jetzt z. B. auch LR-*Meyer-Goßner*[23] 10; *Fezer* StrafprozeßR 2/64; *Rüping* 95; *Reuber* Die Polizei **1987** 214; wohl auch *Kleinknecht/Meyer*[38] 10; enger (nur ausnahmsweise) *Geerds* 404.

[86] Darauf stark abstellend *v. Hippel* 475 Fußn. 7; LR-*Meyer-Goßner*[23] 10.

[87] Vgl. näher *Anterist* 66; *Krause* GA **1964** 111; vgl. auch *Geerds* 399.

stellung und Aufrechterhaltung von privaten sozialen Kontakten behindert wäre, wenn er befürchten und ein Dritter damit rechnen müßte, daß jeder Hinweis auf strafbares Verhalten zur Einleitung von Ermittlungsverfahren führen könnte[88]. Der Lösungsansatz der h. M, insoweit bei besonderen Konfliktslagen auf die Unzumutbarkeit abzustellen, bietet jedenfalls für den eher flüchtigen sozialen Kontakt keinen Ausweg. So verständlich der Satz sein mag, daß die Amtspflicht des Staatsanwalts nicht an der Schwelle seines Büros endet[89], so sehr läßt sich ihm entgegenhalten, daß Menschenwürde und Achtung von der freien Entfaltung seiner Persönlichkeit ihn außerhalb seines Dienstes in die Lage versetzen müssen, als Mensch Rücksicht zu üben und zu schweigen[90].

cc) Berechtigung zum Einschreiten. Unbestritten ist, daß privat erlangte Kenntnisse den Staatsanwalt berechtigen, die Strafverfolgung einzuleiten oder auf die Einleitung durch Information der zuständigen Behörde hinzuwirken[91], das mag auch in Einzelfällen einer sittlichen Pflicht entsprechen. Eine **Verpflichtung** zum Tätigwerden besteht auch dann, wenn, was bei Dauerstraftaten in Betracht kommt, die Kenntniserlangung zugleich, weil die Straftat noch andauert[92], nach § 138 StGB zu einer Anzeige verpflichtet.   **30**

4. Ausnahmen von der Erforschungspflicht

a) Allgemeines. Hinweise. Die Pflicht der Staatsanwaltschaft zur *eigenen* Erforschung des Sachverhalts besteht immer dann nicht, wenn sie zu einem Zeitpunkt Kenntnis vom Tatverdacht erlangt, in dem der Sachverhalt bereits vollständig erforscht ist; ihr Ermittlungsverfahren besteht dann nur noch darin, die Abschlußverfügungen nach den §§ 169 a, 170 zu treffen (näher Rdn. 34). Andererseits kann aber auch ein der Staatsanwaltschaft bekannt werdender Umstand zunächst nur Anlaß zu der Prüfung geben, ob sich aus ihm ein Anfangsverdacht ableiten läßt; wird das verneint, so besteht auch keine Erforschungspflicht (vgl. § 152, 34; § 158, 20; § 163, 18). Schließlich kann die Erforschungspflicht trotz eines Anfangsverdachts entfallen oder reduziert werden, wenn weitere Erkenntnisse nicht zu erwarten sind oder eine Verfahrenseinstellung nach den Begrenzungen des Legalitätsprinzips (§§ 153 ff, 376) in Betracht kommt. Wegen einer Einschränkung der Erforschungspflicht aus Gründen der Verhältnismäßigkeit vgl. Rdn. 40; zur Frage, wieweit Einschränkungen durch Notstand gerechtfertigt sein können, vgl. Rdn. 43 und § 152, 20; § 163, 30.   **31**

b) Eine **alsbaldige Einstellung des Verfahrens** ohne (weitere) Erforschung des Sachverhalts ist möglich und geboten, wenn die **rechtliche Prüfung** des bekannten Sachverhalts ergibt, daß eine verfolgbare Straftat (§ 152, 29 ff) nicht vorliegt, weil das Verhalten unter kein Strafgesetz fällt, unzweifelhaft gerechtfertigt oder entschuldigt oder wegen eines unbehebbaren Verfahrenshindernisses nicht verfolgbar ist. Ist ein solches möglicherweise vorhanden, so ist vorrangig zu erforschen, ob es vorliegt. Beim Verfahrenshindernis der Immunität verpflichtet das Legalitätsprinzip dazu, die Genehmigung zur Strafverfolgung herbeizuführen (näher § 152 a, 33). Ein Anfangsverdacht und damit eine Erforschungspflicht besteht auch dann nicht, wenn in einer Anzeige zwar ein strafbares Verhalten schlüssig behauptet wird, die **tatsächliche Grundlosigkeit** aber für die Staatsanwaltschaft unzweifelhaft ersichtlich ist[93], beispielsweise, weil der Vorwurf in anderem Zusammenhang bereits aufgeklärt worden ist oder weil die Unglaubwürdig-   **32**

---

[88] Ebenso SK-*Samson* § 258 a, 13.
[89] *Gerland* 299.
[90] So BGHSt **5** 229 für den als Möglichkeit anerkannten Konfliktfall.

[91] *Geerds* 402; *Krause* JZ **1984** 548.
[92] Vgl. LK-*Hanack* § 138, 8.
[93] KK-*R. Müller*[2] 18.

keit des benannten Zeugen der Staatsanwaltschaft aus anderen Verfahren bekannt ist. Bloß ungenaue, unvollständige oder auch unwahrscheinliche Sachverhaltsangaben machen Nachforschungen nicht entbehrlich[94], können es aber notwendig machen, die Ermittlungen unter besonderer Schonung des Betroffenen zu führen[95]. Trotz vorhandenen Anfangsverdachts können Nachforschungen dann unterbleiben, wenn **unzweifelhaft** ist, daß sie **keinen Erfolg** versprechen[96].

33   Läßt der bereits bekannte Sachverhalt schon eine Entscheidung darüber zu, daß das Verfahren aufgrund einer **Ausnahme vom Legalitätsprinzip** eingestellt werden kann, so ist eine weitere Erforschung ebenfalls grundsätzlich nicht erforderlich. Das Verfahren kann also beispielsweise nach § 153 Abs. 1 eingestellt oder es kann nach § 376 auf den Privatklageweg verwiesen werden, wenn die Voraussetzungen hierfür ersichtlich sind[97], ohne daß die Ermittlungen insgesamt durchgeführt und abgeschlossen werden; für die Anwendung des § 153 a Abs. 1 gilt dies nicht (§ 153 a, 31). In zweifelhaften Fällen kann sich die Erforschung zunächst darauf beschränken, das Vorliegen der Einstellungsvoraussetzungen (geringe Schuld, fehlendes öffentliches Interesse) festzustellen[98].

34   c) Eine **alsbaldige Klageerhebung** ohne eigene zusätzliche Sachverhaltserforschung durch die Staatsanwaltschaft ist in den in der Praxis häufigen Fällen möglich, in denen die von der Polizei übersandten Verhandlungen (§ 163 Abs. 2 Satz 1) bereits das erforderliche Material für die Abschlußverfügung enthalten[99]. Sie kommt auch in Betracht, wenn die Finanzbehörde die Sache zum Zwecke der Erhebung der öffentlichen Klage vorlegt (§ 400 AO) oder wenn eine Verwaltungsbehörde ein durchermitteltes Bußgeldverfahren an die Staatsanwaltschaft abgibt, weil die untersuchte Tat eine Straftat darstellt (§ 41 Abs. 1 OWiG). Auch bei Strafanzeigen anderer Behörden kann der Sachverhalt bereits soweit aufgeklärt sein, daß eine Erforschung der Tatumstände entbehrlich ist; jedoch wird stets eine Vernehmung des Beschuldigten (§ 163 a Abs. 1) durchzuführen oder zu veranlassen und vielfach auch noch der Rechtsfolgenzumessungssachverhalt zu erforschen sein. Die Staatsanwaltschaft darf jedoch in all diesen Fällen die Ergebnisse fremder Sachverhaltsaufklärung nicht ungeprüft übernehmen und muß zusätzliche Ermittlungen durchführen oder veranlassen, wenn sie Zweifel an der Richtigkeit und Vollständigkeit des ihr vorliegenden Materials hat; sie kann das Verfahren einstellen, auch wenn die abgebende Behörde die Klageerhebung für möglich oder sogar für geboten hält[100].

5. Grundsätze der Erforschung

35   a) **Freie Gestaltung des Ermittlungsverfahrens. Grenzen.** Der Ablauf des gerichtlichen Verfahrens und insbesondere der Hauptverhandlung ist durch das Gesetz gebunden. Sowohl die Formen und Mittel der Sachverhaltserforschung (Strengbeweis, numerus clausus der Beweismittel) als auch die Reihenfolge der einzelnen Maßnahmen und Handlungen sind weitgehend durch feste Regeln bestimmt, die dem Gericht nur einen begrenzten Spielraum einräumen. Dagegen sind Inhalt und Ablauf der Sachverhaltserforschung im Ermittlungsverfahren gesetzlich kaum vorstrukturiert. Von wenigen Ausnahmen abgesehen (vgl. z. B. § 163 a Abs. 1, § 169 a) begrenzt die StPO weder die Zulässigkeit von Ermittlungshandlungen, soweit sie nicht den Charakter von Zwangsmaßnah-

---

[94] KK-*R. Müller*[2] 11; *Kleinknecht/Meyer*[38] 9; KMR-*Müller* 2.

[95] Vgl. (auch zu anonymen Anzeigen) KK-*R. Müller*[2] § 158, 6; 7; *Kleinknecht/Meyer*[38] 9; *Krause/Nehring* 157; vgl. auch Nr. 8 RiStBV.

[96] Vgl. KK-*R. Müller*[2] 19; *Eb. Schmidt* 9 (Aussichtslosigkeit der Aufklärung aus der Art der

angebotenen oder sonst zur Verfügung stehenden Beweismittel).

[97] KK-*R. Müller*[2] 17; KMR-*Müller* 8.

[98] KMR-*Müller* 8.

[99] Vgl. dazu mit rechtstatsächlichem Material u. a. *Blankenburg/Sessar/Steffen*.

[100] Vgl. auch § 170, 32.

men haben, noch regelt sie Reihenfolge und Ablauf der Ermittlungen. Dieser **Grundsatz der freien Gestaltung des Ermittlungsverfahrens** ist im Kern für die Gewährleistung einer funktionstüchtigen Strafrechtspflege unverzichtbar und eine notwendige Voraussetzung für die aus rechtsstaatlichen Gründen unerläßliche gesetzliche Strukturierung des gerichtlichen Verfahrens[101]. Wenn auch einzelne und ihrer Summe nach nicht unbeträchtliche Veränderungen in Richtung auf eine stärkere „Verrechtlichung" des Ermittlungsverfahrens bei einer umfassenden Reform des Strafverfahrens möglich und geboten sein mögen, muß doch der Grundsatz erhalten bleiben, daß die Strafverfolgungsbehörden weitgehend in der Lage sind, die Sachverhaltserforschung entsprechend den sehr unterschiedlichen Bedürfnissen des Einzelfalles nach pflichtgemäßem Ermessen zu gestalten[102].

36 Der Grundsatz der freien Gestaltung des Ermittlungsverfahrens unterliegt **Grenzen**. Sie ergeben sich aus dem Anlaß, dem begrenzten Ziel (Rdn. 15) und dem Untersuchungsgegenstand, folgen aus der Notwendigkeit, für Eingriffe in grundrechtlich geschützte Positionen, namentlich Freiheit, Hausrecht und Eigentum auf spezielle, an bestimmte Voraussetzungen gebundene Eingriffsermächtigungen zurückgreifen zu müssen, die vielfach präventiven richterlichen Rechtsschutz vorsehen, und lassen sich schließlich aus allgemeinen verfassungsrechtlichen, mit dem **Rechtsstaatsprinzip** verknüpften Gewährleistungen ableiten. Insoweit kommen als handlungsleitende Prinzipien vor allem der Grundsatz der Verhältnismäßigkeit, die Unschuldsvermutung, der fair-trial-Grundsatz und die Fürsorgepflicht in Betracht. Darüber hinaus gebietet die Beschränktheit der staatlichen Ressourcen einen möglichst **ökonomischen**, auch an der Tatschwere orientierten **Mitteleinsatz**. Schließlich sind als Grundprinzipien des Strafprozeßrechts namentlich die **Amtsaufklärungspflicht** und die Ausrichtung am Ziel der **materiellen Wahrheitserforschung** auch im Ermittlungsverfahren zu beachten.

37 Für alle Strafverfolgungsbehörden besteht daher die **Rechtspflicht**, das Ermittlungsverfahren **nachdrücklich, zweckmäßig, schonend** und **fair** zu führen. Sie haben das **Spannungsverhältnis** zu beachten, daß einerseits nur durch energische und zielgerichtete Aufklärung der Sanktionsanspruch der Rechtsgemeinschaft durchgesetzt werden und damit das Strafrecht seine friedenssichernde Wirkung entfalten kann (vgl. Einl. Kap. **6** 2 f; **13** 27), andererseits der Beschuldigte als Subjekt des Strafverfahrens zu behandeln, seiner Unschuldsvermutung Rechnung zu tragen und der Freiheitsraum des betroffenen Bürgers grundsätzlich zu respektieren ist. Aus dem Gebot nachdrücklicher Ermittlungen folgt, daß in den Grenzen der Verhältnismäßigkeit und des fair trial (Rdn. 40) von Zwangsmaßnahmen Gebrauch zu machen ist, wenn dies zur Sachverhaltsaufklärung notwendig erscheint[103]. Aus dem Gebot der Erforschung der objektiven Wahrheit folgt, daß das Ermittlungsverfahren nicht (nur) die Überführung des Verdächtigen bezweckt, sondern auch zu seiner Entlastung beitragen soll. Diese Grundsätze hat die Staatsanwaltschaft nicht nur zu beachten, wenn sie selbst die Sachverhaltserforschung vornimmt, sondern sie hat als das für das Ermittlungsverfahren verantwortliche Organ insgesamt dafür Sorge zu tragen, daß sie auch von den anderen mit der Sachverhaltserforschung betrauten Behörden, namentlich der Polizei, beachtet werden. Die Pflicht zur ordnungsgemäßen Sachverhaltsaufklärung obliegt ihr auch als **Amtspflicht** gegenüber dem Beschuldigten; ihre Verletzung kann Amtshaftungsansprüche begründen[104].

---

[101] *Rieß* FS K. Schäfer 208 f.
[102] Ebenso z. B. *Schlüchter* 395.
[103] *Schroeder* JZ **1985** 1028; vgl. auch (zum Haftbefehl) LR-*Wendisch* § 112, 63.
[104] Vgl. BGHZ **20** 178; **27** 338; BGH AnwBl.

1958 152; NStZ **1986** 562 mit Anm. *Dahs* (Presseinformation der Staatsanwaltschaft); *Steffen* DRiZ **1972** 153 f; *Staudinger-Schäfer* § 839, 560 ff mit weit. Nachw.

38   **b)** Das **Beschleunigungsgebot** (Art. 6 Abs. 1 MRK) ist bei der Sachverhaltserforschung nicht nur im Interesse des Beschuldigten, sondern auch im Interesse einer wirksamen Verbrechensbekämpfung zu beachten; es bestimmt die zweckmäßige Gestaltung des Ermittlungsverfahrens maßgebend mit. Die Staatsanwaltschaft hat daher, besonders in Haftsachen, die ihr zur Verfügung stehenden sachlichen und persönlichen Mittel einzusetzen und sachgerecht zu organisieren, um eine überlange Dauer zu vermeiden[105]. Soweit dies sachdienlich ist, sind zur Beschleunigung Mehrfachakten anzulegen, Ermittlungen parallel und nicht nacheinander zu führen, mehrere Beamte zur Aufklärung einzusetzen und die Möglichkeiten von Sammelverfahren und der Einrichtung von Schwerpunktstaatsanwaltschaften zu nutzen. Der Beschleunigung kann es aber auch dienen, wenn sich die Ermittlungen zunächst auf einzelne vorrangige Aspeke der Sachverhaltsaufklärung konzentrieren. Die Vollständigkeit, Gründlichkeit und Objektivität der Sachverhaltserforschung darf durch das Bestreben nach Beschleunigung nicht beeinträchtigt werden[106]. Ein **Verstoß** gegen das Beschleunigungsgebot kann dazu führen, daß ein zunächst bestehender dringender Tatverdacht entfällt[107] oder Untersuchungshaft nicht aufrechterhalten werden darf[108]. Wegen der sonstigen Konsequenzen der überlangen Verfahrensdauer s. Einl. Kap. **12** 90 f; § 206 a, 56[109].

39   **c) Beweisverbote** setzen grundsätzlich auch der Sachverhaltserforschung im Ermittlungsverfahren Grenzen; auch insoweit ist es kein Grundsatz des Strafverfahrens, die Wahrheit um jeden Preis zu erforschen[110]. Bei Vernehmungen im Ermittlungsverfahren obliegen Belehrungspflichten über Zeugnis- und Auskunftsverweigerungsrechte auch der Staatsanwaltschaft und der Polizei[111]. Umstritten ist, wieweit Erkenntnisse, die einem Beweisverwertungsverbot unterliegen, Anlaß für weitere Sachverhaltserforschungen sein können[112].

40   **d) Verhältnismäßigkeit. Fair-trial.** Der aus dem Rechtsstaatsprinzip folgende verfassungsrechtliche Grundsatz der Verhältnismäßigkeit ist auch bei der Erforschung des Sachverhalts im Ermittlungsverfahren zu beachten; er begrenzt nicht nur den Einsatz von besonders geregelten Zwangsmaßnahmen, sondern auch Auswahl und Einsatz einfacher Ermittlungshandlungen[113], bei denen das **Übermaßverbot** zu beachten ist. Allerdings kann aus dem Verhältnismäßigkeitsgrundsatz nicht das Verbot hergeleitet werden, auf einen Anfangsverdacht hin überhaupt Ermittlungen zu führen[114]; aus ihm ergibt sich aber eine Grenze der konkret zulässigen Maßnahmen. So kann bei **Bagatelldelikten** eine besonders intensive, auch in die Persönlichkeitssphäre des Beschuldigten eindringende Ermittlung unverhältnismäßig sein[115]. Besondere Ermittlungsmethoden

---

[105] BVerfGE **20** 45; **36** 264; KK-*R. Müller*[2] 3; *Kleinknecht/Meyer*[38] 3; Nr. 5, 12 RiStBV; vgl. auch BVerfG (Vorprüfungsausschuß) NStZ **1982** 430.

[106] LR-*Meyer-Goßner*[23] 3.

[107] OLG Celle NdsRpfl. **1986** 84.

[108] § 121, vgl. dazu § 121, 27 ff mit weit. Nachw.

[109] Vgl. zuletzt (Verfahrenseinstellung in der Revisionsinstanz bei schwerwiegender, willkürlicher Verfahrensverzögerung nach Revisionseinlegung) BGHSt **35** 137 = StrVert. **1988** 236.

[110] BGHSt **14** 365; **17** 337; **19** 329; BGH NJW **1978** 1426; ausführlich zu den Beweisverboten Einl. Kap. 14.

[111] Vgl. § 161 a Abs. 1 Satz 2 in Vbdg. mit § 52 Abs. 3; § 55 Abs. 2; § 163 a Abs. 3, 4 in Vbdg. mit § 136 Abs. 1 Satz 2; § 163 a Abs. 5.

[112] Vgl. mit weit. Nachw. § 152, 26 f; SK-StPO-*Rudolphi* § 100 a, 32; vgl. auch Rdn. 25.

[113] KK-*R. Müller*[2] § 161, 19; *Kleinknecht/Meyer*[38] § 161, 9. Zum Verhältnis von Fürsorgepflicht und Verhältnismäßigkeit vgl. *Kohlmann* FS Klug 522.

[114] Näher § 152, 19; **a. A** wohl LR-*G. Schäfer* § 94, 35; *G. Schäfer* § 19 II 2 a; vgl. auch BVerfGE **28** 264, 280; **44** 353, 373 f.

[115] Vgl. z. B. für Lichtbildaufnahmen OLG Schleswig NJW **1980** 352; *Bonarens* FS Dünnebier 215, 226; näher § 163, 45.

(vgl. § 163, 39 ff) sind, auch soweit sie keiner speziellen gesetzlichen Grundlage bedürfen, regelmäßig nur bei **erheblichen Straftaten** zulässig. Kommen mehrere gleichermaßen erfolgversprechende Maßnahmen in Betracht, so sind jedenfalls dann diejenigen zu wählen, die nach Lage des konkreten Einzelfalles den Betroffenen oder auch die Allgemeinheit am wenigsten beeinträchtigen, wenn dadurch der Untersuchungserfolg nicht wesentlich beeinträchtigt wird und ein eventueller Mehraufwand vertretbar ist. Das schließt nicht aus, mehrere solcher Maßnahmen parallel durchzuführen, wenn dadurch der Ermittlungserfolg unter Berücksichtigung des Beschleunigungsgebots besser erreicht werden kann. Ist der Anfangsverdacht besonders vage, etwa bei anonymen oder sonst zweifelhaften Anzeigen, so erfordert es das Übermaßverbot, falls möglich, zunächst nur solche Ermittlungsmaßnahmen vorzunehmen, die den Beschuldigten nicht oder möglichst wenig belasten; in diesem Fall muß das Beschleunigungsgebot (Rdn. 38) notfalls zurücktreten.

Auch bei danach zulässigen Ermittlungshandlungen ist durch möglichst schonendes Vorgehen auf die **berechtigten Belange eines Betroffenen** Rücksicht zu nehmen[116]. Aus dem Gedanken des **fair trial** folgt im allgemeinen, daß die Staatsanwaltschaft sich bei der **Unterrichtung der Öffentlichkeit** auch im Interesse des Beschuldigten besondere Zurückhaltung auferlegt[117], bei beschlagnahmten Geschäftsunterlagen, die der Beschuldigte für die Fortführung benötigt, entweder für die Ermittlungen Kopien fertigt oder dem Beschuldigten solche zur Verfügung stellt[118], bei der Gewährung von **Akteneinsicht** an den Anzeigeerstatter, insbesondere bei der Einsicht in beschlagnahmte Unterlagen Zurückhaltung wahrt[119] und den Beschuldigten, sobald dies ohne Gefährdung der Ermittlungen möglich ist, über den Vorwurf unterrichtet und Gelegenheit zur Verteidigung gibt (§ 163 a, 37).   **41**

Jedoch läßt sich weder aus dem Grundsatz des fair trial noch aus dem Anspruch auf rechtliches Gehör eine Verpflichtung ableiten, das Ermittlungsverfahren dem Beschuldigten gegenüber offen zu führen, insbesondere ihm die Einleitung der Ermittlungen mitzuteilen[120]. Namentlich aus ermittlungstaktischen Gründen, aber auch zur Vermeidung von Untersuchungshaft wegen Verdunkelungsgefahr, darf der Sachverhalt zunächst durch Nachforschungen aufgeklärt werden, von denen der Beschuldigte nichts   **41a**

---

[116] Vgl. z. B. OLG Hamm NStZ **1986** 326 = StrVert. **1988** 47 mit Anm. *Kiehl* (betr. Hinzuziehung von Vertretern des Anzeigeerstatters bei einer Durchsuchung); *Hilger* JR **1985** 93; zu den Grenzen der Freiwilligkeit *Amelung* (Einwilligung) 1 ff.

[117] Vgl. Nr. 4 a, 23 RiStBV; ferner BGH NStZ **1986** 562 mit Anm. *Dahs*; OLG Koblenz StrVert. **1987** 430; *Roxin*[20] § 18 C (mit Nachw.) sowie den Bericht der Bundesregierung (BTDrucks. 10 4608) über „Öffentliche Verurteilung und faires Verfahren" (mit rechtsvergl. Hinweisen); zur Rechtswegfrage bei Presseerklärungen der Staatsanwaltschaft im Zusammenhang mit Strafverfahren vgl. neuestens BVerwG, Urteil v. 14. 4. 1988 – 3 C 65.85 (voraussichtl. NStZ **1988** H. 11), das den Rechtsweg zu den Verwaltungsgerichten und nicht nach § 23 EGGVG bejaht.

[118] Vgl. § 94, 47 ff mit Nachw.

[119] Vgl. dazu z. B. OLG Hamm NJW **1985** 2040; OLG Koblenz NJW **1985** 2038; NStZ **1985** 426 mit Anm. *Hermann* NStZ **1985** 565; NJW **1986** 3093; NStZ **1988** 89; *Hilger* NStZ **1984** 541; *H. Schäfer* NStZ **1984** 206 (Akteneinsicht bei Nebentätern); vgl. auch § 406 e, 9 mit weit. Nachw.; BVerfG (Kammerentscheidung) NJW **1988** 405. Zur Problematik des Einsichtsrechts parlamentarischer Untersuchungsausschüsse vgl. u. a. BVerfGE **67** 100; BVerfG NJW **1987** 770; NStZ **1988** 138, 140; OLG Köln NStZ **1986** 88, 90 mit Anm. *Jekewitz; Jekewitz* NStZ **1985** 395.

[120] *H. Schäfer* wistra **1987** 165; **a. A** *Mörsch* 78 ff (mindestens de lege ferenda); vgl. auch *Dahs* NJW **1985** 1114; *Fincke* ZStW **95** (1983) 964 ff; *Schlüchter* 395; s. auch § 163 a, 37; Vor § 158, 52.

erfährt[121]. Das folgt eindeutig aus § 163 a Abs. 1 sowie aus dem Grundgedanken des § 33 Abs. 4, ferner aus den Vorschriften, die eine nachträgliche Unterrichtung Betroffener von einzelnen Zwangsmaßnahmen genügen lassen[122]. Solche **verdeckten Ermittlungen** sind auf der gegenwärtigen Rechtsgrundlage im Rahmen der freien Gestaltung des Ermittlungsverfahrens zulässig; eine besondere Ermittlungsmaßnahme wie etwa der Einsatz Verdeckter Ermittler, hinsichtlich derer eine spezielle gesetzliche Grundlage gefordert wird (vgl. § 163, 58), stellen sie nicht dar.

42   Das Gebot der schonenden Durchführung des Ermittlungsverfahrens gilt in besonderem Maße für die **Berücksichtigung** der **Interessen Dritter**, namentlich des Verletzten[123]. Werden bei einem Geheimnisinhaber im Sinne des § 53 Abs. 1 als Beschuldigtem an sich beschlagnahmefreie Unterlagen gemäß § 97 Abs. 1 Satz 3 beschlagnahmt, beispielsweise die Handakten eines Anwalts oder die Patientenkartei eines wegen Abrechnungsbetruges beschuldigten Arztes, so sind die bestehenden Verwertungsverbote zu beachten; Kenntnisse hieraus dürfen nicht zum Anlaß für Ermittlungen gewonnen werden[124]. Wegen der Möglichkeit und der Grenzen von **Vertraulichkeitszusagen** s. § 163, 58 ff.

43   **e) Güter- und Pflichtenkollision.** Ein gänzliches Absehen von einer notwendigen Sachverhaltserforschung unter dem Gesichtspunkt des **Notstandes**, das auf einen Verzicht des durch das Legalitätsprinzips gebotenen Einschreitens hinausläuft, ist grundsätzlich nicht zulässig (vgl. § 152, 20 mit Nachw.). Dagegen ist unter engen Voraussetzungen das Absehen von einzelnen, an sich gebotenen Ermittlungshandlungen, namentlich wegen des Vorrangs der Gefahrenabwehr, nicht ausgeschlossen. Wegen der Einzelheiten s. § 161, 35; § 163, 30.

44   **f) Ökonomischer Mitteleinsatz.** Es entspricht der Grundkonzeption des Strafverfahrensrechts, daß die lückenlose Aufklärung weniger schwerwiegender Straftaten als weniger vorrangig angesehen wird, als die von Straftaten erheblicher Bedeutung. So findet die vielfach anzutreffende Beschränkung von Begrenzungen des Legalitätsprinzips auf Vergehen auch im Gesichtspunkt der Geringfügigkeit ihre Grundlage und so sind manche besonders einschneidende Zwangsmaßnahmen auf den Verdacht schwerer Taten begrenzt (§§ 100 a, 111, 163 d) oder bei geringfügigen Delikten nur eingeschränkt zulässig (§ 113). Bei den beschränkten Mitteln der Strafverfolgungsbehörden ist es deshalb auch gerechtfertigt, den Aufwand zur Erforschung des Sachverhalts nach der Schwere des jeweils aufzuklärenden Delikts zu dosieren, was auch durch das Verhältnismäßigkeitsprinzip nahegelegt wird. Die Praxis verfährt entsprechend[125]. Dabei wäre es freilich bedenklich, ganze Kriminalitätsbereiche lediglich zu registrieren und sich nicht mindestens mit einer Erforschung im vertretbaren Umfang um die Sachverhaltsaufklärung zu bemühen[126].

---

[121] Nach BVerfG (Vorprüfungsausschuß) NStZ **1984** 228 bestehen dagegen keine verfassungsrechtlichen Bedenken. Vgl. (auch zu den praktischen Möglichkeiten, teilweise bedenklich weitgehend) *Füllkrug* Kriminalistik **1987** 387; a. A (StPO gestatte nur offene Eingriffe) mit zweifelhafter Begründung *Keller* StrVert. **1984** 523.

[122] Vgl. z. B. §§ 101, 163 d Abs. 5.

[123] Vgl. insoweit auch § 68 a; Nr. 4 b, 23 Satz 3, 4 RiStBV.

[124] Näher LR-G. *Schäfer* § 97, 109 mit weit.

Nachw.; vgl. zur Problematik auch *Bandisch* NJW **1987** 2200; *Bauwens* wistra **1988** 100; *Seibert* NStZ **1987** 398.

[125] Vgl. § 152, 40 mit Nachw.; vgl. auch (zu den polizeilichen Ermittlungstätigkeiten im ersten Zugriff) § 163, 27.

[126] Vgl. auch die Diskussion um eine Ausweitung der §§ 153, 153 a durch Richtlinien, dazu u. a. *Füllkrug* Kriminalistik **1986** 319; *Hohendorf* NJW **1987** 1177; *Kerl* ZRP **1986** 312.

Der Grundsatz des ökonomischen Mitteleinsatzes kann es auch gebieten, bei Ver- **45** fahren mit gleichgelagertem Grundsachverhalt oder gleichen tatsächlichen Vorfragen zunächst den Ausgang von **Parallelermittlungen abzuwarten**, frühzeitig von den Möglichkeiten der **Stoffbeschränkung** nach den §§ 154, 154 a Gebrauch zu machen (vgl. § 154, 5) oder bei zweifelhaften Vorfragen aus anderen Rechtsgebieten die Möglichkeit des **§ 154 d** zu nutzen, soweit nicht die Gefahr von Aufklärungsverlusten droht. Wegen des Zeitpunkts der Erforschung des Rechtsfolgenzumessungssachverhalts s. Rdn. 60.

6. Die **Mittel der Sachverhaltserforschung** sind wegen des Grundsatzes der freien **46** Gestaltung des Ermittlungsverfahrens entsprechend den Bedürfnissen des Einzelfalles zu wählen[127]; zu den einzelnen Möglichkeiten s. die Erl. zu § 161, 33 ff; zu besonderen Ermittlungsmaßnahmen s. § 163, 39 ff; zur Vernehmung des Beschuldigten s. die Erl. zu § 163 a und zur Vernehmung von Zeugen und Sachverständigen s. die Erl. zu § 161 a und § 163 a.

III. Umfang der Sachverhaltserforschung

1. Be- und entlastende Umstände

a) Allgemeines. Bedeutung. Absatz 2 enthält mit dem ausdrücklichen Hinweis, **47** daß die Staatsanwaltschaft auch die zur Entlastung des Beschuldigten dienenden Umstände zu ermitteln hat, das **Objektivitätspostulat** und damit eine der Grundlagen für die Rechtsstellung der Staatsanwaltschaft im deutschen Strafverfahren[128]. Ob sich dies ohne weiteres schon aus dem Rechtsstaatsprinzip und dem Grundsatz des fair trial ergibt[129], erscheint nicht unzweifelhaft; es wäre wohl auch eine faire und rechtsstaatliche Verfahrensstrukur vorstellbar, die der Staatsanwaltschaft eine einseitige und stärker am Überführungs- und Belastungsinteresse orientierte Rolle im Strafverfahren zuweist. Es läßt sich aber sagen, daß die Objektivität und Neutralität der Staatsanwaltschaft für das traditionelle deutsche Prozeßmodell eine rechtsstaatlich notwendige Bedingung darstellt. Die Berücksichtigung entlastender Umstände obliegt der Staatsanwaltschaft als **nicht disposible Amtspflicht** auch gegenüber dem Beschuldigten; sie zeigt aber auch, daß die Berücksichtigung von Verteidigungsinteressen nicht nur ein Recht des Beschuldigten darstellt, sondern auch dem **öffentlichen Interesse** an der Erforschung der materiellen Wahrheit dient[130].

Das Objektivitätspostulat des § 160 Abs. 2 begründet ferner mit die Auffassung, **48** daß die Staatsanwaltschaft **keine Partei** im materiellen Sinne ist[131] und sich das Strafverfahren insgesamt nur sehr begrenzt als Parteiprozeß interpretieren läßt (näher § 151, 4). Wegen der fehlenden Parteistellung kann der Staatsanwalt auch tauglicher Täter einer Rechtsbeugung sein[132]. Daß die Staatsanwaltschaft in ihrem Verhalten dem Objektivitätsgebot grundsätzlich nachkommt, wird durch empirische Untersuchungen und statistische Daten über die Einstellungshäufigkeit[133] ebenso belegt wie durch die täg-

---

[127] Vgl. die Zusammenstellung bei *Walder* ZStW **95** (1983) 882; zur praktischen Durchführung der Ermittlungen s. ausführlich *Burchardi/Klempahn/Wetterich* 136 ff.

[128] Vgl. ähnlich *Eb. Schmidt* I 364 ff; vgl. auch *Peters*[4] § 23 II 2 a; *Roxin*[20] § 10 A III.

[129] So *Kuhlmann* DRiZ **1976** 11, 13; ihm folgend KK-*R. Müller*[2] 22.

[130] Vgl. *Mörsch* 61.

[131] Vgl. näher Einl. Kap. **9** 4; ferner z. B. *Kintzi* DRiZ **1987** 457; *Henkel* 107.

[132] LK-*Spendel* § 336, 19; *Spendel* JR **1985** 486 mit weit. Nachw., auch zur Gegenmeinung; vgl. auch BGHSt **32** 357.

[133] Vgl. die zusammenfassenden Nachw. bei *Eisenberg* Kriminologie[2] (1985) § 27, 16 ff; zum Verhältnis von Anklage und Einstellung s. § 170, 4; zur Entwicklung der „Freispruchsquote" *Rieß* DRiZ **1982** 211.

Peter Rieß

liche Erfahrung[134], ändert aber nichts daran, daß dem Beschuldigten schon im Ermittlungsverfahren eine effektive Verteidigung gewährleistet werden muß (näher Vor § 158, 44 f).

49   **b) Reichweite. Einzelfragen.** Die Pflicht zur Ermittlung und Berücksichtigung entlastender Umstände obliegt nicht nur der Staatsanwaltschaft und im Steuerstrafverfahren der Finanzbehörde (§§ 386 Abs. 2, 400 AO), sondern auch der **Polizei**, die im Rahmen des § 163 tätig wird. Sie endet für die Staatsanwaltschaft nicht mit der Erhebung der öffentlichen Klage, sondern gilt auch noch im **gerichtlichen Verfahren**[135] und kann dann Veranlassung geben, bei Auftauchen neuer Erkenntnisse die Anklage zurückzunehmen, solange dies zulässig ist (§ 156), in der Hauptverhandlung Freispruch zu beantragen, zugunsten des Angeklagten Rechtsmittel einzulegen[136] oder zu seinen Gunsten ein Wiederaufnahmeverfahren zu betreiben (§ 365, 4).

50   Die Staatsanwaltschaft hat entlastenden Umständen auch **gegen den Willen des Beschuldigten** nachzugehen; sie darf sich nicht mit einem Geständnis oder dem Einräumen von belastenden Tatsachen begnügen, wenn Anhaltspunkte dafür vorliegen, daß diese nicht zutreffen[137]. Die Pflicht zur Ermittlung entlastender Umstände ist nicht davon abhängig, daß der Beschuldigte entsprechende Beweisanträge stellt. Kommen mehrere Verdächtige als Täter in Betracht, so ist objektiv, ohne vorgefaßte Meinung unter kritischer Würdigung des sich allmählich verfestigenden Bildes nach den verschiedenen Richtungen hin zu ermitteln. Tauchen während der Ermittlungen Umstände auf, die Zweifel am bisherigen Verdacht begründen, so muß ihnen nachgegangen werden. Entlastende, von Amts wegen zu ermittelnde Umstände sind nicht nur solche, die die Täterschaft des Beschuldigten in Frage stellen, sondern auch solche, aus denen sich eine **leichtere Straftat**, ein geringerer Schuldumfang[138], eine **günstigere Rechtsfolgenbemessung**[139] oder ein Verfahrenshindernis ergeben können. Straf- und strafverfahrensrechtlich dienen auch Umstände, aus denen sich eine **Schuldunfähigkeit** oder verminderte Schuldfähigkeit ergeben kann, stets der Entlastung des Beschuldigten.

51   **2. Beweissicherung.** Absatz 2 hebt in seiner zweiten Alternative besonders hervor, daß die Staatsanwaltschaft die Beweise zu erheben hat, deren Verlust zu befürchten ist. Dazu gehört als Teilaufgabe die für die Polizei besonders ausgesprochene Verpflichtung (§ 163 Abs. 1), die Verdunkelung der Sache zu verhüten. Die Staatsanwaltschaft hat daher, auch soweit es zur bloßen Verdachtserklärung (Rdn. 15) nicht erforderlich wäre, durch die dazu geeigneten Maßnahmen einem Beweismittelverlust oder einer Beweismittelverschlechterung für die Beweisaufnahme in der Hauptverhandlung entgegenzuwirken. Die Beweissicherungspflicht betrifft nicht nur belastende Umstände; **auch Entlastungsmomenten** ist in gleicher Weise nachzugehen. Es entspricht dem Grundgedanken und der Zielrichtung der Vorschrift in Vbdg. mit § 163 Abs. 1, daß zum Zwecke der Beweissicherung die Beweise nicht nur (in beliebiger und vorläufiger Form) zu erheben sind, sondern daß **Form und Umfang** der Beweiserhebung ihrer späteren Verwertbarkeit für die Hauptverhandlung in möglichst großem Umfang Rechnung tragen. Ist

---

[134] Vgl. aus der Sicht des Anwalts z. B. *Warburg* FS Walter Reimers (1979) 149 Fußn. 61; kritisch z. B. *Mayer-Wegelin* DStR **1984** 248 f; zum Spannungsverhältnis zur eigenen Ermittlungstätigkeit vgl. *Rieß* FS Schäfer 195.

[135] Vgl. u. a. *Gössel* § 3 A I; GA **1980** 341 f; *Peters*[4] § 23 II 2 a.

[136] § 296, 30; zu den sich hieraus ergebenden Fragen bei der Beschwer vgl. § 296, 13.

[137] Vgl. auch KK-*R. Müller*[2] 22.

[138] KK-*R. Müller*[2] 22.

[139] *Kleinknecht/Meyer*[38] 14.

damit zu rechnen, daß die nochmalige Beweiserhebung in der Hauptverhandlung nicht mehr erfolgen kann und deshalb auf die Dokumentation aus dem Ermittlungsverfahren zurückgegriffen werden muß, so erfordert es der Grundsatz des fairen Verfahrens, dem Beschuldigten und seinem Verteidiger soweit möglich, eine Mitwirkung zu ermöglichen.

Ermittlungen zum Zwecke der Beweissicherung sind **vorrangig vorzunehmen**, **52** und zwar um so beschleunigter, je größer die Gefahr des Beweismittelverlustes ist und je erheblicher die Bedeutung der Beweistatsache für das weitere Verfahren sein kann. Sie sind auch erforderlich, wenn das Verfahren, etwa wegen Abwesenheit des Beschuldigten, vorläufig eingestellt werden soll (vgl. § 205 Abs. 2).

Beim Personalbeweis, insbesondere bei **Zeugen** ist eine Beweissicherung namentlich erforderlich, wenn der Zeuge voraussichtlich in der Hauptverhandlung nicht zur Verfügung steht, aber auch, wenn zu befürchten ist, daß seine Erinnerung bis dahin erheblich nachläßt (vgl. § 253). Häufig wird eine, ggf. eidliche (§ 65 Nr. 3), **richterliche Vernehmung** zu beantragen sein, auch wenn sie ohne drohende Beweisverschlechterung nicht erforderlich wäre. Dies ist insbesondere dann geboten, wenn damit zu rechnen ist, daß der Zeuge in der Hauptverhandlung von seinem Zeugnisverweigerungsrecht Gebrauch machen wird, da nach der h. M wegen § 252 nur durch die Aussage des Vernehmungsrichters seine Bekundungen in die Hauptverhandlung eingeführt werden können[140]. Bei einem **Geständnis** kommt eine richterliche Vernehmung in Betracht, wenn mit seinem Widerruf zu rechnen ist, weil dann die Verlesungsmöglichkeit gemäß § 254 besteht[141].

Bei **vorübergehenden Spuren und Zuständen** ist die beweissichernde Beweiserhebung stets geboten, wenn sie für das weitere Verfahren auch nur möglicherweise erheblich sein können. Es handelt sich vor allem um die Anordnung von Blutentnahme und sonstigen körperlichen Untersuchungen zur Feststellung des Alkoholisierungsgrades oder sonstiger körperlicher oder geistiger Eigenschaften[142], die Feststellung von Spuren einer Straftat am Verletzten (§ 81 c); ggf. auch die Feststellung des Wirkstoffgehalts bei Betäubungsmitteln[143]. Der Zustand von Augenscheinsobjekten ist jedenfalls dann festzuhalten, wenn eine Veränderung zu erwarten ist; erforderlichenfalls ist ein richterlicher Augenschein zu beantragen[144]. Zu den beweissichernden Maßnahmen gehören ferner die Leichenschau und die Leichenöffnung (§ 87). Zur Sicherung von **Sachbeweismitteln** sind erforderlichenfalls Durchsuchungs- und Beschlagnahmeanordnungen herbeizuführen.

3. Rechtsfolgenzumessungssachverhalt
a) Bedeutung. Der erst 1933 auf dem Hintergrund weiter zurückreichender mate- **55** riell-strafrechtlicher Tendenzen zur stärkeren Berücksichtigung der Täterpersönlichkeit eingeführte Absatz 3 Satz 1[145] zieht prozessual eine Konsequenz aus dem Wandel vom Tatstrafrecht zu einem in den Rechtsfolgen der Tat spezialpräventiven und täterbezogenen Strafrecht. Da Sanktionsart und Sanktionshöhe nicht mehr überwiegend von der ohnehin im Ermittlungsverfahren zur Vorbereitung der Hauptverhandlung aufzuklärenden Täterschaft und dem Gewicht der Tat abhängen, sondern hierbei vielfach andere, davon unabhängige und darüber hinausgehende Tatsachen zu berücksichtigen

---

[140] Vgl. § 252, 6 ff mit Nachw.; ebenso KK-*R. Müller*[2] 24; *Burchardi/Klempahn/Wetterich* 153.

[141] *Burchardi/Klempahn/Wetterich* 152; *Krause/Nehring* 150.

[142] KK-*R. Müller*[2] 24.

[143] Vgl. *Endriß* StrVert. **1984** 258.

[144] KK-*R. Müller*[2] 23.

[145] Vgl. mit weit. Nachw. *Eb. Schmidt* 3; *Lackner* JZ **1953** 430; *Dallinger* JZ **1953** 434.

sind, wird es notwendig, das Ermittlungsverfahren in seiner Funktion der Stoffsammlung und Vorklärung (vgl. Vor § 158, 2) auch für die Aufklärung solcher Umstände einzusetzen, weil auch insoweit die formalisierte und zeitlich begrenzte Hauptverhandlung zu deren erstmaliger Feststellung schwerlich in der Lage ist[146]. Das Bedürfnis nach Aufklärung sanktionsrelevanter Tatsachen schon im Ermittlungsverfahren wird vollends unabweisbar, wenn, wie nach den Voraussetzungen der §§ 153, 153 a, 153 b oder 154, die Staatsanwaltschaft bereits bei ihrer Abschlußentscheidung auf deren Kenntnis angewiesen ist. Der Gefahr, daß die (negativ ausgehende) Persönlichkeitserforschung den Tatnachweis ersetzen kann[147], wird neben der Objektivitätsverpflichtung der Staatsanwaltschaft auch dadurch vorgebeugt, daß durch die in Absatz 3 Satz 2 gesetzlich anerkannte Gerichtshilfe für diese Aufgabe ein spezialisiertes Ermittlungsorgan eingesetzt werden kann (vgl. näher Rdn. 70 ff).

56　　b) Die **für die Rechtsfolgenbemessung in Betracht kommenden Umstände** nicht tatbezogener Art ergeben sich aus den Vorschriften des materiellen Strafrechts[148]; nähere Hinweise für die Staatsanwaltschaft enthalten insoweit die Nr. 13 bis 17 RiStBV. § 46 Abs. 2 StGB hebt dabei für die Strafbemessung das **Vorleben des Täters und seine persönlichen und wirtschaftlichen Verhältnisse** besonders hervor. Die **Persönlichkeit** des Täters spielt auch für die Anwendung des § 47 StGB und, zusammen mit seinen **Lebensverhältnissen**, der §§ 56, 57 StGB eine Rolle. Täterpersönlichkeit und Lebensumstände sind ferner bei der Anordnung von Maßregeln der Besserung und Sicherung und von sonstigen Maßnahmen zu berücksichtigen und müssen deshalb auch hierfür ermittelt werden. Auch das **Verhalten** des Beschuldigten **nach der Tat**, namentlich seine Ausgleichs- und Wiedergutmachungsbemühungen haben Strafzumessungsrelevanz und sind daher bei den in Betracht kommenden Fällen von Amts wegen zu erforschen. Das **Ausmaß der Tatfolgen** (z. B. Höhe des Vermögensschadens oder Ausmaß der körperlichen Schädigung) muß schon wegen des Schuldumfangs festgestellt werden, ist aber auch für die Rechtsfolgenzumessung bedeutsam[149].

57　　**Vorstrafen**, die noch nicht getilgt oder tilgungsreif sind[150], sind regelmäßig festzustellen[151]. Da sie keine schematische Strafschärfung rechtfertigen[152], genügt die Einholung einer Auskunft aus dem Bundeszentralregister nicht; vielmehr sind die Akten beizuziehen oder mindestens Urteilsabschriften zu beschaffen[153]. Vor allem bei zu erwartender Geldstrafe sind die **Einkommens- und Vermögensverhältnisse** möglichst zuverlässig zu erheben; die Möglichkeit der Schätzung nach § 40 Abs. 3 StGB entbindet nicht von der Verpflichtung, die Schätzungsgrundlagen mit zumutbarem Aufwand zu ermitteln[154]. Die wirtschaftliche Lage muß auch für etwaige Bewährungsauflagen oder für Auflagen nach § 153 a Abs. 1 Satz 1 Nr. 2 ermittelt werden.

---

[146] Vgl. auch schon RGSt **68** 167.

[147] Dazu eindringlich *Eb. Schmidt* 5; vgl. auch LR-*Meyer-Goßner*[23] 24.

[148] Vgl. z. B. § 40 Abs. 2; §§ 42, 46 Abs. 2; § 47 Abs. 1; § 56 Abs. 1 Satz 2; § 57 Abs. 1 Satz 2; § 59 Abs. 1 Satz 1 Nr. 2; § 60 Satz 1; §§ 63, 64, 65 Abs. 1 Nr. 3; § 73 c Abs. 1; § 74 Satz 1 StGB.

[149] KK-*R. Müller*[2] 29; LR-*Meyer-Goßner*[23] 27; Nr. 15 Abs. 2 RiStBV.

[150] §§ 51, 65, 66 BZRG; dazu mit weit. Nachw. *Dreher/Tröndle*[44] § 46, 24 b; LK-*G. Hirsch* § 46, 81.

[151] Vgl. Nr. 16, 73 RiStBV; ebenso KK-*R. Müller*[2] 28; *Kleinknecht/Meyer*[38] 17.

[152] Vgl. mit weit. Nachw. *Dreher/Tröndle*[44] § 46, 24 a.

[153] Nr. 73 RiStBV; *Kleinknecht/Meyer*[38] 22.

[154] Vgl. näher mit weit. Nachw. *Dreher/Tröndle*[44] § 40, 26; ferner KK-*R. Müller*[2] 30; ausführlich *Krehl* Die Ermittlung der Tatsachengrundlage zur Bemessung der Tagessatzhöhe bei der Geldstrafe (1985); vgl. auch § 244, 21 ff.

Eine **umfassende Persönlichkeitserforschung** ist nach §43 Abs. 1 Satz 1 JGG re- **58** gelmäßig in **Jugendstrafverfahren** erforderlich[155], auch bei Heranwachsenden (§109 Abs. 1 Satz 1 JGG). Im Erwachsenenstrafrecht kommt sie vor allem in Betracht, soweit das materielle Strafrecht eine Gesamtwürdigung der Täterpersönlichkeit verlangt, so vor allem bei der Möglichkeit der Unterbringung nach §63 StGB oder der Anordnung der Sicherungsverwahrung nach §66 StGB (vgl. auch §246 a Satz 2); sie kann auch geboten sein, wenn bei den Ermittlungen erkennbare Auffälligkeiten die Anwendung des §21 StGB nahelegen.

c) Umfang und Grenzen der Ermittlungen. Im Gegensatz zur tatbezogenen Sach- **59** verhaltserforschung ist die umfassende Erforschung aller für die Rechtsfolgenzumessung (theoretisch) in Betracht kommenden Umstände kaum jemals möglich. Für die vergleichbare Situation der Begründung des Urteils verlangt §267 Abs. 3 Satz 1 lediglich die Angabe der **bestimmenden Gründe** und damit keine erschöpfende Aufzählung[156]. Dieser Grundsatz ist auch bei Anwendung des §160 Abs. 3 Satz 1 zu beachten. Die Erforschung des Rechtsfolgenzumessungssachverhalts muß sich auf das nach Lage des konkreten Einzelfalles Notwendige beschränken, und zwar nicht nur im Interesse des ökonomischen Mitteleinsatzes (Rdn. 44 f), sondern vor allem wegen des **Verhältnismäßigkeitsprinzips,** das einem intensiven Eindringen in den (höchst)persönlichen Lebensbereich dort Grenzen setzt, wo eine vergleichsweise geringe Sanktion in Frage steht[157]. Eine vertiefte und umfassende Persönlichkeitserforschung kommt in aller Regel jedenfalls ohne Einverständnis des Beschuldigten nicht in Betracht, wenn lediglich die Voraussetzungen des §153 a oder für das Absehen von Strafe (§59 StGB) zu klären sind oder eine Geldstrafe zu erwarten ist. Auch **Beweisverbote** können der Aufklärung des Rechtsfolgenzumessungssachverhalts eine Grenze setzen[158].

d) Zeitpunkt. Gezielte und systematische Ermittlungen zum Rechtsfolgenzumes- **60** sungssachverhalt, vor allem solche, die größeren Aufwand erfordern oder (wegen der Beachtung des Verhältnismäßigkeitsgrundsatzes) tiefer in den persönlichen Bereich eingreifen, sind in der Regel erst veranlaßt, wenn sich abzeichnet, daß keine Verfahrenseinstellung nach §170 Abs. 2 in Betracht kommt[159]. Spielen sie für die Entscheidung über die Klageerhebung und die Eröffnungsentscheidung keine Rolle, so kann es genügen, wenn die Staatsanwaltschaft sie vorher veranlaßt und ihr Ergebnis nachreicht[160].

IV. Dokumentation und Nutzung der Ermittlungen

1. Grundsatz der Aktenvollständigkeit. Die StPO enthält keine ausdrückliche und **61** vollständige Regelung darüber, daß und in welcher Form im Ermittlungsverfahren Akten geführt werden müssen. Sie setzt dies aber in einer Reihe von Vorschriften als selbstverständlich voraus[161]; Einzelheiten der Aktenführung sind vielfach in Verwal-

---

[155] Wegen der Einzelheiten s. das jugendstrafrechtl. Schrifttum, insbes. *Brunner*[8] §43, 5 ff; *Eisenberg*[2] §43, 11; *Schaffstein/Beulke* Jugendstrafrecht[9] 158 f.

[156] Vgl. näher und zu den Einzelheiten mit weit. Nachw. §267, 83 ff.

[157] KK-*R. Müller*[2] 26; *Kleinknecht/Meyer*[38] 21; zur Bedeutung des Verhältnismäßigkeitsgrundsatzes für den Erforschungszeitpunkt s. Rdn. 14.

[158] Vgl. oben Rdn. 57 Fußn. 150 (tilgungsreife

und getilgte Vorstrafe); ferner §161, 20 ff (Steuer- und Sozialgeheimnis).

[159] KK-*R. Müller*[2] 26; *Kleinknecht/Meyer*[38] 19; zum Zeitpunkt der Einschaltung der Gerichtshilfe vgl. Rdn. 84.

[160] Wohl weitergehend KMR-*Müller* 13 (insgesamt Zurückstellung möglich); dagegen KK-*R. Müller*[2] 27.

[161] §147; §163 Abs. 2 Satz 1; §§169 a, 199 Abs. 2 Satz 2; §406 e Abs. 4.

tungsanweisungen geregelt. Erst seit 1975 bestimmt § 168 b Abs. 1, daß die Ergebnisse staatsanwaltschaftlicher Untersuchungshandlungen aktenkundig zu machen sind; diese Vorschrift gilt für alle Strafverfolgungsbehörden (§ 168 b, 3). Die Notwendigkeit einer Dokumentation der Ergebnisse des Ermittlungsverfahrens in Akten folgt vor allem mit **sachlogischer Notwendigkeit** aus der Aufgabe und Struktur dieses Verfahrensabschnitts, in dem Informationen und Erkenntnisse für später ohne mündliche Verhandlung aufgrund des Akteninhalts zu treffende Entscheidungen (Abschlußverfügung nach § 170; Entscheidung über die Zulassung der Anklage) gesammelt werden, und die darüber hinaus der Vorbereitung der Hauptverhandlung dienen sollen. Soweit es sich bei den in den Akten zu dokumentierenden Umständen um personenbezogene Daten im Sinne des BDSG handelt, gestatten die Vorschriften der StPO ihre im Aktenkundigmachen liegende Speicherung[162]; sie sind die im Sinne des § 3 Satz 1 Nr. 1 BDSG möglicherweise erforderliche **Speichernorm**[163].

62　　Aus der Aufgabe der Ermittlungsakten folgt der Grundsatz der **Aktenwahrheit und Aktenvollständigkeit**[164]. Der Akteninhalt muß ein lückenloses Bild darüber vermitteln, welche tatsächlichen Umstände Anlaß zur Erforschung des Sachverhalts ergeben haben, welche Maßnahmen die Strafverfolgungsbehörden insoweit vorgenommen und welche Erkenntnisse sich dabei ergeben haben; dazu gehört auch, daß Untersuchungen ergebnislos verlaufen sind[165]. Auch sog. **Spurenakten** sind Bestandteil der Ermittlungsakten[166]. Soweit nicht ausdrückliche gesetzliche **Vernichtungsvorschriften**[167] bestehen, ist es den Strafverfolgungsbehörden nicht gestattet, bei der Sachverhaltserforschung zulässigerweise gewonnene Informationen deshalb nicht aktenkundig zu machen, weil sie sie für unerheblich halten; andernfalls würden die Beurteilungsmöglichkeiten des erkennenden Gerichts und die Möglichkeiten effektiver Verteidigung in einer mit der grundsätzlichen Rollenverteilung im Strafverfahren unvereinbaren Weise beeinträchtigt. Über die aktenmäßige Behandlung von Vertraulichkeitszusagen und beim Einsatz Verdeckter Ermittler s. § 163, 59; zur Abgabe von Sperrerklärungen im laufenden Verfahren s. § 96, 55 f; § 163, 60.

63　　**2. Speicherung in Dateien.** Die Dokumentation von Ergebnissen des Ermittlungsverfahrens kann auch in der Weise vorgenommen werden, daß Teile des Akteninhalts in (automatisierten) Dateien gespeichert und verarbeitet werden[168]. Abgesehen von den seit jeher üblichen Formen manueller Karteien kann dies in der Form geschehen, daß solche Daten getrennt von anderen in kleineren Datenverarbeitungsanlagen (z. B. Personalcomputern) verarbeitet werden oder daß sie in große Datenverarbeitungsanlagen (Zentralrechner) eingegeben werden. Unabhängig von dieser technischen Frage der Art der Speicherung ist diejenige zu beurteilen, ob die Informationen nur für die Zwecke des jeweiligen Strafverfahrens in einer **Sonderdatei** verarbeitet werden oder ob sie Bestandteil einer darüber hinausgehenden allgemeinen Datei werden; im zweiten Fall ist es weiter möglich, daß diese Datei allein für Zwecke der Strafverfolgung genutzt wer-

---

[162] Vgl. § 2 Abs. 2 Nr. 1 BDSG.
[163] Die Auffassung von *Ahlf* (Kriminalakten) 72 ff, es fehle an einer Rechtsgrundlage für die Aktenführung, erscheint abwegig.
[164] LG Berlin StrVert. **1986** 96 (Erwähnung der Mitwirkung von V-Leuten); näher *Kleinknecht* FS Dreher 722 f; vgl. auch § 168 b, 1; § 199, 7 ff; *H. Schäfer* NStZ **1984** 204 f.
[165] Näher § 168 a, 3 ff; zu den Handakten der Staatsanwaltschaft s. § 199, 21 ff.

[166] Strittig; s. näher § 199, 16 ff; § 147, 31 ff, jeweils mit Nachw.
[167] Vgl. etwa § 100 b Abs. 5; § 163 c Abs. 4 und dazu § 163 c, 26 ff.
[168] Vgl. dazu z. B. die Übersichten bei *Ernesti* NStZ **1983** 57; *Rebmann/Schoreit* NStZ **1984** 1; näher § 163, 94.

den soll, oder auch für andere Zwecke, namentlich solche der polizeilichen Prävention. Eine Sonderdatei liegt im Rechtssinne auch dann vor, wenn die Daten in einem Zentralrechner verarbeitet werden, in dem auch andere Daten enthalten sind, falls durch geeignete technische und organisatorische Vorkehrungen sichergestellt wird, daß ein Datenabgleich mit anderen Daten nicht möglich ist.

Die Verarbeitung der im Ermittlungsverfahren gewonnenen Informationen in **64** einer Sonderdatei nur **für die Zwecke des jeweiligen Strafverfahrens** ist uneingeschränkt zulässig, ohne daß es dann zusätzlicher und neuer gesetzlicher Ermächtigungen bedarf[169], mögen solche auch im Zusammenhang mit einer etwa zu schaffenden umfassenden Datenverarbeitungsregelung[170] zweckmäßig sein. Etwas anderes ergibt sich auch nicht aus den vom BVerfG im sog. Volkszählungsurteil aufgestellten Anforderungen an die Zulässigkeit automatisierter Datenverarbeitung und die Hinweise auf die Notwendigkeit von Rechtsgrundlagen[171]. Denn die automatisierte Verarbeitung solcher Daten allein für die Zwecke des jeweiligen Verfahrens begründet gerade nicht die aus integrierten Informationssystemen herrührenden Gefahren unbegrenzter Informationenverknüpfung und der daraus folgenden Unsicherheit für den Bürger, die für das BVerfG Anlaß für die besonderen Anforderungen gewesen sind. Die automatisierte Verarbeitung der in einem konkreten Ermittlungsverfahren zulässigerweise (Rdn. 9) erhobenen Daten stellt für den betroffenen Bürger keine andere und gefährlichere Auswertung dar als die herkömmliche Auswertung des Akteninhalts; sie entspricht lediglich dem Postulat eines möglichst ökonomischen Mitteleinsatzes.

Zweifelhaft erscheint dagegen, ob auf längere Sicht die automatisierte Datenver- **65** arbeitung von Informationen aus dem Ermittlungsverfahren in **Verbunddateien** auch **für die Zwecke anderer Strafverfahren** oder anderer öffentlicher Aufgaben aufgrund des gegenwärtigen Rechtszustandes zulässig ist[172]. Insoweit fehlen mindestens die vom BVerfG für erforderlich gehaltenen präziseren Zweckbindungsregelungen sowie prozessuale und organisatorische Schutzvorkehrungen[173]. Allerdings wird für eine **Übergangszeit**[174] die Einrichtung und Verwendung solcher Verbundsysteme auf der Grundlage des geltenden Rechts dort möglich sein, wo sie unter dem Gesichtspunkt einer effektiven Verbrechensbekämpfung von besonderer Bedeutung sind und der Umfang der gespeicherten Daten begrenzt bleibt. Namentlich gegen eine **Vorgangsverwaltung** in automatisierter Form und gegen Verbundsysteme, die überwiegend den Charakter von **Aktennachweissystemen** haben, lassen sich daher derzeit ebensowenig Bedenken erheben wie gegen spezielle Fahndungsdateien. Zu weiteren Einzelheiten, namentlich zur Frage der sog. „Datenherrschaft" und der Abgrenzung von Präventiv- und Repressivdaten s. § 163, 95 ff.

V. Rechtsbehelfe. Kontrollmöglichkeiten

1. Allgemeines. Die Ermittlungsmaßnahmen der Staatsanwaltschaft oder ihr Un- **66** terlassen können mit **Gegenvorstellung und Aufsichtsbeschwerde** bekämpft werden[175]; gleiches gilt für Maßnahmen der Polizei im Rahmen der Strafverfolgung (§ 163, 107 ff.).

---

[169] Vgl. Rdn. 9; ebenso mit weit. Nachw. *Ernesti* NStZ **1983** 59; vgl. auch § 9 BDSG.

[170] Vgl. dazu z. B. BTDrucks. 10 1878, S. 10; näher § 163, 103.

[171] Vgl. insbesondere BVerfGE **65** 1, 42 f; weit. Nachw. zu diesem Urteil Rdn. 9.

[172] So z. B. *Ernesti* NStZ **1983** 60; näher § 163, 98 ff.

[173] Vgl. BVerfGE **65** 46 ff.

[174] Vgl. u. a. BVerfGE **41** 256, 266; **58** 257, 268; *Alberts* ZRP **1987** 193; *Simitis* Kriminalistik **1987** 307; ferner § 163, 102 ff.

[175] Zum Verhältnis von Dienstaufsichtsbeschwerde und Amtshaftungsanspruch vgl. BGH NStZ **1986** 562 mit Anm. *Dahs*.

Peter Rieß

Ferner kann eine fehlerhafte Führung des Ermittlungsverfahrens **Amtshaftungsansprüche** gegenüber den dadurch Betroffenen auslösen (Rdn. 37).

67   Gerichtlich überprüfbar sind grundsätzlich nach der neueren Rechtsprechung auch **einzelne Zwangsmaßnahmen** der Strafverfolgungsbehörden[176]. Soweit sie im Zeitpunkt der begehrten richterlichen Überprüfung noch andauern, ist überwiegend und jedenfalls dann, wenn es sich um Maßnahmen unter Inanspruchnahme einer Eilkompetenz handelt, der Antrag auf richterliche Entscheidung in analoger Anwendung des § 98 Abs. 2 Satz 2 zulässig; bei Zwangsmaßnahmen aufgrund einer originären Eingriffskompetenz ist teilweise ein beschwerdeähnlicher Rechtsbehelf an die Strafkammer eröffnet[177]; im übrigen wird verbreitet der Antrag nach §§ 23 ff EGGVG für zulässig gehalten[178], und zwar, entsprechend § 28 Abs. 1 Satz 3 EGGVG, auch nach Erledigung der Maßnahme. Ist in anderen Fällen die Maßnahme bereits vollständig erledigt, so hält die jetzt wohl überwiegende Meinung der Rechtsprechung[179] bei fortbestehendem Feststellungsinteresse[179a] den Antrag nach § 98 Abs. 2 Satz 2 für zulässig, soweit es sich um Maßnahmen unter Inanspruchnahme einer Eilkompetenz handelt. Dagegen ist nach der überwiegenden Meinung bei Beanstandungen gegen die Art und Weise des Vollzugs der Zwangsmaßnahme nach ihrer Erledigung stets der Rechtsweg nach den §§ 23 ff EGGVG eröffnet[180]. Wegen der teilweise sehr umstrittenen Einzelheiten ist auf die Erl. bei den einzelnen Vorschriften zu verweisen[181].

68   **2. Keine allgemeine gerichtliche Überprüfung.** Gegen die Einleitung und die Durchführung des Ermittlungsverfahrens im allgemeinen stehen dagegen gerichtliche Rechtsbehelfe nicht zur Verfügung; der Beschuldigte kann auch nicht gerichtlich erzwingen, daß das Verfahren eingestellt wird[182]. Auch einfache Ermittlungshandlungen ohne Eingriffscharakter sind nicht isoliert gerichtlich überprüfbar[183]; ebensowenig staatsanwaltschaftliche Anträge auf Anordnung einer Zwangsmaßnahme durch das

---

[176] Vgl. u. a. *Amelung* NJW **1979** 1687; *Bottke* StrVert. **1986** 120; *Fezer* StrafprozeßR 8/161 f; *Rieß/Thym* GA **1981** 189; *Roxin*[20] § 29; *Schlüchter* 182.

[177] § 161 a Abs. 3; ebenso § 111 l Abs. 6 Satz 1; § 163 a Abs. 3 Satz 3; § 406 e Abs. 4 Satz 2.

[178] Vgl. z. B. OLG Koblenz StrVert. **1987** 430 (Presseinformation); NStZ **1988** 89 (Akteneinsicht durch Dritte); KG GA **1984** 24 (Fahndung durch Medien); *Fezer* StrafprozeßR 8/184; für die Klage auf Widerruf einer Presseerklärung der Staatsanwaltschaft hat das BVerwG (Urteil v. 14. 4. 1988 – 3 C 65.85 – voraussichtl. NStZ **1988** H. 11) den Rechtsweg zu den Verwaltungsgerichten (nicht nach § 23 EGGVG) bejaht.

[179] Vgl. die Nachw. bei § 81 a, 72; § 98, 74 ff; ebenso OLG Karlsruhe NStZ **1986** 567; a. A OLG Nürnberg NStZ **1986** 575 (Antrag nach § 23 EGGVG); ebenso *Schenke* NJW **1976** 1820; OLG Hamm NStZ **1986** 326 (nicht überprüfbar); vgl. auch Einl. Kap. **10** 11 f.

[179a] Vgl. auch LG Köln StrVert. **1988** 291 (Feststellungsinteresse, wenn Finanzgericht sein Verfahren bis zur Entscheidung über die

Rechtmäßigkeit einer strafprozessualen Zwangsmaßnahme ausgesetzt hat).

[180] So z. B. BGHSt **28** 209; BGH v. 16. 8. 1987 – StB 27/87 mitgeteilt bei *Schmidt* MDR **1988** 358; OLG Hamm NStZ **1986** 326 = StrVert. **1988** 47 mit Anm. *Kiehl*; OLG Karlsruhe NStZ **1986** 567; weit. Nachw. (auch zur Gegenmeinung) § 81 a, 73; § 98, 78; kritisch *Fezer* StrafprozeßR 8/180.

[181] S. u. a. § 81 a, 70 ff; § 81 b, 22 ff; § 81 c, 59; § 98, 72 ff; § 100, 40; § 100 b, 12; § 105, 48 ff; § 111, 32; § 111 l, 17 ff; § 161 a, 52 ff; § 163, 110 f; § 163 b, 46 f; § 163 d, 84.

[182] OLG Hamm NStZ **1983** 38; KG GA **1984** 24; OLG Karlsruhe NStZ **1982** 434 mit Anm. *Rieß*; dazu BVerfG (Vorprüfungsausschuß) NStZ **1982** 430 mit Anm. *Kuhlmann* NStZ **1983** 130; Einl. Kap. 8 15; *Roxin*[20] § 29 D 2; vgl. auch die Erl. zu § 23 EGGVG.

[183] *Kalsbach* 5 ff, 18; *Rieß/Thym* GA **1981** 201; vgl. auch OLG Hamm NJW **1986** 2961; nach BVerfG (Vorprüfungsausschuß) NStZ **1984** 228 f bestehen hiergegen keine verfassungsrechtlichen Bedenken.

Gericht[184]. Der Beschuldigte ist auch nicht dadurch in seinen Grundrechten verletzt, daß die Staatsanwaltschaft (pflichtwidrig) nur gegen ihn und nicht gegen andere Personen in gleicher Verdachtslage vorgeht[185]. Die Unüberprüfbarkeit ergibt sich aus der Struktur des Ermittlungsverfahrens als eines in der Hand und Verantwortung der Staatsanwaltschaft liegenden, eine gerichtliche Entscheidung vorbereitenden Verfahrens[186], bei dem der nach Art. 19 Abs. 4 erforderliche Rechtsschutz, bei dem es im Sinne des § 23 Abs. 4 EGGVG sein Bewenden hat, durch die gerichtliche Überprüfung der Klageerhebung oder spezieller Zwangsmaßnahmen gewährt wird. Unzulässig ist auch der Antrag des Anzeigeerstatters auf gerichtliche Entscheidung wegen behaupteter Untätigkeit der Staatsanwaltschaft[187]. Zu der umstrittenen Möglichkeit der **Ermittlungserzwingung durch den Verletzten** s. § 175, 16 ff.

3. Revision. Rechtsverstöße bei der Erforschung des Sachverhalts im Ermittlungs- **69** verfahren können als solche die Revision nicht begründen. Sie können mit ihr aber geltend gemacht werden, wenn sie in die Hauptverhandlung hineingewirkt haben und wenn, soweit kein absoluter Revisionsgrund vorliegt, das Urteil auf diesem Verfahrensfehler beruhen kann. In Betracht kommen vor allem die Fälle, daß im Ermittlungsverfahren unter Verletzung revisibler Belehrungspflichten gewonnene Aussagen in der Hauptverhandlung durch Verlesung von Niederschriften reproduziert werden, daß bei solchen Niederschriften gegen zwingende Anwesenheits- oder Benachrichtigungspflichten verstoßen worden ist oder daß Rechtsverstöße bei der Anordnung und Durchführung von Zwangsmaßnahmen ein Verwertungsverbot begründen und die Erkenntnisse in der Hauptverhandlung verwertet werden. Die Einzelheiten sind bei den jeweiligen Vorschriften erläutert.

Mit der **Aufklärungsrüge** kann nur eine Verletzung der *gerichtlichen* Aufklärungs- **69a** pflicht geltend gemacht werden, nicht eine Verletzung der Erforschungspflicht im Ermittlungsverfahren. Die Aufklärungsrüge kann aber begründet sein, wenn in die Hauptverhandlung Beweisergebnisse und Erkenntnisse aus dem Ermittlungsverfahren nicht eingeführt werden, weil zu Unrecht angenommen wurde, daß sie einem Verwertungsverbot unterlägen. Darauf, daß die Strafverfolgungsbehörden einen Alibizeugen nicht gehört haben, kann die Revision nicht gestützt werden[188]. Führt eine Verletzung der Beweissicherungspflicht nach Absatz 2 dazu, daß ein später nicht mehr erhebbarer Entlastungsbeweis nicht erhoben worden ist, so muß nicht allein deshalb unterstellt werden, daß dieser Entlastungsbeweis erfolgreich gewesen wäre[188a].

VI. Gerichtshilfe

1. Allgemeines
a) Gesetzliche Grundlagen. In der StPO wird die Gerichtshilfe als eine besondere **70** Institution des Strafverfahrens erst seit 1975 in § 160 Abs. 3 Satz 2, § 463 d genannt[189] und zwar nur in der Form einer Ermächtigung an die Staatsanwaltschaft und die Straf-

---

[184] OLG Karlsruhe Justiz **1980** 94.
[185] BVerfG (Vorprüfungsausschuß) NStZ **1982** 430; Einl. Kap. 8 15.
[186] *Rieß* NStZ **1982** 435; Einl. Kap. 8 15; zu Reformforderungen s. Vor § 158, 52.
[187] OLG Stuttgart OLGSt n. F § 23 EGGVG Nr. 11.
[188] BGH 5 StR 207/83 v. 17. 5. 83; KK-*R. Müller*[2] 23.

[188a] Vgl. auch (teilw. **a. A**) *Nelles* StrVert. **1986** 78.
[189] Zur Zielsetzung und zum vorläufigen Umfang der Regelung vgl. RegEntw. EGStGB 1974, BTDrucks. 7 550, S. 300; ferner *Bottke* MSchrKrim. **1981** 64; *Hardt* BewHi. **1975** 263.

Peter Rieß

vollstreckungsbehörden, sich ihrer zur Aufklärung bestimmter Umstände zu bedienen. Ergänzend regelt Art. 294 EGStGB 1974 ihre organisatorische Zuordnung (Rdn. 77). Anders als bei der seit langem gesetzlich verankerten Jugendgerichtshilfe[190] enthält das Gesetz weder nähere Vorschriften über den Aufgabenbereich der Gerichtshilfe und das Ziel ihrer Tätigkeit, noch solche über ihre Stellung im Verfahren und die Beteiligung an der Hauptverhandlung. Zur Ergänzung kann nicht ohne weiteres auf die gesetzliche Regelung der Jugendgerichtshilfe zurückgegriffen werden, weil diese eng mit den besonderen Eigenarten und Aufgaben des Jugendstrafverfahrens zusammenhängen (vgl. Rdn. 79). Vielmehr ist erforderlichenfalls auf die allgemeinen Rollenverteilungen, Aufgabenzuweisungen und Strukturen des Strafverfahrens zurückzugreifen.

71   Obwohl die nähere organisatorische Ausgestaltung der Gerichtshilfe dem Landesrecht vorbehalten ist, folgt aus der bundesgesetzlichen Verankerung in § 160 Abs. 3 Satz 2 und § 463 d grundsätzlich eine **Verpflichtung der Länder**, Organe der Gerichtshilfe einzurichten, um Aufträge nach diesen Vorschriften auch praktisch zu ermöglichen[191]. Dagegen begrenzt die bundesrechtliche Regelung die Einsatzmöglichkeiten der Gerichtshilfe nicht auf die in ihr erwähnten Aufgaben; sofern dies mit der grundsätzlichen Struktur des Strafverfahrens vereinbar und mit vorhandener Kapazität möglich ist, kann die Gerichtshilfe auch zu anderen Aufgaben herangezogen werden[192]. Im **Bußgeldverfahren** wird die Gerichtshilfe nicht beteiligt (§ 46 Abs. 3 Satz 2 OWiG).

72   b) Die gesetzliche **Bezeichnung** Gerichtshilfe knüpft an die bei Schaffung der Vorschriften eingebürgerte Terminologie an; sie ist jedoch zumindest unvollständig, wenn nicht ungenau. Die Hauptaufgabe liegt nicht in der Hilfe gerade für das Gericht bei der zu treffenden Entscheidung, sondern in der Ermittlung personenbezogener Umstände im Auftrage regelmäßig der Staatsanwaltschaft im Rahmen der dieser obliegenden Sachverhaltserforschungspflicht oder bei der Strafvollstreckung. Im Schrifttum wird deshalb auch die Bezeichnung „(täterbezogene) Ermittlungshilfe" vorgeschlagen[193]; jedoch dürfte kein zwingender Grund bestehen, die anerkannte, wenn auch nicht sehr präzise Bezeichnung aufzugeben.

73   c) **Entwicklung und Bedeutung.** Die Institution der Gerichtshilfe als ein besonderes, von den herkömmlichen Strafverfolgungsbehörden getrenntes, mit der Aufklärung der persönlichen Verhältnisse und des sozialen Umfelds des Beschuldigten befaßtes Ermittlungsorgan steht in engem Zusammenhang mit dem Übergang von einem ursprünglich rein tatbezogenen zu einem täterbezogenen Strafrecht, bei dem jedenfalls für die Sanktionsbemessung die Kenntnis der Täterpersönlichkeit, insbesondere sein Vorleben und seine persönlichen und wirtschaftlichen Verhältnisse eine wesentliche Rolle spielt[194]. Mit dem Vordringen dieser täterbezogenen Komponente der strafrechtlichen Reaktion und der damit verbundenen Notwendigkeit, die hierfür maßgebenden tatsächlichen Grundlagen schon für die Abschlußentscheidung der Staatsanwaltschaft zu ermitteln, erwuchs das Bedürfnis, für die Erforschung des Rechtsfolgenzumessungssachver-

---

[190] Vgl. insbes. §§ 38, 43 Abs. 1; § 50 Abs. 3 JGG, wegen der Einzelheiten der Jugendgerichtshilfe ist auf die Erläuterungsbücher zum JGG zu verweisen.

[191] Vgl. BTDrucks. 5 550, S. 300 (Zweck der Regelung sei die allgemeine Einführung); zu den Einzelheiten und zur tatsächlichen Situation Rdn. 76 f; vgl. auch *Stöckel* FS Bruns 301.

[192] Vgl. Rdn. 88 (Haftentscheidungshilfe, Täter-Opfer-Ausgleich).

[193] So z. B. *Bruns* Strafzumessungsrecht[2] (1974) 186; *Peters* Der neue Strafprozeß (1975) 111; LR-*Meyer-Goßner*[23] 32; *Fezer* StrafprozeßR (1986) 2/108; ähnlich *Hörster* JZ **1982** 99.

[194] Vgl. u. a. *Kühne* 76; *Peters*[4] § 26 I a; *Schlüchter* 77; *Sieverts* MSchrKrim. **1953** 146.

halts (vgl. § 160 Abs. 3 Satz 1) eine hierfür geeignete Institution einzurichten. Parallel zu der seit 1923 im damaligen RJGG vorgesehenen Jugendgerichtshilfe entwickelte sich bereits in der Weimarer Zeit ohne gesetzliche Grundlage auf lokaler und regionaler Basis die Gerichtshilfe für Erwachsene. Nach ihrer zunächst zögernden Wiederbelebung nach 1945 führte schließlich die die Große Strafrechtsreform begleitende Diskussion zu einer verbreiteten Anerkennung und schließlich zu ihrer bundesgesetzlichen Verankerung[195].

Die **dogmatische und kriminalpolitische Bedeutung**[196] der Gerichtshilfe liegt vorwiegend darin, daß mit ihr für die materiell-strafrechtliche Verpflichtung, die Sanktionsbemessung an der Täterpersönlichkeit zu orientieren[197] und diese auch bei der Vollstreckung zu berücksichtigen[198], zusätzlich zu dem bloßen Gebot der Erforschung auch solcher Umstände (§ 160 Abs. 3 Satz 1) ein hierfür besonders spezialisiertes Ermittlungsorgan zur Verfügung gestellt wird. Die dadurch erreichbare Trennung von Tataufklärung und Erforschung der sanktionsrelevanten persönlichen Umstände kann dazu beitragen, für die Rechtsfolgenzumessung eine verläßlichere und breitere tatsächliche und prognostische Grundlage zu gewinnen.   **74**

Aus der Entstehungsgeschichte und der Aufgabenzuweisung in § 160 Abs. 3 Satz 2, § 463 d läßt sich der weitere Grundsatz ableiten, daß die Gerichtshilfe generell als **Ermittlungsorgan für die persönlichen Verhältnisse und das soziale Umfeld** in Betracht kommt und also auch dort beauftragt werden kann, wo es auf Erkenntnisse hierüber für verfahrensmäßige Entscheidungen ankommt (vgl. Rdn. 84).   **75**

Die **praktische Bedeutung** der Gerichtshilfe für Erwachsene ist zwar im Steigen begriffen, aber rein quantitativ eher gering[199]. Dabei liegt, wohl entgegen der ursprünglichen gesetzgeberischen Intention[200], der Schwerpunkt ihres Einsatzes nicht im Erkenntnisverfahren; die Aufträge aus dem Strafvollstreckungsrecht und dem Gnadenbereich überwiegen insgesamt[201]. Eine regelmäßige Einschaltung in allen Ermittlungsverfahren, bei denen eine Klageerhebung in Betracht kommt, findet nicht statt; sie dürfte auch, ganz abgesehen davon, daß hierfür die Zahl der vorhandenen Gerichtshelfer nicht ausreichen würde, von der Sache her kaum geboten sein. Denn in vielen einfach gelagerten oder sonst in bezug auf die persönlichen Umstände nicht aufklärungsschwierigen Verfahren lassen sich die nach § 160 Abs. 3 Satz 1 notwendigen Erkennt-   **76**

---

[195] Vgl. zur historischen Entwicklung ausführlich mit Nachw. (auch des älteren Schrifttums) *Lange* 9 bis 34; ferner *Peters*[4] § 26 II; *Schöch* FS Leferenz 129; *Sieverts* MSchr-Krim. **1953** 129 ff; zur Diskussion über die Notwendigkeit gesetzlicher Regelungen u. a. *Hardt* BewHi. **1975** 263; *Rieß* BewHi. **1969** 335; vgl. auch *Stöckel* FS Nüchterlein (1978) 327 (zur Entwicklung in Bayern); *Rebmann* BewHi. **1975** 258; *Renschler-Delcker* 40 ff (Baden-Württemberg).

[196] Zur kriminalpolitischen Bedeutung der Gerichtshilfe, die heute allgemein anerkannt ist, vgl. u. a. *Bruns* Recht der Strafzumessung[2] (1985) 293; *Kühne* 76; *Peters*[4] § 26; *Roxin*[20] § 10 B III; *Schlüchter* 77; *Rüping* 63; *Lange* 82; über die verschiedenen Vorstellungen und Erwartungen der Beteiligten vgl. empirisch *Renschler-Delcker* 72 ff; 112 ff; 189 ff.

[197] Vgl. § 46 Abs. 2; § 47 Abs. 1; § 56 Abs. 1 Satz 2 StGB.

[198] Vgl. § 57 Abs. 1 Satz 2, Abs. 2 Nr. 2; § 67 Abs. 5 Satz 2; § 67 d Abs. 5 Satz 1 StGB.

[199] Vgl. die (allerdings im Untersuchungsmaterial nicht mehr ganz aktuelle und regional begrenzte) empirische Untersuchung von *Renschler-Delcker* 45 ff; ferner *Schöch* FS Leferenz 129 f.

[200] Die Einbeziehung der vollstreckungsrechtlichen Ermittlungen nach § 463 d war im Reg-Entw. des EGStGB noch nicht enthalten, sondern ist erst durch den Sonderausschuß für die Strafrechtsreform vorgeschlagen worden; vgl. BTDrucks. 7 1232, S. 33; anders allerdings wohl die Erweiterung durch das 23. StRÄndG; vgl. LR-*Wendisch* § 463 d, 5.

[201] Näher *Schöch* FS Leferenz 129 f; ferner *Beese* BewHi. **1976** 148; **1979** 327.

Peter Rieß

nisse bei der allgemeinen Sachverhaltsaufklärung durch Polizei und Staatsanwaltschaft unschwer ermitteln[202]. Auch bedarf unter dem Gesichtspunkt der Schonung der Privatsphäre der mit dem Einsatz der Gerichtshilfe regelmäßig verbundene **Eingriff in den persönlichen Lebensbereich** einer auch den Verhältnismäßigkeitsgedanken berücksichtigenden besonderen Rechtfertigung[203].

2. Organisation, rechtliche Stellung und Aufgabenbereich

77   **a)** Die **Organisation der Gerichtshilfe** ist dem Landesrecht überlassen, jedoch schreibt Art. 294 Satz 1 EGStGB 1974 vor, daß sie zum Geschäftsbereich der Landesjustizverwaltung gehört; damit wird verdeutlicht, daß die Tätigkeit der Gerichtshilfe vorwiegend der Strafrechtspflege zugeordnet ist[204]. Die Organisation der Gerichtshilfe in den Ländern ist teilweise durch bloße Verwaltungsanordnungen, teilweise durch Rechtsverordnungen oder Gesetze geregelt. Errichtet sind die Behörden der Gerichtshilfe teilweise bei den Staatsanwaltschaften[205], teilweise bei den Landgerichten, in den Stadtstaaten auch unmittelbar bei den Justizbehörden; verwaltungsmäßig sind sie teilweise als selbständige Einheiten organisiert; zum Teil mit der Bewährungshilfe und den Führungsaufsichtsstellen als Teil des „Sozialdienstes der Justiz“[206] organisatorisch zusammengefaßt[207]. Intern ist die Tätigkeit der Gerichtshelfer überwiegend durch Allgemeine Dienstanweisungen im Wege allgemeiner Verfügungen durch die Landesjustizverwaltungen geregelt[208].

78   Als **Gerichtshelfer** werden fast ausschließlich fachlich ausgebildete **Sozialarbeiter** eingesetzt[209]. Bundesrechtliche Qualifikationsanforderungen bestehen indessen nicht, und von der Aufgabe der Gerichtshilfe her (Rdn. 79 ff) ist eine sozialarbeiterische Fachausbildung und berufsspezifische Ausrichtung nicht gänzlich unproblematisch[210]. Soweit eine organisatorische Zusammenfassung von Gerichtshilfe und Bewährungshilfe stattfindet, erscheint es nicht sachgerecht, die Funktionen des Bewährungshelfers und des Gerichtshelfers gleichzeitig in einer Person zu konzentrieren, weil die mit der Be-

---

[202] *Peters*[4] § 26 I b; vgl. aber auch zu dem die Persönlichkeitserforschung erschwerenden Spannungsverhältnis u. a. *Rahn* NJW **1973** 1358; ferner *Lange* 108 mit weit. Nachw.

[203] Vgl. *Schüler-Springorum* BewHi. **1977** 231 f.

[204] Von der Ermächtigung nach Art. 294 Satz 2 EGStGB, durch Rechtsverordnung eine Behörde der Sozialverwaltung mit den Aufgaben der Gerichtshilfe zu bestimmen, ist derzeit in keinem Bundesland (mehr) Gebrauch gemacht; vgl. die Übersicht bei *Bottke* MSchrKrim. **1981** 77; *Schöch* FS Leferenz 131; *Lange* 63 ff; vgl. auch *Rieß* BewHi. **1969** 333.

[205] Dazu kritisch z. B. *Hörster* JZ **1982** 99; befürwortend u. a. *Bottke* MSchrKrim. **1981** 67; *Schöch* FS *Leferenz* 131.

[206] Kritisch zu diesem Begriff und zur Zusammenfassung der verschiedenen Bereiche *Bottke* MSchrKrim. **1981** 68 mit weit. Nachw.; befürwortend dagegen z. B. *Mae-*

licke ZRP **1985** 53; vgl. auch *Stöckel* FS Bruns 299; *Dünkel* BewHi. **1986** 129.

[207] Vgl. die Übersichten bei *Bottke* MSchrKrim. **1981** 77; *Hörster* JZ **1982** 99; vgl. auch § 463 d Fußn. 4.

[208] Übersicht bei *Bottke* MSchrKrim. **1981** 67 Fußn. 21, 77 ff.

[209] Vgl. die Übersicht bei *Bottke* MSchrKrim. **1981** 77 ff.

[210] Zu den damit verbundenen Rollenkonflikten vgl. *Beese* BewHi. **1976** 145; **1977** 71; *Best* 15; *Bottke* MSchrKrim. **1981** 68; *Eisenberg* (Fußn. 133) § 30, 5 f; *Hörster* JZ **1982** 95; *Schüler-Springorum* BewHi. **1977** 227 ff; Bundesarbeitstreffen Gerichtshilfe '81, BewHi. **1982** 66; zur grundsätzlichen Notwendigkeit dieser Qualifikation schon *Sieverts* MSchrKrim. **1953** 147; ferner *Peters*[4] § 26 III 4; vgl. auch aus der Sicht der Polizei (kritisch) *Birkle* BewHi. **1975** 275; zur Möglichkeit des Einsatzes kriminologisch qualifizierter Personen *Schöch* FS Leferenz 143.

währungshilfe verbundenen fürsorgenden und betreuenden Aufgaben dem Gerichtshelfer gerade nicht zukommen[211].

b) Aufgabe und Stellung. Aus dem Wortlaut des geltenden Gesetzes, nach dem **79**
sich die Staatsanwaltschaft bei der Erforschung der für die Bestimmung der Rechtsfolgen der Tat maßgebenden Umstände der Gerichtshilfe *bedienen* kann[212], ergibt sich
ihre Aufgabe als **unselbständiges Ermittlungsorgan** zur Unterstützung des jeweils für
die Sachverhaltsaufklärung verantwortlichen Strafverfolgungsorgans (Staatsanwaltschaft, Gericht, Strafvollstreckungsbehörde). Anders als bei der Jugendgerichtshilfe,
die nach § 38 Abs. 2 Satz 1 JGG in eigener Verantwortung die erzieherischen, sozialen
und fürsorgerischen Gesichtspunkte im Verfahren zur Geltung zu bringen hat, aus dieser selbständigen Aufgabenzuweisung heraus sich zu den zu treffenden Maßnahmen äußern kann (§ 38 Abs. 2 Satz 2 JGG) und auch nach der Verurteilung an den Bemühungen um die Resozialisierung des Jugendlichen mitwirkt (§ 38 Abs. 2 Satz 5, 6 JGG), besteht die durch § 160 Abs. 3 Satz 2 zugewiesene Aufgabe des Erwachsenengerichtshelfers (vgl. aber auch Rdn. 87 f) allein in der Sachverhaltserforschung in bezug auf die persönlichen Verhältnisse als Hilfsorgan des jeweils zuständigen Strafverfolgungsorgans,
an dessen Auftrag er gebunden ist[213].

Diese gesetzliche Aufgabenzuweisung verpflichtet den Gerichtshelfer, den Straf- **80**
verfolgungsbehörden ein der **Wahrheit entsprechendes Persönlichkeitsbild** und ein Bild
des sozialen Umfeldes des Beschuldigten zu vermitteln[214], soweit es für die Rechtsfolgenzumessung erforderlich ist (Rdn. 89). Die dafür bedeutsamen Umstände hat der Gerichtshelfer **objektiv** zu ermitteln, ohne Rücksicht darauf, ob sich das Ergebnis für den
Beschuldigten positiv oder negativ auswirkt. Der Gerichtshelfer ist weder Verteidiger
oder Beistand des Beschuldigten, noch ist seine Aufgabe, soweit er aufgrund des § 160
Abs. 3 Satz 2 tätig wird, fürsorgerische Hilfe oder Betreuung[215]. Diese kann und sollte
er, wo es ihrer bedarf, bei den dafür zuständigen Organen veranlassen oder vermitteln;
sie selbst zu leisten kann allenfalls insoweit in Betracht kommen, als dadurch seine vorrangige Ermittlungsaufgabe nicht beeinträchtigt wird. Dem läßt sich auch nicht entgegenhalten[216], daß eine weniger auf Herstellung einer Vertrauensbeziehung und Hilfeleistung als auf inquisitorische Ermittlung ausgerichtete Tätigkeit dem Selbstverständnis sozialarbeiterischen Handelns widerspreche. Denn die (beschränkte) Aufgabenzuweisung der Erwachsenengerichtshilfe ergibt sich aus den vorrangigen bundesgesetzlichen strafverfahrensrechtlichen Regelungen, die über die berufliche Qualifikation des
Gerichtshelfers gerade keine Aussagen enthalten.

Aufgabe der Gerichtshilfe ist aber auch **nicht** die **Aufklärung der Tat.** Die aus **81**
§ 160 Abs. 1 und § 163 Abs. 1 für Staatsanwaltschaft und Polizei folgende Sach-

---

[211] Ebenso *Best* 17 f; *Rahn* NJW **1976** 838;
Rieß BewHi. **1969** 332; *Schöch* FS Leferenz
142; *Schüler-Springorum* BewHi. **1977** 234;
Arbeitsgemeinschaft Deutsche Bewährungshelfer BewHi. **1976** 74; teilw. **a. A** (für möglichst große Durchlässigkeit der verschiedenen Funktionen) *Maelicke* ZRP **1985** 55.

[212] Ebenso die Strafvollstreckungsbehörde und
das Vollstreckungsgericht nach § 464 d; kritisch dazu *Schüler-Springorum* BewHi. **1977**
231.

[213] Dazu kritisch (Fremdbestimmtheit) z. B.
Mai BewHi. **1979** 233; ähnlich *Hörster* JZ
1982 94.

[214] KK-*R. Müller*[2] 33; *Kleinknecht/Meyer*[38] 24;
Roxin[20] § 10 B III; *Rahn* NJW **1973** 1358.

[215] *Peters*[4] § 26 IV 6; KK-*R. Müller*[2] 32; *Maelicke* ZRP **1985** 53 f; *Schöch* FS Leferenz 132;
teilw. weitergehend *Wolter* GA **1985** 89;
Hörster JZ **1982** 95; vgl. auch die Fallbeispiele
bei *Beese* BewHi. **1977** 69 f.

[216] So aber z. B. *Mai* BewHi. **1979** 233; *Hörster*
JZ **1982** 94; *Bottke* MSchrKrim **1981** 69;
Schüler-Springorum BewHi. **1977** 229; zur
Problematik ausführlich mit weit. Nachw.
Lange 116 ff.

verhaltserforschungspflicht trifft sie nicht. Der Gerichtshelfer unterliegt **nicht** dem **Legalitätsprinzip**; er muß also den Verdacht anderer Straftaten, den er bei seinen Ermittlungen erfährt, von sich aus nicht der Staatsanwaltschaft mitteilen[217]. Ihn trifft allerdings insoweit weder eine über die Pflicht zur Amtsverschwiegenheit hinausgehende Schweigepflicht, noch ist er berechtigt, Umstände aus den von ihm ermittelten persönlichen Verhältnissen deshalb zu verschweigen, weil sie auch für die Tataufklärung bedeutsam sein können.

3. Einschaltung der Gerichtshilfe

82   **a) Auftraggeber. Bindung.** Nach Absatz 3 Satz 2 ist es im Ermittlungsverfahren Sache der **Staatsanwaltschaft** zu entscheiden, in welchem Verfahren, zu welchem Zeitpunkt und mit welchem konkreten Auftrag die Gerichtshilfe eingeschaltet werden soll. Einen solchen Auftrag kann auch der Verteidiger anregen[218]. Die **Polizei** ist zur unmittelbaren Einschaltung der Gerichtshilfe nicht befugt; sie kann lediglich die Staatsanwaltschaft darauf hinweisen, daß und aus welchen Gründen ein Gerichtshilfebericht wünschenswert erscheint. **Nach Klageerhebung** ist das **Gericht** infolge der Amtsaufklärungspflicht zur Auftragserteilung berechtigt[219]; der Standort der ohnehin unvollständigen gesetzlichen Regelung bedeutet nicht, daß im gerichtlichen Verfahren die Einschaltung der Gerichtshilfe nicht zulässig sei. Die **Gerichtshilfe** ist grundsätzlich **verpflichtet**, ihr erteilte Aufträge nach Absatz 3 Satz 2 auszuführen; sie kann sie vor allem nicht mit der Begründung ablehnen, daß es ihres Einsatzes im Einzelfall nicht bedürfe. Ebensowenig ist sie aber berechtigt, von sich aus und ohne Auftrag des zuständigen Strafverfolgungsorgans tätig zu werden[220].

83   **b) Umfang der Heranziehung.** Anders als bei der Jugendgerichtshilfe (vgl. § 38 Abs. 1 Satz 1 JGG) besteht **keine Pflicht** zur Einschaltung der Gerichtshilfe; wann sie zu beauftragen ist, entscheidet die Staatsanwaltschaft unter Berücksichtigung aller **Umstände des Einzelfalles** nach pflichtgemäßem Ermessen[221]. Leitender Gesichtspunkt dabei sollte sein, ob es zur sachgerechten Entscheidung über die Rechtsfolgenzumessung notwendig ist, die Täterpersönlichkeit und das soziale Umfeld durch ein fachlich besonders ausgebildetes Ermittlungsorgan aufzuklären[222]. Das wird nicht selten im Bereich der Schwerkriminalität ohne weiteres anzunehmen sein; im übrigen liegt die Einschaltung nahe, wenn besondere Auffälligkeiten bei der Tatbegehung vorhanden sind oder wenn es sich um jungerwachsene Beschuldigte oder um solche handelt, die erstmals im höheren Alter auffallen[223]. Auch in Jugendschutzsachen wird oft eine besonders sorgfältige Ermittlung von Täterpersönlichkeit und sozialem Umfeld geboten sein, die den Einsatz der Gerichtshilfe nahelegt[224].

84   Da die Gerichtshilfe nicht der Tataufklärung dient, ist ihre Einschaltung bei **zweifelhafter Anklagereife** nicht mit dem Ziel zulässig, aus der Aufklärung der persönlichkeitsrelevanten Umstände zusätzliche Indizien für die Täterschaft zu gewinnen. Sie kann indessen in Betracht kommen, wenn zu klären ist, ob in der Täterpersönlichkeit Umstände vorliegen, die eine **Einstellung nach** den §§ 153, 153 a oder 153 b ermögli-

---

[217] *Scheurmann* BewHi. **1977** 339.

[218] *Rahn* NJW **1973** 1358.

[219] Allg. M, vgl. KK-*R. Müller*[2] 33; *Lange* 161; *Schöch* FS Leferenz 129.

[220] Zur Frage des Initiativrechts vgl. mit weit. Nachw. *Lange* 150 ff.

[221] KK-*R. Müller*[2] 33; *Rahn* NJW **1973** 1358.

[222] *Kleinknecht/Meyer*[38] 24; ausführlich *Lange* 143 ff.

[223] Vgl. auch ähnlich *Rahn* BewHi. **1976** 138; ferner *Peters*[4] § 26 III 2 (regelmäßig bei Freiheitsstrafe oder freiheitsentziehenden Maßregeln); *Sontag* NJW **1976** 1436.

[224] *Rahn* NJW **1973** 1358.

chen[225]; denn wenn es der Zweck der Gerichtshilfe ist, die sanktionsrelevanten Tatsachen aufzuklären, muß es erst recht zulässig sein, sie mit dem Ziel einzusetzen, festzustellen, ob überhaupt eine Sanktion notwendig ist.

Der **Umfang der Ermittlungen** braucht im Auftrag nicht in jedem Fall konkreti- **85** siert zu werden; zulässig ist dies stets. Eine Konkretisierung ist immer dann erforderlich, wenn die Staatsanwaltschaft als Auftraggeber entweder bestimmte Ermittlungen, die üblicherweise von der Gerichtshilfe nicht vorgenommen werden, für erforderlich hält, oder wenn sie, aus ermittlungstaktischen Gründen oder aus Gründen der Verhältnismäßigkeit, bestimmte Ermittlungshandlungen ausschließen will[226]. Im zweiten Fall ist der Gerichtshelfer an diese Beschränkungen gebunden. Die Staatsanwaltschaft als Auftraggeber kann bestimmte Ermittlungsmaßnahmen des Gerichtshelfers auch von ihrer vorherigen Zustimmung abhängig machen[227].

c) Zeitpunkt. Die Gerichtshilfe sollte einerseits so früh wie möglich eingeschaltet **86** werden, schon um Verfahrensverzögerungen zu vermeiden. Andererseits ist dies vielfach noch nicht sachgerecht, wenn die Frage des genügenden Anlasses zur Klageerhebung noch zweifelhaft ist[228]. Ist der Gerichtshilfebericht für die Art der Klageerhebung bedeutsam, etwa weil die Sanktionserwartung die Zuständigkeit beeinflussen kann, so muß mit der Klageerhebung bis zu seinem Vorliegen abgewartet werden. Andernfalls ist es möglich, daß die Staatsanwaltschaft die Gerichtshilfe im zeitlichen Zusammenhang mit der Klageerhebung beauftragt und der Gerichtshilfebericht nachgereicht wird[229].

d) Andere Aufträge. Aus § 160 Abs. 3 Satz 2 und § 463 d kann nicht geschlossen **87** werden, daß die Gerichtshilfe nur zu den dort umschriebenen Aufgaben herangezogen werden darf. Andere Aufträge können ihr im Strafverfahren immer dann übertragen werden, wenn es vorrangig auf die Ermittlung der persönlichen Verhältnisse und des sozialen Umfelds ankommt oder wenn die spezifischen beruflichen Fähigkeiten sozialarbeiterischer Tätigkeit für die Lösung des jeweiligen Problems besonders geeignet erscheinen. Aus der StPO läßt sich allerdings keine Verpflichtung der Gerichtshilfe ableiten, solche anderen Aufträge zu erledigen, so daß es in diesen Fällen entweder einer Vereinbarung zwischen der Gerichtshilfe und den Strafverfolgungsbehörden oder einer landesrechtlichen Regelung bedarf. Dabei lassen sich für die Gerichtshilfe auch Felder erschließen, in denen über die bloße ermittelnde Tätigkeit hinaus auch fürsorgerische und betreuende Aufgaben eine Rolle spielen können[230].

In der Praxis sind solche zusätzlichen Aufträge für die Gerichtshilfe vor allem im **88** Rahmen einer sog. **Haftentscheidungshilfe** erprobt worden[231]. Bei dieser ist es das Ziel der Einschaltung der Gerichtshilfe, durch eine rasche Klärung der Persönlichkeit und des sozialen Umfelds des Beschuldigten dem Haftrichter eine möglichst umfassende Kenntnis der für die Bewertung der Haftgründe maßgebenden Tatsachen zu vermitteln.

---

[225] LR-*Meyer-Goßner*[23] 41; *Hörster* JZ **1982** 93; *Schüler-Springorum* BewHi. **1977** 230; *Stökkel* FS Bruns 303; *Wolter* GA **1985** 88; a. A *Schöch* FS Leferenz 135.

[226] KK-*R. Müller*[2] 34; vgl. auch *Lange* 166 ff.

[227] Vgl. auch *Kleinknecht/Meyer*[38] 25 (Stufenplan).

[228] KK-*R. Müller*[38] 34; *Schöch* FS Leferenz 135 (mit zu formalistischer Anknüpfung an das Geständnis); *Lange* 169 f.

[229] Vgl. *Peters*[4] § 26 III 2; enger LR-*Meyer-Goßner*[23] 41.

[230] Vgl. insoweit zur Haftentscheidungshilfe *Mai* BewHi. **1979** 239 f; *Chilian* FS Leferenz 117 f; *Best* 41.

[231] Vgl. die Darstellungen des Hamburger Modellversuchs bei *Hardraht* BewHi. **1980** 182; *Beese; Bender/Reher; Lau; Plemper* BewHi. **1981** 7 ff; vgl. auch den Vorschlag in Art. 1 Nr. 10 des Gesetzentwurfs der SPD-Fraktion, BTDrucks. 11 688 zur Einfügung eines neuen § 131 a StPO; *Schöch* FS Leferenz 137.

Darüber hinaus hat sie auch das Ziel, durch geeignete sozialhelferische und therapeutische Betreuungsmaßnahmen Haftgründe, namentlich den der Fluchtgefahr, auszuräumen oder den Einsatz milderer Mittel (§ 116) zu ermöglichen. Andere Modellversuche und Überlegungen beziehen die Gerichtshilfe in die Bemühungen um einen **Täter-Opfer-Ausgleich** mit ein, indem dem Gerichtshelfer die Aufgabe zugewiesen wird, die Voraussetzungen und Modalitäten einer Schadenswiedergutmachung zu klären und damit die Möglichkeit einer Verfahrenseinstellung nach den §§ 153, 153 a StPO zu eröffnen[232]. Auch bei dem Einsatz von **freier Arbeit statt Ersatzfreiheitsstrafe** kommt dem Einsatz der Gerichtshilfe erhebliche Bedeutung zu[233].

4. Tätigkeit der Gerichtshilfe

89   **a) Allgemeines. Grenzen.** Die der Gerichtshilfe nach Absatz 3 Satz 2 zugewiesene Aufgabe, die für die Rechtsfolgenzumessung maßgebenden Umstände zu ermitteln, erfordert in erster Linie die Feststellung von Fakten und ihre geordnete Zusammenstellung zu einem Bild der Persönlichkeit und des sozialen Umfeldes, das in Form eines schriftlichen Berichts (Rdn. 95) zu den Akten des Strafverfahrens zu nehmen ist. Dabei brauchen nur diejenigen Umstände erforscht zu werden, die nach Lage des konkreten Falles für das Strafverfahren und die Rechtsfolgenentscheidung von Bedeutung werden können; zu einer darüber hinausgehenden und dadurch nicht veranlaßten umfassenden „psychosozialen Diagnose" ist der Gerichtshelfer schon aus Gründen der Verhältnismäßigkeit nicht berechtigt[234]. Auffälligkeiten in Persönlichkeit und Umfeld des Beschuldigten, die Veranlassung zur Einschaltung eines psychiatrischen oder psychologischen Sachverständigen geben können, sind dem Auftraggeber mitzuteilen, mindestens im abschließenden Bericht deutlich hervorzuheben[235]. Das Gesetz schreibt, anders als bei der Jugendgerichtshilfe (§ 38 Abs. 3 Satz 2 JGG), nicht vor, daß der Gerichtshelfer Anregungen zu den Sanktionen geben soll. Sie sind ihm allerdings, ebenso wie eine Prognose über das künftige Verhalten (vgl. Rdn. 98), nicht untersagt und können im Einzelfall zu den vom Gerichtshelfer zu ermittelnden und zu erörternden Umständen der Rechtsfolgenzumessung gehören[236].

90   Die dem Gerichtshelfer obliegende **Sachverhaltserforschung** erfordert notwendig, daß er auf Erkenntnisquellen zurückgreift. Absatz 3 Satz 2 gestattet ihm damit die Erhebung personenbezogener Daten. Der Gerichtshelfer kann Gespräche mit dem Beschuldigten und mit anderen Auskunftspersonen (Zeugen) führen. Dabei würde es sich, wenn die Staatsanwaltschaft die Aufklärung des Rechtsfolgenzumessungssachverhalts selbst oder durch die Polizei vornehmen würde, um **Vernehmungen** handeln. Diesen Charakter verlieren sie nicht dadurch, daß sich die Staatsanwaltschaft der Gerichtshilfe bedient. Die für Vernehmungen geltenden Grenzen und Regeln hat deshalb auch der Gerichtshelfer zu beachten[237].

91   Der Gerichtshelfer hat bei seinen Ermittlungen **keine Zwangsbefugnisse**; der gesteigerte Auskunftsanspruch der Staatsanwaltschaft nach § 161 Satz 1 steht ihm nicht zu. Auskünfte, die dem **Sozial- oder Steuergeheimnis** unterliegen (§ 161, 20 ff) oder die Herausgabe entsprechender Akten kann er nicht verlangen, soweit nicht der Geheimnisinhaber zustimmt. Die vom Gerichtshelfer gewonnenen Kenntnisse unterliegen der

---

[232] Vgl. *Dünkel/Rössner* ZStW **99** (1987) 867; *Hering/Rössner* BewHi. **1984** 220; *Sessar* 233 ff.

[233] Vgl. *Best* 213 ff.

[234] Vgl. dazu u. a. Richtlinien Nr. 2; *Schüler-Springorum* BewHi. **1977** 229.

[235] Richtlinien Nr. 5.

[236] Vgl. z. B. § 46 Abs. 1 Satz 2; § 56 Abs. 1 Satz 1; § 63 StGB.

[237] Dazu ausführlich (auch mit Nachw. der Gegenmeinung) *Bottke* MSchrKrim. **1981** 69 ff.

nach § 203 Abs. 2 StGB strafbewehrten Pflicht zur **Amtsverschwiegenheit** (s. auch
Rdn. 96). Bei den von der Gerichtshilfe erhobenen Daten handelt es sich dagegen **nicht**
um **Sozialdaten** im Sinne des § 35 Abs. 1 SGB I[238], weil sie nicht durch Organe der Sozialversicherung im Zusammenhang mit der Begründung von Sozialhilfeansprüchen gewonnen werden, sondern durch ein Strafverfolgungsorgan zum Zwecke der Strafverfolgung.

b) Ein **Gespräch mit dem Beschuldigten** wird regelmäßig notwendiger Bestandteil **92**
der Ermittlungstätigkeit des Gerichtshelfers sein. Dabei ist der Beschuldigte nach § 136
Abs. 1 Satz 2 über seine Aussagefreiheit und seine Befugnis, einen Verteidiger zu befragen, zu belehren, denn dieses Gespräch ist im Rechtssinne Vernehmung des Beschuldigten[239]. Die Belehrung ist auch dann erforderlich, wenn der Beschuldigte bereits von
Richter, Staatsanwaltschaft oder Polizei vernommen und dabei nach § 136 Abs. 1,
§ 163 a Abs. 3 Satz 2, Abs. 4 belehrt worden ist, denn es kann nicht davon ausgegangen
werden, daß dem Beschuldigten stets bewußt ist, daß seine Aussagefreiheit auch gegenüber einem für die Gerichtshilfe tätigen Sozialarbeiter besteht. Dem Beschuldigten
muß unmißverständlich klargemacht werden, daß seine Angaben im Strafverfahren verwertet werden sollen[240]; daran findet auch die an sich durchaus erwünschte Herstellung einer Vertrauensbeziehung zwischen Beschuldigtem und Gerichtshelfer eine Grenze[241]. Befindet sich der Beschuldigte nicht auf freiem Fuß, so hat der Gerichtshelfer
rechtlich keinen Anspruch auf ein unüberwachtes Gespräch; § 148 und § 93 Abs. 3 JGG
sind auch nicht analog anwendbar[242]. Jedoch wird ihm eine solche Möglichkeit, wenn
nicht besondere Gründe dagegen sprechen, durch die zuständige Strafverfolgungsbehörde im Rahmen pflichtgemäßer Ermessensausübung regelmäßig einzuräumen sein.

Wegen der Notwendigkeit, die Entscheidungsfreiheit des Beschuldigten zu be **93**
rücksichtigen, sollte der Gerichtshelfer **Hausbesuche** nur zurückhaltend einsetzen[243];
ohne vorherige Ankündigung sind sie regelmäßig bedenklich, auch wenn sie für die Gewinnung eines unverfälschten Persönlichkeitsbildes besonders nützlich sein mögen. Der
Gerichtshelfer darf Hausbesuche nur im Einverständnis mit den Inhabern des Hausrechts vornehmen. Dem **Verteidiger** steht ein Anwesenheitsrecht bei dem Gespräch mit
dem Beschuldigten nicht zu; er hat auch keinen Anspruch auf Terminsmitteilung. Jedoch kann der Beschuldigte, was auch sein Verteidiger erklären kann, seine Gesprächsbereitschaft von der Anwesenheit seines Verteidigers abhängig machen[244].

c) Andere Nachforschungen. Bei den Gesprächen mit anderen Personen handelt **94**
es sich, soweit der Gerichtshelfer nach Absatz 3 Satz 2 tätig wird, rechtlich um **Zeugenvernehmungen.** Der Gerichtshelfer hat diese daher über Zeugnis- und Auskunftsverweigerungsrechte (§§ 52, 55) zu belehren[245]. Er muß ferner alles vermeiden, was zu
einer Diskriminierung des Beschuldigten führen kann. Das gilt namentlich für Ge

[238] Für die JGH bei der wegen der Zuordnung
zu den Jugendämtern die Situation, was
zweifelhaft, hier aber nicht näher zu erörtern
ist, anders liegen mag; a. A *Eisenberg* NStZ
1986 310; entgegen LG Bonn NStZ **1986** 40.

[239] Ebenso *Kleinknecht/Meyer*[38] 25; LR-*Hanack*
§ 136, 2; SK-StPO-*Rogall* § 136, 18; *Roxin*[20]
§ 25 III 5; *Lange* 177; *Bottke* MSchrKrim.
1981 71; *Schöch* FS Leferenz 137; a. A KK-*R.
Müller*[2] 34; LR-*Meyer-Goßner*[23] 43.

[240] KK-*R. Müller*[2] 34; *Hörster* JZ **1982** 94;
Lange 172, 179; *Rahn* NJW **1983** 1358.

[241] Vgl. dazu u. a. *Bottke* MSchrKrim. **1981**
69 f; *Lange* 183.

[242] *Kleinknecht/Meyer*[38] 25; *Lange* 172; a. A
wohl auch schon de lege late der AE-StPO-
HV, S. 31; *Schöch* FS Leferenz 138.

[243] Teilweise a. A LR-*Meyer-Goßner*[23] 43; *Hörster* JZ **1982** 95; *Mai* BewHi. **1979** 235; vgl.
auch *Lange* 187.

[244] Vgl. zur Zusammenarbeit zwischen Verteidiger und Gerichtshelfer auch *Dahs* Hdb. 1033.

[245] *Kleinknecht/Meyer*[38] 25; *Lange* 186; *Schöch*
FS Leferenz 137; a. A KK-*R. Müller*[2] 34.

spräche mit Personen, die über den Tatverdacht nicht unterrichtet sind; im allgemeinen sollte für derartige Befragungen das Einverständnis des Beschuldigten herbeigeführt werden[246]. Die **Heranziehung von** anderen **Akten**, insbesondere solche der Sozialverwaltung, ist nur unter Berücksichtigung der jeweiligen datenschutzrechtlichen Grenzen (vgl. § 161, 22 ff) möglich; dazu wird es vielfach des Einverständnisses des Betroffenen bedürfen[247]. Einen uneingeschränkten Anspruch auf Einsicht in die **Akten des Verfahrens** hat der Gerichtshelfer nicht; es ist allerdings in der Regel kein Grund ersichtlich, ihm die Einsicht zu versagen (vgl. auch § 80 Abs. 2)[248].

95   **d) Bericht.** Der Auftrag und die Ergebnisse der Ermittlungen der Gerichtshilfe sind stets als Ergebnisse des Ermittlungsverfahrens in den Verfahrensakten zu dokumentieren (vgl. Rdn. 61 f). Regelmäßig erfolgt dies in der Form eines schriftlichen Berichts des Gerichtshelfers[249]; wird die Gerichtshilfe nur zur Aufklärung einzelner Umstände oder Tatsachen eingesetzt, so kann eine kurze Mitteilung hierüber oder ein Aktenvermerk genügen[250]. Ist die Erstellung eines Berichts nicht möglich, etwa weil der Beschuldigte und wichtige sonstige Auskunftspersonen nicht zur Mitarbeit bereit sind, so ist dieser Umstand in den Ermittlungsakten zu vermerken. Ob der Gerichtshelfer darüber hinaus die von ihm als Grundlage für den Bericht gefertigten Vermerke und Notizen über seine Gespräche zusammen mit dem Bericht zu den Verfahrensakten geben muß[251], ist zweifelhaft; die Praxis verfährt ersichtlich nicht so.

96   Der Bericht ist der auftraggebenden Stelle, regelmäßig also der Staatsanwaltschaft zu übersenden und von dieser zu den Akten des Verfahrens zu nehmen; er unterliegt damit der **Akteneinsicht** durch den Verteidiger nach § 147[252]. Ob diesem die Einsicht in den Bericht nach § 147 Abs. 2 versagt werden kann, erscheint nicht unzweifelhaft. Es könnte erwogen werden, auf ihn § 147 Abs. 3 (Gutachten von Sachverständigen) analog anzuwenden; verneint man dies, so wird es jedenfalls stets besonderer Begründung bedürfen, daß durch die Einsicht der Untersuchungszweck gefährdet werden kann. Dagegen wird der Bericht im Hinblick auf die in ihm enthaltenen Daten aus dem persönlichen Lebensbereich von der **Akteneinsicht durch den Verletzten** oft nach § 406 e Abs. 2 Satz 1 auszunehmen sein[253]. Die Gerichtshilfe ist nicht befugt, den Bericht von sich aus anderen Personen als dem Auftraggeber, auch nicht dem Beschuldigten oder seinem Verteidiger, zur Verfügung zu stellen oder Auskünfte aus ihm zu erteilen.

97   Der Gerichtshelfer ist nicht verpflichtet, den vorzulegenden Bericht mit dem Beschuldigten zu erörtern, um diesem **rechtliches Gehör** zu gewähren[254]; das liefe auf ein (partielles) Schlußgehör hinaus, das das Gesetz gerade nicht (mehr) anerkennt. Dem Be-

---

[246] Ebenso Nr. 3 der Richtlinien; zu eng § 150 Abs. 3 nach dem Vorschlag des AE-StPO-HV, nach dem andere Personen nur dann nicht befragt werden sollen, wenn dadurch unverhältnismäßige Nachteile zu befürchten sind; ebenso *Schöch* FS Leferenz 136; vgl. auch *Beese* BewHi. **1980** 149.

[247] *Lange* 187, vgl. weitergehend Richtlinien Nr. 2, wonach die Heranziehung von Vorgängen über den Betroffenen oder seiner Familie bei anderen Behörden nur „nach Möglichkeit" mit seinem Einverständnis erfolgen soll.

[248] *Kleinknecht/Meyer*[38] 26; *Lange* 183; weitergehend AE-StPO-HV, S. 31; *Schöch* FS Leferenz 138.

[249] Vgl. zu Anforderungen, Aufbau und Bedeutung ausführlich die Richtlinien, ferner *Lange* 189 ff; *Rahn* BewHi. **1976** 139; *Beese* BewHi. **1980** 144 ff.

[250] Vgl. auch *Best* 42 (schnelle, präzise und der Fragestellung angemessene Auftragserledigung).

[251] So *Lange* 181, 199; vgl. auch *Peters*[4] § 26 III 5.

[252] Allg. M; vgl. KK-*R. Müller*[2] 36; *Bottke* MSchrKrim. **1981** 72; *Hörster* JZ **1982** 96; *Sontag* NJW **1976** 1437.

[253] Vgl. LR-*Hilger* § 406 e, 8.

[254] So aber *Lange* 188; ähnlich *Mai* BewHi. **1979** 236.

schuldigten ist durch die Akteneinsicht und die Erörterung des Berichtsinhalts in der Hauptverhandlung eine ausreichende Gehörsmöglichkeit eröffnet. Selbstverständlich ist ein solches abschließendes Gespräch mit dem Beschuldigten dem Gerichtshelfer nicht verboten; es kann zur Gewinnung eines umfassenden Bildes zweckmäßig sein[255].

Der **Inhalt des Berichts** muß in erster Linie das vom Gerichtshelfer ermittelte Tat- **98** sachenmaterial in einer **objektiven** und geordneten **Darstellung** wiedergeben; er soll in- soweit ein klares Bild von der Persönlichkeit und dem sozialen Umfeld des Beschuldig- ten zeichnen, soweit es nach Lage des konkreten Einzelfalles für die Sanktionsbemes- sung von Bedeutung ist (vgl. Rdn. 89)[256]. Dabei sind die ermittelten Tatsachen von eige- nen Wertungen des Gerichtshelfers, bei denen Zurückhaltung angezeigt erscheint, klar zu trennen; die Quellen für die einzelnen tatsächlichen Feststellungen sind so anzuge- ben, daß die Strafverfolgungsbehörden, falls erforderlich, auf diese Beweismittel zu- rückgreifen können. Eigene Bewertungen zur Täterschaft des (bestreitenden) Beschul- digten sollte der Bericht regelmäßig nicht enthalten; dem Gerichtshelfer mitgeteilte Tat- sachen, die insoweit Rückschlüsse ermöglichen, darf der Bericht aber nicht verschwei- gen[257]. Ob und in welchem Umfang der Bericht über diese anamnestische Darstellung hinaus auch prognostische Hinweise und Anregungen für die in Betracht kommenden Sanktionen enthalten soll, ist umstritten[258].

5. Freibeweisliche Verwertung des Berichts. Die Verwertung des bei den Akten **99** befindlichen Gerichtshilfeberichts ist uneingeschränkt möglich, soweit Freibeweis gilt, also im gesamten **Ermittlungsverfahren**, bei der Entscheidung über die **Eröffnung des Hauptverfahrens** und im **Strafvollstreckungsverfahren**[259]. Im gerichtlichen Erkenntnis- verfahren kann er verwertet werden, soweit eine Entscheidung aufgrund des Aktenin- halts möglich ist, also beispielsweise beim Erlaß eines **Strafbefehls**. In der Hauptverhand- lung kann auf ihn zurückgegriffen werden, wenn Feststellungen im Freibeweis möglich sind (vgl. § 244, 3 ff), also beispielsweise, wenn aus ihm Anhaltspunkte für eine Verhand- lungsunfähigkeit des Angeklagten oder für den Grund seines Ausbleibens entnommen werden können.

6. Verwertung in der Hauptverhandlung
a) Der **Gerichtshelfer** ist in der Hauptverhandlung **kein Verfahrensbeteiligter**[260]. **100** Anders als nach § 50 Abs. 3 Satz 1 JGG dem Vertreter der Jugendgerichtshilfe brauchen ihm Zeit und Ort der Hauptverhandlung nicht mitgeteilt zu werden; ein Äußerungsrecht entsprechend § 50 Abs. 3 Satz 2 JGG steht ihm in der Eigenschaft als Gerichtshelfer nicht zu. § 50 Abs. 3 JGG kann auch nicht analog angewendet werden[261]. Erklärungen des

---

[255] Vgl. dazu *Mai* BewHi. **1979** 238; *Hörster* JZ **1982** 96; vgl. auch *Chilian* FS Leferenz 109.

[256] Näher mit weit. Nachw. zu Aufbau und In- halt Richtlinien; vgl. auch *Lange* 190 ff; kri- tisch zum „filigranhaft ausgearbeiteten" Be- richt *Best* 41 f.

[257] Vgl. Rdn. 81; insoweit besteht auch kein Auskunftsverweigerungsrecht, *Schöch* FS Leferenz 142; vgl. auch *Scheurmann* BewHi. **1977** 340; *Bottke* MSchrKrim. **1981** 75; *Hör- ster* JZ **1982** 98.

[258] So Nr. 6 der Richtlinien; vgl. dazu u. a. be- fürwortend *Chilian* FS Leferenz 117, *Hörster* JZ **1982** 98; *Schlüchter* 77; *Schüler-Springo-*

rum BewHi. **1977** 232; zurückhaltend *Rahn* BewHi. **1976** 141; wohl auch *Lange* 196 f; kontrovers Bundesarbeitstreffen Gerichts- hilfe '81, BewHi. **1982** 72 f; vgl. auch (zu den Erwartungen der Auftraggeber) *Renschler- Delcker* 192 ff; *Schöch* FS Leferenz 132; aber auch *Beese* BewHi. **1977** 67; **1980** 150.

[259] *Bottke* MSchrKrim. **1981** 72.

[260] Allg. M, vgl. *Kleinknecht/Meyer*[38] 23; umfas- sende Nachw. zu den verschiedenen Auffas- sungen zur Einführung des Gerichtshilfebe- richts in die Hauptverhandlung bei *Lange* 201 ff.

[261] KK-*R. Müller*[2] 36; *Sontag* NJW **1976** 1437.

Peter Rieß

Gerichtshelfers, die für die Entscheidung über die Schuldfrage und Rechtsfolgenzumessung aufgrund der Hauptverhandlung verwendet werden sollen, setzen voraus, daß er als Zeuge (oder Sachverständiger) vernommen wird (vgl. Rdn. 104 f). Eine in der Praxis offenbar gelegentlich übliche „formlose" Anhörung des Gerichtshelfers[262] widerspricht dem Gesetz[263].

101   **b) Einführung des Gerichtshilfeberichts.** Eine **Verlesung** des Gerichtshilfeberichts in der Hauptverhandlung zum Zwecke der Beweisaufnahme über seinen Inhalt ist in aller Regel nicht zulässig; sie kann vor allem nicht auf § 256 gestützt werden[264]. Ob eine Verlesung des Berichts nach dem neugefaßten § 251 Abs. 2 Satz 1 möglich ist[265], wenn für den Angeklagten ein Verteidiger mitwirkt und dieser sowie der Angeklagte und der Staatsanwalt der Verlesung zustimmen, erscheint zweifelhaft und dürfte eher zu verneinen sein, weil es sich insgesamt weder um die schriftliche Mitteilung eines Zeugen noch eines Sachverständigen, sondern um die eines besonderen Ermittlungsorgans handelt. Jedenfalls der Erwachsenengerichtshelfer kann auch nicht seinen eigenen Bericht verlesen[266], weil auch dies nur als besondere Form eines selbständigen Äußerungsrechts möglich wäre.

102   Soweit dies nach allgemeinen Grundsätzen zulässig ist (vgl. § 249, 84 ff), kann der Inhalt des Gerichtshilfeberichts im Wege des **Vorhalts** eingeführt werden[267]. Möglich ist dies jedoch nur bei solchen Tatsachen, die die Person, der der Bericht vorgehalten wird, bestätigen kann. Ein Vorhalt an den Angeklagten kommt deshalb in erster Linie für die ihn betreffenden biographischen Daten und die ihm bekannten Umstände seiner sozialen Umwelt in Betracht, nicht aber für Tatsachen, die der Gerichtshelfer bei dritten Personen erforscht hat, etwa deren Einschätzung vom Angeklagten, und nicht für das vom Gerichtshelfer beschriebene Gesamtbild von der Persönlichkeit des Angeklagten oder die Ausführungen zu den Sanktionsmaßnahmen und zur Prognose. Der gesamte Bericht kann deshalb in aller Regel nicht durch Vorhalt eingeführt werden[268]. Ist ein Vorhalt nicht möglich oder führt er, etwa weil der Angeklagte die ihm vorgehaltenen Umstände nicht bestätigt, nicht zum Erfolg, so sind, sofern es sich um die Bekundung von einzelnen Tatsachen handelt, erforderlichenfalls die hierfür im Bericht angegebenen Quellen als Beweismittel heranzuziehen, also in erster Linie die vom Gerichtshelfer angegebenen Auskunftspersonen als **Zeugen** zu vernehmen. Die Vernehmung des Gerichtshelfers als Zeuge genügt in diesen Fällen nur dann, wenn sich das Gericht nach allgemeinen Grundsätzen mit der Vernehmung des „Zeugen vom Hörensagen" begnügen darf[269].

---

[262] Vgl. *Renschler-Delcker* 165 f, 172 f; *Schöch* FS Leferenz 141; befürwortend *Hörster* JZ **1982** 97.

[263] Ebenso *Bottke* MSchrKrim. **1981** 73; *Lange* 256 f.

[264] Im Ergebnis mit unterschiedl. Begründung allg. M; vgl. Vor § 226, 46 f; § 256, 18; KK-*R. Müller*[2] 37; *Kleinknecht/Meyer*[38] 26; *Rüping* 36; *G. Schäfer* § 76 III 5 d; *Sontag* NJW **1976** 1437; *Schöch* FS Leferenz 140; **a. A** (möglicherweise) *Hörster* JZ **1982** 97; dagegen *Dencker* NStZ **1983** 400.

[265] So z. B. KK-*R. Müller*[2] 37; *Kleinknecht/Meyer*[38] 26; ferner (zu § 251 Abs. 2 a. F) LR-*Meyer-Goßner*[23] 47; *Eisenberg* NStZ **1985** 84.

[266] So für den Jugendgerichtshelfer BGH NStZ **1984** 467 mit abl. Anm. *Brunner* und *Eisenberg* NStZ **1985** 84; allgemein KK-*R. Müller*[2] 37; wohl auch *Kleinknecht/Meyer*[38] 26.

[267] Ebenso *G. Schäfer* § 76 II 5 d; *Schöch* FS Leferenz 141; grundsätzlich **a. A** *Lange* 215 ff; *Rüping* 63; krit. auch *Bottke* MSchrKrim. **1981** 73.

[268] Großzügiger LR-*Meyer-Goßner*[23] 47; *Rahn* NJW **1973** 1358; *Sontag* NJW **1976** 1437; wohl auch KK-*R. Müller*[2] 37; *Kleinknecht/Meyer*[38] 26.

[269] Näher mit Nachw. § 250, 24 ff; **a. A** *Lange* 227 ff, der die Vernehmung des Gerichtshelfers regelmäßig für geboten und ausreichend erachtet.

c) Eine **Vernehmung des Gerichtshelfers** kommt in Betracht, wenn es erforderlich **103** ist, Beweis über von ihm ermittelte Umstände, etwa ihm gegenüber bekundete Tatsachen zu erheben, oder wenn seine Bewertung über die Persönlichkeit des Angeklagten und seines sozialen Umfeldes für die Urteilsfindung verwertet werden soll[270]. Der Gerichtshelfer ist insoweit (sachverständiger) **Zeuge**[271]. Wird er zur Prognose oder zu den zu verhängenden Sanktionen und ihrer Wirkung auf den Angeklagten gehört, so dürfte er jedenfalls dann als **Sachverständiger** anzusehen sein, wenn seine besondere Sachkunde als Sozialarbeiter der Grund für die Vernehmung darstellt[272]. Soweit sich zeugnisverweigerungsberechtigte Personen in der Hauptverhandlung auf ihr Zeugnisverweigerungsrecht berufen, darf auch der Gerichtshelfer über den Inhalt der ihm gegenüber gemachten Angaben nicht vernommen werden; er steht insoweit anderen nichtrichterlichen Verhörspersonen gleich[273].

Für die Vernehmung des Gerichtshelfers als Zeugen ist eine **Aussagegenehmigung** **104** nach § 54 erforderlich[274]. Ein **Zeugnisverweigerungsrecht** steht ihm dagegen nicht zu. Das ergibt sich für das Verfahren, in dem er auftragsgemäß tätig geworden ist, schon aus der Natur der Sache, gilt aber allgemein[275]. Auch soweit dem Gerichtshelfer **vertrauliche Angaben** gemacht worden sind, darf er von sich aus diese weder verschweigen noch die Auskunft über seine Gewährspersonen verweigern; es gelten insoweit die gleichen Grundsätze wie bei der Behandlung von Vertraulichkeitszusagen durch die Strafverfolgungsbehörden im allgemeinen (vgl. § 163, 59). Daß die oberste Dienstbehörde die Voraussetzungen des § 96 anerkennen wird, wird kaum jemals anzunehmen sein. Der Gerichtshelfer darf deshalb Vertraulichkeitszusagen nicht geben und sollte bei der spontanen Bitte um Vertraulichkeit seinen Gesprächspartner auf die Grenzen hinweisen[276].

7. Rechtsbehelfe
a) Allgemeines. Aufsichtsbeschwerde. Ob und in welchem Umfang im Ermittlungs- **105** verfahren die Gerichtshilfe zur Aufklärung der sanktionsrelevanten Umstände eingesetzt wird, entscheidet die Staatsanwaltschaft im Rahmen der freien Gestaltung des Ermittlungsverfahrens. Eine isolierte **gerichtliche Überprüfung** ist weder mit dem Ziel möglich, eine Tätigkeit der Gerichtshilfe zu erzwingen, noch, eine solche zu verhindern. Da bei der Tätigkeit der Gerichtshilfe Zwangsmaßnahmen nicht ergriffen werden können, scheidet auch das Verfahren nach den §§ 23 EGGVG gegen einzelne Ermittlungshandlungen des Gerichtshelfers in aller Regel aus. Dagegen ist gegen Handlungen des Gerichtshelfers die **Aufsichtsbeschwerde** zulässig. Richtet sie sich gegen den Inhalt

---

[270] *G. Schäfer* § 76 II d 5 empfiehlt, im Interesse des Vertrauensverhältnisses die Vernehmung möglichst zu vermeiden.

[271] KK-*R. Müller*[2] 38; *Kühne* 78; *Rüping* 63; *Peters*[4] § 26; *Schöch* FS Leferenz 139;

[272] Vgl. § 85, 3 ff mit weit. Nachw. zu der umstrittenen Abgrenzung von Zeuge und Sachverständigem. Für die Möglichkeit, daß der Gerichtshelfer als Sachverständiger zu vernehmen sein kann, auch *Kleinknecht/Meyer*[38] 26; LR-*Meyer-Goßner*[23] 48; *Rüping* 63; *Peters*[4] § 26 III 7; *Schöch* FS Leferenz 139; *Sontag* NJW **1976** 1437; a. A *Kühne* 78 Fußn. 5; *Bottke* MSchrKrim. **1981** 61.

[273] KK-*R. Müller*[2] 38; *Kleinknecht/Meyer*[38] 26;

Sontag NJW **1976** 1437; vgl. ergänzend § 252, 3 ff; 17.

[274] *Peters*[4] § 26 III 7; *Stöckel* FS Nüchterlein (1978) 335; vgl. auch (zur JGH) *Eisenberg* NStZ **1986** 309.

[275] KK-*R. Müller*[2] 38; *Peters*[4] § 26 III 7; *Schöch* FS Leferenz 142; vgl. auch generell für Sozialarbeiter BVerfGE **33** 367; § 53, 3; a. A (de lege ferenda) in eingeschränktem Umfang *Rengier* Die Zeugnisverweigerungsrechte im geltenden und künftigen Strafverfahrensrecht (1979) 154 ff; *Scheurmann* BewHi. **1977** 339; *Hörster* JZ **1982** 98.

[276] Vgl. *Hörster* JZ **1982** 98.

Peter Rieß

des der Gerichtshilfe erteilten Auftrags, so ist zur Entscheidung darüber der jeweilige Auftraggeber, im Ermittlungsverfahren also die Staatsanwaltschaft, zuständig. Bei Beanstandungen über die Art und Weise der Durchführung entscheidet hierüber diejenige Stelle, der nach den unterschiedlichen landesrechtlichen Vorschriften (vgl. Rdn. 77) die Aufsicht über die Tätigkeit obliegt.

106   **b) Revisibilität.** Revisible Rechtsverstöße beim Einsatz der Tätigkeit der Gerichtshilfe, die meist nur den Rechtsfolgenausspruch betreffen werden, kommen nur dann in Betracht, wenn damit in Zusammenhang stehende Rechtsfehler in die Hauptverhandlung hineinwirken und das Urteil auf ihnen beruhen kann. Es gelten insoweit die allgemeinen Grundsätze über die Revisibilität von Rechtsverstößen in Ermittlungsverfahren (Rdn. 69 f). Die Revision kann beispielsweise darauf gestützt werden, daß der Inhalt des Gerichtshilfeberichts unter Verstoß gegen die §§ 249 ff in die Hauptverhandlung eingeführt worden ist (vgl. Rdn. 101 f) oder daß Zeugenaussagen eingeführt und verwertet worden sind, die der Gerichtshelfer unter Verstoß gegen Belehrungspflichten gewonnen hat. Anders als Jugendgerichtsverfahren[277] begründet allein die Nichtheranziehung der Gerichtshilfe schon deshalb nicht die Revision, weil sie nicht obligatorisch ist. Ob es die **Aufklärungsrüge** begründen kann, wenn kein Gerichtshilfebericht eingeholt wird[278], erscheint zweifelhaft und dürfte allenfalls in besonderen Ausnahmefällen in Betracht kommen. Zwar ist das Gericht auch zur vollständigen Aufklärung des Rechtsfolgenzumessungssachverhalts verpflichtet, doch wird sich ihm in aller Regel nicht die Notwendigkeit aufdrängen, hierfür die Gerichtshilfe einzuschalten. Die Aufklärungsrüge kann aber begründet sein, wenn das Gericht einen in den Akten befindlichen Gerichtshilfebericht für die Beweisaufnahme in der Hauptverhandlung nicht heranzieht.

107   **8. Reform.** Der Gesetzgeber ist 1975 bei der gesetzlichen Verankerung der Gerichtshilfe davon ausgegangen, daß ihr weiterer **gesetzlicher Ausbau** insbesondere bei einer Reform der Hauptverhandlung erforderlich sei[279]. Insoweit zielen die derzeitigen Vorschläge im Schrifttum[280] überwiegend auf die Schaffung einer der Jugendgerichtshilfe vergleichbaren selbständigen Rolle als Verfahrensbeteiligter in der Hauptverhandlung, teilweise verbunden mit einer Zweiteilung der Hauptverhandlung (vgl. Vor § 226, 57)[281]. Andere Vorschläge zielen auf eine präzisere Beschreibung der Befugnisse der Gerichtshilfe[282] und der für ihre Einschaltung in Betracht kommenden Verfahren und Fallgruppen[283]. Wichtiger als diese mittel- bis langfristig jedenfalls zum Teil zweifellos wünschenswerten gesetzlichen Maßnahmen erscheint es allerdings, durch einen hinreichenden **personellen Ausbau** der Gerichtshilfe dafür zu sorgen, daß sie bundesweit flächendeckend im erforderlichen Umfang tätig werden kann[284].

[277] Vgl. dazu mit weit. Nachw. *Eisenberg* (Fußn. 133) § 50, 31.

[278] So *Peters*[4] § 26 II 2; *Schlüchter* 77.

[279] RegEntw. EGStGB 1974, BTDrucks. 7 550, S. 300. Die Notwendigkeit einer weiteren gesetzlichen Regelung wird heute im Schrifttum überwiegend bejaht; vgl. z. B. *Kühne* 78; *Roxin*[20] § 10 B III; *Schlüchter* 77; *Bottke* MSchrKrim. **1981** 75; *Renschler-Delcker* 257 ff; a. A *Best* 42 (wegen der im Fluß befindlichen Entwicklung).

[280] Ein umfassender Vorschlag einer gesetzlichen Neuregelung in den §§ 150, 160 Abs. 3 bis 4, § 214 a des AE-StPO-HV; Gesamtvor-

schläge auch bei *Lange* 262 ff; *Hardt* BewHi. **1975** 263; *Rahn* BewHi. **1976** 142; *Renschler-Delcker* 260 ff; *Wolter* GA **1985** 89; vgl. auch *Roxin*[20] § 10 B III; Bundesarbeitstreffen Gerichtshilfe '81, BewHi. **1982** 73 ff.

[281] So z. B. *Wolter* GA **1985** 89; *Rahn* NJW **1976** 839; *Beese* BewHi. **1977** 72; *Bottke* MSchrKrim. **1981** 75.

[282] Vgl. § 150 AE-StPO-HV; für eine Verankerung im GVG z. B. *Hardt* BewHi. **1975** 267; *Lange* 262; vgl. auch *Schlüchter* 77.

[283] Vgl. § 160 Abs. 3, 4 AE-StPO-HV; *Rahn* BewHi. **1976** 142.

[284] Ebenso *Renschler-Delcker* 258.

§ 161

[1]**Zu dem im vorstehenden Paragraphen bezeichneten Zweck kann die Staatsanwalt-schaft von allen öffentlichen Behörden Auskunft verlangen und Ermittlungen jeder Art entweder selbst vornehmen oder durch die Behörden und Beamten des Polizeidienstes vornehmen lassen. [2]Die Behörden und Beamten des Polizeidienstes sind verpflichtet, dem Ersuchen oder Auftrag der Staatsanwaltschaft zu genügen.**

Schrifttum. *Bandemer* Zufallsfunde bei Zollkontrolle — Zweifel in der Zwangslage, wistra **1988** 136; *Beiser* Das österreichische Bankgeheimnis (§ 23 KWG) im Verhältnis zum Ausland, ins-besondere zur Bundesrepublik Deutschland, ÖJZ **1985** 178; *Erdsiek* Persönlichkeitsrecht und be-hördliche Auskunftspflicht, NJW **1960** 616; *Ernesti* Staatsanwaltschaft, Polizei und die Zusammen-arbeit mit den Nachrichtendiensten, ZRP **1986** 57; *Goll* Steuergeheimnis und abgabenrechtliche Offenbarungsbefugnis, NJW **1979** 90; *Greiner* „Sozialgeheimnis" und Strafverfolgungsauftrag, Kriminalistik **1981** 167; *Große/Rösemann* Kollision zwischen Informationsrechten der Strafverfol-gungsbehörden und behördliche Geheimhaltungsvorschriften, Die Polizei **1988** 71; *Hauser* Aktu-elle Fragen zum schweizerischen Bankgeheimnis, JZ **1985** 871; *Hein* Das Bankgeheimnis und seine Grenzen, Kriminalistik **1980** 401; *Hertweck* Staatsanwalt und Schießbefehl, DRiZ **1971** 308; *Hirsch* Probleme des Polizeieinsatzes durch den Staatsanwalt, ZRP **1971** 206; *Holleck* Möglichkei-ten und rechtliche Grundlagen der polizeilichen Fahndung, Diss. Marburg 1978; *Hust* Zum Aus-kunftsrecht der Polizei im Rahmen der Strafverfolgung, NJW **1969** 21; *Jakobs* Ermittlungsverfah-ren wegen Verstoßes gegen das Betäubungsmittelgesetz — Auskunftsverweigerung des Gesund-heitsamtes bei Auskunftsersuchen der Staatsanwaltschaft, JR **1982** 359; *Kaiser* Zukunftsprobleme zwischen Staatsanwaltschaft und Polizeibehörde bei der Verbrechensbekämpfung, NJW **1972** 14; *Kerl* Staatsanwalt und Sozialgeheimnis, NJW **1984** 2444; *Kimmel* Das Bankgeheimnis im Straf-prozeß, Diss. Erlangen-Nürnberg 1982; *Krägeloh* Zur Neuregelung des Sozialgeheimnisses, Ver-waltungsrundschau **1980** 407; *Krey* Grenzen des staatsanwaltschaftlichen Weisungsrechts ge-genüber der Polizei, ZRP **1971** 224; *Krey/Meyer* Zum Verhalten von Staatsanwaltschaft und Poli-zei bei Delikten mit Geiselnahme, ZRP **1973** 1; *Kurth* Zeugnispflicht und Postgeheimnis, NStZ **1983** 541; *Mallmann/Walz* Schutz der Sozialdaten nach dem neuen Sozialgesetzbuch, NJW **1981** 1020; *Meine* Die Reichweite des Verwertungsverbotes nach § 393 Abs. 2 AO, wistra **1985** 186; *Meyer-Teschendorf* Die Amtshilfe, JuS **1981** 187; *Nerz* Die Zusammenarbeit von Staatsanwaltschaft und Kriminalpolizei, Justiz **1958** 228; *Ostendorf* Die Informationsrechte der Strafverfolgungsbe-hörden im Widerstreit mit deren strafrechtlichen Geheimhaltungspflichten, DRiZ **1981** 4; *Pickel* Geheimhaltung und Offenbarung von Daten im Sozialrecht, MDR **1984** 885; *Plonka* Das Bankge-heimnis und das Verfahrensrecht, Die Polizei **1986** 395; *Prost* Bankgeheimnis und neues Straf-prozeßrecht, NJW **1976** 214; *Reiß* Zwang zur Selbstbelastung nach der neuen Abgabenordnung, NJW **1977** 1436; *Reiß* Beschlagnahmebefugnis der Strafgerichte gegenüber Strafgericht und Aus-lieferungs- und Auskunftspflichten der Behörden gegenüber Behörden und Staatsanwaltschaft in Strafverfahren, StrVert. **1988** 31; *Rüster* Rechtsstaatliche Probleme im Grenzbereich zwischen Be-steuerungsverfahren und Strafverfahren, wistra **1988** 49; *Sannwald* Entschädigungsansprüche von Kreditinstituten gegenüber auskunftsuchenden Ermittlungsbehörden, NJW **1984** 2495; *Schatz-schneider* Die Neuregelung des Schutzes von Sozialdaten im Sozialgesetzbuch — Verwaltungsver-fahren —, MDR **1982** 6; *Schnapp* Amtshilfe, behördliche Mitteilungspflichten und Geheimhaltung, NJW **1980** 2165; *Schnigula* Probleme der internationalen Rechtshilfe in Strafsachen bei ausgehen-den deutschen Ersuchen im Bereich der „sonstigen" Rechtshilfe, DRiZ **1984** 177; *Seibert* Zur Zu-lässigkeit der Beschlagnahme von ärztlichen Abrechnungsunterlagen bei den Krankenkassen, NStZ **1987** 398; *Selmer* Steuerrecht und Bankgeheimnis (1981); *Sichtermann* Strafverfahren und Bankgeheimnis, NJW **1968** 1996; *Stober* Auslobung und öffentliches Recht — dargestellt am Bei-spiel der Polizei und Staatsanwaltschaft, DÖV **1979** 853; *Walder* Grenzen der Ermittlungstätig-keit, ZStW **95** (1983) 862; *Weyand* Steuergeheimnis und Offenbarungsbefugnis der Finanzbehör-den im Steuerstraf- und Bußgeldverfahren, wistra **1988** 9; *Ziegler* Die gerichtliche Kontrolle der Geheimhaltungsmittel der Exekutive, ZRP **1988** 25. Weiteres Schrifttum bei den §§ 160, 163.

Entstehungsgeschichte. Die heutige Fassung der Vorschrift entspricht weitgehend wieder dem ursprünglichen Wortlaut. Der ursprüngliche Einschub in Satz 1 „mit

Ausschluß eidlicher Vernehmungen" ist durch Art. 1 Nr. 42 des 1. StVRG wegen des durch das gleiche Gesetz eingefügten § 161 a Abs. 1 Satz 3 gestrichen worden. Die ursprüngliche Bezeichnung „Behörden und Beamten des Polizei- und Sicherheitsdienstes" erhielt ihre heutige Fassung durch die Neubekanntmachung aufgrund des VereinhG. Dieses fügte ferner folgenden Absatz 2 an: „Die Vorschriften der §§ 136 a und 69 Abs. 3 sind anzuwenden." Er wurde durch Art. 4 Nr. 2 StPÄG 1964 wegen des neu eingefügten § 163 a wieder gestrichen. Bezeichnung bis 1924: § 159.

Übersicht

I. Allgemeines

1. Bedeutung und Rechtsnatur

1   **a) Inhalt.** Die Vorschrift bestimmt zusammen mit § 160 und § 163 die Struktur des Ermittlungsverfahrens als eines unter der verantwortlichen Leitung der Staatsanwaltschaft stehenden, ihr eigene Ermittlungen gestattenden, auf objektive Erforschung des Sachverhalts zum Zwecke der Verdachtsklärung (vgl. § 160, 15) gerichteten Verfahrensabschnitts. § 160 regelt dabei namentlich, daß über die allgemeinen Amtshilfsgrundsätze hinaus alle öffentlichen Behörden der Staatsanwaltschaft zur Auskunft verpflichtet sind[1] und dieser der unmittelbare Zugriff auf die Polizeibehörden als ihr „verlängerter Arm" gestattet wird. Durch die Rückverweisung auf § 160 („zu dem im vorbezeichneten Paragraphen bezeichneten Zweck") begrenzt die Vorschrift jedoch diese weitgespannte Ermittlungskompetenz; sie ermächtigt zur Sachverhaltserforschung erst vom Vorliegen eines Anfangsverdachts an (§ 160, 4) und begrenzt sie auf das Erforschungsziel der Verdachtsklärung[2]. Mit der Ermächtigung zur Vornahme von Ermittlungen jeder Art wird der Grundsatz der Freibeweislichkeit und der freien Gestaltung des Ermittlungsverfahrens zum Ausdruck gebracht[3].

b) Rechtsnatur. Die Vorschrift stellt in erster Linie eine **Aufgabenzuweisung** dar; **2** sie enthält grundsätzlich keine Ermächtigung zum Eingriff in grundrechtlich geschützten Rechte, wie beispielsweise Freiheit, Eigentum und Hausrecht des einzelnen (vgl. näher § 160, 3 ff). Sie ist jedoch mindestens auch insoweit **Befugnisnorm**, als sie der Staatsanwaltschaft über das Institut der allgemeinen Amtshilfe hinaus für ihre Ermittlungen die Polizeibehörden zur Verfügung stellt und wohl auch insoweit, als das in ihr enthaltene Auskunftsrecht nicht nur deklaratorisch den allgemeinen Amtshilfegrundsatz wiederholt, sondern eine darüber hinausgehende, gesteigerte Verpflichtung konstitutiv begründet[4]. Schließlich wird man sie auch insoweit als Befugnis- oder Eingriffsnorm ansehen können, als sie gegenüber dem sog. **Recht auf informationelle Selbstbestimmung**[5] als Datenerhebungsnorm anzusehen ist (§ 160, 9) und gegenüber dem generellen Recht des Bürgers auf Geheimhaltung seiner personenbezogenen Daten durch die Behörden den Zugriff der Staatsanwaltschaft gestattet, soweit ihr Erforschungsauftrag reicht und nicht besondere bereichsspezifische Geheimhaltungsvorschriften (näher Rdn. 18 ff) vorgehen[6].

2. Geltungsraum

a) Adressatenkreis. Die durch die Vorschrift eingeräumten Befugnisse stehen der **3** **Staatsanwaltschaft** zu, im Rahmen ihrer gesetzlichen Zuständigkeit (§ 142 Abs. 2 GVG) auch den **Amtsanwälten**; in Steuerstrafsachen (§ 386 Abs. 2 AO) der **Finanzbehörde**, die das Ermittlungsverfahren selbständig führt (§ 399 Abs. 2 AO). Im **Bußgeldverfahren** hat die jeweils zuständige Verwaltungsbehörde die Rechte aus § 161 (§ 46 Abs. 2 OWiG); ob Satz 2 uneingeschränkt gilt, ist streitig[7]. Wegen der Befugnisse des Ermittlungsrichters als **Notstaatsanwalt** s. § 165, 12; wegen der Reichweite des Auskunftsrechts s. Rdn. 14 ff; wegen der durch Satz 2 verpflichteten Behörden und Beamten des Polizeidienstes s. Rdn. 48 f.

b) Zeitliche Geltung. Soweit sich die Vorschrift an die Staatsanwaltschaft und ihr **4** gleichgestellte Strafverfolgungsbehörden richtet, gilt sie für das **Ermittlungsverfahren.**

---

[1] Zur Geltung dieser Auskunftspflicht auch gegenüber dem Gericht vgl. näher Rdn. 8.

[2] Vgl. § 160, 15; aber auch – weitergehend – § 160, 51 ff.

[3] KK-*R. Müller*[2] 1; *Kleinknecht/Meyer*[38] 7; s. zu diesen Grundsätzen näher Vor § 158, 17; § 160, 35.

[4] Vgl. dazu *Eb. Schmidt* 3 mit Nachw. des früheren Schrifttums zur Streitfrage; ferner *Meyer-Teschendorf* JuS **1981** 188 (aufgabenspezifische Bestätigung); näher Rdn. 5.

[5] Vgl. zu diesem aus der Entscheidung des BVerfG zum Volkszählungsgesetz (BVerfGE **65** 1) verbreitet abgeleiteten Begriff u. a., jeweils mit weit. Nachw. *Denninger* KJ **1985** 215; *Rogall* GA **1985** 8 ff; *Simitis* NJW **1984** 394; weit. Nachw. § 160, 4; 9.

[6] Ebenso *Bull* AK-GG, Art. 35, 30; vgl. auch *Schnapp* NJW **1980** 2168; *Simitis* NJW **1986** 2795 ff.

[7] Vgl. mit weit. Nachw. *Göhler*[8] § 53, 20 f; Vor § 59, 60.

Peter Rieß

Nach Erhebung der öffentlichen Klage ist die Staatsanwaltschaft zwar noch zu Ermittlungen befugt (§ 160, 14), ihre Befugnis zu Auskunftsverlangen sowie zur Inanspruchnahme der Polizei richtet sich nunmehr aber nach allgemeinen Amtshilfegrundsätzen[8]. § 161 gilt aber auch während des gerichtlichen Verfahrens für die Staatsanwaltschaft weiter, soweit es sich um die **Vollstreckung** gerichtlicher Entscheidungen handelt, da § 36 Abs. 2 diese Aufgabe auch während der gerichtlichen Verfahrensherrschaft der Staatsanwaltschaft zuweist[9]. § 161 ist wieder uneingeschränkt anwendbar, wenn die Staatsanwaltschaft zur Vorbereitung eines **Wiederaufnahmeantrags** den Sachverhalt erforscht[10]; die Anwendbarkeit endet mit dem Beschluß, der die Wiederaufnahme für zulässig erklärt, weil damit die Verfahrensherrschaft auf das Gericht übergeht[11].

II. Auskunftsverlangen

1. Allgemeines

5   **a) Rechtsnatur.** Ob das Auskunftsverlangen sich bereits aus Art. 35 Abs. 1 GG ableiten läßt oder eine spezifische strafprozeßrechtliche, mit den §§ 54, 96 in Verbindung stehende Sonderregelung darstellt, ist umstritten[12], aber wohl ohne erhebliche praktische Bedeutung. Vorzuziehen dürfte die Auffassung sein, daß es sich um eine mit dem allgemeinen Amtshilfegrundsatz in Verbindung stehende, aber **selbständige Regelung** handelt, die ihre Rechtfertigung in dem das Strafverfahrensrecht beherrschenden Amtsaufklärungsgrundsatz findet[13]. Dem Auskunftsverlangen entspricht eine grundsätzliche **Auskunftspflicht** der Behörden[14]; zu den Ausnahmen und Grenzen s. Rdn. 14 ff.

6   **b) Auskunftsanspruch und Akteneinsicht.** Der Auskunftsanspruch steht in enger Verbindung mit dem Recht der Staatsanwaltschaft auf **Akteneinsicht** und **Aktenvorlage**[15] und läßt sich teilweise als Sonderfall der Akteneinsicht interpretieren. Aus ihm folgt das Recht der Strafverfolgungsbehörden, bei anderen öffentlichen Stellen vorhandene Informationen zu erfahren, soweit sie für die Strafverfolgung von Bedeutung sind. Da in der heutigen Verwaltungswirklichkeit diese Informationen regelmäßig in Akten oder in sonstigen, auch automatisch gespeicherten, Datensammlungen enthalten sind, ist mit dem Auskunftsanspruch notwendig der Zugriff auf den jeweiligen Akteninhalt oder die gespeicherten Daten verbunden.

7   Auskunftsanspruch und Akteneinsichtsrecht **decken sich** jedoch **nicht**. Der Auskunftsanspruch umfaßt auch die Pflicht, behördliches Wissen mitzuteilen, das nicht aktenmäßig gespeichert ist, sowie die Pflicht der ersuchten Behörde, die geforderten Auskünfte erforderlichenfalls aus verschiedenen Akten(teilen) zusammenzustellen und der

---

[8] Möglicherweise **a. A** LR-*Meyer-Goßner*[23] 19.

[9] Vgl. § 36, 17 mit Nachw.; *Benfer* NJW **1981** 1246.

[10] Vgl. § 362, 1; § 364 b, 7.

[11] A. A (Beschluß, der die Erneuerung der Hauptverhandlung anordnet) LR-*Meyer-Goßner*[23] 8; vgl. auch KMR-*Müller* 1; vgl. § 369, 1 ff; 5.

[12] Vgl. mit weit. Nachw. *Eb. Schmidt* 3; ferner *Schulz* GA **1958** 268.

[13] Ebenso BVerfGE **57** 250, 283; BGHSt **29** 109, 112; **30** 34; KK-*R. Müller*[2] 2; *Kleinknecht/Meyer*[38] 1; *Eb. Schmidt* 3; teilw. **a. A**

(Konkretisierung der Amtshilfe) *Ostendorf* DRiZ **1981** 6; *Meyer-Teschendorf* JuS **1981** 188; *Reiß* StrVert. **1988** 36.

[14] OLG Karlsruhe NJW **1986** 145; KK-*R. Müller*[2] 2; *Kleinknecht/Meyer*[38] 1; *Große/Rösemann* Die Polizei **1988** 72; *Erdsiek* NJW **1960** 616; *Jakobs* JR **1982** 360; *Kurth* NStZ **1983** 543; *Ostendorf* DRiZ **1981** 6; *Meyer* JR **1986** 172; einschränkend *Reiß* StrVert. **1988** 36.

[15] Vgl. dazu die Erl. zu § 96; teilw. **a. A** *Reiß* StrVert. **1988** 35 f, nach dem der Aktenvorlageanspruch auch im Ermittlungsverfahren nur gerichtlich durchgesetzt werden kann.

Staatsanwaltschaft aufbereitet mitzuteilen. Die ersuchte Behörde erfüllt deshalb ihre Auskunftspflicht nicht schon dadurch, daß sie nach einem Auskunftsersuchen lediglich die entsprechenden Akten der Staatsanwaltschaft übersendet oder ihr Akteneinsicht gewährt. Jedoch stellt sich das Auskunftsverlangen insoweit als ein **Minus** gegenüber dem Verlangen nach Aktenvorlage dar[16], als die Staatsanwaltschaft, sofern es sich um aktenmäßig gespeicherte Informationen handelt, diese stets den vorzulegenden Akten entnehmen könnte. Aus diesem Verhältnis folgt auch, daß, soweit nicht besondere behördliche Geheimhaltungsvorschriften gelten (dazu Rdn. 18 ff), die Auskunft grundsätzlich nur unter den Voraussetzungen des § 96 verweigert werden darf (Rdn. 15 f).

c) **Zur Auskunft Berechtigte** sind im Ermittlungsverfahren die Staatsanwaltschaft **8** und die ihr gleichgestellten Strafverfolgungsbehörden[17]. Da die Vorschrift jedoch mit dem im gesamten Strafverfahren geltenden Amtsaufklärungsgrundsatz in enger Verbindung steht, gilt sie auch für den **Richter**, soweit dieser die Verfahrensherrschaft hat[18]. Das Auskunftsverlangen nach § 161 steht deshalb auch dem **eröffnenden** (§ 202) und dem **erkennenden Gericht** (§ 244 Abs. 2) zu[19]. Auch der **Ermittlungsrichter** kann, wie sich beispielsweise auch aus § 73 SGB X ergibt, aufgrund § 161 Satz 1 Auskünfte verlangen.

2. Adressaten des Auskunftsanspruchs

a) **Öffentliche Behörden** sind alle Träger der unmittelbaren und mittelbaren **9** Staatsverwaltung im weitesten Sinne, also alle Stellen, die Aufgaben der öffentlichen Verwaltung wahrnehmen[20]. Der Begriff stimmt mit dem in § 96 verwendeten überein[21] und umfaßt hier auch die dort gesondert genannten öffentlichen Beamten. Dazu gehören auch die **Notare**[22], bei denen allerdings die Auskunftspflicht regelmäßig durch das Zeugnisverweigerungsrecht (§ 53 Abs. 1 Nr. 3) begrenzt wird. Öffentliche Behörden sind die Dienststellen des Bundes, der Länder, der Gemeinden und der sonstigen Gebietskörperschaften[23], ferner beispielsweise die Bundespost und die Bundesbahn, öffentlich-rechtliche Körperschaften mit eigener Rechtspersönlichkeit, die einer staatlichen Aufsicht unterliegen, wie die Sozialversicherungsträger, aber, in wenigstens sinngemäßer Anwendung der Vorschrift, auch die Parlamente. Wegen weiterer Einzelheiten s. § 96, 7 ff. Die Vorschrift bezieht sich nur auf **inländische Behörden**, zu denen auch die Auslandsvertretungen der Bundesrepublik Deutschland gehören.

Zur Auskunft verpflichtet ist die jeweils für die einzelne Sache konkret **sachlich 10 und örtlich zuständige Behörde**, an die die Staatsanwaltschaft ihr Auskunftsersuchen **unmittelbar** richtet[24]. Bei Zweifeln über die Zuständigkeit umfaßt das Auskunftsrecht auch Aufklärung hierüber; insoweit kann die Staatsanwaltschaft auch eine Auskunft der jeweils vorgesetzten Behörde verlangen. Eine ersuchte Behörde kann auch um Weitergabe des Ersuchens an die zuständige Behörde gebeten werden.

---

[16] Vgl. näher § 96, 2; 18.

[17] S. Rdn. 3; zu den Auskunftsmöglichkeiten der Polizei als Strafverfolgungsbehörde s. § 163, 34.

[18] KK-*R. Müller*[2] 2; *Kleinknecht/Meyer*[38] 1; vgl. ferner *Ostendorf* DRiZ **1981** 6; teilw. a. A *Reiß* StrVert. **1988** 33 ff, der das Gericht auf § 95 verweist.

[19] BGHSt **30** 34; std. Rspr.; weitere Nachw. bei § 96, 18 Fußn. 31.

[20] Vgl. § 4 Abs. 1 in Vbdg. mit § 1 Abs. 4 Verw-

VfG; wegen der Kirchen und öffentlich-rechtlichen Religionsgemeinschaften s. Rdn. 13.

[21] Vgl. auch § 256, 7 ff.

[22] Vgl. dazu zweifelnd *Amelung* DNotZ **1984** 195, 217 (der aber allein auf die Behördeneigenschaft und auf die allgemeine Amtshilfepflicht abstellt).

[23] Vgl. zu den Gesundheitsämtern *Jakobs* JR **1982** 362.

[24] KK-*R. Müller*[2] 3.

11   b) Auch **Gerichte und Staatsanwaltschaften** sind nach § 161 auskunftspflichtige Behörden. Für die Staatsanwaltschaft ergibt sich dies schon aus dem allgemeinen Behördenbegriff; für Gerichte kann, auch soweit sie rechtsprechende Tätigkeit ausüben, nach dem Zweck der Vorschrift nichts anderes gelten[25]. Die Vorschrift gilt also auch für Auskunftsersuchen an andere Staatsanwaltschaften und an Strafgerichte nach dem Sachstand oder sonstigen Daten anderer Strafverfahren; insoweit sind auch die Auskunftsgrenzen (Rdn. 14 ff) zu beachten[25a], wenn auch die Sperrerklärung nach § 96 in der Praxis nicht häufig in Betracht kommen wird (s. aber § 163, 60; § 199, 15). Dies gilt allerdings nicht für **Auskunftsersuchen, die das jeweilige Verfahren** betreffen, etwa solche der Staatsanwaltschaft an das Gericht nach Klageerhebung oder der vorgesetzten Staatsanwaltschaft an die, die das Verfahren betreibt; insoweit kommt eine Auskunftsverweigerung nicht in Betracht. Wieweit die Auskunftsbefugnis den Zugriff auf der Strafverfolgung dienende **Verbunddateien** ermöglicht, ist zweifelhaft[26].

12   c) Gegenüber **Polizeibehörden** richtet sich der Auskunftsanspruch nach § 161 mit seinen Grenzen, soweit es sich um **präventivpolizeiliche Erkenntnisse** handelt. Gleiches gilt grundsätzlich für polizeiliche Auskünfte aus **anderen Strafverfahren**[27]; jedoch darf die Polizei diese Auskünfte nicht verweigern, wenn die für das andere Ermittlungsverfahren zuständige (andere) Staatsanwaltschaft der Auskunftserteilung zustimmt; das folgt aus der Leitungsbefugnis der Staatsanwaltschaft für das Ermittlungsverfahren. Dagegen fällt das **Auskunftsverlangen** der Staatsanwaltschaft an die **wegen der konkreten Tat** ermittelnde Polizei nicht unter § 161 Satz 1, sondern unter Satz 2, ggf. in Vbdg. mit § 163 Abs. 2 Satz 1, § 152 Abs. 1 GVG[28]; es ist also grundsätzlich uneingeschränkt Auskunft zu erteilen. Zur Frage, ob die Polizei in konkreten Verfahren eine Sperrerteilung nach § 96 herbeiführen kann, s. § 163, 60.

13   c) Gegenüber **Privatpersonen** hat die Staatsanwaltschaft ebenfalls die Möglichkeit, schriftliche Auskünfte zu erbitten; auch gegenüber Unternehmen, wie beispielsweise Banken oder gegenüber privaten Krankenanstalten. Gleiches gilt gegenüber **Kirchen und Religionsgemeinschaften**, selbst wenn sie rechtlich öffentlich-rechtliche Körperschaften sind; denn auch insoweit nehmen sie keine staatlichen Aufgaben wahr[29]. Rechtsgrundlage hierfür ist aber nicht der nur gegenüber öffentlichen Behörden bestehende Auskunftsanspruch des § 161 Satz 1, sondern die allgemeine Ermittlungsbefugnis der Staatsanwaltschaft. Privatpersonen sind daher rechtlich **nicht zur Auskunft verpflichtet**, sondern lediglich zur mündlichen Aussage als Zeuge (§§ 47 ff; § 161 a)[30]. Zulässig ist es aber, daß die Staatsanwaltschaft bei einem Auskunftsersuchen auf die sonst notwendige Zeugenvernehmung und ggf. auch auf die Möglichkeit des Herausgabeverlangens (§ 95)[31], der Durchsuchung oder Beschlagnahme hinweist[32].

---

[25] Ebenso (zu Art. 35 GG) *v. Münch/Gubelt* GG² Art. 35, 3; *Bull* AK-GG, Art. 35, 22.

[25a] A. A LR-*Lüderssen* § 147, 57 ff.

[26] S. näher § 160, 65; vgl. auch § 163, 94 ff.

[27] Wohl **a. A** (§ 161 Satz 1 im Verhältnis Staatsanwaltschaft zur Strafverfolgungstätigkeit der Polizei generell nicht anwendbar) *Geißer* GA **1983** 392.

[28] *Kleinknecht/Meyer*³⁸ 1 a. E; *Füllkrug* ZRP **1984** 195.

[29] Vgl. *Maunz/Dürig*, Art. 140 (Art. 137 WRV, 12); *v. Münch/Gubelt* GG² Art. 35, 3.

[30] LG Frankfurt NJW **1954** 688 mit Anm. *Sichtermann*; LG Hof NJW **1968** 65; *Kleinknecht/Meyer*³⁸ 2; KMR-*Müller* 3.

[31] Zur Streitfrage, ob die Staatsanwaltschaft Herausgabe nach § 95 verlangen kann, vgl. mit Nachw. § 95, 9; ferner § 161 a, 9.

[32] *Kleinknecht/Meyer*³⁸ 2, sowie insbes. zur sog. Bankauskunft auch *Selmer* 77 ff; vgl. auch Rdn. 28.

3. Grenzen des Auskunftsanspruchs

a) Allgemeines. Übersicht. Der Gedanke, daß es nicht das Ziel des Strafverfah- **14** rens sei, daß die Wahrheit um jeden Preis erforscht wird[33], beschränkt auch den Auskunftsanspruch der Staatsanwaltschaft und die Auskunftspflicht des Adressaten. Allerdings stehen die allgemeine **Pflicht zur Amtsverschwiegenheit** und die grundsätzliche Geheimhaltungspflicht nach §30 VwVfG[34] **der Auskunftspflicht nicht** entgegen[35]; ebensowenig das Datengeheimnis nach §9 BDSG[36], und die sich aus dem sog. Volkszählungsurteil und einem allgemeinen „**Recht auf informationelle Selbstbestimmung**" ergebende Verpflichtung; insoweit stellt §161 Satz 1 eine ausreichende Rechtsgrundlage für die Auskunftspflicht und damit verbunden gegenüber demjenigen, um dessen Daten es geht, für die Offenbarungsbefugnis dar[37]. Dagegen schränken besondere bereichsspezifische Geheimhaltungsvorschriften die Auskunftspflichten ein (näher Rdn. 18); soweit sie reichen, begrenzen sie zugleich die Verpflichtung zur Aktenvorlage[38] und zur Aussage. Davon unabhängig ergeben sich Grenzen der Auskunftspflicht aus §96 sowie aus dem Verhältnis von Auskunftsersuchen, Zeugnispflicht und Beschlagnahmemöglichkeit.

b) Sperrerklärung nach §96. Soweit die Voraussetzungen des §96 einer Aktenvor- **15** lage entgegenstehen, begründen sie auch ein Auskunftsverweigerungsrecht[39]. Voraussetzung ist, daß nach der Entscheidung der obersten Dienstbehörde, zu deren Geschäftsbereich die ersuchte Behörde gehört, das Bekanntwerden dem Wohl des Bundes oder eines deutschen Landes Nachteile bereiten würde (wegen der Einzelheiten s. §96, 25 ff). Dabei kommt es bei Auskunftsersuchen allein auf das Bekanntwerden der erbetenen Auskunft gegenüber der Strafverfolgungsbehörde an; die Voraussetzungen brauchen deshalb noch nicht gegeben zu sein, wenn der Vorlage der gesamten Akten der Versagungsgrund schon entgegenstehen würde. Gegebenenfalls ist die **Auskunft** auf die Informationen **zu beschränken**, bei denen der Versagungsgrund nicht vorliegt; damit dadurch kein unzutreffendes Bild entsteht, muß auf die Unvollständigkeit hingewiesen werden[40].

Nur die **oberste Dienstbehörde** darf die Auskunft nach §96 sperren[40a]; es ist **16** Sache der ersuchten Behörde, deren Sperrerklärung herbeizuführen, wenn sie es für geboten hält[40b]. Die Staatsanwaltschaft kann also das Auskunftsersuchen auch dann an die zuständige nachgeordnete Behörde richten, wenn sie mit der Möglichkeit einer Sperrerklärung rechnet. Über die Entscheidungsmöglichkeiten bei Meinungsverschiedenheiten s. Rdn. 30.

---

[33] BGHSt **14** 365; näher Einl. Kap. 14 1 f.

[34] Vgl. dazu mit weit. Nachw. *Meyer* JR **1986** 172.

[35] OLG Karlsruhe NJW **1986** 145 (Personal- und Dienstakte); KK-*R. Müller*² 4; *Kleinknecht/Meyer*³⁸ 1.

[36] Vgl. §45 Satz 2 Nr. 3 BDSG; ebenso KK-*R. Müller*² 4; *Kleinknecht/Meyer*³⁸ 1; *Ernesti* NStZ **1983** 58; *Große/Rösemann* Die Polizei **1988** 74 f; *Ostendorf* DRiZ **1981** 4; vgl. auch *Meyer-Teschendorf* JuS **1981** 191.

[37] Vgl. Rdn. 2 und §160, 9; ferner OLG Karlsruhe NJW **1986** 145; vgl. ferner *Schnapp* NJW **1980** 2168.

[38] Vgl. §96, 20.

[39] BVerfGE **57** 250, 282; BGHSt **30** 34; KK-*R. Müller*² 4; *Kleinknecht/Meyer*³⁸ 1; weit. Nachw. §96, 18 sowie (zum behördlich geheimgehaltenen Zeugen) §96, 19; 30 f; vgl. auch §163, 60 und Rdn. 12.

[40] Zur Begründung der (auch nur teilweisen) Versagung vgl. BGHSt **29** 112; *Kleinknecht/Meyer*³⁸ 1; §96, 40 f mit weit. Nachw.; vgl. auch BVerfGE **57** 250, 281 ff.

[40a] BGH NStZ **1987** 518 f; StrVert. **1988** 46; KK-*R. Müller*² 3; *Kleinknecht/Meyer*³⁸ 1; *Erdsiek* NJW **1960** 416; näher §96, 43 f; a. A. *Ostendorf* DRiZ **1981** 6 (Dienstvorgesetzter).

[40b] KK-*R. Müller*² 3; *Eb. Schmidt* 3.

Peter Rieß

17   **c) Strafprozessualer Geheimnisschutz.** Soweit die Behörde Auskünfte aus Unterlagen erteilen müßte, die nach § 97 nicht beschlagnahmt werden dürften, besteht auch kein Auskunftsanspruch[40c]. Eine Auskunftspflicht der ersuchten Behörde besteht regelmäßig auch insoweit nicht, als deren Wissen auf den Mitteilungen von Personen beruht, die gegenüber dieser Behörde zu dieser Auskunft rechtlich verpflichtet waren. In diesen Fällen steht der Verwertung im Strafverfahren ein Verwertungsverbot entgegen[41]. Es ist nicht der Sinn der Auskunftspflichten, Erkenntnisse zu erlangen, die die Staatsanwaltschaft mit Hilfe von Zeugenvernehmungen nicht gewinnen und in Verfahren nicht verwerten darf. Über die Zulässigkeit des Auskunftsersuchens entscheidet in diesen Fällen die Staatsanwaltschaft als ersuchende Behörde; die ersuchte ist hieran ebenso gebunden wie deren oberste Dienstbehörde[42]. Diese Einschränkung gilt aber nicht, soweit besondere bereichsspezifische Geheimhaltungsvorschriften die Auskunftspflicht begrenzend regeln[43]; in solchen Fällen richtet sich der Auskunftsanspruch nach diesen besonderen Vorschriften.

4. Besondere bereichsspezifische Geheimhaltungsvorschriften

18   **a)** Für das **Post- und Fernmeldegeheimnis** (Art. 10 GG) sehen die §§ 99 bis 101 Einschränkungen aus strafprozessualen Gründen vor[44]. Eine weitere Auskunftspflicht ergibt sich aus § 12 FAG (s. § 99, 41 ff). Im Regelungsbereich dieser Vorschriften ist das allgemeine Auskunftsrecht nach § 161 Satz 1 gegenüber der Post ausgeschlossen (§ 99, 46). Zweifelhaft und wohl eher zu verneinen ist, ob dies auch gilt, wenn das Auskunftsersuchen nur zur Vorbereitung einer Postbeschlagnahme dienen soll, etwa um festzustellen, ob an bestimmte Personen Sendungen unter einer Identifizierungsnummer ausgehändigt werden (Postlagerkarten). Eine Auskunftspflicht der Post nach § 161 dürfte zur Vorbereitung der Anordnung einer Fernmeldeüberwachung auch über die Fernsprechanschlüsse solcher Personen bestehen, die nicht in den öffentlichen Teilnehmerverzeichnissen eingetragen sind[44a].

19   Die **Postbankdienste** (Postgiroverkehr und Postsparkassendienst) unterliegen nicht dem Post- und Fernmeldegeheimnis[45]; es besteht wie beim sog. Bankgeheimnis (Rdn. 27) eine uneingeschränkte Auskunftspflicht für die bei den Postgiro- und Postsparkassenämtern befindlichen Unterlagen. Durch das Postgeheimnis geschützt ist lediglich die Beförderung von Postgiro- und Postsparkassenbriefen bis zum Eingang bei diesen Dienststellen.

[40c] KK-*R. Müller*[2] 6; *Kleinknecht/Meyer*[38] 1; vgl. auch *Ostendorf* DRiZ **1981** 10 (zu Zeugnisverweigerungsrechten).

[41] Vgl. dazu die sog. Gemeinschuldnerentscheidung BVerfGE **65** 37 und umfassend mit weit. Nachw. *K. Schäfer* FS Dünnebier 11 ff; ferner Einl. Kap. 14 29 ff; *Dingeldey* NStZ **1984** 529; vgl. auch OLG Hamburg NJW **1985** 2541 = JR **1986** 167 mit Anm. *Meyer* (Angaben eines Asylbewerbers).

[42] Vgl. § 96, 22; a. A für das Auskunftsersuchen der Staatsanwaltschaft wohl *Reiß* StrVert. **1988** 36, der die Staatsanwaltschaft in solchen Fällen auf einen nach § 162 herbeizuführenden Gerichtsbeschluß verweist.

[43] Z. B. §§ 30, 393 Abs. 2 AO, §§ 67 ff SGB X.

[44] Vgl. insgesamt die Übersicht über die Grenzen § 99, 1 bis 13.

[44a] Zum Umfang des Schutzbereichs des Fernmeldegeheimnisses, das nur unter den Voraussetzungen der §§ 100 a, 100 b durchbrochen werden darf und das über den Schutz des Gesprächsinhalts hinausgeht, vgl. § 100 a, 3 sowie BGHSt **35** 32 = NStZ **1988** 142 mit Anm. *Dörig* (Zählervergleichseinrichtung).

[45] LG Frankfurt NJW **1980** 1478 = JR **1980** 317 mit Anm. *Solbach; Kleinknecht/Meyer*[38] 3; LK-*Schäfer* § 354, 41; *Kurth* NStZ **1983** 541; *Plonka* Die Polizei **1986** 396; *Burchardi/Klempahn/Wetterich* 305; a. A *von Oppeln-Bronikowski* ArchPrR **1981** 181; vgl. auch BGH(Z) NJW **1980** 2353 (zur haftungsrechtlichen Behandlung des Postgiroverkehrs).

b) Das **Steuergeheimnis** steht nach §30 Abs. 1 AO grundsätzlich einer Aus- **20** kunftspflicht entgegen; es umfaßt alle Erkenntnisse, die im Verwaltungsverfahren oder gerichtlichen Verfahren wegen einer Steuerfestsetzung oder bei damit zusammenhängenden Ermittlungen gewonnen worden sind (§30 Abs. 2 AO). Wegen der Einzelheiten ist auf die Kommentare zur Abgabenordnung zu verweisen[46]. Das Auskunftsrecht nach §161 Satz 1 ist keine die Offenbarung gestattende ausdrückliche gesetzliche Regelung im Sinne des §30 Abs. 4 Nr. 2 AO[47]. Das Steuergeheimnis entfällt, wenn die von ihm Geschützten zustimmen; soweit die Staatsanwaltschaft eine solche Zustimmung herbeiführt, ist die jeweilige Behörde uneingeschränkt zur Auskunft verpflichtet[48]. Eine Auskunftspflicht besteht ferner grundsätzlich für Erkenntnisse, die von der Finanzbehörde nicht im Besteuerungsverfahren, sondern im Steuerstraf- und Steuerbußgeldverfahren gewonnen worden sind (§30 Abs. 4 Nr. 4 Buchst. a)[49].

Eine **Durchbrechung des Steuergeheimnisses** u. a. auch für Zwecke der Strafver- **21** folgung sieht §30 Abs. 4 vor; insoweit besteht auch eine Auskunftspflicht[50]. Das gilt uneingeschränkt für Steuerstraftaten und Steuerordnungswidrigkeiten (§30 Abs. 4 Nr. 1 in Vbdg. mit Abs. 2 Nr. 1 Buchst. b) sowie nach §30 Abs. 4 Nr. 5 AO für andere Strafta- ten, an deren Verfolgung ein zwingendes öffentliches Interesse besteht. Die Vorschrift zählt regelbeispielhaft („namentlich") Verbrechen und vorsätzliche schwere Vergehen gegen Leib und Leben oder gegen den Staat und seine Einrichtungen sowie bestimmte Wirtschaftsstrafen auf[51]. Nach §393 Abs. 2 AO, dessen Verfassungsmäßigkeit bezweifelt wird[52], gilt die Verwertbarkeit und damit wohl auch das Auskunftsrecht für andere als Steuerstraftaten in dem in §30 Abs. 4 Nr. 5 AO bezeichneten Umfang auch dann, wenn die Erkenntnisse auf Mitteilungen beruhen, die der Steuerpflichtige in Unkennt- nis der Einleitung eines Steuerstrafverfahrens in Erfüllung steuerrechtlicher Pflichten offenbart hat. Uneingeschränkt zulässig ist ferner gegenüber den Strafverfolgungsbe- hörden die Offenbarung vorsätzlicher falscher Angaben in Besteuerungsverfahren[53]. Auch soweit eine gesetzliche Offenbarungsbefugnis besteht, ist der Verhältnismäßig- keitsgrundsatz zu berücksichtigen[54].

---

[46] Vgl. ferner *Franzen/Gast/Samson* Steuer- strafrecht[3] (1985) §393, 67 AO; *Goll* NJW **1979** 90; ferner *Hetzer* NJW **1985** 2993.

[47] *Tipke/Kruse* AO, §30, 50; *Goll* NJW **1977** 91 Fußn. 19; *Meyer-Teschendorf* JuS **1981** 191; vgl. KK-*R. Müller*[2] 10; *Kleinknecht/ Meyer*[38] 5.

[48] Einzelheiten u. a. bei *Goll* NJW **1979** 92; enger z. B. *Tipke/Kruse* AO §30, 54 (Ent- scheidung nach pflichtgemäßem Ermessen).

[49] KK-*R. Müller*[2] 10; *List* DRiZ **1977** 7; vgl. auch §393 Abs. 2 AO; ferner (zur Behand- lung nicht steuer- und zollstrafrechtlicher Zufallsfunde durch die Zollfahndung) *Ban- demer* wistra **1988** 136; *Kniffka* wistra **1987** 312 f.

[50] Zur Entstehungsgeschichte der die frühere Generalklausel in §22 RAO ersetzenden Vorschrift vgl. näher *Goll* NJW **1979** 90; zur umstrittenen Reichweite des früheren §22 AO vgl. z. B. kontrovers *Brenner* DRiZ **1976** 40; *Rößler* DRiZ **1976** 209.

[51] Wegen der Einzelheiten und Abgrenzungen vgl. u. a. *Franzen/Gast/Samson* (Fußn. 46) §393, 76 ff AO; *Goll* NJW **1979** 94; ferner *Tipke/Kruse* AO §30, 62 ff; *Weyand* wistra **1988** 9; vgl. auch (zur Offenbarungsbefugnis bei Anfangsverdacht nichtsteuerliche Straf- taten) BGH(Z) NJW **1982** 1648.

[52] Vgl. *Franzen/Gast/Samson* (Fußn. 46) §393, 69 mit Nachw.; *Reiß* NJW **1977** 1436; *Rogall* ZRP **1975** 278; zur Problematik auch aus- führlich mit Nachw. *K. Schäfer* FS Dünnebier 18 ff; ferner, auch zur allgemeinen Reich- weite *Meine* wistra **1985** 186; *Rüster* wistra **1988** 49.

[53] Dazu kritisch *Goll* NJW **1979** 969; vgl. zur Reichweite bei einer Denunziation auch BFH NJW **1985** 2440 und dazu *Hetzer* NJW **1985** 2991.

[54] LG Bremen NJW **1981** 592, das (wohl zu weitgehend) dem §30 Abs. 4 AO subsidiären Charakter beilegt; vgl. aber auch *Tipke/Kruse* AO §30, 46.

Peter Rieß

22　　**c) Sozialgeheimnis.** § 35 SGB I verpflichtet die Leistungsträger sowie die ausdrücklich genannten gleichgestellten Behörden (§ 35 Abs. 1 Satz 2 SGB I), zu denen die Ge-
sundheitsämter regelmäßig nicht gehören[55], zur Wahrung des Sozialgeheimnisses; er
schließt Auskunfts- und Vorlagepflichten ausdrücklich aus (§ 35 Abs. 3 SGB I), soweit
die Offenbarung nicht nach den Vorschriften der §§ 67 bis 77 SGB X zulässig ist[56]. Der
Auskunftsanspruch nach § 161 Satz 1 besteht nur im Rahmen der grundsätzlich abschließenden Regelung in den §§ 67 bis 77 SGB X. Diese differenziert, soweit es um eine
Offenbarung zu Zwecken der Strafverfolgung geht, teilweise nach der Art der zu offen-
barenden Daten, teilweise nach dem Verfahrensgegenstand und stellt generell die Aus-
kunftpflicht der Träger des Sozialgeheimnisses unter den Vorbehalt einer richterlichen
Anordnung (§ 73 SGB X)[57].

23　　Die Offenbarung ist **uneingeschränkt zulässig**, soweit der Betroffene (grundsätzlich schriftlich) **einwilligt** (§ 67 Abs. 1 Satz 1 SGB X). Die Sozialbehörden sind gegenüber
der Staatsanwaltschaft zur Auskunft verpflichtet, wenn diese die Einwilligung herbeiführt; dabei steht eine mündliche Erklärung, die der Betroffene bei seiner Vernehmung
nach Belehrung (§ 67 Abs. 2 SGB X) abgibt und die protokolliert wird (§ 168 b Abs. 2)
einer schriftlichen Einwilligung gleich. Ob der Staatsanwaltschaft im Wege der **Amtshilfe** über die in **§ 68 Abs. 1** genannten Daten[58] unter Beachtung der in dieser Vorschrift
genannten Grenzen ohne richterliche Anordnung Auskunft zu erteilen ist, ist umstritten[59]. Ebenfalls umstritten ist, ob eine der Offenbarungsbefugnis nach **§ 69 Abs. 1 Nr. 1
SGB X** entsprechende Auskunftsverpflichtung ohne richterliche Anordnung besteht,
wenn die Verfolgung einer mit Sozialleistungen in Zusammenhang stehenden Straftat
(z. B. Betrug durch Erschleichung von Sozialleistungen, ggf. Verletzung der Unterhaltspflicht gemäß § 170 b StGB) in Betracht kommt[60]. Auf Strafverfahren wegen Verletzung der Unterhaltspflicht nach § 170 b StGB ist **§ 74 SGB X** nicht anzuwenden[61]. Soweit § 72 SGB X die Übermittlung von Daten an das Bundeskriminalamt gestattet, betrifft dies nur dessen präventive Aufgaben[62].

24　　Im übrigen ist **die Offenbarung** von Sozialdaten nach richterlicher Anordnung
(Rdn. 25) gemäß § 73 SGB X **zulässig**. Danach dürfen bei Verbrechensverdacht alle
Daten (vgl. aber § 76 SGB X) offenbart werden, bei Vergehensverdacht nur die Angaben
über Vor- und Familiennamen, Geburtsdatum, Geburtsort, derzeitige und frühere An-

---

[55] Vgl. näher *Jakobs* JR **1982** 362; vgl. aber
auch LG Braunschweig NStZ **1986** 472
(amtsärztliches Attest).

[56] Mit der Neufassung des § 35 SGB I und der
Einführung der §§ 67 ff SGB X durch Gesetz
v. 18. 10. 1980 (BGBl. I 1469) ist die frühere
Kontroverse, ob § 35 SGB I a. F der Aus-
kunftpflicht nach § 161 entgegenstand (vgl.
dazu LG Darmstadt NJW **1978** 901; LG Düsseldorf NJW **1978** 903; LG Wuppertal NJW
1978 902; *Walter* NJW **1978** 868; *Schnapp*
NJW **1980** 2169 mit weit. Nachw.) überholt;
zur Entstehungsgeschichte der Neufassung
s. u. a. *Krägeloh* VerwRdSch. **1980** 407; *Mall-
mann/Walz* NJW **1981** 1020.

[57] Vgl. i. E. die Gesamtdarstellungen bei *Greiner* Kriminalistik **1981** 167; *Mallmann/Walz*
NJW **1981** 1020; *Kerl* NJW **1984** 2444; *Pickel*
MDR **1984** 885; *Schatzschneider* MDR **1982**
6; zur Frage der Herausgabe und Beschlag-

nahmefähigkeit von Patientenunterlagen im
Verfahren gegen den Arzt *Seibert* NStZ **1987**
398.

[58] Vor- und Familienname, Geburtsdatum, Geburtsort, derzeitige Anschrift und Name und
Anschrift des derzeitigen Arbeitgebers.

[59] Bejahend KG JR **1985** 25 (auch die Ausnahme schutzwürdiger Belange steht im
Strafverfahren regelmäßig nicht entgegen);
LG Verden StrVert. **1986** 429; KK-*R. Müller*[2]
9; *Kleinknecht/Meyer*[38] 6; *Schlüchter* 491.1;
zum Streitstand näher *Sabel* SGB, § 68 Anm.
6 ff; vgl. auch OLG Köln VRS **64** 198.

[60] Bejahend *Kleinknecht/Meyer*[38] 6; *Kerl* NJW
1984 2444; verneinend LG Hamburg NJW
1984 1570.

[61] LG Hamburg NJW **1984** 1570; *Greiner* Kriminalistik **1981** 168 Fußn. 14; **a. A** LG Stade
MDR **1981** 906; *Schlüchter* 396 Fußn. 32 b.

[62] *Schatzschneider* MDR **1982** 8.

schriften, derzeitige und frühere Arbeitgeber sowie über erbrachte und demnächst zu erbringende Geldleistungen. Ein Zusammenhang des Vergehens mit der Erfüllung sozialgesetzlicher Aufgaben braucht nicht zu bestehen[63]. Die Angaben unterliegen einer **Verwendungsbeschränkung** für die Tat, wegen derer sie offenbart worden sind (§78 SGB X); sollen sie zur Strafverfolgung wegen einer anderen Tat genutzt werden, bedarf es einer erneuten isolierten richterlichen Anordnung[64]. Die auskunftspflichtige **Sozialbehörde** ist an die richterliche Anordnung **gebunden**; sie kann nicht geltend machen, daß überhaupt kein Anfangsverdacht oder, wenn eine über §73 Nr. 2 SGB X hinausgehende Auskunft verlangt wird, nur solcher eines Vergehens bestehe, oder daß die Auskunft zur Aufklärung des Sachverhalts nicht erforderlich sei[65] oder daß schutzwürdige Belange des Betroffenen (§68 Abs. 1 Satz 1 SGB X) beeinträchtigt würden[66]. Es ist gerade der Sinn der richterlichen Anordnung, eine ausreichende Prüfung dieser Fragen innerhalb des Strafverfahrens zu gewährleisten, zu der die Sozialversicherungsbehörden regelmäßig ohnehin nicht in der Lage wären.

Für die **richterliche Anordnung** der Offenbarung ist in Ermittlungsverfahren der **25** Ermittlungsrichter nach §162 zuständig; die Anordnung setzt daher regelmäßig einen Antrag der Staatsanwaltschaft voraus. Bedarf die Polizei für ihre Ermittlungen im Rahmen des §163 solcher Auskünfte, so hat sie regelmäßig die Staatsanwaltschaft zu unterrichten; nur (in diesem Fall kaum vorstellbar) bei Eilbedürftigkeit kann sie sich nach §163 Abs. 2 Satz 2 unmittelbar an den Richter wenden, der dann ggf. nach §165 als Notstaatsanwalt tätig werden muß[67]. Es bleibt der Staatsanwaltschaft überlassen, ob sie beim Ermittlungsrichter lediglich die Auskunftsanordnung beantragt und nach ihrem Vorliegen die Sozialbehörde selbst um Auskunft ersucht, oder ob sie beantragt, daß der Richter die Auskunft selbst einholt. In beiden Fällen zielt der Antrag nicht nur auf eine richterliche Ermittlungshandlung, sondern auf die Anordnung einer richterlichen Zwangsmaßnahme (vgl. §162, 8); der Richter hat deshalb auch zu prüfen, ob der Anfangsverdacht einer die Auskunft rechtfertigenden Straftat vorliegt[68]; seiner Prüfung unterliegt aber nicht die Notwendigkeit und Zweckmäßigkeit des Auskunftsersuchens.

d) **Weitere Geheimhaltungsvorschriften** für alle Strafverfahren enthalten ferner **26** §16 des **Bundesstatistikgesetzes** sowie beschränkt auf Steuerstraf- und Steuerordnungswidrigkeitsverfahren §27 Abs. 2 des **Bundesimmissionsschutzgesetzes**. Eine Auskunft aus dem **Bundeszentralregister** kann der Staatsanwalt nur dann nicht verlangen, wenn das umfassende Auskunftsverbot des §45 Abs. 2 Satz 2 BZRG entgegensteht. Die Schweigepflicht nach §9 des **Gesetzes über das Kreditwesen** steht dem Auskunftsverlangen der Staatsanwaltschaft nach §161 **nicht** entgegen; da §9 Abs. 1 lediglich unbefugte Offenbarung verbietet und §161 Satz 1 die rechtliche Grundlage für eine Offenbarungsbefugnis darstellt[69]. Die Sonderregelung des §9 Abs. 2 betrifft in Satz 1 lediglich das Besteuerungsverfahren und in Satz 2 allein die Verfolgung von Steuerstraftaten. Auch die melderechtlichen Vorschriften des **Melderechtsrahmengesetzes** stehen einer Auskunft

---

[63] LG Frankfurt NJW **1988** 84 (Betrugsverdacht und Feststellung der finanziellen Leistungsfähigkeit).

[64] *Kleinknecht/Meyer*[38] 6 a. E; *Alsberg/Nüse/ Meyer* 475.

[65] **A. A** *Schatzschneider* MDR **1982** 9, der eine „zumindest eingeschränkte Schlüssigkeitsprüfung" verlangt; vgl. auch *Kerl* NJW **1984** 2444 für die von ihm für zulässig gehaltene Offenbarung ohne richterliche Anordnung.

[66] *Krägeloh* VerwRdsch. **1980** 410 Fußn. 29.

[67] *Greiner* Kriminalistik **1981** 168.

[68] LG Verden StrVert. **1986** 428 (im einzelnen zu weitgehend, auch Erforderlichkeit).

[69] Im Ergebnis ebenso *Schneider* Kreditwesengesetz[3] (1986) §9, 3; a. A möglicherweise *Ostendorf* DRiZ **1981** 7.

Peter Rieß

zu Zwecken der Strafverfolgung nicht entgegen[70]. **Landesrechtliche Geheimhaltungs-vorschriften** können wegen des Vorrangs des Bundesrechts (Art. 31 GG) die Auskunfts-befugnis der Staatsanwaltschaft nicht beschränken.

27   **e)** Im Strafverfahren besteht **kein Bankgeheimnis.** Das entspricht inzwischen völ-lig gesicherter Auffassung[71]; es gilt auch für Steuerstrafverfahren, auch soweit der sog. Bankerlaß[72] für das Besteuerungsverfahren die Auskunftsbefugnisse der Finanzbehör-den einschränkt[73]. Soweit Auskunfts-, Aussage- und Herausgabepflichten bestehen, können sie nicht unter Berufung auf ein Bankgeheimnis verweigert werden. Das gilt auch für die **Postbankdienste** der Deutschen Bundespost (Rdn. 19).

28   Eine **Auskunftspflicht** gemäß § 161 besteht nach ganz h. M, soweit es sich um Be-hörden, also öffentlich-rechtliche Kreditinstitute handelt (z. B. Bundespost, Deutsche Bundesbank, Landesbanken, Landeszentralbanken)[74]. Dazu wird man auch die re-gelmäßig öffentlich-rechtlich organisierten Sparkassen rechnen müssen[75]. Ob diese Auskunftspflicht auch dann besteht, wenn sie nicht hoheitlich oder in Wahrnehmung staatlicher Daseinsvorsorge, sondern im Rahmen allgemeiner Bankgeschäfte tätig wer-den, ist nicht unzweifelhaft[76]. Private Kreditinstitute sind zu einer schriftlichen Aus-kunft gegenüber der Staatsanwaltschaft und dem Ermittlungsrichter nicht verpflich-tet[77], können aber solche Auskünfte ohne Verstoß gegen ihre zivilrechtliche Geheimhal-tungspflicht erteilen, weil sie nach § 95 zur Herausgabe der Unterlagen und ihre Mitar-beiter zur Aussage als Zeugen verpflichtet sind. Teilweise wird die (zweifelhafte) Auffas-sung vertreten, daß sie dazu ihren Kunden gegenüber zivilrechtlich nicht ohne weiteres, sondern nur bei drohendem oder bereits angeordnetem Einsatz von Zwangsmitteln (Zeugenladung, Durchsuchung, Beschlagnahme) und zu deren Abwendung berechtigt seien[78]. Zu der umstrittenen Frage, wieweit die Kreditinstitute für die Vorbereitung der Auskunft Kostenerstattung beanspruchen können, s. § 95, 15 ff.

29   **5. Durchsetzung des Auskunftsverlangens.** Soweit eine Sperrerklärung nach § 96 in Betracht kommt, entscheidet die oberste Dienstbehörde der ersuchten Behörde, nicht

---

[70] Vgl. § 18 Abs. 3 Melderechtsrahmengesetz und dazu *Fuckner* NJW **1981** 1018.

[71] LG Frankfurt NJW **1954** 688 mit Anm. *Sich-termann*; LG Hamburg NJW **1978** 958; LG Hof NJW **1968** 65 mit Anm. *Müller*; KK-*R. Müller*² 8; *Kleinknecht/Meyer*³⁸ 4; KMR-*Müller* 3; *Eb. Schmidt* 3; *Roxin*²⁰ § 26 B II 2 g; aus dem weiteren Schrifttum vgl. u. a. *Als-berg/Nüse/Meyer* 476; *Hein* Kriminalistik **1980** 402; *Kimmel* 50 ff; *Selmer* 7 f; *Sichter-mann* NJW **1968** 1997; *Prost* NJW **1976** 214; *Plonka* Die Polizei **1986** 395; *Rengier* Zeug-nisverweigerungsrechte (1979) 213; zur im wesentlichen gleichen Rechtslage in Öster-reich vgl. *Beiser* ÖJZ **1985** 178 und in der Schweiz *Hauser* JZ **1985** 871; teilw. a. A *Ca-naris* Bankvertragsrecht³ (1975) S. 575.

[72] BStBl. I **1979** 590; dazu z. B. *Hein* Krimina-listik **1980** 403 (mit Abdruck); *Kimmel* 46; *Selmer* 29 ff.

[73] LG Hamburg NJW **1978** 959; *Hein* Krimi-nalistik **1980** 403; *Kimmel* 103; *Selmer* 83.

[74] KK-*R. Müller*² 8; *Kleinknecht/Meyer*³⁸ 4;

Tiedemann NJW **1972** 665; zum öffentlich-rechtlichen Charakter einer Landesbank vgl. BGHSt **32** 264 = NStZ **1984** 501 mit Anm. *Dingeldey*.

[75] Vgl. BGHSt **32** 264; *Kimmel* 22.

[76] Vgl. § 96, 8; zur Abgrenzung auch *Dingel-dey* NStZ **1984** 503 f.

[77] LG Hof NJW **1968** 65 mit Anm. *Müller*; KK-*R. Müller*² 8; *Kleinknecht/Meyer*³⁸ 4; *Sel-mer* 75; *Plonka* Die Polizei **1986** 397 (mit Hinweisen zum polizeilichen Auskunftsersu-chen); teilw. a. A (für den Ermittlungsrichter) *Sichtermann* NJW **1968** 1997; vgl. Rdn. 13.

[78] So insbes. *Selmer* 77 ff; *Sichtermann* NJW **1968** 1996; großzügiger *Prost* NJW **1976** 214 im Hinblick auf die Neuregelung der staats-anwaltschaftlichen Ermittlungsbefugnisse durch das 1. StVRG; vgl. dazu (sog. Bankaus-kunft) auch *Hein* Kriminalistik **1980** 403; *Plonka* Die Polizei **1986** 396 f; vgl. auch (ge-richtlicher Beschluß, der Staatsanwaltschaft Auskunft zu erteilen) LG Kaiserslautern NStZ **1981** 438.

etwa auf Antrag der Staatsanwaltschaft der nach § 162 zuständige Ermittlungsrichter[79]. Darüber, ob die Auskunft aus anderen Gründen (Rdn. 17 bis 26) verweigert werden kann, entscheidet dagegen die ersuchende Staatsanwaltschaft, denn nur sie kann die regelmäßig erforderliche Abwägung zwischen dem Geheimhaltungsinteresse und dem Strafverfolgungsinteresse sachgerecht vornehmen (vgl. § 96, 22). Hat die ersuchte Behörde Bedenken gegen die Auskunftserteilung, so wird sie diese der ersuchenden Staatsanwaltschaft im einzelnen darzulegen haben. Beharrt die Staatsanwaltschaft auf ihrem Auskunftsersuchen, so ist die ersuchte Behörde hieran grundsätzlich gebunden. **Zwangsmittel** zur Durchsetzung des Auskunftsanspruchs stehen der ersuchenden Strafverfolgungsbehörde **nicht** zur Verfügung[80]; die Streitfrage ist notfalls durch Einschaltung der jeweiligen Aufsichtsbehörden zu entscheiden[81].

30 Die Sperrerklärung nach § 96 und eine sonstige, im Dienstaufsichtswege nicht zu überwindende Auskunftsverweigerung der ersuchten Behörde können von der das Verfahren betreibenden Strafverfolgungsbehörde **nicht gerichtlich angefochten werden**[82]. Dagegen kann der **Beschuldigte** die Sperrerklärung ebenso wie die sonstige Auskunftsverweigerung auch schon im Ermittlungsverfahren **anfechten**; wegen der sehr strittigen Einzelheiten, insbes. zur Frage des Rechtsweges s. § 96, 60 ff[83]. Eine solche Anfechtung durch den Beschuldigten wird allerdings, zumindest praktisch, nur dann in Betracht kommen, wenn die erwartete Auskunft seiner Entlastung dienen soll. Ob in den übrigen Fällen im staatsanwaltschaftlichen Ermittlungsverfahren eine Anfechtung durch den **Verletzten** (auch den zum Anschluß als Nebenkläger befugten) zulässig ist, erscheint auch dann zweifelhaft, wenn man mit der überwiegenden Meinung[84] die Anfechtung durch den Nebenkläger nach Erhebung der öffentlichen Klage für zulässig hält.

III. Ermittlungen jeder Art

31 **1. Allgemeines. Hinweise.** Die Wendung, daß zur Erforschung des Sachverhalts „Ermittlungen jeder Art" zulässig seien, beschreibt die **Freibeweislichkeit** des Ermittlungsverfahrens[85] und räumt der Staatsanwaltschaft bei der Auswahl der vorzunehmenden Ermittlungshandlungen durch den Grundsatz der **freien Gestaltung des Ermittlungsverfahrens** (s. § 160, 35) einen Ermessensspielraum über den einzuschlagenden Weg und die dabei vorzunehmenden Ermittlungshandlungen ein[86]. Sie kann dabei aber nicht nach Belieben und Willkür vorgehen; die Erforschung des Sachverhalts unterliegt bestimmten Grundsätzen (s. § 160, 36 ff) und Grenzen (s. Rdn. 32). Die Formulierung

[79] *Eb. Schmidt* 3; *Vogel* NJW **1959** 1938; **a. A** LG Bonn JZ **1966** 33 mit krit. Anm. *Rupp*; vgl. auch BVerwGE **8** 324 = NJW **1959** 1456 (mit teilw. unzutreffender Begründung); BGH NStZ **1987** 518 f; StrVert. **1988** 45; *Reiß* StrVert. **1988** 36.

[80] Zu der außerordentlich umstrittenen Frage, ob Behördenakten beschlagnahmt werden können, s. mit Nachw. § 96, 4 ff; ferner SK-StPO-*Rudolphi* § 96, 8; *Reiß* StrVert. **1988** 31 ff; *Große/Rösemann* Die Polizei **1988** 72.

[81] *Eb. Schmidt* 3.

[82] BVerwGE **8** 324 = NJW **1959** 1456 mit Anm. *Vogel* NJW **1959** 1938; zur Entscheidung und ihrer Vorgeschichte näher *Röhrich* (LV zu § 163) 546; ferner *Arloth* (LV zu

§ 163) 72 f (mit weit. Nachw.); vgl. § 96, 59; SK-StPO-*Rudolphi* § 96, 15; **a. A** *Eb. Schmidt* Nachtr. I § 96, 6 (für Staatsanwaltschaft); *Ostendorf* DRiZ **1981** 10.

[83] Vgl. auch (mit Vorschlägen de lege ferenda) *Ziegler* ZRP **1988** 25; ferner *Geißer* GA **1983** 401 f; *Arloth* 76 f (mit ausführl. Rechtsprechungsnachw.); BVerwG NJW **1987** 202 mit Anm. *Arloth* NStZ **1987** 520.

[84] Vgl. § 96, 60; ferner SK-StPO-*Rudolphi* § 96, 15.

[85] Vgl. *Kleinknecht/Meyer*[38] 7; *G. Schäfer* § 19 I 1.

[86] Vgl. die Zusammenstellung möglicher Ermittlungshandlungen bei *Walder* ZStW **95** (1983) 882.

gestattet der Staatsanwaltschaft nur **rechtlich zulässige Ermittlungen**[87], wobei auch die Einhaltung des Verhältnismäßigkeitsgrundsatzes zu den einzuhaltenden rechtlichen Schranken gehört (§ 160, 40); sie ermächtigt für sich allein grundsätzlich nicht zur Vornahme von Zwangsmaßnahmen (näher § 160, 3 ff). **Kriminaltaktische Gesichtspunkte** dürfen und müssen bei der Durchführung der Ermittlungen berücksichtigt werden[88]; sie können es auch rechtfertigen, Ermittlungen in einer „verdeckten Form" zunächst so zu führen, daß der Beschuldigte von ihnen nichts erfährt (§ 160, 41 f). Zur Frage, von wem die Ermittlungen zu führen sind, s. Rdn. 40 ff; wegen der Dokumentation der Ermittlungsergebnisse s. § 160, 61 ff.

32 2. Allgemeine **Grenzen der Ermittlungstätigkeit** ergeben sich aus der Aufgabe des Ermittlungsverfahrens, von einem konkreten Anfangsverdacht her zu einer Verdachtsklärung wegen einer bestimmten Tat zu gelangen. Ermittlungshandlungen müssen deshalb mit einem konkreten Verdachtsfall zusammenhängen oder mit ihm in Verbindung gebracht werden können, im weitesten Sinne beweisthematisch relevant sein und nach allgemeinen oder speziellen Erkenntnissen kriminalistisch, kriminologisch oder in anderer Art geeignet erscheinen, die Sachverhaltserforschung voranzutreiben[89]. Spezielle Grenzen der Ermittlungstätigkeit ergeben sich daraus, daß **Beweisverbote** zu beachten sind[90] oder daß der für ermittlungsmäßig notwendige Zwangsmaßnahmen erforderliche höhere Verdachtsgrad nicht vorhanden ist oder eine solche Maßnahme unverhältnismäßig wäre[91].

3. Arten von Ermittlungshandlungen. Einzelfälle

33 a) **Vernehmungen, Augenscheinseinnahmen und Sachverständigengutachten** gehören zu den regelmäßig vorzunehmenden Ermittlungshandlungen. Die Staatsanwaltschaft, nicht die Polizei, kann Vernehmungen und die Erstattung von Sachverständigengutachten mit Zwangsmitteln durchsetzen (§§ 161 a, 163 a Abs. 3); zur Entgegennahme eidesstattlicher Versicherungen ist sie nicht befugt[92]. Zu den Augenscheinseinnahmen gehört die Tatortbesichtigung und die Spurensuche, um die Führung eines **kriminalistischen Sachbeweises** (s. Vor § 72, 11 ff) zu ermöglichen, für den sich die Staatsanwaltschaft in der Regel der Polizei bedienen wird (Rdn. 41).

34 b) Auch **Zwangsmaßnahmen** wie beispielsweise körperliche Untersuchungen (§ 81 a), Beschlagnahmen (§ 98), Durchsuchungen (§§ 102, 103), Postbeschlagnahme und Fernmeldeüberwachung (§§ 99 ff) oder Identifizierungsmaßnahmen (§§ 163 b, 163 c) sowie Maßnahmen, die der Verfahrenssicherung dienen, wie Untersuchungshaft oder vorläufige Festnahme, gehören zu den in § 161 gemeinten Ermittlungsmaßnahmen[93]. Sie sind daher anzuordnen oder, sofern sie unter Richtervorbehalt stehen, zu beantragen, wenn dies zur Sachverhaltsermittlung geboten ist und ihre jeweiligen Voraussetzungen vorliegen; die übliche Gesetzerfassung, daß sie „zulässig" seien oder angeordnet werden „können", eröffnet der Strafverfolgungsbehörde kein Ermessen dahingehend, daß von ihnen abgesehen werden könne, wenn sie zur Sachverhaltserforschung erforderlich sind[94]

[87] *Kleinknecht/Meyer*[38] 7.
[88] *Kleinknecht/Meyer*[38] 8.
[89] Eingehender *Walder* ZStW **95** (1983) 975 ff; vgl. auch § 152, 22; ferner *Teyssen/Goetze* NStZ **1986** 529.
[90] *Eb. Schmidt* 5.
[91] Vgl. § 152, 19.

[92] RGSt **37** 209; OLG Hamburg HESt **1** 39; KK-*R. Müller*[2] 13; *Eb. Schmidt* 6.
[93] *Krey* ZRP **1971** 225.
[94] *Schroeder* JZ **1985** 1028; vgl. auch LR-*Wendisch* § 112, 63 (betr. Anordnung der Untersuchungshaft).

c) Auskunftsersuchen (dazu Rdn. 5 ff) und **Aktenbeiziehung** können ebenfalls zu **35** den erforderlichen Ermittlungshandlungen gehören[95]; auch die Abfrage von Erkenntnissen aus Dateien[96]. Zur Zulässigkeit s. § 160, 65 und § 163, 94 ff. Wegen der **Zusammenarbeit** der Strafverfolgungsbehörden **mit** den Behörden des **Verfassungsschutzes** insbesondere in Staatsschutzstrafsachen enthalten die RiStBV nähere Hinweise (vgl. § 205 f RiStBV)[97]. Inwieweit dabei der Informationsaustausch rechtlichen Grenzen unterliegt, ist umstritten[98]; gesetzliche Regelungen sind beabsichtigt[99].

d) Fahndungen und öffentliche Bekanntmachungen können ebenfalls je nach **36** Sachlage erforderliche Ermittlungsmaßnahmen sein. Als **Fahndungsmaßnahmen**[100] kommen u. a. die Einrichtung einer Kontrollstelle (§ 111), die Kontrollfahndung (§ 163 d), der Steckbrief (§ 131), hinsichtlich derer auf die jeweiligen Erläuterungen zu verweisen ist[101], und die Ausschreibung zur Aufenthaltsermittlung, auch für Zeugen, in Betracht. Sie kann auch durch Aufnahme in bestimmte Register (vgl. z. B. § 27 BZRG) oder durch die Einspeicherung in Fahndungssysteme der Polizei vorgenommen werden[102]. Generell ist bei Fahndungsmaßnahmen, die über den Kreis der Strafverfolgungsbehörden hinausgehen, auf die Schonung der Interessen der Betroffenen besondere Rücksicht zu nehmen. Sie sind nur bei erheblichen Straftaten und dann zulässig, wenn Ermittlungshandlungen, die die schutzwürdigen Interessen des Betroffenen besser wahren, erheblich weniger Erfolg versprechen; insofern sind die Grundsätze, die für die Inanspruchnahme von Publikationsorganen zur Fahndung aufgestellt sind[103], generell als Maßstab zu beachten[104]. Maßnahmen dieser Art sollten regelmäßig nur im Einverständnis mit der Staatsanwaltschaft oder durch diese vorgenommen werden[105].

e) Für **Auslobungen**, d. h. das an die Öffentlichkeit gerichtete Versprechen, für **37** sachdienliche Hinweise Geldbeträge zu zahlen, bestehen interne Verwaltungsvorschriften des Bundes und der einzelnen Länder[106]. Die Rechtsnatur solcher Auslobungen ist

---

[95] Vgl. zu den Vorstrafakten § 160, 57 und Nr. 73 RiStBV; ferner KK-*R. Müller*[2] 16.

[96] Vgl. dazu u. a. *Ernesti* NStZ **1983** 59; *Merten* NStZ **1987** 10; *Rebmann/Schoreit* NStZ **1984** 1; vgl. auch § 163, 98 ff.

[97] Vgl. auch KK-*R. Müller*[2] 17.

[98] Vgl. dazu u. a., jeweils mit weit. Nachw., *Denninger* KJ **1985** 215 und JA **1980** 283; *Gusy* ZRP **1987** 45; *Kutscha* ZRP **1986** 194; *Roemer* ZRP **1987** 5 ff; DVBl. **1986** 205; *Seifert* KJ **1986** 42.

[99] Vgl. den in der 10. Legislaturperiode eingebrachten, aber nicht abschließend behandelten RegEntw. eines Zusammenarbeitsgesetzes, BTDrucks. **10** 5344; ferner BTDrucks. **10** 5342; **10** 5343 (Novellierung des Bundesverfassungsschutzgesetzes und Schaffung eines Gesetzes über den Militärischen Abschirmdienst) dazu ausführlich und kritisch *Riegel* CuR **1986** 343, 417; *Seifert* KJ **1986** 42; zur neueren Entwicklung vgl. (krit.) *Funk* KJ **1988** 99.

[100] Vgl. zusammenfassend mit weit. Nachw. u. a. *Holleck* 5 ff (teilw. nicht mehr der gegenwärtigen Rechtslage entsprechend, aber

auch umfassend zu den Rechtsgrundlagen); *Steinke* DVBl. **1980** 433.

[101] Zur Fahndung durch Inanspruchnahme von öffentlichen Medien, deren Zulässigkeit ohne spezialgesetzliche Regelung nicht unzweifelhaft erscheint, vgl. auch Anl. B zu den RiStBV; § 131, 32 ff; *Bottke* ZStW **93** (1981) 425; ferner OLG Hamburg NJW **1980** 842; OLG Hamm NStZ **1982** 82 (Lichtbildveröffentlichung); *Schwagerl* Die Polizei **1974** 317.

[102] Vgl. näher die Nr. 39 ff RiStBV; ferner *Burchardi/Klempahn/Wetterich* 208 ff; § 163, 94 ff.

[103] Anlage B zu den RiStBV.

[104] KK-*R. Müller*[2] 18; vgl. zu dieser Frage auch BVerfGE **35** 201 ff; Nr. 23 RiStBV; Bericht der BReg. über öffentliche Vorverurteilung und faires Verfahren, BTDrucks. **10** 4608 Textz. 66, 77; *Ostendorf* GA **1980** 445.

[105] KK-*R. Müller*[2] 18; *Kleinknecht/Meyer*[38] 16; vgl. auch kritisch zur polizeilichen Praxis *Ernesti* NStZ **1983** 62.

[106] Vgl. die Nachw. bei *Stober* DÖV **1979** 854 Fußn. 3; ferner § 464 a, 15 Fußn. 36; *Burchardi/Klempahn/Wetterich* 195 ff.

wenig geklärt; es dürfte sich wohl um eine zivilrechtliche Auslobung nach § 657 BGB handeln, bei der im einzelnen Grundsätze des öffentlichen Rechts mit zu beachten sind[107].

38   **f) Ermittlungen im Ausland** sind durch deutsche Strafverfolgungsbehörden nicht unmittelbar möglich, da die Hoheitsgewalt an den Grenzen endet. Der Verkehr mit dem Ausland richtet sich insoweit vielmehr nach den völkerrechtlichen Vereinbarungen und den Vorschriften des IRG über ausgehende Rechtshilfeersuchen (§§ 68 bis 72 IRG)[108].

39   **g)** Wegen **besonderer Ermittlungsmaßnahmen** wie z. B. Rasterfahndung, polizeilicher Beobachtung und Observation, Einsatz von V-Leuten, Verdeckten Ermittlern und Lockspitzeln sowie der Zulässigkeit von Vertraulichkeitszusagen s. § 163, 39 ff.

IV. Eigene Ermittlungen der Staatsanwaltschaft

40   **1. Zulässigkeit. Bedeutung.** Die Staatsanwaltschaft ist nicht nur Anklagebehörde und als Leitungs- und Kontrollorgan für die ordnungsgemäße und justizförmige Aufklärung des Sachverhalts durch andere Behörden verantwortlich; § 161 gestattet ihr auch, Ermittlungshandlungen selbst vorzunehmen (vgl. auch § 160, 2)[109]. Die durch das 1. StVRG im Zusammenhang mit der Abschaffung der gerichtlichen Voruntersuchung eingefügten §§ 161 a, 163 a Abs. 3 geben ihr insoweit Zwangsbefugnisse, die über die der Polizei hinausgehen. Damit wird deutlich, daß sich die Staatsanwaltschaft auch nach der Vorstellung des Gesetzgebers aktiv am Ermittlungsverfahren beteiligen soll[110]. Nutzen und grundsätzliche Notwendigkeit eigener Ermittlungstätigkeit der Staatsanwaltschaft sind heute im wesentlichen unbestritten[111]. Eine allzu starke Einbeziehung der Staatsanwaltschaft in die eigentliche ermittelnde Tätigkeit ist allerdings, was nicht übersehen werden sollte, der Ermittlungsleitung und der Kontrolle der Ermittlungen nicht immer förderlich; für die Verwirklichung der unverzichtbaren Gesamtverantwortung und Leitung des Ermittlungsverfahrens durch die Staatsanwaltschaft kommen auch andere Wege in Betracht[112].

41   Schon die personelle Ausstattung der Staatsanwaltschaft führt allerdings dazu, daß staatsanwaltschaftliche **Eigenermittlungen nicht der Regelfall** sein, sondern nur unter besonderen Umständen vorgenommen werden können. Auch erfordern manche Ermittlungshandlungen, wie etwa Spurensicherung, kriminalistisches Spezialwissen, das bei der Staatsanwaltschaft regelmäßig nicht vorhanden sein wird. Eigene Vernehmungen

---

[107] Eingehend *Stober* DÖV **1979** 853; vgl. auch MünchKom.-*Seiler*[2] § 657, 6.

[108] Vgl. dazu *Schnigula* DRiZ **1984** 177 mit weit. Nachw.; ferner die Verwaltungsanweisungen in den RiVASt; zur Vernehmung durch deutsche Konsularbeamte s. § 15 KonsG.

[109] Vgl. die Differenzierung bei *Peters*[4] § 57 II 3 b in Ermittlungsleitung und Ermittlungstätigkeit; vgl. auch *Kleinknecht/Meyer*[38] 10 („Ermittlungsvernehmungen" und „Bestätigungsvernehmungen", also Ermittlungskontrolle durch eigene Ermittlungstätigkeit).

[110] Vgl. RegEntw. 1. StVRG BTDrucks. 7 550, S. 38 f; 46 (Personalmehrbedarf bei der Staatsanwaltschaft).

[111] Vgl. dazu u. a. KK-*R. Müller*[2] 20 unter Hinweis auf Nr. 3 Abs. 1 RiStBV; *Eb. Schmidt* Vor § 158, 3; *Krey* Strafverfahrensrecht I (1988) 495; *Peters*[4] § 57 II 3 b; *Roxin*[20] § 10 B I 3; *Rüping* 36 und ZStW **95** (1983) 909; *G. Schäfer* § 19 III 1; *Schlüchter* 71; *Geisler* ZStW **93** (1981) 1139; teilw. abweichend aber z. B. *Kaiser* Strategien und Prozesse strafrechtlicher Sozialkontrolle (1972) 97; *Gössel* GA **1980** 348.

[112] Vgl. näher *Rieß* FS K. Schäfer 195 ff; ähnlich *Gössel* GA **1980** 348 ff; *Baumann* Grundbegriffe Kap. 3 III 1; *Fincke* ZStW **95** (1983) 941 f; dagegen *Schoreit* ZRP **1982** 288.

---

durch die Staatsanwaltschaft kommen vor allem in rechtlich schwierigen Verfahren, etwa der Wirtschaftskriminalität oder im Bereich des Staatsschutzes in Betracht; auch bei Kapitalverbrechen erscheint jedenfalls ihre maßgebliche Mitwirkung an den Ermittlungen wünschenswert[113]. Die Staatsanwaltschaft wird die Ermittlungen beispielsweise auch dann selbst zu führen haben, wenn sich die aufzuklärenden Vorwürfe gegen die Polizei richten. Auch wenn die Ermittlungen im übrigen der Polizei übertragen werden, sollte sich die Staatsanwaltschaft diejenigen Ermittlungshandlungen, vor allem Vernehmungen vorbehalten, bei denen es auf schwierige Rechtsfragen ankommt. Die Heranziehung von Sachverständigen ist, von Routinefällen wie etwa Blutalkoholuntersuchungen abgesehen, regelmäßig Sache der Staatsanwaltschaft.

Ermittlungsmaßnahmen mit Zwangscharakter, wie beispielsweise Durchsuchungen, wird die Staatsanwaltschaft in bedeutenden Fällen selbst leiten[114]. Die Staatsanwaltschaft sollte in geeigneter Form sicherstellen, daß bei der Anordnung von Zwangsmaßnahmen aufgrund einer Eilkompetenz ihre Hilfsbeamten erst tätig werden, wenn sie selbst nicht rechtzeitig eine Entscheidung treffen kann[115]. Die Leitungsbefugnis der Staatsanwaltschaft erfordert ferner, daß sie, auch durch eigene organisatorische Maßnahmen, sicherstellt, daß Ermittlungshandlungen in Form von Auskunftsersuchen im allgemeinen ihr überlassen werden und daß die unmittelbare Übersendung eilbedürftiger Verhandlungen an den Ermittlungsrichter nach § 163 Abs. 2 Satz 2 möglichst nicht erforderlich wird, vor allem, daß sie bei Vernehmungen durch den Haftrichter nach den §§ 115, 128 anwesend ist[116]. **42**

2. Organe eigener Ermittlungstätigkeit der Staatsanwaltschaft. Die Vorschrift besagt nicht, daß Ermittlungen jeder Art nur durch den Staatsanwalt vorgenommen werden dürften; sie weist diese Befugnis vielmehr der Staatsanwaltschaft, also der staatsanwaltschaftlichen Behörde zu. Es können also, allerdings unter der verantwortlichen Leitung des Staatsanwalts für das jeweilige Verfahren, auch andere Bedienstete tätig werden; auch deren Bestellung zu Hilfsbeamten der Staatsanwaltschaft wäre zulässig. Zur Unterstützung des Staatsanwalts bei seiner ermittelnden Tätigkeit können beispielsweise eingesetzt werden: Amtsanwälte, auch außerhalb ihres gesetzlichen Zuständigkeitsbereichs (§ 142 Abs. 2 GVG), Wirtschaftsreferenten (vgl. Vor § 158, 23) sowie sonstige Beamte und Angestellte der Staatsanwaltschaft[117]. Zulässig ist es auch, Beamte des Polizeidienstes für ein oder mehrere bestimmte Ermittlungsverfahren unmittelbar einem Staatsanwalt zu unterstellen oder auf andere Weise **Ermittlungsgruppen** unter staatsanwaltschaftlicher Leitung zu bilden. Die Staatsanwaltschaft kann einzelne Ermittlungshandlungen auch durch eine **ersuchte Staatsanwaltschaft** vornehmen lassen (s. § 161 a, 62). **43**

3. Ob Ermittlungen durch Dritte oder eigene Ermittlungen zu führen sind, entscheidet die Staatsanwaltschaft. Dabei kommt nicht nur die Vornahme von Ermittlungen durch die Polizei in Frage (dazu Rdn. 45 ff), sondern auch durch den **Ermittlungsrichter** nach § 162 oder § 169, der den Auftrag grundsätzlich nicht auf seine Notwendigkeit oder Zweckmäßigkeit prüfen darf (§ 162, 37). **Andere Behörden** kann die Staatsanwaltschaft gemäß Art. 35 GG nach allgemeinen Amtshilfegrundsätzen um Ermittlungen er- **44**

---

[113] Vgl. etwa übereinstimmend auch KK-*R. Müller*[2] 20; *Peters*[4] § 57 II 3 b.

[114] Vgl. auch KK-*R. Müller*[2] 27; *Kleinknecht/ Meyer*[38] 11; *Krause/Nehring* 67.

[115] Vgl. § 98, 33; § 111, 16; § 163 d, 44.

[116] Vgl. schon *Nerz* Justiz **1958** 231; zur gegenwärtigen Situation vgl. *Gebauer* Die Rechtswirklichkeit der Untersuchungshaft (1987) 347 ff.

[117] Näher u. a. *Kuhlmann* DRiZ **1976** 268.

Peter Rieß

suchen. Anders als bei der Polizei, der die Ermittlungen weitgehend oder insgesamt übertragen werden können, kann die Staatsanwaltschaft beim Ermittlungsrichter jeweils nur einzelne, bestimmte Untersuchungshandlungen beantragen (§ 162, 11); das Gleiche gilt für die ohnehin nur ausnahmsweise in Betracht kommende Einschaltung anderer Behörden im Wege der Amtshilfe.

V. Aufträge und Ersuchen an die Polizei

45   **1. Bedeutung und Rechtsnatur.** Da die personelle und sachliche Ausstattung der Staatsanwaltschaft ebenso wie die vorwiegend straf*rechtlich* orientierte Ausbildung der Staatsanwälte, die sich zwar kriminalistisches Fachwissen aneignen können (und sollten)[118], bei denen dies aber nicht im Mittelpunkt stehen kann, nicht ausreicht, um den ihr durch § 160 zugewiesenen umfassenden Erforschungsauftrag durch eigene Ermittlungstätigkeit wahrzunehmen, bedarf sie zu ihrer Unterstützung der Hilfe anderer Amtsträger[119]. Das geltende Recht entspricht dem dadurch, daß es der **Staatsanwaltschaft** als ihren „verlängerten Arm" die **gesamte Polizei zur Verfügung stellt**, zugleich aber durch besondere Regelungen (§ 161 Satz 2, § 163 Abs. 2 Satz 1, § 152 GVG) im Bereich der strafverfolgenden Tätigkeit die Verantwortlichkeit und Leitungsbefugnis der Staatsanwaltschaft in einem Umfang sicherstellt, der über das sonst gegebene Maß an Einflußmöglichkeiten zwischen zwei selbständigen, unterschiedlich ressortierenden Behörden hinausgeht.

46   Die **Einbindung der Polizei in die Strafverfolgungs- und Erforschungsaufgabe** wird in der StPO auf **zwei Wegen** erreicht. § 161 verpflichtet die Polizei grundsätzlich uneingeschränkt[120] zur Vornahme aller Ermittlungshandlungen aufgrund eines Auftrags der Staatsanwaltschaft im Einzelfall. § 163 Abs. 1 weist ihr darüber hinaus eine von einer Anordnung der Staatsanwaltschaft unabhängige (begrenzte) Erforschungskompetenz zu (näher § 163, 3; 20 ff). § 161 Satz 2 und — für einen besonderen Kreis von Polizeibeamten — § 152 Abs. 1 GVG stellen klar, daß für jede polizeiliche strafverfolgende Tätigkeit die Staatsanwaltschaft ein Weisungsrecht und damit die **Leitungsbefugnis** besitzt. Wegen des Verhältnisses von Staatsanwaltschaft und Polizei im allgemeinen und der rechtspolitischen Auseinandersetzungen hierüber s. näher Vor § 158, 33 ff.

47   Die **Rechtsnatur** der Stellung der Polizei im Verhältnis zur Staatsanwaltschaft aufgrund des § 161 ist dogmatisch noch nicht abschließend geklärt. Man könnte in der Verpflichtung zum Tätigwerden auf Veranlassung der Staatsanwaltschaft eine spezialgesetzlich abschließend geregelte Sonderform der allgemeinen Amtshilfe sehen[121], doch läßt sich diese Konstruktion wohl nicht auf die Kompetenz der Polizeibehörden nach § 163 Abs. 1 übertragen. Deshalb wird auch die Auffassung vertreten, daß es sich bei der Strafverfolgungsaufgabe der Polizei um eine originäre Kompetenz handelt[122]. Im strafprozessualen Schrifttum ist die Meinung vorherrschend, daß die Strafverfolgungsbefugnisse der Polizei als ein organisationsrechtliches Mandat, also ein gesetzli-

---

[118] Vgl. *Peters*[4] § 24 III (S. 183), § 45 II 7; *Kühne* 63.

[119] *Eb. Schmidt* 8; *Gössel* § 3 B I a 2; *Kühne* 63; *Peters*[4] § 24 III; *Roxin*[20] § 10 B I 1.

[120] Zu einzelnen Grenzen vgl. Rdn. 55; 59; 60.

[121] So z. B. *Kramer* Grundbegriffe des Strafverfahrensrechts (1984) 109; *G. Schäfer* § 6 V 1 a; *Becker* DVBl. **1977** 950.

[122] So z. B. *Meyer-Teschendorf* JuS **1981** 189; wohl auch *Nerz* Justiz **1958** 230; *Drews/Wacke/Vogel/Martens* 132; noch weitergehend die im polizeirechtlichen Schrifttum teilweise vertretene Auffassung (z. B. *H. Schäfer* GA **1986** 49 ff) eines einheitlichen, auch die Strafverfolgung umfassenden Präventionsauftrags der Polizei.

ches Auftragsverhältnis zu erklären sind[123]. Unabhängig von dieser mehr dogmatisch konstruktiven, wenn auch für die Auslegung und Anwendung einzelner Vorschriften bedeutsamen Frage ist heute unstreitig, daß Maßnahmen der Polizei im Rahmen der Strafverfolgung in bezug auf den Rechtsschutz als **Justizverwaltungsakte** anzusehen sein können und deshalb den §§ 23 ff EGGVG, nicht dem Rechtsweg vor den Verwaltungsgerichten unterfallen[124].

2. Behörden und Beamte des Polizeidienstes

a) Allgemeines. Wegen der Behörden und Beamten des Polizeidienstes vgl. näher **48** Vor § 158, 25 ff. Die Staatsanwaltschaft kann die Ermittlungen durch **jede** nach den Besonderheiten des konkreten Falles **zuständige Polizeibehörde** vornehmen lassen und sich unmittelbar an diese wenden, auch soweit es sich um Polizeibehörden eines anderen Landes handelt. Im allgemeinen wird sie sich an die örtlich zuständige Dienststelle der Kriminalpolizei oder der allgemeinen Polizei wenden. **Sonderpolizeibehörden** kann sie nur im Rahmen des jeweiligen Zuständigkeitsbereichs mit Ermittlungen beauftragen. Hält sich die von der Staatsanwaltschaft beauftragte Polizeibehörde für **unzuständig**, so teilt sie dies dieser mit; im Einverständnis mit der Staatsanwaltschaft kann sie die Akten oder das Ersuchen an die zuständige Behörde weiterleiten[125]. Zur Frage, wieweit sich die Staatsanwaltschaft an einzelne Polizeibeamte wenden kann s. Rdn. 52.

b) Für das **Bundeskriminalamt** (BKA) gelten die Sonderregelungen der §§ 5 ff **49** BKrimAG[126]. Danach können alle Staatsanwaltschaften Ermittlungen durch das BKA vornehmen lassen, soweit dieses nach § 5 Abs. 2 BKrimAG zuständig ist, in anderen Fällen nur, wenn ihm die Zuständigkeit nach § 5 Abs. 3 Nr. 1 und 2 BKrimAG übertragen worden ist. Der Generalbundesanwalt kann seine Ermittlungen stets durch das BKA vornehmen lassen (§ 5 Abs. 3 Nr. 3 BKrimAG). Auch soweit das BKA die polizeilichen Aufgaben der Strafverfolgung wahrnimmt, bleibt die Staatsanwaltschaft berechtigt, eine andere zuständige Polizeibehörde um Ermittlungen zu ersuchen (§ 5 Abs. 4 Satz 2 BKrimAG). Soweit das BKA nach § 9 BKrimAG bestimmte Aufgaben der Gefahrenabwehr wahrzunehmen hat, sind damit Aufgaben der Strafverfolgung nicht erfaßt; allenfalls können sich hieraus Maßnahmen des ersten Zugriffs nach § 163 ergeben[127].

c) Gleichgestellte Behörden. In Verfahren wegen **Steuerstraftaten**[128] haben die **50** Zollfahndungsstellen und die Dienststellen der Steuerfahndung[129] nach § 404 Satz 1 AO stets die Rechte und Pflichten der Polizeibehörden; sie sind also nach § 161 verpflichtet, Ermittlungsersuchen der Staatsanwaltschaft und der Finanzbehörde, die das Steuerstrafverfahren nach § 386 Abs. 2 AO selbständig führt, auszuführen. Gleiches gilt für die zur Strafverfolgung zuständige Finanzbehörde selbst, wenn die Staatsanwaltschaft das Steuerstrafverfahren führt (§ 402 Abs. 1 AO). In **Bußgeldverfahren** hat die

---

[123] So namentlich *Görgen* 88 ff; ihm folgend z. B. *Kleinknecht/Meyer*[38] § 163, 1; *Krey* (Fußn. 111) 470; *Rüping* 35 und ZStW **95** (1983) 910; *Geißler* GA **1983** 393; wohl auch *Geisler* ZStW **93** (1981) 1141 (abgeleitete Befugnisse); *Gössel* § 3 B I a 2 (Hilfsorgan); ähnlich schon *Beling* 147 (Parteigehilfe auf der Aktivseite).

[124] BVerwGE **47** 255; näher KK-*Kissel*[2] § 23, 14 ff EGGVG; vgl. auch die Erl. zu § 23 EGGVG; ferner § 163, 110 f.

[125] Zur Abgabebefugnis in den Fällen des § 163 s. § 163, 87.

[126] Vgl. auch Nr. 30 ff RiStBV; *Becker* DVBl. **1977** 949 ff; *Kühne* 72 ff.

[127] *Riegel* DÖV **1982** 849.

[128] Zum Begriff s. *Franzen/Gast/Samson* (Fußn. 46) § 385, 6 ff AO.

[129] Zur Abgrenzung s. *Franzen/Gast/Samson* (Fußn. 46) § 404, 7 ff AO; zur Behandlung nicht steuerstrafrechtlicher Zufallsfunde s. *Bandemer* wistra **1988** 136; *Kniffka* wistra **1987** 312 f.

Peter Rieß

an sich zuständige Verwaltungsbehörde die Pflichten der Polizei nach § 161, wenn die Staatsanwaltschaft die Verfolgung der Ordnungswidrigkeit nach § 42 OWiG übernommen hat (§ 63 Abs. 1 Satz 1 OWiG)[130].

3. Ersuchen und Aufträge und ihre Ausführung

51   **a) Begriff.** Nach ganz überwiegender Meinung soll die Unterscheidung zwischen Ersuchen und Auftrag an § 152 GVG anknüpfen; der Auftrag richte sich an die Hilfsbeamten der Staatsanwaltschaft, das Ersuchen an alle übrigen Polizeibeamten und die Polizeibehörden[131]. Richtiger erscheint die Annahme, daß mit Ersuchen die an die jeweilige Polizeibehörde, mit Auftrag die an den einzelnen Beamten gerichtete Anordnung der Staatsanwaltschaft gemeint ist[132]. Die Frage ist rechtlich ohne Bedeutung, da Satz 2 beide Formen gleichbehandelt[133] und da sich bereits aus Satz 1 ergibt, daß sich die Staatsanwaltschaft auch an einzelne Polizeibeamte wenden kann und diese unmittelbar zur Befolgung verpflichtet sind (s. auch Rdn. 58).

52   **b) Der Adressat** des staatsanwaltschaftlichen Ermittlungsverfahrens ist die **zuständige Polizeibehörde**, wenn bei dieser noch kein bestimmter Beamte mit der Sache befaßt ist; es ist Sache dieser Behörde, die innerbehördliche Zuständigkeit zu regeln. Ist der Staatsanwaltschaft die Organisation der jeweiligen Dienststelle bekannt, so kann sie sich auch unmittelbar an die zuständige Arbeitseinheit wenden. Einen einzelnen **Beamten** darf die Staatsanwaltschaft unmittelbar beauftragen (oder ersuchen), wenn er bereits mit der Sache befaßt ist. Gleiches gilt, wenn die Staatsanwaltschaft eine Ermittlungshandlung leitet, an der auch Polizeibeamte mitwirken[134] (Rdn. 42 f). Die Staatsanwaltschaft hat kein Recht, sich über die innerbehördliche Organisation der Polizeibehörde hinwegzusetzen und in deren Geschäftsverteilungs-, Einsatz- und Dienstplan einzugreifen; die Polizeibehörde kann nicht verlangen, daß alle Ersuchen und Aufträge nur über den Dienststellenleiter erteilt werden. Die früher verbreitete Auffassung, daß Einzelweisungen nur, aber auch stets gegenüber Hilfsbeamten zulässig seien[135], ist veraltet und wird dem Erfordernis einer sachgerechten und organisatorisch zweckmäßigen Zusammenarbeit, der auch die Auslegung Rechnung tragen muß, nicht gerecht (s. auch Rdn. 58).

53   **c) Inhalt und Form des Ersuchens.** Die Befugnis der Staatsanwaltschaft, Ermittlungen durch die Polizei vornehmen zu lassen, kann in unterschiedlicher Form realisiert werden. Der Polizei kann zunächst ein von ihr **selbständig zu erledigender Ermittlungsauftrag** erteilt werden. Dieser Auftrag kann sich auf eine oder mehrere einzelne Ermittlungshandlungen eines im übrigen von der Staatsanwaltschaft selbst geführten Ermittlungsverfahrens oder auf Nachermittlungen in einem Verfahren beziehen, in dem die Polizei ihre Verhandlungen bereits der Staatsanwaltschaft nach § 163 Abs. 2 Satz 1 vorgelegt hat; er kann aber auch, etwa bei einer bei der Staatsanwaltschaft erstatteten Straf-

[130] Vgl. näher *Göhler*[8] § 63, 4 f.

[131] KK-*R. Müller*[2] 28; LR-*Meyer-Goßner*[23] 18; *Eb. Schmidt* 9; 10; *Fezer* StrafprozeßR 2/79; *Krey* (Fußn. 111) 497 f; *Roxin*[20] § 10 B I 2 b; *G. Schäfer* § 6 II 1 a; *Schlüchter* 71 Fußn. 187.

[132] So *Kramer* (Fußn. 121) 108; ähnlich *Gössel* § 3 B II c 1.

[133] KK-*R. Müller*[2] 28.

[134] Im wesentlichen übereinstimmend KK-*R.*

Müller[2] 28; *Kleinknecht/Meyer*[38] 11; *Krause/Nehring* 65; *Gössel* § 3 B II c 1.

[135] Vgl. LR-*Meyer-Goßner*[23] 19 mit Nachw. (aber selbst zweifelnd); *Eb. Schmidt* 10; ferner z. B. *Krey* (Fußn. 111) 497; *G. Schäfer* § 6 V 1 a; *Peters*[4] § 24 IV; *Fezer* (Fußn. 132) 2/80; *Füllkrug* ZRP **1984** 194; vgl. auch LR-*K. Schäfer*[23] § 152, 12 GVG.

anzeige, der Polizei die Durchführung der Ermittlungen insgesamt überlassen. Die Polizei lediglich zu beauftragen, die „erforderlichen Ermittlungen vorzunehmen", ist rechtlich zulässig, wird aber oft der Stellung der Staatsanwaltschaft als für die Erforschung des Sachverhalts verantwortliches Organ nicht entsprechen; ein konkretisiertes Ermittlungsersuchen ist, abgesehen von Routineangelegenheiten regelmäßig angebracht[136]. Solche Ersuchen werden im allgemeinen schriftlich erteilt werden; mündliche oder fernmündliche Aufträge sind möglich, erscheinen aber nur in besonderen Fällen zweckmäßig.

§ 161 betrifft auch den Fall, daß bei einer unter der **Leitung der Staatsanwalt-** **54** **schaft stehenden Ermittlungshandlung** den Polizeibeamten einzelne Teilaufträge erteilt werden, beispielsweise, wenn unmittelbar am Tatort Weisungen erteilt werden, welcher Polizeibeamte welche Zeugen mit welcher Zielrichtung vernehmen soll oder welche Ermittlungsmaßnahmen sonst vorzunehmen sind, oder wenn bei einer umfangreichen Durchsuchung bestimmt wird, wie vorzugehen ist. In solchen Fällen wird der die Ermittlungen leitende Staatsanwalt, insbesondere bei Tatortsicherung und Spurensuche, das oft überlegene Fachwissen der Polizei zu berücksichtigen haben[137].

Die Aufträge und Weisungen müssen sich aber stets auf eine **strafverfolgende Tä-** **55** **tigkeit** der Polizei beziehen; soweit diese präventiv im Rahmen der **Gefahrenabwehr** tätig wird, hat die Staatsanwaltschaft keine Weisungsbefugnis[138]. Wenn bei einer Maßnahme der Strafverfolgung die **Anwendung unmittelbaren Zwangs** nach den dafür geltenden landes- oder bundesrechtlichen Vorschriften[139] in Betracht kommt, ist grundsätzlich der Staatsanwalt auch insoweit zur Anordnung befugt. Wegen der Einzelheiten haben die Justiz- und Innenverwaltungen hierzu eine übereinstimmende Dienstanweisung erlassen[140]. Danach soll der Staatsanwalt in der Regel nur allgemeine Weisungen erteilen, die, bei Einsatz mehrerer Polizeibeamten, an den weisungsbefugten Beamten oder die Einsatzleitung zu richten sind. Bei konkreten Einzelweisungen soll die Staatsanwaltschaft die besondere Sachkunde der Polizei berücksichtigen. Werden gleichzeitig aus demselben Lebenssachverhalt heraus Maßnahmen der Gefahrenabwehr und der Strafverfolgung notwendig, beispielsweise bei einer noch nicht abgeschlossenen Geiselnahme, so ist die Staatsanwaltschaft nur für den Bereich der Strafverfolgung zuständig, darf also nicht etwa der Polizei Weisungen zur Gefahrenabwehr erteilen[141]; widerstreiten sich die notwendigen Maßnahmen, so ist nach dem Grundsatz der Güter- und Pflichtenabwägung zu entscheiden, wobei in Konfliktfällen hinsichtlich der Anwendung unmittelbaren Zwangs die Auffassung der Polizei vorgeht[142].

d) Besondere **Befugnisse** erhält die Polizei durch das Ersuchen oder den Auftrag **56** der Staatsanwaltschaft nicht; auch nicht die, die der Staatsanwaltschaft zustehen würden, wenn sie die Ermittlungshandlung selbst vornehmen würde. Die Polizei kann nur diejenigen Befugnisse in Anspruch nehmen, die ihr auch bei einem unmittelbaren Tätigwerden nach § 163 Abs. 1 zustehen; auf die dortigen Erläuterungen (s. vor allem § 163, 6; 32) wird verwiesen.

---

[136] Ebenso Nr. 11 RiStBV.

[137] Vgl. *Kleinknecht/Meyer*[38] 11; *Schlüchter* 71 Fußn. 188 a; *Benfer* NJW **1981** 1245 (Vollzug von Zwangsmaßnahmen).

[138] KK-*R. Müller*[38] 32; *Schlüchter* 73.1.

[139] BGHSt **26** 99, 101 (zum Schußwaffengebrauch).

[140] Anl. A zu den RiStBV, Teil B Abschnitt I und II; dazu näher; *Krey* (Fußn. 111) 502 ff; *Rupprecht* Die Polizei **1974** 270.

[141] Vgl. dazu u. a. *Roxin*[20] § 10 B I 2 c; *Hertweck* DRiZ **1971** 308; *Hirsch* ZRP **1971** 206; *Krey* ZRP **1971** 224; *Krey/Meyer* ZRP **1973** 1.

[142] Dazu im einzelnen Anlage A zu den RiStBV, Teil B Abschnitt III; vgl. auch § 163, 30.

Peter Rieß

4. Befolgungspflicht (Satz 2)

57   **a) Grundsatz und Reichweite.** Nach Satz 2 sind die Behörden und Beamten des Polizeidienstes verpflichtet, dem Ersuchen oder Auftrag der Staatsanwaltschaft zu genügen; die Vorschrift statuiert also im Bereich der Strafverfolgung (Rdn. 55) ein Weisungsrecht der Staatsanwaltschaft und eine Befolgungspflicht der Polizei, wie es sonst nur innerhalb einer einheitlichen Behördenhierarchie üblich ist. Dem Gesetz ist nicht eindeutig zu entnehmen, ob sich diese Befolgungspflicht nur auf die in § 161 Satz 1 erwähnte Vornahme von Ermittlungen auf Veranlassung der Staatsanwaltschaft bezieht, wofür der Standort als Satz 2 sprechen könnte[143], oder ob es sich hierbei um einen allgemein das Verhältnis der Staatsanwaltschaft zur Polizei betreffenden Rechtssatz handelt, wofür der Wortlaut ins Feld geführt werden kann, der gerade, obwohl dies sprachlich nahegelegen hätte, keine Beziehung herstellt zwischen der Befugnis der Staatsanwaltschaft, Ermittlungen durch die Polizei vornehmen zu lassen und der allgemein gefaßten Befolgungspflicht. Die Materialien geben zur speziellen Bedeutung dieses Satzes keine klare Auskunft. Es ist jedoch unbestritten, daß schon der Gesetzgeber der Reichsstrafprozeßordnung insgesamt die Leitungsbefugnis der Staatsanwaltschaft für das gesamte Ermittlungsverfahren anerkannt hat. Bei dieser vom Gesetzgeber gewollten und im Grundsatz auch heute noch anerkannten Aufgabenverteilung dürfte teleologisch die weitere Auslegung der Vorschrift den Vorrang verdienen. Folgt man ihr, dann enthält § 161 Satz 2 nicht nur die fast selbstverständliche Aussage, daß die Polizei die Ermittlungen vornehmen muß, die die Staatsanwaltschaft nach Satz 1 durch sie vornehmen lassen kann, sondern er besagt **generell**, daß die Staatsanwaltschaft gegenüber der Polizei bei Strafverfolgungsmaßnahmen nach der StPO weisungsbefugt ist und bildet damit eine gesetzliche Grundlage für ihre Leitungsbefugnis.

58   **b) Adressat der Befolgungspflicht.** Unstreitig trifft die Befolgungspflicht die zuständige **Polizeibehörde**, an die das staatsanwaltschaftliche Ersuchen gerichtet ist. Bei der Frage, ob auch der einzelne **Polizeibeamte** zur Befolgung eines unmittelbaren staatsanwaltschaftlichen Auftrags oder Ersuchens verpflichtet ist, unterscheidet, wenn auch nicht immer eindeutig, die wohl h. M[144] in Anknüpfung an die Regelung in § 152 Abs. 1 GVG und die Auffassung, daß Einzelweisungen nur an Hilfsbeamte erteilt werden können (Rdn. 52), zwischen Hilfsbeamten der Staatsanwaltschaft und sonstigen Polizeibeamten. Nur die Hilfsbeamten sollen hiernach bei staatsanwaltschaftlichen Aufträgen unmittelbar weisungsgebunden sein, anderen Polizeibeamten soll eine solche Pflicht nur gegenüber dem polizeilichen Vorgesetzten obliegen. Diese Auffassung erscheint unzutreffend. Unabhängig von der hier nicht zu erörternden Frage, ob die ursprünglich vom Gesetzgeber mit der Institution der Hilfsbeamten und der Konstruktion einer unmittelbaren Weisungsbefugnis beabsichtigte Schaffung eines exekutiven Unterbaus für die Staatsanwaltschaft in ihrem Bezirk heute noch das dort geregelte unmittelbare Weisungsrecht zu tragen vermag[145], sollte § 161 Satz 2 unabhängig von der in § 152 GVG getroffenen Regelung ausgelegt werden. Sein Wortlaut bestimmt aber auch für den einzelnen Beamten des Polizeidienstes und nicht nur für Behörden die Befolgungspflicht, ohne auf die Hilfsbeamteneigenschaft abzustellen. Soweit unmittelbare

---

[143] So z. B. *Keller* StPO (1878) § 159, 3, der infolgedessen den Satz für überflüssig hält.

[144] OVG Hamburg NJW **1970** 1700; *Eb. Schmidt* 10; *Fezer* (Fußn. 132) 2/80; *Kramer* (Fußn. 121) 109; wohl auch *Kühne* 68.

[145] Vgl. die Nachw. zu dieser Streitfrage bei KK-*Schoreit*[2] § 152, 2 GVG; s. auch die Erl. zu § 152 GVG.

staatsanwaltschaftliche Aufträge an den einzelnen Polizeibeamten zulässig sind (Rdn. 52), besteht für diesen auch eine strafprozeßrechtliche Befolgungspflicht[146].

c) Umfang der Befolgungspflicht. Die Polizei hat die Ersuchen und Aufträge zu **59** erfüllen, auch wenn sie sie für überflüssig, unzweckmäßig oder sogar kriminaltaktisch für verfehlt hält. Sie hat auch nicht, wie nach allgemeinem Amtshilferecht[147], zu prüfen, ob die Ermittlungshandlungen von der Staatsanwaltschaft selbst oder einer anderen Stelle mit gleichem oder geringerem Aufwand durchgeführt werden könnten, und sie kann nicht geltend machen, daß die Ausführung der Ersuchen oder Aufträge die Erfüllung ihrer sonstigen Aufgaben wesentlich erschweren würde[148]. Zur Frage der Befolgungspflicht bei einer Gefährdung der öffentlichen Sicherheit gerade durch die Ermittlungshandlung s. § 163, 30.

Ob bei **rechtswidrigen Ersuchen und Aufträgen** die Befolgungspflicht stets ent- **60** fällt[149], ist zweifelhaft und in dieser Allgemeinheit wohl eher zu verneinen. Denn es würde im Ergebnis darauf hinauslaufen, daß die Polizei entsprechend § 162 Abs. 3 die gesetzliche Zulässigkeit der Ermittlungshandlung, um die die Staatsanwaltschaft ersucht, zu prüfen hätte, obwohl § 161 eine dem § 162 Abs. 3 vergleichbare Regelung gerade nicht enthält. Abgesehen von der Grenze erkennbar strafbaren oder gegen die Menschenwürde verstoßenden Verhaltens ist deshalb die Polizei als verpflichtet anzusehen, auch Ersuchen und Aufträge auszuführen, die sie für rechtswidrig hält, wenn die Staatsanwaltschaft, nachdem ihr die Bedenken dargelegt worden sind, auf dem Ersuchen beharrt.

d) Durchsetzung der Befolgungspflicht. Weigert sich die Polizei, dem Ersuchen **61** oder Auftrag zu genügen, so stehen der Staatsanwaltschaft weder Zwangsmittel zur Verfügung, noch kann sie eine gerichtliche Klärung herbeiführen. Die Meinungsverschiedenheiten können nur durch Einschaltung der vorgesetzten Behörde im Aufsichtswege entschieden werden[150].

5. Rechtsbehelfe. Gegen Ermittlungshandlungen der Polizei im Auftrage oder auf **62** Ersuchen der Staatsanwaltschaft haben die Betroffenen die gleichen Rechtsbehelfsmöglichkeiten wie beim Tätigwerden der Polizei nach § 163. Auf die dort. Erl. (§ 163, 107 ff) wird verwiesen.

§ 161 a

(1) [1]Zeugen und Sachverständige sind verpflichtet, auf Ladung vor der Staatsanwaltschaft zu erscheinen und zur Sache auszusagen oder ihr Gutachten zu erstatten. [2]Soweit nichts anderes bestimmt ist, gelten die Vorschriften des sechsten und siebenten Abschnitts des ersten Buches über Zeugen und Sachverständige entsprechend. [3]Die eidliche Vernehmung bleibt dem Richter vorbehalten.

(2) [1]Bei unberechtigtem Ausbleiben oder unberechtigter Weigerung eines Zeugen oder Sachverständigen steht die Befugnis zu den in den §§ 51, 70 und 77 vorgesehenen

---

[146] Ebenso *Gössel* § 3 B II c 1; wohl auch *Kaiser* NJW **1972** 15.

[147] Vgl. z. B. § 5 Abs. 3 VwVfG.

[148] KK-*R. Müller*[2] 30; *Görgen* ZRP **1976** 59; teilw. **a. A** *Benfer* NJW **1981** 1245; KMR-*Müller* 5; vgl. auch § 163, 5.

[149] So KK-*R. Müller*[2] 30; KMR-*Müller* 5; LR-*Meyer-Goßner*[23] 18; *Krause/Nehring* 64.

[150] KK-*R. Müller*[2] 30; vgl. auch *Gössel* § 3 II c 2.

Peter Rieß

Maßregeln der Staatsanwaltschaft zu. [2]Jedoch bleibt die Festsetzung der Haft dem Richter vorbehalten; zuständig ist das Amtsgericht, in dessen Bezirk die Staatsanwaltschaft ihren Sitz hat, welche die Festsetzung beantragt.

(3) [1]Gegen die Entscheidung der Staatsanwaltschaft nach Absatz 2 Satz 1 kann gerichtliche Entscheidung beantragt werden. [2]Über den Antrag entscheidet, soweit nicht in § 120 Abs. 3 Satz 1 und § 135 Abs. 2 des Gerichtsverfassungsgesetzes etwas anderes bestimmt ist, das Landgericht, in dessen Bezirk die Staatsanwaltschaft ihren Sitz hat. [3]Die §§ 297 bis 300, 302, 306 bis 309, 311 a sowie die Vorschriften über die Auferlegung der Kosten des Beschwerdeverfahrens gelten entsprechend. [4]Die Entscheidung des Gerichts ist nicht anfechtbar.

(4) Ersucht eine Staatsanwaltschaft eine andere Staatsanwaltschaft um die Vernehmung eines Zeugen oder Sachverständigen, so stehen die Befugnisse nach Absatz 2 Satz 1 auch der ersuchten Staatsanwaltschaft zu.

Schrifttum. *Benfer* Die strafprozessuale Hausdurchsuchung als implizierte Befugnis, NJW **1980** 1611; *Enzian* Das richterliche und das staatsanwaltschaftliche Vorführungsrecht, JR **1975** 277; *Kaiser* Notwendigkeit eines Durchsuchungsbefehls bei strafprozessualen Zwangsmaßnahmen? NJW **1980** 875; *Kay* Der Vorführungsbefehl in polizeilicher Wertung und Sicht, Die Polizei **1987** 298; *Lampe* Ermittlungszuständigkeit von Richter und Staatsanwalt nach dem 1. StVRG, NJW **1975** 195; *Lisken* Richtervorbehalt bei Freiheitsentziehung, NJW **1982** 1268; *Moritz* Vereinbarkeit des Vorführungsrechts der Staatsanwaltschaft mit Art. 104 GG? NJW **1977** 796; *Schnickmann* Das Vorführungsrecht der Staatsanwaltschaft und seine Vereinbarkeit mit Art. 104 GG, MDR **1976** 363; *Welp* Zwangsbefugnisse für die Staatsanwaltschaft (1976). Weiteres Schrifttum s. bei § 163 a.

Entstehungsgeschichte. Die Vorschrift wurde durch Art. 1 Nr. 43 des 1. StVRG eingefügt.

Übersicht

1. Allgemeines. Bedeutung

a) Rechtspolitische und dogmatische Bedeutung. Die 1975 im Zusammenhang **1** mit der Beseitigung der gerichtlichen Voruntersuchung eingeführte Vorschrift[1] soll der Staatsanwaltschaft als für die Erforschung des Sachverhalts im Ermittlungsverfahren verantwortliches Strafverfolgungsorgan die Möglichkeit geben, auf die Personalbeweismittel Zeuge und Sachverständiger auch ohne deren freiwillige Bereitschaft zur Mitwirkung zurückzugreifen. Sie stellt deshalb der Staatsanwaltschaft insoweit diejenigen Befugnisse und weitgehend auch Zwangsmaßnahmen zur Verfügung, über die bis dahin der Untersuchungsrichter verfügte. Die Staatsanwaltschaft wird damit in die Lage versetzt, Vernehmungen durchzuführen und Sachverständigengutachten zu veranlassen, ohne hierfür den Ermittlungsrichter (§ 162) einschalten zu müssen[2]. Diese durch Zwangsbefugnisse gesicherten Aussage- und Begutachtungspflicht hat der Gesetzgeber auf die Ermittlungstätigkeit der Staatsanwaltschaft beschränkt; er verdeutlicht damit ihre Verantwortung für die Leitung des Ermittlungsverfahrens[3]. Andererseits hat der Gesetzgeber die vorsätzliche Falschaussage vor dem Staatsanwalt nicht nach § 153 StGB unter Strafe gestellt[4] und für die Verwertung im Hauptverfahren die Vorzugsstellung richterlicher Protokolle beibehalten[5]. Er hat damit anerkannt, daß die Staatsanwaltschaft nur im Rahmen der verdachtsklärenden Zielsetzung des Ermittlungsverfahrens (§ 160) tätig werden soll, und er hat insoweit eine richterliche Kontrolle vorgesehen[6]. Damit ist zwar in tatsächlicher Hinsicht die Stellung der Staatsanwaltschaft verstärkt[7], in die rechtliche Struktur des Ermittlungsverfahrens aber nicht eingegriffen worden[8].

Ob man von einer **Pflicht der Staatsanwaltschaft** zur Ausnutzung der aus den **2** §§ 161 a, 163 a Abs. 3 folgenden Kompetenzen sprechen kann[9], erscheint **zweifelhaft**. Die Staatsanwaltschaft kann, ohne daß sie sich auf die Möglichkeiten nach den §§ 161 a, 163 a Abs. 3 verweisen lassen muß, richterliche Vernehmungen beantragen[10] und Vernehmungen durch die Polizei durchführen lassen. Im Rahmen der nach pflichtgemä-

---

[1] Vgl. Einl. Kap. **5** 25 f; **13** 8; *Peters*[4] § 57 II 3 b; *Rüping* 30.

[2] Näher LR-*Meyer-Goßner*[23] 1; 3; zur zu verneinenden Frage, ob der Ermittlungsrichter im Hinblick auf die Befugnisse der Staatsanwaltschaft Vernehmungen ablehnen kann, vgl. näher § 162, 42.

[3] *Peters*[4] § 57 II 3 b (wichtiges Instrument zur Durchführung eigener Ermittlungen); *Roxin*[20] § 16 C (Ausdruck des Beschleunigungsgedankens).

[4] Entgegen dem Vorschlag des RegEntw. 1. StVRG, BTDrucks. 7 551, S. 19; vgl. BT-Drucks. 7 2600, S. 14; vgl. auch (zur Bewertung) LR-*Meyer-Goßner*[23] 11; *Lampe* NJW

1975 196; *Hanack* FS Gallas 342 Fußn. 14; *Welp* Zwangsbefugnisse 30 f.

[5] Vgl. *Kohlhaas* ZRP **1974** 9; *Lampe* NJW **1975** 196; eine Gleichstellung befürwortend *Pfeiffer/v. Bubnoff* DRiZ **1972** 49.

[6] Vgl. dazu *Eb. Schmidt* Vor § 158, 7.

[7] *Rudolphi* ZRP **1976** 167.

[8] *Lampe* NJW **1975** 196; **a. A** *Welp* Zwangsbefugnisse 6.

[9] So RegEntw. 1. StVRG, BTDrucks. 7 551, S. 72; KK-*R. Müller*[2] 1; *Kleinknecht/Meyer*[38] 1; LR-*Meyer-Goßner*[23] 1; *van Els/Hinkel* NJW **1977** 85.

[10] Vgl. näher § 162, 42.

ßem Ermessen vorzunehmenden Gestaltung des Ermittlungsverfahrens sollte die Staatsanwaltschaft jedoch in geeigneten Fällen die sich aus diesen Vorschriften ergebenden besseren Möglichkeiten der Sachaufklärung ausnutzen.

3   Die anfängliche **Kritik** an der Vorschrift, die ein Machtungleichgewicht zu Lasten des Beschuldigten beanstandete[11], ist weitgehend verstummt; in der praktischen Anwendung sind Unzuträglichkeiten nicht deutlich geworden. Das kann allerdings damit zusammenhängen, daß die Staatsanwaltschaft von Eigenvernehmungen eher zurückhaltend Gebrauch macht[12] und es offenbar zu einem Einsatz der Zwangsbefugnisse nur selten kommt[13]. Die bei der Schaffung der Vorschrift geäußerte Erwartung, daß es sich um den „praktisch bedeutsamsten Teil der Maßnahmen zur Konzentration des Ermittlungsverfahrens in der Hand der Staatsanwaltschaft" handele[14], scheint sich nicht voll erfüllt zu haben[15]. Aus der zahlenmäßig verhältnismäßig geringen Häufigkeit staatsanwaltschaftlicher Vernehmungen ergibt sich jedoch nicht die Bedeutungslosigkeit der Vorschrift; gerade in wichtigen Verfahren und für zentrale Vernehmungen vermittelt sie der Staatsanwaltschaft die erforderlichen Aufklärungsmöglichkeiten.

4   **b) Inhalt der Vorschrift. Absatz 1** begründet für Zeugen und Sachverständige die Verpflichtungen, auf Ladung vor der Staatsanwaltschaft zu erscheinen, und, unabhängig davon, gegenüber der Staatsanwaltschaft wahrheitsgemäß (Rdn. 12) uneidlich auszusagen. Beim **Sachverständigen** begründet er darüber hinaus die Auswahlbefugnis der Staatsanwaltschaft (Rdn. 25) und in gleichem Umfang wie bei einer Heranziehung durch den Richter die Pflicht zur fristgerechten Gutachtenerstattung. **Absatz 2** räumt der Staatsanwaltschaft (nach **Absatz 4** auch der ersuchten) die zur Durchsetzung dieser Zeugen- und Sachverständigenpflichten erforderlichen Zwangsbefugnisse ein und behält dem Richter lediglich die Anordnung der Ordnungs- und Zwangshaft gegenüber Zeugen vor. **Absatz 3** gewährt gegenüber der Anordnung von Zwangsmitteln durch die Staatsanwaltschaft einen **beschwerdeähnlichen Rechtsbehelf**, über den die Strafkammer des Landgerichts entscheidet.

5   **2. Zur Anwendung berechtigte Strafverfolgungsbehörde** ist in erster Linie die **Staatsanwaltschaft.** Die Befugnisse nach § 161 a stehen auch den **Amtsanwälten** zu, soweit sie selbständig tätig werden dürfen (§ 142 Abs. 2 GVG)[16]. Werden sie außerhalb ihrer gesetzlichen Zuständigkeit zur Unterstützung eines Staatsanwalts eingesetzt (Vor § 158, 23; § 161, 43), so stehen ihnen die Befugnisse nach § 161 a nicht zu. Auch Wirtschaftsreferenten und andere mit Ermittlungstätigkeiten betraute Bedienstete der Staatsanwaltschaft, die nicht das Amt des Staatsanwaltes ausüben, haben diese Befug-

[11] Ausführlich *Welp* Zwangsbefugnisse; *Grünwald* Verh. d. 50 DJT (1974) Bd. I S. C 30 ff; weit. Nachw. LR-*Meyer-Goßner*[23] 94 ff; neuerdings wieder (überzogen) *Schumacher* Kontinuität und Diskontinuität im Strafverfahrensrecht (1987) 43 ff.

[12] Die Erledigungsstatistik der Staatsanwaltschaft (ohne Hessen, Schleswig-Holstein) verzeichnet 1985 bei 2 317 800 Ermittlungsverfahren insgesamt 48 600 Zeugenvernehmungen und 7300 Sachverständigenanhörungen durch die Staatsanwaltschaft; vgl. auch *Rieß* FS Sarstedt 264; zur Zahl der Beschuldigtenvernehmungen s. § 163a, 48 Fußn. 94.

[13] Gerichtliche Entscheidungen nach § 161 a Abs. 3 Satz 2 kommen offenbar kaum vor; vereinzelt veröffentlicht z. B. LG Hamburg NStZ **1983** 182 mit Anm. *Dahs*; BGH bei *Schmidt* MDR **1986** 179.

[14] BTDrucks. 7 551, S. 72.

[15] Zur Forderung nach Ausnutzung der Befugnisse vgl. auch LR-*Meyer-Goßner*[23] 97; *van Els/Hinkel* NJW **1977** 85; *Lampe* NJW **1975** 199; *Herrmann* ZStW **89** (1977) 189; *Schmidt-Leichner* NJW **1975** 418; zurückhaltender *Rieß* FS K. Schäfer 195 f.

[16] KK-*R. Müller*[2] 2; kritisch (zu Unrecht) *G. Schmidt* DRiZ **1971** 77.

nisse nicht. Sie können zwar Zeugen und Sachverständige vernehmen, doch dürfen sie keine Zwangsmittel anordnen und ihnen gegenüber besteht keine Aussagepflicht. In **Steuerstrafsachen** ist die **Finanzbehörde** zur Anwendung berechtigt, wenn sie das Steuerstrafverfahren selbständig führt (§ 386 Abs. 2; § 399 Abs. 1 AO)[17]. Der **Polizei** stehen die Befugnisse nach § 161 a, § 163 a Abs. 3 **nicht** zu[18]; ebensowenig denjenigen Behörden, die die Rechte und Pflichten von Polizeibeamten haben[19].

Im **Bußgeldverfahren** gilt § 161 a grundsätzlich für die Verwaltungsbehörde (§ 46 **6** Abs. 2 OWiG)[20]. Zeugen und Sachverständige sind also zum Erscheinen und zur Aussage verpflichtet; die Verwaltungsbehörde kann dies durch Ordnungsgeld erzwingen. Die Anordnung der Vorführung ist jedoch im Bußgeldverfahren dem Richter vorbehalten (§ 46 Abs. 5 OWiG), und zwar auch dann, wenn die Staatsanwaltschaft Verfolgungsbehörde ist[21].

3. Zeitlicher Geltungsbereich. Die Vorschrift gilt, soweit sie der Staatsanwalt- **7** schaft Zwangsbefugnisse einräumt, nur für das **Ermittlungsverfahren.** Nach Erhebung der öffentlichen Klage, also im Zwischenverfahren und im Hauptverfahren, ist die Staatsanwaltschaft zwar noch zu eigenen Ermittlungen befugt[22], doch stützt sich diese Berechtigung nicht auf § 160 (vgl. § 160, 14). Zwangsbefugnisse stehen der Staatsanwaltschaft während des gerichtlichen Verfahrens nicht zu; eine Aussagepflicht besteht ihr gegenüber nicht mehr[23]. Denn der Zweck des § 161 a besteht darin, der Staatsanwaltschaft diejenigen Befugnisse einzuräumen, die sie wegen ihrer Verfahrensherrschaft für das Ermittlungsverfahren benötigt; diese Verfahrensherrschaft geht aber nach Klageerhebung auf das Gericht über, dem nunmehr die Sachverhaltsaufklärung obliegt. Der Staatsanwaltschaft in diesem Verfahrensstadium erzwingbare Vernehmungsbefugnisse einzuräumen, könnte nur zu Störungen der gerichtlichen Tätigkeit führen und würde ein sachlich nicht zu rechtfertigendes Ungleichgewicht zwischen Anklagebehörde und Beschuldigtem bewirken. Dagegen kann die Staatsanwaltschaft **nach rechtskräftigem Abschluß des Verfahrens**, etwa bei Ermittlungen zur Vorbereitung eines Wiederaufnahmeantrags, auf § 161 a zurückgreifen[24]. Selbstverständlich gilt aber die Verweisung in Absatz 1 Satz 2 für staatsanwaltschaftliche Vernehmungen auch während des gerichtlichen Verfahrens insoweit, als die Staatsanwaltschaft zu den in § 52 Abs. 3, § 55 Abs. 2 vorgeschriebenen Belehrungen verpflichtet ist.

4. Vernehmung von Zeugen
a) Allgemeines. Absatz 1 begründet zwei zwar aufeinander bezogene, aber vonein- **8** ander unabhängige Verpflichtungen für den Zeugen. Er ist einmal verpflichtet, auf ordnungsgemäße Ladung zum Zwecke der Vernehmung vor der Staatsanwaltschaft zu erscheinen. Unabhängig hiervon ist er zur Aussage gegenüber der Staatsanwaltschaft verpflichtet[25], also auch dann, wenn er von der Staatsanwaltschaft zum Zwecke der Vernehmung aufgesucht oder wenn mit ihm ohne förmliche Ladung ein Vernehmungstermin vereinbart wird und er zu diesem erscheint[26].

---

[17] *Franzen/Gast/Samson* Steuerstrafrecht[3] (1985) § 399, 10 AO; *Selmer* (LV zu § 161) 62; näher § 160, 11 ff.

[18] KK-*R. Müller*[2] 2; vgl. auch § 163, 33; § 163 a, 73 f.

[19] Vgl. § 404 AO; weitere Fälle bei *Göhler*[8] § 53, 6; vgl. auch Vor § 158, 32.

[20] *Göhler*[8] § 59, 3; § 52; 68; *Gillmeister* (LV zu § 164) 32.

[21] *Göhler*[8] § 46, 33; zur Problematik auch *Welp* Zwangsbefugnisse 51 Fußn. 144.

[22] Vgl. § 202, 6; Vor § 213, 17.

[23] **A. A** *Gössel* § 11 B II a.

[24] Vgl. auch § 362, 1; § 364 b, 7; *Dünnebier* FS II Peters 340.

[25] Zu einer Einschränkung (Sozialgeheimnis) vgl. Rdn. 18.

[26] KK-*R. Müller*[2] 4; *Kleinknecht/Meyer*[38] 2.

Peter Rieß

9   Eine **schriftliche Erklärung des Zeugen** kann anstelle der Vernehmung ausreichen[27] oder sie ergänzen. Sie kann jedoch von der Staatsanwaltschaft nicht erzwungen werden; § 161 a verpflichtet den Zeugen nur zu Aussage, nicht zur schriftlichen Auskunft (vgl. § 161, 13). Auch der Zeuge kann gegen den Willen der Staatsanwaltschaft seine Aussagepflicht nicht durch eine schriftliche Erklärung abwenden. Die **Herausgabepflicht nach § 95** kann nicht auf § 161 a gestützt werden[28].

10   b) Die **entsprechende Anwendung der §§ 48 bis 72** ordnet Absatz 1 Satz 2 für staatsanwaltschaftliche Zeugenvernehmungen an; diese Bestimmungen gelten also nur insoweit, als sich nicht aus den Sonderregelungen der Vorschrift oder aus den Besonderheiten der Vernehmung durch eine nichtrichterliche Strafverfolgungsbehörde im Ermittlungsverfahren[29] ihre Unanwendbarkeit ergibt. **Unanwendbar** sind wegen Absatz 1 Satz 3 alle die Eidesleistung betreffenden Vorschriften, also die **§§ 59 bis 67**, ferner **§ 49 Satz 2, 3; § 50 Abs. 4**, die sich auf die Vernehmung in der Hauptverhandlung beziehen. Mit welchen Abweichungen und Einschränkungen die anderen Vorschriften gelten, ist an der jeweiligen Stelle erläutert. Wegen der Bedeutung der unverändert geltenden Bestimmung wird im einzelnen auf die entsprechenden Erläuterungen der §§ 48 ff verwiesen.

11   c) **Zeugenbeistand.** Der Zeuge kann sich, wie bei richterlichen Vernehmungen, eines Rechtsanwalts als Zeugenbeistand bedienen[30]; auf die Erl. zu § 58, 10 f wird verwiesen. Ist der Zeuge **Verletzter**, so ergibt sich diese Befugnis aus § 406 f Abs. 2 Satz 1; ihm kann darüber hinaus gestattet werden, eine andere Vertrauensperson bei seiner Vernehmung hinzuzuziehen (§ 406 f Abs. 3). Über die Zulassung des Zeugenbeistandes entscheidet die Staatsanwaltschaft; dagegen ist der Rechtsbehelf nach Absatz 3 eröffnet[31]. Gegen die Zurückweisung einer Vertrauensperson bei der Vernehmung eines Verletzten als Zeugen ist der Rechtsbehelf nach Absatz 3 wegen der Sonderregelung in § 406 f Abs. 3 Satz 2 ausgeschlossen.

12   d) **Wahrheitspflicht.** Mit der staatsbürgerlichen Pflicht des Zeugen zur Aussage vor der Staatsanwaltschaft ist untrennbar die Verpflichtung zur Wahrheit und Vollständigkeit verbunden[32]. Die Verletzung dieser Pflicht ist für sich allein jedoch bei Aussagen vor dem Staatsanwalt nicht nach § 153 StGB strafbewehrt[33]; auch zur Entgegennahme eidesstattlicher Versicherungen ist der Staatsanwalt nicht befugt[34]. Prozessuale Sanktionen zieht die unwahre Aussage ebenfalls nicht nach sich; mit Zwangs- und Beugemaßnahmen darf die Wahrheit nicht erzwungen werden[35]. Bestehen Anhaltspunkte dafür, daß ein Zeuge die Unwahrheit sagt, so ist deshalb ggf. eine richterliche Vernehmung und in dieser die Beeidigung (§ 65 Nr. 2) zu beantragen.

---

[27] Vgl. Nr. 67 RiStBV; KK-*R. Müller*[2] 4.

[28] LG Kaiserslautern NStZ **1981** 438, 439 mit Anm. *Lilie*; vgl. § 95, 9 mit Nachw. auch zur Gegenmeinung; LG Bonn NStZ **1983** 327 mit Anm. *Kurth.*

[29] Vgl. RegEntw. 1. StVRG, BTDrucks. 7 551, S. 73.

[30] BVerfGE **38** 105; KK-*R. Müller*[2] 3; *Kleinknecht/Meyer*[38] 10; *Granderath* MDR **1983** 728.

[31] Näher Rdn. 50; **a. A** OLG Hamburg NStZ **1984** 566 (§ 98 Abs. 2 Satz 2 analog).

[32] Bericht des BTRAussch. zum 1. StVRG, BT-Drucks. 7 2600, S. 14; KK-*R. Müller*[2] 4; *Welp* Zwangsbefugnisse 31; *G. Schäfer* § 21 II 2.

[33] Nachw. zu der im Gesetzgebungsverfahren bis zum Schluß umstrittenen Frage bei *Lampe* NJW **1975** 196; *Welp* Zwangsbefugnisse 31 Fußn. 85, 86, 90.

[34] RGSt **37** 209; **47** 157; *Dreher/Tröndle*[44] § 156, 5 a; wegen der teilw. abweichenden Regelung im Bußgeldverfahren vgl. *Göhler*[8] Vor § 59, 59; § 52, 21; vgl. auch OLG Hamburg HESt 1 39.

[35] *Welp* Zwangsbefugnisse 32 f.

Die unwahre Aussage vor dem Staatsanwalt kann jedoch nach den §§ 154 d, 164, **13** 257 und 258 StGB **strafbar** sein, wenn dafür die jeweiligen Tatbestandsvoraussetzungen vorliegen. Bei der **Belehrung nach § 57** ist deshalb nicht nur auf die Wahrheitspflicht hinzuweisen; sofern es die Sachlage erfordert, kann auch ein Hinweis auf die Strafbarkeit nach diesen Vorschriften notwendig werden, da auch sie strafrechtliche Folgen einer unrichtigen Aussage darstellen[36]. Die Eidesbelehrung unterbleibt stets.

e) **Ladung des Zeugen. Terminsmitteilungen.** Anders als bei richterlichen Verneh- **14** mungen (§ 48) ist die Staatsanwaltschaft nicht verpflichtet, den Zeugen unter Hinweis auf die gesetzlichen Folgen seines Ausbleibens zu laden; sie kann ihn formlos, ggf. unter Hinweis auf die gesetzliche Aussagepflicht nach Absatz 1 Satz 1[37] zur Vernehmung bitten, wenn sie von vornherein nicht beabsichtigt, von Zwangsmaßnahmen Gebrauch zu machen[38]. Andernfalls muß die Ladung[39] den Hinweis auf die Möglichkeit von Kostenauferlegung und Ordnungsgeld stets enthalten; auf die Möglichkeit der Anordnung der Ersatzhaft durch den Richter (Absatz 2 Satz 2) braucht in keinem Fall hingewiesen zu werden[40]. Die **Vorführungsandrohung** ist, anders als bei der Ladung zur gerichtlichen Vernehmung, nur dann in die Ladung aufzunehmen, wenn die Staatsanwaltschaft sie auch durchzusetzen beabsichtigt[41].

Der **Bundespräsident (§ 49)** wird nicht zur Vernehmung geladen; bestimmte **Ver-** **15** **fassungsorgane** sind unter bestimmten Voraussetzungen stets an ihrem Amtssitz zu vernehmen (§ 50). In diesem Rahmen können sie auch durch den Staatsanwalt vernommen werden. Falls ihre Aussage in einer Hauptverhandlung verwertet werden soll, ist allerdings im Hinblick auf § 49 Satz 2, 3; § 50 Abs. 4 schon im Ermittlungsverfahren eine richterliche Vernehmung vorzuziehen[42].

Der **Zeugenbeistand** braucht weder geladen zu werden, noch muß er eine Ter- **16** minsmitteilung erhalten; es ist Sache des Zeugen, ihn zu informieren[43]. Untersagt ist der Staatsanwaltschaft allerdings eine Terminsnachricht nicht, ggf. kann auch eine Terminsabsprache mit ihm in Betracht kommen, falls der Zeuge in Anwesenheit des Beistandes aussagen will[44]. **Beschuldigte** und ihre **Verteidiger** erhalten, anders als bei richterlichen Vernehmungen (§ 168 c Abs. 5), in der Regel keine Terminsmitteilung, weil sie kein Anwesenheitsrecht haben (Rdn. 31)[45]. Will ihnen die Staatsanwaltschaft jedoch die Anwesenheit gestatten, so kann sie diese Personen vom Termin benachrichtigen. Eine Terminsnachricht muß aber unterbleiben, soweit sie den Untersuchungszweck gefährden würde.

f) **Weigerungsrechte.** Die Zeugnis- und Auskunftsverweigerungsrechte nach den **17** §§ 52, 53, 53 a, 55 sind auch vom Staatsanwalt zu beachten; die nach § 52 Abs. 3 Satz 1, § 55 Abs. 2 vorgeschriebenen Belehrungen obliegen dem Staatsanwalt. Dieser hat, falls sich der Zeuge auf seine Pflicht zur Amtsverschwiegenheit (§ 54) beruft, erforderlichenfalls die Aussagegenehmigung bei der zuständigen Behörde einzuholen. Soweit durch andere Gesetze, wie beispielsweise für die Mitglieder des Vorstandes der Rechtsanwalts-

---

[36] Vgl. LR-*Dahs* 57, 2; LR-*Meyer-Goßner*[23] 28; enger KK-*R. Müller*[2] 9; *Kleinknecht/ Meyer*[38] 2.

[37] *Kleinknecht/Meyer*[38] 3.

[38] *Kleinknecht/Meyer*[38] 3; KMR-*Müller* 3; wohl **a. A** KK-*R. Müller*[2] 8; LR-*Meyer-Goßner*[23] 19, die den Hinweis auf Kostenauferlegung und Ordnungsgeld stets für notwendig halten.

[39] Zu Form und Inhalt s. § 48, 2 bis 5.

[40] BTDrucks. 7 551, S. 73; im Schrifttum allg. M.

[41] Ausführlich *Kleinknecht/Meyer*[38] 5; LR-*Meyer-Goßner*[23] 19; ferner KK-*R. Müller*[2] 8.

[42] Vgl. § 49, 3; § 50, 4.

[43] KK-*R. Müller*[2] 8; vgl. auch § 406 f, 3.

[44] Vgl. LR-*Dahs* § 58, 10 a mit weit. Nachw.

[45] KK-*R. Müller*[2] 8.

Peter Rieß

kammer nach § 76 Abs. 2 BRAO ein Zeugnisverweigerungsrecht oder Aussageverbot für gerichtliche Verfahren begründet worden ist, gilt es auch bei staatsanwaltschaftlichen Vernehmungen, denn der Gesetzgeber hat der Staatsanwaltschaft, wie die Verweisung auf die §§ 52 ff zeigt, insoweit keine weitergehenden Rechte eingeräumt als sie dem Ermittlungsrichter bei einer gerichtlichen Vernehmung zustehen würden. Die **Glaubhaftmachung** der das Weigerungsrecht begründenden Tatsachen nach § 56 kann auch der Staatsanwalt verlangen; jedoch scheidet der Eid ebenso wie die eidesstattliche Versicherung als Mittel der Glaubhaftmachung aus. Wenn dem Zeugen, der ein Weigerungsrecht geltend macht, die Glaubhaftmachung nicht auf andere Weise (vgl. § 56, 6), notfalls durch einfache Versicherung, möglich ist, muß ihm durch eine richterliche Vernehmung Gelegenheit zur Glaubhaftmachung nach § 56 Satz 2 gegeben werden.

18　　Dem Amtsträger, der das **Sozialgeheimnis** (§ 35 SGB I) zu wahren hat, steht ein besonderes Zeugnisverweigerungsrecht gegenüber der Staatsanwaltschaft insoweit zu, als bestimmte Sozialdaten für ein Strafverfahren ohne schriftliches Einverständnis des Betroffenen (§ 67 Satz 1 Nr. 1 SGB X) nur aufgrund richterlicher Anordnung offenbart werden dürfen (vgl. näher § 161, 22 ff). Soweit dieser Richtervorbehalt (§ 73 SGB X) reicht, ist der Zeuge bei einer Vernehmung durch die Staatsanwaltschaft grundsätzlich zur Aussage weder berechtigt noch verpflichtet[46]. Ist abzusehen, daß die Offenbarung solcher Daten eine Rolle spielen wird, so muß die Staatsanwaltschaft entweder eine richterliche Vernehmung beantragen oder sich um die Einwilligung des Betroffenen bemühen oder vor der Vernehmung eine richterliche Anordnung nach § 73 SGB X herbeiführen. Ähnliche Situationen können sich ergeben, wenn im Rahmen der aufgrund richterlicher Entscheidung zulässigen Durchbrechung des **Postgeheimnisses** die Aussage eines Postbeamten in Frage kommt[46a].

19　　Das sog. **Bankgeheimnis** greift gegenüber Ermittlungshandlungen der Strafverfolgungsbehörden nicht durch (näher § 161, 27). Ein Bankbediensteter kann deshalb auch bei staatsanwaltschaftlichen Vernehmungen die Aussage nicht unter Berufung hierauf verweigern[47]; das gilt auch für die Bankbediensteten der Bundespost (s. § 161, 19). Wegen der Erfüllung von Auskunftsersuchen der Staatsanwaltschaft s. § 161, 28.

20　　g) Auf die **Durchführung der Vernehmung** durch den Staatsanwalt sind grundsätzlich die §§ 58, 68, 68 a und 69 anzuwenden[48]. § 68 Satz 2 gilt nur für die Hauptverhandlung und kommt deshalb hier nicht in Betracht. Es gelten jedoch der Grundsatz der **Einzelvernehmung** (§ 58 Abs. 1)[49] mit den durch die Zulässigkeit der Vernehmungsgegenüberstellung (§ 58 Abs. 2) eröffneten Ausnahmen, die Notwendigkeit, dem Zeugen **Personal- und Generalfragen** vorzulegen (§ 68 Satz 1 und 3) und die Trennung der Vernehmung im zusammenhängenden **Bericht und** ergänzende **Befragung** (§ 69)[50]. Nach § 136 a untersagte Vernehmungsmethoden dürfen selbstverständlich nicht angewendet werden. Fragen, die dem Zeugen zur Unehre gereichen oder seinen persönlichen Lebensbereich betreffen[51], soll auch der Staatsanwalt dem Zeugen nur bei Unerläßlichkeit

---

[46] *Ostendorf* DRiZ **1981** 8; ob dies auch für die in § 68 Abs. 1 Satz 1 SGB X genannten Daten gilt, ist umstritten; vgl. § 161, 23.

[46a] Vgl. *Kurth* NStZ **1983** 541.

[47] *Lilie* NStZ **1983** 440; *Ostendorf* DRiZ **1981** 7; *Prost* NJW **1976** 215; *Selmer* (LV zu § 161) 61.

[48] Vgl. zur inhaltlichen Gestaltung der Vernehmung auch *Kleinknecht/Meyer*[38] 6 ff.

[49] Großzügiger Begr. RegEntw. 1. StVRG BT-

Drucks. 7 551, S. 73; ihm folgend LR-*Meyer-Goßner*[23] 29.

[50] Insoweit großzügiger BTDrucks. 7 551, S. 73 (wegen des nur formalen Charakters); LR-*Meyer-Goßner*[23] 33; wie hier *Kleinknecht/Meyer*[38] 8; KMR-*Müller* 8; *Franzen/Gast/Samson* (Fußn. 17) § 399, 12 AO.

[51] Vgl. die Erl. zur Änderung des § 68 a im Nachtr.

stellen (§ 68 a Abs. 1)[52]; für die Feststellung von Vorstrafen gilt § 68 a Abs. 2 mit der Maßgabe, daß ihre Ermittlung zum Zwecke der Feststellung des Vorliegens von Vereidigungshindernissen bei Vernehmungen durch die Staatsanwaltschaft regelmäßig nicht erforderlich sein wird.

h) Beanstandung der Vernehmung. Der Zeuge oder für ihn der Zeugenbeistand **21** (vgl. § 406 f Abs. 2 Satz 2) können die Art der Vernehmung, insbesondere den Verstoß gegen die §§ 58, 68 a und 69 förmlich beanstanden, ebenso die Nichtanerkennung geltend gemachter Zeugnis- und Auskunftsverweigerungsrechte. Auch dem Beschuldigten oder seinem Vertreter dürfte dieses Beanstandungsrecht zustehen, falls er bei der Vernehmung anwesend ist. Über die Beanstandung entscheidet zunächst der die Vernehmung leitende Staatsanwalt. Weist er sie zurück und beharrt der Zeuge auf seiner Weigerung, so ließe sich eine gerichtliche Entscheidung nach dem Gesetzeswortlaut nur dadurch herbeiführen, daß der Staatsanwalt wegen unberechtigter Zeugnisverweigerung eine Maßnahme nach § 70 trifft und der Zeuge hiergegen den Rechtsbehelf nach Absatz 3 ergreift. Das belastet den an sich rechtstreuen Zeugen, der lediglich eine gerichtliche Klärung seiner Beanstandung wünscht, mit dem Risiko, im Falle einer Entscheidung zu seinen Ungunsten mit einer Ordnungsstrafe belegt zu werden[53]. Es erscheint deshalb erwägenswert, die Möglichkeit anzuerkennen, den Antrag auf gerichtliche Entscheidung nach Absatz 3 auch gegen eine Entscheidung der Staatsanwaltschaft zuzulassen, die ohne Festsetzung einer Maßnahme die Beanstandung durch den Zeugen zurückweist (s. Rdn. 49)[54]. Folgt man dieser Lösung, so steht es dem vernehmenden Staatsanwalt frei, bei einer Weigerung des Zeugen sogleich ein Ordnungsgeld nach § 70 festzusetzen oder lediglich die Beanstandung des Zeugen durch besondere Verfügung mit der Maßgabe zurückzuweisen, daß die Festsetzung eines Ordnungsgeldes vorbehalten bleibe, wenn nicht binnen einer zugleich zu bestimmenden Frist ein Antrag auf gerichtliche Entscheidung gestellt wird.

i) Protokollierung. Maßgebend ist § 168 b Abs. 2, der wiederum auf die für die **22** richterliche Vernehmung geltenden Vorschriften verweist. Auf die dortigen Erl. wird Bezug genommen. Vernimmt die Staatsanwaltschaft einen Zeugen, den sie unter Androhung von Zwangsmaßnahmen förmlich geladen hat, so ist es regelmäßig nicht angebracht, von der Protokollierung wegen einer erheblichen Verzögerung der Ermittlungen abzusehen (vgl. § 168 b, 10). Wird die Vernehmung ausnahmsweise nicht protokolliert, so ist mindestens ihr Ergebnis gemäß § 168 b Abs. 1 aktenkundig zu machen.

j) Entschädigung. Nach § 1 Abs. 1 ZuSEntschG[55] werden Zeugen und Sachver- **23** ständige bei ihrer Heranziehung durch die Staatsanwaltschaft in gleicher Weise wie bei einer Inanspruchnahme durch den Richter entschädigt. Das ergibt sich unmittelbar aus diesem Gesetz; einer entsprechenden Anwendung des § 71 bedarf es daher nicht.

---

[52] Auch hier großzügiger LR-*Meyer-Goßner*[23] 32, da Bloßstellung des Zeugen wegen der Nichtöffentlichkeit der Vernehmung nicht zu befürchten sei.

[53] Vgl. auch LG Hamburg NStZ **1983** 182, 183 mit Anm. *Dahs* (Reduzierung des Ordnungsgeldes, weil Weigerung rechtlich vertretbar).

[54] Vgl. auch den Vorschlag von *Dahs* NStZ **1983** 184 (Aufhebung der Zwangsmaßnahme und Zurückverweisung mit der Anheimgabe einer neuen Vernehmung).

[55] In der Fassung vom 1. 10. 1969 (BGBl. I S. 1757), zuletzt geändert durch Gesetz vom 9. 12. 1986 (BGBl. I S. 2326).

5. Gutachten von Sachverständigen

24   **a) Allgemeines.** Die Bedeutung des Absatz 1 Satz 1 für Sachverständige ist im Vorverfahren verhältnismäßig gering, da eine mündliche Gutachtenerstattung bei einer Vernehmung durch die Staatsanwaltschaft keine große Rolle spielt[56]. Von erheblicher praktischer, dogmatischer und rechtspolitischer Bedeutung ist aber die aus Absatz 1 Satz 2 folgende Konsequenz, daß die Auswahl des Sachverständigen im Vorverfahren dem Staatsanwalt zusteht (näher Rdn. 25) und daß er die fristgerechte schriftliche Gutachtenerstattung auch mit Zwangsmitteln durchsetzen kann. Für die **entsprechende Anwendung** der §§ 72 ff kommen nur die §§ 73 bis 84 in Betracht, weil § 85 den Zeugenbeweis betrifft und die §§ 86 ff den Augenschein regeln. § 72 gilt als Weiterverweigerungsvorschrift insoweit, als die von ihm erfaßten Vorschriften über die Zeugenvernehmung (vgl. die Erl. zu § 72) in dem Umfang für die Sachverständigentätigkeit im Ermittlungsverfahren gelten, wie sie für Zeugenvernehmungen anwendbar sind (vgl. Rdn. 10). Im übrigen sind **unanwendbar** oder nicht einschlägig die §§ 74[57], 79, 81, 81 a, 81 b, 81 c und 81 d. Für die Entschädigung des Sachverständigen gilt das ZuSEntschG unmittelbar (s. Rdn. 23).

25   **b) Auswahl des Sachverständigen.** Nach § 73 obliegt die Auswahl des Sachverständigen dem Richter; es war jedoch schon vor dem Inkrafttreten des 1. StVRG überwiegende Meinung, daß dieser Richtervorbehalt nur für das gerichtliche Verfahren gelte und im Ermittlungsverfahren auch Staatsanwaltschaft und Polizei zur Heranziehung von Sachverständigen berechtigt seien[58]. Lediglich die durch Zwangsmaßnahmen durchsetzbare Gutachtenerstattungspflicht (§§ 75, 77) war von der Ernennung durch den Richter abhängig. Aus § 161 a folgt nunmehr, daß der Staatsanwalt berechtigt ist, für das Vorverfahren den Sachverständigen im Sinne des § 73 auszuwählen und daß diese Ernennung den Sachverständigen wie eine richterliche zum Tätigwerden verpflichtet[59]. Für die Sachverständigenbegutachtung im gerichtlichen Verfahren nach Klageerhebung bindet diese Ernennung das Gericht rechtlich nicht; es kann nach § 73 andere Sachverständige bestellen (§ 73, 2). Tatsächlich wird allerdings vielfach durch die Auswahlkompetenz der Staatsanwaltschaft auch der später in der Hauptverhandlung tätige Sachverständige vorbestimmt[60]. Bei einer Unterbringung zur Begutachtung in einem psychiatrischen Krankenhaus nach § 81 ist auch im Vorverfahren die Bestellung des Gutachters Sache des Gerichts.

26   Im Hinblick auf die **Bedeutung** auch **der Person des Sachverständigen**, namentlich bei einer psychiatrischen oder psychologischen Begutachtung, und der Wirkung auf das spätere gerichtliche Verfahren ist die einseitige Auswahlkompetenz der Staatsanwaltschaft jedenfalls bei Gutachten von erheblicher Bedeutung nicht unproblematisch[61]. Die Staatsanwaltschaft wird deshalb Nr. 70 Abs. 1 RiStBV sorgfältig zu beachten haben, wonach dem **Verteidiger** vor Auswahl des Sachverständigen Gelegenheit zur **Stellung-**

---

[56] Zur Häufigkeit vgl. Rdn. 3 Fußn. 12.
[57] § 74, 20 mit Nachw. auch der Gegenmeinung.
[58] Vgl. LR-*Sarstedt*[22] § 73, 3; *Kleinknecht*[30] Vor § 72, 2; KMR[5] § 73, 3; weit. Nachw., auch zur Gegenmeinung, bei *Dippel* Die Stellung des Sachverständigen im Strafprozeß (1986) 83.
[59] Ebenso LG Trier NJW **1987** 722; KK-*R. Müller*[2] 10; *Kleinknecht/Meyer*[38] 12; KMR-*Müller* 9; LR-*Dahs* § 73, 2; *Gössel* § 4 C II b;

Roxin[20] § 27 B II, III; *G. Schäfer* § 22; *Schlüchter* 526; *Grünwald* Verh. des 50. DJT (1974) Bd. I S. C 39; *E. Müller* NJW **1976** 1067; **a.** A mit weit. Nachw. *Dippel* (Fußn. 58) 82 f.
[60] *Kühne* 516.
[61] Vgl. auch *Kühne* 516; *G. Schäfer* § 22; *Krauß* ZStW **85** (1973) 324 f, 331 f; vor allem *Dippel* (Fußn. 58) 82 ff; Vorschläge de lege ferenda bei *Dippel* 100 ff.

nahme zu geben ist, wenn es sich nicht um Routinegutachten handelt oder eine Gefährdung des Untersuchungszwecks oder eine Verfahrensverzögerung zu befürchten ist. Auch eine Fühlungnahme mit dem Vorsitzenden des für die Hauptverhandlung zuständigen Gerichts, falls dieses schon bekannt ist, kann sich empfehlen[62]. Zeigt sich bei Gutachten von ausschlaggebender Bedeutung zwischen Verteidigung und Staatsanwaltschaft eine tiefgreifende Meinungsverschiedenheit über die auszuwählende Person, so kann es dem Verfahren dienlich sein, wenn die Staatsanwaltschaft ihre Auswahlkompetenz nicht in Anspruch nimmt und die Sachverständigenbestellung nach §162 beim Ermittlungsrichter beantragt.

c) Pflicht zur fristgerechten Gutachtenerstattung. Der vom Staatsanwalt ausge- **27** wählte Sachverständige ist unter den gleichen Voraussetzungen wie der vom Gericht ausgewählte zur Gutachtenerstattung verpflichtet (vgl. die Erl. zu den §§75, 76); er kann hierzu ggf. mit Zwangsmitteln angehalten werden[63]. Dabei genügt es, wenn die Bereiterklärung (§75, 6) der Staatsanwaltschaft gegenüber abgegeben wird. Die (als Sollvorschrift) vorgeschriebene **Fristabsprache** (§73 Abs. 1 Satz 2) trifft der Staatsanwalt und vermerkt das Ergebnis in den Akten[64]. Eine Entbindung des ausgewählten Sachverständigen von der Verpflichtung zur Gutachtenerstattung (§76 Abs. 1 Satz 2) wird beispielsweise dann in Betracht zu ziehen sein, wenn dieser von einem Verhältnis Anzeige macht, das zur Ablehnung des Sachverständigen berechtigen würde.

d) Art der Gutachtenerstattung. Für die Gutachtenerstattung gelten die §§78, 80 **28** und 82, auf deren Erläuterung verwiesen wird, mit der Maßgabe, daß die dort dem Gericht zugewiesenen Aufgaben dem Staatsanwalt obliegen. Dieser hat also die Tätigkeit des Sachverständigen insbesondere dadurch zu leiten, daß er ihm einen klar umrissenen Auftrag erteilt und diesen ggf. mündlich erläutert und in Zweifelsfällen mit dem Sachverständigen erörtert[65], ihn erforderlichenfalls über die verfahrensrechtlichen Vorschriften und die materielle Rechtslage unterrichtet und ihm die erforderlichen Anknüpfungstatsachen mitteilt und die notwendige weitere Aufklärung verschafft. Der Staatsanwalt hat ferner zu entscheiden (§83), ob er das Gutachten für ungenügend erachtet und deshalb eine neue Begutachtung veranlassen will, oder ob er das Gutachten einer kollegialen Fachbehörde einholen will.

Ob das Gutachten **schriftlich oder** nur **mündlich** zu erstatten ist (§82), entschei- **29** det ebenfalls der Staatsanwalt; auch eine fernmündliche Mitteilung der Ergebnisse des Gutachtens ist zulässig und ebenso eine Kombination dergestalt, daß das Gutachten in seinem wesentlichen Inhalt zunächst mündlich erstattet, eine schriftliche Fassung aber nachgereicht wird. Wieweit die mündliche und in den Akten festzuhaltende Vorwegmitteilung des Gutachteninhalts eine ausreichende Entscheidungsgrundlage für die Anklageerhebung und Eröffnung darstellt, und das schriftliche Gutachten für das Hauptverfahren nachgereicht werden kann, ist eine Frage des Einzelfalles; regelmäßig wird erwartet werden können, daß der Sachverständige, der sich mündlich verbindlich äußert, auch zur schriftlichen Niederlegung seines Inhalts in kurzer Frist in der Lage sein muß[66].

Soweit das Gutachten mündlich (auch fernmündlich) erstattet wird, ist es stets als **30** Ergebnis einer Untersuchungshandlung nach §168b Abs. 1 **aktenkundig zu machen**, je-

---

[62] KK-*R. Müller*[2] 10; *Kleinknecht/Meyer*[38] 12.
[63] LG Trier NJW **1987** 722.
[64] KK-*R. Müller*[2] 11; *Kleinknecht/Meyer*[38] 13.
[65] Vgl. Nr. 72 Abs. 2 RiStBV; KK-*R. Müller*[2] 11.

[66] Großzügiger *Kleinknecht/Meyer*[38] 14; wohl enger (schriftliches Gutachten sei die Regel) LR-*Meyer-Goßner*[23] 51; vgl. auch KK-*R. Müller*[2] 11; wie hier KMR-*Müller* 9.

Peter Rieß

doch empfiehlt sich dieser formlose Weg in der Regel nur dann, wenn es sich um die Vorausmitteilung eines schriftlich nachzureichenden Gutachtens handelt. Wird das Gutachten nur mündlich erstattet, so ist die förmliche staatsanwaltschaftliche Vernehmung nach § 161 a Abs. 1 Satz 1 und ihre Protokollierung nach § 168 b Abs. 2 in Vbdg. mit den §§ 168, 168 a vorzuziehen[67]. Eine solche Vernehmung kommt auch in Betracht, wenn eine ergänzende Erläuterung eines bereits schriftlich vorliegenden Gutachtens notwendig ist. Wegen der Anwesenheit des Verteidigers bei solchen Vernehmungen s. Rdn. 34, wegen der Einsicht in die Gutachten Rdn. 35.

6. Anwesenheits- und Informationsrechte des Beschuldigten und seines Verteidigers

31   **a) Kein Anwesenheitsrecht bei Zeugenvernehmungen.** Anders als bei richterlichen Zeugenvernehmungen (vgl. § 168 c) besteht bei staatsanwaltschaftlichen Zeugenvernehmungen kein Anwesenheitsrecht des Beschuldigten oder seines Verteidigers[68]; eine Terminsmitteilung ist deshalb nicht vorgeschrieben[69]. Dies gilt auch dann, wenn im Rahmen der Zeugenvernehmung eine **Identifizierungsgegenüberstellung** (vgl. § 58, 13; § 81 a, 34; § 168 a, 18) mit dem Beschuldigten vorgenommen wird, denn insoweit handelt es sich allein um Zeugenvernehmungen[70]. Anderes gilt bei einer **Vernehmungsgegenüberstellung** (vgl. § 58, 12), die gleichzeitig Beschuldigtenvernehmung und Zeugenvernehmung darstellt und bei der sich deshalb das Anwesenheitsrecht des Verteidigers aus § 163 a Abs. 3 Satz 2 in Vbdg. mit § 168 c Abs. 1 ergibt[71].

32   Die Staatsanwaltschaft kann jedoch nach pflichtgemäßem Ermessen dem Beschuldigten oder seinem Verteidiger die **Anwesenheit** bei Zeugenvernehmungen **gestatten,** soweit nicht dadurch der Untersuchungszweck gefährdet wird[72]. In solchen Fällen kann es auch zweckmäßig sein, den Verteidiger vom Termin zu unterrichten, jedenfalls dann, wenn sein Interesse an der Teilnahme ersichtlich ist[73]. Entsprechend dem Rechtsgedanken des § 168 c ist auch zu berücksichtigen, daß von der Teilnahme allein des Verteidigers nach der gesetzgeberischen Wertentscheidung in § 168 c Abs. 3 (vgl. § 168 c, 8) eine Gefährdung des Untersuchungszwecks in geringerem Maße ausgehen wird als von der des Beschuldigten selbst. Die Gestattung der Anwesenheit kann auf einzelne Abschnitte der Vernehmung beschränkt werden. Über die Zulassung von Fragen des anwesenden Verteidigers entscheidet der Staatsanwalt, da kein Anwesenheitsrecht besteht, nach pflichtgemäßem Ermessen (vgl. § 168 c, 30 a. E.).

33   Auch **anderen Personen** kann der Staatsanwalt die Anwesenheit gestatten, sofern dadurch nicht der Untersuchungszweck gefährdet und der nichtöffentliche Charakter der Vernehmung beeinträchtigt wird (vgl. § 168 c, 25 f); in Betracht kommen namentlich Sachverständige und mit der Sachaufklärung befaßte Polizeibeamte. Auch einem Ver-

---

[67] Vgl. KK-*R. Müller*[2] 11; *Kleinknecht/Meyer*[38] 14.

[68] Begr. RegEntw. 1. StVRG, BTDrucks. 7 551, S. 72; weit. Nachw. zum Gesetzgebungsverfahren bei *Welp* Zwangsbefugnisse, S. 41 Fußn. 144; KK-*R. Müller*[2] 6; *Kleinknecht/ Meyer*[38] 3; zur Kritik an dieser Regelung und zur Forderung nach einem Anwesenheitsrecht de lege ferenda s. die Nachw. bei LR-*Meyer-Goßner*[23] 15 f; ferner *Dahs* NJW 1985 1118; *Mörsch* 101; Vor § 158, 52.

[69] S. Rdn. 16.

[70] KG NJW **1979** 1669.

[71] KG NJW **1979** 1669.

[72] Ebenso KK-*R. Müller*[2] 6; weitergehend (wenn Gefährdung des Untersuchungszwecks ausgeschlossen, nach dem Grundsatz des „fair trial" verpflichtet) *Welp* Zwangsbefugnisse 42 Fußn. 119.

[73] Enger (Anwesenheitsgestattung nur dann, wenn Verteidiger von sich aus zum Termin erscheint) KK-*R. Müller*[2] 6; LR-*Meyer-Goßner*[23] 14.

treter des Verletzten kann bei Vernehmung anderer Zeugen[74] die Anwesenheit gestattet werden; wird sie zugleich dem Verteidiger versagt, so muß dabei berücksichtigt werden, ob dadurch Verteidigungsinteressen betroffen werden.

b) Auch die **Vernehmung von Sachverständigen** wird von der ganz h. M nach **34** dem gegenwärtigen Rechtszustand in bezug auf die Anwesenheitsbefugnisse wie die vom Zeugen behandelt[75]. Dem ist für das Anwesenheitsrecht des Beschuldigten zuzustimmen. Für den Verteidiger ließe sich daran denken, trotz der Entstehungsgeschichte des geltenden § 161 a[76] und dem an sich naheliegenden Umkehrschluß aus § 163 a Abs. 3 Satz 2[77] ein Anwesenheitsrecht aus § 147 Abs. 3 letzte Alternative herzuleiten. Denn diese Bestimmung gewährt dem Verteidiger ein uneingeschränktes Einsichtsrecht in die in den Akten befindlichen Sachverständigengutachten (vgl. auch Rdn. 35). Es ist von daher nur schwer ein Sachgrund dafür ersichtlich, den Verteidiger von der Anwesenheit bei Vernehmungen fernzuhalten, die das Ziel haben, einen Aktenbestandteil herzustellen, den der Verteidiger einsehen kann. Zumindest könnten diese Zusammenhänge Anlaß geben, bei Sachverständigenvernehmungen die Anwesenheitsgestattung großzügig zu handhaben.

c) Akteneinsicht. Protokolle über staatsanwaltschaftliche Zeugenvernehmungen **35** unterliegen dem Akteneinsichtsrecht des Verteidigers nach § 147 Abs. 1 mit den Beschränkungsmöglichkeiten nach § 147 Abs. 2. Dagegen darf dem Verteidiger die Einsicht in die **Sachverständigengutachten** in keinem Falle versagt werden. Zu ihnen gehören auch die Niederschriften über die Vernehmung eines Sachverständigen sowie diejenigen Vermerke, in denen das mündlich oder fernmündlich mitgeteilte Ergebnis einer Sachverständigenbegutachtung nach § 168 b Abs. 1 aktenkundig gemacht wird.

7. Zwangsmaßnahmen gegen Zeugen und Sachverständige

a) Allgemeines. Nach den auch für staatsanwaltschaftliche Vernehmungen und **36** Gutachtenerstattungen im Auftrag des Staatsanwalts entsprechend geltenden §§ 48 bis 86 kommen im Falle des Ungehorsams folgende Zwangsmittel in Betracht: Bei unentschuldigtem Ausbleiben eines **Zeugen** Auferlegung der dadurch verursachten Kosten, Ordnungsgeld und im Falle seiner Nichtbeitreibbarkeit Ordnungshaft sowie zwangsweise Vorführung (§ 51), bei unberechtigter Aussageverweigerung Kostenauferlegung, Ordnungsgeld und im Falle der Nichtbeitreibbarkeit Ordnungshaft sowie zur Erzwingung der Aussage Erzwingungshaft (§ 70), bei unentschuldigtem Ausbleiben eines **Sachverständigen**, Verweigerung der Gutachtenerstattung oder der Fristvereinbarung sowie der Nichteinhaltung der Frist Ordnungsgeld sowie Kostenauferlegung. Soweit eine Vorführung zulässig ist, richtet sie sich nach § 135. All diese Zwangsmaßnahmen sind, soweit die jeweiligen gesetzlichen Voraussetzungen gegeben sind, auch bei staatsanwaltschaftlichen Vernehmungen und Aufträgen an Sachverständige zulässig, wie sich aus Absatz 2 Satz 1 ergibt. Absatz 2 teilt jedoch die **Anordnungskompetenz** auf. Zur Auferlegung der Kosten, zur Festsetzung von Ordnungsgeld und zur Anordnung der Vorführung ist der Staatsanwalt zuständig. Die Festsetzung der Ordnungs- und Zwangshaft ist aus verfassungsrechtlichen Gründen[78] dem Ermittlungsrichter (§§ 162, 169) vorbehalten.

---

[74] Für den Fall der Vernehmung des Verletzten selbst als Zeugen s. § 406 f Abs. 2 Satz 1 und oben Rdn. 11; vgl. auch (für richterliche Vernehmungen) § 406 g Abs. 2 Satz 2, 3.
[75] KK-*R. Müller*[2] 6; *Kleinknecht/Meyer*[38] 15; LR-*Meyer-Goßner*[23] 13.

[76] Vgl. dazu *Welp* Zwangsbefugnisse 41 Fußn. 114.
[77] Vgl. LR-*Meyer-Goßner*[23] 13.
[78] Art. 104 Abs. 2 GG, vgl. RegEntw. 1. StVRG, BTDrucks. 7 551, S. 73.

Peter Rieß

37   Die jeweiligen **materiellen und formellen Voraussetzungen** für die Zulässigkeit der Zwangsmaßnahmen ergeben sich aus den §§ 51, 70, 77 und (wegen der Verweisung in § 51 Abs. 1 Satz 3) § 135. Auf die Erläuterung zu diesen Vorschriften wird daher insgesamt verwiesen. Die nachfolgende Kommentierung beschränkt sich auf die Darstellung der Abweichungen und Besonderheiten, die sich aus dem Charakter einer staatsanwaltschaftlichen Vernehmung und der Aufteilung der Anordnungskompetenz auf Staatsanwalt und Richter ergeben.

38   **b) Kostenauferlegung und Ordnungsgeld bei Nichterscheinen des Zeugen** setzt voraus, daß der Zeuge unter Hinweis auf diese Möglichkeit geladen worden ist (§ 48) und sein Erscheinen nicht rechtzeitig (vgl. § 51 Abs. 2) genügend entschuldigt wird. Die Staatsanwaltschaft kann also diese Maßnahme nicht anordnen, wenn sie von einer förmlichen Ladung abgesehen hat (vgl. Rdn. 14). Im übrigen wird überwiegend die Auffassung vertreten, daß sowohl die Auferlegung der Kosten wie die Festsetzung des Ordnungsgeldes zwingend vorgeschrieben seien[79]. Dem ist für die **Kosten** zuzustimmen, weil andernfalls die Staatskasse oder im Falle seiner Verurteilung der Beschuldigte ungerechtfertigt mit ihnen belastet werden könnte. Von der Auferlegung der Kosten kann deshalb nur abgesehen werden, wenn, was bei staatsanwaltschaftlichen Vernehmungen nicht selten der Fall sein wird, erkennbar ist, daß solche nicht entstanden sind. Beim **Ordnungsgeld** dürfte es dem Grundsatz der freien Gestaltung des Ermittlungsverfahrens eher entsprechen, die Festsetzung namentlich im Hinblick auf die Beschränkung in § 51 Abs. 1 Satz 4 dem pflichtgemäßen Ermessen der Staatsanwaltschaft zu überlassen.

39   Zu den durch das Ausbleiben verursachten, dem ausgebliebenen Zeugen aufzuerlegenden **Kosten** gehören auch die Kosten einer Vorführung und der Vollstreckung des Ordnungshaftbeschlusses[80]. Die **Festsetzung** des Ordnungsgeldes und die Kostenauferlegung erfolgt durch **Verfügung der Staatsanwaltschaft**, die inhaltlich den Anforderungen an den in § 51 vorgesehenen Gerichtsbeschluß (§ 51, 24) entsprechen muß. Der Zeuge braucht vorher nicht gehört zu werden; rechtliches Gehör erhält er durch den Antrag nach Absatz 3. Die Verfügung ist dem Zeugen mitzuteilen; Zustellung ist nicht erforderlich[81]. Die **Vollstreckung** ist Sache der Staatsanwaltschaft. Ordnungshaft braucht die Staatsanwaltschaft erst zu beantragen, wenn die Vollstreckung vergeblich versucht worden ist[82].

40   **c) Vorführung des Zeugen.** Sie ist gegen einen ordnungsgemäß geladenen, unentschuldigt ausgebliebenen Zeugen aufgrund eines schriftlichen Vorführungsbefehls (§ 134, 6) der Staatsanwaltschaft zulässig[83], wenn die Ladung eine Vorführungsandrohung enthielt (vgl. Rdn. 14). Eine vorherige Anhörung des Zeugen ist nicht erforderlich und in der Regel untunlich[84]. Auch wenn die Staatsanwaltschaft die Vorführung in der Ladung angedroht hatte, steht ihr die Anordnung frei[85]. Die zwangsweise Vorführung, deren Dauer nach § 135 begrenzt ist, ist eine auch ohne richterliche Anordnung zulässige Freiheitsbeschränkung, keine nach Art. 104 Abs. 2 Satz 1 GG nur dem Richter vorbehaltene Freiheitsentziehung[86].

---

[79] KK-*R. Müller*² 12; LR-*Meyer-Goßner*²³ 56; **a. A** KMR-*Müller* 4.

[80] KK-*R. Müller*² 13; *Kleinknecht/Meyer*³⁸ 16. Notwendige Auslagen des Beschuldigten (vgl. § 51, 17) dürften im Falle des § 161 a in der Regel nicht entstehen.

[81] KK-*R. Müller*² 12.

[82] *Kleinknecht/Meyer*³⁸ 16.

[83] Zur Kritik an dieser Regelung und ihrer Bewertung ausführlich LR-*Meyer-Goßner*²³ 59 ff.

[84] H. M, vgl. mit weit. Nachw. § 51, 24; § 133, 11; ferner *Welp* Zwangsbefugnisse 24; **a. A** *Enzian* JR **1975** 277.

[85] KK-*R. Müller*² 15; *Kleinknecht/Meyer*³⁸ 16; *Welp* Zwangsbefugnisse 24.

[86] BT'Drucks. 7 551, S. 72; LR-*Meyer-Goßner*²³ 60 (ausführlich); KMR-*Müller* 1; *Enzian* JR

Die Vollstreckung des Vorführungsbefehls richtet sich nach § 135 in Vbdg. mit **41** § 51 Abs. 1 Satz 3[87]. Zur Durchführung der Vorführung wird sich die Staatsanwaltschaft der Polizei bedienen; dieser ist die Anwendung unmittelbaren Zwanges gestattet[88]. Zweifelhaft ist, ob die Polizei aufgrund des staatsanwaltschaftlichen Vorführungsbefehls die **Wohnung des Betroffenen** gegen dessen Willen **betreten** darf. Das Bundesverfassungsgericht (BVerfGE **51** 97, 107) hat dies für Zwangsvollstreckungsmaßnahmen des Gerichtsvollziehers im Hinblick auf den Richtervorbehalt des Art. 13 Abs. 2 GG verneint; dagegen wird im richterlichen Vorführungsbefehl nach der h. M zugleich die implizierte Befugnis zum Betreten und zur Durchsuchung der Wohnung des Betroffenen gesehen[89]. Mangels einer richterlichen Entscheidung wird dies für den staatsanwaltschaftlichen Vorführungsbefehl nicht angenommen werden können[90]. Das Betreten der Wohnung des Vorzuführenden und auf jeden Fall einer anderen Wohnung[91] gegen den Willen des Beschuldigten ist deshalb nur dann zulässig, wenn nach Lage des konkreten Einzelfalles Gefahr im Verzuge vorliegt. Ist bei Erlaß des Vorführungsbefehls mit der Notwendigkeit zu rechnen, daß bei seiner Vollstreckung in das Grundrecht des Art. 13 GG eingegriffen werden muß, so muß die Staatsanwaltschaft daher beim Ermittlungsrichter den Erlaß eines richterlichen Vorführungsbefehls beantragen.

d) Aussageverweigerung des Zeugen. Die Zwangsmaßnahmen nach § 70 setzen **42** keine ordnungsgemäße Ladung des Zeugen voraus; sie sind auch zulässig, wenn der Zeuge ohne Ladung erscheint oder von der Staatsanwaltschaft aufgesucht wird[92]. Bevor sie festgesetzt werden, sind sie dem Zeugen anzudrohen (§ 70, 6; 37). Sie sind auch bei Teilverweigerung der Aussage ohne gesetzlichen Grund zulässig, dürfen aber nicht zur Erzwingung einer wahrheitsgemäßen Aussage angewendet werden[93]. Die Auferlegung der durch die Weigerung verursachten Kosten ist obligatorisch (vgl. Rdn. 38). Ob die Staatsanwaltschaft ein Ordnungsgeld festsetzt oder darüber hinaus die Anordnung von Zwangshaft beantragt, steht in ihrem pflichtgemäßen Ermessen[94]. Da diese Maßnahmen zeitlich beschränkt sind bzw. nicht wiederholt werden dürfen (§ 70 Abs. 4), muß es der Staatsanwaltschaft überlassen bleiben, sie erst im Zusammenhang mit einer richterlichen Vernehmung zu beantragen.

e) Maßnahmen gegen Sachverständige können nach § 77 nur in der Auferlegung **43** der Kosten und der Festsetzung eines Ordnungsgeldes bestehen; mit Haft verbundene Zwangsmaßnahmen kennt das Gesetz nicht. Auch eine Vorführung des Sachverständigen ist nicht zulässig (§ 77, 1). Zuständig für die Festsetzung der Zwangsmaßnahmen ist

---

1975 280; *Lampe* MDR **1974** 335; *Lampe* NJW **1975** 198; *Kay* Die Polizei **1987** 298; ebenso für den vergleichbaren Fall der Vorführung nach § 18 GeschlKrG BGHZ **82** 261 = NJW **1982** 753; a. A *Lisken* NJW **1982** 1268; *Moritz* NJW **1977** 796; *Schnickmann* MDR **1976** 367.

[87] Näher LR-*Hanack* § 134, 7 bis 10; § 135, 4 ff.

[88] Einzelheiten bei *Kay* Die Polizei **1987** 298.

[89] Vgl. näher mit weit. Nachw. LR-*Hanack* § 134, 8; LR-*G. Schäfer* § 105, 3 ff; ferner *Kaiser* NJW **1980** 875; SK-StPO-*Rogall* § 134, 13; a. A KMR-*Müller* § 134, 7; *Benfer* NJW **1980** 1611; differenzierend *Kay* Die Polizei **1987** 301.

[90] Vgl. auch für den vergleichbaren Fall der Vorführung nach § 18 GeschlKrG BGHZ **82** 271, 275 = NJW **1982** 755; vgl. auch *Kay* Die Polizei **1987** 301.

[91] Insoweit wird auch bei richterlichen Voführungsbefehlen eine implizierte Durchsuchungsbefugnis nach h. M verneint; vgl. LR-*Hanack* § 134, 8; LR-*G. Schäfer* § 105, 8 mit weit. Nachw.

[92] KK-*R. Müller*[2] 16; *Kleinknecht/Meyer*[38] 17.

[93] Näher § 70, 8; vgl. BGHSt **9** 364; dazu kritisch *Welp* Zwangsbefugnisse 32 Fußn. 89.

[94] Ebenso KMR-*Müller* 4; a. A (für das Ordnungsgeld) KK-*R. Müller*[2] 16; LR-*Meyer-Goßner*[23] 65.

Peter Rieß

stets die Staatsanwaltschaft. Sofern durch das Nichterscheinen oder die Verweigerung der Gutachtenerstattung (§ 77 Abs. 1 Satz 1) Kosten entstanden sein können (Rdn. 38), müssen diese dem Sachverständigen auferlegt werden. Die Festsetzung des Ordnungsgeldes steht stets, auch wenn sie nach § 77 Abs. 1 obligatorisch ist, im Ermessen der Staatsanwaltschaft[95].

44   **f) Haftanordnungen** (Ordnungshaft nach § 51 Abs. 1 Satz 2, § 70 Abs. 1 Satz 2 und Erzwingungshaft nach § 70 Abs. 2) sind gemäß Absatz 2 Satz 2 dem Richter vorbehalten. Ausschließlich **zuständig** ist der Ermittlungsrichter (§ 162) des Amtsgerichts, in dessen Bezirk die antragstellende Staatsanwaltschaft ihren Sitz hat (vgl. § 162, 22); das kann in den Fällen des Absatzes 4 eine andere Staatsanwaltschaft als die sein, die das Ermittlungsverfahren führt. In den Fällen des § 169 ist auch der Ermittlungsrichter des Oberlandesgerichts oder des Bundesgerichtshofes zuständig. Die Anordnung setzt einen **Antrag** der Staatsanwaltschaft voraus, zu dem der Zeuge vor der richterlichen Entscheidung zu hören ist (§ 33 Abs. 3); bei Festsetzung der Ordnungshaft ist die Antragstellung regelmäßig erst dann veranlaßt, wenn die Beitreibung des Ordnungsgeldes erfolglos versucht worden ist[96].

45   Der **Richter hat zu prüfen**, ob die gesetzlichen Voraussetzungen für die Haftanordnung vorliegen (vgl. § 162 Abs. 3). Dazu gehört nicht nur, ob ein Ordnungsgeldbeschluß der Staatsanwaltschaft vorliegt und ob das Ordnungsgeld nicht beigetrieben werden konnte[97], sondern auch, ob die gesetzlichen Voraussetzungen für die Festsetzung des Ordnungsgeldes vorlagen, ob also in den Fällen des § 51 der Zeuge ordnungsgemäß geladen war und unentschuldigt ausgeblieben ist und ob in den Fällen des § 70 das Zeugnis ohne gesetzlichen Grund verweigert worden ist. Über die Dauer der Haft entscheidet der Richter; an den Antrag der Staatsanwaltschaft ist er nicht gebunden. Bei der **Erzwingungshaft** erstreckt sich die richterliche Prüfung auch auf die Beachtung des Verhältnismäßigkeitsgrundsatzes[98]. Der Richter darf dagegen die Haftanordnung nicht deswegen ablehnen, weil er die Haft zur Erzwingung der Aussage nicht für zweckmäßig hält.

46   Der Richter entscheidet durch zu begründenden (§ 34) **Beschluß**, der dem Betroffenen und der Staatsanwaltschaft bekanntzumachen ist. Zustellung ist nicht erforderlich. Wegen der Anfechtbarkeit s. Rdn. 66. Die **Vollstreckung** obliegt nach § 36 Abs. 2 Satz 1 der Staatsanwaltschaft; das gilt in den Fällen des § 161 a auch für die Erzwingungshaft, da es sich um eine staatsanwaltschaftliche Vernehmung handelt und die bei einer richterlichen Vernehmung für die Vollstreckung durch das Gericht maßgebenden Gründe[99] hier nicht zutreffen.

8. Antrag auf gerichtliche Entscheidung. Zulässigkeit

47   **a) Allgemeines. Grundsatz. Bedeutung.** Absatz 3 stellt gegen Maßnahmen der Staatsanwaltschaft mit Eingriffscharakter einen **beschwerdeähnlichen** besonderen **Rechtsbehelf** zur Verfügung; er trägt damit dem Verfassungsgebot des Art. 19 Abs. 4 GG Rechnung. Über ihn entscheidet, wie gegen Maßnahmen des Ermittlungsrichters nach § 162, die Beschwerdekammer des Landgerichts; entsprechend dem grundsätzlich auf eine Rechtsmittelinstanz beschränkten Beschwerderechtszug (vgl. § 310) ist eine Anfechtung der landgerichtlichen Entscheidung nach Absatz 3 Satz 4 ausgeschlossen.

---

[95] Vgl. Rdn. 38; a. A LR-*Meyer-Goßner*[23] 66.

[96] Wegen der Einzelheiten s. § 51, 21; Anh. zu § 51 Art. 6, 4 f EGStGB; wegen der Erzwingungshaft s. § 70, 19 ff.

[97] So möglicherweise LR-*Meyer-Goßner*[23] 58.

[98] Vgl. LR-*Dahs* § 70, 18; § 162, 37.

[99] Vgl. LR-*Wendisch* § 36, 28; LR-*Dahs* § 70, 39.

Die gesetzliche Regelung trägt damit der funktionellen Vergleichbarkeit der Tätigkeit der Staatsanwaltschaft und des Ermittlungsrichters im Ermittlungsverfahren Rechnung. Dogmatisch handelt es sich bei dem Gegenstand dieses Rechtsbehelfs um die **Anfechtung von Justizverwaltungsakten** im Sinne der §§ 23 f EGGVG. § 161 a Abs. 3 ist diesen Vorschriften gegenüber lex specialis und damit eine andere Vorschrift, nach der die ordentlichen Gerichte angerufen werden können, bei der es im Sinne des § 23 Abs. 3 EGGVG sein Bewenden hat[100].

Der in § 161 a Abs. 3 eröffnete Sonderrechtsbehelf gilt kraft ausdrücklicher Bezug- **48** nahme auch bei **anderen originären Eingriffskompetenzen** der Staatsanwaltschaft, nämlich bei dem staatsanwaltschaftlichen Vorführungsbefehl gegenüber dem Beschuldigten (§ 163 a Abs. 3 Satz 3), bei der Anordnung der Notveräußerung im Ermittlungsverfahren (§ 111 l Abs. 6 Satz 1) und bei der staatsanwaltschaftlichen Entscheidung über die Akteneinsicht des Verletzten (§ 406 e Abs. 4 Satz 2). Damit erfaßt dieser Rechtsbehelf einen wesentlichen Teil der originären Eingriffskompetenz der Staatsanwaltschaft[101]. Es liegt daher nahe, ihn zumindest insoweit als Ausprägung eines allgemeinen Rechtsgedankens anzusehen, daß der Anwendungsbereich des § 161 a Abs. 3 grundsätzlich **weit** und nicht etwa als Ausnahmevorschrift eng **auszulegen** ist[102]. Es ist deshalb geboten, über den Wortlaut des Absatz 3 Satz 1 hinaus den Antrag auf gerichtliche Entscheidung nicht nur für die in Absatz 2 Satz 1 genannten staatsanwaltschaftlichen Maßnahmen zu eröffnen, sondern auch für sonstige bei der staatsanwaltschaftlichen Vernehmung erforderlich werdenden Maßnahmen, bei denen wegen ihres Eingriffscharakters Art. 19 Abs. 4 GG eine gerichtliche Überprüfung gewährleistet (vgl. Rdn. 50).

b) Kostenauferlegungs- und **Ordnungshaftbeschlüsse** sowie der **Vorführungsbe- 49 fehl**[103] sind als Maßregeln nach den §§ 51, 70 und 77 schon nach dem Wortlaut des Absatz 3 Satz 1 mit dem Antrag auf gerichtliche Entscheidung anfechtbar. Sofern man mit der in diesem Kommentar vertretenen Meinung (Rdn. 21) der Auffassung ist, daß der Staatsanwalt bei Geltendmachung eines Zeugnis- oder Aussageverweigerungsrechts auch ohne Festsetzung einer Maßnahme nach § 70 die Weigerung zurückweisen kann, muß auch gegen diese Entscheidung der Antrag auf gerichtliche Entscheidung anerkannt werden. Bei der Auferlegung der Kosten ist der Antrag auch dann zulässig, wenn der Beschwerdegegenstand DM 100,— nicht übersteigt. Da § 304 in Absatz 3 Satz 3 insgesamt nicht für anwendbar erklärt ist, gilt auch die Wertgrenze des § 304 Abs. 3 nicht[104].

c) Auch gegen die **Zurückweisung eines Zeugenbeistandes** ist dieser Rechtsbehelf als **50** zulässig anzusehen. Daß insoweit eine gerichtliche Überprüfung eröffnet sein muß, folgt aus Art. 19 Abs. 4 GG; der Antrag nach § 23 EGGVG ist ausgeschlossen, weil die Vorschrift durch § 161 a Abs. 3 verdrängt wird (Rdn. 47). Der Rückgriff auf eine analoge Anwendung des § 98 Abs. 2 Satz 2[105] scheitert daran, daß hier nicht eine staatsanwaltschaftliche Eilkompetenz durch den an sich zuständigen Richter überprüft wird, sondern daß

---

[100] Ebenso *Schenke* NJW **1976** 1820; LR-*Schäfer*[23] Vor § 23, 6 EGGVG; *Welp* Zwangsbefugnisse 27; teilw. anders *Amelung* S. 31. Wegen der Konsequenzen bei prozessualer Überholung s. Rdn. 52 ff.

[101] Vgl. dazu *Rieß/Thym* GA **1981** 192 Fußn. 26, 28; 207 ff.

[102] **A. A** KK-*R. Müller*[2] (abschließende Regelung); vgl. auch OLG Hamburg NStZ **1984**

566 (analoge Anwendung des § 98 Abs. 2 auf Zurückweisung eines Zeugenbeistandes).

[103] Zu diesem kritisch (Sinn der Regelung sei dunkel) *Roxin*[20] § 31 C II 2 a; ihm folgend *Kühne* 228.

[104] KK-*R. Müller*[2] 23; *Kleinknecht/Meyer*[38] 20; KMR-*Müller* 5; BTDrucks. 7 551, S. 74.

[105] So OLG Hamburg NStZ **1984** 567; vgl. auch *Rieß/Thym* GA **1981** 209.

Peter Rieß

eine originäre Kompetenz des Staatsanwalts einer gerichtlichen Kontrolle zuzuführen ist. Wegen der Frage der prozessualen Überholung s. Rdn. 53 f.

51   **d) Androhung der Vorführung. Ladung.** Nach heute h. M ist auch schon die Androhung der Vorführung in der staatsanwaltschaftlichen Ladung mit dem Antrag nach Absatz 3 angreifbar[106]. Begründet wird dies überwiegend damit, daß gegen den Vorführungsbefehl selbst ein wirksamer Rechtsschutz deshalb nicht gewährleistet sei, weil nach seinem Vollzug wegen prozessualer Überholung der Antrag auf gerichtliche Entscheidung unzulässig sei[107]. Dieser Auffassung ist unabhängig davon zuzustimmen, ob man der Lehre von der prozessualen Überholung folgen will (dazu Rdn. 53). Denn einmal ist auch bei Anerkennung einer Beschwer trotz prozessualer Überholung der in der Vorführung liegende Eingriff nicht wieder rückgängig zu machen[108] und außerdem läßt sich schon die Vorführungsandrohung dogmatisch als Rechtseingriff ansehen[109]. Dagegen ist gegen die bloße Ladung ohne Vorführungsandrohung der Antrag auf gerichtliche Entscheidung noch nicht zulässig[110].

52   **e) Beschwer. Prozessuale Überholung.** Die ganz h. M verneint, entsprechend der Rechtslage bei der Beschwerde[111], die Zulässigkeit des Antrags, wenn die angegriffene Maßnahme im Zeitpunkt der gerichtlichen Entscheidung vollständig erledigt ist; der Antrag sei dann entweder unzulässig oder werde wegen prozessualer Überholung gegenstandslos[112]. Das ist regelmäßig beim Vorführungsbefehl der Fall, ähnlich wird es häufig bei der Zurückweisung eines Zeugenbeistandes sein. Bei der Festsetzung von Kostenfolgen und Ordnungsgeld wird dagegen im Zeitpunkt des Antrags und der Entscheidung eine Beschwer regelmäßig noch gegeben sein[113].

53   Dieser Auffassung kann jedenfalls für den Antrag nach § 161 a Abs. 3 nicht zugestimmt werden; die **prozessuale Überholung beseitigt die Beschwer nicht,** soweit ein Feststellungsinteresse fortbesteht[114]. Der Rechtsbehelf nach § 161 a Abs. 3 entspricht verfahrensmäßig zwar der strafprozessualen Beschwerde, materiell handelt es sich aber um einen dem Antrag nach §§ 23 ff EGGVG vergleichbaren Rechtsbehelf, der nicht eine richterliche Kontrolle gegen eine richterliche Entscheidung, sondern den Rechtsweg zum Richter im Sinne der Rechtsweggarantie des Art. 19 Abs. 4 GG eröffnet (vgl. Rdn. 47). Bei derartigen ersten Zugängen zum Gericht genügt aber nach der Erledigung der angegriffenen Maßnahme ausnahmslos ein Feststellungsinteresse, um die Zulässigkeit einer Anrufung des Gerichts zu begründen[115]. Die Gründe, die bei erledigten

---

[106] So LR-*Meyer-Goßner*[23] 73 f mit ausführlicher Begründung; ferner KK-*R. Müller*[2] 20; *Kleinknecht/Meyer*[38] 21; *Welp* Zwangsbefugnisse 24; ebenso für die richterliche Ladung mit Vorführungsandrohung LR-*Hanack* § 133, 17 mit weit. Nachw.; vgl. auch § 163 a, 67; a. A KMR-*Müller* 6; zweifelnd (problematische Hilfskonstruktion) *Rieß/Thym* GA **1981** 207 Fußn. 114; *Amelung* 31 hält hiergegen den Antrag nach § 23 EGGVG für zulässig.

[107] So vor allem *Kleinknecht/Meyer*[38] 21; LR-*Meyer-Goßner*[23] 73.

[108] Vgl. *Welp* Zwangsbefugnisse 24 f.

[109] Vgl. LR-*Meyer-Goßner*[23] 74; *Gössel* GA **1976** 62; *Welp* Zwangsbefugnisse 17 f.

[110] LR-*Meyer-Goßner*[23] 76; KK-*R. Müller*[2] 20; LR-*Hanack* § 133, 17; a. A SK-StPO-*Rogall* § 133, 16; *Gössel* GA **1976** 62; *Welp* Zwangsbefugnisse 17 f.

[111] Vgl. Vor § 304, 8 ff; § 304, 36 ff; § 81 a, 67 mit Nachw. des Streitstandes.

[112] KK-*R. Müller*[2] 19; *Kleinknecht/Meyer*[38] 21; KMR-*Müller* 6; LR-*Meyer-Goßner*[23] 71; wohl auch *Welp* Zwangsbefugnisse 27; a. A z. B. *Amelung* 51 f.

[113] *Welp* 28; vgl. auch § 51, 29.

[114] A. A noch *Rieß/Thym* GA **1981** 209, die insoweit den Antrag nach § 23 EGGVG für zulässig halten.

[115] Vgl. § 28 Abs. 1 Satz 4 EGGVG; § 113 Abs. 1 Satz 4 VwGO; § 115 Abs. 3 StrVollzG.

Zwangsmaßnahmen nichtrichterlicher Strafverfolgungsbehörden aufgrund einer Eilkompetenz die Rechtsprechung veranlaßt haben, in Anwendung des § 98 Abs. 2 Satz 2 bei einem Feststellungsinteresse eine nachträgliche Rechtmäßigkeitsprüfung zuzulassen[116], treffen auch für die Situation des § 161 a Abs. 3 zu.

Ob ein **Feststellungsinteresse** an der Überprüfung der erledigten Maßnahme besteht, ist nach Lage des Einzelfalles zu beurteilen[117]. Bei der zwangsweisen Vorführung kann eine diskriminierende Wirkung hierzu Veranlassung geben, bei der Zurückweisung des Zeugenbeistandes besteht jedenfalls dann die Gefahr der Wiederholung, wenn mit weiteren Vernehmungen zu rechnen ist. **54**

9. Antrag auf gerichtliche Entscheidung. Verfahren

a) Allgemeines. Zuständigkeit. Für das Verfahren bestimmt Absatz 3 Satz 3 die **55** entsprechende Anwendung des überwiegenden Teiles der Allgemeinen Rechtsmittelvorschriften und der Vorschriften über die Beschwerde; auf die entsprechenden Erläuterungen wird generell Bezug genommen. **Unanwendbar** sind, namentlich weil sie von ihrem Regelungsgehalt nicht auf den Antrag passen, die §§ 296, 303, 304, 305, 305 a, 310 und 311.

Sachlich zuständig ist grundsätzlich das Landgericht (§ 73 Abs. 1 GVG)[118]; es ent- **56** scheidet die Strafkammer in der Besetzung mit 3 Richtern (§ 76 GVG). Handelt es sich um Verfahren wegen der in § 74 a und 74 c GVG bezeichneten Taten, so entscheidet gemäß § 74 a Abs. 3, § 74 c Abs. 2 die sog. Staatsschutzstrafkammer oder die Wirtschaftsstrafkammer[119]; bei Zuständigkeitskonflikten ist in diesem Fall § 209 a entsprechend anzuwenden[120]. In Strafsachen, die im ersten Rechtszug nach § 120 GVG zur Zuständigkeit des Oberlandesgerichts gehören, entscheidet das Oberlandesgericht, wenn die Landesstaatsanwaltschaft tätig war (§ 120 Abs. 3 Satz 1 GVG), und der Bundesgerichtshof, wenn sich der Antrag gegen eine Maßnahme des Generalbundesanwalts richtet (§ 135 Abs. 2 GVG), in beiden Fällen in der Besetzung mit 3 Richtern (§ 122 Abs. 1, § 139 Abs. 2 Satz 1 GVG). **Örtlich zuständig** ist (Absatz 3 Satz 2) das Landgericht, in dessen Bezirk diejenige Staatsanwaltschaft ihren Sitz hat, die die angefochtene Maßnahme vorgenommen hat, also ggf. in den Fällen des Absatz 4 das Landgericht, zu dessen Bezirk die ersuchte Staatsanwaltschaft gehört.

b) Antragstellung. Zur Antragstellung **befugt** sind der durch die Maßnahme Be- **57** troffene, also regelmäßig der Zeuge oder Sachverständige und für ihn sein Rechtsanwalt (§ 297) sowie der gesetzliche Vertreter (§ 298). Wird ein Zeugenbeistand zurückgewiesen, so ist er aus eigenem Recht antragsbefugt[121]. Ob auch, wie in den Fällen der unmittelbaren Anwendung des § 51[122], der Beschuldigte zur Antragstellung bei der Kostenauferlegungsentscheidung befugt ist[123], erscheint zweifelhaft, ist aber wohl ohne praktische Bedeutung.

Der Antrag kann **schriftlich** oder zu **Protokoll der Geschäftsstelle** der Staatsan- **58** waltschaft gestellt werden (§ 306 Abs. 1), für den nicht auf freiem Fuß befindlichen Antragsteller gilt § 299. Der Antrag ist an **keine Frist** gebunden; doch ist er, wenn die Maß-

---

[116] Vgl. mit weit. Nachw. § 98, 74 f; § 81 a, 72.

[117] Vgl. die Erl. zu § 28 EGGVG; ferner § 98, 75.

[118] Zu den Gründen LR-*Meyer-Goßner*[23] 77; RegEntw. 1. StVRG, BTDrucks. 7 551, S. 73.

[119] KK-*R. Müller*[2] 22.

[120] Vgl. mit weit. Nachw. § 209 a, 5; zur (fehlen-den) Bindungswirkung für das weitere Verfahren vgl. auch § 209, 4.

[121] So die allg. M zur vergleichbaren Situation bei der Zurückweisung eines Verteidigers.

[122] Vgl. § 51, 28.

[123] So KK-*R. Müller*[2] 8; *Kleinknecht/Meyer*[38] 19.

Peter Rieß

nahme im Zeitpunkt der Antragstellung bereits vollständig erledigt ist[124], nach der h. M wegen prozessualer Überholung unzulässig; nach der hier vertretenen Meinung nur noch zulässig, soweit ein Feststellungsinteresse besteht (vgl. Rdn. 53). Eine **Teilanfechtung** ist zulässig, soweit die angefochtenen Entscheidungsteile unabhängig von den bestehenbleibenden geprüft werden können[125]; etwa allein gegen die Festsetzung des Ordnungsgeldes bei Anerkennung der Kostenauferlegung oder allein gegen die Höhe des Ordnungsgeldes. **Verzicht und Rücknahme** sind nach allgemeinen Grundsätzen möglich[126].

59   Der Antrag hat **keine aufschiebende Wirkung** (§ 307 Abs. 1), doch kann sowohl die Staatsanwaltschaft als auch das Gericht den Vollzug aussetzen (§ 307 Abs. 2). Das wird bei der Vollstreckung von Ordnungsgeldfestsetzungen regelmäßig geboten sein (vgl. auch § 9 Abs. 1 JBeitrO). Wendet sich der Betroffene gegen einen noch nicht vollzogenen Vorführungsbefehl oder gegen die Androhung der Vorführung, so ist nach Lage des Einzelfalles zu beurteilen, ob dies Veranlassung geben kann, von dessen Vollstreckung oder weitergehend von der Durchführung der Vernehmung abzusehen[127].

60   c) **Verfahren** Die Staatsanwaltschaft kann dem Antrag **abhelfen**, soweit sie ihn für begründet erachtet (§ 306 Abs. 2), andernfalls legt sie ihn dem Gericht mit ihrer Stellungnahme vor (§ 306 Abs. 2). Damit erhält sie zugleich die Möglichkeit zur Äußerung als Gegner im Sinne des § 308. Etwa noch erforderlich werdende **weitere Ermittlungen** veranlaßt das Gericht (§ 308 Abs. 2), soweit sie nicht bereits vorher die Staatsanwaltschaft auf den Antrag hin durchgeführt hat. Soweit das Beschwerdegericht die Aufhebung eines Kostenauferlegungsbeschlusses beabsichtigt, wird auch der **Beschuldigte als Gegner** anzusehen und nach § 308 Abs. 1 zu hören sein.

61   d) **Entscheidung.** Das Gericht entscheidet, wenn es den Antrag für begründet erachtet, regelmäßig in der Sache selbst (§ 309 Abs. 2); es hebt also etwa die beanstandete Maßnahme der Staatsanwaltschaft auf oder ändert sie ab[128]. Prüfungsmaßstab des Gerichts ist nur die Rechtmäßigkeit, nicht die Zweckmäßigkeit der beanstandeten Maßnahme. Das folgt aus dem Wortlaut des § 163 a Abs. 3 Satz 3 (s. § 163 a, 67). Daß der Gesetzgeber im Falle des § 161 a Abs. 3 eine weitergehende Prüfung hat zulassen wollen, ist nicht anzunehmen. Eine Verschärfung des Ordnungsmittels ist nicht zulässig[129]. Der Beschluß ist zu begründen und mit einer **Kostenentscheidung** zu versehen, für die § 473 entsprechend gilt[130]; hat der Antrag Erfolg, so sind dem Antragsteller die notwendigen Auslagen aus der Staatskasse zu erstatten[131].

10. Ersuchte Staatsanwaltschaft

62   a) **Allgemeines.** Die Staatsanwaltschaft, die das Ermittlungsverfahren führt, kann eine andere Staatsanwaltschaft um die Vernehmung von Zeugen und Sachverständigen ersuchen[132]. Das ergibt sich aus allgemeinen Amtshilfegrundsätzen. Absatz 4 knüpft hieran an, indem er der ersuchten Staatsanwaltschaft die Befugnis zur Anwendung von Zwangsmaßnahmen einräumt. Ob die Staatsanwaltschaft, wenn eine Vernehmung in

---

[124] Vgl. aber (Zulässigkeit auch noch nach Vollstreckung von Ordnungsgeld und Ordnungshaft) § 51, 29.

[125] KK-*R. Müller*[2] 23; *Kleinknecht/Meyer*[38] 20; vgl. auch § 304, 2.

[126] Vgl. die Erl. zu § 302.

[127] Weitergehend LR-*Meyer-Goßner*[23] 86.

[128] Zu den Möglichkeiten einer Aufhebung und

Zurückverweisung in besonderen Fällen vgl. *Dahs* NStZ **1983** 184.

[129] § 51, 29 mit Nachw.; vgl. auch § 309, 20.

[130] Vgl. § 473, 13 f.

[131] Vgl. auch OLG Hamm AnwBl. **1980** 167.

[132] Dazu kritisch *Welp* Zwangsbefugnisse 48; dagegen zu Recht LR-*Meyer-Goßner*[23] 92.

einem fremden Bezirk notwendig wird, diese, wozu sie berechtigt ist, dort selbst durchführt, ob sie den Ermittlungsrichter um die Durchführung der Vernehmung ersucht
(§ 162 Abs. 1 Satz 1, 3) oder ob sie eine andere Staatsanwaltschaft um die Vernehmungen ersucht, ist unter Berücksichtigung der Besonderheiten des jeweiligen Ermittlungsverfahrens nach pflichtgemäßem Ermessen zu entscheiden. Ob die ersuchte Staatsanwaltschaft dem Ersuchen nachkommen muß, richtet sich nach allgemeinen Amtshilfegrundsätzen[133]. Ersucht die Staatsanwaltschaft nach § 160 Satz 2 eine auswärtige Polizeibehörde um Vernehmungen, so kann das für den Fall, daß der Einsatz von
Zwangsmaßnahmen erforderlich wird, mit einem Ersuchen an die für diese örtlich zuständige Staatsanwaltschaft verbunden werden[134].

b) Befugnisse und Zwangsmaßnahmen. Der ersuchten Staatsanwaltschaft stehen **63**
nach Absatz 4 die gleichen Zwangsmaßnahmen zu, die der ermittelnden (ersuchenden)
Staatsanwaltschaft für den Fall zustehen würden, daß sie die Ermittlungshandlung selbst
vornehmen würde. Die Erscheinens-, Aussage- und Gutachtenerstattungspflicht des
Zeugen oder Sachverständigen besteht auch gegenüber der ersuchten Staatsanwaltschaft. Diese kann mit Vorführungsandrohung laden, die zwangsweise Vorführung anordnen, bei unentschuldigtem Ausbleiben oder bei Aussageverweigerung ein Ordnungsgeld und die Kostenfolge festsetzen und ggf. Ordnungs- und Erzwingungshaft beantragen. Daß die ersuchte Staatsanwaltschaft einen Sachverständigen bestellt oder mit ihm
eine Fristabsprache trifft, ist rechtlich nicht ausgeschlossen, dürfte aber praktisch bedeutungslos sein.

Durch die **Befugnis** der ersuchten Staatsanwaltschaft zur Anordnung von **64**
Zwangsmaßnahmen wird die Befugnis der **ersuchenden Staatsanwaltschaft nicht ausgeschlossen**[135]. Diese kann in ihrem Ersuchen die ersuchte Staatsanwaltschaft zur Vornahme bestimmter Zwangsmaßnahmen ausdrücklich ermächtigen oder sich alle oder
einzelne Zwangsmaßnahmen ausdrücklich vorbehalten, was vor allem in den Fällen des
§ 70 oft zweckmäßig sein wird[136]. Hieran ist die ersuchte Staatsanwaltschaft **innerbe-
hördlich gebunden**, doch sind Zwangsmaßnahmen, die sie entgegen dem Ersuchen
trifft, wirksam[137]. Werden im Ersuchen bestimmte Zwangsmaßnahmen ausdrücklich
erbeten, so ist die ersuchte Staatsanwaltschaft hieran nicht gebunden, wenn sich die
Sachlage erkennbar geändert hat; in Zweifelsfällen wird die ersuchte Staatsanwaltschaft bei der ersuchenden rückfragen. Bei einer von der ersuchten Staatsanwaltschaft
angeordneten, aber noch nicht vollzogenen Maßnahme ist die ersuchende Staatsanwaltschaft berechtigt, die Maßnahme aufzuheben oder einen Antrag auf Ersatzhaft nicht zu
stellen.

c) Die **Zuständigkeit für gerichtliche Entscheidungen** richtet sich in den Fällen **65**
des Absatzes 3 danach, welche Staatsanwaltschaft die Maßnahme getroffen hat. Ist dies
die ersuchte Staatsanwaltschaft, so entscheidet das Landgericht, bei dem sie gebildet ist;
die ersuchende Staatsanwaltschaft wirkt diesem gegenüber am Verfahren nicht mit. Wird
eine richterliche Haftanordnung beantragt, so ist maßgebend, welche Staatsanwaltschaft
den Antrag stellt (Absatz 2 Satz 2).

11. Anfechtbarkeit. Gegen die gerichtliche Entscheidung nach Absatz 3 ist gemäß **66**
dessen Satz 4 kein Rechtsmittel statthaft; damit ist auch die damit zu verbindende Ko-

---

[133] Vgl. insoweit als Anhaltspunkt § 5 VwVfG;
vgl. aber § 2 Abs. 2 Nr. 2 VwVfG.

[134] *Kleinknecht/Meyer*[38] 23.

[135] KK-*R. Müller*[2] 25; KMR-*Müller* 10.

[136] KK-*R. Müller*[2] 25; enger *Kleinknecht/Mey-
er*[38] 23.

[137] KK-*R. Müller*[2] 25; KMR-*Müller* 10.

stenentscheidung unanfechtbar (§ 464 Abs. 3 Satz 1, zweiter Halbsatz). Dagegen ist gegen die Festsetzung der Ordnungs- und Zwangshaft durch den Richter nach Absatz 2 Satz 2 nach den allgemeinen Grundsätzen Beschwerde zulässig.

§ 162

(1) [1]Erachtet die Staatsanwaltschaft die Vornahme einer richterlichen Untersuchungshandlung für erforderlich, so stellt sie ihre Anträge bei dem Amtsgericht, in dessen Bezirk diese Handlung vorzunehmen ist. [2]Hält sie richterliche Anordnungen für die Vornahme von Untersuchungshandlungen in mehr als einem Bezirk für erforderlich, so stellt sie ihre Anträge bei dem Amtsgericht, in dessen Bezirk sie ihren Sitz hat. [3]Satz 2 gilt nicht für richterliche Vernehmungen sowie dann, wenn die Staatsanwaltschaft den Untersuchungserfolg durch eine Verzögerung für gefährdet erachtet, die durch einen Antrag bei dem nach Satz 2 zuständigen Amtsgericht eintreten würde.

(2) Die Zuständigkeit des Amtsgerichts wird durch eine nach der Antragstellung eintretende Veränderung der sie begründenden Umstände nicht berührt.

(3) Der Richter hat zu prüfen, ob die beantragte Handlung nach den Umständen des Falles gesetzlich zulässig ist.

Schrifttum. *Achenbach* Staatsanwalt und gesetzlicher Richter — ein vergessenes Problem? FS Wassermann (1985) 849; *Benfer* Anordnung von Grundrechtseingriffen durch Richter und Staatsanwalt und Verpflichtung zum Vollzug, NJW **1981** 1245; *van Els/Hinkel* Kompetenzverteilung zwischen Richter und Staatsanwalt im Ermittlungsverfahren, NJW **1977** 85; *Fuhrmann* Die Befugnisse des Amtsrichters bei der Prüfung eines Antrags der Staatsanwaltschaft auf Vernehmung des Beschuldigten, JR **1965** 253; *Kittel* Zur Bedeutung des Begriffs „Richterliche Untersuchungshandlung" im Sinne des § 162 StPO, JR **1966** 124; *Koch* Zum Umfang richterlicher Prüfung nach § 162 Abs. 2 StPO, NJW **1968** 1316; *Kubick* Zur Verpflichtung des Amtsrichters, Rechtshilfeersuchen der Staatsanwaltschaft nachzukommen, DRiZ **1976** 114; *Loh* Örtliche Zuständigkeit und Rechtsmittelbefugnis der Staatsanwaltschaft, MDR **1970** 812; *Nelles* Kompetenzen und Ausnahmekompetenzen in der StPO (1980); *Rautenberg* Das zur Anordnung der Leichenöffnung grundsätzlich zuständige Amtsgericht, SchlHA **1985** 17.

Entstehungsgeschichte. Durch Art. 1 Nr. 44 des 1. StVRG wurden in Absatz 1 die Sätze 2 und 3 angefügt und ein neuer Absatz 2 eingefügt; der bisherige Absatz 2 wurde Absatz 3. In Absatz 1 Satz 1 wurden zugleich die Worte „Amtsrichter des Bezirks, in dem" durch die Worte „Amtsgericht, in dessen Bezirk" und in Absatz 3 das Wort „Amtsrichter" durch „Richter" ersetzt. Bezeichnung bis 1924: § 160.

Übersicht

1. Bedeutung und Inhalt

a) Bedeutung. Das Verständnis über die Bedeutung und Reichweite der Vor- **1** schrift wird dadurch erschwert[1], daß mit dem Begriff der „richterlichen Untersuchungshandlung" zwei unterschiedliche, auch bei der Anwendung im einzelnen verschieden zu behandelnde Sachverhalte erfaßt werden, ohne daß dies wohl seinerzeit vom Gesetzgeber klar erkannt worden ist[2]. Die Vorschrift betrifft einmal **Ermittlungsmaßnahmen** des Richters, die auf eine von ihm vorzunehmende Erforschung des Sachverhalts gerichtet sind, insbesondere Vernehmungen; sie regelt ferner die **richterliche Anordnung von Zwangsmaßnahmen (Grundrechtseingriffen)**, die die StPO (regelmäßig außer in Fällen der Eilkompetenz) teilweise aus verfassungsrechtlichen Gründen (vgl. z. B. Art. 13 Abs. 2 GG) in anderen Vorschriften dem Richter vorbehält[3]. Insoweit werden dem Richter keine eigentlichen Ermittlungsaufgaben zugewiesen, sondern dieser Richtervorbehalt[4] gewährleistet präventiven richterlichen Rechtsschutz; die vom Richter getroffenen Anordnungen (z. B. Durchsuchungsbeschluß) stellen eine an die Strafverfolgungsbehörde gerichtete **Erlaubnis** dar, die jeweilige Zwangsmaßnahme durchzuführen[5].

b) Rechtsnatur der richterlichen Untersuchungshandlungen. Bei **Ermittlungsmaß- 2 nahmen** des Richters handelt es sich um eine gesetzlich geregelte Sonderform der **Amtshilfe** im Sinne von Art. 35 Abs. 1 GG[6], nicht um einen Akt der Rechtsprechung, weil der Richter insoweit keine von ihm zu treffende Entscheidung vorbereitet, sondern die Entschließung der Staatsanwaltschaft nach § 170[7]. Die richterliche **Anordnung von Zwangsmaßnahmen** ist dagegen nicht dem Bereich der Amtshilfe zuzuordnen; es handelt

---

[1] Vgl. *Eb. Schmidt* 3; *Rieß* NStZ **1983** 521.

[2] *Rieß* NStZ **1983** 521 mit Nachw. in Fußn. 3; vgl. auch *Kittel* JR **1966** 126 f; Nachw. über das (umfangreiche) ältere Schrifttum z. B. bei LR[15] (1922) § 160, 9.

[3] Vgl. zu dieser unterschiedlichen Bedeutung auch *Kleinknecht/Meyer*[38] 1; *Rieß* NStZ **1983** 521; im Ergebnis schon *v. Kries* 479 f; vgl. auch *Fezer* StrafprozeßR (1986) 2/94; *Nelles* 34 f.

[4] Zur Funktion des Richtervorbehalts ausführlich *Nelles* 45 ff mit weit. Nachw.

[5] *Benfer* NJW **1981** 1247; vgl. näher Rdn. 44; 47.

[6] BVerfGE **35** 46; KK-*R. Müller*[2] 1; *Kleinknecht/Meyer*[38] 1; LR-*Meyer-Goßner*[23] 25; *Gerland* 119 (Hilfsbehörde der Staatsanwaltschaft).

[7] Zur Bindungswirkung des staatsanwaltschaftlichen Antrags vgl. näher Rdn. 32.

     Peter Rieß

sich wenigstens von der Struktur her um eine **materielle Rechtsprechungstätigkeit**[8], weil die vorgeschaltete richterliche Prüfung gerade auf die in richterlicher Unabhängigkeit zu treffende Entscheidung abzielt. Um materielle Rechtsprechungstätigkeit, bei der der Richter mit eigener Prüfungs- und Entscheidungskompetenz als Organ der Rechtsprechung tätig wird, handelt es sich auch, wenn der Richter zur Durchführung einer Ermittlungsmaßnahme ihm vorbehaltene Zwangsmaßnahmen anordnet, beispielsweise eine Ordnungs- oder Zwangsmaßnahme gegen einen nicht erscheinenden Zeugen. In der Einschaltung des Ermittlungsrichters liegt **keine Durchbrechung des Anklagegrundsatzes**[9], weil sich dieser lediglich darauf bezieht, daß das Verfahren insgesamt nur aufgrund einer Klage auf das Gericht übergehen darf.

3   c) **Inhalt und Geltungsraum.** Die Vorschrift regelt in ihren beiden ersten Absätzen die **sachliche und örtliche Zuständigkeit** für richterliche Tätigkeiten im Ermittlungsverfahren (näher Rdn. 15). Durch die Fassung des Absatz 1 Satz 1 stellt sie ferner, zusammen mit den §§ 165 bis 167, klar, daß entsprechend der Leitungsbefugnis der Staatsanwaltschaft richterliche Handlungen **nur auf** deren **Antrag** in Betracht kommen. Absatz 3 bestimmt und begrenzt den **Umfang der Prüfungsbefugnis und Prüfungspflicht** des Richters dahingehend, daß ihm keine Zweckmäßigkeitsprüfung zusteht (näher Rdn. 36 ff).

4   Die Vorschrift geht für die örtliche Zuständigkeit als lex spezialis den allgemeinen Vorschriften nach den **§§ 7 ff** vor[10]; sie **gilt nicht**, soweit spezielle Vorschriften für richterliche Tätigkeiten im Ermittlungsverfahren andere Zuständigkeiten begründen[11] oder zulassen[12], namentlich die Zuständigkeit des Gerichts, das für die Eröffnung des Hauptverfahrens zuständig wäre[13]. Nach **Erhebung der öffentlichen Klage** ist die Vorschrift grundsätzlich nicht mehr anwendbar[14]; nur bei Gefahr im Verzuge durch Einschaltung des an sich zuständigen Gerichts kann der Ermittlungsrichter angerufen werden[15].

2. Richterliche Untersuchungshandlungen
5   a) **Allgemeines.** Über Art und Inhalt richterlicher Untersuchungshandlungen besagt die Vorschrift nichts; in Betracht kommen alle auf die Erforschung des Sachverhalts gerichteten gesetzlich zulässigen Ermittlungsmaßnahmen[16], gleichviel, ob sie eine eigene ermittelnde Tätigkeit des Richters zum Inhalt haben oder lediglich die Anordnung oder Gestattung einer von einem anderen Strafverfolgungsorgan vorzunehmende

---

[8] BVerfGE **49** 329, 341 (Durchsuchungsbeschluß); *Kleinknecht/Meyer*[38] 1; *Amelung* 32 Fußn. 89; *Rieß* NStZ **1983** 521; das übrige Schrifttum nimmt diese Differenzierung nicht vor; vgl. aber *Eb. Schmidt* 2; *Henkel* 138 (kunstreiches System differenzierter Verklammerung); *Nelles* 33, 35 Fußn. 27, 45 (mit weit. Nachw.); a. A *Fezer* (Fußn. 3) 2/102, der auch diese Tätigkeit der Amtshilfe zurechnet.
[9] Vgl. § 151, 6; § 155, 2; *Eb. Schmidt* Vor § 158, 6; *Beling* 215; a. A KG JR **1965** 286.
[10] AG Gemünden NJW **1978** 770 (für den Fall der vorläufigen Entziehung der Fahrerlaubnis, näher § 111 a, 41).
[11] Vgl. § 125 Abs. 1; § 126 Abs. 1; § 126 a Abs. 2 Satz 1; näher, auch zu Streit- und Zweifelsfragen Rdn. 15.

[12] Vgl. § 169 und die dort. Erl.
[13] § 81 Abs. 3; § 153 Abs. 1 Satz 1; § 153 a Abs. 1 Satz 1; § 153 b Abs. 1; vgl. auch § 153 c Abs. 1 Satz 1.
[14] Umstritten, näher mit Nachw. § 202, 6; ferner OLG Düsseldorf NJW **1981** 2133 (für das Strafvollstreckungsverfahren).
[15] Näher § 202, 6; ebenso KMR-*Müller* 16; KK-*R. Müller*[2] 14; *Kleinknecht/Meyer* 16 (bis zur 36. Aufl.).
[16] RGSt **65** 82; BGHSt **7** 202, 204; **12** 179 f (im Zusammenhang mit der heute nicht mehr aktuellen Problematik der verjährungsunterbrechenden Wirkung; zu dieser auch *Eb. Schmidt* Nachtr. I 2).

Maßnahme betreffen[17]. Welche Maßnahmen im einzelnen zulässig sind, richtet sich nach den in den jeweiligen Vorschriften geregelten Voraussetzungen. Die Vorschrift begründet keine selbständigen Rechtspflichten Dritter, Ermittlungshandlungen zu dulden oder vorzunehmen. Eine selbständige Auskunftspflicht von Privatpersonen oder Banken (vgl. §161, 28) läßt sich aus ihr nicht herleiten[18]. Die für das Ermittlungsverfahren maßgebenden Grundsätze des Freibeweises (§161, 31) gelten an sich auch für die Tätigkeit des Ermittlungsrichters. Seine Freiheit zur Vornahme von Untersuchungshandlungen ist aber dadurch erheblich begrenzt, daß er außer in den Fällen der §§165, 166 ohne einen konkreten Auftrag der Staatsanwaltschaft nicht tätig werden, über diesen grundsätzlich nicht hinausgehen und die beantragte Maßnahme nicht durch eine andere ersetzen darf (Rdn. 32 ff).

b) Als **Ermittlungsmaßnahmen** des Richters kommen insbesondere Vernehmungen von Beschuldigten, Zeugen und Sachverständigen, die Einnahme eines Augenscheins und die Anwesenheit bei der Leichenschau und Leichenöffnung[19] in Betracht; ferner kann der Richter statt der Staatsanwaltschaft im Rahmen des §161 Auskunftsersuchen an alle öffentlichen Behörden richten (§161, 8); soweit es sich um dem Sozialgeheimnis obliegende Auskünfte handelt, ist ihm nach §73 SGB X das Auskunftsersuchen oder mindestens die Erlaubnis hierzu vorbehalten (§161, 22 ff). Zulässig ist ferner, daß die Staatsanwaltschaft, obwohl sie dazu selbst befugt wäre (§161 a, 25), dem Ermittlungsrichter die Auswahl und Bestellung des Sachverständigen überläßt. Trotz der originären Befugnis der Staatsanwaltschaft zur **Durchsicht der Papiere** des von einer Durchsuchung Betroffenen kann diese damit auch den Ermittlungsrichter beauftragen[20]. **6**

Die **Gründe** für die Staatsanwaltschaft, beim Richter Ermittlungsmaßnahmen zu beantragen, die sie auch selbst vornehmen oder durch die Polizei vornehmen lassen könnte, bestimmen sich nach den Umständen des Einzelfalles. Wegen der besseren Verwertungsmöglichkeiten in der Hauptverhandlung wird dies vor allem in Fällen einer notwendigen **Beweissicherung** erforderlich werden[21]; bei Zeugenvernehmungen auch dann, wenn aus den Gründen des §65 Nr. 2 eine **eidliche Vernehmung** erforderlich erscheint (§65, 3; 5). Darüber hinaus können die **Besonderheiten** des **konkreten Verfahrens** die Einschaltung des Richters zweckmäßig erscheinen lassen[22], etwa ein gesteigertes Bedürfnis nach der Einschaltung eines objektiven Dritten für einzelne, bestimmte Ermittlungshandlungen oder die Erklärung des Beschuldigten, nur vor dem Richter aussagen zu wollen (näher §163 a, 39). Dagegen entspricht es nicht der Rollenverteilung und der Aufgabe der Staatsanwaltschaft im Ermittlungsverfahren, den Ermittlungsrichter ohne besonderen Anlaß einzusetzen[23]. Zur Frage der Bindung an den Auftrag der Staatsanwaltschaft s. Rdn. 32; 42. **7**

---

[17] Grundsätzlich **a. A** *Kittel* JR **1966** 126; der in den jeweiligen, die Zwangsmaßnahmen betreffenden Vorschriften eine abschließende Regelung sieht; wie hier KK-*R. Müller*[2] 4; *Kleinknecht/Meyer*[38] 4; KMR-*Müller* 1; *Loh* MDR **1970** 812; LR-*Meyer-Goßner*[23] 2 Fußn. 1; *Gössel* § 3 B II d 1; *Nelles* 34.

[18] **A. A** LG Frankfurt NJW **1954** 689; *Sichtermann* NJW **1968** 1997 (beide zur Bankauskunft); vgl. auch Vor § 48, 6 f.

[19] § 87 Abs. 1 Satz 1, Abs. 2 Satz 6; näher, auch zu den Gründen der Hinzuziehung eines Richters § 87, 9; 16.

[20] Vgl. mit weit. Nachw. § 110, 8.

[21] Vgl. § 160, 51 ff; ferner *Gerland* 229 (zum Augenschein).

[22] Beispiele bei KK-*R. Müller*[2] 7; *Kleinknecht/Meyer*[38] 6 (verfahrenspsychologische Gründe); *Burchardi/Klempahn/Wetterich* 152; *Fuhrmann* JR **1965** 254 (politisch bedeutsames Verfahren); sehr viel enger *van Els/Hinkel* NJW **1977** 86.

[23] Ähnlich *Kleinknecht/Meyer*[38] 3; vgl. auch Nr. 10 RiStBV (wo dies besondere Umstände gebieten); zur (früheren) Praxis einer (namentlich zur Verjährungsunterbrechung) zu häufigen Antragstellung vgl. kritisch *Fuhrmann* JR **1965** 254; *Kittel* JR **1966** 124.

Peter Rieß

8   **c) Anordnung von Zwangsmaßnahmen.** Die Einschaltung des Ermittlungsrichters ist stets erforderlich, wenn die Strafverfolgungsbehörden eine dem Richtervorbehalt unterliegende Ermittlungsmaßnahme durchführen wollen und nicht ein Fall der Eilkompetenz gegeben ist[23a], oder wenn sie eine verfahrenssichernde oder vorbeugende Maßnahme mit Richtervorbehalt für notwendig erachten[24]. Nach Inanspruchnahme der Eilkompetenz ist, soweit das Gesetz dies vorschreibt, für den Fall, daß die Maßnahme andauern soll, beim Ermittlungsrichter die richterliche Bestätigung zu beantragen[25]. Wegen des mit einer Hausdurchsuchung verbundenen staatsanwaltschaftlichen Vorführungsbefehls s. § 161 a, 41. Daß die Strafverfolgungsbehörden, obwohl die Notwendigkeit eines solchen Antrags erkennbar wird, zuwarten, um ihre Eilkompetenz in Anspruch zu nehmen[26], entspricht nicht dem Gesetz. Eine ergänzende Anordnung von Zwangsmaßnahmen durch den Ermittlungsrichter kommt auch bei staatsanwaltschaftlichen Zwangsmaßnahmen in Betracht, so etwa in den Fällen des § 161 a bei der Festsetzung von Ordnungs- und Zwangshaft (§ 161 a Abs. 2 Satz 2) oder für den Erlaß einer Durchsuchungsanordnung zur Vollstreckung eines staatsanwaltschaftlichen Vorführungsbefehls (§ 161 a, 41).

3. Antragstellung

9   **a) Zur Antragstellung berechtigte Strafverfolgungsbehörde** ist in erster Linie die **Staatsanwaltschaft.** Amtsanwälte können, soweit ihre gesetzliche Zuständigkeit reicht (§ 142 Abs. 1 Nr. 3), mit für den Ermittlungsrichter bindender Wirkung Anträge stellen; innerdienstlich sind sie auf einen engeren Tätigkeitsbereich beschränkt[27]. Soweit dies im Rahmen des Rechtshilfeverkehrs nach dem IRG oder besonderen zwischenstaatlichen Vereinbarungen zulässig ist, können auch ausländische Staatsanwaltschaften beim Ermittlungsrichter Anträge stellen, die nach den Grundsätzen des § 162 zu behandeln sind[28]. Die Staatsanwaltschaft kann, wie aus Absatz 1 Satz 2, 3 folgt, ihre Anträge auch bei einem Amtsgericht stellen, das nicht zu dem Bezirk des Landgerichts gehört, bei dem sie gebildet ist[29]. Wird eine **ersuchte Staatsanwaltschaft** tätig (§ 161 a, 62 ff), so kann diese, soweit zur ordnungsmäßigen Durchführung des Ersuchens erforderlich, unmittelbar Anträge beim Ermittlungsrichter stellen. In **Steuerstrafsachen** sind die Finanzbehörden, die das Ermittlungsverfahren selbständig führen (§ 386 Abs. 2 AO), in gleichem Umfang wie die Staatsanwaltschaft zur Antragstellung berechtigt[30], nicht aber unselbständige Dienststellen wie die Steuerfahndung oder eine Strafsachenstelle[31]. Im **Bußgeldverfahren** steht das Antragsrecht der Verwaltungsbehörde zu[32].

[23a] Vgl. im einzelnen § 81 a Abs. 2; § 81 c Abs. 5; § 87 Abs. 4; § 98 Abs. 1; § 100 Abs. 1; § 100 b Abs. 1; § 105 Abs. 1; § 111 Abs. 2; § 111 e Abs. 1; § 111 n Abs. 1; § 163 d Abs. 2.

[24] Vgl. § 111 a Abs. 1; § 132 Abs. 2; § 132 a Abs. 1 Satz 1; § 443 Abs. 2; wegen der Anordnung der Untersuchungshaft und der einstweiligen Unterbringung s. § 114 Abs. 1; § 125 Abs. 1; § 126 a.

[25] Vgl. § 98 Abs. 2 Satz 1; § 100 Abs. 2; § 100 b Abs. 1 Satz 3; § 100 e Abs. 2; § 111 n Abs. 1 Satz 3; § 163 d Abs. 2 Satz 2, 3.

[26] Ausführlich (auch zu den Konsequenzen) *Nelles* 152 ff; vgl. aber die bedenklichen Ausführungen bei *Burchardi/Klempahn/Wetterich* 277.

[27] Vgl. die Erl. zu § 142 GVG; ferner *Kleinknecht/Meyer*[38] § 142, 8 GVG; *Kissel* § 142, 10 ff.

[28] Vgl. OLG Zweibrücken NJW **1981** 534 = GA **1981** 418.

[29] KK-*R. Müller*[2] 2; *Kleinknecht/Meyer*[38] 1; *Loh* MDR **1970** 812.

[30] Vgl. auch Vor § 158, 24; § 160, 11.

[31] LG Berlin wistra **1988** 203 (für Steuerfahndung, anders für Strafsachenstelle); AG Kempten wistra **1986** 271 mit Anm. *Cratz* mit weit. Nachw. auch zur Zeichnungsbefugnis; *Franzen/Gast/Samson* Steuerstrafrecht[3] § 386, 3; § 387, 19; 21 AO.

[32] *Göhler*[8] Vor § 59, 5 ff.

Die **Polizei** ist zur unmittelbaren Antragstellung nach § 162 **nicht befugt**. Hält sie **10** richterliche Untersuchungshandlungen für geboten, so muß sie sich grundsätzlich an die Staatsanwaltschaft wenden, die zu entscheiden hat, ob sie Anträge beim Richter stellen will. Nur unter den Voraussetzungen des § 163 Abs. 2 Satz 2 kann sich die Polizei unmittelbar an das Amtsgericht wenden (näher § 163, 91 ff). Dabei handelt es sich nicht um Anträge nach § 162, sondern um Anregungen an den Richter, auf der Grundlage und unter den Voraussetzungen der §§ 165, 166 tätig zu werden[33].

b) Inhalt des Antrags. Konkretisierungspflicht. Der Antrag muß sich auf **be- 11 stimmte Untersuchungshandlungen** richten; es ist nicht zulässig, daß die Staatsanwaltschaft den Richter generell um die Durchführung von Ermittlungen oder um die Aufklärung des Sachverhalts ersucht[34]. Der Richter muß erkennen können, welche Untersuchungshandlungen mit welchem Erfolgsziel von ihm verlangt werden. Eine genauere Konkretisierung der Ermittlungsmaßnahme, etwa durch einen Fragenkatalog, kann im Einzelfall zweckmäßig sein, ist aber nicht stets erforderlich. Der Antrag kann darauf beschränkt werden, nur ganz bestimmte Ermittlungshandlungen vorzunehmen und dabei auch engere Grenzen setzen, etwa einen Zeugen nur zu einem bestimmten Beweisthema zu vernehmen oder ihn nicht zu vereidigen[35]. Dem Richter kann aber auch ein gewisser Spielraum bei der Durchführung von Ermittlungshandlungen und der Erstreckung auf andere überlassen werden, solange nicht dadurch die Leitung des Ermittlungsverfahrens in wesentlichen Teilen auf ihn übergeht. Zur Befugnis des Ermittlungsrichters zu Abweichungen vom Antrag und zu den Grenzen s. Rdn. 32 ff. Bei der **Anordnung von Zwangsmaßnahmen** muß der Antrag erkennen lassen, welcher Art sie sein und gegen wen sie sich richten sollen und aus welchen Umständen die Staatsanwaltschaft die jeweiligen gesetzlichen Voraussetzungen herleitet[35a]. Daß der Antrag so gefaßt wird, daß er wörtlich der begehrten richterlichen Anordnung entspricht, ist nicht erforderlich.

Mehrere Untersuchungshandlungen können gleichzeitig beantragt werden, auch **12 wahl-** oder **hilfsweise**[36], etwa als **Anschlußmaßnahmen**[37] in Abhängigkeit vom Ergebnis der ersten Untersuchungshandlung. Es ist auch als zulässig anzusehen, daß die Staatsanwaltschaft bereits in ihrem Antrag auf Zeugenvernehmung den Richter ersucht, die Vernehmung als Beschuldigtenvernehmung nach § 136 fortzusetzen, wenn sich gegen den zu Vernehmenden ein Anfangsverdacht herausstellt[38]. Mit dem Antrag auf richterliche Vernehmung eines Zeugen kann auch der weitere Antrag verbunden werden, im Falle eines bestimmten Ermittlungsergebnisses die Vorgänge an die Polizei zur Erledigung von bereits vorsorglich konkretisierten Ermittlungsaufträgen nach § 161 weiterzuleiten[39]; auch der umgekehrte Weg ist möglich.

c) Form des Antrags. Weitere Unterlagen. Es ist üblich und zweckmäßig, daß die **13** Staatsanwaltschaft den Antrag **schriftlich** (auch fernschriftlich) stellt; rechtlich notwendig ist dies nicht. **Mündliche und fernmündliche Anträge**, die vom Ermittlungsrichter aktenkundig zu machen sind, erscheinen allerdings nur in besonderen Ausnahmefällen

[33] Vgl. näher § 165, 7; 10; 13 f.

[34] KK-*R. Müller*[2] 5; KMR-*Müller* 2; 3; *Eb. Schmidt* 2; *Henkel* 304; *Gerland* 305 Fußn. 55.

[35] KK-*R. Müller*[2] 5; KMR-*Müller* 2.

[35a] Vgl. auch LG Köln StrVert. **1983** 275 (die Entscheidung geht im einzelnen zu weit).

[36] KK-*R. Müller*[2] 6; KMR-*Müller* 2.

[37] KK-*R. Müller*[2] 6; KMR-*Müller* 2; *Eb. Schmidt* 2.

[38] Vgl. auch § 136, 8 sowie zu der Frage, ob der Richter auch ohne eine solche Ermächtigung zur Beschuldigtenvernehmung übergehen darf, unten Rdn. 34.

[39] Vgl. den der Entscheidung BGH StrVert. **1985** 397 zugrunde liegenden Sachverhalt; s. auch § 168 c, 11.

sinnvoll, etwa bei besonderer Eilbedürftigkeit oder wenn sich der Vorgang bereits beim Ermittlungsrichter befindet und Anschlußanträge zu stellen sind. Dem Ermittlungsrichter müssen diejenigen **Informationen** aus dem Akteninhalt gegeben werden, die er zur sachgemäßen Erledigung des Antrags benötigt. Ermittlungsakten müssen zu diesem Zweck dem Antrag nicht stets beigefügt werden; regelmäßig führt das, weil sie der ermittelnden Staatsanwaltschaft dann nicht vorliegen, zu Verfahrensverzögerungen. Ein detailliertes Ersuchensschreiben oder Kopien einzelner Akteteile kann ausreichen. Wird die **Anordnung von Zwangsmaßnahmen** beantragt, so sind dem Richter regelmäßig die (die jeweilige Tat betreffenden) Akten oder Kopien von ihnen vollständig vorzulegen; wird davon abgesehen, so müssen die dem Antrag beizufügenden Informationen lückenlos und detailliert sein, vor allem dürfen keine Tatsachen vorenthalten werden, denen der Richter auch nur möglicherweise entlastende Wirkung beimessen könnte[40].

14   **d)** Eine **Antragszurücknahme** ist jederzeit möglich; ein weiteres Tätigwerden des Ermittlungsrichters ist dann grundsätzlich nicht mehr zulässig[41]. Bereits vorgenommene Untersuchungshandlungen werden durch die Rücknahme nicht berührt[42]; ob in der Zurücknahme eines Antrags auf Erlaß von Zwangsmaßnahmen (etwa eines Durchsuchungsbeschlusses) zugleich der Antrag auf Aufhebung einer bereits angeordneten Zwangsmaßnahme zu sehen ist, ist eine Frage des Einzelfalles. Regelmäßig schließt die Antragsrücknahme auch aus, daß der Richter die (nunmehr nicht mehr beantragte) Untersuchungshandlung nach § 165 vornimmt[43], weil aufgrund der Rücknahme feststeht, daß die Staatsanwaltschaft insoweit nicht tätig werden will (vgl. § 165, 8); anderes gilt, wenn die Voraussetzungen für die Notwendigkeit der Untersuchungshandlung sich nach der Rücknahmeerklärung ändern und nunmehr die Staatsanwaltschaft nicht mehr zu erreichen ist. Die Befugnis zu weiterem Tätigwerden unter den Voraussetzungen des § 166 bleibt stets erhalten.

4. Zuständigkeit

15   **a) Allgemeines. Reichweite. Ausnahmen.** Die Vorschrift regelt in den Absätzen 1 und 2 die sachliche und örtliche Zuständigkeit für richterliche Untersuchungshandlungen im Ermittlungsverfahren, soweit nicht Sondervorschriften eingreifen (vgl. Rdn. 4). Für die **Bestätigung der Beschlagnahme** enthält § 98 Abs. 2 Satz 3 bis 6 eine der Zuständigkeitsregelung in § 162 entsprechende Vorschrift[44]. Mangels ausdrücklicher Sondervorschrift gilt die Zuständigkeitsregelung auch für die Fälle der vorläufigen Entziehung der Fahrerlaubnis (§ 111 a)[45] und des vorläufigen Berufsverbotes[46]. Ob für **Haftentscheidungen** trotz der Sonderregelung in § 125 die Zuständigkeitskonzentration des Absatz 1 Satz 2 mit der Folge gilt, daß der Richter am Amtsgericht am Sitz der Staatsanwaltschaft den Haftbefehl auch erlassen kann, wenn eine Zuständigkeit nach § 125 nicht gegeben ist[47], erscheint zweifelhaft. Im **Jugendstrafverfahren** ist als Ermittlungsrichter der Jugendrichter zuständig[48].

---

[40] LG Stuttgart NStZ **1983** 521; *Rieß* NStZ **1983** 522; möglicherweise **a. A** LG Köln StrVert. **1983** 275.

[41] KK-*R. Müller*[2] 3; KMR-*Müller* 4.

[42] Vgl. KK-*R. Müller*[2] 3; zur verjährungsunterbrechenden Wirkung vgl. u. a. *Dreher/Tröndle*[44] § 78 c, 7; LK-*Jähnke* § 78 c, 10.

[43] Wohl weitergehend (stets) LR-*Meyer-Goßner*[23] 24.

[44] Vgl. näher § 98, 52; *Rieß* NJW **1975** 85.

[45] AG Gemünden NJW **1978** 770; § 111 a, 41 mit weit. Nachw.

[46] **A. A** LR-*Hanack* § 132 a, 9 mit Nachw. des Streitstandes.

[47] So anscheinend OLG Hamm MDR **1983** 688; *Kleinknecht/Meyer*[38] § 125, 1.

[48] Vgl. § 34 Abs. 1, § 37 JGG; *Eisenberg*[2] § 34, 5; *Brunner*[8] § 34, 2; *Peters*[4] § 69 III a, aa (S. 595); zum Bezirksjugendgericht s. Rdn. 17.

b) Sachliche Zuständigkeit. Sachlich zuständig ist der Richter beim **Amtsgericht. 16** In den in § 169 genannten Fällen können daneben wahlweise[49] Ermittlungsrichter des Oberlandesgerichts und des Bundesgerichtshofes tätig werden. **Funktionell zuständig** ist als Ermittlungsrichter derjenige Richter, den der Geschäftsverteilungsplan hierfür bestimmt (§ 21 e Abs. 1 Satz 1 GVG). Dabei erscheint es zweckmäßig, ihm auch die Zuständigkeit als **Haftrichter** zu übertragen, wenn sich nicht schon aus der Auslegung des Geschäftsverteilungsplans ergibt, daß sie mit umfaßt ist[50].

c) Örtliche Zuständigkeit. Allgemeines (Absatz 1 Satz 1). Nach der Rechtsände- **17** rung durch das 1. StVRG ist die örtliche Zuständigkeit differenziert geregelt[51]. Grundsätzlich ist das Amtsgericht zuständig, in dessen Bezirk die Handlung vorzunehmen ist (Absatz 1 Satz 1). Eine Zuständigkeitskonzentration bei dem Amtsgericht, in dessen Bezirk die Staatsanwaltschaft ihren Sitz hat, tritt regelmäßig ein, sobald nach dieser Regelung mehrere Amtsgerichte zuständig würden (Satz 2, näher Rdn. 22 ff). Sie gilt nicht für Vernehmungsersuchen und nach der hier vertretenen Auffassung für Augenscheinseinnahmen sowie bei Gefahr im Verzuge (Satz 3, näher Rdn. 28 ff). Bei **Zuständigkeitskonzentrationen** nach § 58 GVG[52] ist das Amtsgericht zuständig, in dessen erweitertem Bezirk der örtliche Anknüpfungspunkt gegeben ist. Gleiches gilt für die Konzentration von Jugendsachen beim **Bezirksjugendrichter** (§ 33 Abs. 4 Satz 1, 1. Alt. JGG). Die Ermittlungsrichter des Oberlandesgerichts und des Bundesgerichtshofes sind für das gesamte Bundesgebiet örtlich zuständig (§ 169, 8).

Grundsätzlich zuständig ist, solange unter § 162 fallende richterliche Untersu- **18** chungshandlungen nur von einem Amtsgericht vorzunehmen sind, **ausschließlich** das Amtsgericht, **in dessen Bezirk diese Handlung vorzunehmen ist**; dies gilt auch, wenn mehrere Untersuchungshandlungen im gleichen Bezirk gleichzeitig oder nacheinander beantragt werden. Für richterliche Vernehmungen unterliegt dieser Grundsatz keinen Einschränkungen[53]. Ist aufgrund einer einzigen richterlichen Anordnung lediglich die Vollstreckung der Maßnahme in mehreren Amtsgerichtsbezirken erforderlich, beispielsweise bei der Beschlagnahme eines periodischen Druckwerks (s. auch Rdn. 20), so kann die Staatsanwaltschaft den Antrag bei jedem der danach örtlich zuständigen Amtsgerichte stellen (§ 111 n, 3); ist eine Vollstreckung auch in dem Bezirk erforderlich, in dem die Staatsanwaltschaft ihren Sitz hat, so ist es im Hinblick auf die Zuständigkeitskonzentration des Satzes 2 zweckmäßig, den Antrag bei diesem Amtsgericht zu stellen[54].

Wo die beantragte richterliche Handlung im Sinne des Absatzes 1 Satz 1 **vorzu-** **19** **nehmen** ist, richtet sich bei **Ermittlungsmaßnahmen** danach, wo nach dem Antrag der Staatsanwaltschaft der Richter tätig werden soll. Bei **Vernehmungen** ist regelmäßig der Wohnsitz der zu vernehmenden Person maßgebend[55], nicht die verkehrsmäßige Bequemlichkeit. Es ist aber auch zulässig, daß die Staatsanwaltschaft den Antrag bei dem Richter stellt, in dessen Bezirk sich die zu vernehmende Person außerhalb ihres Wohnortes zeitweilig aufhält, wenn das bequemer ist, so beispielsweise an dem Ort, an dem

---

[49] Näher, auch zur Frage der Zweckmäßigkeit, mit Nachw. § 169, 7.

[50] Vgl. *Kleinknecht/Meyer*[38] 13; zur funktionellen Zuständigkeit für Entscheidungen nach § 163 c s. § 163 c, 12; für Jugendsachen s. Rdn. 15 a. E.

[51] Zur Bewertung mit Darstellung des Streitstandes, auch zur Kritik an der Ausnahmere-

gelung des Absatz 1 Satz 3, näher LR-*Meyer-Goßner*[23] 13; 16; vgl. auch BGHSt **26** 212.

[52] Vgl. die Nachw. bei *Kissel* § 58, 14.

[53] Vgl. näher Rdn. 28; nach der in diesem Kommentar vertretenen Auffassung gilt dies auch für Augenscheinseinnahmen, s. Rdn. 29.

[54] KK-*R. Müller*[2] 9; *Kleinknecht/Meyer*[38] 8.

[55] KK-*R. Müller*[2] 9.

sie arbeitet oder sich in Urlaub befindet[56]. Bei einer **Gegenüberstellung** nach § 58 Abs. 2 ist jedes Amtsgericht örtlich zuständig, in dem für eine der gegenüberzustellenden Person eine örtliche Zuständigkeit besteht[57]. Für die Teilnahme an der **Leichenschau** und der **Leichenöffnung** und für die Anordnung der Leichenöffnung (§ 87 Abs. 4 Satz 1) ist der Richter zuständig, in dessen Bezirk sich die Leiche im Zeitpunkt der Antragstellung befindet, auch wenn sie in einem anderen Bezirk aufgefunden worden ist[58]. **Augenscheinseinnahmen** sind dort durchzuführen, wo sich die in Augenschein zu nehmende Sache befindet.

20 Bei der **Anordnung von Zwangsmaßnahmen** ist die vorzunehmende richterliche Handlung nicht etwa der Beschluß des Richters, sondern die in ihm gestattete oder angeordnete Maßnahme; es kommt also auf den Ort der Vollstreckung an; ggf. können mehrere Amtsgerichte örtlich zuständig sein (vgl. Rdn. 18). Maßgebend ist deshalb beispielsweise bei Durchsuchungen der Ort der Durchsuchung, bei Beschlagnahmen der Ort, an dem die zu beschlagnahmende Sache befindet[59], bei **Postbeschlagnahmen** der Ort, in dem die für die Beschuldigten zuständige Postanstalt liegt, bei der Anordnung der **Fernmeldeüberwachung** der Ort des zu überwachenden Anschlusses, bei der Anordnung einer **Kontrollstelle** der Ort, an dem sie eingerichtet werden soll, bei Anordnung der **Kontrollfahndung** (§ 163 d) der Grenzübergang, bei dem die Datenerhebung stattfinden soll. Bei **Auskunftsersuchen**, beispielsweise solchen gemäß § 73 SGB X, ist der Sitz der auskunftspflichtigen Behörde maßgebend.

21 Ist im Inland **kein Ort** vorhanden, an dem die Handlung vorzunehmen wäre, beispielsweise, wenn ein Gegenstand im Ausland sichergestellt worden ist, sich dort noch befindet und beschlagnahmt werden soll[60] oder weil bei internationaler Rechtshilfe eine richterliche Anordnung für eine nur im Ausland wirkende Maßnahme zu treffen wäre[61], so ist nach dem Grundgedanken des Absatz 1 Satz 2 das Amtsgericht zuständig, in dessen Bezirk die Staatsanwaltschaft ihren Sitz hat; eine Bestimmung des zuständigen Gerichts nach § 13 a durch den Bundesgerichtshof erscheint nicht erforderlich[62].

22 **d) Zuständigkeitskonzentration (Absatz 1 Satz 2).** Sobald, außer in den von Satz 3 erfaßten Ausnahmen, richterliche Untersuchungshandlungen in mehr als einem Amtsgerichtsbezirk erforderlich werden, geht die **ausschließliche**[63] örtliche Zuständigkeit auf das Amtsgericht über, in dessen Bezirk die Staatsanwaltschaft ihren Sitz hat; die eines anderen Amtsgerichts besteht nur noch nach Satz 3 (vgl. Rdn. 28 ff). Das ist regelmäßig ein Amtsgericht, das zum Bezirk des Landgerichts gehört, bei dem diese Staatsanwaltschaft gebildet ist; notwendig ist dies allerdings nicht[64]. Ist für Teile eines Landgerichtsbezirks eine **Zweigstelle der Staatsanwaltschaft** gebildet worden, so bleibt das Amtsge-

---

[56] KK-*R. Müller*[2] 9; vgl. auch *Kubick* DRiZ **1976** 114.

[57] KK-*R. Müller*[2] 9; *Eb. Schmidt* 3.

[58] *Rautenberg* SchlHA **1985** 17; teilw. **a. A** LG Lübeck SchlHA **1948** 49.

[59] KMR-*Müller* 11; *Wagner* MDR **1961** 93; vgl. auch § 98 Abs. 2 Satz 2 bis 6 für die Bestätigung einer nichtrichterlichen Beschlagnahme.

[60] Dazu LG Nürnberg-Fürth GA **1958** 349; vgl. auch BGH Beschl. v. 19. 11. 1976 – 2 ARs 379/76, wo die Zuständigkeit des Amtsrichters am Sitz der Staatsanwaltschaft aus Satz 1 hergeleitet wird, weil der beschlagnahmte Gegenstand, sobald er in den Bereich der

deutschen Gerichtsbarkeit gelange, der Staatsanwaltschaft zugehen werde.

[61] Vgl. aber § 67 Abs. 3 IRG (bei Beschlagnahmen und Durchsuchungen Zuständigkeit des Amtsgerichts, in dessen Bezirk die Handlungen vorzunehmen sind).

[62] KMR-*Müller* 12; **a. A** KK-*R. Müller*[2] 9.,

[63] KK-*R. Müller*[2] 11; *Rieß* NJW **1975** 84 Fußn. 60; anders der nicht Gesetz gewordene Vorschlag in BTDrucks. IV 1954 (Art. 1 Nr. 2, 5, wahlweise Zuständigkeit).

[64] Da die Staatsanwaltschaft beim Landgericht München II ihren Sitz in München hat, ist für richterliche Untersuchungshandlungen nach § 162 Abs. 1 Satz 2 das Amtsgericht München

richt zuständig, zu dessen Bezirk die Stammbehörde, also der Dienstsitz des Behördenleiters gehört. Maßgebend ist der Sitz der Staatsanwaltschaft, die das Ermittlungsverfahren führt, also diejenige bei der das Verfahren, in dem es auf die Untersuchungshandlungen ankommt, betrieben wird[65]. Wird das Verfahren, nachdem die Voraussetzungen der Zuständigkeitskonzentration eingetreten waren, an eine andere Staatsanwaltschaft abgegeben, so geht die (konzentrierte) Zuständigkeit auf das Amtsgericht über, in dessen Bezirk die nunmehr zuständige Staatsanwaltschaft ihren Sitz hat.

Die Zuständigkeitskonzentration tritt nur ein, wenn **verschiedene Amtsgerichte** **23** tätig werden müßten, nicht schon, wenn nur die Anordnung *eines* Gerichts in verschiedenen Bezirken vollzogen werden muß (s. Rdn. 18); sie ist in den praktisch häufigen Fällen bedeutungslos, in denen sich die Zuständigkeit des Amtsgerichts am Sitz der Staatsanwaltschaft schon aus Satz 1 ergibt. Das nach Satz 2 örtlich zuständige Amtsgericht ist auch dann zuständig, wenn seine Zuständigkeit nach Satz 1 für keine der verschiedenen Untersuchungshandlungen begründet werden könnte[66]. Wäre es für mindestens eine der Untersuchungshandlungen bereits nach Satz 1 zuständig, so hat die Zuständigkeitskonzentration nach Satz 2 die Wirkung, daß ihm die Zuständigkeit für die anderen Untersuchungshandlungen zuwächst und die der nach Satz 1 zuständigen Amtsgerichte verdrängt.

Die **Zuständigkeitskonzentration tritt ein**, sobald richterliche Untersuchungshand **24** lungen in mindestens zwei Bezirken erforderlich werden. Das ist stets der Fall, wenn die Staatsanwaltschaft **gleichzeitig** in mehreren Bezirken Anträge stellen müßte. Das Amtsgericht, in dessen Bezirk die Staatsanwaltschaft ihren Sitz hat, wird aber auch zuständig, wenn die Staatsanwaltschaft zunächst nur in einem Bezirk eine richterliche Untersuchungshandlung herbeigeführt hat und **danach** eine solche in einem anderen Bezirk erforderlich wird[67]. In diesem Fall ist das zentrale Amtsgericht für die zweite Maßnahme zuständig; dagegen bleibt, wie aus Absatz 2 folgt, die Zuständigkeit des zuerst angegangenen Gerichts für die erste Handlung erhalten[68]. Jedoch kann die Staatsanwaltschaft, wenn über den ersten Antrag noch nicht entschieden ist, diesen zurücknehmen, um ihn bei dem zentralen Amtsgericht neu zu stellen. Sobald die Voraussetzungen für die Zuständigkeitskonzentration einmal eingetreten sind, bleibt sie für alle **weiteren Anträge** in demselben Verfahren erhalten[69]. Weil nach Absatz 1 Satz 3 für Vernehmungen und nach der in diesem Kommentar vertretenen Meinung auch für richterliche Augenscheinseinnahmen (Rdn. 29) eine Zuständigkeitskonzentration nicht in Betracht kommt, bleiben diese Ermittlungshandlungen auch für die Beurteilung der Frage, ob im Sinne des Satzes 2 Handlungen in mehreren Bezirken erforderlich werden, außer Betracht. Die Regelung betrifft deshalb in erster Linie die Anordnung von Zwangsmaßnahmen.

Die Zuständigkeitskonzentration **tritt noch nicht ein**, wenn die Staatsanwaltschaft **25** lediglich richterliche Anordnungen in mehreren Bezirken **beabsichtigt oder erwägt**[70].

---

zuständig, das zum Landgericht München I gehört.

[65] Vgl. BGHSt **26** 212 (zu § 98 Abs. 2 Satz 4).

[66] **Beispiel:** Die Staatsanwaltschaft beim Landgericht Bonn hält Durchsuchungen nur in den Bezirken der Amtsgerichte Siegburg, Rheinbach und Königswinter für erforderlich; zuständig für den Durchsuchungsbeschluß ist das Amtsgericht Bonn.

[67] KK-*R. Müller*[2] 11; BTDrucks. **7** 551, S. 74; a. A (nur bei gleichzeitiger Antragstellung)

OLG Frankfurt StrVert. **1988** 241 mit abl. Anm. *Ullrich* (ohne nähere Begründung und unter unzutreffender Bezugnahme auf KK-*R. Müller* 11).

[68] BTDrucks. **7** 551, S. 74; *Rieß* NJW **1975** 85.

[69] KK-*R. Müller*[2] 11.

[70] KK-*R. Müller*[2] 11; *Kleinknecht/Meyer*[38] 11; a. A KMR-*Müller* 13; *Achenbach* FS Wassermann 859 (ermittlungstaktische Gründe könnten die Zurückstellung des Antrags rechtfertigen).

Peter Rieß

Aus dem nicht sehr klaren Wortlaut („... hält sie für erforderlich ...") kann dies nicht geschlossen werden, denn die Vorschrift stellt im Gesamtzusammenhang und im Anschluß an Satz 1 darauf ab, daß Anträge für mehrere Anordnungen in mehreren Bezirken gestellt werden. Wird nur *eine* Anordnung begehrt, so kann dies nicht mit Rücksicht auf eine später möglicherweise in einem anderen Bezirk erwogene Anordnung eine Zuständigkeit begründen, bei der eine Zuständigkeitsmanipulation nicht auszuschließen ist. Will die Staatsanwaltschaft aus ermittlungstaktischen Gründen zunächst nur eine Zwangsmaßnahme durchführen, und dennoch die Zuständigkeitskonzentration in Anspruch nehmen[71], so muß sie mehrere Maßnahmen beantragen und lediglich die Vollstreckung der ermittlungstaktisch zurückzustellenden zunächst unterlassen.

26   Die **Zuständigkeitskonzentration bleibt erhalten**, wenn die Staatsanwaltschaft beim Amtsrichter an ihrem Sitz mehrere in verschiedenen Bezirken vorzunehmende Untersuchungshandlungen beantragt, der Richter aber alle bis auf eine ablehnt, auch wenn diese nicht in seinem Amtsbezirk vorzunehmen wären. Denn abgestellt wird auf die Antragstellung und die Antragsablehnung ist ein dieser nachfolgender Umstand, der nach Absatz 2 keine Bedeutung hat.

27   Da der Richter seine Zuständigkeit im Rahmen der gesetzlichen Zulässigkeitsprüfung nach Absatz 3 prüfen muß, muß die Staatsanwaltschaft in ihrem Antrag die **Voraussetzungen** der Zuständigkeitskonzentration **darlegen**[72], wenn sie sich nicht aus dem Antrag selbst ergeben, etwa dadurch, daß Ermittlungshandlungen in verschiedenen Bezirken beantragt werden. Es muß also beispielsweise, falls nur eine Ermittlungshandlung beantragt wird, für die die Zuständigkeit nur nach Satz 2 begründet ist, mitgeteilt werden, daß bereits eine Ermittlungshandlung in einem anderen Bezirk beantragt worden ist oder durch welche früheren Anträge die Zuständigkeitskonzentration begründet worden ist.

28   **e) Ausnahmen von der Zuständigkeitskonzentration (Absatz 1 Satz 3).** Die Zuständigkeitskonzentration gilt in keinem Fall für **richterliche Vernehmungen** von Zeugen, Sachverständigen und Beschuldigten; hier ist stets der Richter zuständig, in dessen Bezirk die Vernehmung durchzuführen ist. Maßgebend für diese Ausnahme sind Gründe der Zweckmäßigkeit, der Verfahrensökonomie und der Rücksicht auf die zu Vernehmenden[73].

29   Diese Gründe der Vermeidung übermäßiger Beschwernisse und die Verringerung des Aufwands treffen in gleichem Maße auf **richterliche Augenscheinseinnahmen** zu, bei denen es ebensowenig sinnvoll erscheint, dem zentralen Ermittlungsrichter eine möglicherweise weite Reise zum Ort des Augenscheins zuzumuten. Die für den Gesetzgeber maßgebenden Gründe für die Schaffung der Zuständigkeitskonzentration (bessere Kenntnis des Gesamtzusammenhangs, Möglichkeit gleichzeitiger Vornahme der Ermittlungshandlungen, Vermeidung divergierender Entscheidungen)[74] betreffen allein die in den Gesetzesmaterialien in diesem Zusammenhang ausschließlich erwähnten Anordnungen von Zwangsmaßnahmen; auf die schlichte Ermittlungshandlung der Augenscheinseinnahme treffen sie nicht zu. Offensichtlich hat der Gesetzgeber sie, die auch in der die Neuregelung begleitenden rechtspolitischen Diskussion keine Rolle gespielt hat, bei der gesetzlichen Regelung nicht bedacht. Auf richterliche Augenscheinseinnahmen

---

[71] So die Begründung für die Gegenmeinung bei *Achenbach* aaO.

[72] KK-*R. Müller*[2] 15; *Rieß* NJW **1975** 84 Fußn. 59.

[73] Vgl. BTDrucks. 7 551, S. 74; zur rechtspolitischen Bewertung kontrovers einerseits

LR-*Meyer-Goßner*[23] 16; *Rieß* NJW **1975** 84 Fußn. 61; andererseits *Welp* Zwangsbefugnisse 48 f; *Grünwald* Verh. des 50. DJT (1974) Bd. II C 29.

[74] Vgl. RegEntw 1. StVRG, BTDrucks. 7 551, S. 40 f, 74.

dürfte daher die Ausnahmeregelung des Absatz 1 Satz 3 **analog** anzuwenden sein mit der Folge, daß auch für die Durchführung eines richterlichen Augenscheins nur Absatz 1 Satz 1 gilt und damit ausschließlich der Richter zuständig ist, in dessen Bezirk der Augenschein vorzunehmen ist.

Nach Satz 3, zweite Alternative ist der Antrag statt bei dem zentralen Ermitt- **30** lungsrichter bei dem nach Satz 1 zuständigen zu stellen, in dessen Bezirk die Handlung vorzunehmen ist, wenn durch die Einschaltung des Richters am Sitz der Staatsanwalt- schaft eine **Gefährdung des Untersuchungserfolgs**, also eine durch Zeitablauf drohende wesentliche Verschlechterung der Erforschungsmöglichkeiten[75] droht. Die Regelung dürfte von geringer praktischer Bedeutung sein. In Betracht kommt in erster Linie der Fall, daß ein außerhalb seines Dienstsitzes ermittelnder Staatsanwalt hier eine dring- liche Durchsuchung oder Beschlagnahme durchführen muß und der Zeitverlust durch Anrufung des Ermittlungsrichters am Sitz der Staatsanwaltschaft nicht hingenommen werden kann[76]. Damit soll zugleich die andernfalls erforderliche Inanspruchnahme nichtrichterlicher Eilkompetenz vermieden werden[77]. Eine echte Wahlmöglichkeit be- steht auch in diesen Fällen nicht, vielmehr handelt es sich bei der Frage, ob der Unter- suchungserfolg gefährdet würde, um einen **unbestimmten Rechtsbegriff**; wird sie bejaht, so entfällt insoweit die Zuständigkeit des zentralen Ermittlungsrichters. Umstritten ist, ob es, worauf der Wortlaut hindeutet, allein auf die Beurteilung der Staatsanwalt an- kommt[78], oder ob der angerufene Richter die Verzögerungsgefahr selbst zu prüfen hat[79].

f) Zuständigkeitsperpetuierung (Absatz 2). Maßgebend für die örtliche Zuständig- **31** keit sind nur die Umstände im Zeitpunkt der Antragstellung, also des Eingangs des An- trags[80] bei dem angerufenen Gericht. Umstände, die danach eintreten, führen nicht zur Unzuständigkeit. Das gilt etwa für den Fall, daß die zu durchsuchende oder zu beschlag- nahmende Sache aus dem Bezirk des Gerichts entfernt wird oder die zu vernehmende Person verzieht[81]. Die Staatsanwaltschaft kann allerdings aufgrund dieser Verände- rungen den Antrag zurücknehmen und bei dem nunmehr zuständigen Gericht neu stel- len[82]; sie kann auch bereits im ersten Antrag hilfsweise für den Fall einer Veränderung der zuständigkeitsbegründenden Umstände die Weiterleitung an den nunmehr zuständi- gen Richter beantragen. Für die **sachliche Zuständigkeit** gilt die Perpetuierung **nicht**; der noch nicht erledigte Antrag wird durch die Erhebung der öffentlichen Klage gegen- standslos.

5. Umfang und Vornahme der Untersuchungshandlungen
a) Allgemeines. Bindungsgrundsatz. Der Ermittlungsrichter ist grundsätzlich inso- **32** weit an den Antrag der Staatsanwaltschaft gebunden, als er weder über ihn hinausgehen noch andere als die beantragten Untersuchungshandlungen vornehmen darf[83]. Er darf

---

[75] Zum allein auf den Zeitfaktor abstellenden Begriff „Untersuchungserfolg" entspre- chend dem verbreiteteren „Gefahr im Ver- zuge" s. näher § 168 c, 40; 44 f; vgl. auch BTDrucks. 7 551, S. 75.

[76] Vgl. BTDrucks. 7 551, S. 74.

[77] BTDrucks. 7 551, S. 75.

[78] KK-*R. Müller*[2] 12; *Kleinknecht/Meyer*[38] 11; LR-*Meyer-Goßner*[23] 27; *Rieß* NJW **1975** 84 Fußn. 62.

[79] So KMR-*Müller* 10; ferner *Achenbach* FS Wassermann 859 im Hinblick auf Art. 101

Abs. 1 Satz 2 GG als verfassungskonforme Auslegung.

[80] Zur Frage des Eingangszeitpunkts s. die die Fristwahrung betreffenden, aber entspre- chend geltenden Erl. Vor § 42, 6 ff.

[81] Wegen weiterer Anwendungsfälle s. Rdn. 24; 26.

[82] KK-*R. Müller*[2] 13; *Kleinknecht/Meyer*[38] 12; KMR-*Müller* 15.

[83] KK-*R. Müller*[2] 6; *Kleinknecht/Meyer*[38] 5; vgl. auch LG Köln StrVert. **1983** 275.

Peter Rieß

auch nicht statt einer von ihm für unzulässig gehaltenen beantragten Maßnahme eine andere vornehmen, denn damit würde er in die der Staatsanwaltschaft zustehende freie Gestaltung des Ermittlungsverfahrens eingreifen. Eine Ausnahme gilt, soweit die Voraussetzungen der §§ 165, 166 vorliegen. Soweit dies offensichlich dem **mutmaßlichen Willen der Staatsanwaltschaft** entspricht, darf der Ermittlungsrichter über den Antrag hinausgehen oder von ihm abweichen[84], so etwa, wenn bei einem Vernehmungsantrag eine Personenverwechslung vorliegt[85]. Hat sich die Staatsanwaltschaft in der Zuständigkeitsfrage erkennbar geirrt, so entspricht es regelmäßig ihrem mutmaßlichen Willen, daß der Richter den Antrag an das zuständige Amtsgericht weiterleitet. In Zweifelsfällen empfiehlt sich stets eine Rückfrage bei der Staatsanwaltschaft[86]. Untersuchungshandlungen, die der Richter vornimmt, ohne daß sie beantragt waren, sind prozessual wirksam[87].

33   **b)** Bei **Ermittlungsmaßnahmen**, insbesondere Vernehmungen, ist der Richter zu zusätzlichen eigenen Ermittlungen befugt, die nur den Zweck haben, die Voraussetzungen für die beantragte Maßnahme zu schaffen, etwa, den Aufenthalt der zu vernehmenden Person festzustellen u. ä. Der Antrag auf Vornahme einer Ermittlungshandlung berechtigt und verpflichtet regelmäßig den Richter zugleich, ohne daß dies von der Staatsanwaltschaft besonders beantragt werden muß, zum Einsatz der dazu erforderlichen Zwangsmaßnahmen. Beantragt die Staatsanwaltschaft aber, Zwangsmaßnahmen nicht anzuwenden oder von einer **Vereidigung** abzusehen, so ist der Richter hieran gebunden. Der umgekehrte Antrag bindet (selbstverständlich) nicht; der Richter hat zu prüfen, ob die Voraussetzungen des § 65 vorliegen und ob Vereidigungsverbote bestehen[88], weil das die gesetzliche Zulässigkeit nach den Umständen des Falles betrifft. Ob — außer in den Fällen des § 65 Nr. 1 — die Vereidigung nur bei einem entsprechenden Antrag der Staatsanwaltschaft erfolgen darf, ist umstritten[89]. Eine beantragte richterliche Vernehmung darf der Ermittlungsrichter nicht von sich aus dadurch ersetzen, daß er eine lediglich schriftliche Erklärung des Zeugen oder Beschuldigten entgegennimmt oder herbeiführt[90]; unangebracht ist im allgemeinen auch der Ladungshinweis an den Beschuldigten, daß im Nichterscheinen die Inanspruchnahme des Schweigerechts gesehen werde[91].

34   Beantragt die Staatsanwaltschaft, jemand als **Zeugen** zu vernehmen, der schon nach dem Akteninhalt **als Beschuldigter zu behandeln** wäre (vgl. § 136, 7; § 163 a, 12 ff), so darf der Richter ihn weder als Zeugen noch als Beschuldigten laden und vernehmen; er hat die Zeugenvernehmung als unzulässig abzulehnen (§ 136, 8). Erweist sich erst durch die Vernehmung, daß eine als **Zeuge** zu vernehmende Person tatverdächtig und **als Beschuldigter** zu behandeln ist, so darf der Richter keinesfalls die Vernehmung als Zeugenvernehmung fortsetzen[92]. Er darf unter Anwendung der Belehrungsvorschriften (§ 136) zur **Beschuldigtenvernehmung übergehen**, wenn ihn der Antrag dazu ermächtigt (Rdn. 12) oder die Staatsanwaltschaft auf Rückfrage ihren Antrag umstellt. Ob der Richter von sich aus zur Beschuldigtenvernehmung übergehen darf, ist umstritten[93]; es

---

[84] KK-*R. Müller*[2] 6; *Kleinknecht/Meyer*[38] 14; wohl großzügiger LR-*Meyer-Goßner*[23] 22.

[85] KK-*R. Müller*[2] 6.

[86] Vgl. KK-*R. Müller*[2] 6.

[87] KMR-*Müller* 2.

[88] LG Verden NJW **1976** 1280; *Kittel* JR **1966** 126.

[89] So BayObLGSt (beiläufig) **1954** 158 = NJW **1985** 396; a. A LR-*Meyer-Goßner*[23] 23; LR-*Dahs* § 65, 5 mit weit. Nachw.

[90] *Kleinknecht/Meyer*[38] 15; KK-*R. Müller*[2] 18; vgl. OLG Hamm JMBlNW **1974** 53.

[91] *Kleinknecht/Meyer*[38] 15; vgl. auch § 133, 8; § 163 a, 38 f; 53; KK-*R. Müller*[2] 18.

[92] § 136, 8; a. A *Göhler*[8] § 55, 15 (bezogen auf alle ersuchten Ermittlungsbehörden).

[93] **Bejahend** LR-*Meyer-Goßner*[23] 22; *Artzt* Kriminalistik **1970** 381; *v. Gerlach* NJW **1969** 779; enger (nur bei Gefahr im Verzuge) KK-*R. Müller*[2] 6; **verneinend** *Göhler*[8] § 55,

dürfte regelmäßig zu verneinen sein, da der Zeitpunkt der Beschuldigtenvernehmung von der Staatsanwaltschaft zu bestimmen ist. Keinesfalls darf der Richter einen Beschuldigten, den er nicht für tatverdächtig hält, als Zeugen vernehmen (vgl. auch § 136, 8 a. E).

c) Bei der **Anordnung von Zwangsmaßnahmen** sind dem Richter eigene Ermittlungen zur Klärung der Voraussetzungen nicht gestattet, ebensowenig ist er befugt, andere Behörden unmittelbar um Auskünfte oder die Vornahme von Ermittlungen zu ersuchen[94]. Reichen ihm die Unterlagen nicht aus, so kann er der Staatsanwaltschaft ergänzende Ermittlungen anheimstellen oder sogleich oder wenn diese ausbleiben den Antrag ablehnen. **35**

6. Prüfungspflicht des Richters und ihre Grenzen (Absatz 3)

a) **Allgemeines. Grundsatz.** Nach Absatz 3 umfaßt die Prüfungspflicht des Richters die Frage, ob die konkrete von ihm vorzunehmende Maßnahme gesetzlich zulässig ist, und zwar nach den Umständen des Falles[95]. Damit wird ihm einerseits insoweit eine Prüfungspflicht auferlegt, andererseits zum Ausdruck gebracht, daß er außerhalb der Reichweite dieser Bestimmung zu einer Prüfung nicht berechtigt ist und einen Antrag nicht aus Gründen ablehnen darf, die nicht unter Absatz 3 fallen. Die Bestimmung ist, auch soweit sie den Richter auf die Prüfung der gesetzlichen Zulässigkeit der beantragten Handlung beschränkt, mit dem Grundgesetz vereinbar[96]. **36**

Über den Inhalt des **Begriffs der gesetzlichen Zulässigkeit** besteht in Randbereichen noch keine vollständige Klarheit[97], wenn auch über die Ergebnisse im wesentlichen Übereinstimmung herrscht. So ergibt sich aus der Bestimmung, daß der Richter in keinem Fall berechtigt ist, über die ermittlungstaktische Zweckmäßigkeit und Notwendigkeit der beantragten Handlung zu entscheiden[98]. Unbestritten ist ferner, daß zu den vom Richter zu prüfenden Voraussetzungen seine Zuständigkeit und das Vorliegen der für die spezielle Handlung etwa geforderten besonderen Verfahrensvoraussetzungen gehört[99]. Ebenso ist heute wohl unbestritten, daß die Beachtung des **Verhältnismäßigkeitsgrundsatzes** zu den auch den Richter zur Prüfung verpflichtenden gesetzlichen **37**

15; *Kleinknecht/Meyer*[38] § 136, 3; LR-*Meyer*[23] § 136, 11; *Lenckner* FS Peters 341; SK-StPO-*Rogall* Vor § 133, 41; *Fincke* ZStW **95** (1983) 940; zweifelnd LR-*Hanack* § 136, 8; s. auch § 163 a, 22 f.

[94] LG Stuttgart NStZ **1983** 520 mit Anm. *Rieß*; KK-*R. Müller*[2] 6; *Kleinknecht/Meyer*[38] 5; KMR-*Müller* 3; *Fezer* (Fußn. 3) 2/106; *Roxin*[20] § 10 II 1 a; teilweise zu weitgehend die unklare Entscheidung LG Köln StrVert. **1983** 275; vgl. aber auch BVerfGE **49** 329, 341 (Befugnis, auf weitere Aufklärung des Sachverhalts „hinzuwirken").

[95] Kritisch zur Fassung (tautologische, barocke Worthäufung) *Koch* NJW **1968** 1316; dagegen zu Recht LR-*Meyer-Goßner*[23] 32; zur unklaren Entstehungsgeschichte vgl. u. a. *Kittel* JR **1966** 124; *Keller* StPO (1878) § 160, 4 f.

[96] BVerfGE **31** 43 (auf Vorlage des AG Essen).

[97] Vgl. ausführlich *Eb. Schmidt* 4 bis 13; *Nelles* 40 ff; ferner *Kittel* JR **1966** 124; *Koch* NJW **1968** 1317.

[98] BGHSt **7** 202, 205; **15** 238; RGSt **65** 83; KG JR **1965** 268; LG Düsseldorf NStZ **1985** 377; LG Nürnberg-Fürth NJW **1967** 2127; KK-*R. Müller*[2] 17; *Kleinknecht/Meyer*[38] 14; KMR-*Müller* 5; *Eb. Schmidt* 13; *Fezer* StrafprozeßR 2/105; *Gössel* § 3 B II d 2; *Roxin*[20] § 10 B II 1; *Benfer* NJW **1981** 1246.

[99] Nach *Eb. Schmidt* 4 f betrifft dies nicht die in Absatz 3 geregelte gesetzliche Zulässigkeit der Maßnahme, sondern die davon zu trennende Zulässigkeit des staatsanwaltschaftlichen Antrags.

Voraussetzungen gehört[100]; Meinungsverschiedenheiten bestehen insoweit lediglich über die Reichweite. Hierbei ist, wie auch sonst wegen der Einzelheiten des Prüfungsumfangs zu unterscheiden, ob es sich bei der beantragten Handlung um eine Ermittlungsmaßnahme handelt, bei der der Richter im Wege der Amtshilfe tätig wird (näher Rdn. 41 ff), oder ob es um die Anordnung einer Zwangsmaßnahme, also um Rechtsprechungstätigkeit geht (näher Rdn. 44 f).

38   **b) Zuständigkeit. Besondere Voraussetzungen für die beantragte Handlung.** Der Richter hat zu prüfen und bei negativem Prüfungsergebnis die beantragte Untersuchungshandlung abzulehnen, ob er **sachlich oder örtlich zuständig** ist[101]. Wegen sachlicher Unzuständigkeit kommt eine Ablehnung beispielsweise in Betracht, wenn bereits die öffentliche Klage erhoben ist[102] oder wenn für die beantragte Handlung oder Entscheidung das für die Eröffnung des Hauptverfahrens zuständige Gericht zuständig wäre (vgl. Rdn. 4). Wegen der örtlichen Zuständigkeit s. die Erl. Rdn. 17 bis 31. Nimmt der Richter trotz örtlicher Unzuständigkeit eine Untersuchungshandlung vor, so ist sie (nach § 20) wirksam[103].

39   Besondere gesetzliche Voraussetzungen, die für die konkreten Untersuchungshandlungen vorliegen müssen, unterliegen ebenfalls stets der Prüfung des Richters; für die allgemeinen Verfahrensvoraussetzungen gilt dies nicht in jedem Fall[103a]. Die Untersuchungshandlung ist als gesetzlich unzulässig zu verweigern, wenn der Beschuldigte der deutschen **Gerichtsbarkeit** nicht unterliegt[103b] oder solange und soweit der beantragten Ermittlungshandlung die **parlamentarische Immunität** entgegensteht[103c]. Es ist nicht Aufgabe des Ermittlungsrichters, sich um die Genehmigung des Parlaments zur Strafverfolgung zu bemühen, sondern Sache der Staatsanwaltschaft, diese Voraussetzungen für die Untersuchungshandlung vor der Entscheidung über den Antrag beizubringen (§ 152 a, 33). Die Frage, ob die Strafklage verbraucht ist, das Verfahrenshindernis der Amnestie besteht oder die verfolgte Handlung in abstracto unter kein Strafgesetz fällt, betrifft nicht die gesetzliche Zulässigkeit der Ermittlungshandlung[103d], sondern ist für Ermittlungsmaßnahmen und die Anordnung von Zwangsmaßnahmen differenziert zu beurteilen.

40   Der Richter hat ferner in jedem Fall zu prüfen, ob die antragstellende **Strafverfolgungsbehörde** für das von ihr betriebene Verfahren **generell zuständig** ist. Deshalb ist ein Antrag der Finanzbehörde abzulehnen, wenn es sich nicht um eine **Steuerstraftat** im Sinne des § 386 Abs. 2 AO handelt, ein solcher der Staatsanwaltschaft, wenn Gegenstand des Verfahrens nur eine **Ordnungswidrigkeit** und die Staatsanwaltschaft nicht ausnahmsweise zuständige Verwaltungsbehörde ist[104], anders, wenn das staatsanwaltschaftliche Ermittlungsverfahren darauf gerichtet ist, festzustellen, ob eine Straftat ge-

---

[100] OLG Zweibrücken NJW **1981** 534; LG Hildesheim NdsRpf. **1966** 251; LG Krefeld MDR **1968** 68; LG Verden StrVert. **1986** 428; KK-*R. Müller*[2] 17; KMR-*Müller* 9; *Gössel* § 3 B II d 2; *Schlüchter* 75.5 Fußn. 205; *Nelles* 56; zweifelnd LG Waldshut NJW **1972** 1148; möglicherweise enger (nur bei offensichtlichem Verstoß) *Kleinknecht/Meyer*[38] 14.

[101] KK-*R. Müller*[2] 15; KMR-*Müller* 6; *Eb. Schmidt* 6; *Koch* NJW **1968** 1316.

[102] KK-*R. Müller*[2] 15; *Eb. Schmidt* 8; vgl. näher Rdn. 4.

[103] Vgl. die Erl. zu § 20; KK-*R. Müller*[2] 12 a. E.

[103a] Vgl. zu diesen Rdn. 41; 44; ebenso z. B. KMR-*Müller* 7; *Gössel* § 3 B II d 2; a. A *Eb. Schmidt* 7.

[103b] KK-*R. Müller*[2] 16; KMR-*Müller* 7; *Eb. Schmidt* 7.

[103c] *Eb. Schmidt* 12; näher § 152 a und die dort. Erl., insbes. Rdn. 28 ff.

[103d] A. A *Eb. Schmidt* 7; 10; wie hier KMR-*Müller* 5; 7.

[104] KK-*R. Müller*[2] 15; *Eb. Schmidt* 9.

geben ist[105]. Die konkrete Zuständigkeit der Staatsanwaltschaft für das jeweilige Verfahren hat der Richter nicht zu prüfen[106].

c) Ermittlungsmaßnahmen, insbesondere Vernehmungen. Es ist Aufgabe der zuständigen Strafverfolgungsbehörden, zu entscheiden, ob ein Anfangsverdacht besteht, deshalb der Sachverhalt zu erforschen ist und mit welchen Mitteln dies geschehen soll. Der Richter darf deshalb den Antrag nicht mit der Begründung ablehnen, daß ein Anfangsverdacht nicht bestehe oder bereits ausgeräumt sei[107], gleichgültig, ob er das in Frage stehende Verhalten nicht für strafbar hält[108], die tatsächlichen Umstände nicht für beweiskräftig erachtet, eine allgemeine Verfahrensvoraussetzung (z. B. Strafantrag) vermißt oder ein Verfahrenshindernis (z. B. Verjährung) für gegeben hält. Er darf Ermittlungshandlungen nicht ablehnen, weil er sie für überflüssig, unzweckmäßig oder gar für ermittlungstaktisch schädlich hält oder weil er der Auffassung ist, das Verfahren solle nach den §§ 153 ff eingestellt werden, denn all das betrifft nicht die Frage der gesetzlichen Zulässigkeit, sondern der Zweckmäßigkeit und Notwendigkeit.

Eine beantragte **richterliche Vernehmung** darf der Richter nicht mit der Begründung ablehnen, die Staatsanwaltschaft könne sie unter Anwendung der §§ 161 a, 163 a Abs. 3 selbst durchführen[109], die Durchführung eines Augenscheins oder die Teilnahme an der **Leichenschau** oder Leichenöffnung nicht unter Berufung auf mangelnde Erforderlichkeit[110]. Ob etwas anderes gilt, wenn der staatsanwaltschaftliche Antrag offensichtlich willkürlich oder rechtsmißbräuchlich ist[111], erscheint nicht unzweifelhaft, dürfte aber ohne praktische Bedeutung sein.

Die vom Richter zu beurteilende **gesetzliche Zulässigkeit der Maßnahme** ist dagegen betroffen, wenn bei einer Zeugenvernehmung zu entscheiden ist, ob ein Zeugnis- oder Auskunftsverweigerungsrecht zu beachten ist, ob eine Vereidigung zulässig ist (vgl. auch Rdn. 33) oder ob bei einem ausbleibenden oder die Aussage verweigernden Zeugen Zwangsmaßnahmen zulässig sind. Ist dies der Fall, so hat der Richter bei der **Auswahl und Bemessung der Ungehorsamsfolgen** nach eigenem Ermessen zu handeln; an die Anträge der Staatsanwaltschaft ist er nur insoweit gebunden, als er über sie nicht hinausgehen darf[112]. Zum Verhältnis von Beschuldigten- und Zeugenvernehmung s. Rdn. 34; zur Frage, ob der Verhältnismäßigkeitsgrundsatz einer Ladung und/oder Vorführung eines Beschuldigten entgegenstehen kann, s. § 133, 8; § 163 a, 53; 60[113].

41

42

43

---

[105] *Eb. Schmidt* 9; LR-*Meyer-Goßner*[23] 26.

[106] KMR-*Müller* 5; LR-*Meyer-Goßner*[23] 26.

[107] KK-*R. Müller*[2] 16; *Kleinknecht/Meyer*[38] 14; KMR-*Müller* 5; 7; *Henkel* 304; im Grundsatz auch *Eb. Schmidt* 10; 11.

[108] Insofern teilw. enger *Eb. Schmidt* 10; wie hier KK-*R. Müller*[2] 16; KMR-*Müller* 7.

[109] Heute ganz h. M; a. A aber LG Köln MDR **1988** 602 mit unklarer Begründung. Die Frage war insbes. in der amtsgerichtlichen Rechtsprechung nach dem Inkrafttreten des 1. StVRG umstritten (dazu ausführlich LR-*Meyer-Goßner*[23] 34); wie hier z. B LG Düsseldorf NStZ **1985** 377; LG Essen DRiZ **1975** 376; LG Verden NJW **1976** 1280; LG Wuppertal NJW **1975** 1749; **1977** 116; KK-*R. Müller* 17; *Kleinknecht/Meyer*[38] 17; KMR-*Müller* 1; *G. Schäfer* § 19 III 3; *Welp* Zwangsbefugnisse, S. 50 Fußn. 139; *Fezer* (Fußn. 3) 2/105; bereits früher KG JR **1965**

268; *Fuhrmann* JR **1965** 254; a. A AG Solingen MDR **1975** 950; wohl auch *Kubick* DRiZ **1976** 114; vgl. auch BVerfGE **42** 91, 95.

[110] Vgl. § 87, 9; 16; ferner BTDrucks. **10** 1313, S. 20 (bindender Antrag der Staatsanwaltschaft); zur Anordnung der Leichenöffnung vgl. LG Waldshut NJW **1972** 1148.

[111] LG Düsseldorf NStZ **1985** 377; *G. Schäfer* § 19 III 3; *van Els/Hinkel* NJW **1977** 87; *Fuhrmann* JR **1965** 264.

[112] Näher mit Nachw. LR-*Meyer-Goßner*[23] 35.

[113] Vgl. auch KK-*R. Müller*[2] 18; *Kleinknecht/ Meyer*[38] 14; ferner OLG Zweibrücken NJW **1981** 534 (Vorführung eines Beschuldigten zur Vernehmung zum Zweck der internationalen Rechtshilfe unzulässig, weil Gegenstand des Verfahrens ein Verhalten, das nach deutschem Recht eine geringfügige Verkehrsordnungswidrigkeit wäre); LG Krefeld MDR **1968** 68.

Peter Rieß

44   d) Bei der **Anordnung von Zwangsmaßnahmen** ergibt sich der Umfang der vom Richter vorzunehmenden Zulässigkeitsprüfung aus den gesetzlichen Voraussetzungen der jeweiligen Zwangsmaßnahme[114]. Auch hier ist allerdings nicht generell über die Notwendigkeit und Angemessenheit solcher Handlungen zu entscheiden[115], sondern nur insoweit, als dies zur Beurteilung der konkreten Zulässigkeit der Handlung erforderlich ist[116]. Dabei ist in jedem Fall, allerdings unterschiedlich nach der beantragten Zwangsmaßnahme, auch der Verhältnismäßigkeitsgrundsatz zu beachten[117]. Ist eine Zwangsmaßnahme vom Bestehen eines Tatverdachts (z. B. § 102) oder eines gesteigerten Verdachts (z. B. §§ 100 a, 163 d) abhängig, so hat der Richter unter Würdigung des gesamten bisherigen Materials selbständig zu entscheiden, ob ein solcher in rechtlicher und tatsächlicher Hinsicht vorliegt; er ist in diesem Fall an die Bejahung des Verdachts durch die Staatsanwaltschaft nicht gebunden. Ist die Anordnung gesetzlich von einer Erfolgseignung abhängig (z. B. § 103 Abs. 1 Satz 1, § 163 d Abs. 1 Satz 1), so unterliegt auch diese der Beurteilung des Richters; ist die Maßnahme nur subsidiär zulässig (z. B. § 100 a Abs. 1 Satz 1), so hat der Richter insoweit auch ihre Notwendigkeit zu prüfen.

45   Auch bei der Anordnung von Zwangsmaßnahmen darf der Richter über die gesetzlich vertypten Voraussetzungen der Erfolgsgeeignetheit und die Verhältnismäßigkeit hinaus ihre **Zweckmäßigkeit und Notwendigkeit nicht prüfen**[118]; er kann also eine beantragte Maßnahme nicht mit der Begründung ablehnen, daß sie ermittlungstaktisch unangebracht oder eine andere zweckmäßiger sei oder daß sie voraussichtlich keinen Erfolg verspreche[119]. Ebensowenig kann er sie beispielsweise mit der Begründung ablehnen, daß das Verfahren nach den §§ 153 ff eingestellt werden könne oder bei einem Privatklagedelikt kein öffentliches Interesse an der Strafverfolgung bestehe.

7. Weiteres Verfahren. Abschluß. Wirkungen

46   a) **Ermittlungsmaßnahmen.** Die Durchführung der richterlichen Ermittlungsmaßnahmen, insbesondere von Vernehmungen und Augenscheinseinnahmen richtet sich nach den dafür geltenden speziellen Vorschriften; zur Notwendigkeit der **Protokollierung** s. die §§ 168, 168 a, zu Anwesenheitsrechten s. die §§ 168 c, 168 d und die dortigen Erläuterungen. Nach Vornahme der beantragten und ggf. nach §§ 165, 166 zusätzlich vorgenommenen Ermittlungen übersendet der Richter die dadurch erwachsenen Vorgänge der antragstellenden Staatsanwaltschaft, der die weitere Verfügung gebührt[120]. Der Richter ist danach mit der Sache nicht mehr befaßt; soll er wieder tätig werden, so ist ein neuer Antrag erforderlich. Die Vorgänge sind der Staatsanwaltschaft im Interesse der Verfahrensbeschleunigung auch dann **unverzüglich zu übersenden**, wenn im Anschluß an die Ermittlungshandlung vom Richter noch weitere Maßnahmen erforderlich sind, etwa die Vollstreckung eines Kostenauferlegungs- oder Ordnungsgeldbeschlusses oder wenn insoweit noch über ein Rechtsmittel zu entscheiden ist. Verzögert sich die Ermittlungshandlung, so sollte der Ermittlungsrichter hiervon die Staatsanwalt-

---

[114] *Fezer* (Fußn. 3) 2/103 f; vgl. auch (mißverständlich auf Ermessen abstellend) *Roxin*[20] § 10 B II 1 a.

[115] So aber LG Krefeld MDR **1968** 68; LR-*Meyer-Goßner*[23] 31; KK-*R. Müller*[2] 19; KMR-*Müller* 9; vgl. auch *Benfer* NJW **1981** 1246.

[116] Zum Prüfungsumfang bei einer Auskunftsanordnung nach § 73 SGB X vgl. (wohl zu weitgehend) LG Verden StrVert. **1986** 428; näher § 161, 24; 25.

[117] BVerfGE **49** 329, 341 (betr. Durchsuchung); wegen der Einzelheiten ist auf die einschlägigen Erl. bei den einzelnen Zwangsmaßnahmen zu verweisen.

[118] So z. B. für Anordnung der Leichenöffnung LG Waldshut NJW **1972** 1148.

[119] Vgl. *Nelles* 56 f; anders, wenn die Erfolgsaussicht zu den gesetzlichen Voraussetzungen gehört.

[120] *G. Schäfer* § 19 III 4.

schaft unter Mitteilung der Gründe unterrichten, damit diese entscheiden kann, ob sie den Antrag aufrechterhält.

b) Anordnung von Zwangsmaßnahmen. Ordnet der Richter eine Zwangsmaß- **47** nahme an, so ist deren Vollstreckung schon nach §36 Abs. 2 regelmäßig Sache der Staatsanwaltschaft. Der Ermittlungsrichter leitet daher den die Anordnung enthaltenden oder den Antrag ablehnenden Beschluß unverzüglich der Staatsanwaltschaft zu und ist auch in diesem Fall, soweit nicht gegen die Entscheidung Beschwerde eingelegt wird (vgl. §306), mit der Sache nicht mehr befaßt. Ob und wann die Staatsanwaltschaft von der Anordnung Gebrauch macht, also die Zwangsmaßnahme vollstreckt, unterliegt ihrer Entscheidung; die **richterliche Anordnung verpflichtet sie** hierzu **nicht**[121]. Die Anordnung ist aufzuheben, wenn die Staatsanwaltschaft es beantragt. Wieweit die Wirkung der Anordnung einer Zwangsmaßnahme, die nicht vollstreckt wird, **zeitlichen Grenzen** unterliegt, ist zweifelhaft[122]; jedenfalls lassen sich keine festen Grenzen angeben. Die Anordnung verliert aber dann ihre Wirkung, wenn sich in bezug auf die für sie maßgeblichen Gründe die Ermittlungslage so verändert hat, daß nicht mehr sicher ist, daß der Richter die Anordnung getroffen hätte[123]; die Staatsanwaltschaft darf sie dann nicht mehr vollstrecken[124].

c) Weitere Folgen. Die Tätigkeit nach §162 schließt den Richter von der Mitwir- **48** kung im erkennenden Gericht nicht nach §§22, 23 aus[125]; für die Tätigkeit nach den §§165, 166 s. §165, 12.

8. Anfechtbarkeit
a) Allgemeines. Hinweise. Gegen die vom Richter angeordneten oder vorgenom- **49** menen Untersuchungshandlungen stehen dem Beschuldigten oder sonst Betroffenen (vgl. §304 Abs. 2) diejenigen Rechtsmittel oder sonstigen Rechtsbehelfe zu, die für die unterschiedlichen Maßnahmen gegeben sind; auf die Erläuterungen zu den jeweiligen Vorschriften wird verwiesen. Den bloßen staatsanwaltschaftlichen Antrag auf Vornahme einer richterlichen Untersuchungshandlung kann der Beschuldigte nicht anfechten[126]. Selbstverständlich steht auch dem angegangenen Richter kein Rechtsmittel gegen den Antrag zu; hält er ihn oder die beantragte Maßnahme für unzulässig, so lehnt er ihn ab. Dagegen erscheint es rechtlich nicht ausgeschlossen, wenn auch nicht sonderlich glücklich, daß er sich im Wege der Gegenvorstellung oder Dienstaufsichtsbeschwerde gegen Anträge auf die Vornahme von Ermittlungsmaßnahmen wendet, bei denen er seine Anrufung für nicht notwendig erachtet[127].

b) Gegen die Ablehnung der beantragten Untersuchungshandlung steht der an- **50** tragstellenden Staatsanwaltschaft gemäß §304 Abs. 1 die (einfache) Beschwerde zu[128].

---

[121] LG Osnabrück NStZ **1986** 522 mit Anm. *Kronisch*; §105, 22; *Benfer* NJW **1981** 1245; *Kleinknecht/Meyer*[38] 17; *G. Schäfer* §19 III 4.
[122] Vgl. dazu mit Nachw. §98, 21; §105, 23; *Kronisch* NStZ **1987** 522.
[123] LG Osnabrück NStZ **1986** 522; LR-*G. Schäfer* §98, 21.
[124] Nach *Kronisch* NStZ **1986** 523 stellt sich eine solche Vollstreckung als staatsanwaltschaftliche Anordnung unter Inanspruchnahme der Eilkompetenz dar, gegen die nach §98 Abs. 2 Satz 2 richterliche Entscheidung

beantragt werden kann. Folgt man dem nicht, so könnte der Richter auf Beschwerde hin im Rahmen der Abhilfemöglichkeit tätig werden.
[125] BGHSt **9** 233; BayObLGSt **1954** 158 = NJW **1955** 395; vgl. RGSt **68** 375, 377.
[126] OLG Karlsruhe Justiz **1980** 94; vgl. §160, 68.
[127] So z. B. *van Els/Hinkel* NJW **1977** 87 ff; *Fuhrmann* JR **1965** 254 f; *Koch* NJW **1968** 1317; vgl. auch KG JR **1965** 268.
[128] KK-*R. Müller*[2] 20; KMR-*Müller* 17.

Sie ist auch als zulässig anzusehen, wenn der Ermittlungsrichter die beantragte Untersuchungshandlung nicht innerhalb einer angemessenen Zeit vornimmt oder einleitet[129]. Zuständig für die Beschwerdeentscheidung ist das dem ablehnenden Amtsgericht übergeordnete Landgericht; die antragstellende Staatsanwaltschaft tritt diesem gegenüber unmittelbar auf, auch wenn sie bei einem anderen Landgericht gebildet ist. Einer Einschaltung der Staatsanwaltschaft bei dem zuständigen Landgericht bedarf es nicht[130].

51   **c) Entscheidung des Beschwerdegerichts.** Bezweckt der abgelehnte Antrag die **Anordnung einer Zwangsmaßnahme,** so hat das Beschwerdegericht, wenn es die Beschwerde für begründet hält und der Ermittlungsrichter ihr nicht abgeholfen hat (§ 306 Abs. 2), die Anordnung selbst zu treffen (§ 309 Abs. 2), also beispielsweise den Durchsuchungsbeschluß zu erlassen oder die Beschlagnahme anzuordnen. War eine **Ermittlungshandlung** (Vernehmung, Augenscheinseinnahme) beantragt worden, so kann das Beschwerdegericht sie mangels Zuständigkeit nicht selbst vornehmen; es muß sich daher darauf beschränken, den ablehnenden Beschluß aufzuheben und den Ermittlungsrichter anzuweisen, die Maßnahme vorzunehmen[131]. Dieser ist an die Anweisung gebunden und muß dann die Untersuchungshandlung durchführen, weil andernfalls das Verfahren zum Erliegen käme[132].

52   **d) Prozessuale Überholung.** Wird während des Beschwerdeverfahrens die **öffentliche Klage** erhoben, so ist die Beschwerde, mit der eine richterliche Untersuchungshandlung begehrt wird, wegen prozessualer Überholung erledigt[133]. Denn für die Vornahme von Ermittlungshandlungen besteht danach keine Zuständigkeit des Ermittlungsrichters mehr (Rdn. 4); für die Anordnung von Zwangsmaßnahmen ist nunmehr von Amts wegen das Gericht zuständig, bei dem die Klage erhoben ist. Auch wenn die Staatsanwaltschaft das **Verfahren einstellt,** ist die Beschwerde prozessual überholt. Mit dem Eintritt der prozessualen Überholung entfällt zugleich die Befugnis des Ermittlungsrichters zur Abhilfe[134].

§ 163

(1) **Die Behörden und Beamten des Polizeidienstes haben Straftaten zu erforschen und alle keinen Aufschub gestattenden Anordnungen zu treffen, um die Verdunkelung der Sache zu verhüten.**

(2) [1]**Die Behörden und Beamten des Polizeidienstes übersenden ihre Verhandlungen ohne Verzug der Staatsanwaltschaft.** [2]**Erscheint die schleunige Vornahme richterlicher Untersuchungshandlungen erforderlich, so kann die Übersendung unmittelbar an das Amtsgericht erfolgen.**

---

[129] Vgl. § 304, 8 mit Nachw. sowie für die vergleichbare Situation der unterlassenen Terminsanberaumung § 213, 16.

[130] § 296, 7; KK-*R. Müller*[2] 20; *Kleinknecht/ Meyer*[38] 18; KMR-*Müller* 17; *Loh* MDR **1970** 813.

[131] LG Nürnberg-Fürth NJW **1967** 2128; KK-*R. Müller*[2] 20; LR-*Meyer-Goßner*[23] 40; vgl. § 309, 15; **a. A** *Kubick* DRiZ **1976** 114.

[132] LG Nürnberg-Fürth NJW **1967** 2128 leitet

dies aus einer analogen Anwendung des § 358 Abs. 1 her; wie hier KK-*R. Müller*[2] 20; LR-*Meyer-Goßner*[23] 40; von der Bindung geht auch BVerfGE **42** 91, 94 aus.

[133] Die im Schrifttum teilw. in diesem Zusammenhang erörterten Fälle des Übergangs der Beschwerdezuständigkeit (vgl. KK-*R. Müller*[2] 29; *Kleinknecht/Meyer*[38] 18; KMR-*Müller* 19) betreffen andere Fälle.

[134] KK-*R. Müller*[2] 20; KMR-*Müller* 19.

Schrifttum

Allgemeines. *Benrath* Legalität und Opportunität bei strafrechtlichem Vermummungsverbot, JR **1984** 1; *Bonarens* Anfertigung von Lichtbildern für Zwecke des Strafverfahrens und Persönlichkeitsschutz, FS Dünnebier 215; *Füllkrug* Möglichkeiten und Grenzen der Bekämpfung organisierter Kriminalität, Die Polizei **1988** 33; *Greifeld* Öffentliche Sachherrschaft und Polizeimonopol, DÖV **1981** 906; *Hertlein* Erfordernis und Grenzen verdeckter polizeilicher Maßnahmen, Die Polizei **1984** 322; *Herzog* Rechtsstaatliche Begrenzungen der Verbrechensbekämpfung, NStZ **1985** 153; *Hoffmann-Riem* Übergang der Polizeigewalt auf Private? ZRP **1977** 277; *Kay* Die Verschärfung des polizeilichen Sicherheitsauftrags, Die Polizei **1980** 23; *Keller* Polizeiliche Observation und strafprozessuale Wahrheitserforschung, StrVert. **1984** 521; *Körner* Kontrollierte Betäubungsmitteltransporte, Kriminalistik **1985** 226; *Kollischon* Rationalisierung des Ermittlungsverfahrens, Kriminalistik **1986** 72; *Loschelder* Rasterfahndung — Polizeiliche Ermittlung zwischen Effektivität und Freiheitsschutz, Der Staat **1981** 350; *H.-J. Meyer* Rechtsfragen im Zusammenhang mit polizeilichen Beobachtungsmaßnahmen, Diss. Tübingen 1982; *Radbruch* Grenzen der Kriminalpolizei, FS Sauer 121; *Riegel* Probleme der Polizeilichen Beobachtung und Observation, JZ **1980** 224; *Riegel* Rechtsprobleme der Rasterfahndung, ZRP **1980** 300; *Rössmann* Die Aufgabe der Polizei bei der Persönlichkeitserforschung, Kriminalistik **1968** 194; *Rogall* Moderne Fahndungsmethoden im Lichte gewandelten Grundrechtsverständnisses, GA **1985** 1; *Schmitz* Tatortbesichtigung und Tathergang, BKA-Forschungsreihe (1977); *Seeber* Rasterfahndung und Datenschutz, Kriminalistik **1981** 203; *Simon/Taeger* Grenzen kriminalpolizeilicher Rasterfahndung, JZ **1982** 140; *Steinke* Die Rechtmäßigkeit von polizeilichen Fahndungsmaßnahmen unter Berücksichtigung des Datenschutzes, DVBl. **1980** 433; *Stohge* Kriminalpolizeilicher Schlußbericht! Ja oder Nein? Kriminalistik **1962** 436; *Vahle* Polizeiliche Aufklärungs- und Observationsmaßnahmen, Diss. Bielefeld 1983; *Vahle* Rechtsgrundlagen polizeilicher Aufklärung und Observation, Kriminalistik Skript **1984** 33, 86, 149, 203, 255; *Wolter* Heimliche und automatisierte Informationseingriffe wider Datengrundrechtsschutz, GA **1988** 49, 129. Weiteres Schrifttum bei den §§ 160, 161 und 163 a.

V-Mann. Lockspitzel. *Arloth* Geheimhaltung von V-Personen und Wahrheitsfindung im Strafprozeß (1987); *Berz* Polizeilicher agent provocateur und Tatverfolgung, JuS **1982** 416; *Bruns* „Widerspruchsvolles" Verhalten des Staates als neuartiges Strafverfolgungs- und Tatverhindernis, insbesondere beim tatprovozierenden Einsatz polizeilicher Lockspitzel, NStZ **1983** 49; *Bruns* Zur Frage der Folgen tatprovozierenden Verhaltens polizeilicher Lockspitzel, StrVert. **1984** 388; *Dencker* Zur Zulässigkeit staatlich gesteuerter Deliktsbeteiligung, FS Dünnebier 447; *Diercks* Möglichkeiten und Grenzen von polizeilich verwendeten V-Leuten, undercover-agents und agents provocateurs aus strafrechtlicher Sicht, Die Polizei **1985** 161; *Diercks* Die Zulässigkeit des Einsatzes von V-Leuten, undercover-agents und Lockspitzeln im Vorverfahren, AnwBl. **1987** 154; *Drywa* Die materiell-rechtlichen Probleme des V-Mann-Einsatzes (1986); *Foth* Kann die Anstiftung durch eine V-Person ein Verfahrenshindernis begründen? NJW **1984** 221; *Franzheim* Der Einsatz von Agents provocateurs zur Ermittlung von Straftaten, NJW **1979** 2014; *Füllkrug* Wie weit reichen die Gesetze? Der Verdeckte Ermittler: Auftrag, Erfolgschancen und Risiken, Kriminalistik **1987** 5; *Gammeltoft-Hansen* Ein dänischer Gesetzentwurf zum Problem des agent provocateur, ZStW **98** (1986) 1001; *Geißer* Das Anklagemonopol der Staatsanwaltschaft und die Gewährsperson als Aufklärungsmittel im Ermittlungs- und als Beweismittel im Strafverfahren, GA **1983** 385; *Geißer* Die Zusage der vertraulichen Behandlung einer Mitteilung bei der Straftatenklärung, GA **1985** 247; *Gribbohm* Der Gewährsmann als Zeuge im Strafprozeß, NJW **1981** 305; *Haas* V-Leute im Ermittlungs- und Hauptverfahren (1986); *Hetzer* Rechtsprobleme der V-Mann-Arbeit, Zeitschr. für Zölle und Verbrauchssteuern **1985** 229; *Kay* Zur Frage der Geheimhaltung von Gewährspersonen, Die Polizei **1982** 33; *Kohlhaas* Zulässigkeit, Brauchbarkeit und Preisgabe vertraulicher Gewährsleute im Strafverfahren, JR **1957** 41; *Körner* Die Glaubwürdigkeit und die Strafbarkeit von V-Personen — die Strafbarkeit der provozierten Tat, StrVert. **1982** 382; *Krüger* Verfassungsrechtliche Grundlagen polizeilicher V-Mann-Arbeit, NJW **1982** 855; *Krüger* Rechtsfragen bei verdeckten Ermittlungen aus verfassungsrechtlicher Sicht, JR **1984** 490; *Lisken* Neue polizeiliche Ermittlungsmethoden im Rechtsstaat des Grundgesetzes, DRiZ **1987** 184; *Lüderssen* Verbrechensprophylaxe durch Verbrechensprovokation, FS Peters 349; *Lüderssen* (Hrsg.) V-Leute — Die Fälle im Rechtsstaat (1985); *Lüderssen* Die V-Leute Problematik oder: Zynismus, Borniertheit oder „Sachzwang"? Jura **1985** 113; *Mache* Die Zulässigkeit des Einsatzes von agents provocateurs und die Verwertbarkeit der Ergebnisse im Strafprozeß (1984); *J. Meyer* Zur prozeßrechtlichen Problematik des V-Mannes, ZStW **95** (1983) 934; *J. Meyer* Zur V-Mann-Problematik aus rechtsvergleichender Sicht, FS Jescheck (1985) 1311; *Neumeier* V-Leute — Strafrechtliche und strafprozessuale Probleme, Diss. Freiburg 1978; *Ostendorf/Meyer-Seitz* Die strafrechtlichen Grenzen des polizeilichen Lockspitzel-Einsatzes, StrVert. **1985** 73; *Puppe* Verführung als Sonderopfer, NStZ **1986** 404; *Rebmann* Der Einsatz verdeckt ermittelnder Polizeibeamter im Bereich der Strafverfolgung, NJW **1985** 1; *Riehle* Verdacht, Gefahr und Risiko — Der V-Mann: ein weiterer Schritt auf dem Weg zu einer anderen Polizei? KrimJournal **1985** 44; *Roduner* Verdeckte Ermittlungen, Kriminalistik **1987** 620 (zur Rechtslage in der Schweiz); *Röhrich* Rechtsprobleme bei der Verwendung von V-Leuten für den Strafprozeß, Diss. Erlangen-Nürnberg 1974; *Rogall* Strafprozessuale Grundlagen und legislative Probleme des Einsatzes Verdeckter Ermittler im Strafverfahren, JZ **1987** 847; *Imme Roxin* Die Rechtsfolgen schwerwiegender Rechtsstaatsverstöße in der Strafrechtspflege (1988); *Schlegel* Der verführte Dritte, Diss. Konstanz 1985; *Schünemann* Der polizeiliche Lockspitzel — Kontroverse ohne Ende? StrVert. **1985** 424; *Schulz* Bekanntgabe von V-Leuten an die Staatsanwaltschaft, GA **1958** 264; *Schumann* Verfahrenshindernis bei Einsatz von V-Leuten als agents provocateurs? JZ **1986** 66; *Seelmann* Zur materiell-rechtlichen Problematik des V-Mannes, ZStW **95** (1983) 797; *Sieg* Die staatlich provozierte Straftat, StrVert. **1981** 636; *Sommer* Das tatbestandslose Verhalten des Agent Provocateur, JR **1986** 485; *Staub* Verdeckte Fahndung und Strafprozeß, Kriminalistik **1986** 321; *Strate* Verdeckte Ermittlungen — auch gedeckt durch die Verfassung? AnwBl. **1986** 309; *Stümper* Die leidige Diskussion um den UCA, Kriminalistik **1985** 293; *Taschke* Verfahrenshindernis bei Anstiftung durch einen Lockspitzel? StrVert. **1984** 178; *Voller* Der Staat als Urheber von Straftaten: Zur Berechtigung des Einsatzes von Lockspitzeln und zur Verwendbarkeit der durch sie geschaffenen Beweise, Diss. Tübingen 1983; *Wetterich* Verwertung vertraulicher Informationen — einige forensisch-kriminalistische Bemerkungen, FS Middendorf (1986) 273; *Wieczorek* Ultima ratio: der agent provocateur, Kriminalistik **1985** 288, *Zühlsdorf* Probleme der polizeilichen Untergrundarbeit, hier: bei der Bekämpfung der Untergrundkriminalität, Kriminalistik **1974** 193; *v. Zwehl* Der Einsatz von V-Leuten und die Einführung des Wissens von V-Leuten in das Strafverfahren, Diss. Kiel 1986. Weiteres Schrifttum bei den §§ 96, 250.

Kriminalakten. Dateien. *Ahlf* Polizeiliche Kriminalakten, BKA-Forschungsreihe (1988) (gekürzte Fassung unter dem Titel: Rechtsprobleme der polizeilichen Kriminalaktenführung, KritV **1988** 136); *Bull* Rechtsprobleme der polizeilichen Informationssammlung und -verarbeitung, DVR **1982** 1; *Denninger* Verfassungsrechtliche Grenzen polizeilicher Datenverarbeitung insbesondere durch das Bundeskriminalamt, CuR **1988** 51; *Dreier* Erkennungsdienstliche Maßnahmen im Spannungsfeld von Gefahrenabwehr und Strafverfolgung, JZ **1987** 1009; *Ehmann* Kriminalpolizeiliche Sammlungen und Auskunftsanspruch des Betroffenen, CuR **1988** 491; *Ernesti* Informationsverbund Justiz — Polizei, NStZ **1983** 57; *Honnacker* Rechtsgrundlagen für die Führung kriminalpolizeilicher personenbezogener Sammlungen (KpS) CuR **1986** 287; *Kersten* Das Labyrinth der elektronischen Karteien, Kriminalistik **1987** 325, 357; *Kube/Leineweber* Rechtsgrundlagen polizeilicher Datenverarbeitung, DVR **1984** 73; *Merten* Datenschutz und Datenverarbeitungsprobleme bei den Sicherheitsbehörden (1984); *Merten* Das Abrufrecht der Staatsanwaltschaft aus polizeilichen Dateien, NStZ **1987** 10; *Rebmann/Schoreit* Elektronische Datenverarbeitung (EDV) in Strafverfolgungsangelegenheiten und Datenschutz, NStZ **1984** 1; *Riegel* Informationelle Zusammenarbeit der Sicherheits- und Strafverfolgungsbehörden, CuR **1986** 343, 417; *Ringwald* INPOL und StA — Zum Abrufrecht der Staatsanwaltschaft aus polizeilichen Datenspeichern (1984); *Ringwald* Gegenpol zu INPOL? Computer bei der Justiz, ZRP **1988** 178; *Roos/Scheuenstuhl* Datenschutz—Strafverfolgung—Gefahrenabwehr, eine Kette logischer Widersprüche? Kriminalistik **1985** 65; *Rosenbaum* Der grundrechtliche Schutz vor Informationseingriffen, Jura **1988** 178; *Schoreit* Die Führung sog. polizeilicher Kriminalakten und das Verfassungsrecht, CuR **1986** 87; *Schoreit* Datenschutz contra Sicherheit, ZRP **1987** 153; *Schoreit* Verwaltungsstreit um Kriminalakten, NJW **1985** 169; *Schoreit* Polizeiliche Kriminalakten als Grundlagen der Informationsverarbeitung, KritV **1988** 157; *Simitis* Daten dürfen nicht frei zirkulieren, Kriminalistik **1987** 305; *Stümper* Wie soll es denn weitergehen? — Zum Thema Datenschutz und innere Sicherheit, Die Polizei **1987** 159; *Vahle* Datenübermittlung durch die Polizei an öffentliche Stellen und Private, DNP **1988** 65; *Vahle/Haurand* Die Phasen der polizeilichen Datenverarbeitung, DNP **1988** 352.

Stand: 1. 8. 1988

Entstehungsgeschichte. Die Vorschrift entspricht in ihrer heutigen Fassung inhaltlich dem ursprünglichen Text. Sie erhielt durch das VereinhG folgenden zusätzlichen Absatz 2: „Die Vorschriften der §§ 136 a und 69 Abs. 3 sind anzuwenden". Er wurde durch Art. 4 Nr. 2 des StPÄG 1964 wegen des neu eingefügten § 163 a wieder gestrichen. Der frühere und jetzige Absatz 2 wurde während dieser Zeit Absatz 3. Die sonstigen Änderungen waren sprachlicher Art. Bis zur Neubekanntmachung aufgrund des VereinhG war in Absatz 1 von den „Behörden und Beamten des Polizei- und Sicherheitsdienstes" die Rede und begann Absatz 2 mit dem Wort „Sie". Art. 21 Nr. 55 EGStGB 1974 ersetzte in Absatz 1 die Worte „strafbare Handlungen" durch „Straftaten"; Art. 1 Nr. 45 des 1. StVRG in Absatz 2 die Worte „dem Amtsrichter" durch die Worte „das Amtsgericht". Bezeichnung bis 1924: § 161.

Übersicht

Peter Rieß

I. Allgemeines

1   **1. Bedeutung und Inhalt der Vorschrift.** § 163 Abs. 1 erstreckt die in § 160 der Staatsanwaltschaft zugewiesene Pflicht zur Sachverhaltserforschung (vgl. § 160, 1) und damit das Legalitätsprinzip auf die Polizei[1]. Er gestattet der Polizei eine auf eigener amtlicher Kenntnis (vgl. Rdn. 19 ff) von einem Anfangsverdacht beruhende selbständige strafverfolgende Tätigkeit, während § 161 Satz 2 die durch die Staatsanwaltschaft veranlaßte behandelt. Er weist damit auch der Polizei eine auf dem Strafverfahrensrecht beruhende Ermittlungsaufgabe zu. Zur Frage des Umfangs der selbständigen Erforschungspflicht der Polizei s. Rdn. 23 ff; zur Leitungsbefugnis der Staatsanwaltschaft auch bei Anwendung des § 163 Abs. 1 s. Rdn. 7 ff.

2   **Absatz 2** enthält die Verpflichtung der Polizei zur Information der Staatsanwaltschaft durch (grundsätzlich vollständige, vgl. Rdn. 80) Übersendung der bei ihr entstandenen Unterlagen; er gestattet die unmittelbare Inanspruchnahme des Richters nur in Eilfällen (näher Rdn. 91 ff). Aus ihm läßt sich ferner (mit) ableiten, daß die Polizei nicht berechtigt ist, ein aus eigener Initiative eingeleitetes Ermittlungsverfahren selbständig einzustellen, sondern daß sie diese Abschlußentscheidung der Staatsanwaltschaft überlassen muß.

2. Rechtsstellung der Polizei

3   **a)** Die **Rechtsnatur der polizeilichen Ermittlungstätigkeit** nach § 163 ist dogmatisch noch nicht vollständig geklärt. Während sie namentlich im polizeilichen Schrifttum vielfach als originäre polizeiliche Kompetenz angesehen wird, überwiegt im strafverfahrensrechtlichen die Auffassung, es handele sich um ein organisationsrechtliches Mandat[2]. Jedenfalls gibt es trotz der eigenständigen Aufgabenzuweisung an die Polizei durch § 163 **kein rechtlich selbständiges polizeiliches Ermittlungsverfahren**, das dem staatsanwaltschaftlichen Ermittlungsverfahren vorgelagert wäre. Die Ermittlungstätigkeit der Polizei bildet mit der der Staatsanwaltschaft eine Einheit[3]. Polizeiliche Ermittlungshandlungen auf der Grundlage des § 163 sind deshalb dem Justizbereich zuzurech-

---

[1] KK-*R. Müller*[2] 1; KMR-*Müller* 1; *Eb. Schmidt* 3.

[2] Vgl. die Nachw. zu § 161, 47; BVerwGE **47** 255, 263 (verlängerter Arm der Staatsanwaltschaft).

[3] *Kleinknecht/Meyer*[38] 1; *Geißer* GA **1983** 388; *Ernesti* NStZ **1983** 61 (Durchgangszuständigkeit); ebenso *Krey* Strafverfahrensrecht I (1988) 471.

nen, und, soweit sie den Charakter von Verwaltungsakten haben, als Justizverwaltungsakte im Sinne von § 23 EGGVG zu bewerten[4].

b) Gefahrenabwehr. Nicht nach § 163 zu beurteilen ist die Aufgabe und Tätigkeit **4**
der Polizei zum Zwecke der Gefahrenabwehr und der Aufrechterhaltung der öffentlichen Sicherheit und Ordnung. In diesem Bereich sind Aufgabenzuweisungen und Befugnisse dem Polizeirecht zu entnehmen; Ermittlungshandlungen und Maßnahmen der Polizei sind keine strafverfolgende Tätigkeit; die richterliche Kontrolle obliegt den Verwaltungsgerichten[5]. Eine Leitungsbefugnis der Staatsanwaltschaft besteht insoweit
nicht. Wieweit die sog. **vorbeugende Verbrechensbekämpfung** zur polizeirechtlich zu
beurteilenden Gefahrenabwehr gehört, ist noch nicht völlig geklärt (vgl. näher Vor
§ 158, 9 ff). Polizeiliche **Razzien** sind zu Zwecken der Strafverfolgung nur unter den
Voraussetzungen und in den Grenzen des § 111 (Einrichtung von Kontrollstellen) zulässig[6]; soweit sie der Gefahrenabwehr einschließlich der sog. vorbeugenden Verbrechensbekämpfung dienen, richtet sich ihre Zulässigkeit nach Polizeirecht[7].

Für die Polizei sind **gefahrenabwehrende und strafverfolgende Tätigkeit** grund- **5**
sätzlich **gleichrangig** und stehen in Beziehung zueinander. Ein genereller Vorrang der
gefahrenabwehrenden (präventiven) Tätigkeit besteht nicht (vgl. Vor § 158, 12 f). Da
§ 163 der Polizei die Strafverfolgung als eigene und unmittelbare Aufgabe und nicht nur
nach Amtshilfegrundsätzen zuweist, kann sie diese Tätigkeit nicht (vgl. allgemein § 5
Abs. 3 Nr. 2 VwVfG) mit der Begründung zurückstellen, daß dadurch die Erfüllung der
Aufgaben der Gefahrenabwehr beeinträchtigt würde. Die Polizeibehörden müssen im
Rahmen des Möglichen die personellen und sachlichen Voraussetzungen dafür schaffen,
daß die Polizei ihrer Strafverfolgungsaufgabe nachkommen kann[8]. Über das Verhältnis
von Gefahrenabwehr und Strafverfolgung bei Interessenkollisionen im Einzelfall s.
Rdn. 30. Erkenntnisse, die die Polizei bei der gefahrenabwehrenden Tätigkeit gewonnen
hat, darf sie grundsätzlich auch für die Straftatenaufklärung nutzen; ebenso ist sie
grundsätzlich nicht gehindert, bei der Strafverfolgung gewonnene Erkenntnisse zu
Zwecken der Gefahrenabwehr zu verwenden[9].

3. Eingriffsermächtigungen. § 163 enthält nur eine Aufgabenzuweisung; er stellt **6**
grundsätzlich keine Ermächtigung zu Eingriffen in die grundrechtlich geschützten
Rechte des einzelnen dar[10]. Ob dies uneingeschränkt gilt, oder ob, jedenfalls für eine
Übergangszeit, bei Eingriffen allein in die allgemeine Handlungsfreiheit, das allgemeine
Persönlichkeitsrecht und das sog. Recht auf informationelle Selbstbestimmung[11] § 163
auch als Befugnisnorm interpretiert werden kann, ist umstritten; s. dazu ausführlich
§ 160, 3 ff. **Spezielle Eingriffsermächtigungen** für die Sachverhaltserforschung durch die
Polizei enthalten § 81 b (erkennungsdienstliche Maßnahmen), § 127 Abs. 2 (vorläufige

---

[4] Vgl. § 161, 47 mit weit. Nachw.; ferner Rdn.
110 f.

[5] *Rüping* 36; vgl. auch teilw. abweichend *Peters*[4] § 24 II.

[6] Näher mit weit. Nachw. § 111, 4 ff.

[7] Vgl. § 111, 3; zur früheren Rechtslage vgl.
mit weit. Nachw. LR-*Meyer-Goßner*[23] 31; vgl.
auch KK-*R. Müller*[2] 23; *Kleinknecht/Meyer*[38]
33.

[8] Vgl. *Kleinknecht/Meyer*[38] 7.

[9] Vgl. aber auch Rdn. 99.

[10] So schon u. a. RGSt **9** 435; **27** 155; **32** 271;

38 374; **67** 352; ferner BGH NJW **1962** 1021;
BayObLSt **1959** 39; KK-*R. Müller*[2] 1;
Kleinknecht/Meyer[38] 1; KMR-*Müller* 3; *Eb.
Schmidt* 5; *Peters*[4] § 23 III; *Rüping* 34; *Ehmke*
Die Polizei **1983** 221 (mit ausführlicher Wiedergabe der Rechtsprechung); die Entscheidungen BayObLGSt **1969** 79; OLG Braunschweig GA **1953** 28; OLG Neustadt NJW
1952 1027, aus denen teilweise eine abweichende Auffassung hergeleitet wird, sind
heute überholt.

[11] Vgl. im einzelnen Rdn. 39 ff.

Festnahme), § 131 Abs. 2 Satz 2 (Steckbrief gegen einen entwichenen Festgenommenen), § 163 b (Identitätsfeststellung) und § 164 (Störung von Amtshandlungen). Weitere Eingriffsermächtigungen stehen nur denjenigen Polizeibeamten zu, die Hilfsbeamte der Staatsanwaltschaft sind, und nur dann, wenn Gefahr im Verzuge vorliegt[12]. Wird die Polizei nach § 163 strafverfolgend tätig, so dürfen fehlende strafprozessuale Eingriffsermächtigungen auch nicht durch Rückgriff auf etwa bestehende polizeirechtliche ersetzt werden[13].

4. Verhältnis zur Staatsanwaltschaft

7   **a) Allgemeines.** Zum Verhältnis der Staatsanwaltschaft zur Polizei im Rahmen der Strafverfolgungstätigkeit allgemein s. Vor § 158, 33 ff; § 161, 45 ff. Wegen der Einheitlichkeit des Ermittlungsverfahrens und der staatsanwaltschaftlichen Leitungsbefugnis und Verantwortlichkeit unterliegt die Polizei auch dort, wo sie auf der Grundlage des § 163 selbständig tätig wird, den Weisungen der Staatsanwaltschaft[14]; § 161 Satz 2 enthält eine allgemeine, auch die Tätigkeit nach § 163 umfassende Regelung (näher § 161, 57). Die Befugnis der Polizei zur selbständigen Ermittlungstätigkeit beschränkt nicht das Recht der Staatsanwaltschaft, sich frühzeitig in die Ermittlungen einzuschalten[15]; sie besteht vielmehr nur soweit und solange, wie die Staatsanwaltschaft von ihren Befugnissen keinen Gebrauch macht. Sobald diese die Ermittlungen übernommen hat, richtet sich die weitere Tätigkeit der Polizei nach § 161 Satz 2; dagegen wird die Polizei weiterhin nach § 163 tätig, wenn die Staatsanwaltschaft lediglich die allgemeine Richtung der Nachforschungen bestimmt oder Beschränkungen der Ermittlungen (etwa im Hinblick auf eine mögliche Anwendung der §§ 154, 154 a) anordnet oder billigt.

8   **b) Einzelfragen.** § 163 gibt der Polizei keinen Anspruch darauf, zunächst unabhängig von der Staatsanwaltschaft tätig zu werden. Diese braucht die Übersendung der polizeilichen Verhandlungen nicht abzuwarten, sondern kann jederzeit Unterrichtung über den Sachstand verlangen und, auch ohne daß sie die Ermittlungen insgesamt an sich zieht, Weisungen für die weitere Sachbehandlung erteilen. Hieran ist die Polizei auch dann gebunden, wenn ihr die Staatsanwaltschaft im übrigen bei den Ermittlungen freie Hand läßt. Insoweit kann die Staatsanwaltschaft beispielsweise an Ermittlungshandlungen der Polizei teilnehmen[16], verlangen, regelmäßig unterrichtet zu werden[17], die Ermittlungen in zusammenhängenden Tatkomplexen zu verbinden oder zu trennen oder Sammelverfahren zu führen[18]. Auch wenn die Staatsanwaltschaft die weiteren Ermittlungen zunächst generell der Polizei nach § 163 überläßt, kann sie bestimmte Ermittlungsmaßnahmen, etwa die Vernehmung des Beschuldigten oder anderer Personen, untersagen, von ihrer Zustimmung abhängig machen oder sich selbst vorbehalten. Wegen der Bindung bei unaufschiebbaren Handlungen s. Rdn. 25.

9   Die Staatsanwaltschaft kann ihre Leitungsbefugnis auch unabhängig vom Einzelfall durch **allgemeine Weisungen im Voraus** in Anspruch nehmen, soweit diese die Aufklärung von Straftaten und nicht die Gefahrenabwehr betreffen. Sie kann generell ver-

---

[12] § 81 a Abs. 2; § 81 c Abs. 5; § 98 Abs. 1 Satz 1; § 105 Abs. 1 Satz 1; § 111 Abs. 2; § 111 e Abs. 1 Satz 2; § 111 l Abs. 2 Satz 2; § 132 Abs. 2; § 163 d Abs. 2 Satz 1.

[13] Näher Vor § 158, 11; § 163 b, 2; § 6, 1 EGStPO.

[14] KK-*R. Müller*[2]; *Kleinknecht/Meyer*[38] 3.

[15] Ebenso KK-*R. Müller*[2] 3; *Kleinknecht/Meyer*[38] 5; KMR-*Müller* 10; *Peters*[4] § 23 IV 1 a; *Geißer* GA **1983** 389; *Kuhlmann* DRiZ **1976**

265 (auch zur Verpflichtung, hiervon in bedeutsamen oder rechtlich schwierigen Sachen Gebrauch zu machen); vgl. auch Nr. 3 RiStBV.

[16] KK-*R. Müller*[2]; *Kleinknecht/Meyer*[38] 5; vgl. § 163 a, 94.

[17] KK-*R. Müller*[2] 3.

[18] Vgl. KK-*R. Müller*[2] 3; *Kleinknecht/Meyer*[38] 5; vgl. Nr. 25 ff RiStBV; vgl. auch § 7 BKrimAG und dazu Nr. 28 RiStBV.

langen, in bestimmten Fallgruppen und Sachverhalten, etwa bei Kapitalverbrechen, sofort oder fortlaufend unterrichtet zu werden,[19] oder sie kann bestimmen, daß in anderen Fällen, beispielsweise bei Bagatellkriminalität, zunächst die Ermittlungen nur auf das zur Beweissicherung Unerläßliche beschränkt werden (vgl. Rdn. 27). Ebenso kann sie generell bestimmen, daß bestimmte Ermittlungsmaßnahmen, beispielsweise Vertraulichkeitszusagen[20], polizeiliche Beobachtungen oder bestimmte Fahndungsmaßnahmen nur mit ihrer Zustimmung vorgenommen werden dürfen. Allerdings darf dabei die Pflicht der Polizei, alle keinen Aufschub gestattenden Maßnahmen des ersten Zugriffs vorzunehmen (Rdn. 25), nicht beeinträchtigt werden; die Polizei ist an solche, ihre Erforschungstätigkeit begrenzenden generellen Weisungen dann nicht gebunden, wenn durch ihre Befolgung eine Verdunkelung der Sache zu befürchten wäre und die Staatsanwaltschaft nicht rechtzeitig unterrichtet werden kann[21].

Auch ohne besondere oder allgemeine Anweisungen hat die **Polizei die Staatsan-** **10** **waltschaft von sich aus zu unterrichten**, wenn dies wegen der Bedeutung der Sache oder der Schwierigkeit der Sach- oder Rechtslage angezeigt erscheint, damit die Staatsanwaltschaft ihrer Leitungsaufgabe und Gesamtverantwortung gerecht werden kann. Dies gilt auch dann, wenn die Polizei zunächst noch weiter im ersten Zugriff tätig werden muß[22]. In der Praxis dürfte es sich empfehlen, daß zwischen den einzelnen Staatsanwaltschaften und den örtlichen Polizeibehörden eine Verständigung über die Kriterien herbeigeführt wird, bei deren Vorliegen die Polizei die Staatsanwaltschaft alsbald unterrichtet.

II. Erforschung von Straftaten

1. Adressaten der Vorschrift

a) Behörden und Beamte des Polizeidienstes. Die Vorschrift richtet sich an die Be- **11** hörden und Beamten des Polizeidienstes; welche Behörden damit erfaßt sind, ist Vor § 158, 28 ff näher erläutert. **Sonderpolizeibehörden** sind zur Strafverfolgung nur im Rahmen ihrer jeweiligen Aufgabenbereiche berufen[23]. Die Auffassung, daß sich die Vorschrift in erster Linie an die **Kriminalpolizei** richte[24], erscheint in dieser Allgemeinheit unzutreffend. Richtig ist zwar, daß der spezialisierten Kriminalpolizei[25] in erster Linie die intensivere Sachverhaltserforschung und vor allem die kriminalistische Untersuchung obliegt. Jedoch werden die Beamten und Behörden der **allgemeinen Schutzpolizei** bei ihrer gefahrenabwehrenden Tätigkeit besonders häufig in die Lage kommen, aufgrund der Wahrnehmung eines Anfangsverdachts im ersten Zugriff tätig zu werden. Sie sind deshalb vielfach in erster Linie berufen, die keinen Aufschub gestattenden Maßnahmen zu veranlassen, um eine Verdunkelung der Sache zu verhindern. Die **Zusammenarbeit der Landespolizeibehörden** über die Landesgrenzen hinaus ist durch Ländervereinbarungen geregelt[26].

---

[19] KK-*R. Müller*[2] 3; KMR-*Müller* 10; vgl. auch *Rieß* FS Schäfer 197.

[20] Vgl. auch *Kleinknecht/Meyer*[38] 3 und ausführlich unten Rdn. 54 ff.

[21] Vgl. auch KK-*R. Müller*[2] 3; *Kleinknecht/ Meyer*[38] 5.

[22] KK-*R. Müller*[2] 3; *Kleinknecht/Meyer*[38] 4.

[23] Vgl. z. B. (Bahnpolizei) RGSt **57** 20; OLG Celle NdsRpfl. **1964** 258; OLG Oldenburg NJW **1973** 291; OLG Schleswig MDR **1983** 249; (Bundesgrenzschutz) OLG Schleswig

NStZ **1981** 398; zum BKrimA Vor § 158, 30; § 161, 49; *Becker* DVBl. **1977** 950 (Befugnisse beim ersten Zugriff).

[24] So z. B. *Eb. Schmidt* 2; ihm folgend LR-*Meyer-Goßner*[23] 2; ferner KK-*R. Müller*[2] 5.

[25] Vgl. näher Vor § 158, 28.

[26] Vgl. das Abkommen über die erweiterte Zuständigkeit der Polizei vom 6. 11. 1969 (z. B. GVBlNRW **1970** 243); dazu *Kleinknecht/ Meyer*[38] 8.

Peter Rieß

12   Neben den Polizeibehörden sind auch die einzelnen **Beamten des Polizeidienstes** gesondert genannt. Die aus § 163 folgende Erforschungspflicht trifft daher auch den einzelnen Beamten, der im Rahmen der generellen Zuständigkeit seiner Behörde auch dann die notwendigen Strafverfolgungsmaßnahmen zu treffen oder zu veranlassen hat, wenn er gefahrenabwehrend tätig wird und innerdienstlich für Strafverfolgungsaufgaben nicht zuständig ist; ggf. hat er die zuständige Stelle zu informieren und seine Erkenntnisse an diese weiterzuleiten[27]. Dies gilt allerdings nicht, wenn es sich um privates Wissen handelt (näher Rdn. 22). Die Befugnis (und Pflicht) zum Einschreiten entfällt nicht dadurch, daß der Beamte dienstfrei hat und Zivilkleidung trägt[28]. Wieweit **Hilfspolizeibeamte** für Strafverfolgungsaufgaben nach § 163 zuständig sind, richtet sich nach den einzelnen landesrechtlichen Bestimmungen[29].

13   Ob lediglich Beamte im staatsrechtlichen Sinne durch die Vorschrift angesprochen sind, oder ob sie sich auch an **Angestellte** richtet, falls diese bei Polizeibehörden tätig und mit der Wahrnehmung polizeilicher und strafverfolgender Aufgaben betraut sind, ist bisher kaum erörtert worden. Der Gesetzgeber dürfte 1877 von der ersten Auffassung ausgegangen sein. Im Hinblick auf die seit 1975 in § 152 Abs. 2 GVG getroffene Regelung, die auch zur Bestellung von bestimmten Angestellten zu Hilfsbeamten der Staatsanwaltschaft ermächtigt, spricht dagegen heute manches für die weitergehende Möglichkeit. Es ist schwer begründbar, warum der Gesetzgeber Angestellten unter den in § 152 Abs. 2 Satz 2 GVG bezeichneten Voraussetzungen die weitergehenden Zwangsbefugnisse von Hilfsbeamten der Staatsanwaltschaft eingeräumt hat[30], nicht aber die weniger einschneidende Befugnis zur Sachverhaltserforschung.

14   **b) Gleichgestellte Behörden.** Soweit andere Behörden im Rahmen der Strafverfolgung die Rechte und Pflichten von Polizeibeamten haben[31], gilt § 163 auch für sie und für die bei ihnen tätigen Beamten. Dazu gehören u. a. die Finanzbehörden, wenn die Staatsanwaltschaft das Steuerstrafverfahren führt[32], ferner die Steuer- und Zollfahndungsämter in den Fällen des § 404 AO[32a] und die Verwaltungsbehörden, wenn die Staatsanwaltschaft die Verfolgung einer Ordnungswidrigkeit übernommen hat (§ 63 Abs. 1 Satz 1 OWiG).

15   **c)** Die Eigenschaft als **Hilfsbeamter der Staatsanwaltschaft** nach den jeweiligen landesrechtlichen Bestimmungen ist für die Anwendbarkeit des § 163 weder erforderlich noch für sich allein ausreichend. Maßgebend ist allein, ob es sich um Beamte von Polizeibehörden oder ihnen ausdrücklich gleichgestellten Behörden (Rdn. 14) handelt. Ist jemand Hilfsbeamter der Staatsanwaltschaft, ohne für eine Polizeibehörde tätig zu sein, so unterliegt er nicht der Erforschungspflicht nach § 163, anders nur, wenn er, was oft der Fall sein wird, zugleich als Hilfspolizeibeamter bestellt ist[33]. Ist jemand für eine Polizeibehörde tätig, so kommt es für § 163 nicht darauf an, ob er Hilfsbeamter der Staatsanwaltschaft ist. Hiervon hängt es aber ab, ob er bei Gefahr im Verzuge von den besonderen, den Hilfsbeamten vorbehaltenen Zwangsmaßnahmen[34] Gebrauch machen kann.

---

[27] KK-*R. Müller*[2] 5; *Kleinknecht/Meyer*[38] 8.

[28] OLG Celle NdsRpfl. **1964** 258; OLG Neustadt NJW **1959** 161 (LS).

[29] Vgl. *Ungerbieler* DVBl. **1980** 409 und Vor § 158, 27.

[30] Zu den Gründen der Regelung (gewandelte Personalstruktur im öffentlichen Dienst, Bedürfnisse des Zollfahndungsdienstes und der Bekämpfung der Wirtschaftskriminalität) vgl. BTDrucks. 7 2600, S. 11 f.

[31] Vgl. Vor § 158, 32; § 161, 50; ferner KK-*R. Müller*[2] 6; *Kleinknecht/Meyer*[38] 14.

[32] § 399 Abs. 2 AO; s. näher § 160, 11 f.

[32a] Zu den Befugnissen bei nicht steuerstrafrechtlichen Zufallsfunden vgl. *Bandemer* wistra **1988** 136; *Kniffka* wistra **1987** 312.

[33] Vgl. die Erl. zu § 152 GVG; ferner KK-*Schoreit*[2] § 152, 8 GVG; *Kissel* § 152, 1; 8; *Ungerbieler* DVBl. **1980** 411 ff.

[34] Vgl. die Nachw. Rdn. 6 Fußn. 12.

d) Privatdetektive und private Ordnungsdienste unterliegen nicht § 163. Sie haben **16** weder eine Pflicht, Straftaten zu erforschen, noch stehen ihnen die polizeilichen Eingriffsbefugnisse (Rdn. 6) zu. Dies gilt auch, wenn private Ordnungsdienste die Bewachung öffentlicher Einrichtungen und die Aufrechterhaltung der Ordnung in ihnen wahrnehmen[35]. Sie dürfen nur solche Untersuchungshandlungen vornehmen, zu denen jedermann befugt ist[36]; insbesondere steht ihnen das Festnahmerecht nach § 127 Abs. 1 oder, soweit es reicht und ihnen jeweils übertragen ist, das privatrechtliche Hausrecht zu. Wieweit sie im Rahmen der allgemeinen Notwehr- und Nothilferechte tätig werden dürfen, ist umstritten[37].

2. Voraussetzungen

a) Anfangsverdacht. Die Formulierung, daß die Polizei Straftaten zu erforschen **17** habe, knüpft an die in § 160 Abs. 1 für die Staatsanwaltschaft begründete Pflicht an. Voraussetzung ist auch hier, daß infolge einer Anzeige oder auf anderem Wege der Anfangsverdacht (§ 152, 21 ff) einer Straftat entsteht[38]. Nicht etwa läßt sich aus der Verwendung der Worte „Straftaten zu erforschen", eine auf das Strafverfahrensrecht gegründete Berechtigung herleiten, ohne hinreichende tatsächliche Anhaltspunkte nach bisher unbekannten Straftaten zu forschen; ob und wieweit polizeirechtliche Vorschriften hierzu berechtigen, ist hier nicht zu erörtern. Soweit ein Anfangsverdacht besteht, begründet Absatz 1 eine Erforschungspflicht; die Behörde und Beamten des Polizeidienstes unterliegen damit dem strafbewehrten (§ 258 a StGB) Legalitätsprinzip[39].

Nach verbreiteter Auffassung kann die Polizei **informatorische Ermittlungen** zur **18** Klärung der Frage anstellen, ob tatsächlich der Anfangsverdacht einer Straftat vorliegt[40]. Dies kommt etwa in Betracht, wenn sie bei ihrer gefahrenabwehrenden Tätigkeit auf Sachverhalte stößt, bei denen das Vorliegen einer Straftat zwar wenig wahrscheinlich ist, aber auf den ersten Blick nicht gänzlich ausgeschlossen werden kann, etwa bei einem Unfall[41]. Die Polizei kann sich in solchen Fällen durch einfache, schnell zu erledigende Nachforschungen Gewißheit darüber verschaffen, ob die ersten Anhaltspunkte für das Vorliegen einer Straftat alsbald ausgeräumt werden können. Ob man diese Klärung bereits als Teil der nach § 163 der Polizei obliegenden Sachverhaltserforschung versteht und die Polizei lediglich als berechtigt ansieht, keine selbständigen aktenmäßigen Unterlagen zu fertigen und von der Übersendung der Verhandlungen an die Staatsanwaltschaft abzusehen, wenn der Verdacht einer Straftat alsbald und unzweifelhaft ausgeräumt werden kann, oder ob hier selbständige „Vorermittlungen" vorliegen[42], ist zweifelhaft. Zur Möglichkeit und den Grenzen informatorischer Befragung von Beschuldigten und Zeugen s. näher § 163 a, 15 ff.

b) Art der Kenntniserlangung und Umfang der Tätigkeit. Allgemein gelten die **19** gleichen Grundsätze wie für die Erforschungspflicht der Staatsanwaltschaft[43]; auf die

---

[35] Vgl. dazu kritisch *Greifeld* DÖV **1981** 906; *Hoffmann-Riem* ZRP **1977** 277; zu den privaten Sicherheitsorganen ausführlich *Groß/Geerds* II 479 ff.

[36] RGSt **59** 298; *Eb. Schmidt* 9; KK-*R. Müller*² 7.

[37] Vgl. kritisch vor allem *Hoffmann-Riem* ZRP **1977** 281 ff.

[38] KK-*R. Müller*² 8; *Kleinknecht/Meyer*³⁸ 9; KMR-*Müller* 1; *Geerds* SchlHA **1964** 60.

[39] Allg. M, vgl. z. B. KMR-*Müller* 1; LR-

*Meyer-Goßner*²³ 10; *Eb. Schmidt* 3; *Schönke/Schröder/Stree*²³ § 258 a, 5; 10.

[40] KK-*R. Müller*² 8; *Kleinknecht/Meyer*³⁸ 9; LR-*Meyer-Goßner*²³; *Kleinknecht* Kriminalistik **1965** 451; *Kohlhaas* NJW **1965** 1254.

[41] Vgl. auch § 152, 33 f.

[42] So KK-*R. Müller*² 8; vgl. auch *Marxen* Straftatsystem und Strafprozeß (1984) „Sondierungsverfahren"; *Kramer* Grundbegriffe des Strafverfahrensrechts (1984) 171.

[43] KK-*R. Müller*² 8; *Kleinknecht/Meyer*³⁸ 10; *Geerds* Gedächtnisschrift Schröder 389.

Peter Rieß

Erl. in § 160, 20 ff wird verwiesen. Die Behörden und Beamten des Polizeidienstes sind namentlich dann zum Tätigwerden verpflichtet, wenn bei ihnen eine Strafanzeige erstattet wird (§ 158; vgl. § 160, 21 f) oder wenn sie durch eigene Wahrnehmung oder im Zusammenhang mit der Aufklärung von anderen Straftaten von einem Anfangsverdacht Kenntnis erlangen (§ 160, 23 f). Besteht keine Veranlassung, im Wege des ersten Zugriffs tätig zu werden, so erfüllen die Polizeibehörden auch dann ihre Pflicht zum Einschreiten, wenn sie die gewonnenen Erkenntnisse ohne eigene Ermittlungen der Staatsanwaltschaft mitteilen[44]. Ein Einschreiten ist nur in den Fällen nicht erforderlich, in denen die Polizei zulässigerweise von der Entgegennahme der Anzeige absehen könnte (s. näher § 158, 18) und darüber hinaus die erlangten Kenntnisse auch sonst keinen Anfangsverdacht begründen.

20   Auch wenn der Polizeibeamte durch die Tat **selbst verletzt** ist, hat er die zur Sicherung der Strafverfolgung notwendigen Maßnahmen durchzuführen; werden weitere Ermittlungen erforderlich, so sind sie anderen Beamten zu übertragen[45]. Die Pflicht zum Einschreiten entfällt aber, wenn es sich um ein Antragsdelikt handelt, der verletzte Polizeibeamte keinen Antrag stellen will und auch ein solcher des Dienstvorgesetzten (§ 77 a StGB) nach den Umständen nicht in Betracht kommt.

21   Nach der Rechtsprechung besteht **keine uneingeschränkte Pflicht** zum Tätigwerden, wenn der jeweilige Beamte seine Kenntnis nicht aus seiner Strafverfolgungsaufgabe heraus erlangt hat, sondern aus einer anderen, ihm daneben obliegenden Tätigkeit[46]. Diese Einschränkungen gelten bei Polizeibeamten jedenfalls dann **nicht**, wenn sie den Anfangsverdacht einer Straftat **bei** ihrer **gefahrenabwehrenden Tätigkeit** gewinnen[47]. Ein Polizeibeamter ist daher nach § 163 beispielsweise zum Einschreiten verpflichtet, wenn ein Anfangsverdacht anläßlich von Streifenfahrten oder Streifengängen auffällt, die in erster Linie der Aufrechterhaltung der öffentlichen Sicherheit und Ordnung dienen[48], wenn er bei Abwendung der Gefahr für eine sog. hilflose Person Anhaltspunkte für eine Körperverletzung oder Aussetzung gewinnt oder wenn er bei der vorsorglichen Begleitung einer Demonstration oder einer sonstigen Ansammlung Hinweise auf Straftaten wahrnimmt[49].

22   c) Bei **privater Kenntniserlangung**[50] gelten für den der Erforschungspflicht nach § 163 unterliegenden Polizeibeamten die gleichen Grundsätze wie für den Staatsanwalt[51] (vgl. § 160, 27 ff). Nach der in diesem Kommentar vertretenen Auffassung besteht insoweit auch bei schweren Straftaten weder eine strafbewehrte noch disziplinarrechtlich zu ahndende Pflicht zur Tätigkeit (§ 160, 29), während die wohl überwiegende Auffassung bei Straftaten schwerer Art grundsätzlich eine strafbewehrte oder doch dienstrechtliche Erforschungspflicht bejaht (Einzelheiten bei § 160, 27 f).

3. Umfang der Sachverhaltserforschung

23   a) **Ziel der Erforschung.** Ziel und Gegenstand der Sachverhaltserforschung durch die Polizei nach § 163 entsprechen der staatsanwaltschaftlichen Tätigkeit nach § 160

---

[44] Vgl. auch § 158, 20.
[45] LR-*Meyer-Goßner*[23] 12.
[46] So z. B. für den Bürgermeister als Ortspolizeibehörde RGSt **73** 267; **74** 180; vgl. aber auch BGHSt 4 167, 169; vgl. näher § 160, 26.
[47] *Geerds* Gedächtnisschrift Schröder 396 f.
[48] Zur Praxis vgl. die empirischen Untersuchungen von *Feest/Blankenburg* Die Definitionsmacht der Polizei (1972); vgl. auch *Eisenberg* Kriminologie[2] (1985) § 27, 7.

[49] Vgl. aber Rdn. 30 zur Frage der Einschränkung aufgrund des Grundsatzes der Güter- und Pflichtenkollision.
[50] Vgl. zum Begriff einschränkend § 160, 23; 26.
[51] Ebenso (allerdings wegen der unterschiedlichen Beantwortung der Grundfrage mit unterschiedlichem Ergebnis) KK-*R. Müller*[2] 8; *Kleinknecht/Meyer*[38] 10; KMR-*Müller* § 158, 11; *Eb. Schmidt* 3 und I 298.

(näher § 160, 15 ff) mit der Einschränkung, daß die Polizei nicht verpflichtet ist, den Sachverhalt bis zur Abschlußreife aufzuklären, sondern bereits nach Vornahme der unaufschiebbaren Handlungen die weiteren Ermittlungen der Staatsanwaltschaft überlassen kann (s. Rdn. 26), und daß sie die Abschlußverfügung stets der Staatsanwaltschaft zu überlassen hat. Ziel der Sachverhaltserforschung durch die Polizei ist daher **objektive Verdachtsklärung**, bei der wie bei den staatsanwaltschaftlichen Ermittlungen gemäß § 160 Abs. 2 auch die zur Entlastung des Beschuldigten dienenden Umstände zu ermitteln und die erforderlichen Beweise zu sichern sind[51a]. Die für den **Rechtsfolgenzumessungssachverhalt** bestimmenden Umstände vor allem mehr äußerer Art können bei der polizeilichen Ermittlungstätigkeit mit erhoben werden[52], wenn auch spezielle Ermittlungen zweckmäßigerweise der Entscheidung der Staatsanwaltschaft zu überlassen sind, der es auch vorbehalten bleibt, die Gerichtshilfe einzuschalten (§ 160, 82).

b) Erster Zugriff und weitere Ermittlungen. Die Vorschrift wird von der vorherr- **24** schenden Meinung so verstanden, daß sie ihrem Wortlaut nach die Polizei nur dazu ermächtige, diejenigen Ermittlungsmaßnahmen vorzunehmen, die keinen Aufschub gestatten, und daß die in der Praxis verbreitete weitergehende polizeiliche Ermittlungstätigkeit (Vor § 158, 34) praeter legem erfolge[53]. Diese Auffassung, die auch in der Entstehungsgeschichte der insoweit seit 1877 unveränderten Vorschrift keine sichere Stütze findet, erscheint zweifelhaft. Der Wortlaut des Absatz 1 stellt mit der Verwendung der Konjunktion „und" die Befugnisse zur Erforschung von Straftaten und diejenige, zur Verhinderung von Verdunkelungen der Sache Maßnahmen des ersten Zugriffs zu treffen, selbständig nebeneinander; er sagt nicht etwa, obwohl dies sprachlich möglich wäre, daß sich die Befugnis und Pflicht zur Erforschung des Sachverhalts nur auf die unaufschiebbaren Maßnahmen des ersten Zugriffs beschränke. Eine solche Beschränkung läßt sich auch nicht aus Absatz 2 Satz 1 herleiten. Er bestimmt nur, daß die Polizei nach Abschluß ihrer Tätigkeit die Akten unverzüglich der Staatsanwaltschaft zu übersenden hat, sagt aber nichts darüber, *wann* die polizeiliche Ermittlungstätigkeit zu beenden ist. § 163 Absatz 1 kann deshalb auch so ausgelegt werden, daß die Polizei zu den Maßnahmen des ersten Zugriffs *verpflichtet*, zu weiteren Ermittlungshandlungen aber unter Beachtung der Leitungsbefugnis der Staatsanwaltschaft und ihres Weisungsrechts (vgl. Rdn. 8 ff) *berechtigt* ist[54].

Die Polizei hat alle keinen Aufschub gestattenden Anordnungen zu treffen, um **25** die Verdunkelung der Sache zu verhüten. Sie darf diese **Maßnahmen des ersten Zugriffs** auch dann nicht unterlassen, wenn sie im übrigen die weitere Entschließung der Staatsanwaltschaft überläßt, ggf. sind dazu durch die Hilfsbeamten der Staatsanwaltschaft die erforderlichen Zwangsmaßnahmen anzuordnen. Der **Begriff der Verdunkelung der Sache** ist objektiv zu verstehen. Auf eine Verdunkelungsabsicht durch einen Tatverdächtigen kommt es nicht an; es genügt, wenn durch Zeitablauf oder andere objektive Umstände eine spätere Aufklärung gefährdet ist. Zum ersten Zugriff gehört regelmäßig die Identitätsfeststellung von Verdächtigen und Zeugen, ferner beispielsweise die Spurensi-

---

[51a] Näher § 160, 49 ff; KK-*R. Müller*[2] 9; *Kleinknecht/Meyer*[38] 20.

[52] S. Rdn. 160, 56 ff; 60; vgl. auch KK-*R. Müller*[2] 9; *Kleinknecht/Meyer*[38] 21; *Döhring* Kriminalistik *1967* 5; *Rössmann* Kriminalistik *1968* 194.

[53] So etwa *Fezer* StrafprozeßR (1986) 2/77; *Krey* (Fußn. 3) 493; *Peters*[4] § 24 III (s. 182); *Roxin*[20] § 10 B I 2 a; *G. Schäfer* § 19 IV 1;

Geisler ZStW **93** (1981) 1114; *Kuhlmann* DRiZ **1976** 266; *Rüping* ZStW **95** (1983) 903; *Reuber* Die Polizei **1987** 210; großzügiger KK-*R. Müller*[2] 11 (vorrangig erster Zugriff); vgl. auch *Schlüchter* 71; *Kramer* (Fußn. 42) 180.

[54] Ebenso schon LR-*Meyer-Goßner*[23] 15; 37; ähnlich *Kleinknecht/Meyer*[38] 20.

Peter Rieß

cherung, erforderlichenfalls die Anordnung einer Blutentnahme zur Feststellung des Alkoholisierungsgrades oder die Auslösung von Fahndungsmaßnahmen. Eine selbständige Ermächtigung zur Vornahme von Zwangsmaßnahmen enthält die Vorschrift insoweit nicht, auch nicht zur vorläufigen Festnahme[55]. Unaufschiebbare Maßnahmen zur Verhinderung von Beweisverlusten hat die Polizei auch dann aus eigener Initiative vorzunehmen, wenn die Staatsanwaltschaft die Ermittlungen führt, aber von der Notwendigkeit solcher Maßnahmen nicht mehr rechtzeitig unterrichtet werden kann. Droht **Verjährung**, so kann auch eine verjährungsunterbrechende Maßnahme (vgl. § 78 c Nr. 1 StGB) zu den unaufschiebbaren Maßnahmen des ersten Zugriffs gehören[56].

26   Während die Polizei zu den Maßnahmen des ersten Zugriffs verpflichtet ist, steht es in ihrem pflichtgemäßen Ermessen, ob sie **weitere Ermittlungen** auf der Grundlage der Ermächtigung des § 163 selbständig vornimmt oder insoweit Aufträge der Staatsanwaltschaft abwartet[57]. Dieses Ermessen ist dadurch begrenzt, daß die selbständige Tätigkeit weder die Leitungsbefugnis der Staatsanwaltschaft beeinträchtigen noch den Richtervorbehalt für die Anordnung von Zwangsmaßnahmen unterlaufen darf. Sobald erkennbar wird, daß demnächst Zwangsmaßnahmen mit Richtervorbehalt erforderlich werden können, hat die Polizei die Staatsanwaltschaft zu informieren, damit diese die erforderlichen Anträge stellen kann. Sie darf nicht etwa die Sache so lange bei sich behalten, bis Gefahr im Verzuge eintritt. Im übrigen ist die Polizei an den Willen der Staatsanwaltschaft auch insoweit gebunden, als sie etwaige generelle Weisungen, bei bestimmten Sachverhalten alsbald unterrichtet zu werden, zu beachten hat (vgl. Rdn. 9); sie hat ferner von sich aus rechtlich schwierige Sachen alsbald der Staatsanwaltschaft vorzulegen. Wegen des Zustimmungserfordernisses der Staatsanwaltschaft bei besonderen Ermittlungsmaßnahmen s. Rdn. 43.

27   c) **Privatklagedelikte. Begrenzungen des Legalitätsprinzips.** Auch soweit für die Staatsanwaltschaft die Möglichkeit besteht, von der Erhebung der öffentlichen Klage abzusehen (§§ 153 ff, § 376), entfällt für die Polizei nicht die Verpflichtung zur Sachverhaltserforschung nach § 163[58]. Die polizeilichen Ermittlungen sollten sich aber, wenn eine solche Entscheidung wahrscheinlich erscheint, schon aus dem Gesichtspunkt der Verhältnismäßigkeit heraus auf diejenigen Maßnahmen beschränken, die zur Sicherung einer etwaigen späteren Strafverfolgung unerläßlich sind[59], regelmäßig also die Aufnahme einer Anzeige, die Feststellung der Personalien der Betroffenen und der wesentlichen sonstigen, für die Einstellungsentscheidung maßgebenden Umstände. Es ist dann Sache der Staatsanwaltschaft, gemäß § 161 Satz 2 weitere Ermittlungen zu veranlassen, soweit dies im Einzelfall notwendig erscheint. Solche Kurzanzeigen können auch für bestimmte Fallgruppen durch Vereinbarung zwischen Staatsanwaltschaft und Polizei oder durch allgemeine Verwaltungsanweisungen vorgesehen werden[60].

28   Es ist aber auch in solchen Fällen nicht zulässig, von der Aufnahme der Anzeige oder den sonst unerläßlichen Maßnahmen des ersten Zugriffs völlig abzusehen, und es ist stets notwendig, die **Staatsanwaltschaft zu unterrichten**. Etwas anderes gilt nur, wenn sich bei der Aufnahme der Anzeige herausstellt, daß der „Anzeigende" keine strafrecht-

---

[55] RGSt **27** 152; **67** 352; vgl. LR-*Wendisch* § 127, 4.

[56] *Kleinknecht/Meyer*[38] 22.

[57] Ebenso LR-*Meyer-Goßner*[23] 15; a. A *Kramer* (Fußn. 42) 180 (gewohnheitsrechtliche Verpflichtung).

[58] Vgl. mit weit. Nachw., auch zur Kritik, § 152, 52.

[59] KK-*R. Müller*[2] 10; *Kleinknecht/Meyer*[2] 2; KMR-*Müller* 7; vgl. auch Nr. 87 Abs. 1 RiStBV und dazu *Kay* Die Polizei **1980** 23; *Klapper* Die Polizei **1981** 56; *Kuhlmann* DRiZ **1981** 138.

[60] Vgl. dazu z. B. DNP **1983** 185; *Killischon* Kriminalistik **1986** 72.

Stand: 1. 8. 1988

liche Verfolgung erreichen will und die von ihm mitgeteilten Informationen noch keinen Anfangsverdacht begründen oder wenn es sich um ein **Antragsdelikt** handelt und kein Strafantrag gestellt wird (vgl. auch § 158, 18). Die unerläßlichen Maßnahmen des ersten Zugriffs sind aber auch in diesem Fall erforderlich, wenn das angezeigte Antragsdelikt bei Vorliegen eines besonderen öffentlichen Interesses auch von Amts wegen verfolgt werden kann[61].

d) Bei **rechtlichen** und **tatsächlichen Zweifelsfällen** darüber, ob ein Anfangsver- **29** dacht besteht oder ob und wieweit Ermittlungsmaßnahmen geboten und zulässig sind, hat sich die Polizei ebenfalls auf die (gesetzlich zulässigen) unaufschiebbaren Maßnahmen zu beschränken und im übrigen die weitere Entscheidung der Staatsanwaltschaft zu überlassen[62]. Dies gilt beispielsweise, wenn zweifelhaft ist, ob ein bestimmter Sachverhalt unter einen Straftatbestand fällt; wenn den Ermittlungen das Verfahrenshindernis der parlamentarischen[63] oder diplomatischen Immunität entgegensteht oder wenn die Strafklage möglicherweise bereits verbraucht ist. Die Polizei darf jedoch auch in diesen Fällen nicht von sich aus und ohne die Staatsanwaltschaft zu informieren von Ermittlungen absehen, weil das im Ergebnis auf eine ihr nicht zustehende Einstellungsbefugnis hinauslaufen würde.

e) Kollision zwischen Aufgaben der Strafverfolgung und der Gefahrenabwehr. Da **30** die polizeilichen strafverfolgenden Aufgaben des ersten Zugriffs und der Gefahrenabwehr gleichrangige selbständige Aufgaben der Polizei sind (Rdn. 4 f), besteht für die Gefahrenabwehr kein genereller Vorrang. Kollisionen polizeilicher Handlungspflichten mit dem Ziel der Strafverfolgung und der Gefahrenabwehr (Aufrechterhaltung der öffentlichen Sicherheit und Ordnung) sind vielmehr im Einzelfall nach dem Grundsatz der Güter- und Pflichtenkollision zu lösen[64]. Dabei kann eine Zurückstellung strafverfolgender Tätigkeit nur dann gerechtfertigt werden, wenn die Polizei die jeweils voraussichtlich erforderlichen und zumutbaren personellen und organisatorischen Maßnahmen getroffen hat, um beiden Aufgaben gerecht werden zu können. Ist dies der Fall, so sind in erster Linie gegeneinander abzuwägen, einerseits das Ausmaß und die Intensität der Gefahr für die öffentliche Sicherheit, der durch sofortigen polizeilichen Einsatz begegnet werden muß, andererseits die Schwere der aufzuklärenden Straftat (vgl. auch § 160, 10) und die Gefährdung des Aufklärungserfolgs, die durch den Verzicht auf die an sich gebotenen Maßnahmen des ersten Zugriffs zu befürchten ist. Gegebenenfalls müssen nach ersten Sicherungsmaßnahmen auch weniger vordringliche Maßnahmen der Gefahrenabwehr zurückgestellt werden, um dringliche Strafverfolgungsmaßnahmen vorzunehmen. Eine bloße Gefährdung der öffentlichen Ordnung oder eine entfernte Gefahr für die öffentliche Sicherheit rechtfertigt eine Zurückstellung dringlicher Strafverfolgungsmaßnahmen regelmäßig nicht.

4. Formen und Mittel der Sachverhaltserforschung
a) Allgemeines. Grundsatz. Für die polizeiliche Ermittlungstätigkeit gelten die **31** gleichen Grundsätze wie für die Tätigkeit der Staatsanwaltschaft; auf die Ausführungen in § 160, 35 bis 42 wird Bezug genommen. Diese Grundsätze werden dadurch modifi-

---

[61] *Kay* Die Polizei **1980** 23.
[62] KK-*R. Müller*[2] 10; KMR-*Müller* 5.
[63] Vgl. § 152 a, 32 mit Nachw.
[64] Vgl. auch § 152, 20 (zur Frage des generellen Verzichts auf das Einschreiten); § 161, 55 (zur Frage des Handelns auf staatsanwalt-

schaftliche Weisung), jeweils mit weit. Nachw.; ferner (zu großzügig zugunsten der Gefahrenabwehr) *Reuber* Die Polizei **1987** 225 f; *Benrath* JR **1984** 1 ff; dagegen zurückhaltend *Krey* (Fußn. 3) 511; *Jahn* JZ **1988** 549.

Peter Rieß

ziert und eingeschränkt, daß die Polizei die Leitungsbefugnis der Staatsanwaltschaft zu beachten hat. Innerhalb dieser Grenzen gilt auch für die Polizei der Grundsatz der **freien Gestaltung des Ermittlungsverfahrens**[65]. Soweit nicht dadurch eine Aufklärung der Straftat insgesamt gefährdet wird, können auch Maßnahmen des ersten Zugriffs gegen einzelne Tatverdächtige zunächst zurückgestellt werden, wenn durch verdeckte Ermittlungen (vgl. § 160, 41 a) eine vollständigere Aufklärung und die Ermittlung von Hintermännern zu erwarten ist. Regelmäßig sollten solche, von der normalen Ermittlungstätigkeit abweichende Ermittlungen nur im Einverständnis mit der Staatsanwaltschaft vorgenommen werden. Wegen Einzelheiten zu besonderen Ermittlungshandlungen (z. B. polizeiliche Beobachtung, Observation, Einsatz von Verdeckten Ermittlern und Lockspitzeln) s. Rdn. 39 bis 73.

32   **b) Zwangsmittel** stehen der Polizei zur Durchführung ihrer Ermittlungen grundsätzlich nicht allein aufgrund der Aufgabenzuweisung des § 163 zu (näher Rdn. 6). Sie können sich jedoch aus besonderen strafverfahrensrechtlichen Vorschriften ergeben; diese gewähren teilweise allen Beamten des Polizeidienstes unmittelbare Eingriffsrechte, teilweise nur denen, die Hilfsbeamte der Staatsanwaltschaft sind[66].

33   **c) Vernehmungen.** Die Polizei darf, wie § 163 a Abs. 4, 5 bestätigt, zur Aufklärung des Sachverhalts Beschuldigte, Zeugen und Sachverständige vernehmen; eine Erscheinens- und Aussagepflicht ihr gegenüber besteht aber, anders als bei der Staatsanwaltschaft (§§ 161 a, 163 a Abs. 3) nicht[67]. Wegen der Einzelheiten s. § 163 a, 71 ff. Identifizierungsgegenüberstellungen[68] kann auch die Polizei durchführen[69], doch empfiehlt sich wegen der Notwendigkeit einer Reproduktion der Ergebnisse in der Hauptverhandlung regelmäßig die Einschaltung des Ermittlungsrichters.

34   **d) Sonstige Ermittlungsmaßnahmen.** Dazu gehören regelmäßig (als Maßnahmen des ersten Zugriffs) die **Inaugenscheineinnahme** des Tatortes[70] einschließlich der Fertigung von Lichtbildern[71], die Spurensicherung und die Vornahme kriminaltechnischer Untersuchungen sowie die Überprüfung der kriminalpolizeilichen Karteien und Dateien (Rdn. 96) zur Gewinnung aufklärungsrelevanter Erkenntnisse. Die Polizei kann ferner die notwendigen **Fahndungsmaßnahmen** und Ausschreibungen veranlassen[72], soweit sie nicht, wie die steckbriefliche Verfolgung[73] oder die Inanspruchnahme von Publikationsorganen[74] dem Richter oder Staatsanwalt vorbehalten sind. Für polizeiliche **Auskunftsersuchen** an andere Behörden gelten allgemeine Amtshilfegrundsätze; insoweit ist in neuerer Zeit zweifelhaft geworden, wieweit das sog. Recht auf informationelle Selbstbestimmung einer Auskunftsbefugnis der ersuchten Behörde entgegenste-

---

[65] KK-*R. Müller*[2] 11; *Kleinknecht/Meyer*[38] 47.
[66] Näher Rdn. 6, Fußn. 12.
[67] Vgl. z. B: RGSt **9** 435; BGH NJW **1962** 1021; OLG Schleswig NJW **1956** 1570; KK-*R. Müller*[2] 15; *Kleinknecht/Meyer*[38] 37; **a. A** (unter Rückgriff auf polizeirechtliche, zur Vorführung berechtigende Vorschriften) *Peters*[4] § 42 III 1 a in Vbdg. mit § 24 II; dagegen zutreffend LR-*Hilger* § 6, 1 EGStPO; *Roxin*[20] § 31 C II 1 a; *Benfer* Grundrechtseingriffe 641, alle mit weit. Nachw.
[68] Dazu ausführlich § 81 a, 38.
[69] KK-*R. Müller*[2] 15.

[70] Ausführlich zur Tatortbesichtigung und der Wiedergabe der Ergebnisse im Tatortbericht unter Einbeziehung kommunikationstheoretischer Ansätze *Schmitz* 447 ff (Zusammenfassung).
[71] Vgl. KK-*R. Müller*[2] 16.
[72] Vgl. Nr. 39 bis 43 RiStBV; *Kleinknecht/Meyer*[38] 34.
[73] Vgl. § 131 und die dort. Erl.
[74] Vgl. den grundsätzlichen Staatsanwaltschaftsvorbehalt in Nr. I 3 der Anl. B zu den RiStBV.

hen kann[75]. Die besondere Auskunftsbefugnis nach § 161 Satz 1 steht der Polizei nicht zu[76].

e) Mitteilungen und Auskünfte, die sich auf das konkrete Verfahren beziehen **35** und personenbezogene Daten enthalten, sollte die Polizei grundsätzlich der Staatsanwaltschaft überlassen oder nur im Benehmen mit ihr abgeben. Mitteilungen von Amts wegen aufgrund der **MiStra**, auch soweit sie (ausnahmsweise) schon bei der Einleitung eines Ermittlungsverfahrens zu machen sind, obliegen ausschließlich der Staatsanwaltschaft; die Polizei ist zu ihnen nicht befugt. Etwas anderes gilt allenfalls, wenn die Polizei innerhalb ihrer eigenen Behördenorganisation eine vorgesetzte Stelle von einem Verdacht gegen einen Polizeiangehörigen unterrichtet. Soweit die Polizei (ausnahmsweise) selbständig Presse und Rundfunk unterrichtet, hat sie die in Nr. 23 Abs. 1 RiStBV aufgestellten Grundsätze zu beachten. Über Ersuchen um Einzelauskünfte sowie um **Akteneinsicht** durch Behörden, dritte Personen oder den Verletzten (vgl. § 406 g Abs. 4 Satz 1) entscheidet stets die Staatsanwaltschaft. Dagegen erscheint es zulässig, daß die Polizei **andere Polizeibehörden** zu Zwecken der Strafverfolgung über ihre Ermittlungen informiert.

5. Polizeiliche Ermittlungen und Verteidigung. Die Befugnis des Beschuldigten, **36** sich des Beistands eines Verteidigers zu bedienen (§ 137), besteht ohne Einschränkungen auch, soweit und solange die Polizei die Ermittlungen selbständig führt; durch den Umstand, daß die Staatsanwaltschaft mit dem Verfahren noch nicht befaßt ist, dürfen die Rechte des Verteidigers nicht verkürzt werden. Auch solange der Beschuldigte sich aufgrund vorläufiger Festnahme in Polizeigewahrsam befindet, ist deshalb dem Verteidiger der unüberwachte Verkehr (§ 148 Abs. 1) zu gestatten[77]. Zur Anwesenheit des Verteidigers bei polizeilichen Vernehmungen s. § 163 a, 95. Wenn der Verteidiger um Auskunft über den Schuldvorwurf nachsucht, muß die Polizei ihm diejenigen Angaben machen, die auch dem Beschuldigten bei seiner Vernehmung machen müßte (§ 163 a Abs. 4 Satz 1), also ihm mitteilen, welche Tat dem Beschuldigten zur Last gelegt wird[78].

Das **Akteneinsichtsrecht** des Verteidigers erstreckt sich auch auf die bei der Poli- **37** zei erwachsenen Vorgänge, weil sie Bestandteil der einheitlichen, dem Gericht vorzulegenden Ermittlungsakten sind. Über die Akteneinsicht und ihre Versagung (§ 147 Abs. 2) entscheidet nicht die Polizei, sondern stets die Staatsanwaltschaft (§ 147 Abs. 5). Die Polizei hat deshalb, sobald der Verteidiger Akteneinsicht beantragt, eine Entscheidung der Staatsanwaltschaft herbeizuführen.

Das **Beweisantragsrecht** (§ 163 a Abs. 2) gilt auch, solange die Polizei die Ermitt- **38** lungen führt. Diese kann, wenn sie die angebotenen Entlastungsbeweise für bedeutsam hält (vgl. § 163 a, 112 f), ihnen nachgehen oder die Entscheidung hierüber der Staatsanwaltschaft überlassen. Sie muß jedoch alsbald tätig werden, wenn durch eine Verzögerung Beweisverluste zu befürchten sind; gleiches wird, entsprechend dem in § 166 zum Ausdruck gebrachten Grundsatz, anzunehmen sein, wenn der Beschuldigte vorläufig festgenommen ist und die Beweise seine Freilassung begründen können.

---

[75] Vgl. die Nachw. § 160, 9 Fußn. 22 und *Simitis* NJW **1986** 2795; ferner z. B. *Hufen* JZ **1984** 1077.

[76] *Ostendorf* DRiZ **1981** 6; KK-*R. Müller*[2] 16; a. A *Hust* NJW **1969** 22.

[77] Zur Befugnis des Beschuldigten, seinen Verteidiger fernmündlich zu informieren, vgl. § 148, 13.

[78] KK-*R. Müller*[2] 21; *Kleinknecht/Meyer*[38] 6; *Kleinknecht* Kriminalistik **1965** 454.

Peter Rieß

III. Besondere Ermittlungsmaßnahmen

1. Allgemeines

39 **a) Problematik. Übersicht.** Vor allem durch die verfassungsrechtliche Entwicklung, nach der teilweise für den Eingriff in die allgemeine Handlungsfreiheit und das allgemeine Persönlichkeitsrecht[79] eine gesetzliche Grundlage verlangt wird[80], sowie durch das Urteil des BVerfG zum Volkszählungsgesetz, aus dem verbreitet ein Grundrecht auf informationelle Selbstbestimmung hergeleitet wird[81], ist zweifelhaft geworden, ob bestimmte polizeiliche und staatsanwaltschaftliche Ermittlungsmaßnahmen, die traditionell als von der allgemeinen Aufgabenzuweisung der §§ 160, 161 und 163 als gedeckt angesehen wurden, weiterhin ohne eine ausdrückliche gesetzliche Regelung vorgenommen werden dürfen. Darüber hinaus sind, namentlich zur Bekämpfung der sog. organisierten Kriminalität, teilweise neuartige Ermittlungsmethoden entwickelt worden, bei denen sich die Frage der Grenzen der Zulässigkeit des Einsatzes stellt[82]. Eine gesetzliche Regelung ist beabsichtigt[83]. Das Schrifttum zu diesen Fragen ist fast unübersehbar geworden[84]; eine herrschende Meinung zeichnet sich, namentlich in den Einzelheiten, vielfach noch nicht ab. Die Rechtspraxis hält derzeit wohl in Übereinstimmung mit einem erheblichen Teil des Schrifttums solche Ermittlungsmaßnahmen jedenfalls im Grundsatz und für eine Übergangszeit auf der Grundlage des geltenden Rechts für zulässig[85]. Sie hat vielfach durch Verwaltungsanweisungen den Anwendungsbereich näher und begrenzend bestimmt[86].

40 **Im einzelnen** stehen derzeit im Mittelpunkt der Diskussion oder bilden den Schwerpunkt legislatorischer Pläne: die Zulässigkeit des Einsatzes technischer Mittel bei der Strafverfolgung (näher Rdn. 45 ff), die sog. Rasterfahndung (näher Rdn. 49 und § 94, 17), Maßnahmen der sog. polizeilichen Beobachtung und der Observation (Rdn. 50 ff), die Zulässigkeit von Vertraulichkeitszusagen sowie die Grenzen und Bedingungen für ihre Einhaltung und des Einsatzes Verdeckter Ermittler (Rdn. 54 ff) sowie der Einsatz von Lockspitzeln und die sich daran knüpfenden Folgen (Rdn. 63 ff). Umstritten ist ferner unter dem Gesichtspunkt des Eingriffs in das sog. Recht auf informationelle Selbstbestimmung, wieweit im Strafverfahren erhobene Daten gespeichert und verarbeitet und personenbezogene Informationen für andere Zwecke genutzt werden dürfen (Rdn. 98 ff). Diskutiert werden schließlich

---

[79] Zur Rechtspr. des BVerfG zum allgemeinen Persönlichkeitsrecht s. mit Nachw. z. B. *H. J. Meyer* Beobachtungsmaßnahmen 13 ff.

[80] Vgl. auch § 160, 4 ff.

[81] BVerfGE **65** 1 ff; vgl. dazu u. a. (zu den strafprozessualen Konsequenzen) die Nachw. § 160, 9 Fußn. 22.

[82] Vgl. insbesondere die zusammenfassenden Übersichten bei *Diercks* AnwBl. **1987** 156; *Rogall* GA **1985** 1 ff; *Wolter* GA **1988** 49, 129; ferner Bericht des AK II der Innenministerkonferenz, StrVert. **1984** 350 ff; rechtsvergleichende Hinweise z. B. bei *J. Meyer* FS Jescheck 1311 ff.

[83] Vgl. hierzu, auch zu den einzelnen Bereichen, die Antwort der Bundesregierung auf eine Große Anfrage der SPD-Fraktion, BT-Drucks. **11** 1878; die gelegentlich in der Fachliteratur mitgeteilten Einzelheiten des

geplanten Entwurfs betreffen vorläufige Überlegungen.

[84] S. die Nachw. im Schrifttumsverzeichnis; eine vollständige Einzeldokumentation ist in den nachfolgenden Erläuterungen, die sich auf beispielhafte Hinweise beschränken müssen, nicht möglich. Umfassende Nachweise u. a. bei *Diercks* AnwBl. **1987** 156; *Wolter* GA **1988** 49 ff.

[85] Vgl. dazu z. B. insgesamt *Lisken* DRiZ **1987** 184; *Rogall* GA **1985** 25; *Wolter* GA **1988** 137 ff; vgl. ferner die Nachw. in der folgenden Einzeldarstellung.

[86] So z. B. RiStBV Anlage D (zum Einsatz von V-Leuten und Verdeckten Ermittlern); vgl. ferner die Datei-Richtlinien der Polizei (dazu *Wolter* GA **1988** 56 und unter Rdn. 96 Fußn. 224).

gesetzliche Regelungen über die Zulässigkeit von Fahndungsmaßnahmen im Zusammenhang mit § 131.

b) Zulässigkeit und ihre Grenzen. Der derzeit wohl herrschenden Meinung, wo- **41** nach die nachstehend näher erörterten besonderen Ermittlungsmaßnahmen jedenfalls nicht generell mangels gesetzlicher Grundlagen unzulässig sind, ist im Grundsatz zuzustimmen. Es handelt sich teilweise, wie z. B. bei der Vertraulichkeitszusage, dem Einsatz von V-Leuten oder der Observation um seit langem unbeanstandet geübte Ermittlungsmaßnahmen, von deren Zulässigkeit der Gesetzgeber traditionell ausgeht und die zu einer wirksamen Sachverhaltsaufklärung im Ermittlungsverfahren und damit zur Aufrechterhaltung einer funktionstüchtigen Strafrechtspflege unverzichtbar sind. Teilweise finden sie ihre Rechtfertigung darin, daß neue Erscheinungsformen besonders gemeingefährlicher Kriminalität nur durch adäquate Ermittlungsmethoden hinreichend wirksam bekämpft werden können; auch insoweit stellt das aus dem Rechtsstaatsprinzip ableitbare Gebot, eine funktionstüchtige Strafrechtspflege aufrechtzuerhalten, jedenfalls im Ansatz eine tragfähige Rechtsgrundlage dar.

Schon nach geltendem Recht findet jedoch die Zulässigkeit solcher Ermitt- **42** lungsmaßnahmen ihre **Grenzen** in einer strikten Beachtung des verfassungsrechtlichen **Verhältnismäßigkeitsgebots** sowie in anderen verfassungsrechtlichen Maximen oder strafverfahrensrechtlichen Grundprinzipien. Es ist ferner schon nach geltendem Recht möglich, einer schrankenlosen Verwertung der aus solchen Ermittlungsmaßnahmen gewonnenen Erkenntnisse zu begegnen. Ermittlungsmaßnahmen, die die Persönlichkeitssphäre in besonderem Maße betreffen oder heimlich erfolgen oder die eine größere Zahl Unverdächtiger notwendigerweise mit betreffen, sind nur bei erheblichen Straftaten und nur dann zulässig, wenn andere, die unter Würdigung der Umstände des Einzelfalles den Betroffenen weniger beeinträchtigen, erheblich weniger Erfolg versprechen (vgl. § 160, 40). Die gegenwärtigen Verwaltungsanweisungen tragen diesen Begrenzungen vielfach Rechnung. Aus dem Verfassungsrecht (Art. 1 GG) läßt sich auch als Grenze ableiten, daß Maßnahmen, die den Beschuldigten zum bloßen Objekt staatlichen Handelns herabwürdigen, nicht zulässig sind, und daß der Kernbereich des Täuschungsverbots (§ 136 a) auf jeden Fall zu respektieren ist.

Die Problematik und Schwierigkeit der insoweit erforderlichen Abwägungsvor- **43** gänge erfordert ferner, jedenfalls für besonders gewichtige Ermittlungsmaßnahmen, schon nach geltendem Recht die **Zustimmung der Staatsanwaltschaft** als der für die Rechtmäßigkeit des Ermittlungsverfahrens verantwortlichen Strafverfolgungsbehörde; es kommt allenfalls eine Eilkompetenz für die Polizei in Betracht[87]. Dies wird jedenfalls für die Ermittlungsmethoden der Polizeilichen Beobachtung und des Einsatzes Verdeckter Ermittler, wohl auch für intensive Formen des Einsatzes technischer Mittel und von Lockspitzeln zu verlangen sein[88]. Für die Anordnung der Rasterfahndung besteht schon nach geltendem Recht grundsätzlich ein **Richtervorbehalt** (Rdn. 49); für die übrigen Maßnahmen ist er mangels einer spezialgesetzlichen Regelung derzeit nicht begründbar, de lege ferenda allerdings in manchen Bereichen wünschenswert.

c) Notwendigkeit gesetzlicher Regelungen. Auch wenn es weder möglich noch an- **44** gezeigt ist, die im Ermittlungsverfahren zulässigen und gebotenen Maßnahmen insgesamt abschließend zu regeln (vgl. § 160, 7 f), erscheinen für einen Teil dieser besonderen

---

[87] Vgl. u. a. mit weit. Nachw. *Diercks* AnwBl. **1987** 159.
[88] Zur staatsanwaltschaftlichen Entscheidungskompetenz bei Vertraulichkeitszusagen vgl.

Abschnitt I 5.2 und II 4.1 der Anlage D RiStBV; aus dem Schrifttum s. z. B. *Füllkrug* ZRP **1984** 194; *Geißer* GA **1983** 388; **1985** 247; *Haas* 134 ff; *v. Zwehl* 41 ff.

Ermittlungsmaßnahmen auf längere Sicht spezielle **gesetzliche Grundlagen** mindestens aus Gründen der Rechtsklarheit und Rechtssicherheit unerläßlich[89].

2. Einsatz technischer Mittel

45　　**a) Bildaufzeichnungen in der Öffentlichkeit**, auch wenn sie vom Betroffenen unbemerkt bleiben, stellen regelmäßig normale Ermittlungshandlungen dar, bei denen die Eingriffsintensität in das Persönlichkeitsrecht gering ist und die deshalb, abgesehen allenfalls von der Verfolgung geringfügiger Straftaten, im allgemeinen durch den Ermittlungszweck gerechtfertigt werden[90]. Dies gilt auch für Lichtbildaufnahmen zu strafverfahrensrechtlichen Zwecken anläßlich von Ansammlungen und Demonstrationen[91]. Der gelegentlich in diesem Zusammenhang genannte § 24 KUG gestattet den Strafverfolgungsbehörden allerdings lediglich das Verbreiten von Bildern; als Ermächtigungsgrundlage für die Herstellung kommt er nicht in Betracht[92]. Einschränkungen gelten, soweit die Lichtbildaufnahmen den persönlichen Lebensbereich betreffen; hier ist je nach der Intensität des Eingriffs und der Privatheit der Situation die heimliche Anfertigung von Bildaufzeichnungen nur bei erheblichen Straftaten und einer gesteigerten Notwendigkeit gerade dieses Einsatzmittels zulässig[93]. Unzulässig sind heimliche Bildaufnahmen, die in den durch Art. 13 GG geschützten Bereich hineinwirken[94]. Wegen der Zulässigkeit von Bildaufnahmen im Rahmen erkennungsdienstlicher Behandlung s. § 81 a und die dort. Erl.; zu den Zulässigkeitsgrenzen von Bildaufzeichnungen bei Vernehmungen s. § 163 a, 102; § 168 a, 24.

46　　**b) Die heimliche Aufnahme des gesprochenen Wortes** durch Tonaufnahmegeräte, Richtmikrophone u. a. stellt, sofern es sich um Privatgespräche handelt, einen wesentlich schwerwiegenderen Eingriff in die durch Art. 1, 2 GG geschützte Privatsphäre dar (vgl. auch § 201 StGB) als die bloße optische Wahrnehmung[95]. Das Abhören in der Öffentlichkeit geführter privater Gespräche zu Ermittlungszwecken wird dennoch derzeit (noch) ohne spezialrechtliche Grundlage als zulässig angesehen werden können[96], kommt aber nur unter strenger Beachtung des Verhältnismäßigkeitsgrundsatzes in Betracht[97]. Dabei ist einmal auf die Schwere der aufzuklärenden Straftat abzustellen, ferner auf die Gebotenheit und Notwendigkeit gerade dieses Eingriffs; auch der Charak-

---

[89] Vgl. dazu u. a. mit weit. Nachweisen und Vorschlägen vor allem *Rogall* GA **1985** 1 ff; JZ **1987** 852; *Wolter* GA **1988** 49 ff, 129 ff; *H. J. Meyer* Beobachtungsmaßnahmen 124; *Vahle* Observation 107 ff; ferner (zu einzelnen Maßnahmen) u. a. *Füllkrug* Kriminalistik **1987** 6 ff; *Lisken* DRiZ **1987** 185; *Schoreit* DRiZ **1987** 468; zurückhaltend aus rechtsvergleichender Sicht aber z.T. *J. Meyer* FS Jescheck 1329. Vgl. auch die Hinweise und Bemerkungen in den Tätigkeitsberichten des Bundesbeauftragten für den Datenschutz (mit wohl überzogenen Vorstellungen), zuletzt BTDrucks. 10 6816, S. 19 und 11 1693, S. 22, beide mit Nachw. der früheren Berichte.

[90] Vgl. mit weit. Nachw. *Bonarens* FS Dünnebier 215 ff; ferner z. B. zur Zulässigkeit des Einsatzes von automatischen Kameras im Straßenverkehr OLG Düsseldorf VRS **33**

447; vgl. auch *H. J. Meyer* Beobachtungsmaßnahmen 83 ff (Rechtsgrundlage § 81 b 1. Alt. und § 163 b Abs. 1).

[91] BGH NJW **1975** 2075 = JZ **1976** 31 mit Anm. *W. Schmidt*; vgl. auch *Paeffgen* JZ **1978** 738 ff.

[92] *H. J. Meyer* Beobachtungsmaßnahmen 71, 83; *Vahle* Observation 69 ff mit weit. Nachw.; **a. A** BGH NJW **1975** 2075; OLG Celle NJW **1979** 58.

[93] Vgl. OLG Schleswig NJW **1980** 352 zur Herstellung von Bildaufzeichnungen am Arbeitsplatz in einem Spielcasino.

[94] *Vahle* Observation 75.

[95] **A. A** wohl *Bonarens* FS Dünnebier 220.

[96] Ebenso *Kleinknecht/Meyer*[38] 43; vgl. auch die Nachw. bei § 136 a, 44.

[97] BVerfGE **35** 202 ff; vgl. dazu u. a. *Bonarens* FS Dünnebier 221; Einl. Kap. **14** 27; ferner *Vahle* Observation 72 ff.

ter des zu überwachenden Gesprächs dürfte eine Rolle spielen. Die heimliche Aufnahme zum Zwecke eines Stimmenvergleichs wird mangels gesetzlicher Grundlage für unzulässig gehalten[98]. Die Einzelheiten sind weitgehend ungeklärt, zumal die verschiedenen Ansatzpunkte der Rechtsprechung vielfach nicht völlig vergleichbare Fallkonstellationen betreffen. In Anlehnung an die für die Überwachung des Fernmeldeverkehrs geltenden Regelungen (§§ 100 a ff), denen für diesen Bereich eine Wertentscheidung des Gesetzgebers entnommen werden kann[99], wird das heimliche Abhören nur dann als zulässig angesehen werden können, wenn der durch bestimmte Tatsachen begründete Verdacht einer in § 100 a genannten Straftat vorliegt und die Aufklärung durch andere Ermittlungsmaßnahmen aussichtslos oder wesentlich erschwert wäre.

Eine heimliche Überwachung des in einer durch **Art. 13 GG geschützten Räum-** **47** **lichkeit (Wohnung)** gesprochenen Wortes lediglich aufgrund einer polizeilichen oder staatsanwaltschaftlichen Anordnung scheidet aus verfassungsrechtlichen Gründen aus, weil es eine dem Richtervorbehalt unterliegende Durchsuchung darstellen würde. Ob eine solche Maßnahme ohne eine besondere gesetzliche Regelung aufgrund einer ggf. nach § 162 zu beantragenden richterlichen Ermächtigung als Sonderfall eine Durchsuchung zulässig wäre, erscheint angesichts der Heimlichkeit der Maßnahme zweifelhaft und dürfte eher zu verneinen sein.

Zulässig ist dagegen die offene **Aufzeichnung** des gesprochenen Wortes **bei Ver-** **48** **nehmungen** (§ 168 a, 25). Dagegen werden heimliche Tonaufzeichnungen in diesem Zusammenhang überwiegend für unzulässig gehalten[100].

3. Rasterfahndung. Die sog. Rasterfahndung, also der automatische Abgleich von **49** verschiedenen Datenbeständen nach bestimmten Prüfkriterien, um dadurch Anhaltspunkte für weitere Ermittlungen zu finden[101], findet derzeit ihre Rechtsgrundlage in den §§ 94, 96, 103, 110[102]. Daraus ergibt sich, daß eine Rasterfahndung nur durch den Richter angeordnet werden darf (§ 98 Abs. 1 Satz 1, § 105 Abs. 1 Satz 1). Eine Inanspruchnahme der Eilkompetenzen bei Gefahr im Verzuge dürfte angesichts der Vorbereitungszeit, die die Durchführung einer Rasterfahndung erfordert, kaum jemals zu rechtfertigen sein.

4. Observation. Eine **zeitlich beschränkte**, vorübergehende **Observation**[103], also **50** die unauffällige Beobachtung von Tatverdächtigen, Bezugspersonen oder Objekten, gehört zu den normalen Ermittlungsmaßnahmen, die in die allgemeine Handlungsfreiheit und in die Privatsphäre in keinem größeren Maße eingreifen als etwa Vernehmungen oder ähnliche offene Nachforschungen und die deshalb aufgrund der allgemeinen Ermittlungsfreiheit uneingeschränkt zulässig sind. Eine besondere als Eingriffsermächti-

---

[98] BGHSt **34** 39 = JR **1987** 213 mit Anm. *Meyer* und mit Bespr. *Wolfslast* NStZ **1987** 103; *Bottke* Jura **1987** 356; näher § 81 b, 9; vgl. auch BGHSt **31** 304 (Raumgesprächsaufzeichnung).

[99] Vgl. auch Einl. Kap. **14** 35 a.

[100] Vgl. § 136 a, 44 mit Nachw.; ferner SK-StPO-*Rogall* § 136 a, 21; 58; vgl. auch (wohl weniger streng) *Kleinknecht/Meyer*[38] 42.

[101] Vgl. näher u. a. *Rogall* GA **1985** 5; *Große/*

Rösemann Die Polizei **1988** 72; *Loschelder* Der Staat **1981** 350; verfehlt die Verwendung dieses Begriffs bei *Teyssen/Goetze* NStZ **1986** 531; so aber auch *Große/Rösemann* aaO.

[102] Vgl. näher § 94, 17; § 103, 9; § 110, 2; ferner krit. SK-StPO-*Rudolphi* Vor § 94, 51; § 94, 12; ablehnend *Simon/Taeger* JZ **1982** 142.

[103] Vgl. zur Observation ausführlich *Vahle* Observation; ferner *H. J. Meyer* Beobachtungsmaßnahmen 5 f.

gung interpretierbare spezialgesetzliche Regelung erscheint insoweit auch de lege ferenda weder geboten noch sachgerecht[104].

51   Anders liegen die Dinge bei einer **planmäßigen**, langfristig angelegten **Observation** von Personen[105], vor allem wenn sie mit dem Einsatz technischer Mittel (Rdn. 45 f)
verbunden ist, einer Observation „rund um die Uhr". Sie ist wegen der weitgehenden
Erfassung der Lebensäußerungen des Beobachteten wohl als Eingriff in die grundrechtlich geschützte Privatsphäre anzusehen. Wegen dieser Eingriffsintensität erscheint ihr
Einsatz nach dem Verhältnismäßigkeitsgrundsatz nur bei erheblichen Straftaten, nur
bei besonderer Erfolgstauglichkeit und grundsätzlich nur mit Zustimmung der Staatsanwaltschaft zulässig[106].

52   5. Die **Polizeiliche Beobachtung**[107], die derzeit in der Praxis aufgrund einer internen polizeilichen Dienstvorschrift nur unter eher engen Voraussetzungen gehandhabt
wird[108], zielt auf die Erstellung eines Bewegungsbildes eines Verdächtigen. Zu diesem
Zweck wird aufgrund einer Ausschreibung das Antreffen der jeweiligen Person anläßlich anderer polizeilicher Kontrollen (z. B. Grenzkontrollen, Kontrollstellen nach
§ 111, Verkehrskontrollen) einschließlich der dabei feststellbaren aufklärungsrelevanten Umstände (Reiseweg, Begleitpersonen, mitgeführte Gegenstände) erfaßt und zur
Auswertung an die jeweilige Strafverfolgungsbehörde weitergemeldet, ohne daß der Betroffene hiervon etwas erfährt.

53   Die **Problematik** dieser Ermittlungsmaßnahme liegt, abgesehen von der Heimlichkeit der Datenerhebung und der (wohl eher theoretischen) Möglichkeit, umfassende Be-
wegungsbilder zu gewinnen, namentlich darin, daß zu anderen Zwecken erhobene
Daten zu strafverfahrensrechtlichen Zwecken verwendet werden, was nach der Entscheidung des BVerfG regelmäßig nur aufgrund einer besonderen gesetzlichen Grundlage zulässig ist[109]. Die Zulässigkeit nach geltendem Recht ist umstritten[110]. Mit der
wohl vorherrschenden Meinung wird man sie ohne eine spezialgesetzliche Grundlage,
deren Schaffung verfassungsrechtlich zulässig wäre[111], allenfalls für eine Übergangszeit und nur in engen Grenzen als zulässig ansehen können. Regelmäßig wird die Zustimmung der Staatsanwaltschaft erforderlich sein.

6. Einsatz von Informanten, V-Leuten und Verdeckten Ermittlern
54   a) **Allgemeines. Terminologie.** Die Erlangung von Informationen zu Ermittlungs-
und Beweiszwecken kann aus verschiedenen Gründen davon abhängen, daß dem Informanten in Aussicht gestellt oder verbindlich zugesichert wird, daß seine Identität im Ermittlungsverfahren nicht offengelegt wird[112]. Darüber hinaus kann es aus ermittlungs-

---

[104] Wohl enger *Rogall* GA **1985** 26; **a. A** wohl
Roos/Scheuenstuhl Kriminalistik **1985** 67.

[105] Vgl. dazu *Vahle* Observation 30 ff.

[106] Großzügiger wohl KK-*R. Müller*² 18;
*Kleinknecht/Meyer*³⁸ 34; eher zweifelnd *Vahle*
Observation 61 ff; **a. A** (unzulässig) *Riegel* JZ
1980 224.

[107] Früher in der Praxis vielfach als beobach-
tende Fahndung bezeichnet; zu den Einzelheiten der Anwendung *H. J. Meyer* Beobachtungsmaßnahmen 6 f; *Rogall* GA **1985** 25;
Vahle Observation 2 f, 35.

[108] Vgl. dazu OVG Münster JZ **1979** 806 =
NJW **1980** 855; *Riegel* JZ **1980** 224.

[109] BVerfGE **65** 46 f, 57; vgl. auch BVerfGE **27**
1, 6; *Rogall* GA **1985** 26.

[110] Für eine weitgehende Zulässigkeit KK-*R.
Müller*² 18; *Kleinknecht/Meyer*³⁸ 34; für engere Grenzen wohl *H. J. Meyer* Beobachtungsmaßnahmen 81; für Unzulässigkeit
Riegel JZ **1980** 224; *Rosenbaum* Jura **1988**
184; *kritisch auch Bull* DVR **1982** 14; *Merten*
Datenschutz 149 ff.

[111] Zweifelnd *Rogall* GA **1985** 26.

[112] Zu den hierfür maßgebenden Motiven vgl.
u. a. *Geißer* GA **1985** 257; *Wetterich* FS Middendorf (1986) 275 ff.

taktischen Gründen, aber auch aus Gründen der Gefahrenabwehr und der sog. vorbeugenden Verbrechensbekämpfung, zweckmäßig erscheinen, daß die Strafverfolgungsbehörden über die vertrauliche Entgegennahme von einzelnen Aussagen hinaus mit bestimmten Personen, die sich möglicherweise in einem kriminellen Umfeld bewegen, in dauerndem Kontakt stehen, um von diesen wiederholt zufällig erlangte Informationen zu gewinnen oder sie um die Beschaffung solcher Informationen zu bitten[113]. Schließlich können Beamte des Polizeidienstes kurzfristig oder auf längere Zeit Kontakte mit Tatverdächtigen und sonst im kriminellen Bereich unterhalten, um dabei Erkenntnisse für die Strafverfolgung zu gewinnen, ohne ihre Eigenschaft als Polizeibeamte zu offenbaren; dabei können sie, über das bloße Verschweigen ihrer Funktion hinaus im Einzelfall eine für die Überführung oder Informationsgewinnung hinaus förderliche Rolle (etwa als Kaufinteressent für gestohlene Ware) vorgeben. Sie können aber auch zur Absicherung dieser Täuschung und mit dem Ziel einer längeren und intensiveren Erforschungstätigkeit unter einer der konkreten Ermittlungsaufgabe angepaßten Identität (Legende) auftreten, die erforderlichenfalls durch die notwendigen Ausrüstungsgegenstände und Papiere abgesichert wird[114].

Diese verschiedenen Ermittlungsmethoden umfassen ein breites Spektrum von unterschiedlicher Reichweite. Ihnen ist gemeinsam, daß mindestens die Möglichkeit einer **54a** späteren **Geheimhaltung** der Art der Informationsgewinnung besteht und, da es sich regelmäßig um Personalbeweis handelt, der Zugriff auf das unmittelbare Beweismittel versperrt sein kann. Im Hinblick auf den Charakter der Ermittlungsmaßnahmen als Grundrechtseingriff sind sie unterschiedlich zu beurteilen (s. Rdn. 57); auch die Notwendigkeit spezialgesetzlicher Regelungen läßt sich nicht generell bejahen oder verneinen. Zu den von der Problematik vertraulicher Ermittlungen begrifflich und hinsichtlich der Konsequenzen zu trennenden Frage des Einsatzes von **Lockspitzeln** (agents provocateurs) s. Rdn. 63 ff.

Die **Terminologie** ist noch nicht einheitlich. Es erscheint zweckmäßig, die auch in **55** der Strafverfolgungspraxis in gebräuchlichen Bezeichnungen[115] zugrunde zu legen. Danach sind Personen, die im Einzelfall bereit sind, gegen die Zusicherung der Vertraulichkeit den Strafverfolgungsbehörden Informationen zu geben, **Informanten**; Personen, die längerfristig gegen Zusicherung der Vertraulichkeit die Strafverfolgungsbehörden durch Informationsbeschaffung unterstützen ohne ihnen selbst anzugehören, **V-Personen** (V-Leute); besonders ausgesuchte und ausgestattete Polizeibeamte, deren Identität im Verfahren regelmäßig nicht offengelegt werden soll und die unter einer Legende, also einer abgesicherten falschen Identität, in der „kriminellen Szene" Kontakte herstellen und Erkenntnisse sammeln sollen, **Verdeckte Ermittler**[116]. Von dieser Terminologie nicht erfaßt wird der Polizeibeamte, der lediglich für einzelne Ermittlungshandlungen in einer anderen Rolle, beispielsweise als Scheinaufkäufer, zum Zwecke der Ermitt-

---

[113] Ausführlich zur Gesamtproblematik (auch zur historischen Entwicklung, S. 2 ff), wenn auch teilw. nicht mehr der neuesten Entwicklung entsprechend *Röhrich*; ferner *Krause/Nehring* 236 ff; *Diercks* AnwBl. **1987** 156; *Geißer* GA **1983** 385; *Haas* (mit Aktenauswertung, S. 264 ff); *v. Zwehl* 25 ff: vgl. auch die Thesen der Strafrechtskommission des deutschen Richterbundes, DRiZ **1985** 275; vgl. auch die ausführliche Bibliographie zur Gesamtproblematik (einschließlich Lockspitzel) bei *Lüderssen* V-Leute 624.

[114] Vgl. dazu u. a. *Diercks* AnwBl. **1987** 158 f; ausführlich *Rogall* JZ **1987** 847.

[115] Vgl. Anl. D zu den RiStBV; vgl. zur Terminologie u. a. auch *Röhrich* 10 ff; *Drywa* 4 ff; *J. Meyer* ZStW **95** (1983) 836; *Haas* 1 ff; *v. Zwehl* 7 ff.

[116] Zur Abgrenzung zum sog. undercoveragent (UCA) vgl. *Diercks* AnwBl. **1987** 157; *Stümper* Kriminalistik **1985** 293; *v. Zwehl* 15 ff.

lung von Straftaten und Überführung von Straftätern tätig wird; insoweit handelt es sich um bloß **verdeckte Ermittlungen**, die für sich allein regelmäßig keinen besonderen Zulässigkeitsgrenzen unterliegen[117].

56   **b) Rechtsnatur.** Rechtlich handelt es sich beim Einsatz von **Informanten** und **V-Personen** um Informationsgewinnung durch **Zeugenbeweis**. Dies dürfte auch dann gelten, wenn die V-Person auf Veranlassung einer Strafverfolgungsbehörde Informationen gewinnt[118]. Dagegen stellt die Tätigkeit **Verdeckter Ermittler amtliche Sachverhaltserforschung** im Sinne der §§ 160, 161 und 163 dar[118a].

57   Demgemäß stellen sich bei der Beurteilung der Zulässigkeit und ihrer Grenzen **unterschiedliche**, wenn auch teilweise miteinander verwandte **Probleme**. Die bloße Vertraulichkeitszusage gegenüber einem Informanten oder auch gegenüber einer V-Person, die ihre Wahrnehmungen anläßlich ihrer ohnehin vorhandenen Kontakte gemacht hat, stellt für sich allein keinen über die normale Ermittlungstätigkeit hinausgehenden Eingriff in die Grundrechte des Beschuldigten, auch nicht in seine allgemeine Handlungsfreiheit oder sein Persönlichkeitsrecht dar. Die verfassungs- und strafverfahrensrechtliche Problematik liegt allein in der Geheimhaltung der Informationsquelle im weiteren Verfahren[119], durch die sowohl die Verpflichtung des Gerichts zur Amtsaufklärung als auch die Garantie einer effektiven Verteidigung und der Anspruch auf ein faires Verfahren beeinträchtigt sein kann. Dagegen ist für die Problematik des Verdeckten Ermittlers und, soweit sie auf Veranlassung der Strafverfolgungsbehörden ermittlungsartig tätig wird, auch der V-Person kennzeichnend, daß Ermittlungshandlungen nicht nur verdeckt, sondern darüberhinausgehend unter Einsatz ihren Charakter verschleiernder Täuschung, mindestens aber unter Ausnutzung entgegengebrachten Vertrauens[120] vorgenommen werden. Der für die Informationsgewinnung unter Vertraulichkeitszusage allein maßgebende Gesichtspunkt der späteren Geheimhaltung spielt hier insoweit eine Rolle, als die Methode der amtlichen Sachverhaltsaufklärung sowohl dem Gericht als auch dem Beschuldigten gegenüber nicht voll offengelegt wird.

58   **c) Zulässigkeit. Verfahren.** Gesetzliche Regelungen sind bisher[121] nicht vorhanden. Im **Schrifttum** ist die Zulässigkeit eines Teiles dieser besonderen Ermittlungsmethoden umstritten[122]. Kein brauchbares Zulässigkeitskriterium stellt es dar, wenn die Zulässigkeit des Einsatzes Verdeckter Ermittler und V-Personen bejaht wird, falls da-

---

[117] Vgl. § 160, 41 a mit Nachw.; vgl. aber auch z. B. LG Stuttgart NStZ **1985** 568 mit Anm. *Hilger.*

[118] Vgl. auch zu sog. gerufenen Zeugen § 83, 10; § 86, 5; § 250, 27 Fußn. 84, 90; ferner (krit.) *Strate* StrVert. **1985** 340.

[118a] Vgl. zur Frage, ob es sich dabei um „Vernehmungen" handelt, verneinend SK-StPO-*Rogall* § 136 a, 19; bejahend LR-*Hanack* § 136 a, 4; *J. Meyer* NStZ **1983** 468, jeweils mit weit. Nachw.

[119] Vgl. dazu näher § 96, 25 ff; § 250, 27 f, jeweils mit weit. Nachw.; ausführlich auch *G. Schäfer* § 78 VII; *Röhrich* 25 ff (auch zu V-Leuten, die außerhalb des konkreten Verfahrens tätig werden); *Arloth; Geißer* GA **1985** 265 ff; *Kay* Die Polizei **1982** 33; *v. Zwehl* 90 ff; rechtsvergleichende Hinweise

bei *J. Meyer* FS Jescheck 1319 ff; zur Situation in der Schweiz *Roduner* Kriminalistik **1987** 620.

[120] Vgl. zu dem Aspekt des inanspruchgenommenen Vertrauens *Dencker* FS Dünnebier 455; abweichend, aber den Eingriffscharakter ebenfalls bejahend *Rogall* JZ **1987** 851.

[121] Über die Pläne und den Vorbereitungsstand zu einer gesetzlichen Regelung des Verdeckten Ermittlers vgl. BTDrucks. **11** 1878 S. 8, 11; ferner *Rogall* JZ **1987** 851 f.

[122] Für weitgehende Zulässigkeit z. B. KK-*R. Müller²* 18; *Kleinknecht/Meyer³⁸* 34; *Krause/Nehring* 237; *Füllkrug* Die Polizei **1988** 34; *Krüger* JR **1984** 490; *Rebmann* NJW **1985** 1; differenzierend z. B. *Lisken* DRiZ **1987** 186; SK-StPO-*Rogall* § 136 a, 57 und JZ **1987** 851; für überwiegende bis gänzliche Unzu-

durch nicht gegen § 136 a verstoßen wird[123], denn Gegenstand der Prüfung ist ja gerade auch die Frage, *ob* der Einsatz als solcher mit § 136 a oder jedenfalls seinem Grundgedanken noch vereinbar ist[124]. Allerdings kann die *zusätzliche* Anwendung von nach § 136 a verbotenen Methoden durch den Verdeckten Ermittler die dadurch gewonnenen Erkenntnisse unverwertbar machen[125]. Die **Rechtsprechung** hat mehrfach anerkannt, daß der Einsatz von V-Personen und Verdeckten Ermittlern strafprozessual und verfassungsrechtlich zulässig sei, ohne jedoch die Zulässigkeitsgrenzen bisher exakt zu beschreiben[126].

Für die **Praxis der Strafverfolgungsbehörden** haben die zwischen den Innen- und **59** Justizministerien vereinbarten Richtlinien[127] jedenfalls insoweit bindende Wirkung, als sie den Anwendungsbereich enger bestimmen als nach der geltenden Rechtslage geboten ist; für die Staatsanwaltschaft auch insoweit, als sie den Polizeibehörden Befugnisse einräumt, die ihr nach der Gesetzeslage wegen der Leitungsbefugnis der Staatsanwaltschaft nicht ohne weiteres zustehen würden[128]. Diese Richtlinien dürften mit der Begrenzung auf schwerwiegende Delikte, Subsidiaritätsklauseln, der Zielsetzung der Gewinnung verwertbarer Beweismittel[129] und der grundsätzlichen Anerkennung der Entscheidungsbefugnis der Staatsanwaltschaft die rechtlichen Zulässigkeitsgrenzen im wesentlichen respektieren[130]. Nicht ganz unbedenklich erscheint allerdings der Hinweis, daß die Strafverfolgungsbehörden an die Vertraulichkeitszusicherung gebunden sind[131], denn diese Entscheidung ist ggf. von der obersten Dienstbehörde nach Lage des Einzelfalles und unter Abwägung der im Zeitpunkt der Entscheidung maßgebenden Umstände zu treffen[132]. Problematisch ist ferner die aktenmäßige Behandlung der Vorgänge[133], weil sie ohne Einzelabwägung dem Gericht und dem Beschuldigten jede Kenntnis über die Existenz solcher Einsätze und Vertraulichkeitszusagen vorenthält und deshalb die Möglichkeit praktisch ausschließt, bei der obersten Dienstbehörde auf eine begründete Sperrerklärung hinzuwirken und die Begründung zu würdigen[134].

---

lässigkeit z. B. *Haas* 59 ff; *Lüderssen* Jura **1985** 113; *Ostendorf/Meyer-Seitz* StrVert. **1985** 80; *Riehle* KrimJourn. **1985** 47; *Schünemann* StrVert. **1985** 430; *Strate* AnwBl. **1986** 309; *Wagner* Polizeirecht 124; rechtsvergl. Hinw. bei *J. Meyer* FS Jescheck 1314 ff; *Roduner* Kriminalistik **1987** 620 (Schweiz).

[123] So KK-*R. Müller*[2] 18; *Kleinknecht/Meyer*[38] 34 im Anschluß an LR-*Meyer-Goßner*[23] 17.

[124] Dazu bejahend *Rogall* JZ **1987** 850 mit Nachw. auch der Gegenmeinung; vgl. auch (zweifelnd) LR-*Hanack* § 136 a, 4; vgl. ferner BGHSt **31** 304 = NStZ **1983** 466 mit Anm. *J. Meyer* (Provoziertes Gespräch).

[125] Zum Vernehmungscharakter der von einem Verdeckten Ermittler entgegengenommenen Aussage s. LR-*Hanack* § 136 a, 13; vgl. auch SK-StPO-*Rogall* § 136 a, 21; 57.

[126] Vgl. u. a. BVerfGE **57** 250, 283; BGHSt **32** 115, 120; **33** 23; **33** 91; BGH NStZ **1983** 325.

[127] Anlage D RiStBV; vgl. dazu u. a. *Händel* DNP **1986** 148; *Wehner* Kriminalistik **1986** 383.

[128] Vgl. etwa Anlage D RiStBV, Abschnitt I 5.4, Abschnitt II 4.1 Satz 3, wonach die Polizei nur

in „begründeten Ausnahmefällen" verpflichtet ist, die Staatsanwaltschaft über die Identität zu unterrichten; vgl. dazu auch *Rebmann* NJW **1985** 5 f; andererseits (vor Erlaß der Richtlinie) *Krause/Nehring* 239.

[129] Vgl. dazu auch *Wetterich* FS Middendorf 276.

[130] Tendenziell wohl auch *Wolter* GA **1988** 25 (gehen zum Teil zu weit).

[131] Anlage D RiStBV, Abschnitt I 4.

[132] Vgl. näher mit Nachw. § 96, 30 ff; ferner BGH StrVert. **1988** 44 f; vgl. auch *v. Zwehl* 38 ff.

[133] Anlage D RiStBV, Abschnitt I 5.6, Abschnitt II 4.3, wonach alle Vorgänge zu den jeweiligen Generalakten, also nicht den Verfahrensakten zu nehmen sind; vgl. zur aktenmäßigen Behandlung u. a. auch *Haas* 162 ff.

[134] Vgl. dazu und zu den Konsequenzen einer nicht ausreichenden Sperrerklärung mit Nachw. § 96, 40 f; 45 ff; § 250, 27 f; § 251, 40; 62; vgl. auch LG Berlin StrVert. **1986** 96 (Verstoß gegen Aktenwahrheit).

Peter Rieß

60   **d) Sperrerklärung gegenüber dem Gericht.** Aus der Einheitlichkeit des Ermittlungsverfahrens und der Leitungsbefugnis und Verantwortlichkeit der Staatsanwaltschaft folgt notwendig, daß die Polizei die in diesem Ermittlungsverfahren erlangten Erkenntnisse der Staatsanwaltschaft nicht vorenthalten darf, daß also eine Sperrerklärung des Innenministers nach § 96 insoweit nicht zulässig ist[135]. Davon geht offenbar auch die Gemeinsame Richtlinie aus, wenn sie[136] in begründeten Ausnahmefällen die Offenbarung der Identität des Informanten, der V-Person oder des Verdeckten Ermittlers gestattet, wobei die Entscheidung darüber, *ob* ein begründeter Ausnahmefall vorliegt, wiederum, als Konsequenz ihrer Leitungsbefugnis, der Staatsanwaltschaft zusteht. Andererseits ist der Vertraulichkeitszusage bzw. der Geheimhaltung der V-Person oder des Verdeckten Ermittlers immanent, daß die Identität im gerichtlichen Verfahren geheimgehalten werden kann, wenn die Voraussetzungen des § 96 vorliegen. In diesem Bereich ist deshalb auch für die in den jeweiligen Verfahren gewonnenen Erkenntnisse der Staatsanwaltschaft und der Polizei eine Sperrerklärung gegenüber dem Gericht möglich[137], für die, soweit die Staatsanwaltschaft die Informationen sperren will, die ihr vorgesetzte oberste Dienstbehörde zuständig ist[138].

61   **e) Weitere Fragen.** Daß weder V-Personen noch Verdeckte Ermittler aufgrund ihres Auftrags berechtigt sind, Straftatbestände zu erfüllen, ist selbstverständlich[139]. Der mit dem Einsatz eines Verdeckten Ermittlers regelmäßig verbundene Verzicht auf den alsbaldigen offenen ersten Zugriff läßt sich, obwohl der Verdeckte Ermittler als Polizeibeamter der Erforschungspflicht nach § 163 unterliegt, mit dem Grundsatz der freien Gestaltung des Ermittlungsverfahrens rechtfertigen[140]. Gleiches gilt für den Fall, daß der Verdeckte Ermittler anläßlich seiner Tätigkeit Kenntnis vom Verdacht anderer Straftaten erhält; er genügt im allgemeinen seiner Erforschungspflicht dadurch, daß er hiervon die Strafverfolgungsbehörden unterrichtet, sobald dies ohne Gefährdung seiner Legende möglich ist[141]. Welche rechtlichen Maßnahmen zum Aufbau der Legende eines Verdeckten Ermittlers zulässig sind, bestimmt sich nach den allgemeinen Vorschriften; auch soweit der Einsatz Verdeckter Ermittler strafprozessual zulässig ist, bildet das keinen Rechtfertigungsgrund für nicht aus anderen Gründen zulässige Maßnahmen des Legendenaufbaus.

62   Der **rechtswidrige Einsatz** von Verdeckten Ermittlern führt zu einem Verwertungsverbot für die dadurch gewonnenen Erkenntnisse[142], nicht aber zu einem Verfah-

---

[135] Ebenso z. B. *Arloth* 54 ff; *Füllkrug* ZRP **1984** 195; *Haas* 148 f; *Keller* StrVert. **1984** 525; *v. Zwehl* 56 ff; **a. A** *Krause/Nehring* 237; *Reuber* Die Polizei **1987** 210; vgl. auch § 161, 12; ferner ausführlich *Geißer* GA **1985** 247.

[136] Anlage D RiStBV, Abschnitt I 5.4, Abschnitt II 4.1 Satz 3; vgl. auch *Wetterich* FS Middendorf 279 ff.

[137] Ebenso LR-*G. Schäfer* § 96, 56 ff; *Haas* 163; **a. A** LR-*Lüderssen* § 147, 51 ff; *Keller* StrVert. **1984** 525; die von mir in § 199, 13 vertretene abweichende Auffassung wird insoweit aufgegeben.

[138] BGH StrVert. **1988** 44 f; vgl. ferner LR-*G. Schäfer* § 96, 56 a. E; vgl. auch *Geißer* GA **1983** 399 sowie OLG Frankfurt NJW **1982** 1408.

[139] Anlage D RiStBV, Abschnitt I Nr. 3.2 hebt dies ausdrücklich hervor; zur Problematik *Haas* 101 ff; *Rebmann* NJW **1985** 5; vgl. auch zu den Grenzen der Vortäuschung einer Straftat zum Aufbau einer Legende (Sprengstoffanschlag an der Celler Gefängnismauer) kontrovers *Evers* NJW **1987** 153; *Velten* StrVert. **1987** 544.

[140] *Rebmann* NJW **1985** 4; *J. Meyer* ZStW **95** (1983) 859.

[141] Vgl., auch zu Ausnahmen, Anlage D RiStBV, Abschnitt II Nr. 4.4; vgl. auch *Haas* 112 ff; *Körner* Kriminalistik **1985** 226 („kontrollierter" Transport von Betäubungsmitteln).

[142] Vgl. auch *Haas* 262.

renshindernis (vgl. Rdn. 72 ff). Die Frage der Fernwirkung ist nicht anders als bei § 136 a zu beantworten (vgl. § 136 a, 66).

7. Einsatz von Lockspitzeln

a) Allgemeines. Als Lockspitzel oder Agent provocateur wird eine Person bezeich-   **63** net, die im Auftrag oder mit Wissen und Billigung staatlicher Strafverfolgungsbehör- den[143] Dritte zur Begehung strafbarer Handlungen veranlaßt oder von diesen bereits geplante strafbare Handlungen so beeinflußt oder steuert, daß die Täter gefaßt werden können oder sonst ihre Überführung möglich ist[144]. Der kriminalistische Zweck des Lockspitzeleinsatzes liegt darin, vor allem im Bereich organisierter Kriminalität durch die Provokation von nachweisbaren Straftaten durch einen ohnehin zu Straftaten ent- schlossenen Personenkreis kriminelle Strukturen zu zerschlagen, oder namentlich bei Dauerstraftaten und fortgesetzten Handlungen, durch die Provokation oder Steuerung von Einzelakten die Straftat insgesamt aufzuklären oder ihre Fortsetzung zu verhin- dern[145]. Schwerpunkte des tatsächlichen Einsatzes von Lockspitzeln bilden die Betäu- bungsmittelkriminalität, ferner beispielsweise die gewerbsmäßige Eigentumskriminali- tät[146].

Aus dieser Zielsetzung, in erster Linie kriminelle Strukturen aufzudecken, ein la-   **64** tentes Kriminalitätspotential zu zerschlagen oder die Fortsetzung von Dauerstraftaten und fortgesetzten Handlungen zu verhindern, folgt, daß dem Einsatz von Lockspitzeln eine **gefahrenabwehrende, präventive Zwecksetzung** mit zugrunde liegt[147]. Die (umstrit- tene, vgl. Rdn. 68) Bejahung der Zulässigkeit findet mit ihrer Grundlage in Erwägungen über die Gefährlichkeit der zu verlockenden Personen und den Bedürfnissen, von ihnen ausgehende künftige Straftaten zu unterbinden. Damit stimmt es überein, wenn bei der Bestimmung der Zulässigkeitsgrenze die Tatbereitschaft des Verlockten und der Um- fang seiner eigenen, nicht fremdgesteuerten Aktivitäten nach der Rechtsprechung eine mitentscheidende Rolle spielen (näher Rdn. 69). Trotz dieser präventiven Rechtferti- gungselemente ist die Problematik des Lockspitzeleinsatzes unter **Rückgriff auf straf- und strafverfahrensrechtliche Rechtsgrundlagen** und Lösungsmöglichkeiten zu behan- deln; eine polizeirechtliche Beurteilung ist, weil es sich um die Aufklärung und Aburtei- lung einer Straftat mit strafverfahrensrechtlichen Mitteln handelt, nicht möglich.

b) Abgrenzungen. Begrifflich und in den Zulässigkeitsvoraussetzungen sowie in   **65** den materiell-strafrechtlichen und verfahrensrechtlichen Konsequenzen sind, was in der Literatur vielfach nicht ausreichend beachtet wird, die Fragenkreise des Lock- spitzeleinsatzes von denen des Einsatzes von V-Personen und Verdeckten Ermittlern zu trennen. Zwar ist in der Regel der Lockspitzel V-Person oder Verdeckter Ermittler; es wird aber nicht jede V-Person oder jeder Verdeckte Ermittler als Lockspitzel tätig. Verbindet man beide Fragenkreise, so besteht die Gefahr, daß die unterschiedlichen Folgen der Überschreitung der Zulässigkeitsgrenzen und die unterschiedlichen Zuläs-

---

[143] Zur Lockspitzeltätigkeit eines V-Mannes aus eigenen Stücken und vor Einschaltung der Polizei vgl. BGH StrVert. **1983** 2 mit krit. Anm. *Körner*; StrVert. **1984** 407 = NStZ **1984** 519 (Zweifel an der staatlichen Mitver- antwortung nicht zu Lasten des Angeklag- ten); ferner *Drywa* 85 ff; *Haas* 86 f; *I. Roxin* 6 f, 191 ff; zur Zurechenbarkeit des Lockspit- zels im Dienste ausländischer Strafverfol- gungsbehörden BGH StrVert. **1988** 296.

[144] Zur Rechtsvergleichung s. *Schlegel; J. Meyer* FS Jescheck 1323 ff; *Gammeltoft-Hansen* ZStW **98** (1986) 1001.

[145] Vgl. BVerfG (Kammerentscheidung) NJW **1987** 1875 = NStZ **1987** 276.

[146] Praktische Beispiele etwa bei *Lüderssen* FS Peters 352 ff.

[147] Ebenso *Dencker* FS Dünnebier 459; vgl. auch *Puppe* NStZ **1986** 406.

sigkeitsvoraussetzungen in problematischer Weise miteinander verknüpft werden. Ebenfalls getrennt zu betrachten von der spezifischen prozessualen Problematik der Zulässigkeit des Lockspitzeleinsatzes und der Konsequenzen für den Verlockten sind die hier nicht näher zu erörternden materiell-strafrechtlichen Fragen der Strafbarkeit des Lockspitzels selbst[148].

66　　**Kein Lockspitzeleinsatz** liegt vor, wenn ein Polizeibeamter oder ein V-Mann lediglich die offen erkennbare Bereitschaft zur Begehung oder Fortsetzung von Straftaten dergestalt ausnutzt, daß er mit dem Tatverdächtigen in Verbindung tritt, ohne seine Eigenschaft als Polizeibeamter oder seine Absicht der Strafverfolgung zu offenbaren. Lockspitzel ist vielmehr nur, wer über das bloße „Mitmachen" hinaus in Richtung auf eine Weckung der Tatbereitschaft oder Intensivierung der Tatplanung stimulierend auf den Täter einwirkt. Nicht nach den Grundsätzen der Zulässigkeit des Lockspitzeleinsatzes (Rdn. 68 ff) zu beurteilen ist daher der bloße Scheinaufkäufer im Bereich der Betäubungsmittelkriminalität oder der Hehlerei oder der eine Dirne im Sperrbezirk als vorgeblicher Freier ansprechende Polizeibeamte[149].

67　　Ob eine Einwirkung auf die Tatplanung zur Tat bereits entschlossener Täter durch einen Verdeckten Ermittler oder eine V-Person, die lediglich die **Modalitäten der Tatbegehung** beeinflußt, ohne deren Unrechts- und Schuldgehalt zu steigern oder den Schaden zu vergrößern und die nur das Ziel hat, die Überführungsmöglichkeiten zu verbessern, als Lockspitzeleinsatz anzusehen ist, erscheint zweifelhaft; dies gilt erst recht, wenn sie darauf gerichtet ist, den Tatumfang zu verringern. Selbst wenn man solche Fälle der erfolgsneutralen oder abschwächenden staatlich veranlaßten Tateinwirkung dem Lockspitzelbegriff zuordnet, besteht kein Grund, seine Zulässigkeit zu bezweifeln und es dürfte stets ausgeschlossen sein, die Rechtsfolgen der Tat wegen dieser Einwirkung zu mildern[150].

68　　**c) Zulässigkeit des Lockspitzeleinsatzes.** Es besteht Übereinstimmung darüber, daß der Lockspitzeleinsatz, abgesehen von den in Rdn. 66 f bezeichneten Grenzfällen, nicht uneingeschränkt zulässig ist, sondern einer besonderen Rechtfertigung bedarf, weil das Rechtsstaatsprinzip es den Strafverfolgungsbehörden verbietet, auf die Verübung von Straftaten hinzuwirken, wenn die Gründe dafür vor diesem Prinzip nicht bestehen können[150a]. Diese Rechtfertigung wird überwiegend und namentlich von der Rechtsprechung[151] in den Bedürfnissen einer mit dem Grundsatz der Aufrechterhaltung einer funktionstüchtigen Strafrechtspflege verbundenen wirksamen Verbrechens-

---

[148] Vgl. dazu neben den Erläuterungsbüchern zum StGB u. a. jeweils mit weit. Nachw. *Diercks* AnwBl. **1987** 160 ff; *Drywa* 95 ff; *Ostendorf/Meyer-Seitz* StrVert. **1985** 76; *I. Roxin* 198 ff; *Seelmann* ZStW **95** (1983) 799; *Sommer* JR **1986** 485; vgl. aber auch z. B. *Schünemann* StrVert. **1985** 430, der die Beurteilung beider Aspekte durch eine zwingende Verfahrensverbindung verknüpfen will.

[149] Vgl. BVerfG (Vorprüfungsausschuß) NStZ **1985** 131 = StrVert. **1985** 178 mit abl. Anm. *Lüderssen*; dazu auch Einl. Kap. **12** 94 a; vgl. aber auch LG Stuttgart NStZ **1985** 568 mit Anm. *Hilger*.

[150] Vgl. dazu z. B. BGH GA **1981** 89.

[150a] BGH NJW **1980** 1761 (mit Anm. *Hassemer* JuS **1981** 66); **1981** 1626 = StrVert. **1981** 392 mit Anm. *Mache* S. 599; vgl. auch (zur Notwendigkeit von Grenzen) BGH GA **1975** 333; StrVert. **1981** 163; NStZ **1981** 70; **1984** 78; 555.

[151] Vgl. die Übersichten über die Rechtspr. bei *Drywa* 21 ff; *Herzog* NStZ **1985** 153; *Körner* StrVert. **1982** 382; *Voller* 15 ff (Stand 1983); *v. Zwehl* 79 ff; zur älteren Rechtspr. auch *Dencker* FS Dünnebier 450 ff; *Lüderssen* FS Peters 350; s. ferner § 206 a, 57 sowie oben Fußn. 150 a und die im folgenden genannten Entscheidungen.

bekämpfung gesehen[152]. Ein erheblicher Teil des Schrifttums folgt diesem Ansatz[153]; von einer beachtlichen Mindermeinung wird ein Lockspitzeleinsatz insgesamt oder doch fast ausnahmslos für unzulässig gehalten[154]; die Begründungen hierfür sind unterschiedlich[155].

Die **Zulässigkeitsgrenze** ist nach der herrschenden Meinung durch eine **Gesamtbe-** **69** **trachtung** zu bestimmen, bei der zu berücksichtigen sind: Art und Ausmaß des vorher bestehenden Verdachts, Gefährlichkeit der aufzuklärenden Straftat und Umfang der Aufklärungsschwierigkeiten, Umfang und Zweck der Einwirkung durch den Lockspitzel und eigene, nicht fremdgesteuerte Aktivitäten des Verlockten[155a]. Offen bleibt nach dieser Formel der Stellenwert der einzelnen Abwägungsgesichtspunkte[156]. Die Rechtsprechung hat jedoch auch ausgesprochen, daß die Grenzen der Zulässigkeit jedenfalls dann überschritten seien, wenn der Provozierte unter Verletzung seiner Menschenwürde zum Objekt staatlichen Handelns herabgewürdigt werde[157]. Es soll auch darauf ankommen, was im wesentlichen diese Abgrenzungsformel ergänzt und präzisiert, ob der Lockspitzel in nachhaltiger Weise durch wiederholte, länger andauernde Überredungsversuche, durch intensive und hartnäckige Beeinflussung des Täters oder durch besonders arglistiges Einschleichen in dessen Vertrauen so eingewirkt hat, daß der eigene Beitrag des Täters gegenüber dem dominierenden tatprovozierenden Verhalten in den Hintergrund tritt[158]. Folgt man diesem Ansatz, so dürfte unter den verschiedenen Abwägungsgesichtspunkten dem Umfang der Einwirkung durch den Lockspitzel und dem Maß der eigenen, nicht fremdgesteuerten Aktivitäten des Täters das entscheidende Gewicht jedenfalls für die spätere Beurteilung im Rahmen des Verfahrens gegen den Verlockten zukommen.

d) Folgen des Lockspitzeleinsatzes. Auch der **zulässige Lockspitzeleinsatz** ist, so- **70** fern er nicht gänzlich unerheblich ist, zugunsten des Täters bei der Rechtsfolgenzumessung zu berücksichtigen[159]. Er kann Grund für eine Anwendung der §§ 153, 153 a darstellen; die Annahme eines minderschweren Falles begründen[160] und strafmildernd innerhalb des Normalstrafverfahrens wirken. Die Strafzumessungsgründe des schriftlichen Urteils müssen sich hiermit auseinandersetzen[161], wenn eine Tatprovokation fest-

---

[152] So BVerG (Kammerentscheidung) NJW **1987** 1875 = NStZ **1987** 276.

[153] KK-*R. Müller*[2] 18; *Kleinknecht/Meyer*[38] 34; *G. Schäfer* § 19 II 2 b; *Gribbohm* NJW **1981** 307; *Mache* 254 (Zsmfg.); *Neumeyer* 99 ff; *Wieczorek* Kriminalistik **1985** 288; *Zühlsdorf* Kriminalistik **1974** 193; eher enger z. B. *Bruns* NStZ **1983** 49; differenzierend *I. Roxin* 106 ff.

[154] So z. B. *Peters*[4] § 41 II 2 b; *Diercks* AnwBl. **1987** 163 ff; *Lüderssen* FS Peters 349 ff; *Riehle* KrimJourn. **1985** 47; *Sieg* StrVert. **1981** 636; *Schlegel* 95 ff; *Voller* 59 ff; wohl auch *Herzog* NStZ **1985** 153.

[155] Vgl. die Übersicht bei *Voller* (Stand 1983, auch zum älteren Schrifttum) 33 ff.

[155a] Zusammenfassend BGH NStZ **1985** 362; ferner BGHSt **32** 345, 346 f = NStZ **1985** 132 mit Anm. *K. Meyer*; BGH NJW **1980** 1761; **1981** 1626; NStZ **1981** 70; **1984** 78; StrVert. **1981** 163; 276; **1984** 4; **1988** 295;

LG Heilbronn NJW **1985** 874; vgl. auch *I. Roxin* 36 ff.

[156] Dazu u. a. ausführlich *Drywa* 44 ff; *Herzog* NStZ **1985** 153; kritisch zu dieser Formel *Schünemann* StrVert. **1985** 429; vgl. ferner *I. Roxin* 156; *Wieczorek* Kriminalistik **1985** 289.

[157] BGH NStZ **1981** 70, 71; **1984** 55; StrVert. **1981** 276; KG NJW **1982** 838; vgl. auch *Franzheim* NJW **1979** 2015.

[158] Vgl. u. a. BGH NJW **1981** 1626; NStZ **1982** 156; **1984** 78; 555; **1985** 362 (arglistige Ausnutzung einer Not- oder Zwangslage).

[159] Vgl. die Nachw. § 206 a, 57 Fußn. 158; ferner BGH NStZ **1986** 162; **1988** 133; StrVert. **1988** 295; sowie *Dreher/Tröndle*[44] § 46, 35 c; *Schönke/Schröder/Stree*[23] § 46, 13; 16; 19.

[160] AG Osterholz-Scharmbeck StrVert. **1983** 247.

[161] Vgl. z. B. BGH NStZ **1986** 162; ferner KG NJW **1982** 838.

Peter Rieß

gestellt oder nicht auszuschließen ist. Umstritten ist, ob dabei auch die an sich schuldangemessene Strafe unterschritten werden darf[162]. Auch für die Aussetzung einer Freiheitsstrafe von über einem Jahr (§ 56 Abs. 2 StGB) oder des Strafrestes nach der Verbüßung der Hälfte der Strafe (§ 57 Abs. 2 StGB) kann die Tatprovokation als besonderer Umstand bedeutsam sein[163].

71 Über die Folgen eines die **Zulässigkeitsgrenze übersteigenden Lockspitzeleinsatzes** besteht noch keine Einigkeit. Sicher ist lediglich, daß er erhebliche Strafzumessungsrelevanz zugunsten des Verlockten hat und auch die Einstellung nach den §§ 153, 153 a rechtfertigen kann. Umstritten ist jedoch, ob darüber hinaus auch die Nichtverfolgung des Verlockten durch Annahme eines Verfahrenshindernisses, eines persönlichen Strafausschließungsgrundes[164] oder mittels anderer Konstruktionen[165] in Betracht kommt oder ob andere verfahrensrechtliche Konsequenzen gezogen werden können oder müssen[166].

72 Daß der unzulässige Lockspitzeleinsatz ein **Verfahrenshindernis** begründen könne[167], ist teilweise in der Rechtsprechung der Instanzgerichte[168] und beim Bundesgerichtshof vom 2. Strafsenat vertreten worden[169]. Nachdem der 1. Strafsenat diese Auffassung ebenso wie die Erwägung des 5. Strafsenats über einen persönlichen Strafausschließungsgrund abgelehnt hatte[170], gab der 2. Strafsenat seine Auffassung in einem Vorlagebeschluß auf und schloß sich der Meinung des 1. Strafsenats an[171]. Der Große Senat, der die Vorlage als unzulässig behandelte, bemerkte, daß derzeit im BGH die Auffassung, daß die unzulässige Lockspitzeleinwirkung ein Verfahrenshindernis begründe, nicht mehr vertreten werde[172], die seitherigen Entscheidungen entsprechen dem[173]. Das BVerfG[174] hat die Möglichkeit eines Verfahrenshindernisses für „besonders relevante Ausnahmefälle" offengelassen. Im Schrifttum ist die Qualifikation des un-

---

[162] So BGH NStZ **1986** 162 (wo allerdings möglicherweise die Grenze zum unzulässigen Lockspitzeleinsatz bereits überschritten war); StrVert. **1988** 296; dazu *Bruns* MDR **1987** 177; *Puppe* NStZ **1986** 404; **a. A** *Dreher/Tröndle*[44] § 46, 35 c.

[163] BGH NStZ **1988** 133; OLG Düsseldorf NStZ **1987** 328; OLG Stuttgart StrVert. **1983** 381.

[164] Vgl. BGH (5. StS) StrVert. **1984** 58; dagegen ausführlich BGHSt **32** 354 (1. StS); befürwortend aber *I. Roxin* 233; vgl. auch *Bruns* StrVert. **1984** 392.

[165] Vgl. *Rieß* JR **1985** 48, der für Extremfälle rechtsstaatswidriger Rechtsverstöße irreparabler Art die Entwicklung eines selbständigen „Verfolgungsgebots schwerwiegender Rechtsstaatswidrigkeit" für nicht gänzlich ausgeschlossen hält; dazu jetzt auch (Einstellung des Verfahrens in der Revisionsinstanz bei extremer und willkürlicher Verfahrensverzögerung nach Erlaß des tatrichterlichen Urteils) BGHSt **35** 137 = StrVert. **1988** 236.

[166] Vgl. auch § 206 a, 57; Einl. Kap. **12** 94 ff; ausführliche Darstellung der verschiedenen Ansätze und Vorschläge bei *Drywa* 27 ff; *I. Roxin* 205 ff; ferner *Schünemann* StrVert.

1985 430 (gemeinsames Verfahren gegen Anstifter und Angestifteten).

[167] Vgl. zur Rechtsprechungsentwicklung zum Verfahrenshindernis ausführlich die Nachw. § 206 a, 57 f und Einl. Kap. **12** 94 ff; ferner BGHSt **32** 345, 348 ff.

[168] OLG Düsseldorf StrVert. **1983** 450; **1985** 275; LG Berlin StrVert. **1984** 457; LG Frankfurt StrVert. **1984** 415; LG Stuttgart StrVert. **1984** 197; LG Verden StrVert. **1982** 364; AG Heidenheim NJW **1981** 1629; ähnlich Strafgericht Basel-Stadt StrVert. **1985** 318.

[169] NJW **1981** 1626 = StrVert. **1981** 392 mit Anm. *Mache* S. 599; NStZ **1982** 156; NStZ **1984** 519; offengelassen NStZ **1985** 362.

[170] BGHSt **32** 345 = NStZ **1985** 131 mit Anm. *K. Meyer;* dazu ausführlich § 206 a, 572 (dort irrtümlich als Entscheidung des 1. StS bezeichnet); *Bruns* StVert. **1984** 388.

[171] StrVert. **1985** 309; dazu ausführlich *Schünemann* StrVert. **1985** 424.

[172] BGHSt **33** 356, 362 = StrVert. **1986** 47.

[173] BGH NJW **1986** 1764; vgl. aber BGH StrVert. **1986** 284.

[174] Kammerentscheidung NStZ **1987** 276; näher Einl. Kap. **12** 95 Fußn. 195.

zulässigen Lockspitzeleinsatzes als Verfahrenshindernis umstritten[175]. Abzulehnen ist die im Schrifttum verschiedentlich erörterte Annahme eines **Beweisverwertungsverbotes**[176], und zwar schon deshalb, weil ein Beweisverwertungsverbot Wirkung nur für ein einzelnes Beweisthema oder Beweismittel entfalten kann, nicht aber für den Sanktionsanspruch der Rechtsgemeinschaft (den staatlichen Strafanspruch) insgesamt, wo es auf ein verfahrensrechtliches Einstellungsgebot und damit, ebenso wie der Gedanke der **Verwirkung** des staatlichen Strafanspruchs[177], im Ergebnis auf die nicht in Betracht kommende Anerkennung eines Verfahrenshindernisses hinauslaufen würde[178].

Vorzugswürdig erscheint nach dem gegenwärtigen Stand der Diskussion im **73** Grundsatz die in der jetzt übereinstimmenden Rechtsprechung des BGH vertretene Auffassung, daß die Konsequenzen auch des unzulässigen Lockspitzeleinsatzes allein im Bereich der Sanktionsbemessung unter Einschluß der verfahrensrechtlichen Einstellungsmöglichkeiten zu finden sind[179]. Sie gestattet es, ohne Rücksicht auf die oft schwer bestimmbare Grenze zwischen der (gerade noch) zulässigen und (eben schon) unzulässigen Tatprovokation, bei der Reaktion auf die provozierte Straftat dem unterschiedlichen Gewicht der Einwirkung auf den Täter durch den Lockspitzel Rechnung zu tragen und führt auch bei deutlicher Überschreitung der Zulässigkeitsgrenze jedenfalls dann zu sachgerechten Ergebnissen, wenn in diesen Fällen auch eine Unterschreitung der an sich schuldangemessenen Strafe[180] und vor allem die Einstellung nach § 153 in Betracht gezogen wird. Es erscheint nicht unbillig, daß damit nicht erreicht werden kann, den von einer unzulässigen Tatprovokation Betroffenen stets gänzlich von Strafe freizustellen; denn immerhin hat er, Tatprovokation hin oder her, schuldhaft einen Straftatbestand verwirklicht und damit Strafe verwirkt.

IV. Übersendung der Verhandlungen (Absatz 2)

1. Allgemeines

a) Bedeutung. § 163 Abs. 2 regelt nicht nur eine technische Einzelheit des Ermitt- **74** lungsverfahrens, sondern ist eine für das Verhältnis von Staatsanwaltschaft und Polizei und die staatsanwaltschaftliche Leitungsbefugnis grundlegende Vorschrift. Sie begründet den Grundsatz der Einheitlichkeit des Ermittlungsverfahrens (Vor § 158, 39) mit.

---

[175] **Bejahend** z. B. *Schlüchter* 388.1; *Arloth* NJW **1985** 417; *Diercks* AnwBl. **1987** 165; *Dencker* FS Dünnebier 453; *Schumann* JZ **1986** 66; *Sieg* StrVert. **1981** 636; *Taschke* StrVert. **1984** 178; **verneinend** KK-*Pfeiffer*[2] Einl. 132; *Kleinknecht/Meyer*[38] Einl. 148; LR-*K. Schäfer* Einl. Kap. **12** 95; *G. Schäfer* § 11 III 3; *Foth* NJW **1984** 221; *K. Meyer* NStZ **1985** 134; *Rieß* JR **1985** 46 ff; *I. Roxin* 205 ff; *Schünemann* StrVert. **1985** 824; *Bruns*, der in NStZ **1983** 49 wohl noch der Annahme eines Verfahrenshindernisses zuneigte, hat dies in StrVert. **1984** 390 f aufgegeben.

[176] So z. B. *Berz* JuS **1982** 419; *Franzheim* NJW **1979** 2014; *Lüderssen* FS Peters 363; *Schlegel* 95 ff; *Voller* 110; wohl auch *Mache* 200 ff; dagegen auch, wenn auch mit zweifelhafter Begründung (vgl. *Bruns* StrVert. **1984** 392) BGHSt **32** 345, 355; ferner *Alsberg/Nüse/*

Meyer 482; *K. Meyer* NStZ **1985** 134; *I. Roxin* 225 ff; *Schumann* JZ **1986** 66.

[177] Dazu z. B. *Bruns* NStZ **1983** 54; StrVert. **1984** 393; dagegen BGHSt **32** 345, 353; *Seelmann* ZStW **95** (1983) 825; *Puppe* NStZ **1986** 405.

[178] So auch *K. Meyer* NStZ **1985** 135.

[179] Im Ergebnis in vielen Punkten übereinstimmend *Puppe* NStZ **1986** 404; kritisch zur bloßen Strafzumessungsrelevanz *Bruns* StrVert. **1984** 393 f.

[180] So BGH NStZ **1986** 162; weitergehend (auch Möglichkeit des Absehens von Strafe praeter legem) *Puppe* NStZ **1986** 406; dazu kritisch *I. Roxin* 229 f; s. auch BGH NStZ **1984** 555 = StrVert. **1984** 406, 4. StS (Bedenken lediglich in Grenzbereichen, soweit bei Verbrechen kein Absehen von Strafe möglich).

Die uneingeschränkte Verpflichtung der Polizei, ihre Verhandlungen, also *alle* bei ihr erwachsenen Vorgänge, *ohne Verzug*, also auf dem schnellsten Wege, der Staatsanwaltschaft zu übersenden, soll bewirken, daß die Staatsanwaltschaft ihrer Aufgabe gerecht werden kann, sich aus einer umfassenden Sachverhaltserkenntnis heraus erforderlichenfalls unmittelbar in die Ermittlungen einzuschalten und die weitere Sachbehandlung zu beeinflussen. Sie stellt ferner sicher, daß die Staatsanwaltschaft von allen Anzeigen strafbarer Handlungen (§ 158, 6 ff) und von allen Fällen des bei der Polizei entstandenen Anfangsverdachts umfassend unterrichtet wird; damit steht sie in Verbindung mit dem Legalitätsprinzip nach § 152 Abs. 2. Sie gewährleistet schließlich das Monopol der Staatsanwaltschaft für die Abschlußentscheidung nach den §§ 153 ff und § 170.

75   Der **Zweck der Vorschrift** liegt, über ihren Wortlaut hinausgehend, darin, daß sie die Polizei gegenüber der Staatsanwaltschaft zur **vollständigen Informationsbereitstellung** verpflichtet. Die Vorschrift ist daher, soweit hierfür unter dem Gesichtspunkt der informationellen Selbstbestimmung eine gesetzliche Grundlage für erforderlich gehalten werden sollte[181], auch als eine die Übermittlung personenbezogener Daten des jeweiligen Verfahrens an die Staatsanwaltschaft uneingeschränkt gestattende Bestimmung anzusehen. Sie ist ferner Rechtsgrundlage für die Befugnis der Staatsanwaltschaft, von der Polizei *alle* bei der Strafverfolgung gewonnenen Informationen mitgeteilt zu erhalten. Über den Wortlaut hinaus verpflichtet sie die Polizei auch zur Mitteilung solcher Erkenntnisse, die nicht in Form von Verhandlungen schriftlich fixiert sind (vgl. Rdn. 106). Aus ihr läßt sich ferner ableiten, daß die Polizei **unaufgefordert** zu einer vollständigen Unterrichtung der Staatsanwaltschaft verpflichtet ist.

76   **b) Anwendungsbereich.** Die Vorschrift richtet sich an alle Behörden und Beamten des Polizeidienstes und gleichgestellte Behörden (vgl. Rdn. 11 ff), die aufgrund des § 163 Abs. 1 zur Erforschung von Straftaten tätig geworden sind[182]. Soweit die Polizeibehörden nach § 161 auf Ersuchen oder auf Antrag der Staatsanwaltschaft tätig werden, bedarf es des Rückgriffs auf § 163 Abs. 2 Satz 1 nicht; daß die Polizei die insoweit gewonnenen Informationen der Staatsanwaltschaft mitzuteilen hat, ergibt sich unmittelbar aus dem Begriff des Auftrags oder Ersuchens. Unanwendbar ist die Bestimmung hinsichtlich solcher Informationen, die die Polizei aufgrund polizeilicher Tätigkeit zum Zwecke der **Gefahrenabwehr** gewonnen hat; insoweit richtet sich die Auskunftsbefugnis der Staatsanwaltschaft nach § 161 Satz 1 (vgl. § 161, 12).

77   Die Verpflichtung zur Übersendung der Verhandlungen schließt nicht aus, daß die Polizei in Form von **Handakten** ein Doppel ihrer der Staatsanwaltschaft übermittelten Verhandlungen zurückbehält, um ggf. weitere Ermittlungen zu tätigen oder auf Ersuchen der Staatsanwaltschaft tätig werden zu können, ohne daß die Akten jeweils wieder mit übersandt werden müssen. Es gelten hier ähnliche Grundsätze wie für die Handakten der Staatsanwaltschaft (s. § 199, 21 f). Eine ausschließliche „Datenherrschaft" der Staatsanwaltschaft kann aus Absatz 2 nicht hergeleitet werden[182a]. Diese Vorschrift verbietet der Polizei auch nicht, die in den zu übersendenden Verhandlungen enthaltenen Informationen durch Aufnahme in die kriminalpolizeilichen Sammlungen oder Datensysteme zu Zwecken der Gefahrenabwehr einschließlich der vorbeugenden Verbrechensbekämpfung zu nutzen; über die Zulässigkeit und die Grenze s. näher Rdn. 94 ff.

78   **c)** Eine **Verpflichtung zur Aktenführung** statuiert Absatz 2 zwar nicht ausdrücklich; die Vorschrift setzt dies aber voraus. Es folgt darüber hinaus mit sachlogischer

---

[181] Vgl. dazu auch § 160, 4; 64; unten Rdn. 99.
[182] Zum Übermittlungsweg vgl. Rdn. 88.

[182a] *Bull* DVR **1982** 16; einschränkend *Schoreit* ZRP **1981** 74.

Notwendigkeit aus der Struktur des Ermittlungsverfahrens (näher § 160, 61 f). Der Grundsatz der Aktenwahrheit und Aktenvollständigkeit gilt auch für die Polizei, die den wesentlichen Verlauf und das Ergebnis jeder Ermittlungshandlung aktenkundig zu machen hat[183]. Ausnahmen gelten nur, soweit und solange die Vornahme bestimmter Ermittlungshandlungen oder die Identität von Gewährspersonen nach den in Rdn. 39 ff dargelegten Grundsätzen geheimgehalten werden darf. Auch in diesen Fällen ist es aber nicht zulässig, auf eine aktenmäßige Dokumentation ganz zu verzichten; sie kann lediglich in besonderen Akten vorgenommen werden, die dem Gericht im Falle der Erhebung der öffentlichen Klage nicht vorzulegen sind und deshalb nicht dem Akteneinsichtsrecht unterliegen[184]. Der Staatsanwaltschaft dürfen diese Informationen nicht vorenthalten werden (s. näher Rdn. 60).

d) Vorweginformation der Staatsanwaltschaft. Aus der Regelung, daß die Polizei **79** ihre Verhandlungen „ohne Verzug" der Staatsanwaltschaft zu übersenden hat, läßt sich die Beschränkung der polizeilichen Tätigkeit auf den sog. ersten Zugriff nicht ableiten (s. Rdn. 24). Zu übersenden sind die Verhandlungen vielmehr „unverzüglich", *sobald* die aufgrund von § 163 vorzunehmende polizeiliche Tätigkeit beendet ist (näher Rdn. 84 ff). Die Polizei kann also, ohne daß Absatz 2 Satz 1 entgegensteht, namentlich in weniger wichtigen und nicht besonders eilbedürftigen Fällen entsprechend der Praxis zunächst die Ermittlungen zu Ende führen. Unberührt bleibt hierdurch jedoch die Pflicht der Polizei, schon vor der Übersendung der Verhandlungen und auch wenn solche noch gar nicht vorliegen, nach den in Rdn. 8 ff dargelegten Grundsätzen die Staatsanwaltschaft zu informieren[185]. Die polizeilichen Ermittlungen können unabhängig hiervon weiterlaufen, solange die Staatsanwaltschaft keine konkreten Ermittlungsweisungen gibt.

2. Begriff und Umfang der Verhandlungen

a) Umfang. Aus dem Normzweck, die Staatsanwaltschaft umfassend über die bis- **80** herigen Ermittlungen zu informieren und sie in den Stand zu setzen, eine Abschlußentscheidung zu treffen und ggf. die Durchführung der Hauptverhandlung vorzubereiten, folgt, daß „Verhandlungen" im weitesten Sinne zu verstehen sind. Die Vorlagepflicht besteht unabhängig davon, ob nach der Einschätzung der Polizei ein Tatverdacht (noch) besteht. Jeder zum Zwecke der Erforschung einer Straftat entstandene Ermittlungsvorgang ist der Staatsanwaltschaft zu übersenden; auch wenn die Polizei schon bei der Aufnahme einer Anzeige einen Anfangsverdacht verneint hat[185a] oder wenn ein ursprünglich bejahter durch die Ermittlungen ausgeräumt oder ein Täter nicht ermittelt werden konnte[186], denn die Einstellung ist ausschließlich Sache der Staatsanwaltschaft. Die dieser Verpflichtung entsprechende Weitergabe einer Anzeige an die Staatsanwaltschaft erfüllt schon nicht den objektiven Tatbestand der §§ 164, 344 StGB[187]. Ein polizeilicher Dienstvorgesetzter ist nicht berechtigt, die Weiterleitung zu verhindern, wenn er Zweifel an der Richtigkeit hat; er kann allenfalls seine Bedenken in einem Begleitbericht niederlegen[188].

---

[183] KK-*R. Müller*[2] 26; s. auch § 168 b, 2; 6 ff.

[184] Vgl. für Vertraulichkeitszusagen und den Einsatz Verdeckter Ermittler RiStBV Anlage D Abschnitt I 5.6, II 4.5 und dazu krit. Rdn. 59; für Pflicht, diese Unterlagen zu den Verfahrensakten zu nehmen, LR-*Lüderssen* § 147, 51 ff.

[185] KK-*R. Müller*[2] 24; *Eb. Schmidt* 10.

[185a] Vgl. § 158, 18; **a. A** *Fincke* ZStW **95** (1983) 947.

[186] KK-*R. Müller*[2] 28; *Kleinknecht/Meyer*[38] 25; KMR-*Müller* 8.

[187] OLG München NStZ **1985** 549; dazu *Herzberg* JR **1986** 6.

[188] BGH JR **1956** 383; KK-*R. Müller*[2] 30; *Kleinknecht/Meyer*[38] 25.

81   **b) Akten und Beweisgegenstände.** Zu den vorzulegenden Verhandlungen gehören alle verkörperten Unterlagen und sonstigen Gegenstände, die im Zusammenhang mit der Erforschung der jeweiligen Tat entstanden oder in den Gewahrsam der Polizei gelangt sind[189]. Ausgenommen sind lediglich die Unterlagen, die ausschließlich den internen Dienstbetrieb der Polizei betreffen. Im einzelnen gehören zu den zu übersendenden **Akten** z. B. die Strafanzeige oder der Vermerk über die amtliche Wahrnehmung des Anfangsverdachts (Amtsanzeige), die Niederschriften über Vernehmungen und die Ergebnisse der aktenkundig gemachten Ermittlungshandlungen, kriminaltechnische Gutachten, Lichtbilder und Tatortskizzen, etwa herangezogene Beiakten oder von Auskunftspersonen zur Verfügung gestellte Unterlagen. Auch **Spurenakten** (vgl. § 199, 16) sind jedenfalls in der Form zu „übersenden", daß in den Akten auf ihr Vorhandensein aufmerksam gemacht und deutlich wird, daß sie auf Anforderung jederzeit zur Verfügung gestellt werden können[190]. Dabei macht es keinen Unterschied, ob diese „Spurenakten" als einzelne Blattsammlungen oder in der Form eines „Spurenbuches" geführt werden oder lediglich als automatisierte Dateien vorhanden sind[191].

82   Zu den vorzulegenden Verhandlungen gehören auch die **Sachbeweismittel**, sowie beschlagnahmte oder sonst sichergestellte **Einziehungsgegenstände**. Sie können allerdings faktisch im Gewahrsam der Polizei verbleiben, falls diese, wie etwa bei sichergestellten Kraftfahrzeugen, hierfür organisatorisch besser ausgerüstet ist. In diesem Fall ist hierauf bei der Übersendung der schriftlichen Vorgänge deutlich hinzuweisen[192]. Die Polizei verwahrt dann die Sachen für die Staatsanwaltschaft und nach Anklageerhebung für das Gericht und hat sie auf Erfordern diesen zur Verfügung zu stellen[193].

83   **c) Schlußbericht.** Umfangreiche Ermittlungsvorgänge legt die Polizei vielfach mit einem zusammenfassenden Schlußbericht oder Schlußvermerk vor[194], der das Ergebnis der Ermittlungen übersichtlich zusammenfaßt, um einen schnellen Überblick zu ermöglichen; er informiert darüber hinaus die polizeilichen Vorgesetzten, über die der Vorgang zu leiten ist (Rdn. 88), über das Ergebnis der Ermittlungen[195]. Gesetzlich vorgeschrieben ist der Schlußbericht nicht. Eine Verfahrensverzögerung darf durch ihn nicht eintreten[196]; kann er nicht alsbald erstellt werden, so sind die Akten ohne ihn der Staatsanwaltschaft vorzulegen. Eine nähere rechtliche Bewertung und eine ins einzelne gehende Beweiswürdigung braucht der Schlußbericht nicht zu enthalten[197].

3. Übersendung an die Staatsanwaltschaft

84   **a) Zeitpunkt.** Die Verhandlungen sind „ohne Verzug" zu übersenden. Das entspricht dem allgemeinen Beschleunigungsgebot[198], zugleich soll damit aber auch sichergestellt werden, daß die Staatsanwaltschaft möglichst frühzeitig in der Lage ist,

---

[189] Vgl. auch (ähnlich) KK-*R. Müller*[2] 24; *Kleinknecht/Meyer*[38] 22; *Eb. Schmidt* 10 (alles entstandene Ermittlungsmaterial); zur Frage der „Übersendung" von gespeicherten Daten s. Rdn. 106.

[190] KK-*R. Müller*[2] 22; *Kleinknecht/Meyer*[38] 24 (auch Weiterverwahrung bei der Polizei unzulässig); a. A *Meyer-Goßner* NStZ **1982** 353 f; zur umstrittenen Behandlung der Spurenakten näher mit weit. Nachw. § 199, 16; vgl. auch *Wieczorek* Kriminalistik **1984** 598; *Uhlig* StrVert. **1986** 118.

[191] Vgl. Rdn. 96 (SPUDOK).

[192] KK-*R. Müller*[2] 27; *Kleinknecht/Meyer*[38] 24.

[193] Vgl. auch § 199, 23 (zu ähnlichen Fragen bei der Vorlage der Akten an das Gericht).

[194] Näher *Kleinknecht/Meyer*[38] 48; *Schulz/Berke-Müller/Fabis* § 163 Anm. G; *Stohge* Kriminalistik **1982** 436.

[195] KK-*R. Müller*[2] 29; *Kleinknecht/Meyer*[38] 48 f.

[196] Großzügiger (keine „ungebührliche" Verzögerung) LR-*Meyer-Goßner*[23] 34.

[197] Vgl. näher KK-*R. Müller*[2] 29; *Kleinknecht/Meyer*[38] 49.

[198] LR-*Meyer-Goßner*[23] 37; vgl. Einl. Kap. **12** 90 ff.

sich in die Ermittlungen einzuschalten. Daß sich die Polizei generell auf Maßnahmen des ersten Zugriffs zu beschränken habe, kann der Formulierung nicht entnommen werden[199]. Ein fester Zeitraum oder eine zeitliche Obergrenze für die Dauer der selbständigen Ermittlungen der Polizei läßt sich nicht angeben[200]. Die Verhandlungen sind auf dem schnellstmöglichen Weg zu übersenden, sobald die Polizei keine (weiteren) Ermittlungen für erforderlich hält oder wenn wegen der Bedeutung des Falles oder eines entsprechenden Verlangens der Staatsanwaltschaft (s. näher Rdn. 8 ff) deren vorzeitige Information erforderlich ist. Auch nach der Übersendung der Verhandlungen kann die Polizei die Ermittlungen fortsetzen.

Hat die Polizei eine **Strafanzeige entgegengenommen** und beabsichtigt sie keine **85** weiteren Ermittlungen, weil sie eine Einstellung des Verfahrens erwartet, so sind die Vorgänge alsbald zu übersenden. Hat sie Ermittlungsmaßnahmen, wie beispielsweise kriminaltechnische Gutachten, veranlaßt, so entspricht es dem Beschleunigungsgedanken, wenn deren Eingang nicht abgewartet wird; die Ergebnisse können den vorweg übersandten Verhandlungen nachgereicht werden. Sind mehrere zusammenhängende Taten aufzuklären, so können die bereits abgeschlossenen Ermittlungen vorweg an die Staatsanwaltschaft übersandt werden[201]. Hält die Polizei aus ermittlungstaktischen Gründen eine Zurückstellung weiterer Ermittlungsschritte für geboten, so ist hiervon die Staatsanwaltschaft durch Übersendung der bisher entstandenen Vorgänge zu unterrichten. Hält die Polizei einen Fall für derzeit nicht aufklärbar, und hofft lediglich auf zukünftige Erkenntnisse, so hat sie ebenfalls die Verhandlungen der Staatsanwaltschaft zu übersenden[202].

Eine alsbaldige Übersendung der Verhandlungen ist regelmäßig notwendig, so- **86** bald **staatsanwaltschaftliche oder richterliche Ermittlungshandlungen** erforderlich werden. Gleiches gilt, wenn unter Inanspruchnahme einer polizeilichen Eilkompetenz Zwangsmaßnahmen angeordnet oder durchgeführt worden sind und entweder eine staatsanwaltschaftliche oder richterliche Bestätigung vorgeschrieben oder mit Einwendungen des Betroffenen zu rechnen ist. Hat die Polizei Schriftstücke sichergestellt, deren Durchsicht dem Staatsanwalt vorbehalten ist (§ 110), so sind ebenfalls die Ermittlungsvorgänge mit zu übersenden, wenn die Staatsanwaltschaft hierauf nicht nach näherer Unterrichtung verzichtet.

b) Abgabe innerhalb der Polizei. Solange die Polizei selbständig nach § 163 ermit- **87** telt, kann sie ihre Verhandlungen aus Gründen der örtlichen oder sachlichen Zuständigkeit ohne Zustimmung der Staatsanwaltschaft an eine andere Polizeibehörde abgeben. Hiervon ist die Staatsanwaltschaft zu unterrichten, falls sie vorweg von den polizeilichen Ermittlungen unterrichtet worden war[203].

c) Übermittlungsweg. Obwohl in Absatz 2 neben den Behörden auch die Beamten **88** des Polizeidienstes genannt sind, ergibt sich aus der Vorschrift nicht, daß der einzelne

---

[199] Näher, auch zur Gegenmeinung, Rdn. 24.

[200] § 163 a Abs. 1 Buchst. c des Vorentwurfs zum Verhältnis von Staatsanwaltschaft und Polizei (vgl. Vor § 158, 38; *Geisler* ZStW **93** [1981] 1116) sah vor, daß die Vorgänge spätestens nach Ablauf von 10 Wochen zu übersenden seien. Nach der Staatsanwaltschaftsstatistik 1986 (ohne Berlin, Hessen, Schleswig-Holstein) wurden von den bei der Polizei eingeleiteten (1 740 000) Ermittlungsverfah-

ren 54,7 % innerhalb eines Monats und 28,2 % nach 1 bis 2 Monaten an die Staatsanwaltschaft abgegeben. 7,0 % blieben länger als 3 Monate, darunter 1,6 % länger als 6 Monate, in der Hand der Polizei.

[201] *Kleinknecht/Meyer*[38] 25.

[202] Vgl. auch § 170, 10; ferner *Hilger* JR **1985** 95.

[203] Zur Abgabe bei der Ermittlungstätigkeit nach § 161 s. § 161, 48.

Peter Rieß

Beamte, der nach Absatz 1 tätig geworden ist, die Befugnis zur *unmittelbaren* Übersendung an die Staatsanwaltschaft hat. Etwas anderes gilt beim Einschreiten nach § 163 auch nicht bei Hilfsbeamten der Staatsanwaltschaft[204]. Zur Übersendung ist nur die jeweilige Polizeibehörde berechtigt; es regelt sich nach deren interner Organisation, welchen Vorgesetzten die Vorgänge vor der Übersendung an die Staatsanwaltschaft vorzulegen sind[205]; diese sind zur Weiterleitung verpflichtet[206].

89   **d) Adressaten.** Die Polizei übersendet grundsätzlich ihre Verhandlungen *der* Staatsanwaltschaft, also der örtlich und sachlich zuständigen staatsanwaltschaftlichen Behörde. Soweit für bestimmte Strafsachen Zuständigkeitskonzentrationen nach § 143 Abs. 4 GVG oder durch generelle Substitutionsanordnungen bestehen (Schwerpunktstaatsanwaltschaften)[207], sind die entsprechenden Verhandlungen diesen vorzulegen[207a]. Ist der Generalbundesanwalt für die Ermittlungen zuständig (§ 142 a Abs. 1 in Vbdg. mit § 120 Abs. 1, Abs. 2 Nr. 2, 3 GVG), so sind ihm die Ermittlungsvorgänge unmittelbar zu übersenden[208]. Besteht bei der Polizei Unklarheit, ob staatsanwaltschaftliche Sonderzuständigkeiten begründet sind, so kann sie ihre Verhandlungen stets der örtlich zuständigen Staatsanwaltschaft übersenden und dieser die Klärung der Zuständigkeitsfrage überlassen. Hält sich eine Staatsanwaltschaft, der die Vorgänge übersandt sind, für unzuständig, so gibt sie das Verfahren unmittelbar an die zuständige Staatsanwaltschaft ab; es ist unangebracht, sie der Polizei unter Hinweis auf die Unzuständigkeit zurückzugeben.

90   Wenn ausschließlich eine **Steuerstraftat** (§§ 369, 386 Abs. 1 AO) in Betracht kommt, kann die Polizei oder die Behörde der Steuer- und Zollfahndung (§ 404 AO) ihre Verhandlungen unmittelbar der Finanzbehörde vorlegen, solange diese das Ermittlungsverfahren selbständig zu führen berechtigt ist (§ 386 Abs. 2 AO)[209]; eine Verpflichtung hierzu besteht aber nicht[210]. Umgekehrt übersenden die Behörden der Steuer- und Zollfahndung ihre Verhandlungen unmittelbar der Staatsanwaltschaft, wenn die Ermittlungen den Verdacht einer nicht (nur) unter § 386 Abs. 2 AO fallenden Straftat ergeben haben[211].

91   **4. Übersendung an das Amtsgericht (Absatz 2 Satz 2).** Die Polizei kann nach dem Wortlaut der Vorschrift die Verhandlungen unmittelbar, also ohne Einschaltung der Staatsanwaltschaft, schon dann dem Amtsgericht übersenden, wenn sie die schleunige Vornahme richterlicher Untersuchungshandlungen (§ 165, 12) für erforderlich hält. Die Vorschrift bedarf nach der Änderung des § 165[212] der einschränkenden Auslegung. Denn da die Polizei beim Ermittlungsrichter keine Anträge stellen, sondern nur Anregungen zu dessen Tätigkeit nach § 165 geben kann[213], ist die unmittelbare Übersendung der Verhandlungen an den Amtsrichter nur sinnvoll, wenn für diesen die Voraussetzungen des § 165 vorliegen. Dazu gehört aber neben Gefahr im Verzug (§ 165, 9),

---

[204] A. A KK-*R. Müller*[2] 30; LR-*Meyer-Goßner*[23] 33; *Eb. Schmidt* 10; vgl. auch § 161, 52; 58.

[205] Zu eng KK-*R. Müller*[2] 30; LR-*Meyer-Goßner*[23] 33; *Eb. Schmidt* 10 (stets über Behördenleiter).

[206] Vgl. BGH JR **1956** 383; Rdn. 80.

[207] Vgl. LR-*Schäfer*[23] EB § 147, 4 GVG; KK-*Schoreit*[2] § 143, 7 GVG; *Kissel* § 143, 8 ff.

[207a] *Schulz/Berke-Müller/Fabis* Anm. F 1.

[208] KK-*R. Müller*[2] 26; *Kleinknecht/Meyer*[38] 23; vgl. auch Nr. 202 RiStBV.

[209] KK-*R. Müller*[2] 26; *Kleinknecht/Meyer*[38] 26; LR-*Meyer-Goßner*[23] 36.

[210] A. A (möglicherweise) KK-*R. Müller*[2] 25; *Kleinknecht/Meyer*[38] 26; LR-*Meyer-Goßner*[23] 36.

[211] *Kleinknecht/Meyer*[38] 26.

[212] Vgl. Entstehungsgeschichte bei § 165 und § 165, 2.

[213] KK-*R. Müller*[2] 31; *Kleinknecht/Meyer*[38] 26; LR-*Meyer-Goßner*[23] 39; *Eb. Schmidt* 11.

daß kein Staatsanwalt erreichbar ist. Die unmittelbare Übersendung an das Amtsgericht setzt daher neben der Eilbedürftigkeit voraus, daß die Staatsanwaltschaft nicht rechtzeitig eingeschaltet werden kann[214]. Darüber hat sich die Polizei Gewißheit zu verschaffen und dies bei der Übersendung dem Richter mitzuteilen[215]. Daß durch die Einschaltung der Staatsanwaltschaft lediglich ein Zeitverlust entsteht, reicht nicht aus. Benötigt die Polizei Auskünfte, die dem Sozialgeheimnis unterliegen (vgl. § 161, 25), so ist für die hierfür erforderliche richterliche Entscheidung regelmäßig die Staatsanwaltschaft einzuschalten[216].

Ein **Staatsanwalt ist erreichbar**, wenn er aufgrund mündlicher oder fernmündlicher Unterrichtung oder nach Übersendung eines Auszugs oder einer Kopie der Verhandlungen rechtzeitig vor der erforderlichen richterlichen Untersuchungshandlung Anträge stellen kann. In diesen Fällen kann die Polizei die Akten nach Abstimmung mit der Staatsanwaltschaft unmittelbar dem Amtsrichter zuleiten, und dabei den Antrag der Staatsanwaltschaft übermitteln. Dabei handelt es sich nicht um einen Anwendungsfall des Absatz 2 Satz 2, sondern um eine lediglich technische Vereinfachung der Übersendung der Ermittlungen; der Richter wird in diesem Fall nicht aufgrund des § 165 tätig, sondern entscheidet über einen staatsanwaltschaftlichen Antrag nach § 162. Wegen der Vorführung eines **vorläufig Festgenommenen**, bei der ebenfalls die Ermittlungsergebnisse mit vorzulegen sind[217], s. i. E. § 128, 12 f; 16.   **92**

Der **Ermittlungsrichter**, dem die Verhandlungen übersandt werden, **hat zu prüfen**, ob nach § 165 richterliche Untersuchungshandlungen veranlaßt sind und diese ggf. vorzunehmen und danach die **Akten** nach § 167 **der Staatsanwaltschaft zu übersenden**. Verneint er die Voraussetzungen des § 165, so übersendet er ebenfalls die Ermittlungsvorgänge der Staatsanwaltschaft[218]. Rechtsmittel stehen der Polizei gegen die Maßnahmen des Richters nicht zu[219].   **93**

V. Kriminalpolizeiliche Akten und Dateien

1. Übersicht

a) Zweck der Sammlung und Nutzung. Die bei der Sachverhaltserforschung in Ermittlungsverfahren erlangten Erkenntnisse, bei denen es sich in der datenschutzrechtlichen Terminologie regelmäßig um personenbezogene Daten handelt, müssen, ebenso wie die im weiteren gerichtlichen Verfahren und in der Strafvollstreckung entstehenden, notwendigerweise für die Zwecke des jeweiligen Strafverfahrens fixiert (in der datenschutzrechtlichen Terminologie gespeichert) werden. Das geschieht herkömmlicherweise in der Form von Akten; es kann aber auch durch eine automatische Speicherung in Dateien für die Zwecke des jeweiligen Verfahrens vorgenommen werden. Zulässigkeit und Kompetenz ergibt sich aus der Strafverfolgungszuständigkeit; besondere Rechtsgrundlagen hierfür sind nicht erforderlich[220]. Das gleiche gilt für Register oder Dateien, die (ausschließlich) den Zweck haben, Identifizierungsangaben wie Namen und Geschäftszeichen der jeweiligen Verfahrensakten festzuhalten und ihren Verbleib festzustellen (**Vorgangsverwaltung**). Schließlich wird es auch durch den strafverfahrensrechtlichen Zweck der Sachverhaltserforschung gedeckt, wenn in schriftlicher Form oder in automatisierten Dateien Informationen darüber festgehalten werden, welche weiteren Erkenntnisse zur Aufklärung der jeweiligen Straftat noch erforderlich sind, so   **94**

---

[214] Ebenso LR-*Meyer-Goßner*[23] 38.

[215] § 165, 7; LR-*Meyer-Goßner*[23] 39.

[216] *Greiner* Kriminalistik **1981** 168.

[217] LR-*Meyer-Goßner*[23] 40; *Eb. Schmidt* 11.

[218] KK-*R. Müller*[2] 31; LR-*Meyer-Goßner*[23] 39.

[219] KK-*R. Müller*[2] 31; *Kleinknecht/Meyer*[38] 26.

[220] Näher § 160, 63 f; **a. A** zu Unrecht *Ahlf* Kriminalakten 72 ff.

etwa, wenn Beschuldigte zur Festnahme und Beschuldigte oder andere Personen zur Aufenthaltsfeststellung ausgeschrieben werden.

95   Die **Führung darüber hinausgehender Sammlungen, Akten und Dateien** läßt sich dem Zweck der Sachverhaltserforschung für das jeweilige Verfahren und damit den §§ 160, 161, 163 nicht mehr unmittelbar zuordnen. Mit ihnen wird vielmehr das Ziel verfolgt, bei der Strafverfolgung gewonnene Informationen für Zwecke außerhalb des konkreten Strafverfahrens und seiner Aufklärungsbedürfnisse aufzubereiten und festzuhalten. Bei der Nutzung dieser Daten kann es darum gehen, (1) Beziehungen zu anderen noch nicht gänzlich abgeschlossenen Strafverfahren aufzudecken, um ihre sachgerechte Erledigung zu ermöglichen, (2) Straftaten aufzudecken, hinsichtlich derer noch nicht einmal ein Anfangsverdacht besteht, (3) Erkenntnisse zu sammeln, die für die Aufklärung erst künftig zu erwartender Straftaten von Bedeutung sind und (4) Erkenntnisse für die allgemeine Gefahrenabwehr nutzbar zu machen[221]. Es verbessert die unterschiedlichen Nutzungsmöglichkeiten, wenn in die entsprechenden Sammlungen nicht nur Informationen aufgenommen werden, die aus einer konkreten strafverfolgenden Tätigkeit stammen, sondern auch solche, die aus Aufgaben der Gefahrenabwehr gewonnen sind. Als Nutzungszwecke kommen Bedürfnisse der konkreten Straftatenaufklärung, der sog. vorbeugenden Verbrechensbekämpfung (s. Vor § 158, 10; 10 a) und der allgemeinen Gefahrenabwehr in Betracht.

96   **b) Einzelne Akten- und Datensysteme.** Zu den traditionellen Datensammlungen, die vorwiegend dem Zweck der vorbeugenden Verbrechensbekämpfung dienen, gehören die **polizeilichen Kriminalakten**, in denen für bestimmte Tatverdächtige Informationen gesammelt werden, die in erster Linie für die Aufklärung künftiger Straftaten von Bedeutung sein können[222]. Zulässigkeit, Umfang der aufzunehmenden Informationen, Aufbewahrungsdauer und andere Einzelheiten sind derzeit in einer verwaltungsinternen Richtlinie geregelt[223]. Bei dem sog. **INPOL-System** des Bundeskriminalamtes, dessen Einzelheiten ebenfalls in einer verwaltungsinternen Richtlinie[224] sowie in besonderen Errichtungsanordnungen geregelt sind, handelt es sich um eine Sammelbezeichnung für verschiedene, untereinander selbständige Dateien[225]; dazu gehören u. a. ein Kriminalaktennachweissystem (KAN), das dem Nachweis vorhandener Kriminalakten im Falle schwerer oder überregional bedeutsamer Straftaten dient; Dateien zur Personen- und Sachfahndung, eine Haftdatei für den Nachweis von Personen, die sich aufgrund richterlich angeordneter Freiheitsentziehung in behördlichem Gewahrsam befinden oder befanden; eine personenbezogene Erkennungsdienstdatei, die Falldatei PIOS[226], die der Zuordnung von bisher nicht aufgeklärten Straftaten zu bekannten und unbekannten Straftätern dienen soll, sowie die Datei SPUDOK zur temporären

---

[221] Zu den verschiedenen Zweckbestimmungen des INPOL-Systems vgl. *Ringwald* 137.

[222] Vgl. zu Funktion und Inhalt ausführlich *Ahlf* Kriminalakten 23 ff; *Wolter* GA **1988** 55 f.

[223] Richtlinien für die Führung kriminalpolitischer personenbezogener Sammlungen – KpS-Richtlinien vom 26. 2. 1981 – GMBl. **1981** 119.

[224] Richtlinien für die Errichtung und Führung von Dateien über personenbezogene Daten beim Bundeskriminalamt vom 26. 2. 1981 – GMBl. **1981** 114; vgl. auch die Darlegungen

im Tätigkeitsbericht des Bundesdatenschutzbeauftragten, zuletzt BTDrucks. **10** 6816, S. 58 ff; BTDrucks. **11** 1693, S. 76 ff, beide mit Hinw. auf frühere Berichte; kritisch zu den Richtlinien u. a. *Bull* DVR **1982** 15 ff.

[225] Einzelheiten (auch zur geplanten Fortentwicklung) z. B. bei *Kersten* Kriminalistik **1987** 325; *Riegel* Bundespolizeirecht § 2 BKrimAG, II 3; ferner *Rebmann/Schoreit* NStZ **1984** 2 f; *Ringwald* 23 ff; ZRP **1988** 178; *Wolter* GA **1988** 56 ff.

[226] Personen, Informationen, Objekte, Sache.

Dokumentation von Hinweisen, Spuren, polizeilichen Ermittlungsergebnissen und Maßnahmen zur Aufklärung komplexer Straftaten[226a]. Entsprechende automatisierte Dateien sind auch auf Landesebene bei den Landeskriminalämtern eingerichtet[227].

97 Im **Justizbereich** bestehen neben dem auch dem Zweck der Straftatenaufklärung und der vorbeugenden Verbrechensbekämpfung dienenden, gesetzlich geregelten **Bundeszentralregister** derzeit in verschiedenen Bereichen regional unterschiedlichen Dateien, die bei der Strafverfolgung entstandene Daten enthalten. Sie betreffen teilweise die bloße Vorgangsverwaltung, teilweise eröffnen sie darüber hinausgehende Verwendungsmöglichkeiten[228]. Ein bundesweites staatsanwaltschaftliches Informationssystem befindet sich in der Planung[229]. Ob und in welchem Umfang den Staatsanwaltschaften der unmittelbare Zugriff zum polizeilichen Informationssystem INPOL rechtlich möglich ist, ist umstritten[230]; in der Praxis besteht ein solcher Anschluß derzeit nicht in nennenswertem Umfang[231].

98 **2. Rechtliche Probleme.** Die mit diesen Sammlungen und Dateien verbundenen Rechtsfragen sind sowohl im Grundsätzlichen als auch in nahezu allen Einzelheiten umstritten und weitgehend ungeklärt. Eine gesetzliche Regelung wird verbreitet namentlich aufgrund des Urteils des BVerfG zum Volkszählungsgesetz für notwendig gehalten[232], doch bestehen insoweit noch tiefgreifende Meinungsverschiedenheiten über den Regelungsstandort, den Regelungsumfang und den Regelungsinhalt[233]. Umstritten ist für eine gesetzliche Regelung namentlich, ob der Gesetzgeber die Zulässigkeit der Speicherung und Nutzung von nur im Rahmen der Strafverfolgung erhobenen Daten im Interesse einer effektiven Verbrechensbekämpfung an eher weite oder im Interesse des Persönlichkeitsschutzes an eher enge Voraussetzungen knüpfen soll, ob gesetzliche Regelungen eher generalklauselhaft allgemein oder eher detailliert gefaßt werden und ob sie ihren Standort vorwiegend im Polizeirecht oder im Strafverfahrensrecht haben sollen. In der verwaltungsgerichtlichen Rechtsprechung wird die (mindestens vorübergehende) Zulässigkeit der Führung von Kriminalakten ohne spezielle gesetzliche Regelung unterschiedlich beurteilt[234].

99 Aus **datenschutzrechtlicher Sicht**[235] wird die Verwendung personenbezogener Informationen aus einem Strafverfahren zu Zwecken der Verhütung künftiger Straftaten oder der allgemeinen Gefahrenabwehr auch dann als eine **Nutzungsänderung** angese-

---

[226a] Dazu näher u. a. *Ehmann* CuR **1988** 492.

[227] Vgl. *Ringwald* 37 ff.

[228] Vgl. die Hinweise bei *Ernesti* NStZ **1983** 57; *Rebmann/Schoreit* NStZ **1984** 1; *Ringwald* ZRP **1988** 178.

[229] Vgl. den Beschluß der Justizministerkonferenz DRiZ **1987** 398 f; kritisch *Ringwald* ZRP **1988** 183.

[230] Vgl. dazu mit weit. Nachw. zuletzt *Merten* NStZ **1987** 11 ff; *Wolter* GA **1988** 57, 61; ausführlich *Ringwald*; ferner *Rebmann/Schoreit* NStZ **1984** 3 f; *Riegel* Bundespolizeirecht § 2 BKrimAG, II 3 c cc; s. auch Rdn. 105.

[231] Vgl. *Merten* NStZ **1987** 14.

[232] BVerfGE **65** 1 ff; vgl. auch § 160, 65; BayVerfGH NJW **1986** 915; vgl. auch BT-Drucks. **11** 1878, S. 10.

[233] Vgl. u. a. jeweils mit weit. Nachw. aus neue-

ster Zeit *Ahlf* Kriminalakten 47 ff, 83 ff; *Ringwald* ZRP **1988** 182; *Wolter* GA **1988** 58 ff.

[234] Bejahend u. a. BayVerfGH NJW **1986** 915 = BayVBl. **1985** 652 mit Anm. *Honnacker*; VGH Mannheim NJW **1987** 3022 (dazu *Pfiszter* Kriminalistik **1987** 641); VGH München NJW **1984** 2235; verneinend u. a. VG Frankfurt NJW **1987** 2248 = CuR **1988** 158 mit Anm. *Taeger* mit weit. Rechtsprechungsnachw. (dazu auch *Vahle* Kriminalistik **1987** 514); Übersicht über den Stand der Rspr. bei *Gola* NJW **1988** 1638 f; zum Ganzen auch *Ahlf* Kriminalakten 47 ff.

[235] Vgl. zum folgenden u. a. *Bull* DVR **1982** 1; *Denninger* KJ **1985** 215; CuR **1988** 51; *Dreier* JZ **1987** 1015; *Ringwald* ZRP **1988** 178; *Rosenbaum* Jura **1988** 183; *Simitis* Kriminalistik **1987** 305.

Peter Rieß

hen, wenn diese Daten von der Polizei im Rahmen ihrer strafverfolgenden Tätigkeit aufgrund der §§ 161, 163 erhoben worden sind. Daraus wird teilweise gefolgert, daß die Verwendung zu anderen Zwecken nur unter engen und genau umschriebenen Voraussetzungen zulässig sein dürfen und daß diese sog. **Repressivdaten** von auf polizeirechtlicher Grundlage erhobenen sog. **Präventivdaten** generell zu trennen seien[236]. In einem Teil des **strafverfahrensrechtlichen Schrifttums** wird der Polizei darüber hinaus die Befugnis bestritten, bei der konkreten Straftatenermittlung gewonnene Daten, die als **Justizdaten** gekennzeichnet werden, selbständig zu verarbeiten. Aus der Leitungsbefugnis der Staatsanwaltschaft für das Ermittlungsverfahren wird ihre **Datenherrschaft** für solche Daten abgeleitet und das Recht in Anspruch genommen, Art und Umfang der Verarbeitung solcher Daten abschließend zu bestimmen[237]. Aus der Stellung der Staatsanwaltschaft wird ferner die Befugnis abgeleitet, auch zum Zwecke der sog. vorbeugenden Verbrechensbekämpfung allein oder verantwortlich den Inhalt polizeilicher Kriminalakten bestimmen zu können.

100   Von **polizeirechtlicher Seite**[238] wird demgegenüber die Trennbarkeit von polizeilich gewonnenen Repressiv- und Präventivdaten sowohl in grundsätzlicher als auch in praktischer Hinsicht bestritten. Die Datensammlung zur Verhütung künftiger Straftaten oder ihrer künftigen Aufklärung wird als Teil eines originären, mit der Gefahrenabwehr verbundenen umfassenden Präventivauftrages interpretiert[239], in den die Strafverfolgung nach den §§ 161, 613 als ein gesetzlich besonders geregelter Spezialbereich eingebettet sei. Es wird geltend gemacht, daß die Führung der polizeilichen Datensammlungen, auch soweit sie sog. Repressivdaten enthielten, eine primär polizeiliche Aufgabe sei, die nach anderen Bedürfnissen ablaufe als eine vorwiegend justitiellen Zwecken dienende Datensammlung in Form von staatsanwaltschaftlichen Dateien. Von diesem Ausgangspunkt her wird die Auffassung bestritten, daß es sich bei der Verwendung von sog. Repressivdaten zum Zweck der Verbrechensverhütung und vorbeugenden Verbrechensbekämpfung um eine Nutzungsänderung handle, und die Auffassung einer Datenherrschaft der Staatsanwaltschaft abgelehnt. Es wird schließlich geltend gemacht, daß gesetzliche Regelungen, die die Führung kriminalpolizeilicher Sammlungen und Dateien mit dem Ziel vorbeugender Verbrechensbekämpfung betreffen, ihren Standort nicht im Strafverfahrensrecht, sondern im Polizeirecht finden müßten.

101   3. **Bewertung.** Eine auch nur vorläufige Bewertung der außerordentlich vielschichtigen und weder in ihren verfassungsrechtlichen noch in ihren dogmatischen und tatsächlichen Grundlagen bisher ausreichend geklärten Problematik ist im Rahmen eines Kommentars zum Strafverfahrensrecht nicht möglich; sie würde eine umfangreiche monographische Bearbeitung erfordern. Die vorhandenen Zweifel und Unsicherheiten rühren wohl nicht zuletzt davon her, daß die dogmatisch-systematische und terminologische Entwicklung des Datenschutzrechtes nicht genügend Bedacht auf eine ausreichende Verzahnung mit dem vorhandenen Rechtssystem genommen hat und daß über die Tragweite der Argumentation des BVerfG im sog. Volkszählungsurteil jedenfalls in

---

[236] Vgl. u. a. *Ringwald* ZRP **1988** 182; *Wolter* GA **1988** 79.

[237] So vor allem *Ernesti* NStZ **1983** 57 ff; KK-*Schoreit*[2] § 152, 3 GVG; *Schoreit* ZRP **1981** 73 ff; KritV **1988** 157; *Uhlig* StrVert. **1986** 177 ff; *Füllkrug* ZRP **1984** 195; zusammenfassende Wiedergabe bei *Ahlf* Kriminalakten 29 ff mit krit. Würdigung, der aller-

dings zu generalisierend von der Auffassung „der Staatsanwaltschaft" spricht.

[238] Vgl. zum Folgenden u. a. *Ahlf* Kriminalakten 56 ff; *Honnacker* CuR **1986** 287; *Kniesel* ZRP **1987** 377; *Kube/Leineweber* DVR **1984** 73; *Stümper* Die Polizei **1987** 159.

[239] Vgl. dazu Vor § 158, 12 f.

den Einzelheiten noch keine Klarheit besteht und möglicherweise auch nicht zu gewinnen ist. Sie sind aber wohl auch darauf zurückzuführen, daß das traditionelle Polizeirecht ebenso wie das Strafverfahrensrecht weder in der dogmatischen Struktur noch im systematischen Aufbau und dem vorhandenen Regelungsbestand darauf zugeschnitten ist, die hier in Frage stehenden Rechtsprobleme zu bewältigen, weil weder bei Schaffung der StPO noch in der Folgezeit die jetzt auftauchenden Fragen als Regelungsprobleme erkannt worden sind[240]. Das alles legt eine eher behutsame Anwendung vorhandener Strukturgrundsätze auf diese neuartige Entwicklung nahe. Dabei sollte die Zulässigkeit der vorhandenen, teilweise seit langem bewährten Instrumente der Praxis pragmatisch beurteilt und es sollten weitere sinnvolle Entwicklungen nicht von vornherein verstellt werden. Zu bedenken ist dabei auch, daß ihre praktische Vereinbarkeit mit verfassungsrechtlichen und datenschutzrechtlichen Anforderungen in nicht unerheblichem Maße dadurch sichergestellt wird, daß der Betrieb von Dateien der begleitenden Kontrolle durch den Bundesbeauftragten für den Datenschutz unterliegt und daß über dessen Erkenntnisse und Bedenken eine öffentliche Diskussion stattfinden kann[241].

102 Von diesem Standpunkt aus ließe sich die **Zulässigkeit der vorhandenen** kriminalpolizeilichen Aktensystemen sowie kriminalpolizeilicher und justitieller **Dateien** (Rdn. 95 f) ohne die vielfach geforderte und auf längere Sicht auch notwendige spezielle gesetzliche Regelung derzeit insgesamt nur verneinen, wenn sie in evidenter Weise in den Kern des Persönlichkeitsrechts oder sonstige verfassungsrechtlich geschützte Positionen eingreifen würden oder wenn sie im Hinblick auf den Kreis der Betroffenen, den Umfang der gespeicherten Informationen oder die Dauer der Aufbewahrung deutlich unverhältnismäßig wären. Anhaltspunkte dafür sind nicht ersichtlich (s. auch § 160, 65). Ob einzelne Anwendungsfelder oder Einzelheiten der Speicherung oder Verarbeitung die Zulässigkeitsgrenze überschreiten, kann im Zusammenhang mit dieser allgemeinen Bewertung nicht näher untersucht werden[242].

103 Bei einer **künftig zu schaffenden gesetzlichen Regelung**[243] mag eine kritischere Notwendigkeits- und Eignungsprüfung angebracht sein; auch dabei sollte aber nicht aus dem Auge verloren werden, daß dem sog. Recht auf informationelle Selbstbestimmung der mit dem Rechtsstaatsprinzip verbundene Anspruch auf eine funktionsfähige und effektive Verbrechensbekämpfung gegenübersteht. Berücksichtigt werden muß dabei ferner, daß einheitliche Dateien und Sammlungen unterschiedliche Zwecke erfüllen können (Rdn. 95); Regelungen, die dies außer Acht lassen, könnten eine verfassungs- und datenschutzrechtlich eher unerwünschte Errichtung von Paralleldateien zur Folge haben.

104 Ob der im Datenschutzrecht entwickelte und ansatzweise auch vom BVerfG verwendete Begriff der **Zweckumwandlung oder Nutzungsänderung** von Daten uneingeschränkt anwendbar ist, wenn von der Polizei nach den §§ 161, 163 erhobene Daten zu Zwecken vorbeugender Verbrechensbekämpfung oder Verbrechensverhütung[244] in

---

[240] Vgl. auch zur Problematik eines sich verändernden Begriffs des Grundrechtseingriffs und der Leistungsfähigkeit des strafprozessualen Systems der Einzeleingriffsermächtigung § 160, 6 ff.

[241] Vgl. zuletzt z. B. den 9. Tätigkeitsbericht (BTDrucks. 10 6816), S. 55 ff und den 10. Tätigkeitsbericht (BTDrucks. 11 1693), S. 73 ff, jeweils mit Hinweisen auf frühere Berichte.

[242] Nähere Hinweise z. B. bei *Wolter* GA **1988** 58, 83 sowie in den Tätigkeitsberichten des

Bundesbeauftragten für den Datenschutz, vgl. Fußn. 241.

[243] Vgl. insoweit die Antwort der BReg. auf eine Anfrage der Opposition, BTDrucks. **11** 1878, S. 10; dazu auch 10. Tätigkeitsbericht des Bundesbeauftragten für den Datenschutz, BTDrucks. **11** 1693, S. 22; zur Notwendigkeit s. auch BayVerfGH NJW **1986** 915.

[244] Zur Problematik dieser Begriffe und zu den Abgrenzungsproblemen s. Vor § 158, 9 ff.

Kriminalakten oder entsprechenden Dateien gespeichert und genutzt werden, bedarf weiterer, die Besonderheiten dieser Tätigkeit stärker berücksichtigender Klärung. Dabei wird vor allem zu bedenken sein, daß die Zusammenführung gefahrenabwehrender und strafverfolgender Tätigkeit im polizeilichen Bereich möglicherweise von Anfang an gerade deshalb vom Gesetzgeber vorgenommen worden ist, um unbeschadet der rechtlichen Selbständigkeit des strafrechtlichen Ermittlungsverfahrens unter der verantwortlichen Leitung der Staatsanwaltschaft präventivpolizeiliche Erkenntnisse auch für die Strafverfolgung nutzbar zu machen und die Polizei für die mit der Gefahrenabwehr verbundenen Aspekte der Verbrechensbekämpfung, also über die mit der Aufklärung des Einzelfalles verbundene Tätigkeit hinaus, die im Zusammenhang mit der Strafverfolgung anfallenden Informationen zur Verfügung zu stellen. Die in § 81 b für Zwecke des Erkennungsdienstes der Polizei eingeräumte Befugnis deutet in diese Richtung.

105   Ebenfalls zweifelhaft und eher **abzulehnen** erscheint die generelle These von einer **Datenherrschaft der Staatsanwaltschaft** über sog. **Justizdaten.** Ganz abgesehen von der generellen Problematik des Begriffs der Datenherrschaft[245] wird dabei verkannt, daß sich die Leitungsbefugnis der Staatsanwaltschaft jeweils nur auf ein konkretes Strafverfahren bezieht und gerade nicht auf die hier in Frage stehende Aufgabe, Daten zum Zwecke der vorbeugenden Verbrechensbekämpfung zu nutzen. Es ist der Sache nicht förderlich, die neuartige und schwierige Problematik der Datenverwendung unkritisch und ohne hinreichende Berücksichtigung der mit der Sache verbundenen Besonderheiten mit der Diskussion über das allgemeine Verhältnis von Staatsanwaltschaft und Polizei zu verknüpfen.

106   Freilich ist nicht zweifelhaft, daß auch der **Staatsanwaltschaft** der **Zugriff auf** derartige **Dateien** offensteht. Das folgt, soweit es sich um das laufende Verfahren handelt, aus § 163 Abs. 2 (s. Rdn. 75); zum Zwecke der Aufklärung von anderen Straftaten ergibt es sich aus § 161 Satz 1 (s. § 161, 12). Unberührt bleibt ferner die Befugnis zur Errichtung von justizeigenen Informationssystemen und eine als Annexkompetenz aus Art. 74 Nr. 1 GG abzuleitende bundesgesetzliche Kompetenz des Strafprozeßgesetzgebers zur gesetzlichen Regelung der Grenzen der Verwendung von Daten, die im Zusammenhang mit einem Strafverfahren gewonnen worden sind.

VI. Rechtsbehelfe

1. Aufsichtsbeschwerde

107   a) **Zulässigkeit.** Gegen Strafverfolgungsmaßnahmen der Polizei nach § 161 Satz 2 oder § 163 ist uneingeschränkt Aufsichtsbeschwerde zulässig, unabhängig davon, ob die Strafverfolgungsmaßnahme in ihren Wirkungen noch andauert oder bereits endgültig erledigt und ob sich die Beschwerde gegen die Strafverfolgungsmaßnahme selbst (**Sachaufsichtsbeschwerde**) oder gegen das Verhalten des Beamten anläßlich der strafverfolgenden Tätigkeit richtet (**Dienstaufsichtsbeschwerde**)[246]. Gegen die ablehnende Entscheidung auf die Aufsichtsbeschwerde ist die weitere Aufsichtsbeschwerde an die nächst höhere Dienststelle möglich.

108   b) **Zuständigkeit.** Über die **Dienstaufsichtsbeschwerde** im engeren Sinne entscheidet stets der polizeiliche Dienstvorgesetzte. Die Zuständigkeit für die Entscheidung

---

[245] Vgl. *Merten* NStZ **1987** 12; *Ringwald* 54.
[246] Allgem. Meinung; vgl. u. a. KK-*R. Müller*[2]
     33 (mit Beispielen); *Kleinknecht/Meyer*[38] 50.

über die **Sachaufsichtsbeschwerde** ist teilweise strittig. Die wohl herrschende Meinung bejaht die Zuständigkeit der Staatsanwaltschaft, wenn die Polizei aufgrund eines Auftrags oder einer Weisung nach § 161 Satz 2 tätig geworden ist[247], dagegen die Zuständigkeit des polizeilichen Dienstvorgesetzten, wenn sie im Rahmen ihrer selbständigen Erforschungspflicht nach § 163 Absatz 1 tätig geworden ist[248]. Hiervon soll aber dann eine Ausnahme gelten, wenn der Polizeibeamte als Hilfsbeamter der Staatsanwaltschaft tätig geworden ist[249].

Ob dieser **Differenzierung** uneingeschränkt zu folgen ist, erscheint **zweifelhaft.** **109** Richtig ist zwar, daß Sachbeschwerden gegen die polizeiliche Tätigkeit nach § 161 Satz 2 von der Staatsanwaltschaft als dem Weisungsgeber zu bescheiden sind. Bei selbständig vorgenommenen Strafverfolgungshandlungen der Polizei nach § 163 Abs. 1 erscheint es aber nicht sonderlich überzeugend, danach zu unterscheiden, ob sie von einem Polizeibeamten vorgenommen worden sind, der zugleich kraft Landesrecht die Eigenschaft als Hilfsbeamter der Staatsanwaltschaft hat. Wenn die Sachbeschwerde darauf abzielt, eine bestimmte Strafverfolgungsmaßnahme (oder ihr Unterlassen) zu korrigieren, wird mit ihr inhaltlich (mindestens auch) verlangt, daß die Staatsanwaltschaft von ihrem Weisungsrecht nach § 161 Satz 2 Gebrauch mache. In solchen Fällen wird zwar der polizeiliche Dienstvorgesetzte der Sachbeschwerde abhelfen können, im übrigen ist aber für ihre Behandlung die Staatsanwaltschaft zuständig. Beanstandet der Beschwerdeführer bereits eine lediglich vollständig abgeschlossene Ermittlungshandlung, ohne den weiteren Ablauf des Ermittlungsverfahrens beeinflussen zu wollen, so dürfte allgemein die Zuständigkeit des polizeilichen Dienstvorgesetzten gegeben sein.

2. Gerichtliche Rechtsbehelfe

a) Ausschluß des Verwaltungsrechtsweges. Maßnahmen der Polizei aufgrund der **110** §§ 161, 163 sind funktionell Maßnahmen der Justiz, sie können daher nicht vor den Verwaltungsgerichten angefochten werden[250]. Dagegen sind die **Verwaltungsgerichte zuständig,** soweit es sich um polizeiliche Maßnahmen der Gefahrenabwehr handelt[251]. Dies gilt auch, soweit es sich um die Führung von Kriminalakten oder um polizeiliche Daten handelt[252].

b) Anrufung der ordentlichen Gerichte. Soweit der Verwaltungsrechtsweg ausge- **111** schlossen ist, gelten für die Zulässigkeit des Rechtsweges zu den ordentlichen Gerichten die gleichen Grundsätze wie für Ermittlungsmaßnahmen der Staatsanwaltschaft; auf die Erl. bei § 160, 66 ff wird verwiesen.

---

[247] OVG Hamburg v. 28. 1. 70 – BS I 85/69, wiedergegeben in OVG Hamburg NJW **1970** 1700.

[248] KK-*R. Müller*[2] 33; KMR-*Müller* 12; LR-*Meyer-Goßner*[23] 42; *Ullrich* ZRP **1977** 162; **a. A** (stets polizeilicher Dienstvorgesetzter); *Kleinknecht/Meyer*[38] 50; (stets Staatsanwaltschaft) *Wagner* Polizeirecht 152.

[249] KK-*R. Müller*[2] 33; *Kleinknecht/Meyer*[38] § 152, 8 GVG; LR-*Meyer-Goßner*[23] 42.

[250] BVerwGE **47** 255 = NJW **1975** 893 mit Anm. *Schenke* NJW **1975** 1530; OVG Hamburg NJW **1970** 1699; ausführlich mit weit. Nachw. LR-*K. Schäfer*[23] § 23, 8 ff EGGVG; KK-*Kissel*[2] § 23, 14 EGGVG; *Kleinknecht/Meyer*[38] § 23, 2 EGGVG; s. auch die Erl. zu

§ 23 EGGVG; zur Rechtswegfrage bei Anträgen auf Widerruf wie Presseerklärungen s. § 160 Fußn. 117, 178.

[251] Zur Frage der Abgrenzung vgl. Vor § 158, 11; KK-*Kissel*[2] § 23, 18 EGGVG sowie die Erl. zu § 23 EGGVG.

[252] VGH München NJW **1984** 2235; VGH Mannheim NJW **1987** 3022; VG Frankfurt CuR **1988** 159 mit Anm. *Taeger* (insoweit in NJW **1987** 2248 nicht abgedruckt); *Ahlf* Kriminalakten 41 ff; *Flümann* NJW **1985** 1452 (beide mit weit. Rechtsprechungsnachw.); **a. A** *Schoreit* NJW **1985** 171; zum Rechtsweg bei der Aufbewahrung erkennungsdienstlicher Unterlagen s. § 81 b, 25.

Peter Rieß

112   Vor der gerichtlichen Entscheidung ist stets die **Staatsanwaltschaft zu hören** (§ 33 Abs. 2). Geht der Antrag auf gerichtliche Entscheidung bei der Polizei ein, so leitet diese ihn der Staatsanwaltschaft zu. Richtet sich der Antrag auf gerichtliche Entscheidung gegen eine noch nicht vollständig erledigte Zwangsmaßnahme, die von einem Hilfsbeamten der Staatsanwaltschaft angeordnet worden ist, so hat die Staatsanwaltschaft zunächst zu prüfen, ob die Maßnahme aufrechterhalten werden soll. Richtet sich der Antrag auf Feststellung der Rechtswidrigkeit einer vollständig erledigten Zwangsmaßnahme, so kann eine die Rechtswidrigkeit bejahende Feststellung der Staatsanwaltschaft je nach Lage des Falles das berechtigte Interesse an der gerichtlichen Feststellung beseitigen, namentlich wenn es auf Wiederholungsgefahr gestützt wurde.

113   3. Zur **Revision** s. § 160, 68.

§ 163 a

(1) ¹Der Beschuldigte ist spätestens vor dem Abschluß der Ermittlungen zu vernehmen, es sei denn, daß das Verfahren zur Einstellung führt. ²In einfachen Sachen genügt es, daß ihm Gelegenheit gegeben wird, sich schriftlich zu äußern.

(2) Beantragt der Beschuldigte zu seiner Entlastung die Aufnahme von Beweisen, so sind sie zu erheben, wenn sie von Bedeutung sind.

(3) ¹Der Beschuldigte ist verpflichtet, auf Ladung vor der Staatsanwaltschaft zu erscheinen. ²Die §§ 133 bis 136 a und 168 c Abs. 1 und 5 gelten entsprechend. ³Über die Rechtmäßigkeit der Vorführung entscheidet auf Antrag des Beschuldigten das Gericht; § 161 a Abs. 3 Satz 2 bis 4 ist anzuwenden.

(4) ¹Bei der ersten Vernehmung des Beschuldigten durch Beamte des Polizeidienstes ist dem Beschuldigten zu eröffnen, welche Tat ihm zur Last gelegt wird. ²Im übrigen sind bei der Vernehmung des Beschuldigten durch Beamte des Polizeidienstes § 136 Abs. 1 Satz 2 bis 4, Abs. 2, 3 und § 136 a anzuwenden.

(5) Bei der Vernehmung eines Zeugen oder Sachverständigen durch Beamte des Polizeidienstes sind § 52 Abs. 3, § 55 Abs. 2, § 81 c Abs. 3 Satz 2 in Verbindung mit § 52 Abs. 3 und § 136 a entsprechend anzuwenden.

Schrifttum. *Alsberg/Nüse/Meyer* Der Beweisantrag im Strafprozeß⁵ (1983) 335; *Artzt* Begründung der Beschuldigten-Eigenschaft, Kriminalistik **1970** 379; *Banscherus* Polizeiliche Vernehmung. Formen, Verhalten, Protokollierung (1977); *Bente/von Lübken* Soziolinguistik und Kriminalpolizei — „Underworld-Lingo", Die Polizei **1984** 117; *Bialek* Die Aussagebereitschaft der Tatverdächtigen bei der Polizei, Die Polizei **1983** 343; *Brenner* Schwache Vernehmungsprotokolle im Strafverfahren, Kriminalistik **1981** 142; *Dingeldey* Das Prinzip der Aussagefreiheit im Strafprozeß, JA **1984** 407; *Eisenberg* Vernehmung und Aussage (insbesondere) im Strafverfahren aus empirischer Sicht, JZ **1984** 912; *Eisenberg* Zum Schutzbedürfnis jugendlicher Beschuldigter im Ermittlungsverfahren, NJW **1988** 1250; *Fincke* Verwertbarkeit von Aussagen des nicht belehrten Beschuldigten, NJW **1969** 1014; *Fincke* Zum Begriff des Beschuldigten und den Verdachtsgraden, ZStW **95** (1983) 918 ff; *Fischer* Die Vernehmung des Beschuldigten im strafrechtlichen Ermittlungsverfahren, Diss. Erlangen/Nürnberg 1976; *Geerds* Vernehmungstechnik⁵ (1976); *von Gerlach* Die Begründung der Beschuldigteneigenschaft im Ermittlungsverfahren, NJW **1969** 776; *Geppert* Notwendigkeit und rechtliche Grenzen der „informatorischen Befragung" im Strafverfahren, FS Oehler (1985) 323; *Gerling* Informatorische Befragung und Auskunftsverweigerungsrecht (1987); *Glat-*

zel Die Ermittlungsvernehmung aus psychologisch-psychopathologischer Sicht, StrVert. **1982** 283; *Gundlach* Die Vernehmung des Beschuldigten im Ermittlungsverfahren (1984); *Händel* Verteidigeranwesenheit bei polizeilicher Vernehmung, DNP **1979** 32; *Häring* Zur Kriminologie des Aussageverweigerers, Die Polizei **1967** 331, 380; *Haubrich* Informatorische Befragung von Beschuldigten und Zeugen, NJW **1981** 803; *Helgerth* Der „Verdächtige" als schweigeberechtigte Auskunftsperson und selbständiger Prozeßbeteiligter neben den Beschuldigten und den Zeugen, Diss. Erlangen/Nürnberg 1976; *Herren/Bortz* Das Vernehmungsprotokoll, Kriminalistik **1976** 313; *Heydebreck* Die Begründung der Beschuldigteneigenschaft im Strafverfahren, Diss. Göttingen 1974; *Kerl* Staatsanwaltschaft und Polizei — über einen Versuch, die schriftliche Polizeivernehmung einzuführen, DRiZ **1985** 3; *Kleinknecht* Ermittlungen der Polizei nach der „kleinen Strafprozeßreform", Kriminalistik **1965** 449; *Kohlhaas* Vom ersten Zugriff zum Schlußgehör, NJW **1965** 1254; *Krause* Die informatorische Befragung, Die Polizei **1978** 305; *Krause* Einzelfragen zum Anwesenheitsrecht des Verteidigers im Strafverfahren, StrVert. **1984** 169; *Krekeler* Der Beweiserhebungsanspruch der Verteidigung im Ermittlungsverfahren unter besonderer Berücksichtigung des Sachverständigenbeweises, AnwBl. **1986** 62; *Krost* Die Vernehmung, „Aushandeln der Wirklichkeit" oder ungenutzte Chancen besserer Ermittlungs- und Aufklärungsergebnisse? Kriminalistik **1986** 173; *Kroth* Die Belehrung des Beschuldigten im Strafverfahren über sein Recht, die Aussage zu verweigern, Diss. München 1976; *Lenckner* Mitbeschuldigter und Zeuge, FS Peters 333; *Lüder* gen. *Lühr* Das juristische Umfeld der informatorischen Befragung, Die Polizei **1985** 43; *Nelles* Der Einfluß der Verteidigung auf Beweiserhebungen im Ermittlungsverfahren, StrVert. **1986** 74; *Quedenfeld* Beweisantrag und Verteidigung in den Abschnitten des Strafverfahrens bis zum erstinstanzlichen Urteil, FS II Peters 215; *Plonka* Die polizeiliche Beschuldigtenvernehmung und ihr Beweiswert in der Hauptverhandlung, DNP **1982** 38; *Prittwitz* Der Mitbeschuldigte im Strafprozeß (1984); *Reinhart* Die Befragung des Beschuldigten im Strafprozeß (1978); *Rieß* Die Vernehmung des Beschuldigten im Strafprozeß, JA **1980** 293; *Rogall* Der Beschuldigte als Beweismittel gegen sich selbst (1977); *Rogall* Zur Verwertbarkeit der Aussage einer noch nicht beschuldigten Person, MDR **1977** 978; *Roschmann* Das Schweigerecht des Beschuldigten im Strafprozeß; seine rechtlichen und faktischen Grenzen, Diss. Bremen 1983; *Chr. Schäfer* Zum Anwesenheitsrecht des Verteidigers bei polizeilichen Vernehmungen des Beschuldigten, MDR **1977** 980; *H. Schäfer* Das Recht des Beschuldigten auf Gehör im Ermittlungsverfahren, wistra **1987** 165; *Eb. Schmidt* Sinn und Tragweite des Hinweises auf die Aussagefreiheit des Beschuldigten, NJW **1968** 1209; *Sieg* Zur Anwesenheit des Verteidigers bei Vernehmungen des Beschuldigten im Ermittlungsverfahren, NJW **1975** 1009; *Sieg* Verwertungsverbot für Aussagen eines Beschuldigten im Ermittlungsverfahren ohne Belehrung nach § 136 I 2 StPO? MDR **1984** 725; *Sieg* Zum Anwesenheitsrecht des Verteidigers bei polizeilichen Vernehmung des Beschuldigten — de lege late, de lege ferenda? MDR **1985** 195; *Strate/ Ventzke* Unbeachtlichkeit einer Verletzung des § 136 Abs. 1 Satz 1 StPO im Ermittlungsverfahren? StrVert. **1986** 30; *ter Veen* Die Zulässigkeit der informatorischen Befragung, StrVert. **1983** 293; *Walder* Die Vernehmung des Beschuldigten (1965); *Wegemer* Vernehmungspraxis der Hilfsbeamten der Staatsanwaltschaft im Rahmen der Steuer- und Zollfahndung, NStZ **1981** 247; *Welp* Zwangsbefugnisse für die Staatsanwaltschaft (1976); *Wiezoreck* Die „schriftliche Äußerung", Kriminalistik **1981** 25; *Wulf* Strafprozessuale und kriminalpraktische Fragen der polizeilichen Beschuldigtenvernehmung auf der Grundlage empirischer Untersuchungen (1984). Weiteres Schrifttum bei den §§ 136, 136 a und 161 a.

Entstehungsgeschichte. Die Vorschrift wurde durch Art. 4 Nr. 3 StPÄG 1964 eingefügt. Die Absätze 1 und 2 sind seither unverändert. Absatz 3 bestimmte ursprünglich lediglich, daß bei der Vernehmung des Beschuldigten die §§ 136, 136 a anzuwenden seien; er erhielt seine heutige Fassung durch Art. 1 Nr. 46 des 1. StVRG. Dieser erweiterte zugleich in Absatz 4 die Verweisung auf § 136 Abs. 1 Satz 2 und 3 auf Satz 2 bis 4, strich in Hinblick auf den gleichzeitig eingefügten § 161 a in Absatz 5 die Worte „durch die Staatsanwaltschaft oder" und erweiterte die Verweisung auf „§ 81 c Abs. 3 Satz 2 in Verbindung mit § 52 Abs. 3". Die Anwendbarkeit des § 136 a auf staatsanwaltschaftliche und polizeiliche Vernehmungen war seit dem VereinhG zunächst in den §§ 161, 163 (vgl. die dort. Entstehungsgeschichte) geregelt.

Peter Rieß

Übersicht

Stand: 1. 8. 1988

I. Bedeutung und Inhalt der Vorschrift

1. Bedeutung. Die Vorschrift erfüllt eine wichtige **rechtsstaatliche Funktion**. Sie **1** stärkt und konkretisiert die Subjektstellung des Beschuldigten schon im Ermittlungsverfahren. Sie erkennt grundsätzlich seinen Anspruch auf rechtliches Gehör und seinen Beweiserhebungsanspruch schon in diesem Verfahrensabschnitt an. Ferner erstreckt sie, überwiegend durch Verweisung auf die ursprünglich nur für richterliche Vernehmungen geltenden Bestimmungen, die Geltung des Verbots unzulässiger Vernehmungsmethoden und den Schutzbereich von Belehrungsvorschriften ausdrücklich auf staatsanwaltschaftliche und polizeiliche Vernehmungen.

Für die **Befugnisse von Staatsanwaltschaft und Polizei** und ihr Verhältnis zueinan- **2** der ist die Vorschrift insoweit von Bedeutung, als sie insgesamt voraussetzt, daß die Strafverfolgungsbehörden zur Vernehmung von Beschuldigten, Zeugen und Sachverständigen berechtigt sind. Sofern man nach den vom Bundesverfassungsgericht aufgestellten Grundsätzen[1] eine ausdrückliche Datenerhebungsnorm für die in jeder Vernehmung liegende Erhebung personenbezogener Informationen für erforderlich hält, ist eine solche, die §§ 160, 161 und 163 ergänzend, auch in § 163 a Abs. 3 bis 5 zu sehen[2]. Im Verhältnis von Staatsanwaltschaft und Polizei verdeutlicht Absatz 3, ebenso wie § 161 a[3], daß der Staatsanwaltschaft für ihre eigene Ermittlungtätigkeit weitergehende Befugnisse zustehen; damit begründet auch § 163 a die leitende und verantwortliche Stellung der Staatsanwaltschaft für das Ermittlungsverfahren[4]. Aus den für die Polizei geltenden Absätzen 4 und 5 kann aber **nicht** die **Verpflichtung** des Beschuldigten abgeleitet werden, vor ihr zu erscheinen oder die von Zeugen und Sachverständigen, vor ihr zu erscheinen oder ihr gegenüber auszusagen (näher Rdn. 73 f).

2. Inhalt. Die Vorschrift handelt in den Absätzen 1, 3 und 4 von der **Vernehmung 3** des Beschuldigten[5] und in Absatz 5 von der polizeilichen Vernehmung von Zeugen und Sachverständigen. **Absatz 1** gewährleistet dem Beschuldigten, falls das Verfahren nicht eingestellt wird, die Möglichkeit der Äußerung vor Abschluß des Ermittlungsverfahrens (näher Rdn. 26 ff). Durch **Absatz 3 Satz 2 und Absatz 4** werden das nach seinem Standort nur für richterliche Beschuldigtenvernehmungen geltende Verbot unzulässiger Vernehmungsmethoden (§ 136 a) und weitgehend die für den Richter geltenden Hinweis- und Belehrungsvorschriften auf staatsanwaltschaftliche und polizeiliche Vernehmungen erstreckt[6]. Absatz 3 verpflichtet den Beschuldigten darüber hinausgehend, auf Ladung vor der Staatsanwaltschaft zu erscheinen, gibt dieser das Vorführungsrecht, regelt den richterlichen Rechtsschutz hiergegen und gibt dem Verteidiger ein uneingeschränktes Anwesenheitsrecht (näher Rdn. 47 ff). **Absatz 5** erstreckt die für den Richter geltenden Belehrungsvorschriften bei der Vernehmung von Zeugen und Sachverständigen und bei der Anordnung von körperlichen Untersuchungen gegen andere Personen als Beschuldigte (§ 81 c) auf entsprechende polizeiliche Maßnahmen (näher Rdn. 77 ff).

---

[1] Vgl. das sog. Volkszählungsurteil, BVerfGE **65** 1 ff; dazu näher § 160, 9.

[2] Vgl. auch § 160, 9.

[3] Vgl. näher § 161 a, 1.

[4] Vgl. näher Vor § 158, 33; § 161, 46; § 163, 7.

[5] Vgl. zum Beginn der Beschuldigteneigenschaft Rdn. 11 ff, zu „informatorischen Befragungen" Rdn. 15 ff.

[6] Die heute in § 163 a enthaltene Erstreckung des Verbots unzulässiger Vernehmungsmethoden war seit der Schaffung des § 136 a durch das VereinhG zunächst in § 161 und § 163 enthalten (s. die dortige Entstehungsgeschichte); die Geltung der sonstigen Belehrungsvorschriften war umstritten.

Peter Rieß

4   **Absatz 2** räumt dem Beschuldigten ein **Beweisantragsrecht** ein; er anerkennt damit dessen Beweiserhebungsanspruch schon im Ermittlungsverfahren (näher Rdn. 107 ff). Die Regelung steht mit den übrigen Absätzen der Vorschrift nur in lockerem Zusammenhang, weil das Beweisantragsrecht auch außerhalb von Vernehmungen geltend gemacht werden kann.

3. Geltungsbereich

5   **a) Zeitlicher Geltungsbereich.** Die Vorschrift gilt überwiegend nur für das Ermittlungsverfahren. Das folgt für Absatz 1 und Absatz 3 aus dem Regelungsinhalt. Auch wenn man anerkennt, daß die Staatsanwaltschaft nach Klageerhebung noch zu eigenen Ermittlungen befugt ist (vgl. § 160, 14), kann sie das Erscheinen des Beschuldigten nicht nach Absatz 3 erzwingen (s. § 161 a, 7). Die Beschränkung der Anwendung des Absatzes 2 auf das Ermittlungsverfahren folgt daraus, daß das Beweisantragsrecht nach Klageerhebung durch andere Vorschriften (§§ 201, 219, 244) geregelt ist. Dagegen gilt Absatz 5 auch für polizeiliche Zeugen- und Sachverständigenvernehmungen während des gerichtlichen Verfahrens.

6   **b) Adressaten.** Die Vorschrift richtet sich in den Absätzen 1 und 2 an alle im Ermittlungsverfahren tätigen Strafverfolgungsbehörden, also an Staatsanwaltschaft, Polizei und die diesen gleichgestellten Behörden[7]. Absatz 3 gilt nur für die Staatsanwaltschaft sowie in Steuerstrafsachen (§ 386 AO) für die **Finanzbehörde**, soweit diese das Strafverfahren selbständig führt[8]. Die Absätze 4 und 5 gelten nur für die Beamten des Polizeidienstes[9] sowie für diejenigen Beamten, die im Strafverfahren die Rechte und Pflichten von Polizeibeamten haben[10]. In **Bußgeldverfahren** ist § 163 a grundsätzlich anwendbar; die Befugnisse nach Absatz 3 stehen der Verwaltungsbehörde zu. Jedoch ist Absatz 1 durch § 55 Abs. 1 OWiG, Absatz 3 durch § 46 Abs. 5 und § 55 Abs. 2 OWiG modifiziert[11].

II. Beginn und Ende der Beschuldigteneigenschaft

7   **1. Allgemeines.** Die StPO setzt den Begriff des Beschuldigten voraus, bestimmt ihn aber nicht näher; sie sagt namentlich nichts darüber, wann jemand beginnt, Beschuldigter zu sein. Die in § 157 verwendete Terminologie bezeichnet als Beschuldigten im engeren Sinne die Person, gegen die ermittelt wird, bis zur Erhebung der Klage, im weiteren Sinne umfaßt diese Bezeichnung den Angeschuldigten und den Angeklagten mit (s. § 157, 2); offen läßt diese Vorschrift den Beginn und das Ende der Beschuldigteneigenschaft und die Abgrenzung des Beschuldigten vom bloß Verdächtigen. Eine gesetzliche Regelung hierüber ist bei der Schaffung der StPO wegen der damit verbundenen Abgrenzungsschwierigkeiten bewußt unterlassen worden[12]. Eine vollständige Klärung ist bisher weder im Schrifttum noch in der Rechtsprechung gelungen[13].

8   Im einzelnen geht es um **unterschiedliche Problemzusammenhänge**. Der Beginn der Beschuldigteneigenschaft ist insbesondere dafür wichtig, wann die den Beschuldigten betreffenden und vielfach seinem Schutz dienenden gesetzlichen Vorschriften, namentlich sein Recht, sich nicht selbst belasten zu müssen, eingreifen; hiermit zusammen

---

[7] Vgl. Vor § 158, 24; 32.
[8] Vgl. *Franzen/Gast/Samson* Steuerstrafrecht[3] (1985) § 399, 13.
[9] Vgl. Vor § 158, 25 ff; § 163, 11 ff.
[10] Vgl. Vor § 158, 32.
[11] Näher *Göhler*[8] § 46, 33; § 55, 4; 7.

[12] *Näher Gundlach* 5 ff; *Dingeldey* JA **1984** 409 Fußn. 31; vgl. auch § 157, 2.
[13] Umfassende Darstellung der Problematik zuletzt bei SK-StPO-*Rogall* Vor § 133, 9 bis 58; ferner LR-*Hanack* § 136, 4 ff; *Prittwitz* Mitbeschuldigter 89 ff.

hängt die ebenfalls noch nicht ausreichend geklärte Frage, ob und in welchem Umfang den Strafverfolgungsbehörden informatorische Befragungen ohne Belehrungen gestattet und wie deren Ergebnisse im späteren Verfahren verwertbar sind (s. Rdn. 15 ff). Der Begriff des Beschuldigten und seine Abgrenzung vom bloß Tatverdächtigen und vom Zeugen ist ferner dafür von Bedeutung, auf welche Weise die Bekundungen eines materiell der Beteiligung an der abzuurteilenden Tat Verdächtigen im Verfahren berücksichtigt werden können[14]. Schließlich ist umstritten, welche Konsequenzen es hat, wenn die Strafverfolgungsbehörden und die Gerichte den jeweiligen Auskunftspersonen sachwidrige oder gar willkürliche Rollen zuweisen, die ihnen von der Sache her nicht zukommen.

2. Der **Begriff des Beschuldigten**[15] ist umstritten. Eine objektive Theorie betrachtet, mit Varianten im einzelnen, denjenigen als Beschuldigten, gegen den sich ein personenbezogener Anfangsverdacht von solchem Gewicht richtet, daß er bei einer objektiven Betrachtung als Beschuldigter erscheint. Demgegenüber ist nach der subjektiven Auffassung Voraussetzung der Beschuldigteneigenschaft, daß das jeweils zuständige Strafverfolgungsorgan das Verfahren gerade gegen diese Person als Beschuldigten betreibt. Die inzwischen wohl herrschende[16] und auch von der Rechtsprechung anerkannte[17] Meinung stellt eine Fortentwicklung der subjektiven Auffassung dar. Sie betrachtet, anknüpfend an die in § 397 Abs. 1 AO getroffene gesetzliche Regelung[18], schon denjenigen als Beschuldigten, gegen den sich der Verfolgungswille in einem äußerlich erkennbaren Verfolgungsakt manifestiert. Es ist also nicht erforderlich, daß das Verfahren formell, etwa durch eine ausdrückliche Bezeichnung oder eine entsprechende registermäßige Behandlung, gegen den Betroffenen als Beschuldigten geführt wird; es reicht aber andererseits nicht aus, daß jemand lediglich aufgrund der materiellen Verdachtslage in einem Maße verdächtig erscheint, die es prozessual rechtfertigen würde, ihn als Beschuldigten zu betrachten. **9**

Wenig erörtert ist, ob die StPO ausnahmslos einen **einheitlichen Beschuldigtenbegriff** verwendet[19]. Vor allem läßt sich fragen, ob in § 137 Abs. 1 ein Beschuldigtenbegriff verwendet wird, der von der Existenz eines Strafverfahrens unabhängig ist und möglicherweise auch das sonst allgemein anerkannte Ende der Beschuldigteneigenschaft (Rdn. 24 f) überdauert. Denn die Befugnis, sich eines Verteidigers zu bedienen, verbunden mit den besonderen Schutzgarantien des freien Verteidigerverkehrs (vgl. z. B. § 97 Abs. 1 in Vbdg. mit § 53 Nr. 2; § 148 Abs. 1) kann schwerlich davon abhängig sein, daß die Beschuldigteneigenschaft durch einen nach außen manifestierten Verfolgungswillen begründet worden ist (vgl. auch LR-*Lüderssen* § 137, 2). **10**

---

[14] Vgl. zu der an dieser Stelle nicht zu behandelnden Frage, ob der Verdächtige neben dem Beschuldigten und Zeugen als eine selbständige, schweigeberechtigte Auskunftsperson anzusehen ist, wann ein Mitbeschuldigter Zeuge sein kann sowie zur Problematik des sog. „Rollentausches" Vor § 48, 17 ff; § 237, 16; 18 m.w. Nachw.; ferner SK-StPO-*Rogall* Vor § 133, 51 ff; umfassend *Prittwitz* Mitbeschuldigter und NStZ **1981** 463.

[15] Vgl. grundlegend *Fincke* ZStW **95** (1983) 918 ff; ferner z. B. LR-*Hanack* § 136, 4 ff; SK-StPO-*Rogall* Vor § 133, 26 ff; *Prittwitz* Mitbeschuldigter 41 f, 61 ff jeweils mit Nachw.

[16] Vgl. näher LR-*Hanack* § 136, 4; SK-StPO-*Rogall* Vor § 133, 33; *Kleinknecht/Meyer*[38] Einl. 76; *Fincke* ZStW **95** (1983) 937; *Müller-Dietz* ZStW **93** (1981) 1217 ff.

[17] Vgl. z. B. BGH NStZ **1987** 83; vgl. auch BGH StrVert. **1985** 397; OLG Stuttgart MDR **1977** 978 (dazu *Rogall* MDR **1977** 978); OLG Karlsruhe Justiz **1986** 143; zur früheren Rechtspr. des BGH s. vor allem BGHSt **10** 12.

[18] So wohl zuerst ausführlich *Rogall* Beschuldigter 27 (bezogen auf den damaligen, aber inhaltlich übereinstimmenden § 432 RAO).

[19] Vgl. aber *Rieß* ZStW **95** (1983) 1021.

Peter Rieß

3. Beginn der Beschuldigteneigenschaft

11   **a) Grundsatz.** Der Beginn der Beschuldigteneigenschaft hängt nach der derzeit herrschenden Meinung, der die nachfolgende Kommentierung folgt, stets von einer manifestierten Strafverfolgungsmaßnahme der Strafverfolgungsbehörde, dem **Inkulpationsakt** ab; ist er vorhanden, so wird die Stellung eines Beschuldigten unabhängig davon erworben, ob die materiellen Voraussetzungen für die Beschuldigung, nämlich ein personenbezogener Anfangsverdacht, vorgelegen hat[20]. Für die Strafverfolgungsbehörden besteht als **Inkulpationspflicht** die rechtliche Verpflichtung, denjenigen, gegen den ein personenbezogener Anfangsverdacht besteht, als Beschuldigten zu behandeln, falls gegen ihn strafverfahrensrechtlich vorgegangen werden soll, ihn also ggf. nach den §§ 136, 163 a Abs. 3, 4 zu belehren und dafür Sorge zu tragen, daß der Grundsatz der Selbstbelastungsfreiheit gewahrt bleibt[21]. Die Frage, wie zu verfahren ist, wenn objektiv pflichtwidrig der aus der Inkulpationspflicht folgende Inkulpationsakt unterlassen wird, ist mit Hilfe der Anerkennung von Verwertungsverboten für die prozeßordnungswidrig erlangten Erkenntnisse zu lösen (s. näher Rdn. 122); je nach Lage des Falles kann auch das Täuschungsverbot des § 136 a eingreifen.

12   **b) Einzelfragen.** Wird gegen eine **bestimmte Person** wegen eines konkreten Vorwurfs ermittelt, so muß diese als Beschuldigter betrachtet werden; es kommt nicht darauf an, wie intensiv der die Ermittlungen auslösende Verdacht ist und ob angenommen werden kann, er werde sich alsbald zerstreuen lassen. Dasselbe gilt, wenn sich der Vorwurf gegen mehrere Personen als mögliche Mittäter oder Tatbeteiligte richtet. Ob die bloße **Erstattung der Strafanzeige** nach § 158 bereits die Beschuldigteneigenschaft begründet, ist umstritten[22]. Die Frage ist dann zu verneinen, wenn die Anzeige lediglich entgegengenommen wird, ihr aber (in der Terminologie des § 171) keine Folge gegeben, also das Verfahren ohne irgendeine Ermittlungshandlung eingestellt wird, weil das angezeigte Verhalten unter keinen Straftatbestand fällt oder die Anzeige als offensichtlich haltlos erkannt wird. Denn dann fehlt es an einem manifestierten Verfolgungsakt. Die Beschuldigteneigenschaft wird in diesen Fällen erst dann begründet, wenn gegen die angezeigte Person in irgendeiner Form ermittelt wird; dabei muß es sich aber nicht unbedingt um ihre Vernehmung handeln, auch das bloße Einziehen von Erkundigungen über sie reicht aus.

13   In einem Ermittlungsverfahren, in dem noch **kein Tatverdächtiger erkennbar** ist **(Unbekanntsache)**, kann naturgemäß noch niemand als Beschuldigter behandelt werden. Die Pflicht zur Begründung der Beschuldigteneigenschaft entsteht, sobald gegen bestimmte Personen ein personenbezogener Anfangsverdacht erkennbar wird. Dies kann im Zusammenhang mit einer Vernehmung dieser Person als Zeuge (vgl. Rdn. 91) oder durch andere Ermittlungen geschehen. Entsprechendes gilt für den Fall, daß überhaupt noch nicht, selbst im Sinne eines Anfangsverdachts, zu erkennen ist, ob eine Straftat vorliegt; beispielsweise, wenn jemand eine Person als vermißt meldet[23].

14   Kommen **mehrere Personen alternativ** als Tatbeteiligte in Betracht, so hängt die Frage, wer von welchem Zeitpunkt ab als Beschuldigter behandelt werden muß, davon

---

[20] Vgl. *Fincke* ZStW **95** (1983) 919; ferner (auch zur Frage, ob ein strafunmündiges Kind Beschuldigter sein kann) LR-*Hanack* § 136, 6.

[21] Allg. M; vgl. z. B. BGHSt **10** 8, 12; SK-StPO-*Rogall* Vor § 133, 18 f; *Schlüchter* 85; grundsätzlich *Fincke* ZStW **95** (1983) 919 ff.

[22] Vgl. **bejahend** LR-*Meyer-Goßner*[23] 1; *v. Gerlach* NJW **1969** 776; **verneinend** LR-*Kohlhaas*[22] 10; SK-StPO-*Rogall* Vor § 133, 22; *Fincke* ZStW **95** (1981) 933, 947; vgl. auch mit weit. Nachw. LR-*Hanack* § 136, 7.

[23] Vgl. LR-*Meyer*[23] § 136, 6.

ab, wann gegen wen ein personenbezogener Anfangsverdacht entsteht. Nicht überzeugend ist insofern die Unterscheidung, ob sich mehrere Personen gegenseitig ausschließen oder ob aus einem bestimmten Personenkreis nur einzelne in Betracht kommen[24]; sie ist nur insoweit von Bedeutung, als die Zahl der potentiell in Betracht kommenden Personen für die Frage des Bestehens eines personenbezogenen Anfangsverdachts mit von Bedeutung ist. Steht lediglich fest, daß der mögliche Täter in einer großen Gruppe von Personen, etwa den Besuchern einer Versammlung oder Veranstaltung zu finden ist, so ist es nicht ohne weiteres gerechtfertigt, hinsichtlich all dieser Personen einen durch zureichende tatsächliche Anhaltspunkte begründeten Anfangsverdacht anzunehmen[25]; anders liegen die Dinge dann, wenn der in Betracht kommende Personenkreis klein ist, beispielsweise nur die Mitglieder einer Familie umfaßt, oder wenn zusätzliche verdachtsbegründende Umstände auf einzelne Personen hindeuten[26].

4. Informatorische Anhörungen

a) Problematik. Unter dem Begriff der informatorischen Befragungen oder Anhörungen[27] verbergen sich unterschiedliche, namentlich in der polizeilichen Praxis verbreitete Formen der Entgegennahme oder Erhebung von Informationen im Zusammenhang mit Strafverfolgungsmaßnahmen. Ihr gemeinsames Kennzeichen besteht im wesentlichen darin, daß die für Beschuldigten- und Zeugenvernehmungen vorgesehenen Belehrungen nicht stattfinden; ihre rechtliche Problematik taucht regelmäßig dann auf, wenn die dabei gewonnenen Informationen für die Hauptverhandlung verwertet werden sollen, und ihre rechtspolitische Brisanz besteht in der Möglichkeit, die gesetzlichen Belehrungs- und Hinweispflichten zur Gewinnung einer sonst nicht erreichbaren Aussage zu überspielen[28].   **15**

Im einzelnen sind zu unterscheiden: (1) Die informatorische **Vorbesprechung** mit   **16** einem Beschuldigten oder Zeugen vor der eigentlichen Vernehmung mit dem Ziel, die protokollierte Vernehmung zu straffen[29]; sie ist rechtlich Bestandteil der Vernehmung (vgl. Rdn. 76, 78); (2) die informatorische Erkundigung, ob eine möglicherweise als Beweismittel in Betracht kommende Person überhaupt etwas Sachdienliches bekunden kann, also die **Vergewisserung über** ihre **objektive Eignung** (vgl. Rdn. 89); (3) die Entgegennahme von **Spontanäußerungen**[30] und (4) die **informatorische Befragung** im engeren Sinne, bei der der ermittelnde Strafverfolgungsbeamte durch Herumfragen herauszufinden sucht, ob überhaupt hinreichende Anhaltspunkte für eine Straftat vorliegen und welche der als Auskunftspersonen in Betracht Kommenden als Zeugen oder als Beschuldigte zu betrachten sein könnten.

---

[24] So aber z. B. LR-*Meyer-Goßner*[23] 2; wohl auch *Kleinknecht/Meyer*[38] Einl. 78; **a. A** *v. Gerlach* 780; *Gundlach* 19; 40.

[25] LR-*Meyer*[23] § 136, 7; *Kleinknecht/Meyer*[38] 78.

[26] Vgl. auch *Helgerth* 31 ff.

[27] Zur Problematik näher SK-StPO-*Rogall* Vor § 133, 42 ff; *Kleinknecht/Meyer*[38] Einl. 79; *Geppert* FS Oehler 323; *Gerling; ter Veen* StrVert. **1983** 293; *Krause* Die Polizei **1978** 305; *Wulf* 138 ff.

[28] Vgl. dazu u. a. *ter Veen* StrVert. **1983** 295 mit weit. Nachw.; ferner *Wulf* 140 ff.

[29] Vgl. *Krause* Die Polizei **1978** 306; *Wulf* 143, 161 (mit Hinweis, daß sie in der polizeilichen Praxis oft mit der informatorischen Befragung im engeren Sinne verwechselt wird).

[30] Vgl. dazu näher § 252, 29 f; ferner SK-StPO-*Rogall* Vor § 133, 44; *Geppert* FS Oehler 333; *Haubrich* NJW **1981** 803; *Krause* Die Polizei **1978** 305 f; *Lüder* Die Polizei **1985** 47 f; vgl. auch BGHSt **29** 230 = NJW **1980** 1553 mit Anm. *Gundlach* NJW **1980** 2142; BGH StrVert. **1988** 46; BayObLG MDR **1983** 427.

Peter Rieß

17   Solche **informatorischen Befragungen im engeren Sinne** werden von der Rechtsprechung[31] und vom Schrifttum[32] überwiegend für zulässig gehalten; teilweise mit der
(zweifelhaften, vgl. Rdn. 20 a. E) Begründung, daß es sich dabei noch nicht um Vernehmungen im Rechtssinne handele[33], daß die in Betracht kommenden Auskunftspersonen
deshalb keine Zeugen seien und infolgedessen keine Belehrungspflicht bestehe. Überwiegend werden die bei einer zulässigen informatorischen Befragung gewonnenen Erkenntnisse für verwertbar gehalten[34]; teilweise wird jedoch die Ansicht vertreten, daß
die Bekundung eines informatorisch Befragten, der später Beschuldigter wird, nur dann
verwertbar sei, wenn er bei der Belehrung nach § 136 bei seiner verantwortlichen Vernehmung darauf hingewiesen wird, daß er an das vorher Gesagte nicht gebunden sei
(qualifizierte Belehrung)[35].

18   Für die **Praxis** wäre das Sonderproblem der Zulässigkeit und der Grenzen der informatorischen Befragung für die wichtigste Konstellation, daß der informatorisch Befragte später Beschuldigter wird[36], weitgehend bedeutungslos, wenn man mit der herrschenden Meinung des Schrifttums und entgegen der Rechtsprechung generell bei unterlassener Beschuldigtenbelehrung im Ermittlungsverfahren ein Verwertungsverbot anerkennen würde (s. Rdn. 122), weil es dann nicht mehr darauf ankäme, aus welchen Gründen die Belehrung unterblieben ist (s. auch Rdn. 21).

19   **b) Stellungnahme.** Daß bei einer unklaren Sachlage auch durch die Befragung
von Auskunftspersonen Klarheit über die Frage herbeigeführt werden kann, ob ein Anfangsverdacht vorliegt und gegen wen er sich möglicherweise richten könnte, entspricht
einer aus dem Erforschungsauftrag entspringenden praktischen Notwendigkeit. Ebensowenig kann bezweifelt werden, daß hierbei Situationen vorkommen, bei denen eine
Belehrung über die Einlassungsfreiheit, Zeugnisverweigerungsrechte und das Auskunftsverweigerungsrecht nach § 55 mangels tatsächlicher Anhaltspunkte noch nicht
möglich ist. Dabei kann es auch nicht darauf ankommen, ob dies darauf beruht, daß
überhaupt erst geklärt werden soll, ob ein Anfangsverdacht vorliegt[37] oder ob nur die
nach Sachlage erforderlichen Rollenzuweisungen noch nicht vorgenommen werden
können. Entscheidend ist allein die auf tatsächlichen Gründen beruhende Unmöglich-

---

[31] BGH NStZ **1983** 86 = StrVert. **1983** 265;
NJW **1968** 1390; BayObLG VRS **44** 62; **58**
422; OLG Hamm VRS **41** 384; OLG Stuttgart MDR **1977** 70; ausführliche Darstellung
bei *Gerling* 12 ff.

[32] Zuerst *Kohlhaas* NJW **1965** 1254; *Kleinknecht* Kriminalistik **1965** 451; ferner u. a.
KK-*R. Müller*[2] 2; *Kleinknecht/Meyer*[38] Einl.
79; LR-*Meyer-Goßner*[23] 3; LR-*Meyer*[23] § 136,
7; SK-StPO-*Rogall* Vor § 133, 43; *Roxin*[20]
§ 25 III 4; *Benfer* Grundrechtseingriffe 589;
Dingeldey JA **1984** 410; *Geppert* FS Oehler
323 ff; *Krause* Die Polizei **1978** 305; *Plonka*
DNP **1982** 38; *Rogall* MDR **1977** 979; Übersicht bei *Gerling* 12 ff; kritisch *Wulf* 148 ff.

[33] So z. B. OLG Düsseldorf NJW **1968** 1840;
ferner SK-StPO-*Rogall* Vor § 133, 43;
Kleinknecht/Meyer[38] Einl. 79; *Benfer* Grundrechtseingriffe 588; *Krause* Die Polizei **1978**
305; bereits früher *Alsberg* JW **1932** 3032; vgl.
auch Rdn. 20.

[34] BGH NStZ **1983** 86; BayObLG VRS **58**
422; OLG Oldenburg NJW **1967** 1097; OLG
Stuttgart MDR **1977** 70 (dazu *Rogall* MDR
1977 978); KK-*R. Müller*[2] 2; *Kleinknecht/
Meyer*[38] Einl. 79; KMR-*Paulus* Vor § 48, 71;
SK-StPO-*Rogall* Vor § 133, 47; *Roxin*[20] § 25
III 4.

[35] So insbes. AG Berlin-Tiergarten StrVert.
1983 277; zustimmend *Lüder* Die Polizei
1985 46; *ter Veen* StrVert. **1983** 296; a. A
SK-StPO-*Rogall* Vor § 133, 47; *Klein-
knecht/Meyer*[38] Einl. 79; *Geppert* FS Oehler
328; vgl. auch LR-*Hanack* § 136, 56; § 136 a,
36.

[36] Für die Situation des späteren Zeugen und
insbesondere die Anwendbarkeit des § 252
vgl. SK-StPO-*Rogall* Vor § 133, 48 f.

[37] So aber wohl SK-StPO-*Rogall* Vor § 133,
43.

keit, vorgeschriebene Belehrungen sachgerecht zu erteilen. Zu entscheiden ist dabei vor allem, ob und in welchem Umfang es zulässig sein soll, Auskunftspersonen an ihren ohne Belehrung gemachten Bekundungen festzuhalten und diese im weiteren Verfahren zu verwenden.

Das Problem der informatorischen Befragung dürfte genau genommen ein **Problem 20 der Verwertbarkeit ohne Belehrung gewonnener Auskünfte** darstellen. Es erscheint deshalb zweifelhaft, ob die informatorische Befragung als selbständiges Rechtsinstitut sinnvoll ist, zumal dies dazu führen kann, Belehrungen auch dort zu unterlassen, wo sie nach Sachlage möglich wären. Da diese Bezeichnung sich in den letzten zwei Jahrzehnten eingebürgert hat, besteht aber wohl derzeit noch kein zwingender Grund, auf den Begriff zu verzichten. Behält man ihn bei, so läßt sich die informatorische Befragung etwa folgendermaßen begrenzen: (1) Informatorische Befragungen sind nur dann und insoweit zulässig, wie es aus tatsächlichen Gründen nicht möglich ist, eine Auskunftsperson sachentsprechend zu belehren; das dürfte im wesentlichen der h. M entsprechen. (2) Die von einer informatorischen Befragung betroffenen Personen sind als Zeugen anzusehen; eine besondere Kategorie von Auskunftspersonen ohne Zeugenstatus kommt in diesem Zusammenhang nicht in Betracht[38]. (3) Es läßt sich nicht rechtfertigen, den Vorgang der informatorischen Befragung nicht als Vernehmung anzusehen[39].

Für die **Verwertbarkeit** der bei einer informatorischen Befragung gewonnenen Er- **21** kenntnisse können keine anderen Grundsätze gelten, als sie für die Verwertbarkeit von belehrungsfrei gewonnenen Aussagen allgemein angenommen werden. Soweit die informatorische Befragung wegen Fehlens der Voraussetzungen unzulässig war, ergibt sich dies daraus, daß sie dann einer „normalen" Beschuldigten- oder Zeugenvernehmung gleichzusetzen ist, bei der mindestens objektiv pflichtwidrig die Belehrung unterblieben ist[40]. War die informatorische Befragung zulässig, so ist es einerseits nicht begründbar, die Verwertbarkeit an engere Voraussetzungen zu knüpfen, andererseits ist aber aus der Interessenlage des Betroffenen und vom Schutzzweck der Belehrungsvorschriften her kein Grund ersichtlich, sie weitergehend für zulässig zu halten. Dies läßt sich auch nicht damit rechtfertigen, daß man die informatorische Befragung terminologisch von der eigentlichen Vernehmung trennt, denn der Betroffene hat sich hier, anders als bei einer Spontanäußerung, auf Veranlassung eines Strafverfolgungsorgans, geäußert.

5. Übergang zur Beschuldigtenvernehmung. Wird jemand als Zeuge vernommen **22** oder informatorisch gehört und stellt sich dabei heraus, daß gegen ihn wegen des Sachverhalts, der Gegenstand der Ermittlungen ist, ein Anfangsverdacht besteht, so darf die Vernehmung nicht als informatorische Befragung oder als Zeugenvernehmung fortgesetzt werden; es reicht auch nicht aus, den Betreffenden nur nach § 55 zu belehren (vgl. Rdn. 91). Die Vernehmung darf nur, nachdem die Belehrungen nach § 136 in Vbdg. mit § 163 a Abs. 3, 4 vorgenommen worden sind, als **Beschuldigtenvernehmung** fortgesetzt werden[41]. Sofern dies nicht in Betracht kommt, ist sie abzubrechen.

Berechtigt zum sofortigen Übergang zur Beschuldigtenvernehmung ist uneinge- **23** schränkt dasjenige Strafverfolgungsorgan, das die Ermittlungen führt, also die das Verfahren betreibende Staatsanwaltschaft stets, die Polizei dann, wenn sie nach § 163 selb-

---

[38] Ebenso SK-StPO-*Rogall* Vor § 133, 46; LR-*Meyer*[23] § 136, 8 mit Nachw. auch zur Gegenmeinung.

[39] **A. A** die wohl h. M; vgl. oben Fußn. 33.

[40] Wohl weitergehend SK-StPO-*Rogall* Vor § 133, 50, der ein selbständiges Beweisverbot anerkennen will, allerdings (Vor § 133,

171 ff) auch beim bloßen Unterlassen der Beschuldigtenbelehrung ein Beweisverbot annimmt.

[41] Allg. M; vgl. z. B. BGHSt **22** 129, 132; LR-*Hanack* § 136, 8; KK-*R. Müller*[2] 2; *Kleinknecht/Meyer*[38] Einl. 77; Eb. *Schmidt* Nachtr. I 11.

ständig oder aufgrund eines generellen staatsanwaltschaftlichen Ermittlungsersuchens nach § 161 tätig wird. Liegt der Vernehmung lediglich ein einzelner auf Zeugenvernehmung gerichtete Auftrag an die Polizei oder eine ersuchte Staatsanwaltschaft zugrunde, so ist es eine Frage des Einzelfalles, ob im mutmaßlichen Einverständnis mit dem Auftraggeber zur Beschuldigtenvernehmung übergegangen werden kann; in Zweifelsfällen empfiehlt sich eine (mindestens fernmündliche) Verständigung. Zur Situation bei richterlichen Vernehmungen s. § 162, 34.

24   **6. Ende der Beschuldigteneigenschaft.** Die Beschuldigteneigenschaft endet mit der Erledigung der Beschuldigung; sie erfordert aber, wie die Begründung, eine Prozeßhandlung des jeweils zuständigen Prozeßorgans, also die Beendigung des Verfahrens[42]. Sie endet deshalb mit der Einstellung des Ermittlungsverfahrens nach § 170 Abs. 2 (§ 170, 42) mit der Einstellung des Ermittlungsverfahrens oder des gerichtlichen Verfahrens nach den §§ 153 ff und mit der rechtskräftigen Erledigung des Verfahrens durch Urteil, Strafbefehl, Einstellungsbeschluß nach den §§ 206 a, 206 b oder Nichteröffnungsbeschluß nach § 204[43]. Die vorläufige Einstellung nach § 205 (auch dessen analoge Anwendung durch die Staatsanwaltschaft) und die Beschränkung des Prozeßstoffes nach § 154 a[44] beendet die Beschuldigteneigenschaft nicht.

25   Die **Beschuldigteneigenschaft lebt wieder auf**, ohne daß es eines erneuten besonderen Inkulpationsaktes bedarf, wenn das beendete Verfahren mit dem gleichen Verfahrensgegenstand fortgesetzt oder erneuert wird. Der ursprünglich Beschuldigte erlangt also seinen Beschuldigtenstatus wieder, wenn die Staatsanwaltschaft das eingestellte Verfahren wieder aufnimmt; nach rechtskräftigem Freispruch schon dann, wenn die Staatsanwaltschaft es mit dem Ziel der Prüfung aufnimmt, ob ein Wiederaufnahmegrund nach § 362 gegeben ist.

III. Vernehmung des Beschuldigten. Allgemeines

26   **1. Notwendigkeit und Zweck der Vernehmung.** Bis 1964 schrieb die Strafprozeßordnung nicht zwingend vor, daß der Beschuldigte, gegen den die öffentliche Klage erhoben wurde, im Ermittlungsverfahren zu vernehmen sei. Sofern die Staatsanwaltschaft die gerichtliche Voruntersuchung beantragte und diese eröffnet wurde, war der Beschuldigte vom Untersuchungsrichter zu vernehmen (§ 192 Abs. 2 a. F.). Erhob die Staatsanwaltschaft die öffentliche Klage durch Einreichung einer Anklageschrift, so erhielt der Angeschuldigte Gelegenheit zur Äußerung im Eröffnungsverfahren, im Verfahren vor dem Einzelrichter jedoch möglicherweise, da eine Zustellung der Anklage hier nicht vorgeschrieben war[45], erst im Hauptverfahren. In der Praxis war allerdings eine Beschuldigtenvernehmung schon vor Anklageerhebung außer in kleineren Sachen regelmäßig üblich[46].

27   Absatz 1 ist Ausprägung des **Anspruchs auf rechtliches Gehör**[47]; er gewährleistet, daß der Beschuldigte nicht mit einer Klage überrascht wird, sondern daß er die Möglichkeit hat, den Verdacht zu entkräften oder mindestens so abzuschwächen, daß die Staats-

---

[42] SK-StPO-*Rogall* Vor § 133, 36 ff; ferner *Kleinknecht/Meyer*[38] Einl. 81; zur Frage der Pflicht zur Verfahrenseinstellung durch die Staatsanwaltschaft vgl. § 170, 10 und *Hilger* JR **1985** 93.

[43] OLG Hamm NJW **1974** 914.

[44] Insoweit **a. A** SK-StPO-*Rogall* Vor § 133, 37.

[45] Vgl. Entstehungsgeschichte zu § 201; *Rieß* FS Reichsjustizamt 399 ff.

[46] LR-*Kohlhaas*[21] EB 1.

[47] KK-*R. Müller*[2] 1; *Eb. Schmidt* Nachtr. I 4; *Kühne* 123; *Peters*[4] § 57 II 3 c.

anwaltschaft den Anklagevorwurf reduziert oder das Verfahren nach den §§ 153 ff einstellt. Zugleich trägt die Vorschrift der Einsicht Rechnung, daß entscheidende Weichen für das Hauptverfahren bereits im Ermittlungsverfahren gestellt werden (vgl. Vor § 158, 7). Mittelbar dient die Vorschrift auch der Sachverhaltserforschung und der Konzentration des gerichtlichen Verfahrens, weil die Kenntnis davon, ob und wie der Beschuldigte sich (voraussichtlich) gegen den Vorwurf verteidigen wird, für die Abschlußverfügung der Staatsanwaltschaft und die Vorbereitung der Hauptverhandlung von Bedeutung ist[48].

Zweck der Vernehmung und insbesondere der in Absatz 1 vorgeschriebenen Anhö- **28** rungspflicht ist aber in erster Linie die Sicherung des rechtlichen Gehörs und die Gewährleistung einer effektiven Verteidigung schon im Ermittlungsverfahren; der Nebenzweck der Sachverhaltsaufklärung darf gegenüber dieser Zielrichtung weder den Zeitpunkt noch die Art der Vernehmung beeinflussen[49].

Die **Möglichkeit der Äußerung** muß jedem Beschuldigten vor dem Abschluß der **29** Ermittlungen (§ 169 a, vgl. Rdn. 37) eingeräumt werden, wenn die Staatsanwaltschaft das Verfahren nicht einstellen (Rdn. 32), wenn sie also die öffentliche Klage erheben will[50]. Absatz 1 Satz 2 gestattet in einfachen Sachen (Rdn. 42) lediglich, die Form der mündlichen Vernehmung durch die der schriftlichen Äußerung zu ersetzen. Gelegenheit zur Äußerung muß also nicht nur bei Erhebung der öffentlichen Klage durch Einreichung einer Anklageschrift, sondern auch beim Antrag auf Erlaß eines Strafbefehls, auf Aburteilung im beschleunigten Verfahren oder im vereinfachten Jugendverfahren sowie beim Antrag auf Einleitung eines Sicherungsverfahrens (§ 413 ff) gegeben werden[51]. Daß der Beschuldigte in einer anderen Prozeßrolle, beispielsweise als Zeuge vernommen worden war, reicht nicht aus[52]; ebensowenig genügt eine informatorische Anhörung (Rdn. 17). Die Pflicht zur Anhörung eines späteren **Einziehungsbeteiligten** richtet sich nach § 432.

2. Entbehrlichkeit

a) **Allgemeines.** Das Gebot des Absatz 1, dem Beschuldigten rechtliches Gehör zu **30** gewähren, gilt nicht, wenn das Ermittlungsverfahren eingestellt wird. Diese Ausnahme gilt aber nur, solange es eingestellt bleibt. Die Anhörung ist also nachzuholen, wenn das Verfahren nach Einstellung wieder aufgenommen wird und nunmehr Klage erhoben werden soll, etwa wenn auf eine Beschwerde des Anzeigenden die Staatsanwaltschaft selbst oder die vorgesetzte Staatsanwaltschaft die Ermittlungen wieder aufgenommen hat[53]. Im gerichtlichen **Klageerzwingungsverfahren** muß die Vernehmung des Beschuldigten nachgeholt werden, *bevor* das Oberlandesgericht die Erhebung der öffentlichen Klage beschließt[54].

Die Ausnahme in Absatz 1 bei beabsichtigter Einstellung betrifft **lediglich** die **un- 31 bedingte Verpflichtung**, dem Beschuldigten Gelegenheit zur Äußerung zu geben. Damit ist nicht ausgeschlossen, daß seine Vernehmung aus anderen Gründen geboten ist, etwa zur Sachverhaltsaufklärung oder aus dem Gesichtspunkt der Fürsorgepflicht, um ihm Gelegenheit zu geben, einen bestehenbleibenden, aber zur Klageerhebung nicht ausreichenden Verdacht weiter zu entkräften[55]. Ist die Sach- und Rechtslage ungeklärt, so

---

[48] KK-*R. Müller*² 3; *Eb. Schmidt* Nachtr. I 7.
[49] Zum Vernehmungszweck näher LR-*Hanack* § 136, 35 mit weit. Nachw.; ferner SK-StPO-*Rogall* § 136, 7; *Grünwald* StrVert. **1987** 453; *Rieß* JA **1980** 297.
[50] Wegen der Konsequenzen eines Verstoßes gegen diese Pflicht s. Rdn. 118.

[51] KK-*R. Müller*² 1.
[52] *Kühne* 287.
[53] KK-*R. Müller*² 5.
[54] Näher § 175, 3; **a. A** LR-*Meyer-Goßner*²³ 14; KK-*R. Müller*² § 175, 1.
[55] KK-*R. Müller*² 5; KMR-*Müller* 1.

Peter Rieß

wird die Pflicht zur Sachverhaltserforschung (§ 160 Abs. 1) oft den Versuch notwendig machen, durch eine Beschuldigtenvernehmung auf weitere Klärung hinzuwirken. Legt der Beschuldigte ausdrücklich Wert auf eine Vernehmung, so kann diesem Wunsch entsprochen werden, auch wenn das Verfahren einstellungsreif zu sein scheint.

32   **b)** Ob die **Einstellung des Verfahrens** auf § 170 Abs. 2, den §§ 153 ff, § 376 oder § 45 JGG beruht, ist rechtlich unerheblich[56]; auch wenn ein Verfahrenshindernis vorliegt, beruht die Einstellung auf § 170 Abs. 2 und kann deshalb eine Vernehmung entbehrlich sein[57]. Vor einer Einstellung nach § 153 Abs. 1, § 153 b Abs. 1 oder § 45 JGG wird aber eine Beschuldigtenvernehmung oftmals notwendig sein, um feststellen zu können, ob die Einstellungsvoraussetzungen gegeben sind. Beabsichtigt die Staatsanwaltschaft, das Verfahren nach Erfüllung von Auflagen und Weisungen nach **§ 153 a Abs. 1** einzustellen, so muß dem Beschuldigten vorher gemäß Absatz 1 Gelegenheit zur Äußerung gegeben werden[58], denn diese Verfahrensweise setzt einen anklagereifen Sachverhalt voraus (§ 153 a, 32) und erfordert den Vermerk über den Abschluß der Ermittlungen nach § 169 a (§ 169 a, 3).

33   **c) Abwesenheit des Beschuldigten.** Ist der Beschuldigte abwesend, so kann die Staatsanwaltschaft das Verfahren in analoger Anwendung des § 205 vorläufig einstellen (§ 205, 4), einer Vernehmung des Beschuldigten bedarf es dann erst, wenn er wieder erreichbar ist und Klage erhoben werden soll. Die Staatsanwaltschaft ist aber nicht gehindert, bei einem anklagereifen Sachverhalt trotz der Abwesenheit des Beschuldigten die Klage zu erheben, damit das Verfahren, evtl. nach Anklagezustellung an den Verteidiger, weiter gefördert werden kann. War der Beschuldigte jedoch noch nicht im Sinne des Absatz 1 vernommen, so ist dies nur möglich, wenn der Beschuldigte auf seine Anhörung verzichtet (Rdn. 34) oder wenn ihm vorher Gelegenheit zu einer schriftlichen Äußerung, etwa durch Vermittlung seines Verteidigers, gegeben wird und wenn dies nach den in Rdn. 35 ff dargelegten Grundsätzen ausreicht.

34   **d) Verzicht.** Erklärt der noch nicht vernommene Beschuldigte in Kenntnis der Vorwürfe, zu denen er anzuhören ist, im Ermittlungsverfahren keine (weiteren) Erklärungen zur Sache abgeben zu wollen, beispielsweise durch einen Schriftsatz seines Verteidigers, so entfällt damit grundsätzlich die Verpflichtung zur Vernehmung[59]. Dies gilt aber nicht, wenn der Beschuldigte sich über die Tragweite dieser Äußerung nicht im klaren war oder wenn der Beschuldigte (oder sein Verteidiger) gebeten hat, vom Abschluß der Ermittlungen unterrichtet zu werden, um dann zu entscheiden, ob eine Äußerung abgegeben werden soll. In Zweifelsfällen ist die Anhörungsmöglichkeit einzuräumen. Ob ein darüber hinausgehender genereller Verzicht auf die Anwendung des Absatz 1 möglich ist, ist zweifelhaft und wohl eher zu verneinen.

35   **3. Umfang der Vernehmung.** Die Äußerungsmöglichkeit des Beschuldigten muß sich auf **alle Taten** beziehen, die ihm mit der Erhebung der Klage zur Last gelegt werden sollen. Erstreckt die Staatsanwaltschaft ihre Ermittlungen, nachdem der Beschuldigte bereits vernommen war, auf andere Taten, also selbständige historische Lebenssachverhal-

---

[56] KK-*R. Müller*[2] 5; *Kleinknecht/Meyer*[38] 3; *Eb. Schmidt* 4; **a. A** (nur in den Fällen des § 170 Abs. 2) *Peters*[4] § 57 II 3 c aa.

[57] Vgl. KK-*R. Müller*[2] 5; *Eb. Schmidt* 5.

[58] Ebenso LR-*Meyer-Goßner*[23] 15; *Kleinknecht*[34] 3; *Rieß* JA **1980** 297; vgl. auch *Wiss-*

gott 363; **a. A** KK-*R. Müller*[2] 5; *Kleinknecht/Meyer*[38] 3.

[59] Zur Frage, ob sein Erscheinen vor der Staatsanwaltschaft oder dem Gericht dennoch erzwungen werden kann, s. Rdn. 53.

te, so muß insoweit die Vernehmung oder die Gelegenheit zur schriftlichen Äußerung nachgeholt werden[60].

Zweifelhaft ist, ob der Beschuldigte erneut vernommen werden muß, wenn sich **36** die ursprünglich angenommene und dem Beschuldigten eröffnete (§ 136 Abs. 1 Satz 1) **rechtliche Qualifikation** ändert oder wenn **neue erhebliche Beweismittel** oder sonst neue erhebliche Umstände auftauchen[61]. Das wird im allgemeinen zu verneinen sein; denn die Vernehmungspflicht nach Absatz 1 braucht nicht über das hinauszugehen, was die Absätze 3 und 4 an Belehrungspflichten vorschreiben. Absatz 4 verpflichtet die Polizei aber nur zur Information über die Tat, also zur Mitteilung des konkreten Lebenssachverhalts, in dem das strafbare Verhalten gesehen wird, nicht darüber hinaus zur Mitteilung der konkreten Verdachtslage und der vorhandenen Beweismittel[62]. Eine Pflicht, dem Beschuldigten bei Abschluß der Ermittlungen stets Gelegenheit zu geben, sich zu der nunmehrigen Sachlage umfassend zu äußern, liefe auf ein Schlußgehör hinaus, das der Gesetzgeber von Anfang an nicht unbeschränkt gewährt und 1975 insgesamt wieder beseitigt hat[63]. **Ausnahmsweise** kann sich aus den Grundgedanken des Absatz 1 eine Pflicht zur nochmaligen Vernehmung auch bei gleicher prozessualer Tat ergeben, wenn sich die Sachlage so weitgehend verändert hat, daß in der ursprünglichen Vernehmung eine ausreichende Gewährung des rechtlichen Gehörs nicht mehr gesehen werden kann.

4. Zeitpunkt. Die Vernehmung (oder die schriftliche Anhörung) muß vor Ab- **37** schluß der Ermittlungen, also vor Anbringung des in § 169 a vorgeschriebenen Vermerks erfolgen[64]. Mit dem Wort „spätestens" bezeichnet das Gesetz den Endzeitpunkt, nicht etwa schreibt es damit vor, daß ein bereits früher vernommener Beschuldigter vor dem Abschluß der Ermittlungen nochmals vernommen werden müsse[65]. Die Wortwahl läßt aber den Schluß zu, daß der Gesetzgeber für den Regelfall eine frühere Vernehmung für angemessen gehalten hat. Wird der Beschuldigte in Haft genommen, so ist er bei der Verkündung des Haftbefehls zu vernehmen (§ 115 Abs. 3). Es entspricht nicht dem Vernehmungszweck (Rdn. 28), wenn die Vernehmung erst zu einem Zeitpunkt stattfindet, in dem sie die Abschlußentscheidung nicht mehr beeinflussen kann. Im übrigen unterliegt es dem pflichtgemäßen Ermessen der Strafverfolgungsbehörden im Rahmen der freien Gestaltung des Ermittlungsverfahrens, wann sie dem Beschuldigten durch Vernehmung Gelegenheit zur Verteidigung geben und, falls er zur Äußerung bereit ist, seine Erklärungen zur Sachaufklärung nutzen wollen[66]. Eine uneingeschränkte Pflicht, den Beschuldigten zu Beginn der Ermittlungen zu vernehmen, besteht nicht[67]; es entspricht jedoch dem Grundsatz des fairen Verfahrens, dem Beschuldigten unverzüglich Gelegenheit zur Äußerung zu geben, sobald die Ermittlungsnotwendigkeit dies gestatten (s. § 160, 41; 41 a).

---

[60] KK-*R. Müller*[2] 1; LR-*Meyer-Goßner*[23] 8.

[61] Vgl. dazu **bejahend** *Peters*[4] § 28 IV 2; *Mayer-Wegelin* DStZ **1984** 247; *Fincke* ZStW **95** (1983) 968; wohl auch KMR-*Müller* 5; **verneinend** *Eb. Schmidt* Nachtr. I 4; *H. Schäfer* wistra **1987** 166.

[62] Zur Frage, ob eine während der Vernehmung durch Gericht oder Staatsanwaltschaft erkennbar werdende Veränderung der rechtlichen Beurteilung eine Ergänzung der rechtlichen Belehrung erforderlich macht, vgl.

LR-*Hanack* § 136, 20 mit weit. Nachw.; ferner *Fezer* StrafprozeßR (1986) 3/21.

[63] Vgl. *H. Schäfer* wistra **1987** 168.

[64] KK-*R. Müller*[2] 7; KMR-*Müller* 5.

[65] *Eb. Schmidt* Nachtr. I 4; vgl. auch Rdn. 36.

[66] KK-*R. Müller*[2] 7; *Kleinknecht/Meyer*[38] 2; LR-*Meyer-Goßner*[23] 19; *H. Schäfer* wistra **1987** 167.

[67] BVerfG (Vorprüfungsausschuß) NStZ **1984** 228; *Fezer* (Fußn. 62) 3/21; vgl. aber auch *Dahs* NJW **1985** 1114; *Mayer-Wegelin* DStZ **1984** 247; SK-StPO-*Rogall* § 136, 8.

Peter Rieß

38   **5. Form der Anhörung.** Es bleibt der Staatsanwaltschaft überlassen, ob sie der Verpflichtung nach Absatz 1 durch eine polizeiliche, staatsanwaltschaftliche oder richterliche Vernehmung oder, soweit dies ausreicht (s. Rdn. 35 ff), durch die Gelegenheit zur schriftlichen Äußerung entspricht. Der Beschuldigte hat keinen Anspruch darauf, in einer von ihm zu wählenden Form vernommen zu werden. Erscheint der Beschuldigte vor der Polizei nicht, so kann die Staatsanwaltschaft dies als die Erklärung auffassen, keine Angaben machen zu wollen, gleiches gilt, wenn er bei einer polizeilichen Vernehmung erklärt, nur vor der Staatsanwaltschaft oder dem Richter aussagen zu wollen[68], oder wenn er seine Aussagebereitschaft von bestimmten Bedingungen abhängig macht, etwa bei der Polizei nur in Anwesenheit seines Verteidigers aussagen zu wollen (s. aber Rdn. 96) oder eine Durchschrift des Vernehmungsprotokolls (s. Rdn. 104) zu erhalten. Dem Gebot des Absatz 1 wird stets dadurch ausreichend entsprochen, daß dem Beschuldigten eine den gesetzlichen Vorschriften entsprechende Äußerungsmöglichkeit angeboten wird.

39   Unabhängig hiervon ist aber stets zu prüfen, ob nicht die **Pflicht zur Sachverhaltsaufklärung** gebietet, verständlichen Wünschen des Beschuldigten zu entsprechen, um von ihm eine Aussage zur Sache zu erhalten[69]. Will sich der Beschuldigte bei seiner Aussage des Beistands eines Verteidigers bedienen, kann ihm die Polizei dies gestatten, oder es ist eine staatsanwaltschaftliche oder richterliche Vernehmung vorzunehmen. Bittet der Beschuldigte aus nach Lage des konkreten Falles verständlichen Gründen darum, statt von der Polizei vom Staatsanwalt vernommen zu werden, so kann dem in der Regel entsprochen werden. Auch gegen die Zurverfügungstellung einer Durchschrift des Vernehmungsprotokolls bestehen regelmäßig keine sachlichen Bedenken[70]. **Entschuldigt** sich der Beschuldigte rechtzeitig ausreichend oder legt er später dar, daß ihm eine rechtzeitige Entschuldigung nicht möglich war, so ist das Vernehmungsangebot zu wiederholen[71].

40   **6. Art und Inhalt der Vernehmung.** Wegen der Durchführung der Vernehmung des Beschuldigten verweisen Absätze 3 und 4 auf die §§ 136, 136 a mit der einzigen Ausnahme, daß der Umfang der von der Polizei zu erteilenden Belehrungen eingeschränkt ist (näher Rdn. 71 ff). Es gilt also auch für die polizeiliche und staatsanwaltschaftliche Vernehmung, daß sie dem Beschuldigten Gelegenheit geben soll, die gegen ihn vorliegenden Verdachtsgründe zu beseitigen und die zu seinen Gunsten sprechenden Tatsachen geltend zu machen (§ 136 Abs. 2, näher § 136, 34)[72]. Wegen der Vernehmung zur Person und zur Feststellung der persönlichen Verhältnisse (§ 136 Abs. 3) s. § 136, 10 bis 14; zum Gang und Inhalt der Vernehmung zur Sache s. § 136, 38 ff; zur Frage der Wahrheitspflicht s. § 136, 31 ff und zur Bedeutung der Aussagefreiheit für die Beweiswürdigung und Strafzumessung s. § 136, 21; 34 ff. Einzelheiten zur polizeilichen Vernehmung und zur Protokollierung s. Rdn. 75 ff; 100 ff. Das Verbot, die in § 136 a beschriebenen Vernehmungsmethoden zu verwenden, gilt uneingeschränkt für Polizei und Staatsanwaltschaft; auf die Erläuterungen zu § 136 a wird verwiesen.

---

[68] StrK bei AG Bremerhaven MDR **1966** 863; LG Köln NJW **1967** 1873; KK-*R. Müller*[2] 4; *Kleinknecht/Meyer*[38] 2; KMR-*Müller* 4.

[69] KK-*R. Müller*[2] 4; KMR-*Müller* 4.

[70] *Kleinknecht/Meyer*[38] 2; 32; LR-*Meyer-Goßner*[23] 17; vgl. auch § 147 Abs. 3; näher Rdn. 104.

[71] Vgl. zu den anzuerkennenden Entschuldigungsgründen, die im wesentlichen auch für diesen Fall gelten, § 51, 11 ff.

[72] Vgl. auch *Eb. Schmidt* Nachtr. I 7.

7. Schriftliche Äußerungen

a) Allgemeines. Absatz 1 Satz 2 gestattet im Interesse einer ökonomischen Verfah- **41**
renserledigung, aber auch, um dem Beschuldigten Zeitaufwand und Unannehmlichkeiten zu ersparen[73], das rechtliche Gehör in der Form zu gewähren, daß dem Beschuldigten Gelegenheit zu einer schriftlichen Äußerung gegeben wird, beschränkt diese Möglichkeit aber auf einfache Sachen; in Bußgeldverfahren reicht dieser Weg stets aus (§ 55
Abs. 1 OWiG)[74]. Dem **Beschuldigten steht es** jederzeit, auch in nicht einfachen Sachen,
frei, sich insgesamt oder ergänzend schriftlich zu äußern, auch durch seinen Verteidiger[75] und auch, wenn er bei einer Vernehmung von seinem Schweigerecht Gebrauch
macht. Solche schriftlichen Äußerungen müssen stets zur Kenntnis genommen werden.
Unberührt bleibt auch die Möglichkeit, den Beschuldigten bei seiner Vernehmung nach
§ 136 Abs. 1 Satz 4 darauf hinzuweisen, daß er sich schriftlich (näher) äußern könne,
auch wenn die Sache nicht einfach ist[76].

b) Einfache Sachen. Ob eine Sache einfach ist, ist nach Lage des Einzelfalles zu **42**
beurteilen. Vom Sinn der Vorschrift her, dem Beschuldigten eine gleichwertige Form
des rechtlichen Gehörs anzubieten, ist maßgebend, ob von ihm, soweit das nach dem
Stand der Ermittlungen erkennbar ist (vgl. auch Rdn. 45), eine ausreichende schriftliche
Ausdrucksfähigkeit erwartet werden kann[77]. Es ist deshalb bedenklich, für ganze Deliktsgruppen durch allgemeine Verwaltungsanweisungen die schriftliche Anhörung
vorzuschreiben[78]. Im Verfahren gegen Jugendliche wird die schriftliche Anhörung regelmäßig nicht angebracht sein[79]. Entscheidend ist, ob die Sache in tatsächlicher Hinsicht so einfach gelagert ist, daß dem Beschuldigten in schriftlicher Form eine ausreichende Sacheinlassung möglich ist[80], ohne daß durch Vorhalte und Fragen Ergänzungen der Aussage herbeigeführt werden müssen. Rechtliche Schwierigkeiten sollen in der
Regel keine Rolle spielen[81]. Bei schweren Tatvorwürfen, etwa bei Verbrechen, wird
eine schriftliche Äußerung im allgemeinen nicht ausreichen[82]. Bei einer objektiv nicht
einfachen Sache genügt die Einräumung einer schriftlichen Äußerung gegen den Willen
des Beschuldigten auch dann nicht, wenn sie ihm aufgrund seiner besonderen persönlichen Fähigkeiten möglich ist[83].

Ob, auch wenn die Sache einfach ist, der Weg einer schriftlichen Äußerung ge- **43**
wählt werden soll, entscheiden die Strafverfolgungsbehörden nach **pflichtgemäßem
Ermessen**[84]; maßgebend ist in Zweifelsfällen die Auffassung der Staatsanwaltschaft.
Anlaß für eine Aufforderung, sich schriftlich zu äußern, kann auch ein entsprechender
Wunsch des Beschuldigten darstellen, etwa auf eine Vorladung hin.

c) Durchführung und Ergebnis. Der Beschuldigte ist regelmäßig schriftlich, ent- **44**
sprechend dem Anhörungsbogen im Bußgeldverfahren, zur schriftlichen Äußerung aufzufordern. Die Aufforderung kann nach § 145 a an den Verteidiger oder in den Fällen
des § 116 a Abs. 3, § 132 Abs. 1 Nr. 2 einen sonstigen Zustellungsbevollmächtigten gerich-

---

[73] KK-*R. Müller*[2] 10; zur Bewertung *Wieczoreck* Kriminalistik **1981** 25; *Kerl* DRiZ **1985**
3.
[74] Einzelheiten bei *Göhler*[8] § 55, 4; 7.
[75] Zu den verteidigungstaktischen Überlegungen bei einer schriftlichen Äußerung vgl. u. a.
Dahs Hdb. 238 ff; *Weihrauch* 167 ff.
[76] KMR-*Müller* 3; s. näher LR-*Hanack* § 136,
33 und unten Rdn. 82.
[77] KK-*R. Müller*[2] 11; *Kleinknecht/Meyer*[38] 9;

KMR-*Müller* 3; LR-*Meyer-Goßner*[23] 11; *Eb.
Schmidt* Nachtr. I 5; *Kleinknecht* Kriminalistik **1965** 455.
[78] *Kerl* DRiZ **1985** 3.
[79] *Wieczoreck* Kriminalistik **1981** 26.
[80] Vgl. auch KK-*R. Müller*[2] 11.
[81] LR-*Meyer-Goßner*[23] 11; *Eb. Schmidt* 5.
[82] KK-*R. Müller*[2] 11; LR-*Meyer-Goßner*[23] 11.
[83] KK-*R. Müller*[2] 11; KMR-*Müller* 2.
[84] KK-*R. Müller*[4] 10.

Peter Rieß

tet werden. Zustellung ist nicht erforderlich; öffentliche Zustellung reicht nicht aus[85]. Die Aufforderung muß, wenn sie von der Staatsanwaltschaft stammt, die Belehrungen nach § 136 Abs. 1 Satz 1 bis 3 (§ 163 a Abs. 3 Satz 2), wenn sie von der Polizei stammt, die nach § 163 a Abs. 4 enthalten[86]; dabei ist eindeutig klarzustellen, daß der Beschuldigte zu einer Äußerung in der Sache nicht verpflichtet ist. Eine mündliche (auch telefonische) Aufforderung ist rechtlich nicht ausgeschlossen; dürfte aber nur in Ausnahmefällen zweckmäßig sein; sie ist aktenkundig zu machen. Es ist zweckmäßig, für die Äußerung eine (ausreichende) **Frist** zu setzen[87]; verspätete Äußerungen sind zu berücksichtigen. Unzulässig ist es, den Vermerk über den Abschluß der Ermittlungen (§ 169 a) alsbald nach der Mitteilung vorzunehmen; die Ermittlungen sind erst abgeschlossen, wenn sich der Beschuldigte innerhalb der ihm gesetzten oder einer angemessenen Frist nicht geäußert hat (s. auch Rdn. 37).

45   **Äußert sich** der **Beschuldigte** auf die Aufforderung hin **nicht**, oder teilt er mit, keine Angaben machen zu wollen, so ist die Verpflichtung nach Absatz 1 Satz 1 erfüllt, wenn nicht Anzeichen dafür sprechen, daß er zu einer sachgerechten schriftlichen Äußerung nicht in der Lage ist (vgl. aber Rdn. 39). Bittet er um eine mündliche Vernehmung, so ist dem, wenn das nicht ersichtlich rechtsmißbräuchlich ist, etwa aus Gründen der Verzögerung geschieht, zu entsprechen[88]. **Äußert sich der Beschuldigte,** so ist dies wie bei einer Vernehmung zu berücksichtigen; enthält die Äußerung Beweisanträge, so sind sie nach Absatz 2 zu behandeln. Wird aus der Äußerung ersichtlich, daß die Sache für den Beschuldigten nicht einfach ist, so muß eine Vernehmung vorgenommen werden[89].

46   **d) Verwertbarkeit.** Die schriftliche Äußerung des Beschuldigten, auch wenn sie nur gegenüber der Polizei oder der Staatsanwaltschaft abgegeben worden ist, kann in der Hauptverhandlung nach **§ 249** im Wege des **Urkundenbeweises** verwertet werden[90], und zwar auch im Wege des Selbstleseverfahrens nach § 249 Abs. 2 und unabhängig davon, ob der Angeklagte sich zur Sache einläßt oder schweigt. Die für eine protokollierte Beschuldigtenaussage in § 254 bestehenden Beschränkungen gelten insoweit nicht.

IV. Vernehmung des Beschuldigten durch die Staatsanwaltschaft (Absatz 3)

47   **1. Entwicklung und Bedeutung.** Daß die Staatsanwaltschaft zur Vernehmung des Beschuldigten berechtigt ist, war stets unumstritten. Bis 1965 wurde es aus § 161 Satz 1 abgeleitet[91]. Eine Pflicht bei der Staatsanwaltschaft zu erscheinen, bestand aber nicht[92], und es fehlte auch an gesetzlichen Vorschriften darüber, wie die Vernehmung im einzelnen durchzuführen sei. Für die Beschuldigtenvernehmung wurde diese zweite Lücke durch das StPÄG 1964 geschlossen, indem im damaligen Absatz 3 die §§ 136, 136 a für anwendbar erklärt wurden. Das 1. StVRG begründete als Ausgleich für die Abschaffung der gerichtlichen Voruntersuchung neben der Verpflichtung von Zeugen und Sachverständigen zur Aussage vor dem Staatsanwalt (§ 161 a) die Verpflichtung des Be-

[85] Schmid MDR **1978** 96.

[86] KK-*R. Müller*[2] 12; *Kleinknecht/Meyer*[38] 12.

[87] KK-*R. Müller*[2] 12; *Kleinknecht/Meyer*[38] 13; *Eb. Schmidt* Nachtr. I 5.

[88] KK-*R. Müller*[2] 13; einschränkender LR-*Meyer-Goßner*[23] 13.

[89] KK-*R. Müller*[2] 11; *Eb. Schmidt* Nachtr. I 5.

[90] OLG Düsseldorf VRS **41** 436; OLG Hamm VRS **42** 100; OLG Zweibrücken VRS **60** 442;

LR-*Gollwitzer* § 249, 13; KK-*R. Müller*[2] 14; *Kleinknecht/Meyer*[38] 14.

[91] Vgl. mit weit. Nachw. LR-*Kohlhaas*[21] § 161, 4.

[92] RGSt **9** 436; RG GA **62** (1915/16) 342; vgl. aber (Vorführung eines inhaftierten Beschuldigten zur Vernehmung) OLG Stuttgart *Alsb.* E **1** Nr. 345.

Stand: 1. 8. 1988

schuldigten, vor ihm zur Vernehmung zu erscheinen, und gab der Staatsanwaltschaft das Recht, dies durch eine Vorführungsanordnung zu erzwingen. Wegen der Einzelheiten und der damaligen rechtspolitischen Kontroversen s. §161 a, 1; 3[93].

Staatsanwaltschaftliche Beschuldigtenvernehmungen sind in der **Strafverfolgungs-** **48** **praxis** keineswegs singulär, aber doch verhältnismäßig selten[94]. Staatsanwaltschaftliche Vorführungsanordnungen dürften in der Praxis keine nennenswerte Rolle spielen; gerichtliche Entscheidungen nach Absatz 3 Satz 3 sind bisher nicht bekanntgeworden. Die Erscheinenspflicht vor der Staatsanwaltschaft berührt die **Einlassungsfreiheit** des Beschuldigten nicht; sie darf deshalb auch nicht zu einem Druck auf den Beschuldigten mißbraucht werden, sich zur Sache zu erklären[95].

Richterliche Beschuldigtenvernehmungen sind durch die Verpflichtung des Be- **49** schuldigten, vor der Staatsanwaltschaft zu erscheinen, nicht stets entbehrlich. Abgesehen von den gesetzlich vorgeschriebenen Fällen im Zusammenhang mit Haftentscheidungen[96] können sie wegen der Regelung in §254 notwendig werden, um ein in der Hauptverhandlung verlesbares Protokoll zu gewinnen. Wenn der Beschuldigte nur bereit ist, vor dem Richter auszusagen, kann es die Aufklärungspflicht gebieten, auf diesen Wunsch einzugehen (s. Rdn. 39). Der Richter darf den staatsanwaltschaftlichen Antrag auf Vornahme einer Beschuldigtenvernehmung nicht mit der Begründung ablehnen, der Staatsanwalt könne das Erscheinen selbst erzwingen (§162, 42).

2. **Erscheinenspflicht.** Wenn die Staatsanwaltschaft den Beschuldigten vernehmen **50** will, kann sie mit ihm oder seinem Verteidiger formlos, auch mündlich oder fernmündlich, einen Vernehmungstermin vereinbaren. Der Staatsanwalt kann den Beschuldigten mit dessen Zustimmung auch aufsuchen, um ihn zu vernehmen[97]. Eine **Pflicht** des Beschuldigten, vor der Staatsanwaltschaft zum Zwecke einer Vernehmung zu erscheinen, besteht aber nur, wenn er von der Staatsanwaltschaft förmlich geladen wird (näher Rdn. 55). Diese Pflicht hängt nicht davon ab, daß in der Ladung die Vorführung angedroht wird; dies ist nur für die Vorführung selbst Voraussetzung.

Befindet sich der Beschuldigte in **Untersuchungshaft**, so wird er auf Anordnung **51** der Staatsanwaltschaft vorgeführt, ohne daß es eines Vorführungsbefehls im Sinne der §§133 f bedarf; befindet er sich in einer anderen Sache in Untersuchungshaft, so bedarf es der Zustimmung des für diese zuständigen Richters oder Staatsanwalts (§41 Abs. 1 UVollzO). Befindet sich der Beschuldigte in anderer Sache in **Strafhaft**, so gilt insoweit §36 Abs. 1 und Abs. 2 Satz 1 StVollzG entsprechend[98]; es entscheidet also der Anstaltsleiter, ob dem Beschuldigten Ausgang oder Urlaub zu gewähren oder ob er mit seiner Zustimmung auszuführen ist.

Die Pflicht, auf Ladung zu erscheinen, besteht auch bei **wiederholten Vernehmun-** **52** **gen**. Es ist grundsätzlich Sache der Staatsanwaltschaft, zu bestimmen, wie oft, zu welchem Zeitpunkt und zu welchem Gegenstand sie den Beschuldigten vernehmen will. Die **Erscheinungspflicht entfällt**, wenn der Beschuldigte vernehmungsunfähig oder ihm

---

[93] Speziell zur Erscheinenspflicht des Beschuldigten bei der Staatsanwaltschaft krit. *Welp* Zwangsbefugnisse 38 ff.

[94] Nach der Erledigungsstatistik der Staatsanwaltschaft (ohne Hessen, Schleswig-Holstein) wurden 1985 von der Staatsanwaltschaft 31 700 Beschuldigtenvernehmungen (bei insgesamt 2 704 000 Beschuldigten) durchgeführt; zur Zahl der Zeugenvernehmungen s. §161 a, 3 Fußn. 12.

[95] *Lampe* NJW **1975** 199; LR-*Meyer-Goßner*[23] 33; vgl. auch Rdn. 53.

[96] §115 Abs. 3; §115 a Abs. 2 Satz 1; §128 Abs. 1 Satz 2.

[97] KK-*R. Müller*[2] 16; *Kleinknecht/Meyer*[38] 18; vgl. auch Rdn. 73.

[98] KK-*R. Müller*[2] 16; *Kleinknecht/Meyer*[38] 17 (allerdings nur auf den Fall der Vorführung – dazu Rdn. 58 – abstellend).

Peter Rieß

das Erscheinen nicht möglich oder zuzumuten ist; letzteres ist dann der Fall, wenn Gründe vorliegen, die bei einem ausbleibenden Angeklagten als genügende Entschuldigung im Sinne der §§ 230, 329, 412 anzusehen wären[99].

53   Zweifelhaft ist, ob darüber hinaus die Erscheinenspflicht wegen eines Verstoßes gegen den **Verhältnismäßigkeitsgrundsatz** dann entfallen kann, wenn der Beschuldigte sich nicht zur Sache äußern will. Dies wird für die richterliche Vernehmung von der ganz h. M verneint[100]. Für die staatsanwaltschaftliche Vernehmung gilt in aller Regel aus den gleichen Gründen das Gleiche. Allerdings kann in besonders gelagerten Ausnahmefällen die Begründung einer Erscheinenspflicht **rechtsmißbräuchlich** sein, beispielsweise, wenn sie ersichtlich als Druckmittel eingesetzt werden würde, um eine Einlassung herbeizuführen, oder wenn bei einer wiederholten Vernehmung zu einem bestimmten Beweisthema der Beschuldigte in Kenntnis der Sachlage erklärt hat, hierzu nicht aussagen zu wollen.

54   Die Ladung begründet für den Beschuldigten die Verpflichtung, zur festgesetzten **Zeit** an dem **Ort** zu erscheinen, der in der Ladung angegeben ist, und dort eine angemessene Zeit auf die Vernehmung zu warten. Die **Erscheinenspflicht** umfaßt auch die Pflicht, während der Vernehmung **anwesend** zu bleiben. Sie entfällt, sobald eine weitere Vernehmung nicht mehr in Betracht kommt. Sie endet deshalb, falls der Beschuldigte zur Sache nicht aussagen will, nach der Erteilung der in § 136 vorgeschriebenen Belehrungen und der Vernehmung zur Person, soweit der Beschuldigte insoweit zu Angaben verpflichtet ist (vgl. § 136, 11 ff).

3. Ladung und Terminsmitteilungen

55   **a)** Für die **Ladung** gilt § 133; auf die Erläuterungen in § 133, 3 ff wird verwiesen. Öffentliche Zustellung kommt nicht in Betracht[101]; Mitteilung an den Verteidiger genügt nur, wenn die besonderen Voraussetzungen des § 145 a Abs. 2 vorliegen. Ob in die Ladung die Androhung der Vorführung aufgenommen werden soll, entscheidet die Staatsanwaltschaft nach pflichtgemäßem Ermessen; sie sollte dies nur tun, wenn die zwangsweise Durchsetzung der Erscheinenspflicht bei unentschuldigtem Ausbleiben erwogen wird[102]. Die Ladung muß, wenn sie die Erscheinenspflicht begründen soll, vom **Staatsanwalt** angeordnet werden[103]; auch der **Amtsanwalt** ist hierzu im Rahmen seiner Zuständigkeit (§ 142 Abs. 2 GVG) befugt. Ob, wie es bei der richterlichen Vernehmung angenommen wird[104], als Ausnahme von der sonst geltenden **Schriftform** eine **mündliche Ladung** zu einem Fortsetzungstermin dann ausreicht, wenn sie während einer Vernehmung des Beschuldigten in seiner Gegenwart erfolgt, ist nicht unzweifelhaft[105], dürfte aber wohl zu bejahen sein.

56   **b)** Eine **Terminsmitteilung** muß der zur Akte legitimierte oder bestellte **Verteidiger** erhalten (§ 168 c Abs. 5 in Vbdg. mit Absatz 3 Satz 2 und § 168 c Abs. 1). Fernmündliche oder mündliche Mitteilung reicht aus[106]. Daß eine Benachrichtigung nach § 168 c Abs. 5 Satz 2 unterbleiben könnte, weil sie den Untersuchungserfolg (vgl. § 168 c, 39) gefährden könnte, kann nicht vorkommen[107]. Denn da der Beschuldigte schriftlich und

---

[99] Vgl. zu den in Betracht kommenden Einzelfällen LR-*Gollwitzer* § 329, 34 ff.

[100] S. näher mit Nachw. LR-*Hanack* § 133, 8; SK-StPO-*Rogall* § 133, 9.

[101] KK-*R. Müller*[2] 16; *Kleinknecht/Meyer*[38] 18.

[102] Vgl. Nr. 44 Abs. 2 RiStBV; LR-*Hanack* § 133, 9: KK-*R. Müller*[2] 17; *Kleinknecht/Meyer*[38] 18.

[103] Vgl. RGSt **56** 234; LR-*Hanack* § 133, 7.

[104] Vgl. LR-*Hanack* § 133, 7; SK-StPO-*Rogall* § 133, 8.

[105] Vgl. auch BGH NStZ **1984** 41 mit Anm. *Hilger*.

[106] KK-*R. Müller*[2] 21; *Kleinknecht/Meyer*[38] 20.

[107] **A. A** LR-*Meyer-Goßner*[23] 38; KK-*R. Müller*[2] 21; *Roxin*[20] § 19 III, § 37 C II 2 a.

Stand: 1. 8. 1988

unter Einräumung einer angemessenen Vorbereitungszeit zu laden ist (§ 133, 5), ist es stets möglich, auch den Verteidiger zu benachrichtigen (s. auch Rdn. 64).

Andere Personen können nach pflichtgemäßem Ermessen eine Terminsnachricht **57** erhalten, wenn der Staatsanwalt ihnen die Anwesenheit bei der Vernehmung gestatten will (vgl. auch § 161 a, 16). Dies gilt auch für den Rechtsanwalt als Beistand oder Vertreter des zum Anschluß als **Nebenkläger** befugten **Verletzten**, weil dieser nach § 406 g Abs. 2 Satz 2 zwar bei richterlichen, nicht aber bei staatsanwaltschaftlichen Vernehmungen ein Anwesenheitsrecht hat[108].

4. Vorführung. Wie sich aus der Verweisung auf die §§ 133 bis 135 in Absatz 3 **58** Satz 2 ergibt, kann die Staatsanwaltschaft unter den dort genannten Voraussetzungen das Erscheinen des Beschuldigten durch einen eigenen Vorführungsbefehl erzwingen, dessen Vollstreckung der Polizei übertragen wird[109]. Die **Polizei** hat **kein** eigenes **Vorführungsrecht**[110]; es ist auch bedenklich, einen staatsanwaltschaftlichen Vorführungsbefehl dazu zu verwenden, den Beschuldigten, wenn er vorgeführt wird, zu veranlassen, bei der Polizei auszusagen[111]. Wegen der rechtspolitischen und verfassungsrechtlichen Kontroversen zum staatsanwaltschaftlichen Vorführungsrecht s. § 161 a, 40; zur Frage der Zulässigkeit des Betretens von Wohnungen bei der Vollstreckung des Vorführungsbefehls s. § 161 a, 41. In Steuerstrafsachen kann die **Finanzbehörde** die Vorführung anordnen, wenn sie das Verfahren selbständig führt (§ 399 Abs. 1 AO). In **Bußgeldverfahren** hat die Verwaltungsbehörde grundsätzlich die Stellung der Staatsanwaltschaft, jedoch ist nach § 46 Abs. 5 OWiG die Anordnung der Vorführung dem Richter vorbehalten (s. § 161 a, 6).

Voraussetzungen und Ablauf der Vorführung ergeben sich aus den §§ 133 bis 135, **59** auf deren Erläuterung wegen der Einzelheiten ergänzend zu den nachfolgenden Ausführungen verwiesen wird. Die Vorführung setzt regelmäßig voraus, daß sie dem Beschuldigten in einer schriftlichen Ladung angedroht worden ist (s. näher Rdn. 55), und daß der Beschuldigte unentschuldigt ausgeblieben ist. Eine **sofortige Vorführung** ohne vorherige Androhung und ohne unentschuldigtes Ausbleiben ist nur unter den Voraussetzungen des § 134 zulässig (näher § 134, 1 bis 4). Die Vorführung erfordert einen **schriftlichen Vorführungsbefehl** (näher § 134, 5 bis 10). Wegen der Dauer des Festhaltens s. § 135 und die dort. Erl.[112]. Zur Anfechtbarkeit s. Rdn. 67 ff.

Ob das **Verhältnismäßigkeitsprinzip** einer Vorführung entgegenstehen kann, ist **60** für die staatsanwaltschaftliche Vorführung grundsätzlich ebenso wie für die richterliche verneinend (s. § 133, 13) zu beantworten. Es sind allerdings bei der staatsanwaltschaftlichen Vernehmung (wohl eher theoretisch) Ausnahmefälle vorstellbar, in denen bereits die Erscheinenspflicht wegen mißbräuchlicher Inanspruchnahme nicht besteht (s. Rdn. 53). In solchen Fällen wäre eine Vorführung, weil sie eine dann nicht bestehende Erscheinenspflicht voraussetzt, unzulässig, ohne daß es einer gesonderten Prüfung ihrer Verhältnismäßigkeit bedarf. Soweit die Erscheinenspflicht besteht, sind keine Gründe dafür erkennbar, ihre Durchsetzung mit dem Zwangsmittel der Vorführung für unverhältnismäßig und damit unzulässig zu halten.

---

[108] Vgl. LR-*Hilger* § 406 g, 9.
[109] Zur Vollstreckung bei einem in Strafhaft befindlichen Beschuldigten s. § 36 Abs. 2 Satz 2 StVollzG, der analog anwendbar ist; KK-*R. Müller*² 16; *Kleinknecht/Meyer*³⁸ 17.
[110] Näher Rdn. 73 und § 163, 33.
[111] So aber *Füllkrug* Kriminalistik **1986** 186, da-

gegen zu Recht *Hohendorf* Kriminalistik **1986** 403.
[112] Vgl. zur Entstehungsgeschichte und zur im Gesetzgebungsverfahren umstrittenen Verweisung auf § 135 Satz 2 näher LR-*Meyer-Goßner*²³ 42.

Peter Rieß

5. Durchführung der Vernehmung

61   **a) Allgemeines.** Für die Durchführung der Vernehmung verweist Absatz 3 Satz 2 uneingeschränkt auf die für die richterliche Vernehmung in den §§ 136, 136 a geltenden Vorschriften; auf die dortigen Erläuterungen wird Bezug genommen.

62   Die in § 136 Abs. 1 Satz 1 bis 3 vorgeschriebenen **Belehrungen** sind nach dem dortigen Wortlaut nur für die **erste Vernehmung** vorgeschrieben. Sie sind bei der ersten *richterlichen* Vernehmung auch erforderlich, wenn bereits polizeiliche oder staatsanwaltschaftliche Vernehmungen vorangegangen sind (s. § 136, 9). Gleiches gilt für die erste staatsanwaltschaftliche nach vorangegangener polizeilicher Vernehmung[113]. Das Schrifttum vertritt auch die Auffassung, daß die Staatsanwaltschaft auch bei unverändertem Tatvorwurf bei *ihrer* ersten Vernehmung erneut belehren muß, wenn bereits eine richterliche Vernehmung vorangegangen ist[114]. Wenn auch schwer vorstellbar ist, daß der vom Richter auf seine Aussagefreiheit hingewiesene Beschuldigte irrtümlich annehmen könne, er sei vor der Staatsanwaltschaft (oder der Polizei) zur Aussage verpflichtet, kann eine solche nochmalige Belehrung, die zweifellos zulässig ist, im Einzelfall erforderlich sein, wenn Anhaltspunkte dafür ersichtlich sind, daß der Beschuldigte die richterliche Belehrung nicht auf die neue Lage erstreckt. Ein erneuter Hinweis auf die zur Last gelegte Tat und die Strafvorschriften ist stets erforderlich, wenn Veränderungen eingetreten sind[115].

63   Die Hinzuziehung von **Sachverständigen** zur staatsanwaltschaftlichen Vernehmung ist zulässig; sie kann geboten sein, um die Vernehmungsfähigkeit des Beschuldigten beurteilen zu können, namentlich bei Erstvernehmungen von möglicherweise betäubungsmittelabhängigen Beschuldigten[116]. Zulässig ist auch die Hinzuziehung von **Zeugen** zum Zwecke einer Vernehmungsgegenüberstellung; dabei handelt es sich um eine kombinierte Vernehmung nach den §§ 161 a und 163 a Abs. 3 mit den entsprechenden Konsequenzen für das Anwesenheitsrecht[117].

64   **b) Anwesenheitsrechte.** Aufgrund der Verweisung auf § 168 c Abs. 1, 5 in Absatz 3 Satz 2 hat der **Verteidiger** ein uneingeschränktes Anwesenheitsrecht bei der Beschuldigtenvernehmung durch die Staatsanwaltschaft[118]. Wegen der Einzelheiten und Befugnisse s. § 168 c, 8 ff; 30 ff. Bei einer Verhinderung des Verteidigers besteht zwar kein Anspruch auf Terminsverlegung (§ 168 c Abs. 5 Satz 2), jedoch sollte wegen der Bedeutung der Anwesenheit des Verteidigers begründeten Vertagungsanträgen schon deshalb entsprochen werden, weil der andernfalls aussagebereite Beschuldigte bei Abwesenheit des Verteidigers von seinem Schweigerecht Gebrauch machen kann[119]. Vielfach und vor allem in bedeutenden Sachen wird sich eine Terminsvereinbarung mit dem Verteidiger vor der Ladung empfehlen.

---

[113] KK-*R. Müller*[2] 17; *Kleinknecht/Meyer*[38] 17; KMR-*Müller* 10; *Schulz/Berke-Müller/Fabis* Anm. B.

[114] So KMR-*Müller* 10 und für die erste polizeiliche Vernehmung auch LR-*Meyer-Goßner*[23] 23; KK-*R. Müller*[2] 25.

[115] Vgl. LR-*Hanack* § 136, 24; SK-StPO-*Rogall* § 136, 10; *Fincke* ZStW **95** (1983) 961; vgl. auch Rdn. 36.

[116] Vgl. BGH StrVert. **1986** 138 mit Anm. *Dekkers; Glatzel* StrVert. **1982** 285; vgl. auch § 205, 12.

[117] Näher § 161 a, 31, auch zur anders zu beurteilenden Identifizierungsgegenüberstellung.

[118] Zur Entstehung dieser erst im Laufe des Gesetzgebungsverfahrens eingefügten Regelung s. LR-*Meyer-Goßner*[23] 47; *Welp* Zwangsbefugnisse 38 Fußn. 104; zur Frage des Anwesenheitsrechts bei polizeilichen Vernehmungen s. Rdn. 95; zur Pflicht zur Terminsmitteilung s. Rdn. 56.

[119] Vgl. auch § 168 c, 47; ferner KK-*R. Müller*[2] 21; *Kleinknecht/Meyer*[38] 20.

In **Jugendsachen** steht dem Erziehungsberechtigten und dem gesetzlichen Vertre- **65**
ter ein Anwesenheitsrecht zu (§ 67 Abs. 1 JGG)[119a]. **Anderen Personen**, etwa dem Vertreter des Verletzten (s. Rdn. 57), kann die Staatsanwaltschaft die Anwesenheit gestatten, wenn dadurch der Untersuchungszweck nicht gefährdet wird (s. näher § 168 c, 23;
25 ff).

c) Die **Protokollierung** der staatsanwaltschaftlichen Vernehmung ist in § 168 b im **66**
wesentlichen durch Verweisung auf die für den Richter geltenden Vorschriften geregelt;
auf die dortigen Erläuterungen wird verwiesen.

6. Anfechtbarkeit. Nach Absatz 3 Satz 3 ist gegen die Anordnung der Vorfüh- **67**
rung der beschwerdeähnliche spezielle Rechtsbehelf des Antrags auf gerichtliche Entscheidung nach § 161 a Abs. 3 (zu diesem näher § 161 a, 47 ff) zulässig. Mit ihm kann,
wie der Gesetzeswortlaut deutlich macht, nur geltend gemacht werden, daß die Vorführung rechtswidrig gewesen sei; ihre bloße Zweckmäßigkeit kann gerichtlich nicht überprüft werden[119b]. Aus den gleichen Gründen wie in § 161 a, 51 näher erörtert, ist der Antrag auch schon gegen die Androhung der Vorführung in der Ladung, nicht aber gegen
die bloße Ladung ohne Vorführungsandrohung zulässig[120]. Aus den in § 161 a, 48 dargelegten Gründen ist der Antrag auch gegen andere im Zusammenhang mit der Vernehmung von der Staatsanwaltschaft getroffene Maßnahmen mit Eingriffscharakter als zulässig anzusehen; beispielsweise, wenn entgegen § 168 c Abs. 1 in Vbdg. mit § 163 a
Abs. 3 Satz 2 dem Verteidiger oder dem Erziehungsberechtigten oder dem gesetzlichen
Vertreter die Anwesenheit nicht gestattet werden würde, wohl auch dann, wenn die
Staatsanwaltschaft bei der Gestattung der Anwesenheit anderer Personen ermessensmißbräuchlich verfahren sollte.

Nach h. M ist der Antrag auf gerichtliche Entscheidung wegen **prozessualer Über-** **68**
holung unzulässig, wenn die Maßnahme im Zeitpunkt der gerichtlichen Entscheidung
vollständig erledigt ist[121]. Bei der Vernehmung des Beschuldigten spielt die Frage namentlich bei der sofortigen Vorführung nach § 134 eine Rolle, weil hier eine Rechtmä-
ßigkeitskontrolle durch Anfechtung der Vorführungsandrohung nicht möglich ist[122].
Nach der in diesem Kommentar bei § 161 a, 53 f vertretenen Meinung beseitigt jedoch
bei fortbestehendem Feststellungsinteresse die prozessuale Überholung die Beschwer
nicht; der Antrag auf gerichtliche Entscheidung bleibt also zulässig. Das gilt auch für
die bei der staatsanwaltschaftlichen Beschuldigtenvernehmung getroffenen Maßnahmen.

Wegen der Einzelheiten des **Verfahrens** beim Antrag auf gerichtliche Entschei- **69**
dung s. § 161 a, 55 bis 61.

7. Ersuchte Staatsanwaltschaft. Ebenso wie die das Ermittlungsverfahren füh- **70**
rende Staatsanwaltschaft eine andere um die Vernehmung von Zeugen und Sachverständigen ersuchen kann (s. § 161 a, 62), kann eine ersuchte Staatsanwaltschaft auch Be-

---

[119a] Vgl. dazu *Eisenberg* NJW **1988** 1250; ferner (keine Anwesenheitsbefugnis des mitbeschuldigten Elternteils bei polizeilicher Vernehmung) LG Konstanz NJW **1988** 1276
und dazu BVerfG (Kammerentscheidung)
NJW **1988** 1256.

[119b] Zum Prüfungsmaßstab in den Fällen des
§ 161 a Abs. 3 s. § 161 a, 61.

[120] KK-*R. Müller*[2] 20; *Kleinknecht/Meyer*[38] 22;

LR-*Meyer-Goßner*[23] 44 (mit ausführlicher
Begründung); *Gössel* GA **1976** 62; *Welp*
Zwangsbefugnisse 19; (wohl) zweifelnd *Fe-
zer* (Fußn. 62) 3/72; **a. A** KMR-*Müller* 9.

[121] Vgl. die Nachw. in § 161 a, 52 Fußn. 111,
112.

[122] Vgl. LR-*Meyer-Goßner*[23] 46; *Kleinknecht/
Meyer*[38] 21; *Welp* Zwangsbefugnisse 25.

schuldigte vernehmen. Dieser stehen nach heute ganz h. M auch die Zwangsbefugnisse nach § 163 a Abs. 3 zu; § 161 a Abs. 4 gilt analog[123]. Der Beschuldigte ist also auch zum Erscheinen vor der ersuchten Staatsanwaltschaft verpflichtet; diese kann eine Vorführung von sich aus veranlassen. Wegen der weiteren Fragen wird auf die Erl. in § 161 a, 62 bis 65 verwiesen.

V. Polizeiliche Vernehmungen (Absätze 4 und 5)

71   **1. Allgemeines.** Bereits aus dem allgemeinen Erforschungsauftrag der Polizei folgt, daß sie berechtigt ist, den Beschuldigten sowie Zeugen und Sachverständige zu vernehmen[124]. Die Absätze 4 und 5 setzen diese Befugnis voraus, indem sie für die Polizei bei solchen Vernehmungen Belehrungspflichten begründen. In der Rechtswirklichkeit wird der weitaus überwiegende Teil aller Vernehmungen durch die Polizeibehörden durchgeführt, nicht etwa durch die Staatsanwaltschaft oder den Ermittlungsrichter. Für die rechtsstaatliche Anwendung des Verfahrensrechts ist daher wichtig, daß gerade die Beamten des Polizeidienstes besonders diejenigen verfahrensrechtlichen Bestimmungen sorgfältig beachten, die dem Schutz des Beschuldigten und des Zeugen dienen. Unbeschadet der Notwendigkeit nachhaltiger und effektiver Strafverfolgung[125] muß auch für die polizeiliche Vernehmungstätigkeit im Ermittlungsverfahren nicht nur die Einhaltung der Grenzen des § 136 a selbstverständlich sein; es gelten auch hier die allgemeinen Grundsätze der Sachverhaltserforschung (§ 160, 35 ff) und es gilt der Grundsatz, daß es nicht das Ziel des Strafverfahrens sein kann, daß die Wahrheit um jeden Preis erforscht werde[126].

72   Gerade in einem dem Grundsatz der freien Gestaltung unterliegenden Verfahrensabschnitt wie dem Ermittlungsverfahren besteht für den einzelnen mit Strafverfolgungsaufgaben betrauten Amtsträger die Notwendigkeit, sich dieses **Spannungsverhältnisses** und der **Grenzen der Verfolgungstätigkeit** stets bewußt zu sein. Empirische Untersuchungen[127] geben Hinweise darauf, daß die nicht nur wortgetreue, sondern auch ihrem Geiste gemäße Befolgung insbesondere der den Beschuldigten, aber auch den Verletzten schützenden Vorschriften noch nicht *ausnahmslos* gewährleistet ist.

73   Beschuldigte, Zeugen und Sachverständige sind **nicht verpflichtet**, vor der Polizei zu erscheinen; Zeugen und Sachverständige sind nicht verpflichtet, bei der Polizei auszusagen[128]; ein privater Sachverständiger ist nicht verpflichtet, auf Anforderung der Polizei Gutachten zu erstellen. Der Polizei stehen **keine Zwangsbefugnisse** zur Verfügung, um das Erscheinen des Beschuldigten oder von Beweispersonen zu Aussagezwecken zu erzwingen, namentlich hat sie nicht das Recht der Vorführung; dieses kann auch nicht aufgrund polizeilicher Vorschriften durchgesetzt werden[129]. Zu Vernehmungs-

---

[123] Ausführliche Begründung LR-*Meyer-Goßner*[23] 35; ferner KK-*R. Müller*[2] 15; *Kleinknecht/Meyer*[38] 19; **a. A** *Welp* Zwangsbefugnisse 48 Fußn. 133.

[124] Näher § 160, 9; § 163, 33.

[125] Vgl. u. a. BVerfGE **45** 272, 294; Einl. Kap. **6** 13 mit weit. Nachw.

[126] BGHSt **14** 365; **17** 337, 348; **19** 329; BGH NJW **1978** 1426 („Das Strafverfahren ist nicht darauf angelegt, den Schuldigen unter allen Umständen der gerechten Strafe zuzuführen"); vgl. auch Einl. Kap. **6** 7.

[127] Vgl. vor allem das in der Untersuchung von

Wulf ermittelte empirische Material über polizeiliche Vernehmungen; vgl. auch mit weit. Nachw. *Eisenberg* Kriminologie[2] (1985) § 28; ferner zu den unterschiedlichen Bewertungskriterien der Aufklärung *Blankenburg/Sessar/Steffen*; zur Behandlung von Strafanzeigen *Kürzinger*.

[128] Allg. M; vgl. schon RGSt **9** 435; **a. A** möglicherweise LR-*Meyer-Goßner*[23] § 163, 22, der von einer nicht erzwingbaren Aussagepflicht spricht; vgl. auch § 163, 33.

[129] Nachw., auch zur Gegenmeinung, § 163, 33.

zwecken dürfen Beschuldigte und Zeugen aufgesucht werden; jedoch darf der Polizeibeamte eine Wohnung zu diesem Zweck nur betreten oder in ihr verweilen, solange der Hausrechtsinhaber damit einverstanden ist[130].

Die Polizei kann zwar Beschuldigte, Zeugen und Sachverständige **vorladen**; rechtlich **74** handelt es sich dabei aber um eine nicht verbindliche Aufforderung (oder Bitte)[131]. Zu einer besonderen Belehrung über die Freiwilligkeit der Mitwirkung ist die Polizei nicht verpflichtet. Sie darf aber auch nicht den Anschein erwecken, als ob eine Erscheinens-, Aussage- oder Gutachtenerstattungspflicht bestünde; darin kann ein Verstoß gegen das Täuschungsverbot des § 136 a liegen[132]. Zulässig ist aber der Hinweis in der Ladung, daß bei Nichterscheinen eine Vernehmung durch den Staatsanwalt oder Richter mit Erscheinens- bzw. Aussagepflicht möglich sei[133].

2. Beschuldigtenvernehmung (Absatz 4)

a) Zweck der Vernehmung. Aus den nach Absatz 4 auch für die Polizei geltenden **75** Belehrungspflichten und aus der Anwendbarkeit der §§ 136, 136 a folgt eindeutig, daß die polizeiliche Vernehmung keinen anderen Zweck hat als die richterliche oder staatsanwaltschaftliche, also in erster Linie zu Verteidigungszwecken dient (Rdn. 28; § 136, 35). Es ist deshalb auch nicht richtig, die polizeiliche Beschuldigtenvernehmung in ihrer Zielsetzung als in erster Linie auf Überführung des Täters und Erlangung eines Geständnisses gerichtete Vernehmung von der staatsanwaltschaftlichen und vor allem der richterlichen zu trennen, mag auch die polizeiliche Vernehmungspraxis teilweise in diese Richtung zielen[134].

Soweit die Beschuldigtenvernehmung in diesen Grenzen auch der **Sachverhaltsauf- 76 klärung** dient, kann sie ihren Zweck nur erfüllen, wenn erreicht wird, daß der Beschuldigte möglichst unbeeinflußt zu Worte kommt und Gelegenheit erhält, mit seinen Worten und aus seiner Sicht den Tathergang zu schildern[135], weil nur dann für die weiteren Entscheidungen im Verfahren den Strafverfolgungsorganen eine zuverlässige Entscheidungsgrundlage zur Verfügung steht. Zur Durchführung der Vernehmung im einzelnen s. näher Rdn. 83 f; zur Protokollierung Rdn. 100 ff.

b) Belehrungen. Die der Polizei obliegenden Belehrungen entsprechen seit 1965 **77** im wesentlichen denen bei richterlichen und staatsanwaltschaftlichen Vernehmungen[136]. Entgegen teilweise geäußerter Befürchtungen haben die Belehrungspflichten für die Polizei die kriminalpolizeiliche Aufklärungsarbeit nicht erheblich beeinträchtigt, so daß die Auslegung der Belehrungspflicht als bloßer Ordnungsvorschrift (vgl. Rdn. 122) nicht kriminalpolitisch gerechtfertigt werden kann[137]. Wegen der Einzelheiten über Zeitpunkt, Inhalt und Form der Belehrungen s. die Erl. zu § 136. Zur Frage, wieweit informatorische Befragungen ohne Belehrungen zulässig sind, s. Rdn. 17 ff.

---

[130] KK-*R. Müller*[2] § 163, 15; *Kleinknecht/Meyer*[38] § 163, 38.

[131] Ebenso *Benfer* Grundrechtseingriffe 539.

[132] Vgl. auch LR-*Hanack* § 136 a, 34; 36.

[133] KK-*R. Müller*[2] 31; LR-*Meyer-Goßner*[23] 53.

[134] Vgl. z. B. die Hinweise und Ergebnisse der Untersuchung von *Wulf*, insbes. S. 221 ff sowie teilweise die Akzentsetzungen im kriminalistischen, die Vernehmung betreffenden Fachschrifttum (s. Rdn. 85 Fußn. 154); ferner (zu den faktischen Grenzen der Einlassungsfreiheit) *Roschmann* 153 ff.

[135] Vgl. dazu u. a. *Gundlach* 41 ff (partiell sym-

metrischer Vernehmungscharakter); s. auch Rdn. 103.

[136] Zur Entstehungsgeschichte der seinerzeit umstrittenen (zwingenden) Vorschrift bei den Beratungen des StPÄG 1964 vgl. mit weit. Nachw. *Kroth* 196 f.

[137] Vgl. *Kroth* 268, 273 ff; 288 ff; vgl. auch (einschränkend) *Bialek* Die Polizei 1983 343 (mit statistischem Material über das Aussageverhalten); *Häring* Die Polizei 1967 331, 380; über die (teilweise bedenkliche) Praxis der Belehrung ausführlich *Wulf* 160 ff mit empirischem Material.

78   Die Belehrungspflichten nach Absatz 4 gelten vollen Umfangs nur für die **erste Vernehmung** durch die Polizei[138]; dies gilt vor allem für die Eröffnung des Tatvorwurfs, den Hinweis auf die Einlassungsfreiheit und auf die Möglichkeit der Verteidigungskonsultation. Dagegen muß § 136 Abs. 2 bei jeder polizeilichen Vernehmung beachtet werden. Ein neuer Tatvorwurf ist auch bei späteren Vernehmungen mitzuteilen. Informatorische **Vorbesprechungen** vor der eigentlichen protokollierten Vernehmung, die den Tatvorwurf betreffen, sind erst zulässig, nachdem dem Beschuldigten die vorgeschriebenen Belehrungen erteilt worden sind[139]. Wieweit solche Vorbesprechungen, die nicht mit der sog. informatorischen Vernehmung (s. Rdn. 17 ff) verwechselt werden dürfen, rechtlich bedenkenfrei und kriminalistisch zweckmäßig sind, ist umstritten[140].

79   Abweichend von § 136 Abs. 1 Satz 1 gilt die Pflicht zur **Belehrung über den Tatvorwurf** bei der polizeilichen Vernehmung nur eingeschränkt. Der Beschuldigte ist wie beim Richter über die Tat zu unterrichten, die ihm zur Last gelegt wird (§ 136, 17 f). Dagegen besteht keine Pflicht zur Angabe der in Betracht kommenden Strafvorschriften. Die Begründung hierfür, daß den Polizeibeamten insoweit die zur Subsumtion erforderlichen Rechtskenntnisse fehlen[141], erscheint in dieser Allgemeinheit nicht sonderlich überzeugend[142]. Untersagt ist (selbstverständlich) der Polizei die Bezeichnung der Strafvorschriften nicht. Der Belehrungszweck erfordert es regelmäßig, daß dem Beschuldigten mindestens deutlich gemacht wird, wegen welcher Art von Straftat er sich nach Auffassung des Vernehmenden (möglicherweise) strafbar gemacht hat; ihm kann unschwer mitgeteilt werden, daß der ihm ohnehin zu eröffnende historische Lebenssachverhalt beispielsweise unter dem Gesichtspunkt eines Diebstahls, einer Körperverletzung oder eines Betruges untersucht wird.

80   Die Belehrung über die **Einlassungsfreiheit** (vgl. näher § 136, 21 ff) ist für die nicht selten im ersten Zugriff stattfindende polizeiliche Beschuldigtenvernehmung von besonderer Bedeutung; sie muß daher sorgfältig und eindringlich erfolgen[143], braucht jedoch nicht so weit zu gehen, daß der Beschuldigte zur Nichteinlassung geradezu gedrängt wird. Es ist auch zulässig, auf die Nachteile hinzuweisen, die die Nichteinlassung zur Sache für ihn haben kann[144]. Ob und in welchen Grenzen die Einlassungsfreiheit auch die Personalangaben umfaßt, ist umstritten[145]; die Belehrung braucht hierauf in keinem Fall hinzuweisen.

81   Der Hinweis auf die **Möglichkeit der Verteidigerkonsultation** (§ 136, 29) darf nicht dadurch bedeutungslos gemacht werden, daß die Vernehmung fortgesetzt wird, wenn der Beschuldigte erklärt, von dieser Möglichkeit Gebrauch machen zu wollen; in

---

[138] Zur Frage, ob dies auch gilt, wenn der Beschuldigte bereits vorher vom Richter oder der Staatsanwaltschaft vernommen ist, vgl. Rdn. 62.

[139] *Gundlach* 144; *Krause* Die Polizei **1978** 305 ff.

[140] Positiv z. B. *Krause/Nehring* § 136, 3; kritisch *Gundlach* 144; ausführlich mit weit. Nachw. *Wulf* 144 ff; vgl. auch *Brenner* Kriminalistik **1981** 144; zu den Protokollierungsanforderungen Rdn. 103.

[141] So KK-*R. Müller*² 25; LR-*Meyer-Goßner*²³ 25; *Eb. Schmidt* Nachtr. I 10.

[142] Ebenso *Gundlach* 42.

[143] Krit. zur Praxis z. B. *Wulf* 161, 217 ff, nach dessen Untersuchung die Belehrung nur in

10 % aller beobachteten Fälle korrekt vorgenommen ist; vgl. auch *Eisenberg* (Fußn. 127) § 28, 22. Sehr bedenklich die der Entscheidung des LG Konstanz NJW **1988** 1276 (gegenüber einem jugendlichen Beschuldigten) zugrunde liegende Vernehmungspraxis, die das BVerfG (Kammerentscheidung) NJW **1988** 1256 verfassungsrechtlich für unbedenklich gehalten hat; vgl. dazu auch *Eisenberg* NJW **1988** 1250.

[144] S. mit weit. Nachw. LR-*Hanack* § 136, 24; vgl. auch SK-StPO-*Rogall* § 136, 34; LR-*Meyer-Goßner*²³ 26.

[145] Vgl. mit Nachw. LR-*Hanack* § 136, 12 ff; SK-StPO-*Rogall* Vor § 133, 69 ff.

diesem Falle ist die Vernehmung zu beenden[146]. Befindet sich der Beschuldigte in amtlichem Gewahrsam, so darf der Versuch, Kontakt mit einem Verteidiger aufzunehmen, nicht erschwert werden[147]. Befindet sich der Beschuldigte auf freiem Fuß, so kann es zweckmäßig sein, ihm eine Frist zu setzen, innerhalb derer er erklären möge, ob er Angaben zur Sache machen wolle; dabei kann ihm mitgeteilt werden, daß andernfalls davon ausgegangen werde, daß er sich nicht zur Sache einlassen wolle[148]. Einen Anspruch auf die Benennung eines Verteidigers durch die Polizei hat der Beschuldigte nicht; es dürfte regelmäßig bedenklich sein, wenn der vernehmende Polizeibeamte dem Beschuldigten bestimmte Verteidiger „empfiehlt". Zur Frage des Anwesenheitsrechts des Verteidigers bei polizeilichen Vernehmungen s. Rdn. 95 f.

82 Wegen der **Belehrung über das Beweisantragsrecht** s. §136, 31 f und unten Rdn. 111; wegen der Möglichkeit des **Hinweises** auf die Möglichkeit der **schriftlichen Äußerung** s. §136, 33 sowie zur Verwertung einer schriftlichen Äußerung oben Rdn. 46. Dieser Hinweis während einer Vernehmung kommt, anders als nach Absatz 1 Satz 2, nicht nur bei einfachen Fällen in Betracht, sondern als ergänzende schriftliche Äußerung auch und gerade dann, wenn es sich um einen komplizierten Sachverhalt handelt, bei dem der Beschuldigte zur sachgerechten Einlassung auf Unterlagen zurückgreifen muß. Möglich ist auch, alsbald nach der Eröffnung des Tatvorwurfs durch den Belehrenden den Hinweis zu geben, wenn sich zeigt, daß der Beschuldigte zu einer sachgerechten schriftlichen Äußerung in der Lage ist. Ob es sich um einen „geeigneten Fall" handelt, entscheidet der vernehmende Beamte nach Lage des Einzelfalls nach pflichtgemäßem Ermessen[149]. Da der Beschuldigte darauf hinzuweisen ist, daß er sich schriftlich äußern *könne*, darf der zur Vernehmung geladene und aussagebereite Beschuldigte deshalb nicht auf diese Möglichkeit verwiesen werden, wenn er mündlich aussagen will.

83 **c) Durchführung der Vernehmung.** Die Vernehmung des Beschuldigten dient nicht in erster Linie seiner Überführung, sondern soll seine Verteidigung gewährleisten und ihm Gelegenheit geben, die gegen ihn sprechenden Verdachtsgründe zu beseitigen (s. Rdn. 75). Das ist auch bei Gang und Inhalt der Vernehmung zu berücksichtigen. Es erfordert grundsätzlich, daß die Verdachtsgründe offengelegt werden, wenn auch der Vernehmende nicht verpflichtet ist, sein ganzes Wissen zu offenbaren[150]. Der aus rechtsstaatlichen Gründen notwendige Ausgleich zwischen dem Anspruch auf ein faires Verfahren und den Erfordernissen einer effektiven Strafverfolgung läßt sich nicht allein durch ein System von detaillierten Rechtsvorschriften regeln; er verlangt vielmehr die stete Bereitschaft des Vernehmenden, sich unter Berücksichtigung der Besonderheiten des jeweiligen Einzelfalles dieses Spannungsverhältnisses bewußt zu sein und — über die selbstverständlichen Grenzen des §136a hinaus — sein Handeln danach einzurichten (vgl. auch Rdn. 71 f).

84 Der Vernehmende muß sich vergewissern, ob der Beschuldigte **vernehmungsfähig** ist. Er sollte sich der besonderen psychologischen Situation des Beschuldigten bewußt sein[151]. Regelmäßig dient es sowohl dem Anspruch des Beschuldigten auf ein faires

---

[146] KK-*R. Müller*[2] 28; LR-*Meyer-Goßner*[23] 28; *Benfer* Grundrechtseingriffe 596; *Strate/Ventzke* StrVert. 1986 31; enger KMR-*Müller* 15; wohl auch *Händel* DNP 1979 32.

[147] Großzügiger BGH 5 StR 604/84 v. 2. 10. 1984, mitgeteilt bei *Strate/Ventzke* StrVert. 1986 31 mit krit. Würdigung; vgl. auch *Händel* DNP 1979 32.

[148] Weitergehend (regelmäßig) LR-*Meyer-Goß-*

ner[23] 28; vgl. auch KK-*R. Müller*[2] 28; KMR-*Müller* 15.

[149] *Kleinknecht* Kriminalistik 1965 455.

[150] Vgl. LR-*Hanack* §136, 34; §136a, 37 f.

[151] Vgl. dazu u. a. *Glatzel* StrVert. 1982 283; *Wulf* 432 ff; ferner BGH StrVert. 1986 138 mit Anm. *Deckers*; vgl. auch LG Verden StrVert. 1986 97; LG Münster StrVert. 1981 613 f.

Peter Rieß

Verfahren als auch der Wahrheitsfindung, wenn dem Beschuldigten Gelegenheit gegeben wird, sich von sich aus im Zusammenhang zu äußern[152]. Der vernehmende Beamte sollte auch den Sprachstil und die Spracheigenarten des Beschuldigten nicht unbeachtet lassen und auf sie eingehen können[153].

85   In diesen Grenzen richtet sich die Gestaltung der Vernehmung nach Gesichtspunkten der **kriminalistischen Zweckmäßigkeit**. Insoweit muß an dieser Stelle auf das reichhaltige Spezialschrifttum verwiesen werden[154]. Zur Hinzuziehung von Sachverständigen und zur Gegenüberstellung mit Zeugen s. Rdn. 63; zur Protokollierung s. Rdn. 100 ff.

3. Vernehmung von Zeugen und Sachverständigen (Absatz 5)

86   **a) Allgemeines.** Absatz 5 bezieht sich nur auf die polizeiliche Vernehmung von Zeugen und Sachverständigen. Die staatsanwaltschaftliche Vernehmungsbefugnis ist in § 161 a geregelt. Da Zeugen und Sachverständige zum Erscheinen und zur Aussage nicht verpflichtet sind (s. Rdn. 73 f), kann ihnen auch nicht versagt werden, ihre Angaben **schriftlich** zu machen, doch steht es im Ermessen der Polizei, ob sie sich hiermit zufrieden geben will. Die Polizei kann von sich aus den Zeugen um eine schriftliche Äußerung bitten, ggf. mit einem vorbereiteten Fragebogen[155]. Eine Verpflichtung zur Beantwortung besteht aber nicht (vgl. auch § 161, 13). Bei der Bitte um schriftliche Äußerung ist dem Zeugen entsprechend § 68 der Beschuldigte und der Verfahrensgegenstand mitzuteilen; ferner muß die Anfrage die erforderlichen Belehrungen enthalten[156].

87   Für die **Durchführung** der Vernehmung gelten die §§ 58, 68, 68 a, 69 zwar nicht unmittelbar; sie sind aber grundsätzlich als allgemeine Vernehmungsrichtlinie auch von der Polizei zu beachten[157]. Beruft sich ein Zeuge von sich aus oder nach Belehrung auf ein Zeugnis- oder Auskunftsverweigerungsrecht, so ist § 56 nicht anwendbar; da der Zeuge überhaupt nicht zur Aussage verpflichtet ist, kann von ihm auch nicht gefordert werden, einen Weigerungsgrund glaubhaft zu machen. Wegen der Möglichkeiten und Grenzen informatorischer Vernehmungen s. Rdn. 17 ff; wegen der Protokollierung s. Rdn. 100 ff.

88   **b) Belehrungen.** Bis zur Schaffung des Absatzes 5 durch das StPÄG 1964 wurde die Pflicht zur Belehrung nach den §§ 52, 55 bei polizeilichen Vernehmungen überwiegend verneint[158]. Nach Absatz 5 muß auch bei polizeilichen Vernehmungen über das Bestehen eines Zeugnis- oder Untersuchungsverweigerungsrechts als Angehöriger (§ 52 Abs. 3, § 81 c Abs. 3 Satz 2) und über das Auskunftsverweigerungsrecht bei Selbstbelastungsgefahr (§ 55 Abs. 2) belehrt werden. Dies gilt bei jeder polizeilichen Vernehmung, unabhängig davon, ob die Polizei nach § 163 tätig wird oder auf Ersuchen der Staatsanwaltschaft oder des Gerichts handelt[159]. Wegen der Einzelheiten wird auf die Erläute-

---

[152] S. LR-*Hanack* § 136, 40 mit Nachw.; vgl. auch *Wegemer* NStZ **1981** 247; *Eisenberg* JZ **1984** 914.

[153] Vgl. dazu mit Beispielen *Bente / v. Lübken* Die Polizei **1984** 117.

[154] S. die Nachw. bei LR-*Hanack* § 136, 39 f Fußn. 85 bis 87; ferner insbes. aus Sicht der Praxis *Banscherus; Krost* Kriminalist **1986** 173 sowie aus kommunikationstheoretischer Sicht *Gundlach* 84 ff; ferner *Roschmann* 166 ff; zusammenfassende Übersicht bei

Eisenberg (Fußn. 127) § 28, 5 ff und JZ **1984** 912 ff.

[155] KK-*R. Müller*[2] 33; *Eb. Schmidt* Nachtr. I 12; vgl. kritisch für den Fall der generellen Verwaltungsanweisung *Kerl* DRiZ **1985** 3 ff.

[156] KK-*R. Müller*[2] 33; *Kleinknecht/Meyer*[38] 25.

[157] KK-*R. Müller*[2] 31; *Kleinknecht/Meyer*[38] 23.

[158] Vgl. LR-*Kohlhaas*[21] § 161, 4; *Eb. Schmidt* Nachtr. I 11; vgl. auch BGHSt **2** 99, 106.

[159] KK-*R. Müller*[2] 31; *Kleinknecht/Meyer*[38] 23.

rungen zu den jeweiligen Vorschriften verwiesen[160]. Die Belehrungen sind, entsprechend der Rechtslage bei richterlichen Vernehmungen, nicht nur bei der ersten Vernehmung erforderlich, sondern bei **wiederholten Vernehmungen** zu erneuern[161]; sie sind nur entbehrlich, wenn kein Zweifel daran bestehen kann, daß der zu Vernehmende sich seiner Weigerungsrechte noch bewußt ist.

Keine Belehrungen sind erforderlich, solange die Polizei in einem Vorgespräch lediglich klärt, ob der Betroffene überhaupt etwas Sachdienliches bekunden kann und deshalb als Zeuge in Betracht kommt[162], und soweit dabei auf die Sache selbst in keiner Weise eingegangen wird und namentlich alle Fragen vermieden werden, die diese betreffen. Gleiches gilt bei **Spontanäußerungen** (z. B. Strafanzeigen, Hilfeersuchen) von Personen, die später als Zeugen in Betracht kommen[163]. Die Belehrungen sind dann aber vorzunehmen, bevor der Beamte weitere Informationen erfragt. **89**

Die Belehrung über das Zeugnis- und Untersuchungsverweigerungsrecht als **Angehöriger** (§§ 52, 81 c) setzt notwendig voraus, daß ein identifizierbarer Tatverdächtiger als Beschuldigter vorhanden ist; sie kommt deshalb bei Verfahren gegen Unbekannt nicht in Betracht[164]. Sind im Zeitpunkt der Vernehmung mehrere Personen als Beschuldigte zu behandeln, die alternativ als Täter in Betracht kommen (vgl. Rdn. 14), so ist die Belehrung erforderlich, wenn das Angehörigenverhältnis nur zu einem dieser Beschuldigten besteht[165]. Wird jemand als Beschuldigter vernommen, so braucht er nicht über ein Zeugnisverweigerungsrecht belehrt zu werden, daß ihm als Angehörigem eines Mitbeschuldigten zustehen würde[166]. **90**

Die Belehrung über das **Auskunftsverweigerungsrecht wegen Gefahr der Selbstbelastung** (§ 55) ist erst erforderlich, wenn konkrete Anhaltspunkte hierfür hervortreten[167]. In diesem Fall reicht eine bloße Belehrung über das Auskunftsverweigerungsrecht aber nur dann aus, wenn der zu Vernehmende entweder einen Angehörigen oder sich selbst in einer anderen als der den Ermittlungsgegenstand betreffenden Sache belasten könnte; denn wenn in der jeweiligen Sache insoweit konkrete Anhaltspunkte hervortreten, darf der Betroffene nicht mehr als Zeuge, sondern muß, mit den Belehrungspflichten nach Absatz 4, als Beschuldigter weitervernommen werden[168]. Anders liegen die Dinge, wenn die Belehrung nach § 55, was zulässig wäre[169], schon zu einem Zeitpunkt erteilt wird, in dem gegen den Betroffenen noch kein Anfangsverdacht vorliegt. **91**

4. Anwesenheitsrechte
a) Allgemeines. Die StPO gewährt bei polizeilichen Vernehmungen kein ausdrückliches Recht auf Anwesenheit, und zwar weder für den Verteidiger bei Beschuldigtenvernehmungen noch für Verteidiger und Beschuldigten bei Vernehmungen von Zeugen und Sachverständigen, noch für den Rechtsanwalt als Vertreter des Verletzten oder **92**

---

[160] S. vor allem § 52, 44 ff; § 55, 18 ff; § 81 c, 33 ff.

[161] KK-*R. Müller*[2] 32; KMR-*Müller* 25.

[162] KK-*R. Müller*[2] 32; *Kleinknecht/Meyer*[38] 24; zur informatorischen Befragung und den dabei notwendigen Differenzierungen s. näher Rdn. 15 ff; vgl. auch (zur Abgrenzung bei „informatorischen Vernehmungen" in der Hauptverhandlung) BGH StrVert. **1988** 289.

[163] Vgl. näher (auch zur Verwertbarkeit) mit Nachw. LR-*Gollwitzer* § 252, 30: SK-StPO-*Rogall* Vor § 133, 44; 49; vgl. auch BayObLG NJW **1983** 1132.

[164] KK-*R. Müller*[2] 32; *Eb. Schmidt* Nachtr. I 11.

[165] Vgl. auch LR-*Dahs* § 52, 19; LR-*Gollwitzer* § 252, 13.

[166] BayObLGSt **1977** 127; LR-*Meyer-Goßner*[23] 57.

[167] LR-*Dahs* § 55, 18 f; KK-*R. Müller*[2] 32; *Kleinknecht/Meyer*[38] 24; LR-*Meyer-Goßner*[23] 57.

[168] KK-*R. Müller*[2] 32; *Eb. Schmidt* Nachtr. I 11; vgl. auch Rdn. 22.

[169] LR-*Dahs* § 55, 18.

Peter Rieß

des als Nebenkläger Anschlußberechtigten. Sie normiert in unterschiedlichem Umfang Anwesenheitsrechte für den Verteidiger bei der staatsanwaltschaftlichen oder richterlichen Vernehmung des Beschuldigten (§ 168 c Abs. 1 in Vbdg. mit § 163 a Abs. 3 Satz 2), für den Rechtsanwalt als Vertreter des Verletzten bei dessen richterlicher oder staatsanwaltschaftlicher Vernehmung (§ 406 f Abs. 2 Satz 1) sowie für den Beschuldigten, den Verteidiger und den Rechtsanwalt als Vertreter des als Nebenkläger anschlußberechtigten Verletzten bei allen richterlichen Vernehmungen und Augenscheinseinnahmen (§ 168 c Abs. 2, § 168 d, § 406 g Abs. 2 Satz 2). Dieses Regelungssystem ist als abschließende Regelung dahingehend zu verstehen, daß nach dem Willen des Gesetzgebers Anwesenheits*rechte* bei polizeilichen Vernehmungen nicht bestehen[170].

93   Anders als bei der richterlichen Vernehmung des Beschuldigten in der früheren Voruntersuchung[171] enthält die StPO für polizeiliche Vernehmungen aber auch **keine** ausdrücklichen **Anwesenheitsverbote**. Die Polizei kann deshalb die Anwesenheit dritter Personen bei ihren Vernehmungen gestatten (vgl. auch Rdn. 99); davon sollte gegenüber dem Verteidiger bei einer Vernehmung des Beschuldigten nicht zu engherzig Gebrauch gemacht werden[172]. Die Grenze liegt aber, wie sich aus § 168 c Abs. 3, § 406 g Abs. 2 Satz 2 ergibt, da, wo durch die Anwesenheit der Untersuchungszweck gefährdet würde, also eine Gefährdung der Wahrheitsfindung droht[173]. In Zweifelsfällen hat die Polizei, namentlich soweit sie im Auftrag der Staatsanwaltschaft tätig wird, deren Entscheidung einzuholen.

94   Die **Staatsanwaltschaft** kann bei polizeilichen Ermittlungen stets anwesend sein. Das folgt aus ihrer Leitungsfunktion und der Einheitlichkeit des Ermittlungsverfahrens. Wenn der Staatsanwalt die Ermittlungen jederzeit ganz an sich ziehen kann, ist er auch befugt, an sämtlichen Untersuchungshandlungen der Polizei teilzunehmen[174].

95   **b) Verteidiger.** Der Verteidiger hat weder bei polizeilichen Beschuldigtenvernehmungen noch bei Zeugenvernehmungen[175] ein Anwesenheitsrecht. Das entspricht der herrschenden Meinung[176]. Die Gegenmeinung, die mit unterschiedlicher Begründung ein solches Anwesenheitsrecht vor allem bei der Beschuldigtenvernehmung bejaht[177], ist weder mit dem Gesetzeswortlaut noch mit der Entstehungsgeschichte des 1. StVRG

---

[170] Wegen der Forderungen de lege ferenda vgl. Vor § 158, 52 mit Nachw.; ferner *Krause* StrVert. **1984** 174.

[171] Vgl. § 192 Abs. 2 in der bis 1965 geltenden Fassung, s. dazu LR-*Kohlhaas*[21] 7; zur (umstrittenen) Einführung eines Anwesenheitsrechts vgl. *Rieß* FS Reichsjustizamt 397.

[172] A. A und verfehlt *Fischer* Vernehmung 125 (Anwesenheit müsse die große Ausnahme bleiben, nur wenn zwingend geboten); s. auch Rdn. 96.

[173] Wohl enger (wenn die Ermittlungen nicht beeinträchtigt werden) KK-*R. Müller*[2] § 163, 19; *Kleinknecht/Meyer*[38] § 163, 16.

[174] LR-*Meyer-Goßner*[23] § 163, 26.

[175] Zur Frage des Anwesenheitsrechts bei Zeugen- und Sachverständigenvernehmungen durch die Staatsanwaltschaft s. § 161 a, 31 f; 34.

[176] OLG Schleswig OLGSt a. F § 163 a S. 11; KK-*R. Müller*[2] § 163, 19; *Kleinknecht/Mey-*

er[38] § 163, 16; KMR-*Müller* 21; LR-*Meyer-Goßner*[23] § 163, 24; *Krause/Nehring* 229; *Fezer* (Fußn. 62) 3/76; *Roxin*[20] § 19 E III; *Rüping* 46; *Schlüchter* 75.3; *G. Schäfer* 24 III; *Benfer* Grundrechtseingriffe 594; *Händel* DNP **1979** 32; *Krause* StrVert. **1984** 173; Nachw. des älteren Schrifttums zu dieser Frage bei LR-*Meyer-Goßner*[23] § 163, 24.

[177] *Chr. Schäfer* MDR **1977** 980 (Einheitlichkeit des Ermittlungsverfahrens); *Sieg* NJW **1975** 1009; MDR **1985** 195; *Gössel* § 4 B II c und ZStW **94** (1982) 35 (Ableitung aus § 137 Abs. 1 Satz 1 bzw. aus § 136 Abs. 1 Satz 1); ebenso LR-*Lüderssen* § 137, 71 f (mindestens für den nicht auf freiem Fuß befindlichen Beschuldigten); *Kühne* 105; *Nelles* StrVert. **1986** 75 Fußn. 18; *Riegel* Die Polizei **1978** 103; *Wagner* Polizeirecht 191 (wegen der Möglichkeit des Zeugenbeistandes); *Beulke* Der Verteidiger im Strafverfahren (1979) 48.

vereinbar[178]. Sie läßt sich auch nicht mit der Rechtsprechung des BVerfG zum Zeugenbeistand begründen[179]; weil diese in erster Linie die richterliche und staatsanwaltschaftliche Zeugenvernehmung betrifft und darüber hinaus das Recht auf die Anwesenheit mit aus der Aussagepflicht des Zeugen herleitet[180].

Dem Beschuldigten steht es frei, zu erklären, daß er nur in **Gegenwart seines Verteidigers aussagen wolle**; auch der Verteidiger kann diese Erklärung für den Beschuldigten abgeben. Ob die Polizei hierauf eingeht, was oft angezeigt sein wird[181], oder ob sie der Staatsanwaltschaft die Entscheidung überläßt, den Beschuldigten selbst zu vernehmen oder eine richterliche Vernehmung zu beantragen, steht in ihrem pflichtgemäßem Ermessen. Ersucht die Staatsanwaltschaft die Polizei um die Vernehmung des Beschuldigten und erklärt sie hierfür ihr Einverständnis mit der Anwesenheit des Verteidigers, so ist die Polizei daran gebunden. Der anwesende Verteidiger ist nach allgemeiner Meinung befugt, Fragen an den Beschuldigten zu stellen und Hinweise zu geben[182]; einen Rechtsanspruch darauf, daß bestimmte Fragen zugelassen werden, hat er allerdings nicht. **96**

c) Der **Beschuldigte** hat kein Anwesenheitsrecht bei der Vernehmung von Mitbeschuldigten und von Zeugen und Sachverständigen. Der Gestattung der Anwesenheit wird bei polizeilichen Vernehmungen oft eine Gefährdung des Untersuchungszwecks entgegenstehen (vgl. Rdn. 93). Gleiches gilt umgekehrt für die Anwesenheit von **Zeugen** bei der Vernehmung des Beschuldigten oder von anderen Zeugen. Anders verhält es sich nur, wenn eine Vernehmungsgegenüberstellung erforderlich wird (Rdn. 63). **97**

d) **Zeugenbeistand, Verletztenbeistand.** Der allgemeine **Zeugenbeistand**[183] hat ebensowenig wie der Rechtsanwalt als Beistand des Verletzten (§406f Abs. 2 Satz 1) bei polizeilichen Zeugenvernehmungen ein Anwesenheitsrecht, kann aber als Person des Vertrauens (Rdn. 99) nach pflichtgemäßem Ermessen zugelassen werden. Der Gesetzgeber hat das Anwesenheits*recht* beim Verletztenbeistand ausdrücklich auf richterliche und staatsanwaltschaftliche Vernehmungen beschränkt. Daraus muß geschlossen werden, daß er auch dem nach der Rechtsprechung des BVerfG grundsätzlich anerkannten Rechtsanwalt als allgemeinen Zeugenbeistand[184] kein weitergehendes Anwesenheitsrecht gewähren wollte. Will der Zeuge das Recht auf die Anwesenheit eines Zeugen- oder Verletztenbeistandes erzwingen, so hat er die Möglichkeit, keine Aussage bei der Polizei zu machen. Für die Anwesenheitsgestattung sind ähnliche Maßstäbe anzuwenden wie beim Verteidiger (vgl. Rdn. 93). **98**

e) **Person des Vertrauens. Erziehungsberechtigter.** §406f Abs. 3 erlaubt es ausdrücklich, bei der Vernehmung des Verletzten als Zeugen auf seinen Antrag einer Person des Vertrauens die Anwesenheit zu gestatten (s. näher §406f, 6). Die dieser Vorschrift zugrundeliegende Wertentscheidung kann auch Veranlassung geben, bei der Beschuldigtenvernehmung oder bei der Vernehmung anderer Zeugen entsprechend zu verfahren. Über die Zulassung entscheidet der vernehmende Beamte unter Berücksichti- **99**

---

178 Namentlich bei den parlamentarischen Beratungen des 1. StVRG ist die Frage des Anwesenheitsrechts des Verteidigers Gegenstand ausführlicher Erörterungen gewesen, die letztlich dazu geführt haben, eine entsprechende gesetzliche Regelung nicht vorzusehen.

179 BVerfGE **38** 105 ff; so aber *Kühne* 105; *Nelles; Riegel* aaO.

180 Vgl. *Krause* StrVert. **1984** 174.

181 Vgl. auch *Dahs* Hdb. 242; *G. Schäfer* §24 II; *Weihrauch* 152; *Sieg* MDR **1985** 196.

182 KK-*R. Müller*[2] §163, 20; *Kleinknecht/Meyer*[38] §163, 16; LR-*Meyer-Goßner*[23] §163, 25.

183 Vgl. näher LR-*Dahs* Vor §48, 8 a; §58, 10 f.

184 BVerfGE **38** 105, 112 ff; vgl. aber auch LR-*Hilger* §406f, 3.

gung der Umstände des Einzelfalles nach pflichtgemäßem Ermessen[185]; sie darf aber nicht erfolgen, wenn dadurch der Untersuchungszweck gefährdet würde. Bei Vernehmungen eines jugendlichen Beschuldigten dürfte sich ein Anwesenheitsrecht des **Erziehungsberechtigten** aus § 67 Abs. 1 JGG ableiten lassen[186]; die Frage ist im jugendgerichtlichen Schrifttum wenig geklärt. Wenn in Polizeidienstvorschriften vorgeschrieben wird, daß Jugendliche im Interesse der Wahrheitsfindung in Abwesenheit ihrer Erziehungsberechtigter zu vernehmen seien[187], so widerspricht dies dem vorrangigen Vernehmungszweck (Rdn. 27).

5. Protokollierung

100   **a) Notwendigkeit. Form.** Obwohl dies gesetzlich nicht ausdrücklich vorgeschrieben ist, wird über polizeiliche Vernehmungen regelmäßig eine Niederschrift angefertigt. Sie ist für die weiteren Entscheidungen im Ermittlungsverfahren sowie für eine eventuelle, nach der Neufassung des § 251 Abs. 2 durch das StVÄG 1987 erweiterte Verwertbarkeit in der Hauptverhandlung (s. Rdn. 105) von großer Bedeutung. Beschuldigtenvernehmungen sollten in aller Regel protokolliert werden[188]; verzichtbar ist dies allenfalls, wenn ein Beschuldigter bei einer wiederholten Vernehmung nur weniger wichtige, ergänzende Angaben macht oder sich hierbei nicht zur Sache äußert. Bei Zeugenaussagen kann von der Protokollierung abgesehen werden, wenn es sich nur um kurze und weniger bedeutsame Bekundungen handelt. Ein Protokollführer braucht nicht hinzugezogen zu werden[189]; geschieht dies, so muß er nicht die Voraussetzungen des § 168 erfüllen. Soweit auf ein Protokoll verzichtet wird, ist das Ergebnis der Ermittlungen stets aktenkundig zu machen (§ 168 b, 2).

101   Die **Formvorschriften** des § 168 a gelten für polizeiliche Protokolle nicht unmittelbar; doch empfiehlt es sich zur Verbesserung der Beweiskraft, den Grundgedanken dieser Bestimmung jedenfalls insoweit zu folgen, als das Protokoll Ort und Zeit der Verhandlung, auch Einzelheiten über den zeitlichen Verlauf[190], die mitwirkenden Personen[191] und die Genehmigung des Protokollinhalts erkennen lassen sollte[192]. Zu protokollieren ist stets, welche Belehrungen erteilt worden sind[193]; auch der während der Vernehmung gegebene Hinweis auf die Möglichkeit einer ergänzenden schriftlichen Äußerung (s. Rdn. 82) sollte in das Protokoll aufgenommen werden.

102   Zulässig ist es auch, daß die Vernehmung auf einem **Tonträger** aufgezeichnet wird[194], wenn dies offen, also für die zu vernehmende Person erkennbar, geschieht; das ausdrückliche Einverständnis ist nicht erforderlich. Da niemand bei der Polizei zur Aussage verpflichtet ist, braucht sich weder der Beschuldigte noch der Zeuge auf eine

---

[185] A. A (muß gestattet werden) entgegen dem Gesetzeswortlaut *Kleinknecht/Meyer*[38] § 163, 16 a. E.

[186] Ebenso LR-*Hanack* § 136, 50; vgl. auch *Eisenberg* NJW **1988** 1251; a. A für den Sonderfall des mitbeschuldigten Erziehungsberechtigten LG Konstanz NJW **1988** 1276 und dazu BVerfG (Kammerentscheidung) NJW **1988** 1256.

[187] Vgl. die Nachw. bei *Eisenberg* NJW **1988** 1251.

[188] *Krause/Nehring* 220; empirische Daten zur Protokollierung bei *Wulf* 492 ff.

[189] KK-*R. Müller*[2] 31; *Kleinknecht/Meyer*[38] 31; *Krause/Nehring* 220.

[190] *Herren/Bortz* Kriminalistik **1976** 316.

[191] Vgl. auch BGHSt **33** 83 = NStZ **1985** 278 mit Anm. *Arloth* (Feststellung der Personalangaben und Verlesbarkeit des Protokolls).

[192] Vgl. KK-*R. Müller*[2] 35; *Kleinknecht/Meyer*[38] 31 (Unterschrift der Beweisperson nicht unerläßlich).

[193] KK-*R. Müller*[2] 34; *Kleinknecht/Meyer*[38] 31; vgl. auch *Herren/Bortz* Kriminalistik **1976** 314; § 168 a, 12.

[194] Für die Tonträgeraufzeichnung der Beschuldigtenvernehmung als Regelform aus Gründen der Richtigkeitskontrolle vor allem *Gundlach* 204 ff; vgl. auch *Wulf* 483 ff.

Tonaufzeichnung einzulassen. Eine heimliche Tonaufnahme ist unzulässig[195]. Ebenso-wenig ist es zulässig, heimliche Bild-, Film- oder Videoaufnahmen von der Verneh-mung herzustellen (§ 168 a, 24); hier wird man darüber hinaus, selbst wenn das offen ge-schieht, das ausdrückliche Einverständnis der Beteiligten verlangen müssen, weil anders als bei der Tonaufzeichnung (§ 168 a Abs. 2 Satz 1), weder eine gestattende Vorschrift vorhanden, noch aus der Situation der Vernehmung ein einleuchtender Grund ersicht-lich ist. Dies gilt allerdings nicht für die Wahlgegenüberstellung zu Zwecken der Identi-fizierung (vgl. § 81 a, 38; § 168 a, 12).

b) Inhalt des Protokolls. Das Protokoll muß die Äußerungen der vernommenen **103** Person möglichst unverfälscht und wahrheitsgetreu wiedergeben und erkennen lassen, wie es zu ihnen gekommen ist[196]. Bewußte Verfälschungen der Aussage sind selbstver-ständlich unzulässig; es ist aber auch darauf Bedacht zu nehmen, daß bei der Protokol-lierung unbeabsichtigte Veränderungen des Aussageinhalts vermieden werden. Minde-stens entscheidende Passagen sind möglichst wortgetreu zu protokollieren; maßgeblich ist der Sprachhorizont und der Sprachgebrauch des Vernommenen, der nicht durch den vernehmenden Beamten mit dem Ziel einer sprachlich „glatteren" Fassung oder einer vermeintlich subsumtionsfähigen Tatsachenschilderung verändert werden darf[197]. Vor-halte und Fragen dürfen nicht übergangen, Widersprüche nicht geglättet werden. Es ent-spricht auch nicht dem Grundsatz der Protokollwahrheit, wenn zunächst in einer nicht protokollierten Vorbesprechung der Sachverhalt erörtert und dann das Protokoll ohne Hinweis auf deren wesentlichen Inhalt erstellt wird[198].

c) Aushändigung von Protokollabschriften. Das Gesetz gibt dem Vernommenen **104** keinen Anspruch auf Überlassung einer Protokollabschrift. Unzulässig ist sie nicht, so-weit nicht dadurch der Untersuchungszweck gefährdet wird. Das ist bei einer **Beschul-digtenvernehmung** im Rechtssinne nie der Fall, denn der Verteidiger ist insoweit unein-geschränkt zur Akteneinsicht befugt und berechtigt, den Akteninhalt dem Beschuldig-ten mitzuteilen[199]. Der Bitte des Beschuldigten um Überlassung einer Protokollab-schrift kann deshalb im allgemeinen entsprochen werden[200]; geschieht dies, so sollte das in den Akten vermerkt werden. Der Überlassung einer Protokollabschrift an **Zeu-gen** wird vielfach eine Gefährdung des Untersuchungszwecks entgegenstehen, weil zu befürchten sein kann, daß sich der Zeuge bei späteren Vernehmungen hieran orien-tiert[201]. Die **Entscheidung** über die Überlassung von Protokollabschriften trifft auch bei polizeilichen Vernehmungen die Staatsanwaltschaft[202].

d) Verwertbarkeit. Staatsanwaltschaftliche und polizeiliche Vernehmungsnieder- **105** schriften können unter bestimmten Voraussetzungen im Wege des Urkundenbeweises

---

[195] Vgl. § 168 a, 24; § 136 a, 44; vgl. auch BGHSt **34** 39, dazu u. a. *Wolfslast* NStZ **1987** 103; *Bottke* Jura **1987** 356 (Unzulässigkeit einer heimlichen Stimmprobe).

[196] Vgl. § 168 a, 14; aus dem Schrifttum zur po-lizeilichen Protokollierung s. zum folgenden u. a. *Geerds* Vernehmungstechnik 213 ff; *Gundlach* 182; *Herren/Bortz* Kriminalistik **1976** 313; *Krause/Nehring* 220; *Walder* Ver-nehmung 177 ff; *Wulf* 469 ff; *Brenner* Krimi-nalistik **1981** 142; zusammenfassende Über-sicht mit weit. Nachw. *Eisenberg* (Fußn. 127) § 28, 19 ff und JZ **1984** 917.

[197] *Herren/Bortz* Kriminalistik **1976** 314; vgl. auch *Bente/v. Lübken* Die Polizei **1984** 117.

[198] *Brenner* Kriminalistik **1981** 144.

[199] Vgl. § 147 Abs. 3 und die dortigen Erläute-rungen.

[200] LR-*Meyer-Goßner*[23] 17; etwas enger KK-*R. Müller*[2] 36; *Kleinknecht/Meyer*[38] 32.

[201] KK-*R. Müller*[2] 36; *Kleinknecht/Meyer*[38] 32; großzügiger LR-*Meyer-Goßner*[23] 61; *May-er-Wegelin* DStR **1984** 248.

[202] KK-*R. Müller*[2] 36; *Kleinknecht/Meyer*[38] 32.

Peter Rieß

in der Hauptverhandlung verwertet werden. Dies ist, mit den sich aus der Aufklärungspflicht ergebenden Einschränkungen, uneingeschränkt zulässig, wenn der Angeklagte verteidigt ist und Angeklagter, Verteidiger und Staatsanwaltschaft zustimmen[203], im übrigen nur unter den engeren Voraussetzungen des § 251 Abs. 2 Satz 2, bei Zeugen auch, wenn die Voraussetzungen des § 253 vorliegen. Zulässig ist ferner nach h. M. (vgl. § 249, 84) die Verwertung zum Zwecke des Vorhalts. Jede Verwertung, auch die durch Vernehmung der nichtrichterlichen Verhörsperson, ist unzulässig, wenn ein als Angehöriger zeugnisverweigerungsberechtigter Vernommener von seinem Weigerungsrecht in der Hauptverhandlung Gebrauch macht (§ 252, s. die dort. Erl.).

106   **6. Rechtsbehelfe.** Bei polizeilichen Vernehmungen ist die Aufsichtsbeschwerde nach den in § 163, 107 ff dargelegten Grundsätzen möglich. Die Anrufung des Gerichts dürfte kaum jemals zulässig sein, da der Polizei Eingriffsbefugnisse nicht zustehen und Zwangsmaßnahmen nicht zulässig sind. Gegebenenfalls wäre der Rechtsweg nach den §§ 23 ff EGGVG, nicht der Verwaltungsrechtsweg eröffnet (s. § 163, 110 ff).

VI. Beweisantragsrecht (Absatz 2)

107   **1. Bedeutung.** Absatz 2 erkennt mit der Regelung, daß vom Beschuldigten *beantragte* Beweise zu erheben seien, wenn sie von Bedeutung sind, das Beweisantragsrecht des Beschuldigten gegenüber der Staatsanwaltschaft und der Polizei im Ermittlungsverfahren ausdrücklich an. Die verbreitete Einschätzung, daß die Vorschrift von geringer praktischer Bedeutung sei[204], mag zutreffen. Sie ändert aber nichts daran, daß sie dogmatisch für die Position des Beschuldigten im Ermittlungsverfahren deshalb von Gewicht ist, weil sich aus ihr die Subjektstellung des Beschuldigten mit ableiten läßt und weil sie zeigt, daß dem Beschuldigten auch im Ermittlungsverfahren eine Befugnis zur Mitgestaltung der (vorläufigen) Sachverhaltsfeststellung eingeräumt wird. Es erscheint auch sachgerecht, einen **Beweiserhebungsanspruch** des Beschuldigten anzuerkennen[205]. Allerdings weisen die Entscheidungskriterien (s. Rdn. 112) nicht die Genauigkeit auf, die in einer langen Entwicklung heute hinsichtlich des Beweiserhebungsanspruchs in der Hauptverhandlung erreicht worden sind[206].

108   Es erscheint auch nicht zutreffend, § 163 a Abs. 2 lediglich als einen **Unterfall der Pflicht nach § 160 Abs. 2** zu interpretieren, auch die entlastenden Beweise von Amts wegen zu ermitteln[207]. Daß die Strafverfolgungsbehörden dazu verpflichtet sind, trifft zwar zu. Insofern ist die Rechtslage aber nicht anders als die für das Gericht nach § 244 Abs. 2 gegebene und dieser Umstand hat die Rechtsprechung und Lehre, auch bevor die Ablehnungsgründe in § 244 Abs. 3, 4 näher normiert wurden, nicht gehindert, aus der Existenz eines Beweisantragsrechts eine eigenständige und über die Amtsaufklärungspflicht hinausgehende Befugnis des Angeklagten herzuleiten. § 163 a Abs. 2 begründet über § 160 Abs. 2 hinaus zumindest ein selbständiges Antragsrecht des Beschuldigten und für die Strafverfolgungsbehörden eine damit korrespondierende Prüfungs- und Befassungspflicht sowie grundsätzlich eine Bescheidungspflicht (näher Rdn. 116). Wegen

[203] § 251 Abs. 2 Satz 1; vgl. näher Nachtr. § 251, 7 ff.
[204] LR-*Meyer-Goßner*[23] 20; *Alsberg/Nüse/Meyer* 336; *Fezer* (Fußn. 62) 3/29; *Weihrauch* 149.
[205] *Nelles* StrVert. **1986** 77; a. A *Kleinknecht/Meyer*[38] 15.
[206] Vorschläge zum Ausbau z. B. bei *Fezer* Ge-

dächtnisschrift Schröder 414 ff; *Hegmann* 38; *Krekeler* AnwBl. **1986** 63 ff; *Quedenfeld* FS II Peters 230 ff; vgl. auch Vor § 158, 52.
[207] So aber LR-*Meyer-Goßner*[23] 20; LR-*Hanack* § 136, 31; *Alsberg/Nüse/Meyer* 335; vgl. auch KK-*R. Müller*[2] 8; *Krekeler* AnwBl. **1986** 62; *E. Müller* NJW **1976** 1067.

des Beweisantragsrechts des Beschuldigten bei **richterlichen Vernehmungen** s. § 166 und die dort. Erl.; zur **Belehrung** über das Beweisantragsrecht s. § 136, 31 f.

2. Voraussetzungen

a) Begriff. Unter Beweisanträgen im Sinne des § 163 a Abs. 2 ist weitgehend das **109** Gleiche zu verstehen wie im gerichtlichen Verfahren nach den §§ 201 (vgl. § 201, 22), 219 und 244. Es müssen also, verbunden mit dem Verlangen, daß der Beweis erhoben werden soll, die Tatsachen bezeichnet werden, über die Beweis erhoben werden soll und es müssen hierzu Beweismöglichkeiten aufgezeigt werden[208]. Die scharfe Unterscheidung zwischen Beweisanträgen und bloßen **Beweisermittlungsanträgen** beruht auf den Besonderheiten des Beweisantragsrechts nach § 244 Abs. 3 bis 6; sie hat für die Beweisanträge nach § 163 a Abs. 2 ebenso wie für die nach § 201 (vgl. § 201, 22) keine Bedeutung[209]. Kein Beweisantrag liegt, wie im Falle des § 244, in der bloßen **Beweisanregung** oder dem **Beweiserbieten**, also wenn der Beschuldigte die Beweiserhebung erkennbar in das Ermessen der Strafverfolgungsbehörde stellt (vgl. § 244, 123 ff).

Die beantragte Beweiserhebung muß objektiv der **Entlastung des Beschuldigten** **110** dienen können; nimmt der Beschuldigte dies nur irrtümlich an, würden sie aber tatsächlich nur zu seiner Belastung führen können, so liegt kein nach Absatz 2 zu behandelnder Beweisantrag vor (vgl. § 166, 5); die Strafverfolgungsbehörden sind allerdings im Rahmen ihrer Erforschungspflicht gehalten, auch solchen belastenden Hinweisen nachzugehen.

b) Antragstellung. Der Antrag ist grundsätzlich formfrei und zu jedem Zeitpunkt **111** möglich; er setzt nicht voraus, daß der Beschuldigte sich zur Sache einläßt[210], und kann auch durch den Verteidiger gestellt werden[211]. Aus dem Standort der Vorschrift kann nicht geschlossen werden, daß er nur im Zusammenhang mit einer Vernehmung oder einer schriftlichen Äußerung gestellt werden kann; er ist auch zulässig und beachtlich, wenn er unabhängig davon schriftlich angebracht wird. Wird der Antrag bei einer Vernehmung gestellt, so ist er in das Protokoll aufzunehmen oder sonst aktenkundig zu machen[212]; beantragt der Beschuldigte die Beweiserhebung bei seiner **richterlichen Vernehmung**, so hat der Richter den Antrag, wenn die Voraussetzungen des § 166 nicht vorliegen, in das Protokoll aufzunehmen; die Staatsanwaltschaft erfährt dann von ihm durch die Übersendung der Verhandlungen[213].

3. Behandlung

a) Entscheidungsmaßstab. Dem Beweisantrag ist zu entsprechen, d. h. die bean- **112** tragten Beweise sind zu erheben, wenn sie von Bedeutung sind. Entgegen einer verbreiteten Auffassung handelt es sich dabei nicht um die Einräumung von Ermessen[214], sondern um einen **unbestimmten Rechtsbegriff.** Daran ändert auch nichts, daß die Nichterhebung der beantragten Beweise im Ermittlungsverfahren gerichtlich nicht gesondert überprüft werden kann. Wann eine Beweiserhebung von Bedeutung sein kann, beurteilt

[208] Vgl. näher zum Begriff des Beweisantrags LR-*Gollwitzer* § 244, 94 f mit weit. Nachw.

[209] *Alsberg/Nüse/Meyer* 336; *Quedenfeld* FS II Peters 218; vgl. auch KK-*R. Müller*[2] 8; *Kleinknecht/Meyer*[38] 16.

[210] LR-*Hanack* § 136, 32 mit weit. Nachw.

[211] Zur Problematik aus verteidigungstaktischer Sicht *Quedenfeld* FS II Peters 219; ferner *Weihrauch* 150.

[212] *Alsberg/Nüse/Meyer* 336.

[213] Vgl. KK-*R. Müller*[2] 8; *Kleinknecht/Meyer*[38] 15; *Fezer* (Fußn. 62) 3/30; *Nelles* StrVert. **1986** 78 (differenzierend).

[214] So KK-*R. Müller*[2] 8; *Kleinknecht/Meyer*[38] 5; KMR-*Müller* 11; *Alsberg/Nüse/Meyer* 336; *Quedenfeld* FS II Peters 218; wie hier *Nelles* StrVert. **1986** 77; wohl auch schon *Eb. Schmidt* Nachtr. I 8.

Peter Rieß

sich nach ähnlichen Kriterien wie bei der Auslegung des Ablehnungsgrundes Bedeutungslosigkeit nach § 244 Abs. 3 (vgl. § 244, 219 ff)[215]. Die Beweiserhebung kann also abgelehnt werden, wenn die unter Beweis gestellten Tatsachen mit dem Gegenstand des Ermittlungsverfahrens in keiner Beziehung stehen oder wenn sie, ihre Erwiesenheit unterstellt, die Entscheidung der Staatsanwaltschaft über die Erhebung der öffentlichen Klage nicht beeinflussen könnten. Bedeutungslos sind die Anträge auch dann, wenn sie zwar die Bildung der richterlichen Überzeugung, nicht aber das für die Erhebung der öffentlichen Klage ausreichende **Wahrscheinlichkeitsurteil** beeinflussen können[216].

113 Auch die **übrigen** in § 244 Abs. 3 und 4 normierten **Ablehnungsgründe** geben teilweise **Anhaltspunkte**, wann Beweisanträgen nicht nachgegangen zu werden braucht. Dies darf (selbstverständlich) nicht geschehen, wenn die beantragte Beweiserhebung unzulässig wäre; es kann nicht geschehen, wenn die in Betracht kommenden Beweismittel nicht erreichbar sind. Eine Beweiserhebung erübrigt sich auch dann, wenn die Staatsanwaltschaft ohnehin davon ausgeht, daß die entlastenden Umstände dem Beschuldigten nicht widerlegt werden können. Bei der Frage, ob die zur Verfügung stehenden Beweismittel ungeeignet sind, dürfte im Falle des § 163 a Abs. 2 ein etwas großzügigerer Maßstab vertretbar sein als im Falle des § 244 Abs. 3.

114 **b) Entscheidungskompetenz. Zeitpunkt.** Die Entscheidung über die beantragte Beweiserhebung steht grundsätzlich der Staatsanwaltschaft zu. Solange die **Polizei** den Sachverhalt aufgrund des § 163 Abs. 1 selbständig erforscht, kann sie die beantragten Entlastungsbeweise erheben; gleiches gilt, wenn sie im Auftrag der Staatsanwaltschaft tätig wird und sich der Antrag im Rahmen des jeweiligen Auftrags bewegt[217]. Sie ist dagegen nicht berechtigt, einen Beweisantrag abzulehnen[218]; tut sie es dennoch, so erledigt diese Entscheidung den Antrag nicht. Die Staatsanwaltschaft hat über ihn endgültig zu entscheiden; der Beschuldigte braucht ihn nicht gegenüber der Staatsanwaltschaft zu wiederholen. Auf unerledigte Beweisanträge gegenüber der Polizei ist bei der Übersendung der Verhandlungen, zweckmäßigerweise im Schlußbericht, hinzuweisen[219]. Wann über den Antrag entschieden wird, bestimmt wegen der freien Gestaltung des Ermittlungsverfahrens die Staatsanwaltschaft[220].

115 **c) Erhebung der Beweise.** Da im Ermittlungsverfahren Freibeweis gilt, hat der Beschuldigte grundsätzlich keinen Anspruch auf eine bestimmte **Form der Beweiserhebung**; er kann namentlich keine richterliche Vernehmung erzwingen, wenn die Strafverfolgungsbehörde eine polizeiliche oder staatsanwaltschaftliche für ausreichend hält[221]. Daß dem Beweisantrag stattgegeben worden ist, braucht dem Beschuldigten im allgemeinen nicht mitgeteilt zu werden[222]; es kann diesem überlassen bleiben, sich mit Hilfe des Verteidigers durch Akteneinsicht hierüber zu unterrichten. Unzulässig ist eine solche Mitteilung nicht; je nach den Umständen des konkreten Einzelfalles kann sie, vor

---

[215] KK-*R. Müller*[2] 8; *Eb. Schmidt* Nachtr. I 8; LR-*Meyer-Goßner*[23] 21; **a. A** *Alsberg/Nüse/Meyer* 336 f.

[216] Vgl. auch § 201, 30; ferner *Nelles* StrVert. **1986** 77.

[217] LR-*Hanack* § 136, 32; *Nelles* StrVert. **1986** 76; *Benfer* Grundrechtseingriffe 597; vgl. auch § 163, 38.

[218] KK-*R. Müller*[2] 9; *Kleinknecht/Meyer*[38] 15; *Eb. Schmidt* Nachtr. I 9; *Alsberg/Nüse/Meyer* 337; *Nelles* StrVert. **1986** 76.

[219] KK-*R. Müller*[2] 9; *Kleinknecht/Meyer*[38] 15; *Benfer* Grundrechtseingriffe 597.

[220] KK-*R. Müller*[2] 8; vgl. auch (de lege ferenda) *Krekeler* AnwBl. **1986** 63.

[221] Teilw. **a. A** *Nelles* StrVert. **1986** 78; vgl. (zur Problematik des fehlenden Anwesenheitsrechts bei nichtrichterlichen Vernehmungen) *Quedenfeld* FS II Peters 219.

[222] *Alsberg/Nüse/Meyer* 337; teilw. enger LR-*Meyer-Goßner*[23] 22.

allem beim unverteidigten Beschuldigten, zweckmäßig oder auch unter dem Gesichtspunkt eines fairen Verfahrens angebracht sein.

d) Nichterhebung der Beweise. Lehnt die Staatsanwaltschaft den Beweisantrag **116** ab, so ist der Beschuldigte hierüber vor dem Abschluß der Ermittlungen zu unterrichten[223]; eine nähere Begründung dürfte nicht erforderlich sein[224], zulässig ist sie stets. Die Staatsanwaltschaft ist, wenn sie die öffentliche Klage erhebt, nicht verpflichtet, bei der Vorlage der Akten an das Gericht (§ 199 Abs. 2) auf abgelehnte und unerledigte Beweisanträge des Beschuldigten aufmerksam zu machen; aus Gründen der Übersichtlichkeit und Klarheit kann es aber in umfangreichen Sachen zweckmäßig sein, hierauf und auf die Gründe für die Nichterhebung der Beweise im wesentlichen Ergebnis der Ermittlungen einzugehen.

4. Folgen unterlassener Beweiserhebung. Unterläßt es die Staatsanwaltschaft, be- **117** antragte Entlastungsbeweise zu erheben, so stehen dem Beschuldigten hiergegen im Ermittlungsverfahren, abgesehen von der Aufsichtsbeschwerde an die vorgesetzte Staatsanwaltschaft, keine Rechtsbehelfe zur Verfügung[225]. Der Beschuldigte kann auch der Erhebung der öffentlichen Klage durch die Staatsanwaltschaft nicht mit Aussicht auf Erfolg allein mit der Begründung entgegentreten, daß die Staatsanwaltschaft solche Beweiserhebungen unterlassen habe. Er hat aber die Möglichkeit, seine Anträge im Eröffnungsverfahren zu wiederholen (§ 201 Abs. 1). Das eröffnende Gericht entscheidet hierüber unter dem Gesichtspunkt, ob sie für *seine* Entscheidung über das Bestehen eines hinreichenden Tatverdachts von Bedeutung sind; es befindet also nicht aus einer ex-ante-Betrachtung heraus darüber, ob die Staatsanwaltschaft die Beweiserhebung zu Unrecht abgelehnt hat[226].

VII. Verstöße und ihre Folgen

1. Unterlassene Beschuldigtenvernehmung. Wird der Beschuldigte entgegen Ab- **118** satz 1 vor Klageerhebung nicht zu allen Tatvorwürfen gehört, so berührt dies die Wirksamkeit der Klageerhebung nicht[227]. Entsprechend den behebbaren Mängeln in der Anklageschrift (vgl. § 200, 56) kann der Vorsitzende bei einer Vorprüfung der Anklage, falls er Mängel bei der Gewährung des rechtlichen Gehörs nach Absatz 1 feststellt, der Staatsanwaltschaft die Sache mit der Anregung um Nachholung zurückgeben; die Staatsanwaltschaft wird dem regelmäßig entsprechen, wenn die Vorschrift tatsächlich nicht beachtet worden ist. Im übrigen wird die unterlassene Beschuldigtenanhörung im Zwischenverfahren durch die Aufforderung zur Erklärung nach § 201 geheilt; ferner kann das eröffnende Gericht im Verfahren nach § 202 selbst die Vernehmung nachholen[228]. Die Ablehnung der Eröffnung des Hauptverfahrens rechtfertigt die Unterlassung der Beschuldigteneigenvernehmung im Ermittlungsverfahren in keinem Fall. Anderes ergibt sich auch nicht aus den Entscheidungen des BVerfG zum rechtlichen Gehör

---

[223] KK-*R. Müller*[2] 9; KMR-*Müller* 10; **a. A** *Alsberg/Nüse/Meyer* 337.

[224] Umstritten, vgl. KK-*R. Müller*[2] 9; LR-*Meyer-Goßner*[23] 22; *Eb. Schmidt* Nachtr. I 9; *Fezer* Gedächtnisschrift Schröder 416; *Krekeler* AnwBl. **1986** 63.

[225] *Alsberg/Nüse/Meyer* 337; **a. A** (jedenfalls de lege ferenda) *Mörsch* 107; dazu zweifelnd

Fezer Gedächtnisschrift Schröder 418; vgl. auch Vor § 158, 52.

[226] Teilw. **a. A** *Nelles* 79; de lege ferenda auch (problematisch) *Fezer* Gedächtnisschrift Schröder 421 f.

[227] KK-*R. Müller*[2] 37; LR-*Meyer-Goßner*[23] 66.

[228] KK-*R. Müller*[2] 37; *H. Schäfer* wistra **1987** 170.

Peter Rieß

im Klageerzwingungsverfahren[229], weil tragender Grund für diese Entscheidungen die prozessuale Selbständigkeit des Klageerzwingungsverfahrens war. Die **Revision** kann in keinem Fall auf einen Verstoß gegen § 163 a Abs. 1 gestützt werden.

2. Verstöße gegen Belehrungsvorschriften

119   a) **Allgemeines.** Wird eine notwendige Beschuldigten- oder Zeugenbelehrung unterlassen oder fehlerhaft vorgenommen, so gelten für die Frage der Verwertbarkeit der dabei gewonnenen Aussagen und der Geltendmachung des Verstoßes im weiteren Verfahren im allgemeinen die gleichen Grundsätze wie bei entsprechenden Verstößen anläßlich von richterlichen Vernehmungen; auf die entsprechenden Erläuterungen bei den jeweiligen Vorschriften wird daher verwiesen[230]. Das gleiche gilt für die Verwertung von Bekundungen anläßlich von informatorischen Befragungen (vgl. Rdn. 21).

120   Auch für die Möglichkeit der **Revision** ist grundsätzlich auf die Erläuterungen zu den entsprechenden Vorschriften über richterliche Vernehmungen zu verweisen. Auf eine unterlassene Belehrung im Ermittlungsverfahren kann die Revision aber immer nur dann gestützt werden, wenn die dabei gewonnene Aussage in irgendeiner Weise, etwa durch Verlesung der Niederschrift oder durch Vernehmung des Vernehmungsbeamten, ggf. auch durch Vorhalt, in der Hauptverhandlung das Urteil beeinflußt haben kann (vgl. § 160, 69).

121   b) **Unterlassene Beschuldigtenbelehrung.** Verstöße gegen § 136 Abs. 1 Satz 1 (Mitteilung des Tatvorwurfs), Satz 3 (Hinweis auf das Beweisantragsrecht) und Satz 4 (Möglichkeit der schriftlichen Äußerung) begründen regelmäßig keine Verwertungsverbote[231] und sind für den weiteren Verfahrensfortgang ohne Bedeutung. Satz 4 ist schon dem Wortlaut nach nur eine Sollvorschrift. Die Informationen nach Satz 1 und Satz 3 werden im Eröffnungsverfahren durch Zustellung der Anklage und den Hinweis nach § 201 Abs. 1 erneuert; damit werden derartige Fehler im Ermittlungsverfahren geheilt. Anderes kann in Fällen der Belehrung über den Tatvorwurf dann anzunehmen sein, wenn über das bloße Unterlassen der Belehrung hinaus der Tatvorwurf und seine Bedeutung bewußt verschleiert wird; darin kann im Einzelfall ein Verstoß gegen § 136 a (Täuschung) liegen[232].

122   Die unterlassene **Belehrung über die Einlassungsfreiheit** (§ 136 Abs. 1 Satz 2) begründet nach der Auffassung der Rechtsprechung, insbesondere des BGH, kein Verwertungsverbot[233]; das Schrifttum tritt dagegen ganz überwiegend für ein **Verwertungsverbot** ein[234]. Dieser Meinung ist aus den in § 136, 55 und ausführlich von *Ro-*

---

[229] BVerfGE **17** 356, 362; **19** 32, 36; **42** 172, 175; vgl. § 173, 6.

[230] Vgl. § 52, 53; § 55, 21 ff; § 81 c, 34; 60; § 136, 53.

[231] LR-*Hanack* § 136, 53; SK-StPO-*Rogall* § 136, 52 ff; zur Nichtbelehrung über die Möglichkeit der Verteidigerkonsultation vgl. SK-StPO-*Rogall* § 136, 54; *Roxin*[20] § 24 D III 2 e a. E; *Strate/Ventzke* StrVert. **1986** 30.

[232] Vgl. auch LR-*Hanack* § 136, 18; 19; 53; § 136 a, 38 ff; SK-StPO-*Rogall* § 136, 54.

[233] Zuletzt ausführlich BGHSt **31** 395 = NStZ **1983** 565 mit abl. Anm. *Meyer* = JZ **1983** 716 mit abl. Anm. *Grünwald* = JR **1984** 340 mit abl. Anm. *Fezer*; weit. Rechtsprechungsnachw. § 136, 54 Fußn. 102; ausführl. zur

Entwickl. der Rechtspr. LR-*K. Schäfer* Einl. Kap. **14** 15 ff; ebenso im neueren Schrifttum wohl nur noch KK-*R. Müller*[2] 38; KMR-*Müller* 22; *Kramer* Grundbegriffe des Strafverfahrensrechts (1984) 31.

[234] LR-*Hanack* § 136, 55; SK-StPO-*Rogall* Vor § 133, 180 ff (beide mit ausf. weit. Nachw.); ferner teilw. im einzelnen differenzierend u. a. *Kleinknecht/Meyer*[38] § 136, 20; *Roxin*[20] § 24 III 2 e; *G. Schäfer* § 57 IV 2; *Schlüchter* 398; *Geppert* FS Oehler 337; *Kroth* 343 ff; *Rieß* JA **1980** 300; *Dingeldey* JA **1984** 414; *Sieg* MDR **1984** 725; in der Rechtspr. in diese Richtung etwa LG Verden StrVert. **1986** 97 (bei geistig behinderten Beschuldigten); LG Stuttgart NStZ **1985** 509 mit Anm.

gall[235] dargelegten Gründen zuzustimmen. Das Verwertungsverbot setzt nicht voraus, daß nachgewiesen oder auch nur wahrscheinlich gemacht wird, daß der Beschuldigte an eine Aussagepflicht geglaubt hat; es entfällt lediglich dann, wenn unter den Umständen des konkreten Falles mit Sicherheit ausgeschlossen werden kann, daß sich die unterlassene Belehrung auf die Aussage ausgewirkt hat[236]. Verwertbar sind die Bekundungen aber, wenn der Beschuldigte dem ausdrücklich zustimmt oder wenn er sie nach Belehrung wiederholt; in beiden Fällen hält die überwiegende Meinung des Schrifttums[237] eine zusätzliche Belehrung darüber für notwendig, daß die ohne Belehrung gewonnene Aussage nicht verwertet werden kann. Folgt man dieser Auffassung, dann dürfte die bloße Zustimmung zur Verlesung einer polizeilichen oder staatsanwaltschaftlichen Vernehmungsniederschrift nach § 251 Abs. 2 Satz 1 (neue Fassung) zur Verwertung nicht ausreichen.

c) Unterlassene Zeugenbelehrungen. Ein Verstoß gegen die nach **§ 52 Abs. 3** erfor- **123** derliche Belehrung macht die Aussage nach allgemeiner Meinung unverwertbar; dagegen betrifft nach der h. M die Belehrung durch § 55 nur den Rechtskreis des Zeugen; ihr Unterlassen führt daher zu keinem Verwertungsverbot im Verfahren gegen den Beschuldigten[238]. Dagegen besteht ein solches im Verfahren gegen den Zeugen selbst oder seine Angehörigen als spätere Beschuldigte eines neuen Strafverfahrens[239].

3. Verstöße gegen § 136 a machen die gewonnenen Erkenntnisse auch dann unver- **124** wertbar, wenn der Vernommene eingewilligt oder sich mit der Vernehmungsmethode einverstanden erklärt hat. Wegen des Umfangs des Verwertungsverbots im einzelnen s. § 136 a, 61 ff.

4. Versagung des Anwesenheitsrechts. Wird der Verteidiger entgegen § 163 a **125** Abs. 3 Satz 2 in Vbdg. mit § 168 a Abs. 1, 5 nicht vom Termin einer staatsanwaltschaftlichen Beschuldigtenvernehmung benachrichtigt oder wird ihm die Anwesenheit verwehrt, so gelten die Erläuterungen zu § 168 c, 53 bis 59 entsprechend. Da es sich jedoch um die Niederschrift über eine nichtrichterliche Vernehmung handelt, kommt ohnehin nur eine Verlesung nach § 251 Abs. 2 in Betracht. Die Verlesung nach § 251 Abs. 2 Satz 1 erfordert das Einverständnis des Angeklagten und seines Verteidigers; in diesem Einverständnis ist aber zugleich das Unterlassen eines Widerspruchs zu sehen, der nach allgemeiner Meinung Voraussetzung für die Unverwertbarkeit wäre (vgl. § 168 c, 56). Eine Verlesung nach Absatz 2 Satz 2 kommt nach der in diesem Kommentar vertretenen, umstrittenen Meinung (vgl. § 168 c, 59) ebensowenig in Betracht wie eine Verwertung durch Vernehmung der Verhörsperson oder durch Vorhalt (§ 168 c, 58).

Hilger (jedenfalls für den Fall des „Vortäuschens" eines Privatgesprächs).

[235] SK-StPO-*Rogall* Vor § 133, 180 ff.

[236] Vgl. dazu u. a. LR-*Hanack* § 136, 55; SK-StPO-*Rogall* Vor § 133, 167; 178.

[237] Nachw. LR-*Hanack* § 136, 56; SK-StPO-*Rogall* Vor § 133, 178.

[238] Vgl. näher § 55, 21 ff.

[239] SK-StPO-*Rogall* Vor § 133, 187; *Roschmann* 33.

Peter Rieß

§ 163 b

(1) [1]Ist jemand einer Straftat verdächtig, so können die Staatsanwaltschaft und die Beamten des Polizeidienstes die zur Feststellung seiner Identität erforderlichen Maßnahmen treffen; § 163 a Abs. 4 Satz 1 gilt entsprechend. [2]Der Verdächtige darf festgehalten werden, wenn die Identität sonst nicht oder nur unter erheblichen Schwierigkeiten festgestellt werden kann. [3]Unter den Voraussetzungen von Satz 2 sind auch die Durchsuchung der Person des Verdächtigen und der von ihm mitgeführten Sachen sowie die Durchführung erkennungsdienstlicher Maßnahmen zulässig.

(2) [1]Wenn und soweit dies zur Aufklärung einer Straftat geboten ist, kann auch die Identität einer Person festgestellt werden, die einer Straftat nicht verdächtig ist; § 69 Abs. 1 Satz 2 gilt entsprechend. [2]Maßnahmen der in Absatz 1 Satz 2 bezeichneten Art dürfen nicht getroffen werden, wenn sie zur Bedeutung der Sache außer Verhältnis stehen; Maßnahmen der in Absatz 1 Satz 3 bezeichneten Art dürfen nicht gegen den Willen der betroffenen Person getroffen werden.

Schrifttum zu den §§ 163 b, 163 c. *Achenbach* Vorläufige Festnahme, Identifizierung und Kontrollstellen im Strafprozeß, JA **1981** 660; *Benfer* § 127 I 2 StPO — eine strafprozessuale Personalienfeststellung, Die Polizei **1978** 249; *Benfer* Grundrechtseingriffe im Ermittlungsverfahren (1982), Rdn. 47 bis 88; *Ehmke* Das Recht der strafprozessualen Identitätsfeststellung durch Staatsanwaltschaft und Polizei, Die Polizei **1978** 279; *Geerds* Strafprozessuale Personenidentifizierung — Juristische und kriminalistische Probleme der §§ 81 b, 163 b, 163 c StPO, Jura **1986** 7; *Greiner* Zur Zulässigkeit der erkennungsdienstlichen Behandlung eines Kindes, Kriminalistik **1979** 430; *Härtel* Übermaßverbot und Identitätsfeststellung beim Betroffenen im Ordnungswidrigkeitenrecht, DNP **1982** 51; *Kurth* Identitätsfeststellung, Einrichtung von Kontrollstellen und Gebäudedurchsuchung nach neuem Recht, NJW **1979** 1377; *Riegel* Die neuen Grundlagen der polizeilichen Personenkontrolle und der Durchsuchung von Wohnungen im Strafverfahrensrecht, BayVerwBl. **1978** 589; *Riegel* Neue Aspekte des polizeilichen Befugnisrechts zur Gefahrenabwehr und Strafverfolgung, JR **1981** 229; *Rudolphi* Die Gesetzgebung zur Bekämpfung des Terrorismus, JA **1979** 1; *Suden/Weitemeier* Auswirkungen und Effektivität der strafprozessualen Änderungen vom 14. 4. 1978, Die Polizei **1980** 333; *Vogel* Strafverfahrensrecht und Terrorismus — eine Bilanz, NJW **1978** 1217; weiteres Schrifttum bei § 111.

Entstehungsgeschichte. Die Vorschrift wurde zusammen mit §§ 111, 163 c durch Art. 1 Nr. 10 StPÄG 1978 eingefügt[1].

Übersicht

---

[1] Vgl. ausführlich zur Entstehungsgeschichte 23. Aufl.; EB 4 bis 8; ferner *Achenbach* JA **1981** 660; *Kurth* NJW **1979** 1377; vgl. auch *Vogel* NJW **1978** 1221, 1227.

I. Bedeutung und Aufbau der §§ 163 b und 163 c

1 **1. Bedeutung.** Bis zur Einführung der §§ 163 b und 163 c war eine strafprozessuale Identitätsfeststellung gegen den Willen der betroffenen Person nur bei Verdächtigen unter den Voraussetzungen des § 127 Abs. 1 oder nach § 81 b mit Zwangsmaßnahmen durchsetzbar; für unverdächtige Personen, die als Zeugen oder sonst als Beweismittel für ein späteres Strafverfahren in Betracht kamen, war eine strafverfahrensrechtliche Ermächtigung nicht vorhanden. Auf polizeiliche Vorschriften durfte nach richtiger, wenn auch umstrittener Ansicht nicht zurückgegriffen werden[2].

2 Die §§ 163 b und 163 c, die in engem Zusammenhang mit dem gleichzeitig geschaffenen § 111[3] stehen, regeln die Befugnis zu **Identitätsfeststellungen für Zwecke des Strafverfahrens** abschließend; ein Rückgriff auf weiterreichende polizeirechtliche Ermächtigungen[4] ist in diesem Bereich nicht möglich (s. aber Rdn. 9)[5]. Darüber hinaus ergibt sich aus der Entstehungsgeschichte und der mit der Vorschrift verfolgten Absicht des Gesetzgebers allgemein, daß für den Bereich der repressiven Strafverfolgung bei fehlender strafprozessualer Ermächtigungsgrundlage **kein Rückgriff auf polizeirechtliche Ermächtigungen** zulässig ist[6].

---

[2] Näher mit weit. Nachw. zum Streitstand 23. Aufl., EB 1; vgl. ferner die Erl. zu § 6 EGStPO; KK-*R. Müller* 1; *Achenbach* JA 1981 661.

[3] S. näher § 111, 2 ff.

[4] Das Polizeirecht enthält vielfach eine generelle Ermächtigung zur Durchsuchung und Vornahme erkennungsdienstlicher Maßnahmen für Identitätsfeststellungen und eine größere zeitliche Grenze für die Festhaltebefugnis (Ende des auf die Festhaltung folgenden Tages). Vgl. näher 23. Aufl., EB 8; ferner *Riegel* JR 1981 230, 234 sowie die Übersicht bei *Drews/Wacke/Vogel/Martens* Gefahrenabwehr[9] (1985) § 12, 2; kritisch zu den engeren Voraussetzungen u. a. *Suden/Weitemeier*

Die Polizei 1980 336; nach einem Bericht der BReg. (BT-Drucks. 8 3584, S. 6) haben sich bis Ende September 1979 keine praktischen Probleme ergeben.

[5] Allg. M, vgl. KK-*R. Müller* 1; *Achenbach* JA 1981 661; *Riegel* ZRP 1978 14; JR 1981 231; *Suden/Weitemeier* Die Polizei 1980 336; wohl auch *Kleinknecht/Meyer*[38] 1 (dessen Hinweis auf die Unberührtheit polizeilicher Regelungen nicht deren ergänzende Inanspruchnahme gestatten will); vgl. auch *Schwan* VerwArch. 70 (1979) 109, 115.

[6] Näher 23. Aufl., EB 2 mit weit. Nachw.; ferner die Erl. zu § 6 EGStPO; *Schwan* VerwArch. 70 (1979) 109 ff.

2. Inhalt und Aufbau. §163 b behandelt die Zulässigkeit der Identitätsfeststellung **3** einschließlich der dabei zulässigen Eingriffe; §163 c Abs. 1 bis 3 regelt das Verfahren bei Freiheitsentziehungen im Zusammenhang mit der Feststellung, während §163 c Abs. 4 (Vernichtung der bei der Identifizierung angefallenen Unterlagen) systematisch zu §163 b Abs. 2 gehört und richtiger als dessen Satz 3 hätte eingestellt werden sollen. Die Regelung unterscheidet zwischen einer Straftat „Verdächtigen" (§163 b Abs. 1) und anderen Personen, also „Unverdächtigen" (§163 b Abs. 2). Bei Verdächtigen gehen die Identifizierungsmaßnahmen in mehrfacher Hinsicht weiter. Sie sind nach dem Wortlaut der Generalklausel (§163 b Abs. 1 Satz 1) ohne weitere Voraussetzungen zulässig (vgl. Rdn. 15) und umfassen unter bestimmten Voraussetzungen auch die Durchsuchung und erkennungsdienstliche Maßnahmen gegen den Willen des Betroffenen; letzteres ist bei Unverdächtigen ausnahmslos ausgeschlossen. Bei diesen ist die Identitätsfeststellung überhaupt nur zulässig, wenn und soweit dies zur Aufklärung einer Straftat geboten ist. Beide Personengruppen können unter den Voraussetzungen des §163 b Abs. 1 Satz 2 zum Zwecke der Identifizierung festgehalten werden; bei Unverdächtigen ist insoweit der Verhältnismäßigkeitsgrundsatz ausdrücklich hervorgehoben (§163 b Abs. 2 Satz 2). Die Dauer der Freiheitsentziehung ist relativ auf das unerläßliche Maß (§163 c Abs. 1 Satz 1) und absolut auf einen Zeitraum von höchstens zwölf Stunden (§163 c Abs. 3) beschränkt; sie unterliegt grundsätzlich richterlicher Kontrolle (§163 c Abs. 1 Satz 2) und begründet einen Anspruch auf Benachrichtigung von Vertrauenspersonen (§163 c Abs. 2). Bei Unverdächtigen sind die Identifizierungsunterlagen nach der Identitätsfeststellung zu vernichten (§163 c Abs. 4).

II. Anwendungsbereich

1. Straf- und Bußgeldverfahren

a) Strafverfahren. Die §§163 b und 163 c regeln die Zulässigkeit der Identitätsfest- **4** stellung durch die Strafverfolgungsbehörden (Rdn. 43) für Zwecke des Strafverfahrens, das heißt für die aufklärende und verfolgende Tätigkeit in bezug auf eine bestimmte Straftat, hinsichtlich derer mindestens ein Anfangsverdacht (§152, 21 ff) besteht[7]. Eine polizeiliche Tätigkeit, die allein auf die Aufdeckung bereits begangener, aber noch unbekannter Straftaten zielt, fällt nicht in den von der Strafprozeßordnung umfaßten Tätigkeitsbereich (vgl. die Erl. Vor §158); Identitätsfeststellungen, die allein dem Zweck dienen, ohne das Vorhandensein zureichender tatsächlicher Anhaltspunkte mögliche Straftaten aufzudecken und mögliche Täter zu ermitteln, sind nicht nach den §§163 b, 163 c zu beurteilen[8]. Liegen einer Identitätsfeststellung **präventiv-polizeiliche** und **strafverfahrensrechtliche Zwecke gleichzeitig** zugrunde, so gelten die §§163 b, 163 c, wenn der objektiven Zweckrichtung nach der Aspekt der Strafverfolgung überwiegt[9]; die Polizei darf dann nicht einfach auf die möglicherweise weiterreichenden polizeirechtlichen Ermächtigungen zurückgreifen[10].

Auch bei Identitätsfeststellungen an einer **Kontrollstelle** (§111) sind infolge der **5** Verweisung in §111 Abs. 3 die §§163 b, 163 c grundsätzlich anzuwenden. Insbesondere besteht auch hier das Festhalterecht nach Absatz 1 Satz 2 mit den Verfahrensvorschriften des §163 c Abs. 1 bis 3, die Belehrungspflicht nach Absatz 1 Satz 1 zweiter Halbsatz und

---

[7] KK-*R. Müller* 3; KMR-*Müller* 1 ff; *Geerds* Jura **1986** 10; *Heise/Riegel* Musterentwurf eines einheitlichen Polizeigesetzes² (1978) 15.

[8] KK-*R. Müller* 3; *Kurth* NJW **1979** 1378.
[9] *Achenbach* JA **1981** 662.
[10] *Achenbach* JA **1981** 662; *Riegel* JR **1981** 234.

Peter Rieß

grundsätzlich das Gebot, die angefallenen Unterlagen zu vernichten[11]. Umstritten ist, wieweit an Kontrollstellen jedermann eine Durchsuchung und erkennungsdienstliche Behandlung dulden muß (s. dazu § 111, 27).

6   Die der Identitätsfeststellung durch die §§ 163 b und 163 c gezogenen Grenzen haben Staatsanwaltschaft und Polizei auch dann zu beachten, wenn der **Verdächtige auf frischer Tat** betroffen wird. Die weitergehenden Befugnisse nach § 127 Abs. 1 stehen insoweit nur noch Privatpersonen zur Verfügung; bei amtlicher Tätigkeit gelten sie nicht[12]. Das **Fehlen eines Strafantrags**, einer Ermächtigung oder eines Strafverlangens hindert die Identitätsfeststellung nicht; § 127 Abs. 3 gilt auch für diesen Fall. Nach dem Gesetzeswortlaut ist dies zwar nicht ganz zweifelsfrei, da § 127 Abs. 1 Satz 2 die behördliche Identitätsfeststellung insgesamt aus dem Anwendungsbereich des § 127 herauszunehmen scheint. Doch kann eine diese weitgehende Einschränkung der bisherigen Befugnisse bewirkende Absicht des Gesetzgebers den Materialien nicht entnommen werden; dem Zweck der Regelung liefe sie eindeutig zuwider.

7   Die Identitätsfeststellung nach den §§ 163 b, 163 c ist **in jeder Lage des Verfahrens** möglich, solange ein Aufklärungsinteresse (Rdn. 16) besteht; das kann auch nach Abschluß des Ermittlungsverfahrens im gerichtlichen Verfahren und im Strafvollstreckungsverfahren der Fall sein[13]. Verdächtiger im Sinne des § 163 b Abs. 1 ist daher ebenso wie in § 102 (§ 102, 20) auch der Beschuldigte, der Angeschuldigte, der Angeklagte und der rechtskräftig Verurteilte. Der Begriff bezeichnet im teleologischen Zusammenhang dieser Vorschrift eine Unter- nicht aber eine Obergrenze[14]. Für die **Strafvollstreckung** ist allerdings nur die Identitätsfeststellung bei Verdächtigen nach Absatz 1 zulässig, worunter hier solche Personen zu verstehen sind, die als rechtskräftig Verurteilte zur Durchführung der Strafvollstreckung ermittelt werden müssen. Die Identitätsfeststellung bei Nichtverdächtigen nach Absatz 2 scheidet aus, weil für die Strafvollstreckung die Aufklärung der Straftat nicht mehr geboten sein kann.

8   b) **Bußgeldverfahren.** Die Bestimmungen gelten grundsätzlich auch, wie aus der Generalverweisung in § 46 Abs. 1 OWiG folgt, für die Aufklärung und Verfolgung von Ordnungswidrigkeiten[15]. Auch das Festhalterecht steht der Verfolgungsbehörde im Bußgeldverfahren zu[16], nicht aber die Möglichkeit der vorläufigen Festnahme nach § 127 Abs. 1 (§ 46 Abs. 3 Satz 1 OWiG). Im Bußgeldverfahren wird jedoch namentlich dem längeren Festhalten Unverdächtiger der **Verhältnismäßigkeitsgrundsatz** (Rdn. 26 f) vielfach entgegenstehen und dies nur bei sehr bedeutsamen Ordnungswidrigkeiten und überragendem Aufklärungsinteresse gerechtfertigt sein[17]. Auch bei der Identitätsfest-

---

[11] Zu der bei Anordnung einer Kontrollfahndung nach § 163 d insoweit an Kontrollstellen bestehenden Einschränkung s. § 163 d, 36; vgl. auch § 163 c, 27.

[12] Näher mit weit. Nachw. § 127, 25; KK-*R. Müller* 3.

[13] KK-*R. Müller* 3; *Kleinknecht/Meyer*[38] 2; KMR-*Müller* 3; näher 23. Aufl., EB 11.

[14] **A. A** *Riegel* Polizeiliche Personenkontrolle (1979) 50, wonach Identitätsfeststellungen bereits Beschuldigter ihre Rechtsgrundlage in § 81 b finden und insoweit nur die Art und Weise der Feststellung in den §§ 163 b, 163 c geregelt ist; ebenso wohl *Rüping* 76 (§ 81 b sei lex specialis).

[15] BayObLG VRS **60** 129; OLG Düsseldorf VRS **58** 398; OLG Köln NJW **1982** 296; StrVert. **1982** 359; *Göhler*[8] Vor § 59, 139 (auch zur früheren Rechtslage); KK-*R. Müller* 4; *Härtel* DNP **1982** 51; *Kurth* NJW **1979** 1377 Fußn. 18; *Rieß* NJW **1978** 2277; *Vogel* NJW **1978** 1228.

[16] *Göhler*[8] Vor § 59, 139; 145; *Rieß* NJW **1978** 2277.

[17] *Göhler*[8] Vor § 59, 141; KK-*R. Müller* 6; *Kleinknecht/Meyer*[38] 17; *Suden/Weitemeier* Die Polizei **1980** 336.

stellung Verdächtiger wird bei geringfügigen Ordnungswidrigkeiten die volle Ausschöpfung der Möglichkeiten des Absatz 1 Satz 2 und 3 nicht ohne weiteres gerechtfertigt werden können[18].

2. Geltung polizeirechtlicher Vorschriften. Auf polizeirechtliche Ermächtigungs- **9** grundlagen kann für Identitätsfeststellungen nur dann zurückgegriffen werden, wenn die Identitätsfeststellung außerhalb des Bereichs der Strafverfolgung (Rdn. 7) erforderlich wird (Rdn. 2). Verkehrskontrollen nach § 36 Abs. 5 StVO sind keine Identitätsfeststellungen nach § 163 b; wird ein Verkehrsteilnehmer zum Zwecke der Identitätsfeststellung angehalten, so gilt die Bußgeldandrohung des § 49 Abs. 3 Satz 1 StVO nicht[19]. Auf der Grundlage der jeweiligen polizeirechtlichen Vorschrift ist dagegen zu beurteilen, ob und wieweit zur Durchsetzung zulässiger Identitätsfeststellungen **unmittelbarer Zwang** angewendet werden darf[20]. Ebenso richtet sich nach Polizeirecht, ob eine Durchsuchung der betroffenen Person nach Waffen zum Zwecke der **Eigensicherung** des feststellenden Beamten zulässig ist[21]. Das Verbot der Durchsuchung zum Zwecke der Identitätsfeststellung bei Unverdächtigen steht dem nicht entgegen.

3. Verdächtige — Unverdächtige
a) Verdächtiger kann sowohl sein, wessen Identität mit dem bereits bekannten Be- **10** schuldigten zweifelhaft ist, wie derjenige, gegen den Anhaltspunkte für eine Täterschaft bestehen, dessen Personalien aber unbekannt sind[22]. Die Fassung knüpft bewußt an die §§ 102, 103 an. Unter welchen Voraussetzungen jemand als Verdächtiger zu gelten hat, ist daher grundsätzlich wie bei § 102 zu beurteilen (§ 102, 14 ff). Aus der Verwendung des Wortes „Straftat" kann nicht geschlossen werden, daß stets der Verdacht einer auch schuldhaft begangenen Tat gegeben sein müsse (§ 111, 9 a. E) und sich bei Schuldunfähigkeit eine Identitätsfeststellung nach Absatz 1 verbiete[23]. Zwar spricht der Gesetzgeber seit dem EGStGB im allgemeinen dann von Straftat, wenn die Tat auch schuldhaft begangen sein muß, während sonst der Ausdruck rechtswidrige Tat (§ 11 Abs. 1 Nr. 5 StGB) zu erwarten wäre. Doch ist zumindest außerhalb des Strafgesetzbuches diese Wortwahl nicht zwingend; bei der flüchtigen Redaktion der eilig beschlossenen Bestimmungen des StPÄG 1978 könnte ihr entscheidende Bedeutung nur dann zukommen, wenn sie durch die Entstehungsgeschichte und durch teleologische Auslegung gestützt würde. Aus den Gesetzesmaterialien ergibt sich keinerlei Hinweis darauf, daß der Gesetzgeber den Verdacht eines schuldhaften Verhaltens zur Voraussetzung machen wollte. Der Zweck der Bestimmung liegt darin, alle Fälle zu erfassen, in denen eine Identitätsfeststellung für ein Strafverfahren erforderlich ist. Damit rechtfertigt jedes strafprozessuale Aufklärungsinteresse die Identitätsfeststellung, und es ist jeder als Verdächtiger anzusehen, gegen den sich möglicherweise ein Strafverfahren richten kann[24]. Dazu kann auch der **Schuldunfähige** gehören, weil gegen ihn im Strafverfahren Maßregeln der Besserung und Sicherung verhängt werden können und weil gegen ihn ein Sicherungsverfahren nach den §§ 413 ff durchgeführt werden kann (§ 100 a, 12). Der **Ver-**

---

[18] KK-*R. Müller* 4; vgl. *Göhler*[8] Vor § 59, 140; ausführlich *Härtel* DNP **1982** 51 ff.
[19] *Dvorak* JR **1982** 447 mit weit. Nachw.
[20] KK-*R. Müller* 8; *Achenbach* JA **1981** 661; *Schenke* JR **1970** 52.
[21] KK-*R. Müller* 8; *Kleinknecht/Meyer*[38] 10; *Achenbach* JA **1981** 661.

[22] KMR-*Müller* 3; ebenso *Achenbach* JA **1981** 662.
[23] Ebenso *Achenbach* JA **1981** 663; **a. A** *Benfer* Die Polizei **1978** 249; Grundrechtseingriffe 3, 48.
[24] KK-*R. Müller* 10; *Kleinknecht/Meyer*[38] 4; *Fezer* Strafprozeßrecht (1986) 7/85; *Rüping* 76; *Achenbach* JA **1981** 663.

Peter Rieß

dacht kann auch **während** einer gegen einen zunächst Unverdächtigen gerichteten **Identitätsfeststellung** entstehen. Dann kann die Identitätsfeststellung nach Absatz 1 fortgeführt werden[25], nachdem dem Betroffenen der Verdacht eröffnet wird.

11   Die **Verdächtigeneigenschaft entfällt** allerdings dann, wenn feststeht, daß der Verdächtige nicht Beschuldigter werden kann, weil ein Rechtfertigungs- oder Entschuldigungsgrund vorliegt[26]. Denn dann steht fest, daß es nicht zu einem Strafverfahren kommen kann, und es entfällt jedes strafprozessuale Aufklärungsinteresse. Deshalb kann auch der erkennbar Strafunmündige nicht als Verdächtiger behandelt werden[27]. In diesen Fällen läßt sich die Identitätsfeststellung gegen derartige, nur einer Tatbestandsverwirklichung verdächtige Personen in der Regel auch nicht auf Absatz 2 stützen[28], denn auch dort ist Voraussetzung, daß die Identitätsfeststellung zur Aufklärung einer Straftat und damit durch ein strafprozessuales Aufklärungsinteresse geboten ist. Diese Einschränkungen gelten jedoch nur, wenn das Vorliegen eines Rechtfertigungs- oder Schuldausschließungsgrundes im Zeitpunkt der Identitätsfeststellung unzweifelhaft ist, die bloße Möglichkeit, daß der Betroffene gerechtfertigt oder entschuldigt gehandelt haben oder strafunmündig sein könnte, beseitigt den Verdacht nicht. In all diesen Fällen kann ferner eine Identitätsfeststellung aufgrund polizeirechtlicher Ermächtigungen aus Gründen der Gefahrenabwehr in Betracht kommen.

12   **b) Unverdächtiger.** Einer Straftat nicht verdächtig in Absatz 2 besagt sachlich nichts anderes wie die in § 103 verwendete (eindeutigere) Formulierung „andere Personen". Unverdächtiger ist daher jeder, gegen den ein Verdacht nicht begründet werden kann; gleichgültig ist, ob vage Anhaltspunkte für eine irgendwie geartete Tatbeteiligung bestehen oder ob dies völlig ausgeschlossen ist. Die Anwendbarkeit des Absatz 2 auf solche Personen zu beschränken, bei denen das Fehlen eines Tatverdachtes nicht sicher ist[29], findet weder im Gesetzeswortlaut noch in der Entstehungsgeschichte eine Grundlage und ist mit dem Sinn der Vorschrift, auch Beweismittel für das spätere Verfahren zu sichern, nicht vereinbar.

III. Identitätsfeststellung

13   **1. Begriff.** § 163 b ermächtigt zur Feststellung der Identität[30] und setzt damit voraus, daß sie dem feststellenden Beamten nicht zweifelsfrei bekannt ist. § 111 OWiG ist die allgemeine Verpflichtung zu entnehmen, gegenüber zuständigen Behörden und Beamten über Vor-, Familien- und Geburtsnamen, Ort und Tag der Geburt, Familienstand, Beruf, Wohnung und Staatsangehörigkeit Auskunft zu geben. Doch enthält diese Bestimmung einen für alle denkbaren Fälle behördlichen Auskunftsverlangens bestimmten Maximalkatalog allgemein geltender Auskunftpflichten, der für die Zwecke der Identitätsfeststellung nicht überschritten werden darf, aber nicht ausgeschöpft werden

---

[25] KK-*R. Müller* 33; *Kleinknecht/Meyer*[38] 20; s. auch Rdn. 20 a. E.

[26] § 102, 18; KK-*R. Müller* 10; *Schlüchter* 259.3 Fußn. 303 b.

[27] KK-*R. Müller* 10; *Kleinknecht/Meyer*[38] 4; *Rüping* 76; *Schlüchter* 259.3; *Achenbach* JA **1981** 663; *Benfer* Die Polizei **1978** 249; *Kurth* NJW **1979** 1378; unklar *Greiner* Kriminalistik **1979** 431; a. A *Ehmke* Die Polizei **1978** 208; *Riegel* BayVerwBl. **1978** 591.

[28] So aber *Riegel* aaO; *Sommer* Die Polizei

1986 89; vgl. auch *Kleinknecht/Meyer*[38] 4 (bejahend bei strafmündigen Mittätern); zur umstrittenen Frage der Anwendbarkeit des § 81 b zweite Alternative s. mit weit. Nachw. § 81 b, 7 und *Sommer* aaO.

[29] So *Rudolphi* JA **1979** 6; dazu *Achenbach* JA **1981** 664.

[30] Zu den verschiedenen kriminalistischen Möglichkeiten der Identifizierung vgl. mit weit. Nachw. *Geerds* Jura **1986** 12.

muß[31]. Die Identität einer Person für Zwecke der Strafverfolgung ist dann festgestellt, wenn diejenigen Personaldaten gesichert sind, die es ermöglichen, den Betroffenen zuverlässig und ohne unverhältnismäßige Schwierigkeiten zu erreichen. Dazu gehören der Familienname, Vorname und Geburtsname sowie Ort und Tag der Geburt[32], in der Regel wird auch die Feststellung der Wohnung gerechtfertigt sein[33]. Beruf[34] und Familienstand[35] gehören nicht zu den Identitätsdaten, die Staatsangehörigkeit allenfalls ausnahmsweise.

Die **Identität steht fest**, wenn der Betroffene einen gültigen Personalausweis oder **14** Paß vorlegt und keine konkreten Anhaltspunkte für seine Fälschung, Verfälschung oder sonstige Unrichtigkeiten vorliegen[36]. Auch sonstige Ausweispapiere können zur Identitätsfeststellung ausreichen, wenn sie vollständig und zuverlässig sind[37]. Da im Reisepaß die Wohnung des Paßinhabers nicht verzeichnet ist, ermöglicht dessen Vorlage allein dann keine volle Identitätsfeststellung, wenn es auf die Wohnanschrift ankommt. In diesem Fall kann die zusätzliche Angabe der Wohnanschrift gefordert werden; wenn im Einzelfall konkrete Zweifel an der Richtigkeit dieser Angabe bestehen, kann es notwendig werden, sie durch Rückfragen zu überprüfen. Da der Reisepaß ein vollwertiges Ausweispapier ist und es nicht zu Lasten des Betroffenen gehen kann, daß in ihm die Anschrift nicht eingetragen ist, muß allerdings die Angabe des Paßinhabers, namentlich wenn sie durch sonstige Unterlagen belegt werden kann, im allgemeinen als ausreichend angesehen werden[38]. Die Identität kann auch **ohne Vorlage von Ausweispapieren** feststehen, wenn der Betroffene von anderen glaubwürdigen Personen zuverlässig und vollständig identifiziert wird.

2. Zulässigkeit

a) Voraussetzungen. Bei **Verdächtigen** (Rdn. 10) ist die Identitätsfeststellung für **15** sich allein von keinen weiteren Voraussetzungen abhängig. Das verfassungsrechtliche Übermaßverbot gilt zwar an sich auch hier, doch wird sich aus ihm anders als bei den besonderen Maßnahmen nach Absatz 1 Satz 2, 3 die Unzulässigkeit der Identitätsfeststellung als solcher kaum jemals begründen lassen. Denn ein schutzwürdiges Interesse, gegenüber einem Strafverfolgungsorgan anonym zu bleiben, hat der Verdächtige niemals, der Unverdächtige mindestens dann nicht, wenn ein strafprozessuales Aufklärungsinteresse besteht.

Bei **Unverdächtigen** ist die Feststellung nur statthaft, wenn und soweit dies zur **16** Aufklärung einer Straftat geboten ist; unerläßlich muß sie nicht sein[39]. Die Feststellung muß durch ein strafverfahrensrechtlich relevantes **Aufklärungsinteresse** gerechtfertigt sein. Daran fehlt es, wenn im Zeitpunkt der Identitätsfeststellung sicher feststeht, daß

---

[31] *Benfer* Die Polizei **1978** 249; Grundrechtseingriffe 52; *Härtel* DNP **1982** 52.

[32] OLG Koblenz VRS **58** 441; enger BayObLG VRS **60** 129 (nicht bei geringfügigen Ordnungswidrigkeiten, wenn Identität aufgrund anderer Merkmale ausreichend gesichert); vgl. auch *Härtel* DNP **1982** 52 (Geburtsdaten nur ausnahmsweise erforderlich).

[33] *Benfer* Die Polizei **1978** 249; KK-*R. Müller* 11.

[34] BayObLG NJW **1979** 1054; NJW **1981** 1385; OLG Celle VRS **53** 458 = NdsRpfl. **1977** 278 (jedenfalls bei Ordnungswidrigkei-

ten); KK-*R. Müller* 11; a. A *Ehmke* Die Polizei **1978** 279; *Schnupp* NJW **1979** 2240 (mit abweigger Begründung).

[35] BayObLG MDR **1980** 520; KK-*R. Müller* 11; a. A *Ehmke* Die Polizei **1978** 279.

[36] KK-*R. Müller* 13; *Benfer* Die Polizei **1978** 249; *Härtel* DNP **1982** 52.

[37] KK-*R. Müller* 13; *Benfer* aaO, *Härtel* aaO, beide mit Beispielen.

[38] KK-*R. Müller* 13; vgl. auch *Benfer* Grundrechtseingriffe 53; *Härtel* DNP **1982** 52.

[39] KMR-*Müller* 15 (Zweckdienlichkeit reicht).

Peter Rieß

alle als Täter oder Beteiligte an der Tat in Betracht kommenden Personen strafunmündig waren oder gerechtfertigt oder entschuldigt gehandelt haben. Ferner muß es mindestens möglich sein, daß die Kenntnis von der Identität des Betroffenen zur Aufklärung in einem Strafverfahren beitragen kann, etwa weil er als Zeuge oder als Augenscheinsobjekt in Frage kommt[40]. Ist dies schon im Zeitpunkt der Identitätsfeststellung erkennbar nicht der Fall, so ist diese nicht zulässig. Das Aufklärungsinteresse entfällt nicht bereits mit der Eröffnung des Hauptverfahrens, denn auch zusätzliche Erkenntnisquellen sind vom Tatrichter zu berücksichtigen. Die Frage des Gebotenseins ist ex ante zu beurteilen[40a].

17   **b) Belehrung.** Die Betroffenen sind infolge der Verweisung auf § 163 a Abs. 4 Satz 1 und § 69 Abs. 1 Satz 2 über den Grund der Identitätsfeststellung zu belehren[41]. Dem **Verdächtigen** ist dabei der historische Vorgang mitzuteilen, dessen er verdächtig ist, eine rechtliche Subsumtion ist nicht erforderlich[42]. Der **Unverdächtige** ist darüber zu unterrichten, welcher historische Sachverhalt Anlaß dazu gegeben hat, daß seine Identität festgestellt werden soll. Die Angabe der Person des Beschuldigten oder Verdächtigen dürfte auch dann entbehrlich sein, wenn dieser im Zeitpunkt der Identitätsfeststellung bekannt ist[43]. § 69 Abs. 1 Satz 2 gilt nur entsprechend. Der Betroffene soll nach dem Sinn der Belehrung darüber unterrichtet werden, warum er den Unbequemlichkeiten einer Identitätsfeststellung ausgesetzt ist. Insoweit erscheint die Angabe sinnvoll, welche Straftat aufzuklären ist; ein Interesse an der Kenntnis der Person des Beschuldigten hat der Betroffene in dieser Situation nicht. Kann der Betroffene nach Lage der Dinge über den Grund der Identitätsfeststellung nicht im unklaren sein, z. B. weil er als Nichtverdächtiger Augenzeuge der Straftat war, so kann die Belehrung unterbleiben[44].

IV. Zur Identitätsfeststellung erforderliche Maßnahmen (Absatz 1 Satz 1)

18   **1. Generalklausel.** Absatz 1 Satz 1 ermächtigt dazu, die zur Feststellung der Identität erforderlichen Maßnahmen zu treffen. Diese Generalklausel wird für Maßnahmen mit schwererem Eingriffscharakter durch die an besondere Voraussetzungen geknüpften Sätze 2 und 3 eingeschränkt; sie umfaßt daher nicht das Festhalten, die Durchsuchung und die Vornahme erkennungsdienstlicher Maßnahmen. Diese Aufzählung ist grundsätzlich abschließend, alle übrigen erforderlichen Maßnahmen sind aufgrund der Generalklausel zulässig. Eine analoge Anwendung der Katalogvoraussetzungen könnte allenfalls auf solche, derzeit nicht ersichtliche Maßnahmen geboten sein, die in ihrer Eingriffsschwere den im Katalog enthaltenen vergleichbar sind. Eine Begrenzung kann sich im übrigen allenfalls aus dem allgemeinen Verhältnismäßigkeitsgrundsatz ergeben. Aus dem Merkmal der Erforderlichkeit folgt, daß die Maßnahmen zur Identitätsfeststellung

---

[40] KK-*R. Müller* 27; *Kleinknecht/Meyer*[38] 15; möglicherweise enger *Ehmke* Die Polizei **1978** 281 (Zeugenaussage).

[40a] *Kleinknecht/Meyer*[38] 15; *Suden/Weitemeier* Die Polizei **1980** 336; vgl. auch KK-*R. Müller* 28; *Kurth* NJW **1979** 1379; zur Entstehungsgeschichte der Fassung s. 23. Aufl., EB 21 a. E.

[41] Nach OLG Düsseldorf VRS **58** 398; OLG Köln StrVert. **1982** 359 ist die Belehrung für die Anwendbarkeit des § 111 OWiG Rechtmäßigkeitsvoraussetzung der Identitätsfeststellung.

[42] KK-*R. Müller* 25; *Kleinknecht/Meyer*[38] 3; vgl. die Erl. zu § 163 a Abs. 4 Satz 1.

[43] Ebenso *Kleinknecht/Meyer*[38] 3; KK-*R. Müller* 32; **a. A** *Roxin*[20] § 31 B; *Schlüchter* 259.3; *Ehmke* Die Polizei **1978** 281; wohl auch *Göhler*[8] Vor § 59, 142.

[44] *Kleinknecht/Meyer*[38] 3; *Göhler*[8] Vor § 59, 142; *Kurth* NJW **1979** 1379.

geeignet sein müssen[45]. Daß eine Identitätsfeststellung nicht mit den nach § 136 a verbotenen Mitteln durchgeführt werden darf, ist selbstverständlich.

2. Einzelfragen

a) Als **Beispiele** für aufgrund der Generalklausel zulässige Maßnahmen[46] sind anzuführen[47]: Der Betroffene kann angehalten, nach seinen Personalien befragt und aufgefordert werden, mitgeführte Ausweispapiere vorzulegen. Zulässig ist auch die Erkundigung bei anderen Personen, die Überprüfung polizeilicher und sonstiger Unterlagen, die Prüfung von Ausweispapieren auf ihre Echtheit und die Nachprüfung der angegebenen Daten, soweit dies alles ohne besonderen Zeitaufwand möglich ist. Es ist auch zulässig, den Betroffenen auf die Möglichkeit der Zwangsmaßnahmen (Festhalten, evtl. Durchsuchung und erkennungsdienstliche Maßnahmen) hinzuweisen, damit er von sich aus zur Identitätsfeststellung beiträgt[48].   **19**

b) Auskunftspflicht. Die Ermächtigung zur Identitätsfeststellung begründet keine selbständige prozessuale Auskunftspflicht des Betroffenen[49]. Sie stellt jedoch klar, daß der eine zulässige Identitätsfeststellung vornehmende Beamte ein zuständiger Amtsträger im Sinne des § 111 OWiG ist, dem gegenüber die sich aus dieser Vorschrift ergebende Auskunftspflicht besteht. Die Streitfrage, ob ein Beschuldigter oder Verdächtiger die Auskunft auch über seine Personalangaben im Sinne des § 111 OWiG verweigern darf (§ 136, 12 ff), ist deshalb hier nicht anders als sonst zu beurteilen. Verletzt ein bis dahin Unverdächtiger durch unrichtige Angaben oder Verweigerung der für die Identitätsfeststellung erforderlichen Angaben (Rdn. 13) seine Auskunftspflicht nach § 111 OWiG, so kann er dadurch einer Ordnungswidrigkeit nach § 111 OWiG verdächtig und deshalb nunmehr als Verdächtiger behandelt werden (Rdn. 10 a. E)[50].   **20**

c) Verbringen zur Dienststelle. Die Identitätsfeststellung muß nicht an Ort und Stelle durchgeführt werden; der Betroffene kann auch gebeten werden, zur Dienststelle mitzukommen, damit dies dort geschehen kann. Ist er allerdings hierzu nicht freiwillig bereit, so bedarf es der Festhalteanordnung im Sinne und unter den Voraussetzungen des Absatzes 1 Satz 2.   **21**

3. Freiheitsbeschränkung.

Auch die Maßnahmen aufgrund der Generalklausel, etwa das Anhalten, das Befragen, das Vorzeigenlassen der Personalpapiere und deren Prüfung, stellen unvermeidbar eine Einschränkung der allgemeinen Bewegungsfreiheit des Betroffenen dar, der sich während der hierfür notwendigen Zeit nicht entfernen kann und demgegenüber es auch zulässig ist, ihn hieran zwangsweise zu hindern[51].   **22**

---

[45] KK-*R. Müller* 12; *Kleinknecht/Meyer*[38] 5; *Achenbach* JA **1981** 663.

[46] Vgl. auch den in der 23. Aufl., EB 5 wiedergegebenen ursprünglichen Fassungsvorschlag sowie § 9 Abs. 2 Satz 2 Musterentwurf (Fußn. 7).

[47] Vgl. auch KK-*R. Müller* 13; *Kleinknecht/ Meyer*[38] 6; *Achenbach* JA **1981** 663; *Härtel* DNP **1982** 52; *Kurth* NJW **1979** 1378.

[48] *Göhler*[8] Vor § 59, 145, zu weitgehend seine Auffassung, der Betroffene dürfe auch durch Wegnahme von Sachen (Abziehen des Zündschlüssels) zur Mitwirkung veranlaßt werden.

[49] LR-*Hanack* § 136, 16; *Helgerth* Der Verdächtige als schweigeberechtigte Auskunftsperson, Diss. Erlangen, 1976, 100 f; *Seebode* JA **1980** 494 f.

[50] *Kleinknecht/Meyer*[38] 17; *Göhler*[8] Vor § 59, 141, 144; *Härtel* DNP **1982** 53; *Vogel* NJW **1978** 1227 Fußn. 168; einschränkend *Kurth* NJW **1979** 1379 Fußn. 40; zweifelnd *Suden/ Weitemeier* Die Polizei **1980** 337.

[51] KK-*R. Müller* 16.

Diese notwendig mit jeder Identitätsfeststellung verbundene Freiheitsbeschränkung ist kein Festhalten im Sinn des Absatzes 1 Satz 2[52]. Die besonderen Voraussetzungen für die Festhaltebefugnis brauchen deshalb nicht vorzuliegen.

V. Festhalten (Absatz 1 Satz 2)

1. Voraussetzungen

23   **a) Zweck des Festhaltens.** Festhalten im Sinne des Absatzes 1 Satz 2 ist jede gegen den Willen des Betroffenen stattfindende Beschränkung seiner Bewegungsfreiheit über die notwendig mit der alsbaldigen Identitätsfeststellung verbundene Zeit hinaus. Sie stellt Freiheitsentziehung dar[53]. Das Festhalten kann als solches und für sich allein niemals ein Mittel der Identitätsfeststellung sein. Die Festhaltebefugnis ist keine Beugemaßnahme; der Betroffene darf nicht allein deshalb festgehalten werden, damit er von sich aus seine Identität preisgibt[54]. Der Zweck des Festhaltens kann deshalb nur darin liegen, eine spätere Identitätsfeststellung mit den Mitteln der Generalklausel zu ermöglichen, weil dies sofort nicht oder nur unter erheblichen Schwierigkeiten erfolgen kann, die Überprüfung einer angegebenen aber nicht zweifelsfrei feststehenden Identität vorzunehmen oder, soweit zulässig, die besonderen Identitätsfeststellungsmaßnahmen (Durchsuchung und erkennungsdienstliche Behandlung) zu ermöglichen.

24   **b) Nicht oder nur unter erheblichen Schwierigkeiten.** Das Festhalten ist sowohl beim Verdächtigen wie beim Unverdächtigen nur zulässig, wenn die Identität sonst nicht oder nur unter erheblichen Schwierigkeiten festgestellt werden kann. Der mit der Identitätsfeststellung befaßte Beamte muß sich bemühen, diese ohne Zeitverlust an Ort und Stelle durchzuführen; daß es lediglich einfacher oder bequemer ist, abzuwarten, rechtfertigt das Festhalten nicht[55]. Wird der Betroffene ohne sein Einverständnis auf die Dienststelle verbracht, so liegt darin stets ein Festhalten; es ist deshalb nicht zulässig, wenn die Identitätsfeststellung an Ort und Stelle gewisse aber keine erheblichen Schwierigkeiten bereiten würde. **Erhebliche Schwierigkeiten** sind regelmäßig dann gegeben, wenn der die Maßnahmen durchführende Beamte oder der Betroffene durch Umstehende ernsthaft bedroht wird[56]. Im übrigen ist die Situation des Einzelfalls maßgebend; neben dem mit der Identifizierung verbundenen Aufwand ist hierbei auch zu berücksichtigen, welche vorrangigen Aufgaben den am Einsatzort befindlichen Beamten noch obliegen. Dazu kann die Notwendigkeit gehören, Verletzte zu versorgen, den Tatort zu sichern oder Fahndungsmaßnahmen einzuleiten. Nicht feststellbar ist die Identität ohne Festhalten namentlich dann, wenn der Betroffene sich nicht ausweisen kann oder will und sich weigert, Angaben über seine Identität zu machen oder wenn diese Angaben nachprüfungsbedürftig erscheinen[57].

25   Ist **gleichzeitig** die **Identität mehrerer** Personen **festzustellen** und reichen die einsetzbaren Beamten zur alsbaldigen Feststellung nicht aus, so ist hinsichtlich eines Teiles

[52] VG Würzburg NJW **1980** 2541; KK-*R. Müller* 16; *Kleinknecht/Meyer*[38] 7.

[53] KK-*R. Müller* 15; *Kleinknecht/Meyer*[38] 7; *Ehmke* Die Polizei **1978** 280; *Härtel* DNP **1982** 52.

[54] KK-*R. Müller* 15; *Kleinknecht/Meyer*[38] 17; *Benfer* Die Polizei **1978** 252; Grundrechtseingriffe 80; *Härtel* DNP **1982** 53; *Suden/Weitemeier* Die Polizei **1980** 336.

[55] KK-*R. Müller* 14; *Ehmke* Die Polizei **1978** 280.

[56] KK-*R. Müller* 14; *Benfer* Die Polizei **1978** 250.

[57] *Kleinknecht/Meyer*[38] 7; *Geerds* Jura **1986** 11 Fußn. 50.

der Betroffenen die Feststellung nicht ohne Festhalten möglich und insoweit das Festhalten gerechtfertigt. Bei der Auswahl der Reihenfolge hat sich der feststellende Beamte von pflichtgemäßem Ermessen leiten zu lassen. Dabei muß er die gesetzgeberische Wertentscheidung in §163 b mit berücksichtigen, die dem Verdächtigen größere Opfer zumutet. Regelmäßig ist daher zunächst die Identität der Unverdächtigen festzustellen. Davon abgesehen wird das Festhalten eher gegenüber solchen Betroffenen in Frage kommen, bei denen die Identitätsfeststellung größere Schwierigkeiten bereitet, etwa weil sie sich nicht ausweisen können.

c) Verhältnis zur Bedeutung der Sache. Unverdächtige dürfen nach Absatz 2 **26** Satz 2 nicht festgehalten werden, wenn dies zur Bedeutung der Sache außer Verhältnis steht. Damit soll die Festhaltebefugnis „in Bagatellfällen" ausgeschlossen sein[58]; eine fast überflüssige Wiederholung des allgemeinen, aus dem Rechtsstaatsprinzip abzuleitenden verfassungsrechtlichen Verhältnismäßigkeitsgrundsatzes, die allenfalls verdeutlicht, daß bei der Verhältnismäßigkeitsabwägung in erster Linie auf die aufzuklärende Tat abzustellen ist und nicht auf das Gewicht des Aufklärungsinteresses[59]. Maßgebend ist nicht die abstrakte Strafdrohung, sondern der tatsächliche Bagatellcharakter des konkreten Delikts, soweit er dem feststellenden Beamten erkennbar ist. Auch die Bedeutung von Ordnungswidrigkeiten steht nicht in jedem Fall außer Verhältnis zum Festhalten (Rdn. 8). Die geringe Bedeutung der Sache kann auch die Dauer des Festhaltens beschränken und dazu führen, daß schon vor den zeitlichen Grenzen des §163 c Abs. 1 Satz 1, Abs. 3 die Festhaltebefugnis endet; denn die Zumutbarkeitsgrenze beim Unverdächtigen kann bei einer geringfügigen Straftat oder Ordnungswidrigkeit eher erreicht sein als bei einer gewichtigeren[60].

Auch **beim Verdächtigen** ist das Gewicht der Tat, derer er verdächtig ist, nicht **27** gänzlich ohne Bedeutung für Zulässigkeit und Dauer des Festhaltens. Absatz 2 Satz 2 rechtfertigt für den Verdächtigen **keinen Umkehrschluß.** Da der Verhältnismäßigkeitsgrundsatz Verfassungsrang hat, konnte der einfache Gesetzgeber ihn hier nicht ausschließen. Doch ist in diesem Fall bei der erforderlichen Abwägung zu Lasten des Betroffenen zusätzlich seine Verdächtigeneigenschaft zu berücksichtigen. Die Unzulässigkeit des Festhaltens wird daher nur in seltenen Ausnahmefällen in Betracht kommen; etwa bei geringfügigen Ordnungswidrigkeiten oder wenn erkennbar ist, daß das Festhalten den Betroffenen besonders belastet.

2. Beginn des Festhaltens. Das Festhalten beginnt mit der hoheitlichen Anord- **28** nung an den Betroffenen, sich nicht zu entfernen[61]. Solange sich ein Betroffener erkennbar freiwillig für Maßnahmen der Identitätsfeststellung zur Verfügung hält, wird er nicht festgehalten. Bleibt er auf Aufforderung des die Identität feststellenden Beamten, so wird er nicht festgehalten, wenn die Aufforderung erkennen läßt, daß es in seinem Belieben steht, ob er bleiben will; dagegen wird er festgehalten, wenn die Aufforderung so verstanden werden muß, daß ihre Befolgung erwartet wird. Bei Zweifeln ist von einem Festhalten auszugehen; es ist Sache des Hoheitsträgers, sich klar auszudrücken. Bleibt der Betroffene zunächst freiwillig, so beginnt das Festhalten, wenn seinem er-

---

[58] Schriftlicher Bericht des BT-Rechtsaussch. BTDrucks. 8 1482, S. 10.

[59] KK-R. *Müller* 28; *Kleinknecht/Meyer*[38] 17; *Kurth* NJW **1979** 1379; zur Lage in Bußgeldverfahren vgl. *Härtel* DNP **1982** 53.

[60] Wohl weitergehend KMR-*Müller* 17 (im Be-

reich der kleineren Kriminalität grundsätzlich nicht erlaubt); vgl. auch *Achenbach* JA **1981** 664.

[61] KK-R. *Müller* 16; *Kleinknecht/Meyer*[38] 7; *Kurth* NJW **1979** 1380.

kennbaren Willen, sich zu entfernen, die Aufforderung entgegengesetzt wird, dazubleiben.

29   Solange der Betroffene nur **aufgrund** der **Generalklausel** angehalten, nach seinen Personalien befragt und aufgefordert wird, Ausweispapiere vorzulegen, wird er noch **nicht** im Sinne des Absatz 1 Satz 2 **festgehalten** (Rdn. 22), selbst wenn während dieser Mindestzeit sein Verbleiben zwangsweise durchgesetzt wird. Hier beginnt das Festhalten erst dann, wenn — etwa weil Rückfragen und Überprüfungen erforderlich werden — die Identitätsfeststellung nicht im Rahmen des Normalen und allgemein Üblichen durchgeführt werden kann. Dagegen beginnt das Festhalten mit der ersten Aufforderung zu bleiben, wenn der Betroffene zur Verfügung gehalten werden soll, weil die Identitätsfeststellung wegen dringender anderer Maßnahmen erst später durchgeführt werden kann, oder wenn er, gegen seinen Willen (Rdn. 21), zum Zwecke der (auch sofortigen) Identitätsfeststellung auf eine Dienststelle verbracht werden soll.

30   Von einer **besonderen Form** ist die Festhalteanordnung **nicht** abhängig. Es reicht jede unmißverständliche Willensäußerung des Hoheitsträgers aus, der der Betroffene entnehmen kann, daß es ihm nicht mehr freisteht, sich nach Belieben zu entfernen. Auch ein **Protokoll** über die Festhalteanordnung ist nicht erforderlich; ist aber damit zu rechnen, daß die Höchstfrist erreicht werden kann, so sollte die genaue Uhrzeit des Festhaltebeginns schriftlich niedergelegt werden. Bei Unklarheiten über den Anfangszeitpunkt ist die früheste mögliche Zeit zugrundezulegen.

3. Art des Festhaltens

31   a) **Verwahrung.** Der Betroffene wird schon festgehalten, wenn ihm auferlegt wird, sich nicht zu entfernen; er muß nicht notwendig in besondere Verwahrung genommen werden[62]. Ein Festhalten liegt auch dann vor, wenn dem Betroffenen während der Dauer der Identitätsfeststellung oder des Wartens auf sie gestattet wird, sich in einem beschränkten räumlichen Umkreis frei zu bewegen, er muß sich nur noch im räumlichen Machtbereich des mit der Identitätsfeststellung befaßten Hoheitsträgers befinden. Bietet die bloße Festhalteanordnung keine hinreichende Sicherheit dafür, daß der Betroffene sich zur Verfügung hält, so ist seine Verwahrung zulässig. Ihre Art bestimmt der die Feststellung leitende Beamte nach pflichtgemäßem Ermessen; der Verhältnismäßigkeitsgrundsatz ist zu beachten. Die polizeilichen Vorschriften können als Maßstab dienen[63]. Der Betroffene kann zum Zwecke der Verwahrung zur **Dienststelle gebracht** werden, notwendige Voraussetzung der Verwahrung ist dies nicht; auch die Verwahrung in anderen Räumen, in Kraftwagen oder durch bloße Bewachung ist möglich.

32   b) **Zwangsmaßnahmen.** Zur Durchsetzung der Festhalteanordnung kann unmittelbarer Zwang angewendet werden. Art und Umfang richtet sich nach den polizeirechtlichen Bestimmungen.

33   4. Die **Festhaltedauer**, die Notwendigkeit der richterlichen Überprüfung sowie der Anspruch auf Benachrichtigung sind in § 163 c Abs. 1 bis 3 geregelt und dort erläutert.

---

[62] A. A anscheinend *Benfer* Die Polizei **1978** 250; wie hier aber Grundrechtseingriffe 64.

[63] Vgl. § 15 Abs. 3 des Musterentwurfs (Fußn. 7). Danach soll der Betroffene gesondert und ohne seine Einwilligung nicht gemeinsam mit Straf- oder Untersuchungsgefangenen untergebracht werden; Männer und Frauen sollen getrennt untergebracht werden und dem Festgehaltenen dürfen nur solche Beschränkungen auferlegt werden, die der Zweck der Festhaltung oder die Ordnung im Gewahrsam erfordert.

5. Rechtsbeistand. Der von einer Identitätsfeststellung Betroffene kann sich während der gesamten Dauer des Festhaltens entsprechend den Grundsätzen, die das Bundesverfassungsgericht für die Heranziehung eines Rechtsanwalts als Zeugenbeistand entwickelt hat[64], des Beistandes eines **Rechtsanwalts** bedienen, dem grundsätzlich der Zutritt zum Betroffenen zu gestatten ist[65]. Der Zutritt darf nur soweit und solange **versagt** werden, wie dies im Interesse einer ordnungsmäßigen Identitätsfeststellung *unerläßlich* ist; denn die zulässige Identitätsfeststellung gehört zur Aufrechterhaltung einer wirksamen und funktionstüchtigen Rechtspflege. Diese Einschränkung kann im Einzelfall dazu führen, bei einer größeren Zahl von Festgehaltenen die Zutrittsmöglichkeiten für den Rechtsanwalt unter Berücksichtigung der organisatorischen und räumlichen Möglichkeiten zeitlich zu begrenzen; sie gänzlich auszuschließen, wird kaum jemals gerechtfertigt werden können. Zur Anwesenheit des Rechtsbeistandes bei der richterlichen Entscheidung über die Festhaltung s. § 163 c, 15.

6. Entschädigung. Anrechnung. Für das rechtswidrige Festhalten kommt eine Entschädigung wegen Amtspflichtverletzung (§ 839 BGB, Art. 34 GG) in Betracht, soweit deren Voraussetzungen vorliegen. Für das **rechtmäßige** Festhalten des Unverdächtigen sieht das Gesetz eine Entschädigung nicht vor; eine entsprechende Anwendung des ZuSEntschG dürfte nicht in Betracht kommen. Bei dem festgehaltenen Verdächtigen oder Beschuldigten kann eine Entschädigung nach dem StrEG nicht gewährt werden, weil § 2 Abs. 2 StrEG diesen Fall nicht erfaßt[66]. Dagegen dürfte auf eine spätere Strafe die Zeit des Festhaltens nach § 51 Abs. 1 StGB anzurechnen sein, da es sich insoweit um eine aus Anlaß der Tat erlittene Freiheitsentziehung handelt[67].

VI. Durchsuchungen und erkennungsdienstliche Maßnahmen (Absatz 1 Satz 3)

1. Zulässigkeit. Bei **Verdächtigen** (Rdn. 10) sind Durchsuchungen und erkennungsdienstliche Maßnahmen unter der auch für das Festhalten geltenden Voraussetzung zulässig, daß die Identität sonst nicht oder nur unter erheblichen Schwierigkeiten festgestellt werden kann (Rdn. 24). Kann die Identität nur *entweder* durch eine Festhalteanordnung *oder* durch Durchsuchung und erkennungsdienstliche Maßnahmen festgestellt werden, so ist der Verdächtige festzuhalten, denn aus der in Absatz 2 Satz 2 für Unverdächtige getroffenen Regelung ergibt sich die gesetzliche Wertentscheidung, daß die Durchsuchung und erkennungsdienstliche Behandlung gegen den Willen des Betroffenen der schwerere Eingriff ist[68]. Der Betroffene kann dieses Wertverhältnis dadurch umkehren und dem längeren Festhalten entgehen, daß er freiwillig eine Durchsuchung

34

35

36

---

[64] BVerfGE **38** 105; vgl. näher § 58, 10.
[65] Ausführliche Begründung 23. Aufl., EB 41; ebenso KK-*R. Müller* 29; *Krause* StrVert. **1984** 171; a. A *Riegel* BayVerwBl. **1978** 539; ihm folgend *Kurth* NJW **1979** 1380.
[66] *Kleinknecht/Meyer*[38] § 2, 5 StrEG; *Schätzler* § 2, 8 ff (auch nicht für auf § 163 b gestützte Durchsuchungen).
[67] Vgl. für die verwandten, wenn auch nicht völlig gleichgelagerten Fälle der zwangsweisen Vorführung und der vorläufigen Festnahme teilw. kontrovers z. B. mit weit.

Nachw. *Dreher/Tröndle*[43] § 51, 3; *Schönke/ Schröder/Stree*[22] § 51, 5; *Pohlmann/Jabel* § 39, 45; *Waldschmidt* NJW **1979** 1921.
[68] Ebenso *Härtel* DNP **1982** 54; a. A *Benfer* Die Polizei **1978** 251; Grundrechtseingriffe 70 f, der mit einer gewissen Plausibilität, aber unvereinbar mit der klaren gesetzlichen Wertentscheidung für die Reihenfolge Durchsuchung, Festhalten, erkennungsdienstliche Maßnahmen eintritt; vgl. auch KK-*R. Müller* 20; *Kleinknecht/Meyer*[38] 9.

oder erkennungsdienstliche Maßnahmen gestattet. Sind Durchsuchung und erkennungsdienstliche Behandlung zur Identitätsfeststellung gleich aussichtsreich, so dürfte die Durchsuchung im allgemeinen als der Eingriff von geringerem Schweregrad nach dem Verhältnismäßigkeitsprinzip den Vorrang haben[69]

37   Bei **Unverdächtigen** sind Durchsuchungen und erkennungsdienstliche Maßnahmen nach Absatz 2 Satz 2 zweiter Halbsatz „gegen ihren Willen" ausnahmslos unzulässig. Die Fassung entspricht dem Wortlaut des § 81 b, während § 81 a und § 81 c von der „Einwilligung" des Betroffenen sprechen. Ob an dieser Stelle aus der Gesetzesfassung[70] abgeleitet werden kann, daß nur der erkennbare Gegenwille des Betroffenen zu beachten ist[71], oder ob die ausdrückliche Einwilligung des Betroffenen erforderlich ist[72], ist umstritten. Die besseren Gründe sprechen dafür, das **Einverständnis des Betroffenen** zu verlangen[73], das aber mindestens dann auch konkludent erklärt werden kann, wenn der Betroffene seine Weigerungsmöglichkeit kennt. Das wird allerdings in der Regel nicht der Fall sein, so daß, wenn man eine ausdrückliche Weigerung verlangen würde, aus dem Fürsorgegedanken und dem Grundsatz des fair trial eine vorherige Belehrung abgeleitet werden müßte[74]. Dann kann aber auch ebensogut und mit gleichem Aufwand das Einverständnis des Betroffenen erfragt werden. Es ist auch nicht unzulässig, hierbei den Betroffenen in geeigneten Fällen darauf hinzuweisen, daß durch die Gestattung der Durchsuchung oder erkennungsdienstliche Behandlung ein sonst erforderliches Festhalten abgekürzt werden kann[75], doch muß dabei der Eindruck vermieden werden, daß das Festhalten eine Beugemaßnahme darstelle (vgl. Rdn. 19 a. E, 23).

38   **Unmittelbarer Zwang** ist zur Durchsetzung von Durchsuchungen und erkennungsdienstlichen Maßnahmen beim Verdächtigen möglich, beim Unverdächtigen ist er unzulässig[76].

2. Durchsuchung

39   **a) Durchsuchungsziel.** Da die Durchsuchung nach dieser Vorschrift nur der Identitätsfeststellung dient, darf sie nicht weiter getrieben werden als hierzu erforderlich (s. aber Rdn. 9). Sie besteht insbesondere in der Suche nach Gegenständen oder Zeichen, die eine Identifizierung ermöglichen oder erleichtern können; neben der Suche nach Ausweispapieren oder sonstigen Schriftstücken gehört dazu auch die nach bestimmten körperlichen Merkmalen. Die Durchsuchung darf nicht dazu verwendet werden, gezielt nach Beweismitteln zu forschen; werden solche zufällig gefunden, so gilt § 108[77].

40   **b) Durchsuchungsobjekte.** Durchsucht werden können die Person des Betroffenen und die von ihm mitgeführten Sachen. Bei den Sachen unterscheidet sich der Wortlaut von § 102, stimmt aber mit § 111 überein. Mitgeführt sind Sachen, über die der Be-

---

[69] *Härtel* DNP **1982** 54; *Kurth* NJW **1979** 1378 Fußn. 32.

[70] Zur (unklaren) Entstehungsgeschichte s. 23. Aufl., EB 43.

[71] So KK-*R. Müller* 31; *Kleinknecht/Meyer*[38] 19; KMR-*Müller* 18 (für den Fall der Durchsuchung); *Suden/Weitemeier* Die Polizei **1980** 336.

[72] So *Roxin*[20] § 31 B; *Rüping* 76; *Schlüchter* 259.3; *Göhler*[8] Vor § 59, 147; *Achenbach* JA **1981** 663; *Benfer* Die Polizei **1978** 251; *Geerds* Jura **1986** 11; *Riegel* BayVerwBl. **1978** 591; KMR-*Müller* 19 (für den Fall von

erkennungsdienstlichen Maßnahmen); *Sangenstedt* StrVert. **1985** 119.

[73] Die in der 23. Aufl., EB 43 vertretene Auffassung wird aufgegeben.

[74] Vgl. KK-*R. Müller* 31; *Kleinknecht/Meyer*[38] 18 (der erkennbare Irrtum, zur Duldung verpflichtet zu sein, dürfe nicht ausgenutzt werden); *Achenbach* JA **1981** 663 Fußn. 35.

[75] Vgl. KK-*R. Müller* 31; *Kleinknecht/Meyer*[38] 18.

[76] *Kleinknecht/Meyer*[38] 19.

[77] KK-*R. Müller* 21; *Kleinknecht/Meyer*[38] 22; *Kurth* NJW **1979** 1379 Fußn. 38.

troffene im Zeitpunkt der Durchsuchung die tatsächliche Herrschaftsgewalt ausübt; auf die zivilrechtliche Frage des Eigentums oder Besitzes kommt es nicht an. Der Fahrer eines Kraftfahrzeuges führt dieses stets mit sich[78]; wer von dem Fahrer lediglich mitgenommen wird, ohne Halter oder sonst verfügungsberechtigt zu sein, wird von dem Kraftfahrzeug mitgeführt, führt dieses aber nicht mit. Ist also lediglich die Identität einer solchen verdächtigen Begleitperson festzustellen, so rechtfertigt dies nicht die Durchsuchung des Fahrzeuges[79]. Für die Durchsuchung von Personen gilt § 81 d[80].

Nach dem klaren Wortlaut der Vorschrift ist eine Durchsuchung von **Wohnun-** **41** **gen und anderen Räumlichkeiten** zum Zwecke der Identitätsfeststellung nicht möglich, da sie niemals mitgeführte Sachen sein können[81]. Offenbar hat der Gesetzgeber nur den Regelfall der Identitätsfeststellung vor Augen gehabt, der sich außerhalb der Räumlichkeiten des Betroffenen abspielt. Allerdings sind Ausnahmefälle denkbar, in denen die Identitätsfeststellung eines in einer Wohnung angetroffenen Verdächtigen erforderlich und zu diesem Zweck die Wohnungsdurchsuchung zweckmäßig erscheinen kann. Dennoch kommt eine analoge Anwendung der Vorschrift auf Wohnungen nicht in Frage, weil eine durch eine Analogie zu schließende Gesetzeslücke nicht ausreichend gesichert ist und weil dem Art. 13 Abs. 2 GG entgegensteht, wonach Wohnungsdurchsuchungen grundsätzlich nur durch den Richter und nur bei Gefahr im Verzug durch andere Organe angeordnet werden dürfen. § 163 b regelt aber nur die Anordnungsbefugnis anderer Stellen. Oft werden in solchen Fällen aber die Durchsuchungsvoraussetzungen nach den §§ 102, 103 gegeben sein.

3. Erkennungsdienstliche Maßnahmen. Hierunter sind diejenigen Maßnahmen zu **42** verstehen, die nach § 81 b zulässig sind, also insbesondere die Aufnahme von Lichtbildern und Fingerabdrücken sowie Messungen und ähnliche Maßnahmen. Im einzelnen ist auf § 81 b, 9 bis 11 zu verweisen. Zur Durchführung der Maßnahmen wird der Betroffene im allgemeinen zu einer Dienststelle verbracht werden müssen[82]. In Bußgeldsachen kommen erkennungsdienstliche Maßnahmen nur ganz ausnahmsweise in Betracht[83].

VII. Anordnungsbefugnis

1. Allgemeines. Zur Anordnung und Durchführung der Identitätsfeststellung sind **43** die Staatsanwaltschaft und die Beamten des Polizeidienstes befugt. Es handelt sich wie bei den §§ 81 b, 111 l Abs. 2, 127, 161 a und 163 a um selbständige Eingriffsbefugnisse der Strafverfolgungsbehörden, nicht nur um Eilkompetenzen bei grundsätzlichem Richtervorbehalt. Der **Richter** ist **nicht** zur Identitätsfeststellung nach § 163 b berechtigt[84], und zwar auch dann nicht, wenn er als sogenannter „Notstaatsanwalt" nach § 165 tätig wird. Denn § 165 erweitert die richterlichen Befugnisse nicht, sondern entbindet lediglich von dem sonst im Vorverfahren notwendigen Erfordernis des Antrags der Staatsanwaltschaft. Auch § 164 gibt dem Richter keine Befugnis zur Identitätsfeststel-

---

[78] Nach *Geerds* Jura **1986** 11 Fußn. 57 ein Grenzfall mitgeführter Sachen.

[79] KK-*R. Müller* 23; *Kleinknecht/Meyer*[38] 11; vgl. auch KMR-*Müller* 10.

[80] Vgl. § 81 d, 2; § 102, 34; vgl. auch (Hinweis auf die vergleichbaren polizeilichen Vorschriften) *Kleinknecht/Meyer*[38] 12.

[81] KK-*R. Müller* 23; KMR-*Müller* 10.

[82] KK-*R. Müller* 24; *Kleinknecht/Meyer*[38] 13; zur Frage des Festhaltens bis zur Auswertung der Erkenntnisse vgl. § 163 c, 2.

[83] *Göhler*[8] Vor § 59, 148; *Härtel* DNP **1982** 54.

[84] KK-*R. Müller* 34; *Fezer* Strafprozeßrecht I (1986) 7/88; a. A KMR-*Müller* 14; 21.

Peter Rieß

lung, ebensowenig die Ordnungsgewalt nach dem Gerichtsverfassungsgesetz. Wird bei richterlichen Untersuchungshandlungen eine Identitätsfeststellung erforderlich, so muß der Richter den Staatsanwalt oder die Polizei um Amtshilfe ersuchen. Die Staatsanwaltschaft kann, wenn sie die Anordnung trifft, die Polizei mit der Ausführung beauftragen[85].

44 2. Der Begriff **Beamte des Polizeidienstes** deckt sich mit dem früher in § 127 verwendeten Begriff Polizeibeamte[86]; vgl. i. E die Erl. in § 127, 41. Anordnungsbefugt sind auch diejenigen Hoheitsträger, die aufgrund besonderer gesetzlicher Vorschriften die Rechte und Pflichten der Staatsanwaltschaft oder der Behörden und Beamten des Polizeidienstes haben (§ 399 Abs. 1 AO, § 404 Abs. 1 Satz 1 AO). Die Eigenschaft als Hilfsbeamter der Staatsanwaltschaft ist nicht erforderlich und reicht für sich allein nicht aus.

45 3. Im **Bußgeldverfahren** hat die Verwaltungsbehörde die Stellung der Staatsanwaltschaft (§ 46 Abs. 2 OWiG) und ist damit zur Identitätsfeststellung ermächtigt[87]. Die Beamten des Polizeidienstes können auch im Bußgeldverfahren Identitätsfeststellungen vornehmen, weil sie nach § 53 Abs. 1 Satz 2 OWiG die gleichen Befugnisse wie bei der Verfolgung von Straftaten haben.

VIII. Anfechtbarkeit

46 Maßnahmen der Identitätsfeststellung nach § 163 b sind nach der inzwischen wohl h. M im Hinblick auf Art. 19 Abs. 4 GG grundsätzlich **gerichtlich überprüfbar**[88]. Die Anfechtung läßt sich nicht mit der Begründung verneinen, daß es sich um „Prozeßhandlungen" der Strafverfolgungsbehörden handle[89]. Abgesehen von den generellen Bedenken gegen diese Auffassung, die an dieser Stelle nicht näher zu behandeln sind[90], können sich Identitätsfeststellungsmaßnahmen auch gegen am Verfahren Unbeteiligte richten und setzen nicht notwendig ein Ermittlungsverfahren voraus. § 163 c Abs. 1 Satz 2 kann nicht als abschließende, die Anfechtbarkeit im übrigen ausschließende Sonderregelung angesehen werden, denn die richterliche Überprüfung bezieht sich dort nur — und auch nicht in jedem Fall — auf das Festhalten und führt auch dann nicht notwendig zu einer Inzidentprüfung der gesamten Identitätsfeststellung (§ 163 c, 16).

47 Als **Rechtsweg** steht das Verfahren nach den §§ 23 ff EGGVG zur Verfügung[91], und zwar auch dann, wenn die Beamten des Polizeidienstes bei strafverfolgender Tätigkeit selbständig tätig werden, weil sie dann funktionell Justizbehörde sind[92]. Da es sich um eine originäre staatsanwaltschaftliche oder polizeiliche Kompetenz handelt, kommt hier die nach der wohl h. M für nichtrichterliche Anordnungen aufgrund einer Eilkompetenz bejahte analoge Anwendung des § 98 Abs. 2 Satz 2[93] nicht in Betracht[94]. Da die

[85] *Kleinknecht/Meyer*[38] 21.
[86] Schriftlicher Bericht des BT-Rechtsaussch., BTDrucks. **8** 1482, S. 10.
[87] Näher *Göhler*[8] Vor § 59, 150.
[88] *Fezer* Strafprozeßrecht I (1986) 7/88; *Rieß/Thym* GA **1981** 209, im übrigen wird die Anfechtbarkeit speziell dieser Maßnahme im Schrifttum kaum behandelt.
[89] So aber *Rüping* 77.
[90] Vgl. dazu u. a. Einl. Kap. **10** 10 ff; § 81 a, 70 ff; § 98, 49; 72 ff; Erl. zu § 23 EGGVG.

[91] Ebenso *Fezer* aaO.; *Rieß/Thym* GA **1981** 207 ff.
[92] BVerwGE **47** 255 = NJW **1975** 893; weit. Nachw. bei § 81 b, 22; Erl. zu § 23 EGGVG.
[93] Vgl. mit Nachw. § 81 a, 72; § 98, 74 f.
[94] **A. A** für den vergleichbaren Fall des § 81 b LR-*Dahs* § 81 b, 23 mit Nachw.; wie hier für den Fall des § 81 b aber *Kleinknecht/Meyer*[38] § 81 b, 21; *G. Schäfer*[4] § 36 V 2; *Roxin*[20] § 29 I 1 2; § 33 A III b.

Identitätsfeststellungsmaßnahmen im Zeitpunkt des Antrags regelmäßig erledigt sein werden, ist der Antrag nur zulässig, wenn der Antragsteller ein berechtigtes Interesse an der Feststellung der Rechtswidrigkeit hat (§ 28 Abs. 1 Satz 4 EGGVG, vgl. die dort Erl.).

§ 163 c

(1) [1]Eine von der Maßnahme nach § 163 b betroffene Person darf in keinem Fall länger als zur Feststellung ihrer Identität unerläßlich festgehalten werden. [2]Die festgehaltene Person ist unverzüglich dem Richter bei dem Amtsgericht, in dessen Bezirk sie ergriffen worden ist, zum Zwecke der Entscheidung über Zulässigkeit und Fortdauer der Freiheitsentziehung vorzuführen, es sei denn, daß die Herbeiführung der richterlichen Entscheidung voraussichtlich längere Zeit in Anspruch nehmen würde, als zur Feststellung der Identität notwendig wäre.

(2) [1]Die festgehaltene Person hat ein Recht darauf, daß ein Angehöriger oder eine Person ihres Vertrauens unverzüglich benachrichtigt wird. [2]Ihr ist Gelegenheit zu geben, einen Angehörigen oder eine Person ihres Vertrauens zu benachrichtigen, es sei denn, daß sie einer Straftat verdächtig ist und der Zweck der Untersuchung durch die Benachrichtigung gefährdet würde.

(3) Eine Freiheitsentziehung zum Zwecke der Feststellung der Identität darf die Dauer von insgesamt zwölf Stunden nicht überschreiten.

(4) Ist die Identität festgestellt, so sind in den Fällen des § 163 b Abs. 2 die im Zusammenhang mit der Feststellung angefallenen Unterlagen zu vernichten.

Schrifttum siehe bei § 163 b.

Entstehungsgeschichte. Die Vorschrift wurde zusammen mit § 111, 163 b durch Art. 1 Nr. 10 StPÄG 1978 eingefügt.

Übersicht

1. Zeitliche Grenzen des Festhaltens

a) Unerläßlichkeit zur Identitätsfeststellung. Die nach § 163 b Abs. 1 Satz 2 und **1** Absatz 2 Satz 2 erster Halbsatz zulässige Festhaltung des Betroffenen (§ 163 b, 23 bis 27) unterliegt nach Absatz 1 Satz 1 einer relativen, nach den Umständen des Falles zu beurteilenden zeitlichen Begrenzung. Der Betroffene darf nur so lange festgehalten werden, wie dies zur Identitätsfeststellung unerläßlich ist. Die vom Gesetzgeber beschlossene Fassung ist enger als die ursprünglich vorgeschlagene Formulierung[1], nach der die Identität unverzüglich festzustellen und der Betroffene *nach* der Feststellung sofort zu entlassen war. Aus ihr ergibt sich, daß einerseits das Festhalten nur so lange zulässig ist, wie es für den Zweck der Identitätsfeststellung notwendig ist und daß andererseits („unerläßlich") vermeidbare Verzögerungen zu Lasten der Behörde gehen. Der die Identitätsfeststellung betreibende Amtsträger hat die erforderlichen Maßnahmen mit Vorrang vorzunehmen[2]; ein absoluter Vorrang vor allen anderen Dienstgeschäften besteht freilich nicht.

2   Die **Freilassung** ist nicht davon abhängig, daß die Identität bereits endgültig festgestellt ist, sondern sie **muß** schon **stattfinden**, wenn das Festhalten zur Identitätsfeststellung nicht mehr beitragen kann[3]. Ist die Identität eines Betroffenen zwar noch nicht festgestellt, braucht er aber zur Feststellung nicht mehr festgehalten zu werden, so ist er zu entlassen, wenn nicht eine weitere Freiheitsentziehung nach anderen Rechtsvorschriften gerechtfertigt ist. Ist der Beschuldigte durchsucht oder erkennungsdienstlich behandelt worden und haben sich dabei Erkenntnisse ergeben, deren künftige Auswertung eine zuverlässige Feststellung der Identität ermöglichen wird, so ist der Betroffene zu entlassen, auch wenn das Ergebnis der Überprüfung noch nicht vorliegt; weiter festgehalten werden darf er nur noch dann, wenn die möglichen Auswertungsergebnisse weitere Nachforschungen erforderlich machen *und* das Festhalten des Beschuldigten hierfür erforderlich ist[4]. Stellt sich heraus, daß das Festhalten des Betroffenen zur Identitätsfeststellung nichts beitragen kann, so ist er ebenfalls zu entlassen; ein dazu nicht geeignetes Festhalten ist zur Identitätsfeststellung nicht unerläßlich.

3   Der Betroffene ist stets zu entlassen, sobald seine **Identität festgestellt** ist, das heißt, wenn die hierfür notwendigen Daten frei von jedem durch Tatsachen begründeten Zweifel feststehen (§ 163 b, 13; 14). Unüberprüfte und nicht sofort überprüfbare Angaben, die der Betroffene während des Festhaltens macht, stellen keine hinreichende Identitätsfeststellung dar, wenn nach den Umständen des Falles Anlaß besteht, ihre Richtigkeit zu bezweifeln. Wird der Betroffene nach Absatz 1 Satz 2 dem Richter vorgeführt und stellt sich währenddessen seine Identität heraus, so ist er vor einer richterlichen Entscheidung, die dadurch überflüssig wird, zu entlassen.

4   **b) Zwölfstundenfrist (Absatz 3).** Spätestens zwölf Stunden nach Beginn des Festhaltens (§ 163 b, 28; 29) ist der Betroffene auch zu entlassen, wenn zur Identitätsfeststellung an sich noch ein weiteres Festhalten erforderlich wäre, es sei denn, daß die weitere Freiheitsentziehung auf andere Rechtsgrundlagen gestützt werden kann[5]. Die **Frist umfaßt** sowohl die Zeit der auf staatsanwaltschaftlicher oder polizeilicher Anordnung beruhenden Freiheitsentziehung als auch die, die dem aufgrund einer richterlichen Anordnung folgt[6]. Aus der Verwendung des Wortes „insgesamt" folgt weiter, daß eine vor-

---

[1] Vgl. den in der 23. Aufl., EB § 163 b, 5; 6 wiedergegebenen Text.

[2] Ähnlich KK-*R. Müller* 1; *Kleinknecht/Meyer*[38] 1.

[3] KK-*R. Müller* 1; *Kleinknecht/Meyer*[38] 1.

[4] A. A *Kurth* NJW **1979** 1380; wohl weitergehend auch KK-*R. Müller* § 163 b, 20; KMR-*Müller* § 163 b, 9.

[5] Die Höchstfrist war im Gesetzgebungsverfahren umstritten (vgl. *Kurth* NJW **1979** 1380

mit weit. Nachw.) und wurde im Schrifttum (vgl. vor allem *Riegel* BayVerwBl. **1978** 991; *Riegel* JR **1981** 234; ähnlich *Suden/Weitemeier* Die Polizei **1980** 336) heftig kritisiert; vgl. auch *Vogel* NJW **1978** 1228 (Grenzen der Praktikabilität erreicht). Vgl. aber auch den Erfahrungsbericht BTDrucks. **8** 3564, S. 6, wonach praktische Schwierigkeiten nicht aufgetreten seien, dazu kritisch *Suden/Weitemeier* aaO, S. 338.

übergehende Unterbrechung des Festhaltens zwar nicht in die Fristberechnung einzubeziehen ist, aber bei einem einheitlichen Identitätsfeststellungsvorgang keine neue Frist beginnen läßt, so etwa wenn die Festhalteanordnung deshalb unterbrochen wird, weil der Betroffene sich vorübergehend freiwillig zum Bleiben bereit erklärt (vgl. § 163 b, 28)[7].

2. Richterliche Entscheidung (Absatz 1 Satz 2)

a) **Notwendigkeit.** Entsprechend dem Verfassungsgebot des Art. 104 Abs. 2 Satz 2 **5** GG ist grundsätzlich eine richterliche Entscheidung über die Zulässigkeit der im Festhalten liegenden Freiheitsentziehung vorgeschrieben. Sie unterbleibt nur dann, wenn voraussichtlich im Zeitpunkt der richterlichen Entscheidung des Festhalten schon beendet wäre. Das kann entweder der Fall sein, weil bis dahin die Unerläßlichkeitsvoraussetzung (Rdn. 1 f) entfallen sein würde oder weil, etwa an Wochenenden bei fehlendem richterlichen Bereitschaftsdienst (vgl. aber Rdn. 11), die Zwölfstundenfrist schon abgelaufen wäre, bis ein Richter erreicht werden kann. Dabei kommt es entgegen dem mißverständlichen Wortlaut[8] nicht entscheidend darauf an, wann voraussichtlich die Identität festgestellt sein wird, sondern wann es voraussichtlich der Festhaltung des Betroffenen zum Zwecke der Identitätsfeststellung nicht mehr bedarf[9].

Ob eine Vorführung vor den Richter zu veranlassen ist, muß der für die Identi- **6** tätsfeststellung zuständige Beamte aufgrund einer **doppelten Prognose** entscheiden. Er hat zu erwägen, wie lange voraussichtlich die Festhaltung unerläßlich sein wird und wann voraussichtlich eine richterliche Entscheidung herbeigeführt werden kann; das zweite kann Erkundigungen beim zuständigen Gericht erforderlich machen. In beiden Fällen reicht, wie das Wort „voraussichtlich" verdeutlicht, ein Wahrscheinlichkeitsurteil aus. Stellt sich während der Festhaltung heraus, daß die Anfangsprognose **falsch** war, weil die Feststellung länger als ursprünglich angenommen dauert oder eine richterliche Entscheidung schneller erreichbar ist, so ist ex nunc zu prüfen, ob die Voraussetzungen der Ausnahmeklausel noch vorliegen, andernfalls ist der Betroffene nunmehr unverzüglich dem Richter vorzuführen[10].

Die Vorführung erfordert **keinen Antrag** des Betroffenen und wird durch seinen **7** **Verzicht** nicht entbehrlich. Auch die bloße Erklärung des Betroffenen, freiwillig so lange warten zu wollen, bis die Identität festgestellt ist, befreit als solche noch nicht von der Vorführungspflicht[11]. Erst wenn der Festhaltende aufgrund dieser Erklärung die Festhaltung beendet, liegt keine Freiheitsentziehung mehr vor.

b) **Unverzügliche Vorführung.** Der Betroffene ist unverzüglich dem Richter vor- **8** zuführen. Verantwortlich dafür ist der Amtsträger, der die Festhaltung angeordnet hat, also ggf. auch die Polizei. Unverzüglich ist nicht im Sinne von § 121 BGB (ohne schuldhaftes Zögern) auszulegen, sondern erfordert ein Handeln ohne jede nach den Umständen vermeidbare Säumnis[12]. Entscheidend ist, welches Abwarten sachlich gerechtfer-

---

[6] BTDrucks. **8** 1428, S. 11; KK-*R. Müller* 2; *Kleinknecht/Meyer*[38] 15.

[7] Ebenso KK-*R. Müller* 4.

[8] Es handelt sich um ein Redaktionsversehen, vgl. 23. Aufl., EB 6.

[9] KK-*R. Müller* 5; KMR-*Müller* 7; a. A (wortlaut-orientiert) *Kleinknecht/Meyer*[38] 6.

[10] KK-*R. Müller* 5; *Kleinknecht/Meyer*[38] 6; *Kurth* NJW **1979** 1380; a. A *Riegel* BayVerwBl. **1978** 592 (nach dem nunmehr auf jeden Fall vorzuführen sei).

[11] A. A *Kleinknecht/Meyer*[38] 5; wie hier KK-*R. Müller* 4; KMR-*Müller* 8.

[12] *Lampe* MDR **1974** 537; *Ehmke* Die Polizei **1978** 281; vgl. auch § 115, 9; § 135, 3; KMR-*Müller* 6; vgl. auch OVG Münster NJW **1980** 139 (Freiheitsentziehung von mehr als 2 bis 3 Stunden nicht „vorübergehend" i. S. des § 26 Abs. 2 Nr. 1 PolGNRW).

Peter Rieß

tigt ist; was hierüber hinausgeht, verletzt das Gebot der unverzüglichen Vorführung auch dann, wenn den Beamten hieran kein Verschulden trifft. Es ist sachlich gerechtfertigt, vor der Vorführung diejenigen Maßnahmen durchzuführen, die wenig Zeit in Anspruch nehmen und dazu beitragen können, die Identität zu klären, denn aus Satz 2 zweiter Halbsatz ist die gesetzliche Wertentscheidung zu entnehmen, daß die Einschaltung des Richters die Festhaltedauer nicht verlängern soll. So kann, wenn dies alsbald möglich ist, der Betroffene vor der Vorführung durchsucht und es können erkennungsdienstliche Maßnahmen vorgenommen werden, damit die hierdurch gewonnenen Erkenntnisse während der Vorführungszeit für weitere Feststellungen genutzt werden können[13].

9   **c) Zuständiger Richter. Sachlich zuständig** ist nach dem eindeutigen Wortlaut stets der Richter am Amtsgericht, auch wenn die Identitätsfeststellung in einem bereits rechtshängigen Strafverfahren stattfindet und für das Hauptverfahren ein anderes Gericht zuständig ist.

10   **Örtlich zuständig** ist das Amtsgericht, in dessen Bezirk der Betroffene ergriffen worden ist; es kommt nicht darauf an, wo er zu Beginn der Vorführung verwahrt wird. Maßgebend ist danach der Ort des Beginns des Festhaltens (§ 163 b, 28 ff). An dieser Zuständigkeit ändert sich nichts, wenn der festgehaltene Betroffene danach auf eine in einem anderen Gerichtsbezirk liegende Dienststelle verbracht wird[14]. Kommt der Betroffene aber zunächst freiwillig auf die Dienststelle mit und wird er erst auf dieser festgehalten, so ist er im Bereich des Amtsgerichts ergriffen worden, in dessen Bezirk die Dienststelle liegt.

11   **Eine Konzentration** der Aufgaben nach § 163 c bei einem Amtsgericht für die Bezirke mehrerer Amtsgerichte ist unter den Voraussetzungen des § 58 GVG zulässig, weil es sich um Entscheidungen in einer Strafsache handelt. Empfehlenswert ist eine solche örtliche Konzentration namentlich dann, wenn dadurch ein Gericht zuständig wird, bei dem — etwa wegen der Zuständigkeit für Haftentscheidungen — ein Eildienst eingerichtet worden ist. Eine bestehende vollständige Konzentration aller Strafsachen bei einem Amtsgericht erfaßt die Entscheidungen nach § 163 c mit.

12   Welcher von mehreren Richtern des Amtsgerichts **funktionell zuständig** ist, bestimmt sich in erster Linie nach dem Geschäftsverteilungsplan (§ 21 e GVG). Durch ihn können diese Aufgaben auch dem Richter zugewiesen werden, der für Entscheidungen nach dem Gesetz über das gerichtliche Verfahren bei Freiheitsentziehung zuständig ist[15]. Ohne besondere Zuweisung im Geschäftsverteilungsplan ist der Richter zuständig, dem die richterlichen Untersuchungshandlungen im Vorverfahren nach § 162 übertragen worden sind[16]. Denn § 162 sagt nichts über den Inhalt der richterlichen Handlungen und umfaßt alle dem Amtsrichter im Zusammenhang mit einem Strafverfahren außerhalb des Hauptverfahrens obliegenden Geschäfte.

13   **d) Verfahren.** Das Verfahren ist nicht näher geregelt. Eine Anwendung des Gesetzes über das gerichtliche Verfahren bei Freiheitsentziehungen vom 29. 7. 1956 (BGBl. III 316 — 1), wie sie für die polizeiliche Identitätsfeststellung vorgesehen ist[17], kommt hier

---

[13] Vgl. aber KMR-*Müller* 8; ihm folgend KK-*R. Müller* 5 (kein Unterbleiben der Vorführung, wenn nur dadurch die für die Identitätsfeststellung erforderliche Zeit gewonnen werden kann).

[14] KK-*R. Müller* 9; *Kleinknecht/Meyer*[38] 10 (mit Nachw. der abweichenden Rechtslage

nach den polizeirechtlichen Vorschriften); *Göhler*[8] Vor § 59, 153.

[15] Ob sich dies empfiehlt (so *Kleinknecht/Meyer*[38] 9; KK-*R. Müller* 10), ist zweifelhaft.

[16] KK-*R. Müller* 10; *Kleinknecht/Meyer*[38] 9.

[17] Z. B. § 15 Abs. 2 Satz 2 Musterentwurf, § 17 Abs. 2 Satz 2 BayPAG.

weder unmittelbar noch analog in Frage. § 1 dieses Gesetzes bestimmt zwar dessen subsidiäre Geltung für alle Freiheitsentziehungen aufgrund Bundesrechts, doch handelt es sich hier um eine Freiheitsentziehung, die ihre Rechtsgrundlage in der StPO hat und für die die StPO ausreichende Verfahrensvorschriften zur Verfügung stellt. Der Richter verfährt nach den allgemeinen Grundsätzen für richterliche Untersuchungshandlungen im Vorverfahren[18]. Verfahrensbeteiligte sind der Betroffene sowie die Strafverfolgungsbehörde, die die Identitätsfeststellung betreibt und die Festhaltung angeordnet hat. Die Entscheidung ergeht nach mündlicher Verhandlung, in der der Betroffene rechtliches Gehör erhält. Das ergibt sich aus dem Begriff „vorzuführen", der hier wie in § 115 Abs. 1 Satz 1 das mündliche Verhandeln vor dem Richter einschließt. Sind schriftliche Unterlagen vorhanden, so hat die für die Festhaltung verantwortliche Behörde sie dem Richter vorzulegen, andernfalls hat sie die Festhaltegründe mündlich darzulegen[19]. Die Verhandlung ist nach den §§ 168, 168 a zu protokollieren.

Betreibt die **Polizei** die Identitätsfeststellung, so braucht die **Staatsanwaltschaft** am **14** gerichtlichen Verfahren und insbesondere an der mündlichen Verhandlung nicht teilzunehmen[20]. Sie ist jedoch aufgrund ihrer Leistungsfunktion für das Ermittlungsverfahren hierzu jederzeit berechtigt und kann, wenn sie sich einschaltet, auch vor der richterlichen Entscheidung, die dadurch entbehrlich wird, die Freilassung anordnen.

Der Betroffene kann sich im gerichtlichen Verfahren und in der mündlichen Ver **15** handlung ausnahmslos des Beistands eines **Rechtsanwaltes** bedienen[21]. Daß dies grundsätzlich für das gesamte Festhalten gilt, ist in § 163 b, 34 näher dargelegt. Für die richterliche Entscheidung über die Zulässigkeit und Fortdauer der Freiheitsentziehung entfallen diejenigen Gründe, die im Interesse der Aufrechterhaltung einer funktionsfähigen Rechtspflege im Einzelfall Einschränkungen des Verkehrs des staatsanwaltschaftlich oder polizeilich Festgehaltenen mit einem Rechtsanwalt rechtfertigen können. Es ist ausgeschlossen, daß die Mitwirkung eines Rechtsanwaltes als Beistand des Betroffenen eine sachgerechte richterliche Entscheidung über die Freiheitsentziehung jemals gefährden könnte.

e) Inhalt und Form der richterlichen Entscheidung. Gegenstand der Entscheidung **16** ist die „Zulässigkeit und Fortdauer der Freiheitsentziehung". Maßgebend sind die Umstände im Zeitpunkt der Entscheidung; der Richter muß darüber befinden, ob die Freiheitsentziehung *jetzt noch* zulässig ist und fortdauern darf[22]. Die Zulässigkeit der Identitätsfeststellung insgesamt ist nur insoweit vom Richter zu prüfen, als sie für seine Entscheidung präjudiziell ist. Dies ist stets der Fall, wenn der Richter die Zulässigkeit und Fortdauer der Freiheitsentziehung bejahen will. Hält er die Freiheitsentziehung dagegen im Zeitpunkt seiner Entscheidung jedenfalls für nicht *mehr* gerechtfertigt, so kann er offenlassen, ob sie zu einem früheren Zeitpunkt gerechtfertigt war; meint er, daß die Festhaltevoraussetzungen von Anfang an nicht vorgelegen haben, so kann offenbleiben, ob die Identitätsfeststellung als solche zulässig war.

Der Richter hat die **Freilassung** des Betroffenen anzuordnen, wenn er die Voraus **17** setzungen für eine weitere Freiheitsentziehung verneint. Andernfalls ist zu entscheiden,

---

[18] KK-*R. Müller* 11.

[19] KK-*R. Müller* 11; *Kleinknecht/Meyer*[38] 11.

[20] Enger (zu beteiligen, es sei denn, daß nicht sofort erreichbar) *Kleinknecht/Meyer*[38] 11; *Kurth* NJW **1979** 1380; wie hier KK-*R. Müller* 11.

[21] KK-*R. Müller* 11; *Kleinknecht/Meyer*[38] 11;

Göhler[8] Vor § 59, 154; *Krause* StrVert. **1984** 171; a. A *Kurth* NJW **1979** 1380 Fußn. 68; *Riegel* BayVerwBl. **1978** 593.

[22] KK-*R. Müller* 12; *Kleinknecht/Meyer*[38] 12; KMR-*Müller* 9; *Göhler*[8] Vor § 59, 154; *Kurth* NJW **1979** 1380.

Peter Rieß

daß die **Freiheitsentziehung fortdauern** dürfe. In der Befugnis, über die Fortdauer der Freiheitsentziehung zu entscheiden, liegt auch die mindere Befugnis, ihre Dauer auf eine kürzere Zeit als die Höchstfrist von zwölf Stunden zu begrenzen[23].

18   Die Entscheidung ergeht durch **Beschluß**, der in der mündlichen Verhandlung zu verkünden ist (§ 35). Der Beschluß, durch den die Fortdauer der Freiheitsentziehung angeordnet wird, ist zu begründen (§ 34).

19   **f) Rechtsmittel.** Der Beschluß, der die Freiheitsentziehung für zulässig erklärt und ihre Fortdauer anordnet, ist für den **Betroffenen** nach § 304 mit der (einfachen) **Beschwerde** anfechtbar. Doch wird diese regelmäßig unzulässig sein oder werden, weil sie durch Zeitablauf überholt ist[24]. Bei rechtzeitig eingelegter Beschwerde kommt eine Aussetzung des Vollzugs der angefochtenen Entscheidung nach § 307 Abs. 2 nicht in Betracht, weil sie den Zweck der angefochtenen Entscheidung vereiteln würde (§ 307, 5). Während der Polizei ein Rechtsmittel gegen den den Betroffenen **freilassenden Beschluß** schon mangels gesetzlicher Grundlage nicht zusteht, wäre für die **Staatsanwaltschaft** an sich die Beschwerde eröffnet (§ 296 Abs. 1). Doch muß sie hier als **ausgeschlossen** gelten, weil sie mit der Verfahrenslage nach der richterlichen Entscheidung unvereinbar wäre (§ 304, 34). Da ihre Einlegung keine aufschiebende Wirkung hat, würde sich der Betroffene im Zeitpunkt einer möglichen Beschwerdeentscheidung ausnahmslos auf freiem Fuß befinden, so daß das Beschwerdegericht eine sinnvolle Sachentscheidung über die Fortdauer der Freiheitsentziehung in keinem Fall treffen könnte. Eine Beschwerdeentscheidung bloß feststellenden Inhalts, die hier allein in Betracht käme, ist der Strafprozeßordnung fremd.

3. Benachrichtigung

20   **a) Behördliche Benachrichtigung. Absatz 2** gibt dem Betroffenen, der festgehalten wird, einen Anspruch auf Benachrichtigung eines Angehörigen oder einer Person seines Vertrauens (§ 114 b, 9). Dieser Anspruch besteht, wie sich im Umkehrschluß aus Satz 2 ergibt, uneingeschränkt; eingeschränkt ist lediglich die Befugnis, die Benachrichtigung selbst vorzunehmen (Rdn. 22). Trotz des mißverständlichen Wortlauts der Vorschrift, in der beide Sätze unverbunden nebeneinanderstehen, kann der Betroffene, wie sich aus den Gesetzesmaterialien ergibt und mit dem Wortlaut noch vereinbar ist[25], nur einmal benachrichtigen und zwar entweder (uneingeschränkt) durch Vermittlung der Behörde oder (in den Grenzen des Satzes 2) selbst[26]. Von Amts wegen braucht in dieser Phase des Festhaltens nicht benachrichtigt zu werden (s. aber Rdn. 24); vielmehr ist ein entsprechendes Verlangen erforderlich; eine Belehrung ist nicht vorgeschrieben[27]. Verlangt der Betroffene, daß die Behörde eine Vertrauensperson benachrichtigt, so darf er nicht darauf verwiesen werden, die Benachrichtigung nach Satz 2 selbst vorzunehmen[28].

[23] KK-*R. Müller* 12; *Kleinknecht/Meyer*[38] 12; KMR-*Müller* 9.

[24] KK-*R. Müller* 13; KMR-*Müller* 9; *Kurth* NJW **1979** 1380; vgl. allgemein, auch zur Gegenmeinung, Vor § 304, 8 ff; § 304, 36; für das Bußgeldverfahren vgl. *Göhler*[8] Vor § 59, 155.

[25] Vgl. zu den Gesetzesmaterialien 23. Aufl., EB 25 Fußn. 10; die dort vertretene Auffassung, daß das Benachrichtigungsrecht nach Absatz 2 Satz 2 *zusätzlich* zum Anspruch auf behördliche Benachrichtigung bestehe, wird aufgegeben.

[26] Ebenso (nur eine Benachrichtigung) KK-*R.*

Müller 16; *Kleinknecht/Meyer*[38] 13; KMR-*Müller* 11; *Roxin*[20] § 31 B; *Schlüchter* 259.3; *Geerds* Jura **1986** 12.

[27] KK-*R. Müller* 14; *Kleinknecht/Meyer*[38] 14; weitergehend KMR-*Müller* 11 (Aufklärung, wenn der Festgehaltene sein Recht nicht kennt, was im Ergebnis für den Durchschnittsfall auf eine Belehrung hinausläuft).

[28] Enger *Kleinknecht/Meyer*[38] 13 (wenn Betroffener nicht dazu in der Lage ist oder aus triftigen Gründen den Wunsch äußert); wie hier KMR-*Müller* 13.

Die das Festhalten bewirkende Behörde hat dem Verlangen **unverzüglich** zu ent- **21** sprechen, das heißt, so bald und so schnell, wie dies nach Sachlage möglich ist (vgl. Rdn. 8). Zwar hat die Benachrichtigungspflicht keinen absoluten Vorrang vor anderen dringlichen Geschäften, doch darf sie nicht beliebig hinausgeschoben werden. In diesen Fällen verhältnismäßig kurzfristiger Freiheitsentziehung erfordert der Zweck der Benachrichtigung, daß sie den Adressaten alsbald und noch vor dem Ende der Freiheitsentziehung erreicht. Eine schriftliche, durch die Post übermittelte Benachrichtigung reicht nicht aus, sondern es wird eine **telefonische oder mündliche Mitteilung** durch hiermit zu beauftragende Beamte des Polizeidienstes erforderlich sein[29]. Angesichts der eindeutigen, keine Einschränkungen vorsehenden Entscheidung des Gesetzgebers rechtfertigen technische und organisatorische Schwierigkeiten, die erheblich sein können, keine Ausnahme, sofern sie nicht gerade die Unmöglichkeitsschwelle erreichen. Die Auswahl der zu benachrichtigenden Person trifft in den Fällen des Satzes 1 der für die Benachrichtigung zuständige Beamte (vgl. § 114 b, 17). Die Benachrichtigung beschränkt sich auf die Mitteilung, daß der Betroffene zum Zwecke der Identitätsfeststellung festgehalten werde. Weitere Angaben brauchen nicht gemacht zu werden.

Auf Verlangen ist dem **Nichtverdächtigen** stets Gelegenheit zu geben, die Benach- **22** richtigung der von ihm ausgewählten Person selbst vorzunehmen. Auch hier schließt es der Sinn der Benachrichtigung und die Höchstdauer der Freiheitsentziehung regelmäßig aus, den Betroffenen auf schriftliche Mitteilung und deren Übermittlung durch die Post zu verweisen. Es wird entweder Gelegenheit zur telefonischen Benachrichtigung zu geben[30] oder die alsbaldige Übermittlung einer schriftlichen Nachricht sicherzustellen sein. Ein Anspruch auf unüberwachte Benachrichtigung kann aus Satz 2 nicht hergeleitet werden[31].

Beim **Verdächtigen** besteht der Anspruch auf persönliche Benachrichtigung **nicht,** **23** wenn dadurch der Untersuchungszweck gefährdet wird. Untersuchungszweck bei Maßnahmen nach § 163 b ist die Feststellung der Identität, so daß nach dem Wortlaut der Anlaß zur Verweigerung in erster Linie dann bestehen würde, wenn die unmittelbare Benachrichtigung einer Vertrauensperson die Identifizierung erschweren könnte. Beispiele hierfür sind allerdings kaum ersichtlich. Außerdem wäre bei dieser Auslegung die Differenzierung zwischen Verdächtigen und Unverdächtigen nicht verständlich, denn wenn die unmittelbare Benachrichtigung die Identifizierung beeinträchtigen könnte, bestünde diese Gefahr bei einem nicht identifizierungswilligen Unverdächtigen in gleichem Maße. Deshalb und wegen der Anknüpfung an § 114 b bezieht sich der Untersuchungszweck auf die aufzuklärende Straftat[32].

b) Benachrichtigung durch den Richter (Art. 104 Abs. 4 GG). Ordnet der Richter **24** die Fortdauer des Festhaltens an, so hat er wegen des unmittelbar geltenden Art. 104 Abs. 4 GG[33] von Amts wegen die Benachrichtigung einer Vertrauensperson zu veranlassen[34], wenn nicht bereits die Strafverfolgungsbehörde während des behördlichen Festhaltens nach Satz 1 benachrichtigt hat[35] oder wenn die Benachrichtigung mit Sicherheit den Empfänger nicht mehr vor der Freilassung erreichen würde[36]. Ein Antrag des Be-

---

[29] KK-*R. Müller* 15; KMR-*Müller* 14.

[30] KK-*R. Müller* 16; KMR-*Müller* 14; *Händel* DNP **1978** 86 (Benutzung des Diensttelefons regelmäßig zu gestatten).

[31] KK-*R. Müller* 16; teilw. **a. A** KMR-*Müller* 12.

[32] Ebenso KK-*R. Müller* 16; KMR-*Müller* 13.

[33] Vgl. näher zu nicht Gesetz gewordenen Vor-

schlägen, die dies auch im Gesetzeswortlaut bestimmen wollten 23. Aufl., EB 23.

[34] KK-*R. Müller* 17; *Kleinknecht/Meyer*[38] 14; *Kurth* NJW **1979** 1380; vgl. auch die Erl. zu § 114 b.

[35] KK-*R. Müller* 17; vgl. auch *Maunz/Dürig/ Herzog* Art. 104, VI 6; *Wagner* JZ **1963** 693.

[36] *Kleinknecht/Meyer*[38] 14.

troffenen ist nicht erforderlich, ein entgegenstehender Wille grundsätzlich unbeachtlich[37]. Allerdings setzt die Besonderheit der allein der Identitätsfeststellung dienenden Freiheitsentziehung auch der Benachrichtigungspflicht aus Art. 104 Abs. 4 GG gewisse **Grenzen**. Benennt der Betroffene keine Person seines Vertrauens, so kann der Richter nur einen Angehörigen benachrichtigen. Dessen Ermittlung setzt die Feststellung der Identität des Betroffenen voraus. Steht diese aber fest, so ist der Betroffene zu entlassen, einer Benachrichtigung eines Angehörigen bedarf es nicht mehr. Anders als bei der Benachrichtigung nach § 114 b (§ 114 b, 16) entfällt deshalb hier die Benachrichtigungspflicht dann, wenn — um ihr zu genügen — zunächst die Identität des Betroffenen festgestellt werden müßte.

4. Behandlung der bei der Identitätsfeststellung angefallenen Unterlagen (Absatz 4)

25   **a) Verdächtige.** Bei Verdächtigen richtet sich die Behandlung, die Aufbewahrung und der Anspruch auf Vernichtung der bei der Identitätsfeststellung angefallenen Unterlagen, namentlich der Daten der erkennungsdienstlichen Behandlung, nach den allgemein geltenden Rechtsgrundsätzen, die in § 81 b, 16 bis 20 dargelegt sind. Die die Identitätsfeststellung betreffenden Vorgänge sind zu den Ermittlungsakten zu nehmen und wie diese aufzubewahren; die Ergebnisse erkennungsdienstlicher Maßnahmen können zu den polizeilichen Sammlungen genommen werden[38]. Maßgebend für die Verdächtigeneigenschaft ist insoweit, ob der Betroffene nach Abschluß der Identifizierung noch als verdächtig anzusehen ist.

26   **b) Unverdächtige.** Absatz 4 begründet seinem Wortlaut nach die uneingeschränkte Pflicht, bei Unverdächtigen nach der Identitätsfeststellung sämtliche im Zusammenhang mit der Identität angefallenen Unterlagen zu vernichten[39]. Die Vorschrift kann nicht ihrem Wortlaut gemäß ausgelegt werden, weil dies zu unsinnigen Ergebnissen führen würde. Der vom Gesetzgeber mit der Bestimmung verfolgte Zweck liegt darin, sicherzustellen, daß die von Unverdächtigen zum Zwecke der Identitätsfeststellung gewonnenen Daten über die reine Identitätsfeststellung hinaus weder für das laufende Strafverfahren verwendet werden noch sonst in Datensammlungen aufgenommen werden dürfen, die zu Ermittlungen, Fahndungen oder Aufklärungsmaßnahmen verwendet werden.

27   Da andernfalls die Identitätsfeststellung jeden vernünftigen Sinn verlieren würde, unterfallen dem Vernichtungsgebot die die **Identifizierung selbst** ausmachenden Daten nicht[40]. Insbesondere Name, Geburtstag, Geburtsort und Anschrift können also festgehalten werden. **Zu vernichten sind** dagegen die durch eine erkennungsdienstliche Behandlung gewonnenen Unterlagen, zu der es auch beim Unverdächtigen kommen kann, wenn sie nicht gegen seinen Willen vorgenommen wird, aber auch sonstige Erkenntnisse über die Art und Weise, den Ort und die näheren Umstände der Identitätsfeststellung. Aus dem Zweck des Vernichtungsgebots folgt, daß die in den zu vernichtenden Unterlagen enthaltenen Daten auch nicht in anderer Form gespeichert werden dürfen; sie dürfen weder in die Akten des Ermittlungsverfahrens noch in polizeiliche Sammlungen, noch in sonstige Dateien übernommen werden[41]. Nicht zu den zu vernichten-

---

[37] Zur umstrittenen Frage, ob im besonderen Einzelfall der ausdrückliche Wunsch, von der Benachrichtigung abzusehen, zu beachten ist, s. § 114 b, 10.

[38] KK-*R. Müller* 18; *Kleinknecht/Meyer*[38] 17.

[39] Zur Entstehungsgeschichte 23. Aufl., EB 25.

[40] KK-*R. Müller* 19; *Kleinknecht/Meyer*[38] 18;

Achenbach JA **1981** 664; *Vogel* NJW **1978** 1227.

[41] *Achenbach* JA **1981** 664; zur Speichermöglichkeit für Kontrollfahndungen nach § 163 d bei Identitätsfeststellungen an Kontrollstellen nach § 111 s. § 163 d, 36.

den Unterlagen gehört, was nur anläßlich der Identitätsfeststellung angefallen ist, nicht aber dieser dient, so etwa Vermerke über informatorische Befragungen[42]. Das Vernichtungsgebot greift nicht ein, soweit der Betroffene nach anderen Rechtsgrundlagen eine erkennungsdienstliche Behandlung dulden müßte[43], etwa, wenn sich bei der Identitätsfeststellung herausstellt, daß der in bezug auf die zu ihr Anlaß gebende Straftat Unverdächtige Beschuldigter wegen einer anderen Straftat ist, so daß aus diesem Grunde gegen ihn nach § 81 b vorgegangen werden dürfte. Es wäre ein sinnloser Formalismus, wenn die Polizei diejenigen erkennungsdienstlichen Unterlagen vernichten müßte, die sie sich sofort durch eine erneute erkennungsdienstliche Behandlung wieder beschaffen dürfte. Die Vernichtung ist von Amts wegen alsbald nach der Identitätsfeststellung durchzuführen. Die Verantwortung hierfür trägt die Behörde, die die Identitätsfeststellung vorgenommen hat.

Im Zusammenhang mit der Identitätsfeststellung sind auch diejenigen Unterlagen **28** angefallen, die als **schriftliche Vorgänge** bei **der richterlichen Entscheidung** über Zulässigkeit und Fortdauer der Freiheitsentziehung nach Absatz 1 Satz 2 notwendig entstehen. Dazu gehören mindestens das Protokoll über die Verhandlung vor dem Richter und seine Entscheidung. Trotz des diese Unterlagen einschließenden Wortlauts kann nicht angenommen werden, daß das Vernichtungsgebot sich auch hierauf erstreckt. Ein schutzwürdiges Interesse des Betroffenen, daß sie vernichtet werden, ist nicht ersichtlich. Im Einzelfall kann dies seinen Interessen eindeutig zuwiderlaufen, denn er kann auf diese Entscheidungen bei seiner Rechtsverfolgung dringend angewiesen sein, etwa wenn er Verfassungsbeschwerde einlegen oder Ersatzansprüche geltend machen will. Nach dem Zweck des Vernichtungsgebotes ist für die bei der gerichtlichen Überprüfung der Freiheitsentziehung entstandenen Aktenstücke eine Vernichtung nicht erforderlich. Doch dürfen diese Aktenstücke nicht Teil etwaiger Ermittlungsakten werden, sondern sind als **gesonderte Verfahrensakten** bei dem Amtsgericht zu verwahren, das über die Freiheitsentziehung entschieden hat[44].

c) Rechtsbehelfe. Der **Verdächtige** kann einen etwaigen Anspruch auf Vernichtung der Unterlagen nach den für § 81 b geltenden Grundsätzen durchsetzen[45]. Der **Unverdächtige** kann den Vernichtungsanspruch nach Absatz 4 im Verfahren nach den §§ 23 ff EGGVG verfolgen[46]. **29**

---

[42] KK-*R. Müller* 19; *Kurth* NJW **1979** 1381.

[43] *Riegel*   Polizeiliche   Personenkontrolle (1979) 74.

[44] KK-*R. Müller* 19; *Kleinknecht/Meyer*[38] 18.

[45] Vgl. näher § 81 b, 24 f; *Kleinknecht/Meyer*[38] 19.

[46] KK-*R. Müller* 19; *Kleinknecht/Meyer*[38] 19.

§ 163 d

(1) [1]Begründen bestimmte Tatsachen den Verdacht, daß
1. eine der in § 111 bezeichneten Straftaten oder
2. eine der in § 100 a Satz 1 Nr. 3 und 4 bezeichneten Straftaten
begangen worden ist, so dürfen die anläßlich einer grenzpolizeilichen Kontrolle, im Falle der Nummer 1 auch die bei einer Personenkontrolle nach § 111 anfallenden Daten über die Identität von Personen sowie Umstände, die für die Aufklärung der Straftat oder für die Ergreifung des Täters von Bedeutung sein können, in einer Datei gespeichert werden, wenn Tatsachen die Annahme rechtfertigen, daß die Auswertung der Daten zur Ergreifung des Täters oder zur Aufklärung der Straftat führen kann und die Maßnahme nicht außer Verhältnis zur Bedeutung der Sache steht. [2]Dies gilt auch, wenn im Falle des Satzes 1 Pässe und Personalausweise automatisch gelesen werden. [3]Die Übermittlung der Daten ist nur an Strafverfolgungsbehörden zulässig.

(2) [1]Maßnahmen der in Absatz 1 bezeichneten Art dürfen nur durch den Richter, bei Gefahr im Verzug auch durch die Staatsanwaltschaft und ihre Hilfsbeamten (§ 152 des Gerichtsverfassungsgesetzes) angeordnet werden. [2]Hat die Staatsanwaltschaft oder einer ihrer Hilfsbeamten die Anordnung getroffen, so beantragt die Staatsanwaltschaft unverzüglich die richterliche Bestätigung der Anordnung. [3]Die Anordnung tritt außer Kraft, wenn sie nicht binnen drei Tagen von dem Richter bestätigt wird.

(3) [1]Die Anordnung ergeht schriftlich. [2]Sie muß die Personen, deren Daten gespeichert werden sollen, nach bestimmten Merkmalen oder Eigenschaften so genau bezeichnen, wie dies nach der zur Zeit der Anordnung vorhandenen Kenntnis von dem oder den Tatverdächtigen möglich ist. [3]Art und Dauer der Maßnahmen sind festzulegen. [4]Die Anordnung ist räumlich zu begrenzen und auf höchstens drei Monate zu befristen. [5]Eine einmalige Verlängerung um nicht mehr als drei weitere Monate ist zulässig, soweit die in Absatz 1 bezeichneten Voraussetzungen fortbestehen.

(4) [1]Liegen die Voraussetzungen für den Erlaß zur Anordnung nicht mehr vor oder ist der Zweck der sich aus der Anordnung ergebenden Maßnahmen erreicht, so sind diese unverzüglich zu beenden. [2]Die durch die Maßnahmen erlangten personenbezogenen Daten sind unverzüglich zu löschen, sobald sie für das Strafverfahren nicht oder nicht mehr benötigt werden; eine Speicherung, die die Laufzeit der Maßnahmen (Absatz 3) um mehr als drei Monate überschreitet, ist unzulässig. [3]Über die Löschung ist die Staatsanwaltschaft zu unterrichten. [4]Die gespeicherten personenbezogenen Daten dürfen nur für das Strafverfahren genutzt werden. [5]Ihre Verwendung zu anderen Zwecken ist nur zulässig, soweit sich bei Gelegenheit der Auswertung durch die speichernde Stelle Erkenntnisse ergeben, die zur Aufklärung einer anderen Straftat oder zur Ermittlung einer Person benötigt werden, die zur Fahndung und Aufenthaltsfeststellung aus Gründen der Strafverfolgung oder Strafvollstreckung ausgeschrieben ist.

(5) Von den in Absatz 1 bezeichneten Maßnahmen sind die Personen, gegen die nach Auswertung der Daten weitere Ermittlungen geführt worden sind, zu benachrichtigen, es sei denn, daß eine Gefährdung des Untersuchungszwecks oder der öffentlichen Sicherheit zu besorgen ist.

Schrifttum. *Baumann* Einige Gedanken zu § 163 d StPO und seinem Umfeld, StrVert. **1986** 404; *Kühl* Neue Gesetze gegen terroristische Straftaten, NJW **1987** 737; *Riegel* Einführung der Schleppnetzfahndung — behutsame Fortentwicklung des Rechts? Computer und Recht (CuR) **1986** 138; *Rogall* Frontalangriff auf die Bürgerrechte oder notwendige Strafverfolgungsmaßnahme? — Zur Regelung der sog. Schleppnetzfahndung in § 163 d StPO, NStZ **1986** 385; *Schoreit* Datenverarbeitung, Datenschutz und Strafrecht, DRiZ **1987** 82.

Entstehungsgeschichte. Die Vorschrift wurde als Art. 2 durch das Paßgesetz und Gesetz zur Änderung der Strafprozeßordnung vom 19. 4. 1986 (BGBl. I 537) eingefügt; sie ist nach dessen Art. 4 am 1. 4. 1987 in Kraft getreten.

Übersicht

1. Bedeutung und Reichweite der Vorschrift

a) Allgemeines. Die Entscheidung des BVerfG zum Volkszählungsgesetz[1] hat **1** über den eigentlichen Entscheidungsgegenstand hinaus weitreichende Grundsätze über den Umgang staatlicher Stellen mit personenbezogenen Daten aufgestellt, aus denen vielfach ein Grundrecht auf informationelle Selbstbestimmung abgeleitet wird[2]. Nach einer weit verbreiteten Meinung erfordert die Beachtung dieser Grundsätze auch Än-

---

[1] Vom 15. 12. 1983, sog. Volkszählungsurteil, BVerfGE **65** 1 = NJW **1984** 419; vgl. aus der inzwischen fast uferlosen Literatur zu diesem Urteil u. a. *Bäumler* JR **1984** 361; *Denninger* KJ **1985** 215; *Gola* NJW **1985** 1196; *Rogall* GA **1985** 8 ff; *Scholz/Pitschas* Informationelle Selbstbestimmung und staatliche Informationsverantwortung (1984); *Si-*

mitis NJW **1984** 398; NJW **1986** 2795; SK-StPO-*Rudolphi* Vor § 94, 42 ff.
[2] Vgl. *Denninger* KJ **1985** 215 ff; *Gola* NJW **1985** 1197; *Simitis* NJW **1984** 398; zum gegenwärtigen Stand der Diskussion hierzu *Gola* NJW **1987** 1675; kritisch u. a. *Rogall* GA **1985** 8 ff; weit. Nachw. bei den Erl. zu § 161.

derungen in den Verfahrensgesetzen. Namentlich im Strafverfahrensrecht werden spezielle gesetzliche Grundlagen für Fahndungsmethoden, die in erheblichem Umfang die informationelle Selbstbestimmung beeinträchtigen, für die Speicherung und Weitergabe personenbezogener Daten, die in einem Strafverfahren erhoben sind, sowie für die Nutzung von in anderen Zusammenhängen erhobener Daten für die Zwecke eines Strafverfahrens für notwendig gehalten. Die wohl erforderliche umfassende gesetzliche Regelung dieser Fragen steht derzeit noch aus[3]. § 163 d betrifft die **Kontrollfahndung**[4]; er enthält eine **isolierte Vorwegregelung** eines Teils der durch das Volkszählungsurteil für das Strafverfahrensrecht aufgeworfenen Fragen[5].

2   Die Vorschrift ist nicht im Wege einer umfassenderen Erörterung der strafverfahrensrechtlichen Gesamtproblematik, sondern im **Zusammenhang mit der Neuregelung des Paß- und Personalausweisrechts** erst im Verlauf der parlamentarischen Ausschußberatungen konzipiert worden[6] und war namentlich im Entstehungsstadium politisch außerordentlich umstritten[7]. Nicht zuletzt wegen dieser Entstehungsgeschichte wirft die Bewertung und die Auslegung der Bestimmung erhebliche Probleme auf; in manchen Fragen wird eine befriedigende Antwort erst bei Kenntnis und im Rahmen einer zu erwartenden umfassenden gesetzlichen Regelung möglich sein. Jedenfalls ist derzeit bei der **Auslegung** der eher transitorische und isolierte Charakter der Vorschrift zu bedenken, der namentlich Umkehrschlüssen und entsprechenden Anwendungen weitgehend entgegenstehen dürfte (vgl. aber Rdn. 6). Soweit die Vorschrift erkennbar an Formulierungen in anderen strafprozessualen Eingriffsermächtigungen anknüpft, kann deren Auslegung als Anhaltspunkt verwendet werden. Gleiches gilt in bezug auf das Datenschutzrecht, insbesondere die Begriffsbestimmungen des BDSG[8], bei der Verwendung von in der StPO bisher ungebräuchlichen datenschutzrechtlichen Begriffen.

3   b) **Inhalt und Aufbau.** § 163 d ermächtigt dazu, bei dem Verdacht bestimmter Straftaten zu strafverfahrensrechtlichen Aufklärungs-, insbesondere zu Fahndungszwecken, personenbezogene Daten zu speichern, zu verarbeiten und zu nutzen, die bei bestimmten Personenkontrollen anfallen. Diese Maßnahmen lassen sich am sachgerechtesten als (automatisationsgestützte) **Kontrollfahndung** bezeichnen[9]. Die in der politi-

---

[3] Vgl. dazu die Erl. zu § 161; ferner die Große Anfrage der SPD-Fraktion, BTDrucks. **11** 173. Zum sog. „Übergangsbonus" vgl. BVerfGE **41** 251, 266; **58** 257, 268 mit weit. Nachw.; *Alberts* ZRP **1987** 193; *Simitis* Kriminalistik **1987** 307.

[4] Vgl. zur Bezeichnung näher Rdn. 3.

[5] Zur Problematik und Rechtfertigung der Vorwegregelung sowie zu den zu behandelnden Problemen insgesamt u. a. *Baumann* StrVert. **1986** 495; *Kühl* NJW **1987** 740; *Riegel* CuR **1986** 146; *Rogall* NStZ **1986** 387.

[6] Zur Entstehungsgeschichte ausführlich mit Nachw. *Rogall* NStZ **1986** 385; *Kühl* NJW **1987** 738; die als Ersatz des ursprünglich vorgeschlagenen § 3 a PersAuswG (BTDrucks. **10** 2177) und § 16 PaßG (BTDrucks. **10** 3303) zunächst von den Koalitionsfraktionen in die Ausschußberatungen

eingebrachte Fassung des § 163 d bei *Rogall* aaO. Fußn. 13 sowie DRiZ **1986** 153; der von *Baumann* StrVert. **1986** 497 erwähnte Rohentwurf eines § 163 d betraf eine andere Regelungsmaterie.

[7] Vgl. dazu die 2./3. Lesung im BT, 202. Sitzung v. 28. 2. 1986, Plenarprot. **10** 202, S. 15509 ff und die Beratungen im BR, 562. Sitzung v. 14. 3. 1986, Plenarprot. S. 159 ff; weit. Nachw. bei *Rogall* NStZ **1986** 386; *Kühl* NJW **1987** 739.

[8] Gesetz zum Schutz vor Mißbrauch personenbezogener Daten bei der Datenverarbeitung (Bundesdatenschutzgesetz) vom 27. 1. 1977, BGBl. I 201 mit spät. Änderungen.

[9] Die Bezeichnung „Grenzfahndung" (so *Rieß/Hilger* NStZ **1987** 148) ist zu eng und überdies durch § 2 Nr. 2 Buchst. b BGSG verbraucht.

schen Auseinandersetzung polemisch verwendete, inzwischen verbreitete Bezeichnung „Schleppnetzfahndung"[10] trifft schon sachlich den Regelungsgehalt nicht[11].

Die **materiellen Anwendungsvoraussetzungen** der Kontrollfahndung im Hinblick **4** auf die Straftaten, bei denen sie zulässig ist (Rdn. 9 ff), die Verdachtsschwelle und Erfolgstauglichkeit (Rdn. 15 ff) sowie der Anlaß der Datenerhebung ergeben sich aus Absatz 1 Satz 1 und 2. **Art und Umfang der Daten**, die verwendet werden dürfen, sind in Absatz 1 nur sehr allgemein bestimmt, die Begrenzungen ergeben sich aus der in Absatz 3 Satz 2 bis 4 geregelten **Konkretisierungspflicht** (Rdn. 52). Die **zulässigen Maßnahmen** (Speicherung, Verarbeitung und Übermittlung) ergeben sich im wesentlichen ebenfalls aus Absatz 1. Absatz 2 bestimmt die **Anordnungskompetenz** (Rdn. 43 ff); Absatz 3 Satz 1 bis 3 regelt **Inhalt und Form der Anordnung** (Rdn. 51 ff). Der **Umfang der Nutzung** der der Vorschrift unterfallenden Daten ist in Absatz 4 Satz 4 und 5 bestimmt (Rdn. 66 ff); **zeitliche Begrenzungen und Löschungspflichten** sind in Absatz 2 Satz 3, Absatz 3 Satz 4 und 5 und Absatz 4 Satz 1 bis 3 geregelt. Absatz 5 ordnet unter bestimmten Voraussetzungen die nachträgliche **Unterrichtung** der von den Maßnahmen betroffenen Personen an (Rdn. 78 ff).

c) Allgemeine Reichweite. § 163 d regelt und begrenzt nur die strafverfahrens- **5** rechtliche Verwertung von personenbezogenen Daten, die bei den in der Vorschrift genannten Massenkontrollen (zulässigerweise, vgl. Rdn. 75 ff) erhoben werden, und dies auch nur insoweit, als ihre Speicherung und Verarbeitung in einer Datei (Rdn. 34) in Frage steht. **Nicht erfaßt** werden von der Vorschrift namentlich folgende Sachverhalte: (1) Die strafverfahrensrechtliche Nutzung von personenbezogenen Daten, die bei Kontrollstellen oder grenzpolizeilichen Kontrollen anfallen, sofern sie nicht in der Speicherung in eine Datei besteht; für diese Art der Nutzung gilt also weder der Straftatenkatalog noch die besondere Verdachtsschwelle; (2) die Nutzung von personenbezogenen Daten einschließlich ihrer Speicherung in Dateien, wenn diese Erkenntnisse nicht bei einer Massenkontrolle, sondern bei einer **einzelfallbezogenen** strafprozessualen **Ermittlungshandlung** gewonnen werden[12]; (3) die präventiv-polizeiliche Nutzung, Speicherung und Verarbeitung solcher Daten[13]. Wegen der Zulässigkeit solcher Maßnahmen im strafverfahrensrechtlichen Bereich s. die Erl. zu § 161.

Die Auswirkung des § 163 d auf die strafprozessuale Datenverwendung bei **ande-** **6** **ren unspezifischen Massenkontrollen**, die in ihrer Reichweite und Anlage den Kontrollstellen nach § 111 und Grenzkontrollen vergleichbar sind, ist zweifelhaft. Aus der Entstehungsgeschichte der Vorschrift, die ursprünglich die Datenspeicherung an das automatische Lesen von Personalpapieren bei jeder Personenkontrolle knüpfen wollte[14] und aus dem Regelungszweck, Begrenzungen deshalb vorzunehmen, weil von der Maß-

---

[10] So z. B. SK-StPO-*Rudolphi* Vor § 94, 50; *Baumann* StrVert. **1986** 497; *Gola* NJW **1987** 1677; *Riegel* CuR **1986** 138; *Schoreit* DRiZ **1987** 739; zur Problematik der Bezeichnung *Kühl* NJW **1987** 739; ähnlich die von *Kleinknecht/Meyer*[38] § 163 d verwendete Bezeichnung „Netzfahndung".

[11] So zutreffend *Rogall* NStZ **1986** 387; *Kühl* NJW **1987** 739. Die von *Rogall* (aaO. Fußn. 27) wohl eher ironisch verwendete Bezeichnung „Reusenfahndung" ist inzwischen von *Roxin*[20] § 10 B I 2 a und *Kühl* aaO. übernommen worden; zur Präzisierung des Sachverhalts trägt sie nicht bei; vgl. auch Abg.

Hirsch BT-Plenarprot. **10** 202, S. 15520, der den Begriff „computergestützte Ringfahndung" vorschlägt.

[12] *Rogall* NStZ **1986** 388; vgl. auch *Kühl* NJW **1987** 740; *Riegel* CuR **1986** 146.

[13] Insoweit ist die Zulässigkeit nach polizeirechtlichen Vorschriften zu beurteilen; *Rogall* NStZ **1986** 388; vgl. auch § 3 a des Personalausweisgesetzes i. d. F. vom 21. 4. 1986 (BGBl. I 548) und § 17 des Paßgesetzes vom 19. 4. 1986 (BGBl. I 537).

[14] Vgl. näher *Kühl* NJW **1987** 738; *Riegel* CuR **1986** 139.

nahme auch nicht konkret betroffene unverdächtige Personen berührt werden[15], wird wohl zu folgern sein, daß § 163 d trotz seines Charakters als isolierte Vorwegregelung den Bereich der strafverfahrensrechtlichen Datenspeicherung anläßlich von Massenkontrollen abschließend regelt. Aus der Beschränkung der Zulässigkeit auf Grenzfahndung und Kontrollstellen nach § 111 ergibt sich dann im Wege des Umkehrschlusses, daß bei ähnlich strukturierten sonstigen Massenkontrollen, die die Identitätsfeststellung von jedermann ohne Beziehung zu konkreten Anlässen ermöglichen, eine Speicherung von personenbezogenen Daten in Dateien zum Zweck der Strafverfolgung insgesamt unzulässig ist[16]. Das gilt beispielsweise für allgemeine Verkehrskontrollen (§ 36 Abs. 5 StVO), Verkehrskontrollen nach § 55 Abs. 1 Nr. 4 GüKG oder nach allgemeinem Polizeirecht zulässige Kontrollstellen.

7 **d) Charakter und Rechtsnatur.** Strafprozessual stellt die Vorschrift eine zugleich das Verfahren regelnde und den Umfang der Maßnahme begrenzende Eingriffsermächtigung zumindest in das Recht auf informationelle Selbstbestimmung dar. In der datenschutzrechtlichen Terminologie handelt es sich vorrangig[17] um eine Datenverarbeitungs-, namentlich eine Speicher- und Übermittlungsnorm. Sie läßt sich allerdings mindestens auch insoweit als weitergehende Norm verstehen, als sie bei den zu präventiven Zwecken bei einer Grenzfahndung erhobenen Daten auch deren Umwidmung für eine strafverfahrensrechtliche Nutzung und insgesamt die Verarbeitung und Nutzung der gespeicherten Daten in den von ihr bestimmten Grenzen gestattet. Ob man ihr deshalb auch den Charakter einer Erhebungsnorm beilegen will[18], ist eine dogmatische und terminologische Frage, die für die praktische Anwendung ohne Bedeutung ist.

2. Voraussetzungen

8 **a) Allgemeines.** Maßnahmen der Kontrollfahndung im Sinne des § 163 d sind nur zur Aufklärung bestimmter Straftaten (Rdn. 9 ff) zulässig. Dabei gilt für grenzpolizeiliche Kontrollen ein umfangreicherer Straftatenkatalog als bei Kontrollstellen nach § 111[19]. Hinsichtlich dieser Straftaten ist ein höherer als der bloße Anfangsverdacht im Sinne des § 152 Abs. 2 erforderlich (Rdn. 15). Notwendig ist ferner für die konkrete Erfolgstauglichkeit (Rdn. 16 f) und zu beachten ist der Verhältnismäßigkeitsgrundsatz (Rdn. 18 f). Anders als § 81 c Abs. 2, § 100 a enthält die Vorschrift **keine Subsidiaritätsklausel**; es ist also nicht Voraussetzung, daß die Sachverhaltsaufklärung auf andere Weise (wesentlich) erschwert wäre[20].

9 **b) In Betracht kommende Straftaten.** Nach dem Vorbild der §§ 100 a, 111 ist die Zulässigkeit der Maßnahme an einen Straftatenkatalog geknüpft, der allerdings nicht selbständig ausformuliert, sondern durch Verweisung auf die §§ 100 a, 111 gebildet worden ist[21]. Der Verdacht einer solchen Straftat besteht auch dann, wenn sie nur (in

---

[15] So ausdrückl. Schriftlicher Bericht des BT-Innenaussch., BT-Drucks. 10 5128, S. 5.

[16] Ebenso *Baumann* StrVert. **1986** 498; wohl auch *Rogall* NStZ **1986** 388.

[17] Weitergehend (*nur* Verarbeitungsnorm) *Baumann* StrVert. **1986** 498; *Rogall* NStZ **1986** 389; ihm folgend *Kühl* NJW **1987** 739.

[18] So die Auffassung des Bundesbeauftragten für den Datenschutz, Schriftlicher Bericht des BT-Innenaussch., BTDrucks. **10** 5128, S. 7; wohl auch *Riegel* CuR **1986** 140 ff; vgl. auch *Kühl* NJW **1987** 742.

[19] Kritik wegen der Enge des Katalogs bei *Rogall* NStZ **1986** 389; zur Katalogbildung auch *Baumann* StrVert. **1986** 497 f und *Kühl* NJW **1987** 741 f.

[20] Zu den Gründen *Rogall* NStZ **1986** 389; kritisch *Riegel* CuR **1986** 145 f.

[21] Zu dieser, insbesondere wegen der Weiterverweisung auf § 129 a StGB wenig übersichtlichen Gesetzgebungstechnik kritisch *Kühl* NJW **1987** 741; *Rogall* NStZ **1986** 389.

strafbedrohter Weise) versucht worden ist[22]. Dagegen reicht eine nach anderen Tatbeständen strafbare, der Vorbereitung einer Katalogtat dienende Tat und wohl auch die bloße nach § 30 StGB strafbare Verabredung einer Katalogtat nicht aus[23].

Das **Verhältnis der** ineinander geschachtelten **Straftatenkataloge** für Grenzkontrollen und Kontrollstellen ist nicht sonderlich klar formuliert, doch wird das Gewollte noch hinreichend deutlich[24]. Der gesamte, in den Nummern 1 und 2 enthaltene Straftatenkatalog gilt nur für grenzpolizeiliche Kontrollen. Dagegen darf bei Kontrollstellen nach § 111 eine Kontrollfahndung nur angeordnet werden, wenn der Verdacht der in Nummer 1 durch Verweisung auf § 111 bezeichneten Straftaten besteht[25]. Offenbar hat der Gesetzgeber die Datenspeicherung anläßlich der Identitätsfeststellung an Kontrollstellen auf den Verdacht solcher Straftaten begrenzen wollen, bei denen eine Kontrollstelle angeordnet werden darf. **10**

Für beide Arten der in der Vorschrift genannten Personenkontrollen (Grenzkontrolle und Kontrollstelle) kommen als **Straftaten** die in § 111 genannten in Betracht, nämlich der Verdacht einer Straftat nach § 129 a StGB (Bildung einer terroristischen Vereinigung) oder eines Raubes mit Schußwaffen (§ 250 Abs. 1 Nr. 1 StGB)[26], sowie ferner die (nach der jeweiligen Fassung) in § 129 a StGB genannten Straftaten[27]. Kontrollfahndung ist deshalb in diesem Fall auch möglich bei dem Verdacht von Straftaten nach den §§ 211, 212, 220 a, 239 a, 239 b, 305 a, 306 bis 308, 310 b Abs. 1, 311 Abs. 1, 311 a Abs. 1, 312, 315, 316 b Abs. 1, 316 c Abs. 1 und 319 StGB. **11**

Für **Grenzkontrollen** (Rdn. 21) ist Kontrollfahndung darüber hinaus bei den waffen- und kriegswaffenrechtlichen Delikten sowie bei den Straftaten nach dem BtMG zulässig, die in **§ 100 a Satz 1 Nr. 3 und 4** genannt sind. Bloße Kontrollstellen nach § 111 rechtfertigen dagegen bei dem Verdacht solcher Straftaten keine Maßnahmen nach § 163 d. Anders liegt es, wo die Kontrollstellenanordnung auch (oder nur) bestimmte Grenzübergänge erfaßt und Personenkontrolle nach § 111 Abs. 1 Satz 2 mit der grenzpolizeilichen Kontrolle zusammenfällt. **12**

Eine **Kontrollstellenanordnung** nach § 111 kann **mit** einer den gleichen Sachverhalt betreffenden **Kontrollfahndung** nach § 163 d **verbunden** werden, die sich dann regelmäßig räumlich und zeitlich auf die deshalb eingerichteten Kontrollstellen beschränken wird. Dazu wird vielfach dann Anlaß bestehen, wenn die auf die Tatverdächtigen hindeutenden Anhaltspunkte nicht sicher genug erwarten lassen, daß die Täter bei bloßer Identitätskontrolle ergriffen werden können, die Datenspeicherung und Auswertung aber konkrete weitere Hinweise für die Tataufklärung ergeben kann. **13**

Die Kontrollstellenanordnung muß aber **nicht die gleiche Straftat** betreffen wie die Anordnung nach § 163 d. Es ist zulässig, aus anderen Gründen zulässigerweise eingerichtete und bestehende Kontrollstellen für eine Kontrollfahndung zu nutzen, dies wohl auch dann, wenn diese Kontrollstellen erst nach der Anordnung der Kontrollfahn- **14**

[22] *Kleinknecht/Meyer*[38] 9; *Rogall* NStZ **1986** 388; zur gleichlautenden Formulierung in § 111 ebenso § 111, 6.

[23] *Kleinknecht/Meyer*[38] 9; *Rogall* NStZ **1986** 388; anders kraft ausdrücklicher gesetzlicher Regelung bei § 100 a; vgl. dazu BGHSt **32** 10, 16.

[24] Der Schriftliche Bericht des BT-Innenaussch., BTDrucks. **10** 5128, S. 7 geht auf das Verhältnis nicht ein; ebensowenig ist es bei der Sachberatung dieser Bestimmung im Innenausschuß während der 97. Sitzung vom

19. 12. 1986 (Prot. 97/30 bis 34) erörtert worden.

[25] Ebenso *Kleinknecht/Meyer*[38] 4; *Rogall* NStZ **1986** 389; *Schoreit* DRiZ **1987** 83.

[26] Die umstrittene Frage, ob darunter auch die räuberische Erpressung mit einer Schußwaffe (§ 255 in Vbdg. mit § 250 Abs. 1 Nr. 1 StGB) fällt, ist wie bei § 111 zu beantworten, s. § 111, 6 mit weit. Nachw.

[27] *Kühl* NJW **1987** 741; *Rogall* NStZ **1986** 388.

Peter Rieß

dung aus anderen Gründen eingerichtet werden, sofern nur die räumliche Begrenzung der Kontrollfahndung (Absatz 3 Satz 4) den Bereich solcher Kontrollstellen mit erfaßt. Jedoch darf selbstverständlich die Existenz einer Anordnung nach § 163 d nicht zum Anlaß genommen werden, eine sonst nicht gerechtfertigte Anordnung nach § 111 zu treffen oder Kontrollstellen länger als von ihrem Ursprungszweck her erforderlich aufrechtzuerhalten.

15   **c) Verdachtsgrad.** Erforderlich ist der durch bestimmte Tatsachen begründete Verdacht, daß eine konkrete Katalogtat begangen worden ist. Nach dem neueren Sprachgebrauch der StPO[28] ist damit eine Verdachtsintensität gemeint, die zwischen dem zur Einleitung eines Ermittlungsverfahrens (§ 160 Abs. 1) ausreichenden Vorliegen zureichender tatsächlicher Anhaltspunkte (Anfangsverdacht, s. § 152, 21 ff) und dem „dringenden Verdacht"[29] liegt, ohne daß bisher eine befriedigende exaktere Bestimmung gelungen ist[30]. Diese nicht nur geringe Wahrscheinlichkeit muß sich darauf beziehen, daß, etwa entsprechend dem prozessualen Tatbegriff, wenn auch mit einem geringeren Maß an Abgrenzungsgenauigkeit, ein strafrechtlich relevanter Lebenssachverhalt vorliegt, und daß dieser die Merkmale eines vom Katalog erfaßten Straftatbestandes erfüllt. Die allgemeine, wenn auch durch bestimmte Tatsachen begründete Annahme, daß nicht näher konkretisierbare Taten dieser Art begangen wurden, reicht nicht aus. Dagegen muß sich der gesteigerte Verdacht nicht gegen eine bestimmte Person als Beschuldigten oder Verdächtigen richten; auch wenn die Täter noch unbekannt sind, ist die Maßnahme zulässig, die ja gerade ihrer Ermittlung und Ergreifung dienen soll.

16   **d) Erfolgstauglichkeit.** Die Maßnahme muß zur Ergreifung des Täters, auch eines Teilnehmers[31], oder sonst zur Aufklärung der Tat führen können. Das ist an sich eine selbstverständliche Ausprägung des Verhältnismäßigkeitsgrundsatzes, der es verbietet, zwecklose belastende Maßnahmen durchzuführen. Die neben der Täterergreifung genannte Möglichkeit der Tataufklärung ist so umfassend formuliert, daß jedes strafverfahrensrechtliche Aufklärungsinteresse erfaßt ist; neben der Auffindung von Beweismitteln (vgl. § 111) genügt auch die Gewinnung von sonstigen Anhaltspunkten, die allein oder zusammen mit den bereits vorhandenen oder noch zu erwartenden Erkenntnissen einen Beitrag zur Sachaufklärung abgeben können. Diese Aufklärungseignung muß aber auf einzelfallbezogene **Tatsachen** gegründet sein; es genügt nicht, daß eine Kontrollfahndung generell geeignet ist, die Aufklärungsmöglichkeiten zu verbessern (vgl. § 111, 10)[31a].

17   **Keine** ausreichende **Erfolgstauglichkeit** ist gegeben, wenn ein tauglicher Beitrag zur Aufklärung nur dann erwartet werden kann, wenn die sich aus Absatz 3 ergebenden Konkretisierungsgrenzen (Rdn. 26, 28, 31) überschritten werden müßten[32]. Liegen etwa bei der Fahndung nach unbekannten Tatverdächtigen, bei denen eine Grenzfahndung nach § 163 d in Betracht kommt, keinerlei Hinweise über den Ort ihres möglichen Grenzübertritts vor, so daß nur eine alle Grenzübergänge erfassende Anordnung Fahndungserfolg verspricht, so fehlt es für die allein zulässige räumlich begrenzte Anordnung (Rdn. 31) an der Erfolgstauglichkeit.

---

[28] § 100 a Satz 1, § 111 Abs. 1 Satz 1, § 112 Abs. 2, § 138 a Abs. 2.

[29] § 111 a Abs. 1 Satz 1, § 112 Abs. 1 Satz 1, Abs. 2 Nr. 3.

[30] Vgl. ergänzend zu diesem Verdachtsgrad § 100 a, 12; § 112, 26 ff; grundsätzlich *Kühne* 170 ff und NJW **1979** 617.

[31] Vgl. für den insoweit gleichen Wortlaut § 111, 6; ebenso *Rogall* NStZ **1986** 389.

[31a] Weitergehend (kriminalistische Erfahrung genügt) *Kleinknecht/Meyer*[38] 10.

[32] Ebenso *Kleinknecht/Meyer*[38] 10; 17; *Rogall* NStZ **1986** 389 (konkrete Erfolgstauglichkeit).

e) Verhältnismäßigkeit. Der letzte Satzteil des Absatz 1 Satz 1 hebt den verfas- **18** sungsmäßigen Grundsatz der Verhältnismäßigkeit (vgl. Einl. Kap. **6** 10 ff), an sich überflüssigerweise, besonders hervor. Der Wortlaut stellt insoweit auf die Bedeutung der Sache ab[33]. Damit ist in erster Linie das Gewicht der konkreten Tat gemeint. Das Gesetz läßt dadurch erkennen, daß trotz der Beschränkung der Kontrollfahndung auf bestimmte, regelmäßig schwerwiegende Delikte die Maßnahme unverhältnismäßig sein kann, wenn der Unrechtsgehalt im konkreten Fall besonders gering ist. In Betracht kommen vor allem, wenn dies bei Anordnung der Maßnahme bereits erkennbar ist, minderschwere Fälle von Vergehen, die teilweise dem Katalog unterfallen, oder andere Tatbestandsverwirklichungen, die im unteren Bereich des jeweils vom Tatbestand erfaß-ten Unrechts liegen. In den Fällen des § 129 a StGB werden vor allem bloße, eher gering-fügige Unterstützungs- und Werbehandlungen (§ 129 a Abs. 3 StGB) die Prüfung der Verhältnismäßigkeit besonders nahelegen; bei Verbrechensverdacht wird die Kontroll-fahndung in aller Regel nicht außer Verhältnis zur Bedeutung der Sache stehen.

Aus der auf die Bedeutung der Sache abstellenden Formulierung darf nicht ge- **19** schlossen werden, daß diese der alleinige Maßstab für die Abwägung sein könne. Da der Verhältnismäßigkeitsgrundsatz ein allgemeines Verfassungsprinzip darstellt, sind viel-mehr auch der Grad der Erfolgstauglichkeit und die Notwendigkeit der Kontrollfahn-dung im Rahmen einer **Gesamtabwägung** mit zu berücksichtigen. Je geringer der Un-rechtsgehalt der aufzuklärenden Straftat wiegt, desto höhere Anforderungen sind an die Notwendigkeit und die Erfolgstauglichkeit der Kontrollfahndung und an die gegen-ständliche, räumliche und zeitliche Begrenzung (Konkretisierungspflicht, s. Rdn. 26, 28, 31) zu stellen.

3. Anlaß und Art der Datenerhebung

a) Allgemeines. Kontrollstellen. Die Vorschrift ermächtigt nur zur Kontrollfahn- **20** dung bei grenzpolizeilichen Kontrollen und bei Personenkontrollen an einer aufgrund des § 111 eingerichteten Kontrollstelle. Sie schließt damit die durch sie geregelte Daten-verwertung bei anderen Massenkontrollen aus (Rdn. 6); die Speicherung von Daten anläßlich individueller Erhebungen beschränkt sie nicht (Rdn. 5). Die grenzpolizeiliche Kontrolle und die Kontrollstelleneinrichtung nach § 111 müssen ihrerseits nach den dafür maßgebenden Rechtsvorschriften rechtmäßig sein. Welche Daten gespeichert, übermittelt und verarbeitet werden dürfen, bestimmt sich dagegen ausschließlich nach § 163 d (Rdn. 24 ff); es hängt nicht davon ab, welche Daten bei der grenzpolizeilichen Kontrolle oder der Kontrollstelle erhoben werden dürfen[34]. So gestattet namentlich § 111 nur die Feststellung der Identität, § 163 d ermächtigt aber darüber hinaus auch zur Speicherung sonstiger aufklärungsrelevanter Umstände, die der Strafverfolgungsbe-hörde bei dieser Gelegenheit bekannt werden.

b) Grenzpolizeiliche Kontrolle. Das BGSG[35] weist den grenzpolizeilichen Schutz **21** des Bundesgebietes (Grenzschutz) grundsätzlich dem Bundesgrenzschutz zu (§ 1 Nr. 1 BGSG). Nach § 2 BGSG umfaßt der Grenzschutz die polizeiliche Überwachung der Grenzen (Nr. 1), die polizeiliche Kontrolle des grenzüberschreitenden Verkehrs ein-

---

[33] Vgl. auch die gleiche Formulierung in § 112 Abs. 1 Satz 2, § 163 b Abs. 2 Satz 2 und die dort. Erl.

[34] Vgl. dazu auch *Baumann* StrVert. **1986** 499.

[35] Gesetz über den Bundesgrenzschutz (Bun-desgrenzschutzgesetz) vom 18. 8. 1972 (BGBl. I 1834) mit spät. Änderungen.

Peter Rieß

schließlich der Überprüfung der Grenzübertrittspapiere[36], der Grenzfahndung[37] und der Beseitigung von Störungen und der Gefahrenabwehr bei einem außerhalb des Bundesgebietes liegenden Ursprung[38] (Nr. 2) sowie die Beseitigung bestimmter Störungen und die Gefahrenabwehr im Grenzgebiet (Nr. 3). Grenzpolizeiliche Kontrolle ist die Durchführung der in **§ 2 Nr. 2 BGSG beschriebenen Aufgaben**, gleichviel, ob sie (regelmäßig) durch den Bundesgrenzschutz selbst oder durch die Zollverwaltung (§ 62 BGSG)[39] oder durch eine Landespolizei (§ 63 BGSG) wahrgenommen wird[40]. Die Grenzüberwachung (§ 2 Nr. 1 BGSG), die Gefahrenabwehr im Grenzgebiet (§ 2 Nr. 3 BGSG) und alle **sonstigen Aufgaben** des Bundesgrenzschutzes stellen **keine grenzpolizeiliche** Kontrolle dar; die dabei gewonnenen Daten unterfallen nicht dem § 163 d.

22   Die **Möglichkeit zur Gewinnung** aufklärungsrelevanter Daten bei grenzpolizeilichen Kontrollen folgt vor allem aus § 17 BGSG[41]:

§ 17 Anhalterecht

(1) [1]Der Bundesgrenzschutz kann eine Person zur Feststellung ihrer Personalien oder ihrer Berechtigung zum Grenzübertritt anhalten. [2]Er kann verlangen, daß mitgeführte Ausweis- und Grenzübertrittspapiere vorgezeigt und ausgehändigt werden.

(2) Der Betroffene kann zur Dienststelle mitgenommen werden, wenn seine Personalien oder seine Berechtigung zum Grenzübertritt auf andere Weise nicht oder nur unter erheblichen Schwierigkeiten festgestellt werden können oder wenn der Verdacht besteht, daß seine Angaben unrichtig sind.

Unter § 163 d fallen aber auch solche personenbezogenen Daten, die von den Grenzschutzbehörden bei grenzpolizeilichen Kontrollen im Rahmen der Inanspruchnahme anderer Zwangsmaßnahmen erhoben werden, so etwa bei erkennungsdienstlichen Maßnahmen (§ 19 BGSG), bei der Gewahrsamnahme (§ 20 BGSG) oder bei Durchsuchungen von Personen (§ 23 BGSG) oder Sachen (§ 24 BGSG).

23   **c)** Auf die **Art der Erhebung der** zu speichernden **Daten** kommt es nicht an. Maßnahmen nach § 163 d sind zulässig, wenn die Daten durch bloße Beobachtung, beispielsweise bei reinen Sichtkontrollen, durch individuelle Abfrage des die Kontrolle durchführenden Beamten, durch Einsicht in die Personalpapiere des zu Kontrollierenden oder durch **automatisches Lesen** maschinenlesbarer Personalpapiere der betroffenen Person gewonnen werden. Letzteres stellt Absatz 1 Satz 2 klar[42]; er enthält die in § 3 a Abs. 2 PersAuswG[43] und § 17 Abs. 2 PaßG[44] vorbehaltene ausdrücklich die Speicherung gestattende gesetzliche Regelung.

---

[36] Vgl. näher *Einwag/Schoen* BGSG² (1984) § 2, 5 ff; *Riegel* Bundespolizeirecht (1985) § 2, 2 b BGSG.

[37] Dazu *Einwag/Schoen* aaO. Rdn. 10.

[38] Dazu *Einwag/Schoen* aaO. Rdn. 12.

[39] Vgl. VO vom 25. 3. 1975 (BGBl. I 1068) mit spät. Änd.; Abdruck bei *Einwag/Schoen* aaO. Anh. F.

[40] Die grenzpolizeiliche Kontrolle obliegt in Bayern der bayerischen Grenzpolizei, in Bremen und Hamburg, begrenzt auf die Kontrolle in den Häfen, der landeseigenen Wasserschutzpolizei; Abdruck der einschlä-

gigen Regelungen bei *Einwag/Schoen* aaO., Anh. F.

[41] Wegen der Einzelheiten s. die Erl. bei *Einwag/Schoen* und *Riegel* (Fußn. 36), je zu § 17 BGSG.

[42] Die ausdrückliche Normierung erklärt sich aus der Entstehungsgeschichte; vgl. zur Bedeutung und Reichweite kontrovers *Riegel* CuR **1986** 140, 143 ff; *Rogall* NStZ **1986** 388.

[43] I. d. F. der Neubek. vom 21. 4. 1986 (BGBl. I 548).

[44] Vom 19. 4. 1986 (BGBl. I 537).

4. Art und Umfang der zu speichernden Daten

a) Allgemeines. Identitätsdaten. Nach § 163 d gespeichert und verarbeitet werden **24** dürfen zunächst die Daten über die **Identität** von (bestimmten, vgl. Rdn. 28) Personen. Zum Begriff der Identität vgl. § 163 b, 13. Zu ihnen gehört bei § 163 d auch die Angabe, wann und wo die Identitätsdaten erhoben worden sind, denn diese Vorschrift regelt den Fall, daß die Daten nicht an Ort und Stelle überprüft und ausgewertet werden können, sondern daß sie zum Zwecke einer späteren Auswertung zu speichern sind. Diese Zwecksetzung späterer Auswertung erfordert zwingend, daß Ort und Zeit der Identitätsfeststellung später feststellbar sein muß.

Die Vorschrift bezieht sich auf Daten über die Identität und auf solche über an- **25** dere aufklärungsrelevante Umstände (Rdn. 26 f), ist also umfassend formuliert. Nach dem Regelungszweck und der Entstehungsgeschichte sind damit jedoch nur **personenbezogene Daten** im Sinne von § 2 Abs. 1 BDSG gemeint, also Einzelangaben über persönliche oder sachliche Verhältnisse einer bestimmten oder bestimmbaren natürlichen Person[45]; Daten über bloß objektive Umstände, die auch im Rahmen möglicher Speicherung und Auswertung keine Rückschlüsse auf bestimmte Personen ermöglichen können, unterfallen nicht den begrenzenden Regelungen des § 163 d, sondern können uneingeschränkt gespeichert und verarbeitet werden. Ein strafverfahrensrechtliches Bedürfnis wird dafür aber allenfalls in Ausnahmefällen bestehen.

b) Andere aufklärungsrelevante Umstände. Zulässig ist ferner die Speicherung **26** und Verarbeitung sonstiger Umstände, die für die Aufklärung der Straftat oder die Ergreifung des Täters von Bedeutung sein können. Damit kommen alle Tatsachen in Betracht, bei denen nicht ausgeschlossen werden kann, daß sie für sich allein oder im Zusammenhang mit anderen Erkenntnissen die Erforschung des Sachverhalts wegen der in der Anordnung beschriebenen Tat fördern können, also eine abstrakt kaum eingegrenzte Befugnis[46]. Sie wird im Einzelfall dadurch eingegrenzt, daß bei der Anordnung der Maßnahme die **Konkretisierungspflicht** (Absatz 3 Satz 2, 3) auch insoweit zu beachten ist[47]. Die anordnende Stelle muß also nach Lage des Einzelfalls die konkreten Umstände so genau bezeichnen, wie dies nach den jeweiligen Aufklärungsnotwendigkeiten möglich ist. Dagegen ist der die Speicherung im Einzelfall vornehmende Beamte nicht berechtigt, hinter der Anordnung zurückzubleiben und von dieser erfaßte Daten nicht zu speichern, weil er sie für nicht aufklärungsrelevant hält; regelmäßig wird ihm der hierzu erforderliche Gesamtüberblick nicht zur Verfügung stehen.

Im einzelnen kommen als aufklärungsrelevante Umstände oder Umstände des An- **27** treffens[48] u. a. in Betracht: Ort, Zeit, Anlaß und Ergebnis der Überprüfung, Begleitpersonen, Reiseziel und Reiseweg, benutzte Fahrzeuge, sonstige mitgeführte Gegenstände und andere verdachtserregende Umstände[49]; ferner die Ergebnisse einer erkennungsdienstlichen Behandlung oder einer Durchsuchung[50]. Erfaßt werden dürfen wohl auch

---

[45] Wegen der Einzelheiten vgl. die Kommentare zum BDSG, z. B. *Simitis/Dammann/Mallmann/Reh*, BDSG³ (1981) § 2, 2 ff.

[46] Kritisch zur Uferlosigkeit der letztlich Gesetz gewordenen Fassung z. B. *Kühl* NJW **1987** 742; *Riegel* CuR **1986** 143; *Rogall* NStZ **1986** 390.

[47] Schriftlicher Bericht des BT-Innenaussch., BTDrucks. **10** 5128, S. 7; *Rogall* NStZ **1986** 391.

[48] So die zunächst erwogene (bessere) Fassung der Vorschrift, vgl. DRiZ **1986** 153; *Rogall* NStZ **1986** 386 Fußn. 13.

[49] *Riegel* CuR **1986** 144; *Rogall* NStZ **1986** 390.

[50] *Kleinknecht/Meyer*³⁸ 5; *Rogall* NStZ **1986** 390.

Peter Rieß

Angaben und Mitteilungen, die die überprüften Personen anläßlich einer Kontrolle selbst machen, ohne dazu verpflichtet zu sein[51]. Zu den Erkenntnissen, die für die Ergreifung des Täters von Bedeutung sein können, gehören auch solche, die allein die Ergreifung eines Teilnehmers befördern können.

28 **c) Personenkreis.** Die Konkretisierungspflicht nach Absatz 3 Satz 2 schränkt die Zulässigkeit der Datenerhebung dahingehend ein, daß der Kreis der Personen, deren Daten gespeichert werden dürfen, nach bestimmten Merkmalen und Eigenschaften möglichst genau bezeichnet werden muß. Das kann, wenn Tatverdächtige oder andere Bezugspersonen bereits namentlich feststehen, durch die Beschränkung auf diese Personen, andernfalls beispielsweise durch die Angabe von Altersgruppen, körperlichen Merkmalen, Berufsangaben, Wohnortangaben, Angaben über das Reiseziel oder über benutzte Fahrzeuge und mitgeführte Gegenstände geschehen. Auch Sachmerkmale allein, sofern sie mit Personen in Verbindung gebracht werden können, können zur Bezeichnung des Personenkreises verwendet werden; so kann bei bloßen Sichtkontrollen die Speicherung der Kennzeichen bestimmter Fahrzeugtypen auch die Begrenzung des Personenkreises (Halter und ermittelbare Fahrer) darstellen. Die Konkretisierung wird in der Regel durch positive Merkmalsbeschreibung erfolgen, sie kann aber auch durch negative Ausgrenzung von Personengruppen, deren Daten nicht gespeichert werden dürfen, vorgenommen werden. Ist sie überhaupt nicht möglich, so ist eine Anordnung nach § 163 d nicht zulässig (Rdn. 17). Gleiches gilt bei einer negativen Abgrenzung, wenn der nicht betroffene Personenkreis nur so beschrieben werden kann, daß praktisch der ganz überwiegende Teil der an den Kontrollstellen vorkommenden Personen von der Anordnung erfaßt wird, etwa, wenn nur Kinder und hochbetagte Personen ausgenommen werden.

29 Zweifelhaft ist, ob sich die Anordnung nur auf jedenfalls potentiell Verdächtige im weitesten Sinne beziehen darf, so daß von vornherein **unverdächtige Personen** ausscheiden[52], worauf die Fassung des Absatz 3 Satz 2, die nur an Tatverdächtige anknüpft, hindeuten könnte. Dagegen ist aber zu bedenken, daß Tataufklärung und Ergreifung des Täters auch durch die Auswertung der Daten von Personen bewirkt werden kann, die zwar selbst unverdächtig sind, bei denen aber persönliche Beziehungen zum Tatverdächtigen bestehen können, etwa Angehörige, Freunde oder auch gutgläubige Werkzeuge bei organisierter Kriminalität.

30 **d) Zeitliche und räumliche Begrenzung.** Zulässig ist nur die Speicherung derjenigen Daten, die **während der Laufzeit der Anordnung** einschließlich einer etwaigen Verlängerung (Rdn. 40 ff) erhoben worden sind. Daten, die vor dem Erlaß der Anordnung erhoben worden sind, dürfen nicht nachträglich nach § 163 d gespeichert oder ausgewertet werden, denn Absatz 1 Satz 1 spricht von „anfallenden", nicht von „angefallenen" Daten[53]. Entsprechendes gilt für Daten, die nach dem Ende der Laufzeit der Anordnung erhoben werden; ist dies vorher geschehen, so können trotz des Fristablaufs die Daten auch alsbald danach noch in die Datei eingespeichert und in den Grenzen des Absatz 3 Satz 2 ausgewertet werden[54].

31 Zulässig ist ferner nur die Speicherung der Daten, die in dem räumlich begrenzten Bereich der Anordnung erhoben worden sind. Diese **räumliche Begrenzung** schreibt

---

[51] Vgl. *Baumann* StrVert. **1986** 498.

[52] So z.B. *Kühl* NJW **1987** 742; *Rogall* NStZ **1986** 390; wohl auch *Kleinknecht/Meyer*[38] 4; a. A wohl (aber zweifelnd) *Baumann* StrVert. **1986** 498.

[53] Anders die ursprünglich vorgeschlagene Fassung, vgl. DRiZ **1986** 153; *Rogall* NStZ **1986** 386 Fußn. 13.

[54] A. A *Kleinknecht/Meyer*[38] 19; *Rogall* NStZ **1986** 391.

Absatz 3 Satz 4 zwingend vor; sie darf nicht in der Weise umgangen werden, daß im Ergebnis nur verhältnismäßig unbedeutende Teile des Bundesgebietes von der Anordnung ausgenommen werden, etwa einzelne abgelegene Grenzübergänge oder Landkreise. Im übrigen kann die räumliche Begrenzung, namentlich bei der Kontrollfahndung an Kontrollstellen nach § 111 nach regionalen Merkmalen, aber, insbesondere bei der grenzpolizeilichen Kontrolle, auch durch die Bezeichnung des oder der Nachbarländer oder der Art der Grenzübergänge, etwa in Form der Beschränkung auf Flughäfen, vorgenommen werden. Wird eine Kontrollfahndungsanordnung mit einer den gleichen Sachverhalt betreffenden Kontrollstellenanordnung nach § 111 verbunden (Rdn. 13), so wird in der Regel die Kontrollfahndung auf die aufgrund dieser Anordnung einzurichtenden Kontrollstellen beschränkt werden; rechtlich notwendig ist dies allerdings nicht.

5. Verarbeitung der Daten

a) Allgemeines. Die Vorschrift beschreibt in teilweise wechselnder Terminologie **32** und an verschiedenen Stellen, was mit den zulässigerweise erhobenen personenbezogenen Daten geschehen darf. Sie dürfen (zeitlich begrenzt) in einer Datei gespeichert (Absatz 1 Satz 1), an Strafverfolgungsbehörden übermittelt (Absatz 1 Satz 3) und für bestimmte Zwecke ausgewertet, genutzt oder verwendet werden (Absatz 1 Satz 1, Absatz 4 Satz 4, 5, Absatz 5), wobei diese drei Begriffe wohl im wesentlichen gleichbedeutend gebraucht werden[55]. Die Daten sind schließlich unter bestimmten Voraussetzungen zu löschen. In datenschutzrechtlicher Terminologie regelt die Vorschrift daher die Datenverarbeitung[56], also die Speicherung, Übermittlung, Veränderung und Löschung und damit, soweit ihr Anwendungsbereich reicht (Rdn. 5 f), abgesehen von der Erhebung, den Umgang mit diesen Daten abschließend.

b) Speicherung in einer Datei. Nach der Legaldefinition des § 2 Abs. 2 Nr. 1 **33** BDSG ist **Speicherung** das Erfassen, Aufnehmen oder Aufbewahren der Daten auf einem Datenträger zum Zwecke ihrer weiteren Verwendung. § 163 d ist jedoch nicht auf jede Speicherung anwendbar, sondern nur auf eine solche in einer Datei. Die Speicherung in der Form, daß die Daten lediglich ohne Zwischenschaltung einer Datei schriftlich notiert und diese schriftlichen Aufzeichnungen später für Ermittlungszwecke genutzt oder in Akten eingefügt werden, unterfällt nicht den begrenzenden Regelungen des § 163 d.

Eine **Datei** im Sinne des § 2 Abs. 3 Nr. 3 BDSG ist jede gleichartig aufgebaute **34** Sammlung von Daten, die nach bestimmten Merkmalen erfaßt und geordnet, nach anderen bestimmten Merkmalen umgeordnet und ausgewertet werden kann, ungeachtet der dabei angewendeten Verfahren. Dazu würde auch jede manuell hergestellte Handkartei der Strafverfolgungsbehörden gehören, die nach dem erkennbaren Zweck der Vorschrift und ihrer Entstehungsgeschichte nicht erfaßt sein soll[57]. Man wird deshalb hier von einem **engeren Dateibegriff** ausgehen müssen, der nur solche Dateien umfaßt,

---

[55] Vgl. auch *Rogall* NStZ **1986** 389 (gemeint sei „Verarbeitung").

[56] Vgl. § 1 Abs. 1 BDSG; näher *Simitis/Dammann/Mallmann/Reh* (Fußn. 45) § 1, 18 a ff.

[57] Vgl. auch *Kleinknecht/Meyer*[38] 4 (automatisiertes Informationssystem); *Riegel* CuR **1986** 144; *Rogall* NStZ **1986** 389; wo ebenso wie bei allen Erörterungen in Gesetzgebungsverfahren fast ausschließlich von der

Speicherung und Verarbeitung in automatisierter Form die Rede ist, die mit der ursprünglichen Konzeption der Regelung in § 3 a PersAuswG (vgl. *Riegel* CuR **1986** 139) ohnehin notwendig verbunden war. Für eine Erweiterung der Regelungen des § 163 d auf Speicherung in nicht automatisierten Dateien finden sich im Gesetzgebungsverfahren keine Anhaltspunkte.

Peter Rieß

die in einem automatisierten Verfahren, namentlich durch Eingabe in Datenträger in elektronisch oder sonst nicht unmittelbar wahrnehmbarer Form betrieben werden[58].

35   Wegen der besonderen Löschungsregelungen und Nutzungsbeschränkungen muß für jedes Strafverfahren, in dem aufgrund einer Anordnung nach § 163 d Daten gespeichert werden, eine rechtlich **gesonderte Datei** eingerichtet werden; das gilt im Fall der Übermittlung an andere Strafverfolgungsbehörden nach Absatz 1 Satz 3 auch für den Empfänger von Daten[59]. In welcher Form diese Trennung von anderen Daten technisch vorgenommen wird, ist nicht von Bedeutung. Die Daten können also auch in anderen Datensammlungen eingespeist werden, wenn durch technische oder organisatorische Vorkehrungen sichergestellt ist, daß ein durch § 163 d nicht gestatteter Zugriff auf sie verhindert wird. Auf diese getrennt zu führende Sonder- und Kurzzeitdatei bezieht sich die Löschungspflicht (Absatz 4 Satz 2, 3; vgl. Rdn. 61 f). Bei **welcher Behörde** die Speicherung vorgenommen wird, schreibt das Gesetz nicht vor; zulässig ist beispielsweise die Speicherung bei zentralen oder lokalen Polizeibehörden einschließlich des Bundesgrenzschutzes (im Falle der grenzpolizeilichen Kontrolle), aber auch, sofern die technischen Voraussetzungen vorhanden sind, bei der das Verfahren betreibenden Staatsanwaltschaft, etwa in staatsanwaltschaftlichen Informationssystemen[59a].

36   Bei der Datenerhebung an Kontrollstellen nach § 111 gilt für **unverdächtige Personen** an sich das Vernichtungsgebot nach § 163 c Abs. 4. Soweit eine Anordnung nach § 163 d vorliegt, geht die damit gestattete Speicherung als lex spezialis vor[60]. Erfolgt die Identitätsfeststellung nach den §§ 163 b, 163 c dagegen im Rahmen einer einzelfallbezogenen Maßnahme und nicht an einer Kontrollstelle, so gilt § 163 c Abs. 4 uneingeschränkt, da für diesen Fall eine Kontrollfahndung nicht zulässig ist.

37   **c) Übermittlung** ist das Bekanntgeben gespeicherter oder durch Datenverarbeitung unmittelbar gewonnener Daten an Dritte in der Weise, daß die Daten durch die speichernde Stelle weitergegeben oder zur Einsichtnahme, namentlich zum Abruf bereitgehalten werden (§ 2 Abs. 2 Nr. 2 BDSG)[61]. Sie ist nach Absatz 1 Satz 3 nur an Strafverfolgungsbehörden zulässig, also an Strafgerichte, Staatsanwaltschaften und Polizeibehörden, soweit letztere Aufgaben der Strafverfolgung wahrnehmen und nur für diesen Zweck. Strafverfolgungsbehörde ist auch die Finanzbehörde, soweit sie das Ermittlungsverfahren nach § 386 Abs. 2, § 399 AO selbständig führt; doch kommt eine Übermittlung an sie allenfalls bei steuerstrafrechtlich relevanten Zufallserkenntnissen im Sinne des Absatzes 4 Satz 5 in Betracht. Stets und ohne Ausnahme unzulässig ist die Übermittlung der Daten an Polizeibehörden zu präventiv-polizeilichen Zwecken, an Nachrichtendienste und Verfassungsschutzbehörden und an andere Behörden. Wegen der Grenzen des Übermittlungsverbots vgl. Rdn. 62, 73.

38   Trotz des scheinbar weitergehenden Wortlauts ist die **Übermittlung an Strafverfolgungsbehörden nicht unbeschränkt** zulässig. Das ergibt sich aus den Grenzen der Nutzung nach Absatz 4 Satz 4 und 5 in Vbdg. mit dem auch hier zu beachtenden Ver-

---

[58] Vgl. auch § 19 Abs. 4 Satz 1 BDSG (automatisch betriebene Dateien). Zum Begriff der automatischen oder automatisierten Datenverarbeitung vgl. näher *Simitis/Dammann/Mallmann/Reh* (Fußn. 45) § 6, 60 ff.

[59] *Kleinknecht/Meyer*[38] 2 (Kurzzeit-Datei); *Rogall* NStZ **1986** 390; *Schoreit* DRiZ **1987** 83 (Sonderdatei); **a. A** wohl *Baumann* StrVert. **1986** 497, der davon auszugehen scheint, daß

die Daten ohne besondere Vorkehrungen in das INPOL-System eingespeist werden könnten; unklar *Riegel* CuR **1986** 142 f.

[59a] *Kleinknecht/Meyer*[38] 6.

[60] *Rogall* NStZ **1986** 390 Fußn. 60.

[61] Zu Einzelheiten des Begriffs vgl. *Simitis/Dammann/Mallmann/Reh* (Fußn. 45) § 2, 91 ff.

hältnismäßigkeitsprinzip. Da die ursprünglich gespeicherten Daten nur für das Strafverfahren, für das sie erhoben worden sind (Rdn. 67 f), gezielt genutzt werden dürfen, besteht kein Anlaß, sie an Strafverfolgungsbehörden zu übermitteln, die mit diesem Verfahren nicht befaßt sind[61a]. Die speichernde Stelle (§ 2 Abs. 3 Nr. 1 BDSG) darf die gesamten gespeicherten Daten jedenfalls an die Staatsanwaltschaft und die Polizeibehörden übermitteln, denen die Strafverfolgung im konkreten Verfahren obliegt; dem Bundeskriminalamt immer dann, wenn dies polizeiliche Strafverfolgungsaufgaben nach § 5 Abs. 2, 3 BKrimAG wahrnimmt. Ob sie ihm darüber hinaus im Hinblick auf seine Befugnisse nach § 2 Abs. 1 Nr. 1 bis 3 BKrimAG stets übermittelt werden dürfen, ist nicht ganz unzweifelhaft, aber wohl zu bejahen. **Einzelne Daten**, die als Zufallserkenntnisse nach der Auswertung gemäß Absatz 4 Satz 5 für andere Strafverfahren verwendet werden dürfen, dürfen auch den mit diesen Verfahren befaßten Strafverfolgungsbehörden und den Strafvollstreckungsbehörden übermittelt werden.

d) Auswertung. Zum Zwecke der Nutzung in dem Strafverfahren, für das die **39** Daten erhoben sind (Rdn. 67 f), dürfen sie ausgewertet werden. Zulässig ist dabei die Überprüfung der gespeicherten Angaben auf ihre Aufklärungsrelevanz, gleichviel, ob dies mit herkömmlichen Mitteln oder in automatisierten Verfahren geschieht. Sie dürfen dabei auch mit anderen staatsanwaltschaftlichen oder polizeilichen Datenbeständen automatisiert abgeglichen werden[62], ggf., wenn dies für die Sachaufklärung in beiden Verfahren erforderlich ist, auch mit Daten aus einer Kontrollfahndung in einem anderen Verfahren. Die Auswertung wird durch die mit dem konkreten Strafverfahren befaßte Strafverfolgungsbehörde veranlaßt[63]. **Ziel** der Auswertung darf nur die Gewinnung von Erkenntnissen für das jeweilige Strafverfahren sein[64].

6. Dauer und Wiederholung der Maßnahme. Aus dem Verhältnismäßigkeitsgrund- **40** satz und der Voraussetzung der Erfolgstauglichkeit folgt, daß die Maßnahme schon bei ihrer Anordnung höchstens auf den Zeitraum bemessen werden darf, innerhalb dessen mit einem Aufklärungserfolg realistischerweise zu rechnen ist; das ist jeweils nach den konkreten Umständen des Einzelfalles zu beurteilen. Das **Beendigungsgebot** des Absatzes 4 Satz 1 (Rdn. 57 f) rechtfertigt es nicht, die Frist bei der Anordnung besonders großzügig zu bemessen. Eine längere Frist als drei Monate darf mit der Anordnung nicht verbunden werden (Absatz 3 Satz 4).

Absatz 3 Satz 5 gestattet es, die Dauer der **Anordnung** einmal **zu verlängern**, also **41** die Fortdauer der Maßnahme über den ursprünglich vorgesehenen Endtermin hinaus anzuordnen, soweit im Zeitpunkt dieser Entscheidung die Anordnungsvoraussetzungen (Rdn. 8 ff) weiterhin vorliegen. Auch hierbei ist die neue Frist nach den konkreten Bedürfnissen des jeweiligen Verfahrens zu bemessen; daß die Verlängerung 3 weitere Monate umfassen, die Maßnahme also insgesamt 6 Monate andauern darf, berechtigt nicht dazu, die Höchstfristen schematisch auszuschöpfen. Eine **mehrmalige Verlängerung** ist nach dem eindeutigen Wortlaut selbst dann nicht zulässig, wenn, weil die Fristen kurz

---

[61a] Ebenso *Kleinknecht/Meyer*[38] 13 (kein beliebiger Datentransfer an andere Strafverfolgungsbehörden).

[62] *Rogall* NStZ **1986** 389 (kritisch zum Begriff der „Auswertung"); *Schoreit* DRiZ **1987** 83; vgl. auch *Kühl* NJW **1987** 742; *Kleinknecht/Meyer*[38] 7 hält anscheinend nur die Verarbeitung im automatisierten Informationssystem für zulässig.

[63] Zu der (unpräzisen) Formulierung in Absatz 4 Satz 5 („Auswertung durch die speichernde Stelle") vgl. Rdn. 70.

[64] Zum Begriff des Strafverfahrens s. Rdn. 67, wegen der Verwertung von Zufallserkenntnissen s. Rdn. 70 ff.

bemessen worden sind, die Höchstfristen dadurch bei weitem nicht ausgeschöpft werden[64a]. Die Verlängerung kann **nur der Richter** anordnen; die Eilkompetenz nach Absatz 2 Satz 1 gilt schon ihrem Wortlaut nach nicht, auch kann Gefahr im Verzuge in dieser Situation nicht vorkommen.

42   Zweifelhaft und vom Gesetz nicht geregelt ist, ob die **Anordnung** einer Kontrollfahndung in demselben Strafverfahren (d. h. wegen derselben prozessualen Tat, s. Rdn. 67 f) jedenfalls dann **wiederholt** werden darf, wenn insgesamt die 6-monatige Höchstfrist nicht überschritten wird. Dagegen spricht, daß auf diese Weise das Verbot der mehrmaligen Verlängerung unterlaufen werden könnte. Andererseits wäre nicht recht verständlich, warum eine einmalige Anordnung, die möglicherweise alsbald beendet werden kann, weil ihre gegenwärtige Zwecklosigkeit erkannt oder durch die Ergreifung eines von mehreren Mittätern ihr Zweck erreicht wird, die Kontrollfahndung für das gesamte weitere Verfahren verbrauchen soll. Die besseren Gründe dürfen deshalb wohl dafür sprechen, eine Wiederholung der Anordnung dann als zulässig anzusehen, wenn sich aufgrund neuer Erkenntnisse neue Ansatzpunkte für die Erfolgsaussicht ergeben und soweit insgesamt eine Dauer von sechs Monaten nicht überschritten wird.

7. Anordnungskompetenz. Richterliche Bestätigung

43   **a) Richterliche Anordnung.** In der schließlich Gesetz gewordenen Fassung[65] erfordert die Kontrollfahndung (außer bei Gefahr im Verzug, Rdn. 44) eine richterliche Anordnung. **Zuständig** ist im Ermittlungsverfahren der nach § 162 Abs. 1 Satz 2 zuständige Richter bei dem Amtsgericht, in dessen Bezirk die Staatsanwaltschaft ihren Sitz hat, in den Fällen des § 169 auch der Ermittlungsrichter des OLG oder des BGH. Die Anordnung darf, wenn nicht die Voraussetzungen des § 165 vorliegen nur ergehen, wenn die Staatsanwaltschaft sie beantragt. Der **Antrag** muß die nach Absatz 3 Satz 2 bis 4 erforderlichen Konkretisierungen bezeichnen, über die der Richter in der Anordnung nicht hinausgehen darf. Dem Richter steht nur die Prüfung der Rechtmäßigkeit, nicht der Zweckmäßigkeit der beantragten Maßnahme (§ 162 Abs. 3) zu. Dazu gehört aber auch die Beurteilung der Erfolgstauglichkeit und der Verhältnismäßigkeit; sie kann Veranlassung geben, die konkretisierenden Merkmale enger als von der Staatsanwaltschaft beantragt zu bestimmen. Eine Kontrollfahndung **nach Erhebung der Klage** dürfte praktisch kaum in Betracht kommen; rechtlich ausgeschlossen ist sie wohl nicht. Zuständig für die Anordnung wäre in diesem Fall das Gericht, bei dem das Verfahren anhängig ist.

44   **b) Nichtrichterliche Anordnung.** Bei Gefahr im Verzuge[66] kann die Kontrollfahndung auch durch die Staatsanwaltschaft oder einen Hilfsbeamten der Staatsanwaltschaft angeordnet werden. Das Gesetz schreibt nicht ausdrücklich vor, daß die Hilfsbeamten der Staatsanwaltschaft die Anordnung erst treffen dürfen, wenn **kein Staatsanwalt erreichbar** ist, doch dürfte sich dies aus der Verantwortung der Staatsanwaltschaft für das Ermittlungsverfahren[67] sowie aus der Entstehungsgeschichte der Vorschrift ergeben. Diese sah in ihrer ursprünglichen Fassung ohne Richtervorbehalt eine Anordnungskompetenz der Staatsanwaltschaft und lediglich eine Eilkompetenz der Hilfsbeamten vor[68]. Die spätere Einführung des Richtervorbehalts enthält keine Hinweise darauf, daß

[64a] *Kleinknecht/Meyer*[38] 19.

[65] Die zunächst vorgelegte Fassung (vgl. *Rogall* NStZ **1986** 386 Fußn. 13) sah in Absatz 2 eine originäre Anordnungskompetenz der Staatsanwaltschaft mit Eilkompetenz ihrer Hilfsbeamten und lediglich die Notwendig-

keit einer richterlichen Bestätigung nach einer Dauer von mehr als drei Tagen vor.

[66] Zu den Voraussetzungen vgl. § 98, 35 f.

[67] Ebenso § 98, 33; § 111, 16 mit Nachw. auch der Gegenmeinung.

[68] Vgl. Fußn. 65.

dieses Stufenverhältnis geändert werden sollte[69]. Ist in Eilfällen kein Staatsanwalt, wohl aber der zuständige Richter erreichbar, so verfährt die Polizei nach § 163 Abs. 2 (vgl. § 165, 13).

c) Bestätigung durch den Richter. Die nichtrichterliche Anordnung bedarf der **45** richterlichen Bestätigung, die unverzüglich zu beantragen ist (Rdn. 47 f). Sie ist nach Absatz 3 Satz 3 stets erforderlich, wenn die Kontrollfahndung länger als drei Tage aufrechterhalten werden soll[70]. Für die Frist ist § 42 maßgebend; wird die nichtrichterliche Anordnung beispielsweise an einem Montag erlassen, so endet die Frist am Donnerstag, 24.00 Uhr. § 43 Abs. 2 dürfte unanwendbar sein[71]. Die Fristverlängerung bei arbeitsfreien Tagen soll den normalen Geschäftsbetrieb und insbesondere den Verkehr des rechtsuchenden Bürgers mit dem Gericht erleichtern; sie dient nicht dazu, den Strafverfolgungsbehörden eine verlängerte Inanspruchnahme von Eilkompetenzen zu ermöglichen. Die Bestätigung muß vor Fristablauf beschlossen sein; eine **verspätete Bestätigung** ist regelmäßig in eine richterliche Anordnung umzudeuten, die vom Zeitpunkt ihres Erlasses an wirksam wird[72].

Maßstab für die Entscheidung über die **Bestätigung** ist (wie bei der richterlichen **46** Anordnung) nach § 162 Abs. 3 nur die Rechtmäßigkeit (einschließlich der Erfolgstauglichkeit und Verhältnismäßigkeit), nicht die Zweckmäßigkeit der Kontrollfahndung, und zwar grundsätzlich im Zeitpunkt der Bestätigung. Die Bestätigung ist also abzulehnen, wenn die Anordnung *nicht mehr* gerechtfertigt ist. Der Richter hat aber auch zu prüfen, ob sie ursprünglich materiell gerechtfertigt war, weil andernfalls ein Verwertungsverbot entsteht (vgl. Rdn. 50, 75). In dem (praktisch seltenen) Fall, daß die nichtrichterliche Anordnung rechtswidrig war, im Zeitpunkt der Bestätigungsentscheidung aber die Voraussetzungen für die Kontrollfahndung vorliegen, muß, um die Unverwertbarkeit der bisher erhobenen Daten sicherzustellen, die Bestätigung abgelehnt und gleichzeitig eine neue richterliche Kontrollfahndungsanordnung mit Wirkung ex nunc getroffen werden, für die der erforderliche staatsanwaltschaftliche Antrag regelmäßig im Bestätigungsantrag gesehen werden kann. War die Kontrollfahndung mit einer den gleichen Sachverhalt betreffenden Kontrollstellenanordnung verbunden gewesen (Rdn. 13), so ist bei der Bestätigung als Vorfrage auch über die Rechtmäßigkeit der Kontrollstellenanordnung mit zu entscheiden. Die Anordnung kann auch in **modifizierter Form** bestätigt werden, indem eine engere Konkretisierung der betroffenen Personen (Absatz 2 Satz 2) oder der räumlichen Begrenzung (Absatz 2 Satz 4) vorgenommen wird; darin liegt hinsichtlich des überschießenden Teils eine Nichtbestätigung. Einen weiteren Anwendungsbereich darf der Richter im Bestätigungsverfahren nur bestimmen, wenn die Staatsanwaltschaft dies beantragt.

Die richterliche Bestätigung ist stets **von der Staatsanwaltschaft zu beantragen,** **47** auch wenn die Anordnung von ihren Hilfsbeamten getroffen worden ist. Damit die Staatsanwaltschaft ihrer Verpflichtung zur unverzüglichen Antragstellung (Absatz 2 Satz 2) nachkommen kann, muß die Polizei sie auf dem schnellstmöglichen Wege unter-

---

[69] In dieser Richtung wohl auch der im Schriftlichen Bericht des BT-Innenaussch., BT-Drucks. 10 5128, S. 7 enthaltene Hinweis, daß die Anordnung durch einen Hilfsbeamten der Staatsanwaltschaft nur bei einem Eilfall im örtlichen Bereich zum Zuge käme.

[70] S. auch die gleichartigen Regelungen in § 100 Abs. 2, § 100 b Abs. 1 Satz 3 und § 111 n

Abs. 1 Satz 3 und dazu die Erl. § 100, 11; 28; § 111 n, 10 ff.

[71] Ebenso zu § 100 *Kleinknecht/Meyer*[38] § 100, 7; **a. A** LR-*G. Schäfer* § 100, 28; § 111 n, 11 und zu § 111 n *Kleinknecht/Meyer*[38] § 111 n, 4.

[72] So die allg. M zu den §§ 100, 111 n; vgl. mit weit. Nachw. § 100, 15; § 111 n, 11.

richten. Absatz 2 Satz 2 findet in den vergleichbaren Regelungen (§§ 100, 100 b, 111 n) keine Parallele. Für diese ist anerkannt, daß die Staatsanwaltschaft die Bestätigung nur dann zu beantragen braucht, wenn die Maßnahme länger als drei Tage andauern soll. Bei § 163 d gilt dies nicht; Absatz 2 Satz 2 verpflichtet die Staatsanwaltschaft jedenfalls zur Antragstellung, wenn eine richterliche Bestätigung noch vor Ablauf der Dreitagesfrist möglich ist und wenn die Staatsanwaltschaft die Anordnung nicht von sich beendet. Wird beispielsweise eine nichtrichterliche Anordnung an einem Montagabend getroffen, und von vornherein bis Donnerstag befristet, so muß die Staatsanwaltschaft am Dienstag die richterliche Bestätigung beantragen, weil eine richterliche Bestätigung (oder Nichtbestätigung) noch innerhalb der Laufzeit erreichbar ist. Aus dem Zweck des Absatz 2 Satz 2 folgt ferner, daß **auch** der **Richter** die Entscheidung über die Bestätigung **unverzüglich** zu treffen hat.

48   Ob die Staatsanwaltschaft auch dann die richterliche Bestätigung beantragen muß, wenn feststeht, daß die **Anordnung** im frühestmöglichen Zeitpunkt der richterlichen Entscheidung **nicht mehr vollzogen wird**, ist trotz des Wortlauts der Vorschrift zweifelhaft und wird auch durch die Gesetzesmaterialien nicht eindeutig erhellt[73]. Einen Sinn hätte eine solche Auslegung nur dann, wenn eine nicht bestätigte nichtrichterliche Anordnung in jedem Fall auch hinsichtlich der während ihrer Laufzeit erhobenen Daten rückwirkend mit der Folge unwirksam wäre, daß diese Daten überhaupt nicht genutzt werden dürften. Das ist aber mit dem klaren Wortlaut des Satzes 3 unvereinbar, wonach die Anordnung ohne richterliche Bestätigung nach drei Tagen „außer Kraft" tritt, die in der Zwischenzeit gewonnenen Erkenntnisse also verwertbar bleiben[74]. Eine richterliche Bestätigung braucht daher **nicht beantragt zu werden**, wenn die Staatsanwaltschaft die Anordnung aufhebt, oder wenn sie so befristet ist, daß ihr Endzeitpunkt vor dem Zeitpunkt der (frühstmöglichen) richterlichen Entscheidung liegt[75].

49   **d) Nichtbestätigung der Anordnung.** Wird die Anordnung nicht vom Richter bestätigt, so tritt sie, auch ohne ihre ausdrückliche Aufhebung, nach Ablauf der Dreitagesfrist automatisch außer Kraft mit der Folge, daß weitere Daten nicht mehr erhoben werden dürfen und im übrigen nach Absatz 4 Satz 1 bis 3 zu verfahren ist[76]. Dies gilt unabhängig davon, ob die beantragte Bestätigung vom Richter verweigert wird, oder ob die Staatsanwaltschaft, weil der Zweck der Maßnahme erreicht ist oder die Voraussetzungen für die Anordnung weggefallen sind, die Bestätigung nicht beantragt. Gleiches muß gelten, sobald der Richter vor Ablauf der Dreitagesfrist die Bestätigung ablehnt.

50   Hinsichtlich der Wirksamkeit der zwischenzeitlich getroffenen **Maßnahmen** ist zu unterscheiden. Lehnt der Richter die Bestätigung ab, weil er die Voraussetzungen *nicht mehr* für vorliegend erachtet oder den Zweck der Maßnahme für erreicht hält, oder sieht die Staatsanwaltschaft aus diesem Grunde davon ab, die Bestätigung zu beantra-

---

[73] Vgl. dazu Schriftlichen Bericht des BT-Innenaussch., BTDrucks. **10** 5128, S. 7; Protokoll über die 97. Sitzung des Innenaussch. vom 19. 2. 1986, S. 97/34 ff.

[74] Ebenso wohl auch *Rogall* NStZ **1986** 391. Auch die im BT-Innenaussch. (vgl. Fußn. 73) gepflogenen (kontroversen) Beratungen beziehen sich nicht auf die Verwertbarkeit, sondern auf die alsbaldige Löschung; unklar insoweit auch der Schriftliche Bericht des BT-Innenaussch., BTDrucks. **10** 5128, S. 7. Ein zweifelsfreier gesetzgeberischer Wille,

der eine andere Auslegung tragen könnte, ist den Materialien nicht zu entnehmen.

[75] Zur Wirksamkeit und Verwertbarkeit vgl. Rdn. 50, 75.

[76] *Riegel* CuR **1986** 145; *Rogall* NStZ **1986** 391; ihm folgend *Kühl* NJW **1987** 743; unklar insoweit der Schriftliche Bericht des BT-Innenaussch., BTDrucks. **10** 5128, S. 7, wo zweifelhaft bleibt, ob die als Konsequenzen des Außerkrafttretens bezeichnete Löschung die in Absatz 4 Satz 2 gemeinte ist.

gen, so gilt uneingeschränkt Absatz 2 Satz 3, nach dem die Anordnung „außer Kraft" tritt, also bis dahin wirksam war. Erlangte Erkenntnisse dürfen deshalb in den Grenzen des Absatzes 4 Satz 2, 4 und 5 verwendet werden[76a]. Lehnt der Richter dagegen die Bestätigung ab, weil die Voraussetzungen für den Erlaß der Anordnung von vornherein nicht vorgelegen haben, so erweist sich die Anordnung als von Anfang an rechtswidrig mit der Folge, daß auch die zwischenzeitlich erlangten Erkenntnisse nicht genutzt werden dürfen[77]. Das Gleiche gilt, wenn bereits die Staatsanwaltschaft aus diesem Grunde von einer Antragstellung absieht. Wegen dieser unterschiedlichen Rechtsfolgen muß die Entscheidung des Richters, der die Bestätigung ablehnt, den Grund hierfür erkennen lassen.

8. Form und Inhalt der Anordnung

a) Schriftform. Die Anordnung muß, ebenso wie die nach §100b Abs. 2 Satz 1 **51** (vgl. dazu §100b, 3) schriftlich ergehen, auch wenn sie von der Staatsanwaltschaft oder ihren Hilfsbeamten erlassen wird. Die durch sie zugelassenen Maßnahmen dürfen erst beginnen, wenn sie schriftlich vorliegt; die Übermittlung an die mit der Erhebung und Speicherung beauftragten Stellen kann danach auch mündlich geschehen. Sofern es wegen des Beginns der Zulässigkeit der Datenspeicherung (vgl. auch Rdn. 30) darauf ankommen kann, sollte die genaue Uhrzeit der schriftlichen Anordnung in dieser vermerkt werden. Die schriftliche Anordnung ist zu den Verfahrensakten zu nehmen.

b) Inhalt. Konkretisierungspflicht. Absatz 3 Satz 2 bis 4 regelt (nicht ganz vollstän- **52** dig und wenig klar) den Inhalt des bestimmenden Teils sowohl für die richterliche als auch für die nichtrichterliche Anordnung. Es versteht sich, obwohl dies nicht ausdrücklich vorgeschrieben ist, von selbst, daß die Anordnung das Verfahren, in dem sie ergeht und den **Verfahrensgegenstand**, also das historische Geschehen, das den Verdacht der Katalogtat begründet, bezeichnen muß. So genau, wie nach Lage des Einzelfalls möglich, sind ferner im Rahmen der **Konkretisierungspflicht** die aufklärungsrelevanten **Umstände** im Sinne des Absatz 1 Satz 1 (vgl. Rdn. 26 f), der von der Anordnung betroffene **Personenkreis** (vgl. Rdn. 28) und die **räumliche Begrenzung** (vgl. Rdn. 41) anzugeben und es ist der Zeitraum festzulegen, für den die Anordnung höchstens gilt (Rdn. 40). Letzteres ist bei einer nichtrichterlichen Anordnung im Hinblick auf Absatz 2 Satz 3 allerdings nur dann erforderlich, wenn dieser auf weniger als drei Tage bemessen werden soll. Dagegen wird man aus dem wenig klaren und sich teilweise mit den Sätzen 2 und 4 überschneidenden Satz 3[78] wohl nicht ableiten können, daß Einzelheiten der Speicherung oder der Übermittlung (Rdn. 35, 38) festzulegen sind[78a]. Zur Frage der Nachkonkretisierung s. Rdn. 46, 54, 57[79].

c) Begründung. Vollstreckung. Die richterliche Anordnung ist zu begründen, weil **53** sie, zumindest rechtlich, beschwerdefähig ist (§34 1. Alternative, vgl. Rdn. 82); auch müssen für das weitere Verfahren die Umstände aktenkundig gemacht werden, aus

---

[76a] **A. A** wohl *Kleinknecht/Meyer*[38] 15 für den Fall, daß es zu keiner Bestätigung kommt, anders aber, wenn die Staatsanwaltschaft die Anordnung aufhebt.

[77] Ebenso *Rogall* NStZ **1986** 391; unklar auch insoweit (weil nur auf die Löschung abstellend) der Schriftliche Bericht des BT-Innenaussch., BTDrucks. 10 5128, S. 8.

[78] Dieser Satz war in der Ursprungsfassung

(vgl. *Rogall* NStZ **1986** 386 Fußn. 13; DRiZ **1986** 153) nicht enthalten; er ist weder in den Ausschußberatungen noch im Schriftlichen Bericht erläutert worden.

[78a] So aber *Kleinknecht/Meyer*[38] 8.

[79] Eine umfassende Pflicht zur Nachkonkretisierung nimmt *Rogall* NStZ **1986** 391 an; ebenso ihm folgend *Kleinknecht/Meyer*[38] 17.

Peter Rieß

denen sich das Vorliegen der Voraussetzungen der Anordnung ergibt. Es muß also, mit der nach Lage des Einzelfalls möglichen Genauigkeit, mindestens angegeben werden, welche Tatsachen den Verdacht einer Katalogtat begründen und welche Tatsachen die Erfolgstauglichkeit begründet erscheinen lassen. Die **Vollstreckung** einer richterlichen Anordnung richtet sich nach § 36 Abs. 2; sie ist also der Staatsanwaltschaft zuzuleiten, die die Polizei beauftragen wird, die erforderlichen Vollzugsmaßnahmen durchzuführen.

54   **d) Bestätigung. Verlängerung. Ablehnung.** Für die Bestätigung einer nichtrichterlichen Anordnung (Absatz 2 Satz 2) und die Verlängerung der Anordnung gelten die inhaltlichen Anforderungen des Absatzes 3 entsprechend. Diese Anordnungen bedürfen ebenfalls der Schriftform. Der Richter hat ferner zu prüfen, ob die Maßnahme (noch) ausreichend konkretisiert ist; verneint er dies, so besteht die Pflicht zur ergänzenden und einschränkenden Konkretisierung (Nachkonkretisierung). Dies folgt für die Verlängerung aus Absatz 3 Satz 5, weil dieser nur zulässig ist, „soweit" die Voraussetzungen fortbestehen. Auch die **Ablehnung** eines Antrags oder eine Bestätigung bedarf der Schriftform und ist, weil beschwerdefähig (vgl. Rdn. 83), zu begründen. Bei der Ablehnung der Bestätigung muß die Begründung wegen der unterschiedlichen Rechtsfolgen (Rdn. 50) erkennen lassen, ob der Richter die Voraussetzungen nicht mehr für gegeben hält oder ob sie schon im Zeitpunkt der Anordnung nicht vorlagen.

9. Beendigung der Maßnahmen

55   **a) Allgemeines.** Absatz 4 regelt in etwas verwirrender und teilweise widersprüchlichen Form nicht ganz vollständig die Beendigung der Kontrollfahndung und der mit ihr verbundenen Maßnahmen sowie die sich daraus ergebenden Konsequenzen. Die Regelung ist insoweit unvollständig, als sie keine Aussagen über die Aufhebung der Anordnung selbst und über die aus dem Ablauf der Anordnungsfrist folgenden Konsequenzen enthält; sie ist (mindestens terminologisch) insoweit verwirrend und zu weitgehend, als sie mit dem Begriff der zu beendenden Maßnahmen eine uneingeschränkte Beendigungspflicht zu normieren scheint, die mit den Nutzungs- und Verwendungsregelungen in den Sätzen 4 und 5 nicht übereinstimmt. Unter Rückgriff auf allgemeine Grundsätze und die Systematik der StPO läßt sich aus dem Gesamtzusammenhang der Vorschrift wohl folgender Regelungsinhalt entnehmen: (1) Die Erhebung, Einspeicherung und Übermittlung der Daten und ihre Auswertung ist bei Wegfall der Anordnungsvoraussetzungen oder Zweckerreichung[80] ohne Rücksicht auf die ursprünglich bestimmte Laufzeit der Anordnung alsbald einzustellen (Satz 1, siehe Rdn. 57 f), die Anordnung ist danach (deklaratorisch) aufzuheben. (2) Ohne Rücksicht auf die Zweckerreichung endet die Befugnis zur Datenerhebung und Verarbeitung später gewonnener Daten mit dem Zeitablauf der Anordnung; zulässig bleibt für maximal drei Monate die automatisierte Speicherung in gesonderten Dateien und die Verarbeitung (s. Rdn. 60, 65). (3) Bei Wegfall der Anordnungsvoraussetzungen, Zweckerreichung oder Aufhebung der Anordnung sind die Daten in den gesonderten automatisierten Dateien spätestens innerhalb von drei Monaten zu löschen; soweit sie für das Strafverfahren aufklärungsrelevant sind, dürfen sie in dessen Akten weiterhin mitgeführt werden (Satz 2, näher Rdn. 62). (4) Zufallsfunde dürfen nach Maßgabe des Satzes 5 nur verwertet werden, so-

---

[80] Nach *Rogall* NStZ **1986** 391 Fußn. 71 ist die Zweckerreichung ein Unterfall des Wegfalls der Voraussetzungen.

lange die Auswertung für die Zwecke des die Anordnung rechtfertigenden Strafverfahrens zulässig ist (Satz 5, näher Rdn. 70 ff).

Absatz 4 bezieht sich, mit Ausnahme des Satzes 3, nur auf **rechtmäßige Anord-** **56** **nungen**, wie die Wendung in Satz 1 zeigt, daß die Voraussetzungen „nicht mehr" vorliegen. Lagen sie von Anfang an nicht vor, so besteht eine uneingeschränkte Löschungspflicht, ein Übermittlungsverbot, ein Auswertungsverbot und ein Verbot der Nutzung etwa gewonnener Erkenntnisse für das Strafverfahren und für Zufallsfunde (vgl. auch Rdn. 78 ff)[81].

b) Beendigung der Maßnahmen bei Wegfall der Voraussetzungen (Satz 1). Die **57** Voraussetzungen für den Erlaß der Anordnung liegen nicht mehr vor, wenn entweder kein durch bestimmte Tatsachen begründeter Verdacht einer Katalogtat mehr besteht, mag auch der Verdacht einer anderen Straftat bestehenbleiben, oder wenn die Erfolgstauglichkeit nicht mehr bejaht werden kann oder wenn die Maßnahme nunmehr unverhältnismäßig wäre. Damit fällt auch die **Zweckverfehlung** unter Satz 1 (vgl. aber Rdn. 59 a. E). Der **Zweck** der Anordnung[82] ist **erreicht**, wenn entweder der Täter ergriffen oder der mittels der Kontrollfahndung erstrebte Aufklärungsgewinn erzielt worden ist. Absatz 4 Satz 1 gilt auch dann, wenn nur ein Teilerfolg erreicht, ein weiterer aber nicht zu erwarten ist. Rechtfertigt der nach einem Teilerfolg noch zu erwartende Aufklärungserfolg nur noch eine nach Personen, Art, Raum oder Zeit enger begrenzte Kontrollfahndung, so folgt aus dem Beendigungsgebot ein **Beschränkungsgebot**. Die Anordnung ist im Wege der Nachkonkretisierung entsprechend einzuschränken[83].

Die **Beendigungspflicht** bei Wegfall der Voraussetzungen besteht unabhängig da- **58** von, ob die Anordnung formal noch besteht; sie verpflichtet das zuständige Strafverfolgungsorgan, die Kontrollfahndung abzubrechen und als Folge hiervon die Aufhebung der richterlichen Anordnung zu beantragen[84]. Zuständig hierfür ist im Ermittlungsverfahren die Staatsanwaltschaft, nicht die Polizei, auch wenn sie die Kontrollfahndung angeordnet hat. Eine Ausnahme gilt nur dann, wenn die Staatsanwaltschaft nicht erreichbar ist und die Beendigungsvoraussetzungen unzweifelhaft vorliegen.

Nach dem Wortlaut des Absatzes 4 Satz 1 betrifft die Beendigungspflicht die **Maß-** **59** **nahmen**. Maßnahmen sind nach Absatz 1 die Erhebung personenbezogener Daten, deren Speicherung in einer Datei, ihre Auswertung und ihre Übermittlung an Strafverfolgungsbehörden. Hierauf kann sich aber die Pflicht zur Beendigung nicht uneingeschränkt beziehen. Daß die Speicherung aufrechterhalten bleiben darf, folgt schon aus Satz 2, zweiter Halbsatz. Im übrigen ist zu unterscheiden: Bei Zweckerreichung oder bei Wegfall des Tatverdachts besteht kein Bedürfnis für weitere Speicherung, Auswertung und Übermittlung, die folglich unverzüglich zu beenden sind. Beruht die Beendigungspflicht darauf, daß **keine weiteren** aufklärungsrelevanten **Erkenntnisse** mehr zu erwarten sind (Wegfall der weiteren Erfolgstauglichkeit), so muß es vom Zweck der Kontrollfahndung her als zulässig angesehen werden, daß die vorher angefallenen Daten noch gespeichert bleiben und ausgewertet und zu diesem Zweck auch übermittelt werden. Die Situation entspricht der der Beendigung der Kontrollfahndung durch Fristablauf.

---

[81] *Rogall* NStZ **1986** 391; vgl. auch Rdn. 75 ff.

[82] Das Gesetz formuliert unpräzise, daß der Zweck der sich aus der Anordnung ergebenden *Maßnahmen* erreicht sein müsse, diese haben jedoch keinen eigenen Zweck, sondern dienen dem Anordnungszweck.

[83] *Rogall* NStZ **1986** 391.

[84] S. auch die funktionell vergleichbare Regelung in § 120.

Peter Rieß

60   **c) Beendigung durch Fristablauf.** Aus den zeitlichen Grenzen für die Kontrollfahndung (Absatz 2 Satz 3, Absatz 3 Satz 3, 4) folgt zwingend, daß die auf ihr beruhenden Maßnahmen mit Fristablauf auch dann zu beenden sind, wenn die materiellen Voraussetzungen der Anordnung weiterhin bestehen und ihr Zweck noch nicht erreicht ist. Die Anordnung verliert mit Ablauf der Frist ihre Wirkung; einer Aufhebung bedarf es nicht. In diesem Fall ist die Speicherung danach anfallender Daten nicht mehr zulässig; zulässig bleibt es aber, in den Grenzen des Absatzes 4 Satz 2, zweiter Halbsatz die Speicherung aufrechtzuerhalten, die gespeicherten Dateien auszuwerten, zu übermitteln und nach Absatz 4 Satz 4 und 5 zu nutzen.

61   **d) Löschungspflicht (Absatz 4 Satz 2, 3).** Obwohl der Wortlaut eine weitergehende Auslegung zulassen würde, bezieht sich die an die Beendigungspflicht anknüpfende Löschungspflicht[85] nur auf die in der automatischen Datei nach Absatz 1 Satz 1 gespeicherten personenbezogenen Daten sowie aus dieser durch Datenübermittlung abgeleitete Sekundärdateien, die beide als selbständige Kurzzeitdateien (vgl. Rdn. 35) zu führen sind[86].

62   Aus Absatz 4 Satz 2 kann dagegen **keine Löschungspflicht** für solche personenbezogenen Daten abgeleitet werden, die nach Auswertung dieser besonderen im Rahmen der Kontrollfahndung entstandenen Dateien in verfahrensbezogene Unterlagen gelangt sind, nämlich die für das jeweilige Strafverfahren relevanten, die Täterermittlung oder Aufklärung betreffender Daten im Rahmen der Nutzung nach Absatz 4 Satz 4 und die Zufallserkenntnisse im Rahmen des Absatzes 4 Satz 5. Insoweit sind die Informationen zu den Akten zu nehmen[87]; wieweit sie in diesem Zusammenhang aufzubewahren sind und zu welchem Zweck sie dazu gespeichert und übermittelt werden dürfen, richtet sich nach den dafür geltenden besonderen Rechtsvorschriften, nicht nach § 163 d. Die Bestimmung gewährleistet also für die Daten Unbeteiligter, die entsprechend der Natur der Kontrollfahndung ex post gesehen überflüssigerweise angefallen sind, deren spurenlose Löschung, soweit nicht Absatz 4 Satz 4 und 5 die Nutzung gestattet.

63   Die Pflicht zur Löschung obliegt der **speichernden Stelle**; die das Strafverfahren führende Behörde hat darauf hinzuwirken, daß die Löschung vorgenommen wird, sobald ihre Voraussetzungen vorliegen. Sind nach Absatz 1 Satz 3 Daten übermittelt worden, so muß auch der Empfänger sie löschen; die speichernde Stelle hat dafür Sorge zu tragen, daß der Empfänger über die Löschungsnotwendigkeit informiert wird. Die in Absatz 4 Satz 3 vorgeschriebene **Unterrichtung der Staatsanwaltschaft** von der Löschung, zweckmäßigerweise durch Übersendung eines Löschungsprotokolls[88], soll dieser die Kontrolle ermöglichen, daß die Löschungspflicht befolgt wird. Die Staatsanwaltschaft muß deshalb von sich aus überwachen, ob spätestens drei Monate nach Beendigung der Kontrollfahndung eine Löschungsmitteilung eingegangen ist. Die Mitteilung ist in den Ermittlungsakten aktenkundig zu machen. Gleiches gilt, wenn die Staatsanwaltschaft, weil sie selbst gespeichert hat, die Löschung selbst vornimmt.

64   **e) Löschungsfrist.** Die personenbezogenen Daten sind zu löschen, sobald erkennbar ist, daß sie für das Strafverfahren nicht (mehr) benötigt werden. Das setzt regelmäßig zunächst voraus, daß sie ausgewertet (Rdn. 39) werden; es sei denn, daß bereits vorher

---

[85] Löschung ist gem. § 2 Abs. 2 Nr. 4 das Unkenntlichmachen gespeicherter Daten; vgl. näher *Simitis/Dammann/Mallmann/Reh* (Fußn. 45) § 2, 122 ff.

[86] Vgl. *Rogall* NStZ **1986** 391; kritisch *Riegel* CuR **1986** 145.

[87] Kleinknecht/Meyer[38] 21; *Rogall* NStZ **1986** 391; zweifelnd *Kühl* NJW **1987** 743, der aber auch für noch „benötigte" Daten die Löschungspflicht verneint.

[88] *Kleinknecht/Meyer*[38] 22; *Rogall* NStZ **1986** 391.

feststeht, daß der Zweck der Kontrollfahndung auf andere Weise erreicht worden ist; etwa, weil der gesuchte Tatverdächtige auf andere Weise ergriffen und die Tat aufgeklärt worden ist. Zeigt sich bei einer ersten Auswertung, daß ein Teil der Daten irrelevant ist, so sollten diese, wenn dies mit vertretbarem Aufwand möglich ist, vorweg gelöscht werden.

Die **Höchstfrist** von drei Monaten[89] für die Aufrechterhaltung der Speicherung **65** nach Absatz 4 Satz 2, zweiter Halbsatz darf nach dem Verhältnismäßigkeitsprinzip nur in Anspruch genommen werden, wenn nicht vorher festgestellt werden kann, ob die Löschungsvoraussetzungen vorliegen; überschritten werden darf sie auf keinen Fall. Der **Beginn der Frist**, der auf die Laufzeit nach Absatz 3 abstellt, wird vom Gesetz nur für den Fall zutreffend beschrieben, daß die Kontrollfahndung infolge Ablaufs der in der richterlichen Anordnung bestimmten Frist endet; nicht berücksichtigt ist der Fall, daß die Kontrollfahndung nach Absatz 2 Satz 3 außer Kraft tritt, oder nach Absatz 4 Satz 1 vorzeitig beendet wird. Nach dem erkennbaren Sinn der Vorschrift darf in diesen Fällen nicht auf ein späteres Fristende nach Absatz 3 abgestellt werden; die Frist beginnt immer dann, wenn die Kontrollfahndungsmaßnahmen, namentlich die Einspeicherung, beendet werden.

10. Verwertung rechtmäßig gespeicherter Daten

a) **Allgemeines.** § 163 d unterscheidet hinsichtlich der Nutzung der Daten und der **66** Verwertbarkeit der daraus gewonnenen Erkenntnisse in Anlehnung an die in § 108 getroffene Regelung sowie an die heute ganz herrschende Rechtsauffassung zur Verwertung von Erkenntnissen bei der Fernmeldeüberwachung[90] zwischen der unbeschränkten Verwendbarkeit der Daten für den Zweck, zu dem sie gespeichert worden sind (Absatz 4 Satz 4), und einer beschränkten Verwendbarkeit für andere Zwecke (Absatz 4 Satz 5). Im zweiten Fall ist nur die Verwendung von Erkenntnissen zulässig, die sich bei Gelegenheit der Auswertung ergeben **(Zufallserkenntnisse)** und dies nur für strafverfahrensrechtliche Zwecke (näher Rdn. 71 ff). Die Verwertung der Datenspeicherung nach § 163 d für präventiv-polizeiliche Zwecke ist stets ausgeschlossen (näher Rdn. 73). Voraussetzung für die Verwendbarkeit nach Absatz 4 Satz 4, 5 ist stets, daß die Datenerhebung und Datenspeicherung rechtmäßig war (Rdn. 56); für die Fälle rechtswidriger Speicherung s. Rdn. 75 ff.

b) **Verwertung in dem Strafverfahren.** Die uneingeschränkte Nutzbarkeit der **67** Daten gestattet das Gesetz in Absatz 4 Satz 4 für *das* Strafverfahren (vgl. auch Absatz 4 Satz 2). Diese Abgrenzung ist vom Zweck der Nutzungsbegrenzung her verfehlt und teleologisch dahingehend auszulegen, daß die volle Nutzung der Daten nur für die **Aufklärung der** (prozessualen) **Tat** zulässig ist, die den Grund für die Kontrollfahndung bildete[91]. Die gezielte Verwendung der Daten ist also auch zulässig, wenn wegen der Tat, die der Kontrollfahndungsanordnung zugrunde lag, mehrere Strafverfahren durchgeführt werden, etwa wenn Mittäter oder Tatbeteiligte in getrennten Verfahren verfolgt werden. Andererseits dürfen die Daten für andere Taten nur nach dem für Zufallsfunde geltenden Absatz 4 Satz 5 verwendet werden, auch wenn die anderen Taten im gleichen

---

[89] Kritik an der Länge bei *Rogall* NStZ **1986** 391 (regelmäßig nicht mehr als 1 Monat erforderlich); vgl. auch Schriftlichen Bericht des BT-Innenaussch., BTDrucks. **10** 5128, S. 8 (grundsätzlich sei nur sehr kurze Speicherung erforderlich).

[90] Vgl. mit weit. Nachw. § 100 a, 28 ff.
[91] Ähnlich *Baumann* StrVert. **1986** 499; wohl auch *Kleinknecht/Meyer*[38] 23.

Peter Rieß

Verfahren verfolgt werden, beispielsweise, wenn gegen den nach einer Kontrollfahndung wegen Mordverdachts Beschuldigten im gleichen Strafverfahren eine damit nicht zusammenhängende Unterschlagung aufzuklären ist.

68   Eine **Nutzung wegen der gleichen Tat** liegt auch dann vor, wenn sie ex post nicht mehr den Straftatbestand einer Katalogtat erfüllt, beispielsweise, wenn der Verdacht des gewerbsmäßigen Handelns mit Betäubungsmitteln (§ 29 Abs. 3 Nr. 1 BtMG) ursprünglich bestand, das Merkmal der Gewerbsmäßigkeit später aber nicht nachweisbar ist, oder wenn trotz des ursprünglichen Verdachts eines versuchten vorsätzlichen Tötungsdelikts im Ergebnis nur eine einfache Körperverletzung (§ 223 StGB) verbleibt[92].

69   Die **Nutzung** nach Absatz 4 Satz 4 gestattet die **gezielte und planmäßige Auswertung** der gespeicherten Daten, also die Durchführung von Such- und Kontrolläufen mit anderen Dateibeständen, wenn sich durch die Kombination von Daten aufklärungsrelevante Erkenntnisse ergeben können, ferner die Verwertung der gewonnenen Erkenntnisse als Grundlage für weitere Ermittlungen und als Beweismittel im Verfahren. Die insoweit zu nutzenden und deshalb zu den Ermittlungsvorgängen zu nehmenden Daten unterliegen nicht der Löschungspflicht nach Absatz 4 Satz 2 (Rdn. 62).

70   c) **Zufallserkenntnisse** im Sinne des Absatzes 4 Satz 5 sind solche Erkenntnisse, die nicht aufgrund der gezielten und planmäßigen Auswertung der gespeicherten Daten ermittelt werden, sondern die als Nebenergebnisse eines mit anderen Zwecksetzungen erstellten Auswertungsprogramms anfallen. Sie sind ferner nur dann nach Satz 5 verwertbar, wenn sie sich bei Gelegenheit der Auswertung durch „die speichernde Stelle" ergeben. Damit dürfte wohl gemeint sein, daß sie im Zusammenhang mit einer Auswertung wegen der anlaßgebenden Tat durch die für deren Aufklärung zuständige Strafverfolgungsbehörde anfallen müssen. Ausgeschlossen ist damit, daß sich eine sonst nicht mit dem Verfahren befaßte Strafverfolgungsbehörde die Daten übermitteln läßt (vgl. auch Rdn. 38), um bei „Gelegenheit" einer Auswertung Zufallserkenntnisse zu gewinnen. Dennoch muß bezweifelt werden, daß die vom Gesetz vorgenommenen Einschränkungen eine effektive Begrenzung der „Produktion von Zufallserkenntnissen" gewährleistet[93].

71   Zufallserkenntnisse sind für strafverfahrensrechtliche Zwecke einschließlich der Strafvollstreckung **unbeschränkt nutzbar**. Die weitschweifige Fassung des Satzes 4 stellt keine Begrenzung dar, weil sie alle denkbaren strafverfahrens- und strafvollstreckungsrechtlichen Aufklärungs- und Ermittlungsinteressen erfaßt[94].

72   Die nahezu einschränkungslose Verwertbarkeit von Zufallserkenntnissen ist **systematisch und rechtspolitisch verfehlt**[95], wenn auch als geltendes Recht von der Rechtsanwendung hinzunehmen. Da die Kontrollfahndung nur bei bestimmten Katalogtaten zulässig ist, entspricht die systematische und rechtspolitische Lage nicht der des § 108[96], sondern der der Fernmeldeüberwachung nach § 100 a. Hier hat aber die Rechtsprechung unter weitgehender Billigung des Schrifttums inzwischen unter dem Gesichts-

---

[92] Näher mit weit. Nachw. (auch zur Gegenmeinung) § 100 a, 32; 38; **a. A** ferner SK-StPO-*Rudolphi* § 100 a, 25.

[93] Zu den damit verbundenen Verlockungen „planmäßiger Suche nach Zufallsfunden" vgl. *Kalf* Die Polizei **1986** 413; vgl. auch *Kleinknecht/Meyer*[38] 24 (bei Datenverarbeitung mit EDV-Anlagen sei mit „echten" Zufallsergebnissen in der Regel nicht zu rechnen).

[94] Zum kriminalpolizeilichen, in der StPO bisher nicht verwendeten Begriff der „Ausschreibung", der der Polizeidienstvorschrift „Polizeiliche Fahndung" entnommen ist, vgl. § 131, 28 ff.

[95] Kritisch auch *Kühl* NJW **1987** 743; *Riegel* CuR **1986** 144; *Rogall* NStZ **1986** 392.

[96] Darauf stellt das Mehrheitsvotum im Schriftlichen Bericht des BT-Innenaussch., BT-Drucks. 10 5128, S. 8 ab.

punkt des hypothetischen Ersatzeingriffs die Verwertbarkeit von Zufallserkenntnissen mindestens zu Beweiszwecken[97] im Grundsatz auf andere Katalogtaten beschränkt (näher § 100 a, 28 ff). Hieran hätte angeknüpft werden müssen. Jedenfalls ist die isolierte, umstrittene und problematische gesetzgeberische Entscheidung in Absatz 4 Satz 5 kein Anlaß, die Verwertbarkeit von Zufallserkenntnissen in den Fällen des § 100 a zu erweitern[98].

Für nicht strafverfahrensrechtliche, insbesondere **präventiv-polizeiliche Zwecke** 73 dürfen Zufallserkenntnisse, die bei Gelegenheit der Auswertung der nach § 163 d gespeicherten Daten anfallen, nicht genutzt werden. Damit ist insbesondere ihre Übernahme in allgemeine polizeiliche Datensammlungen, beispielsweise das INPOL-System ausgeschlossen, wenn nicht sichergestellt ist, daß insoweit nur ein Zugriff für Zwecke des Strafverfahrens möglich ist. Insoweit bezieht sich freilich das Verbot nur auf die Auswertung der besonderen Kurzzeitdateien, die nach § 163 d Abs. 1 Satz 1 eingerichtet sind, nicht auf die dabei erhobenen Daten schlechthin. Denn bei grenzpolizeilichen Kontrollen werden die Dateien auf präventiv-polizeilicher Grundlage erhoben; sie können deshalb im Rahmen der dafür maßgebenden Vorschriften auch präventiv-polizeilich genutzt und ggf. gespeichert werden. In diese Rechtslage einzugreifen, liegt außerhalb des Regelungszwecks des § 163 d Abs. 4 Satz 5.

Unzulässig ist die Verwendung von Zufallserkenntnissen auch für die Aufklärung 74 von **Ordnungswidrigkeiten**[99]. Für das Bußgeld*verfahren* gelten zwar nach § 46 OWiG grundsätzlich die Vorschriften, die für das Straf*verfahren* gelten. Ordnungswidrigkeiten sind aber keine Straftaten und deren Verfolgung ist keine Strafverfolgung.

11. Verwertungsverbot bei rechtswidriger Kontrollfahndung. Nur rechtmäßige 75 Kontrollfahndungen gestatten die Nutzung der gespeicherten Daten und der bei ihrer Auswertung gewonnenen Erkenntnisse. Ist die Kontrollfahndung rechtswidrig, so besteht ein Verwertungsverbot, für dessen Umfang und Reichweite wegen der Vergleichbarkeit der Sachlage auf die bei rechtswidriger Fernmeldeüberwachung entwickelten Grundsätze zurückgegriffen werden kann[100]. Es wird deshalb auf § 100 a, 45 bis 49 Bezug genommen.

Die **Rechtswidrigkeit der Kontrollfahndung** kann sich schon daraus ergeben, daß 76 die zugrundeliegende grenzpolizeiliche Kontrolle oder Kontrollstelle nach § 111 rechtswidrig war, weil § 163 d die Zulässigkeit der Datenerhebung bei diesen Kontrollen voraussetzt. Rechtswidrig ist die Kontrollfahndung ferner, wenn die den Verdacht begründenden Tatsachen nicht die Subsumtion unter den Tatbestand einer Katalogtat gestatten, während bei der Bewertung des Verdachtsgrades nur die völlige Unvertretbarkeit (Willkür) zur Rechtswidrigkeit führt[101]; gleiches wird für die Beurteilung der Erfolgstauglichkeit, der Verhältnismäßigkeit und der Inanspruchnahme der Eilkompetenz wegen Gefahr im Verzuge[102] anzunehmen sein. Rechtswidrig wird ferner eine nach **Ablauf ihrer Laufzeit** (Absatz 2 Satz 3, Absatz 3 Satz 3, 4) fortgesetzte Kontrollfahndung hinsichtlich der danach erhobenen und gespeicherten Daten. Das Gleiche gilt für die Fortsetzung trotz einer Beendigungsanordnung (Rdn. 58); wird dem **Beendigungsgebot** des Absatzes 4 Satz 2 zuwider die Beendigung nicht unverzüglich veranlaßt,

---

[97] Zu der problematischen Frage, ob sie zur Grundlage weiterer einfacher Ermittlungshandlungen gemacht werden dürfen, vgl. § 152, 26 f; SK-StPO-*Rudolphi* § 100 a, 32.
[98] Ebenso *Rogall* NStZ **1986** 392.

[99] Vgl. *Göhler*[8] § 46, 8.
[100] So wohl auch Schriftlicher Bericht des BT-Innenaussch., BTDrucks. 10 5128, S. 8.
[101] Vgl. mit weit. Nachw. § 100 a, 41 f.
[102] Vgl. insoweit mit weit. Nachw. § 98, 82.

Peter Rieß

so entsteht ein Verwertungsverbot wohl nur dann, wenn die Fortsetzung unvertretbar (willkürlich) ist.

77   Die Erhebung und Speicherung **einzelner Daten** kann dann rechtswidrig sein, wenn sie Personen betrifft, die von der Konkretisierung nach Absatz 3 Satz 2 nicht erfaßt werden, oder wenn über die räumlichen Begrenzungen hinausgegangen wird. Die dadurch gewonnenen Daten dürfen bei der Auswertung der Speicherung nicht berücksichtigt werden. Läßt sich im Zeitpunkt der Auswertung nicht mehr feststellen, welche Daten wegen rechtswidriger Einspeicherung unberücksichtigt bleiben müssen, so kann dies die Auswertung insgesamt unzulässig machen.

12. Unterrichtungspflicht (Absatz 5)

78   a) **Grundsatz.** Absatz 5 begründet, erstmals in der StPO[103], die Verpflichtung, den von einer Maßnahme, von der er typischerweise nichts bemerkt, Betroffenen nachträglich von dieser zu unterrichten und begrenzt zugleich diese Verpflichtung. Die Unterrichtungspflicht wird noch nicht durch die Datenspeicherung und deren Auswertung ausgelöst, sondern erst durch die dadurch veranlaßte Vornahme weiterer Ermittlungen gegen diese Personen. Nicht benachrichtigt zu werden brauchen daher alle Personen, deren Daten schon aufgrund der Auswertung gelöscht werden, weil sie weder als Verdächtige, noch sonst als Beweispersonen in Betracht kommen. Ebensowenig besteht im allgemeinen eine Benachrichtigungspflicht gegenüber solchen Personen, die bei der Verwertung von Zufallserkenntnissen ermittelt werden, weil sie zur Fahndung oder Aufenthaltsermittlung ausgeschrieben waren, denn gegen diese werden keine weiteren Ermittlungen geführt; sie *sind* nach der Auswertung ermittelt.

79   Die **weiteren Ermittlungen** im Sinne des Absatzes 5 sind Ermittlungshandlungen herkömmlicher und im Rahmen des Strafverfahrens zulässiger Art. Sie können beispielsweise in der Vernehmung dieser Personen bestehen, in der Anordnung und im Vollzug von Zwangsmaßnahmen, etwa Durchsuchungen, aber auch in Nachforschungen in ihrem Umfeld oder in der bloßen Einholung von Auskünften über sie, auch von Auskünften aus dem Bundeszentralregister oder dem Verkehrszentralregister. Zweifelhaft ist, welche Bedeutung dem Gesetzeswortlaut zukommt, daß *gegen* diese Personen ermittelt worden sein muß. Nach dem allgemeinen Wortsinn wäre er dahin auszulegen, daß die Ermittlung das Ziel haben muß, einen mindestens möglichen Verdacht aufzuklären, so daß sich die Benachrichtigungspflicht nur auf Verdächtige (und Beschuldigte) beziehen würde[104]. Ermittlungen *über* Personen, gegen die keinerlei Tatverdacht besteht, und die etwa mit dem Ziel angestellt werden, festzustellen, ob über sie Bezüge zu einem Tatverdächtigen hergestellt werden können oder ob sie als Beweispersonen in Betracht kommen, würden danach die Benachrichtigungspflicht nicht begründen.

80   b) **Ausnahmen.** Die an sich von der betroffenen Person her gebotene Benachrichtigung muß unterbleiben[105], wenn sie den Untersuchungszweck (§ 87 Abs. 4 Satz 2, § 114 b Abs. 2, § 147 Abs. 2, § 163 c Abs. 2 Satz 2, § 168 c Abs. 3) gefährden würde, also wenn zu befürchten ist, daß dadurch die Erforschung des Sachverhalts in dem konkreten Verfahren beeinträchtigt werden würde. Sie muß ferner bei einer Gefährdung der öf-

---

[103] Vgl. aber § 5 Abs. 5 G 10; der Schriftliche Bericht des BT-Innenaussch., BTDrucks. **10** 5128, S. 8 verwendet den Begriff „Transparenzvorschrift".

[104] So wohl auch *Kleinknecht/Meyer*[38] 25; *Rogall* NStZ **1986** 392; auch der Schriftliche

Bericht des BT-Innenaussch., BTDrucks. **10** 5128, S. 8 spricht von einem „Verdacht . . ., der bestätigt oder ausgeräumt werden muß."

[105] *Rogall* NStZ **1986** 312 scheint davon auszugehen, daß sie lediglich unterbleiben *könne*.

fentlichen Sicherheit unterbleiben, also wenn durch das Bekanntwerden solcher Ermittlungen präventive sicherheitsbehördliche Belange, aber auch Ermittlungen in anderer Sache in mehr als unerheblicher Weise gestört werden. Der Wunsch, den allgemeinen Umfang des Einsatzes von Kontrollfahndungen nicht bekannt werden zu lassen, reicht nicht aus, da andernfalls die Benachrichtigungspflicht praktisch gegenstandslos werden würde.

c) Zuständigkeit. Zeitpunkt. Form. Die Benachrichtigung obliegt der Staatsanwalt- **81** schaft, die damit die Polizei beauftragen kann[105a]. Zuständig ist die Staatsanwaltschaft, die das Verfahren betreibt, in dem die weiteren Ermittlungen vorgenommen worden sind. Einen **Zeitpunkt** schreibt das Gesetz nicht vor. Dennoch wird die Benachrichtigung unverzüglich vorzunehmen sein. Sie kann eine gewisse Zeit hinausgeschoben werden, wenn der alsbaldigen Benachrichtigung die Gefährdung des Untersuchungszwecks oder der öffentlichen Sicherheit entgegensteht, und dieser Gefahr durch kurzfristige Zurückstellung begegnet werden kann. Die Benachrichtigung ist **formfrei**; sie kann deshalb einem Betroffenen im Rahmen seiner Vernehmung gegeben werden und ist dann aktenkundig zu machen. Im übrigen ist Schriftform empfehlenswert, Zustellung nicht erforderlich. Für den Beschuldigten kann die Benachrichtigung an den Verteidiger gerichtet werden (§ 145 a Abs. 1).

13. Anfechtbarkeit
a) Richterlich angeordnete Kontrollfahndung. Gegen eine vom Richter am Amts- **82** gericht angeordnete Kontrollfahndung steht dem Betroffenen an sich die Beschwerde zu (§ 304 Abs. 1). Betroffen ist jeder, dessen personenbezogene Daten gespeichert worden sind. Doch wird praktisch eine Beschwerde während der Dauer der Speicherung kaum jemals in Betracht kommen, da der Betroffene von ihr nichts erfährt. Sind die Daten gelöscht, so wird nach der h. M die Beschwerde wegen prozessualer Überholung unzulässig[106]. Nach der Gegenmeinung bleibt sie zulässig, falls der Beschwerdeführer ein berechtigtes Interesse an der Feststellung der Rechtswidrigkeit hat; vgl. dazu Rdn. 84.

b) Ablehnung der Kontrollfahndung. Lehnt der Richter beim Amtsgericht die An- **83** ordnung einer Kontrollfahndung, die Bestätigung einer nichtrichterlicher Anordnung oder die Verlängerung ihrer Laufzeit ab, so steht der Staatsanwaltschaft die (einfache) Beschwerde zu. Sind diese Entscheidungen vom Ermittlungsrichter des BGH oder des OLG erlassen worden, so sind sie nach § 304 Abs. 5 unanfechtbar.

c) Gegen eine **nichtrichterliche Anordnung** steht dem Betroffenen nach der heute **84** wohl überwiegenden Meinung in analoger Anwendung des § 98 Abs. 2 die Möglichkeit der Anrufung des Ermittlungsrichters zu, und zwar auch dann, wenn die Maßnahme bereits erledigt ist, sofern ein Feststellungsinteresse besteht[107]. Das wird in den Fällen des § 163 d allerdings kaum jemals der Fall sein. Eine konkrete Wiederholungsgefahr für den jeweiligen Antragsteller ist regelmäßig auszuschließen. Von der Tatsache, daß Daten im Rahmen einer Kontrollfahndung gespeichert wurden, geht auch keine diskriminierende Wirkung aus. Schließlich läßt sich das Feststellungsinteresse bei Verdächti-

---

[105a] **A. A** *Kleinknecht/Meyer*[38] 25 (bei gerichtlicher Anordnung Sache des Gerichts).
[106] Vor § 304, 8 ff; § 304, 36 ff; § 81 a, 67; § 98, 68 ff jeweils mit Nachw. zum Streitstand.
[107] Vgl. mit Darstellung des Streitstands und

Nachw. § 81 a, 70 ff; § 98, 72 ff; ebenso *Kühl* NJW **1987** 743; *Rogall* NStZ **1986** 392; a. A *Kleinknecht/Meyer*[38] 26 (Verfahren nach §§ 23 ff EGGVG).

gen auch nicht damit begründen, daß die Feststellung der Rechtswidrigkeit ein Verwertungsverbot begründen kann, weil dies im Strafverfahren zu klären ist und eine gesonderte Entscheidung hierfür keinerlei Bindungswirkung entfaltet.

85   **14. Revision.** Mit der Verfahrensrüge kann geltend gemacht werden, daß der Tatrichter Erkenntnisse aus der Kontrollfahndung verwertet hat, die einem Verwertungsverbot unterliegen (Rdn. 75), wobei sich ähnliche Probleme wie bei § 100 a stellen (vgl. § 100 a, 50). Davon abgesehen ist die regelmäßig nur im Ermittlungsverfahren vorkommende Kontrollfahndung revisionsrechtlich nicht überprüfbar.

§ 164

Bei Amtshandlungen an Ort und Stelle ist der Beamte, der sie leitet, befugt, Personen, die seine amtliche Tätigkeit vorsätzlich stören oder sich den von ihm innerhalb seiner Zuständigkeit getroffenen Anordnungen widersetzen, festnehmen und bis zur Beendigung seiner Amtsverrichtungen, jedoch nicht über den nächstfolgenden Tag hinaus, festhalten zu lassen.

Schrifttum. *Benfer* Grundrechtseingriffe im Ermittlungsverfahren (1982) Rdn. 440 bis 450; *Geerds* Über die Festnahme von Störern nach § 164 StPO, FS Maurach, 517; *Gillmeister* Ermittlungsrechte im deutschen und europäischen Kartellordnungswidrigkeitenverfahren (1985), S. 73 bis 80; *Puls* Schutz der Polizei vor der Öffentlichkeit? NJW **1969** 1016; *Rengier* Praktische Fragen bei Durchsuchungen, insbesondere in Wirtschaftsstrafsachen, NStZ **1981** 372; *Eb. Schmidt* Festnahmen zum Schutz vor Amtshandlungen bei Widersetzlichkeiten und Störungen (§ 164 StPO), NJW **1969** 393 und 1017.

Bezeichnung bis 1924: § 162

1   **1. Bedeutung.** Die Vorschrift enthält eine Ermächtigungsgrundlage für Zwangsbefugnisse einschließlich von Festnahme und Festhalten gegenüber solchen Personen, die strafprozessuale Ermittlungshandlungen stören[1]. Ihr **Zweck** liegt darin, die ungestörte

---

[1] Ausführlich *Geerds* 519; ebenso KK-*R. Müller* 1; terminologisch abweichend („amtliches Selbsthilferecht") BayObLG **1962** 316;   *Kleinknecht/Meyer*[38] 1; *Eb. Schmidt* NJW **1969** 394 (dazu kritisch LR-*Meyer-Goßner*[23] 1).

Durchführung strafprozessualer Amtshandlungen durch den zuständigen Amtsträger (Rdn. 17 f) zu ermöglichen. Die Vorschrift hat dagegen weder Straf- noch Beugecharakter[2]; sie deckt nur solche Maßnahmen, die geeignet sind, eine Störung (Rdn. 7 ff) der Amtshandlung zu verhindern. Der **Verhältnismäßigkeitsgrundsatz** ist sowohl bei der Frage zu beachten, ob überhaupt eine Störung von solcher Intensität vorliegt, daß die Anwendung der Vorschrift gerechtfertigt ist, als auch (Anwendung des jeweils mildesten Mittels) bei der Auswahl der konkreten (geeigneten) Maßnahme[3].

2. Anwendungsbereich

a) Strafprozessuale Amtshandlungen. Die Bestimmung bezieht sich nur auf straf- **2** prozessuale Amtshandlungen, also auf solche, die aufgrund des Strafverfahrensrechts und zu strafprozessualen Zwecken vorgenommen werden[4]; für präventiv-polizeiliches Handeln auf der Grundlage des Polizeirechts gilt sie nicht[5]. Für das **Bußgeldverfahren** ist die Vorschrift entsprechend anzuwenden[6]. In diesem Rahmen gilt die Bestimmung **für alle Verfahrensabschnitte**[7]. Dabei kann es sich sowohl um die Vollstreckung von Zwangsmaßnahmen wie etwa Durchsuchungen[8], Beschlagnahmen, Kontrollstellen oder Vollstreckung eines Haftbefehls[9] als auch um andere Ermittlungsmaßnahmen, wie Vernehmungen[10], Augenscheinseinnahmen oder eine Spurensuche an allgemein zugänglichen Orten handeln.

b) Auf **richterliche Amtshandlungen** im Strafverfahren soll nach heute wohl h. M **3** § 164 ebenfalls anwendbar sein; die Befugnis zur Verhängung von Ordnungsmitteln (Ordnungshaft und Ordnungsgeld) aufgrund der §§ 177 bis 180 GVG steht dem Richter nach dieser Meinung zusätzlich zu[11]. Die Gegenmeinung hält § 164 bei richterlichen Maßnahmen für unanwendbar, weil sie in den §§ 176 bis 180 GVG eine — im wesentlichen gleiche Befugnisse gewährende — Spezialregelung sieht[12]. Mindestens bei richterlichen Ermittlungshandlungen außerhalb der Hauptverhandlung, namentlich solchen des Ermittlungsrichters, wird man für die Abwehr von Störungen dem Richter die Rechtsgrundlagen nicht vorenthalten können, auf die sich Staatsanwaltschaft und Polizei berufen können, zumal allein § 164 Maßnahmen gegen einen störenden Verteidiger rechtfertigt[13].

c) Ort der Amtshandlung. Aus der Formulierung „an Ort und Stelle"[14] ist früher **4** verbreitet die auch heute noch vertretene Auffassung hergeleitet worden, daß § 164 lediglich auf Ermittlungshandlungen außerhalb der Diensträume, namentlich auf solche im Freien, anwendbar sei; nicht aber auf solche in den Diensträumen selbst, weil inso-

---

[2] BayObLGSt **1962** 319; vgl. auch OLG Celle MDR **1955** 692.

[3] *Geerds* 522.

[4] BayObLGSt **1962** 318; KK-*R. Müller* 1; *Kleinknecht/Meyer*[38] 1; *Geerds* 519; *Gössel* § 6 A I b; *Schlüchter* 263.

[5] *Geerds* 521; *Krüger* Kriminalistik **1974** 445.

[6] *Göhler*[8] Vor § 59, 126; vgl. *Gillmeister* 73.

[7] Ausführlich *Eb. Schmidt* NJW **1969** 394; allg. M.

[8] RGSt **33** 251.

[9] Vgl. *Eb. Schmidt* NJW **1969** 395.

[10] *Geerds* 521.

[11] KK-*R. Müller* 10; *Kleinknecht/Meyer*[38] 1; KMR-*Müller* 3; LR-*Meyer-Goßner*[23] 8; *Schlüchter* 263; *Gillmeister* 74; wohl auch *Rüping* 75.

[12] *Benfer* 444; *Geerds* 528; *Eb. Schmidt* NJW **1969** 393 (unter Aufgabe der im Lehrkommentar § 164, 4; § 180 GVG, 1 vertretenen Auffassung); *Krüger* Kriminalistik **1974** 445.

[13] Rdn. 5; näher LR-*Meyer-Goßner*[23] 8.

[14] Vgl. *Hahn* S. 150, 722 (mit unterschiedlicher Interpretation); zur Entstehungsgeschichte auch *Geerds* 518.

Peter Rieß

weit das Hausrecht zur Störungsabwehr ausreiche[15]. Nach der heute herrschenden, zutreffenden Meinung kommt es darauf nicht an. Die von der Vorschrift geschützte Amtshandlung, etwa eine polizeiliche oder staatsanwaltschaftliche Vernehmung oder eine Maßnahme nach § 81 b, kann **auch innerhalb der Diensträume** stattfinden[16]. „An Ort und Stelle" bedeutet lediglich, daß sich die Störung physisch auf den Ort der Amtshandlung auswirken muß. Eine bloß mittelbare Einwirkung (etwa durch einen Drohbrief) reicht nicht aus[17]; wohl aber genügen Störungshandlungen außerhalb der Diensträume (etwa Lärm oder Werfen von Gegenständen), die die Amtshandlung unmittelbar beeinträchtigen[18].

5   **3. Adressaten der Maßnahmen** nach § 164 können grundsätzlich alle Personen sein, die die Störung verursachen oder sich den getroffenen (rechtmäßigen) Anordnungen widersetzen, unabhängig davon, ob sie als bloße sonst unbeteiligte Zuschauer oder Zuhörer auf die Amtshandlung einwirken oder ob sie an dieser beteiligt oder von ihr betroffen sind[19]. Auch der **Verteidiger** oder ein Rechtsanwalt als Vertreter oder Beistand eines sonst von der Amtshandlung Betroffenen kann Störer sein[20]. Die Maßnahme kann sich auch gegen denjenigen richten, der an sich befugt wäre, an der Amtshandlung teilzunehmen, so z. B. der Inhaber der zu durchsuchenden Räume (§ 106 Abs. 1 Satz 1) oder der hinzugezogene Durchsuchungszeuge (§ 105 Abs. 2 Satz 1), oder der sich sonst befugt am Ort der Amtshandlung aufhält[21]. Auch Mitarbeiter von Presse und Rundfunk können als Störer in Betracht kommen[22].

6   Gegen den **unmittelbar von der Amtshandlung Betroffenen** kann aufgrund des § 164 jedoch nur dann vorgegangen werden, wenn die Störung oder Widersetzlichkeit über die Weigerung hinausgeht, die von ihm verlangte Maßnahme oder Handlung zu dulden oder vorzunehmen. Beschränkt sie sich darauf, so ist der Eingriff mit **unmittelbarem Zwang** oder die verlangte Handlung mit den hierfür vorgesehenen Erzwingungsmaßnahmen durchzusetzen[23]. Unmittelbarer Zwang kommt etwa bei der Weigerung in Betracht, eine körperliche Untersuchung oder eine Personendurchsuchung zu dulden[24], das gewaltsame Öffnen von Räumlichkeiten und Behältern, wenn der Betroffene zur Mitwirkung hierbei nicht bereit ist. Ordnungsgeld und Erzwingungshaft können festgesetzt werden, wenn ein Zeuge rechtswidrig nicht aussagt[25]. Mit § 164 hat das alles nichts zu tun. Er ist aber anwendbar, wenn der Betroffene nicht die Duldung des Eingriffs verweigert, sondern darüber hinaus oder in anderer Weise die Durchführung der Maßnahme stört, etwa bei einer Durchsuchung den Durchsuchungsmaßnahmen aktiv hindernd in den Weg tritt[26].

---

[15] *Geerds* 520, 529; *Roxin*[20] § 31 A V; *Puls* NJW **1969** 1016; LR-*Kohlhaas*[20] 3; offengelassen von OLG Hamburg VRS **28** 201; zum früheren Streitstand vgl. die Nachw. bei LR[19] 1; *Eb. Schmidt* 3.

[16] KK-*R. Müller* 3; *Kleinknecht/Meyer*[38] 3; KMR-*Müller* 1; LR-*Meyer-Goßner*[23] 6; *Eb. Schmidt* 3 und NJW **1969** 394; *Benfer* 442 f; *Dünnebier* JR **1963** 68; *Schlüchter* 263.

[17] *Kleinknecht/Meyer*[38] 3.

[18] *Kleinknecht/Meyer*[38] 3; *Eb. Schmidt* NJW **1969** 394.

[19] KK-*R. Müller* 4; KMR-*Müller* 2; *Eb. Schmidt* 5; *Gillmeister* 74; im Ergebnis auch

Kleinknecht/Meyer[38] 2; möglicherweise enger *Geerds* 529 f, 531 (grundsätzlich nur Dritte).

[20] KK-*R. Müller* 4; *Krüger* Kriminalistik **1974** 444; *Weihrauch* Verteidigung im Ermittlungsverfahren[2] (1985) 211.

[21] *Gillmeister* 74.

[22] Dazu kontrovers *Eb. Schmidt* NJW **1969** 395, 1018; *Puls* NJW **1969** 1017.

[23] KK-*R. Müller* 5; *Kleinknecht/Meyer*[38] 2; *Geerds* 526.

[24] Vgl. § 81 a, 64; § 105, 29 f.

[25] Zur Festhaltebefugnis bei Vernehmungen vgl. § 51, 7; § 134, 10.

[26] *Geerds* 527.

4. **Voraussetzungen**

a) **Vorsätzliche Störung.** Eine Störung der amtlichen Tätigkeit liegt in einem Ver- **7**
halten, das die ordnungsgemäße und sachgerechte Durchführung der jeweiligen strafprozessualen Amtshandlung nicht ganz unerheblich beeinträchtigt oder erschwert; daß
es sie gänzlich verhindern würde, ist nicht erforderlich[27]. Das kann durch bloß passives
Verhalten (z. B. Sitzblockade) oder aktives Tun (z. B. Herumlaufen, Dazwischentreten,
Verbergen von Gegenständen, Geräuschentwicklung) geschehen. Auch das Einwirken
auf Dritte kann ausreichen. Bloße Belästigungen, die die Amtshandlung nicht erheblich
beeinträchtigen, reichen nicht aus, so etwa kritische (auch unsachliche) Bemerkungen.
Die Störung muß **vorsätzlich** vorgenommen werden; bedingter Vorsatz genügt. Es
reicht also aus, daß dem Störer bewußt ist oder durch einen Hinweis des die Amtshandlung leitenden Beamten deutlich gemacht wird, daß sein Verhalten eine Störung darstellt.

Erforderlich ist eine bereits **vorliegende oder unmittelbar bevorstehende Störung.** **8**
Der Störer muß also störend handeln oder doch unmittelbar zur Störungshandlung ansetzen (vgl. § 22 StGB); die bloße, auch durch Tatsachen gestützte Erwartung, daß es zu
Störungen kommen könne, rechtfertigt noch keine Maßnahmen nach § 164 StPO. **Prä-**
ventive Maßnahmen zur Sicherung einer ungestörten Durchsuchung, namentlich bei
der Durchsuchung größerer Geschäftsräume, wie beispielsweise Besetzung der Telefon-
zentrale, **Telefonsperre oder Stubenarrest,** können deshalb grundsätzlich nicht auf
§ 164 gestützt werden[28]. Dies ist erst dann möglich, wenn zu einer konkreten Störung
unmittelbar angesetzt wird, und es darf nicht weiter gehen als zur Verhinderung dieser
Störung notwendig. Welche prophylaktischen Sicherungsmaßnahmen sich implizit aus
der Durchsuchungsanordnung und dem Durchsuchungszweck ableiten lassen[29], ist
hier nicht zu erörtern.

Nur eine **rechtswidrige Störung** rechtfertigt die Anwendung des § 164[30]. Daraus **9**
folgt zunächst, daß die Amtshandlung, vor deren Störung gesichert werden soll, ihrerseits rechtmäßig mindestens in dem Sinne sein muß, daß sie von dem Betroffenen zunächst hinzunehmen ist. Im übrigen stört im Sinne des § 164 nicht, wer lediglich von seinen prozessualen Befugnissen Gebrauch macht. Auch wenn (ausnahmsweise, vgl.
Rdn. 8, 12) eine Telefon- oder sonstige Kontaktsperre oder eine Aufenthaltsbeschrän-
kung zulässig ist, muß dem Beschuldigten der Kontakt mit seinem Verteidiger, einem
sonstigen Betroffenen mit einem Rechtsanwalt, gestattet werden[31]; ebensowenig kann
die fernschriftliche Einlegung eines Rechtsbehelfs gegen die Amtshandlung als Störung
angesehen und nach § 164 verhindert werden[32].

b) **Widersetzlichkeit.** Zwischen der Störung und der Widersetzlichkeit dürfte in **10**
bezug auf die jeweilige Handlung entgegen der h. M, die das rein passive Verhalten stets

---

[27] Im Ergebnis weitgehend übereinstimmend
KK-*R. Müller* 6; *Benfer* 444; *Geerds* 521; *Eb.*
Schmidt NJW **1969** 394 (mit Beispielen).
[28] Ebenso *Gillmeister* 76 ff; *Grützner* Richti-
ges Verhalten bei Kartellamtsermittlungen in
Unternehmen[2] (1978) 36 ff; **a. A** *Rengier*
NStZ **1981** 375 („an der Grenze des rechtlich
Zulässigen"); *Schlüchter* 263; Bundeskartell-
amt, wiedergegeben bei *Grützner* 35; vgl.
auch Rdn. 12; *Tiedemann* NJW **1979** 1856;
Blumers/Göggerle Handbuch des Verteidigers
im Steuerstrafverfahren (1984) 511 ff.

[29] Vgl. § 105, 30; OLG Stuttgart Justiz **1984**
25; *Gillmeister* 76 ff.
[30] KK-*R. Müller* 6; *Kleinknecht/Meyer*[38] 1;
Geerds 522; *Gillmeister* 75.
[31] *Blumers/Göggerle* (Fußn. 28) 513; *Gillme-*
ister 80; *Krekeler* wistra **1983** 45; *Rengier*
NStZ **1981** 375; *Weihrauch* (Fußn. 20) 211;
enger *Franzen/Gast/Samson* Steuerstrafrecht[3]
(1985) § 399, 25 AO (keine Benachrichtigung, wenn dadurch Störung konkret zu befürchten).
[32] Vgl. *Gillmeister* 81.

dem zweiten Begriff zuordnet[33], kein Unterschied bestehen; auch eine Störung kann durch Unterlassen begangen werden. Kennzeichnend für die Widersetzlichkeit ist vielmehr die Nichtbefolgung einer vorherigen Anordnung, die, wie sich aus dem Gesamtzusammenhang und dem Zweck der Vorschrift ergibt, auf die Beseitigung einer bereits eingetretenen oder die Vermeidung einer unmittelbar bevorstehenden Störung gerichtet sein muß. Auch die Widersetzlichkeit muß vorsätzlich und rechtswidrig sein[34]; Widerstand durch Gewalt oder Drohung mit Gewalt im Sinne des § 113 StGB ist nicht erforderlich; bloße Passivität reicht aus[35]. Widersetzlich ist also beispielsweise, wer trotz Aufforderung seinen Platz nicht räumt oder sich umgekehrt nicht zu einer ihm angewiesenen Stelle begibt[36], wenn dies zu einer Störung der Amtshandlung führt.

5. Zulässige Maßnahmen

11   **a) Allgemeines.** Der Wortlaut des § 164 gestattet zur Verhinderung und Beseitigung von Störungen allein die Festnahme und das Festhalten des Störers. Per argumentum a maiore ad minus ergibt sich daraus jedoch auch die Zulässigkeit weniger einschneidender Eingriffe in die allgemeine Handlungsfreiheit. Auf diese ist die Störungsabwehr nach dem Verhältnismäßigkeitsprinzip zu beschränken, wenn sie ausreichen. Stets ist deshalb die im konkreten Fall mildeste, hinreichend erfolgversprechende Maßnahme zu wählen[37]. In der Regel erfordert es der Verhältnismäßigkeitsgrundsatz, durch **Androhung** der beabsichtigten Zwangsmaßnahme, vor allem der Festnahme, den Störer zur Aufgabe seines Verhaltens zu veranlassen; nur wenn eine solche bloße Androhung keinen Erfolg verspricht, kann von ihr abgesehen werden[38].

12   Als solche **mildere Maßnahmen** kommen, je nach Lage des Einzelfalls, neben der Androhung der Freiheitsentziehung namentlich in Betracht: die Absperrung des Geländes, in dem die Amtshandlung (z. B. eine Spurensuche) vorzunehmen ist, das Gebot, sich vom Ort der Amtshandlung zu entfernen, nur in bestimmten Räumlichkeiten aufzuhalten oder solche nicht zu betreten[39], Einschränkung, äußerstenfalls Unterbindung des fernschriftlichen oder fernmündlichen Kontakts (Telefonsperre)[40], oder die vorübergehende Wegnahme und Sicherstellung von Gegenständen, die zur Störung der Amtshandlung verwendet werden. Auch solche Maßnahmen können aber erst dann auf § 164 gestützt werden, wenn eine Störung (Rdn. 7 ff) vorliegt, und dürfen nicht weiter gehen und länger dauern als zur Verhinderung der Störung notwendig (Rdn. 15 ff).

13   **b) Festnahme und Festhalten.** Versprechen mildere Maßnahmen keinen Erfolg, so kann der Störer festgenommen und festgehalten werden, wenn dies geeignet ist, die Störung zu unterbinden, und nicht außer Verhältnis zum Umfang der Störung steht. Die Anordnung begründet die Verpflichtung des Betroffenen, die Festnahme und das Festhalten zu dulden. Ein etwaiger Widerstand kann durch **unmittelbaren Zwang** überwunden werden; er kann tatbestandsmäßig nach § 113 StGB sein[41]. Der Festzuhaltende darf

---

[33] LR-*Meyer-Goßner*[23] 13; *Geerds* 522; *Eb. Schmidt* NJW **1969** 396.

[34] KK-*R. Müller* 6; *Geerds* 522.

[35] KK-*R. Müller* 6; *Eb. Schmidt* NJW **1969** 396.

[36] Vgl. z. B. RGSt **33** 251; *Geerds* 522.

[37] Das entspricht insoweit der ganz h. M., als die „ultima-ratio-Funktion" der Festnahme anerkannt wird; so z. B. KK-*R. Müller* 7; *Kleinknecht/Meyer*[38] 1; KMR-*Müller* 2; LR-*Meyer-Goßner*[23] 14; *Eb. Schmidt* 6 und

NJW **1969** 396; *Geerds* 522; *Benfer* 447; vgl. auch OLG Stuttgart Justiz **1984** 25.

[38] KK-*R. Müller* 7; LR-*Meyer-Goßner*[23] 14.

[39] Vgl. RGSt **33** 251; OLG Stuttgart Justiz **1984** 25.

[40] Vgl. aber Rdn. 8; **a. A** *Grützner* (Fußn. 28) 37, 145 (§ 164 gestatte nur die Festnahme, keine – auch milderen – aliud-Maßnahmen).

[41] KK-*R. Müller* 8; *Eb. Schmidt* NJW **1969** 397.

aus Gründen der Eigensicherung körperlich durchsucht werden[42]. Das Festhalten ist aber — da es nur zur Verhinderung der Störung dient — im allgemeinen unzulässig, wenn sich der Störer beim Versuch der Festnahme entfernt, beispielsweise, wenn er sich losreißt und davonläuft[43].

Die **Durchführung** der Festnahme und namentlich **des Festhaltens** besteht darin, **14** daß der Betroffene in amtlichen Gewahrsam genommen wird. In welcher Form das geschieht, richtet sich unter Beachtung des Verhältnismäßigkeitsgrundsatzes nach den Bedürfnissen des konkreten Falles[44]. Das Festhalten an einer bestimmten Stelle der Örtlichkeit der Amtshandlung unter Bewachung[45] oder das Verbringen in bestimmte Räumlichkeiten (beispielsweise bei einer Durchsuchung) kann ausreichen, auch die Bewachung in einem Polizeifahrzeug. Namentlich bei voraussichtlich längerer Dauer des Festhaltens kann der Betroffene auch zu einer Polizeidienststelle gebracht und dort festgehalten werden, äußerstenfalls (nicht aber regelmäßig) kann er auch in einer Arrestzelle untergebracht werden[46]. Ein Anwesenheitsrecht des festzuhaltenden Störers, beispielsweise als Inhaber der zu durchsuchenden Räume oder als Durchsuchungszeuge (§ 105 Abs. 2, § 106 Abs. 1), wird durch die Festnahme während ihrer Dauer verdrängt[47].

c) Dauer. Die Freiheitsentziehung darf, ebenso wie eine mildere Maßnahme **15** (Rdn. 12), auf keinen Fall länger dauern als die Amtshandlung selbst, sie ist durch deren Beendigung begrenzt[48]. Wird der Betroffene außerhalb des Ortes der Amtshandlung, etwa auf einer Polizeiwache (Rdn. 14), festgehalten, so muß sichergestellt werden, daß er spätestens sofort nach Ende der Amtshandlung freigelassen wird. Als **absolute,** wohl nur in besonderen Ausnahmefällen bedeutsame **Grenze** bestimmt die Vorschrift das Ende des auf den Zeitpunkt der Festnahme folgenden Tages. Freizulassen ist der Betroffene auch, wenn die **Amtshandlung** für längere Zeit, etwa für die Nachtzeit, **unterbrochen** wird, selbst dann, wenn von ihm weitere Störungen bei Fortsetzung der Amtshandlung zu befürchten sind. Ihnen muß ggf. durch eine erneute Maßnahme nach § 164 begegnet werden[49].

Die Freiheitsentziehung ist bereits **vor dem Ende der Amtshandlung** zu beenden, **16** wenn die Gefahr einer weiteren Störung nicht mehr droht, so wenn der Betroffene glaubhaft erklärt, daß er nicht mehr stören werde[50], oder wenn der Anlaß zur Störung entfallen ist. Ein an der weiteren Amtshandlung nicht Beteiligter und deshalb nicht zur weiteren Anwesenheit Verpflichteter darf namentlich nicht gehindert werden, sich zu entfernen, wenn nicht zu befürchten ist, er werde seine Bewegungsfreiheit zu weiteren Störungen mißbrauchen.

6. Anordnungskompetenz. Zur Anordnung von Maßnahmen nach § 164 ist derje- **17** nige Beamte befugt, der die jeweilige Amtshandlung (im Rahmen seiner abstrakten und konkreten Zuständigkeit[51]) leitet. Er bestimmt auch die Art der jeweiligen Maßnahme und ist für die rechtzeitige Beendigung verantwortlich, auch wenn die Freiheitsentzie-

---

[42] *Geerds* 524.

[43] *Eb. Schmidt* NJW **1969** 396 f.

[44] KK-*R. Müller* 7; *Kleinknecht/Meyer*[38] 5.

[45] KK-*R. Müller* 7; *Kleinknecht/Meyer*[38] 5; vgl. den Sachverhalt in RGSt **33** 251.

[46] KK-*R. Müller* 7; *Kleinknecht/Meyer*[38] 5; *Benfer* 448.

[47] RGSt **33** 252; KK-*R. Müller* 7; KMR-*Müller* 2; *Gillmeister* 74.

[48] BayObLGSt **1962** 319; OLG Celle MDR **1955** 692; KK-*R. Müller* 9; *Geerds* 524.

[49] KK-*R. Müller* 9; *Kleinknecht/Meyer*[38] 5; *Benfer* 447; *Geerds* 524 f.

[50] KK-*R. Müller* 9.

[51] *Eb. Schmidt* 4; vgl. auch BayObLGSt **1962** 318.

hung vom Ort der Amtshandlung entfernt in einer Polizeidienststelle durchgeführt wird. Eine Delegation der Anordnung auf unterstellte, an der Amtshandlung mitwirkende Bedienstete ist nicht zulässig; ihnen kann jedoch die Vollstreckung übertragen werden.

18 **Leitender Beamter** ist derjenige, der die Gesamtverantwortung für die Durchführung der jeweiligen Amtshandlung trägt; um einen Beamten im staatsrechtlichen Sinne braucht es sich dabei nicht zu handeln, sofern die Amtshandlung auch durch einen anderen Amtsträger prozessual zulässig vorgenommen werden kann. Hilfsbeamter der Staatsanwaltschaft braucht er nicht zu sein; auch ein bestimmter Dienstrang wird nicht erfordert[52]. Bei richterlichen Untersuchungshandlungen, etwa Vernehmungen oder richterlichen Augenscheinseinnahmen, ist der Richter zuständig. Findet die Amtshandlung, etwa eine Durchsuchung, im Beisein eines Staatsanwalts unter Mitwirkung der Polizei statt, so entscheidet der Staatsanwalt, sonst der konkret mit der Leitung beauftragte oder der ranghöchste Polizeibeamte[53]. Dies gilt bei einer Durchsuchung oder der Vollstreckung einer anderen Zwangsmaßnahme auch dann, wenn sie im Beisein des Richters stattfindet[54].

7. Rechtsbehelfe

19 **a)** Gegen **Maßnahmen der Staatsanwaltschaft oder der Polizei** ist (neben Gegenvorstellung und Dienstaufsichtsbeschwerde) der Antrag auf gerichtliche Entscheidung nach den **§§ 23 ff EGGVG** eröffnet[55]. Da die Maßnahme in der Regel bis zur Entscheidung des Gerichts erledigt sein wird, kommt meist nur die Feststellung der Rechtswidrigkeit durch das Oberlandesgericht in Betracht, die ein berechtigtes Interesse des Antragstellers an der Feststellung voraussetzt (§ 28 Abs. 1 Satz 4 EGGVG).

20 **b) Anordnungen des Richters** sind an sich der Beschwerde zugänglich (§ 304 Abs. 1); doch wird die Maßnahme in aller Regel bis zur Entscheidung des Beschwerdegerichts erledigt sein oder werden und damit die Beschwerde wegen prozessualer Überholung unzulässig sein (Vor § 304, 8 ff, § 304, 36 ff)[56]. Eine Aussetzung des Vollzugs der Anordnung nach § 307 Abs. 2 kommt, selbst wenn das Beschwerdegericht rechtzeitig angerufen werden kann, nicht in Betracht, weil sie mit dem Zweck der Maßnahme unvereinbar wäre[57].

---

[52] KK-*R. Müller* 10; *Eb. Schmidt* 1; *Geerds* 523.

[53] Vgl. *Benfer* 450; wegen der Befugnisse der Finanzämter in Steuerstrafsachen vgl. §§ 399, 402 AO.

[54] Vgl. § 105, 22 (mit Nachw. der Gegenmeinung); ebenso *Benfer* 449; **a. A** wohl *Gillmeister* 74.

[55] KK-*R. Müller* 11; *Kleinknecht/Meyer*[38] 6; KMR-*Müller* 4; nach *Göhler*[8] Vor § 59, 126 ist im Bußgeldverfahren der Antrag auf gerichtliche Entscheidung nach § 62 OWiG zulässig.

[56] KK-*R. Müller* 11; *Kleinknecht/Meyer*[38] 6.

[57] *Geerds* 532; vgl. auch § 307, 5.

§ 165

Bei Gefahr im Verzug kann der Richter die erforderlichen Untersuchungshandlungen auch ohne Antrag vornehmen, wenn ein Staatsanwalt nicht erreichbar ist.

Schrifttum. *Krauth/Kurfess/Wulf* Zur Reform des Staatsschutz-Strafrechts durch das Achte Strafrechtsänderungsgesetz (Haftbefehl und Untersuchungshandlungen des Amtsrichters ohne Antrag), JZ **1968** 736.

Entstehungsgeschichte. Die Vorschrift lautete ursprünglich:

Bei Gefahr im Verzug hat der Amtsrichter die erforderlichen Untersuchungshandlungen vom Amts wegen vorzunehmen.

Ihre heutige Fassung erhielt sie im wesentlichen durch Art. 6 Nr. 3 des 8. StRÄndG. Art. 1 Nr. 47 des 1. StVRG ersetzte das Wort „Amtsrichter" durch „Richter". Bezeichnung bis 1924: § 163.

Übersicht

1. Bedeutung der Vorschrift. Die Vorschrift beruhte ursprünglich auf der Annahme, daß „strafbare Handlungen häufig eher zur Kenntnis des Richters als zu der der Staatsanwaltschaft kommen, und ebenso häufig die ersten Schritte zur Feststellung des Thatbestandes oder zur Sicherung der Verfolgung sich als unaufschiebbar darstellen"[1]. Soweit und solange ein Staatsanwalt nicht zu erreichen ist, geht die aus § 160 Abs. 1 folgende Pflicht zur Erforschung des Sachverhalts in bezug auf eilbedürftige Handlungen auf den Richter als **Notstaatsanwalt**[2] über. Ferner wird dieser ermächtigt, die ihm ohnehin vorbehaltenen Zwangsmaßnahmen ohne den sonst nach § 162 erforderlichen staatsanwaltschaftlichen Antrag anzuordnen. Für den Erlaß des Haftbefehls enthalten § 125 Abs. 1 und § 128 Abs. 2 Satz 2 eine gleichartige Sonderregelung. Eine ergänzende selbständige Eilkompetenz des Richters bei Beweisanträgen des Beschuldigten enthält § 166. Wenn die Polizei im ersten Zugriff nach § 163 tätig wird, kann sie nach § 163 Abs. 2 Satz 2 den Richter durch Aktenvorlage veranlassen, von seiner Eilkompetenz Gebrauch zu machen. **1**

Die **praktische Bedeutung** der Vorschrift ist durch die Verbesserung der Kommunikations- und Verkehrsverhältnisse zurückgegangen. Ihr Anwendungsbereich ist durch die Neufassung des 8. StRÄndG auch insoweit eingeengt worden, als der Richter sich zunächst darum bemühen muß, einen (zuständigen) Staatsanwalt zu erreichen[3]. Das **2**

---

[1] Motive, *Hahn* 150.
[2] Die Bezeichnung ist allgemein gebräuchlich, vgl. z. B. KK-*R. Müller* 1; *Kleinknecht/*

Meyer[38] 1; *Eb. Schmidt* 1; *Roxin*[20] § 10 B II 2 b; *Schlüchter* 75.4.
[3] Vgl. *Krauth/Kurfess/Wulf* JZ **1968** 736.

Peter Rieß

Tätigwerden nach § 165 kommt namentlich bei einem richterlichen Bereitschaftsdienst am Wochenende in Betracht, soweit kein staatsanwaltschaftlicher Eildienst besteht, oder wenn eilbedürftige Ermittlungshandlungen im Bezirk eines außerhalb des Sitzes der Staatsanwaltschaft gelegenen Amtsgerichts notwendig sind und eine fernmündliche oder fernschriftliche Entscheidung der Staatsanwaltschaft nicht herbeigeführt werden kann.

2. Anwendungsbereich und Zuständigkeit

3   **a) Ermittlungsverfahren.** Die Vorschrift gilt nur im Ermittlungsverfahren, also vom Vorliegen eines Anfangsverdachts im Sinne des § 152 Abs. 2 an grundsätzlich bis zur Erhebung der öffentlichen Klage. Danach kommt eine Tätigkeit des Ermittlungsrichters nach dieser Bestimmung nur noch soweit in Betracht, als die Staatsanwaltschaft zu einer Ermittlungstätigkeit befugt ist (§ 202, 6) und soweit Gefahr im Verzuge vorliegt[4] und weder die Staatsanwaltschaft noch das mit der Sache befaßte Gericht erreichbar sind[5]. Maßnahmen auf der Grundlage des § 165 können nicht nur im sog. ersten Zugriff vorgenommen werden, sondern auch dann, wenn die Staatsanwaltschaft bereits mit der Sache befaßt ist, so etwa, wenn bei der Erledigung eines Antrags nach § 162 erkennbar wird, daß unaufschiebbare weitere Handlungen notwendig werden[6]. Auch nach **Einstellung des Ermittlungsverfahrens** durch die Staatsanwaltschaft nach § 170 Abs. 2 ist, wenn auch nur in seltenen Ausnahmefällen, ein Tätigwerden des Richters nach § 165 zulässig, wenn neue Erkenntnisse die Verfahrensfortsetzung rechtfertigen, Gefahr im Verzuge gegeben ist und die Staatsanwaltschaft nicht erreicht werden kann.

4   Auch im **Bußgeldverfahren** ist die Anwendung der Vorschrift rechtlich nicht ausgeschlossen, wenn die Verwaltungsbehörde nicht rechtzeitig erreicht werden kann[7]. Soweit im **Steuerstrafverfahren** die Finanzbehörde die Ermittlungen selbständig führt (§ 386 Abs. 2, § 399 Abs. 1 AO), kommt es auf deren Erreichbarkeit an. War bisher weder die Staatsanwaltschaft noch die Finanzbehörde mit dem Ermittlungsverfahren befaßt, so darf der Richter nur tätig werden, wenn weder die Staatsanwaltschaft noch die Finanzbehörde erreichbar sind. Ist oder wird dem Richter bekannt, daß die Staatsanwaltschaft von ihrem Evokationsrecht (§ 386 Abs. 4 Satz 2 AO) keinen Gebrauch macht, so genügt allerdings die Unerreichbarkeit der Finanzbehörde.

5   **b) Zuständigkeit.** Die Befugnis nach § 165 steht nur dem **Richter beim Amtsgericht** sowie den Ermittlungsrichtern des Oberlandesgerichts und des Bundesgerichtshofes im Rahmen ihrer Zuständigkeit nach § 169 (vgl. § 169, 4) zu[8]. Regelmäßig wird der nach der Geschäftsverteilung für Strafsachen oder im Eildienst zuständige Richter tätig werden müssen, doch kommt es hierauf für die Gültigkeit seiner Ermittlungshandlungen nicht an (§ 22 d GVG). **Richter anderer Gerichte** können nicht nach § 165, sondern nur — soweit die jeweiligen Voraussetzungen vorliegen — nach § 127 Abs. 1 oder nach § 183 GVG tätig werden[9].

6   **Örtlich zuständig** ist nur der Richter bei dem Amtsgericht, in dessen Bezirk die dringliche Ermittlungshandlung vorzunehmen ist (§ 162 Abs. 1 Satz 1); die Zuständig-

---

[4] KMR-*Müller* 2 und § 162, 16.
[5] Zur umstrittenen Frage, ob bei einzelnen Ermittlungshandlungen der Staatsanwaltschaft im Zwischenverfahren der Ermittlungsrichter oder das mit der Sache befaßte Gericht zuständig ist, vgl. § 202, 6 Fußn. 7; vgl. auch Vor § 213, 17 f.
[6] KK-*R. Müller* 1; *Kleinknecht/Meyer*[38] 1; *Eb. Schmidt* 4; vgl. auch zum Übergang von der

Zeugen- zur Beschuldigtenvernehmung die Erl. zu § 162.
[7] *Rotberg* § 35, 7; *Rebmann/Roth/Hermann* § 35, 9; wohl im Erg. übereinstimmend *Göhler*[8] Vor § 59, 10, der allerdings den Fall für praktisch ausgeschlossen hält.
[8] Vgl. BTDrucks. 7 551 S. 55, 75; KMR-*Müller* 1; LR-*Meyer-Goßner*[23] 1.
[9] Vgl. die Erl. zu § 183 GVG.

keitskonzentration nach § 162 Abs. 1 Satz 2 kann nicht in Betracht kommen[10]. Fehlt dem Richter, der von der Notwendigkeit dringlicher Amtshandlungen Kenntnis erlangt hat, die örtliche Zuständigkeit, so hat er den Richter beim örtlich zuständigen Gericht zu informieren, soweit er nicht wegen Gefahr im Verzuge nach § 166 Abs. 1 GVG selbst tätig werden muß[11].

3. Anlaß zum Tätigwerden als „Notstaatsanwalt" ergibt sich für den Richter aus **7** jeder dienstlichen Kenntnis[12], daß dringliche Untersuchungshandlungen notwendig sind. In der Regel wird ihm diese Kenntnis dadurch vermittelt werden, daß ihm die Polizei ihre Verhandlungen nach § 163 Abs. 2 Satz 2 unmittelbar übersendet (vgl. näher bei § 163), die dabei zugleich mitteilen sollte, warum die Übersendung nicht an die Staatsanwaltschaft erfolgt und deren Antrag nicht herbeigeführt werden kann[13]. Auch eine Anregung oder ein Antrag des Beschuldigten, eine dringliche, seiner Entlastung dienende Ermittlungshandlung vorzunehmen, kann ausreichen, auch wenn die besonderen Voraussetzungen des § 166 nicht vorliegen.

Unter den Voraussetzungen des § 165 ist der Richter nicht nur berechtigt, son- **8** dern **verpflichtet**, die erforderlichen Untersuchungshandlungen vorzunehmen; das Wort „kann" räumt ihm kein Ermessen ein[14]. **Er darf** allerdings **nicht tätig werden**, wenn ihm bekannt ist, daß die für die Gestaltung des Ermittlungsverfahrens verantwortliche Staatsanwaltschaft die von ihm für notwendig gehaltenen Untersuchungshandlungen nicht vornehmen will[15], es sei denn, daß die Voraussetzungen des § 166 gegeben sind (vgl. § 166, 1).

4. Voraussetzungen

a) Gefahr im Verzuge[16] liegt vor, wenn zu befürchten ist, daß der Aufschub der **9** Ermittlungshandlung bis zu einer Antragstellung der Staatsanwaltschaft die Maßnahme gänzlich unmöglich machen würde (der richterlich zu vernehmende Zeuge droht zu versterben). Es genügt auch die Befürchtung, daß der Aufschub den Zweck der Untersuchungshandlung nicht nur unerheblich beeinträchtigen würde, beispielsweise, daß ohne sofortige Durchsuchung Beweismittel beiseite geschafft würden[17]. Der Richter darf ohne Antrag nur diejenigen erforderlichen (Rdn. 13) Ermittlungshandlungen vornehmen, bei denen Gefahr im Verzuge droht; aufschiebbare Handlungen muß er der Staatsanwaltschaft überlassen.

b) Unerreichbarkeit eines Staatsanwalts liegt vor, wenn kein Staatsanwalt der für **10** das Ermittlungsverfahren zuständigen Staatsanwaltschaft[18] so rechtzeitig erreicht und so umfassend unterrichtet werden kann, daß er Anträge stellen oder die erforderlichen Untersuchungshandlungen selbst vornehmen kann[19]. Es ist zwar zweckmäßig, daß der

---

[10] KMR-*Müller* 9; anders bei Zuständigkeitskonzentrationen nach § 58 Abs. 1 GVG oder § 33 Abs. 4 JGG.

[11] KK-R. *Müller* 5; *Eb. Schmidt* 3; enger KMR-*Müller* 9.

[12] Privates Wissen verpflichtet ihn ebensowenig zum Einschreiten wie den Staatsanwalt, vgl. bei § 160; KMR-*Müller* 7.

[13] *Krauth/Kurfess/Wulf* JZ **1968** 737.

[14] KK-R. *Müller* 1; KMR-*Müller* 7; LR-*Meyer-Goßner*[23] 2.

[15] KK-R. *Müller* 1; *Kleinknecht/Meyer*[38] 1; *Krauth/Kurfess/Wulf* JZ **1968** 737; vgl. auch

LG Frankfurt NJW **1968** 118; wohl enger KMR-*Müller* 5 a. E. (anders bei offensichtlich rechtswidriger Untätigkeit der Staatsanwaltschaft).

[16] Vgl. dazu auch § 98, 35 f; § 127, 35; sachlich gleichbedeutend ist der Begriff „Gefährdung des Untersuchungserfolges durch Verzögerung", vgl. § 168 c, 45.

[17] Ähnlich KK-R. *Müller* 2; KMR-*Müller* 6; *Eb. Schmidt* 2.

[18] KK-R. *Müller* 3; *Krauth/Kurfess/Wulf* JZ **1968** 737.

[19] KK-R. *Müller* 3.

Richter zunächst den nach der Geschäftsverteilung der Staatsanwaltschaft zuständigen Staatsanwalt zu erreichen sucht, doch reicht es nicht aus, daß lediglich dieser nicht erreicht werden kann. Die Erreichbarkeit irgendeines Staatsanwalts oder (im Rahmen seiner gesetzlichen Zuständigkeit) Amtsanwalts der zuständigen Staatsanwaltschaft genügt, soweit er zu einer Entscheidung über die Antragstellung in der Lage ist. Ggf. muß sich der Richter an den Behördenleiter oder den im Eil- oder Bereitschaftsdienst zuständigen Staatsanwalt wenden. Der Richter hat, bevor er nach § 165 tätig wird, regelmäßig den Versuch zu unternehmen, die Staatsanwaltschaft zu erreichen. Er kann hiervon absehen, wenn sich die Unerreichbarkeit aus den von der Polizei nach § 163 Abs. 2 Satz 2 übersandten Unterlagen ergibt oder aus anderen Gründen klar erkennbar ist.

11   Ob ein Staatsanwalt unerreichbar ist, beurteilt sich nach den **tatsächlichen Umständen**[20] des konkreten Einzelfalls; telefonische oder fernschriftliche Verständigungsmöglichkeiten sind auszunutzen. Unerreichbar ist der Staatsanwalt auch dann, wenn nur eine **fernmündliche Information** möglich ist, sich der Staatsanwalt aber danach außerstande erklärt, den Sachverhalt so beurteilen zu können, daß ihm eine Entscheidung über die Antragstellung möglich ist[21]. Dagegen darf der Richter nicht nach § 165 tätig werden, wenn der erreichte Staatsanwalt es nach ihm ausreichend erscheinender Information ablehnt, einen Antrag zu stellen[22]. Die Umstände, aus denen sich die Unerreichbarkeit des Staatsanwalts ergibt, sind **aktenkundig** zu machen.

5. Umfang der Tätigkeit

12   **a) Untersuchungshandlungen** sind die von § 162 umfaßten Maßnahmen des Ermittlungsrichters, also sowohl einfache Ermittlungstätigkeiten wie Vernehmungen, Auskunftsersuchen oder Augenscheinseinnahmen als auch die Anordnung von grundsätzlich dem Richter vorbehaltenen Zwangsmaßnahmen, etwa Durchsuchungen oder Beschlagnahmen. Für die Anordnung der Untersuchungshaft gilt § 125 Abs. 1 zweite Alternative und § 128 Abs. 2 Satz 2. Auf die Untersuchungshandlungen des Richters sind die §§ 168, 168 a, 168 c und 168 d anzuwenden[23]. Der Richter ist im weiteren Verfahren nicht nach § 22 Nr. 3 oder 4 ausgeschlossen[24], doch kann, je nach Lage des Einzelfalls, die Ablehnung wegen Besorgnis der Befangenheit begründet sein. Die Befugnis zur **Inanspruchnahme der Polizei** richtet sich nach allgemeinem Amtshilferecht; § 161 Satz 2 und § 152 Abs. 1 GVG finden keine Anwendung[25].

13   **b) Erforderlichkeit.** Abgesehen davon, daß der Richter ohne Antrag nur zu den Untersuchungshandlungen befugt ist, hinsichtlich derer Gefahr im Verzuge besteht (Rdn. 9), obliegen ihm nur die konkret erforderlichen Maßnahmen, und zwar nur solche, bei denen gerade eine richterliche oder, da er die unerreichbare Staatsanwaltschaft vertritt, eine staatsanwaltschaftliche Tätigkeit angezeigt ist. Der Richter braucht deshalb nicht tätig zu werden, wo **polizeiliche Ermittlungshandlungen** nach § 163 Abs. 1 jedenfalls vorerst ausreichen und rechtzeitig möglich sind[26]. In solchen Fällen genügt es, wenn er die zu Ermittlungshandlungen Anlaß gebenden Umstände (Rdn. 7) der Polizei mitteilt oder die ihm nach § 163 Abs. 2 Satz 2 übersandten Verhandlungen dieser mit dem Hinweis auf ihre Eigenkompetenz zurückgibt. Das gilt jedoch nicht, soweit **Zwangsmaßnahmen** anzuordnen sind, für die auch eine nichtrichterliche Eilkompetenz

[20] *Krauth/Kurfess/Wulf* JZ **1968** 737.

[21] KK-*R. Müller* 3; *Kleinknecht/Meyer*[38] 3.

[22] KK-*R. Müller* 3; KMR-*Müller* 5; vgl. Rdn. 8.

[23] KK-*R. Müller* 4; *Kleinknecht/Meyer*[38] 4.

[24] KK-*R. Müller* 4; *Kleinknecht/Meyer*[38] 4; *Eb. Schmidt* 1; vgl. BGHSt **9** 233; RGSt **30** 400; **68** 377; § 22, 24 ff.

[25] KMR-*Müller* 3; **a. A** (möglicherweise) KK-*R. Müller* 4; LR-*Meyer-Goßner*[23] 11.

[26] KK-*R. Müller* 4; KMR-*Müller* 4.

bei Gefahr im Verzuge besteht (Durchsuchungen, Beschlagnahmen usw.); denn mit der Befassung des Richters ist insoweit die Voraussetzung entfallen, daß eine richterliche Entscheidung nicht rechtzeitig erreicht werden kann[27].

In diesem Rahmen beurteilt der Richter nach eigenem **pflichtgemäßen Ermessen,** **14** welche gesetzlich zulässigen Untersuchungshandlungen auch unter **Zweckmäßigkeitsgesichtspunkten** notwendig sind[28]. § 162 Abs. 3, der den Richter auf die Prüfung der gesetzlichen Zulässigkeit der Maßnahme beschränkt, gilt also nicht. Das ist die notwendige Konsequenz daraus, daß hier ein sein Ermessen ausschließender Antrag der für das Ermittlungsverfahren zuständigen Strafverfolgungsbehörde nicht vorliegt.

c) Durchführung und Vollstreckung. Die Durchführung von richterlichen Verneh- **15** mungen und Augenscheinseinnahmen erfolgt ebenso, wie wenn sie auf staatsanwaltschaftlichen Antrag nach § 162 angeordnet wären. Ordnet der Richter Zwangsmaßnahmen an, so muß er regelmäßig auch deren Vollstreckung veranlassen. § 36 Abs. 2 Satz 1, wonach dies der Staatsanwaltschaft obliegt, kann schon deshalb im allgemeinen keine Anwendung finden, weil die Unerreichbarkeit eines Staatsanwalts Voraussetzung der richterlichen Anordnung war und die Gefahr im Verzuge auch einem Abwarten mit der Vollstreckung entgegenstehen wird[29]. Bei der **Durchführung der Vollstreckung,** bei der sich der Richter der Amtshilfe der Polizei bedienen wird, steht dem Richter nicht nur wie sonst ein bloßes Anwesenheitsrecht (§ 105, 22), sondern auch anstelle des unerreichbaren Staatsanwalts die Leitung zu.

d) Weiteres Verfahren. Nach Durchführung der wegen Gefahr im Verzuge zu- **16** nächst erforderlichen Untersuchungshandlungen endet die Notkompetenz des Richters, wenn nicht die dabei gewonnenen Erkenntnisse weitere dringliche Maßnahmen notwendig machen und ein Staatsanwalt, worüber sich der Richter erforderlichenfalls erneut vergewissern muß, weiterhin unerreichbar ist. Der Richter verfährt alsdann nach § 167.

6. Verstöße. Anfechtung. Ist der Richter ohne Antrag der Staatsanwaltschaft tätig **17** geworden, obwohl die Voraussetzungen des § 165 nicht vorlagen, so sind seine Anordnungen wirksam; die Ergebnisse der Untersuchungshandlungen unterliegen keinem Verwertungsverbot[30]. Soweit die Maßnahme noch nicht erledigt ist, steht dem Betroffenen nach allgemeinen Grundsätzen die Beschwerde zu.

Ob eine **Beschwerde** des Betroffenen in diesem Fall ohne Sachprüfung **wegen** **18** **Fehlens der Voraussetzungen** des § 165 Erfolg haben muß[31], erscheint zweifelhaft. Es wird jedenfalls dann zu verneinen sein, wenn sich die Staatsanwaltschaft bei ihrer Anhörung im Beschwerdeverfahren mit der Maßnahme einverstanden erklärt. Unzutreffend ist jedenfalls die Auffassung, daß auf eine Beschwerde der Staatsanwaltschaft hin die angeordnete, noch nicht erledigte Maßnahme stets ohne Sachprüfung aufzuheben sei[32], denn für eine Beschwerde der Staatsanwaltschaft mit diesem Ziel fehlt es am Rechtsschutzinteresse. Ist die Zwangsmaßnahme (ausnahmsweise) noch nicht vollstreckt, so kann die Staatsanwaltschaft von der Vollstreckung absehen. Ist die Maßnahme, etwa eine Beschlagnahme, bereits vollzogen und dauert sie an, so kann die Staatsanwaltschaft mit bindender Wirkung (§ 98, 60) ihre Aufhebung beantragen.

---

[27] KMR-*Müller* 4.
[28] KK-*R. Müller* 4; vgl. auch KMR-*Müller* 4.
[29] Ähnlich KMR-*Müller* 3; vgl. § 36, 27 f; a. A möglicherweise *Schlüchter* 75.4.
[30] KK-*R. Müller* 6; KMR-*Müller* 8.
[31] So LG Frankfurt NJW **1968** 118; a. A KMR- *Müller* 8.

[32] So KK-*R. Müller* 6; LR-*Meyer-Goßner*[23] 12; wie hier KMR-*Müller* 10; aus der Entscheidung LG Frankfurt NJW **1968** 118 ist nicht ersichtlich, daß es sich um ein Rechtsmittel der Staatsanwaltschaft handelte.

Peter Rieß

§ 166

(1) Wird der Beschuldigte von dem Richter vernommen und beantragt er bei dieser Vernehmung zu seiner Entlastung einzelne Beweiserhebungen, so hat der Richter diese, soweit er sie für erheblich erachtet, vorzunehmen, wenn der Verlust der Beweise zu besorgen ist oder die Beweiserhebung die Freilassung des Beschuldigten begründen kann.

(2) Der Richter kann, wenn die Beweiserhebung in einem anderen Amtsbezirk vorzunehmen ist, den Richter des letzteren um ihre Vornahme ersuchen.

Schrifttum. *Alsberg/Nüse/Meyer* Der Beweisantrag im Strafprozeß[5] (1983), S. 338 bis 340; *Borowsky* Zum Beweisantragsrecht im Ermittlungsverfahren, StrVert. **1986** 455; *Nelles* Der Einfluß der Verteidigung auf Beweiserhebungen im Ermittlungsverfahren, StrVert. **1986** 74.

Entstehungsgeschichte. Die Vorschrift ist seit Schaffung der StPO sachlich unverändert. Art. 1 Nr. 48 des 1. StVRG ersetzte lediglich jeweils das Wort „Amtsrichter" durch „Richter". Bezeichnung bis 1924: § 164.

Übersicht

1   **1. Bedeutung der Vorschrift.** Die Vorschrift war bis zur Schaffung des heutigen § 163 a Abs. 2 durch das StPÄG 1964 die einzige Bestimmung des Ermittlungsverfahrens, in der ein Beweisantragsrecht des Beschuldigten anerkannt wurde[1]. Sie verpflichtet den Richter, unabhängig von den Anträgen der Staatsanwaltschaft vom Beschuldigten beantragte, seiner Entlastung dienende Beweiserhebungen vorzunehmen[2]. Darin liegt eine Abweichung vom Grundsatz, daß das Ermittlungsverfahren der eigenverantwortlichen Leitung der Staatsanwaltschaft unterliegt[3]. Zwar läßt sich die Vorschrift zum Teil als ein gesetzlich geregelter Sonderfall des § 165 auch in bezug auf die zweite Alternative verstehen, da die mögliche Freilassung des Beschuldigten stets die Eilbedürftigkeit der Beweisaufnahme begründet; sie geht aber insoweit über § 165 hinaus, als der Richter anders als dort (vgl. § 165, 8) die Beweise auch gegen den Willen der Staatsanwaltschaft erheben muß und es auf die Unerreichbarkeit eines Staatsanwalts nicht ankommt.

2   **2. Anwendungsbereich. Zuständigkeit.** Die Vorschrift gilt nur für das Ermittlungsverfahren und hier nur für den Richter beim Amtsgericht sowie für den nach § 169 zu-

---

[1] Vgl. noch *Eb. Schmidt* 1, wonach bei Anträgen gegenüber der Staatsanwaltschaft die Entscheidung deren freiem Ermessen überlassen sei.

[2] Nach *Gerland* 307 Fußn. 64 verdankt die erst in den Reichstagsberatungen eingefügte Bestimmung dem Mißtrauen gegen die Staatsanwaltschaft ihre Entstehung; vgl. *Hahn* 1300 ff, 1539 f, 1629 f.

[3] *Alsberg/Nüse/Meyer* 338; LR-*Meyer-Goßner*[23] 1.

ständigen Ermittlungsrichter des OLG und des BGH[4]. **Zuständig** ist der Richter des Amtsgerichts, bei dem die jeweilige Beschuldigtenvernehmung, während der der Beweisantrag gestellt wird, durchgeführt wird; belanglos ist, ob er mit sonstigen Untersuchungshandlungen in der Sache befaßt war. Dabei kann es sich um den nach § 162 oder nach § 165 zuständigen Richter, aber auch um den Haftrichter (§ 115 Abs. 1, § 125 Abs. 1, § 128 Abs. 1) oder um den nach § 115 a zuständigen Richter handeln.

3. Voraussetzungen

a) Richterliche Vernehmung. Die Vorschrift betrifft nur den Fall, daß der Be- **3** schuldigte richterlich vernommen wird, gleichviel aus welchem Grunde. Neben den Fällen des § 162 und des § 165 kommen, vor allem wegen der 2. Alternative, die Vernehmungen anläßlich der Entscheidung über die Untersuchungshaft nach den §§ 115 Abs. 2, 115 a Abs. 2 Satz 1, 126 a Abs. 2 Satz 1 und § 128 Abs. 1 Satz 2 in Betracht. Die Vorschrift ist aber nach ihrem Normzweck auch beim mündlichen **Haftprüfungsverfahren** des Richters beim Amtsgericht nach § 118 a Abs. 3 (mindestens analog) anwendbar[5], nicht dagegen, weil sie sich nur an den Richter beim Amtsgericht wendet, im Haftprüfungsverfahren des Oberlandesgerichts nach § 122 Abs. 3 Satz 3 oder im Haftbeschwerdeverfahren nach § 118 Abs. 2. Beweisanträge, die der Beschuldigte im übrigen beim Richter anbringt, etwa wenn er bei einer richterlichen Zeugen- oder Sachverständigenvernehmung oder einer richterlichen Augenscheinseinnahme anwesend ist, sind nach § 165 zu behandeln[6].

b) Nur ein **Beweisantrag** des Beschuldigten **bei** seiner **Vernehmung**, den auch der **4** Verteidiger stellen kann, verpflichtet den Richter zum Tätigwerden nach § 166. Dazu muß das Beweismittel, mindestens in identifizierbarer Form, und die Beweistatsache angegeben[7] und das Verlangen deutlich gemacht werden, daß diese Beweise durch den Richter erhoben werden mögen. Will der Beschuldigte erkennbar nur, daß die zuständige Ermittlungsbehörde im weiteren Verlauf des Ermittlungsverfahrens seinem Beweiserbieten nachgeht, so liegt ein solcher Antrag nicht vor. In Zweifelsfällen sollte der Beschuldigte befragt werden, was er meint. Es genügt, wenn der Beschuldigte einen bereits bei seiner Vernehmung durch die Polizei oder die Staatsanwaltschaft gestellten oder früher schriftlich angebrachten Beweisantrag wiederholt[8]; jedoch braucht der Richter ohne eine solche Bezugnahme frühere Anträge nicht von sich aus aufzugreifen.

c) Nur ein **erheblicher Entlastungsbeweis** ist nach § 166 zu erheben, wenn die wei- **5** teren Voraussetzungen (Rdn. 6 ff) hierfür vorliegen. Dabei kommt es trotz des mißverständlichen Wortlauts nicht auf die Meinung des Beschuldigten von der **Entlastungswirkung** an, sondern auf die Beurteilung des Richters. Er darf nach dieser Vorschrift keine belastenden Umstände aufklären, von denen der Beschuldigte nur irrtümlich annimmt, sie dienten seiner Entlastung[9]. Ob die beantragte Beweiserhebung **erheblich** sein kann, richtet sich danach, ob sie die Beweissituation zugunsten des Beschuldigten beeinflussen kann[10]. Hierüber entscheidet der Richter, wobei die Ablehnungsgründe des § 244 Abs. 3 einen gewissen Maßstab bilden. Sachlich stimmt der Begriff „erheblich" mit der Formulierung „soweit sie von Bedeutung sind" in § 163 a Abs. 2 überein[11].

---

[4] KK-*R. Müller* 3.
[5] KK-*R. Müller* 2; LR-*Meyer-Goßner*[23] 3; *Nelles* StrVert. **1986** 78; **a. A** *Kleinknecht/Meyer*[38] 2; *Alsberg/Nüse/Meyer* 338 (weil es sich dabei um keine Vernehmung handele).
[6] Vgl. § 165, 7.

[7] *Eb. Schmidt* 4; *Alsberg/Nüse/Meyer* 339; vgl. auch § 244, 94.
[8] KMR-*Müller* 2; *Alsberg/Nüse/Meyer* 338.
[9] *Alsberg/Nüse/Meyer* 339.
[10] KK-*R. Müller* 4; *Eb. Schmidt* 3.
[11] *Nelles* StrVert. **1986** 78; vgl. die Erl. zu § 163 a Abs. 2.

Peter Rieß

6   **d) Drohender Beweismittelverlust.** Auch erhebliche Entlastungsbeweise darf der Richter nur erheben (1. Alternative), wenn der Verlust der Beweise zu besorgen ist; es muß also Gefahr im Verzuge im Sinne des § 165 vorliegen (§ 165, 9); etwa weil ein Zeuge schwer erkrankt ist oder ein Augenscheinsgegenstand unterzugehen droht[12]. Auf die Unerreichbarkeit eines Staatsanwalts kommt es nicht an, und auch dessen entgegenstehender Wille bindet, anders als bei § 165, den Richter nicht, doch sollte der Richter, wenn ein Staatsanwalt erreichbar ist, dessen Anträgen nicht ohne zwingenden Grund vorgreifen[13].

7   **e) Eignung zur Freilassung des Beschuldigten.** Die Beweise sind ferner, auch wenn ihr Verlust nicht zu besorgen ist, zu erheben, wenn sie die Freilassung des inhaftierten oder vorläufig festgenommenen Beschuldigten begründen können (2. Alternative). Es muß also darauf ankommen, daß die beantragte Beweiserhebung, das Gelingen des Beweises unterstellt, zur Aufhebung oder Außervollzugsetzung eines Haftbefehls oder bei vorläufiger Festnahme zum Absehen vom Erlaß eines Haftbefehls oder von seiner Vollstreckung führen kann. Das umfaßt sowohl Tatsachen, die den dringenden Tatverdacht ausräumen können, beispielsweise einen Alibibeweis, als auch solche, die den Haftgrund betreffen[14], etwa wenn eine Aufklärung der persönlichen Verhältnisse Aufschluß über das Fehlen von Fluchtgefahr vermitteln kann.

8   Eine **Befugnis zur Freilassung** selbst ergibt sich auch nach einem erfolgreichen Entlastungsbeweis nicht aus § 166. Der Richter, der den Beschuldigten vernommen und die Beweise erhoben hat, kann eine Entscheidung über die Haft nur dann treffen, wenn er nach § 126 Abs. 1 zuständig ist[15]. Andernfalls hat er den für die Haftentscheidung zuständigen Richter, ggf. auch die Staatsanwaltschaft (vgl. § 120 Abs. 3 Satz 2), auf dem schnellstmöglichen Wege über das Ergebnis der Beweisaufnahme zu unterrichten, wenn er der Auffassung ist, daß es die sofortige Freilassung begründen kann. Das gilt auch für den nach § 115 a mit der Haftfrage befaßten Richter[16]. Der **Haftrichter** kann über § 166 hinaus, also auch ohne Beweisantrag des Beschuldigten, einzelne Beweise erheben oder veranlassen, auf die es für seine weitere Entscheidung ankommen kann (vgl. auch § 117 Abs. 3)[17].

9   **4. Umfang der Beweiserhebung.** Die Vorschrift ermächtigt und verpflichtet den Richter lediglich zu „einzelnen Beweiserhebungen" (vgl. auch § 117 Abs. 3, § 202); damit ist ihm eine ausgedehnte umfassende Beweisaufnahme zur Klärung des Tatvorwurfs versagt[18]. Zulässig sind nur ergänzende Ermittlungshandlungen, die zu einer alsbaldigen Klärung namentlich der Frage der Freilassung führen können. Auf eine einzige Ermittlungshandlung ist der Richter nicht beschränkt; je nach Lage des Einzelfalls können auch mehrere in Betracht kommen, so etwa, wenn der Verlust mehrerer Beweismittel zu befürchten ist. Eine scharfe Abgrenzung ist nicht möglich; entscheidend dürfte der Gesichtspunkt sein, daß die Leitungsbefugnis der Staatsanwaltschaft für das Ermittlungsverfahren nicht beeinträchtigt wird.

---

[12] *Alsberg/Nüse/Meyer* 339.

[13] *Alsberg/Nüse/Meyer* 339; LR-*Meyer-Goß-ner*[23] 2.

[14] *Borowsky* StrVert. **1986** 455.

[15] KK-*R. Müller* 7; *Kleinknecht/Meyer*[38] 3; KMR-*Müller* 6; *Eb. Schmidt* 5; *Alsberg/Nüse/Meyer* 340.

[16] **A. A** wohl KK-*R. Müller* 7; LR-*Meyer-Goß-ner*[23] 5.

[17] *Alsberg/Nüse/Meyer* 339; LR-*Meyer-Goß-ner*[23] 2; *Eb. Schmidt* 5; **a. A** LR-*Wendisch* § 117, 26. Vgl. auch KK-*Laufhütte* § 117, 10; 12; *Kleinknecht/Meyer*[38] § 117, 5.

[18] *Alsberg/Nüse/Meyer* 339; KK-*R. Müller* 6; KMR-*Müller* 5; *Eb. Schmidt* 4; *Borowsky* StrVert. **1986** 455.

5. Durchführung. Die nach §166 erforderlichen Ermittlungshandlungen hat der **10** **Richter selbst** vorzunehmen; er darf sich nicht auf eine bloße Anordnung an Staatsanwaltschaft oder Polizei beschränken. Das ergibt der von §117 Abs. 3 und §202 abweichende Wortlaut. Erfordert dies ein Tätigwerden außerhalb seines Bezirks, so ist nach **Absatz 2** im Rechtshilfeweg nach den §§156 ff GVG vorzugehen; nur bei Gefahr im Verzuge kann der Richter nach §166 Abs. 1 GVG auch außerhalb seines Bezirks tätig werden[19]. Die Ermittlungen können im Wege des **Freibeweises** durchgeführt werden, soweit dies nach dem Zweck der beantragten Beweiserhebung ausreicht. Bei drohendem Beweismittelverlust (1. Alternative) wird im Hinblick auf die Verlesbarkeit in der Hauptverhandlung allerdings eine förmliche richterliche, ggf. eidliche (§65 Abs. 1) Vernehmung erforderlich sein.

6. Verfahren. Stellt der Beschuldigte bei seiner Vernehmung einen Beweisantrag **11** (Rdn. 4), so ist dieser in das Protokoll aufzunehmen (§168 a, 10). Lehnt der Richter den Antrag ab, so ist dies zu begründen (§34, 2. Alternative) und ebenfalls zu protokollieren[20]. Von der Anhörung der Staatsanwaltschaft vor der Durchführung der Beweiserhebung kann abgesehen werden, wenn dies im Interesse der Beschleunigung geboten ist[21].

7. Verstöße. Anfechtung. Erhebt der Richter die beantragten Beweise, obwohl die **12** Voraussetzungen des §166 nicht vorlagen, so hat das auf ihre Verwertbarkeit keinen Einfluß; der Staatsanwaltschaft steht hiergegen auch keine Beschwerde zu (§165, 17 f).

Ob dem Beschuldigten gegen die **Ablehnung des Beweisantrags Beschwerde** zu- **13** steht, ist zweifelhaft[22]. Sie wäre an sich nach §304 Abs. 1 statthaft; ein ausdrücklicher Beschwerdeausschluß im Sinne des §304 Abs. 1 Satz 2 ist nicht ersichtlich. Doch läßt sich wohl die Unzulässigkeit der Beschwerde aus dem Inhalt der Entscheidung und der Verfahrenslage ableiten[23]. Bei der ersten Alternative der Vorschrift (drohender Beweismittelverlust) verträgt sich die Überprüfung im Beschwerdeverfahren nicht mit der Eilbedürftigkeit der Beweisaufnahme; bei der zweiten Alternative (Eignung zur Freilassung) stehen dem Beschuldigten die Rechtsmittel gegen die Haftentscheidung zur Verfügung. Es ist auch zu berücksichtigen, daß dem Beschuldigten auch sonst gegen die Ablehnung von Beweisanträgen vor der Eröffnung des Hauptverfahrens kein Rechtsmittel zur Verfügung steht[24].

---

[19] KK-*R. Müller* 3; KMR-*Müller* 7.
[20] Zur Bedeutung des abgelehnten (oder nicht beschiedenen) Antrags für das weitere Verfahren vgl. *Alsberg/Nüse/Meyer* 340.
[21] KK-*R. Müller* 1; KMR-*Müller* 7; *Eb. Schmidt* 2.
[22] Verneinend (ohne Begründung) *Alsberg/Nüse/Meyer* 340; ihm folgend *Weihrauch* Verteidigung im Ermittlungsverfahren[2]

(1985) 149; bejahend *Borowsky* StrVert. **1986** 455.
[23] Vgl. dazu insgesamt BGHSt **10** 88, 91; LR-*Gollwitzer* §304, 34 ff.
[24] Vgl. §201 Abs. 2 Satz 2, §202 Satz 2 sowie für den Beweisantrag nach §163 a Abs. 2 die dort. Erl.; vgl. auch *Fezer* Gedächtnisschrift Schröder 415; *Nelles* StrVert. **1986** 79.

Peter Rieß

§ 167

In den Fällen der §§ 165 und 166 gebührt der Staatsanwaltschaft die weitere Verfügung.

Bezeichnung bis 1924: § 165.

1   Die Vorschrift stellt, ebenso wie § 163 Abs. 2 Satz 1 klar, daß die **Staatsanwaltschaft** die **Verantwortung** für Gestaltung und Inhalt des Ermittlungsverfahrens trägt[1] und daß die Notkompetenzen des Richters ihre Entschließungsfreiheit, namentlich im Hinblick auf die nach § 170 zu treffende Abschlußverfügung, nicht beeinträchtigen. Der Richter hat nach Abschluß seiner Ermittlungshandlungen der Staatsanwaltschaft seine **Verhandlungen** unverzüglich zu **übersenden**, damit diese die Fortsetzung der Ermittlungen veranlassen kann. Zur Verfahrensweise bei einer ohne Mitwirkung der Staatsanwaltschaft vorgenommenen Verhaftung (§ 125 Abs. 1, § 128 Abs. 2 Satz 2) s. § 114, 25.

2   Die **Ergebnisse der richterlichen Untersuchungshandlungen** sind von der Staatsanwaltschaft ebenso im weiteren Ermittlungsverfahren zu berücksichtigen, wie wenn sie auf ihren Antrag vorgenommen worden wären[2]. Hat der Richter im Rahmen seiner Notkompetenz **Zwangsmaßnahmen** angeordnet und vollstreckt, so muß die Staatsanwaltschaft prüfen, ob sie aufrechtzuerhalten sind, ggfs. ist ihre Aufhebung zu beantragen[3]. Sind die Maßnahmen noch nicht vollstreckt, so steht es der Staatsanwaltschaft frei, von der Vollstreckung abzusehen (vgl. § 165, 17).

§ 168

[1]Über jede richterliche Untersuchungshandlung ist ein Protokoll aufzunehmen. [2]Für die Protokollführung ist ein Urkundsbeamter der Geschäftsstelle zuzuziehen; hiervon kann der Richter absehen, wenn er die Zuziehung eines Protokollführers nicht für erforderlich hält. [3]In dringenden Fällen kann der Richter eine von ihm zu vereidigende Person als Protokollführer zuziehen.

Schrifttum zu den §§ 168 bis 168 d. *Brenner* Schwache Vernehmungsprotokolle im Strafverfahren, Kriminalistik **1981** 142; *Eisenberg* Vernehmung und Aussage (insbesondere) im Strafverfahren aus empirischer Sicht, JZ **1984** 912, 961; *Franzki* Die neuen Vorschriften für das Sitzungsprotokoll, DRiZ **1975** 97; *Gründler* Zur Frage der Anwesenheit des Beschuldigten bei richterlicher Vernehmung eines Mitbeschuldigten, MDR **1986** 903; *Gundlach* Die Vernehmung des Beschuldigten im Ermittlungsverfahren (1984); *Herren/Bortz* Das Vernehmungsprotokoll, Kriminalistik **1976** 313; *Holtgrave* Das gerichtliche Protokoll, DB **1975** 821; *Krause* Anwesenheitsrechte des Beschuldigten bei der Vernehmung des Mitbeschuldigten, NJW **1975** 2283; *Krause* Einzelfragen zum Anwesenheitsrecht des Verteidigers im Strafverfahren, StrVert. **1984** 169; *Kurth* Beschränkung des Prozeßstoffs und Einführung des Tonbandprotokolls durch das Strafverfahrensänderungsgesetz 1979, NJW **1978** 2481; *Nöldeke* Zum Wiedererkennen des Tatverdächtigen bei Gegenüberstellung und Bildvorlage, NStZ **1982** 193; *Odenthal* Die Gegenüberstellung im Strafverfahren, Diss. Köln, 1984; *Odenthal* Die Gegenüberstellung zum Zwecke des Wiedererkennens, NStZ **1985** 433; *Rieß* Die Folgen des Fehlens der Unterschrift des Übertragungsgehilfen nach § 168 a

---

[1] *Eb. Schmidt* 1; vgl. auch BayObLG **1953** 96.   [3] Vgl. § 120 Abs. 3; § 98, 60.
[2] KK-*R. Müller* 1; *Eb. Schmidt* 2.

IV 2, 3 StPO, NStZ **1987** 444; *Sieg* Anwesenheit des Beschuldigten bei richterlichen Vernehmungen des Mitbeschuldigten? MDR **1986** 285; *Walder* Die Vernehmung des Beschuldigten (1965); *Welp* Anwesenheitsrechte und Benachrichtigungspflichten, JZ **1980** 134; *Wieczorek* Oft genug von nur geringem Beweiswert — Anforderungen an eine Wahlgegenüberstellung, Kriminalistik **1984** 545; *Zaczyk* Das Anwesenheitsrecht des Verteidigers bei richterlichen Vernehmungen im Ermittlungsverfahren (§ 168 c StPO), NStZ **1987** 535.

Entstehungsgeschichte. Die Vorschrift bestimmte ursprünglich, daß „die Beurkundung der von dem Amtsrichter vorzunehmenden Untersuchungshandlungen und die Zuziehung eines Gerichtsschreibers… nach den für die Voruntersuchung geltenden Vorschriften" erfolgt. Dort bestimmte § 187 (Bezeichnung bis 1924: § 185), daß der Untersuchungsrichter bei der Vernehmung des Angeschuldigten, der Zeugen und Sachverständigen sowie bei der Einnahme eines Augenscheins einen Gerichtsschreiber (seit 1927 — VO vom 30. 11. 1927, RGBl. I S. 334 — Urkundsbeamten der Geschäftsstelle) zuzuziehen habe (Satz 1) und in dringenden Fällen eine von ihm zu beeidigende Person als Urkundsbeamten hinzuziehen könne (Satz 2). Bei der Abschaffung der Voruntersuchung wurde der Inhalt jener Bestimmung sachlich unverändert durch Art. 1 Nr. 49 des 1. StVRG in § 168 übernommen. Durch Art. 1 Nr. 13 StVÄG 1979 erhielt die Vorschrift ihre heutige Fassung; Satz 1 ist wortgleich mit dem früheren § 168 a Abs. 1 Satz 2, die Regelung in Satz 2, zweiter Halbsatz wurde neu eingefügt. Bezeichnung bis 1924: § 166.

Übersicht

1. Allgemeines zu den §§ 168 bis 168 d. Die StPO enthielt in ihrer bis 1975 gelten- **1**
den Fassung für Untersuchungshandlungen im Ermittlungsverfahren keine eigenen Vorschriften über die Protokollierung und über Anwesenheitsrechte und Benachrichtigungspflichten. In bezug auf die Protokollierung verwies der frühere § 168 auf die für die Voruntersuchung geltenden Vorschriften[1]; in bezug auf die Anwesenheitsbefugnisse und Benachrichtigungspflichten waren nach dem früheren § 169 die für die Voruntersuchung geltenden Bestimmungen in eingeschränktem Umfang anzuwenden[2]. Protokollierungsvorschriften für nichtrichterliche Untersuchungshandlungen enthielt das Gesetz ebensowenig, wie es hierfür Anwesenheitsbefugnisse und korrespondierende Benachrichtigungspflichten anerkannte.

---

[1] §§ 187, 188, vgl. Entstehungsgeschichte.
[2] Vgl. LR-*Kohlhaas*[22] Erl. zu § 169 sowie zu den Anwesenheitsbefugnissen § 192 Abs. 2,

§§ 193 bis 195 (letzte Kommentierung in der 22. Aufl.); vgl. auch § 168 c Fußn. 1.

2　　Mit der **Beseitigung der gerichtlichen Voruntersuchung** durch das 1. StVRG sind
die die **Protokollierung betreffenden** §§ 187, 188 zunächst sachlich unverändert als
§§ 168, 168 a übernommen und durch den die Protokollierung staatsanwaltschaftlicher
Ermittlungshandlungen regelnden § 168 b ergänzt worden. Durch das StVÄG 1979
wurden diese Bestimmungen redaktionell neu geordnet[3] und sachlich in weitgehender
Übereinstimmung mit den Protokollierungsvorschriften für den Zivilprozeß und
(wegen der Verweisung auf die ZPO in der VwGO, der FGO, der SGO und dem
ArbGG) den übrigen Verfahrensordnungen[4] dahingehend ergänzt, daß Regelungen
über den Verzicht auf die Hinzuziehung eines Protokollführers und über die vorläufige
Aufzeichnung des Protokollinhalts getroffen wurden. Sie gelten im Strafverfahren allgemein für die Protokollierung aller gerichtlichen Handlungen, soweit nicht die speziellen Vorschriften über die Protokollierung der Hauptverhandlung (§§ 271 bis 274) anzuwenden sind (näher Rdn. 7).

3　　Die das **Anwesenheitsrecht** und die **Benachrichtigung** regelnden Bestimmungen
der Voruntersuchung (§ 192 Abs. 2, §§ 193 bis 195) wurden als **§§ 168 c, 168 d** unter Erweiterung der Anwesenheitsbefugnisse des Beschuldigten und seines Verteidigers übernommen[5]. Durch die gleiche Novellierung wurde ein Anwesenheitsrecht des Verteidigers bei staatsanwaltschaftlichen Beschuldigtenvernehmungen geschaffen (§ 163 a
Abs. 3 Satz 2).

2. Vorschriften über die Protokollierung (§§ 168 bis 168 b)

4　　**a) Überblick.** Das Gesetz regelt in den §§ 168, 168 a im wesentlichen nur die Formalien für die Protokollierung richterlicher Untersuchungshandlungen, nämlich die
Pflicht zur förmlichen Protokollierung und die dabei mitwirkenden Personen (Richter
und Protokollführer, **§ 168**), die in das Protokoll aufzunehmenden Förmlichkeiten
(**§ 168 a Abs. 1**), die Genehmigung des Protokollinhalts (**§ 168 a Abs. 3**) und seine Unterzeichnung (**§ 168 a Abs. 4**) sowie die Zulässigkeit einer vorläufigen Aufzeichnung, ihre
Bedeutung und das dabei zu beachtende Verfahren (**§ 168 a Abs. 2, Abs. 4 Satz 2, 4**).

5　　Daß das Protokoll die vorgenommenen **Untersuchungshandlungen** auch **nach Inhalt und Ergebnis beurkunden** müsse, schreibt das Gesetz ebensowenig ausdrücklich
vor, wie es über die Art, wie dies geschehen soll, nähere Bestimmungen enthält (s. dazu
§ 168 a, 13 ff). Es ergibt sich jedoch aus der Natur der Sache und wird vom Gesetz als
selbstverständlich vorausgesetzt, daß das in den §§ 168, 168 a geregelte Protokoll für
Vorgänge außerhalb der Hauptverhandlung stets ein **Inhaltsprotokoll** zu sein hat und
nicht nur, wie vielfach das Hauptverhandlungsprotokoll (vgl. § 273, 31 f), ein Formal-
protokoll. Denn die nach dieser Vorschrift zu protokollierenden Untersuchungshandlungen werden ausnahmslos in einem schriftlichen, aktenmäßigen Verfahren vorgenommen. Sie dienen entweder als Entscheidungsgrundlage für eine Entscheidung aufgrund des Akteninhalts, wie die Abschlußentscheidung der Staatsanwaltschaft oder die
Entscheidung über die Eröffnung des Hauptverfahrens, oder sie bedürfen für eine Entscheidung aufgrund mündlicher Verhandlung der Verlesung oder anderweitigen Kenntnisnahme (vgl. § 251 Abs. 1 in Vbdg. mit § 249).

---

[3] Näher 23. Aufl. EB Rdn. 3, auch zum Verhältnis der Vorschrift zu den §§ 159 ff ZPO.
[4] Vgl. näher 23. Aufl. EB Rdn. 2, auch zu den
verbleibenden Unterschieden; vgl. auch
Kurth NJW **1978** 2484.

[5] Näher Entstehungsgeschichte zu § 168 c;
vgl. LR-*Meyer-Goßner*[23] § 168 c, 8; *Rieß* FS
Reichsjustizamt 396 ff.

b) Anwendungsbereich. Die §§ 168, 168 a gelten nach ihrem Standort unmittelbar **6** für alle richterlichen Untersuchungshandlungen (Rdn. 9) im **Ermittlungsverfahren**, auch bei einer Tätigkeit des Richters als Notstaatsanwalt nach § 165 und für richterliche Ermittlungen im **Klageerzwingungsverfahren** nach § 173 Abs. 3 (§ 173, 17). Sie gelten ferner wegen des Fehlens spezieller Regelungen (mindestens analog) für alle richterlichen Untersuchungshandlungen im **Erkenntnisverfahren außerhalb der Hauptverhandlung**[6], so namentlich für richterliche Verhandlungen bei Erlaß und Verkündung des Haftbefehls (§§ 115, 115 a, 128), für Ermittlungen im Zwischenverfahren nach § 202 und für kommissarische Ermittlungen außerhalb der Hauptverhandlung nach den §§ 223 bis 225 (§ 223, 35; § 225, 8) sowie für Vernehmungen des Angeklagten nach § 233 Abs. 2. Ihre Anwendbarkeit für die mündliche Anhörung des Verurteilten im **Vollstreckungsverfahren** nach § 454 wird überwiegend verneint (vgl. § 454, 42). Für das **Bußgeldverfahren** nach dem OWiG sind die Bestimmungen sinngemäß anzuwenden[7].

Die **Vorschriften gelten** dagegen **nicht**, soweit die speziellen Vorschriften für das **7** Hauptverhandlungsprotokoll (§§ 271 bis 274) anwendbar sind[8], namentlich für die Hauptverhandlung vor dem erstinstanzlichen Gericht, dem Berufungsgericht (§ 332) und dem Revisionsgericht (§ 351, 9). Ebensowenig gelten sie für die mündliche Verhandlung im **Haftprüfungsverfahren**, bei der Haftbeschwerde (§ 118 Abs. 1, 2)[9] und bei der Verhandlung über die **Ausschließung eines Verteidigers** (§ 138 d), weil dort (§ 118 a Abs. 3 Satz 2, § 138 d Abs. 4 Satz 3) die §§ 271 ff für entsprechend anwendbar erklärt sind. In all diesen Fällen kann daher nicht auf die Hinzuziehung eines Protokollführers verzichtet, das Protokoll nicht nach § 168 a Abs. 2 vorläufig aufgezeichnet werden[10] und keine andere Person als ein Urkundsbeamter der Geschäftsstelle mitwirken[11].

Für die Protokollierung **staatsanwaltschaftlicher Untersuchungshandlungen** gilt **8** § 168 b (s. die dort. Erl.); über die Protokollierung **polizeilicher Untersuchungshandlungen** s. die Erl. zu § 163.

3. Richterliche Untersuchungshandlungen. Der Begriff ist hier enger zu verstehen **9** als in § 162, wo er auch die vom Richter im Ermittlungsverfahren zu treffenden Entscheidungen mit erfaßt. Gemeint sind solche richterlichen Maßnahmen, bei denen für das weitere Verfahren bestimmte Ermittlungs*ergebnisse*, Erkenntnisvorgänge oder gesetzlich vorgeschriebene Verhandlungen mit dritten Personen aktenkundig zu machen sind. Hierunter fallen in erster Linie die bis 1979 ausdrücklich genannten Vernehmungen von Beschuldigten, Zeugen und Sachverständigen sowie die Einnahme von Augenschein, ferner die Vernehmung eines Augenscheinsgehilfen (§ 86, 3) oder eines Beweismittlers (§ 81 d, 6; § 85, 11), die Leichenschau (§ 87 Abs. 1) oder die Leichenöffnung (§ 87 Abs. 2) in Anwesenheit des Richters (bei einer solchen in Anwesenheit des Staatsanwalts gilt § 168 b) sowie die Verkündung des Haftbefehls nach den §§ 115, 115 a, auch soweit es dabei nicht zu Vernehmungen kommt.

Keine nach den §§ 168, 168 a protokollierungspflichtigen **richterlichen Untersu-** **10** **chungshandlungen** sind die **Anordnungen und Entscheidungen**, die der Richter im Ermittlungsverfahren ohne Verhandlung trifft[12], wie etwa der Erlaß eines Haftbefehls, die

---

[6] *G. Schäfer*[4] § 25 I.

[7] § 46 Abs. 1 OWiG; KK-*R. Müller* 1; *Göhler*[8] Vor § 59, 13.

[8] BGH NStZ **1981** 31 (LS) – kein Verzicht auf Urkundsbeamten nach § 168 Satz 2, zweiter Halbsatz.

[9] **A. A** *G. Schäfer*[4] § 25 I.

[10] Vgl. näher § 271, 2.

[11] Vgl. näher mit weit. Nachw. § 226, 10.

[12] KK-*R. Müller* 2; KMR-*Müller* 1; *Kleinknecht/Meyer*[38] 1; *G. Schäfer*[4] § 25 I; vgl. aber (für staatsanwaltschaftliche Ermittlungshandlungen) § 168 b, 3 f.

Peter Rieß

Anordnung einer körperlichen Untersuchung oder einer Durchsuchung, einer Kontrollstelle nach § 111, der Kontrollfahndung nach § 163 d oder der Telefonüberwachung nach § 100 b. Diese Anordnungen ergehen schriftlich; dadurch werden sie aktenkundig gemacht. Werden derartige Anordnungen im Beisein des Richters vollstreckt, so ist die Protokollierung nach den §§ 168, 168 a zwar möglich, aber nicht zwingend vorgeschrieben; erfolgt sie, so kann das Protokoll nach den §§ 249 ff verwertet werden[13]. Nicht protokollierungspflichtig sind (selbstverständlich) **schriftliche Anfragen und Antworten**, auch wenn es sich dabei um Untersuchungshandlungen handelt[14]. Nicht protokollierungspflichtig ist auch die **Tätigkeit des Sachverständigen**, selbst wenn sie im Beisein des Richters stattfindet (vgl. § 78, 2), dagegen gelten die §§ 168, 168 a für vor den Untersuchungsmaßnahmen des Sachverständigen vorzunehmenden Belehrungen des Beschuldigten oder von Zeugen, falls man der Meinung folgt, daß diese Belehrungen dem Richter obliegen[15].

4. Zuziehung eines Protokollführers

11   a) **Grundsatz.** Die Zuziehung eines Protokollführers (Urkundsbeamten oder Hilfsperson, vgl. Rdn. 14 ff) ist auch nach der Rechtsänderung von 1979 der vom Gesetz vorausgesetzte Regelfall. Sie ist, wenn der Richter nicht ausdrücklich nach Satz 2 zweiter Halbsatz hiervon absieht, ein wesentliches Formerfordernis für die Entstehung eines richterlichen, nach den §§ 249 ff verlesbaren Protokolls[16].

12   b) **Umfang der Mitwirkung.** Soweit nicht ausdrücklich, auch bei Teilen einer einheitlichen Untersuchungshandlung (vgl. Rdn. 19), von der Zuziehung des Protokollführers abgesehen wird, muß dieser während der ganzen Verhandlung anwesend sein[17]. Ein Wechsel unter mehreren Protokollführern ist zulässig (vgl. auch § 168 a, 5).

13   c) Wer **Urkundsbeamter der Geschäftsstelle** ist, bestimmt sich unter Berücksichtigung der in § 153 GVG enthaltenen Mindestanforderungen nach Landesrecht[18]. Er braucht nicht dem Gericht anzugehören, dessen Richter die Untersuchungshandlung durchführt oder (bei einer kommissarischen Vernehmung durch einen beauftragten Richter) in dessen Bezirk sie vorgenommen wird; es genügt, daß er Urkundsbeamter eines ordentlichen Gerichts ist[19]. Ein Justizbediensteter (auch ein Referendar), der die jeweiligen Voraussetzungen nicht erfüllt, kann als Protokollführer nur nach Satz 3 herangezogen und muß gesondert vereidigt werden[20].

14   d) **Hilfspersonen als Protokollführer (Satz 3).** Die Vorschrift gestattet die Heranziehung anderer (besonders zu vereidigender, Rdn. 17 f) Personen als Protokollführer „in dringenden Fällen", also wenn die Untersuchungshandlung nach pflichtgemäßem Ermessen des Richters keinen Aufschub duldet und ein Urkundsbeamter der Geschäftsstelle nicht zur Verfügung steht[21]. Die Befugnis des Richters, so zu verfahren, wird

---

[13] Vgl. dazu § 105, 22; LR-*Meyer-Goßner*[23] 6; *Eb. Schmidt* § 188, 4.

[14] KMR-*Müller* 1.

[15] Vgl. mit weit. Nachw. § 136, 3.

[16] RGSt **56** 258; OLG Celle GA **1954** 317; vgl. (zur fehlenden Unterschrift) BGHSt **9** 301; RGSt **34** 396; **41** 217; s. auch Rdn. 23 f.

[17] KMR-*Müller* 3; *Kleinknecht/Meyer*[38] 2.

[18] Vgl. näher die Erl. zu § 153 GVG; § 226, 10; vgl. auch BGH bei *Pfeiffer* NStZ **1981** 95; NStZ **1984** 327; NStZ **1984** 564 = StrVert.

1984 409 (für Niedersachsen); MDR **1985** 862 = StrVert. **1985** 492 (für Baden-Württemberg).

[19] BGH bei *Pfeiffer/Miebach* NStZ **1983** 213; StrVert. **1986** 186 (insoweit in BGHSt **33** 217 ff nicht abgedruckt); **a. A** (früher) *v. Feilitsch* GA **44** (1896) 411; ihm folgend LR-*Meyer-Goßner*[23] 9.

[20] Vgl. BGH bei *Pfeiffer* NStZ **1981** 95; StrVert. **1984** 409.

[21] KK-*R. Müller* 4.

auch nicht dadurch eingeschränkt, daß er von der Hinzuziehung eines Protokollführers absehen kann, denn dies steht in seinem pflichtgemäßen Ermessen.

Besondere **persönliche oder sachliche Voraussetzungen** für die hinzuzuziehenden **15** Hilfspersonen enthält das Gesetz **nicht**, daß sie voll geschäftsfähig sein müssen, wird zu fordern sein[22]. In der Regel wird es sich, wenn möglich, empfehlen, einen Gerichtsbediensteten, der nicht Urkundsbeamter der Geschäftsstelle ist, oder einen geeigneten Bediensteten der Staatsanwaltschaft, der Polizei oder einer anderen Behörde heranzuziehen, von dem erwartet werden kann, daß er der Protokollierungsaufgabe gewachsen ist. Ob diese Behörden eine geeignete Person zur Verfügung stellen müssen, wird nach Amtshilfegrundsätzen zu entscheiden sein. Eine **Pflicht zum Tätigwerden** als Protokollführer begründet § 168 Satz 3 nicht; sie kann sich für Bedienstete der Justiz, der Polizei oder anderer öffentlicher Stellen allenfalls aus ihrem Dienstverhältnis ergeben. **Privatpersonen** können stets nur mit ihrem Einverständnis herangezogen werden[23]; eine Vergütung für diese Tätigkeit sieht das Gesetz nicht vor[24].

Für die als Protokollführer hinzuzuziehenden Hilfspersonen gilt § 31 Abs. 1. Sie **16** dürfen daher **nicht gesetzlich ausgeschlossen** sein und können nach § 24 abgelehnt werden. Zu den Wirkungen s. § 31, 16.

Die Hilfsperson muß vor Beginn ihrer Tätigkeit als Protokollführer vom Richter **17** **vereidigt** werden, und zwar auch dann, wenn sie bei einer anderen Behörde regelmäßig als Protokollführer tätig ist[25]. Die **Eidesformel** schreibt das Gesetz nicht vor; ihre Fassung ist daher im einzelnen dem Richter überlassen. Sinngemäß wird sie dahin gehen müssen, daß die zugezogene Person die Pflichten eines Protokollführers treu und gewissenhaft (nach bestem Wissen und Gewissen; getreulich) erfüllen werde[26]. Der Eid kann mit oder ohne religiöse Beteuerung geleistet werden. Bei Personen, die aus Glaubens- oder Gewissensgründen keinen Eid leisten wollen, genügt ein **Gelöbnis** (entsprechend § 45 Abs. 4 DRiG, § 189 Abs. 1 Satz 2, 3 GVG, § 66 d StPO)[27]. Ob entsprechend § 57 eine Belehrung angezeigt ist, richtet sich nach Lage des Einzelfalls[28].

Die Vereidigung muß, auch wenn die gleiche Hilfsperson wiederholt als Proto- **18** kollführer herangezogen wird, für **jeden dringenden Fall gesondert** vorgenommen werden. Daß die gleiche Person früher in einem anderen dringenden Fall vereidigt wurde, reicht nicht aus, auch eine Berufung auf einen früher geleisteten Eid genügt nicht[29]. Nur wenn **mehrere Untersuchungshandlungen** insgesamt als ein dringender Fall erscheinen, etwa wenn einem Haftrichter nacheinander mehrere Beschuldigte vorgeführt werden oder wenn der Ermittlungsrichter unmittelbar nacheinander mehrere Zeugen zu vernehmen hat, genügt eine einmalige Vereidigung[30]. Sie ist dann allerdings, wenn es

---

[22] LR-*Meyer-Goßner*[23] 6; zweifelnd KMR-*Müller* 4; *Eb. Schmidt* § 187, 2.

[23] KK-*R. Müller* 5; KMR-*Müller* 4; *Kleinknecht/Meyer*[38] 4.

[24] Vgl. *Kleinknecht/Meyer*[38] 4. Weder das ZuSEntschG noch das Gesetz über die Entschädigung der ehrenamtlichen Richter ist einschlägig; durch die Justizverwaltung kann eine Vergütungsregelung getroffen werden.

[25] BGHSt **27** 339 = JR **1978** 525 mit Anm. *Meyer-Goßner*; **a. A** für den Urkundsbeamten der Staatsanwaltschaft *Kleinknecht/Meyer*[38] 6; wie hier KK-*R. Müller* 6.

[26] Vgl. ähnlich KK-*R. Müller* 7; KMR-*Müller* 4; LR-*Meyer-Goßner*[23] 8; *Eb. Schmidt* § 183, 3.

[27] Ebenso LR-*Meyer-Goßner*[23] 8.

[28] Wohl weitergehend *Kleinknecht*[33] 2; LR-*Meyer-Goßner*[23] 8.

[29] BGHSt **27** 339 = JR **1978** 525 mit Anm. *Meyer-Goßner*; KK-*R. Müller* 6; *Kleinknecht/Meyer*[38] 7.

[30] BGHSt **27** 339 (wo die Frage, wie eng der Zusammenhang zwischen den einzelnen Untersuchungshandlungen sein muß, offengelassen ist); *Kleinknecht/Meyer*[38] 8.

Peter Rieß

sich um verschiedene Verfahren handelt, als **wesentliche Förmlichkeit** in jedem Protokoll als geschehen zu beurkunden[31].

5. Absehen von der Zuziehung eines Protokollführers

19   a) **Allgemeine Bedeutung.** Von der Hinzuziehung eines Protokollführers, nicht aber von der Herstellung eines den Anforderungen des § 168 a entsprechenden Protokolls überhaupt, kann abgesehen werden, wenn der Richter dessen Mitwirkung nicht für erforderlich hält. Möglich ist auch die teilweise Nichtheranziehung bei einer einheitlichen Untersuchungshandlung[32]. Ein aufgrund der Entscheidung des Richters ohne Protokollführer hergestelltes Protokoll stellt eine ordnungsmäßige Niederschrift dar, die nach den jeweiligen Vorschriften als richterliches Protokoll verlesbar ist. Die Übertragung einer vorläufigen Aufzeichnung in diesem Fall richtet sich nach § 168 a Abs. 4 Satz 2, 3 (s. § 168 a, 49 f).

20   b) **Voraussetzungen.** Die **Entscheidung** über die Nichtheranziehung eines Protokollführers trifft allein der **Richter** nach pflichtgemäßem Ermessen. Maßgebend ist, daß er die Mitwirkung nicht für erforderlich hält[33]. Außer (möglicherweise) in Fällen eindeutiger Ermessensüberschreitung kann dem Protokoll die Qualität einer als richterlicher verwertbaren Niederschrift nicht mit der Begründung abgesprochen werden, die Hinzuziehung eines Protokollführers sei sachlich geboten gewesen. Die Entscheidung des Richters darf nicht durch Maßnahmen der Justizverwaltung beeinträchtigt werden und kann insbesondere nicht Gegenstand der Dienstaufsicht sein[34]. Die Personallage darf für den Richter kein Grund sein, von der an sich sachlich gebotenen Zuziehung eines Protokollführers Abstand zu nehmen. Die Justizverwaltungen bleiben verpflichtet, die erforderliche Zahl von Urkundsbeamten bereitzustellen[35]. Dagegen besteht für sie wohl keine Pflicht, daneben die erforderliche technische Ausstattung bereit zu halten, um dem Richter den Verzicht auf die Heranziehung eines Protokollführers zu ermöglichen[36].

21   **Keine Voraussetzung** ist, daß der Protokollinhalt nach § 168 a Abs. 2 vorläufig aufgezeichnet wird. Umgekehrt ist der Umstand, daß so verfahren wird, nicht ohne weiteres ein Grund, auf den Protokollführer zu verzichten, wenn auch faktisch das Vorhandensein leistungsfähiger und zuverlässiger Tonaufnahmegeräte den Verzicht erleichtern kann[37]. Denn neben den mehr verhandlungs- und protokollierungstechnischen Gründen empfiehlt sich die Hinzuziehung eines Protokollführers regelmäßig, wenn aus **Gründen der Vernehmungspsychologie** eine Vernehmung unter vier Augen im Interesse aller Beteiligter vermieden werden sollte oder wenn zu erwarten ist, daß die zu vernehmende Person später den ordnungsmäßigen Ablauf der Vernehmung bestreiten wird[38].

---

[31] *Kleinknecht/Meyer*[38] 8; KK-*R. Müller* 7; *Meyer-Goßner* JR **1978** 526 fordert (wohl zu weitgehend) die Aufnahme einer Durchschrift des Vereidigungsprotokolls in jedes Vernehmungsprotokoll.

[32] KK-*R. Müller* 4; *Kleinknecht/Meyer*[38] 3.

[33] Begr. RegEntw. StVÄG 1979, BTDrucks. **8** 976, S. 41; KK-*R. Müller* 4; KMR-*Müller* 3; *Kleinknecht/Meyer*[38] 3; *Kurth* NJW **1978** 2484; übereinstimmend das zivilprozessuale Schrifttum, vgl. *Franzki* DRiZ **1975** 97; *Putzo* NJW **1975** 188; der Wortlaut des § 168 Satz 2 ist insoweit noch eindeutiger als § 159 Abs. 1 Satz 2 ZPO.

[34] BGH NJW **1978** 2509; KK-*R. Müller* 4; *Kleinknecht/Meyer*[38] 3.

[35] KK-*R. Müller* 4; KMR-*Müller* 3; *Kleinknecht/Meyer*[38] 3; *Kurth* NJW **1978** 2484.

[36] **A. A** wohl KK-*R. Müller* 4; *Kleinknecht/Meyer*[38] 3 a. E.

[37] Wohl weitergehend KK-*R. Müller* § 168 a, 5.

[38] Vgl. *G. Schäfer*[4] § 25 I 1 a, der den Verzicht (wohl zu pauschal) als „Kunstfehler" bezeichnet.

Dagegen braucht die Befürchtung, es könne später die Richtigkeit der Protokollierung bestritten werden, dann kein Grund für die Hinzuziehung eines Protokollführers zu sein, wenn die gesamte Vernehmung im Wortlaut auf Tonträger aufgenommen wird.

c) Protokollierung. Die richterliche Entscheidung, daß von der Hinzuziehung **22** eines Protokollführers abgesehen werde, ist nach § 168 a Abs. 1 als wesentliche Förmlichkeit in das Protokoll aufzunehmen[39]. Bei teilweiser Nichtheranziehung muß auch aufgenommen werden, während welcher Abschnitte ohne Protokollführer verhandelt worden ist.

6. Mängel bei der Protokollierung. Revision
a) Verwertbarkeit. Wird eine Untersuchungshandlung entgegen Satz 1 nicht pro- **23** tokolliert, sondern lediglich aktenkundig gemacht, oder ist die Protokollierung entgegen den Vorschriften in den Sätzen 2 und 3 mangelhaft (Rdn. 25), so begründet dies **kein** generelles **Verwertungsverbot.** Die (in Form eines Aktenvermerks niedergelegten oder mangelhaft protokollierten) Umstände können für Entscheidungen, die im schriftlichen Verfahren aufgrund des Akteninhalts ergehen, **freibeweislich verwertet** oder zum Gegenstand von **Vorhalten** in der Hauptverhandlung gemacht werden. Dabei ist der durch den Mangel möglicherweise geminderte Beweiswert zu berücksichtigen. Sie können aber **nicht** als Niederschriften über richterliche Untersuchungshandlungen **strengbeweislich** durch Verlesung (oder Verlesungsersatz — § 249 Abs. 2) nach den dafür geltenden Vorschriften[40] der Hauptverhandlung zugrunde gelegt werden. Jedoch ist ihre Verwertung als nichtrichterliche Niederschriften möglich, wenn die dafür geltenden Vorschriften (z. B. § 251 Abs. 2, § 253) vorliegen[41].

b) Revision. Auch mit der Revision können solche Mängel bei der Protokollie- **24** rung unmittelbar nicht geltend gemacht werden, denn das Urteil kann nicht darauf beruhen, daß bei einer Untersuchungshandlung im Vorverfahren oder sonst außerhalb der Hauptverhandlung gegen die Protokollierungsvorschriften verstoßen worden ist. Revisibel ist aber die Verlesung solcher Niederschriften in der Hauptverhandlung als ordnungsmäßige richterliche Niederschriften[42]. Dabei ist hier, anders als bei Verstößen gegen die §§ 168 c, 224 (vgl. § 168 c, 56), nicht Voraussetzung, daß der Revisionsführer der Verlesung in der Hauptverhandlung widersprochen hat[43].

c) Einzelne Mängel. Als Mängel, die einer Verlesung als richterliches Protokoll **25** entgegenstehen und, falls dies doch geschieht, mit der Revision geltend gemacht werden können, kommen neben der völligen Nichtprotokollierung in Betracht (s. auch § 168 a, 57 ff): die Nichtmitwirkung eines Protokollführers, ohne daß der Richter von einer Hinzuziehung abgesehen hat, oder die Mitwirkung eines Protokollführers, der weder Urkundsbeamter der Geschäftsstelle noch als Hilfsperson vereidigt worden ist. Ist jemand entgegen der Annahme des Richters nicht wirksam zum Urkundsbeamten der Geschäftsstelle bestellt und folglich nicht besonders vereidigt[44], ist eine Hilfsperson nicht

---

[39] KK-*R. Müller* § 168 a, 2; *Kleinknecht/Meyer*[38] § 168 a, 2; **a. A** für die ZPO (Protokollierung aber zweckmäßig) *Baumbach/Lauterbach*[44] § 159, 2 B.

[40] § 232 Abs. 3; § 233 Abs. 3 Satz 2; § 249 Abs. 1 Satz 2; § 251 Abs. 1; § 254.

[41] BGSt **22** 118; BGH NStZ **1984** 564; KK-*R. Müller* 9; *Kleinknecht/Meyer*[38] 11; vgl. näher § 168 c, 60.

[42] BGHSt **27** 339 = JR **1978** 525 mit Anm. *Meyer-Goßner*; BGH bei *Pfeiffer* NStZ **1981** 95; StrVert. **1984** 409; OLG Celle GA **1954** 317; s. auch § 168 c, 64; § 224, 31 ff.

[43] BGH NStZ **1986** 325.

[44] Vgl. BGH NStZ **1984** 564 = StrVert. **1984** 409.

Peter Rieß

für den einzelnen Fall vereidigt[45] oder ist (schwer vorstellbar) ohne dahingehende richterliche Entscheidung gänzlich ohne Protokollführer verhandelt worden, so kann dieser Mangel auch nicht dadurch geheilt werden, daß der Richter von der Hinzuziehung eines Protokollführers hätte absehen können[46]. Hat der Richter nur teilweise von der Hinzuziehung eines Protokollführers abgesehen und hat ein (ordnungsgemäß bestellter oder vereidigter) Protokollführer auch im übrigen nicht mitgewirkt, so ist das Protokoll jedenfalls in den Abschnitten mangelhaft, die von der Nichtheranziehungsentscheidung nicht gedeckt sind; im übrigen wird man es mindestens so weit als ordnungsmäßig ansehen können, als die einzelnen Teile selbständig sind, etwa wenn das Protokoll mehrere Vernehmungen enthält.

§ 168 a

(1) Das Protokoll muß Ort und Tag der Verhandlung sowie die Namen der mitwirkenden und beteiligten Personen angeben und ersehen lassen, ob die wesentlichen Förmlichkeiten des Verfahrens beobachtet sind.

(2) [1]Der Inhalt des Protokolls kann in einer gebräuchlichen Kurzschrift, mit einer Kurzschriftmaschine, mit einem Tonaufnahmegerät oder durch verständliche Abkürzungen vorläufig aufgezeichnet werden. [2]Das Protokoll ist in diesem Fall unverzüglich nach Beendigung der Verhandlung herzustellen. [3]Die vorläufigen Aufzeichnungen sind zu den Akten zu nehmen oder, wenn sie sich dazu nicht eignen, bei der Geschäftsstelle mit den Akten aufzubewahren. [4]Tonaufzeichnungen können gelöscht werden, wenn das Verfahren rechtskräftig abgeschlossen oder sonst beendet ist.

(3) [1]Das Protokoll ist den bei der Verhandlung beteiligten Personen, soweit es sie betrifft, zur Genehmigung vorzulesen oder zur Durchsicht vorzulegen. [2]Die Genehmigung ist zu vermerken. [3]Das Protokoll ist von den Beteiligten zu unterschreiben oder es ist darin anzugeben, weshalb die Unterschrift unterblieben ist. [4]Ist der Inhalt des Protokolls nur vorläufig aufgezeichnet worden, so genügt es, wenn die Aufzeichnungen vorgelesen oder abgespielt werden. [5]In dem Protokoll ist zu vermerken, daß dies geschehen und die Genehmigung erteilt ist oder welche Einwendungen erhoben worden sind. [6]Das Vorlesen oder die Vorlage zur Durchsicht oder das Abspielen kann unterbleiben, wenn die beteiligten Personen, soweit es sie betrifft, nach der Aufzeichnung darauf verzichten; in dem Protokoll ist zu vermerken, daß der Verzicht ausgesprochen worden ist.

(4) [1]Das Protokoll ist von dem Richter sowie dem Protokollführer zu unterschreiben. [2]Ist der Inhalt des Protokolls ohne Zuziehung eines Protokollführers ganz oder teilweise mit einem Tonaufnahmegerät vorläufig aufgezeichnet worden, so unterschreibt der Richter und derjenige, der das Protokoll hergestellt hat. [3]Letzterer versieht seine Unterschrift mit dem Zusatz, daß er die Richtigkeit der Übertragung bestätigt. [4]Der Nachweis der Unrichtigkeit der Übertragung ist zulässig.

Schrifttum siehe bei § 168.

Entstehungsgeschichte. Bis zur Abschaffung der Voruntersuchung durch Art. 1 Nr. 57 des 1. StVRG galten infolge der Verweisung im damaligen § 168 (vgl. Entste-

---

[45] Vgl. BGHSt **27** 339.   [46] KK-*R. Müller* 4 a. E; *Kleinknecht/Meyer*[38] 11.

hungsgeschichte dort) die Vorschriften über die Voruntersuchung. Im dortigen § 188 (Bezeichnung bis 1924: § 186) war ursprünglich in Absatz 1 Satz 1 bestimmt, daß über jede Untersuchungshandlung ein Protokoll aufzunehmen sei, und in Satz 2, daß dieses vom Untersuchungsrichter und Protokollführer zu unterschreiben sei. Absatz 2 entsprach dem jetzigen § 168 a Abs. 1, Absatz 3 dem jetzigen Absatz 3 Satz 1 bis 3. Durch Art. 4 Nr. 26 des 3. StRÄndG wurde in einem neuen Absatz 4 die Befugnis geregelt, Niederschriften über die Erklärungen des Angeschuldigten und über die Angabe von Zeugen und Sachverständigen sowie über die Ergebnisse eines Augenscheins in einer gebräuchlichen Kurzschrift als Anlage zum Protokoll aufzunehmen. In dieser Form wurde die Vorschrift durch Art. 1 Nr. 49 des 1. StVRG als § 168 a übernommen. Durch Art. 1 Nr. 13 StVÄG 1979 erhielt die Bestimmung ihre jetzige Fassung (zur Bedeutung dieser Änderung der §§ 168, 168 a vgl. 23. Aufl., EB § 168 Rdn. 1 bis 3).

Von 1951 (1. StRÄndG) bis 1975 (1. StVRG) hatte die heute in § 169 geregelte Materie ihren Standort in § 168 a (vgl. Entstehungsgeschichte zu § 169).

Übersicht

1. Bedeutung und Geltungsbereich

a) Allgemeines. Die Vorschrift regelt den formellen Ablauf der Protokollierung **1** bei richterlichen Untersuchungshandlungen (§ 168, 9 f) außerhalb der Hauptverhandlung, nämlich den formalen Protokollinhalt (Absatz 1), die Genehmigung durch die beteiligten Personen (Absatz 3) und die Unterzeichnung (Absatz 4 Satz 1). Sie gestattet ferner die vorläufige Aufzeichnung des Protokollinhalts, regelt das dabei zu beachtende Verfahren (Absatz 2) und die Unterzeichnung der Übertragung in das endgültige Protokoll (Absatz 4 Satz 2 bis 4).

b) Geltungsbereich. Wegen des Geltungsbereichs im allgemeinen s. § 168, 6 ff. **2** Für Vernehmungen durch einen **ausländischen Richter** gelten die Vorschriften (naturgemäß) nicht; für die Verlesbarkeit eines solchen Protokolls kommt es nur darauf an, daß die ausländischen Vorschriften beachtet worden sind (näher § 251, 22 ff). Für Protokollierungen durch den **Urkundsbeamten der Geschäftsstelle**, z. B. nach § 345 Abs. 2, gilt § 168 a nicht unmittelbar; ob hierbei eine vorläufige Aufzeichnung in analoger Anwendung des Absatz 3 möglich ist, erscheint zweifelhaft, dürfte aber wohl zu bejahen sein[1]. Für die **Rechtsmitteleinlegung** zu Protokoll des Urkundsbeamten der Geschäftsstelle gilt § 168 a jedenfalls insoweit nicht, als das Fehlen des Genehmigungsvermerks oder der Unterschrift des Urkundsbeamten die Wirksamkeit nicht berührt[1a].

3   **2. Aufnahme des Protokolls.** In welcher Weise das Protokoll erstellt wird, entscheidet der Richter. Soweit ein Protokollführer mitwirkt (vgl. § 168, 19 ff), kann er diesem ganz oder teilweise die selbständige Niederschrift überlassen, ihm das Protokoll diktieren oder bei Erklärungen von Beweispersonen auch diesen gestatten, daß sie ihre Erklärungen dem Protokollführer selbst diktieren. Wenn Aussagen nicht im Wortlaut protokolliert werden, wird im allgemeinen dem Diktat des Aussageinhalts durch den Richter der Vorzug einzuräumen sein[2]. Die durch die Unterschrift (Absatz 4 Satz 1) bezeugte Verantwortung für die Richtigkeit des Protokollinhalts müssen aber Richter und Protokollführer stets gemeinsam übernehmen (s. Rdn. 42).

4   Über die Protokollierung bei **Vernehmungen in fremder Sprache** vgl. die Regelung in § 185 GVG und die dortigen Erläuterungen.

5   Wird eine **Untersuchungshandlung unterbrochen** und später fortgesetzt, so ist die Aufnahme eines selbständigen Protokolls über die einzelnen Teile ebensowenig notwendig wie die über einzelne Teile einer nach § 229 unterbrochenen Hauptverhandlung (vgl. § 271, 11); ein einheitliches Protokoll reicht aus. Beim **Wechsel des Protokollführers** hat jedoch jeder den von ihm gefertigten Teil durch seine Unterschrift abzuschließen (vgl. § 271, 12).

6   **Anlagen zum Protokoll** sind zulässig, etwa in der Form von Zeichnungen, Video- und Filmaufnahmen, Fotografien und Skizzen bei Augenscheinseinnahmen (vgl. auch Rdn. 24); Tonaufnahmen bei akustischen Wahrnehmungen (auch wenn nicht das Protokoll vorläufig auf einen Tonträger aufgezeichnet wird) oder von schriftlichen Unterlagen, die von einer Beweisperson beigebracht und bei ihrer Aussage verwendet werden[3]. Die Anlagen sind als solche zu kennzeichnen und im Protokoll zu bezeichnen. Daß sie gesondert unterschrieben werden, ist nicht zwingend vorgeschrieben; es kann aber angebracht sein, um späteren Einwänden zu begegnen[4].

3. Protokollinhalt

7   **a) Ort, Tag und Namen.** Es handelt sich im wesentlichen um die Angaben, die auch für das Hauptverhandlungsprotokoll nach § 272 Nr. 1, 2 und 4 verlangt werden[5], also die **äußeren Formalien**, die üblicherweise im Kopf des Protokolls angegeben werden. Absatz 1 erster Halbsatz führt die hiernach erforderlichen Angaben nicht vollständig auf. Selbstverständlich muß im Protokoll auch das Gericht angegeben werden, von dessen Richter die Untersuchungshandlung durchgeführt wird, und es muß das Verfah-

---

[1] Vgl. näher mit weit. Nachw. LR-*Hanack* § 345, 34; OLG Celle NJW **1958** 1314; widersprüchlich OLG Schleswig SchlHA **1980** 73, das zwar auf § 168 a Abs. 3, also die Vorschrift in ihrer neuen Fassung Bezug nimmt, inhaltlich aber die Einhaltung der Anforderungen des alten § 168 a Abs. 4 vermißt.

[1a] Vgl. mit Nachw. § 314, 2 ff.
[2] KK-*R. Müller* § 168, 8; *Kleinknecht/Meyer*[38] § 168, 5; LR-*Meyer-Goßner*[23] 4.
[3] KK-*R. Müller* § 168, 8; *Kleinknecht/Meyer*[38] 3.
[4] RGSt **36** 56 f; OLG Düsseldorf MDR **1986** 166; KMR-*Müller* 6.
[5] Vgl. ergänzend § 272, 4 ff.

ren, dem die Untersuchungshandlung dient, gekennzeichnet werden, regelmäßig durch die Angabe des Aktenzeichens. Anders als in § 272 Nr. 3, 4 ist jedoch weder die Angabe des Beschuldigten und anderer Verfahrensbeteiligter (soweit sie nicht an der jeweiligen Untersuchungshandlung beteiligt sind) noch die der Straftat, die den Gegenstand des Verfahrens bildet, zwingend vorgeschrieben. Zulässig sind diese Angaben stets.

Wechseln **Ort** oder **Tag der Verhandlung**, etwa weil bei einer Vernehmung eine **8** Ortsbesichtigung eingeschoben wird oder weil eine (einheitliche) Untersuchungshandlung an einem folgenden Tag fortgesetzt wird, so ist dies im Protokoll zu vermerken. Eine **uhrzeitmäßige Angabe** des Beginns und Endes der Untersuchungshandlung verlangt die Vorschrift nicht; sie kann aber dann erforderlich werden, wenn die Dauer oder der Zeitpunkt einer Vernehmung, etwa in Hinblick auf § 136 a, im weiteren Verfahren eine Rolle spielen kann.

Zu den mitwirkenden und beteiligten **Personen** gehört stets der zusätzlich zur Na- **9** mensangabe mit seiner Amtsbezeichnung und in dieser Funktion zu bezeichnende **Richter** und, soweit nicht nach § 168 Satz 2 zweiter Halbsatz von der Hinzuziehung abgesehen wird, der Protokollführer, auch der nach § 168 Satz 3 hinzugezogene. Im übrigen sind, soweit sie bei der Untersuchungshandlung anwesend sind[6], aufzuführen: der Staatsanwalt, Beschuldigte und ihre Verteidiger und in den Fällen des § 67 JGG die Erziehungsberechtigten und gesetzlichen Vertreter, der zu vernehmende Zeuge und ggf. sein Beistand (§ 58, 10 ff), der Rechtsanwalt als Vertreter des als Nebenkläger anschlußberechtigten Verletzten (§ 406 g Abs. 2), Sachverständige (vgl. §§ 87, 168 d), in den Fällen des § 185 GVG der Dolmetscher[7] sowie Personen, die Gegenstand eines Augenscheins sind (§ 86). Anzugeben ist neben den Namen dieser Personen auch ihre jeweilige prozessuale Funktion[8]. Nehmen sie nur teilweise an der protokollierten Untersuchungshandlung teil, so ist dies ebenfalls zu vermerken.

b) Wesentliche Förmlichkeiten (vgl. auch § 273, 6 ff) sind einmal die Vorgänge **10** und Umstände, die für die gesetzmäßige Vornahme der Untersuchungshandlung allgemein und das ordnungsmäßige Zustandekommen des Protokolls selbst von Bedeutung sind, ferner diejenigen Ereignisse und Maßnahmen, die nach den verfahrensrechtlichen Vorschriften für die spezielle Untersuchungshandlung zu berücksichtigen sind[9]. Zu den wesentlichen Förmlichkeiten im Sinne dieser Vorschrift gehören auch die während der protokollierten Untersuchungshandlung gestellten Anträge und ergangenen Entscheidungen, die hier, anders als in § 273, nicht gesondert erwähnt sind. Zur Beweiskraft s. Rdn. 53.

Zu den die **Protokollierung selbst betreffenden wesentlichen Förmlichkeiten** gehö- **11** ren z. B. die Angabe, ob der Richter von der Hinzuziehung eines Protokollführers nach § 168 Satz 2 zweiter Halbsatz abgesehen hat[10], daß eine Hilfsperson als Protokollführer hinzugezogen und vereidigt worden ist (§ 168 Satz 3), die Anordnung, daß das Protokoll nach Absatz 2 vorläufig aufgezeichnet werden soll[11], und die Vorgänge, die die in Absatz 3 vorgeschriebene Genehmigung betreffen (Rdn. 40). Anzugeben sind ferner **Entscheidungen und Maßnahmen**, die vom gesetzlich vorgesehenen Regelfall abweichen, so etwa die Ausschließung oder Nichtzulassung des Beschuldigten oder des Vertreters des als Nebenkläger anschlußberechtigten Verletzten (§ 406 g Abs. 2) nach § 168 c Abs. 3, die Zurückweisung von Sachverständigen nach § 168 d Abs. 2 Satz 2, eine Entscheidung nach § 164 oder nach den §§ 177 ff in Vbdg. mit § 180 GVG[12] oder die Nichtzulassung der Frage einer frageberechtigte Person.

---

[6] RGSt **31** 135; *Eb. Schmidt* § 188, 14.

[7] KK-*R. Müller* 1; *Kleinknecht/Meyer*[38] 1.

[8] KK-*R. Müller* 1; *Kleinknecht/Meyer*[38] 1.

[9] KK-*R. Müller* 2; *Kleinknecht/Meyer*[38] 2.

[10] KK-*R. Müller* 2; *Kleinknecht/Meyer*[38] 2.

[11] KK-*R. Müller* 2.

Peter Rieß

12   Zu den wesentlichen Förmlichkeiten der jeweiligen Untersuchungshandlung gehören beispielsweise bei der **Vernehmung des Beschuldigten** die in § 136 Abs. 1, § 115 Abs. 3, 4, § 115 a Abs. 3 Satz 2, § 233 Abs. 2 Satz 2 vorgeschriebenen Belehrungen, bei **Zeugenvernehmungen** die Belehrungen nach § 52 Abs. 3, § 55 Abs. 2, §§ 57, 63[13], die Ausübung des Zeugnis- und Auskunftsverweigerungsrechts — nicht jedoch der etwa vom Zeugen angegebene Grund dafür[14] — und die Entscheidung über die Vereidigung (§ 66 a) sowie die Vereidigung selbst. Wirkt ein **Dolmetscher** mit, so ist auch dessen Vereidigung oder die Berufung auf den allgemein geleisteten Eid (§ 189 GVG) zu protokollieren.

13   **c) Sachlicher Inhalt. Allgemein.** Obwohl § 168 a dies nicht ausdrücklich vorschreibt, muß das Protokoll das Ergebnis der Untersuchungshandlung beurkunden. Das ergibt sich als selbstverständlich aus der Funktion des Protokolls (§ 168, 5) und wird durch die in Absatz 3 getroffene Regelung vorausgesetzt. Es ist also zu beurkunden, was die vernommene Person ausgesagt oder was eine Augenscheinseinnahme ergeben hat oder wie eine Gegenüberstellung verlaufen ist. Bestimmungen über die Art der Protokollierung des Untersuchungsergebnisses enthält § 168 a nicht. Auszugehen ist deshalb insoweit von der prozessualen Funktion dieses Protokolls, das Untersuchungshandlungen beurkundet, die nicht vor dem erkennenden Gericht stattfinden. Als schriftliche Unterlage für das weitere Verfahren muß deshalb das Protokoll insoweit so gestaltet werden, daß es die Fragen beantworten kann, die im weiteren Verfahren vorkommen können. Es muß für die Abschlußverfügung der Staatsanwaltschaft, für die Eröffnungsentscheidung, für die Vorbereitung der Hauptverhandlung und für die Einführung der Untersuchungsergebnisse in der Hauptverhandlung ein wahrheitsgetreues und vollständiges Bild ergeben. Welche Anforderungen sich hieraus für die inhaltliche Wiedergabe der konkreten Untersuchungshandlung ergeben, richtet sich nach den Umständen des Einzelfalls.

14   **d) Vernehmungen.** Bei Vernehmungen des Beschuldigten und von Zeugen muß das Protokoll nach den in Rdn. 13 dargelegten Grundsätzen die Äußerung der vernommenen Person unverfälscht wiedergeben und erkennen lassen, wie es zu ihr gekommen ist. Widersprüche und Änderungen in der Aussage, besonders auf Vorhalte und Fragen, müssen erkennbar sein (vgl. auch Rdn. 36), ebenso muß deutlich werden, ob die Beweisperson eine Bekundung spontan oder erst auf Befragen gemacht hat. Meist wird es auch zweckmäßig sein, nicht nur die Tatsache anzugeben, daß die Beweisperson befragt worden ist, sondern auch, wie die Frage lautete. Werden, was vielfach üblich und unbedenklich ist, die Angaben, obwohl sie vom vernehmenden Richter zusammengefaßt und formuliert werden, in der ersten Person und in direkter Rede wiedergegeben, so ist kenntlich zu machen, welche Formulierungen auch ihrem Wortlaut nach vom Vernommenen stammen. Wenn es sich nicht um einfache Sachverhalte handelt, sollte die Aussage nicht erst am Ende der Vernehmung zusammenhängend protokolliert werden, sondern abschnittsweise oder Zug um Zug dergestalt, daß erkennbar wird, wie die Aussage zustande gekommen ist[15].

---

[12] KK-*R. Müller* 2; KMR-*Müller* 1.
[13] BGHSt **26** 283.
[14] BGHSt **6** 279, solche Angaben dürfen nicht protokolliert und — falls dies geschehen ist — vom erkennenden Gericht nicht verwertet werden.

[15] Vgl. jeweils mit weit. Nachw. *G. Schäfer*[4] § 25 I 2; *Brenner* Kriminalistik **1981** 142; *Gundlach* 182; *Eisenberg* JZ **1984** 917; *Herren/Bortz* Kriminalistik **1976** 313; *Walder* 197 ff.

Bezugnahmen auf früher protokollierte Aussagen sind nur in eingeschränktem **15** Umfang zulässig. Es stellt einen die Verlesbarkeit des Protokolls nach § 251 Abs. 1, § 254 hindernden Mangel dar, wenn lediglich eine Erklärung der Beweisperson protokolliert wird, sie mache das bei einer früheren polizeilichen oder staatsanwaltschaftlichen Vernehmung Protokollierte zum Gegenstand ihrer Aussage. Eine Bezugnahme auf ein früheres Protokoll ist nur zulässig, wenn die Beweisperson zunächst nach §§ 69, 136 einen zusammenhängenden Bericht gegeben hat, wenn dieser sich mit der früheren Aussage deckt, wenn ihr die frühere Aussage vorgelesen[16] worden ist, wenn sie darauf erklärt hat, sie mache sie auch zum Inhalt ihrer jetzigen Aussage, wenn im Protokoll der wesentliche Inhalt der Aussage wiedergegeben wird und wenn all diese Vorgänge in die Niederschrift über die richterliche Vernehmung aufgenommen werden[17]. Bei der Vernehmung eines Sachverständigen kann auf ein vorliegendes oder vorgelegtes schriftliches **Gutachten** Bezug genommen werden, wenn der Sachverständige dessen wesentlichen Inhalt vorträgt; ihm braucht das Gutachten nicht vorgelesen zu werden[18].

Beobachtungen des vernehmenden **Richters** über das Verhalten einer Beweisper- **16** son während ihrer Vernehmung, das über den bloßen Inhalt der Aussage hinausgeht und das für die Bewertung der Aussage von Bedeutung sein kann, sind in der Vernehmungsniederschrift (möglichst konkret) festzuhalten. Geschieht das, so kann auf solche Beobachtungen, wenn sie durch Verlesung der Niederschrift in die Hauptverhandlung eingeführt werden, die tatrichterliche Überzeugungsbildung gestützt werden[19].

e) Wegen der Protokollierung von **Augenscheinseinnahmen** s. die Erl. zu § 86, ins- **17** besondere § 86, 37 ff. Erläuternde Angaben einer „Auskunftsperson", die dem besseren Verständnis des Augenscheins dienen, sind mit zu protokollieren und dürfen ggf. mit verlesen werden. Sollen diese Angaben zur Überzeugungsbildung herangezogen werden, bedarf es allerdings der Vernehmung der Auskunftsperson als Zeuge[20].

f) Bei **Wahlgegenüberstellungen** und ähnlichen Identifizierungsmaßnahmen ist **18** eine besonders sorgfältige Protokollierung einschließlich einer vollständigen Dokumentation des Hergangs erforderlich. Da eine wiederholte Wiedererkennung regelmäßig ohne Beweiswert ist[21], kommt es entscheidend auf die korrekte Durchführung der ersten Wahlgegenüberstellung (meist im Ermittlungsverfahren) an, deren Vornahme und Verlauf ggf. in der Hauptverhandlung zu rekonstruieren ist[22]. Deshalb muß das Protokoll den Hergang der Gegenüberstellung in Bild-, ggf. auch Tonaufnahmen dokumentieren[23] und die Reaktion der Beweispersonen mitteilen. Zu diesem Zweck sind

---

[16] BGH NJW **1952** 1027 (Vorhalt reicht nicht); NStZ **1987** 85 = StrVert. **1987** 49 (Selbstdurchlesenlassen durch die Aussageperson genügt nicht).

[17] BGH NStZ **1987** 85; vgl. mit weit. Nachw. § 69, 14; § 136, 37; speziell zur Verlesbarkeit § 251, 20; § 254, 23; a. A. für Beschuldigtenvernehmungen (ohne weiteres gestattet) LR-*Meyer-Goßner*[23] 13.

[18] BGH GA **1964** 275; vgl. auch (enger) LR-*Dahs* § 82, 3.

[19] RGSt 37 212; BGH NStZ **1983** 182; § 251, 19 mit weit. Nachw.; *Kleinknecht/Meyer*[38] 3.

[20] BGHSt 33 217, 220 = StrVert. **1986** 181ff; vgl. auch § 86, 39; § 249, 28 jeweils mit weit. Nachw.

[21] *Odenthal* NStZ **1985** 433 mit weit. Nachw. in Fußn. 3; *Wieczorek* Kriminalistik **1984** 545; vgl. auch § 58, 13 ff; § 81 a, 38; Nr. 18 RiStBV. Bedenken gegen die Zulässigkeit der Identifizierungsgegenüberstellung überhaupt ohne (von ihnen empfohlene) ausdrückliche gesetzliche Grundlage neuestens bei *Burgdorf/Ehrentraut/Lesch* GA **1987** 106.

[22] Näher § 58, 15 und *Odenthal* NStZ **1985** 436.

[23] Näher *Odenthal* NStZ **1985** 434 mit weit. Nachw.; *Wieczorek* Kriminalistik **1984** 545.

Peter Rieß

auch Video-Aufnahmen möglich[24]. Werden dem Zeugen zum Zweck der Identifizierung Lichtbilder vorgelegt, so sind alle vorgelegten Bilder dem Protokoll beizufügen[25], mindestens sind die vorgelegten Lichtbildsammlungen so eindeutig zu kennzeichnen, daß sie bei Bedarf beigezogen werden können[26].

4. Vorläufige Aufzeichnung des Protokollinhalts (Absatz 2)

19   a) **Allgemeines.** Absatz 2 ermöglicht es, den gesamten Protokollinhalt vorläufig aufzuzeichnen und das Protokoll insgesamt nach der Sitzung herzustellen[27]. Keine vorläufige Aufzeichnung des Protokollinhalts nach Absatz 2 liegt vor, wenn das Protokoll in der Verhandlung handschriftlich in Langschrift hergestellt und nach Absatz 4 Satz 1 unterschrieben wird und wenn lediglich hiervon später zusätzlich aus Gründen der besseren Lesbarkeit eine Leseabschrift mit Schreibmaschine gefertigt wird (s. aber Rdn. 22).

20   Der **Richter entscheidet** darüber, ob das Protokoll während der Untersuchungshandlung sogleich in Langschrift herzustellen ist oder ob und in welcher Art der Protokollinhalt vorläufig aufgezeichnet werden soll[28]. Gegen seine Entscheidung ist **keine Beschwerde** zulässig[29], da dies mit der Verfahrenslage unvereinbar wäre (§ 304, 34). Auch wenn ein Protokollführer mitwirkt, kommt eine vorläufige Aufzeichnung in Betracht; dem Protokollführer obliegt es alsdann, die vorläufige Aufzeichnung herzustellen oder das hierfür eingesetzte Tonaufnahmegerät zu bedienen. Aus dem späteren Protokoll muß erkennbar sein, daß es nachträglich aufgrund von vorläufigen Aufzeichnungen hergestellt worden ist[30].

21   b) **Formen der vorläufigen Aufzeichnung.** Die zulässigen Formen der vorläufigen Aufzeichnung sind in Satz 1 grundsätzlich abschließend aufgezählt[31]. In Frage kommen: gebräuchliche Kurzschrift, Kurzschriftmaschinen[32], Tonaufnahmegeräte (Tonbandgeräte, Kassetten, Diktiergeräte) oder verständliche Abkürzungen. Gebräuchlich ist eine **Kurzschrift**, wenn sie von einem größeren Kreis von Benutzern verwendet und gelesen werden kann. Neben der üblichen deutschen Einheitskurzschrift gestattet das Gesetz auch die Verwendung anderer Formen; ob diese innerdienstlich bei Gericht zugelassen sind, ist für die Anwendung des Absatz 2 ohne Bedeutung[33]. Verständlich sind **Abkürzungen** dann, wenn ihr Sinngehalt von einem an der Verhandlung unbeteiligten sachkundigen Dritten nachträglich zuverlässig erschlossen werden kann; es genügt nicht, daß sie lediglich dem Verwender verständlich sind. Werden **Tonaufnahmegeräte**

---

[24] BVerfG (Vorprüfungsausschuß) NStZ **1983** 84 (Rechtsgrundlage gegen den Beschuldigten § 81 b); bei den Vergleichspersonen wird man deren Einverständnis verlangen müssen.

[25] OLG Karlsruhe NStZ **1983** 377 mit Anm. *Odenthal* NStZ **1984** 137; *Odenthal* NStZ **1985** 435; vgl. auch LG Frankfurt StrVert. **1986** 13 (zur Kennzeichnung des Beschuldigten in vorgelegten Lichtbildern).

[26] *Wieczorek* Kriminalistik **1984** 545.

[27] Zur bis 1979 geltenden Regelung s. § 168 a Abs. 4 a. F und die Kommentierung bei LR-*Meyer-Goßner*[23] 23 bis 30.

[28] KK-*R. Müller* 5; *Kleinknecht/Meyer*[38] 4; *Zöller/Stephan*[15] § 160 a, 3; Nr. 5 a RiStBV emp-

fehlen, vom Einsatz technischer Hilfsmittel in möglichst großem Umfang Gebrauch zu machen.

[29] KK-*R. Müller* 5; **a. A** *Henneberg* BB **1979** 592.

[30] KK-*R. Müller* 6.

[31] KK-*R. Müller* 7; *Kurth* NJW **1978** 2484.

[32] Stenographiermaschinen zur maschinellen Kurzschriftaufzeichnung sind, soweit ersichtlich, derzeit für die deutsche Sprache technisch noch nicht realisiert.

[33] **A. A** wohl LR-*Meyer-Goßner*[23] 23; vgl. auch *Stein/Jonas/Schumann* § 159a, 2 (ausreichend, wenn sie am betreffenden Gericht von einer Reihe von Personen benutzt wird).

verwendet, so müssen sie nicht während der gesamten Dauer der Untersuchungshandlung eingeschaltet sein, es genügt, wenn der Richter in sie hinein die wesentlichen Förmlichkeiten und die Untersuchungsergebnisse diktiert. Bei Vernehmungen kann entweder der Wortlaut der Aussage unmittelbar auf Tonträger aufgezeichnet werden (Wortprotokoll) oder ein zusammenhängendes Diktat des Richters, auch eine Kombination ist möglich[34]. Unzulässig ist die nachträgliche Herstellung des Protokolls ohne jede vorläufige Aufzeichnung allein aus dem Gedächtnis[35].

22 Über die Aufzählung in Satz 1 hinaus genügt es auch, wenn die vorläufige Aufzeichnung **handschriftlich mittels flüchtiger Langschrift** hergestellt wird[36]. Der Gesetzgeber hat mit der Zulassung der vorläufigen Aufzeichnung den Geschäftsablauf vereinfachen wollen; damit kann er nicht beabsichtigt haben, diese ebenfalls zuverlässige und einfache Form auszuschließen. Satz 1 ist daher folgendermaßen zu lesen: „Der Inhalt des Protokolls kann vorläufig aufgezeichnet werden, dabei ist *auch* die Verwendung einer gebräuchlichen Kurzschrift, einer Kurzschriftmaschine, eines Tonaufnahmegerätes oder von verständlichen Abkürzungen zulässig."

23 Eine **Kombination verschiedener Formen** vorläufiger Aufzeichnung untereinander und mit langschriftlichen Aufzeichnungen ist möglich. So können beispielsweise die wesentlichen Förmlichkeiten des Verfahrens mittels Kurzschrift, Langschrift oder verständlicher Abkürzungen schriftlich festgehalten und die Vernehmungen mit einem Tonaufnahmegerät aufgenommen werden. In diesen Fällen wird aus den verschiedenen Unterlagen später das einheitliche Protokoll erstellt. Wird die gesamte Verhandlung ohne besonderes Diktat durch unmittelbare Aufnahme auf den Tonträger aufgezeichnet, so muß der Richter dafür Sorge tragen, daß die nach Absatz 1 erforderlichen Angaben in die Aufzeichnung aufgenommen werden, damit ihre spätere Aufnahme in das Protokoll sichergestellt ist.

24 Bei der Vernehmung von Zeugen und Sachverständigen ist die unmittelbare Aufzeichnung ihrer Aussage auf Tonträger auch **ohne** ihre **Zustimmung** zulässig[37]. Absatz 2 Satz 1 stellt auch eine Ermächtigungsgrundlage für diesen Eingriff in das Persönlichkeitsrecht am gesprochenen Wort dar[38], doch darf die Tonaufzeichnung nicht heimlich erfolgen. Der Beschuldigte kann die unmittelbare Aufzeichnung seiner Aussage dadurch verhindern, daß er von seinem Recht zum Schweigen Gebrauch macht. Dagegen bedarf es für die Herstellung von Lichtbildern, Film- und Videoaufnahmen, die die Vernehmung dokumentieren sollen, der **Einwilligung** der Betroffenen, soweit keine besonderen Ermächtigungsgrundlagen (z. B. §§ 81 a, 81 b) vorliegen.

25 c) **Herstellung des Protokolls.** Nach Satz 2 ist aufgrund der vorläufigen Aufzeichnungen das Protokoll, das erst dadurch entsteht, unverzüglich nach Beendigung der Verhandlung herzustellen. Dies muß schon im Interesse der Verfahrensbeschleunigung ohne jede vermeidbare Verzögerung geschehen, auf jeden Fall so rechtzeitig, daß dem Richter, der durch seine Unterschrift eine gewisse inhaltliche Mitverantwortung übernimmt (Rdn. 46), noch eine inhaltliche Kontrolle nach seinem Gedächtnis möglich ist.

---

[34] Begr. zum RegEntw. des StVÄG 1979, BT-Drucks. 8 976, S. 41.
[35] BTDrucks. 8 976, S. 41; KK-*R. Müller* 7; *Zöller/Stephan*[15] § 160 a, 3.
[36] KK-*R. Müller* 7; KMR-*Müller* 3; *Holtgrave* DB **1975** 822 Fußn. 19.
[37] KK-*R. Müller* 4; *Kleinknecht/Meyer*[38] 4; KMR-*Müller* 3; *Kurth* NJW **1978** 2484 Fußn.

40; **a. A** (für ZPO) *Stein/Jonas/Schumann* § 160 a, 3 mit weit. Nachw.
[38] BGHSt **34** 39, 52; zur Frage der generellen Zulässigkeit von Tonaufzeichnungen und deren – umstrittene – Reichweite vgl. § 136 a, 44; § 261, 39; bei § 169 GVG; *Kissel* § 169, 70 ff; *Kleinknecht/Meyer*[38] § 169, 11 GVG.

Peter Rieß

Hat bei der vorläufigen Aufzeichnung ein Protokollführer mitgewirkt, so ist er für die unverzügliche Herstellung des Protokolls verantwortlich (Rdn. 47). Es empfiehlt sich, den Zeitpunkt der Protokollherstellung in diesem zu vermerken[39]. Eine verspätete Herstellung des Protokolls stellt für sich allein keinen Mangel dar, der seine Verwertbarkeit hindert; es kann aber dann seinen Beweiswert beeinträchtigen, wenn infolge der Verspätung die Zuverlässigkeit des Inhalts beeinträchtigt sein kann[40]. Sind die vorläufigen Aufzeichnungen noch vorhanden und erkennbar vollständig, so wird dies jedoch kaum jemals der Fall sein.

26   Sind die **vorläufigen Aufzeichnungen**, was namentlich in bezug auf die nach Absatz 1 geforderten Angaben oder wegen technischer Fehler vorkommen kann, **lückenhaft**, so können die Lücken bei der Herstellung des Protokolls wahrheitsgemäß ausgefüllt werden. Die vorläufigen Aufzeichnungen haben — wie das gesamte Protokoll (vgl. Rdn. 53 f) — keine Beweiskraft dahingehend, daß in ihnen Festgehaltenes als geschehen und in ihnen nicht Enthaltenes als nicht geschehen gilt oder auch nur vermutet wird. Soweit die vorläufigen Aufzeichnungen allerdings vorgelesene oder abgespielte und genehmigte Aussagen enthalten, sind Änderungen mit Ausnahme der Berichtigung von offensichtlichen Fassungsversehen nicht zulässig[41]. Können Unklarheiten und Lücken nicht auf diese Weise ausgefüllt werden, so ist im Protokoll auf diese Unsicherheit hinzuweisen[42].

27   **d) Behandlung der vorläufigen Aufzeichnungen nach Herstellung des Protokolls.** Die vorläufigen Aufzeichnungen werden nicht Bestandteil des Protokolls[43]; sie sind aber Bestandteil der Akten, und zwar unabhängig davon, ob sie sich dazu eignen, körperlich zu den Akten genommen zu werden. Diese in Satz 3 vorgenommene Unterscheidung hat lediglich aufbewahrungstechnische Bedeutung. Schriftliche vorläufige Aufzeichnungen und Tonträger in Form von Tonmanschetten sind regelmäßig zu den Akten zu nehmen. Diktatplatten und Tonbänder, die hierzu nicht geeignet sind, sind gesondert bei der Geschäftsstelle zu verwahren, der die Aktenführung obliegt. Sind die Akten, wie regelmäßig bei richterlichen Untersuchungshandlungen im Vorverfahren, an eine andere aktenführende Stelle zurückzusenden, so sind die vorläufigen Aufzeichnungen einschließlich etwaiger Tonbänder und Diktatplatten beizufügen. Wechselt die aktenführende Stelle, so sind mit den Akten auch die vorläufigen Aufzeichnungen, die gesondert verwahrt werden, abzugeben; mit der Erhebung der Anklage sind sie stets an die Geschäftsstelle des Gerichtes abzugeben, wenn dieses nach der Aktenordnung aktenführende Stelle wird. Bleibt die Staatsanwaltschaft aktenführende Stelle, so ist es rechtlich nicht unzulässig, wenn die vorläufigen Aufzeichnungen weiterhin bei der Geschäftsstelle der Staatsanwaltschaft verwahrt werden (vgl. auch § 199, 23); praktisch empfiehlt sich dies zumindest dann nicht, wenn Gericht und Staatsanwaltschaft ihren Sitz an verschiedenen Orten haben. Werden die Akten vorübergehend versandt oder zur Bearbeitung vorgelegt, so brauchen die gesondert aufzubewahrenden Tonträger regelmäßig nicht mit versandt oder vorgelegt zu werden[44]. Eine unmittelbare räumliche Verbindung zwischen der Aktenverwahrung und den „mit den Akten" aufzubewahrenden vorläufigen Aufzeichnungen ist nicht erforderlich; auch die Sammelverwahrung der Ton-

---

[39] KK-*R. Müller* 8; *Eb. Schmidt* § 188, 10.

[40] KK-*R. Müller* 8; KMR-*Müller* 3.

[41] BTDrucks. **8** 976, S. 41; KK-*R. Müller* 12; weitergehend *Kleinknecht/Meyer*[38] 8 (stilistische und sonstige Änderungen zulässig, soweit nur der Inhalt erhalten bleibt).

[42] KK-*R. Müller* 8; KMR-*Müller* 3.

[43] KK-*R. Müller* 9; *Kurth* NJW **1978** 2484; ebenso für die ZPO *Thomas/Putzo*[14] § 160 a, 1; *Zöller/Stephan*[15] § 160 a, 6; *Franzki* DRiZ **1975** 100.

[44] *Baumbach/Lauterbach*[44] § 160 a, 3.

träger ist möglich, wenn sie jederzeit unschwer auffindbar sind und eindeutig zugeordnet werden können[45].

Das **Akteneinsichtsrecht** nach § 147 umfaßt auch das Recht auf Einsicht in die **28** vorläufigen Aufzeichnungen[46]. Bei Tonaufzeichnungen kann der Verteidiger verlangen, daß ihm das Abhören auf der Geschäftsstelle ermöglicht wird; dagegen werden dem Verlangen, sie ihm zum Abhören in seine Geschäftsräume oder Wohnung mitzugeben (§ 147 Abs. 4), schon wegen der Gefahr der versehentlichen Löschung häufig wichtige Gründe entgegenstehen[46a]. Ein Anspruch, die Tonaufzeichnungen auf einen anderen Tonträger zu überspielen, wenn dies technisch gefahrlos möglich ist[46b], kann aus dem Recht auf Akteneinsicht nicht hergeleitet werden; das allgemein anerkannte Recht des Verteidigers, sich Ablichtungen aus den Akten herzustellen, stellt wegen der Gefahr eines möglichen Mißbrauchs des durch das Persönlichkeitsrecht geschützten unmittelbar gesprochenen Wortes keine Parallele dar, auch bedarf es dieser Befugnis für eine ordnungsmäßige Verteidigung nicht, da ja der Inhalt des vorläufig Aufgezeichneten im Protokoll enthalten ist.

Grundsätzlich gelten für die vorläufigen Aufzeichnungen die allgemeinen **Aufbe- 29 wahrungsfristen.** Lediglich mehrfach verwendbare Tonträger können vorzeitig gelöscht werden, wenn das Verfahren rechtskräftig abgeschlossen oder sonst beendet ist[47]. Beendet in diesem Sinne ist das Verfahren dann, wenn mit der Notwendigkeit, das Protokoll anhand der vorläufigen Aufzeichnungen auf seine Richtigkeit zu überprüfen, im regelmäßigen Verfahrensgang nicht mehr zu rechnen ist[48]. Unter Rechtskraft ist daher hier auch die beschränkte Rechtskraft nach § 211 zu verstehen. Dagegen ist die Löschung noch nicht zulässig, wenn das Verfahren nach § 205 vorläufig oder nach § 206 a oder § 260 Abs. 3 wegen eines *behebbaren* Verfahrenshindernisses eingestellt worden ist, solange noch damit zu rechnen ist, daß das Verfahren nach seiner Behebung sachlich fortgesetzt wird. Bei Einstellung des Verfahrens durch die Staatsanwaltschaft nach § 170 Abs. 2 ist vor der Löschung die Frist für ein Klageerzwingungsverfahren abzuwarten. Wird das Verfahren nach § 153 a vorläufig eingestellt, so ist es erst nach der Erfüllung der Auflagen und Weisungen beendet. Der Umstand, daß die Staatsanwaltschaft ein nach § 170 Abs. 2 oder nach § 153 Abs. 1 eingestelltes Verfahren jederzeit fortsetzen kann, hindert dagegen die Löschung nicht; insoweit steht die faktische Verfahrensbeendigung der Rechtskraft gleich. Betrifft die Tonaufzeichnung nur einen von mehreren Mitbeschuldigten, so kommt es darauf an, ob das Verfahren gegen diesen beendet ist. Die Entscheidung über die Löschung obliegt der Geschäftsstelle in eigener Verantwortung[49], doch kann sich bei Zweifelsfragen darüber, ob das Verfahren beendet ist, Rückfrage beim Richter oder Staatsanwalt empfehlen.

e) Der **Verlust der vorläufigen Aufzeichnungen** nach der Herstellung des Proto- **30** kolls hindert nicht dessen Verwertung als gerichtliches Protokoll[50].

---

[45] *Baumbach/Lauterbach*[44] § 160 a, 3; *Stein/Jonas/Schumann* § 160 a, 17.
[46] OLG Stuttgart NStZ **1986** 42; KMR-*Müller* 5; *Kurth* NJW **1978** 2484.
[46a] KK-*R. Müller* 9; *Kurth* NJW **1978** 2484; *Franzki* DRiZ **1975** 101.
[46b] So *Zöller/Stephan*[15] § 160 a, 8.
[47] Die großzügigere Löschungsregelung des

§ 160 a Abs. 3 Satz 2 Nr. 1 ZPO ist mit den Besonderheiten des Strafverfahrens unvereinbar.
[48] Begr. zum RegEntw. des StVÄG 1979, BT-Drucks. 8 976, S. 41.
[49] *Baumbach/Lauberbach*[44] § 160 a, 4; **a. A** (Vorsitzender) *Zöller/Stephan*[15] § 160 a, 7.
[50] KK-*R. Müller* 9; vgl. auch Rdn. 55.

Peter Rieß

5. Genehmigung des Protokollinhalts (Absatz 3)

31   **a) Bedeutung.** Die in Absatz 3 Satz 1 und 2 vorgeschriebene Genehmigung soll eine Gewähr dafür bieten, daß der Protokollinhalt den Bekundungen der vernommenen Person entspricht; mit der in Satz 3 geregelten Unterschrift soll diese nachträgliche Mitprüfung dokumentiert werden[51]. Um der beteiligten Person die Mitprüfung zu ermöglichen, ist ihr die entsprechende Protokollpassage durch Verlesung oder durch Vorlage zur Durchsicht zur Kenntnis zu bringen; hierauf kann nach Satz 6 verzichtet werden.

32   Eine **Pflicht** zur Genehmigung, zur Geltendmachung von Einwänden und zur Unterschrift wird durch die Vorschrift **für die Beweisperson nicht begründet.** Das kann in bezug auf die Unterschrift auch nicht aus der Fassung „ist zu unterschreiben" abgeleitet werden[52]. Die beteiligte Person kann daher, ohne die Gründe hierfür darlegen zu müssen, die Genehmigung oder die Unterschrift verweigern, sie kann auch den Protokollinhalt genehmigen und allein die Unterschrift verweigern oder trotz einer Verweigerung der Genehmigung das Protokoll unterschreiben. Nach dem Zweck der Vorschrift, durch das Genehmigungsverfahren auf eine vollständige inhaltliche Protokollierung und ggf. die Klärung von Mißverständnissen hinzuwirken, sollte jedoch eine Erklärung darüber angestrebt werden, warum die Genehmigung oder die Unterschrift verweigert wird[53]. Eine **Belehrung** über die Bedeutung der Genehmigung oder der Unterschrift ist nicht erforderlich[54].

33   **b) Beteiligte Personen** im Sinne des Absatz 3 sind diejenigen, deren Äußerungen im Protokoll wiedergegeben werden, und das Genehmigungsverfahren (Vorlage, Genehmigung und Unterschrift) bezieht sich nur auf die Protokollteile, die diese Erklärungen enthalten[55]. Einen Anspruch auf Vorlage und Genehmigung des ganzen Protokolls hat niemand, auch nicht der anwesende Beschuldigte. An der Verhandlung beteiligt ist bei einer Vernehmung die vernommene Person. Beteiligt sind ferner andere Personen, die während einer Vernehmung oder einer Augenscheinseinnahme Erklärungen abgeben, die sich auf den Inhalt der Untersuchungshandlung beziehen und mit zu protokollieren sind, so etwa Fragen und Vorhalte des Verteidigers oder Staatsanwalts oder eigene ergänzende Äußerungen des anwesenden Beschuldigten (bei Zeugenvernehmungen). Zu den beteiligten Personen gehören dagegen nicht solche, die lediglich das Verfahren betreffende Anträge gestellt haben. Solche Anträge sind zwar als wesentliche Förmlichkeiten zu protokollieren (Rdn. 10), unterliegen aber nicht dem Genehmigungsverfahren nach Absatz 3.

34   Wer bei **Augenscheinseinnahmen** als beteiligte Personen anzusehen sind, ist noch nicht restlos geklärt. Die frühere Rechtsprechung[56] hat in diesem Fall die anwesenden Verfahrensbeteiligten, also Staatsanwalt, Verteidiger, Beschuldigten und ggf. auch Sachverständigen, als beteiligte Personen angesehen, weil deren Genehmigung bezeuge, daß der Augenschein zutreffend protokolliert worden sei. Nach neuerer, nur beiläufig

---

[51] RGSt **55** 5; nach *Hegmann* Fürsorgepflichten gegenüber dem Beschuldigten im Ermittlungsverfahren (1981) 153 handelt es sich auch um eine fürsorgliche Regelung.

[52] Näher 23. Aufl., EB 14; KK-*R. Müller* 11.

[53] Vgl. KMR-*Müller* 7 (ausführliche Protokollierung zur Klärung des Beweiswerts wünschenswert); KK-*R. Müller* 11.

[54] BGH, Urt. vom 16. 2. 1982 – 5 StR 688/81;

vgl. auch *Hegmann* (Fußn. 51) 153, der Hinweis auf die Bedeutung für wünschenswert hält.

[55] KK-*R. Müller* 10; *Kleinknecht/Meyer*[38] 6; KMR-*Müller* 7.

[56] RGSt **31** 135; RG JW **1931** 2504 mit Anm. *Lißner;* ebenso LR[15] § 186, 6; *Eb. Schmidt* § 188, 14; wohl auch *Feisenberger* § 188, 5.

geäußerter Meinung im Schrifttum soll nur die Person beteiligt sein, die Gegenstand einer Augenscheinseinnahme ist[57]. Vom Zweck des Genehmigungsverfahrens her sprechen gute Gründe für die frühere Auffassung.

c) Genehmigungsverfahren. Darüber, ob das Protokoll vorgelesen oder zur **35** Durchsicht vorgelegt werden soll, entscheidet der Richter. Die beteiligte Person hat keinen Anspruch darauf, daß ihr das Protokoll vorgelegt wird, wenn es auch oft zweckmäßig sein wird, ihrem Wunsch Rechnung zu tragen[58]. Auch ein bereits in der Verhandlung in Langschrift hergestelltes Protokoll ist vor der Vorlage oder Verlesung noch nicht vom Richter und Protokollführer zu unterzeichnen[59], denn das Genehmigungsverfahren und seine Protokollierung (Absatz 3 Satz 2, 3 und 5) gehören noch zu der zu protokollierenden Untersuchungshandlung, so daß im Zeitpunkt der Vorlage nur ein Protokollentwurf vorliegt. Die Genehmigung gemäß Absatz 3 Satz 2 wird üblicherweise durch die Worte „vorgelesen[60], genehmigt und unterschrieben" (abgekürzt „v. g. u. u.")[60a] ausgedrückt.

Werden gegen den Protokollinhalt **Einwendungen** erhoben, so darf dem, sofern **36** es sich nicht um rein stilistische Änderungen oder um offensichtliche Unrichtigkeiten bei der ersten Protokollierung handelt, nicht durch einfache Änderung des zunächst Protokollierten Rechnung getragen werden, weil das die Aufgabe des Protokolls beeinträchtigen würde, auch den Ablauf der Untersuchungshandlung genau wiederzugeben (Rdn. 13). Es ist vielmehr jetzt zu protokollieren, was die Beweisperson im Genehmigungsverfahren ergänzend, erläuternd, abschwächend oder korrigierend erklärt hat, ggf. auch, wie sie dies motiviert[61]. Führt eine solche ergänzende Protokollierung nicht zur Genehmigung, so ist dies im Protokoll zu vermerken.

Einen Anspruch auf Erteilung einer **Protokollabschrift** haben weder die beteilig- **37** ten Personen (auch soweit es sich nur um die Wiedergabe ihrer Bekundungen handelt) noch der Beschuldigte oder sein Verteidiger. Die StPO untersagt dies jedoch auch nicht, so daß hierüber nach pflichtgemäßem Ermessen zu entscheiden ist. Einem Zeugen eine Protokollabschrift zu überlassen wird allerdings in Hinblick auf die mögliche Gefährdung des Untersuchungszwecks und die Spontanität späterer Aussagen oft auf Bedenken stoßen. Bei Verteidigern kann in Hinblick auf die in § 147 Abs. 3 getroffene Regelung dagegen eine großzügigere Handhabung am Platze sein.

d) Genehmigung der vorläufigen Aufzeichnung. Da sich vorläufige Aufzeichnun- **38** gen regelmäßig weder dazu eignen, zur Durchsicht vorgelegt zu werden, noch — namentlich bei Tonträgern — stets unterschrieben werden können, schreibt Absatz 3 Satz 4 in diesen Fällen vor, die schriftlich fixierte vorläufige Aufzeichnung vorzulesen oder den Tonträger abzuspielen. Die Fassung, daß dies „genüge", verdeutlicht, daß eine weitergehende Dokumentation der Genehmigung durch den Vernommenen möglich bleibt; sie kann im Einzelfall angezeigt sein, um einem späteren Vorwurf der nachträglichen Verfälschung der vorläufigen Aufzeichnung zu begegnen. Denkbar ist etwa, daß der Betroffene die einzelnen Seiten des verlesenen Stenogramms oder — falls dieser technisch dazu geeignet ist — den Tonträger unterzeichnet. Einen Anspruch darauf, die ihn betreffenden Teile des endgültigen Protokolls vor der Genehmigung der vorläufi-

---

[57] KK-*R. Müller* 10; *Kleinknecht/Meyer*[38] 6.
[58] Ausführlich LR-*Meyer-Goßner*[23] 15; KK-*R. Müller* 11; KMR-*Müller* 7; *Eb. Schmidt* § 188, 15; **a. A** RGSt **55** 4.
[59] *Kleinknecht/Meyer*[38] 8.

[60] Bzw. „selbst gelesen".
[60a] Kritisch zur Verwendung der Abkürzung (weil die Beweisperson die Bedeutung nicht kenne) zu Recht *G. Schäfer*[4] § 25 I 1 c.
[61] Wohl großzügiger *Kleinknecht/Meyer*[38] 9.

gen Aufzeichnung vorgelegt zu bekommen, hat der Betroffene nicht[62]. Macht er die Genehmigung hiervon abhängig, so kann der Richter dies als Genehmigungsverweigerung auffassen.

39   e) **Verzicht.** Auf das Genehmigungsverfahren insgesamt und — soweit vorgeschrieben — auf das Hinwirken auf die Unterzeichnung des Protokollteils kann nicht verzichtet werden. Satz 6 erlaubt lediglich[63], das Genehmigungsverfahren durchzuführen, ohne daß das Protokoll dem Vernommenen nochmals zur Kenntnis gebracht wird, wenn der Vernommene nach der Aufzeichnung seiner Aussage auf die Wiedergabe ausdrücklich verzichtet[64]. Bei einem spontanen Verzicht ist der Richter nicht gehindert, von sich aus das Verlesen oder Vorspielen anzuordnen[65]. Verzicht auf die Wiedergabe des Protokollierten und dessen Genehmigung müssen nicht zusammentreffen[66]; der Vernommene kann auf die Wiedergabe seiner Aussage verzichten, zugleich aber Genehmigung und Unterschrift verweigern. Erforderlich und ausreichend ist der Verzicht dessen, dessen Aussage protokolliert oder vorläufig aufgezeichnet worden ist[67].

40   f) **Protokollierung der Genehmigung.** Die Vorgänge, die die Genehmigung betreffen, gehören zu den wesentlichen in das Protokoll aufzunehmenden Förmlichkeiten. Zu protokollieren sind nach Satz 2 die Genehmigung des in der Verhandlung hergestellten Protokolls, nach Satz 5 die Mitteilung der vorläufig aufgezeichneten Aussage und ihre Genehmigung sowie im Falle der Genehmigungsverweigerung die erhobenen Einwendungen, und zwar, entgegen dem mißverständlichen Wortlaut der Vorschrift, nicht nur bei der Wiedergabe der vorläufigen Aufzeichnungen, sondern in allen Fällen[68]. Wird eine vorgeschriebene Unterzeichnung verweigert, so ist der Grund hierfür, falls ein solcher angegeben wird, zu protokollieren (Satz 3). Schließlich ist nach Satz 6 zweiter Halbsatz der ausdrückliche Verzicht des Betroffenen auf das Verlesen, die Vorlage zur Durchsicht oder das Abspielen protokollierungspflichtig; der in der Praxis gelegentlich übliche Vermerk „nach Diktat genehmigt" reicht hierfür nicht aus[69]. Wird das Protokoll nur vorläufig aufgezeichnet, so sind alle diese Vorgänge in der vorläufigen Aufzeichnung festzuhalten.

6. Unterzeichnung des Protokolls (Absatz 4 Satz 1 bis 3)

41   a) **Bedeutung. Fallgruppen.** Die Vorschrift regelt einerseits die Unterzeichnung des Protokolls durch den bei der Untersuchungshandlung anwesenden Richter und ggf. den Protokollführer, andererseits die Unterzeichnung des in den Fällen des Absatz 2 nachträglich hergestellten Protokolls durch denjenigen, der die endgültige Fassung auf-

---

[62] Ebenso (für § 162 ZPO) BVerwG NJW **1986** 3154, 3157; **a. A** *Henneberg* BB **1979** 592.

[63] Vgl. Begr. zum RegEntw. des StVÄG 1979, BTDrucks. **8** 976, S. 41 (um einen flüssigeren Ablauf der Verhandlung zu ermöglichen).

[64] Anders als nach § 162 Abs. 2 Satz 1 ZPO ist auch bei der unmittelbaren wörtlichen Aufzeichnung einer Aussage auf Tonträger ein ausdrücklicher Verzicht erforderlich; vgl. *Kurth* NJW **1978** 2484 Fußn. 42.

[65] BTDrucks. **8** 976, S. 41; KK-*R. Müller* 10.

[66] KK-*R. Müller* 12; *Kleinknecht/Meyer*[38] 10.

[67] Anders § 162 Abs. 2 Satz 2 ZPO, bei dem im zivilprozessualen Schrifttum vielfach ange-

nommen wird, daß alle Beteiligten, nicht nur die Beweispersonen verzichten müssen (so z. B. *Baumbach/Lauterbach*[44] § 162, 2 B a; *Zöller/Stephan*[15] § 162, 6; *Franzki* DRiZ **1975** 98; *Schmidt* NJW **1975** 1308). Der Wortlaut von Absatz 3 Satz 6 verlangt anders als § 162 Abs. 2 Satz 2 ZPO nicht, daß die Aussage in Gegenwart der (= aller) Beteiligten diktiert worden ist, und schränkt den Kreis der Beteiligten, die verzichten müssen, durch die in § 162 Abs. 2 Satz 2 ZPO fehlenden Worte „soweit es sie betrifft" ein.

[68] Ausführlich 23. Aufl., EB 17.

[69] KK-*R. Müller* 17.

grund der vorläufigen Aufzeichnungen erstellt hat. Die Vorschrift ist lückenhaft. Sie läßt die Fälle offen, daß der Richter das Protokoll ohne Protokollführer in der Verhandlung selbst fertigt und daß der Protokollinhalt ohne Hinzuziehung eines Protokollführers anders als durch Tonaufnahmegerät vorläufig aufgezeichnet worden ist. Diese Lücken sind nach dem Grundgedanken der gesetzlichen Regelung dahingehend zu schließen, daß diejenigen das Protokoll unterzeichnen müssen, die an der Herstellung der endgültigen Protokollurkunde in mehr als lediglich schreibtechnischer Weise mitgewirkt haben.

Die **Bedeutung der Unterschrift** ist für die verschiedenen Fallgruppen unterschied- **42** lich. Die bei der Untersuchungshandlung **anwesenden Amtspersonen**, also stets der Richter und, soweit nicht nach § 168 Satz 2, zweiter Halbsatz verfahren worden ist, auch der Protokollführer, bezeugen durch ihre Unterschrift aufgrund eigener Wahrnehmung die Richtigkeit des Protokollinhalts und übernehmen beide die gemeinschaftliche Verantwortung hierfür. Erst dadurch kommt ein ggf. nach §§ 251 ff verlesbares richterliches Protokoll zustande[70]. Hinsichtlich der Darstellung des tatsächlichen Ablaufs der Untersuchungshandlung kann der Richter dem Protokollführer keine Anweisungen erteilen. Meinungsverschiedenheiten hierüber dürfen nicht unerledigt bleiben, sondern müssen, wenn keine Übereinstimmung erzielt werden kann, im Protokoll offengelegt werden[71]. Es gelten insoweit die gleichen Grundsätze wie für das Hauptverhandlungsprotokoll[72].

Bei der nachträglichen Herstellung des Protokolls aufgrund vorläufiger Aufzeich- **43** nungen bezeugt derjenige, der das Protokoll hergestellt, aber an der **Untersuchungshandlung nicht teilgenommen** hat, lediglich die Richtigkeit der Übertragung aus den vorläufigen Aufzeichnungen. Diese Unterschrift hat (naturgemäß) nicht die Funktion, die Richtigkeit des protokollierten Inhalts der Untersuchungshandlung zu gewährleisten. Fehlt allein diese Unterschrift, so nimmt das dem Protokoll nicht die Eigenschaft eines (verlesbaren) richterlichen Protokolls[73].

Eine **fehlende Unterschrift** kann grundsätzlich nachgeholt werden[74], solange der- **44** jenige, der noch unterschreiben muß, sich in der Lage sieht, die mit der Unterschrift verbundene inhaltliche Verantwortung zu übernehmen und solange er noch rechtlich befugt ist, die Unterschrift zu leisten, also beispielsweise nicht mehr nach seinem Ausscheiden aus dem aktiven Justizdienst[75]. Die Nachholung der Unterschrift heilt jedoch nicht den Verfahrensverstoß, der darin liegt, daß ein mangels Unterschrift unverlesbares Protokoll als richterliches Protokoll in der Hauptverhandlung verlesen worden ist[76].

b) Protokollierung unter Mitwirkung eines Protokollführers. Hat an der Verhand- **45** lung ein Protokollführer mitgewirkt und wird das Protokoll in der Verhandlung erstellt, so haben nach Satz 1 der Richter und der Protokollführer das Protokoll zu unterschrei-

---

[70] BGHSt **9** 301 (erst durch die Unterschriften erhält das Protokoll seine Glaubhaftigkeit); RGSt **41** 217; **53** 107; **56** 258; KK-*R. Müller* 15.

[71] *Eb. Schmidt* § 188, 3.

[72] Vgl. mit weit. Nachw. § 271, 15 bis 18.

[73] **A. A** OLG Stuttgart NStZ **1986** 41; näher Rdn. 58.

[74] KK-*R. Müller* 16; *Kleinknecht/Meyer*[38] 11; KMR-*Müller* 6.

[75] Vgl. auch OLG Stuttgart Rpfleger **1976**

257 f mit abl. Anm. *Vollkommer* (keine Unterzeichnung nach Versetzung an ein anderes Gericht, dazu krit. *Zöller/Stephan*[15] § 163, 8); vgl. auch § 271, 24 f.

[76] RGSt **53** 107; KK-*R. Müller* 16; KMR-*Müller* 6; *Eb. Schmidt* § 188, 2; *Alsberg/Nüse/Meyer* 508; wegen des Sonderfalls, daß das Protokoll eines beauftragten Richters in dessen Gegenwart in der Hauptverhandlung verlesen wird, vgl. BGHSt **9** 302 und § 251, 10.

Peter Rieß

ben. Dies gilt auch dann, wenn der Protokollführer nur teilweise mitgewirkt hat. Er bezeugt dann mit seiner Unterschrift nur die richtige Protokollierung derjenigen Verhandlungsteile, während derer er zugegen war; für die übrigen Teile gilt das in Rdn. 48 bis 50 Ausgeführte.

46 Ist der Protokollinhalt in der Verhandlung nur **vorläufig aufgezeichnet** worden, so ist das gesamte Protokoll auch vom Richter zu unterzeichnen. Seine Unterschrift deckt damit auch die Richtigkeit der Übertragung der nur vorläufig aufgezeichneten Aussagen, damit übernimmt er hierfür eine Mitverantwortung[77]. Dies bedeutet aber nicht, daß er die Richtigkeit der Übertragung anhand eines Vergleichs mit den vorläufigen Aufzeichnungen überprüfen muß; es genügt, wenn sie ihm aus dem Gesamtzusammenhang heraus nach seiner Erinnerung an die Vernehmung zutreffend erscheint[78]. Ist das Protokoll entgegen Absatz 2 Satz 2 nicht unverzüglich nach der Verhandlung hergestellt worden und hat der Richter deshalb keine ausreichende Möglichkeit mehr, diese beschränkte Mitverantwortung zu übernehmen, so muß er die Unterschrift verweigern[79]. Ein verwertbares richterliches Protokoll kommt dann nicht zustande.

47 Die Unterschrift des mitwirkenden **Protokollführers** ist **bei vorläufiger Aufzeichnung** des Protokollinhalts stets erforderlich. Er beurkundet mit seiner Unterschrift auch, daß die vorläufige Aufzeichnung vollständig und wortgetreu übertragen worden ist (vgl. Rdn. 43), auch wenn er sie nicht selbst schriftlich fixiert hat, sondern wenn sie mittels eines Tonaufnahmegerätes aufgenommen worden ist. Deshalb hat er in jedem Fall die Übertragung zu überprüfen[80]. Nicht notwendig ist, daß er sie selbst herstellt. Wird sie von einem Dritten vorgenommen, so bedarf es dessen zusätzlicher Unterschrift nach Satz 3 nicht, da dieser Vorgang angesichts der Prüfungspflicht des Protokollführers lediglich schreibtechnische Bedeutung hat[81].

48 c) **Protokollierung ohne Protokollführer.** Hat aufgrund einer Anordnung nach § 168 Satz 2 Halbsatz 2 kein Protokollführer mitgewirkt und hat der Richter das Protokoll in der Verhandlung selbst gefertigt, so unterschreibt er allein. Das gleiche gilt, wenn er vorläufige schriftliche Aufzeichnungen gefertigt hat und auf ihrer Grundlage das Protokoll selbst vollständig erstellt oder im Wortlaut diktiert. Auch in diesem Fall hat die Einschaltung des Dritten nur schreibtechnische Bedeutung.

49 Ist der Protokollinhalt mittels **Tonaufnahmegerät ohne Protokollführer** vorläufig aufgezeichnet worden, so wird in aller Regel ein Dritter durch Übertragung der Tonaufzeichnungen gegebenenfalls unter Verwendung ergänzender schriftlicher Aufzeichnungen das Protokoll herstellen. Dieser hat das Protokoll nach Satz 3 mit dem Zusatz zu unterschreiben, daß er die Richtigkeit der Übertragung bestätige. Er braucht, anders als im Zivilprozeß (§ 163 Abs. 1 Satz 2 ZPO), weder Urkundsbeamter der Geschäftsstelle zu sein[82] noch als Protokollführer nach § 168 Satz 3 vereidigt zu werden. Ebensowenig muß er die Protokollurkunde eigenhändig herstellen; entscheidend ist nur, daß er die Verantwortung für die Übereinstimmung des Protokolls mit den vorläufigen Aufzeichnungen übernimmt, was auch durch den Vergleich des bereits geschriebenen Textes mit der Aufzeichnung geschehen kann[83]. Daneben hat der Richter das Protokoll zu

---

[77] Begr. zum RegEntw. des StVÄG 1979, BT-Drucks. **8** 976, S. 42; KK-*R. Müller* 16; *Kurth* NJW **1978** 2484.

[78] Begr. aaO; BVerwG NJW **1977** 264; KK-*R. Müller* 16; *Kleinknecht/Meyer*[38] 11; *Zöller/ Stephan*[15] § 163, 1; *Franzki* DRiZ **1975** 100; *Holtgrave* DB **1975** 832.

[79] KK-*R. Müller* 16; *Franzki* DRiZ **1975** 100.

[80] BTDrucks. **8** 976, S. 42.

[81] KK-*R. Müller* 21.

[82] BTDrucks. **8** 976, S. 42; KK-*R. Müller* 18.

[83] KK-*R. Müller* 18.

unterschreiben; der Umfang seiner Mitverantwortung entspricht dem in Rdn. 46 Ausgeführten. Soweit ausnahmsweise, was rechtlich zulässig ist, der Richter die vorläufige Tonaufzeichnung selbst überträgt, unterschreibt er allein.

Fertigt der Richter ohne Protokollführer selbst **schriftliche vorläufige Aufzeich-**   **50** **nungen**, etwa indem er den Protokollinhalt kurzschriftlich oder mit verständlichen Abkürzungen aufzeichnet, und überläßt er die Übertragung dieser Aufzeichnungen ganz oder teilweise ohne vollständiges eigenes Diktat einem Dritten, so gilt Satz 3 entsprechend. Für diese durchaus mögliche Herstellungsform des Protokolls läßt sich weder dem Gesetz noch den Materialien eine Regelung entnehmen; der Gesetzgeber hat diesen Fall offenbar übersehen. Es ist aber kein Grund erkennbar, warum bei der eigenverantwortlichen Übertragung vorläufiger schriftlicher Aufzeichnungen anders verfahren werden sollte als bei der eigenverantwortlichen Übertragung vorläufiger Tonaufzeichnungen.

d) Verhinderung. Ist eine der beiden bei der Untersuchungshandlung anwesenden   **51** Personen auf Dauer an der Unterschrift verhindert, so gelten die zu § 271 Abs. 2 entwickelten Grundsätze (s. § 271, 23 ff). Ist auf die Hinzuziehung des Protokollführers verzichtet worden und ist der Richter an der Unterschrift verhindert, so kommt kein verlesbares richterliches Protokoll zustande. Ist nur derjenige verhindert, der nach Absatz 4 Satz 3 die Richtigkeit der Übertragung zu bestätigen hat, so kann der Prüfungsvorgang von einem anderen wiederholt werden, der dann die fehlende Unterschrift leistet.

7. Berichtigung des Protokolls. Die StPO enthält an dieser Stelle ebensowenig   **52** wie beim Hauptverhandlungsprotokoll Regelungen über die Protokollberichtigung. Sie ist aber ebenso wie bei diesem zulässig und grundsätzlich nach den gleichen Regeln zu beurteilen wie dort. Auf die Erl. bei § 271, 42 ff wird daher verwiesen.

8. Beweiskraft des Protokolls
a) Allgemein. Bei einem mangelfreien Protokoll kann das Gericht im allgemeinen   **53** und soweit nicht besondere Umstände Zweifel begründen oder Einwendungen erhoben werden, davon ausgehen, daß es inhaltlich richtig ist, also die wesentlichen Förmlichkeiten zutreffend beurkundet und das Ergebnis der Untersuchungshandlung richtig wiedergibt[84]. Das Protokoll hat aber **keine absolute Beweiskraft** im Sinne des § 274; diese Vorschrift gilt auch nicht entsprechend[85]. Es ist also der Gegenbeweis möglich, daß im Protokoll beurkundete wesentliche Förmlichkeiten nicht beachtet worden sind, und umgekehrt, daß trotz des Schweigens des Protokolls eine wesentliche Förmlichkeit erfüllt worden ist, etwa die Belehrung eines Zeugen nach § 52[86]. Ob das Protokoll insoweit zutrifft, ist freibeweislich zu klären[87]. Führt der Versuch der Klärung nicht zum Erfolg, bleibt also zweifelhaft, ob eine beurkundete wesentliche Förmlichkeit wirklich vorgenommen wurde oder eine nicht beurkundete tatsächlich beobachtet worden ist, so ist für die Verwertung des Protokolls davon auszugehen, daß es an dieser Förmlichkeit mangelt. Ob durch die Erschütterung des Protokolls in diesem Punkt auch sein Beweiswert im übrigen berührt wird, ist eine Frage des Einzelfalls.

---

[84] Vgl. *Eb. Schmidt* § 188, 13 (praktisch kaum widerlegbare Beweiskraft).
[85] BGHSt **26** 281; **32** 25, 30; BGH NJW **1979** 1722 = JR **1980** 123 mit Anm. *Foth*; im Schrifttum jetzt allg. M; **a. A** früher RGSt **55** 5; LR-*Kohlhaas*[22] § 188, 10; *Müller/Sax*[6] § 188, 5.

[86] Vgl. BGHSt **26** 281; **32** 25, 30; BGH NJW **1979** 1722 (regelmäßig hierfür Vernehmung der Verhörspersonen erforderlich).
[87] *Kleinknecht/Meyer*[38] 12; § 252, 23; vgl. auch BGHSt **26** 283.

54   Auch hinsichtlich des **sachlichen Inhalts** der protokollierten Untersuchungshandlung (Rdn. 13 ff) ist der Nachweis der Unrichtigkeit des Protokolls (und nicht nur der der Übertragung der vorläufigen Aufzeichnungen, vgl. Rdn. 55) möglich[88]. Ein solcher Nachweis nimmt dem Protokoll regelmäßig faktisch in diesem Punkt seine Verwertungsmöglichkeit, denn ohne die zusätzliche Gedächtnisstütze vorläufiger Aufzeichnungen wird es kaum jemals möglich sein, den Inhalt der unrichtig protokollierten Untersuchungshandlung zu rekonstruieren. Eine Protokollberichtigung kommt deshalb nicht in Frage.

55   **b)** Der Nachweis der **Unrichtigkeit der Übertragung der vorläufigen Aufzeichnungen** ist nach Absatz 4 Satz 4 uneingeschränkt möglich. Er wird in der Regel durch Vergleich mit den vorläufigen Aufzeichnungen, die gerade zu diesem Zweck aufzubewahren sind, erbracht werden[89]. Sind sie nicht mehr vorhanden, so kann der Nachweis auf jede andere Weise im Wege des Freibeweises geführt werden. Ergibt sich aus den vorläufigen Aufzeichnungen zuverlässig ein anderer Protokollinhalt, so kann das Protokoll, ohne seine Eigenschaft als verwertbares Protokoll zu verlieren, im Sinne der vorläufigen Aufzeichnungen berichtigt werden[90]. Doch bedarf es zu einer wirksamen Protokollberichtigung der Genehmigung der Urkundspersonen, die das Protokoll unterzeichnet haben; nur die Genehmigung desjenigen, der, ohne bei der Untersuchungshandlung anwesend gewesen zu sein, lediglich die Richtigkeit der Übertragung bestätigt hat, ist entbehrlich.

56   **9. Mängel des Protokolls** begründen kein generelles Verwertungsverbot (§ 168, 23). Sie können aber den Beweiswert mindern oder aufheben oder der Verlesbarkeit in der Hauptverhandlung als richterliches Protokoll entgegenstehen (näher § 251, 10 ff). Zur Frage, ob in solchen Fällen eine Verlesung als nichtrichterliches Protokoll nach § 251 Abs. 2 möglich ist, s. § 168 c, 60.

57   **Kein verlesbares** richterliches **Protokoll** liegt vor, wenn die **Unterschrift** des **Richters** oder des mitwirkenden Protokollführers **fehlt**[91] oder wenn der Richter oder Urkundsbeamte nach den §§ 22, 23, 31 kraft Gesetzes ausgeschlossen war[92]. Ein verlesbares richterliches Protokoll liegt auch dann nicht vor, wenn nur vorläufige Aufzeichnungen nach Absatz 2 Satz 1 vorhanden sind, die Herstellung des Protokolls aber unterblieben ist, selbst wenn diese vorläufigen Aufzeichnungen, etwa in Kurzschrift, vom Richter und Protokollführer unterzeichnet sein sollten. Der Verlesbarkeit als richterliches Protokoll steht nicht entgegen, daß die Unterschrift der beteiligten Person nach Absatz 3 Satz 3 fehlt[93], und nicht stets, daß sich in der Akte lediglich eine **Abschrift oder Ausfertigung**, nicht aber das Original des Protokolls befindet[94]. Diese Abschrift oder

---

[88] KK-*R. Müller* 19; KMR-*Müller* 8.
[89] OLG Stuttgart NStZ **1986** 42.
[90] KK-*R. Müller* 10; vgl. auch Begr. zum Reg-Entw. des StVÄG 1979, BTDrucks. **8** 976, S. 41, wo von der „Berichtigung des Protokolls" aufgrund der Tonaufzeichnungen die Rede ist.
[91] BGHSt **9** 301; RGSt **41** 217; **53** 107; **56** 258; vgl. auch § 168, 23; § 251, 11; zur Nachholung der Unterschrift s. Rdn. 44.

[92] RGSt **30** 72; *Eb. Schmidt* § 188, 12; vgl. § 22, 53.
[93] RGSt **31** 186; **34** 396; RG JW **1931** 2504 mit Anm. *Lißner*; BGH vom 24. 6. 1955 – 5 StR 55/55 –; LR-*Meyer-Goßner*[23] 32; *Eb. Schmidt* 16.
[94] **A. A** RGSt **55** 3; LR-*Meyer-Goßner*[23] 32; *Eb. Schmidt* § 188, 11; wie hier LR-*Gollwitzer* § 251, 21.

Ausfertigung ist verlesbar, wenn unzweifelhaft ist, daß ihr ein mangelfreies Originalprotokoll zugrunde gelegen hat[95].

Ist das Protokoll aufgrund vorläufiger Aufzeichnungen hergestellt worden und **58** fehlt entgegen Absatz 4 Satz 3 nur die Unterschrift dessen, der die **Richtigkeit der Übertragung** zu bezeugen hat, so steht das der Verlesung des Protokolls als richterliches Protokoll regelmäßig nicht entgegen[96]. Denn der entscheidende Grund, warum einem vom Urkundsbeamten nicht unterschriebenen Protokoll die Eigenschaft eines verlesbaren richterlichen Protokolls abgesprochen wird, liegt in der besonderen Funktion der Unterschrift, die Richtigkeit des Protokollinhalts in bezug auf den Ablauf der Untersuchungshandlung zu bezeugen und damit dem Protokoll seine Glaubwürdigkeit zu verleihen[97]. Diese besondere Aufgabe kann aber die bloß die Richtigkeit der Übertragung bezeugende Unterschrift nach Absatz 4 Satz 3 nicht erfüllen. Sie hat lediglich beweiserleichternden Charakter, und bei ihrem Fehlen ist es unschwer möglich, anhand der noch vorhandenen vorläufigen Aufzeichnungen die Richtigkeit der Übertragung zweifelsfrei zu kontrollieren. Eine **Unverlesbarkeit** ist in diesen Fällen nur dann anzunehmen, wenn, etwa wegen Verlusts der vorläufigen Aufzeichnungen und Fehlens der die Richtigkeit der Übertragung bezeugenden Unterschrift, überhaupt nicht mehr festgestellt werden kann, ob das Protokoll die Untersuchungshandlung zuverlässig beurkundet.

Bleibt wegen Mängeln des Protokolls zweifelhaft, ob **wesentliche Förmlichkeiten** **59** beachtet sind, von deren Einhaltung die Verwertung einer Aussage in der Hauptverhandlung abhängt, so steht dieser Umstand der Verlesung als richterliches Protokoll und seiner sonstigen Verwertung in der Hauptverhandlung entgegen, so z. B., wenn ein Dolmetscher entgegen § 185 GVG nicht vereidigt[98] oder ein Zeuge nicht nach § 52 belehrt worden ist[99]. Doch liegt der Grund für die Unzulässigkeit der Verlesung hier nicht unmittelbar im Mangel des Protokolls, sondern darin, daß eine wesentliche Förmlichkeit, von der die Verlesung abhängig ist, nicht nachgewiesen ist; nicht anders, wie wenn ein mangelfreies Protokoll ergeben würde, daß diese wesentliche Förmlichkeit nicht beachtet worden ist. Deshalb ist in diesem Fall das Verlesungshindernis auch dadurch zu überwinden, daß sich das erkennende Gericht die Überzeugung von der Beachtung der entsprechenden Förmlichkeit verschafft (vgl. Rdn. 53).

Sonstige Mängel, wie etwa Radierungen, Streichungen, ununterzeichnete Ergän- **60** zungen und Randvermerke sowie Lücken und Widersprüche, stehen der Verlesung nicht entgegen, können aber, soweit sie reichen, den Beweiswert des Protokolls vermindern oder aufheben[100]. Das gilt auch, wenn es an dem Vermerk fehlt, daß das Protokoll nach Absatz 3 genehmigt worden ist, oder wenn die Angabe des Grundes fehlt, warum die beteiligte Person das Protokoll nicht genehmigt oder unterschrieben hat[101].

---

[95] Gerade diese Voraussetzung war in dem von RGSt **55** 1 ff entschiedenen Fall erkennbar nicht gegeben, weil das Originalprotokoll in Kurzschrift abgefaßt war und sich die vermeintliche Abschrift in Wahrheit als eine (nach damaliger Rechtslage unzulässige) spätere Übertragung der kurzschriftlichen Aufzeichnung darstellte.

[96] Näher *Rieß* NStZ **1987** 444; **a. A** OLG Stuttgart NStZ **1986** 41 mit insoweit zust. Anm. *Mitsch* NStZ **1986** 377 = MDR **1986** 165; zweifelnd LR-*Gollwitzer* § 251, 11.

[97] BGHSt **9** 301; vgl. näher Rdn. 42.

[98] BGHSt **22** 118, 120; RG Recht **1903** Nr. 2526.

[99] Vgl. BGH NJW **1979** 1722 = JR **1980** 123 mit Anm. *Foth.*

[100] *Eb. Schmidt* § 188, 12; KK-*R. Müller* 14.

[101] RGSt **31** 136; **34** 396; **55** 5; KK-*R. Müller* 14; *Eb. Schmidt* § 188, 16; *Alsberg/Nüse/Meyer* 508.

61   10. Zur **Revisibilität** von Mängeln vgl. zunächst § 168, 24. Verwendet der Tatrichter in der Hauptverhandlung ein mangelhaftes Protokoll, bei dem die Mängel Zweifel am Beweiswert begründen können (Rdn. 60), so kann mit der Revision (Sachrüge) auch geltend gemacht werden, daß er sich in den Urteilsgründen mit den sich deshalb aufdrängenden Zweifeln am Beweiswert nicht auseinandergesetzt hat (vgl. § 337, 151; 156). Mit der **Aufklärungsrüge** (§ 244, 339 ff; § 344, 89 ff) kann ggf. geltend gemacht werden, daß der Tatrichter es unterlassen hat, sich ihm aufdrängende Unklarheiten eines in der Hauptverhandlung verwerteten Protokolls etwa durch Vernehmung der an der damaligen Untersuchungshandlung beteiligten Personen aufzuklären.

62   In den Akten befindliche Protokolle über richterliche Untersuchungshandlungen können **präsente Beweismittel** sein. Ihre Nichtverwendung in der Hauptverhandlung kann daher gegen § 245 verstoßen (näher § 245, 26).

§ 168 b

(1) Das Ergebnis staatsanwaltschaftlicher Untersuchungshandlungen ist aktenkundig zu machen.
(2) Über die Vernehmung des Beschuldigten, der Zeugen und Sachverständigen soll ein Protokoll nach den §§ 168 und 168 a aufgenommen werden, soweit dies ohne erhebliche Verzögerung der Ermittlungen geschehen kann.

Schrifttum siehe bei § 168.

Entstehungsgeschichte. Die Vorschrift wurde durch Art. 1 Nr. 49 des 1. StVRG eingefügt.

Übersicht

1. Bedeutung und Anwendungsbereich

1   **a) Allgemeines. Absatz 1** normiert den an sich selbstverständlichen Grundsatz, daß die Ergebnisse des Ermittlungsverfahrens aktenkundig zu machen sind[1]. Da das Ermittlungsverfahren ein schriftliches Verfahren ist, muß jedes mit der Sache befaßte Ermittlungsorgan, auch das Gericht, wenn es im Vorverfahren oder im gerichtlichen Verfahren tätig wird, das bisherige Ergebnis des Verfahrens und seine Entwicklung erkennen können, gleiches gilt für eine sachgerechte Verteidigung[2]. Insofern ist die Vorschrift in Absatz 1 Ausprägung des Grundsatzes der **Aktenwahrheit und der Aktenvoll-**

---

[1] Vgl. den Hinweis in der Begr. des RegEntw. des 1. StVRG, BTDrucks. 7 551, S. 76.   [2] *Kleinknecht/Meyer*[38] 1; ähnlich KK-*R. Müller* 1.

ständigkeit[3]. Zur Frage, wieweit das Ergebnis vertraulicher Ermittlungen den Akten ferngehalten werden kann, s. §96, 56, und bei § 163. **Absatz 2** enthält für staatsanwaltschaftliche Vernehmungen eine **weitergehende Regelung**, indem hier für den Regelfall eine Protokollierung nach den für richterliche Vernehmungen geltenden Vorschriften vorgeschrieben wird. Den Rechtsgrund für diese Bestimmung in der schließlich Gesetz gewordenen Fassung[4] wird man wohl auch darin sehen können, daß bei staatsanwaltschaftlichen Vernehmungen eine erzwingbare (vgl. §§ 161 a, 163 a Abs. 3) Erscheinens-, für Zeugen und Sachverständige auch Aussagepflicht besteht.

b) Anwendungsbereich. Die Vorschrift bezieht sich ihrem Wortlaut nach in bei- **2** den Absätzen nur auf **staatsanwaltschaftliche** Untersuchungshandlungen. Sie gilt ferner nach § 399 Abs. 1 AO für die **Finanzbehörde**, soweit diese nach § 386 Abs. 2 AO das Steuerstrafverfahren selbständig durchführt. Für **Ermittlungshandlungen der Polizei** besteht die Protokollierungspflicht nach Absatz 2 nicht (näher bei den §§ 163, 163 a). Dagegen gilt der in Absatz 1 enthaltene Grundsatz für alle Strafverfolgungsbehörden. Denn das in ihm normierte Prinzip der Aktenvollständigkeit folgt aus der Struktur des Ermittlungsverfahrens; es läßt sich nicht auf staatsanwaltschaftliche Untersuchungshandlungen begrenzen. Auch die Polizeibehörden haben daher bei ihrer Tätigkeit nach den §§ 161, 163 das Ergebnis ihrer Untersuchungshandlungen, was auch durch die in § 163 Abs. 2 Satz 1 getroffene Regelung belegt wird, aktenkundig zu machen[4a].

2. Untersuchungshandlungen. Anders als bei § 168 (vgl. § 168, 9) ist der Begriff **3** der Untersuchungshandlung hier umfassend verwendet; er meint alle Maßnahmen, die die Strafverfolgungsbehörden zur Erforschung des Sachverhalts treffen. Dazu gehören neben den in erster Linie nach Absatz 2 zu protokollierenden Vernehmungen, deren Ergebnis aber auch bei Nichtanwendung des Absatz 2 mindestens aktenkundig zu machen ist, auch andere Maßnahmen, wie die Einholung von schriftlichen Auskünften (§ 161 Satz 2), Ermittlungsaufträge, Tatortbesichtigungen, Observationen, informatorische Befragungen (vgl. bei § 163), Tatortbesichtigungen, kriminaltechnische Untersuchungen, die (staatsanwaltschaftliche) Leichenschau und die Leichenöffnung (§ 87) usw.

Zu den Untersuchungshandlungen im Sinne dieser Vorschrift gehört auch die **An- 4 ordnung von Zwangsmaßnahmen** aufgrund originärer Zuständigkeit oder unter Inanspruchnahme einer Eilkompetenz (Gefahr im Verzuge)[5], also beispielsweise die Anordnung der Durchsuchung, der Beschlagnahme, der Überwachung des Fernmeldeverkehrs, der Postbeschlagnahme, die körperliche Untersuchung nach den §§ 81 a, 81 c und die Durchführung von Identifizierungsmaßnahmen nach § 81 b und die Wahlgegenüberstellung[6], ferner die vorläufige Festnahme und die Anordnung von Fahndungsmaßnahmen (vgl. z. B. § 163 d, 51). Wird eine richterlich angeordnete Zwangsmaßnahme vollzogen, so liegt darin eine weitere selbständige Untersuchungshandlung.

Keine Untersuchungshandlungen im Sinne des § 168 b sind Vorgänge und Überle- **5** gungen, die allein den internen Dienstbetrieb der Staatsanwaltschaft betreffen, nament-

---

[3] *Kleinknecht* FS Dreher 722 f.
[4] Die Begründung (BTDrucks. 7 551, S. 76) motiviert dies damit, daß nach den (insoweit nicht Gesetz gewordenen) Vorschlägen des RegEntw. die falsche Aussage bei einer staatsanwaltschaftlichen Vernehmung in die Strafbarkeit nach § 153 StGB mit einbezogen werden sollte.

[4a] *Hegmann* Fürsorgepflichten gegenüber den Beschuldigten im Ermittlungsverfahren (1981) 152.
[5] KK-*R. Müller* 2; *Kleinknecht/Meyer*[38] 1.
[6] Zu dem dabei auch von der Staatsanwaltschaft und der Polizei zu beachtenden Vorgehen und der Protokollierung vgl. § 168 a, 18 und § 58, 13 ff.

lich solche, die, falls sie schriftlichen Niederschlag finden, zu den Handakten der Staatsanwaltschaft (vgl. § 199, 21 f) zu nehmen sind, oder bei der Staatsanwaltschaft intern angestellte rechtliche Prüfungen und Überlegungen. Anders kann es bei externen Rechtsgutachten sein.

3. Aktenkundigmachen

6   **a) Ergebnis der Untersuchungshandlung.** Nach Absatz 1 genügt es, wenn das Ergebnis der jeweiligen Untersuchungshandlung aktenkundig gemacht wird. Es muß sich mindestens aus den Akten ergeben, welche konkrete Maßnahme durchgeführt oder veranlaßt worden ist und welchen Erfolg sie gehabt hat. Einzelheiten der Durchführung und des Verlaufs der Untersuchungshandlung müssen nicht notwendig angegeben werden. Zulässig ist dies stets, und es ist geboten, wenn das Ergebnis einer näheren Begründung bedarf oder die Umstände, die zu ihm geführt haben, für das weitere Verfahren festgehalten werden müssen[7].

7   Auch daß eine Untersuchungshandlung **ergebnislos** verlaufen ist, ist als ihr Ergebnis festzuhalten. Es ist also beispielsweise aktenkundig zu machen, daß und ggf. welche Beweispersonen befragt worden sind und keine sachdienlichen Angaben machen konnten, daß bei einer Durchsuchung keine für das Verfahren bedeutsamen Gegenstände gefunden worden sind oder daß bestimmten Spuren erfolglos nachgegangen wurde[8].

8   **b) Form.** Besteht die Untersuchungshandlung in schriftlichen Anordnungen, Anfragen oder Auskünften, so wird das Ergebnis dadurch aktenkundig gemacht, daß die schriftlichen Unterlagen zu den Akten genommen werden. Im übrigen genügt es, wenn ein Vermerk über die Untersuchungshandlung und ihr Ergebnis zu den Akten genommen wird[9]. Dabei können auch Skizzen, Fotografien, Diagramme und sonstige Unterlagen angefertigt und beigefügt werden. Der Vermerk muß so zeitnah nach der Untersuchungshandlung zu den Akten gebracht oder mindestens vorläufig aufgezeichnet werden, daß er das Ergebnis noch zuverlässig wiedergibt[10].

4. Protokollierung von Vernehmungen (Absatz 2)

9   **a) Notwendigkeit.** Bei der Vernehmung von Zeugen und Sachverständigen (§ 161 a) und der des Beschuldigten (§ 163 a) schreibt Absatz 2 für den Regelfall (Sollvorschrift) die Protokollierung nach den §§ 168, 168 a vor. Hiervon darf nur abgewichen werden, wenn besondere Sachgründe vorliegen. In Betracht kommen etwa die Fälle, in denen sich alsbald ergibt, daß die Beweisperson nichts Sachdienliches bekunden kann[11] oder von einem Aussageverweigerungsrecht oder (als Beschuldigter) vom Schweigerecht Gebrauch macht. Auch bei sachlich übereinstimmenden Aussagen einer größeren Zahl von Beweispersonen, besonders bei Fragen von untergeordneter Bedeutung, kann teilweise auf die Protokollierung verzichtet werden[12]. Wird von der Protokollierung abgesehen, so ist das Ergebnis der Vernehmung stets nach Absatz 1 aktenkundig zu machen; dabei kann es angebracht sein, dies in möglichst großem Umfang der Protokollierung anzunähern, etwa indem der Wortlaut der Aussage auf einem Tonträger aufgezeichnet wird[13].

[7] KK-*R. Müller* 2.
[8] Zur umstrittenen Behandlung der dabei entstehenden Spurenakten vgl. § 199, 16 ff.
[9] KK-*R. Müller* 2; *Kleinknecht/Meyer*[38] 1.
[10] KK-*R. Müller* 2 (im unmittelbaren Anschluß an die Untersuchungshandlung).

[11] Begr. BTDrucks. **7** 551, S. 76; KK-*R. Müller* 5; *Kleinknecht/Meyer*[38] 2.
[12] KK-*R. Müller* 5 im Anschluß an LR-*Meyer-Goßner*[23] 12.
[13] Vgl. *Riegel* NJW **1973** 495.

Keine Protokollierung nach Absatz 2 braucht vorgenommen zu werden, wenn dadurch eine erhebliche Verzögerung der Ermittlungen eintreten würde. Die Verzögerung muß Folge gerade der Protokollierung, nicht der Ermittlungshandlung selbst sein. Seitdem § 168 Satz 2 zweiter Halbsatz eine Protokollierung auch ohne Protokollführer gestattet, liegt diese Voraussetzung nicht allein deshalb vor, weil ein Protokollführer nicht alsbald zur Verfügung steht[14]; vielmehr ist in solchen Fällen zunächst zu erwägen, ob eine Protokollierung unter Verzicht auf den Protokollführer in Betracht kommt. Erhebliche Verzögerungen durch die Protokollierung werden demnach selten sein, sie können etwa eintreten, wenn eilbedürftige Vernehmungen am Tat- oder Unfallort vorzunehmen sind[15]. Kleinere Verzögerungen, namentlich solche, die ihren Grund allein in dem größeren Zeitaufwand der ordnungsmäßigen Protokollierung haben, müssen in Kauf genommen werden[16].

b) Anwendbarkeit des § 168. Darüber, ob das Protokoll unter Mitwirkung eines Urkundsbeamten der Staatsanwaltschaft (vgl. § 153 GVG) hergestellt oder von dessen Hinzuziehung abgesehen werden soll, entscheidet der Staatsanwalt[17]. Umstritten ist, wieweit § 168 Satz 3 anwendbar ist[18]. Jedenfalls wird man in Eilfällen den Staatsanwalt für berechtigt halten müssen, eine andere Person als Protokollführer hinzuzuziehen; es ist wohl auch möglich, daß er diese auf eine getreuliche und gewissenhafte Amtsführung verpflichtet (vgl. auch Rdn. 13).

c) Anwendbarkeit des § 168 a. Die Vorschrift gilt uneingeschränkt mit der Maßgabe, daß an die Stelle des in ihr erwähnten Richters der Staatsanwalt tritt. Verfährt der Staatsanwalt nach Absatz 2, so darf er auch nicht von einzelnen Regelungen des § 168 a abweichen[19]. Ist dies aus Sachgründen unerläßlich, so handelt es sich nicht mehr um eine Protokollierung nach Absatz 2, sondern nur um ein Aktenkundigmachen nach Absatz 1 (vgl. auch Rdn. 9 a. E).

5. Verstöße und Mängel. Da Protokolle über staatsanwaltschaftliche Vernehmungen ohnehin nur als solche über eine andere Vernehmung im Sinne des § 251 Abs. 2 und des § 253 verlesen werden können, kommt es hier nicht auf die Frage an, welche Protokollierungsmängel dem Protokoll die Eigenschaft eines verlesbaren richterlichen Protokolls nehmen können[20]. Fehlende oder unzureichende Unterschrift oder sonstige Mängel (vgl. § 168 a, 59 f) können, soweit eine Verwertung des Protokolls in Frage steht, den Beweiswert beeinträchtigen; gleiches gilt für Vermerke, in denen das Ergebnis von Untersuchungshandlungen nur unzureichend aktenkundig gemacht wird[21].

Wird eine staatsanwaltschaftliche Vernehmung **nicht** nach Absatz 2 **protokolliert**, sondern nur nach Absatz 1 aktenkundig gemacht, so scheidet in der Regel auch eine Verlesung nach § 251 Abs. 2, § 253 aus (vgl. § 251, 55). Etwas anderes gilt dann, wenn dieser Aktenvermerk so gefaßt ist, daß er im Ergebnis als eine, wenn auch den Erforder-

10

11

12

13

14

---

[14] So noch Begr. BTDrucks. 7 551, S. 76.

[15] KK-*R. Müller* 5.

[16] Vgl. KK-*R. Müller* 5; *Kleinknecht/Meyer*[38] 2.

[17] Zu den Gründen, die Vernehmung unter Mitwirkung eines Protokollführers durchzuführen, vgl. § 168, 21 und LR-*Meyer-Goßner*[23] 9.

[18] Ausführlich LR-*Meyer-Goßner*[23] 10 (Staatsanwalt kann, da zur Abnahme von Eiden nicht befugt, keine von ihm zu vereidigende

Person hinzuziehen und muß deshalb ohne Protokollführer verhandeln); ebenso KK-*R. Müller* 4; **a. A** (Staatsanwalt vereidigt) KMR-*Müller* 2.

[19] **A. A** LR-*Meyer-Goßner*[23] 13; vgl. auch Rdn. 14.

[20] Wohl **a. A** KMR-*Müller* 2 (Mängel haben dieselbe Bedeutung wie beim richterlichen Protokoll); wie hier KK-*R. Müller* 6.

[21] KK-*R. Müller* 6.

     Peter Rieß

nissen des § 168 a nicht entsprechende Niederschrift über die Vernehmung erscheint. Die Rechtmäßigkeit einer mündlich angeordneten Zwangsmaßnahme wird, wenn nicht ausdrücklich eine schriftliche Anordnung vorgeschrieben ist (vgl. § 100 b Abs. 2 Satz 1, § 163 d Abs. 3 Satz 1), nicht dadurch berührt, daß die Anordnung nicht nach Absatz 1 aktenkundig gemacht wird (vgl. Rdn. 4)[22].

§ 168 c

(1) **Bei der richterlichen Vernehmung des Beschuldigten ist der Staatsanwaltschaft und dem Verteidiger die Anwesenheit gestattet.**

(2) **Bei der richterlichen Vernehmung eines Zeugen oder Sachverständigen ist der Staatsanwaltschaft, dem Beschuldigten und dem Verteidiger die Anwesenheit gestattet.**

(3) **[1]Der Richter kann einen Beschuldigten von der Anwesenheit bei der Verhandlung ausschließen, wenn dessen Anwesenheit den Untersuchungszweck gefährden würde. [2]Dies gilt namentlich dann, wenn zu befürchten ist, daß ein Zeuge in Gegenwart des Beschuldigten nicht die Wahrheit sagen werde.**

(4) **Hat ein nicht in Freiheit befindlicher Beschuldigter einen Verteidiger, so steht ihm ein Anspruch auf Anwesenheit nur bei solchen Terminen zu, die an der Gerichtsstelle des Ortes abgehalten werden, wo er in Haft ist.**

(5) **[1]Von den Terminen sind die zur Anwesenheit Berechtigten vorher zu benachrichtigen. [2]Die Benachrichtigung unterbleibt, wenn sie den Untersuchungserfolg gefährden würde. [3]Auf die Verlegung eines Termins wegen Verhinderung haben die zur Anwesenheit Berechtigten keinen Anspruch.**

Schrifttum siehe bei § 168.

Entstehungsgeschichte. Die Vorschrift wurde durch Art. 1 Nr. 49 des 1. StVRG eingefügt. Bis dahin verwies der damalige § 169 für die Anwesenheitsrechte bei richterlichen Vernehmungen des Beschuldigten uneingeschränkt auf die für die Voruntersuchung geltenden Vorschriften (§ 192 Abs. 2 a. F.); für die Anwesenheitsrechte bei sonstigen richterlichen Untersuchungshandlungen nur insoweit auf diese (§§ 193, 194 a. F.), als der Beschuldigte bereits als solcher vom Richter vernommen war oder sich in Untersuchungshaft befand[1].

---

[22] KMR-*Müller* 1 a. E.
[1] Vom Regelungsgehalt her entsprechen der jetzige Absatz 1 § 192 Abs. 2 Satz 1, der Absatz 2 § 193 Abs. 2, der Absatz 3 § 194, der Absatz 4 § 193 Abs. 4 und der Absatz 5 § 192 Abs. 2 Satz 2 und 3. Ein Anwesenheitsrecht bestand jedoch nur, soweit voraussichtlich die Voraussetzungen des § 251 Abs. 1 Nr. 2 oder 3 gegeben waren; die Benachrichtigungspflicht entfiel dann, wenn dies nicht „ohne Aufenthalt für die Sache" geschehen konnte. Zu dem durch die Neufassung durch das 1. StVRG erweiterten Anwendungsbereich vgl. BGHSt **26** 334 = JR **1977** 257 mit Anm. *Meyer-Goßner*; zur Entwicklung insgesamt *Rieß* FS Reichsjustizamt 396.

Übersicht

I. Allgemeines

1. Bedeutung und Aufbau der Vorschrift

a) Bedeutung. Die Vorschrift regelt zusammen mit § 168 d die Anwesenheitsbefug- **1** nisse bei richterlichen Untersuchungshandlungen im Ermittlungsverfahren, vor allem die des Beschuldigten und seines Verteidigers. Sie wurden früher häufig unter dem Begriff der **Parteiöffentlichkeit** zusammengefaßt[2]. Damit wird allerdings terminologisch verdunkelt, daß es sich nicht um Fragen der Öffentlichkeit, sondern um solche der Teilnahme der Prozeßbeteiligten an Ermittlungshandlungen und um die Möglichkeit, auf diese Einfluß zu nehmen, handelt[3]. Auch die Auffassung, daß die Regelung der Herstellung von **Waffengleichheit** diene[4], trifft den Sinn der Anwesenheitsbefugnisse nicht ganz zutreffend. Im Kern geht es, namentlich was die Teilnahmebefugnisse des Beschuldigten und seines Verteidigers betrifft, um eine mit dem Anspruch auf rechtliches Ge-

---

[2] So vor allem im älteren Schrifttum z. B. *Beling* 136; *v. Gerland* 174 f; *v. Kries* 258 ff.
[3] Ebenso z. B. *v. Hippel* 329; vgl. auch *Hahn* 155.

[4] So z. B. LR-*Meyer-Goßner*[23] 6 mit weit. Nachw.; *Krause* NJW **1976** 2029.

Peter Rieß

hör[5] verknüpfte **Gewährleistung effektiver Verteidigung** bereits im Ermittlungsverfahren. Damit wird der Erkenntnis Rechnung getragen, daß die Ergebnisse des Ermittlungsverfahrens in vielfacher Weise und über die Verlesungsmöglichkeiten nach § 251 hinaus auf das Hauptverfahren einwirken. Ferner wird dadurch ermöglicht, durch Verteidigungsaktivitäten im Ermittlungsverfahren die Verfahrenseinstellung durch die Staatsanwaltschaft zu erreichen und damit die den Beschuldigten regelmäßig stärker belastende Verstrickung in ein gerichtlich anhängiges Strafverfahren zu vermeiden[6].

2　　**b) Aufbau und Inhalt.** Die Absätze 1 bis 4 regeln die Anwesenheitsrechte bei richterlichen Vernehmungen und ihre Grenzen. Absatz 1 betrifft Beschuldigtenvernehmungen (zur Abgrenzung s. Rdn. 6); er gewährleistet dem Staatsanwalt und dem Verteidiger ein uneingeschränktes Anwesenheitsrecht. Absatz 2 betrifft die Vernehmung von Zeugen und Sachverständigen[7]; er regelt das Anwesenheitsrecht der Staatsanwaltschaft, des Verteidigers und des Beschuldigten; für diesen enthalten die Absätze 3 und 4 Einschränkungen (näher Rdn. 15 ff). Absatz 5 Satz 1 und 2 regelt die Pflicht zur Benachrichtigung der Anwesenheitsberechtigten (näher Rdn. 32 ff); Satz 3 bestimmt, daß bei Verhinderung kein Anspruch auf Terminsverlegung besteht (näher Rdn. 47). Für richterliche Augenscheinseinnahmen enthält § 168 d Abs. 1 eine parallele Regelung.

3　　Die Vorschrift enthält **keine abschließende Regelung** der Anwesenheitsbefugnisse im Ermittlungsverfahren (näher Rdn. 21 ff), und sie untersagt auch nicht, daß in ihr nicht genannte Personen die Anwesenheit bei richterlichen Vernehmungen gestattet wird (Rdn. 25 f).

2. Anwendungsbereich

4　　**a) Richterliche Vernehmungen im Ermittlungsverfahren.** Die Vorschrift regelt die Anwesenheitsrechte bei richterlichen Vernehmungen von Zeugen, Sachverständigen und Beschuldigten. Unter den besonderen Voraussetzungen der sog. Kontaktsperre (§§ 31 ff EGGVG) beschränkt § 34 Abs. 3 Nr. 2, 3 EGGVG die Anwesenheitsbefugnisse (vgl. die dort. Erl.). Für richterliche Vernehmungen nach Eröffnung des Hauptverfahrens enthält § 224 und für das Wiederaufnahmeverfahren § 369 Abs. 3 eine besondere Vorschrift (vgl. die dort. Erl.)[8]; dagegen ist § 168 c für Vernehmungen im Klageerzwingungsverfahren nach § 173 Abs. 3 (§ 173, 17) und im Zwischenverfahren (§ 202, 13, umstritten) anzuwenden. Für das **Bußgeldverfahren** gilt die Vorschrift nach § 46 Abs. 1 OWiG entsprechend[9]. Zur Anwesenheitsbefugnis des Verteidigers bei der staatsanwaltschaftlichen Beschuldigtenvernehmung vgl. § 163 a Abs. 3 Satz 2, nach dem § 168 c Abs. 1 und 5 entsprechend gilt, zur Anwesenheit bei polizeilichen Vernehmungen s. bei § 163; zur Anwesenheit bei staatsanwaltschaftlichen Zeugen- und Sachverständigenvernehmungen s. bei § 161 a.

5　　**b) Bei anderen richterlichen Untersuchungshandlungen** als Vernehmungen und Augenscheinseinnahmen gelten die §§ 168 c, 168 d nicht. Anwesenheitsrechte können

---

[5] BGHSt **26** 332, 335 = JR **1977** 257 mit Anm. *Meyer-Goßner*; KK-*R. Müller* 1; viel zu eng (Anwesenheit dient der Vermittlung des Wissensstandes des Gerichts) *Gründler* MDR **1986** 903.

[6] Vgl. dazu z. B. mit weit. Nachw. die Aufsatzreihe von *Müller/Thomas/Deckers/Krekeler/Hamm/Bandisch* AnwBl. **1986** 50 ff; *Fezer* Strafprozeßrecht I (1986) 3/73 ff.

[7] Zur Rechtslage bei der Vernehmung von Mitbeschuldigten s. Rdn. 13 f.

[8] Zur Unanwendbarkeit bei der mündlichen Anhörung nach § 454 Abs. 1 Satz 3 s. § 454, 16 mit weit. Nachw.

[9] *Göhler*[8] Vor § 59, 12.

deshalb aus diesen Vorschriften beispielsweise bei einer vom Richter geleiteten Durchsuchung oder Durchsicht von Papieren (§ 110) nicht hergeleitet werden (vgl. aber § 106, 9 ff)[10]. Jedoch sind die §§ 168 c, 168 d anwendbar, soweit eine solche Maßnahme mit einer Vernehmung oder Augenscheinseinnahme verbunden wird, so etwa eine Wahlgegenüberstellung zum Zwecke der Identifizierung[11]. Für **richterliche Vernehmungen im Ausland** kommt es für die spätere Verwertbarkeit auf die Beachtung der dort geltenden Vorschriften an (s. näher § 251, 22 ff mit weit. Nachw.).

3. Vernommene Person. Ob jemand vom Richter im Vorverfahren als **Beschuldig-** 6 **ter, Zeuge oder Sachverständiger** zu vernehmen ist, richtet sich, abgesehen von den Fällen des § 165, in erster Linie nach dem staatsanwaltschaftlichen Antrag[12]. Für die Frage der Anwesenheitsberechtigung nach § 168 c ist die Frage regelmäßig (vgl. aber Rdn. 15) ohne praktische Bedeutung, ob der Vernommene Zeuge oder Sachverständiger ist. Nach der in diesem Kommentar vertretenen Auffassung (Rdn. 13 f) ist es auch für das Anwesenheitsrecht des Beschuldigten und des Verteidigers unerheblich, ob die vernommene Person Zeuge oder Mitbeschuldigter ist. Folgt man der h. M, die die Vorschrift bei der Vernehmung von Mitbeschuldigten nicht anwenden will, so gelten für die Frage, ob jemand als Zeuge oder als Mitbeschuldigter richterlich vernommen wird, die Erläuterungen in § 136, 8.

II. Anwesenheitsbefugnisse

1. Die **Staatsanwaltschaft** ist bei allen richterlichen Vernehmungen zur Anwesen- 7 heit befugt[13], in **Steuerstrafsachen** im gleichen Umfang die Finanzbehörde, wenn sie das Ermittlungsverfahren selbständig führt[14], in **Bußgeldsachen** die Verwaltungsbehörde, dagegen nicht die Staatsanwaltschaft[15]. Wegen der Einschränkung der Benachrichtigungspflicht s. Rdn. 39 ff.

2. Verteidiger
a) Anwesenheitsrecht. Auch für den Verteidiger besteht ein uneingeschränktes An- 8 wesenheitsrecht bei der Vernehmung des Beschuldigten, den er verteidigt, sowie bei der Vernehmung von Zeugen und Sachverständigen[16]. Das Anwesenheitsrecht endet, sobald es für den Beschuldigten nicht mehr besteht, weil dessen Beschuldigteneigenschaft beendet ist (vgl. Rdn. 12). Zur **faktischen Einschränkung** der Anwesenheitsmöglichkeit bei Unterlassen der Benachrichtigung nach Absatz 5 Satz 2 s. Rdn. 39 ff, zur Frage der Verhinderung s. Rdn. 47. In Fällen der sog. **Kontaktsperre** nach den §§ 31 ff EGGVG ist das Anwesenheitsrecht nach Maßgabe des § 34 Abs. 3 Nr. 2 Satz 2, Nr. 3 EGGVG eingeschränkt; zur Anwesenheitsbefugnis der sog. **Kontaktperson** vgl. § 34 a Abs. 2 Satz 2 EGGVG.

---

[10] **A. A** (Schluß a maiore ad minus) *Dahs* Hdb.[5] 309.

[11] Vgl. (Fall des § 168 c Abs. 2) KG NJW **1979** 1669; weitergehend (§ 168 c Abs. 1) *Krause* StrVert. **1984** 171.

[12] Vgl. näher (auch zu den Ausnahmen und Grenzen) § 136, 4 ff; und bei den §§ 162, 163 a.

[13] Bis 1965 war nach § 192 Abs. 2 bei richterli-

chen Vernehmungen des Beschuldigten in der Voruntersuchung die Anwesenheit des Staatsanwalts und des Verteidigers untersagt; vgl. näher *Rieß* FS Reichsjustizamt 396 ff.

[14] § 386 Abs. 2, § 399 Abs. 1 AO.

[15] *Göhler*[8] Vor § 59, 12.

[16] Zur früheren Rechtslage vgl. LR-*Meyer-Goßner*[23] 8.

9   **b)** Die **Bestellung eines Pflichtverteidigers**, regelmäßig durch den Vorsitzenden des für das Hauptverfahren zuständigen Gerichts (§ 141 Abs. 4), kann bei einem Beschuldigten in Betracht kommen, der noch keinen Verteidiger hat (vgl. § 141 Abs. 3). Sie wird oftmals angezeigt und ein entsprechender Antrag der Staatsanwaltschaft nach § 141 Abs. 3 Satz 2 daher geboten sein, wenn im Zeitpunkt der in Frage stehenden richterlichen Vernehmung bereits abzusehen ist, daß im gerichtlichen Verfahren die Voraussetzungen des § 140 Abs. 1 oder 2 vorliegen werden[17].

10   Unabhängig von dieser auf das spätere gerichtliche Verfahren bezogenen Prognose kommt die Bestellung eines Verteidigers aber auch dann in Betracht, wenn durch die richterliche Untersuchungshandlung **im Ermittlungsverfahren die Sach- oder Rechtslage schwierig** wird oder ersichtlich ist, daß sich der Beschuldigte insoweit nicht selbst verteidigen kann (vgl. bei § 140), etwa wenn der Beschuldigte nach Absatz 3 ausgeschlossen wird oder wenn dem Verletzten, der als Nebenkläger anschlußberechtigt wäre, schon im Ermittlungsverfahren ein Beistand bestellt wird (§ 406 g Abs. 3, 4)[18] und dieser bei den Vernehmungen anwesend ist (§ 406 g Abs. 2 Satz 2). Eine generelle Verpflichtung, dem Beschuldigten, der nach Absatz 3 von der Vernehmung ausgeschlossen wird, einen Verteidiger zu bestellen, besteht aber nicht[19]. Wegen der Verteidigerbestellung nach § 117 Abs. 4 oder § 118 a Abs. 2 Satz 2, 3 s. die dort. Erl.[20].

3. Beschuldigter

11   **a) Allgemeines.** Daß der Beschuldigte bei seiner eigenen Vernehmung anwesend sein muß, ergibt sich aus der Natur der Sache; er braucht deshalb in Absatz 1 nicht ausdrücklich erwähnt zu werden. Im übrigen hat er grundsätzlich ein Anwesenheitsrecht bei allen richterlichen Vernehmungen von Zeugen und Sachverständigen, soweit nicht die den Untersuchungszweck betreffende Ausschlußklausel des Absatz 3 (dazu Rdn. 15 ff) oder die Sondervorschrift für den nicht auf freiem Fuß befindlichen Beschuldigten in Absatz 4 (dazu Rdn. 18 ff) eingreift. Dies gilt auch dann, wenn die Staatsanwaltschaft beim Antrag auf richterliche Zeugnisvernehmung zugleich die Polizei beauftragt, danach den Beschuldigten erstmals zu vernehmen, mag auch bei der Zeugenvernehmung das Verfahren noch als Unbekanntsache bezeichnet worden sein[20a]. Zur faktischen Einschränkung beim Unterlassen der Benachrichtigung s. Rdn. 32 ff, zur Verhinderung s. Rdn. 47. Die Anwesenheitsbefugnis ist in Fällen der sog. Kontaktsperre (§§ 31 ff EGGVG) nach § 34 Abs. 3 Nr. 2 Satz 1 EGGVG ausgeschlossen. Sie entfällt ferner, wenn der Beschuldigte die **Vernehmung stört** und deshalb nach dem auch in diesem Fall anwendbaren § 164 verfahren wird[21].

12   Das **Anwesenheitsrecht endet** mit dem Ende der Beschuldigteneigenschaft (vgl. § 170, 42), also sobald das Verfahren gegen ihn endgültig eingestellt worden ist[22], mag es auch gegen andere Beschuldigte noch fortgesetzt werden. Es besteht jedoch fort, wenn im Klageerzwingungsverfahren Vernehmungen nach § 173 Abs. 3 durchgeführt werden. Bei vorläufiger Einstellung nach § 153 a Abs. 1 endet das Anwesenheitsrecht erst mit der Erfüllung der Auflagen und Weisungen. Der Umstand, daß das Verfahren jederzeit von der Staatsanwaltschaft wiederaufgenommen werden kann (§ 170, 45 ff), rechtfertigt es nicht, das Anwesenheitsrecht nach Absatz 2 nach der Verfahrenseinstellung

---

[17] Vgl. KK-*R. Müller* 8; *Kleinknecht/Meyer*[38] 4; *Eb. Schmidt* Nachtr. I § 169, 4.

[18] In der Fassung des OpferschutzG vom 18. 12. 1986 (BGBl. I 2496); vgl. auch die Änderung des § 140 Abs. 2; dazu *Rieß/Hilger* NStZ **1987** 148 f.

[19] BGHSt **29** 5; *Eb. Schmidt* Nachtr. I § 169, 4.

[20] S. näher § 117, 33 ff; § 118 a, 17 ff.

[20a] BGH StrVert. **1985** 397.

[21] Vgl. § 164, 14; vgl. dazu auch (mindestens analog) § 231 c.

[22] KK-*R. Müller* 5.

fortbestehen zu lassen, jedoch kann, wenn das Verfahren gegen andere Mitbeschuldigte fortgesetzt wird, dem früheren Beschuldigten die Anwesenheit gestattet werden (s. Rdn. 25 ff). Nimmt die Staatsanwaltschaft, was auch konkludent durch den Antrag auf eine richterliche Untersuchungshandlung geschehen kann, das Verfahren wieder auf, so lebt damit auch die Beschuldigteneigenschaft wieder auf.

b) Vernehmung von Mitbeschuldigten. Ob dem Beschuldigten und seinem Vertei- **13** diger bei der richterlichen Vernehmung von Mitbeschuldigten ein Anwesenheitsrecht zusteht, ist umstritten. Die wohl überwiegende Meinung verneint dies unter Hinweis auf den klaren und insoweit von § 251 abweichenden Wortlaut des Absatz 2, in dem lediglich von Zeugen und Sachverständigen die Rede ist[23], sowie unter Hinweis auf die sich aus der Bejahung des Anwesenheitsrechts ergebenden praktischen Schwierigkeiten und die hier besonders naheliegende Gefährdung des Untersuchungszwecks[24]. Bei berechtigtem Interesse könne einem Mitbeschuldigten (oder dessen Verteidiger) nach Ermessen des Gerichts die Anwesenheit gestattet werden[25]. Die **Gegenmeinung**[26] sieht in der Nichterwähnung des Mitbeschuldigten eine Gesetzeslücke und hält unter Hinweis auf die gleiche Interessenlage für den Beschuldigten eine analoge Anwendung der Absätze 2 bis 5 für geboten.

Die besseren Gründe sprechen für eine **Anwesenheitsbefugnis** des Beschuldigten **14** und Verteidigers in **analoger Anwendung** der Absätze 2 bis 5. Aus den Gesetzesmaterialien ergibt sich kein Hinweis darauf, daß durch die Nichterwähnung des Mitbeschuldigten in Absatz 2 das Anwesenheitsrecht ausgeschlossen werden sollte[27], so daß die Möglichkeit einer Analogie besteht. Für sie spricht entscheidend, daß das Anwesenheitsrecht des Verteidigers und Beschuldigten eine effektive Verteidigung schon im Vorverfahren gewährleisten soll (Rdn. 1) und dies gegenüber den Bekundungen eines Mitbeschuldigten in mindestens gleichem Umfang wie bei einem Zeugen erforderlich ist, daß der Gesetzgeber die Anwesenheitsrechte mit in Hinblick auf die Verlesungsmöglichkeiten nach § 251 Abs. 1 eingeräumt hat[28], die auch bei Protokollen von Mitbeschuldigtenvernehmungen besteht, und daß es oft vom Zufall der Trennung oder Verbindung von Ermittlungsverfahren abhängt, ob die gleiche Person als Mitbeschuldigter oder als Zeuge vernommen wird[29]. Gegen die Gefährdung der Aufklärung durch das Anwesenheitsrecht bei Vernehmung von Mitbeschuldigten bietet die Anwendung der Absätze 3 und 5 Satz 2 eine ausreichende Abwehrmöglichkeit. **Praktische Schwierigkeiten**, die sich bei einer Vielzahl von Mitbeschuldigten daraus ergeben können, daß bei der Vernehmung eines Beschuldigten zahlreiche andere Beschuldigte zu benachrichtigen sind und eine größere Zahl von Verteidigern anwesend sein kann, müssen bei der eindeutigen gesetzlichen Wertungsvorgabe in Kauf genommen werden. Sie sind im übrigen nicht größer als bei der richterlichen Zeugenvernehmung in Ermittlungsverfahren mit vielen Beschuldigten. Wegen des Fragerechts in diesen Fällen s. Rdn. 31.

c) Ausschluß bei Gefährdung des Untersuchungszwecks (Absatz 3). Von der An- **15** wesenheit bei der Vernehmung kann der Beschuldigte, nicht aber der Verteidiger[30],

---

[23] Ausführlich LR-*Meyer-Goßner*[23] 17; ebenso KK-*R. Müller* 11; KMR-*Müller* 2; *Gründler* MDR **1986** 903.

[24] LR-*Meyer-Goßner*[23] 17.

[25] LR-*Meyer-Goßner*[23] 17; 20.

[26] *Krause* NJW **1975** 2283 und StrVert. **1984** 171; *Sieg* MDR **1986** 285.

[27] Näher *Krause* NJW **1975** 2283.

[28] Vgl. RegEntw. 1. StVRG, BTDrucks. 7 551, S. 76.

[29] Vgl. auch *Sieg* MDR **1986** 285; eigenartigerweise verwendet LR-*Meyer-Goßner*[23] 17 gerade dieses Argument gegen die Gleichstellung.

[30] Zur umstrittenen Frage, ob bei diesem in solchen Fällen von der Terminsnachricht abgesehen werden kann, vgl. Rdn. 42 ff.

Peter Rieß

ausgeschlossen werden, wenn seine Anwesenheit den Untersuchungszweck gefährden würde. Das ist der Fall, wenn zureichende Anhaltspunkte dafür vorliegen, daß der Beschuldigte seine Anwesenheit oder sein durch die Anwesenheit erlangtes Wissen dazu mißbrauchen würde, durch Verdunkelungshandlungen, etwa durch Beseitigung oder Verfälschung von Beweismitteln, oder durch unzulässige Beeinflussung von Zeugen oder Sachverständigen die Ermittlung des Sachverhalts zu erschweren[31]. Als typischen Unterfall der Gefährdung des Untersuchungszwecks nennt Satz 2 die Befürchtung, daß ein Zeuge, dem der Mitbeschuldigte gleichzustellen ist (vgl. Rdn. 13 f), in Gegenwart des Beschuldigten nicht die Wahrheit sagen werde (vgl. § 247, 14 ff). Die (kaum vorstellbare) Befürchtung, daß ein Sachverständiger in Gegenwart des Beschuldigten nicht die Wahrheit sagen werde, reicht nicht aus. Zum Unterlassen der Terminsmitteilung gegenüber dem Beschuldigten, wenn bereits diese den Untersuchungszweck gefährden kann, s. Rdn. 46.

16   Wegen der Bedeutung des Anspruchs auf Anwesenheit ist die Ausschließungsmöglichkeit **eng auszulegen**. Besteht nur bei Teilen einer Vernehmung die Besorgnis der Gefährdung des Untersuchungszwecks, so ist der Ausschluß, wenn möglich, auf diese Teile zu beschränken[32]. Ob der Richter in den Fällen des Satz 2 und insoweit namentlich bei einem nur teilweisen Ausschluß nachträglich den wesentlichen Inhalt der Aussage mitteilt, steht in seinem pflichtgemäßen Ermessen; § 247 Satz 4 gilt nicht[33].

17   **Keine Gefährdung des Untersuchungszwecks** im Sinne des Absatz 3 wird durch die bloß theoretische oder auf vage Vermutungen gestützte Möglichkeit von Verdunkelungshandlungen ausgelöst[34]. Ebensowenig reicht es in der Regel aus, daß der Beschuldigte durch die Kenntnis des Aussageinhalts zu einer Anpassung seiner Entlassung veranlaßt werden könnte. Denn diese bloße Kenntnis des Aussageinhalts kann ihm auf Dauer durch den Ausschluß von der Vernehmung nicht vorenthalten werden, weil insoweit ein unbeschränkbares Akteneinsichtsrecht des Verteidigers besteht (§ 147 Abs. 3) und dieser berechtigt wäre, den Beschuldigten über den Akteninhalt zu informieren (näher bei § 147).

18   d) **Nicht auf freiem Fuß befindlicher Beschuldigter (Absatz 4).** Anders als nach dem bis 1975 geltenden Rechtszustand[35] hat der nicht auf freiem Fuß, namentlich in Untersuchungshaft befindliche Beschuldigte, der **keinen Verteidiger** hat, einen Anspruch auf Anwesenheit, wenn nicht die Voraussetzungen des Absatz 3 vorliegen. Er ist also vom Termin zu benachrichtigen und ggf. vorzuführen, wenn er es verlangt. Eine Vorführung gegen seinen Willen ist aber unzulässig[36]. Bei Schwierigkeiten durch die dadurch ggf. erforderlich werdende Überstellung an den Vernehmungsort ist die Bestellung eines Verteidigers nach § 140 Abs. 2 in Betracht zu ziehen[37].

19   Ist der **Beschuldigte verteidigt**, so besteht für ihn ein Anwesenheitsrecht nur unter der doppelten Voraussetzung, daß die Vernehmung an Gerichtsstelle, also im Dienstgebäude des vernehmenden Richters stattfindet[38] und daß sich diese am gleichen

---

[31] KK-*R. Müller* 6; *Kleinknecht/Meyer*[38] 3; LR-*Meyer-Goßner*[23] 12; vgl. auch BGSt **29** 3 sowie die Erl. zu § 147 Abs. 2.

[32] Ähnlich KMR-*Müller* 3 („solange" die Besorgnis zutrifft).

[33] KK-*R. Müller* 6; KMR-*Müller* 3.

[34] Vgl. *Kleinknecht/Meyer*[38] 3 (nach den Umständen des Einzelfalls in nicht geringem Maße zu erwarten).

[35] Vgl. § 193 Abs. 4, § 224 Abs. 2 a. F; zur Änderung RegEntw. 1. StVRG, BTDrucks. 7 551, S. 76.

[36] Vgl. KK-*R. Müller* 8; *Kleinknecht/Meyer*[38] 4.

[37] Vgl. Rdn. 10; KK-*R. Müller* 8; *Kleinknecht/Meyer*[38] 4.

[38] BGHSt **1** 271 (kein Anwesenheitsrecht bei Vernehmung in der Wohnung des Zeugen).

Ort wie die Haftanstalt befindet. Zweck der Regelung ist ersichtlich, der Fluchtgefahr bei Vernehmung außerhalb der Gerichtsstelle und dem Überstellungsaufwand bei Vernehmung an einem anderen Ort zu begegnen. Deshalb dürfte die **Vorschrift unanwendbar** sein, wenn solche Erschwernisse offensichtlich nicht drohen, so etwa, wenn in der gleichen Haftanstalt, in der sich der Beschuldigte befindet, ein Mithäftling als Zeuge zu vernehmen ist oder wenn die Haftanstalt zwar in einer anderen Gemeinde als die Gerichtsstelle liegt, von ihr jedoch ein regelmäßiger Vorführungsdienst zum Gericht stattfindet.

Auch wenn an sich die Voraussetzungen des Absatz 4 vorliegen, kann dem vertei- **20** digten Beschuldigten die **Anwesenheit** an einer außerhalb des Verwahrungsortes durchgeführten Vernehmung **gestattet** und hierfür seine Vorführung und Überstellung veranlaßt werden, wenn der vernehmende Richter dies für zweckmäßig hält, etwa weil die Vernehmung von besonderer Bedeutung ist. Andererseits entfällt der Anspruch auf eigene Anwesenheit schon dann, wenn der Beschuldigte einen Verteidiger hat; es kommt nicht darauf an, ob dieser an der Vernehmung tatsächlich teilnimmt. Zur Frage der Terminsnachricht s. Rdn. 35.

4. Weitere Personen

a) Der **Erziehungsberechtigte** und der **gesetzliche Vertreter** haben im Verfahren **21** gegen jugendliche Beschuldigte nach § 67 Abs. 1 JGG ein Anwesenheitsrecht, das grundsätzlich dem des Beschuldigten entspricht. Der Wortlaut wirft einige, auch im jugendstrafrechtlichen Schrifttum kaum behandelte Zweifelsfragen auf, da nach ihm das Anwesenheitsrecht streng akzessorisch zu sein scheint („soweit"), es also beispielsweise entfiele, wenn allein von der Anwesenheit des beschuldigten Jugendlichen, nicht aber des gesetzlichen Vertreters eine Gefährdung des Untersuchungszwecks ausgehen würde. Doch liegt der Sinn des § 67 Abs. 1 JGG erkennbar auch darin, dem Erziehungsberechtigten und gesetzlichen Vertreter eine selbständige Beistandsfunktion zu ermöglichen. Daraus folgt, daß diese auch bei Vernehmungen des Beschuldigten selbst gemäß Absatz 1 ein Anwesenheitsrecht haben (§ 136, 50) und daß ihr Ausschluß nach Absatz 3 nur möglich ist, wenn die Ausschließungsgründe auf sie (und nicht nur auf den Beschuldigten) zutreffen. Das Anwesenheitsrecht besteht auch, wenn der Beschuldigte nach Absatz 4 keinen Anspruch auf Anwesenheit hat.

b) **Einziehungs- und Verfallsbeteiligte** im technischen Sinne (§ 433) kennt das Ge- **22** setz erst mit Erhebung der öffentlichen Klage; erst von diesem Zeitpunkt an erlangen sie die Befugnisse eines Angeklagten (§ 433 Abs. 2). Der bloße **Einziehungsinteressent** im Ermittlungsverfahren (§ 432, 1) hat zwar Anspruch auf rechtliches Gehör, aber nicht die vollen Befugnisse eines Beschuldigten (näher bei § 432). Ein Anwesenheitsrecht bei der Vernehmung von Beschuldigten, Zeugen oder Sachverständigen hat er daher nicht, doch kann ihm der Richter nach pflichtgemäßem Ermessen die Anwesenheit gestatten (Rdn. 25). Wird der Einziehungsinteressent dagegen nach § 432 Abs. 2 selbst richterlich vernommen, so gilt Absatz 1, so daß hier der Staatsanwaltschaft und seinem Verteidiger (§ 434 Abs. 1[39]) die Anwesenheit gestattet ist. Für die Anwesenheit des Verteidigers und des Beschuldigten bei diesen Vernehmungen gelten die gleichen Grundsätze wie bei der Vernehmung von Mitbeschuldigten (s. Rdn. 13 f).

---

[39] Zur Einbeziehung auch des Einziehungsinteressenten in diese Vorschrift vgl. bei § 434.

Peter Rieß

23   **c) Verletzter. Nebenklageberechtigter.** Wird der Verletzte als Zeuge richterlich vernommen, so hat nach § 406 f Abs. 2[40] sein Rechtsanwalt ein Anwesenheitsrecht entsprechend der Regelung für den Beschuldigten in Absatz 1. Bei anderen Vernehmungen besteht für den Verletzten und seinen Rechtsanwalt kein Anwesenheitsrecht. Nur für denjenigen Verletzten, der bei Erhebung der öffentlichen Klage zum Anschluß als **Nebenkläger** berechtigt wäre, ist nach § 406 g Abs. 2 Satz 2 ein Rechtsanwalt als Beistand zur Anwesenheit bei richterlichen Vernehmungen berechtigt, soweit nicht der Untersuchungszweck gefährdet wird. Dem Nebenklageberechtigten selbst steht diese Befugnis nicht zu, ihm kann allenfalls nach richterlichem Ermessen die Anwesenheit gestattet werden. Die Einzelheiten werden bei den §§ 406 f, 406 g erläutert.

24   **d) Zeugenbeistand.** Bei der Vernehmung eines Zeugen ist dessen **Rechtsanwalt** als Zeugenbeistand grundsätzlich berechtigt, an der Vernehmung teilzunehmen[41]. Einen Anspruch auf Anwesenheit bei der Vernehmung anderer Personen oder bei Augenscheinseinnahmen hat der Zeugenbeistand nicht.

25   **e) Sonstige Personen.** § 168 c und entsprechende andere Vorschriften[42] regeln lediglich, unter welchen Voraussetzungen ein Anspruch auf Anwesenheit besteht; sie enthalten kein gesetzliches Verbot der Anwesenheit anderer Personen[43]. Der Richter kann daher nach pflichtgemäßem Ermessen andere Personen zulassen. Dies darf allerdings nicht dazu führen, daß berechtigte Interessen der zu Vernehmenden und anderer Prozeßbeteiligter beeinträchtigt werden oder daß die Vernehmung im Ergebnis zu einer öffentlichen Verhandlung wird. Eine Zulassung kommt ferner nicht in Betracht, wenn dadurch der Untersuchungszweck im Sinne des Absatz 3 gefährdet werden würde. Es muß also ein berechtigtes, persönliches und verfahrensbezogenes Interesse desjenigen bestehen, der die Zulassung begehrt, und es dürfen keine überwiegenden schutzwürdigen Interessen Dritter entgegenstehen. Unzulässig ist namentlich die Zulassung solcher Personen, die lediglich ein allgemeines Informationsinteresse haben, insbesondere von Vertretern der Medien[44].

26   Als **Personen, denen die Anwesenheit gestattet werden kann**, kommen, immer nach Lage des Einzelfalles, beispielsweise in Betracht der **Ehegatte** des Beschuldigten bei seiner Vernehmung[45] oder der eines Zeugen bei dessen Vernehmung, eine andere **Person des Vertrauens** der zu vernehmenden Person[46], sachbearbeitende **Polizeibeamte** (allein oder in Begleitung der Staatsanwaltschaft)[47], **Sachverständige** (vgl. § 80 Abs. 2), bei der Vernehmung von Sachverständigen deren Mitarbeiter, Wirtschaftsreferenten der Staatsanwaltschaft, Bewährungshelfer und **Gerichtshelfer**.

27   **Nicht zu gestatten sein** wird in der Regel die Anwesenheit solcher Personen, deren Vernehmung als Zeuge noch bevorsteht (vgl. § 58 Abs. 1) oder in Betracht kommen kann. Auch die Gestattung der Anwesenheit bei Teilen der Vernehmung ist möglich, ebenso der Widerruf der Gestattung[48].

---

[40] In der Fassung des Opferschutzgesetzes vom 18. 12. 1986 (BGBl. I 2496); vgl. *Rieß/ Hilger* NStZ **1987** 155.

[41] Vgl. näher § 58, 10 f.

[42] Z. B. § 406 f Abs. 2 Satz 1, § 406 g Abs. 2 Satz 2; § 67 Abs. 1 JGG.

[43] KK-*R. Müller* 14; KMR-*Müller* 2; *Eb. Schmidt* Nachtr. I § 169, 11.

[44] Vgl. dazu z. B. (auch in Hinblick auf den Schutz vor „öffentlichen Vorverurteilungen") BTDrucks. 10 4608, S. 17; *Volk* Verh.

des 54. DJT (1982), Bd. II S. K 30 und Beschl. des 54. DJT, aaO K 162.

[45] Wegen der Zulassung als formeller Beistand nach § 149 s. bei § 149.

[46] Vgl. für den Verletzten § 406 f Abs. 3 in der Fass. des Opferschutzgesetzes vom 18. 12. 1986 (BGBl. I 2496) und die Erl. dazu im Nachtr.

[47] KK-*R. Müller* 14.

[48] KK-*R. Müller* 14.

5. Verfahrensrechtliche Fragen. Zweifelsfragen darüber, ob eine Anwesenheitsbe- **28** fugnis besteht, entscheidet der vernehmende Richter durch Beschluß, ebenso, ob und wieweit einer Person die Anwesenheit gestattet werden soll. Die Prozeßbeteiligten sind nach § 34 zu hören, soweit sie anwesend sind. Zur Anfechtbarkeit s. Rdn. 61. Einer ausdrücklichen Entscheidung bedarf es nicht, wenn ein Anwesenheitsberechtigter an der Vernehmung teilnimmt, dagegen ist stets darüber zu entscheiden, ob einer anderen Person die Anwesenheit gestattet werden soll. Erscheint jemand zur Vernehmung und beantragt, bei ihr anwesend sein zu dürfen, so ist, wenn dem nicht stattgegeben wird, die Entscheidung als wesentliche Förmlichkeit nach § 168 a Abs. 1 zu protokollieren.

Bei der Entscheidung, ob ein Beschuldigter wegen Gefährdung des Untersu- **29** chungszwecks nach Absatz 3 ausgeschlossen werden soll, steht dem Richter trotz des Wortes „kann" **kein Ermessen** zu[49], denn dies würde darauf hinauslaufen, daß ihm gestattet wäre, eine Beeinträchtigung der Wahrheitsfindung hinzunehmen. Der Richter muß daher von der Ausschlußbefugnis Gebrauch machen, wenn er die Voraussetzungen des Absatz 3 für gegeben hält; ihm steht dabei allerdings ein breiter und im weiteren Verfahren nur begrenzt überprüfbarer Beurteilungsspielraum offen (vgl. Rdn. 49; 54).

III. Befugnisse der Anwesenheitsberechtigten

1. Allgemeines. Grundsatz. Das Gesetz enthält keine Regelung über die mit dem **30** Anwesenheitsrecht verbundenen Befugnisse, namentlich über das Fragerecht. Es war früher streitig, ob über die Anwesenheitsbefugnis hinaus Mitwirkungsrechte bestehen[50]. Heute wird insbesondere ein Fragerecht im Grundsatz allgemein anerkannt[51], weil ein Anwesenheitsrecht ohne die Möglichkeit, auf die Beweisaufnahme einzuwirken, dem mit ihm verbundenen Zweck (Rdn. 1) nicht entsprechen würde[52]. Eine vollständige Gleichstellung mit den Befugnissen in der Hauptverhandlung[53] besteht aber nicht. Beschränkungen, die für die Hauptverhandlung gelten, hat der Richter jedoch auch hier zu beachten. Maßgebend ist die prozessuale Rolle des Anwesenheitsberechtigten[54]. Bei Personen, denen die Anwesenheit lediglich gestattet wird (Rdn. 25 ff), steht es im Ermessen des Richters, welche Befugnisse er ihnen einräumen will[55].

2. Fragerecht. Das Recht, an die vernommene Person Fragen zu stellen und Vor- **31** haltungen zu machen, steht entsprechend § 240 Abs. 2 dem Staatsanwalt, dem Beschuldigten, dem Verteidiger und dem Vertreter des als Nebenkläger Anschlußberechtig-

---

[49] A. A (mindestens terminologisch) zum gleichgelagerten Fall des Unterbleibens der Benachrichtigung nach Absatz 5 Satz 2 *Peters*[4] § 28 IV 1; *Schlüchter* 75.3; vgl. auch Rdn. 54.

[50] Nachw. zum früheren Meinungsstand bei *Horn* ZStW **29** (1909) 78; LR[15] § 191, 3; vgl. auch *Köhler* GerS **53** (1897) 246 (lediglich Recht, Fragen vorlegen zu lassen).

[51] Davon geht (wohl) auch der Gesetzgeber aus; vgl. die Begr. zu § 406 g Abs. 2 (in der Fassung des Opferschutzgesetzes vom 18. 12.

1986 – BGBl. I 2496) im RegEntw., BT-Drucks. 10 5305, S. 20, in der anders als noch im Diskussionsentwurf des BMJ zu diesem Gesetz (Stand: Mai 1985, S. 36) nicht mehr die Auffassung vertreten wird, ein Fragerecht bestehe nicht.

[52] So z. B. LR-*Meyer-Goßner*[23] 21; *Eb. Schmidt* 5; ähnlich KK-*R. Müller* 15.

[53] So z. B. wohl LR-*Kohlhaas*[22] § 193, 3.

[54] Vgl. (zu den eingeschränkten Befugnissen des Zeugenbeistands) z. B. KMR-*Müller* 2.

[55] KK-*R. Müller* 15.

Peter Rieß

ten[56] zu[57]. Bei der Vernehmung eines Mitbeschuldigten (Rdn. 14) besteht jedoch kein unmittelbares Fragerecht des Beschuldigten (§ 240 Abs. 2 Satz 2). Ungeeignete, nicht zur Sache gehörende oder unzulässige Fragen werden vom vernehmenden Richter zurückgewiesen (§ 241 Abs. 2)[58]. Bei einer Vernehmung von Zeugen unter 16 Jahren wird man entsprechend § 241 a die unmittelbare Befragung nur unter den Voraussetzungen des § 241 a Abs. 2 Satz 2 für zulässig halten müssen[59]. Die Vorschrift über das Kreuzverhör (§ 239) ist nicht anzuwenden. Auch § 257 ist nicht anwendbar, wenn es auch zulässig ist und nach Lage des Einzelfalles sachdienlich sein kann, Äußerungen des Beschuldigten oder Verteidigers zum Ergebnis der Beweisaufnahme entgegenzunehmen. Zur Protokollierung s. § 168 a, 14.

IV. Benachrichtigungspflicht (Absatz 5)

32   **1. Bedeutung. Allgemeines.** Regelmäßig ist notwendige Voraussetzung für die Wahrnehmung des Anwesenheitsrechts, daß die Berechtigten vom Vernehmungstermin benachrichtigt werden. Die in Absatz 5 geregelte, durch das 1. StVRG neu gefaßte[60] Benachrichtigungspflicht stimmt im Wortlaut weitgehend mit der für kommissarische Vernehmungen im Hauptverfahren geltenden (§ 224 Abs. 1) überein. Zweck der Neufassung war es, die Benachrichtigungspflicht deutlich zu erweitern[61]. Weil die Benachrichtigung in der Regel notwendige Voraussetzung für das Anwesenheitsrecht ist, muß sie auch ermöglichen, daß der Berechtigte den Termin unter normalen Umständen und in zumutbarer Weise wahrnehmen kann. Es ist deshalb, soweit eine Benachrichtigungspflicht besteht, regelmäßig so zu terminieren und die Anwesenheitsberechtigten sind hiervon so rechtzeitig zu benachrichtigen, daß ihnen das Erscheinen ermöglicht wird[62]; dadurch eintretende Verzögerungen müssen in Kauf genommen werden, sofern sie nicht den Untersuchungserfolg gefährden (vgl. Rdn. 40 f).

33   Ein **Verzicht auf die Benachrichtigung** ist möglich[62a]; er kann, solange die Untersuchungshandlung noch nicht stattgefunden hat, widerrufen werden. Nicht erforderlich ist ein ausdrücklicher Antrag auf Terminsmitteilung; er kann jedoch im Verteidigungsinteresse zweckmäßig sein[62b].

2. Personenkreis

34   **a) Zur Anwesenheit Berechtigte.** Eine Terminsnachricht gemäß Absatz 5 Satz 1 erhalten, soweit dies möglich ist (Rdn. 38) und sie hierauf nicht verzichtet haben, alle zur Anwesenheit berechtigten Personen, also namentlich die Staatsanwaltschaft, der Be-

---

[56] §§ 406 g Abs. 2 Satz 2 i. d. F. des Opferschutzgesetzes vom 18. 12. 1986 (BGBl. I 2496), vgl. die dort. Erl.; zur Frage der Entscheidung über die Anschlußbefugnis in diesen Fällen Rieß/Hilger NStZ **1987** 155 f.

[57] KK-*R. Müller* 15; *Kleinknecht/Meyer*[38] 1; KMR-*Müller* 1; *Eb. Schmidt* § 193, 5; *v. Kries* 376; *Nelles* StrVert. **1986** 76; vgl. auch Fußn. 50.

[58] KK-*R. Müller* 15; *Kleinknecht/Meyer*[38] 1.

[59] KK-*R. Müller* 15; teilw. abweichend *Kleinknecht/Meyer*[38] 1; LR-*Meyer-Goßner*[23] 22 (§ 241 a gelte nur in der Hauptverhandlung, doch sei der Schutzrichtung möglichst Rechnung zu tragen).

[60] Vgl. zur früheren Fassung und zu den Absichten des Gesetzgebers bei der Änderung BGSt **26** 334 = JR **1977** 257 mit Anm. *Meyer-Goßner*; zur Entstehungsgeschichte der jetzigen Fassung BTDrucks. 7 551, S. 76, 144; 7 2600, S. 5; LR-*Meyer-Goßner*[23] 23; *Welp* JZ **1980** 135.

[61] Vgl. BGHSt **26** 335; LR-*Meyer-Goßner*[23] 23; *Welp* JZ **1980** 135, alle mit weit. Nachw.

[62] KK-*R. Müller* 20; *Kleinknecht/Meyer*[38] 5.

[62a] *Schmid* Verwirkung von Verfahrensrügen (1966) 96; § 224, 24; vgl. auch Nr. 121 Abs. 4 RiStBV.

[62b] Näher *Dahs* Hdb.[5] 210.

schuldigte[62c], der Verteidiger und (im Jugendstrafverfahren) der Erziehungsberechtigte und der gesetzliche Vertreter sowie der Rechtsanwalt als Beistand eines zum Anschluß als Nebenkläger berechtigten Verletzten[63]. Die Benachrichtigung des Beschuldigten kann unter den Voraussetzungen des § 145 a an den Verteidiger gerichtet werden.

Bei dem **nicht auf freiem Fuß befindlichen Beschuldigten** war bereits früher aner- **35** kannt, daß er vom Termin auch dann zu benachrichtigen sei, wenn er keinen Anspruch auf Anwesenheit hatte, weil ihm die Möglichkeit gegeben werden müsse, einen Verteidiger zu beauftragen[64]. Die Frage ist seit der Neufassung des Absatz 4 kaum noch von praktischer Bedeutung. Hat der Beschuldigte keinen Verteidiger, so bleibt sein Anwesenheitsrecht bestehen (Rdn. 18) und er ist deshalb zu benachrichtigen. Hat er einen Verteidiger und folglich keinen Anspruch auf Anwesenheit, so ist auf jeden Fall der Verteidiger zu benachrichtigen; damit kann, da § 145 a gilt, die Benachrichtigung des Beschuldigten verbunden werden. Wird von dieser Möglichkeit kein Gebrauch gemacht, so ist nach wie vor die zusätzliche Benachrichtigung des Beschuldigten erforderlich, weil ihm die Möglichkeit gegeben werden muß, seinen Verteidiger zu instruieren und ggf. auch die Gründe geltend zu machen, die für seine persönliche Teilnahme sprechen (vgl. Rdn. 20)[65].

b) Personen, denen die Anwesenheit lediglich gestattet werden kann (Rdn. 25 ff) **36** müssen nicht vom Termin benachrichtigt werden, doch ist dies, wenn dadurch nicht der Untersuchungszweck im Sinne des Absatz 3 gefährdet wird, zulässig.

c) Keine Benachrichtigung ist gegenüber solchen Personen erforderlich, die bei **37** der in Aussicht genommenen Vernehmung nicht zur Anwesenheit berechtigt sind. Eine Benachrichtigung des **Beschuldigten** kann auch dann unterbleiben, wenn bereits im Zeitpunkt der Terminierung sicher absehbar ist, daß der Richter ihn aus Gründen des Absatz 3 von der Vernehmung ausschließen würde. Bezieht sich die Gefährdung des Untersuchungszwecks aber allein auf die Anwesenheit des Beschuldigten bei der Vernehmung und nicht schon darauf, daß die Kenntnis vom Vernehmungstermin den Untersuchungszweck gefährden könnte (vgl. Rdn. 46), so ist es zulässig und namentlich beim unverteidigten Beschuldigten häufig sachgerecht, ihn vom Termin zu benachrichtigen, zugleich aber darauf hinzuweisen, daß seine persönliche Anwesenheit nicht gestattet werde. Der Beschuldigte hat dann Gelegenheit, einen Verteidiger zu beauftragen. Der **Beistand des als Nebenkläger anschlußberechtigten Verletzten** braucht nicht benachrichtigt zu werden, wenn seine Anwesenheit wegen Gefährdung des Untersuchungszwecks nicht in Betracht kommt[66]. Zur umstrittenen Frage, wann die Benachrichtigung nach Absatz 5 Satz 2 wegen Gefährdung des Untersuchungserfolgs unterbleiben darf, s. Rdn. 39 ff.

d) Ist die **Benachrichtigung undurchführbar**, so kann sie ebenfalls unterbleiben, **38** so etwa gegenüber einem Beschuldigten, der flüchtig oder dessen Aufenthalt sonst unbekannt und nicht mit zumutbarem Aufwand zu ermitteln ist. Der Verteidiger oder der

---

[62c] Zur Frage, wann die Beschuldigteneigenschaft und damit die Benachrichtigungspflicht beginnt, vgl. BGH StrVert. **1985** 398.

[63] § 406 g Abs. 2 Satz 3 i. d. F. des Opferschutzgesetzes vom 18. 12. 1986 (BGBl. I 2496) vgl. näher die Erl. bei § 406g.

[64] Z. B. RGSt **23** 143; BGH bei *Holtz* MDR **1976** 814; vgl. OLG Hamm NJW **1955** 1123.

[65] Für Benachrichtigung des Beschuldigten auch in den Fällen des Absatzes 4 auch KK-*R. Müller* 9; LR-*Meyer-Goßner*[23] 24; *Alsberg/Nüse/Meyer* 509; a. A KMR-*Müller* 4.

[66] § 406 g Abs. 2 Satz 2 i. d. F. des Opferschutzgesetzes vom 18. 12. 1986 (BGBl. I 2496); vgl. die dortigen Erl.

Rechtsanwalt als Beistand des zum Anschluß als Nebenkläger berechtigten Verletzten (§ 406 g Abs. 2) braucht nur benachrichtigt zu werden, wenn er vom Gericht bestellt worden oder als gewählter Verteidiger oder Beistand zur Akte legitimiert ist[67].

3. Unterbleiben der Benachrichtigung bei Gefährdung des Untersuchungserfolgs (Absatz 5 Satz 2)

39   **a) Allgemeines. Streitstand.** Nach Absatz 5 Satz 2, der mit § 224 Abs. 1 Satz 2 wörtlich übereinstimmt, unterbleibt die Benachrichtigung, wenn sie den Untersuchungserfolg gefährden würde. Über den Inhalt des Begriffs Untersuchungserfolg besteht keine Einigkeit. **Übereinstimmung** besteht dahingehend, daß eine solche stets vorliegt, wenn die Vernehmung so dringlich ist, daß der durch die Benachrichtigung erforderliche Aufschub der Vernehmung das Untersuchungsergebnis gefährden würde (dazu Rdn. 40 f). Diese auf den Zeitverlust abstellende Auslegung knüpft an den früheren Wortlaut des § 193 Abs. 3 („soweit dies ohne Aufschub der Sache geschehen kann") und des § 224 Abs. 1 („soweit dies nicht wegen Gefahr im Verzuge untunlich ist") an. **Umstritten** ist, ob darüber hinaus auch eine Gefährdung der Wahrheitserforschung, also eine **materielle Gefährdung**[68], dem Begriff des Untersuchungserfolgs zugeordnet werden kann (näher Rdn. 42 ff).

40   **b) Gefährdung des Untersuchungserfolgs durch Zeitablauf.** Von der Benachrichtigung kann abgesehen werden, wenn die zeitliche Verzögerung, die andernfalls eintreten würde, zur Folge hätte, daß die Vernehmung nicht mehr sachgerecht durchführbar wäre, also wenn die Vernehmung so eilbedürftig ist, daß mit ihr nicht abgewartet werden kann[69]. Allein die Gefahr einer zeitablaufbedingten Beweismittelgefährdung reicht aus, also eine gewisse, auf tatsächliche Umstände gegründete Wahrscheinlichkeit. Dabei kommt es nicht auf den Benachrichtigungsvorgang an[70], der für sich allein kaum jemals einen nennenswerten Zeitablauf erfordert, sondern auf den Zeitverlust, der dadurch entsteht, daß die zur Anwesenheit Berechtigten und deshalb zu Benachrichtigenden auch anwesend sein können (vgl. Rdn. 32). Die Benachrichtigung kann deshalb unterbleiben, wenn der Termin so kurzfristig durchgeführt werden muß, daß sie den Empfänger nicht mehr in den Stand setzen würde, an der Vernehmung teilzunehmen. Ist eine fernmündliche oder telegrafische Benachrichtigung geeignet, dies noch zu ermöglichen, so ist sie zu wählen, nicht etwa von der Benachrichtigung abzusehen. Liegen die Voraussetzungen nur bei einzelnen von mehreren Anwesenheitsberechtigten vor, etwa bei einem telefonisch nicht erreichbaren Beschuldigten oder bei einem Verteidiger, der an einem anderen Ort wohnt, so darf die Benachrichtigung nur insoweit unterbleiben.

41   Eine das Untersuchungsergebnis gefährdende **zeitliche Verzögerung** wird, besonders bei richterlichen Untersuchungshandlungen im Ermittlungsverfahren, **nicht häufig** in Betracht kommen[71]. Sie kann beispielsweise gegeben sein, wenn ein Zeuge lebensgefährlich erkrankt ist oder auf längere Zeit nicht erreichbar sein wird, etwa weil er eine unaufschiebbare Reise antritt, erst recht, wenn ein ausländischer Zeuge nur vorübergehend zur Verfügung steht. Daß er als Beweismittel durch den Zeitverlust gänzlich verlo-

---

[67] Vgl. § 145 a Abs. 1; für den Vertreter des als Nebenkläger anschlußberechtigten Verletzten s. auch BTDrucks. 10 5305, S. 20.

[68] So die anschauliche Terminologie bei *Welp* JZ 1980 134; ähnlich *Krause* StrVert. 1984 127.

[69] So in Nuancen unterschiedliche allgem. Meinung, z. B. KK-*R. Müller* 17; *Kleinknecht/Meyer*[38] 5; KMR-*Müller* 5; LR-*Meyer-Goßner*[23] 26; vgl. ferner die Nachw. § 224, 20.

[70] **A. A** *Zaczyk* NStZ **1987** 538.

[71] KK-*R. Müller* 17; vgl. aber die Beispiele § 224, 20.

rengeht, kann nicht verlangt werden[72]; es genügt, wenn die Sachverhaltserforschung durch den Zeitverlust wesentlich erschwert würde. Dies kann etwa der Fall sein, wenn die Aussage die Grundlage für weitere eilbedürftige Ermittlungen darstellt. Wird der Beschuldigte nach §115 vom Haftrichter vernommen, so ist, wenn mit der in diesem Kommentar vertretenen Auffassung (Rdn. 14) von einem Anwesenheitsrecht der Mitbeschuldigte und ihrer Verteidiger ausgeht, regelmäßig wegen der zeitlichen Grenzen in §115 Abs. 2 auch ein kürzeres Abwarten nicht vertretbar.

c) Materielle Gefährdung des Untersuchungserfolgs? Die **Rechtsprechung**[73], der **42** ein Teil des Schrifttums folgt[74], versteht unter Gefährdung des Untersuchungserfolgs im Sinne des Absatz 5 auch die durch tatsächliche Umstände begründete Gefahr, daß die Kenntnis vom Vernehmungstermin[75] von dem zu Benachrichtigenden dazu verwendet wird, das Ermittlungsverfahren zu stören oder die Erforschung der Wahrheit (unlauter) zu beeinflussen. Sie setzt damit weitgehend den Begriff der Gefährdung des Untersuchungserfolgs in Absatz 5 mit dem Begriff der Gefährdung des Untersuchungszwecks in Absatz 3 gleich[76]. Danach soll ein Absehen von der Benachrichtigung des Beschuldigten möglich sein, wenn zu befürchten ist, daß er auf den zu vernehmenden Zeugen unlauter einwirkt[77] oder wenn sonst eine Zeugnisverweigerung aus Furcht vor Repressalien zu befürchten ist[78]. Unterbleiben kann nach dieser Meinung auch die Benachrichtigung des Verteidigers, wenn in seiner Person eine materielle Gefährdung des Untersuchungsergebnisses begründet ist[79]; gleiches müßte konsequenterweise für alle anderen Anwesenheitsberechtigten (auch für den Staatsanwalt[80]) angenommen werden.

Die Benachrichtigung soll nach dieser Auffassung auch unterbleiben können, wenn **43** bei einem **V-Mann** die richterliche Vernehmung als Zeuge nur unter dieser Einschränkung erreichbar ist[81]. Dagegen rechtfertigt die Anwendung des Absatz 5, selbst wenn man der weiten Auslegung der Rechtsprechung folgt, es nicht, dem trotz unterbliebener Benachrichtigung zum Vernehmungstermin **erscheinenden Verteidiger** die Anwesenheit zu untersagen[82].

---

[72] So aber wohl für §224 LR-*Gollwitzer* §224, 20.

[73] BGHSt **29** 1 = JR **1980** 253 mit Anm. *Meyer-Goßner*; **32** 129 (GrStS); BGH NJW **1980** 2088; BayObLG NJW **1978** 223 = JR **1978** 173 mit Anm. *Peters*.

[74] KK-*R. Müller* 17; *Kleinknecht/Meyer*[38] 5; LR-*Meyer-Goßner*[23] 25; LR-*Gollwitzer* §224, 19; *Schlüchter* 75.3, 111; *Ernesti* JR **1982** 222; *Meyer-Goßner* JR **1980** 254; *Peters* JR **1978** 174 (der „Verdunkelung" für ausreichend hält); *Weihrauch* Verteidigung im Ermittlungsverfahren[2] (1985), S. 109. Zur Gegenmeinung vgl. Fußn. 83, 84.

[75] Teilweise wird nicht hierauf, sondern auf die Gefährdung der Wahrheitsfindung durch die Anwesenheit abgestellt; so z. B. KK-*R. Müller* 17.

[76] So ausdrücklich *Meyer-Goßner* JR **1980** 255; auch *Schlüchter* aaO verwendet beide Begriffe offenbar synonym.

[77] BGHSt **29** 4; KK-*R. Müller* 17; vgl. auch

Rdn. 46, wonach dies beim Beschuldigten auch bei der hier vertretenen Gegenmeinung möglich ist.

[78] BayObLG NJW **1978** 223 = JR **1978** 173 mit Anm. *Peters*; offengelassen von BGHSt **29** 4.

[79] BGHSt **29** 4 = JR **1980** 253 mit Anm. *Meyer-Goßner* (nicht aber allein aus Gründen, die in der Person des Beschuldigten liegen).

[80] Insoweit **a. A** *Welp* JZ **1980** 136, der aus der evidenten Unanwendbarkeit auf den Staatsanwalt ein Argument für seine enge Auslegung (Rdn. 44) gewinnt.

[81] Vgl. dazu mit weit. Nachw. §96, 36; §224, 5.

[82] BGHSt **32** 129 (GrStS); ebenso früher BGHSt **29** 5; *Kühne* 103; vgl. mit weit. Nachw. *Krause* StrVert. **1984** 172; **a. A** teilweise Rechtspr. und Schrifttum im Falle des gesperrten Zeugen vor der Entscheidung des GrStS, vgl. mit weit. Nachw. §96, 33 f; §224, 5.

Peter Rieß

44   Dieser Auffassung, daß auch bei einer materiellen Gefährdung der Wahrheitsfindung die Benachrichtigung wegen Gefährdung des Untersuchungserfolgs unterbleiben darf, kann nicht zugestimmt werden. **Richtig** erscheint vielmehr die **Gegenmeinung**, nach der Absatz 5 Satz 2 allein die zeitliche Verzögerung betrifft. Diese Auffassung ist von *Welp*[83] ausführlich und zutreffend begründet worden; sie wird im Schrifttum inzwischen verbreitet vertreten[84]. Für sie sprechen die von *Welp* dargelegten zwingenden entstehungsgeschichtlichen, systematischen und teleologischen Argumente. Die derzeit in der Rechtsprechung vertretene Auffassung (Rdn. 42) muß annehmen, der Gesetzgeber habe in einer Vorschrift die Begriffe des Untersuchungszwecks und des Untersuchungserfolgs nahezu gleichbedeutend verwendet und er habe trotz seiner aus den Materialien erkennbaren Absicht[85], Anwesenheitsbefugnis und Benachrichtigung zu verbessern, den Umfang der Benachrichtigungspflicht eingeschränkt[86]. Sie führt ferner dazu, die Regelung der Absätze 1 bis 3, die den Ausschluß wegen materieller Gefährdung allein auf den Beschuldigten beschränkt und für den Verteidiger nicht ausreichen läßt, zu unterlaufen[87].

45   Die engere Auffassung ist schließlich auch **mit dem Wortlaut** vereinbar[88], wenn nicht gar durch ihn nahegelegt. Zwar ist bei einer isolierten sprachlichen Bewertung der Begriffe „Untersuchungszweck" und „Untersuchungserfolg" bei letzterem eine allein das zeitliche Element betreffende Einschränkung nicht erkennbar. Dabei bleibt aber unberücksichtigt, daß der Gesetzgeber des 1. StVRG an mehreren anderen Stellen erstmals und konsequent für den früheren Ausdruck „Gefahr im Verzuge" die Wendung „Gefährdung des Untersuchungserfolgs durch Verzögerung" benutzt hat[89]. Es ist deshalb mindestens möglich, wenn nicht sogar naheliegend, daß er auch in § 168 c Abs. 5 und vor allem in § 224 Abs. 1, wo früher von „Gefahr im Verzuge" ausdrücklich die Rede war, lediglich in verkürzter Form mit „Gefährdung des Untersuchungserfolgs" diese die Formulierung „Gefahr im Verzuge" ersetzende Bedeutung im Auge gehabt hat[90]. Im übrigen verwendet die StPO den Begriff des Untersuchungserfolgs an keiner anderen Stelle in einem die materielle Wahrheitsgefährdung mit einschließenden Sinne, wohl aber allgemein den Begriff des Untersuchungszwecks[91].

46   Die **praktische Bedeutung der Kontroverse** betrifft allein die Benachrichtigung des **Verteidigers**. Nach der hier vertretenen Auffassung darf sie nicht aus Gründen der materiellen Gefährdung des Untersuchungsergebnisses unterbleiben, ebensowenig wie dem Verteidiger aus diesem Grunde, da für ihn Absatz 3 nicht gilt, die Anwesenheit bei der Vernehmung untersagt werden darf. Der **Beschuldigte** braucht dagegen auch nach

---

[83] JZ **1980** 134; ähnlich schon Zwangsbefugnisse für die Staatsanwaltschaft (1976) 43.

[84] *Fezer* Strafprozeßrecht I S. 55; *Roxin*[20] § 37 C II 2 a; *Krause* StrVert. **1984** 172; *Grünwald* FS Dünnebier 361; *Nelles* StrVert. **1986** 75; *Zaczyk* NStZ **1987** 535 wohl auch *Dahs* Hdb.[5] 252; *G. Schäfer*[4] § 24 I (die die Rechtspr. als bedenklich bezeichnen); KMR-*Müller* 5 (der nur auf Verzögerung abstellt); *Alsberg/Nüse/Meyer* 509 (Verteidiger sei immer zu benachrichtigen).

[85] Näher *Welp* JZ **1980** 135 mit weit. Nachw.; vgl. auch Fußn. 61.

[86] Ausführlich und zutreffend *Welp* JZ **1980** 134.

[87] *Welp* JZ **1980** 136; ähnlich *Zaczyk* NStZ **1987** 536 ff; vgl. auch KMR-*Müller* 5.

[88] **A. A** *Meyer-Goßner* JR **1980** 254 Fußn.; vgl. auch BGHSt **29** 3 (aus der Entstehungsgeschichte ergebe sich nichts für die Auslegung des Begriffs).

[89] § 81 a Abs. 2; § 81 c Abs. 5; § 87 Abs. 4 Satz 1 (in erkennbarem Gegensatz zum Begriff des Untersuchungszwecks in Satz 2); § 100 Abs. 3; § 162 Abs. 1 Satz 2.

[90] BTDrucks. 7 2600, S. 6 im Verhältnis zum Vorschlag des RegEntw. (BTDrucks. 7 551); vgl. auch *Welp* JZ **1980** 137.

[91] Vgl. § 81 a Abs. 1 Satz 2; § 87 Abs. 4 Satz 2; § 101 Abs. 1; § 147 Abs. 2; § 163 d Abs. 5; § 406 e Abs. 2 Satz 2; § 406 g Abs. 2 Satz 2.

der hier vertretenen Auffassung nicht benachrichtigt zu werden, wenn durch seine Kenntnis vom Termin der Untersuchungszweck im Sinne des Absatz 3 gefährdet würde; insoweit ist Absatz 3 auf die Benachrichtigung entsprechend anzuwenden[92]. Gleiches gilt in Jugendstrafverfahren für den Erziehungsberechtigten und den gesetzlichen Vertreter (Rdn. 21) sowie für den Rechtsanwalt als **Beistand des** als Nebenkläger anschlußberechtigten **Verletzten** (§ 406 g Abs. 2 Satz 2).

4. Terminsverlegung. Nach Absatz 5 Satz 3 haben die zur Anwesenheit Berechtig- **47** ten bei Verhinderung keinen Anspruch auf Terminsverlegung[93]. Das schließt nicht aus, einem begründeten Vertagungsantrag namentlich des Verteidigers stattzugeben, wenn die dadurch eintretende Verzögerung hinnehmbar ist, vor allem, wenn dessen Anwesenheit nach Lage des Einzelfalles im Interesse der Verteidigung besonders geboten erscheint[94]. Es wäre ermessensmißbräuchlich, ohne zwingenden Grund richterliche Untersuchungshandlungen an verschiedenen Orten zeitlich so eng zu terminieren, daß eine gleichzeitige Anwesenheit nicht möglich ist[95], oder sonst ohne Notwendigkeit den Termin so zu bestimmen, daß eine bereits bekannte Verhinderung eines Anwesenheitsberechtigten ausgenutzt wird.

Die Vorschrift gilt auch bei einem **Verlegungsantrag der Staatsanwaltschaft**. Jedoch **48** wird, wenn schon die Staatsanwaltschaft die durch die Terminsverschiebung eintretende Verzögerung des Ermittlungsverfahrens für vertretbar erachtet, regelmäßig — aber nicht immer — eine großzügige Handhabung angemessen sein[96].

5. Verfahrensfragen
a) Allgemeines. Entscheidungsmaßstab und Beurteilungszeitpunkt. Ob die Voraus- **49** setzungen vorliegen, unter denen von der Benachrichtigung abgesehen werden kann, entscheidet zunächst der vernehmende Richter. Entgegen einer zumindest terminologisch weit verbreiteten Auffassung[97] handelt es sich dabei nicht um Ermessensausübung, sondern um die Anwendung unbestimmter Rechtsbegriffe[98]. Kommt es auf die Verwertung des Ergebnisses der Vernehmung in der Hauptverhandlung an, so hat der Tatrichter selbst zu entscheiden, ob die Voraussetzungen vorlagen, unter denen die Benachrichtigung unterbleiben durfte, unabhängig davon, ob der Grund für die Nichtbenachrichtigung aktenkundig gemacht worden ist oder nicht[99]. Dies gilt selbst dann, wenn die Benachrichtigung versehentlich unterblieben war[100]. Maßgebend ist dabei aber stets, auch für die Beurteilung des erkennenden Richters, der Zeitpunkt der Vernehmung durch den Ermittlungsrichter. Umstände, die dieser noch nicht kennen konnte, bleiben unberücksichtigt[101]. Zum Umfang der revisionsrechtlichen Überprüfungsmöglichkeiten s. Rdn. 64.

---

[92] Vgl. für den Fall, daß nicht die Kenntnis vom Termin, sondern die Anwesenheit den Untersuchungszweck gefährdet, Rdn. 37.

[93] **A. A** *Hegmann* Fürsorgepflicht gegenüber dem Beschuldigten im Ermittlungsverfahren (1981) 235 f (außer, wenn konkrete Anzeichen für Verzögerungsabsicht vorhanden).

[94] KK-*R. Müller* 20; *Kleinknecht/Meyer*[38] 5; vgl. auch *Dahs* Hdb.[5] 210; *Weihrauch* (Fußn. 74), S. 110 (ausführlich).

[95] Vgl. KMR-*Müller* 5 (Anwesenheitsrecht darf nicht verkürzt werden).

[96] Wohl weitergehend (Richter soll dem Gesuch in aller Regel entsprechen) LR-*Meyer-Goßner*[23] 7.

[97] So z. B. BGH bei *Holtz* MDR **1980** 456; *Peters*[4] § 28 IV 1; *Schlüchter* 75.3.

[98] *Fezer* JZ **1983** 356.

[99] BGHSt **29** 4; BGH bei *Holtz* MDR **1980** 456; vgl. *Fezer* JZ **1983** 356.

[100] **A. A** wohl BGHSt **31** 142.

[101] *Fezer* JZ **1983** 356.

Peter Rieß

50   Über den **Antrag auf Terminsverlegung** entscheidet dagegen der Ermittlungsrichter nach pflichtgemäßem Ermessen. Hier kann der spätere Tatrichter im weiteren Verfahren nur prüfen, ob die Grenzen des Ermessens überschritten worden sind.

51   **b) Terminsnachricht.** Eine besondere Form ist nicht vorgeschrieben; im Regelfall wird sie schriftlich vorzunehmen sein. Zustellung kann sich dann empfehlen, wenn der Nachweis des Zugangs notwendig ist. In dringenden Fällen kann die Benachrichtigung fernschriftlich, telegraphisch oder telefonisch erfolgen; im letzteren Fall ist sie aktenkundig zu machen.

52   **c) Das Absehen von der Benachrichtigung** ist aktenkundig zu machen. Dabei ist der hierfür maßgebende Grund anzugeben[102]. Für die Frage, ob von der Benachrichtigung abgesehen werden durfte, bindet dieser Grund jedoch den Tatrichter nicht[103].

V. Verstöße gegen Anwesenheitsbefugnis und Benachrichtigungspflicht

53   **1. Allgemeines. Hinweise.** Die Folge von Verstößen gegen § 168 c ist bisher in Rechtsprechung und Schrifttum ganz überwiegend beschränkt auf den Fall der zu Unrecht unterlassenen Benachrichtigung erörtert worden. Die gleichen Grundsätze gelten aber (erst recht) dann, wenn einem zur Anwesenheit Berechtigten die Anwesenheit verwehrt worden ist[104]. Dabei stellt sich die Frage nach der Konsequenz solcher Verstöße in erster Linie für die Verwertbarkeit des Ergebnisses der Untersuchungshandlung in der Hauptverhandlung. Zu unterscheiden ist dabei, unter welchen Voraussetzungen ein Verstoß angenommen werden kann (Rdn. 54 f), ob und unter welchen Voraussetzungen die Verlesbarkeit des Protokolls als richterliche Vernehmung ausscheidet (Rdn. 56) und ob in solchen Fällen die Verwertung auf andere Weise oder die Verlesung als nichtrichterliche Niederschrift (§ 251 Abs. 2) in Betracht kommt[105].

54   Ein die Verwertbarkeit der richterlichen Vernehmung in Frage stellender **Verstoß liegt** immer dann **vor**, wenn einem Anwesenheitsberechtigten zu Unrecht verwehrt wird, an der Vernehmung teilzunehmen. Das ist dann der Fall, wenn er von der Anwesenheit ausgeschlossen wird, obwohl kein Anschlußgrund vorlag, wobei dem vernehmenden Richter bei Anwendung des Absatz 3 ein breiter Beurteilungsspielraum zusteht (Rdn. 29), oder wenn versehentlich oder absichtlich[106] gegen die Benachrichtigungspflicht nach Absatz 5 Satz 1 verstoßen wurde, ohne daß die Ausnahme des Absatz 5 Satz 2 vorlag. Letzteres ist aber dann unschädlich, wenn der Berechtigte, etwa weil er auf andere Weise Kenntnis erlangt hatte, zum Vernehmungstermin erschienen ist und zu ihm zugelassen wurde. Die Ablehnung eines Terminsverlegungsantrags wird einen Verstoß nur in seltenen Ausnahmefällen begründen können (Rdn. 47 f; 50).

55   Eine **Heilung des Verstoßes** ist stets dadurch möglich, daß die Vernehmung unter Berücksichtigung der Anwesenheitsrechte wiederholt wird. Das kann insbesondere dann geboten sein, wenn es notwendig ist, die andernfalls zweifelhafte (Rdn. 56) Verwertbarkeit für die Hauptverhandlung sicherzustellen[107]. Eine Heilung ist ferner dadurch möglich, daß der in seinem Anwesenheitsrecht Beeinträchtigte nachträglich auf sein Anwesenheitsrecht verzichtet, indem er erklärt, aus dem Verstoß keine Folgen her-

---

[102] BGHSt **29** 4; **31** 142.

[103] Vgl. *Fezer* JZ **1983** 356; *Krause* StrVert. **1984** 173 mit weit. Nachw.; zur begrenzten Prüfungskompetenz des Revisionsgerichts vgl. Rdn. 64.

[104] KK-*R. Müller* 24.

[105] S. näher Rdn. 58 ff; § 251, 56; zur Frage, wer zu entscheiden hat, ob ein Verstoß vorliegt, s. Rdn. 48.

[106] KK-*R. Müller* 22; LR-*Meyer-Goßner*[23] 31.

[107] KK-*R. Müller* 22; *Kleinknecht/Meyer*[38] 6; *Eb. Schmidt* § 193, 12; § 224, 34.

leiten zu wollen[108]. Die Vorschrift gewährleistet lediglich ein durch die Benachrichtigungspflicht gesichertes Anwesenheitsrecht, auf das der Berechtigte verzichten kann (Rdn. 33). Erklärt er nachträglich, ggf. in Kenntnis des Inhalts der Vernehmung, aus der Beschneidung seiner Anwesenheitsbefugnis keine Folgen herleiten zu wollen, so ist das einem Verzicht auf das Anwesenheitsrecht gleichzuachten. Nach einer solchen Erklärung kann der Verwertung der Niederschrift in der Hauptverhandlung nicht mehr mit der Folge eines Verwertungsverbots widersprochen werden.

2. Unverlesbarkeit als richterliche Niederschrift. Ist das Anwesenheitsrecht zu Unrecht beeinträchtigt worden (Rdn. 54), so hindert dies die Verlesbarkeit als richterliche Niederschrift in der Hauptverhandlung, wenn derjenige, dessen Anwesenheitsrecht beeinträchtigt wurde, als Prozeßbeteiligter widerspricht[109]; im Unterlassen des Widerspruchs ist ein nachträglicher Verzicht auf das Anwesenheitsrecht zu sehen[110]. Bei einem unverteidigten Angeklagten kann dies allerdings regelmäßig nur dann angenommen werden, wenn er zuvor auf den Verstoß und seine daraus erwachsenen Rechte hingewiesen worden ist[111]. Der Widerspruch wirkt nicht zurück, wenn er erst vor einer Protokollverlesung, nicht aber vor der vorherigen Vernehmung des Ermittlungsrichters erklärt wird; er macht diese nicht nachträglich unverwertbar[112]. **56**

Betrifft der Verstoß nur jemanden, der an der **Hauptverhandlung nicht beteiligt** ist, in der die Niederschrift verlesen werden soll, so wird die Verlesbarkeit dadurch nicht beeinträchtigt, ohne daß es auf Widerspruch oder Verzicht ankommt. Dabei kann es sich beispielsweise um einen früheren Mitbeschuldigten und dessen Verteidiger handeln, aber auch um den Rechtsanwalt, der als Beistand eines zum Anschluß als Nebenkläger befugten Verletzten in seinem Anwesenheitsrecht nach § 406 g Abs. 2 beeinträchtigt worden ist, wenn sich der Verletzte im späteren Hauptverfahren nicht als Nebenkläger angeschlossen hat. **57**

3. Verwertbarkeit in anderer Weise. Wieweit bei einem Verstoß gegen § 168 c (Rdn. 54) gegen den Widerspruch des Betroffenen (Rdn. 56 f) der Inhalt der Niederschrift in anderer Weise in die Hauptverhandlung eingeführt werden darf, ist in Rechtsprechung und Literatur teilweise umstritten. Nach allg. M steht die Unzulässigkeit der Verlesung als richterliches Protokoll auch der **Vernehmung des Ermittlungsrichters** entgegen[113], weil der Verstoß nicht nur die äußeren Förmlichkeiten und die Beweiskraft des Protokolls betrifft, sondern auch dazu geführt haben kann, daß wegen der verhinderten Einflußnahme der Anwesenheitsberechtigten auch inhaltliche Mängel entstanden sind[114]. Unzulässig ist aber auch, die protokollierte Aussage dergestalt in die Hauptverhandlung einzuführen, daß die Vernehmungsperson in der Hauptverhandlung auf **58**

---

[108] Vgl. § 224, 23 a. E; *Alsberg/Nüse/Meyer* 509.

[109] RGSt **58** 90; BGHSt **1** 284; **9** 24; **26** 332; **31** 144 = JZ **1983** 354 mit Anm. *Fezer* = StrVert. **1983** 51 mit Anm. *Temming*; BGH NJW **1952** 1426; StrVert. **1985** 398; NStZ **1987** 133; BayObLG NJW **1977** 2034 = JR **1977** 475 mit Anm. *Peters*; KK-*R. Müller* 22; *Kleinknecht/Meyer*[38] 6 (Einverständnis erforderlich); vgl. auch mit weit. Nachw. § 224, 33; *Alsberg/Nüse/Meyer* 509.

[110] RGSt **4** 301; **23** 144; vgl. auch RGSt **58** 90.

[111] *Alsberg/Nüse/Meyer* 509; *Eb. Schmidt* § 193,

15; vgl. mit weit. Nachw. § 224, 32 ff; § 337, 275.

[112] BGH NStZ **1987** 133 = StrVert. **1987** 139.

[113] BGHSt **26** 332 = JR **1977** 257 mit Anm. *Meyer-Goßner*; **29** 1 = JR **1980** 252 mit Anm. *Meyer-Goßner*, KG StrVert. **1984** 68; KK-*R. Müller* 22; *Kleinknecht/Meyer*[38] 6; *G. Schäfer*[4] § 24 I; *Schlüchter* 75.3; *Krause* StrVert. **1984** 173.

[114] Vgl. BGHSt **26** 335; BGH bei *Holtz* MDR **1976** 814; *Temming* StrVert. **1983** 52.

ihren Vorhalt hin bestätigt, sich damals so geäußert zu haben[115]. Dagegen hält der BGH es für zulässig, die frühere, mangelbehaftete Aussage dann zum Vorbehalt zu verwenden, wenn für die Urteilsfindung nur die Bekundung des Zeugen verwendet wird, die dieser über das Beweisthema in der Hauptverhandlung gemacht hat[116]. Die Differenzierung erweckt Bedenken; sie übersieht, daß durch den Vorhalt der mangelbehafteten Aussage im Ermittlungsverfahren der Inhalt der Bekundung in der Hauptverhandlung beeinflußt sein kann.

59   Die **Verlesbarkeit** eines unter Verstoß gegen § 168 c zustande gekommenen Protokolls **als nichtrichterliche Niederschrift** nach § 251 Abs. 2, § 253 hält ein Teil des Schrifttums[117] und der Rechtsprechung[118] dagegen für zulässig. Dem ist zu widersprechen; auch eine Verlesung nach diesen Vorschriften ist **nicht zulässig**[119]. Die sie zulassende Rechtsprechung, auf die das Schrifttum weitgehend lediglich Bezug nimmt[120], beruft sich ohne eigene Begründung auf BGHSt **22** 118; dort ging es aber nicht um die Entziehung des Anwesenheitsrechts, sondern um die Nichtvereidigung eines Dolmetschers, also um einen anders zu beurteilenden (vgl. Rdn. 60) Verstoß, der allein die Förmlichkeit der Protokollierung betrifft.

60   Dieses umfassende **Verwertungsverbot**, das auch die Verlesbarkeit als nichtrichterliche Niederschrift einschließt, **gilt** jedoch **nicht**, wenn der Verstoß nicht § 168 c, sondern die §§ 168, 168 a betrifft und nach den dort näher dargelegten Grundsätzen[121] der Verlesbarkeit als richterliches Protokoll entgegensteht. Denn der Verstoß gegen diese Vorschriften betrifft allein die Förmlichkeiten der Protokollierung, durch sie wird nicht die Einwirkungsmöglichkeit der Prozeßbeteiligten auf den Inhalt der Untersuchungshandlung verkürzt. In derartigen Fällen ist daher, soweit die besonderen gesetzlichen Voraussetzungen hierfür vorliegen, die Verlesung als nichtrichterliches Protokoll nach § 251 Abs. 2, § 253 zulässig[122], ebenso ist es als zulässig anzusehen, über den Hergang der Vernehmung eine Vernehmungsperson als Zeugen zu vernehmen oder die Niederschrift zum Gegenstand von Vorhalten zu machen.

VI. Anfechtung

61   **1. Beschwerde.** Gegen die Beschränkung des Anwesenheitsrechts, namentlich den Ausschluß von der Vernehmung nach Absatz 3 und gegen die Ablehnung der Vorführung des unverteidigten Beschuldigten an die Gerichtsstelle nach Absatz 4, steht dem Betroffenen die einfache Beschwerde nach § 304 zu[123]. Sie wird jedoch wegen prozessualer Überholung regelmäßig unzulässig sein oder werden (Vor § 304, 8 ff; § 304, 36 ff),

---

[115] BGHSt **31** 144 = JZ **1983** 354 mit Anm. *Fezer* = StrVert. **1983** 51 mit Anm. *Temming*; BGH NStZ **1987** 133; zweifelnd BGHSt **34** 234 = StrVert. **1987** 233 mit Anm. *Fezer*.

[116] BGHSt **34** 231 = NJW **1987** 1652 = StrVert. **1987** 233 mit abl. Anm. *Fezer*.

[117] KK-*R. Müller* 25; *Kleinknecht/Meyer*[38] 5; KMR-*Paulus* § 244, 20; LR-*Meyer-Goßner*[23] 32; *G. Schäfer*[4] § 76 II 4 c; *Schlüchter* 75.3; *Alsberg/Nüse/Meyer* 509.

[118] BGHSt **34** 231, 234, 235 = StrVert. **1987** 233 mit abl. Anm. *Fezer*; bereits früher BayObLG NJW **1977** 2034 = JR **1977** 415 mit abl. Anm. *Peters*.

[119] Ebenso KK-*Herdegen* § 244, 75; KK-*Mayr* § 251, 21; *Roxin*[20] § 24 D III 2 g; *Fezer* Strafprozeßrecht (1986) 3/80; JuS **1978** 330; StrVert. **1987** 235.

[120] Eine selbständige Begründung, die ansatzweise auch bei BGHSt **34** 235 anklingt, bei *Schlüchter* 75.3; dagegen zutreffend *Fezer* StrVert. **1987** 235.

[121] § 168, 23; § 168 a, 57.

[122] BGHSt **22** 118; BGH NStZ **1984** 564 = StrVert. **1984** 409; vgl. auch § 251, 56; *Gössel* § 27 D II a 2; beachtliche grundsätzliche Einwände bei *Fezer* StrVert. **1987** 235.

[123] KK-*R. Müller* 7; *Kleinknecht/Meyer*[38] 3; 4.

weil bis zu ihrer Einlegung oder bis zur Entscheidung des Beschwerdegerichts die Vernehmung meist abgeschlossen sein wird[124]. Stets unzulässig ist die Beschwerde, wenn es sich um Ermittlungshandlungen des Ermittlungsrichters beim Oberlandesgericht oder beim Bundesgerichtshof handelt (§ 304 Abs. 5).

Eine Beschwerde gegen das **Unterbleiben der Terminsnachricht** (Absatz 5 Satz 2) **62** ist zwar zulässig, kommt aber nur in Ausnahmefällen in Betracht. Sie hat zur praktischen Voraussetzung, daß der Beschwerdeberechtigte vom Termin etwas weiß, weil er sonst keine Veranlassung haben kann, Beschwerde einzulegen. Dann wird es aber häufig an einem Rechtsschutzinteresse für eine Beschwerdeentscheidung fehlen. Anders liegen die Dinge, wenn die Terminsnachricht deshalb unterbleibt, weil der Richter das Vorliegen eines Ausschließungsgrundes (Rdn. 37) oder (nach der herrsch. Rechtsprechung) eine materielle Gefährdung des Untersuchungsergebnisses als Gefährdung des Untersuchungserfolgs (Rdn. 42) annimmt. Dann kann auch für den Betroffenen, der den Termin kennt, die Beschwerde den Zweck haben, eine rechtzeitige Entscheidung des Beschwerdegerichts über seine Anwesenheitsbefugnis herbeizuführen, um einer Zurückweisung zu entgehen.

Auch gegen die **Ablehnung einer Terminsverlegung** oder gegen die Zurückwei- **63** sung einer Person, deren Zulassung im Ermessen des Richters (Rdn. 25 f) steht, ist Beschwerde zulässig[125]. Sie wird jedoch regelmäßig unbegründet sein[126], da ein Anspruch auf Terminsverlegung und auf Gestattung der Anwesenheit nicht besteht. Das Beschwerdegericht kann jedoch überprüfen, ob der Ermittlungsrichter die Grenzen seines Ermessens beachtet hat.

2. Revision. Verstöße gegen § 168 c für sich allein begründen nicht die Revision **64** (vgl. § 168, 24). Revisibel ist jedoch (mit der Verfahrensrüge), wenn der Tatrichter entgegen dem aus den Verstößen sich ergebenden Verwertungsverbot (Rdn. 56 ff) das Vernehmungsergebnis in der Hauptverhandlung verwertet hat[127] und wenn das Urteil hierauf beruht. Dabei ist es dem Revisionsgericht verwehrt zu prüfen, ob die Voraussetzungen des Absatz 3 oder des Absatz 5 Satz 2 vorlagen, wenn der Tatrichter diese Prüfung nicht angestellt hat; es kann die tatrichterliche Entscheidung nur auf Rechtsfehler überprüfen[128]. Wird im Revisionsverfahren das Fehlen der Benachrichtigung geltend gemacht und bleibt dies zweifelhaft, so ist von der Nichtbenachrichtigung auszugehen[129].

Unterläßt der **Tatrichter** die **Verlesung** oder sonstige Verwertung eines Proto- **65** kolls in der irrigen Annahme seiner Unverwertbarkeit, etwa weil ein die Verwertbarkeit hindernder Widerspruch nicht vorlag, so kann dies ggf. mit der **Aufklärungsrüge** beanstandet werden.

---

[124] KK-R. *Müller* 7; *Kleinknecht/Meyer*[38] 4; *Weihrauch* (Fußn. 74), S. 108.

[125] Zweifelnd LR-*Meyer-Goßner*[23] 35; *Weihrauch* (Fußn. 74), S. 111.

[126] Weitergehend (stets unbegründet) LR-*Meyer-Goßner*[23] 35; vgl. auch (regelmäßig prozessual überholt) *Weihrauch* (Fußn. 74) S. 111.

[127] BGHSt **26** 332; **29** 3; **31** 140 = JZ **1983** 354 mit Anm. *Fezer*; BGH bei *Holtz* MDR **1976** 814; **1980** 456; KG StrVert. **1984** 68.

[128] BGHSt **31** 140; BGH bei *Holtz* MDR **1980** 456; KG StrVert. **1984** 68; KK-R. *Müller* 23; *Kleinknecht/Meyer*[38] 9; *Krause* StrVert. **1984** 173; *Temming* StrVert. **1983** 54; teilw. a. A *Fezer* JZ **1983** 314.

[129] BayObLGSt **1953** 62, 63; OLG Bremen OLGSt § 224, S. 1; OLG Frankfurt NJW **1952** 1068; *Kleinknecht/Meyer*[38] 9; *Krause* StrVert. **1984** 173; vgl. auch § 337, 76.

§ 168 d

(1) [1]Bei der Einnahme eines richterlichen Augenscheins ist der Staatsanwaltschaft, dem Beschuldigten und dem Verteidiger die Anwesenheit bei der Verhandlung gestattet. [2]§ 168 c Abs. 3 Satz 1, Abs. 4 und 5 gilt entsprechend.

(2) [1]Werden bei der Einnahme eines richterlichen Augenscheins Sachverständige zugezogen, so kann der Beschuldigte beantragen, daß die von ihm für die Hauptverhandlung vorzuschlagenden Sachverständigen zu dem Termin geladen werden, und, wenn der Richter den Antrag ablehnt, sie selbst laden lassen. [2]Den vom Beschuldigten benannten Sachverständigen ist die Teilnahme am Augenschein und an den erforderlichen Untersuchungen insoweit gestattet, als dadurch die Tätigkeit der vom Richter bestellten Sachverständigen nicht behindert wird.

Schrifttum siehe bei § 168.

Entstehungsgeschichte. Die Vorschrift wurde durch Art. 1 Nr. 49 des 1. StVRG eingefügt. Bis dahin verwies § 169 Abs. 2 auf die Vorschriften über die Voruntersuchung, bei denen § 193 Abs. 1 dem jetzigen Absatz 1 und § 195 dem jetzigen Absatz 2 entsprach[1].

Übersicht

1. Bedeutung und Anwendungsbereich

1 **a) Allgemeines.** Die Vorschrift regelt in **Absatz 1** die Anwesenheitsbefugnisse und die sie sichernden Benachrichtigungspflichten bei richterlichen Augenscheinseinnahmen im Ermittlungsverfahren entsprechend den bei richterlichen Vernehmungen bestehenden aus den gleichen Gründen, die dort maßgebend sind[2].

2 **Absatz 2** begründet für den Sonderfall des richterlichen Augenscheins unter Hinzuziehung von Sachverständigen die Befugnis des Beschuldigten, mittels eigener Sachverständiger auf die Beweisgewinnung Einfluß zu nehmen. Er dürfte von geringer praktischer Bedeutung sein. Dogmatisch und rechtspolitisch verdeutlicht er als Sonderform des Beweisantragsrechts[3] die rechtlich anerkannte Einflußmöglichkeit des Beschuldigten auf die Beweisaufnahme[4].

---

[1] Vgl. ergänzend die Entstehungsgeschichte zu § 168 c.

[2] Vgl. § 168 c, 1; *Alsberg/Nüse/Meyer* 341 ordnen die Benachrichtigungspflicht allein der Vorbereitung des Antrags auf Zuziehung eines Sachverständigen nach Absatz 2 zu.

[3] *Alsberg/Nüse/Meyer* 341.

[4] Die Vorschrift war bei ihrer Entstehung (als § 193, später § 195) sehr umstritten; sie ist gegen den Widerstand der Regierung von der Justizkommission erzwungen worden, vgl. *Hahn* 751 f, 1315 ff, 1632 f, 1863 ff.

b) Anwendungsbereich. Die Vorschrift gilt für richterliche Augenscheinseinnah- **3** men (Rdn. 4) im Ermittlungsverfahren. Für kommissarische Augenscheinseinnahmen nach Eröffnung des Hauptverfahrens[5] und im Wiederaufnahmeverfahren ergeben sich Anwesenheitsbefugnis und Benachrichtigungspflicht aus den §§ 224, 225, 369 Abs. 2[6]; die Befugnis, eigene Sachverständige hinzuzuziehen, folgt dort aus analoger Anwendung des § 168 d Abs. 2[7]. Für einen **staatsanwaltschaftlichen** oder **polizeilichen Augenschein** gilt die Bestimmung weder unmittelbar noch entsprechend[8]; ob dem Beschuldigten, seinem Verteidiger oder dem von diesen benannten Sachverständigen die Anwesenheit gestattet werden soll, ist in diesen Fällen nach Ermessen zu entscheiden[9].

2. Richterlicher Augenschein. Die Vorschrift gilt nur bei Durchführung eines rich- **4** terlichen Augenscheins (vgl. näher § 86, 2 ff; 36). Dazu gehört auch die **Leichenschau**, wenn sie (auf Antrag der Staatsanwaltschaft) vom Richter vorgenommen wird[10], dagegen nach herrschender, wenn auch zweifelhafter Meinung nicht die **Leichenöffnung** im Beisein des Richters[11].

Kein richterlicher Augenschein, der Teilnahmeberechtigung und Benachrichti- **5** gungspflicht auslöst, liegt vor, wenn Dritte, etwa Polizeibeamte, im Auftrag des Gerichts einen Augenschein einnehmen, um darüber später als Zeugen zu berichten (sog. Augenscheinsgehilfen)[12], oder wenn ein Sachverständiger im Auftrag des Gerichts, aber ohne dessen Anwesenheit, Untersuchungshandlungen vornimmt. Werden im Zusammenhang mit einem richterlichen Augenschein Zeugen und Sachverständige hinzugezogen und vernommen, so gilt insoweit § 168 c unmittelbar.

3. Anwesenheitsrechte und Benachrichtigungspflichten bei richterlichem Augen- **6** schein entsprechen denen, die bei der richterlichen Vernehmung von Zeugen und Sachverständigen gelten. Auf die Erläuterungen zu § 168 c ist daher zu verweisen. Für den nicht auf freiem Fuß befindlichen Beschuldigten, der einen Verteidiger hat, entfällt der Anspruch auf Anwesenheit regelmäßig dann, wenn der Augenschein, was häufig der Fall sein wird, als Ortsbesichtigung außerhalb der Gerichtsstelle durchgeführt wird (§ 168 c, 19 f). Andererseits wird bei der bloßen Augenscheinseinnahme von der Anwesenheit des Beschuldigten eine Gefährdung des Untersuchungszwecks im Sinne des § 168 c Abs. 3 Satz 1 (vgl. § 168 c, 15 ff) seltener als bei der Vernehmung von Zeugen und Sachverständigen zu befürchten sein.

Zur Anwesenheit berechtigt sind auch der **Erziehungsberechtigte** und der gesetz- **7** liche Vertreter im Jugendstrafverfahren (§ 168 c, 21) und der anwaltliche Vertreter des als **Nebenkläger anschlußberechtigten Verletzten** (§ 168 c, 23). **Anderen Personen** kann der Richter die Anwesenheit nach pflichtgemäßem Ermessen gestattem (§ 168 c, 25 ff); eine Benachrichtigungspflicht besteht ihnen gegenüber nicht (§ 168 c, 36).

---

[5] Zur umstrittenen Frage, welche Vorschriften bei der Beweiserhebung im Zwischenverfahren anzuwenden sind, vgl. § 202, 13.

[6] Vgl. § 225, 7.

[7] KK-*Treier* § 225, 4; *Kleinknecht/Meyer*[38] § 225, 2; LR-*Gollwitzer* § 225, 7.

[8] KK-*R. Müller* 2.

[9] KK-*R. Müller* 2; *Kleinknecht/Meyer*[38] 1.

[10] So schon RGSt **2** 159; vgl. näher § 87, 8.

[11] KK-*R. Müller* 1; *Kleinknecht/Meyer*[38] 1; LR-

Meyer-Goßner[23] 2; **a. A** *Eb. Schmidt* § 195, 1; 5; *Keller* Strafprozeßordnung (1878), § 193, 2; vgl. § 87, 24 mit weit. Nachw. Bei der Einführung der Vorschrift hat bei den Befürwortern allerdings gerade die Leichenöffnung eine Rolle gespielt, vgl. *Hahn* 792, 1316; vgl. auch RGSt **2** 159.

[12] OLG Frankfurt VRS **58** 369 (Fahrversuche); näher § 86, 3.

Peter Rieß

4. Zuziehung von Sachverständigen (Absatz 2)

8 **a) Zuziehung von Sachverständigen durch den Richter.** Die Befugnis des Beschuldigten nach Absatz 2, eigene Sachverständige an der Augenscheinseinnahme mitwirken zu lassen, besteht nur in den in der Praxis verhältnismäßig seltenen Fällen, in denen sich bereits der Richter zur Durchführung des Augenscheins (auf Antrag der Staatsanwaltschaft oder von sich aus) der Hilfe von Sachverständigen bedient[13]. Die Benennung weiterer Sachverständiger durch den Beschuldigten bezweckt also, deren Tätigkeit zu ergänzen oder zu kontrollieren oder die gleiche Tatsachengrundlage für ein späteres Gutachten zu gewinnen[14]. Gesetzlich vorgeschrieben ist die Hinzuziehung eines Sachverständigen lediglich bei der richterlichen Leichenschau[15], bei der die Anwendbarkeit des § 168 d Abs. 2 oft an der Eilbedürftigkeit der Maßnahme scheitern wird.

9 Bei einem **Augenschein ohne** vom Richter veranlaßte Hinzuziehung eines **Sachverständigen** kann der Beschuldigte anregen, daß der Richter einen Sachverständigen hinzuzieht; geschieht das, so hat der Beschuldigte die Rechte nach Absatz 2. Im übrigen kann der Richter in solchen Fällen einem vom Beschuldigten gestellten Sachverständigen nach pflichtgemäßem Ermessen als einer sonstigen Person (Rdn. 7) die Anwesenheit gestatten, ohne dabei an die engen Versagungsgrenzen des Absatz 2 Satz 2 gebunden zu sein. Ist das Augenscheinsobjekt (etwa eine öffentliche Straße) dem Beschuldigten oder seinem Verteidiger zugänglich, so steht es ihm selbstverständlich frei, unabhängig von der richterlichen Augenscheinseinnahme im Rahmen seiner Nachforschungsbefugnis einen Sachverständigen mit der Untersuchung des Augenscheinsobjekts zu beauftragen[16].

10 **b) Qualifizierte Benachrichtigungspflicht.** Da der Beschuldigte seine Befugnis nach Absatz 2 nur wahrnehmen kann, wenn er von der richterlichen Hinzuziehung von Sachverständigen etwas weiß, muß er oder sein Verteidiger (§ 145 a) nicht nur von der bevorstehenden Augenscheinseinnahme (§ 168 c Abs. 5 Satz 1) unterrichtet werden, sondern auch darüber, daß und zu welchem Zweck Sachverständige welcher Fachrichtung hinzugezogen werden[17]. Die Mitteilung, um welche Sachverständige es sich im einzelnen handelt, ist zwar nicht zwingend erforderlich, kann aber nach Sachlage empfehlenswert sein[18]. Die Mitteilung ist auch erforderlich, wenn der Beschuldigte an sich vom Termin nicht benachrichtigt werden mußte, weil seine Anwesenheit nicht gestattet würde (§ 168 c, 37) oder weil auf die Anwesenheit verzichtet worden war (§ 168 c, 33), denn das Recht zur Hinzuziehung eigener Sachverständiger besteht unabhängig davon, ob der Beschuldigte oder sein Verteidiger selbst am Augenscheinstermin teilnehmen[19]. Die Benachrichtigung des Beschuldigten (nicht die des Verteidigers[20]) kann aber dann unterbleiben, wenn zu befürchten ist, daß der Beschuldigte die Kenntnis vom bevorstehenden Termin zu Verdunkelungsmaßnahmen ausnutzen und damit den Untersuchungszweck gefährden würde (§ 168 c, 46).

---

[13] KK-*R. Müller* 3; *Eb. Schmidt* § 195, 2; teilw. weiter KMR-*Müller* 3 (Recht nach Absatz 2 entstehe auch, wenn lediglich die Staatsanwaltschaft einen Sachverständigen hinzuziehe).

[14] Vgl. KK-*R. Müller* 3; *Alsberg/Nüse/Meyer* 341.

[15] Zur Unanwendbarkeit bei der Leichenöffnung vgl. Rdn. 4 und § 87, 24.

[16] Vgl. *Dahs* Hdb.⁵ 381; *Weihrauch* Verteidigung im Ermittlungsverfahren² (1985) 99, 101.

[17] KK-*R. Müller* 4; *Kleinknecht/Meyer*³⁸ 2; *Alsberg/Nüse/Meyer* 341.

[18] KK-*R. Müller* 4.

[19] KK-*R. Müller* 4; *Alsberg/Nüse/Meyer* 341.

[20] Strittig, vgl. § 168 c, 39 ff.

c) Benennung der Sachverständigen. Die Vorschrift ist unnötig kompliziert und **11**
mißverständlich gefaßt[21]. Zunächst einmal kommt es nicht darauf an, daß der Beschuldigte die benannten Sachverständigen für die Hauptverhandlung vorschlagen will,
zumal es im Vorverfahren unsicher ist, ob es zu einer solchen kommt. Aber auch in diesem Fall steht es dem Beschuldigten frei, für die Hauptverhandlung auf Sachverständige
zu verzichten oder andere zu benennen[22]; der Hinweis im Gesetzeswortlaut ist überflüssig[23]. Es kommt für die Teilnahmebefugnis des Sachverständigen nach Satz 2 auch
nicht darauf an, daß der Beschuldigte zunächst dessen Ladung beantragt, ob dieser Antrag abgelehnt und der Beschuldigte darauf den Sachverständigen nach § 38 hat laden
lassen. Wie die Wendung, daß den vom Beschuldigten benannten Sachverständigen die
Teilnahme gestattet sei, zeigt, genügt es vielmehr, daß der Beschuldigte die Sachverständigen zum Termin stellt[24]. Daraus folgt weiter, daß der Beschuldigte auch ohne vorangegangenen Antrag an das Gericht zur förmlichen Ladung der Sachverständigen befugt
ist (vgl. § 220 Abs. 1 Satz 2)[25].

Zum **Erscheinen verpflichtet** ist der Sachverständige allerdings nur, wenn er **12**
gemäß § 38 geladen wird und wenn ihm die gesetzliche Entschädigung für Reisekosten
und Zeitversäumnis gemäß **§ 220 Abs. 2** dargeboten wird. Ob auch **§ 220 Abs. 3** über die
Gewährung einer Entschädigung aus der Staatskasse entsprechend anzuwenden ist[26],
erscheint zweifelhaft.

d) Der **Antrag des Beschuldigten**, den auch der Verteidiger stellen kann, zielt nur **13**
darauf ab, die Bemühung und den Aufwand für die eigene Ladung oder Gestellung des
Sachverständigen zu ersparen. Er ist an das Gericht zu richten und muß die zu ladenden
Sachverständigen namentlich bezeichnen[27] sowie das Fachgebiet, in dem der Sachverständige tätig werden soll, angeben. Der Antrag ist formfrei; einer Begründung bedarf
er nicht[28]. Ob der Richter den benannten Sachverständigen lädt, soll nach allgemeiner
Meinung seinem pflichtgemäßen Ermessen unterliegen[29]. Er wird den Antrag aber abzulehnen haben, wenn sicher erkennbar ist, daß der benannten Person die Sachverständigeneigenschaft fehlt (Rdn. 17), oder wenn sicher voraussehbar ist, daß seine Teilnahme
insgesamt die der richterlichen Sachverständigen behindern würde[30].

Die **Ablehnung des Antrags**, die zu begründen ist[31], ist dem Beschuldigten unver- **14**
züglich mitzuteilen, damit er die Möglichkeit hat, den Sachverständigen selbst zu laden
oder zum Augenscheinstermin zu stellen[32].

e) Befugnisse des Sachverständigen. Den auf Veranlassung des Beschuldigten gela- **15**
denen und den von ihm gestellten Sachverständigen ist grundsätzlich die Teilnahme am
Augenschein und an den erforderlichen Untersuchungen zu gestatten, unabhängig davon, ob der Beschuldigte selbst oder sein Verteidiger am Augenschein teilnehmen. Sie

---

[21] So schon *Keller* Strafprozeßordnung (1878) § 193, 4: Die Vorschrift besage: Der Angeschuldigte ist berechtigt, in der Vorun- tersuchung Sachverständige zum Augen- schein beizuziehen.

[22] KK-*R. Müller* 3; KMR-*Müller* 4.

[23] *Eb. Schmidt* § 195, 3.

[24] KK-*R. Müller* 6; KMR-*Müller* 4; *Eb. Schmidt* § 195, 4; *Alsberg/Nüse/Meyer* 342.

[25] KK-*R. Müller* 6; *Alsberg/Nüse/Meyer* 342.

[26] KK-*R. Müller* 6; KMR-*Müller* 4; LR-*Mey- er-Goßner*[23] 11.

[27] *Alsberg/Nüse/Meyer* 341.

[28] *Alsberg/Nüse/Meyer* 341.

[29] KK-*R. Müller* 5; KMR-*Müller* 3; *Eb. Schmidt* § 195, 4; wohl enger (kann ablehnen, wenn Behinderung zu befürchten) *Alsberg/ Nüse/Meyer* 342.

[30] KK-*R. Müller* 5.

[31] *Alsberg/Nüse/Meyer* 342.

[32] KK-*R. Müller* 5; *Alsberg/Nüse/Meyer* 342.

Peter Rieß

können das Augenscheinsobjekt, auch unter Zuhilfenahme technischer Mittel, besichtigen, die Befunde des gerichtlichen Sachverständigen in Augenschein nehmen und deren Untersuchung beobachten[33]. Sie können auf das aufmerksam machen, worauf es ihrer Ansicht nach ankommt, und anregen, bestimmte Feststellungen im Protokoll festzuhalten[34]. Eigene Untersuchungen, etwa Fahrversuche oder solche, die die Substanz des Augenscheinsobjekts verändern können, und die Entnahme von Proben zu eigenen Laboruntersuchungen können ihnen nach pflichtgemäßem Ermessen des Richters gestattet werden; einen Anspruch auf eigene Untersuchungen gewährt ihnen die Vorschrift nicht[35].

16   Eine **Behinderung der Tätigkeit des gerichtlich bestellten Sachverständigen** berechtigt (und verpflichtet[36]) den Richter dazu, die Teilnahme oder Tätigkeit des vom Beschuldigten benannten Sachverständigen zu untersagen, soweit die Behinderung reicht. Einen völligen Ausschluß von der Teilnahme am Augenschein wird dies nur ganz ausnahmsweise rechtfertigen, etwa wenn der Sachverständige durch ständiges Dazwischenreden stört. Die Behinderung kann ihren Grund in der Beschaffenheit des Untersuchungsgegenstandes, in der Art der vom gerichtlichen Sachverständigen vorzunehmenden Untersuchung, aber auch im Verhalten des Sachverständigen haben. Die Entscheidung trifft stets der Richter[37]. Wenn die Behinderung nicht offensichtlich ist, ist eine Stellungnahme des gerichtlichen Sachverständigen herbeizuführen, der auch von sich aus auf eine solche Behinderung hinweisen und eine Beschränkung der Tätigkeit des anderen Sachverständigen anregen kann.

17   Auch wenn die vom Beschuldigten als Sachverständige bezeichneten Personen die gerichtlichen Sachverständigen nicht behindern, können sie von der Augenscheinseinnahme **ausgeschlossen** werden, **wenn** offensichtlich ist, daß ihnen die für die jeweilige Begutachtung nötige **Sachkunde fehlt**, wenn sie also die Eigenschaft von Sachverständigen nicht haben[38]. Andernfalls könnte der Beschuldigte die Teilnahme jeder beliebigen Person am Augenschein mit der Behauptung erzwingen, sie sei sachverständig. Bloße Zweifel an der Sachkunde rechtfertigen diese Maßnahme jedoch nicht[39].

18   f) **Andere Personen.** Die Befugnisse nach Absatz 2 stehen im Jugendstrafverfahren auch dem **Erziehungsberechtigten** und dem **gesetzlichen Vertreter** zu (vgl. § 168 c, 21). Aus der Stellung der **Staatsanwaltschaft** im Ermittlungsverfahren ergibt sich, daß sie ebenfalls von sich aus zusätzlich zu den vom Richter hinzugezogenen Sachverständigen weitere Sachverständige benennen kann, denen die Teilnahme nach Absatz 2 Satz 2 gestattet ist[40].

19   Dagegen gilt Absatz 2 nicht für den Vertreter des als **Nebenkläger anschlußberechtigten Verletzten**, der gemäß § 406 g Abs. 2 Satz 2[41] zur Teilnahme am Augenschein

---

[33] LR-*Meyer-Goßner*[23] 12; *Eb. Schmidt* § 195, 5.

[34] Nach LR-*Meyer-Goßner*[23] 12 soll dem in der Regel entsprochen werden.

[35] LR-*Meyer-Goßner*[23] 12; *Eb. Schmidt* § 195, 5; a. A *Alsberg/Nüse/Meyer* 342 (erforderliche Untersuchungen müssen gestattet werden).

[36] **A. A** KK-*R. Müller* 7, nach dem der Richter insoweit nach pflichtgemäßem Ermessen zu entscheiden hat. Aber den Richter trifft die Verpflichtung, dem von ihm hinzugezogenen Sachverständigen die Begutachtung zu ermöglichen.

[37] KMR-*Müller* 5.

[38] KK-*R. Müller* 7; KMR-*Müller* 5; *Eb. Schmidt* § 195, 1; *Alsberg/Nüse/Meyer* 342.

[39] *Eb. Schmidt* § 195, 1.

[40] Im Ergebnis mit unterschiedlicher Begründung heute allg. M, vgl. KK-*R. Müller* 8; KMR-*Müller* 2; LR-*Meyer-Goßner*[23] 15; *Eb. Schmidt* § 195, 6; *Feisenberger* § 196, 1; früher a. A z. B. *Keller* Strafprozeßordnung (1878) § 193, 6.

[41] I. d. F. des Opferschutzgesetzes vom 18. 12. 1986 (BGBl. I 2496).

berechtigt ist. Diese Vorschrift gewährt lediglich ein Anwesenheitsrecht und verweist zwar auf § 168 c Abs. 5, nicht aber auf § 168 d Abs. 2[42]. In diesen Fällen entscheidet der Richter nach pflichtgemäßem Ermessen, ob und in welchem Umfang er den benannten Sachverständigen die Teilnahme gestatten will.

g) Beschwerde. Gegen die Ablehnung des Antrags auf Ladung des Sachverständi- **20** gen steht dem Beschuldigten trotz der Möglichkeit der eigenen Ladung und der unmittelbaren Gestellung die (einfache) Beschwerde zu, ebenso ihm und dem Sachverständigen, soweit dieser nach Absatz 2 Satz 2 oder mangels Sachverständigeneigenschaft (Rdn. 17) von der Teilnahme ausgeschlossen wird[43]. Die Beschwerde hat jedoch keine aufschiebende Wirkung; sie wird daher wegen prozessualer Überholung gegenstandslos, wenn über sie erst nach Abschluß des Augenscheinstermins zu entscheiden ist[44].

h) Mit der **Revision** können Verstöße gegen Absatz 2 in keinem Fall geltend ge- **21** macht werden, da das Urteil auf ihnen nicht beruhen kann.

---

[42] Vgl. auch RegEntw. BTDrucks. 10 5305, S. 20, wo ausdrücklich allein auf § 168 d Abs. 1 hingewiesen wird; anders früher zu § 195 für den Nebenkläger *Eb. Schmidt* § 195, 6.

[43] KK-*R. Müller* 9; KMR-*Müller* 6; *Alsberg/Nüse/Meyer* 342.

[44] KK-*R. Müller* 9; *Alsberg/Nüse/Meyer* 342; vgl. Vor § 304, 8 ff; § 304, 36.

§ 169

(1) [1]In Sachen, die nach § 120 des Gerichtsverfassungsgesetzes zur Zuständigkeit des Oberlandesgerichts im ersten Rechtszug gehören, können die im vorbereitenden Verfahren dem Richter beim Amtsgericht obliegenden Geschäfte auch durch Ermittlungsrichter dieses Oberlandesgerichts wahrgenommen werden. [2]Führt der Generalbundesanwalt die Ermittlungen, so sind an deren Stelle Ermittlungsrichter des Bundesgerichtshofes zuständig.

(2) Der für eine Sache zuständige Ermittlungsrichter des Oberlandesgerichts kann Untersuchungshandlungen auch dann anordnen, wenn sie nicht im Bezirk dieses Gerichts vorzunehmen sind.

Schrifttum. *Fischer* Die Einführung eines zweiten Rechtszuges in Staatsschutz-Strafsachen, NJW **1969** 449; *Kohlhaas* Das Gesetz über die Einführung eines zweiten Rechtszuges in Staatsschutzsachen, NJW **1970** 20; *Martin* Zur allgemeinen Einführung eines zweiten Rechtszugs in Staatsschutz-Strafsachen, NJW **1969** 713.

Entstehungsgeschichte. Die Vorschrift wurde durch Art. 4 Nr. 3 des 1. StRÄndG als § 168 a in die Strafprozeßordnung eingefügt. Sie bestimmte zunächst in Absatz 1, daß in den zur Zuständigkeit des Bundesgerichtshofes im ersten Rechtszug gehörenden Sachen die im vorbereitenden Verfahren dem Amtsrichter obliegenden Geschäfte auch durch einen oder mehrere Ermittlungsrichter des Bundesgerichtshofes wahrgenommen werden konnten. Absatz 2 wies dem Präsidenten des Bundesgerichtshofes die Bestellung der Ermittlungsrichter und die Regelung der Geschäftsverteilung für die Dauer eines Jahres zu; in Absatz 2 Satz 2 war bestimmt, daß jedes Mitglied eines deutschen Gerichts und jeder Amtsrichter zum Ermittlungsrichter bestellt werden konnte. Durch Art. 2 Nr. 5 StaatsschStrafsG 1969 wurde die Vorschrift in vier Absätze gegliedert, wobei der heutige Absatz 2 Absatz 4 war, Absatz 1 die heutige Form erhielt, in Absatz 2 bestimmt war, daß zu Ermittlungsrichtern des Oberlandesgerichts Mitglieder des Oberlandesgerichts und zu Ermittlungsrichtern des Bundesgerichtshofes Mitglieder dieses Gerichts zu bestellen seien und Absatz 3 die Bestellung und die Regelung der Geschäftsverteilung durch die Präsidien der zuständigen Gerichte anordnete. Durch das PräsVerfG wurden die gerichtsverfassungsrechtlichen Regelungen dieser Absätze in das GVG (vgl. § 21 e Abs. 1 Satz 1, § 116 Abs. 1 Satz 2, § 130 Abs. 1 GVG) übertragen; Art. IV Nr. 2 dieses Gesetzes gab der Vorschrift die heutige Fassung. Durch Art. 1 Nr. 51 des 1. StVRG erhielt sie die Bezeichnung § 169; zugleich wurde in Absatz 1 Satz 1 das Wort „Amtsrichter" durch die Worte „Richter beim Amtsgericht" ersetzt.

Übersicht

Peter Rieß

1   **1. Bedeutung.** Die Regelung begründet in den sog. Staatsschutz-Strafsachen, für die nach § 120 Abs. 1, 2 GVG als erkennendes Gericht des ersten Rechtszuges das Oberlandesgericht zuständig wäre, für richterliche Maßnahmen im Ermittlungsverfahren neben der Zuständigkeit des Richters beim Amtsgericht (§ 162) eine zusätzliche Zuständigkeit besonderer Ermittlungsrichter des Oberlandesgerichts oder des Bundesgerichtshofes, je nachdem, ob die Staatsanwaltschaft beim Oberlandesgericht oder der Generalbundesanwalt die Ermittlungen führt. Sie dient den gleichen Zielen, die für die Ermittlungskonzentration beim Generalbundesanwalt oder dem Generalstaatsanwalt bei dem nach § 120 GVG zuständigen Oberlandesgericht und für die Entscheidungskonzentration bei diesem maßgebend sind, insbesondere dem Gesichtspunkt der Spezialisierung und der besonderen Sachkunde[1].

2   **2. Die Ermittlungsrichter** des **Oberlandesgerichts** werden gemäß § 116 GVG aus dem Kreis der Richter des nach § 120 GVG zuständigen Oberlandesgerichts oder der Mitglieder eines anderen, zum Bezirk dieses Oberlandesgerichts (§ 120 Abs. 1, Abs. 5 Satz 2 GVG) gehörenden Oberlandesgerichts bestellt. In **Bayern** sind Ermittlungsrichter des Obersten Landesgerichts zu bestellen[2]. Ob auch an das Oberlandesgericht abgeordnete (vgl. § 37 DRiG) Richter eines anderen Gerichts bestellt werden können, ist umstritten[3]. Werden mehrere Ermittlungsrichter bestellt, so sind die Geschäfte unter ihnen vom Präsidium zu verteilen (§ 21 e Abs. 1 Satz 1 GVG, vgl. Rdn. 9). Zu Ermittlungsrichtern des **Bundesgerichtshofes** können nur Richter am Bundesgerichtshof bestellt werden[4]. Ihre Zahl bestimmt der Bundesminister der Justiz (§ 130 Abs. 2 GVG); die Auswahl der Richter und die Verteilung der Geschäfte unter ihnen obliegt dem Präsidium (§ 21 e Abs. 1 GVG).

    3. Zuständigkeit
3   **a) Allgemeines.** Die nach § 169 bestellten Ermittlungsrichter sind nur zuständig, wenn das Oberlandesgericht nach § 120 Abs. 1, Abs. 2 Satz 1 GVG im ersten Rechtszug zuständig wäre. Dies ist immer dann der Fall, wenn der Generalbundesanwalt nach § 142 a GVG die Ermittlungen führt. Hat er das Verfahren nach § 142 a Abs. 2 GVG an die Landesstaatsanwaltschaft abgegeben, so besteht die Zuständigkeit der Ermittlungsrichter des Oberlandesgerichts, wenn der Generalstaatsanwalt beim Oberlandesgericht zuständig wird. In Sachen, die zur Zuständigkeit der sog. **Staatsschutz-Strafkammer nach § 74 a GVG** gehören würden, besteht eine Zuständigkeit der Ermittlungsrichter des Bundesgerichtshofes nur, solange der Generalbundesanwalt die Verfolgung nach § 74 a Abs. 2 GVG übernommen hat; eine solche der Ermittlungsrichter des Oberlandesgerichts besteht in keinem Fall.

4   In diesem Rahmen umfaßt die Zuständigkeit der Ermittlungsrichter **alle Geschäfte**, die sonst **im vorbereitenden Verfahren** dem Richter beim Amtsgericht übertragen sind, also namentlich die Anordnung von Zwangsmaßnahmen, richterliche Vernehmungen und Augenscheinseinnahmen (vgl. näher die Erl. zu § 162) sowie die Aufgaben des Haftrichters (§ 125 Abs. 1). Auch diese Ermittlungsrichter können aber nicht allge-

---

[1] Vgl. ausführlich KK-*R. Müller* 1; LR-*Meyer-Goßner*[23] 1 (auch zur Auswahl der Ermittlungsrichter).
[2] § 9 Satz 2 EGGVG in Vbdg. mit Art. 22 Nr. 1 BayAGGVG.
[3] Bejahend KK-*Salger* § 116, 5 GVG; LR-*K.*

Schäfer[23] § 116, 2 GVG; verneinend *Kissel* § 116, 21.
[4] Dazu kritisch *Fischer* NJW **1969** 452 ff; *Roxin*[19] § 10 B II 1 b; *Kohlhaas* **1970** 22 (wegen der damals noch vorhandenen Voruntersuchung); befürwortend *Martin* NJW **1969** 715.

mein um die Durchführung von Ermittlungen ersucht werden, sondern nur um die Vornahme bestimmter Untersuchungshandlungen[5]. Ihnen steht auch die Befugnis zur Tätigkeit als **Notstaatsanwalt gemäß § 165** zu[6], umgekehrt ist aber auch in diesen Fällen der Richter beim Amtsgericht ggf. zum Einschreiten nach § 165 verpflichtet[7]. Als **ersuchte Richter** zu Beweiserhebungen nach den §§ 202, 223, 369 können die Ermittlungsrichter nach § 169 **nicht herangezogen** werden, da es sich insoweit nicht um Tätigkeiten im vorbereitenden Verfahren handelt[8].

b) Ermittlungsrichter des Bundesgerichtshofes und des Oberlandesgerichts. Der **5** Ermittlungsrichter des **Bundesgerichtshofes** ist zuständig, wenn und solange der Generalbundesanwalt die Ermittlungen nach § 142 a GVG führt. Seine **Zuständigkeit beginnt**, sobald der Generalbundesanwalt wegen einer der in § 120 Abs. 1 GVG bezeichneten Straftaten ermittelt oder eine Sache nach § 74 a Abs. 2 GVG an sich zieht. Sie **endet** mit der Abgabe der Sache an die Landesstaatsanwaltschaft nach § 142 a Abs. 2 oder Abs. 4 GVG[9], doch bleiben die von ihm getroffenen Anordnungen bis zu ihrer Aufhebung durch den nunmehr zuständigen Richter wirksam[10]. Der **Ermittlungsrichter des Oberlandesgerichts** ist nur zuständig, wenn und solange der Generalstaatsanwalt beim Oberlandesgericht die Ermittlungen führt; die Zuständigkeit beginnt also in den Fällen des § 142 a GVG mit der Abgabe der Sache durch den Generalbundesanwalt. In allen Fällen endet die Zuständigkeit mit der Erhebung der öffentlichen Klage[11]. Wegen des Übergangs der **Haftzuständigkeit** bei einem Zuständigkeitswechsel zwischen den Ermittlungsrichtern s. § 126, 8 f.

Bei **Streit über die Zuständigkeit** zwischen dem Ermittlungsrichter des Bundesge- **6** richtshofes und dem des Oberlandesgerichts (oder dem Richter beim Amtsgericht) entscheidet hierüber analog § 14 der Bundesgerichtshof[12].

c) Die **Zuständigkeit des Richters beim Amtsgericht** nach § 125 Abs. 1, § 162 **7** bleibt neben der der Ermittlungsrichter nach § 169 erhalten; er muß also ggf. auch auf Antrag des Generalbundesanwalts tätig werden. Sachgerecht dürfte allerdings die Einschaltung dieses Richters nur dann sein, wenn es sich um einzelne, wenig bedeutsame Untersuchungshandlungen handelt[13], etwa um eine einzelne richterliche Vernehmung am Sitz dieses Richters.

4. Befugnisse. Den Ermittlungsrichtern nach § 169 stehen alle Befugnisse zu, die **8** dem Richter im vorbereitenden Verfahren nach den jeweiligen Bestimmungen zukommen. Sie können dagegen nicht tätig werden, soweit bereits im vorbereitenden Verfahren das für die Eröffnung des Hauptverfahrens zuständige Gericht entscheiden muß (vgl. z. B. §§ 81, 153 ff). Sie können im gesamten Bundesgebiet tätig werden und an allen Orten richterliche Untersuchungshandlungen anordnen oder durchführen. Für den Ermittlungsrichter des Bundesgerichtshofes ergibt sich das daraus, daß sein Amtsbereich das ganze Bundesgebiet umfaßt, für die Ermittlungsrichter des Oberlandesgerichts ist es in Absatz 2 ausdrücklich bestimmt. Die Einschränkungen des § 166 Abs. 1 GVG gelten

---

[5] *Eb. Schmidt* § 168 a, 6; vgl. näher bei § 162.

[6] KMR-*Müller* 3; LR-*Meyer-Goßner*[23] 8; *Eb. Schmidt* § 168, 5.

[7] KK-*R. Müller* 8; *Kleinknecht/Meyer*[37] 4.

[8] **A. A** für § 223 *Eb. Schmidt* § 168 a, 7.

[9] BGH NJW **1973** 475.

[10] KK-*R. Müller* 3 a. E.

[11] Vgl. BGHSt **27** 253; zur allgemein umstritte-

nen Frage, ob im Zwischenverfahren bei Ermittlungshandlungen auf Antrag der Staatsanwaltschaft der Ermittlungsrichter zuständig ist, vgl. mit weit. Nachw. § 202, 6.

[12] BGH NJW **1973** 475; vgl. BGHSt **18** 381.

[13] *Kleinknecht/Meyer*[37] 4; *Eb. Schmidt* § 168 a, 4.

Peter Rieß

in diesen Fällen nicht[14]. Der Ermittlungsrichter kann auch den jeweils örtlich zuständigen Richter beim Amtsgericht nach § 157 GVG im Wege der Rechtshilfe um die **Vornahme** einzelner Untersuchungshandlungen **ersuchen**[15].

9   Sind **mehrere Ermittlungsrichter** bestellt, so sind die Aufgaben unter ihnen nach § 21 e GVG nach sachlichen oder örtlichen Merkmalen aufzuteilen. Wird ein Ermittlungsrichter außerhalb des ihm dadurch zugewiesenen Aufgabenbereichs tätig, so berührt das Abweichen von dieser internen Geschäftsverteilung nicht die Wirksamkeit seiner Maßnahmen (§ 22 d GVG analog)[16].

10   **5. Anfechtung.** Die Entscheidungen des Ermittlungsrichters nach § 169 können grundsätzlich mit der Beschwerde angefochten werden (§ 304 Abs. 1). Jedoch unterliegt die Zulässigkeit der Beschwerde gegen Entscheidungen des Ermittlungsrichters beim Bundesgerichtshof den Beschränkungen des § 305 Abs. 5 (s. i. E die dort Erl.). Für die Beschwerde gegen Entscheidungen des Ermittlungsrichters beim Oberlandesgericht gilt § 304 Abs. 5 nicht[17]; die Bestimmung ist auf diese auch nicht analog anwendbar[18].

11   **Zuständig** für die Beschwerde gegen Entscheidungen des Ermittlungsrichters beim Oberlandesgericht ist der Strafsenat des gemäß § 120 GVG zuständigen **Oberlandesgerichts** in der Besetzung nach § 122 Abs. 1 GVG. Gleiches gilt, soweit die Oberlandesgerichte im ersten Rechtszug zuständig sind, für Entscheidungen des nach § 162 tätigen Richters beim Amtsgericht (§ 120 Abs. 3 Satz 1 GVG). Über Beschwerden gegen Entscheidungen des Ermittlungsrichters beim Bundesgerichtshof entscheidet ein Strafsenat des **Bundesgerichtshofes** (§ 135 Abs. 2 GVG) in der Besetzung nach § 139 Abs. 2 GVG. Jedoch entfällt die Beschwerdezuständigkeit des Bundesgerichtshofes auch in diesen Fällen, sobald der Generalbundesanwalt die Sache an die Landesstaatsanwaltschaft abgegeben hat[19] oder wenn die öffentliche Klage erhoben ist[20].

§ 169 a

Erwägt die Staatsanwaltschaft, die öffentliche Klage zu erheben, so vermerkt sie den Abschluß der Ermittlungen in den Akten.

Entstehungsgeschichte. Die Vorschrift wurde als Teil des staatsanwaltschaftlichen Schlußgehörs (§§ 169 a bis 169 c)[1] durch Art. 2 Nr. 1 des StPÄG 1964 eingefügt. In diesem ursprünglichen Zusammenhang bestimmt der damalige Absatz 2, daß (außer bei beabsichtigter Anklageerhebung vor dem Strafrichter) der Abschluß der Ermittlungen dem Beschuldigten mit der Anheimgabe mitzuteilen war, Einwendungen gegen die beab-

---

[14] § 166 Abs. 2 GVG; dazu *Martin* NJW **1969** 716 Fußn. 10.

[15] *Kleinknecht/Meyer*[37] 5.

[16] KK-*R. Müller* 7; KMR-*Müller* 5; LR-*Meyer-Goßner*[23] 11; vgl. auch *Kleinknecht/Meyer*[37] 6 (Absatz 2 analog für den Fall örtlicher Aufteilung).

[17] Nach Art. 1 Nr. 22 StVÄGE 1984 soll die Einschränkung auf die Ermittlungsrichter des Oberlandesgerichts erweitert werden.

[18] *Kleinknecht/Meyer*[37] § 304, 16; a. A OLG Hamburg NStZ **1982** 130 mit abl. Anm. *Rieß* = JR **1982** 302 mit abl. Anm. *Fezer*.

[19] BGH NJW **1973** 417; *Kleinknecht/Meyer*[37] 7; vgl. auch *Rieß* NStZ **1982** 131.

[20] BGHSt **27** 253; vgl. auch BGHSt **29** 200.

[1] Letzte Kommentierung der ursprünglichen §§ 169 a bis 169 c in der 22. Auflage.

sichtigte Klageerhebung zu erheben oder einzelne Beweiserhebungen zu beantragen. Die §§ 169 b, 169 c regelten die auf entsprechenden Antrag teils obligatorische, teils fakultative Gewährung eines mündlichen Schlußgehörs und die Ausnahmen hiervon. Bei der Beseitigung des Schlußgehörs durch Art. 1 Nr. 52 bis 54 des 1. StVRG[2] blieb allein der ursprüngliche § 169 a Abs. 1, von einer redaktionellen, durch den Wegfall der gerichtlichen Voruntersuchung bedingten Änderung[3] abgesehen, unverändert erhalten.

Übersicht

1. Bedeutung. Die Verpflichtung, den Abschluß der Ermittlungen in den Akten **1** zu vermerken, ist nach der Beseitigung des Schlußgehörs (s. Entstehungsgeschichte) nur noch von geringer Bedeutung[4]. Mit dem Abschlußvermerk dokumentiert die Staatsanwaltschaft, daß sie aus ihrer Sicht die Erforschung des Sachverhalts im Sinne des § 160 Abs. 1 für abgeschlossen und das Verfahren für abschlußreif im Sinne des § 170 hält. Dogmatisch läßt sich daher der Vorschrift die Funktion entnehmen, das Ermittlungsverfahren in einen Ermittlungsteil und einen Entschließungsteil zu trennen[5], wenn auch dadurch weitere Ermittlungen nicht ausgeschlossen werden. Ferner knüpfen an den Abschlußvermerk die Wirkungen des § 141 Abs. 3 Satz 2 und des § 147 Abs. 6 (Rdn. 6).

2. Anwendungsbereich

a) Erhebung der öffentlichen Klage. Der Abschlußvermerk ist in allen Fällen der **2** Erhebung der öffentlichen Klage erforderlich, also bei Einreichung einer Anklage, beim Antrag auf Aburteilung im beschleunigten Verfahren und im vereinfachten Jugendverfahren und beim Strafbefehlsantrag[6], ebenso bei Einreichung des Antrags im Sicherungsverfahren nach den §§ 413 ff (§ 414 Abs. 2 Satz 1)[7]. Bei einer **Nachtragsanklage** gemäß § 266 ist er jedenfalls dann möglich und auch erforderlich, wenn ihrer Erhebung aktenmäßig niedergelegte Ermittlungen der Strafverfolgungsbehörden vorangegangen

---

[2] Vgl. dazu Einl. Kap. 3 unter VII; **5**; *Rieß* FS Kleinknecht (1985) 362. Nach dem Vorschlag des RegEntw. 1. StVRG (BTDrucks. 7 551, S. 8, 77) sollten Schlußanhörung und Schlußgehör lediglich eingeschränkt werden; die völlige Beseitigung ist erst im Bundestag beschlossen worden, wobei der schriftliche Bericht des RAussch. (BTDrucks. 7 2600, S. 6) keinen Aufschluß über die Gründe für die Beibehaltung des § 169 a Abs. 1 gibt.

[3] In der ursprünglichen Fassung folgten auf die Worte „öffentliche Klage" die Worte „durch Einreichung einer Anklageschrift",

um den Antrag auf gerichtliche Voruntersuchung auszunehmen.

[4] Vgl. *Peters*[4] § 23 IV 1 b (S. 161) („wirkt wie eine Ruine").

[5] So LR-*Meyer-Goßner*[23] **5**; ebenso *Kleinknecht/Meyer*[37] 1; *Gössel* § 10 B I a; *Roxin*[19] § 37 C III.

[6] Für beschleunigtes Verfahren und Strafbefehl ergab sich dies bis 1975 aus der damaligen ausdrücklichen Regelung in den früheren § 212 Abs. 2 und § 407 Abs. 4 (vgl. die Kommentierung in der 22. Aufl.).

[7] KMR-*Müller* 1.

sind[8]. Ordnet im Klageerzwingungsverfahren das Oberlandesgericht nach § 175 die Anklageerhebung an, so hat die Staatsanwaltschaft den Abschlußvermerk anzubringen, bevor sie die Klage erhebt[9].

3   b) Bei einer **Einstellung des Verfahrens** ist der Abschlußvermerk gesetzlich nicht vorgeschrieben, aber nicht unzulässig. Entschließt sich die Staatsanwaltschaft trotz ursprünglich beabsichtigter Klageerhebung und dadurch veranlaßten Abschlußvermerks noch zur Verfahrenseinstellung, so bleiben die Wirkungen des Vermerks erhalten. Der Abschlußvermerk ist jedoch **vor Anwendung des § 153 a Abs. 1 erforderlich**, also bevor die erforderlichen Zustimmungen zur Erteilung der Auflagen oder Weisungen eingeholt werden[10]. Das ergibt sich zwar nicht, wenn man nicht an das Wort „erwägt" anknüpfen will, aus dem Wortlaut der Vorschrift, jedoch aus dem systematischen Gesamtzusammenhang, der eine mindestens analoge Anwendung des § 169 a gebietet. Denn die Anwendung des § 153 a setzt die Durchermittlung voraus und erfordert einen anklagereifen Sachverhalt (§ 153 a, 32), und es muß auch gewährleistet sein, daß der Beschuldigte seine Zustimmung zu den Auflagen und Weisungen auf der Grundlage eines uneingeschränkten Akteneinsichtsrechts erteilen kann.

4   3. Der **Abschluß der Ermittlungen** ist eingetreten, sobald die Staatsanwaltschaft den Sachverhalt soweit als aufgeklärt ansieht, daß sie eine auf Klageerhebung oder Anwendung des § 153 a Abs. 1 gerichtete Abschlußverfügung erlassen könnte; es muß also auch der Beschuldigte im Sinne des § 163 a Abs. 1 vernommen worden sein. Bei **mehreren Beschuldigten** sind die Ermittlungen im allgemeinen erst abgeschlossen, wenn für alle Abschlußreife eingetreten ist[11]; soll jedoch gegen einzelne Beschuldigte vorweg (unter Abtrennung des Verfahrens) Klage erhoben werden, so ist insoweit der Abschlußvermerk anzubringen. Auch nach dem Abschlußvermerk bleiben **weitere Ermittlungen zulässig**; werden sie vorgenommen, so ist nach ihrer Beendigung kein erneuter Abschlußvermerk erforderlich (vgl. auch Rdn. 6).

5   4. **Zeitpunkt und Form.** Aus der Pflicht zur unverzögerten Abschlußverfügung (§ 170, 10) folgt, daß der Abschlußvermerk alsbald nach Eintritt der Abschlußreife anzubringen ist. Es genügt die Form eines datierten und vom Staatsanwalt oder Amtsanwalt unterschriebenen Vermerks in den Akten, der keiner Begründung bedarf. Üblich ist der Satz: „Die Ermittlungen sind abgeschlossen" (vgl. Nr. 109 Abs. 3 RiStBV); andere Formulierungen, die dasselbe besagen, stehen dem gleich.

6   5. **Wirkungen.** Der Abschlußvermerk ist eine Prozeßhandlung, die nicht zurückgenommen werden kann. Eine Prozeßvoraussetzung für das weitere Verfahren stellt er nicht dar[12]. Nach seiner Vornahme ist das Gericht in Fällen notwendiger Verteidigung an den Antrag der Staatsanwaltschaft gebunden, einen Verteidiger zu bestellen (§ 141 Abs. 3 Satz 3), und das Akteneinsichtsrecht kann nicht mehr beschränkt werden (§ 147 Abs. 2). Diese Wirkungen bleiben auch bestehen, wenn die Ermittlungen danach fortge-

---

[8] A. A (Vorschrift gilt nicht) LR-*Meyer-Goßner*[23] 1.

[9] *Kohlhaas* NJW **1965** 1256.

[10] Ebenso LR-*Meyer-Goßner*[23] § 153 a, 50; vgl. *Wissgott* Probleme rechtsstaatlicher Garantien im Ermittlungsverfahren, Diss. Göttingen, 1983, 369, 409.

[11] KK-*R. Müller* 1; *Kleinknecht/Meyer*[37] 2; vgl. Nr. 89 Abs. 2 RiStBV.

[12] KK-*R. Müller* 1; *Kleinknecht/Meyer*[37] 1; LR-*Meyer-Goßner*[23] 7; *Gössel* § 10 B I c.

setzt werden, namentlich darf das Akteneinsichtsrecht auch hinsichtlich der später entstandenen Aktenteile nicht mehr beschränkt werden[13].

6. Mitteilungen. Verfahren nach Abschlußvermerk. Eine Mitteilung des Abschluß-   **7**
vermerks schreibt das Gesetz nicht (mehr) vor. War jedoch wegen Gefährdung des Untersuchungszwecks die Akteneinsicht versagt worden und entfällt diese Beschränkung
erst infolge des Abschlußvermerks, so ist der Verteidiger hiervon zu unterrichten (§ 147
Abs. 6 Satz 2). Auch sonst kann (und sollte in der Regel) die Staatsanwaltschaft einer
Bitte des Beschuldigten (Verteidigers) entsprechen, den Abschluß der Ermittlungen
mitzuteilen[14]. Wird der Beschuldigte (Verteidiger) über den Abschluß der Ermittlungen informiert, so entspricht es mindestens dem Sinn der Regelung, daß — nach vollständiger Akteneinsicht — vor Klageerhebung Gelegenheit zur Äußerung gegeben und
also nicht unmittelbar nach Fertigung des Vermerks Anklage erhoben wird. In allen anderen Fällen braucht mit der Klageerhebung nicht zugewartet zu werden. Der Abschlußvermerk kann deshalb auch in der Verfügung enthalten sein, durch die die Klageerhebung veranlaßt wird[15].

7. Anfechtbarkeit. Fehlender Abschlußvermerk. Der Abschlußvermerk kann we-   **8**
der, schon weil er niemanden beschwert, angefochten[16], noch kann seine Vornahme
durch eine gerichtliche Entscheidung erzwungen werden. Wird ohne Abschlußvermerk
die öffentliche Klage erhoben, so ist das auf das weitere Verfahren ohne Einfluß[17].

§§ 169 a, 169 b

Die Vorschriften, die das mündliche Schlußgehör regelten (vgl. Entstehungsgeschichte bei § 169 a) wurden durch Art. 2 Nr. 1 StPÄG 1964 eingeführt und durch Art. 1
Nr. 53, 54 des 1. StVRG wieder aufgehoben.

§ 170

(1) Bieten die Ermittlungen genügenden Anlaß zur Erhebung der öffentlichen Klage,
so erhebt die Staatsanwaltschaft sie durch Einreichung einer Anklageschrift bei dem zuständigen Gericht.

(2) [1]Andernfalls stellt die Staatsanwaltschaft das Verfahren ein. [2]Hiervon setzt sie
den Beschuldigten in Kenntnis, wenn er als solcher vernommen worden ist oder ein
Haftbefehl gegen ihn erlassen war; dasselbe gilt, wenn er um einen Bescheid gebeten hat
oder wenn ein besonderes Interesse an der Bekanntgabe ersichtlich ist.

---

[13] *Kleinknecht/Meyer*[37] 2; *Eb. Schmidt* Nachtr.
I 6; a. A *Kohlhaas* NJW **1965** 1256 und LR[22] 4.
[14] Ebenso LR-*Meyer-Goßner*[23] 8.
[15] Vgl. die Beispiele bei *Rahn* Mustertexte
zum Strafprozeß[3] (1982) 107; *Weiland* JuS
1983 120.

[16] *Kleinknecht/Meyer*[37] 1; *Gössel* § 10 B I c.
[17] *Gössel* § 10 B I c; vgl. auch BGH NJW **1967**
1869.

Schrifttum. *Bader* Zur Mitteilung der Einstellungsverfügung an den Beschuldigten, SJZ **1949** 722; *Blankenburg/Sessar/Steffen* Die Staatsanwaltschaft im Prozeß strafrechtlicher Sozialkontrolle (1978); *Blomeyer* Zur Haftung des Staates für Fehler des Staatsanwalts, JZ **1970** 715; *Bloy* Zur Systematik der Einstellungsgründe im Strafverfahren, GA **1980** 161; *Bottke* Zur Anklagepflicht der Staatsanwaltschaft, GA **1980** 298; *Hilger* Über die Pflicht der Staatsanwaltschaft zur unverzögerten Einstellung gemäß § 170 Abs. 2 StPO, JR **1985** 93; *von Hindte* Die Verdachtsgrade im Strafverfahren, Diss. Kiel, 1973; *Loos* Probleme der beschränkten Sperrwirkung strafprozessualer Entscheidungen, JZ **1978** 592; *Lüttger* Der „genügende Anlaß" zur Erhebung der öffentlichen Klage, GA **1957** 193; *Neu-Berlitz* Bestandskraft der Einstellungsverfügung nach § 170 II 1, Diss. Münster, 1983; *Sailer* Anklageerhebung und Gleichbehandlung, NJW **1977** 1138; *Schäfer, Helmut* Das Recht eines früheren Beschuldigten auf Akteneinsicht und das Geheimhaltungsinteresse des öffentlichen Dienstes, MDR **1984** 454; *Steffen* Haftung für Amtspflichtverletzungen des Staatsanwalts, DRiZ **1972** 153; *Tiedemann* Strafanzeigen durch Behörden und Rehabilitation Verdächtiger, JR **1964** 5; *Zettel* Einstellungsverfügungen und -beschlüsse beim Zusammentreffen von Straftaten und Ordnungswidrigkeiten, MDR **1978** 531.

Entstehungsgeschichte. Die Vorschrift hatte ursprünglich folgenden Wortlaut:

(1) Bieten die angestellten Ermittlungen genügenden Anlaß zur Erhebung der öffentlichen Klage, so erhebt die Staatsanwaltschaft dieselbe entweder durch einen Antrag auf gerichtliche Voruntersuchung oder durch Einreichung einer Anklageschrift bei dem Gerichte.

(2) Andernfalls verfügt die Staatsanwaltschaft die Einstellung des Verfahrens und setzt hiervon den Beschuldigten in Kenntnis, wenn er als solcher vom Richter vernommen oder ein Haftbefehl gegen ihn erlassen war.

Sie blieb, abgesehen von geringfügigen sprachlichen Änderungen in Absatz 1 durch das VereinhG, sachlich bis zum 3. StRÄndG unverändert, das dem Absatz 2 seine jetzige Fassung gab (Art. 4 Nr. 23). Art. 1 Nr. 55 des 1. StVRG gab in Zusammenhang mit der Abschaffung der gerichtlichen Voruntersuchung dem Absatz 1 seine heutige Fassung. Bezeichnung bis 1924: § 168.

Übersicht

Stand: 1. 9. 1986

I. Allgemeines

1. Bedeutung und Inhalt. Die Vorschrift regelt die von der Staatsanwaltschaft am **1** Ende des Ermittlungsverfahrens zu treffende **Abschlußentscheidung**[1]. Sie schreibt vor, bei Entscheidungsreife das Ermittlungsverfahren entweder durch Klageerhebung (Absatz 1) oder durch Verfahrenseinstellung (Absatz 2) zu beenden, und verwendet als Entscheidungskriterium für die Wahl zwischen diesen beiden Alternativen den Begriff des „genügenden Anlasses" (näher Rdn. 18 ff). Weil Absatz 1 bei dessen Vorliegen der Staatsanwaltschaft die Klageerhebung zur Pflicht macht, ist die Vorschrift Ausprägung des Legalitätsprinzips; sie konkretisiert und präzisiert den in § 152 Abs. 2 verwendeten Begriff des „Einschreitens" (vgl. § 152, 32 ff) nach der Sachverhaltserforschung (§ 160 Abs. 1). § 170 regelt weiter, daß die Abschlußentscheidung von der Staatsanwaltschaft zu treffen ist[2]; daß die Klageerhebung regelmäßig (vgl. aber Rdn. 15) in der Form einer bei Gericht einzureichenden Anklageschrift vorgenommen wird und daß die Verfahrenseinstellung unter bestimmten Voraussetzungen dem Beschuldigten bekanntzugeben ist (Absatz 2 Satz 2). Was notwendiger Inhalt der Anklageschrift ist, bestimmt § 200; die Unterrichtung des Anzeigenden von der Einstellung ist in § 171 geregelt.

Die Vorschrift hat nur den **normalen Verfahrensgang** im Auge. Jedenfalls in **2** ihrem ursprünglichen Sinngehalt (vgl. aber Rdn. 19) erfaßt sie mit dem Merkmal des „genügenden Anlasses" und seines Fehlens nicht die Fälle der Nichtverfolgung aufgrund von Begrenzungen des Legalitätsprinzips nach den §§ 153 ff, und sie erwähnt auch nicht die Erhebung der öffentlichen Klage auf andere Weise als durch Einreichung einer Anklageschrift (näher Rdn. 15). Nach der **vollständigen gesetzlichen Regelung über die Abschlußentscheidung** unter Einbeziehung dieser Möglichkeiten ist die Staatsanwaltschaft verpflichtet, durch eine gesetzlich vorgesehene Entscheidung das Ermittlungsverfahren zu beenden, sobald der ermittelte Sachverhalt dies zuläßt. Dazu bedarf es regelmäßig einer Sachverhaltserforschung (§ 160 Abs. 1), die eine Beurteilung des hinreichenden Tatverdachts im Sinne des § 203 (§ 203, 6 ff) ermöglicht. Der Sachverhalt braucht jedoch nicht vollständig erforscht zu werden, wenn bereits aufgrund eines geringeren Erkenntnisstandes eine gesetzlich mögliche verfahrensbeendende Entscheidung getroffen werden kann[3]. Bei **vorübergehenden Hindernissen** ist das Ermittlungsverfahren in entsprechender Anwendung des § 205 vorläufig einzustellen (§ 205, 4).

Der Staatsanwaltschaft steht zwar namentlich bei der Frage, ob genügender **3** Anlaß zur Klageerhebung vorliegt, kein Ermessen zu (Rdn. 14). Sie hat aber hierbei, ebenso wie bei der Entscheidung über die Dosierung der Ermittlungsintensität, der Art der Klageerhebung und der Anwendung der §§ 153 ff, erhebliche **Beurteilungsspielräu-**

---

[1] Bis zur Abschaffung der gerichtlichen Voruntersuchung bezog sie sich auch auf deren Einleitung und damit die Fortführung des Ermittlungsverfahrens in der Hand des Untersuchungsrichters; vgl. *Eb. Schmidt* 8.

[2] Vgl. auch § 152 Abs. 1; zu den Ausnahmen s. Rdn. 5.
[3] Vgl. z. B. § 153 Abs. 1; § 153 c Abs. 1; § 153 d Abs. 1; § 154 Abs. 1; § 376.

Peter Rieß

me, die nach neueren empirischen Untersuchungen in erster Linie deliktspezifisch und nach antizipierten Aufklärungswahrscheinlichkeiten ausgefüllt werden[4]. Die Abschlußverfügung der Staatsanwaltschaft ist deshalb keine bloße Subsumtion, sondern läßt sich, namentlich unter Einbeziehung der durch § 153 a Abs. 1 eröffneten Möglichkeiten, als ein in gewisser Weise mit der richterlichen Entscheidung durch Urteil verwandter **sozialer Gestaltungsakt** interpretieren[5]; teilweise wird die Staatsanwaltschaft in Hinblick auf die Handhabung dieser Spielräume bei ihrer Abschlußentscheidung als spezielle **Diversionsinstanz** angesehen[6].

4   Nach den vorhandenen **statistischen Erkenntnissen**[7] überwiegt bei der Abschlußentscheidung der Staatsanwaltschaft die Verfahrenseinstellung. So wurden 1985 50,0% der Verfahren eingestellt und in 36,2% die öffentliche Klage erhoben[8]. Von den Einstellungen beruhten 56,9% (= 28,5% aller Verfahren) auf § 170 Abs. 2 und 43,1% (= 21,5% aller Verfahren) auf den §§ 153 ff, 376, § 45 JGG. Von den Klageerhebungen waren 46,3% (= 16,7% aller Verfahren) Anklagen, 46,0% (= 16,7% aller Verfahren) Strafbefehlsanträge und 7,7% (= 2,8% aller Verfahren) andere Formen der Erhebung der öffentlichen Klage.

5   **2. Zuständigkeit.** Zur Abschlußverfügung nach § 170 ist regelmäßig nur die Staatsanwaltschaft, nie die Polizei befugt. In Steuerstrafsachen (§ 386 Abs. 2 AO) kann die Finanzbehörde, wenn sie das Verfahren selbständig führt (§ 399 Abs. 1 AO), das Verfahren nach § 170 Abs. 2 einstellen; die öffentliche Klage nach § 170 Abs. 1 kann sie nur in der Form des Strafbefehlsantrags erheben (§ 400 AO).

3. Ermittlungen
6   **a) Erforderlichkeit.** § 170 geht davon aus, daß der Abschlußentscheidung regelmäßig Ermittlungen zur Aufklärung des Sachverhalts vorangegangen sind, und zwar entweder durch die Staatsanwaltschaft selbst (§ 160 Abs. 1) oder durch die Polizei (§ 161 Satz 1, § 163). Im allgemeinen bedarf es aufgrund des Anfangsverdachts einer weiteren nachforschenden Tätigkeit, um die Voraussetzungen für die Abschlußentscheidung beurteilen zu können. Über die Möglichkeiten der Sachverhaltserforschung sowie über Art und Umfang der Ermittlungen s. die Erl. zu § 160.

7   Jedoch kann eine **Abschlußverfügung** auch **ohne Ermittlungen** im Sinne des § 160 Abs. 1 getroffen werden, namentlich, wie sich auch aus § 171 ergibt, bei einer Verfahrenseinstellung. Dies ist stets dann möglich, wenn bereits bei Einleitung des Ermittlungsverfahrens beurteilt werden kann, daß die Voraussetzungen einer zulässigen Abschlußentscheidung vorliegen. Für die **Erhebung der** öffentlichen **Klage** kommen hierfür z. B. Fälle in Betracht, in denen der Staatsanwaltschaft mit einer Strafanzeige, etwa durch eine Verwaltungsbehörde, zugleich ein vollständig bis zur Anklagereife ausermittelter Sachverhalt mitgeteilt wird. Doch muß in solchen Fällen stets noch eine Äußerung des Beschuldigten nach § 163 a Abs. 1 ermöglicht werden und es werden regelmäßig auch noch die sanktionsrelevanten Umstände (§ 160 Abs. 3 Satz 1) aufzuklären sein.

---

[4] Vgl. dazu u. a. *Blankenburg/Sessar/Steffen* 85, 300; *Eisenberg* Kriminologie[2] §§ 26, 27; *Kotz* 202 f; *Rüping* 101; vgl. auch § 152, 40; *Barton* MSchrKrim. **1980** 206 ff.

[5] *Kunz* KrimJourn. **1984** 39; *Rieß* NStZ **1981** 6 mit weit. Nachw.

[6] *Kerner* in Kerner (Hrsg.) Diversion statt Strafe? (1983) 9; s. auch § 152, 44.

[7] Erledigungsstatistik der Staatsanwaltschaft (ohne Berlin, Hessen, Schleswig-Holstein); vgl. auch § 152, 43; *Eisenberg* Kriminologie[2] § 27, 26 ff.

[8] 13,8% betrafen vorläufige Einstellungen, Abgaben an andere Staatsanwaltschaft und Verwaltungsbehörden usw.

Häufiger wird eine **Verfahrenseinstellung** ohne Ermittlungen möglich sein, insbesondere dann, wenn erkennbar ist, daß das den Strafverfolgungsbehörden durch eine Anzeige zur Kenntnis gebrachte Verhalten nicht strafbar oder nicht verfolgbar ist[9], oder wenn schon bei der Einleitung des Ermittlungsverfahrens deutlich ist, daß die Voraussetzungen der §§ 153, 153 b, 153 c, 154 vorliegen oder bei einem Privatklagedelikt das öffentliche Interesse im Sinne des § 376 fehlt.

b) Umfang. Die Ermittlungen brauchen nur soweit ausgedehnt zu werden, daß **8** der Staatsanwaltschaft eine verfahrensabschließende Entscheidung möglich ist. Dazu bedarf es im Regelfall der Durchermittlung bis zur Anklagereife, also einer Erforschung aller belastenden und entlastenden Umstände, bis die Frage beantwortet werden kann, ob ein hinreichender Tatverdacht besteht (vgl. näher bei § 160). Doch kann, außer in den Fällen des § 153 a (vgl. § 153 a, 31 f), die Anklagereife offenbleiben, wenn mit geringerem Ermittlungsaufwand festgestellt werden kann, daß die Voraussetzungen einer Entscheidung nach den §§ 153 ff oder einer Verweisung auf den Privatklageweg nach § 376 vorliegen. Hierauf können die Ermittlungen zunächst konzentriert werden.

Steht fest, daß die Ermittlungen keinen hinreichenden Tatverdacht begründen **9** können, so ist das Verfahren einzustellen. Ermittlungen, die einen bestehenbleibenden, aber nicht hinreichenden Tatverdacht nur weiter entkräften könnten, sind nicht erforderlich. Es besteht also **keine Pflicht zur Rehabilitation** des Beschuldigten[10], für den nach Einstellung des Verfahrens die Unschuldsvermutung (Art. 6 Abs. 2 MRK) ohne Rücksicht auf die Stärke des verbleibenden Verdachts streitet[11].

Auf das **Fehlen der Schuldfähigkeit** im Sinne des § 20 StGB kann die Einstellung **9a** allerdings erst dann gestützt werden, wenn der hinreichende Verdacht einer rechtswidrigen Tat besteht, und zwar auch dann, wenn kein Sicherungsverfahren in Betracht kommt. Denn die Einstellung wegen fehlender Schuldfähigkeit wird nach § 11 Abs. 1 Nr. 1 BZRG i. d. F. d. Neubek. v. 21. 9. 1984 (BGBl. I 1229) in das Bundeszentralregister eingetragen. Die damit verbundenen diskriminierenden Folgen dürfen einen Beschuldigten nicht treffen, bei dem die Tatbegehung unabhängig von der Frage der Schuldfähigkeit nicht mindestens hinreichend wahrscheinlich ist. Umgekehrt ist es nicht geboten (und wohl nicht einmal zulässig), die Ermittlungen auf die Frage der Schuldunfähigkeit zu erstrecken, wenn im übrigen kein hinreichender Tatverdacht besteht. In solchen Fällen wird das Ermittlungsverfahren nicht eingestellt, weil die Schuldfähigkeit fehlt oder dies nicht auszuschließen ist, sondern aus anderen Gründen. Eine Eintragung nach § 11 Abs. 1 Nr. 1 BZRG kommt deshalb nicht in Betracht.

4. Unverzögerte Abschlußverfügung. Die Entscheidung über die Erhebung der **10** Klage oder die Einstellung des Verfahrens ist unverzüglich zu treffen. Es gilt also nicht nur das Gebot der beschleunigten Durchführung der Ermittlungen (s. bei § 160), sondern auch die Pflicht, nach Anklage- oder Einstellungsreife die Abschlußverfügung alsbald vorzunehmen. Für die Klageerhebung folgt dies aus dem Beschleunigungsgebot (Art. 6 Abs. 1 Satz 1 MRK); für die Einstellung daraus, daß die Verstrickung in ein Ermittlungsverfahren den Beschuldigten in vielfacher Hinsicht belasten kann[12]. Das Ver-

---

[9] *Eb. Schmidt* 28.
[10] LR-*Meyer-Goßner*[23] 36; *Peters*[4] § 50 III 2; *Bottke* StrVert. **1986** 121; *Mörsch* (LV Vor § 158) 50 f; *Kalsbach* (LV zu § 172) 76 f; *Tiedemann* JR **1964** 7; vgl. auch § 153, 33.
[11] **A. A** möglicherweise *Vogler* ZStW **89**

(1977) 785 f (Verdacht müsse in der günstigsten Art der Erledigung beseitigt werden).
[12] Ausführlich *Hilger* JR **1985** 95 f mit weit. Nachw.; vgl. auch *Bottke* StrVert. **1986** 121 (kein *gerichtlich* durchsetzbares Recht auf zügige Bearbeitung).

fahren ist daher bei „Anklagereife" alsbald durch Erhebung der öffentlichen Klage zu fördern, bei „Einstellungsreife" alsbald einzustellen. **Einstellungsreife** liegt vor, wenn realistische und mit zumutbarem Aufwand mögliche Ermittlungshandlungen nicht mehr ersichtlich sind; die vage Hoffnung, daß noch verdachtsbegründende oder verdachtsverstärkende Umstände bekannt werden könnten, hindert sie nicht[13]. Eine grundlose Verzögerung der Abschlußentscheidung kann gegenüber dem Beschuldigten Amtshaftungsansprüche gemäß § 839 BGB auslösen[14].

5. Tatbegriff

11   a) **Einheitliche Abschlußentscheidung.** Die Abschlußentscheidung kann hinsichtlich einer einheitlichen prozessualen Tat im Sinne des § 264 nur einheitlich ergehen[15]; es kann also, unabhängig von der materiellrechtlichen Frage der Tateinheit oder Tatmehrheit, bei *einer* prozessualen Tat nicht wegen einzelner Gesetzesverletzungen Klage erhoben und im übrigen das Verfahren eingestellt werden. Wird (fälschlicherweise oder in Verkennung des Tatumfangs) so verfahren, so wird die gesamte Tat bei Gericht anhängig; die Einstellung ist gegenstandslos, kann aber ggf. in eine Stoffbeschränkung nach § 154 a Abs. 1 umzudeuten sein[16]. Zur Frage des Zusammentreffens von Offizial- und Privatklagedelikt s. § 376, 21 f, zur Bescheidung des Antragstellers s. § 171, 12. Eine unterschiedliche Abschlußentscheidung ist dagegen möglich, wenn einem Beschuldigten mehrere (prozessuale) Taten oder mehreren Beschuldigten eine Mitwirkung an derselben prozessualen Tat vorgeworfen wurde.

12   b) **Zusammentreffen mit Ordnungswidrigkeiten.** Umfaßt die durch die Abschlußentscheidung zu erledigende Tat zugleich eine Ordnungswidrigkeit, so wird diese bei Erhebung der öffentlichen Klage mit anhängig und kann geahndet werden, wenn wegen der Straftat Strafe nicht verhängt wird (§§ 21, 40, 45, 64 OWiG). Verneint die Staatsanwaltschaft den genügenden Anlaß zur Klageerhebung wegen einer Straftat und stellt sie deshalb das Verfahren nach Absatz 2 ein, so gibt sie wegen der Ordnungswidrigkeit das Verfahren nach § 43 OWiG an die Verwaltungsbehörde ab, wenn insoweit mindestens ein Anfangsverdacht besteht[17]. Ebenso kann die Staatsanwaltschaft verfahren, wenn sie bei einem **Privatklagedelikt** das öffentliche Interesse an der Strafverfolgung verneint; sie ist in diesem Fall nicht gezwungen, zugleich die Ordnungswidrigkeit nach § 47 Abs. 1 OWiG einzustellen[18].

13   Erläßt die Verwaltungsbehörde wegen der Ordnungswidrigkeit einen **Bußgeldbescheid und** legt der Betroffene hiergegen **Einspruch** ein, so wird die gesamte Tat einschließlich der Beurteilung unter dem Gesichtspunkt der Straftat rechtshängig. Das

---

[13] *Hilger* JR **1985** 95; teilw. **a. A** *Lüttger* GA **1957** 198 Fußn. 38 (angemessenes Abwarten).

[14] BGHZ **20** 178; BGH (Z) AnwBl. **1958** 152; vgl. *Steffen* DRiZ **1972** 154.

[15] KK-*R. Müller* 19; *Kleinknecht/Meyer*[37] 8; KMR-*Müller* 1; *Eb. Schmidt* 5; *Meyer-Goßner* JR **1977** 216; *Solbach* DRiZ **1977** 181; vgl. auch RGSt **77** 226; OLG Karlsruhe JR **1977** 215; § 172, 13 f.

[16] KG VRS **67** 124 (für den Fall des § 153 Abs. 1).

[17] Näher *Göhler* § 43, 5 ff; vgl. auch § 153, 14 ff.

[18] LG Oldenburg MDR **1981** 421 (= Nds. Rpfl. **1981** 41, dort fälschlich als LG Osnabrück bezeichnet); LR-*Meyer-Goßner*[23] 20; *Göhler* § 43, 10; zweifelnd, wenn auch offengelassen BayObLG MDR **1977** 246; zum Ganzen ausführlich § 376, 8; 9; *Kellner* MDR **1977** 628; *Zettel* MDR **1978** 531; vgl. auch Rdn. 35.

Gericht ist durch die Einstellung des Strafverfahrens durch die Staatsanwaltschaft nicht gehindert, das Bußgeldverfahren nach § 81 OWiG in ein Strafverfahren überzuleiten[19].

6. Kein Ermessen. Bei der Abschlußentscheidung, namentlich bei der Frage, ob **14** genügender Anlaß zur Erhebung der öffentlichen Klage besteht, steht der Staatsanwaltschaft kein Ermessen zu. Sie hat unbestimmte Rechtsbegriffe anzuwenden[20], die ihr allerdings erhebliche Beurteilungsspielräume einräumen. Diese Rechtsanwendung ist bei Einstellung des Verfahrens nach Absatz 2 außerhalb des Klageerzwingungsverfahrens gerichtlich nicht überprüfbar (§ 172, 5). Gegen die Erhebung der öffentlichen Klage nach Absatz 1 kann der Angeschuldigte nicht im Verfahren nach §§ 23 REGGVG vorgehen[21], doch ist wegen der Identität des „genügenden Anlasses" mit dem „hinreichenden Tatverdacht" die Anwendung des unbestimmten Rechtsbegriffs in diesen Fällen stets inzident vom Gericht mit zu überprüfen (vgl. § 203, 2). Die Entscheidung über die Erhebung der öffentlichen Klage kann auch eine Amtspflichtverletzung im Sinne des § 839 BGB enthalten und unterliegt insoweit der zivilgerichtlichen Kontrolle[22]. Dagegen steht der Staatsanwaltschaft in den Fällen der §§ 153 ff teilweise dahingehend ein echtes **Ermessen** zu, ob sie bei Vorliegen der Anwendungsvoraussetzungen von den jeweiligen Nichtverfolgungsermächtigungen Gebrauch machen will[23].

II. Erhebung der öffentlichen Klage (Absatz 1)

1. Formen und Adressat der Klageerhebung. Neben dem in Absatz 1 allein er- **15** wähnten Normalfall der Klageerhebung durch Einreichung einer Anklageschrift (§§ 199 Abs. 2, 200) mit dem Ziel der Eröffnung des Hauptverfahrens (§§ 203, 207) gibt es folgende weitere, in der Vorschrift nicht genannte Möglichkeiten, durch die die öffentliche Klage im Sinne des § 170 Abs. 1 erhoben werden kann: Antrag auf Aburteilung im beschleunigten Verfahren nach den §§ 212 ff, Strafbefehlsantrag (§ 407), Nachtragsanklage nach § 266 und Antrag auf Aburteilung im vereinfachten Jugendverfahren nach den §§ 76 ff JGG. In dem auf die Verhängung einer Maßregel der Besserung und Sicherung gerichteten **Sicherungsverfahren** nach den §§ 413 ff und im **objektiven Einziehungsverfahren** nach § 440 wird die öffentliche Klage durch die dort genannten Anträge erhoben; jedoch ist der Entscheidungsmaßstab in diesen Fällen nicht dem § 170 zu entnehmen, sondern den §§ 413 und 440, nach denen das Opportunitätsprinzip gilt.

Adressat der Klage ist das „zuständige Gericht", also das Gericht, das die von **16** der Staatsanwaltschaft beantragte nächste Prozeßhandlung vorzunehmen hat. Im Nor-

---

[19] Zur ähnlichen Situation bei Anwendung des § 153 Abs. 1 s. § 153, 15 f; zur Situation bei der Privatklage s. § 376, 8; 9; *Göhler* § 43, 10 ff; *Kellner* MDR **1977** 628; vgl. auch (zur nachträglichen Erklärung des besonderen öffentlichen Interesses im Sinne des § 232 StGB) OLG Hamburg NStZ **1986** 81.

[20] BGH (Z) NJW **1970** 1543; KK-*R. Müller* 4; *Kleinknecht/Meyer*[37] 1; *Bloy* GA **1980** 162; *Hilger* JR **1985** 94; *Sailer* NJW **1977** 1138; *Shin* Anklagepflicht und Opportunitätsprinzip im deutschen und koreanischen Recht (1984) 26; *Steffen* DRiZ **1972** 153; *Vogel* Das öffentliche Interesse an der Strafverfolgung und seine prozessuale Bedeutung, Diss.

München 1966, 94; teilw. **a. A** (aber unklar) *Burchardi/Klempahn* 445; **a. A** von einem anderen Ermessensbegriff her, in der Sache aber wohl übereinstimmend *Lüttger* GA **1957** 203.

[21] OLG Frankfurt NJW **1966** 363; LR-*K. Schäfer*[23] § 23, 56 ff EGGVG; *Kissel* § 23, 45 EGGVG, beide mit weit. Nachw. auch zur Gegenmeinung.

[22] BGHZ **20** 178; BGH (Z) NJW **1970** 1543 = JZ **1970** 729; dazu ausführlich *Blomeyer* JZ **1970** 715; *Steffen* DRiZ **1972** 153.

[23] Vgl. näher (Ermessensspielraum) u. a. § 153 b, 8; § 153 e, 12; § 154, 19; § 154 c, 9; § 154 d, 16; (kein Ermessen) § 153, 35; § 153 a, 37; vgl. auch § 153 b, 4; § 154, 22.

malverfahren ist dies das Gericht, das über die Eröffnung entscheiden muß. Da diese Entscheidung nach § 199 Abs. 1 von dem für die Hauptverhandlung zuständigen Gericht zu treffen ist (§ 199, 3), ist die öffentliche Klage stets vor dem Gericht zu erheben, das die Staatsanwaltschaft für die Sachentscheidung für zuständig hält. Dieses ist durch die Zuständigkeitswahl nicht gebunden, sondern hat seine Zuständigkeit von Amts wegen zu prüfen[24]. Mit der Klageerhebung werden die **Akten** dem Gericht vorgelegt; s. näher § 199, 7 ff, zu den bei der Staatsanwaltschaft verbleibenden Handakten § 199, 21 ff. Die **Mitteilung der Klageerhebung** an den Angeschuldigten obliegt nach § 201 dem Gericht, nicht der Staatsanwaltschaft (vgl. auch § 200, 51).

17   **2. Formelle Voraussetzungen.** Vor Erhebung der öffentlichen Klage ist der Beschuldigte nach § 163 a Abs. 1 zu vernehmen und danach der **Abschluß der Ermittlungen** gemäß § 169 a in den Akten zu vermerken.

3. Materielle Voraussetzungen, insbesondere der genügende Anlaß

18   **a) Allgemeines.** Die Beschreibung des materiellen Maßstabs für die Erhebung der öffentlichen Klage als „genügender Anlaß" hat im wesentlichen historische Gründe. Solange § 170 Abs. 1 auch den Antrag auf Eröffnung der gerichtlichen Voruntersuchung als Erhebung der öffentlichen Klage verstand, war es nicht möglich, für den in dieser Vorschrift einheitlich zu beschreibenden Entscheidungsmaßstab den in § 203 für die Eröffnung des Hauptverfahrens verwendeten Begriff des „hinreichenden Tatverdachts" auch in § 170 Abs. 1 zu benutzen. Doch ist die ganz h. M. schon damals davon ausgegangen, daß für den Fall der unmittelbaren Anklageerhebung der genügende Anlaß im Sinne des § 170 Abs. 1 mit dem hinreichenden Tatverdacht im Sinne des § 203 gleichzusetzen sei[25]. Diese Gleichsetzung entspricht heute allgemeiner Auffassung[26], der mindestens insoweit zuzustimmen ist, als der genügende Anlaß zur Erhebung der öffentlichen Klage stets fehlt, wenn hinreichender Tatverdacht im Sinne des § 203 nicht vorliegt.

19   Die Beibehaltung des an sich nicht mehr erforderlichen Begriffs „genügender Anlaß" trotz des Wegfalls der gerichtlichen Voruntersuchung und damit des Grundes für die gegenüber § 203 unterschiedliche Wortwahl durch den Gesetzgeber des 1. StVRG[27] läßt heute auch eine **neue Interpretation** des genügenden Anlasses als möglich erscheinen, die die Nichtverfolgungsermächtigungen nach den §§ 153 ff sowie die Verneinung des öffentlichen Interesses nach § 376 mit einbezieht. Genügender Anlaß zur Erhebung der öffentlichen Klage bestünde bei einer solchen Auslegung dann, wenn (1) kein Anlaß für eine Einstellung nach den §§ 153 ff besteht, (2) bei einem Privatklagedelikt das öffentliche Interesse an der Strafverfolgung nach § 376 bejaht wird und (3)

---

[24] §§ 6, 6 a, 16; zu den unterschiedlichen verfahrensrechtlichen Regelungen bei einer abweichenden Zuständigkeitsbeurteilung durch das Gericht vgl. §§ 209, 209 a, 408 Abs. 1 Satz 2, 3; vgl. auch § 200, 38 ff; § 204, 4 ff; § 212 a, 12 ff.

[25] So z. B. *Eb. Schmidt* 18; LR-*Kohlhaas*[22] 4; *v. Hippel* 244, 482; ausführlich mit weit. Nachw. *v. Hindte* 91; *Lüttger* GA **1957** 195 Fußn. 14.

[26] Z. B. KK-*R. Müller* 3; *Kleinknecht/Meyer*[37] 1; KMR-*Müller* 4; *Peters*[4] § 23 IV 1 b; *Geppert* Jura **1982** 142; *Schlüchter* 400; ausführlich

Lüttger GA **1957** 193 ff; widersprüchlich und bedenklich *Burchardi/Klempahn* 445 (Klage könne bei hinreichendem Tatverdacht und müsse bei hoher Verurteilungswahrscheinlichkeit erhoben werden); dagegen schon *Lüttger* aaO 198.

[27] Aus den Gesetzesmaterialien (BTDrucks. 7 551, S. 78; 7 2600) einschließlich der Ausschußprotokolle ergibt sich allerdings kein Hinweis dafür, daß der Gesetzgeber mit der Aufrechterhaltung des Begriffs des „genügenden Anlasses" diese neue Interpretation begründen wollte.

hinreichender Tatverdacht im Sinne des § 203 vorliegt[28]. Bei dieser Auslegung, der ein Vorrang der sog. Ermessenseinstellungen vor der Klageerhebung zu entnehmen sein könnte, würde sich die in den §§ 153 ff nicht geregelte Pflicht zur Einstellungsmitteilung unmittelbar (und nicht nur analog) aus § 170 Abs. 2, § 171 ergeben.

b) Hinreichender Tatverdacht. Abgesehen von der in der vorstehenden Rdn. erör- **20** terten Möglichkeit, in den Begriff des genügenden Anlasses die Einstellungsmöglichkeiten nach den §§ 153 ff mit einzubeziehen, besteht für die Staatsanwaltschaft genügender Anlaß zur Erhebung der öffentlichen Klage, wenn sie den hinreichenden Tatverdacht im Sinne des § 203 bejaht. Auf die Erläuterungen zu diesem in Schrifttum und Rechtsprechung teilweise terminologisch und sachlich unterschiedlich ausgelegten Begriff bei § 203, 6 bis 17 wird daher verwiesen. Für die staatsanwaltschaftliche Abschlußverfügung ist maßgebend, ob die Staatsanwaltschaft den hinreichenden Tatverdacht bejaht; es kommt nicht darauf an, ob möglicherweise das Gericht die Sachlage anders beurteilen würde[29]. Zur Frage der Bindung an eine abweichende höchstrichterliche Rechtsprechung s. Rdn. 22 f.

c) Einzelfragen. Ebensowenig wie ein fehlender hinreichender Tatverdacht bei **21** der Eröffnung des Hauptverfahrens durch andere Gründe ersetzt werden kann (§ 203, 18), besteht ein genügender Anlaß zur Klageerhebung, wenn es an einem (täter- und deliktsneutral zu beurteilenden[30]) hinreichenden Tatverdacht fehlt. Kein genügender Anlaß ist namentlich für sich allein das Interesse der Öffentlichkeit an einer gerichtlichen Klärung des Tatvorwurfs[31], Anklageerhebung zu dem Zweck, einen lästigen Anzeigeerstatter loszuwerden[32], der nicht erklärte Verzicht auf eine Entschädigung für Strafverfolgungsmaßnahmen[33] oder das bloße Bedürfnis nach der gerichtlichen Klärung einer Rechtsfrage[34]. **Zweifelhafte Rechts- und Tatfragen** hat die Staatsanwaltschaft selbst und in eigener Verantwortung zu entscheiden[35]; insbesondere dürfen Beweisfragen nur dann der gerichtlichen Entscheidung überlassen werden, wenn zur Behebung der Zweifel die besseren Aufklärungsmöglichkeiten der Hauptverhandlung erforderlich sind[36]. Beurteilt die Staatsanwaltschaft eine zweifelhafte Rechtsfrage jetzt anders als früher, so ist sie auch dann nicht an der Anklage gehindert, wenn sie früher andere, gleichgelagerte Verfahren eingestellt hat und diese, etwa wegen Verjährung nicht mehr verfolgbar sind[37]. Zur Bedeutung des Grundsatzes **in dubio pro reo** bei der Entscheidung über die Klageerhebung s. § 203, 11; 14.

d) Bindung an die höchstrichterliche Rechtsprechung? Sehr umstritten, wenn **22** auch wohl ohne besondere praktische Bedeutung[38], ist, ob die Staatsanwaltschaft an

---

[28] So möglicherweise *Kleinknecht/Meyer*[37] 6; *Geppert* Jura **1982** 143; *Schlüchter* 400 sowie (ausdrücklich) die Begründung zum StVÄGE 1984, BTDrucks. **10** 1313 S. 35 (im Verhältnis zu § 153 a Abs. 1).

[29] KK-*R. Müller* 3; *Kleinknecht/Meyer*[37] 1; vgl. OLG Karlsruhe NJW **1974** 807.

[30] *Lüttger* GA **1957** 199 ff mit weit. Nachw.; *Kaiser* NJW **1965** 2383.

[31] *Bockelmann* NJW **1960** 221 *Dahs* Hdb. 260; *Kaiser* NJW **1965** 2383; a. A *Güde* NJW **1960** 516.

[32] LR-*Meyer-Goßner*[23] 21; *Peters*[4] § 23 IV 1 b; *Kaiser* NJW **1965** 2383; *Lüttger* GA **1957** 195 Fußn. 13.

[33] Vgl. *Seebode* NStZ **1982** 145 f.

[34] LR-*Meyer-Goßner*[23] 30; **a. A** *Henkel* 312; vgl. aber Rdn. 25.

[35] Ausführlich *Lüttger* GA **1957** 213 ff.

[36] LR-*Meyer-Goßner*[23] 22; KMR-*Müller* 4; *Gerland* 308; *v. Hippel* 482; vgl. auch *Kleinknecht/Meyer*[37] 1; *Eb. Schmidt* 19; weitergehend wohl KK-*R. Müller* 5.

[37] Teilweise **a. A** *Sailer* NJW **1977** 1139 (Rechtsauffassungswandel müsse mitgeteilt werden); wie hier schon LR-*Meyer-Goßner*[23] 13.

[38] Vgl. *Dünnebier* JZ **1961** 312; *Kaiser* NJW **1965** 2380; *Lüttger* GA **1957** 212 f.

eine ständige (oder gefestigte) höchstrichterliche Rechtsprechung dahingehend gebunden ist, daß sie auch dann anklagen muß, wenn sie nach ihrer eigenen Rechtsauffassung ein nach der höchstrichterlichen Rechtsprechung strafbares Verhalten für straflos hält. Die Frage ist ausführlich in der Einleitung (Kap. 13 unter III) behandelt[39]. Der BGH hat (in einem obiter dictum) diese Bindung namentlich unter Berufung auf das Legalitätsprinzip eindringlich bejaht (BGHSt 15 155). Im Schrifttum wird sie heute wohl überwiegend verneint[40]; teilweise aber auch vor allem mit der von *K. Schäfer* (Einl. Kap. 13 unter III) entwickelten Begründung bejaht, daß die Staatsanwaltschaft kraft ihrer Stellung zur Mitwirkung an einer einheitlichen Rechtsanwendung verpflichtet sei[41]. Aus dieser Begründung wird teilweise die weitere Konsequenz gezogen, daß auch schon vereinzelte obergerichtliche Entscheidungen, die die Strafbarkeit eines Verhaltens bejahen, zur Klageerhebung nötigen können[42]. Unbestritten ist auch bei den Anhängern der Bindungsthese, daß die Staatsanwaltschaft bei ihrer Mitwirkung im gerichtlichen Verfahren berechtigt (und verpflichtet) sei, ihre abweichende Rechtsauffassung zu vertreten und zu versuchen, eine Korrektur der (von ihr für falsch gehaltenen) Rechtsprechung herbeizuführen. Unbestritten ist wohl auch, daß die Staatsanwaltschaft im umgekehrten Fall, also wenn sie entgegen der Rechtsprechung ein Verhalten für strafbar hält, zur Anklage berechtigt ist[43].

23   Die wohl besseren Gründe dürften dafür sprechen, daß die Staatsanwaltschaft auch an eine die Strafbarkeit bejahende obergerichtliche Rechtsprechung **nicht gebunden** ist, wenn nicht (ausnahmsweise) die ständige Rechtsprechung zum Gewohnheitsrecht erstarkt ist. Die Bindungsthese läuft im Ergebnis auf einen „Interpretationsvorrang" der Rechtsprechung bei der Rechtsanwendung hinaus, den weder Art. 92 GG noch das Gewaltenteilungsprinzip rechtfertigt. Auf das Legalitätsprinzip läßt sich, entgegen der Auffassung des BGH, die Bindung nicht stützen; aus ihm folgt nur, daß die Staatsanwaltschaft zur Verfolgung verpflichtet ist, *wenn* ein Verhalten aus Rechtsgründen strafbar erscheint, es besagt aber nichts darüber, *wer* die Entscheidung über zweifelhafte Rechtsfragen zu treffen hat[44]. Insofern ergibt sich aus Art. 20 GG, daß die Staatsanwaltschaft an Recht und Gesetz gebunden und aus § 150 GVG, daß sie in ihren amtlichen Verrichtungen vom Gericht unabhängig ist[45]; für eine Bindung an die höchstrichterliche Rechtsprechung läßt sich daraus nichts herleiten. Der Gesetzgeber hat (wohl abschließend) bei der Entscheidung über die Anklageerhebung lediglich in den Grenzen des Klageerzwingungsverfahrens das letzte Wort den Gerichten zugewiesen und dabei bemerkenswerterweise Rechtsprechungsdivergenzen zwischen den verschiedenen Oberlandesgerichten in Kauf genommen, da Entscheidungen nach den §§ 172 ff nicht

---

[39] Im neueren Schrifttum umfassend mit weit. Nachw. *Bottke* GA **1980** 298 ff; Nachw. über das frühere Schrifttum auch bei *Lüttger* GA **1957** 211 ff.

[40] Im neueren Schrifttum *Kleinknecht/Meyer*[37] Vor § 141, 11 GVG; KMR-*Müller* 5; *Roxin*[19] § 10 A III 4; *Rüping* 32; *G. Schäfer* § 6 III 2 (S. 79); *Bottke* aaO; *Geppert* Jura **1982** 149.

[41] So z. B. im neueren Schrifttum KK-*R. Müller* 6; LR-*Meyer-Goßner*[23] 29; *Gössel* § 3 A IV; *Kühne* 138; *Peters*[4] § 23 IV 2 a (S. 158); *Schlüchter* 61. 4; *Kausch* Der Staatsanwalt – ein Richter vor dem Richter? (1980) 220.

[42] So vor allem LR-*K. Schäfer* Einl. Kap. 13 unter III, wohl zustimmend *Schlüchter* 64

Fußn. 161; dazu ausführlich krit. *Bottke* GA **1980** 306 ff.

[43] LR-*K. Schäfer* Einl. Kap. 13 unter III; LR-*Meyer-Goßner*[23] 28; KK-*R. Müller* 7; *Kühne* 138; *Peters* Der neue Strafprozeß (1975) 96; *Schlüchter* 61. 4; vgl. auch *Lüttger* GA **1957** 213.

[44] Ebenso z. B. *Roxin*[19] § 10 A III 4; *Bottke* GA **1980** 303; a. A *Schlüchter* 61. 4.

[45] *Roxin*[19] § 10 A III 4; *Bottke* GA **1980** 307; *Lüttger* GA **1957** 212; abweichend LR-*K. Schäfer*[23] § 150, 1 GVG; *Peters* Der neue Strafprozeß (1975) 96 (aus § 150 GVG ließen sich für diese Frage keine entscheidenden Argumente gewinnen).

gemäß § 121 Abs. 2 GVG zur Vorlage verpflichten. Schon aus diesem Grunde läßt sich die Bindungsthese nicht auf eine Pflicht der Staatsanwaltschaft zur Wahrung der Rechtseinheit stützen[46]. Gegen sie spricht in mehr praktischer Hinsicht weiter die Unschärfe des Begriffs einer ständigen oder gefestigten obergerichtlichen Rechtsprechung[47] und in mehr grundsätzlicher Hinsicht, daß die Bindung an eine anklagefreundliche Rechtsprechung dem Gedanken des Beschuldigtenschutzes zuwiderläuft, der darin liegt, daß der Verdächtige sich nur dann in öffentlicher Hauptverhandlung soll verantworten müssen, wenn unabhängig voneinander bei vorläufiger Tatbewertung die Staatsanwaltschaft als Anklagebehörde und das eröffnende Gericht die Strafbarkeit bejahen[48].

e) Verfassungsrechtliche Zweifel. Für die Staatsanwaltschaft gilt, wie für jedes andere **24** staatliche Organ der Grundsatz der Verfassungsbindung[49]. Sie hat folglich die **Kompetenz zur Prüfung** der Verfassungsmäßigkeit einer Rechtsnorm, von der die Entscheidung über die Erhebung der öffentlichen Klage abhängt[50], und ggf. die Pflicht zur verfassungskonformen Auslegung. Hält die Staatsanwaltschaft eine Rechtsnorm, aus der sich die Strafbarkeit oder Verfolgbarkeit ergibt, für verfassungswidrig, so ist zu unterscheiden: Handelt es sich um ein **vorkonstitutionelles Gesetz** oder um eine sonstige Rechtsnorm, die nicht dem Verwerfungsmonopol des BVerfG gemäß Art. 100 Abs. 1 GG unterliegt, so hat die Staatsanwaltschaft neben der Prüfungs- auch die **Verwerfungskompetenz.** Sie darf diese Rechtsnorm folglich nicht anwenden und hat daher das Verfahren einzustellen. Dies gilt nach der hier vertretenen Auffassung (Rdn. 23) auch dann, wenn die Verfassungsmäßigkeit der Norm von einer ständigen oder gefestigten höchstrichterlichen Rechtsprechung bejaht wird.

Bei **nachkonstitutionellen Gesetzen**, die dem Verwerfungsmonopol des Bundesver- **25** fassungsgerichts unterliegen, hat die Staatsanwaltschaft keine Verwerfungskompetenz[51]; sie kann auch, anders als das mit der Sache befaßte Gericht, die Frage nicht nach Art. 100 Abs. 1 GG dem BVerfG zur Entscheidung vorlegen[52]. Ohne Klageerhebung könnte die Staatsanwaltschaft eine verbindliche Entscheidung über die Verfassungswidrigkeit nur dadurch erreichen, daß sie über den Justizminister eine abstrakte Normenkontrolle nach Art. 93 Abs. 1 Nr. 2 GG durch die jeweilige Regierung herbeiführt[53], was voraussetzt, daß diese die Auffassung der Staatsanwaltschaft von der Verfassungswidrigkeit teilt und ein Normenkontrollverfahren vor dem BVerfG für opportun hält[54]. Dieser Weg zur Klärung der Frage wird vielfach nicht in Betracht kommen. Die Staats-

---

[46] Ebenso *Bottke* GA **1980** 308 f.

[47] *Roxin*[19] § 10 A III 4; *Rüping* 32; *Bottke* GA **1980** 306.

[48] *Bottke* GA **1980** 309; ähnlich *Geppert* Jura **1982** 149.

[49] *Maunz/Dürig/Herzog* Art. 20, VI, 24.

[50] *Maunz/Dürig/Herzog* Art. 20, VI, 30; *Faller* JZ **1961** 479; allgemein zur Frage der Prüfungskompetenz der Verwaltung *Bachof* AöR **87** (1962) 15 ff; *Hoffmann* JZ **1961** 193; vgl. auch BVerfGE **12** 180 (185).

[51] *Maunz/Dürig/Herzog* Art. 20, VI, 30; *Faller* JZ **1961** 479; a. A teilw. *Bachof* AöR **87** (1962) 40 ff, der für die (allgemeine) Verwaltung eine beschränkte Verwerfungskompetenz bejaht.

[52] *Faller* JZ **1961** 479; vgl. *Maunz/Dürig* Art. 100, 27.

[53] So *Faller* JZ **1961** 480; vgl. auch *Maunz/Dürig/Herzog* Art. 20, VI, 31.

[54] Vgl. § 76 Nr. 1 BVerfGG, wonach die abstrakte Normenkontrolle nur zulässig ist, wenn der Antragsteller (also die Bundes- oder Landesregierung) die Norm für verfassungswidrig hält; a. A *Faller* JZ **1961** 480 unter Hinweis auf § 76 Nr. 2 BVerfGG, der die Regierung zur Normenkontrollantrag für verpflichtet hält, wenn die Staatsanwaltschaft (der Generalstaatsanwalt) die Verfassungswidrigkeit bejaht.

Peter Rieß

anwaltschaft kann daher auch aufgrund eines von ihr für verfassungswidrig gehaltenen Gesetzes Anklage erheben und dabei zugleich beantragen, daß das für die Entscheidung über die Eröffnung zuständige Gericht im Eröffnungsverfahren eine Entscheidung des BVerfG nach Art. 100 Abs. 1 GG herbeiführt (§ 203, 5).

26 **4. Wirkungen der Klageerhebung.** Die wirksam erhobene Klage ist Prozeßvoraussetzung für das gerichtliche Verfahren (Einl. Kap. 12 unter I; § 206 a, 41). Zu den Wirkungen der Klageerhebung s. § 151, 10; zur Rücknahmebefugnis s. § 156 und die dort. Erl.

III. Einstellung des Verfahrens (Absatz 2)

27 **1. Allgemeines. Hinweise.** Die förmliche Einstellung des Verfahrens durch eine ausdrückliche, zu begründende Verfügung der Staatsanwaltschaft (Rdn. 33) ist in jedem Ermittlungsverfahren in bezug auf diejenigen Taten oder Beschuldigten erforderlich, bei denen nicht die öffentliche Klage erhoben wird. Eine stillschweigende Einstellung durch bloßes Untätigbleiben der Staatsanwaltschaft ist nicht zulässig[55]. Ob der Abschlußverfügung Ermittlungen vorangegangen sind, ist unerheblich (Rdn. 6). Die Einstellung ist unverzüglich vorzunehmen, sobald Einstellungsreife vorliegt (Rdn. 8 bis 10). Für die Einstellungsentscheidung selbst ist unerheblich, ob sich das Verfahren gegen Unbekannt oder gegen einen bekannten Tatverdächtigen richtete und ob im zweiten Fall der Einstellungsgrund darin liegt, daß schon für die Annahme einer strafbaren Tat oder nur für die Täterschaft des Beschuldigten hinreichende Anhaltspunkte fehlen. Besteht der Verdacht einer verfolgbaren Tat weiter, so berührt die Einstellung gegen den bisher Beschuldigten nicht die Verpflichtung der Strafverfolgungsorgane, im Rahmen der vorhandenen Aufklärungsmöglichkeiten weiter nach dem Täter zu forschen.

2. Arten der Einstellung

28 **a) Einstellung mangels genügenden Anlasses zur Erhebung der öffentlichen Klage.** Die in Absatz 2 erwähnte Einstellung hat in erster Linie den Fall vor Augen, daß es an einem hinreichenden Tatverdacht (Rdn. 20) fehlt, etwa, weil das Verhalten, das den Gegenstand der Untersuchung bildete, aus Rechtsgründen nicht strafbar oder nicht verfolgbar ist, weil die Tatbegehung oder die Täterschaft nicht hinreichend wahrscheinlich (§ 203, 12) oder voraussichtlich mit prozessual zulässigen Mitteln nicht beweisbar ist (§ 203, 14), weil sich die Unschuld des Beschuldigten ergeben hat oder weil zu seinen Gunsten zu berücksichtigende Rechtfertigungs-, Schuld- oder Strafausschließungsgründe voraussichtlich nicht widerlegbar sein werden. **Parlamentarische Immunität** steht der Einstellung nicht entgegen, wenn die Abschlußentscheidung ohne Ermittlungen getroffen werden kann (§ 152 a, 15) oder soweit eine allgemeine Genehmigung eingreift (§ 152 a, 28 ff). Ob in den Fällen des **§ 153 a Abs. 1** die endgültige Einstellung nach der Erfüllung der Auflagen oder Weisungen auf § 170 Abs. 2 beruht, ist umstritten (vgl. § 153 a, 71)[56].

29 **b) Einstellungen nach den §§ 153 ff, 376.** Ob eine Einstellung nach § 153 Abs. 1, § 153 b Abs. 1, §§ 153 c, 153 d, 153 e Abs. 1, § 154 Abs. 1, § 154 b Abs. 1 bis 3, §§ 154 c,

---

[55] A. A wohl *Kleinknecht/Meyer*[37] Einl. 123; § 172, 6; *Gössel* § 9 C I; vgl. auch (zur Frage der Zulässigkeit des Klageerzwingungsverfahrens) § 172, 12.

[56] Zur Frage, ob nach Verweigerung der Zustimmung zur Anwendung des § 153 a das Verfahren noch eingestellt werden kann, s. § 153 a, 79.

154 d Satz 2 eine solche aufgrund des § 170 Abs. 2 ist, oder ob in diesen Fällen die Einstellung ihre Rechtsgrundlage in den dortigen Vorschriften findet[57], ist ohne praktische Bedeutung. Auch im zweiten Fall wird man die die Einstellungsmitteilung regelnden Bestimmungen des § 170 Abs. 2 und des § 171 Satz 1 mindestens analog anzuwenden haben (vgl. auch Nr. 89 Abs. 3, 101 Abs. 3 RiStBV). Gleiches gilt, wenn die Staatsanwaltschaft bei einem **Privatklagedelikt** ohne oder nach Durchführung von Ermittlungen das öffentliche Interesse an der Strafverfolgung verneint[58].

c) Vorläufige Einstellungen des Ermittlungsverfahrens nach § 153 a Abs. 1 Satz 1, **30** § 154 d Satz 1, § 154 e Abs. 1 und in analoger Anwendung des § 205 (vgl. § 205, 4) sind keine Einstellungen im Sinne des § 170 Abs. 2 (vgl. aber § 171, 7). Auch bei **örtlicher Unzuständigkeit** der Staatsanwaltschaft (§ 143 Abs. 1 GVG in Vbdg. mit §§ 7 ff) wird das Verfahren nicht eingestellt, sondern an die örtlich zuständige Staatsanwaltschaft abgegeben (vgl. die Erl. zu § 143 GVG).

d) Eine **Teileinstellung**, an die sich die Rechtsfolgen des § 170 Abs. 2 Satz 2, § 171 **31** knüpfen, kommt nur in Betracht, wenn das Ermittlungsverfahren mehrere prozessuale Taten umfaßt oder sich gegen mehrere Beschuldigte richtet (vgl. Rdn. 11). Sie ist dann aber auch erforderlich, soweit nicht in vollem Umfang Anklage erhoben wird[59]. In dieser Einstellung liegt eine Trennung der bisher verbundenen Verfahren[60]. Keine Verfahrenseinstellung ist die Stoffbeschränkung nach § 154 a (vgl. aber § 171, 6).

3. Form und Inhalt der Einstellungsentscheidung

a) Voraussetzungen. Vor einer beabsichtigten Einstellung braucht weder der Be- **32** schuldigte vernommen (§ 163 a Abs. 1 Satz 1, zweiter Halbsatz) noch nach § 169 a der Abschluß der Ermittlungen vermerkt zu werden. In Steuerstrafsachen (§ 386 AO) hat die das Ermittlungsverfahren führende Staatsanwaltschaft nach § 403 Abs. 4 AO vor der Einstellung die Finanzbehörde zu hören; ihrer Zustimmung zur Einstellung bedarf es nicht. Führt die Finanzbehörde das Steuerstrafverfahren nach § 399 Abs. 1 AO selbständig, so braucht sie die Staatsanwaltschaft vor der Einstellung des Verfahrens nicht zu hören. Hat eine Behörde oder eine öffentliche Körperschaft eine Strafanzeige erstattet, ist sie sonst am Ausgang des Verfahrens interessiert, oder hat ein oberstes Staatsorgan eine Ermächtigung zur Strafverfolgung erteilt oder einen Strafantrag wegen Beleidigung gestellt, so ist die Staatsanwaltschaft innerdienstlich gehalten, diesen Stellen unter Darlegung der für die Einstellung sprechenden Gründe Gelegenheit zur Äußerung zu geben[61]. Ein privater Anzeigeerstatter oder Verletzter braucht vor der Einstellung nicht gehört zu werden.

b) Begründete Einstellungsverfügung. Die Einstellung erfolgt durch eine von **33** einem zeichnungsberechtigten Beamten der Staatsanwaltschaft (Staatsanwalt oder im Rahmen seiner Zuständigkeit — vgl. § 142 Abs. 2 GVG — Amtsanwalt) zu unterschreibende **Verfügung** in den Akten, die nach allgemeiner und zutreffender Auffassung stets

---

[57] So LR-*Meyer-Goßner*[23] 40; **a. A** möglicherweise KK-*R. Müller* 17; vgl. auch Rdn. 19.

[58] Nach *G. Schäfer* § 30 I 2 liegt hier stets eine Einstellung nach § 170 Abs. 2 vor. Um eine Einstellung nach § 170 Abs. 2 würde es sich handeln, wenn man das öffentliche Interesse im Sinne des § 376 als eine im gerichtlichen Verfahren überprüfbare Verfahrensvoraussetzung ansehen würde; vgl. dazu § 376, 11 mit Nachw.

[59] KK-*R. Müller* 19; vgl. LR-*Meyer-Goßner*[23] 39; *Solbach* DRiZ **1977** 181.

[60] *Kleinknecht/Meyer*[37] 8.

[61] Vgl. Nr. 90, 211 Abs. 1 RiStBV.

Peter Rieß

zu begründen ist[62]. Dabei kann, wenn dem Antragsteller ein begründeter Bescheid zu erteilen ist (§ 171), auf diesen Bezug genommen werden (s. aber auch § 171, 13). Die **Begründung** muß auf jeden Fall die Rechtsgrundlage der Einstellung erkennen lassen. Bei Einstellungen nach den §§ 153 ff ist eine weitergehende Begründung nicht in jedem Fall erforderlich und in der Praxis häufig nicht üblich; das Gleiche gilt in der Regel bei Unbekanntsachen im Bereich der kleineren Kriminalität. Bei Einstellungen mangels hinreichenden Tatverdachts muß aus der Begründung hervorgehen, aus welchen rechtlichen oder tatsächlichen Gründen dieser verneint wird[63]. Formelhafte Wendungen genügen nicht; im übrigen richten sich Art und Umfang der Begründung nach den Besonderheiten des Einzelfalles. Bei mehreren Einstellungsgründen genügt es, wenn die Einstellungsverfügung auf einen gestützt wird (vgl. auch Rdn. 9). Eine Einstellung mangels hinreichenden Verdachts einer rechtswidrigen Tat hat jedoch aus den in Rdn. 9 a dargelegten Gründen Vorrang vor der wegen (feststehender oder nicht auszuschließender) Schuldunfähigkeit. Sind vor der Einstellung von einer anzeigenden Behörde bei deren Anhörung (Rdn. 32 a. E.) Einwendungen erhoben worden, so ist die Staatsanwaltschaft innerdienstlich gehalten, hierauf einzugehen[64].

34   c) **Nebenentscheidungen. Mitteilungen.** Mit der Einstellungsverfügung sind ggf. die erforderlichen Nebenentscheidungen (Rdn. 42) zu verbinden. Zur Abgabe an die Verwaltungsbehörde wegen einer zu verfolgenden Ordnungswidrigkeit s. Rdn. 12, wegen der Mitteilung an den Beschuldigten s. Rdn. 35 ff, wegen der Mitteilung an Dritte s. § 171 und die dort. Erl.

4. Mitteilung an den Beschuldigten (Absatz 2 Satz 2)
35   a) **Anwendungsbereich und Voraussetzungen.** Das Gesetz schreibt nur in den in Absatz 2 Satz 2 genannten Fällen vor, den Beschuldigten von der Einstellung zu benachrichtigen (vgl. aber Rdn. 39). Zulässig ist es stets[65]. Diese Mitteilungspflicht besteht, mindestens analog, auch bei Einstellungen nach den §§ 153 ff und bei Verweisung des Anzeigeerstatters auf den Privatklageweg. Sie gilt auch bei Abgabe des Verfahrens an die Verwaltungsbehörde zur Weiterverfolgung einer Ordnungswidrigkeit. Ob im letzteren Fall dem Beschuldigten bei der Mitteilung bedeutet werden sollte, daß bei einem Einspruch gegen einen (noch nicht einmal ergangenen) Bußgeldbescheid mit einem Übergang ins Strafverfahren zu rechnen sei[66], ist zweifelhaft und wohl eher zu verneinen. War das Verfahren zunächst eingestellt und dann wieder aufgenommen worden und wird es nunmehr erneut eingestellt, so ist eine erneute Einstellungsmitteilung erforderlich; es genügt in diesem Fall, daß die die Mitteilungspflicht auslösenden Umstände nur vor der ersten Einstellung gegeben waren[67]. Mitzuteilen ist dem Beschuldigten auch eine Teileinstellung (Rdn. 31), und zwar auch dann, wenn im übrigen Anklage erhoben wird. Hiermit darf nicht abgewartet werden, bis das Gericht die Anklage zustellt (§ 201); doch kann sich, um Mißverständnisse zu vermeiden, bei der Einstellungsmittei-

[62] KK-*R. Müller* 22; KMR-*Müller* 12; *Eb. Schmidt* 31; *Peters*[4] § 50 III 2; *G. Schäfer* § 31 I; vgl. auch Nr. 88, 89 RiStBV.

[63] Fassungsbeispiele für Einstellungsverfügungen bei *Burchardi/Klempahn* 375 ff; *Rahn* Mustertexte zum Strafprozeß[3] (1982) 5 ff; *G. Schäfer* § 31 III; *Solbach* Anklageschrift, Einstellungsverfügung[6]; vgl. auch (ausführlich) *Peters*[4] § 50 III 2; *Eb. Schmidt* 31; s. ferner Nr. 89 Abs. 2 RiStBV.

[64] Nr. 90 Abs. 1 Satz 1, Nr. 211 Abs. 1 Satz 2 RiStBV.

[65] *Kleinknecht/Meyer*[37] 10; LR-*Meyer-Goßner*[23] 23.

[66] So LR-*Meyer-Goßner*[23] 21 a. E; wie hier *Göhler* § 43, 12; vgl. auch LR-*Wendisch* § 376, 9.

[67] KMR-*Müller* 16; LR-*Meyer-Goßner*[23] 51.

lung der Hinweis empfehlen, daß im übrigen Anklage beabsichtigt sei. Die **Mitteilungspflicht entfällt**, solange der Aufenthalt des Beschuldigten nicht bekannt und mit zumutbaren Bemühungen nicht zu ermitteln und kein Zustellungsbevollmächtigter oder
Verteidiger vorhanden ist.

Der **Beschuldigte ist „als solcher" vernommen** worden, wenn bei der Verneh- **36**
mung zum Ausdruck gebracht worden ist, daß sich der Verdacht gegen ihn richtet[68].
Ob die Formvorschriften für eine Beschuldigtenvernehmung eingehalten worden sind,
ist unerheblich. Polizeiliche, staatsanwaltschaftliche und richterliche Vernehmung stehen einander gleich. Es genügt auch, wenn dem Beschuldigten Gelegenheit gegeben
worden ist, sich schriftlich zu äußern (§ 163 a Abs. 1 Satz 2), und es muß wohl auch der
Fall gleichbehandelt werden, daß der Beschuldigte lediglich zu einer Vernehmung vorgeladen worden war, zu ihr aber nicht erschienen ist (vgl. bei § 163 a). Dagegen genügt
eine Vernehmung als Zeuge nicht[69]; sie kann aber, vor allem, wenn hierbei auch Verdachtsgründe erörtert worden sind, die Mitteilungspflicht wegen eines besonderen Interesses auslösen.

Der bloße **Erlaß eines Haftbefehls** löst die Mitteilungspflicht aus. Es kommt nicht **37**
darauf an, ob er dem Beschuldigten überhaupt bekannt gemacht[70] oder gar vollstreckt
worden ist[71]. Denn bereits der Umstand, daß ein Haftbefehl einmal existent war, bringt
erhebliche Gefahren für den Beschuldigten mit sich und begründet deshalb ein gesetzlich
vermutetes besonderes Interesse an der Mitteilung[72]. Der **Unterbringungsbefehl** nach
§ 126 a steht dem Haftbefehl gleich. Durch den bloßen Antrag auf Erlaß eines Haft-
oder Unterbringungsbefehls wird die Mitteilungspflicht noch nicht ausgelöst.

Einen **Bescheid erbitten** kann der Beschuldigte formlos, auch gegenüber der Poli- **38**
zei, in jeder Lage des Verfahrens, auch noch nach dessen Einstellung. Auch der Verteidiger kann diese Bitte äußern[73]. In der Anfrage nach dem Stand des Verfahrens wird regelmäßig das Verlangen nach einer Einstellungsmitteilung zu sehen sein. Wann ein **besonderes Interesse** an der Bescheidung ersichtlich ist, richtet sich nach den Umständen
des Einzelfalls[74]. Es wird im allgemeinen dann anzunehmen sein, wenn das Ermittlungsverfahren in der Öffentlichkeit oder auch nur im privaten Umfeld des Beschuldigten bekannt geworden ist, wenn, auch ohne daß es zu einer Vernehmung gekommen ist,
gegen den Beschuldigten Zwangsmaßnahmen, z. B. eine Durchsuchung, durchgeführt
worden sind oder wenn eine Benachrichtigung nach § 101 Abs. 1 vorgenommen worden
war. Das besondere Interesse muß für die Staatsanwaltschaft „ersichtlich" sein; sie ist
nicht zu Nachforschungen darüber verpflichtet, ob ein solches besteht.

b) Inhalt der Mitteilung, Begründung. Das Gesetz bestimmt lediglich, daß dem **39**
Beschuldigten der Umstand der Einstellung mitgeteilt wird; die Mitteilung der Gründe
für die Einstellung wird nicht verlangt. Sie ist aber auch nicht verboten. Auf Antrag sind
dem Beschuldigten die Einstellungsgründe regelmäßig mitzuteilen, wie Nr. 88 Satz 1
RiStBV ausdrücklich bestimmt. Die dort genannte Einschränkung, daß keine schutzwürdigen Interessen entgegenstehen, sollte restriktiv ausgelegt werden. Keinesfalls
können dem Beschuldigten Einstellungsgründe vorenthalten werden, die dem Antragsteller nach § 171 mitgeteilt werden. Nach Nr. 88 Satz 2 RiStBV ist dem Beschuldigten

---

[68] KK-*R. Müller* 25; LR-*Meyer-Goßner*[23] 47.
[69] *Eb. Schmidt* 34.
[70] So KMR-*Müller* 15.
[71] So wohl *Eb. Schmidt* 34.
[72] Ausführlich LR-*Meyer-Goßner*[23] 48; ebenso
KK-*R. Müller* 26.

[73] Vgl. *Weihrauch* Verteidigung im Ermittlungsverfahren[2] (1975) 175.
[74] Sehr eng LR-*Kohlhaas*[20] Nachtr. S. 17 und
ihm folgend *Eb. Schmidt* 34 (nach denen dieser Fall praktisch nur in Betracht komme,
wenn der Beschuldigte ohnehin als solcher
vernommen worden sei).

bei der Einstellungsnachricht mitzuteilen, daß sich seine Unschuld ergeben habe oder ein begründeter Verdacht nicht mehr bestehe; doch besteht kein Anspruch darauf, daß dies durch zusätzliche Ermittlungen geklärt wird (Rdn. 9). Ein allgemeiner **Rechtsanspruch auf Mitteilung der Einstellungsgründe** besteht nach herrschender und zutreffender Meinung **nicht**[75].

40   Kommt eine **Entschädigung für Strafverfolgungsmaßnahmen** nach dem StrEG in Betracht (§ 2 StrEG), so ist mit der Einstellungsmitteilung die in § 9 Abs. 2 StrEG vorgeschriebene Belehrung über das Antragsrecht zu verbinden[76]. Aus dieser Bestimmung folgt zugleich, daß über die Regelung in § 170 Abs. 2 Satz 2 hinaus eine Einstellungsmitteilung stets erforderlich ist, wenn während des Verfahrens die Voraussetzungen für einen Entschädigungstatbestand nach § 2 StrEG eingetreten waren[77]. In diesem Fall ist die Einstellungsmitteilung zuzustellen, im übrigen genügt formlose Mitteilung[78].

41   **c) Zeitpunkt.** Der Beschuldigte ist unverzüglich nach dem Erlaß der Einstellungsverfügung von der Einstellung zu unterrichten. Damit darf nicht etwa zugewartet werden, bis feststeht, ob ein Verletzter die Frist für das Klageerzwingungsverfahren verstreichen läßt[79]. Werden die **Ermittlungen** von der Staatsanwaltschaft wieder aufgenommen, nachdem der Beschuldigte eine Einstellungsmitteilung erhalten hat, so schreibt das Gesetz nicht vor, ihn hierüber alsbald zu unterrichten. Ob sich dies aus allgemeinen Rechtsgrundsätzen, insbesondere dem Fürsorgegedanken und dem Anspruch auf „fair-trial", ableiten läßt, ist zweifelhaft, läßt sich aber wohl, jedenfalls in besonders gelagerten Fällen, nicht gänzlich verneinen.

5. Wirkungen und Folgen der Einstellung

42   **a) Ende der Beschuldigteneigenschaft.** Mit der Einstellung wird das Strafverfahren und damit auch die Beschuldigteneigenschaft beendet[80]. Solange noch ein Klageerzwingungsverfahren nach § 172 möglich ist, ist das Verfahren allerdings noch im Sinne des § 154 e anhängig (§ 154 e, 8) und bleiben die dem Beschuldigten aus seiner Stellung erwachsenden Rechte erhalten[81]. **Zwangsmaßnahmen** dürfen nicht über den Zeitpunkt der Verfahrensbeendigung hinaus aufrechterhalten werden[82]. Ein etwa bestehender Haftbefehl ist stets aufzuheben (§ 120, 19); dies hat die Staatsanwaltschaft mit für den Richter bindender Wirkung zu beantragen und (ggf. fernmündlich) zugleich die Entlassung des Beschuldigten zu veranlassen (§ 120 Abs. 3). Ebenso ist die vorläufige Entziehung der Fahrerlaubnis und das vorläufige Berufsverbot aufzuheben. Bei einer Teileinstellung (Rdn. 11) ist zu prüfen, ob der verbleibende Tatvorwurf die Aufrechterhaltung von Zwangsmaßnahmen noch rechtfertigt. Beschlagnahmen können ggf. auch zur Durchführung eines objektiven Verfahrens aufrechterhalten werden.

---

[75] Ausführlich *Peters*[4] § 50 III 2; LR-*Meyer-Goßner*[23] 53; ebenso KK-*R. Müller* 28; *Kleinknecht/Meyer*[37] 10; KMR-*Müller* 14; *Eb. Schmidt* 35; *Bader* SJZ **1949** 722; a. A *Grund* SJZ **1949** 506; *Tiedemann* JR **1964** 8; neuerdings *Neu-Berlitz* 62 (die hieraus den Umfang der Sperrwirkung der staatsanwaltschaftlichen Einstellung ableiten will, aber damit die Dinge wohl auf den Kopf stellt).

[76] Vgl. näher *Kleinknecht/Meyer*[37] § 9, 3 StrEG; *Schätzler* § 9, 7.

[77] *Kleinknecht/Meyer*[37] § 9, 2 StrEG; *Schätzler* § 9, 6.

[78] KK-*R. Müller* 29; *Kleinknecht/Meyer*[37] § 9, 2 StrEG; KMR-*Müller* 14; *Eb. Schmidt* 36; vgl. auch Nr. 91 Abs. 1 RiStBV.

[79] A. A *Burchardi/Klempahn* 398.

[80] *Kleinknecht/Meyer*[37] Einl. 81; *Eb. Schmidt* 28; *v. Heydebreck* Die Begründung der Beschuldigteneigenschaft, Diss. Göttingen 1974, 137 ff; *Lenckner* FS Peters 341 f; *H. Schäfer* MDR **1984** 455.

[81] Vgl. *v. Heydebreck* aaO; *Lenckner* aaO Fußn. 38.

[82] Ausführlich *Hilger* JR **1985** 95.

b) Akteneinsicht gemäß § 147 steht nur dem Beschuldigten zu. Die Befugnisse aus **43** § 147 enden daher mit dem Ende der Beschuldigteneigenschaft[83], spätestens mit fruchtlosem Ablauf der Frist für das Klageerzwingungsverfahren oder der Verwerfung des Antrags in diesem. Danach kann der frühere Beschuldigte Akteneinsicht bei Vorliegen eines berechtigten Interesses beanspruchen (vgl. Nr. 185 RiStBV), das freilich oft gegeben sein wird. Die Entscheidung hierüber ist ein Justizverwaltungsakt, der nach den §§ 23 ff EGGVG anfechtbar ist[84].

c) Kosten. Die Kosten des Verfahrens fallen bei einer Einstellung durch die **44** Staatsanwaltschaft regelmäßig der Staatskasse zur Last. Der Beschuldigte trägt sie nie. Seine notwendigen Auslagen sind der Staatskasse nach § 467 a nur dann aufzuerlegen, wenn die Staatsanwaltschaft das Verfahren nach Rücknahme einer erhobenen Klage einstellt; erforderlich ist ein besonderer Gerichtsbeschluß[85]. Die Einstellungsverfügung enthält also **keine Kostenentscheidung.** Eine dieser Rechtslage entsprechende wäre (als rein deklaratorische) unschädlich[86], eine davon abweichende unbeachtlich. War das eingestellte Verfahren durch eine vorsätzlich oder leichtfertig erstattete **unwahre Anzeige** veranlaßt worden, so sind die Kosten und die Auslagen des Beschuldigten nach § 469 dem Anzeigenden aufzuerlegen. Die Staatsanwaltschaft hat bei Gericht einen entsprechenden Antrag zu stellen[87].

d) Sperrwirkung der Einstellung? Nach ganz h. M. bewirkt die Einstellung des **45** Verfahrens durch die Staatsanwaltschaft nach § 170 Abs. 2 keinerlei Sperrwirkung. Die Wiederaufnahme der Verfolgung und die Erhebung der öffentlichen Klage bleibt danach jederzeit (bis zum Eintritt der Verjährung) und aus jedem Grunde zulässig[88]. Die Staatsanwaltschaft kann nach dieser Meinung das Verfahren „nach Belieben"[89] wiederaufnehmen, also nicht nur, entsprechend der Regelung in den §§ 174, 211 bei Bekanntwerden neuer Tatsachen oder Beweismittel, oder bei einem Wandel in der Rechtsprechung, sondern auch ohne das Vorliegen solcher äußeren Anstöße bei einer rein intern anderen Beurteilung der rechtlichen oder tatsächlichen Lage, sei es durch den gleichen oder einen anderen Sachbearbeiter. Diese gänzlich unbeschränkte Möglichkeit der Verfahrensfortsetzung mag in der Praxis keine nennenswerte Bedeutung haben, da einmal eingestellte Verfahren in aller Regel nicht ohne triftigen äußeren Anlaß wiederaufgenommen zu werden pflegen[90]. Dennoch erscheint die seit langem gefestigte Rechtsauffassung problematisch und einer erneuten gründlichen Diskussion bedürftig, die an dieser Stelle freilich nicht geleistet werden kann[91].

[83] *H. Schäfer* MDR **1984** 455; vgl. auch bei § 147.

[84] OLG Hamm NJW **1981** 880; MDR **1984** 73 mit Bespr. *H. Schäfer* MDR **1984** 454.

[85] Näher, auch zur heute kaum noch vertretenen Gegenmeinung, die § 467 a auf Einstellungen ohne vorangegangene Klageerhebung anwenden will, die Erl. zu § 467 a.

[86] Vgl. dazu *G. Schäfer* § 31 III.

[87] Vgl. auch Nr. 92 RiStBV und für den Fall der Einstellung wegen Rücknahme des Strafantrags § 470 und die Erl. zu dieser Vorschrift.

[88] RGSt **67** 316; OLG Hamm VRS **58** 30; KK-*R. Müller* 23; *Kleinknecht/Meyer*[37] 9; KMR-*Müller* 13; LR-*Meyer-Goßner*[23] 55; *Eb.*

Schmidt 30; *Gössel* § 9 C III; *Peters*[4] § 50 III 1 c; *Roxin*[19] § 38 B II; *G. Schäfer* § 31 IV; *Schlüchter* 406. 6; weitere Nachw. bei *Loos* JZ **1978** 594 und *Neu-Berlitz* 20 f. AG Gießen StrVert. **1984** 238, aufgehoben durch LG Gießen StrVert. **1984** 327, hat für die Fälle des § 153 b, aber mit wohl allgemeinen Erwägungen, auch staatsanwaltschaftlichen Einstellungen eine Sperrwirkung zubilligen wollen.

[89] *Loos* JZ **1978** 594; ähnlich *Roxin*[19] § 38 B II.

[90] *Weihrauch* (Fußn. 73) 126.

[91] Ausführliche Erörterung des Problems in neuerer Zeit bei *Neu-Berlitz*; vgl. auch *Loos* JZ **1978** 594; *Rieß* NStZ **1981** 9.

46   Keine unüberwindbare Schranke für die **Annahme einer irgendwie gearteten Sperrwirkung** staatsanwaltschaftlicher Einstellungen sollte das mehr formale dogmatische Argument darstellen, das die Rechtskraftfähigkeit staatsanwaltschaftlicher Entscheidungen deshalb verneint, weil Rechtskraft nur gerichtlichen Entscheidungen zukommen könne[92]. Das trifft zwar zu, läßt aber außer acht, daß eine Bestandskraft staatsanwaltschaftlicher Einstellungsverfügungen auch mit dem vorwiegend verwaltungsrechtlichen Institut des Vertrauensschutzes gerechtfertigt werden könnte; es hat im übrigen den Gesetzgeber nicht gehindert, in § 153 a Abs. 1 Satz 4 an eine staatsanwaltschaftliche Maßnahme eine sehr weitgehende Sperrwirkung zu knüpfen. So ist es insgesamt nicht sehr einleuchtend, warum das Verwaltungsrecht und auch der Gesetzgeber im Verwaltungsrecht[93] mit Hilfe des Vertrauensschutzgedankens begünstigende Verwaltungsakte von Exekutivbehörden mit einer durchaus beachtlichen Bestandskraft versieht[94], für die staatsanwaltschaftliche Einstellung eine solche aber gänzlich verneint wird.

47   Eine allzu enge **Anlehnung an das Verwaltungsrecht** kann jedoch den Besonderheiten der staatsanwaltschaftlichen Einstellungsverfügung nicht gerecht werden. Das zeigt der Versuch von *Neu-Berlitz*, die Bestandskraft der Einstellung in Anlehnung an die verwaltungsrechtliche Dogmatik und den Vertrauensschutzgedanken zu bestimmen. Sie will die Bestandskraft nur auf die mitgeteilten Einstellungsgründe beschränken, und, da nur berechtigtes Vertrauen zu schützen sei, dies nur, soweit dem Beschuldigten nicht die Unrichtigkeit der Einstellung erkennbar sei[95]. Letzteres wird aber bei einer der wahren Sachlage nicht entsprechenden Einstellung dem Beschuldigten, der Täter ist, regelmäßig nicht verborgen bleiben können. Dieser Ansatz schützt daher den Schuldigen nicht vor einer Verfahrensfortsetzung. Er führt aber insbesondere dazu, daß in der Regel in einem wiederaufgenommenen Ermittlungsverfahren und im späteren gerichtlichen Verfahren die Frage der Täterschaft als Vorfrage für die Existenz des Vertrauensschutzes ebenso zu prüfen wäre, wie wenn es um die Täterschaft unmittelbar ginge.

48   Nach dem gegenwärtigen Diskussionsstand bleibt als derzeitige Minimallösung wohl nur der Rückgriff auf das **Willkürverbot**[96], wobei freilich auch dies noch der Vertiefung und Präzisierung bedarf. Gegenwärtig läßt sich wohl nur postulieren, daß eine Fortsetzung des eingestellten Ermittlungsverfahrens gegen denselben Beschuldigten und die Erhebung der öffentlichen Klage dann nicht zulässig ist, wenn hierfür kein sachlich einleuchtender Grund erkennbar ist.

§ 171

[1]Gibt die Staatsanwaltschaft einem Antrag auf Erhebung der öffentlichen Klage keine Folge oder verfügt sie nach dem Abschluß der Ermittlungen die Einstellung des Verfahrens, so hat sie den Antragsteller unter Angabe der Gründe zu bescheiden. [2]In dem Bescheid ist der Antragsteller, der zugleich der Verletzte ist, über die Möglichkeit der Anfechtung und die dafür vorgesehene Frist (§ 172 Abs. 1) zu belehren.

[92] So etwa (mit weit. Nachw.) *Loos* JZ **1978** 594; dagegen *Neu-Berlitz* 44 ff.

[93] Vgl. etwa § 48 VwVfG und die Nachw. zu spezialgesetzlichen Vorschriften bei *Stelkens/Bonk/Leonhardt* VwVfG[2] (1983) § 48, 2.

[94] Nachw. bei *Neu-Berlitz* 33 ff; zum Vertrau-

ensgrundsatz (wenn auch verneinend) auch *Loos* JZ **1978** 594.

[95] S. im einzelnen 57 ff, 65 ff und zusammenfassend 79 f.

[96] *Rieß* NStZ **1981** 9; *Hilger* JR **1985** 95.

Schrifttum. *Franzheim* Zur Behandlung querulatorischer Strafanzeigen, GA **1978** 142; *Glang* Die Belehrungspflicht der Staatsanwaltschaft nach den §§ 171, 172 StPO, MDR **1954** 586; *Kaiser* Die Rechtsstellung geisteskranker und wegen Geistesschwäche entmündigter Antragsteller im staatsanwaltschaftlichen Ermittlungsverfahren, NJW **1960** 373; *Reimers* Die Belehrung der Staatsanwaltschaft nach den §§ 171, 172 StPO, MDR **1955** 211; *Solbach* Rechtsmittelbelehrung bei Erteilung eines Einstellungsbescheides, DRiZ **1977** 181; *Solbach* Einschränkung der Pflicht zur Erteilung eines Einstellungsbescheides gemäß § 171 StPO, DRiZ **1979** 181; *Solbach* Zur Beschwerdebelehrung bei Erteilung des Einstellungsbescheides, DRiZ **1984** 476.

Entstehungsgeschichte. Satz 1 der Vorschrift war von Anfang an in der StPO enthalten; vor dem Wort „Antrag" enthielt er ursprünglich bis zur Neufassung durch das VereinhG die Worte „bei ihr angebrachten". Von 1944 bis zum VereinhG bestimmte Art. 2 § 9 Abs. 1 der 4. VereinfVO, daß der Staatsanwalt den Anzeigeerstatter nur zu benachrichtigen hatte, wenn er es für geboten hielt. Satz 2 wurde durch Art. 4 Nr. 24 des 3. StRÄndG eingefügt. Bezeichnung bis 1924: § 169.

Übersicht

1. Allgemeines. Bedeutung und Inhalt. Die Vorschrift bestimmt in Satz 1, daß die **1** Staatsanwaltschaft demjenigen, der die Strafverfolgung verlangt hat (Rdn. 2), einen begründeten Bescheid (Rdn. 10) zu erteilen hat, wenn sie das Verfahren wegen der prozessualen Tat, die den Gegenstand der Strafanzeige bildet, endgültig einstellt (Rdn. 5 f). Ob dieser Anzeigende Verletzter ist und ob gegen die Einstellungsentscheidung das Klageerzwingungsverfahren zulässig wäre, ist für die **Bescheidungspflicht** nach Satz 1 unerheblich. Die in Satz 2 geregelte **Belehrungspflicht**, die mit der in § 35 a für gerichtliche Entscheidungen getroffenen Regelung verwandt ist, betrifft lediglich die Fälle, in denen ein Klageerzwingungsverfahren zulässig wäre; sie besteht also nur gegenüber dem anzeigenden Verletzten und auch hier nur insoweit, als das Klageerzwingungsverfahren nicht ausgeschlossen ist. Eine Pflicht, dem Anzeigenden oder auch nur dem Verletzten die **Erhebung der öffentlichen Klage** und den Ausgang des gerichtlichen Verfahrens mitzuteilen, enthält das derzeit noch geltende Recht nicht[1].

---

[1] Anders § 406 d nach dem Vorschlag in Art. 1 Nr. 13 des Entwurfs eines Ersten Gesetzes zur Verbesserung der Stellung des Verletzten im Strafverfahren (BTDrucks. 10 5305), nach dem dem Verletzten auf Antrag (mindestens) der Ausgang des gerichtlichen Verfahrens mitzuteilen ist; vgl. auch Verh. des 55. DJT (1984) Bd. II Teil L, S. 185, Beschl. II 3; *Birmanns* DRiZ **1981** 424; Nr. 115 Abs. 3 RiStBV (Mitteilung der Ablehnung der Eröffnung des Hauptverfahrens).

2. Anträge auf Erhebung der öffentlichen Klage

2   **a) Begriff.** Satz 1 begründet eine Belehrungspflicht demjenigen gegenüber, der einen „Antrag auf Erhebung der öffentlichen Klage" gestellt hat. Dieser Begriff korrespondierte ursprünglich bis 1975 mit dem in § 158 Abs. 1 Satz 1 verwendeten des „Antrags auf Strafverfolgung". Nach der in diesem Kommentar vertretenen (umstrittenen) Auffassung unterscheidet sich dieser Antrag von der bloßen Strafanzeige dadurch, daß zu der Wissensmitteilung des Anzeigenden über ein möglicherweise strafbares Verhalten das Verlangen auf Strafverfolgung hinzutritt (vgl. näher § 158, 7). Antrag auf Erhebung der öffentlichen Klage ist danach jedes, auch aus den Umständen erkennbare Verlangen des Anzeigenden, daß im Falle der Begründetheit der mitgeteilten Vorwürfe Strafverfolgung eintreten solle[2]. Es braucht nicht ausdrücklich erklärt zu werden und ist meist auch mit der Verwendung des Wortes „Strafanzeige" verbunden. In einem Strafantrag im Sinne der §§ 77 ff StGB oder in einem Strafverlangen (§ 104 e StGB) liegt stets der Antrag auf Erhebung der öffentlichen Klage[3]. Auch sonst wird er in Zweifelsfällen anzunehmen sein, namentlich, wenn die Strafanzeige vom Verletzten ausgeht und bei einer der in § 158 bezeichneten Stellen angebracht wird. Ein die Bescheidungspflicht auslösender Antrag auf Strafverfolgung liegt nur dann nicht vor, wenn der Anzeigende lediglich erreichen will, daß die Strafverfolgungsbehörden vom Sachverhalt Kenntnis nehmen, und wenn sein Vorbringen dies eindeutig erkennen läßt. Das ist beispielsweise der Fall, wenn er erkennbar nur eine nicht strafrechtliche, etwa disziplinarische oder verwaltungsrechtliche Reaktion herbeiführen will, etwa wenn er die Anzeige bei einer nur insoweit zuständigen Behörde erstattet.

3   In einem **Strafantrag im Sinne des § 158 Abs. 1 Satz 1**, also in dem zunächst auf Verdachtsklärung gerichteten Verlangen des Anzeigenden, liegt regelmäßig auch der Antrag auf Erhebung der öffentlichen Klage. Etwas anderes kann nur dann anzunehmen sein, wenn auf eine Mitteilung des Ergebnisses der Verdachtsklärung ausdrücklich oder nach den Umständen eindeutig erkennbar verzichtet wird (s. auch § 158, 8). Die Bescheidungspflicht besteht auch, wenn der Antrag nicht bei der Staatsanwaltschaft gestellt war, sondern bei einer **anderen Behörde**, insbesondere bei der Polizei oder dem Amtsgericht (§ 158 Abs. 1)[4].

4   **b) Nachträglicher und wiederholter Antrag.** Ein bescheidungspflichtiger Antrag im Sinne des Satzes 1 kann auch gestellt werden, wenn bereits ein Ermittlungsverfahren wegen der angezeigten Vorwürfe läuft, und, mindestens soweit dem Anzeigenden das Klageerzwingungsverfahren offenstehen würde, auch noch, wenn das Ermittlungsverfahren bereits eingestellt worden ist[5], denn damit kann der Antragsteller die Rechte nach § 172 auslösen (näher § 172, 47). Neue Tatsachen oder Beweismittel braucht der nachträgliche Antrag nicht zu enthalten. Wird der **Antrag** nach Einstellung und Bescheidung **wiederholt**, so ist eine erneute Bescheidung erforderlich[6], wenn der neue Antrag neue Umstände aufzeigt, insbesondere neue Tatsachen oder Beweismittel enthält (vgl. auch Rdn. 5 a. E.). Er braucht jedoch nicht nach § 171 beschieden zu werden, wenn er inhaltlich lediglich das frühere Vorbringen enthält.

---

[2] KK-*R. Müller* 1; *Kleinknecht/Meyer*[37] 1; KMR-*Müller* 1; *Eb. Schmidt* 2.

[3] KK-*R. Müller* 1; *Kleinknecht/Meyer*[37] 1; LR-*Meyer-Goßner*[23] 2.

[4] So schon nach allg. M. bei der bis 1944 geltenden Fassung, die von den „bei ihr angebrachten" Anträgen sprach; vgl. LR[19] 3; *Feisenber-*

ger 2; *Eb. Schmidt* 3; vgl. auch Nr. 89 Abs. 1 RiStBV.

[5] OLG Dresden JW **1936** 2251 mit Anm. *Siegert*; OLG Neustadt MDR **1956** 247; KK-*R. Müller* 2; KMR-*Müller* 2.

[6] Zur Behandlung querulatorischer Anzeigen s. Rdn. 9.

3. Einstellung des Verfahrens

a) Fälle der Einstellung. Die Bescheidungspflicht entsteht, wenn die Staatsanwalt- **5** schaft das Ermittlungsverfahren wegen einer prozessualen Tat in einer endgültig gemeinten Abschlußverfügung ohne Erhebung der öffentlichen Klage beendet. § 171 unterscheidet zwar terminologisch, daß die Staatsanwaltschaft ohne Ermittlungen dem Antrag „keine Folge" gibt oder nach Ermittlungen das Verfahren „einstellt" (vgl. auch § 170, 6 ff), knüpft hieran aber keine unterschiedlichen Rechtsfolgen, so daß beide Fälle unter dem Begriff der Einstellung zusammengefaßt werden können. Eine die Bescheidungspflicht auslösende Einstellung liegt vor, wenn die Staatsanwaltschaft nach § 170 Abs. 2 verfährt, oder, weil hierin eine Einstellung wegen der Straftat liegt, wenn sie das Verfahren nach § 43 OWiG an die Verwaltungsbehörde abgibt. Die Vorschrift ist aber (mindestens analog, vgl. § 170, 19) auf alle anderen Fälle der staatsanwaltschaftlichen Einstellung anzuwenden, also für die Einstellungen nach den §§ 153 ff und nach § 45 JGG und für die Verneinung des öffentlichen Interesses im Falle des § 376[7]. War das Verfahren bereits einmal eingestellt, wurden die Ermittlungen wieder aufgenommen und wird das **Verfahren erneut eingestellt**, so ist der Anzeigende jedenfalls dann erneut zu bescheiden, wenn er die Wiederaufnahme veranlaßt hatte[8] oder wenn ihm gegen die erneute Einstellung das Klageerzwingungsverfahren offensteht (vgl. dazu § 172, 37 f).

b) Teileinstellung. Eine Bescheidungspflicht nach § 171 besteht, wenn das Verfah- **6** ren mehrere prozessuale Taten zum Gegenstand hat oder mehrere Beschuldigte betrifft und wegen einzelner prozessualer Taten oder gegen einzelne Beschuldigte eingestellt wird (vgl. auch § 170, 31)[9]. Die Vorschrift ist dagegen nicht anzuwenden, wenn die Staatsanwaltschaft innerhalb einer einheitlichen prozessualen Tat bestimmte Gesetzesverletzungen oder abtrennbare Teile nicht verfolgt, weil sie insoweit den hinreichenden Tatverdacht verneint oder nach § 154 a verfährt. Doch kann auch in diesem Fall eine Mitteilung an den Anzeigeerstatter sachgerecht, in Einzelfällen sogar aus dem Gesichtspunkt der Fürsorgepflicht geboten sein, etwa wenn der Anzeigeerstatter zugleich der Verletzte ist und sich gerade wegen der aus der weiteren Verfolgung ausgeschiedenen Gesetzesverletzungen oder Tatteile als Nebenkläger der Klage anschließen könnte (vgl. § 397 Abs. 3). Eine solche Mitteilung ist aber nie mit einer Belehrung nach Satz 2 zu verbinden[10].

c) Vorläufige Einstellung. Abgabe. Bei vorläufiger Einstellung des Verfahrens ist **7** § 171 nicht anzuwenden. Bei der Fristsetzung nach vorläufiger Einstellung nach **§ 154 d** ergibt sich die Mitteilungspflicht aus dem dortigen Satz 2 (vgl. näher § 154 d, 11). Bei vorläufiger Einstellung nach **§ 154 e** ist die Staatsanwaltschaft innerdienstlich nach Nr. 103 RiStBV und bei vorläufiger Einstellung in entsprechender Anwendung des **§ 205** nach Nr. 104 Abs. 3 RiStBV zu einer Mitteilung verpflichtet. Für die vorläufige Einstellung nach § 153 a s. § 153 a, 82. Die **Abgabe an** eine **andere Staatsanwaltschaft** ist dem Antragsteller ebenfalls mitzuteilen; er muß wissen, wo das auf seine Initiative hin eingeleitete Strafverfahren anhängig ist[11]. Eine Begründung ist nicht erforderlich.

---

[7] Allg. M., vgl. KK-*R. Müller* 4; LR-*Meyer-Goßner*[23] 5; vgl. auch Nr. 89 Abs. 3, Nr. 101 Abs. 2 RiStBV; zur Begründung und Belehrung in diesen Fällen s. Rdn. 11; 12; 14.

[8] KMR-*Müller* 5.

[9] *Kleinknecht/Meyer*[37] 1.

[10] Vgl. auch *Kleinknecht/Meyer*[37] 1; KK-*R. Müller* 5.

[11] Ebenso KK-*R. Müller* 6; LR-*Meyer-Goßner*[23] 7.

4. Bescheid an den Antragsteller

8   **a) Empfänger.** Ein Einstellungsbescheid ist jedem zu erteilen, der wegen der eingestellten Tat einen Antrag auf Erhebung der öffentlichen Klage (Rdn. 2 f) gestellt hat; bei mehreren Antragstellern sind alle zu bescheiden. Die Bescheidungspflicht entfällt bei Verzicht. Einen Bescheid erhält auch, wer nicht (im zivilprozessualen Sinne) prozeßfähig ist, doch wird man wohl mindestens eine (bürgerlichrechtlich) beschränkte Geschäftsfähigkeit oder, wenn diese fehlt, Antrag durch einen Vertreter verlangen müssen[12]. Die Mitteilung kann auch an einen Bevollmächtigten gerichtet werden[13]. Die Frist nach § 172 Abs. 1 wird dabei aber nur in Lauf gesetzt, wenn dieser eine allgemeine Zustellungsvollmacht hat oder zur Entgegennahme des Einstellungsbescheides besonders bevollmächtigt ist[14].

9   **b) Bei querulatorischen Strafanzeigen** kann die Bescheidungspflicht eingeschränkt sein oder entfallen[15]. Strafanzeigen, die auf erkennbar wahnhaften Vorstellungen beruhen, sind schon nicht als Strafanträge im Sinne des § 158 Abs. 1 zu behandeln und lösen schon deshalb keine Bescheidungspflicht aus. Gleiches gilt für Eingaben, deren Inhalt im wesentlichen beleidigenden oder verunglimpfenden Charakter hat; hier ist der Einsender dahingehend zu bescheiden, daß seine „Anzeige" als Strafantrag im Sinne der §§ 158, 171 unzulässig ist[16]. Wiederholte Strafanzeigen, die inhaltlich nur das bisherige Vorbringen wiederholen, lösen keine Bescheidungspflicht aus (Rdn. 4). Sie besteht ebenfalls nicht, wenn der Anzeigende geschäftsunfähig ist, was von der Staatsanwaltschaft zu klären und, wenn kein Fall der Entmündigung wegen Geisteskrankheit vorliegt, selbst zu entscheiden ist[17]. Ob darüberhinaus noch ein Bedürfnis besteht, mit Hilfe des Instituts des „Rechtsmißbrauchs" die Bescheidungspflicht einzuschränken[18], ist zweifelhaft. Auch Anzeigen von vermeintlichen Querulanten sind jedoch stets daraufhin zu prüfen, ob sie Anlaß für von Amts wegen durchzuführende Ermittlungen bieten. Es sollte auch nicht vorschnell eine besondere Hartnäckigkeit des Anzeigenden als querulatorisch angesehen werden.

10   **c) Begründung.** § 171 Satz 1 schreibt ausdrücklich vor, daß der Einstellungsbescheid zu begründen ist[19]. Die Begründung soll den Anzeigenden darüber informieren, warum seinem Begehren nach Strafverfolgung nicht stattgegeben wird. Soweit ihm das Klageerzwingungsverfahren offensteht, soll sie ihm ferner die Entscheidung ermöglichen, ob er hiervon Gebrauch machen will. Eine sachlich überzeugende Begründung kann auch dazu beitragen, Gegenvorstellungen, Dienstaufsichtsbeschwerden oder Klageerzwingungsverfahren zu vermeiden. Bei der **Einstellung mangels hinreichenden Tatverdachts** genügt es nicht, lediglich formelhaft mitzuteilen, daß ein solcher nicht bestehe oder daß dem Beschuldigten die Tat nicht nachgewiesen werden könne. Es muß

[12] Vgl. KK-*R. Müller* 3; *Kleinknecht/Meyer*[37] 1; LR-*Meyer-Goßner*[23] 8; *Solbach* DRiZ **1979** 181, die aber mindestens „Handlungsfähigkeit" verlangen. Zur Zulässigkeit des Klageerzwingungsverfahrens s. § 172, 42; 46; vgl. auch BVerfGE **1** 87 = NJW **1952** 117 (zur Unzulässigkeit querulatorischer Verfassungsbeschwerden).

[13] OLG Darmstadt GA **41** (1883) 302.

[14] OLG Dresden JW **1933** 1608; KMR-*Müller* 6; LR-*Meyer-Goßner*[23] 13.

[15] Vgl. zum Nachfolgenden, auch zu Einzelfragen, insbes. *Franzheim* GA **1978** 142; *Solbach*

DRiZ **1979** 181; vgl. auch KK-*R. Müller* 7; *Kleinknecht/Meyer*[37] 3; *Burchardi/Klempahn* 80; *Kaiser* NJW **1960** 373.

[16] *Solbach* DRiZ **1979** 181; KK-*R. Müller* 7.

[17] *Solbach* DRiZ **1979** 181 (der jedoch von „Handlungsunfähigkeit" spricht); *Kaiser* NJW **1960** 374; vgl. auch Rdn. 8.

[18] So *Solbach* DRiZ **1979** 181; ähnlich *Franzheim* GA **1978** 145.

[19] Fassungsbeispiele z. B. bei *Burchardi/Klempahn* 378 ff; *Solbach* Anklageschrift, Einstellungsverfügung[6]; *Weiland* Jus **1983** 123; s. auch Nr. 89 RiStBV.

unter Würdigung der Umstände des Einzelfalles dargelegt werden, aus welchen tatsächlichen oder rechtlichen Gründen dies nicht der Fall ist[20]. Die Gründe müssen inhaltlich mit denen übereinstimmen, die die Einstellungsverfügung in den Akten (§ 170, 33) tragen; es genügt aber, wenn die Bescheidbegründung einen von mehreren tragenden Gründen enthält. Mitteilungen über die Privatsphäre des Beschuldigten sind auf das Unerläßliche zu beschränken[21]. Den Antragsteller selbst belastende oder verletzende Gründe, wie etwa Zweifel an seiner Glaubwürdigkeit oder der Verdacht eines eigenen, die Strafbarkeit des Beschuldigten ausschließenden strafbaren Verhaltens, dürfen nicht verschwiegen werden, wenn es auf sie ankommt[22]. Namentlich bei Rechtsausführungen ist, vor allem bei einem rechtsunkundigen Antragsteller, auf eine verständliche Fassung zu achten[23].

In **Unbekanntsachen** genügt als Bescheidbegründung im allgemeinen die Mittei- **11** lung, daß der Täter nicht ermittelt werden konnte. Bei **Teileinstellung** (Rdn. 6) kann es angebracht sein, die Einstellungsbegründung mit der Mitteilung zu verbinden, daß gegen den Beschuldigten im übrigen Anklage erhoben werde, doch sollte das nicht schematisch geschehen, sondern nur dann, wenn das weitere Verhalten des Anzeigeerstatters hiervon abhängen kann und auch sonst keine überwiegenden Interessen des Beschuldigten entgegenstehen. Wird das Verfahren nach **§ 154 Abs. 1** eingestellt, so sollten die Einzelheiten des anderen Verfahrens dem Anzeigenden nicht mitgeteilt werden. Bei einer Einstellung nach **§ 153** genügt vielfach die Mitteilung, daß die Schuld des Beschuldigten als gering anzusehen wäre und kein öffentliches Interesse an der Strafverfolgung besteht; eine nähere Begründung kann erforderlich sein, wenn dies nach Sachlage problematisch ist oder wenn der Anzeigeerstatter hierauf bereits eingegangen war. Es kann bei Einstellungen namentlich nach § 153 aber angebracht sein, im Einstellungsbescheid deutlich zu machen, daß die Schuldfrage offenbleibt. Keineswegs darf die Einstellungsbegründung zum Ausdruck bringen, daß die Staatsanwaltschaft von einer Schuld des Beschuldigten ausgehe (Art. 6 Abs. 2 MRK, vgl. auch § 153, 33; 77).

Bei einer **Verweisung auf den Privatklageweg** sollte konkret dargelegt werden, **12** warum ein öffentliches Interesse an der Strafverfolgung nicht besteht. Die Praxis begnügt sich allerdings vielfach mit der Wiederholung der Formel der Nr. 86 Abs. 1 Nr. 1 RiStBV. Üblicherweise wird mit dem Einstellungsbescheid in diesen Fällen der Hinweis auf die Möglichkeit der Privatklage verbunden[24]. Betrifft das Ermittlungsverfahren in einer prozessualen Tat zusammentreffend **Offizial- und Privatklagedelikt**, so muß der Einstellungsbescheid darlegen, aus welchen Gründen das Offizialdelikt nicht verfolgt wird und warum kein öffentliches Interesse an der Verfolgung des Privatklagedelikts besteht. In diesen Fällen ist der Anzeigende, der zugleich der Verletzte ist, gemäß § 171 Satz 2 nur über die Möglichkeit des Klageerzwingungsverfahrens zu belehren, nicht auch über die ihm daneben offenstehende Möglichkeit, allein wegen des Privatklagedelikts Privatklage zu erheben[25]. Gibt die Staatsanwaltschaft unter Verneinung des öffentlichen Interesses an der Verfolgung des Privatklagedelikts die Sache zur Verfolgung der Ordnungswidrigkeit an die Verwaltungsbehörde ab (§ 170, 11 f; § 376, 8 f), so ist im

---

[20] *Kleinknecht/Meyer*[37] 3; KMR-*Müller* 5; *Eb. Schmidt* § 170, 31; vgl. Nr. 89 Abs. 2 RiStBV.

[21] KK-*R. Müller* 9; KMR-*Müller* 5.

[22] KMR-*Müller* 5; LR-*Meyer-Goßner*[23] 9; wohl teilw. **a. A** KK-*R. Müller* 9.

[23] Nr. 89 Abs. 4 RiStBV.

[24] *Kleinknecht/Meyer*[37] 4; *Solbach* DRiZ **1984** 477; *Weiland* JuS **1983** 125; kritisch zu den

dabei teilweise verwendeten, unberechtigte Erwartungen weckenden Formulierungen *Rieß* Verh. des 55. DJT (1984), Bd. I Teil C 23 Fußn. 79.

[25] *Solbach* DRiZ **1984** 476 ff; *Kleinknecht/Meyer*[37] 4; **a. A** (keine Belehrung nach § 171 Satz 2) *Weiland* JuS **1983** 125.

Bescheid hierauf hinzuweisen. Dagegen ist die rein spekulative zusätzliche Belehrung an den Verletzten unangebracht, daß eine erhobene Privatklage unzulässig werde, *wenn* die Verwaltungsbehörde einen Bußgeldbescheid erläßt, *wenn* der Betroffene hiergegen Einspruch einlegt und *wenn* das Bußgeldverfahren in ein Strafverfahren übergeleitet wird[26].

13　　d) Über die **Form des Einstellungsbescheids** enthält das Gesetz keine Vorschriften. Je nach den örtlichen Gepflogenheiten und den Umständen des Einzelfalls kann er in Briefform (mit Anrede und Schlußformel) oder in Form einer in Tenor und Gründe geteilten Entscheidung, ggf. in Verbindung mit einem Begleitbrief erteilt werden[27]. Der zweite Weg ist insbesondere dann zweckmäßig, wenn die aktenmäßige Einstellungsverfügung dem Anzeigenden im Wortlaut mitgeteilt werden kann (vgl. aber auch § 170, 33). Mitteilung durch **einfachen Brief** genügt stets, wenn keine Belehrung nach Satz 2 erforderlich ist[28]. Soll die Frist nach § 172 Abs. 1 durch die Mitteilung in Lauf gesetzt werden, kann **Zustellung** angebracht sein[29]; zwingend vorgeschrieben ist sie nicht[30]. Zur Frage des Fristbeginns und der Fristwahrung s. § 172, 108 f.

5. Belehrung (Satz 2)

14　　a) **Notwendigkeit.** Die Belehrung soll den Antragsteller in den Stand setzen, die Frist des § 172 Abs. 1 einzuhalten, um später ggf. den Antrag auf gerichtliche Entscheidung stellen zu können. Sie ist deshalb nur erforderlich, soweit ein Klageerzwingungsverfahren rechtlich zulässig wäre[31]. Auf die stets gegebene Möglichkeit, sich mit einer Beschwerde an die vorgesetzte Staatsanwaltschaft zu wenden, braucht nicht hingewiesen zu werden[32]. Auch wenn der Antragsteller der Verletzte ist, ist daher die **Belehrung nicht erforderlich**, wenn das Verfahren als Unbekanntsache eingestellt wird, weil kein Tatverdächtiger ermittelt werden konnte[33], und wenn das Klageerzwingungsverfahren nach § 172 Abs. 2 Satz 3 ausgeschlossen ist (näher § 172, 21 ff). Nach der in diesem Kommentar vertretenen, umstrittenen Auffassung (§ 153 a, 88) ist das Klageerzwingungsverfahren auch bei der endgültigen Einstellung nach § 153 a Abs. 1 nicht zulässig, so daß auch insoweit keine Belehrung erforderlich ist. Sie ist dagegen notwendig bei der endgültigen Einstellung nach § 154 d Satz 3 (§ 154 d, 20) und beim Zusammentreffen eines Offizialdelikts mit einem Privatklagedelikt in einer prozessualen Tat (vgl. Rdn. 12).

15　　Wer **Verletzter** ist, ist hier ebenso wie in § 172 zu beurteilen (vgl. § 172, 48 ff). Soweit es um die Bescheidungspflicht geht, ist in Zweifelsfällen zunächst die Auffassung der Staatsanwaltschaft maßgebend. Nicht unzulässig ist es, in zweifelhaften Fällen den Antragsteller zu belehren (vgl. auch § 172, 118). Dabei ist es bei der Belehrung nach § 171 Abs. 1, anders als bei der nach § 172 Abs. 2 Satz 2 (vg. § 172, 118 a. E), nicht ange-

---

[26] A. A LR-*Meyer-Goßner*[23] § 170, 20.
[27] Vgl. dazu kontrovers *Felsch* DRiZ **1971** 197; *Hucko* DRiZ **1971** 310; *Solbach* DRiZ **1971** 310; vgl. auch *Burchardi/Klempahn* 377, 390; KK-*R. Müller* 10.
[28] KK-*R. Müller* 11; *Kleinknecht/Meyer*[37] 5; *Eb. Schmidt* 7.
[29] Vgl. § 35, 18; OLG Bremen GA **1958** 307; Nr. 91 Abs. 2 Satz 2 RiStBV.
[30] OLG Bremen NJW **1947/48** 394; OLG Düsseldorf MDR **1960** 603; *Kleinknecht/Meyer*[37] 5; KMR-*Müller* 6; enger KK-*R. Müller* 11.

[31] KK-*R. Müller* 12; *Kleinknecht/Meyer*[37] 7; KMR-*Müller* 8; *Glang* MDR **1954** 586; *Solbach* DRiZ **1977** 181; vgl. OLG Braunschweig NJW **1965** 598.
[32] A. A *Lueder* MDR **1960** 189; dagegen ausführlich LR-*Meyer-Goßner*[23] 14.
[33] Ausführlich LR-*Meyer-Goßner*[23] 15; ebenso KK-*R. Müller* 12; *Kleinknecht/Meyer*[37] 9; KMR-*Müller* 8; *Glang* MDR **1954** 586; *Solbach* DRiZ **1977** 181; a. A LR-*Kohlhaas*[22] 7; *Reimers* MDR **1955** 211; vgl. OLG Celle MDR **1956** 120; § 172, 20.

Stand: 1. 9. 1986

bracht, auf die zweifelhafte Rechtslage hinzuweisen[34], denn für die Beschwerde zum vorgesetzten Beamten der Staatsanwaltschaft, die allein Gegenstand der hier geregelten Belehrung ist, kommt es darauf nicht an.

b) Inhalt. Die Belehrung muß den Hinweis auf die Möglichkeit der Beschwerde **16** an die vorgesetzte Staatsanwaltschaft (regelmäßig den Generalstaatsanwalt) und die hierbei einzuhaltende zweiwöchige Frist (§ 172 Abs. 1 Satz 1) enthalten und angeben, daß die Frist auch bei Einreichung bei der Staatsanwaltschaft gewahrt wird, die das Verfahren eingestellt hat (§ 172 Abs. 1 Satz 2). Sie ist auch erforderlich, wenn davon ausgegangen werden kann, daß der Adressat der Einstellungsmitteilung die Anfechtungsmöglichkeit kennt, etwa weil er Rechtsanwalt ist. Über die Möglichkeit des späteren Antrags auf gerichtliche Entscheidung ist durch die einstellende Staatsanwaltschaft noch nicht zu belehren; dies geschieht erst bei Verwerfung der Vorschaltbeschwerde (§ 172 Abs. 2 Satz 2). Etwas anderes gilt nur, wenn das Ermittlungsverfahren nach § 120 GVG vom Generalstaatsanwalt beim OLG oder nach § 142 a GVG vom Generalbundesanwalt geführt und eingestellt wird, da in diesen Fällen unmittelbar das Klageerzwingungsverfahren zulässig ist (§ 172, 101). Hier ist bereits bei der Einstellung gemäß § 172 Abs. 2 Satz 2 zu belehren; die Belehrung nach § 171 Satz 2 entfällt.

6. Fehler bei der Bescheidungs- und Belehrungspflicht. Unterbleibt entgegen Satz 2 **17** die Belehrung, oder ist sie in wesentlichen Punkten, etwa hinsichtlich der Frist oder des Adressaten, unrichtig oder unvollständig[35], so läuft die Frist für die Vorschaltbeschwerde nach § 172 Abs. 1 nicht (§ 172 Abs. 1 Satz 3). Wird eine Belehrung nach Satz 2 erteilt, obwohl ein Klageerzwingungsverfahren nicht zulässig wäre, so wird es dadurch nicht zulässig. Wird, weil eine Belehrung nach Satz 2 nicht erforderlich ist, allein gegen die Bescheidungspflicht nach Satz 1 verstoßen, so ist dies ohne prozessuale Konsequenzen.

§ 172

(1) ¹Ist der Antragsteller zugleich der Verletzte, so steht ihm gegen den Bescheid nach § 171 binnen zwei Wochen nach der Bekanntmachung die Beschwerde an den vorgesetzten Beamten der Staatsanwaltschaft zu. ²Durch die Einlegung der Beschwerde bei der Staatsanwaltschaft wird die Frist gewahrt. ³Sie läuft nicht, wenn die Belehrung nach § 171 Satz 2 unterblieben ist.

(2) ¹Gegen den ablehnenden Bescheid des vorgesetzten Beamten der Staatsanwaltschaft kann der Antragsteller binnen einem Monat nach der Bekanntmachung gerichtliche Entscheidung beantragen. ²Hierüber und über die dafür vorgesehene Form ist er zu belehren; die Frist läuft nicht, wenn die Belehrung unterblieben ist. ³Der Antrag ist nicht zulässig, wenn das Verfahren ausschließlich eine Straftat zum Gegenstand hat, die vom Verletzten im Wege der Privatklage verfolgt werden kann, oder wenn die Staatsanwaltschaft nach § 153 Abs. 1, § 153 a Abs. 1 Satz 1, 6 oder § 153 b Abs. 1 von der Verfolgung der Tat abgesehen hat; dasselbe gilt in den Fällen der §§ 153 c bis 154 Abs. 1 sowie der §§ 154 b und 154 c.

---

[34] So *Glang* MDR **1954** 587; wie hier LR-*Meyer-Goßner*²³ 16; *Solbach* DRiZ **1977** 182.

[35] *Kleinknecht/Meyer*³⁷ 8; KMR-*Müller* 14; *Eb. Schmidt* 27.

Peter Rieß

(3) [1]Der Antrag auf gerichtliche Entscheidung muß die Tatsachen, welche die Erhebung der öffentlichen Klage begründen sollen, und die Beweismittel angeben. [2]Er muß von einem Rechtsanwalt unterzeichnet sein; für die Prozeßkostenhilfe gelten dieselben Vorschriften wie in bürgerlichen Rechtsstreitigkeiten. [3]Der Antrag ist bei dem für die Entscheidung zuständigen Gericht einzureichen.

(4) [1]Zur Entscheidung über den Antrag ist das Oberlandesgericht zuständig. [2]§ 120 des Gerichtsverfassungsgesetzes ist sinngemäß anzuwenden.

Schrifttum zu den §§ 172 bis 177. *Bader* Zur Form des Klageerzwingungsantrags, NJW **1958** 1307; *Bauer* Zum Begriff des Verletzten in der StPO, JZ **1953** 298; *Bischoff* Die Wiedereinsetzung bei Versäumung der Beschwerdefrist des § 172 I StPO, NJW **1986** 2097; *Delius* Neue Beiträge zur Auslegung des § 170 StPO, GA **43** (1895) 177; *Dietz* Die Anklageerzwingung (1933); *Dünnebier* Das wiederholte Anklageerzwingungsverfahren, JR **1979** 49; *Frisch* Der Begriff des Verletzten im Klageerzwingungsverfahren, JZ **1974** 7; *Glang* Die Belehrungspflicht des Staatsanwalts nach den §§ 171, 172 StPO, MDR **1954** 586; *Gössel* Überlegungen zur Bedeutung des Legalitätsprinzips im rechtsstaatlichen Strafverfahren, FS Dünnebier 122; *Hall/Hupe* Die Wiederholung des Klageerzwingungsverfahrens, JZ **1961** 360; *Hardwig* Die Wiederholung des Klageerzwingungsverfahrens, GA **1959** 229; *Hochheuser* Der Verletzte im Strafrecht, Diss. Bonn 1965; *Jung* Die Stellung des Verletzten im Strafprozeß, ZStW **93** (1981) 1147; *Kalsbach* Die gerichtliche Nachprüfung von Maßnahmen der Staatsanwaltschaft im Strafverfahren (1967); *Kirstgen* Das Klageerzwingungsverfahren, Diss. Bonn 1986; *Kleinknecht* Zur Beschwerde nach § 172 StPO, JZ **1953** 137; *Knögel* Die Problematik des Klageerzwingungsverfahrens nach §§ 172 ff StPO, NJW **1966** 1400; *Knögel* Noch einmal: Das Klageerzwingungsverfahren nach §§ 172 ff StPO, NJW **1967** 383; *Kohlhaas* Das Klageerzwingungsverfahren in seiner neuen Form, GA **1954** 129; *Kohlhaas* Neue Komplikationen im Klageerzwingungsverfahren, NJW **1962** 950; *Kühne* Die tatsächliche Bedeutung von Opferrechten in der Deutschen Strafprozeßordnung, MSchrKrim. **69** (1986) 98; *Lueder* Zur Anfechtung von Einstellungsbescheiden der Staatsanwaltschaft, MDR **1960** 189; *Maiwald* Die Beteiligung des Verletzten am Strafverfahren, GA **1970** 33; *Hellm. Mayer* Klageerzwingungsverfahren und Opportunitätsprinzip, JZ **1955** 600; *Mittelbach* Zum Klageerzwingungsverfahren nach § 172 StPO, DRiZ **1954** 249; *Moller* Klageerzwingungsverfahren und berechtigtes Vergeltungsbedürfnis, NJW **1966** 1253; *Niese* Die Anklageerzwingung im Verhältnis zum Legalitäts- und Opportunitätsprinzip, SJZ **1950** 890; *Niese* Zur verfahrensmäßigen Behandlung der Beschwerde und zum Armenrecht im Anklageerzwingungsverfahren, JZ **1952** 647; *Nothmann* Klageerzwingungsrecht und Strafprozeßreform, GA **76** (1932) 71; *Oetker* Legalität, Opportunität, Klageerzwingung, GerS **105** (1935) 370; *Ostendorf* Das öffentliche Klageerzwingungsverfahren — ein notwendiges Institut zur Kontrolle der Staatsanwaltschaft, RuP **1980** 185; *Ostler* Das Klageerzwingungsverfahren (1931); *Pentz* Ist das Klageerzwingungsverfahren gegen Jugendliche zulässig? NJW **1958** 819; *Pentz* Notanwalt für das Klageerzwingungsverfahren? NJW **1961** 862; *Poppe* Die Bewilligung des Armenrechts im Klageerzwingungsverfahren, NJW **1953** 1500; *Poppe* Keine Wiederholung des Klageerzwingungsverfahrens? NJW **1956** 1058; *Rehwagen* Der Verletzte im Strafverfahren. Seine Rechtsstellung nach der Strafprozeßordnung und nach dem sowjetischen Strafprozeßrecht, Diss. München 1974; *Rieß* Die Rechtsstellung des Verletzten im Strafverfahren, Gutachten zum 55. DJT (1984), Verh. des 55. DJT Bd. I Teil C; *Rieß* Alte und neue aktuelle Fragen im Klageerzwingungsverfahren — Notanwalt, Ermittlungserzwingung, NStZ **1986** 433; *Schäfer* Das Klageerzwingungsrecht des Beamten, DVBl. **1961** 776; *H. W. Schmidt* Der Klageerzwingungsantrag, SchlHA **1959** 138; *H. W. Schmidt* Keine Beiordnung eines Notanwalts im Klageerzwingungsverfahren, MDR **1965** 872; *Schneidewin* Das Klageerzwingungsverfahren nach Fristbestimmung gemäß § 154 a StPO [jetzt: § 154 d], JZ **1959** 307; *Schorn* Das Klageerzwingungsverfahren im Blickfeld der neueren Rechtsprechung, NJW **1965** 1517; *Schulz* Zur Beschwerde nach § 172 StPO, JR **1953** 215; *Schulz-Arenstorff* Die Zulässigkeitserfordernisse des Klageerzwingungsantrags, NJW **1978** 1302; *Schwarz* Einstellung des Klageerzwingungsverfahrens nach § 172 StPO, NJW **1958** 1816; *Schwarze* Der Antrag des Verletzten auf gerichtliche Entscheidung bei Ablehnung des Antrags auf strafgerichtliche Verfolgung, GerS **31** (1879) 284; *Solbach* Rechtsmittelbelehrung bei Erteilung eines Einstellungsbescheides, DRiZ **1977** 181; *Strüwer* Ein Beitrag zur Bestimmung des strafprozessualen Begriffs „Verletzter",

Diss. Hamburg 1976; *Töwe* Das Klageerzwingungsverfahren, GerS **108** (1936) 262; *Weigend* Viktimologische und kriminalpolitische Überlegungen zur Stellung des Verletzten im Strafverfahren, ZStW **96** (1984) 761, 786 f; *Werner* Die Rechtsstellung des Verletzten im Strafverfahren bei staatsanwaltschaftlichen Verfahrenseinstellungen aus Opportunitätsgründen, NStZ **1984** 401.

Entstehungsgeschichte. Die Vorschrift hatte ursprünglich folgenden Wortlaut:

(1) Ist der Antragsteller zugleich der Verletzte, so steht ihm gegen diesen Bescheid binnen zwei Wochen nach der Bekanntmachung die Beschwerde an den vorgesetzten Beamten der Staatsanwaltschaft und gegen dessen ablehnenden Bescheid binnen einem Monat nach der Bekanntmachung der Antrag auf gerichtliche Entscheidung zu.

(2) Der Antrag muß die Tatsachen, welche die Erhebung der öffentlichen Klage begründen sollen, und die Beweismittel angeben, auch von einem Rechtsanwalt unterzeichnet sein. Der Antrag ist bei dem für die Entscheidung zuständigen Gericht einzureichen.

(3) Zur Entscheidung ist in den vor das Reichsgericht gehörigen Sachen das Reichsgericht, in anderen Sachen das Oberlandesgericht zuständig.

Sie blieb bis 1942 unverändert. Art. 9 § 2 Abs. 3 der 2. VereinfVO beseitigte das gesamte Klageerzwingungsverfahren und hob die Vorschrift deshalb auf; Art. 3 I Nr. 72 des VereinhG stellte sie unter Ersetzung des Wortes „Reichsgericht" durch „Bundesgerichtshof" unverändert wieder her.

Art. 4 Nr. 25 des 3. StRÄndG gab der Vorschrift ihren heutigen Aufbau und im wesentlichen ihren heutigen Inhalt. Jedoch schloß Absatz 2 Satz 3 auch Übertretungen bis zu deren Beseitigung durch das EGStGB 1974 vom Klageerzwingungsverfahren aus. Die Aufzählung der Vorschriften am Ende dieses Satzes wurde durch Art. 3 Nr. 3 des 8. StRÄndG und durch Art. 21 Nr. 56 EGStGB 1974 den Veränderungen bei den §§ 153 ff angepaßt. In Absatz 3 wurde das Wort „Armenrecht" durch Art. 4 Nr. 8 Buchst. b ProzeßkostenhG durch „Prozeßkostenhilfe" ersetzt. Absatz 4 erklärte ursprünglich in den erstinstanzlichen Strafsachen des Bundesgerichtshofes diesen für zuständig; er erhielt seine heutige Fassung durch Art. 2 Nr. 6 StaatsschStrafsG. Bezeichnung bis 1924: § 170.

Übersicht

Peter Rieß

I. Bedeutung und Struktur des Klageerzwingungsverfahrens

1. Zweck und Bedeutung

a) Kontrolle des Legalitätsprinzips. Das in den §§ 172 bis 177 geregelten gericht- **1** liche Verfahren zur Überprüfung der auf § 170 Abs. 2 beruhenden Einstellungsentscheidung der Staatsanwaltschaft hat im Gesetz keine eigene Bezeichnung; der Ausdruck **Klageerzwingungsverfahren** hat sich in Wissenschaft und Praxis allgemein durchgesetzt[1]. Nach allgemeiner Auffassung dient es der Kontrolle des Legalitätsprinzips[2]. Anders als etwa bei einer subsidiären Privatklage[3] kann mit dem Klageerzwingungsverfahren das Anklagemonopol der Staatsanwaltschaft trotz gerichtlicher Kontrolle der Einstellungsentscheidung formal aufrechterhalten werden (vgl. auch § 151, 7). Aus dieser dem geltenden Recht zugrundeliegenden Zweckbestimmung des Klageerzwingungsverfahrens als Mittel zur Gewährleistung der dem Legalitätsprinzip entsprechenden Anklagepflicht der Staatsanwaltschaft folgt einschränkend seine Unanwendbarkeit für die Durchbrechungen des Legalitätsprinzips (vgl. § 172 Abs. 2 Satz 3, näher Rdn. 21 ff)[4], an-

---

[1] Die Bezeichnung geht auf *Beling* 487 und *Rosenfeld* zurück.

[2] Vgl. statt aller OLG Hamburg GA **1961** 88; NJW **1963** 1122; KG NJW **1969** 108; OLG Karlsruhe Justiz **1977** 206 (kein Klageerzwingungsverfahren mit dem Ziel, eine Wiedergutmachungsauflage nach § 153 a Abs. 1 zu erreichen); *Kleinknecht/Meyer*[37] 1; *Eb. Schmidt* 1; *Beling* 487; *Gerland* 311; *v. Hippel* 340; *Roxin*[19] § 39 A II 1; *Ostler* 4 f; *Gössel* FS Dünnebier 143; *Niese* SJZ **1950** 893; kritisch *Kirstgen* 49 ff, nach dessen Auffassung das Klageerzwingungsverfahren der Steigerung der Akzeptanz der staatsanwaltschaftlichen Strafverfolgung dienen soll.

[3] Zur ursprünglichen Konzeption der RStPO sowie zur Einführung des Klageerzwingungsverfahrens, das erst von der Justizkommission des Reichstags durchgesetzt wurde und ohne Vorbild war, vgl. *Hahn* 22, 151,

728 ff, 1541 ff, 1839 ff; *Kirstgen* 3 ff (mit ausf. Nachw.); *v. Hippel* 340 Fußn. 7; *Hall/Hupe* JZ **1961** 361; vgl. auch *Ostler* 5 f (zu den Nachteilen der subsidiären Privatklage); *Schwarze* GerS **31** (1879) 286 f; *Töwe* GerS **108** (1936) 262 ff (zu den partikularrechtlichen Regelungen).

[4] Vgl. u. a. OLG Celle NdsRpfl. **1963** 258; *Kleinknecht/Meyer*[37] 3; *Gerland* 311; *Peters*[4] § 57 IV (S. 536); ausführlich und kritisch *Kirstgen* 12 ff; darüber, daß in anderen Rechtsordnungen das Klageerzwingungsverfahren oder ähnliche Einrichtungen auch bei Verfahrenseinstellungen aus Opportunitätsgründen in Frage kommen, vgl. *Jescheck/Leibinger* (LV zu § 152) 149, 381, 686; *Shin* (LV zu § 152) 158 (für Korea); vgl. auch die rechtsvergleichenden Hinweise bei *Rieß* Gutachten, 111 Fußn. 324.

Peter Rieß

dererseits für die Bestimmung seiner Reichweite, daß seine Wiederholung grundsätzlich möglich ist, wenn und soweit für die Staatsanwaltschaft erneut die Anklagepflicht entsteht (näher Rdn. 33 ff).

2   **b) Verletzter.** Der konstruktive Gedanke, dem Privaten durch einen Antrag auf gerichtliche Entscheidung die Initiative zur Kontrolle des Legalitätsprinzips anzuvertrauen, erfordert nicht unbedingt eine Begrenzung des hierzu befugten Personenkreises; er wäre auch in der Weise realisierbar, diese Befugnis jedem Bürger einzuräumen. Der Gesetzgeber hat sie aber im Wege einer Kompromißentscheidung[5] an ein limitierendes Prinzip geknüpft[6] und dabei durch die konkrete Bestimmung des antragsbefugten Personenkreises zugleich anerkannt, daß auch in einem öffentlichen Strafverfahren den Strafverfolgungsinteressen des Verletzten eine eigenständige Bedeutung zukommt[7]. Allerdings ist weniger die Fürsorge für den Verletzten, sondern vorwiegend die Sorge für das Legalitätsprinzip für die gesetzliche Ausgestaltung des Klageerzwingungsverfahrens maßgebend gewesen[8]. Nach dem geltenden Recht kann deshalb ein Strafverfolgungsinteresse des Verletzten außerhalb der Anklagepflicht der Staatsanwaltschaft nicht zur Anerkennung einer erweiterten Klageerzwingungsbefugnis für den Verletzten führen. Jedoch bietet der vorrangige Zweck des Verfahrens, das Legalitätsprinzip zu sichern, auch keinen Grund, den Verletztenbegriff besonders eng auszulegen[9].

3   **c) Tatsächliche Bedeutung und rechtspolitische Einschätzung.** In der Rechtswirklichkeit ist das Klageerzwingungsverfahren verhältnismäßig selten. Jährlich werden etwa 1500 Verfahren bei den Oberlandesgerichten anhängig; auf diese bezogen liegt die Erfolgsquote bei etwa 4 %[10]. Der Nutzen des Klageerzwingungsverfahrens liegt insgesamt weniger in seiner praktischen Anwendung als in seiner Präventivwirkung. Insoweit wird es derzeit ganz überwiegend für notwendig gehalten[11].

4   Vorschläge **de lege ferenda** zielen überwiegend auf eine Erweiterung des Klageerzwingungsverfahrens in bezug auf die Antragsberechtigten und auf Verfahrensvereinfachungen[12]. Teilweise wird auch gefordert, dem Verletzten das Klageerzwingungs-

[5] Vgl. *Hahn* 1542, 1839 ff, 1994, 1995, 2076; die Beschränkung des Antragsrechts auf den Verletzten wurde erst in Dritter Lesung der Reichstagsberatungen eingeführt, da der Bundesrat die in der Zweiten Lesung beschlossene Erstreckung auf jeden Antragsteller für unannehmbar erklärt hatte; ausführlich auch *Schwarze* GerS **31** (1879) 291 ff.
[6] Vgl. dazu *Frisch* JZ **1974** 9; *Kalsbach* 82 f.
[7] Vgl. *Hall/Hupe* JZ **1961** 362; gegen deren Differenzierung in einen staatlichen und privaten Strafanspruch aber zu Recht *Eb. Schmidt* Nachtr. I 1; vgl. ferner *Rieß* Gutachten, 27 mit weit. Nachw. in Fußn. 98; *Roxin*[19] § 39 A II.
[8] Näher *Rieß* Gutachten, 27 f mit weit. Nachw.
[9] So schon *Dietz* 76 gegen damalige entgegenlaufende Tendenzen der Rechtsprechung; ähnlich auch *Frisch* JZ **1974** 9.

[10] Näher *Rieß* Gutachten, 29 mit Nachw.; vgl. auch *Werner* NStZ **1984** 401; *Kühne* MSchrKrim. **69** (1986) 100 (für den Bereich der Staatsanwaltschaft Trier, 1982); ältere statistische Angaben bei *Ostler* 138; *v. Kries* 274.
[11] Näher *Rieß* Gutachten, 111 mit Nachw. in Fußn. 322 f; Nachw. der früheren rechtspolitischen Diskussion ebd. Rdn. 27 Fußn. 96; *Töwe* GerS **108** (1936) 267 ff; ähnlich *Kühne* MSchrKrim. **69** (1986) 101.
[12] Vgl. mit weit. Nachw. *Rieß* Gutachten 112; *Gössel* FS Dünnebier 144; aus dem früheren Schrifttum z. B. *Dietz* 77 ff; *Ostler* 146 ff; Vorschläge für eine Kontrolle des Legalitätsprinzips bei Straftaten ohne individuellen Verletzten mittels einer Klageerzwingungsbefugnis durch Abgeordnete bei *Ostendorf* RuP **1980** 203.

verfahren oder ähnliche Kontrollinstrumente für Verfahrenseinstellungen durch die Staatsanwaltschaft nach den §§ 153 ff zur Verfügung zu stellen[13].

2. Abschließende Regelung. Die gerichtliche Überprüfung der staatsanwaltschaftli- **5** chen Einstellungsentscheidung ist in den §§ 172 ff abschließend geregelt. Soweit danach dem Verletzten das Klageerzwingungsverfahren nicht zusteht, kann er auch nicht nach den §§ 23 ff EGGVG vorgehen[14]. Die **Gegenmeinung**[15] hält das Verfahren nach den §§ 23 ff EGGVG wenigstens dann für möglich, wenn die Staatsanwaltschaft das Verfahren nach den §§ 153 ff ohne gerichtliche Zustimmung einstellen kann. Ihr ist entgegenzuhalten, daß § 172 in bezug auf die Anfechtung durch den Verletzten eine abschließende Regelung darstellt und nach der Absicht des Gesetzgebers darstellen soll, bei der es im Sinne des § 23 Abs. 3 EGGVG „sein Bewenden" hat[16]. Auch ist der Verletzte wohl nicht im Sinne des Art. 19 Abs. 4 GG in *seinen* Rechten verletzt, wenn die Staatsanwaltschaft den Sanktionsanspruch der Rechtsgemeinschaft nicht geltend macht[17].

3. Aufbau und dogmatische Struktur des Klageerzwingungsverfahrens
a) Übersicht über die gesetzliche Regelung. Das eigentliche Klageerzwingungsver- **6** fahren nach den §§ 172 bis 177 ist in der Regel (zu den Ausnahmen vgl. Rdn. 101) **zwei-stufig** aufgebaut[18]. Der gerichtlichen Entscheidung muß eine fristgebundene Beschwerde an den „vorgesetzten Beamten der Staatsanwaltschaft" (Rdn. 100) vorausgehen (§ 172 Abs. 1). Deren besondere Voraussetzungen (Einhaltung der Frist, Antragstellung nach § 171 Satz 1, Verletzteneigenschaft) haben lediglich für die Funktion dieser Beschwerde als **Vorschaltbeschwerde**[19] und damit als Zulässigkeitsvoraussetzung für den nachfolgenden Antrag an das Oberlandesgericht Bedeutung; sie sind für die stets gleichzeitig vorhandene Eigenschaft dieser Beschwerde als Dienstaufsichtsbeschwerde bedeutungslos (näher Rdn. 9 f). Gegen den ablehnenden Bescheid des „vorgesetzten Beamten der Staatsanwaltschaft" ist der frist- und formgebundene Antrag auf gerichtliche Entscheidung an das Oberlandesgericht eröffnet (§ 172 Abs. 2 Satz 1, Abs. 3, 4). Das (regelmäßig schriftliche) Verfahren vor dem Oberlandesgericht regelt § 173; § 176 gestattet dem Gericht fakultativ, die Entscheidung von einer Sicherheitsleistung durch den An-

---

[13] *Rieß* Gutachten 113 mit weit. Nachw.; ähnlich *Jung* JR **1984** 312; *Schöch* NStZ **1984** 389; *Weigend* ZStW **96** (1984) 787; *Werner* NStZ **1984** 403; die strafrechtliche Abteilung des 55. DJT (Verh. Bd. II S. L 190) hat sich mit deutlichen Mehrheiten gegen solche Erweiterungen ausgesprochen.

[14] OLG Bamberg JVBl. **1965** 262; OLG Celle und OLG Hamm, mitgeteilt bei *Altenhain* JZ **1965** 758 Fußn. 16; OVG Lüneburg NJW **1972** 74; *Kissel* § 23, 44 EGGVG; *Klein-knecht/Meyer*[37] § 23, 12 EGGVG; LR-*K. Schäfer*[23] § 23, 51 ff EGGVG; *Eb. Schmidt* Nachtr. I 34; *Gössel* § 9 D II c 3 a. E; *Vogel* (LV zu § 153) 244 ff mit weit. Nachw.

[15] *Kalsbach* 88 ff; ihm folgend *Rehwagen* 29, 210; vgl. auch KG JVBl. **1962** 20; die bei *Altenhain* JZ **1965** 757 Fußn. 14 zitierte Entscheidung KG JVBl. **1961** 237 ist nicht einschlägig.

[16] LR-*K. Schäfer*[23] § 23, 51 ff EGGVG; *Klein-knecht/Meyer*[37] § 23, 12 EGGVG; *Kaiser* NJW **1961** 201; *Thierfelder* NJW **1961** 1101.

[17] *Altenhain* JZ **1965** 758; *Roxin*[19] § 39 B I 3 a; *Kirstgen* 81; a. A KG JVBl. **1962** 20; *Kalsbach* 92 und wohl auch *Hellm. Mayer* JZ **1965** 604 (unter Berufung auf Art. 103 Abs. 1 GG).

[18] Im Schrifttum wird überwiegend so z. B. KK-*R. Müller* 2; *Kleinknecht/Meyer*[37] 5; LR-*Meyer-Goßner*[23] 3, die Ansicht vertreten, das Verfahren sei dreistufig aufgebaut, weil der Antrag auf Erhebung der öffentlichen Klage nach § 171 Satz 1 mit einbezogen wird; aber dieser Antrag ist nur Voraussetzung für die Antragsbefugnis nach § 172 und noch nicht Teil des Klageerzwingungsverfahrens.

[19] *Kleinknecht* JZ **1952** 490. Diese Terminologie hat sich inzwischen allgemein durchgesetzt, vgl. KK-*R. Müller* 4; *Kleinknecht/Meyer*[37] 6; KMR-*Müller* 4.

tragsteller abhängig zu machen. § 174 regelt die gerichtliche Entscheidung und deren Folgen bei unbegründetem Antrag; § 177 knüpft hieran eine Kostenregelung. § 175 bestimmt, wie bei einem begründeten Antrag zu verfahren ist.

7   b) Die **Rechtsnatur des Klageerzwingungsverfahrens** ist dogmatisch noch nicht gänzlich geklärt. Das gerichtliche Verfahren ist ein von dem eigentlichen Strafverfahren abgesondertes, **verselbständigtes Zwischenverfahren**[20] mit begrenztem Prozeßgegenstand und veränderten Prozeßrollen. Der antragstellende Verletzte wendet sich gegen die Einstellungsentscheidung der Staatsanwaltschaft mit dem **Ziel** der Erhebung der öffentlichen Klage durch diese (§ 172 Abs. 3, § 175)[21], ohne daß deshalb die Staatsanwaltschaft in die Rolle einer beklagten Prozeßpartei gerät. Auch der Beschuldigte ist am Verfahren nicht in jedem Fall notwendig beteiligt; er ist jedoch zu hören, bevor die Erhebung der öffentlichen Klage angeordnet wird, der Antrag also Erfolg hat (§ 173, 6 f).

8   **Prozeßgegenstand** des Klageerzwingungsverfahrens ist nach seiner gesetzlichen Konstruktion die Verpflichtung der Staatsanwaltschaft zur Klageerhebung, also im Ergebnis das Vorhandensein eines hinreichenden Tatverdachts im Sinne des § 203. Das folgt insbesondere aus dem notwendigen Inhalt des Antrags (§ 172 Abs. 3) und der vom Gesetz vorgeschriebenen Entscheidung bei begründetem Antrag (§ 175). Die Aufhebung des Einstellungsbescheides hat demgegenüber nach Anbringung des Antrags auf gerichtliche Entscheidung gemäß § 172 Abs. 2 keine selbständige prozessuale Bedeutung. In der verwaltungsgerichtlichen Terminologie weist das Klageerzwingungsverfahren daher eine gewisse Verwandtschaft mit einer Verpflichtungsklage auf. Eine davon zu trennende Frage ist, ob als „Ermittlungserzwingung" in entsprechender Anwendung der §§ 172 ff bei mangelnder Anklagereife auch eine bloße, der verwaltungsgerichtlichen Anfechtungsklage vergleichbare, Aufhebung der Einstellungsentscheidung zulässig ist, verbunden mit der Verpflichtung, bestimmte Ermittlungen vorzunehmen (dazu näher § 175, 16 ff).

9   c) **Vorschaltbeschwerde nach Absatz 1 und Dienstaufsichtsbeschwerde.** Mit der Organisation der Staatsanwaltschaft als einer hierarchisch aufgebauten Behörde ist notwendig die Befugnis und Verpflichtung der Vorgesetzten zur Dienstaufsicht über die ihnen nachgeordneten Behörden und Beamten verbunden. Daraus folgt, daß der Vorgesetzte auf eine Beschwerde hin die Einstellungsentscheidung des einzelnen Staatsanwalts oder der nachgeordneten Staatsanwaltschaft zu überprüfen und ggf. aufzuheben hat und entweder die Fortsetzung der Ermittlungen oder bei Anklagereife die Erhebung der öffentlichen Klage anordnen kann. Solche Dienstaufsichtsbeschwerden sind unabhängig davon möglich, ob der Beschwerdeführer Anzeigender oder Verletzter ist und ob das Klageerzwingungsverfahren nach § 172 Abs. 2 Satz 3 ausgeschlossen ist; sie sind an keine Frist gebunden[22]. Sie verpflichten den Vorgesetzten in aller Regel zu der gleichen Prüfung und Entscheidung, zu der die Beschwerde nach § 172 Abs. 1 Veranlassung geben kann. Die einschränkenden Voraussetzungen in § 172 Abs. 1 (Antragstellung, Verletzteneigenschaft und Fristwahrung) haben deshalb für die Prüfung durch den

---

[20] Vgl. *Beling* 487 mit der treffenden Bezeichnung „Prozeßeinlage"; ausführlich *Ostler* 13 ff (S. 15: „parteiloses Verfahren auf Anstoß hin").

[21] Ebenso *Kleinknecht/Meyer*[37] 8; vgl. auch OLG Karlsruhe Justiz **1977** 206 (Unzulässigkeit des Verfahrens, wenn nur Schadenswiedergutmachungsauflage erstrebt wird).

[22] *Kleinknecht/Meyer*[37] 18; KMR-*Müller* 2; teilw. a. A *Lueder* MDR **1960** 189, der zwischen einer befristeten staatsanwaltschaftlichen Sachbeschwerde mit „Rechtsmittelcharakter" und der allgemeinen Dienstaufsichtsbeschwerde unterscheiden will.

staatsanwaltschaftlichen Vorgesetzten regelmäßig keine Bedeutung. Die Beschwerde nach § 172 Abs. 1 hat regelmäßig **Doppelcharakter**; sie ist auch unter dem Gesichtspunkt der Dienstaufsichtsbeschwerde zu würdigen[23].

Der vorgesetzte Beamte der Staatsanwaltschaft darf deshalb auch eine Beschwer- **10** de, die er als Vorschaltbeschwerde nach § 172 Abs. 1 für unzulässig hält, weil sie verspätet ist, dem Beschwerdeführer die Anzeigenden- oder Verletzteneigenschaft fehlt oder das Klageerzwingungsverfahren nicht eröffnet ist, **nicht** ohne Sachprüfung **als unzulässig zurückweisen**[24]. Er hat sie als Dienstaufsichtsbeschwerde sachlich zu prüfen. Ihre Unzulässigkeit als Vorschaltbeschwerde hat für ihn nur insoweit Bedeutung, als er ggf. die nach § 172 Abs. 2 Satz 2 vorgesehene Belehrung zu unterlassen hat (näher Rdn. 118 f). Im übrigen gewinnen die Zulässigkeitsvoraussetzungen des § 172 Abs. 1 erst im gerichtlichen Klageerzwingungsverfahren nach § 172 Abs. 2 insoweit Bedeutung, als bei ihrem Fehlen das Oberlandesgericht den Antrag als unzulässig zu verwerfen hat.

Wegen des Doppelcharakters der Vorschaltbeschwerde steht dem Beschwerdefüh- **11** rer gegen den ablehnenden Bescheid des vorgesetzten Staatsanwalts neben dem Antrag auf gerichtliche Entscheidung nach § 172 Abs. 2 Satz 1 auch der Weg der **weiteren Dienstaufsichtsbeschwerde** bei dem höheren Vorgesetzten (vgl. § 147 GVG) offen; beide sind unabhängig voneinander und die weitere Dienstaufsichtsbeschwerde bewirkt namentlich nicht den Verlust des Rechts, gerichtliche Entscheidung zu beantragen[25]. Jedoch wird durch ihre Einlegung der Lauf der Monatsfrist nach § 172 Abs. 2 Satz 1 nicht gehemmt, auch wenn innerhalb dieser Frist noch nicht über sie entschieden ist[26].

II. Sachlicher Anwendungsbereich des Klageerzwingungsverfahrens

1. Endgültige Einstellung wegen prozessualer Tat

a) Endgültige Einstellung. Für das Klageerzwingungsverfahren ist nur Raum, **12** wenn die Staatsanwaltschaft das Verfahren endgültig eingestellt hat, ihre Einstellung also der Sache nach auf § 170 Abs. 2 stützt (vgl. auch § 171, 5 ff). Doch kommt es nicht auf die Bezeichnung an; auch wenn die Staatsanwaltschaft die Einstellung fälschlich als „vorläufig" bezeichnet, in Wirklichkeit aber eine endgültige Verfahrensbeendigung beabsichtigt, ist das Klageerzwingungsverfahren zulässig[27], nicht aber bei tatsächlich bloß vorläufiger Einstellung[28]. Völliges Untätigbleiben der Staatsanwaltschaft, nicht aber eine bloß verzögerliche Sachbehandlung (vgl. dazu § 170, 10), soll der endgültigen Einstellung gleichstehen[29]; praktisch dürfte das, wenn dem Verfahren ein Antrag nach § 171 zugrundeliegt, kaum vorkommen. Unerheblich ist, ob die Staatsanwaltschaft bereits die öffentliche Klage erhoben hatte und das Verfahren erst nach deren Zurück-

---

[23] LR-*Meyer-Goßner*[23] 4 f; ähnlich KMR-*Müller* 6; *Eb. Schmidt* 8; ausführlich *Ostler* 44.

[24] OLG Hamm NJW **1973** 1056; OLG Nürnberg MDR **1964** 524; *Kleinknecht* MDR **1972** 69.

[25] *Kleinknecht/Meyer*[37] 18; *Eb. Schmidt* 8.

[26] KMR-*Müller* 7; *Eb. Schmidt* 8; vgl. auch OLG Hamburg MDR **1984** 775 (Bedingung einer erfolglosen weiteren Beschwerde macht den Antrag nach § 172 Abs. 2 unzulässig).

[27] OLG Frankfurt NJW **1972** 1875 (wo dies aus der Abschlußverfügung „weglegen" hergeleitet wird); KK-*R. Müller* 6.

[28] OLG Hamm JZ **1959** 324; OLG München Alsb. E 1 370; KK-*R. Müller* 6; KMR-*Müller* 5; *Schneidewin* JZ **1958** 623; offengelassen von OLG Frankfurt NJW **1972** 1875; teilw. **a. A** früher *Ostler* 52; für den Sonderfall der Anwendung des § 154 d (s. § 154 d, 19) auch *Schneidewin* JZ **1959** 308; s. aber auch Rdn. 18 a. E.

[29] KK-*R. Müller* 6; *Kleinknecht/Meyer*[37] 5; KMR-*Müller* 6; *Beling* 489 Fußn. 1.

nahme einstellt. Unzulässig ist das Klageerzwingungsverfahren grundsätzlich, wenn die endgültige Einstellung nicht mangels hinreichenden Tatverdachts, sondern aufgrund einer das Legalitätsprinzip begrenzenden Ermächtigungen erfolgte (näher Rdn. 21 ff).

13   **b) Prozessuale Tat.** Nach ganz h. M. muß das Verfahren wegen einer Tat im prozessualen Sinne insgesamt eingestellt worden sein[30]. Mit dem Klageerzwingungsantrag kann nicht geltend gemacht werden, daß die Staatsanwaltschaft nicht die vom Antragsteller für richtig gehaltene rechtliche Qualifikation vorgenommen[31], den vollen Tatumfang nicht zutreffend beschrieben oder bestimmte Gesetzesverletzungen[32] oder Einzelakte einer fortgesetzten Handlung nicht in die Anklage aufgenommen habe. Dies gilt auch dann, wenn es sich bei den von der Anklage nicht erfaßten Teilen der (prozessualen) Tat um ein materiell-rechtlich selbständiges Delikt handelt oder wenn die Klage durch Strafbefehlsantrag erhoben wird[33]. Denn in all diesen Fällen ist, wie sich aus § 155 Abs. 2, § 264 ergibt, die gesamte Tat bereits Gegenstand des gerichtlichen Verfahrens; der auf Erhebung der öffentlichen Klage gerichtete Antrag würde deshalb ins Leere gehen.

14   Die vom OLG Hamm vertretene **Gegenmeinung**[34] hält es für zulässig, mit dem Klageerzwingungsverfahren auch geltend zu machen, daß die Anklage den Schuldumfang der Tat nicht erschöpfe. Im Ergebnis läuft diese Auffassung auf eine im Verfahren nach §§ 172 ff durchsetzbare Verpflichtung zur Nachbesserung einer bereits erhobenen Anklage hinaus. Dies ist weder mit dem Wortlaut der gesetzlichen Regelung noch mit dem Zweck des Klageerzwingungsverfahrens zu vereinbaren. Es würde darüberhinaus, wenn das Oberlandesgericht erst entschiede, nachdem die Anklage bereits zugelassen worden ist (§§ 203, 207) zu kaum lösbaren dogmatischen Problemen führen[35].

15   Wird ein einheitliches Ermittlungsverfahren wegen **mehrerer prozessualer Taten** oder gegen **mehrere Beschuldigte** geführt und erhebt die Staatsanwaltschaft teilweise die öffentliche Klage, während sie das Verfahren wegen einzelner Taten[36] oder gegen einzelne Beschuldigte einstellt, so ist im Umfang der Einstellung das Klageerzwingungsverfahren zulässig.

2. Verfahrenshindernisse. Parlamentarische Immunität

16   **a) Verfahrenshindernisse allgemein.** Zum hinreichenden Tatverdacht gehört auch das Vorliegen der Verfahrensvoraussetzungen und das Fehlen von Verfahrenshindernissen (§ 203, 10; 16). Die Staatsanwaltschaft hat daher, wenn sie Verfahrenshindernisse für gegeben hält, das Verfahren nach § 170 Abs. 2 einzustellen. Hiergegen ist grundsätzlich das Klageerzwingungsverfahren möglich[37]. Mit ihm kann also etwa geltend gemacht werden, daß — entgegen der Meinung der Staatsanwaltschaft — der Beschuldigte der deutschen Gerichtsbarkeit unterliege, ein wirksamer Strafantrag gestellt sei

---

[30] OLG Braunschweig NJW **1959** 1145; NdsRpfl. **1958** 220 (bei teilweiser Ermittlungsfortsetzung); OLG Karlsruhe NJW **1977** 62 mit Anm. *Ries* NJW **1977** 860 = JR **1977** 215 mit Anm. *Meyer-Goßner*; ebenso früher KG JW **1936** 2251; OLG Rostock GA **52** (1905) 102; KK-*R. Müller* 48; *Kleinknecht/Meyer*[37] 37; KMR-*Müller* 35; *Gössel* § 9 D II b 3; *Roxin*[19] § 39 B I 3 c; *Kirstgen* 169; *Solbach* DRiZ **1977** 181.

[31] OLG Braunschweig NJW **1959** 1145.

[32] OLG Karlsruhe wie Fußn. 30.

[33] OLG Karlsruhe wie Fußn. 30; vgl. auch Rdn. 41.

[34] OLG Hamm MDR **1965** 765 (2. StS) für den Fall unselbständiger Teile einer einheitlichen Tat; NJW **1974** 68 (5. StS) mit Anm. *Bliesener* NJW **1974** 874 für den Fall einer materiell-rechtlich selbständigen Straftat; ebenso *Schorn* NJW **1965** 1518.

[35] Vgl. dazu *Meyer-Goßner* JR **1977** 216.

[36] KG HRR **1936** 994.

[37] Ausführlich und sehr klar *Ostler* 111 f.

(wenn es sich bei dem Antragsdelikt um ein Offizialdelikt handelt), Strafklageverbrauch nicht eingetreten sei usw. Gleiches gilt für die Frage, ob eine Straftat unter eine Amnestie fällt[38]. Daß entgegen der Auffassung der Staatsanwaltschaft ein **besonderes öffentliches Interesse an der Strafverfolgung** im Sinne des §183 Abs. 2, §232 Abs. 2, §§248 a, 303 Abs. 3 StGB vorliege, kann jedoch im Klageerzwingungsverfahren nicht geltend gemacht werden, da diese besondere Verfahrensvoraussetzung durch eine unüberprüfbare Entscheidung der Staatsanwaltschaft begründet wird (strittig, vgl. §206, 3 mit Fußn. 4). Die Frage, ob dann, wenn wegen der Verneinung einer Verfahrensvoraussetzung, etwa der deutschen Gerichtsbarkeit, der Sachverhalt überhaupt nicht aufgeklärt worden ist, die Entscheidung des Oberlandesgerichts auf eine „Ermittlungserzwingung" lauten kann, ist bei §175, 16 ff erörtert.

b) Parlamentarische Immunität. Unterliegt der Beschuldigte der parlamentari- **17** schen Immunität, so kann gegen ihn die öffentliche Klage nicht ohne Genehmigung des Parlaments erhoben werden und es dürfen, sofern keine allgemeine Genehmigung vorliegt, was allerdings nach der Parlamentspraxis weitgehend der Fall ist (s. §152 a, 31), auch keine Ermittlungshandlungen gegen ihn vorgenommen werden. In der Praxis können mehrere Fallgruppen vorkommen: Die Staatsanwaltschaft kann, weil eine allgemeine Genehmigung vorlag oder eine auf das Ermittlungsverfahren beschränkte Genehmigung durch das Parlament erteilt war, den Sachverhalt bis zur Abschlußreife aufgeklärt haben, von der Erhebung der öffentlichen Klage aber absehen, weil sie entweder keinen hinreichenden Tatverdacht bejaht oder trotz eines solchen einen Antrag auf Genehmigung der Strafverfolgung nicht stellt. Sie kann aber auch, weil keine allgemeine Genehmigung zur Strafverfolgung vorlag, das Verfahren ohne Ermittlungen eingestellt haben, so daß keine Entscheidungsreife über den hinreichenden Tatverdacht gegeben ist. In welchem Umfang bei den verschiedenen Fallgruppen das Klageerzwingungsverfahren möglich ist, kann entgegen der spärlichen Literatur und Rechtsprechung[39] nicht einheitlich beurteilt werden.

Mit dem Klageerzwingungsverfahren kann stets und uneingeschränkt geltend ge- **18** macht werden, daß das Verfahrenshindernis der **Immunität** überhaupt **nicht vorliege**[40], weil der Beschuldigte der Immunität nicht unterliege, die Genehmigung zur Strafverfolgung erteilt sei oder es einer solchen wegen Ergreifung auf frischer Tat (§152 a, 22 ff) nicht bedürfe. Denn hier würde die Staatsanwaltschaft ein Verfahrenshindernis als gegeben annehmen, das in Wirklichkeit nicht besteht. Teilt das Oberlandesgericht die Meinung des Antragstellers, so hat es bei Entscheidungsreife die Klageerhebung nach §175 Abs. 1 anzuordnen. Dies gilt auch dann, wenn die Staatsanwaltschaft, was häufig sachgerecht sein wird (§152 a, 46; §206 a, 34), das Verfahren nur vorläufig eingestellt hat. Der Grundsatz, daß eine bloß vorläufige Einstellung das Klageerzwingungsverfahren nicht eröffnet, gilt für diesen Fall nicht. Zur Frage der mangelnden Entscheidungsreife s. §175, 16 ff.

Teilweise umstritten ist die Rechtslage, wenn tatsächlich eine Genehmigung zur **19** Strafverfolgung erforderlich wäre, weil **Immunität besteht**. In der Rechtsprechung wird für diesen Fall angenommen, daß das Klageerzwingungsverfahren nur das Ziel haben könne, die Staatsanwaltschaft anzuweisen, einen Antrag auf Genehmigung zur Straf-

---

[38] KMR-*Müller* 44.
[39] KG JR **1959** 432; OLG Karlsruhe MDR **1963** 523; LR-*Meyer-Goßner*[23] 136; KMR-Müller 44; *Bockelmann* (LV zu §152 a) 50 Fußn. 59; ausführlich neuestens *Kirstgen*

181 ff weitgehend übereinstimmend mit der hier vertretenen Auffassung.
[40] KMR-*Müller* 44; LR-*Meyer-Goßner*[23] 136.

Peter Rieß

verfolgung zu stellen[41]; das Schrifttum hält, soweit es diese Auffassung ablehnt, das Klageerzwingungsverfahren für unzulässig[42]. Beide Meinungen treffen so nicht zu. Es ist vielmehr zu differenzieren: Ist das Ermittlungsverfahren trotz Immunität im wesentlichen abschlußreif durchermittelt, was heute in der Praxis wegen der allgemeinen Genehmigungen die Regel sein wird, so hat das Oberlandesgericht zunächst zu prüfen, ob unabhängig von der Immunitätsfrage überhaupt Anlaß zur Erhebung der öffentlichen Klage besteht. Verneint es dies, so ist der Antrag als unbegründet zu verwerfen, die Immunitätsfrage ist für das Klageerzwingungsverfahren ohne Bedeutung. Bejaht das OLG an sich den Anlaß zur Klageerhebung, so scheitert die nach § 175 gebotene Anordnung der Klageerhebung allein an der fehlenden Genehmigung des Parlaments. Diese hat das Oberlandesgericht in (mindestens entsprechender) Anwendung des § 173 Abs. 3 selbst zu beantragen (vgl. auch § 152 a, 33). Eine bloße Entscheidung, daß die Staatsanwaltschaft verpflichtet sei, die Genehmigung zu beantragen, kommt als Sonderform·der Ermittlungserzwingung (§ 175, 16 ff) allenfalls in Betracht, wenn notwendige Ermittlungen wegen der Immunität überhaupt nicht durchgeführt worden sind.

20   **3. Bestimmter Beschuldigter.** Das Klageerzwingungsverfahren ist nur gegen einen mindestens bestimmbaren Beschuldigten zulässig, da es auf Erhebung der öffentlichen Klage zielt und eine solche ohne Bezeichnung des Angeschuldigten nicht möglich ist (§ 155 Abs. 1). Ein Klageerzwingungsverfahren gegen Unbekannt, das erst zur Ermittlung eines Beschuldigten führen soll, ist unzulässig[43]. Es genügt aber, wenn der Beschuldigte durch im Antrag bezeichnete Tatsachen bestimmbar ist[44]; er muß nicht notwendig schon im Ermittlungsverfahren mit Namen zutreffend bezeichnet sein. Das Klageerzwingungsverfahren ist deshalb auch möglich, wenn die Staatsanwaltschaft das Ermittlungsverfahren gegen Unbekannt geführt und eingestellt hat, der Antragsteller aber geltend macht, daß sich aufgrund des Ermittlungsergebnisses der hinreichende Tatverdacht gegen eine bestimmte Person ergebe[45] (vgl. auch Rdn. 145).

4. Ausnahmen vom Klageerzwingungsverfahren (Absatz 2 Satz 3)

21   **a) Allgemeines.** In welchen Fällen der endgültigen Verfahrenseinstellung auch für den antragstellenden Verletzten das Klageerzwingungsverfahren nicht gegeben ist, regelt (nicht ganz vollständig, vgl. Rdn. 30) seit 1953 Absatz 2 Satz 3. Bereits vorher hatte die Rechtsprechung unter weitgehender Zustimmung des Schrifttums im Grundsatz die Auffassung vertreten, daß bei Einstellungen nach dem sog. Opportunitätsprinzip das Klageerzwingungsverfahren nicht eröffnet sei. Das war für Privatklagedelikte unbestritten, für Einstellungen nach den §§ 153 ff zwar im Grundsatz anerkannt, in der Reichweite jedoch umstritten[46]. Die Gesetzesänderung von 1953 hat im wesentlichen klarstel-

---

[41] KG JR **1959** 432 (für den Fall, daß die Staatsanwaltschaft wegen der Immunität schon die Durchführung von Ermittlungen für unzulässig erachtet); OLG Karlsruhe MDR **1963** 523 (bei entscheidungsreifem Sachverhalt); *Bockelmann* aaO.

[42] LR-*Meyer-Goßner*[23] 136; ihm folgend KMR-*Müller* 44.

[43] OLG Celle MDR **1956** 120 LS; GA **1956** 359; OLG Hamburg NJW **1958** 34; JR **1961** 32; OLG Hamm JMBlNW **1964** 236; OLG Koblenz NJW **1977** 1462; OLG Oldenburg

MDR **1986** 692; OLG München NJW **1956** 356 LS; KK-*R. Müller* 35; KMR-*Müller* 50.

[44] OLG Düsseldorf NJW **1959** 2130; OLG Hamburg NJW **1958** 34 = JR **1958** 10 mit Anm. *Dünnebier*; OLG Kalrsruhe GA **1977** 313; offengelassen von OLG Oldenburg MDR **1986** 692; vgl. OLG Köln JR **1954** 390 (Beschuldigter muß in erkennbarer Weise bezeichnet sein).

[45] LR-*Meyer-Goßner*[23] 89; KMR-*Müller* 50; ähnlich *Kohlhaas* NJW **1962** 951.

[46] Dazu mit weit. Nachw. LR-*Kohlhaas*[20] 5; *Niese* SJZ **1950** 647; *Ostler* 75 ff.

lende Bedeutung gehabt, wenn sie auch im Bereich der §§ 153 ff das Klageerzwingungsverfahren wohl über die damals herrschende Meinung hinaus zurückgedrängt hat[47].

Der Ausnahmekatalog des Absatz 2 Satz 3 ist bei dieser Entstehungsgeschichte **22**
vom Zweck des Klageerzwingungsverfahrens her **dahingehend** zu **interpretieren**, daß
das Klageerzwingungsverfahren immer dann und soweit nicht möglich ist, als die staatsanwaltschaftliche Einstellung auf der (richtigen) Anwendung einer gesetzlichen Vorschrift beruht, die sich als Ausnahme von der Anklagepflicht darstellt. Mit ihm kann also
z. B. bei einem Privatklagedelikt nicht geltend gemacht werden, daß ein öffentliches Interesse an der Strafverfolgung bestehe, bei einer Einstellung nach § 153 nicht, daß die
Schuld des Täters nicht gering oder ein öffentliches Interesse an der Strafverfolgung
vorhanden sei, bei einer solchen nach § 154 nicht, daß die zu erwartenden Rechtsfolgen
der Tat beträchtlich ins Gewicht fielen. Dagegen ist es auch in diesen Fällen mit der Behauptung zulässig, daß die allgemeinen gesetzlichen Voraussetzungen für die Ausnahme von der Anklagepflicht überhaupt nicht vorlägen. Der Verletzte kann also den
Antrag auf die Behauptung stützen, es läge kein Privatklage-, sondern ein Offizialdelikt
vor oder die Einstellung nach § 153 sei gesetzwidrig, weil der hinreichende Verdacht
eines Verbrechens bestehe.

b) **Privatklagedelikte (Absatz 2 Satz 3, erster Halbsatz).** Hat die prozessuale Tat, **23**
die Gegenstand des Klageerzwingungsverfahrens ist, **ausschließlich** Privatklagedelikte
zum Gegenstand, so ist das Klageerzwingungsverfahren stets unzulässig, weil der
Verletzte die Möglichkeit hat, durch Erhebung der Privatklage eine gerichtliche Entscheidung zu erreichen[48]. Dies gilt sowohl, wenn die Staatsanwaltschaft ohne oder nach
eigenen Ermittlungen das öffentliche Interesse an der Strafverfolgung verneint, als
auch, wenn sie nach dessen Bejahung das Verfahren nach § 170 Abs. 2 mangels hinreichenden Tatverdachts einstellt (vgl. aber Rdn. 31)[49]; denn auch diese Entscheidung hindert weder die Erhebung der Privatklage, noch bindet sie das Gericht im Privatklageverfahren. Wird der Antrag auf die Behauptung gestützt, es handle sich in Wahrheit um ein
Offizialdelikt, so ist er, falls die sonstigen Voraussetzungen vorliegen, insoweit zulässig[50]. Verneint das Gericht den hinreichenden Tatverdacht des Offizialdelikts, so hat es
den Antrag, soweit er diese Behauptung betrifft, als unbegründet, im übrigen als unzulässig zu verwerfen[51].

Betrifft die angezeigte Tat im Sinne des § 264 sowohl ein **Offizial- als auch ein Pri-** **24**
vatklagedelikt, so ist das Klageerzwingungsverfahren insgesamt zulässig, wenn der
Antragsteller auch hinsichtlich des Offizialdelikts Verletzter ist[52]. Hinsichtlich des Um-

---

[47] Näher *Dallinger* JZ **1953** 439 f; kritisch
dazu *Eb. Schmidt* 24; *Hochheuser* 95; *Hellm.
Meyer* JZ **1955** 604; *Niese* JZ **1952** 647; zustimmend *Mittelbach* DRiZ **1954** 259.
[48] KG JR **1967** 392 mit Anm. *Kohlhaas*; OLG
Karlsruhe NJW **1983** 353; KK-*R. Müller* 39;
KMR-*Müller* 41; *Eb. Schmidt* 24; *Dallinger*
JZ **1953** 439 mit Nachw. in Fußn. 65; **a. A**
Schorn NJW **1965** 1518, der die durch das
3. StRÄndG veränderte Gesetzeslage übersieht; vgl. aber auch Rdn. 31 (für das Jugendstrafverfahren).
[49] Insoweit **a. A** OLG München SJZ **1950** 930;
Niese SJZ **1950** 896.
[50] KMR-*Müller* 39; *Peters*[4] § 57 IV (S. 536);

vgl. auch *Mittelbach* JR **1954** 230 für den vergleichbaren Fall der Ordnungswidrigkeit.
[51] KK-*R. Müller* 40; teilw. **a. A** OLG Karlsruhe NJW **1983** 352, das bei einem ggfs. als
Körperverletzung zu verfolgenden Heileingriff die Anwendung des § 340 StGB verneint
und den Antrag insgesamt als unzulässig verwirft; vgl. auch (im Ergebnis zutreffend)
OLG Celle NdsRpfl. **1959** 96 sowie NdsRpfl.
1963 258 (Antrag insgesamt unbegründet;
ebenso *Kleinknecht/Meyer*[37] § 174, 2).
[52] OLG Celle NdsRpfl. **1959** 96; OLG Koblenz VRS **63** 360; KK-*R. Müller* 40; *Klein-
knecht/Meyer*[37] 2; KMR-*Müller* 40; zum Verhältnis zu Gefährdungsdelikten s. Rdn. 58.

fangs der gerichtlichen Prüfung ist je nach dem Ergebnis der Prüfung des Offizialdelikts zu unterscheiden: Hält das Gericht den Antrag insoweit für begründet, so muß es auch über das Bestehen eines hinreichenden Tatverdachts für das Privatklagedelikt mit entscheiden, da die dann anzuordnende Erhebung der öffentlichen Klage nur einheitlich geschehen kann[53]. Wird der Antrag wegen des Offizialdelikts für unbegründet erachtet, besteht also insoweit kein Anlaß zur Klageerhebung, so ist der Vorwurf des Privatklagedelikts nicht sachlich zu prüfen und der Antrag insoweit als unzulässig zu verwerfen[54]. Betreffen Offizialdelikt und Privatklagedelikt zwei selbständige prozessuale Taten[55], so ist stets nur der Vorwurf des Offizialdelikts sachlich zu prüfen.

25   Die gleichen Grundsätze müssen entgegen der wohl h. M.[56] aber auch gelten, wenn der **Antragsteller** nur durch das Privatklagedelikt, **nicht** aber **durch** das in derselben Tat enthaltene **Offizialdelikt verletzt** ist, etwa bei seiner fahrlässigen Körperverletzung und einer durch die gleiche Handlung begangenen fahrlässigen Tötung eines anderen[57]. Denn auch in diesem Fall wäre, falls der hinreichende Verdacht des Offizialdelikts besteht, dem Verletzten das Privatklageverfahren verschlossen (vgl. § 374, 18; 19). Der entscheidende Grund für den Ausschluß der Privatklagedelikte vom Klageerzwingungsverfahren liegt aber in der Möglichkeit, daß der Verletzte eine gerichtliche Entscheidung durch die Privatklage herbeiführen kann, und diese Möglichkeit besteht in derartigen Fällen nicht.

26   **c) Einstellungen nach §§ 153 ff (Absatz 2 Satz 3, zweiter Halbsatz).** Nach dem nunmehr eindeutigen Gesetzeswortlaut[58] ist das **Klageerzwingungsverfahren ausgeschlossen**, wenn die Staatsanwaltschaft das Verfahren nach § 153 (geringe Schuld und fehlendes öffentliches Interesse), § 153 b (Absehen von Strafe), § 153 c (Auslandstaten), § 153 d (Nachteil für die Bundesrepublik Deutschland), § 153 e (tätige Reue), § 154 (nicht beträchtlich ins Gewicht fallende Rechtsfolgenerwartung), § 154 b (Auslieferung und Ausweisung) oder § 154 c (Opfer einer Nötigung oder Erpressung) eingestellt hat. Doch betrifft der Ausschluß nur die Frage, ob die jeweiligen besonderen Anwendungsvoraussetzungen der Vorschrift vorgelegen haben, also etwa die Frage der geringen Schuld, des fehlenden öffentlichen Interesses, des Nicht-ins-Gewicht-Fallens der zu erwartenden Sanktion usw. Dagegen ist das **Klageerzwingungsverfahren** mit der Behauptung **zulässig**, daß die allgemeinen gesetzlichen Grenzen der jeweiligen Vorschrift nicht eingehalten worden seien[59]. Der Antragsteller kann also den Klageerzwingungsantrag z. B. im Falle des § 153 (und des § 153 a) auf die Behauptung stützen, es liege ein Verbrechen vor[60], im Falle des § 153 c, die Tat sei keine Auslandstat im Sinne dieser Vorschrift, im Falle des § 154 b, der Beschuldigte sei weder ausgeliefert noch ausgewiesen worden, im Falle des § 154 c, es sei keine Nötigung oder Erpressung begangen[61]. Denn mit dieser Behauptung macht er geltend, die Staatsanwaltschaft habe gegen die weiter-

---

[53] OLG Koblenz NJW **1960** 734 LS; KK-*R. Müller* 40.

[54] OLG Celle NdsRpfl. **1959** 96; OLG Koblenz NJW **1985** 1409; vgl. auch § 174, 7.

[55] Vgl. auch OLG Celle NdsRpfl. **1959** 96, wo (ungenau) auf materiell-rechtliche Tatmehrheit abgestellt wird.

[56] Ausdrücklich OLG Bremen MDR **1959** 324; ähnlich OLG Celle NdsRpfl. **1959** 95; darauf, daß der Antragsteller auch durch das Offizialdelikt verletzt sein müsse, stellen auch ab OLG Koblenz VRS **63** 360; LR-*Meyer-*

Goßner[23] 127; wohl auch KK-*R. Müller* 40; KMR-*Müller* 40; diese Einschränkung fehlt bei *Kleinknecht/Meyer*[37] 2.

[57] So der Fall OLG Bremen MDR **1959** 324; wie hier aber in einem gleichgelagerten Fall OLG Zweibrücken OLGSt § 172 S. 115.

[58] Zur früheren Rechtslage s. Rdn. 21 Fußn. 40; zur rechtspolitischen Beurteilung Rdn. 4.

[59] *Roxin*[19] § 39 B I 3 b; *Peters*[4] § 57 IV (S. 536).

[60] *Kleinknecht/Meyer*[37] 3; 4; LR-*Meyer-Goßner*[23] 125; *Peters*[4] aaO.

[61] *Peters*[4] § 57 IV (S. 536).

hin bestehende Anklagepflicht verstoßen. Doch prüft das Gericht nur nach, ob diese Behauptung zutrifft, die Anwendung der speziellen Anwendungsvoraussetzungen unterliegt nicht seiner Beurteilung.

Bei Anwendung des § 153 a ist das Klageerzwingungsverfahren gegen die vorläufige Einstellung ausdrücklich ausgeschlossen. Nach der in diesem Kommentar vertretenen, umstrittenen Auffassung gilt dies auch für die endgültige Einstellung nach der Erfüllung der Auflagen und Weisungen (näher § 153 a, 87 f). Bei einer Stoffbeschränkung nach § 154 a entfällt das Klageerzwingungsverfahren schon deshalb, weil wegen der Tat im übrigen die öffentliche Klage erhoben wird. Über den Umfang des Klageerzwingungsverfahrens bei § 154 d s. § 154 d, 19 f[62]. Bei § 154 e entfällt das Klageerzwingungsverfahren deshalb, weil es sich nicht um eine endgültige, sondern nur um eine vorläufige Einstellung handelt (§ 154 e, 2; 12; 19 f). **27**

Hat die Staatsanwaltschaft das Verfahren wegen **mehrerer** prozessualer **Taten** oder gegen mehrere Beschuldigte teilweise mangels hinreichenden Tatverdachts und teilweise aufgrund der §§ 153 ff eingestellt, so ist, auch wenn der Antragsteller durch alle diese Taten verletzt ist, der Antrag nur in bezug auf die zuerst genannten Einstellungen zulässig[63]. **28**

Lehnt die Staatsanwaltschaft einen Antrag des Verletzten ab, ein nach den §§ 153 ff eingestelltes **Verfahren fortzusetzen**[64], so ist hiergegen das Klageerzwingungsverfahren dann zulässig, wenn mit ihm geltend gemacht wird, daß die Verfahrensfortsetzung geboten gewesen sei, weil aufgrund neuer Tatsachen oder Beweismittel (vgl. Rdn. 33 f) die allgemeinen gesetzlichen Voraussetzungen der Einstellungsvorschrift nicht (mehr) vorlägen. In Betracht kommt z. B. in den Fällen des § 153 und § 153 a die Behauptung, daß ein Verbrechen vorliege, in den Fällen des § 154 der Umstand, daß wegen der Bezugstat (vgl. § 154, 2) überhaupt keine Sanktion verhängt oder diese weggefallen sei. Nicht geltend gemacht werden kann, daß die sonstigen Beurteilungsmaßstäbe sich verändert hätten, also etwa aufgrund neuer Tatsachen oder Beweismittel die Schuld nicht mehr als gering zu bewerten sei, ein öffentliches Interesse an der Strafverfolgung bestehe oder die zu erwartende Sanktion beträchtlich ins Gewicht falle, denn insoweit handelt es sich weiterhin um Beurteilungsfragen, die nach dem klaren Wortlaut des Gesetzes und seinem Zweck dem Klageerzwingungsverfahren nicht zugänglich sind. **29**

d) Im **Verfahren** gegen **Jugendliche** sowie gegen Heranwachsende bei Anwendung des Jugendstrafrechts ist das Klageerzwingungsverfahren zulässig, soweit die Staatsanwaltschaft der Anklagepflicht unterliegt[65], also stets dann, wenn das Verfahren mangels hinreichenden Tatverdachts eingestellt wird, wozu auch die mangelnde Reife nach § 3 Satz 1 JGG gehört[66]. Es ist, über die Einstellung nach §§ 153 ff hinaus, ausgeschlossen, wenn das Verfahren nach § 45 JGG eingestellt wird, obwohl diese Vorschrift **30**

---

[62] Wohl überholt OLG Nürnberg MDR **1965** 766 (zum damaligen § 154 a, heute § 154 d).

[63] Vgl. KK-*R. Müller* 42; KMR-*Müller* 43, die aber ungenau von „Teileinstellung" sprechen.

[64] Zu den Möglichkeiten der Verfahrensfortsetzung vgl. § 153, 54; § 153 a, 70; § 153 c, 28; § 154, 33; § 154 c, 12; § 170, 45 ff.

[65] OLG Braunschweig NJW **1960** 1214; OLG Hamm NJW **1960** 1968 LS; OLG Oldenburg MDR **1970** 164; *Brunner* § 45, 1; *Eisenberg*[2]

§ 45, 41 (beide mit weit. Nachw.); *Dallinger/Lackner* § 45, 4; KK-*R. Müller* 46; *Giesler* Recht der Jugend **1961** 86; *Pentz* NJW **1958** 819; **a. A** OLG Frankfurt MDR **1959** 415; *Potrykus* Vor § 33, 2; § 45, 2; § 80, 3; offengelassen von OLG Hamburg MDR **1971** 596; zur Frage, ob die Staatsanwaltschaft danach noch nach § 45 JGG verfahren darf, s. § 175, 9.

[66] Zur Frage der Überprüfung der Strafmündigkeit nach § 1 JGG vgl. *Brunner* § 1, 13.

in § 172 Abs. 2 Satz 3 nicht genannt ist[67]. Denn es handelt sich auch insoweit um eine mit den §§ 153 ff verwandte Einstellung, die eine Ausnahme von der Anklagepflicht darstellt.

31   Bei **Privatklagedelikten** ist im Verfahren **gegen Jugendliche** (nicht aber gegen Heranwachsende) das Klageerzwingungsverfahren zulässig, wenn die Staatsanwaltschaft das Verfahren eingestellt hat, weil kein hinreichender Tatverdacht besteht. Wegen des Ausschlusses der Privatklage gegen Jugendliche (§ 80 Abs. 1 Satz 1 JGG) kann der Verletzte hier nicht auf die Möglichkeit verwiesen werden, Privatklage zu erheben[68]. Dagegen ist kein Klageerzwingungsverfahren möglich, wenn die Einstellungsentscheidung der Staatsanwaltschaft auf den in § 80 Abs. 1 Satz 2 JGG genannten Gründen beruht, weil es sich insoweit um Einschränkungen des Legalitätsprinzips handelt[69].

32   **5. Keine entsprechende Anwendung in anderen Verfahren.** Auch soweit in anderen Verfahrensgesetzen die Vorschriften der Strafprozeßordnung für entsprechend anwendbar erklärt werden, ist ein Klageerzwingungsverfahren nicht möglich. Dies ist für das **Bußgeldverfahren** in § 46 Abs. 3 Satz 3 OWiG ausdrücklich bestimmt. Im **ehrengerichtlichen Verfahren** gegen Rechtsanwälte enthält § 122 BRAO ein dem Klageerzwingungsverfahren ähnliches Erzwingungsverfahren, bei dem allein der Vorstand der Rechtsanwaltskammer antragsberechtigt ist und auf das die §§ 173 bis 175 entsprechend anwendbar sind (§ 122 Abs. 4 BRAO). § 172 gilt nicht (§ 122 Abs. 5 BRAO)[70]. Für das beamtenrechtliche **Disziplinarverfahren** scheidet das Klageerzwingungsverfahren deshalb aus, weil für dieses das Opportunitätsprinzip gilt (vgl. z. B. § 3 BDO).

6. Wiederholung und Nachholung des Klageerzwingungsantrags

33   **a) Allgemeines.** Die Meinungen darüber, ob und unter welchen Voraussetzungen der Verletzte das Klageerzwingungsverfahren wiederholen oder es auch einleiten kann, nachdem er den ersten Einstellungsbescheid nicht fristgerecht angefochten hat, waren lange Zeit geteilt, die Rechtsprechung hat geschwankt[71]. Fast unbestritten ist stets gewesen, daß das Klageerzwingungsverfahren nicht nach Fristablauf aufgrund des bereits bekannten Ermittlungsergebnisses betrieben werden kann[72], mag auch die Staatsanwaltschaft bei unveränderter tatsächlicher Grundlage zu einer Verfahrensfortsetzung in der Lage und ggf. nach dem Legalitätsprinzip verpflichtet sein (vgl. § 170, 45 ff). Andernfalls würde die Fristbestimmung in Absatz 1 Satz 1 und Absatz 2 Satz 1 ihre Bedeutung verlieren. Es war aber lange Zeit umstritten, ob die einmalige Durchführung des Verfahrens oder die Versäumung der Antragsfristen das Klageerzwingungsrecht des Verletzten dergestalt verbrauche, daß auch bei neuen Tatsachen oder Beweismitteln dem Ver-

---

[67] OLG Braunschweig und OLG Hamm (wie Fußn. 65); *Kleinknecht/Meyer*[37] 3; *Dallinger/ Lackner* § 45, 44; *Eisenberg*[2] § 45, 44; zweifelnd *Pentz* NJW **1958** 819.

[68] OLG Braunschweig NJW **1960** 1214; OLG Oldenburg MDR **1970** 164; KK-*R. Müller* 46; *Giesler* Recht der Jugend **1961** 87; *Pentz* NJW **1958** 819; unklar *Eisenberg*[2] § 80, 8; teilw. abweichend *Dallinger/Lackner* § 80, 13; a. A wohl *Brunner* § 80, 9; *Kleinknecht/Meyer*[37] 2.

[69] OLG Braunschweig NJW **1960** 1214; OLG Hamburg MDR **1971** 596; enger *Pentz* NJW **1958** 819.

[70] Vgl. näher LR-*Meyer-Goßner*[23] 147 und *Isele* 1580 ff (auch zur Entstehungsgeschichte); ebenso die Regelungen in § 107 Patentanwaltsordnung, § 115 Steuerberatungsgesetz und § 86 Wirtschaftsprüferordnung.

[71] Ausführliche Darstellung der Entwicklung bei LR-*Meyer-Goßner*[23] 137 ff; *Dünnebier* JR **1959** 47 ff; *Kirstgen* 137 ff; *Hall/Hupe* JZ **1961** 360; vgl. ferner *Hardwig* GA **1959** 229.

[72] A. A (außer in den Fällen des § 174 Abs. 2) früher *Delius* GA **43** (1895) 186; vgl. auch *Dalcke* GA **40** (1892) 257; **41** (1893) 93 ff.

letzten das Klageerzwingungsverfahren für alle Zukunft verschlossen sei. Während die Rechtsprechung zunächst in solchen Fällen eine Wiederholung oder verspätete Durchführung gestattete[73], schwenkte sie im Anschluß an eine Entscheidung des KG aus dem Jahre 1913[74] weitgehend auf die „Verbrauchstheorie" um. Hieran hielt sie, trotz überwiegenden Widerspruchs im Schrifttum, zunächst auch nach 1945 fest[75]. Erst 1957 brachte eine weitere Entscheidung des KG eine erneute Wende[76]. Die heute ganz h. M. geht, mit einigen Differenzierungen im Detail, dahin, daß der Klageerzwingungsantrag wiederholt oder auch nach Fristablauf gestellt werden kann, wenn der Antragsteller neue (erhebliche) Tatsachen oder Beweismittel vorträgt, aber auch, wenn die Staatsanwaltschaft von sich aus die Ermittlungen wieder aufgenommen hat und das Verfahren erneut einstellt[77].

Zuzustimmen ist der heute herrschenden Auffassung, daß **Nova** grundsätzlich eine **34** **Wiederholung** des Klageerzwingungsverfahrens **gestatten**. Entscheidend ist insoweit nicht eine rein begriffliche, sondern eine teleologisch wertende Auslegung, die auf den Zweck des Klageerzwingungsverfahrens abstellt[78]. Es soll die Einhaltung der Anklagepflicht durch die Staatsanwaltschaft gewährleisten und muß folglich im Prinzip auch soweit zulässig sein, wie für die Staatsanwaltschaft das Legalitätsprinzip verbindlich ist. Da die Staatsanwaltschaft aber auch nach der Einstellung des Verfahrens neuen tatsächlichen Erkenntnissen nachgehen und, wenn diese erheblich sind, ihre Entscheidung revidieren und ggf. die öffentliche Klage erheben muß, ist kein durchschlagender Grund ersichtlich, diese Ausprägung der Anklagepflicht von der Kontrolle durch das Klageerzwingungsverfahren auszunehmen.

Im einzelnen sind folgende **Fallgruppen** zu unterscheiden: (1) Der Verletzte läßt **35** auf einen Einstellungsbescheid der Staatsanwaltschaft hin die Frist nach Absatz 1 Satz 1 oder nach Absatz 2 Satz 1 ungenutzt verstreichen. (2) Die Staatsanwaltschaft nimmt aufgrund der Vorschaltbeschwerde nach Absatz 1 oder von Amts wegen die Ermittlungen wieder auf und stellt das Verfahren danach erneut ein. (3) Der gerichtliche Klageerzwingungsantrag wird zurückgenommen oder als unzulässig verworfen. (4) Er wird als unbegründet nach § 174 verworfen oder es wird die Eröffnung des Hauptverfahrens abgelehnt. (5) Das Verfahren wird durch rechtskräftigen Strafbefehl oder rechtskräftiges Urteil abgeschlossen.

---

[73] Nachw. bei *Dünnebier* JR **1959** 47.

[74] GA **62** (1916/17) 188; bereits früher OLG Jena GA **41** (1893) 93.

[75] Vgl. z. B. OLG Bamberg NJW **1956** 1083; OLG Celle NdsRpfl. **1951** 19; NJW **1956** 482; **1958** 1791; OLG Düsseldorf NJW **1961** 2321; OLG Hamm JMBlNW **1967** 58 (seither sind keine Entscheidungen mit dieser Auffassung mehr veröffentlicht worden).

[76] KG JR **1957** 150; **1964** 470; **1983** 345; seither ebenso OLG Braunschweig NJW **1961** 934; OLG Bremen Rpfleger **1962** 387; OLG Hamburg NJW **1963** 1121 (unter Aufgabe der früheren Meinung MDR **1950** 437); OLG Nürnberg MDR **1964** 524; **1965** 845; wohl auch OLG Schleswig bei *Ernesti/Jürgensen* SchlHA **1982** 122 Nr. 61; offengelassen von OLG Hamm MDR **1965** 930 (jedenfalls nicht bei dem Antragsteller bekannten Noven); OLG Neustadt GA **1961** 125.

[77] Zur Rechtspr. s. Fußn. 76; im Schrifttum (teilweise nur zu einzelnen Fallgruppen) KK-*R. Müller* 58 ff; *Kleinknecht/Meyer*[37] 36; KMR-*Müller* 45 ff; LR-*Meyer-Goßner*[23] 137 ff; *Eb. Schmidt* Nachtr. I 11; *Roxin*[19] § 39 B III 4; *Dünnebier* JR **1959** 47 ff; *Hall/Hupe* JZ **1961** 363 f, *Hardwig* GA **1959** 334 ff; *Kleinknecht* JZ **1952** 489 und FS Bruns 189; *Kohlhaas* GA **1954** 135 und NJW **1962** 950; *Niese* SJZ **1950** 894; *Poppe* NJW **1956** 1058; *H. W. Schmidt* SchlHA **1959** 140; a. A in neuerer Zeit wohl nur *Knögel* NJW **1966** 1400; *Schorn* NJW **1965** 1518 (beide ohne nähere Auseinandersetzung mit der jetzt ganz h. M).

[78] So zu Recht *Hardwig* GA **1959** 233 f.

Peter Rieß

36　　**b) Klageerzwingungsverfahren nach Fristablauf.** Hat der Verletzte den Einstellungsbescheid oder die Beschwerdeentscheidung des vorgesetzten Beamten der Staatsanwaltschaft zunächst hingenommen, so kann er nach Fristablauf aufgrund der bereits bekannten tatsächlichen Umstände zwar Dienstaufsichtsbeschwerde erheben (Rdn. 9), das Klageerzwingungsverfahren ist ihm jedoch verschlossen[79]. Verlangt er jedoch unter Angabe neuer Tatsachen oder Beweismittel erneut die Erhebung der öffentlichen Klage, so ist dieser neue Antrag von der Staatsanwaltschaft zu bescheiden (vgl. auch § 171, 5) und gegen die neue Entscheidung ist das Klageerzwingungsverfahren zulässig[80]. Entscheidend ist dabei, ob die vom Antragsteller vorgebrachten Tatsachen oder Beweismittel im Zeitpunkt der ersten Einstellung der Ermittlungsbehörde bekannt waren. Ob der Antragsteller sie schon damals hätte vorbringen können, ist ohne Bedeutung[81]. Daß die Nova gegen den Einstellungsbescheid erheblich sind, gehört nicht zur Zulässigkeit, sondern zur Begründetheit des Klageerzwingungsantrags[82]. Zum notwendigen Inhalt des Antrags in diesen Fällen s. auch Rdn. 145.

37　　**c) Wiederaufnahme der Ermittlungen durch die Staatsanwaltschaft.** Nach der in diesem Kommentar vertretenen umstrittenen Meinung (Rdn. 113 f) ist die Vorschaltbeschwerde erfolgreich und damit erledigt, wenn die Staatsanwaltschaft von sich aus oder auf Anweisung des vorgesetzten Beamten die Ermittlungen wieder aufnimmt. Gegen eine erneute Einstellung ist das Klageerzwingungsverfahren (mit einer neuen Vorschaltbeschwerde) uneingeschränkt zulässig. Darauf, ob die erste Beschwerde rechtzeitig oder verspätet war, kommt es nicht an[83]. Nach der Gegenmeinung, nach der die Wiederaufnahme der Ermittlungen das Klageerzwingungsverfahren nicht erledigt, würde nach Erteilung des neuen Einstellungsbescheides die Fortführung des Klageerzwingungsverfahrens unmittelbar mit dem Antrag auf gerichtliche Entscheidung möglich sein.

38　　Setzt die Staatsanwaltschaft das Verfahren von sich aus fort, indem sie die **Ermittlungen von Amts wegen wieder aufnimmt,** so beseitigt sie damit zumindest konkludent die frühere Einstellungsentscheidung und muß, wenn sie nicht die öffentliche Klage erhebt, das Verfahren erneut einstellen. Gegen diese Einstellungsverfügung ist das Klageerzwingungsverfahren ebenso zulässig, wie wenn es sich um die erste Einstellung handeln würde. Denn mit der Wiederaufnahme der Ermittlungen zeigt die Staatsanwaltschaft, daß sie aufgrund ihrer Sachverhaltserforschungs- und Anklagepflicht Veranlassung zu weiterer Tätigkeit sieht. Auch insoweit muß sie sich im Klageerzwingungsverfahren der gerichtlichen Überprüfung dahingehend stellen, ob ihr Verhalten dem Legalitätsprinzip entspricht[84].

39　　**d) Neues Klageerzwingungsverfahren nach gerichtlichem Klageerzwingungsverfahren.** Innerhalb der Monatsfrist des Absatz 2 Satz 1 kann ein **zurückgenommener oder als unzulässig verworfener** Antrag uneingeschränkt erneuert werden, einer neuen Vorschaltbeschwerde bedarf es nicht[85]. Nach Fristablauf entspricht die Rechtslage derjeni-

[79] OLG Hamburg NJW **1963** 1121; KG JR **1957** 150; OLG Neustadt GA **1961** 124, 125; OLG Schleswig bei *Ernesti/Jürgensen* SchlHA **1982** 122 Nr. 61; *Dünnebier* JR **1959** 49.

[80] KG JR **1964** 470 LS; a. A OLG Düsseldorf NJW **1961** 2321; vgl. auch für den Sonderfall einer „Nachtragsanzeige" nach dem Antrag nach § 172 Abs. 2 OLG München MDR **1964** 170 und Rdn. 179.

[81] LR-*Meyer-Goßner*[23] 141; a. A OLG Hamm

MDR **1965** 930; *Kirstgen* 141; vgl. *Hardwig* GA **1959** 236.

[82] KG JR **1957** 150, 151; a. A *Hardwig* GA **1959** 238.

[83] Vgl. auch Rdn. 114; 128; a. A OLG Schleswig SchlHA **1954** 386.

[84] A. A wohl *Kleinknecht/Meyer*[37] 36, nur zulässig, wenn der Verletzte die Wiederaufnahme durch Nova veranlaßt hatte.

[85] KMR-*Müller* 55.

gen, die gelten würde, wenn der Verletzte überhaupt kein Klageerzwingungsverfahren betrieben hätte. Er kann also mit einem auf Nova gestützten Antrag bei der Staatsanwaltschaft erneut die Klageerhebung beantragen und gegen den ablehnenden Bescheid das Klageerzwingungsverfahren durchführen[86].

40 Im Ergebnis das Gleiche gilt, wenn der Antrag **nach § 174 als unbegründet verworfen** worden ist. Zwar kann in einem solchen Fall die Staatsanwaltschaft die öffentliche Klage nur aufgrund neuer Tatsachen oder Beweismittel erheben (§ 174 Abs. 2). Sie ist hierzu aber nach dem Legalitätsprinzip auch verpflichtet, sofern keine Ausnahmevorschrift eingreift (§ 174, 14), und diese fortbestehende Anklagepflicht kann vom Verletzten durch das Klageerzwingungsverfahren kontrolliert werden[87]. Zur ebenso zu beurteilenden Lage bei Ablehnung der Eröffnung des Hauptverfahrens s. § 211, 17; zu den Anforderungen an den Klageerzwingungsantrag in diesem Fall s. Rdn. 148. War die Sperrwirkung nach § 174 (oder nach § 211) eingetreten, und nimmt die Staatsanwaltschaft aufgrund neuer Tatsachen oder Beweismittel die Ermittlungen wieder auf, so hat sie jedenfalls den Verletzten, der das Klageerzwingungsverfahren erfolglos betrieben hatte, von der erneuten Einstellung zu bescheiden, auch wenn er keinen neuen Antrag nach § 171 gestellt hatte.

41 **e) Klageerzwingungsverfahren nach rechtskräftigem Strafbefehl oder Urteil.** Obwohl nach § 410 der **Strafbefehl** nach Ablauf der Einspruchsfrist die Wirkung eines rechtskräftigen Urteils erlangt, ist nach h. M. eine Weiterverfolgung der Tat mindestens dann zulässig, wenn sich herausstellt, daß die von ihm erfaßte Tat ein Verbrechen ist[88]. Diese Verfolgung geschieht nach der derzeit noch geltenden Rechtslage durch Einleitung eines neuen Ermittlungsverfahrens und Erhebung einer neuen Anklage[89]. Zu dieser ist die Staatsanwaltschaft ggf. nach dem Legalitätsprinzip verpflichtet. Dem Verletzten steht deshalb insoweit das Klageerzwingungsverfahren zu, wenn er einen erneuten Antrag auf Erhebung der öffentlichen Klage im Sinne des § 171 gestellt hatte[90]. Dagegen ist das Klageerzwingungsverfahren nicht mit dem Ziel zulässig, die Staatsanwaltschaft zu zwingen, gegen einen durch **Urteil** Freigesprochenen das Wiederaufnahmeverfahren nach § 362 zu betreiben[91]. Der Wiederaufnahmeantrag ist keine Erhebung der öffentlichen Klage, sondern ein Verfahren besonderer Art, das eine Beteiligung des Verletzten nicht vorsieht und auf das die §§ 172 ff keine Anwendung finden.

[86] OLG Hamburg NJW **1963** 1121 (auch zur Bedeutung der neuen Beweismittel); LR-*Meyer-Goßner*[23] 142; *Dünnebier* JR **1959** 49.

[87] OLG Braunschweig NJW **1961** 934; OLG Bremen Rpfleger **1962** 387; KG JR **1983** 345 (zu § 211); OLG Nürnberg MDR **1964** 524; a. A OLG Hamm JMBlNW **1967** 58; OLG Düsseldorf NJW **1964** 1594 (zu § 211).

[88] Vgl. ausführlich zum Umfang der Rechtskraft des Strafbefehls LR-*K. Schäfer*[23] § 410, 2 ff; *Kleinknecht/Meyer*[37] § 410, 5 ff.

[89] LR-*K. Schäfer*[23] § 410, 31; *Kleinknecht/Meyer*[37] § 410, 11; anders nach § 373 a i. d. F. von

Art. 1 Nr. 27 StVÄGE 1984, nach dem dies im formellen Wiederaufnahmeverfahren geschehen soll.

[90] LR-*Meyer-Goßner*[23] 145; KK-*R. Müller* 61; *Kleinknecht/Meyer*[37] § 410, 10; *Meyer-Goßner* JR **1977** 216 f; a. A OLG Dresden JW **1932** 2743 mit abl. Anm. *Klee*; wohl auch OLG Karlsruhe NJW **1977** 62 mit Anm. *Ries* NJW **1977** 860.

[91] OLG Dresden *Alsb.* E 1 419; LR-*Meyer-Goßner*[23] 146; *Eb. Schmidt* 30; *Beling* 490 Fußn. 1; *Kohlhaas* GA **1954** 136; a. A früher *Delius* GA **43** (1895) 178 f; *Ostler* 105; vgl. auch § 362, 1.

Peter Rieß

III. Persönlicher Anwendungsbereich des Klageerzwingungsverfahrens

1. Allgemeines

42   **a) Übersicht.** Das Klageerzwingungsverfahren kann nur betreiben, wer den Antrag auf Erhebung der öffentlichen Klage nach § 171 gestellt hat (Antragsteller, näher Rdn. 47) und zugleich Verletzter (näher Rdn. 48 ff) ist. Er muß ferner noch leben und prozeßfähig sein oder durch seinen Vertreter handeln (näher Rdn. 46). Bei Beschwerden an den vorgesetzten Beamten der Staatsanwaltschaft nach Absatz 1 sind diese besonderen persönlichen Voraussetzungen nur insoweit von Bedeutung, als diese als Vorschaltbeschwerde Zulässigkeitsvoraussetzung für das gerichtliche Verfahren nach Absatz 2 bis 4 ist, nicht, soweit sie als Dienstaufsichtsbeschwerde die Pflicht zur sachlichen Nachprüfung des Einstellungsbescheides auslöst (Rdn. 10). Deshalb spielt die Frage der Prozeßfähigkeit und der richtigen Vertretung hier noch keine Rolle; beschränkte Geschäftsfähigkeit im bürgerlich-rechtlichen Sinne genügt (§ 171, 8).

43   **b) Mehrere** antragstellende **Verletzte** sind unabhängig voneinander zum Klageerzwingungsverfahren befugt[92]. Die Fristen nach Absatz 1 und Absatz 2 laufen für jeden von ihnen gesondert, die persönlichen Voraussetzungen müssen für jeden von ihnen vorliegen. Wird die Einstellungsmitteilung oder die Belehrung nach § 171 Satz 2 gegenüber einem von mehreren Verletzten unterlassen, so kann dieser, ggf. nach nachträglicher Anzeigeerstattung (Rdn. 47), das Klageerzwingungsverfahren auch noch betreiben, wenn die anderen Verletzten die Frist nicht ausgenutzt hatten oder wenn ihr Antrag als unzulässig verworfen worden ist. Ist dagegen ein Klageerzwingungsantrag eines anderen Verletzten als unbegründet verworfen worden, so wirkt die Sperrwirkung des § 174 Abs. 2 gegen alle durch diese Tat Verletzten, auch wenn sie erst später von der Einstellung erfahren. In diesem Fall können sie das Klageerzwingungsverfahren nur nach Beibringung neuer Tatsachen oder Beweismittel betreiben.

44   **c) Tod des Verletzten.** Die Befugnis zur Klageerzwingung ist höchstpersönlich. Sie geht nicht auf die Angehörigen oder Erben des Verletzten über[93]. Dies gilt nicht nur, wenn die Verletzung höchstpersönliche Rechtsgüter betrifft, sondern auch bei Eigentums- und Vermögensdelikten[94]. Daß das Strafantragsrecht nach § 77 Abs. 2 StGB in bestimmten Fällen auf Angehörige übergehen kann, begründet kein Klageerzwingungsrecht[95]. Stirbt der Verletzte während des gerichtlichen Klageerzwingungsverfahrens, so erledigt sich der Antrag; es ergeht weder eine Sach- noch eine Kostenentscheidung[96].

---

[92] KMR-*Müller* 32; vgl. auch Rdn. 84 mit Fußn. 206.

[93] OLG Braunschweig NdsRpfl. **1954** 91; OLG Düsseldorf GA **1984** 129 (analog § 402); OLG Hamm NStZ **1986** 327; OLG Karlsruhe Justiz **1981** 323; OLG Kiel HESt **2** 92; OLG Koblenz NJW **1985** 1409; ältere Rechtspr. bei LR-*Meyer-Goßner*[23] 50; KK-*R. Müller* 18; KMR-*Müller* 32.

[94] OLG Hamm NJW **1977** 64; OLG Karlsruhe Justiz **1981** 323; **1985** 361; OLG Stuttgart Justiz **1986** 196; LR-*Meyer-Goßner*[23] 50; im Ergebnis **a. A** (weil er die Erben selbst als Verletzte behandelt) *Eb. Schmidt* § 171, 14;

dagegen zutreffend *Frisch* JZ **1974** 12 Fußn. 50.

[95] OLG Hamm NJW **1977** 64; OLG Karlsruhe Justiz **1981** 323; LK-*Jähnke* § 77, 57. Die Frage ist derzeit lediglich für die §§ 205 StGB und 120 BetrVerfG von Bedeutung, da die §§ 194, 232 StGB Privatklagedelikte betreffen.

[96] OLG Braunschweig NdsRpfl. **1954** 32; OLG Düsseldorf GA **1984** 129; OLG Karlsruhe Justiz **1981** 323; KK-*R. Müller* 57; **a. A** *Ostler* 125 (Verfahren ist mit Sachentscheidung zu beenden, da der Antragsteller nur Anstoß geben müsse); ebenso *Dietz* 58.

d) Juristische Personen. Behörden. Juristische Personen, Verbände, Körperschaf- **45** ten und Behörden sind, soweit sie verletzt sind (vgl. Rdn. 59 ff), zum Klageerzwingungsverfahren berechtigt[97]. Für sie handelt das jeweils vertretungsberechtigte Organ. Im **Konkurs** handelt der Konkursverwalter[98], wenn es sich um eine Straftat handelt, die gegen das zur Konkursmasse gehörende Vermögen des Gemeinschuldners gerichtet ist.

e) Prozeßfähigkeit. Vertretung. Der Antragsteller muß für das gerichtliche Kla- **46** geerzwingungsverfahren wegen der möglichen Anschlußbefugnis als Nebenkläger und der vermögensrechtlichen Konsequenzen eines unbegründeten Antrags (§ 177) prozeßfähig im zivilprozessualen Sinne (§ 50 ZPO), also voll geschäftsfähig sein[99]. Fehlt die Prozeßfähigkeit, so können die gesetzlichen Vertreter für den Klageerzwingungsberechtigten handeln. Sind sie, wie etwa die Eltern, zur gemeinsamen Vertretung befugt[100], so müssen sie, wenn nicht der eine den anderen bevollmächtigt hat, den Antrag gemeinsam stellen. Fallen Vermögenssorge und Personensorge auseinander, so dürfte wegen des höchstpersönlichen Charakters des Klageerzwingungsrechts die Befugnis dem Personensorgeberechtigten zustehen[101]. Gewillkürte Vertretung ist stets zulässig[102].

2. Antragsteller nach § 171. Das Klageerzwingungsverfahren setzt voraus, daß **47** der Verletzte bereits den Antrag auf Strafverfolgung im Sinne des § 171 wegen der Tat gestellt hat, die Gegenstand des Klageerzwingungsantrags sein soll[103]. Jedoch kann dieser Antrag auch noch während des Ermittlungsverfahrens und auch noch nach Einstellung des Verfahrens gestellt werden; damit wird das Klageerzwingungsverfahren eröffnet (§ 171, 4). Ohne eine solche nachträgliche Anzeige sowie ohne Vorschaltbeschwerde beim vorgesetzten Beamten kann ein anderer Verletzter nicht in ein laufendes oder bereits als unzulässig erledigtes Klageerzwingungsverfahren eintreten[104]. Auch ein anderer durch dieselbe Tat Verletzter muß daher zunächst durch einen Antrag einen begründeten Einstellungsbescheid erreichen und darf die Vorschaltbeschwerde nicht überspringen[105] (vgl. auch Rdn. 43).

3. Verletzter. Allgemeines
a) Begriff des Verletzten. Eine begrifflich exakte Bestimmung des „Verletzten" **48** im Sinne der §§ 171, 172 ist bisher weder der Rechtsprechung noch dem Schrifttum ge-

[97] Vgl. auch OLG Düsseldorf NJW **1979** 2525 (Strafantragsrecht bei einer nichtrechtsfähigen Untergliederung einer Partei).

[98] KG JW **1935** 963.

[99] OLG Dresden DRiZ **1931** Nr. 131; OLG Hamburg NJW **1966** 1934; KG JR **1960** 29 mit Anm. *Dünnebier*; OLG Nürnberg GA **1965** 118; im Schrifttum heute einhellige Meinung; zur früher vereinzelt vertretenen Gegenmeinung *Ostler* 18 f.

[100] Vgl. *Kohlhaas* NJW **1960** 3; Stiefeltern sind als solche nicht antragsbefugt, OLG Kassel GA **38** (1891) 368.

[101] Vgl. auch § 374, 35; § 395, 22 mit weit. Nachw.

[102] LR-*Meyer-Goßner*[23] 74.

[103] OLG Breslau GA **76** (1933) 174; OLG

Braunschweig NJW **1965** 598; OLG Hamm JZ **1962** 171; OLG Karlsruhe NJW **1986** 1276; OLG Koblenz OLGSt § 172, S. 121; KK-*R. Müller* 17; *Kleinknecht/Meyer*[37] 5; *Eb. Schmidt* 3; vgl. OLG Nürnberg MDR **1965** 765.

[104] **A. A** OLG Dresden JW **1936** 2251 mit Anm. *Siegert*; OLG Neustadt MDR **1956** 247; KMR-*Müller* § 171, 2; LR-*Kohlhaas*[22] § 171, 2; *Ostler* 46 ff, 121; wie hier dagegen OLG Braunschweig und OLG Hamm (wie Fußn. 103) mit ausführlicher und zutreffender Begründung; KK-*R. Müller* § 171, 2; LR-*Meyer-Goßner*[23] § 171, 3; *Schorn* NJW **1965** 1517.

[105] OLG Neustadt GA **1961** 125 f.

Peter Rieß

lungen[106]. Es ist auch fraglich, ob dies jemals gelingen wird. Eine gesetzliche Präzisierung erscheint jedenfalls nicht sinnvoll. Abzuraten ist auch, solange man das Klageerzwingungsverfahren einem begrenzten Personenkreis vorbehalten und nicht zu einer allgemeinen Befugnis umwandeln will, die Ersetzung des Verletztenbegriffs durch denjenigen, der an der Strafverfolgung ein „berechtigtes Interesse" hat[107]. Denn damit würde der immerhin noch eine materielle und einprägsame Aussage enthaltende Begriff des Verletzten durch eine beliebig ausfüllbare Leerformel ersetzt.

49   Trotz der fortbestehenden dogmatischen Unsicherheit über den Verletztenbegriff besteht heute **in** wesentlichen **Grundfragen und** vielen **Einzelpunkten** ein breiter **Konsens.** Von den unterschiedlichen Ausgangspunkten her haben sich die Auffassungen im praktischen Ergebnis sehr angenähert[108]. Die kasuistisch vorgehende Rechtsprechung hat, wo nicht ohnehin die Verletzteneigenschaft evident ist, die wesentlichen Fallgruppen und Abgrenzungen in einer die gesetzlichen Intentionen nachvollziehenden Wertung herausgearbeitet und ist dabei zu überwiegend akzeptablen und akzeptierten Ergebnissen gekommen[109]. So besteht insgesamt heute in einem breiten Kernbereich gesicherte Übereinstimmung darüber, wer Verletzter ist. Die verbleibenden Randunschärfen und Meinungsverschiedenheiten gehen wohl nicht über das hinaus, was bei der Anwendung gesetzlicher Vorschriften mit notwendig unbestimmten Rechtsbegriffen auch sonst zu bemerken ist.

50   **Übereinstimmung** besteht heute im wesentlichen über eine Reihe von Grundfragen: Es ist allgemeine Auffassung, daß der Begriff des Verletzten in der StPO und im StGB nicht einheitlich ausgelegt werden kann, sondern teleologisch von seiner jeweiligen Funktion im prozessualen Sachzusammenhang her zu bestimmen ist[110]. Im Klageerzwingungsverfahren ist insoweit eine **weite Auslegung** geboten[111]. Sie findet freilich ihre Grenze in der im Gesetzeswortlaut und im systematischen Zusammenhang klar erkennbaren gesetzgeberischen Absicht, mit der Verwendung des Verletztenbegriffs ein Popularverfahren auszuschließen und eine irgendwie geartete, über die allgemeine Betroffenheit über den Normbruch hinausgehende, persönliche Auswirkung der behaupteten Straftat auf den Antragsteller zu verlangen. Wer nur als Mitglied der Rechtsgemeinschaft durch die Straftat betroffen ist, ist nicht Verletzter im Sinne des § 172[112].

---

[106] Vgl. die Übersichten bei *Frisch* JZ **1974** 8 ff; *Kirstgen* 84 ff; *Strüwer* 1 ff; ausführliche Darstellung des (damaligen) Meinungsstandes bei *Dietz* 28 ff; *Kalsbach* 83 ff; *Ostler* 31 ff; vgl. auch *Henkel* 184 f.

[107] So § 196 E 1919; dazu *Töwe* GerS **108** (1936) 266; in dieser Richtung heute z. B. *Gössel* FS Dünnebier 145; *Jung* ZStW **93** (1981) 1166; wie hier *Rieß* Gutachten 112 mit weit. Nachw.

[108] Ebenso KK-*R. Müller* 20; LR-*Meyer-Goßner*[23] 46; *Peters*[4] § 57 IV (S. 536); *Kirstgen* 87.

[109] Kritischer LR-*Meyer-Goßner*[23] 51, der von einer „verworrenen" Kasuistik spricht; positiv aber z. B. *Kalsbach* 88 (vielfach nützliche Hinweise).

[110] Näher Vor § 374, 1 ff; ausführlich *Henkel* 184 f; a. A früher z. B. *Nothmann* GA **76** (1932) 74; äußerlich einheitlicher Begriff auch bei *Strüwer* 184 (zusammenfassend),

der aber, worauf *Jung* ZStW **93** (1981) 1149 Fußn. 7 zutreffend hinweist, ohne Binnendifferenzierungen nicht auskommt.

[111] So z. B. in der Rechtsprechung schon RGSt **23** 361 (anders aber RGSt **69** 108); OLG Hamburg NJW **1955** 1770; OLG Stuttgart Justiz **1976** 306; im Schrifttum etwa KK-*R. Müller* 18; *Kleinknecht/Meyer*[37] 10; KMR-*Müller* 20; *Eb. Schmidt* § 171, 12; *Gössel* § 9 D II a 2; *Peters*[4] § 57 IV (S. 535); *Rüping* 99; *Zipf* Strafprozeßrecht[2] (1976) 85; a. A *Kirstgen* 88 ff (der aus den Gegeninteressen des Beschuldigten die Notwendigkeit einer engeren Auslegung herleitet); teilweise auch die frühere Auffassung; vgl. z. B. OLG Hamburg GA **37** (1889) 310 (mit sachlich zutreffender Verneinung der Verletzteneigenschaft).

[112] Heute allg. M, vgl. z. B. KK-*R. Müller* 28; LR-*Meyer-Goßner*[23] 70; *Frisch* JZ **1974** 11; *Ostendorf* RuP **1980** 200 f.

Im übrigen stehen sich, mit vielfachen Differenzierungen im einzelnen und ohne **51** ihren Ausgangspunkt stets konsequent für die Fallentscheidung durchzuhalten, vom methodischen Ansatz her **zwei Grundauffassungen** gegenüber. Eine vor allem in der Rechtsprechung, aber auch von Teilen des Schrifttums angewandte Methode knüpft an den **Rechtsgutbegriff** an[112a]. Sie verlangt eine Beeinträchtigung des Betroffenen in seinen durch die Strafrechtsnorm geschützten rechtlichen Positionen[113], wobei kontrovers beurteilt wird, ob es sich (so die Mehrheit) um eine — allerdings weit auszulegende — „unmittelbare" Beeinträchtigung handeln muß[114], oder ob eine „mittelbare" reicht[115]. Eine andere Auffassung knüpft an das **Genugtuungs- oder Vergeltungsinteresse** des Betroffenen an[116]. Sie fragt danach, ob und wieweit ein solches Interesse von der gesamten Rechtsordnung als berechtigt anerkannt wird. Allerdings kommt auch diese Auffassung, wenn sie die Frage beantworten muß, *wann* dieses Interesse als berechtigt anzusehen ist, ohne einen Rückgriff auf den Schutzbereich der nach der Behauptung des Antragstellers verletzten Norm nicht aus.

Die **eigene Auffassung** geht von dem unbestrittenen, durch Entstehungsgeschich-   **52** te, Wortlaut und systematischen Zusammenhang belegten Umstand aus, daß durch die Beschränkung des Klageerzwingungsverfahrens auf den „Verletzten" die Möglichkeit ausgeschlossen werden sollte, daß der Bürger als bloßes Mitglied der Rechtsgemeinschaft zur gerichtlichen Kontrolle des Legalitätsprinzips in Form des Klageerzwingungsantrags berufen ist. Es muß stets eine besondere, von der Rechtsordnung anerkannte **spezifische Nähebeziehung** zwischen der behaupteten Tat und dem Antragsteller bestehen. Das läßt sich auch dahingehend ausdrücken, daß jemand nur dann Verletzter im Sinne des § 172 ist, wenn die nach seiner Behauptung übertretene Norm (mindestens auch) seine rechtlich anerkannten Interessen schützen soll[116a]. Ausgangspunkt für die Prüfung der Verletzteneigenschaft ist daher stets der **Schutzbereich der** (zumindest mit) verletzten **Strafrechtsnorm**[117].

Für die Frage, wieweit der (weit auszulegende und hier spezifisch zu verstehen-   **53** de) Schutzbereich der Norm reicht, ist auf das **berechtigte Genugtuungsinteresse** des An-

---

[112a] Zum materiell-strafrechtlich noch keineswegs abschließend geklärten Rechtsgutbegriff vgl. z. B. mit weit. Nachw. *Schönke/Schröder/Lenckner*[22] Vor § 13, 9 f sowie zuletzt *Weigend* ZStW **98** (1986) 49 ff.

[113] Nachw. bei LR-*Meyer-Goßner*[23] 45; ähnlich KK-*R. Müller* 19.

[114] In der Rechtsprechung z. B. RGSt **69** 108; OLG Düsseldorf AnwBl. **1986** 156; OLG Hamburg JR **1980** 480 mit Anm. *Bloy*; OLG Hamm NJW **1972** 1874; NStZ **1986** 327; KG JR **1954** 391; OLG Koblenz GA **1981** 326; NJW **1985** 1409; OLG München NJW **1985** 2430; OLG Stuttgart Justiz **1976** 306 (im Schrifttum LR-*Meyer-Goßner*[23] 45; KK-*R. Müller* 19; KMR-*Müller* 20; *Henkel* 191 (mit weit. Nachw. in Fußn. 12, 13); *Zipf* Strafprozeßrecht[2] (1976) 85; sehr eng (nur der tatbestandlich Verletzte) *Beling* 488 Fußn. 2; ähnlich neuestens *Kirstgen* 95.

[115] So etwa RGSt **23** 361; RMilGE **10** 190; OLG Bremen NJW **1950** 960; früher OLG Kassel GA **73** (1929) 389; *Gerland* 166, 311; *v. Kries* 271; wohl auch *zu Dohna* 143 und *Ostler* 34 ff; offengelassen von OLG Braunschweig NdsRpfl. **1965** 17; BayObLG NJW **1953** 714.

[116] So (mit Varianten im einzelnen) *Eb. Schmidt* § 171, 12; *Frisch* JZ **1974** 7 ff; diesen Ansatz aufnehmend *Gössel* § 9 D II a 2; *Peters*[4] § 57 IV (S. 535); *Roxin*[19] § 39 B I 2; *Schlüchter* 79. 1. Fußn. 225 a; *Strüwer* 129; *Bloy* JR **1980** 480; *Geppert* Jura **1982** 144; *Kalsbach* 83 f; *Maiwald* GA **1970** 52; kritisch *Ostendorf* RuP **1980** 201 ff (wohl unter zu weiter Interpretation des Genugtuungsinteresses); in der Rechtsprechung verwendet (neben dem Unmittelbarkeitsbegriff) OLG Stuttgart Justiz **1976** 306 das Genugtuungsinteresse.

[116a] OLG Karlsruhe NJW **1986** 1277, das die Frage nach dem Rechtsgut des § 130 StGB offenläßt und hierauf abstellt.

[117] Ebenso *Bloy* JR **1980** 481; *Frisch* JZ **1974** 11 f; *Strüwer* 133; ähnlich auch *Schlüchter* 79. 1 Fußn. 225 a.

Peter Rieß

tragstellers abzustellen. Es ist also danach zu fragen, ob, abstrakt und generalisierend, die von der behaupteten Straftat betroffene Person wegen einer Verletzung ihrer rechtlich anerkannten Positionen ein spezielles Interesse an der Ahndung des Normbruchs hat. Auf ein konkretes Genugtuungs- oder Vergeltungsinteresse im Einzelfall kommt es dabei nicht an, mag dies auch in der Regel durch die Stellung des Klageerzwingungsantrags evident werden. Als neben dem Genugtuungsinteresse maßgebender Abgrenzungstopos zur Bestimmung der Verletzteneigenschaft sollte aber auch das **berechtigte Schutzinteresse** des Antragstellers gegenüber einer Entlastung des Beschuldigten auf seine Kosten anerkannt werden. Denn die neuere Diskussion zur Stellung des Verletzten im Strafverfahren hat deutlich gemacht, daß seine besondere Position nicht nur durch ein spezifisches Genugtuungsinteresse, sondern auch dadurch legitimiert wird, daß er in besonderem Maße als Objekt von Entlastungsbemühungen des Beschuldigten erscheinen kann. Es dürfte sich bei der Verwendung dieser Abgrenzungsgesichtspunkte erübrigen, zusätzlich auf die Frage zurückzugreifen, ob der Betroffene in seinen Rechtspositionen unmittelbar oder mittelbar betroffen ist, ein Merkmal, das, wie seine Handhabung in der Praxis zeigt, wenig trennscharf ist[118].

54   **b) Gesetzliche Vorentscheidungen.** Auf die vorstehend entwickelten Abgrenzungsgesichtspunkte für die Verletzteneigenschaft braucht überall da nicht zurückgegriffen zu werden, wo bereits der Gesetzgeber die spezifische Nähebeziehung des durch die Tat Betroffenen dadurch anerkannt hat, daß er ihm eine besondere Einwirkungsmöglichkeit auf den Sanktionsanspruch der Rechtsgemeinschaft einräumt[119]. Denn es wäre mit der besonderen Funktion des Verletztenbegriffs in § 172, in erster Linie ein Popular-Klageerzwingungsverfahren auszuschließen, nicht zu vereinbaren, einerseits die besondere Position eines Betroffenen durch spezielle Befugnisse anzuerkennen, andererseits ihm aber die Einwirkungsmöglichkeit auf die Geltendmachung des Sanktionsanspruchs der Rechtsgemeinschaft zu versagen. Verletzter im Sinne des § 172 ist deshalb stets, ohne daß es einer weiteren Begründung bedarf, der unmittelbar **Strafantragsberechtigte**[120] und der zum Anschluß als **Nebenkläger** Berechtigte[121], nicht dagegen ohne weiteres der im Adhäsionsverfahren Antragsbefugte oder der Verletzte im Sinne der §§ 22 Nr. 1 und 61 Nr. 2, weil es sich insoweit nicht um eine Mitwirkung an der Durchsetzung des Sanktionsanspruchs der Rechtsgemeinschaft handelt.

55   **c) Schutzbereich der Strafrechtsnorm.** Strafvorschriften, die ausschließlich **gemeinschaftsbezogene Rechtsgüter** schützen sollen, können die Verletzteneigenschaft nicht begründen (vgl. aber auch Rdn. 56), und zwar auch dann nicht, wenn der Antragsteller vorträgt, daß er ein besonderes persönliches Interesse an der Erhaltung dieses Rechtsguts habe[122]. Ebensowenig ist jemand ohne eine rechtlich anerkannte spezifische Nähebeziehung Verletzter, wenn **fremde Individualrechtsgüter** betroffen sind, denn auch dies würde auf ein Popular-Klageerzwingungsverfahren hinauslaufen[123].

56   Es reicht aber aus, daß die nach der Behauptung des Antragstellers verletzte Strafrechtsnorm nur **nachrangig** oder als **Nebenzweck** ein ihn betreffendes individuelles Rechtsgut schützt, selbst wenn ihr Schutzbereich in erster Linie staatliche Interessen

---

[118] Ebenso *Bloy* JR 1980 480; sehr scharf (inhaltlose Formel) *Kalsbach* 86; kritisch auch schon *Dietz* 31 ff.

[119] Vgl. auch *Frisch* JZ **1974** 12.

[120] *G. Schäfer* § 32 II 2.

[121] KK-*R. Müller* 21; *Frisch* JZ **1974** 12; zweifelnd *Blei* NJW **1955** 332.

[122] Vgl. z. B. OLG Koblenz OLGSt § 172, S. 123.

[123] Wohl weitergehend *Frisch* JZ **1974** 13 Fußn. 60, mit Erwägungen zur Prozeßstandschaft.

oder Gemeinschaftswerte oder fremde Individualrechtsgüter schützt[124]. Deshalb können beispielsweise Aussagedelikte die Verletzteneigenschaft begründen (näher Rdn. 71 ff). Gleiches gilt für **idealkonkurrierende** oder gesetzeskonkurrierende **Gesetzesverletzungen.** So kann durch ein Staatsschutzdelikt, das tateinheitlich mit einem Betrug zusammentrifft, der durch den Betrug Geschädigte verletzt werden. Da das Klageerzwingungsverfahren sich stets auf die gesamte Tat im prozessualen Sinne bezieht, gilt dies auch, wenn mehrere materiellrechtlich in Realkonkurrenz stehende Taten eine prozessuale Tat bilden.

Außerhalb des Schutzbereichs der verletzten Norm steht im Sinne des § 172, wer **57** nicht auf der Opfer-, sondern auf der Täterseite steht, namentlich, wer als **Teilnehmer** oder **Mittäter** an der Tat beteiligt ist[125]. Ihm fehlt daher die Verletzteneigenschaft im Sinne des § 172. Für sog. notwendige Beteiligte gilt dies jedenfalls nicht uneingeschränkt[126]. Außerhalb des Schutzbereichs der verletzten Norm steht auch, wer sich bewußt und absichtlich der Verletzung aussetzt. **Einverständnis** und **Einwilligung** betreffen daher für das Klageerzwingungsverfahren nicht erst die Frage der Tatbestandsmäßigkeit oder Rechtswidrigkeit, sondern schließen bereits die Verletzteneigenschaft aus. Dies gilt auch dort, wo die materielle Strafbarkeit bestehen bleibt, weil es sich nicht um einwilligungsfähige Rechtsgüter handelt. Wer pornographische Schriften erwirbt oder pornographische Veranstaltungen besucht, in der Erwartung dessen, was ihm geboten wird, kann nicht als Verletzter das Klageerzwingungsverfahren betreiben[127], ebensowenig derjenige, der in eine Körperverletzung eingewilligt hat, auch wenn diese Einwilligung nach § 226 a StGB wegen Verstoßes gegen die guten Sitten die Rechtswidrigkeit nicht beseitigt. Allerdings ist in solchen Fällen das Klageerzwingungsverfahren mit der Behauptung zulässig, daß entgegen der Annahme der Staatsanwaltschaft eine derartige Mitwirkung nicht vorgelegen habe.

d) Gefährdungsdelikte. Abstrakte und konkrete Gefährdungsdelikte, etwa nach **58** den §§ 315 ff StGB, haben zwar vielfach auch den Sinn, bereits im Vorfeld die Schädigung von Individualrechtsgütern zu verhindern, ihr eigentlicher Schutzbereich betrifft aber die Aufrechterhaltung eines allgemeinen Sorgfaltstandards. Ob bei konkreten Gefährdungsdelikten der Träger des Individualrechtsguts, dessen Vorfeldschutz das Gefährdungsdelikt dient, dann Verletzter ist, wenn sein Rechtsgut gefährdet wird[128] ist im grundsätzlichen und im einzelnen wenig geklärt. Dabei ist auch zu bedenken, daß zahlreiche Gefährdungsdelikte, insbesondere solche des Straßenverkehrs, Individualrechtsgüter betreffen, die im Falle ihrer Verletzung als Privatklagedelikte erscheinen und deshalb dem Klageerzwingungsverfahren nicht zugänglich sind. Bei Anerkennung der Verletzteneigenschaft durch vorgelagerte Gefährdungsdelikte würde diese gesetzlich gewollte Begrenzung unterlaufen werden. Wenn in der gleichen prozessualen Tat ein Ge-

---

[124] So z. B. BGH JZ **1954** 357 (zu § 61 Nr. 2); OLG Celle NdsRpfl. **1967** 181; *Frisch* JZ **1974** 11; *Strüwer* 136 (unter Hinweis auf § 823 Abs. 2 BGB); wohl enger OLG München NJW **1956** 356 LS.

[125] OLG Hamburg NJW **1980** 848 = JR **1980** 480 mit Anm. *Bloy* (für den Angestifteten); OLG Schleswig GA **1956** 330 (für Gehilfen und Mittäter); KMR-*Müller* 22; *Frisch* JZ **1974** 13 (Rechtsgedanke der Verwirkung); *Kirstgen* 119 ff.

[126] Vgl. auch Rdn. 75; 78; **a. A** wohl *Frisch* JZ **1954** 13.

[127] OLG Hamburg NJW **1972** 117.

[128] Verneinend KG JR **1967** 392 mit Anm. *Kohlhaas*; LR-*Meyer-Goßner*[23] 70; **a. A** *v. Kries* 271; *Rüping* 99; *Strüwer* 135; *Frisch* JZ **1974** 11; wohl auch *Bauer* JZ **1953** 299; differenzierend mit weit. Nachw. *Kirstgen* 110 ff.

Peter Rieß

fährdungs- und ein Verletzungsdelikt zusammentreffen, ist jedoch der vom letzteren Betroffene Verletzter[129].

59   **e) Behörden, öffentlich-rechtliche Anstalten und Körperschaften** sind Verletzte, soweit sich die Tat gegen solche ihnen zugeordnete Rechtsgüter richtet, die ihnen zur Erfüllung ihrer Aufgaben zur Verfügung stehen, etwa bei Vermögens- und Eigentumsdelikten, die die der Behörde zugeordneten Vermögenswerte betreffen[130]. Gleiches wird anzunehmen sein, wenn Strafvorschriften dem spezifischen Schutz des Tätigkeitsbereichs der Behörde dienen sollen; so ist beispielsweise die Bundespost als Verletzter bei Wertzeichenfälschung nach § 148 StGB behandelt worden[131]. Verletzter ist wohl auch der Subventionsgeber in Fällen des Subventionsbetruges (§ 264 StGB). Ebenfalls verletzt ist eine Behörde, der die Wahrnehmung oder Ausübung eines Individualrechtsguts übertragen worden ist, so das Jugendamt, dem das Sorgerecht zusteht, bei Sorgerechtsentziehungen[132].

60   **Nicht verletzt** sind dagegen Behörden und andere öffentlich-rechtlich organisierte Stellen durch Straftaten gegen die Allgemeinheit, wenn zu ihrem Aufgabenbereich lediglich der Schutz, die Kontrolle oder die Verwaltung derjenigen Rechtsgüter gehört, die durch die Strafvorschrift geschützt werden. Denn hier würde die Anerkennung der Verletzteneigenschaft zu einer Kontrolle der Strafverfolgungsbehörde durch andere Zweige der Staatsverwaltung führen, die mit der Funktion des Klageerzwingungsverfahrens nicht vereinbar ist[133]. Nicht verletzt ist deshalb die Naturschutzbehörde bei Verstößen gegen die Naturschutzbestimmungen[134], eine Wasserbehörde bei Verstößen gegen § 324 StGB, das Wohnungsamt bei Verstößen gegen Wohnraumbewirtschaftungsvorschriften[135], die Finanzbehörde bei Steuerstraftaten[136], die Verkehrsbehörde oder die Polizei bei Verstößen gegen straßenverkehrsrechtliche Vorschriften, eine Behörde, die eine strafbewehrte Verordnung erlassen hat, bei Verstößen gegen diese[137], das Kreiswehrersatzamt bei Wehrpflichtentziehung gemäß § 109 a StGB[138], die Rechtsanwaltskammer bei Verstößen gegen das Rechtsberatungsmißbrauchsgesetz[139] oder die Ärztekammer bei unerlaubter Ausübung der Heilkunde[140].

61   **f) Privatrechtliche Vereinigungen und Verbände** sind unzweifelhaft verletzt, wenn die Straftat sich gegen die ihnen zugeordneten Rechtsgüter (Hausrecht, Eigentum, Vermögen) richtet[141]. Sie werden aber grundsätzlich nicht schon dadurch zu Verletzten

---

[129] OLG Koblenz VRS **63** 360.

[130] Vgl. OLG Hamm NJW **1958** 640 für den Sozialhilfeträger bei Unterhaltspflichtverletzung; a. A *Kirstgen*, der die Verletzteneigenschaft von Behörden stets verneint.

[131] OLG Koblenz NJW **1983** 1625 = JR **1984** 163 mit Anm. *Lampe*; vgl. auch Rdn. 70.

[132] OLG Düsseldorf NStZ **1981** 103 = JR **1981** 386 mit Anm. *Bottke* (zum Strafantrag).

[133] KMR-*Müller* 21; ähnlich KK-*R. Müller* 28; a. A teilweise früher Rechtsprechung und Schrifttum, vgl. mit weit. Nachw. *Dietz* 36 ff; vgl. auch Rdn. 66.

[134] OLG Celle MDR **1967** 515.

[135] OLG Rostock ZStR **1943** 635.

[136] *Franzen/Gast/Samson* Steuerstrafrecht³ (1985) § 403, 18 AO mit weit. Nachw. (auch zur Gegenmeinung).

[137] OLG Jena *Alsb.* E **1** 384; OLG Rostock *Alsb.* E **1** 385.

[138] A. A OLG Hamm MDR **1973** 516 = GA **1973** 156; wie hier KK-*R. Müller* 28; *Kirstgen* 116.

[139] OLG Celle JR **1967** 348 mit Anm. *Kohlhaas*; OLG Karlsruhe Justiz **1966** 105; vgl. auch OLG Braunschweig JW **1933** 560 mit Anm. *v. Scanzoni* (Beleidigung von Rechtsanwälten).

[140] OLG Stuttgart NJW **1969** 569.

[141] Zur Verletzteneigenschaft nicht rechtsfähiger Vereinigung bejahend OLG Düsseldorf NJW **1979** 2525 (Strafantragsbefugnis eines Unterbezirks einer politischen Partei).

im Sinne der §§ 171, 172, daß zu ihrem satzungsmäßigen Ziel die Pflege gemeinschaftsbezogener Rechtsgüter oder fremder Individualinteressen gehört, weil dies auf die Anerkennung eines (kooperativen) Popularantrags hinauslaufen würde. Nicht verletzt ist daher beispielsweise ein Kinderschutzbund bei Kindesmißhandlungen oder Verstößen gegen die Jugendschutzbestimmungen, ein Bund gegen Mißbrauch der Tiere bei Tierquälerei[142], eine Umweltschutzorganisation bei Verstößen gegen das Umweltstrafrecht, ein Verband zur Förderung gewerblicher Interessen bei Vermögensstraftaten gegen seine Mitglieder[143], der Verband der Sinti und Roma bei einer auf diese Gruppe bezogenen Volksverhetzung (§ 130 StGB)[143a] oder ein Bund der Steuerzahler bei Steuerdelikten. Sofern sich die Straftat gegen fremde Individualrechtsgüter richtet, können sie aber in Vertretung des individuellen Verletzten aufgrund einer Vollmacht dessen Antragsrecht wahrnehmen[144].

62 Die **Verletzteneigenschaft** solcher Verbände und Vereinigungen wird dagegen wohl zu **bejahen** sein, soweit die Vertretung rechtlich geschützter Interessen nicht nur zu ihrem satzungsmäßigen Ziel gehört, sondern ihnen darüber hinaus durch die Rechtsordnung deren Geltendmachung ausdrücklich zugewiesen worden ist, sei es ausschließlich oder neben dem individuellen Betroffenen. Verletzt sein können daher nach dem Urheberrechtsgesetz gebildete **Wahrnehmungsgesellschaften** bei Straftaten gegen das Urheberrecht[145], nach § 13 AGB-Gesetz unmittelbar klagebefugte Verbraucherschutzverbände bei Verstößen gegen verbraucherschützende Vorschriften[146], Verbände zur Förderung gewerblicher Interessen im Sinne von § 13 UWG bei Straftaten des gewerblichen Rechtsschutzes[147]. Allerdings handelt es sich bei den in Betracht kommenden Straftaten derzeit ganz überwiegend um Privatklagedelikte[148], so daß das Klageerzwingungsverfahren deshalb ausscheidet.

4. Einzelne Tatbestände. Kasuistik

63 a) **Allgemeines. Hinweise.** Wer als Verletzter anzusehen ist, ist bei jedem einzelnen Straftatbestand nach den im vorstehenden Abschnitt dargelegten Grundsätzen in erster Linie unter Berücksichtigung des Schutzzwecks der jeweiligen Strafrechtsnorm zu bestimmen. Das kann in Einzelfällen eine auch im Rahmen eines Großkommentars nicht zu leistende Analyse der materiellstrafrechtlichen Tatbestände erfordern. Eine auch nur einigermaßen vollständige Untersuchung des besonderen Teils des materiellen Strafrechts unter dem Blickwinkel des Verletztenbegriffs im Sinne des § 172 fehlt. Deshalb kann nachfolgend nur ein grobes Gesamtbild vermittelt werden, bei dem ein Schwerpunkt auf der Wiedergabe der bisherigen Rechtsprechung liegt[149]. Bei dieser ergibt sich oft die Bejahung der Verletzteneigenschaft nur inzident daraus, daß der Antrag materiell geprüft wird. Bei ihrer Würdigung muß ferner berücksichtigt werden,

---

[142] OLG Hamm MDR **1970** 946; s. auch Rdn. 98.

[143] OLG Braunschweig MDR **1971** 1028; vgl. aber auch OLG Hamburg NJW **1962** 2216.

[143a] OLG Karlsruhe NJW **1986** 1276; vgl. auch Rdn. 69 und Fußn. 161.

[144] A. A *Kirstgen* 118; wohl weitergehend (Prozeßstandschaft) *Frisch* JZ **1974** 13 Fußn. 69.

[145] Vgl. das Gesetz zur Wahrnehmung von Urheberrechten und verwandten Schutzrechten v. 9. 9. 1965 (BGBl. I 1294), zuletzt geändert durch Gesetz v. 24. 6. 1985 (BGBl. I 1137) in

Vbdg. mit § 49 Abs. 1 Satz 3, § 54 Abs. 6 UrhG.

[146] Vgl. § 13 Abs. 2 AGB-Gesetz, dazu z. B. *Wolf/Horn/Lindacher* AGB-Gesetz² (1984) § 13, 5 ff.

[147] OLG Hamburg NJW **1962** 2216; dagegen *Kirstgen* 117; vgl. aber auch OLG Braunschweig MDR **1971** 1028.

[148] Vgl. § 374 Nr. 7, 8; s. aber § 108 a UrhG.

[149] Umfangreiche Nachw. der älteren Rechtsprechung namentlich bei *Alsb.* E 1 Nr. 359 bis 374; *Nothmann* GA **76** (1932) 71 ff.

Peter Rieß

daß sie teilweise den Verletztenbegriff im Sinne des § 77 StGB oder der §§ 22, 61 Nr. 2 zum Gegenstand hat, daß sie aus verschiedenen Zeiten stammt und daß ihr Schwergewicht, ebenso wie das der Darstellungen im Schrifttum und auch der nachfolgenden Erläuterungen naturgemäß auf Grenz- und Zweifelsfällen liegt. So bedarf es keiner näheren Darlegungen, daß beispielsweise der seiner Freiheit Beraubte, das Opfer einer Vergewaltigung oder sexuellen Nötigung, der Eigentümer einer gestohlenen oder unterschlagenen Sache, der durch einen Betrug Getäuschte und infolgedessen an seinem Vermögen Geschädigte oder der Eigentümer eines durch Brandstiftung vernichteten Gegenstandes als Verletzte anzusehen sind.

64 Auffallend ist allerdings, auch hiervon abgesehen, daß durchaus **zweifelhafte Grenzfälle** vielfach weder in der Rechtsprechung noch im Schrifttum behandelt worden sind. In diesen Fällen erscheint derzeit oft eine zweifelsfreie Antwort nicht gesichert. Dabei spielt auch eine Rolle, daß die für die Verletzteneigenschaft nicht selten entscheidende materiell-rechtliche Frage nach dem Schutzzweck der jeweiligen Strafrechtsnorm nicht durchweg als abschließend geklärt angesehen werden kann. Solche materiellstrafrechtlichen Unsicherheiten müssen notwendigerweise vielfach, wenn auch nicht stets, auf die verfahrensrechtliche Beurteilung, wer Verletzter ist, durchschlagen.

65 Bei einer **versuchten Tat** ist regelmäßig derjenige als Verletzter anzusehen, der nach dem Tatplan bei Vollendung der Tat verletzt sein würde[150]. Bei der **Beteiligung** (Anstiftung oder Beihilfe) ist die Verletzteneigenschaft nach dem Charakter der Haupttat zu beurteilen (s. auch Rdn. 93). Wegen der Möglichkeit, die Verletzteneigenschaft aus einem ideal- oder gesetzeskonkurrierenden Delikt heraus zu begründen, s. Rdn. 56.

66 **b) Staatsschutzdelikte und ähnliches (§§ 80 bis 109 b StGB).** Der überwiegende Teil der hier in Betracht kommenden Delikte schützt ausschließlich gemeinschaftsbezogene Rechtsgüter, so daß schon deshalb, soweit nicht durch die gleiche Tat auch andere Delikte verwirklicht werden, das Klageerzwingungsverfahren ausscheidet[151]. Als **Verletzter** anzusehen ist jedoch, schon wegen der Nebenklagebefugnis nach § 395 Abs. 3 (vgl. Rdn. 54) der Bundespräsident in den Fällen des § 90 StGB und das verunglimpfte Organ in den Fällen des § 90 b StGB. Bei Straftaten gegen ausländische Staaten (§§ 102 bis 104 StGB) dürften diese als Verletzte anzusehen sein, da Schutzgegenstand mindestens auch die Interessen des ausländischen Staates sind[152]. Zur **Wehrpflichtentziehung** s. Rdn. 60 mit Fußn. 138.

67 Bei Nötigung von Verfassungsorganen (§ 105 ff StGB) sind die betroffenen Verfassungsorgane verletzt (vgl. auch Rdn. 59). Bei **Wahldelikten** (§ 107 ff StGB) ist weder der einzelne Wahlberechtigte wegen des Gemeininteresses an der ordnungsmäßigen Zusammensetzung des Vertretungsorgans noch ein ohnehin gewählter Wahlbewerber verletzt, wohl aber ein möglicherweise infolge der behaupteten Straftat nicht gewählter Kandidat[153].

68 **c) Widerstand gegen die Staatsgewalt und Straftaten gegen die öffentliche Ordnung (§§ 111 bis 145 d StGB).** Die Vorschriften schützen zwar überwiegend gemein-

---

[150] **A. A** für untauglichen Versuch aber OLG Saarbrücken OLGSt § 172, S. 91; s. auch Rdn. 71 mit Fußn. 169; Rdn. 91 mit Fußn. 222; differenzierend *Kirstgen* 108 ff.

[151] Heute ganz h. M; **a. A** früher RGSt 55 62

und teilw. das Schrifttum; vgl. *Dietz* 36 ff mit weit. Nachw.; *Gerland* 166.

[152] Vgl. mit weit. Nachw. LK-*Willms* Vor § 102,1; *Schönke/Schröder/Eser*[22] Vor § 102,1.

[153] OLG Freiburg NJW **1951** 86 (Gemeinderatswahlen).

schaftsbezogene Rechtsgüter, doch umfaßt bei einer Reihe von Tatbeständen der Schutzbereich der Norm auch oder sogar überwiegend individuelle Rechtsgüter. **Verletzter sind** insoweit: der genötigte Amtsträger bei den §§ 113, 114 StGB[154], bei Verstrickungsbruch (§ 136 StGB) derjenige, zu dessen Gunsten die staatliche Verstrickung vorgenommen worden ist[155], nicht aber die die Verstrickung bewirkende Behörde; beim unerlaubten Entfernen vom Unfallort (§ 142 StGB) die anderen Unfallbeteiligten[156]. Bei Hausfriedensbruch (§ 123 StGB) ist der Hausrechtsinhaber zwar verletzt, doch ist das Klageerzwingungsverfahren ausgeschlossen, weil es sich um ein Privatklagedelikt handelt. Dagegen ist in den Fällen des schweren Hausfriedensbruches (§ 124 StGB)[157] der betroffene Hausrechtsinhaber als zum Antrag nach § 172 Abs. 2 berechtigter Verletzter anzusehen. Ob in den Fällen des Landfriedensbruches (§ 125 StGB) die durch die Gewalttätigkeiten betroffenen einzelnen verletzt sind, hängt von der umstrittenen Frage nach dem Schutzgut des Tatbestands ab[158], dürfte aber wohl eher zu verneinen sein. Bei Aufforderung zu Straftaten (§ 111 StGB) ist verletzt, wer durch die Straftat verletzt wäre, zu der aufgefordert wird, sofern er nach den Tatumständen hinreichend konkretisiert ist; das gleiche gilt bei der Nichtanzeige geplanter Verbrechen (§ 138 StGB)[159].

Regelmäßig **nicht verletzt** sind, unbeschadet einer Verletzung durch hinzutretende Tatbestände, die durch Gefangenenbefreiung oder Gefangenenmeuterei (§§ 120, 121 StGB) Betroffenen, die durch eine kriminelle oder terroristische Vereinigung (§§ 129, 129 a StGB) Gefährdeten und bei Belohnung der Billigung einer Straftat (§ 140 StGB) die durch diese Taten Verletzten. Ebenso fehlt es wohl stets an einem individuellen Verletzten bei Straftaten nach den §§ 127, 132, 134, 144, 145, 145 a, 145 c und 145 d StGB. Die Rechtsprechung hat ferner die Verletzteneigenschaft verneint bei Angehörigen einer durch § 132 a StGB geschützten Berufsgruppe[160]. Dagegen wird sie bei den Angehörigen einer durch Volksverhetzung (§ 130 StGB) betroffenen Bevölkerungsgruppe zu bejahen sein[161]. **69**

d) Geld- und Wertzeichenfälschung (§§ 146 bis 152 a StGB). Schutzbereich dieser **70** Tatbestände ist in erster Linie der allgemeine Rechtsverkehr und der Geldverkehr[162]; es werden also vorwiegend gemeinschaftsbezogene Rechtsgüter geschützt, so daß individuelle Verletzte meist nicht in Betracht kommen. Als solche können auch nicht die Notenbanken angesehen werden (Rdn. 60). Das gilt uneingeschränkt für die Tatbestände des § 146 Abs. 1 Nr. 1 und 2, des § 149 und des neuen § 152 a StGB[162a]. Dagegen ist von der Rechtsprechung die Bundespost bei der Fälschung von Postwertzeichen als Verletz-

---

[154] BGH VRS **22** 435 (zu § 61 Nr. 2); *Herb. Schäfer* DVBl. **1961** 776 f; **a. M** *M. J. Schmid* JZ **1980** 56. Zum Schutzzweck der Vorschriften LK-*v. Bubnoff* § 113, 2; *Schönke/Schröder/Eser*[22] § 113, 2.

[155] *Nothmann* GA **76** (1932) 76.

[156] Ähnlich, aber wohl enger KMR-*Müller* 29; zum Schutzzweck des § 142 LK-*Rüth* § 142, 3; *Schönke/Schröder/Cramer*[22] § 142, 1.

[157] Zum geschützten Rechtsgut LK-*Schäfer* § 124, 1.

[158] S. dazu mit weit. Nachw. LK-*v. Bubnoff* § 125, 1; *Schönke/Schröder/Lenckner*[22] § 125, 2; *Kühl* NJW **1986** 876.

[159] Zum Schutzzweck ausführlich mit weit. Nachw. LK-*Hanack* § 138, 2 f.

[160] OLG Frankfurt bei *Endres* StrVert. **1982** 600; vgl. auch Rdn. 60 mit Fußn. 140.

[161] OLG Karlsruhe NJW **1986** 1276 (anders aber für Verbände solcher Gruppen); **a. A** OLG München NJW **1985** 2430; ähnlich schon OLG Dresden *Alsb.* E 1 391 (zu § 130 StGB a. F.); dagegen (wie hier) *Nothmann* GA **76** (1932) 82.

[162] *Schönke / Schröder / Stree*[22] Vor § 146, 2; § 146, 1 mit weit. Nachw.

[162a] Vgl. schriftl. Bericht des BTRAussch. zum 2. WiKG, BTDrucks. **10** 5058, S. 26 ff, wo auf die Parallelen zu §§ 146, 149 StGB hingewiesen wird; zum Schutzbereich der Vorschrift auch *Achenbach* NJW **1986** 1838; *Otto* wistra **1986** 153.

ter bei § 148 StGB angesehen worden[163]. Das gleiche wird man, falls man dem folgt, auch für andere Behörden annehmen müssen, die besondere Wertzeichen ausgeben, etwa für Justizkassen bei Kostenmarken, und wohl auch für private Emittenden von nach § 151 StGB geschützten Wertpapieren. Bei § 146 Abs. 1 Nr. 3 StGB und bei § 147 StGB ist bei der gebotenen weiten Auslegung des Verletztenbegriffs auch der gutgläubige Empfänger der in Verkehr gebrachten Falsifikate als Verletzter anzusehen[164].

71   **e) Rechtspflegedelikte (§§ 153 bis 165, 336, 356 StGB).** Obwohl insbesondere bei den §§ 153 ff StGB geschütztes Rechtsgut in erster Linie die Rechtspflege ist[165], ist heute in Rechtsprechung und Schrifttum anerkannt, daß grundsätzlich die durch diese Straftaten beeinträchtigten **Verfahrensbeteiligten** als **Verletzte** im Sinne der §§ 171, 172 StGB angesehen werden können. Denn der hinter dem Schutz der Rechtspflege stehende Gedanke ist der der Wahrheitsfindung und Entscheidungsrichtigkeit und diese wird nicht als Selbstzweck, sondern mindestens auch im Interesse der Prozeßbeteiligten gewährleistet. Unzweifelhaft verletzt ist daher diejenige Prozeßpartei (Kläger, Beklagter, Privatkläger, Angeklagter, Nebenintervenient, Beigeladener usw.), bei der durch die Falschaussage, den Meineid, die falsche eidesgleiche Bekräftigung oder die Rechtsbeugung[166] die Entscheidung zu ihrem Nachteil beeinflußt worden ist[167]. Dies gilt bei den Aussagedelikten nach überwiegender und zutreffender Meinung auch schon dann, wenn, was Frage des Einzelfalls ist, nur die Beweislage infolge des strafbaren Verhaltens verschlechtert wird[168]. Die Verletzteneigenschaft soll aber entfallen, wenn sich das Rechtspflegedelikt überhaupt nicht merkbar auf die Entscheidung und die Prozeßlage ausgewirkt hat[169]. Der von einer falschen Verdächtigung (§ 164 StGB) Betroffene ist auch dann Verletzter, wenn das Verfahren gegen ihn eingestellt oder er freigesprochen worden ist[170].

72   **Nicht** als **Verletzte** der Rechtspflegedelikte anzusehen sind die Mitglieder der betroffenen Rechtspflegeorgane (Richter, ebenso Mitglieder eines parlamentarischen Untersuchungsausschusses), ebensowenig in der Regel Personen, die ohne am Verfahren beteiligt zu sein, nur ein allgemeines oder auch ein bloß wirtschaftliches Interesse am Verfahrensausgang haben[171]. Enthält die falsche Aussage zu Lasten eines anderen den

---

[163] OLG Koblenz NJW **1983** 1625 = JR **1984** 163 mit Anm. *Lampe*.

[164] Ebenso *Nothmann* GA **76** (1932) 77; *Strüwer* 138, a. A wohl *Kirstgen* 104.

[165] *Schönke/Schröder/Lenckner*[22] Vor § 153, 2 mit weit. Nachw.

[166] Zu dieser *Nothmann* GA **76** (1932) 77; vgl. auch OLG Bremen NStZ **1986** 120, wo über den gegen einen Staatsanwalt gerichteten Vorwurf der Rechtsbeugung im Klageerzwingungsverfahren sachlich entschieden wird.

[167] OLG Hamburg HESt **3** 25; OLG Köln JMBlNW **1967** 23 und die in den nachfolgenden Fußn. Genannten; im Schrifttum heute allg. M; a. A früher z. B. OLG Kiel *Alsb.* E 1 394 (im Falle einer Privatklage, aber mit allgem. Ausführungen); zum früheren Meinungsstand ausführlich *Nothmann* GA **76** (1932) 78 ff.

[168] OLG Bremen NJW **1950** 960 (Arrestverfahren gegen Wechselprotestschuldner); OLG

Frankfurt MDR **1974** 1036; OLG Hamburg NJW **1954** 1619; **1970** 1561; OLG Hamm NJW **1961** 1687; OLG Saarbrücken OLGSt § 172, S. 91; KMR-*Müller* 26; vgl. auch (zu § 61 Nr. 2) BGH JZ **1954** 357.

[169] OLG Hamm NJW **1961** 1687; OLG Köln JMBlNW **1967** 23; OLG Saarbrücken SaarlRuStZ **1953** 28; OLGSt § 172, S. 91 (beim untauglichen Versuch); a. A wohl OLG Bremen NJW **1950** 961.

[170] Vgl. OLG Hamburg *Alsb.* E 1 393; KMR-*Müller* 27; *Eb. Schmidt* § 171, 19.

[171] OLG Hamburg NJW **1954** 1619 (Testprozeß); *Bauer* JZ **1954** 358 (künftiger Erbe); vgl. auch OLG Hamburg JR **1925** Rspr. Nr. 1940 (widersprechende Aussagen); a. A für den an der Zwangsvollstreckung nicht beteiligten Gläubiger in Hinblick auf § 903 ZPO in den Fällen des § 807 ZPO OLG Celle NdsRpfl. **1971** 214; KMR-*Müller* 26; *Nothmann* GA **76** (1932) 79.

Vorwurf einer ehrenrührigen Handlung, also tateinheitlich zusammentreffend eine üble Nachrede und damit ein Privatklagedelikt, so ist nach der in diesem Kommentar vertretenen (umstrittenen) Auffassung das Klageerzwingungsverfahren zulässig[172]. Bei **Parteiverrat** (§ 356 StGB) ist der Mandant, nicht aber dessen Prozeßgegner, verletzt[173].

Betrifft oder bezweckt das Rechtspflegedelikt die Entlastung eines Beschuldigten **73** in einem **Strafverfahren**, so sprechen gute Gründe dafür, den Verletzten in jenem Verfahren regelmäßig auch durch das Aussagedelikt (oder die Rechtsbeugung) verletzt anzusehen, ohne Rücksicht darauf, ob er sich an dem Strafverfahren als Nebenkläger oder sonst beteiligt hat[174]. Denn durch einen ungerechtfertigten Freispruch des damaligen Angeklagten wird das spezifische strafrechtliche Genugtuungsinteresse des Verletzten (Rdn. 53) berührt, und die fehlende Parteistellung des Verletzten liegt an den Besonderheiten des Strafverfahrens. Es kommt nicht entscheidend darauf an, ob durch den wegen des Ausgangsdelikts erfolgenden Freispruch die Ersatzansprüche des Geschädigten gefährdet werden[175].

f) Straftaten gegen die Religion und Weltanschauung (§§ 166 bis 168 StGB). Bei **74** § 166 StGB wird das einzelne Mitglied der Religionsgemeinschaft oder Weltanschauungsvereinigung nicht als verletzt angesehen[176], jedoch die Gesellschaft oder Vereinigung als solche[177]. Bei den §§ 167, 167 a StGB sind die Teilnehmer der geschützten Veranstaltung Verletzte[178], bei Störung der Totenruhe die Angehörigen des Bestatteten[179].

g) Straftaten gegen den Personenstand, die Ehe und die Familie (§§ 169 bis 173 75 StGB). Die Tatbestände der **Personenstandsfälschung** (§ 169 StGB) und wohl auch der **Fürsorgepflichtverletzung** (§ 170 d StGB)[180] schützen ausschließlich gemeinschaftsbezogene Rechtsgüter, so daß Verletzte im Sinne des § 172 nicht vorkommen können. Bei **Verletzung der Unterhaltspflicht** (§ 170 b StGB) ist der Unterhaltsberechtigte verletzt, nach der Rechtsprechung auch der Träger der Sozialhilfe[181]. Folgt man dem, so muß man auch einen Dritten als verletzt ansehen, der rechtlich verpflichtet ist, den Unterhaltsbedarf anstelle des vorrangig verpflichteten Täters zu decken, so etwa die Großeltern bei Unterhaltspflichtverletzung des Vaters (vgl. § 1606 Abs. 2 BGB). Erwägenswert erscheint es auch, denjenigen als verletzt anzusehen, der aus einer bloß sittlichen Pflicht heraus für den Unterhalt aufkommt. Bei **Doppelehe** (§ 171 StGB) hat die Rechtsprechung den gutgläubigen Ehegatten, auch nach Scheidung der Ehe, als Verletzten angesehen[182]; nach der heute ganz herrschenden Rechtsgutbestimmung[182a] erscheint das zweifelhaft. Ob bei **Beischlaf unter Verwandten** (§ 173 StGB) einer der Partner als Verletzter anzusehen sein könnte, ist angesichts des schwer faßbaren Schutzbereichs der Norm[183] zweifelhaft und wohl eher zu verneinen[184], doch wird sich die Verletzteneigenschaft hier nicht selten aus anderen Tatbeständen (§§ 174, 176, 177 oder 178 StGB) ergeben.

---

[172] S. Rdn. 25; **a. A** OLG Hamburg NJW **1954** 1619; KK-*R. Müller* 26; LR-*Meyer-Goßner*[23] 65.

[173] OLG Hamm NJW **1976** 120 LS.

[174] **A. A** KK-*R. Müller* 26; KMR-*Müller* 26.

[175] So aber KG GA **63** (1916/17) 342; LR-*Meyer-Goßner*[23] 65.

[176] OLG Dresden *Alsb.* E **1** 391 (zu § 166 a. F StGB).

[177] OLG Hamburg MDR **1962** 594; KK-*R. Müller* 23; *Eb. Schmidt* Nachtr. I § 171, 9; **a. A** *Dalcke/Fuhrmann/Schäfer* 3.

[178] OLG Hamburg MDR **1962** 594.

[179] OLG Frankfurt NJW **1975** 217.

[180] Vgl. mit weit. Nachw. *Schönke/Schröder/Lenckner*[22] § 170 d, 1; LK-*Dippel* § 170 d, 3.

[181] OLG Hamm NJW **1958** 640.

[182] KG JR **1960** 388; *Eb. Schmidt* Nachtr. I § 171, 5.

[182a] Vgl. LK-*Dippel* § 171, 3.

[183] Vgl. dazu LK-*Dippel* § 173, 3; *Schönke/Schröder/Lenckner*[22] § 173, 1.

[184] Ebenso *Nothmann* GA **76** (1932) 76.

76   **h) Straftaten gegen die sexuelle Selbstbestimmung (§§ 174 bis 184 c StGB).** In den Fällen der §§ 174, 174 a, 174 b, 176, 177, 178, 179, 180 und 182 StGB ist zweifellos die mißbrauchte, genötigte oder verführte Person verletzt. Die Rechtsprechung hat unter überwiegender Zustimmung des Schrifttums auch den Ehemann sowie bei unverheirateten, im häuslicher Gemeinschaft lebenden Kindern die Eltern als Verletzte angesehen[185]. Dem kann im allgemeinen, jedenfalls nach der Neubestimmung des Rechtsguts dieser Tatbestände[186], nicht zugestimmt werden[187]. Eine Ausnahme ist allenfalls für die sorgeberechtigten Eltern in Fällen des § 182 StGB zu erwägen. Ob bei **homosexuellen Handlungen** (§ 175 StGB) der unter 18jährige Partner Verletzter ist, ist ungeklärt. Die Vorschrift dient zwar allein dem Jugendschutz, doch ist zweifelhaft, ob dabei der Schwerpunkt, was für die Anerkennung der Verletzteneigenschaft sprechen könnte, auf dem Schutz der ungestörten sexuellen Entwicklung des betroffenen Jugendlichen liegt oder ob das Allgemeininteresse an der ungestörten Entwicklung der Jugend im Vordergrund steht[187a].

77   Bei **exhibitionistischen Handlungen** (§ 183 StGB) und **Erregung öffentlichen Ärgernisses** (§ 183 a StGB) wird man wohl den jeweils durch die Tat Belästigten als Verletzten ansehen müssen. Zweifelhaft ist die Behandlung der **Verbreitung pornographischer Schriften** (§ 184 StGB)[188]. Die allein dem Jugendschutz und dem Schutz der Rechtsgemeinschaft dienenden Tatbestände des § 184 Abs. 1 Nr. 1 bis 5, 7 bis 9 und Abs. 3 dürften dem Klageerzwingungsverfahren mangels eines individuellen Verletzten nicht zugänglich sein. Etwas anderes gilt nur für § 184 Abs. 1 Nr. 6 StGB, wo die Intimsphäre des Empfängers als geschütztes Rechtsgut angesehen wird[189]. Keine individuellen, zum Klageerzwingungsverfahren berechtigten Verletzten existieren in den Fällen der §§ 184 a, 184 b StGB.

78   Die Rechtsprechung hat auf der Grundlage des früheren Rechts die Prostituierte weder als Verletzte der **Zuhälterei** (§ 181 a StGB)[190] noch der Kuppelei (jetzt **Förderung der Prostitution**, § 180 a StGB) angesehen[191]. Dem kann, jedenfalls nach der neuen Rechtslage und was die Anwendung des § 172 angeht, nicht mehr zugestimmt werden[192]. Zum Schutzbereich der Tatbestände der §§ 180 a, 181 und 181 a StGB gehören mindestens auch die persönliche Freiheit und die Selbstbestimmung der Prostituierten[193]. Zutreffend erscheint allerdings weiterhin, daß ein Hauseigentümer durch die Unterhaltung eines bordellartigen Betriebes durch seinen Nachbarn nicht verletzt ist[194], denn das liegt gänzlich außerhalb des Schutzbereichs der Normen des Sexualstrafrechts.

---

[185] OLG Celle NJW **1960** 835; KK-*R. Müller* 24; KMR-*Müller* 24; LR-*Meyer-Goßner*[23] 62; *Eb. Schmidt* Nachtr. I § 171, 5; vgl. auch *Ostler* 38.

[186] Vgl. dazu mit weit. Nachw. LK-*Laufhütte* Vor § 174, 2 ff; *Lackner*[16] Vor § 174, 1; 2.

[187] Ebenso *G. Schäfer* § 32 II 2; *Strüwer* 134; *Kirstgen* 96.

[187a] Vgl. zum Schutzbereich des § 175 StGB mit unterschiedlichen Akzentuierungen *Dreher/Tröndle*[42] § 175, 1; LK-*Laufhütte* Vor § 174, 7; *Maurach/Schroeder* § 20 I 3; *Schroeder* FS Welzel, 870.

[188] Vgl. zum alten Recht OLG Hamburg JR **1966** 473 mit Anm. *Kohlhaas*; NJW **1972** 117; s. auch Rdn. 57 mit Fußn. 127.

[189] LK-*Laufhütte* § 184, 1; *Schönke/Schröder/Lenckner*[22] § 184, 1.

[190] RGSt **69** 107 (zu § 61 Nr. 2); vgl. auch BGHSt **9** 74; **18** 284 f (zu § 7 Abs. 1 StGB).

[191] BGHSt **9** 74 (zu § 61 Nr. 2); OLG Hamm NJW **1972** 1874 = GA **1973** 117; *Kleinknecht/Meyer*[37] 12; *Frisch* JZ **1974** 8, 12; zweifelnd *Eb. Schmidt* § 171, 25.

[192] Ebenso *Strüwer* 134.

[193] Vgl. mit weit. Nachw. *Schönke/Schröder/Lenckner*[22] § 180 a, 1; § 181 a, 1; *Lackner*[16] Vor § 174, 2 a, c.

[194] OLG Hamburg GA **37** (1889) 310 = *Alsb.* E **1** 383; weitere Nachw. bei *Nothmann* GA **76** (1932) 83.

i) Beleidigung (§§ 185 bis 200 StGB) ist, abgesehen von den in § 194 Abs. 4 StGB **79** genannten Fällen, stets Privatklagedelikt und dadurch dem Klageerzwingungsverfahren entzogen. Auf die teilweise strittigen Fragen, wer Verletzter sein kann[195], kommt es daher derzeit nicht an.

j) Verletzung des persönlichen Lebens- und Geheimnisbereichs (§§ 201 bis 205, 353 a **80** **bis 355 StGB).** § 202 StGB ist Privatklagedelikt, so daß das Klageerzwingungsverfahren ausscheidet. Im übrigen ist als Verletzter in den Fällen der §§ 203, 204 StGB sowohl der Anvertrauende[195a] als auch, bei Drittgeheimnissen, der materielle Geheimnisträger anzuerkennen[196]. Die gleichen Grundsätze gelten für die §§ 354, 355 StGB. Bei § 202 a StGB ist der über die Daten Verfügungsberechtigte verletzt[196a]. Bei § 353 d StGB wird man, sofern man die vorherrschende Auffassung teilt, daß die Vorschrift verschiedene Schutzzwecke hat[197], im Falle der Nummer 2 erwägen können, denjenigen als Verletzten anzusehen, dessen Geheimnis durch den Ausschluß der Öffentlichkeit geschützt ist, falls dieser auf § 172 Nr. 2 GVG beruhte. In den §§ 353 a, 353 b StGB werden nur staatliche und sonstige öffentliche Interessen geschützt, so daß kein Verletzter im Sinne des § 172 vorhanden ist.

k) Tötungsdelikte (§ 211 bis 220 a, 232 StGB). Daß bei einem versuchten vorsätz- **81** lichen Tötungsdelikt in aller Regel derjenige verletzt ist, gegen den die Tat sich richtet, steht außer Zweifel. Eine Ausnahme gilt bei versuchter **Tötung auf Verlangen** (§ 216 StGB, vgl. Rdn. 57)[197a].

Bei vollendeten vorsätzlichen Tötungsdelikten, fahrlässigen Tötungen und durch **82** den Todeserfolg qualifizierten Delikten haben früher Rechtsprechung und Schrifttum **Angehörige als Verletzte** nur zögernd und unter verhältnismäßig engen Voraussetzungen betrachtet[198]. Sie werden heute aber wohl ganz überwiegend in eher großzügiger Auslegung als Verletzte im Sinne des § 172 anerkannt[199]. Dieser Auffassung ist, namentlich in Hinblick auf die Nebenklagebefugnis nach § 395 Abs. 2 Nr. 1, zuzustimmen (vgl. Rdn. 54). Die in dieser Bestimmung genannten Angehörigen, also **Ehegatten, Eltern, Kinder und Geschwister** sind stets Verletzte[200]. Es kommt nicht darauf an, ob eine enge Lebensbeziehung bestanden hat und es handelt sich auch nicht etwa um eine widerlegbare Vermutung[201], sondern um eine Konsequenz aus der gesetzgeberischen Wertentscheidung in § 395 Abs. 2 Nr. 1.

---

[195] Vgl. dazu mit weit. Nachw. LR-*Meyer-Goßner*[23] 61; zu § 103 StGB s. Rdn. 66.

[195a] OLG Hamm NStZ **1986** 327; vgl. auch OLG Schleswig NJW **1985** 1090 mit Anm. *Wente* NStZ **1986** 366.

[196] OLG Köln NStZ **1983** 412 mit Anm. *Rogall* (wo der Klageerzwingungsantrag des Drittgeheimnisträgers materiell geprüft wird); vgl. auch Rdn. 57 (zur Frage der Einwilligung).

[196a] Zum Zweck der Vorschrift Schriftl. Bericht des BTRAussch. zum 2. WiKG, BTDrucks. 10 5058, S. 28; *Achenbach* NJW **1986** 1837; *Möhrenschlager* wistra **1986** 139.

[197] *Dreher/Tröndle*[42] 1; *Lackner*[16] 1; *Schönke/Schröder/Lenckner*[22] 3, 23, 40, alle zu § 353 d.

[197a] *Kirstgen* 121 f.

[198] Ausführlich mit Nachw. der Entwicklung

LR-*Meyer-Goßner*[23] 52 ff; *Kirstgen* 97 Fußn. 1; vgl. auch *Eb. Schmidt* § 171, 14; *Kohlhaas* GA **1954** 132; *Strüwer* 141 f.

[199] Aus der neueren Rechtsprechung etwa OLG Celle MDR **1959** 60; OLG Frankfurt NJW **1963** 1368; OLG Hamburg NJW **1955** 1770; OLG Hamm MDR **1952** 247; KG JR **1957** 71 sowie die Nachw. in den folgenden Fußn.; enger *Strüwer* 143, der lediglich eine analoge Anwendung des § 395 Abs. 2 Nr. 1 für möglich hält.

[200] OLG Celle MDR **1959** 60; OLG Hamm NStZ **1986** 327; KK-*R. Müller* 21; KMR-*Müller* 23; *Roxin*[19] § 39 B I 2; *Frisch* JZ **1974** 12; *Kirstgen* 98; a. A bei Geschwistern noch (beiläufig) OLG Koblenz NJW **1977** 1461; *Kleinknecht/Meyer*[37] 11 (nicht ohne weiteres).

[201] So aber LR-*Meyer-Goßner*[23] 52.

83   Aus § 395 Abs. 2 Nr. 1 darf aber kein Umkehrschluß dahingehend gezogen werden, daß andere, **dem Getöteten nahestehende Personen** nicht verletzt sein können[202]. Dies ist vielmehr immer dann zu bejahen, wenn eine enge Lebensgemeinschaft, insbesondere, aber nicht notwendig, eine häusliche Gemeinschaft, dergestalt bestanden hat, daß die betroffene Person infolge ihres persönlichen Verhältnisses zum Getöteten in ihrem Leben selbst schwer betroffen ist und deshalb, ohne Rücksicht auf die finanziellen Folgen, ein persönliches Leid empfindet[203]. Dazu gehören, unter Berücksichtigung der konkreten Umstände des Einzelfalls, in erster Linie die in § 395 Abs. 2 Nr. 1 nicht genannten Verwandten und Verschwägerten, etwa Großeltern, Verlobte, im Einzelfall auch Neffen und Nichten usw. Auch sonstige besonders enge persönliche Beziehungen können die Verletzteneigenschaft begründen, so das Verhältnis von Pflegekindern und Pflegeeltern, sowie, bei den heutigen, gewandelten sozialen Anschauungen, auf Dauer angelegte nichteheliche Lebensgemeinschaften[204]. Bloße partnerschaftliche, geschäftliche und auch freundschaftliche Beziehungen reichen dagegen nicht aus[205].

84   Sind nach diesen Grundsätzen **mehrere Personen** durch ein vollendetes Tötungsdelikt verletzt, so steht jedem von ihnen das Antragsrecht zu; nähere Verwandte schließen entferntere nicht aus[206]. Bei lediglich versuchten Tötungsdelikten ist wie bei Körperverletzungen (Rdn. 86), nur derjenige verletzt und deshalb zum Klageerzwingungsverfahren befugt, gegen den sich die Tat richtet.

85   Bei **Schwangerschaftsabbruch** (§ 218 StGB) ist stets die Schwangere selbst als Verletzte anzusehen, wenn die Tat gegen ihren Willen erfolgte; man wird in diesem Fall wohl auch den Erzeuger als Verletzten ansehen können. Vor der Reform dieses Rechtsgebiets ist teilweise angenommen worden, daß der Ehemann durch eine von der Schwangeren selbst oder mit ihrem Willen vorgenommene Abtreibung verletzt sei[207]. das wird heute nicht aufrechtzuerhalten sein. Die Sondervorschriften der **§§ 218 b bis 219 c StGB** begründen keine Verletzteneigenschaft im Sinne des § 172.

86   l) Bei **Körperverletzung (§§ 223 bis 230, 340 StGB)** spielt die Verletzteneigenschaft wegen § 172 Abs. 2 Satz 3 in Vbdg. mit § 374 Abs. 1 Nr. 4 in den Fällen der §§ 223, 223 a und 230 StGB keine Rolle. In den übrigen Fällen sind nur diejenigen verletzt, die durch die Tat in ihrer Gesundheit betroffen sind, nicht etwa, wie bei vollendeten Tötungsdelikten, Angehörige[208]. Nicht verletzt ist, weil sein Interesse außerhalb des Schutzbereichs der Tatbestände liegt, wem infolge der Körperverletzung Leistungen entgangen sind oder wer zu ihrem Ausgleich Leistungen erbracht hat, wie Versicherungsgesellschaften und Krankenkassen[209].

87   m) **Straftaten gegen die persönliche Freiheit (§§ 234 bis 241 a StGB).** Regelmäßig ist (nur) derjenige verletzt, in dessen Bewegungs- oder Entschlußfreiheit aufgrund des

---

[202] *Frisch* JZ **1974** 12; **a. A** *Strüwer* 145; *Kirstgen* 99.

[203] LR-*Meyer-Goßner*[23] 56 unter Hinweis auf OLG Kiel HESt **2** 92; ebenso KMR-*Müller* 23; ähnlich *Frisch* JZ **1974** 12; vgl. auch OLG Hamm MDR **1952** 247.

[204] G. *Schäfer* § 32 II 2; **a. A** noch LR-*Meyer-Goßner*[23] 56.

[205] OLG Celle MDR **1959** 60 (Fernfahrerkameradschaft).

[206] Ausführlich LR-*Meyer-Goßner*[23] 57; KMR-*Müller* 23; wohl auch *Frisch* JZ **1974** 13; **a. A** LR-*Kohlhaas*[22] 8 a cc; *Kohlhaas* GA **1954** 131.

[207] OLG Hamburg GA **74** (1930) 314; *Eb. Schmidt* § 171, 16 und Nachtr. I 5 mit Nachw.; so weiterhin KMR-*Müller* 24.

[208] **A. A** für den Fall der freiwilligen Sterilisierung der Ehefrau *Eb. Schmidt* § 171, 15 und Nachtr. I 4, der den Ehemann als Verletzten ansehen will. Die Frage dürfte durch die materiell-rechtliche Entwicklung (vgl. LK-*Hirsch* § 226 a, 39 ff) gegenstandslos sein.

[209] OLG Rostock *Alsb.* E 1 396; *Eb. Schmidt* § 171, 15; *Kohlhaas* GA **1954** 133; teilw. **a. A** (für den Ehemann) *Ostler* 40.

jeweiligen Tatbestandes eingegriffen wird[210]. Fallen, wie etwa in den Fällen der §§ 239 a, 239 b StGB, das Tatobjekt in der Person des Entführten und der Genötigte auseinander, so sind beide verletzt. Bei Kindesentziehung (§ 235 StGB) ist (nur) das Jugendamt verletzt, wenn ihm das Personensorgerecht zusteht, auch wenn das Kind bei Pflegeeltern untergebracht ist[211]. In den Fällen des § 236 StGB sind die Sorgeberechtigten verletzt.

n) Straftaten gegen Eigentum und Vermögen, Sachbeschädigung u. ä. (§§ 242 bis 256, 263 bis 266 b, 283 bis 305 StGB)

aa) Allgemeines. Je nach der tatbestandlichen Struktur und dem unterschiedli- **88** chen Schutzbereich kommen jeweils mehrere Verletzte in Betracht; der Schutzbereich des Tatbestandes muß aber ihre spezifischen Interessen mit einbeziehen. Deshalb ist beispielsweise ein einzelner Steuerzahler oder ein Gemeindeangehöriger nicht durch Untreue, Betrug oder Unterschlagung zum Nachteil der öffentlichen Hand verletzt[212], ebenfalls nicht die Partei in einem Scheidungsprozeß durch einen vom Gegner gegenüber der Staatskasse bei Erlangung von Prozeßkostenhilfe verübten Betrug[213]. Wenig geklärt ist, wieweit bei Schädigung juristischer Personen Gesellschafter, Aktionäre, Geschäftsführer und am Gewinn beteiligte Angestellte als solche verletzt sind[214]. Jedenfalls bei einer breiten Streuung von auch gewinnabhängigen Beteiligungsrechten erscheint die Anerkennung einer Verletztenstellung zweifelhaft, weil das in die Nähe eines Popular-Klageerzwingungsverfahrens führen würde. Anders kann es sein, wenn die juristische Person mit dem dahinter stehenden Vermögensträger wirtschaftlich weitgehend eine Einheit bilden.

Konkursverwalter und Testamentsvollstrecker sollen nach der Rechtsprechung **89** nicht durch Straftaten gegen die von ihnen zu verwaltende Masse verletzt sein[215]. Selbst wenn man dem folgt, kann der Verwalter aber das Klageerzwingungsrecht für die verletzte Konkursmasse oder den Nachlaß ausüben (Rdn. 45). Dagegen sind die Gläubiger als Verletzte angesehen worden, wenn der Konkursverwalter eine die Masse schädigende Vermögensstraftat begeht[216]; gleiches muß beim Testamentsvollstrecker für die Erben gelten. Nicht verletzt ist der künftige **Erbe** des Geschädigten[217].

bb) Einzelne Delikte. Bei **Diebstahl** und **Unterschlagung** ist neben dem Eigentü- **90** mer auch der Gewahrsamsinhaber bzw. der Anvertrauende verletzt[218], bei **Raub** und **Erpressung** daneben auch der Genötigte. Bei **Sachbeschädigung** kommt das Klageerzwingungsverfahren nur in den Fällen der §§ 304, 305 StGB in Betracht. Hier wird neben dem Eigentümer auch der dinglich oder persönlich Nutzungsberechtigte als Ver-

---

[210] Vgl. OLG Koblenz NJW **1985** 1409 (Witwe nicht Verletzte einer an ihrem Ehemann begangenen Freiheitsberaubung).

[211] OLG Düsseldorf NStZ **1981** 102 = JR **1981** 386 mit Anm. *Bottke* (zum Strafantragsrecht).

[212] OLG Köln MDR **1952** 568 (Untreue zum Nachteil des Bundes); OLG Kassel GA **38** (1891) 368 (Betrug und Unterschlagung zum Nachteil einer Gemeinde).

[213] KG JR **1960** 388.

[214] Vgl. dazu teilw. kontrovers und meist zu den §§ 22, 61 Nr. 2 RGSt **69** 127; BGHSt 1

298; KG JW **1937** 767; JR **1954** 391; OLG Kiel HESt **2** 89; *Eb.* Schmidt § 171 18; *Frisch* JZ **1974** 11; vgl. auch § 22, 16 ff; § 61, 11 ff.

[215] KG GA **71** (1927) 47; HRR **1938** Nr. 636 (Konkursverwalter); KG JR **1964** 470 (Testamentsvollstrecker); a. A *Eb. Schmidt* Nachtr. I § 171, 8.

[216] OLG Dresden *Alsb.* E **1** 397; *Eb. Schmidt* § 171, 21.

[217] KMR-*Müller* 28; LR-*Meyer-Goßner*[23] 67; a. A *Eb. Schmidt* § 171, 18; vgl. auch *Frisch* JZ **1974** 12 Fußn. 50.

[218] *Eb. Schmidt* § 171, 18.

Peter Rieß

letzter angesehen[219]. Entsprechendes wird man im Grundsatz auch für **Datenveränderung** (§ 303 a StGB) und **Computersabotage** (§ 303 b StGB) annehmen können. Neben dem, der die Daten gespeichert hat, kann deshalb auch der vom Inhalt der Daten Betroffene verletzt sein[219a]. Allerdings bedarf die exakte materiellrechtliche Bestimmung des Schutzbereichs der neuen Tatbestände auch insoweit noch näherer Klärung.

91   Bei **Betrug** soll neben dem an seinem Vermögen Geschädigten oder Gefährdeten auch der bloß Getäuschte als Verletzter anzusehen sein, wenn ihm wegen der schädigenden Vermögensdispositionen eine Ersatzforderung droht[220]; folgt man dieser Auffassung, so liegt es nahe, beim **Computerbetrug** (§ 264 a StGB), bei dem es auf Täuschung und Irrtum nicht ankommt[220a], unter den gleichen Voraussetzungen den bloß für den Datenverarbeitungsvorgang Verantwortlichen neben dem in seinem Vermögen Geschädigten als verletzt anzusehen. Bei Prozeßbetrug gilt nicht der Zedent, sondern nur der Zessionar der umstrittenen Forderung als Verletzter[221]. Bei versuchtem Prozeßbetrug ist die Verletzteneigenschaft verneint worden, wenn ein Schaden nicht entstanden war und der Antragsteller erhebliche Zeit hatte verstreichen lassen[222]. Bei **Subventionsbetrug** (§ 264 StGB) dürfte der Subventionsgeber Verletzter sein (Rdn. 59), bei den **Konkursdelikten** (§§ 283 ff StGB), die mindestens auch dem Gläubigerschutz dienen[223], die betroffenen Gläubiger. Die Einzelheiten sind insoweit vielfach ungeklärt. Bei **Wucher** (§ 302 a StGB) ist der Bewucherte Verletzter[224].

91a   Beim **Kapitalanlagebetrug** (§ 264 a StGB) dürfte, was freilich materiellrechtlich noch näherer Klärung bedarf, die überindividuelle Schutzrichtung im Vordergrund stehen[224a] und bereits deshalb kein individueller, zum Klageerzwingungsantrag berechtigter Verletzter in Betracht kommen; sieht man das Vermögen des Anlegers als geschütztes Rechtsgut an, so gewinnt die Vorschrift insoweit den Charakter eines Gefährdungsdeliktes, so daß die Verletzteneigenschaft des Anlegers aus diesem Grunde zweifelhaft wird (vgl. Rdn. 58). Bei **Vorenthalten und Veruntreuen von Arbeitsentgelt** (§ 266 a StGB) dienen die Absätze 1 und 3 nach den gesetzgeberischen Intentionen[224b] dem Schutz der Solidargemeinschaft der Versicherten, so daß insoweit die im Einzelfall betroffenen Sozialversicherungsträger als Verletzte anzusehen sein könnten (s. Rdn. 59), daneben wohl auch, mindestens wegen ihrer Ersatzpflicht, die Einzugsstellen[224c]. In

---

[219] BayObLG NJW **1981** 1053 = JR **1982** 25 mit krit. Anm. *Rudolphi* (zum Strafantrag); LG Aachen MDR **1983** 689 (zur Nebenklage); *Eb. Schmidt* § 171, 18; a. A *Kirstgen* 96.

[219a] Vgl. schriftl. Bericht des BTRAussch. BTDrucks. 10 5058, S. 34 zum 2. WiKG; *Möhrenschlager* wistra **1986** 141 f.

[220] *Eb. Schmidt* § 171, 18; *G. Schäfer* § 32 II 3 a. E; a. A *Strüwer* 135; *Kirstgen* 96.

[220a] Vgl. zur Struktur der Vorschrift *Achenbach* NJW **1986** 1837; *Mörenschlager* wistra **1986** 131 ff; RegEntw. 2. WiKG, BTDrucks. 10 318, S. 19; schriftl. Bericht BTRAussch. BTDrucks. 10 5058, S. 29 f.

[221] OLG Koblenz OLGSt § 172 S. 95; GA **1981** 324.

[222] OLG Braunschweig NdsRpfl. **1965** 17; dagegen *Moller* NJW **1966** 1253; kritisch auch KMR-*Müller* 28.

[223] Zum Schutzbereich mit weit. Nachw. LK-*Tiedemann* Vor § 283, 43 ff; *Lackner*[16] § 283, 1.

[224] OLG Hamm NJW **1972** 1874 (wo bei Verneinung der Verletzteneigenschaft nach § 180 a StGB dieser Tatbestand sachlich geprüft wird).

[224a] Vgl. *Achenbach* NJW **1986** 1839; zum Zweck der Vorschrift auch RegEntw. 2. WiKG, BTDrucks. 10 318, S. 22; teilweise kritisch *Joecks* wistra **1986** 143 ff (geschütztes Rechtsgut allein das Vermögen des einzelnen Anlegers) mit weit. Nachw. in Fußn. 20, 21.

[224b] Vgl. RegEntw. 2. WiKG, BTDrucks. 10 318, S. 25; *Martens* wistra **1986** 155; *Achenbach* NJW **1986** 1839.

[224c] *Martens* wistra **1986** 155.

dem untreueähnlichen Fall des Absatzes 2[224d] ist der betroffene Arbeitnehmer Verletzter. Bei **Mißbrauch von Scheck- und Kreditkarten** (§ 266 b StGB)[224e] wird die Verletzteneigenschaft ähnlich wie bei Untreue zu beurteilen sein; Verletzter ist daher der Aussteller der Scheck- oder Kreditkarte.

o) Urkundenfälschung (§§ 267 bis 282 StGB). Obwohl nach der ganz h. L. Schutz- **92** gegenstand der Urkundenfälschungsdelikte die Sicherheit und Zuverlässigkeit des Rechtsverkehrs ist, wird man als Nebenzweck bei einigen Delikten davon ausgehen müssen, daß auch der einzelne geschützt wird, dessen Beweisposition durch die Tat beeinträchtigt ist[225]. Deshalb ist in den Fällen des **§ 267 StGB** derjenige Verletzter, zu dessen Nachteil die gefälschte Urkunde im Rechtsverkehr gebraucht wird oder bei bloßer Herstellung oder Verfälschung nach dem Tatplan gebraucht werden soll[226]. Zweifelhaft, aber wohl zu bejahen ist, ob auch derjenige verletzt ist, dessen Name oder Ausstellereigenschaft mißbraucht wird[227]. Die gleichen Grundsätze gelten für die Fälschung technischer Aufzeichnungen (**§ 268 StGB**) und wohl auch für die Fälschung beweiserheblicher Daten (**§ 269 StGB**)[227a]. Bei Urkundenunterdrückung (**§ 274 StGB**) wird man als Verletzten denjenigen ansehen können, dem der zum Tatbestand gehörende „Nachteil" zugefügt werden soll.

p) Begünstigung, Strafvereitelung, Hehlerei, Vollrausch (§§ 257 bis 262, 323 a **93** **StGB).** Das für die Anwendung des § 172 bei diesen Tatbeständen gemeinsam Charakteristische ist ihre (untechnisch gesprochen) akzessorische Natur, die es nahelegt, im Grundsatz die Verletztenstellung auf der Grundlage der „Haupttat" zu beurteilen. Das gilt jedenfalls für **Begünstigung** (§ 257 StGB)[228] und **Hehlerei** (§ 259 StGB)[229], bei denen derjenige Verletzter ist, der durch die Vortat verletzt wurde. Bei **Vollrausch** (§ 323 a StGB) dürfte für die Verletzteneigenschaft die Rauschtat maßgebend sein[230]. Selbst wenn man § 323 a StGB als abstraktes Gefährdungsdelikt ansieht[231], macht doch die als objektive Strafbarkeitsbedingung hinzutretende Rauschtat einen rechtlich anerkannten Bezug zu spezifischen Rechtsgütern des einzelnen deutlich.

Da bei der **Strafvereitelung** (§ 258 StGB) ausschließlich die staatliche Rechts- **94** pflege als geschütztes Rechtsgut angesehen wird[232] und damit nur die Allgemeininteressen der Rechtsgemeinschaft betroffen sind, liegt das Genugtuungsinteresse des durch die Vortat Verletzten wohl nicht mehr im Schutzbereich des Tatbestandes. Das Klageerzwingungsverfahren scheidet folglich aus.

[224d] RegEntw. 2. WiKG, BTDrucks. **10** 318, S. 26 f; schriftl. Bericht BTRAussch. BTDrucks. **10** 5058, S. 31; *Achenbach* NJW **1986** 1839; *Martens* wistra **1986** 158.

[224e] Vgl. zum Rechtsgut und zur Struktur der Vorschrift schriftl. Bericht des BTRAussch. BTDrucks. **10** 5058, S. 32 f; *Otto* wistra **1986** 152.

[225] *Schönke/Schröder/Cramer*[22] § 267, 1.

[226] Ebenso *Nothmann* GA **76** (1932) 80 f.

[227] *Schlüchter* 79. 1 Fußn. 225 a.

[227a] Vgl. dazu *Achenbach* NJW **1986** 1837; *Möhrenschlager* wistra **1986** 134; RegEntw. 2. WiKG BTDrucks. **10** 318, S. 31 ff; schriftl. Bericht BTRAussch. BTDrucks. **10** 5058, S. 33.

[228] *Strüwer* 139; a. A (für Begünstigung im Amt

nach § 348 a. F StGB) OLG München NJW **1956** 356 LS; vgl. zum Schutzbereich (auch Restitutionsinteresse) mit weit. Nachw. *Schönke/Schröder/Stree*[22] § 257, 1.

[229] Zum Charakter der Hehlerei als Vermögensdelikt *Schönke/Schröder/Stree*[22] § 259, 1.

[230] Vgl. für die gleichgelagerte Problematik bei § 395 Abs. 2 Nr. 1 ebenso LG Oldenburg MDR **1982** 75; LR-*Wendisch* § 395, 8 mit Fußn. 8; *Kleinknecht/Meyer*[37] § 395, 2.

[231] Vgl. zum umstrittenen Schutzzweck mit weit. Nachw. *Lackner*[16] 1; LK-*Spendel* 69 f; *Schönke/Schröder/Cramer*[22] 1 ff, alle zu § 323 a.

[232] LK-*Ruß* § 258, 1; *Schönke/Schröder/Stree*[22] § 258, 1.

95   **q) Gemeingefährliche Straftaten u. ä. (§§ 306 bis 330 d StGB).** Bei der sehr unterschiedlichen Struktur der Tatbestände lassen sich für die Verletzteneigenschaft allgemeine Regeln wohl nicht aufstellen, zumal die Problematik wenig erörtert ist. Soweit solche Straftaten sich zugleich oder in erster Linie gegen konkrete Individualrechtsgüter richten, sind die insoweit Betroffenen nach den bisher dargelegten Grundsätzen Verletzte, so etwa der Eigentümer oder Nutzungsberechtigte der in Brand gesetzten Gegenstände (§§ 306 bis 309 StGB), das Verkehrsunternehmen in den Fällen der §§ 315, 315 b Abs. 1 Nr. 1 StGB oder das Fernmeldeunternehmen in den Fällen des § 317 StGB, ebenso der Genötigte in den Fällen der §§ 316 a, 316 c StGB. Nach der in diesem Kommentar vertretenen, umstrittenen Auffassung (s. Rdn. 58) ist dagegen derjenige nicht verletzt, dessen Rechtsgüter lediglich durch Gefährdungsdelikte gefährdet werden. Wird eine Allgemeingefahr verlangt (z. B. §§ 313, 314 StGB), so ist nicht schon dadurch jeder verletzt, dessen Rechtsgut nach den konkreten Umständen gefährdet wird.

96   Durch **Straftaten gegen die Umwelt** (§ 324 ff StGB) werden — unbeschadet des Eingreifens anderer Tatbestände — auch diejenigen nicht verletzt, an deren Rechtsgütern ein konkreter Schaden entsteht[233].

97   **r) Amtsdelikte (§§ 331 bis 358 StGB).** Soweit die Amtsdelikte nur eine Qualifikation allgemeiner Tatbestände darstellen (unechte Amtsdelikte) oder dieselbe Schutzrichtung wie solche haben, ist die Verletzteneigenschaft nach den gleichen Grundsätzen wie bei dem allgemein geltenden Delikt zu beurteilen, so etwa in den Fällen der §§ 340, 348, 352, 353 StGB. Bei **Aussageerpressung** (§ 343 StGB) ist der Genötigte verletzt, bei **Verfolgung Unschuldiger** (§§ 344, 345 StGB) derjenige, gegen den sich die rechtswidrige Verfolgungsmaßnahme richtet[233a]. Bei **Verleitung eines Untergebenen** zu einer Straftat (§ 357 StGB) ist dieser nicht verletzt (Rdn. 57), wohl aber der durch die vom Untergebenen begangene Tat Verletzte, da es sich um eine Sonderform der Beteiligung handelt[234]. **Bestechung** und **Vorteilsgewährung** betreffen die generelle Gefährdung des Staatsapparats[235] und haben damit einen ausschließlich gemeinschaftsbezogenen Schutzbereich, so daß es keinen Verletzten im Sinne des § 172 gibt[236]. Wegen Parteiverrat und Rechtsbeugung s. Rdn. 71 ff, wegen der verschiedenen Geheimhaltungsdelikte Rdn. 80.

98   **s) Nebenstrafrecht. Einzelfälle.** Bei Straftaten nach dem **Aktiengesetz** sind die Aktionäre als Verletzte angesehen worden[237]. **Devisenvergehen** sollen nur allgemeine Interessen betreffen und deshalb dem Klageerzwingungsverfahren nicht zugänglich sein[238]. Straftaten gegen das **Lebensmittelgesetz** begründen keine Verletzteneigenschaft bei einem Konkurrenten des Beschuldigten[239]. Bei Verstößen gegen das **Rabattgesetz** sind ein Mitbewerber und ein Verein zur Förderung gewerblicher Interessen als Verletzte angesehen worden[240]. Bei Verstößen gegen das **Rechtsberatungsmißbrauchsgesetz** ist die Anwaltskammer nicht verletzt[241]. Bei **Tierquälerei** ist der Eigentümer des

[233] OLG Köln NJW **1972** 1338 hinsichtlich des geschädigten Grundeigentümers bei einem Verstoß gegen das Wasserhaushaltsgesetz (jetzt § 324 StGB); ähnlich schon OLG Dresden *Alsb.* E 1 392 (bei Verstoß gegen Gewerbeordnung); vgl. aber auch GenStA Hamm NStZ **1984** 219.

[233a] Vgl. OLG München NStZ **1985** 549 (wo dieser Vorwurf sachlich geprüft wird).

[234] *Dreher/Tröndle*[42] § 357, 1.

[235] Vgl. mit weit. Nachw. *Lackner*[16] § 331, 1;

Schönke/Schröder/Cramer[22] § 331, 5, die im einzelnen divergierenden Auffassungen führen hier zum gleichen Ergebnis.

[236] OLG Koblenz OLGSt n. F § 172 Nr. 13.

[237] OLG Kiel HESt **2** 89; *Eb. Schmidt* § 171, 18.

[238] KG JR **1954** 391; zweifelnd KMR-*Müller* 28.

[239] OLG Hamburg DRZ **1933** Nr. 128.

[240] OLG Hamburg NJW **1962** 2216.

[241] OLG Celle JR **1967** 348 mit Anm. *Kohlhaas*; OLG Karlsruhe Justiz **1966** 105.

Tieres als Verletzter behandelt worden[242]. Bei Straftaten nach § 12 UWG kann auch der Dienstherr oder Auftraggeber des Bestochenen Verletzter sein[243].

IV. Beschwerde an den vorgesetzten Beamten der Staatsanwaltschaft (Absatz 1)

1. Allgemeines. Die in Absatz 1 aufgestellten besonderen Voraussetzungen für die **99** Beschwerde an den vorgesetzten Beamten der Staatsanwaltschaft entfalten ihre Bedeutung erst für die Zulässigkeit des Antrags auf gerichtliche Entscheidung nach den Absätzen 2 bis 4, s. näher Rdn. 9 ff. In dieser Funktion als Vorschaltbeschwerde setzt die Beschwerde voraus, daß sie fristgerecht eingelegt wird und daß der Beschwerdeführer den Antrag auf Erhebung der öffentlichen Klage gestellt hat (Rdn. 47) und Verletzter (Rdn. 48 ff) ist.

2. Zuständigkeit und Adressat

a) Vorgesetzter Beamter der Staatsanwaltschaft ist die zunächst vorgesetzte staats- **100** anwaltschaftliche Behörde, nicht etwa der Behördenleiter der Staatsanwaltschaft, deren Dezernent den Einstellungsbescheid erteilt hat. Regelmäßig ist dies der **Generalstaatsanwalt** beim Oberlandesgericht (vgl. § 142 GVG), und zwar auch dann, wenn die Einstellungsverfügung von einem **Amtsanwalt** getroffen worden ist, der organisatorisch, auch im Rahmen einer besonderen Abteilung für Amtsanwaltssachen, zur Behörde der Staatsanwaltschaft beim Landgericht gehört. Nur dort, wo, wie derzeit allein in Berlin[244], die **Amtsanwaltschaft** als selbständige Behörde organisiert ist, ist der vorgesetzte Beamte der Behördenleiter der Staatsanwaltschaft beim Landgericht[245]. In diesen Fällen ist gegen dessen Beschwerdeentscheidung unmittelbar der Antrag an das Oberlandesgericht zulässig. Der Generalstaatsanwalt ist auch zuständig, wenn der Einstellungsbescheid von einer **Zweigstelle** der Staatsanwaltschaft beim Landgericht, etwa am Sitz einer auswärtigen Strafkammer, erlassen worden ist.

b) Die Beschwerde entfällt, wenn der Einstellungsbescheid vom Generalbundesan- **101** walt (§ 142 a Abs. 1 GVG) oder vom Generalstaatsanwalt beim Oberlandesgericht (§ 142 a Abs. 2 GVG) erlassen worden ist, also insbesondere in **Staatsschutz-Strafsachen** nach § 142 a GVG oder wenn der Generalstaatsanwalt im Wege seines Devolutionsrechts (§ 145 GVG) die Ermittlungen an sich gezogen hat. In diesen Fällen kann und muß unmittelbar gegen den Einstellungsbescheid nach § 171 der Antrag auf gerichtliche Entscheidung nach § 172 Abs. 2 gestellt werden[246]. Denn Absatz 1 setzt einen der einstellenden Staatsanwaltschaft übergeordneten staatsanwaltschaftlichen Beamten voraus. Der Generalbundesanwalt ist aber nicht der Landesstaatsanwaltschaft übergeordnet; die Justizminister sind keine staatsanwaltschaftlichen Beamten.

---

[242] OLG Stuttgart Justiz **1976** 306; vgl. auch Rdn. 61 mit Fußn. 142.

[243] BGHSt **31** 207 (zum Strafantragsrecht), derzeit für das Klageerzwingungsverfahren ohne Bedeutung, da Privatklagedelikt.

[244] Vgl. AV über die Errichtung einer Amtsanwaltschaft in Berlin vom 20. 6. 1950 VOBl. Berlin II **1950** 567 in der Fassung der AV vom 5. 5. 1951 ABl. Berlin **1951** 58.

[245] *Eb. Schmidt* 4; *Roxin*[19] § 39 B II 1.

[246] RGSt **55** 62; OLG Karlsruhe NJW **1986** 146; OLG Koblenz OLGSt § 172 S. 135; im Schrifttum heute allg. M; **a. A** früher z. B. OLG Rostock *Alsb.* E 1 367 (1904); *Dietz* 46 mit weit. Nachw.

102   **c) Adressat.** Die Vorschaltbeschwerde muß eine Entscheidung des vorgesetzten Beamten der Staatsanwaltschaft erstreben, kann aber mit fristwahrender Wirkung auch bei der Staatsanwaltschaft eingelegt werden, die das Verfahren eingestellt hat (Absatz 1 Satz 2)[247]. Dies ist in der Praxis üblich und schon deshalb zweckmäßig, weil sich die Akten bei dieser befinden und die Beschwerde ihr Gelegenheit geben kann, ihre Entscheidung zu ändern. Der Charakter als Vorschaltbeschwerde geht auch nicht dadurch verloren, daß der Antragsteller in erster Linie eine Abhilfeentscheidung der sachbearbeitenden Staatsanwaltschaft und nur hilfsweise eine solche der vorgesetzten Behörde[248] oder die Erhebung der öffentlichen Klage erst nach Durchführung weiterer Ermittlungen verlangt[249].

103   Wird mit der Beanstandung der Einstellung erkennbar *nur* eine Überprüfung durch die sachbearbeitende Staatsanwaltschaft erstrebt, so liegt in einer solchen **Gegenvorstellung** noch keine Vorschaltbeschwerde nach Absatz 1, und zwar auch dann nicht, wenn sie innerdienstlich vom Vorgesetzten beschieden wird. In einem solchen Fall wird einerseits die Frist nach Absatz 1 nicht gewahrt, andererseits durch den Bescheid des vorgesetzten Beamten noch nicht die Frist nach Absatz 2 in Lauf gesetzt. Es ist aber **nicht** erforderlich, daß **ausdrücklich** eine Entscheidung des vorgesetzten Beamten verlangt wird[250], vielmehr genügt es, wenn sich dies aus dem Gesamtzusammenhang des Vorbringens ergibt. In Zweifelsfällen wird dies bei jedem gegen einen Einstellungsbescheid gerichteten Vorbringen des Antragsberechtigten anzunehmen sein.

104   **3.** Für **Form und Inhalt** der Beschwerde nach Absatz 1 enthält das Gesetz keine Vorschriften. Der Antrag kann ohne Mitwirkung eines Rechtsanwalts gestellt werden. **Schriftform** ist üblich und zweckmäßig, jedoch nicht zwingend erforderlich. Dabei ist das Fehlen der Unterschrift unschädlich, wenn Person und Erklärungswille nicht zweifelhaft sind. Telegrafische oder fernschriftliche Einlegung reicht aus[251]. Die Beschwerde kann auch bei der Staatsanwaltschaft **mündlich** oder fernmündlich angebracht werden; sie ist dann zu beurkunden. Ein Rechtsanspruch auf Entgegennahme und Beurkundung einer mündlich angebrachten Beschwerde besteht aber wohl nicht (vgl. auch § 33, 33). **Vertretung** im Willen und in der Erklärung ist zulässig. Der Nachweis der Vertretungsbefugnis kann auch noch nach Fristablauf erbracht werden, doch muß sie innerhalb der Beschwerdefrist bestanden haben. Prozeßfähigkeit des Beschwerdeführers ist für die Beschwerde nach Absatz 1 noch nicht erforderlich (vgl. Rdn. 42 und § 171, 8).

105   Die Beschwerde muß mindestens das Verfahren und die Einstellung bezeichnen, gegen die sie sich richtet, und erkennen lassen, daß eine Entscheidung des vorgesetzten Beamten der Staatsanwaltschaft erstrebt wird (Rdn. 103). Eine **Begründung** ist, anders als beim Antrag auf gerichtliche Entscheidung nach Absatz 2, 3, **nicht erforderlich**[252], wenn es auch gewiß zweckmäßig ist, daß der Beschwerde Darlegungen beigegeben werden, aus denen sich ergibt, warum nach Auffassung des Beschwerdeführers genügender Anlaß zur Klageerhebung besteht.

---

[247] Die Frage war vor der Gesetzesänderung durch das 3. StRÄndG streitig, wurde aber überwiegend verneint, vgl. mit weit. Nachw. LR-*Kohlhaas*[20] 3 b; *Dietz* 47.

[248] KMR-*Müller* 6; LR-*Meyer-Goßner*[23] 13.

[249] KMR-*Müller* 10; vgl. auch OLG Braunschweig NdsRpfl. **1953** 94.

[250] So LR-*Meyer-Goßner*[23] 13; wie hier KMR-*Müller* 7; wohl auch KK-*R. Müller* 7.

[251] Wegen der Einzelheiten s. § 341, 14 ff; Vor § 42, 26 ff.

[252] LR-*Meyer-Goßner*[23] 12; a. A *Eb. Schmidt* 6.

4. Frist

a) Allgemeines. Bedeutung. Die Beschwerde muß binnen zwei Wochen nach Be- **106** kanntmachung des Einstellungsbescheids an den Antragsteller eingelegt werden (Absatz 1 Satz 1). Für die Fristberechnung gilt § 43. Die Frist wird gewahrt durch Eingang bei der Staatsanwaltschaft, die den Einstellungsbescheid erlassen hat (Absatz 1 Satz 2) oder beim vorgesetzten Beamten (Rdn. 100), nicht aber durch Eingang bei einer anderen Stelle (vgl. auch Vor § 42, 15 ff). Für die Pflicht zur sachlichen Prüfung der Einstellungsentscheidung durch den vorgesetzten Beamten ist die Einhaltung der Frist ohne Bedeutung (Rdn. 10); hierauf kommt es erst bei der Frage der Zulässigkeit des Antrags auf gerichtliche Entscheidung an (Rdn. 125). Ob und von wem gegen die Versäumung der Frist **Wiedereinsetzung in den vorigen Stand** bewilligt werden kann, ist umstritten; die Frage wird in Rdn. 131 ff behandelt.

b) Die **Frist läuft nicht**, wenn dem Antragsteller überhaupt kein Einstellungsbe- **107** scheid erteilt worden ist, mag er auch auf andere Weise von der Einstellung Kenntnis erlangt haben. Sie läuft ferner kraft ausdrücklicher gesetzlicher Regelung (Absatz 1 Satz 3) nicht, wenn die nach § 171 Satz 2 vorgeschriebene Belehrung unterblieben oder in wesentlichen Punkten unrichtig (§ 171, 17) ist. Darauf, ob der Antragsteller auch ohne Belehrung die Möglichkeit des Klageerzwingungsverfahrens und die vorgeschriebene Frist gekannt hat, kommt es nicht an.

c) Fristbeginn. Die förmliche Zustellung des Einstellungsbescheides ist, wenn dem **108** Antragsteller die Beschwerde nach Absatz 1 offensteht, zwar in der Praxis üblich[253], jedoch vom Gesetz nicht vorgeschrieben[254]. Sie dient nur dem sicheren Nachweis des Zugangs der Einstellungsmitteilung. § 187 Satz 2 ZPO ist deshalb auch dann nicht anwendbar, wenn für die Mitteilung **Zustellung** gewählt worden war. Bloße Zustellungsmängel hindern den Fristbeginn nicht, wenn der Nachweis geführt werden kann, daß die Mitteilung den Antragsteller erreicht hat[255]. Im übrigen gelten bei förmlicher Zustellung für den Fristbeginn die Vorschriften der ZPO über die Ersatzzustellung (§§ 181 ff ZPO), insbesondere durch Niederlegung oder durch Übergabe an einen Vertreter, nicht etwa beginnt die Frist erst mit der späteren tatsächlichen Kenntniserlangung[256].

Wird durch **formlose Mitteilung** bekanntgemacht, etwa durch einfachen oder ein- **109** geschriebenen Brief, auch gegen Empfangsbekenntnis oder Rückschein, so richtet sich der Fristbeginn nach § 130 BGB[257]. Es kommt also darauf an, ob die Sendung in den Machtbereich des Empfängers gelangt ist und damit die Möglichkeit der tatsächlichen Kenntniserlangung besteht[258]. Nicht entscheidend ist, ob der Empfänger tatsächlich Kenntnis genommen hat[259]; ggf. ist, wenn er hierzu ohne Verschulden nicht in der Lage war, Wiedereinsetzung zu gewähren. Ist ein **Zustellungsbevollmächtigter** vorhanden, so beginnt die Frist auch mit der Mitteilung oder Zustellung an ihn (vgl. auch § 171, 8 a. E.).

---

[253] Vgl. § 171, 13; Nr. 91 Abs. 2 RiStBV.

[254] OLG Düsseldorf MDR **1960** 603; OLG Hamburg JR **1955** 193 mit Anm. *Kohlhaas*; OLG Hamm JMBlNW **1954** 206; JR **1963** 271; KK-*R. Müller* § 171, 11; *Kleinknecht/ Meyer*[37] § 171, 5; vgl. auch OLG Bremen GA **1958** 308.

[255] LR-*Meyer-Goßner*[23] 17; *Ostler* 59 f; vgl. auch OLG Düsseldorf MDR **1960** 603.

[256] OLG Hamm JR **1963** 271 = JMBlNW **1963**

109; KK-*R. Müller* 8; LR-*Meyer-Goßner*[23] 18; *Kohlhaas* JR **1955** 193; **a. A** OLG Hamburg JR **1955** 193 (mit heute überholtem Hinweis auf fehlende Wiedereinsetzungsmöglichkeit); offengelassen von OLG Bremen GA **1958** 308.

[257] OLG Düsseldorf MDR **1960** 603; vgl. auch OLG Karlsruhe NJW **1986** 146.

[258] KK-*R. Müller* 8; *Kleinknecht/Meyer*[37] 15.

[259] So aber LR-*Meyer-Goßner*[23] 17.

5. Abhilfe. Entscheidung auf die Beschwerde

110   **a) Allgemeines. Überblick.** Die Einstellungsentscheidung ist auf die Beschwerde hin unter Würdigung ihres Vorbringens stets sachlich zu prüfen; wegen des Doppelcharakters der Beschwerde auch dann, wenn sie als Vorschaltbeschwerde etwa wegen Verspätung oder fehlender Verletzteneigenschaft des Beschwerdeführers unzulässig sein sollte. Zu dieser Sachprüfung ist zunächst der Behördenleiter der sachbearbeitenden Staatsanwaltschaft berufen, und zwar auch dann, wenn die Beschwerde unmittelbar beim vorgesetzten Beamten eingelegt worden war, hier im Zusammenhang mit der Übersendung der Akten an den vorgesetzten Beamten (vgl. Nr. 105 RiStBV). Hilft die sachbearbeitende Staatsanwaltschaft der Beschwerde ab, so wird eine Entscheidung des vorgesetzten Beamten entbehrlich, andernfalls hat dieser die Möglichkeit der Abhilfe. Der Beschwerde wird abgeholfen, wenn die öffentliche Klage erhoben wird, nach umstrittener Auffassung aber auch dadurch, daß die Ermittlungen wieder aufgenommen werden, der Einstellungsbescheid nach § 171 also nicht aufrechterhalten wird (Rdn. 113 f). Die Verwerfung der Beschwerde steht nur dem vorgesetzten Beamten, in der Regel also dem Generalstaatsanwalt, zu. Dieser braucht selbstverständlich (§ 144 GVG) nicht persönlich zu entscheiden; gemeint ist mit der Wendung vom vorgesetzten Beamten stets nur die vorgesetzte Behörde.

111   **b) Abhilfe durch Klageerhebung.** Wird aufgrund der Beschwerde die öffentliche Klage erhoben, so hat der Beschwerdeführer sein Ziel erreicht. Es kommt nicht darauf an, ob dies durch Anklage, im beschleunigten Verfahren oder durch Strafbefehlsantrag geschieht und ob es durch die sachbearbeitende Staatsanwaltschaft aus eigenen Stücken oder auf Weisung des vorgesetzten Beamten oder durch diesen selbst in Ausübung des Devolutionsrechts (§ 145 Abs. 1 GVG) geschieht. Die Beschwerde hat sich dadurch endgültig erledigt. Sie lebt auch nicht wieder auf, wenn die Staatsanwaltschaft die erhobene Klage zurücknimmt und das Verfahren wieder einstellt; hier ist erneut nach § 171 zu verfahren und gegen den erneuten Einstellungsbescheid eine neue Beschwerde zulässig. Der **Beschwerdeführer wird** von der Klageerhebung formlos **benachrichtigt**[260]; es bedarf keines ausdrücklichen Ausspruchs, daß der Beschwerde stattgegeben werde. Bevor die öffentliche Klage erhoben wird, ist erforderlichenfalls nach § 169 a zu verfahren (vgl. § 169 a, 2).

112   Eine Abhilfe durch Klageerhebung liegt auch dann vor, wenn vor dieser dem Beschwerdevorbringen in tatsächlicher Hinsicht durch **einzelne Ermittlungen** nachgegangen wird, sei es durch die sachbearbeitende Staatsanwaltschaft selbst, sei es durch den vorgesetzten Beamten[261]. Eine Abhilfe durch Wiederaufnahme der Ermittlungen liegt erst vor, wenn dem Beschwerdeführer mitgeteilt wird, daß die Ermittlungen wiederaufgenommen würden.

113   **c) Abhilfe durch Wiederaufnahme der Ermittlungen.** Nach heute h. M.[262] wird der Beschwerde auch dadurch abgeholfen, daß die Staatsanwaltschaft von sich aus oder aufgrund einer Weisung der vorgeordneten Staatsanwaltschaft die Ermittlungen wieder aufnimmt und dies dem Beschwerdeführer mitgeteilt wird. Denn damit wird der Ein-

---

[260] Vgl. auch Nr. 105 Abs. 4 RiStBV.
[261] KMR-*Müller* 15.
[262] OLG Hamm JMBlNW **1963** 45; im Ergebnis auch JZ **1958** 622; ausführlich *Kleinknecht* JZ **1952** 489; *Schneidewin* JZ **1958** 623; ferner KK-*R. Müller* 12; *Kleinknecht/Meyer*[37] 13;

KMR-*Müller* 16; LR-*Meyer-Goßner*[23] 29 f, 33; *Gössel* § 9 D II b 5; *G. Schäfer* § 32 III; *Schlüchter* 79. 1; 79. 2; *Schmidt* SchlHA **1959** 139; *Schulz* JR **1953** 215; *Solbach* DRiZ **1977** 181; differenzierend OLG Braunschweig NdsRpfl. **1953** 94.

stellungsbescheid, gegen den sich die Beschwerde richtet, gegenstandslos, und ein ablehnender Bescheid des vorgesetzten Beamten, der Voraussetzung für den gerichtlichen Klageerzwingungsantrag wäre, ist nicht vorhanden. Einer Begründung bedarf die Mitteilung an den Beschwerdeführer nicht. Zweckmäßig und üblich ist der Hinweis, daß im Falle der erneuten Einstellung ein weiterer Bescheid erteilt werde[263]. Die Beschwerde ist durch die Wiederaufnahme der Ermittlungen endgültig erledigt; stellt die Staatsanwaltschaft das Verfahren erneut ein, so ist dem Antragsteller ein erneuter Bescheid nach § 171 zu erteilen, gegen den erneut das Klageerzwingungsverfahren möglich ist[264].

Nach der von *Niese*[265] ausführlich begründeten **Gegenmeinung** erledigt die bloße **114** Wiederaufnahme der Ermittlungen die Beschwerde nicht. Sie bleibt hiernach anhängig, bis ihr, nach Abschluß der weiteren Ermittlungen, entweder durch Erhebung der öffentlichen Klage stattgegeben oder sie ausdrücklich zurückgewiesen wird. Die Mitteilung über die Wiederaufnahme der Ermittlungen stellt nur einen Zwischenbescheid dar[266]. Nach dieser Auffassung kommt es folglich für die Frage, ob die Frist für die Vorschaltbeschwerde gewahrt ist, allein auf die Beschwerde gegen den ersten Einstellungsbescheid an[267]. Diese Meinung kann zwar zutreffend darauf verweisen, daß die Frage, ob die Klage zu erheben ist, Verfahrensgegenstand zumindest des gerichtlichen Klageerzwingungsverfahrens ist (Rdn. 8) und daß über dieses Begehren des Antragstellers durch die bloße Wiederaufnahme der Ermittlungen noch nicht positiv entschieden ist. Ihr ist aber entgegenzuhalten, daß die Existenz einer endgültigen Einstellungsentscheidung eine weitere formale Voraussetzung des Klageerzwingungsverfahrens darstellt und daß diese durch die Wiederaufnahme der Ermittlungen beseitigt worden ist. Die herrschende Meinung vom Abhilfecharakter der Ermittlungswiederaufnahme ist dogmatisch mindestens ebensogut begründbar. Sie erscheint auch praxisgerechter, wenn man anerkennt, daß die erneute Einstellung, möglicherweise auf der Grundlage eines gänzlich neuen Ermittlungsergebnisses, ihrerseits das Klageerzwingungsverfahren voll neu eröffnet[268].

d) Entscheidung des vorgesetzten Beamten. Wird der Beschwerde nicht, durch **115** Klageerhebung oder Wiederaufnahme der Ermittlungen, abgeholfen, so ist sie, wegen des Doppelcharakters (Rdn. 9) stets nach Sachprüfung, vom vorgesetzten Beamten als **unbegründet zurückzuweisen**. Damit wird dem antragstellenden Verletzten der Weg zum Oberlandesgericht eröffnet, es sei denn, daß in der Beschwerdeentscheidung nunmehr die Einstellung nicht mehr auf das Fehlen des hinreichenden Tatverdachts, sondern auf eine Ausnahme von der Anklagepflicht gestützt wird (vgl. Rdn. 121). Eine ausdrückliche Verwerfung als unzulässig ist auch dann nicht angebracht, wenn die Beschwerde für unzulässig gehalten wird, etwa wegen Fristversäumnis, oder weil der Beschwerdeführer nicht Verletzter ist; denn damit würde nicht deutlich, daß eine Sachprü-

---

[263] Vgl. *Burchardi/Klempahn* 440; Nr. 105 Abs. 4 RiStBV.

[264] *Schneidewin* JZ **1958** 623; s. auch Rdn. 37 und zur Frage, welche Frist eingehalten werden muß, Rdn. 128.

[265] JZ **1952** 647; ihm folgend LR-*Kohlhaas*[22] 3; *Eb. Schmidt* 9 ff; *Hardwig* GA **1959** 237; *Rehwagen* 33 f; im Schrifttum heute wohl nur noch *Roxin*[19] § 39 B II 2; in der Rechtsprechung OLG Celle JZ **1952** 488; OLG Olden-

burg NJW **1954** 166; wohl auch OLG Düsseldorf JMBlNW **1963** 194.

[266] OLG Celle JZ **1952** 488.

[267] Vgl. insbesondere *Eb. Schmidt* 11 und *Niese* JZ **1952** 649, nach denen ein erneuter Einstellungsbescheid prozessual nicht sachgerecht und eine erneute Vorschaltbeschwerde gegen ihn zwar möglich, aber nicht erforderlich sei. Vgl. auch Rdn. 128.

[268] Vgl. ausführlich *Schneidewin* JZ **1958** 623.

Peter Rieß

fung stattgefunden hat. In diesem Fall ist jedoch im Beschwerdebescheid auf die Unzulässigkeit der Beschwerde als „Vorschaltbeschwerde" hinzuweisen[269].

116　　Die Zurückweisung bedarf der **Begründung**[270], in der darzulegen ist, warum die Einstellung bestehen bleibt. Das ergibt sich, wenn man nicht § 34 analog anwenden will, mindestens daraus, daß der Beschwerdeführer beurteilen können muß, ob ein Antrag nach Absatz 2 Erfolg verspricht. Enthält die Beschwerde keine neuen Gesichtspunkte, so genügt eine Verweisung auf den angefochtenen Einstellungsbescheid.

117　　**6. Mitteilung und Belehrung.** Sowohl die Abhilfeentscheidung als die Zurückweisung der Beschwerde sind dem Beschwerdeführer mitzuteilen; im ersteren Fall genügt stets die formlose Mitteilung. Bei der Zurückweisung der Beschwerde ist zwar wegen des Fristbeginns durch den Zugang der Mitteilung (Absatz 2 Satz 1) Zustellung empfehlenswert und praktisch üblich (vgl. Nr. 105 Abs. 5 in Vbdg. mit Nr. 91 Abs. 2 RiStBV), aber nicht zwingend vorgeschrieben[271].

118　　Der ablehnende Bescheid ist nach Absatz 2 Satz 2 mit einer **Belehrung** des verletzten Antragstellers zu verbinden. Dies gilt auch dann, wenn bereits der Einstellungsbescheid nach § 171 Satz 2 überflüssigerweise (§ 171, 16) eine solche Belehrung enthielt[272]. Die Belehrung ist auch notwendig, wenn die Vorschaltbeschwerde für verspätet oder aus sonstigen Gründen für formell nicht in Ordnung angesehen wird[273], und — entgegen der h. M. — auch, wenn die Verletzteneigenschaft verneint wird, dies aber zweifelhaft ist[274]. Denn in diesen Fällen hat das Oberlandesgericht die Zulässigkeit der Beschwerde als Voraussetzung für seine eigene Sachentscheidung zu prüfen und ist an die der Beschwerdeentscheidung zugrundeliegenden Auffassung nicht gebunden. Der Beschwerdeführer kann daher seine die Unzulässigkeit der Beschwerde bestreitende Auffassung mit dem fristgebundenen Antrag an das Oberlandesgericht geltend machen. Das Gesetz schreibt nicht vor, in solchen Fällen die Rechtslage in der Belehrung deutlich zu machen, etwa indem auf die Zweifel an der Verletzteneigenschaft hingewiesen wird[275], doch ist dies zulässig.

119　　**Keine Belehrung** ist erforderlich, wenn der Antrag auf gerichtliche Entscheidung nach Absatz 2 Satz 3 ausgeschlossen ist[276]. Ist er nur teilweise möglich, so kann die Belehrung hierauf beschränkt werden. Eine **unzutreffende Belehrung** macht den Antrag auf gerichtliche Entscheidung nicht zulässig; eine **unterlassene** oder mangelhafte hat nur zur Folge, daß die Frist nach Absatz 2 Satz 1 nicht in Lauf gesetzt wird (Absatz 2 Satz 2, zweiter Halbsatz).

120　　Ihrem **Inhalt** nach muß die Belehrung umfassen: das Recht, gerichtliche Entschei-

---

[269] LR-*Meyer-Goßner*[23] 31; a. A (wohl nur terminologisch) KK-*R. Müller* 13; *Kleinknecht/Meyer*[37] 14, die Verwerfung als unzulässig und zugleich eine Sachentscheidung über die Dienstaufsichtsbeschwerde für angebracht halten.

[270] **A. A** früher *Ostler* 50; *Schwarze* GerS **31** (1879) 299.

[271] OLG Düsseldorf MDR **1960** 603; KK-*R. Müller* 14; vgl. auch Rdn. 108 f; a. A *Eb. Schmidt* Nachtr. I 6; ob OLG Bremen GA **1958** 306 die Auffassung vertritt, daß Zustellung zwingend erforderlich sei, erscheint zweifelhaft.

[272] *Kohlhaas* GA **1954** 134; *Kleinknecht/Meyer*[37] 19.

[273] OLG Oldenburg NJW **1967** 1814; *Kleinknecht/Meyer*[37] 20; LR-*Meyer-Goßner*[23] 36; a. A KMR-*Müller* 19; KG JR **1982** 210; wohl auch OLG Nürnberg MDR **1964** 524.

[274] Insoweit a. A LR-*Meyer-Goßner*[23] 35; wohl auch KK-*R. Müller* 16 (die die Auffassung der Staatsanwaltschaft für maßgebend halten); KMR-*Müller* 19 (der Belehrung stets unterlassen will); wie hier *Solbach* DRiZ **1977** 182; wohl auch *Kleinknecht/Meyer*[37] 20.

[275] So aber *Glang* MDR **1954** 587.

[276] KK-*R. Müller* 16; *Kleinknecht/Meyer*[37] 20; *Glang* MDR **1954** 586.

dung zu beantragen (Absatz 2), die Antragsfrist (Absatz 2 Satz 1), den Adressaten des Antrags (Absatz 3 Satz 3) und das Erfordernis der Unterzeichnung durch einen Rechtsanwalt (Absatz 3 Satz 2). Nicht belehrt zu werden braucht über die Notwendigkeit, die antragsbegründenden Tatsachen und Beweismittel anzugeben, weil das nicht zur Form, sondern zum Inhalt des Antrags gehört[277], und über die Möglichkeit der Gewährung von Prozeßkostenhilfe[278].

V. Antrag auf gerichtliche Entscheidung (Absätze 2 bis 4)

1. Voraussetzungen

a) Allgemeines. Hinweise. Der Antrag auf gerichtliche Entscheidung ist nur zulässig, wenn die Staatsanwaltschaft das Verfahren endgültig eingestellt hatte (Rdn. 12) und die Ermittlungen nicht zwischenzeitlich wiederaufgenommen hat (Rdn. 113 f), der Antragsteller bereits den Antrag auf Erhebung der öffentlichen Klage nach § 171 gestellt hatte (Rdn. 47) und Verletzter (Rdn. 48 ff) ist. Der Antragsteller muß prozeßfähig oder durch seinen gesetzlichen Vertreter vertreten sein (Rdn. 46). Der Antrag ist **unzulässig**, soweit das Klageerzwingungsverfahren ausgeschlossen ist, weil die Einstellung auf einer Anwendung von das Legalitätsprinzip begrenzenden Ausnahmen beruht (näher Rdn. 21 ff). Dies gilt auch dann, wenn ursprünglich die Einstellung auf das Fehlen eines hinreichenden Tatverdachts gestützt war, auf die Vorschaltbeschwerde hin aber die sachbearbeitende Staatsanwaltschaft oder der vorgesetzte Beamte die Einstellung nachträglich auf eine dieser Grundlagen umgestellt hat[278a]. Unerheblich ist für die Zulässigkeit des Antrags auf gerichtliche Entscheidung, ob die Einstellung auf tatsächlichen oder rechtlichen Gründen beruht und ob aus materiell-rechtlichen Gründen die Strafbarkeit oder aus prozessualen Gründen lediglich die Verfolgbarkeit (vgl. Rdn. 16 ff) verneint worden ist. Zur Wiederholung des Antrags s. Rdn. 39 f. **121**

b) Erfolglose Vorschaltbeschwerde. Im Normalfall ist ferner Zulässigkeitsvoraussetzung für den Antrag an das Gericht, daß auf eine zulässige Vorschaltbeschwerde nach Absatz 1 hin der vorgesetzte Beamte der Staatsanwaltschaft einen diese zurückweisenden Bescheid erteilt hat. Dabei kommt es aber nicht darauf an, ob diese aus Sachgründen oder aus formellen Gründen geschehen ist, und im zweiten Fall auch nicht darauf, ob sich der vorgesetzte Beamte (unzulässigerweise, vgl. Rdn. 115) auf die formelle Zurückweisung beschränkt hat[279]. **122**

Die Notwendigkeit der **Vorschaltbeschwerde entfällt**, wenn der Einstellungsbescheid vom Generalbundesanwalt oder einem Generalstaatsanwalt beim Oberlandesgericht erlassen worden ist (Rdn. 101). Auf ihr Fehlen kommt es auch dann nicht an, wenn der Antragsteller eine neue selbständige Tat zum Gegenstand seiner Vorschaltbeschwerde macht und der Generalstaatsanwalt sie in seinen die Klageerhebung ablehnenden Bescheid mit einbezieht, denn darin ist eine Einstellung durch den Generalstaatsanwalt in Ausübung seines Devolutionsrechts zu sehen[280]. Nicht entbehrlich ist die Vor- **123**

---

[277] OLG Neustadt NJW **1960** 2304 LS; KK-*R. Müller* 15; *Eb. Schmidt* Nachtr. I 7.

[278] KMR-*Müller* 19; *Solbach* DRiZ **1977** 181; **a. A** *Glang* MDR **1954** 587.

[278a] Zur umstrittenen (in diesem Kommentar verneinten) Anwendbarkeit der §§ 153 ff im gerichtlichen Klageerzwingungsverfahren s. § 174, 8 ff.

[279] OLG Oldenburg NJW **1967** 1814; LR-

Meyer-Goßner[23] 38; **a. A** früher z. B. OLG Jena, mitgeteilt bei *Dalcke* GA **41** (1893) 94 f mit krit. Bemerkungen; dagegen auch schon *Delius* GA **43** (1895) 184.

[280] Vgl. auch OLG Nürnberg MDR **1964** 524 (verspätete Vorschaltbeschwerde unschädlich, wenn Generalstaatsanwalt in ihr enthaltene neue Tatsachen und Beweismittel in seinem ablehnenden Bescheid sachlich würdigt).

schaltbeschwerde aber dann, wenn der Generalstaatsanwalt eine bereits vom ersten Einstellungsbescheid erfaßte Tat, gegen die keine Beschwerde eingelegt worden war, in seinen Ablehnungsbescheid mit einbezieht; hier bleibt das gerichtliche Klageerzwingungsverfahren unzulässig[281].

124   **2. Adressat.** Der Antrag ist an das zuständige Gericht (Absatz 4, näher Rdn. 173 f) zu richten. Die Einreichung bei der Staatsanwaltschaft oder dem Generalstaatsanwalt hat keine fristwahrende Wirkung; auch nicht die bei den auswärtigen *Zivil*senaten eines Oberlandesgerichts[281a]. Wegen der Verpflichtung zur alsbaldigen Weiterleitung s. § 44, 43 f.

3. Fristen

125   **a) Beschwerde gegen den ablehnenden Bescheid der Staatsanwaltschaft (Absatz 2 Satz 1).** Der Antrag muß in der gesetzlich vorgeschriebenen Form (Rdn. 138 ff) innerhalb eines Monats nach Bekanntgabe der Zurückweisung der Vorschaltbeschwerde oder, soweit eine solche nicht erforderlich ist (Rdn. 123), nach Bekanntgabe des Einstellungsbescheids nach § 171 gestellt werden. Die Fristberechnung richtet sich nach § 43; wegen des Fristbeginns gelten die Erläuterungen in Rdn. 108 f entsprechend. Wegen der Frist, wenn Prozeßkostenhilfe beantragt wird, s. Rdn. 169 ff. Die **Frist läuft nicht**, solange der Bescheid auf die Vorschaltbeschwerde nicht bekanntgemacht worden ist, oder wenn dieser keine oder eine unvollständige (vgl. Rdn. 120) Belehrung über das Antragsrecht enthält (Absatz 2 Satz 2, zweiter Halbsatz).

126   Innerhalb der Frist müssen die **inhaltlichen Mindestanforderungen** an den Antrag nach Absatz 3 Satz 1 (Rdn. 143 ff) erfüllt werden; die Nachbesserung einer unvollständigen Begründung nach Fristablauf macht den Antrag nicht zulässig[282]. Lediglich ergänzende Ausführungen können dagegen auch später vorgebracht werden. Ob bei einem fristgerecht gestellten Antrag neue Tatsachen oder Beweismittel vorgebracht werden können, ist umstritten[283], aber zu bejahen. Das Gericht hat seiner Entscheidung generell auch neue Tatsachen oder Beweismittel zugrundezulegen, und es kann nicht entscheidend darauf ankommen, von wem sie ihm nahegebracht werden, zumal eine dem § 352 Abs. 1 letzter Satzteil entsprechende Regelung fehlt. Die Gegenmeinung würde nur dazu führen, daß der Antragsteller mit den dann nicht von der Sperrwirkung des § 174 Abs. 2 erfaßten Noven ein neues Klageerzwingungsverfahren betreiben könnte.

127   **b) Vorschaltbeschwerde (Absatz 1 Satz 1).** Zulässigkeitsvoraussetzung für den Antrag auf gerichtliche Entscheidung ist auch die Einhaltung der zweiwöchigen Frist für die Vorschaltbeschwerde gemäß Absatz 1 Satz 1 (vgl. näher Rdn. 106 ff), soweit nicht ausnahmsweise die Vorschaltbeschwerde entbehrlich ist (Rdn. 123). Der Antrag auf gerichtliche Entscheidung ist deshalb als unzulässig zu verwerfen, wenn diese Frist versäumt wurde[284]. Ob sie gewahrt wurde, entscheidet das Oberlandesgericht selbständig,

---

[281] OLG Neustadt GA **1961** 125.
[281a] OLG Karlsruhe Justiz **1980** 207.
[282] OLG Köln JMBlNW **1962** 260; OLG München NStZ **1984** 282; KK-*R. Müller* 31; KMR-*Müller* 54.
[283] Bejahend KG JR **1957** 151; verneinend OLG Hamm NJW **1963** 2284; LR-*Meyer-Goßner*[23] 78; wohl auch KK-*R. Müller* 31.
[284] OLG Bremen NJW **1947/48** 394; OLG Hamm JMBlNW **1963** 45; **1976** 286; JZ **1958**

622; KG JR **1982** 210; OLG Köln VRS **43** 193; OLG Oldenburg JW **1935** 3652 mit Anm. *Siegert*; OLG Stuttgart NJW **1977** 62; KK-*R. Müller* 31; *Kleinknecht/Meyer*[37] 34; KMR-*Müller* 36; *Fuhrmann* JR **1972** 166; *Kleinknecht* MDR **1972** 69; a. A wohl LR-*Wendisch* § 44, 13 a. E, in der dort erwähnten Entscheidung OLG München NJW **1977** 2367 hat dieses nicht den Klageerzwingungsantrag als unbegründet verworfen,

ohne an die Auffassung des vorgesetzten Beamten der Staatsanwaltschaft gebunden zu sein[285].

War einer ersten Vorschaltbeschwerde dadurch abgeholfen worden, daß die **Er- 128 mittlungen wiederaufgenommen** wurden (Rdn. 113), und ist danach das Verfahren erneut eingestellt worden, so kommt es auf die Einhaltung der **Frist gegen die letzte Einstellungsentscheidung** an[286]. Denn nach der in diesem Kommentar vertretenen, heute wohl h. M. erledigt die Wiederaufnahme der Ermittlungen die Beschwerde endgültig. Nach der **Gegenmeinung**, die der Wiederaufnahme der Ermittlungen keinen Abhilfecharakter zubilligt, sondern die Beschwerde als weiterhin anhängig betrachtet (Rdn. 114), ist die Einhaltung der Frist gegen den ersten Einstellungsbescheid maßgebend[287]. In der Rechtsprechung wird ferner die Auffassung vertreten, daß das gerichtliche Klageerzwingungsverfahren nur zulässig sei, wenn die Beschwerdefrist gegenüber **jedem Einstellungsbescheid** gewahrt sei[288], oder daß es **differenzierend** darauf ankomme, ob der Beschwerdeführer mit seiner ersten Beschwerde nur die Wiederaufnahme der Ermittlungen erstrebt habe, dann sei der zweite Bescheid maßgebend, oder ob er bereits die Erhebung der öffentlichen Klage zum Ziel gehabt habe, dann komme es auf den ersten Bescheid an[289]. Dem ist aus den in der 23. Aufl., Rdn. 85 ausführlich dargelegten Gründen nicht zu folgen[290]. Die Einhaltung der Beschwerdefrist nach Absatz 1 Satz 1 gegen die letzte Einstellung reicht auch dann aus, wenn der Beschwerdeführer gegen die erste Einstellung überhaupt keine Beschwerde erhoben und die Staatsanwaltschaft die Ermittlungen von Amts wegen wieder aufgenommen hatte (vgl. Rdn. 38).

c) Wiedereinsetzung bei Versäumung der Frist für den Antrag auf gerichtliche 129 Entscheidung. Gegen die Versäumung der Frist für den Antrag an das Gericht nach Absatz 2 Satz 1 ist Wiedereinsetzung in den vorigen Stand nach Maßgabe der §§ 44 ff zulässig, und zwar auch dann, wenn der Antrag zwar rechtzeitig angebracht ist, aber nicht den Voraussetzungen des Absatzes 3 entspricht[291]. Gegen die die Wiedereinsetzung ablehnende Entscheidung ist wegen § 304 Abs. 4 Satz 2 kein Rechtsmittel gegeben. Zur Wiedereinsetzung bei einem Antrag auf Prozeßkostenhilfe s. Rdn. 169 ff.

Verschulden seines Rechtsanwalts ist dem Antragsteller nach verbreiteter Meinung **130** auch dann zuzurechnen, wenn ihn kein eigenes Verschulden an der Fristversäumung trifft[292]. Dem kann jedenfalls für das Klageerzwingungsverfahren, in dem Anwaltszwang besteht und die Ausweichmöglichkeit der Antragstellung zu Protokoll des Ur-

---

sondern das Wiedereinsetzungsgesuch an die von ihm für zuständig gehaltene Staatsanwaltschaft zurückgegeben; vgl. auch OLG Celle NJW **1954** 974 zur ähnlich gelagerten Problematik bei § 15 RHG.

[285] A. A *Gössel* § 9 D II b 4, nach dem der sachliche Bescheid über eine verspätete Vorschaltbeschwerde den Weg zum Gericht „wiedereröffnet".

[286] KK-*R. Müller* 9; *Kleinknecht/Meyer*[37] 16; KMR-*Müller* 16; LR-*Meyer-Goßner*[23] 85; *Kleinknecht* JZ **1952** 489; *Kirstgen* 145 ff; *Schmidt* SchlHA **1959** 138; *Schneidewin* JZ **1958** 623; *Schulz* JR **1953** 215; *Solbach* DRiZ **1977** 181; vgl. auch OLG Hamm NJW **1957** 1730.

[287] OLG Celle JZ **1952** 488 mit Anm. *Klein-*

knecht; OLG Düsseldorf JMBlNW **1963** 194; OLG Oldenburg NJW **1954** 166; *Eb. Schmidt* 11; *Niese* JZ **1952** 648; *Hardwig* GA **1959** 237; *Schorn* NJW **1965** 1518.

[288] OLG Düsseldorf JMBlNW **1983** 48; OLG Hamm JMBlNW **1963** 45 (3. StS); **1976** 286 (2. StS); OLG Schleswig SchlHA **1954** 386.

[289] OLG Braunschweig NdsRpfl. **1953** 94; OLG Hamm (1. StS) NJW **1957** 1729 = JZ **1958** 622 mit Anm. *Schneidewin*.

[290] Vgl. auch ausführlich *Kleinknecht* JZ **1952** 490; *Schneidewin* JZ **1958** 623.

[291] OLG Koblenz VRS **64** 33; vgl. § 44, 9; a. A *Schmidt* SchlHA **1959** 140.

[292] Vgl. mit weit. Nachw. § 44, 55; LR-*Meyer-Goßner*[23] 86; KK-*R. Müller* 52, KMR-*Müller* 54.

kundsbeamten der Geschäftsstelle fehlt, nicht zugestimmt werden (vgl. ausführlich § 44, 58 ff)[293]. Den Antragsteller kann aber ein die Wiedereinsetzung ausschließendes eigenes Verschulden treffen, wenn er den Rechtsanwalt zu spät beauftragt[294] oder sonst durch ein zurechenbares Verhalten zur Fristversäumung durch den Rechtsanwalt beiträgt[295].

131　　d) **Wiedereinsetzung bei Versäumung der Frist für die Vorschaltbeschwerde.** Bei einer Versäumung der Frist für die Vorschaltbeschwerde nach Absatz 1 Satz 1 gelten nach verbreiteter Auffassung die §§ 44 ff jedenfalls nicht unmittelbar, weil sie sich nur auf gerichtliche Fristen beziehen sollen[296]. Rechtsprechung und Schrifttum haben deshalb lange Zeit die Möglichkeit einer Wiedereinsetzung verneint[297]. Inzwischen entspricht es aber der ganz h. M., daß die **Wiedereinsetzung zulässig** ist. Soweit nicht die §§ 44 ff unmittelbar angewendet werden[298], wird dies entweder auf ihre analoge Anwendung oder auf eine analoge Anwendung der §§ 70 Abs. 2, 60 Abs. 4 VwGO bzw. § 32 VwVfG oder auf einen allgemeinen Rechtsgedanken gestützt[299]. Die (mindestens analoge) Anwendung der §§ 44 ff StPO dürfte die sachgerechteste Lösung darstellen. Umstritten ist aber, ob zur Entscheidung über den Wiedereinsetzungsantrag stets der vorgesetzte Beamte der Staatsanwaltschaft, also in der Regel der Generalstaatsanwalt[300], oder stets das Oberlandesgericht[301] zuständig ist. Teilweise wird dieses auch nur dann für zuständig gehalten, wenn der Generalstaatsanwalt den Antragsteller bereits sachlich beschieden hatte[302]. Wegen der Gründe für die verschiedenen Auffassungen im einzelnen s. § 44, 12 f.

132　　Wie bereits von *Meyer-Goßner* in der 23. Auflage (Rdn. 22 ff) ausführlich begründet, ist stets das **Oberlandesgericht** zur Entscheidung über den Wiederaufnahmeantrag bei Versäumung der Frist für die Vorschaltbeschwerde **zuständig** (a. A LR-*Wendisch* § 44, 13 f mit ausführlicher Begründung der Gegenmeinung). Denn die Frist für die Vorschaltbeschwerde ist zwar dem Generalstaatsanwalt gegenüber wahrzunehmen, sie ist aber als Zulässigkeitsvoraussetzung für die Sachprüfung allein für den gerichtlichen Antrag von Bedeutung, da der Generalstaatsanwalt wegen des Doppelcharakters der Be-

---

[293] Ebenso LR-*Meyer-Goßner*[23] 86; wohl auch *Eb. Schmidt* § 44, 15.

[294] OLG Hamburg JR **1953** 31; KMR-*Müller* 54.

[295] Vgl. zu den ähnlich liegenden Fällen des Eigenverschuldens bei einem Versäumnis des Verteidigers ausführlich § 44, 50, ff.

[296] Beachtliche Zweifel an dieser Auffassung bei *Eb. Schmidt* § 44, 3 mit Nachw. aus dem älteren Schrifttum; für unmittelbare Anwendung des § 44 auch LR-*Meyer-Goßner*[23] 24; *Kühne* 377; *Roxin*[19] § 22 B V 1.

[297] Nachw. bei § 44, 11; LR-*Meyer-Goßner*[23] 19; *Eb. Schmidt* § 44, 3.

[298] So OLG Koblenz GA **1981** 325; *Eb. Schmidt* § 44, 3; *Fuhrmann* JR **1972** 166; *Kleinknecht* MDR **1972** 69; *Kirstgen* 152.

[299] Vgl. mit weit. Nachw. § 44, 12; LR-*Meyer-Goßner*[23] 19 f; bereits früher *Ostler* 63.

[300] OLG Celle NJW **1971** 1374 = MDR **1972** 67 mit Anm. *Kleinknecht* = JR **1972** 164 mit Anm. *Fuhrmann*; OLG Hamm NJW **1973**

1055; OLG München NJW **1977** 2365 (mit ausführlicher Darstellung des Meinungsstandes, jedenfalls, solange der Beschwerde noch nicht abgeholfen worden ist); OLG Oldenburg NJW **1967** 1815; *Fuhrmann* JR **1972** 166.

[301] KG JR **1982** 209; OLG Koblenz GA **1981** 324; OLGSt n. F § 172 Nr. 10; OLG Nürnberg MDR **1972** 67; OLG Stuttgart NJW **1977** 61; *Kleinknecht/Meyer*[37] 17; KMR-*Müller* 14; *Eb. Schmidt* Nachtr. I § 44, 2; *Schlüchter* 79. 1 Fußn. 225 c; *Kleinknecht* MDR **1972** 69.

[302] OLG Celle MDR **1980** 335; OLG Düsseldorf OLGSt n. F § 172 Nr. 3; OLG Köln VRS **43** 193; KK-*R. Müller* 11; *Amelunxen* Nebenklage (1980) 29; *Kirstgen* 156 f; *Bischoff* NJW **1986** 2098; vgl. auch OLG München NJW **1977** 2367 und *Gössel* § 9 D II b 4 (Gericht entscheidet nur, wenn Generalstaatsanwalt das Gesuch ablehnt).

schwerde diese stets sachlich zu prüfen und zu bescheiden hat (vgl. Rdn. 10; 115). Nach §46 Abs. 1, der im Rahmen der §§44 ff (mindestens) analog anwendbar ist, ist zur Entscheidung über die Wiederaufnahme das Gericht berufen, das bei rechtzeitiger Handlung zur Entscheidung in der Sache selbst berufen wäre. Auf die Rechtzeitigkeit der Vorschaltbeschwerde als gesondert zu prüfende Entscheidungsvoraussetzung kommt es aber nur für die vom Oberlandesgericht zu treffende Entscheidung an. Ob es darüberhinaus auch eine Überforderung des Generalstaatsanwalts darstellen würde, neben der Sachentscheidung noch über das Wiedereinsetzungsgesuch zu entscheiden[303], oder ob wegen einer Bindungswirkung der staatsanwaltschaftlichen Entscheidung rechtsstaatliche Bedenken erhoben werden könnten[304], kann dahinstehen.

Aus der hier vertretenen Auffassung ergeben sich folgende **Konsequenzen**: Der **133** Antragsteller muß den Wiedereinsetzungsantrag stets binnen einer Woche nach Wegfall des Hindernisses stellen; ist die Vorschaltbeschwerde noch beim Generalstaatsanwalt anhängig ggf. also vor der Entscheidung über diese. Angebracht werden kann sie in diesem Fall sowohl beim Oberlandesgericht (§45 Abs. 1 Satz 2), was freilich, weil die Sache bei diesem noch nicht anhängig ist, wenig zweckmäßig wäre, als auch beim Generalstaatsanwalt (§45 Abs. 1 Satz 1). Erfährt der Antragsteller erst durch den Beschwerdebescheid, daß er die Frist versäumt hat, so ist der Wiedereinsetzungsantrag binnen einer Woche zweckmäßigerweise unmittelbar beim Oberlandesgericht zu stellen. Eine Nachholung der versäumten Handlung (§45 Abs. 2 Satz 2), also eine nochmalige Vorschaltbeschwerde, bedarf es in diesem Fall nicht, denn über sie ist ja bereits entschieden (vgl. Rdn. 115). Die Monatsfrist für den Antrag auf gerichtliche Entscheidung wird durch die Wochenfrist für den Wiedereinsetzungsantrag nicht berührt.

Solange der Generalstaatsanwalt **noch nicht** ablehnend **über** die **Vorschaltbe- 134 schwerde entschieden** hat, ist eine Bescheidung des Wiedereinsetzungsantrags weder geboten noch überhaupt möglich[305]. Der Generalstaatsanwalt hat stets über die Beschwerde sachlich zu entscheiden; einer Entscheidung über den Wiedereinsetzungsantrag bedarf es dazu nicht. Er wird gegenstandslos, wenn der Beschwerde abgeholfen wird. **Nach Zurückweisung der Vorschaltbeschwerde** ist über einen bereits vorliegenden Wiedereinsetzungsantrag zu entscheiden, und zwar durch das Oberlandesgericht, dem er zu diesem Zweck zuzuleiten ist. Es kommt nicht darauf an, ob bereits ein Antrag auf gerichtliche Entscheidung nach Absatz 2 Satz 1 gestellt ist, denn der Antragsteller kann Grund haben, zunächst geklärt wissen zu wollen, ob er infolge der Gewährung von Wiedereinsetzung einen zulässigen gerichtlichen Klageerzwingungsantrag stellen kann[306].

Das **Oberlandesgericht entscheidet** über den Wiedereinsetzungsantrag nach Maß- **135** gabe des §45 ohne Rücksicht auf die Erfolgsaussicht eines etwaigen Klageerzwingungsantrags und ohne Rücksicht darauf, ob ein solcher überhaupt schon gestellt ist, wenn er überhaupt noch gestellt werden kann. Soweit es Wiedereinsetzung gewährt, gilt damit die Zulässigkeitsvoraussetzung der fristgerechten Vorschaltbeschwerde (Rdn. 122), und nur diese, als gewahrt. Ist das Wiedereinsetzungsgesuch unzulässig oder unbegründet, so ist es zu verwerfen, und, falls ein solcher bereits vorliegt, auch der Antrag auf gerichtliche Entscheidung nach Absatz 2 Satz 2 als unzulässig zu verwerfen. Die Entscheidung ist trotz §46 Abs. 3 wegen §304 Abs. 4 Satz 2 unanfechtbar. Die Ent-

---

[303] So LR-*Meyer-Goßner*[23] 25.

[304] So LR-*Meyer-Goßner*[23] 25; **a. A** LR-*Wendisch* §44, 14; *Fuhrmann* JR **1972** 166.

[305] KG JR **1982** 210.

[306] **A. A** LR-*Meyer-Goßner*[23] 26, der die Entscheidung über den Wiedereinsetzungsantrag für entbehrlich hält, wenn kein Antrag auf gerichtliche Entscheidung gestellt wird; wie hier wohl *Kleinknecht* MDR **1972** 70.

Peter Rieß

scheidung über den Wiedereinsetzungsantrag ist **entbehrlich**, wenn ein bereits vorliegender gerichtlicher Klageerzwingungsantrag aus anderen Gründen als wegen Versäumung der Frist für die Vorschaltbeschwerde unzulässig und die Heilung dieser Zulässigkeitsmängel nicht zu erwarten ist[307].

136   Hat der **Generalstaatsanwalt** (nach der hier vertretenen Auffassung zu Unrecht) **Wiedereinsetzung gewährt**, so ist das Oberlandesgericht hieran nach den gleichen Grundsätzen gebunden, die bei der Entscheidung eines unzuständigen Gerichts gelten[308]. Eine die Wiedereinsetzung verwerfende Entscheidung bindet das Oberlandesgericht dagegen nicht[309].

137   Aus der die Entscheidungskompetenz des Generalstaatsanwalts bejahenden **Gegenmeinung** ergeben sich folgende **Konsequenzen**: Die Entscheidung über den Wiedereinsetzungsantrag steht stets dem Generalstaatsanwalt zu; er hat sie zusätzlich zur immer erforderlichen Sachentscheidung zu treffen. Der Wiedereinsetzungsantrag ist stets an den Generalstaatsanwalt zu richten, auch wenn der Antragsteller erst nach der Beschwerdeentscheidung von der Fristversäumung erfährt. Die Anbringung des Wiedereinsetzungsantrags beim Oberlandesgericht, auch im Zusammenhang mit der Stellung des Antrags auf gerichtliche Entscheidung, wahrt die Frist nicht. Ein vom Generalstaatsanwalt dem Oberlandesgericht zugeleiteter Wiedereinsetzungsantrag ist diesem zurückzugeben[310]. Die Entscheidung des Generalstaatsanwalts über die Wiedereinsetzung ist sowohl im Falle ihrer Gewährung als auch im Falle ihrer Ablehnung unanfechtbar und für das Oberlandesgericht stets bindend[311].

4. Form

138   **a) Schriftform.** Der Antrag auf gerichtliche Entscheidung muß **schriftlich** angebracht werden, was sich aus Absatz 3 Satz 2 mindestens mittelbar dadurch ergibt, daß seine Unterzeichnung durch einen Rechtsanwalt vorgeschrieben ist. Antragstellung zu Protokoll des Urkundsbeamten der Geschäftsstelle sieht das Gesetz, ebenso wie bei der Revisionsbegründung des Privatklägers und des Nebenklägers (§ 390 Abs. 2), nicht vor[312]. An der Schriftform fehlt es bei unleserlichen Angaben[313]. Der schriftlichen Einlegung stehen die **telegrafische, fernschriftliche** oder durch **Telekopie** erfolgende gleich[314], nicht aber die bloß fernmündliche, auch wenn hierüber ein Aktenvermerk gefertigt wird (Vor § 42, 8).

139   **b) Durch Rechtsanwalt.** Der Antrag muß von einem Rechtsanwalt unterzeichnet (Rdn. 141) sein, auch wenn eine Behörde Antragsteller ist[315]. Ist der Rechtsanwalt selbst verletzt, so kann er den Antrag **in eigener Sache** stellen[316]. Im übrigen bedarf er der **Voll-**

---

[307] Ebenso *Kleinknecht* MDR **1972** 70.

[308] OLG Hamm NJW **1973** 1055; vgl. § 46, 17; a. A *Fuhrmann* JR **1972** 166.

[309] A. A die die Zuständigkeit des Generalstaatsanwalts bejahende Gegenmeinung, vgl. mit weit. Nachw. LR-*Wendisch* § 44, 13; vgl. auch *Bischoff* NJW **1986** 2099; *Kirstgen* 158 (keine Bindung an die verwerfende Entscheidung, auch soweit Generalstaatsanwalt zuständig ist).

[310] OLG München NJW **1977** 2367.

[311] LR-*Wendisch* § 44, 14 mit weit. Nachw.

[312] De lege ferenda für diese Möglichkeit *Rieß* Gutachten, 112; vgl. Beschluß III 18 der

Strafrechtlichen Abteilung des 55. DJT (Verh. des 55. DJT, 1984, Bd. II S. L 190).

[313] BGHSt **33** 44 = StrVert. **1985** 135 mit Anm. *Hamm.*

[314] BGHSt **31** 8; s. auch Vor § 42, 26 ff sowie zur (gleichzubehandelnden) Rechtslage bei der Revisionsbegründung § 345, 23.

[315] OLG Celle ZStW **42** (1921) 175; OLG München MDR **1957** 247.

[316] OLG Bremen MDR **1971** 507; KG GA **1962** 311; KMR-*Müller* 53; zur Frage des Akteneinsichtsrechts in diesen Fällen vgl. (sehr eng) *Klussmann* NJW **1973** 1965.

macht des Antragstellers, die bei Einreichung des Antrags bestanden haben muß[317] und (mindestens auf Verlangen) dem Gericht nachzuweisen ist. Der Nachweis braucht allerdings nicht innerhalb der Monatsfrist zu geschehen[318]. **Andere Personen** können den Antrag nicht wirksam stellen, auch wenn sie nach § 138 zum Verteidiger gewählt werden können oder ihnen nach § 139 (Referendare) die Verteidigung übertragen werden könnte. Befreiung vom Antragserfordernis ist nicht möglich[319]. Zur Beiordnung eines Notanwalts s. Rdn. 156 ff.

Der Rechtsanwalt muß bei einem **Gericht der Bundesrepublik Deutschland** zuge- **140** lassen sein[320], doch muß das Gericht, bei dem er zugelassen ist, nicht zum Bezirk des Oberlandesgerichts gehören, bei dem der Antrag gestellt wird. Ein amtlich bestellter **Vertreter** (§ 53 Abs. 3 bis 6 BRAO) oder ein **Abwickler** (§ 55 BRAO) kann den Antrag im Rahmen seiner Befugnisse stellen, auch wenn er nicht Rechtsanwalt ist[321]. **Ausländische Rechtsanwälte** können den Antrag grundsätzlich nicht stellen. Für solche, die **in der EG zugelassen** sind, richtet sich die Antragsbefugnis nach § 4 des Gesetzes vom 16. 8. 1980, BGBl. I S. 1453[322].

c) **Unterzeichnung. Übernahme der Verantwortung.** Der Rechtsanwalt muß den **141** Antrag eigenhändig und handschriftlich unterzeichnen; es gelten die gleichen Anforderungen wie bei der Revisionsbegründung[323]. Für telegrafische und fernschriftliche Erklärungen ist die handschriftliche Unterzeichnung entbehrlich, Namensangabe genügt[324]. Eine **Mitunterzeichnung durch den Antragsteller** ist **nicht** erforderlich[325]. Sie ist aber unschädlich und rechtfertigt nicht ohne weitere Anzeichen den Schluß darauf, daß der Rechtsanwalt die Verantwortung für den Inhalt des Antrags nicht übernehmen wolle[326].

Die Unterzeichnung des Antrags durch einen Rechtsanwalt soll die Einhaltung **142** der inhaltlichen Anforderungen gewährleisten und dem Gericht die Prüfung völlig grundloser Anträge ersparen[327]. Deshalb gehört zum Erfordernis der anwaltlichen Unterschrift nach allg. M., daß der Rechtsanwalt den Antrag prüft und für ihn inhaltlich die **Verantwortung übernimmt**[328]. Das ist regelmäßig zu vermuten, wenn der Antrag

---

[317] OLG Düsseldorf MDR **1983** 153 (spätestens innerhalb der Monatsfrist); vgl. RGSt **66** 267 sowie bei § 297 zur gleichliegenden Frage der Vollmacht zur Einlegung von Rechtsmitteln.

[318] Heute ganz h. M.; vgl. z. B. OLG Kassel JW **1930** 666 mit Anm. *Friedlaender; Kleinknecht/ Meyer*[37] 32; KMR-*Müller* 53; *Eb. Schmidt* 19; **a. A** (früher) KG GA **59** (1912) 477; JW **1931** 1765 mit abl. Anm. *Drucker*; vgl. auch *Klee* GA **68** (1920) 90.

[319] OLG Koblenz NJW **1982** 61.

[320] OLG Hamburg NJW **1962** 1689; OLG Köln MDR **1955** 311; OLG München MDR **1957** 247; KK-*R. Müller* 33; *Kleinknecht/ Meyer*[37] 32; KMR-*Müller* 53; *H. W. Schmidt* SchlHA **1959** 138.

[321] KMR-*Müller* 53; LR-*Meyer-Goßner*[23] 98.

[322] Vgl. auch § 138, 14.

[323] Vgl. näher § 345, 21 ff.

[324] BGHSt **31** 8; näher § 345, 23 und Vor § 42, 26; 29 jeweils mit weit. Nachw.

[325] **A. A** teilweise die Meinung zur früheren Fassung (vgl. LR-*Kohlhaas*[20] 9 a) unter mißverständlicher Deutung des Wortes „auch" im damaligen Absatz 2 Satz 1; vgl. auch *Kohlhaas* GA **1954** 137.

[326] *Eb. Schmidt* 16; einschränkend LR-*Meyer-Goßner*[23] 85.

[327] So z. B. OLG Hamburg GA **1958** 116; KG JR **1956** 431; *Peters*[4] § 57 IV (S. 536); vgl. auch *Dahs* Hdb. 268.

[328] KG GA **60** (1913) 478; OLG Köln MDR **1973** 515; OLG München NStZ **1984** 281 (maßgebliche Mitgestaltung des Antragsvorbringens); OLG Stuttgart OLGSt § 172, S 61; KK-*R. Müller* 33; *Kleinknecht/Meyer*[37] 33; KMR-*Müller* 53; *Eb. Schmidt* 18; *H. W. Schmidt* SchlHA **1959** 139; *Schorn* NJW **1965** 1518; kritisch *Beling* 187 Fußn. 2; vgl. auch zur ähnlichen Situation bei der Revisionsbegründung § 344, 27 mit weit. Nachw.

von ihm verfaßt und unterzeichnet ist[329]. Genügt ein Antrag diesen Anforderungen nicht, so ist er unzulässig, so wenn der Rechtsanwalt lediglich unter eine Antragsschrift seines Mandanten ohne eigene Nachprüfung Namen und Anwaltsstempel setzt[330] oder wenn er seiner Unterschrift Zusätze hinzufügt, die ergeben, daß er eine Prüfung nicht vorgenommen hat oder die Verantwortung ablehnt[331]. Ob sich dies auch, wenn der Antrag mit Deckblatt und Unterschrift des Anwalts versehen ist, aus der äußeren Form und dem Inhalt ableiten läßt[332], erscheint nicht unzweifelhaft. Bestehen lediglich Zweifel daran, daß der Anwalt die Verantwortung übernehmen will, so ist der Antrag zulässig.

5. Notwendiger Inhalt (Absatz 3 Satz 1)

143   **a) Grundsatz. Kritik.** Absatz 3 Satz 1 verlangt, daß der Antrag die Tatsachen, die die Erhebung der öffentlichen Klage begründen sollen, und die Beweismittel angeben muß. Er erhebt damit diese inhaltlichen Mindestanforderungen zu Zulässigkeitsvoraussetzungen für den Antrag[333]. Weitere inhaltliche Anforderungen, die sich als Zulässigkeitsvoraussetzungen verstehen ließen, enthält das Gesetz nicht. **Zweck** der Vorschrift ist erkennbar, das Gericht in den Stand zu setzen, ohne Studium der Akten (vgl. auch § 173 Abs. 1, wonach die Akten nur auf Verlangen vorzulegen sind) allein aufgrund der innerhalb der Antragsfrist eingereichten Unterlagen zu entscheiden, ob, die Richtigkeit des Antragsvorbringens und seine Beweisbarkeit unterstellt, hinreichender Tatverdacht besteht und dem Antrag stattzugeben wäre[334]. Das Gericht soll also ohne weiteres Aktenstudium unzulässige und unschlüssige Anträge alsbald ablehnen können. Aus diesem Zweck läßt sich auch noch ableiten, daß im Antrag die formellen Zulässigkeitsvoraussetzungen des gerichtlichen Klageerzwingungsantrags dargelegt werden müssen[335]. Der Antragsteller muß also in tatsächlicher Hinsicht behaupten, daß er als Verletzter zur Stellung des gerichtlichen Klageerzwingungsantrags berechtigt ist und daß ein Sachverhalt vorliegt, der den hinreichenden Verdacht einer verfolgbaren Straftat gegen einen bestimmbaren Beschuldigten begründet. Er muß ferner angeben, daß und welche Beweismittel hierfür zur Verfügung stehen. Weitere Anforderungen an den Inhalt des Antrags lassen sich als Zulässigkeitsvoraussetzungen weder aus dem Wortlaut noch aus dem Zweck des Gesetzes ableiten.

144   Die **Rechtsprechung** hat sich, unter Billigung eines Teils des Schrifttums[336], von diesem Ausgangspunkt so weit entfernt, daß ihre Anforderungen an den Antrag zum **formalistischen Selbstzweck** zu werden drohen. Das gilt namentlich für ein überstrenges Bezugnahmeverbot und vor allem für die Forderung, daß der Antragsteller den Verlauf des Verfahrens darstellen und sich mit den Einstellungsbescheiden inhaltlich auseinandersetzen müsse. Sie hält hieran trotz zunehmender Kritik im Schrifttum[337] fest, wenn

[329] OLG Koblenz MDR **1973** 515.
[330] OLG Hamburg JW **1929** 2774; GA **1958** 116; MDR **1983** 780 LS; OLG Karlsruhe Justiz **1890** 207; OLG Köln MDR **1973** 515 (auch bei Beifügung eines Prüfvermerks).
[331] KG GA **60** (1913) 478; JR **1956** 431; OLG Kassel GA **40** (1892) 181; OLG Stuttgart OLGSt § 172, S. 61.
[332] So OLG München NStZ **1984** 282; dazu krit. *Roxin*[19] § 39 B III 1 b.
[333] Grundsätzlich **a. A** *Knögel* NJW **1966** 1400; **1967** 383, der lediglich die Formvorschrift als Zulässigkeitsvoraussetzung ansehen will.
[334] So z. B. OLG Celle MDR **1962** 693; ähnlich OLG Koblenz OLGSt n.F § 172 Nr. 15.
[335] So OLG Karlsruhe MDR **1962** 953.
[336] Vgl. etwa KK-*R. Müller* 38; *Kleinknecht/ Meyer*[37] 28; LR-*Meyer-Goßner*[23] 8; bereits früher *Mittelbach* DRiZ **1954** 259 f.
[337] So u. a. *Kleinknecht*[35] 28 (nicht mehr bei *Kleinknecht/Meyer*[37] 28); KMR-*Müller* 48, 52; *Peters*[4] § 57 IV (S. 536) und FS Dünnebier 65 Fußn. 34; *Roxin*[19] § 39 B III 1 b; *Rüping* 99; *Schlüchter* 79. 2 Fußn. 225 e; *Rieß* Gutachten 112; *Kirstgen* 132 ff; *Rehwagen* 35; *Schulz-Arenstorff* NJW **1978** 1302; bereits

sie nicht sogar in neuerer Zeit die Anforderungen noch verschärft. Deshalb erscheint der Appell an die Rechtsprechung veranlaßt, diese überstrengen Anforderungen auf das sachlich gebotene und mit dem Gesetzeswortlaut zu vereinbarende Maß zu reduzieren. Solange das nicht geschieht, wird sich allerdings bei der Antragstellung empfehlen, Bezugnahmen gänzlich zu vermeiden und eher zu viel als zu wenig zu schreiben. Dabei ist auch zu berücksichtigen, daß der Antrag in bezug auf die als Zulässigkeitsvoraussetzungen geltenden Mindestanforderungen nur innerhalb der einmonatigen Antragsfrist ergänzt werden kann (Rdn. 126), wenn auch, zumindest wenn weiterer Vortrag angekündigt wird, ein unvollständiger Antrag nicht vor Ablauf der Frist als unzulässig verworfen werden darf.

b) Angaben zur Zulässigkeit des Antrages. Wenn sich das nicht schon aus dem **145** die Strafbarkeit begründenden Vortrag ergibt, muß der Antrag in tatsächlicher Hinsicht dartun, daß der Antragsteller **Verletzter** ist[338], und ihn als Anzeigeerstatter im Sinne des § 171 sowie als Beschwerdeführer der (fristgerechten) Vorschaltbeschwerde ausweisen. Dazu bedarf es regelmäßig der Mitteilung des Einstellungsbescheides, der Angabe, wann dieser bekanntgemacht und wann gegen ihn Beschwerde eingelegt, daß diese zurückgewiesen worden und wann die Beschwerdeentscheidung bekanntgegeben worden ist[339]. Im Wortlaut brauchen die Bescheide nicht mitgeteilt zu werden[340]. Würde sich aus der datenmäßigen Darstellung ergeben, daß Fristen versäumt sind, so müssen auch die Tatsachen angegeben werden, aus denen folgt, daß dies nicht der Fall ist[341], etwa, daß eine vorgeschriebene Rechtsbehelfsbelehrung nicht stattgefunden hat oder unrichtig war oder daß rechtzeitig ein Wiedereinsetzungsantrag gestellt worden ist (Rdn. 133). Daß darüberhinaus der **Gang des Ermittlungsverfahrens** im allgemeinen geschildert werden müsse, kann entgegen der herrschenden Rechtsprechung[342] nicht verlangt werden; was die Staatsanwaltschaft im Ermittlungsverfahren getan oder unterlassen hat, ist für die vom OLG zu treffende Entscheidung ohne Bedeutung (vgl. auch Rdn. 150 ff). Der Antrag muß ferner den **Beschuldigten** in erkennbarer Weise bezeichnen (näher Rdn. 20).

Beruht die Einstellung auf einer Vorschrift, die im **Klageerzwingungsverfahren 146 nicht überprüft** werden kann (vgl. Rdn. 21 ff), so müssen die Tatsachen angegeben werden, aus denen folgt, daß dies ausnahmsweise doch der Fall ist, also etwa im Falle des § 376, daß ein Offizialdelikt vorliegt, in den Fällen der §§ 153, 153 a, daß ein Verbrechen gegeben ist, usw.

c) Angabe der die Erhebung der öffentlichen Klage begründenden Tatsachen. 147 Der Beschwerdeführer muß die Tatsachen vollständig angeben, die den hinreichenden

---

früher z. B. *Beling* ZStW **38** (1917) 618 (nur Individualisierung, keine Substantiierung); *Dietz* 76 f; *Knögel* NJW **1966** 1400; *Moller* NJW **1966** 1253; *Ostler* 66 ff.

[338] OLG Düsseldorf AnwBl. **1986** 156; OLG Hamburg NJW **1970** 1561 (für den Fall eines Aussagedelikts); OLG Hamm NStZ **1986** 327; OLG Koblenz NJW **1977** 1461; OLG Saarbrücken OLGSt § 172, S. 91; OLG Schleswig SchlHA **1959** 219; KK-*R. Müller* 35; KMR-*Müller* 48.

[339] OLG Karlsruhe Justiz **1977** 466 LS.

[340] Die Rechtsprechung verlangt, wohl auch schon zu weitgehend, die Mitteilung des Inhalts der angefochtenen Bescheide, so OLG Hamm MDR **1971** 680; KG JR **1983** 345; OLG Stuttgart Justiz **1979** 235; **1984** 189; OLG Schleswig bei *Ernesti/Jürgensen* SchlHA **1982** 122; ebenso *Kleinknecht/Meyer*[37] 27.

[341] Vgl. OLG Karlsruhe MDR **1982** 953 = NStZ **1982** 520.

[342] So etwa KG JR **1983** 345; NJW **1969** 109; OLG Koblenz NJW **1977** 1462; OLG Schleswig SchlHA **1959** 218; KK-*R. Müller* 38; *Kleinknecht/Meyer*[37] 27; *Mittelbach* DRiZ **1954** 259; wie hier KMR-*Müller* 52; *Schmidt* SchlHA **1959** 140; vgl. auch OLG Celle MDR **1956** 247.

Peter Rieß

Tatverdacht (§ 203, 6 ff) begründen, in erster Linie also die Tatsachen, aus denen sich die Erfüllung der Tatbestandsmerkmale einer Straftat und, soweit das hiernach einer Erörterung bedarf, das Fehlen von Rechtfertigungs-, Schuldausschließungs- und Strafausschließungsgründen ergibt[343]. Die bloße Wiedergabe des Inhalts der Ermittlungsakten genügt dafür nicht[343a]. Der Antragsteller braucht aber nicht zu behaupten, daß er von der Strafbarkeit des angezeigten Verhaltens überzeugt sei, noch muß sich eine entsprechende Gewißheit aus seinem Vortrag ergeben. Denn für die Erhebung der öffentlichen Klage, die Ziel des Klageerzwingungsverfahrens ist, genügt eine (hohe, vgl. § 203, 12) Verurteilungswahrscheinlichkeit[344]. Für die Zulässigkeit des Antrags kann auch nicht gefordert werden, daß die angegebenen Tatsachen das Ermittlungsergebnis vollständig wiedergeben und daß sie zutreffen. Dies ist eine Frage der Begründetheit des Antrags, von der die Zulässigkeit nicht abhängig gemacht werden kann[345]. **Neue Tatsachen und Beweismittel**, die der Staatsanwaltschaft bei der Verwerfung der Vorschaltbeschwerde noch nicht bekannt waren, können auch noch während des gerichtlichen Klageerzwingungsverfahrens vorgebracht werden und sind vom Oberlandesgericht zu berücksichtigen[346].

148   Daß die **Verfahrensvoraussetzungen** gegeben sind und keine Verfahrenshindernisse entgegenstehen, ist ebenfalls in tatsächlicher Hinsicht darzulegen, sofern dies nach Sachlage zweifelhaft erscheinen kann, denn auch das ist Voraussetzung für die Erhebung der öffentlichen Klage. Sofern es darauf ankommt, ist daher anzugeben, durch welche Handlungen die Verjährung unterbrochen worden ist[347], bei einem Antragsdelikt, daß form- und fristgerecht Strafantrag gestellt wurde[348]. Wird die Klageerhebung beantragt, nachdem die Sperrwirkung des §§ 174, 211 eingetreten war, so muß der Antrag die erheblichen neuen Tatsachen oder Beweismittel dartun; dazu gehört auch die tatsächliche und rechtliche Begründung des Beschlusses, der die Sperrwirkung herbeigeführt hat[349].

149   d) **Beweismittel.** Der Antrag muß ferner Beweismittel angeben, und zwar auch dann, wenn sie im Ermittlungsverfahren bereits bekannt waren und auch verwertet worden sind[350]. Es muß also aus ihm hervorgehen, was für die Richtigkeit des Tatsachenvortrags spricht und womit er in der erstrebten Hauptverhandlung bewiesen werden soll. Daß alle im Ermittlungsverfahren verwendeten Beweismittel angegeben und daß sie gewürdigt werden, verlangt das Gesetz nicht. Es ist auch keine Frage der Zulässigkeit, sondern eine solche der Begründetheit des Antrags, ob die Beweismittel zum Nachweis der mit ihnen verbundenen Tatsachenbehauptungen ausreichen. Es muß jedoch aus dem Antrag erkennbar sein, daß für alle zu seinem notwendigen Inhalt gehö-

---

[343] OLG Neustadt GA **1955** 313; OLG Stuttgart Justiz **1973** 101; **1979** 235; *Schmidt* SchlHA **1959** 139.

[343a] OLG Koblenz OLGSt n.F § 172 Nr. 15 (für den Fall, daß eine Ablichtung der Ermittlungsakte in den Antrag eingefügt wird).

[344] Vgl. aber OLG Koblenz NJW **1985** 1409 (bloße Vermutungen reichen nicht aus).

[345] Ähnlich *Eb. Schmidt* Nachtr. I 8; LR-*Meyer-Goßner*[23] 90.

[346] KG JR **1957** 151; KK-*R. Müller* 38; *Kleinknecht/Meyer*[37] 31; KMR-*Müller*48; *Kohlhaas* GA **1954** 137; offengelassen von OLG Hamm NJW **1963** 2284; zur umstrittenen Frage, ob

das auch noch nach Fristablauf geschehen kann, s. Rdn. 126.

[347] OLG Hamburg NStZ **1985** 41 LS (es sei denn, daß Akteneinsicht verweigert wurde); OLG München MDR **1973** 950; *Kleinknecht/Meyer*[37] 29.

[348] OLG Celle NJW **1962** 693; OLG Düsseldorf JMBlNW **1983** 80; KK-*R. Müller* 37; *Kleinknecht/Meyer*[37] 28; KMR-*Müller* 48.

[349] KG JR **1983** 345; *Ostler* 105.

[350] Vgl. *Dietz* 54; *Ostler* 65; *Beling* ZStW **38** (1917) 617 zur großzügigeren Praxis des damaligen RMilG; vgl. auch RMilGE **6** 155; **8** 186.

renden Tatsachen Beweismittel vorhanden sind[351]. Auch die Einlassung des Beschuldigten kann ein Beweismittel im Sinne dieser Vorschrift sein, etwa, wenn er den Sachverhalt einräumt und lediglich die rechtliche Würdigung umstritten ist.

e) Auseinandersetzung mit den angefochtenen Bescheiden. Die Rechtsprechung **150** verlangt fast einhellig als Zulässigkeitsvoraussetzung, daß die angefochtenen Einstellungsbescheide nicht nur mitgeteilt, sondern auch gewürdigt werden. Der Antragsteller muß hiernach darlegen, aus welchen Gründen die die Einstellung tragenden Erwägungen nicht richtig sind[352]. Zur Begründung wird neben praktischen Bedürfnissen ausgeführt, daß der Staatsanwaltschaft mit dem Antrag eine Verletzung des Legalitätsprinzips und damit ihrer Amtspflicht vorgeworfen werde[353]. Nach Auffassung des BVerfG[354] ist diese Rechtsprechung verfassungsrechtlich, namentlich in Hinblick auf Art. 19 Abs. 4 GG, nicht zu beanstanden. Damit ist allerdings nicht gesagt, daß die insoweit nur unter dem Gesichtspunkt einer Verfassungsverletzung zu überprüfende Auslegung auch einfachgesetzlich richtig ist. Teilweise wird die Auffassung vertreten, daß die inhaltliche Auseinandersetzung dann entbehrlich sei, wenn sich der Antrag schon aufgrund des unvollständigen Vorbringens als unbegründet erweise[355].

Dieser Auffassung ist zu widersprechen. Die inhaltliche Auseinandersetzung mit **151** den Einstellungsgründen der Staatsanwaltschaft ist **keine Zulässigkeitsvoraussetzung** der gerichtlichen Entscheidung[356]. Der Antragsteller tut zwar schon im eigenen Interesse gut daran, sich mit der der Einstellung zugrundeliegenden Auffassung der Staatsanwaltschaft argumentativ auseinanderzusetzen und darzulegen, aus welchen rechtlichen Gründen sie nicht zutrifft, welche Tatsachen nicht berücksichtigt worden sind oder warum die von der Staatsanwaltschaft vorgenommene (vorläufige) Beweiswürdigung nicht trägt. Doch betrifft das allein die Frage der Begründetheit des Antrags. Es kann offenbleiben, ob mit dem Klageerzwingungsantrag der Staatsanwaltschaft tatsächlich eine Verletzung des Legalitätsprinzips vorgeworfen wird, denn auch daraus würde sich das Erfordernis einer eingehenden inhaltlichen Auseinandersetzung nicht ableiten lassen[357]. Die behauptete Pflicht zur inhaltlichen Auseinandersetzung als Zulässigkeitsvoraussetzung weist darüber hinaus auch in der Auslegung der Rechtsprechung keine festen Konturen auf und kann keine limitierende Funktion erfüllen, denn das Oberlandesgericht hat von Amts wegen auf einen in tatsächlicher Hinsicht ausreichend substantiierten Antrag das Vorliegen eines hinreichenden Tatverdachts zu prüfen und ist dabei weder an die Gründe des Einstellungsbescheids noch an die des Klageerzwingungsantrags gebunden.

f) Bezugnahmen. Da der Antrag aus sich heraus verständlich sein muß, sind Be- **152** zugnahmen auf andere, dem Gericht nicht gleichzeitig oder mindestens innerhalb der

---

[351] *Beling* ZStW **38** (1917) 619.
[352] OLG Düsseldorf GA **1982** 376; OLG Hamm JMBlNW **1957** 130; MDR **1971** 680; KG NJW **1969** 108; JR **1983** 345; OLG Koblenz NJW **1977** 1462; OLG Köln JR **1954** 396; OLG München MDR **1980** 250; OLG Schleswig SchlHA **1959** 218; bei *Ernesti/Jürgensen* SchlHA **1982** 122 Nr. 60; OLG Stuttgart Justiz **1978** 235; **1984** 189; im Schrifttum ebenso KK-*R. Müller* 38; *Kleinknecht/Meyer*[37] 27; LR-*Meyer-Goßner*[23] 92.
[353] So z. B. OLG Düsseldorf GA **1982** 376; OLG Hamm MDR **1971** 680; KG NJW **1969**

108; OLG Köln JR **1954** 390; OLG Stuttgart Justiz **1984** 190; *Mittelbach* DRiZ **1954** 259, dagegen *Eb. Schmidt* 14 und Nachtr. I 8; *Knögel* NJW **1966** 1400; **1967** 383.
[354] BVerfG (Vorprüfungsausschuß) NJW **1979** 364 LS; **a. A** *Schulz-Arenstorff* NJW **1978** 1303.
[355] OLG München MDR **1980** 250; offengelassen von OLG Stuttgart Justiz **1979** 236.
[356] Ebenso KMR-*Müller* 52; *Kleinknecht*[35] 28; *Schulz-Arenstorff* NJW **1978** 1302; vgl. auch die in Fußn. 337 Genannten.
[357] *Schulz-Arenstorff* NJW **1978** 1303.

Peter Rieß

Beschwerdefrist vorgelegte Schriftstücke stets **unbeachtlich**; sie können die notwendigen Angaben nicht ersetzen[358]. Das gilt namentlich für die staatsanwaltschaftlichen Ermittlungsakten allgemein[359], aber auch für die angefochtenen Einstellungsbescheide und die Beschwerde an den vorgesetzten Beamten der Staatsanwaltschaft[360]. Wenn man entgegen der hier vertretenen Meinung der Auffassung ist, daß der Antrag auch eine inhaltliche Auseinandersetzung mit den Einstellungsbescheiden enthalten muß, kann dies auch nicht in Form einer bloßen Verweisung auf die Begründung der Vorschaltbeschwerde geschehen. Unschädlich ist eine nur ergänzende Bezugnahme auf Darlegungen, die über den notwendigen Inhalt des Antrags hinausgehen[361].

153 Bezugnahme auf **dem Antrag beigefügte Schriftstücke** sind nach der wohl überwiegenden Meinung jedenfalls dann beachtlich, wenn diese Schriftstücke als Anlage gekennzeichnet sind, von der Unterzeichnung der Antragsschrift durch den Rechtsanwalt mit gedeckt werden[362] und wenn die Bezugnahme so eindeutig ist, daß ihr Inhalt zusammen mit dem Antrag eine in sich geschlossene und verständliche Sachdarstellung enthält[363]. Insgesamt ist die Rechtsprechung, wie im vergleichbaren Fall der Revisionsbegründung (vgl. § 345, 21), streng und formalistisch, so daß statt der Bezugnahme auf Anlagen ihre wörtliche Übernahme in den Antrag selbst zu empfehlen ist[364], die allerdings nicht dazu führen darf, daß die geschlossene und vollständige Sachdarstellung (Rdn. 147) durch die bloße inhaltliche Übernahme von Aktenteile ersetzt wird. Es genügt keinesfalls, wenn sich der Antragsteller damit begnügt, einem unvollständigen Antrag Konvolute von Schriftstücken oder Akten anzufügen, ohne dabei anzugeben, wo dort die fehlenden Angaben gefunden werden sollen[365]; es genügt auch nicht, wenn er stattdessen einen nahezu vollständigen Aktenauszug in Ablichtung in seine Antragsschrift einfügt, ohne deutlich zu machen, welche eigene Tatsachendarstellung sich hieraus ergeben soll[365a].

[358] OLG Celle MDR **1956** 247; OLG Düsseldorf NJW **1959** 219; OLG Hamburg NJW **1970** 1561 (auch für die die Verletzteneigenschaft begründenden Tatsachen); OLG Koblenz VRS **48** 279; *Kleinknecht/Meyer*[37] 30; KMR-*Müller* 49; *Eb. Schmidt* 15.

[359] OLG Hamm JMBlNW **1963** 87; OLG Koblenz NJW **1977** 1461; a. A *Beling* 489 Fußn. 5.

[360] OLG Kiel NJW **1947/48** 497 Nr. 702 = SchlHA **1947** 208; OLG Köln JR **1954** 391; OLG Neustadt GA **1955** 313.

[361] Vgl. OLG Hamburg HESt **2** 106; DRZ **1947** 237.

[362] Vgl. OLG Hamburg HRR **1928** Nr. 801; OLG Koblenz NJW **1977** 1461; ob eine ausdrückliche Abzeichnung erforderlich ist, erscheint zweifelhaft.

[363] OLG Koblenz NJW **1977** 1461; OLGSt n.F § 172 Nr. 15; OLG Neustadt GA **1955** 313; OLG Stuttgart Justiz **1973** 101; OLG Tübingen DRZ **1949** 165; OLG Schleswig bei *Ernesti/Jürgensen* SchlHA **1982** 122 Nr. 60 (bloße Beifügung ohne ausdrückliche Bezugnahme reicht nicht aus); enger bei *Ernesti/Lorenzen*

SchlHA **1986** 106 Nr. 30 (auch ausdrückliche Bezugnahme reicht nicht aus, wenn erst dadurch die geschlossene Sachdarstellung erreicht wird); KMR-*Müller* 49; LR-*Meyer-Goßner*[23] 91; *Eb. Schmidt* 15; *Mittelbach* DRiZ **1954** 260; sehr großzügig (auch auf frühere Anträge) *Ostler* 66; *Schwarze* GerS **31** (1879) 300; vgl. auch OLG Hamburg DRZ **1947** 321; sehr eng OLG Kassel JW **1930** 666 mit Anm. *Friedlaender*; OLG Hamm MDR **1971** 680 hat (ohne Einzelheiten) Bezugnahmen für unzulässig erklärt; jede Bezugnahme, die nicht nur der Erläuterung dient, hält OLG Düsseldorf StrVert. **1983** 498 für unbeachtlich.

[364] Vgl. aber auch die formalistische Entscheidung OLG Düsseldorf StrVert. **1983** 498, wonach selbst die „Einfügung" der in Bezug genommenen Anlagen in die Antragsschrift unwirksam sein soll (ebenso *Kleinknecht/Meyer*[37] 30). Die Entscheidung geht viel zu weit, sie fordert „bloße Schreibübungen" (vgl. *Sarstedt/Hamm* 149 Fußn. 110).

[365] OLG Stuttgart Justiz **1973** 101.

[365a] OLG Koblenz OLGSt n.F § 172 Nr. 15.

g) Folgen des mangelhaften Antrags. Fehlt dem Antrag der notwendige Mindestin- **154** halt, so ist er als unzulässig zu verwerfen[366]. Eine Sperrwirkung nach § 174 Abs. 2 ist damit nicht verbunden. Innerhalb der einmonatigen Frist kann er in substantiierter Form wiederholt werden[367].

6. Die **Zurücknahme des Antrags** ist möglich, solange das Oberlandesgericht über **155** ihn noch nicht entschieden hat[368]. Damit entfällt die Entscheidungsbefugnis des Oberlandesgerichts; dem Antragsteller sind jedoch durch besonderen Beschluß die durch den Antrag veranlaßten Kosten aufzuerlegen (§ 177, 2). Die Antragrücknahme löst keine Sperrwirkung nach § 174 Abs. 2 aus, so daß mit ihrer Hilfe der Antragsteller dieser Konsequenz einer zu erwartenden ungünstigen Entscheidung entgehen kann. Einer Erneuerung des Antrags innerhalb der Antragsfrist steht die Zurücknahme nicht entgegen[369]. Eine Zurücknahme eines Strafantrags im Sinne des § 77 d StGB enthält sie nicht, wenn dies nicht besonders erklärt wird. Die Zurücknahme kann durch den Antragsteller selbst, nicht nur durch den Rechtsanwalt, erklärt werden; einer besonderen Form bedarf sie nicht[370]. Wirksam wird sie mit dem Zugang (vgl. Vor § 42, 6 ff) beim Oberlandesgericht. Entscheidet dieses noch danach in Unkenntnis der Antragsrücknahme über den Antrag, so ist diese Entscheidung ohne Wirkung. Sie führt, wenn sie den Antrag verwirft, nicht die Sperre des § 174 Abs. 2 herbei und löst, wenn sie ihm stattgibt, nicht die Verpflichtung der Staatsanwaltschaft nach § 175 Satz 2 aus.

7. Notanwalt

a) Allgemeines. Ob dem Verletzten zur Stellung eines gerichtlichen Klageerzwin- **156** gungsantrags in analoger Anwendung des § 78 b ZPO ein Rechtsanwalt beigeordnet werden kann, ist seit langem umstritten[371]. Ein Teil der Oberlandesgerichte[372] und des Schrifttums[373] bejaht es. Die von der Mehrzahl der Oberlandesgerichte und im Schrifttum vertretene Gegenmeinung[374] lehnt es mit unterschiedlicher Begründung ab[375]. Überwiegend wird heute die für eine Analogie erforderliche Regelungslücke mit der Begründung verneint, daß der Gesetzgeber spätestens mit dem Erlaß des ProzeßkostenhG

---

[366] OLG Koblenz NJW **1977** 1462; im Schrifttum allg. M.; a. A nur *Knögel* NJW **1966** 1400; **1967** 384. Kontrovers wird im Schrifttum nur behandelt, was zum Mindestinhalt gehört.

[367] OLG München DStR **1937** 171; *Kohlhaas* GA **1954** 137.

[368] KMR-*Müller* 55; *Eb. Schmidt* 26; vgl. OLG München *Alsb.* E 1 435.

[369] KMR-*Müller* 55; *Eb. Schmidt* 26.

[370] Vgl. *Dietz* 56.

[371] Vgl. zum früheren Meinungsstand die Nachw. bei *Rieß* NStZ **1986** 434.

[372] Ausführlich OLG Saarbrücken NJW **1964** 1534 mit Anm. *Meyer* NJW **1964** 1973; OLG Koblenz MDR **1970** 164; Rpfleger **1973** 219; NJW **1982** 61; OLG Stuttgart JZ **1952** 284.

[373] LR-*Meyer-Goßner*[23] 113; *Roxin*[19] § 39 B III 1 b; *Meyer-Goßner* NStZ **1985** 234; *Niese* JZ **1952** 267; *Pentz* NJW **1961** 862; *Rieß* NStZ **1986** 434; im zivilprozessualen Schrifttum *Baumbach/Lauterbach*[44] § 78 b, 1; *Zöller/Vollkommer*[14] § 78 b, 2.

[374] OLG Bremen NStZ **1986** 475 (früher offengelassen in MDR **1966** 1020; Rpfleger **1971** 436); OLG Celle NStZ **1985** 234 mit Anm. *Meyer-Goßner*; OLG Düsseldorf NStZ **1985** 571; OLG Frankfurt NJW **1965** 599 LS; NStZ **1981** 491; OLG Hamburg MDR **1965** 407 (neuerdings offengelassen in MDR **1985** 783); OLG Hamm NJW **1960** 164; OLG Köln OLGSt § 172, S. 49; OLG Schleswig SchlHA **1960** 179; **1961** 220; im Schrifttum KK-*R. Müller* 55; *Kleinknecht/Meyer*[37] 23; KMR-*Müller* 64; *Eb. Schmidt* Nachtr. I 9 b; *Schlüchter* 79. 2; *Meyer* NJW **1964** 1973; *H. W. Schmidt* MDR **1965** 873; im zivilprozessualen Schrifttum eingeschränkt (jedenfalls nicht unmittelbar) *Stein/Jonas/Leipold* § 78 b, 1 Fußn. 1.

[375] Nachw. der verschiedenen Argumente bei *Rieß* NStZ **1986** 434.

     Peter Rieß

durch das Unterlassen einer ausdrücklichen Verweisung auf § 78 b ZPO die Frage verneinend entschieden habe[376]. Teilweise wird aber auch die Vergleichbarkeit der Sachverhalte bestritten[377].

157   Richtigerweise ist die Möglichkeit der Bestellung eines **Notanwalts zu bejahen**[378]. Das Fehlen einer Regelungslücke, also eine bewußte Entscheidung des Gesetzgebers gegen den Notanwalt, läßt sich aus der Untätigkeit des Gesetzgebers bei der Änderung des § 172 durch das 3. StRÄndG und das ProzeßkostenhG schon deshalb nicht ableiten, weil die Frage des Notanwalts außerhalb des Regelungsbereichs der damaligen punktuellen Novellierungen lag[379]. Es kann deshalb dahingestellt bleiben, ob es auf diesen Willen des historischen Gesetzgebers heute überhaupt noch ankommen kann. Vergleichbar ist der in § 78 b ZPO geregelte Sachverhalt mit der Situation im Klageerzwingungsverfahren insbesondere dadurch, daß in beiden Fällen eine Vertretung durch einen Rechtsanwalt zwingend und ohne Ausweichmöglichkeiten vorgeschrieben ist. Kein tragfähiges Gegenargument stellt der Umstand dar, daß im Zivilprozeß nur die Vertretung durch einen bei dem jeweiligen Gericht zugelassenen Rechtsanwalt möglich ist[380]. Dies folgt schon daraus, daß § 78 b ZPO auch für das verwaltungsgerichtliche Verfahren mit Anwaltszwang gilt[381], obwohl dort jeder deutsche Anwalt auftreten kann.

158   **b) Einzelfragen.** Ein Notanwalt kann in analoger Anwendung des § 78 b ZPO nur auf **Antrag des Beschwerdeführers** bestellt werden. Einfache Schriftform und wohl auch Antragstellung zu Protokoll des Urkundsbeamten der Geschäftsstelle reicht aus. Der Beschwerdeführer muß darlegen, daß er trotz der unbeschränkten Auswahlmöglichkeit bei der Beauftragung eines Rechtsanwalts auf unzumutbare Schwierigkeiten gestoßen ist. Er muß also nachweisen, daß er eine gewisse Zahl von Anwälten erfolglos um die Übernahme des Mandats gebeten hat[382]; daß er lediglich vermutet, er werde keinen Anwalt finden, reicht nicht aus[383]. Der Antrag ist als unzulässig zu verwerfen, wenn es an diesen Darlegungen fehlt[384]. Er ist als unbegründet zu verwerfen, wenn ein Klageerzwingungsantrag aussichtslos wäre, seine Unzulässigkeit oder Unbegründetheit also eindeutig erkennbar ist. Anders als bei der Prozeßkostenhilfe (vgl. Rdn. 162) reicht aber mangelnde Erfolgsaussicht nicht aus[385]. Damit diese Prüfungen angestellt werden können, muß der Antrag eine Begründung enthalten[386]; es gelten ähnliche Grundsätze wie bei der Prozeßkostenhilfe (Rdn. 164). Das Gericht ist nicht verpflichtet, den Antragsteller zu einer Ergänzung eines mangelhaften Antrags aufzufordern; es kann den Antrag sogleich zurückweisen.

---

[376] So die OLG Bremen, Celle, Düsseldorf, Frankfurt und Schleswig (jeweils wie Fußn. 374); KK-*R. Müller* 55; *Schlüchter* 79. 2.

[377] So z. B. OLG Frankfurt NStZ **1981** 491; *Meyer* NJW **1964** 1972; *H. W. Schmidt* MDR **1965** 872.

[378] Ausführlich LR-*Meyer-Goßner*[23] 113; *Rieß* NStZ **1986** 433 ff.

[379] Näher *Meyer-Goßner* NStZ **1985** 235; *Rieß* NStZ **1986** 434.

[380] So aber z. B. *Meyer* NJW **1964** 1973; dagegen ausführlich *Rieß* NStZ **1986** 435 f.

[381] *Baumbach/Lauterbach*[44] § 78 b, 5 mit weit. Nachw.

[382] OLG Bremen MDR **1966** 1020; Rpfleger **1971** 436; OLG Koblenz NJW **1982** 328; vgl. auch OLG Hamburg MDR **1985** 783 (ggf. Anfrage bei der Rechtsanwaltskammer); *Baumbach/Lauterbach*[44] § 78 b, 2 A; *Zöller/Vollkommer*[14] § 78 b, 4 mit weit. Nachw.

[383] OLG Koblenz NJW **1982** 338.

[384] OLG Koblenz MDR **1970** 164; Rpfleger **1973** 219 behandelt solche Anträge als unbegründet.

[385] *Baumbach/Lauterbach*[44] § 78 b, 2 A; *Stein/Jonas/Leipold* § 78 b, 8.

[386] OLG Hamburg MDR **1985** 783.

159 Über den Antrag **entscheidet** das Oberlandesgericht, nicht etwa nur dessen Vorsitzender, nach Anhörung der Staatsanwaltschaft (§ 33 Abs. 2) durch Beschluß. Der Anhörung des Beschuldigten bedarf es nicht. Der ablehnende Antrag ist nach § 34, zweite Alternative zu begründen. Beschwerde ist in jedem Fall unzulässig (§ 304 Abs. 4 Satz 2, der den §§ 78 b Abs. 2 und 78 c Abs. 3 ZPO vorgeht). Aufgrund des dem Antrag stattgebenden Beschlusses ordnet der Vorsitzende einen von ihm auszuwählenden Rechtsanwalt bei (§ 78 c Abs. 1 ZPO). Abweichend von § 78 c Abs. 1 Satz 1 ZPO ist nicht erforderlich, daß er bei dem Oberlandesgericht zugelassen ist. Wegen der **Wiedereinsetzung** gegen die Versäumung der Antragsfrist gelten die Ausführungen der Rdn. 169 ff entsprechend.

8. Prozeßkostenhilfe

160 **a) Allgemeines. Anwendbare Vorschriften.** Die lange Zeit sehr umstrittene Frage[387], ob dem Antragsteller Prozeßkostenhilfe (früher Armenrecht) gewährt werden kann, ist durch das 3. StRÄndG bejahend entschieden worden[388]. Absatz 3 Satz 1 zweiter Halbsatz verweist insoweit auf die für bürgerliche Rechtsstreitigkeiten geltenden Vorschriften, also auf die §§ 114 bis 127 a ZPO. Doch gilt diese Verweisung wegen der Besonderheiten des Strafprozesses und des Klageerzwingungsverfahrens nicht uneingeschränkt; sie betrifft in erster Linie die Voraussetzungen und Wirkungen der Prozeßkostenhilfe, nur teilweise auch das Verfahren[389]. **Unanwendbar** sind namentlich § 118 Abs. 1 Satz 3 bis 5, § 119, § 122 Abs. 2, §§ 125, 126, 127 Abs. 2 Satz 2 und 3 und § 127 a ZPO. Die Gewährung von Prozeßkostenhilfe kommt in erster Linie für die Beiordnung eines Rechtsanwalts zur Stellung des Klageerzwingungsantrags in Betracht, regelmäßig also vor der Einreichung des Antrags selbst. Sie ist aber trotz des insoweit nicht ganz klaren Wortlauts des Gesetzes auch noch möglich, wenn der Antrag bereits angebracht ist, insbesondere, um Befreiung von einer nach § 176 Abs. 1 angeordneten Sicherheitsleistung zu erlangen (§ 121 Abs. 1 Nr. 2 ZPO).

161 **b) Voraussetzungen.** Der Antragsteller muß nach Maßgabe der in den §§ 114 bis 116 getroffenen Regelung nach seinen **persönlichen und wirtschaftlichen Verhältnissen** die Kosten für das Klageerzwingungsverfahren nicht oder nur in Raten aufbringen können. Als **Kosten** kommen in Betracht[390]: die Gebühr für das Klageerzwingungsverfahren[391] und die insoweit entstehenden Auslagen der Staatskasse, die Gebühr für den Rechtsanwalt[392] sowie eine etwa nach § 176 auferlegte Sicherheit, regelmäßig also, wenn nicht etwa im Zuge der eigenen Ermittlungen des Oberlandesgerichts aufwendige Sachverständigengutachten erforderlich werden, keine sehr erheblichen Beträge. Nicht in die Berechnung einzubeziehen sind die ggf. nach § 177 dem Antragsteller aufzuerlegenden notwendigen Auslagen des Beschuldigten (§ 177, 7 f)[393], da insoweit die Prozeß-

---

[387] Nachw. z. B. bei LR-*Kohlhaas*[20] 9 b; *Eb. Schmidt* 20; *Niese* JZ **1952** 649; *Dietz* 56 f; kritisch zur Neuregelung wegen vermeintlicher Besserstellung des Minderbemittelten *Mittelbach* DRiZ **1954** 260.

[388] Bereits vor dem Inkrafttreten, aber nachdem die Änderung bereits beschlossen war, hatte BVerfGE **2** 336 = NJW **1953** 1097 entschieden, daß die Versagung des Armenrechts gegen Art. 3 GG verstoße.

[389] Vgl. § 397, 20 ff und die Zusammenstellung bei *Poppe* NJW **1953** 1501.

[390] Vgl. auch die Zusammenstellung der Kostenpositionen bei *Poppe* NJW **1953** 1500, die jedoch im einzelnen überholt ist.

[391] Zur Zeit DM 40,– (Nr. 1638 der Anlage 1 zum GKG).

[392] Vgl. § 91 Nr. 2 und § 97 BRAGO. Die Gebühr beträgt derzeit für den gewählten Rechtsanwalt DM 35,– bis DM 455,–, für den im Wege der Prozeßkostenhilfe beigeordneten DM 140,–.

[393] A. A LR-*Meyer-Goßner*[23] 101; vgl. auch *Poppe* NJW **1953** 1500.

kostenhilfe die Erstattungspflicht nicht berührt (§ 123 ZPO). Der Antragsteller muß ferner schon für den Antrag auf Prozeßkostenhilfe **prozeßfähig** sein oder durch seinen gesetzlichen Vertreter vertreten werden[394].

162   Sachlich verlangt § 114 ZPO **hinreichende Erfolgsaussicht.** Sie setzt voraus, daß die materiellen und formellen Voraussetzungen des Klageerzwingungsantrags vorliegen oder voraussichtlich bei Mitwirkung eines Rechtsanwalts zu erbringen sein würden. Dies muß der Prozeßkostenhilfeantrag darlegen (Rdn. 164). Sie fehlt, wenn der Klageerzwingungsantrag unzulässig wäre, beispielsweise, weil das Klageerzwingungsverfahren überhaupt nicht eröffnet ist, der Antragsteller nicht Verletzter ist, die Vorschaltbeschwerde fehlt oder verspätet ist oder die Frist für den Klageerzwingungsantrag bereits abgelaufen ist, sowie dann, wenn der Antrag wegen Fehlens eines hinreichenden Tatverdachts als unbegründet erscheinen würde. Ob die weitere sachliche Voraussetzung des § 114 ZPO, daß der Antrag **nicht mutwillig** sein darf, für das Klageerzwingungsverfahren eine Rolle spielt, ist zweifelhaft und wohl eher zu verneinen[395]. Der dazu allgemein entwickelte Maßstab, daß darauf abzustellen sei, was eine verständige, ausreichend bemittelte Partei im gleichen Fall tun würde[396], bezieht sich im wesentlichen auf hier nicht passende wirtschaftliche Überlegungen. Allenfalls könnten Fälle in Betracht kommen, in denen sicher abzusehen ist, ein gerichtlich anhängiges Verfahren gegen den Beschuldigten werde nach den §§ 153 ff eingestellt werden[397].

163   c) Der **Antrag** auf Gewährung von Prozeßkostenhilfe kann schriftlich oder zu Protokoll der Geschäftsstelle (§ 117 Abs. 1 ZPO) gestellt werden. Für den nicht auf freiem Fuß befindlichen Antragsteller gilt § 299 Abs. 2 nach h. M. nicht[398]. Vertretung durch einen Rechtsanwalt ist nicht erforderlich, soweit nicht mit dem Antrag der Antrag auf gerichtliche Entscheidung selbst verbunden wird[399]. Die Frist für den Klageerzwingungsantrag selbst gilt im Ergebnis auch für den Prozeßkostenhilfeantrag (Rdn. 169); innerhalb dieser Frist muß die Erklärung zu den persönlichen und wirtschaftlichen Verhältnissen auf den amtlich vorgeschriebenen Vordrucken abgegeben werden[400]. Der Antrag kann nicht unter einer Bedingung gestellt werden[401], unschädlich, weil bloß die gesetzlichen Voraussetzungen enthaltend, wäre freilich die Bedingung, daß ein Klageerzwingungsantrag aussichtsreich erscheint.

164   Der Antrag bedarf der **Begründung** (§ 117 Abs. 1 Satz 2 ZPO), die auch dartun muß, daß hinreichende Erfolgsaussicht besteht. Dazu gehört mindestens die Mitteilung der Tatsachen, aus denen sich die formellen Voraussetzungen für das Klageerzwingungsverfahren ergeben (Rdn. 145), sowie eine kurze Angabe des Sachverhalts, der eine Beurteilung der materiellen Erfolgsaussicht gestattet[402]. Die Anforderungen dürfen

---

[394] OLG Hamburg NJW **1966** 1934; KG JR **1960** 29 mit Anm. *Dünnebier;* im Schrifttum jetzt allg. M.; a. A OLG Nürnberg GA **1965** 118.

[395] Ähnlich *Poppe* NJW **1953** 1501; KMR-*Müller* 61; a. A wohl LR-*Meyer-Goßner*[23] 102; vgl. auch KK-*R. Müller* 52; *Kohlhaas* GA **1954** 137.

[396] Vgl. z. B. *Baumbach/Lauterbach*[44] § 114, 2 B 2 sowie (ausführlich) *Zöller/Schneider*[14] § 114, 50 ff.

[397] So auch *Poppe* NJW **1953** 1501; vgl. auch KMR-*Müller* 61.

[398] KG JR **1964** 28; OLG Stuttgart Justiz **1983**

342; näher bei § 299; a. A OLG Bremen NJW **1962** 169; LR-*Meyer-Goßner*[23] 105 a. E.

[399] Vgl. *Kohlhaas* GA **1954** 138.

[400] OLG Koblenz MDR **1985** 957; OLG Stuttgart Justiz **1984** 368; vgl. § 117 Abs. 3, 4 ZPO in Vbdg. mit der VO vom 24. 11. 1980 (BGBl. I S. 2163).

[401] OLG Hamburg MDR **1984** 775.

[402] OLG Bremen OLGSt § 172, S. 126; OLG Celle GA **1957** 276; OLG Hamburg NJW **1966** 1934; OLG Köln OLGSt § 172, S. 113; OLG Koblenz MDR **1972** 886; OLG Stuttgart Justiz **1983** 342; KK-*R. Müller* 31; *Kleinknecht/Meyer*[37] 21; KMR-*Müller* 62; vgl.

aber nicht überspannt werden, da Anwaltszwang nicht besteht und auch bei Mitwirkung eines Anwalts für dieses Gesuch nicht verlangt werden kann, daß der Rechtsanwalt die Arbeit für einen vollständigen Klageerzwingungsantrag erbringt[403]. Bezugnahmen sind zulässig[404]. Eine inhaltliche Auseinandersetzung mit den Einstellungsbescheiden ist für das Prozeßkostenhilfegesuch auch dann nicht erforderlich, wenn sie entgegen der in diesem Kommentar vertretenen Auffassung mit der herrschenden Rechtsprechung für den Klageerzwingungsantrag für notwendig gehalten wird (Rdn. 150 f). Diese Erleichterungen gelten nicht, wenn zugleich mit dem Prozeßkostenhilfeantrag ein vollständiger Antrag nach § 172 Abs. 2 Satz 1, Abs. 3 eingereicht wird.

d) Verfahren und Entscheidung. Vor der Entscheidung ist die Staatsanwaltschaft **165** stets zu hören (§ 33 Abs. 2). Eine **Anhörung des Beschuldigten** ist bei Ablehnung des Gesuchs entbehrlich. Sie ist aber, außerhalb der eng auszulegenden[405] Ausnahmemöglichkeit gemäß § 118 Abs. 1 Satz 1 ZPO, stets erforderlich, wenn die Gewährung von Prozeßkostenhilfe in Betracht kommt[406]. Zwar ist der Beschuldigte nicht Partei des Klageerzwingungsverfahrens und schon gar nicht des vorgeschalteten Prozeßkostenhilfeverfahrens. Die Gewährung von Prozeßkostenhilfe beeinträchtigt aber seine Position insoweit, als mit ihr die Befreiung von der Pflicht verbunden ist, eine nach § 176 angeordnete Sicherheit zu leisten, und diese Sicherheitsleistung dient auch dem Schutz des Beschuldigten. Darüberhinaus wird nicht selten mit der Entscheidung über die Prozeßkostenhilfe eine Vorentscheidung über den Klageerzwingungsantrag selbst getroffen. Einzelne **Ermittlungen**, auch über die Frage des hinreichenden Tatverdachts im Sinne des § 173 Abs. 3, sind zulässig (§ 118 Abs. 2 Satz 2, 3 ZPO). Liegt nur ein Prozeßkostenhilfeantrag, aber noch kein Klageerzwingungsantrag vor, so sollten sich diese Ermittlungen allerdings darauf beschränken, die hinreichende Erfolgsaussicht dieses Gesuches festzustellen[407].

Über die **Gewährung** der Prozeßkostenhilfe entscheidet das Oberlandesgericht **166** durch stets unanfechtbaren (§ 304 Abs. 4 Satz 2) **Beschluß.** Die Ablehnung ist zu begründen (§ 34, zweite Alternative). Der Antrag wird zurückgewiesen, wenn seine formellen Voraussetzungen (Rdn. 163) nicht vorliegen, wenn der Antragsteller die persönlichen Voraussetzungen nicht erfüllt oder wenn es an der hinreichenden Erfolgsaussicht fehlt, und zwar je nach Sachlage als unzulässig oder unbegründet, woran sich keine unterschiedlichen Rechtsfolgen knüpfen. Die **Aufhebung** der Bewilligung ist unter den Voraussetzungen des § 124 ZPO zulässig.

e) Die Wirkung einer Entscheidung, durch die Prozeßkostenhilfe bewilligt wird, **167** besteht zunächst darin, daß die Pflicht zur Leistung einer nach § 176 auferlegten Sicherheit entfällt (§ 122 Abs. 1 Nr. 2 ZPO) und die Verpflichtung zur Zahlung von Gerichtskosten sich nach § 122 Abs. 1 Nr. 1 Buchst. a ZPO richtet.

Da der Klageerzwingungsantrag nur durch einen Rechtsanwalt gestellt werden **168** kann, besteht bei Gewährung von Prozeßkostenhilfe regelmäßig Anspruch auf **Beiord-**

---

auch OLG Karlsruhe NJW **1973** 1658 (Unzulässigkeit eines Antrags, der nur Beschimpfungen enthält).

[403] OLG Köln OLGSt § 172, S. 113.
[404] KMR-*Müller* 62; *Kohlhaas* GA **1954** 138; *Mittelbach* DRiZ **1954** 260; *Poppe* NJW **1953** 1501; einschränkend (allgemeiner Hinweis auf Akteninhalt reicht nicht aus) OLG Bremen OLGSt § 172, S. 126.

[405] Vgl. *Zöller/Schneider*[14] § 118, 1 mit Nachw. zur im Zivilprozeß umstrittenen Frage des Anwendungsbereichs in Rdn. 2 ff.
[406] KK-*R. Müller* 33; *Kleinknecht/Meyer*[37] 21; KMR-*Müller* 63; *Röhl* NJW **1964** 275; vgl. auch BayVerfGH JR **1962** 316.
[407] *Poppe* NJW **1953** 1501.

Peter Rieß

nung eines Rechtsanwalts nach § 121 Abs. 1 ZPO. Beizuordnen ist dem Antragsteller der vertretungsbereite Rechtsanwalt seiner Wahl, wenn er einen solchen bezeichnet. Eine Auswahl und Bestellung durch den Vorsitzenden erfolgt nur, wenn der Antragsteller keinen Rechtsanwalt findet (§ 121 Abs. 4 ZPO). **Keine Beiordnung** eines Rechtsanwalts ist dagegen in der Regel erforderlich, wenn der Klageerzwingungsantrag bereits vor Anbringung des Prozeßkostenhilfeantrags gestellt war und diese nunmehr mit dem Ziel begehrt wird, die Befreiung von einer auferlegten Sicherheit oder die Kostenfolgen nach § 122 Abs. 1 Nr. 1 ZPO zu erreichen. Denn die einzige zwingend an die Mitwirkung eines Rechtsanwalts geknüpfte Prozeßhandlung liegt dann bereits vor; die Voraussetzungen des § 121 Abs. 2 und 3 ZPO werden kaum jemals gegeben sein.

169   **f) Frist. Wiedereinsetzung.** Der Prozeßkostenhilfeantrag als solcher ist nicht fristgebunden; er ist zulässig, solange das Klageerzwingungsverfahren überhaupt noch gerichtlich anhängig ist. Allerdings setzt die Bewilligung voraus, daß überhaupt noch eine für die Wirkungen der Prozeßkostenhilfe relevante Sachlage eintreten kann, denn die Prozeßkostenhilfe kann allenfalls bis zum Zeitpunkt der Antragstellung zurückbezogen werden[408]. Die Frage der Fristwahrung und der Heilung einer versäumten Frist stellt sich hiervon abgesehen nur in bezug auf die Monatsfrist nach Absatz 2 Satz 1. Diese wird stets gewahrt, wenn zugleich mit dem Prozeßkostenhilfeantrag innerhalb der Monatsfrist ein den gesetzlichen Anforderungen entsprechender Klageerzwingungsantrag gestellt wird. Dazu muß der Antragsteller freilich einen Anwalt finden, der ohne vorherige Prozeßkostenbewilligung die sehr formstrenge Arbeit der Einreichung einer Antragsschrift auf sich nehmen will. Die Einreichung des **Prozeßkostenhilfeantrags** allein **wahrt** an sich die **Antragsfrist** nach Absatz 2 Satz 1 **nicht**; doch stellt der Umstand, daß der Antragsteller auf die Gewährung von Prozeßkostenhilfe angewiesen ist oder dies zumindest ohne Verschulden annehmen konnte, einen **Wiedereinsetzungsgrund** dar. Da der minderbemittelte Antragsteller in bezug auf die ihm zur Verfügung stehende Frist nicht schlechter gestellt werden darf als der wohlhabende[409], darf er für den Prozeßkostenhilfeantrag die Monatsfrist voll ausnutzen[410], muß sie aber hierfür auch einhalten, denn andernfalls wäre die Fristversäumung nicht allein auf sein Unvermögen zurückzuführen, den Antrag ohne Prozeßkostenhilfe zu stellen, und damit nicht unverschuldet. Im einzelnen gilt folgendes:

170   Meint der Antragsteller, Anspruch auf Prozeßkostenhilfe zu haben, so muß er **innerhalb der Monatsfrist** des Absatz 2 Satz 1 den **Prozeßkostenhilfeantrag** stellen[411]. Er ist aber nicht verpflichtet, dies so rechtzeitig zu tun, daß im normalen Geschäftsgang über ihn noch vor Ablauf der Monatsfrist entschieden werden kann[412]. Mit der Entscheidung über den Prozeßkostenhilfeantrag und seine Mitteilung darüber an den Antragsteller entfällt das der Fristwahrung entgegenstehende Hindernis, damit wird die **Wiedereinsetzungsfrist** nach § 45 Abs. 1 Satz 1 in Lauf gesetzt. Wird Prozeßkostenhilfe bewilligt und erst danach nach § 121 Abs. 1 oder Abs. 4 ZPO ein Rechtsanwalt beigeordnet, so beginnt die Frist erst mit der Beiordnung. Der Antragsteller kann nunmehr binnen **einer Woche** den Klageerzwingungsantrag stellen und muß zugleich Wiedereinset-

[408] Vgl. im einzelnen mit weit. Nachw. *Zöller/Schneider*[14] § 119, 17 ff.

[409] OLG Celle MDR **1977** 160; vgl. BVerfGE **40** 42 = NJW **1975** 1403; **41** 23 und öfter.

[410] Heute allg. M., vgl. z. B. BGHZ **16** 1; OLG Bremen NJW **1962** 169; OLG Celle MDR **1977** 160; OLG Hamm Rpfleger **1961** 81; KK-*R. Müller* 31; *Kleinknecht/Meyer*[37] 25.

[411] OLG Hamburg MDR **1984** 775; OLG Koblenz MDR **1985** 957; OLG Stuttgart Justiz **1983** 342; **1984** 369; vgl. auch Fußn. 410.

[412] So z. B. noch LR-*Kohlhaas*[22] 12 e; *Eb. Schmidt* 21; *Kohlhaas* GA **1954** 138.

zung in den vorigen Stand beantragen[413]; versäumt er allein dieses, so kann und sollte Wiedereinsetzung von Amts wegen gewährt werden (§ 45 Abs. 2 Satz 2).

Ob Prozeßkostenhilfe bewilligt oder abgelehnt wird, ist für die Frage der Wieder- **171** einsetzung grundsätzlich unerheblich. Bei Ablehnung der Prozeßkostenhilfe kann jedoch **keine Wiedereinsetzung** gewährt werden, wenn für die Fristversäumung nicht allein der Umstand ursächlich war, daß der Antragsteller minderbemittelt ist und deshalb einen Prozeßkostenhilfeantrag stellen mußte, sondern auch ein anderer Umstand, an dem ihn ein Verschulden trifft. Dies ist beispielsweise der Fall, wenn der Prozeßkostenhilfeantrag abgelehnt worden ist, weil er nicht ausreichend substantiiert ist[414] oder wenn die persönlichen Voraussetzungen für die Prozeßkostenhilfe nicht vorlagen und der Antragsteller hiermit auch nicht rechnen konnte[415].

Schwierigkeiten und Unbilligkeiten können sich aus den unterschiedlichen Fristen **172** für die Wiedereinsetzung (eine Woche) und für das Klageerzwingungsverfahren selbst (ein Monat) ergeben. Die ganz h. M. läßt die Wochenfrist nach § 45 Abs. 1, innerhalb derer zugleich die versäumte Handlung vorzunehmen ist, der eigentlich vom Gesetz eingeräumten Monatsfrist vorgehen und zwingt damit den erst jetzt beigeordneten Rechtsanwalt zu einer beschleunigten Bearbeitung und Antragstellung. Sie verkürzt damit die dem Antragsteller zur Verfügung stehende Zeit gegenüber einem nicht auf Prozeßkostenhilfe angewiesenen in bedenklichem Maße[416]. Der BGH hat für den Fall der Versäumung der Revisionsbegründungsfrist wegen unzulässiger Mehrfachverteidigung zwar die Wochenfrist durch die Monatsfrist des § 345 Abs. 1 ersetzt, dies jedoch mit besonderen Umständen begründet[417], so daß die Rechtsprechung wohl nicht dazu neigen wird, diesen Gedanken zu verallgemeinern. Es kann aber jedenfalls dann bei Versäumung der sich aus § 45 Abs. 2 Satz 2 ergebenden Wochenfrist für den Klageerzwingungsantrag selbst eine erneute Wiedereinsetzung beantragt und bewilligt werden, wenn auch mit zumutbaren Anstrengungen die verkürzte Frist nicht eingehalten werden konnte und deshalb insoweit kein Verschulden vorliegt. Einzuhalten ist aber stets die Wochenfrist für den Wiedereinsetzungsantrag selbst nach § 45 Abs. 1 Satz 1. Gleiche Grundsätze gelten, wenn die Prozeßkostenhilfe noch vor Ablauf der Monatsfrist gewährt wird, der verbleibende Zeitraum aber nur noch wenige Tage beträgt.

VI. Entscheidung des Gerichts

1. Zuständigkeit. Zuständig für die Entscheidung über den Klageerzwingungsan- **173** trag ist das **Oberlandesgericht** (Absatz 4 Satz 2), und zwar ein Strafsenat in der Besetzung mit drei Richtern (§ 122 Abs. 1 GVG). **Örtlich zuständig** ist das Oberlandesgericht, in dessen Bezirk die Staatsanwaltschaft ihren Sitz hat, die den Einstellungsbescheid erlassen hat. Eine Entscheidung in der Sache kann das Oberlandesgericht aber nur treffen, wenn im Zeitpunkt seiner Entscheidung eine Staatsanwaltschaft, die zu seinem Bezirk gehört, zu Anklageerhebung zuständig wäre, also, wegen § 143 Abs. 1 GVG, wenn

---

[413] OLG Celle MDR **1977** 160; OLG Hamburg MDR **1984** 775; KK-*R. Müller*; 31; *Kleinknecht/Meyer*[37] 25 (der allerdings von „unverzüglicher" Antragstellung spricht); KMR-*Müller* 65; vgl. auch § 45, 28; *Dallinger* JZ **1953** 440.

[414] Rdn. 164; vgl. auch OLG Stuttgart Justiz **1973** 100.

[415] Vgl. mit weit. Nachw. *Zöller/Stephan*[14] § 233, 23 Stichw. Armenrecht unter 4 b.

[416] Zur vergleichbaren, wenn auch wegen der Zweiwochenfrist und der Möglichkeit der Fristverlängerung weniger krassen Situation im Zivilprozeß s. mit weit. Nachw. *Zöller/Stephan*[14] § 234, 7.

[417] BGHSt **32** 336, 338 f; näher § 45, 28.

Peter Rieß

in diesem überhaupt ein Gerichtsstand begründet wäre[418]. Ist dies nicht oder nicht mehr der Fall, so ist der Antrag als unzulässig zu verwerfen; der Antragsteller kann bei der örtlich zuständigen Staatsanwaltschaft seine Rechte weiterverfolgen[419]. Solche Fälle können etwa eintreten, wenn in einem gegen mehrere Beschuldigte geführten Ermittlungsverfahren nur durch die Person eines Beschuldigten ein Gerichtsstand begründet wird, das Verfahren gegen diesen eingestellt wird und insoweit ein Klageerzwingungsverfahren nicht betrieben oder der Antrag zurückgewiesen wird.

174   In **Staatsschutz-Strafsachen** im Sinne der §§ 74 a, 120 GVG ist das nach § 120 GVG zuständige Oberlandesgerichts für das Klageerzwingungsverfahren zuständig (Absatz 4 Satz 2). In Bayern ist das BayObLG zuständig[420]. Die Zuständigkeit dieses Oberlandesgerichts für Sachen, die vor die nach § 74 a GVG zuständige Strafkammer gehören würden und bei denen der Einstellungsbescheid von einer Staatsanwaltschaft beim Landgericht erlassen ist, folgt aus der sinngemäßen Anwendung des § 120 Abs. 3, 4 GVG[421]. Wäre das Oberlandesgericht im ersten Rechtszug nach § 120 GVG zuständig und ist die Einstellung vom Generalstaatsanwalt beim Oberlandesgericht verfügt worden (§ 142 a Abs. 2), so ist örtlich das Oberlandesgericht zuständig, das auch als erkennendes Gericht des ersten Rechtszuges zuständig wäre[422]. Stammt der Einstellungsbescheid vom Generalbundesanwalt (§ 142 a Abs. 1 GVG), so ist jedes Oberlandesgericht zuständig, das für die Entscheidung in der Sache zuständig wäre[423]. Der Antragsteller kann den Antrag also, wenn mehrere Gerichtsstände vorhanden sind, nach seiner Wahl an verschiedene Oberlandesgerichte richten.

175   **2. Ausschließung und Ablehnung.** Für die **Ausschließung** eines Richters gelten die §§ 22, 23. Ein Richter ist nicht deshalb ausgeschlossen, weil er in dem Verfahren mitgewirkt hat, in dessen Verlauf die behauptete Straftat begangen sein soll[424]. **Ablehnung wegen Besorgnis der Befangenheit** ist in sinngemäßer Anwendung des § 24 zulässig[425]. Sie ist aber nicht mehr möglich, wenn der Ablehnungsantrag erst nach der Entscheidung des Gerichts angebracht wird[426].

176   **3. Inhalt.** Der Antrag auf gerichtliche Entscheidung wird als **unzulässig** verworfen, wenn seine Zulässigkeitsvoraussetzungen nicht vorliegen, als **unbegründet**, wenn es am genügenden Anlaß zur Erhebung der öffentlichen Klage, also am hinreichenden Tatverdacht (§ 170, 20) fehlt. Die Einzelheiten sind bei § 174 erläutert. Zur Entscheidung bei **begründetem Antrag** s. die Erl. zu § 175. Eine Einstellung nach den §§ 153 ff ist im gerichtlichen Klageerzwingungsverfahren nicht zulässig (umstritten, s. näher § 174, 8 ff).

---

[418] OLG Oldenburg NJW **1954** 166; KK-*R. Müller* 56.

[419] OLG Oldenburg NJW **1954** 166; KK-*R. Müller* 57.

[420] BGHSt **28** 103, 105 f.

[421] Vgl. auch BGHSt **28** 105 f, wo der BGH hiervon ohne nähere Begründung ausgeht; BTDrucks. V 4086, S. 10.

[422] Vgl. § 120 Abs. 5 GVG.

[423] Vgl. BTDrucks. V 4086, S. 10, 13.

[424] OLG Düsseldorf NJW **1982** 2832 (für den Fall des Meineidsvorwurfs gegen einen im früheren Verfahren vernommenen Zeugen).

[425] Näher mit weit. Nachw. § 24, 42; ferner OLG Koblenz NStZ **1983** 470; *Ostler* 18.

[426] OLG Hamm NJW **1976** 1701; **a. A** OLG Saarbrücken NJW **1975** 399 mit abl. Anm. *Meyer-Goßner* NJW **1975** 1179; OLG Koblenz NStZ **1983** 470 (für den Fall eines Nachverfahrens nach § 33 a); vgl. aber auch OLG Koblenz NStZ **1983** 471 (keine Rückwirkung der Ablehnungsentscheidung auf den ursprünglichen Beschluß); vgl. auch OLG Schleswig SchlHA **1976** 44; § 25, 5 mit weit. Nachw.

4. Absehen von der Entscheidung. Das Oberlandesgericht sieht von einer Ent- **177** scheidung über das Klageerzwingungsbegehren ab, wenn der Antrag zurückgenommen wird (Rdn. 155), ebenso bei Tod des Antragstellers (Rdn. 44) oder des Beschuldigten. Einer besonderen Einstellung des Verfahrens bedarf es in diesen Fällen nicht, ggf. ist eine Kostenentscheidung zu treffen (§ 177, 4).

Von einer Entscheidung wird auch abgesehen, wenn wegen der **Tat**, die Gegen- **178** stand des Klageerzwingungsantrags ist, ein Verfahren **gerichtlich anhängig** wird[427]. Dazu kann es kommen, wenn die Staatsanwaltschaft, wozu sie auch nach dem Antrag auf gerichtliche Entscheidung jederzeit berechtigt ist, aufgrund neuer Tatsachen oder Beweismittel oder nur aufgrund einer veränderten Bewertung der Umstände die öffentliche Klage erhebt, wenn diese von einer anderen Staatsanwaltschaft in einem anderen Verfahren erhoben wird oder wenn in einem dieselbe Tat betreffenden Bußgeldverfahren nach § 81 OWiG der Übergang ins Strafverfahren erfolgt. Einer Rücknahme des Antrags bedarf es nicht[428]. Zur Frage, ob in diesen Fällen eine Feststellungsentscheidung ergehen kann, s. § 175, 25. Eine in Unkenntnis anderweitiger Anhängigkeit ergehende Entscheidung über den Klageerzwingungsantrag wird als gegenstandslos anzusehen sein.

Anders als bei der Vorschaltbeschwerde (vgl. Rdn. 113) erledigt sich der Antrag **179** grundsätzlich nicht dadurch, daß die Staatsanwaltschaft, wozu sie allerdings berechtigt ist, von Amts wegen oder aufgrund des Antragsvorbringens die **Ermittlungen wieder aufnimmt**[429]. Der Antragsteller kann freilich aufgrund dieser Wiederaufnahme der Ermittlungen den Antrag (mit der Kostenfolge des § 177) zurücknehmen. Ihm steht dann bei erneuter Einstellung das Klageerzwingungsverfahren uneingeschränkt wieder offen (Rdn. 38). Es ist wohl auch zulässig, daß das Oberlandesgericht jedenfalls dann bis zum Abschluß der neuen Ermittlungen seine Entscheidung zurückstellt, wenn der Antragsteller zustimmt und wenn es aufgrund der Ermittlungen als naheliegend erscheint, daß ein derzeit noch unbegründeter Antrag sich als begründet erweisen könnte. Nach einer in der Rechtsprechung vertretenen Auffassung[430] soll das Oberlandesgericht auch dann den Antrag für erledigt erklären können, wenn der Antragsteller neben seinem Klageerzwingungsantrag eine „Nachtragsanzeige" mit neuen Tatsachen oder Beweismitteln bei der Staatsanwaltschaft erstattet und diese die Ermittlungen wieder aufgenommen hat.

---

[427] KK-*R. Müller* 57; KMR-*Müller* 56.
[428] **A. A** früher z. B. OLG München *Alsb.* E 1 425; *Dietz* 60 (Verwerfung des Antrags als unzulässig, wenn keine Rücknahme erfolgt); dagegen (wie hier) *Ostler* 123 f.
[429] OLG München NJW **1964** 170; KMR-*Müller* 56; LR-*Meyer-Goßner*[23] 122; vgl. auch § 173, 18 f.

[430] OLG München NJW **1964** 170 (jedenfalls, wenn die Akten noch nicht dem OLG vorgelegt worden sind, das Verfahren erst eingestellt und hiergegen wieder Vorschaltbeschwerde erhoben worden ist); ebenso LR-*Meyer-Goßner*[23] 122; KMR-*Müller* 56.

§ 173

(1) Auf Verlangen des Gerichts hat ihm die Staatsanwaltschaft die bisher von ihr geführten Verhandlungen vorzulegen.

(2) Das Gericht kann den Antrag unter Bestimmung einer Frist dem Beschuldigten zur Erklärung mitteilen.

(3) Das Gericht kann zur Vorbereitung seiner Entscheidung Ermittlungen anordnen und mit ihrer Vornahme einen beauftragten oder ersuchten Richter betrauen.

Schrifttum siehe bei § 172.

Entstehungsgeschichte. Die Vorschrift ist, abgesehen von der Zeit der Beseitigung des Klageerzwingungsverfahrens (vgl. Entstehungsgeschichte zu § 172), im wesentlichen unverändert geblieben. Lediglich der letzte Satzteil von Absatz 3 lautete ursprünglich „eines seiner Mitglieder, den Untersuchungsrichter oder den Amtsrichter beauftragen" und erhielt seine heutige Fassung erst durch Art. 1 Nr. 56 1. StVRG. Bezeichnung bis 1924: § 171.

Übersicht

1   **1. Bedeutung der Vorschrift.** Die Vorschrift regelt (nicht umfassend) das vom Gericht einzuhaltende Verfahren. Aus ihr ergibt sich, wie aus den §§ 174, 175, daß für das Gericht auch im Klageerzwingungsverfahren die **Instruktionsmaxime** gilt[1]. Gegenstand der gerichtlichen Prüfung und Entscheidung ist also in tatsächlicher Hinsicht nicht allein das Vorbringen des Antragstellers, und das Gericht ist weder an die rechtliche Würdigung im Klageerzwingungsantrag gebunden noch an die, die dem Einstellungsbescheid zugrundeliegt. Allerdings ist, entsprechend der Regelung in § 156 Abs. 1, das Oberlandesgericht auf die Untersuchung derjenigen prozessualen Tat beschränkt, die den Gegenstand des Klageerzwingungsantrags nach § 172 Abs. 2 Satz 1 darstellt und durch die nach § 172 Abs. 3 Satz 1 geforderten Angaben ausreichend konkretisiert ist. Auch insoweit ist das Gericht zur eigenen Sachverhaltsfeststellung nur berechtigt (und verpflichtet), als das Klageerzwingungsverfahren zulässig ist, und das Ziel der Tätigkeit des Gerichts ist lediglich die Gewinnung einer Entscheidungsgrundlage über das Vorliegen eines hinreichenden Tatverdachts im Sinne des § 203.

2   Das gerichtliche Klageerzwingungsverfahren ist noch **Bestandteil des Ermittlungsverfahrens**, also nach der Terminologie der StPO des Verfahrens zur Vorbereitung der öffentlichen Klage, wenn auch in der Hand des Gerichts und teilweise aufgrund beson-

---

[1] *Ostler* 21 ff; vgl. auch (im einzelnen zu weitgehend) *Knögel* NJW **1966** 1400; **1967** 383.

derer Vorschriften. Es gilt deshalb **Freibeweis**[2] und es sind die Vorschriften über das Ermittlungsverfahren ergänzend heranzuziehen.

2. Vorlage der Ermittlungsakten. Absatz 1 gibt dem Gericht lediglich die Befugnis, von der Staatsanwaltschaft die Vorlage der „bisher von ihr geführten Verhandlungen" zu verlangen, also die Akten des Ermittlungsverfahrens beizuziehen. Doch ist dies regelmäßig unerläßlich, wenn sich der Antrag nicht von vornherein als unzulässig erweist, denn er allein ist keine ausreichende Grundlage für die Entscheidung des Gerichts in sachlicher Hinsicht[3]. In der Praxis legt daher die Staatsanwaltschaft die Akten regelmäßig ohne besondere Aufforderung des Gerichts zugleich mit ihrer stets erforderlichen Stellungnahme (Rdn. 5) vor[4], wenn nicht das Gericht hierauf zunächst erkennbar verzichtet. **3**

Vorzulegen sind die **gesamten Akten** des Ermittlungsverfahrens, wie im Falle des § 199 Abs. 2 Satz 2. Auf die Erläuterungen in § 199 Rdn. 7 bis 23 wird verwiesen. Betrifft das Ermittlungsverfahren mehrere prozessuale Taten, so umfaßt die Vorlagepflicht nach Absatz 1 diejenigen Akten und Beiakten nicht, deren Inhalt ausschließlich für Täter bedeutsam ist, die nicht vom Klageerzwingungsantrag betroffen sind, ebensowenig diejenigen (trennbaren) Akten, die sich nur mit den persönlichen Verhältnissen solcher Beschuldigter befassen, gegen die sich der Klageerzwingungsantrag nicht richtet. Im übrigen steht es im Ermessen des Gerichts, ob es, etwa bei besonders umfangreichen Ermittlungsakten, auf die Vorlage bestimmter Unterlagen (etwa Spurenakten, Beweismittelsammlungen oder Beiakten) zunächst verzichtet. Zur Frage, ob einzelne Aktenteile unter Berufung auf § 96 von der Vorlage ausgenommen werden können, s. § 96, 55 ff; § 199, 13 und bei § 163. **4**

3. Anhörungen

a) Die **Staatsanwaltschaft** ist gemäß § 33 Abs. 2 stets zu hören[5], auch wenn der Antrag, ohne daß die Beiziehung der Ermittlungsakten erforderlich wird, als unzulässig verworfen werden soll. Anzuhören ist regelmäßig der **Generalstaatsanwalt** beim Oberlandesgericht, in den Fällen des § 142 a Abs. 1 Satz 1 GVG der **Generalbundesanwalt**. Die Staatsanwaltschaft muß Gelegenheit haben, sich zu den Entscheidungsgrundlagen zu äußern, auf die das Gericht bei seiner abschließenden Entscheidung zurückgreift. Deshalb ist ggf. eine nochmalige Anhörung erforderlich, wenn das Gericht Ermittlungen nach Absatz 3 angestellt hat, wenn der Beschuldigte sich geäußert hat oder wenn der Antragsteller ergänzende Ausführungen gemacht hat. **5**

b) Der **Beschuldigte** kann, wie Absatz 2 klarstellt, stets gehört werden. Von dieser Möglichkeit wird das Gericht im allgemeinen keinen Gebrauch machen, wenn der Antrag alsbald als unzulässig zu verwerfen ist oder wenn sich aus der Stellungnahme der Staatsanwaltschaft oder den beigezogenen Ermittlungsakten seine Unbegründetheit ergibt. Der Beschuldigte **muß gehört werden**, wenn das Gericht dem Antrag stattgeben will. Das folgt aus § 175 Satz 1 und (unabhängig hiervon) aus dem Anspruch auf rechtliches Gehör (Art. 103 Abs. 1 GG)[6]. Ist hiergegen verstoßen worden, so ist die Anhörung im Verfahren nach § 33 a nachzuholen; der Beschuldigte kann nicht auf sein Äußerungs- **6**

---

[2] *Ostler* 119.
[3] *Eb. Schmidt* 1; vgl. auch *Peters*[4] § 57 IV (S. 537: Gesetzgeber verfährt umständlich).
[4] KK-*R. Müller* 1; KMR-*Müller* 1.
[5] Heute allg. M, die abweichende Auffassung

von *Ostler* 116, der § 309 analog anwenden will, ist vereinzelt geblieben.
[6] BVerfGE **17** 356, 362 (vor der Ergänzung des § 175 Satz 1); ebenso BVerfGE **19** 32, 36; **42** 172, 175.

Peter Rieß

recht im Zwischen- und Hauptverfahren verwiesen werden[7]. Eine weitere Anhörung kann nach der Durchführung von Ermittlungen erforderlich werden, wenn dabei gewonnene Tatsachen oder Beweismittel zu seinem Nachteil verwendet werden sollen[8].

7   Nach Absatz 2 wird der Beschuldigte dergestalt angehört, daß ihm der Antrag unter **Fristbestimmung** zur Erklärung mitgeteilt wird. Wegen der Fristsetzung ist **Zustellung** erforderlich; § 145 a Abs. 1 ist anwendbar. Die Frist muß so ausreichend bemessen werden, daß dem Beschuldigten, ggf. unter Einschaltung eines Verteidigers, eine sachgerechte Stellungnahme möglich ist. Ihre Verlängerung ist zulässig. Zu berücksichtigen ist auch eine Stellungnahme, die nach Fristablauf, aber vor der Entscheidung eingeht (vgl. auch § 201, 17 f). **Wiedereinsetzung** gegen die Versäumung der Erklärungsfrist ist zulässig, wegen ihrer Wirkungen s. § 201, 20.

8   c) **Antragsteller.** Die §§ 172 ff enthalten keine besonderen Vorschriften über die Anhörung des Antragstellers. Es gilt daher § 33 Abs. 3. Das Gericht muß somit den Antragsteller hören, wenn es den Antrag verwerfen will und hierbei auf Tatsachen oder Beweismittel zurückgreift, die aufgrund einer Beweisaufnahme im Klageerzwingungsverfahren zutagegetreten sind[9] oder die die Staatsanwaltschaft in ihrer Stellungnahme mitgeteilt hat[10]. Gleiches muß für eine Äußerung des Beschuldigten gelten, die neue Tatsachen enthält. Es dürfte darüberhinaus wohl auch geboten sein, dem Antragsteller zur Stellungnahme der Staatsanwaltschaft und ggf. des Beschuldigten auch dann rechtliches Gehör zu gewähren, wenn diese lediglich Rechtsausführungen enthalten, jedenfalls dann, wenn es sich um solche handelt, die gegenüber den Einstellungsbescheiden neue Gesichtspunkte aufzeigen[11].

9   4. **Vorläufige Einstellung und Aussetzung des Verfahrens.** Der für das gesamte Strafverfahren geltende Grundsatz der Beschleunigung (§ 205, 1) ist auch im Klageerzwingungsverfahren zu beachten. Doch können auch in diesem der Entscheidung Hindernisse vorübergehender Art entgegenstehen, die es rechtfertigen können, die Entscheidung für eine bestimmte Zeit zurückzustellen. Ob insoweit § 205 **analog** anzuwenden ist (vgl. auch § 205, 2; 4), oder ob man die Befugnis zum Innehalten aus einem allgemeinen Rechtsgedanken herleiten will, ist eine dogmatisch-konstruktive Frage ohne praktische Bedeutung. Jedenfalls kann die Entscheidung über den Klageerzwingungsantrag bei vorübergehenden, ihr entgegenstehenden Hindernissen einstweilen und unter Wahrung des Beschleunigungsgebots zurückgestellt werden (vgl. auch § 205, 21).

10   Mit der Entscheidung **kann** deshalb **abgewartet** werden, wenn das Gericht dem Antrag stattgeben will, der vorherigen Anhörung des Beschuldigten aber ein in seiner Person liegendes vorübergehendes Hindernis im Sinne des § 205 entgegensteht. Ebenso kann die Aussetzung der Entscheidung geboten sein, wenn der Antragsteller in einem verwaltungsgerichtlichen Verfahren die Versagung einer Aussagegenehmigung oder eine Sperrerklärung nach § 96 anfechten will, falls es für die Entscheidung des Oberlandesgerichts auf dieses Beweismittel ankommt[12]. Gleiches gilt (Rechtsgedanke der §§ 154 d, 262), wenn ein **präjudizieller Rechtsstreit** anhängig ist. Ob das Oberlandesgericht darüberhinaus § 154 d auch insoweit entsprechend anwenden kann, daß es dem An-

[7] BVerfGE **42** 172, 174.
[8] LR-*Meyer-Goßner*[23] 5; vgl. (für den Antragsteller) BVerfGE **19** 32, 36; vgl. auch § 202, 16 sowie (zur erstmaligen Vernehmung des Beschuldigten nach § 163 a Abs. 1) § 175, 3.

[9] *Kleinknecht/Meyer*[37] 3.
[10] BVerfGE **19** 32, 37.
[11] BVerfGE **19** 32, 36 hat dies offengelassen.
[12] OLG Hamburg NJW **1958** 34 = JR **1958** 110 mit Anm. *Dünnebier*; KMR-*Müller* 2.

tragsteller zur Austragung des präjudiziellen Rechtsstreits eine Frist setzt[13], erscheint zweifelhaft.

Ein Abwarten mit der Entscheidung ist auch dann möglich und geboten, wenn **11** die **Staatsanwaltschaft** bei ihrer Anhörung **erklärt**, nunmehr die öffentliche **Klage erheben zu wollen**[14]. Geschieht das, so erledigt sich der Antrag damit; es bedarf weder seiner Rücknahme noch seiner Verwerfung (§ 172, 178)[14a]. Nach Lage des Einzelfalls kann eine Zurückstellung der Entscheidung auch dann in Betracht zu ziehen sein, wenn die Staatsanwaltschaft lediglich die Ermittlungen wieder aufnimmt (§ 172, 179).

5. Ermittlungen des Gerichts (Absatz 3)

a) **Allgemeines.** Die Vorschrift ermächtigt, was sich ohne sie nicht ohne weiteres **12** von selbst verstehen würde, mit ihrem ersten Satzteil das Gericht zu Ermittlungen; im zweiten Satzteil bestimmt sie, wer damit betraut werden kann. Sie weicht zwar im Wortlaut nicht unerheblich von § 202 ab, dürfte aber doch im Grundsatz wie dieser auszulegen sein. Das Ziel der Ermittlungen ist dadurch begrenzt, daß sie der **Vorbereitung der Entscheidung** über den Klageerzwingungsantrag dienen müssen. Sie werden also regelmäßig die Frage betreffen, ob ein hinreichender Tatverdacht besteht. Auch zur Ermittlung des Namens eines bestimmten Beschuldigten, nicht aber zur Ermittlung eines Beschuldigten in einer Unbekanntsache, können die Ermittlungen dienen[15]. Schließlich können die Ermittlungen auch die Zulässigkeit des Antrags betreffen, etwa, wenn es um die Verletzteneigenschaft geht.

Alle **Arten von Ermittlungen**, die im vorbereitenden Verfahren vorgenommen **13** werden können, sind auch hier zulässig. Dabei können auch die dafür erforderlichen **Zwangsmaßnahmen**, etwa Durchsuchungen oder Beschlagnahmen, angeordnet werden[16]. Zur Anordnung der Untersuchungshaft ist das Gericht dagegen im Klageerzwingungsverfahren nicht befugt[17], wohl auch nicht zur Anordnung der Unterbringung in einem psychiatrischen Krankenhaus nach § 81. Als Zeuge kann auch der Antragsteller vernommen werden[18]; auch eine richterliche Vernehmung des Beschuldigten in dieser Eigenschaft und über seine Anhörung nach Absatz 2 hinaus ist möglich (vgl. auch § 175, 3). Statt der Durchführung von Vernehmungen kann sich das Gericht, da Freibeweis gilt, auch mit der Einholung (freiwilliger) schriftlicher Äußerungen begnügen, wenn der Sachverhalt im Sinne einer Verdachtsklärung dadurch genügend erhellt werden kann.

Hinsichtlich des **Umfangs der Ermittlungen** enthält Absatz 3, anders als § 202, der **14** von einzelnen Beweiserhebungen spricht, keine Einschränkungen. Das Gericht kann also auch, sofern dies erforderlich ist, umfangreichere und komplexe Ermittlungen veranlassen oder durchführen. Zu der damit in Zusammenhang stehenden, neuerdings streitig gewordenen Frage, ob das Gericht dies, wenn erforderlich, auch tun muß, oder ob es sich in einem **Ermittlungserzwingungsverfahren** auf die Aufhebung der Einstellungsentscheidung beschränken kann, s. § 175, 16 ff. Folgt man der dort vertretenen Auffassung, so dürfen die Ermittlungen nicht darauf hinauslaufen, daß das Oberlandesgericht ein vollständiges Ermittlungsverfahren durchführt.

b) Die **Anordnung der Ermittlungen** erfolgt durch einen Beschluß des Senats; **15** eine prozeßleitende Verfügung des Vorsitzenden reicht nicht aus[19] (vgl. aber unten

---

[13] So KMR-*Müller* 2.
[14] LR-*Meyer-Goßner*[23] 3; *Eb. Schmidt* 2.
[14a] Zur Frage, ob eine Feststellungsentscheidung ergehen kann, s. § 175, 25.
[15] OLG Hamburg NJW **1958** 34 = JR **1958** 110 mit Anm. *Dünnebier*; vgl. näher § 172, 20.

[16] *Ostler* 119.
[17] *Ostler* 119.
[18] *Dietz* 59; *Ostler* 119.
[19] KK-*R. Müller* 3; *Knögel* NJW **1967** 383.

Peter Rieß

Rdn. 19 und § 202, 5). Der Vorsitzende (oder auch der Berichterstatter) kann aber sachverhaltsaufklärende Maßnahmen vornehmen oder veranlassen, durch die keine Handlungspflichten der Betroffenen ausgelöst werden, so etwa Bitten um schriftliche Äußerungen. Die Anordnung muß die (auch mehreren) einzelnen Ermittlungsmaßnahmen bezeichnen; es genügt nicht, wenn lediglich „die erforderlichen Ermittlungen" dem beauftragten oder ersuchten Richter übertragen werden.

16   **c) Durchführung der Ermittlungen. Mitteilungen.** Nach dem zweiten Halbsatz der Vorschrift kann das Gericht einen beauftragten Richter, also ein Mitglied des Senats, oder einen ersuchten Richter (vgl. §§ 156, 157 GVG) mit der Vornahme der Ermittlungen betrauen. Daraus wird vielfach, wie bei § 202, geschlossen, daß die Staatsanwaltschaft und die Polizei zwar befugt[20], aber nicht verpflichtet seien, Ermittlungsaufträgen aufgrund eines Beschlusses nach Absatz 3 nachzukommen[21]. Das erscheint in dieser Form unzutreffend. Maßgebend sind insoweit vielmehr die Amtshilfegrundsätze (vgl. § 202, 14 f). Es ist auch zulässig, Ermittlungshandlungen, etwa Vernehmungen, durch alle Mitglieder des beschließenden Strafsenats vorzunehmen[22].

17   Da das Klageerzwingungsverfahren Bestandteil des Ermittlungsverfahrens ist (Rdn. 2), gelten für die nach Absatz 3 vorgenommenen richterlichen Untersuchungshandlungen die **§§ 168 bis 168 d**. Über die **Vereidigung** ist nach § 65 zu entscheiden. Das **Ergebnis** der Ermittlungen ist der Staatsanwaltschaft stets (§ 33 Abs. 2), dem Beschuldigten und dem Antragsteller dann **mitzuteilen**, wenn es Tatsachen oder Beweismittel enthält, die zu ihrem Nachteil verwertet werden sollen (§ 33 Abs. 3). Selbstverständlich ist es auch zulässig und wird in der Regel geboten sein, einem Beteiligten ein ihm günstiges Beweisergebnis mitzuteilen.

18   **d) Ermittlungen der Staatsanwaltschaft** sind auch während des gerichtlich anhängigen Klageerzwingungsverfahrens uneingeschränkt zulässig. Ein Vorrang der vom Oberlandesgericht angeordneten Ermittlungen nach § 173 Abs. 3 dergestalt, daß die staatsanwaltschaftliche Tätigkeit in diese nicht störend eingreifen darf, besteht rechtlich wohl nicht[23].

19   Es ist auch nicht unzulässig und in der Praxis häufig[24], daß die Staatsanwaltschaft einem **Ermittlungsersuchen** des Oberlandesgerichts oder auch nur einer prozeßleitenden Bitte des Vorsitzenden nachkommt, in der weitere Ermittlungen in einer bestimmten Richtung angeregt werden. Dem braucht kein Ermittlungsbeschluß im Sinne des Absatz 3 zugrundezuliegen und es kann auch genügen, die Zielrichtung der Ermittlungen nur allgemein zu bestimmen und die Einzelheiten der Staatsanwaltschaft zu überlassen. Diese ist aber **nicht verpflichtet**, solchen Bitten nachzukommen. Es sollte auch bedacht werden, daß der Antragsteller möglicherweise gerade die bisher von der Staatsanwaltschaft angestellten Ermittlungen als unvollständig angesehen hat und der Staatsanwaltschaft mißtraut.

---

[20] Insoweit **a. A** *Knögel* NJW **1967** 383.

[21] KK-*R. Müller* 3; KMR-*Müller* 2; *Kohlhaas* NJW **1962** 951; vgl. auch § 202, 12 mit Fußn. 15.

[22] *Ostler* 118.

[23] Vgl. aber zu § 202 RGSt **60** 263 und § 202,

6. Der Unterschied liegt darin, daß dort die Verfahrensherrschaft auf das Gericht übergegangen ist.

[24] KK-*R. Müller* 3; *Kleinknecht*[35] 3; KMR-*Müller* 2; möglicherweise **a. A** *Kleinknecht/Meyer*[37] 3.

§ 174

(1) **Ergibt sich kein genügender Anlaß zur Erhebung der öffentlichen Klage, so verwirft das Gericht den Antrag und setzt den Antragsteller, die Staatsanwaltschaft und den Beschuldigten von der Verwerfung in Kenntnis.**

(2) **Ist der Antrag verworfen, so kann die öffentliche Klage nur auf Grund neuer Tatsachen oder Beweismittel erhoben werden.**

Schrifttum siehe bei § 172.

Entstehungsgeschichte. Die Vorschrift war durch Art. 9 § 2 Abs. 3 der 2. VereinfVO — wie das gesamte Klageerzwingungsverfahren — gestrichen worden; durch Art. 3 I Nr. 72 des VereinhG wurde sie in der ursprünglichen Fassung wiederhergestellt. Bezeichnung bis 1924: § 172.

Übersicht

1. Bedeutung. Die Vorschrift regelt in Absatz 1 die **Verwerfung des unbegründe- 1 ten Antrags** und die Mitteilungen hierüber. In Absatz 2 knüpft sie an diese Entscheidung eine beschränkte **Sperrwirkung**. Die kostenrechtlichen Folgen der Entscheidung sind in § 177 geregelt. Voraussetzung für die hier und in § 175 geregelte Sachentscheidung ist ein **zulässiger Klageerzwingungsantrag**.

2. Unzulässige Anträge. Daß ein unzulässiger Klageerzwingungsantrag zurückzu- 2 weisen ist, ergibt sich nicht aus § 174. Es folgt daraus, daß eine Sachentscheidung nur möglich ist, wenn die Voraussetzungen vorliegen, von denen das Gesetz ihre Zulässigkeit abhängig macht[1]. Unzulässig ist der Antrag namentlich, wenn der Antragsteller nicht Anzeigender (§ 172, 47) oder Verletzter (§ 172, 48 ff) ist, wenn das Klageerzwingungsverfahren nicht eröffnet ist (§ 172, 21 ff)[2], wenn die Frist für die Vorschaltbeschwerde oder den Antrag (§ 172, 125 ff) verstrichen ist oder wenn der Antrag nicht in der vorgeschriebenen Form (§ 172, 138 ff) oder mit dem gesetzlich erforderlichen Mindestinhalt (§ 172, 143 ff) eingereicht ist.

Die Verwerfung des Antrags als unzulässig löst **keine Sperrwirkung** nach Ab- 3 satz 2 und **keine Kostenfolge** nach § 177 aus (§ 177, 3). Sie steht der **erneuten Antragstellung** innerhalb der Beschwerdefrist nicht entgegen. Schon wegen dieser unterschiedli-

---

[1] *Eb. Schmidt* § 173, 3; vgl. auch *Ostler* 110 ff.
[2] Insoweit früher (vor Einfügung des § 172

Abs. 2 Satz 3) **a.** A *Ostler* 112 f (Antrag unbegründet).

chen Wirkungen muß die verwerfende Entscheidung deutlich machen, daß der Antrag als unzulässig verworfen wird und kann die Verwerfung des Antrags **nicht alternativ** auf seine Unzulässigkeit oder Unbegründetheit gestützt werden. Es ist dagegen zulässig, bei einem unzulässigen Antrag **hilfsweise** darauf hinzuweisen, daß er auch sachlich keinen Erfolg haben könnte[3].

4   Die Entscheidung, durch die der Antrag als unzulässig verworfen wird, ist dem Antragsteller und der Staatsanwaltschaft nach § 35 **bekanntzumachen**[4]; Zustellung ist nicht erforderlich (§ 35 Abs. 2 Satz 2). **Mitteilung an den Beschuldigten** ist nur dann erforderlich, wenn er nach § 173 Abs. 2 zu dem Antrag gehört worden ist[5]. Die Mitteilungspflicht nach § 174 Abs. 1 betrifft nur die Verwerfung als unbegründet und der vorher nicht angehörte Beschuldigte ist bei einem unzulässigen Antrag auch nicht im Sinne des § 35 „betroffen". Zum Inhalt der Entscheidung und zur Anfechtbarkeit s. Rdn. 11, 13.

3. Unbegründete Anträge

5   **a) Allgemeines.** Der Klageerzwingungsantrag wird (mit der Sperrwirkung des Absatz 2, s. Rdn. 15) als unbegründet verworfen, wenn sich kein „genügender Anlaß zur Erhebung der öffentlichen Klage" ergibt. Die Vorschrift verwendet damit den Begriff, der auch für die Abschlußverfügung der Staatsanwaltschaft in § 170 Abs. 1 benutzt wird (vgl. näher § 170, 18; 20 f). Er stimmt mit dem **hinreichenden Tatverdacht** im Sinne des § 203 überein. Nach der Entstehungsgeschichte und dem systematischen Zusammenhang ist es ausgeschlossen, an dieser Stelle in den Begriff des fehlenden „genügenden Anlasses" auch das Vorliegen der Voraussetzungen der §§ 153 ff mit einzubeziehen (vgl. auch § 170, 19; Rdn. 9 f). Das Gericht hat daher aufgrund der Ergebnisse des Ermittlungsverfahrens und etwaiger eigener Ermittlungen nach § 173 Abs. 3 zu entscheiden, ob wegen der vom Antrag erfaßten prozessualen Tat (§ 172, 13) hinreichender Tatverdacht (§ 203, 6 ff) besteht. Verneint es dies, so ist der Antrag als unbegründet zu verwerfen; das kann auch mit einer anderen Begründung geschehen, als sie dem Einstellungsbescheid nach § 170 Abs. 2 zugrundeliegt[6].

6   Betrifft das Klageerzwingungsverfahren **mehrere** prozessuale **Taten oder** mehrere **Beschuldigte** und fehlt es nur hinsichtlich einzelner Taten oder Beschuldigter am hinreichenden Tatverdacht, so ist nur insoweit der Antrag zu verwerfen und im übrigen nach § 175 die Erhebung der öffentlichen Klage anzuordnen. Beide Entscheidungen können in einem einheitlichen Beschluß getroffen werden. Es kann aber auch die Verwerfung des Antrags zunächst nur auf die entscheidungsreifen Taten oder Beschuldigten beschränkt werden, etwa wenn im übrigen weitere Ermittlungen nach § 173 Abs. 3 erforderlich sind.

7   **b) Privatklagedelikt. Ordnungswidrigkeit.** Ergibt die Prüfung bei einer einheitlichen prozessualen Tat, daß hinsichtlich des in zulässiger Form zum Gegenstand des Klageerzwingungsverfahrens gemachten Offizialdelikts kein hinreichender Tatverdacht besteht, wohl aber wegen eines Privatklagedelikts, so darf insoweit wegen § 172 Abs. 2 Satz 3 nicht die Erhebung der öffentlichen Klage beschlossen werden. Der Antrag ist in Hinblick auf das (sachlich geprüfte) Offizialdelikt als unbegründet, im übrigen als unzulässig abzuweisen[7]. Die Sperrwirkung des Absatz 2 betrifft dann nur das Offizialde-

---

[3] *Ostler* 129, der dies in bestimmten Fällen für empfehlenswert hält.

[4] KK-*R. Müller* 1; *Kleinknecht/Meyer*[37] 1; *Ostler* 129.

[5] KK-*R. Müller* 1; *Kleinknecht/Meyer*[37] 1.

[6] *Eb. Schmidt* 2.

[7] Umstritten; vgl. näher § 172, 23 ff mit Nachw. in Fußn. 51, 54 ff.

likt[8]. Das gleiche gilt, wenn lediglich der hinreichende Verdacht einer Ordnungswidrigkeit verbleibt.

c) Die **Anwendbarkeit der §§ 153 ff** im gerichtlichen Klageerzwingungsverfahren **8** ist umstritten. Ein Teil der Rechtsprechung und des Schrifttums hält sie nicht mehr für möglich, sobald der Klageerzwingungsantrag beim Oberlandesgericht angebracht worden ist[9]. Von der wohl überwiegenden Zahl der Oberlandesgerichte[10] und einem Teil des Schrifttums[11] wird im Ergebnis die Möglichkeit bejaht, trotz hinreichenden Tatverdachts (oder unter Offenlassen dieser Frage) von der Anordnung der Klageerhebung nach § 175 abzusehen, wenn die Voraussetzungen des § 153 gegeben sind. Die Befürworter dieser Auffassung berufen sich im wesentlichen auf prozeßökonomische Überlegungen; die konstruktiven und dogmatischen Wege zu dieser Entscheidung sind unterschiedlich. Vereinzelt wird die Auffassung vertreten, daß (mit Zustimmung des Oberlandesgerichts) die **Staatsanwaltschaft** noch während des gerichtlich anhängigen Klageerzwingungsverfahrens das Verfahren nach § 153 Abs. 1 **einstellen**, d. h. also die Einstellungsbegründung auswechseln könne, mit der Folge, daß der Klageerzwingungsantrag damit wegen § 172 Abs. 2 Satz 3 unzulässig werde[12]. Teilweise wenden die **Oberlandesgerichte** § 153 Abs. 1 oder Abs. 2 analog an und **stellen** mit Zustimmung des Generalstaatsanwalts **das Strafverfahren ein**[13]. Schließlich wird die Auffassung vertreten, daß es am „genügenden Anlaß zur Erhebung der öffentlichen Klage" im Sinne des § 174 Abs. 1 auch dann fehle, wenn die Voraussetzungen des § 153 vorliegen und die Staatsanwaltschaft dieser Sachbehandlung zustimmen. In diesem Fall sei der **Antrag** wegen der in § 172 Abs. 2 Satz 3 getroffenen Regelung als **unzulässig** ohne die Kostenfolge des § 177 zu verwerfen[14]. Folgt man dieser bisher in der Rechtsprechung nur zu § 153 erörterten Ansicht, so ist kein Grund ersichtlich, sie nicht auch auf die übrigen Fälle der Einstellungen nach den §§ 153 ff anzuwenden[15].

Entgegen der in der Rechtsprechung wohl vorherrschenden Meinung ist, wie bereits von *Meyer-Goßner* in der 23. Auflage (Rdn. 5 ff) ausführlich begründet, die **Anwendbarkeit der §§ 153 ff** nach Anbringung eines zulässigen Klageerzwingungsantrags bei Gericht **ausgeschlossen**. Nach dem Wortlaut des § 153 wäre es zwar möglich, daß während des gerichtlichen Klageerzwingungsverfahrens die Staatsanwaltschaft noch § 153 Abs. 1 anwendet, denn zu diesem Zeitpunkt ist die öffentliche Klage noch nicht erhoben[16]. Dem steht aber entgegen, daß sich die Staatsanwaltschaft, nachdem ihre ge- **9**

---

[8] So auch, obwohl sie den Antrag insgesamt für unbegründet halten, KK-*R. Müller* 3; KMR-*Müller* 3; LR-*Meyer-Goßner*[23] 8.

[9] OLG Hamburg VRS **38** 442; KK-*R. Müller* 4; LR-*Kohlhaas*[22] 2; LR-*Meyer-Goßner*[23] 5 ff; *Eb. Schmidt* 3 und Nachtr. I; *A. Schäfer* JZ **1958** 702. Zur (heute unumstrittenen) Anwendung der §§ 153 ff nach Klageerhebung durch das mit der Strafsache befaßte Gericht s. § 175, 14.

[10] So die OLGe Braunschweig, Celle, Hamm, Karlsruhe, Köln und Stuttgart wie in Fußn. 13, 14.

[11] *Kleinknecht/Meyer*[37] 3; KMR-*Müller* 4; *Kirstgen* 166 ff; *Schwarz* NJW **1958** 1816.

[12] So KMR-*Müller* 4; vgl. auch § 172, 121.

[13] OLG Braunschweig NJW **1958** 1361 = JZ

1958 701 mit Anm. *A. Schäfer* (§ 153 Abs. 2 analog, Kostenfolge nach § 471 Abs. 3 Nr. 2); OLG Celle MDR **1985** 249 (§ 153 Abs. 1 analog); ähnlich *Kleinknecht/Meyer*[37] 3 (Erledigung des Antrags infolge der Anwendung des § 153 Abs. 2 analog, Kostenfolge nach § 467 Abs. 4).

[14] Zuerst OLG Köln JMBlNW **1962** 261 (jedenfalls wenn Einstellung offensichtlich geboten); ferner OLG Hamm NJW **1975** 1984; OLG Karlsruhe Justiz **1977** 104; OLG Stuttgart MDR **1982** 954; *Schwarz* NJW **1958** 1816.

[15] So ausdrücklich *Kirstgen* 170; a. A *Kleinknecht/Meyer*[37] 3 (zu § 153 a).

[16] So der von KMR-*Müller* 4 empfohlene dogmatische Weg.

rade nicht auf § 153 Abs. 1 gestützte Einstellungsentscheidung Gegenstand eines selbständigen gerichtlichen Verfahrens geworden ist (§ 172, 7), von dieser nicht einseitig lösen und damit nachträglich die Unzulässigkeit eines ursprünglich zulässigen Klageerzwingungsantrags herbeiführen kann. Dem gleichen Einwand ist auch die Begründung ausgesetzt, nach der das Oberlandesgericht den Antrag als unzulässig verwirft, weil es nachträglich die Voraussetzungen des § 153 bejaht und die Zustimmung der Staatsanwaltschaft herbeiführt[17]. Der Begriff des „genügenden Anlasses" bedeutet bei § 174 Abs. 1 nichts anderes als hinreichenden Tatverdacht (vgl. auch § 170, 18 ff; Rdn. 4). Im übrigen wäre es ungereimt, den genügenden Anlaß wegen Vorliegens der Voraussetzungen des § 153 zu verneinen, den Klageerzwingungsantrag aber als *unzulässig* zu verwerfen; in Betracht käme in diesem Fall allenfalls seine Verwerfung als *unbegründet*. Daß so nicht verfahren wird, um die Kostenfolge des § 177 zu vermeiden, mag vom Ergebnis her sachgerecht erscheinen, beweist aber nur die Unhaltbarkeit der dogmatischen Konstruktion. Einer Einstellung durch das Oberlandesgericht selbst[18] steht nicht nur der (allenfalls durch eine Analogie überwindbare) Wortlaut des § 153 entgegen, sondern in erster Linie der Umstand, daß es sich beim gerichtlichen Klageerzwingungsverfahren um ein verselbständigtes Zwischenverfahren außerhalb des eigentlichen Strafverfahrens handelt (§ 172, 7). Das Oberlandesgericht kann nicht die Befugnis haben, ein Strafverfahren einzustellen, mit dem es insgesamt überhaupt nicht befaßt ist.

10　　Es besteht neben diesen dogmatischen Bedenken auch **kein praktisches Bedürfnis** für die Anwendung der §§ 153 ff, die auch aus rechtspolitischer Sicht problematisch erscheint. Die Behauptung, daß das Verfahren nach Erhebung der öffentlichen Klage ohnehin nach diesen Vorschriften eingestellt werden würde, ist eine reine Spekulation[19]. Liegen die Voraussetzungen des § 153 vor, so hat bereits die Staatsanwaltschaft und spätestens der Generalstaatsanwalt bei der Entscheidung über die Vorschaltbeschwerde (vgl. § 172, 121) die Möglichkeit, von ihm Gebrauch zu machen. Ist dies nicht geschehen, so spricht das in der Regel dafür, daß die Staatsanwaltschaft die Anwendung des § 153 nicht für sachgerecht gehalten hat. Seine Anwendung erst im gerichtlichen Klageerzwingungsverfahren könnte den jedenfalls beim Verletzten verständlichen Argwohn auslösen, daß nunmehr das Interesse dominiere, seinen begründeten Antrag zu Fall zu bringen.

4. Entscheidung

11　　**a) Inhalt.** Die Entscheidung ergeht durch **Beschluß**. Wird der Antrag als unbegründet verworfen, so ist sie mit einer Kostenentscheidung nach § 177 zu verbinden. Der Beschluß muß erkennen lassen, ob der Antrag als unzulässig oder als unbegründet verworfen wird. Er ist nach § 34 zu **begründen**; dies ist bei der Zurückweisung als unbegründet auch für den Umfang der Sperrwirkung nach Absatz 2 von Bedeutung.

12　　**b) Mitteilung.** Kraft ausdrücklicher gesetzlicher Vorschrift ist der Beschluß der Staatsanwaltschaft (regelmäßig also dem Generalstaatsanwalt beim Oberlandesgericht), dem Antragsteller und dem Beschuldigten bekanntzumachen, letzterem auch dann, wenn er zum Klageerzwingungsantrag nicht gehört worden ist (vgl. § 173, 6)[20]. Die Gegenmeinung[21] findet nicht nur im Wortlaut keine Stütze, ihr ist auch entgegenzuhalten, daß der Beschuldigte stets über die ihm günstige Sperrwirkung des Beschlusses gemäß

---

[17] So die OLG Hamm, Köln, Karlsruhe und Stuttgart, wie Fußn. 14.
[18] So die in Fußn. 13 Genannten.
[19] Näher LR-*Meyer-Goßner*[23] 6.

[20] KK-*R. Müller* 9; *Kleinknecht/Meyer*[37] 4; KMR-*Müller* 5.
[21] *Eb. Schmidt* 5 (Mitteilung an Beschuldigten nur, wenn nach § 173 Abs. 2 gehört).

Absatz 2 unterrichtet werden muß. Zustellung ist in keinem Fall erforderlich (§ 35 Abs. 2 Satz 2)[22].

c) Anfechtung. Gegen den Beschluß, der den Klageerzwingungsantrag als unzu- **13** lässig oder unbegründet verwirft, ist wegen § 304 Abs. 4 Satz 2 **keine Beschwerde** zulässig. Auf eine **Gegenvorstellung** (oder auch von Amts wegen) kann das Gericht einen als *unzulässig* verworfenen Antrag ändern[23]. Nicht abänderbar ist jedoch wegen der materiellen Rechtskraft gemäß Absatz 2 die Entscheidung, die den Antrag als *unbegründet* verwirft[24].

5. Strafklageverbrauch (Absatz 2). Wird der Antrag als unbegründet verworfen, **14** so kann die öffentliche Klage nur aufgrund neuer Tatsachen oder Beweismittel erhoben werden. Die Entscheidung hat die gleiche Sperrwirkung wie die Ablehnung der Eröffnung des Hauptverfahrens nach § 211, mit dem Absatz 2 wörtlich übereinstimmt. Wegen des Umfangs dieser Sperrwirkung s. § 211, 7 f, wegen des Begriffs der neuen Tatsachen oder Beweismittel § 211, 9 bis 13, wegen ihrer Bedeutung im weiteren Verfahren § 211, 21 bis 24. Bei Vorliegen relevanter neuer Tatsachen oder Beweismittel gilt für die Staatsanwaltschaft erneut das Legalitätsprinzip. Zur Möglichkeit der **Wiederholung des Klageerzwingungsverfahrens** in diesen Fällen s. § 172, 39; 148 a. E.

Keine Sperrwirkung tritt ein, wenn der Antrag zurückgenommen oder seine **15** Rücknahme nach § 176 fingiert wird, wenn das Oberlandesgericht sonst von einer Entscheidung absieht (§ 172, 177) oder wenn der Antrag als unzulässig verworfen wird[25]. Ebensowenig tritt die Sperrwirkung nach Absatz 2 ein, wenn der anzeigende Verletzte von den Rechtsbehelfen nach § 172 Abs. 1 oder 2 überhaupt nicht oder nicht fristgerecht Gebrauch macht; in solchen Fällen ist lediglich *diesem* Verletzten das Klageerzwingungsverfahren ohne Vorliegen von Nova verschlossen[26].

§ 175

[1]Erachtet das Gericht nach Anhörung des Beschuldigten den Antrag für begründet, so beschließt es die Erhebung der öffentlichen Klage. [2]Die Durchführung dieses Beschlusses liegt der Staatsanwaltschaft ob.

Schrifttum siehe bei § 172.

Entstehungsgeschichte. Die Vorschrift war durch Art. 9 § 2 Abs. 3 der 2. VereinfVO — wie das gesamte Klageerzwingungsverfahren — aufgehoben worden; durch Art. 3 I Nr. 72 des VereinhG wurde sie in der ursprünglichen Fassung wiederhergestellt. Die Worte „nach Anhörung des Beschuldigten" in Satz 1 wurden erst durch Art. 8 Nr. 3 des StPÄG 1964 eingefügt. Bezeichnung bis 1924: § 173.

---

[22] Heute allgem. Meinung; **a. A** früher *Feisenberger* 2; sowie (teilweise) LR-*Kohlhaas*[6] 3; *Müller/Sax*[6] 3.

[23] OLG Nürnberg MDR **1964** 524 (für den Fall eines tatsächlichen Irrtums).

[24] OLG Nürnberg MDR **1966** 351; KK-*R. Müller* 5; *Kleinknecht/Meyer*[37] 4; KMR-*Müller* 5.

[25] OLG Celle NJW **1958** 1972 = GA **1958** 345; im Schrifttum allg. M.

[26] **A. A** OLG Hamm MDR **1965** 930 unter Verwechslung der Sperrwirkung des Absatz 2 mit dem Verlust des Antragsrechts; wie hier KK-*R. Müller* 8; KMR-*Müller* 7; LR-*Meyer-Goßner*[23] 14; vgl. auch § 172, 36.

Peter Rieß

Übersicht

1   **1. Begründeter Antrag.** Das Gericht hat die Erhebung der öffentlichen Klage zu beschließen, wenn es den zulässigen Klageerzwingungsantrag (§ 174, 2 f) für begründet hält. Er ist begründet, soweit nach den Ergebnissen des vorbereitenden Verfahrens und etwaiger ergänzender Ermittlungen nach § 173 Abs. 3 **hinreichender Tatverdacht** wegen eines Offizialdelikts besteht (§ 174, 5). Besteht nur hinsichtlich einzelner von mehreren (prozessualen) Taten oder von mehreren Beschuldigten hinreichender Tatverdacht, so ist nur insoweit nach § 175 zu verfahren (§ 174, 6). Wegen der (umstrittenen) Unanwendbarkeit der §§ 153 ff s. § 174, 8 ff.

    2. Verfahren und Entscheidung

2   **a) Anhörung des Beschuldigten.** Die Erhebung der öffentlichen Klage darf erst beschlossen werden, nachdem der Beschuldigte gemäß § 173 Abs. 2 unter Mitteilung der Antragsschrift gehört worden ist (vgl. näher § 173, 6 f).

3   Die Anhörung nach § 173 Abs. 2, § 175 Satz 1 ersetzt nicht die **Beschuldigtenvernehmung** nach § 163 a Abs. 1 Satz 1. Deshalb ist eine bisher nicht durchgeführte Beschuldigtenvernehmung gemäß §§ 136, 163 a nachzuholen, bevor das Oberlandesgericht die Erhebung der öffentlichen Klage beschließt. Das kann entweder im Verfahren nach § 173 Abs. 3 oder dergestalt geschehen, daß das Gericht die Staatsanwaltschaft um die Durchführung der Vernehmung bittet (vgl. § 173, 19). Entgegen einer verbreiteten[1] Meinung genügt es nicht, daß die Staatsanwaltschaft nach Erlaß des Beschlusses die Beschuldigtenvernehmung nach § 163 a Abs. 1 nachholt. Denn bereits mit dem Beschluß wird darüber entschieden, daß die öffentliche Klage erhoben wird; der Sinn der Beschuldigtenvernehmung liegt aber darin, dem Beschuldigten die Möglichkeit zu geben, noch auf diese Entscheidung Einfluß zu nehmen.

4   **b) Inhalt des Beschlusses.** Der Beschluß muß erkennen lassen, gegen wen, wegen welches Sachverhalts und aufgrund welcher Strafbestimmungen die Klage erhoben werden soll[2], also diejenigen Angaben enthalten, die bei Erhebung der öffentlichen Klage in den Anklagesatz aufzunehmen sind (dazu näher § 200, 6 bis 22)[3]. Das geschieht zweckmäßigerweise in der Form, daß das Gericht einen vollständigen Anklagesatz formuliert, dem es etwa den Satz voranstellt: „Die Staatsanwaltschaft hat wegen folgender

---

[1] KK-*R. Müller* 1; LR-*Meyer-Goßner*[23] § 163 a, 14 und § 175, 2 (der allerdings auch die vorherige Beschuldigtenvernehmung empfiehlt).

[2] KMR-*Müller* 2.

[3] Teilweise **a. A** *Feisenberger* 1 (rechtliche Würdigung ist nicht anzugeben); dagegen zu Recht *Eb. Schmidt* Nachtr. I 8.

Tat die öffentliche Klage zu erheben"[4]. Die übrigen für die Anklage vorgeschriebenen Bestandteile braucht der Beschluß nicht zu enthalten. Das Gericht, bei dem die öffentliche Klage erhoben wird, ist nicht anzugeben[5], weil insoweit die Staatsanwaltschaft nicht gebunden ist (Rdn. 11). Zur **Entscheidungszuständigkeit** s. § 172, 173 f.

Das Erfordernis einer **Begründung** ergibt sich in der Regel nicht aus § 34, da die **5** Entscheidung **unanfechtbar** ist (§ 304 Abs. 4 Satz 2) und mit ihr auch kein Antrag im Sinne des § 34 abgelehnt wird[6]. Dennoch ist es angebracht und in der Praxis üblich, daß das Gericht begründet, aus welchen tatsächlichen oder rechtlichen Gründen es entgegen der im Einstellungsbescheid der Staatsanwaltschaft dargelegten Auffassung den hinreichenden Tatverdacht bejaht, denn diese Erwägungen müssen sowohl die Staatsanwaltschaft bei der Klageerhebung als auch das eröffnende Gericht und vor allem der Beschuldigte für seine sachgerechte Verteidigung kennen[7].

c) Eine **Kostenentscheidung** enthält der Beschluß des Gerichts **nicht**. Die Kosten **6** des Klageerzwingungsverfahrens sind Kosten des Strafverfahrens. Die Kostenentscheidung des Urteils oder des Beschlusses, der das Verfahren beendet, umfaßt sie daher. Der Antragsteller kann sich dem Verfahren nach erfolgreichem Klageerzwingungsverfahren gem. § 395 Abs. 2 Nr. 2 als Nebenkläger anschließen; seine im Klageerzwingungsverfahren entstandenen notwendigen Auslagen gehören zu den ihm im Falle der Verurteilung durch den Angeklagten gem. §§ 397 Abs. 1, 471 Abs. 1 zu erstattenden Nebenklagekosten[8].

d) **Mitteilung.** Der Beschluß ist dem Antragsteller und der Staatsanwaltschaft **7** mitzuteilen. Nach einer verbreiteten Meinung soll die Mitteilung an den **Beschuldigten** zwar zulässig und üblich, aber nicht zwingend erforderlich sein, weil er am Verfahren nicht beteiligt sei und durch die Anklageerhebung unterrichtet werde[9]. Aber es ist schwer einsehbar, warum der Beschuldigte, der ja im Fall des § 175 stets angehört sein muß, nicht als Betroffener im Sinne des § 35 anzusehen sein soll (§ 35, 3), zumal er durchaus ein Interesse daran haben kann, zumindest auf die Entscheidung der Staatsanwaltschaft über die Klageart und das anzurufende Gericht einzuwirken. Man sollte deshalb die Mitteilung an den Beschuldigten als rechtlich vorgeschrieben ansehen. Wird sie unterlassen, so hat dies freilich keine Rechtsfolgen. **Zustellung** ist in allen Fällen **entbehrlich**[10].

3. Durchführung des Beschlusses (Satz 2)

a) **Bindung der Staatsanwaltschaft.** Der Beschluß nach Satz 1 bewirkt nicht, daß **8** das Hauptverfahren eröffnet ist[11], ja noch nicht einmal, daß das Verfahren schon damit gerichtlich anhängig wird. Vielmehr ordnet Satz 2, um das Akkusationsprinzip formell zu wahren (§ 151, 7), an, daß die Durchführung des Beschlusses der Staatsanwaltschaft obliegt. Sie hat also (ggf. nach Anbringung des Abschlußvermerks gemäß § 169 a; vgl. § 169 a, 2) die öffentliche Klage zu erheben und ist dabei an den Beschluß einschließlich

---

[4] LR-*Meyer-Goßner*[23] 3; ähnlich KK-*R. Müller* 3; *Kleinknecht/Meyer*[37] 2; *Eb. Schmidt* Nachtr. I 8; *Ostler* 138.

[5] **A. A** *Eb. Schmidt* Nachtr. I 8; *Ostler* 138.

[6] *Eb. Schmidt* Nachtr. I 9.

[7] Für Begründung auch KK-*R. Müller* 3; LR-*Meyer-Goßner*[23] 3.

[8] OLG München MDR **1986** 427; KK-*R. Müller* § 177, 3; *Kleinknecht/Meyer*[37] § 177, 3.

[9] KK-*R. Müller* 5; LR-*Meyer-Goßner*[23] 5; *Eb. Schmidt* Nachtr. I 9; *Gerland* 313; *Ostler* 139; wie hier KMR-*Müller* 4.

[10] KK-*R. Müller* 5; LR-*Meyer-Goßner*[23] 5; KMR-*Müller* 4; a. A (für den Antragsteller) LR-*Kohlhaas*[22] 2 b; *Müller/Sax*[6] 4.

[11] So de lege ferenda *Ostler* 147 f.

Peter Rieß

seiner rechtlichen Würdigung gebunden[12]. Sie darf also nicht mehr in Frage stellen, daß wegen der im Beschluß bezeichneten Tat der hinreichende Tatverdacht der in ihm genannten Delikte besteht[13], braucht aber in ihrem Anklagesatz die vom Gericht gewählte Formulierung (Rdn. 4) nicht wörtlich zu übernehmen. Die Klageerhebung muß unverzüglich erfolgen; ggf., etwa wenn der Beschuldigte inzwischen ausgeliefert oder ausgewiesen worden ist, müssen die erforderlichen Gestellungsmaßnahmen veranlaßt werden.

9   Die Staatsanwaltschaft darf das Verfahren **nicht** mehr nach den §§ 153 ff **einstellen**[14] (s. aber Rdn. 24 a. E). Gleiches gilt im Jugendstrafverfahren für die Einstellung nach § 45 JGG. Der im jugendstrafrechtlichen Schrifttum teilweise vertretenen Gegenmeinung[15] ist der eindeutige Wortlaut der Vorschrift entgegenzuhalten; Besonderheiten des Jugendstrafrechts, die nach § 2 JGG berücksichtigt werden könnten, vermögen hier keine Abweichung zu begründen. Zu einer Einstellung nach **§ 153 d** und nach **§ 153 c Abs. 1 Nr. 1, 2 und Abs. 2** unter den Voraussetzungen des § 153 c Abs. 3 ist die Staatsanwaltschaft dagegen **berechtigt**[16]. Denn in diesen Fällen könnte die Staatsanwaltschaft die Klage in jeder Lage des Verfahrens zurücknehmen und danach das Verfahren einstellen (vgl. § 153 c, 22 und Rdn. 10). Es wäre ein sinnloser Umweg, sie zur Erhebung einer Klage zu verpflichten, die sie alsbald zurücknehmen könnte.

10   Eine **Klagerücknahme** (§ 156) zu dem Zweck, das Verfahren durch Einstellung zu beenden, ist **unzulässig**, so daß praktisch eine Rücknahme nur dann in Betracht kommt, wenn die Staatsanwaltschaft danach in anderer Form, namentlich vor einem anderen Gericht, die Klage erneut erheben will[17]. Eine **Ausnahme** gilt in den Fällen des § 153 c Abs. 3 und des § 153 d (vgl. § 153 c, 22).

11   **b) Gericht und Klageart.** Nach § 175 beschließt das Oberlandesgericht *die* Erhebung der öffentlichen Klage. Es kann aber der Staatsanwaltschaft nicht vorschreiben, vor welchem Gericht und in welcher Form sie diesem Beschluß nachkommt. Es obliegt daher ihrer selbständig zu treffenden und ggf. im Eröffnungsverfahren nach den §§ 209, 209 a zu überprüfenden Entscheidung, vor welchem **sachlich zuständigen** Gericht sie die Klage erheben will. Unter mehreren **örtlich zuständigen** Gerichten hat sie die Auswahl zu treffen[18]. Erklärt sich das angerufene Gericht für örtlich unzuständig (§ 204, 7), so muß die Staatsanwaltschaft entweder hiergegen vorgehen oder erneut Klage bei einem zuständigen Gericht erheben, denn zur Durchführung des Beschlusses gehört, daß die Klageerhebung eine gerichtliche Sachentscheidung über die Klage ermöglichen muß[19].

12   Auch die **Klageart** steht der Staatsanwaltschaft grundsätzlich frei. Sie kann im Normalverfahren eine Anklage einreichen, im beschleunigten Verfahren nach den §§ 212 ff oder (in Jugendsachen) im vereinfachten Jugendverfahren nach den §§ 76 ff JGG vorgehen oder eine Nachtragsanklage nach § 266 erheben. Wird in den zuletzt genannten Fäl-

---

[12] Teilweise a. A *Oetker* GerS **105** (1935) 374, nach dem eine Weisung des vorgesetzten Beamten, keine Klage zu erheben, der Klagepflicht vorgehen soll. Doch wäre eine solche (heute kaum denkbare) Weisung rechtswidrig.

[13] Ähnlich KK-*R. Müller* 6; KMR-*Müller* 2.

[14] KK-*R. Müller* 7; *Kleinknecht/Meyer*[37] 3; KMR-*Müller* 3.

[15] *Dallinger/Lackner* § 45, 45; ihm folgend *Eisenberg*[2] § 45, 42; die weiteren Nachweise

bei *Dallinger/Lackner* aaO sind zu dieser Frage nicht einschlägig.

[16] A. A LR-*Meyer-Goßner*[23] 7.

[17] Ebenso *Kleinknecht/Meyer*[37] 3; LR-*Meyer-Goßner*[23] 10; *Eb. Schmidt* Nachtr. I 10; wohl weitergehend (stets unzulässig) KMR-*Müller* 3.

[18] OLG Koblenz VRS **63** 361; KK-*R. Müller* 6; *Kleinknecht/Meyer*[37] 3; KMR-*Müller* 2; a. A wohl *Eb. Schmidt* Nachtr. I 8.

[19] *Ostler* 139.

len die Aburteilung in dieser Verfahrensart mangels Eignung abgelehnt, so bleibt die Staatsanwaltschaft verpflichtet, im Normalverfahren vorzugehen.

Eine Klageerhebung durch **Strafbefehlsantrag** wird nach verbreiteter Meinung **13** zwar für wenig sachgerecht, aber für zulässig gehalten[20]. Jedoch würde, wenn der Strafbefehl erlassen und rechtskräftig wird, wegen der in § 395 Abs. 1 Satz 1 getroffenen Regelung der Anschluß des Verletzten als Nebenkläger nicht wirksam werden und damit auch die Möglichkeit entfallen, dem verurteilten Angeklagten die durch das Klageerzwingungsverfahren dem Verletzten entstandenen notwendigen Auslagen aufzuerlegen (Rdn. 6). Da § 395 Abs. 2 Nr. 2 dem erfolgreichen Antragsteller den Anschluß als Nebenkläger ermöglicht, das Vorgehen im Strafbefehlsverfahren aber diese Beteiligungsbefugnis nicht gewährleistet, sprechen die besseren Gründe dafür, das (in solchen Fällen auch praktisch bedeutungslose) Vorgehen im Strafbefehlsverfahren als **rechtlich unzulässig** anzusehen.

c) Über die Pflicht zur Erhebung der öffentlichen Klage hinausgehende Verpflich- **14** **tungen** bestehen für die Staatsanwaltschaft nicht. Abgesehen von der beschränkten Rücknahmemöglichkeit (Rdn. 10) ist ihre Stellung die gleiche, als wenn sie von sich aus die öffentliche Klage erhoben hätte[21]. Sie kann einer gerichtlichen **Einstellung** nach den §§ 153 Abs. 2, 153 a Abs. 2, 153 b Abs. 2, 153 e Abs. 2, § 47 JGG **zustimmen**[22], eine Einstellung nach den §§ 154 Abs. 2, 154 b Abs. 2 beantragen, in der Hauptverhandlung eine andere rechtliche Auffassung vertreten und Freispruch beantragen. Sie ist nicht verpflichtet, gegen einen Nichteröffnungsbeschluß nach § 204, einen Einstellungsbeschluß nach den §§ 206 a, 206 b oder ein freisprechendes Urteil Rechtsmittel einzulegen.

4. Sonstige Rechtswirkungen des Beschlusses. Der Verletzte, der das Klageerzwin- **15** gungsverfahren betrieben hat, kann sich nach § 395 Abs. 2 Nr. 2 dem gerichtlichen Verfahren als **Nebenkläger** anschließen, auch wenn er sonst nicht zu den nebenklagebefugten Verletzten gehört (vgl. § 395, 14 und unten Rdn. 25 ff). Im übrigen hat der Beschluß für das weitere gerichtliche Verfahren **keine Bindungswirkung**[23], auch nicht für das Oberlandesgericht selbst, falls es, etwa im Rechtsmittelzug, später erneut mit der Sache befaßt wird.

5. Anordnung, Ermittlungen durchzuführen?

a) Allgemeines. In jüngerer Zeit ist streitig geworden[24], ob unter besonderen Vor- **16** aussetzungen die Entscheidung des Oberlandesgerichts, wenn sich der Antrag nicht von vorneherein als unzulässig (§ 174, 2 ff) oder unbegründet erweist, auch dahin lauten kann, daß die Staatsanwaltschaft Ermittlungen durchzuführen habe[25]. Das ist von den Oberlandesgerichten Zweibrücken und Bremen[26] für den Fall bejaht worden, daß die Staatsanwaltschaft den Anfangsverdacht aus rechtlichen Gründen verneint und deshalb

---

[20] KK-*R. Müller* 6; *Kleinknecht/Meyer*[37] 3; LR-*Meyer-Goßner*[23] 9; keine Einschränkungen bei KMR-*Müller* 2.

[21] *Eb. Schmidt* Nachtr. I 10.

[22] Heute allg. M; **a. A** früher OLG Kiel SchlHA **1947** 297; OLG Stuttgart DRZ **1949** 450; *Schwarz* NJW **1958** 1816; enger neuestens *Kirstgen* 190 ff (nur, wenn Nova die Einstellung rechtfertigen).

[23] OLG Karlsruhe NJW **1977** 63; im Schrifttum allg. M.

[24] Vgl. früher nur (ablehnend) *Schneidewin* JZ **1959** 308 und (ihm folgend) LR-*Meyer-Goßner*[23] § 173, 11.

[25] Ausführlich zur Problematik *Rieß* NStZ **1986** 436 (unter III).

[26] OLG Zweibrücken GA **1981** 94 = NStZ **1981** 193 (nur LS) mit Anm. *Kuhlmann*; OLG Bremen MedR **1984** 112, 113.

Peter Rieß

den Sachverhalt in tatsächlicher Hinsicht überhaupt nicht aufgeklärt hat. Im Schrifttum werden diese Entscheidungen derzeit überwiegend abgelehnt[27]. Es wird darauf verwiesen, daß auch in diesen Fällen von der Möglichkeit eigener Ermittlungen nach § 173 Abs. 3 Gebrauch zu machen sei, dies selbst dann, wenn das im Ergebnis dazu führe, daß praktisch das gesamte Ermittlungsverfahren vom Strafsenat des Oberlandesgerichts durchzuführen sei.

17   Obwohl der Wortlaut der §§ 171, 172, 173 Abs. 3 und § 175 dem entgegenzustehen scheint, ist in Ausnahmefällen statt der Klageerzwingung eine **bloße Ermittlungserzwingung anzuerkennen**. Durch die Entwicklung der StPO insgesamt und namentlich durch die Abschaffung der gerichtlichen Voruntersuchung[28] ist nachträglich eine vom Gesetzgeber nicht bedachte Regelungslücke entstanden, die durch richterliche Rechtsfortbildung geschlossen werden muß[29]. Solange es die gerichtliche Voruntersuchung gab, konnte die öffentliche Klage im Sinne des § 175 auch dadurch erhoben werden, daß die Staatsanwaltschaft einen Antrag auf gerichtliche Voruntersuchung stellte[30]. Dazu war es nicht erforderlich, daß der Sachverhalt auch in tatsächlicher Hinsicht bis zur Entscheidungsreife über den hinreichenden Tatverdacht aufgeklärt war[31]. Diese Möglichkeit ist mit der Abschaffung der gerichtlichen Voruntersuchung entfallen; das Oberlandesgericht wäre nunmehr, wenn es den Anfangsverdacht abweichend von der dem Einstellungsbescheid zugrundeliegenden Auffassung der Staatsanwaltschaft aus Rechtsgründen bejaht, gezwungen, den Sachverhalt bis zur Entscheidungsreife über den hinreichenden Tatverdacht (§ 203, 6 ff) auch in tatsächlicher Hinsicht vollständig aufzuklären und damit die der Staatsanwaltschaft obliegende Ermittlungstätigkeit (vgl. § 160 Abs. 1) zu übernehmen. Es müßte gegebenenfalls also ein weitläufiges und verwickeltes Ermittlungsverfahren durchführen. Das ist mit der prinzipiellen Rollenverteilung der StPO umso weniger vereinbar, als gerade durch das 1. StVRG, das mit der Beseitigung der Voruntersuchung diese Regelungslücke herbeigeführt hat, das Ermittlungsverfahren stärker als früher unter die alleinige Verantwortung der Staatsanwaltschaft gestellt werden sollte[32].

18   **b) Verhältnis zur eigenen Ermittlungstätigkeit des Oberlandesgerichts.** Die bloße Anordnung, Ermittlungen durchzuführen, darf das Oberlandesgericht nur dann treffen, wenn die zur Entscheidung über den hinreichenden Tatverdacht noch erforderliche Sachverhaltsaufklärung im Ergebnis darauf hinauslaufen würde, daß das Gericht vollständig oder in wesentlichen Punkten ein selbständiges Ermittlungsverfahren durchführen müßte. Das wird regelmäßig der Fall sein, wenn an sich erforderliche Ermittlungen überhaupt noch nicht vorgenommen worden sind; es ist aber auch möglich, wenn zwar durch die Staatsanwaltschaft oder die Polizei der Sachverhalt in einem beschränkten Umfang aufgeklärt worden ist, diese Aufklärung aber von der Rechtsauffassung des Oberlandesgerichts her in hohem Maße unvollständig ist.

19   Dagegen muß das Oberlandesgericht nach **§ 173 Abs. 3** verfahren, also die **Ermittlungen selbst durchführen** oder veranlassen, wenn der Sachverhalt im Ermittlungsverfahren an sich aufgeklärt ist, in einzelnen Punkten oder unter bestimmten Aspekten aber

---

[27] Ablehnend *Kuhlmann* NStZ **1981** 193; *Schlüchter* 79. 4; ebenso (ohne eigene Begründung) KK-*R. Müller* 3; *Kleinknecht/Meyer*[37] 2; zustimmend *Rieß* NStZ **1986** 437 (noch zweifelnd Gutachten 112 Fußn. 332); *Kirstgen* 175 ff (ausführlich); *Roxin*[19] § 39 B III 3; vgl. auch *Peters*[4] § 23 III 1 (S. 163).

[28] Durch Art. 1 Nr. 57 des 1. StVRG; vgl. auch Einl. Kap. **13** B I.

[29] Näher *Rieß* NStZ **1986** 437.

[30] LR-*Kohlhaas*[22] 2; *Eb. Schmidt* 2 ff; *Beling* 491 Fußn. 3.

[31] Vgl. z. B. *Ostler* 137.

[32] RegEntw. 1. StVRG, BT-Drucks. **7** 551, S. 37 ff; *Rieß* NStZ **1986** 438.

eine ergänzende Klärung erforderlich erscheint, beispielsweise, wenn noch ein Sachverständigengutachten notwendig erscheint oder wenn einem bestimmten ent- oder belastenden Vorbringen noch nachgegangen werden muß. Um solche ergänzenden Ermittlungen im Sinne des § 173 Abs. 3 handelt es sich auch dann, wenn das Gericht die Staatsanwaltschaft bittet, Ermittlungen durchzuführen, und wenn diese dem Ersuchen freiwillig nachkommt (§ 173, 19), das Klageerzwingungsverfahren also weiterhin bei Gericht anhängig bleibt.

c) **Verfahren. Entscheidung. Wirkungen.** Das vom Gericht einzuhaltende **Verfah- 20 ren** entspricht, auch wenn lediglich eine Ermittlungsanordnung in Betracht kommt, dem des normalen Klageerzwingungsverfahrens. Unerheblich ist, ob der Verletzte die Erhebung der öffentlichen Klage oder lediglich die Ermittlungsanordnung begehrt hat; auch im zweiten Fall ist das Gericht nicht gehindert, notfalls nach eigenen Ermittlungen gemäß § 173 Abs. 3, alsbald die Erhebung der öffentlichen Klage zu beschließen.

Die **Entscheidung** geht bei einer bloßen Ermittlungsanordnung dahin, daß die **21** Staatsanwaltschaft verpflichtet sei, die aufgrund der Rechtsauffassung des Gerichts erforderlichen Ermittlungen durchzuführen. Der (zu begründende) Beschluß ist den Beteiligten bekanntzumachen; die Mitteilung an den Beschuldigten kann (ausnahmsweise) unterbleiben, wenn und solange die Voraussetzungen des § 33 Abs. 4 Satz 1 vorliegen. Eine Kostenentscheidung enthält der Beschluß nicht[33].

Der Beschluß, durch den die Durchführung von Ermittlungen angeordnet wird, **22** erledigt das Klageerzwingungsverfahren. Seine **Wirkung** besteht zunächst darin, daß die Staatsanwaltschaft, wie aus dem auch in diesem Fall anwendbaren § 175 Satz 2 folgt, den Sachverhalt so aufzuklären hat, wie dies zur Entscheidung über die Anklagereife bei Zugrundelegung der Rechtsauffassung des Gerichts erforderlich ist. Die Entscheidung hat weiter zur Folge, daß die Staatsanwaltschaft nach Abschluß der erforderlichen Ermittlungen eine **neue Abschlußverfügung** zu treffen hat, gegen die, falls mit ihr das Verfahren wiederum nach § 170 Abs. 2 eingestellt wird, dem Verletzten erneut das Klageerzwingungsverfahren offensteht[34].

Der antragstellende Verletzte ist an dem aufgrund des Beschlusses durchgeführ- **23** ten Ermittlungsverfahren nicht mit eigenen Rechten, insbesondere nicht als **Nebenkläger** beteiligt, denn die Anschlußbefugnis nach § 395 Abs. 2 Nr. 2 setzt die Erhebung der öffentlichen Klage voraus. Er kann sich jedoch nach dieser Vorschrift als Nebenkläger anschließen, falls die Staatsanwaltschaft aufgrund der neu vorgenommenen Ermittlungen die öffentliche Klage erhoben hat[35].

Durch den Beschluß entsteht für die Staatsanwaltschaft **keine weitergehende Bin- 24 dung** als die, die notwendigen Ermittlungen vorzunehmen. Sie ist insbesondere nicht verpflichtet, Rechtsmittel einzulegen, wenn zur sachgerechten Durchführung der Ermittlungen die richterliche Anordnung von Zwangsmaßnahmen, etwa Durchsuchungen, Beschlagnahmen oder Anordnung von Untersuchungshaft, erforderlich wird und der Richter dahingehende Anträge ablehnt. Anders als bei der Anordnung der Erhebung der

---

[33] OLG Zweibrücken GA **1981** 96; vgl. oben Rdn. 6.

[34] OLG Zweibrücken GA **1981** 96.

[35] Nach § 406 g nach dem Vorschlag des Reg-Entw. eines Ersten Gesetzes zur Verbesserung der Stellung des Verletzten im Strafverfahren (BT-Drucks. **10** 5305) soll der später zum Anschluß als Nebenkläger Berechtigte

bereits im Ermittlungsverfahren gewisse Rechte erhalten. Bei Verwirklichung dieses Vorschlags wird man annehmen müssen, daß § 406 g auch demjenigen Verletzten zugute kommt, der im Klageerzwingungsverfahren eine Ermittlungsanordnung durch das Oberlandesgericht herbeigeführt hat.

Peter Rieß

öffentlichen Klage (vgl. Rdn. 9) muß man die Staatsanwaltschaft in diesem Fall wohl auch für befugt halten, das Verfahren nach den §§ 153 ff einzustellen. Denn daß insoweit die Einstellungsvoraussetzungen gegeben sind, kann sich gerade aufgrund der nunmehr durchgeführten Ermittlungen herausstellen.

25   **6. Feststellungsbeschluß?** Erhebt die Staatsanwaltschaft während des gerichtlich anhängigen Klageerzwingungsverfahrens die öffentliche Klage, so ist damit der Klageerzwingungsantrag erledigt, ohne daß es einer Entscheidung über ihn bedarf (§ 172, 178). Obwohl der Antragsteller dadurch sein mit dem Antrag verfolgtes Ziel (§ 172, 7) erreicht hat, versagt ihm die ganz h. M. in diesem Fall das Recht, sich der erhobenen Klage nach § 395 Abs. 2 Nr. 2 als Nebenkläger anzuschließen[36]; damit ist ihm auch die Möglichkeit verschlossen, seine durch das Klageerzwingungsverfahren entstandenen notwendigen Auslagen vom verurteilten Beschuldigten ersetzt zu erhalten (vgl. Rdn. 6). Das OLG München hat neuerdings bei dieser Sachlage eine **feststellende Entscheidung** dahingehend getroffen, **daß der Klageerzwingungsantrag erfolgreich** war[37]. Durch die Erhebung der öffentlichen Klage sei das ursprüngliche Antragsziel prozessual überholt; das Rechtsschutzinteresse des Antragstellers an einer bloßen Feststellung ergebe sich aus der damit verbundenen Möglichkeit, sich dem Verfahren gemäß § 395 Abs. 2 Nr. 2 als Nebenkläger anzuschließen und auf diese Weise gegen den verurteilten Beschuldigten den Anspruch auf Ersatz der notwendigen Auslagen geltend zu machen. Das Oberlandesgericht knüpft in dieser Entscheidung erkennbar an den in der Regelung des § 28 Abs. 4 Satz 1 EGGVG enthaltenen Rechtsgedanken an[38].

26   Solange Rechtsprechung und Schrifttum an der durch den Gesetzeswortlaut nicht unbedingt veranlaßten Meinung festhalten, daß die Anschlußbefugnis als Nebenkläger von einer bejahenden Sachentscheidung des Oberlandesgerichts abhängt, sprechen **gute Gründe für den Lösungsweg** des Oberlandesgerichts München. Mit ihm kann in dogmatisch wohl tragfähiger Weise der Unbilligkeit begegnet werden, daß derjenige Verletzte, der sein Ziel ohne Sachentscheidung des Oberlandesgerichts erreicht, schlechter gestellt ist, als derjenige, bei dem die Staatsanwaltschaft erst durch einen ausdrücklichen Beschluß zur Klageerhebung veranlaßt werden muß. Die Einzelheiten bedürfen freilich noch weiterer Klärung.

27   Der Feststellungsbeschluß des Oberlandesgerichts ergeht nur auf besonderen **Antrag** des Antragstellers[39]. Voraussetzung ist, da er an die Stelle einer bejahenden Sachentscheidung tritt, daß der **Klageerzwingungsantrag zulässig** war. Zweifelhaft und weiter klärungsbedürftig erscheint, ob der Feststellungsbeschluß stets ergehen muß, wenn die Staatsanwaltschaft nach Anhängigwerden des gerichtlichen Klageerzwingungsverfahrens die öffentliche Klage erhoben hat, oder ob er darüberhinaus voraussetzt, daß das Oberlandesgericht selbst den genügenden Anlaß zur Erhebung der öffentlichen Klage (§ 174, 5) bejaht. Folgt man der wohl vorzugswürdigen ersten Möglichkeit, so kann der Beschluß, anders als der, der die Erhebung der öffentlichen Klage anordnet, nicht die **Rechtswirkung** haben, daß die Staatsanwaltschaft nicht mehr zu einer Rücknahme der Klage berechtigt ist (Rdn. 10); seine Wirkung besteht dann nur darin, daß der Verletzte sich nach § 395 Abs. 2 Nr. 2 dem Verfahren als Nebenkläger anschlie-

---

[36] OLG Frankfurt NJW **1979** 995; näher mit weit. Nachw. § 395, 14.

[37] MDR **1986** 426 = NStZ **1986** 376.

[38] Ebenso § 113 Abs. 1 Satz 4 VwGO; § 115 Abs. 3 StVollzG; zur Problematik der Feststellung der Rechtswidrigkeit bei prozessualer Überholung im Beschwerdeverfahren s. die Erl. Vor § 304; vgl. auch zur Überholung bei strafprozessualen Zwangsmaßnahmen § 98, 72 ff; *Rieß/Thym* GA **1981** 189 ff mit weit. Nachw.

[39] Vgl. § 28 Abs. 1 Satz 4 EGGVG.

ßen und als Teil der notwendigen Auslagen der Nebenklage auch die im Klageerzwingungsverfahren entstandenen Auslagen geltend machen kann[40].

Nach den gleichen Grundsätzen kann ein Feststellungsbeschluß auch ergehen, **28** wenn die prozessuale Tat, die Gegenstand des Klageerzwingungsverfahrens war, **auf andere Weise gerichtlich anhängig** wird (vgl. $\S$ 172, 178).

$\S$ 176

(1) [1]Durch Beschluß des Gerichts kann dem Antragsteller vor der Entscheidung über den Antrag die Leistung einer Sicherheit für die Kosten auferlegt werden, die durch das Verfahren über den Antrag voraussichtlich der Staatskasse und dem Beschuldigten erwachsen. [2]Die Sicherheitsleistung ist durch Hinterlegung in barem Geld oder in Wertpapieren zu bewirken. [3]Die Höhe der zu leistenden Sicherheit wird vom Gericht nach freiem Ermessen festgesetzt. [4]Es hat zugleich eine Frist zu bestimmen, binnen welcher die Sicherheit zu leisten ist.

(2) Wird die Sicherheit in der bestimmten Frist nicht geleistet, so hat das Gericht den Antrag für zurückgenommen zu erklären.

Schrifttum siehe bei $\S$ 172.

Entstehungsgeschichte. Die Vorschrift wurde durch Art. 9 $\S$ 2 Abs. 3 der 2. VereinfVO — wie das gesamte Klageerzwingungsverfahren — gestrichen; durch Art. 3 I Nr. 72 des VereinhG wurde sie in der ursprünglichen Fassung wiederhergestellt. Absatz 1 Satz 1 enthielt in Zusammenhang mit dem damaligen $\S$ 472 (vgl. $\S$ 177, 1 Fußn. 1) früher hinter den Worten „über den Antrag" noch die Worte „und durch die Untersuchung"; diese Worte wurden durch Art. 21 Nr. 57 des EGStGB 1974 gestrichen. Bezeichnung bis 1924: $\S$ 174.

Übersicht

1. Zweck und Anwendungsbereich. Mit der Vorschrift, die heute nur noch selten **1** angewendet zu werden scheint[1], soll ein Mißbrauch des Klageerzwingungsverfahrens verhindert und der nach $\S$ 177 mögliche Kostenerstattungsanspruch gesichert werden[2].

---

[40] Insoweit unpräzise der 3. LS der Entscheidung des OLG München MDR **1986** 427.

[1] Zur abweichenden Praxis früherer Jahre vgl. KG JW **1935** 309.
[2] *Schwarze* GerS **31** (1879) 303 mit Nachw.

Peter Rieß

Die Vorschrift hat durch die Beseitigung des früheren § 472[3] erheblich an Bedeutung verloren, da die Kosten des eigentlichen Klageerzwingungsverfahrens im allgemeinen nicht sehr erheblich sein werden.

2   Die teilweise sehr scharfe **Kritik** an der Bestimmung[4] erscheint nicht gänzlich gerechtfertigt, zumal das Klageerzwingungsverfahren nicht, wie sonst vielfach (vgl. §§ 65 ff GKG), Gebühren- und Auslagenvorschüsse kennt und es auch im Interesse des Beschuldigten liegen kann, den Ersatz seiner notwendigen Auslagen (§ 177, 7 f) gesichert zu sehen. Es ist auch nicht systemwidrig, daß bei unzulässigen Anträgen keine Sicherheit auferlegt werden kann[5]. Abgesehen von dem mehr dogmatischen Argument, daß bei der Verwerfung unzulässiger Anträge dem Antragsteller keine Kosten auferlegt werden können (§ 177, 3), ist von der Sache zu berücksichtigen, daß in diesen Fällen weder nennenswerte Auslagen der Staatskasse durch Ermittlungen nach § 173 Abs. 3 noch Auslagen des Beschuldigten entstehen, da dessen Anhörung im allgemeinen nicht geboten sein wird. Bei verständiger und zurückhaltender Handhabung, die die Umstände des Einzelfalls berücksichtigt[6], kann die Vorschrift durchaus nützliche Wirkungen entfalten.

3   Die Auferlegung einer Sicherheitsleistung ist nur **für die in § 177 genannten Kosten** (vgl. § 177, 5 ff) möglich. Sie kommt nicht in Betracht, wenn der Antrag als unzulässig zurückzuweisen wäre. Es ist also vor der Anordnung einer Sicherheitsleistung die Zulässigkeit des Antrags zu prüfen und zu bejahen[7], allerdings ohne daß diese (inzidente) Zulässigkeitsbejahung das Gericht bindet. Auch noch nach Auferlegung einer Sicherheit kann der Antrag als unzulässig verworfen werden, wenn sich dies erst später herausstellt. Bei Bewilligung von **Prozeßkostenhilfe** darf keine Sicherheitsleistung auferlegt werden (§ 122 Abs. 1 Nr. 2 ZPO). Eine bereits getroffene Anordnung nach § 176 wird gegenstandslos, wenn danach Prozeßkostenhilfe beantragt und bewilligt wird. Auch außerhalb der für die Prozeßkostenhilfe geltenden Grenzen kann eine schlechte Vermögenslage des Antragstellers für das Gericht ein Grund sein, von dem Verlangen nach Sicherheitsleistung abzusehen[8].

4   **2. Art und Höhe der Sicherheitsleistung.** Nach Absatz 1 Satz 2 kann, wie in § 379 Abs. 2, Sicherheit nur durch Hinterlegung von barem Geld oder Wertpapieren, nicht durch Pfandbestellung oder Bürgschaft, bewirkt werden; abweichend von § 108 Abs. 1 Satz 2 ZPO und § 234 Abs. 1 und 3 BGB kommt es bei den Wertpapieren weder auf die Mündelsicherheit an noch gilt die Beschränkung auf drei Viertel des Kurswertes. Der Antragsteller kann zwischen den beiden Arten wählen. Die Hinterlegung erfolgt nach den Vorschriften der Hinterlegungsordnung bei der Hinterlegungsstelle eines Amtsgerichts. Der Antragsteller hat sie dem Oberlandesgericht nachzuweisen. Für die **Einhaltung der** nach Absatz 1 Satz 4 zu bestimmenden **Frist** kommt es nur auf den Zeitpunkt der Hinterlegung an; ein verspäteter Nachweis ist unschädlich.

5   Die **Höhe der Sicherheitsleistung** bestimmt das Gericht nach seinem Ermessen. Auch wenn Absatz 1 Satz 3 insoweit von „freiem" Ermessen spricht, muß es sich dabei von sachgerechten Gesichtspunkten leiten lassen und darf nicht willkürlich handeln.

---

[3] Vgl. § 177, 1 Fußn. 1.
[4] Vor allem *Eb. Schmidt* 1 ff; ihm folgend LR-*Meyer-Goßner*[23] 1 f; KK-*R. Müller* 6.
[5] So aber *Eb. Schmidt* 2; LR-*Meyer-Goßner*[23] 1.
[6] So schon *Schwarze* GerS **31** (1879) 303; ferner *Ostler* 149; enger LR-*Meyer-Goßner*[23] 3

(grundsätzlich von Sicherheitsleistung absehen); *Eb. Schmidt* 4 (äußerste Zurückhaltung).
[7] OLG München JurBüro **1983** 1209; OLG Zweibrücken JurBüro **1985** 564; *Kleinknecht/Meyer*[37] 1; LR-*Meyer-Goßner*[23] 9.
[8] KG JW **1935** 309.

Unzulässig wäre es beispielsweise, eine die voraussichtlichen Kosten deutlich übersteigende Sicherheit in prohibitiver Absicht zu bestimmen. Für die Höhe sind in erster Linie die überschlägig zu berechnenden Kosten des Antragsverfahrens für die Staatskasse und den Beschuldigten maßgebend, da es Zweck der Sicherheit ist, diese Ansprüche zu sichern. Daß die Sicherheitsleistung niedriger bemessen wird, schließt das Gesetz nicht aus, es kann namentlich in Hinblick auf die Vermögensverhältnisse des Antragstellers angebracht sein[9]. Mindestens vor Ablauf der Frist und zugunsten des Antragstellers dürfte das Gericht auch befugt sein, seine Bestimmung über die Höhe zu ändern.

Aufzuerlegen ist stets eine **einheitliche Sicherheit** für die Kosten der Staatskasse **6** und die notwendigen Auslagen des Beschuldigten. Es ist aber wohl zulässig und kann in Hinblick auf die sonst möglichen Schwierigkeiten (Rdn. 14) zweckmäßig sein, in dem die Sicherheit anordnenden Beschluß die **Teilbeträge** zum Ausdruck zu bringen, die der Sicherung der Kosten der Staatskasse und der notwendigen Auslagen des Beschuldigten dienen.

3. Fristbestimmung. Die Bestimmung der Leistungsfrist obliegt dem Gericht nach **7** pflichtgemäßem Ermessen. Sie muß so ausreichend bemessen werden, daß der Antragsteller realistischerweise zur Beschaffung der für die Sicherheitsleistung erforderlichen Mittel in der Lage ist. Vor ihrem Ablauf kann sie auf Antrag oder von Amts wegen verlängert werden. **Wiedereinsetzung** in den vorigen Stand gegen ihre unverschuldete Versäumung nach den §§ 44 ff ist möglich[10]. Wird sie gewährt, nachdem bereits ein Beschluß nach Absatz 2 ergangen ist, so wird dieser gegenstandslos (§ 46, 11).

4. Verfahren und Entscheidung
a) Ermessen. Ob das Gericht von § 176 Gebrauch machen will, entscheidet es **8** nach seinem pflichtgemäßem Ermessen. Abweichend von der für die Privatklage geltenden Regelung (§ 379, 8) ist ein Antrag des Beschuldigten weder erforderlich, noch, wenn er vorliegt, für das Gericht bindend. Als Leitlinien für die Ermessensausübung kommen namentlich in Betracht: Der Umfang der bei einer Entscheidung nach § 177 zu erwartenden Kosten, die nach den Umständen des Einzelfalls zu beurteilende Notwendigkeit, die Erstattungsansprüche gegen den Antragsteller zu sichern, die Zumutbarkeit der Sicherheitsleistung für diesen und die Erfolgsaussicht des Antrags.

b) Zeitpunkt. Die Anordnung kann erst ergehen, wenn das Gericht den Antrag **9** aufgrund einer ersten Prüfung für zulässig hält (Rdn. 3). Sie muß aber nicht notwendig alsbald danach getroffen, sondern kann auch noch im Laufe der nach § 173 vorzunehmenden Maßnahmen nachgeholt werden. Veranlassung hierfür kann etwa bestehen, wenn sich erst bei Prüfung der Akten des Ermittlungsverfahrens herausstellt, daß kostenaufwendige Ermittlungen erforderlich werden. In einer entscheidungsreif gewordenen Sache, bei der keine weiteren Kosten zu erwarten sind, wäre es aber nicht sachgerecht, noch eine Sicherheitsleistung anzuordnen.

c) Entscheidung. Mitteilung. Vor einer beabsichtigten Anordnung der Sicherheits- **10** leistung ist die Staatsanwaltschaft zu hören (§ 33 Abs. 2)[11]. Die Anhörung des Beschuldigten und des Antragstellers ist gesetzlich nicht vorgeschrieben aber zulässig und kann im Einzelfall zweckmäßig sein. Die Entscheidung ergeht durch Beschluß des Strafsenats. Sie ist nicht anfechtbar (§ 304 Abs. 3 Satz 2) und bedarf keiner Begründung. In ihr

---

[9] KMR-*Müller* 2.
[10] KK-*R. Müller* 4; LR-*Meyer-Goßner*[23] 11.

[11] KMR-*Müller* 2; *Eb. Schmidt* 6.

ist die Höhe der Sicherheitsleistung und die nach Absatz 1 Satz 4 bestimmte Frist anzugeben. Einen Hinweis auf die Folgen der Fristversäumung (Absatz 2) schreibt das Gesetz nicht vor. Der Beschluß ist wegen der Fristsetzung zuzustellen (§ 35 Abs. 2)[12].

11   **5. Folgen der Fristversäumung.** Wird die Sicherheit nicht fristgerecht (Rdn. 3) geleistet, so ist (zwingende Vorschrift) der Antrag nach Absatz 2 mit der Kostenfolge des § 177 durch Beschluß des Gerichts als zurückgenommen zu erklären[13]. Das gilt auch, wenn innerhalb der Frist nur eine Sicherheit geleistet wird, die hinter der festgesetzten Höhe zurückbleibt. Eine verspätet geleistete Sicherheit kann wegen des eindeutigen Wortlauts den Beschluß nach Absatz 2 nicht hindern, und zwar auch dann nicht, wenn Sicherheitsleistung und ihr Nachweis vorgenommen werden, bevor der Rücknahmebeschluß erlassen ist. Eine Ausnahme gilt nur, wenn gegen die Fristversäumung Wiedereinsetzung gewährt wird (Rdn. 7). Ein **neuer Antrag** ist zulässig, wenn die Frist nach Absatz 2 Satz 1 noch nicht abgelaufen ist (vgl. § 172, 155).

6. Geleistete Sicherheit

12   **a) Keine Kostenentscheidung nach § 177.** Wird das Klageerzwingungsverfahren beendet, ohne daß eine Kostenentscheidung nach § 177 ergeht, weil eine Entscheidung nach § 175 getroffen wird, das Klageerzwingungsverfahren erledigt ist oder weil sich der Antrag doch noch als unzulässig erweist (§ 177, 3), so ist die geleistete Sicherheit freizugeben. Da das Gesetz hierfür keine Vorschriften enthält, ist § 109 ZPO entsprechend anzuwenden, wobei allerdings die Besonderheiten des Klageerzwingungsverfahrens zu berücksichtigen sind. Deshalb scheidet die Fristsetzung zur Klageerhebung nach § 109 Abs. 1 ZPO ebenso aus wie die Anfechtbarkeit der Rückgabeentscheidung nach § 109 Abs. 4 ZPO. Vielmehr hat das Oberlandesgericht auf Antrag des Antragstellers und nach Anhörung des Beschuldigten, zu dessen Gunsten die Sicherheit auch geleistet worden ist, durch unanfechtbaren Beschluß die Rückgabe der Sicherheit anzuordnen.

13   **b) Auferlegung der Kosten nach § 177.** Werden dem Antragsteller die Kosten auferlegt, so dient die Sicherheit der Befriedigung der Kostengläubiger, also der Staatskasse und des Beschuldigten. Der Zugriff auf sie richtet sich nach den Vorschriften der Hinterlegungsordnung, insbesondere nach § 13. Übersteigt die geleistete Sicherheit die vom Antragsteller der Staatskasse und dem Beschuldigten zu erstattenden Kosten oder befriedigt dieser die Kostengläubiger, ohne daß ein Rückgriff auf die Sicherheit notwendig ist, so ist die (ggf. überschießende) Sicherheit wie in Rdn. 12 dargelegt freizugeben.

14   Erhebliche **Probleme** können sich ergeben, wenn die geleistete **Sicherheit** die **Kosten** der Staatskasse und des Beschuldigten zusammen **nicht deckt.** Für diesen singulären Fall, daß eine einheitliche Sicherheit zur Befriedigung zweier Gläubiger dient, läßt sich aus dem Gesetz wohl keine zwingende Lösung ableiten. Die bisher ersichtlich nicht erörterte Frage dürfte in der Praxis ohne Bedeutung sein. Geht man mit der hier vertretenen Auffassung (Rdn. 6) davon aus, daß das Oberlandesgericht in seinem die Höhe der Sicherheit bestimmenden Beschluß auch zum Ausdruck bringen kann, welche Teilbeträge zur Sicherung der unterschiedlichen Kosten auferlegt werden, so wird, falls eine solche Entscheidung getroffen worden ist, sie auch für den Zugriff auf eine unzureichende Sicherheit zu beachten sein. Konsequenterweise müßte man das Oberlandesgericht dann auch als berechtigt und verpflichtet ansehen, über die Verteilung einer unzureichenden Sicherheit nachträglich zu entscheiden.

---

[12] KK-*R. Müller* 3; KMR-*Müller* 2; *Eb. Schmidt* 6.

[13] Der Beschluß löst die Gerichtsgebühr nach Nr. 1638 der Anlage zum GKG aus.

§ 177

Die durch das Verfahren über den Antrag veranlaßten Kosten sind in den Fällen der §§ 174 und 176 Abs. 2 dem Antragsteller aufzuerlegen.

Schrifttum siehe bei § 172.

Entstehungsgeschichte. Die Vorschrift wurde durch Art. 9 § 2 Abs. 3 der 2. VereinfVO — wie das gesamte Klageerzwingungsverfahren — gestrichen; durch Art. 3 I Nr. 72 des VereinhG wurde sie in der ursprünglichen Fassung wiederhergestellt. Bezeichnung bis 1924: § 175.

Übersicht

1. Allgemeines. Bedeutung. Die Vorschrift bestimmt, daß der Antragsteller die **1** Kosten des Klageerzwingungsverfahrens zu tragen hat, wenn der Antrag als unbegründet verworfen oder zurückgenommen wird. Weitere Vorschriften über die Auferlegung oder Verteilung der im Klageerzwingungsverfahren selbst entstandenen Kosten oder über eine Ersatzpflicht des Antragstellers für die Kosten eines nachfolgenden gerichtlichen Verfahrens enthält das Gesetz nicht[1]. Daraus folgt nach allgemeinen Grundsätzen[2], daß in den von der Vorschrift nicht erfaßten Fällen im Klageerzwingungsverfahren Kosten nicht erhoben und notwendige Auslagen nicht erstattet werden. Unberührt bleibt die Befugnis, nach § 469 dem Antragsteller die Verfahrenskosten aufzuerlegen, wenn die Voraussetzungen dieser Bestimmung vorliegen.

2. Auferlegung der Kosten. Die Kosten sind nach dem Wortlaut der Vorschrift **2** dem Antragsteller aufzuerlegen, wenn der Antrag als **unbegründet zurückgewiesen** (Fall des § 174) oder wenn wegen Nichtleistung einer Sicherheit die **Rücknahme des Antrags** fingiert wird (Fall des § 176 Abs. 2). Dem steht der Fall gleich, daß der Antrag zurückgenommen wird, denn was bei einer zu erklärenden Rücknahme anzuordnen ist, muß bei einer tatsächlichen Rücknahme erst recht gelten[3]. Keine Zurücknahme liegt aber vor,

---

[1] Bis 1975 gestattete es der damalige § 472, nach erfolgreichem Klageerzwingungsverfahren dem Antragsteller die Verfahrenskosten und die notwendigen Auslagen des Angeschuldigten aufzuerlegen, wenn dieser nicht verurteilt wurde. Die Vorschrift (zuletzt kommentiert in der 22. Aufl.) wurde durch Art. 21 Nr. 142 EGStGB 1974 aufgehoben; vgl. auch die berechtigte scharfe Kritik von *Eb. Schmidt* Nachtr. II § 472, 1.

[2] Vgl. die Erl. Vor § 464 und zu § 464.
[3] OLG Celle NdsRpfl. **1961** 210; OLG Düsseldorf GA **1983** 219; KK-*R. Müller* 1; KMR-*Müller* 1; LR-*Meyer-Goßner*[23] 2; *Eb. Schmidt* 2; a. A OLG München JurBüro **1983** 1209 = MDR **1983** 427 LS; OLG Zweibrücken JurBüro **1985** 564; *Kleinknecht/Meyer*[37] 1.

wenn der Beschuldigte während des Klageerzwingungsverfahrens verstirbt; in diesem Fall ist das Verfahren erledigt[4], ebenso, wenn der Antragsteller stirbt. Eine Kostenentscheidung ergeht in diesen Fällen nicht[5].

3 **3. Keine Auferlegung der Kosten.** Dem Antragsteller werden keine Kosten auferlegt, wenn der Antrag als **unzulässig** verworfen wird[6]. Denn § 174, der in § 177 als Kostenentscheidungsvoraussetzung genannt ist, betrifft nur den Fall des unbegründeten Antrags (§ 174, 2), so daß es an einer gesetzlichen Vorschrift für die Auferlegung der Kosten fehlt. Gleiches gilt, wenn der Klageerzwingungsantrag **erledigt** ist (§ 172, 177 f; s. auch § 175, 25 ff)[6a] oder, für die insoweit entstehenden Kosten, wenn eine unzulässige **Gegenvorstellung** gegen die Verwerfung des Antrags erhoben worden war[7]. Das Fehlen einer Kostenentscheidung hat zur Folge, daß Gerichtskosten nicht vom Antragsteller eingefordert werden dürfen[8], daß der Beschuldigte ihm etwa erwachsene notwendige Auslagen nicht vom Antragsteller ersetzt erhält[9] und daß der Antragsteller seine Auslagen stets selbst tragen muß. Zur Kostentragungspflicht bei **erfolgreichem Klageerzwingungsantrag** s. § 175, 6.

4 **4. Entscheidung.** Die Kostenregelung des § 177 ist zwingend. Die Entscheidung ist in dem Beschluß auszusprechen, der den Antrag als unbegründet verwirft oder durch den er nach § 176 Abs. 2 als zurückgenommen erklärt wird. In den übrigen Fällen der Antragsrücknahme wird die Verpflichtung des Antragstellers zur Kostentragung in einem besonderen Beschluß festgestellt[10]. **Keine Kostenentscheidung** enthält der Beschluß, der die Erhebung der öffentlichen Klage anordnet, den Antrag als unzulässig verwirft oder der (deklaratorisch) ausspricht, daß von einer Entscheidung abgesehen werde (vgl. aber § 175, 25 ff). Die Kostenentscheidung ist wegen § 304 Abs. 4 Satz 2 stets **unanfechtbar**.

5. Umfang der Kostentragungspflicht des Antragstellers

5 **a) Allgemeines. Zeitraum.** Aufzuerlegen sind die durch das „Verfahren über den Antrag" entstandenen Kosten. Dazu gehören alle Kosten, die der Staatskasse oder dem Beschuldigten (Rdn. 7) nach Anbringung des Antrags auf gerichtliche Entscheidung und infolge der Behandlung dieses Antrags entstanden sind, nicht aber solche, die infolge der Vorschaltbeschwerde nach § 172 Abs. 1 entstanden sind. Ordnet das Oberlandesgericht lediglich an, Ermittlungen durchzuführen (**Ermittlungserzwingung**, vgl. § 175, 16 ff), so gehören die Kosten des deshalb durchgeführten Ermittlungsverfahrens auch dann nicht

---

[4] Vgl. OLG Celle NdsRpfl. **1961** 210, wo der Antragsteller verfehlterweise den Antrag wegen Todes des Beschuldigten zurückgenommen hatte. Das OLG hätte hier die Rücknahme für unwirksam und das Verfahren ohne Kostenentscheidung für erledigt erklären sollen.

[5] OLG Düsseldorf GA **1984** 129 (mindestens, wenn keine Kostenfolgen für den verstorbenen Antragsteller entstanden sind); OLG Karlsruhe Justiz **1981** 323; *Kleinknecht/Meyer*[37] 1.

[6] OLG Bamberg NJW **1952** 239; OLG Bremen NJW **1947/48** 394; MDR **1984** 164; OLG Kiel GA **43** (1895) 418; OLG Koblenz

NJW **1977** 1461 LS; **1985** 1409 a. E; OLGSt n.F § 172 Nr. 15; OLG Nürnberg MDR **1966** 351; OLG Zweibrücken JurBüro **1985** 564; KK-*R. Müller* 1; *Kleinknecht/Meyer*[37] 1; *Eb. Schmidt* 3; *Ostler* 128.

[6a] OLG Schleswig bei *Ernesti/Lorenzen* SchlHA **1986** 106 Nr. 31.

[7] OLG Nürnberg MDR **1966** 351.

[8] In Betracht kommen nur Auslagen der Staatskasse, da eine Gebühr in diesem Fall nach der Fassung der Nr. 1638 der Anlage zum GKG nicht erhoben wird.

[9] KK-*R. Müller* 1; KMR-*Müller* 1.

[10] Vgl. bei § 464 und bei § 473.

zu den nach § 177 zu behandelnden Kosten, wenn die Staatsanwaltschaft danach das Verfahren erneut einstellt und der Verletzte hiergegen erfolglos das Klageerzwingungsverfahren betreibt.

b) Kosten der Staatskasse sind die im Falle einer Entscheidung nach § 177 gemäß **6** Nr. 1638 der Anlage zum GKG (Kostenverzeichnis) zu erhebende Gebühr[11] sowie die Auslagen der Staatskasse, namentlich solche, die durch ergänzende Ermittlungen nach § 173 Abs. 3 entstanden sind. War dem Antragsteller **Prozeßkostenhilfe** bewilligt und insbesondere ein Rechtsanwalt beigeordnet worden, so richtet sich die Verpflichtung zur Kostenerstattung nach § 122 Abs. 1 Nr. 1 ZPO.

c) Die **notwendigen Auslagen des Beschuldigten** gehören ebenfalls zu den dem **7** Antragsteller zur Last fallenden Kosten[12]. Zwar weicht der Wortlaut der Vorschrift insoweit vom Sprachgebrauch der §§ 464 ff ab, als dort die Kosten des Verfahrens regelmäßig terminologisch von den notwendigen Auslagen der Beteiligten unterschieden werden, während § 177 nur von den „Kosten" spricht. Aber der Wortlaut spricht andererseits auch nicht von den Kosten „des Verfahrens" und erwähnt die dem Beschuldigten erwachsenen „Kosten" ausdrücklich bei der Bemessung der Sicherheit in § 176 Abs. 1 Satz 1.

Die **Höhe der** zu erstattenden **notwendigen Auslagen** richtet sich nach § 464 a **8** Abs. 2 (vgl. die dort. Erl.). Allerdings kommt eine Erstattung der Auslagen für die Hinzuziehung eines **Verteidigers** oder sonst eines **Rechtsanwalts** (mit dem Gebührenanspruch nach § 91 Nr. 2 BRAGO) nur insoweit in Betracht, als der Beschuldigte nicht ohnehin im Ermittlungsverfahren einen Verteidiger hatte. Denn dann sind die Kosten für den Verteidiger nicht durch das Klageerzwingungsverfahren veranlaßt, und die Verteidigergebühr für das Vorverfahren entgilt alle Tätigkeiten des Verteidigers im Ermittlungsverfahren (§ 87 BRAGO) und steht auch der Gebühr nach § 91 Nr. 2 BRAGO entgegen.

---

[11] Derzeit DM 40,–.
[12] OLG Stuttgart NJW **1962** 2021; KK-R. Müller 2; Kleinknecht/Meyer[37] 2; KMR-Müller 1; Poppe NJW **1953** 1500.

Peter Rieß

DRITTER ABSCHNITT

Gerichtliche Voruntersuchung (§§ 178 bis 197)

Der Abschnitt ist durch Art. 1 Nr. 57 des 1. StVRG **aufgehoben** worden. Vgl. zur gerichtlichen Voruntersuchung und ihrer Entwicklung Einl. Kap. **13** unter B I.